KODEX

DES ÖSTERREICHISCHEN RECHTS

Herausgeber: em. o. Univ.-Prof. Dr. Werner Doralt

Redaktion: Dr. Veronika Doralt

SCHUL-GESETZE

bearbeitet von

Mag. ANDREAS BITTERER
Bundesministerium für Bildung, Wissenschaft und Forschung

LexisNexis

Benützungsanleitung: Die Novellen sind nach dem Muster der Wiederverlautbarung in Kursivdruck jeweils am Ende eines Paragrafen, eines Absatzes oder einer Ziffer durch Angabe des Bundesgesetzblattes in Klammer ausgewiesen. Soweit nach Meinung des Bearbeiters ein Bedarf nach einem genauen Novellenausweis besteht, ist der geänderte Text zusätzlich durch Anführungszeichen hervorgehoben.

KODEX

DES ÖSTERREICHISCHEN RECHTS

VERFASSUNGSRECHT
EUROPARECHT (EU-VERFASSUNGSRECHT)
VÖLKERRECHT
EINFÜHRUNGSGESETZE ABGB und B-VG
BÜRGERLICHES RECHT
UNTERNEHMENSRECHT
ZIVILGERICHTLICHES VERFAHREN
INTERNATIONALES PRIVATRECHT
FAMILIENRECHT
STRAFRECHT
GERICHTSORGANISATION
ANWALTS- UND GERICHTSTARIFE
JUSTIZGESETZE
WOHNUNGSGESETZE
FINANZMARKTRECHT I
FINANZMARKTRECHT II
FINANZMARKTRECHT III
VERSICHERUNGSRECHT
WIRTSCHAFTSGESETZE I + II
WETTBEWERBS- und KARTELLRECHT
UNLAUTERER WETTBEWERB
TELEKOMMUNIKATION
VERGABEGESETZE
ARBEITSRECHT
EU-ARBEITSRECHT
AUSHANGPFLICHTIGE GESETZE
SOZIALVERSICHERUNG I + II
SV DURCHFÜHRUNGSVORSCHRIFTEN
STEUERGESETZE
STEUER-ERLÄSSE I – V
EU-STEUERRECHT
EStG – RICHTLINIENKOMMENTAR
LSt – RICHTLINIENKOMMENTAR
KStG – RICHTLINIENKOMMENTAR
UmgrStG – RICHTLINIENKOMMENTAR
UStG – RICHTLINIENKOMMENTAR
DOPPELBESTEUERUNGSABKOMMEN
ZOLLRECHT UND VERBRAUCHSTEUERN
RECHNUNGSLEGUNG UND PRÜFUNG
INTERNATIONALE RECHNUNGSLEGUNG
VERKEHRSRECHT
WEHRRECHT
ÄRZTERECHT
GESUNDHEITSBERUFE I + II
KRANKENANSTALTENGESETZE
LEBENSMITTELRECHT
VETERINÄRRECHT
UMWELTRECHT
EU-UMWELTRECHT
EU-CHEMIKALIENRECHT
CHEMIKALIENGESETZE
WASSERRECHT
ABFALLRECHT
SCHULGESETZE
UNIVERSITÄTSRECHT
INNERE VERWALTNG
BESONDERES VERWALTUNGSRECHT
ASYL- UND FREMDENRECHT
POLIZEIRECHT
VERWALTUNGSVERFAHRENSGESETZE
BAURECHT KÄRNTEN
BAURECHT NIEDERÖSTERREICH
BAURECHT OBERÖSTERREICH
BAURECHT STEIERMARK
BAURECHT TIROL
BAURECHT WIEN
LANDESRECHT TIROL I + II
LANDESRECHT VORARLBERG

ISBN: 978-3-7007-8660-3

LexisNexis Verlag ARD Orac GmbH & CoKG, 1020 Wien, Trabrennstraße 2A, Tel. 534 52-0
Hersteller: Prime Rate GmbH, Budapest

Vorwort

zur fünfundzwanzigsten Auflage

Ebenso wie die bisherigen Auflagen der Kodex-Ausgabe „Schulgesetze“ enthält auch diese 25. Auflage die wichtigsten Rechtsvorschriften im Bereich des Schulrechts (ausgenommen die Lehrpläne und das Dienstrecht der Lehrpersonen) und verwandter Rechtsbereiche in ihrer aktuellen Fassung. In unmittelbarem Anschluss an die jeweilige Gliederungseinheit befindet sich in *Kursivschrift* die entsprechende BGBl-Fundstelle der betreffenden Bestimmung in der hierarchischen Position (Paragraf, Absatz, Ziffer, Litera).

Im November 2023 wurden durch eine Änderung des Schulunterrichtsgesetzes (BGBl. I Nr. 140/2023) in den bestehenden umfassenden Ansatz des Schutzes der Schülerinnen und Schüler vor physischer, psychischer und sexualisierter Gewalt besondere Regelungen zum Kinderschutz in der Schule eingeführt. In Folge wurden die Bestimmungen über die Pflichten der Schülerinnen und Schüler und die Gestaltung des Schullebens, somit der Rahmen für die neu erlassene Schulordnung 2024, um detaillierte Regelungen für den Kinderschutz ergänzt (BGBl. II Nr. 126/2024). Schulstandortbezogene Kinderschutzkonzepte (u.a. schulpartnerschaftliche Ausarbeitung, Risikoanalyse, Verhaltenskodex, Errichtung eines Kinderschutzteams, Vorgangsweise bei möglichen Gefährdungen, Evaluierung spätestens alle drei Jahre, Information der schulpartnerschaftlichen Gremien über das Evaluierungsergebnis) sollen einen effizienten Schutz im Schulwesen gewährleisten.

Mit einer Novelle zum Anstellungserfordernisse-Grundsatzgesetz (BGBl. I Nr. 139/2023) wurde durch die Aufnahme weiterer Ausbildungsangebote aus dem Bereich der postsekundären und tertiären Bildungseinrichtungen der Ausbau der Ausbildungsmöglichkeiten in der Elementarpädagogik abgerundet (Masterstudium oder Universitätslehrgang „Elementarpädagogik“ im Ausmaß von 120 ECTS). Weiters wurde im Forstgesetz 1975 das Bildungsangebot an der Forstfachschule Traunkirchen um „Ethik“ erweitert sowie auch das Schuleintrittsalter zugunsten durchgehender Bildungswege adaptiert (BGBl. I Nr. 144/2023).

Mit der Sammelverordnungsnovelle BGBl. II Nr. 362/2023 betreffend u.a. die Prüfungsordnung AHS, die Prüfungsordnung AHS-B, die Prüfungsordnung BMHS, die Prüfungsordnung Kollegs und Sonderformen für Berufstätige an BMHS wurden einerseits Änderungen von Gegenstandsbezeichnungen bezüglich der Prüfungsgebiete nachvollzogen (z.B. „Biologie und Umweltbildung“ oder „Geographie und wirtschaftliche Bildung“ in den Prüfungsordnungen AHS sowie AHS-B) und andererseits die Prüfungsordnungsbestimmungen für den Aufbaulehrgang an der Bildungsanstalt für Elementarpädagogik sowie den Lehrgang der Bildungsanstalt für Elementarpädagogik für Absolventinnen und Absolventen einer Bildungsanstalt für Sozialpädagogik (inklusive Berufstätigenform) verankert.

Mit Jahresende 2023 wurde das Finanzausgleichsgesetz 2024 und die Änderung des Bildungsinvestitionsgesetzes kundgemacht (BGBl. I Nr. 168/2023). Wie bisher sind der Ersatz von Besoldungskosten für die Landes- und Religionslehrpersonen, die Abgeltung des Mehraufwands aus Strukturproblemen und im Bereich des Unterrichts für Kinder mit besonderen Förderungsbedürfnissen sowie des (anteiligen) Ersatzes der Kosten der Bereitstellung der administrativen Assistenzen an öffentlichen allgemein bildenden Pflichtschulen als auch der weiteren Bereitstellung des psychosozialen Unterstützungspersonals (Schulsozialarbeit) Bestandteil der Finanzausgleichsperiode bis 2028. Für den Zeitraum bis zur Umsetzung der in Aussicht genommenen Strukturreform im Bereich der schulischen Tagesbetreuung erhöht der Bund die Zweckzuschüsse gemäß dem Bildungsinvestitionsgesetz ab dem Jahr 2025 um EUR 10 Mio. pro Jahr.

Die Änderungen der Aufnahms- und Eignungsprüfungsverordnung (BGBl. II Nr. 9/2024 sowie 204/2024) waren mit einer Fokussierung der Eignungsprüfungen auf sozial-kommunikative Kompetenzen bei gleichzeitigem Entfall der Feststellung der körperlichen Eignung u.a. an den Bildungsanstalten für Elementarpädagogik als auch an jenen für Sozialpädagogik sowie an den Fachschulen für pädagogische Assistenzberufe verbunden. Weiters wurde eine Eignungsprüfung an allgemein bildenden höheren Schulen und Mittelschulen unter besonderer Berücksichtigung der englischsprachigen Ausbildung vorgesehen und die Eignungsprüfung an Schulen unter besonderer Berücksichtigung der musischen Ausbildung, insbesondere im Hinblick auf den neuen Lehrplan des einschlägigen Gymnasiums (Anlage A/m1), ergänzt.

Mit der Novelle BGBl. II Nr. 43/2024 zur Verordnung über den Ersatz von Prüfungsgebieten der Berufsreifeprüfung wurden die seit 2016 erfolgten Änderungen der Rechtsgrundlagen bestehender Qualifikationen bzw. neu geschaffenen Qualifikationen, die der Teilprüfung „Fachbereich“ der Berufsreifeprüfung gleichwertig sind, entsprechend berücksichtigt (z.B. Ausbildung zur Pflegefachassistenz).

Die mit dem Bundesgesetz BGBl. I Nr. 96/2022 und der Überführung einer Reihe von Schulversuchen (insb. „Neue Oberstufe mit verstärkter Individualisierung“ und „ORG mit autonomer Schwerpunktsetzung“) in das Regelschulwesen verbundenen Erweiterungen der (Schul-)Autonomie und der Individualisierung des Stundenplanes haben eine umfassende Dokumentation des Unterrichtsbesuchs und der Leistungen der Schülerinnen und Schüler erfordert, die durch entsprechende Adaptierungen in der Zeugnisformularverordnung umzusetzen waren (BGBl. II Nr. 56/2024).

Mit der Änderung des Schulorganisationsgesetzes, des Schulunterrichtsgesetzes, des Schulunterrichtsgesetzes für Berufstätige, Kollegs und Vorbereitungslehrgänge, des Bildungsdokumentationsgesetzes 2020 und des Schulpflichtgesetzes 1985 (BGBl. I Nr. 121/2024) wurde im Sommer 2024 ein Digitalisierungspaket für Schulen beschlossen, das u.a. die Implementierung der Amtssignatur, der elektronischen Zustellung und eines elektronischen amtlichen Lichtbildausweises im Schulbereich (edu.digicard), als auch die Ausweitung der Funktionalitäten des Datenverbundes der Schulen und der Datenerbringung im Bereich der Sommerschule und der Testungen beinhaltete. Weitere Punkte haben die Durchführung von pädagogischen Einzelgesprächen je nach Erfordernis, den Entfall der Einschätzungen zu überfachlichen Kompetenzen und die Verlängerung der Laufzeit von Schulversuchen betroffen. Der parlamentarische Gesetzesantrag wurde aufgrund einer Fristsetzung (ohne vorherige Beratung im Unterrichtsausschuss) sowie unter Berücksichtigung eines Abänderungsantrages in Bezug auf die abschließenden Arbeiten auf vorwissenschaftlichem Niveau an höheren Schulen mehrheitlich in zweiter und dritter Lesung angenommen.

Im Bereich des Schülerbeihilfengesetzes 1983 wurden mit der Schülerbeihilfen-Valorisierungsverordnung 2024 (BGBl. II Nr. 237/2024) sowohl die Beträge der Schülerbeihilfe als auch die Einkommensgrenzen um 9,7% angehoben und dadurch der Bezieherkreis ausgeweitet.

Zu den verschiedenen Rechtsmaterien finden sich auch in dieser 25. Auflage des Schulgesetze-Kodex wieder aktuelle Rundschreiben zum Schulrecht, darunter jenes zur Unzulässigkeit von parteipolitischer Werbung an Schulen oder die Durchführungsrichtlinien zum Religions- sowie zum Ethikunterricht. Weitere Aktualisierungen sind in der neuen 25. Auflage des Schulgesetze-Kodex eingearbeitet und es finden sich Hinweise auf verwandte Rechtsvorschriften.

Ich bedanke mich mit dieser Neuauflage bei meinen Kolleginnen und Kollegen in der Abteilung Verbindungsdienste, allen voran Frau Mag. *Simone Gartner-Springer*, Frau Mag. *Brigitte Vehzely* und Herrn Mag. *Bernhard Guth*, ferner der Abteilung Schulrechtslegistik, der Abteilung Schulrechtsvollzug sowie den Leiterinnen und Leitern sowie Mitarbeiterinnen und Mitarbeitern vor allem der befreundeten Abteilungen und all jenen Kolleginnen und Kollegen, die mich bei der Bearbeitung dieser 25. Auflage mit Rat und Tat unterstützt haben. Ich danke für die wertvollen Hinweise, die wesentlich zur Richtigkeit und Benutzerfreundlichkeit dieser

25. Auflage des Schulgesetze-Kodex

beigetragen haben.

Meinem Mentor und Förderer Dr. *Gerhard Münster* danke ich ganz besonders für das seit der 20. Auflage geschenkte Vertrauen bei der Bearbeitung des Schulgesetze-Kodex sowie die im Laufe der Jahre gewachsene freundschaftliche Verbundenheit über die berufliche Tätigkeit hinaus.

Vier Damen in meinem Leben haben einen ganz außerordentlichen Stellenwert: meine Frau *Nina Bitterer* und meine drei Töchter *Annalena, Ariane und Alina.* Dank deren Zuspruch und Aufmunterung, aber auch Unterstützung in der Recherchearbeit, im Zusammenführen von Textteilen und im redaktionellen Überprüfen, ist eine Realisierung dieser Auflage in herausfordernden Zeiten möglich geworden. Auf sie kann ich immer zählen. Ihnen widme ich diese 25. Auflage.

Wien, September 2024 *Mag. Andreas Bitterer*

Inhaltsverzeichnis – 25. Auflage

1.1. Schulunterrichtsgesetz – SchUG

BGBl. Nr. 472/1986 (Wiederverlautbarung)

idF der Bundesgesetze

BGBl. Nr. 229/1988 BGBl. Nr. 327/1988
BGBl. Nr. 255/1989 BGBl. Nr. 233/1990
BGBl. Nr. 455/1992 BGBl. Nr. 324/1993
BGBl. Nr. 514/1993 BGBl. Nr. 505/1994
BGBl. Nr. 643/1994 BGBl. Nr. 468/1995
BGBl. Nr. 767/1996 BGBl. I Nr. 22/1998
BGBl. I Nr. 133/1998 BGBl. I Nr. 98/1999
BGBl. I Nr. 53/2000 BGBl. I Nr. 78/2001
BGBl. I Nr. 56/2003 BGBl. I Nr. 172/2004
BGBl. I Nr. 91/2005 BGBl. I Nr. 20/2006
BGBl. I Nr. 113/2006 BGBl. I Nr. 27/2008
BGBl. I Nr. 28/2008 BGBl. I Nr. 117/2008
BGBl. I Nr. 112/2009 BGBl. I Nr. 52/2010
BGBl. I Nr. 29/2011 BGBl. I Nr. 73/2011
BGBl. I Nr. 9/2012 BGBl. I Nr. 36/2012
BGBl. I Nr. 73/2012 BGBl. I Nr. 74/2013
BGBl. I Nr. 75/2013 BGBl. I Nr. 76/2013
BGBl. I Nr. 48/2014 BGBl. I Nr. 38/2015
BGBl. I Nr. 67/2015 BGBl. I Nr. 104/2015
BGBl. I Nr. 56/2016 BGBl. I Nr. 120/2016
BGBl. I Nr. 138/2017 BGBl. I Nr. 32/2018
BGBl. I Nr. 35/2018 BGBl. I Nr. 101/2018
BGBl. I Nr. 35/2019 BGBl. I Nr. 54/2019
BGBl. I Nr. 86/2019 BGBl. I Nr. 13/2020
BGBl. I Nr. 23/2020 BGBl. I Nr. 80/2020
BGBl. I Nr. 19/2021 BGBl. I Nr. 170/2021
BGBl. I Nr. 232/2021 BGBl. I Nr. 96/2022
BGBl. I Nr. 165/2022 BGBl. I Nr. 227/2022
BGBl. I Nr. 37/2023 BGBl. I Nr. 140/2023
BGBl. I Nr. 121/2024

und der Kundmachung

BGBl. I Nr. 159/2020[1])

Die Fundstellenhinweise beziehen sich auch auf die Stammfassung BGBl. Nr. 139/1974 idF der Kundmachung BGBl. Nr. 168/1979 und der Bundesgesetze BGBl. Nr. 231/1977, 143/1980, 367/1982, 271/1985 und 211/1986.

Inhaltsverzeichnis[2])

[1]) Diese Kundmachung betrifft die Aufhebung des § 43a durch das Erkenntnis des Verfassungsgerichtshofes vom 11. Dezember 2020, G 4/2020-27.

[2]) Das Inhaltsverzeichnis ist von den Gesetzesbeschlüssen nicht umfasst.

Stichwortverzeichnis zum SchUG

(die Ziffern beziehen sich auf die Paragrafen)

Stichwortverzeichnis

Stichwortverzeichnis

Stichwortverzeichnis

Kundmachung des Bundeskanzlers und des Bundesministers für Unterricht, Kunst und Sport vom 26. August 1986, mit der das Schulunterrichtsgesetz wiederverlautbart wird.

Anlage

Bundesgesetz über die Ordnung von Unterricht und Erziehung in den im Schulorganisationsgesetz geregelten Schulen (Schulunterrichtsgesetz – SchUG)
(BGBl. Nr. 472/1986, Art. VIII)

1. Abschnitt
Allgemeine Bestimmungen

Geltungsbereich

§ 1. (1) Dieses Bundesgesetz gilt für die öffentlichen und die mit dem Öffentlichkeitsrecht ausgestatteten Schulen der im Schulorganisationsgesetz, BGBl. Nr. 242/1962, geregelten Schularten mit Ausnahme deren in Semester gegliederte Sonderformen. *(BGBl. I Nr. 9/2012, Art. 4 Z 1)*

(2) Dieses Bundesgesetz gilt ferner für die öffentlichen und die mit dem Öffentlichkeitsrecht ausgestatteten höheren land- und forstwirtschaftlichen Lehranstalten im Sinne des Land- und forstwirtschaftlichen Bundesschulgesetzes, BGBl. Nr. 175/1966, die land- und forstwirtschaftlichen Fachschulen des Bundes im Sinne des Art. 14a Abs. 2 lit. c des Bundes-Verfassungsgesetzes in der Fassung von 1929 sowie die Forstfachschule im Sinne des Forstgesetzes 1975, BGBl. Nr. 440. Diese Schulen gelten im Sinne dieses Bundesgesetzes als höhere bzw. mittlere berufsbildende Schulen.

(BGBl. Nr. 231/1977, Art. I Z 1)

Erfüllung der Aufgabe der österreichischen Schule

§ 2. Zur Erfüllung der Aufgabe der österreichischen Schule gemäß § 2 des Schulorganisationsgesetzes regelt dieses Bundesgesetz die innere Ordnung des Schulwesens als Grundlage des Zusammenwirkens von Lehrern, Schülern und Erziehungsberechtigten als Schulgemeinschaft.

Personenbezogene Bezeichnungen

§ 2a. Personenbezogene Bezeichnungen in diesem Bundesgesetz gelten jeweils auch in ihrer weiblichen Form.

(BGBl. Nr. 455/1992, Z 2)

Begriffsbestimmungen

§ 2b. (1) Im Sinne dieses Bundesgesetzes ist unter abschließender Prüfung die Reifeprüfung, die Reife- und Diplomprüfung, die Diplomprüfung und die Abschlussprüfung zu verstehen.

(2) Im Sinne dieses Bundesgesetzes sind unter Lehrerinnen und Lehrern auch Lehrbeauftragte[3]) zu verstehen, sofern nicht ausdrücklich anderes angeordnet wird. *(BGBl. I Nr. 56/2016, Art. 5 Z 1)*

(3) Im Sinne dieses Bundesgesetzes sind unter Freizeitpädagogen Erzieher für die Freizeit an ganztägigen Schulformen gemäß § 8 lit. n des Schulorganisationsgesetzes zu verstehen. *(BGBl. I Nr. 73/2011, Art. 2 Z 1 idF BGBl. I Nr. 56/2016, Art. 5 Z 2)*

(4) Wenn Schulen im organisatorischen Verbund mit anderen Schulen als Schulcluster geführt werden, dann ist unter Schulleiter oder Schulleiterin der Leiter oder die Leiterin des Schulclusters zu verstehen, der oder die bestimmte Angelegenheiten im Einzelfall allenfalls bestellten Bereichsleitern oder Bereichsleiterinnen der am Schulcluster beteiligten Schulen übertragen kann. *(BGBl. I Nr. 138/2017, Art. 16 Z 1)*

(5) Deutschförderklassen sind keine Klassen im schulrechtlichen Sinn. Bestimmungen dieses Bundesgesetzes, die sich auf Klassen beziehen, gelten nicht für Deutschförderklassen. *(BGBl. I Nr. 35/2018, Art. 3 Z 1)*

(BGBl. I Nr. 98/1999, Z 1)

2. Abschnitt
Aufnahme in die Schule

Aufnahme als ordentlicher Schüler

§ 3. (1) Als ordentlicher Schüler ist nach Maßgabe des § 5 aufzunehmen, wer

a) die gesetzlichen Aufnahmsvoraussetzungen für die betreffende Schulart und Schulstufe erfüllt,
b) die Unterrichtssprache der betreffenden Schule soweit beherrscht, daß er dem Unterricht zu folgen vermag, und
c) die Eignung für die betreffende Schulart besitzt, zu deren Feststellung im Zweifels-

[3]) § 1 Abs. 3 letzter Satz des Lehrbeauftragtengesetzes, BGBl. Nr. 656/1987 idF BGBl. I Nr. 56/2016, lautet:

„Lehrbeauftragte an Schulen haben neben der Abhaltung des vorgesehenen Unterrichts auch die mit der Unterrichtstätigkeit verbundenen Prüfungen abzunehmen sowie die in den schulrechtlichen Bestimmungen für Lehrbeauftragte vorgesehenen sonstigen Pflichten wahrzunehmen.“.

falle ein Gutachten des Schularztes oder des Amtsarztes einzuholen ist. *(BGBl. I Nr. 20/2006, Art. 4 Z 1)*

(2) Abs. 1 lit. b ist nicht anzuwenden auf Schüler, die

a) nach den Bestimmungen des § 13 des Minderheiten-Schulgesetzes für Kärnten, BGBl. Nr. 101/1959, zur Aufnahme in eine im § 12 dieses Gesetzes genannte Schule angemeldet werden, und

b) in eine in den §§ 3 und 8 des Minderheiten-Schulgesetzes für das Burgenland, BGBl. Nr. 641/1994, genannte Schule aufgenommen werden.

(BGBl. Nr. 468/1995, Z 1)

(3) Die Erziehungsberechtigten haben dafür Sorge zu tragen, dass ihre Kinder zum Zeitpunkt der Schülereinschreibung die Unterrichtssprache im Sinne des Abs. 1 lit. b soweit beherrschen, dass sie dem Unterricht zu folgen vermögen. *(BGBl. I Nr. 27/2008, Z 1)*

(4) Bei Schulen, in welchen überwiegend Englisch als Unterrichtssprache verwendet wird, ist die Beherrschung einer Unterrichtssprache ausreichend. *(BGBl. I Nr. 165/2022, Art. 2 Z 1)*

(5) entfallen (BGBl. I Nr. 138/2017, Art. 16 Z 2)

(6) Ein Aufnahmswerber, der die Aufnahme in die 4. Stufe der Grundschule oder in eine Schulstufe einer Sekundarschule anstrebt,

a) ohne durch das Zeugnis einer öffentlichen oder mit dem Öffentlichkeitsrecht ausgestatteten Schule zur Aufnahme in die betreffende Schulstufe berechtigt zu sein, ferner

b) nicht jünger ist, als der betreffenden Schulstufe entspricht und

c) nicht im unmittelbar vorangegangenen Schuljahr eine Schulstufe besucht hat, deren erfolgreicher Abschluß zur Aufnahme in die angestrebte Schulstufe berechtigt,

ist vom Schulleiter zur Ablegung einer Einstufungsprüfung zuzulassen. Zweck der Einstufungsprüfung ist die Feststellung, ob die Vorbildung des Aufnahmsbewerbers für die angestrebte Schulstufe ausreicht. Die Einstufungsprüfung kann insoweit entfallen, als der Schüler durch die Mitarbeit im Unterricht sowie durch in die Unterrichtsarbeit sonst eingeordnete Leistungsfeststellungen (§ 18 Abs. 1) zu erkennen gibt, daß er das Bildungsziel des betreffenden Pflichtgegenstands in den vorangegangenen Schulstufen in den wesentlichen Bereichen überwiegend erfüllt. Die diesbezügliche Feststellung trifft der den Pflichtgegenstand unterrichtende Lehrer und ist dem Schüler unverzüglich bekanntzugeben. Auf eine derartige Feststellung besteht kein Rechtsanspruch. Die näheren Bestimmungen über die Aufnahme auf Grund einer Einstufungsprüfung sind unter Berücksichtigung der Aufgabe und des Lehrplanes der einzelnen Schularten durch Verordnung des zuständigen Bundesministers zu erlassen. *(BGBl. Nr. 455/1992, Z 3 idF BGBl. Nr. 468/1995, Z 2, BGBl. I Nr. 78/2001, Z 1 und BGBl. I Nr. 56/2016, Art. 5 Z 3)*

(7) Abs. 6 gilt für Berufsschulen nur insoweit, als es sich um den Besuch einer höheren als der 1. Schulstufe

1. in einer anderen Fachrichtung bei Erlernung von zwei Lehrberufen oder
2. bei gegenüber der Dauer des Lehrberufes kürzerer Dauer des Lehr- oder Ausbildungsverhältnisses gemäß dem Berufsausbildungsgesetz, BGBl. Nr. 142/1969,

handelt. *(BGBl. I Nr. 74/2013, Art. 5 Z 1)*

(7a) Hat der Aufnahmsbewerber die Einstufungsprüfung nicht bestanden, ist er zu einer Wiederholung der Einstufungsprüfung berechtigt. Er ist vom Schulleiter innerhalb einer Frist von zwei Monaten zu einer Wiederholung der Prüfung zuzulassen; hiebei sind jene Prüfungsgebiete zu wiederholen, die mit „Nicht genügend" beurteilt worden sind. *(BGBl. Nr. 455/1992, Z 4)*

(7b) Für die Aufnahme von behinderten Kindern ist Abs. 1 lit. c insoweit nicht anzuwenden, als die gesundheitliche und körperliche Eignung Bestandteil des Verfahrens zur Feststellung des sonderpädagogischen Förderbedarfes (§ 8 Abs. 1 des Schulpflichtgesetzes 1985, BGBl. Nr. 76, in der jeweils geltenden Fassung) waren. *(BGBl. Nr. 514/1993, Z 1 idF BGBl. Nr. 767/1996, Z 2)*

(8) Die Aufnahme gilt ohne weitere Anmeldung für alle an der betreffenden Schule geführten Schulstufen derselben Schulart bis zur Beendigung des Schulbesuches im Sinne des § 33.

Aufnahme als außerordentlicher Schüler

§ 4. (1) Voraussetzung für die Aufnahme als außerordentlicher Schüler ist, daß der Aufnahmsbewerber nach Alter und geistiger Reife zur Teilnahme am Unterricht der betreffenden Schulstufe geeignet ist und wichtige in seiner Person liegende Gründe die Aufnahme rechtfertigen. In Berufsschulen können bei Erfüllung dieser Voraussetzungen auch Personen, die nicht schulpflichtig sind, als außerordentliche Schüler aufgenommen werden.

(2) Der allgemeinen Schulpflicht unterliegende Kinder sind nur dann als außerordentliche Schüler aufzunehmen, wenn

a) nach Maßgabe der Testung gemäß Abs. 2a ihre Aufnahme als ordentliche Schüler wegen mangelnder Kenntnis der Unterrichtssprache nicht zulässig ist (§ 3 Abs. 1 lit. b) oder *(BGBl. Nr. 139/1974 idF BGBl. I Nr. 35/2018, Art. 3 Z 2)*
b) der Schüler zur Ablegung einer Einstufungsprüfung zugelassen wird (§ 3 Abs. 6).

(BGBl. Nr. 139/1974 idF BGBl. I Nr. 138/2017, Art. 16 Z 3 und BGBl. I Nr. 35/2018, Art. 3 Z 3)

(2a) Zur Feststellung der Kenntnisse der Unterrichtssprache gemäß Abs. 2 lit. a sind standardisierte Testverfahren zur Verfügung zu stellen, die vom Schulleiter oder auf Anordnung der zuständigen Schulbehörde von dieser durchzuführen sind. Die Testverfahren sind so zu gestalten, dass sie Rückschlüsse für die Aufnahme

1. als ordentlicher Schüler oder
2. als außerordentlicher Schüler in Verbindung mit Sprachförderung in Deutschförderkursen gemäß § 8h Abs. 3 des Schulorganisationsgesetzes oder
3. als außerordentlicher Schüler in Verbindung mit Sprachförderung in Deutschförderklassen gemäß § 8h Abs. 2 des Schulorganisationsgesetzes

geben. *(BGBl. I Nr. 35/2018, Art. 3 Z 4)*

(3) Die Aufnahme als außerordentlicher Schüler im Sinne des Abs. 2 ist höchstens für die Dauer von zwölf Monaten zulässig, wobei im Falle einer Aufnahme während des zweiten Semesters diese Frist erst mit dem folgenden 1. September zu laufen beginnt. Im Falle des Abs. 2 lit. a kann die Aufnahme als außerordentlicher Schüler für höchstens weitere zwölf Monate erfolgen, wenn die Voraussetzungen für die Aufnahme weiter vorliegen und die ausreichende Erlernung der Unterrichtssprache ohne Verschulden des Schülers nicht möglich war; nach Beendigung des außerordentlichen Schulbesuches ist der Schüler ohne Rücksicht auf § 3 Abs. 1 lit. b als ordentlicher Schüler aufzunehmen. *(BGBl. Nr. 767/1996, Z 3)*

(4) Gemäß Abs. 2 lit. a aufgenommene schulpflichtige außerordentliche Schüler haben – außer während des Besuchs einer Deutschförderklasse gemäß Abs. 2a Z 3 in Verbindung mit § 8h Abs. 2 des Schulorganisationsgesetzes oder eines Deutschförderkurses gemäß Abs. 2a Z 2 in Verbindung mit § 8h Abs. 3 des Schulorganisationsgesetzes – alle Pflichtgegenstände der betreffenden Schulstufe zu besuchen. Das gleiche gilt für schulpflichtige außerordentliche Schüler, die nach Abs. 2 lit. b aufgenommen worden sind; auf ihr Ansuchen können sie jedoch vom Besuch einzelner Pflichtgegenstände befreit werden, wenn sie dem Unterricht in diesen Pflichtgegenständen mangels entsprechender Vorkenntnisse nicht zu folgen vermögen. Alle anderen außerordentlichen Schüler können zum Besuch aller oder einzelner Unterrichtsgegenstände einer oder mehrerer Schulstufen aufgenommen werden. *(BGBl. Nr. 139/1974 idF BGBl. I Nr. 138/2017, Art. 16 Z 4 und BGBl. I Nr. 35/2018, Art. 3 Z 5)*

(5) Die Aufnahme eines nicht schulpflichtigen Aufnahmsbewerbers als außerordentlicher Schüler ist nur dann zulässig, wenn alle als ordentliche Schüler in Betracht kommenden Aufnahmsbewerber aufgenommen worden sind. Zum Besuch einzelner Unterrichtsgegenstände dürfen außerordentliche Schüler nur dann aufgenommen werden, wenn dadurch keine Klassenteilung erforderlich ist. Dieser Absatz gilt nicht für die Privatschulen.

(6) Aufnahmsbewerber, die eine Schulstufe als ordentliche Schüler ohne Erfolg besucht haben, dürfen in eine höhere Schulstufe der gleichen Schulart nicht als außerordentliche Schüler aufgenommen werden.

(7) Dieses Bundesgesetz ist auf schulpflichtige außerordentliche Schüler sinngemäß, auf die übrigen außerordentlichen Schüler nur insoweit anzuwenden, als dies darin ausdrücklich bestimmt ist. *(BGBl. Nr. 139/1974 idF BGBl. Nr. 367/1982, Art. I Z 2)*

Aufnahmsverfahren[4])

§ 5. (1) Für die Aufnahme in die 1. Stufe der einzelnen Schularten (ausgenommen der Volks- und Sonderschule sowie der Berufsschule) hat der zuständige Bundesminister durch Verordnung die näheren Bestimmungen über das Aufnahmsverfahren festzulegen. Für die Aufnahme in Schulen, für die kein Schulsprengel besteht, sind in der Verordnung für alle Aufnahmsbewerber in gleicher Weise geltende Reihungskriterien festzulegen, wobei jedenfalls auf die bisherigen Leistungen, auf die Wohnortnähe sowie auf einen allfälligen Besuch der Schule durch Geschwister Bedacht zu nehmen ist. In der Verordnung ist weiters an Schulen, für die kein Schulsprengel besteht, der Schulleiter zu ermächtigen, im Hinblick auf die Aufgabe der betreffenden Schulart (Form, Fachrichtung) nähere Bestimmungen über die Reihung festzulegen, wobei hinsichtlich der Eignung der Aufnahmsbewerber auch auf eine allfällige schulautonome Profilbildung und

---

[4]) Siehe auch RS Nr. 6/2006 betreffend Auslegungen zum 2. Schulrechtspaket 2005 (Kodex 11. Auflage).

auf allenfalls bestehende Schulkooperationen Bedacht zu nehmen ist (schulautonome Reihungskriterien). Die Fristen für die Anmeldung sind so festzulegen, dass das Aufnahmsverfahren, sofern nicht zwingende Gründe (zB die Ablegung von Prüfungen) entgegenstehen, zu Beginn der Hauptferien beendet ist. *(BGBl. I Nr. 20/2006, Art. 4 Z 2 idF BGBl. I Nr. 138/2017, Art. 16 Z 5)*

(2) Über die Aufnahme der angemeldeten Aufnahmsbewerber einschließlich jener, die die Voraussetzungen für die Aufnahme als außerordentlicher Schüler erfüllen (§ 4 Abs. 1), hat der Schulleiter zu entscheiden. Die Aufnahme ist durch Anschlag an der Amtstafel der Schule oder in anderer geeigneter Weise bekanntzugeben. Die Ablehnung der Aufnahme ist dem Aufnahmsbewerber schriftlich unter Angabe der Gründe mitzuteilen.

(3) Schülerinnen und Schüler, die gemäß Abs. 2 für das folgende Schuljahr in eine Schule aufgenommen werden und am letzten Unterrichtstag des laufenden Unterrichtsjahres die Voraussetzungen für die Aufnahme erfüllen, sind ab dem auf den letzten Unterrichtstag des laufenden Unterrichtsjahres folgenden Tag Schülerinnen oder Schüler der aufnehmenden Schule. *(BGBl. I Nr. 232/2021, Art. 2 Z 1)*

(4) entfallen (BGBl. I Nr. 20/2006, Art. 4 Z 3)

(5) entfallen (BGBl. I Nr. 20/2006, Art. 4 Z 3)

(6) Die vorstehenden Absätze gelten nicht für Privatschulen. Die Aufnahme in eine Privatschule erfolgt durch einen Vertrag des bürgerlichen Rechts zwischen dem Schüler und dem Privatschulerhalter. Wenn jedoch ein Aufnahmsbewerber trotz Nichterfüllung der schulrechtlichen Aufnahmsvoraussetzungen aufgenommen wird, ist der Aufnahmevertrag rechtsunwirksam.

(7) Für die Aufnahme in die Vorschulstufe und die 1. Stufe der Volksschule sowie die Aufnahme in eine Sonderschule gilt das Schulpflichtgesetz 1985 und das Pflichtschulerhaltungsgesetz des betreffenden Bundeslandes. *(BGBl. Nr. 367/1982, Art. I Z 3)*

3. Abschnitt
Aufnahms- und Eignungsprüfungen

Berechtigung zur Ablegung der Aufnahms- und Eignungsprüfungen

§ 6. (1) Voraussetzung für die Zulassung zu den Aufnahms- und Eignungsprüfungen ist die Erfüllung aller anderen Aufnahmsvoraussetzungen für die betreffende Schulart; hievon ausgenommen ist der Abschluss jener Schulstufe, deren erfolgreicher Abschluss Voraussetzung für die Aufnahme in die angestrebte Schulart ist.

(2) Eine für eine bestimmte Schulart abgelegte Aufnahms- oder Eignungsprüfung darf für dasselbe Schuljahr nicht wiederholt werden.

(BGBl. I Nr. 20/2006, Art. 4 Z 4)

Durchführung der Aufnahms- und Eignungsprüfungen

§ 7. (1) Die Prüfungsform sowie die Prüfungsgebiete der Aufnahms- und Eignungsprüfungen hat der zuständige Bundesminister nach den Aufgaben der einzelnen Schularten durch Verordnung zu bestimmen, wobei auf den Lehrplan jener Schulstufe Bedacht zu nehmen ist, deren erfolgreicher Besuch Mindestvoraussetzung für die Aufnahme ist. *(BGBl. Nr. 139/1974 idF BGBl. Nr. 455/1992, Z 1, BGBl. Nr. 468/1995, Z 2, BGBl. I Nr. 78/2001, Z 2 und BGBl. I Nr. 138/2017, Art. 16 Z 6)*

(2) Zur Durchführung der Prüfung hat der Schulleiter die erforderliche Zahl von Lehrern als Prüfer zu bestellen.

(3) Die Aufgabenstellungen in den einzelnen Prüfungsgebieten sind in einer Konferenz der Prüfer unter dem Vorsitz des Schulleiters festzusetzen. *(BGBl. Nr. 139/1974 idF BGBl. Nr. 455/1992, Z 1, BGBl. Nr. 468/1995, Z 2, BGBl. I Nr. 78/2001, Z 3, BGBl. I Nr. 75/2013, Art. 1 Z 1 und BGBl. I Nr. 138/2017, Art. 16 Z 7)*

(4) entfallen (BGBl. I Nr. 138/2017, Art. 16 Z 8)

Prüfungsergebnis

§ 8. (1) Die Leistungen des Prüfungskandidaten in jedem Prüfungsgebiet sind vom Prüfer unter sinngemäßer Anwendung des § 18 Abs. 2, 3, 4 und 6 zu beurteilen. *(BGBl. Nr. 139/1974 idF BGBl. I Nr. 138/2017, Art. 16 Z 9)*

(2) Auf Grund der Prüfungsergebnisse nach Abs. 1 ist unter Berücksichtigung der bisherigen Schulleistungen in einer Konferenz der Prüfer unter dem Vorsitz des Schulleiters mit unbedingter Mehrheit der abgegebenen Stimmen festzusetzen, ob der Prüfungskandidat die Prüfung „bestanden" oder wegen mangelnder Eignung „nicht bestanden" hat (Gesamtbeurteilung). Bei Stimmengleichheit entscheidet der Schulleiter.

(3) Dem Prüfungskandidaten ist die Gesamtbeurteilung seiner Leistungen bei der Aufnahms- oder Eignungsprüfung (Abs. 2)

bekanntzugeben. Kann der Aufnahmsbewerber wegen Platzmangels nicht in die Schule aufgenommen werden, ist ihm auf sein Verlangen über die Einzelbeurteilungen durch die Prüfer und die Gesamtbeurteilung (Abs. 1 und 2) ein Zeugnis auszustellen. *(BGBl. Nr. 139/1974 idF BGBl. I Nr. 138/2017, Art. 16 Z 10)*

(4) Die erfolgreiche Ablegung einer Aufnahms- oder Eignungsprüfung berechtigt – bei Erfüllung der sonstigen Aufnahmsvoraussetzungen – zur Aufnahme in alle Schulen derselben Schulart in jenem Schuljahr, für das sie abgelegt wurde, sowie in den beiden diesem folgenden Schuljahren; in gleicher Weise berechtigt die erfolgreiche Ablegung der Aufnahmsprüfung in eine berufsbildende höhere Schule auch zur Aufnahme in eine berufsbildende mittlere Schule. Die Berechtigungen im Sinne des ersten Satzes gelten in berufsbildenden Schulen nur insoweit, als es sich nicht um eine Fachrichtung handelt, für die neben der Aufnahmsprüfung für die betreffende Schulart eine zusätzliche Überprüfung der Eignung für die betreffende Fachrichtung stattfindet.

(5) Unbeschadet des Abs. 4 ist der Aufnahmsbewerber zur nochmaligen Ablegung der Aufnahms- oder Eignungsprüfung in den beiden Schuljahren berechtigt, die jenem, für das die Prüfung abgelegt wurde, folgen; macht der Aufnahmsbewerber von diesem Recht Gebrauch, so ist dem Aufnahmsverfahren jeweils das bessere Prüfungsergebnis zugrunde zu legen.

4. Abschnitt
Unterrichtsordnung

Klassen- und Gruppenbildung, Klassenzuweisung, Lehrfächerverteilung
(BGBl. Nr. 514/1993, Z 2)

§ 9. (1) Die Schüler sind vom Schulleiter unter Beachtung der Vorschriften über die Schulorganisation in Klassen (Jahrgänge) einzuteilen (Klassenbildung). In Volksschulklassen, in denen Kinder ohne und mit sonderpädagogischem Förderbedarf gemeinsam unterrichtet werden, soll der Anteil an Kindern mit sonderpädagogischem Förderbedarf nur jenes Ausmaß betragen, bei dem unter Bedachtnahme auf Art und Schweregrad der Behinderung die erforderliche sonderpädagogische Förderung erfolgen kann. In den lehrgangsmäßigen Berufsschulen hat der Schulleiter im Zusammenhang mit der Klassenbildung die Einteilung in die einzelnen Lehrgänge vorzunehmen, wobei nach Möglichkeit auf eine gleichmäßige Verteilung der Schüler auf die einzelnen Lehrgänge und auf rücksichtswürdige Umstände in sozialer und betrieblicher Hinsicht Bedacht zu nehmen ist. *(BGBl. Nr. 767/1996, Z 6)*

(1a) Abweichend von Abs. 1 darf zeitweise schulstufen- oder schulartübergreifend unterrichtet werden. *(BGBl. I Nr. 138/2017, Art. 16 Z 11)*

(1b) Deutschförderklassen gemäß § 8h Abs. 2 des Schulorganisationsgesetzes sind nach Maßgabe der organisatorischen Möglichkeiten und der pädagogischen Zweckmäßigkeit in jenen Unterrichtsgegenständen, die nicht primär dem Erwerb und dem Aufbau der Kenntnisse der deutschen Sprache dienen, gemeinsam mit der betreffenden Regelklasse oder einer anderen Klasse zu führen. *(BGBl. I Nr. 35/2018, Art. 3 Z 6)*

(2) In Schulen mit Klassenlehrersystem hat der Schulleiter für jedes Unterrichtsjahr jede Klasse einem Lehrer als Klassenlehrer zuzuweisen (Klassenzuweisung). Für die Zuweisung einzelner Unterrichtsgegenstände an andere Lehrer als den Klassenlehrer gilt Abs. 3 sinngemäß. *(BGBl. Nr. 139/1974 idF BGBl. I Nr. 138/2017, Art. 16 Z 12)*

(3) In Schulen mit Fachlehrersystem hat der Schulleiter für jedes Unterrichtsjahr (an lehrgangsmäßigen Berufsschulen für jeden Lehrgang) nach Beratung der allgemeinen Gesichtspunkte in der Schulkonferenz die lehrplanmäßig vorgesehenen Wochenstunden der Unterrichtsgegenstände in den einzelnen Klassen den einzelnen Lehrern der Schule unter Beachtung pädagogischer und didaktischer Grundsätze, unter Bedachtnahme auf die Vorschriften über die Lehrverpflichtung oder den Lehrauftrag und über die Lehrbefähigung sowie unter Berücksichtigung hiemit vereinbarer Wünsche der Lehrer zuzuweisen (Lehrfächerverteilung). *(BGBl. Nr. 139/1974 idF BGBl. I Nr. 56/2016, Art. 5 Z 4)*

(4) Die Klassenzuweisung und die Lehrfächerverteilung sind der zuständigen Schulbehörde schriftlich zur Kenntnis zu bringen. *(BGBl. Nr. 139/1974 idF BGBl. I Nr. 75/2013, Art. 1 Z 1)*

(5) Bei Bildung von Schülergruppen und an ganztägigen Schulformen bei der Bildung von Gruppen im Betreuungsteil hat der Schulleiter die in Betracht kommenden Schüler in die einzelnen Gruppen einzuteilen (Gruppenbildung). Ferner hat der Schulleiter den einzelnen Schülergruppen unter sinngemäßer Anwendung der Abs. 2 und 3 die erforderlichen Lehrer, den einzelnen Gruppen im Betreuungsteil ganztägiger Schulformen die für die Lernzeiten und die Freizeit gemäß § 8 lit. j des Schulorganisationsgesetzes vor-

gesehenen Personen zuzuweisen. Die Zuweisung der Lehrer, Erzieher und Freizeitpädagogen an die einzelnen Gruppen ist der zuständigen Schulbehörde schriftlich zur Kenntnis zu bringen. *(BGBl. Nr. 514/1993, Z 5 idF BGBl. I Nr. 73/2011, Art. 2 Z 2, BGBl. I Nr. 75/2013, Art. 1 Z 1 und BGBl. I Nr. 56/2016, Art. 5 Z 5)*

Stundenplan[5])

§ 10. (1) Der Schulleiter hat für jede Klasse innerhalb der ersten beiden Tage des Schuljahres, an Berufsschulen innerhalb der ersten beiden Schultage einer Klasse, einen Plan über die für die Unterrichtsarbeit zweckmäßige Aufteilung der lehrplanmäßig vorgesehenen Unterrichtsgegenstände auf die einzelnen Unterrichtsstunden bzw. Unterrichtseinheiten (Stundenplan) in geeigneter Weise kundzumachen. *(BGBl. Nr. 139/1974 idF BGBl. I Nr. 20/2006, Art. 4 Z 5, BGBl. I Nr. 75/2013, Art. 1 Z 1 sowie BGBl. I Nr. 138/2017, Art. 16 Z 13 und 14)*

(2) Der Schulleiter hat, wenn dies aus pädagogischen, didaktischen oder anderen wichtigen Gründen (zB bei Verhinderung eines Lehrers) erforderlich ist, vorübergehende Änderungen des Stundenplanes anzuordnen (Stundentausch, Stundenblockung, Fachsupplierung, Supplierung, Entfall von Unterrichtsstunden). Die Schüler sind von jeder Änderung des Stundenplanes rechtzeitig in Kenntnis zu setzen. Wenn der Entfall von Unterrichtsstunden vom Schulleiter angeordnet werden muß, hat er für die Beaufsichtigung der Schüler bis zum stundenplanmäßig vorgesehenen Unterrichtsende zu sorgen, soweit eine Gefährdung der Schüler durch ein vorzeitiges Unterrichtsende zu befürchten ist. *(BGBl. Nr. 767/1996, Z 7 idF BGBl. I Nr. 138/2017, Art. 16 Z 15)*

(3) Der Stundenplan ist derart zu erstellen, dass am Ende des Unterrichtsjahres die Erfüllung der lehrplanmäßig vorgesehenen Unterrichtszeiten durch jeden Schüler und jede Schülerin rechnerisch nachvollziehbar ist. Dies hat mit der Maßgabe zu erfolgen, dass sich in den einzelnen Unterrichtsgegenständen durch die Festlegung von Unterrichtsstunden als Unterrichtseinheiten mit weniger oder mehr als 50 Minuten gemäß den Bestimmungen des Schulzeitgesetzes 1985, BGBl. Nr. 77/1985, die Anzahl der Unterrichtseinheiten je Unterrichtswoche für Schülerinnen und Schüler sowie für Lehrpersonen nicht erhöht; über die Unterrichtswoche hinausgehende Blockungen bleiben davon unberührt. *(BGBl. I Nr. 138/2017, Art. 16 Z 16)*

Pflichtgegenstände und verbindliche Übungen
(BGBl. Nr. 211/1986, Art. I Z 3)

§ 11. (1) Soweit alternative Pflichtgegenstände vorgesehen sind, haben die Schüler zwischen diesen zu wählen. Die Wahl hat anlässlich der Aufnahme in die Schule oder innerhalb einer vom Schulleiter zu Beginn des 2. Semesters der vorangehenden Schulstufe vorzusehenden Frist von mindestens drei Tagen und längstens einer Woche zu erfolgen. Erfolgt innerhalb dieser Fristen keine Wahl, so hat der Schulleiter dem Schüler nach dessen Anhörung einen der alternativen Pflichtgegenstände zuzuweisen. Die Wahl bzw. die Zuweisung gilt für alle Schulstufen, in welchen der Pflichtgegenstand lehrplanmäßig geführt wird. An der Polytechnischen Schule ist die Frist für die Wahl alternativer Pflichtgegenstände innerhalb der ersten zehn Wochen des Unterrichtsjahres festzulegen; dieser ist eine Orientierungsphase von mindestens vier und längstens acht Wochen vorzulagern. Daran anschließend kann eine Schwerpunktphase vorgesehen werden, die spätestens mit Ablauf des ersten Semesters endet. *(BGBl. I Nr. 20/2006, Art. 4 Z 6 idF BGBl. I Nr. 86/2019, Art. 2 Z 1)*

(2) Wenn ein alternativer Pflichtgegenstand weder an der betreffenden Schule noch in einer Unterrichtsgruppe für die Schüler mehrerer Schulen geführt wird, haben die Schüler unter den verbleibenden, mit diesem Pflichtgegenstand alternativ verbundenen Pflichtgegenständen zu wählen.

(3) Der spätere Wechsel eines alternativen Pflichtgegenstandes kann vom Schulleiter auf Ansuchen des Schülers bewilligt werden, wenn der Schüler im angestrebten Pflichtgegenstand Leistungen nachweist, die einen positiven Abschluß dieses Pflichtgegenstandes erwarten lassen. *(BGBl. Nr. 767/1996, Z 9)*

(3a) Die Abs. 1 bis 3 gelten für die Wahlpflichtgegenstände an mittleren und höheren Schulen mit der Maßgabe, dass der Eintritt in Wahlpflichtgegenstände auch in einer höheren Stufe als jener Schulstufe erfolgen kann, in der sie erstmals angeboten werden. Die Schulleitung kann festlegen, dass die Wahl oder Zuweisung schuljahres- oder semesterweise zu erfolgen hat (Kurssystem) und jeweils nur für das betreffende Schuljahr (ganzjährige Oberstufe) oder für das betreffende Semester (semestrierte Oberstufe) gilt. *(BGBl. I Nr. 96/2022, Art. 2 Z 1)*

(4) Die Abs. 1 bis 3 gelten sinngemäß, wenn an einer Schule im Pflichtgegenstand

[5]) Siehe auch RS Nr. 6/2006 betreffend Auslegungen zum 2. Schulrechtspaket 2005 (Kodex 11. Auflage).

oder in der verbindlichen Übung Lebende Fremdsprache die Möglichkeit der Wahl zwischen verschiedenen Sprachen und im Pflichtgegenstand Instrumentalmusik die Möglichkeit der Wahl zwischen verschiedenen Instrumenten besteht. *(BGBl. Nr. 211/1977, Art. I Z 4)*

(5) Wenn ein Schüler von einer Schule in eine andere Schule übertritt, an der jedoch der bisher besuchte alternative Pflichtgegenstand (Abs. 1 und 2) bzw. die bisher besuchte Fremdsprache (Abs. 4) nicht geführt wird, kann er den alternativen Pflichtgegenstand bzw. die Fremdsprache in der Form weiterführen, daß er gegebenenfalls den entsprechenden Freigegenstand besucht oder Externistenprüfungen (§ 42) über die folgenden Schulstufen ablegt. Andernfalls hat der Schüler den bisher besuchten alternativen Pflichtgegenstand bzw. die bisher besuchte Fremdsprache zu wechseln. Im Falle des Wechsels des Pflichgegenstandes[6]) bzw. der Fremdsprache hat der Schüler die dem Lehrplan entsprechenden Leistungen der versäumten Schulstufen innerhalb einer angemessenen Frist nachzuweisen, die der Schulleiter mit höchstens einem halben Unterrichtsjahr je versäumter Schulstufe zu bemessen hat.

(6) Auf Ansuchen des Schülers oder der Schülerin oder von Amts wegen hat der Schulleiter oder die Schulleiterin einen Schüler oder eine Schülerin von der Teilnahme an einzelnen Pflichtgegenständen und verbindlichen Übungen ohne oder mit Auflage von Prüfungen zu befreien, wenn dieser oder diese aus gesundheitlichen Gründen daran nicht teilnehmen kann. Der Schulleiter oder die Schulleiterin kann im Zweifelsfall hiefür die Vorlage eines ärztlichen Zeugnisses verlangen. *(BGBl. I Nr. 138/2017, Art. 16 Z 17)*

(6a)[7]) Auf Antrag des Schülers hat der Schulleiter einen Schüler von der Teilnahme an einzelnen Pflichtgegenständen und verbindlichen Übungen zu befreien, wenn der Schüler durch Vorlage eines Zeugnisses einer öffentlichen oder mit dem Öffentlichkeitsrecht ausgestatteten Schule oder einer postsekundären Bildungseinrichtung oder eines Externistenprüfungszeugnisses nachweist, dass er das Bildungsziel der betreffenden Unterrichtsveranstaltung bereits höherwertig erlangt hat. *(BGBl. I Nr. 20/2006, Art. 4 Z 8)*

(6b) An zumindest dreijährigen mittleren und höheren Schulen kann die Schulleitung oder der Abteilungsvorstand, insbesondere zur Begabungsförderung, nach organisatorischen Möglichkeiten und wenn keine pädagogischen oder didaktischen Gründe entgegenstehen einer Schülerin oder einem Schüler auf Ansuchen die Teilnahme

1. an anderen als ihren oder seinen stundenplanmäßigen Pflichtgegenständen oder anderen schulischen Angeboten des gleichen Semesters oder der gleichen Schulstufe,
2. am Unterricht einer höheren Schulstufe oder eines höheren Semesters oder
3. am Unterricht eines niedrigeren Semesters,

genehmigen. Für diese Teilnahme ist die Schülerin oder der Schüler für einzelne Stunden, Semester oder eine Schulstufe von der Teilnahme an einzelnen Gegenständen des stundenplanmäßigen Unterrichts ihrer oder seiner Klasse oder ihres oder seines Jahrganges ganz oder teilweise zu befreien. *(BGBl. I Nr. 96/2022, Art. 2 Z 2)*

(7) Beim Übertritt in eine andere Schulart (Schulform, Fachrichtung) hat der Schulleiter einen Schüler auf sein Ansuchen von der Teilnahme an einzelnen Pflichtgegenständen zu befreien, wenn dieser durch Vorlage eines Zeugnisses über den erfolgreichen Abschluß einer Schulstufe nachweist, daß er einen lehrplanmäßig gleichen Pflichtgegenstand bereits mit Erfolg besucht hat. Durch Verordnung der Bildungsdirektion können für einzelne Schulen oder für den Bereich des betreffenden Bundeslandes auf Grund der Lehrplanvergleiche nähere Bestimmungen für die Entscheidung des Schulleiters erlassen werden. Ferner hat der Schulleiter einen Schüler einer berufsbildenden mittleren oder höheren Schule, der eine Lehrabschlußprüfung erfolgreich abgelegt hat, auf dessen Antrag im praktischen Unterricht vom Unterricht in jenen Werkstätten zu befreien, deren Lehrstoff durch die Ausbildung im Lehrberuf nachgewiesen wird. *(BGBl. Nr. 767/1996, Z 10 idF BGBl. I Nr. 138/2017, Art. 16 Z 18)*

(8) Für Berufsschulen gilt statt Abs. 6 der § 23 des Schulpflichtgesetzes 1985. *(BGBl. Nr. 767/1996, Z 10)*

(9) Soweit Lehrpläne Pflichtpraktika oder Praktika außerhalb des schulischen Unterrichtes vorsehen, ist der Schüler verpflichtet, diese in der vorgeschriebenen Zeit zurückzulegen. Ist dem Schüler die Zurücklegung des Pflichtpraktikums oder Praktikums in der vorgeschriebenen Zeit ohne sein Verschulden nicht möglich, so hat er dieses während der schulfreien Zeit des folgenden Schuljahres zurückzulegen. Ein Pflichtpraktikum oder Praktikum ist jedenfalls vor Abschluß der lehrplanmäßig letzten Schulstufe zurückzulegen. *(BGBl. Nr. 231/1977, Art. I Z 5)*

---

[6]) Sollte richtig lauten: „Pflichtgegenstandes“.

[7]) Siehe auch RS Nr. 6/2006 betreffend Auslegungen zum 2. Schulrechtspaket 2005 (Kodex 11. Auflage) sowie RS Nr. 11/2014 betreffend die Befreiung vom Pflichtgegenstand Instrumentalunterricht (Kodex 17. Auflage).

(10) Macht ein Schüler glaubhaft, daß er ein vorgeschriebenes Pflichtpraktikum oder Praktikum nicht zurücklegen kann, weil keine derartige Praxismöglichkeit bestand, oder weist er nach, daß er an der Zurücklegung aus unvorhersehbaren oder unabwendbaren Gründen verhindert war, so entfällt für ihn die Verpflichtung zur Zurücklegung des Pflichtpraktikums bzw. Praktikums. Dies gilt nicht für die Höhere Lehranstalt für Pflege und Sozialbetreuung. *(BGBl. Nr. 231/1977, Art. I Z 5 idF BGBl. I Nr. 165/2022, Art. 2 Z 2)*

Freigegenstände, unverbindliche Übungen und Förderunterricht
(BGBl. Nr. 231/1977, Art. I Z 6)

§ 12. (1) Die Schüler können sich zur Teilnahme an Freigegenständen und unverbindlichen Übungen anmelden. Die Anmeldung hat (ausgenommen an Berufsschulen) anlässlich der Aufnahme in die Schule oder innerhalb einer vom Schulleiter zu Beginn des 2. Semesters der vorangehenden Schulstufe vorzusehenden Frist von mindestens drei Tagen und längstens einer Woche zu erfolgen und gilt nur für das nächstfolgende Unterrichtsjahr; nach dieser Frist ist eine Anmeldung zulässig, wenn sie keine Teilung der Unterrichtsveranstaltung zur Folge hat. *(BGBl. Nr. 139/1974 idF BGBl. I Nr. 20/2006, Art. 4 Z 9 und BGBl. I Nr. 113/2006, Art. 21 Z 2)*

(2) Ist eine Schülerin oder ein Schüler zur Teilnahme an einem Freigegenstand anstelle eines Pflichtgegenstandes gemäß § 8 lit. h des Schulorganisationsgesetzes oder § 7 Z 6 des Land- und forstwirtschaftlichen Bundesschulgesetzes angemeldet, sind auf den Freigegenstand die Bestimmungen dieses Bundesgesetzes über die Pflichtgegenstände anzuwenden. *(BGBl. I Nr. 170/2021, Art. 2 Z 1)*

(3) entfallen (BGBl. I Nr. 20/2006, Art. 4 Z 10)

(4) Wenn ein Schüler in einem Freigegenstand im Jahreszeugnis nicht oder mit Nichtgenügend beurteilt wird, kann er sich im darauffolgenden Unterrichtsjahr in diesem Freigegenstand nur zur Wiederholung desselben anmelden. *(BGBl. Nr. 139/1974 idF BGBl. I Nr. 138/2017, Art. 16 Z 19)*

(5) Für den Freigegenstand Religion an Berufsschulen ist Abs. 4 nicht anzuwenden. *(BGBl. Nr. 139/1974 idF BGBl. I Nr. 20/2006, Art. 4 Z 11)*

(6) Schülerinnen und Schüler an Volksschulen, Mittelschulen, Polytechnischen Schulen und Berufsschulen sind verpflichtet, den Förderunterricht zu besuchen, sofern der Bedarf an einer Förderung durch die Klassenlehrerin oder den Klassenlehrer oder die den betreffenden Pflichtgegenstand unterrichtende Lehrerin oder den den betreffenden Pflichtgegenstand unterrichtenden Lehrer festgestellt wird. *(BGBl. I Nr. 101/2018, Art. 4 Z 1)*

(6a) entfallen (BGBl. I Nr. 101/2018, Art. 4 Z 2)

(7) Soweit nicht eine Verpflichtung zur Teilnahme am Förderunterricht gemäß Abs. 6 besteht, können sich Schüler zur Teilnahme am Förderunterricht anmelden. Die Anmeldung gilt nur für den betreffenden Kurs des Förderunterrichtes oder – sofern ein Kurs lehrplanmäßig nicht vorgesehen ist – für die für den betreffenden Schüler vorgesehene Dauer des Förderunterrichtes. *(BGBl. Nr. 211/1986, Art. I Z 6 idF BGBl. I Nr. 36/2012, Art. 2 Z 2, BGBl. I Nr. 101/2018, Art. 4 Z 3 und BGBl. I Nr. 96/2022, Art. 2 Z 3)*

(8) Bei Wegfall der Förderungsbedürftigkeit kann sich der Schüler von der weiteren Teilnahme am Förderunterricht abmelden. Sofern nach Feststellung des Lehrers die Förderungsbedürftigkeit noch besteht, bedarf die Abmeldung der Zustimmung des Schulleiters. *(BGBl. Nr. 231/1977, Art. I Z 7)*

(8a) Die Abs. 1 bis 8 finden auch auf nicht schulpflichtige Schülerinnen und Schüler, die wegen mangelnder Kenntnis der Unterrichtssprache als außerordentliche Schülerinnen oder Schüler aufgenommen wurden, Anwendung. *(BGBl. I Nr. 56/2016, Art. 5 Z 6)*

(9) Der Schulleiter oder die Schulleiterin kann das Ausmaß für die Teilnahme eines Schülers oder einer Schülerin am Förderunterricht beschränken; hiebei ist auf die Anforderungen des Lehrplanes im Verhältnis zur Belastbarkeit des Schülers oder der Schülerin und auf dessen oder deren Förderungsbedürftigkeit Bedacht zu nehmen. *(BGBl. I Nr. 138/2017, Art. 16 Z 21)*

(10) Die Anmeldung zur Teilnahme am Förderunterricht gemäß § 8 lit. g sublit. dd des Schulorganisationsgesetzes (Sommerschule) kann an jener Schule, an welcher das Kind oder die oder der Jugendliche Schülerin bzw. Schüler ist, oder an jener, die im folgenden Schuljahr besucht werden soll, erfolgen. Schülerinnen und Schülern ist die erforderliche Zeit für die allfällige Ablegung von Wiederholungsprüfungen zu gewähren. *(BGBl. I Nr. 232/2021, Art. 2 Z 2)*

(11) Der Förderunterricht gemäß § 8 lit. g sublit. dd des Schulorganisationsgesetzes (Sommerschule) hat Unterricht in den Pflichtgegenständen zu umfassen und kann durch Bewegungseinheiten und fächerübergreifende Einheiten ergänzt werden. Unterricht, Bewegungseinheiten und fächerüber-

greifende Einheiten können von Lehrpersonen oder Lehramtsstudierenden unter Betreuung durch die Schulleitung oder die mit der Leitung der Sommerschule betrauten Lehrperson durchgeführt werden. *(BGBl. I Nr. 232/2021, Art. 2 Z 2)*

(12) Schülerinnen und Schüler, die nicht zur Teilnahme gemäß § 8 lit. g sublit. dd des Schulorganisationsgesetzes (Sommerschule) angemeldet sind, sind auf Einladung der Schulleitung oder der mit der Leitung der Sommerschule betrauten Lehrperson zur Teilnahme berechtigt, wenn sie teilnehmende Schülerinnen und Schüler beim Lernprozess unterstützen (Buddy-Schülerinnen und -Schüler). Sie sind auf die Anzahl der Schülerinnen und Schüler für die Eröffnung und Bildung von Gruppen nicht anzurechnen. Diesen Schülerinnen und Schülern ist durch die Schulleitung eine „Buddy-Bestätigung" auszustellen. *(BGBl. I Nr. 232/2021, Art. 2 Z 2)*

Betreuungsteil

§ **12a.** (1) Der Besuch des Betreuungsteiles ganztägiger Schulformen bedarf einer Anmeldung. Bezüglich der Anmeldung gilt

1. für ganztägige Schulformen mit getrennter Abfolge des Unterrichts- und des Betreuungsteiles:
   a) Die Anmeldung kann anlässlich der Anmeldung zur Aufnahme in die Schule, bei schul- und schulartenübergreifendem Besuch des Betreuungsteiles jedoch zum Zeitpunkt der Anmeldung zur Aufnahme in die Schule, sowie innerhalb einer vom Schulleiter einzuräumenden Frist von mindestens drei Tagen und längstens einer Woche (wobei diese Frist einen Sonntag einzuschließen hat) erfolgen; nach dieser Frist ist eine Anmeldung zulässig, wenn dadurch keine zusätzliche Gruppe erforderlich ist. *(BGBl. I Nr. 73/2011, Art. 2 Z 2a)*
   b) Die Anmeldung kann sich auf alle Schultage oder auf einzelne Tage einer Woche beziehen.
   c) Die Anmeldung gilt nur für das betreffende Unterrichtsjahr.
2. für ganztägige Schulformen mit verschränkter Abfolge des Unterrichts- und Betreuungsteiles:
   a) Die Regelung der Z 1 lit. a gilt auch hier.
   b) Die Anmeldung kann sich nur auf alle Schultage erstrecken.
   c) Die Anmeldung gilt für die Dauer des Besuches der betreffenden Schule.

(2) Während des Unterrichtsjahres kann eine Abmeldung vom Betreuungsteil nur zum Ende des ersten Semesters erfolgen; diese Abmeldung hat spätestens drei Wochen vor Ende des ersten Semesters zu erfolgen. Zu einem anderen als im ersten Satz genannten Zeitpunkt kann eine Abmeldung nur bei Vorliegen besonders berücksichtigungswürdiger Gründe erfolgen. Sofern an der Schule keine entsprechenden Klassen mit bloßem Unterrichtsteil oder ohne verschränkter Form von Unterrichts- und Betreuungsteil bestehen, ist nur eine Abmeldung von der Schule möglich. *(BGBl. Nr. 767/1996, Z 12)*

(3) Bei schul- und schulartenübergreifendem Besuch des Betreuungsteiles ist auf die unterschiedlichen Anforderungen der jeweiligen Schulstufen oder Schularten besonders Bedacht zu nehmen. *(BGBl. I Nr. 73/2011, Art. 2 Z 2b)*

(BGBl. Nr. 514/1993, Z 6)

Schulveranstaltungen[8])

§ **13.** (1) Aufgabe der Schulveranstaltungen ist die Ergänzung des lehrplanmäßigen Unterrichtes durch unmittelbaren und anschaulichen Kontakt zum wirtschaftlichen, gesellschaftlichen und kulturellen Leben, durch die Förderung der musischen Anlagen der Schüler und durch die körperliche Ertüchtigung.

(1a) In Klassen, in denen körper- oder sinnesbehinderte Schüler bzw. Schüler mit sonderpädagogischem Förderbedarf gemeinsam mit Schülern ohne sonderpädagogischem Förderbedarf unterrichtet werden, sind Schulveranstaltungen so zu planen, daß Schüler mit sonderpädagogischem Förderbedarf in größtmöglichem Ausmaß teilnehmen können. *(BGBl. Nr. 767/1996, Z 13)*

(2) Der zuständige Bundesminister hat durch Verordnung

1. die Höchstzahl an Schulveranstaltungen so zu bestimmen, daß die dadurch verursachte Einschränkung der Unterrichtszeit für die lehrplanmäßig vorgesehenen Unterrichtsgegenstände nicht die Erfüllung des Lehrplanes beeinträchtigt,
2. vorzusehen, daß im Rahmen von Durchführungsrichtlinien Festlegungen zur Gewährleistung der Sicherheit der Schüler getroffen werden,

---

[8]) Siehe auch die SchVV (1.3.) sowie RS Nr. 16/2014 betreffend Umgang mit Risken und Gewährleistung von Sicherheit sowie RS Nr. 17/2014 betreffend Richtlinien für die Durchführung von bewegungserziehlichen Schulveranstaltungen (beide RS Kodex 17. Auflage).

3. vorzusehen, daß die erwachsenden Kosten (Fahrpreise, Eintrittsgebühren usw.) dem Grundsatz der Sparsamkeit und Angemessenheit entsprechen, und
4. die Entscheidung über Schulveranstaltungen unter Bedachtnahme auf die pädagogischen Erfordernisse und die vorstehenden Z 1 bis 3 an Organe der Schule zu übertragen.

(BGBl. Nr. 767/1996, Z 14 idF BGBl. I Nr. 78/2001, Z 2)

(3) Die Schüler sind zur Teilnahme an Schulveranstaltungen ohne Rücksicht darauf verpflichtet, ob die Veranstaltung innerhalb oder außerhalb der Schulliegenschaften stattfindet, sofern nicht

1. die Vorschriften über das Fernbleiben von der Schule (§ 45) anzuwenden sind oder
2. der Schulleiter nach Anhörung der Klassenkonferenz einen Schüler von der Teilnahme an der Schulveranstaltung ausgeschlossen hat oder
3. mit der Veranstaltung eine Nächtigung außerhalb des Wohnortes verbunden ist.

Ein Ausschluss gemäß Z 2 darf nur dann erfolgen, wenn auf Grund des bisherigen Verhaltens des Schülers eine Gefährdung der Sicherheit des Schülers oder anderer Personen mit großer Wahrscheinlichkeit zu erwarten ist. *(BGBl. I Nr. 78/2001, Z 4)*

(4) Schüler, die aus dem Grunde des Abs. 3 Z 2 und 3 an einer Schulveranstaltung nicht teilnehmen, sind vom Schulleiter nach Möglichkeit einer anderen Klasse zu einem ersatzweisen Schulbesuch zuzuweisen. Die Beurteilung der Erreichung des Lehrzieles der betreffenden Schulstufe hat ohne Rücksicht auf die Nichtteilnahme an der Schulveranstaltung zu erfolgen. *(BGBl. Nr. 139/1974 idF BGBl. I Nr. 78/2001, Z 5)*

Schulbezogene Veranstaltungen

§ 13a. (1) Veranstaltungen, die nicht Schulveranstaltungen im Sinne des § 13 sind, können zu schulbezogenen Veranstaltungen erklärt werden, wenn sie auf einem lehrplanmäßigen Unterricht aufbauen und der Erfüllung der Aufgabe der österreichischen Schule gemäß § 2 des Schulorganisationsgesetzes dienen und eine Gefährdung der Schüler weder in sittlicher noch in körperlicher Hinsicht zu befürchten ist. Die Erklärung einer Veranstaltung zu einer schulbezogenen Veranstaltung obliegt dem Klassen- bzw. Schulforum (§ 63a) bzw. dem Schulgemeinschaftsausschuss (§ 64) und darf nur erfolgen, sofern die hiefür erforderlichen Lehrer sich zur Durchführung bereit erklären, die Finanzierung sichergestellt ist und allenfalls erforderliche Zustimmungen anderer Stellen eingeholt worden sind; das Vorliegen der Voraussetzungen ist vom Schulleiter festzustellen. Darüber hinaus kann die zuständige Schulbehörde eine Veranstaltung zu einer schulbezogenen Veranstaltung erklären, sofern mehr als eine Schule davon betroffen ist. *(BGBl. Nr. 211/1986, Art. I Z 7 idF BGBl. Nr. 767/1996, Z 15, BGBl. I Nr. 138/2017, Art. 16 Z 22 und BGBl. I Nr. 101/2018, Art. 4 Z 4)*

(2) Die Teilnahme an schulbezogenen Veranstaltungen bedarf der vorhergehenden Anmeldung durch den Schüler. Die Teilnahme ist zu untersagen, wenn

1. der Schüler die für die Teilnahme an der schulbezogenen Veranstaltung erforderlichen Voraussetzungen nicht erbringt oder
2. wenn auf Grund des bisherigen Verhaltens des Schülers eine Gefährdung der Sicherheit des Schülers oder anderer Personen mit großer Wahrscheinlichkeit zu erwarten ist oder
3. durch die Teilnahme an der schulbezogenen Veranstaltung der erfolgreiche Abschluss der Schulstufe in Frage gestellt erscheint.

Zuständig für die Annahme der Anmeldung und für die Untersagung ist der Schulleiter oder ein von ihm hiezu beauftragter Lehrer; die Untersagung hat nach Anhörung der Klassenkonferenz unter Angabe des Grundes zu erfolgen. *(BGBl. I Nr. 78/2001, Z 6)*

(3) Schüler, die zur Teilnahme an der schulbezogenen Veranstaltung angemeldet sind und deren Teilnahme nicht untersagt worden ist, sind zur Teilnahme verpflichtet, sofern kein Grund für das Fernbleiben im Sinne der Vorschriften über das Fernbleiben von der Schule (§ 45) gegeben ist. Sofern die Anmeldung für eine Reihe von Veranstaltungen erfolgt ist, darf sich der Schüler frühestens nach der ersten Veranstaltung, spätestens jedoch vier Wochen vor einer weiteren abmelden.

(BGBl. Nr. 211/1986, Art. I Z 7)

Individuelle Berufs(bildungs)orientierung[9])

§ 13b. (1) Schülern allgemein bildender sowie berufsbildender mittlerer und höherer Schulen, die sich zumindest im achten Jahr der allgemeinen Schulpflicht befinden, kann auf ihr Ansuchen die Erlaubnis erteilt werden, zum Zweck der individuellen Berufs(bildungs)orientierung an bis zu fünf Tagen pro Unterrichtsjahr dem Unterricht fern zu blei-

[9]) Siehe auch § 175 Abs. 5 ASVG idgF (14.3.).

ben. Die Erlaubnis zum Fernbleiben ist vom Klassenvorstand nach einer Interessenabwägung von schulischem Fortkommen und beruflicher bzw. berufsbildender Orientierung zu erteilen. *(BGBl. I Nr. 172/2004, Z 1 idF BGBl. I Nr. 36/2012, Art. 2 Z 3, BGBl. I Nr. 56/2016, Art. 5 Z 7 und BGBl. I Nr. 140/2023, Z 1)*

(2) Die individuelle Berufs(bildungs)orientierung hat auf dem lehrplanmäßigen Unterricht aufzubauen. Sie hat der lebens- und berufsnahen Information über die Berufswelt, der Information über schulische und außerschulische Angebote der Berufsbildung sowie der Förderung der Berufswahlreife zu dienen und soll darüber hinaus konkrete sozial- und wirtschaftskundliche Einblicke in die Arbeitswelt ermöglichen.

(3) Sofern die Durchführung der individuellen Berufs(bildungs)orientierung in einem Betrieb erfolgt, ist eine Eingliederung in den Arbeitsprozess nicht zulässig. Der Schüler ist auf relevante Rechtsvorschriften, wie zB jugendschutzrechtliche Bestimmungen, Bestimmungen des Arbeitnehmerschutzes und arbeitshygienische Vorschriften, hinzuweisen.

(4) Während der individuellen Berufs(bildungs)orientierung sind die Schüler in einem ihrem Alter, ihrer geistigen und körperlichen Reife sowie den sonstigen Umständen entsprechenden Ausmaß zu beaufsichtigen. Die Festlegung geeigneter Aufsichtspersonen hat unter Anwendung des § 44a auf Vorschlag der Erziehungsberechtigten bzw. derjenigen Einrichtung zu erfolgen, die der Schüler zum Zweck der individuellen Berufs(bildungs)orientierung zu besuchen beabsichtigt.

(BGBl. I Nr. 172/2004, Z 1)

Unterrichtsmittel[10])

§ 14. (1) Unterrichtsmittel sind Hilfsmittel, die der Unterstützung oder der Bewältigung von Teilaufgaben des Unterrichtes und zur Sicherung des Unterrichtsertrages dienen.

(2) Unterrichtsmittel müssen nach Inhalt und Form dem Lehrplan der betreffenden Schulstufe sowie der Kompetenzorientierung der Schulart (Bildungsstandards, abschließende Prüfung) entsprechen. Sie haben nach Material, Darstellung und sonstiger Ausstattung zweckmäßig und für die Schüler der be-

---

[10]) Siehe die Bestimmungen des Urheberrechtsgesetzes, BGBl. Nr. 111/1936 idgF, davon insbes. § 42 Abs. 6 idF BGBl. I Nr. 244/2021 und § 42g idF BGBl. I Nr. 244/2021, welche (auszugsweise) lauten:

„(6) Schulen … dürfen … für Zwecke des Unterrichts … in dem dadurch gerechtfertigten Umfang Vervielfältigungsstücke in der für eine bestimmte Schulklasse … erforderlichen Anzahl herstellen (Vervielfältigung zum eigenen Schulgebrauch) und verbreiten; dies gilt auch für Musiknoten. Auf anderen als den im Abs. 1 genannten Trägern *(Anm: das sind Papier oder ähnliche Träger)* ist dies aber nur zur Verfolgung nicht kommerzieller Zwecke zulässig. Die Befugnis zur Vervielfältigung zum eigenen Schulgebrauch gilt nicht für Werke, die ihrer Beschaffenheit und Bezeichnung nach zum Schul- oder Unterrichtsgebrauch bestimmt sind.“

„**§ 42g.** (1) Schulen, Universitäten und andere Bildungseinrichtungen dürfen zur Veranschaulichung des Unterrichts oder der Lehre, insbesondere zu deren Unterstützung, Bereicherung oder Ergänzung, veröffentlichte Werke im Rahmen einer digitalen Nutzung vervielfältigen, verbreiten, durch Rundfunk senden, für eine öffentliche Wiedergabe nach § 18 Abs. 3 benutzen und der Öffentlichkeit zur Verfügung stellen, sowie ein Datenbankwerk öffentlich wiedergeben (§ 40g), wenn

1. dies unter der Verantwortung der Bildungseinrichtung in ihren Räumlichkeiten oder an anderen Orten stattfindet oder

2. in einer gesicherten elektronischen Umgebung stattfindet,

zu denen oder der nur die Schüler, die Studierenden und das Lehrpersonal der Bildungseinrichtung Zugang haben und soweit dies zur Verfolgung nicht kommerzieller Zwecke gerechtfertigt ist.

(2) Bei Werken, die ihrer Beschaffenheit und Bezeichnung nach zum Schul- oder Unterrichtsgebrauch bestimmt sind und bei Werken der Filmkunst, deren Erstaufführung entweder im Inland oder in deutscher Sprache oder in einer Sprache einer in Österreich anerkannten Volksgruppe vor höchstens zwei Jahren stattgefunden hat, darf die Nutzung geringfügige Auszüge des Werkes von in der Regel bis zu zehn Prozent des Werkes nicht überschreiten. Einzelne Werke der bildenden Künste und Darstellungen der in § 2 Z 3 bezeichneten Art oder sonstige Werke geringen Umfangs und vergriffene Werke dürfen vollständig genutzt werden. Geringfügige Auszüge solcher Werke oder solche Werke und Darstellungen dürfen aber nicht genutzt werden, soweit Bewilligungen für Nutzungen zu angemessenen Bedingungen erlangt werden können. Ein Urheber oder Werknutzungsberechtigter, der die Nutzung für ein Werk ausschließen will, hat allgemeine Bedingungen für die Nutzung seiner Werke über das Internet zugänglich zu machen und sicher zu stellen, dass er auf Anfragen um Nutzungsbewilligungen rasch reagieren kann.

(3) Die Verwertungshandlung nach Abs. 1 Z 2 findet in dem Mitgliedstaat der Europäischen Union oder Vertragsstaat des Übereinkommens über den Europäischen Wirtschaftsraum statt, in dem die Bildungseinrichtung ihren Sitz hat.

(4) Für die Nutzung nach Abs. 1 steht dem Urheber ein Anspruch auf angemessene Vergütung zu. Ein solcher Anspruch kann nur von Verwertungsgesellschaften geltend gemacht werden.

(5) Die freie Werknutzung nach Abs. 1 kann vertraglich nicht abbedungen werden.“.

treffenden Schulstufe geeignet zu sein. *(BGBl. I Nr. 52/2010, Z 1)*

(3) Der zuständige Bundesminister kann nach den Erfordernissen für die Erfüllung des Lehrplanes der einzelnen Schularten durch Verordnung bestimmen, mit welchen Unterrichtsmitteln der Schulerhalter eine Schule mindestens auszustatten hat (Grundausstattung mit Unterrichtsmitteln). *(BGBl. Nr. 139/1974 idF BGBl. Nr. 455/1992, Z 1, BGBl. Nr. 468/1995, Z 2 und BGBl. I Nr. 78/2001, Z 2)*

(4) Der Lehrer darf nur solche Unterrichtsmittel im Unterricht einsetzen, die nach dem Ergebnis seiner gewissenhaften Prüfung den Voraussetzungen nach Abs. 2 entsprechen oder vom zuständigen Bundesminister als für den Unterrichtsgebrauch geeignet erklärt worden sind (Abs. 5). *(BGBl. Nr. 139/1974 idF BGBl. Nr. 455/1992, Z 1, BGBl. Nr. 468/1995, Z 2 und BGBl. I Nr. 78/2001, Z 3)*

(5) Auf Antrag des Urhebers, Herausgebers, Verlegers oder Herstellers hat der zuständige Bundesminister ein Unterrichtsmittel als für den Unterrichtsgebrauch geeignet zu erklären, wenn es den Voraussetzungen nach Abs. 2 entspricht und dessen Anschaffung und Einsatz im Unterricht wirtschaftlich, sparsam sowie zweckmäßig ist. Diese Eignungserklärung darf sich nicht auf Lesestoffe (Originaltexte der Literatur) oder auf Arbeitsmittel (Behelfe zum Schreiben, Zeichnen, Messen, Rechnen und für den praktischen Unterricht sowie Fachskizzen) beziehen. *(BGBl. Nr. 139/1974 idF BGBl. Nr. 455/1992, Z 1, BGBl. Nr. 468/1995, Z 2, BGBl. I Nr. 78/2001, Z 2 und BGBl. I Nr. 52/2010, Z 2)*

(6) Das Schulforum bzw., wo ein solches nicht eingerichtet ist, die Schulkonferenz (in Schulen, die in Fachabteilungen gegliedert sind, die Abteilungskonferenz) hat festzulegen, mit welchen Unterrichtsmitteln (ausgenommen Lesestoffe und Arbeitsmittel) die Schüler auszustatten sind. Der Klassenvorstand hat den Schülern bis zum Ende des Unterrichtsjahres die im nächsten Schuljahr erforderlichen Unterrichtsmittel bekanntzugeben. *(BGBl. Nr. 767/1996, Z 16)*

(7) Das Schulforum bzw. der Schulgemeinschaftsausschuß können Richtlinien über die Wiederverwendung von Schulbüchern in der Schule erstellen. *(BGBl. I Nr. 22/1998, Z 1)*

(8) Die vorstehenden Absätze sind auf Unterrichtsmittel für den Religionsunterricht nicht anzuwenden.

(9) Mit welchen Lesestoffen und Arbeitsmitteln die Schüler auszustatten sind, hat der Lehrer nach den Erfordernissen für die Erfüllung des Lehrplanes festzulegen, wobei er aus didaktischen Gründen oder zum Zweck der Arbeitsvereinfachung auch Richtlinien hinsichtlich der Art, Größe und Ausstattung von Arbeitsmitteln geben kann.

IKT gestützter Unterricht

§ 14a. (1) Digitale Endgeräte sind Einrichtungen zur elektronischen oder nachrichtentechnischen Übermittlung, Speicherung und Verarbeitung von Sprache, Text, Stand- und Bewegtbildern sowie Daten, die zur Datenverarbeitung und -kommunikation eingesetzt werden können, insbesondere Notebooks oder Tablets.

(2) IKT-gestützter Unterricht ist Unterrichts- und Erziehungsarbeit unter Einsatz digitaler Endgeräte als Arbeitsmittel sowie von digitalen Lern- und Arbeitsplattformen, allenfalls auch unter Verwendung elektronischer Kommunikation.

(3) Der Bundesminister für Bildung, Wissenschaft und Forschung kann mit Verordnung Vorgaben über die Art und die technischen Erfordernisse für IKT-gestützten Unterricht, digitale Endgeräte und digitale Lern- und Arbeitsplattformen festlegen.

(BGBl. I Nr. 19/2021, Art. 2 Z 1)

Eignungserklärung von Unterrichtsmitteln

§ 15. (1) Bevor der zuständige Bundesminister ein Unterrichtsmittel als für den Unterrichtsgebrauch geeignet erklärt (§ 14 Abs. 5), hat er ein Gutachten einer Gutachterkommission

1. über das Vorliegen der Voraussetzungen nach § 14 Abs. 2,
2. zur Feststellung der Zweckmäßigkeit des Einsatzes des Unterrichtsmittels im Unterricht und
3. zur Feststellung, auf welche Weise das Unterrichtsmittel zur Erlangung von fächerübergreifenden Bildungszielen und Kompetenzen im Sinne der Aufgaben der österreichischen Schule (§ 2 des Schulorganisationsgesetzes) beiträgt,

einzuholen, sofern es sich nicht um Hörfunk- oder Fernsehsendungen handelt, an deren Herstellung ein Vertreter des zuständigen Bundesministeriums als Berater teilgenommen hat. *(BGBl. I Nr. 52/2010, Z 3)*

(2) Zum Zweck der Abgabe der Gutachten hat der zuständige Bundesminister Sachverständige in Gutachterkommissionen zu berufen, die für einen oder mehrere Unterrichtsgegenstände einer oder mehrerer Schularten zu-

ständig sind. Die Berufung hat jeweils auf die Dauer von vier Jahren zu erfolgen. Jede Gutachterkommission hat ihren Vorsitzenden aus ihrer Mitte zu wählen. *(BGBl. Nr. 139/1974 idF BGBl. Nr. 455/1992, Z 1, BGBl. Nr. 468/1995, Z 2 und BGBl. I Nr. 78/2001, Z 2)*

(3) Der Vorsitzende hat jeden Geschäftsfall einem oder mehreren Mitgliedern der Gutachterkommission zuzuweisen (Berichterstatter) oder beim zuständigen Bundesminister die Beiziehung eines nicht der Kommission angehörenden Sachverständigen als Berichterstatter mit beratender Stimme zu beantragen, wenn dies wegen der Art des Geschäftsfalles oder zur Beschleunigung des Verfahrens notwendig erscheint. Die Beschlüsse der Gutachterkommissionen werden mit unbedingter Stimmenmehrheit gefaßt, bei Stimmengleichheit entscheidet die Stimme des Vorsitzenden. Bei Beschlüssen, die mit einer geringeren als der Zweidrittelmehrheit gefaßt werden, ist dem Gutachten auch die Stellungnahme der Minderheit anzuschließen, wenn diese den Anschluß ihres Votums (Minderheitsvotum) verlangt. *(BGBl. Nr. 139/1974 idF BGBl. Nr. 455/1992, Z 1, BGBl. Nr. 468/1995, Z 2 und BGBl. I Nr. 78/2001, Z 3)*

(4) Die näheren Bestimmungen über die Zahl der Mitglieder und den Geschäftsbereich der einzelnen Kommissionen sowie über die Geschäftsbehandlung hat der zuständige Bundesminister durch Verordnung nach den Erfordernissen einer möglichst gründlichen, zeit- und kostensparenden Erstellung der Gutachten zu regeln. *(BGBl. Nr. 139/1974 idF BGBl. Nr. 455/1992, Z 1, BGBl. Nr. 468/1995, Z 2 und BGBl. I Nr. 78/2001, Z 2)*

(5) Der zuständige Bundesminister kann durch Verordnung ein gegenüber Abs. 1 bis 4 abgekürztes Verfahren vorsehen, wenn

1. es sich um Aktualisierungen oder Neuauflagen von bereits als geeignet erklärten Unterrichtsmitteln handelt oder
2. keine zureichende Aussicht auf Feststellung der Eignung des Unterrichtsmittels nach den Kriterien des § 14 Abs. 2 oder des § 15 Abs. 1 Z 2 oder 3 besteht.

Im Fall der Feststellung der Nichteignung eines Unterrichtsmittels im abgekürzten Verfahren nach Z 2 kann der Urheber, Herausgeber, Verleger oder Hersteller einen nochmaligen Antrag gemäß § 14 Abs. 5 stellen, der einem Verfahren gemäß Abs. 1 bis 4 zuzuführen ist. *(BGBl. I Nr. 52/2010, Z 4)*

Unterrichtssprache

§ 16. (1) Unterrichtssprache ist die deutsche Sprache, soweit nicht für Schulen, die im besonderen für sprachliche Minderheiten bestimmt sind, durch Gesetz oder durch zwischenstaatliche Vereinbarungen anderes vorgesehen ist.

(2) Soweit gemäß § 4 Abs. 3 des Schulorganisationsgesetzes an Privatschulen die Auswahl der Schüler nach der Sprache zulässig ist, kann die betreffende Sprache auch als Unterrichtssprache in solchen Privatschulen verwendet werden.

(3) Darüber hinaus kann die zuständige Schulbehörde auf Antrag des Schulleiters, bei Privatschulen auf Antrag des Schulerhalters, die Verwendung einer lebenden Fremdsprache als Unterrichtssprache (Arbeitssprache) anordnen, wenn dies wegen der Zahl von fremdsprachigen Personen, die sich in Österreich aufhalten, oder zur besseren Ausbildung in Fremdsprachen zweckmäßig erscheint und dadurch die allgemeine Zugänglichkeit der einzelnen Formen und Fachrichtungen der Schularten nicht beeinträchtigt wird. Diese Anordnung kann sich auch auf einzelne Klassen oder einzelne Unterrichtsgegenstände beziehen. Zwischenstaatliche Vereinbarungen bleiben davon unberührt. *(BGBl. Nr. 767/1996, Z 18 idF BGBl. I Nr. 75/2013, Art. 1 Z 2)*

5. Abschnitt
Unterrichtsarbeit und Schülerbeurteilung

Unterrichtsarbeit

§ 17. (1) Der Lehrer hat in eigenständiger und verantwortlicher Unterrichts- und Erziehungsarbeit die Aufgabe der österreichischen Schule (§ 2 des Schulorganisationsgesetzes) zu erfüllen. In diesem Sinne und entsprechend dem Lehrplan der betreffenden Schulart hat er unter Berücksichtigung der Entwicklung der Schüler und der äußeren Gegebenheiten den Lehrstoff des Unterrichtsgegenstandes dem Stand der Wissenschaft entsprechend zu vermitteln, eine gemeinsame Bildungswirkung aller Unterrichtsgegenstände anzustreben, den Unterricht anschaulich und gegenwartsbezogen zu gestalten, die Schüler zur Selbsttätigkeit und zur Mitarbeit in der Gemeinschaft anzuleiten, jeden Schüler nach Möglichkeit zu den seinen Anlagen entsprechenden besten Leistungen zu führen, durch geeignete Methoden und durch zweckmäßigen Einsatz von Unterrichtsmitteln den Ertrag des Unterrichtes als Grundlage weiterer Bildung zu sichern und durch entsprechende Übungen zu festigen. Darüber hinaus sind unter Bedachtnahme auf die lehrplanmäßigen Anforderungen an die Unterrichtsgestaltung sowie auf die konkrete Lernsituation der Schüler in angemessenem Ausmaß angeleitete Bewegungselemente in den

Unterricht und an ganztägigen Schulformen auch in die Lernzeiten zu integrieren. Im Betreuungsteil an ganztägigen Schulformen hat der Lehrer in eigenständiger und verantwortlicher Erziehungsarbeit die im § 2 Abs. 3 des Schulorganisationsgesetzes grundgelegte Aufgabe zu erfüllen. *(BGBl. Nr. 139/1974 idF BGBl. Nr. 514/1993, Z 7 und BGBl. I Nr. 38/2015, Art. 5 Z 1)*

(1a) Die zuständige Bundesministerin oder der zuständige Bundesminister hat für einzelne Schulstufen der in § 1 genannten Schularten (Formen, Fachrichtungen) Bildungsstandards zu verordnen, wenn dies für die Entwicklung und Evaluation des österreichischen Schulwesens notwendig ist. Dabei gilt Folgendes:

1. Bildungsstandards sind konkret formulierte Lernergebnisse, die sich gemäß dem Lehrplan der jeweiligen Schulart (Form, Fachrichtung) auf einzelne Pflichtgegenstände oder auf mehrere in fachlichem Zusammenhang stehende Pflichtgegenstände beziehen. Bildungsstandards verfolgen das Ziel der nachhaltigen Ergebnisorientierung in der Planung und Durchführung von Unterricht, der bestmöglichen Diagnostik und individuellen Förderung durch konkrete Vergleichsmaßstäbe und der Unterstützung der Qualitätsentwicklung in der Schule. Die insbesondere im Rahmen von nationalen Kompetenzerhebungen zu erhebenden individuellen Lernergebnisse zeigen das Ausmaß des Erreichens der Bildungsstandards auf. Kompetenzerhebungen fließen als Informationsfeststellungen nicht in die Leistungsbeurteilung ein.
2. Verpflichtende nationale Kompetenzerhebungen finden periodisch oder bedarfsorientiert statt. Darüber hinaus kann die Lehrperson bei Bedarf zum Zweck der Förderung im Rahmen ihrer Unterrichtsarbeit Kompetenzerhebungen durchführen (ergänzende Kompetenzerhebung), diese können auch durch die Schulleitung angeordnet werden.
3. Die Lehrperson hat bei der Planung und Gestaltung ihrer Unterrichtsarbeit die Kompetenzen und die darauf bezogenen Bildungsstandards zu berücksichtigen sowie die Leistungen der Schülerinnen und Schüler in diesen Bereichen zu beobachten, zu fördern und bestmöglich zu sichern. Zu diesem Zweck ist auch eine Einschätzung der überfachlichen Kompetenzen, insbesondere der personalen, motivationalen, lernmethodischen und sozialen Kompetenzen der Schülerin bzw. des Schülers vorzunehmen, wenn die Einwilligung der Erziehungsberechtigten einer Schülerin oder eines Schülers dazu vorliegt.[11]) *Zu diesem Zweck kann mit Einwilligung der Erziehungsberechtigten einer Schülerin oder eines Schülers auch eine Einschätzung der überfachlichen Kompetenzen, insbesondere der personalen, motivationalen, lernmethodischen und sozialen Kompetenzen der Schülerin bzw. des Schülers vorgenommen werden.*
4. Die Verordnung hat Bildungsstandards, deren Zielsetzung und Form der Überprüfung sowie die inhaltliche Ausgestaltung der Instrumente der Einschätzungen der überfachlichen Kompetenzen festzulegen. Die Verordnung hat weiters festzulegen, auf welchen Schulstufen die Einschätzung der überfachlichen Kompetenzen erfolgt Es ist vorzusehen, dass die Ergebnisse von Kompetenzerhebungen so auszuwerten und rückzumelden sind, dass sie für die individuelle sowie standortbezogene Förderplanung und Unterrichtsentwicklung ebenso wie für die langfristige systematische Qualitätsentwicklung in den Schulen nutzbringend verwertet werden können.

(BGBl. I Nr. 227/2022, Art. 1 Z 1 und 4)

(1b) In der Mittelschule sind Schülerinnen und Schüler ab der 6. Schulstufe durch Maßnahmen der Differenzierung sowie der Begabungs- und Begabtenförderung nach Möglichkeit zum Bildungsziel des Leistungsniveaus „Standard AHS„, jedenfalls aber zu jenem des Leistungsniveaus „Standard" zu führen. *(BGBl. I Nr. 101/2018, Art. 4 Z 5)*

(2) Zur Ergänzung der Unterrichtsarbeit können den Schülern auch Hausübungen aufgetragen werden, die jedoch so vorzubereiten sind, daß sie von den Schülern ohne Hilfe anderer durchgeführt werden können. Bei der Bestimmung des Ausmaßes der Hausübungen ist auf die Belastbarkeit der Schüler, insbesondere auf die Zahl der Unterrichtsstunden an den betreffenden Schultagen, die in den übrigen Unterrichtsgegenständen gestellten Hausübungen und allfällige Schulveranstaltungen Bedacht zu nehmen. Hausübungen, die an Samstagen, Sonntagen oder Feiertagen oder während der Weihnachtsferien, der Semesterferien, der Osterferien, der Pfingstferien, der Herbstferien oder der Hauptferien

---

[11]) Der grau unterlegte zweite Satz der Z 3 idF der Novelle BGBl. I Nr. 227/2022 tritt gemäß § 82 Abs. 23 Z 2 idF der Novelle BGBl. I Nr. 121/2024 mit 1. September 2028 in Kraft (Art. 2 Z 14 der Novelle BGBl. I Nr. 121/2024 hat in § 82 Abs. 23 Z 2 das Inkrafttreten von 1. September 2025 auf 1. September 2028 abgeändert). *Der kursiv gedruckte zweite Satz der Z 3* ist bis Ablauf des 31. August 2028 in Kraft.

erarbeitet werden müßten, dürfen – ausgenommen an den lehrgangsmäßigen Berufsschulen – nicht aufgetragen werden. *(BGBl. Nr. 139/1974 idF BGBl. Nr. 231/1977, Art. I Z 8 und BGBl. I Nr. 170/2021, Art. 2 Z 2)*

(3) entfallen (BGBl. I Nr. 138/2017, Art. 16 Z 23)

(4) Für Kinder, bei denen gemäß § 8 Abs. 1 des Schulpflichtgesetzes 1985 ein sonderpädagogischer Förderbedarf festgestellt wurde, hat die Schulkonferenz unter Bedachtnahme auf diese Feststellung zu entscheiden, ob und in welchen Unterrichtsgegenständen der Schüler oder die Schülerin nach dem Lehrplan einer anderen Schulstufe, als der seinem oder ihrem Alter entsprechenden, zu unterrichten ist. Dabei ist anzustreben, dass der Schüler oder die Schülerin die für ihn bestmögliche Förderung erhält. *(BGBl. I Nr. 138/2017, Art. 16 Z 24)*

(5) Innerhalb der Vorschulstufe und der ersten drei Schulstufen der Volksschule und der Sonderschule sind die Schüler berechtigt, während des Unterrichtsjahres in die nächsthöhere oder nächstniedrigere Schulstufe zu wechseln, wenn dadurch der Lernsituation des Schülers eher entsprochen wird und eine Unter- oder Überforderung in körperlicher oder geistiger Hinsicht nicht zu befürchten ist. Über den Wechsel von Schulstufen während des Unterrichtsjahres hat die Schulkonferenz auf Antrag der Erziehungsberechtigten oder des Klassenlehrers zu entscheiden. Diese Entscheidung ist den Erziehungsberechtigten unverzüglich unter Angabe der Gründe und einer Belehrung über die Widerspruchsmöglichkeit bekanntzugeben. *(BGBl. I Nr. 133/1998, Z 1 idF BGBl. I Nr. 75/2013, Art. 1 Z 4, BGBl. I Nr. 56/2016, Art. 5 Z 8 und 9 und BGBl. I Nr. 101/2018, Art. 4 Z 6)*

Leistungsbeurteilung[12])

§ 18. (1) Die Beurteilung der Leistungen der Schüler in den einzelnen Unterrichtsgegenständen hat der Lehrer durch Feststellung der Mitarbeit der Schüler im Unterricht sowie durch besondere in die Unterrichtsarbeit eingeordnete mündliche, schriftliche und praktische oder nach anderen Arbeitsformen ausgerichtete Leistungsfeststellungen zu gewinnen. Maßstab für die Leistungsbeurteilung sind die Forderungen des Lehrplanes unter Bedachtnahme auf den jeweiligen Stand des Unterrichtes. *(BGBl. Nr. 139/1974 idF BGBl. Nr. 455/1992, Z 5, BGBl. I Nr. 56/2016, Art. 5 Z 10 und BGBl. I Nr. 101/2018, Art. 4 Z 7)*

(2) Für die Beurteilung der Leistungen der Schüler sind folgende Beurteilungsstufen (Noten) zu verwenden: Sehr gut (1), Gut (2), Befriedigend (3), Genügend (4), Nicht genügend (5). In der Volksschule und der Sonderschule (Primarschule) ist der Beurteilung der Leistungen durch Noten eine schriftliche Erläuterung hinzuzufügen. In der Sonderschule (Sekundarstufe I) sowie an der Mittelschule kann das Klassenforum oder das Schulforum beschließen, dass der Beurteilung der Leistungen durch Noten eine schriftliche Erläuterung hinzuzufügen ist. *(BGBl. Nr. 139/1974 idF BGBl. I Nr. 133/1998, Z 2, BGBl. I Nr. 36/2012, Art. 2 Z 5 und BGBl. I Nr. 101/2018, Art. 4 Z 8)*

(3) Durch die Noten ist die Selbständigkeit der Arbeit, die Erfassung und die Anwendung des Lehrstoffes, die Durchführung der Aufgaben und die Eigenständigkeit des Schülers zu beurteilen.

(4) Vorgetäuschte Leistungen sind nicht zu beurteilen.

(5) Das Verhalten des Schülers in der Schule (§ 21) darf in die Leistungsbeurteilung nicht einbezogen werden.

(6) Schüler, die wegen einer körperlichen Behinderung eine entsprechende Leistung nicht erbringen können oder durch die Leistungsfeststellung gesundheitlich gefährdet wären, sind entsprechend den Forderungen des Lehrplanes unter Bedachtnahme auf den wegen der körperlichen Behinderung bzw. gesundheitlichen Gefährdung erreichbaren Stand des Unterrichtserfolges zu beurteilen, soweit die Bildungs- und Lehraufgabe des betreffenden Unterrichtsgegenstandes grundsätzlich erreicht wird. *(BGBl. Nr. 211/1986, Art. I Z 8)*

(7) Der zuständige Bundesminister hat durch Verordnung zu bestimmen, bei welchen Pflichtgegenständen die äußere Form der Arbeit einen wesentlichen Bestandteil der Leistung darstellt und bei der Leistungsbeurteilung mit zu berücksichtigen ist. *(BGBl. Nr. 139/1974 idF BGBl. Nr. 211/1986, Art. I Z 8, BGBl. Nr. 455/1992, Z 1, BGBl. Nr. 468/1995, Z 2 und BGBl. I Nr. 78/2001, Z 2)*

(8) Bei der Beurteilung der Leistungen eines Schülers in Musikerziehung, Bildnerischer Erziehung und Werkerziehung (Technisches Werken, Textiles Werken) sowie Bewegung und Sport sind mangelnde Anlagen und mangelnde körperliche Fähigkeiten bei erwiesenem Leistungswillen zugunsten des Schülers zu berücksichtigen. Dieser Absatz gilt insoweit nicht, als einer der genannten Gegenstände für die Aufgabe einer Schulart von besonderer Bedeutung ist. *(BGBl. Nr. 139/1974 idF BGBl. Nr. 211/1986, Art. I Z 8, BGBl. Nr. 472/1986, Art. V, BGBl. Nr. 767/1996, Z 20 und BGBl. I Nr. 91/2005, Art. 6 Z 1)*

---

[12]) Siehe auch §§ 18a und 18b.

(9) Die Leistungen von Schulpflichtigen, die gemäß § 4 Abs. 2 wegen mangelnder Kenntnis der Unterrichtssprache als außerordentliche Schüler aufgenommen worden sind, sind unter Berücksichtigung ihrer Sprachschwierigkeiten zu beurteilen. *(BGBl. Nr. 139/1974 idF BGBl. Nr. 211/1986, Art. I Z 8)*

(10) Der zuständige Bundesminister hat durch Verordnung nach den Aufgaben der einzelnen Schularten und nach der Art der einzelnen Unterrichtsgegenstände nähere Bestimmungen für den Aufbau und die Durchführung von Leistungsfeststellungen und die Beurteilung der Leistungen der Schüler zu erlassen. *(BGBl. Nr. 139/1974 idF BGBl. Nr. 211/1986, Art. I Z 8, BGBl. Nr. 455/1992, Z 1, BGBl. Nr. 468/1995, Z 2 und BGBl. I Nr. 78/2001, Z 2)*

(11) Wenn die Leistungen von mehr als der Hälfte der Schüler bei einer schriftlichen oder graphischen Leistungsfeststellung mit „Nicht genügend" zu beurteilen sind, so ist sie mit neuer Aufgabenstellung ein Mal zu wiederholen. Als Grundlage für die Beurteilung ist in diesem Falle jene Leistungsfeststellung heranzuziehen, bei der der Schüler die bessere Leistung erbracht hat. *(BGBl. Nr. 139/1974 idF BGBl. Nr. 211/1986, Art. I Z 8)*

(12) Auf Antrag eines Schülers, dessen Muttersprache nicht die Unterrichtssprache der betreffenden Schule ist, hat der Schulleiter zu bestimmen, daß hinsichtlich der Beurteilung die Unterrichtssprache an die Stelle der lebenden Fremdsprache tritt, wenn eine lebende Fremdsprache als Pflichtgegenstand in der betreffenden Schulstufe lehrplanmäßig vorgesehen ist; der Schüler hat in seiner Muttersprache Leistungen nachzuweisen, die jenen eines Schülers deutscher Muttersprache im Pflichtgegenstand Deutsch entsprechen, allenfalls auch im Wege von Externistenprüfungen (§ 42), sofern die Durchführung von Prüfungen in der betreffenden Sprache möglich ist. Dasselbe gilt sinngemäß für die Pflichtgegenstände Kaufmännischer Schriftverkehr, Phonotypie, Textverarbeitung, Kurzschrift und Maschinschreiben. Das Jahreszeugnis ist mit einem entsprechenden Vermerk zu versehen. Dieser Absatz gilt nicht für Bildungsanstalten für Elementarpädagogik und für Bildungsanstalten für Sozialpädagogik. *(BGBl. Nr. 139/1974 idF BGBl. Nr. 211/1986, Art. I Z 8 und 9, BGBl. Nr. 455/1992, Z 6, BGBl. Nr. 514/1993, Z 9 und BGBl. I Nr. 56/2016, Art. 5 Z 11)*

(13) Pflichtpraktika und Praktika außerhalb des schulischen Unterrichtes, verbindliche und unverbindliche Übungen sowie therapeutische und funktionelle Übungen sowie Kurse im Zusammenhang mit der Feststellung des sonderpädagogischen Förderbedarfes (§ 8 Abs. 2 und 3 des Schulpflichtgesetzes 1985) sind nicht zu beurteilen. Dies gilt nicht für Pflichtpraktika an der Höheren Lehranstalt für Pflege und Sozialbetreuung. *(BGBl. Nr. 514/1993, Z 10 idF BGBl. I Nr. 165/2022, Art. 2 Z 3)*

(14) Die von Schülerinnen und Schülern von Deutschförderklassen gemäß § 8h Abs. 2 des Schulorganisationsgesetzes erbrachten Leistungen unterliegen keiner Beurteilung im Sinne der vorstehenden Absätze. Zur Feststellung des Sprachstandes von Schülern von Deutschförderklassen sind standardisierte Testverfahren zur Verfügung zu stellen, die vom Schulleiter oder auf Anordnung der zuständigen Schulbehörde von dieser jedenfalls am Ende des betreffenden Semesters durchzuführen sind. Die Testverfahren sind so zu gestalten, dass sie Rückschlüsse für den weiteren Schulbesuch

1. als ordentlicher Schüler ohne besondere Sprachförderung oder
2. als außerordentlicher Schüler mit Sprachförderung in Deutschförderkursen gemäß § 8h Abs. 3 des Schulorganisationsgesetzes oder
3. als außerordentlicher Schüler mit Fortsetzung der Sprachförderung in Deutschförderklassen gemäß § 8h Abs. 2 des Schulorganisationsgesetzes

geben. *(BGBl. I Nr. 35/2018, Art. 3 Z 7 idF BGBl. I Nr. 37/2023, Art. 2 Z 1)*

(15) Zur Feststellung des Erreichens der erforderlichen Sprachkompetenz ist bei Schülerinnen und Schülern von Deutschförderkursen gemäß § 8h Abs. 3 des Schulorganisationsgesetzes jedenfalls am Ende eines jeden Semesters ein standardisiertes Testverfahren nach Maßgabe des § 18 Abs. 14 durchzuführen. *(BGBl. I Nr. 35/2019, Art. 2 Z 1)*

(16) Für Schülerinnen und Schüler einer Deutschförderklasse oder eines Deutschförderkurses kann nach Teilnahme am Förderunterricht gemäß § 8 lit. g sublit. dd des Schulorganisationsgesetzes (Sommerschule) bis zu zwei Wochen nach Beginn des Schuljahres eine neuerliche Testung des Sprachstandes und Einstufung stattfinden. *(BGBl. I Nr. 232/2021, Art. 2 Z 3)*

Alternative Leistungsbeurteilung und Leistungsinformation in der Volks- und Sonderschule[13])

§ 18a. (1) In der 1. und 2. Klasse der Volks- und Sonderschulen kann das Klassen-

[13]) Siehe auch RS Nr. 20/2017 betreffend Informationen zum Bildungsreformgesetz 2017 sowie zur Jahres- und Semesterinformation (1.12.13.).

forum hinsichtlich einzelner Schulstufen festlegen, dass an Stelle der Beurteilung der Leistungen gemäß den Bestimmungen der §§ 18 und 20 bis einschließlich des 1. Semesters der 2. Schulstufe eine Information der Erziehungsberechtigten über die Lern- und Entwicklungssituation der Schülerinnen und Schüler nach Maßgabe der nachstehenden Absätze zu erfolgen hat. Eine solche Festlegung ist innerhalb der ersten neun Wochen des Schuljahres zu treffen.

(2) Die Information über die Lern- und Entwicklungssituation hat jeweils am Ende des 1. Semesters in Form einer schriftlichen Semesterinformation und am Ende des ersten Unterrichtsjahres in Form einer schriftlichen Jahresinformation zu erfolgen.

(3) Den schriftlichen Informationen gemäß Abs. 2 hat jeweils ein Bewertungsgespräch mit der Klassenlehrerin oder dem Klassenlehrer voranzugehen, zu dem die Erziehungsberechtigten und die Schülerin oder der Schüler einzuladen sind. Erforderlichenfalls sind weitere unterrichtende Lehrerinnen und Lehrer beizuziehen. Den Bewertungsgesprächen und den Informationen sind der Lehrplan und der bis dahin erfolgte Unterricht zu Grunde zu legen. Es sind die von der Schülerin oder vom Schüler erbrachten Leistungen anhand der festgestellten Lernfortschritte zu erörtern. Dabei sind – gemessen an den Lernzielen – Leistungsstärken, Begabungen und allfällige Mängel jedenfalls hinsichtlich der Selbständigkeit der Arbeit, des Erfassens und Anwendens des Lehrstoffes, der Durchführung der Aufgaben und der Eigenständigkeit hervorzuheben und zu dokumentieren. Ferner sind die Persönlichkeitsentwicklung der Schülerin oder des Schülers sowie ihr bzw. sein Verhalten in der Gemeinschaft zu erörtern. Für die Abhaltung der Bewertungsgespräche können auch die für die Sprechtage gemäß § 19 Abs. 1 vorgesehenen Tage herangezogen werden.

(4) Die Bestimmungen des § 18 Abs. 3 bis 9 und des § 21 Abs. 3 finden mit der Maßgabe Anwendung, dass an die Stelle der Beurteilung der Leistungen die Beschreibung der Lernsituation und an die Stelle der Beurteilung des Verhaltens die Beschreibung der Entwicklungssituation tritt.

(5) Die Informationen gemäß Abs. 2 und die Gespräche gemäß Abs. 3 haben ausschließlich Informationscharakter.

(6) Auf Verlangen der Erziehungsberechtigten der Schülerin oder des Schülers ist ihr oder ihm zusätzlich zur Information über die Lern- und Entwicklungssituation eine Schulnachricht (§ 19) bzw. ein Jahreszeugnis (§ 22) auszustellen. Dieser bzw. diesem ist die Beurteilung der Leistungen gemäß §§ 18, 19 Abs. 1 und 2 sowie 20 zu Grunde zu legen; § 18 Abs. 2 zweiter Satz ist nicht anzuwenden. Das Begehren der Erziehungsberechtigten ist im Rahmen des Bewertungsgesprächs des 1. Semesters (Abs. 3) zu stellen.

(7) Das zuständige Regierungsmitglied hat durch Verordnung die näheren Bestimmungen über Form, Inhalt und Durchführung der Bewertungsgespräche sowie über die Gestaltung der Semester- und Jahresinformationen zu erlassen.

(BGBl. I Nr. 101/2018, Art. 4 Z 10)

Leistungsfeststellung und Leistungsbeurteilung mittels elektronischer Kommunikation

§ 18b. (1) Die Leistungsfeststellung und die Leistungsbeurteilung der Schülerinnen und Schüler kann in einzelnen Unterrichtsgegenständen im Wege der elektronischen Kommunikation erfolgen. Dabei ist eine Form der Leistungsfeststellung zu wählen, die eine sichere Beurteilung der Leistungen der Schülerinnen und Schüler in einer gesicherten Prüfungsumgebung zulässt.

(2) Eine gesicherte Prüfungsumgebung liegt dann vor, wenn die Lehrperson aufgrund der Prüfungsgestaltung und der technischen und örtlichen Gegebenheiten mit an Sicherheit grenzender Wahrscheinlichkeit ausschließen kann, dass die Vortäuschung einer Leistung möglich ist. Die Schülerin oder der Schüler hat in Bezug auf ihre oder seine unmittelbare räumliche Umgebung glaubhaft zu machen, dass die Vortäuschung einer Leistung unmöglich ist.

(BGBl. I Nr. 19/2021, Art. 2 Z 3)

Information der Schülerinnen und Schüler, deren Erziehungsberechtigten und der Lehrberechtigten[14])[15])[16])

§ 19. (1) Die Erziehungsberechtigten von Schülerinnen und Schülern sind von der Beurteilung der Leistungen der Schülerin oder des Schülers durch Schulnachrichten im Sinne der folgenden Bestimmungen in Kenntnis zu setzen. Darüber hinaus ist den Erziehungsberechtigten dieser Schülerinnen

[14]) Siehe auch RS Nr. 15/1997 betreffend Einsichtnahme in schriftliche Arbeiten der Schüler/innen (Kodex 20. Auflage).

[15]) Siehe auch RS Nr. 49/2002 betreffend Auskunftserteilung der Schule gegenüber Eltern volljähriger Schüler (Kodex 17. Auflage).

[16]) Siehe auch RS Nr. 20/2017 betreffend Informationen zum Bildungsreformgesetz 2017 sowie zur Jahres- und Semesterinformation (1.12.13.).

und Schüler an allgemeinbildenden Pflichtschulen durch zwei Sprechtage im Unterrichtsjahr, an allen anderen Schularten – ausgenommen an Berufsschulen – durch die wöchentliche Sprechstunde des einzelnen Lehrers sowie bei Bedarf durch Sprechtage Gelegenheit zu Einzelaussprachen zu geben. An allgemeinbildenden Pflichtschulen haben die Lehrerinnen und Lehrer den Erziehungsberechtigten, an Berufsschulen den Erziehungsberechtigten und den Lehrberechtigten auf deren Verlangen zu Einzelaussprachen zur Verfügung zu stehen.

(1a) An Volks- und Sonderschulen sowie an Mittelschulen sind darüber hinaus regelmäßig Gespräche zwischen Lehrerin oder Lehrer, Erziehungsberechtigten und Schülerin oder Schüler vorzusehen. Dabei sind Leistungsstärken und Leistungsstand der Schülerin oder des Schülers sowie gegebenenfalls schulische oder außerschulische Fördermaßnahmen gemeinsam zu erörtern. In der 6. bis 8. Schulstufe ist in der Mittelschule insbesondere der Leistungsstand im Hinblick auf das Bildungsziel des Leistungsniveaus „Standard AHS“ zu erörtern. Für diese Gespräche können auch die für die Sprechtage gemäß Abs. 1 vorgesehenen Tage herangezogen werden. In Klassen der Volks- und Sonderschulen, hinsichtlich derer anstelle der Beurteilung gemäß §§ 18 und 20 die Information über die Lern- und Entwicklungssituation gemäß § 18a tritt, treten anstelle dieser Gespräche Bewertungsgespräche gemäß § 18a Abs. 3.

(1b) An Polytechnischen Schulen ist jedenfalls einmal im Unterrichtsjahr ein Gespräch zwischen Lehrerin oder Lehrer, Erziehungsberechtigten und Schülerin oder Schüler vorzusehen. Dabei sind die Leistungsstärken und der Lernfortschritt, insbesondere im Hinblick auf weiterführende Ausbildungen, sowie der Berufswunsch der Schülerin oder des Schülers gemeinsam zu erörtern. Für diese Gespräche können auch die für die Sprechtage gemäß Abs. 1 vorgesehenen Tage herangezogen werden.

(2) Am Ende des 1. Semesters ist für jede Schülerin und jeden Schüler eine Schulnachricht auszustellen. Davon ausgenommen sind die Vorschulstufe und Klassen der Volks- und Sonderschule, hinsichtlich derer anstelle der Beurteilung gemäß §§ 18 und 20 eine Information über die Lern- und Entwicklungssituation gemäß § 18a tritt, sofern nicht gemäß § 18a Abs. 6 die Ausstellung einer Schulnachricht verlangt wird, sowie lehrgangs- und saisonmäßige Berufsschulen. Weiters ausgenommen sind die 10. bis 13. Schulstufe von Schulen, an welchen die semestrierte Oberstufe geführt wird. Ferner ausgenommen ist die letzte Schulstufe der allgemeinbildenden höheren Schule, wenn an dieser die ganzjährige Oberstufe geführt wird. Davon abweichend ist an lehrgangsmäßigen Berufsschulen auf Verlangen der Schülerin oder des Schülers eine Schulnachricht auszustellen, sofern der Lehrgang nach mindestens der Hälfte der Lehrgangsdauer unterbrochen wird. Die Schulnachricht hat die Noten der Schülerin oder des Schülers in den einzelnen Unterrichtsgegenständen (§ 18) zu enthalten. In leistungsdifferenzierten Gegenständen ist zur Note auch das Leistungsniveau anzugeben; an Berufsschulen entfällt die Angabe der Leistungsniveaus, doch ist im Falle des Besuches von Pflichtgegenständen mit erweitertem oder vertieftem Bildungsangebot (§ 47 Abs. 3 des Schulorganisationsgesetzes) ein diesbezüglicher Vermerk aufzunehmen, sofern dieser Vermerk nicht wegen der besonderen Bezeichnung dieser Pflichtgegenstände entbehrlich ist. Weiters ist im Falle des § 31c ein diesbezüglicher Vermerk aufzunehmen. Sofern für Schülerinnen und Schüler mit sonderpädagogischem Förderbedarf Lehrpläne verschiedener Schularten oder Schulstufen Anwendung finden, sind Abweichungen vom Lehrplan der Schulart und der Schulstufe, die die Schülerin oder der Schüler besucht, zu vermerken. Ferner hat die Schulnachricht die Note der Schülerin oder des Schülers für das Verhalten in der Schule (§ 21) zu enthalten. Für verbindliche und unverbindliche Übungen sowie für therapeutische und funktionelle Übungen sind nur Teilnahmevermerke aufzunehmen. In Sonderschulen für Kinder mit erhöhtem Förderbedarf ist anstelle der Noten der erreichte Entwicklungsstand der Schülerin oder des Schülers darzustellen; dies gilt auch in Sonderschulen für mehrfach behinderte Kinder, wenn Arten und Ausmaß der Mehrfachbehinderung diese Form der Beurteilung erforderlich machen. In der Mittelschule ist der Schülerin oder dem Schüler in der 8. Schulstufe zusätzlich zur Schulnachricht eine ergänzende differenzierende Leistungsbeschreibung auszustellen, die in schriftlicher Form die Leistungsstärken sowie Lernfortschritte der Schülerin oder des Schülers ausweist. *(BGBl. I Nr. 101/2018, Art. 4 Z 11 idF BGBl. I Nr. 96/2022, Art. 2 Z 4 und 5)*

(3) Wenn die Leistungen einer Schülerin oder eines Schülers allgemein oder in einzelnen Unterrichtsgegenständen in besonderer Weise nachlassen, hat die Klassenlehrerin oder der Klassenlehrer bzw. die Klassenvorständin oder der Klassenvorstand oder die Lehrerin oder der Lehrer des betreffenden Unterrichtsgegenstandes mit den Erziehungsberechtigten Verbindung aufzunehmen.

(3a) Wenn die Leistungen der Schülerin oder des Schülers auf Grund der bisher erbrachten Leistungen in einem Pflichtgegenstand zum Ende eines Semesters mit „Nicht genügend" zu beurteilen wäre, ist dies den Erziehungsberechtigten unverzüglich mitzuteilen und der Schülerin oder dem Schüler sowie den Erziehungsberechtigten von der Klassenlehrerin bzw. vom Klassenlehrer oder der Klassenvorständin bzw. dem Klassenvorstand oder von der unterrichtenden Lehrerin bzw. vom unterrichtenden Lehrer Gelegenheit zu einem beratenden Gespräch zu geben (Frühwarnsystem). Dabei sind insbesondere Fördermaßnahmen zur Vermeidung dieser negativen Beurteilung (zB Analyse der Lerndefizite unter Einbeziehung der individuellen Lern- und Leistungsstärken, Fördermöglichkeiten, Förderunterrichtsangebote, Leistungsnachweise) zu erarbeiten und zu vereinbaren. Dies gilt auch für Klassen der Volks- und Sonderschule, hinsichtlich derer anstelle der Beurteilung gemäß §§ 18 und 20 eine Information über die Lern- und Entwicklungssituation gemäß § 18a tritt, wenn aufgrund der bisher erbrachten Leistungen einer Schülerin oder eines Schülers die nach Maßgabe des Lehrplanes gestellten Anforderungen in der Erfassung und in der Anwendung des Lehrstoffes sowie in der Durchführung der Aufgaben in den wesentlichen Bereichen nicht einmal überwiegend erfüllt würden. Dies gilt darüber hinaus für Berufsschulen mit der Maßgabe, dass die Verständigung auch an die Lehrberechtigten zu ergehen hat und an lehrgangsmäßigen Berufsschulen dann unmittelbar zu erfolgen hat, wenn die Leistungen der Schülerin oder des Schülers auf Grund der bisher erbrachten Leistungen in einem Pflichtgegenstand zum Ende eines Lehrganges mit „Nicht genügend" zu beurteilen wären. Ab der 10. Schulstufe von zumindest dreijährigen mittleren und höheren Schulen sind im Rahmen dieses beratenden Gesprächs auch Unterstützungsmöglichkeiten in Form einer individuellen Lernbegleitung zu erörtern.

(4) Wenn das Verhalten einer Schülerin oder eines Schülers auffällig ist, wenn die Schülerin oder der Schüler seine Pflichten gemäß § 43 Abs. 1 in schwerwiegender Weise nicht erfüllt oder wenn es die Erziehungssituation sonst erfordert, ist dies den Erziehungsberechtigten unverzüglich mitzuteilen und der Schülerin oder dem Schüler sowie den Erziehungsberechtigten von der Klassenlehrerin bzw. dem Klassenlehrer oder von der Klassenvorständin bzw. vom Klassenvorstand oder von der unterrichtenden Lehrerin bzw. vom unterrichtenden Lehrer im Sinne des § 48 Gelegenheit zu einem beratenden Gespräch zu geben (Frühinformationssystem). Dabei sind insbesondere Fördermaßnahmen zur Verbesserung der Verhaltenssituation (zB individuelles Förderkonzept, Ursachenklärung und Hilfestellung durch die Schulpsychologie-Bildungsberatung und den schulärztlichen Dienst) zu erarbeiten und zu beraten. Dies gilt für Berufsschulen mit der Maßgabe, dass die Verständigung auch an die Lehrberechtigte oder den Lehrberechtigten zu ergehen hat; diese Verständigungspflicht besteht nicht an lehrgangsmäßigen Berufsschulen mit einer geringeren Dauer als acht Wochen.

(5) An Schularten mit leistungsdifferenzierten Pflichtgegenständen ist den Erziehungsberechtigten die Zuordnung zu einem anderen Leistungsniveau während des Unterrichtsjahres innerhalb von einer Woche mitzuteilen.

(6) In den Fällen der vorstehenden Absätze treten an die Stelle der Erziehungsberechtigten die Schülerin oder der Schüler selbst, wenn sie volljährig sind.

(7) Die Verständigungen gemäß den Abs. 1 bis 6 haben ausschließlich Informationscharakter.

(8) In der 4. Schulstufe (ausgenommen an Sonderschulen mit eigenem Lehrplan) und in der 8. Schulstufe, in der Mittelschule auch bereits in der 7. Schulstufe, sind die Erziehungsberechtigten gegen Ende des 1. Semesters oder am Beginn des 2. Semesters des Unterrichtsjahres über den nach den Interessen und Leistungen der Schülerin oder des Schülers empfehlenswerten weiteren Bildungsweg mündlich zu informieren, wobei nach Möglichkeit die Schülerin oder der Schüler miteinzubeziehen ist. Die Erziehungsberechtigten sind von der Informationsmöglichkeit nachweislich in Kenntnis zu setzen. Sofern eine mündliche Information nicht möglich ist und eine Information dennoch geboten erscheint, kann diese schriftlich erfolgen. Die Information hat an Schulen mit Klassenlehrersystem auf Grund einer Beratung der Schulkonferenz und an den übrigen Schulen auf Grund einer Beratung der Klassenkonferenz zu erfolgen.

(9) Ist ein Fernbleiben der Schülerin oder des Schülers vom Unterricht in besonderer Weise gegeben, ist mit den Erziehungsberechtigten Verbindung aufzunehmen.

(BGBl. I Nr. 101/2018, Art. 4 Z 11)

Individuelle Lernbegleitung

§ 19a. (1) Ab der 10. Schulstufe von zumindest dreijährigen mittleren und höheren Schulen können Schüler, hinsichtlich derer im Rahmen des Frühwarnsystems (§ 19 Abs. 3a) oder zu einem späteren Zeitpunkt eine individuelle Lernbegleitung von einem unterrichtenden Lehrer und vom Schüler als zur Verbesserung der gesamten Lernsituation zweckmäßig erachtet wird, insbesondere während der Umsetzung vereinbarter Fördermaßnahmen in ihrem Lernprozess begleitet werden.

(2) Die Entscheidung über die individuelle Lernbegleitung (Einrichtung, Dauer, vorzeitige Beendigung) hat der Schulleiter, an Schulen mit Abteilungsgliederung der Abteilungsvorstand, nach Beratung mit dem Klassen- oder Jahrgangsvorstand zu treffen. Die vorzeitige Beendigung der individuellen Lernbegleitung kann vom Lernbegleiter oder vom Schüler wegen bereits erreichten Zieles oder zu erwartender Erfolglosigkeit der individuellen Lernbegleitung verlangt werden.

(3) Im Rahmen der individuellen Lernbegleitung sind methodisch-didaktische Anleitungen und Beratungen zu geben sowie Unterstützung zur Bewältigung der Lehrplananforderungen bereitzustellen. Bei der Planung von Lernsequenzen und der Sicherstellung einer geeigneten individuellen Lernorganisation ist im Besonderen auch auf die Festlegung von lernökonomisch sinnvoll abgestimmten Prüfungsterminen (insbesondere von Semesterprüfungen) zu achten. Der Lernprozess des Schülers ist laufend zu beobachten und durch didaktische Hinweise zu unterstützen. In periodischen Abständen sind Beratungsgespräche in der erforderlichen Zahl, allenfalls unter Hinzuziehung anderer Lehrer, der Erziehungsberechtigten oder sonstiger Personen zu führen und Lernüberprüfungen durchzuführen.

(BGBl. I Nr. 9/2012, Art. 4 Z 7)

Leistungsbeurteilung für eine Schulstufe

§ 20. (1) Der Beurteilung der Leistungen eines Schülers in einem Unterrichtsgegenstand auf einer ganzen Schulstufe hat der Lehrer alle in dem betreffenden Unterrichtsjahr erbrachten Leistungen (§ 18) zugrunde zu legen, wobei dem zuletzt erreichten Leistungsstand das größere Gewicht zuzumessen ist. In der 2. Schulstufe der Volks- und Sonderschulen sind von dieser Beurteilung die im 1. Semester erbrachten Leistungen (§ 18a) mitumfasst. Dabei sind die fachliche Eigenart des Unterrichtsgegenstandes und der Aufbau des Lehrstoffes zu berücksichtigen. *(BGBl. Nr. 367/1982, Art. I Z 11 idF BGBl. I Nr. 101/2018, Art. 4 Z 12)*

(2) Wenn sich bei längerem Fernbleiben des Schülers vom Unterricht und in ähnlichen Ausnahmefällen auf Grund der nach § 18 Abs. 1 gewonnenen Beurteilung eine sichere Beurteilung für die ganze Schulstufe nicht treffen läßt, hat der Lehrer eine Prüfung durchzuführen, von der der Schüler zwei Wochen vorher zu verständigen ist (Feststellungsprüfung). Dabei ist im Fall des Besuches einer Deutschförderklasse während des ersten Semesters und der Fortsetzung des Schulbesuches als ordentlicher Schüler ohne besondere Sprachförderung im zweiten Semester das Ergebnis des standardisierten Testverfahrens gemäß § 18 Abs. 14 nach Maßgabe der lehrplanmäßigen Übereinstimmung in die Leistungsbeurteilung für die betreffende Schulstufe einzubeziehen. *(BGBl. Nr. 139/1974 idF BGBl. I Nr. 35/2018, Art. 3 Z 8)*

(3) Wenn ein Schüler ohne eigenes Verschulden so viel vom Unterricht versäumt, daß die erfolgreiche Ablegung der Prüfung (Abs. 2) nicht zu erwarten ist, ist sie ihm vom Schulleiter auf mindestens acht, höchstens zwölf Wochen – bei lehrgangsmäßigen Berufsschulen höchstens bis zum Beginn des nächsten der Schulstufe entsprechenden Lehrganges im nächsten Schuljahr – zu stunden (Nachtragsprüfung). Hat der Schüler die Nachtragsprüfung nicht bestanden, ist er auf Antrag innerhalb von zwei Wochen zu einer Wiederholung der Nachtragsprüfung zuzulassen; der Antrag ist spätestens am dritten Tag nach Ablegung dieser Prüfung zu stellen. *(BGBl. Nr. 139/1974 idF BGBl. Nr. 767/1996, Z 22)*

(4) Wenn ein Schüler an einer berufsbildenden mittleren oder höheren Schule im praktischen Unterricht oder an einer Bildungsanstalt für Elementarpädagogik oder für Sozialpädagogik in praktischem Unterricht (Praxis, Kindergartenpraxis, Hortpraxis, Heimpraxis ua.) oder Leibeserziehung oder Bewegungserziehung; Bewegung und Sport mehr als das Achtfache der wöchentlichen Stundenzahl eines Pflichtgegenstandes in einem Unterrichtsjahr versäumt, ist ihm Gelegenheit zu geben, die in diesem Pflichtgegenstand geforderten Kenntnisse und Fertigkeiten durch eine Prüfung nachzuweisen, sofern er die Versäumnisse durch eine facheinschlägige praktische Tätigkeit nachgeholt hat. Ist das Nachholen dieser praktischen Tätigkeit während des Unterrichtsjahres nicht möglich, so hat dies in Form einer vierwöchigen facheinschlägigen Ferialpraxis zu erfolgen; in diesem Fall kann die Prüfung zu Beginn des folgenden Schuljahres abgelegt werden. Bei Nichtablegen der Prüfung ist der Schüler in diesem Pflichtgegenstand nicht zu beurteilen. *(BGBl. Nr. 139/1974 idF BGBl. Nr. 211/1986, Art. I Z 12, BGBl. I Nr. 91/2005, Art. 6 Z 2, BGBl. I Nr. 56/2016, Art. 5 Z 11 und 18 und BGBl. I Nr. 101/2018, Art. 4 Z 13)*

(5) Über den Verlauf einer Feststellungsprüfung, einer Nachtragsprüfung und einer Prüfung gemäß Abs. 4, hat der Lehrer eine schriftliche Aufzeichnung zu führen.

(6)[17]) Im Zeitraum von Mittwoch bis Freitag der zweiten Woche vor Ende des Unterrichtsjahres hat eine Klassenkonferenz zur Beratung über die Leistungsbeurteilung der Schüler stattzufinden. Die Entscheidungen der Klassenkonferenz über die Nichtberechtigung zum Aufsteigen in die nächsthöhere Schulstufe oder den nicht erfolgreichen Abschluß der letzten Stufe der besuchten Schulart (§ 25) sind spätestens am folgenden Tag unter Angabe der Gründe und Beifügung einer Belehrung über die Widerspruchsmöglichkeit dem Schüler bekanntzugeben. *(BGBl. Nr. 231/1977, Art. I Z 11 idF BGBl. Nr. 229/1988, Art. I Z 1, BGBl. I Nr. 20/2006, Art. 4 Z 13 und BGBl. I Nr. 75/2013, Art. 1 Z 5)*

(7) Auf die Vorschulstufe sind die Abs. 1 bis 6 und auf die 1. Stufe der Volks- und Sonderschule sind die Abs. 2 bis 6 nicht anzuwenden. Wenn gemäß § 18a eine Information über die Lern- und Entwicklungssituation zu erfolgen hat, sind die Abs. 1 bis 6 nicht anzuwenden. *(BGBl. Nr. 367/1982, Art. I Z 12 idF BGBl. I Nr. 56/2016, Art. 5 Z 19)*

(8) In Sonderschulen für Kinder mit erhöhtem Förderbedarf hat die Schulkonferenz anstelle der Anwendung der Abs. 1 bis 6 nach dem Entwicklungsstand des Schülers zu entscheiden, ob er zum Aufsteigen in die nächsthöhere Lehrplanstufe geeignet ist. In Sonderschulen für mehrfach behinderte Kinder ist diese Regelung anzuwenden, wenn sie durch Art und Ausmaß der Mehrfachbehinderung zu rechtfertigen ist. *(BGBl. Nr. 231/1977, Art. I Z 11 idF BGBl. I Nr. 104/2015, Art. 2 Z 1)*

(9) In lehrgangs- und saisonmäßigen Berufsschulen haben die im Abs. 6 vorgesehene Beratung und die dort vorgesehenen Entscheidungen der Klassenkonferenz in der letzten Lehrgangswoche zu erfolgen *(BGBl. Nr. 231/1977, Art. I Z 11 idF BGBl. Nr. 229/1988, Art. I Z 2 und BGBl. I Nr. 20/2006, Art. 4 Z 14)*

(10) Die Überschrift sowie Abs. 1 bis 4 und 6 gelten für Schulen, an denen die semestrierte Oberstufe geführt wird, ab der 10. Schulstufe mit der Maßgabe, dass

1. in der Überschrift sowie in Abs. 1 und 2 unter „Schulstufe" ein Semester zu verstehen ist,
2. in Abs. 1 und 4 unter „Unterrichtsjahr" ein Semester zu verstehen ist,
3. Abs. 3 letzter Satz nicht Anwendung findet,
4. in Abs. 4 an Stelle des „Achtfachen" das „Vierfache" der wöchentlichen Stundenzahl eines Pflichtgegenstandes zu verstehen ist und eine angemessene, kürzere als die vierwöchige Ferialpraxis vorgesehen werden kann und
5. in Abs. 6 unter „Unterrichtsjahr" das Sommersemester zu verstehen ist und die Klassenkonferenz am Ende des Wintersemesters in der letzten Unterrichtswoche vor dem Ende des ersten Semesters abzuhalten ist.

(BGBl. I Nr. 38/2015, Art. 6 Z 1 idF BGBl. I Nr. 96/2022, Art. 2 Z 6 und 7)

(11) § 18 Abs. 6 und § 20 Abs. 4 sind an Höheren Lehranstalten für Pflege und Sozialbetreuung nicht anzuwenden. *(BGBl. I Nr. 165/2022, Art. 2 Z 4)*

Beurteilung des Verhaltens in der Schule

§ 21. (1) Der zuständige Bundesminister hat durch Verordnung nach den Aufgaben der einzelnen Schularten und der Altersstufe der Schüler zu bestimmen, in welchen Schularten und Schulstufen das Verhalten des Schülers in der Schule zu beurteilen ist. *(BGBl. Nr. 455/1992, Z 8 idF BGBl. Nr. 468/1995, Z 2 und BGBl. I Nr. 78/2001, Z 2)*

(2) Für die Beurteilung des Verhaltens des Schülers in der Schule sind folgende Beurteilungsstufen (Noten) zu verwenden: Sehr zufriedenstellend, Zufriedenstellend, Wenig zufriedenstellend, Nicht zufriedenstellend.

(3) Durch die Noten für das Verhalten des Schülers in der Schule ist zu beurteilen, inwieweit sein persönliches Verhalten und seine Einordnung in die Klassengemeinschaft den Anforderungen der Schulordnung bzw. der Hausordnung entsprechen. Bei der Beurteilung sind die Anlagen des Schülers, sein Alter und sein Bemühen um ein ordnungsgemäßes Verhalten zu berücksichtigen. *(BGBl. Nr. 455/1992, Z 8 idF BGBl. I Nr. 78/2001, Z 9)*

(4) Die Beurteilung ist durch die Klassenkonferenz auf Antrag des Klassenvorstandes zu beschließen.

(BGBl. Nr. 455/1992, Z 8)

Jahreszeugnis, Abschlußzeugnis, Schulbesuchsbestätigung

§ 22. (1) Am Ende des Unterrichtsjahres, bei lehrgangs- und saisonmäßigen Berufs-

---

[17]) Siehe auch RS Nr. 6/2006 betreffend Auslegungen zum 2. Schulrechtspaket 2005 (Kodex 11. Auflage).

schulen am Ende des Lehrganges, ist für jede Schülerin und jeden Schüler ein Jahreszeugnis über die betreffende Schulstufe auszustellen. Dies gilt nicht, wenn gemäß § 18a eine Information über die Lern- und Entwicklungssituation zu erfolgen hat und eine schriftliche Jahresinformation auszustellen ist, sofern nicht gemäß § 18a Abs. 6 die Ausstellung eines Jahreszeugnisses verlangt wird. Dies gilt weiters nicht für die 10. bis 13. Schulstufe von Schulen, an denen die semestrierte Oberstufe geführt wird und hinsichtlich derer am Ende der betreffenden Schulstufe nach Maßgabe der Bestimmungen des § 22a ein Semesterzeugnis über das betreffende Sommersemester auszustellen ist. *(BGBl. I Nr. 56/2016, Art. 5 Z 20 idF BGBl. I Nr. 101/2018, Art. 4 Z 15 und BGBl. I Nr. 96/2022, Art. 2 Z 8)*

(1a) Der Schülerin oder dem Schüler der Mittelschule ist für jede erfolgreich absolvierte Schulstufe mit Ausnahme der 8. Schulstufe zusätzlich zum Jahreszeugnis eine ergänzende differenzierende Leistungsbeschreibung auszustellen, die in schriftlicher Form die Leistungsstärken sowie Lernfortschritte der Schülerin oder des Schülers ausweist. *(BGBl. I Nr. 101/2018, Art. 4 Z 16)*

(2) Das Jahreszeugnis hat insbesondere zu enthalten:

a) die Bezeichnung, Form bzw. Fachrichtung der Schulart und den Standort der Schule;

b) die Personalien des Schülers;

c) die besuchte Schulstufe und die Bezeichnung der Klasse (des Jahrganges);

d) die Unterrichtsgegenstände der betreffenden Schulstufe und die Beurteilung der darin erbrachten Leistungen (§ 20), in leistungsdifferenzierten Pflichtgegenständen auch die Angabe des Leistungsniveaus; an Berufsschulen entfällt die Angabe des Leistungsniveaus, doch ist im Falle des Besuches von Pflichtgegenständen mit erweitertem oder vertieftem Bildungsangebot (§ 47 Abs. 3 des Schulorganisationsgesetzes) ein diesbezüglicher Vermerk aufzunehmen, sofern dieser Vermerk nicht wegen der besonderen Bezeichnung dieser Pflichtgegenstände entbehrlich ist; im Falle des § 31c ist ein diesbezüglicher Vermerk aufzunehmen; *(BGBl. I Nr. 101/2018, Art. 4 Z 17)*

e) die Beurteilung des Verhaltens des Schülers in der Schule nach Maßgabe des § 21 Abs. 1; *(BGBl. Nr. 139/1974 idF BGBl. Nr. 455/1992, Z 9)*

f) allfällige Beurkundungen über *(BGBl. Nr. 231/1977, Art. I Z 12)*

   aa) die Berechtigung oder Nichtberechtigung zum Aufsteigen oder den nicht erfolgreichen Abschluß der letzten Stufe der besuchten Schulart (§ 20 Abs. 6, § 25), *(BGBl. Nr. 231/1977, Art. I Z 12)*

   ab) die Berechtigung zum Übertritt in eine mittlere oder höhere Schule nach der 8. Schulstufe in der Mittelschule, *(BGBl. I Nr. 101/2018, Art. 4 Z 18)*

   bb) das Leistungsniveau in leistungsdifferenzierten Pflichtgegenständen, nach dem der Schüler im folgenden Unterrichtsjahr zu unterrichten ist; an den Berufsschulen hat diese Beurkundung nur im Falle einer Zuordnung zu einem höheren Leistungsniveau gemäß § 31b Abs. 7 zu erfolgen, *(BGBl. I Nr. 101/2018, Art. 4 Z 18)*

   cc) die Zulässigkeit der Ablegung einer Wiederholungsprüfung (§ 23) oder der Wiederholung einer Schulstufe (§ 27), *(BGBl. Nr. 139/1974 idF BGBl. Nr. 367/1982, Art. I Z 14)*

   dd) die Beendigung des Schulbesuches wegen Überschreitens der zulässigen Höchstdauer (§ 33 Abs. 2 lit. d); *(BGBl. Nr. 139/1974 idF BGBl. Nr. 367/1982, Art. I Z 14)*

g) die Feststellung, dass der Schüler die Schulstufe mit ausgezeichnetem Erfolg abgeschlossen hat, wenn er in mindestens der Hälfte der Pflichtgegenstände mit „Sehr gut“ und in den übrigen Pflichtgegenständen mit „Gut“ beurteilt wurde, wobei Beurteilungen mit „Befriedigend“ diese Feststellung nicht hindern, wenn dafür gleich viele Beurteilungen mit „Sehr gut“ über die Hälfte der Pflichtgegenstände hinaus vorliegen; an Schulen mit leistungsdifferenzierten Pflichtgegenständen setzt die Feststellung des ausgezeichneten Erfolges eine entsprechende Beurteilung gemäß dem höheren Leistungsniveau in sämtlichen leistungsdifferenzierten Pflichtgegenständen voraus; in der Volksschule und den Sonderschulen (ausgenommen die Sonderschulen nach dem Lehrplan der Mittelschule und der Polytechnischen Schule) ist die Feststellung des ausgezeichneten Erfolges nicht zu treffen; an Berufsschulen ist ein „Befriedigend“ in einem Pflichtgegenstand mit erweitertem oder vertieftem Bildungsangebot als „Gut“ bzw. ein „Gut“ als „Sehr gut“ zu bewerten, sofern dieses Bildungsangebot nicht in einem zusätzlichen Pflichtgegenstand erfolgt; *(BGBl. I Nr. 101/2018, Art. 4 Z 19)*

h) die Feststellung, dass der Schüler die Schulstufe mit gutem Erfolg abgeschlossen hat, wenn er in keinem Pflichtgegenstand schlechter als mit „Befriedigend" beurteilt worden ist und mindestens gleich viele Beurteilungen mit „Sehr gut" aufweist wie mit „Befriedigend„; an Schulen mit leistungsdifferenzierten Pflichtgegenständen setzt die Feststellung des guten Erfolges eine entsprechende Beurteilung gemäß höherem Leistungsniveau in sämtlichen leistungsdifferenzierten Pflichtgegenständen voraus; in der Volksschule und den Sonderschulen (ausgenommen die Sonderschulen nach dem Lehrplan der Mittelschule und der Polytechnischen Schule) ist die Feststellung des guten Erfolges nicht zu treffen; an Berufsschulen ist ein „Befriedigend" in einem Pflichtgegenstand mit erweitertem oder vertieftem Bildungsangebot als „Gut" bzw. ein „Gut" als „Sehr gut" zu bewerten, sofern dieses Bildungsangebot nicht in einem zusätzlichen Pflichtgegenstand erfolgt; *(BGBl. I Nr. 101/2018, Art. 4 Z 19)*

i) sofern für Schüler mit sonderpädagogischem Förderbedarf Lehrpläne verschiedener Schularten oder Schulstufen Anwendung finden, sind Abweichungen vom Lehrplan der Schulart und der Schulstufe, die der Schüler besucht, zu vermerken; *(BGBl. Nr. 514/1993, Z 12)*

j) entfallen (BGBl. I Nr. 22/1998, Z 3)

k) im Falle der Beendigung der allgemeinen Schulpflicht eine diesbezügliche Feststellung; *(BGBl. Nr. 139/1974 idF BGBl. Nr. 367/1982, Art. I Z 16, BGBl. Nr. 455/ 1992, Z 11 und BGBl. Nr. 514/1993, Z 12)*

l) Ort und Datum der Ausstellung sowie Unterschrift der Schulleiterin oder des Schulleiters und des Klassenvorstandes mit Rundsiegel der Schule oder Amtssignatur (§ 19 Abs. 1 des E-Government-Gesetzes – E-GovG, BGBl. I Nr. 10/2004) anstelle von Unterschriften und Rundsiegel;[18]) *(BGBl. I Nr. 121/2024, Art. 2 Z 1)*

(3) Für verbindliche und unverbindliche Übungen sowie für therapeutische und funktionelle Übungen sind anstelle der Beurteilung Teilnahmevermerke in das Jahreszeugnis aufzunehmen. Desgleichen ist im Jahreszeugnis zu vermerken, wenn ein Schüler von der Teilnahme an einem Pflichtgegenstand befreit ist (§ 11 Abs. 6, 6a, 7 oder 8). *(BGBl. Nr. 367/1982, Art. I Z 17 idF BGBl. I Nr. 9/ 2012, Art. 4 Z 10)*

(4) In Sonderschulen für Kinder mit erhöhtem Förderbedarf und in Sonderschulen für mehrfachbehinderte Kinder sowie bei Schülern mit diesen Schularten entsprechendem sonderpädagogischen Förderbedarf in allgemeinen Schulen treten in den Fällen des § 20 Abs. 8 an die Stelle der im Abs. 2 lit. d bis g genannten Feststellungen eine Darstellung des erreichten Entwicklungsstandes des Schülers und die Entscheidung, ob er zum Aufsteigen in die nächsthöhere Lehrplanstufe geeignet ist. *(BGBl. Nr. 767/1996, Z 26 idF BGBl. I Nr. 104/2015, Art. 2 Z 1)*

(5) Wenn einem Schüler gemäß § 20 Abs. 3 eine Prüfung gestundet worden ist, ist ihm auf sein Verlangen ein vorläufiges Jahreszeugnis auszustellen, auf das der Abs. 2 lit. a bis e mit der Maßgabe anzuwenden ist, daß an die Stelle der Beurteilung in dem betreffenden Unterrichtsgegenstand (den betreffenden Unterrichtsgegenständen) der Vermerk über die Stundung der Prüfung zu treten hat. Nach Ablegung der Prüfung ist ein vorläufiges Jahreszeugnis einzuziehen und ein Jahreszeugnis im Sinne des Abs. 2 auszustellen. *(BGBl. Nr. 139/1974 idF BGBl. I Nr. 22/ 1998, Z 4)*

(6) Wenn ein Schüler berechtigt ist, eine Wiederholungsprüfung (§ 23 Abs. 1 bis 4) abzulegen, ist dies auf dem Jahreszeugnis zu vermerken. Nach Ablegung der Wiederholungsprüfung ist dieses Jahreszeugnis einzuziehen und ein Jahreszeugnis auszustellen, das die auf Grund der Wiederholungsprüfung gewonnene Beurteilung enthält.

(7) entfallen (BGBl. I Nr. 22/1998, Z 3)

(8) Im Zeitpunkt des erfolgreichen Abschlusses der letzten Schulstufe einer Schulart ohne abschließende Prüfung, hinsichtlich der Schulart Sonderschule darüber hinaus im Zeitpunkt des erfolgreichen Abschlusses der 8. Schulstufe und im Fall des Überspringens an einer „Nahtstelle" gemäß § 26a Abs. 2 bereits im Zeitpunkt des erfolgreichen Abschlusses der vorletzten Schulstufe einer Schulart ist neben dem Jahreszeugnis oder im Zusammenhang mit diesem ein Abschlusszeugnis auszustellen; hinsichtlich der Schulart Sonderschule hat dieses gegebenenfalls einen Hinweis auf den erfolgreichen Abschluss der 1. bis 8. Schulstufe zu enthalten. Bei berufsbildenden Schulen können auch die damit verbundenen gewerblichen Berechtigungen angeführt werden. *(BGBl. Nr. 139/ 1974 idF BGBl. Nr. 367/1982, Art. I Z 18, 455/1992, Z 12, BGBl. Nr. 767/1996, Z 27, BGBl. I Nr. 22/1998, Z 5, BGBl. I Nr. 98/ 1999, Z 2, BGBl. I Nr. 20/2006, Art. 4 Z 15 und BGBl. I Nr. 104/2015, Art. 2 Z 2)*

(9) Die Gestaltung des Zeugnisformulares ist durch Verordnung des zuständigen Bundesministers nach den Erfordernissen der einzelnen Schularten zu bestimmen. *(BGBl. Nr. 139/1974 idF BGBl. Nr. 455/1992, Z 1,*

[18]) Sollte richtig lauten: … Rundsiegel.".

BGBl. Nr. 468/1995, Z 2 und BGBl. I Nr. 78/ 2001, Z 1)

(9a) Soweit ein System zur automationsunterstützten Datenverarbeitung besteht, hat die Berufsschule unter Nutzung dieses Systems den Lehrlingsstellen der Wirtschaftskammer zur Feststellung der Voraussetzungen für den Entfall des theoretischen Teils der Lehrabschlussprüfung die Daten über die Erreichung des Lehrziels der letzten Klasse gemäß § 23 Abs. 8 des Berufsausbildungsgesetzes im Wege einer Schnittstelle zum Register- und Systemverbund gemäß § 1 Abs. 3 des Unternehmensserviceportalgesetzes – USPG, BGBl. I Nr. 52/2009, unverzüglich zu übermitteln. *(BGBl. I Nr. 121/2024, Art. 2 Z 2)*

(10) Wenn ein Schüler aus einer Schule zu einem Zeitpunkt ausscheidet, in dem über das Ergebnis des Schulbesuches ein Jahreszeugnis noch nicht ausgestellt werden kann, ist auf sein Verlangen eine Schulbesuchsbestätigung auszustellen, die die Angaben nach Abs. 2 lit. a bis c und l sowie die Beurteilung der bis zu diesem Zeitpunkt vom Schüler erbrachten Leistungen zu enthalten hat. *(BGBl. Nr. 139/1974 idF BGBl. Nr. 455/1992, Z 13 und BGBl. Nr. 767/1996, Z 28)*

(11) Schulpflichtigen außerordentlichen Schülerinnen und Schülern ist am Ende des Unterrichtsjahres, wenn sie aber vor Ende des Unterrichtsjahres ausscheiden, im Zeitpunkt ihres Ausscheidens eine Schulbesuchsbestätigung über das Unterrichtsjahr bzw. über die Dauer ihres Schulbesuches sowie gegebenenfalls über den Besuch einer Deutschförderklasse auszustellen. Eine Schulbesuchsbestätigung über das Unterrichtsjahr oder über die Dauer des Schulbesuches hat

1. die Beurteilung der Leistungen in den einzelnen Pflichtgegenständen oder,
2. wenn gemäß § 18a eine Information über die Lern- und Entwicklungssituation zu erfolgen hat, eine auf den Zeitpunkt des Ausscheidens bezogene schriftliche Information

zu enthalten. Z 1 gilt nicht in den Fällen des § 4 Abs. 2 lit. a, wenn und insoweit die Schülerin oder der Schüler wegen mangelnder Kenntnis der Unterrichtssprache im Sinne des § 3 Abs. 1 lit. b die erforderlichen Leistungen nicht erbringt. *(BGBl. I Nr. 35/2018, Art. 3 Z 9)*

Semesterzeugnis

§ 22a. (1) An zumindest dreijährigen mittleren und höheren Schulen kann die Schulleitung mit Zustimmung des Schulgemeinschaftsausschusses festlegen, dass ab der 10. Schulstufe für jede Schülerin und jeden Schüler einer Schulart, Schulform oder Fachrichtung am Ende jedes Semesters ein Semesterzeugnis auszustellen ist und die Bestimmungen über die semestrierte Oberstufe anzuwenden sind. Die Schulleitung kann diese Anordnung mit Zustimmung des Schulgemeinschaftsausschusses bis spätestens 1. Februar mit Wirkung frühestens ab dem folgenden Schuljahr erlassen oder aufheben. Die Anordnungen der Schulleitung können jeweils nur aufsteigend in Kraft treten. *(BGBl. I Nr. 9/2012, Art. 4 Z 11 idF BGBl. I Nr. 19/ 2021, Art. 2 Z 5 und BGBl. I Nr. 96/2022, Art. 2 Z 9)*

(2) Das Semesterzeugnis hat insbesondere zu enthalten:

1. Das Schuljahr und das Semester (Wintersemester, Sommersemester),
2. die Bezeichnung, Form bzw. Fachrichtung der Schulart und den Standort der Schule,
3. die Personalien des Schülers,
4. die besuchte Schulstufe und die Bezeichnung der Klasse (des Jahrganges),
5. die Unterrichtsgegenstände des betreffenden Semesters und
   a) die Beurteilung der darin erbrachten Leistungen (§ 20) oder
   b) auf Verlangen die Beurteilung der im Rahmen eines allfälligen Unterrichtsbesuches gemäß § 11 Abs. 6b oder einer allfälligen Semesterprüfung gemäß § 23b erbrachten Leistungen oder *(BGBl. I Nr. 9/2012, Art. 4 Z 11 idF BGBl. I Nr. 96/2022, Art. 2 Z 10)*
   c) im Fall der Wiederholung der Schulstufe die jeweils bessere Beurteilung der im Pflichtgegenstand erbrachten Leistungen, wenn diese vor der Wiederholung zumindest mit „Befriedigend" beurteilt wurden, und einen entsprechenden Vermerk oder *(BGBl. I Nr. 9/2012, Art. 4 Z 11 idF BGBl. I Nr. 19/2021, Art. 2 Z 6)*
   d) im Fall der Befreiung von der Teilnahme am Unterricht ein entsprechender Vermerk und im Fall der §§ 23b und 11 Abs. 6b die Beurteilung der bei der Semesterprüfung bzw. im Rahmen des Unterrichtsbesuches erbrachten Leistungen oder *(BGBl. I Nr. 9/2012, Art. 4 Z 11 idF BGBl. I Nr. 96/2022, Art. 2 Z 10 und 11)*
   e) wenn für die Schule eine Festlegung gemäß § 36a Abs. 1a getroffen wurde, im Falle der Wiederholung der Schulstufe die jeweils bessere Beurteilung der im Pflichtgegenstand er-

brachten Leistung und einen entsprechenden Vermerk oder *(BGBl. I Nr. 96/2022, Art. 2 Z 11)*

f) wenn für die Schule eine Festlegung gemäß § 36a Abs. 1a getroffen wurde, im Falle der Ersetzung eines Wahlpflichtgegenstandes durch einen anderen Wahlpflichtgegenstand gemäß § 23a Abs. 11 Z 3 einen entsprechenden Vermerk, *(BGBl. I Nr. 96/2022, Art. 2 Z 11)*

6. die Beurteilung des Verhaltens des Schülers in der Schule (§ 21 Abs. 1),
7. allfällige Beurkundungen über
   a) die Berechtigung oder Nichtberechtigung zum Aufsteigen (§ 25) oder den nicht erfolgreichen Abschluss der letzten Stufe der besuchten Schulart (§ 20 Abs. 6),
   b) die Zulässigkeit der Ablegung einer Semesterprüfung (§ 23a) oder der Wiederholung der Schulstufe (§ 27),
   c) die Beendigung des Schulbesuches wegen Überschreitens der zulässigen Höchstdauer (§ 33 Abs. 2 lit. d),
8. die Feststellung, dass der Schüler das Semester mit ausgezeichnetem Erfolg abgeschlossen hat, wenn alle vorangegangenen Semesterzeugnisse in allen Pflichtgegenständen positive Beurteilungen aufweisen und der Schüler in mindestens der Hälfte der Pflichtgegenstände des betreffenden Semesters mit „Sehr gut" und in den übrigen Pflichtgegenständen mit „Gut" beurteilt wurde, wobei Beurteilungen mit „Befriedigend" diese Feststellung nicht hindern, wenn dafür gleich viele Beurteilungen mit „Sehr gut" über die Hälfte der Pflichtgegenstände hinaus vorliegen,
9. die Feststellung, dass der Schüler das Semester mit gutem Erfolg abgeschlossen hat, wenn alle vorangegangenen Semesterzeugnisse in allen Pflichtgegenständen positive Beurteilungen aufweisen und der Schüler in keinem Pflichtgegenstand schlechter als mit „Befriedigend" beurteilt worden ist und mindestens gleich viele Beurteilungen mit „Sehr gut" aufweist wie mit „Befriedigend",
10. im Falle der Beendigung der allgemeinen Schulpflicht eine diesbezügliche Feststellung,
11. Ort und Datum der Ausstellung, Unterschrift der Schulleitung und des Klassen- bzw. des Jahrgangsvorstandes mit Rundsiegel der Schule oder Amtssignatur (§ 19 Abs. 1 E-GovG) anstelle von Unterschriften und Rundsiegel. *(BGBl. I Nr. 9/2012, Art. 4 Z 11 idF BGBl. I Nr. 121/2024, Art. 2 Z 3)*

(3) Für verbindliche und unverbindliche Übungen sind anstelle der Beurteilung Teilnahmevermerke in das Semesterzeugnis aufzunehmen. Desgleichen ist im Semesterzeugnis zu vermerken, wenn ein Schüler von der Teilnahme an einem Pflichtgegenstand befreit war (§ 11 Abs. 6, 6a, 6b oder 7).

(4) Wenn einem Schüler gemäß § 20 Abs. 3 eine Prüfung gestundet worden ist, ist ihm auf sein Verlangen ein vorläufiges Semesterzeugnis auszustellen, welches anstelle der Beurteilung in dem betreffenden Unterrichtsgegenstand (den betreffenden Unterrichtsgegenständen) den Vermerk über die Stundung der Prüfung zu enthalten hat. Nach Ablegung der Prüfung ist das vorläufige Semesterzeugnis einzuziehen und ein Semesterzeugnis im Sinne des Abs. 2 auszustellen.

(5) Auf einem Beiblatt zum Semesterzeugnis sind dann, wenn ein oder mehrere Unterrichtsgegenstände nicht oder mit „Nicht genügend" beurteilt wurden, diejenigen Bildungs- und Lehraufgaben sowie Lehrstoffe des betreffenden Unterrichtsgegenstandes und Semesters zu benennen, die für die Nichtbeurteilung oder die Beurteilung mit „Nicht genügend" maßgeblich waren. Im Beiblatt können zudem ergänzende pädagogische Ausführungen vermerkt werden. Weiters können in einem Beiblatt zum Semesterzeugnis des letzten Semesters von berufsbildenden Schulen die mit dem Abschluss der Schule verbundenen gewerblichen Berechtigungen angeführt werden. *(BGBl. I Nr. 9/2012, Art. 4 Z 11 idF BGBl. I Nr. 19/2021, Art. 2 Z 7)*

(6) Die Gestaltung des Zeugnisformulars für das Semesterzeugnis ist durch Verordnung des zuständigen Bundesministers nach den Erfordernissen der einzelnen Schularten zu bestimmen.

(7) Wenn ein Schüler aus einer Schule zu einem Zeitpunkt ausscheidet, in dem über das Ergebnis des Schulbesuches ein Semesterzeugnis noch nicht ausgestellt werden kann, ist auf sein Verlangen eine Schulbesuchsbestätigung auszustellen, wobei sich die Beurteilung auf die bis zu diesem Zeitpunkt vom Schüler erbrachten Leistungen zu beziehen hat.

(8) entfallen (BGBl. I Nr. 170/2021, Art. 2 Z 3)

(BGBl. I Nr. 9/2012, Art. 4 Z 11)

Besuch von Unterrichtsgegenständen eines anderen Semesters oder einer anderen Schulstufe

§ 22b. (1) Über den Besuch des Unterrichtsgegenstandes oder der Unterrichtsgegenstände in einem höheren Semester oder einer höheren Schulstufe ist der Schülerin oder dem Schüler ein Zeugnis auszustellen, welches insbesondere zu enthalten hat:

1. Die Bezeichnung der Schule,
2. die Personalien der Schülerin oder des Schülers,
3. den Namen der unterrichtenden Lehrperson,
4. die Bezeichnung des Lehrplanes,
5. die Bezeichnung des Unterrichtsgegenstandes sowie des Semesters oder der Schulstufe,
6. die Beurteilung der Leistungen sowie
7. Ort und Datum der Ausstellung, Unterschrift der Lehrperson und der Schulleitung oder (bei Abteilungsgliederung) des Abteilungsvorstandes sowie Rundsiegel der Schule oder Amtssignatur (§ 19 Abs. 1 E-GovG) anstelle von Unterschriften und Rundsiegel. *(BGBl. I Nr. 96/2022, Art. 2 Z 12 idF BGBl. I Nr. 121/2024, Art. 2 Z 4)*

(2) Wird ein bereits besuchter Unterrichtsgegenstand, ausgenommen bei der Wiederholung einer Schulstufe, erneut besucht und werden die bei diesem Unterrichtsbesuch erbrachten Leistungen besser beurteilt, als beim vorangegangenen Besuch dieses Unterrichtsgegenstandes, verliert das betreffende Zeugnis oder Semesterzeugnis seine Gültigkeit; es ist einzuziehen und es ist ein neues Zeugnis oder Semesterzeugnis mit der besseren Beurteilung auszustellen.

(BGBl. I Nr. 96/2022, Art. 2 Z 12)

Wiederholungsprüfung

§ 23. (1) Ein Schüler darf – ausgenommen in der Grundschule sowie in Sonderschulen mit Klassenlehrersystem sowie in der 10. bis 13. Schulstufe von Schulen, an denen die semestrierte Oberstufe geführt wird – in einem Pflichtgegenstand oder in zwei Pflichtgegenständen eine Wiederholungsprüfung ablegen, wenn im Jahreszeugnis

1. der Schüler in nicht leistungsdifferenzierten Pflichtgegenständen mit „Nicht genügend“ beurteilt worden ist[19]) oder *(BGBl. I Nr. 101/2018, Art. 4 Z 20)*
2. der Schüler gemäß dem niedrigeren Leistungsniveau mit „Nicht genügend“ beurteilt worden ist[20]) oder *(BGBl. I Nr. 101/2018, Art. 4 Z 20)*
3. der Schüler in der letzten Stufe einer Schulart gemäß einem höheren Leistungsniveau mit „Nicht genügend“ beurteilt worden ist; *(BGBl. I Nr. 101/2018, Art. 4 Z 20)*

hiebei darf die Gesamtanzahl der Beurteilungen mit „Nicht genügend“ gemäß Z 1 bis 3 zwei nicht übersteigen. *(BGBl. I Nr. 20/2006, Art. 4 Z 16 idF BGBl. I Nr. 9/2012, Art. 4 Z 12 und BGBl. I Nr. 96/2022, Art. 2 Z 13)*

(1a) Die Wiederholungsprüfungen finden – soweit nachstehend nicht anderes angeordnet wird – an den ersten beiden Unterrichtstagen der ersten Woche des folgenden Schuljahres statt. In der letzten Stufe von Schulen mit abschließender Prüfung findet die Wiederholungsprüfung in höchstens einem Pflichtgegenstand auf Antrag der Schülerin oder des Schülers zwischen der Beurteilungskonferenz (§ 20 Abs. 6) und dem Beginn der Klausurprüfung statt; eine einmalige Wiederholung dieser Prüfungen ist auf Antrag der Schülerin oder des Schülers zum Prüfungstermin gemäß dem ersten Satz und Abs. 1c zulässig. *(BGBl. I Nr. 19/2021, Art. 2 Z 9)*

(1b) An ganzjährigen Berufsschulen dürfen die Wiederholungsprüfungen auch zwischen Mittwoch und Freitag der ersten Woche des Schuljahres abgelegt werden. An lehrgangs- und saisonmäßigen Berufsschulen sowie an über kein ganzes Unterrichtsjahr dauernden Berufsschulstufen dürfen die Wiederholungsprüfungen frühestens zwei Wochen nach Abschluss des Lehrganges und spätestens zu Beginn des folgenden, für den Schüler in Betracht kommenden Lehrganges abgelegt werden. *(BGBl. I Nr. 20/2006, Art. 4 Z 16)*

(1c) Wenn der Beginn des Unterrichts an den ersten beiden Tagen des Schuljahres (§ 10 Abs. 1) durch die Abhaltung der Wiederholungsprüfungen beeinträchtigt wäre oder es aus anderen organisatorischen Gründen, wie insbesondere der Gewährleistung einer ordnungsgemäßen und schülerorientierten Durchführung der Wiederholungsprüfungen, zweckmäßig ist, kann das Schulforum (§ 63a) bzw. der Schulgemeinschaftsausschuss (§ 64) beschließen, dass die Wiederholungsprüfungen abweichend von Abs. 1a auch oder nur am Donnerstag und bzw. oder Freitag der letzten Woche des Schuljahres durchzuführen sind. *(BGBl. I Nr. 27/2008, Z 3 idF BGBl. I Nr. 138/2017, Art. 16 Z 27)*

(1d) Macht ein Schüler, der gemäß § 25 Abs. 1 letzter Satz sowie Abs. 2 trotz der Note „Nicht genügend“ zum Aufsteigen in die nächsthöhere Schulstufe berechtigt ist, von dieser Befugnis Gebrauch, so bleibt die Berechtigung zum Aufsteigen ohne Rücksicht auf die Beurteilung seiner Leistungen bei der Wiederholungsprüfung erhalten. Eine

---

[19]) Sollte richtig lauten: „… ist, oder“.

[20]) Sollte richtig lauten: „… ist, oder“.

Wiederholungsprüfung ist nicht zulässig, wenn die Note auf dem Ergebnis einer Nachtragsprüfung (§ 20 Abs. 3) beruht. *(BGBl. I Nr. 20/2006, Art. 4 Z 16)*

(2) Wenn die Leistungen eines Schülers im Jahreszeugnis in mehr als zwei Pflichtgegenständen mit „Nicht genügend" beurteilt worden sind, aber nur höchstens zwei dieser Beurteilungen einem Übertritt in eine andere Schulart gemäß § 29 entgegenstehen, darf der Schüler aus den betreffenden Pflichtgegenständen eine Wiederholungsprüfung ablegen. Die erfolgreiche Ablegung der Wiederholungsprüfung ist mit dem Hinweis auf den beabsichtigten Übertritt in eine andere Schulart auf dem Jahreszeugnis zu vermerken. Dies gilt sinngemäß, wenn die Beurteilung mit „Nicht genügend" in höchstens zwei Pflichtgegenständen einem erfolgreichen Abschluß der 8. Schulstufe im Sinne des § 28 Abs. 3 entgegensteht. *(BGBl. Nr. 139/1974 idF BGBl. Nr. 367/1982, Art. I Z 20 und BGBl. Nr. 211/1986, Art. I Z 13)*

(3) Die Wiederholungsprüfung darf im Falle eines Schulwechsels an der neuen Schule abgelegt werden, wenn mit dem Schulwechsel ein Wechsel der Schulart oder des Schulortes verbunden ist und es sich um eine Schule gleicher oder größerer Bildungshöhe handelt oder der Wechsel von der allgemeinbildenden höheren Schule in die Mittelschule erfolgt. Die erfolgreiche Ablegung der Wiederholungsprüfung ist auf dem Jahreszeugnis zu vermerken. *(BGBl. Nr. 139/1974 idF BGBl. Nr. 367/1982, Art. I Z 21, BGBl. I Nr. 36/2012, Art. 2 Z 17 und BGBl. I Nr. 101/2018, Art. 4 Z 21)*

(4) Eine Wiederholungsprüfung darf außer in den Fällen der Abs. 1 bis 3 auch in einem oder zwei Freigegenständen, in denen der Schüler mit „Nicht genügend" beurteilt worden ist, abgelegt werden.

(5) Die Prüfungen nach Abs. 1 bis 4 haben sich auf den Lehrstoff des betreffenden Unterrichtsgegenstandes auf der ganzen Schulstufe zu beziehen. Der zuständige Bundesminister hat durch Verordnung nach der Art des Unterrichtsgegenstandes festzusetzen, ob die Wiederholungsprüfung schriftlich und mündlich, nur schriftlich, nur mündlich oder auch praktisch abzulegen ist. *(BGBl. Nr. 139/1974 idF BGBl. Nr. 367/1982, Art. I Z 22, BGBl. Nr. 455/1992, Z 1, BGBl. Nr. 767/1996, Z 30 und BGBl. I Nr. 78/2001, Z 2)*

(6) Die Beurteilung der Leistungen des Schülers bei der Wiederholungsprüfung hat durch den Lehrer des betreffenden Unterrichtsgegenstandes in der betreffenden Klasse (Prüfer) gemeinsam mit einem zweiten vom Schulleiter zu bestimmenden Lehrer (Beisitzer) zu erfolgen. Im Fall der Verhinderung des als Prüfer in Betracht kommenden Lehrers sowie im Falle des Abs. 3 sind sowohl der Prüfer als auch der Beisitzer vom Schulleiter zu bestellen. Prüfer und Beisitzer sollen den betreffenden Unterrichtsgegenstand unterrichten oder für ihn lehrbefähigt sein. Über den Verlauf der Prüfung ist eine schriftliche Aufzeichnung zu führen. Wenn eine Einigung über die Beurteilung nicht zustande kommt, hat der Schulleiter zu entscheiden.

Semesterprüfung

§ 23a. (1) Schülerinnen und Schüler der semestrierten Oberstufe, die ab der 10. Schulstufe in einem oder in mehreren Pflichtgegenständen oder Freigegenständen in einem Semester nicht oder mit „Nicht genügend" beurteilt wurden, sind berechtigt, in diesen Unterrichtsgegenständen eine Semesterprüfung abzulegen. Eine einen Pflichtgegenstand betreffende Semesterprüfung, die nicht oder mit „Nicht genügend" beurteilt wurde, darf ein Mal wiederholt werden. Eine einen Freigegenstand betreffende Semesterprüfung darf nicht wiederholt werden, es gilt § 12 Abs. 4 sinngemäß.

(2) Prüferin oder Prüfer der Semesterprüfung sowie der Wiederholung derselben ist die den Unterrichtsgegenstand zuletzt unterrichtende Lehrperson oder eine von der Schulleitung (bei Abteilungsgliederung an berufsbildenden Schulen vom Abteilungsvorstand) zu bestellende fachkundige Lehrperson.

(3) Semesterprüfungen sowie deren einmalige Wiederholung sind auf Antrag der Schülerin oder des Schülers anzuberaumen. Die Prüfungstermine für die Semesterprüfungen (einschließlich deren Wiederholung) sind von der Prüferin oder vom Prüfer festzulegen. Semesterprüfungen sind spätestens an den für die Durchführung der Wiederholungsprüfungen (§ 23) vorgesehenen Tagen des jeweiligen Schuljahres, deren Wiederholung bis spätestens vier Wochen nach dem letzten Tag der Wiederholungsprüfungen abzulegen, wobei Wiederholungen frühestens zwei Wochen nach der zuletzt abgelegten Prüfung anzuberaumen sind. Die Schülerin oder der Schüler darf bis zur Ablegung der Semesterprüfung am Unterricht der höheren Schulstufe teilnehmen.

(4) Semesterprüfungen in der semestrierten Oberstufe (einschließlich deren Wiederholung) sind dem die Semesterprüfung betreffenden Semester zuzurechnen. Ein fremdsprachiger Schulbesuch im Ausland gemäß § 25 Abs. 9 verlängert den Zeitraum für die Ablegung der im betreffenden Semester oder in

den betreffenden Semestern durchzuführenden Semesterprüfungen oder deren Wiederholung.

(5) In der letzten Schulstufe sind Semesterprüfungen sowie deren einmalige Wiederholung über das Wintersemester bis zur Beurteilungskonferenz (§ 20 Abs. 6), Semesterprüfungen hinsichtlich des Sommersemesters im Zeitraum zwischen der Beurteilungskonferenz und dem Beginn der Klausurprüfung oder an den für die Durchführung der Wiederholungsprüfungen (§ 23) vorgesehenen Tagen abzulegen; eine einmalige Wiederholung der Semesterprüfungen über das Sommersemester kann an den für die Durchführung der Wiederholungsprüfungen (§ 23) vorgesehenen Tagen abgehalten werden.

(6) Die Aufgabenstellungen sowie die Prüfungsformen sind durch die Prüferin oder den Prüfer festzusetzen, wobei die Form der schriftlichen Prüfung neben der mündlichen Prüfung nur im Fall lehrplanmäßig vorgesehener Schularbeiten zulässig ist. Mündliche und graphische Prüfungen haben so lange zu dauern, wie für die Gewinnung einer sicheren Beurteilung erforderlich ist, höchstens jedoch 30 Minuten. Praktische Prüfungen haben bis zu 300 Minuten zu dauern. Schriftliche Prüfungen haben höchstens 50 Minuten, im Fall lehrplanmäßig vorgesehener Schularbeiten mindestens 50 Minuten, jedoch nicht länger als die längste Schularbeit zu dauern.

(7) Die Semesterprüfung hat im betreffenden Unterrichtsgegenstand jene Bildungs- und Lehraufgaben sowie Lehrstoffe zu umfassen, die am Beiblatt zum Semesterzeugnis benannt wurden.

(8) Die Beurteilung der Leistungen der Schülerin oder des Schülers bei der Semesterprüfung erfolgt durch die Prüferin oder den Prüfer. Sie ist sodann unter Einbeziehung der im Semester in allen Kompetenzbereichen erbrachten Leistungen höchstens mit „Befriedigend" als Leistungsbeurteilung für das betreffende Semester festzusetzen; diese Einschränkung gilt nicht für Semesterprüfungen nach unverschuldet nicht absolvierten Nachtragsprüfungen oder für Semesterprüfungen über praktische Unterrichtsgegenstände bei unverschuldetem Versäumen der Stundenzahl gemäß § 20 Abs. 4. § 18 Abs. 2 bis 8, 10 und 12 ist anzuwenden, und zwar Abs. 12 dritter Satz mit der Maßgabe, dass an die Stelle des Jahreszeugnisses das Semesterzeugnis tritt.. Bei positiver Beurteilung verliert das betreffende Semesterzeugnis seine Gültigkeit; es ist einzuziehen und ein neues Semesterzeugnis auszustellen.

(9) Bei gerechtfertigter Verhinderung ist ein neuer Prüfungstermin möglichst zeitnah zum versäumten Termin anzuberaumen. Ungerechtfertigte Verhinderung führt zu Terminverlust.

(10) Die Prüferin oder der Prüfer hat Aufzeichnungen über den Verlauf der Semesterprüfung, insbesondere über die gestellten Fragen und die Beurteilung einschließlich der zur Beurteilung führenden Erwägungen zu führen.

(11) An Schulen, an denen eine Festlegung nach § 36a Abs. 1a getroffen wurde, gelten die Abs. 1 bis 10 mit der Maßgabe, dass

1. abweichend von Abs. 3 Semesterprüfungen und deren Wiederholung jedenfalls auch in dem auf die Semesterbeurteilung folgenden Semester abgelegt werden können,
2. Schülerinnen und Schüler gemäß Abs. 1 auf Ansuchen berechtigt sind, nach Maßgabe der organisatorischen Möglichkeiten innerhalb der darauffolgenden zwei Semester die betreffenden Unterrichtsgegenstände durch einen Unterrichtsbesuch gemäß § 11 Abs. 6b zu wiederholen, und ein damit erfolgreich abgeschlossener Unterrichtsgegenstand dieselbe Wirkung entfaltet wie eine positiv absolvierte Semesterprüfung und
3. Schülerinnen und Schüler auf Ansuchen berechtigt sind, einen nicht oder mit „Nicht genügend" beurteilten Wahlpflichtgegenstand im darauffolgenden Semester durch den Besuch eines denselben Pflichtgegenstand betreffenden Wahlpflichtgegenstandes auf der gleichen Schulstufe zu ersetzen, sofern dem nicht pädagogische, didaktische oder organisatorische Gründe entgegenstehen.

Die Ansuchen gemäß Z 2 und Z 3 sind bis zu einem von der Schulleitung festzulegenden Zeitpunkt zu stellen. Wird ein nicht oder mit „Nicht genügend" beurteilter Wahlpflichtgegenstand gemäß Z 3 durch einen anderen Wahlpflichtgegenstand ersetzt und wird dieser Wahlpflichtgegenstand erfolgreich abgeschlossen, ist der ersetzende Wahlpflichtgegenstand dem betreffenden Semester zuzurechnen und hat die Beurteilung im ersetzten Wahlpflichtgegenstand keinen Einfluss auf die Berechtigung zum Aufsteigen (§ 25 Abs. 11) oder zur Ablegung der Hauptprüfung gemäß § 36a Abs. 1a. *(BGBl. I Nr. 96/2022, Art. 2 Z 14)*

(BGBl. I Nr. 19/2021, Art. 2 Z 10)

Semesterprüfung über noch nicht besuchte Unterrichtsgegenstände
(BGBl. I Nr. 9/2012, Art. 4 Z 14 idF BGBl. I Nr. 19/2021, Art. 2 Z 11)

§ 23b. (1) Schüler ab der 10. Schulstufe von zumindest dreijährigen mittleren und höheren Schulen sind auf Antrag berechtigt, über einzelne Pflichtgegenstände (ausgenommen der Pflichtgegenstand „Bewegung und Sport„) der beiden folgenden Semester Semesterprüfungen zu absolvieren (Begabungsförderung). *(BGBl. I Nr. 9/2012, Art. 4 Z 14 idF BGBl. I Nr. 38/2015, Art. 6 Z 7 und BGBl. I Nr. 19/2021, Art. 2 Z 12)*

(2) Prüfer ist ein vom Schulleiter (bei Abteilungsgliederung an berufsbildenden Schulen vom Abteilungsvorstand) zu bestellender fachkundiger Lehrer.

(3) Die Prüfungstermine sind auf Antrag des Schülers vom Prüfer anzuberaumen.

(4) Die Semesterprüfung über noch nicht besuchte Unterrichtsgegenstände hat sämtliche Bildungs- und Lehraufgaben sowie Lehrstoffe des betreffenden Unterrichtsgegenstandes zu umfassen.

(5) Die Beurteilung der Leistungen des Schülers bei der Semesterprüfung erfolgt durch den Prüfer. Sie gilt als Semesterbeurteilung des betreffenden Pflichtgegenstandes.

(6) Dem Schüler ist ein Zeugnis über die Semesterprüfung auszustellen, welches insbesondere zu enthalten hat:

1. Die Bezeichnung der Schule,
2. die Personalien des Schülers,
3. den Namen des Prüfers,
4. Zeit und Ort der Prüfung,
5. die Bezeichnung des Lehrplanes,
6. die Bezeichnung des Pflichtgegenstandes sowie des Semesters,
7. die Beurteilung der Leistungen bei der Prüfung sowie
8. Ort und Datum der Ausstellung, Unterschrift der Prüferin oder des Prüfers und der Schulleitung oder (bei Abteilungsgliederung) des Abteilungsvorstandes sowie Rundsiegel der Schule oder Amtssignatur (§ 19 Abs. 1 E-GovG) anstelle von Unterschriften und Rundsiegel. *(BGBl. I Nr. 9/2012, Art. 4 Z 14 idF BGBl. I Nr. 121/2024, Art. 2 Z 4 und 5)*

(7) Wegen vorgetäuschter Leistungen nicht oder mit „Nicht genügend“ beurteilte Semesterprüfungen über noch nicht besuchte Unterrichtsgegenstände dürfen nicht wiederholt werden. Bei gerechtfertigter Verhinderung ist ein neuer Prüfungstermin möglichst zeitnah zum versäumten Termin anzuberaumen. Ungerechtfertigte Verhinderung führt zum Verlust des Rechts auf Ablegung der Semesterprüfung.

(8) § 18 Abs. 2 bis 8, Abs. 10 sowie Abs. 12 mit der Maßgabe, dass an die Stelle des Jahreszeugnisses das Semesterzeugnis tritt, sowie § 23a Abs. 6 und 10 findet Anwendung. *(BGBl. I Nr. 9/2012, Art. 4 Z 14 idF BGBl. I Nr. 19/2021, Art. 2 Z 13)*

(BGBl. I Nr. 9/2012, Art. 4 Z 14)

Anwendung auf nicht schulpflichtige außerordentliche Schüler

§ 24. (1) Nicht schulpflichtigen außerordentlichen Schülern ist auf ihr Verlangen im Zeitpunkt ihres Ausscheidens und am Ende eines jeden Semesters bzw. Unterrichtsjahres eine Schulbesuchsbestätigung über die Dauer ihres Schulbesuches bzw. über das Unterrichtsjahr und die besuchten Unterrichtsgegenstände auszustellen. *(BGBl. Nr. 139/1974 idF BGBl. I Nr. 138/2017, Art. 16 Z 28)*

(2) Wenn nicht schulpflichtige außerordentliche Schülerinnen oder Schüler innerhalb der ersten beiden Monate beantragen, dass ihre Leistungen in den von ihnen besuchten Unterrichtsgegenständen beurteilt werden oder dass, falls eine entsprechende Festlegung gemäß § 18a Abs. 1 erster Satz getroffen wurde, eine Information über die Lern- und Entwicklungssituation zu erfolgen hat, sind die §§ 17 bis 21 und § 23 anzuwenden. In diesem Fall hat die Schulbesuchsbestätigung auch die Beurteilung der Leistungen in den Unterrichtsgegenständen bzw. die Information über die Lern- und Entwicklungssituation zu enthalten. *(BGBl. I Nr. 56/2016, Art. 5 Z 22)*

6. Abschnitt
Aufsteigen, Wiederholen von Schulstufen

Aufsteigen[21])

§ 25. (1) Ein Schüler ist zum Aufsteigen in die nächsthöhere Schulstufe berechtigt, wenn er die Schulstufe erfolgreich abgeschlossen hat. Eine Schulstufe ist erfolgreich abgeschlossen, wenn das Jahreszeugnis in allen Pflichtgegenständen eine Beurteilung aufweist und in keinem Pflichtgegenstand die Note „Nicht genügend“ enthält. Eine Schulstufe gilt auch dann als erfolgreich abgeschlossen, wenn bei Wiederholen von Schulstufen das Jahreszeugnis in höchstens einem Pflichtgegenstand die Note „Nicht genügend“ enthält und dieser Pflichtgegenstand vor der Wiederholung der Schulstufe zumindest mit „Befriedigend“ beurteilt wurde. *(BGBl. Nr. 231/1977, Art. I Z 13 idF BGBl. Nr. 767/1996, Z 31 und BGBl. I Nr. 98/1999, Z 4)*

(2) Ein Schüler ist ferner zum Aufsteigen in die nächsthöhere Schulstufe berechtigt,

[21]) Siehe auch RS Nr. 20/1997 betreffend Aufsteigen mit einem „Nicht genügend“ (1.12.7.).

wenn das Jahreszeugnis zwar in einem Pflichtgegenstand die Note „Nicht genügend" enthält, aber

a) der Schüler nicht auch schon im Jahreszeugnis des vorhergegangenen Schuljahres in demselben Pflichtgegenstand die Note „Nicht genügend" erhalten hat,
b) der betreffende Pflichtgegenstand – ausgenommen an Berufsschulen – in einer höheren Schulstufe lehrplanmäßig vorgesehen ist und
c) die Klassenkonferenz feststellt, daß der Schüler auf Grund seiner Leistungen in den übrigen Pflichtgegenständen die Voraussetzungen zur erfolgreichen Teilnahme am Unterricht der nächsthöheren Schulstufe im Hinblick auf die Aufgabe der betreffenden Schulart aufweist.

(3) Schülerinnen und Schüler der 1. und 2. Schulstufe sind berechtigt, in die nächsthöhere Schulstufe aufzusteigen. Abweichend davon sind Schülerinnen und Schüler der 2. Schulstufe, deren Jahreszeugnis in zwei oder mehreren Pflichtgegenständen die Note „Nicht genügend" enthält, berechtigt in die 3. Schulstufe aufzusteigen, wenn die Schulkonferenz feststellt, dass die Schülerin oder der Schüler auf Grund ihrer oder seiner Leistungen in den übrigen Pflichtgegenständen die Voraussetzungen zur erfolgreichen Teilnahme am Unterricht der nächsthöheren Schulstufe aufweist und keine Überforderung in körperlicher oder geistiger Hinsicht zu befürchten ist. Die Bestimmungen des § 17 Abs. 5 und des § 20 Abs. 8 bleiben davon unberührt. *(BGBl. I Nr. 101/2018, Art. 4 Z 22)*

(4) Schülerinnen und Schüler von Volksschulen und Sonderschulen (Grundschule) sind ohne Rücksicht auf die Beurteilung in den Pflichtgegenständen Musikerziehung, Bildnerische Erziehung, Schreiben, Technisches und textiles Werken, Ernährung und Haushalt sowie Bewegung und Sport zum Aufsteigen in die Volksschuloberstufe bzw. in die 5. Stufe der Sonderschule berechtigt. Abs. 2 lit. a ist auch hinsichtlich der übrigen Pflichtgegenstände an diesen Schulen nicht anzuwenden. *(BGBl. I Nr. 56/2016, Art. 5 Z 24)*

(5) Schülerinnen und Schüler, die in leistungsdifferenzierten Pflichtgegenständen gemäß dem höheren Leistungsniveau unterrichtet und mit „Nicht genügend" beurteilt wurden, sind berechtigt, in die nächsthöhere Schulstufe aufzusteigen, in der sie jedoch in dem betreffenden Pflichtgegenstand gemäß dem niedrigeren Leistungsniveau unterrichtet werden. *(BGBl. I Nr. 101/2018, Art. 4 Z 24)*

(5a) Schüler mit sonderpädagogischem Förderbedarf an allgemeinen Schulen sind berechtigt, in die nächsthöhere Schulstufe aufzusteigen, wenn dies für den Schüler insgesamt eine bessere Entwicklungsmöglichkeit bietet; hierüber hat die Klassenkonferenz gemäß § 20 Abs. 6 zu entscheiden. *(BGBl. Nr. 767/1996, Z 32)*

(5b) Schüler mit sonderpädagogischem Förderbedarf sind berechtigt, im 9. Schuljahr nach dem Lehrplan des Berufsvorbereitungsjahres unterrichtet zu werden, wenn dies für den Schüler insgesamt eine bessere Entwicklungsmöglichkeit bietet; hierüber hat die Klassenkonferenz gemäß § 20 Abs. 6 zu entscheiden. *(BGBl. I Nr. 78/2001, Z 10)*

(5c) Schüler, die im Sommersemester eine Deutschförderklasse besucht haben, sind im Fall des § 18 Abs. 14 Z 1 und 2 berechtigt, im nächstfolgenden Schuljahr dieselbe Schulstufe zu besuchen, auf der sie die Sprachförderklasse besucht haben. Sie sind im Fall des § 18 Abs. 14 Z 1 dann berechtigt, im nächstfolgenden Schuljahr die nächsthöhere Schulstufe zu besuchen, wenn die Klassenkonferenz bzw. an Schulen mit Klassenlehrersystem die Schulkonferenz feststellt, dass sie auf Grund ihrer Leistungen die Voraussetzungen zur erfolgreichen Teilnahme am Unterricht der nächsthöheren Schulstufe im Hinblick auf die Aufgabe der betreffenden Schulart aufweisen. Abs. 3 ist nicht anzuwenden. *(BGBl. I Nr. 35/2018, Art. 3 Z 10)*

(5d) Schüler, die einen Deutschförderkurs besucht haben, sind dann berechtigt, im nächstfolgenden Schuljahr die nächsthöhere Schulstufe zu besuchen, wenn ihre Schulbesuchsbestätigung in allen Pflichtgegenständen eine Beurteilung gemäß § 22 Abs. 11 Z 1 aufweist und in keinem Pflichtgegenstand die Note „Nicht genügend" enthält. § 25 Abs. 2 ist sinngemäß anzuwenden. Abs. 3 ist nicht anzuwenden. *(BGBl. I Nr. 35/2018, Art. 3 Z 10)*

(6) Schüler von Sonderschulen für Kinder mit erhöhtem Förderbedarf und von Sonderschulen für mehrfach behinderte Kinder sind berechtigt, in die nächsthöhere Lehrplanstufe aufzusteigen, wenn sie nach der Entscheidung der Schulkonferenz gemäß § 20 Abs. 8 hiefür geeignet sind. *(BGBl. Nr. 139/1974 idF BGBl. Nr. 231/1977, Art. I Z 13, BGBl. Nr. 367/1982, Art. I Z 24 und BGBl. I Nr. 104/2015, Art. 2 Z 1)*

(7) Einem Zeugnis im Sinne der vorstehenden Absätze ist die erfolgreiche Ablegung einer Prüfung über den zureichenden Erfolg der Teilnahme an einem gleichwertigen Unterricht im Sinne des Schulpflichtgesetzes 1985 gleichzuhalten. *(BGBl. Nr. 139/1974 idF BGBl. Nr. 367/1982, Art. I Z 24)*

(8) In berufsbildenden Schulen, in denen der Lehrplan Pflichtpraktika außerhalb des

schulischen Unterrichtes vorsieht, ist der Schüler zum Aufsteigen in die nächsthöhere Schulstufe nicht berechtigt bzw. kann er die lehrplanmäßig letzte Schulstufe nicht erfolgreich abschließen, wenn er das vor dem abgelaufenen Schuljahr vorgeschriebene Pflichtpraktikum nicht zurückgelegt hat. Diese Rechtsfolgen treten im Falle des § 11 Abs. 10 nicht ein. An Höheren Lehranstalten für Pflege und Sozialbetreuung müssen im Lehrplan vorgesehene Pflichtpraktika erfolgreich zurückgelegt sein. Der Nachweis über den Erfolg ist durch eine Bestätigung des Kooperationspartners zu erbringen. Wenn der Nachweis nicht erbracht ist, dann ist der Schulbesuch gemäß § 33 Abs. 2 lit. h beendet. *(BGBl. I Nr. 165/2022, Art. 2 Z 5)*

(9) Bei der Entscheidung über das Aufsteigen in die nächsthöhere Schulstufe gilt ein nachgewiesener mindestens fünfmonatiger und längstens einjähriger fremdsprachiger Schulbesuch im Ausland als erfolgreicher Schulbesuch in Österreich. *(BGBl. Nr. 767/1996, Z 33)*

(10) Für Schülerinnen und Schüler einer semestrierten Oberstufe gelten die vorstehenden Abs. 1 bis 7 nicht. In der semestrierten Oberstufe ist eine Schulstufe dann erfolgreich abgeschlossen und eine Schülerin oder ein Schüler dann zum Aufsteigen in die nächsthöhere Schulstufe berechtigt, wenn die Semesterzeugnisse über das Winter- und das Sommersemester der betreffenden Schulstufe in allen Pflichtgegenständen Beurteilungen und in keinem Pflichtgegenstand die Note „Nicht genügend" aufweisen. Ferner ist eine Schülerin oder ein Schüler zum Aufsteigen in die nächsthöhere Schulstufe berechtigt,

1. wenn ein Semesterzeugnis der betreffenden Schulstufe in einem Pflichtgegenstand eine Beurteilung mit „Nicht genügend" oder eine Nichtbeurteilung aufweist und der Pflichtgegenstand in einer höheren Schulstufe lehrplanmäßig vorgesehen ist, außer wenn in einem Semesterzeugnis oder dem Jahreszeugnis der vorangegangenen Schulstufe derselbe Pflichtgegenstand nicht oder mit der Note „Nicht genügend" beurteilt wurde, oder *(BGBl. I Nr. 19/2021, Art. 2 Z 14 idF BGBl. I Nr. 170/2021, Art. 2 Z 4)*
2. wenn die Semesterzeugnisse der betreffenden Schulstufe in den Pflichtgegenständen insgesamt höchstens zwei Beurteilungen mit „Nicht genügend" oder Nichtbeurteilungen aufweisen, jeder dieser Pflichtgegenstände in einer höheren Schulstufe lehrplanmäßig vorgesehen ist und die Klassenkonferenz unter sinngemäßer Anwendung des Abs. 2 lit. c die Berechtigung zum Aufsteigen in die nächsthöhere Schulstufe erteilt, außer wenn in einem Semesterzeugnis oder dem Jahreszeugnis der vorangegangenen Schulstufe einer dieser Pflichtgegenstände nicht oder mit der Note „Nicht genügend" beurteilt wurde. Entscheidungen der Klassenkonferenz über die Erteilung der Berechtigung zum Aufsteigen sind den Erziehungsberechtigten unter ausdrücklichem Hinweis auf die einmalige Möglichkeit des Aufsteigens mit insgesamt zwei Beurteilungen mit „Nicht genügend" oder Nichtbeurteilungen nachweislich zur Kenntnis zu bringen. *(BGBl. I Nr. 19/2021, Art. 2 Z 14 idF BGBl. I Nr. 170/2021, Art. 2 Z 4)*

(BGBl. I Nr. 19/2021, Art. 2 Z 14)

(11) An Schulen, an denen die semestrierte Oberstufe geführt wird und eine Festlegung nach § 36a Abs. 1a getroffen wurde, sind Schülerinnen und Schüler abweichend von Abs. 10 dann zum Aufsteigen in die nächsthöhere Schulstufe berechtigt, wenn die Semesterzeugnisse über das Winter- und das Sommersemester der betreffenden Schulstufe oder der vorangegangenen Schulstufe (§ 22b Abs. 2) in den Pflichtgegenständen je Pflichtgegenstand nicht mehr als eine Nichtbeurteilung oder eine Beurteilung mit „Nicht genügend" und insgesamt höchstens zwei Nichtbeurteilungen oder Beurteilungen mit „Nicht genügend" aufweisen. *(BGBl. I Nr. 96/2022, Art. 2 Z 15)*

Begabungsförderung – Überspringen von Schulstufen

(BGBl. I Nr. 9/2012, Art. 4 Z 16)

§ 26. (1) Ein Schüler, der auf Grund seiner außergewöhnlichen Leistungen und Begabungen die geistige Reife besitzt, am Unterricht der übernächsten Schulstufe teilzunehmen, ist auf sein Ansuchen in die übernächste Stufe der betreffenden Schulart aufzunehmen. Die Aufnahme in die übernächste Schulstufe ist nur zulässig, wenn eine Überforderung in körperlicher und geistiger Hinsicht nicht zu befürchten ist. Im Zweifel ist der Schüler einer Einstufungsprüfung und allenfalls auch einer schulpsychologischen und (oder) schulärztlichen Untersuchung zu unterziehen. Schüler der Grundschule dürfen nur dann in die übernächste Schulstufe aufgenommen werden, wenn dadurch die Gesamtdauer des Grundschulbesuches nicht weniger als drei Schuljahre beträgt. *(BGBl. Nr. 455/1992, Z 15 idF BGBl. I Nr. 133/1998, Z 4)*

(2) In allen leistungsdifferenzierten Pflichtgegenständen muss die Schülerin oder der

Schüler gemäß dem höheren Leistungsniveau unterrichtet werden und muss die erfolgreiche Teilnahme am Unterricht gemäß dem jeweils höheren Leistungsniveau in der übernächsten Stufe zu erwarten sein. *(BGBl. I Nr. 101/2018, Art. 4 Z 25)*

(3) Zur Entscheidung gemäß Abs. 1 ist die Schulkonferenz, an Schulen mit Abteilungsgliederung die Abteilungskonferenz zuständig. Ein derartiges Überspringen ist je ein Mal in der Grundschule, nach der Grundschule bis einschließlich der 8. Schulstufe und nach der 8. Schulstufe zulässig. *(BGBl. I Nr. 133/1998, Z 5 idF BGBl. I Nr. 75/2013, Art. 1 Z 2 und BGBl. I Nr. 56/2016, Art. 5 Z 26a)*

(4) Stellt sich nach der Aufnahme in die übernächste Schulstufe (Abs. 1) heraus, daß die Voraussetzungen für den Besuch der betreffenden Schulstufe doch nicht gegeben sind, so hat der Schulleiter mit Zustimmung des Schülers dessen Aufnahme in die übernächste Schulstufe zu widerrufen und gleichzeitig seine Aufnahme in die nächste Schulstufe auszusprechen. Der Widerruf bzw. die Aufnahme in die nächste Schulstufe ist jedoch nur bis zum Ende des Kalenderjahres der Aufnahme in die übernächste Schulstufe zulässig. *(BGBl. I Nr. 133/1998, Z 6)*

(BGBl. Nr. 455/1992, Z 15)

Begabungsförderung – Überspringen an den „Nahtstellen"[22])
(BGBl. I Nr. 9/2012, Art. 4 Z 17)

§ 26a. (1) Auf die Aufnahme in eine höhere Stufe einer Schulart, als es dem Alter des Aufnahmsbewerbers entspricht, findet § 3 Abs. 6 lit. b auf Ansuchen des Schülers dann nicht Anwendung, wenn

1. bei einem unmittelbar vorangehenden Schulbesuch in Österreich die betreffende Schulstufe unter sinngemäßer Anwendung von § 22 Abs. 2 lit. g mit ausgezeichnetem Erfolg abgeschlossen wurde,
2. die Klassenkonferenz feststellt, dass der Schüler auf Grund seiner besonderen Leistungen und Begabungen mit großer Wahrscheinlichkeit den Anforderungen der angestrebten Schulstufe und Schulart genügen wird, und
3. eine Überforderung in körperlicher und geistiger Hinsicht nicht zu befürchten ist.

Im Zweifel ist der Schüler einer Einstufungsprüfung und allenfalls auch einer schulpsychologischen und/oder schulärztlichen Untersuchung zu unterziehen.

(2)[23]) Sofern der erfolgreiche Abschluss der 4. Schulstufe der Volksschule oder der 4. Klasse der Mittelschule (bzw. der 8. Schulstufe) Voraussetzung für die Aufnahme in die 1. Stufe der Mittelschule, einer mittleren oder einer höheren Schule ist, ist diese Voraussetzung auf Ansuchen des Schülers auch durch den erfolgreichen Abschluss der 3. Stufe der Volksschule oder der 3. Klasse der Mittelschule (bzw. der 7. Schulstufe) gegeben, wenn *(BGBl. I Nr. 101/2018, Art. 4 Z 26)*

1. diese Schulstufe unter sinngemäßer Anwendung von § 22 Abs. 2 lit. g mit ausgezeichnetem Erfolg abgeschlossen wurde,
2. die Klassenkonferenz feststellt, dass der Schüler auf Grund seiner besonderen Leistungen und Begabungen mit großer Wahrscheinlichkeit den Anforderungen der angestrebten Schulstufe und Schulart genügen wird, und
3. eine Überforderung in körperlicher und geistiger Hinsicht nicht zu befürchten ist.

Im Zweifel ist der Schüler einer Einstufungsprüfung und allenfalls auch einer schulpsychologischen und/oder schulärztlichen Untersuchung zu unterziehen.

(3) Entscheidungen über Ansuchen auf Grund der Abs. 1 und 2 sind den Schülern unverzüglich unter Angabe der Gründe und, sofern dem Ansuchen nicht vollinhaltlich stattgegeben wurde, der Belehrung über die Widerspruchsmöglichkeit bekannt zu geben. *(BGBl. I Nr. 20/2006, Art. 4 Z 18 idF BGBl. I Nr. 75/2013, Art. 1 Z 6)*

(BGBl. I Nr. 20/2006, Art. 4 Z 18)

***§ 26b.** entfallen (BGBl. I Nr. 96/2022, Art. 2 Z 16)*

***§ 26c.** entfallen (BGBl. I Nr. 96/2022, Art. 2 Z 16)*

Wiederholen von Schulstufen

§ 27. (1) Wenn ein Schüler zum Aufsteigen in die nächsthöhere Schulstufe (§ 25) nicht be-

---

[22]) Siehe auch RS Nr. 6/2006 betreffend Auslegungen zum 2. Schulrechtspaket 2005 (Kodex 11. Auflage).

[23]) Der Einleitungsteil des § 26a Abs. 2 idF vor der Novelle BGBl. I Nr. 101/2018 ist gemäß § 82h Abs. 2 noch von Bedeutung. Er lautete:

„(2) Sofern der erfolgreiche Abschluss der 4. Stufe der Volksschule oder der 4. Klasse der Hauptschule oder der Neuen Mittelschule (bzw. der 8. Schulstufe) Voraussetzung für die Aufnahme in die 1. Stufe der Hauptschule, der Neuen Mittelschule, einer mittleren oder einer höheren Schule ist, ist diese Voraussetzung auf Ansuchen des Schülers auch durch den erfolgreichen Abschluss der 3. Stufe der Volksschule oder der 3. Klasse der Hauptschule oder der Neuen Mittelschule (bzw. der 7. Schulstufe) gegeben, wenn".

rechtigt ist oder gemäß § 25 Abs. 9 zum Aufsteigen berechtigt ist, darf er die betreffende Schulstufe wiederholen, soweit in den nachstehenden Absätzen nicht anderes bestimmt ist. Das gleiche gilt, wenn der Schüler die lehrplanmäßig letzte Schulstufe einer Schulart nicht erfolgreich abgeschlossen hat. *(BGBl. Nr. 767/1996, Z 34 idF BGBl. I Nr. 98/1999, Z 5)*

(2) Auf Ansuchen des Schülers hat die Klassenkonferenz die Wiederholung einer Schulstufe durch einen Schüler, der zum Aufsteigen in die nächsthöhere Schulstufe berechtigt ist (§ 25), zu bewilligen, wenn die Aufholung eines Leistungsrückstandes, der aus entwicklungs- oder milieubedingten oder aus gesundheitlichen Gründen eingetreten ist, ermöglicht werden soll und die Einordnung des Schülers in die neue Klassengemeinschaft zu erwarten ist und Abs. 3 nicht entgegensteht. Eine Wiederholung der letzten Stufe einer Schulart im Sinne dieses Absatzes – ausgenommen der 4. Stufe der Volksschule sowie der letzten Stufe einer Sonderschule – ist unzulässig. Eine freiwillige Wiederholung ist während des gesamten Bildungsganges nur ein Mal zulässig; hievon ist der Schüler nachweislich in Kenntnis zu setzen. Er ist berechtigt, trotz einer Bewilligung zur freiwilligen Wiederholung in die nächsthöhere Schulstufe aufzusteigen. Dem Schüler ist über die wiederholte Schulstufe ein Jahreszeugnis (§ 22 Abs. 1) oder nach Maßgabe des § 18a eine Jahresinformation auszustellen. Sofern sich die Berechtigung zum Aufsteigen nach dem Jahreszeugnis richtet, ist das für den Schüler günstigere Jahreszeugnis zu Grunde zu legen. Ab der 10. Schulstufe von zumindest dreijährigen mittleren und höheren Schulen gehört der Klassenkonferenz auch ein allenfalls bestellter Lernbegleiter (§ 55c) an. Für Schüler ab der 10. Schulstufe von zumindest dreijährigen mittleren und höheren Schulen kann das Ansuchen im Fall von schwerwiegenden Leistungsrückständen, die eine Wiederholung der Schulstufe erforderlich erscheinen lassen, auch vom Lernbegleiter gestellt werden. *(BGBl. Nr. 211/1986, Art. I Z 14 idF BGBl. I Nr. 9/2012, Art. 4 Z 19, BGBl. I Nr. 56/2016, Art. 5 Z 28 und BGBl. I Nr. 96/2022, Art. 2 Z 17)*

(2a) Abs. 2 gilt ab der 10. Schulstufe von Schulen, an denen die semestrierte Oberstufe geführt wird, mit der Maßgabe, dass

1. es unerheblich ist, aus welchen Gründen ein Leistungsrückstand eingetreten ist,
2. eine Wiederholung auch der letzten Schulstufe zulässig ist und
3. die Wiederholung einer Schulstufe im Rahmen der Höchstdauer des Schulbesuches (§ 32) auch mehrmals zulässig ist.

(BGBl. I Nr. 96/2022, Art. 2 Z 18)

(3) Wenn ein Schüler im Falle der Wiederholung der Schulstufe die nach § 32 zulässige Höchstdauer des Schulbesuches überschreiten würde oder wenn der Schulbesuch gemäß § 33 Abs. 2 lit. f zu beenden ist, darf er die betreffende Schulstufe nicht wiederholen. *(BGBl. Nr. 767/1996, Z 35)*

(4) Erfolgreich abgeschlossene Pflichtgegenstände, die Prüfungsgebiet einer verpflichtend vorgesehenen Vorprüfung waren, sind im Rahmen einer allfälligen Wiederholung der Schulstufe grundsätzlich nicht zu besuchen. Im Ausmaß der dadurch entfallenen Unterrichtsstunden ist der Schüler mit Zustimmung des Schulleiters jedoch berechtigt, den Unterricht im betreffenden Unterrichtsgegenstand oder in anderen Unterrichtsgegenständen der betreffenden Schulstufe zu besuchen, sofern dadurch keine Klassenteilung erforderlich ist. Die im Rahmen des Unterrichtes im Sinne des zweiten Satzes erbrachten Leistungen sind nicht zu beurteilen. *(BGBl. I Nr. 98/1999, Z 6)*

Aufnahme in die 1. Stufe einer Mittelschule, einer mittleren oder einer höheren Schule
(BGBl. I Nr. 56/2016, Art. 5 Z 29 idF BGBl. I Nr. 101/2018, Art. 4 Z 27)

§ 28.[24]) (1) Der erfolgreiche Abschluß der 4. Stufe der Volksschule als Voraussetzung

---

[24]) § 28 idF vor der Novelle BGBl. I Nr. 101/2018 ist gemäß § 82h Abs. 2 noch von Bedeutung. Er lautete:

„Aufnahme in die 1. Stufe einer Neuen Mittelschule, einer mittleren oder einer höheren Schule

§ 28. (1) Der erfolgreiche Abschluß der 4. Stufe der Volksschule als Voraussetzung für die Aufnahme in die 1. Stufe einer Hauptschule, einer Neuen Mittelschule oder einer allgemeinbildenden höheren Schule ist gegeben, wenn das Zeugnis über die 4. Stufe der Volksschule in allen Pflichtgegenständen eine Beurteilung aufweist und in keinem Pflichtgegenstand die Note „Nicht genügend" enthält. Darüber hinaus gilt für die Aufnahme in die erste Klasse einer allgemeinbildenden höheren Schule § 40 Abs. 1 des Schulorganisationsgesetzes. Die vorstehenden Bestimmungen finden keine Anwendung bei Aufnahme eines Schülers mit sonderpädagogischem Förderbedarf in eine Hauptschule, eine Neue Mittelschule oder die Unterstufe einer allgemeinbildenden höheren Schule auf Grund des § 8a Abs. 1 des Schulpflichtgesetzes 1985.

(2) entfallen

(3) Der erfolgreiche Abschluß der 8. Schulstufe bzw. die erfolgreiche Erfüllung der ersten acht Jahre der allgemeinen Schulpflicht als Voraussetzung für die Aufnahme in die 1. Stufe einer mittleren oder höheren Schule ist gegeben, wenn

für die Aufnahme in die 1. Stufe einer Mittelschule oder einer allgemeinbildenden höheren Schule ist gegeben, wenn das Zeugnis über die 4. Stufe der Volksschule in allen Pflichtgegenständen eine Beurteilung aufweist und in keinem Pflichtgegenstand die Note „Nicht genügend" enthält. Darüber hinaus gilt für die Aufnahme in die erste Klasse einer allgemeinbildenden höheren Schule § 40 Abs. 1 des Schulorganisationsgesetzes. Die vorstehenden Bestimmungen finden keine Anwendung bei Aufnahme eines Schülers mit sonderpädagogischem Förderbedarf in eine Mittelschule oder die Unterstufe einer allgemeinbildenden höheren Schule auf Grund des § 8a Abs. 1 des Schulpflichtgesetzes 1985. *(BGBl. Nr. 767/1996, Z 36 idF BGBl. I Nr. 36/2012, Art. 2 Z 19 und 20 und BGBl. I Nr. 101/2018, Art. 4 Z 28)*

(2) entfallen (BGBl. I Nr. 29/2011, Art. 1 Z 1)

(3) Der erfolgreiche Abschluß der 8. Schulstufe bzw. die erfolgreiche Erfüllung der ersten acht Jahre der allgemeinen Schulpflicht als Voraussetzung für die Aufnahme in die 1. Stufe einer mittleren oder höheren Schule ist gegeben, wenn

1. das Jahreszeugnis der 8. Stufe der Volksschule, der 4. Stufe der Mittelschule oder der 4. oder der 5. Stufe der allgemeinbildenden höheren Schule in allen Pflichtgegenständen (ausgenommen in den Pflichtgegenständen Latein/Zweite lebende Fremdsprache und Geometrisches Zeichnen sowie in zusätzlichen schulautonomen Pflichtgegenständen und in besonderen Pflichtgegenständen an Schulen unter besonderer Berücksichtigung der musischen oder der sportlichen Ausbildung) eine Beurteilung aufweist und in keinem dieser Pflichtgegenstände die Note „Nicht genügend" enthält oder *(BGBl. Nr. 767/1996, Z 37 idF BGBl. I Nr. 29/2011, Art. 1 Z 2, BGBl. I Nr. 36/2012, Art. 2 Z 21 und BGBl. I Nr. 101/2018, Art. 4 Z 29)*
2. der Schüler nach mindestens achtjähriger Schullaufbahn einen ausländischen Schulbesuch erfolgreich abgeschlossen hat; wenn das Zeugnis über den ausländischen Schulbesuch keinen Nachweis über den positiven Abschluß in Deutsch enthält, ist eine Externistenprüfung über den Lehrstoff des Unterrichtsgegenstandes Deutsch in der Mittelschule abzulegen. *(BGBl. Nr. 767/1996, Z 37 idF BGBl. I Nr. 101/2018, Art. 4 Z 30)*

Ferner ist der erfolgreiche Abschluß der 8. Schulstufe bzw. die Erfüllung der ersten acht Jahre der allgemeinen Schulpflicht gegeben, wenn der Schüler nach erfolgreichem Abschluß der 7. Schulstufe der Volksschule oder der 3. Klasse der Mittelschule oder der 3. Klasse der allgemeinbildenden höheren Schule die Polytechnische Schule erfolgreich abgeschlossen hat. Die vorstehenden Bestimmungen finden keine Anwendung bei Aufnahme eines Schülers mit sonderpädagogischem Förderbedarf in eine einjährige Fachschule für wirtschaftliche Berufe auf Grund des § 8a Abs. 1 des Schulpflichtgesetzes 1985. *(BGBl. Nr. 767/1996, Z 37 idF BGBl. I*

---

1. das Jahreszeugnis der 8. Stufe der Volksschule, der 4. Stufe der Hauptschule oder der Neuen Mittelschule oder der 4. oder der 5. Stufe der allgemeinbildenden höheren Schule in allen Pflichtgegenständen (ausgenommen in den Pflichtgegenständen Latein/Zweite lebende Fremdsprache und Geometrisches Zeichnen sowie in zusätzlichen schulautonomen Pflichtgegenständen und in besonderen Pflichtgegenständen an Schulen unter besonderer Berücksichtigung der musischen oder der sportlichen Ausbildung) eine Beurteilung aufweist und in keinem dieser Pflichtgegenstände die Note „Nicht genügend" enthält oder (BGBl. Nr. 767/1996, Z 37 idF BGBl. I Nr. 29/2011, Art. 1 Z 2 und BGBl. I Nr. 36/2012, Art. 2 Z 21)
2. der Schüler nach mindestens achtjähriger Schullaufbahn einen ausländischen Schulbesuch erfolgreich abgeschlossen hat; wenn das Zeugnis über den ausländischen Schulbesuch keinen Nachweis über den positiven Abschluß in Deutsch enthält, ist eine Externistenprüfung über den Lehrstoff des Unterrichtsgegenstandes Deutsch in der Hauptschule abzulegen.

Ferner ist der erfolgreiche Abschluß der 8. Schulstufe bzw. die Erfüllung der ersten acht Jahre der allgemeinen Schulpflicht gegeben, wenn der Schüler nach erfolgreichem Abschluß der 7. Schulstufe der Volksschule oder der 3. Klasse der Hauptschule oder der Neuen Mittelschule oder der 3. Klasse der allgemeinbildenden höheren Schule die Polytechnische Schule erfolgreich abgeschlossen hat. Die vorstehenden Bestimmungen finden keine Anwendung bei Aufnahme eines Schülers mit sonderpädagogischem Förderbedarf in eine einjährige Fachschule für wirtschaftliche Berufe auf Grund des § 8a Abs. 1 des Schulpflichtgesetzes 1985.

(4) Zeugnisse von Sonderschulen, in denen der Lehrplan der Volksschule, der Hauptschule, der Neuen Mittelschule oder der Polytechnischen Schule angewendet wird, sind im Sinne der vorstehenden Absätze wie Zeugnisse der Volksschule, der Hauptschule, der Neuen Mittelschule oder der Polytechnischen Schule zu werten.

(5) Einem Zeugnis im Sinne der vorstehenden Absätze ist die erfolgreiche Ablegung einer Prüfung über den zureichenden Erfolg der Teilnahme an einem gleichwertigen Unterricht im Sinne des Schulpflichtgesetzes 1985 gleichzuhalten.

(6) Für die Aufnahme in die erste Stufe einer Hauptschule, einer Neuen Mittelschule, einer mittleren oder einer höheren Schule findet § 25 Abs. 1 letzter Satz Anwendung.".

Nr. 9/2012, Art. 4 Z 21, BGBl. I Nr. 36/2012, Art. 2 Z 22, BGBl. I Nr. 56/2016, Art. 5 Z 30 und BGBl. I Nr. 101/2018, Art. 4 Z 29)

(4) Zeugnisse von Sonderschulen, in denen der Lehrplan der Volksschule, der Mittelschule oder der Polytechnischen Schule angewendet wird, sind im Sinne der vorstehenden Absätze wie Zeugnisse der Volksschule, der Mittelschule oder der Polytechnischen Schule zu werten. *(BGBl. I Nr. 36/2012, Art. 2 Z 23 idF BGBl. I Nr. 101/2018, Art. 4 Z 31)*

(5) Einem Zeugnis im Sinne der vorstehenden Absätze ist die erfolgreiche Ablegung einer Prüfung über den zureichenden Erfolg der Teilnahme an einem gleichwertigen Unterricht im Sinne des Schulpflichtgesetzes 1985 gleichzuhalten.

(6) Für die Aufnahme in die erste Stufe einer Mittelschule, einer mittleren oder einer höheren Schule findet § 25 Abs. 1 letzter Satz Anwendung. *(BGBl. I Nr. 133/1998, Z 7 idF BGBl. I Nr. 36/2012, Art. 2 Z 24 und BGBl. I Nr. 101/2018, Art. 4 Z 32)*

(BGBl. Nr. 367/1982, Art. I Z 26)

Übertritt in eine andere Schulart oder eine andere Form oder Fachrichtung einer Schulart

§ 29. (1) Für den Übertritt in eine höhere, gleiche oder niedrigere Schulstufe einer anderen Schulart oder eine andere Form, Fachrichtung oder einen anderen Schwerpunktbereich einer Schulart gelten, soweit es sich nicht um die ersten vier Schulstufen der Volks- und der Sonderschule, um die Polytechnische Schule oder um die 1. Stufe einer Mittelschule, einer mittleren oder einer höheren Schule handelt, die folgenden Absätze. *(BGBl. I Nr. 56/2016, Art. 5 Z 31 idF BGBl. I Nr. 101/2018, Art. 4 Z 33 und 34)*

(2) Für den Übertritt von einer Schulstufe in eine höhere Schulstufe einer anderen Schulart (Fachrichtung) ist Voraussetzung, dass das Jahreszeugnis der zuletzt besuchten Schulstufe – allenfalls neben einer Beurteilung mit „Nicht genügend" im Sinne des § 25 Abs. 1 letzter Satz – in keinem Pflichtgegenstand, der in den vorhergehenden Schulstufen der angestrebten Schulart lehrplanmäßig vorgesehen ist, ein „Nicht genügend" enthält oder der Schüler eine Prüfung im Sinne des § 23 Abs. 2 oder 3 erfolgreich abgelegt hat; dies gilt nicht für den Übertritt in eine Allgemeine Sonderschule. Ein „Nicht genügend" gemäß dem höheren Leistungsniveau steht dem Übertritt nicht entgegen. Ein Schüler einer allgemeinbildenden höheren Schule, der ab der 6. Schulstufe in eine Mittelschule übertritt, ist hinsichtlich der Zuordnung zu einem Leistungsniveau so zu behandeln, als wenn er bisher nach den Anforderungen des Leistungsniveaus „Standard AHS" beurteilt worden wäre. *(BGBl. Nr. 767/1996, Z 39 idF BGBl. I Nr. 98/1999, Z 7 und BGBl. I Nr. 101/2018, Art. 4 Z 35)*

(2a) Abweichend von Abs. 2 ist für den Übertritt in die 11. oder eine höhere Schulstufe von Schulen, an denen die semestrierte Oberstufe geführt wird, § 25 Abs. 10 sinngemäß anzuwenden. Für den Fall, dass das Semesterzeugnis in einem oder mehreren in den vorhergehenden Semestern der angestrebten Schulart lehrplanmäßig vorgesehenen Pflichtgegenständen eine Nichtbeurteilung oder eine Beurteilung mit „Nicht genügend" enthält, findet § 23a Anwendung. *(BGBl. I Nr. 9/2012, Art. 4 Z 22 idF BGBl. I Nr. 96/2022, Art. 2 Z 19)*

(3) Für den Übertritt von einer Schulstufe in die gleiche Schulstufe einer anderen Schulart (Fachrichtung) ist Voraussetzung, daß der Schüler mit einem gleichartigen Jahreszeugnis der angestrebten Schulart berechtigt wäre, die betreffende Schulstufe zu wiederholen. Ab der 10. Schulstufe von Schulen, an denen die semestrierte Oberstufe geführt wird, ist der Übertritt in die gleiche Schulstufe einer anderen Schulart (Fachrichtung) nach Maßgabe des § 27 Abs. 2a zulässig. *(BGBl. Nr. 767/1996, Z 39 idF BGBl. I Nr. 9/2012, Art. 4 Z 23 und BGBl. I Nr. 96/2022, Art. 2 Z 20)*

(4) Für den Übertritt von einer Schulstufe in eine niedrigere Schulstufe einer anderen Schulart (Fachrichtung) gilt § 27 Abs. 2 sinngemäß. Abs. 3 letzter Satz findet sinngemäß Anwendung. *(BGBl. Nr. 767/1996, Z 39 idF BGBl. I Nr. 9/2012, Art. 4 Z 24)*

(5) Für den Übertritt ist außer der Erfüllung der Voraussetzungen gemäß den Abs. 2 bis 4 eine weitere Voraussetzung die erfolgreiche Ablegung einer Aufnahmsprüfung aus jenen Unterrichtsgegenständen, die in einer der vorhergehenden Schulstufen der angestrebten Schulart oder der angestrebten Form oder Fachrichtung, oder dem Schwerpunktbereich einer Schulart Pflichtgegenstand waren und die der Schüler noch nicht oder nicht in annähernd gleichem Umfang besucht hat. Die Aufnahmsprüfung ist vom Schulleiter auf Ansuchen des Schülers bei gleichzeitiger Aufnahme als außerordentlicher Schüler (§ 4) aufzuschieben, wenn in dessen Person rücksichtswürdige Gründe vorliegen. Die Frist zur Ablegung ist mit höchstens einem halben Unterrichtsjahr je nachzuholender Schulstufe zu bemessen. Die Aufnahmsprüfung kann insoweit entfallen, als der Schüler durch die Mit-

arbeit im Unterricht sowie durch in die Unterrichtsarbeit sonst eingeordnete Leistungsfeststellung (§ 18 Abs. 1) zu erkennen gibt, daß er das Bildungsziel des betreffenden Pflichtgegenstands in den vorangegangenen Schulstufen in den wesentlichen Bereichen überwiegend erfüllt. Die diesbezügliche Feststellung trifft der den Pflichtgegenstand unterrichtende Lehrer und ist dem Schüler unverzüglich bekanntzugeben. Auf eine derartige Feststellung besteht kein Rechtsanspruch. *(BGBl. Nr. 455/1992, Z 16 idF BGBl. I Nr. 36/2012, Art. 2 Z 25a)*

(5a) Hat der Schüler die Aufnahmsprüfung nicht bestanden, ist er zu einer Wiederholung der Aufnahmsprüfung berechtigt. Er ist vom Schulleiter innerhalb einer Frist von zwei Monaten zu einer Wiederholung der Prüfung zuzulassen; hiebei sind jene Prüfungsgebiete zu wiederholen, die mit „Nicht genügend" beurteilt worden sind. *(BGBl. Nr. 455/1992, Z 17)*

(5b) Für den Übertritt von Schülerinnen und Schülern allgemeinbildender höherer Schulen in die nächsthöhere Stufe einer anderen Form oder für den Übertritt von Schülerinnen und Schülern der Mittelschulen in die nächsthöhere Stufe eines anderen Schwerpunktbereiches sind bei der Anwendung des Abs. 5 Freigegenstände Pflichtgegenständen gleichgestellt und hat eine Aufnahmsprüfung in Werkerziehung (einschließlich Technisches und textiles Werken) zu entfallen, wenn keiner dieser Pflichtgegenstände in einer höheren Stufe der angestrebten Form als Pflichtgegenstand zu besuchen ist. *(BGBl. I Nr. 101/2018, Art. 4 Z 36)*

(5c) Auf den Übertritt von Schülerinnen und Schülern der Mittelschule in eine allgemeinbildende höhere Schule ist § 40 Abs. 2 und 3 des Schulorganisationsgesetzes anzuwenden, wobei für die allenfalls abzulegende Aufnahmsprüfung Abs. 5, 5a und 6 gilt. *(BGBl. I Nr. 101/2018, Art. 4 Z 36)*

(6) Die näheren Bestimmungen über den Übertritt in eine andere Schulart oder eine andere Form oder Fachrichtung einer Schulart hat der zuständige Bundesminister durch Verordnung unter Bedachtnahme auf die Aufgaben und die Lehrpläne der einzelnen Schularten zu erlassen. Diese Bestimmungen sind so zu gestalten, daß allen geeigneten Schülern der Besuch der ihrer Begabung und ihrem Berufsziel entsprechenden Schulart bzw. Form und Fachrichtung einer Schulart ohne oder mit geringstem Zeitverlust möglich ist (§ 3 Abs. 1 des Schulorganisationsgesetzes). *(BGBl. Nr. 139/1974 idF BGBl. Nr. 455/1992, Z 1, BGBl. Nr. 468/1995, Z 2 und BGBl. I Nr. 78/2001, Z 2)*

(7)[25]) Für die Aufnahme in eine Sonderschule nach dem Besuch einer Volksschule oder einer Mittelschule und für die Aufnahme in die Volksschule oder die 2. bis 4. Stufe der Mittelschule nach dem Besuch einer Sonderschule mit eigenem Lehrplan hat die Schulbehörde im Verfahren nach § 8 bzw. § 8a des Schulpflichtgesetzes 1985 auf Grund der Leistungen des Schülers festzustellen, welche Stufe der aufnehmenden Schulart zu besuchen ist. Zeugnisse von Sonderschulen, in denen der Lehrplan der Volksschule, der Mittelschule oder der Polytechnischen Schule angewendet wird, sind für den Übertritt in eine andere Schulart wie Zeugnisse der Volksschule, der Mittelschule oder der Polytechnischen Schule zu werten. *(BGBl. I Nr. 36/2012, Art. 2 Z 26 idF BGBl. I Nr. 101/2018, Art. 4 Z 37)*

(8) Der Übertritt in die Polytechnische Schule aus einer mittleren oder höheren Schule ist während des Schuljahres nur bis zum 31. Dezember zulässig. *(BGBl. Nr. 767/1996, Z 40)*

Wechsel von der semestrierten Oberstufe[26])

§ 30. (1) Wechselt eine Schülerin oder ein Schüler einer Schule (Schulart, Schulform oder Fachrichtung), einer Klasse oder eines Jahrganges, in der oder dem die semestrierte Oberstufe geführt wird, aufgrund einer Wiederholung, eines Schulwechsels oder eines Übertrittes (§§ 29, 31) in eine Schule (Schulart, Schulform oder Fachrichtung), eine Klasse oder einen Jahrgang, in der die semestrierte Oberstufe nicht geführt wird, sind für diese Schülerin oder diesen Schüler an der aufnehmenden Schule die Bestimmungen

---

[25]) Abs. 7 idF vor der Novelle BGBl. I Nr. 101/2018 ist gemäß § 82h Abs. 2 noch von Bedeutung. Er lautete:

„(7) Für die Aufnahme in eine Sonderschule nach dem Besuch einer Volksschule, einer Hauptschule oder einer Neuen Mittelschule und für die Aufnahme in die Volksschule oder die 2. bis 4. Stufe der Hauptschule oder der Neuen Mittelschule nach dem Besuch einer Sonderschule mit eigenem Lehrplan hat die Schulbehörde im Verfahren nach § 8 bzw. § 8a des Schulpflichtgesetzes 1985 auf Grund der Leistungen des Schülers festzustellen, welche Stufe der aufnehmenden Schulart zu besuchen ist. Zeugnisse von Sonderschulen, in denen der Lehrplan der Volksschule, der Hauptschule, der Neuen Mittelschule oder der Polytechnischen Schule angewendet wird, sind für den Übertritt in eine andere Schulart wie Zeugnisse der Volksschule, der Hauptschule, der Neuen Mittelschule oder der Polytechnischen Schule zu werten.".

[26]) Siehe auch § 82c (Übergangsrecht betreffend die semestrierte Oberstufe).

über die semestrierte Oberstufe nicht anzuwenden und erfolgt dieser Wechsel nach Maßgabe der folgenden Absätze.

(2) Ist eine Schülerin oder ein Schüler berechtigt, über einen oder mehrere Pflichtgegenstände Semesterprüfungen abzulegen oder diese zu wiederholen (§ 23a Abs. 1), kann die Schülerin oder der Schüler im Fall eines Schulwechsels oder eines Übertrittes (§§ 29, 31) an der aufnehmenden Schule bis zum 30. November desselben Kalenderjahres eine Prüfung nach den auf die Semesterprüfung anzuwendenden Grundsätzen über den Ablauf der Prüfung (§ 23a Abs. 6, 7, 9 und 10) über diesen Pflichtgegenstand ablegen (Ausgleichsprüfung). Für den Schulwechsel oder den Übertritt in eine höhere Schulstufe gilt § 29 Abs. 2 sinngemäß mit der Maßgabe, dass die Schülerin oder der Schüler bis zur Ablegung der Ausgleichsprüfung am Unterricht der höheren Schulstufe teilnehmen darf.

(3) Wurde in der semestrierten Oberstufe noch keine Semesterprüfung über den betreffenden Pflichtgegenstand abgelegt, darf die Ausgleichsprüfung in der ganzjährigen Oberstufe einmal wiederholt werden. Prüferin oder Prüfer der Ausgleichsprüfung und der Wiederholung derselben ist eine oder ein von der Schulleitung zu bestimmende den betreffenden Unterrichtsgegenstand unterrichtende Lehrerin oder unterrichtender Lehrer.

(4) Im Fall eines Schulwechsels oder eines Übertrittes in der letzten Schulstufe innerhalb des Unterrichtsjahres ist die Ausgleichsprüfung spätestens zwischen der Beurteilungskonferenz der letzten Schulstufe (§ 20 Abs. 6) und dem Beginn der Klausurprüfung abzulegen, wobei eine nicht oder mit „Nicht genügend“ beurteilte Ausgleichsprüfung in den für die Wiederholungsprüfung (§ 23) vorgesehenen Tagen des darauffolgenden Schuljahres einmal wiederholt werden kann.

(5) Im Falle eines Schulwechsels oder Übertritts (§§ 29, 31) innerhalb eines Unterrichtsjahres ist § 22a Abs. 7 anzuwenden. Die in dieser Schulbesuchsbestätigung oder im Semesterzeugnis über das Wintersemester ausgewiesenen Leistungen sind an der aufnehmenden Schule im Rahmen der Leistungsbeurteilung gemäß § 20 Abs. 1 zu berücksichtigen, eine allfällige Wiederholungsprüfung über die betreffende Schulstufe hat jedoch den Lehrstoff des betreffenden Unterrichtsgegenstandes auf der ganzen Schulstufe zu umfassen (§ 23 Abs. 5). Hat eine Schülerin oder ein Schüler über einzelne Pflichtgegenstände gemäß § 23b bereits Semesterprüfungen abgelegt, gilt § 11 Abs. 6a sinngemäß.

(6) Semesterprüfungen nach § 23a Abs. 3 dritter Satz in der Fassung vor dem Bundesgesetz BGBl. I Nr. 19/2021, die nach dieser Bestimmung zwischen der Beurteilungskonferenz der letzten Schulstufe (§ 20 Abs. 6) und dem Beginn der Klausurprüfung oder an den für die Durchführung der Wiederholungsprüfungen (§ 23) vorgesehenen Tagen abzulegen wären, werden zu Ausgleichsprüfungen, die nicht wiederholt werden können. Diese sind

1. im Fall eines Wiederholens einer Schulstufe an derselben Schule innerhalb des zu wiederholenden Schuljahres abzulegen,
2. im Fall eines Schulwechsels oder eines Übertrittes (§§ 29, 31) innerhalb des Unterrichtsjahres im selben oder im darauffolgenden Unterrichtsjahr, im Falle eines Schulwechsels oder Übertrittes am Ende des Unterrichtsjahres jedenfalls aber im auf den Schulwechsel oder auf den Übertritt folgenden Unterrichtsjahr abzulegen. Die Ausgleichsprüfung kann im Falle eines Schulwechsels am Ende eines Unterrichtsjahres auch an den für die Wiederholungsprüfung (§ 23) vorgesehenen Tagen des nächstfolgenden Unterrichtsjahres abgelegt werden.

Erfolgt ein Schulwechsel oder ein Übertritt in der letzten Schulstufe, ist die Ausgleichsprüfung spätestens zwischen der Beurteilungskonferenz der letzten Schulstufe (§ 20 Abs. 6) und dem Beginn der Klausurprüfung abzulegen, Im Fall eines Schulwechsels oder Übertrittes ist die Ausgleichsprüfung jedenfalls an der aufnehmenden Schule abzulegen.

(BGBl. I Nr. 19/2021, Art. 2 Z 15)

Wechsel in die semestrierte Oberstufe[27])

§ 30a. (1) Wechselt eine Schülerin oder ein Schüler einer Schule (Schulart, Schulform oder Fachrichtung), einer Klasse oder eines Jahrganges, in der oder dem die semestrierte Oberstufe nicht geführt wird, in eine Schule (Schulart, Schulform oder Fachrichtung), eine Klasse oder einen Jahrgang, in der oder dem die semestrierte Oberstufe geführt wird, so sind für diese Schülerin oder diesen Schüler an der aufnehmenden Schule die Bestimmungen über die semestrierte Oberstufe anzuwenden und erfolgt dieser Wechsel nach Maßgabe der folgenden Absätze. Der Schulnachricht des letzten Semesters kommt abweichend von § 19 Abs. 2 nach Maßgabe der folgenden Absätze die Rechtswirkung eines Wintersemesterzeugnisses zu; auf Antrag der Schülerin oder des Schülers ist in der Schul-

[27]) Siehe auch § 82c (Übergangsrecht betreffend die semestrierte Oberstufe).

nachricht ein entsprechender Vermerk aufzunehmen. *(BGBl. I Nr. 19/2021, Art. 2 Z 15 idF BGBl. I Nr. 170/2021, Art. 2 Z 5)*

(2) Erfolgt ein Schulwechsel oder ein Übertritt (§§ 29, 31) am Ende des Unterrichtsjahres und weist das Jahreszeugnis der Schülerin oder des Schülers bis zu zwei Beurteilungen mit „Nicht genügend" oder „Nicht beurteilt" auf, sind über diese Pflichtgegenstände Semesterprüfungen (§ 23a) abzulegen und gilt hinsichtlich des Aufsteigens § 25 Abs. 10 sinngemäß. Wurde der betreffende Unterrichtsgegenstand auch in der Schulnachricht (§ 19 Abs. 2) oder der Schulbesuchsbestätigung (§ 22 Abs. 10) im betreffenden Schuljahr nicht oder mit „Nicht genügend" beurteilt, hat die Semesterprüfung in diesem Unterrichtsgegenstand die Bildungs- und Lehraufgaben sowie den Lehrstoff des gesamten Schuljahres zu umfassen, andernfalls umfasst die Semesterprüfung die Bildungs- und Lehraufgaben sowie den Lehrstoff des vorangegangenen zweiten Semesters oder des Zeitraumes bis zur Ausstellung der Schulbesuchsbestätigung der abgebenden Schule.

(3) Erfolgt ein Schulwechsel oder ein Übertritt (§§ 29, 31)

1. innerhalb des ersten Semesters eines Schuljahres, ist § 22 Abs. 10 anzuwenden und sind die darin ausgewiesenen Leistungen bei der Beurteilung des Wintersemesters (§ 20 Abs. 10 Z 1 in Verbindung mit Abs. 1) zu berücksichtigen;
2. innerhalb des zweiten Semesters eines Schuljahres, sind nicht oder mit „Nicht genügend" beurteilte Unterrichtsgegenstände als Semesterprüfungen (§ 23a) abzulegen.

(BGBl. I Nr. 19/2021, Art. 2 Z 15)

***§ 30b.** entfallen (BGBl. I Nr. 101/2018, Art. 4 Z 38)*

Übertritt von Schülern mittlerer berufsbildender Schulen in höhere berufsbildende Schulen

§ 31. (1) Für den Übertritt von Schülern mittlerer berufsbildender Schulen in die nächsthöhere Stufe einer berufsbildenden höheren Schule vergleichbarer Schulart (Fachrichtung) gilt § 29 mit der Maßgabe, daß bei der Anwendung des Abs. 5 Freigegenstände Pflichtgegenständen gleichgestellt sind.

(2) Der Übertritt von einer mittleren berufsbildenden Schule in eine höhere berufsbildende Schule vergleichbarer Schulart (Fachrichtung) kann auch nach Abschluß des 1. Semesters der 1. Stufe der berufsbildenden mittleren Schule erfolgen, wenn die Schulnachricht in den allgemeinbildenden Pflichtgegenständen (ausgenommen Bewegung und Sport) und in den fachtheoretischen Pflichtgegenständen keine schlechtere Beurteilung als „Befriedigend" enthält und die Pflichtgegenstände hinsichtlich des Umfanges annähernd dem Umfang der in der höheren Lehranstalt vorgesehenen Pflichtgegenstände entsprechen. Sofern Pflichtgegenstände des I. Jahrganges der höheren berufsbildenden Schule in der 1. Klasse der berufsbildenden mittleren Schule nicht geführt werden, sind einschlägige Freigegenstände, die der Schüler besucht hat, Pflichtgegenständen gleichgestellt. *(BGBl. Nr. 229/1988, Art. I Z 3 idF BGBl. I Nr. 91/2005, Art. 6 Z 1)*

(BGBl. Nr. 229/1988, Art. I Z 3)

Differenzierungsmaßnahmen
(BGBl. I Nr. 101/2018, Art. 4 Z 39 idF BGBl. I Nr. 86/2019, Art. 2 Z 4)

§ 31a. (1) In der 6. bis 8. Schulstufe in der Mittelschule haben die den betreffenden leistungsdifferenzierten Pflichtgegenstand unterrichtenden Lehrerinnen und Lehrer in Hinblick auf die Anforderungen des Lehrplans jede Schülerin und jeden Schüler bei grundsätzlicher Orientierung am Bildungsziel des Leistungsniveaus „Standard AHS" nach Maßgabe ihrer und seiner individuellen Lern- und Leistungsfähigkeit zu fördern.

(2) In den Pflichtgegenständen Deutsch, Mathematik und Lebende Fremdsprache sowie in Pflichtgegenständen eines (schulautonomen) Schwerpunktbereiches ist an der Mittelschule aus den folgenden pädagogischen Fördermaßnahmen von den Lehrerinnen und Lehrern in koordiniertem Zusammenwirken mit der Schulleiterin oder dem Schulleiter auszuwählen: *(BGBl. I Nr. 101/2018, Art. 4 Z 39 idF BGBl. I Nr. 86/2019, Art. 2 Z 5)*

1. Individualisierung des Unterrichts,
2. differenzierter Unterricht in der Klasse,
3. Begabungs- einschließlich Begabtenförderung,
4. Maßnahmen der inklusiven Pädagogik und Diversität,
5. Förderung in temporär gebildeten Schülergruppen,
6. Förderung in Förder- bzw. Leistungskursen,
7. Unterrichten im Lehrerteam (Teamteaching) und
8. Förderung in dauerhaften Schülergruppen ab der 6. Schulstufe.

(3) In den Pflichtgegenständen Deutsch und Kommunikation, Angewandte Mathema-

tik und Lebende Fremdsprache ist an der Polytechnischen Schule Abs. 2 sinngemäß anzuwenden. *(BGBl. I Nr. 86/2019, Art. 2 Z 6)*

(BGBl. I Nr. 101/2018, Art. 4 Z 39)

Zuordnung zu Leistungsniveaus in Pflichtgegenständen mit Leistungsdifferenzierung

§ 31b. (1) In leistungsdifferenzierten Pflichtgegenständen ist nach einem Beobachtungszeitraum für die Schülerin oder den Schüler festzulegen, nach welchem Leistungsniveau sie bzw. er zu unterrichten ist. Der Beobachtungszeitraum umfasst höchstens zwei Wochen und wird von der Schulleiterin oder dem Schulleiter unter Beachtung pädagogischer Aspekte für die einzelnen Klassen und Pflichtgegenstände festgelegt. Der Beobachtungszeitraum dient der Feststellung der individuellen Leistungs- und Lernfähigkeit der Schülerin oder des Schülers im Hinblick auf die Anforderungen der einzelnen Leistungsniveaus auf der Grundlage der Feststellung der Mitarbeit im Unterricht sowie allenfalls unter Verwendung von mündlichen und schriftlichen Leistungsfeststellungen. Schülerinnen und Schüler an Berufsschulen, die den entsprechenden Fachbereich in einer anderen berufsbildenden Schule oder in der Polytechnischen Schule erfolgreich abgeschlossen haben, sind dem höheren Leistungsniveau zuzuordnen, in welchem der Unterricht auf dem bisher erlernten Lehrstoff aufzubauen hat.

(2) Die Zuordnung zu den Leistungsniveaus hat eine Konferenz der Lehrerinnen und Lehrer vorzunehmen, die den betreffenden Pflichtgegenstand unterrichten werden. Sofern nur eine Lehrerin oder ein Lehrer den betreffenden Pflichtgegenstand unterrichten wird, hat diese bzw. dieser die Zuordnung vorzunehmen. Die Zuordnung zu einem Leistungsniveau ist der Schülerin oder dem Schüler innerhalb von drei Tagen, an ganzjährigen Berufsschulen innerhalb von acht Tagen schriftlich bekanntzugeben.

(3) Ab Bekanntgabe der Zuordnung ist die Schülerin oder der Schüler berechtigt, sich bei der Schulleiterin oder beim Schulleiter innerhalb von fünf Tagen, an ganzjährigen Berufsschulen innerhalb von acht Tagen, für die Ablegung der Aufnahmsprüfung in das höhere Leistungsniveau anzumelden. Diese Aufnahmsprüfung ist vor einer Prüfungskommission abzulegen, der

1. als Prüferin oder Prüfer eine von der Schulleiterin oder vom Schulleiter zu bestimmende den Pflichtgegenstand unterrichtende Lehrerin oder ein von der Schulleiterin oder vom Schulleiter zu bestimmender den Pflichtgegenstand unterrichtender Lehrer und
2. als Beisitzerin oder Beisitzer die Lehrerin oder der Lehrer, die bzw. der die Schülerin oder den Schüler im Beobachtungszeitraum unterrichtet hat, angehören.

Wird der betreffende Unterrichtsgegenstand nur von einer Lehrerin oder einem Lehrer unterrichtet, ist von der Schulleiterin oder vom Schulleiter eine andere geeignete Lehrerin oder ein anderer geeigneter Lehrer als Prüferin oder als Prüfer zu bestellen. Die Beurteilung ist von beiden Lehrerinnen oder Lehrern gemeinsam vorzunehmen; kommt ein Einvernehmen nicht zustande, so hat die Schulleiterin oder der Schulleiter zu entscheiden. Bis zum Vorliegen des Prüfungsergebnisses ist die Schülerin oder der Schüler gemäß dem höheren Leistungsniveau zu unterrichten. Besteht die Schülerin oder der Schüler die Aufnahmsprüfung, ist sie oder er nach dem höheren Leistungsniveau zu unterrichten, ansonsten nach dem Leistungsniveau, zu dem sie oder er ursprünglich zugeordnet wurde.

(4) Eine Schülerin oder ein Schüler ist unverzüglich gemäß dem höheren Leistungsniveau zu unterrichten, wenn auf Grund der bisherigen Leistungen zu erwarten ist, dass sie oder er den erhöhten Anforderungen gemäß dem höheren Leistungsniveau voraussichtlich entsprechen wird.

(5) Wäre eine Schülerin oder ein Schüler während des Unterrichtsjahres nach Ausschöpfung aller möglichen Fördermaßnahmen mit „Nicht genügend" zu beurteilen, ist sie oder er unverzüglich gemäß dem niedrigeren Leistungsniveau des betreffenden Pflichtgegenstandes zu unterrichten. Ferner ist die Schülerin oder der Schüler gemäß dem niedrigeren Leistungsniveau zu unterrichten, wenn die Leistungsbeurteilung für die Schulstufe in dem leistungsdifferenzierten Pflichtgegenstand mit „Nicht genügend" erfolgt. An Berufsschulen kann eine Zuordnung zum niedrigeren Leistungsniveau auch bei einer Leistungsbeurteilung mit „Genügend" erfolgen, wenn die Schülerin oder der Schüler zustimmt.

(6) Über die Änderung der Zuordnung während des Unterrichtsjahres gemäß den Abs. 4 und 5 entscheidet die unterrichtende Lehrerin oder der unterrichtende Lehrer; sofern mit der Zuordnung ein Wechsel zu einer anderen Schülergruppe verbunden ist, entscheidet die Schulleiterin oder der Schulleiter auf Antrag der unterrichtenden Lehrerin oder des unterrichtenden Lehrers.

(7) Über die Änderung der Zuordnung für die nächste Schulstufe gemäß den Abs. 4 und 5 entscheidet die Klassenkonferenz gemäß

§ 20 Abs. 6 und zwar auf Antrag der unterrichtenden Lehrerin oder des unterrichtenden Lehrers oder im Falle des Abs. 4 auch auf einen spätestens vier Wochen vor Ende des Unterrichtsjahres gestellten Antrag der Schülerin oder des Schülers. Die Entscheidungen der Klassenkonferenz sind spätestens am folgenden Schultag unter Angabe der Gründe und Beifügung einer Belehrung über die Widerspruchsmöglichkeit der Schülerin oder dem Schüler bekanntzugeben.

(BGBl. I Nr. 101/2018, Art. 4 Z 40)

Teilnahme am Unterricht in einer anderen Schulstufe an Sonderschulen

§ 31c. Sofern ein Schüler einer Allgemeinen Sonderschule auf der betreffenden Schulstufe in den Unterrichtsgegenständen Deutsch und (oder) Mathematik nicht entsprechend gefördert werden kann, ist ihm die Teilnahme am Unterricht der nächstniedrigen oder nächsthöheren Schulstufe zu ermöglichen. Die Erziehungsberechtigten können den Schüler zur Teilnahme am Unterricht in Deutsch und (oder) Mathematik der nächstniedrigeren oder nächsthöheren Schulstufe anmelden, wenn die Schulkonferenz auf Antrag der Erziehungsberechtigten oder von Amts wegen feststellt, daß hiedurch eine bessere Förderungsmöglichkeit gegeben ist. Die Teilnahme am Unterricht in der nächstniedrigeren Schulstufe ist nur zu ermöglichen, wenn im betreffenden Unterrichtsgegenstand eine Beurteilung für die Schulstufe mit „Nicht genügend" zu erwarten ist.

(BGBl. Nr. 367/1982, Art. I Z 31 idF BGBl. I Nr. 101/2018, Art. 4 Z 41)

7. Abschnitt

Mindest- und Höchstdauer sowie Beendigung des Schulbesuches

(BGBl. I Nr. 20/2006, Art. 4 Z 19)

Mindestdauer des Schulbesuches

§ 31e. (1) Sofern in den nachstehenden Absätzen nicht anderes angeordnet wird, hat die Mindestdauer des Schulbesuches der schulorganisationsrechtlich vorgesehenen Anzahl an Schulstufen zu entsprechen, soweit nicht vorzeitig eine Beendigung des Schulbesuches (§ 33) oder ein Übertritt (§ 29) in Betracht kommt.

(2) Die Grundschule, die Mittelschule, die Unterstufe der allgemein bildenden höheren Schule und die Oberstufe der allgemein bildenden höheren Schule sind jeweils mindestens je drei Schuljahre zu besuchen. *(BGBl. I Nr. 20/2006, Art. 4 Z 20 idF BGBl. I Nr. 36/2012, Art. 2 Z 29 und BGBl. I Nr. 101/2018, Art. 4 Z 42)*

(3) Die drei- und vierjährigen berufsbildenden mittleren Schulen und die berufsbildenden höheren Schulen sind mindestens so viele Schuljahre zu besuchen, wie der Zahl der Schulstufen reduziert um eins entspricht. *(BGBl. I Nr. 20/2006, Art. 4 Z 20 idF BGBl. I Nr. 56/2016, Art. 5 Z 32)*

(4) entfallen (BGBl. I Nr. 9/2012, Art. 4 Z 25)

(BGBl. I Nr. 20/2006, Art. 4 Z 20)

Höchstdauer des Schulbesuches

§ 32. (1) Der Besuch einer allgemeinbildende Pflichtschule ist längstens bis zum Ende des Unterrichtsjahres des auf die Erfüllung der allgemeinen Schulpflicht folgenden Schuljahres zulässig, soweit in den nachstehenden Absätzen nicht anderes bestimmt ist. *(BGBl. Nr. 139/1974 idF BGBl. I Nr. 133/1998, Z 9)*

(2)[28]) Schüler mit sonderpädagogischem Förderbedarf sind mit Zustimmung des Schulerhalters und mit Bewilligung der zuständigen Schulbehörde berechtigt, eine Sonderschule oder allgemeine Schule zwei Jahre über den im Abs. 1 genannten Zeitraum hinaus zu besuchen. *(BGBl. Nr. 767/1996, Z 43 idF BGBl. I Nr. 75/2013, Art. 1 Z 1, BGBl. I Nr. 138/2017, Art. 16 Z 30 und BGBl. I Nr. 101/2018, Art. 4 Z 43)*

(2a)[29]) Schüler, die während der Schulpflicht oder nach Weiterbesuch der Schule in einem freiwilligen zehnten Schuljahr gemäß § 18 Abs. 1 des Schulpflichtgesetzes 1985 die 4. Klasse der Mittelschule oder die Polytechnische Schule nicht erfolgreich abgeschlossen haben, dürfen in einem freiwilligen zehnten bzw. elften Schuljahr die Mittelschule oder die Polytechnische Schule mit Zustimmung des Schulerhalters und mit Bewilligung der zuständigen Schulbehörde besuchen, sofern sie zu Beginn des betreffenden Schuljahres das 18. Lebensjahr noch nicht vollendet haben. Unter denselben Bedingungen sind Schüler, die eine im ersten Satz genannte Schule im neunten Jahr der allgemeinen Schulpflicht als außerordentliche Schüler beendet haben, berechtigt, eine der genannten Schulen ein weiteres Jahr als ordentlicher oder außerordentlicher Schüler zu besuchen.

---

[28]) Siehe auch RS Nr. 20/2017 betreffend Informationen zum Bildungsreformgesetz 2017 sowie zur Jahres- und Semesterinformation (1.12.13.).

[29]) Siehe auch RS Nr. 20/2017 betreffend Informationen zum Bildungsreformgesetz 2017 sowie zur Jahres- und Semesterinformation (1.12.13.).

(BGBl. I Nr. 36/2012, Art. 2 Z 30 idF BGBl. I Nr. 75/2013, Art. 1 Z 1, BGBl. I Nr. 76/2013, Art. 2 Z 1, BGBl. I Nr. 138/2017, Art. 16 Z 31 und BGBl. I Nr. 101/2018, Art. 4 Z 44)

(2b) Schülerinnen und Schüler, die im 9. Jahr der allgemeinen Schulpflicht eine Stufe einer allgemeinbildenden höheren Schule oder einer berufsbildenden mittleren oder höheren Schule nicht erfolgreich abgeschlossen haben, sind unter den in Abs. 2a erster Satz genannten Bedingungen berechtigt, in einem freiwilligen 10. Schuljahr die Polytechnische Schule zu besuchen. *(BGBl. I Nr. 101/2018, Art. 4 Z 45)*

(3) Der Besuch einer Berufsschule ist längstens bis zum Ende des Unterrichtsjahres zulässig, in dem das Lehr- oder Ausbildungsverhältnis endet. *(BGBl. Nr. 139/1974 idF BGBl. I Nr. 74/2013, Art. 5 Z 2)*

(3a) Schüler von Berufsschulen, die nach Beendigung des Lehr- oder Ausbildungsverhältnisses die Berufsschule nicht erfolgreich abgeschlossen haben, sind berechtigt, mit Zustimmung des Schulerhalters sowie mit Bewilligung der zuständigen Schulbehörde die Berufsschule zum Zweck der Erlangung eines erfolgreichen Berufsschulabschlusses weiter zu besuchen oder zu einem späteren Zeitpunkt ein weiteres Mal zu besuchen. Ein Wiederholen von Schulstufen gemäß § 27 ist nicht zulässig. *(BGBl. I Nr. 74/2013, Art. 5 Z 3 idF BGBl. I Nr. 75/2013, Art. 1 Z 1)*

(4) An der Unterstufe einer allgemeinbildenden höheren Schule sowie an den berufsbildenden mittleren und höheren Schulen darf ein Schüler für die 1. Stufe nicht länger als zwei Schuljahre benötigen. *(BGBl. Nr. 367/1982, Art. I Z 32)*

(5) Zum Abschluß einer mittleren oder höheren Schule mit einer bis drei Schulstufen darf ein Schüler höchstens um ein Schuljahr länger benötigen, als der Zahl der Schulstufen entspricht.

(6) Zum Abschluß einer mittleren oder höheren Schule mit vier bis neun Schulstufen darf ein Schüler höchstens um zwei Schuljahre länger benötigen, als der Zahl der Schulstufen entspricht.

(7) Bei der Anwendung des Abs. 6 auf allgemeinbildende höhere Schulen sind in der Volksschuloberstufe oder der Mittelschule oder einer anderen Form der allgemeinbildenden höheren Schule zurückgelegte Schulstufen einzurechnen; wenn der Schüler wegen Unzumutbarkeit des Schulweges die Volksschuloberstufe besucht hat und von dieser in eine niedrigere Stufe der allgemeinbildenden höheren Schule übertritt, ist ein Schuljahr nicht zu berücksichtigen. Die Übergangsstufe des Oberstufenrealgymnasiums, des Aufbaugymnasiums und des Aufbaurealgymnasiums sowie deren allfällige Wiederholung sind auf die zulässige Höchstdauer des Schulbesuches nicht anzurechnen. *(BGBl. Nr. 367/1982, Art. I Z 33 idF BGBl. Nr. 211/1986, Art. I Z 19, BGBl. I Nr. 36/2012, Art. 2 Z 31 und BGBl. I Nr. 101/2018, Art. 4 Z 46)*

(8) Auf Ansuchen des Schülers kann der Schulleiter die Verlängerung der Dauer für den Abschluß einer mindestens dreistufigen mittleren oder höheren Schule um ein weiteres Schuljahr bewilligen, wenn der längere Schulbesuch durch Krankheit, Wiederholung einer Schulstufe gemäß § 27 Abs. 2 oder gleichwertige Gründe bedingt ist. *(BGBl. Nr. 229/1988, Art. I Z 5 idF BGBl. Nr. 767/1996, Z 44)*

Beendigung des Schulbesuches

§ 33. (1) Ein Schüler hört auf, Schüler einer Schule zu sein, wenn er die lehrplanmäßig letzte Schulstufe abgeschlossen hat. Wenn ein Schüler zur Wiederholung der lehrplanmäßig letzten Schulstufe berechtigt ist (§ 27) und von diesem Recht Gebrauch macht, bleibt er bis zum Abschluß der Wiederholung weiterhin Schüler.

(2) Ein Schüler hört schon vor dem im Abs. 1 genannten Zeitpunkt auf, Schüler einer Schule zu sein

a) mit dem Zeitpunkt des Einlangens seiner schriftlichen Abmeldung vom Schulbesuch beim Schulleiter, sofern darin nicht ein späterer Endtermin des Schulbesuches genannt wird;

b) in der Berufsschule mit der Beendigung des Lehr- oder Ausbildungsverhältnisses, sofern die Berufsschule nicht gemäß § 32 Abs. 3 oder 3a besucht wird; *(BGBl. I Nr. 74/2013, Art. 5 Z 4)*

c) mit dem ungenützten Ablauf der einwöchigen Frist seit der Zustellung einer schriftlichen Aufforderung zur Rechtfertigung gemäß § 45 Abs. 5;

d) mit dem Zeitpunkt, in dem feststeht, daß ein Schüler im Falle des Weiterbesuches die gemäß § 32 zulässige Höchstdauer des Schulbesuches überschreitet;

e) mit dem Eintritt der Rechtskraft eines Ausschlusses (§ 49) oder eines Widerrufes der vorzeitigen Aufnahme in die Volksschule bzw. der Abmeldung vom Besuch der 1. Schulstufe (§ 7 Abs. 8 des Schulpflichtgesetzes 1985); *(BGBl. I Nr. 78/2001, Z 12)*

f) wenn er die 1. Stufe einer berufsbildenden mittleren oder höheren Schule mit vier oder mehr „Nicht genügend“ in Pflichtgegenständen abgeschlossen hat;[30]) *(BGBl. Nr. 767/1996, Z 45 idF BGBl. I Nr. 38/2015, Art. 5 Z 5 und BGBl. I Nr. 56/2016, Art. 5 Z 33)*

g) wenn eine Ausgleichsprüfung gemäß § 30 Abs. 6 nicht innerhalb der festgesetzten Fristen abgelegt wird oder nicht oder mit „Nicht genügend" beurteilt wird; *(BGBl. I Nr. 19/2021, Art. 2 Z 16 idF BGBl. I Nr. 96/2022, Art. 2 Z 21 und BGBl. I Nr. 165/2022, Art. 2 Z 6)*

h) in einer Höheren Lehranstalt für Pflege und Sozialbetreuung nicht der gemäß § 25 Abs. 8 erforderliche Nachweis erbracht wurde. *(BGBl. I Nr. 165/2022, Art. 2 Z 6)*

(3) Der Zeitpunkt und der Grund der Beendigung des Schulbesuches sind auf dem Jahreszeugnis (§ 22 Abs. 1) oder dem Semesterzeugnis (§ 22a Abs. 1), wenn jedoch das Ende des Schulbesuches nicht mit dem Abschluß einer Schulstufe zusammenfällt, auf der Schulbesuchsbestätigung (§ 22 Abs. 10) ersichtlich zu machen. *(BGBl. Nr. 139/1974 idF BGBl. I Nr. 38/2015, Art. 5 Z 6)*

(4) Wenn ein Schüler den Besuch einer allgemeinbildenden höheren Schule gemäß Abs. 2 lit. d beendet, darf er in eine andere allgemeinbildende höhere Schule nicht aufgenommen werden, ausgenommen in ein Aufbaugymnasium oder -realgymnasium. Die erwähnte Ausnahme findet jedoch auf Schüler, die die zulässige Höchstdauer des Schulbesuches in einem Aufbaugymnasium oder -realgymnasium überschreiten, keine Anwendung. *(BGBl. I Nr. 22/1998, Z 9)*

(5) Wenn ein Schüler den Besuch einer berufsbildenden mittleren oder höheren Schule gemäß Abs. 2 lit. d und f beendet, darf er in eine Schule gleicher Fachrichtung nicht aufgenommen werden. *(BGBl. I Nr. 22/1998, Z 9 idF BGBl. I Nr. 56/2016, Art. 5 Z 34)*

(6) Die Möglichkeit der Ablegung von Externistenprüfungen (§ 42) bleibt von den Abs. 4 und 5 unberührt.

(7) Wenn ein Schüler, der der allgemeinen Schulpflicht unterliegt, gemäß Abs. 2 aufhört, Schüler einer Schule zu sein, hat der Schulleiter unverzüglich die nach dem Wohnsitz des Schülers zuständige Bildungsdirektion davon in Kenntnis zu setzen, die für die Erfüllung der allgemeinen Schulpflicht im Sinne des Schulpflichtgesetzes 1985 zu sorgen hat. *(BGBl. Nr. 139/1974 idF BGBl. I Nr. 48/2014, Art. 5 Z 7, BGBl. I Nr. 138/2017, Art. 16 Z 32 und BGBl. I Nr. 101/2018, Art. 4 Z 48)*

[30]) § 33 Abs. 2 lit. f ist in Verbindung mit § 82a idF BGBl. I Nr. 78/2001 zu lesen.

(7a) Sofern an ganztägigen Schulformen der Beitrag für den Betreuungsteil trotz Mahnung durch drei Monate nicht bezahlt worden ist, endet die Schülereigenschaft für den Betreuungsteil. Damit hört der Schüler an ganztägigen Schulformen mit verschränkter Abfolge des Unterrichts- und Betreuungsteiles auf, Schüler auch des Unterrichtsteiles dieser Schulform zu sein. An ganztägigen Schulformen mit getrennter Abfolge des Unterrichts- und Betreuungsteiles bleibt der Schüler Schüler des Unterrichtsteiles. *(BGBl. Nr. 514/1993, Z 14)*

(8) Für Privatschulen gelten die vorstehenden Bestimmungen mit der Maßgabe, daß der Privatschulerhalter darüber hinausgehende Gründe für die Beendigung des Schulbesuches anläßlich der Aufnahme vereinbaren kann, soweit dadurch nicht § 4 Abs. 3 des Schulorganisationsgesetzes berührt wird.

8. Abschnitt
Abschließende Prüfungen[31]), Externistenprüfungen
(BGBl. I Nr. 52/2010, Z 6)

Form und Umfang der abschließenden Prüfungen

§ 34. (1) Die abschließende Prüfung besteht aus

1. einer Vorprüfung und einer Hauptprüfung oder
2. einer Hauptprüfung.

(2) Die Vorprüfung besteht aus schriftlichen, mündlichen, grafischen und/oder praktischen Prüfungen. *(BGBl. I Nr. 38/2015, Art. 5 Z 7)*

(3) Die Hauptprüfung besteht aus

1.[32]) an höheren Schulen einer selbständig außerhalb der Unterrichtszeit zu erstellenden abschließenden Arbeit auf vorwissenschaftlichem Niveau (einschließlich deren Präsentation und Diskussion),

[31]) Siehe RS Nr. 21/2013 betreffend die neue Reifeprüfung, Reife- und Diplomprüfung und Diplomprüfung (Kodex 17. Auflage).

[32]) Diese Bestimmung gilt gemäß § 82 Abs. 26 Z 2 für abschließende Prüfungen mit Haupttermin ab 2026. Z 1 idF vor der Novelle BGBl. I Nr. 121/2024 ist gemäß § 82d (Übergangsrecht betreffend die schülerautonome Entscheidung über die Erstellung einer vorwissenschaftlichen Arbeit an allgemein bildenden höheren Schulen) für abschließende Prüfungen bis zum Haupttermin 2026 noch von Bedeutung. Z 1 lautete: „1. einer abschließenden Arbeit (einschließlich deren Präsentation und Diskussion), die selbständig und außerhalb der Unterrichtszeit zu erstellen ist (in höheren Schulen auf vorwissenschaftlichem Niveau; mit Abschluss- oder Diplomcharakter),".

a) an berufsbildenden höheren Schulen mit Diplomcharakter,
b) an allgemein bildenden höheren Schulen mit Abschlusscharakter, insbesondere einer forschenden, gestalterischen oder künstlerischen Arbeit (einschließlich der Dokumentation des Entstehungsprozesses).[33])
(BGBl. I Nr. 121/2024, Art. 2 Z 5a)
2. einer Klausurprüfung, die schriftliche, grafische und/oder praktische Klausurarbeiten und allfällige mündliche Kompensationsprüfungen umfasst, und
3. einer mündlichen Prüfung, die mündliche Teilprüfungen umfasst.

(4)[34]) Der zuständige Bundesminister hat für die betreffenden Schularten (Schulformen, Fachrichtungen) nach deren Aufgaben und Lehrplänen sowie unter Bedachtnahme auf die Gleichwertigkeit der Prüfung durch Verordnung nähere Festlegungen über die Prüfungsform, einschließlich der Wahl gemäß Abs. 5 zu treffen. Im Fall von Übergangslehrplänen oder -lehrplanabweichungen gemäß § 6 Abs. 1a des Schulorganisationsgesetzes sind erforderlichenfalls entsprechend abgeänderte Prüfungsordnungen zu erlassen und gemäß § 79 an den betroffenen Schulen kundzumachen. *(BGBl. I Nr. 52/2010, Z 7 idF BGBl. I Nr. 138/2017, Art. 16 Z 33 und BGBl. I Nr. 121/2024, Art. 2 Z 5b)*

(5)[35]) An allgemein bildenden höheren Schulen kann bis einschließlich des Schuljahres 2028/29 anstelle der abschließenden Arbeit gemäß Abs. 3 Z 1 lit. b eine weitere Klausurarbeit gemäß Abs. 3 Z 2 oder eine weitere mündliche Teilprüfung gemäß Abs. 3 Z 3 abgelegt werden. Die Anmeldezahlen sind an die Schulbehörden zu melden. *(BGBl. I Nr. 121/2024, Art. 2 Z 5c)*

(BGBl. I Nr. 52/2010, Z 7)

Prüfungskommission[36])

§ 35. (1) Bei der Vorprüfung gehören den Prüfungskommissionen der einzelnen Prüfungsgebiete als Mitglieder an:

1. der Schulleiter oder ein vom Schulleiter zu bestellender Lehrer als Vorsitzender, *(BGBl. I Nr. 38/2015, Art. 5 Z 8)*
2. der Fachvorstand oder, wenn kein Fachvorstand bestellt ist, ein vom Schulleiter zu bestimmender fachkundiger Lehrer und *(BGBl. I Nr. 38/2015, Art. 5 Z 8)*
3. jener Lehrer, der den das jeweilige Prüfungsgebiet bildenden Unterrichtsgegenstand in der betreffenden Klasse unterrichtet hat (Prüfer). *(BGBl. I Nr. 38/2015, Art. 5 Z 8)*

(2) Bei der Hauptprüfung gehören den Prüfungskommissionen der einzelnen Prüfungsgebiete gemäß § 34 Abs. 3 Z 1 bis 3 als Mitglieder an:

1. als von der Schulbehörde zu bestellender Vorsitzender
   a) die Schulleiterin oder der Schulleiter (Schulleitung) oder
   b) die Schulleitung einer anderen Schule derselben Schulart oder
   c) eine Abteilungsvorständin oder ein Abteilungsvorstand oder
   d) eine Fachvorständin oder ein Fachvorstand
2.[37]) die Schulleitung, wenn sie nicht gemäß Z 1 zum Vorsitz bestellt wurde, und der Klassenvorstand oder Jahrgangsvorstand oder in berufsbildenden mittleren Schulen bei praktischen Klausurarbeiten der Fachvorstand oder wenn kein Fachvorstand bestellt ist, eine vom Schulleiter zu bestellende fachkundige Lehrperson oder, wenn es im Hinblick auf die fachlichen Anforderungen des Prüfungsgebietes erforderlich ist, eine von der Schulleitung zu bestellende fachkundige Lehrperson, *(BGBl. I Nr. 19/2021, Art. 2 Z 17 idF BGBl. I Nr. 121/2024, Art. 2 Z 6)*
3. jene Lehrperson, welche die abschließende Arbeit gemäß § 34 Abs. 3 Z 1 betreut hat oder den das jeweilige Prüfungsgebiet der Klausurprüfung oder der mündlichen Prüfung bildenden Unterrichtsgegenstand in der betreffenden Klasse unterrichtet hat (Prüfer) und
4. bei Prüfungsgebieten der mündlichen Prüfung sowie bei mündlichen Kompensationsprüfungen der Klausurprüfung eine von der Schulleitung zu bestimmende fachkundige Lehrperson, beim Prüfungsgebiet „Religion" eine Religionslehrperson (Beisitzer oder Beisitzerin).

---

[33]) Sollte richtig lauten: „… Entstehungsprozesses),".

[34]) Die Wendung „, einschließlich der Wahl gemäß Abs. 5" gilt gemäß § 82 Abs. 26 Z 2 für abschließende Prüfungen mit Haupttermin ab 2026.

[35]) Diese Bestimmung gilt gemäß § 82 Abs. 26 Z 2 für abschließende Prüfungen mit Haupttermin ab 2026. Gemäß § 82 Abs. 26 Z 5 tritt Abs. 5 idF der Novelle BGBl. I Nr. 121/2024 mit (Ablauf des) 1. Jänner 2030 außer Kraft.

[36]) Die Abgeltung der Kommissionsmitglieder ist im Prüfungstaxengesetz, BGBl. Nr. 314/1976, idgF geregelt.

[37]) Die grau unterlegte Wendung idF der Novelle BGBl. I Nr. 121/2024 tritt gemäß § 82 Abs. 26 Z 4 mit 1. März 2025 in Kraft.

Wenn für ein Prüfungsgebiet mehrere Lehrpersonen als Prüferin oder Prüfer gemäß Z 3 in Betracht kommen, hat die Schulleitung einen, wenn es die fachlichen Anforderungen erfordern jedoch höchstens zwei fachkundige Lehrpersonen als Prüferin oder Prüfer zu bestellen. Bei Bestellung von zwei Personen kommt diesen gemeinsam eine Stimme zu und erfolgt im Fall einer mündlichen Prüfung oder einer mündlichen Kompensationsprüfung keine Bestellung eines Beisitzers oder einer Beisitzerin gemäß Z 4. Wenn für ein Prüfungsgebiet keine fachkundige Lehrperson bzw. Religionslehrperson als Beisitzerin oder Beisitzer gemäß Z 4 zur Verfügung steht, hat die zuständige Schulbehörde eine fachkundige Lehrperson bzw. Religionslehrperson einer anderen Schule als Beisitzerin oder Beisitzer zu bestellen. *(BGBl. I Nr. 170/2021, Art. 2 Z 6)*

(BGBl. I Nr. 19/2021, Art. 2 Z 17)

(3) Für einen Beschluss der Prüfungskommission ist die Anwesenheit aller Kommissionsmitglieder und die unbedingte Mehrheit der abgegebenen Stimmen erforderlich. Stimmenthaltungen sind unzulässig. Bei Prüfungsgebieten der mündlichen Prüfung sowie bei mündlichen Kompensationsprüfungen der Klausurprüfung kommt den Prüfern oder Prüferinnen und dem Beisitzer oder der Beisitzerin jeweils gemeinsam eine Stimme zu. Im Falle der Verhinderung der oder des Vorsitzenden und erforderlichenfalls bei mündlichen Kompensationsprüfungen erfolgt die Vorsitzführung durch eine von der Schulleitung zu bestellende Lehrperson. Wenn ein anderes Mitglied der jeweiligen Prüfungskommission verhindert ist oder wenn die Funktion der Prüferin oder des Prüfers mit der Funktion eines anderen Kommissionsmitgliedes zusammenfällt, hat die Schulleitung für das betreffende Mitglied eine Stellvertretung zu bestellen. *(BGBl. I Nr. 19/2021, Art. 2 Z 17)*

(4) An Höheren Lehranstalten für Pflege und Sozialbetreuung hat bei der fachlichen Prüfung in der Fachrichtung Pflege ein weiteres Mitglied der Prüfungskommission anzugehören. Dieses Mitglied muss über eine Ausbildung für Lehraufgaben gemäß § 65a GuKG[38]) verfügen und ist von der Leitung der Sanitätsdirektion des Landes zu nominieren. *(BGBl. I Nr. 165/2022, Art. 2 Z 7)*

(BGBl. I Nr. 52/2010, Z 7)

Prüfungstermine

§ 36. (1) Vorprüfungen haben nach den Aufgaben und dem Lehrplan der betreffenden Schulform für das erstmalige Antreten am Ende der vorletzten oder in der letzten Schulstufe, jedoch vor dem Haupttermin der Hauptprüfung stattzufinden. Die konkreten Prüfungstermine für die einzelnen Prüfungsgebiete (Teilprüfungen) sind nach Maßgabe näherer Regelungen durch Verordnung des zuständigen Bundesministers sowie unter Bedachtnahme auf die lehrplanmäßigen Erfordernisse durch die zuständige Schulbehörde festzulegen. *(BGBl. I Nr. 52/2010, Z 7 idF BGBl. I Nr. 75/2013, Art. 3 Z 1)*

(2) Hauptprüfungen haben stattzufinden:

1. für die erstmalige Abgabe der abschließenden Arbeit gemäß § 34 Abs. 3 Z 1 innerhalb des 2. Semesters der letzten Schulstufe, *(BGBl. I Nr. 52/2010, Z 7 idF BGBl I Nr. 38/2015, Art. 5 Z 13)*

1a. für die Präsentation und Diskussion der abschließenden Arbeit im Zeitraum nach erfolgter Abgabe gemäß Z 1 und dem Ende des als Haupttermin vorgesehenen Prüfungstermins, *(BGBl. I Nr. 9/2012,*

---

[38]) § 65a des Gesundheits- und Krankenpflegegesetzes (GuKG), BGBl. I Nr. 108/1997, idF des Bundesgesetzes BGBl. I Nr. 54/2017, lautet:

„Anerkennung – Lehr- und Führungsaufgaben

§ 65a. (1) Der Bundesminister für Gesundheit und Frauen hat durch Verordnung

1. ordentliche Studien und Universitätslehrgänge gemäß Universitätsgesetz 2002 (UG 2002), BGBl. I Nr. 120/2002,
2. Universitätslehrgänge gemäß Bundesgesetz über die Universität für Weiterbildung Krems (DUK-Gesetz 2004), BGBl. I Nr. 22/2004,
3. Lehrgänge universitären Charakters gemäß Universitäts-Studiengesetz (UniStG), BGBl. I Nr. 48/1997,
4. Fachhochschul-Studiengänge oder Lehrgänge zur Weiterbildung gemäß Fachhochschul-Studiengesetz und
5. Studien gemäß Privatuniversitätengesetz (PUG), BGBl. I Nr. 74/2011,

als Ausbildung für Lehraufgaben bzw. für Führungsaufgaben gemäß § 17 anzuerkennen, sofern sie die Vermittlung der für die Ausübung von Lehraufgaben bzw. für Führungsaufgaben gemäß § 23 bzw. §§ 24 f. erforderlichen Kenntnisse und Fertigkeiten gewährleisten.

(2) Zur fachlichen Beurteilung ist ein Gutachten des Gesundheits- und Krankenpflege-Beirats gemäß § 65c einzuholen.

(3) Dem Bundesminister für Gesundheit und Frauen sind

1. alle Änderungen von Studienplänen von Ausbildungen, die gemäß Abs. 1 anerkannt sind, und
2. Studienpläne von Ausbildungen, die für eine Anerkennung gemäß Abs. 1 geeignet erscheinen,

von der jeweiligen Ausbildungseinrichtung innerhalb von vier Wochen nach deren Inkrafttreten zur Kenntnis zu bringen.“

Art. 4 Z 26 idF BGBl I Nr. 38/2015, Art. 5 Z 14)

2. für das erstmalige Antreten zur Klausurprüfung und zur mündlichen Prüfung innerhalb der letzten neun oder, wenn es die Terminorganisation erfordert, zehn Wochen des Unterrichtsjahres (Haupttermin) und
3. im Übrigen
   a) innerhalb der ersten sieben Wochen des Schuljahres,
   b) innerhalb von sieben Wochen nach den Weihnachtsferien und
   c) innerhalb der letzten neun oder, wenn es die Terminorganisation erfordert, zehn Wochen des Unterrichtsjahres.

Wenn es aus lehrplanmäßigen Gründen oder wegen der Dauer einer lehrplanmäßig vorgesehenen Ferialpraxis erforderlich ist, kann der zuständige Bundesminister durch Verordnung von Z 1 bis 3 abweichende Termine für die Hauptprüfung festlegen.

(3) Durch Verordnung der Schulleiterin oder des Schulleiters kann nach Anhörung des Schulgemeinschaftsausschusses aus pädagogischen und organisatorischen Gründen festgelegt werden, dass im Rahmen der abschließenden Prüfung alle Schülerinnen und Schüler einzelne Teilprüfungen der Klausurprüfung bzw. der mündlichen Prüfung vor dem Haupttermin (Abs. 2 Z 2) abzulegen haben (vorgezogene Teilprüfungen), wenn

1. der das Prüfungsgebiet bildende Unterrichtsgegenstand oder die das Prüfungsgebiet bildenden Unterrichtsgegenstände lehrplanmäßig abgeschlossen ist bzw. sind und
2. die Leistungen im betreffenden Unterrichtsgegenstand oder in den betreffenden Unterrichtsgegenständen positiv beurteilt wurden. *(BGBl. I Nr. 52/2010, Z 7 idF BGBl. I Nr. 35/2018, Art. 3 Z 12)*

Prüfungstermin ist der Termin gemäß Abs. 2 Z 3 lit. a der letzten Schulstufe. Die Verordnung ist von der Schulleiterin oder vom Schulleiter spätestens in der ersten Woche des 2. Semesters der vorletzten Schulstufe zu erlassen, gemäß § 79 kundzumachen und unverzüglich der zuständigen Schulbehörde zur Kenntnis zu bringen. *(BGBl. I Nr. 56/2016, Art. 5 Z 36)*

(3a) Vorgezogene Teilprüfungen gemäß Abs. 3 können auf deren Antrag auch von Schülerinnen und Schülern abgelegt werden, die den oder die dem Prüfungsgebiet zugrunde liegenden Unterrichtsgegenstand oder Unterrichtsgegenstände durch erfolgreiche Ablegung von Semesterprüfungen gemäß § 23b positiv absolviert haben. *(BGBl. I Nr. 35/2018, Art. 3 Z 13)*

(4) Die konkreten Prüfungstermine im Rahmen der Hauptprüfung sind unter Bedachtnahme auf die lehrplanmäßigen Erfordernisse wie folgt festzulegen:

1. für die Abgabe der abschließenden Arbeit gemäß § 34 Abs. 3 Z 1 durch den zuständigen Bundesminister,
2. für die einzelnen standardisierten Klausurarbeiten der Klausurprüfung durch den zuständigen Bundesminister und für die übrigen Klausurarbeiten der Klausurprüfung durch die zuständige Schulbehörde und *(BGBl. I Nr. 52/2010, Z 7 idF BGBl. I Nr. 75/2013, Art. 3 Z 1)*
3. für allfällige mündliche Kompensationsprüfungen von standardisierten Klausurarbeiten durch den zuständigen Bundesminister, für die mündliche Prüfung, allfällige mündliche Kompensationsprüfungen von nicht standardisierten Klausurarbeiten sowie die Präsentation und Diskussion der abschließenden Arbeit gemäß § 34 Abs. 3 Z 1 durch die zuständige Schulbehörde. *(BGBl. I Nr. 52/2010, Z 7 idF BGBl. I Nr. 75/2013, Art. 3 Z 1)*

Die zuständige Schulbehörde hat bei der Festlegung von Prüfungsterminen gemäß Z 2 und 3 unter Bedachtnahme auf die durch den zuständigen Bundesminister festgelegten Prüfungstermine für die standardisierten Klausurarbeiten vorzusehen, dass zwischen der letzten Klausurarbeit und dem Beginn der mündlichen Prüfung ein angemessener, mindestens zwei Wochen umfassender Zeitraum liegt. Diese Frist kann die Schulleitung im Einvernehmen mit der Schulbehörde für den Termin gemäß Abs. 2 Z 3 lit. a und b verkürzen oder entfallen lassen. *(BGBl. I Nr. 52/2010, Z 7 idF BGBl. I Nr. 75/2013, Art. 3 Z 3, BGBl. I Nr. 38/2015, Art. 5 Z 16 und BGBl. I Nr. 19/2021, Art. 2 Z 18)*

(5) Im Falle der gerechtfertigten Verhinderung ist der Prüfungskandidat berechtigt, die betreffende Prüfung oder die betreffenden Prüfungen nach Wegfall des Verhinderungsgrundes sowie nach Maßgabe der organisatorischen Möglichkeit im selben Prüfungstermin abzulegen.

(BGBl. I Nr. 52/2010, Z 7)

Zulassung zur Prüfung

§ 36a. (1) Zur Ablegung der Hauptprüfung sind vorbehaltlich der Bestimmungen des § 36 Abs. 2 Z 1 und 1a sowie Abs. 3 alle Prüfungskandidatinnen und Prüfungskandidaten berechtigt, die die letzte lehrplanmäßig vorgesehene Schulstufe im Sinne des § 25 Abs. 1 oder Abs. 10 erfolgreich abgeschlossen haben. *(BGBl. I Nr. 9/2012, Art. 4 Z 28* *idF BGBl. I Nr. 38/2015, Art. 6 Z 10 und BGBl. I Nr. 19/2021, Art. 2 Z 19)*

(1a) An Schulen, an denen die semestrierte Oberstufe geführt wird, kann die Schulleitung nach Anhörung des Schulgemeinschaftsausschusses und mit Zustimmung der Schulbehörde festlegen, dass abweichend von Abs. 1 die Prüfungskandidatinnen und Prüfungskandidaten zur Ablegung der Hauptprüfung nur dann berechtigt sind, wenn

1. deren Semesterzeugnisse ab der 10. Schulstufe in allen Pflichtgegenständen eine Beurteilung aufweisen und in keinem Pflichtgegenstand die Note „Nicht genügend" enthalten,
2. deren Semesterzeugnisse ab der 10. Schulstufe in allen verbindlichen Übungen einen Teilnahmevermerk aufweisen und
3. diese sämtliche im Lehrplan vorgesehenen Pflichtpraktika und Praktika zurückgelegt haben. § 11 Abs. 10 findet Anwendung.

Die Bestimmungen des § 36 Abs. 2 Z 1 und 1a sowie Abs. 3 bleiben unberührt. Diese Festlegung ist für alle Klassen und Jahrgänge einer Schule (Schulart, Schulform, Fachrichtung) auf der 10. Schulstufe zu treffen. Die Schulleitung kann diese Anordnung nach Anhörung des Schulgemeinschaftsausschusses und mit Zustimmung der Schulbehörde aufheben. Die Anordnung der Schulleitung kann jeweils nur aufsteigend in Kraft treten. *(BGBl. I Nr. 96/2022, Art. 2 Z 22)*

(2) Die erstmalige Zulassung zum Antreten zur Vorprüfung, zur abschließenden Arbeit sowie zur Klausurprüfung (mit Ausnahme von allfälligen mündlichen Kompensationsprüfungen) und zur mündlichen Prüfung im Haupttermin erfolgt von Amts wegen. Auf Antrag des Prüfungskandidaten ist dieser zum erstmaligen Antreten zur abschließenden Prüfung zu einem späteren Termin zuzulassen, wenn wichtige Gründe dies rechtfertigen. Bei negativer Beurteilung von schriftlichen Klausurarbeiten ist der Prüfungskandidat auf Antrag im selben Prüfungstermin zu zusätzlichen mündlichen Kompensationsprüfungen zuzulassen. Jede Zulassung zu einer Wiederholung von Teilprüfungen der Vorprüfung oder von Prüfungsgebieten der Hauptprüfung erfolgt auf Antrag des Prüfungskandidaten. *(BGBl. I Nr. 52/2010, Z 7 idF BGBl. I Nr. 38/2015, Art. 5 Z 18 und 19 sowie BGBl. I Nr. 86/2019, Art. 2 Z 7)*

(3) Ein nicht gerechtfertigtes Fernbleiben von einer Vorprüfung, einem Prüfungsgebiet der Klausurprüfung oder einer oder mehrerer Teilprüfungen der mündlichen Prüfung oder der Wiederholung der Vorprüfung, einer Klausurprüfung oder einer Teilprüfung der mündlichen Prüfung (ohne eine innerhalb der Anmeldefrist zulässige Zurücknahme des Antrages) führt zum Verlust einer Wiederholungsmöglichkeit (§ 40 Abs. 1) für das betreffende Prüfungsgebiet oder die betreffende Teilprüfung bzw. der mündlichen Kompensationsmöglichkeit. *(BGBl. I Nr. 86/2019, Art. 2 Z 8)*

(BGBl. I Nr. 52/2010, Z 7 idF BGBl. I Nr. 38/2015, Art. 5 Z 18 und 19)

(BGBl. I Nr. 52/2010, Z 7)

Prüfungsgebiete, Aufgabenstellungen, Prüfungsvorgang

§ 37. (1) Der zuständige Bundesminister hat durch Verordnung nach den Aufgaben und dem Lehrplan der betreffenden Schulart (Schulform, Fachrichtung) unter Bedachtnahme auf die Gleichwertigkeit von abschließenden Prüfungen die näheren Bestimmungen über die Prüfungsgebiete, die Aufgabenstellungen und die Durchführung der Prüfungen festzulegen.

(1a) Der zuständige Bundesminister kann durch Verordnung vorsehen, dass an höheren Schulen für fremdsprachige Prüfungsgebiete der mündlichen Prüfung der dialogische Prüfungsteil in Form eines Gesprächs zwischen Prüfungskandidatinnen und Prüfungskandidaten erfolgen kann (alternative Prüfungsform). Die Festlegung der alternativen Prüfungsform für einzelne Klassen oder Sprachgruppen auf Antrag der Lehrperson obliegt der Schulleitung nach Anhörung des Schulgemeinschaftsausschusses gemäß § 64 Abs. 2 Z 2. *(BGBl. I Nr. 170/2021, Art. 2 Z 7)*

(2) Die Aufgabenstellungen sind wie folgt zu bestimmen:

1. für die einzelnen Prüfungsgebiete der Vorprüfung durch den Prüfer mit Zustimmung des Vorsitzenden der Prüfungskommission,
2. für die abschließende Arbeit gemäß § 34 Abs. 3 Z 1 durch den Prüfer im Einvernehmen mit dem Prüfungskandidaten und mit Zustimmung der Schulleiterin oder des Schulleiters, *(BGBl. I Nr. 52/2010, Z 7 idF BGBl. I Nr. 75/2013, Art. 3 Z 2 und BGBl. I Nr. 101/2018, Art. 4 Z 49)*
3. für die Prüfungsgebiete Deutsch (am Bundesgymnasium und Bundesrealgymnasium für Slowenen weiters: Slowenisch; an der Zweisprachigen Bundeshandelsakademie in Klagenfurt sowie an zweisprachigen höheren Lehranstalten für wirtschaftliche Berufe in Kärnten weiters: Slowenisch; am Zweisprachigen Bundesgymnasium in Oberwart weiters: Kroatisch und Ungarisch), (Lebende) Fremdsprache (Englisch, Französisch, Spanisch,

Italienisch, Latein, Griechisch; in weiteren Sprachen nach Maßgabe einer Verordnung des zuständigen Bundesministers) und (angewandte) Mathematik (unter Berücksichtigung der jeweiligen lehrplanmäßigen Anforderungen) der Klausurprüfung (Klausurarbeiten und mündliche Kompensationsprüfungen) an höheren Schulen durch den zuständigen Bundesminister, für die übrigen Prüfungsgebiete der Klausurprüfung (Klausurarbeiten und mündliche Kompensationsprüfung) an mittleren und höheren Schulen auf Vorschlag des Prüfers durch die zuständige Schulbehörde und[39]) *(BGBl. I Nr. 52/2010, Z 7 idF BGBl. I Nr. 75/2013, Art. 3 Z 1 und BGBl. I Nr. 170/2021, Art. 2 Z 8)*

4. für die einzelnen Prüfungsgebiete der mündlichen Prüfung sind durch (Fach)lehrerkonferenzen Themenbereiche zu erstellen. Der Prüfungskandidat hat zwei der Themenbereiche zu wählen, wobei zu gewährleisten ist, dass ihm nicht bekannt ist, welche Themenbereiche er gewählt hat. Diese beiden Themenbereiche sind dem Prüfungskandidaten sodann vorzulegen, der in weiterer Folge sich für einen dieser Bereiche zu entscheiden hat, aus dem ihm vom Prüfer oder von den Prüfern eine Aufgabenstellung vorzulegen ist.[40])
5. im Falle der Festlegung einer alternativen Prüfungsform der mündlichen Prüfung gemäß Abs. 1a findet auf den monologischen Prüfungsteil Z 4 sinngemäß Anwendung. Für den dialogischen Prüfungsteil hat die Vorlage der verbliebenen Themenbereiche zur gemeinsamen Ziehung von drei Themenbereichen durch die Prüfungskandidatinnen oder Prüfungskandidaten durch die Vorsitzende oder den Vorsitzenden der Prüfungskommission so zu erfolgen, dass den Prüfungskandidatinnen oder Prüfungskandidaten bei der Ziehung nicht bekannt ist, welche drei Themenbereiche sie gemeinsam ziehen. Aus den drei gemeinsam gezogenen Themenbereichen hat jeder der beiden Prüfungskandidatinnen und Prüfungskandidaten jeweils einen Themenbereich abzuwählen; der dialogische Prüfungsteil hat über den verbleibenden Themenbereich zu erfolgen. Wird von den Prüfungskandidatinnen und Prüfungskandidaten derselbe Themenbereich abgewählt, hat die Auswahl des Themenbereichs für den dialogischen Prüfungsteil durch die Prüferin oder den Prüfer zu erfolgen. Die Prüferin oder der Prüfer hat den Prüfungskandidatinnen und Prüfungskandidaten aus dem gewählten Themenbereich eine dialogische Aufgabenstellung vorzulegen. *(BGBl. I Nr. 170/2021, Art. 2 Z 9)*

(3) Die Prüfung ist so zu gestalten, dass der Prüfungskandidat bei der Lösung der Aufgaben seine Kenntnisse des Prüfungsgebietes, seine Einsicht in die Zusammenhänge zwischen verschiedenen Sachgebieten sowie seine Eigenständigkeit im Denken und in der Anwendung des Lehrstoffes nachweisen kann. Die Aufgabenstellung der abschließenden Arbeit gemäß § 34 Abs. 3 Z 1 ist darüber hinaus unter Beachtung des Bildungszieles der jeweiligen Schulart (Schulform, Fachrichtung) so zu gestalten, dass der Prüfungskandidat umfangreiche Kenntnisse und die Beherrschung von dem jeweiligen Prüfungsgebiet oder der jeweiligen Fachdisziplin angemessenen Methoden sowie seine Selbständigkeit bei der Aufgabenbewältigung und seine Fähigkeit in der Kommunikation und Fachdiskussion im Rahmen der Präsentation und Diskussion unter Beweis stellen kann. Die Aufgabenstellung für fremdsprachige Prüfungsgebiete hat je eine monologische und eine dialogische Aufgabe zu enthalten. *(BGBl. I Nr. 52/2010, Z 7 idF BGBl. I Nr. 170/2021, Art. 2 Z 10)*

(3a)[41]) Der zuständige Bundesminister hat mit Verordnung festzulegen, ob und inwieweit Aufgabenstellungen bei standardisierten Klausurprüfungen gemäß Abs. 2 Z 3 für Prüfungskandidatinnen und Prüfungskandidaten mit Körper- oder Sinnesbehinderung, die geeignet ist, das Prüfungsergebnis zu beeinflussen, unter Bedachtnahme auf die Gleichwertigkeit von abschließenden Prüfungen, abzuändern sind. *(BGBl. I Nr. 86/2019, Art. 2 Z 9)*

(3b) Prüfungsaufgaben der Klausurarbeit standardisierter Prüfungsgebiete der Klausurprüfung gemäß Abs. 2 Z 3, deren Aufgabenstellungen durch die zuständige Bundesministerin oder den zuständigen Bundesminister bestimmt werden, sind spätestens im Anschluss an die mündlichen Prüfungen im Haupttermin zum Zweck der Vorbereitung der Schülerinnen und Schüler auf künftige abschließende Prüfungen und zur Information der Öffentlichkeit auf der Internetseite des Bundesministeriums für Bildung, Wis-

---

[39]) Aufgrund der Einfügung der Z 5 durch die Novelle BGBl. I Nr. 170/2021 wäre das Wort „und" am Ende der Z 3 durch einen Beistrich zu ersetzen gewesen.

[40]) Aufgrund der Einfügung der Z 5 durch die Novelle BGBl. I Nr. 170/2021 wäre der Punkt am Ende der Z 4 durch das Wort „und" zu ersetzen gewesen.

[41]) Siehe RS Nr. 11/2021 betreffend Prüfungskandidatinnen und Prüfungskandidaten mit Behinderungen, chronischen Krankheiten (1.12.23.).

senschaft und Forschung der Öffentlichkeit zur Verfügung zu stellen. Von den Prüfungsaufgaben der mündlichen Kompensationsprüfungen sind Beispiele zu veröffentlichen. *(BGBl. I Nr. 80/2020, Art. 3 Z 1)*

(3c) Prüfungskandidatinnen und Prüfungskandidaten, die sich in einer längerfristigen stationären medizinischen Behandlung befinden, können die Prüfung auf Antrag und nach Maßgabe ihrer gesundheitlichen Voraussetzungen und der organisatorischen Möglichkeiten am Ort der Behandlung ablegen. Die Betreuung und Beaufsichtigung während der Prüfung kann vor Ort durch eine von der Prüfungskommission oder Schulbehörde entsandte Person erfolgen. § 18b ist anzuwenden. *(BGBl. I Nr. 96/2022, Art. 2 Z 23)*

(4) Während der Erstellung der abschließenden Arbeit gemäß § 34 Abs. 3 Z 1 ist der Prüfungskandidat in der letzten Schulstufe kontinuierlich vom Prüfer zu betreuen, wobei auf die Selbständigkeit der Leistungen des Prüfungskandidaten zu achten ist.

(5) Die mündliche Prüfung sowie die Präsentation und Diskussion im Rahmen der abschließenden Arbeit sind öffentlich vor der jeweiligen Prüfungskommission abzuhalten. Dem Vorsitzenden obliegt die Leitung der Prüfung. Der Schulleiter hat einen Schriftführer mit der Anfertigung eines Prüfungsprotokolls zu betrauen. *(BGBl. I Nr. 52/2010, Z 7 idF BGBl. I Nr. 38/2015, Art. 5 Z 20)*

(BGBl. I Nr. 52/2010, Z 7)

Beurteilung der Leistungen bei der Prüfung

§ 38. (1) Die Leistungen des Prüfungskandidaten bei den einzelnen Teilprüfungen sowie der Prüfungsgebiete der Vorprüfung sind auf Grund von begründeten Anträgen der Prüfer von der jeweiligen Prüfungskommission der Vorprüfung (§ 35 Abs. 1 und 3) zu beurteilen (Teilbeurteilungen im Rahmen der Vorprüfung sowie Beurteilung der Prüfungsgebiete der Vorprüfung).

(2) Die Leistungen des Prüfungskandidaten bei der abschließenden Arbeit gemäß § 34 Abs. 3 Z 1 (einschließlich der Präsentation und Diskussion) sind auf Grund eines begründeten Antrages des Prüfers der abschließenden Arbeit von der jeweiligen Prüfungskommission der Hauptprüfung (§ 35 Abs. 2 und 3) zu beurteilen (Beurteilung der abschließenden Arbeit).

(3) Die Leistungen des Prüfungskandidaten bei den einzelnen Klausurarbeiten im Rahmen der Klausurprüfung sind auf Grund von begründeten Anträgen der Prüfer der Klausurarbeiten von der jeweiligen Prüfungskommission der Hauptprüfung (§ 35 Abs. 2 und 3) zu beurteilen, wobei eine positive Beurteilung einer Klausurarbeit jedenfalls als Beurteilung im Prüfungsgebiet der Klausurprüfung gilt. Eine negative Beurteilung einer Klausurarbeit gilt dann als Beurteilung im Prüfungsgebiet, wenn der Prüfungskandidat nicht im selben Prüfungstermin eine zusätzliche mündliche Kompensationsprüfung ablegt (Beurteilungen der Prüfungsgebiete der Klausurprüfung). Bei standardisierten Prüfungsgebieten der Klausurprüfung gemäß § 37 Abs. 2 Z 3, deren Aufgabenstellungen durch den zuständigen Bundesminister bestimmt werden, haben die Beurteilungsanträge der Prüfer sowie die Beurteilung durch die Prüfungskommission nach Maßgabe von zentralen Korrektur- und Beurteilungsanleitungen des zuständigen Bundesministers zu erfolgen. Der Bundesminister hat für abschließende Prüfungen durch Verordnung zu bestimmen, in welcher Art und in welchem Ausmaß die im entsprechenden Unterrichtsgegenstand oder in den entsprechenden Unterrichtsgegenständen erbrachten Leistungen jener Schulstufe, auf welcher dieser oder diese zuletzt lehrplanmäßig unterrichtet wurden, bei der gesamthaften Beurteilung eines Prüfungsgebiets der schriftlichen, graphischen oder praktischen Klausurprüfung, einschließlich einer allfälligen Kompensationsprüfung, zu berücksichtigen sind. *(BGBl. I Nr. 52/2010, Z 7 idF BGBl. I Nr. 19/2021, Art. 2 Z 20 und BGBl. I Nr. 232/2021, Art. 2 Z 4)*

(4) Die Leistungen der Prüfungskandidatin oder des Prüfungskandidaten bei den einzelnen Prüfungsgebieten der mündlichen Prüfung der Hauptprüfung sowie von mündlichen Kompensationsprüfungen der Klausurprüfung sind auf Grund von begründeten einvernehmlichen Anträgen der Prüfer oder Prüferinnen bzw. der Prüfer oder Prüferinnen und Beisitzer oder Beisitzerinnen von der jeweiligen Prüfungskommission der Hauptprüfung (§ 35 Abs. 2 und 3) zu beurteilen (Beurteilungen der Prüfungsgebiete der mündlichen Prüfung bzw. von mündlichen Kompensationsprüfungen). Bei mündlichen Kompensationsprüfungen zu standardisierten Prüfungsgebieten der Klausurprüfung gemäß § 37 Abs. 2 Z 3, deren Aufgabenstellungen durch den zuständigen Bundesminister bestimmt werden, haben die Beurteilungsanträge der Prüfer oder Prüferinnen bzw. der Prüfer oder Prüferinnen und Beisitzer oder Beisitzerinnen sowie die Beurteilung durch die Prüfungskommission nach Maßgabe von zentralen Korrektur- und Beurteilungsanleitungen des zuständigen Bundesministers zu erfolgen. Der zuständige Bundesminister hat für abschließende Prüfungen durch Verordnung zu bestimmen, in welcher Art und in

welchem Ausmaß, die im entsprechenden Unterrichtsgegenstand oder in den entsprechenden Unterrichtsgegenständen erbrachten Leistungen jener Schulstufe, auf welcher dieser oder diese zuletzt lehrplanmäßig unterrichtet wurden, bei der gesamthaften Beurteilung eines einzelnen Prüfungsgebiets der mündlichen Prüfung zu berücksichtigen sind. *(BGBl. I Nr. 56/2016, Art. 5 Z 37 idF BGBl. I Nr. 170/2021, Art. 2 Z 11)*

(5) Sofern im Rahmen einer Vorprüfung Teilprüfungen abgelegt wurden, hat die Prüfungskommission der Vorprüfung auf Grund der gemäß Abs. 1 festgesetzten Teilbeurteilungen die Beurteilung der Leistungen des Prüfungskandidaten in diesen Prüfungsgebieten festzusetzen. Sofern im Rahmen der Klausurprüfung bei negativer Beurteilung einer Klausurarbeit eine zusätzliche mündliche Kompensationsprüfung abgelegt wurde, hat die Prüfungskommission der Hauptprüfung auf Grund der Teilbeurteilung der Klausurarbeit mit „Nicht genügend" und der Teilbeurteilung der mündlichen Kompensationsprüfung die Beurteilung der Leistungen des Prüfungskandidaten im betreffenden Prüfungsgebiet mit „Befriedigend", „Genügend" oder „Nicht genügend" festzusetzen.

(6) Die Beurteilungen gemäß Abs. 1 bis 5 haben unter Anwendung des § 18 Abs. 2 bis 4 und 6 unter Ausschluss der Öffentlichkeit zu erfolgen. Auf Grund der gemäß Abs. 1 bis 5 festgesetzten Beurteilungen der Leistungen in den Prüfungsgebieten der Vorprüfung und der Hauptprüfung hat der Vorsitzende der Prüfungskommissionen der Hauptprüfung über die Gesamtbeurteilung der abschließenden Prüfung zu entscheiden. Die abschließende Prüfung ist

1. „mit ausgezeichnetem Erfolg bestanden", wenn mindestens die Hälfte der Prüfungsgebiete mit „Sehr gut" und die übrigen Prüfungsgebiete mit „Gut" beurteilt werden; Beurteilungen mit „Befriedigend" hindern diese Feststellung nicht, wenn dafür mindestens gleich viele Beurteilungen mit „Sehr gut" über die Hälfte der Prüfungsgebiete hinaus vorliegen;
2. „mit gutem Erfolg bestanden", wenn keines der Prüfungsgebiete schlechter als mit „Befriedigend" beurteilt wird und im Übrigen mindestens gleich viele Prüfungsgebiete mit „Sehr gut" wie mit „Befriedigend" beurteilt werden;
3. „bestanden", wenn kein Prüfungsgebiet mit „Nicht genügend" beurteilt wird und die Voraussetzungen nach Z 1 und 2 nicht gegeben sind;
4. „nicht bestanden", wenn die Leistungen in einem oder mehreren Prüfungsgebieten nicht oder mit „Nicht genügend" beurteilt werden. *(BGBl. I Nr. 56/2016, Art. 5 Z 38)*

(BGBl. I Nr. 52/2010, Z 7)

Prüfungszeugnisse

§ 39. (1) Die Leistungen des Prüfungskandidaten bei der Vorprüfung und auf Antrag des Schülers auch bei vorgezogenen Teilprüfungen der Hauptprüfung sowie bei der abschließenden Arbeit sind in einem Zeugnis über die Vorprüfung bzw. über die vorgezogene Teilprüfung der Hauptprüfung bzw. über die abschließende Arbeit zu beurkunden. Die Gesamtbeurteilung der Leistungen des Prüfungskandidaten ist in einem Zeugnis über die abschließende Prüfung zu beurkunden. *(BGBl. I Nr. 52/2010, Z 7 idF BGBl. I Nr. 38/2015, Art. 5 Z 21)*

(2) Das Zeugnis über die abschließende Prüfung gemäß Abs. 1 letzter Satz hat insbesondere zu enthalten: *(BGBl. I Nr. 38/2015, Art. 5 Z 22)*

1. die Bezeichnung der Schule (Schulart, Schulform, Fachrichtung);
2. die Personalien des Prüfungskandidaten;
3. die Bezeichnung des Lehrplanes, nach dem unterrichtet wurde;
4. die Themenstellung der abschließenden Arbeit gemäß § 34 Abs. 3 Z 1;
5. die Beurteilung der Leistungen in den einzelnen Prüfungsgebieten der Vorprüfung und der Hauptprüfung; *(BGBl. I Nr. 52/2010, Z 7 idF BGBl. I Nr. 74/2013, Art. 5 Z 4a)*
6. bei der Hauptprüfung die Gesamtbeurteilung der Leistungen gemäß § 38 Abs. 6;
7. allenfalls die Entscheidung über die Zulässigkeit einer Wiederholung von Teilprüfungen (§ 40);
8. allenfalls Vermerke über durch den Schulbesuch erworbene Berechtigungen (auch im Hinblick auf die EU-rechtliche Anerkennung von Diplomen und beruflichen Befähigungsnachweisen);
9. Ort und Datum der Ausstellung, Unterschrift des Vorsitzenden der Prüfungskommission sowie des Klassenvorstandes bzw. des Jahrgangsvorstandes, Rundsiegel der Schule oder Amtssignatur (§ 19 Abs. 1 E-GovG) anstelle von Unterschriften und Rundsiegel. *(BGBl. I Nr. 52/2010, Z 7 idF BGBl. I Nr. 170/2021, Art. 2 Z 12 und BGBl. I Nr. 121/2024, Art. 2 Z 4)*

(3) Der zuständige Bundesminister hat durch Verordnung die näheren Bestimmungen über die Gestaltung der Zeugnisformulare zu treffen.

(BGBl. I Nr. 52/2010, Z 7)

Wiederholung von Teilprüfungen bzw. von Prüfungsgebieten

§ **40.** (1) Wurden Teilprüfungen bzw. Prüfungsgebiete wegen vorgetäuschter Leistungen nicht beurteilt oder mit „Nicht genügend" beurteilt, so ist der Prüfungskandidat höchstens drei Mal zur Wiederholung dieser Teilprüfungen der Vorprüfung bzw. Prüfungsgebiete der Hauptprüfung zuzulassen.

(2) Die Wiederholung der abschließenden Arbeit gemäß § 34 Abs. 3 Z 1 hat nach Maßgabe näherer Festlegungen durch Verordnung mit neuer Themenstellung oder in anderer Form zu erfolgen. Die Wiederholung der übrigen Teilprüfungen der Vorprüfung bzw. Prüfungsgebiete der Klausurprüfung und der mündlichen Prüfung hat in der gleichen Art wie die ursprüngliche Prüfung zu erfolgen.

(3) Die Wiederholung von Teilprüfungen der Vorprüfung bzw. von nicht standardisierten Prüfungsgebieten der Hauptprüfung ist innerhalb von drei Jahren, gerechnet vom Zeitpunkt des erstmaligen Antretens, nach den zu diesem Zeitpunkt geltenden Prüfungsvorschriften durchzuführen. Bei Verordnung von Lehrplänen sind im Falle von Änderungen in standardisierten Prüfungsgebieten der Klausurprüfung für längstens drei Jahre Übergangsregelungen in der jeweiligen Prüfungsordnung vorzusehen. Ab diesem Zeitpunkt ist die abschließende Prüfung nach den jeweils geltenden Prüfungsvorschriften durchzuführen, wobei erfolgreich abgelegte Prüfungen vergleichbaren Umfangs und Inhalts nicht zu wiederholen sind. *(BGBl. I Nr. 52/2010, Z 7 idF BGBl. I Nr. 232/2021, Art. 2 Z 5)*

(4) Der Schulleiter hat aufgrund eines bis spätestens vier Wochen vor dem gemäß § 36 Abs. 4 verordneten Prüfungstermin zu stellenden Antrages des Prüfungskandidaten diesem unter Bedachtnahme auf die gemäß § 36 Abs. 4 festgelegten Termine einen konkreten Prüfungstermin für die Wiederholung der Prüfung zuzuweisen. *(BGBl. I Nr. 52/2010, Z 7 idF BGBl. I Nr. 38/2015, Art. 5 Z 23 und BGBl. I Nr. 96/2022, Art. 2 Z 24)*

(BGBl. I Nr. 52/2010, Z 7)

Zusatzprüfungen

§ **41.** (1) Der Prüfungskandidat ist berechtigt, im Rahmen der abschließenden Prüfung an einer höheren Schule Zusatzprüfungen zur Reifeprüfung abzulegen, wenn solche gesetzlich vorgesehen sind und an der Schule geeignete Prüfer zur Verfügung stehen. Die Zulassung zur Zusatzprüfung erfolgt auf Antrag des Prüfungskandidaten. Der Prüfungskommission (§ 35) gehört in diesem Fall auch der Prüfer und bei mündlichen Teilprüfungen auch der Beisitzer des Prüfungsgebietes der Zusatzprüfung an. Die Beurteilung der Leistungen des Prüfungskandidaten bei der Zusatzprüfung hat keinen Einfluss auf die Gesamtbeurteilung der abschließenden Prüfung gemäß § 38 Abs. 6; sie ist jedoch, sofern die Zusatzprüfung bestanden wird, im Prüfungszeugnis (§ 39) zu beurkunden. *(BGBl. I Nr. 52/2010, Z 7 idF BGBl. I Nr. 38/2015, Art. 5 Z 24)*

(2) Personen, die eine Reifeprüfung, eine Reife- und Diplomprüfung oder eine Reife- und Befähigungsprüfung einer höheren Schule bereits erfolgreich abgelegt haben, sind auf ihr Ansuchen vom Schulleiter einer in Betracht kommenden höheren Schule zur Ablegung von Zusatzprüfungen zur Reifeprüfung zuzulassen. Eine solche Zusatzprüfung kann auch außerhalb der Termine für die abschließende Prüfung der betreffenden Schule stattfinden.

(3) Die §§ 35 bis 40 finden auf die Zusatzprüfungen zur Reifeprüfung sinngemäß Anwendung.

(BGBl. I Nr. 52/2010, Z 7)

§ 41a. entfallen (BGBl. I Nr. 19/2021, Art. 2 Z 21)

Externistenprüfungen

§ **42.** (1) Die mit dem Zeugnis über den erfolgreichen Besuch einer Schulstufe oder einer Schulart (Form bzw. Fachrichtung einer Schulart) sowie die mit der erfolgreichen Ablegung einer Reifeprüfung, Reife- und Diplomprüfung, Diplomprüfung oder Abschlußprüfung verbundenen Berechtigungen können auch ohne vorhergegangenen Schulbesuch durch die erfolgreiche Ablegung einer entsprechenden Externistenprüfung erworben werden. *(BGBl. Nr. 139/1974 idF BGBl. Nr. 233/1990, Art. I Z 3, BGBl. Nr. 767/1996, Z 59 und BGBl. I Nr. 22/1998, Z 11)*

(2) Ferner kann durch die Ablegung einer Externistenprüfung der Nachweis der Beherrschung des Lehrstoffes eines bestimmten Unterrichtsgegenstandes in einer bestimmten Schulstufe oder Schulart erbracht werden. Darüber hinaus kann der zuständige Bundesminister durch Verordnung Prüfungsgebiete aus dem Lehrstoff eines oder mehrerer Unterrichtsgegenstände festlegen, über die gleichfalls eine Externistenprüfung abgelegt werden kann, wenn im Berufsleben Bedarf an einem solchen Nachweis besteht. *(BGBl. Nr. 139/1974 idF BGBl. Nr. 455/1992, Z 1, BGBl. Nr. 468/1995, Z 2 und BGBl. I Nr. 78/2001, Z 2)*

(3) Der zuständige Bundesminister hat durch Verordnung nach den Aufgaben und dem Lehrplan der einzelnen Schularten zu bestimmen, aus welchen Prüfungsgegenständen die Externistenprüfungen im Sinne des Abs. 1 abzulegen sind und eine Frist für die Anmeldung vorzusehen. Für Externistenprüfungen, die einer Reifeprüfung, Reife- und Diplomprüfung, Diplomprüfung oder Abschlußprüfung entsprechen, ist die Aufteilung der Prüfungsgegenstände auf Zulassungsprüfungen und eine Hauptprüfung vorzusehen; wenn in Verordnungen auf Grund des § 34 Abs. 4 Vorprüfungen vorgesehen sind, sind auch für diese Vorprüfungen Externistenprüfungen vorzusehen. Ferner ist vorzusehen, daß Prüfungskandidaten auf Ansuchen von der Ablegung einer Prüfung aus jenen Unterrichtsgegenständen ganz oder zum Teil zu befreien sind, über die sie ein Zeugnis einer öffentlichen oder mit dem Öffentlichkeitsrecht ausgestatteten Schule oder über eine Externistenprüfung vorweisen können, soweit damit der Nachweis der Beherrschung des entsprechenden Prüfungsstoffes gegeben ist. *(BGBl. Nr. 139/1974 idF BGBl. Nr. 233/1990, Art. I Z 4, BGBl. Nr. 455/1992, Z 1, BGBl. Nr. 767/1996, Z 30 und 59, BGBl. I Nr. 22/1998, Z 11, BGBl. I Nr. 78/2001, Z 2, BGBl. I Nr. 9/2012, Art. 4 Z 29 und BGBl. I Nr. 96/2022, Art. 2 Z 25)*

(4) Die Externistenprüfungen sind vor Prüfungskommissionen abzulegen. Auf die Kommissionen für Externistenprüfungen, die einer Reifeprüfung, Reife- und Diplomprüfung, Diplomprüfung oder Abschlussprüfung entsprechen, ist § 35 sinngemäß mit der Maßgabe anzuwenden, dass § 35 Abs. 2 Z 2 und 4 nicht gelten und dass der Vorsitzende mit Stimmrecht ausgestattet ist. In den übrigen Fällen besteht die Prüfungskommission aus dem Leiter der Schule oder einem von ihm zu bestimmenden Lehrer als Vorsitzenden und der erforderlichen Anzahl von Lehrern der in Betracht kommenden Prüfungsgegenstände, die der Schulleiter zu bestimmen hat. Die zuständige Schulbehörde kann jedoch auch Externistenprüfungskommissionen an bestimmten Schulen für einen größeren örtlichen Bereich einrichten und auch Lehrer anderer Schulen als Mitglieder dieser Prüfungskommission bestellen. Der zuständige Bundesminister kann für das ganze Bundesgebiet zuständige Prüfungskommissionen einrichten, wenn dies wegen der einheitlichen Vorbereitung der Prüfungskandidaten oder der geringen Zahl von Prüfern, die für die betreffenden Prüfungsgegenstände zur Verfügung stehen, zweckmäßig erscheint. Ferner kann der zuständige Bundesminister durch Verordnung bestimmen, daß Externistenprüfungen im Sinne des Abs. 2 vor Einzelprüfern abzulegen sind, wenn dadurch eine Vereinfachung und Beschleunigung des Prüfungsganges erreicht wird; hiebei ist vorzusehen, daß die Einzelprüfer Mitglieder der nach diesem Absatz zu bildenden Prüfungskommissionen sind und die Externistenprüfung an der Schule abzulegen ist, an der die Prüfungskommission, der der Einzelprüfer angehört, eingerichtet ist. *(BGBl. Nr. 139/1974 idF BGBl. Nr. 233/1990, Art. I Z 3, BGBl. Nr. 455/1992, Z 1, BGBl. Nr. 468/1995, Z 2, BGBl. Nr. 767/1996, Z 59, BGBl. I Nr. 22/1998, Z 11, BGBl. I Nr. 78/2001, Z 2, BGBl. I Nr. 75/2013, Art. 1 Z 2, BGBl. I Nr. 138/2017, Art. 16 Z 36 und BGBl. I Nr. 170/2021, Art. 2 Z 13)*

(5) Für die Zulassung zur Ablegung einer Externistenprüfung ist der Vorsitzende der betreffenden Prüfungskommission zuständig.

(6) Grundvoraussetzung für die Zulassung zur Ablegung einer Externistenprüfung ist, daß der Prüfungskandidat zum (ersten) Prüfungstermin nicht jünger ist als ein Schüler bei Absolvierung des betreffenden Bildungsganges ohne Wiederholen oder Überspringen von Schulstufen wäre. Soweit es sich um eine Externistenprüfung handelt, die einer Reifeprüfung, einer Reife- und Diplomprüfung, einer Diplomprüfung oder einer Abschlußprüfung entspricht, bezieht sich dieses Alterserfordernis auf den Zeitpunkt der Zulassung zur Hauptprüfung. Hat der Prüfungskandidat vor dem Antritt zur Externistenprüfung eine Schule besucht und eine oder mehrere Stufen dieser Schule nicht erfolgreich abgeschlossen, so darf er zur Externistenprüfung über eine Schulstufe der betreffenden Schulart (Form, Fachrichtung) oder über die Schulart (Form, Fachrichtung) frühestens zwölf Monate nach der zuletzt nicht erfolgreich abgeschlossenen Schulstufe antreten. *(BGBl. Nr. 767/1996, Z 60 idF BGBl. I Nr. 22/1998, Z 16 und BGBl. I Nr. 117/2008, Z 2)*

(6a) Sofern für die Aufnahme in eine Schulart, Form oder Fachrichtung neben einer Aufnahms- oder Eignungsprüfung besondere Aufnahmsvoraussetzungen festgelegt sind, ist der Nachweis der Erfüllung der besonderen Aufnahmsvoraussetzungen eine weitere Voraussetzung für die Zulassung zur Externistenprüfung für eine Schulstufe oder einen ganzen Bildungsgang oder zu einer Externistenprüfung, die einer Reifeprüfung, einer Reife- und Diplomprüfung, einer Diplomprüfung oder einer Abschlußprüfung entspricht. *(BGBl. Nr. 455/1992, Z 22 idF BGBl. Nr. 767/1996, Z 61 und BGBl. I Nr. 22/1998, Z 17)*

(7) Die Zulassung zur Externistenprüfung über den Bildungsgang einer Schulart, zu de-

ren besonderer Aufgabe eine praktische Unterweisung in Fertigkeiten zählt (wie Werkstättenunterricht, Laboratoriumsübungen, Kochunterricht), ist von der Teilnahme an einem Unterricht bzw. an Übungen oder einem anderen Nachweis der Erlernung entsprechender Fertigkeiten in jenem Ausmaß abhängig zu machen, das für die Erfassung des Prüfungsstoffes wesentlich ist.

(8) Die Zulassung zu einer Externistenprüfung über den Bildungsgang einer Bildungsanstalt für Elementarpädagogik und der Bildungsanstalt für Sozialpädagogik ist von einer entsprechenden Einführung in die Praxis der Erziehertätigkeit, die Zulassung zu einer Externistenprüfung über den Bildungsgang einer Fachschule für Sozialberufe ist von einer entsprechenden Einführung in die Praxis der Sozialarbeit abhängig zu machen. *(BGBl. Nr. 455/1992, Z 23 idF BGBl. Nr. 514/1993, Z 16 und BGBl. I Nr. 56/2016, Art. 5 Z 11)*

(9) Für die Aufgabenstellung und den Prüfungsvorgang gilt § 37 Abs. 2, 3 und 5 sinngemäß. Für die Beurteilungen der Leistungen der Prüfungskandidaten gelten die § 36 Abs. 5 sowie § 38 Abs. 1 bis 4, ferner, wenn es sich um die Ablegung einer Externistenprüfung handelt, die einer Reifeprüfung, einer Reife- und Diplomprüfung, einer Diplomprüfung oder einer Abschlußprüfung entspricht, auch § 38 Abs. 5 und 6 sinngemäß. *(BGBl. Nr. 455/1992, Z 23 idF BGBl. Nr. 767/1996, Z 61, BGBl. I Nr. 22/1998, Z 17, BGBl. I Nr. 98/1999, Z 10 und BGBl. I Nr. 9/2012, Art. 4 Z 30)*

(10) Das Ergebnis einer Externistenprüfung über eine Schulstufe oder eine Schulart (Abs. 1) ist in einem Externistenprüfungszeugnis zu beurkunden, für das § 22 Abs. 2 und allenfalls auch Abs. 8 sinngemäß gilt. Bei Externistenprüfungen, die einer Reifeprüfung, Reife- und Diplomprüfung, Diplomprüfung oder Abschlußprüfung entsprechen, ist über die Ablegung der Zulassungsprüfungen und allfälliger Vorprüfungen ein Zeugnis auszustellen, auf das § 22 Abs. 2 und 8 sinngemäß anzuwenden ist; über die Ablegung der Hauptprüfung ist ein Zeugnis auszustellen, auf das § 39 Abs. 1 und 2 sinngemäß anzuwenden ist. Über das Ergebnis einer Externistenprüfung im Sinne des Abs. 2 ist ein Externistenprüfungszeugnis auszustellen, das die Beurteilung der Leistungen des Prüfungskandidaten bei der Externistenprüfung in dem betreffenden Unterrichtsgegenstand enthält. Die Gestaltung des Zeugnisformulares ist durch Verordnung des zuständigen Bundesministers je nach Art der Externistenprüfung zu bestimmen. *(BGBl. Nr. 139/1974 idF BGBl. Nr. 233/1990, Art. I Z 6, BGBl. Nr. 455/1992, Z 1, BGBl. Nr. 468/1995, Z 2, BGBl. Nr. 767/1996, Z 59, BGBl. I Nr. 22/1998, Z 11 und BGBl. I Nr. 78/2001, Z 1)*

(11) Wenn der Prüfungskandidat eine praktische Unterweisung in Fertigkeiten nicht in gleichem Ausmaß zurückgelegt hat, wie sie dem Ausbildungsgang der betreffenden Schulart entspricht, so ist dies und die entsprechende Einschränkung der mit dem Zeugnis verbundenen Berechtigungen auf dem Zeugnis zu vermerken.

(12) Wenn ein Prüfungskandidat eine Zulassungs- oder Vorprüfung nicht besteht, ist er von der Prüfungskommission zu einer Wiederholung dieser Prüfung zu einem Termin zuzulassen, der nicht weniger als zwei Monate und nicht mehr als vier Monate später liegt. Wenn der Prüfungskandidat auch die Wiederholung dieser Prüfung nicht besteht, ist er zu einer weiteren Wiederholung dieser Prüfung zuzulassen. Wenn ein Prüfungskandidat die Hauptprüfung oder, wenn eine Unterscheidung in Zulassungs- und Vorprüfungen sowie Hauptprüfungen nicht vorgesehen ist, die Externistenprüfung nicht besteht, so ist er von der Prüfungskommission zu einer Wiederholung zuzulassen, auf die § 40 sinngemäß anzuwenden ist. *(BGBl. Nr. 233/1990, Art. I Z 7)*

(13) § 41 über die Zusatzprüfungen zur Reifeprüfung ist auch auf Externistenreifeprüfungen und Externistenreife- und -diplomprüfungen sinngemäß anzuwenden. *(BGBl. Nr. 767/1996, Z 62)*

(14) Die Bestimmungen über die Ablegung von Externistenprüfungen gelten auch für die auf Grund der §§ 11 Abs. 4, 13 Abs. 3 und § 22 Abs. 4 des Schulpflichtgesetzes 1985 abzulegenden Prüfungen zum Nachweis des zureichenden Erfolges des Besuches von Privatschulen ohne Öffentlichkeitsrecht oder häuslichen Unterrichtes sowie des Besuches von im Ausland gelegenen Schulen. Externistenprüfungen auf Grund § 11 Abs. 4 des Schulpflichtgesetzes 1985 dürfen nach gemäß § 11 Abs. 6 Schulpflichtgesetz 1985 angeordnetem Schulbesuch bis zum Ende der beiden ersten Wochen des Schuljahres einmal wiederholt werden, wobei die Schülerin oder der Schüler bis zur Ablegung der Prüfung oder Entscheidung über einen Widerspruch gegen die Entscheidung, dass diese Prüfung nicht bestanden wurde, berechtigt ist am Unterricht der nächsthöheren Schulstufe teilzunehmen. *(BGBl. Nr. 139/1974 idF BGBl. Nr. 367/1982, Art. I Z 36 und BGBl. I Nr. 37/2023, Art. 2 Z 1a)*

(15) Die näheren Vorschriften über die Externistenprüfungen hat der zuständige Bundesminister auf Grund der vorstehenden Absätze durch Verordnung zu erlassen.

(BGBl. Nr. 139/1974 idF BGBl. Nr. 367/1982, Art. I Z 36, BGBl. Nr. *455/1992, Z 1, BGBl. Nr. 767/1996, Z 30 und BGBl. I Nr. 78/2001, Z 2)*

8a. Abschnitt

Abschließende Prüfung an allgemein bildenden höheren Schulen

idF BGBl. I Nr. 112/2009 (gemäß § 82 Abs. 5o idF BGBl. I Nr. 73/2012 nicht in Kraft getreten)

§ 42a. bis § 42i. *idF BGBl. I Nr. 112/2009 (gemäß § 82 Abs. 5o idF BGBl. I Nr. 73/2012 nicht in Kraft getreten)*

9. Abschnitt

Schulordnung

Pflichten der Schüler

§ 43. (1) Die Schüler sind verpflichtet, durch ihre Mitarbeit und ihre Einordnung in die Gemeinschaft der Klasse und der Schule an der Erfüllung der Aufgabe der österreichischen Schule (§ 2 des Schulorganisationsgesetzes) mitzuwirken und die Unterrichtsarbeit (§ 17) zu fördern. Sie haben den Unterricht (und den Betreuungsteil an ganztägigen Schulformen, zu dem sie angemeldet sind) regelmäßig und pünktlich zu besuchen, die erforderlichen Unterrichtsmittel mitzubringen und die Schulordnung bzw. die Hausordnung einzuhalten. Sie haben weiters Anordnungen und Aufträgen im Rahmen der individuellen Lernbegleitung Folge zu leisten und Vereinbarungen, die gemäß § 19 Abs. 3a im Rahmen des Frühwarnsystems getroffen wurden, zu erfüllen. *(BGBl. I Nr. 78/2001, Z 13 idF BGBl. I Nr. 9/2012, Art. 4 Z 31)*

(2) Der Schüler ist über Auftrag des Schulleiters, eines Abteilungsvorstandes, eines Fachvorstandes oder eines Lehrers verpflichtet, vorsätzlich durch ihn herbeigeführte Beschädigungen oder Beschmutzungen der Schulliegenschaft und schulischer Einrichtungen zu beseitigen, sofern dies zumutbar ist. *(BGBl. Nr. 211/1986, Art. I Z 22 idF BGBl. I Nr. 9/2012, Art. 4 Z 32)*

§ 43a. *entfallen (BGBl. I Nr. 159/2020)*

Gestaltung des Schullebens, Sicherheit in der Schule einschließlich Kinderschutz und Qualitätssicherung

(BGBl. I Nr. 78/2001, Z 14 idF BGBl. I Nr. 140/2023, Z 2)

§ 44. (1) Der zuständige Bundesminister hat durch Verordnung die näheren Vorschriften über das Verhalten, über Maßnahmen zur Sicherheit einschließlich Kinderschutz und zur Ermöglichung eines ordnungsgemäßen Schul- und Unterrichtsbetriebes in der Schule, bei Unterricht außerhalb einer für schulische Zwecke gewidmeten Liegenschaft (dislozierter Unterricht), bei Schulveranstaltungen (§ 13) und bei schulbezogenen Veranstaltungen (§ 13a), zu erlassen. Das Schulforum (§ 63a) bzw. der Schulgemeinschaftsausschuß (§ 64) kann darüber hinaus, soweit es die besonderen Verhältnisse erfordern, eine Hausordnung erlassen; sie ist der zuständigen Schulbehörde zur Kenntnis zu bringen und durch Anschlag in der Schule kundzumachen. In der Hausordnung können je nach der Aufgabe der Schule (Schulart, Schulform), dem Alter der Schüler sowie nach den sonstigen Voraussetzungen am Standort (zB Zusammensetzung der Klasse, schulautonome Profilbildung, Beteiligung an Projekten bzw. Schulpartnerschaften, regionale Gegebenheiten) schuleigene Verhaltensvereinbarungen für Schüler, Lehrer und Erziehungsberechtigte als Schulgemeinschaft und Maßnahmen zur Förderung der Schulqualität festgelegt werden, wobei das Einvernehmen aller Schulpartner anzustreben ist. Die Hausordnung einer Privatschule darf deren besondere Zielsetzung nicht beeinträchtigen. *(BGBl. Nr. 211/1986, Art. I Z 23 idF BGBl. Nr. 455/1992, Z 1, BGBl. Nr. 468/1995, Z 2, BGBl. I Nr. 78/2001, Z 2 und 15, BGBl. I Nr. 75/2013, Art. 1 Z 1 und BGBl. I Nr. 140/2023, Z 3)*

(2) Der Vertrag über die Aufnahme in die Privatschule (§ 5 Abs. 6) kann über das Verhalten der Schüler in der Schule und bei Schulveranstaltungen, über Maßnahmen zur Sicherheit der Schüler in der Schule und bei Schulveranstaltungen sowie zur Ermöglichung eines ordnungsgemäßen Schulbetriebes Vorschriften enthalten, die von der gemäß Abs. 1 zu erlassenden Verordnung des zuständigen Bundesministers abweichen oder sie ergänzen. Solche Ergänzungen oder Abweichungen sind der zuständigen Schulbehörde zur Kenntnis zu bringen. *(BGBl. Nr. 139/1974 idF 455/1992, Z 1, BGBl. Nr. 468/1995, Z 2, BGBl. I Nr. 78/2001, Z 1 und BGBl. I Nr. 75/2013, Art. 1 Z 1)*

(3) Die Verordnung des Bundesministers gemäß Abs. 1 hat jedenfalls

1. eine allgemeine Verhaltensrichtlinie für alle sich in der Schule, bei Schulveranstaltungen und schulbezogenen Veranstaltungen aufhaltenden Personen und Folgen bei Verstößen gegen diese festzulegen,
2. ein verpflichtendes, in einem partnerschaftlichen Prozess zu erarbeitendes, Kinderschutzkonzept vorzusehen,

3. die Berechtigung von Personen zum Aufenthalt in der Schule festzulegen,
4. die Pflichten der Schülerinnen und Schüler während des Aufenthalts in der Schule, bei der Teilnahme an Schulveranstaltungen und schulbezogenen Veranstaltungen festzulegen,
5. auf die Bestimmungen dieses Abschnittes Bedacht zu nehmen,
6. die Schulart und
7. das Alter der Schülerinnen und Schüler zu beachten.

(BGBl. I Nr. 140/2023, Z 4)

(4) Das Kinderschutzkonzept gemäß Abs. 3 Z 2 muss jedenfalls

1. Maßnahmen zum Schutz der Schülerinnen und Schüler vor physischer, psychischer und sexualisierter Gewalt,
2. Regelungen über ein Kinderschutzteam,
3. eine Risikoanalyse über mögliche Beeinträchtigungen des Schutzes im Sinne der Z 1 unter besonderer Berücksichtigung des örtlichen Umfeldes der Schule und der Informations- und Kommunikationstechnologie,
4. Regelungen über den Umgang mit möglichen Beeinträchtigungen des Schutzes im Sinne der Z 1, insbesondere zur Anbringung von Sachverhalten, und
5. für die regelmäßig durchzuführende Evaluierung eine Frist, die höchstens drei Schuljahre betragen darf[42])

enthalten. *(BGBl. I Nr. 140/2023, Z 4)*

Beaufsichtigung von Schülern durch Nichtlehrer (-erzieher, -freizeitpädagogen)

§ 44a. (1) Die Beaufsichtigung von Schülern in der Schule, bei Schulveranstaltungen (§ 13), schulbezogenen Veranstaltungen (§ 13a) oder im Rahmen der individuellen Berufs(bildungs)orientierung (§ 13b) kann auch durch andere geeignete Personen als durch Lehrer, Erzieher oder Freizeitpädagogen erfolgen, wenn dies

1. zur Gewährleistung der Sicherheit für die Schüler erforderlich ist oder *(BGBl. I Nr. 138/2017, Art. 16 Z 37)*
2. für die Erfüllung der Aufgaben der Schule oder im Hinblick auf organisatorische Anforderungen zweckmäßig ist und die Sicherheit für die Schüler gewährleistet ist. *(BGBl. I Nr. 138/2017, Art. 16 Z 37)*

(2) Personen gemäß Abs. 1 (zB Erziehungsberechtigte, qualifizierte Personen aus den Bereichen Sport, Musik ua.) werden funktionell als Bundesorgane tätig. § 56 Abs. 2 findet Anwendung.

(BGBl. I Nr. 38/2015, Art. 5 Z 25)

Fernbleiben von der Schule

§ 45. (1) Das Fernbleiben vom Unterricht ist nur zulässig:

a) bei gerechtfertigter Verhinderung (Abs. 2 und 3),
b) bei Erlaubnis zum Fernbleiben (Abs. 4),
c) bei Befreiung von der Teilnahme an einzelnen Unterrichtsgegenständen (§ 11 Abs. 6).

(2) Eine gerechtfertigte Verhinderung ist insbesondere: Krankheit des Schülers; mit der Gefahr der Übertragung verbundene Krankheit von Hausangehörigen des Schülers; Krankheit der Eltern oder anderer Angehöriger, wenn sie vorübergehend der Hilfe des Schülers unbedingt bedürfen; außergewöhnliche Ereignisse im Leben des Schülers oder in der Familie des Schülers; Ungangbarkeit des Schulweges oder schlechte Witterung, wenn die Gesundheit des Schülers dadurch gefährdet ist; Dauer der Beschäftigungsverbote im Sinne der Bestimmungen über den Mutterschutz.

(3) Der Schüler hat den Klassenvorstand oder den Schulleiter von jeder Verhinderung ohne Aufschub mündlich oder schriftlich unter Angabe des Grundes zu benachrichtigen. Auf Verlangen des Klassenvorstandes oder des Schulleiters hat die Benachrichtigung jedenfalls schriftlich zu erfolgen. Bei einer länger als einer Woche dauernden Erkrankung oder Erholungsbedürftigkeit oder bei häufigerem krankheitsbedingtem kürzerem Fernbleiben kann der Klassenvorstand oder der Schulleiter die Vorlage eines ärztlichen Zeugnisses verlangen, sofern Zweifel darüber bestehen, ob eine Krankheit oder Erholungsbedürftigkeit gegeben war. *(BGBl. Nr. 211/1986, Art. I Z 24)*

(4) Auf Ansuchen des Schülers kann für einzelne Stunden bis zu einem Tag der Klassenvorstand, darüber hinaus der Schulleiter (der Abteilungsvorstand) die Erlaubnis zum Fernbleiben aus wichtigen Gründen erteilen. Wichtige Gründe können jedenfalls Tätigkeiten im Rahmen der Schülervertretung sowie die zeitweise Teilnahme am Unterricht in einem anderen als dem besuchten Semester oder der besuchten Schulstufe gemäß § 11 Abs. 6b sein. *(BGBl. Nr. 139/1974 idF BGBl. I Nr. 78/2001, Z 16, BGBl. I Nr. 9/2012, Art. 4 Z 33 und BGBl. I Nr. 96/2022, Art. 2 Z 26)*

---

[42]) Sollte richtig lauten: „… betragen darf,“.

(5) Wenn ein Schüler einer mittleren oder höheren Schule länger als eine Woche oder fünf nicht zusammenhängende Schultage oder 30 Unterrichtsstunden im Unterrichtsjahr dem Unterricht fernbleibt, ohne das Fernbleiben zu rechtfertigen (Abs. 3) und auch auf schriftliche Aufforderung hin eine Mitteilung binnen einer Woche nicht eintrifft, so gilt der Schüler als vom Schulbesuch abgemeldet (§ 33 Abs. 2 lit. c). Die Wiederaufnahme des Schülers ist nur mit Bewilligung des Schulleiters zulässig, die nur dann zu erteilen ist, wenn das Fernbleiben nachträglich gerechtfertigt wird, und die Unterlassung der Mitteilung an die Schule aus rücksichtswürdigen Gründen unterblieben ist. *(BGBl. Nr. 139/1974 idF BGBl. Nr. 767/1996, Z 64 und BGBl. I Nr. 35/2018, Art. 3 Z 17a)*

(6) Für die der Schulpflicht unterliegenden Schüler sind an Stelle der vorhergehenden Absätze § 9, § 22 Abs. 3 und § 23 des Schulpflichtgesetzes 1985 anzuwenden.

(7) Das Fernbleiben vom Betreuungsteil an ganztägigen Schulformen ist nur zulässig:

a) bei gerechtfertigter Verhinderung (Abs. 2 und 3),
b) bei Erlaubnis zum Fernbleiben, die aus vertretbaren Gründen vom Schulleiter oder Leiter des Betreuungsteiles zu erteilen ist, und *(BGBl. Nr. 514/1993, Z 18 idF BGBl. I Nr. 138/2017, Art. 16 Z 38)*
c) auf Verlangen der Erziehungsberechtigten, wenn es sich um Randstunden handelt, die Freizeiteinheiten sind. *(BGBl. I Nr. 138/2017, Art. 16 Z 38)*

(BGBl. Nr. 514/1993, Z 18)

Sammlungen in der Schule, Teilnahme an schulfremden Veranstaltungen, schulfremde Werbung[43])

§ 46. (1) Sammlungen unter den Schülern in der Schule (einschließlich der Einhebung von Mitgliedsbeiträgen) sind nur mit Bewilligung zulässig. Zur Erteilung der Bewilligung für Sammlungen, die nur unter Schülern der betreffenden Schule durchgeführt werden sollen, ist das Klassen- bzw. Schulforum (§ 63a) bzw. der Schulgemeinschaftsausschuß (§ 64), im übrigen die zuständige Schulbehörde – für allgemeinbildende Pflichtschulen die Bildungsdirektion – zuständig. Die Bewilligung darf vom Klassen- und Schulforum bzw. vom Schulgemeinschaftsausschuß insgesamt für höchstens zwei und von der Schulbehörde ebenfalls für höchstens zwei Sammlungen je Schuljahr und Klasse und nur dann erteilt werden, wenn sichergestellt ist, daß kein wie immer gearteter Druck zur Beitragsleistung ausgeübt wird, der Zweck der Sammlung erzieherisch wertvoll ist und mit der Schule im Zusammenhang steht. Dies gilt nicht für Sammlungen, die von den Schülervertretern (§ 59) aus besonderen Anlässen, wie Todesfälle und soziale Hilfsaktionen, beschlossen werden. *(BGBl. Nr. 211/1986, Art. I Z 25 idF BGBl. I Nr. 75/2013, Art. 1 Z 8 und BGBl. I Nr. 138/2017, Art. 16 Z 39)*

(2) Die Teilnahme von Schülern an Veranstaltungen, die nicht Schulveranstaltungen (§ 13) oder schulbezogene Veranstaltungen (§ 13a) sind, darf in der Schule nur mit Bewilligung organisiert werden. Zur Erteilung der Bewilligung ist das Klassen- bzw. Schulforum bzw. der Schulgemeinschaftsausschuß zuständig. Ferner kann die Bewilligung durch die zuständige Schulbehörde erteilt werden; sofern die Teilnahme von Schülern mehrerer Schulen, für die verschiedene Schulbehörden zuständig sind, organisiert werden soll, kann die Bewilligung von der für alle diese Schulen in Betracht kommenden gemeinsamen Schulbehörde erteilt werden. Die Bewilligung darf nur erteilt werden, wenn sichergestellt ist, daß die Teilnahme der Schüler freiwillig und auf Grund schriftlicher Zustimmungserklärung der Erziehungsberechtigten erfolgt sowie eine Gefährdung der Schüler weder in sittlicher noch in körperlicher Hinsicht zu befürchten ist und der Zweck der Veranstaltung auf andere Weise nicht erreicht werden kann. Die vorstehenden Bestimmungen gelten nicht für die im Religionsunterricht erfolgende Organisation von Schülergottesdiensten sowie religiösen Übungen und Veranstaltungen (§ 2a Abs. 1 des Religionsunterrichtsgesetzes, BGBl. Nr. 190/1949). *(BGBl. Nr. 211/1986, Art. I Z 25 idF BGBl. I Nr. 75/2013, Art. 1 Z 9)*

(3) In der Schule, bei Schulveranstaltungen und bei schulbezogenen Veranstaltungen darf für schulfremde Zwecke nur dann geworben werden, wenn die Erfüllung der Aufgaben der österreichischen Schule (§ 2 des Schulorganisationsgesetzes) hiedurch nicht beeinträchtigt wird. *(BGBl. Nr. 767/1996, Z 65)*

Mitwirkung der Schule an der Erziehung

§ 47. (1) Im Rahmen der Mitwirkung der Schule an der Erziehung der Schüler (§ 2 des Schulorganisationsgesetzes) hat der Lehrer in

[43]) Siehe auch RS Nr. 17/2024 betreffend Unzulässigkeit von parteipolitischer Werbung an Schulen (1.12.15.) sowie RS Nr. 14/2016 betreffend kommerzielle Werbung an Schulen – Verbot aggressiver Geschäftspraktiken (1.12.16.).

seiner Unterrichts- und Erziehungsarbeit die der Erziehungssituation angemessenen persönlichkeits- und gemeinschaftsbildenden Erziehungsmittel anzuwenden, die insbesondere Anerkennung, Aufforderung oder Zurechtweisung sein können. Diese Maßnahmen können auch vom Klassenvorstand und vom Schulleiter (Abteilungsvorstand), in besonderen Fällen auch von der zuständigen Schulbehörde ausgesprochen werden. Der erste Satz gilt auch für Erzieher und Freizeitpädagogen im Betreuungsteil an ganztägigen Schulformen. *(BGBl. Nr. 139/1974 idF BGBl. Nr. 514/1993, Z 19, BGBl. I Nr. 73/2011, Art. 2 Z 4 und BGBl. I Nr. 75/2013, Art. 1 Z 1)*

(2) Wenn es aus erzieherischen Gründen oder zur Aufrechterhaltung der Ordnung notwendig erscheint, kann der Schulleiter einen Schüler in eine Parallelklasse, bei lehrgangsmäßigen Berufsschulen auch in einen anderen Lehrgang versetzen. Wenn mit einer solchen Maßnahme nicht das Auslangen gefunden werden kann, kann die Schulkonferenz (bei Schulen, die in Fachabteilungen gegliedert sind, die Abteilungskonferenz) die Stellung eines Antrages auf Ausschluß des Schülers (§ 49 Abs. 2) androhen.

(3) Körperliche Züchtigung, beleidigende Äußerungen und Kollektivstrafen sind verboten.

(4) Im Rahmen der Mitwirkung an der Erziehung kann das Verhalten des Schülers außerhalb der Schule berücksichtigt werden; hiebei dürfen nur Maßnahmen gemäß Abs. 1 und § 48 gesetzt werden. Eine Bestrafung für ein Verhalten, das Anlaß zu Maßnahmen der Erziehungsberechtigten, der Kinder- und Jugendhilfe, sonstiger Verwaltungsbehörden oder der Gerichte ist, ist unzulässig. *(BGBl. Nr. 139/1974 idF BGBl. I Nr. 48/2014, Art. 5 Z 10)*

Verständigungspflichten der Schule[44])

§ 48. Wenn es die Erziehungssituation eines Schülers erfordert, haben der Klassenvorstand oder der Schulleiter (der Abteilungsvorstand) das Einvernehmen mit den Erziehungsberechtigten zu pflegen. Wenn die Erziehungsberechtigten ihre Pflichten offenbar nicht erfüllen oder in wichtigen Fragen uneinig sind, hat der Schulleiter dies dem zuständigen Jugendwohlfahrtsträger gemäß § 37 des Bundes-Kinder- und Jugendhilfegesetzes 2013[45]), BGBl. I Nr. 69/2013, in der jeweils geltenden Fassung, mitzuteilen.[46])

(BGBl. Nr. 139/1974 idF BGBl. Nr. 455/1992, Z 24 und BGBl. I Nr. 48/2014, Art. 5 Z 11)

---

[44]) Siehe auch RS Nr. 65/1997 betreffend Schulgesundheitspflege, § 13 Suchtmittelgesetz (Kodex 17. Auflage).

[45]) § 37 des Bundes-Kinder- und Jugendhilfegesetzes 2013, BGBl. I Nr. 69/2013, idF BGBl. I Nr. 105/2019, lautet:

„Mitteilungen bei Verdacht der Kindeswohlgefährdung

§ 37. (1) Ergibt sich in Ausübung einer beruflichen Tätigkeit der begründete Verdacht, dass Kinder oder Jugendliche misshandelt, gequält, vernachlässigt oder sexuell missbraucht werden oder worden sind oder ihr Wohl in anderer Weise erheblich gefährdet ist, und kann diese konkrete erhebliche Gefährdung eines bestimmten Kindes oder Jugendlichen anders nicht verhindert werden, ist von folgenden Einrichtungen unverzüglich schriftlich Mitteilung an den örtlich zuständigen Kinder- und Jugendhilfeträger zu erstatten:

1. Gerichten, Behörden und Organen der öffentlichen Aufsicht;
2. Einrichtungen zur Betreuung oder zum Unterricht von Kindern und Jugendlichen;
3. Einrichtungen zur psychosozialen Beratung;
4. privaten Einrichtungen der Kinder- und Jugendhilfe;
5. Kranken- und Kuranstalten;
6. Einrichtungen der Hauskrankenpflege;

(1a) Ergibt sich in Ausübung einer beruflichen Tätigkeit im Rahmen der Geburt oder der Geburtsanmeldung in einer Krankenanstalt der begründete Verdacht, dass das Wohl eines Kindes, dessen Mutter Opfer von weiblicher Genitalverstümmelung geworden ist, erheblich gefährdet ist, und kann diese konkrete erhebliche Gefährdung des Kindes anders nicht verhindert werden, ist von der Krankenanstalt unverzüglich schriftlich Mitteilung an den örtlich zuständigen Kinder- und Jugendhilfeträger zu erstatten.

(2) Die Entscheidung über die Mitteilung gemäß Abs. 1 und 1a ist erforderlichenfalls im Zusammenwirken von zumindest zwei Fachkräften zu treffen.

(3) Die Mitteilungspflicht gemäß Abs. 1 trifft auch:

1. Personen, die freiberuflich die Betreuung oder den Unterricht von Kindern und Jugendlichen übernehmen;
2. von der Kinder- und Jugendhilfe beauftragte freiberuflich tätige Personen;
3. Angehörige gesetzlich geregelter Gesundheitsberufe, sofern sie ihre berufliche Tätigkeit nicht in einer im Abs. 1 genannten Einrichtung ausüben.

(4) Die schriftliche Mitteilung hat jedenfalls Angaben über alle relevanten Wahrnehmungen und daraus gezogenen Schlussfolgerungen sowie Namen und Adressen der betroffenen Kinder und Jugendlichen und der mitteilungspflichtigen Person zu enthalten.

(5) Berufsrechtliche Vorschriften zur Verschwiegenheit stehen der Erfüllung der Mitteilungspflicht gemäß Abs. 1 und Abs. 3 nicht entgegen.“

[46]) § 78 StPO idF des Strafprozessreformgesetzes, BGBl. I Nr. 19/2004, lautet:

Ausschluß eines Schülers

§ 49. (1) Wenn ein Schüler seine Pflichten (§ 43) in schwer wiegender Weise verletzt und die Anwendung von Erziehungsmitteln gemäß § 47 oder von Maßnahmen gemäß der Hausordnung erfolglos bleibt oder wenn das Verhalten eines Schülers eine dauernde Gefährdung von Mitschülern oder anderer an der Schule tätigen Personen hinsichtlich ihrer Sittlichkeit, körperlichen Sicherheit oder ihres Eigentums darstellt, ist der Schüler von der Schule auszuschließen. An allgemein bildenden Pflichtschulen ist ein Ausschluss nur zulässig, wenn das Verhalten des Schülers eine dauernde Gefährdung von Mitschülern oder anderer an der Schule tätigen Personen hinsichtlich ihrer Sittlichkeit, körperlichen Sicherheit oder ihres Eigentums darstellt und die Erfüllung der Schulpflicht gesichert ist. *(BGBl. I Nr. 78/2001, Z 17)*

(2) Bei Vorliegen der Voraussetzungen nach Abs. 1 hat die Schulkonferenz (bei Schulen, die in Fachabteilungen gegliedert sind, die Abteilungskonferenz) einen Antrag auf Ausschluß des Schülers an die zuständige Schulbehörde zu stellen. Dem Schüler ist vor der Beschlußfassung über die Antragstellung Gelegenheit zur Rechtfertigung zu geben. Überdies ist den Erziehungsberechtigten Gelegenheit zur Stellungnahme zu geben. Die Schulkonferenz hat bei ihrer Beratung die für und gegen den Ausschluß sprechenden Gründe zu berücksichtigen und ihren Antrag zu begründen. Eine Zweitschrift des Antrages ist dem Schüler zuzustellen. *(BGBl. Nr. 139/1974 idF BGBl. I Nr. 75/2013, Art. 1 Z 2)*

(3) Die zuständige Schulbehörde hat bei Gefahr im Verzug auszusprechen, daß der Schüler vom weiteren Schulbesuch suspendiert wird. Die Suspendierung darf mit höchstens vier Wochen bemessen werden; sie ist unverzüglich aufzuheben, sobald sich im Zuge des Verfahrens ergibt, daß die Voraussetzungen nach Abs. 1 nicht oder nicht mehr gegeben sind. Der Schüler ist berechtigt, sich während der Suspendierung über den durchgenommenen Lehrstoff regelmäßig zu informieren. Am Ende eines Unterrichtsjahres ist dem Schüler Gelegenheit zur Ablegung einer Feststellungsprüfung gemäß § 20 Abs. 2 zu geben, soweit eine Beurteilung wegen der Dauer der Suspendierung sonst nicht möglich wäre. *(BGBl. Nr. 139/1974 idF BGBl. I Nr. 75/2013, Art. 1 Z 2)*

(4) Die zuständige Schulbehörde hat nach Durchführung des Ermittlungsverfahrens die Beendigung des Ausschlußverfahrens festzustellen, wenn die Voraussetzungen im Sinne des Abs. 1 für einen Ausschluß nicht vorliegen. Sie kann zugleich dem Schüler eine Rüge erteilen oder eine Maßnahme nach § 47 Abs. 2 anordnen, wenn sein Verhalten zwar einen Ausschluß nicht begründet, er aber sonst gegen seine Pflichten verstoßen hat. Andernfalls hat die zuständige Schulbehörde den Ausschluß des Schülers mit Bescheid auszusprechen. *(BGBl. Nr. 139/1974 idF BGBl. I Nr. 75/2013, Art. 1 Z 2)*

(5) Der Ausschluß kann sich auf die betreffende Schule oder auf alle Schulen in einem näher zu bestimmenden Umkreis erstrecken. Von den verschiedenen Formen des Ausschlusses ist jeweils nur jene Form auszusprechen, mit der der angestrebte Sicherungszweck im Sinne des Abs. 1 bereits erreicht werden kann.

(6) entfallen (BGBl. I Nr. 75/2013, Art. 1 Z 10)

(7) Im Falle eines Ausschlusses ist die Aufnahme in eine Schule, auf die sich der Ausschluß erstreckt, weder als ordentlicher noch als außerordentlicher Schüler zulässig. Die Zulassung zu einer Externistenprüfung (§ 42) wird davon nicht berührt.

(8) Der Ausschluß kann von jener Schulbehörde, die ihn rechtskräftig ausgesprochen hat, auf Antrag des Schülers eingeschränkt oder aufgehoben werden, wenn und soweit die Gründe für seine Verhängung wegfallen oder der Sicherungszweck auf andere Weise erreicht werden kann.

(9) Sollten für Schüler allgemeinbildender Pflichtschulen Maßnahmen nach Abs. 1 nicht zielführend sein, so tritt an die Stelle des Ausschlusses eine Maßnahme nach Abs. 3 (Suspendierung) und die Einleitung eines Verfahrens gemäß § 8 des Schulpflichtgesetzes 1985. *(BGBl. Nr. 514/1993, Z 21)*

„Anzeigepflicht

§ 78. (1) Wird einer Behörde oder öffentlichen Dienststelle der Verdacht einer Straftat bekannt, die ihren gesetzmäßigen Wirkungsbereich betrifft, so ist sie zur Anzeige an Kriminalpolizei oder Staatsanwaltschaft verpflichtet.

(2) Eine Pflicht zur Anzeige nach Abs. 1 besteht nicht,

1. wenn die Anzeige eine amtliche Tätigkeit beeinträchtigen würde, deren Wirksamkeit eines persönlichen Vertrauensverhältnisses bedarf, oder
2. wenn und solange hinreichende Gründe für die Annahme vorliegen, die Strafbarkeit der Tat werde binnen kurzem durch schadensbereinigende Maßnahmen entfallen.

(3) Die Behörde oder öffentliche Dienststelle hat jedenfalls alles zu unternehmen, was zum Schutz des Opfers oder anderer Personen vor Gefährdung notwendig ist; erforderlichenfalls ist auch in den Fällen des Abs. 2 Anzeige zu erstatten.“.

Anwendung auf nicht schulpflichtige außerordentliche Schüler

§ 50. Die §§ 43 bis 49 sind auf nicht schulpflichtige außerordentliche Schüler sinngemäß anzuwenden.

10. Abschnitt
Funktionen des Lehrers; Lehrerkonferenzen

Lehrer

§ 51. (1) Der Lehrer hat das Recht und die Pflicht, an der Gestaltung des Schullebens mitzuwirken. Seine Hauptaufgabe ist die dem § 17 entsprechende Unterrichts- und Erziehungsarbeit. Er hat den Unterricht sorgfältig vorzubereiten.

(2) Außer den ihr oder ihm obliegenden unterrichtlichen, erzieherischen und administrativen Aufgaben (zB Durchführung von Kompetenzerhebungen) hat die Lehrerin oder der Lehrer (ausgenommen Lehrbeauftragte) erforderlichenfalls die Funktionen einer Klassenvorständin oder eines Klassenvorstandes, Werkstätten- oder Bauhofleiterin bzw. Werkstätten- oder Bauhofleiters, Kustodin oder Kustos sowie Fachkoordinatorin oder Fachkoordinators zu übernehmen und erforderliche Fort- und Weiterbildungsangebote zu besuchen. Weiters hat die Lehrerin oder der Lehrer die Funktion eines Mitgliedes einer Prüfungskommission zu übernehmen und an den Lehrerinnen- und Lehrerkonferenzen teilzunehmen. *(BGBl. I Nr. 56/2016, Art. 5 Z 40 idF BGBl. I Nr. 19/2021, Art. 2 Z 22)*

(3) Der Lehrer hat nach der jeweiligen Diensteinteilung die Schüler in der Schule auch 15 Minuten vor Beginn des Unterrichtes, in den Unterrichtspausen – ausgenommen die zwischen dem Vormittags- und dem Nachmittagsunterricht liegende Zeit – und unmittelbar nach Beendigung des Unterrichtes beim Verlassen der Schule sowie bei allen Schulveranstaltungen und schulbezogenen Veranstaltungen innerhalb und außerhalb des Schulhauses zu beaufsichtigen, soweit dies nach dem Alter und der geistigen Reife der Schüler erforderlich ist. Hiebei hat er insbesondere auf die körperliche Sicherheit und auf die Gesundheit der Schüler zu achten und Gefahren nach Kräften abzuwehren. Dies gilt sinngemäß für den Betreuungsteil an ganztägigen Schulformen, wobei an die Stelle des Unterrichtes der Betreuungsteil tritt. *(BGBl. Nr. 139/1974 idF BGBl. Nr. 211/1986, Art. I Z 27 und BGBl. Nr. 514/1993, Z 22)*

Kustos[47])

§ 52. Der Schulleiter hat, soweit es die Gegebenheiten der betreffenden Schule erfordern, Lehrer (ausgenommen Lehrbeauftragte) mit der Vorsorge für einen den pädagogischen Grundsätzen entsprechenden Einsatz der Unterrichtsmittel und sonstigen Schuleinrichtungen zu betrauen (Kustoden).

(BGBl. Nr. 139/1974 idF BGBl. Nr. 455/1992, Z 1, BGBl. Nr. 468/1995, Z 2, BGBl. Nr. 767/1996, Z 66 und BGBl. I Nr. 56/2016, Art. 5 Z 41)

Werkstättenleiter und Bauhofleiter[48])

§ 53. An berufsbildenden mittleren und höheren Schulen hat der Schulleiter Lehrer (ausgenommen Lehrbeauftragte) mit der Leitung der Werkstätten (des Bauhofes) zu betrauen. Sie haben für die Betriebsführung, den geordneten Ausbildungsablauf im Werkstättenunterricht und die Beschaffung der erforderlichen Materialien zu sorgen.

(BGBl. Nr. 139/1974 idF BGBl. Nr. 455/1992, Z 1, BGBl. Nr. 468/1995, Z 2, BGBl. Nr. 767/1996, Z 66 und BGBl. I Nr. 56/2016, Art. 5 Z 41)

Klassenvorstand

§ 54. (1) An Schulen, an denen der Unterricht durch Fachlehrer erteilt wird, hat der Schulleiter für jede Klasse einen Lehrer (ausgenommen Lehrbeauftragte) dieser Klasse als Klassenvorstand zu bestellen. *(BGBl. Nr. 139/1974 idF BGBl. I Nr. 56/2016, Art. 5 Z 41)*

(2) Dem Klassenvorstand obliegt für seine Klasse in Zusammenarbeit mit den anderen Lehrern die Koordination der Erziehungsarbeit, die Abstimmung der Unterrichtsarbeit auf die Leistungssituation der Klasse und die Belastbarkeit der Schüler, die Beratung der Schüler in unterrichtlicher und erzieherischer Hinsicht, die Pflege der Verbindung zwischen Schule und Erziehungsberechtigten, die Wahrnehmung der erforderlichen organisatorischen Aufgaben sowie die Führung der Amtsschriften.

(3) An Schulen mit Klassenlehrersystem kommen die Aufgaben des Klassenvorstandes dem Klassenlehrer zu.

---

[47]) Siehe auch die Nebenleistungsverordnung, BGBl. II Nr. 481/2004, sowie die PD-Nebenleistungsverordnung, BGBl. II Nr. 448/2015, jeweils idgF.

[48]) Siehe auch die Nebenleistungsverordnung, BGBl. II Nr. 481/2004, sowie die PD-Nebenleistungsverordnung, BGBl. II Nr. 448/2015, jeweils idgF.

(4) An den berufsbildenden höheren Schulen tritt an die Stelle der Bezeichnung Klassenvorstand die Bezeichnung Jahrgangsvorstand.

Fachkoordinator[49])[50])

§ 54a. (1) Der Schulleiter hat Fachkoordinatoren zu bestellen:

a) an Polytechnischen Schulen und Berufsschulen für die einzelnen leistungsdifferenzierten Pflichtgegenstände je einen den

---

[49]) Siehe auch die Verordnung über die Bestellung von Fachkoordinatoren (Kodex 21. Auflage).

[50]) An der Mittelschule ist in § 59b Gehaltsgesetz 1956 (GehG) eine Dienstzulage anstatt der ehemaligen Leistungsgruppenzulage und weiters für höchstens drei Koordinatoren vorgesehen. § 59b Abs. 1 bis 3 Gehaltsgesetz 1956 (GehG), BGBl. Nr. 54 idF BGBl. I Nr. 166/2023, lautet auszugsweise:

„**§ 59b.** (1) An Polytechnischen Schulen gebührt den Lehrern für die Dauer einer der nachstehenden Verwendungen eine Dienstzulage. Die Dienstzulage beträgt für

1. Lehrer in den Unterrichtsgegenständen Deutsch und Kommunikation, Angewandte Mathematik bzw. Lebende Fremdsprache
   a) 83,7 €, wenn sie in einer Schülergruppe oder Klasse leistungsdifferenzierten Unterricht erteilen,
   b) 105,3 €, wenn sie in zwei oder mehr Schülergruppen oder Klassen im selben Unterrichtsgegenstand leistungsdifferenzierten Unterricht erteilen,
   c) 125,5 €, wenn sie in zwei oder mehr Schülergruppen oder Klassen in verschiedenen Unterrichtsgegenständen leistungsdifferenzierten Unterricht erteilen,
2. Fachkoordinatoren für die Unterrichtsgegenstände Deutsch und Kommunikation, Angewandte Mathematik bzw. Lebende Fremdsprache
   a) 83,7 €, wenn sie an der betreffenden Schule in weniger als vier Schulstufen die Unterrichtstätigkeit der Lehrer für insgesamt fünf bis elf,
   b) 105,3 € wenn sie an der betreffenden Schule in vier Schulstufen die Unterrichtstätigkeit der Lehrer für insgesamt fünf bis elf,
   c) 105,3 €, wenn sie an der betreffenden Schule in weniger als vier Schulstufen die Unterrichtstätigkeit der Lehrer insgesamt für mindestens zwölf,
   d) 125,5 €, wenn sie an der betreffenden Schule in vier Schulstufen die Unterrichtstätigkeit der Lehrer insgesamt für mindestens zwölf

   Schülergruppen zu koordinieren haben,
3. …
4. …

Der Anspruch nach den Z 1 bis 4 besteht auch während des Beobachtungszeitraumes, der am Beginn des Schuljahres der Einstufung in die einzelnen Leistungsniveaus vorangeht.

(1a) An Mittelschulen gebührt den Lehrpersonen der Verwendungsgruppen L 2a für die Dauer einer der nachstehenden Verwendungen eine Dienstzulage. Die Dienstzulage beträgt für

1. Lehrpersonen in den Pflichtgegenständen Deutsch, Mathematik bzw. Lebende Fremdsprache
   a) 83,7 €, wenn sie einen dieser Gegenstände in einer Klasse im vollen oder überwiegenden Ausmaß der dafür in der Stundentafel des von der Bundesministerin oder vom Bundesminister verordneten Lehrplans vorgesehenen Anzahl an Wochenstunden unterrichten,
   b) 105,3 €, wenn sie denselben Gegenstand in mehreren Klassen oder mehrere dieser Gegenstände in einer Klasse oder in mehreren Klassen jeweils im vollen oder überwiegenden Ausmaß der dafür in der Stundentafel des von der Bundesministerin oder vom Bundesminister verordneten Lehrplans vorgesehenen Anzahl an Wochenstunden unterrichten,
2. Koordinatorinnen bzw. Koordinatoren
   a) 105,3 €, wenn die Mittelschule bis zu zwölf Klassen aufweist,
   b) 125,5 €, wenn die Mittelschule mehr als zwölf Klassen aufweist,
3. …

Es dürfen bis zu drei Koordinatorinnen oder Koordinatoren gemäß Z 2 pro Schule bestellt werden; einer Lehrperson gebührt höchstens eine Dienstzulage gemäß Z 2. Für die an Mittelschulen für Kinder mit sonderpädagogischem Förderbedarf zusätzlich eingesetzten Lehrpersonen gilt Z 1 mit folgender Maßgabe: die Zulage gemäß lit. a gebührt auch dann, wenn sie in den Pflichtgegenständen Deutsch, Mathematik bzw. Lebende Fremdsprache insgesamt mindestens drei Wochenstunden unterrichten; die Zulage gemäß lit. b gebührt auch dann, wenn sie in den genannten Gegenständen mindestens insgesamt sechs Wochenstunden unterrichten. Z 1 findet ferner auf Lehrpersonen der Verwendungsgruppe L 2a an nach dem Lehrplan der Mittelschule geführten Sonderschulen Anwendung, soweit diese nach dem Lehrplan der Mittelschule unterrichten.

(2) An Berufsschulen gebührt den Lehrern für die Dauer einer der nachstehenden Verwendungen eine Dienstzulage. Die Dienstzulage beträgt für

1. Lehrer für die leistungsdifferenzierten Pflichtgegenstände im Bereich des betriebswirtschaftlichen und fachtheoretischen Unterrichts
   a) 83,7 €, wenn sie in einer oder zwei,
   b) 105,3 €, wenn sie in drei oder vier,
   c) 116,2 € wenn sie in fünf oder mehr

   Schülergruppen je Schuljahr leistungsdifferenzierten Unterricht erteilen,
2. Fachkoordinatoren an ganzjährigen und saisonmäßigen Berufsschulen für die leistungsdifferenzierten Pflichtgegenstände im Bereich des betriebswirtschaftlichen und fachtheoretischen Unterrichts

betreffenden Pflichtgegenstand unterrichtenden Lehrer; *(BGBl. Nr. 367/1982, Art. I Z 37 idF BGBl. I Nr. 101/2018, Art. 4 Z 50)*

b) an Schulen unter besonderer Berücksichtigung der musischen oder sportlichen Ausbildung je einen Lehrer.

---

a) 83,7 €, wenn sie im Schuljahr an der betreffenden Schule die Unterrichtstätigkeit der Lehrer für fünf bis elf,

b) 105,3 €, wenn sie im Schuljahr an der betreffenden Schule die Unterrichtstätigkeit der Lehrer für mindestens zwölf

Schülergruppen zu koordinieren haben,

3. Fachkoordinatoren an lehrgangsmäßigen Berufsschulen für die leistungsdifferenzierten Pflichtgegenstände im Bereich des betriebswirtschaftlichen und fachtheoretischen Unterrichts

a) 83,7 €, wenn sie an der betreffenden Schule die Unterrichtstätigkeit der Lehrer während eines Lehrganges für mindestens fünf, aber – bezogen auf das ganze Schuljahr – für weniger als zwölf,

b) 105,3 €, wenn sie an der betreffenden Schule die Unterrichtstätigkeit der Lehrer – bezogen auf das ganze Schuljahr – für zwölf bis 16,

c) 116,2 €, wenn sie an der betreffenden Schule die Unterrichtstätigkeit der Lehrer – bezogen auf das ganze Schuljahr – für mehr als 16

Schülergruppen zu koordinieren haben,

4. …

5. …

Der Anspruch nach den Z 1 bis 5 besteht auch während des Beobachtungszeitraumes, der am Beginn des Schuljahres der Einstufung in die einzelnen Leistungsniveaus vorangeht. Abweichend vom ersten Satz gebührt die Dienstzulage an lehrgangsmäßigen Berufsschulen für die Dauer des betreffenden Schuljahres.

(3) An Schulen mit besonderer Berücksichtigung der musischen oder sportlichen Ausbildung gebührt den nach § 2 der Verordnung BGBl. Nr. 135/1985 bestellten Fachkoordinatoren für die Dauer dieser Verwendung eine Dienstzulage. Die Dienstzulage beträgt für Fachkoordinatoren, die den Unterricht an der betreffenden Schule in den den Schwerpunkt betreffenden Gegenständen in 4 bis 8 Klassen zu koordinieren haben,

1. 125,5 € in einer der Verwendungsgruppen L 2 oder L 3,
2. 147,2 € in der Verwendungsgruppe L 1.

Die Dienstzulage erhöht sich in der jeweiligen Verwendungsgruppe um 40 vH, wenn der Fachkoordinator den Unterricht an der betreffenden Schule in den den Schwerpunkt betreffenden Gegenständen in 9 bis 12 Klassen zu koordinieren hat. Sie erhöht sich in der jeweiligen Verwendungsgruppe um 80 vH, wenn der Fachkoordinator den Unterricht an der betreffenden Schule in den den Schwerpunkt betreffenden Gegenständen in 13 oder mehr Klassen zu koordinieren hat.“

Vor der Bestellung der Fachkoordinatoren ist die Schulkonferenz anzuhören. *(BGBl. Nr. 367/1982, Art. I Z 37 idF BGBl. I Nr. 98/1999, Z 11)*

(2) Den Fachkoordinatoren obliegen:[51])

a) an Polytechnischen Schulen und Berufsschulen die Koordination der Unterrichtstätigkeit der den betreffenden Pflichtgegenstand unterrichtenden Lehrer im Hinblick auf die Erleichterung der Zuordnung zu einem anderen Leistungsniveau und die Durchführung des Förderunterrichtes in Unterordnung unter den Schulleiter; *(BGBl. Nr. 367/1982, Art. I Z 37 idF BGBl. I Nr. 101/2018, Art. 4 Z 50 und 51)*

b) an Schulen unter besonderer Berücksichtigung der musischen oder sportlichen Ausbildung die Koordinierung der Unterrichtstätigkeit jener Lehrer, die im musischen bzw. sportlichen Bereich unterrichten.

Die den Fachkoordinatoren im einzelnen obliegenden Pflichten sind durch Dienstanweisung des zuständigen Bundesministers festzulegen. *(BGBl. Nr. 367/1982, Art. I Z 37 idF BGBl. Nr. 455/1992, Z 1, BGBl. Nr. 468/1995, Z 2 und BGBl. I Nr. 78/2001, Z 1)*

(3) Der zuständige Bundesminister hat durch Verordnung festzulegen, ab welcher Zahl von Klassen bzw. Schülergruppen die Bestellung eines Fachkoordinators im Hinblick auf den Lernstoff des betreffenden Pflichtgegenstandes erforderlich ist. *(BGBl. Nr. 367/1982, Art. I Z 37 idF BGBl. Nr. 455/1992, Z 1, BGBl. Nr. 767/1996, Z 30 und BGBl. I Nr. 78/2001, Z 2)*

(BGBl. Nr. 367/1982, Art. I Z 37)

Abteilungsvorstand und Fachvorstand

§ 55. (1) Dem Abteilungsvorstand an berufsbildenden Schulen obliegt außer den ihm als Lehrer zukommenden Aufgaben die Leitung einer Fachabteilung in Unterordnung unter den Schulleiter. *(BGBl. Nr. 231/1977, Art. I Z 22)*

(2) Dem Abteilungsvorstand an den Bildungsanstalten obliegt in Unterordnung unter den Schulleiter außer den ihm als Lehrer zukommenden Aufgaben

1. an den Bildungsanstalten für Elementarpädagogik die Leitung des Praxiskindergartens, gegebenenfalls auch des Praxishortes, sowie der Kindergarten- und Hortpraxis, *(BGBl. Nr. 139/1974 idF BGBl. I Nr. 56/2016, Art. 5 Z 11 und 41a)*

---

[51]) Siehe die Dienstanweisung für Fachkoordinatoren (Kodex 6. Auflage).

2. an den Bildungsanstalten für Sozialpädagogik die Leitung des Praxisschülerheimes und des Praxishortes sowie der Hort- und Heimpraxis; im Falle eines angeschlossenen Schülerheimes für Schüler der Bildungsanstalt obliegt ihm auch die Unterstützung des Schulleiters in den berufsbezogenen Angelegenheiten dieses Schülerheimes. *(BGBl. Nr. 229/1988, Art. I Z 7 idF BGBl. Nr. 514/1993, Z 23 und BGBl. I Nr. 56/2016, Art. 5 Z 41b)*

(3) Dem Fachvorstand obliegt die Betreuung einer Gruppe fachlicher Unterrichtsgegenstände in Unterordnung unter den Schulleiter. *(BGBl. Nr. 139/1974 idF BGBl. Nr. 231/1977, Art. I Z 22)*

(4) entfallen (BGBl. Nr. 767/1996, Z 67)

Erzieher

§ 55a. (1) Der Erzieher an ganztägigen Schulformen hat das Recht und die Pflicht, an der Gestaltung des Betreuungsteiles unter Bedachtnahme auf freizeitpädagogische Erfordernisse mitzuwirken. Seine Hauptaufgabe ist die dem § 2 Abs. 3 des Schulorganisationsgesetzes entsprechende Erziehungsarbeit. Er hat diese im erforderlichen Ausmaß vorzubereiten.

(2) Außer den erzieherischen Aufgaben hat er auch die mit seiner Erziehertätigkeit verbundenen administrativen Aufgaben zu übernehmen und an Lehrerkonferenzen, die Angelegenheiten des Betreuungsteiles betreffen, teilzunehmen. § 51 Abs. 3 ist insoweit anzuwenden, als er den Betreuungsteil betrifft.

(3) Abs. 1 und 2 gelten auch für Erzieher oder Erzieherinnen für die Lernhilfe gemäß § 8 lit. j sublit. bb des Schulorganisationsgesetzes. *(BGBl. I Nr. 56/2016, Art. 5 Z 42)*

(BGBl. Nr. 514/1993, Z 24)

Freizeitpädagoge

§ 55b. (1) Der Freizeitpädagoge an ganztägigen Schulformen hat das Recht und die Pflicht, an der Gestaltung des Betreuungsteiles unter Bedachtnahme auf freizeitpädagogische Erfordernisse mitzuwirken. Seine Hauptaufgabe ist die dem § 2 Abs. 3 des Schulorganisationsgesetzes entsprechende Erziehungsarbeit.

(2) Außer den erzieherischen Aufgaben hat er auch die mit seiner Erziehertätigkeit verbundenen administrativen Aufgaben zu übernehmen und auf Anordnung des Schulleiters an Lehrerkonferenzen, die Angelegenheiten der Freizeit im Betreuungsteil ganztägiger Schulformen betreffen, teilzunehmen. § 51 Abs. 3 ist insoweit anzuwenden, als er den Betreuungsteil betrifft.

(3) Abs. 1 und 2 gelten auch für andere auf Grund besonderer Qualifikation zur Erfüllung der Aufgaben im Freizeitteil geeignete Personen (§ 8 lit. j sublit. cc des Schulorganisationsgesetzes), unabhängig davon, ob sie Bedienstete einer Gebietskörperschaft oder eines Gemeindeverbandes sind, oder nicht. *(BGBl. I Nr. 38/2015, Art. 5 Z 26)*

(BGBl. I Nr. 73/2011, Art. 2 Z 5)

Lernbegleiter

§ 55c. (1) Ab der 10. Schulstufe von zumindest dreijährigen mittleren und höheren Schulen hat der Schulleiter, an Schulen mit Abteilungsgliederung der Abteilungsvorstand, Lehrer (ausgenommen Lehrbeauftragte) mit der individuellen Begleitung und Unterstützung von Schülern in ihrem Lernprozess zu betrauen (Lernbegleiter).[52])

(2) Vor der Betrauung eines Lehrers mit den Aufgaben der individuellen Lernbegleitung gemäß § 19a sind der in Betracht gezogene Lehrer sowie der betreffende Schüler zu hören und ist den Erziehungsberechtigten eine Gesprächsmöglichkeit einzuräumen.

(3) Sofern er es zur Erfüllung seiner Aufgaben gemäß § 19a für erforderlich erachtet, ist der Lernbegleiter berechtigt, die Einberufung von Lehrerkonferenzen anzuregen und an Konferenzen mit Stimmrecht teilzunehmen.

(4) Der Lernbegleiter hat die für die Dokumentation seiner Tätigkeit erforderlichen Aufzeichnungen zu führen. Vom Schüler angefertigte Arbeiten sind den Aufzeichnungen über die Lernbegleitung nach Möglichkeit anzuschließen.

(BGBl. I Nr. 9/2012, Art. 4 Z 34 idF BGBl. I Nr. 56/2016, Art. 6 Z 7)

Bereichsleiter, Bereichsleiterin

§ 55d. Dem Bereichsleiter oder der Bereichsleiterin obliegt die Leitung des Bereichs nach Maßgabe der Vorgaben der Schulcluster-Leitung und die Wahrnehmung

[52]) § 63c des Gehaltsgesetzes 1956, BGBl. Nr. 54 idF BGBl. I Nr. 32/2015, lautet:

„**Abgeltung für die individuelle Lernbegleitung**

§ 63c. Für die auf Anordnung der Schulleitung geleistete individuelle Lernbegleitung gemäß § 55c und § 78c des Schulunterrichtsgesetzes, BGBl. Nr. 472/1986, gebührt der Lehrperson eine Vergütung. Sie beträgt je abgehaltener Betreuungsstunde 1,5 von Hundert des Referenzbetrages gemäß § 3 Abs. 4.“.

der im Organisationsplan übertragenen Aufgaben im Schulcluster:

1. Pädagogischer Support (Ansprechpartner) für alle Schulpartner am Standort im akuten Krisenmanagement,
2. Mitarbeit im Qualitätsmanagement- und Qualitätssicherungs-Team des Clusters,
3. Diensteinteilung bei akuten Absenzen am Standort und
4. Einführung neuer Lehrpersonen in die verschiedenen Arbeitsbereiche.

(BGBl. I Nr. 138/2017, Art. 16 Z 40)

Schulleitung, Schulcluster-Leitung
(BGBl. I Nr. 138/2017, Art. 16 Z 41)

§ 56.[53]) (1) Der Schulleiter ist zur Besorgung aller Angelegenheiten nach diesem Bundesgesetz zuständig, sofern dieses nicht die Zuständigkeit anderer schulischer Organe oder der Schulbehörden festlegt. *(BGBl. Nr. 231/1977, Art. I Z 23)*

(2) Der Schulleiter ist der unmittelbare Vorgesetzte aller an der Schule tätigen Lehrer und sonstigen Bediensteten. Ihm obliegt die Leitung der Schule und die Pflege der Verbindung zwischen der Schule, den Schülern und den Erziehungsberechtigten, bei Berufsschulen auch den Lehrberechtigten. Seine Aufgaben umfassen insbesondere Schulleitung und -management, Qualitätsmanagement, Schul- und Unterrichtsentwicklung, Führung und Personalentwicklung sowie Außenbeziehungen und Öffnung der Schule. Er hat die Durchführung von Evaluationen einschließlich der Bewertung der Unterrichtsqualität durch die Organe der externen Schulevaluation zu ermöglichen und deren Ergebnisse bei der Schul- und Unterrichtsentwicklung zu berücksichtigen. *(BGBl. Nr. 139/1974 idF BGBl. Nr. 231/1977, Art. I Z 23, BGBl. Nr. 472/1986, Art. IV, BGBl. I Nr. 29/2011, Art. 1 Z 3 und BGBl. I Nr. 101/2018, Art. 4 Z 52)*

(3) Der Schulleiter hat die Lehrer in ihrer Unterrichts- und Erziehungsarbeit (§ 17) zu beraten und sich vom Stand des Unterrichtes und von den Leistungen der Schüler regelmäßig zu überzeugen. *(BGBl. Nr. 139/1974 idF BGBl. Nr. 231/1977, Art. I Z 23)*

(4) Außer den ihm obliegenden unterrichtlichen, erzieherischen und administrativen Aufgaben hat er für die Einhaltung aller Rechtsvorschriften und schulbehördlichen Weisungen sowie für die Führung der Amtsschriften der Schule und die Ordnung in der Schule zu sorgen. Für die Beaufsichtigung der Schüler im Sinne des § 51 Abs. 3 hat er eine Diensteinteilung zu treffen. Er hat dem Schulerhalter wahrgenommene Mängel der Schulliegenschaften und ihrer Einrichtungen zu melden. *(BGBl. Nr. 139/1974 idF BGBl. Nr. 231/1977, Art. I Z 23)*

(5) Pflichten, die dem Schulleiter auf Grund von anderen, insbesondere von dienstrechtlichen Vorschriften obliegen, bleiben unberührt. *(BGBl. Nr. 139/1974 idF BGBl. Nr. 231/1977, Art. I Z 23)*

(6) In Schulen, an denen ein ständiger Stellvertreter des Schulleiters bestellt ist, hat dieser den Schulleiter bei der Erfüllung seiner Aufgaben zu unterstützen. *(BGBl. Nr. 139/1974 idF BGBl. Nr. 231/1977, Art. I Z 23, BGBl. Nr. 455/1992, Z 1 und BGBl. Nr. 767/1996, Z 66)*

(7) In Schulen, in denen ein Lehrer zur Unterstützung des Schulleiters bestellt wird,

---

[53]) § 26a Abs. 1, 3, 8 und 10 LDG 1984, BGBl. Nr. 302, zuletzt geändert durch BGBl. I Nr. 153/2020, lauten:

„Begutachtungskommission und Auswahlverfahren

§ 26a. (1) Die Begutachtungskommission ist bei der Bildungsdirektion einzurichten.

…

(3) Der Begutachtungskommission gehören als Mitglieder mit beratender Stimme an:

1. eine Expertin oder ein Experte jener Einrichtung, die das Assessment gemäß Abs. 9 durchführt (Personalberaterin oder Personalberater),
2. eine Vertreterin oder ein Vertreter der Eltern oder Erziehungsberechtigten aus dem Schulgemeinschaftsausschuss oder dem Schulforum der betroffenen Schule,

2a. in der Sekundarstufe eine Vertreterin oder ein Vertreter der Schülerinnen oder Schüler aus dem Schulgemeinschaftsausschuss oder dem Schulforum der betroffenen Schule und

3. eine Vertreterin oder ein Vertreter des zuständigen Schulerhalters (Schulerhalterverbandes) sowie
4. die zuständige Gleichbehandlungsbeauftragte oder der zuständige Gleichbehandlungsbeauftragte.

….

(8) Die Begutachtungskommission hat die eingelangten Bewerbungen zu prüfen und Bewerberinnen und Bewerber, die nicht alle festgelegten Erfordernisse erfüllen, als „nicht geeignet“ aus dem weiteren Verfahren auszuscheiden. Abweichend vom ersten Satz kann die Begutachtungskommission die Dienstbehörde mit der Prüfung der Erfüllung der Erfordernisse des § 26 Abs. 6 Z 1 und Z 2 beauftragen. Die Begutachtungskommission hat

1. dem schulpartnerschaftlichen Gremium (Schulclusterbeirat, Schulforum oder Schulgemeinschaftsausschuss) der Schule, für die die Bewerbungen abgegeben wurden, und
2. dem Dienststellenausschuss, der für die Schule zuständig ist,

obliegt ihm die Wahrnehmung jener Verwaltungsaufgaben, die in engem Zusammenhang mit der pädagogischen Arbeit in der Schule stehen. *(BGBl. Nr. 139/1974 idF BGBl. Nr. 231/1977, Art. I Z 23, BGBl. Nr. 455/1992, Z 1 und BGBl. Nr. 767/1996, Z 66)*

(8) An ganztägigen Schulformen, in denen ein Lehrer oder Erzieher zur Unterstützung des Schulleiters bezüglich des Betreuungsteiles bestellt wird (Leiter des Betreuungsteiles), obliegt ihm die Wahrnehmung jener Verwaltungsaufgaben, die in engem Zusammenhang mit diesem Bereich der Schule stehen; die diesem Lehrer einzeln obliegenden Pflichten können generell durch Dienstanweisung des zuständigen Bundesministers oder im Einzelfall durch den Schulleiter festgelegt werden. *(BGBl. Nr. 514/1993, Z 25 idF BGBl. Nr. 468/1995, Z 2 und BGBl. I Nr. 78/2001, Z 1)*

(9) An Schulen, die im organisatorischen Verbund mit anderen Schulen als Schulcluster geführt werden, gelten die Abs. 1 bis 8 für den Leiter oder die Leiterin des Schulclusters. Dieser oder diese kann bestimmte Angelegenheiten im Einzelfall allenfalls bestellten Bereichsleitern oder Bereichsleiterinnen übertragen. *(BGBl. I Nr. 138/2017, Art. 16 Z 42)*

Lehrerkonferenzen

§ 57. (1) Lehrerkonferenzen sind zur Erfüllung der ihnen durch die Rechtsvorschriften übertragenen Aufgaben und zur Beratung gemeinsamer Fragen insbesondere der Planungs-, Unterrichts-, Erziehungs- und Bildungsarbeit, der Evaluation oder der beruflichen Fortbildung der Lehrer durchzuführen. In den Lehrerkonferenzen sind jedenfalls jene Angelegenheiten zu beraten, deren Behandlung von einem Drittel der für die Teilnahme an den Lehrerkonferenzen jeweils in Betracht kommenden Lehrer verlangt wird.

(2) Je nach Aufgabe der Lehrerkonferenz setzt sich diese aus den Lehrern des Schulclusters (Schulclusterkonferenz), der Schule (Schulkonferenz), einer Klasse (Klassenkonferenz), eines Unterrichtsgegenstandes oder in anderer Weise zusammen. Über Beschluss der Lehrerkonferenz können auch andere Personen den Beratungen beigezogen werden. *(BGBl. I Nr. 20/2006, Art. 4 Z 23 idF BGBl. I Nr. 138/2017, Art. 16 Z 43)*

(3) Der Schulleiter oder ein von ihm beauftragter Lehrer führt den Vorsitz in den Lehrerkonferenzen. Dem Vorsitzenden obliegt die Einberufung der Lehrerkonferenz. Eine Lehrerkonferenz ist jedenfalls einzuberufen, wenn dies ein Drittel der für die Teilnahme jeweils in Betracht kommenden Lehrer verlangt.

(4) Für den Beschluss einer Lehrerkonferenz sind die Anwesenheit von mindestens zwei Dritteln ihrer Mitglieder und die unbedingte Mehrheit der abgegebenen Stimmen erforderlich. Dem Vorsitzenden und jedem Mitglied kommt eine Stimme zu. Bei Stimmengleichheit entscheidet die Stimme des Vorsitzenden. Stimmübertragungen sind ungültig. Stimmenthaltung ist außer bei Vorliegen von in § 7 AVG, BGBl. Nr. 51/1991, genannten Befangenheitsgründen unzulässig. In Klassenkonferenzen gemäß § 20 Abs. 6 und 6a, § 21 Abs. 4 und § 25 Abs. 2 lit. c kommt das Stimmrecht nur jenen Mitgliedern zu, die den Schüler im betreffenden Schuljahr zumindest vier Wochen unterrichtet haben. Über den Verlauf einer Lehrerkonferenz ist eine schriftliche Aufzeichnung zu führen. *(BGBl. I Nr. 20/2006, Art. 4 Z 23 idF BGBl. I Nr. 36/2012, Art. 2 Z 32)*

(5) In Angelegenheiten, die in die Zuständigkeit von Lehrerkonferenzen fallen und bei denen den Schülern und Erziehungsberechtigten ein Mitentscheidungsrecht zusteht, ist dieses Recht von den Vertretern der Schüler bzw. Erziehungsberechtigten im Schulgemeinschaftsausschuss (§ 64) bzw. den Klassenelternvertretern der betreffenden Klasse durch Teilnahme an den Beratungen und Abstimmungen in den Lehrerkonferenzen auszuüben. Über Antrag des Schulsprechers kann an den Beratungen in den Angelegenheiten des § 58 Abs. 2 Z 2 auch der Klassensprecher der Klasse des betroffenen Schülers teilnehmen. Die Einladung der Vertreter der Schüler und der Erziehungsberechtigten zu einer Lehrerkonferenz hat rechtzeitig vor

---

die Bewerbungen der alle festgelegten Erfordernisse erfüllenden Bewerber zu übermitteln. Diese Organe haben das Recht, nach allfälliger Anhörung der Bewerberinnen und Bewerber binnen drei Wochen ab Erhalt der Bewerbungen eine begründete schriftliche Stellungnahme abzugeben.

…

(10) Hinsichtlich der als geeignet beurteilten Bewerberinnen und Bewerber hat die Begutachtungskommission jeweils festzulegen, ob die betreffende Bewerberin oder der betreffende Bewerber die Auswahlerfordernisse in „höchstem Ausmaß", in „hohem Ausmaß" oder in „geringerem Ausmaß" erfüllt. Vom Vorsitz ist innerhalb von drei Monaten ein begründetes Gutachten bezüglich der Eignung der dem Anhörungsverfahren unterzogenen Bewerberinnen und Bewerber zu erstatten. Vor Weiterleitung des Gutachtens hat der Vorsitz einem vom Schulforum (Schulgemeinschaftsausschuss) ermächtigten Mitglied des jeweiligen Organs auf Verlangen Einsicht in das Gutachten zu gewähren; für die Einsichtnahme ist eine Frist von zwei Wochen einzuräumen.".

dem anberaumten Termin und nachweislich zu erfolgen.

(BGBl. I Nr. 20/2006, Art. 4 Z 23)

11. Abschnitt
Schule und Schüler

Rechte der Schüler

§ 57a. Der Schüler hat außer den sonst gesetzlich festgelegten Rechten das Recht, sich nach Maßgabe seiner Fähigkeiten im Rahmen der Förderung der Unterrichtsarbeit (§ 43) an der Gestaltung des Unterrichtes und der Wahl der Unterrichtsmittel zu beteiligen, ferner hat er das Recht auf Anhörung sowie auf Abgabe von Vorschlägen und Stellungnahmen.

(BGBl. Nr. 211/1986, Art. I Z 32)

Schülerinnen- bzw. Schülerkarte

§ 57b. (1) Auf Verlangen und Einwilligung sowie gegen Ersatz der Gestehungskosten ist der Schülerin oder dem Schüler eine Schülerinnen- bzw. Schülerkarte auszustellen. Die Schülerinnen- bzw. Schülerkarte dient dem Nachweis der Eigenschaft als Schülerin oder Schüler an der betreffenden Schule. Sie hat die Bezeichnung der Schule, den oder die Vor- und Familiennamen, den Wohnort, von dem aus die Schule besucht wird, und ein Lichtbild der Schülerin oder des Schülers, deren bzw. dessen Geburtsdatum und das Ausstellungsdatum bzw. die Gültigkeitsdauer zu enthalten. *(BGBl. I Nr. 56/2016, Art. 5 Z 43 idF BGBl. I Nr. 120/2016, Art. 7, BGBl. I Nr. 32/2018, Art. 51 Z 1 und BGBl. I Nr. 121/2024, Art. 2 Z 7)*

(2) Die Schülerkarte im Scheckkartenformat („edu.card") ist darüber hinaus mit einem Sicherheits-Hologrammstreifen mit Kippeffekt ausgestattet und kann mit Einwilligung der Schülerin oder des Schülers elektronische Verknüpfungen aufweisen. Die Einwilligung kann jederzeit widerrufen werden. Informationen über Verknüpfungen zu anderen Dienstleistern dürfen seitens der Schule nicht gespeichert werden. *(BGBl. I Nr. 56/2016, Art. 5 Z 43 idF BGBl. I Nr. 32/2018, Art. 51 Z 2, BGBl. I Nr. 19/2021, Art. 2 Z 23 und BGBl. I Nr. 121/2024, Art. 2 Z 8)*

(3) Der Nachweis der Schülereigenschaft kann für Schülerinnen und Schüler für den maximalen Zeitraum eines Schuljahres auch mittels elektronischem Zertifikat erfolgen („edu.digicard"). Die edu.digicard ist auf Antrag der Schülerinnen und Schüler bzw. bei unter 14 Jährigen durch deren Erziehungsberechtigte, bereitzustellen. Die Beantragung des Zertifikats erfolgt mittels elektronischem Identitätsnachweis (E-ID) gemäß § 2 Z 10 sowie § 4 E-GovG im Wege des Bildungsportals gemäß § 6e Bildungsdokumentationsgesetz 2020 – BilDokG 2020, BGBl. I Nr. 20/2021, für das die Bundesministerin oder der Bundesminister für Bildung, Wissenschaft und Forschung als datenschutzrechtliche Verantwortliche oder als datenschutzrechtlicher Verantwortlicher (Art. 4 Z 7 der Verordnung (EU) 2016/679 zum Schutz natürlicher Personen bei der Verarbeitung personenbezogener Daten, zum freien Datenverkehr und zur Aufhebung der Richtlinie 95/46/EG (Datenschutz-Grundverordnung), ABl. Nr. L 119 vom 4.5.2016 S. 1, DSGVO) fungiert. Die Ausstellung der Zertifikate hat in Form eines QR-Codes zu erfolgen, der die Überprüfung von Authentizität, Gültigkeit und Integrität des Zertifikats in einer Prüf-App nach dem jeweiligen Stand der Technik ermöglicht. Die edu.digicard hat die in § 57b Abs. 1 letzter Satz angeführten Daten zu enthalten. Die Ausstellung der Zertifikate und die Bereitstellung hat für die betreffenden Schülerinnen und Schüler kostenlos zu erfolgen. *(BGBl. I Nr. 121/2024, Art. 2 Z 9)*

(4) Für den Nachweis in vereinfachter Form gemäß § 4 Abs. 6 E-GovG können die Daten gemäß Abs. 1 für die Dauer von höchstens 14 Monaten zum E-ID dieser Person gespeichert werden. Es ist in der Applikation ersichtlich zu machen, wann die Daten zuletzt aktualisiert wurden. *(BGBl. I Nr. 121/2024, Art. 2 Z 9)*

(5) Zum Zweck der Eintragung der in Abs. 1 genannten Daten in die Personenbindung gemäß § 4 Abs. 2 E-GovG sowie zum Zweck des Nachweises deren Bestands in vereinfachter Form gemäß § 4 Abs. 6 E-GovG sind diese aus dem Datenverbund der Schulen gemäß § 6 BilDokG 2020 der Stammzahlenregisterbehörde zugänglich zu machen. *(BGBl. I Nr. 121/2024, Art. 2 Z 9)*

(BGBl. I Nr. 56/2016, Art. 5 Z 43)

Schülermitverwaltung[54])

§ 58. (1) Die Schüler einer Schule haben das Recht der Schülermitverwaltung in Form der Vertretung ihrer Interessen und der Mitgestaltung des Schullebens. Die Schüler haben sich bei dieser Tätigkeit von der Aufgabe der österreichischen Schule (§ 2 des Schulorganisationsgesetzes) leiten zu lassen.

(2) Im Rahmen der Interessenvertretung gegenüber den Lehrern, dem Schulleiter und

[54]) Siehe auch RS Nr. 8/2015 betreffend die Herausgabe von Schülerzeitungen (Kodex 17. Auflage).

den Schulbehörden stehen den Schülervertretern folgende Rechte zu:

1. Mitwirkungsrechte:
   a) das Recht auf Anhörung,
   b) das Recht auf Information über alle Angelegenheiten, die die Schüler allgemein betreffen,
   c) das Recht auf Abgabe von Vorschlägen und Stellungnahmen,
   d) das Recht auf Teilnahme an Lehrerkonferenzen, ausgenommen Beratungen und Beschlußfassungen über Angelegenheiten der Leistungsbeurteilung einzelner Schüler und des § 20 Abs. 6, § 25 und § 31b sowie über dienstrechtliche Angelegenheiten der Lehrer und ausgenommen die Teilnahme an Lehrerkonferenzen zur Wahl von Lehrervertretern, *(BGBl. Nr. 211/1986, Art. I Z 33 idF BGBl. I Nr. 101/2018, Art. 4 Z 53)*
   e) das Recht auf Mitsprache bei der Gestaltung des Unterrichtes im Rahmen des Lehrplanes,
   f) das Recht auf Beteiligung an der Wahl der Unterrichtsmittel;
2. Mitbestimmungsrechte:
   a) das Recht auf Mitentscheidung bei der Anwendung von Erziehungsmitteln gemäß § 47 Abs. 2,
   b) das Recht auf Mitentscheidung bei der Antragstellung auf Ausschluß eines Schülers; *(BGBl. Nr. 211/1986, Art. I Z 33 idF BGBl. Nr. 767/1996, Z 68)*
   c) das Recht auf Mitentscheidung bei der Festlegung von Unterrichtsmitteln. *(BGBl. Nr. 767/1996, Z 68)*

Die in Z 1 lit. d und Z 2 genannten Rechte stehen erst ab der 9. Schulstufe zu. *(BGBl. Nr. 211/1986, Art. I Z 33)*

(3) Im Rahmen der Mitgestaltung haben die Schüler gemeinsam jene Aufgaben wahrzunehmen, die über die Mitarbeit des einzelnen Schülers hinausreichen. Als solche kommen Vorhaben in Betracht, die der politischen, staatsbürgerlichen und kulturellen Bildung der Schüler im Sinne demokratischer Grundsätze dienen, ihr soziales Verhalten entwickeln und festigen und ihren Neigungen entsprechende Betätigungsmöglichkeiten in der Freizeit bieten.

(4) Veranstaltungen der Schülermitverwaltung (Abs. 3) unterliegen nicht der Aufsichtspflicht des Lehrers (des Schulleiters). Die Befugnis der Lehrer (des Schulleiters), an diesen Veranstaltungen teilzunehmen, wird davon nicht berührt.

(5) Die Schulleiter haben die Tätigkeit der Schülervertreter zu unterstützen und zu fördern. *(BGBl. I Nr. 78/2001, Z 19)*

Schülervertreter; Versammlung der Schülervertreter
(BGBl. Nr. 455/1992, Z 27)

§ 59. (1) Zur Interessenvertretung (§ 58 Abs. 2) und zur Mitgestaltung des Schullebens (§ 58 Abs. 3) sind an allen Schulen, ausgenommen die Grundschule der Volksschule sowie die Grundstufen der Sonderschule, Schülervertreter zu bestellen. Werden an einer Schule mehrere Schularten geführt, so ist nur eine Schülervertretung zu bestellen, deren Tätigkeitsbereich sich auf die gesamte Schule erstreckt. *(BGBl. Nr. 767/1996, Z 69 idF BGBl. I Nr. 98/1999, Z 12)*

(2) Schülervertreter im Sinne des Abs. 1 sind:

1. die Klassensprecher, die an Schulen mit Jahrgangseinteilung als Jahrgangssprecher zu bezeichnen sind,
2. die Vertreter der Klassensprecher an Volksschuloberstufen, an Mittelschulen, an den 5. bis 8. Schulstufen der nach dem Lehrplan der Neuen[55]) Mittelschule geführten Sonderschulen und an den Unterstufen der allgemein bildenden höheren Schulen, *(BGBl. I Nr. 36/2012, Art. 2 Z 33 idF BGBl. I Nr. 101/2018, Art. 4 Z 54)*
3. die Abteilungssprecher an Schulen mit Fachabteilungen,
4. die Tagessprecher an ganzjährigen Berufsschulen für die einzelnen Schultage einer Woche,
5. die Schulsprecher an Polytechnischen Schulen, nach dem Lehrplan der Polytechnischen Schule geführten Sonderschulen, an Berufsschulen sowie an mittleren und höheren Schulen.

(3) Die Schülervertreter werden im Fall der Verhinderung jeweils von ihrem Stellvertreter vertreten. Die Wahl der Stellvertreter erfolgt gleichzeitig mit der Wahl der Schülervertreter, wobei für die Schulsprecher jeweils zwei Stellvertreter und für die übrigen Schülervertreter jeweils ein Stellvertreter zu wählen sind. Der Schulsprecher wird von jenem Stellvertreter vertreten, der die höhere Zahl an Wahlpunkten aufweist. An ganzjährigen Berufsschulen wird der Schulsprecher durch den jeweiligen Tagessprecher vertreten; die nach dem zweiten Satz an diesen

---

[55]) Die Novelle BGBl. I Nr. 101/2018, Art. 4, lässt das Wort „Neuen“ unberührt.

Schulen gewählten Stellvertreter treten an die Stelle des Schulsprechers nur im Falle dessen Ausscheidens aus dieser Funktion.

(4) Die Interessenvertretung (§ 58 Abs. 2) und die Mitgestaltung des Schullebens (§ 58 Abs. 3) obliegen

1. dem Klassensprecher, soweit sie nur einzelne Klassen betreffen,
2. dem Abteilungssprecher, soweit sie mehrere Klassen einer Abteilung betreffen, und
3. dem Schulsprecher bzw. dem Vertreter der Klassensprecher (Abs. 2 Z 2), soweit sie mehrere Klassen (Abteilungen) betreffen.

Angelegenheiten, die nur einzelne Klassen (oder Abteilungen) betreffen, dürfen gegenüber Schulbehörden, Schulleiter, Abteilungsvorstand oder Klassenvorstand auch vom Schulsprecher bzw. vom Vertreter der Klassensprecher wahrgenommen werden. Das Recht auf Teilnahme an Lehrerkonferenzen (§ 58 Abs. 2 Z 1 lit. d) ist von den Vertretern der Schüler im Schulgemeinschaftsausschuß (§ 64 Abs. 5) auszuüben. *(BGBl. Nr. 767/1996, Z 69 idF BGBl. I Nr. 104/2015, Art. 2 Z 3)*

(5) Die im Abs. 2 genannten Schülervertreter bilden in ihrer Gesamtheit die Versammlung der Schülervertreter. Der Versammlung der Schülervertreter obliegt die Beratung über Angelegenheiten der Interessenvertretung der Schüler (§ 58 Abs. 2) und der Mitgestaltung des Schullebens (§ 58 Abs. 3), soweit diese von allgemeiner Bedeutung sind. Ferner dient die Versammlung der Schülervertreter der Information der Schülervertreter durch den Schulsprecher, den Abteilungssprecher und den Vertreter der Klassensprecher. Die Einberufung der Versammlung obliegt dem Schulsprecher (Vertreter der Klassensprecher). Die Versammlungen dürfen bis zu einem Ausmaß von insgesamt fünf Unterrichtsstunden je Semester, an Berufsschulen in einem Schuljahr bis zu einem Ausmaß von insgesamt vier Unterrichtsstunden, während der Unterrichtszeit stattfinden. Darüber hinaus dürfen Versammlungen der Schülervertreter während der Unterrichtszeit nur nach vorheriger Genehmigung des Schulleiters abgehalten werden, welche nur erteilt werden darf, wenn die Teilnahme von Schülervertretern an der Versammlung wegen für die Schulfahrt benötigter Verkehrsmittel außerhalb der Unterrichtszeit unmöglich ist. *(BGBl. Nr. 767/1996, Z 69 idF BGBl. I Nr. 75/2013, Art. 1 Z 1 und BGBl. I Nr. 138/2017, Art. 16 Z 44)*

(BGBl. Nr. 767/1996, Z 69)

Wahl und Abwahl der Schülervertreter

§ **59a.** (1) Die Schülervertreter (§ 59 Abs. 2) sind von den Schülern in gleicher, unmittelbarer, geheimer und persönlicher Wahl zu wählen.

(2) Wahlberechtigt sind zur Wahl

1. des Klassensprechers (Jahrgangssprechers) die Schüler einer Klasse (eines Jahrganges),
1a. des Vertreters der Klassensprecher die Klassensprecher der Schule, an allgemeinbildenden höheren Schulen die Klassensprecher der Unterstufe, *(BGBl. Nr. 767/1996, Z 70)*
2. des Abteilungssprechers die Schüler einer Fachabteilung,
3. des Tagessprechers die Schüler des Schultages einer Woche einer ganzjährigen Berufsschule,
4. des Schulsprechers die Schüler einer Schule, an allgemeinbildenden höheren Schulen die Schüler der Oberstufe, an ganzjährigen Berufsschulen die Tagessprecher.

(3) Wählbar sind

1. zum Klassensprecher (Jahrgangssprecher) jeder Schüler der betreffenden Klasse (des betreffenden Jahrganges) ab der 5. Schulstufe,
1a. zum Vertreter der Klassensprecher jeder Klassensprecher der Schule, an allgemeinbildenden höheren Schulen jeder Klassensprecher der Unterstufe, *(BGBl. Nr. 767/1996, Z 71)*
2. zum Abteilungssprecher jeder Schüler der betreffenden Fachabteilung,
3. zum Tagessprecher jeder Schüler des betreffenden Schultages,
4. zum Schulsprecher jeder Schüler der Schule, an allgemeinbildenden höheren Schulen jedoch nur Schüler der Oberstufe.

(4) Gleichzeitig mit der Wahl der Schülervertreter hat die Wahl der Stellvertreter der Schülervertreter (§ 59 Abs. 3) sowie die Wahl der Stellvertreter der Vertreter der Schüler im Schulgemeinschaftsausschuß (§ 64 Abs. 5) zu erfolgen.

(5) Die Wahl der Schülervertreter (§ 59 Abs. 2) sowie die Wahl der Stellvertreter hat unter der Leitung des Schulleiters oder eines von ihm beauftragten Lehrers möglichst zu einem Termin innerhalb der ersten fünf Wochen des Schuljahres für die Zeit bis zur nächsten Wahl stattzufinden; an lehrgangsmäßigen Berufsschulen hat die Wahl der Klassensprecher und deren Stellvertreter innerhalb der ersten Woche eines Lehrganges

und die Wahl der Schulsprecher und deren Stellvertreter innerhalb der ersten zwei Wochen eines Lehrganges stattzufinden. Rechtzeitig vor dem Wahltag hat der Schulleiter den Wahlberechtigten die Möglichkeit zu geben, die Kandidaten kennenzulernen. *(BGBl. Nr. 767/1996, Z 72)*

(6) Die Wahl ist mittels zur Verfügung gestellter Stimmzettel von gleicher Beschaffenheit und einheitlichem Format durchzuführen.[56]) *(BGBl. Nr. 767/1996, Z 72)*

(7) Zum Schülervertreter ist gewählt, wer auf mehr als der Hälfte der Stimmzettel an erster Stelle gereiht wurde.

(8) Erreicht keiner der Kandidaten die gemäß Abs. 7 erforderliche Mehrheit, so ist eine Stichwahl zwischen jenen beiden Kandidaten durchzuführen, die auf den meisten Stimmzetteln an erster Stelle gereiht wurden. Wäre danach die Stichwahl zwischen mehr als zwei Kandidaten durchzuführen, entscheidet die Zahl an Wahlpunkten, zwischen welchen beiden Kandidaten die Stichwahl durchzuführen ist.

(9) Stellvertreter eines Schülervertreters gemäß § 59 Abs. 2 Z 1 bis 4 ist der im ersten Wahlgang mit der höchsten Zahl an Wahlpunkten (unter Außerachtlassung der Punktezahl des Schülervertreters) gewählte Kandidat. Stellvertreter des Schulsprechers (§ 59 Abs. 2 Z 5) sind die im ersten Wahlgang mit der höchsten und zweithöchsten Zahl an Wahlpunkten (unter Außerachtlassung der Punktezahl des Schulsprechers) gewählten Kandidaten. *(BGBl. Nr. 767/1996, Z 73)*

(10) Die gewählten Schülervertreter bedürfen keiner Bestätigung. Die Funktion eines Schülervertreters endet durch Zeitablauf, Ausscheiden aus dem Verband, für den er gewählt wurde (Klasse, Fachabteilung, Schule), Rücktritt oder Abwahl. Ein Schülervertreter ist abgewählt, wenn es die unbedingte Mehrheit der jeweils Wahlberechtigten (Abs. 2) beschließt. Auf die Abwahl ist Abs. 5 mit der Abweichung anzuwenden, daß die Abwahl von einem Drittel der Wahlberechtigten beantragt werden muß.

(11) Bei Ausscheiden eines Klassensprechers oder eines Jahrgangssprechers aus seiner Funktion sind unverzüglich Neuwahlen durchzuführen. Auf Vertreter der Klassensprecher, Abteilungssprecher, Tagessprecher oder Schulsprecher ist der erste Satz nur anzuwenden, wenn kein Stellvertreter vorhanden ist. Die Funktion neugewählter Schülervertreter dauert bis zur nächsten gemäß Abs. 5 durchzuführenden Wahl. *(BGBl. Nr. 767/1996, Z 74)*

(12) Der zuständige Bundesminister hat durch Verordnung die näheren Bestimmungen über die Durchführung der Wahl der Schülervertreter zu erlassen. *(BGBl. Nr. 455/1992, Z 31 idF BGBl. Nr. 468/1995, Z 2 und BGBl. I Nr. 78/2001, Z 2)*

(BGBl. Nr. 455/1992, Z 31)

Schülervertreterstunden

§ 59b. (1) Der Schulsprecher, in Schulen in welchen ein Abteilungssprecher zu wählen ist, der Abteilungssprecher, hat das Recht, die Schüler einer Klasse innerhalb der Schulliegenschaft zur Beratung und Information über Angelegenheiten, die sie in ihrer Eigenschaft als Schüler betreffen, zu versammeln.

(2) Die Schülervertreter nach Abs. 1 haben eine beabsichtigte Schülervertreterstunde zeitgerecht und unter Angabe des gewünschten Versammlungsortes, der Anzahl der voraussichtlich teilnehmenden Schüler sowie der Tagesordnungspunkte beim Schulleiter anzuzeigen. Während der Unterrichtszeit dürfen Schülervertreterstunden im Gesamtausmaß von höchstens drei Unterrichtsstunden in jedem Semester durchgeführt werden; während dieser Zeit sind die Schüler der betreffenden Klasse zur Teilnahme an der Schülervertreterstunde verpflichtet. Der Schulleiter hat die Schülervertreterstunde zu untersagen, wenn die Gewährleistung eines ordnungsgemäßen Unterrichts nicht gegeben ist und die Sicherheit der Schüler oder sonstiger in der Schule tätiger Personen gefährdet wäre.

(3) Schülervertreterstunden, die außerhalb der Unterrichtszeit stattfinden unterliegen nicht der Aufsichtspflicht des Lehrers.

(BGBl. I Nr. 78/2001, Z 20)

12. Abschnitt
Schule und Erziehungsberechtigte

Erziehungsberechtigte[57])

§ 60. (1) Unter den Erziehungsberechtigten im Sinne dieses Bundesgesetzes sind die Personen zu verstehen, denen im Einzelfall nach bürgerlichem Recht das Erziehungsrecht zusteht.

(2) Steht das Erziehungsrecht hinsichtlich eines Schülers mehr als einer Person zu, so ist jeder von ihnen mit Wirkung auch für den anderen handlungsbefugt.

---

[56]) Siehe auch RS Nr. 16/2008 betreffend Gültigkeit bzw. Ungültigkeit unvollständig ausgefüllter Stimmzettel (1.12.14.).

[57]) Siehe auch RS Nr. 49/2002 betreffend Auskunftserteilung der Schule gegenüber Eltern volljähriger Schüler (Kodex 17. Auflage).

Rechte und Pflichten der Erziehungsberechtigten[58])

§ 61. (1) Die Erziehungsberechtigten haben das Recht und die Pflicht, die Unterrichts- und Erziehungsarbeit der Schule zu unterstützen. Sie haben das Recht auf Anhörung sowie auf Abgabe von Vorschlägen und Stellungnahmen. Sie sind verpflichtet, die Schüler mit den erforderlichen Unterrichtsmitteln auszustatten und auf die gewissenhafte Erfüllung der sich aus dem Schulbesuch ergebenden Pflichten des Schülers hinzuwirken sowie zur Förderung der Schulgemeinschaft (§ 2) beizutragen. Weiters haben sie die Schüler bei der Befolgung von Anordnungen und Aufträgen im Rahmen der individuellen Lernbegleitung bestmöglich zu unterstützen und sie selbst betreffende Vereinbarungen, die gemäß § 19 Abs. 3a im Rahmen des Frühwarnsystems mit ihnen getroffen wurden, zu erfüllen. *(BGBl. Nr. 211/1986, Art. I Z 36 idF BGBl. I Nr. 9/2012, Art. 4 Z 35)*

(2) Unbeschadet des Vertretungsrechtes der Erziehungsberechtigten gemäß § 67 sowie der Tätigkeit eines Elternvereines im Sinne des § 63 haben die Erziehungsberechtigten das Recht auf Interessenvertretung gegenüber den Lehrern, dem Schulleiter (Abteilungsvorstand) und den Schulbehörden durch die Klassenelternvertreter (§ 63a Abs. 5) bzw. durch ihre Vertreter im Schulgemeinschaftsausschuß (§ 64 Abs. 6). Diese haben folgende Rechte:

1. Mitwirkungsrechte:
   a) das Recht auf Anhörung,
   b) das Recht auf Information über alle Angelegenheiten, die die Eltern und Schüler allgemein betreffen,
   c) das Recht auf Abgabe von Vorschlägen und Stellungnahmen,
   d) das Recht auf Teilnahme an Lehrerkonferenzen, ausgenommen Beratungen und Beschlußfassungen über Angelegenheiten der Leistungsbeurteilung einzelner Schüler und des § 20 Abs. 6, § 25 und § 31b sowie über dienstrechtliche Angelegenheiten der Lehrer und ausgenommen die Teilnahme an Lehrerkonferenzen zur Wahl von Lehrervertretern; dieses Recht besteht nicht an Schulen, an denen Klassenforen einzurichten sind (§ 63a Abs. 1), *(BGBl. Nr. 211/1986, Art. I Z 36 idF BGBl. I Nr. 101/2018, Art. 4 Z 53)*
   e) das Recht auf Stellungnahme bei der Wahl von Unterrichtsmitteln;
2. Mitbestimmungsrechte:
   a) das Recht auf Mitentscheidung bei der Androhung des Antrages auf Ausschluß,
   b) das Recht auf Mitentscheidung bei der Antragstellung auf Ausschluß eines Schülers; *(BGBl. Nr. 211/1986, Art. I Z 36 idF BGBl. Nr. 767/1996, Z 75)*
   c) das Recht auf Mitentscheidung bei der Festlegung von Unterrichtsmitteln. *(BGBl. Nr. 767/1996, Z 75)*

(3) Die Erziehungsberechtigten haben die für die Führung der Amtsschriften der Schule erforderlichen Dokumente vorzulegen und Auskünfte zu geben sowie erhebliche Änderungen dieser Angaben unverzüglich der Schule mitzuteilen.

(BGBl. Nr. 211/1986, Art. I Z 36)

Beratung zwischen Lehrern und Erziehungsberechtigten[59])

§ 62. (1) Lehrer und Erziehungsberechtigte haben eine möglichst enge Zusammenarbeit in allen Fragen der Erziehung und des Unterrichtes der Schüler zu pflegen.[60]) Zu diesem Zweck sind Einzelaussprachen (§ 19 Abs. 1) und gemeinsame Beratungen zwischen Lehrern und Erziehungsberechtigten über Fragen der Erziehung, den Leistungsstand, den geeignetsten Bildungsweg (§ 3 Abs. 1 des Schulorganisationsgesetzes), die Schulgesundheitspflege und den gemeinsamen Unterricht von Kindern ohne und mit sonderpädagogischem Förderbedarf durchzuführen. *(BGBl. Nr. 211/1986, Art. I Z 36 idF BGBl. Nr. 514/1993, Z 28)*

(2) Gemeinsame Beratungen zwischen Lehrern und Erziehungsberechtigten können im Rahmen von Klassenelternberatungen erfolgen. Klassenelternberatungen sind jedenfalls in der 1. Stufe jeder Schulart (ausgenommen die Berufsschulen) sowie dann durchzuführen, wenn dies die Erziehungsberechtigten eines Drittels der Schüler der betreffenden Klasse verlangen, an Schulen, an denen Klassenforen eingerichtet sind (§ 63a Abs. 1), sind Klassenelternberatungen nach Möglichkeit gemeinsam mit Sitzungen des Klassenforums durchzuführen.

(3) An ganztägigen Schulformen haben auch die Erzieher und Freizeitpädagogen eine

[58]) Siehe auch RS Nr. 49/2002 betreffend Auskunftserteilung der Schule gegenüber Eltern volljähriger Schüler (Kodex 17. Auflage).

[59]) Siehe auch RS Nr. 49/2002 betreffend Auskunftserteilung der Schule gegenüber Eltern volljähriger Schüler (Kodex 17. Auflage).

[60]) Siehe auch RS Nr. 15/1997 betreffend die Einsichtnahme in schriftliche Arbeiten der Schüler/innen (1.12.6.).

möglichst enge Zusammenarbeit mit den Erziehungsberechtigten in allen Fragen der Erziehung der zum Betreuungsteil angemeldeten Schüler zu pflegen. Diesem Zweck können Einzelaussprachen und gemeinsame Beratungen zwischen Erziehern und Freizeitpädagogen sowie Erziehungsberechtigten dienen. *(BGBl. I Nr. 73/2011, Art. 2 Z 6)*

(BGBl. Nr. 211/1986, Art. I Z 36)

Elternvereine

§ **63.** (1) Die Schulleiter haben die Errichtung und die Tätigkeit von Elternvereinen zu fördern, die satzungsgemäß allen Erziehungsberechtigten von Schülern der betreffenden Schule zugänglich sind.

(2) Die Organe des Elternvereines können dem Schulleiter und dem Klassenvorstand Vorschläge, Wünsche und Beschwerden mitteilen; der Schulleiter hat das Vorbringen des Elternvereines zu prüfen und mit den Organen des Elternvereines zu besprechen.

(3) entfallen (BGBl. Nr. 767/1996, Z 76)

(4) Die Rechte gemäß den Abs. 1 und 2 stehen nur zu, wenn an einer Schule nur ein Elternverein errichtet werden soll oder besteht und sich dessen Wirkungsbereich nur auf diese Schule bezieht; sie stehen ferner zu, wenn sich der Wirkungsbereich des Elternvereines auf mehrere in einem engen örtlichen Zusammenhang stehende Schulen oder der Wirkungsbereich des Elternvereines einer Volksschule, Mittelschule oder Sonderschule auch auf einer Polytechnischen Schule bezieht. *(BGBl. Nr. 211/1986, Art. I Z 37 idF BGBl. Nr. 767/1996, Z 77, BGBl. I Nr. 22/1998, Z 18, BGBl. I Nr. 36/2012, Art. 2 Z 34 und BGBl. I Nr. 101/2018, Art. 4 Z 55)*

**13. Abschnitt
Lehrer, Schüler und
Erziehungsberechtigte**

Klassen- und Schulforum

§ **63a.** (1) In den Volksschulen, Mittelschulen und Sonderschulen, die nicht nach dem Lehrplan der Polytechnischen Schule geführt werden, sind zur Förderung und Festigung der Schulgemeinschaft (§ 2) für jede Klasse ein Klassenforum und für jede Schule ein Schulforum einzurichten. *(BGBl. Nr. 211/1986, Art. I Z 38 idF BGBl. Nr. 767/1996, Z 23, BGBl. I Nr. 36/2012, Art. 2 Z 35 und BGBl. I Nr. 101/2018, Art. 4 Z 56)*

(2) Neben den auf Grund anderer gesetzlicher Bestimmungen übertragenen Entscheidungsbefugnissen obliegt dem Klassenforum die Beschlussfassung in den folgenden Angelegenheiten, soweit sie nur eine Klasse betreffen, und dem Schulforum die Beschlussfassung jedenfalls in den Angelegenheiten der Z 1 lit. c, d, g, h, i, l, m, n, o, p, q, r, s und v, ferner in den folgenden Angelegenheiten, soweit sie mehr als eine Klasse berühren: *(BGBl. I Nr. 138/2017, Art. 16 Z 45 idF BGBl. I Nr. 101/2018, Art. 4 Z 57)*

1. die Entscheidung über

a) die Durchführung von mehrtägigen Schulveranstaltungen (§§ 2 Abs. 4, 3 Abs. 2 und 9 Abs. 1 Schulveranstaltungenverordnung, BGBl. Nr. 498/1995 in der geltenden Fassung),

b) die Erklärung einer Veranstaltung zu einer schulbezogenen Veranstaltung (§ 13a Abs. 1),

c) die Festlegung der Ausstattung der Schülerinnen und Schüler mit Unterrichtsmitteln (§ 14 Abs. 6),

d) die Erstellung von Richtlinien über die Wiederverwendung von Schulbüchern (§ 14 Abs. 7),

e) die Festlegung einer schriftlichen Erläuterung zusätzlich zur Beurteilung der Leistungen (§ 18 Abs. 2 letzter Satz), *(BGBl. I Nr. 138/2017, Art. 16 Z 45 idF BGBl. I Nr. 101/2018, Art. 4 Z 58)*

f) die Festlegung, dass in der 1. Schulstufe und im 1. Semester der 2. Schulstufe an die Stelle der Beurteilung der Leistungen eine Information über die Lern- und Entwicklungssituation tritt (§ 18a Abs. 1), *(BGBl. I Nr. 101/2018, Art. 4 Z 59)*

g) die Durchführung einschließlich der Terminfestlegung von (Eltern)Sprechtagen (§ 19 Abs. 1 bzw. § 18a Abs. 3 oder § 19 Abs. 1a, jeweils iVm § 19 Abs. 1), *(BGBl. I Nr. 101/2018, Art. 4 Z 59)*

h) die Durchführung von Wiederholungsprüfungen am Donnerstag und bzw. oder Freitag der letzten Woche des Schuljahres (§ 23 Abs. 1c),

i) die Hausordnung (§ 44 Abs. 1),

j) die Bewilligung zur Durchführung von Sammlungen (§ 46 Abs. 1),

k) die Bewilligung der Teilnahme von Schülerinnen und Schülern an Veranstaltungen, die nicht Schulveranstaltungen oder schulbezogene Veranstaltungen sind (§ 46 Abs. 2),

l) die Erlassung schulautonomer Lehrplanbestimmungen (§ 6 Abs. 1b und 3 des Schulorganisationsgesetzes),

m) eine Stellungnahme im Rahmen der Anhörung bei der Bewilligung von Schulversuchen (§ 7 Abs. 6 des Schulorganisationsgesetzes),
n) über Beschlüsse im Rahmen der Mitwirkung bei der Festlegung von Schülerzahlen in Gruppen oder Klassen (§ 8a Abs. 2 des Schulorganisationsgesetzes),
o) eine Stellungnahme im Rahmen der Anhörung über die Organisationsform der Volksschule sowie nach Maßgabe landesausführungsgesetzlicher Regelungen über die Organisationsform (§ 12 Abs. 3 des Schulorganisationsgesetzes),
p) entfällt (BGBl. I Nr. 101/2018, Art. 4 Z 60)
q) eine Stellungnahme im Rahmen der Anhörung bei der Festlegung eines Schwerpunktbereichs im Lehrplan der Mittelschule (§ 21b Abs. 1 Z 1 des Schulorganisationsgesetzes), *(BGBl. I Nr. 138/2017, Art. 16 Z 45 idF BGBl. I Nr. 101/2018, Art. 4 Z 27)*
r) eine Stellungnahme im Rahmen der Anhörung über die Organisationsform der Mittelschule (§ 21e des Schulorganisationsgesetzes), *(BGBl. I Nr. 138/2017, Art. 16 Z 45 idF BGBl. I Nr. 101/2018, Art. 4 Z 27)*
s) schulautonome Schulzeitregelungen bzw. die Herstellung des Einvernehmens bei schulautonomen Schulzeitregelungen (§§ 2, 3, 5, 8, 9 und 10 des Schulzeitgesetzes 1985),
t) die Durchführung von Veranstaltungen der Schulbahnberatung,
u) die Durchführung von Veranstaltungen betreffend die Schulgesundheitspflege,
v) Kooperationen mit Schulen oder außerschulischen Einrichtungen;

2. die Beratung in allen die Schülerinnen und Schüler, Lehrerinnen und Lehrer sowie Erziehungsberechtigten betreffenden Angelegenheiten der Schule, insbesondere in wichtigen Fragen des Unterrichts und der Erziehung, der Verwendung von der Schule übertragenen Budgetmitteln und von Baumaßnahmen im Bereich der Schule.

Das Schulforum von Schulen, die an einem Schulcluster beteiligt sind, kann beschließen, dass alle oder einzelne in seine Zuständigkeit fallenden Angelegenheiten dem Schulclusterbeirat (§ 64a) zur Entscheidung übertragen werden. *(BGBl. I Nr. 138/2017, Art. 16 Z 45)*

(3) Dem Klassenforum gehören der Klassenlehrer oder Klassenvorstand und die Erziehungsberechtigten der Schüler der betreffenden Klasse an. Den Vorsitz im Klassenforum führt der Klassenlehrer bzw. Klassenvorstand; sofern der Schulleiter anwesend ist, kann dieser den Vorsitz übernehmen. Sonstige Lehrer der Klasse sind berechtigt, mit beratender Stimme am Klassenforum teilzunehmen.

(4) Das Klassenforum ist vom Klassenlehrer oder Klassenvorstand jedenfalls zu einer Sitzung, welche innerhalb der ersten acht Wochen jedes Schuljahres stattzufinden hat, einzuberufen; im Fall der Zusammenlegung oder Teilung von Klassen während des Unterrichtsjahres sind die Klassenforen der neu eingerichteten Klassen in gleicher Weise zu einer Sitzung einzuberufen, welche innerhalb von sechs Wochen ab dem Zeitpunkt der Klassenzusammenlegung oder -teilung stattzufinden hat. Ferner hat der Klassenlehrer oder Klassenvorstand das Klassenforum einzuberufen, sofern eine Entscheidung erforderlich ist oder eine Beratung zweckmäßig erscheint. Darüber hinaus ist das Klassenforum einzuberufen, wenn dies die Erziehungsberechtigten eines Drittels der Schüler der betreffenden Klasse unter gleichzeitiger Einbringung eines Antrages auf Behandlung einer Angelegenheit verlangen; die Frist für die Einberufung beträgt eine Woche, gerechnet von dem Zeitpunkt, zu dem das Verlangen gestellt wurde. Der Klassenelternvertreter kann die Einberufung einer Sitzung des Klassenforums verlangen; über die Einberufung ist das Einvernehmen mit dem Klassenlehrer oder Klassenvorstand herzustellen. Mit jeder Einberufung ist die Tagesordnung zu übermitteln. Die Einberufung hat spätestens zwei Wochen vor der Sitzung zu erfolgen. *(BGBl. Nr. 211/1986, Art. I Z 38 idF BGBl. Nr. 229/1988, Art. I Z 8 und BGBl. I Nr. 138/2017, Art. 16 Z 46)*

(5) Das Klassenforum hat in der Vorschulstufe und den ersten Stufen und bei schulstufenübergreifender Führung von Klassen in den ersten Klassen der in Abs. 1 genannten Schularten, ansonsten bei Bedarf, einen Klassenelternvertreter und einen Stellvertreter, der diesen im Verhinderungsfall zu vertreten hat, in gleicher, unmittelbarer und persönlicher Wahl für die Zeit bis zur nächsten Wahl zu wählen. Zum Klassenelternvertreter (Stellvertreter) dürfen nur Erziehungsberechtigte von Schülern der betreffenden Klasse gewählt werden. Gewählt ist, wer die einfache Mehrheit der gültigen Stimmen auf sich vereinigt. Vor der Wahl hat das Klassenforum einen Wahlvorsitzenden aus dem Kreis der

Erziehungsberechtigten der Schüler der betreffenden Schule in gleicher, unmittelbarer und persönlicher Wahl mit einfacher Mehrheit zu wählen. Besteht an der Schule ein Elternverein im Sinne des § 63, so ist dieser berechtigt, den Wahlvorsitzenden zu bestellen und einen Wahlvorschlag für die Wahl des Klassenelternvertreters (Stellvertreters) zu erstatten. Der Wahlvorsitzende darf nicht Kandidat für die Wahl zum Klassenelternvertreter (Stellvertreter) der Klasse sein, in der er den Wahlvorsitz führt. Die Funktion eines Klassenelternvertreters (Stellvertreters) endet durch Wahl eines neuen Klassenelternvertreters (Stellvertreters), Ausscheiden seines Kindes aus dem Klassenverband, Zusammenlegung oder Teilung der betreffenden Klasse und mit dem nach Ablauf eines Schuljahres zulässigen Rücktritt. Werden anläßlich der Wahl des Wahlvorsitzenden oder des Klassenelternvertreters (Stellvertreters) die meisten Stimmen für zwei oder mehr Kandidaten in gleicher Anzahl abgegeben, entscheidet das Los, wer Wahlvorsitzender bzw. Klassenelternvertreter bzw. Stellvertreter ist. Der zuständige Bundesminister hat durch Verordnung die näheren Bestimmungen über die Durchführung der Wahl der Klassenelternvertreter zu erlassen. *(BGBl. Nr. 229/1988, Art. I Z 9 idF BGBl. Nr. 455/1992, Z 1, BGBl. Nr. 468/1995, Z 2, BGBl. I Nr. 78/2001, Z 2 und BGBl. I Nr. 56/2016, Art. 5 Z 44)*

(6) Im Klassenforum kommt dem Klassenlehrer oder dem Klassenvorstand und den Erziehungsberechtigten jedes Schülers der betreffenden Klasse jeweils eine beschließende Stimme zu; bei der Wahl des Klassenelternvertreters (Stellvertreters) kommt dem Klassenlehrer bzw. dem Klassenvorstand keine Stimme zu. Stimmenthaltung ist unzulässig. Eine Übertragung der Stimme auf eine andere Person ist unzulässig und unwirksam.

(7) Das Klassenforum ist beschlußfähig, wenn der Klassenlehrer oder Klassenvorstand und die Erziehungsberechtigten von mindestens zwei Dritteln der Schüler anwesend sind. Die Beschlußfähigkeit ist auch bei Nichterfüllung dieser Anwesenheitsvoraussetzungen gegeben, sofern die Einladung ordnungsgemäß ergangen und seit dem vorgesehenen Beginn der Sitzung eine halbe Stunde vergangen ist und zumindest der Klassenlehrer oder Klassenvorstand oder der Schulleiter und mindestens ein Erziehungsberechtigter anwesend sind. Für einen Beschluß ist die unbedingte Mehrheit der abgegebenen Stimmen erforderlich. Bei Stimmengleichheit entscheidet in Fällen, die einer Entscheidung bedürfen, die Stimme des Klassenlehrers oder Klassenvorstandes und gilt in Beratungsangelegenheiten der Antrag als abgelehnt. Entspricht die Stimme des Klassenlehrers oder Klassenvorstandes nicht der Mehrheit der abgegebenen Stimmen, ist der Beschluß auszusetzen und geht die Zuständigkeit zur Beschlußfassung auf das Schulforum über. *(BGBl. Nr. 211/1986, Art. I Z 38 idF BGBl. Nr. 229/1988, Art. I Z 10 sowie BGBl. I Nr. 138/2017, Art. 16 Z 47 und 48)*

(8) Dem Schulforum gehören der Schulleiter, alle Klassenlehrer oder Klassenvorstände und alle Klassenelternvertreter aller Klassen der betreffenden Schule an. Den Vorsitz im Schulforum führt der Schulleiter.

(9) Das Schulforum kann beschließen, daß zur Behandlung und Beschlußfassung der ihm obliegenden Angelegenheiten an seiner Stelle ein Ausschuß eingesetzt wird. Diesem Ausschuß gehören je ein Klassenlehrer oder Klassenvorstand und je ein Klassenelternvertreter für jede an der betreffenden Schule geführte Schulstufe an. Die Klassenlehrer oder Klassenvorstände haben die Lehrervertreter und die Klassenelternvertreter die Elternvertreter in den Ausschuß zu entsenden. Den Vorsitz im Ausschuß führt der Schulleiter.

(10) Das Schulforum ist vom Schulleiter jedenfalls zu einer Sitzung innerhalb der ersten neun Wochen jedes Schuljahres einzuberufen. Ferner ist das Schulforum einzuberufen, wenn dies ein Drittel seiner Mitglieder unter gleichzeitiger Einbringung eines Antrages auf Behandlung einer Angelegenheit verlangt; die Frist für die Einberufung beträgt eine Woche, gerechnet von dem Zeitpunkt, zu dem das Verlangen gestellt wurde. Der Schulleiter hat auch ohne Verlangen auf Einberufung das Schulforum einzuberufen, sofern eine Entscheidung erforderlich ist oder eine Beratung zweckmäßig erscheint. Mit jeder Einberufung ist die Tagesordnung zu übermitteln. Die Einberufung hat spätestens zwei Wochen vor der Sitzung zu erfolgen, sofern nicht sämtliche Mitglieder einem früheren Termin zustimmen. Jedes Schuljahr hat mindestens eine Sitzung stattzufinden. *(BGBl. Nr. 211/1986, Art. I Z 38 idF BGBl. Nr. 229/1988, Art. I Z 11 und BGBl. I Nr. 138/2017, Art. 16 Z 49)*

(11) Im Schulforum und im Ausschuß kommt den ihnen angehörenden Klassenlehrern oder Klassenvorständen und Klassenelternvertretern jeweils eine beschließende Stimme zu. Stimmenthaltung ist unzulässig. Eine Übertragung der Stimme auf eine andere Person ist unzulässig und unwirksam, sofern eine Geschäftsordnung (Abs. 16) nicht anderes festlegt. Sofern der Schulleiter dem Schulforum oder dem Ausschuß nicht auch als Klassenlehrer oder Klassenvorstand an-

gehört, hat er keine beschließende Stimme. *(BGBl. Nr. 211/1986, Art. I Z 38 idF BGBl. I Nr. 20/2006, Art. 4 Z 27)*

(12) Das Schulforum und der Ausschuß sind beschlußfähig, mindestens zwei Drittel der Mitglieder mit beschließender Stimme anwesend ist. Für einen Beschluß ist die unbedingte Mehrheit der abgegebenen Stimmen erforderlich. Bei Stimmengleichheit in Fällen, die einer Entscheidung bedürfen, entscheidet der Schulleiter; in Beratungsangelegenheiten gilt der Antrag als abgelehnt. *(BGBl. Nr. 211/1986, Art. I Z 38 idF BGBl. Nr. 324/1993, Z 3, BGBl. Nr. 468/1995, Z 4, BGBl. I Nr. 133/1998, Z 15, BGBl. I Nr. 20/2006, Art. 4 Z 28 sowie BGBl. I Nr. 138/2017, Art. 16 Z 50 und 51)*

(13) Kann das Schulforum in Fällen, die einer Entscheidung bedürfen, keine Entscheidung treffen, weil die Beschlussfähigkeit nicht gegeben ist, hat der Schulleiter das Schulforum unverzüglich zu einer neuerlichen Sitzung einzuladen; das Schulforum ist in der neuen Sitzung jedenfalls beschlußfähig, sofern die Einladung ordnungsgemäß ergangen und seit dem vorgesehenen Beginn der Sitzung eine halbe Stunde vergangen ist und zumindest ein Klassenlehrer oder Klassenvorstand und mindestens ein Klassenelternvertreter anwesend sind. Dies gilt sinngemäß für den Ausschuß. *(BGBl. Nr. 211/1986, Art. I Z 38 idF BGBl. I Nr. 138/2017, Art. 16 Z 52)*

(14) Zu den Sitzungen des Schulforums, ausgenommen Sitzungen auf Grund des § 26a des Landeslehrer-Dienstrechtsgesetzes, BGBl. Nr. 302/1984, sind der Vertreter der Klassensprecher (§ 59 Abs. 2 Z 2) und, falls an der Schule ein Elternverein besteht, der Obmann des Elternvereins einzuladen. Sofern Tagesordnungspunkte Angelegenheiten betreffen, die die Beteiligung anderer Personen (zB andere Lehrer, Klassensprecher, Bildungsberater, Schularzt, Leiter des Schülerheimes, Schulerhalter) zweckmäßig erscheinen lässt, hat der Schulleiter (Klassenlehrer, Klassenvorstand) auch diese Personen einzuladen. Die Einladung von Klassensprechern ist nur zulässig, wenn dies auf Grund der besonderen Verhältnisse, insbesondere der Zeit der Sitzung, möglich ist. An Privatschulen ist in Angelegenheiten des Abs. 2 Z 1 lit. l, n und s jedenfalls der Schulerhalter einzuladen. Den nach diesem Absatz Eingeladenen kommt beratende Stimme zu. *(BGBl. Nr. 229/1988, Art. I Z 12 idF BGBl. Nr. 324/1993, Z 4, BGBl. Nr. 468/1995, Z 4, BGBl. Nr. 767/1996, Z 81, BGBl. I Nr. 9/2012, Art. 4 Z 36 und BGBl. I Nr. 138/2017, Art. 16 Z 53)*

(15) Über den Verlauf der Sitzungen ist eine schriftliche Aufzeichnung zu führen, die den jeweiligen Mitgliedern zugänglich zu machen ist. *(BGBl. I Nr. 98/1999, Z 13)*

(16) Das Schulforum kann für sich, den Ausschuß und die Klassenforen bei Bedarf eine Geschäftsordnung beschließen. Diese ist der zuständigen Schulbehörde zur Kenntnis zu bringen. *(BGBl. Nr. 211/1986, Art. I Z 38 idF BGBl. I Nr. 75/2013, Art. 1 Z 1)*

(17) Der Schulleiter oder die Schulleiterin hat für die Durchführung der Beschlüsse des Klassenforums, des Schulforums und des Ausschusses des Schulforums (Abs. 9) zu sorgen; hält er oder sie einen derartigen Beschluss für rechtswidrig oder aus organisatorischen Gründen für nicht durchführbar, hat er oder sie diesen auszusetzen und die Weisung der zuständigen Schulbehörde einzuholen. Sofern ein Beschluss in Beratungsangelegenheiten nicht an den Schulleiter oder die Schulleiterin gerichtet ist, hat er oder sie diesen Beschluss an die zuständige Stelle weiterzuleiten. *(BGBl. I Nr. 138/2017, Art. 16 Z 54)*

(18) In den Angelegenheiten der Klassenforen, des Schulforums sowie des Ausschusses obliegt die Vertretung des Klassenlehrers oder Klassenvorstandes bei dessen Verhinderung einem für ihn vom Schulleiter zu bestellenden Lehrer und die Vertretung des Schulleiters bei dessen Verhinderung einem von ihm namhaft gemachten Lehrer. Bei Verhinderung eines Klassenelternvertreters ist dieser von seinem Stellvertreter zu vertreten. Ein Mitglied, das im Sinne des § 7 AVG befangen ist, gilt als verhindert. Ein Klassenlehrer (Klassenvorstand), der gleichzeitig Klassenelternvertreter ist, gilt in seiner Funktion als Klassenelternvertreter bei Sitzungen des Schulforums als verhindert. Erziehungsberechtigte, die für mehr als eine Klasse Klassenelternvertreter sind, dürfen in den Sitzungen des Schulforums diese Funktion nur bezüglich einer Klasse ausüben. Hinsichtlich der anderen zu vertretenden Klasse(n) gilt der Klassenelternvertreter als verhindert. *(BGBl. Nr. 211/1986, Art. I Z 38 idF BGBl. Nr. 229/1988, Art. I Z 13 und BGBl. I Nr. 22/1998, Z 21)*

(BGBl. Nr. 211/1986, Art. I Z 38)

Schulgemeinschaftsausschuss
(BGBl. I Nr. 138/2017, Art. 16 Z 55 idF BGBl I Nr. 35/2018, Art. 3 Z 18)

§ 64. (1) In den Polytechnischen Schulen, in den Sonderschulen, die nach dem Lehrplan der Polytechnischen Schule geführt werden, in den Berufsschulen und in den mittleren und höheren Schulen ist zur Förderung und

Festigung der Schulgemeinschaft (§ 2) ein Schulgemeinschaftsausschuß zu bilden. *(BGBl. Nr. 767/1996, Z 82 idF BGBl. I Nr. 138/2017, Art. 16 Z 56 und BGBl I Nr. 35/2018, Art. 3 Z 19)*

(2) Neben den auf Grund anderer gesetzlicher Bestimmungen übertragenen Entscheidungsbefugnissen obliegt dem Schulgemeinschaftsausschuss:

1. die Entscheidung über
   a) die Durchführung von mehrtägigen Schulveranstaltungen (§§ 2 Abs. 4, 3 Abs. 2 und 9 Abs. 1 Schulveranstaltungenverordnung, BGBl. Nr. 498/1995 in der geltenden Fassung),
   b) die Erklärung einer Veranstaltung zu einer schulbezogenen Veranstaltung (§ 13a Abs. 1),
   c) die Erstellung von Richtlinien über die Wiederverwendung von Schulbüchern (§ 14 Abs. 7),
   d) die Durchführung (einschließlich der Terminfestlegung) von (Eltern)Sprechtagen (§ 19 Abs. 1),
   e) die Durchführung von Wiederholungsprüfungen am Donnerstag und bzw. oder Freitag der letzten Woche des Schuljahres (§ 23 Abs. 1c),
   f) eine Stellungnahme im Rahmen der Anhörung bei der Festlegung von vorgezogenen Teilprüfungen der abschließenden Prüfung (§ 36 Abs. 3),
   g) die Hausordnung (§ 44 Abs. 1),
   h) die Bewilligung zur Durchführung von Sammlungen (§ 46 Abs. 1),
   i) die Bewilligung der Teilnahme von Schülerinnen und Schülern an Veranstaltungen, die nicht Schulveranstaltungen oder schulbezogene Veranstaltungen sind (§ 46 Abs. 2),
   j) die Erlassung schulautonomer Lehrplanbestimmungen (§ 6 Abs. 1b und 3 des Schulorganisationsgesetzes),
   k) eine Stellungnahme im Rahmen der Anhörung bei der Bewilligung von Schulversuchen (§ 7 Abs. 6 des Schulorganisationsgesetzes),
   l) eine Stellungnahme im Rahmen der Anhörung bei der Einführung von Modellversuchen an allgemein bildenden höheren Schulen (§ 7a Abs. 4 des Schulorganisationsgesetzes),
   m) über Beschlüsse im Rahmen der Mitwirkung bei der Festlegung von Schülerzahlen in Gruppen oder Klassen (§ 8a Abs. 2 des Schulorganisationsgesetzes),
   n) eine Stellungnahme im Rahmen der Anhörung über die Organisationsform der Polytechnischen Schule (§ 31 des Schulorganisationsgesetzes),
   o) schulautonome Schulzeitregelungen bzw. die Herstellung des Einvernehmens bei schulautonomen Schulzeitregelungen (§§ 2, 3, 5, 8, 9 und 10 des Schulzeitgesetzes 1985),
   p) eine Stellungnahme im Rahmen der Anhörung bei der Festlegung von Ferienzeiten an Schulen für Tourismus (§ 8 Schulzeitverordnung, BGBl. Nr. 176/1991 in der geltenden Fassung),
   q) die Durchführung von Veranstaltungen der Schulbahnberatung,
   r) die Durchführung von Veranstaltungen betreffend die Schulgesundheitspflege,
   s) Kooperationen mit Schulen oder außerschulischen Einrichtungen;
2. die Beratung in allen die Schülerinnen und Schüler, Lehrerinnen und Lehrer sowie Erziehungsberechtigten betreffenden Angelegenheiten der Schule, insbesondere in wichtigen Fragen des Unterrichts und der Erziehung, der Festlegung einer alternativen Prüfungsform für Prüfungsgebiete der mündlichen Prüfung der Reifeprüfung sowie der Reife- und Diplomprüfung, der Verwendung von der Schule übertragenen Budgetmitteln und von Baumaßnahmen im Bereich der Schule. *(BGBl. I Nr. 138/2017, Art. 16 Z 57 idF BGBl. I Nr. 170/2021, Art. 2 Z 14)*

Der Schulgemeinschaftsausschuss von Schulen, die an einem Schulcluster beteiligt sind, kann beschließen, dass alle oder einzelne in seine Zuständigkeit fallenden Angelegenheiten dem Schulclusterbeirat (§ 64a) zur Entscheidung übertragen werden. *(BGBl. I Nr. 138/2017, Art. 16 Z 57 idF BGBl. I Nr. 35/2018, Art. 3 Z 20)*

(2a) entfallen (BGBl. I Nr. 35/2018, Art. 3 Z 21)

(2b) entfallen (BGBl. I Nr. 35/2018, Art. 3 Z 21)

(2c) entfallen (BGBl. I Nr. 35/2018, Art. 3 Z 21)

(2d) entfallen (BGBl. I Nr. 35/2018, Art. 3 Z 21)

(3) Dem Schulgemeinschaftsausschuß gehören der Schulleiter und je drei Vertreter der Lehrer, der Schüler und der Erziehungsberechtigten an. An den Berufsschulen gehören dem Schulgemeinschaftsausschuß Vertreter der Erziehungsberechtigten nur dann an, wenn dies die Erziehungsberechtigten von

20 vH der Schüler oder der Elternverein verlangen; das Verlangen hat für ein Schuljahr Gültigkeit. Sofern Vertreter der Lehrer, der Schüler oder der Erziehungsberechtigten nicht oder nicht in der erforderlichen Zahl gewählt werden konnten, gehören dem Schulgemeinschaftsausschuß nur die tatsächlich gewählten Vertreter der Lehrer, der Schüler und der Erziehungsberechtigten an. *(BGBl. Nr. 211/1986, Art. I Z 39 idF BGBl. Nr. 767/1996, Z 86)*

(4) Die Vertreter der Lehrer im Schulgemeinschaftsausschuss sind von der Schulkonferenz aus dem Kreis der an der betreffenden Schule tätigen Lehrer (ausgenommen Lehrbeauftragte) innerhalb der ersten drei Monate eines jeden Schuljahres für die Zeit bis zur nächsten Wahl zu wählen. An lehrgangsmäßigen Berufsschulen sind die Lehrervertreter im September jedes Jahres zu wählen. Die Schulkonferenz kann beschließen, daß die Wahl der Vertreter der Lehrer für die Dauer von zwei Jahren erfolgt. Bei weniger als vier Lehrern (wobei Lehrbeauftragte und der Schulleiter nicht mitzuzählen sind) an einer Schule ist keine Wahl durchzuführen; in diesem Fall gehören alle Lehrer (ausgenommen Lehrbeauftragte) dem Schulgemeinschaftsausschuß an. Gleichzeitig mit der Wahl der Vertreter der Lehrer sind drei Stellvertreter zu wählen. Die Wahl der Vertreter der Lehrer ist unter der Leitung des Schulleiters durchzuführen. *(BGBl. Nr. 211/1986, Art. I Z 39 idF BGBl. Nr. 455/1992, Z 32, BGBl. I Nr. 56/2016, Art. 5 Z 45, 46 und 47 sowie BGBl. I Nr. 138/2017, Art. 16 Z 58)*

(5) Die Vertreter der Schüler im Schulgemeinschaftsausschuß sind der Schulsprecher und seine zwei Stellvertreter (§ 59 Abs. 2 und 3). Die drei Stellvertreter werden gemäß § 59a Abs. 4 gewählt. Zu Stellvertretern sind jene Kandidaten gewählt, die die dritt- bis fünfthöchste Zahl an Wahlpunkten (unter Außerachtlassung der Zahl der Wahlpunkte des Schulsprechers) erhalten haben. *(BGBl. Nr. 455/1992, Z 33)*

(6) Die Vertreter der Erziehungsberechtigten im Schulgemeinschaftsausschuss sind von den Erziehungsberechtigten der Schüler der betreffenden Schule, bei volljährigen Schülern von deren Eltern, sofern sie im Zeitpunkt der Beendigung der Minderjährigkeit ihrer Kinder erziehungsberechtigt waren, aus deren Kreis innerhalb der ersten drei Monate, an lehrgangs- und saisonmäßigen Berufsschulen innerhalb der ersten drei Wochen eines jeden Lehrganges, eines jeden Schuljahres für die Zeit bis zur nächsten Wahl zu wählen. Gleichzeitig mit der Wahl der Vertreter der Erziehungsberechtigten sind drei Stellvertreter zu wählen. Besteht für die Schule ein Elternverein im Sinne des § 63, so sind die Vertreter der Erziehungsberechtigten jedoch von diesem zu entsenden; hiebei dürfen nur Erziehungsberechtigte von Kindern, die die betreffende Schule besuchen, bzw. bei volljährigen Schülern der betreffenden Schule deren Eltern, sofern sie im Zeitpunkt der Beendigung der Minderjährigkeit ihrer Kinder erziehungsberechtigt waren, entsendet werden. *(BGBl. I Nr. 20/2006, Art. 4 Z 32 idF BGBl. I Nr. 138/2017, Art. 16 Z 59)*

(7) Die Wahl der Vertreter der Lehrer, der Schüler (mit Ausnahme des Schulsprechers und des Vertreters der Klassensprecher) und der Erziehungsberechtigten im Schulgemeinschaftsausschuss ist nach den Grundsätzen der Verhältniswahl[61]) durchzuführen. Die Wahl ist geheim. Gewählt ist, wer die höchste Zahl an Wahlpunkten auf sich vereinigt. Bei gleicher Punktezahl entscheidet das Los. Bei Ungültigkeit der Wahl ist diese unverzüglich zu wiederholen. *(BGBl. Nr. 455/1992, Z 34 idF BGBl. Nr. 767/1996, Z 87, BGBl. I Nr. 22/1998, Z 23 und BGBl. I Nr. 138/2017, Art. 16 Z 60)*

(8) Der Schulleiter hat den Schulgemeinschaftsausschuss einzuberufen, wenn dies ein Drittel der Mitglieder des Schulgemeinschaftsausschusses unter gleichzeitiger Einbringung eines Antrages auf Behandlung einer Angelegenheit verlangt; die Frist für die Einberufung beträgt eine Woche, gerechnet von dem Zeitpunkt, zu dem das Verlangen gestellt wurde. Der Schulleiter hat auch ohne Verlangen auf Einberufung den Schulgemeinschaftsausschuss einzuberufen, sofern eine Entscheidung erforderlich ist oder eine Beratung zweckmäßig erscheint. Mit jeder Einberufung ist die Tagesordnung zu übermitteln. Die Einberufung hat spätestens zwei Wochen vor der Sitzung zu erfolgen, sofern nicht sämtliche Mitglieder einem früheren Termin zustimmen. Jedes Schuljahr haben mindestens zwei Sitzungen, davon die erste innerhalb von zwei Wochen nach der Bestellung der Lehrer-, Schüler- und Elternvertreter für dieses Schuljahr, stattzufinden; an Berufsschulen hat mindestens eine Sitzung im Schuljahr stattzufinden. *(BGBl. Nr. 211/1986, Art. I Z 39 idF BGBl. I Nr. 138/2017, Art. 16 Z 61)*

(9) Den Vorsitz im Schulgemeinschaftsausschuß führt der Schulleiter.

(10) Jedem Mitglied der im Schulgemeinschaftsausschuß vertretenen Gruppen (Leh-

---

[61]) Siehe auch RS Nr. 16/2008 betreffend Gültigkeit bzw. Ungültigkeit unvollständig ausgefüllter Stimmzettel (1.12.14.).

rer, Schüler, Erziehungsberechtigte) kommt eine beschließende Stimme zu. Stimmenthaltung ist unzulässig. Eine Übertragung der Stimme auf eine andere Person ist unzulässig und unwirksam. Der Schulleiter hat keine beschließende Stimme.

(11) Der Schulgemeinschaftsausschuß ist beschlußfähig, wenn mindestens zwei Drittel der Mitglieder mit beschließender Stimme und mindestens je ein Mitglied der im Ausschuß vertretenen Gruppen (Lehrer, Schüler, Erziehungsberechtigte) anwesend sind; an lehrgangsmäßigen und saisonmäßigen Berufsschulen ist der Schulgemeinschaftsausschuß bei ordnungsgemäßer Einladung jedenfalls eine halbe Stunde nach dem ursprünglich vorgesehenen Beginn beschlußfähig. Für einen Beschluß ist die unbedingte Mehrheit der abgegebenen Stimmen erforderlich. Bei Stimmengleichheit entscheidet in Fällen, die einer Entscheidung bedürfen, der Schulleiter; in Beratungsangelegenheiten gilt der Antrag als abgelehnt. *(BGBl. Nr. 211/1986, Art. I Z 39 idF BGBl. Nr. 324/1993, Z 7, BGBl. Nr. 468/1995, Z 6, BGBl. Nr. 767/1996, Z 88, BGBl. I Nr. 20/2006, Art. 4 Z 33 sowie idF BGBl. I Nr. 138/2017, Art. 16 Z 62 und 63)*

(12) Für die Vorberatung einzelner Angelegenheiten kann der Schulgemeinschaftsausschuss Unterausschüsse einsetzen. Die Einsetzung eines Unterausschusses unterliegt den Beschlußerfordernissen des Abs. 11. *(BGBl. Nr. 211/1986, Art. I Z 39 idF BGBl. I Nr. 138/2017, Art. 16 Z 64)*

(13) An allgemeinbildenden höheren Schulen mit Unter- und Oberstufe ist zu den Sitzungen des Schulgemeinschaftsausschusses der Vertreter der Klassensprecher (§ 59 Abs. 2 Z 2) mit beratender Stimme einzuladen. Sofern Tagesordnungspunkte Angelegenheiten betreffen, die die Beteiligung anderer Personen (zB andere Lehrer, Klassensprecher, Obmann des Elternvereines, Bildungsberater, Lernbegleiter, Schularzt, Leiter des Schülerheimes, Schulerhalter, administrative Verwaltungskraft ua.) zweckmäßig erscheinen läßt, hat der Schulleiter diese Personen einzuladen; bis einschließlich zur 8. Schulstufe darf die Einladung eines Klassensprechers nur erfolgen, wenn dies auf Grund der besonderen Verhältnisse, insbesondere der Zeit der Sitzung, möglich ist. Bei Behandlung von Angelegenheiten der Bildungsberatung ist ein entsprechend befähigter Lehrer, bei der Behandlung von Angelegenheiten der schulärztlichen Betreuung der Schularzt einzuladen. Der Schulleiter hat weiters den pädagogischen Leiter eines Schülerheimes einzuladen, sofern das Schülerheim überwiegend von Schülern der betreffenden Schule besucht wird und Angelegenheiten beraten werden, die die Anwesenheit dieses pädagogischen Leiters zweckmäßig erscheinen lassen. An Privatschulen ist in Angelegenheiten des Abs. 2 Z 1 lit. j, m, o und p jedenfalls der Schulerhalter einzuladen. Den nach diesem Absatz Eingeladenen kommt nur beratende Stimme zu. *(BGBl. Nr. 211/1986, Art. I Z 39 idF BGBl. Nr. 324/1993, Z 8, BGBl. Nr. 468/1995, Z 6, BGBl. Nr. 767/1996, Z 89, BGBl. I Nr. 22/1998, Z 24, BGBl. I Nr. 9/2012, Art. 4 Z 37 sowie BGBl. I Nr. 138/2017, Art. 16 Z 65 und 66)*

(14) Über den Verlauf der Sitzungen des Schulgemeinschaftsausschusses sind schriftliche Aufzeichnungen zu führen, die den jeweiligen Mitgliedern zugänglich zu machen sind. *(BGBl. I Nr. 138/2017, Art. 16 Z 67 idF BGBl. I Nr. 35/2018, Art. 3 Z 22)*

(15) Der Schulgemeinschaftsausschuß kann bei Bedarf eine Geschäftsordnung beschließen. Diese ist der zuständigen Schulbehörde zur Kenntnis zu bringen. *(BGBl. Nr. 211/1986, Art. I Z 39 idF BGBl. I Nr. 75/2013, Art. 1 Z 1)*

(16) Der Schulleiter oder die Schulleiterin hat für die Durchführung der Beschlüsse des Schulgemeinschaftsausschusses und des Unterausschusses (Abs. 12) zu sorgen; hält er oder sie einen derartigen Beschluss für rechtswidrig oder aus organisatorischen Gründen nicht durchführbar, hat er oder sie diesen auszusetzen und die Weisung der zuständigen Schulbehörde einzuholen. Sofern ein Beschluss in Beratungsangelegenheiten nicht an den Schulleiter oder die Schulleiterin gerichtet ist, hat er oder sie diesen Beschluss an die zuständige Stelle weiterzuleiten. *(BGBl. I Nr. 138/2017, Art. 16 Z 68 idF BGBl. I Nr. 35/2018, Art. 3 Z 32)*

(17) Kann der Schulgemeinschaftsausschuss in Fällen, die einer Entscheidung bedürfen, keine Entscheidung treffen, weil die Beschlussfähigkeit nicht gegeben ist, hat der Schulleiter den Schulgemeinschaftsausschuss unverzüglich zu einer neuerlichen Sitzung einzuladen; der Schulgemeinschaftsausschuß ist in der neuen Sitzung jedenfalls beschlußfähig, sofern die Einladung ordnungsgemäß ergangen und seit dem vorgesehenen Beginn der Sitzung eine halbe Stunde vergangen ist und zumindest je ein Mitglied der im Ausschuß vertretenen Gruppen anwesend ist. *(BGBl. Nr. 211/1986, Art. I Z 39 idF BGBl. I Nr. 138/2017, Art. 16 Z 69)*

(18) In den Angelegenheiten des Schulgemeinschaftsausschusses obliegt die Vertretung des Schulleiters bei dessen Verhinderung dem Leiterstellvertreter (§ 56 Abs. 6) oder einem vom Schulleiter namhaft gemach-

ten Lehrer und die Vertretung des Schulsprechers seinem Stellvertreter. Bei Verhinderung eines sonstigen Mitgliedes des Schulgemeinschaftsausschusses hat das verhinderte Mitglied aus den Stellvertretern der betreffenden Gruppe seinen Vertreter zu bestellen; sofern das verhinderte Mitglied seinen Stellvertreter nicht bestimmen kann, hat das älteste nicht verhinderte Mitglied der betreffenden Gruppe den Vertreter für das verhinderte Mitglied zu bestimmen. Ein Mitglied, das im Sinne des § 7 AVG befangen ist, gilt als verhindert. *(BGBl. Nr. 211/1986, Art. I Z 39 idF BGBl. I Nr. 22/1998, Z 25)*

(19) Der zuständige Bundesminister hat durch Verordnung die näheren Bestimmungen über die Durchführung der Wahl der Mitglieder des Schulgemeinschaftsausschusses zu erlassen. *(BGBl. Nr. 211/1986, Art. I Z 39 idF BGBl. Nr. 455/1992, Z 1, BGBl. Nr. 468/1995, Z 2 und BGBl. I Nr. 78/2001, Z 2)*

(BGBl. Nr. 211/1986, Art. I Z 39)

Schulclusterbeirat

§ 64a. (1) Für Schulen, die in einem organisatorischen Verbund mit anderen Schulen als Schulcluster geführt werden, ist zur Förderung und Festigung der Schulgemeinschaft (§ 2) im Schulcluster ein Schulclusterbeirat zu bilden.

(2) Neben den auf Grund anderer gesetzlicher Bestimmungen übertragenen Entscheidungsbefugnissen obliegt dem Schulclusterbeirat

1. die Entscheidung in den Angelegenheiten, die ihm gemäß § 63a Abs. 2 und § 64 Abs. 2 übertragen wurden, und
2. die Beratung in allen die Schülerinnen und Schüler, Lehrerinnen und Lehrer sowie Erziehungsberechtigten betreffenden Angelegenheiten der am Schulcluster beteiligten Schulen sowie des Schulclusters als solchen.

(3) Dem Schulclusterbeirat gehören an:

1. Der Leiter oder die Leiterin des Schulclusters als Vorsitzender oder Vorsitzende,
2. die Schulsprecherinnen und Schulsprecher der am Schulcluster beteiligten Schulen,
3. je ein oder eine vom Schulforum oder vom Schulgemeinschaftsausschuss der am Schulcluster beteiligten Schulen aus dem Kreis der Vertreterinnen und Vertreter der Lehrerinnen und Lehrer zu entsendender Vertreter oder zu entsendende Vertreterin,
4. je ein oder eine vom Schulforum oder vom Schulgemeinschaftsausschuss der am Schulcluster beteiligten Schulen aus dem Kreis der Vertreterinnen und Vertreter der Erziehungsberechtigten zu entsendender Vertreter oder zu entsendende Vertreterin sowie
5. mindestens drei und höchstens acht weitere Repräsentantinnen und Repräsentanten der regionalen Kooperationspartner der außerschulischen Jugendarbeit, des regionalen Vereinswesens (Kultur, Sport usw.), der regionalen Sozialarbeit, der regionalen Schulerhalter von am Schulcluster beteiligten Schulen, der regionalen industriellen und gewerblichen Strukturen und der regionalen Sozialpartner, die auf Vorschlag des Leiters oder der Leiterin des Schulclusters von den Vertreterinnen und Vertretern der Lehrerinnen und Lehrer (Z 3) sowie der Erziehungsberechtigten (Z 4) für die Dauer von jeweils zwei Schuljahren bestimmt werden.

(4) Der Leiter oder die Leiterin des Schulclusters hat den Schulclusterbeirat einzuberufen, wenn dies ein Drittel der Mitglieder des Schulclusterbeirates unter gleichzeitiger Einbringung eines Antrages auf Behandlung einer Angelegenheit verlangt; die Frist für die Einberufung beträgt eine Woche, gerechnet von dem Zeitpunkt, zu dem das Verlangen gestellt wurde. Der Leiter oder die Leiterin des Schulclusters hat auch ohne Verlangen auf Einberufung den Schulclusterbeirat einzuberufen, sofern eine Entscheidung erforderlich ist oder eine Beratung zweckmäßig erscheint. Mit jeder Einberufung ist die Tagesordnung zu übermitteln. Die Einberufung hat spätestens zwei Wochen vor der Sitzung zu erfolgen, sofern nicht sämtliche Mitglieder einem früheren Termin zustimmen. Jedes Schuljahr haben mindestens zwei Sitzungen stattzufinden, davon die erste innerhalb von zwei Wochen nach der Bestellung der Lehrer-, Schüler- und Elternvertreter für dieses Schuljahr.

(5) Jedem Mitglied der im Schulclusterbeirat vertretenen Gruppen gemäß Abs. 3 Z 2 bis 5 kommt eine beschließende Stimme zu. Stimmenthaltung ist unzulässig. Eine Übertragung der Stimme auf eine andere Person ist unzulässig und unwirksam. Der Leiter oder die Leiterin des Schulclusters hat keine beschließende Stimme.

(6) Der Schulclusterbeirat ist beschlussfähig, wenn mindestens zwei Drittel der Mitglieder mit beschließender Stimme und mindestens je ein Mitglied der im Schulclusterbeirat vertretenen Gruppen gemäß Abs. 3 Z 2 bis 5 anwesend sind. Für einen Beschluss ist die unbedingte Mehrheit der abgegebenen Stimmen erforderlich. Bei Stimmengleichheit in den Fällen, die einer Entscheidung bedürfen, entscheidet der Leiter oder die Leiterin

des Schulclusters; in den Beratungsangelegenheiten gilt der Antrag als abgelehnt.

(7) Für die Vorberatung einzelner der im Abs. 2 genannten Angelegenheiten kann der Schulclusterbeirat Ausschüsse einsetzen. Die Einsetzung eines Ausschusses unterliegt den Beschlusserfordernissen des Abs. 6.

(8) An Schulen, an denen Vertreter der Klassensprecher (§ 59 Abs. 2 Z 2) zu wählen sind, sind diese zu den Sitzungen des Schulclusterbeirats mit beratender Stimme einzuladen. Sofern Tagesordnungspunkte Angelegenheiten betreffen, die die Beteiligung anderer Personen (zB andere Lehrerinnen und Lehrer, Klassensprecherinnen und Klassensprecher, Obmann oder Obfrau des Elternvereines, Bildungsberaterinnen und Bildungsberater, Lernbegleiterinnen und Lernbegleiter, Schularzt oder Schulärztin, Leiter oder Leiterin des Schülerheimes, Schulerhalter, administrative Verwaltungskraft ua.) zweckmäßig erscheinen lässt, hat der Leiter oder die Leiterin des Schulclusters diese Personen einzuladen. Bei Behandlung von Angelegenheiten der Bildungsberatung ist ein entsprechend befähigter Lehrer oder eine entsprechend befähigte Lehrerin, bei der Behandlung von Angelegenheiten der schulärztlichen Betreuung der Schularzt oder die Schulärztin einzuladen. Der Leiter oder die Leiterin des Schulclusters hat weiters den pädagogischen Leiter oder die pädagogische Leiterin eines Schülerheimes einzuladen, sofern das Schülerheim überwiegend von Schülern und Schülerinnen von am Schulcluster beteiligten Schulen besucht wird und Angelegenheiten beraten werden, die die Anwesenheit dieses pädagogischen Leiters oder dieser pädagogischen Leiterin zweckmäßig erscheinen lassen.

(9) Über den Verlauf der Sitzungen geführte Aufzeichnung sind den jeweiligen Mitgliedern zugänglich zu machen.

(10) Der Schulclusterbeirat kann bei Bedarf eine Geschäftsordnung beschließen. Diese ist der zuständigen Schulbehörde zur Kenntnis zu bringen.

(11) Der Leiter oder die Leiterin des Schulclusters hat für die Durchführung der Beschlüsse des Schulclusterbeirates und des Ausschusses (Abs. 7) zu sorgen; hält er oder sie einen derartigen Beschluss für rechtswidrig oder aus organisatorischen Gründen nicht durchführbar, hat er oder sie diesen auszusetzen und die Weisung der zuständigen Schulbehörde einzuholen. Sofern ein Beschluss in Beratungsangelegenheiten nicht an den Leiter oder die Leiterin des Schulclusters gerichtet ist, hat er oder sie diesen Beschluss an die zuständige Stelle weiterzuleiten.

(12) Kann der Schulclusterbeirat in Fällen, die einer Entscheidung bedürfen, keine Entscheidung treffen, weil die Beschlussfähigkeit nicht gegeben ist, hat der Leiter oder die Leiterin des Schulclusters den Schulclusterbeirat unverzüglich zu einer neuerlichen Sitzung einzuladen; der Schulclusterbeirat ist in der neuen Sitzung jedenfalls beschlussfähig, sofern die Einladung ordnungsgemäß ergangen und seit dem vorgesehenen Beginn der Sitzung eine halbe Stunde vergangen ist und zumindest je ein Mitglied der im Schulclusterbeirat vertretenen Gruppen gemäß Abs. 3 Z 2 bis 5 anwesend ist.

(13) In den Angelegenheiten des Schulclusterbeirates obliegt die Vertretung des Leiters oder der Leiterin des Schulclusters bei dessen oder deren Verhinderung einem von diesem oder dieser namhaft gemachten Bereichsleiter oder einer von diesem oder dieser namhaft gemachten Bereichsleiterin. Bei Verhinderung eines sonstigen Mitgliedes des Schulclusterbeirates erfolgt keine Stellvertretung. Ein Mitglied, das im Sinne des § 7 AVG befangen ist, gilt als verhindert.

(BGBl. I Nr. 138/2017, Art. 16 Z 70)

14. Abschnitt
Erweiterte Schulgemeinschaft
Berufsbildendes Schulwesen und Wirtschaftsleben

§ 65. (1) Zur Pflege und Förderung der zwischen den berufsbildenden Schulen und dem Wirtschaftsleben notwendigen engen Verbindung können als erweiterte Schulgemeinschaft Formen der Zusammenarbeit von der zuständigen Schulbehörde vorgesehen werden. *(BGBl. Nr. 767/1996, Z 90 idF BGBl. I Nr. 75/2013, Art. 1 Z 1)*

(2) Als Formen der Zusammenarbeit im Sinne des Abs. 1 können an den Berufsschulen Schulausschüsse und an den berufsbildenden mittleren und höheren Schulen Kuratorien geschaffen werden, denen außer dem Schulleiter, Vertreter der Lehrer und der Schüler der betreffenden Schule sowie der Erziehungsberechtigten von Schülern dieser Schule, Vertreter des Schulerhalters, der gesetzlichen Interessenvertretungen der Arbeitgeber und der Arbeitnehmer und sonstiger interessierter Einrichtungen angehören. Die Verwendung von für speziell für Zwecke der Kuratorien gewidmete Mittel bedarf der Zustimmung der Kuratorien. *(BGBl. Nr. 139/1974 idF BGBl. Nr. 472/1986, Art. IV und BGBl. I Nr. 232/2021, Art. 2 Z 6)*

Schulkooperationen[62])

§ 65a. (1) Zum Zweck der Befähigung für das Berufsleben und der Erleichterung von Übertritten sowie insgesamt zum Zweck der besseren Umsetzung der in § 2 des Schulorganisationsgesetzes festgelegten Aufgaben der österreichischen Schule können im Rahmen schulautonomer Lehrplanbestimmungen sowie sonstiger schulautonomer Maßnahmen Kooperationen mit anderen Schulen oder außerschulischen Einrichtungen eingegangen werden. *(BGBl. I Nr. 38/2015, Art. 5 Z 27)*

(2) Kooperationen mit anderen Schulen oder außerschulischen Einrichtungen haben die bestehende Rechtslage zu beachten und sind der zuständigen Schulbehörde zur Kenntnis zu bringen. Die zuständige Schulbehörde ist ermächtigt, Kooperationsvereinbarungen auch mit Wirkung für Dritte aufzuheben, wenn diese der Rechtslage zuwiderlaufen. *(BGBl. I Nr. 20/2006, Art. 4 Z 34 idF BGBl. I Nr. 75/2013, Art. 1 Z 1 und 2)*

(BGBl. I Nr. 20/2006, Art. 4 Z 34)

15. Abschnitt
Schulärztliche Betreuung

Schulärztin, Schularzt

§ 66. (1) Schulärztinnen und Schulärzte haben die Aufgabe, Lehrpersonen in gesundheitlichen Fragen der Schülerinnen und Schüler, soweit sie den Unterricht und den Schulbesuch betreffen, zu beraten und die hiefür erforderlichen Untersuchungen der Schülerinnen und Schüler durchzuführen.

(2) Die Schülerinnen und Schüler sind verpflichtet, sich – abgesehen von einer allfälligen Aufnahmsuntersuchung – einmal im Schuljahr einer schulärztlichen Untersuchung zu unterziehen. Bei festgestellten gesundheitlichen Beeinträchtigungen ist die Schülerin oder der Schüler hievon vom Schularzt oder von der Schulärztin in Kenntnis zu setzen.

(3) Insoweit bei Lehrerkonferenzen oder Sitzungen des Klassen- oder Schulforums, des Schulgemeinschaftsausschusses oder des Schulclusterbeirats Angelegenheiten des Gesundheitszustandes von Schülerinnen und Schülern oder Fragen der Gesundheitserziehung behandelt werden, sind die Schulärztinnen und Schulärzte zur Teilnahme an den genannten Konferenzen bzw. Sitzungen mit beratender Stimme einzuladen.

(BGBl. I Nr. 138/2017, Art. 16 Z 71)

Gesundheitsvorsorge für die schulbesuchende Jugend[63])[64])[65])

§ 66a. (1) Die Schulärztinnen und Schulärzte haben neben den in § 66 und den sonstigen schulrechtlichen Bestimmungen genannten Aufgaben nach Maßgabe einer Verordnung der Bundesministerin oder des Bundesministers für Arbeit, Soziales, Gesundheit und Konsumentenschutz auch Aufgaben der Gesundheitsvorsorge für die schulbesuchende Jugend wahrzunehmen. Als solche gelten unter anderem:

1. Die Durchführung von Schutzimpfungen und deren elektronische Dokumentation inklusive Kontrolle des Impfstatus und Impfberatung,
2. Mitwirken bei der Bekämpfung von Infektionskrankheiten,
3. die Durchführung von periodischen, stichprobenartigen Untersuchungen der Schülerinnen und Schüler zur Erhebung und elektronischen Dokumentation von epidemiologisch relevanten Gesundheitsdaten wie Körpergewicht und Körpergröße, wobei die Schülerin oder der Schüler über festgestellte gesundheitliche Mängel in Kenntnis zu setzen ist und
4. die Mitwirkung an gesundheitsbezogenen Projekten (Gesundheitsförderung und Gesundheitserziehung).

Maßnahmen gemäß Z 1 und 3 bedürfen der Zustimmung der einsichts- und urteilsfähigen Schülerin bzw. des einsichts- und urteilsfähigen Schülers (§ 173 ABGB) oder bei einer nicht einsichts- und urteilsfähigen Schülerin bzw. einem nicht einsichts- und urteilsfähigen Schüler deren bzw. dessen Erziehungsberechtigten. Die näheren Festlegungen betreffend die Gesundheitsvorsorge für die schulbesuchende Jugend sind ebenso durch Verordnung der Bundesministerin oder des Bundesministers für Arbeit, Soziales, Gesundheit und Konsumentenschutz zu treffen. In Bezug auf Privatschulen und öffentliche allgemein bildende Pflichtschulen sind mit den jeweiligen privaten bzw. gesetzlichen Schulerhaltern entsprechende Vereinbarungen zu treffen. *(BGBl. I Nr. 138/2017, Art. 16 Z 71 idF BGBl. I Nr. 35/2018, Art. 3 Z 25)*

(2) Bei festgestellten gesundheitlichen Beeinträchtigungen sind die Schülerin oder der

---

[62]) Siehe auch RS Nr. 6/2006 betreffend Auslegungen zum 2. Schulrechtspaket 2005 (Kodex 11. Auflage).

[63]) Siehe auch Schulärzte-Verordnung (1.12.2.)

[64]) Siehe auch RS Nr. 65/1997 betreffend Schulgesundheitspflege, § 13 Suchtmittelgesetz (Kodex 17. Auflage).

[65]) Siehe auch RS Nr. 20/2017 betreffend Informationen zum Bildungsreformgesetz 2017 sowie zur Jahres- und Semesterinformation (1.12.13.).

Schüler durch die Schulärztin oder den Schularzt über die gebotenen medizinischen Maßnahmen zu informieren.

(3) Die Maßnahmen nach Abs. 1 Z 1, 3 und 4 werden im Wege der Privatwirtschaftsverwaltung durchgeführt.

(BGBl. I Nr. 138/2017, Art. 16 Z 71)

Ausübung ärztlicher Tätigkeiten nach § 50a Abs. 1 des Ärztegesetzes 1998 durch Lehrpersonen[66])[67])[68])

§ 66b.[69]) (1) Die Ausübung einzelner gemäß § 50a Abs. 1 des Ärztegesetzes 1998 (ÄrzteG 1998), BGBl. I Nr. 169/1998, übertragener ärztlicher Tätigkeiten durch Lehrpersonen, in Bezug auf Schülerinnen und Schüler, die an einer Schule im Sinne dieses Bundesgesetzes in deren Obhut stehen, gilt als Ausübung von deren Dienstpflichten. Die Ausübung ärztlicher Tätigkeiten gemäß § 50a ÄrzteG 1998 durch Lehrpersonen erfolgt auf freiwilliger Basis und darf Lehrpersonen nicht angeordnet werden. Neben der Erfüllung sämtlicher Voraussetzungen gemäß § 50a ÄrzteG 1998 ist zusätzlich die Einwilligung der entscheidungsfähigen Schülerin bzw. des entscheidungsfähigen Schülers (§ 173 ABGB) oder bei einer nicht entscheidungsfähigen Schülerin bzw. einem nicht entscheidungsfähigen Schüler deren bzw. dessen Erziehungsberechtigten erforderlich. *(BGBl. I Nr. 138/2017, Art. 16 Z 71 idF BGBl. I Nr. 101/2018, Art. 4 Z 61)*

(2) Im Übrigen dürfen Lehrpersonen im Rahmen ihrer dienstlichen Tätigkeiten Schülerinnen und Schülern gegenüber nur dann medizinische Tätigkeiten erbringen, wenn es sich um Tätigkeiten, die jeder Laie erbringen darf, oder um einen Notfall handelt.

(BGBl. I Nr. 138/2017, Art. 16 Z 71)

16. Abschnitt

Verfahrensbestimmungen

Vertretung durch die Erziehungsberechtigten[70])

§ 67. In den Angelegenheiten dieses Bundesgesetzes werden Schüler (Prüfungskandidaten), die nicht volljährig sind, soweit im folgenden nicht anderes bestimmt ist, von den Erziehungsberechtigten vertreten. *(BGBl. Nr. 139/1974 idF BGBl. I Nr. 101/2018, Art. 4 Z 62)*

Handlungsfähigkeit des minderjährigen Schülers
(BGBl. I Nr. 101/2018, Art. 4 Z 63)

§ 68. Ab der 9. Schulstufe ist der minderjährige Schüler (Prüfungskandidat) zum selbständigen Handeln in nachstehenden Angelegenheiten befugt, sofern er entscheidungsfähig ist und die Kenntnisnahme durch die Erziehungsberechtigten nachgewiesen wird. Die Erziehungsberechtigten können durch Erklärung dem Klassenvorstand gegenüber auf die Kenntnisnahme in allen oder einzelnen in lit. a bis w genannten Angelegenheiten schriftlich verzichten, diesen Verzicht jedoch jederzeit schriftlich widerrufen. *(BGBl. Nr. 231/1977, Art. I Z 27 idF BGBl. Nr. 211/1986, Art. I Z 41 und BGBl. I Nr. 101/2018, Art. 4 Z 64)*

a) Ansuchen um Befreiung vom Besuch einzelner Pflichtgegenstände (§ 4 Abs. 4),

b) Ansuchen um Bewilligung zur Ablegung der Aufnahms- oder Eignungsprüfung im Herbsttermin oder zu einem späteren Zeitpunkt (§ 6 Abs. 3), *(BGBl. Nr. 139/1974 idF BGBl. Nr. 211/1986, Art. I Z 42)*

---

[66]) § 50a Abs. 1 ÄrzteG 1998 idF BGBl. I Nr. 75/2016 lautet:

„Übertragung einzelner ärztlicher Tätigkeiten im Einzelfall an Laien

§ 50a. (1) Der Arzt kann im Einzelfall einzelne ärztliche Tätigkeiten an

1. Angehörige des Patienten,
2. Personen, in deren Obhut der Patient steht, oder an
3. Personen, die zum Patienten in einem örtlichen und persönlichen Naheverhältnis stehen,

übertragen, sofern sich der Patient nicht in einer Einrichtung, die der medizinischen oder psychosozialen Behandlung, Pflege oder Betreuung dient, ausgenommen Einrichtungen gemäß § 3a Abs. 3 GuKG befindet. Zuvor hat der Arzt der Person, an die die Übertragung erfolgen soll, die erforderliche Anleitung und Unterweisung zu erteilen und sich zu vergewissern, dass diese über die erforderlichen Fähigkeiten verfügt. Der Arzt hat auf die Möglichkeit der Ablehnung der Übertragung der in Frage kommenden ärztlichen Tätigkeiten gesondert hinzuweisen. Sonstige familien- und pflegschaftsrechtlich gebotene Maßnahmen sowie § 49 Abs. 3 bleiben unberührt.“.

[67]) Siehe auch RS Nr. 20/2017 betreffend Informationen zum Bildungsreformgesetz 2017 sowie zur Jahres- und Semesterinformation (1.12.13.).

[68]) Siehe auch RS Nr. 13/2019 betreffend Medizinische Laientätigkeiten, Übertragung ärztlicher Tätigkeiten an Lehrpersonen, Verhalten im Notfall (Kodex 22. Auflage).

[69]) Siehe RS Nr. 11/2021 betreffend Prüfungskandidatinnen und Prüfungskandidaten mit Behinderungen, chronischen Krankheiten (1.12.23.).

[70]) Siehe auch RS Nr. 49/2002 betreffend Auskunftserteilung der Schule gegenüber Eltern volljähriger Schüler (Kodex 17. Auflage).

c) Verlangen auf Ausstellung eines Zeugnisses gemäß § 8 Abs. 3, *(BGBl. Nr. 139/1974 idF BGBl. Nr. 211/1986, Art. I Z 42)*
d) Wahl zwischen alternativen Pflichtgegenständen, späterer Wechsel eines alternativen Pflichtgegenstandes, Weiterführen oder Wechsel des bisher besuchten alternativen Pflichtgegenstandes bzw. der bisher besuchten Fremdsprache anläßlich des Übertrittes in eine andere Schule, Stellung eines Ansuchens um Befreiung von der Teilnahme an einzelnen Pflichtgegenständen (§ 11 Abs. 1 und 3 bis 7), *(BGBl. Nr. 139/1974 idF BGBl. Nr. 211/1986, Art. I Z 42)*
e) Antrag, Anmeldung und Abmeldung betreffend Teilnahme an Freigegenständen, unverbindlichen Übungen sowie am Förderunterricht (§ 12 Abs. 1, 4 und 6 bis 8), *(BGBl. Nr. 143/1980, Art. I Z 4 idF BGBl. Nr. 211/1986, Art. I Z 42 und BGBl. I Nr. 56/2016, Art. 5 Z 48)*
f) Anmeldung zu schulbezogenen Veranstaltungen (§ 13a), *(BGBl. Nr. 211/1986, Art. I Z 42)*
g) Antrag betreffend Beurteilung fremdsprachiger Schüler (§ 18 Abs. 12), *(BGBl. Nr. 211/1986, Art. I Z 43)*
h) Ansuchen um Stundung der Feststellungsprüfung sowie Antrag auf Zulassung zu einer Wiederholung der Nachtragsprüfung (§ 20 Abs. 3), *(BGBl. I Nr. 22/1998, Z 27)*
i) Ansuchen um Durchführung einer Prüfung über Kenntnisse und Fertigkeiten des praktischen Unterrichtes (§ 20 Abs. 4),
j) Verlangen auf Ausstellung eines vorläufigen Jahreszeugnisses (§ 22 Abs. 5),
k) Verlangen auf Ausstellung einer Schulbesuchsbestätigung (§§ 22 Abs. 10 und 24 Abs. 1),
l) Antrag auf Beurteilung der Leistungen in den besuchten Unterrichtsgegenständen (§ 24 Abs. 2),
m) Ansuchen um Aufnahme in die übernächste Schulstufe (§ 26 Abs. 1),
n) Ansuchen um Bewilligung zur Wiederholung einer Schulstufe (§ 27 Abs. 2),
o) Ansuchen um Aufschub der Aufnahmsprüfung anläßlich des Übertrittes in eine andere Schulart oder eine andere Form oder Fachrichtung einer Schulart (§ 29 Abs. 5), *(BGBl. Nr. 139/1974 idF BGBl. I Nr. 101/2018, Art. 4 Z 65)*
p) Ansuchen um Verlängerung der Höchstdauer für den Abschluss einer mindestens dreistufigen mittleren oder höheren Schule (§ 32 Abs. 8), *(BGBl. I Nr. 98/1999, Z 15)*
q) Ansuchen um Bewilligung zum erstmaligen Antreten zur abschließenden Prüfung in dem dem Haupttermin nächstfolgenden Termin (§ 36a Abs. 2), *(BGBl. I Nr. 98/1999, Z 15 idF BGBl. I Nr. 101/2018, Art. 4 Z 66)*
r) Ansuchen um Zulassung zur Wiederholung von Teilprüfungen der abschließenden Prüfung (§ 40), *(BGBl. I Nr. 98/1999, Z 15)*
s) Anmeldung zur Ablegung von Zusatzprüfungen zur Reifeprüfung (§ 41 Abs. 1) und Ansuchen gemäß § 41 Abs. 2, *(BGBl. I Nr. 98/1999, Z 15)*
t) Ansuchen um Zulassung zur Ablegung einer Externistenprüfung (§ 42 Abs. 5), Ansuchen um Zulassung zur Wiederholung der im § 42 Abs. 12 genannten Prüfungen, *(BGBl. Nr. 367/1982, Art. I Z 39)*
u) Benachrichtigung von einer Verhinderung am Schulbesuch, Ansuchen um Erteilung der Erlaubnis vom Fernbleiben von der Schule (§ 45 Abs. 3 und 4),
v) Ansuchen um Nostrifikation ausländischer Zeugnisse (§ 75 Abs. 1), *(BGBl. Nr. 231/1977, Art. I Z 27)*
w) Antrag auf Ausstellung einer Ersatzbestätigung für ein verlorenes Zeugnis (§ 76 Abs. 1), *(BGBl. Nr. 231/1977, Art. I Z 27 idF BGBl. Nr. 229/1988, Art. I Z 14)*
x) Zustimmung zur Zuordnung zum niedrigeren Leistungsniveau in der Berufsschule gemäß § 31b Abs. 5 letzter Satz. *(BGBl. I Nr. 101/2018, Art. 4 Z 67)*

Untätigbleiben der minderjährigen Schülerin oder des minderjährigen Schülers
(BGBl. I Nr. 101/2018, Art. 4 Z 68)

§ 69. Macht die minderjährige Schülerin oder der minderjährige Schüler von der ihr oder ihm eingeräumten Befugnis zum selbständigen Handeln in den im § 68 angeführten Angelegenheiten keinen Gebrauch, so sind die Erziehungsberechtigten zum Handeln befugt. In den Fällen des § 68, in denen Handlungen der minderjährigen Schülerin oder des minderjährigen Schülers an Fristen gebunden sind, erlischt die Befugnis der Erziehungsberechtigten zum Handeln nach Ablauf von drei Werktagen, gerechnet vom Zeitpunkt des Fristablaufes. Im Falle eines Tätigwerdens der Erziehungsberechtigten gemäß der ihnen im ersten Satz eingeräumten Befugnis sind deren Handlungen ausschlaggebend; dies gilt nicht für die Anmeldung zur Teilnahme am Freigegenstand Religion an Berufsschulen. *(BGBl. Nr. 139/1974 idF BGBl. I Nr. 101/2018, Art. 4 Z 69)*

Verfahren

§ 70. (1) Soweit zur Durchführung von Verfahren andere Organe als die Schulbehörden berufen sind, finden die allgemeinen Verfahrensbestimmungen des AVG keine Anwendung und sind in den nachstehend angeführten Angelegenheiten die Absätze 2 bis 4 anzuwenden:

a) Aufnahme in die Schule und Übertritt in eine andere Schulart oder eine andere Form oder Fachrichtung einer Schulart (§§ 3 bis 5, 29 bis 31), *(BGBl. Nr. 367/1982, Art. I Z 40 idF BGBl. Nr. 455/1992, Z 35)*
b) Zulassung zu Aufnahms- und Eignungsprüfungen (§ 6),
c) Besuch von Pflichtgegenständen, Freigegenständen, verbindlichen und unverbindlichen Übungen, des Förderunterrichtes, des Betreuungsteils an ganztägigen Schulen, das Überspringen einzelner Unterrichtsgegenstände sowie die Teilnahme am Unterricht in einem anderen als dem besuchten Semester oder in einer anderen als der besuchten Schulstufe (§§ 11, 12, 12a), *(BGBl. I Nr. 96/2022, Art. 2 Z 27)*
d) Festlegung besonderer Lehrplanmaßnahmen für Schüler mit sonderpädagogischem Förderbedarf (§ 17 Abs. 4 lit. b), *(BGBl. Nr. 767/1996, Z 92)*
e) Bestimmung von Beurteilungsgrundlagen gemäß § 18 Abs. 12, *(BGBl. Nr. 211/1986, Art. I Z 44 idF BGBl. Nr. 514/1993, Z 3)*
f) Stundung von Feststellungsprüfungen (§ 20 Abs. 3), *(BGBl. Nr. 231/1977, Art. I Z 28 idF BGBl. Nr. 514/1993, Z 31)*
g) Maßnahmen der Begabungsförderung und sonstiger Teilnahme am Unterricht eines anderen Semesters oder einer anderen Schulstufe (§§ 11 Abs. 6b, 26, 26a), *(BGBl. I Nr. 75/2013, Art. 1 Z 13 idF BGBl. I Nr. 96/2022, Art. 2 Z 28)*
h) Verlängerung der Höchstdauer des Schulbesuches (§ 32 Abs. 8), *(BGBl. Nr. 767/1996, Z 93 idF BGBl. I Nr. 75/2013, Art. 1 Z 13)*
i) Zulassung zu abschließenden Prüfungen einschließlich Vorprüfungen und Zusatzprüfungen in einer anderen als der beantragten Form und Nichtzulassung zu diesen Prüfungen sowie Zulassung zu Externistenprüfungen (§§ 36a, 40 bis 42), *(BGBl. I Nr. 98/1999, Z 17 idF BGBl. I Nr. 75/2013, Art. 1 Z 13)*
j) Fernbleiben von der Schule (§ 45), *(BGBl. Nr. 767/1996, Z 93 idF BGBl. I Nr. 75/2013, Art. 1 Z 13)*
k) Versetzung in eine Parallelklasse oder einen anderen Lehrgang (§ 47 Abs. 2). *(BGBl. Nr. 231/1977, Art. I Z 28 idF BGBl. Nr. 514/1993, Z 31, BGBl. Nr. 767/1996, Z 93 und BGBl. I Nr. 75/2013, Art. 1 Z 13)*

(BGBl. Nr. 231/1977, Art. I Z 28 idF BGBl. I Nr. 75/2013, Art. 1 Z 11 und BGBl. I Nr. 138/2017, Art. 16 Z 72)

(2) Der Erlassung einer Entscheidung hat die Feststellung des maßgebenden Sachverhaltes, soweit er nicht von vornherein klar gegeben ist, durch Beweise voranzugehen. Als Beweismittel kommt alles in Betracht, was zur Feststellung des maßgebenden Sachverhaltes geeignet und nach Lage des einzelnen Falles zweckdienlich ist. Dem Schüler (Aufnahmsbewerber, Prüfungskandidaten) ist, sofern der Sachverhalt nicht von vornherein klar gegeben ist oder seinem Standpunkt nicht vollinhaltlich Rechnung getragen werden soll, Gelegenheit zu geben, zu den Sachverhaltsfeststellungen Stellung zu nehmen.

(2a) Das verfahrensleitende Organ hat von den Verfahrensbestimmungen nach Maßgabe der technischen Gegebenheiten abzuweichen, wenn dies für Körper- oder Sinnesbehinderte, die am Verfahren beteiligt sind, erforderlich ist. *(BGBl. I Nr. 78/2001, Z 22)*

(3) Entscheidungen können sowohl mündlich als auch schriftlich erlassen werden. Sofern einem Ansuchen nicht vollinhaltlich stattgegeben wird, kann innerhalb einer Woche eine schriftliche Ausfertigung der Entscheidung verlangt werden.

(4) Die schriftliche Ausfertigung einer Entscheidung hat zu enthalten:

a) Bezeichnung und Standort der Schule, Bezeichnung des entscheidenden Organes;
b) den Inhalt der Entscheidung unter Anführung der angewendeten Gesetzesstellen;
c) die Begründung, wenn dem Standpunkt des Schülers (Aufnahmsbewerbers, Prüfungskandidaten) nicht vollinhaltlich Rechnung getragen wird;
d) Datum der Entscheidung;
e) die Unterschrift des entscheidenden Organes, bei Kollegialorganen des Vorsitzenden oder die Amtssignatur (§ 19 Abs. 1 E GovG) anstelle der Unterschrift; *(BGBl. Nr. 231/1977, Art. I Z 28 idF BGBl. I Nr. 121/2024, Art. 2 Z 10)*

f) die Belehrung über die Widerspruchsmöglichkeit, wenn dem Ansuchen nicht vollinhaltlich stattgegeben wird. *(BGBl. Nr. 231/1977, Art. I Z 28 idF BGBl. I Nr. 75/2013, Art. 1 Z 12)*

(BGBl. Nr. 231/1977, Art. I Z 28)

Elektronische Kommunikation

§ 70a. (1) Aussprachen, Verständigungen, Beratungen zwischen Lehrpersonen und Erziehungsberechtigten, Ladung zu und Durchführung und Beschlussfassungen von Konferenzen, Kommissionen und schulpartnerschaftlichen Gremien sowie Zustellungen können mittels elektronischer Kommunikation erfolgen.

(2) Konferenzen und schulpartnerschaftliche Gremien sind beschlussfähig, wenn die für eine Beschlussfassung bei physischer Abhaltung erforderliche Anzahl an Mitgliedern gleichzeitig im virtuellen Raum anwesend ist.

(3) Beschlüsse können während der elektronischen Konferenz gefasst, schriftlich protokolliert und anschließend im Umlaufweg nach Maßgabe der technischen Möglichkeiten auch elektronisch gezeichnet werden.

(4) Zu Zwecken der Kommunikation und Beratung, der Unterrichtsgestaltung, einschließlich der individuellen Lernbegleitung, der Leistungsfeststellung und Leistungsbeurteilung, für Beratungen schulpartnerschaftlicher Gremien und zur Information von Schülerinnen und Schülern, Studierenden und Erziehungsberechtigten dürfen Schulverwaltung, Schulleitungen und Lehrpersonen private Kontaktdaten von Schülerinnen und Schülern und Erziehungsberechtigten verarbeiten.

(BGBl. I Nr. 19/2021, Art. 2 Z 24)

Provisorialverfahren (Widerspruch)

(BGBl. I Nr. 75/2013, Art. 1 Z 14)

§ 71. (1) Gegen Entscheidungen in den Angelegenheiten des § 70 Abs. 1 ist Widerspruch an die zuständige Schulbehörde zulässig. Der Widerspruch ist schriftlich (in jeder technisch möglichen Form, nicht jedoch mit E-Mail) innerhalb von fünf Tagen bei der Schule, im Falle der Externistenprüfungen bei der Prüfungskommission, einzubringen. *(BGBl. Nr. 231/1977, Art. I Z 28 idF BGBl. Nr. 455/1992, Z 38, BGBl. I Nr. 78/2001, Z 23, BGBl. I Nr. 9/2012, Art. 4 Z 40 und BGBl. I Nr. 75/2013, Art. 1 Z 14)*

(2) Gegen die Entscheidung,

a) daß die Einstufungs-, Aufnahms- oder Eignungsprüfung nicht bestanden worden ist (§§ 3, 8, 28 bis 31), *(BGBl. Nr. 231/1977, Art. I Z 28 idF BGBl. Nr. 455/1992, Z 39)*

b) betreffend den Wechsel von Schulstufen (§ 17 Abs. 5), *(BGBl. I Nr. 133/1998, Z 16 idF BGBl. I Nr. 138/2017, Art. 16 Z 73)*

c) dass der Schüler aufgrund einer Entscheidung

   aa) gemäß § 20 Abs. 6, 8 und 10,

   bb) nach Ablegung von einer oder zwei Wiederholungsprüfungen,

   cc) nach Ablegung der Wiederholung der Semesterprüfung über einen Pflichtgegenstand, oder

   dd) nach Ablegung einer Ausgleichsprüfung über einen Pflichtgegenstand gemäß § 30 Abs. 1 bis 5 oder deren Wiederholung,

   jeweils in Verbindung mit § 25, zum Aufsteigen nicht berechtigt ist oder die letzte Stufe der besuchten Schulart nicht erfolgreich abgeschlossen hat, *(BGBl. I Nr. 140/2023, Z 5)*

d) daß die Aufnahmsprüfung gemäß § 31b Abs. 3 nicht bestanden worden ist, *(BGBl. Nr. 367/1982, Art. I Z 41 idF BGBl. I Nr. 133/1998, Z 16 und BGBl. I Nr. 101/2018, Art. 4 Z 71)*

e) dass der Schüler auf der nächsten Schulstufe gemäß einem anderen Leistungsniveau unterrichtet wird (§ 31b Abs. 7), *(BGBl. I Nr. 101/2018, Art. 4 Z 72)*

f) daß eine Reifeprüfung, eine Reife- und Diplomprüfung, eine Diplomprüfung, eine Abschlußprüfung, eine Zusatzprüfung oder eine Externistenprüfung nicht bestanden worden ist (§§ 38, 41, 42), *(BGBl. Nr. 767/1996, Z 94 idF BGBl. I Nr. 22/1998, Z 28, BGBl. I Nr. 133/1998, Z 16, BGBl. I Nr. 112/2009, Z 9 und BGBl. I Nr. 52/2010, Z 10)*

g) dass dem Ansuchen gemäß § 26a nicht vollinhaltlich stattgegeben wurde, *(BGBl. I Nr. 20/2006, Art. 4 Z 35)*

h) dass der letztmögliche Antritt zu einer Ausgleichsprüfung gemäß § 30 Abs. 6 nicht bestanden worden ist, *(BGBl. I Nr. 19/2021, Art. 2 Z 25)*

ist ein Widerspruch an die zuständige Schulbehörde zulässig. Der Widerspruch ist schriftlich (in jeder technisch möglichen Form, nicht jedoch mit E-Mail) innerhalb von fünf Tagen bei der Schule, im Falle der Externistenprüfungen bei der Prüfungskommission, einzubringen. Der Schulleiter (der Vorsitzende der Prüfungskommission) hat den Widerspruch unter Anschluß einer Stellungnahme der Lehrer (Prüfer), auf deren Beurteilungen sich die Entscheidung gründet, sowie unter Anschluß aller sonstigen Beweismittel unverzüglich der zuständigen Schulbehörde vorzulegen. *(BGBl. Nr. 231/1977, Art. I Z 28 idF BGBl. Nr. 455/1992, Z 41, BGBl. I Nr. 78/2001, Z 25, BGBl. I Nr. 9/2012, Art. 4 Z 42 und BGBl. I Nr. 75/2013, Art. 1 Z 15, 16 und 17)*

(2a) Mit Einbringen des Widerspruches tritt die (provisoriale) Entscheidung der Organe in den Angelegenheiten des § 70 Abs. 1 und des § 71 Abs. 2 außer Kraft. In diesen Fällen hat die zuständige Schulbehörde das Verwaltungsverfahren einzuleiten und die Entscheidung mit Bescheid zu treffen. *(BGBl. I Nr. 75/2013, Art. 1 Z 19)*

(3) Die Frist für die Einbringung des Widerspruchs beginnt im Falle der mündlichen Verkündung der Entscheidung mit dieser, im Falle der schriftlichen Ausfertigung der Entscheidung jedoch mit der Zustellung. *(BGBl. Nr. 231/1977, Art. I Z 28 idF BGBl. I Nr. 75/2013, Art. 1 Z 20)*

(4) Die zuständige Schulbehörde hat in den Fällen des Abs. 2, insoweit sich der Widerspruch auf behauptete unrichtige Beurteilungen mit „Nicht genügend“ stützt, diese zu überprüfen. Wenn die Unterlagen nicht zur Feststellung, daß eine auf „Nicht genügend“ lautende Beurteilung unrichtig oder richtig war, ausreichen, ist das Verfahren zu unterbrechen und der Widerspruchswerber zu einer kommissionellen Prüfung (Abs. 5) zuzulassen. Die Überprüfung der Beurteilungen bzw. die Zulassung zur kommissionellen Prüfung hat auch dann zu erfolgen, wenn deren Ergebnis keine Grundlage für eine Änderung der angefochtenen Entscheidung gibt. *(BGBl. Nr. 231/1977, Art. I Z 28 idF BGBl. I Nr. 75/2013, Art. 1 Z 21 und BGBl. I Nr. 48/2014, Art. 5 Z 13)*

(5) Für die Durchführung der kommissionellen Prüfung gelten die Bestimmungen über die Wiederholungsprüfung (§ 23 Abs. 6) mit der Maßgabe, dass

1. die Prüfung unter dem Vorsitz eines Schulaufsichtsbeamten oder eines von diesem bestimmten Vertreters stattzufinden hat und
2. der Vorsitzende den Lehrer, der den betreffenden Unterrichtsgegenstand in der betreffenden Klasse unterrichtet hat, oder einen anderen für den betreffenden Unterrichtsgegenstand (das Prüfungsgebiet) lehrbefähigten Lehrer als Prüfer und einen weiteren Lehrer als Beisitzer zu bestellen hat.

Wenn eine Einigung über die Beurteilung des Ergebnisses dieser Prüfung nicht zu Stande kommt, entscheidet der Vorsitzende. *(BGBl. I Nr. 98/1999, Z 18)*

(6) Der dem Widerspruch stattgebenden oder diesen abweisenden Entscheidung ist die Beurteilung zugrunde zu legen, die die Behörde nach der Überprüfung bzw. die Prüfungskommission nach der Durchführung der Prüfung für richtig hält. Sofern diese Beurteilung nicht auf „Nicht genügend“ lautet, ist ein Zeugnis auszustellen, das diese Beurteilung enthält. *(BGBl. Nr. 231/1977, Art. I Z 28 idF BGBl. I Nr. 75/2013, Art. 1 Z 22)*

(7) entfallen (BGBl. I Nr. 75/2013, Art. 1 Z 23)

(7a) Im Falle des Abs. 2 lit. h hat die zuständige Schulbehörde die behauptete unrichtige Beurteilung der Semesterprüfung mit „Nicht genügend“ bzw. deren Nichtbeurteilung wegen vorgetäuschter Leistungen zu überprüfen. Wenn die Unterlagen zur Feststellung, dass eine Nichtbeurteilung oder eine auf „Nicht genügend“ lautende Beurteilung unrichtig oder richtig war, nicht ausreichen, ist das Verfahren zu unterbrechen und der Widerspruchswerber zu einer neuerlichen Semesterprüfung unter dem Vorsitz eines Vertreters der zuständigen Schulbehörde zuzulassen. *(BGBl. I Nr. 9/2012, Art. 4 Z 43 idF BGBl. I Nr. 75/2013, Art. 2 Z 1)*

(8) entfallen (BGBl. I Nr. 75/2013, Art. 1 Z 24)

(9) Gegen andere als in Abs. 1 und 2 genannte Entscheidungen von schulischen Organen ist ein Widerspruch an die zuständige Schulbehörde nicht zulässig. *(BGBl. I Nr. 75/2013, Art. 1 Z 25)*

(BGBl. Nr. 231/1977, Art. I Z 28)

Zustellung

§ 72. (1) Schriftliche Ausfertigungen von in den Fällen des § 70 Abs. 1 und § 71 Abs. 2 erlassenen Entscheidungen sind den Schülern, sofern sie jedoch nicht volljährig sind und Abs. 3 nicht anzuwenden ist, den Erziehungsberechtigten nachweislich zuzustellen. *(BGBl. Nr. 231/1977, Art. I Z 28 idF BGBl. I Nr. 101/2018, Art. 4 Z 62)*

(2) Die Zustellung an die Erziehungsberechtigten kann auch in der Weise erfolgen, daß die Ausfertigungen dem Schüler (Aufnahmsbewerber, Prüfungskandidaten) zur Übergabe an die Erziehungsberechtigten ausgehändigt werden und diese die Empfangnahme schriftlich bestätigen.

(3) Ist der Schüler (Prüfungskandidat) zum selbständigen Handeln befugt (§ 68), so hat die Zustellung durch Übergabe der Ausfertigungen an ihn zu erfolgen. Die Erziehungs-

berechtigten können jedoch jeweils innerhalb von zwei Wochen nach Beginn des Schuljahres verlangen, daß in diesen Fällen die Zustellung neben der Zustellung an den Schüler (Prüfungskandidaten) auch an sie zu erfolgen hat.

(BGBl. Nr. 231/1977, Art. I Z 28)

Elektronische Zustellungen und Urkundenarchiv

§ 72a. (1) Nach Maßgabe der vorhandenen technischen und organisatorischen Voraussetzungen können nicht nachweisliche Zustellungen auch elektronisch an die Erziehungsberechtigten bzw. im Fall des § 72 Abs. 3 an die handlungsfähige Schülerin oder den handlungsfähigen Schüler (Prüfungskandidatin oder Prüfungskandidaten) erfolgen und zwar im Wege des von der Bundesministerin oder des Bundesministers für Bildung, Wissenschaft und Forschung betriebenen Kommunikationssystems „Bildungsportal" gemäß § 6e BilDokG 2020. Voraussetzung dafür ist die Aktivierung eines Nutzerkontos am Bildungsportal durch die jeweilige Teilnehmerin oder den jeweiligen Teilnehmer. Über die so erfolgte Zustellung ist die Teilnehmerin oder der Teilnehmer im Wege der hinterlegten E-Mail-Adresse oder in einer anderen technisch geeigneten Weise zu informieren. Die Wirksamkeit der Zustellung wird durch die Hinterlegung einer unrichtigen oder ungültigen E-Mail-Adresse nicht gehindert.

(2) Nachweisliche elektronische Zustellungen haben gemäß § 35 des Zustellgesetzes – ZustG, BGBl. Nr. 200/1982, im Wege eines zugelassenen Zustelldienstes zu erfolgen.

(3) Die Bundesministerin oder der Bundesminister für Bildung, Wissenschaft und Forschung ist ermächtigt, vorzusehen, dass die Echtheit der über das Bildungsportal amtssignierten Urkunden mit Hilfe eines Codes in einem Urkundenarchiv des Bildungsportals gemäß § 6e BilDokG 2020 überprüft werden kann. Personen können aus diesem Urkundenarchiv ihnen zugeordnete Urkunden auch zu einem späteren Zeitpunkt im Wege des Bildungsportals erneut übermittelt bekommen. Die näheren technischen Verfahren sind durch die Bundesministerin oder durch den Bundesminister für Bildung, Wissenschaft und Forschung im Verordnungsweg festzulegen.

(BGBl. I Nr. 121/2024, Art. 2 Z 11)

Entscheidungspflicht

§ 73. (1) In den Fällen des § 70 Abs. 1 haben die zuständigen Organe über Ansuchen des Schülers (Aufnahmsbewerbers, Prüfungskandidaten) spätestens vier Wochen nach deren Einlangen, in den Fällen des § 70 Abs. 1 lit. a spätestens zwei Wochen nach Erfüllung sämtlicher Aufnahmsvoraussetzungen, die Entscheidung zu erlassen. Bei Nichteinhalten dieser Fristen geht die Zuständigkeit zur Entscheidung auf schriftliches Verlangen des Schülers (Aufnahmsbewerbers, Prüfungskandidaten) auf die zuständige Schulbehörde über. Ein solches Verlangen ist unmittelbar bei der zuständigen Schulbehörde einzubringen. Das Verlangen ist abzuweisen, wenn die Verzögerung der Entscheidung nicht ausschließlich auf ein Verschulden des zuständigen Organes zurückzuführen ist. *(BGBl. Nr. 231/1977, Art. I Z 28 idF BGBl. I Nr. 75/2013, Art. 1 Z 1 und 2)*

(2) Die Fristen des Abs. 1 werden für die Dauer der Hauptferien, der Weihnachtsferien, der Semesterferien, der Osterferien und der Pfingstferien gehemmt.

(3) Die Schulbehörden haben über Ansuchen und Widersprüche des Schülers (Aufnahmsbewerbers, Prüfungskandidaten) spätestens, soweit im Abs. 4 nicht anderes bestimmt ist, drei Monate nach deren Einbringung die Entscheidung zu erlassen. *(BGBl. Nr. 231/1977, Art. I Z 28 idF BGBl. I Nr. 75/2013, Art. 1 Z 26)*

(3a) Die Schulbehörden haben über Anträge auf Suspendierung gemäß § 49 Abs. 3 binnen zwei Tagen zu entscheiden. *(BGBl. I Nr. 78/2001, Z 26)*

(4) In den Fällen des § 71 Abs. 2 hat die zuständige Schulbehörde über die eingelangten Widersprüche binnen drei Wochen bescheidmäßig zu entscheiden. In den Fällen des § 71 Abs. 2 lit. c und gegen das Ergebnis einer Externistenprüfung zum Nachweis des zureichenden Erfolges gemäß § 11 Abs. 4 des Schulpflichtgesetzes 1985 hat die zuständige Schulbehörde über die eingelangten Widersprüche binnen zwei Wochen bescheidmäßig zu entscheiden. Bis zur bescheidmäßigen Entscheidung der zuständigen Schulbehörde im Widerspruchsverfahren in den Fällen des § 71 Abs. 2 lit. c und gegen das Ergebnis einer Externistenprüfung zum Nachweis des zureichenden Erfolges gemäß § 11 Abs. 4 des Schulpflichtgesetzes 1985 ist der Schüler zum Besuch des Unterrichtes in der nächsten Schulstufe berechtigt. *(BGBl. I Nr. 75/2013, Art. 1 Z 27 idF BGBl. I Nr. 37/2023, Art. 2 Z 2)*

(5) Die Frist zur Erhebung der Beschwerde beim Verwaltungsgericht beträgt vier Wochen. In den Fällen des § 71 Abs. 2 lit. c und gegen das Ergebnis einer Externistenprüfung zum Nachweis des zureichenden Erfolges

gemäß § 11 Abs. 4 des Schulpflichtgesetzes 1985 beträgt sie grundsätzlich zwei Wochen, in den Fällen der Entscheidung nach Ablegung von einer oder zwei Wiederholungsprüfungen (jeweils in Verbindung mit § 25) fünf Tage. Das Verwaltungsgericht hat über Beschwerden aufgrund dieses Bundesgesetzes ab Beschwerdevorlage binnen drei Monaten zu entscheiden. In den Fällen des § 71 Abs. 2 lit. c und gegen das Ergebnis einer Externistenprüfung zum Nachweis des zureichenden Erfolges gemäß § 11 Abs. 4 des Schulpflichtgesetzes 1985 hat das Verwaltungsgericht grundsätzlich ab Beschwerdevorlage binnen vier Wochen, in den Fällen der Entscheidung nach Ablegung von einer oder zwei Wiederholungsprüfungen (jeweils in Verbindung mit § 25) binnen drei Wochen zu entscheiden. Bis zur Entscheidung des Verwaltungsgerichtes im Beschwerdeverfahren in den Fällen des § 71 Abs. 2 lit. c und gegen das Ergebnis einer Externistenprüfung zum Nachweis des zureichenden Erfolges gemäß § 11 Abs. 4 des Schulpflichtgesetzes 1985 ist der Schüler zum Besuch des Unterrichtes in der nächsten Schulstufe berechtigt. *(BGBl. I Nr. 75/2013, Art. 1 Z 28 idF BGBl. I Nr. 37/2023, Art. 2 Z 2)*

(BGBl. Nr. 231/1977, Art. I Z 28)

Fristberechnung

§ 74. (1) Bei der Berechnung von Fristen, die nach Tagen bestimmt sind, wird der Tag nicht mitgerechnet, in den der Zeitpunkt oder das Ereignis fällt, nach dem sich der Anfang der Frist richten soll.

(2) Nach Wochen oder Monaten bestimmte Fristen enden mit dem Ablauf desjenigen Tages der letzten Woche oder des letzten Monats, der durch seine Benennung oder Zahl dem Tag entspricht, an dem die Frist begonnen hat. Fehlt dieser Tag in dem letzten Monat, so endet die Frist mit Ablauf des letzten Tages dieses Monats.

(3) Der Beginn und Lauf einer Frist wird durch Sonn- oder Feiertage nicht behindert.

(4) Fällt das Ende einer Frist auf einen Samstag, Sonn- oder Feiertag, so ist der nächste Werktag als letzter Tag der Frist anzusehen. *(BGBl. Nr. 455/1992, Z 42)*

(5) Die Tage des Postlaufes werden in die Frist nicht eingerechnet.

(6) Durch dieses Bundesgesetz oder die auf Grund dieses Bundesgesetzes erlassenen Verordnungen festgesetzte Fristen können, wenn nicht ausdrücklich anderes bestimmt ist, nicht geändert werden.

(BGBl. Nr. 231/1977, Art. I Z 28)

Nostrifikation ausländischer Zeugnisse[71])

§ 75. (1) Zeugnisse über einen im Ausland zurückgelegten Schulbesuch oder über im Ausland abgelegte Prüfungen sind auf Ansuchen vom zuständigen Bundesminister mit einem Zeugnis über einen Schulbesuch oder die Ablegung von Prüfungen im Sinne dieses Bundesgesetzes als gleichwertig anzuerkennen (Nostrifikation), wenn glaubhaft gemacht wird, daß die Nostrifikation für das Erlangen einer angestrebten Berechtigung oder eines angestrebten Anspruches erforderlich ist und die in den folgenden Bestimmungen festgelegten Voraussetzungen erfüllt sind. Eine Nostrifikation ist nicht erforderlich, wenn ein Schüler die Aufnahme in eine Schule anstrebt und die Ablegung von Einstufungsprüfungen (§ 3 Abs. 6) zulässig ist. Die Nostrifikation kann auch mit Zeugnissen von Schularten und mit Prüfungen, die nicht mehr bestehen, vorgenommen werden; ausgenommen davon ist eine Anerkennung als dem Zeugnis einer Lehrerbildungsanstalt gleichartig, soweit es sich um die Lehrbefähigung handelt. *(BGBl. Nr. 211/1986, Art. I Z 46 idF BGBl. Nr. 455/1992, Z 1, BGBl. Nr. 505/1994, Art. VIII Z 1, BGBl. Nr. 468/1995, Z 2, BGBl. I Nr. 78/2001, Z 3 und BGBl. I Nr. 138/2017, Art. 16 Z 74)*

(2) Dem Ansuchen sind anzuschließen:

a) Geburtsurkunde;

b) bei österreichischen Staatsbürgern, die ihren Hauptwohnsitz im Ausland haben, der Nachweis der österreichischen Staatsbürgerschaft, bei Personen, die ihren Hauptwohnsitz im Inland haben, der Nachweis des Hauptwohnsitzes im Inland; *(BGBl. Nr. 139/1974 idF BGBl. Nr. 231/1977, Art. I Z 33 und BGBl. Nr. 505/1994, Art. VIII Z 1)*

c) Nachweise über den zurückgelegten Schulbesuch bzw. die abgelegten Prüfungen.

(3) Der zuständige Bundesminister hat zu prüfen, ob der Schulbesuch und die abgelegten Prüfungen den Anforderungen für ein Zeugnis entsprechen, mit dem die Gleichhaltung angestrebt wird. *(BGBl. Nr. 139/1974 idF BGBl. Nr. 231/1977, Art. I Z 33, BGBl. Nr. 455/1992, Z 1, BGBl. Nr. 468/1995, Z 2 und BGBl. I Nr. 78/2001, Z 2)*

(4) Soweit den Anforderungen nach Abs. 3 nur zum Teil entsprochen wird, ist die

[71]) Siehe auch das im Anhang zum SchUG wiedergegebene Anerkennungs- und Bewertungsgesetz, BGBl. I Nr. 55/2016 idF BGBl. I Nr. 76/2022, insbesondere die verfahrensrechtlichen Bestimmungen der §§ 7 bis 9.

Nostrifikation vom erfolgreichen Besuch einzelner Schulstufen oder Unterrichtsgegenstände als außerordentlicher Schüler oder von der erfolgreichen Ablegung von Prüfungen abhängig zu machen. Auf diese Prüfungen ist § 42 sinngemäß anzuwenden.

(4a) Ansuchen um Nostrifikation sind abweichend von § 73 des Allgemeinen Verwaltungsverfahrensgesetzes 1991, BGBl. Nr. 51/1991, innerhalb von vier Monaten ab Einlangen der vollständigen Unterlagen zu erledigen. *(BGBl. I Nr. 138/2017, Art. 16 Z 75)*

(5) Nostrifizierte Zeugnisse gewähren die gleichen Berechtigungen wie Zeugnisse, mit denen sie gleichgehalten werden. Wenn die Anforderungen nach Abs. 3, allenfalls in Verbindung mit Abs. 4, zwar hinsichtlich der Bildungshöhe erfüllt sind, aber eine lehrplanmäßig gleiche Fachrichtung oder Form einer Schulart in Österreich nicht vorgesehen ist oder nicht alle Voraussetzungen für die mit einem gleichwertigen österreichischem Zeugnis verbundenen Berechtigungen gegeben sind, kann die Nostrifikation auch mit eingeschränkten Berechtigungen ausgesprochen werden.

(6) Die Nostrifikation ist auf dem Zeugnis oder einem damit fest verbundenen Anhang zu beurkunden. Wenn die Voraussetzungen für die Nostrifikation nicht gegeben sind, ist das Ansuchen abzuweisen.

(7) Zwischenstaatliche Vereinbarungen über die Anerkennung von im Ausland erworbenen Zeugnissen werden hiedurch nicht berührt.

(8) Die Abs. 1 bis 7 gelten sinngemäß für den Besuch von Privatschulen mit ausländischem Lehrplan, die das Öffentlichkeitsrecht besitzen, und von Schulen, die auf Grund zwischenstaatlicher Vereinbarungen in Österreich bestehen. Die Nostrifikation kann im Einzelfall oder – sofern dies aus Gründen der Verwaltungsvereinfachung zweckmäßig ist – durch Verordnung erfolgen. Bei Nostrifikation durch Verordnung kann ein diesbezüglicher Vermerk von der Schule in das betreffende Zeugnis aufgenommen werden. *(BGBl. Nr. 367/1982, Art. I Z 43)*

(BGBl. Nr. 139/1974 idF BGBl. Nr. 231/1977, Art. I Z 33)

Ersatzbestätigungen für verlorene Zeugnisse

§ 76. (1) Die Ausstellung einer Ersatzbestätigung für ein verlorenes inländisches Zeugnis kann bei der örtlich zuständigen Bildungsdirektion beantragt werden. Die Ausstellung einer Ersatzbestätigung für ein verlorenes ausländisches Zeugnis kann von Personen, die ihren Hauptwohnsitz im Inland haben, beim zuständigen Bundesministerium beantragt werden. Der Antragsteller hat glaubhaft zu machen, daß die Bemühungen um die Wiedererlangung des verlorenen Zeugnisses oder die Ausstellung einer Zweitschrift ohne sein Verschulden ergebnislos geblieben sind. *(BGBl. Nr. 139/1974 idF BGBl. Nr. 231/1977, Art. I Z 33, BGBl. Nr. 455/1992, Z 1, BGBl. Nr. 505/1994, Art. VIII Z 1, BGBl. Nr. 468/1995, Z 2, BGBl. I Nr. 78/2001, Z 27 und BGBl. I Nr. 138/2017, Art. 16 Z 76)*

(2) Dem Ansuchen sind anzuschließen:

a) Geburtsurkunde;
b) Staatsbürgerschaftsnachweis und Nachweis des Hauptwohnsitzes; *(BGBl. Nr. 139/1974 idF BGBl. Nr. 231/1977, Art. I Z 33 und BGBl. Nr. 505/1994, Art. VIII Z 1)*
c) Angaben über Beweismittel, aus denen der seinerzeitige Erwerb des Zeugnisses hervorgeht.

(3) Die Ersatzbestätigung ist auszustellen, wenn sich der Erwerb des Zeugnisses im Ermittlungsverfahren zweifelsfrei ergibt. Andernfalls ist der Antrag abzuweisen.

(4) Mit einer gemäß Abs. 3 ausgestellten Ersatzbestätigung sind die gleichen Berechtigungen wie mit dem verlorenen Zeugnis verbunden.

(5) Eine Ersatzbestätigung für ein ausländisches Zeugnis kann bei Vorliegen der im § 75 Abs. 1 genannten Voraussetzungen auch einer Nostrifikation gemäß § 75 unterzogen werden, wobei die beiden Verfahren verbunden werden können. *(BGBl. Nr. 211/1986, Art. I Z 47)*

(BGBl. Nr. 139/1974 idF BGBl. Nr. 231/1977, Art. I Z 33)

Klassenbücher

§ 77. (1) An jeder Schule ist für jede Klasse ein Klassenbuch zu führen. Das Klassenbuch dient dazu, zur Sicherstellung und zum Nachweis der Ordnungsgemäßheit des Unterrichts Vorgänge zu dokumentieren, die im Zusammenhang mit der Organisation und der Durchführung von Unterricht stehen.

(2) Klassenbücher haben Aufzeichnungen zu enthalten insbesondere über:

1. Schule, Schulart, Schulstandort, Schuljahr, Klasse bzw. Jahrgang, Schulformkennzahl,
2. Namen der Schülerinnen und Schüler,
3. Unterrichtsgegenstände (Stundenplan),
4. Namen der unterrichtenden Lehrerinnen und Lehrer,

5. Termine für Schularbeiten und Tests,
6. Anmerkungen zu den einzelnen Unterrichtsstunden: Beginn und Ende der Unterrichtsstunde, behandelter Lehrstoff, durchgeführte Prüfungen, besondere Vorkommnisse wie zB Abweichungen vom Stundenplan (Stundentausch, Supplierung, Entfall, Schulveranstaltungen ua.),
7. Anmerkungen zu den einzelnen Schülerinnen oder Schülern: Fernbleiben, Aufgaben und Funktionen, besondere Vorkommnisse ua.

Besondere Kategorien personenbezogener Daten im Sinne des Art. 9 Abs. 1 der Datenschutz-Grundverordnung dürfen nur dann im Klassenbuch vermerkt werden, wenn deren Dokumentation für die Zweckerreichung gemäß Abs. 1 ein erhebliches öffentliches Interesse darstellt. *(BGBl. I Nr. 56/2016, Art. 5 Z 49 idF BGBl. I Nr. 32/2018, Art. 51 Z 4 und BGBl. I Nr. 121/2024, Art. 2 Z 12)*

(3) Klassenbücher sind gesichert und vor dem Zugriff anderer Personen als dem an der Schule tätigen Lehr- und Verwaltungspersonal geschützt zu verwahren. Sie können statt in Schriftform auch elektronisch geführt werden, wobei das Einräumen von Abfrageberechtigungen und das Schaffen von Einsichts- oder Zugriffsmöglichkeiten für andere Personen als dem an der Schule tätigen Lehr- und Verwaltungspersonal, Schülerinnen und Schüler sowie Erziehungsberechtigte nicht zulässig sind. Für Schülerinnen und Schüler sowie für Erziehungsberechtigte darf ein Personenbezug nur hinsichtlich der eigenen Person bzw. des Kindes, auf das sich das Erziehungsrecht bezieht, hergestellt werden. Es sind Datensicherheitsmaßnahmen gemäß Art. 32 der Datenschutz-Grundverordnung zu treffen und es sind die Bestimmungen des § 6 des Datenschutzgesetzes (DSG), BGBl. I Nr. 165/1999, über das Datengeheimnis anzuwenden. *(BGBl. I Nr. 56/2016, Art. 5 Z 49 idF BGBl. I Nr. 138/2017, Art. 16 Z 77 und BGBl. I Nr. 32/2018, Art. 51 Z 5)*

(4) Klassenbücher sind unter Beachtung der Zugriffsbeschränkungen und Datensicherheitsmaßnahmen drei Jahre ab dem Ende des letzten Schuljahres der betreffenden Klasse oder des betreffenden Jahrganges an der Schule aufzubewahren.

(5) Klassenbücher einer öffentlichen Pflichtschule, die aufgelassen wird, sind von jener öffentlichen Pflichtschule zur Aufbewahrung zu übernehmen, in deren Schulsprengel der Standort der aufzulassenden Schule liegt. Die Aufzeichnungen anderer Schulen, die aufgelassen werden, sind von der zuständigen Schulbehörde zur Aufbewahrung zu übernehmen.

(6) Nach Ablauf der Aufbewahrungsfrist gemäß Abs. 4 sind physische Aufzeichnungen zu vernichten und elektronisch gespeicherte Aufzeichnungen zu löschen.

(BGBl. I Nr. 56/2016, Art. 5 Z 49)

Formblätter und Datenmuster; Aufbewahrung von Protokollen und Aufzeichnungen

§ 77a.[72]) (1) Die Landesschulräte und, soweit Bedarf nach einer einheitlichen Regelung besteht, das zuständige Regierungsmitglied haben durch Verordnung nach den Erfordernissen der einzelnen Schularten Bestimmungen über Form, Inhalt, Führung und Aufbewahrung der in den Schulen zu führenden Aufzeichnungen und über die sonstigen bei der Vollziehung dieses Bundesgesetzes zu verwendenden Formblätter oder Datenmuster zu erlassen. Das gilt insbesondere für Klassenbücher, Gesundheitsblätter und Prüfungsprotokolle.

(2) Zum Zweck der Dokumentation für behördliche Verfahren sind Prüfungsprotokolle (samt Beilagen) über die Durchführung von Prüfungen aufzubewahren. In den Prüfungsprotokollen nachstehend genannter Prüfungen sind die Prüfungskommission (der oder die Prüfer, die Prüferin oder die Prüferinnen), die Daten des Prüfungskandidaten oder der Prüfungskandidatin, die Aufgabenstellungen, die Beschreibung der Leistungen und ihre Beurteilung, die Prüfungsergebnisse und die bei der Prüfung oder auf Grund der Prüfungsergebnisse getroffenen Entscheidungen und Verfügungen zu verzeichnen:

1. Einstufungsprüfungen (§ 3 Abs. 6, 7 und 7a),
2. Aufnahms- und Eignungsprüfungen (§§ 6 bis 8),
3. Feststellungsprüfungen (§ 20 Abs. 2),
4. Nachtragsprüfungen (§ 20 Abs. 3),
5. Prüfungen über Kenntnisse und Fertigkeiten des praktischen Unterrichtes (§ 20 Abs. 4),
6. Wiederholungsprüfungen (§ 23),
7. Semesterprüfungen (§ 23a),
8. Semesterprüfungen über noch nicht besuchte Unterrichtsgegenstände (§ 23b),
9. Einstufungsprüfungen (§ 26 Abs. 1 und 3),

---

[72]) § 77a ist gemäß § 82 Abs. 8 Z 3 mit 1. September 2016 in Kraft getreten und gilt nur für Protokolle und Aufzeichnungen, die ab dem 1. September 2016 angefertigt wurden. Für vor diesem Zeitpunkt angefertigte Protokolle und Aufzeichnungen gilt gemäß § 82g die vor dem 1. September 2016 geltende Fassung des § 77. Siehe Kodex 16. Auflage.

10. Einstufungsprüfungen (§ 26a Abs. 1 und 2),
11. Aufnahmsprüfungen (§ 29 Abs. 5 und 5a, § 31b Abs. 3 sowie weiters: § 40 Abs. 1, 2, 2a, 3, 3a und 4, § 55, § 68, § 97 und § 105 des Schulorganisationsgesetzes, § 12 des Land- und forstwirtschaftlichen Bundesschulgesetzes), *(BGBl. I Nr. 56/2016, Art. 5 Z 49 idF BGBl. I Nr. 101/2018, Art. 4 Z 71)*
12. Reifeprüfungen (einschließlich Zusatzprüfungen zur Reifeprüfung), Reife- und Diplomprüfungen, Diplomprüfungen und Abschlussprüfungen (§§ 34 bis 41),
13. Externistenprüfungen (§ 42) und
14. Prüfungen im Widerspruchs- und Beschwerdeverfahren (§ 71 Abs. 4 und 5).

Prüfungsprotokolle sind unter Beachtung der Zugriffsbeschränkungen und Datensicherheitsmaßnahmen gemäß § 77 Abs. 3 aufzubewahren. Prüfungsprotokolle von Prüfungen gemäß Z 12 und diesen Prüfungen entsprechenden Externistenprüfungen gemäß Z 13 sind sechzig Jahre, Prüfungsprotokolle von allen anderen Prüfungen drei Jahre, jeweils ab dem Jahr, in dem die Prüfung stattgefunden hat, aufzubewahren.

(3) Zum Nachweis der Ordnungs- und Rechtmäßigkeit schulinterner Vorgänge sind Besprechungsprotokolle sowie Aufzeichnungen von Konferenzen und von Sitzungen schulpartnerschaftlicher Gremien zu dokumentieren. Sie haben insbesondere zu enthalten:

1. Datum, Zeit, Ort, Namen der Anwesenden,
2. Tagesordnungspunkte,
3. Anträge,
4. Aufzeichnung des Sitzungsverlaufs,
5. gefasste Beschlüsse und Abstimmungsergebnisse sowie
6. Namen und Unterschrift der Protokollführerin oder des Protokollführers.

Protokolle und Aufzeichnungen sind unter Beachtung der Zugriffsbeschränkungen und Datensicherheitsmaßnahmen gemäß § 77 Abs. 3 drei Jahre ab dem Jahr, in dem das Protokoll geführt oder die Aufzeichnung stattgefunden hat, aufzubewahren. Protokolle über Beschlüsse mit Wirksamkeit für die Zukunft sind drei Jahre über das Enden der Wirksamkeit des Beschlusses aufzubewahren.

(4) § 77 Abs. 3, 5 und 6 ist auf Prüfungsprotokolle gemäß Abs. 2 sowie auf Besprechungsprotokolle und Aufzeichnungen gemäß Abs. 3 anzuwenden.

(BGBl. I Nr. 56/2016, Art. 5 Z 49)

Verarbeitung von Informationen zur Sommerschule[73])

§ 77b. Die Schulleitung und die Lehrperson, Lehramtsstudierende sowie die Schulbehörden sind berechtigt, personenbezogene Daten von zum Förderunterricht gemäß § 8 lit. g sublit. dd des Schulorganisationsgesetzes (Sommerschule) angemeldeten Schülerinnen und Schülern zu verarbeiten, wenn diese für die Organisation oder Durchführung des Unterrichts notwendig sind. Diese Daten der jeweiligen Schülerin oder des jeweiligen Schülers dürfen ausschließlich den Namen der Person, Informationen zur besuchten Schule (insbesondere die Schulkennzahl), zum Wohnort, zur Anreise zur Sommerschule und zu den schulischen Leistungen umfassen. Zum Zweck des Austausches der Daten über die Teilnahme an der Sommerschule zwischen der Schulbehörde, der Sommerschule und der Schule, an der gemäß § 12 Abs. 10 die Anmeldung zur Sommerschule erfolgte, sind Daten aus den Evidenzen der Schülerinnen und Schüler an das von der Bundesrechenzentrum GmbH (BRZ GmbH) zu führende zentrale IT-System zu übermitteln. Gespeicherte Daten sind spätestens bis zum 31. Dezember jeden Jahres zu löschen. (BGBl. I Nr. 232/2021, Art. 2 Z 7 idF BGBl. I Nr. 227/ 2022, Art. 1 Z 2 und 3)

(BGBl. I Nr. 232/2021, Art. 2 Z 7 und BGBl. I Nr. 121/2024, Art. 2 Z 13)

17. Abschnitt
Schlussbestimmungen

Schulversuche[74])

§ 78. Der zuständige Bundesminister oder die zuständige Bundesministerin kann, wenn dies zur Erprobung besonderer pädagogischer oder schulorganisatorischer Maßnahmen erforderlich ist, an Schulen der im § 1 genannten Arten Schulversuche durchführen, bei denen von den Abschnitten 2 bis 9 (ausgenommen die §§ 48 und 49) abgewichen wird. § 7 des Schulorganisationsgesetzes, BGBl. Nr. 242/ 1962, ist anzuwenden.

(BGBl. I Nr. 138/2017, Art. 16 Z 78)

§ 78a. entfallen (BGBl. I Nr. 56/2016, Art. 5 Z 50)

---

[73]) *Der kursiv gedruckte § 77b samt Überschrift* tritt gemäß § 82 Abs. 26 Z 3 mit Ablauf des 31. Dezember 2024 außer Kraft.

[74]) Siehe auch RS Nr. 20/2017 betreffend Informationen zum Bildungsreformgesetz 2017 (3.6.2.) und RS Nr. 26/2018 betreffend Schulversuche Grundsatzerlass 2021 (3.6.3.).

§ 78b. entfallen (BGBl. I Nr. 138/2017, Art. 16 Z 79)

§ 78c. entfallen (BGBl. I Nr. 138/2017, Art. 16 Z 79)

Kundmachung von Verordnungen

§ 79. (1) Wenn auf Grund dieses Bundesgesetzes zu erlassende Verordnungen sich nur auf einzelne Schulen beziehen, so sind sie abweichend von den sonst geltenden Bestimmungen über die Kundmachung solcher Verordnungen ein Monat lang bzw. bei kürzerer Geltungsdauer der Verordnung für diesen Zeitraum, durch Anschlag in der betreffenden Schule kundzumachen. Sie treten, soweit darin nicht anderes bestimmt ist, mit Ablauf des Tages des Anschlages in der Schule in Kraft. Die Schüler und die Erziehungsberechtigten sind in geeigneter Weise auf diese Kundmachungen hinzuweisen.

(2) Spätestens nach Ablauf eines Monats sind die nach Abs. 1 kundgemachten Verordnungen bei der Schulleitung zu hinterlegen und zumindest für die Dauer ihrer Geltung aufzubewahren; abweichende Aufbewahrungsvorschriften werden von dieser Regelung nicht berührt. Auf Verlangen ist Schülern und Erziehungsberechtigten Einsicht zu gewähren.

(3) Erklärungen von Veranstaltungen zu schulbezogenen Veranstaltungen gemäß § 13a Abs. 1 sind abweichend von sonstigen Kundmachungsvorschriften durch Anschlag in der (den) betreffenden Schule(n) kundzumachen. Eine Kundmachung kann unterbleiben, wenn alle in Betracht kommenden Schüler und deren Erziehungsberechtigte von der Erklärung in Kenntnis gesetzt werden.

(BGBl. Nr. 211/1986, Art. I Z 49)

Freiheit von Stempelgebühren und Verwaltungsabgaben

§ 80. Ansuchen, Bestätigungen, Bescheide und Zeugnisse auf Grund dieses Bundesgesetzes oder der auf Grund dieses Bundesgesetzes erlassenen Verordnungen sind – ausgenommen im Verfahren nach § 14 Abs. 5, § 15, sowie den §§ 42, 75 und 76 – von allen Stempelgebühren und Verwaltungsabgaben des Bundes befreit. *(BGBl. Nr. 139/1974 idF 231/1977, Art. I Z 31)*

(BGBl. Nr. 139/1974 idF BGBl. Nr. 231/1977, Art. I Z 33)

Geltung und Wirksamkeit anderer Rechtsvorschriften

80a. Soweit in diesem Bundesgesetz auf andere Bundesgesetze verwiesen wird, sind diese in ihrer jeweils geltenden Fassung anzuwenden.

(BGBl. I Nr. 98/1999, Z 19)

Außerkrafttreten bisheriger Vorschriften

§ 81. (1) Mit dem Inkrafttreten dieses Bundesgesetzes treten alle bisherigen Vorschriften über die Aufnahme in die Schule, die Aufnahms- und Eignungsprüfungen, die Unterrichtsordnung, die Unterrichtsarbeit und die Schülerbeurteilung, das Zeugniswesen, das Aufsteigen und das Wiederholen von Schulstufen, die Höchstdauer und Beendigung des Schulbesuches, die Reife-, Befähigungs- und Abschlußprüfungen, die Externistenprüfungen, die Prüfungstaxen, die Schulordnung, die Funktionen des Lehrers, die Lehrerkonferenzen, die Beziehungen zwischen Schule und Schülern sowie Schule und Erziehungsberechtigten, das Verfahren schulischer Organe, die Nostrifikation ausländischer Zeugnisse, die Ersatzbestätigung für verlorene Zeugnisse und die in den Schulen zu führenden Aufzeichnungen außer Kraft.

(2) Im Sinne des Abs. 1 treten insbesondere die noch geltenden Bestimmungen folgender Vorschriften außer Kraft:

a) die Verordnung des Ministers für Cultus und Unterricht vom 16. Dezember 1854, RGBl. Nr. 315, mit der Bestimmungen über die Organisation der Gymnasien in Kraft gesetzt werden;
b) das Reichsvolksschulgesetz, RGBl. Nr. 62/1869, in der geltenden Fassung, ausgenommen die §§ 38 Abs. 2 bis 5, 39 und 40;
c) die Schul- und Unterrichtsordnung für allgemeine Volksschulen und für Bürger-(Haupt)schulen, RGBl. Nr. 159/1905;
d) das Burgenländische Landesschulgesetz 1937, LGBl. Nr. 40, mit Ausnahme des § 7;
e) die Allgemeine Schulordnung für Mittelschulen, BGBl. Nr. 294/1937, in der geltenden Fassung.

(3) Das Religionsunterrichtsgesetz und das Minderheiten-Schulgesetz für Kärnten bleiben unberührt.

(BGBl. Nr. 139/1974 idF BGBl. Nr. 231/1977, Art. I Z 33)

Inkrafttreten

§ 82. (1) Dieses Bundesgesetz tritt mit 1. September 1974 in Kraft.

(1a) Verordnungen auf Grund der Änderungen durch die in den nachstehenden Absätzen genannten Bundesgesetze können bereits von dem ihrer Kundmachung folgenden Tag an erlassen werden. Sie treten frühestens mit dem jeweils in den nachstehenden Absätzen genannten Zeitpunkt in Kraft. *(BGBl. Nr. 514/1993, Z 32 idF BGBl. I Nr. 67/2015, Art. 2 Z 2 und BGBl. I Nr. 56/2016, Art. 5 Z 51)*

(2) Die folgenden Paragraphen in der Fassung des Bundesgesetzes BGBl. Nr. 455/1992 treten wie folgt in Kraft:

1. § 2a, § 18 Abs.12, § 22 Abs. 8 und 11, § 48, § 57 Abs. 5, § 70 Abs. 1, § 71 Abs. 1 und 2, § 74 Abs. 4 sowie die Änderung der Bezeichnung des Bundesministers und des Bundesministeriums für Unterricht, Kunst und Sport mit Ablauf des Tages der Kundmachung im Bundesgesetzblatt;
2. § 3 Abs. 6 und 7a, § 18 Abs. 1 und 11, § 19 Abs. 2, § 21, § 22 Abs. 2 lit. e und g bis k, § 26, § 29 Abs. 5 und 5a, § 30, § 31b Abs. 1, § 35 Abs. 1 und 2, § 42 Abs. 6, 6a, 8 und 9 sowie § 78 Abs. 1 mit 1. September 1992;
3. § 59 Abs. 1 und 2, § 59a sowie § 64 Abs. 4, 5 und 7 mit 1. September 1993.

(BGBl. Nr. 455/1992, Z 44)

(3) § 63a Abs. 2, 12, 14 und 17 sowie § 64 Abs. 2, 11, 13 und 16 in der Fassung des Bundesgesetzes BGBl. Nr. 324/1993 treten mit 1. September 1993 in Kraft. *(BGBl. Nr. 324/1993, Z 10)*

(4) § 3 Abs. 7a, § 9 Abs. 1 und 1a, § 17 Abs. 4, § 18 Abs. 12 und 13, § 19 Abs. 2, § 22 Abs. 2, § 25 Abs. 5a, § 36 Abs. 2, § 42 Abs. 8, § 49 Abs. 1 und 9, § 55 Abs. 2, § 57 Abs. 3, § 62 Abs. 1 und § 70 Abs. 1 lit. d dieses Bundesgesetzes in der Fassung des Bundesgesetzes BGBl. Nr. 514/1993 treten mit 1. September 1993 in Kraft. *(BGBl. Nr. 514/1993, Z 32)*

(5) Die Überschrift des § 9, § 9 Abs. 5, § 12a, § 17 Abs. 1, § 33 Abs. 7a, § 43 Abs. 1, § 45 Abs. 7, § 47 Abs. 1, § 51 Abs. 3, § 55a, § 56 Abs. 8, § 57 Abs. 7, § 62 Abs. 3, § 70 Abs. 1 lit. c in der Fassung des Bundesgesetzes BGBl. Nr. 514/1993 treten mit 1. September 1994 in Kraft. *(BGBl. Nr. 514/1993, Z 32)*

(5a) § 64 Abs. 2 Z 1 lit. j und k in der Fassung des Bundesgesetzes BGBl. Nr. 643/1994 tritt mit 1. September 1995 in Kraft. *(BGBl. Nr. 643/1994, Z 2)*

(5b) Die folgenden Paragraphen in der Fassung des Bundesgesetzes BGBl. Nr. 468/1995 treten wie folgt in Kraft:

1. § 3 Abs. 2 und 6, § 7 Abs. 1, 3 und 4, § 11 Abs. 6, § 12 Abs. 2 und 9, § 13 Abs. 2, § 14 Abs. 3 bis 5 und 7, § 15 Abs. 1 bis 4, § 16 Abs. 3, § 17 Abs. 3, § 18 Abs. 7 und 10, § 19 Abs. 2, § 21 Abs. 1, § 22 Abs. 9, § 29 Abs. 6, § 31a, § 31b Abs. 2, § 31c Abs. 1 und 4, § 34 Abs. 1, § 35 Abs. 1, § 39 Abs. 4, § 40 Abs. 2, § 42 Abs. 2, 4 und 1o, § 44 Abs. 1 und 2, § 52, § 53, § 54a Abs. 2, § 55 Abs. 4, § 56 Abs. 8, § 59a Abs. 12, § 63a Abs. 5, § 64 Abs. 19, § 65 Abs. 1, § 66 Abs. 4, § 75 Abs. 1 und 3, § 76 Abs. 1, § 77 Abs. 1 und § 83 mit Ablauf des Tages der Kundmachung im Bundesgesetzblatt und
2. § 63a Abs. 2, 12 und 14 sowie § 64 Abs. 2, 11 und 13 mit 1. September 1995.

(BGBl. Nr. 468/1995, Z 8)

(5c) Die nachstehenden Bestimmungen dieses Bundesgesetzes in der Fassung des Bundesgesetzes BGBl. Nr. 767/1996 treten wie folgt in Kraft:

1. § 3 Abs. 7b, § 12a Abs. 2, § 18 Abs. 8, § 22 Abs. 2 lit. l und Abs. 10, § 23 Abs. 5, § 25 Abs. 3, § 36 Abs. 2, 3 und 5, § 37 Abs. 1, § 42 Abs. 3 (hinsichtlich der Wendung „Unterricht und kulturelle Angelegenheiten“) und 15, § 54a Abs. 3 sowie § 56 Abs. 6 und 7 mit Ablauf des Tages der Kundmachung im Bundesgesetzblatt,
2. der Entfall des § 3 Abs. 3 und 4, § 4 Abs. 3, § 9 Abs. 1, § 10 Abs. 2, der Entfall des § 10 Abs. 3, § 11 Abs. 3, § 13 Abs. 1a und 2, § 13a Abs. 1, § 14 Abs. 6, der Entfall des § 14 Abs. 7, § 16 Abs. 3, § 17 Abs. 4, § 19 Abs. 4, § 22 Abs. 2 lit. h und Abs. 4, § 23 Abs. 1, § 25 Abs. 1 und 9, § 27 Abs. 1 und 3, der Entfall des § 31a samt Überschrift, § 33 Abs. 2 lit. e und f, § 44a samt Überschrift, § 45 Abs. 5, § 46 Abs. 3, § 52, § 53, der Entfall des § 55 Abs. 4, § 56 Abs. 6 und 7, § 58 Abs. 2 Z 2 lit. b und c, § 61 Abs. 2 Z 2 lit. b und c, der Entfall des § 63 Abs. 3, § 63a Abs. 2, § 64 Abs. 2 Z 1 lit. a und Z 2 lit. c sowie Abs. 7, § 65 Abs. 1, § 70 Abs. 1 lit. d, i und j sowie § 71 Abs. 8 mit 1. Februar 1997,
3. § 5 Abs. 4, § 22 Abs. 8, § 28 Abs. 3, § 32 Abs. 8, die Überschrift des 8. Abschnittes, die Überschrift des § 34, § 34 Abs. 1, § 35 Abs. 2, § 36 Abs. 1 und 6, § 37 Abs. 5, § 38 Abs. 4, § 39 Abs. 1 und 3, § 41 samt Überschrift, § 42 Abs. 1, 3, 4, 6, 6a, 9, 10 und 13, § 64 Abs. 2 Z 1 lit. l und m sowie Abs. 11, § 68 lit. q, r und s, § 70 Abs. 1 lit. g und h, § 71 Abs. 2 lit. e sowie § 77 lit. c mit 1. April 1997,
4. § 5 Abs. 1, § 11 Abs. 1, 7 und 8, § 12 Abs. 6, § 20 Abs. 3, § 22 Abs. 2 lit. g, § 28 Abs. 4, § 29 Abs. 1 bis 4, 7 und 8, § 31b Abs. 2, § 59, § 59a Abs. 2, 3, 5, 6, 9 und 11, § 63 Abs. 4, § 63a Abs. 1 und 14

sowie § 64 Abs. 1, 3, 7[75]) und 13 mit 1. September 1997,
5. § 9 Abs. 1a, § 25 Abs. 5a sowie § 28 Abs. 1 mit 1. September 1997 schulstufenweise aufsteigend,
6. § 32 Abs. 2 mit 1. September 1998.

(BGBl. Nr. 767/1996, Z 97)

(5d) Die nachstehend genannten Bestimmungen dieses Bundesgesetzes in der Fassung des Bundesgesetzes BGBl. I Nr. 22/1998 treten wie folgt in Kraft:

1. § 22 Abs. 8, § 33 Abs. 4 und 5, die Überschrift des 8. Abschnittes sowie des § 34, § 34 Abs. 1, § 39 Abs. 1, § 42 Abs. 1, 3, 4, 6, 6a, 9 und 10, § 63 Abs. 4, § 63a Abs. 2 Z 1 lit. k (soweit nicht durch Z 5 erfaßt) und Abs. 18, § 64 Abs. 13 und 18, § 66 Abs. 4, § 68 lit. q und r, § 70 Abs. 1 lit. h, § 71 Abs. 1 lit. e, § 77 lit. c sowie § 83 Abs. 1 treten mit Ablauf des Tages der Kundmachung im Bundesgesetzblatt in Kraft,
2. der Entfall des § 22 Abs. 2 lit. j, § 22 Abs. 5 sowie § 25 Abs. 3 treten mit 1. September 1997 in Kraft,
3. § 31b Abs. 1a tritt mit 1. Jänner 1998 in Kraft,
4. § 35 Abs. 1 und 1a sowie § 36 Abs. 2 treten mit 1. April 1998 in Kraft,
5. § 14 Abs. 7, § 19 Abs. 2, der Entfall des § 22 Abs. 7, § 23 Abs. 1, § 63a Abs. 1 Z 1 lit. k (Ersatz des Strichpunktes durch einen Beistrich) und l, § 64 Abs. 1 Z 1 lit. m und n, § 64 Abs. 7 sowie § 68 lit. h treten mit 1. September 1998 in Kraft.

(BGBl. I Nr. 22/1998, Z 29)

(5e) Die nachstehenden Bestimmungen dieses Bundesgesetzes in der Fassung des Bundesgesetzes BGBl. I Nr. 133/1998 treten wie folgt in bzw. außer Kraft:

1. § 82a samt Überschrift tritt mit 1. Juni 1998 in Kraft,
2. § 18 Abs. 2, § 22 Abs. 1, § 26 Abs. 1, 3 und 4, § 28 Abs. 6, § 31c samt Überschrift, § 32 Abs. 1 und 2a, § 36 Abs. 4, § 37 Abs. 8, § 57 Abs. 3, § 63a Abs. 2 und 12 sowie § 78a samt Überschrift treten mit 1. September 1998 in Kraft,
3. § 17 Abs. 5 sowie § 71 Abs. 2 und 8 treten mit 1. September 1999 in Kraft,
4. § 32 Abs. 2a tritt mit Ablauf des 31. August 2002 außer Kraft, *(BGBl. I Nr. 133/1998, Z 19 idF BGBl. I Nr. 53/2000)*
5. § 82a samt Überschrift tritt mit Ablauf des 31. August 2001 außer Kraft.

(BGBl. I Nr. 133/1998, Z 19)

(5f) Die nachstehend genannten Bestimmungen dieses Bundesgesetzes in der Fassung des Bundesgesetzes BGBl. I Nr. 98/1999 treten wie folgt in Kraft:

1. § 25 Abs. 1, § 29 Abs. 2, § 54a Abs. 1, § 63a Abs. 15, § 64 Abs. 14, § 68 lit. s und x[76]), § 71 Abs. 5, sowie § 80a samt Überschrift treten mit Ablauf des Tages der Kundmachung im Bundesgesetzblatt in Kraft,
2. § 38 samt Überschrift sowie § 82b Abs. 3 treten mit 1. Mai 1999 in Kraft,
3. § 23 Abs. 1, § 27 Abs. 1 und 4 sowie § 59 Abs. 1 treten mit 1. September 1999 in Kraft,
4. § 2b samt Überschrift, § 22 Abs. 8, die Überschrift des 8. Abschnittes, §§ 34 bis 36 jeweils samt Überschrift, § 36a samt Überschrift, § 37 samt Überschrift, §§ 39 bis 41 jeweils samt Überschrift, § 42 Abs. 9, § 68 lit. q und r, § 70 Abs. 1 lit. h, die Überschrift des § 82a und des § 82b sowie § 82b Abs. 1 und 2 treten mit 1. April 2000 in Kraft.

(BGBl. I Nr. 98/1999, Z 20)

(5g) Die nachstehend genannten Bestimmungen dieses Bundesgesetzes in der Fassung des Bundesgesetzes BGBl. I Nr. 78/2001 treten wie folgt in Kraft:

1. § 3 Abs. 6, § 7 Abs. 1, 3 und 4, § 11 Abs. 6, § 12 Abs. 2 und 9, § 13 Abs. 2, § 14 Abs. 3, 4 und 5, § 15 Abs. 1, 2, 3 und 4, § 17 Abs. 3, § 18 Abs. 7 und 10, § 19 Abs. 2, § 21 Abs. 1, § 22 Abs. 9, § 23 Abs. 5, § 25 Abs. 5b, § 29 Abs. 6, § 31b Abs. 2, § 33 Abs. 2 lit. e, § 42 Abs. 2, 3, 4, 10 und 15, die Überschrift des § 44, § 44 Abs. 1 und 2, § 45 Abs. 4, § 54 a Abs. 2 und 3, § 56 Abs. 8, § 59a Abs. 12, § 63a Abs. 5, § 64 Abs. 19, § 66 Abs. 4, § 71 Abs. 2 lit. e, § 75 Abs. 1 und 3, § 76 Abs. 1, § 77 sowie § 83 Abs. 1 treten mit Ablauf des Tages der Kundmachung im Bundesgesetzblatt in Kraft;
2. § 13 Abs. 3 und 4, § 13a Abs. 2, § 19 Abs. 4, § 21 Abs. 3, § 32 Abs. 3a, § 43 Abs. 1, § 49 Abs. 1, § 57 Abs. 11, § 58 Abs. 5, § 59b samt Überschrift, § 70 Abs. 2a, § 71 Abs. 1 und 2 sowie § 73 Abs. 3a treten mit 1. September 2001 in Kraft;

---

[75]) Die Bestimmung des § 64 Abs. 7 ist auf Grund der Z 2 bereits mit 1. Februar 1997 in Kraft getreten; bei der nochmaligen Anführung des § 64 Abs. 7 in Z 4 handelt es sich um ein redaktionelles Versehen.

[76]) Die Neufassung des § 68 lit. p findet hier keine Erwähnung, sodass diese Bestimmung ebenfalls mit Ablauf des Tages der Kundmachung im Bundesgesetzblatt in Kraft tritt.

3. § 82a samt Überschrift tritt mit 1. September 2002 in Kraft.

(BGBl. I Nr. 78/2001, Z 28)

(5h) § 32 Abs. 2a dieses Bundesgesetzes in der Fassung des Bundesgesetzes BGBl. I Nr. 56/2003 tritt mit 1. September 2003 in Kraft. *(BGBl. I Nr. 56/2003, Z 2)*

(5i) § 13b samt Überschrift, § 19 Abs. 3a und 4 sowie § 44a dieses Bundesgesetzes in der Fassung des Bundesgesetzes BGBl. I Nr. 172/2004 treten mit 1. Jänner 2005 in Kraft. *(BGBl. I Nr. 172/2004, Z 4)*

(5j) Die nachstehend genannten Bestimmungen dieses Bundesgesetzes in der Fassung des Bundesgesetzes BGBl. I Nr. 91/2005 treten wie folgt in Kraft:

1. § 31b Abs. 1 sowie § 51 Abs. 2 treten mit 1. September 2005 in Kraft,
2. § 18 Abs. 8, § 20 Abs. 4, § 25 Abs. 3 sowie § 31 Abs. 2 treten mit 1. September 2006 in Kraft.

(BGBl. I Nr. 91/2005, Art. 6 Z 5)

(5k) Die nachstehend genannten Bestimmungen dieses Bundesgesetzes in der Fassung des Bundesgesetzes BGBl. I Nr. 20/2006 treten wie folgt in Kraft bzw. außer Kraft:

1. § 5 Abs. 1, § 6 samt Überschrift, § 11 Abs. 1 und 3a, § 12 Abs. 1, § 20 Abs. 9, § 38 Abs. 4, § 63a Abs. 2 Z 1 lit. h, Abs. 11 sowie § 64 Abs. 2 Z 1 lit. j treten mit 1. Jänner 2006 in Kraft,
2. § 20 Abs. 6 sowie § 23 Abs. 1, 1a, 1b, 1c und 1d treten mit 1. Juni 2006 in Kraft,
3. § 3 Abs. 1 lit. c, § 10 Abs. 1, § 11 Abs. 6a, § 12 Abs. 5, § 19 Abs. 3a, § 22 Abs. 8, § 25 Abs. 5c, § 26a samt Überschrift, die Überschrift des 7. Abschnittes, § 31e samt Überschrift, § 36a Abs. 2, § 57 samt Überschrift, § 63a Abs. 2 erster Satz, Abs. 2 Z 1 lit. m und n, Abs. 12, § 64 Abs. 2 erster Satz, Abs. 2 Z 1 lit. n und o, Abs. 6 und 11, § 65a samt Überschrift, § 71 Abs. 2 lit. g sowie § 71 Abs. 8 treten mit 1. September 2006 in Kraft,
4. § 5 Abs. 3, 4 und 5 tritt mit Ablauf des 31. Dezember 2005 außer Kraft,
5. § 12 Abs. 2 und 3 tritt mit Ablauf des 31. August 2006 außer Kraft.

(BGBl. I Nr. 20/2006, Art. 4 Z 37)

(5l) Die nachstehend genannten Bestimmungen dieses Bundesgesetzes in der Fassung des Bundesgesetzes BGBl. I Nr. 113/2006 treten wie folgt in Kraft bzw. außer Kraft:

1. § 19 Abs. 2a tritt mit 1. September 2006 in Kraft,
2. § 1 Abs. 1 tritt mit 1. Oktober 2007 in Kraft,
3. § 12 Abs. 1 vorletzter Satz tritt mit Ablauf des Tages der Kundmachung im Bundesgesetzblatt außer Kraft.

(BGBl. I Nr. 113/2006, Art. 21 Z 4)

(5m) § 3 Abs. 3 sowie § 23 Abs. 1a und 1c dieses Bundesgesetzes in der Fassung des Bundesgesetzes BGBl. I Nr. 27/2008 treten mit 1. Jänner 2008 in Kraft. *(BGBl. I Nr. 27/2008, Z 4)*

(5n) § 17 Abs. 1a, § 19 Abs. 2a und § 42 Abs. 6 dieses Bundesgesetzes in der Fassung des Bundesgesetzes BGBl. I Nr. 117/2008 treten mit 1. September 2008 in Kraft. § 19 Abs. 2b tritt mit Ablauf des 31. August 2008 außer Kraft. *(BGBl. I Nr. 117/2008, Z 3)*

(5o) § 23 Abs. 1a, die Überschrift der Abschnitte 8 und 8a sowie die §§ 42a bis 42i dieses Bundesgesetzes in der Fassung des Bundesgesetzes BGBl. I Nr. 112/2009 treten nicht in Kraft. § 11 Abs. 3a, § 36 Abs. 3, § 37 Abs. 2, § 64 Abs. 2 Z 1 lit. m, § 71 Abs. 2 lit. f und § 78b samt Überschrift in der Fassung des genannten Bundesgesetzes treten mit 1. September 2009 in Kraft. § 42j samt Überschrift tritt mit 1. September 2013 in Kraft und findet auf Reifeprüfungen ab dem Haupttermin 2014 Anwendung. *(BGBl. I Nr. 73/2012, Z 2)*

(5p) Die nachstehend genannten Bestimmungen dieses Bundesgesetzes in der Fassung des Bundesgesetzes BGBl. I Nr. 52/2010, § 36 Abs. 2 Z 1a in der Fassung des Bundesgesetzes BGBl. I Nr. 9/2012 und § 39 Abs. 2 Z 5 in der Fassung des Bundesgesetzes BGBl. I Nr. 74/2013 sowie § 34 Abs. 2, § 35 Abs. 1, 2 und 3, § 36 Abs. 2, 3 und 4, § 36a Abs. 1 und 2, § 37 Abs. 5, § 39 Abs. 1 und 2, § 40 Abs. 4 und § 41 Abs. 1 in der Fassung des Bundesgesetzes BGBl. I Nr. 38/2015, treten wie folgt in Kraft und außer Kraft: *(BGBl. I Nr. 74/2013, Art. 5 Z 4b idF BGBl. I Nr. 38/2015, Art. 5 Z 28)*

1. § 14 Abs. 2 und 5, § 15 Abs. 1 und 5, § 51 Abs. 2, § 78b Abs. 1 und § 82b samt Überschrift treten mit 1. September 2010 in Kraft,
2. die Überschrift des Abschnittes 8 sowie die §§ 34 bis 36, 36a und 37 bis 41 sowie § 71 Abs. 2 lit. f treten mit 1. September 2010 in Kraft und finden abweichend von diesem Zeitpunkt
   a) hinsichtlich der allgemein bildenden höheren Schulen (ausgenommen dem Werkschulheim und dem Realgymnasium sowie dem Oberstufenrealgymnasium unter besonderer Berücksichtigung der musischen Ausbildung für

Studierende der Musik) auf Reifeprüfungen mit Haupttermin ab 2015 und *(BGBl. I Nr. 9/2012, Art. 4 Z 48 idF BGBl. I Nr. 73/2012, Z 3)*

b) hinsichtlich der berufsbildenden mittleren und höheren Schulen, der höheren Anstalten der Lehrerbildung und der Erzieherbildung, dem Werkschulheim und dem Realgymnasium sowie dem Oberstufenrealgymnasium unter besonderer Berücksichtigung der musischen Ausbildung für Studierende der Musik auf abschließende Prüfungen mit Haupttermin ab 2016 *(BGBl. I Nr. 9/2012, Art. 4 Z 48 idF BGBl. I Nr. 73/2012, Z 4)*

Anwendung, *(BGBl. I Nr. 9/2012, Art. 4 Z 48)*

3. § 41a samt Überschrift tritt hinsichtlich seiner Bezeichnung und Vorreihung mit 1. September 2013 in Kraft. *(BGBl. I Nr. 73/2012, Z 5)*
4. § 23 Abs. 1a tritt mit 1. September 2014 in Kraft. *(BGBl. I Nr. 74/2012, Z 6)*

(BGBl. I Nr. 52/2010, Z 13)

(5q) § 28 Abs. 3 und § 56 Abs. 2 dieses Bundesgesetzes in der Fassung des Bundesgesetzes BGBl. I Nr. 29/2011 treten mit Ablauf des Tages der Kundmachung im Bundesgesetzblatt in Kraft. Zum gleichen Zeitpunkt tritt § 28 Abs. 2 außer Kraft.[77]) *(BGBl. I Nr. 29/2011, Art. 1 Z 5)*

(5r) § 2b Abs. 3, § 9 Abs. 5, § 12a Abs. 1 Z 1 lit. a und Abs. 3, § 44a, § 47 Abs. 1, § 55b samt Überschrift sowie § 62 Abs. 3 dieses Bundesgesetzes in der Fassung des Bundesgesetzes BGBl. I Nr. 73/2011 treten mit 1. September 2011 in Kraft. *(BGBl. I Nr. 73/2011, Art. 2 Z 7 idF BGBl. I Nr. 9/2012, Art. 4 Z 49)*

(5s) Für das Inkrafttreten der durch das Bundesgesetz BGBl. I Nr. 9/2012 geänderten oder eingefügten Bestimmungen und das Außerkrafttreten der durch dieses Bundesgesetz entfallenen Bestimmung sowie für den Übergang zur neuen Rechtslage gilt Folgendes:

1. § 22 Abs. 3, § 43 Abs. 2, § 66 Abs. 4, § 78b Abs. 2 sowie § 83 Abs. 1 treten mit Ablauf des Tages der Kundmachung im Bundesgesetzblatt in Kraft,[78])
2. § 1 Abs. 1, die Überschrift der §§ 26 und 26a, § 27 Abs. 2, § 28 Abs. 3, § 33 Abs. 4[79]), § 63a Abs. 14 sowie § 71 Abs. 1 und Abs. 2 zweiter Satz treten mit 1. September 2012 in Kraft; gleichzeitig treten § 2b Abs. 2 und § 31e Abs. 4 außer Kraft,
3. § 78c samt Überschrift tritt mit 1. September 2013 in Kraft,
4. § 45 Abs. 4, § 64 Abs. 13 sowie § 71 Abs. 2 lit. h sowie Abs. 7a (in der Fassung des Bundesgesetzes BGBl. I Nr. 75/2013) und 8 treten mit 1. September 2017 in Kraft, *(BGBl. I Nr. 9/2012, Art. 4 Z 49 idF BGBl. I Nr. 38/2015, Art. 5 Z 29)*
5. § 70 Abs. 1 lit. c tritt mit Ablauf des Tages der Kundmachung im Bundesgesetzblatt[80]), hinsichtlich der 10. Schulstufen von zumindest dreijährigen mittleren und höheren Schulen jedoch mit 1. September 2017 und hinsichtlich der weiteren Schulstufen dieser Schularten jeweils mit 1. September der Folgejahre schulstufenweise aufsteigend in Kraft, *(BGBl. I Nr. 9/2012, Art. 4 Z 49 idF BGBl. I Nr. 56/2016, Art. 6 Z 8)*
6. § 11 Abs. 6b, § 19a samt Überschrift, § 20 Abs. 10 (in der Fassung des Bundesgesetzes BGBl. I Nr. 38/2015), § 22a samt Überschrift, § 23 Abs. 1, § 23a samt Überschrift (in der Fassung der Bundesgesetze BGBl. I Nr. 38/2015 und BGBl. I Nr. 56/2016), § 23b samt Überschrift (in der Fassung des Bundesgesetzes BGBl. I Nr. 38/2015), § 25 Abs. 10 (in der Fassung des Bundesgesetzes BGBl. I Nr. 38/2015), § 26b samt Überschrift, § 26c samt Überschrift, § 27 Abs. 2a, § 29 Abs. 3 und 4, § 43 Abs. 1, § 55c samt Überschrift, § 61 Abs. 1, treten hinsichtlich der 10. Schulstufen von zumindest dreijährigen mittleren und höheren Schulen mit 1. September 2017 und hinsichtlich der weiteren Schulstufen dieser Schularten jeweils mit 1. September der Folgejahre schulstufenweise aufsteigend in Kraft; gleichzeitig tritt § 19 Abs. 2a außer Kraft, *(BGBl. I Nr. 9/2012, Art. 4 Z 49 idF BGBl. I Nr. 38/2015, Art. 5 Z 30 und BGBl. I Nr. 56/2016, Art. 6 Z 9)*
7. § 29 Abs. 2a tritt hinsichtlich der 11. Schulstufe von mittleren und höheren Schulen mit 1. September 2018, hinsichtlich der 12. Schulstufe von mittleren und höheren Schulen mit 1. September 2019 und hinsichtlich der 13. Schulstufe von

---

[77]) Die Kundmachung im Bundesgesetzblatt erfolgte am 20. Mai 2011.

[78]) Die Kundmachung im Bundesgesetzblatt erfolgte am 14. Februar 2012.

[79]) § 33 Abs. 4 wurde mit BGBl. I Nr. 9/2012 nicht geändert, es liegt ein redaktionelles Versehen vor.

[80]) Die Kundmachung im Bundesgesetzblatt erfolgte am 14. Februar 2012.

höheren Schulen mit 1. September 2020 in Kraft,

8.[81]) § 36a Abs. 1 in der Fassung des Bundesgesetzes BGBl. I Nr. 52/2010 tritt hinsichtlich dreijähriger mittlerer Schulen mit 1. September 2018, hinsichtlich vierjähriger mittlerer und höherer Schulen mit 1. September 2019 und hinsichtlich fünfjähriger höherer Schulen mit 1. September 2020 in Kraft; gleichzeitig und in gleichem Umfang tritt § 23 Abs. 1a letzter Satz in der Fassung BGBl. I Nr. 38/2015 außer Kraft, *(BGBl. I Nr. 9/2012, Art. 4 Z 49 idF BGBl. I Nr. 38/2015, Art. 5 Z 31 und BGBl. I Nr. 56/2016, Art. 6 Z 10)*

9. § 42 Abs. 3 zweiter Satz sowie Abs. 9 tritt mit 1. September 2012 in Kraft und findet hinsichtlich Externistenprüfungen, die einer abschließenden Prüfung entsprechen, abweichend von diesem Zeitpunkt
   a) hinsichtlich der allgemein bildenden höheren Schulen (ausgenommen dem Werkschulheim und dem Realgymnasium sowie dem Oberstufenrealgymnasium unter besonderer Berücksichtigung der musischen Ausbildung für Studierende der Musik) auf Reifeprüfungen mit Haupttermin ab 2015 und *(BGBl. I Nr. 9/2012, Art. 4 Z 49 idF BGBl. I Nr. 73/2012, Z 7)*
   b) hinsichtlich der berufsbildenden mittleren und höheren Schulen, der höheren Anstalten der Lehrerbildung und der Erzieherbildung, dem Werkschulheim und dem Realgymnasium sowie dem Oberstufenrealgymnasium unter besonderer Berücksichtigung der musischen Ausbildung für Studierende der Musik auf abschließende Prüfungen mit Haupttermin ab 2016 *(BGBl. I Nr. 9/2012, Art. 4 Z 49 idF BGBl. I Nr. 73/2012, Z 8)*

Anwendung.

(BGBl. I Nr. 9/2012, Art. 4 Z 49)

(5t) § 12 Abs. 6a und 7, § 13b Abs. 1, § 17 Abs. 1b, § 18 Abs. 2 und 2a, § 19 Abs. 1a, 2, 3b und 8, § 20 Abs. 6a, § 22 Abs. 1a und 2 lit. d und f bis h, § 23 Abs. 3, § 26a Abs. 2, § 28 Abs. 1, 3, 4 und 6, § 29 Abs. 1, 5 und 7, § 30b samt Überschrift, § 31a samt Überschrift, § 31e Abs. 2, § 32 Abs. 2a und 7, § 57 Abs. 4, § 59 Abs. 2 Z 2, § 63 Abs. 4 und § 63a Abs. 1 dieses Bundesgesetzes in der Fassung des Bundesgesetzes BGBl. I Nr. 36/2012 treten mit 1. September 2012 in Kraft. *(BGBl. I Nr. 36/2012, Art. 2 Z 36)*

(5u) § 78b samt Überschrift und § 82c samt Überschrift dieses Bundesgesetzes in der Fassung des Bundesgesetzes BGBl. I Nr. 73/2012 treten mit 1. September 2012 in Kraft. *(BGBl. I Nr. 73/2012, Z 9)*

(5v) § 3 Abs. 7, § 32 Abs. 3 und 3a sowie § 33 Abs. 2 lit. b in der Fassung des Bundesgesetzes BGBl. I Nr. 74/2013 treten mit 1. September 2013 in Kraft. *(BGBl. I Nr. 74/2013, Art. 5 Z 5)*

(5w) § 7 Abs. 3, § 9 Abs. 4 und 5, § 10 Abs. 1, § 16 Abs. 3, § 17 Abs. 5, § 20 Abs. 6, § 26 Abs. 3, § 26a Abs. 3, § 31c Abs. 6, § 35 Abs. 1, § 36 Abs. 3, § 37 Abs. 1 Z 1, 3 und 4, § 37 Abs. 5 Z 1, § 42 Abs. 4, § 49 Abs. 2, 3 und 4, § 65a Abs. 2 zweiter Satz, § 73 Abs. 1 zweiter Satz, § 32 Abs. 2, 2a und 3a, § 44 Abs. 1 und 2, § 47 Abs. 1, § 59 Abs. 5, § 63a Abs. 16 und 17, § 64 Abs. 15 und 16, § 65 Abs. 1, § 65a Abs. 2 erster Satz sowie § 73 Abs. 1 dritter Satz, § 46 Abs. 1, § 46 Abs. 2 dritter Satz, § 70 Abs. 1 erster Satz, § 70 Abs. 1 lit. h, i, j und k sowie Abs. 4 lit. f § 71 Abs. 1 samt Überschrift, § 71 Abs. 2, 2a, 3, 4, 6 und 9, § 73 Abs. 3, 4 und 5, § 74 Abs. 4 sowie § 77 lit. c in der Fassung des Bundesgesetzes BGBl. I Nr. 75/2013 treten mit 1. Jänner 2014 in Kraft, § 70 Abs. 1 lit. g tritt mit 1. September 2017 in Kraft. Gleichzeitig[82]) treten § 17 Abs. 4 letzter Satz, § 49 Abs. 6, § 71 Abs. 7 und 8 außer Kraft. *(BGBl. I Nr. 75/2013, Art. 1 Z 30)*

(5x) § 32 Abs. 2a in der Fassung des Bundesgesetzes BGBl. I Nr. 76/2013 tritt mit 1. Juni 2013 in Kraft. *(BGBl. I Nr. 76/2013, Art. 2 Z 2)*

(5y) Die nachstehend genannten Bestimmungen in der Fassung des Bundesgesetzes BGBl. I Nr. 48/2014 treten wie folgt in Kraft:

1. § 12 Abs. 6a, § 19 Abs. 2, § 25 Abs. 8, § 29 Abs. 1, § 31a Abs. 2, § 41a Abs. 1 und 2, § 47 Abs. 4, § 48, § 66 Abs. 4, § 71 Abs. 4, § 82b Abs. 2 und § 83 Abs. 1 treten mit Ablauf des Tages der Kundmachung im Bundesgesetzblatt in Kraft,[83])
2. § 17 Abs. 4 lit. a und § 33 Abs. 7 treten mit 1. August 2014 in Kraft.

(BGBl. I Nr. 48/2014, Art. 5 Z 14)

---

[81]) Auf Grund eines redaktionellen Versehens umfasst die Novellierungsanordnung 10 des Bundesgesetzes BGBl. I Nr. 56/2016, Art. 6, nicht auch die Wendung „§ 36 Abs. 3 in der Fassung des Bundesgesetzes BGBl. I Nr. 38/2015".

[82]) Da die nachfolgend genannten Paragrafen in einem inhaltlichen Zusammenhang mit der Einführung der neuen Verwaltungsgerichtsbarkeit stehen, wird sich das Wort „gleichzeitig" auf den 1. Jänner 2014 beziehen.

[83]) Die Kundmachung im Bundesgesetzblatt erfolgte am 9. Juli 2014.

(5z) Die nachstehend genannten Bestimmungen in der Fassung des Bundesgesetzes BGBl. I Nr. 38/2015 treten wie folgt in Kraft:

1. § 17 Abs. 1, § 19 Abs. 3a und § 23 Abs. 1a in der Fassung der Z 3, § 44a samt Überschrift, § 65a Abs. 1 und § 82d samt Überschrift treten mit Ablauf des Tages der Kundmachung im Bundesgesetzblatt in Kraft;[84])
2. § 23 Abs. 1a in der Fassung der Z 4 und § 55b Abs. 3 treten mit 1. September 2015 in Kraft; gleichzeitig tritt § 23 Abs. 1a in der Fassung der Z 3 außer Kraft;
3. § 33 Abs. 2 und 3 tritt mit 1. September 2017 in Kraft.

(BGBl. I Nr. 38/2015, Art. 5 Z 32)

(6) § 31a Abs. 2 sowie § 82 Abs. 1a in der Fassung des Bundesgesetzes BGBl. I Nr. 67/2015 treten mit 1. September 2015 in Kraft. *(BGBl. I Nr. 67/2015, Art. 2 Z 3)*

(7) § 19 Abs. 2, § 20 Abs. 8, § 22 Abs. 4 und 8, § 25 Abs. 6, § 59 Abs. 4 und § 82c in der Fassung des Bundesgesetzes BGBl. I Nr. 104/2015 treten mit 1. September 2015 in Kraft. *(BGBl. I Nr. 104/2015, Art. 2 Z 4)*

(8) Für das Inkrafttreten der durch das Bundesgesetz BGBl. I Nr. 56/2016 geänderten oder eingefügten Bestimmungen und das Außerkrafttreten der durch dieses Bundesgesetz entfallenen Bestimmungen sowie für den Übergang zur neuen Rechtslage gilt Folgendes:

1. § 19 Abs. 3a erster bis dritter Satz, die Überschrift des § 28, § 38 Abs. 4 und Abs. 6 Z 4, § 68 lit. e, § 82 Abs. 1 und § 82e samt Überschrift treten mit Ablauf des Tages der Kundmachung im Bundesgesetzblatt in Kraft;[85])
2. § 2b Abs. 2 und 3, § 3 Abs. 6, § 9 Abs. 3 und 5, § 12 Abs. 8a, § 13b Abs. 1, § 17 Abs. 5, § 18 Abs. 1 und 12, § 18a samt Überschrift, die Überschrift des § 19, § 19 Abs. 1, Abs. 2 erster Satz und Abs. 6, § 20 Abs. 4 und 7, § 22 Abs. 1 erster und zweiter Satz und Abs. 11, § 24 Abs. 2, § 25 Abs. 3, Abs. 4 in der Fassung der Z 23, Abs. 5c und Abs. 8, § 26 Abs. 3, § 26a Abs. 2, § 27 Abs. 2, § 28 Abs. 3, § 29 Abs. 1, § 31e Abs. 3, § 33 Abs. 2 und 5, § 35 Abs. 2 Z 3, § 41a Abs. 2, § 42 Abs. 8, § 51 Abs. 2, § 52, § 53, § 54 Abs. 1, § 55 Abs. 2 Z 1 und 2, § 55a Abs. 3, § 57b samt Überschrift, § 63a Abs. 5, § 64 Abs. 4, § 77 samt Überschrift und § 82a treten mit 1. September 2016 in Kraft; gleichzeitig tritt § 78a samt Überschrift außer Kraft;
3. § 77a samt Überschrift tritt mit 1. September 2016 in Kraft und gilt für Protokolle und Aufzeichnungen, die ab diesem Tag angefertigt wurden;

3a. § 36 Abs. 3 tritt mit 1. Jänner 2017 in Kraft und ist abweichend vom Zeitpunkt des Inkrafttretens auf abschließende Prüfungen mit Haupttermin ab 2018 anzuwenden;

4. § 25 Abs. 4 in der Fassung der Z 24 tritt mit 1. September 2021 in Kraft;
5. § 19 Abs. 2 zweiter Satz und Abs. 3a letzter Satz sowie § 22 Abs. 1 letzter Satz treten hinsichtlich der 10. Schulstufen von zumindest dreijährigen mittleren und höheren Schulen mit 1. September 2017 und hinsichtlich der weiteren Schulstufen dieser Schularten jeweils mit 1. September der Folgejahre schulstufenweise aufsteigend in Kraft.

(BGBl. I Nr. 56/2016, Art. 5 Z 52)

(9) Für das Inkrafttreten der durch das Bildungsreformgesetz 2017, BGBl. I Nr. 138/2017, geänderten oder eingefügten Bestimmungen und das Außerkrafttreten der durch dieses Bundesgesetz entfallenen Bestimmungen sowie für den Übergang zur neuen Rechtslage gilt Folgendes:

1. § 4 Abs. 4, § 7 Abs. 1 und 3, § 8 Abs. 1 und 3, § 12 Abs. 4, 6 und 6a, § 41a Abs. 1, § 66b samt Überschrift, § 71 Abs. 2 lit. b, § 75 Abs. 4a, § 82g samt Überschrift und § 83 Abs. 1 in der Fassung der Z 82 treten mit Ablauf des Tages der Kundmachung im Bundesgesetzblatt in Kraft; gleichzeitig treten § 3 Abs. 5, § 7 Abs. 4, § 17 Abs. 3, § 78b samt Überschrift und § 78c samt Überschrift außer Kraft;
2. § 5 Abs. 1, § 9 Abs. 2, § 10 Abs. 2, § 18a Abs. 4, § 19 Abs. 1a, § 24 Abs. 1, § 32 Abs. 2 und 2a, § 34 Abs. 4, § 42 Abs. 4, § 44a Abs. 1 Z 1 und 2, § 45 Abs. 7, § 59 Abs. 5, § 75 Abs. 1, § 77 Abs. 3, § 78 samt Überschrift und § 82f samt Überschrift treten mit 1. September 2017 in Kraft;
3. § 2b Abs. 4, § 9 Abs. 1a, § 10 Abs. 1 und 3, § 11 Abs. 6, § 12 Abs. 9, § 13a Abs. 1, § 17 Abs. 4, § 23 Abs. 1c, § 55d samt Überschrift, die Überschrift des § 56 sowie § 56 Abs. 9, § 57 Abs. 2, § 63a Abs. 2, 4, 7, 10, 12, 13, 14 und 17, die Überschrift des § 64 sowie Abs. 1, 2, 2a,

---

[84]) Die Kundmachung im Bundesgesetzblatt erfolgte am 25. März 2015.

[85]) Die Kundmachung im Bundesgesetzblatt erfolgte am 11. Juli 2016.

2b, 2c, 2d, 4, 6, 7, 8, 11, 12, 13, 14, 16 und 17, § 64a samt Überschrift, § 66 samt Überschrift, § 66a samt Überschrift, § 83 Abs. 1 in der Fassung der Z 83 und § 83 Abs. 3 treten mit 1. September 2018 in Kraft;
4. § 11 Abs. 7, § 33 Abs. 7, § 35 Abs. 2 Z 1, § 46 Abs. 1, § 70 Abs. 1 und § 76 Abs. 1 treten mit 1. Jänner 2019 in Kraft;
5. § 30a tritt mit 1. September 2021 in Kraft.

(BGBl. I Nr. 138/2017, Art. 16 Z 80)

(10) § 57b Abs. 1 und 2 sowie § 77 Abs. 2 und 3 in der Fassung des Materien-Datenschutz-Anpassungsgesetzes 2018, BGBl. I Nr. 32/2018, treten mit 25. Mai 2018 in Kraft; gleichzeitig tritt § 57b Abs. 3 außer Kraft. *(BGBl. I Nr. 32/2018, art. 32 Z 6)*

(11) Für das Inkrafttreten der durch das Bundesgesetz BGBl. I Nr. 35/2018 geänderten oder eingefügten Bestimmungen sowie für den Übergang zur neuen Rechtslage gilt Folgendes:

1. § 41a Abs. 2 vierter, fünfter und letzter Spiegelstrich, § 66 Abs. 4, § 82e Abs. 1 bis 4 sowie § 83 Abs. 1 treten mit Ablauf des Tages der Kundmachung im Bundesgesetzblatt in Kraft;[86])
2. § 36 Abs. 3 Z 2 und Abs. 3a tritt mit Ablauf des Tages der Kundmachung im Bundesgesetzblatt in Kraft und ist abweichend vom Zeitpunkt des Inkrafttretens auf abschließende Prüfungen mit Haupttermin ab 2019 anzuwenden;
3. § 2b Abs. 5, § 4 Abs. 2, 2a und 4, § 9 Abs. 1b, § 18 Abs. 14, § 20 Abs. 2, § 22 Abs. 11 sowie § 25 Abs. 5c und 5d treten mit 1. September 2018 in Kraft und sind bezüglich der für das Schuljahr 2018/19 zu treffenden Entscheidungen bereits vor diesem Zeitpunkt anzuwenden;
4. § 45 Abs. 5 sowie die Überschrift des § 64, § 64 Abs. 1, 2, 14 und 16, § 66a Abs. 1 und § 83 Abs. 3 treten mit 1. September 2018 in Kraft; gleichzeitig tritt § 64 Abs. 2a bis 2d außer Kraft;
5. § 25 Abs. 10 tritt hinsichtlich der 10. und 11. Schulstufen von zumindest dreijährigen mittleren und höheren Schulen mit 1. September 2018 und hinsichtlich der weiteren Schulstufen dieser Schularten jeweils mit 1. September der Folgejahre schulstufenweise aufsteigend in Kraft;
6. § 41a Abs. 2 dritter Spiegelstrich tritt mit 1. Jänner 2019 in Kraft;
7. Im Schuljahr 2018/19 sind die in Z 3 genannten Bestimmungen mit folgenden Abweichungen anzuwenden:
   a) Die Feststellung der Kenntnisse der Unterrichtssprache gemäß § 4 Abs. 2 lit. a und Abs. 2a sowie § 18 Abs. 14 hat durch den Schulleiter zu erfolgen,
   b) alle wegen mangelnder Kenntnis der Unterrichtssprache als außerordentliche Schüler aufgenommene Schüler sind in Deutschförderklassen zu unterrichten.

(BGBl. I Nr. 35/2018, Art. 3 Z 26)

(12) Für das Inkrafttreten der durch das Bundesgesetz BGBl. I Nr. 101/2018, geänderten oder eingefügten Bestimmungen und das Außerkrafttreten der durch dieses Bundesgesetz entfallenen Bestimmungen gilt Folgendes:

1. § 13a Abs. 1, § 19 Abs. 6, § 20 Abs. 4, § 33 Abs. 2 lit. g, § 33 Abs. 7, § 66b Abs. 1 letzter Satz, § 67, die Überschrift betreffend § 68, § 68 erster Satz, § 68 lit. q, die Überschrift betreffend § 69, § 69 erster und zweiter Satz, § 72 Abs. 1, § 82h samt Überschrift sowie § 82i samt Überschrift treten mit Ablauf des Tages der Kundmachung im Bundesgesetzblatt in Kraft,[87])
2. § 12 Abs. 6 und 7, § 18 Abs. 1 erster Satz und Abs. 2 zweiter und dritter Satz, § 18a samt Überschrift, die Überschrift betreffend § 19 sowie § 19 Abs. 1, 1b, 3, 3a, 4, 7, 8 und 9, § 20 Abs. 1 zweiter Satz, § 22 Abs. 1 zweiter Satz und Abs. 1a, § 23 Abs. 3, § 25 Abs. 3 und 4, § 26a Abs. 2, § 28 Abs. 1, 3, 4 und 6, § 29 Abs. 1 (in der Fassung der Z 33) und Abs. 7, § 31e Abs. 2, § 32 Abs. 2, 2a erster Satz, Abs. 2b und 7, § 56 Abs. 2 letzter Satz, § 59 Abs. 2 Z 2, § 63 Abs. 4, § 63a Abs. 1, der Einleitungssatz des § 63a Abs. 2, § 63a Abs. 2 Z 1 lit. e, f und g sowie § 68 lit. o treten mit 1. September 2019 in Kraft; gleichzeitig treten § 12 Abs. 6a, § 17 Abs. 5 zweiter Satz, § 30 samt Überschrift sowie § 63a Abs. 2 Z 1 lit. p außer Kraft,
3. § 17 Abs. 1b, § 19 Abs. 5, § 22 Abs. 2 lit. d und f sublit. ab und bb sowie lit. g und h, § 23 Abs. 1 Z 1 bis 3, § 25 Abs. 5, § 26 Abs. 2, die Überschrift betreffend § 28, § 29 Abs. 1 (in der Fassung der Z 34) und Abs. 2 vorletzter und letzter Satz, Abs. 5b und 5c, § 31a samt Überschrift, § 31b samt Überschrift, § 31c

---

[86]) Die Kundmachung im Bundesgesetzblatt erfolgte am 14. Juni 2018.

[87]) Die Kundmachung im Bundesgesetzblatt erfolgte am 22. Dezember 2018.

(neu), § 54a Abs. 1 lit. a und Abs. 2 lit. a, § 58 Abs. 2 Z 1 lit. d, § 61 Abs. 2 Z 1 lit. d, § 63a Abs. 2 Z 1 lit. q und r, § 68 lit. x, § 71 Abs. 2 lit. c, d und e, § 77a Abs. 2 Z 11 treten mit 1. September 2020 in Kraft; gleichzeitig treten § 18 Abs. 2a, § 20 Abs. 6a, § 30a samt Überschrift, § 30b samt Überschrift sowie § 31c samt Überschrift außer Kraft,

4. § 19 Abs. 1a und 2 tritt hinsichtlich der Volks- und Sonderschulen mit 1. September 2019, hinsichtlich aller anderen Schularten mit 1. September 2020 in Kraft; davon abweichend tritt § 19 Abs. 2 vierter Satz hinsichtlich der Berufsschulen sowie § 19 Abs. 2 letzter Satz hinsichtlich der Neuen Mittelschulen mit 1. September 2019 in Kraft,
5. § 37 Abs. 2 Z 2 tritt mit 1. September 2019 in Kraft und findet abweichend von diesem Zeitpunkt auf Reife- und Diplomprüfungen, Diplomprüfungen und Abschlussprüfungen mit dem Haupttermin ab 2020 sowie auf Reifeprüfungen mit dem Haupttermin ab 2021 Anwendung.

(BGBl. I Nr. 101/2018, Art. 4 Z 73)

(13) § 18 Abs. 15, § 82j samt Überschrift und § 82k samt Überschrift in der Fassung des Bundesgesetzes BGBl. I Nr. 35/2019 treten mit Ablauf des Tages der Kundmachung im Bundesgesetzblatt in Kraft.[88]) *(BGBl. I Nr. 35/2019, Art. 2 Z 2)*

(14) Für das Inkrafttreten der durch das Bundesgesetz BGBl. I Nr. 86/2019 geänderten oder eingefügten Bestimmungen gilt Folgendes:

1. § 11 Abs. 1, § 17 Abs. 1a dritter und letzter Satz sowie die Überschrift des § 31a, § 31a Abs. 2 und 3 treten mit 1. September 2020 in Kraft,
2. § 36a Abs. 2 letzter Satz und Abs. 3 sowie § 37 Abs. 3a treten mit Ablauf des Tages der Kundmachung im Bundesgesetzblatt in Kraft und sind abweichend von diesem Zeitpunkt auf abschließende Prüfungen mit Haupttermin ab 2020 anzuwenden,
3. § 82e Abs. 2 und 5 tritt mit Ablauf des Tages der Kundmachung im Bundesgesetzblatt in Kraft.[89])

(BGBl. I Nr. 86/2019, Art. 2 Z 10)

(15) § 82l samt Überschrift in der Fassung des Bundesgesetzes BGBl. I Nr. 13/2020 tritt mit dem Ablauf des Tages der Kundmachung im Bundesgesetzblatt in Kraft.[90]) *(BGBl. I Nr. 13/2020, Art. 1 Z 2)*

(16) § 82m samt Überschrift in der Fassung des Bundesgesetzes BGBl. I Nr. 23/2020 tritt rückwirkend mit 1. März 2020 in Kraft. *(BGBl. I Nr. 23/2020, Art. 17 Z 2)*

(17) § 37 Abs. 3b sowie § 82e Abs. 3 und 4 in der Fassung des Bundesgesetzes BGBl. I Nr. 80/2020 treten mit Ablauf des Tages der Kundmachung im Bundesgesetzblatt in Kraft.[91]) *(BGBl. I Nr. 80/2020, Art. 3 Z 2)*

(18) Für das Inkrafttreten der durch das Bundesgesetz BGBl. I Nr. 19/2021 geänderten oder eingefügten Bestimmungen sowie für den Übergang zur neuen Rechtslage gilt Folgendes:

1. § 22a Abs. 1, Abs. 2 Z 5 lit. c, Abs. 5 und Abs. 8, § 23a samt Überschrift, die Überschrift des § 23b, § 23b Abs. 1, § 23b Abs. 8, § 25 Abs. 10, die Überschrift des § 26b, § 26b Abs. 1, die Überschrift des § 26c, § 26c Abs. 1, § 33 Abs. 2 lit. g und § 71 Abs. 2 lit. h treten mit 1. September 2021 ab der 10. Schulstufe schulstufenweise aufsteigend in Kraft, *(BGBl. I Nr. 19/2021, Art. 2 Z 26 idF BGBl. I Nr. 170/2021, Art. 2 Z 15)*

1a. § 30 samt Überschrift und § 30a samt Überschrift treten mit 1. September 2021 in Kraft und *(BGBl. I Nr. 170/2021, Art. 2 Z 15)*

2. § 14a samt Überschrift, § 17 Abs. 1a, § 18b samt Überschrift, § 22 Abs. 2 lit. l, § 23 Abs. 1a und Abs. 8[92]), § 35 Abs. 2 und 3, § 36 Abs. 4, § 36a Abs. 1, § 38 Abs. 3, § 51 Abs. 2, § 57b Abs. 2 und § 70a samt Überschrift, § 82e Abs. 2 und Abs. 3 und Überschrift des § 82l und § 82l mit Ablauf des Tages der Kundmachung im Bundesgesetzblatt in Kraft,[93]) gleichzeitig tritt § 41a außer Kraft.

(BGBl. I Nr. 19/2021, Art. 2 Z 26)

(19) Die nachstehend genannten Bestimmungen dieses Bundesgesetzes in der Fassung des Bundesgesetzes BGBl. I Nr. 170/2021 treten wie folgt in Kraft:

1. § 17 Abs. 2, § 22a Abs. 8, § 25 Abs. 10 Z 1 und 2, § 30a Abs. 1, § 35 Abs. 2, § 39 Abs. 2, § 42 Abs. 4, § 82f, § 82k, § 82l

---

[88]) Die Kundmachung im Bundesgesetzblatt erfolgte am 24. April 2019.

[89]) Die Kundmachung im Bundesgesetzblatt erfolgte am 31. Juli 2019.

[90]) Die Kundmachung im Bundesgesetzblatt erfolgte am 15. März 2020.

[91]) Die Kundmachung im Bundesgesetzblatt erfolgte am 24. Juli 2020.

[92]) In Ermangelung eines vom Gesetzesbeschluss erfassten § 23 Abs. 8 geht diese Inkrafttretensbestimmung ins Leere.

[93]) Die Kundmachung im Bundesgesetzblatt erfolgte am 7. Jänner 2021.

samt Überschrift und § 82m samt Überschrift treten mit Ablauf des Tages der Kundmachung im Bundesgesetzblatt in Kraft;[94])
2. § 37 Abs. 1a, 2 sowie 3, § 38 Abs. 4 und § 64 Abs. 2 Z 2 treten mit 1. September 2021 in Kraft und findet § 38 Abs. 4 abweichend von diesem Zeitpunkt auf abschließende Prüfungen mit Haupttermin ab dem Schuljahr 2021/22 Anwendung, die übrigen Bestimmungen finden abweichend von diesem Zeitpunkt auf abschließende Prüfungen mit Haupttermin ab dem Schuljahr 2022/23 Anwendung; *(BGBl. I Nr. 170/2021, Art. 2 Z 16 idF BGBl. I Nr. 232/2021, Art. 2 Z 7a)*
3. § 12 Abs. 2 und § 82e Abs. 7 treten mit 1. September 2021 in Kraft.

(BGBl. I Nr. 170/2021, Art. 2 Z 16)

(20) § 5 Abs. 3, § 12 Abs. 10 bis 12, § 18 Abs. 16, § 38 Abs. 3, § 40 Abs. 3, § 65 Abs. 2 und § 77b samt Überschrift in der Fassung des Bundesgesetzes BGBl. I Nr. 232/2021 treten mit dem Ablauf des Tages der Kundmachung im Bundesgesetzblatt in Kraft;[95]) § 82k samt Überschrift tritt mit 1. Mai 2022 außer Kraft. *(BGBl. I Nr. 232/2021, Art. 2 Z 8)*

(21) Für das Inkrafttreten der durch das Bundesgesetz BGBl. I Nr. 96/2022 geänderten oder eingefügten Bestimmungen und das Außerkrafttreten der gemäß dem genannten Bundesgesetz entfallenen Bestimmungen gilt Folgendes:

1. § 12 Abs. 7, § 19 Abs. 2 vierter Satz, § 82l samt Überschrift und § 82m samt Überschrift treten mit Ablauf des Tages der Kundmachung im Bundesgesetzblatt in Kraft;[96])
2. § 20 Abs. 10 Z 5, § 22a Abs. 1 und § 82c samt Überschrift treten mit 1. September 2022 in Kraft, gleichzeitig treten § 82d samt Überschrift und § 82e Abs. 1 bis 5 und Abs. 7 außer Kraft;
3. § 37 Abs. 3c, § 40 Abs. 4 und § 42 Abs. 3 treten mit 1. November 2022 in Kraft;
4. § 11 Abs. 3a und Abs. 6b, § 22a Abs. 2 Z 5 lit. b und d bis f, § 22b, § 23a Abs. 11, § 25 Abs. 11, § 36a Abs. 1a, § 45 Abs. 4 und § 70 Abs. 1 lit. c und g treten mit 1. September 2023 in Kraft, gleichzeitig treten § 26b samt Überschrift, § 26c samt Überschrift sowie § 82c Abs. 3 außer Kraft;
5. § 19 Abs. 2 dritter Satz, der Einleitungssatz des § 20 Abs. 10, § 22 Abs. 1, § 23 Abs. 1, § 27 Abs. 2 vorletzter und letzter Satz und Abs. 2a, § 29 Abs. 2a und Abs. 3 und § 33 Abs. 2 lit. g treten für die 10. und die 11. Schulstufe mit 1. September 2022 und hinsichtlich der weiteren Schulstufen jeweils mit 1. September der Folgejahre schulstufenweise aufsteigend in Kraft;
6. § 82e samt Überschrift tritt mit 31. August 2027 außer Kraft[97])

(BGBl. I Nr. 96/2022, Art. 2 Z 29)

(22) § 3 Abs. 4, § 11 Abs. 10, § 18 Abs. 13, § 20 Abs. 11, § 25 Abs. 8, § 33 Abs. 2 und § 35 Abs. 4 in der Fassung des Bundesgesetzes BGBl. I Nr. 165/2022 treten mit dem Ablauf des Tages der Kundmachung im Bundesgesetzblatt in Kraft.[98]) *(BGBl. I Nr. 165/2022, Art. 2 Z 8)*

(23) Die nachstehend genannten Bestimmungen dieses Bundesgesetzes in der Fassung des Bundesgesetzes BGBl. I Nr. 227/2022 treten wie folgt in Kraft:

1. § 17 Abs. 1a in der Fassung der Z 1 und § 77b treten mit Ablauf des Tages der Kundmachung im Bundesgesetzblatt in Kraft.[99])
2. § 17 Abs. 1a Z 3 2. Satz in der Fassung der Z 4 tritt mit 1. September 2028 in Kraft. *(BGBl. I Nr. 227/2022, Art. 1 Z 5 idF BGBl. I Nr. 121/2024, Art 2 Z 14)*

(BGBl. I Nr. 227/2022, Art. 1 Z 5)

(24) § 18 Abs. 14, § 42 Abs. 14 und § 73 Abs. 4 und 5 in der Fassung des Bundesgesetzes BGBl. I Nr. 37/2023 treten mit Ablauf des Tages der Kundmachung im Bundesgesetzblatt in Kraft.[100]) *(BGBl. I Nr. 37/2023, Art. 2 Z 3)*

(25) Die nachstehend genannten Bestimmungen dieses Bundesgesetzes in der Fassung des Bundesgesetzes BGBl. I Nr. 140/2023 treten wie folgt in bzw. außer Kraft:

1. § 13b Abs. 1 tritt mit Ablauf des Tages der Kundmachung in Kraft,[101])

[94]) Die Kundmachung im Bundesgesetzblatt erfolgte am 24. August 2021.

[95]) Die Kundmachung im Bundesgesetzblatt erfolgte am 30. Dezember 2021.

[96]) Die Kundmachung im Bundesgesetzblatt erfolgte am 30. Juni 2022.

[97]) Sollte richtig lauten: „… außer Kraft.“.

[98]) Die Kundmachung im Bundesgesetzblatt erfolgte am 31. Oktober 2022.

[99]) Die Kundmachung im Bundesgesetzblatt erfolgte am 30. Dezember 2022. Sollte richtig lauten: „… in Kraft;“.

[100]) Die Kundmachung im Bundesgesetzblatt erfolgte am 20. April 2023.

[101]) Die Kundmachung im Bundesgesetzblatt erfolgte am 15. November 2023.

2. die Überschrift des § 44 und § 44 Abs. 1, 3 und 4 treten mit 1. September 2024 in Kraft wobei die Verordnung auf Grund der in § 44 Abs. 1 genannten Bestimmung bereits von dem der Kundmachung des Bundesgesetzesblattes BGBl. I Nr. 140/2023 folgenden Tag an erlassen werden kann,
3. § 71 Abs. 2 lit. c tritt mit 1. Dezember 2023 in Kraft,
4. die §§ 82i bis 82m[102]) samt Überschriften treten mit 1. Dezember 2023 außer Kraft.

(BGBl. I Nr. 140/2023, Z 6)

(26)[103]) Für das Inkrafttreten der durch das Bundesgesetz BGBl. I Nr. 121/2024 geänderten oder eingefügten Bestimmungen und das Außerkrafttreten der gemäß dem genannten Bundesgesetz entfallenden Bestimmungen gilt Folgendes:

1. § 22 Abs. 2 lit. l, § 22 Abs. 9a, § 22a Abs. 2 Z 11, § 22b Abs. 1 Z 7, § 23b Abs. 6 Z 8, § 39 Abs. 2 Z 9, § 57b, § 70 Abs. 4 lit. e, § 72a samt Überschrift, § 77 Abs. 2 und § 82d Abs. 2 samt Überschrift treten mit Ablauf des Tages der Kundmachung des genannten Bundesgesetzes in Kraft[104]) und sind nach Maßgabe der technischen Möglichkeiten anzuwenden.
2. § 34 Abs. 3 Z 1, Abs. 4 und Abs. 5 sowie § 82d Abs. 1 treten mit dem Ablauf des Tages der Kundmachung des genannten Bundesgesetzes in Kraft und finden auf abschließende Prüfungen ab dem Haupttermin 2026 Anwendung;
3. § 77b samt Überschrift tritt mit Ablauf des 31. Dezember 2024 außer Kraft;
4. § 35 Abs. 2 Z 2 tritt mit 1. März 2025 in Kraft;
5. § 34 Abs. 5 tritt mit 1. Jänner 2030 außer Kraft.

(BGBl. I Nr. 121/2024, Art 2 Z 15)

(BGBl. Nr. 231/1977, Art. I Z 33)

Sonderbestimmung zu § 33

§ 82a. Abweichend von § 33 Abs. 2 lit. f ist ein Schüler, der die erste Stufe einer berufsbildenden mittleren oder höheren Schule mit vier oder mehr „Nicht genügend“ in Pflichtgegenständen abgeschlossen hat, zum Wiederholen dieser ersten Stufe berechtigt, wenn alle Aufnahmsbewerber für diese erste Stufe an der betreffenden Schule gemäß § 5 aufgenommen werden können.

(BGBl. I Nr. 78/2001, Z 29 idF BGBl. I Nr. 56/2016, Art. 5 Z 33)

Übergangsrecht zum 8. Abschnitt

§ 82b. (1) Die §§ 34 bis 36 (ausgenommen Abs. 2 Z 2), 36a und 37 bis 41 sowie 71 Abs. 2 lit. f in der Fassung vor der Novelle BGBl. I Nr. 52/2010 finden auf abschließende Prüfungen bis zum Wirksamwerden der korrespondierenden Bestimmungen gemäß § 82 Abs. 5p Z 2 sowie auf die Wiederholung von solchen abschließenden Prüfungen auch über den Zeitpunkt dieses Wirksamwerdens hinaus weiterhin Anwendung.

(2) § 36 Abs. 2 Z 2 der Fassung vor der Novelle BGBl. I Nr. 52/2010 lautet für den in Abs. 1 genannten Anwendungszeitraum wie folgt:

„2. im Übrigen innerhalb der ersten sieben Wochen des Schuljahres, innerhalb von sieben Wochen nach den Weihnachtsferien und innerhalb der letzten neun Wochen des Unterrichtsjahres.“

(BGBl. I Nr. 52/2010, Z 14 idF BGBl. I Nr. 48/2014, Art. 5 Z 15)

Übergangsrecht betreffend die semestrierte Oberstufe

§ 82c. (1) An zumindest dreijährigen mittleren und höheren Schulen, an denen ab der 10. Schulstufe aufgrund § 82e in der Fassung des Bundesgesetzes BGBl. I Nr. 232/2021[105]) im Schuljahr 2022/23 oder 2023/24 die Bestimmungen der semestrierten Oberstufe

---

[102]) Die Außerkrafttretensbestimmung geht in Bezug auf § 82k ins Leere (vgl. § 82 Abs. 20 letzter Satz, BGBl. I Nr. 232/2021, Art. 2 Z 8).

[103]) Die Neufassung des § 82 Abs. 23 Z 2 findet hier keine Erwähnung, sodass diese Bestimmung ebenfalls mit Ablauf des Tages der Kundmachung im Bundesgesetzblatt in Kraft tritt.

[104]) Die Kundmachung im Bundesgesetzblatt erfolgte am 22. Juli 2024.

[105]) § 82e idF des Bundesgesetzes BGBl. I Nr. 232/2021 lautet:

„Übergangsrecht betreffend die neue Oberstufe

§ 82e. (1) Durch Verordnung der Schulleiterin oder des Schulleiters kann nach Anhörung des Schulgemeinschaftsausschusses einmalig festgelegt werden, dass abweichend von § 82 Abs. 5s die die neue Oberstufe betreffenden Bestimmungen hinsichtlich der 10. Schulstufe erst mit 1. September 2018 oder 2019 und hinsichtlich der weiteren Schulstufen jeweils mit 1. September der Folgejahre schulstufenweise aufsteigend in Kraft treten, wenn dies im Hinblick auf die erforderlichen pädagogischen und organisatorischen Maßnahmen zur Vorbereitung der Umsetzung der neuen Oberstufe an der betreffenden Schule dringend geboten erscheint. Die Verordnung ist von der Schulleiterin oder vom Schulleiter bis spätestens 1. Dezember 2016 zu erlassen, gemäß § 79 kundzumachen und unverzüglich der zuständigen Schulbehörde zur Kenntnis zu bringen.

1. anzuwenden sind, hat die Schulleitung bis zum 1. Oktober 2022 ohne Befassung des Schulgemeinschaftsausschusses eine Verordnung über die Anwendung oder den Ausschluss der Bestimmungen der semestrierten Oberstufe gemäß § 22a Abs. 1 in der Fassung des Bundesgesetzes BGBl. I Nr. 96/2022 zu erlassen,
2. nicht anzuwenden sind (ganzjährige Oberstufe), gilt eine Verordnung gemäß § 82e in der Fassung des Bundesgesetzes BGBl. I Nr. 232/2021 als eine solche über den Ausschluss der Anwendung der Bestimmungen der semestrierten Oberstufe gemäß § 22a Abs. 1 in der Fassung des Bundesgesetzes BGBl. I Nr. 96/2022.

(2) Wechselt eine Schülerin oder ein Schüler aufgrund einer Wiederholung, eines Schulwechsels oder eines Übertrittes (§§ 29, 31) von einer Schule (Schulart, Schulform oder Fachrichtung), einer Klasse oder einem Jahrgang, in der oder dem

---

(2) Wenn gemäß Abs. 1 durch die Schulleiterin oder den Schulleiter das Inkrafttreten der die neue Oberstufe betreffenden Bestimmungen hinsichtlich der 10. Schulstufe
1. mit 1. September 2018 oder
2. mit 1. September 2019

und hinsichtlich der weiteren Schulstufen jeweils mit 1. September der Folgejahre schulstufenweise aufsteigend verordnet wurde, dann kann bei Vorliegen der in Abs. 1 genannten Gründe durch eine weitere Verordnung der Schulleiterin oder des Schulleiters nach Anhörung des Schulgemeinschaftsausschusses (bei Anwesenheit von mehr als der Hälfte der Mitglieder mit beschließender Stimme) das In- bzw. Außerkrafttreten der Bestimmungen gemäß § 82 Abs. 5s hinsichtlich der 10. Schulstufe mit 1. September 2021 und hinsichtlich der weiteren Schulstufen jeweils mit 1. September der Folgejahre schulstufenweise aufsteigend festgelegt werden. Eine solche Verordnung ist im Fall der Z 1 bis spätestens 20. Juni 2018 und im Fall der Z 2 bis spätestens 1. Dezember 2018 zu erlassen, gemäß § 79 kundzumachen und unverzüglich der zuständigen Schulbehörde zur Kenntnis zu bringen. Diese Verordnung gilt ab dem Schuljahr 2021/22 als eine Verordnung über die Anwendung der Bestimmungen über die semestrierte Oberstufe gemäß § 82 Abs. 5s.

(3) An Schulen, hinsichtlich derer keine Verordnung gemäß Abs. 1 erlassen wurde, kann der Schulleiter oder die Schulleiterin, wenn er oder sie es pädagogisch oder organisatorisch als zweckmäßig erachtet, mit Zustimmung des Schulgemeinschaftsausschusses (bei Anwesenheit von mehr als der Hälfte der Mitglieder mit beschließender Stimme mit unbedingter Mehrheit der abgegebenen Stimmen) verordnen, dass in den Schuljahren 2017/18 bis einschließlich 2022/23 für die 10. und jeweils aufsteigend für die nachfolgenden Schulstufen für alle Schülerinnen und Schüler, die diese Schulstufen in den genannten Schuljahren jeweils erstmals oder im Fall der Wiederholung einer oder mehrerer dieser Schulstufen durch diese Schülerinnen und Schüler allenfalls auch weitere Male besuchen, die die Oberstufe betreffenden Bestimmungen dieses Bundesgesetzes in der vor den in § 82 Abs. 5s genannten Zeitpunkten geltenden Fassung gelten. Für die Schuljahre 2021/22 und 2022/23 gilt diese Verordnung mit der Maßgabe, dass für die 10. und jeweils aufsteigend für die nachfolgenden Schulstufen für alle Schülerinnen und Schüler, die diese Schulstufen in den genannten Schuljahren besuchen, die die semestrierte Oberstufe betreffenden Bestimmungen dieses Bundesgesetzes (§ 82 Abs. 5s) nicht anzuwenden sind. Eine solche Verordnung ist bis spätestens bis zum Beginn des Schuljahres 2021/22 zu erlassen, gemäß § 79 kundzumachen und unverzüglich der zuständigen Schulbehörde zur Kenntnis zu bringen.

(4) Der Bundesminister für Bildung, Wissenschaft und Forschung hat den Vollzug der die neue Oberstufe betreffenden Bestimmungen dieses Bundesgesetzes bis spätestens Ende 2019 zu evaluieren und gegebenenfalls Verbesserungen der Rechtslage so zeitgerecht vorzuschlagen, dass sie mit 1. September 2023 für alle zumindest dreijährigen mittleren und höheren Schulen in Kraft gesetzt werden können. An Schulen, hinsichtlich derer eine Verordnung gemäß Abs. 2 oder Abs. 3 erlassen wurde, treten die Bestimmungen gemäß § 82 Abs. 5s hinsichtlich der 10. Schulstufe mit 1. September 2023 und hinsichtlich der weiteren Schulstufen jeweils mit 1. September der Folgejahre schulstufenweise aufsteigend in bzw. außer Kraft.

(5) An Schulen, an denen auf Grundlage des § 78c in der Fassung des Bundesgesetzes BGBl. I Nr. 9/2012 Schulversuche zur neuen Oberstufe durchgeführt wurden, finden ab dem im § 82 Abs. 9 Z 1 bestimmten Zeitpunkt, abweichend von § 82 Abs. 5s, die die neue Oberstufe betreffenden Bestimmungen hinsichtlich der 11., 12. und 13. Schulstufe Anwendung.

(6) An Schulen, in welchen im Schuljahr 2020/21 die in § 82 Abs. 18 Z 1 genannten Bestimmungen anzuwenden sind, kann die Schulleitung die Anwendung dieser Bestimmungen in der Fassung des Bundesgesetzes BGBl. I Nr. 19/2021 bis zum Schuljahr 2022/23 aufschieben.

(7) Wechselt eine Schülerin oder ein Schüler aufgrund einer Wiederholung, eines Schulwechsels oder eines Übertrittes (§§ 29, 31)
1. von einer Schule (Schulart, Schulform oder Fachrichtung), einer Klasse oder einem Jahrgang, in der oder dem die neue Oberstufe (§ 82 Abs. 5s) geführt wird, in eine Schule (Schulart, Schulform oder Fachrichtung), eine Klasse oder einen Jahrgang, in der die ganzjährige Oberstufe geführt wird, ist § 30 singgemäß anzuwenden; für Ausgleichsprüfungen gemäß § 30 Abs. 6 gilt § 33 Abs. 2 lit. g singgemäß;
2. von einer Schule (Schulart, Schulform oder Fachrichtung), einer Klasse oder eines Jahrganges, in der oder dem die ganzjährige Oberstufe geführt wird, in eine Schule (Schulart, Schulform oder Fachrichtung), eine Klasse oder einen Jahrgang, in der die neue Oberstufe (§ 82 Abs. 5s) geführt wird, ist abweichend § 30a sinngemäß anzuwenden.“

1. die neue Oberstufe (§ 82 Abs. 5s) geführt wird, in eine Schule (Schulart, Schulform oder Fachrichtung), eine Klasse oder einen Jahrgang, in der oder dem die ganzjährige Oberstufe geführt wird, ist § 30 sinngemäß anzuwenden; für Ausgleichsprüfungen gemäß § 30 Abs. 6 gilt § 33 Abs. 2 lit. g sinngemäß;
2. die ganzjährige Oberstufe geführt wird, in eine Schule (Schulart, Schulform oder Fachrichtung), eine Klasse oder einen Jahrgang, in der oder dem die neue Oberstufe (§ 82 Abs. 5s) geführt wird, ist abweichend § 30a sinngemäß anzuwenden;
3. die semestrierte Oberstufe geführt wird, in eine Schule (Schulart, Schulform oder Fachrichtung), in der die neue Oberstufe (§ 82 Abs. 5s) geführt wird, sind für diese oder diesen an der aufnehmenden Schule die Bestimmungen über die neue Oberstufe (§ 82 Abs. 5s) in der Fassung vor dem Bundesgesetz BGBl. I Nr. 19/2021 anzuwenden;
4. die neue Oberstufe (§ 82 Abs. 5s) geführt wird, in eine Schule (Schulart, Schulform oder Fachrichtung), in der die semestrierte Oberstufe geführt wird, sind für diese oder diesen an der aufnehmenden Schule die Bestimmungen über die semestrierte Oberstufe anzuwenden und gilt § 30 Abs. 6 sinngemäß.

(3) entfallen (BGBl. I Nr. 96/2022, Art. 2 Z 30 – Entfallen mit Ablauf des 31. August 2023)

(BGBl. I Nr. 96/2022, Art. 2 Z 30)

Übergangsrecht betreffend die schülerautonome Entscheidung über die Erstellung einer vorwissenschaftlichen Arbeit[106]) an allgemein bildenden höheren Schulen

§ 82d. (1)[107]) Für Prüfungskandidatinnen und -kandidaten, die an einer allgemein bildenden höheren Schule bis zum Ende des Schuljahres 2024/25 zumindest erstmalig zur abschließenden Prüfung zugelassen wurden, gelten die Bestimmungen über die abschließenden Prüfungen in der Fassung vor dem Bundesgesetzblatt BGBl. I Nr. 121/2024.

(2) Im Schuljahr 2024/25 können Schülerinnen und Schüler der letzten Schulstufe bis zum 30. September 2024 der Schulleitung schriftlich bekannt geben,

1. anstelle der abschließenden Arbeit gemäß § 34 Abs. 3 Z 1 lit. b eine weitere schriftliche Klausurarbeit oder mündliche Teilprüfung ablegen zu wollen, wobei die Entscheidung gemeinsam mit den Festlegungen gemäß § 34 Abs. 4 zu treffen ist oder
2. im Einvernehmen mit der betreuenden Lehrperson ein bereits festgelegtes und genehmigtes Thema für die abschließende Arbeit durch eine forschende, gestalterische oder künstlerische Arbeit gemäß § 34 Abs.3 Z 1 lit. b zu ersetzten.

(BGBl. I Nr. 121/2024, Art 2 Z 16)

***Übergangsrecht betreffend die neue Oberstufe*[108])**
(BGBl. I Nr. 56/2016, Art. 5 Z 53 idF BGBl. I Nr. 96/2022, Art. 2 Z 33 – Entfällt mit Ablauf des 31. August 2027)

***§ 82e.** (1) entfallen (BGBl. I Nr. 96/2022, Art. 2 Z 32)*

(2) entfallen (BGBl. I Nr. 96/2022, Art. 2 Z 32)

(3) entfallen (BGBl. I Nr. 96/2022, Art. 2 Z 32)

(4) entfallen (BGBl. I Nr. 96/2022, Art. 2 Z 32)

(5) entfallen (BGBl. I Nr. 96/2022, Art. 2 Z 32)

(6) An Schulen, in welchen im Schuljahr 2020/21 die in § 82 Abs. 18 Z 1 genannten Bestimmungen anzuwenden sind, kann die Schulleitung die Anwendung dieser Bestimmungen in der Fassung des Bundesgesetzes BGBl. I Nr. 19/2021 bis zum Schuljahr 2022/23 aufschieben. (BGBl. I Nr. 19/2021, Art. 2 Z 28a idF BGBl. I Nr. 96/2022, Art. 2 Z 33 – Entfällt mit Ablauf des 31. August 2027)

(7) entfallen (BGBl. I Nr. 96/2022, Art. 2 Z 32)

(BGBl. I Nr. 56/2016, Art. 5 Z 53)

Übergangsbestimmung betreffend Schulversuche[109])

§ 82f. Schulversuche auf der Grundlage des § 78 in der Fassung vor dem Bundesgesetz BGBl. I Nr. 138/2017 enden zu dem in der Bewilligung des Schulversuches vorgesehenen Zeitpunkt, spätestens jedoch mit Ablauf des 31. August 2027. § 7 Abs. 4 des

[106]) Sollte richtig lauten: „Erstellung einer abschließenden Arbeit auf vorwissenschaftlichem Niveau".

[107]) Abs. 1 des § 82d gilt gemäß § 82 Abs. 26 Z 2 für abschließende Prüfungen mit Haupttermin ab 2026.

[108]) *Die kursiv gedruckte Überschrift zu § 82e sowie Abs. 6* treten gemäß § 82 Abs. 21 Z 6 mit Ablauf des 31. August 2027 außer Kraft.

[109]) Siehe auch RS Nr. 20/2017 betreffend Informationen zum Bildungsreformgesetz 2017 (3.6.2.).

Schulorganisationsgesetzes ist anzuwenden. *(BGBl. I Nr. 138/2017, Art. 16 Z 81 idF BGBl. I Nr. 170/2021, Art. 2 Z 18)*

(BGBl. I Nr. 138/2017, Art. 16 Z 81)

Übergangsbestimmung betreffend Protokolle und Aufzeichnungen, die bis 31. August 2016 angefertigt wurden

§ 82g. § 77 in der Fassung vor dem Bundesgesetz BGBl. I Nr. 56/2016 ist für Protokolle und Aufzeichnungen, die bis 31. August 2016 angefertigt wurden, weiter anzuwenden.

(BGBl. I Nr. 138/2017, Art. 16 Z 81)

Übergangsrecht betreffend die Neue Mittelschule

§ 82h. (1) Sofern in Bestimmungen gemäß dem Bundesgesetz BGBl. I Nr. 101/2018 auf die Mittelschule abgestellt wird, tritt bis zum Ablauf des 31. August 2020 die Neue Mittelschule an die Stelle der Mittelschule.

(2) Für Aufnahmsbewerberinnen und Aufnahmsbewerber an allgemeinbildenden höheren und berufsbildenden mittleren und höheren Schulen, die die Hauptschule bis Ablauf des Schuljahres 2018/19 oder die Neue Mittelschule bis Ablauf des Schuljahres 2019/20 oder die Pflichtschulabschluss-Prüfung nach dem Pflichtschulabschluss-Prüfungs-Gesetz, BGBl. I Nr. 72/2012, in der Fassung des Bundesgesetzes BGBl. I Nr. 138/2017 oder einer früheren Fassung, bis Ablauf des Schuljahres 2022/23 abgeschlossen haben, gelten die Bestimmungen über die Aufnahme in diese Schulen in der Fassung vor dem Bundesgesetz BGBl. I Nr. 101/2018.

(BGBl. I Nr. 101/2018, Art. 4 Z 74)

***§ 82i.** entfallen (BGBl. I Nr. 140/2023, Z 7)*

***§ 82j.** entfallen (BGBl. I Nr. 140/2023, Z 7)*

***§ 82k.** entfallen (BGBl. I Nr. 232/2021, Art. 2 Z 9)*

***§ 82l.** entfallen (BGBl. I Nr. 140/2023, Z 7)*

***§ 82m.** entfallen (BGBl. I Nr. 140/2023, Z 7)*

Vollziehung

§ 83. (1) Mit der Vollziehung dieses Bundesgesetzes – ausgenommen der §§ 66a und 80 – ist der Bundesminister für Bildung, Wissenschaft und Forschung betraut. *(BGBl. I Nr. 138/2017, Art. 16 Z 83 idF BGBl. I Nr. 35/2018, Art. 3 Z 25 und BGBl. I Nr. 35/2018, Art. 3 Z 28)*

(2) Mit der Vollziehung des § 80 ist der Bundesminister für Finanzen betraut. *(BGBl. Nr. 139/1974 idF BGBl. Nr. 231/1977, Art. I Z 32 und BGBl. Nr. 168/1979, Z 14)*

(3) Mit der Vollziehung des § 66a ist die Bundesministerin für Arbeit, Soziales, Gesundheit und Konsumentenschutz betraut. *(BGBl. I Nr. 138/2017, Art. 16 Z 84 idF BGBl. I Nr. 35/2018, Art. 3 Z 25)*

(BGBl. Nr. 139/1974 idF BGBl. Nr. 231/1977, Art. I Z 33)

Anhang

Bundesgesetz über die Vereinfachung der Verfahren zur Anerkennung und Bewertung ausländischer Bildungsabschlüsse und Berufsqualifikationen (Anerkennungs- und Bewertungsgesetz – AuBG)[1])

Inhaltsverzeichnis[2])

Ziel

§ 1. (1) Ziel dieses Bundesgesetzes ist die Vereinfachung der Verfahren zur Anerkennung ausländischer Bildungsabschlüsse oder Berufsqualifikationen von Drittstaatsangehörigen und Personen, die Bildungsabschlüsse und Berufsqualifikationen in einem Drittstaat erworben haben, sowie die Einführung verfahrensrechtlicher Bestimmungen zur Bewertung ausländischer Bildungsabschlüsse und Berufsqualifikationen.

(2) Durch die verfahrensrechtlichen Regelungen dieses Bundesgesetzes soll eine qualifikationsadäquate Beschäftigung von Personen, die ausländische Bildungsabschlüsse oder Berufsqualifikationen erworben haben, am österreichischen Arbeitsmarkt unterstützt und deren Integration am Arbeitsmarkt gefördert werden.

(3)[3]) Dieses Bundesgesetz soll auch für Asylberechtigte, subsidiär Schutzberechtigte und Drittstaatsangehörige, die aufgrund einer Verordnung gemäß § 62 Abs. 1 AsylG 2005 über ein vorübergehendes Aufenthaltsrecht für Vertriebene verfügen, einen erleichterten Zugang zu Verfahren zur Anerkennung und Bewertung ausländischer Bildungsabschlüsse und Berufsqualifikationen ermöglichen. *(BGBl. I Nr. 76/2022, Art. 2 Z 2)*

Anwendungsbereich

§ 2. (1) Dieses Bundesgesetz ist auf die Verfahren zur Anerkennung und Bewertung ausländischer Bildungsabschlüsse und Berufsqualifikationen, die in die Gesetzgebungskompetenz des Bundes fallen, anwendbar.

(2) Dieses Bundesgesetz ist auf die Verfahren zur Anerkennung und Bewertung ausländischer Bildungsabschlüsse und Berufsqualifikationen anwendbar, soweit die Richtlinie 2005/36/EG über die Anerkennung von Berufsqualifikationen in der Fassung der Richtlinie 2013/55/EU, ABl. Nr. L 354 vom 28.12.2013 S. 132, in der Fassung der Berichtigung ABl. Nr. L 268 vom 15.10.2015 S. 35 (im Folgenden: Berufsanerkennungsrichtlinie) nicht anderes bestimmt. Die Bestimmungen der §§ 4 und 5 sind in jedem Fall anwendbar.

(3) Dieses Bundesgesetz ist auf alle Personen anwendbar, die ausländische Bildungsabschlüsse oder Berufsqualifikationen erworben haben und die über ein Aufenthaltsrecht in Österreich verfügen, das die Aufnahme einer Erwerbstätigkeit nicht ausschließt, oder die beabsichtigen, ein solches Aufenthaltsrecht zu erwerben. Dieses Bundesgesetz ist nicht anwendbar auf Drittstaatsangehörige, die keine Erwerbstätigkeit in Österreich ausüben wollen. Anträge auf Anerkennung oder Bewertung ausländischer Bildungsabschlüsse oder Berufsqualifikationen berechtigen nicht zur Ausübung einer Erwerbstätigkeit und begründen kein Aufenthaltsrecht.

Begriffsbestimmungen

§ 3. Im Sinne dieses Bundesgesetzes bedeutet

1. Anerkennung: die bescheidmäßige Feststellung, insbesondere im Sinne einer Nostrifikation, einer Nostrifizierung oder einer Gleichhaltung, nach der ein ausländischer Bildungsabschluss oder eine ausländische Berufsqualifikation mit den Rechtswirkungen eines inländischen Bildungsabschlusses oder einer inländischen Berufsqualifikation versehen wird;

---

[1]) BGBl. I Nr. 55/2016, Art. 1 idF BGBl. I Nr. 37/2018, Art. 5, BGBl. I Nr. 20/2021, Art. 8 und BGBl. I Nr. 76/2022, Art. 2.

[2]) Das Inhaltsverzeichnis ist Bestandteil des AuBG, hier aber nicht abgedruckt.

[3]) Die Novelle BGBl. I Nr. 76/2022 enthält keine Inkrafttretensbestimmungen. Die Kundmachung im Bundesgesetzblatt erfolgte am 10. Juni 2022.

2. Bewertung: eine gutachterliche Feststellung über das Ausmaß der Entsprechung eines ausländischen Bildungsabschlusses oder einer ausländischen Berufsqualifikation mit einem inländischen Bildungsabschluss oder einer inländischen Berufsqualifikation;
3. Qualifikationsniveau für Bewertungen: die in Österreich gemäß bundesgesetzlichen Regelungen, insbesondere des Österreichischen Nationalen Qualifikationsrahmens (NQR) geltende Zuordnung zu einer Ausbildungsstufe innerhalb des österreichischen Bildungssystems;
4. reglementierter Beruf: eine berufliche Tätigkeit oder eine Gruppe beruflicher Tätigkeiten, bei der die Aufnahme oder Ausübung oder eine der Arten der Ausübung direkt oder indirekt durch Rechts- und Verwaltungsvorschriften an den Besitz bestimmter Berufsqualifikationen gebunden ist;
5. ausländische Bildungsabschlüsse oder Berufsqualifikationen: die formalen Qualifikationen, die durch einen (Aus-)Bildungsnachweis, einen Befähigungsnachweis und gegebenenfalls ergänzend durch Berufserfahrung nachgewiesen werden, die in einem Staat des Europäischen Wirtschafsraums, der Schweiz oder einem Drittstaat erworben wurden;
6. zuständige Behörde: die Behörde, die aufgrund dieses Bundesgesetzes oder aufgrund von Bundesgesetzen für die Anerkennung ausländischer Bildungsabschlüsse oder Berufsqualifikationen oder für Verfahren zur Berufsberechtigung zuständig ist;
7. zuständige Stelle: die Stelle, die aufgrund dieses Bundesgesetzes oder aufgrund von Bundesgesetzen für die Bewertung ausländischer Bildungsabschlüsse oder Berufsqualifikationen zuständig ist;
8. Ausgleichsmaßnahmen: ein höchstens dreijähriger Anpassungslehrgang gemäß Art. 3 lit. g oder eine Eignungsprüfung gemäß Art. 3 lit. h Berufsanerkennungsrichtlinie;
9. Drittstaatsangehörige oder Drittstaatsangehöriger: eine Fremde oder ein Fremder, die oder der nicht Staatsangehörige oder Staatsangehöriger einer Vertragspartei des Abkommens über den Europäischen Wirtschaftsraum oder Schweizer Bürgerin oder Bürger ist;
10. im Drittstaat erworbene Bildungsabschlüsse und Berufsqualifikationen: Bildungsabschlüsse und Berufsqualifikationen, die nicht im EWR oder in der Schweiz erworben wurden;
11. Absichtserklärung: eine formlose Erklärung, mit der bestätigt wird, über ein Aufenthaltsrecht in Österreich, das die Aufnahme einer Erwerbstätigkeit nicht ausschließt, zu verfügen oder ein solches erwerben zu wollen.

Anerkennungsportal

§ 4. (1) Der Österreichische Integrationsfonds hat eine elektronische Plattform (im Folgenden: Anerkennungsportal) einzurichten, die der Antragstellerin oder dem Antragssteller in Bezug auf Verfahren zur Anerkennung, Bewertung und Berufsberechtigung zu Informations-, Orientierungs-, und Transparenzzwecken dient. Die Zuständigkeit der einheitlichen Ansprechpartner gemäß Dienstleistungsgesetz, BGBl. I Nr. 100/2011, bleibt unberührt.

(2) Zu diesen Zwecken hat das Anerkennungsportal für jeden Bildungsabschluss und jede Berufsqualifikation die folgenden verfahrensrelevanten Informationen zu enthalten:
1. die passgenaue Schnittstelle zu den Kontaktseiten oder Antragsformularen der zuständigen Behörde oder Stelle,
2. die notwendigen Dokumente für die Antragstellung, die sich aus den jeweiligen Materiengesetzen ergeben,
3. die Notwendigkeit von Übersetzungen und Beglaubigungen,
4. die Kosten für die Antragstellerin oder den Antragsteller und
5. die maximale Verfahrensdauer.

(3) Die jeweils zuständige Behörde oder Stelle ist verpflichtet, dem Österreichischen Integrationsfonds mindestens einmal jährlich die in Abs. 2 genannten Informationen zu übermitteln, erstmalig jedoch innerhalb von 6 Wochen nach Inkrafttreten dieses Bundesgesetzes. Die Informationen in Abs. 2 Z 1 und 4 sind von der in mittelbarer Bundesverwaltung zuständigen Behörde zu übermitteln. Ergeben sich Änderungen in den jeweiligen Materiengesetzen, die die Informationen gemäß Abs. 2 betreffen, so sind diese dem Österreichischen Integrationsfonds innerhalb eines Monats nach Inkrafttreten der gesetzlichen Änderung durch die jeweils zuständige Bundesministerin bzw. den jeweils zuständigen Bundesminister zu übermitteln.

(4) Der Österreichische Integrationsfonds hat zum Zweck der statistischen Erfassung die Nutzung des Anerkennungsportals jährlich anonymisiert zu erheben. Um zu den berufsspezifischen Ergebnisseiten, die Informationen gemäß Abs. 2 enthalten, zu gelangen, müssen die Nutzerinnen und Nutzer das Herkunftsland der Ausbildung, die abgeschlossene Ausbildung, den ausgeübten Beruf und das Bundesland, in dem der Beruf ausgeübt werden soll, angeben. Diese Daten werden anonymisiert erfasst.

(5) Der Österreichische Integrationsfonds ist in Wahrnehmung der ihm gemäß § 4 übertragenen Aufgaben dem Bundesminister für Europa, Integration und Äußeres gegenüber weisungsgebunden.

Beratungsstellen

§ 5. (1) Der Bundesminister für Arbeit, Soziales und Konsumentenschutz hat unter Nutzung bestehender Strukturen ein flächendeckendes Beratungsangebot zu schaffen und Beratungsstellen einzurichten, die folgende Aufgaben wahrnehmen:

1. Umfassende Information und Beratung über das Anerkennungs- oder Bewertungsverfahren, die in mehreren Sprachen zur Verfügung steht;
2. Begleitung der Antragstellerin oder des Antragstellers im gesamten Verfahren zur Anerkennung oder Bewertung;
3. Ausübung einer Filterfunktion, um auf Anträge, die die gesetzlich vorgegebenen Voraussetzungen nicht erfüllen, im Vorhinein hinzuweisen;
4. Basisinformationen über die Rechtsvorschriften für die Aufnahme einer Berufstätigkeit;
5. Unterstützung der Antragstellerin oder des Antragstellers bei der Wahrnehmung ihrer Rechte gemäß diesem Bundesgesetz;
6. Unterstützung der Antragstellerin oder des Antragstellers bei der Stellung von Anträgen auf Anerkennung und Bewertung;
7. Unterstützung bei der Einholung beeideter oder beglaubigter Übersetzungen für die im Verfahren zur Anerkennung und Bewertung erforderlichen Unterlagen.

(2) Die Beratungsstellen haben die Anzahl, das Alter, das Geschlecht, die Staatsangehörigkeit, das Wohnbundesland oder bei Wohnsitz im Ausland den Wohnsitzstaat sowie den Bildungsstand der beratenen Personen anonymisiert zu erheben und jährlich an den Bundesminister für Arbeit, Soziales und Konsumentenschutz, den Bundesminister für Europa, Integration und Äußeres und den Bundesminister für Wissenschaft, Forschung und Wirtschaft zu übermitteln. Das Bundesministerium für Arbeit, Soziales und Konsumentenschutz hat diese Informationen sodann zu veröffentlichen.

Bewertung

§ 6. (1) Die Bewertung ist eine gutachterliche Feststellung, die insbesondere in nicht-reglementierten Berufen die qualifikationsadäquate Beschäftigung am Arbeitsmarkt unterstützt. In der Bewertung wird das für Österreich entsprechende Qualifikationsniveau, sofern es gemäß den bundesgesetzlichen Vorgaben zweifelsfrei festgestellt werden kann, vermerkt.

(2) Personen, die über ausländische Bildungsabschlüsse oder Berufsqualifikationen gemäß Abs. 4 bis 6 verfügen und glaubhaft machen, im Inland eine diesen Bildungsabschlüssen oder Berufsqualifikationen entsprechende Erwerbstätigkeit ausüben zu wollen, haben Anspruch auf eine Bewertung.

(3) Für ausländische Bildungsabschlüsse und Berufsqualifikationen im Anwendungsbereich des Berufsausbildungsgesetzes, BGBl. Nr. 142/1969, des Schulunterrichtsgesetzes, BGBl. Nr. 472/1986, des Universitätsgesetzes, BGBl. I Nr. 120/2002, des Fachhochschul-Studiengesetzes, BGBl. Nr. 340/1993, und des Hochschulgesetzes, BGBl. I Nr. 30/2006, gelten folgende Regelungen für Verfahren zur Bewertung ausländischer Bildungsabschlüsse oder Berufsqualifikationen:

1. Dem Antrag sind zumindest ein Identitätsnachweis, die Ausbildungs- und Befähigungsnachweise, eine Absichtserklärung gemäß § 3 Z 11 sowie gegebenenfalls eine Bescheinigung über die erworbene Berufserfahrung beizufügen. Bei der Anforderung von zusätzlichen Unterlagen durch die zuständige Stelle ist der Grundsatz der Verhältnismäßigkeit zu beachten. Dabei kann von der Verpflichtung zur Vorlage einzelner Unter-

lagen nachgesehen werden, wenn glaubhaft gemacht wird, dass deren Beibringung innerhalb einer angemessenen Frist nicht möglich oder nicht zumutbar ist, und die vorgelegten Unterlagen für eine Feststellung ausreichen.
2. Anträge sind schnellstmöglich, innerhalb von drei Monaten ab Einlangen der vollständigen Unterlagen zu erledigen.

(4) Ausländische Prüfungszeugnisse im Anwendungsbereich des Berufsausbildungsgesetzes, die nicht gemäß § 27a Abs. 1 bis 3 BAG gleichgehalten werden können, sind vom Bundesminister für Wissenschaft, Forschung und Wirtschaft zu bewerten.

(5) Ausländische Bildungsabschlüsse im Anwendungsbereich des Schulunterrichtsgesetzes sind von der Bundesministerin für Bildung und Frauen zu bewerten.

(6) Ausländische Studienabschlüsse im Anwendungsbereich des Universitätsgesetzes, des Fachhochschul-Studiengesetzes, des Privatuniversitätengesetzes und des Hochschulgesetzes sowie ausländische Studien, die in Österreich oder von Österreich aus mit der erforderlichen Meldung gemäß § 27 des Hochschul-Qualitätssicherungsgesetzes – HS-QSG, BGBl. I Nr. 74/2011, durchgeführt werden, sind vom Bundesminister für Wissenschaft, Forschung und Wirtschaft zu bewerten. Im Falle von grenzüberschreitenden Studien gemäß § 27 HS-QSG ist der ausländische Studienteil zu bewerten.

Angleichung verfahrensrechtlicher Bestimmungen für im Drittstaat erworbene Bildungsabschlüsse und Berufsqualifikationen

§ 7. (1) Soweit in anderen Bundesgesetzen, die die Anerkennung ausländischer Bildungsabschlüsse oder Berufsqualifikationen regeln, keine kürzere Frist für Verfahren zur Anerkennung vorgesehen ist, sind Anträge, abweichend von § 73 des Allgemeinen Verwaltungsverfahrensgesetzes 1991, BGBl. Nr. 51/1991, innerhalb von vier Monaten ab Einlangen der vollständigen Unterlagen zu erledigen.

(2) Sofern in anderen Bundesgesetzen, die die Anerkennung ausländischer Bildungsabschlüsse oder Berufsqualifikationen regeln, keine Regelungen über Ausgleichsmaßnahmen vorgesehen sind, sind Ausgleichsmaßnahmen gemäß § 3 Z 8 auch für im Drittstaat erworbene Bildungsabschlüsse und Berufsqualifikationen vorzuschreiben.

Besondere Bestimmungen für Asylberechtigte, subsidiär Schutzberechtigte und Vertriebene

§ 8.[4]) Im Anwendungsbereich von Bundesgesetzen, die eine Anerkennung oder Bewertung von ausländischen Bildungsabschlüssen oder Berufsqualifikationen regeln, sowie im Anwendungsbereich von § 19 GewO 1991 gelten für Asylberechtigte, subsidiär Schutzberechtigte und Drittstaatsangehörige, die aufgrund einer Verordnung gemäß § 62 Abs. 1 AsylG 2005 über ein vorübergehendes Aufenthaltsrecht für Vertriebene verfügen, folgende besondere Verfahrensbestimmungen, sofern in den Materiengesetzen keine spezielleren und für die Asyl- und subsidiär Schutzberechtigten sowie Drittstaatsangehörigen, die aufgrund einer Verordnung gemäß § 62 Abs. 1 AsylG 2005 über ein vorübergehendes Aufenthaltsrecht für Vertriebene verfügen, im Vergleich zu diesen Bestimmungen nicht nachteiligen Regelungen für diese Verfahren vorgesehen sind: Sind Asylberechtigte, subsidiär Schutzberechtigte und Drittstaatsangehörige, die aufgrund einer Verordnung gemäß § 62 Abs. 1 AsylG 2005 über ein vorübergehendes Aufenthaltsrecht für Vertriebene verfügen, aus von ihnen aufgrund ihrer Fluchtsituation nicht zu vertretenden Gründen nicht in der Lage, die für die Anerkennung und Bewertung ihrer ausländischen Bildungsabschlüsse oder Berufsqualifikationen sowie für das Verfahren zur Berufsberechtigung erforderlichen Unterlagen vorzulegen, sind ihre Qualifikationen durch die zuständigen Behörden in geeigneter Weise zu ermitteln und in Form des entsprechenden Abschlusses für das jeweilige Verfahren zu erledigen. Geeignet erscheinende Verfahren können etwa praktische oder theoretische Prüfungen, Stichprobentests, Arbeitsproben sowie Gutachten von Sachverständigen sein. Die Auswahl des Verfahrens, unter Beachtung allfälliger Vorgaben des jeweiligen Materiengesetzes, liegt im Ermessen der zuständigen Behörde.

(BGBl. I Nr. 76/2022, Art. 2 Z 3)

---

[4]) Die Novelle BGBl. I Nr. 76/2022 enthält keine Inkrafttretensbestimmungen. Die Kundmachung im Bundesgesetzblatt erfolgte am 10. Juni 2022.

Mitwirkungspflichten

§ 9. (1) Die Antragstellerin oder der Antragsteller ist verpflichtet, alle notwendigen Unterlagen vorzulegen sowie alle dazu erforderlichen Auskünfte zu erteilen und am Verfahren aktiv mitzuwirken.

(2) Kommt die Antragstellerin oder der Antragsteller dieser Mitwirkungspflicht nicht nach und wird hierdurch die Klärung des Sachverhalts erheblich erschwert, kann die zuständige Behörde den Antrag ohne weitere Ermittlungen erledigen.

Verwertbarkeit von Anerkennungsbescheiden und Bewertungsgutachten

§ 10. Anerkennungsbescheide und Bewertungsgutachten sind vom Arbeitsmarktservice für eine zielgerichtete und qualifikationsadäquate Betreuung und Vermittlung von Arbeitskräften mit ausländischen Bildungsabschlüssen oder Berufsqualifikationen zu berücksichtigen.

Verweis auf andere Bundesgesetze

§ 11. Soweit in diesem Bundesgesetz auf andere Bundesgesetze verwiesen wird, sind diese in ihrer jeweils geltenden Fassung anzuwenden.

Statistische Erfassung

§ 12. (1) Die Bundesanstalt „Statistik Österreich" (im Folgenden: Bundesanstalt) hat in ihrer Funktion als Verantwortliche gemäß Art. 4 Z 7 der Verordnung (EU) 2016/679 zum Schutz natürlicher Personen bei der Verarbeitung personenbezogener Daten, zum freien Datenverkehr und zur Aufhebung der Richtlinie 95/46/EG (Datenschutz-Grundverordnung), ABl. Nr. L 119 vom 4.5.2016 S. 1, unter Heranziehung der gemäß § 19 Abs. 3 Z 2 des Bildungsdokumentationsgesetzes 2020, BGBl. I Nr. 20/2021, an die Bundesanstalt übermittelten personenbezogenen Daten eine Statistik über die Verfahren zur Anerkennung und Bewertung ausländischer Bildungsabschlüsse oder Berufsqualifikationen zu führen und jährlich zu veröffentlichen. *(BGBl. I Nr. 55/2016, Art. 1 idF BGBl. I Nr. 37/2018, Art. 5 Z 1 und BGBl. I Nr. 20/2021, Art. 8 Z 1)*

(2) Der Bundesminister für Europa, Integration und Äußeres hat der Bundesanstalt die Kosten für die Erstellung der Statistik über die Verfahren zur Anerkennung und Bewertung ausländischer Bildungsabschlüsse oder Berufsqualifikationen abzugelten. Der Kostenersatz beträgt für das Kalenderjahr 2017 18 500 Euro und für die einmalige Implementierung 9 250 Euro. Die Beträge für das Jahr 2018 und für die Folgejahre unterliegen einer jährlichen Valorisierung nach dem von der Bundesanstalt veröffentlichten Verbraucherpreisindex plus 0,5%.

(3) Im Jahr 2019 und in Folge alle drei Jahre sind die Kosten für die Durchführung der Statistiken nach diesem Bundesgesetz einer Evaluierung unter Nachweis der tatsächlichen jährlichen Kosten zu unterziehen und der Kostenersatz bei Bedarf für die Jahre ab 2019 neu festzulegen. Für die Evaluierung hat die Bundesanstalt die Unterlagen der internen Kostenrechnung gemäß § 32 Abs. 2 des Bundesstatistikgesetzes 2000, BGBl. I Nr. 163/1999, offen zu legen.

Vollziehung

§ 13. Mit der Vollziehung

1. des § 4 Abs. 1, 2, 4 und 5 ist der Bundesminister für Europa, Integration und Äußeres,
2. des § 5 ist der Bundesminister für Arbeit, Soziales und Konsumentenschutz,
3. des § 6 Abs. 4 und 6 ist der Bundesminister für Wissenschaft, Forschung und Wirtschaft und des § 6 Abs. 5 die Bundesministerin für Bildung und Frauen,
4. der übrigen Bestimmungen ist die jeweils zuständige Bundesministerin oder der jeweils zuständige Bundesminister

betraut.

Inkrafttreten und Übergangsbestimmungen

§ 14. (1) Dieses Bundesgesetz tritt mit Ablauf des Tages seiner Kundmachung in Kraft, soweit in Abs. 2 nicht anderes bestimmt ist.

(2) § 4 dieses Bundesgesetzes tritt mit dem Zeitpunkt in Kraft, den der Bundesminister für Europa, Integration und Äußeres durch Verordnung als jenen feststellt, ab dem das Anerkennungsportal eingerichtet ist, spätestens am 31. Dezember 2016.

(3) Die Bestimmungen dieses Bundesgesetzes sind auf Verfahren zur Anerkennung und Bewertung die bei Inkrafttreten dieses Bundesgesetzes anhängig waren, nicht anzuwenden.

(4) § 12 Abs. 1 in der Fassung des Bundesgesetzes BGBl. I Nr. 37/2018 tritt mit 25. Mai 2018 in Kraft. *(BGBl. I Nr. 37/2018, Art. 5 Z 2)*

(5) § 12 Abs. 1 in der Fassung des Bundesgesetzes BGBl. I Nr. 20/2021 tritt mit Ablauf des Tages der Kundmachung im Bundesgesetzblatt in Kraft.[5]) *(BGBl. I Nr. 20/2021, Art. 8 Z 2)*

---

[5]) Die Kundmachung im Bundesgesetzblatt erfolgte am 7. Jänner 2021.

1.2. Schulunterrichtsgesetz für Berufstätige, Kollegs und Vorbereitungslehrgänge – SchUG-BKV

BGBl. I Nr. 33/1997
idF der Bundesgesetze

BGBl. I Nr. 99/1999	BGBl. I Nr. 91/2005
BGBl. I Nr. 90/2006	BGBl. I Nr. 53/2010
BGBl. I Nr. 9/2012	BGBl. I Nr. 75/2013
BGBl I Nr. 97/2015	BGBl. I Nr. 56/2016
BGBl. I Nr. 120/2016	BGBl. I Nr. 138/2017
BGBl. I Nr. 32/2018	BGBl. I Nr. 101/2018
BGBl. I Nr. 35/2019	BGBl. I Nr. 86/2019
BGBl. I Nr. 13/2020	BGBl. I Nr. 23/2020
BGBl. I Nr. 19/2021	BGBl. I Nr. 170/2021
BGBl. I Nr. 232/2021	BGBl. I Nr. 96/2022
BGBl. I Nr. 165/2022	BGBl. I Nr. 121/2024

Bundesgesetz, mit dem die Unterrichtsordnung für Schulen für Berufstätige, Kollegs und Vorbereitungslehrgänge erlassen wird (Schulunterrichtsgesetz für Berufstätige, Kollegs und Vorbereitungslehrgänge – SchUG-BKV)
(BGBl. I Nr. 9/2012, Art. 5 Z 1)

Der Nationalrat hat beschlossen:

Inhaltsverzeichnis
(BGBl. I Nr. 53/2010, Z 1)

---

[1]) Der Entfall des Inhaltsverzeichniseintrags betreffend § 41a ist vom unter BGBl. I Nr. 97/2015 kundgemachten Gesetzesbeschluss nicht umfasst.

[2]) Der Inhaltsverzeichniseintrag betreffend § 61a ist vom unter BGBl. I Nr. 121/2024 kundgemachten Gesetzesbeschluss nicht umfasst.

[3]) Der Entfall des Inhaltsverzeichniseintrags betreffend § 72 ist vom unter BGBl. I Nr. 232/2021 kundgemachten Gesetzesbeschluss nicht umfasst.

[4]) Der Inhaltsverzeichniseintrag betreffend § 72a ist vom unter BGBl. I Nr. 121/2024 kundgemachten Gesetzesbeschluss nicht umfasst.

[5]) Der Entfall des Inhaltsverzeichniseintrags betreffend § 72b ist vom unter BGBl. I Nr. 121/2024 kundgemachten Gesetzesbeschluss nicht umfasst.

Stichwortverzeichnis zum SchUG-BKV
(die Ziffern beziehen sich auf die Paragrafen)

Stichwortverzeichnis

1. Abschnitt
Allgemeine Bestimmungen

Geltungsbereich

§ 1. Dieses Bundesgesetz gilt für die im Schulorganisationsgesetz, BGBl. Nr. 242/1962, geregelten öffentlichen und mit dem Öffentlichkeitsrecht ausgestatteten in Semester gegliederten Sonderformen der in diesem Bundesgesetz geregelten Schularten.

(BGBl. I Nr. 9/2012, Art. 5 Z 3)

Erfüllung der Aufgabe der österreichischen Schule

§ 2. Zur Erfüllung der Aufgabe der österreichischen Schule gemäß § 2 des Schulorganisationsgesetzes regelt dieses Bundesgesetz die innere Ordnung der vom Geltungsbereich (§ 1) umfassten Schulen (Sonderformen) als Grundlage für das Zusammenwirken von Lehrern und Studierenden als Schulgemeinschaft.

(BGBl. I Nr. 9/2012, Art. 5 Z 4)

Personenbezogene Bezeichnungen

§ 3. Personenbezogene Bezeichnungen in diesem Bundesgesetz sowie in den auf Grund dieses Bundesgesetzes erlassenen Verordnungen erfassen Männer und Frauen gleichermaßen, außer es ist ausdrücklich anderes angeordnet.

Begriffsbestimmungen

§ 4. Im Sinne dieses Bundesgesetzes sind zu verstehen:

1. unter einem Semester das Semester im Sinne des Schulzeitgesetzes 1985, BGBl. Nr. 77, sowie ein allenfalls von diesem abweichender Zeitraum, in dem Lehrgänge geführt werden, *(BGBl. I Nr. 33/1997 idF BGBl. I Nr. 99/1999, Z 1)*
2. unter einem Halbjahr der einem Semester entsprechende Zeitraum,
3. unter abschließender Prüfung die Reifeprüfung, die Reife- und Diplomprüfung, die Diplomprüfung und die Abschlußprüfung,
4. unter Unterricht unter Einbeziehung von Formen des Fernunterrichtes das selbständige Erarbeiten von Lerninhalten durch die Studierenden in Individualphasen sowie das gemeinsame Erarbeiten von Lerninhalten in Sozialphasen, *(BGBl. I Nr. 33/1997 idF BGBl. I Nr. 53/2010, Z 2)*
5. unter Modulen lehrplanmäßig in einem Semester vorgesehene Unterrichtsgegenstände, *(BGBl. I Nr. 53/2010, Z 2 idF BGBl. I Nr. 56/2016, Art. 8 Z 1)*
6. unter Lehrerinnen und Lehrern auch Lehrbeauftragte[6]), sofern nicht ausdrücklich anderes angeordnet wird, *(BGBl. I Nr. 56/2016, Art. 8 Z 1 idF BGBl. I Nr. 138/2017, Art. 17 Z 13)*
7. wenn Schulen im organisatorischen Verbund mit anderen Schulen als Schulcluster geführt werden, unter Schulleiter oder Schulleiterin der Leiter oder die Leiterin des Schulclusters, der oder die bestimmte Angelegenheiten im Einzelfall allenfalls bestellten Bereichsleitern oder Bereichsleiterinnen der am Schulcluster beteiligten Schulen übertragen kann. *(BGBl. I Nr. 138/2017, Art. 17 Z 13)*

Sofern in anderen Rechtsvorschriften auf Klassen an Schulen für Berufstätige abgestellt wird, gilt für jedes Halbjahr die Zahl der Studierenden geteilt durch 23 als eine Klasse im Sinne dieser Bestimmungen.

(BGBl. I Nr. 33/1997 idF BGBl. I Nr. 53/2010, Z 2)

2. Abschnitt
Aufnahme in die Schule

Aufnahme als ordentlicher Studierender

§ 5. (1) Als ordentlicher Studierender ist aufzunehmen, wer

1. die gesetzlichen Aufnahmsvoraussetzungen erfüllt,
2. die Eignung für die betreffende Schulart besitzt, zu deren Feststellung im Zweifelsfalle ein Gutachten des Schularztes oder des Amtsarztes einzuholen ist, und *(BGBl. I Nr. 90/2006, Art. 11 Z 1)*
3. nicht den Besuch einer gleichen Ausbildung gemäß § 32 Abs. 1 Z 1 und 3 bis 7 dieses Bundesgesetzes beendet hat. *(BGBl. I Nr. 33/1997 idF BGBl. I Nr. 9/2012, Art. 5 Z 5)*

(2) Der im Schulorganisationsgesetz als Aufnahmsvoraussetzung vorgeschriebene erfolgreiche Abschluß der 8. Schulstufe bzw. die erfolgreiche Erfüllung der ersten acht Jahre der allgemeinen Schulpflicht sind gegeben, wenn die Voraussetzungen für die Aufnahme in die 1. Stufe einer mittleren oder einer höheren Schule gemäß § 28 Abs. 3 bis 5 des Schulunterrichtsgesetzes gegeben sind.

---

[6]) § 1 Abs. 3 letzter Satz des Lehrbeauftragtengesetzes, BGBl. Nr. 656/1987 idF BGBl. I Nr. 56/2016, lautet:

„Lehrbeauftragte an Schulen haben neben der Abhaltung des vorgesehenen Unterrichts auch die mit der Unterrichtstätigkeit verbundenen Prüfungen abzunehmen sowie die in den schulrechtlichen Bestimmungen für Lehrbeauftragte vorgesehenen sonstigen Pflichten wahrzunehmen."

(3) Aufnahmsbewerber in ein weiterführendes Semester sind innerhalb einer vom Schulleiter nach Anhörung des Studierenden festzusetzenden Frist zu einer Einstufungsprüfung über den Lehrstoff sämtlicher Module über Pflichtgegenstände der vorhergehenden Semester der betreffenden Ausbildung zuzulassen. Die Ablegung von Einstufungsprüfungen kann insoweit entfallen, als der Studierende nachweist, dass er die Lerninhalte der betreffenden Module erfüllt. Der Nachweis kann erfolgen:

1. bei Modulen über lehrplanmäßig abgeschlossene Pflichtgegenstände durch die Vorlage eines Zeugnisses einer öffentlichen oder mit dem Öffentlichkeitsrecht ausgestatteten Schule oder eines Externistenprüfungszeugnisses und
2. bei Modulen über lehrplanmäßig nicht abgeschlossene Pflichtgegenstände auch durch entsprechende Leistungen im Rahmen des Unterrichtes.

Die Feststellung über den Entfall von Einstufungsprüfungen trifft der das betreffende Modul unterrichtende Lehrer. § 23 Abs. 2 bis 9 finden Anwendung. *(BGBl. I Nr. 53/2010, Z 3)*

Aufnahme als außerordentlicher Studierender

§ 6. (1) Als außerordentlicher Studierender ist aufzunehmen, wer

1. die Aufnahme zum Besuch einzelner Module anstrebt oder
2. die Voraussetzungen gemäß § 5 Abs. 1 nicht erfüllt und wichtige in seiner Person liegende Gründe, die die Aufnahme rechtfertigen, nachweisen kann.

(2) Zum Besuch einzelner Module gemäß Abs. 1 Z 1 dürfen außerordentliche Studierende nur unter Beachtung der Bestimmungen des § 32 Abs. 1 Z 5 aufgenommen werden. Weiters dürfen dadurch keine zusätzlichen Raum-, Ausstattungs- und Personalaufwendungen verursacht werden.

(3) Die Aufnahme als außerordentlicher Studierender gemäß Abs. 1 Z 2 ist nur dann zulässig, wenn alle als ordentliche Studierende in Betracht kommenden Aufnahmsbewerber aufgenommen worden sind.

(4) Abs. 2 zweiter Satz und Abs. 3 gelten nicht für Privatschulen, für deren Personalaufwand der Bund keinen Beitrag leistet.

(BGBl. I Nr. 53/2010, Z 4)

Aufnahmsverfahren

§ 7. (1) Für die Aufnahme hat der Schulleiter eine Frist zur Anmeldung festzulegen und für jedes Halbjahr in geeigneter Weise bekanntzumachen. Eine Aufnahme von nach der Frist angemeldeten Studierenden ist zulässig, wenn dadurch keine zusätzlichen Raum-, Ausstattungs- oder Personalaufwendungen verursacht werden. *(BGBl. I Nr. 53/2010, Z 5)*

(2) Über die Aufnahme der angemeldeten Aufnahmsbewerber hat der Schulleiter zu entscheiden. Die Aufnahme ist durch Anschlag an der Amtstafel der Schule oder in anderer geeigneter Weise bekanntzumachen. Der Schulleiter hat für den Fall, daß nicht alle Aufnahmsbewerber aufgenommen werden können, für alle Studierende in gleicher Weise geltende Aufnahmekriterien festzulegen. Die Ablehnung der Aufnahme darf nur nach diesen Kriterien erfolgen und ist dem Aufnahmsbewerber schriftlich unter Angabe der Gründe mitzuteilen. *(BGBl. I Nr. 33/1997 idF BGBl. I Nr. 138/2017, Art. 17 Z 14)*

(3) entfallen (BGBl. I Nr. 97/2015, Art. 1 Z 1)

(4) Die vorstehenden Absätze gelten nicht für Privatschulen. Die Aufnahme in eine Privatschule erfolgt durch einen Vertrag des bürgerlichen Rechts zwischen dem Studierenden und dem Privatschulerhalter. Wird jedoch ein Aufnahmsbewerber trotz Nichterfüllung der schulrechtlichen Aufnahmsvoraussetzungen aufgenommen, so ist der Aufnahmevertrag rechtsunwirksam.

3. Abschnitt
Aufnahms- und Eignungsprüfungen

Prüfungstermine

§ 8. Die Prüfungstermine für gesetzlich vorgeschriebene Aufnahms- und Eignungsprüfungen sind vom Schulleiter festzusetzen.

Durchführung der Aufnahms- und Eignungsprüfungen

§ 9. (1) Der zuständige Bundesminister hat durch Verordnung[7]) nach den Aufgaben und den lehrplanmäßigen Anforderungen der einzelnen Schularten (Schulformen, Fachrichtungen) die Prüfungsgebiete sowie die Prüfungsformen der Aufnahms- und Eignungsprüfungen sowie nähere Durchführungsbestimmungen festzulegen. *(BGBl. I Nr. 33/1997 idF BGBl. I Nr. 53/2010, Z 6)*

(2) Zur Durchführung der Prüfung hat der Schulleiter die erforderliche Zahl von Lehrern als Prüfer zu bestellen.

Prüfungsergebnis

§ 10. (1) Die Leistungen des Prüfungskandidaten in jedem Prüfungsgebiet sind vom Prüfer

[7]) Verordnung über Aufnahms- und Eignungsprüfungen, BGBl. Nr. 291/1975, idgF (1.8.3.).

unter sinngemäßer Anwendung des § 20 Abs. 3 bis 5 zu beurteilen (Einzelbeurteilungen).

(2) Auf Grund der Prüfungsergebnisse nach Abs. 1 hat der Schulleiter festzustellen, ob der Prüfungskandidat die Prüfung „bestanden" oder wegen mangelnder Eignung „nicht bestanden" hat (Gesamtbeurteilung).

(3) Kann der Aufnahmsbewerber trotz positiver Bewertung der Aufnahms- und Eignungsprüfung wegen Platzmangels nicht in die Schule aufgenommen werden, ist ihm auf seinen Antrag über die Einzelbeurteilungen und die Gesamtbeurteilung (Abs. 1 und 2) ein Zeugnis auszustellen.

(4) Die erfolgreiche Ablegung einer Aufnahms- und Eignungsprüfung berechtigt hinsichtlich der jeweiligen Ausbildung zur Aufnahme in alle Schulen derselben Schulart (Schulform, Fachrichtung).

4. Abschnitt
Unterrichtsordnung

Modulbildung, Lehrfächerverteilung

§ 11. (1) Die Studierenden sind vom Schulleiter unter Bedachtnahme auf die Vorschriften der Schulorganisation sowie allfälliger vom Lehrplan abweichender individueller Modulwahlen der Studierenden (§ 12) in Module einzuteilen (Modulbildung).

(2) Der Schulleiter hat für jedes Halbjahr die lehrplanmäßigen Wochenstunden der Module den einzelnen Lehrern unter Beachtung pädagogischer und didaktischer Grundsätze, unter Bedachtnahme auf die Vorschriften über die Lehrverpflichtung oder den Lehrauftrag und über die Lehrbefähigung sowie unter Berücksichtigung allfälliger hiermit vereinbarer Wünsche von Lehrern zuzuweisen (Lehrfächerverteilung). *(BGBl. I Nr. 53/2010, Z 7 idF BGBl. I Nr. 56/2016, Art. 8 Z 2)*

(3) Die Lehrfächerverteilung ist der zuständigen Schulbehörde zur Kenntnis zu bringen. *(BGBl. I Nr. 53/2010, Z 7 idF BGBl. I Nr. 75/2013, Art. 4 Z 1)*

(BGBl. I Nr. 53/2010, Z 7)

Stundenplan, individuelle Modulwahl

§ 12. (1) Der Schulleiter hat einen Plan über die Aufteilung der in den jeweiligen Semestern lehrplanmäßig vorgesehenen Unterrichtsgegenstände auf die einzelnen Unterrichtsstunden zu erstellen und in geeigneter Weise kundzumachen (Stundenplan).

(2) Die Studierenden sowie Aufnahmsbewerber können binnen einer vom Schulleiter festzulegenden Frist vom Lehrplan des betreffenden Semesters abweichende Module wählen, wenn diese im betreffenden Halbjahr geführt werden (individuelle Modulwahl). Der Schulleiter hat weiters festzulegen, ob oder welche Module der Ausbildung erfolgreich abgeschlossen sein müssen, um ein Modul unter Abweichung vom Lehrplan rechtsgültig wählen und besuchen zu können. Individuelle Modulwahlen sind bei der Modulbildung (§ 11) zu berücksichtigen.

(3) Der Schulleiter hat, wenn dies aus didaktischen oder anderen wichtigen Gründen (zB bei Verhinderung des Lehrers) erforderlich ist, vorübergehende Änderungen des Stundenplanes (Stundentausch, Fachsupplierung, Entfall von Unterrichtsstunden) anzuordnen. Die Studierenden sind von jeder Änderung des Stundenplanes rechtzeitig in Kenntnis zu setzen.

(4) entfallen (BGBl. I Nr. 97/2015, Art. 1 Z 2)

(BGBl. I Nr. 53/2010, Z 8)

Pflichtgegenstände und verbindliche Übungen

§ 13. (1) Soweit alternative Pflichtgegenstände vorgesehen sind, haben die Studierenden zwischen diesen innerhalb einer vom Schulleiter einzuräumenden Frist zu wählen. Wenn die Wahl nicht innerhalb dieser Frist getroffen wird, hat der Schulleiter dem Studierenden nach Einräumung eines Anhörungsrechtes einen der alternativen Pflichtgegenstände zuzuweisen. Die Wahl bzw. die Zuweisung gilt vorbehaltlich der nachstehenden Absätze für das gesamte Studium.

(2) Bei späterem Wechsel eines alternativen Pflichtgegenstandes ist innerhalb einer vom Schulleiter festzusetzenden Frist eine Einstufungsprüfung über den Lehrstoff der vorhergehenden Semester des neu gewählten alternativen Pflichtgegenstandes abzulegen. § 23 Abs. 2 bis 9 finden Anwendung.

(3) Wird ein vom Studierenden begonnener alternativer Pflichtgegenstand in einem späteren Halbjahr nicht geführt, so kann der Studierende

1. einen gegebenenfalls angebotenen Freigegenstand besuchen oder
2. Modulprüfungen (§ 23a) oder Externistenprüfungen (§ 42) ablegen.

(4) Abs. 1 und 2 gelten sinngemäß, wenn in einem Pflichtgegenstand Wahlmöglichkeiten bestehen (zB Lebende Fremdsprache, Instrumentalunterricht).

(5) Der Schulleiter hat einen Studierenden auf seinen Antrag von der Teilnahme an einzelnen Pflichtgegenständen und verbindlichen Übungen zu befreien, wenn dieser

1. aus gesundheitlichen Gründen daran nicht teilnehmen kann, oder
2. durch Vorlage eines Zeugnisses einer öffentlichen oder mit dem Öffentlichkeitsrecht ausgestatteten Schule, einer Pädagogischen Hochschule, einer anerkannten priva-

ten Pädagogischen Hochschule, eines anerkannten privaten Studienganges, einer Universität, einer akkreditierten Privatuniversität, einer Fachhochschule, eines Fachhochschul-Studienganges oder eines Externistenprüfungszeugnisses nachweist, dass er das Bildungsziel des betreffenden Pflichtgegenstandes erreicht hat bzw. einen der betreffenden verbindlichen Übung entsprechenden Unterrichtsgegenstand besucht hat, oder *(BGBl. I Nr. 9/2012, Art. 5 Z 6)*

3. an berufsbildenden mittleren oder höheren Schulen nach erfolgreicher Ablegung einer Lehrabschlussprüfung eine Befreiung vom praktischen Unterricht in jenen Werkstätten beantragt, deren Lehrstoff durch die Ausbildung im Lehrberuf nachgewiesen wird.

Eine Befreiung gemäß Z 1 ist nur zulässig, wenn die Bildungsziele einschließlich der mit dem Besuch verbundenen Berechtigungen grundsätzlich auch ohne den Besuch des betreffenden Pflichtgegenstandes oder der betreffenden verbindlichen Übung erreicht werden können; wenn dies nicht der Fall ist, ist eine Befreiung nur mit der Auflage eines Kolloquiums zulässig, sofern nach der Bildungsaufgabe des betreffenden Unterrichtsgegenstandes der Nachweis durch ein Kolloquium erfolgen kann.

(BGBl. I Nr. 53/2010, Z 9)

Freigegenstände, unverbindliche Übungen und Förderunterricht

§ 14. (1) Die Studierenden können sich innerhalb einer vom Schulleiter festzusetzenden Frist zur Teilnahme an Freigegenständen und unverbindlichen Übungen anmelden. Die Anmeldung gilt nur für das betreffende Halbjahr. *(BGBl. I Nr. 33/1997 idF BGBl. I Nr. 53/2010, Z 10)*

(2) Sofern ein Förderunterricht vorgesehen ist, können sich Studierende nach Feststellung der Förderungsbedüftigkeit durch den das betreffende Modul unterrichtenden Lehrer zur Teilnahme am Förderunterricht anmelden. *(BGBl. I Nr. 53/2010, Z 11)*

(3) Ist eine Studierende oder ein Studierender zur Teilnahme an einem Freigegenstand anstelle eines Pflichtgegenstandes gemäß § 8 lit. h des Schulorganisationsgesetzes angemeldet, sind auf den Freigegenstand die Bestimmungen dieses Bundesgesetzes über die Pflichtgegenstände anzuwenden. *(BGBl. I Nr. 170/2021, Art. 3 Z 1)*

Schulveranstaltungen

§ 15. (1) Schulveranstaltungen dienen der Ergänzung des lehrplanmäßigen Unterrichtes durch unmittelbaren und anschaulichen Kontakt zum beruflichen, wirtschaftlichen, gesellschaftlichen und kulturellen Leben, durch die Förderung der musischen Anlagen der Studierenden und durch die körperliche Ertüchtigung.

(2) Für die Durchführung von Schulveranstaltungen stehen fünf Tage pro Halbjahr zur Verfügung, welche nach der Anzahl der Halbjahre zusammengefasst und während der gesamten Ausbildung beliebig konsumiert werden können. *(BGBl. I Nr. 53/2010, Z 12 idF BGBl. I Nr. 97/2015, Art. 1 Z 3)*

(3) Die näheren Festlegungen (Art, Dauer, Durchführungsbestimmungen, Entscheidungskompetenzen) werden durch den Schulgemeinschaftsausschuß getroffen. Hiebei ist auf die Gewährleistung der Sicherheit der Studierenden und auf eine allfällige Berufstätigkeit der Studierenden Bedacht zu nehmen. *(BGBl. I Nr. 33/1997 idF BGBl. I Nr. 9/2012, Art. 5 Z 7)*

(4) An Schulveranstaltungen können auch andere geeignete Begleitpersonen, die nicht in einem Dienstverhältnis zum Bund stehen, teilnehmen.

(5) Schulveranstaltungen dürfen nicht durchgeführt werden, wenn

1. sie nicht der Ergänzung des lehrplanmäßigen Unterrichtes dienen,
2. sie die Erfüllung des Lehrplanes beeinträchtigen,
3. die durch die Veranstaltung erwachsenden Kosten nicht dem Grundsatz der Sparsamkeit und Angemessenheit entsprechen,
4. der ordnungsgemäße Ablauf der Veranstaltung nicht gegeben erscheint, insbesondere bei Gefährdung der körperlichen Sicherheit oder der Sittlichkeit der Studierenden, oder
5. eine ausreichende finanzielle Bedeckung nicht gegeben ist.

Unterrichtsmittel

§ 16. (1) Unterrichtsmittel sind im Hinblick auf den Lehrplan nach Material, Darstellung und sonstiger Ausstattung zweckmäßige und geeignete Hilfsmittel, die der Unterstützung oder der Bewältigung von Teilaufgaben des Unterrichtes und zur Sicherung des Unterrichtsertrages dienen.

(2) Der Lehrer darf nur solche Unterrichtsmittel im Unterricht einsetzen, die nach dem Ergebnis seiner gewissenhaften Prüfung den Anforderungen nach Abs. 1 entsprechen oder vom zuständigen Bundesminister als den Anforderungen des Abs. 1 entsprechend für den Unterrichtsgebrauch geeignet erklärt worden sind. *(BGBl. I Nr. 33/1997 idF BGBl. I Nr. 53/2010, Z 13)*

Unterrichtssprache

§ 17. (1) Unterrichtssprache ist die deutsche Sprache.

(2) Die Verwendung einer anderen als der deutschen Sprache als Unterrichtssprache ist soweit zulässig, als

1. dies durch besondere Gesetze angeordnet ist,
2. es durch zwischenstaatliche Vereinbarung festgelegt wird oder
3. an Privatschulen gemäß § 4 Abs. 3 des Schulorganisationsgesetzes die Auswahl der Studierenden nach der Sprache erfolgt.

(3) Darüber hinaus kann die zuständige Schulbehörde auf Antrag des Schulleiters die Verwendung einer lebenden Fremdsprache als Unterrichtssprache in einer öffentlichen Schule anordnen, wenn dies
1. wegen der Zahl von fremdsprachigen Personen, die sich in Österreich aufhalten, oder
2. zur besseren Ausbildung in Fremdsprachen zweckmäßig erscheint und dadurch die allgemeine Zugänglichkeit gemäß § 4 des Schulorganisationsgesetzes nicht beeinträchtigt wird.

Diese Anordnung kann sich auch auf einzelne Module beziehen. *(BGBl. I Nr. 33/1997 idF BGBl. I Nr. 53/2010, Z 14 und BGBl. I Nr. 75/2013, Art. 4 Z 2)*

(4) Abs. 3 findet auf Privatschulen mit der Maßgabe Anwendung, daß das Ansuchen vom Privatschulerhalter zu stellen ist.

5. Abschnitt
Unterrichtsarbeit und Studierendenbeurteilung

Unterrichts- und Bildungsarbeit

§ 18. (1) Der Lehrer hat in eigenständiger und verantwortlicher Unterrichts- und Bildungsarbeit die Aufgabe der österreichischen Schule (§ 2 des Schulorganisationsgesetzes) zu erfüllen. Er hat den Unterricht dem Alter und einer allfälligen Berufstätigkeit der Studierenden entsprechend zu gestalten. *(BGBl. I Nr. 33/1997 idF BGBl. I Nr. 9/2012, Art. 5 Z 8)*

(2) Im Sinne des Abs. 1 sowie in Entsprechung mit dem Lehrplan hat er insbesondere
1. den Lehrstoff des Unterrichtsgegenstandes dem Stand der Wissenschaft und Technik entsprechend zu vermitteln,
2. eine gemeinsame Bildungswirkung aller Unterrichtsgegenstände anzustreben,
3. den Unterricht anschaulich und gegenwartsbezogen zu gestalten,
4. die Selbsttätigkeit und die Mitarbeit der Studierenden zu fördern,
5. jeden Studierenden zu den seinen Anlagen entsprechenden besten Leistungen zu führen und
6. den Ertrag des Unterrichts als Grundlage weiterer Bildung zu sichern und durch entsprechende Übungen zu festigen.

(3) Zur Ergänzung der Unterrichtsarbeit sind den Studierenden Übungen zur Festigung des Lehrstoffes zu empfehlen, deren Erledigung im freien Ermessen der Studierenden liegt.

(4) Sofern in den Lehrplänen die Einbeziehung von Formen des Fernunterrichtes vorgesehen ist, sind Lerninhalte festzulegen, die von den Studierenden auf der Grundlage der Unterrichtsarbeit (Sozialphase) sowie von zur Verfügung gestelltem Lernmaterial in der Individualphase selbständig zu erarbeiten sind. Die von den Studierenden in der Individualphase erarbeiteten Lerninhalte sind in die Sozialphase so einzubeziehen, daß alle Studierenden der Sozialphase daraus Nutzen ziehen können. *(BGBl. I Nr. 33/1997 idF BGBl. I Nr. 53/2010, Z 15)*

Leistungsfeststellung

§ 19. (1) Der Lehrer hat den Zeitpunkt, die Form, den Umfang und die Dauer von Leistungsfeststellungen nach den Anforderungen des Lehrplanes, den Erfordernissen des Unterrichtsgegenstandes sowie dem Stand des Unterrichtes festzulegen. Die Terminisierung von schriftlichen Leistungsfeststellungen hat durch die betreffenden Lehrer in koordinierter Weise zu erfolgen; die Terminisierung von lehrplanmäßig vorgesehenen Schularbeiten ist den Studierenden innerhalb der ersten drei Wochen eines Halbjahres bekanntzugeben. *(BGBl. I Nr. 33/1997 idF BGBl. I Nr. 53/2010, Z 16)*

(2) Eine Leistungsfeststellung ist insoweit nicht durchzuführen, als feststeht, daß der Studierende wegen einer körperlichen Behinderung eine entsprechende Leistung nicht erbringen kann oder durch die Leistungsfeststellung gesundheitlich gefährdet ist.

Leistungsbeurteilung

§ 20. (1) Die Beurteilung der Leistungen der Studierenden erfolgt durch den unterrichtenden Lehrer.

(2) Maßstab für die Leistungsbeurteilung sind die Anforderungen des Lehrplanes unter Bedachtnahme auf den jeweiligen Stand des Unterrichtes. Die Nichtteilnahme an Schulveranstaltungen hat bei der Beurteilung der Leistungen des Studierenden außer Betracht zu bleiben.

(3) Für die Beurteilung der Leistungen der Studierenden sind folgende Beurteilungsstufen (Noten) zu verwenden:
1. Sehr gut (1) für Leistungen, mit denen der Studierende die nach Maßgabe des Lehrplanes gestellten Anforderungen in der Erfassung und in der Anwendung des Lehrstoffes sowie in der Durchführung der Aufgaben in weit über das Wesentliche hinausgehendem Ausmaß erfüllt und, wo dies möglich ist, deutliche Eigenständigkeit beziehungsweise die Fähigkeit zur selbständi-

gen Anwendung seines Wissens und Könnens auf für ihn neuartige Aufgaben zeigt;
2. Gut (2) für Leistungen, mit denen der Studierende die nach Maßgabe des Lehrplanes gestellten Anforderungen in der Erfassung und in der Anwendung des Lehrstoffes sowie in der Durchführung der Aufgaben in über das Wesentliche hinausgehendem Ausmaß erfüllt und, wo dies möglich ist, merkliche Ansätze zur Eigenständigkeit beziehungsweise bei entsprechender Anleitung die Fähigkeit zur Anwendung seines Wissens und Könnens auf für ihn neuartige Aufgaben zeigt;
3. Befriedigend (3) für Leistungen, mit denen der Studierende die nach Maßgabe des Lehrplanes gestellten Anforderungen in der Erfassung und in der Anwendung des Lehrstoffes sowie in der Durchführung der Aufgaben in den wesentlichen Bereichen zur Gänze erfüllt; dabei werden Mängel in der Durchführung durch merkliche Ansätze zur Eigenständigkeit ausgeglichen;
4. Genügend (4) für Leistungen, mit denen der Studierende die nach Maßgabe des Lehrplanes gestellten Anforderungen in der Erfassung und in der Anwendung des Lehrstoffes sowie in der Durchführung der Aufgaben in den wesentlichen Bereichen überwiegend erfüllt;
5. Nicht genügend (5) für Leistungen, mit denen der Studierende nicht einmal alle Erfordernisse für die Beurteilung mit „Genügend" erfüllt.

(4) Durch die Noten sind zu beurteilen:
1. die Erfassung und die Anwendung des Lehrstoffes,
2. die Durchführung der Aufgaben,
3. die Selbständigkeit der Arbeit und
4. die Eigenständigkeit des Studierenden.

(5) Vorgetäuschte Leistungen sind nicht zu beurteilen.

(6) Studierende, die aus gesundheitlichen Gründen eine Leistung nicht erbringen können, sind unter Bedachtnahme auf diese Beeinträchtigung zu beurteilen, soweit die Bildungs- und Lehraufgabe des betreffenden Unterrichtsgegenstandes grundsätzlich erreicht wird.

Modulbeurteilung

§ 21. (1) Die Beurteilung der Leistungen eines Studierenden in einem Modul erfolgt durch den Lehrer des betreffenden Moduls unter Zugrundelegung aller im betreffenden Modul erbrachten Leistungen.

(2) Wenn der Lehrer eine sichere Leistungsbeurteilung nicht treffen kann, so hat er spätestens innerhalb der letzten zwei Wochen des Halbjahres eine Leistungsfeststellung (§ 19) anzuordnen. Tritt der Studierende zu dieser Leistungsfeststellung nicht an, so ist er in diesem Modul nicht zu beurteilen.

(3) Auf Wunsch des Studierenden ist in jedem Modul eine Leistungsfeststellung (§ 19) durchzuführen. Das Ansuchen ist so zeitgerecht zu stellen, dass die Durchführung der Prüfung möglich ist.

(BGBl. I Nr. 53/2010, Z 17)

Information der Studierenden

§ 22. (1) Die Beurteilungen einzelner Leistungen sind dem Studierenden unverzüglich nach Auswertung einer Leistungsfeststellung durch den Lehrer des betreffenden Moduls bekanntzugeben. *(BGBl. I Nr. 33/1997 idF BGBl. I Nr. 53/2010, Z 18)*

(2) Der Lehrer hat jeden Studierenden auf sein Verlangen über dessen Leistungsstand zu informieren.

(3) Wenn die Leistungen des Studierenden auf Grund der bisher erbrachten Leistungen in einem Modul nicht oder mit „Nicht genügend" zu beurteilen wären, ist ihm dies unverzüglich mitzuteilen und vom unterrichtenden Lehrer oder vom Studienkoordinator Gelegenheit zu einem beratenden Gespräch zu geben. Dabei sind insbesondere leistungsfördernde Maßnahmen zur Vermeidung dieser negativen Beurteilung zu beraten. *(BGBl. I Nr. 33/1997 idF BGBl. I Nr. 53/2010, Z 19)*

(4) Die Verständigungen gemäß Abs. 1 bis 3 haben ausschließlich Informationscharakter.

Kolloquien

§ 23. (1) Jeder Studierende, der in einem oder in mehreren Modulen nicht oder mit „Nicht genügend" beurteilt wurde, ist berechtigt, in diesen Modulen außerhalb des lehrplanmäßigen Unterrichtes ein Kolloquium abzulegen. *(BGBl. I Nr. 33/1997 idF BGBl. I Nr. 53/2010, Z 20 und BGBl. I Nr. 97/2015, Art. 1 Z 4)*

(2) Prüfer ist der das Modul zuletzt unterrichtende Lehrer oder im Verhinderungsfall ein vom Schulleiter (bei Abteilungsgliederung an berufsbildenden Schulen vom Abteilungsvorstand) zu bestellender fachkundiger Lehrer. *(BGBl. I Nr. 33/1997 idF BGBl. I Nr. 53/2010, Z 21)*

(3) Die Prüfungstermine für Kolloquien sind auf Antrag des Studierenden vom Prüfer anzuberaumen. Einem Terminwunsch ist nach Möglichkeit zu entsprechen.

(4) Die Aufgabenstellungen sowie die Prüfungsformen sind durch den Prüfer (die Prüfer) festzusetzen, wobei die Form der schriftlichen Prüfung neben der mündlichen Prüfung nur im

Fall lehrplanmäßig vorgesehener Schularbeiten zulässig ist. *(BGBl. I Nr. 53/2010, Z 22)*

(5) Das Kolloquium hat den Lehrstoff des betreffenden Unterrichtsgegenstandes für den Zeitraum, auf den sich das Kolloquium bezieht, zu umfassen.

(6) Die Beurteilung der Leistungen des Studierenden beim Kolloquium erfolgt durch den Prüfer und ist als Leistungsbeurteilung für das Modul bzw. für die Module festzusetzen. § 20 Abs. 3 bis 6 findet Anwendung. *(BGBl. I Nr. 33/1997 idF BGBl. I Nr. 53/2010, Z 23)*

(7) Wegen vorgetäuschter Leistungen nicht beurteilte oder mit „Nicht genügend" beurteilte Kolloquien dürfen höchstens zwei Mal wiederholt werden. Die vorstehenden Absätze finden Anwendung. *(BGBl. I Nr. 53/2010, Z 24)*

(8) Jedem Studierenden ist die Teilnahme an Kolloquien als Zuhörer möglich. Der Prüfer (Abs. 2) hat Zuhörer von der weiteren Teilnahme auszuschließen, wenn durch diese eine Störung im Ablauf des Kolloquiums eintritt. *(BGBl. I Nr. 33/1997 idF BGBl. I Nr. 53/2010, Z 25)*

(9) Der Prüfer hat Aufzeichnungen zu führen über die beim Kolloquium gestellten Fragen, die erteilten Beurteilungen sowie allfällige besondere Vorkommnisse, die zu einer negativen Beurteilung führen.

Modulprüfungen

§ 23a. Über einzelne Module kann auf Antrag des Studierenden auch ohne Besuch des Moduls bis zum Ende des Halbjahres, welches von seiner Zahl dem vorletzten Semester der Ausbildung entspricht, eine Modulprüfung abgelegt werden. Prüfer ist ein vom Schulleiter (bei Abteilungsgliederung an berufsbildenden Schulen vom Abteilungsvorstand) zu bestellender fachkundiger Lehrer. § 23 Abs. 3 bis 6, 8 und 9 finden Anwendung. Eine Wiederholung von Modulprüfungen ist nicht zulässig.

(BGBl. I Nr. 53/2010, Z 26)

Zeugnisse

§ 24. (1) Dem Studierenden ist am Ende jedes Halbjahres ein Zeugnis über alle in diesem Halbjahr absolvierten Module und auf seinen Antrag ein Zeugnis über sämtliche zu einem bestimmten Zeitpunkt erfolgreich oder nicht erfolgreich abgeschlossene Module auszustellen.

(2) Jedes Zeugnis hat insbesondere zu enthalten:

1. die Bezeichnung der Schule,
2. die Personalien des Studierenden,
3. die Bezeichnung des Lehrplanes, nach dem unterrichtet wurde,
4. die Module (Unterrichtsgegenstand, Semester, Wochenstunden),
5. die Modulbeurteilungen,
6. Teilnahmevermerke bei verbindlichen und unverbindlichen Übungen,
7. Vermerke über eine allfällige Befreiung von der Teilnahme an Pflichtgegenständen und verbindlichen Übungen,
8. einen Vermerk über eine allfällige Ablegung einer vorgezogenen Teilprüfung (§ 35 Abs. 4) und über die Beurteilung im Prüfungsgebiet bzw. in den Prüfungsgebieten,
9. Ort und Datum der Ausstellung, Unterschrift der Schulleitung (bei Abteilungsgliederung des Abteilungsvorstandes), Rundsiegel der Schule oder Amtssignatur (§ 19 Abs. 1 des E-Government-Gesetzes – E-GovG, BGBl. I Nr. 10/2004) anstelle von Unterschrift und Rundsiegel. *(BGBl. I Nr. 53/2010, Z 27 idF BGBl. I Nr. 121/2024, Art. 3 Z 1 und 2)*

(3) Im Zeitpunkt des erfolgreichen Abschlusses aller Module über die lehrplanmäßigen Pflichtgegenstände und der Teilnahme an verbindlichen Übungen ist ein Abschlusszeugnis auszustellen, wenn nicht gemäß § 39 Abs. 1 ein Zeugnis über eine abschließende Prüfung ausgestellt wird. In das Abschlusszeugnis können Vermerke über durch den Schulbesuch erworbene Berechtigungen (auch im Hinblick auf die EU-rechtliche Anerkennung von Diplomen und beruflichen Befähigungsnachweisen) aufgenommen werden.

(4) entfallen (BGBl. I Nr. 121/2024, Art. 3 Z 2a)

(BGBl. I Nr. 53/2010, Z 27)

Schulbesuchsbestätigung

§ 25. (1) Auf Antrag eines Studierenden ist ihm der Besuch der Schule zu bestätigen (Schulbesuchsbestätigung).

(2) Im Falle des Ausscheidens aus der Schule hat die Schulbesuchsbestätigung einen Hinweis auf das Ausscheiden aus der Schule zu enthalten.

(3) § 24 Abs. 2 Z 1 bis 3 und 9 sowie Abs. 4 finden Anwendung.

(BGBl. I Nr. 53/2010, Z 28)

6. Abschnitt

Aufsteigen, Erfolgreicher Abschluss, Wiederholen, Anrechnungen

(BGBl. I Nr. 53/2010, Z 29)

Aufsteigen

§ 26. Ein Studierender oder eine Studierende ist zum Aufsteigen in das nächste Semester berechtigt.

(BGBl. I Nr. 97/2015, Art. 1 Z 5)

Erfolgreicher Abschluss

§ **27.** (1) Eine Ausbildung, die nicht mit einer abschließenden Prüfung beendet wird, ist erfolgreich abgeschlossen, wenn jedes Modul (vorbehaltlich einer allfälligen Befreiung gemäß § 13 Abs. 4 oder einer Anrechnung gemäß § 30) positiv beurteilt wurde. Alle übrigen Ausbildungen sind mit dem erfolgreichen Abschluss der abschließenden Prüfung erfolgreich abgeschlossen.

(2) Wenn ein Studierender an einer berufsbildenden mittleren oder höheren Schule im praktischen Unterricht oder an einer Bildungsanstalt für Elementarpädagogik oder für Sozialpädagogik in Kindergarten-, Hort- oder Heimpraxis oder Leibeserziehung oder Bewegungserziehung; Bewegung und Sport mehr als das Vierfache der wöchentlichen Stundenzahl eines Moduls ohne eigenes Verschulden versäumt, ist ihm Gelegenheit zu geben, die in diesem Modul geforderten Kenntnisse und Fertigkeiten durch ein Kolloquium nachzuweisen, sofern er die Versäumnisse durch eine facheinschlägige praktische Tätigkeit nachgeholt hat. Bei Versäumnis des Unterrichtes im genannten Ausmaß oder bei Nichtablegen des Kolloquiums ist der Studierende in diesem Modul nicht zu beurteilen. *(BGBl. I Nr. 53/2010, Z 31 idF BGBl. I Nr. 56/2016, Art. 8 Z 3)*

(BGBl. I Nr. 53/2010, Z 31)

Wiederholen

§ **28.** (1) Ein nicht erfolgreich abgeschlossenes Modul darf auf Antrag höchstens ein Mal in einem weiteren Halbjahr besucht werden. Werden die Leistungen in diesem Modul nach dessen Wiederholung nicht oder mit „Nicht genügend" beurteilt, so entfällt die zweite Wiederholungsmöglichkeit eines allenfalls negativ beurteilten Kolloquiums.

(2) In besonders berücksichtigungswürdigen Fällen kann der Schulleiter eine weitere Wiederholung eines gemäß Abs. 1 besuchten und nicht erfolgreich abgeschlossenen Moduls bewilligen. Werden die Leistungen in diesem Modul abermals nicht oder mit „Nicht genügend" beurteilt, so entfallen sämtliche Wiederholungsmöglichkeiten eines allenfalls negativ beurteilten Kolloquiums.

(3) entfallen (BGBl. I Nr. 97/2015, Art. 1 Z 6)

(BGBl. I Nr. 53/2010, Z 32)

*§ **29.** entfallen (BGBl. I Nr. 53/2010, Z 33)*

Anrechnungen beim Übertritt in eine andere Schulart (Schulform, Fachrichtung, Ausbildung)

§ **30.** Der Schulleiter hat einen Studierenden auf seinen Antrag von der Teilnahme an einzelnen Modulen zu befreien, wenn dieser durch Vorlage eines Zeugnisses einer öffentlichen oder mit dem Öffentlichkeitsrecht ausgestatteten Schule, einer Pädagogischen Hochschule, einer anerkannten privaten Pädagogischen Hochschule, eines anerkannten privaten Studienganges, einer Universität, einer akkreditierten Privatuniversität, einer Fachhochschule, eines Fachhochschul-Studienganges oder eines Externistenprüfungszeugnisses nachweist, dass er das Bildungsziel des betreffenden Moduls erlangt hat.

(BGBl. I Nr. 9/2012, Art. 5 Z 11)

7. Abschnitt
Höchstdauer und Beendigung des Schulbesuches

Höchstdauer des Schulbesuches

§ **31.** Die Höchstdauer des Schulbesuches beträgt das Zweifache der vorgesehenen Ausbildungsdauer.

Beendigung des Schulbesuches

§ **32.** (1) Die Eigenschaft als Studierender einer Ausbildung endet:

1. mit erfolgreichem Abschluss (§ 27) der betreffenden Ausbildung,
2. mit dem Zeitpunkt einer schriftlich gegenüber der Schulleitung erklärten Abmeldung vom Schulbesuch,
3. mit dem Zeitpunkt, in dem feststeht, dass ein Studierender im Falle des Weiterbesuches die gemäß § 31 zulässige Höchstdauer des Schulbesuches überschreitet,
4. mit dem Ende eines Halbjahres, wenn nicht in diesem und in dem vorangegangenen Halbjahr Module im Mindestausmaß von 10 Wochenstunden erfolgreich abgeschlossen wurden, sofern dies nicht auf rücksichtswürdige Gründe zurückzuführen ist oder in einer Höheren Lehranstalt für Pflege und Sozialbetreuung nicht der gemäß § 36 Abs. 1 erforderliche Nachweis erbracht wurde, *(BGBl. I Nr. 53/2010, Z 35 idF BGBl. I Nr. 165/2022, Art. 3 Z 1)*
5. mit dem Zeitpunkt, in dem die Leistungen des Studierenden bei der letztmöglichen Ablegung oder Wiederholung eines Kolloquiums nicht oder mit „Nicht genügend" beurteilt wurden,

6. bei Fernbleiben vom Unterricht mit dem ungenützten Ablauf der zweiwöchigen Frist seit der Zustellung der schriftlichen Aufforderung gemäß § 45, sofern diese nicht aus rücksichtswürdigen Gründen unterblieben ist oder
7. mit dem Eintritt der Rechtskraft eines Ausschlusses (§ 46 Abs. 1).

(BGBl. I Nr. 53/2010, Z 35)

(2) Der Zeitpunkt der Beendigung des Schulbesuches ist dem Studierenden mittels schriftlicher Entscheidung nachweislich mitzuteilen und auf dem Zeugnis (§ 24) bzw. auf der Schulbesuchsbestätigung (§ 25) ersichtlich zu machen. *(BGBl. I Nr. 53/2010, Z 35)*

(3) entfallen (BGBl. I Nr. 97/2015, Art. 1 Z 7)

(4) Auf Privatschulen finden die vorstehenden Absätze mit der Maßgabe Anwendung, daß der Privatschulerhalter darüber hinausgehende Gründe für die Beendigung des Schulbesuches anläßlich der Aufnahme vereinbaren kann, soweit dadurch nicht § 4 Abs. 3 des Schulorganisationsgesetzes berührt wird.

8. Abschnitt
Abschließende Prüfungen; Externistenprüfungen

Form und Umfang der abschließenden Prüfungen

§ 33. (1) Die abschließende Prüfung besteht aus

1. einer Vorprüfung und einer Hauptprüfung oder
2. einer Hauptprüfung.

(2) Die Vorprüfung besteht aus schriftlichen, mündlichen, grafischen und/oder praktischen Prüfungen.

(3) Die Hauptprüfung besteht aus

1.[8]) an höheren Schulen einer selbständig außerhalb der Unterrichtszeit zu erstellenden abschließenden Arbeit auf vorwissenschaftlichem Niveau (einschließlich deren Präsentation und Diskussion),
 a) an berufsbildenden höheren Schulen mit Diplomcharakter,
 b) an allgemein bildenden höheren Schulen mit Abschlusscharakter, insbesondere einer forschenden, gestalterischen oder künstlerischen Arbeit (einschließlich der Dokumentation des Entstehungsprozesses).[9])

(BGBl. I Nr. 121/2024, Art. 3 Z 2b)

2. einer Klausurprüfung, die schriftliche, grafische und/oder praktische Klausurarbeiten und allfällige mündliche Kompensationsprüfungen umfasst, und
3. einer mündlichen Prüfung, die mündliche Teilprüfungen umfasst.

(4) Das zuständige Regierungsmitglied hat für die betreffenden Schularten (Schulformen, Fachrichtungen) nach deren Aufgaben und Lehrplänen sowie unter Bedachtnahme auf die Gleichwertigkeit der Prüfung durch Verordnung nähere Festlegungen über die Prüfungsform zu treffen. Im Fall von Übergangslehrplänen oder -lehrplanabweichungen gemäß § 6 Abs. 1a des Schulorganisationsgesetzes sind entsprechend abgeänderte Prüfungsordnungen zu erlassen und gemäß § 66 an den betroffenen Schulen kundzumachen. *(BGBl. I Nr. 97/2015, Art. 1 Z 8 idF BGBl. I Nr. 138/2017, Art. 17 Z 15)*

(5)[10]) An allgemein bildenden höheren Schulen kann bis einschließlich des Schuljahres 2028/29 anstelle der abschließende[11]) Arbeit gemäß Abs. 3 Z 1 lit. b eine weitere Klausurarbeit gemäß Abs. 3 Z 1 oder eine weitere mündliche Teilprüfung gemäß Abs. 3 Z 2 abgelegt werden. In der Verordnung gemäß Abs. 4 ist ein Datum festzulegen, bis zu welchem die Prüfungskandidatin oder der -kandidat der Schulleitung schriftlich bekannt zu geben hat, ob sie oder er eine abschließende Arbeit verfassen oder eine weitere (zusätzliche) schriftliche Klausurarbeit oder mündliche Teilprüfung ablegen will. Die Anmeldezahlen sind an die Bildungsdirektionen zu melden. *(BGBl. I Nr. 121/2024, Art. 3 Z 2c)*

(BGBl. I Nr. 97/2015, Art. 1 Z 8)

Prüfungskommission

§ 34. (1) Bei der Vorprüfung gehören den Prüfungskommissionen der einzelnen Prüfungsgebiete als Mitglieder an:

---

[8]) Diese Bestimmung gilt gemäß § 69 Abs. 23 Z 2 für abschließende Prüfungen mit Haupttermin ab 2026. Z 1 idF vor der Novelle BGBl. I Nr. 121/2024 ist gemäß § 72a (Übergangsrecht betreffend die autonome Entscheidung über die Erstellung einer vorwissenschaftlichen Arbeit an allgemein bildenden höheren Schulen) für abschließende Prüfungen bis zum Haupttermin 2026 noch von Bedeutung. Z 1 lautete: „1. einer abschließenden Arbeit (einschließlich deren Präsentation und Diskussion), die selbständig und außerhalb der Unterrichtszeit zu erstellen ist (in höheren Schulen auf vorwissenschaftlichem Niveau; mit Abschluss- oder Diplomcharakter),“.

[9]) Sollte richtig lauten: „… Entstehungsprozesses),“.

[10]) Diese Bestimmung gilt gemäß § 69 Abs. 23 Z 2 für abschließende Prüfungen mit Haupttermin ab 2026. Gemäß § 69 Abs. 23 Z 6 tritt Abs. 5 idF der Novelle BGBl. I Nr. 121/2024 mit (Ablauf des) 1. Jänner 2030 außer Kraft.

[11]) Sollte richtig lauten: „… abschließenden“.

1. der Schulleiter oder die Schulleiterin oder ein vom Schulleiter oder von der Schulleiterin zu bestellender Lehrer oder eine von diesem oder von dieser zu bestellende Lehrerin als Vorsitzender oder Vorsitzende,
2. der Fachvorstand oder die Fachvorständin oder, wenn kein Fachvorstand oder keine Fachvorständin bestellt ist, ein vom Schulleiter oder von der Schulleiterin zu bestimmender fachkundiger Lehrer oder eine von diesem oder von dieser zu bestimmende fachkundige Lehrerin und
3. jener Lehrer oder jene Lehrerin, der oder die den das jeweilige Prüfungsgebiet bildenden Unterrichtsgegenstand in der betreffenden Klasse unterrichtet hat (Prüfer/Prüferin).

(2) Bei der Hauptprüfung gehören den Prüfungskommissionen der einzelnen Prüfungsgebiete gemäß § 33 Abs. 3 Z 1 bis 3 als Mitglieder an:

1. als von der Schulbehörde zu bestellender Vorsitzender
   a) die Schulleiterin oder der Schulleiter (Schulleitung) oder
   b) die Schulleitung einer anderen Schule oder *(BGBl. I Nr. 19/2021, Art. 3 Z 1 idF BGBl. I Nr. 170/2021, Art. 3 Z 2)*
   c) eine Abteilungsvorständin oder ein Abteilungsvorstand, *(BGBl. I Nr. 170/2021, Art. 3 Z 2)*
2.[12]) die Schulleitung, wenn sie nicht gemäß Z 1 zum Vorsitz bestellt wurde, der Fachvorstand oder wenn kein Fachvorstand bestellt ist, eine vom Schulleiter zu bestellende fachkundige Lehrperson oder der Studienkoordinator oder die Studienkoordinatorin, *(BGBl. I Nr. 19/2021, Art. 3 Z 1 idF BGBl. I Nr. 232/2021, Art. 3 Z 1 und BGBl. I Nr. 121/2024, Art. 3 Z 3)*
3. jene Lehrperson, welche die abschließende Arbeit gemäß § 33 Abs. 3 Z 1 betreut hat oder den das jeweilige Prüfungsgebiet der Klausurprüfung oder der mündlichen Prüfung bildenden Unterrichtsgegenstand in der betreffenden Klasse unterrichtet hat (Prüfer), und *(BGBl. I Nr. 19/2021, Art. 3 Z 1 idF BGBl. I Nr. 170/2021, Art. 3 Z 3)*
4. bei Prüfungsgebieten der mündlichen Prüfung sowie bei mündlichen Kompensationsprüfungen der Klausurprüfung eine von der Schulleitung zu bestimmende fachkundige Lehrperson, beim Prüfungsgebiet „Religion" eine Religionslehrperson (Beisitzender).

Wenn für ein Prüfungsgebiet mehrere Lehrpersonen als Prüferin oder Prüfer gemäß Z 3 in Betracht kommen, hat die Schulleitung einen, wenn es die fachlichen Anforderungen erfordern jedoch höchstens zwei fachkundige Lehrpersonen als Prüferin oder Prüfer zu bestellen. Bei Bestellung von zwei Personen kommt diesen gemeinsam eine Stimme zu und erfolgt im Fall einer mündlichen Prüfung oder einer mündlichen Kompensationsprüfung keine Bestellung eines Beisitzers oder einer Beisitzerin gemäß Z 4. Wenn für ein Prüfungsgebiet keine fachkundige Lehrperson bzw. Religionslehrperson als Beisitzerin oder Beisitzer gemäß Z 4 zur Verfügung steht, hat die zuständige Schulbehörde eine fachkundige Lehrperson bzw. Religionslehrperson einer anderen Schule als Beisitzerin oder Beisitzer zu bestellen. *(BGBl. I Nr. 19/2021, Art. 3 Z 1 idF BGBl. I Nr. 170/2021, Art. 3 Z 4)*

(3) Für einen Beschluss der Prüfungskommission ist die Anwesenheit aller Kommissionsmitglieder und die unbedingte Mehrheit der abgegebenen Stimmen erforderlich. Stimmenthaltungen sind unzulässig. Bei Prüfungsgebieten der mündlichen Prüfung sowie bei mündlichen Kompensationsprüfungen der Klausurprüfung kommt den Prüfern/Prüferinnen und dem Beisitzer/der Beisitzerin jeweils gemeinsam eine Stimme zu. Im Falle der Verhinderung des Vorsitzenden und erforderlichenfalls bei mündlichen Kompensationsprüfungen erfolgt die Vorsitzführung durch eine von der Schulleitung zu bestellende Lehrperson. Wenn ein anderes Mitglied der jeweiligen Prüfungskommission verhindert ist oder wenn die Funktion des Prüfers mit der Funktion eines anderen Kommissionsmitgliedes zusammenfällt, hat die Schulleitung für das betreffende Mitglied eine Stellvertretung zu bestellen. *(BGBl. I Nr. 19/2021, Art. 3 Z 1)*

(4) An Höheren Lehranstalten für Pflege und Sozialbetreuung hat bei der fachlichen Prüfung in der Fachrichtung Pflege ein weiteres Mitglied der Prüfungskommission anzugehören. Dieses Mitglied muss über eine Ausbildung für Lehraufgaben gemäß § 65a des Gesundheits- und Krankenpflegegesetzes (GuKG), BGBl. I Nr. 108/1997, verfügen und ist von der Leitung der Sanitätsdirektion des Landes zu nominieren. *(BGBl. I Nr. 165/2022, Art. 3 Z 2)*

(BGBl. I Nr. 97/2015, Art. 1 Z 8)

Prüfungstermine

§ 35. (1) Vorprüfungen haben nach den Aufgaben und dem Lehrplan der betreffenden Schulform für das erstmalige Antreten am Ende des dritten Semesters vor der erstmaligen Zulassung zur Klausurprüfung oder in-

[12]) Die grau unterlegte Wendung idF der Novelle BGBl. I Nr. 121/2024 tritt gemäß § 69 Abs. 23 Z 3 mit 1. März 2025 in Kraft.

nerhalb der beiden der erstmaligen Zulassung zur Klausurprüfung vorangehenden Semester stattzufinden. Die konkreten Prüfungstermine für die einzelnen Prüfungsgebiete (Teilprüfungen) sind nach Maßgabe näherer Regelungen durch Verordnung des zuständigen Regierungsmitglieds sowie unter Bedachtnahme auf die lehrplanmäßigen Erfordernisse durch die zuständige Schulbehörde festzulegen.

(2) Hauptprüfungen haben stattzufinden:

1. für die erstmalige Abgabe der abschließenden Arbeit gemäß § 33 Abs. 3 Z 1 innerhalb der beiden der erstmaligen Zulassung zur Klausurprüfung vorangehenden Semester,
2. für die Präsentation und Diskussion der abschließenden Arbeit im Zeitraum nach erfolgter Abgabe gemäß Z 1 und dem Ende desjenigen Prüfungstermins gemäß Z 3, in dem erstmals zur Hauptprüfung angetreten wurde,
3. für die Klausurprüfung und die mündliche Prüfung
   a) innerhalb der letzten neun oder, wenn es die Terminorganisation erfordert, zehn Wochen des dem Sommersemester entsprechenden Halbjahres (Haupttermin),
   b) innerhalb der ersten sieben Wochen des Schuljahres und
   c) innerhalb von sieben Wochen nach den Weihnachtsferien.

Wenn es aus lehrplanmäßigen Gründen oder wegen der Dauer einer lehrplanmäßig vorgesehenen Ferialpraxis erforderlich ist, kann das zuständige Regierungsmitglied durch Verordnung von Z 1 bis 3 abweichende Termine für die Hauptprüfung festlegen.

(3) Im Rahmen der abschließenden Prüfung können einzelne Teilprüfungen der Klausurprüfung bzw. der mündlichen Prüfung auf Antrag des oder der Studierenden vor dem Prüfungstermin der erstmaligen Zulassung zur Hauptprüfung (Abs. 2 Z 3) abgelegt werden (vorgezogene Teilprüfungen), wenn

1. die entsprechenden, lehrplanmäßig vorgesehenen Unterrichtsgegenstände positiv abgeschlossen sind oder
2. in den betreffenden Unterrichtsgegenständen Modulprüfungen gemäß § 23a erfolgreich absolviert wurden.

Prüfungstermin ist der Termin gemäß Abs. 2 Z 3 lit. a, b oder c jeweils nach erfolgreichem Abschluss des dem Prüfungsgebiet entsprechenden Unterrichtsgegenstandes.

(4) Die konkreten Prüfungstermine im Rahmen der Hauptprüfung sind unter Bedachtnahme auf die lehrplanmäßigen Erfordernisse wie folgt festzulegen:

1. für die Abgabe der abschließenden Arbeit gemäß § 33 Abs. 3 Z 1 durch den Schulleiter oder die Schulleiterin nach Herstellen des Einvernehmens mit dem oder der Vorsitzenden, *(BGBl. I Nr. 138/2017, Art. 17 Z 17)*
2. für die einzelnen standardisierten Klausurarbeiten der Klausurprüfung durch das zuständige Regierungsmitglied und für die übrigen Klausurarbeiten der Klausurprüfung durch den Schulleiter oder die Schulleiterin nach Herstellen des Einvernehmens mit dem oder der Vorsitzenden und
3. für allfällige mündliche Kompensationsprüfungen von standardisierten Klausurarbeiten durch das zuständige Regierungsmitglied, für die mündliche Prüfung, allfällige mündliche Kompensationsprüfungen von nicht standardisierten Klausurarbeiten sowie die Präsentation und Diskussion der abschließenden Arbeit gemäß § 33 Abs. 3 Z 1 durch den Schulleiter oder die Schulleiterin nach Herstellen des Einvernehmens mit dem oder der Vorsitzenden.

Die zuständige Schulbehörde und der Schulleiter oder die Schulleiterin haben bei der Festlegung von Prüfungsterminen gemäß Z 2 und 3 unter Bedachtnahme auf die durch das zuständige Regierungsmitglied festgelegten Prüfungstermine für die standardisierten Klausurarbeiten vorzusehen, dass zwischen der letzten Klausurarbeit und dem Beginn der mündlichen Prüfung ein angemessener, mindestens zwei Wochen umfassender Zeitraum liegt.

(5) Im Falle der gerechtfertigten Verhinderung ist der Prüfungskandidat oder die Prüfungskandidatin berechtigt, die betreffende Prüfung oder die betreffenden Prüfungen nach Wegfall des Verhinderungsgrundes sowie nach Maßgabe der organisatorischen Möglichkeit im selben Prüfungstermin abzulegen.

(BGBl. I Nr. 97/2015, Art. 1 Z 8)

Zulassung zur Prüfung

§ 36. (1) Zur Ablegung der Hauptprüfung sind alle Prüfungskandidaten und Prüfungskandidatinnen berechtigt,

1. die alle Pflichtgegenständen entsprechenden Module erfolgreich abgeschlossen haben,
2. die an allen Verbindlichen Übungen entsprechenden Modulen teilgenommen haben und
3. die alle im Lehrplan vorgesehenen Pflichtpraktika und Praktika zurückgelegt haben.

Die Bestimmungen des § 35 Abs. 2 Z 1 und 2 sowie Abs. 3 bleiben unberührt. An Höheren Lehranstalten für Pflege und Sozialbetreuung für Berufstätige müssen im Lehrplan vorgesehene Pflichtpraktika erfolgreich zurückgelegt sein. Der Nachweis über den Erfolg ist durch eine Bestätigung des Kooperationspartners zu erbringen. *(BGBl. I Nr. 97/2015, Art. 1 Z 8 idF BGBl. I Nr. 165/2022, Art. 3 Z 3)*

(2) Jede Zulassung zum Antreten zur abschließenden Prüfung (einschließlich der Wiederholung von Teilprüfungen) erfolgt auf Antrag des Prüfungskandidaten oder der Prüfungskandidatin. Bei negativer Beurteilung von schriftlichen Klausurarbeiten ist der Prüfungskandidat oder die Prüfungskandidatin auf Antrag im selben Prüfungstermin zu zusätzlichen mündlichen Kompensationsprüfungen zuzulassen. Ein nicht gerechtfertigtes Fernbleiben von einer Teilprüfung oder von einer Wiederholung einer Teilprüfung (ohne eine innerhalb der Anmeldefrist zulässige Zurücknahme des Antrages) führt zu einem Verlust einer Wiederholungsmöglichkeit (§ 40 Abs. 1) bzw. der mündlichen Kompensationsmöglichkeit. *(BGBl. I Nr. 97/2015, Art. 1 Z 8 idF BGBl. I Nr. 86/2019, Art. 3 Z 1)*

(BGBl. I Nr. 97/2015, Art. 1 Z 8)

Prüfungsgebiete, Aufgabenstellungen, Prüfungsvorgang

§ 37. (1) Das zuständig Regierungsmitglied hat durch Verordnung nach den Aufgaben und dem Lehrplan der betreffenden Schulart (Schulform, Fachrichtung) unter Bedachtnahme auf die Gleichwertigkeit von abschließenden Prüfungen die näheren Bestimmungen über die Prüfungsgebiete, die Aufgabenstellungen und die Durchführung der Prüfungen festzulegen.

(1a) Der zuständige Bundesminister kann durch Verordnung vorsehen, dass an höheren Schulen für fremdsprachige Prüfungsgebiete der dialogische Prüfungsteil in Form eines Gesprächs zwischen Prüfungskandidatinnen und Prüfungskandidaten erfolgen kann (alternative Prüfungsform). Die Festlegung der alternativen Prüfungsform auf Antrag der Lehrperson obliegt der Schulleitung nach Anhörung des Schulgemeinschaftsausschusses gemäß § 58 Abs. 2. *(BGBl. I Nr. 170/2021, Art. 3 Z 5)*

(2) Die Aufgabenstellungen sind wie folgt zu bestimmen:

1. für die einzelnen Prüfungsgebiete der Vorprüfung durch den Prüfer oder die Prüferin mit Zustimmung des oder der Vorsitzenden der Prüfungskommission,
2. für die abschließende Arbeit gemäß § 33 Abs. 3 Z 1 durch die Prüferin oder den Prüfer im Einvernehmen mit der Prüfungskandidatin oder dem Prüfungskandidaten und mit Zustimmung der Schulleiterin oder des Schulleiters, *(BGBl. I Nr. 101/2018, Art. 7 Z 2)*
3. für die Prüfungsgebiete Deutsch, (Lebende) Fremdsprache (Englisch, Französisch, Spanisch, Italienisch, Latein, Griechisch; in weiteren Sprachen nach Maßgabe einer Verordnung des zuständigen Bundesministers) und (angewandte) Mathematik (unter Berücksichtigung der jeweiligen lehrplanmäßigen Anforderungen) der Klausurprüfung (Klausurarbeiten und mündliche Kompensationsprüfungen) an höheren Schulen durch das zuständige Regierungsmitglied, für die übrigen Prüfungsgebiete der Klausurprüfung (Klausurarbeiten und mündliche Kompensationsprüfung) an mittleren und höheren Schulen auf Vorschlag des Prüfers oder der Prüferin durch die zuständige Schulbehörde und[13])
4. für die einzelnen Prüfungsgebiete der mündlichen Prüfung sind durch (Fach)lehrer- und (Fach)lehrerinnenkonferenzen Themenbereiche zu erstellen. Der Prüfungskandidat oder die Prüfungskandidatin hat zwei der Themenbereiche zu wählen, wobei zu gewährleisten ist, dass ihm oder ihr nicht bekannt ist, welche Themenbereiche er oder sie gewählt hat. Diese beiden Themenbereiche sind dem Prüfungskandidaten oder der Prüfungskandidatin sodann vorzulegen, der oder die in weiterer Folge sich für einen dieser Bereiche zu entscheiden hat, aus dem ihm oder ihr vom Prüfer, von der Prüferin oder von den Prüfern, dem Prüfer und der Prüferin oder den Prüferinnen eine Aufgabenstellung vorzulegen ist.[14])
5. im Falle der Festlegung einer alternativen Prüfungsform der mündlichen Prüfung gemäß Abs. 1a findet auf den monologischen Prüfungsteil Z 4 sinngemäß Anwendung. Für den dialogischen Prüfungsteil hat die Vorlage der verbliebenen Themenbereiche zur gemeinsamen Ziehung von drei Themenbereichen durch die Prüfungskandidatinnen oder Prüfungskandidaten durch die Vorsitzende oder den Vorsitzenden der Prüfungskommission so zu erfolgen, dass den Prüfungskandidatinnen oder Prüfungskandidaten bei der Ziehung nicht bekannt ist, welche drei The-

[13]) Aufgrund der Einfügung der Z 5 durch die Novelle BGBl. I Nr. 170/2021 wäre das Wort „und" am Ende der Z 3 durch einen Beistrich zu ersetzen gewesen.

[14]) Aufgrund der Einfügung der Z 5 durch die Novelle BGBl. I Nr. 170/2021 wäre der Punkt am Ende der Z 4 durch das Wort „und" zu ersetzen gewesen.

menbereiche sie gemeinsam ziehen. Aus den drei gemeinsam gezogenen Themenbereichen hat jeder der beiden Prüfungskandidatinnen und Prüfungskandidaten jeweils einen Themenbereich abzuwählen; der dialogische Prüfungsteil hat über den verbleibenden Themenbereich zu erfolgen. Wird von den Prüfungskandidatinnen und Prüfungskandidaten derselbe Themenbereich abgewählt, hat die Auswahl des Themenbereichs für den dialogischen Prüfungsteil durch die Prüferin oder den Prüfer zu erfolgen. Die Prüferin oder der Prüfer hat den Prüfungskandidatinnen und Prüfungskandidaten aus dem gewählten Themenbereich eine dialogische Aufgabenstellung vorzulegen. *(BGBl. I Nr. 170/ 2021, Art. 3 Z 6)*

(3) Die Prüfung ist so zu gestalten, dass der Prüfungskandidat oder die Prüfungskandidatin bei der Lösung der Aufgaben seine oder ihre Kenntnisse des Prüfungsgebietes, seine oder ihre Einsicht in die Zusammenhänge zwischen verschiedenen Sachgebieten sowie seine oder ihre Eigenständigkeit im Denken und in der Anwendung des Lehrstoffes nachweisen kann. Die Aufgabenstellung der abschließenden Arbeit gemäß § 33 Abs. 3 Z 1 ist darüber hinaus unter Beachtung des Bildungszieles der jeweiligen Schulart (Schulform, Fachrichtung) so zu gestalten, dass der Prüfungskandidat oder die Prüfungskandidatin umfangreiche Kenntnisse und die Beherrschung von dem jeweiligen Prüfungsgebiet oder der jeweiligen Fachdisziplin angemessenen Methoden sowie seine oder ihre Selbständigkeit bei der Aufgabenbewältigung und seine oder ihre Fähigkeit in der Kommunikation und Fachdiskussion im Rahmen der Präsentation und Diskussion unter Beweis stellen kann. Die Aufgabenstellung für fremdsprachige Prüfungsgebiete hat je eine monologische und eine dialogische Aufgabe zu enthalten. *(BGBl. I Nr. 97/2015, Art. 1 Z 8 idF BGBl. I Nr. 170/2021, Art. 3 Z 7)*

(3a) Das zuständige Regierungsmitglied hat mit Verordnung festzulegen, ob und inwieweit Aufgabenstellungen bei standardisierten Klausurprüfungen gemäß Abs. 2 Z 3 für Prüfungskandidatinnen und Prüfungskandidaten mit einer Körper- oder Sinnesbehinderung, die geeignet ist, das Prüfungsergebnis zu beeinflussen, unter Bedachtnahme auf die Gleichwertigkeit von abschließenden Prüfungen, abzuändern sind. *(BGBl. I Nr. 86/ 2019, Art. 3 Z 2 – zum Wirksamwerden des Abs. 3a siehe § 69 Abs. 15)*

(4) Während der Erstellung der abschließenden Arbeit gemäß § 33 Abs. 3 Z 1 ist der Prüfungskandidat oder die Prüfungskandidatin über acht Monate hindurch kontinuierlich vom Prüfer oder von der Prüferin zu betreuen, wobei auf die Selbständigkeit der Leistungen des Prüfungskandidaten oder der Prüfungskandidatin zu achten ist.

(5) Die mündliche Prüfung sowie die Präsentation und Diskussion im Rahmen der abschließenden Arbeit sind öffentlich vor der jeweiligen Prüfungskommission abzuhalten. Dem oder der Vorsitzenden obliegt die Leitung der Prüfung. Der Schulleiter oder die Schulleiterin hat einen Schriftführer oder eine Schriftführerin mit der Anfertigung eines Prüfungsprotokolls zu betrauen.

(BGBl. I Nr. 97/2015, Art. 1 Z 8)

Beurteilung der Leistungen bei der Prüfung

§ 38. (1) Die Leistungen des Prüfungskandidaten oder der Prüfungskandidatin bei den einzelnen Teilprüfungen sowie der Prüfungsgebiete der Vorprüfung sind auf Grund von begründeten Anträgen der Prüfer oder Prüferinnen von der jeweiligen Prüfungskommission der Vorprüfung (§ 34 Abs. 1 und 3) zu beurteilen (Teilbeurteilungen im Rahmen der Vorprüfung sowie Beurteilung der Prüfungsgebiete der Vorprüfung).

(2) Die Leistungen des Prüfungskandidaten oder der Prüfungskandidatin bei der abschließenden Arbeit gemäß § 33 Abs. 3 Z 1 (einschließlich der Präsentation und Diskussion) sind auf Grund eines begründeten Antrages des Prüfers oder der Prüferin der abschließenden Arbeit von der jeweiligen Prüfungskommission der Hauptprüfung (§ 34 Abs. 2 und 3) zu beurteilen (Beurteilung der abschließenden Arbeit).

(3) Die Leistungen des Prüfungskandidaten oder der Prüfungskandidatin bei den einzelnen Klausurarbeiten im Rahmen der Klausurprüfung sind auf Grund von begründeten Anträgen der Prüfer oder Prüferinnen der Klausurarbeiten von der jeweiligen Prüfungskommission der Hauptprüfung (§ 34 Abs. 2 und 3) zu beurteilen, wobei eine positive Beurteilung einer Klausurarbeit jedenfalls als Beurteilung im Prüfungsgebiet der Klausurprüfung gilt. Eine negative Beurteilung einer Klausurarbeit gilt dann als Beurteilung im Prüfungsgebiet, wenn der Prüfungskandidat oder die Prüfungskandidatin nicht im selben Prüfungstermin eine zusätzliche mündliche Kompensationsprüfung ablegt (Beurteilungen der Prüfungsgebiete der Klausurprüfung). Bei standardisierten Prüfungsgebieten der Klausurprüfung gemäß § 37 Abs. 2 Z 3, deren Aufgabenstellungen durch das zuständige Regierungsmitglied bestimmt werden, haben die Beurtei-

lungsanträge der Prüfer und Prüferinnen sowie die Beurteilung durch die Prüfungskommission nach Maßgabe von zentralen Korrektur- und Beurteilungsanleitungen des zuständigen Regierungsmitglieds zu erfolgen. Der Bundesminister hat für abschließende Prüfungen durch Verordnung zu bestimmen, in welcher Art und in welchem Ausmaß die in den entsprechenden Unterrichtsgegenständen erbrachten Leistungen jener Schulstufe, auf welcher dieser oder diese lehrplanmäßig zuletzt unterrichtet wurden, bei der gesamthaften Beurteilung eines Prüfungsgebiets der schriftlichen, graphischen und praktischen Klausurprüfung, einschließlich einer allfälligen Kompensationsprüfung, zu berücksichtigen sind. *(BGBl. I Nr. 97/2015, Art. 1 Z 8 idF BGBl. I Nr. 19/2021, Art. 3 Z 2 und BGBl. I Nr. 232/2021, Art. 3 Z 2 und 3)*

(4) Die Leistungen des Prüfungskandidaten oder der Prüfungskandidatin bei den einzelnen Prüfungsgebieten der mündlichen Prüfung der Hauptprüfung sowie von mündlichen Kompensationsprüfungen der Klausurprüfung sind auf Grund von begründeten einvernehmlichen Anträgen der Prüfer oder Prüferinnen bzw. der Prüfer oder Prüferinnen und Beisitzer oder Beisitzerinnen von der jeweiligen Prüfungskommission der Hauptprüfung (§ 34 Abs. 2 und 3) zu beurteilen (Beurteilungen der Prüfungsgebiete der mündlichen Prüfung bzw. von mündlichen Kompensationsprüfungen). Bei mündlichen Kompensationsprüfungen zu standardisierten Prüfungsgebieten der Klausurprüfung gemäß § 37 Abs. 2 Z 3, deren Aufgabenstellungen durch den zuständigen Bundesminister bestimmt werden, haben die Beurteilungsanträge der Prüfer oder Prüferinnen bzw. der Prüfer oder Prüferinnen und Beisitzer oder Beisitzerinnen sowie die Beurteilung durch die Prüfungskommission nach Maßgabe von zentralen Korrektur- und Beurteilungsanleitungen des zuständigen Bundesministers zu erfolgen. Der zuständige Bundesminister hat für abschließende Prüfungen durch Verordnung zu bestimmen, in welcher Art und in welchem Ausmaß die im entsprechenden Unterrichtsgegenstand oder in den entsprechenden Unterrichtsgegenständen erbrachten Leistungen jener Schulstufe, auf welcher dieser oder diese zuletzt lehrplanmäßig unterrichtet wurden, bei der gesamthaften Beurteilung eines Prüfungsgebiets der mündlichen Prüfung zu berücksichtigen sind. *(BGBl. I Nr. 56/2016, Art. 8 Z 4 idF BGBl. I Nr. 170/2021, Art. 3 Z 8)*

(5) Sofern im Rahmen einer Vorprüfung Teilprüfungen abgelegt wurden, hat die Prüfungskommission der Vorprüfung auf Grund der gemäß Abs. 1 festgesetzten Teilbeurteilungen die Beurteilung der Leistungen des Prüfungskandidaten oder der Prüfungskandidatin in diesen Prüfungsgebieten festzusetzen. Sofern im Rahmen der Klausurprüfung bei negativer Beurteilung einer Klausurarbeit eine zusätzliche mündliche Kompensationsprüfung abgelegt wurde, hat die Prüfungskommission der Hauptprüfung auf Grund der Teilbeurteilung der Klausurarbeit mit „Nicht genügend" und der Teilbeurteilung der mündlichen Kompensationsprüfung die Beurteilung der Leistungen des Prüfungskandidaten oder der Prüfungskandidatin im betreffenden Prüfungsgebiet mit „Befriedigend", „Genügend" oder „Nicht genügend" festzusetzen.

(6) Die Beurteilungen gemäß Abs. 1 bis 5 haben unter Ausschluss der Öffentlichkeit zu erfolgen. Auf Grund der gemäß Abs. 1 bis 5 festgesetzten Beurteilungen der Leistungen in den Prüfungsgebieten der Vorprüfung und der Hauptprüfung hat der oder die Vorsitzende der Prüfungskommissionen der Hauptprüfung über die Gesamtbeurteilung der abschließenden Prüfung zu entscheiden. Die abschließende Prüfung ist

1. „mit ausgezeichnetem Erfolg bestanden", wenn mindestens die Hälfte der Prüfungsgebiete mit „Sehr gut" und die übrigen Prüfungsgebiete mit „Gut" beurteilt werden; Beurteilungen mit „Befriedigend" hindern diese Feststellung nicht, wenn dafür mindestens gleich viele Beurteilungen mit „Sehr gut" über die Hälfte der Prüfungsgebiete hinaus vorliegen;
2. „mit gutem Erfolg bestanden", wenn keines der Prüfungsgebiete schlechter als mit „Befriedigend" beurteilt wird und im Übrigen mindestens gleich viele Prüfungsgebiete mit „Sehr gut" wie mit „Befriedigend" beurteilt werden;
3. „bestanden", wenn kein Prüfungsgebiet mit „Nicht genügend" beurteilt wird und die Voraussetzungen nach Z 1 und 2 nicht gegeben sind;
4. „nicht bestanden", wenn die Leistungen in einem oder mehreren Prüfungsgebieten nicht oder mit „Nicht genügend" beurteilt werden. *(BGBl. I Nr. 56/2016, Art. 8 Z 5)*

(BGBl. I Nr. 97/2015, Art. 1 Z 8)

Prüfungszeugnisse

§ 39. (1) Die Leistungen des Prüfungskandidaten oder der Prüfungskandidatin bei der Vorprüfung und auf Antrag des oder der Studierenden auch bei vorgezogenen Teilprüfungen der Hauptprüfung sowie bei der abschließenden Arbeit sind in einem Zeugnis über die Vorprüfung bzw. über die vorgezogene Teilprüfung der Hauptprüfung bzw. über die abschließende Arbeit zu beurkunden. Die Gesamtbeurteilung der Leistungen des Prüfungskandidaten oder der Prüfungskandidatin ist in einem Zeugnis über die abschließende Prüfung zu beurkunden.

(2) Das Zeugnis über die abschließende Prüfung gemäß Abs. 1 letzter Satz hat insbesondere zu enthalten:

1. die Bezeichnung der Schule (Schulart, Schulform, Fachrichtung);
2. die Personalien des Prüfungskandidaten oder der Prüfungskandidatin;
3. die Bezeichnung des Lehrplanes, nach dem unterrichtet wurde;
4. die Themenstellung der abschließenden Arbeit gemäß § 33 Abs. 3 Z 1;
5. die Beurteilung der Leistungen in den einzelnen Prüfungsgebieten der Vorprüfung und der Hauptprüfung;
6. bei der Hauptprüfung die Gesamtbeurteilung der Leistungen gemäß § 38 Abs. 6;
7. allenfalls die Entscheidung über die Zulässigkeit einer Wiederholung von Teilprüfungen (§ 40);
8. allenfalls Vermerke über durch den Schulbesuch erworbene Berechtigungen (auch im Hinblick auf die EU-rechtliche Anerkennung von Diplomen und beruflichen Befähigungsnachweisen);
9. die Bescheinigung des Ausbildungsniveaus nach Artikel 11 der Richtlinie 2005/36/EG über die Anerkennung von Berufsqualifikationen, ABl. Nr. L 255 vom 30.09.2005 S. 22, zuletzt berichtigt durch ABl. Nr. L 305 vom 24.10.2014 S. 115, zuletzt geändert durch die Richtlinie 2013/55/EU, ABl. Nr. L 354 vom 28.12.2013, S. 132;
10. Ort und Datum der Ausstellung, Unterschrift des oder der Vorsitzenden der Prüfungskommission, Rundsiegel der Schule oder Amtssignatur (§ 19 Abs. 1 des E-Government-Gesetzes – E-GovG, BGBl. I Nr. 10/2004) anstelle von Unterschrift und Rundsiegel. *(BGBl. I Nr. 97/2015, Art. 1 Z 8 idF BGBl. I Nr. 170/2021, Art. 3 Z 9 und BGBl. I Nr. 121/2024, Art. 3 Z 1)*

(BGBl. I Nr. 97/2015, Art. 1 Z 8)

Wiederholung von Teilprüfungen bzw. von Prüfungsgebieten

§ 40. (1) Wurden Teilprüfungen bzw. Prüfungsgebiete wegen vorgetäuschter Leistungen nicht beurteilt oder mit „Nicht genügend“ beurteilt, so ist der Prüfungskandidat oder die Prüfungskandidatin höchstens drei Mal zur Wiederholung dieser Teilprüfungen der Vorprüfung bzw. Prüfungsgebiete der Hauptprüfung zuzulassen.

(2) Die Wiederholung der abschließenden Arbeit gemäß § 33 Abs. 3 Z 1 hat nach Maßgabe näherer Festlegungen durch Verordnung mit neuer Themenstellung oder in anderer Form zu erfolgen. Die Wiederholung der übrigen Teilprüfungen der Vorprüfung bzw. Prüfungsgebiete der Klausurprüfung und der mündlichen Prüfung hat in der gleichen Art wie die ursprüngliche Prüfung zu erfolgen.

(3) Die Wiederholung von Teilprüfungen der Vorprüfung bzw. von nicht standardisierten Prüfungsgebieten der Hauptprüfung ist innerhalb von drei Jahren, gerechnet vom Zeitpunkt des erstmaligen Antretens, nach den zu diesem Zeitpunkt geltenden Prüfungsvorschriften durchzuführen. Bei Verordnung von Lehrplänen sind im Falle von Änderungen in standardisierten Prüfungsgebieten der Klausurprüfung für längstens drei Jahre Übergangsregelungen in der jeweiligen Prüfungsordnung vorzusehen. Ab diesem Zeitpunkt ist die abschließende Prüfung nach den jeweils geltenden Prüfungsvorschriften durchzuführen, wobei erfolgreich abgelegte Prüfungen vergleichbaren Umfangs und Inhalts nicht zu wiederholen sind. *(BGBl. I Nr. 97/2015, Art. 1 Z 8 idF BGBl. I Nr. 232/2021, Art. 3 Z 4)*

(4) Der Schulleiter oder die Schulleiterin hat auf Antrag des Prüfungskandidaten oder der Prüfungskandidatin diesem oder dieser unter Bedachtnahme auf die gemäß § 35 Abs. 4 festgelegten Termine einen konkreten Prüfungstermin für die Wiederholung der Prüfung zuzuweisen.

(BGBl. I Nr. 97/2015, Art. 1 Z 8)

Zusatzprüfungen

§ 41. (1) Der Prüfungskandidat oder die Prüfungskandidatin ist berechtigt, im Rahmen der abschließenden Prüfung an einer höheren Schule Zusatzprüfungen zur Reifeprüfung abzulegen, wenn solche gesetzlich vorgesehen sind und an der Schule geeignete Prüfer oder Prüferinnen zur Verfügung stehen. Die Zulassung zur Zusatzprüfung erfolgt auf Antrag des Prüfungskandidaten oder der Prüfungskandidatin. Der Prüfungskommission (§ 34) gehört in diesem Fall auch der Prüfer oder die Prüferin und bei mündlichen Teilprüfungen auch der Beisitzer oder die Beisitzerin des Prüfungsgebietes der Zusatzprüfung an. Die Beurteilung der Leistungen des Prüfungskandidaten bei der Zusatzprüfung hat keinen Einfluss auf die Gesamtbeurteilung der abschließenden Prüfung gemäß § 38 Abs. 6; sie ist jedoch, sofern die Zusatzprüfung bestanden wird, im Prüfungszeugnis (§ 39) zu beurkunden.

(2) Personen, die eine Reifeprüfung, eine Reife- und Diplomprüfung oder eine Reife-

und Befähigungsprüfung einer höheren Schule bereits erfolgreich abgelegt haben, sind auf ihr Ansuchen vom Schulleiter oder von der Schulleiterin einer in Betracht kommenden höheren Schule zur Ablegung von Zusatzprüfungen zur Reifeprüfung zuzulassen. Eine solche Zusatzprüfung kann auch außerhalb der Termine für die abschließende Prüfung der betreffenden Schule stattfinden.

(3) Die §§ 34 bis 40 finden auf die Zusatzprüfungen zur Reifeprüfung sinngemäß Anwendung.

(BGBl. I Nr. 97/2015, Art. 1 Z 8)

*§ **41a.** entfallen (BGBl. I Nr. 97/2015, Art. 1 Z 9)*

Externistenprüfungen

§ **42.** (1) Externistenprüfungen können abgelegt werden

1. über den Lehrstoff einzelner oder aller Module von Unterrichtsgegenständen,
2. über einzelne Semester,
3. über eine Ausbildung, sofern nicht Z 4 in Betracht kommt, oder
4. als Prüfungen, die einer abschließenden Prüfung entsprechen.

An Schulen und an Sonderformen für Berufstätige können Externistenprüfungen nur dann abgelegt werden, wenn vergleichbare Lehrpläne entsprechender Tagesformen nicht bestehen. *(BGBl. I Nr. 9/2012, Art. 5 Z 13)*

(2) Externistenprüfungen gemäß Abs. 1 Z 1 umfassen den gesamten Lehrstoff des bzw. der Module des betreffenden Unterrichtsgegenstandes. *(BGBl. I Nr. 53/2010, Z 44)*

(3) Externistenprüfungen gemäß Abs. 1 Z 2 umfassen den gesamten Lehrstoff aller Module über Pflichtgegenstände der jeweiligen Ausbildung im betreffenden Semester. *(BGBl. I Nr. 53/2010, Z 45)*

(4) Externistenprüfungen gemäß Abs. 1 Z 3 umfassen den Lehrstoff aller Module über Pflichtgegenstände der betreffenden Ausbildung. *(BGBl. I Nr. 53/2010, Z 46)*

(5) Auf Externistenprüfungen gemäß Abs. 1 Z 4 finden die §§ 33 und 37 Anwendung. Vor dem Antritt zur Externistenprüfung sind Zulassungsprüfungen über den Lehrstoff aller Module aller Pflichtgegenstände der betreffenden Ausbildung abzulegen, die nicht Prüfungsgebiete der Vor- oder der Hauptprüfung sind. Zulassungsprüfungen sind vor einem vom Schulleiter zu bestimmenden Lehrer als Prüfer abzulegen. *(BGBl. I Nr. 33/1997 idF BGBl. I Nr. 53/2010, Z 47)*

(6) Externistenprüfungen gemäß

1. Abs. 1 Z 1 sind vor einem vom Schulleiter zu bestimmenden Lehrer als Prüfer,
2. Abs. 1 Z 2 und 3 sind vor einer Prüfungskommission unter Vorsitz des Schulleiters oder eines von ihm bestimmten Lehrers als Vorsitzenden, der als Prüfer je ein für jedes Prüfungsgebiet vom Schulleiter zu bestellender Lehrer angehört,
3. Abs. 1 Z 4 sind vor einer Prüfungskommission, für deren Zusammensetzung § 34 mit der Maßgabe anzuwenden ist, dass § 34 Abs. 2 Z 2 und 4 nicht gelten und dass der Vorsitzende mit Stimmrecht ausgestattet ist, *(BGBl. I Nr. 138/2017, Art. 17 Z 18 idF BGBl. I Nr. 170/2021, Art. 3 Z 10)*

abzulegen.

(7) Voraussetzung für die Zulassung zu Externistenprüfungen sind die für die jeweilige Ausbildung schulorganisationsrechtlich vorgesehenen Aufnahmsvoraussetzungen.

(8) Bei Externistenprüfungen nach Lehrplänen, die eine praktische Unterweisung in Fertigkeiten zum Inhalt haben, ist die Zulassung zur Externistenprüfung vom Nachweis der Erlernung der Fertigkeiten in jenem Ausmaß abhängig zu machen, das für die Erfassung des Prüfungsstoffes wesentlich ist.

(9) In den einzelnen Prüfungsgebieten von Externistenprüfungen gemäß Abs. 1 Z 1 bis 3 sind nach den Inhalten der Prüfungsgebiete die Aufgabenstellungen jedenfalls durch den Prüfer und die Prüfungsformen bei Externistenprüfungen gemäß Abs. 1 Z 1 durch den Prüfer und im Übrigen durch die Prüfungskommission festzusetzen, wobei die Form der schriftlichen Prüfung neben der mündlichen Prüfung nur in Unterrichtsgegenständen zulässig ist, hinsichtlich derer im Lehrplan Schularbeiten vorgesehen sind. *(BGBl. I Nr. 99/1999, Z 5)*

(10) Prüfungskandidaten, die bei einer Externistenprüfung gemäß Abs. 1 Z 1 bis 3 oder bei einer Zulassungsprüfung gemäß Abs. 5 negativ beurteilt wurden, sind auf ihren Antrag zu höchstens zwei Wiederholungen der Prüfung zuzulassen.

(11) Prüfungskandidaten, die die Beherrschung des Lehrstoffes eines Prüfungsgebietes durch Vorlage eines Zeugnisses einer öffentlichen oder mit dem Öffentlichkeitsrecht ausgestatteten Schule oder eines Externistenprüfungszeugnisses nachweisen, sind auf ihren Antrag von der Ablegung der Externistenprüfung in diesem Prüfungsgebiet zu befreien.

(12) Über die Durchführung der Externistenprüfung ist ein Prüfungsprotokoll zu führen. Die §§ 20, 24, 35, 36 und 38 bis 40 finden sinngemäß Anwendung.

9. Abschnitt
Schulordnung
Pflichten der Studierenden

§ 43. (1) Die Studierenden sind verpflichtet, durch ihre Mitarbeit und ihre Einordnung in die Schulgemeinschaft mitzuhelfen, die Aufgabe der österreichischen Schule (§ 2 des Schulorganisationsgesetzes) zu erfüllen und die Unterrichtsarbeit (§ 18) zu fördern. Sie haben den Unterricht regelmäßig und pünktlich zu besuchen, an Schulveranstaltungen teilzunehmen und die notwendigen Unterrichtsmittel mitzubringen. *(BGBl. I Nr. 33/1997 idF BGBl. I Nr. 53/2010, Z 48)*

(2) Abs. 1 bezieht sich bei Fernstudierenden nur auf die Sozialphase.

(3) Der Studierende hat die für die Führung der Amtsschriften der Schule erforderlichen Dokumente vorzulegen und Auskünfte zu geben sowie erhebliche Änderungen dieser Angaben unverzüglich der Schule mitzuteilen.

(4) Der Vertrag über die Aufnahme in die Privatschule (§ 7 Abs. 3) kann von den Abs. 1 bis 3 abweichende oder zusätzliche Bestimmungen enthalten.

Hausordnung

§ 44. (1) Der Schulgemeinschaftsausschuß kann, soweit es die besonderen Verhältnisse erfordern, durch eine Hausordnung nähere Festlegungen über das Verhalten und die Gewährleistung der Sicherheit der Studierenden sowie zur Ermöglichung eines ordnungsgemäßen Schulbetriebes treffen. Bei der Gestaltung der Hausordnung ist auf das Alter und eine allfällige Berufstätigkeit der Studierenden sowie auf die der betreffenden Schule obliegenden Aufgaben Bedacht zu nehmen. *(BGBl. I Nr. 33/1997 idF BGBl. I Nr. 9/2012, Art. 5 Z 14)*

(2) Die Hausordnung ist durch Anschlag in der Schule kundzumachen.

Fernbleiben von der Schule

§ 45. Wenn ein Studierender länger als zwei Wochen ununterbrochen dem gesamten Unterricht in den Sozialphasen fernbleibt, ohne sein Fernbleiben zu begründen, ist er schriftlich aufzufordern, innerhalb von zwei Wochen sein Fernbleiben zu rechtfertigen und eine Erklärung darüber abzugeben, ob er Studierender der Schule bleiben will.

(BGBl. I Nr. 53/2010, Z 49)

Ausschluß von der Schule

§ 46. (1) Wenn ein Studierender durch schuldhaftes Fehlverhalten seine Pflichten (§ 43) in schwerwiegender Weise verletzt oder wenn das Verhalten des Studierenden eine dauernde Gefährdung der Sittlichkeit, der körperlichen Sicherheit oder des Eigentums von anderen Studierenden oder von an der Schule tätigen Lehrern oder sonstigen Bediensteten darstellt, ist der Studierende von der Schule auszuschließen. Bei Vorliegen der Voraussetzungen für einen Ausschluß aus der Schule hat die Schulkonferenz (Abteilungskonferenz) einen Antrag auf Ausschluß des Studierenden an die zuständige Schulbehörde zu stellen. Vor der Antragstellung ist dem Studierenden Gelegenheit zur Rechtfertigung zu geben. Bei Gefahr im Verzug hat der Schulleiter die Suspendierung des Studierenden vom weiteren Schulbesuch auszusprechen. *(BGBl. I Nr. 33/1997 idF BGBl. I Nr. 75/2013, Art. 4 Z 1 und BGBl. I Nr. 97/2015, Art. 1 Z 10)*

(2) Die Zulassung zu einer Externistenprüfung (§ 42) wird vom Ausschluß von der Schule nicht berührt.

(3) Der Ausschluß ist von der zuständigen Schulbehörde, die ihn rechtskräftig ausgesprochen hat, auf Antrag des Studierenden einzuschränken oder aufzuheben, wenn und soweit die Gründe für seine Verhängung weggefallen sind oder der mit der Verhängung angestrebte Sicherungszweck auf andere Weise erreicht werden kann. *(BGBl. I Nr. 33/1997 idF BGBl. I Nr. 75/2013, Art. 4 Z 1)*

10. Abschnitt
Funktionen des Lehrers; Lehrerkonferenzen
Lehrer

§ 47. (1) Der Lehrer hat das Recht und die Pflicht, an der Gestaltung des Schullebens mitzuwirken. Seine Hauptaufgabe ist die Unterrichts- und Bildungsarbeit (§ 18).

(2) Außer den ihr oder ihm obliegenden unterrichtlichen (einschließlich Bildungsarbeit) und administrativen Aufgaben hat die Lehrerin oder der Lehrer (ausgenommen Lehrbeauftragte) erforderlichenfalls besondere Funktionen (zB einer Studienkoordinatorin oder eines Studienkoordinators) zu übernehmen sowie erforderliche Fort- und Weiterbildungsangebote zu besuchen. Weiters hat die Lehrerin oder der Lehrer die Funktion eines Mitgliedes einer Prüfungskommission zu übernehmen und an den Lehrerinnen- und Lehrerkonferenzen teilzunehmen. *(BGBl. I Nr. 56/2016, Art. 8 Z 6)*

Kustos

§ 48. Der Schulleiter hat, soweit es die Gegebenheiten der betreffenden Schule erfordern, Lehrer (ausgenommen Lehrbeauftragte) mit der Vorsorge für einen den pädagogischen Grundsätzen entsprechenden Einsatz der Unterrichtsmittel und sonstigen Schuleinrichtungen zu betrauen (Kustoden).

(BGBl. I Nr. 33/1997 idF BGBl. I Nr. 56/2016, Art. 8 Z 7)

Werkstättenleiter und Bauhofleiter

§ 49. An berufsbildenden mittleren und höheren Schulen hat der Schulleiter, soweit es die Gegebenheiten der betreffenden Schule erfordern, Lehrer (ausgenommen Lehrbeauftragte) mit der Leitung der Werkstätten (des Bauhofes) zu betrauen. Sie haben für die Betriebsführung, den geordneten Ausbildungsablauf im Werkstättenunterricht und die Beschaffung der erforderlichen Materialien zu sorgen.

(BGBl. I Nr. 33/1997 idF BGBl. I Nr. 56/2016, Art. 8 Z 7)

***§ 50.** entfallen (BGBl. I Nr. 53/2010, Z 51)*

Abteilungsvorstand und Fachvorstand

§ 51. (1) Dem Abteilungsvorstand obliegt in Unterordnung unter den Schulleiter

1. an berufsbildenden Schulen die Leitung einer Fachabteilung,
2. an den Bildungsanstalten für Elementarpädagogik die Leitung des Praxiskindergartens, gegebenenfalls auch des Praxishortes, sowie der Kindergarten- und Hortpraxis und *(BGBl. I Nr. 33/1997 idF BGBl. I Nr. 56/2016, Art. 8 Z 3 und 7a)*
3. an den Bildungsanstalten für Sozialpädagogik die Leitung des Praxisschülerheimes und des Praxishortes sowie der Hort- und Heimpraxis; im Falle eines angeschlossenen Studentenheimes für Studierende der Bildungsanstalt obliegt ihm auch die Unterstützung des Schulleiters in den berufsbezogenen Angelegenheiten dieses Studentenheimes. *(BGBl. I Nr. 33/1997 idF BGBl. I Nr. 56/2016, Art. 8 Z 7b)*

(2) Dem Fachvorstand obliegt die Betreuung einer Gruppe fachlicher Unterrichtsgegenstände in Unterordnung unter den Schulleiter.

Studienkoordinator[15])

§ 52. (1) Studienkoordinatoren haben die Studierenden von mehrjährigen Schulformen in allgemeinen Studienangelegenheiten zu betreuen, unterrichtsorganisatorische Aufgaben wahrzunehmen, die gesamte Bildungsarbeit in den Studiengängen zu koordinieren und die jeweiligen Amtsschriften zu führen. An welchen Schulformen Studienkoordinatoren zu bestellen sind, hat der zuständige Bundesminister im Einvernehmen mit dem Bundesminister für Finanzen durch Verordnung unter Bedachtnahme auf die besonderen Aufgaben, die Studierendenzahl und sonstige Funktionsträger festzulegen. Die Bestellung obliegt dem Schulleiter.

(2) Studienkoordinatoren haben die Studierenden bei allen individuellen Entscheidungen der Schullaufbahn, insbesondere auch bei der Inskription von Modulen, beim Fernunterricht sowie bei elektronisch geleiteten Lernformen zu beraten und durch geeignete Maßnahmen zu unterstützen.

(BGBl. I Nr. 53/2010, Z 52)

Bereichsleiter, Bereichsleiterin

§ 52a. Dem Bereichsleiter oder der Bereichsleiterin obliegt die Leitung des Bereichs nach Maßgabe der Vorgaben der Schulcluster-Leitung und die Wahrnehmung

---

[15]) § 3 der Verordnung, mit der Vergütungen gemäß § 61b Abs. 3 des Gehaltsgesetzes 1956 festgesetzt werden, BGBl. II Nr. 324/2001 idF BGBl. II Nr. 268/2018, lautet:

„§ 3. (1) Den mit Aufgaben der Studienkoordination (Abs. 2) an im Schulorganisationsgesetz geregelten öffentlichen Schulen für Berufstätige sowie an mit dem Öffentlichkeitsrecht ausgestatteten Schulen für Berufstätige, denen der Bund Subventionen zum Personalaufwand gemäß Abschnitt IV des Privatschulgesetzes, BGBl. Nr. 244/1962, gewährt, betrauten Lehrkräften gebühren in den Monaten September bis Juni des betreffenden Schuljahres monatliche Vergütungen im Gesamtausmaß von einer halben Wochenstunde im Sinne des § 61b Abs. 1 Z 1 Gehaltsgesetz 1956 für jeweils neun zu betreuende Studierende der Schule; für verbleibende fünf bis acht Studierende gebührt eine weitere Vergütung im Ausmaß einer halben Wochenstunde.

(2) Die Studienkoordination umfasst neben den bisher den Klassenvorständinnen und Klassenvorständen obliegenden nunmehr im Modulverbund zu besorgende Tätigkeiten der Betreuung der Studierenden in allgemeinen Studienangelegenheiten, der Beratung und Unterstützung der Studierenden bei individuellen Entscheidungen im Rahmen der Schullaufbahn, der Abstimmung der Unterrichtsarbeit auf die Leistungssituation und Belastbarkeit der Studierenden und der Führung der Amtsschriften.

(3) Sind an einer Schule mehrere Lehrkräfte mit der Wahrnehmung von Aufgaben der Studienkoordination gemäß Abs. 2 betraut, sind die für die Schule zur Verfügung stehenden Wochenstunden auf diese Lehrkräfte unter Bedachtnahme auf die ihnen übertragenen Aufgaben jeweils im Ausmaß eines ganzzahligen Vielfachen einer halben Wochenstunde, mindestens jedoch im Ausmaß einer Wochenstunde, aufzuteilen.“.

der im Organisationsplan übertragenen Aufgaben im Schulcluster:
1. Pädagogischer Support (Ansprechpartner) für alle Schulpartner am Standort im akuten Krisenmanagement,
2. Mitarbeit im Qualitätsmanagement- und Qualitätssicherungs-Team des Clusters,
3. Diensteinteilung bei akuten Absenzen am Standort und
4. Einführung neuer Lehrpersonen in die verschiedenen Arbeitsbereiche.

(BGBl. I Nr. 138/2017, Art. 17 Z 19)

Schulleitung, Schulcluster-Leitung
(BGBl. I Nr. 138/2017, Art. 17 Z 20)

§ 53. (1) Der Schulleiter ist zur Besorgung aller Angelegenheiten nach diesem Bundesgesetz zuständig, sofern dieses nicht die Zuständigkeit anderer schulischer Organe oder der Schulbehörden festlegt. Bei Abteilungsgliederung ist der Schulleiter zur Übertragung einzelner Aufgaben an den Abteilungsvorstand ermächtigt.

(2) Der Schulleiter ist der unmittelbare Vorgesetzte aller an der Schule tätigen Lehrer und sonstigen Bediensteten. Ihm obliegt die Leitung der Schule und die Pflege der Schulgemeinschaft.

(3) Der Schulleiter hat die Lehrer in ihrer Unterrichts- und Bildungsarbeit (§ 18) zu beraten und sich vom Stand des Unterrichtes und von den Leistungen der Studierenden regelmäßig zu überzeugen.

(4) Außer den ihm obliegenden unterrichtlichen, erzieherischen und administrativen Aufgaben hat er für die Einhaltung aller Rechtsvorschriften und schulbehördlichen Weisungen sowie für die Führung der Amtsschriften der Schule und die Ordnung in der Schule zu sorgen. Er hat dem Schulerhalter wahrgenommene Mängel der Schulliegenschaften und ihrer Einrichtungen zu melden.

(5) In Schulen, in denen ein Lehrer zur Unterstützung des Schulleiters bestellt wird, obliegt ihm die Wahrnehmung jener Verwaltungsaufgaben, die in engem Zusammenhang mit der pädagogischen Arbeit in der Schule stehen.

(6) An Schulen, die im organisatorischen Verbund mit anderen Schulen als Schulcluster geführt werden, gelten die Abs. 1 bis 5 für den Leiter oder die Leiterin des Schulclusters. Dieser oder diese kann bestimmte Angelegenheiten im Einzelfall allenfalls bestellten Bereichsleitern oder Bereichsleiterinnen übertragen. *(BGBl. I Nr. 138/2017, Art. 17 Z 21)*

Lehrerkonferenzen

§ 54. (1) Lehrerkonferenzen sind zur Erfüllung der ihnen durch die Rechtsvorschriften übertragenen Aufgaben und zur Beratung gemeinsamer Fragen der Unterrichts- und Bildungsarbeit oder der beruflichen Fortbildung der Lehrer durchzuführen.

(2) Je nach Aufgabe der Lehrerkonferenz setzt sie sich aus den Lehrern und Lehrerinnen des Schulclusters (Schulclusterkonferenz), der Schule (Schulkonferenz), eines Unterrichtsgegenstandes oder in anderer Weise zusammen. *(BGBl. I Nr. 138/2017, Art. 17 Z 22)*

(3) Der Schulleiter oder ein von ihm beauftragter Lehrer führt den Vorsitz in den Lehrerkonferenzen. Dem Vorsitzenden obliegt die Einberufung der Lehrerkonferenz. Eine Lehrerkonferenz ist einzuberufen, wenn dies ein Drittel der für die Teilnahme jeweils in Betracht kommenden Lehrer verlangt.

(4) Für den Beschluß einer Lehrerkonferenz sind die Anwesenheit von mindestens zwei Dritteln ihrer Mitglieder und die unbedingte Mehrheit der abgegebenen Stimmen erforderlich. Dem Vorsitzenden und jedem Mitglied kommt eine Stimme zu. Bei Stimmengleichheit entscheidet die Stimme des Vorsitzenden. Stimmübertragungen sind ungültig. Stimmenthaltung ist außer bei Vorliegen von in § 7 AVG, BGBl. Nr. 51/1991, genannten Befangenheitsgründen unzulässig. Über den Verlauf einer Lehrerkonferenz ist eine schriftliche Aufzeichnung zu führen. *(BGBl. I Nr. 33/1997 idF BGBl. I Nr. 53/2010, Z 54)*

(5) Die Vertreter der Studierenden im Schulgemeinschaftsausschuß haben das Recht auf Teilnahme an den Beratungen der Lehrerkonferenzen, ausgenommen Lehrerkonferenzen über dienstrechtliche Angelegenheiten der Lehrer. Bei der Antragstellung auf Ausschluß eines Studierenden von der Schule (§ 46 Abs. 1) haben die Studierendenvertreter auch das Recht auf Mitentscheidung.

11. Abschnitt
Schule und Studierende

Rechte der Studierenden

§ 55. Der Studierende hat außer den sonst gesetzlich festgelegten Rechten das Recht, sich im Rahmen der Förderung der Unterrichtsarbeit (§ 43) an der Gestaltung des Unterrichtes und der Wahl der Unterrichtsmittel zu beteiligen; ferner hat er das Recht auf Anhörung sowie auf Abgabe von Vorschlägen und Stellungnahmen.

Studierendenkarte

§ 55a. (1) Auf Verlangen und Einwilligung sowie gegen Ersatz der Gestehungskosten ist der oder dem Studierenden eine Studierendenkarte auszustellen. Die Studierendenkarte dient dem Nachweis der Eigenschaft als Studierende oder Studierender an der betreffenden Schule. Sie hat die Bezeichnung der Schule, den oder die Vor- sowie Familiennamen, den Wohnort, von dem aus die Schule besucht wird und ein Lichtbild der oder des Studierenden, deren bzw. dessen Geburtsdatum und das Ausstellungsdatum bzw. die Gültigkeitsdauer zu enthalten. *(BGBl. I Nr. 56/2016, Art. 8 Z 8 idF BGBl. I Nr. 120/2016, Art. 7, BGBl. I Nr. 32/2018, Art. 52 Z 1 und BGBl. I Nr. 121/2024, Art. 3 Z 4)*

(2) Die Studierendenkarte im Scheckkartenformat („edu.card“) ist darüber hinaus mit einem Sicherheits-Hologrammstreifen mit Kippeffekt ausgestattet und kann mit Einwilligung der oder des Studierenden elektronische Verknüpfungen aufweisen. Die Einwilligung hiefür ist schriftlich zu erteilen und kann jederzeit schriftlich widerrufen werden. Informationen über Verknüpfungen zu anderen Dienstleistern dürfen seitens der Schule nicht gespeichert werden. *(BGBl. I Nr. 56/2016, Art. 8 Z 8 idF BGBl. I Nr. 32/2018, Art. 52 Z 2 und BGBl. I Nr. 121/2024, Art. 3 Z 5)*

(3) Der Nachweis der Studierendeneigenschaft kann für Studierende für den maximalen Zeitraum eines Schuljahres auch mittels elektronischem Zertifikat erfolgen („edu.digicard“). Die edu.digicard ist auf Antrag der oder des Studierenden bereitzustellen. Die Beantragung des Zertifikats erfolgt mittels elektronischem Identitätsnachweis (E-ID) gemäß § 2 Z 10 sowie § 4 E-GovG im Wege des Bildungsportals gemäß § 6e Bildungsdokumentationsgesetz 2020 – BilDokG 2020, BGBl. I Nr. 20/2021, für das die Bundesministerin oder der Bundesminister für Bildung, Wissenschaft und Forschung als datenschutzrechtliche Verantwortliche oder als datenschutzrechtlicher Verantwortlicher (Art. 4 Z 7 der Verordnung (EU) 2016/679 zum Schutz natürlicher Personen bei der Verarbeitung personenbezogener Daten, zum freien Datenverkehr und zur Aufhebung der Richtlinie 95/46/EG (Datenschutz-Grundverordnung), ABl. Nr. L 119 vom 4.5. 2016 S. 1, DSGVO) fungiert. Die Ausstellung des Zertifikats hat in Form eines QR-Codes zu erfolgen, der die Überprüfung von Authentizität, Gültigkeit und Integrität des Zertifikats in einer Prüf-App nach dem jeweiligen Stand der Technik ermöglicht. Die edu.digicard hat die in § 55a Abs. 1 letzter Satz enthaltenen Daten zu enthalten. Die Ausstellung der Zertifikate und die Bereitstellung hat für die betreffenden Studierenden kostenlos zu erfolgen. *(BGBl. I Nr. 121/2024, Art. 3 Z 6)*

(4) Für den Nachweis in vereinfachter Form gemäß § 4 Abs. 6 E-GovG können die Daten gemäß Abs. 1 für die Dauer von höchstens 14 Monaten zum E-ID dieser Person gespeichert werden. Es ist in der Applikation ersichtlich zu machen, wann die Daten zuletzt aktualisiert wurden. *(BGBl. I Nr. 121/2024, Art. 3 Z 6)*

(5) Zum Zweck der Eintragung der in Abs. 1 genannten Daten in die Personenbindung gemäß § 4 Abs. 2 E-GovG sowie zum Zweck des Nachweises deren Bestands in vereinfachter Form gemäß § 4 Abs. 6 E-GovG sind diese aus dem Datenverbund der Schulen gemäß § 6 BilDokG 2020 der Stammzahlenregisterbehörde zugänglich zu machen. *(BGBl. I Nr. 121/2024, Art. 3 Z 6)*

(BGBl. I Nr. 56/2016, Art. 8 Z 8)

Studierendenvertreter

§ 56. (1) Zur Interessenvertretung und zur Mitgestaltung des Schullebens sind an jeder Schule Studierendenvertreter zu bestellen.

(2) Studierendenvertreter sind der Schulsprecher (für alle Angelegenheiten der Schule), vier weitere Studierendenvertreter zur Unterstützung des Schulsprechers und zwei Sprecher der Studierenden im Schulgemeinschaftsausschuss. *(BGBl. I Nr. 53/2010, Z 55)*

(3) Für jeden Studierendenvertreter ist ein Stellvertreter zu wählen.

Wahl der Studierendenvertreter

§ 57. (1) Die Studierendenvertreter (§ 56 Abs. 2) und deren Stellvertreter (§ 56 Abs. 3) sind von den Studierenden in gleicher, unmittelbarer, geheimer und persönlicher Wahl für eine Funktionsdauer von zwei bis höchstens vier Halbjahren zu wählen. Aktiv und passiv zur Wahl berechtigt sind die ordentlichen Studierenden. *(BGBl. I Nr. 33/1997 idF BGBl. I Nr. 53/2010, Z 56)*

(2) Die Wahl der Schulsprecher erfolgt mittels Mehrheitswahl. Die Wahl der vier weiteren Studierendenvertreter, der beiden Sprecher der Studierenden im Schulgemeinschaftsausschuss sowie der Stellvertreter (§ 56 Abs. 3) erfolgt mittels Verhältniswahl. Der Schulleiter hat die für die Durchführung der Wahl erforderlichen Vorkehrungen zu treffen. *(BGBl. I Nr. 33/1997 idF BGBl. I Nr. 53/2010, Z 57)*

(3) entfallen (BGBl. I Nr. 53/2010, Z 58)

(4) Die Studierendenvertreter (§ 56 Abs. 2) und deren Stellvertreter (§ 56 Abs. 3) werden von den Studierenden der Schule aus dem Schulverband gewählt. *(BGBl. I Nr. 53/2010, Z 59)*

(5) Die Wahlen der Studierendenvertreter (§ 56 Abs. 2) und der Stellvertreter (§ 56 Abs. 3) haben unter der Leitung eines vom Schulleiter zu beauftragenden Studierenden möglichst zu einem Termin außerhalb der Unterrichtszeit stattzufinden.

(6) Über die Anfechtung einer Wahl entscheidet der Schulleiter. Gegen die Entscheidung ist ein Widerspruch nicht zulässig. *(BGBl. I Nr. 33/1997 idF BGBl. I Nr. 75/2013, Art. 4 Z 3)*

Schulgemeinschaftsausschuß

§ 58. (1) In jeder Schule ist zur Förderung und Festigung der Schulgemeinschaft (§ 2) ein Schulgemeinschaftsausschuß zu bilden.

(2) Neben den auf Grund gesetzlicher Bestimmungen übertragenen Entscheidungsbefugnissen obliegen dem Schulgemeinschaftsausschuss insbesondere die Beratung über die Durchführung von das Schulleben betreffenden Veranstaltungen und die Beratung in allen die Studierenden sowie Lehrer und Lehrerinnen betreffenden Angelegenheiten der Schule, insbesondere in wichtigen Fragen des Unterrichts und der Bildung, der Festlegung einer alternativen Prüfungsform für Prüfungsgebiete der mündlichen Prüfung der Reifeprüfung, der Reife- und Diplomprüfung sowie der Diplomprüfung, der Verwendung von der Schule übertragenen Budgetmitteln und von Baumaßnahmen im Bereich der Schule. Der Schulgemeinschaftsausschuss von Schulen, die an einem Schulcluster beteiligt sind, kann beschließen, dass alle oder einzelne in seine Zuständigkeit fallenden Angelegenheiten dem Schulclusterbeirat (§ 58a) zur Entscheidung übertragen werden. *(BGBl. I Nr. 138/2017, Art. 17 Z 23 idF BGBl. I Nr. 170/2021, Art. 3 Z 11)*

(3) Dem Schulgemeinschaftsausschuß gehören der Schulleiter (als Vorsitzender), drei Vertreter der Lehrer, der Schulsprecher und die zwei Sprecher der Studierenden im Schulgemeinschaftsausschuß an. An Privatschulen gehört dem Schulgemeinschaftsausschuß weiters ein Vertreter des Schulerhalters an.

(4) Die Vertreter der Lehrer sowie je eines Stellvertreters sind von der Schulkonferenz aus dem Kreis der an der betreffenden Schule tätigen Lehrer (ausgenommen Lehrbeauftragte) in gleicher, unmittelbarer, geheimer und persönlicher Wahl zu wählen. Die Wahl erfolgt mittels Verhältniswahl.[16]) Der Schulleiter hat die für die Durchführung der Wahl erforderlichen Vorkehrungen zu treffen. Die Funktionsdauer beträgt zwei Halbjahre; die Schulkonferenz kann beschließen, daß die Wahl der Vertreter der Lehrer für die Dauer von vier Halbjahren erfolgt. § 57 Abs. 5 und 6 findet sinngemäß Anwendung. *(BGBl. I Nr. 33/1997 idF BGBl. I Nr. 53/2010, Z 60 und BGBl. I Nr. 56/2016, Art. 8 Z 9)*

(5) Jedem Vertreter der Lehrer und jedem Vertreter der Studierenden kommt eine beschließende Stimme zu. Stimmenthaltung ist unzulässig. Der Schulleiter und an Privatschulen der Vertreter des Schulerhalters haben keine beschließende Stimme. Erforderlichenfalls können andere Personen als Sachverständige mit beratender Stimme eingeladen und Unterausschüsse eingerichtet werden.

(6) Der Schulgemeinschaftsausschuss ist beschlussfähig, wenn der Schulleiter und mindestens je zwei Vertreter der Studierenden und der Lehrer anwesend sind. Für einen Beschluß ist die unbedingte Mehrheit der abgegebenen Stimmen erforderlich. Bei Stimmengleichheit entscheidet der Schulleiter. *(BGBl. I Nr. 33/1997 idF BGBl. I Nr. 138/2017, Art. 17 Z 24)*

(7) Der Schulleiter hat für die Durchführung der gefaßten Beschlüsse des Schulgemeinschaftsausschusses zu sorgen; hält er einen derartigen Beschluß für rechtswidrig oder aus organisatorischen Gründen nicht durchführbar, hat er diesen auszusetzen und die Weisung der zuständigen Schulbehörde einzuholen. *(BGBl. I Nr. 33/1997 idF BGBl. I Nr. 75/2013, Art. 4 Z 1)*

Schulclusterbeirat

§ 58a. Für Schulen, die in einem organisatorischen Verbund mit anderen Schulen als Schulcluster geführt werden, ist § 64a des Schulunterrichtsgesetzes sinngemäß anzuwenden. *(BGBl. I Nr. 138/2017, Art. 17 Z 25)*

12. Abschnitt
Erweiterte Schulgemeinschaft

Kuratorium

§ 59. (1) Zur Pflege und Förderung der zwischen Schulen und dem Wirtschaftsleben, Einrichtungen des Bildungswesens und anderen Einrichtungen des öffentlichen Lebens notwendigen engen Verbindung kann an den Schulen vom Schulgemeinschaftsausschuß ein Kuratorium errichtet werden.

(2) Dem Kuratorium gehören der Schulleiter, Vertreter der Lehrer und der Studierenden der betreffenden Schule, Vertreter des Schulerhalters, Vertreter der gesetzlichen Interessensvertretungen der Arbeitgeber und der Arbeitnehmer und Vertreter sonstiger interessierter Einrichtungen als Mitglieder an.

---
[16]) Siehe auch RS Nr. 16/2008 betreffend Gültigkeit bzw. Ungültigkeit unvollständig ausgefüllter Stimmzettel (1.12.14.).

(3) Bei gemeinsamer Führung einer berufsbildenden Schule für Berufstätige mit einer dem Geltungsbereich des Schulunterrichtsgesetzes unterliegenden berufsbildenden mittleren oder höheren Schule hat die Aufgaben gemäß Abs. 1 nur ein Kuratorium wahrzunehmen, welches von der zuständigen Schulbehörde errichtet wird. *(BGBl. I Nr. 33/1997 idF BGBl. I Nr. 75/2013, Art. 4 Z 1)*

13. Abschnitt
Verfahrensbestimmungen

Handlungsfähigkeit der oder des minderjährigen Studierenden

§ 60. In den Angelegenheiten dieses Bundesgesetzes ist die oder der minderjährige Studierende (Aufnahmsbewerberin oder Aufnahmsbewerber, Prüfungskandidatin oder Prüfungskandidat) zum selbständigen Handeln befugt, sofern sie oder er entscheidungsfähig ist.

(BGBl. I Nr. 101/2018, Art. 7 Z 3)

Verfahren

§ 61. (1) Für Entscheidungen auf Grund dieses Bundesgesetzes, die von anderen Organen als den Schulbehörden (Schulleiter, Abteilungsvorstand, Lehrerkonferenz, Prüfungskommission usw.) zu erlassen sind, finden die allgemeinen Verfahrensbestimmungen des AVG keine Anwendung und sind die Absätze 2 bis 4 anzuwenden. *(BGBl. I Nr. 75/2013, Art. 4 Z 4 idF BGBl. I Nr. 138/2017, Art. 17 Z 26)*

(2) Der Erlassung einer Entscheidung hat die Feststellung des maßgebenden Sachverhaltes, soweit er nicht von vornherein klar gegeben ist, durch Beweise voranzugehen. Als Beweismittel kommt alles in Betracht, was zur Feststellung des maßgebenden Sachverhaltes geeignet und nach Lage des einzelnen Falles zweckdienlich ist. Dem Studierenden (Aufnahmsbewerber, Prüfungskandidaten) ist, sofern der Sachverhalt nicht von vornherein klar gegeben ist oder seinem Standpunkt nicht vollinhaltlich Rechnung getragen werden soll, Gelegenheit zu geben, zu den Sachverhaltsfeststellungen Stellung zu nehmen.

(3) Entscheidungen können sowohl mündlich als auch schriftlich erlassen werden. Sofern einem Antrag nicht vollinhaltlich stattgegeben wird, kann innerhalb der Widerspruchsfrist (§ 62 Abs. 1) eine schriftliche Ausfertigung der Entscheidung verlangt werden. *(BGBl. I Nr. 33/1997 idF BGBl. I Nr. 75/2013, Art. 4 Z 5)*

(4) Die schriftliche Ausfertigung einer Entscheidung hat zu enthalten:

1. Bezeichnung und Standort der Schule, Bezeichnung des entscheidenden Organs;
2. den Inhalt der Entscheidung unter Anführung der angewendeten Gesetzesstellen;
3. die Begründung, wenn dem Standpunkt des Studierenden (Aufnahmsbewerbers, Prüfungskandidaten) nicht vollinhaltlich Rechnung getragen wird;
4. Datum der Entscheidung;
5. die Unterschrift des entscheidenden Organs, bei Kollegialorganen des Vorsitzenden oder die Amtssignatur (§ 19 Abs. 1 E-GovG) anstelle der Unterschrift; *(BGBl. I Nr. 33/1997 idF BGBl. I Nr. 121/2024, Art. 3 Z 7)*
6. die Belehrung über die Widerspruchsmöglichkeit, wenn dem Ansuchen nicht vollinhaltlich stattgegeben wird. *(BGBl. I Nr. 33/1997 idF BGBl. I Nr. 75/2013, Art. 4 Z 6)*

Elektronische Zustellungen und Urkundenarchiv

§ 61a. (1) Nach Maßgabe der vorhandenen technischen und organisatorischen Voraussetzungen können nicht nachweisliche Zustellungen an die Studierenden auch elektronisch erfolgen und zwar im Wege des von der Bundesministerin oder des Bundesministers für Bildung, Wissenschaft und Forschung betriebenen Kommunikationssystems Bildungsportal gemäß § 6e BilDokG 2020. Voraussetzung dafür ist die Aktivierung eines Nutzerkontos am Bildungsportal durch die jeweilige Teilnehmerin oder den jeweiligen Teilnehmer. Über die so erfolgte Zustellung ist die Teilnehmerin oder der Teilnehmer im Wege der hinterlegten E-Mail-Adresse oder in einer anderen technisch geeigneten Weise zu informieren. Die Wirksamkeit der Zustellung wird durch die Hinterlegung einer unrichtigen oder ungültigen E-Mail-Adresse nicht gehindert.

(2) Nachweisliche elektronische Zustellungen haben gemäß § 35 des Zustellgesetzes – ZustG, BGBl. Nr. 200/1982, im Wege eines zugelassenen Zustelldienstes zu erfolgen.

(3) Die Bundesministerin oder der Bundesminister für Bildung, Wissenschaft und Forschung ist ermächtigt vorzusehen, dass die Echtheit der über das Bildungsportal amtssignierten Urkunden mit Hilfe eines Codes in einem Urkundenarchiv des Bildungsportals gemäß § 6e BilDokG 2020 überprüft werden kann. Personen können aus diesem Urkundenarchiv ihnen zugeordnete Urkunden auch zu einem späteren Zeitpunkt im Wege des Bildungsportals erneut übermittelt bekommen. Die näheren technischen Verfahren sind durch die Bundesministerin oder den Bundesminis-

ter für Bildung, Wissenschaft und Forschung im Verordnungsweg festzulegen.“

(BGBl. I Nr. 121/2024, Art. 3 Z 8)

Provisorialverfahren (Widerspruch)

(BGBl. I Nr. 75/2013, Art. 4 Z 7)

§ **62.** (1) Gegen die Entscheidungen gemäß § 61 ist, sofern ein solcher nicht ausgeschlossen ist, Widerspruch an die zuständige Schulbehörde zulässig. Der Widerspruch ist schriftlich (in jeder technisch möglichen Form, nicht jedoch mit E Mail) innerhalb von fünf Tagen bei der Schule, im Falle der Externistenprüfungen bei der Prüfungskommission, einzubringen. Der Schulleiter hat den Widerspruch unter Anschluß aller zur Verfügung stehenden Beweismittel unverzüglich der zuständigen Schulbehörde vorzulegen. *(BGBl. I Nr. 33/1997 idF BGBl. I Nr. 53/2010, Z 61 und BGBl. I Nr. 75/2013, Art. 4 Z 1, 8, 9 und 10)*

(2) Die Frist für die Einbringung des Widerspruchs beginnt im Falle der mündlichen Verkündung der Entscheidung mit dieser, im Falle der schriftlichen Ausfertigung der Entscheidung jedoch mit der Zustellung. *(BGBl. I Nr. 33/1997 idF BGBl. I Nr. 75/2013, Art. 4 Z 11)*

(3) In den Fällen, in denen nach Ablegung eines Kolloquiums gegen die Beendigung des Schulbesuches (§ 32) Widerspruch eingebracht wird, hat die zuständige Schulbehörde die behauptete unrichtige Beurteilung des Kolloquiums mit „Nicht genügend“ bzw. die Nichtbeurteilung des Kolloquiums wegen vorgetäuschter Leistungen zu überprüfen. Wenn die Unterlagen zur Feststellung, dass eine Nichtbeurteilung oder eine auf „Nicht genügend“ lautende Beurteilung unrichtig oder richtig war, nicht ausreichen, ist das Verfahren zu unterbrechen und der Berufungswerber zu einem neuerlichen Kolloquium, dem ein Vertreter der zuständigen Schulbehörde beizuwohnen hat, zuzulassen. *(BGBl. I Nr. 53/2010, Z 62 idF BGBl. I Nr. 75/2013, Art. 4 Z 1, 2, 12 und 13)*

(4) Mit Einbringen des Widerspruches tritt die (provisoriale) Entscheidung der Organe in den Angelegenheiten des § 61 außer Kraft. In diesen Fällen hat die zuständige Schulbehörde das Verwaltungsverfahren einzuleiten und die Entscheidung mit Bescheid zu treffen. *(BGBl. I Nr. 75/2013, Art. 4 Z 14)*

Entscheidungspflicht

§ 63. (1) In den Fällen des § 61 Abs. 1 haben die zuständigen Organe über Anträge des Studierenden (Aufnahmsbewerbers, Prüfungskandidaten) innerhalb von zwei Wochen die Entscheidung zu erlassen. Bei Nichteinhaltung dieser Fristen geht die Zuständigkeit zur Entscheidung auf schriftlichen Antrag des Studierenden (Aufnahmsbewerbers, Prüfungskandidaten) auf die zuständige Schulbehörde über. Ein solcher Antrag ist unmittelbar bei der zuständigen Schulbehörde einzubringen. Der Antrag ist abzuweisen, wenn die Verzögerung der Entscheidung nicht ausschließlich auf ein Verschulden des zuständigen Organes zurückzuführen ist. *(BGBl. I Nr. 33/1997 idF BGBl. I Nr. 75/2013, Art. 4 Z 1 und 2)*

(2) Die Fristen des Abs. 1 werden für die Dauer von Schulferien gehemmt.

(3) Die Schulbehörden haben über Anträge und Widersprüche des Studierenden (Aufnahmsbewerbers, Prüfungskandidaten) spätestens, soweit im Abs. 4 nicht anderes bestimmt ist, drei Monate nach deren Einbringung die Entscheidung zu erlassen. *(BGBl. I Nr. 33/1997 idF BGBl. I Nr. 75/2013, Art. 4 Z 15)*

(4) In den Fällen des § 62 Abs. 3 hat die zuständige Schulbehörde über einen Widerspruch innerhalb von drei Wochen nach deren Einlangen bei der Schule die Entscheidung zu erlassen. *(BGBl. I Nr. 33/1997 idF BGBl. I Nr. 75/2013, Art. 4 Z 2 und 16)*

Ersatzbestätigungen für verlorene Zeugnisse

§ 64. (1) Die Ausstellung einer Ersatzbestätigung für ein abhanden gekommenes inländisches Zeugnis kann bei der örtlich zuständigen Schulbehörde beantragt werden. Der Antragsteller hat glaubhaft zu machen, daß die Bemühungen um die Wiedererlangung des verlorenen Zeugnisses oder um die Ausstellung einer Zweitschrift ohne sein Verschulden ergebnislos geblieben sind. *(BGBl. I Nr. 33/1997 idF BGBl. I Nr. 75/2013, Art. 4 Z 2 und 18)*

(2) Dem Ansuchen sind Angaben über Beweismittel, aus denen der seinerzeitige Erwerb des Zeugnisses hervorgeht, anzuschließen.

(3) Die Ersatzbestätigung ist auszustellen, wenn sich der Erwerb des Zeugnisses im Ermittlungsverfahren zweifelsfrei ergibt. Andernfalls ist der Antrag abzuweisen.

(4) Mit einer Ersatzbestätigung sind die gleichen Berechtigungen wie mit dem abhanden gekommenen Zeugnis verbunden.

(5) Das Verwaltungsgericht hat über Beschwerden aufgrund dieses Bundesgesetzes ab Beschwerdevorlage binnen drei Monaten zu entscheiden. *(BGBl. I Nr. 75/2013, Art. 4 Z 2 und 17)*

Klassenbücher

§ 65. (1) An jeder Schule ist für jede Klasse ein Klassenbuch zu führen. Das Klassenbuch dient dazu, zur Sicherstellung und zum Nachweis der Ordnungsgemäßheit des Unterrichts Vorgänge zu dokumentieren, die im Zusammenhang mit der Organisation und der Durchführung von Unterricht stehen.

(2) Klassenbücher haben Aufzeichnungen zu enthalten insbesondere über:

1. Schule, Schulart, Schulstandort, Schuljahr, Klasse bzw. Jahrgang, Schulformkennzahl,
2. Namen der Studierenden,
3. Module (Stundenplan),
4. Namen der unterrichtenden Lehrerinnen und Lehrer,
5. Termine für Schularbeiten und Tests,
6. Anmerkungen zu den einzelnen Unterrichtsstunden: Beginn und Ende der Unterrichtsstunde, behandelter Lehrstoff, durchgeführte Prüfungen, besondere Vorkommnisse wie zB Abweichungen vom Stundenplan (Stundentausch, Supplierung, Entfall, Schulveranstaltungen ua.),
7. Anmerkungen zu den einzelnen Studierenden: Fernbleiben, Aufgaben und Funktionen, besondere Vorkommnisse ua.

Besondere Kategorien personenbezogener Daten im Sinne des Art. 9 Abs. 1 der Datenschutz-Grundverordnung dürfen nur dann im Klassenbuch vermerkt werden, wenn deren Dokumentation für die Zweckerreichung gemäß Abs. 1 ein erhebliches öffentliches Interesse darstellt. *(BGBl. I Nr. 56/2016, Art. 8 Z 10 idF BGBl. I Nr. 32/2018, Art. 52 Z 4 und BGBl. I Nr. 121/2024, Art. 3 Z 9)*

(3) Klassenbücher sind gesichert und vor dem Zugriff anderer Personen als dem an der Schule tätigen Lehr- und Verwaltungspersonal geschützt zu verwahren. Sie können statt in Schriftform auch elektronisch geführt werden, wobei das Einräumen von Abfrageberechtigungen und das Schaffen von Einsichts- oder Zugriffsmöglichkeiten für andere Personen als dem an der Schule tätigen Lehr- und Verwaltungspersonal sowie Studierende nicht zulässig sind. Für Studierende darf ein Personenbezug nur hinsichtlich der eigenen Person hergestellt werden. Es sind Datensicherheitsmaßnahmen gemäß Art. 32 der Datenschutz-Grundverordnung zu treffen und es sind die Bestimmungen des § 6 des Datenschutzgesetzes (DSG), BGBl. I Nr. 165/1999, über das Datengeheimnis anzuwenden. *(BGBl. I Nr. 56/2016, Art. 8 Z 10 idF BGBl. I Nr. 138/2017, Art. 17 Z 27 und BGBl. I Nr. 32/2018, Art. 52 Z 5)*

(4) Klassenbücher sind unter Beachtung der Zugriffsbeschränkungen und Datensicherheitsmaßnahmen drei Jahre ab dem Ende des letzten Schuljahres der betreffenden Klasse oder des betreffenden Jahrganges an der Schule aufzubewahren.

(5) Klassenbücher von öffentlichen Schulen, die aufgelassen werden, sind von der zuständigen Schulbehörde zur Aufbewahrung zu übernehmen.

(6) Nach Ablauf der Aufbewahrungsfrist gemäß Abs. 4 sind physische Aufzeichnungen zu vernichten und elektronisch gespeicherte Aufzeichnungen zu löschen.

(BGBl. I Nr. 56/2016, Art. 8 Z 10)

Aufbewahrung von Protokollen und Aufzeichnungen

§ 65a. (1) Zum Zweck der Dokumentation für behördliche Verfahren sind Prüfungsprotokolle (samt Beilagen) über die Durchführung von Prüfungen aufzubewahren. In den Prüfungsprotokollen nachstehend genannter Prüfungen sind die Prüfungskommission (der oder die Prüfer, die Prüferin oder die Prüferinnen), die Daten des Prüfungskandidaten oder der Prüfungskandidatin, die Aufgabenstellungen, die Beschreibung der Leistungen und ihre Beurteilung, die Prüfungsergebnisse und die bei der Prüfung oder auf Grund der Prüfungsergebnisse getroffenen Entscheidungen und Verfügungen zu verzeichnen:

1. Einstufungsprüfungen (§ 5 Abs. 3),
2. Aufnahms- und Eignungsprüfungen (§§ 8 bis 10),
3. Leistungsfeststellungen (§ 21),
4. Kolloquien (§ 23, § 27 Abs. 2, § 62 Abs. 3),
5. Modulprüfungen (§ 23a),
6. Reifeprüfungen (einschließlich Zusatzprüfungen zur Reifeprüfung), Reife- und Diplomprüfungen, Diplomprüfungen und Abschlussprüfungen (§§ 33 bis 41),
7. Externistenprüfungen (§ 42) und
8. Prüfungen im Widerspruchs- und Beschwerdeverfahren (§ 62 Abs. 3).

Prüfungsprotokolle sind unter Beachtung der Zugriffsbeschränkungen und Datensicherheitsmaßnahmen gemäß § 65 Abs. 3 aufzubewahren. Prüfungsprotokolle von Prüfungen gemäß Z 6 und diesen Prüfungen entsprechenden Externistenprüfungen gemäß Z 7 sind sechzig Jahre, Prüfungsprotokolle von allen anderen Prüfungen drei Jahre, jeweils ab dem Jahr, in dem die Prüfung stattgefunden hat, aufzubewahren.

(2) Zum Nachweis der Ordnungs- und Rechtmäßigkeit schulinterner Vorgänge sind Besprechungsprotokolle sowie Aufzeichnungen von Konferenzen und von Sitzungen schulpartnerschaftlicher Gremien zu dokumentieren. Sie haben insbesondere zu enthalten:

1. Datum, Zeit, Ort, Namen der Anwesenden,
2. Tagesordnungspunkte,
3. Anträge,
4. Aufzeichnung des Sitzungsverlaufs,
5. gefasste Beschlüsse und Abstimmungsergebnisse sowie
6. Name und Unterschrift der Protokollführerin oder des Protokollführers.

Protokolle und Aufzeichnungen sind unter Beachtung der Zugriffsbeschränkungen und Datensicherheitsmaßnahmen gemäß § 65 Abs. 3 drei Jahre ab dem Jahr, in dem das Protokoll geführt oder die Aufzeichnung stattgefunden hat, aufzubewahren. Protokolle über Beschlüsse mit Wirksamkeit für die Zukunft sind drei Jahre über das Enden der Wirksamkeit des Beschlusses aufzubewahren.

(3) § 65 Abs. 3, 5 und 6 ist auf Prüfungsprotokolle gemäß Abs. 1 sowie auf Besprechungsprotokolle und Aufzeichnungen gemäß Abs. 2 anzuwenden.

(BGBl. I Nr. 56/2016, Art. 8 Z 10)

14. Abschnitt
Schlußbestimmungen

Kundmachung von Verordnungen

§ 66. Verordnungen auf Grund dieses Bundesgesetzes, die sich nur auf einzelne Schulen beziehen, sind abweichend von den sonst geltenden Bestimmungen über die Kundmachung von Verordnungen einen Monat lang durch Anschlag in der betreffenden Schule kundzumachen. Sie treten, soweit darin nicht anderes bestimmt ist, mit Ablauf des Tages des Anschlages in der Schule in Kraft.

Freiheit von Stempelgebühren und Verwaltungsabgaben

§ 67. Ansuchen, Bestätigungen, Bescheide und Zeugnisse auf Grund dieses Bundesgesetzes oder der auf Grund dieses Bundesgesetzes erlassenen Verordnungen sind – ausgenommen im Verfahren nach § 42 und § 64 sowie anläßlich einer Eignungserklärung von Unterrichtsmitteln durch den zuständigen Bundesminister – von allen Stempelgebühren und Verwaltungsabgaben des Bundes befreit.

(BGBl. I Nr. 33/1997 idF BGBl. I Nr. 53/ 2010, Z 63)

Schlußbestimmungen

§ 68. (1) Soweit in diesem Bundesgesetz auf andere Bundesgesetze verwiesen wird, sind diese in ihrer jeweils geltenden Fassung anzuwenden.

(2) Die Bestimmungen des Religionsunterrichtsgesetzes bleiben unberührt.

Inkrafttreten

§ 69. (1) Dieses Bundesgesetz tritt mit 1. März 1997 in Kraft.

(2) Verordnungen auf Grund dieses Bundesgesetzes können schon vom Tag seiner Kundmachung an erlassen werden; sie dürfen frühestens mit dem Inkrafttreten dieses Bundesgesetzes in Kraft gesetzt werden.

(3) Die nachstehend genannten Bestimmungen dieses Bundesgesetzes in der Fassung des Bundesgesetzes BGBl. I Nr. 99/ 1999 treten wie folgt in Kraft:

1. § 4 Z 1, § 25 Abs. 1, § 26 Abs. 1 sowie § 42 Abs. 9 treten mit Ablauf des Tages der Kundmachung im Bundesgesetzblatt in Kraft,
2. § 38 samt Überschrift sowie § 69a Abs. 2 und 3 treten mit 1. Mai 1999 in Kraft,
3. §§ 33 bis 37 und §§ 39 bis 41 jeweils samt Überschrift, die Überschrift des § 69a sowie § 69a Abs. 1 treten mit 1. April 2000 in Kraft.

(BGBl. I Nr. 99/1999, Z 6)

(4) § 27 Abs. 2 dieses Bundesgesetzes in der Fassung des Bundesgesetzes BGBl. I Nr. 91/2005 tritt mit 1. September 2006 in Kraft. *(BGBl. I Nr. 91/2005, Art. 7 Z 2)*

(5) § 5 Abs. 1 Z 2 dieses Bundesgesetzes in der Fassung des Bundesgesetzes BGBl. I Nr. 90/2006 tritt mit 1. September 2006 in Kraft. *(BGBl. I Nr. 90/2006, Art. 11 Z 2 idF BGBl. I Nr. 53/2010, Z 64)*

(6) Das Inhaltsverzeichnis, § 4 Z 4 und 5, § 5 Abs. 3, § 6 samt Überschrift, § 7 Abs. 1, § 9 Abs. 1, § 11 samt Überschrift, § 12 samt Überschrift, § 13 samt Überschrift, § 14 Abs. 1 und 2, § 15 Abs. 2, § 16 Abs. 2, § 17 Abs. 3, § 18 Abs. 4, § 19 Abs. 1, § 21 samt Überschrift, § 22 Abs. 1 und 3, § 23 Abs. 1, 2, 4, 6, 7 und 8, § 23a samt Überschrift, § 24 samt Überschrift, § 25 samt Überschrift, die Überschrift des 6. Abschnittes, § 26, § 27 samt Überschrift, § 28 samt Überschrift, § 30 samt Überschrift, § 32 Abs. 1 und 2, § 34 Abs. 2 Z 2, § 35 Abs. 2 Z 1 und Abs. 4, § 36 Abs. 1, § 37 Abs. 2 Z 5, § 38 Abs. 4, § 39 Abs. 2 Z 5 und Abs. 3, § 42 Abs. 1, 2, 3, 4, 5, § 43 Abs. 1, § 45 samt Überschrift, § 47 Abs. 2, § 52 samt Überschrift, § 54 Abs. 2

und 4, § 56 Abs. 2, § 57 Abs. 1, 2 und 4, § 58 Abs. 4, § 62 Abs. 1 und 3, § 67, § 69 Abs. 5 sowie § 70 dieses Bundesgesetzes in der Fassung des Bundesgesetzes BGBl. I Nr. 53/2010 treten mit 1. September 2010 in Kraft und finden an den einzelnen in den Anwendungsbereich dieses Bundesgesetzes fallenden Schulen nach Maßgabe einer auf die konkreten technischen und organisatorischen Gegebenheiten am Schulstandort abstellenden Verordnung der Bundesministerin für Unterricht, Kunst und Kultur ab dem Schuljahr 2010/11 oder ab dem Schuljahr 2011/12 Anwendung; § 29 samt Überschrift, § 50, § 57 Abs. 3 sowie § 69a samt Überschrift treten mit Ablauf des 31. August 2010 außer Kraft, finden jedoch nach Maßgabe der genannten Verordnung auf einzelne Schulen noch bis zum Ablauf des 31. August 2011 Anwendung. *(BGBl. I Nr. 53/2010, Z 65)*

(7) Die nachstehend genannten Bestimmungen dieses Bundesgesetzes in der Fassung des Bundesgesetzes BGBl. I Nr. 9/2012 treten wie folgt in Kraft:

1. § 5 Abs. 1 Z 3, § 13 Abs. 5 Z 2, § 28 Abs. 3 sowie § 30 treten mit Ablauf des Tages der Kundmachung im Bundesgesetzblatt in Kraft,[17])
2. der Titel (samt Kurztitel und Abkürzung), das Inhaltsverzeichnis, § 1 samt Überschrift, § 2 samt Überschrift, § 15 Abs. 3, § 18 Abs. 1, § 26 Abs. 1, § 30 sowie § 41a samt Überschrift, § 42 Abs. 1 sowie § 44 Abs. 1 treten mit 1. September 2012 in Kraft.

(BGBl. I Nr. 9/2012, Art. 5 Z 15)

(8) § 17 Abs. 3, § 37 Abs. 2 Z 1 und 4 sowie Abs. 6 Z 1, § 57 Abs. 6, § 61 Abs. 4 Z 6, § 62 Abs. 1 erster Satz und Abs. 3 erster Satz, § 63 Abs. 1 zweiter Satz, § 63 Abs. 4, § 65, § 11 Abs. 3, § 34 Abs. 1, § 37 Abs. 2 Z 3, § 46 Abs. 1 und 3, § 58 Abs. 7, § 59 Abs. 3, § 63 Abs. 1 dritter Satz, § 61 Abs. 1 und 3, die Überschrift des § 62, § 62 Abs. 1, 2, 3 und 4, § 63 Abs. 3, 4 und 5 und § 64 Abs. 1 in der Fassung des Bundesgesetzes BGBl. I Nr. 75/2013 treten mit 1. Jänner 2014 in Kraft. *(BGBl. I Nr. 75/2013, Art. 4 Z 19)*

(9) Für das Inkrafttreten der durch das Bundesgesetz BGBl. I Nr. 97/2015 geänderten oder eingefügten Bestimmungen und das Außerkrafttreten der durch dieses Bundesgesetz entfallenen Bestimmungen sowie für den Übergang zur neuen Rechtslage gilt Folgendes:

1. § 15 Abs. 2, § 23 Abs. 1, § 26 samt Überschrift, § 46 Abs. 1, und § 70 treten mit Ablauf des Tages der Kundmachung im Bundesgesetzblatt in Kraft; gleichzeitig treten § 7 Abs. 3, § 12 Abs. 4, § 28 Abs. 3 und § 32 Abs. 3 außer Kraft;
2. §§ 33 bis 41 samt Überschriften treten mit 1. September 2015 in Kraft und finden abweichend von diesem Zeitpunkt
   a) auf abschließende Prüfungen mit Haupttermin ab 2017 jedoch
   b) nach Maßgabe einer auf die Kompetenzorientierung der Lehrpläne der betreffenden Schule (Schulart, Schulform) abstellenden und gemäß § 66 kundzumachenden Verordnung des zuständigen Regierungsmitglieds auf abschließende Prüfungen mit einem späteren Haupttermin

Anwendung. Mit Zustimmung des Schulgemeinschaftsausschusses können die Bestimmungen der §§ 33 bis 41 über die abschließende Prüfung zur Gänze oder – auch im Anwendungsfall der lit. b – hinsichtlich einzelner Prüfungsgebiete bereits ab dem Schuljahr 2015/16 zur Anwendung gelangen. Eine solche Zustimmungserklärung ist bis spätestens Ende September des betreffenden Schuljahres der zuständigen Schulbehörde gegenüber vorzulegen, welche die vorgezogene Anwendung der für die Durchführung der abschließenden Prüfung relevanten Bestimmungen gemäß § 66 kundzumachen hat. Die §§ 33 bis 41 in der Fassung vor der Novelle BGBl. I Nr. 97/2015 finden auf abschließende Prüfungen bis zum Wirksamwerden der korrespondierenden Bestimmungen sowie auf die Wiederholung von solchen abschließenden Prüfungen auch über den Zeitpunkt dieses Wirksamwerdens hinaus weiterhin Anwendung.

(BGBl. I Nr. 97/2015, Art. 1 Z 11)

(10) Die nachstehend genannten Bestimmungen in der Fassung des Bundesgesetzes BGBl. I Nr. 56/2016 treten wie folgt in Kraft:

1. § 38 Abs. 4 und Abs. 6 Z 4 tritt mit Ablauf des Tages der Kundmachung im Bundesgesetzblatt in Kraft;
2. § 4 Z 5 und 6, § 11 Abs. 2, § 27 Abs. 2, § 47 Abs. 2, § 48, § 49, § 51 Abs. 1 Z 2 und 3, § 55a samt Überschrift, § 65 samt Überschrift, § 65a samt Überschrift und § 58 Abs. 4 in der Fassung des Bundesgesetzes BGBl. I Nr. 56/2016 treten mit 1. September 2016 in Kraft. § 65a gilt für Protokolle und Aufzeichnungen, die ab diesem Tag angefertigt wurden. *(BGBl. I Nr. 56/2016, Art. 8 Z 11 idF BGBl. I Nr. 138/2017, Art. 17 Z 28)*

(BGBl. I Nr. 56/2016, Art. 8 Z 11)

[17]) Die Kundmachung im Bundesgesetzblatt erfolgte am 14. Februar 2012.

(11) Für das Inkrafttreten der durch das Bildungsreformgesetz 2017, BGBl. I Nr. 138/2017, geänderten oder eingefügten Bestimmungen gilt Folgendes:

1. Das Inhaltsverzeichnis betreffend die §§ 28, 33, 40, 41a, 55a, 62, 65, 65a und 71 sowie § 35 Abs. 4 Z 1, § 69 Abs. 10 Z 2, § 70 und § 71 samt Überschrift treten mit Ablauf des Tages der Kundmachung im Bundesgesetzblatt in Kraft;[18])
2. § 7 Abs. 2, § 33 Abs. 4, § 42 Abs. 6 Z 3 und § 65 Abs. 3 treten mit 1. September 2017 in Kraft;
3. das Inhaltsverzeichnis betreffend die §§ 52a, 53 und 58a, § 4 Z 6 und 7, § 52a samt Überschrift, die Überschrift des § 53, § 53 Abs. 6, § 54 Abs. 2, § 58 Abs. 2 und 6 und § 58a samt Überschrift treten mit 1. September 2018 in Kraft;
4. § 34 Abs. 2 Z 1 und § 61 Abs. 1 treten mit 1. Jänner 2019 in Kraft.

(BGBl. I Nr. 138/2017, Art. 17 Z 29)

(12) Die nachstehend genannten Bestimmungen in der Fassung des Materien-Datenschutz-Anpassungsgesetzes 2018, BGBl. I Nr. 32/2018, treten wie folgt in Kraft:

1. § 70 tritt mit Ablauf des Tages der Kundmachung im Bundesgesetzblatt in Kraft;
2. § 55a Abs. 1 und 2 sowie § 65 Abs. 2 und 3 treten mit 25. Mai 2018 in Kraft.

§ 55a Abs. 3 tritt mit Ablauf des 24. Mai 2018 außer Kraft. *(BGBl. I Nr. 32/2018, Art. 52 Z 6)*

(13) Die nachstehend genannten Bestimmungen in der Fassung des Bundesgesetzes BGBl. I Nr. 101/2018 treten wie folgt in Kraft:

1. Das Inhaltsverzeichnis betreffend den § 60 und § 60 samt Überschrift treten mit Ablauf des Tages der Kundmachung im Bundesgesetzblatt in Kraft,[19])
2. § 37 Abs. 2 Z 2 tritt mit 1. September 2019 in Kraft und findet abweichend von diesem Zeitpunkt auf Reife- und Diplomprüfungen, Diplomprüfungen und Abschlussprüfungen mit dem Haupttermin ab 2020 sowie auf Reifeprüfungen mit dem Haupttermin ab 2021 Anwendung.

(BGBl. I Nr. 101/2018, Art. 7 Z 4)

(14) § 72 samt Überschrift in der Fassung des Bundesgesetzes BGBl. I Nr. 35/2019 tritt mit Ablauf des Tages der Kundmachung im Bundesgesetzblatt in Kraft.[20]) *(BGBl. I Nr. 35/2019, Art. 3 Z 1)*

(15) § 36 Abs. 2 letzter Satz und § 37 Abs. 3a in der Fassung des Bundesgesetzes BGBl. I Nr. 86/2019 treten mit Ablauf des Tages der Kundmachung im Bundesgesetzblatt in Kraft[21]) und sind abweichend von diesem Zeitpunkt ab dem Haupttermin des Schuljahres 2019/20 oder im Falle des § 69 Abs. 9 Z 2 lit. b ab diesem Zeitpunkt anzuwenden. *(BGBl. I Nr. 86/2019, Art. 3 Z 3 idF BGBl. I Nr. 19/2021, Art. 3 Z 3)*

(16) § 72a samt Überschrift in der Fassung des Bundesgesetzes BGBl. I Nr. 13/2020 tritt mit dem Ablauf des Tages der Kundmachung im Bundesgesetzblatt in Kraft.[22]) *(BGBl. I Nr. 13/2020, Art. 2 Z 2)*

(17) § 72b samt Überschrift in der Fassung des Bundesgesetzes BGBl. I Nr. 23/2020 tritt rückwirkend mit 1. März 2020 in Kraft. *(BGBl. I Nr. 23/2020, Art. 18 Z 2)*

(18) § 34 Abs. 2 und 3, § 38 Abs. 3 und § 72a samt Überschrift in der Fassung des Bundesgesetzes BGBl. I Nr. 19/2021 treten mit Ablauf des Tages der Kundmachung im Bundesgesetzblatt in Kraft.[23]) *(BGBl. I Nr. 19/2021, Art. 3 Z 3)*

(19) Die nachstehend genannten Bestimmungen dieses Bundesgesetzes in der Fassung des Bundesgesetzes BGBl. I Nr. 170/2021 treten wie folgt in Kraft:

1. § 34 Abs. 2, § 38 Abs. 4, § 39 Abs. 2, § 42 Abs. 6 und § 72b samt Überschrift treten mit Ablauf des Tages der Kundmachung im Bundesgesetzblatt in Kraft;[24])
2. § 14 Abs. 3 tritt mit 1. September 2021 in Kraft;
3. § 37 Abs. 1a, 2 sowie 3 und § 58 Abs. 2 treten mit 1. September 2021 in Kraft und finden abweichend von diesem Zeitpunkt auf abschließende Prüfungen mit Haupttermin ab dem Schuljahr 2022/23 Anwendung.

(BGBl. I Nr. 170/2021, Art. 3 Z 12)

(20) § 34 Abs. 2 Z 2, § 38 Abs. 3 vierter Satz und Abs. 3 letzter Satz sowie § 40 Abs. 3 in der Fassung des Bundesgesetzes

---

[18]) Die Kundmachung im Bundesgesetzblatt erfolgte am 15. September 2017.

[19]) Die Kundmachung im Bundesgesetzblatt erfolgte am 22. Dezember 2018.

[20]) Die Kundmachung im Bundesgesetzblatt erfolgte am 24. April 2019.

[21]) Die Kundmachung im Bundesgesetzblatt erfolgte am 31. Juli 2019.

[22]) Die Kundmachung im Bundesgesetzblatt erfolgte am 15. März 2020.

[23]) Die Kundmachung im Bundesgesetzblatt erfolgte am 7. Jänner 2021.

BGBl. I Nr. 232/2021 treten mit dem Ablauf des Tages der Kundmachung im Bundesgesetzblatt in Kraft;[25]) § 72 samt Überschrift tritt mit 1. Mai 2022 außer Kraft. *(BGBl. I Nr. 232/2021, Art. 3 Z 5)*

(21) § 72b samt Überschrift in der Fassung des Bundesgesetzes BGBl. I Nr. 96/2022 tritt mit Ablauf des Tages der Kundmachung im Bundesgesetzblatt in Kraft.[26]) *(BGBl. I Nr. 96/2022, Art. 3 Z 1)*

(22) § 32 Abs. 1 Z 4, § 34 Abs. 4 und § 36 Abs. 1 in der Fassung des Bundesgesetzes BGBl. I Nr. 165/2022 treten mit dem Ablauf des Tages der Kundmachung im Bundesgesetzblatt in Kraft.[27]) *(BGBl. I Nr. 165/2022, Art. 3 Z 4)*

(23) Die nachstehend genannten Bestimmungen in der Fassung des Bundesgesetzes BGBl. I Nr. 121/2024 treten wie folgt in Kraft:

1. § 24 Abs. 2 Z 9, § 39 Abs. 2 Z 10, § 55a, § 61 Abs. 4 Z 5, § 61a samt Überschrift sowie § 65 Abs. 2 treten mit Ablauf des Tages der Kundmachung des genannten Bundesgesetzes in Kraft[28]) und sind nach Maßgabe der technischen Möglichkeiten anzuwenden;
2. § 33 Abs. 3 Z 1 und Abs. 5 sowie § 72a Abs. 1 treten mit Ablauf des Tages der Kundmachung des genannten Bundesgesetzes in Kraft und finden auf abschließende Prüfungen ab dem Haupttermin 2026 Anwendung;
3. § 34 Abs. 2 Z 2 tritt mit 1. März 2025 in Kraft;
4. § 72a Abs. 2 samt Überschrift tritt mit Ablauf des Tages der Kundmachung des genannten Bundesgesetzes in Kraft;
5. § 24 Abs. 4 sowie § 72b samt Überschrift treten mit Ablauf des Tages der Kundmachung des genannten Bundesgesetzes außer Kraft;
6. § 33 Abs. 5 tritt mit 1. Jänner 2030 außer Kraft.

(BGBl. I Nr. 121/2024, Art. 3 Z 10)

[24]) Die Kundmachung im Bundesgesetzblatt erfolgte am 24. August 2021.

[25]) Die Kundmachung im Bundesgesetzblatt erfolgte am 30. Dezember 2021.

[26]) Die Kundmachung im Bundesgesetzblatt erfolgte am 30. Juni 2022.

[27]) Die Kundmachung im Bundesgesetzblatt erfolgte am 31. Oktober 2022.

[28]) Die Kundmachung im Bundesgesetzblatt erfolgte am 22. Juli 2024.

§ 69a. entfallen (BGBl. I Nr. 53/2010, Z 66)

Vollziehung

§ 70. Mit der Vollziehung dieses Bundesgesetzes ist hinsichtlich des § 67 der Bundesminister oder die Bundesministerin für Finanzen, hinsichtlich des § 52 der Bundesminister oder die Bundesministerin für Bildung, Wissenschaft und Forschung im Einvernehmen mit dem Bundesminister oder der Bundesministerin für Finanzen, im Übrigen der Bundesminister oder die Bundesministerin für Bildung, Wissenschaft und Forschung betraut.

(BGBl. I Nr. 32/2018, Art. 52 Z 7)

Übergangsbestimmung betreffend Protokolle und Aufzeichnungen, die bis 31. August 2016 angefertigt wurden

§ 71. § 65 in der Fassung vor dem Bundesgesetz BGBl. I Nr. 56/2016 ist für Protokolle und Aufzeichnungen, die bis 31. August 2016 angefertigt wurden, weiter anzuwenden.

(BGBl. I Nr. 138/2017, Art. 17 Z 31)

§ 72. entfallen (BGBl. I Nr. 232/2021, Art. 3 Z 6)

Übergangsrecht betreffend die autonome Entscheidung über die Erstellung einer vorwissenschaftlichen Arbeit[29]) an allgemein bildenden höheren Schulen

§ 72a. (1)[30]) Für Prüfungskandidatinnen und -kandidaten die an einer allgemein bildenden höheren Schule bis zum Ende des Schuljahres 2023/24 zumindest erstmalig zur abschließenden Prüfung zugelassen wurden, gelten die Bestimmungen über die abschließenden Prüfungen in der Fassung vor dem Bundesgesetzblatt BGBl. I Nr. 121/2024.

(2) Im Schuljahr 2024/25 können Studierende, die sich erstmals zur abschließenden Prüfung anmelden, bis zum 30. September 2024 der Schulleitung schriftlich bekannt geben,

1. anstelle der abschließenden Arbeit eine weitere schriftliche Klausurprüfung oder

[29]) Sollte richtig lauten: „Erstellung einer abschließenden Arbeit auf vorwissenschaftlichem Niveau".

[30]) Abs. 1 des § 72a gilt gemäß § 69 Abs. 23 Z 2 für abschließende Prüfungen mit Haupttermin ab 2026.

mündliche Teilprüfung ablegen zu wollen oder

2. im Einvernehmen mit der betreuenden Lehrperson ein bereits festgelegtes und genehmigtes Thema für die abschließende Arbeit durch eine forschende, gestalterische oder künstlerische Arbeit gemäß § 33 Abs. 3 Z 1 lit. b zu ersetzten.

(BGBl. I Nr. 121/2024, Art. 3 Z 11)

§ 72b. *entfallen (BGBl. I Nr. 121/2024, Art. 3 Z 12)*

1.3. Schulveranstaltungenverordnung – SchVV

BGBl. Nr. 498/1995
idF der Verordnungen
BGBl. II Nr. 90/2017 BGBl. II Nr. 127/2024

Inhaltsverzeichnis[1])

Verordnung des Bundesministers für Unterricht und kulturelle Angelegenheiten über Schulveranstaltungen (Schulveranstaltungenverordnung 1995 – SchVV)[2])

Auf Grund des § 13 des Schulunterrichtsgesetzes, BGBl. Nr. 472/1986, zuletzt geändert durch das Bundesgesetz BGBl. Nr. 468/1995, wird verordnet:

1. Abschnitt
Allgemeine Bestimmungen

Aufgabe von Schulveranstaltungen

§ 1. (1) Schulveranstaltungen sind schulautonom vorzubereiten und durchzuführen. Sie dienen der Ergänzung des lehrplanmäßigen Unterrichtes. Diese hat zu erfolgen durch:

1. unmittelbaren und anschaulichen Kontakt zum wirtschaftlichen, gesellschaftlichen und kulturellen Leben (zB Betriebserkundungen oder andere Begegnungen mit der Arbeitswelt, Wettbewerbe, Besuch von Museen, Besuch von politischen Einrichtungen, Besuch von Ausstellungen, Besuch von Bühnenaufführungen, Veranstaltungen zur Vermittlung einer praxisnahen Berufsorientierung, Kontakte mit ausländischen Partnern),
2. die Förderung der musischen Anlagen der Schüler (insbesondere musikalische Veranstaltungen) und
3. die körperliche Ertüchtigung der Schüler (die Förderung der Bewegungsfähigkeit und Bewegungsbereitschaft sowie die Verbesserung der motorischen Leistungsfähigkeit der Schüler zB durch Wanderungen, Sportwochen, Bewegungsangebote im Zusammenhang mit anderen Formen von Schulveranstaltungen).

Im Rahmen der Z 1 bis 3 sind gemeinschaftserzieherische Aufgaben wahrzunehmen. Weiters kann eine praktische Auseinandersetzung mit Bildungsgütern, die im Rahmen des lehrplanmäßigen Unterrichtes nicht oder nur unvollkommen nähergebracht werden können, sowie eine Vertiefung bestimmter Lehrplaninhalte erfolgen (zB Besuch von Schulungszentren, Sprachlabors, Bibliotheken). An den Bildungsanstalten für Elementarpädagogik und für Sozialpädagogik sind darüber hinaus didaktisch-methodische Kenntnisse zu vermitteln. *(BGBl. Nr. 498/1995 idF BGBl. II Nr. 90/2017, Art. 5 Z 1)*

(2) Als Schulveranstaltungen kommen insbesondere in Betracht:

1. Lehrausgänge,
2. Exkursionen,
3. Wandertage, Sporttage,
4. Berufspraktische Tage bzw. Berufspraktische Wochen,

[1]) Das Inhaltsverzeichnis ist von den Verordnungserlassungen nicht umfasst.

[2]) Siehe auch die RS 16/2014 und 17/2014 betreffend „Umgang mit Risiken und Gewährleistung von Sicherheit im Unterrichtsgegenstand Bewegung und Sport, bei bewegungserziehlichen Schulveranstaltungen und im Bereich der bewegungsorientierten Freizeitgestaltung ganztägiger Schulformen“ und „Richtlinien für die Durchführung von bewegungserziehlichen Schulveranstaltungen“ (beide RS Kodex 17. Auflage).

5. Sportwochen (zB Wintersportwochen, Sommersportwochen),
6. Projektwochen (zB Wien-Aktion, Musikwochen, Ökologiewochen, Intensivsprachwochen, Kreativwochen, Schüleraustausch, Fremdsprachenwochen, Abschlußlehrfahrten).

Planung von Schulveranstaltungen

§ **2.** (1) Bei der Planung von Schulveranstaltungen ist auf die Zielsetzungen des § 1 Abs. 1, auf die Sicherheit und die körperliche Leistungsfähigkeit der Schüler sowie auf die Zahl der für die Durchführung der Schulveranstaltungen zur Verfügung stehenden Lehrer und sonstigen Begleitpersonen sowie auf die finanzielle Leistungsfähigkeit der Schüler (Unterhaltspflichtigen) Bedacht zu nehmen.

(2) Schulveranstaltungen dürfen nicht durchgeführt werden, wenn
1. sie nicht der Ergänzung des lehrplanmäßigen Unterrichtes dienen,
2. sie die Erfüllung des Lehrplanes beeinträchtigen,
3. für die an der Veranstaltung nicht teilnehmenden Schüler kein Unterricht angeboten werden kann,
4. die durch die Veranstaltung erwachsenden Kosten nicht dem Grundsatz der Sparsamkeit und Angemessenheit entsprechen,
5. der ordnungsgemäße Ablauf der Veranstaltung nicht gegeben erscheint, insbesondere bei Gefährdung der körperlichen Sicherheit oder der Sittlichkeit der Schüler, oder
6. eine ausreichende finanzielle Bedeckung nicht gegeben ist.

(3) Der Schulleiter hat einen fachlich geeigneten Lehrer der betreffenden Schule mit der Leitung der Schulveranstaltung zu beauftragen[3])[4]). Dem Leiter einer Schulveranstaltung obliegen insbesondere die Vorbereitung, Durchführung und Auswertung der Veranstaltung, ihre Koordination im Rahmen der Schule und die Kontakte mit außerschulischen Stellen.

(4) Der Schulleiter hat weiters neben dem Leiter der Veranstaltung (Abs. 3) in Absprache mit diesem anstaltseigene geeignete Lehrer oder andere geeignete Personen als Begleitpersonen in folgender Anzahl festzulegen:
1. bei Schulveranstaltungen in der Dauer von bis zu einem Tag bis zur 4. Schulstufe eine Begleitperson bei mehr als 15 teilnehmenden Schülern und
2. bei Schulveranstaltungen in der Dauer von bis zu einem Tag ab der 5. Schulstufe und bei mehrtägigen Schulveranstaltungen
   a) mit überwiegend leibeserziehlichen Inhalten je eine Begleitperson ab 12 bis 16 teilnehmenden Schülern und für je weitere 12 bis 16 teilnehmende Schüler,
   b) mit überwiegend projektbezogenen Inhalten je eine Begleitperson ab 17 bis 22 teilnehmenden Schülern und für je weitere 17 bis 22 teilnehmende Schüler und
   c) mit überwiegend sprachlichen Schwerpunkten je eine Begleitperson ab 23 bis 27 teilnehmenden Schülern und für je weitere 23 bis 27 teilnehmende Schüler.

Bei Veranstaltungen bis zu einem Tag kann der Schulleiter, bei mehrtägigen Veranstaltungen das Klassen- oder Schulforum bzw. der Schulgemeinschaftsausschuß (§ 63a und § 64 des Schulunterrichtsgesetzes, BGBl. Nr. 472/1986) abweichende Festlegungen treffen. *(BGBl. Nr. 498/1995 idF BGBl. II Nr. 90/2017, Art. 5 Z 2)*

(5) Die Festlegung der Zahl der Begleitpersonen gemäß Abs. 4 Z 2 lit. a bis c sowie eine von Abs. 4 Z 1 und 2 abweichende Festlegung der Zahl der Begleitpersonen gemäß Abs. 4 letzter Satz hat vorwiegend im Hinblick auf die Gewährleistung der Sicherheit der Schüler sowie auf den pädagogischen Ertrag der Veranstaltung zu erfolgen, wobei auf
1. die Schulstufe und die Schulart,
2. die Zusammensetzung der Klasse (zB Integrationsklasse) und die Reife der Schüler sowie
3. die Art und den Inhalt der Veranstaltung

Bedacht zu nehmen ist. Weiters sind die Grundsätze der Sparsamkeit, der Wirtschaftlichkeit und der Zweckmäßigkeit zu beachten.

(6) Die Leistung Erster Hilfe muß gewährleistet sein.

---

[3]) § 2 der Nebenleistungsverordnung, BGBl. II Nr. 481/2004 idgF lautet:

„§ **2.** Die Leitung einer mehrtägigen Schulveranstaltung mit einer mindestens viertägigen Dauer und Nächtigung ist im Ausmaß von 4,33 Stunden der Lehrverpflichtungsgruppe III für die Woche, in der die jeweilige Schulveranstaltung endet, in die Lehrverpflichtung einzurechnen."

[4]) Für die Leitung von Schulveranstaltungen an allgemein bildenden Pflichtschulen wurde mit der Verwaltungsverordnung der Bundesministerin für Unterricht, Kunst und Kultur vom 23. September 2008, Zl. BMUKK-722/0049-III/8a/2008, RS Nr. 23/2008, folgende Regelung getroffen:

„Für Lehrerinnen und Lehrer an allgemein bildenden Pflichtschulen ist für die Leitung einer mindestens viertägigen Schulveranstaltung eine Belohnung in der Höhe von € 185,– vorgesehen."

Kostenbeiträge

§ 3. (1) Kostenbeiträge dürfen nur für Fahrt (einschließlich Aufstiegshilfen), Nächtigung, Verpflegung, Eintritte, Kurse, Vorträge, Arbeitsmaterialien, die leihweise Überlassung von Gegenständen, Kosten im Zusammenhang mit der Erkrankung eines Schülers sowie für Versicherungen eingehoben werden.

(2) Die durch eine Schulveranstaltung den Erziehungsberechtigten voraussichtlich erwachsenden Kosten sind diesen unter Bedachtnahme auf gewährte oder mögliche Unterstützungsbeiträge rechtzeitig bekanntzugeben. Über die von den Erziehungsberechtigten zu tragenden Kosten für mehrtägige Veranstaltungen entscheidet das Klassen- oder Schulforum bzw. der Schulgemeinschaftsausschuß.

(3) Vereinbarungen zB mit Beherbergungsbetrieben oder Transportunternehmen sollen die Bezeichnung der Schulveranstaltung und ihre konkrete Zielsetzung sowie Regelungen für den Rücktrittsfall enthalten.

Arten der Schulveranstaltungen

§ 4. Schulveranstaltungen sind:

1. Veranstaltungen bis zu einem Tag und
2. mehrtägige Veranstaltungen.

2. Abschnitt
Veranstaltungen bis zu einem Tag

Dauer und Ausmaß

§ 5. (1) Veranstaltungen bis zu einem Tag dauern jeweils entweder bis zu fünf Stunden oder höchstens einen Tag. Sie dürfen höchstens in folgendem Ausmaß durchgeführt werden:

Schulstufe/Schulart	Ausmaß (bis zu 5 Stunden)	Ausmaß (mehr als 5 Stunden)
Vorschulstufe, 1. und 2. Schulstufe	in dem unter Bedachtnahme auf die Anforderungen des Lehrplanes erforderlichen Ausmaß	–
3. und 4. Schulstufe	je Schulstufe 13	–
5. bis 8. Schulstufe	je Schulstufe 9	je Schulstufe 2
Polytechnischer Lehrgang	10	4
Berufsschule	je Schulstufe 6	je Schulstufe 2
ab der 9. Schulstufe (außer Polytechnischer Lehrgang und Berufsschule)	je Schulstufe 9	je Schulstufe 4

(2) Abweichend von Abs. 1 darf in der 3. und in der 4. Schulstufe und in der Berufsschule jeweils höchstens eine bis zu fünf Stunden dauernde Veranstaltung länger als fünf Stunden dauern, wenn aus regionalen Gründen und im Hinblick auf die Aufgabenstellung der Veranstaltung sowie in bezug auf den Lehrplan mit der Dauer von fünf Stunden das Auslangen nicht gefunden werden kann.

(3) Wenn mit dem gemäß Abs. 1 zur Verfügung stehenden Ausmaß nicht das Auslangen gefunden wird, können solche Veranstaltungen im Rahmen des gemäß § 8 für mehrtägige Schulveranstaltungen zur Verfügung stehenden und noch nicht konsumierten Ausmaßes durchgeführt werden.

Entscheidung über die Durchführung

§ 6. Ziel, Inhalt und Dauer von Veranstaltungen bis zu einem Tag sind vom Schulleiter oder den von ihm bestimmten Lehrern festzulegen. Auf das Recht des Klassen- oder Schulforums bzw. des Schulgemeinschaftsausschusses (§ 63a Abs. 2 Z 2 lit. c und § 64 Abs. 2 Z 2 lit. c des Schulunterrichtsgesetzes) sowie der Schüler (§§ 57a und 58 des Schulunterrichtsgesetzes) ist Bedacht zu nehmen.

Richtlinien für die Durchführung[5])

§ 7. (1) Die Schüler und die Erziehungsberechtigten sind rechtzeitig vor Beginn der Veranstaltung über die näheren Umstände zu informieren (zB konkrete Dauer, allfälliger Treffpunkt außerhalb der Schule, Fahrpläne,

[5]) Siehe auch RS Nr. 17/2014 betreffend Richtlinien für die Durchführung von bewegungserziehlichen Schulveranstaltungen (Kodex 17. Auflage).

Ausrüstungsgegenstände, Bekleidung, finanzielles Erfordernis).

(2) Auf die Gewährleistung der Sicherheit der Schüler ist besonders zu achten. Ein sicherheitsorientiertes Verhalten der Schüler ist anzustreben.

(3) Die Schüler sind auf relevante Rechtsvorschriften wie zB Schulunterrichtsrecht, Jugendschutz, Straßenverkehrsordnung, Bestimmungen des Arbeitnehmerschutzes und arbeitshygienische Vorschriften hinzuweisen. Auf die Einhaltung dieser relevanten Rechtsvorschriften ist zu achten.

3. Abschnitt

Mehrtägige Veranstaltungen

Ausmaß

§ 8. (1) Mehrtägige Veranstaltungen dürfen höchstens in folgendem Ausmaß durchgeführt werden:

Schulstufe/Schulart	**Ausmaß in Kalendertagen**
Vorschulstufe, 1. und 2. Schulstufe	–
3. und 4. Schulstufe	insgesamt 7
5. bis 8. Schulstufe	insgesamt 28 (an Schulen unter besonderer Berücksichtigung der musischen oder der sportlichen Ausbildung insgesamt 35, davon mindestens 7 Tage mit Schwerpunktbezug)
Polytechnischer Lehrgang	12
Berufsschule	insgesamt 3
ab der 9. Schulstufe (außer Polytechnischer Lehrgang und Berufsschule)	je Schulstufe 6 (an Schulen unter besonderer Berücksichtigung der musischen oder der sportlichen Ausbildung zusätzlich 6 mit Schwerpunktbezug), wobei eine Zusammenfassung unter Anrechnung auf das Gesamtausmaß zulässig ist

Von den mehrtägigen Schulveranstaltungen ist im Zeitraum der 5. bis 8. Schulstufe sowie im Zeitraum ab der 9. Schulstufe jeweils mindestens eine Veranstaltung bewegungsorientiert durchzuführen. Wenn bei gemeinsamem Angebot (Unterricht) von Schulstufen oder zumindest zeitweise schulstufenübergreifendem Unterricht Schülerinnen oder Schüler der 3. oder 4. Schulstufe einer Klasse oder Gruppe angehören, so dürfen alle Schülerinnen und Schüler dieser Klasse oder Gruppe an mehrtägigen Schulveranstaltungen der Schülerinnen und Schüler der 3. bzw. 4. Schulstufe teilnehmen. *(BGBl. Nr. 498/1995 idF BGBl. II Nr. 127/2024, Z 1)*

(2) Sofern für die Durchführung von Auslandsveranstaltungen mit dem auf Grund des Abs. 1 zur Verfügung stehendem Ausmaß nicht das Auslangen gefunden wird, kann die zuständige Schulbehörde im Rahmen der zur Verfügung stehenden finanziellen und personellen Möglichkeiten ab der 9. Schulstufe (außer Polytechnischer Lehrgang) insgesamt bis zu 15 Kalendertage zusätzlich bewilligen. *(BGBl. Nr. 498/1995 idF BGBl. II Nr. 90/2017, Art. 5 Z 3)*

Entscheidung über die Durchführung

§ 9. (1) Über Ziel, Inhalt, Dauer und allenfalls erforderliche Durchführungsbestimmungen von mehrtägigen Veranstaltungen gemäß § 4 Z 2 entscheidet das Klassen- oder Schulforum bzw. der Schulgemeinschaftsausschuß gemäß § 63a und § 64 des Schulunterrichtsgesetzes.

(2) Die Einbeziehung einer Klasse in eine mehrtägige Veranstaltung setzt die Teilnahme von zumindest 70% der Schüler der Klasse voraus. Sofern sich die Schulveranstaltung hauptsächlich auf Unterrichtsgegenstände bezieht, die in Schülergruppen unterrichtet werden, setzt die Einbeziehung einer Schülergruppe in eine mehrtägige Veranstaltung die Teilnahme von zumindest 70% der Schüler dieser Gruppe voraus. Mit Bewilligung der zuständigen Schulbehörde kann die Prozentzahl unterschritten werden, sofern wegen der gerechtfertigten Nichtteilnahme von Schülern die Durchführung der Veranstaltung nicht gewährleistet ist und kein Mehraufwand verursacht wird. *(BGBl. Nr. 498/1995 idF BGBl. II Nr. 90/2017, Art. 5 Z 4)*

Richtlinien für die Durchführung[6])

§ 10. (1) Die Schüler und die Erziehungsberechtigten sind rechtzeitig vor Beginn der Veranstaltung über die näheren Umstände zu informieren (zB konkrete Dauer, Adresse der Unterkunft, Fahrpläne, Ausrüstungsgegenstände, Bekleidung, finanzielles Erfordernis). Die Schüler sind weiters mit den Informationen über das Reiseziel vertraut zu machen.

(2) Bei der Auswahl der Unterkünfte sind das Vorhandensein geeigneter Aufenthaltsräume sowie ausreichender sanitärer Anlagen zu beachten. Die gleichzeitige Unterbringung von Schülerinnen und Schülern in einer Unterkunft ist nur dann zulässig, wenn für die Nächtigung eine räumliche Trennung (einschließlich der sanitären Anlagen) nach Geschlechtern gewährleistet ist. Bei Gemeinschaftsunterkünften ist eine gesonderte Unterbringung ohne Möglichkeit der Aufsichtsführung durch Lehrer oder Begleitpersonen nicht zulässig.

(3) Auf die Gewährleistung der Sicherheit der Schüler ist besonders zu achten. Ein sicherheitsorientiertes Verhalten der Schüler ist anzustreben. Auf spezielle Gewohnheiten, Gebräuche und Gefahren, die mit dem Besuch eines auswärtigen Reisezieles verbunden sind, ist hinzuweisen.

(4) Die Schüler sind auf relevante Rechtsvorschriften wie zB Schulunterrichtsrecht, Jugendschutz, Straßenverkehrsordnung, Bestimmungen des Arbeitnehmerschutzes und arbeitshygienische Vorschriften hinzuweisen. Auf die Einhaltung dieser relevanten Rechtsvorschriften ist zu achten.

(5) Stört ein Schüler den geordneten Ablauf einer Schulveranstaltung in schwerwiegender Weise oder wird durch sein Verhalten die eigene oder die körperliche Sicherheit der anderen Teilnehmer gefährdet, so kann der Leiter der Schulveranstaltung den Schüler von der weiteren Teilnahme an der Schulveranstaltung ausschließen. In diesem Fall sind der Schulleiter und die Erziehungsberechtigten des betreffenden Schülers unverzüglich in Kenntnis zu setzen. Die Erziehungsberechtigten sind vor der Durchführung einer mehrtägigen Schulveranstaltung verpflichtet, eine Erklärung darüber abzugeben, ob sie im Falle des Ausschlusses ihres Kindes mit dessen Heimfahrt ohne Begleitung einverstanden sind, oder für eine Beaufsichtigung während der Heimfahrt Sorge tragen werden.

4. Abschnitt
Schlußbestimmungen

Übergangsbestimmung

§ 11. Bereits für das Schuljahr 1995/96 festgelegte Schulveranstaltungen dürfen auch dann durchgeführt werden, wenn diese die in den §§ 5 und 8 vorgesehenen Ausmaße überschreiten und die finanzielle Bedeckung gegeben ist.

Verweise

§ 11a. Soweit in dieser Verordnung auf Bundesgesetze verwiesen wird, sind diese in der mit dem Inkrafttreten der jeweils letzten Novelle dieser Verordnung geltenden Fassung anzuwenden.

(BGBl. II Nr. 90/2017, Art. 5 Z 5)

Inkrafttreten

§ 12. (1) Diese Verordnung tritt mit 1. September 1995 in Kraft. *(BGBl. Nr. 498/1995 idF BGBl. II Nr. 90/2017, Art. 5 Z 6)*

(2) § 1 Abs. 1, § 2 Abs. 4, § 8 Abs. 2, § 9 Abs. 2, § 11a samt Überschrift und § 12 Abs. 1 in der Fassung der Verordnung BGBl. II Nr. 90/2017 treten mit Ablauf des Tages der Kundmachung im Bundesgesetzblatt in Kraft.[7]) *(BGBl. II Nr. 90/2017, Art. 5 Z 7)*

(3) § 8 Abs. 1 in der Fassung der Verordnung BGBl. II Nr. 127/2024 tritt mit dem Anlauf des Tages der Kundmachung in Kraft.[8]) *(BGBl. II Nr. 127/2024, Z 2)*

Außerkrafttreten

§ 13. Mit dem Inkrafttreten dieser Verordnung treten die Verordnung BGBl. Nr. 397/1990, in der Fassung der Verordnung BGBl. Nr. 137/1991, sowie die Anlagen zu dieser Verordnung außer Kraft.

---

[6]) Siehe auch RS Nr. 17/2014 betreffend Richtlinien für die Durchführung von bewegungserziehlichen Schulveranstaltungen (Kodex 17. Auflage).

[7]) Die Kundmachung im Bundesgesetzblatt erfolgte am 31. März 2017.

[8]) Die Kundmachung im Bundesgesetzblatt erfolgte am 21. Mai 2024.

1.4. Verordnung über Bildungsstandards im Schulwesen

BGBl. II Nr. 1/2009

idF der Verordnungen

BGBl. II Nr. 282/2011 BGBl. II Nr. 185/2012
BGBl. II Nr. 548/2020 BGBl. II Nr. 262/2023

Verordnung des Bundesministers für Bildung, Wissenschaft und Forschung über Bildungsstandards im Schulwesen (Bildungsstandardsverordnung – BiStV)
(BGBl. II Nr. 262/2023, Art. 1 Z 1)

Auf Grund des § 17 Abs. 1a des Schulunterrichtsgesetzes, BGBl. Nr. 472/1986, zuletzt geändert durch das Bundesgesetz BGBl. I Nr. 117/2008, wird verordnet:

Geltungsbereich

§ 1. (1) Diese Verordnung legt in der **Anlage** für die nachstehend genannten Pflichtgegenstände Bildungsstandards für die 4. Schulstufe der Volksschule sowie für die 8. Schulstufe der Volksschuloberstufe, der Mittelschule und der allgemeinbildenden höheren Schule fest:

1. Volksschule, 4. Schulstufe: Deutsch, Mathematik; *(BGBl. II Nr. 548/2020, Z 1 idF BGBl. II Nr. 262/2023, Art. 1 Z 2)*
2. Volksschuloberstufe, Mittelschule und allgemeinbildende höhere Schule, jeweils 8. Schulstufe: Deutsch, Englisch als erste lebende Fremdsprache, Mathematik. *(BGBl. II Nr. 548/2020, Z 1 idF BGBl. II Nr. 262/2023, Art. 1 Z 3)*

(2) Die Erreichung von Bildungsstandards wird im Rahmen von Kompetenzerhebungen gemäß § 17 Abs. 1a des Schulunterrichtsgesetzes – SchUG, BGBl. Nr. 472/1986, überprüft, wobei verpflichtende und ergänzende Kompetenzerhebungen vorgesehen sind. Verpflichtende periodische Kompetenzerhebungen (Basis- und Zyklusmodule gemäß § 2 Z 7 und 8) und verpflichtende bedarfsorientierte Kompetenzerhebungen (Fokusmodul gemäß § 2 Z 9) sind an öffentlichen und mit dem Öffentlichkeitsrecht ausgestatteten Schulen durchzuführen, Basis- und Zyklusmodule regelmäßig und österreichweit, das Fokusmodul nur mit jenen Schülerinnen und Schülern, die einen bestimmten Leistungsstand nicht erreichen. Ergänzende Kompetenzerhebungen können bei Bedarf zusätzlich zu jenen Gegenständen der Basis-, Zyklus- und Fokusmodule in den Gegenständen Biologie, Physik und Chemie auf Grundlage der in den Lehrplänen jeweils formulierten Kompetenzen, sowie auf der 5. und 9. Schulstufe durchgeführt werden, allenfalls auch nur mit einem Teil der Schülerinnen und Schüler einer Klasse bzw. Unterrichtsgruppe. § 5 gilt sinngemäß. *(BGBl. II Nr. 548/2020, Z 1 idF BGBl. II Nr. 262/2023, Art. 1 Z 4)*

(3) Folgende Schülerinnen und Schüler sind von der verpflichtenden Teilnahme an Basis- und Zyklusmodulen sowie am Fokusmodul ausgenommen:

1. Schülerinnen und Schüler mit einer körperlichen, psychischen oder geistigen Behinderung, einer Sinnesbehinderung oder einem sonderpädagogischen Förderbedarf, sofern sie
   a) in der 3. oder 4. oder 7. oder 8. Schulstufe nach dem Lehrplan der Sonderschule oder nach dem Lehrplan einer niedrigeren Schulstufe unterrichtet wurden oder
   b) selbst mit allenfalls im Unterricht zur Verfügung stehenden Unterrichts- oder Hilfsmitteln unter den vorgegebenen Testbedingungen die gestellten Aufgaben nach Einschätzung der zuständigen Lehrperson voraussichtlich nicht bearbeiten können;
2. außerordentliche Schülerinnen und Schüler gemäß § 4 SchUG.

Eine Teilnahme der in Z 1 und 2 erwähnten Schülerinnen und Schüler an Basis- und Zyklusmodulen sowie am Fokusmodul ist im Ermessen der jeweiligen Lehrperson zum Zweck der Förderung (§ 3 Abs. 3) zulässig, jedoch mit der Einschränkung, dass hinsichtlich der Basis- und Zyklusmodule § 6 Abs. 2 Z 1 lit. b bis d (Klassen- und Schulergebnisberichte und Nutzungs- und Ergebnisübersichten) sowie § 6 Abs. 2 Z 2 (aggregierte Ergebnisberichte) keine Anwendung finden. Die Rückmeldung zu den Ergebnissen des Fokusmoduls hat gemäß § 6 Abs. 2 Z 3 zu erfolgen. *(BGBl. II Nr. 548/2020, Z 1 idF BGBl. II Nr. 262/2023, Art. 1 Z 4)*

(4) Eine Teilnahme der in Abs. 3 Z 1 und 2 erwähnten Schülerinnen und Schüler an ergänzenden Modulen ist im Ermessen der jeweiligen Lehrperson zum Zweck der Förderung (§ 3 Abs. 3) zulässig. *(BGBl. II Nr. 548/2020, Z 1 idF BGBl. II Nr. 262/2023, Art. 1 Z 4)*

(5) Schülerinnen und Schüler, deren erste lebende Fremdsprache nicht Englisch ist, sind zur Teilnahme an den Basis- und Zyklusmodulen in Englisch nicht verpflichtet. Der vorletzte Satz des Abs. 3 gilt sinngemäß. *(BGBl. II Nr. 548/2020, Z 1 idF BGBl. II Nr. 262/2023, Art. 1 Z 4)*

(BGBl. II Nr. 548/2020, Z 1)

Begriffsbestimmungen

§ **2.** Im Sinne dieser Verordnung sind

1. „Bildungsstandards" konkret formulierte Lernergebnisse in den einzelnen oder den in fachlichem Zusammenhang stehenden Pflichtgegenständen, die sich aus den Lehrplänen der in § 1 genannten Schularten und Schulstufen ableiten lassen. Diese Lernergebnisse basieren auf grundlegenden Kompetenzen, über die die Schülerinnen und Schüler bis zum Ende der jeweiligen Schulstufe in der Regel verfügen sollen;
2. „Kompetenzen" längerfristig verfügbare kognitive Fähigkeiten und Fertigkeiten, die von Lernenden entwickelt werden und die sie befähigen, Aufgaben in variablen Situationen erfolgreich und verantwortungsbewusst zu lösen und die damit verbundene motivationale und soziale Bereitschaft zu zeigen;
3. „grundlegende Kompetenzen" solche, die wesentliche inhaltliche Bereiche eines Gegenstandes abdecken und somit für den Aufbau von Kompetenzen, deren nachhaltiger Erwerb für die weitere schulische und berufliche Bildung von zentraler Bedeutung ist, maßgeblich sind;
4. „Kompetenzmodelle" prozessorientierte Modellvorstellungen über den Erwerb von fachbezogenen oder fächerübergreifenden Kompetenzen. Sie strukturieren Bildungsstandards innerhalb eines Unterrichtsgegenstandes und stützen sich dabei auf fachdidaktische sowie fachsystematische Gesichtspunkte;
5. „Kompetenzbereiche" fertigkeitsbezogene Teilbereiche des Kompetenzmodells; *(BGBl. II Nr. 1/2009 idF BGBl. II Nr. 262/2023, Art. 1 Z 5)*
6. „Kompetenzerhebungen" gemäß § 4 des IQS-Gesetzes – IQS-G, BGBl. I Nr. 50/2019, und § 17 Abs. 1a SchUG standardisierte Testverfahren zur Überprüfung der durch die Bildungsstandards oder durch Lehrpläne formulierten Kompetenzen. Sie erfolgen entweder verpflichtend (Basis-, Zyklusmodule und Fokusmodul) oder ergänzend (ergänzende Module), wobei die betroffenen Schülerinnen und Schüler jedenfalls mitzuwirken haben. Ziel ist die Feststellung des Lernstandes im Verhältnis zu den definierten Lernzielen zum Zweck der Förderplanung, der Förderung, der Unterrichtsplanung und der Qualitätsentwicklung im österreichischen Schulwesen; *(BGBl. II Nr. 262/2023, Art. 1 Z 5)*
7. „Basismodule" jährlich periodische verpflichtende Kompetenzerhebungen in Deutsch (Lesen) und Mathematik auf der 3. und 4. Schulstufe sowie in Deutsch (Lesen), Mathematik und Englisch (Rezeptive Fertigkeiten) auf der 7. und 8. Schulstufe; *(BGBl. II Nr. 262/2023, Art. 1 Z 5)*
8. „Zyklusmodule" dreijährlich periodische verpflichtende Kompetenzerhebungen in Deutsch (Zuhören, Verfassen von Texten [Textproduktion]) auf der 4. Schulstufe sowie in Deutsch (Zuhören, Schreiben) und Englisch (Schreiben) auf der 8. Schulstufe; *(BGBl. II Nr. 262/2023, Art. 1 Z 5)*
9. „Fokusmodul" bedarfsorientierte verpflichtende Kompetenzerhebung in Deutsch (Lesen leicht) mit Schwerpunkt Lesefertigkeiten auf der 3., 4., 7. und 8. Schulstufe nur für jene Schülerinnen und Schüler, die im Basismodul Deutsch (Lesen) den vom IQS festgelegten Schwellenwert nicht erreichen; *(BGBl. II Nr. 262/2023, Art. 1 Z 5)*
10. „ergänzende Module" Kompetenzerhebungen, die zum Zweck der Förderung und der Unterrichtsentwicklung bei Bedarf im Ermessen der Lehrperson bzw. auf Anordnung der Schulleitung im Rahmen der Unterrichtsarbeit in Deutsch, Mathematik, Englisch sowie in naturwissenschaftlichen Gegenständen auf der 3. bis 5. und auf der 7. bis 9. Schulstufe durchgeführt werden können. *(BGBl. II Nr. 262/2023, Art. 1 Z 5)*

(BGBl. II Nr. 1/2009)

Funktionen der Bildungsstandards

§ **3.** (1) Bildungsstandards sollen Aufschlüsse über den Erfolg des Unterrichts und über Entwicklungspotentiale des österreichischen Schulwesens liefern. Darüber hinaus sollen sie

1. eine nachhaltige Ergebnisorientierung in der Planung und Durchführung von Unterricht bewirken,
2. durch konkrete Vergleichsmaßstäbe die bestmögliche Diagnostik als Grundlage für individuelle Förderung sicher stellen und
3. wesentlich zur Qualitätsentwicklung in der Schule beitragen.

(2) Zum Zweck der nachhaltigen Ergebnisorientierung in der Planung und Durchführung von Unterricht haben die Lehrpersonen den systematischen Aufbau der zu vermittelnden Kompetenzen und die auf diese bezogenen Bildungsstandards bei der Planung und Gestaltung ihrer Unterrichtsarbeit zu berücksichtigen (Orientierungsfunktion gemäß Abs. 1 Z 1). *(BGBl. II Nr. 1/2009 idF BGBl. II Nr. 262/2023, Art. 1 Z 6)*

(3) Die Leistungen der Schülerinnen und Schüler sind in allen Schulstufen unter Zugrundelegung der Bildungsstandards für die 4. bzw. für die 8. Schulstufe besonders zu beobachten und zu analysieren. Auf der Basis des Vergleiches von zu erlangenden und individuell erworbenen Kompetenzen ist eine bestmögliche individuelle Förderung der Schülerinnen und Schüler sicherzustellen (Förderungsfunktion gemäß Abs. 1 Z 2). Eine gemeinsame Reflexion der Ergebnisse der Kompetenzerhebungen im Rahmen gemäß Schulunterrichtsgesetz bestehender Gesprächsformate unter Einbindung der Schülerinnen und Schüler sowie Erziehungsberechtigten ist vorzusehen. *(BGBl. II Nr. 548/2020, Z 3 idF BGBl. II Nr. 262/2023, Art. 1 Z 7)*

(4) Die basierend auf den Ergebnissen der Kompetenzerhebungen gesetzten Maßnahmen der Qualitätsentwicklung sind zu dokumentieren und periodisch zu evaluieren (Evaluationsfunktion gemäß Abs. 1 Z 3). *(BGBl. II Nr. 548/2020, Z 3 idF BGBl. II Nr. 262/2023, Art. 1 Z 8)*

(BGBl. II Nr. 1/2009)

Kompetenzerhebungen[1])

§ 4. Kompetenzerhebungen dienen der objektiven Feststellung des Lernniveaus im Verhältnis zu angestrebten Lernergebnissen zum Zweck der Unterrichtsentwicklung sowie der Förderplanung und Förderung, hinsichtlich der Basis- und Zyklusmodule auch zum Zweck der Rückmeldung des Leistungsstandes an das Bildungssystem (Bildungsmonitoring). Kompetenzerhebungen gemäß § 17 Abs. 1a Z 1 SchUG sind Informationsfeststellungen. Die Bestimmungen über die Leistungsfeststellungen und -beurteilungen sowie über die Aufnahme an einer Schule bleiben von den Bestimmungen zu Kompetenzerhebungen unberührt.

(BGBl. II Nr. 262/2023, Art. 1 Z 9)

Aufgabenstellungen der Kompetenzerhebungen

§ 5. (1) Bei den Kompetenzerhebungen ist durch validierte Aufgabenstellungen der Grad der Kompetenzerreichung durch die Schülerinnen und Schüler festzustellen. Die gestellten Aufgaben müssen sich aus den Bildungsstandards und aus den Lehrplänen der jeweiligen Schulstufe ableiten lassen. Sie sind so zu wählen, dass die individuellen Testergebnisse, nachdem sie zu den Bildungsstandards in Relation gesetzt wurden, Aufschluss über den nachhaltigen Erwerb von Kompetenzen ermöglichen.

(2) Als Verfahren der Kompetenzerhebung kommen

1. Tests mit schriftlich zu lösenden Aufgaben in den sprachlichen und mathematischen Gegenständen sowie bei ergänzenden Modulen auch in den naturwissenschaftlichen Gegenständen und *(BGBl. II Nr. 548/2020, Z 4 idF BGBl. II Nr. 262/2023, Art. 1 Z 10)*
2. Befragungen mit mündlich zu lösenden Aufgaben in den sprachlichen Gegenständen

in Betracht.

(BGBl. II Nr. 548/2020, Z 4)

Auswertungen der Kompetenzerhebungen[2])

§ 6. (1) Die Auswertungen der Kompetenzerhebungen und deren Rückmeldungen haben so zu erfolgen, dass sie für Zwecke der individuellen Förderplanung und Unterrichtsentwicklung und hinsichtlich der Basis- und Zyklusmodule darüber hinaus für Zwecke der standortbezogenen, regionalen und bundesweiten Qualitätsentwicklung herangezogen werden können.

---

[1]) Die Neufassung dieser Bestimmung durch die Verordnung BGBl. II Nr. 262/2023 lässt die Paragraphenüberschrift unberührt.

[2]) Die Neufassung dieser Bestimmung durch die Verordnung BGBl. II Nr. 262/2023 lässt die Paragraphenüberschrift unberührt.

(2) Die Rückmeldungen haben

1. für die Basismodule jährlich und für die Zyklusmodule alle drei Jahre in Form von
   a) Schülerinnen- und Schülerergebnisberichten zur Einsicht und Verwendung durch die Schülerin oder den Schüler und ihre oder seine Erziehungsberechtigten mit Ausnahme der Erhebungen zu produktiven Fertigkeiten sowie durch die zuständigen Lehrpersonen und die Schulleitung für einen Zeitraum von 24 Monaten,
   b) Klassenergebnisberichten zur Einsicht und Verwendung durch die zuständigen Lehrpersonen und die Schulleitung,
   c) Schulergebnisberichten zur Einsicht und Verwendung durch die Schulleitung,
   d) Nutzungs- und Ergebnisübersichten auf Schulebene zur Einsicht und Verwendung durch die Schulaufsicht für alle Schulen im Aufsichtsbereich, die Bildungsregion, die Bildungsdirektion und die zuständige Bundesministerin oder den zuständigen Bundesminister;
2. für die Basis- und Zyklusmodule alle drei Jahre in Form von aggregierten Ergebnisberichten für die Ebenen der Schulleitung, der Bildungsregion, der Bildungsdirektion und der zuständigen Bundesministerin bzw. des zuständigen Bundesministers und
3. für die Erhebungen der produktiven Fertigkeiten der Zyklusmodule, für das Fokusmodul sowie für die ergänzenden Module in Form von Schülerinnen- und Schülerberichten zur Einsicht und Verwendung durch die zuständigen Lehrpersonen und zur Information der Schülerinnen und Schüler der betreffenden Schule und deren Erziehungsberechtigten

zu erfolgen.

(3) Die Ergebnisberichte gemäß Abs. 2 Z 2 haben die Ergebnisse aus drei Erhebungsjahren zusammenzufassen und die Ergebnisse auf Standortebene in den Kontext von aufgrund der sozioökonomischen Rahmenbedingungen erwartbaren Ergebnissen zu setzen. Das Schulforum bzw. der Schulgemeinschaftsausschuss kann bei der Schulleitung die Ergebnisberichte auf Standortebene einsehen.

(BGBl. II Nr. 262/2023, Art. 1 Z 11)

In-Kraft-Treten

§ 7. (1) Diese Verordnung tritt mit 1. Jänner 2009 in Kraft. *(BGBl. II Nr. 1/2009 idF BGBl. II Nr. 282/2011, Z 3 und 4 und BGBl. II Nr. 548/2020, Z 4)*

(2) § 1, die Paragraphenbezeichnung des § 5, die Absatzbezeichnung des § 5 Abs. 1 und die Anlage in der Fassung der Verordnung BGBl. II Nr. 282/2011 treten mit 1. September 2011 in Kraft. *(BGBl. II Nr. 282/2011, Z 4)*

(3) § 1 Abs. 1, § 1 Abs. 1 Z 2 sowie die Überschrift zum 2. Teil der Anlage dieser Verordnung in der Fassung der Verordnung BGBl. II Nr. 185/2012 treten mit 1. September 2012 in Kraft. *(BGBl. II Nr. 185/2012, Art. 10 Z 3)*

(4) Für das Inkrafttreten der durch die Verordnung, BGBl. II Nr. 548/2020, geänderten oder eingefügten Bestimmungen sowie für den Übergang zur neuen Rechtslage gilt Folgendes:

1. § 1 samt Überschrift, § 2 Z 6, § 3 Abs. 3 und 4, die §§ 4 bis 6 jeweils samt Überschrift, § 7 sowie der Titel des 2. Teiles in Anlage 1 treten mit Ablauf des Tages der Kundmachung im Bundesgesetzblatt in Kraft.[3])
2. Nationale Kompetenzerhebungen sind für die 3. Schulstufe ab dem Schuljahr 2020/21, für die 7. Schulstufe ab dem Schuljahr 2021/22, für die 4. Schulstufe ab dem Schuljahr 2022/23, für die 8. Schulstufe ab dem Schuljahr 2023/24 jährlich durchzuführen.

(BGBl. II Nr. 548/2020, Z 5)

(5) Für das Inkrafttreten der durch die Verordnung BGBl. II Nr. 262/2023 geänderten oder eingefügten Bestimmungen und das Außerkrafttreten der durch diese Verordnung entfallenen Bestimmungen sowie für den Übergang zur neuen Rechtslage gilt Folgendes:

1. der Titel, § 1 Abs. 1 Z 2, § 1 Abs. 2 bis 5, § 2 Z 5 bis 10, § 3 Abs. 2 bis 4, § 4, § 5 Abs. 2 Z 1 sowie § 6 treten mit Ablauf des Tages der Kundmachung im Bundesgesetzblatt in Kraft[4]) und finden nach Maßgabe der Z 3 bis 6 Anwendung;
2. § 1 Abs. 1 Z 1 sowie die Änderung der **Anlage** treten mit Ablauf des Tages der Kundmachung im Bundesgesetzblatt in Kraft und finden ab dem Schuljahr 2023/24 Anwendung;
3. Abs. 4 Z 2 findet mit der Maßgabe Anwendung, dass unter „nationale Kompetenzerhebungen“ Basismodule zu verstehen sind;
4. Zyklusmodule sind für die 4. Schulstufe ab dem Schuljahr 2023/24 und für die 8. Schulstufe ab dem Schuljahr 2024/25 durchzuführen;

---

[3]) Die Kundmachung im Bundesgesetzblatt erfolgte am 7. Dezember 2020.

[4]) Die Kundmachung im Bundesgesetzblatt erfolgte am 8. September 2023.

5. das Fokusmodul ist für die 3., 4., 7. und 8. Schulstufe ab dem Schuljahr 2023/24 durchzuführen;
6. ergänzende Module können ab dem Schuljahr 2023/24 durchgeführt werden.

(BGBl. II Nr. 262/2023, Art. 1 Z 12)

Anlage

Bildungsstandards und Kompetenzmodelle

Bildungsstandards legen konkrete Lernergebnisse fest. Diese Lernergebnisse basieren auf grundlegenden Kompetenzen, über die die Schülerinnen und Schüler am Ende einer bestimmten Schulstufe verfügen sollen. Die Kompetenzen beziehen sich auf ein aus dem jeweiligen Lehrplan abgeleitetes fachbezogenes bzw. fächerübergreifendes Kompetenzmodell und decken die gesamte inhaltliche Breite des jeweiligen Unterrichtsgegenstandes bzw. der in fachlichem Zusammenhang stehenden Unterrichtsgegenstände ab.

Kompetenzmodelle strukturieren die Bildungsstandards innerhalb eines Unterrichtsgegenstandes. Von den möglichen Gliederungsebenen werden in den folgenden Bestimmungen zwei angesprochen:

– die übergeordneten Kompetenzbereiche (wie zB „Operieren; Modellbilden" bzw. „Geometrische Figuren und Körper; Zahlen und Maße" in Mathematik; „Lesen – Umgang mit Texten und Medien" bzw. „Schreiben/Verfassen von Texten" in Deutsch und in (Erster) Lebender Fremdsprache/Englisch). *(BGBl. II Nr. 1/2009 idF BGBl. II Nr. 282/2011, Z 5)*
– Kompetenzen als unterste Gliederungsebene werden als angestrebtes Verhalten bzw. beobachtbare Handlungen („Die Schülerinnen und Schüler können ...") beschrieben und stellen die Bildungsstandards dar.

1. Teil
4. Schulstufe der Volksschule

1. Abschnitt
Deutsch

(BGBl. II Nr. 1/2009 idF BGBl. II Nr. 262/2023, Art. 1 Z 14)

Kompetenzbereich: Hören, Sprechen und miteinander Reden

Verständlich erzählen und anderen verstehend zuhören

Kompetenzen: Die Schülerinnen und Schüler können
– Erlebnisse zuhörerbezogen erzählen,
– über Begebenheiten und Erfahrungen verständlich sowie thematisch zusammenhängend sprechen,
– anderen aufmerksam zuhören.

Informationen einholen und sie an andere weitergeben

Kompetenzen: Die Schülerinnen und Schüler können
– Informationen über Lebewesen, Gegenstände sowie Sachzusammenhänge einholen,
– Sachinformationen an andere weitergeben und dabei gelernte Fachbegriffe verwenden,
– Beobachtungen und Sachverhalte so darstellen, dass sie für Zuhörerinnen und Zuhörer verständlich werden.

In verschiedenen Situationen sprachlich angemessen handeln

Kompetenzen: Die Schülerinnen und Schüler
– können Situationen richtig einschätzen und sprachlich angemessen reagieren,
– verfügen über Sprachkonventionen für unterschiedliche Sprechakte.

In Gesprächen Techniken und Regeln anwenden

Kompetenzen: Die Schülerinnen und Schüler können
– mit anderen zu einem Thema sprechen, es weiter denken und eigene Meinungen dazu äußern,
– Gesprächsbeiträge aufnehmen und sie weiterführen,
– die eigene Meinung angemessen äußern und vertreten bzw. einsehen, wenn sie sich geirrt haben,
– sich an Gesprächsregeln halten, anderen respektvoll zuhören und sich fair mit deren Meinungen auseinandersetzen,
– in Konflikten gemeinsam nach Lösungen suchen.

Sprachfähigkeiten erweitern und an der Standardsprache orientiert sprechen

Kompetenzen: Die Schülerinnen und Schüler
- verfügen in aktiver Sprachverwendung über einen altersadäquaten Wortschatz ,
- können Formen von Wörtern und Sätzen standardsprachlich korrekt verwenden.

Deutlich und ausdrucksvoll sprechen

Kompetenzen: Die Schülerinnen und Schüler können
- verständlich, ausdrucksvoll und an der Standardsprache ausgerichtet sprechen,
- Gestik, Mimik und Stimmführung zur Unterstützung sprachlicher Aussagen einsetzen.

Kompetenzbereich: Lesen – Umgang mit Texten und Medien

Die Lesemotivation bzw. das Leseinteresse festigen und vertiefen

Kompetenzen: Die Schülerinnen und Schüler können
- beim Vorlesen interessiert und bewusst zuhören,
- Bücher und Texte nach eigenem Interesse in verschiedenen Medien selbst auswählen.

Über eine altersadäquate Lesefertigkeit und ein entsprechendes Leseverständnis verfügen

Kompetenzen: Die Schülerinnen und Schüler
- können ihre Lesefertigkeit an einfachen Texten zeigen,
- verfügen über sicheres Leseverständnis auf der Wort- und Satzebene ,
- können ihre Verlesungen korrigieren.

Den Inhalt von Texten mit Hilfe von Arbeitstechniken und Lesestrategien erschließen

Kompetenzen: Die Schülerinnen und Schüler können
- Arbeitstechniken und Lesestrategien zur Texterschließung anwenden,
- Informationen aus literarischen Texten sowie aus Sach- und Gebrauchstexten entnehmen,
- zur Klärung fehlender bzw. unzureichender Informationen zusätzliche Quellen einschließlich elektronischer Medien nutzen,
- Informationen aus Texten miteinander vergleichen,
- Inhalte/Informationen aus Texten ordnen,
- den Verlauf einer Handlung erschließen,
- das Wesentliche eines Textes erfassen.

Das Textverständnis klären und über den Sinn von Texten sprechen

Kompetenzen: Die Schülerinnen und Schüler können
- ihr Textverständnis artikulieren und kommunizieren,
- den Sinn von Texten klären und auch nicht ausdrücklich genannte Sachverhalte verstehen,
- zu einem Text Stellung nehmen und ihre Meinung begründen.

Verschiedene Texte gestaltend oder handelnd umsetzen

Kompetenzen: Die Schülerinnen und Schüler können
- einen Text sinngestaltend vortragen bzw. ihn umgestalten,
- Sach- und Gebrauchstexte für die Ausführung bestimmter Tätigkeiten verstehen und nutzen.

Formale und sprachliche Gegebenheiten in Texten erkennen

Kompetenzen: Die Schülerinnen und Schüler können
- einfache sprachliche und formale Gestaltung sowie den Aufbau von Texten erkennen,
- Textsorten nach wesentlichen Merkmalen unterscheiden.

Literarische Angebote und Medien aktiv nutzen

Kompetenzen: Die Schülerinnen und Schüler können
- Bücher und Medien zur Gewinnung von Information und zur Erweiterung ihres Wissens nutzen,
- literarische Angebote zur Erweiterung ihres Selbst- und Weltverständnisses sowie zur Unterhaltung nutzen.

Kompetenzbereich: Verfassen von Texten

Für das Verfassen von Texten entsprechende Schreibanlässe nutzen; Texte planen

Kompetenzen: Die Schülerinnen und Schüler können
- Schreibsituationen und Ideen für das Schreiben aufgreifen,
- mitteilenswerte Inhalte erkennen,
- einen Text in Hinsicht auf Schreibabsicht bzw. Leserinnen und Leser bzw. Verwendungszusammenhänge planen,
- Informationsquellen für die Planung von Texten nutzen; Textentwürfe notieren,
- sich sprachliche und gestalterische Mittel überlegen und notieren.

Texte der Schreibabsicht entsprechend verfassen

Kompetenzen: Die Schülerinnen und Schüler können
- Texte in unterschiedlichen Formen verfassen, um zu erzählen, zu unterhalten, zu appellieren, zu informieren oder etwas zu notieren,
- Texte verfassen, um für sie persönlich Bedeutsames wie Erfahrungen, Gefühle und Ideen auszudrücken.

Texte strukturiert und für Leserinnen bzw. Leser verständlich verfassen

Kompetenzen: Die Schülerinnen und Schüler können
- ihren Text verständlich und adressatengerecht schreiben,
- ihre Texte sachlich angemessen bzw. dem Handlungsablauf entsprechend strukturieren.

Beim Verfassen von Texten sprachliche Mittel bewusst einsetzen

Kompetenzen: Die Schülerinnen und Schüler können
- bei der Wortwahl und der Formulierung von Sätzen bewusst sprachliche Gestaltungsmittel verwenden,
- Sätze zu einem Text verbinden, indem sie geeignete sprachliche Mittel einsetzen.

Texte überprüfen, überarbeiten und berichtigen

Kompetenzen: Die Schülerinnen und Schüler können
- Texte im Hinblick auf Verständlichkeit, Aufbau, sprachliche Gestaltung und Wirkung überprüfen und überarbeiten,
- einfache Texte im Hinblick auf Sprachrichtigkeit und Rechtschreibung berichtigen.

Kompetenzbereich: Rechtschreiben

Einen begrenzten Wortschatz normgerecht schreiben

Kompetenzen: Die Schülerinnen und Schüler können
- einen begrenzten Schreibwortschatz in ihren Sätzen und Texten normgerecht anwenden,
- beim Ab- und Aufschreiben orthografische Regelhaftigkeiten erfassen.

Regelungen für normgerechtes Schreiben kennen und anwenden

Kompetenzen: Die Schülerinnen und Schüler
- kennen die wichtigsten Regeln der Rechtschreibung und können sie anwenden,
- können ihr erworbenes Sprach- und Regelwissen für normgerechtes Schreiben und zur Überarbeitung ihrer Schreibprodukte nutzen.

Für normgerechtes Schreiben Rechtschreibstrategien und Arbeitstechniken anwenden

Kompetenzen: Die Schülerinnen und Schüler
- können das Mitsprechen beim Schreiben bewusst einsetzen,
- können für das richtige Schreiben von Wörtern die Möglichkeit des Ableitens und Verlängerns nutzen,
- verfügen über angemessene Nachschlagetechniken,
- entdecken Regelhaftigkeiten der Rechtschreibung und können sie verbalisieren bzw. kommentieren,
- erkennen Unsicherheiten beim Rechtschreiben und können für normgerechtes Schreiben Rechtschreibstrategien und Arbeitstechniken anwenden.

Kompetenzbereich: Einsicht in Sprache durch Sprachbetrachtung

Sprachliche Verständigung klären

Kompetenzen: Die Schülerinnen und Schüler können
- Merkmale und Funktionen von gesprochener und geschriebener Sprache unterscheiden und darüber sprechen,
- eigene Ausdrucksformen mit der Standardsprache vergleichen,
- Gründe für Verstehens- und Verständigungsprobleme finden.

Möglichkeiten der Wortbildung für sprachliche Einsichten nutzen

Kompetenzen: Die Schülerinnen und Schüler können
- zu einem Wortstamm gehörende Wörter erkennen,
- das Zusammensetzen von Wörtern, auch verschiedener Wortarten, als Möglichkeit der Wortbildung erkennen,
- einige bedeutungsunterscheidende und formverändernde Funktionen von Wortbausteinen verstehen,
- Bedeutungsunterschiede sinnverwandter Wörter klären,
- kreative Sprachmittel für Einsichten in die Wortbildung nutzen.

Über Einsichten in die Funktionen von Wort und Satz verfügen

Kompetenzen: Die Schülerinnen und Schüler
- können die wichtigsten sprachlichen Zeitformen unterscheiden,
- erkennen die Funktion von Formveränderungen in Wörtern und Sätzen,
- kennen die Funktion der wichtigsten Wort- und Satzarten und können für diese Fachbezeichnungen verwenden,
- können Satzglieder unterscheiden und die wichtigsten benennen.

Gemeinsamkeiten und Unterschiede von Sprachen feststellen

Kompetenzen: Die Schülerinnen und Schüler können
- in gebräuchlichen Fremdwörtern Besonderheiten und Unterschiede im Vergleich zu deutschen Wörtern erkennen,
- Elemente der eigenen Sprache mit solchen anderer Sprachen im Hinblick auf Aussprache, Bedeutung und Schriftbild vergleichen,
- Merkmale von Regionalsprache und Standardsprache unterscheiden.

2. Abschnitt
Mathematik

Allgemeine mathematische Kompetenzen

Kompetenzbereich: Modellieren

Eine Sachsituation in ein mathematisches Modell (Terme und Gleichungen) übertragen, dieses lösen und auf die Ausgangssituation beziehen

Kompetenzen: Die Schülerinnen und Schüler können
- aus Sachsituationen relevante Informationen entnehmen,
- passende Lösungswege finden,
- die Ergebnisse interpretieren und sie überprüfen.

Ein mathematisches Modell in eine Sachsituation übertragen

Kompetenzen: Die Schülerinnen und Schüler können zu Termen und Gleichungen Sachaufgaben erstellen.

Kompetenzbereich: Operieren

Mathematische Abläufe durchführen

Kompetenzen: Die Schülerinnen und Schüler können
- Zahlen, Größen und geometrische Figuren strukturieren,
- arithmetische Operationen und Verfahren durchführen,
- geometrische Konstruktionen durchführen.

Mit Tabellen und Grafiken arbeiten

Kompetenzen: Die Schülerinnen und Schüler können
- Tabellen und Grafiken erstellen,
- Informationen aus Tabellen und Grafiken entnehmen.

Kompetenzbereich: Kommunizieren

Mathematische Sachverhalte verbalisieren und begründen

Kompetenzen: Die Schülerinnen und Schüler können
- mathematische Begriffe und Zeichen sachgerecht in Wort und Schrift benützen,
- ihre Vorgangsweisen beschreiben und protokollieren,
- Lösungswege vergleichen und ihre Aussagen und Handlungsweisen begründen.

Mathematische Sachverhalte in unterschiedlichen Repräsentationsformen darstellen

Kompetenzen: Die Schülerinnen und Schüler können
- ihre Vorgangsweisen in geeigneten Repräsentationsformen festhalten,
- Zeichnungen und Diagramme erstellen.

Kompetenzbereich: Problemlösen

Mathematisch relevante Fragen stellen

Kompetenzen: Die Schülerinnen und Schüler können ein innermathematisches Problem erkennen und dazu relevante Fragen stellen.

Lösungsstrategien (er)finden und nutzen

Kompetenzen: Die Schülerinnen und Schüler können
- geeignete Lösungsaktivitäten wie Vermuten, Probieren, Anlegen von Tabellen oder Erstellen von Skizzen anwenden,
- zielführende Denkstrategien wie systematisches Probieren oder Nutzen von Analogien einsetzen.

Inhaltliche mathematische Kompetenzen

Kompetenzbereich: Arbeiten mit Zahlen

Zahldarstellungen und -beziehungen verstehen

Kompetenzen: Die Schülerinnen und Schüler können
- Zahlen im Zahlenraum 100 000 lesen und darstellen,
- sich im Zahlenraum 100 000 orientieren, Zahlen vergleichen und diese in Relation setzen,
- arithmetische Muster erkennen, beschreiben und fortsetzen.

Zahlen runden und Anzahlen schätzen

Kompetenzen: Die Schülerinnen und Schüler können
- Zahlen auf volle Zehner, Hunderter, … Zehntausender runden,
- Anzahlen schätzen.

Das Wesen der Bruchzahl verstehen

Kompetenzen: Die Schülerinnen und Schüler können
- Bruchzahlen darstellen,
- Bruchzahlen vergleichen, ordnen und zerlegen,
- Bruchzahlen im Zusammenhang mit Größen benützen.

Kompetenzbereich: Arbeiten mit Operationen

Die vier Grundrechnungsarten und ihre Zusammenhänge verstehen

Kompetenzen: Die Schülerinnen und Schüler
- verfügen über Einsicht in das Wesen von Rechenoperationen,
- können die Zusammenhänge zwischen den Grundrechnungsarten erklären,

- können Umkehroperationen verwenden, auch zur sinnvollen Überprüfung des Ergebnisses,
- können Tausch-, Nachbar- und Analogieaufgaben verwenden.

Mündliches Rechnen sicher beherrschen

Kompetenzen: Die Schülerinnen und Schüler
- beherrschen sicher und schnell additive Grundaufgaben im Zahlenraum 20,
- beherrschen sicher und schnell multiplikative Grundaufgaben im Zahlenraum 100,
- können nicht automatisierte Rechenoperationen in Teilschritten durchführen,
- können einfache Gleichungen mit Platzhaltern lösen,
- können Ergebnisschätzungen mit Hilfe von Überschlagsrechnungen durchführen.

Schriftliche Rechenverfahren beherrschen

Kompetenzen: Die Schülerinnen und Schüler
- verstehen die Algorithmen der schriftlichen Rechenverfahren ,
- können die Algorithmen der schriftlichen Verfahren für Addition, Subtraktion, Multiplikation und Division durchführen,
- können die Lösung mit Hilfe einer Probe überprüfen.

Kompetenzbereich: Arbeiten mit Größen

Größenvorstellungen besitzen und Einheiten kennen

Kompetenzen: Die Schülerinnen und Schüler
- kennen genormte Maßeinheiten und können diese den Größenbereichen zuordnen,
- können geeignete Repräsentanten zu Maßeinheiten angeben,
- können Größen in unterschiedlichen Schreibweisen darstellen.

Größen messen und schätzen

Kompetenzen: Die Schülerinnen und Schüler
- beherrschen den Grundvorgang des Messens ,
- können mit geeigneten Maßeinheiten messen,
- können Größen schätzen und ihre Vorgangsweise begründen.

Mit Größen operieren

Kompetenzen: Die Schülerinnen und Schüler können
- Größen miteinander vergleichen,
- mit Größen rechnen.

Kompetenzbereich: Arbeiten mit Ebene und Raum

Geometrische Figuren erkennen, benennen und darstellen

Kompetenzen: Die Schülerinnen und Schüler können
- geometrische Körper und Flächen benennen,
- die Eigenschaften geometrischer Figuren beschreiben,
- Modelle von geometrischen Körpern herstellen,
- geometrische Figuren zeichnen oder konstruieren.

Beziehungen bei geometrischen Figuren erkennen

Kompetenzen: Die Schülerinnen und Schüler können
- Lagebeziehungen zwischen Objekten im Raum und in der Ebene beschreiben und nutzen,
- vorgegebene geometrische Muster erkennen, selbst entwickeln oder fortsetzen,
- den Zusammenhang zwischen Plan und Wirklichkeit herstellen.

Mit geometrischen Figuren operieren

Kompetenzen: Die Schülerinnen und Schüler können
- geometrische Figuren zerlegen und sie wieder zusammensetzen,
- Netze den entsprechenden Körpern zuordnen und umgekehrt.

Umfang und Flächeninhalt ermitteln

Kompetenzen: Die Schülerinnen und Schüler können
- den Umfang einer geometrischen Figur mittels Einheitslängen messen,
- den Umfang von Rechteck und Quadrat berechnen,
- den Flächeninhalt einer geometrischen Figur mittels Einheitsflächen messen,
- den Flächeninhalt von Rechteck und Quadrat berechnen.

2. Teil
8. Schulstufe der Volksschuloberstufe, der Mittelschule und der allgemeinbildenden höheren Schule

(BGBl. II Nr. 1/2009 idF BGBl. II Nr. 185/2012, Art. 10 Z 1 und BGBl. II Nr. 548/2020, Z 6)

1. Abschnitt
Deutsch

Kompetenzbereich: Zuhören und Sprechen

Durch Zuhören gesprochene Texte (auch medial vermittelt) verstehen, an private und öffentliche Kommunikationssituationen angepasste Gespräche führen und mündliche Präsentationen durchführen.

Altersgemäße mündliche Texte im direkten persönlichen Kontakt oder über Medien vermittelt verstehen

Kompetenzen: Die Schülerinnen und Schüler können
- das Hauptthema gesprochener Texte erkennen,
- die wesentlichen Informationen gesprochener Texte verstehen,
- die grundlegenden Informationen gesprochener Texte mündlich und schriftlich wiedergeben,
- die Redeabsicht gesprochener Texte erkennen,
- stimmliche (Lautstärke, Betonung, Pause, Sprechtempo, Stimmführung) und körpersprachliche (Mimik, Gestik) Mittel der Kommunikation erkennen.

Gespräche führen

Kompetenzen: Die Schülerinnen und Schüler können
- grundlegende Gesprächsregeln einhalten,
- in Gesprächen auf Äußerungen inhaltlich und partnergerecht eingehen,
- in standardisierten Kommunikationssituationen (Bitte, Beschwerde, Entschuldigung, Vorstellungsgespräch, Diskussion) zielorientiert sprechen,
- die Sprechhaltungen Erzählen, Informieren, Argumentieren und Appellieren einsetzen.

Inhalte mündlich präsentieren

Kompetenzen: Die Schülerinnen und Schüler können
- artikuliert sprechen und die Standardsprache benutzen,
- stimmliche (Lautstärke, Betonung, Pause, Sprechtempo, Stimmführung) und körpersprachliche (Mimik, Gestik) Mittel der Kommunikation in Gesprächen und Präsentationen angemessen anwenden,
- in freier Rede und gestützt auf Notizen Ergebnisse und Inhalte sach- und adressatengerecht vortragen,
- Medien zur Unterstützung für mündliche Präsentationen nutzen.

Kompetenzbereich: Lesen

Ausgehend von grundlegenden Lesefertigkeiten literarische Texte, Sachtexte, nichtlineare Texte (Tabellen, Diagramme) und Bild-Text-Kombinationen in unterschiedlicher medialer Form inhaltlich und formal erfassen und reflektieren.

Ein allgemeines Verständnis des Textes entwickeln

Kompetenzen: Die Schülerinnen und Schüler können
- das Hauptthema eines Textes/eines Textabschnittes erkennen,
- die Gliederung eines Textes erkennen,

- Textsignale (Überschrift, Zwischenüberschrift, Fettdruck, Hervorhebungen, Absätze, Einrückungen, Gliederungszeichen) zum Textverständnis nutzen,
- grundlegende nicht-fiktionale Textsorten in unterschiedlicher medialer Form erkennen und ihre Textfunktion (Information, Nachricht, Meinung, Anleitung, Vorschrift, Appell, Unterhaltung) erfassen,
- epische, lyrische und dramatische Texte unterscheiden und grundlegende epische Kleinformen (Märchen, Sage, Fabel, Kurzgeschichte) und ihre wesentlichen Merkmale erkennen.

Explizite Informationen ermitteln

Kompetenzen: Die Schülerinnen und Schüler können
- zentrale und detaillierte Informationen in unterschiedlichen Texten und Textabschnitten finden,
- Informationen aus Grafiken, Tabellen, Schaubildern und Bild-Text-Kombinationen ermitteln,
- Wortbedeutungen mit Hilfe von (elektronischen) Nachschlagewerken klären,
- gezielt Informationen in unterschiedlichen Medien aufsuchen und beherrschen insbesondere die Internetrecherche und Benützung von Nachschlagewerken.

Eine textbezogene Interpretation entwickeln

Kompetenzen: Die Schülerinnen und Schüler können
- Informationen aus unterschiedlichen Texten und Medien vergleichen,
- durch das Herstellen von Bezügen zwischen Textstellen die Bedeutung von Wörtern und Phrasen aus dem Kontext ableiten,
- zwischen Information, Unterhaltung und Wertung in Printtexten und anderen Medien unterscheiden.

Den Inhalt des Textes reflektieren

Kompetenzen: Die Schülerinnen und Schüler können
- Intentionen und vermutliche Wirkungen von Texten und Medienangeboten reflektieren,
- Eigenschaften, Verhaltensweisen und Handlungsmotive von Figuren in altersgemäßen literarischen Texten reflektieren.

Kompetenzbereich: Schreiben

Unterschiedliche Texte formal und inhaltlich richtig verfassen; Gehörtes, Gelesenes, Erfahrenes schriftlich umsetzen; elektronische Textmedien nutzen.

Texte planen

Kompetenzen: Die Schülerinnen und Schüler
- können Methoden der Stoffsammlung (zB Mindmap, Cluster) anwenden,
- können die Textstruktur in Hinblick auf Textsorte und Schreibhaltung festlegen,
- können ihren sprachlichen Ausdruck an Schreibhaltung und Textsorte anpassen,
- berücksichtigen Textadressaten und Schreibsituation.

Texte verfassen

Kompetenzen: Die Schülerinnen und Schüler können
- beim Schreiben eigener Texte die grundlegenden Mittel des Erzählens (Orientierung, Konfliktaufbau, Konfliktlösung) anwenden,
- Sachverhalte und Inhalte nachvollziehbar, logisch richtig und zusammenhängend formulieren,
- altersgemäße und für ein Thema relevante Argumente und Gegenargumente formulieren und sie sprachlich verknüpfen bzw. gegenüberstellen,
- formalisierte lineare Texte/nicht-lineare Texte verfassen (zB Lebenslauf, Bewerbungsschreiben, Formulare ausfüllen),
- unter Einhaltung wesentlicher Kommunikationsregeln an einer altersgemäßen medialen Kommunikation teilnehmen (zB E-Mail, Leserbrief),
- das Schreiben als Hilfsmittel für ihr eigenes Lernen einsetzen (Zusammenfassung, Stichwortzettel, …).

Texte überarbeiten

Kompetenzen: Die Schülerinnen und Schüler können
- fremde und eigene Texte nach vorgegebenen Kriterien inhaltlich optimieren,
- fremde und eigene Texte nach vorgegebenen Kriterien sprachlich und orthographisch optimieren,
- fremde und eigene Texte im Hinblick auf Erfordernisse der Textsorte optimieren.

Kompetenzbereich: Sprachbewusstsein

Einsicht gewinnen in Struktur, Normen und Funktion der Sprache als Voraussetzung für Textverstehen, wirkungsvollen Sprachgebrauch und gelungene mündliche und schriftliche Kommunikation unter Berücksichtigung des Sprachstandes von Schülerinnen und Schülern mit einer anderen Muttersprache als Deutsch.

Text- und Satzstrukturen kennen und anwenden

Kompetenzen: Die Schülerinnen und Schüler
- erkennen die sprachlichen Mittel für den Textzusammenhang (Binde-, Ersatz- und Verweiswörter) und ihre Funktion,
- erkennen und variieren Satzbau und Satzbauelemente: Hauptsatz, Gliedsatz, Satzglied, Satzgliedteil,
- können Sätze durch Satzzeichen strukturieren,
- erkennen Verbformen und können sie funktional anwenden.

Wortarten und Wortstrukturen kennen und anwenden

Kompetenzen: Die Schülerinnen und Schüler können
- Wortarten und ihre wesentlichen Funktionen erkennen und benennen,
- Grundregeln der Wortbildung (Ableitung und Zusammensetzung) anwenden.

Über einen differenzierten Wortschatz verfügen und sprachliche Ausdrucksmittel situationsgerecht anwenden

Kompetenzen: Die Schülerinnen und Schüler
- kennen Bedeutungsunterschiede von Wörtern: Wortfelder, Wortfamilien, Synonyme, Antonyme, Ober- und Unterbegriffe,
- kennen die Bedeutung von grundlegenden idiomatischen Wendungen (insbesondere von verbalen Phrasen),
- können Sprachebenen unterscheiden (zB gesprochene und geschriebene Sprache, Dialekt, Umgangssprache, Standardsprache) und an die kommunikative Situation anpassen.

Über Rechtschreibbewusstsein verfügen

Kompetenzen: Die Schülerinnen und Schüler
- beherrschen grundlegende Regeln der Dehnung, der Schärfung, des Stammprinzips, der Groß- und Kleinschreibung und können diese beim Schreiben anwenden,
- beherrschen die Rechtschreibung des Gebrauchswortschatzes einschließlich gängiger Fremdwörter,
- können Arbeitshilfen zur Rechtschreibung (zB Wörterbuch) einsetzen.

2. Abschnitt

(Erste) Lebende Fremdsprache (Englisch)

(BGBl. II Nr. 1/2009 idF BGBl. II Nr. 282/2011, Z 6)

Kompetenzbereich: Hören

Kompetenzen: Die Schülerinnen und Schüler können
- Gesprächen über vertraute Themen die Hauptpunkte entnehmen, wenn Standardsprache verwendet und auch deutlich gesprochen wird (B1),
- Erzählungen aus dem Alltag und Geschichten verstehen, wenn es sich um vertraute Themenbereiche handelt und deutlich gesprochen wird (B1),
- Anweisungen, Fragen, Auskünfte und Mitteilungen in einem sprachlich vertrauten Kontext (zB Wegerklärungen) meistens verstehen (A2),

– in Texten (Audio- und Videoaufnahmen) über vertraute Themen die Hauptpunkte verstehen, wenn deutlich gesprochen wird (B1),
– einfachen Interviews, Berichten, Hörspielen und Sketches zu vertrauten Themen folgen (B1),
– Wörter, die buchstabiert werden, sowie Zahlen und Mengenangaben, die diktiert werden, notieren, wenn langsam und deutlich gesprochen wird (A1).

Kompetenzbereich: Lesen

Kompetenzen: Die Schülerinnen und Schüler können
– kurze, einfache persönliche Briefe, Karten oder E-Mails verstehen (A2),
– vertrauten Alltagstexten die wichtigsten Informationen entnehmen (zB Prospekten, Speisekarten, Fahrplänen, Schildern, Formularen, kurzen sachlichen Mitteilungen – auch im Internet) (A2),
– einfachen, klar gegliederten Texten zu vertrauten Themen in Zeitungen und Zeitschriften die wesentlichen Informationen entnehmen, wenn sie gegebenenfalls mit visueller Unterstützung ausgestattet sind (B1),
– unkomplizierte Sachtexte über Themen, die mit den eigenen Interessen und Fachgebieten aus den Themenbereichen des Lehrplans in Zusammenhang stehen, mit befriedigendem Verständnis lesen (B1),
– einfache alltägliche Anleitungen und Vorschriften verstehen (A2),
– einfache literarische Texte (zB fiktionale Texte, Lieder und Gedichte) verstehen (B1),

Kompetenzbereich: An Gesprächen Teilnehmen

Kompetenzen: Die Schülerinnen und Schüler können
– ein einfaches Gespräch über vertraute Themen (zB über Familie, Freundinnen und Freunde, Schule, Freizeit) beginnen, in Gang halten und beenden (B1),
– Gefühle wie Überraschung, Freude, Bedauern und Gleichgültigkeit ausdrücken und auf solche Gefühlsäußerungen reagieren (B1),
– in einem Gespräch (zB Gruppengespräch in der Klasse) Zustimmung äußern bzw. widersprechen und andere Vorschläge machen (A2+),
– einfache Vereinbarungen treffen (A2),
– in einfachen Worten die eigenen Ansichten, Pläne und Absichten äußern und begründen (B1)
– vertraute Alltagssituationen bewältigen, zB Gespräche in Geschäften, Restaurants und an Schaltern führen (A2),
– einfache Erklärungen und Anweisungen geben, zB nach dem Weg fragen bzw. den Weg erklären (A2+).

Kompetenzbereich: Zusammenhängend Sprechen

Kompetenzen: Die Schülerinnen und Schüler können
– über eigene Erfahrungen detailliert berichten und dabei ihre eigenen Gefühle und Reaktionen beschreiben (B1),
– Pläne, Ziele, Träume und Hoffnungen beschreiben (B1),
– etwas Reales oder Erfundenes erzählen oder in Form einer einfachen Aufzählung berichten (A2+),
– über Sachverhalte und Abläufe aus dem eigenen alltäglichen Lebensbereich berichten, zB über Leute, Orte, Tätigkeiten (A2+),
– über persönliche Erlebnisse und Beobachtungen in einfachen, zusammenhängenden Sätzen berichten (A2),
– mit einfachen Mitteln vertraute Gegenstände kurz beschreiben und vergleichen (A2+),
– sich, die Familie, Freundinnen und Freunde sowie vertraute Orte, persönliche Gegenstände und Tätigkeiten in mehreren einfachen Sätzen beschreiben (A2),
– für Ansichten, Pläne oder Handlungen kurze Begründungen oder Erklärungen geben (B1).

Kompetenzbereich: Schreiben

Kompetenzen: Die Schülerinnen und Schüler können
– Erfahrungsberichte schreiben, in denen Gefühle und Reaktionen in einem einfachen, zusammenhängenden Text wiedergegeben werden (B1),

– eine Beschreibung eines realen oder fiktiven Ereignisses, zB einer Reise, verfassen (B1)
– eine Geschichte erzählen (B1),
– in Form verbundener Sätze etwas über das alltägliche Umfeld schreiben, wie zB über Familie, andere Menschen, Orte, Schule (A2+),
– kurze, einfache Biografien und andere einfache fiktionale Texte schreiben (A2),
– ausführlichere Karten, persönliche Briefe und E-Mails schreiben und darin auch über Ereignisse, Erfahrungen und Gefühle berichten (B1),
– kurze, einfache Notizen und Mitteilungen schreiben, die sich auf unmittelbare Bedürfnisse beziehen (A2),
– einfache Texte zB zu Bildimpulsen oder Schlüsselwörtern (key words) schreiben (A2).

3. Abschnitt
Mathematik

Das Kompetenzmodell für Mathematik auf der 8. Schulstufe legt „Inhaltsbereiche" fest, wobei die jeweiligen Anforderungen durch bestimmte, in „Handlungsbereichen" dargelegte Tätigkeiten konkretisiert werden. Der „Komplexitätsbereich" beschreibt Art und Grad der erforderlichen Vernetzung.

Handlungsbereich: „Darstellen, Modellbilden" – Inhaltsbereich „Zahlen und Maße"

Kompetenzen: Die Schülerinnen und Schüler können
– gegebene arithmetische Sachverhalte in eine (andere) mathematische Darstellung übertragen, wobei dafür das unmittelbare Einsetzen von Grundkenntnissen erforderlich ist,
– gegebene arithmetische Sachverhalte in eine (andere) mathematische Darstellung übertragen, wobei dafür auch Verbindungen zu anderen mathematischen Inhalten (Begriffen, Sätzen, Darstellungen) oder Tätigkeiten hergestellt werden müssen,
– Aussagen über die Angemessenheit sowie über Stärken und Schwächen verschiedener mathematischer Darstellungen (Modelle) arithmetischer Sachverhalte machen und bewerten.

Handlungsbereich „Darstellen, Modellbilden – Inhaltsbereich „Variable, funktionale Abhängigkeiten"

Kompetenzen: Die Schülerinnen und Schüler können
– gegebene algebraische Sachverhalte und funktionale Abhängigkeiten in eine (andere) mathematische Darstellung übertragen, wobei dafür das unmittelbare Einsetzen von Grundkenntnissen erforderlich ist,
– gegebene algebraische Sachverhalte und funktionale Abhängigkeiten in eine (andere) mathematische Darstellung übertragen, wobei dafür auch Verbindungen zu anderen mathematischen Inhalten (Begriffen, Sätzen, Darstellungen) oder Tätigkeiten hergestellt werden müssen,
– Aussagen über die Angemessenheit sowie über Stärken und Schwächen verschiedener mathematischer Darstellungen (Modelle) algebraischer Sachverhalte und funktionaler Abhängigkeiten angeben und bewerten.

Handlungsbereich „Darstellen, Modellbilden" – Inhaltsbereich „Geometrische Figuren und Körper"

Kompetenzen: Die Schülerinnen und Schüler können
– gegebene geometrische Sachverhalte in eine (andere) mathematische Darstellung übertragen, wobei dafür das unmittelbare Einsetzen von Grundkenntnissen erforderlich ist,
– gegebene geometrische Sachverhalte in eine (andere) mathematische Darstellung übertragen, wobei dafür auch Verbindungen zu anderen mathematischen Inhalten (Begriffen, Sätzen, Darstellungen) oder Tätigkeiten hergestellt werden müssen,
– Aussagen über die Angemessenheit sowie über Stärken und Schwächen verschiedener Darstellungen (Modelle) geometrischer Sachverhalte machen und bewerten.

Handlungsbereich „Darstellen, Modellbilden" – Inhaltsbereich „Statistische Darstellungen und Kenngrößen"

Kompetenzen: Die Schülerinnen und Schüler können
– gegebene statistische Sachverhalte (Daten) in eine (andere) mathematische Darstellung übertragen, wobei dafür das unmittelbare Einsetzen von Grundkenntnissen erforderlich ist,

- gegebene statistische Sachverhalte (Daten) in eine (andere) mathematische Darstellung übertragen, wobei dafür auch Verbindungen zu anderen mathematischen Inhalten (Begriffen, Sätzen, Darstellungen) oder Tätigkeiten hergestellt werden müssen,
- Aussagen über die Angemessenheit sowie über Stärken und Schwächen verschiedener Darstellungen (Modelle) statistischer Sachverhalte machen und bewerten.

Handlungsbereich „Rechnen, Operieren" – Inhaltsbereich „Zahlen und Maße"

Kompetenzen: Die Schülerinnen und Schüler können

- elementare Rechenoperationen (+, –, •, /, ↑, √) mit konkreten Zahlen und Größen durchführen sowie Maßeinheiten umrechnen,
- elementare Rechenoperationen (+, –, •, /, ↑, √) mit konkreten Zahlen und Größen durchführen sowie Maßeinheiten umrechnen, wobei diese Operationen miteinander, mit anderen mathematischen Inhalten (Begriffen, Sätzen, Darstellungen) oder Tätigkeiten verbunden werden müssen,
- Aussagen zur Abfolge, Wirkung, Zulässigkeit, Genauigkeit und Korrektheit arithmetischer Operationen und Lösungswege machen und bewerten sowie Rechenabläufe dokumentieren.

Handlungsbereich „Rechnen, Operieren" – Inhaltsbereich „Variable, funktionale Abhängigkeiten"

Kompetenzen: Die Schülerinnen und Schüler können

- elementare Rechenoperationen (+, –, •, /, ↑, √) mit Variablen und Termen durchführen, einfache Terme und (Un-)Gleichungen umformen sowie einfache (Un-)Gleichungen und lineare Gleichungssysteme mit zwei Variablen lösen,
- elementare Rechenoperationen (+, –, •, /, ↑, √) mit Variablen und Termen durchführen, einfache Terme und (Un-)Gleichungen umformen sowie einfache (Un-)Gleichungen und lineare Gleichungssysteme mit zwei Variablen lösen, wobei diese (Rechen-)Operationen miteinander, mit anderen mathematischen Inhalten (Begriffen, Sätzen, Darstellungen) oder Tätigkeiten verbunden werden müssen,
- Aussagen zur Abfolge, Wirkung, Zulässigkeit und Korrektheit algebraischer Operationen und Lösungswege machen und bewerten sowie Rechenabläufe dokumentieren.

Handlungsbereich „Rechnen, Operieren" – Inhaltsbereich „Geometrische Figuren und Körper"

Kompetenzen: Die Schülerinnen und Schüler können

- elementare geometrische Konstruktionen durchführen,
- elementare geometrische Konstruktionen durchführen, wobei dafür auch Verbindungen zwischen Konstruktionsschritten, mit anderen mathematischen Inhalten (Begriffen, Sätzen, Darstellungen) oder Tätigkeiten hergestellt werden müssen,
- Aussagen zur Abfolge, Zulässigkeit und Korrektheit elementarer geometrischer Konstruktionen machen und bewerten sowie Konstruktionsabläufe dokumentieren.

Handlungsbereich „Rechnen, Operieren" – Inhaltsbereich „Statistische Darstellungen und Kenngrößen"

Kompetenzen: Die Schülerinnen und Schüler können

- einfache Operationen und Manipulationen in und mit statistischen Daten durchführen,
- einfache Operationen und Manipulationen in und mit statistischen Daten durchführen, wobei dafür auch Verbindungen mit anderen mathematischen Inhalten (Begriffen, Sätzen, Darstellungen) oder Tätigkeiten hergestellt werden müssen,
- Aussagen zur Abfolge, Wirkung, Zulässigkeit und Korrektheit einfacher Operationen bzw. Manipulationen mit statistischen Daten machen und bewerten sowie derartige Operationen dokumentieren.

Handlungsbereich „Interpretieren" – Inhaltsbereich „Zahlen und Maße"

Kompetenzen: Die Schülerinnen und Schüler können

- Zahlenwerte aus Tabellen, grafischen oder symbolischen Darstellungen ablesen und sie sowie Rechenoperationen und Rechenergebnisse im jeweiligen Kontext deuten,

– Zahlenwerte aus Tabellen, grafischen oder symbolischen Darstellungen ablesen, sie miteinander, mit anderen mathematischen Inhalten (Begriffen, Sätzen, Darstellungen) oder Tätigkeiten verbinden und sie sowie Rechenoperationen und Rechenergebnisse im jeweiligen Kontext deuten,
– Aussagen zur Angemessenheit und Aussagekraft kontextbezogener Interpretationen von Zahlenwerten, Rechenoperationen und Rechenergebnisse machen und bewerten.

Handlungsbereich „Interpretieren" – Inhaltsbereich „Variable, funktionale Abhängigkeiten"

Kompetenzen: Die Schülerinnen und Schüler können
– algebraisch, tabellarisch oder grafisch dargestellte Strukturen und (funktionale) Zusammenhänge beschreiben und im jeweiligen Kontext deuten,
– algebraisch, tabellarisch oder grafisch dargestellte Strukturen und (funktionale) Zusammenhänge beschreiben und im jeweiligen Kontext deuten, wobei dafür auch Verbindungen mit anderen mathematischen Inhalten (Begriffen, Sätzen, Darstellungen) oder Tätigkeiten hergestellt werden müssen,
– Aussagen zur Angemessenheit und Aussagekraft kontextbezogener Interpretationen von algebraisch, tabellarisch oder grafisch dargestellten (funktionalen) Zusammenhängen machen und bewerten.

Handlungsbereich „Interpretieren" – Inhaltsbereich „Geometrische Figuren und Körper"

Kompetenzen: Die Schülerinnen und Schüler können
– geometrische Figuren, Körper und Eigenschaften/Beziehungen beschreiben und im jeweiligen Kontext deuten,
– geometrische Figuren, Körper und Eigenschaften/Beziehungen beschreiben und im jeweiligen Kontext deuten, wobei dafür auch Verbindungen zu anderen mathematischen Inhalten (Begriffen, Sätzen, Darstellungen) oder Tätigkeiten hergestellt werden müssen,
– Aussagen zur Angemessenheit und Aussagekraft kontextbezogener Interpretationen von geometrischen Figuren, Körpern und Eigenschaften/Beziehungen machen und bewerten.

Handlungsbereich „Interpretieren" – Inhaltsbereich „Statistische Darstellungen und Kenngrößen"

Kompetenzen: Die Schülerinnen und Schüler können
– Werte aus statistischen Tabellen und Grafiken ablesen, Strukturen, Muster und Zusammenhänge erkennen und diese sowie statistische Kennzahlen im jeweiligen Kontext deuten,
– Werte aus statistischen Tabellen und Grafiken ablesen, Strukturen, Muster und Zusammenhänge erkennen, und diese sowie statistische Kennzahlen im jeweiligen Kontext deuten, wobei die Daten miteinander, mit anderen mathematischen Inhalten (Begriffen, Sätzen, Darstellungen) oder Tätigkeiten in Verbindung gesetzt werden müssen,
– Aussagen zur Angemessenheit und Aussagekraft kontextbezogener Interpretationen von statistischen Tabellen, Grafiken und Kennzahlen machen und bewerten.

Handlungsbereich „Argumentieren, Begründen" – Inhaltsbereich „Zahlen und Maße"

Kompetenzen: Die Schülerinnen und Schüler können
– mathematische Argumente nennen bzw. Begründungen angeben, die für oder gegen ein bestimmtes arithmetisches (Rechen-)Modell, eine arithmetische Operation, eine arithmetische Eigenschaft/Beziehung, einen arithmetischen Lösungsweg oder eine bestimmte Lösung sprechen,
– mathematische Argumente nennen bzw. Begründungen angeben, die für oder gegen ein bestimmtes arithmetisches (Rechen-)Modell, eine arithmetische Operation, eine arithmetische Eigenschaft/Beziehung, einen arithmetischen Lösungsweg oder eine bestimmte Lösung sprechen, wobei dafür auch Verbindungen zu anderen mathematischen Inhalten (Begriffen, Sätzen, Darstellungen) oder Tätigkeiten hergestellt werden müssen,
– zutreffende und unzutreffende mathematische Argumente bzw. Begründungen bezüglich arithmetischer (Rechen-)Modelle, arithmetischer Operationen, arithmetischer Eigenschaften/Beziehungen, arithmetischer Lösungswege oder Lösungen erkennen sowie begründen, warum eine arithmetische Argumentation oder Begründung (un-)zutreffend ist.

Handlungsbereich „Argumentieren, Begründen“ – Inhaltsbereich „Variable, funktionale Abhängigkeiten“

Kompetenzen: Die Schülerinnen und Schüler können

- mathematische Argumente nennen bzw. Begründungen angeben, die für oder gegen ein bestimmtes algebraisches oder funktionales Modell, eine algebraische oder funktionale Darstellung, eine algebraische Operation oder einen bestimmten algebraischen Lösungsweg sprechen,
- mathematische Argumente nennen bzw. Begründungen angeben, die für oder gegen ein bestimmtes algebraisches oder funktionales Modell, eine algebraische oder funktionale Darstellung, eine algebraische Operation oder einen bestimmten algebraischen Lösungsweg sprechen, wobei dafür auch Verbindungen zu anderen mathematischen Inhalten (Begriffen, Sätzen, Darstellungen) oder Tätigkeiten hergestellt werden müssen,
- zutreffende und unzutreffende mathematische Argumente bzw. Begründungen bezüglich algebraischer oder funktionaler Darstellungen und Modelle, bezüglich algebraischer Operationen oder algebraischer Lösungswege erkennen sowie begründen, warum eine algebraische oder funktionale Argumentation bzw. Begründung (un-)zutreffend ist.

Handlungsbereich „Argumentieren, Begründen“ – Inhaltsbereich „Geometrische Figuren und Körper“

Kompetenzen: Die Schülerinnen und Schüler können

- mathematische Argumente nennen bzw. Begründungen angeben, die für oder gegen ein bestimmtes geometrisches Modell, eine geometrische Darstellung, eine geometrische Konstruktion, eine geometrische Eigenschaft/Beziehung oder einen bestimmten geometrischen Lösungsweg sprechen,
- mathematische Argumente nennen bzw. Begründungen angeben, die für oder gegen ein bestimmtes geometrisches Modell, eine geometrische Darstellung, eine geometrische Konstruktion, eine geometrische Eigenschaft/Beziehung oder einen bestimmten geometrischen Lösungsweg sprechen, wobei dafür auch Verbindungen zu anderen mathematischen Inhalten (Begriffen, Sätzen, Darstellungen) oder Tätigkeiten hergestellt werden müssen,
- zutreffende und unzutreffende mathematische Argumente bzw. Begründungen bezüglich geometrischer Darstellungen und Modelle, bezüglich geometrischer Konstruktionen, geometrischer Eigenschaften/Beziehungen oder geometrischer Lösungswege erkennen sowie begründen, warum eine geometrische Argumentation bzw. Begründung (un-)zutreffend ist.

Handlungsbereich „Argumentieren, Begründen“ – Inhaltsbereich „Statistische Darstellungen und Kenngrößen“

Kompetenzen: Die Schülerinnen und Schüler können

- mathematische Argumente nennen bzw. Begründungen angeben, die für oder gegen die Verwendung einer bestimmten statistischen Kennzahl, einer statistischen Darstellung, eines statistischen Satzes, einer statistischen Vorgehensweise oder einer bestimmten Interpretation statistischer Daten sprechen,
- mathematische Argumente nennen bzw. Begründungen angeben, die für oder gegen die Verwendung einer bestimmten statistischen Kennzahl, einer statistischen Darstellung, eines statistischen Satzes, einer statistischen Vorgehensweise oder einer bestimmten Interpretation statistischer Daten sprechen, wobei dafür auch Verbindungen zu anderen mathematischen Inhalten (Begriffen, Sätzen, Darstellungen) oder Tätigkeiten hergestellt werden müssen,
- zutreffende und unzutreffende mathematische Argumente bzw. Begründungen bezüglich statistischer Darstellungen und Kennzahlen, bezüglich statistischer Sätze, bezüglich bestimmter statistischer Vorgehensweisen oder bestimmter Interpretationen statistischer Daten erkennen sowie begründen, warum eine solche Argumentation bzw. Begründung (un-)zutreffend ist.

1.5.1. Leistungsbeurteilungsverordnung – LBVO

BGBl. Nr. 371/1974
idF der Verordnungen

BGBl. Nr. 439/1977	BGBl. Nr. 413/1982
BGBl. Nr. 216/1984	BGBl. Nr. 395/1989
BGBl. Nr. 492/1992	BGBl. II Nr. 35/1997
BGBl. II Nr. 185/2012	BGBl. II Nr. 255/2012
BGBl. II Nr. 153/2015	BGBl. II Nr. 424/2016
BGBl. II Nr. 259/2019	BGBl. II Nr. 264/2020
BGBl. II Nr. 215/2021	

Inhaltsverzeichnis[1])

[1]) Das Inhaltsverzeichnis ist von den Verordnungserlassungen nicht umfasst.

Verordnung des Bundesministers für Unterricht und Kunst vom 24. Juni 1974 über die Leistungsbeurteilung in Pflichtschulen sowie mittleren und höheren Schulen (Leistungsbeurteilungsverordnung)
(BGBl. Nr. 371/1974 idF BGBl. Nr. 216/1984, Art. I Z 1)

Auf Grund der §§ 18, 20, 21 und 23 des Schulunterrichtsgesetzes, BGBl. Nr. 139/1974, wird verordnet:[2])

1. Abschnitt
Leistungsfeststellung und Leistungsbeurteilung

Allgemeine Bestimmungen

§ 1. (1) Grundlage der Leistungsbeurteilung sind die Leistungsfeststellungen nach Maßgabe der folgenden Bestimmungen dieser Verordnung.

(2) Feststellungen der Leistungen der Schüler, die dem Lehrer nur zur Information darüber dienen, auf welchen Teilgebieten die Schüler die Lehrziele erreicht haben und auf welchen Teilgebieten noch ein ergänzender Unterricht notwendig ist, sind nicht Gegenstand dieser Verordnung (Informationsfeststellungen).

2. Abschnitt
Leistungsfeststellung

Allgemeine Bestimmungen betreffend die Leistungsfeststellung

§ 2. (1) Der Leistungsfeststellung sind nur die im Lehrplan festgelegten Bildungs- und Lehraufgaben und jene Lehrstoffe zugrunde zu legen, die bis zum Zeitpunkt der Leistungsfeststellung in der betreffenden Klasse behandelt worden sind.

(2) Die Leistungsfeststellungen sind möglichst gleichmäßig über den Beurteilungszeitraum zu verteilen.

(3) Die vom Lehrer jeweils gewählte Form der Leistungsfeststellung ist dem Alter und dem Bildungsstand der Schüler, den Erfordernissen des Unterrichtsgegenstandes, den Anforderungen des Lehrplanes und dem jeweiligen Stand des Unterrichtes anzupassen.

(4) Eine Leistungsfeststellung ist insoweit nicht durchzuführen, als feststeht, daß der Schüler wegen einer körperlichen Behinderung eine entsprechende Leistung nicht erbringen kann oder durch die Leistungsfeststellung gesundheitlich gefährdet ist.

(5) Die Leistungsfeststellungen haben auf das Vertrauensverhältnis zwischen Lehrern, Schülern und Erziehungsberechtigten Bedacht zu nehmen und zur sachlich begründeten Selbsteinschätzung hinzuführen.

(6) Die Feststellung der Leistungen der einzelnen Schüler ist in den Unterricht so einzubauen, daß auch die übrigen Schüler der Klasse aus der Leistungsfeststellung Nutzen ziehen können.

(7) Leistungsfeststellungen sind während des Unterrichtes durchzuführen. Dies gilt nicht für Wiederholungs- und Nachtragsprüfungen. Schularbeiten für einzelne Schüler dürfen auch außerhalb des Unterrichtes nachgeholt werden.

(8) An den letzten drei Unterrichtstagen vor einer Beurteilungskonferenz ist die Durchführung einer Leistungsfeststellung nur mit Zustimmung des Schulleiters zulässig. Der Schulleiter darf diese Zustimmung nur dann erteilen, wenn wichtige Gründe hiefür vorliegen. Diese Bestimmung findet auf die Berufsschulen keine Anwendung.

Formen der Leistungsfeststellung

§ 3. (1) Der Leistungsfeststellung zum Zweck der Leistungsbeurteilung dienen:

a) die Feststellung der Mitarbeit der Schüler im Unterricht,
b) besondere mündliche Leistungsfeststellungen
   aa) mündliche Prüfungen,
   bb) mündliche Übungen,
c) besondere schriftliche Leistungsfeststellungen
   aa) Schularbeiten,
   bb) schriftliche Überprüfungen (Tests, Diktate),
d) besondere praktische Leistungsfeststellungen,
e) besondere graphische Leistungsfeststellungen.

(BGBl. Nr. 492/1992, Z 1)

(2) Die Einbeziehung praktischer und graphischer Arbeitsformen, zB die Arbeit am Computer oder projektorientierte Arbeit in mündliche und schriftliche Leistungsfeststellungen ist zulässig. Bei praktischen Leistungsfeststellungen ist die Einbeziehung mündlicher, schriftlicher, praktischer und graphischer Arbeitsformen zulässig. *(BGBl. Nr. 492/1992, Z 1)*

(3) Die unter Abs. 1 lit. c genannten Formen der Leistungsfeststellung dürfen nie für sich allein oder gemeinsam die alleinige Grundlage einer Semester- bzw. Jahresbeurteilung sein.

[2]) Weitere Verordnungsgrundlage sind die §§ 18a und 19 des Schulunterrichtsgesetzes, BGBl. Nr. 472/1986, idgF.

(4) Unbeschadet der Bestimmungen des § 5 Abs. 2 sind zum Zweck der Leistungsbeurteilung über die Leistungsfeststellung auf Grund der Mitarbeit der Schüler im Unterricht und über die lehrplanmäßig vorgeschriebenen Schularbeiten hinaus nur so viele mündliche und schriftliche Leistungsfeststellungen vorzusehen, wie für eine sichere Leistungsbeurteilung für ein Semester oder für eine Schulstufe unbedingt notwendig sind. *(BGBl. Nr. 371/1977, Art. I Z 1 idF BGBl. Nr. 492/1992, Z 2)*

(5) Unter Beachtung der Bestimmung des Abs. 4 sind die in Abs. 1 genannten Formen der Leistungsfeststellung als gleichwertig anzusehen. Es sind jedoch Anzahl, stofflicher Umfang und Schwierigkeitsgrad der einzelnen Leistungsfeststellungen mit zu berücksichtigen.

Mitarbeit der Schüler im Unterricht

§ 4. (1) Die Feststellung der Mitarbeit des Schülers im Unterricht umfaßt den Gesamtbereich der Unterrichtsarbeit in den einzelnen Unterrichtsgegenständen und erfaßt:

a) in die Unterrichtsarbeit eingebundene mündliche, schriftliche, praktische und graphische Leistungen,
b) Leistungen im Zusammenhang mit der Sicherung des Unterrichtsertrages einschließlich der Bearbeitung von Hausübungen,
c) Leistungen bei der Erarbeitung neuer Lehrstoffe,
d) Leistungen im Zusammenhang mit dem Erfassen und Verstehen von unterrichtlichen Sachverhalten,
e) Leistungen im Zusammenhang mit der Fähigkeit, Erarbeitetes richtig einzuordnen und anzuwenden.

Bei der Mitarbeit sind Leistungen zu berücksichtigen, die der Schüler in Alleinarbeit erbringt und Leistungen des Schülers in der Gruppen- und Partnerarbeit.

(2) Einzelne Leistungen im Rahmen der Mitarbeit sind nicht gesondert zu benoten.

(3) Aufzeichnungen über diese Leistungen sind so oft und so eingehend vorzunehmen, wie dies für die Leistungsbeurteilung erforderlich ist.

(BGBl. Nr. 492/1992, Z 3)

Mündliche Prüfungen

§ 5. (1) Mündliche Prüfungen bestehen aus mindestens zwei voneinander möglichst unabhängigen an einen bestimmten Schüler gerichteten Fragen, die dem Schüler die Möglichkeit bieten, seine Kenntnisse auf einem oder mehreren Stoffgebieten darzulegen oder anzuwenden.

(2) Auf Wunsch des Schülers ist in jedem Pflichtgegenstand (ausgenommen in den im Abs. 11 genannten Pflichtgegenständen) einmal im Semester, in saisonmäßigen und lehrgangsmäßigen Berufsschulen einmal im Unterrichtsjahr, eine mündliche Prüfung durchzuführen. Die Anmeldung zur Prüfung hat so zeitgerecht zu erfolgen, daß die Durchführung der Prüfung möglich ist. *(BGBl. II Nr. 35/1997, Z 1)*

(3) Mündliche Prüfungen dürfen nur während der Unterrichtszeit vorgenommen werden und sind dem Schüler spätestens zwei Unterrichtstage vorher, in ganzjährigen oder saisonmäßigen Berufsschulen jedoch spätestens am letzten Unterrichtstag der vorhergehenden Woche bekanntzugeben.

(4) Die mündliche Prüfung eines Schülers darf in den allgemeinbildenden Pflichtschulen, in der Unterstufe der allgemeinbildenden höheren Schulen und in den Berufsschulen höchstens zehn Minuten, ansonsten höchstens fünfzehn Minuten dauern. In den berufsbildenden mittleren und höheren Schulen ist überdies in den technischen Unterrichtsgegenständen eine angemessene Zeit zur Vorbereitung zu gewähren.

(5) Für die Durchführung von mündlichen Prüfungen ist nach Möglichkeit nicht der überwiegende Teil einer Unterrichtsstunde aufzuwenden.

(6) Bei der Durchführung der mündlichen Prüfung ist davon auszugehen, daß über Stoffgebiete, die in einem angemessenen Zeitraum vor der mündlichen Prüfung durchgenommen wurden, eingehender geprüft werden kann, während über Stoffgebiete, die in einem weiter zurückliegenden Zeitpunkt behandelt wurden, sofern sie nicht für die Behandlung der betreffenden Prüfungsaufgabe Voraussetzung sind, nur übersichtsweise geprüft werden kann.

(7) Die Bestimmungen des Abs. 6 sind bei Feststellungs-, Nachtrags-, Wiederholungs- und Semesterprüfungen nicht anzuwenden. *(BGBl. Nr. 371/1974 idF BGBl. II Nr. 153/2015, Z 1)*

(8) Auf Fehler, die während einer mündlichen Prüfung auftreten und die die weitere Lösung der Aufgabe wesentlich beeinflussen, ist sogleich hinzuweisen.

(9) Mündliche Prüfungen dürfen nicht an einem unmittelbar auf mindestens drei aufeinanderfolgende schulfreie Tage folgenden Tag durchgeführt werden. Ferner dürfen Schüler, die an einer mehrtägigen Schulveranstaltung oder einer mehrtägigen schulbezogenen Veranstaltung teilgenommen haben, an dem auf diese Veranstaltungen unmittelbar folgenden Tag mündlich nicht geprüft werden. Dies gilt nicht, wenn sich der Schüler zu der mündlichen Prüfung freiwillig meldet und für ganzjährige Berufsschulen. *(BGBl. Nr. 492/1992, Z 5)*

(10) In den allgemeinbildenden Pflichtschulen und der Unterstufe der allgemeinbildenden höheren Schulen darf an einem Schultag, an dem eine Schularbeit oder ein standardisierter Test in der betreffenden Klasse stattfindet, keine mündliche Prüfung durchgeführt werden, und es dürfen für einen Schüler nicht mehr als zwei mündliche Prüfungen an einem Schultag stattfinden.

(11) Mündliche Prüfungen sind unzulässig:

a) in der Volksschule
   aa) in der 1. bis 4. Schulstufe in allen Unterrichtsgegenständen,
   bb) in der 5. bis 8. Schulstufe in Bildnerischer Erziehung, Bewegung und Sport, Werkerziehung (Technisches Werken, Textiles Werken) und Geometrischem Zeichnen,
b) in der Mittelschule in Bildnerischer Erziehung,[3]) Geometrischem Zeichnen, Bewegung und Sport, Werkerziehung (Technisches Werken, Textiles Werken),[4]) Maschinschreiben und Kurzschrift, *(BGBl. II Nr. 185/2012, Art. 3 Z 1 idF BGBl. II Nr. 264/2020, Art. 3 Z 1 und 2)*
c) in der Polytechnischen Schule in Bewegung und Sport, Technischem Zeichnen, Werkerziehung, Stenotypie, Maschinschreiben und Kurzschrift,
d) in den allgemeinbildenden höheren Schulen in Geometrischem Zeichnen, Bewegung und Sport und Werkerziehung (Technisches Werken, Textiles Werken)[5]) sowie in der Unterstufe in Bildnerischer Erziehung[6]) (ausgenommen in allgemeinbildenden höheren Schulen unter besonderer Berücksichtigung der musischen Ausbildung, soweit Bildnerische Erziehung schwerpunktbildend ist), Kurzschrift, Maschinschreiben, Bildnerisches Gestalten und Werkerziehung (ausgenommen in allgemeinbildenden höheren Schulen unter besonderer Berücksichtigung der musischen Ausbildung, soweit Bildnerische Erziehung schwerpunktbildend ist),
e) in den berufsbildenden Schulen in Bewegung und Sport und
f) in den Bildungsanstalten für Elementarpädagogik und in den Bildungsanstalten für Sozialpädagogik im Unterricht in Praxis (Kindergartenpraxis, Hortpraxis, Heimpraxis, Praxis der Sozialpädagogik ua.). *(BGBl. II Nr. 424/2016, Art. 1 Z 1)*

(BGBl. II Nr. 185/2012, Art. 3 Z 1)

(12) Für Sonderschulen finden die Bestimmungen des Abs. 11 lit. a und b sinngemäß Anwendung. Soweit mündliche Prüfungen danach zulässig wären, dürfen sie nur unter Bedachtnahme auf die jeweiligen physischen oder psychischen Behinderungen der Schüler durchgeführt werden.

Mündliche Übungen

§ 6. (1) Mündliche Übungen bestehen aus einer systematischen und zusammenhängenden Behandlung eines im Lehrplan vorgesehenen Stoffgebietes oder eines Themas aus dem Erlebnis- und Erfahrungsbereich des Schülers durch den Schüler (wie Referate, Redeübungen u. dgl.).

(2) Das Thema der mündlichen Übung ist spätestens eine Woche vorher festzulegen.

(3) Mündliche Übungen dürfen nur während der Unterrichtszeit abgehalten werden.

(4) Die mündliche Übung eines Schülers soll in den allgemeinbildenden Pflichtschulen sowie in der Unterstufe der allgemeinbildenden höheren Schulen nicht länger als 10 Minuten, ansonsten nicht länger als 15 Minuten dauern.

Schularbeiten

§ 7. (1) Schularbeiten sind im Lehrplan vorgesehene schriftliche Arbeiten zum Zwecke der Leistungsfeststellung in der Dauer von einer Unterrichtsstunde, sofern im Lehrplan nicht anderes bestimmt ist.

(2) Die Anzahl der Schularbeiten und gegebenenfalls auch deren Aufteilung im Unterrichtsjahr wird durch den Lehrplan festgelegt.

(3) Die Arbeitsformen der Schularbeiten haben jeweils die für die Schulstufe im Lehrstoff des betreffenden Lehrplanes vorgesehenen schriftlichen oder graphischen Arbeiten zu erfassen.

(4) Bei den Schularbeiten sind mindestens zwei Aufgaben mit voneinander unabhängigen Lösungen zu stellen. Dies gilt nicht, sofern wesentliche fachliche Gründe dagegen sprechen, wie insbesondere in der Unterrichtssprache sowie in den Fremdsprachen nach dem Anfangsunterricht.

(5) Die bei einer Schularbeit zu prüfenden Lehrstoffgebiete sind den Schülern mindestens

---

[3]) Die Gegenstandsbezeichnung sollte im Hinblick auf § 21b Schulorganisationsgesetz in der Mittelschule „Kunst und Gestaltung" lauten.

[4]) Die Gegenstandsbezeichnung sollte im Hinblick auf § 21b Schulorganisationsgesetz in der Mittelschule „Technik und Design" lauten.

[5]) Die Gegenstandsbezeichnung sollte im Hinblick auf § 39 Schulorganisationsgesetz in der allgemein bildenden höheren Schule „Technik und Design" lauten.

[6]) Die Gegenstandsbezeichnung sollte im Hinblick auf § 39 Schulorganisationsgesetz in der allgemein bildenden höheren Schule „Kunst und Gestaltung" lauten.

eine Woche vor der Schularbeit, in lehrgangsmäßigen Berufsschulen mindestens zwei Unterrichtstage vor der Schularbeit, bekanntzugeben. Für Schularbeiten in der Unterrichtssprache und den Lebenden Fremdsprachen gilt dies nur, wenn besondere Arbeitsformen oder besondere Stoffkenntnisse dies erforderlich machen. Andere behandelte Lehrstoffgebiete dürfen nur dann Gegenstand einer Schularbeit sein, wenn sie für die Beherrschung der Bildungs- und Lehraufgaben der in der betreffenden Schularbeit behandelten Lehrstoffgebiete Voraussetzung sind. Der in den letzten beiden Unterrichtsstunden des betreffenden Unterrichtsgegenstandes vor einer Schularbeit, in Berufsschulen am letzten Unterrichtstag vor einer Schularbeit, behandelte neue Lehrstoff darf nicht Gegenstand der Schularbeit sein.

(6) Die Termine aller Schularbeiten jedes Unterrichtsgegenstandes sind vom betreffenden Lehrer mit Zustimmung des Schulleiters im 1. Semester bis spätestens vier Wochen, im 2. Semester bis spätestens zwei Wochen nach Beginn des jeweiligen Semesters, in lehrgangsmäßigen und saisonmäßigen Berufsschulen jedoch innerhalb der ersten Woche des Unterrichtes im betreffenden Unterrichtsjahr festzulegen und sodann unverzüglich den Schülern nachweislich bekanntzugeben. Die Termine der Schularbeiten sind im Klassenbuch zu vermerken. Eine Änderung des festgelegten Termines darf dann nur mehr mit Zustimmung des Schulleiters erfolgen; eine solche Änderung ist ebenfalls den Schülern nachweislich bekanntzugeben und im Klassenbuch zu vermerken.

(7) Der Schulleiter hat die Zustimmung zu den Terminen der Schularbeiten nach Abs. 6 zu verweigern, wenn

a) Schularbeiten an einem unmittelbar auf mindestens drei aufeinanderfolgende schulfreie Tage, eine mehrtägige Schulveranstaltung oder eine mehrtägige schulbezogene Veranstaltung folgenden Tag, *(BGBl. Nr. 492/1992, Z 7)*

b) in den allgemeinbildenden Schulen für einen Schultag für einen Schüler mehr als eine Schularbeit oder in einer Woche mehr als zwei Schularbeiten oder Schularbeiten ab der 5. Unterrichtsstunde, *(BGBl. Nr. 371/1974 idF BGBl. Nr. 492/1992, Z 8)*

c) in den berufsbildenden Pflichtschulen für einen Schultag für einen Schüler mehr als zwei Schularbeiten, in lehrgangsmäßigen Berufsschulen jedoch mehr als drei Schularbeiten in einer Woche, oder Schularbeiten in der letzten Unterrichtsstunde,

d) in den berufsbildenden mittleren und höheren Schulen für einen Schultag für einen Schüler mehr als eine Schularbeit oder in einer Woche mehr als drei Schularbeiten *(BGBl. Nr. 371/1974 idF BGBl. Nr. 492/1992, Z 9, BGBl. II Nr. 35/1997, Z 4 und BGBl. II Nr. 424/2016, Art. 1 Z 2)*

vorgesehen sind. Der Schulleiter kann in den Fällen der lit. a und d aus besonderen Gründen den Terminen zustimmen. Lit. a gilt nicht für ganzjährige Berufsschulen. *(BGBl. Nr. 371/1974 idF BGBl. II Nr. 153/2015, Z 2)*

(8) Aufgabenstellungen und Texte für die Schularbeit sind jedem Schüler in vervielfältigter Form vorzulegen, ausgenommen kurze und einfache Themenstellungen (zB Aufsatzthemen) und Aufgabenstellungen, bei denen eine schriftliche Vorlage nicht möglich (zB bei Diktaten) ist. *(BGBl. Nr. 216/1984, Art. I Z 4)*

(8a) Bei mehrstündigen Schularbeiten können Aufgabenstellungen, die jenen standardisierter Prüfungsgebiete und den jeweiligen Anforderungen des Lehrplans entsprechen, gestellt werden. Wenn solche Aufgaben gestellt werden, können ab der vorletzten Schulstufe die Beurteilungskriterien der standardisierten abschließenden Prüfungen angewendet werden. *(BGBl. II Nr. 215/2021, Art. 2 Z 1)*

(9) Ein Schüler, der in einem Unterrichtsgegenstand mehr als die Hälfte der Schularbeiten im Semester versäumt hat, hat eine Schularbeit nachzuholen. In der Oberstufe der allgemeinbildenden höheren Schule, in der Bildungsanstalt für Elementarpädagogik und in der Bildungsanstalt für Sozialpädagogik sind jedoch, sofern im Semester mehr Schularbeiten als eine vorgesehen sind, so viele versäumte Schularbeiten nachzuholen, daß für das Semester mindestens zwei Schularbeiten vom Schüler erbracht werden. Die Schularbeiten sind nicht nachzuholen, sofern dies im betreffenden Semester nicht möglich ist, an Berufsschulen auch dann nicht, wenn im betreffenden Unterrichtsgegenstand bereits eine Schularbeit vom Schüler erbracht wurde und mit den anderen Leistungsfeststellungen eine sichere Leistungsbeurteilung für die Schulstufe möglich ist. *(BGBl. Nr. 413/1982, Art. I Z 1 idF BGBl. Nr. 492/1992, Z 10, BGBl. II Nr. 35/1997, Z 4 und BGBl. II Nr. 424/2016, Art. 1 Z 4)*

(10)[7] Die Schularbeiten sind den Schülern innerhalb einer Woche korrigiert und beurteilt zurückzugeben. In begründeten Fällen kann der Schulleiter eine Fristerstreckung um höchstens eine Woche bewilligen. Vor der neuerlichen Abgabe der von den Schülern zu verbessernden Arbeiten an den Lehrer ist den Erziehungsberechtigten Gelegenheit zur Ein-

[7]) Siehe auch RS Nr. 15/1997 betreffend Einsichtnahme in schriftliche Arbeiten der Schüler/innen (1.12.6.).

sichtnahme zu geben, sofern nicht die Wohnorte der Erziehungsberechtigten einerseits und des Schülers andererseits getrennt sind oder es sich nicht bereits um eigenberechtigte Schüler handelt. Nach dem Ende des Schuljahres sind die Schularbeiten ein Jahr an der Schule aufzubewahren.

(11) Wenn die Leistungen von mehr als der Hälfte der Schüler bei einer Schularbeit mit „Nicht genügend" zu beurteilen sind, so ist die Schularbeit mit neuer Aufgabenstellung aus demselben Lehrstoffgebiet einmal zu wiederholen. Als Grundlage für die Beurteilung ist in diesem Fall jene Schularbeit heranzuziehen, bei der der Schüler die bessere Leistung erbracht hat. Die Wiederholung der Schularbeit ist innerhalb von zwei Wochen, in lehrgangsmäßigen Berufsschulen innerhalb einer Woche, nach Rückgabe der Schularbeit durch den Lehrer durchzuführen; diese Frist verlängert sich um die in diese Frist fallenden unmittelbar aufeinanderfolgenden schulfreien Tage. Der Termin der neuerlichen Schularbeit ist bei der Rückgabe der zu wiederholenden Schularbeit bekanntzugeben und im Klassenbuch zu vermerken.

Schriftliche Überprüfungen

§ 8. (1) Schriftliche Überprüfungen umfassen ein in sich abgeschlossenes kleineres Stoffgebiet. Folgende Formen schriftlicher Überprüfungen sind zulässig:

a) Tests,
b) Diktate in der Unterrichtssprache, in den lebenden Fremdsprachen, in Musikerziehung, in Kurzschrift, in Maschinschreiben, in Stenotypie, in Stenotypie und Phonotypie, in Stenotypie und Textverarbeitung sowie in (computerunterstützter) Textverarbeitung.

(BGBl. Nr. 492/1992, Z 11)

(2) Die schriftlichen Überprüfungen sind dem Schüler spätestens zwei Unterrichtstage vorher, in ganzjährigen oder saisonmäßigen Berufsschulen jedoch spätestens am letzten Unterrichtstag der vorhergehenden Woche bekanntzugeben. *(BGBl. Nr. 492/1992, Z 11)*

(3) entfallen (BGBl. Nr. 492/1992, Z 12)

(4) Die Arbeitszeit einer schriftlichen Überprüfung darf in den allgemeinbildenden Pflichtschulen und in der Unterstufe der allgemeinbildenden höheren Schulen 15 Minuten, in der Oberstufe der allgemeinbildenden höheren Schulen 20 Minuten, ansonsten 25 Minuten nicht überschreiten. *(BGBl. Nr. 371/1974 idF 439/1977, Art. I Z 5 und BGBl. Nr. 492/1992, Z 13)*

(5) Die Gesamtarbeitszeit aller schriftlichen Überprüfungen darf in jedem Unterrichtsgegenstand und in jedem Semester folgendes Höchstausmaß nicht überschreiten:

a) in allgemeinbildenden Pflichtschulen 30 Minuten,
b) in der Unterstufe der allgemeinbildenden höheren Schule 30 Minuten,
c) in der Oberstufe der allgemeinbildenden höheren Schule 50 Minuten,
d) in den Bildungsanstalten für Elementarpädagogik und den Bildungsanstalten für Sozialpädagogik 50 Minuten, *(BGBl. Nr. 492/1992, Z 14 idF BGBl. II Nr. 35/1997, Z 4 und BGBl. II Nr. 424/2016, Art. 1 Z 5)*
e) in den berufsbildenden mittleren und höheren Schulen 80 Minuten und
f) in den Berufsschulen 50 Minuten (im gesamten Unterrichtsjahr).

(BGBl. Nr. 492/1992, Z 14)

(6) Schriftliche Überprüfungen dürfen nicht an einem unmittelbar auf mindestens drei aufeinanderfolgende schulfreie Tage oder eine mehrtägige Schulveranstaltung folgenden Tag durchgeführt werden. Diese Bestimmung gilt nicht für ganzjährige Berufsschulen. *(BGBl. Nr. 371/1974 idF BGBl. Nr. 439/1977, Art. I Z 5)*

(7) An einem Schultag, an dem bereits eine Schularbeit oder eine schriftliche Überprüfung in der betreffenden Klasse stattfindet, darf keine weitere schriftliche Überprüfung stattfinden. An Berufsschulen dürfen jedoch zwei schriftliche Leistungsfeststellungen an einem Schultag durchgeführt werden. *(BGBl. Nr. 371/1974 idF BGBl. Nr. 439/1977, Art. I Z 5)*

(8) Der Tag der Durchführung einer schriftlichen Überprüfung ist vom Lehrer des betreffenden Unterrichtsgegenstandes spätestens am Tag der Durchführung im Klassenbuch zu vermerken. *(BGBl. Nr. 371/1974 idF BGBl. Nr. 439/1977, Art. I Z 5)*

(9) Die Aufgabenstellungen nach Abs. 1 lit. a sind jedem Schüler in vervielfältigter Form vorzulegen. *(BGBl. Nr. 371/1974 idF BGBl. Nr. 439/1977, Art. I Z 5 und BGBl. Nr. 492/1992, Z 15)*

(10)[8]) Die schriftlichen Überprüfungen sind den Schülern innerhalb einer Woche korrigiert und beurteilt zurückzugeben. Den Erziehungsberechtigten ist Gelegenheit zur Einsichtnahme zu geben, sofern nicht die Wohnorte der Erziehungsberechtigten einerseits und des Schülers andererseits getrennt sind oder es sich nicht bereits um eigenberechtigte Schüler handelt. *(BGBl. Nr. 492/1992, Z 16)*

(11) Schriftliche Überprüfungen sind unzulässig:

---

[8]) Siehe auch RS Nr. 15/1997 betreffend Einsichtnahme in schriftliche Arbeiten der Schüler/innen (1.12.6.).

a) in der Volksschule in Bildnerischer Erziehung, Bewegung und Sport, Werkerziehung (Technisches und textiles Werken)[9]) und Geometrischem Zeichnen, *(BGBl. II Nr. 185/2012, Art. 3 Z 2 idF BGBl. II Nr. 264/2020, Art. 3 Z 3)*
b) in der Mittelschule in Bildnerischer Erziehung,[10]) Geometrischem Zeichnen, Bewegung und Sport und Werkerziehung (Technisches und textiles Werken),[11]) *(BGBl. II Nr. 185/2012, Art. 3 Z 2 idF BGBl. II Nr. 264/2020, Art. 3 Z 1 bis 3)*
c) in der Polytechnischen Schule in Bewegung und Sport, Technischem Zeichnen und Werkerziehung,
d) in den allgemeinbildenden höheren Schulen in Darstellender Geometrie, Fremdsprachlicher Konversation, Geometrischem Zeichnen, Bewegung und Sport und Werkerziehung (Technisches Werken, Textiles Werken)[12]) sowie in der 1. bis 5. Klasse in Bildnerischer Erziehung,[13])
e) in Berufsschulen in Bewegung und Sport und Praktischer Arbeit und
f) in den berufsbildenden mittleren und höheren Schulen in Bewegung und Sport.

(BGBl. II Nr. 185/2012, Art. 3 Z 2)

(12) Für Sonderschulen finden die Bestimmungen des Abs. 11 lit. a und b sinngemäß Anwendung. Soweit schriftliche Überprüfungen danach zulässig sind, dürfen sie nur unter Bedachtnahme auf die jeweiligen physischen oder psychischen Behinderungen der Schüler durchgeführt werden. *(BGBl. Nr. 371/1974 idF BGBl. Nr. 439/1977, Art. I Z 5 und BGBl. Nr. 492/1992, Z 17)*

(13) Tests sind in Unterrichtsgegenständen, in denen mehr als eine Schularbeit je Semester vorgesehen ist, unzulässig. An allgemeinbildenden höheren Schulen und an Berufsschulen sind Tests in Unterrichtsgegenständen, in denen Schularbeiten durchgeführt werden, unzulässig. *(BGBl. Nr. 492/1992, Z 18)*

(14) § 7 Abs. 11 ist sinngemäß anzuwenden. Ist die Wiederholung einer schriftlichen Überprüfung aus inhaltlichen Gründen nicht möglich, so gilt sie als Informationsfeststellung (§ 1 Abs. 2) und ist als Grundlage für die Leistungsbeurteilung nicht heranzuziehen. *(BGBl. Nr. 216/1984, Art. I Z 5)*

Praktische Leistungsfeststellungen

§ 9. (1) Praktische Leistungsfeststellungen sind in Form von praktischen Prüfungen durchzuführen, die das Ergebnis der lehrplanmäßig vorgesehenen Arbeiten und sonstigen praktischen Tätigkeiten der Schüler als Grundlage haben. Im übrigen ist § 3 Abs. 2 anzuwenden.

(2) Praktische Prüfungen dürfen nur durchgeführt werden, wenn die Feststellung der Mitarbeit des Schülers im Unterricht für eine sichere Leistungsbeurteilung für ein Semester oder für eine Schulstufe nicht ausreicht. Überdies hat der Schüler das Recht, in Unterrichtsgegenständen mit überwiegend praktischer Tätigkeit in jedem Semester eine praktische Prüfung auf Verlangen abzulegen; der gewünschte Prüfungstermin ist dem prüfenden Lehrer mindestens zwei Wochen vorher bekanntzugeben; dem Terminwunsch ist nach Möglichkeit zu entsprechen.

(3) Bei der Durchführung praktischer Leistungsfeststellungen sind die Grundsätze des pädagogischen Ertrages und der Sparsamkeit zu beachten.

(4) Auf Fehler, die während einer praktischen Leistungsfeststellung auftreten und die die weitere Lösung der Aufgabe wesentlich beeinflussen, ist nach Möglichkeit sogleich hinzuweisen.

(5) Praktische Leistungsfeststellungen in einem Übungsbereich dürfen nur dann durchgeführt werden, wenn dem Schüler angemessene Gelegenheit zur Übung in diesem Übungsbereich geboten wurde. Häusliche Arbeit darf für praktische Leistungsfeststellungen nicht herangezogen werden.

(6) An Sonderschulen dürfen praktische Leistungsfeststellungen nur unter Bedachtnahme auf die jeweiligen physischen oder psychischen Behinderungen der Schüler durchgeführt werden.

(BGBl. Nr. 492/1992, Z 19)

Graphische Leistungsfeststellungen

§ 10. Graphische Leistungsfeststellungen in mathematischen, naturwissenschaftlichen und technisch-fachtheoretischen Unterrichtsgegenständen sind wie schriftliche Leistungsfeststel-

---

[9]) Die Gegenstandsbezeichnung „Technisches und textiles Werken" in der Volksschule tritt gemäß § 131 Abs. 34 Z 4 Schulorganisationsgesetz mit 1. September 2021 in Kraft.

[10]) Die Gegenstandsbezeichnung sollte im Hinblick auf § 21b Schulorganisationsgesetz in der Mittelschule „Kunst und Gestaltung" lauten.

[11]) Die Gegenstandsbezeichnung sollte im Hinblick auf § 21b Schulorganisationsgesetz in der Mittelschule „Technik und Design" lauten.

[12]) Die Gegenstandsbezeichnung sollte im Hinblick auf § 39 Schulorganisationsgesetz in der allgemein bildenden höheren Schule „Technik und Design" lauten.

[13]) Die Gegenstandsbezeichnung sollte im Hinblick auf § 39 Schulorganisationsgesetz in der allgemein bildenden höheren Schule „Kunst und Gestaltung" lauten.

lungen, graphische Leistungsfeststellungen in den übrigen Unterrichtsgegenständen sind wie praktische Leistungsfeststellungen zu behandeln. § 8 Abs. 14 ist sinngemäß anzuwenden. *(BGBl. Nr. 371/1974 idF BGBl. Nr. 216/1984, Art. I Z 6, BGBl. Nr. 492/1992, Z 20 und BGBl. II Nr. 35/1997, Z 5)*

3. Abschnitt
Leistungsbeurteilung

Grundsätze der Leistungsbeurteilung

§ 11. (1) Die Beurteilung der Leistungen der Schüler in den einzelnen Unterrichtsgegenständen hat der Lehrer durch die im § 3 Abs. 1 angeführten Formen der Leistungsfeststellung zu gewinnen. Maßstab für die Leistungsbeurteilung sind die Forderungen des Lehrplanes unter Bedachtnahme auf den jeweiligen Stand des Unterrichtes.

(2) Der Lehrer hat die Leistungen der Schüler sachlich und gerecht zu beurteilen, dabei die verschiedenen fachlichen Aspekte und Beurteilungskriterien der Leistung zu berücksichtigen und so eine größtmögliche Objektivierung der Leistungsbeurteilung anzustreben.

(3) Bei Leistungsfeststellungen gemäß § 3 Abs. 1 lit. c ist dem Schüler die Beurteilung spätestens bei der Rückgabe der Arbeit, bei Leistungsfeststellungen gemäß § 3 Abs. 1 lit. b ist dem Schüler die Beurteilung spätestens am Ende der Unterrichtsstunde, in der diese Leistungsfeststellung stattfindet, bei Leistungsfeststellungen gemäß § 3 Abs. 1 lit. d ist dem Schüler die Beurteilung am nächsten Unterrichtstag, an dem der betreffende Unterrichtsgegenstand wieder unterrichtet wird, bekanntzugeben. Die für die Beurteilung maßgeblichen Vorzüge und Mängel seiner Leistung sind dem Schüler mit der Beurteilung bekanntzugeben, ohne ihn jedoch zu entmutigen oder seine Selbstachtung zu beeinträchtigen.

(3a) Eine Information über den Leistungsstand des Schülers hat auf Wunsch des Schülers oder seiner Erziehungsberechtigten zu erfolgen. *(BGBl. Nr. 492/1992, Z 21)*

(3b) entfallen (BGBl. II Nr. 264/2020, Art. 3 Z 4)

(4) Vorgetäuschte Leistungen sind nicht zu beurteilen. Wenn infolge vorgetäuschter Leistungen die Beurteilung eines Schülers für ein Semester, in lehrgangsmäßigen und saisonmäßigen Berufsschulen für die gesamte Schulstufe in einem Unterrichtsgegenstand nicht möglich ist, hat der Lehrer eine Prüfung über den Lehrstoff dieses Semesters durchzuführen, von der der Schüler eine Woche vorher, in lehrgangsmäßigen und saisonmäßigen Berufsschulen spätestens zwei Unterrichtstage vorher, zu verständigen ist. Versäumt der Schüler eine solche Prüfung, gilt er als „nicht beurteilt“, sofern nicht § 20 Abs. 2 oder 3 des Schulunterrichtsgesetzes in Betracht kommt. Schularbeiten, die zufolge einer vorgetäuschten Leistung nicht beurteilt werden, sind wie versäumte Schularbeiten (§ 7 Abs. 9) zu behandeln. Unerlaubte Hilfsmittel, deren sich der Schüler bedienen könnte, sind ihm abzunehmen und nach durchgeführter Leistungsfeststellung zurückzugeben. *(BGBl. Nr. 371/1974 idF BGBl. Nr. 492/1992, Z 22 und BGBl. II Nr. 153/2015, Z 4 und 5)*

(5) Das Verhalten des Schülers in der Schule und in der Öffentlichkeit darf in die Leistungsbeurteilung nicht einbezogen werden.

(6) Die äußere Form der Arbeit ist nur in den im § 12 geregelten Fällen bei der Leistungsbeurteilung mit zu berücksichtigen.

(7) Sachlich vertretbare Meinungsäußerungen des Schülers haben die Beurteilung auch dann nicht zu beeinflussen, wenn sie von der Meinung des Lehrers abweichen.

(8) Schüler, bei denen hinsichtlich der Leistungsfeststellung § 2 Abs. 4 anzuwenden ist, sind entsprechend den Forderungen des Lehrplanes unter Bedachtnahme auf den wegen der körperlichen Behinderung bzw. auf die gesundheitliche Gefährdung erreichbaren Stand des Unterrichtes zu beurteilen, soweit die Bildungs- und Lehraufgabe des betreffenden Unterrichtsgegenstandes grundsätzlich erreicht wird.

(9) Bei der Beurteilung der Leistungen eines Schülers in Bildnerischer Erziehung, Bewegung und Sport, Musikerziehung und Werkerziehung (Technisches Werken, Textiles Werken) sind mangelnde Anlagen und mangelnde körperliche Fähigkeiten bei erwiesenem Leistungswillen zugunsten des Schülers zu berücksichtigen, soweit § 13 nicht anderes bestimmt. *(BGBl. Nr. 492/1992, Z 23 idF BGBl. II Nr. 185/2012, Art. 3 Z 4)*

(10) Wenn der Unterricht in Unterrichtsgegenständen von mehreren Lehrern zu erteilen ist, ist die Leistungsbeurteilung einvernehmlich festzulegen. Kommt eine Einigung nicht zustande, so hat der Schulleiter, sofern jedoch ein Abteilungsvorstand oder Fachvorstand vorhanden ist, dieser zu entscheiden.

(11) Die Leistungsbeurteilung aus dem Unterricht in Praxis (Kindergartenpraxis, Hortpraxis, Heimpraxis, Praxis der Sozialpädagogik ua.) an Bildungsanstalten obliegt der praxisbetreuenden Lehrerin oder dem praxisbetreuenden Lehrer; diese oder dieser hat dazu die Stellungnahme der Pädagogin oder des Pädagogen der Praxiseinrichtung einzuholen. *(BGBl. II Nr. 424/2016, Art. 1 Z 6)*

(12) Die Leistungsbeurteilung in den Praktika während des Unterrichtsjahres, aber

außerhalb des Unterrichtes obliegt dem praxisbetreuenden Lehrer; dieser hat dazu die Stellungnahme der betreffenden Praxiseinrichtung einzuholen. *(BGBl. Nr. 439/1977, Art. I Z 13)*

Äußere Form der Arbeit als Bestandteil der Leistung

§ 12. (1) Die äußere Form der Arbeit ist als ein wesentlicher Bestandteil der Leistung bei der Leistungsbeurteilung für die nachstehenden Unterrichtsgegenstände mit zu berücksichtigen, soweit Abs. 2 nicht anderes bestimmt, und zwar

1. In der Volksschule in
   a) Bildnerischer Erziehung,
   b) Ernährung und Haushalt, *(BGBl. II Nr. 35/1997, Z 6)*
   c) Kurzschrift,
   d) Maschinschreiben,
   e) Schreiben,
   f) Werkerziehung (Technisches Werken, Textiles Werken), *(BGBl. Nr. 492/1992, Z 25)*
   g) Geometrischem Zeichnen; *(BGBl. Nr. 492/1992, Z 25)*

   (BGBl. Nr. 439/1977, Art. I Z 14)
2. in der Mittelschule und in der Polytechnischen Schule in
   a) Geometrischem Zeichnen bzw. Technischem Zeichnen,
   b) Ernährung und Haushalt, Hauswirtschaft und Kinderpflege, *(BGBl. Nr. 439/1977, Art. I Z 14 idF BGBl. II Nr. 35/1997, Z 7)*
   c) Kurzschrift,
   d) Maschinschreiben,
   e) Mathematik, soweit es sich um geometrische Zeichnungen handelt,
   f) Schreiben im Rahmen des Unterrichtsgegenstandes Bildnerische Erziehung,
   g) Werkerziehung (Technisches Werken, Textiles Werken);[14]) *(BGBl. Nr. 492/1992, Z 26)*

   (BGBl. Nr. 439/1977, Art. I Z 14 idF BGBl. II Nr. 35/1997, Z 2, BGBl. II Nr. 185/2012, Art. 3 Z 5 und BGBl. II Nr. 264/2020, Art. 3 Z 2 und 5)
3. in den allgemeinbildenden höheren Schulen in
   a) Bildnerischer Erziehung, soweit für die Durchführung der gestellten Aufgabe ein hohes Maß an Genauigkeit und Sauberkeit erforderlich ist (insbesondere in den Lehrstoffbereichen Gebundenes Zeichnen, Schrift),[15])
   b) Darstellender Geometrie,
   c) Haushaltsökonomie und Ernährung (Theorie) sowie Ernährung und Haushalt (Praktikum), soweit für die Durchführung der gestellten Aufgabe ein hohes Maß an Sauberkeit und Ordnung erforderlich ist, *(BGBl. Nr. 492/1992, Z 27)*
   d) Geometrischem Zeichnen,
   e) graphischen und zeichnerischen Darstellungen, insbesondere in schriftlichen Arbeiten aus Biologie und Umweltkunde, Geographie und Wirtschaftskunde, Physik und Mathematik, soweit für sie ein besonderes Maß an Genauigkeit und Ordnung erforderlich ist, *(BGBl. Nr. 439/1977, Art. I Z 14 idF BGBl. Nr. 492/1992, Z 28)*
   f) Werkerziehung (Technisches Werken, Textiles Werken), soweit für die Durchführung der gestellten Aufgabe ein besonderes Maß an Genauigkeit und Sauberkeit erforderlich ist,[16]) *(BGBl. Nr. 439/1977, Art. I Z 14 idF BGBl. Nr. 492/1992, Z 29)*
   g) Kurzschrift, *(BGBl. Nr. 492/1992, Z 30)*
   h) Maschinschreiben, *(BGBl. Nr. 492/1992, Z 30)*
   i) entfallen (BGBl. II Nr. 153/2015, Z 6)
   j) den gewerblichen Unterrichtsgegenständen in Werkschulheimen, bei denen Aufgaben zum Nachweis eines bestimmten Könnens oder bestimmter Fertigkeiten nach Maßgabe des Lehrplanes und der Eigenart der dafür in Frage kommenden Unterrichtsgegenstände und Stoffgebiete zu erbringen sind, ohne daß dieser Nachweis in mündlicher oder schriftlicher Form erbracht werden kann; *(BGBl. Nr. 439/1977, Art. I Z 14 idF BGBl. Nr. 492/1992, Z 30 und BGBl. II Nr. 153/2015, Z 7)*
4. in den berufsbildenden Schulen in jenen Unterrichtsgegenständen, bei denen Aufgaben zum Nachweis eines bestimmten Könnens oder bestimmter Fertigkeiten nach Maßgabe des Lehrplanes und der Eigenart der dafür in Frage kommenden Unterrichtsgegenstände und Stoffgebiete zu erbringen sind, ohne daß dieser Nachweis in

---

[14]) Die Gegenstandsbezeichnung sollte im Hinblick auf § 21b Schulorganisationsgesetz in der Mittelschule „Technik und Design“ lauten.

[15]) Die Gegenstandsbezeichnung sollte im Hinblick auf § 39 Schulorganisationsgesetz in der allgemein bildenden höheren Schule „Kunst und Gestaltung“ lauten.

[16]) Die Gegenstandsbezeichnung sollte im Hinblick auf § 39 Schulorganisationsgesetz in der allgemein bildenden höheren Schule „Technik und Design“ lauten.

mündlicher oder schriftlicher Form erbracht werden kann; ferner beim Anfertigen von Schriftstücken in einer durch besondere Vorschriften geregelten Form (z.B. Stenotypie, kaufmännischer Schriftverkehr, Buchhaltung, Datenverarbeitung). *(BGBl. Nr. 371/1974 idF BGBl. Nr. 492/1992, Z 31, BGBl. II Nr. 35/1997, Z 4 und BGBl. II Nr. 424/2016, Art. 1 Z 7)*

(2) Für Sonderschulen finden die Bestimmungen des Abs. 1 Z. 1 und 2 sinngemäß Anwendung. In Sonderschulen für blinde und körperbehinderte Kinder entfällt die Berücksichtigung der äußeren Form der Arbeit bei der Leistungsbeurteilung.

Schularten, für deren Aufgabe Bildnerische Erziehung, Werkerziehung (Technisches Werken, Textiles Werken), Bewegung und Sport sowie Musikerziehung von besonderer Bedeutung sind

§ 13. Bei der Beurteilung der Leistungen in Bildnerischer Erziehung, Bewegung und Sport, Musikerziehung und Werkerziehung (Technisches Werken, Textiles Werken) ist § 11 Abs. 9 in folgenden Fällen nicht anzuwenden:

a) in den Mittelschulen unter besonderer Berücksichtigung der musischen Ausbildung in Musikerziehung, *(BGBl. II Nr. 185/2012, Art. 3 Z 6 idF BGBl. II Nr. 264/2020, Art. 3 Z 2 und 6)*
b) in den Mittelschulen unter besonderer Berücksichtigung der sportlichen Ausbildung in Bewegung und Sport, *(BGBl. II Nr. 185/2012, Art. 3 Z 6 idF BGBl. II Nr. 264/2020, Art. 3 Z 2 und 6)*
c) im Wirtschaftskundlichen Realgymnasium in Werkerziehung (Technisches Werken, Textiles Werken),
d) im Oberstufenrealgymnasium mit Instrumentalmusik in Musikerziehung und Instrumentalunterricht,
e) im Oberstufenrealgymnasium mit Bildnerischem Gestalten und Werkerziehung in Bildnerischer Erziehung und Werkerziehung,
f) in Werkschulheimen in Werkerziehung (Technisches Werken, Textiles Werken),
g) in den allgemeinbildenden höheren Schulen unter besonderer Berücksichtigung der sportlichen Ausbildung in Bewegung und Sport,
h) in den allgemeinbildenden höheren Schulen unter besonderer Berücksichtigung der musischen Ausbildung in Bildnerischer Erziehung, Musikerziehung und Werkerziehung (Technisches Werken, Textiles Werken), soweit diese Unterrichtsgegenstände schwerpunktbildend sind,
i) in den Bildungsanstalten für Elementarpädagogik und in den Bildungsanstalten für Sozialpädagogik in Bildnerischer Erziehung, Bewegung und Sport, Musikerziehung sowie Werkerziehung. *(BGBl. II Nr. 185/2012, Art. 3 Z 6 idF BGBl. II Nr. 424/2016, Art. 1 Z 5)*

(BGBl. II Nr. 185/2012, Art. 3 Z 6)

Beurteilungsstufen (Noten)

§ 14. (1) Für die Beurteilung der Leistungen der Schüler bestehen folgende Beurteilungsstufen (Noten):

Sehr gut	(1),
Gut	(2),
Befriedigend	(3),
Genügend	(4),
Nicht genügend	(5).

(2) Mit „Sehr gut" sind Leistungen zu beurteilen, mit denen der Schüler die nach Maßgabe des Lehrplanes gestellten Anforderungen in der Erfassung und in der Anwendung des Lehrstoffes sowie in der Durchführung der Aufgaben in weit über das Wesentliche hinausgehendem Ausmaß erfüllt und, wo dies möglich ist, deutliche Eigenständigkeit beziehungsweise die Fähigkeit zur selbständigen Anwendung seines Wissens und Könnens auf für ihn neuartige Aufgaben zeigt.

(3) Mit „Gut" sind Leistungen zu beurteilen, mit denen der Schüler die nach Maßgabe des Lehrplanes gestellten Anforderungen in der Erfassung und in der Anwendung des Lehrstoffes sowie in der Durchführung der Aufgaben in über das Wesentliche hinausgehendem Ausmaß erfüllt und, wo dies möglich ist, merkliche Ansätze zur Eigenständigkeit beziehungsweise bei entsprechender Anleitung die Fähigkeit zur Anwendung seines Wissens und Könnens auf für ihn neuartige Aufgaben zeigt.

(4) Mit „Befriedigend" sind Leistungen zu beurteilen, mit denen der Schüler die nach Maßgabe des Lehrplanes gestellten Anforderungen in der Erfassung und in der Anwendung des Lehrstoffes sowie in der Durchführung der Aufgaben in den wesentlichen Bereichen zur Gänze erfüllt; dabei werden Mängel in der Durchführung durch merkliche Ansätze zur Eigenständigkeit ausgeglichen.

(5) Mit „Genügend" sind Leistungen zu beurteilen, mit denen der Schüler die nach Maßgabe des Lehrplanes gestellten Anforderungen in der Erfassung und in der Anwendung des Lehrstoffes sowie in der Durchführung der Aufgaben in den wesentlichen Bereichen überwiegend erfüllt.

(6) Mit „Nicht genügend" sind Leistungen zu beurteilen, mit denen der Schüler nicht ein-

mal alle Erfordernisse für die Beurteilung mit „Genügend“ (Abs. 5) erfüllt.

(7) In der Volksschule, der Sonderschule und an der Mittelschule kann das Klassenforum oder das Schulforum beschließen, dass der Beurteilung der Leistungen durch Noten eine schriftliche Erläuterung hinzuzufügen ist. *(BGBl. II Nr. 185/2012, Art. 3 Z 7 idF BGBl. II Nr. 264/2020, Art. 3 Z 2)*

*§ **14a.** entfallen (BGBl. II Nr. 264/2020, Art. 3 Z 7)*

Besondere Bestimmungen über die Leistungsbeurteilung bei den schriftlichen Leistungsfeststellungen

§ 15. (1) Die Rechtschreibung ist bei schriftlichen Leistungsfeststellungen nach Maßgabe des Lehrplanes und unter Zugrundelegung der gemeinsamen Absichtserklärung zur Neuregelung der deutschen Rechtschreibung vom 1. Juli 1996[17]) zu beurteilen. *(BGBl. II Nr. 35/1997, Z 8 idF BGBl. II Nr. 424/2016, Art. 1 Z 9)*

(2) Für die Beurteilung von schriftlichen Leistungsfeststellungen sind nur die im § 14 Abs. 1 angeführten Beurteilungsstufen (Noten) zu verwenden und in Worten einzusetzen. Zusätze zu diesen Noten sind, soweit es sich nicht um Zusätze nach § 11 Abs. 3 letzter Satz handelt, unzulässig.

(3) Identische Rechtschreibfehler und Formenfehler (ausgenommen in Mathematik und Darstellender Geometrie) sind in derselben schriftlichen Leistungsfeststellung grundsätzlich nur einmal zu werten; wenn diese Fehler jedoch im Rahmen einer Aufgabe oder Teilaufgabe, die ausschließlich auf die Überprüfung der Beherrschung der betreffenden sprachlichen Erscheinung abzielt, mehrmals vorkommen, ist diese Bestimmung nicht anzuwenden. Folgefehler sind nicht zu werten. Tritt in einer Schularbeit aus Mathematik oder Darstellender Geometrie derselbe Denkfehler in einer Aufgabe mehrmals auf, so ist dieser Denkfehler nur einmal zu werten. Letzteres gilt sinngemäß auch für sachliche Fehler in einer Schularbeit aus Biologie und Umweltkunde oder Physik. *(BGBl. Nr. 371/1974 idF BGBl. Nr. 439/1977, Art. I Z 16)*

(4) Falls vom Schüler bei einer schriftlichen Leistungsfeststellung statt der gestellten Aufgabe anderes bearbeitet wurde, ist zu prüfen, ob im Sinne der Definition der Beurteilungsstufen (§ 14) noch von einer Leistung betreffend die gestellten Anforderungen gesprochen werden kann. Dies gilt auch für den Fall, daß die Arbeit die gesamte Themenstellung verfehlt.

[17]) Siehe Kodex 5. Auflage.

Fachliche Aspekte für die Beurteilung von Schularbeiten

§ 16. (1) Für die Beurteilung von Schularbeiten sind folgende fachliche Aspekte maßgebend:

1. in der Unterrichtssprache
   a) Inhalt, wobei entsprechend der Themenstellung Beobachtungsfähigkeit, Gedankenrichtigkeit, Sachlichkeit, Themenbehandlung, Aufbau, Ordnung und Phantasie zu berücksichtigen sind,
   b) Ausdruck,
   c) Sprachrichtigkeit,
   d) Schreibrichtigkeit;
2. in den lebenden Fremdsprachen
   a) idiomatische Ausdrucksweise,
   b) grammatische Korrektheit,
   c) Wortschatz,
   d) Inhalt, wobei entsprechend der Themenstellung sachliche Richtigkeit, Abfolge der Gedanken, Aufbau, angeführte Tatsachen und Überlegungen zu berücksichtigen sind,
   e) Schreibrichtigkeit,
   f) Angemessenheit des Ausdrucks und Stil,
   g) Einhaltung besonderer Formvorschriften;
3. in Latein und Griechisch
   a) im Anfangsunterricht
      aa) Sinnerfassung,
      bb) sprachliche Gestaltung der Übersetzung,
      cc) Vokabelkenntnisse,
      dd) Beherrschung der Formenlehre,
      ee) Beherrschung der Syntax,
      ff) Vollständigkeit,
   b) in einer späteren Lernstufe neben lit. a sublit. aa bis ff: Interpretation;
4. in Mathematik
   a) gedankliche Richtigkeit,
   b) sachliche bzw. rechnerische Richtigkeit,
   c) Genauigkeit;
5. in Darstellender Geometrie
   a) gedankliche Richtigkeit,
   b) sachliche Richtigkeit,
   c) Genauigkeit;
6. in Biologie und Umweltkunde sowie in Physik *(BGBl. Nr. 371/1974 idF BGBl. Nr. 439/1977, Art. I Z 17)*
   a) gedankliche Richtigkeit,
   b) sachliche bzw. rechnerische Richtigkeit,
   c) Genauigkeit,
   d) Ordnung und Übersichtlichkeit der Darstellung, gegebenenfalls unter Berücksichtigung der sprachlichen Genauigkeit;

7. in Kurzschrift
   a) Richtigkeit des Geschriebenen,
   b) Arbeitstempo,
   c) Einhaltung der Formvorschriften;
8. in anderen Unterrichtsgegenständen
   a) gedankliche Richtigkeit,
   b) sachliche bzw. rechnerische Richtigkeit,
   c) Genauigkeit,
   d) Ordnung und Übersichtlichkeit der Darstellung, gegebenenfalls unter Berücksichtigung der sprachlichen Genauigkeit.

(2) Diese fachlichen Aspekte sind unter Bedachtnahme auf die Aufgabenstellung und den Umfang der Schularbeit zu berücksichtigen.

Beurteilung der Leistungsfeststellungen in Praxis (Kindergartenpraxis, Hortpraxis, Heimpraxis, Praxis der Sozialpädagogik ua.) an Bildungsanstalten
(BGBl. II Nr. 424/2016, Art. 1 Z 10)

§ 17. Bei der Beurteilung der Leistungsfeststellungen in Praxis (Kindergartenpraxis, Hortpraxis, Heimpraxis, Praxis der Sozialpädagogik ua.) an Bildungsanstalten sind unter Bedachtnahme auf die Aufgabenstellungen zu berücksichtigen: *(BGBl. II Nr. 424/2016, Art. 1 Z 11)*

a) fachliches Wissen und Können sowie berufspraktische Fertigkeiten,
b) Planung und Vorbereitung,
c) Durchführung,
d) Führung und Erzieherverhalten sowie
e) schriftliche Arbeiten.
(BGBl. Nr. 492/1992, Z 33)

4. Abschnitt
Beurteilung des Verhaltens in der Schule
(BGBl. Nr. 492/1992, Z 34)

Beurteilung des Verhaltens in der Schule

§ 18. (1) Eine Beurteilung des Verhaltens in der Schule hat in der Schulnachricht und dem Jahreszeugnis bzw. im Semesterzeugnis nur

a) in den allgemeinbildenden Pflichtschulen in der 5. bis 7. Schulstufe, *(BGBl. II Nr. 35/1997, Z 9)*
b) in den allgemeinbildenden höheren Schulen sowie in den berufsbildenden mittleren und höheren Schulen in allen Schulstufen *(BGBl. Nr. 439/1977, Art. I Z 18 idF BGBl. Nr. 492/1992, Z 35, BGBl. II Nr. 35/1997, Z 4 und BGBl. II Nr. 424/2016, Art. 1 Z 8)*

zu erfolgen. Sie hat jedoch in der letzten Stufe einer Schulart nicht zu erfolgen; ferner hat sie an allgemeinbildenden Pflichtschulen in der Schulnachricht und im Jahreszeugnis nicht zu erfolgen, wenn der Schüler zufolge der Erfüllung der allgemeinen Schulpflicht die Schule verläßt. *(BGBl. Nr. 439/1977, Art. I 18 idF BGBl. II Nr. 153/2015, Z 8 und 9)*

(2) Für die Beurteilung des Verhaltens in der Schule bestehen folgende Beurteilungsstufen (Noten):
Sehr zufriedenstellend,
Zufriedenstellend,
Wenig zufriedenstellend,
Nicht zufriedenstellend.

(3) Durch die Noten für das Verhalten des Schülers in der Schule ist zu beurteilen, inwieweit sein persönliches Verhalten und seine Einordnung in die Klassengemeinschaft den Anforderungen der Schulordnung entsprechen. Die durch die Beurteilung des Verhaltens des Schülers zu beurteilenden Pflichten des Schülers umfassen insbesondere die im § 43 des Schulunterrichtsgesetzes genannten Pflichten. Die Beurteilung des Verhaltens des Schülers hat besonders auch der Selbstkontrolle und Selbstkritik des Schülers zu dienen. Bei der Beurteilung sind die Anlagen des Schülers, sein Alter und sein Bemühen um ein ordnungsgemäßes Verhalten zu berücksichtigen. Die Beurteilung ist durch die Klassenkonferenz auf Antrag des Klassenvorstandes zu beschließen.

§ 19. entfallen (BGBl. Nr. 492/1992, Z 36)

5. Abschnitt
Leistungsbeurteilung für eine Schulstufe bzw. für ein Semester
(BGBl. Nr. 371/1974 idF BGBl. II Nr. 153/2015, Z 10)

Allgemeine Bestimmungen
(BGBl. Nr. 371/1974 idF BGBl. II Nr. 153/2015, Z 11)

§ 20. (1) Den Beurteilungen der Leistungen eines Schülers in einem Unterrichtsgegenstand für eine ganze Schulstufe hat der Lehrer alle vom Schüler im betreffenden Unterrichtsjahr erbrachten Leistungen zugrunde zu legen, wobei dem zuletzt erreichten Leistungsstand das größere Gewicht zuzumessen ist. Dabei sind die fachliche Eigenart des Unterrichtsgegenstandes und der Aufbau des Lehrstoffes zu berücksichtigen. *(BGBl. Nr. 371/1974 idF BGBl. Nr. 439/1977, Art. I Z 19 und BGBl. II Nr. 153/2015, Z 12)*

(2) Abs. 1 gilt ab der 10. Schulstufe von zumindest dreijährigen mittleren und höheren Schulen mit den Maßgaben, dass

1. an die Stelle der ganzen Schulstufe das ganze Semester tritt und
2. an die Stelle des Unterrichtsjahres das Halbjahr tritt.

(BGBl. II Nr. 153/2015, Z 12)

Durchführung von Feststellungs- und Nachtragsprüfungen

§ 21. (1) Feststellungs- und Nachtragsprüfungen bestehen nach Maßgabe des Lehrplanes

a) aus einer schriftlichen und einer mündlichen Teilprüfung oder
b) aus einer schriftlichen Teilprüfung allein oder
c) aus einer mündlichen Teilprüfung allein oder
d) aus einer praktischen Teilprüfung allein oder
e) aus einer praktischen und einer mündlichen Teilprüfung.

(BGBl. Nr. 216/1984, Art. I Z 7)

(2) Die schriftliche Teilprüfung ist eine Schularbeit, die mündliche Teilprüfung eine mündliche Prüfung, die praktische Teilprüfung eine praktische Leistungsfeststellung im Sinne dieser Verordnung. Die Bestimmungen über Schularbeiten, mündliche Prüfungen und praktische Leistungsfeststellungen sind auf die Teilprüfungen einer Feststellungs- oder Nachtragsprüfung insoweit anzuwenden, als im folgenden nicht anderes bestimmt wird.

(3) Besteht eine Feststellungs- oder Nachtragsprüfung aus einer schriftlichen bzw. praktischen Teilprüfung und einer mündlichen Teilprüfung, so ist die schriftliche bzw. praktische Teilprüfung am Vormittag, die mündliche Teilprüfung frühestens eine Stunde nach dem Ende der schriftlichen bzw. praktischen Teilprüfung abzulegen.

(4) Die Dauer einer schriftlichen Teilprüfung hat 50 Minuten, in Unterrichtsgegenständen, in denen für die betroffene Schulstufe mindestens eine zwei- oder mehrstündige Schularbeit lehrplanmäßig vorgesehen ist, jedoch 100 Minuten zu betragen. Die Dauer einer mündlichen Teilprüfung hat in den allgemeinbildenden Pflichtschulen und in den berufsbildenden Pflichtschulen höchstens 15 Minuten, ansonsten 15 bis 30 Minuten zu betragen. Die Dauer einer praktischen Teilprüfung hat in den allgemeinbildenden Schulen 30 bis 50 Minuten zu betragen; bei den übrigen Schulen ist die für die Gewinnung der erforderlichen Beurteilungsgrundlage notwendige Zeit zur Verfügung zu stellen.

(5) Die Uhrzeit des Beginnes jeder Teilprüfung ist dem Schüler spätestens eine Woche vor dem Tag der Feststellungs- bzw. Nachtragsprüfung nachweislich bekanntzugeben. Der tatsächliche Beginn der Prüfung darf nicht später als 60 Minuten nach dem bekanntgegebenen Beginn erfolgen.

(6) Am Tage einer Feststellungs- oder Nachtragsprüfung ist der Schüler von allen übrigen Leistungsfeststellungen befreit. An einem Tag darf eine Feststellungs- oder Nachtragsprüfung nur in einem Unterrichtsgegenstand, in den Berufsschulen in zwei Unterrichtsgegenständen abgelegt werden.

(7) Die im Laufe des betreffenden Unterrichtsjahres beurteilten Leistungen sind in die nunmehr festzusetzende Beurteilung der Feststellungs- und Nachtragsprüfung einzubeziehen.

(8) Auf die Beurteilung einer Feststellungs- oder Nachtragsprüfung findet § 14 Anwendung.

(9) Einem Schüler, der am Antreten zu einer Feststellungs- oder Nachtragsprüfung gerechtfertigterweise gehindert ist, ist unverzüglich nach Wegfall des Hinderungsgrundes ein neuer Termin zu setzen. Der neue Termin darf nicht nach dem auf das zu beurteilende Unterrichtsjahr folgenden 30. November, in lehrgangsmäßigen und saisonmäßigen Berufsschulen nicht nach der ersten Unterrichtswoche der nächsten Schulstufe liegen.

(10) Fällt der Prüfungstermin in das folgende Unterrichtsjahr, so ist der Schüler bis zu diesem Termin zur Teilnahme am Unterricht der Schulstufe berechtigt, die er bei positivem Prüfungsergebnis besuchen dürfte. Für das neue Unterrichtsjahr erhaltene Leistungsbeurteilungen haben auf die Leistungsbeurteilung für das vorangegangene Unterrichtsjahr keine Auswirkung.

(11) Die Wiederholung einer Feststellungsprüfung ist nicht zulässig. Auf Antrag des Schülers ist dieser zu einer einmaligen Wiederholung der Nachtragsprüfung innerhalb von zwei Wochen zuzulassen; die Abs. 1 bis 9 finden Anwendung. *(BGBl. II Nr. 35/1997, Z 10)*

(12) Abs. 1 bis 11 gelten für die 10. bis 13. Schulstufe von zumindest dreijährigen mittleren und höheren Schulen mit der Maßgabe, dass

1. in Abs. 4 und 10 unter „Schulstufe" ein Semester zu verstehen ist,
2. in Abs. 7 und 10 unter „Unterrichtsjahr" ein Semester zu verstehen ist und
3. abweichend von Abs. 9 zweiter Satz der neue Termin
   a) im Fall eines zu beurteilenden Wintersemesters nicht nach dem darauffolgenden 31. Mai und
   b) im Fall eines zu beurteilenden Sommersemesters nicht nach dem darauffolgenden 30. November

liegen darf.

(BGBl. II Nr. 153/2015, Z 13)

Durchführung von Wiederholungsprüfungen

§ 22. (1) Wiederholungsprüfungen bestehen nach Maßgabe des Lehrplanes

a) aus einer schriftlichen und einer mündlichen Teilprüfung oder
b) aus einer schriftlichen Teilprüfung allein oder
c) aus einer mündlichen Teilprüfung allein oder
d) aus einer praktischen Teilprüfung allein oder
e) aus einer praktischen und einer mündlichen Teilprüfung.

(BGBl. Nr. 216/1984, Art. I Z 8)

(2) Die schriftliche Teilprüfung ist eine Schularbeit, die mündliche Teilprüfung eine mündliche Prüfung, die praktische Teilprüfung eine praktische Leistungsfeststellung im Sinne dieser Verordnung. Die Bestimmungen über Schularbeiten, mündliche Prüfungen und praktische Leistungsfeststellungen sind auf die Teilprüfungen einer Wiederholungsprüfung insoweit anzuwenden, als im folgenden nicht anderes bestimmt wird.

(3) Besteht eine Wiederholungsprüfung aus einer schriftlichen bzw. praktischen Teilprüfung und einer mündlichen Teilprüfung, so ist die schriftliche bzw. praktische Teilprüfung am Vormittag, die mündliche Teilprüfung frühestens eine Stunde nach dem Ende der schriftlichen bzw. praktischen Teilprüfung, spätestens am folgenden Tag abzulegen.

(4) Wiederholungsprüfungen in Unterrichtsgegenständen nach § 25 Abs. 3 des Schulunterrichtsgesetzes können nur in den allgemeinbildenden Pflichtschulen auf Verlangen der Erziehungsberechtigten durchgeführt werden.

(5) Die Wiederholungsprüfung besteht

a) in den allgemeinbildenden Pflichtschulen
   aa) aus einer schriftlichen und einer mündlichen Teilprüfung in Deutsch, Lebender Fremdsprache und Mathematik, *(BGBl. Nr. 371/1974 idF BGBl. Nr. 492/1992, Z 37)*
   bb) aus einer praktischen Teilprüfung in Bildnerischer Erziehung, Geometrischem Zeichnen, Ernährung und Haushalt, Bewegung und Sport, Maschinschreiben, Schreiben sowie Werkerziehung (Technisches Werken, Textiles Werken), *(BGBl. Nr. 371/1974 idF BGBl. Nr. 492/1992, Z 38, BGBl. II Nr. 35/1997, Z 7, BGBl. II Nr. 185/2012, Art. 3 Z 9 und BGBl. II Nr. 153/2015, Z 14)*
   cc) aus einer mündlichen und praktischen Teilprüfung in Musikerziehung und Technischem Zeichnen,
   dd) aus einer mündlichen Teilprüfung in allen übrigen Unterrichtsgegenständen;
b) in den allgemeinbildenden höheren Schulen sowie den berufsbildenden Schulen *(BGBl. Nr. 216/1984, Art. I Z 9 idF BGBl. Nr. 492/1992, Z 39, BGBl. II Nr. 35/1997, Z 4 und BGBl. II Nr. 424/2016, Art. 1 Z 8)*
   aa) aus einer schriftlichen und einer mündlichen Teilprüfung in jenen Unterrichtsgegenständen, in denen Schularbeiten durchzuführen sind,
   bb) aus einer schriftlichen Teilprüfung in den Unterrichtsgegenständen Kurzschrift, Maschinschreiben, Stenotypie, Stenotypie und Phonotypie sowie Stenotypie und Textverarbeitung,
   cc) aus einer mündlichen und praktischen Teilprüfung in Unterrichtsgegenständen mit überwiegend praktischer Tätigkeit gemäß § 9 Abs. 2, sofern die Abhaltung einer mündlichen Prüfung nicht gemäß § 5 Abs. 11 unzulässig ist, sowie in Musikerziehung in Bildungsanstalten für Elementarpädagogik und in Bildungsanstalten für Sozialpädagogik, *(BGBl. Nr. 492/1992, Z 40 idF BGBl. II Nr. 35/1997, Z 4, BGBl. II Nr. 153/2015, Z 15 und BGBl. II Nr. 424/2016, Art. 1 Z 5)*
   dd) aus einer praktischen Teilprüfung in Unterrichtsgegenständen mit überwiegend praktischer Tätigkeit gemäß § 9 Abs. 2, sofern die Abhaltung einer mündlichen Prüfung gemäß § 5 Abs. 11 unzulässig ist, *(BGBl. II Nr. 153/2015, Z 16)*
   ee) aus einer mündlichen Teilprüfung in allen übrigen Unterrichtsgegenständen.

(BGBl. Nr. 216/1984, Art. I Z 9)

(6) Die Dauer einer schriftlichen Teilprüfung hat 50 Minuten, in Unterrichtsgegenständen, in denen für die betroffene Schulstufe mindestens eine zwei- oder mehrstündige Schularbeit lehrplanmäßig vorgesehen ist, jedoch 100 Minuten zu betragen. Die Dauer einer mündlichen Teilprüfung hat 15 bis 30 Minuten zu betragen. Die Dauer einer praktischen Teilprüfung hat in den allgemeinbildenden Schulen 30 bis 50 Minuten zu betragen. Bei den übrigen Schulen ist für die praktische Teilprüfung die für die Gewinnung der erforderlichen Beurteilungsgrundlage notwendige Zeit zur Verfügung zu stellen.

(7) Die Uhrzeit des Beginnes jeder Teilprüfung ist den Schülern spätestens zwei Tage

vor dem Tag der Wiederholungsprüfung nachweislich bekanntzugeben. Der tatsächliche Beginn der Prüfung darf nicht später als 60 Minuten nach dem bekanntgegebenen Termin erfolgen. *(BGBl. Nr. 371/1974 idF BGBl. II Nr. 153/2015, Z 17)*

(8) Am Tage einer Wiederholungsprüfung ist der Schüler von allen übrigen Leistungsfeststellungen befreit. An einem Tag darf eine Wiederholungsprüfung nur in einem Unterrichtsgegenstand, in den Berufsschulen in zwei Unterrichtsgegenständen abgelegt werden.

(9) Auf die Beurteilung der Wiederholungsprüfung findet § 14 Anwendung; in die neu festzusetzende Jahresbeurteilung ist jedoch die bisherige Jahresbeurteilung mit „Nicht genügend" soweit einzubeziehen, daß sie die Entscheidung, daß die Wiederholungsprüfung positiv abgelegt wurde, nicht beeinträchtigt, daß jedoch die neu festzusetzende Jahresbeurteilung andererseits höchstens mit „Befriedigend" festgelegt werden kann.

(10) Einem Schüler, der am Antreten zu einer Wiederholungsprüfung gerechtfertigterweise gehindert ist, ist unverzüglich nach Wegfall des Hinderungsgrundes ein neuer Termin zu setzen. Der neue Termin darf nicht nach dem auf das zu beurteilende Unterrichtsjahr folgenden 30. November, in lehrgangsmäßigen und saisonmäßigen Berufsschulen nicht nach der ersten Unterrichtswoche der nächsten Schulstufe liegen. *(BGBl. Nr. 371/1974 idF BGBl. II Nr. 153/2015, Z 18)*

(11) Fällt der Prüfungstermin in das auf das zu beurteilende Unterrichtsjahr folgende Unterrichtsjahr, so ist der Schüler bis zu diesem Termin zur Teilnahme am Unterricht der Schulstufe berechtigt, die er bei positivem Prüfungsergebnis besuchen dürfte. Für das neue Unterrichtsjahr erhaltene Leistungsbeurteilungen haben für das vorangegangene Unterrichtsjahr keine Auswirkung.

(12) Die Wiederholungsprüfungen haben sich auf den Lehrstoff des betreffenden Unterrichtsgegenstandes auf der ganzen Schulstufe zu beziehen.

(13) Eine Wiederholung einer Wiederholungsprüfung ist nicht zulässig.

Durchführung von Semesterprüfungen

§ 23. (1) Semesterprüfungen gemäß § 23a des Schulunterrichtsgesetzes sind auf Antrag des Schülers oder der Schülerin durchzuführen. Sie haben grundsätzlich während des Unterrichts oder, wenn es dem Prüfer oder der Prüferin in Hinblick auf die Unterrichtsarbeit oder den Prüfungsablauf zweckmäßig erscheint, auch außerhalb des Unterrichts stattzufinden. Die Prüfungstermine sind auf Antrag des Schülers oder der Schülerin vom Prüfer oder von der Prüferin anzuberaumen.

(2) Semesterprüfungen über noch nicht besuchte Unterrichtsgegenstände gemäß § 23b des Schulunterrichtsgesetzes sind auf Antrag des Schülers oder der Schülerin durchzuführen. Der Antrag hat einen Terminvorschlag zu enthalten und ist mindestens vier Wochen vor dem vorgeschlagenen Prüfungstermin beim Schulleiter oder bei der Schulleiterin (bei Abteilungsgliederung an berufsbildenden Schulen beim Abteilungsvorstand oder bei der Abteilungsvorständin) einzubringen.

(3) An einem Tag dürfen für einen Schüler oder eine Schüerin höchstens zwei Semesterprüfungen durchgeführt werden. Die Uhrzeit des Beginns jeder Teilprüfung ist dem Schüler oder der Schülerin vom Prüfer oder von der Prüferin spätestens eine Woche vor dem Tag der Semesterprüfung (Teilprüfung) nachweislich bekannt zu geben.

(BGBl. II Nr. 153/2015, Z 19)

5a. Abschnitt

Leistungsinformation

(BGBl. II Nr. 424/2016, Art. 1 Z 12)

Leistungsinformation an Volks- und Sonderschulen bis einschließlich des 1. Semesters der 2. Schulstufe

(BGBl. II Nr. 424/2016, Art. 1 Z 12 idF BGBl. II Nr. 259/2019, Z 1)

§ 23a. (1) Wird an Volks- oder Sonderschulen festgelegt, dass bis einschließlich des 1. Semesters der 2. Schulstufe an Stelle der Beurteilung der Leistung in Form von Noten eine Information der Erziehungsberechtigten über die Lern- und Entwicklungssituation der Schülerinnen und Schüler zu erfolgen hat, sind auf der Grundlage von Bewertungsgesprächen, zu denen die Erziehungsberechtigten und die Schülerin oder der Schüler einzuladen sind, eine schriftliche Semesterinformation am Ende des Wintersemesters und eine schriftliche Jahresinformation am Ende des Unterrichtsjahres vorzusehen. In die Bewertungsgespräche sind neben der Klassenlehrerin oder dem Klassenlehrer erforderlichenfalls weitere unterrichtende Lehrerinnen und Lehrer einzubeziehen. *(BGBl. II Nr. 424/2016, Art. 1 Z 12 idF BGBl. II Nr. 259/2019, Z 1)*

(2) Den Bewertungsgesprächen und den schriftlichen Informationen ist der Lehrplan unter Bedachtnahme auf den jeweiligen Stand des Unterrichts zugrunde zu legen. Es sind die von Schülerinnen und Schülern erbrachten Leistungen hinsichtlich der Erfassung und der

Anwendung des Lehrstoffes, der Durchführung der Aufgaben, der Eigenständigkeit, der Selbständigkeit der Arbeit und die festgestellten Lernfortschritte, Leistungsstärken, Begabungen und allfälligen Mängel, gemessen an den Lernzielen, sowie weiters allenfalls gesetzte oder zu setzende Fördermaßnahmen zu erörtern und zu dokumentieren. Ferner sind in den Bewertungsgesprächen die Entwicklung der Persönlichkeit und der sozialen Kompetenz der Schülerin oder des Schülers sowie ihr bzw. sein Verhalten in der Gemeinschaft zu erörtern.

(3)[18]) Hinsichtlich der an den Lernzielen zu messenden Leistungen gemäß Abs. 2 ist der Erfüllungsgrad der Kompetenzanforderungen darzulegen, insbesondere

1. ob und in welchem Ausmaß die Erfassung und Anwendung des Lehrstoffs sowie die Erfüllung der Aufgaben in den wesentlichen Lehrplanbereichen erfolgte,
2. ob und in welchem Ausmaß Eigenständigkeit (deutlich oder in Ansätzen) vorliegt und
3. ob die Schülerin oder der Schüler erlangte Kompetenzen sowie erworbenes Wissen und Können selbständig oder mit entsprechender Anleitung selbständig auf neuartige Aufgaben anwenden kann.

(4) § 11 Abs. 2 bis 3a und 4 bis 10, § 12 Abs. 1, § 15 Abs. 1, 3 und 4 sowie § 20 sind sinngemäß anzuwenden.

(BGBl. II Nr. 424/2016, Art. 1 Z 12)

6. Abschnitt
Schlussbestimmungen
(BGBl. II Nr. 153/2015, Z 20)

Inkrafttreten, Außerkrafttreten
(BGBl. II Nr. 153/2015, Z 21)

§ 24. (1) Diese Verordnung tritt mit 1. September 1974 in Kraft. *(BGBl. Nr. 371/1974 idF BGBl. Nr. 216/1984, Art. I Z 10 und BGBl. Nr. 492/1992, Z 41)*

(2) § 3 Abs. 1, 2 und 4, § 4, § 5 Abs. 2, 9 und 11, § 7 Abs. 7 und 9, § 8 Abs. 1 bis 5 und 9 bis 13, § 9, § 10, § 11 Abs. 3a, 4, 9 und 11, § 12 Abs. 1, § 13, § 17, die Überschrift des vierten Abschnittes, § 18 Abs. 1, § 19 und § 22 Abs. 5 dieser Verordnung in der Fassung der Verordnung BGBl. Nr. 492/1992 treten mit 1. September 1992 in Kraft. *(BGBl. Nr. 492/1992, Z 41)*

(3) Die nachstehend genannten Bestimmungen dieser Verordnung in der Fassung der Verordnung BGBl. II Nr. 35/1997 treten wie folgt in Kraft:

1. § 5 Abs. 2 und 11 lit. e und f, § 7 Abs. 7 lit. d und Abs. 9, § 8 Abs. 5 lit. d, § 10, § 12 Abs. 1 Z 4, § 13 lit. i, § 18 Abs. 1 lit. a und b, § 21 Abs. 11, § 22 Abs. 5 lit. b und lit. b sublit. cc, die Überschrift des 7. Abschnittes, § 23a samt Überschrift sowie die Überschrift des § 24 mit Ablauf des Tages der Kundmachung im Bundesgesetzblatt,
2. § 5 Abs. 11 lit. c, § 8 Abs. 11 lit. c, § 12 Abs. 1 Z 1 lit. b und Z 2 sowie Z 2 lit. b und § 22 Abs. 5 lit. a sublit. bb mit 1. September 1997 und
3. § 15 Abs. 1 mit 1. September 1998.

(BGBl. II Nr. 35/1997, Z 14)

(4) § 5 Abs. 11, § 8 Abs. 11, § 11 Abs. 3b, § 11 Abs. 9, § 12 Abs. 1 Z 2, § 13 samt Überschrift, § 14 Abs. 7, § 14a samt Überschrift sowie § 22 Abs. 5 lit. a sublit. bb dieser Verordnung in der Fassung der Verordnung BGBl. II Nr. 185/2012 treten mit 1. September 2012 in Kraft. *(BGBl. II Nr. 185/2012, Art. 3 Z 10)*

(5) § 7 Abs. 8a in der Fassung der Verordnung BGBl. II Nr. 255/2012 tritt mit 1. September 2012 in Kraft. *(BGBl. II Nr. 255/2012, Z 2)*

(6) Die nachstehend genannten Bestimmungen dieser Verordnung in der Fassung der Verordnung BGBl. II Nr. 153/2015 treten wie folgt in bzw. außer Kraft:

1. § 7 Abs. 7 und 8a, § 12 Abs. 1 Z 3 lit. j und § 22 Abs. 5 lit. a und b, Abs. 7 sowie Abs. 10 und die Überschrift des 7. Abschnitts treten mit Ablauf des Tages der Kundmachung im Bundesgesetzblatt in Kraft; gleichzeitig tritt § 12 Abs. 1 Z 3 lit. i außer Kraft;
2. § 5 Abs. 7, § 11 Abs. 4, § 18 Abs. 1, die Überschrift des 5. Abschnitts, § 20 samt Überschrift, § 21 Abs. 12 sowie § 23 samt Überschrift treten hinsichtlich der 10. Schulstufen von zumindest dreijährigen mittleren und höheren Schulen mit 1. September 2017 und hinsichtlich der weiteren Schulstufen dieser Schularten mit 1. September des jeweiligen Folgejahres in Kraft.

(BGBl. II Nr. 153/2015, Z 21)

(7) § 5 Abs. 11 lit. f, § 7 Abs. 7 lit. d, Abs. 8a und Abs. 9, § 8 Abs. 5 lit. d, § 11 Abs. 11, § 12 Abs. 1 Z 4, § 13 lit. i,§ 15 Abs. 1, § 17 samt Überschrift, § 18 Abs. 1 lit. b und § 22 Abs. 5 lit. b sowie der 5a. Abschnitt in der Fassung der Verordnung BGBl. II Nr. 424/

[18]) Siehe auch RS Nr. 20/2017 betreffend Informationen zum Bildungsreformgesetz 2017 sowie zur Jahres- und Semesterinformation (1.12.13.).

2016 treten mit Ablauf des Tages der Kundmachung im Bundesgesetzblatt in Kraft.[19]) *(BGBl. II Nr. 424/2016, Art. 1 Z 13)*

(8) Die Überschrift des § 23a und § 23a Abs. 1 in der Fassung der Verordnung BGBl. II Nr. 259/2019 treten mit 1. September 2019 in Kraft. *(BGBl. II Nr. 259/2019, Z 2)*

(9) Die nachstehend genannten Bestimmungen in der Fassung der Verordnung BGBl. II Nr. 264/2020 treten wie folgt in Kraft:

1. § 5 Abs. 11 lit. b (in der Fassung der Z 1), § 8 Abs. 11 lit. b (in der Fassung der Z 1), § 8 Abs. 11 lit. a und b (in der Fassung der Z 3), § 12 Abs. 1 Z 2 (in der Fassung der Z 5), § 13 lit. a und b (in der Fassung der Z 6) treten mit Ablauf des Tages der Kundmachung[20]) im Bundesgesetzblatt in Kraft;
2. § 5 Abs. 11 lit. b (in der Fassung der Z 2), § 8 Abs. 11 lit. b (in der Fassung der Z 2), § 12 Abs. 1 Z 2 (in der Fassung der Z 2), § 13 lit. a und b (in der Fassung der Z 2) sowie § 14 Abs. 7 treten mit 1. September 2020 in Kraft; gleichzeitig treten § 11 Abs. 3b sowie § 14a samt Überschrift außer Kraft.

(BGBl. II Nr. 264/2020, Art. 3 Z 8)

(10) § 7 Abs. 8a in der Fassung der Verordnung BGBl. II Nr. 215/2021 tritt mit 1. September 2021 in Kraft. *(BGBl. II Nr. 215/2021, Art. 2 Z 2)*

***§ 25.** entfallen (BGBl. II Nr. 153/2015, Z 21)*

---

[19]) Die Kundmachung im Bundesgesetzblatt erfolgte am 22. Dezember 2016.

[20]) Die Kundmachung im Bundesgesetzblatt erfolgte am 12. Juni 2020.

1.5.2. Leistungsbeurteilungsverordnung für abschließende Prüfungen – LBVO-abschlPrüf

BGBl. II Nr. 215/2021
idF der Verordnung
BGBl. II Nr. 175/2022

Verordnung des Bundesministers für Bildung, Wissenschaft und Forschung, mit der die Verordnung über die Leistungsbeurteilung bei abschließenden Prüfungen (Leistungsbeurteilungsverordnung für abschließende Prüfungen – LBVO-abschlPrüf) erlassen und die Leistungsbeurteilungsverordnung geändert wird

Artikel 1
Leistungsbeurteilungsverordnung für abschließende Prüfungen

Auf Grund der §§ 17, 18 und 34 bis 42 des Schulunterrichtsgesetzes, BGBl. Nr. 472/1986, zuletzt geändert durch das Bundesgesetz BGBl. I Nr. 19/2021, der §§ 33 bis 42 des Schulunterrichtsgesetzes für Berufstätige, Kollegs und Vorbereitungslehrgänge, BGBl. I Nr. 33/1997, zuletzt geändert durch das Bundesgesetz BGBl. I Nr. 19/2021, und des Berufsreifeprüfungsgesetzes, BGBl. I Nr. 68/1997, zuletzt geändert durch das Bundesgesetz BGBl. I Nr. 13/2020 wird verordnet:

Geltungsbereich, Regelungsgegenstand

§ 1. Diese Verordnung findet Anwendung auf die Beurteilung von Prüfungsgebieten der Klausurprüfung und die mündliche Prüfung der Hauptprüfung einer Prüfungskandidatin oder eines Prüfungskandidaten an öffentlichen und an mit Öffentlichkeitsrecht ausgestatteten Schulen der im Schulorganisationsgesetz, BGBl. Nr. 242/1962 und im Land- und forstwirtschaftlichen Bundesschulgesetzes, BGBl. Nr. 175/1966 geregelten Schularten sowie deren in Semester gegliederter Sonderformen, oder von Prüfungen gemäß dem Berufsreifeprüfungsgesetz, BGBl. I Nr. 68/1997. *(BGBl. II Nr. 215/2021 idF BGBl. II Nr. 175/2022, Art. 5 Z 1)*

Grundsätze der Leistungsbeurteilung

§ 2. (1) Es sind nur eigenständige Leistungen einer Prüfungskandidatin oder eines Prüfungskandidaten zu beurteilen.

(2) Die Klausurarbeit kann, ganz oder teilweise, im Schreibmodus „digital“ durch Eingabe in ein digitales Endgerät und „handschriftlich“ durch Schreiben auf Papier verfasst werden. Die Entscheidung darüber trifft die Prüferin oder der Prüfer im Einvernehmen mit der oder dem Vorsitzenden der Prüfungskommission. Eine Klausurarbeit unter Einsatz eines digitalen Endgerätes ist nur zulässig, wenn dies im Unterricht ausreichend geübt wurde und eine gesicherte Prüfungsumgebung gewährleistet ist.

(3) Zulässige Hilfsmittel sind in den Prüfungsordnungen festgelegt. Wenn die Klausurarbeit im Schreibmodus „digital“ verfasst wird, kann ein Textverarbeitungsprogramm verwendet werden. Der Einsatz des Korrekturmodus eines Textverarbeitungsprogrammes widerspricht nicht der eigenständigen Leistung, wobei die Prüfungskandidatin oder der Prüfungskandidat darauf hinzuweisen ist, dass auch unrichtige automatische Korrekturen der Leistung zugerechnet werden.

Gesamthafte Beurteilung

§ 3. (1) Die gesamthafte Beurteilung der in den Anwendungsbereich dieser Verordnung fallenden Prüfungsgebiete ergibt sich aus den Leistungen bei der Klausurprüfung oder der mündlichen Prüfung und den Leistungen der lehrplanmäßig letzten Schulstufe, in welcher der entsprechende Unterrichtsgegenstand oder die entsprechenden Unterrichtsgegenstände unterrichtet wurden. Bei Klausurarbeiten darf eine gesamthafte Beurteilung nur erfolgen, wenn eine Prüfungskandidatin oder ein Prüfungskandidat die in der Klausurarbeit gestellten Aufgabenstellungen zumindest zu 30 vH erfüllt hat. Bei mündlichen Teilprüfungen ist die Anwendung der gesamthaften Beurteilung ausgeschlossen, wenn eine Prüfungskandidatin oder ein Prüfungskandidat an der jeweiligen Teilprüfung nicht mitgewirkt hat oder, wenn auch nur fahrlässig, eine Situation herbeigeführt hat, die eine Mitwirkung an der Prüfung verhindert hat. Über den Ausschluss der gesamthaften Beurteilung bei mündlichen Teilprüfungen entscheidet die Prüfungskommission. Prüfungskandidatinnen und Prüfungskandidaten der Externistenprüfung haben die Leistungen der lehrplanmäßig letzten Schulstufe gemäß § 1 bei der Anmeldung zur Prüfung nachzuweisen. *(BGBl. II Nr. 175/2022, Art. 5 Z 2)*

(2) Die Erfüllung der gestellten Aufgaben von zumindest 30 vH einer Klausurarbeit gemäß Abs. 1 ist jedenfalls gegeben, wenn

1. eine Kompensationsprüfung im jeweiligen Prüfungsgebiet positiv abgelegt wurde,
2. im standardisierten Prüfungsgebiet „Deutsch" sowie „Slowenisch", „Kroatisch", „Ungarisch" als Unterrichtssprache die Dimension Inhalt in einer der beiden Aufgaben des gewählten Themenpakets überwiegend erfüllt wurde oder
3. in nichtstandardisierten Prüfungsgebieten die durch die (Fach-)Lehrerkonferenz festgelegten Anforderungen erfüllt wurden.

(3) Die Leistungen im Rahmen der abschließenden Prüfung und die Leistungen der lehrplanmäßig letzten Schulstufe der mittleren oder höheren Schule, in der der Unterrichtsgegenstand unterrichtet wurde, sind gleichwertig. Ergibt sich dabei keine eindeutige Beurteilungsstufe, so ist den Leistungen im Rahmen der abschließenden Prüfungen das größere Gewicht zuzumessen.

(4) Bei Schulen mit Semesterbeurteilung bilden die Leistungsbeurteilungen der beiden lehrplanmäßig letzten Semester, in welchen der Unterrichtsgegenstand unterrichtet wurde, die Leistungen der letzten Schulstufe aufgrund der gutachterlichen Beurteilung durch die Lehrperson.

(5) Besteht ein Prüfungsgebiet aus mehreren Unterrichtsgegenständen und sind die Leistungen der lehrplanmäßig letzten Schulstufe, in welcher der entsprechende Unterrichtsgegenstand unterrichtet wurde, zu berücksichtigen, sind für die Beurteilung die Leistungen in den einzelnen Unterrichtsgegenständen entsprechend dem Stundenausmaß anteilsmäßig zu gewichten.

(6) Ergibt eine Feststellung gemäß Abs. 5 keine eindeutige, ganzzahlige, Beurteilungsstufe, so ist bis einschließlich eines Wertes von 0,50 auf die geringere Zahl abzurunden, bei mehr als 0,50 aufzurunden.

Gesamthafte Betrachtung von Aufgabenstellungen und grundlegende Anforderungen

§ 4. Die Aufgabenstellungen sind auf der Grundlage des Lehrplanes und unter Bedachtnahme auf dessen unterschiedliche Anforderungen sowie auf die jeweils anzuwendende Prüfungsordnung so zu bestimmen, dass die im Prüfungsgebiet gestellten Anforderungen in der Erfassung und in der Anwendung des Lehrstoffes sowie in der Durchführung der Aufgaben in Erfüllungsgraden oder einer Punkteskalierung aufgrund dieser Verordnung erfasst und beurteilt werden können. Die Aufgabenstellungen sind so zu gestalten, dass für eine Beurteilung mit „Sehr gut" jedenfalls der Nachweis der Anwendung des Wissens und Könnens auf neuartige Aufgabenstellungen erbracht sein muss und für eine Beurteilung mit „Genügend" die erforderlichen Kompetenzen in der Erfassung und in der Anwendung des Lehrstoffes sowie in der Durchführung der Aufgaben grundlegend nachgewiesen sein müssen.

Anforderungen und Beurteilungsstufen einzelner schriftlicher Prüfungsgebiete

§ 5. (1) Im standardisierten Prüfungsgebiet „Lebende Fremdsprache" sind die Aufgaben so zu gestalten, dass in den Kompetenzbereichen rezeptiv und produktiv jeweils mindestens 50 vH der Anforderungen erfüllt sein müssen, um zumindest die Beurteilungsstufe „Genügend" zu erreichen. Die einzelnen Beurteilungsstufen des Prüfungsgebietes sind

Sehr gut	ab 90 vH
Gut	ab 80 vH
Befriedigend	ab 70 vH
Genügend	ab 60 vH
Nicht genügend	weniger als 60 vH

der vollständigen Erfüllung der gestellten Anforderungen gemäß § 4.

(2) In den standardisierten Prüfungsgebieten „Latein" und „Griechisch" sind die Aufgaben so zu gestalten, dass in den Kompetenzbereichen Übersetzen und Interpretieren jeweils 50 vH der Anforderungen erfüllt sein müssen, um die Beurteilungsstufe „Genügend" zu erreichen.

(3) In den standardisierten Prüfungsgebieten „Mathematik" und „Angewandte Mathematik" sind die Aufgaben so zu gestalten, dass die erforderlichen Kompetenzen in der Erfassung und in der Anwendung des Lehrstoffes sowie in der Durchführung der Aufgaben für die Beurteilungsstufe „Genügend" grundlegend nachgewiesen sein müssen.

Anwendung anderer Rechtsvorschriften und Verweisungen

§ 6. Die Anwendung anderer Regelungen, insbesondere der Prüfungsordnungen einzelner Schularten, bleibt von dieser Verordnung unberührt. Soweit in dieser Verordnung auf Bundesgesetze verwiesen wird, sind diese in der mit dem Inkrafttreten der jeweils letzten Novelle dieser Verordnung geltenden Fassung anzuwenden.

Inkrafttreten

§ 7. (1) Diese Verordnung tritt mit dem Ablauf des Tages der Kundmachung im Bundesgesetzblatt in Kraft.[1]) *(BGBl. II Nr. 215/2021 idF BGBl. II Nr. 175/2022, Art. 5 Z 3)*

(2) § 1 und § 3 Abs. 1 in der Fassung der Verordnung BGBl. II Nr. 175/2022 treten mit Ablauf des Tages der Kundmachung im Bundesgesetzblatt in Kraft.[2]) *(BGBl. II Nr. 175/2022, Art. 5 Z 3)*

---

[1]) Die Kundmachung im Bundesgesetzblatt erfolgte am 11. Mai 2021.

[2]) Die Kundmachung im Bundesgesetzblatt erfolgte am 2. Mai 2022.

Artikel 2
Änderung der Leistungsbeurteilungsverordnung

Auf Grund der §§ 18, 18a, 20, 21, 23 des Schulunterrichtsgesetzes, BGBl. I Nr. 472/1986, zuletzt geändert durch das Bundesgesetz BGBl. I Nr. 19/2021, wird verordnet:

… *(Die durch Artikel 2 verfügten Änderungen der Leistungsbeurteilungsverordnung sind in den Text der Leistungsbeurteilungsverordnung eingearbeitet. Siehe 1.5.1.).*

1.6. Zeugnisformularverordnung

BGBl. Nr. 415/1989

idF der Verordnungen

BGBl. Nr. 272/1993 BGBl. Nr. 303/1995
BGBl. II Nr. 130/1997 BGBl. II Nr. 401/1997
BGBl. II Nr. 320/1999 BGBl. II Nr. 187/2002
BGBl. II Nr. 82/2004 BGBl. II Nr. 439/2006
BGBl. II Nr. 81/2009 BGBl. II Nr. 185/2012
BGBl. II Nr. 77/2015 BGBl. II Nr. 261/2015
BGBl. II Nr. 107/2016 BGBl. II Nr. 211/2016
BGBl. II Nr. 424/2016 BGBl. II Nr. 78/2018
BGBl. II Nr. 159/2019 BGBl. II Nr. 260/2019
BGBl. II Nr. 264/2020 BGBl. II Nr. 465/2020
BGBl. II Nr. 210/2021 BGBl. II Nr. 250/2021
BGBl. II Nr. 28/2022 BGBl. II Nr. 214/2022
BGBl. II Nr. 56/2024

Verordnung des Bundesministers für Unterricht, Kunst und Sport vom 19. Juli 1989 über die Gestaltung von Zeugnisformularen (Zeugnisformularverordnung)

Auf Grund der §§ 22 und 39 des Schulunterrichtsgesetzes, BGBl. Nr. 472/1986, zuletzt geändert durch das Bundesgesetz BGBl. Nr. 255/1989, wird verordnet:

1. Abschnitt
Allgemeine Bestimmungen
(BGBl. II Nr. 424/2016, Art. 2 Z 1)

Geltungsbereich
(BGBl. II Nr. 424/2016, Art. 2 Z 2)

§ 1. (1) Diese Verordnung gilt für die Gestaltung der im § 2 Abs. 1 genannten Zeugnisformulare, die an den durch § 1 des Schulunterrichtsgesetzes erfaßten Schulen zu verwenden sind; ausgenommen vom Geltungsbereich dieser Verordnung sind die Zeugnisformulare für Externistenprüfungen sowie für Eignungs- und Aufnahmsprüfungen. *(BGBl. Nr. 415/1989 idF BGBl. II Nr. 77/2015, Z 1)*

(2) Durch die Verordnung werden auf Grund besonderer Vorschriften in das Zeugnis aufzunehmende Vermerke (zB Überbeglaubigungen) nicht berührt.

§ 2. (1) Die Formulare für Jahreszeugnisse, Lehrgangszeugnisse, Abschlusszeugnisse, Semesterzeugnisse, Beiblätter zum Semesterzeugnis, Zeugnisse über Semesterprüfungen sowie über den Besuch von Unterrichtsgegenständen, Reifeprüfungszeugnisse, Reife- und Diplomprüfungszeugnisse, Diplomprüfungszeugnisse, Zeugnisse über Vorprüfungen, Zeugnisse über Zusatzprüfungen zur Reifeprüfung und Abschlussprüfungszeugnisse sowie für Schulbesuchsbestätigungen und Semester- und Jahresinformationen sind entsprechend den folgenden Bestimmungen und den einen Bestandteil dieser Verordnung bildenden Anlagen 2 bis 17 zu gestalten. *(BGBl. II Nr. 77/2015, Z 3 idF BGBl. II Nr. 264/2020, Art. 4 Z 1)*

(2) Insoweit Zeugnisse für bestimmte Schularten, Schulformen oder Fachrichtungen hergestellt werden, können jene Textstellen der Anlagen 2 bis 14 entfallen, die für die betreffende Schulart, Schulform bzw. Fachrichtung nicht in Betracht kommen.

(3) In dem für die Bezeichnung der Schule und des Standortes vorgesehenen Raum ist bei Privatschulen mit Öffentlichkeitsrecht ein Hinweis auf die Verleihung dieses Rechtes aufzunehmen.

(3a) In dem für die Bezeichnung der Schule vorgesehenen Raum kann bei an Schulen angeschlossenen Klassen, die jeweilige Schulart der angeschlossenen Klasse vorangestellt werden. *(BGBl. II Nr. 264/2020, Art. 4 Z 2)*

(3b) In dem für die Bezeichnung der Schule vorgesehenen Raum ist bei Schulen oder Klassen, die als „Bildungsanstalt für Leistungssport“ oder „Bildungsanstalt für darstellende Kunst“ gemäß § 128e des Schulorganisationsgesetzes, BGBl. Nr. 242/1962, geführt werden, ein Hinweis auf die Führung der Schule oder Klasse als Bildungsanstalt für Leistungssport oder Bildungsanstalt für darstellende Kunst aufzunehmen. *(BGBl. II Nr. 214/2022, Z 1)*

(3c) Wurde für die Schule eine Festlegung gemäß § 36a Abs. 1a des Schulunterrichtsgesetzes getroffen, ist im Semesterzeugnis über das Wintersemester und das Sommersemester (Anlage 5) in der für die Bezeichnung der Schulart vorgesehenen Zeile der Hinweis „mit Kurssystem gemäß § 36a Abs. 1a SchUG“ aufzunehmen. *(BGBl. II Nr. 56/2024, Z 1)*

(4) In dem für die Bezeichnung der Pflichtgegenstände, der Freigegenstände, der verbindlichen Übungen und der unverbindlichen Übungen vorgesehenen Raum sind die betreffenden Unterrichtsgegenstände bzw. Übungen in der Reihenfolge ihrer Nennung in dem in Betracht kommenden Lehrplan anzuführen. Werden Unterrichtsgegenstände zusammengefasst oder Lehrinhalte in andere (schulautonome) Unterrichtsgegenstände verlagert, ist der Bezeichnung des Unterrichtsgegenstandes ein Klammerausdruck mit der Bezeichnung jener Unterrichtsgegenstände, die zusammengefasst oder deren Teile verlagert wurden, beizufügen. Ferner ist in diesem Zusammenhang die Teilnahme an etwaigen lehrplanmäßig vorgesehenen therapeutischen und funktionellen Übungen zu vermerken. *(BGBl. Nr. 415/1989 idF BGBl. II Nr. 401/1997, Z 1 und BGBl. II Nr. 56/2024, Z 2)*

(5) Bei den lebenden Fremdsprachen ist die Bezeichnung der Fremdsprache sowie erforderlichenfalls der Vermerk „(Erste lebende Fremdsprache)", „(Zweite lebende Fremdsprache)" bzw. „(Dritte lebende Fremdsprache)" anzuführen.

(5a) Bei Instrumentalmusik und Gesang ist nach der Bezeichnung des Unterrichtsgegenstandes gegebenenfalls ein Vermerk über das gewählte Instrument anzuführen. *(BGBl. II Nr. 260/2019, Z 1)*

(6) Die Beurteilung der Leistungen ist in den Abschlusszeugnissen, Reifeprüfungszeugnissen, Reife- und Diplomprüfungszeugnissen, Diplomprüfungszeugnissen und Abschlussprüfungszeugnissen in Worten, in den übrigen Fällen in Ziffern zu schreiben. Bei Vorliegen der Voraussetzungen des § 18 Abs. 2 des Schulunterrichtsgesetzes ist eine schriftliche Erläuterung hinzuzufügen. In leistungsdifferenzierten Pflichtgegenständen ist bei der Beurteilung, jenes Leistungsniveau anzugeben, welchem die Schülerin oder der Schüler zugeordnet war; an Berufsschulen ist ein diesbezüglicher Vermerk nur beim Besuch von Pflichtgegenständen mit erweitertem oder vertieftem Bildungsangebot aufzunehmen, sofern dieser Vermerk nicht wegen der besonderen Bezeichnung dieser Pflichtgegenstände entbehrlich ist. Die Beurteilung des Verhaltens in der Schule ist jedenfalls in Worten zu schreiben. *(BGBl. II Nr. 264/2020, Art. 4 Z 3)*

(7) Sofern ein Pflichtgegenstand oder ein Freigegenstand besucht wurde, jedoch nicht beurteilt werden konnte, ist statt der Beurteilung der Vermerk „nicht beurteilt" aufzunehmen; trifft die Voraussetzung bei mehreren im Zeugnisformular nacheinander stehenden Pflichtgegenständen oder Freigegenständen zu, kann ein Vermerk für diese gemeinsam gesetzt werden.

(8) Die in den §§ 3 bis 8 und 11c vorgesehenen Zeugnisvermerke sind unmittelbar vor dem Ausstellungsdatum einzufügen. Steht hiefür kein Platz zur Verfügung, können sie auch nach den Unterschriften gesetzt werden, sind jedoch ebenfalls mit Datum, Unterschriften und Rundsiegel zu fertigen. Vermerke können auf den Zeugnisformularen vorgedruckt werden, sind jedoch in diesem Falle bei Nichtzutreffen zu streichen. *(BGBl. Nr. 415/1989 idF BGBl. II Nr. 28/2022, Z 1)*

(9) Freie Stellen der Zeugnisformulare in dem für die Leistungsbeurteilung, für Teilnahmevermerke und sonstige Vermerke vorgesehenen Raum sind durchzustreichen.

(10) Für Jahres- und Semesterzeugnisse (Anlagen 2 bis 5), für das Beiblatt zum Semesterzeugnis gemäß Anlage 7 sowie für Zeugnisse über abschließende Prüfungen (Anlage 11) und über Zusatzprüfungen zur Reifeprüfung (Anlage 12) ist Papier mit hellgrünem Unterdruck gemäß Anlage 1 zu verwenden. Sofern wegen zusätzlich in das Zeugnis aufzunehmender Vermerke mit dem Zeugnisformular das Auslangen nicht gefunden werden kann, ist ein Anhang aus dem gleichen Unterdruckpapier herzustellen. Wird dem Zeugnis eine schriftliche Erläuterung (Abs. 6 zweiter Satz) hinzugefügt, sind jedenfalls die Bezeichnung und der Standort der Schule anzuführen sowie die Unterschriften der Schulclusterleitung und der Klassenvorständin oder des Klassenvorstandes bzw. der Klassenlehrerin oder des Klassenlehrers sowie ein Rundsiegel beizufügen. Jeder Anhang sowie jede schriftliche Erläuterung sind so mit dem Zeugnis zu verbinden, dass nachträgliches Austauschen des Anhanges bzw. der Erläuterung nicht möglich ist. *(BGBl. II Nr. 320/1999, Z 3 idF BGBl. II Nr. 77/2015, Z 6 und BGBl. II Nr. 264/2020, Art. 4 Z 4)*

(11) Anstelle von Zeugnisformularen können dieser Verordnung entsprechende automationsunterstützte Ausfertigungen, unter Verwendung von Papier mit hellgrünem Unterdruck gemäß Anlage 1, hergestellt werden.

2. Abschnitt

Zeugnisse, Schulbesuchsbestätigungen

(BGBl. II Nr. 424/2016, Art. 2 Z 3)

Jahres- und Semesterzeugnis

(BGBl. Nr. 272/1993, Z 2)

§ 3. (1) In das Jahreszeugnis (Anlagen 2, 3 und 4) und in das Semesterzeugnis (Anlage 5) sind folgende Vermerke mit der erforderlichen Ergänzung aufzunehmen: *(BGBl. II Nr. 77/2015, Z 8)*

1. wenn der Schüler die betreffende Schulstufe oder das betreffende Semester ge-

mäß § 22 Abs. 2 lit. g bzw. § 22a Abs. 2 Z 8 des Schulunterrichtsgesetzes mit ausgezeichnetem Erfolg abgeschlossen hat:

„Er/Sie hat gemäß § 22 Abs. 2 lit. g/ § 22a Abs. 2 Z 8 des Schulunterrichtsgesetzes die/den ... Klasse/Jahrgang (... Schulstufe)/das ... Semester der/des ... Klasse/Jahrganges (... Schulstufe) mit ausgezeichnetem Erfolg abgeschlossen.“;

(BGBl. II Nr. 77/2015, Z 9 idF BGBl. II Nr. 56/2024, Z 3)

1a. wenn der Schüler die betreffende Schulstufe oder das betreffende Semester gemäß § 22 Abs. 2 lit. h bzw. § 22a Abs. 2 Z 9 des Schulunterrichtsgesetzes mit gutem Erfolg abgeschlossen hat:

„Er/Sie hat gemäß § 22 Abs. 2 lit. h/ § 22a Abs. 2 Z 9 des Schulunterrichtsgesetzes die/den ... Klasse/Jahrgang (... Schulstufe)/das ... Semester der/des ... Klasse/Jahrganges (... Schulstufe) mit gutem Erfolg abgeschlossen.“; *(BGBl. II Nr. 77/2015, Z 10 idF BGBl. II Nr. 56/2024, Z 3)*

1b. wenn der Schüler nach erfolgreichem Abschluß der 7. Schulstufe der Volksschule oder der 3. Klasse der Mittelschule oder der 3. Klasse der allgemeinbildenden höheren Schule die Polytechnische Schule erfolgreich abgeschlossen hat:

„Er/Sie hat die 8. Schulstufe gemäß § 28 Abs. 3 des Schulunterrichtsgesetzes erfolgreich abgeschlossen.“;

(BGBl. II Nr. 401/1997, Z 2 idF BGBl. II Nr. 185/2012, Art. 4 Z 2 und BGBl. II Nr. 264/2020, Art. 4 Z 5 und 6)

2. wenn der Schüler gemäß § 25 des Schulunterrichtsgesetzes zum Aufsteigen in die nächsthöhere Schulstufe

   a) berechtigt ist:

   „Er/Sie ist gemäß § 25 des Schulunterrichtsgesetzes zum Aufsteigen in die/den ... Klasse/Jahrgang (... Schulstufe) berechtigt.“;

   (BGBl. Nr. 415/1989 idF BGBl. II Nr. 424/2016, Art. 2 Z 4)

   b) nicht berechtigt ist:

   „Er/Sie ist gemäß § 25 des Schulunterrichtsgesetzes zum Aufsteigen in die/den ... Klasse/Jahrgang (... Schulstufe) nicht berechtigt.“;

   sofern der Schüler gemäß § 25 Abs. 8 des Schulunterrichtsgesetzes wegen Nichtzurücklegung eines Praktikums zum Aufsteigen in die nächsthöhere Schulstufe nicht berechtigt ist:

   „Er/Sie ist gemäß § 25 Abs. 8 des Schulunterrichtsgesetzes zum Aufsteigen in die/den ... Klasse/Jahrgang nicht berechtigt.“;

2a. wenn der Schüler der semestrierten Oberstufe aufgrund eines Beschlusses der Klassenkonferenz gemäß § 25 Abs. 10 Z 2 des Schulunterrichtsgesetzes trotz zweier Nichtbeurteilungen oder Beurteilungen mit „Nicht genügend“ in Pflichtgegenständen zum Aufsteigen in die nächsthöhere Schulstufe berechtigt ist oder war:

„Er/Sie ist/war gemäß § 25 Abs. 10 Z 2 des Schulunterrichtsgesetzes trotz zweier Nichtbeurteilungen oder Beurteilungen mit „Nicht genügend“ in Pflichtgegenständen zum Aufsteigen in die/den … Klasse/Jahrgang (… Schulstufe) berechtigt. Ein Aufsteigen mit insgesamt zwei Nichtbeurteilungen oder Beurteilungen mit „Nicht genügend“ in Pflichtgegenständen ist daher kein weiteres Mal zulässig.“;

(BGBl. II Nr. 214/2022, Z 2)

2b. wenn ein Schüler gemäß § 25 Abs. 11 des Schulunterrichtsgesetzes wegen einer Nichtbeurteilung oder einer Beurteilung mit „Nicht genügend“ in Pflichtgegenständen der vorangegangenen Schulstufe nicht zum Aufsteigen berechtigt ist:

„Er/Sie ist gemäß § 25 Abs. 11 des Schulunterrichtsgesetzes aufgrund der Nichtbeurteilung/Beurteilung mit „Nicht genügend“ im Pflichtgegenstand/in den Pflichtgegenständen ... des … Semesters der/des … Klasse/Jahrganges (… Schulstufe) zum Aufsteigen in die/den ... Klasse/Jahrgang (... Schulstufe) nicht berechtigt.“;

(BGBl. II Nr. 56/2024, Z 4)

3. wenn der Schüler gemäß § 25 des Schulunterrichtsgesetzes die letzte Schulstufe der besuchten Schulart nicht erfolgreich abgeschlossen hat:

„Er/Sie hat gemäß § 25 des Schulunterrichtsgesetzes die/den ... Klasse/Jahrgang (... Schulstufe) nicht erfolgreich abgeschlossen.“;

sofern der Schüler gemäß § 25 Abs. 8 des Schulunterrichtsgesetzes wegen Nichtzurücklegung eines Praktikums die letzte Schulstufe der besuchten Schulart nicht erfolgreich abgeschlossen hat:

„Er/Sie hat gemäß § 25 Abs. 8 des Schulunterrichtsgesetzes die/den ... Klasse/Jahrgang nicht erfolgreich abgeschlossen.“;

3a. wenn ein Schüler gemäß § 25 Abs. 1 letzter Satz des Schulunterrichtsgesetzes die letzte Schulstufe der besuchten Schulart erfolgreich abgeschlossen hat:

„Er/Sie wurde im Schuljahr ..../.. im Pflichtgegenstand .... mit „Sehr gut“/„Gut“/„Befriedigend“ beurteilt und hat somit gemäß § 25 Abs. 1 letzter Satz des Schulunterrichtsgesetzes die letzte Schulstufe erfolgreich abgeschlossen.“;

(BGBl. II Nr. 320/1999, Z 4)

4. wenn der Schüler gemäß § 27 Abs. 1 des Schulunterrichtsgesetzes berechtigt ist, die betreffende Schulstufe zu wiederholen:

„Er/Sie ist gemäß § 27 Abs. 1 des Schulunterrichtsgesetzes berechtigt, die/den ... Klasse/Jahrgang (... Schulstufe) zu wiederholen.“;

4a. wenn der Schüler gemäß § 27 Abs. 2 des Schulunterrichtsgesetzes berechtigt ist, die betreffende Schulstufe zu wiederholen:

„Er/Sie ist gemäß § 27 Abs. 2 des Schulunterrichtsgesetzes berechtigt, die/den ... Klasse/Jahrgang (... Schulstufe) zu wiederholen. Eine nochmalige freiwillige Wiederholung ist nicht zulässig.“;

(BGBl. Nr. 303/1995, Z 3)

4b. wenn der Schüler der semestrierten Oberstufe gemäß § 27 Abs. 2 iVm Abs. 2a des Schulunterrichtsgesetzes berechtigt ist, die betreffende Schulstufe zu wiederholen:

„Er/Sie ist gemäß § 27 Abs. 2 iVm Abs. 2a des Schulunterrichtsgesetzes berechtigt, die/den ... Klasse/Jahrgang (... Schulstufe) zu wiederholen.“;

(BGBl. II Nr. 77/2015, Z 11 idF BGBl. II Nr. 214/2022, Z 3)

5. wenn der Schüler gemäß § 23 Abs. 1 des Schulunterrichtsgesetzes zur Ablegung einer Wiederholungsprüfung aus einem oder zwei Pflichtgegenständen berechtigt ist:

„Er/Sie ist gemäß § 23 Abs. 1 des Schulunterrichtsgesetzes zur Ablegung einer Wiederholungsprüfung aus dem/den Pflichtgegenstand/Pflichtgegenständen .... berechtigt.“;

6. wenn der Schüler gemäß § 23 Abs. 4 des Schulunterrichtsgesetzes berechtigt ist, eine Wiederholungsprüfung aus einem oder zwei Freigegenständen abzulegen:

„Er/Sie ist gemäß § 23 Abs. 4 des Schulunterrichtsgesetzes zur Ablegung einer Wiederholungsprüfung aus dem/den Freigegenstand/Freigegenständen .... berechtigt.“;

6a. wenn der Schüler der semestrierten Oberstufe

a) gemäß § 23a Abs. 3 des Schulunterrichtsgesetzes spätestens an den für die Durchführung der Wiederholungsprüfungen (§ 23 des Schulunterrichtsgesetzes) vorgesehenen Tagen des jeweiligen Schuljahres zur Ablegung einer Semesterprüfung berechtigt ist:

„Er/Sie ist gemäß § 23a Abs. 1 in Verbindung mit Abs. 3 des Schulunterrichtsgesetzes bis einschließlich an den für die Durchführung der Wiederholungsprüfungen (§ 23 des Schulunterrichtsgesetzes) vorgesehenen Tagen dieses Schuljahres zur Ablegung einer Semesterprüfung aus dem Unterrichtsgegenstand/den Unterrichtsgegenständen .... berechtigt.“;

b) gemäß § 23a Abs. 11 Z 1 des Schulunterrichtsgesetzes abweichend von § 23 Abs. 3 des Schulunterrichtsgesetzes auch in dem auf die Semesterbeurteilung folgenden Semester zur Ablegung einer Semesterprüfung berechtigt ist:

„Er/Sie ist gemäß § 23a Abs. 1 in Verbindung mit Abs. 11 Z 1 des Schulunterrichtsgesetzes bis zum Ende des folgenden Semesters zur Ablegung einer Semesterprüfung aus dem Unterrichtsgegenstand/den Unterrichtsgegenständen .... berechtigt.“;

c) aufgrund einer Entscheidung gemäß § 23a Abs. 11 Z 2 des Schulunterrichtsgesetzes berechtigt ist, den betreffenden Unterrichtsgegenstand innerhalb der darauffolgenden zwei Semester auch durch Unterrichtsbesuch gemäß § 11 Abs. 6b Z 3 des Schulunterrichtsgesetzes zu wiederholen, ist dem Vermerk gemäß lit. b folgendes anzufügen:

„Er/Sie ist ferner dazu berechtigt, den Unterrichtsgegenstand/die Unterrichtsgegenstände .... gemäß § 23a Abs. 11 Z 2 in Verbindung mit § 11 Abs. 6b Z 3 des Schulunterrichtsgesetzes noch einmal zu besuchen und beurteilen zu lassen.“;

d) aufgrund einer Entscheidung gemäß § 23a Abs. 1 in Verbindung mit Abs. 11 Z 3 des Schulunterrichtsgesetzes dazu berechtigt ist, eine Beurteilung in einem Wahlpflichtgegenstand (Wahlmodul) gemäß § 23a Abs. 1 des Schulunterrichtsgesetzes im darauffolgenden Semester durch Besuch eines anderen Wahlpflichtgegenstandes (Wahltmoduls)[1]) zu ersetzen, ist dem Vermerk gemäß lit. b folgendes anzufügen:

„Er/Sie ist ferner dazu berechtigt, im folgenden Semester den als Wahlpflichtgegenstand (Wahlmodul) besuchten und nicht beurteilten/mit „Nicht genügend“ beurteilten Unterrichtsgegenstand gemäß § 23a Abs. 1 in Verbindung mit Abs. 11 Z 3 des Schulunterrichtsgesetzes durch Besuch eines denselben Pflichtgegenstand betreffenden Wahlpflichtgegenstandes (Wahlmoduls) zu ersetzen.“;

e) aufgrund einer Entscheidung gemäß § 23a Abs. 1 in Verbindung mit Abs. 11 Z 3 des Schulunterrichtsgesetzes einen Wahlpflichtgegenstand (Wahlmodul) durch Besuch eines anderen Wahlpflichtgegenstandes (Wahlmoduls) ersetzt hat:

„Der (Das) nicht beurteilte/mit „Nicht genügend“ beurteilte Wahlpflichtgegenstand (Wahlmodul) .... wurde gemäß § 23a Abs. 1 in Verbindung mit Abs. 11 Z 3 des Schulunterrichtsgesetzes durch erfolgreichen Besuch eines denselben Pflichtgegenstand betreffendes Wahlpflichtgegenstandes (Wahlmoduls) im folgenden Semester ersetzt.“;

(BGBl. II Nr. 56/2024, Z 5)

6b. *entfallen (BGBl. II Nr. 28/2022, Z 2)*

7. wenn der Schüler die gemäß § 32 des Schulunterrichtsgesetzes zulässige Höchstdauer des Schulbesuches überschreitet (§ 33 Abs. 2 lit. d des Schulunterrichtsgesetzes):

„Er/Sie hat mit Ende dieses Schuljahres infolge Überschreitens der gemäß § 32 des Schulunterrichtsgesetzes zulässigen Höchstdauer gemäß § 33 Abs. 2 lit. d des Schulunterrichtsgesetzes aufgehört, Schüler/Schülerin dieser Schule zu sein.“;

8. wenn die Schulkonferenz der Volksschule gemäß § 40 Abs. 1 des Schulorganisationsgesetzes feststellt, daß der Schüler trotz einer Beurteilung in Deutsch, Lesen und (oder) Mathematik mit Befriedigend den Anforderungen der allgemeinbildenden höheren Schulen genügen wird:

„Er/Sie erfüllt die Voraussetzung für die Aufnahme in die 1. Klasse der allgemeinbildenden höheren Schule.“;

(BGBl. Nr. 415/1989 idF BGBl. II Nr. 77/2015, Z 13 und BGBl. II Nr. 214/2022, Z 4)

8a. *entfallen (BGBl. II Nr. 264/2020, Art. 4 Z 7)*

8b. *entfallen (BGBl. II Nr. 264/2020, Art. 4 Z 7)*

8c. *entfallen (BGBl. II Nr. 424/2016, Art. 2 Z 5)*

8d. *entfallen (BGBl. II Nr. 264/2020, Art. 4 Z 7)*

8e. *entfallen (BGBl. II Nr. 264/2020, Art. 4 Z 7)*

8f. *entfallen (BGBl. II Nr. 264/2020, Art. 4 Z 7)*

8g. *entfallen (BGBl. II Nr. 424/2016, Art. 2 Z 5)*

9. bei Beendigung der allgemeinen Schulpflicht gemäß § 3 des Schulpflichtgesetzes 1985, BGBl. Nr. 76:

„Er/Sie hat die allgemeine Schulpflicht gemäß § 3 des Schulpflichtgesetzes 1985 mit Ende des Schuljahres ..../.. beendet.“;

(BGBl. Nr. 415/1989 idF BGBl. II Nr. 77/2015, Z 14)

10. wenn die Beurteilung des Schülers in einem Pflichtgegenstand wegen Befreiung von der Teilnahme an diesem Pflichtgegenstand gemäß § 11 Abs. 6, Abs. 6a oder Abs. 7 des Schulunterrichtsgesetzes oder gemäß § 23 des Schulpflichtgesetzes 1985 nicht möglich war:

„Er/Sie wurde von der Teilnahme am Pflichtgegenstand .... gemäß § 11 Abs. 6/Abs. 6a/Abs. 7 des Schulunterrichtsgesetzes/gemäß § 23 des Schulpflichtgesetzes 1985 befreit.“;

(BGBl. II Nr. 77/2015, Z 15 idF BGBl. II Nr. 56/2024, Z 6)

10a. wenn der Schüler gemäß § 11 Abs. 6b letzter Satz des Schulunterrichtsgesetzes von der Teilnahme an einem Pflichtgegenstand befreit war und

a) den Unterrichtsgegenstand im betreffenden Semester oder in der betreffenden Schulstufe noch nicht positiv abgeschlossen hat:

„Er/Sie wurde von der Teilnahme am Pflichtgegenstand ....

[1]) Sollte „(Wahlmoduls)“ lauten.

gemäß § 11 Abs. 6b letzter Satz des Schulunterrichtsgesetzes in dem im Anhang über Genehmigungen und Befreiungen gemäß § 11 Abs. 6b des Schulunterrichtsgesetzes angeführten Ausmaß befreit.“;

b) über den Unterrichtsgegenstand des betreffenden Semesters eine Semesterprüfung gemäß § 23b erfolgreich abgelegt hat:

„Er/Sie wurde von der Teilnahme am Pflichtgegenstand .... gemäß § 11 Abs. 6b letzter Satz des Schulunterrichtsgesetzes in dem im Anhang über Genehmigungen und Befreiungen gemäß § 11 Abs. 6b des Schulunterrichtsgesetzes angeführten Ausmaß befreit. Seine/Ihre Leistungen bei der Semesterprüfung gemäß § 23b des Schulunterrichtsgesetzes wurden nach dem Zeugnis über die Semesterprüfung über noch nicht besuchte Unterrichtsgegenstände vom ……… mit „Sehr gut“/„Gut“/„Befriedigend“/„Genügend“ beurteilt.“;

c) der Unterrichtsgegenstand des betreffenden Semesters oder der betreffenden Schulstufe bereits durch Teilnahme an diesem Unterrichtsgegenstand erfolgreich abgeschlossen wurde:

„Er/Sie wurde von der Teilnahme am Pflichtgegenstand .... gemäß § 11 Abs. 6b letzter Satz des Schulunterrichtsgesetzes in dem im Anhang über Genehmigungen und Befreiungen gemäß § 11 Abs. 6b des Schulunterrichtsgesetzes angeführten Ausmaß befreit. Seine/Ihre Leistungen beim Besuch des Pflichtgegenstandes wurden entsprechend des Zeugnisses über Besuch eines Unterrichtsgegenstandes oder mehrerer Unterrichtsgegenstände in einem höheren Semester/ in einer höheren Schulstufe mit „Sehr gut“/„Gut“/ „Befriedigend“/„Genügend“ beurteilt.“;

(BGBl. II Nr. 56/2024, Z 7)

11. bei Beurteilung in der Unterrichtssprache und der lebenden Fremdsprache gemäß § 18 Abs. 12 des Schulunterrichtsgesetzes:

„Er/Sie wurde auf Grund seines/ihres Ansuchens gemäß § 18 Abs. 12 des Schulunterrichtsgesetzes in der Unterrichtssprache beurteilt, als wäre diese die lebende Fremdsprache; er/sie wurde in seiner/ihrer Muttersprache beurteilt, als wäre diese die Unterrichtssprache.“;

11a. wenn eine lebende Fremdsprache als Unterrichtssprache gemäß § 16 Abs. 3 des Schulunterrichtsgesetzes angeordnet wird:

„Der Pflichtgegenstand/Die Pflichtgegenstände .... wurde/n gemäß § 16 Abs. 3 des Schulunterrichtsgesetzes in der lebenden Fremdsprache .... unterrichtet.“;

(BGBl. II Nr. 130/1997, Z 3 idF BGBl. II Nr. 424/2016, Art. 2 Z 7)

12. wenn sich der Schüler gemäß § 33 Abs. 2 lit. a des Schulunterrichtsgesetzes vom Schulbesuch abgemeldet hat:

„Er/Sie hat sich gemäß § 33 Abs. 2 lit. a des Schulunterrichtsgesetzes mit .... vom Schulbesuche abgemeldet.“;

13. wenn es sich um das Jahreszeugnis einer Berufsschule handelt, der Schüler das Lehr- oder Ausbildungsverhältnis beendet hat und er die Berufsschule nicht gemäß § 21 Abs. 3 des Schulpflichtgesetzes 1985 weiterbesucht:

„Er/Sie hat mit .... auf Grund der Beendigung des Lehr- oder Ausbildungsverhältnisses gemäß § 33 Abs. 2 lit. b des Schulunterrichtsgesetzes aufgehört, Schüler/Schülerin dieser Schule zu sein.“;

(BGBl. II Nr. 77/2015, Z 17)

14. wenn der Schüler einer mittleren oder höheren Schule der schriftlichen Aufforderung zur Rechtfertigung gemäß § 45 Abs. 5 des Schulunterrichtsgesetzes binnen einwöchiger Frist nicht nachgekommen ist (§ 33 Abs. 2 lit. c des Schulunterrichtsgesetzes):

„Er/Sie hat mit .... infolge Nichtrechtfertigung des Fernbleibens von der Schule (§ 45 Abs. 5 des Schulunterrichtsgesetzes) gemäß § 33 Abs. 2 lit. c des Schulunterrichtsgesetzes aufgehört, Schüler/Schülerin dieser Schule zu sein.“;

15. beim Eintritt der Rechtskraft des Ausschlußbescheides gemäß § 49 des Schulunterrichtsgesetzes (§ 33 Abs. 2 lit. e des Schulunterrichtsgesetzes):

„Er/Sie hat mit Rechtskraft des Ausschlußbescheides gemäß § 49 des Schulunterrichtsgesetzes mit .... gemäß § 33 Abs. 2 lit. e des Schulunterrichtsgesetzes aufgehört, Schüler/Schülerin dieser Schule zu sein.“;

15a. wenn ein Schüler die erste Stufe einer berufsbildenden mittleren oder höheren Schule mit vier oder mehr „Nicht genügend“ in Pflichtgegenständen abgeschlossen hat (§ 33 Abs. 2 lit. f und § 82a des Schulunterrichtsgesetzes):

„Er/Sie ist zum einmaligen Wiederholen der 1. Klasse/des I. Jahrganges/des 1. Semesters (... Schulstufe) berechtigt, sofern alle Aufnahmsbewerber für diese erste Stufe an der betreffenden Schule gemäß § 5 des Schulunterrichtsgesetzes aufgenommen werden können; andernfalls hört er/sie in Folge des Abschlusses in .... Pflichtgegenständen mit „Nicht genügend“ gemäß § 33 Abs. 2 lit. f des Schulunterrichtsgesetzes auf, Schüler/Schülerin dieser Schule zu sein.“;

(BGBl. II Nr. 187/2002, Z 2 idF BGBl. II Nr. 424/2016, Art. 2 Z 7 und 8)

15b. *entfallen (BGBl. II Nr. 28/2022, Z 2)*

16. wenn der Schüler von der Teilnahme an einer verbindlichen Übung gemäß § 11 Abs. 6 oder 6a des Schulunterrichtsgesetzes oder gemäß § 23 des Schulpflichtgesetzes 1985 befreit wurde:

„Er/Sie wurde von der Teilnahme an der verbindlichen Übung .... gemäß § 11 Abs. 6/Abs. 6a des Schulunterrichtsgesetzes/gemäß § 23 des Schulpflichtgesetzes 1985 befreit.“;

(BGBl. II Nr. 77/2015, Z 19)

17. wenn der Schüler auf Grund der Beurteilung über die zuletzt besuchte Schulstufe im ablaufenden Schuljahr zum Aufsteigen in die nächsthöhere Schulstufe nicht berechtigt wäre, die Berechtigung jedoch gemäß § 27 Abs. 2 sechster Satz des Schulunterrichtsgesetzes gegeben ist:

„Er/Sie ist gemäß § 25 in Verbindung mit § 27 Abs. 2 sechster Satz des Schulunterrichtsgesetzes zum Aufsteigen in die/den … Klasse/Jahrgang (... Schulstufe) berechtigt.“;

(BGBl. Nr. 415/1989 idF BGBl. II Nr. 56/2024, Z 8)

18. wenn der Schüler der semestrierten Oberstufe die 10. oder eine höhere Schulstufe einer zumindest dreijährigen mittleren oder höheren Schule wiederholt und gemäß § 22a Abs. 2 Z 5 lit. c oder e des Schulunterrichtsgesetzes die jeweils bessere Beurteilung der im Pflichtgegenstand erbrachten Leistungen heranzuziehen ist:

„Die Beurteilung in den Pflichtgegenständen ……….. ist die Beurteilung auf Grund des der Wiederholung der Schulstufe vorangegangenen Schulbesuches.“;

(BGBl. II Nr. 77/2015, Z 20 idF BGBl. II Nr. 214/2022, Z 5 und BGBl. II Nr. 56/2024, Z 9)

19. wenn der Schüler einer Allgemeinen Sonderschule gemäß § 31c des Schulunterrichtsgesetzes in den Unterrichtsgegenständen Deutsch und (oder) Mathematik am Unterricht in der nächstniedrigeren oder nächsthöheren Schulstufe teilgenommen hat:

„Er/Sie hat gemäß § 31c des Schulunterrichtsgesetzes im/in den Pflichtgegenstand/Pflichtgegenständen .... am Unterricht der ... Schulstufe teilgenommen.“;

(BGBl. Nr. 415/1989 idF BGBl. II Nr. 264/2020, Art. 4 Z 8)

19a. wenn ein Schüler an einer Polytechnischen Schule in einer Schwerpunktphase gemäß § 11 Abs. 1 des Schulunterrichtsgesetzes unterrichtet wurde:

„Er/Sie hat den Unterricht im Ergänzungsbereich .... im Gesamtausmaß von .... Unterrichtstunden besucht.“;

(BGBl. II Nr. 465/2020, Art. 6 Z 1)

20. wenn ein Schüler an einer Berufsschule in einem Pflichtgegenstand mit vertieftem Bildungsangebot dem höheren Leistungsniveau mit vertieftem Bildungsangebot zugeordnet war:

„Er/Sie hat den Unterricht im/in den folgenden Pflichtgegenstand/Pflichtgegenständen mit vertieftem Bildungsangebot besucht: ....“;

(BGBl. Nr. 415/1989 idF BGBl. II Nr. 264/2020, Art. 4 Z 9)

21. wenn ein Schüler an einer Berufsschule (ausgenommen in der letzten Schulstufe) für das nächste Unterrichtsjahr in einem Pflichtgegenstand mit vertieftem Bildungsangebot dem höheren Leistungsniveau mit vertieftem Bildungsangebot zugeordnet wurde (§ 31b des Schulunterrichtsgesetzes):

„Er/Sie hat im nächsten Unterrichtsjahr gemäß § 31b des Schulunterrichtsgesetzes den Unterricht im/in den folgenden Pflichtgegenstand/Pflichtgegenständen mit vertieftem Bildungsangebot zu besuchen: ....“;

(BGBl. II Nr. 465/2020, Art. 6 Z 2)

22. wenn in der vom Schüler besuchten Berufsschulklasse wegen zu geringer Schülerzahl kein leistungsdifferenzierter Unterricht angeboten wird:

„Er/Sie besuchte eine Klasse, in der aus schulorganisatorischen Gründen kein Unterricht mit erweitertem oder vertieftem Bildungsangebot erfolgte.“;

22a. wenn ein Schüler an einer Berufsschule unter Anwendung des § 3a der Verordnung über die Lehrpläne für Berufsschulen, BGBl. Nr. 430/1976, gemäß § 8b Abs. 1 oder Abs. 2 oder gemäß § 8c in Verbindung mit § 8b Abs. 1 oder Abs. 2 des Berufsausbildungsgesetzes, BGBl. Nr. 142/1969, unterrichtet wurde:

„Er/Sie wurde gemäß § 8b Abs. 1/§ 8b Abs. 2/§ 8c in Verbindung mit § 8b Abs. 1/ § 8c in Verbindung mit § 8b Abs. 2 des Berufsausbildungsgesetzes, BGBl. Nr. 142/ 1969, unter Anwendung des § 3a der Verordnung über die Lehrpläne für Berufsschulen, BGBl. Nr. 430/1976 in der jeweils geltenden Fassung, unterrichtet.“;

(BGBl. II Nr. 211/2016, Art. 4 Z 1)

22b. wenn ein Schüler an einer Berufsschule unter Anwendung des § 4 der Verordnung über die Lehrpläne für Berufsschulen (Lehrplan 2016), BGBl. II Nr. 211/2016, gemäß § 8b Abs. 1 oder Abs. 2 oder gemäß § 8c in Verbindung mit § 8b Abs. 1 oder Abs. 2 des Berufsausbildungsgesetzes, BGBl. Nr. 142/ 1969, unterrichtet wurde:

„Er/Sie wurde gemäß § 8b Abs. 1/§ 8b Abs. 2/§ 8c in Verbindung mit § 8b Abs. 1/§ 8c in Verbindung mit § 8b Abs. 2 des Berufsausbildungsgesetzes, BGBl. Nr. 142/1969, unter Anwendung des § 4 der Verordnung über die Lehrpläne für Berufsschulen (Lehrplan 2016), BGBl. Nr. 211/2016 in der jeweils geltenden Fassung, unterrichtet.“;

(BGBl. II Nr. 211/2016, Art. 4 Z 1)

23. An der Mittelschule (6. und 7. Schulstufe):

„Er/Sie ist gemäß § 31b des Schulunterrichtsgesetzes im nächsten Unterrichtsjahr im Pflichtgegenstand Deutsch nach dem Leistungsniveau ……………, im Pflichtgegenstand Mathematik nach dem Leistungsniveau …………… und im Pflichtgegenstand Lebende Fremdsprache nach dem Leistungsniveau …………… zu unterrichten.“;

(BGBl. II Nr. 465/2020, Art. 6 Z 3)

24. an berufsbildenden mittleren und höheren Schulen die Angabe des Lehrplans, nach dem im abgelaufenen Schuljahr unterrichtet worden ist, unter Zitierung der Bundesgesetzblattnummer(n):

„Er/Sie ist im Schuljahr ..... nach dem Lehrplan .... BGBl. II Nr. ..../................ unterrichtet worden.“.

(BGBl. Nr. 415/1989 idF BGBl. II Nr. 77/ 2015, Z 22 und BGBl. II Nr. 424/2016, Art. 2 Z 10)

(2) Beim Religionsbekenntnis ist von Amts wegen die Zugehörigkeit zu einer gesetzlich anerkannten Kirche oder Religionsgesellschaft bzw. die Zugehörigkeit zu einer staatlich eingetragenen religiösen Bekenntnisgemeinschaft zu vermerken. Beim Unterrichtsgegenstand Religion ist nach der Bezeichnung „Religion“ die Bezeichnung der gesetzlich anerkannten Kirche oder Religionsgesellschaft zu vermerken, an dessen Religionsunterricht eine Schülerin oder ein Schüler ohne Bekenntnis oder eine Schülerin oder ein Schüler, die oder der einer staatlich eingetragenen religiösen Bekenntnisgemeinschaft angehört, teilgenommen hat. *(BGBl. II Nr. 320/1999, Z 7 idF BGBl. II Nr. 187/2002, Z 3 und BGBl. II Nr. 250/2021, Art. 9 Z 1)*

(3) Für das vorläufige Jahreszeugnis gemäß § 22 Abs. 5 des Schulunterrichtsgesetzes gelten die Bestimmungen für das Jahreszeugnis, doch ist im Zeugnisformular vor dem Wort „Jahreszeugnis“ das Wort „Vorläufiges“ zu setzen. Ferner ist folgender Vermerk aufzunehmen, wobei alle Pflichtgegenstände, in denen die Nachtragsprüfung abzulegen ist, anzuführen sind:

„Er/Sie wurde zur Ablegung einer Nachtragsprüfung aus .... bis spätestens .... zugelassen.“

(3a) Für das vorläufige Semesterzeugnis der semestrierten Oberstufe gemäß § 22a Abs. 4 des Schulunterrichtsgesetzes gelten die Bestimmungen für das Semesterzeugnis, doch ist im Zeugnisformular vor dem Wort „Semesterzeugnis“ das Wort „Vorläufiges“ zu setzen. Ferner ist folgender Vermerk aufzunehmen, wobei alle Pflichtgegenstände, in denen die Nachtragsprüfung abzulegen ist, anzuführen sind:

„Er/Sie wurde zur Ablegung einer Nachtragsprüfung aus .... bis spätestens .... zugelassen.“

(BGBl. II Nr. 77/2015, Z 23 idF BGBl. II Nr. 214/2022, Z 6)

(4) Die gemäß § 23 Abs. 2 und Abs. 3 des Schulunterrichtsgesetzes in das Jahreszeugnis aufzunehmenden Vermerke sind vom Schulleiter der Schule, an der die Wiederholungsprüfung abgelegt wurde, sowie dem betreffenden Fachprüfer (den Fachprüfern) unter Anbringung des Rundsiegels der Schule zu fertigen. Es ist folgender Wortlaut zu verwenden:

1. für den Vermerk gemäß § 23 Abs. 2 des Schulunterrichtsgesetzes:

   „Er/Sie hat im Hinblick auf den Wechsel der Schulart die Wiederholungsprüfung aus dem Pflichtgegenstand .... gemäß § 23 Abs. 2 des Schulunterrichtsgesetzes mit der Beurteilung .... abgelegt.“;

2. für den Vermerk gemäß § 23 Abs. 3 des Schulunterrichtsgesetzes:

„Er/Sie hat im Hinblick auf den Schulwechsel die Wiederholungsprüfung aus dem Pflichtgegenstand/den Pflichtgegenständen .... gemäß § 23 Abs. 3 des Schulunterrichtsgesetzes mit der Beurteilung ...... abgelegt.“.

(5) In das Jahreszeugnis der Vorschulstufe (Anlage 3) ist bei Vorliegen der in Abs. 1 Z 16 genannten Voraussetzungen der dort angeführte Vermerk mit der erforderlichen Ergänzung aufzunehmen.

(6) In das Jahreszeugnis der Sonderschule für mehrfach behinderte Kinder und der Sonderschule für Kinder mit erhöhtem Förderbedarf (Anlage 4) sind bei Vorliegen der in Abs. 1 Z 7, 9, 10, 12 oder 16 genannten Voraussetzungen die entsprechenden dort angeführten Vermerke mit der erforderlichen Ergänzung aufzunehmen. *(BGBl. Nr. 415/1989 idF BGBl. II Nr. 261/2015, Art. 3 Z 1)*

(6a) entfallen (BGBl. II Nr. 465/2020, Art. 6 Z 4)

(7) Auf einem gemäß der Anlage 6 zu gestaltenden Beiblatt zum Semesterzeugnis der semestrierten Oberstufe sind dann, wenn ein Unterrichtsgegenstand oder mehrere Unterrichtsgegenstände nicht oder mit „Nicht genügend“ beurteilt wurden, derjenige Teilbereich oder diejenigen Teilbereiche der Bildungs- und Lehraufgabe sowie des Lehrstoffs des betreffenden Unterrichtsgegenstandes und Semesters gemäß dem Lehrplan vollständig zu benennen, der oder die für die Nichtbeurteilung oder die Beurteilung mit „Nicht genügend“ maßgeblich waren. Zudem können ergänzende pädagogische Ausführungen im Beiblatt vermerkt werden. § 2 Abs. 9 ist anzuwenden. *(BGBl. II Nr. 28/2022, Z 3 idF BGBl. II Nr. 214/2022, Z 7)*

(7a) Auf einem gemäß der Anlage 7 zu gestaltenden Beiblatt zum Semesterzeugnis sind hinsichtlich des letzten Semesters von berufsbildenden Schulen die mit dem Abschluss der Schule verbundenen gewerblichen Berechtigungen anzuführen. *(BGBl. II Nr. 77/2015, Z 25)*

(8) Im Falle schulautonomer Lehrplanbestimmungen ist im Zeugnisformular oder im Anhang zu diesem die jeweilige Stundentafel anzuführen oder in geeigneter Weise ein Hinweis auf die schulautonome Lehrplanbestimmung zu vermerken. An Schulen unter besonderer Berücksichtigung der musischen oder der sportlichen Ausbildung kann die jeweilige Stundentafel im Zeugnisformular oder im Anhang zu diesem angeführt oder ein entsprechender Hinweis im Zeugnisformular aufgenommen werden. *(BGBl. II Nr. 56/2024, Z 10)*

(9) Im Falle schulautonomer Schwerpunktsetzung an allgemein bildenden höheren Schulen ist im Zeugnisformular in der die Schulart (Schulform) betreffenden Zeile die Bezeichnung des Schwerpunktes als Klammerausdruck anzuführen. Abweichend davon ist im Falle der Führung eines Oberstufenrealgymnasiums mit autonomer Schwerpunktsetzung in der die Schulart (Schulform) betreffenden Zeile die Bezeichnung „Oberstufenrealgymnasium mit autonomer Schwerpunktsetzung im Bereich“ anzuführen und um die Kurzbezeichnung des Schwerpunktes zu ergänzen. *(BGBl. II Nr. 56/2024, Z 10)*

(10) In das Jahreszeugnis der letzten Schulstufe bzw. das Jahres- und Abschlusszeugnis der Berufsschule oder in einen Anhang zu diesen Zeugnissen ist die jeweilige von der zuständigen Schulbehörde verordnete Stundentafel oder, im Falle von Lehrplänen gemäß § 3a der Verordnung über die Lehrpläne für Berufsschulen, BGBl. Nr. 430/1976 in der jeweils geltenden Fassung, sowie im Falle von Lehrplänen gemäß § 4 der Verordnung über die Lehrpläne für Berufsschulen (Lehrplan 2016), BGBl. II Nr. 211/2016 in der jeweils geltenden Fassung, ein geeigneter Hinweis auf den individuellen oder generellen Lehrplan aufzunehmen. *(BGBl. II Nr. 78/2018, Z 4)*

Lehrgangszeugnisse

§ 4. Für die Lehrgangszeugnisse sind die Bestimmungen über die Jahres- und Semesterzeugnisse sinngemäß anzuwenden.

(BGBl. II Nr. 320/1999, Z 8)

Abschlußzeugnis

§ 5. (1) Das Abschlußzeugnis ist jeweils mit dem Jahreszeugnis über die letzte Schulstufe zu verbinden.

(2) In das Abschlusszeugnis an Mittelschulen ist zutreffendenfalls der Vermerk über die Berechtigung zum Übertritt in eine mittlere und/oder höhere Schule nach der 8. Schulstufe aufzunehmen. *(BGBl. II Nr. 77/2015, Z 26 und BGBl. II Nr. 264/2020, Art. 4 Z 6)*

(2a) In das Abschlusszeugnis der Forstfachschule ist zutreffendenfalls ein Vermerk über die durch den Schulbesuch erworbenen Berechtigungen auf Grund des § 105 des Forstgesetzes 1975, BGBl. Nr. 440/1975, aufzunehmen. *(BGBl. II Nr. 260/2019, Z 2)*

(3) In das Abschlußzeugnis an Berufsschulen sind mit der erforderlichen Ergänzung folgende Vermerke aufzunehmen:

1. wenn ein Lehrling die letzte Schulstufe der Berufsschule vor Beendigung des Lehrverhältnisses erfolgreich abgeschlossen hat:

„Er/Sie hat das Bildungsziel der Berufsschule für den Lehrberuf .... erreicht und damit die Berufsschulpflicht in diesem Lehrberuf erfüllt.“;

2. wenn ein Lehrling in zwei Lehrberufen gemäß § 5 Abs. 6 des Berufsausbildungsgesetzes gleichzeitig ausgebildet wird und die letzte Schulstufe der Berufsschule für einen Lehrberuf erfolgreich abgeschlossen hat:

   „Er/Sie hat das Bildungsziel der Berufsschule für den Lehrberuf .... erreicht und damit die Berufsschulpflicht in diesem Lehrberuf erfüllt. Für den Lehrberuf .... besteht weiterhin Berufsschulpflicht.“;

   (BGBl. Nr. 415/1989 idF BGBl. II Nr. 130/1997, Z 6)

3. wenn ein Lehrling in zwei Lehrberufen gemäß § 5 Abs. 6 des Berufsausbildungsgesetzes gleichzeitig ausgebildet wird und die letzte Schulstufe in beiden Fachklassen oder die letzte Schulstufe der Fachklasse für beide Lehrberufe erfolgreich abgeschlossen hat:

   „Er/Sie hat das Bildungsziel der Berufsschule für die Lehrberufe .... erreicht und damit die Berufsschulpflicht in diesen Lehrberufen erfüllt.“.

   (BGBl. Nr. 415/1989 idF BGBl. II Nr. 130/1997, Z 6)

Zeugnisse über abschließende Prüfungen

§ 6. (1) Die Leistungen des Prüfungskandidaten bei einer allfälligen Vorprüfung sind in einem Vorprüfungszeugnis (Anlage 8) zu beurkunden. In das Vorprüfungszeugnis ist gegebenenfalls folgender Vermerk mit der erforderlichen Ergänzung aufzunehmen:

„Er/Sie ist berechtigt, die Teilprüfung(en) .... der Vorprüfung zur Reifeprüfung/Reife- und Diplomprüfung zu wiederholen.“.

(2) Auf Antrag des Prüfungskandidaten sind die Leistungen bei einer vorgezogenen Teilprüfung der Hauptprüfung in einem Zeugnis über die vorgezogene Teilprüfung der Hauptprüfung (Anlage 9) zu beurkunden. In das Zeugnis über die vorgezogene Teilprüfung der Hauptprüfung ist gegebenenfalls folgender Vermerk mit der erforderlichen Ergänzung aufzunehmen:

„Er/Sie ist gemäß § 40 des Schulunterrichtsgesetzes zur Wiederholung folgender Prüfungsgebiete der Hauptprüfung berechtigt: ....“.

(3) Auf Antrag des Prüfungskandidaten sind die Leistungen bei der abschließenden Arbeit der Hauptprüfung in einem Zeugnis über die abschließende Arbeit (Anlage 10) zu beurkunden. In das Zeugnis über die abschließende Arbeit ist gegebenenfalls folgender Vermerk mit der erforderlichen Ergänzung aufzunehmen:

„Er/Sie ist gemäß § 40 des Schulunterrichtsgesetzes zur Wiederholung der vorwissenschaftlichen Arbeit/Diplomarbeit/Abschlussarbeit berechtigt.“.

(4) In das Zeugnis über abschließende Prüfungen (Anlage 11) sind folgende Vermerke mit der erforderlichen Ergänzung aufzunehmen:

1. für den Fall, dass Vorprüfungen abgelegt wurden, der Vermerk über die Ablegung und die Beurteilung der Vorprüfung;
2. der Vermerk über einen etwaigen Entfall von Prüfungsgebieten;
3. das Thema der abschließenden Arbeit;
4. bei lebenden Fremdsprachen der Vermerk über das im Lehrplan vorgesehene Niveau gemäß GER (Empfehlung des Ministerkomitees des Europarates an die Mitgliedstaaten Nr. R (98) 6 vom 17. März 1989 zum Gemeinsamen Europäischen Referenzrahmen für Sprachen);
5. im Falle des Besuchs von Freigegenständen, die für die Berechtigung zum Besuch von Universitäten von Bedeutung sind:

   „Er/Sie hat in der/im ..... Klasse/Jahrgang den Freigegenstand .... im Gesamtausmaß von ... Wochenstunden erfolgreich besucht.“;

6. Vermerke über allfällige Berechtigungen neben der Berechtigung zum Besuch von Universitäten (zB über die Berechtigung zur Erlangung der Qualifikationsbezeichnung „Ingenieur“); *(BGBl. II Nr. 77/2015, Z 27 idF BGBl. II Nr. 78/2018, Z 5)*
7. wenn die Beurteilung in einem oder mehreren Prüfungsgebieten mit „Nicht genügend“ festgesetzt wurde:

   „Er/Sie ist gemäß § 40 des Schulunterrichtsgesetzes zur Wiederholung folgender Prüfungsgebiete der Hauptprüfung berechtigt: ....“;

8. der Vermerk über die allfällige Ablegung von mündlichen Teilprüfungen in einer lebenden Fremdsprache; *(BGBl. II Nr. 77/2015, Z 27 idF BGBl. II Nr. 107/2016, Art. 2 Z 2)*
9. im Falle des Besuchs von alternativen Pflichtgegenständen:

   „Er/Sie hat in der/in den/im/in den ..... Klasse/Klassen/Jahrgang/Jahrgängen den

---

[2]) Die Novelle BGBl. II Nr. 210/2021 hat den Punkt am Ende der Z 9 nicht durch einen Strichpunkt ersetzt.

alternativen Pflichtgegenstand .... im Gesamtausmaß von ... Wochenstunden erfolgreich besucht.".[2]) *(BGBl. II Nr. 107/2016, Art. 2 Z 2)*

10. im Falle der Ablegung von Klausurprüfungen über die in der Verordnung über die Vorbereitung und Durchführung abschließender Prüfungen für das Schuljahr 2020/21, BGBl. II Nr. 11/2021, vorgesehene Mindestanzahl hinaus:

    „Er/Sie hat Klausurprüfungen über die in § 6 der Verordnung über die Vorbereitung und Durchführung abschließender Prüfungen für das Schuljahr 2020/21, BGBl. II Nr. 11/2021, vorgesehene Mindestanzahl hinaus abgelegt."[3]) *(BGBl. II Nr. 210/2021, Z 1)*

11. bei Durchführung der mündlichen Prüfung auf Grund der Verordnung über die Vorbereitung und Durchführung abschließender Prüfungen für das Schuljahr 2020/21, BGBl. II Nr. 11/2021:

    „Er/Sie ist zur mündlichen Prüfung gemäß § 6 Abs. 4 der Verordnung über die Vorbereitung und Durchführung abschließender Prüfungen für das Schuljahr 2020/21, BGBl. II Nr. 11/2021, angetreten."[4]) *(BGBl. II Nr. 210/2021, Z 1)*

(5) In die Zeugnisse gemäß Abs. 4 ist die Angabe des Regellehrplanes aufzunehmen, nach dem unterrichtet worden ist. Hierbei sind

1. die diesbezügliche Nummer des Bundesgesetzblattes zu zitieren,
2. der verbindliche Teil der für die Schüler der Klasse bzw. der Schule geltenden Stundentafel (Pflichtgegenstände, Verbindliche Übungen, verpflichtende Praktika), an allgemein bildenden höheren Schulen der Stundentafel der Oberstufe, wiederzugeben und
3. schulautonome Schwerpunktsetzungen sowie Hinweise auf allfällige Änderungen durch schulautonome Lehrplanbestimmungen aufzunehmen.

Weiters sind im Anschluss an die Stundentafel die vom Schüler an der betreffenden Schule ab der 9. Schulstufe besuchten Wahlpflichtgegenstände, Freigegenstände und Unverbindlichen Übungen unter Hinzufügung der lehrplanmäßigen Wochenstundenzahl nach Schulstufen anzuführen.

(BGBl. II Nr. 77/2015, Z 27)

---

[3]) Die Novelle BGBl. II Nr. 210/2021 hat keinen Strichpunkt am Ende der Z 10 gesetzt.

[4]) Die Novelle BGBl. II Nr. 210/2021 hat keinen Punkt am Ende der Z 11 gesetzt.

Bescheinigung des Ausbildungsniveaus nach Artikel 11 der Richtlinie 2005/36/EG über die Anerkennung von Berufsqualifikationen, ABl. Nr. L 255 vom 30.09.2005 S. 22, zuletzt berichtigt durch ABl. Nr. L 305 vom 24.10.2014 S. 115, zuletzt geändert durch die Richtlinie 2013/55/EU, ABl. Nr. L 354 vom 28.12.2013, S. 132

§ 6a. In Zeugnisse über abschließende Prüfungen oder auf einem physisch mit diesem verbundenen Beiblatt sind hinsichtlich der nachstehend genannten Schularten (Schulformen, Fachrichtungen) folgende Vermerke aufzunehmen:

1. Berufsbildende höhere Schulen, Werkschulheime, Meisterschulen, Meisterklassen, Werkmeisterschulen und Bauhandwerkerschulen:

   „Die mit diesem Zeugnis abgeschlossene Ausbildung ist ein reglementierter Ausbildungsgang gemäß Artikel 11 Buchstabe c Ziffer ii der Richtlinie 2005/36/EG über die Anerkennung von Berufsqualifikationen, zuletzt geändert durch die Richtlinie 2013/55/EU. Das Ausbildungsniveau entspricht Artikel 11 Buchstabe c der Richtlinie."

2. Bildungsanstalten für Elementarpädagogik und Bildungsanstalten für Sozialpädagogik:

   „Die mit diesem Zeugnis abgeschlossene Ausbildung ist eine besonders strukturierte Berufsausbildung gemäß Artikel 11 Buchstabe c Ziffer ii der Richtlinie 2005/36/EG über die Anerkennung von Berufsqualifikationen, zuletzt geändert durch die Richtlinie 2013/55/EU. Das Ausbildungsniveau entspricht Artikel 11 Buchstabe c der Richtlinie."

   (BGBl. II Nr. 77/2015, Z 28 idF BGBl. II Nr. 424/2016, Art. 2 Z 11)

3. Berufsbildende mittlere Schulen:

   „Das Ausbildungsniveau der mit diesem Zeugnis abgeschlossenen Ausbildung entspricht Artikel 11 Buchstabe b der Richtlinie 2005/36/EG über die Anerkennung von Berufsqualifikationen, zuletzt geändert durch die Richtlinie 2013/55/EU."

   (BGBl. II Nr. 77/2015, Z 28)

Zeugnis über die Semesterprüfung über noch nicht besuchte Unterrichtsgegenstände

§ 6b. Über die Semesterprüfung über noch nicht besuchte Unterrichtsgegenstände der semestrierten Oberstufe gemäß § 23b des Schulunterrichtsgesetzes ist ein gemäß der Anlage 13 zu gestaltendes Zeugnis auszustellen. Im Fall der Beurteilung der Leistungen mit „Nicht genügend" ist zu vermerken:

„Er/Sie ist nicht zum Wiederholen der Semesterprüfung berechtigt.

(BGBl. II Nr. 77/2015, Z 28 idF BGBl. II Nr. 214/2022, Z 8)

(BGBl. II Nr. 77/2015, Z 28)

Teilnahme an Unterrichtsgegenständen gemäß § 11 Abs. 6b des Schulunterrichtsgesetzes

§ 6c. (1) Die gemäß § 11 Abs. 6b Z 1 des Schulunterrichtsgesetzes abweichend vom oder zusätzlich zum stundenplanmäßig vorgesehen Unterricht des besuchten Semesters oder der besuchten Schulstufe im selben Semester oder auf der selben Schulstufe besuchten und beurteilten Unterrichtsveranstaltungen sind in dem für die Bezeichnung der Pflichtgegenstände, der Freigegenstände, der verbindlichen Übungen und der unverbindlichen Übungen vorgesehenen Raum des Semester- oder Jahreszeugnisses anzuführen.

(2) Über die gemäß § 11 Abs. 6b Z 2 des Schulunterrichtsgesetzes besuchten und beurteilten Unterrichtsveranstaltungen eines höheren als dem besuchten Semester oder einer höheren als der besuchten Schulstufe ist ein das Semesterzeugnis oder das Jahreszeugnis ergänzendes gemäß der Anlage 14 zu gestaltendes Zeugnis auszustellen. Die in diesem Zeugnis angeführten Leistungen sind dem dort ausgewiesenen Semester oder der dort ausgewiesenen Schulstufe zuzurechnen.

(BGBl. II Nr. 56/2024, Z 11)

Anhang zum Jahres- oder Semesterzeugnis über die Befreiung von der Teilnahme an Unterrichtsgegenständen gemäß § 11 Abs. 6b des Schulunterrichtsgesetzes

§ 6d. Wurde einer Schülerin oder einem Schüler gemäß § 11 Abs. 6b des Schulunterrichtsgesetzes die Teilnahme an einer von ihrem oder seinem Stundenplan abweichenden Unterrichtsveranstaltung im selben Semester oder auf der selben Schulstufe oder eines niedrigeren oder höheren Semesters oder einer höheren Schulstufe unter gleichzeitiger Befreiung von der Teilnahme einer stundenplanmäßig vorgesehenen Unterrichtsveranstaltung des im betreffenden Schuljahr besuchten Semesters oder der besuchten Schulstufe genehmigt, ist dies in einem gemäß der Anlage 18 zu gestaltenden Anhang zum Semesterzeugnis oder zum Jahreszeugnis zu dokumentieren. In diesem Anhang ist festzuhalten, für welche Unterrichtsveranstaltungen und in welchem Ausmaß die Teilnahme und die Befreiung genehmigt wurden.

(BGBl. II Nr. 56/2024, Z 11)

Schulbesuchsbestätigung

§ 7. (1) Hinsichtlich der aufzunehmenden Vermerke ist § 3 Abs. 1 bzw. § 11c für folgende Schulbesuchsbestätigungen anzuwenden: *(BGBl. Nr. 272/1993, Z 8 idF BGBl. II Nr. 28/2022, Z 4)*

1. für die gemäß § 22 Abs. 10 oder § 22a Abs. 7 des Schulunterrichtsgesetzes oder § 22a Abs. 7 des Schulunterrichtsgesetzes in der Fassung vor dem Bundesgesetz BGBl. I Nr. 19/2021,[5]) an Stelle des Jahreszeugnisses bzw. des Semesterzeugnisses auszustellenden Schulbesuchsbestätigungen sowie für die gemäß § 22 Abs. 11 und § 24 Abs. 2 des Schulunterrichtsgesetzes auszustellenden Schulbesuchsbestätigungen (Anlage 15) und *(BGBl. Nr. 272/1993, Z 8 idF BGBl. II Nr. 77/2015, Z 29, BGBl. II Nr. 78/2018, Z 6 und BGBl. II Nr. 214/2022, Z 10)*
2. für die gemäß § 24 Abs. 1 des Schulunterrichtsgesetzes auszustellenden Schulbesuchsbestätigungen (Anlage 16). *(BGBl. Nr. 272/1993, Z 8 idF BGBl. II Nr. 78/2018, Z 6)*

(1a) Im Falle des Besuches einer Deutschförderklasse gemäß § 8h Abs. 2 des Schulorganisationsgesetzes ist gemäß § 22 Abs. 11 erster Satz des Schulunterrichtsgesetzes in die Schulbesuchsbestätigung folgender Vermerk aufzunehmen:

„Er/Sie hat im Wintersemester und Sommersemester/Wintersemester/Sommersemester dieses Schuljahres die Deutschförderklasse gemäß § 8h Abs. 2 des Schulorganisationsgesetzes besucht und wurde gemäß § 18 Abs. 14 des Schulunterrichtsgesetzes nicht beurteilt."

(BGBl. II Nr. 159/2019, Z 1)

(2) Im Falle des § 22 Abs. 11 letzter Satz des Schulunterrichtsgesetzes – ausgenommen beim Besuch einer Deutschförderklasse gemäß § 8h Abs. 2 des Schulorganisationsgesetzes – ist in die Schulbesuchsbestätigung folgender Vermerk aufzunehmen:

„Er/Sie wurde im Pflichtgegenstand/in den Pflichtgegenständen .... gemäß § 22 Abs. 11 des Schulunterrichtsgesetzes nicht beurteilt.".

(BGBl. Nr. 272/1993, Z 8 idF BGBl. II Nr. 159/2019, Z 2)

(BGBl. Nr. 272/1993, Z 8)

Sonderbestimmungen

§ 8. (1) An Berufsschulen ist bzw. sind in den in Betracht kommenden Zeugnisformularen statt der Fachrichtung die Fachklasse, bei

[5]) Die Novelle BGBl. II Nr. 214/2022 hat einen Beistrich nach dem Zitat „BGBl. I Nr. 19/2021" gesetzt.

modularen Lehrberufen das Modul, bei mehreren Modulen die Module und bei Schwerpunktsetzungen der Schwerpunkt anzugeben. *(BGBl. II Nr. 77/2015, Z 30)*

(2) Wenn ein Schüler, der gleichzeitig zwei Lehrberufe erlernt, in einem der Lehrberufe die letzte Schulstufe positiv abgeschlossen hat, ist ihm über diese Schulstufe ein Jahreszeugnis auszustellen.

(3) Die Angabe des religiösen Bekenntnisses des Schülers hat in den Zeugnisformularen für Berufsschulen – ausgenommen in den Bundesländern Tirol und Vorarlberg – zu entfallen.

§ 9. Durch diese Verordnung werden Sonderregelungen hinsichtlich der Gestaltung von Zeugnisformularen im Bereich des Minderheitenschulwesens nicht berührt.

§ 10. Bei Besuch eines Unterrichtes, der im Rahmen eines Schulversuches geführt wird, kann ein darauf hinweisender Vermerk in das Zeugnis, gegebenenfalls unter Zitierung des Schulversuchsplanes, aufgenommen werden. *(BGBl. Nr. 415/1989 idF BGBl. II Nr. 81/2009, Z 4)*

(2) entfallen (BGBl. II Nr. 439/2006, Z 5)

Übergangsbestimmung zu § 6

§ 11. In den Zeugnissen über abschließende Prüfungen sind in den Schuljahren 2014/15 bis längstens 2019/20 die vom Schüler in den vorangegangenen Schuljahren besuchten Wahlpflichtgegenstände, Freigegenstände und Unverbindlichen Übungen gemäß § 6 Abs. 5 letzter Satz in der Fassung der Verordnung BGBl. II Nr. 77/2015 nur nach Maßgabe programmtechnischer Möglichkeiten anzuführen; wo dies nicht möglich ist, ist in einer Fußnote zum betreffenden Schuljahr der Hinweis „Elektronisch nicht erfasst." aufzunehmen. In diesen Schuljahren ist bei erfolgreicher Ablegung der Reife- und Diplomprüfung sowie der Diplomprüfung an den Bildungsanstalten für Elementarpädagogik und den Bildungsanstalten für Sozialpädagogik das Reife- und Diplomprüfungszeugnis bzw. das Diplomprüfungszeugnis mit dem Jahreszeugnis über die letzte Schulstufe physisch zu verbinden.

(BGBl. II Nr. 77/2015, Z 31 idF BGBl. II Nr. 424/2016, Art. 2 Z 11)

3. Abschnitt
Leistungsinformation
(BGBl. II Nr. 424/2016, Art. 2 Z 12)

Semester- und Jahresinformation

§ 11a. (1) Wird an Volks- oder Sonderschulen festgelegt, dass bis einschließlich des ersten Semesters der 2. Schulstufe an Stelle einer Schulnachricht bzw. eines Zeugnisses mit Beurteilung eine schriftliche Information über die Lern- und Entwicklungssituation der Schülerin oder des Schülers erfolgt, ist dies am Ende des Wintersemesters in Form einer schriftlichen Semesterinformation und am Ende des Unterrichtsjahres in Form einer schriftlichen Jahresinformation vorzunehmen. Die Formulare für Semester- und Jahresinformationen sind entsprechend den folgenden Bestimmungen und der einen Bestandteil dieser Verordnung bildenden Anlage 17 zu gestalten. *(BGBl. II Nr. 424/2016, Art. 2 Z 12 idF BGBl. II Nr. 260/2019, Z 3)*

(2)[6]) In den schriftlichen Semester- und Jahresinformationen sind die Leistungen der Schülerin oder des Schülers zu beschreiben. Dies hat aufgegliedert nach Pflichtgegenständen im dafür vorgesehenen Abschnitt der Semester- und Jahresinformationen zu erfolgen. Hinsichtlich der Ausformulierung der Leistungsinformation ist der Erfüllungsgrad der Kompetenzanforderungen gemäß § 23a der Leistungsbeurteilungsverordnung, BGBl. Nr. 371/1974, zu berücksichtigen. Geführte Bewertungsgespräche (ausgenommen die Erörterung der Persönlichkeitsentwicklung, der sozialen Kompetenz sowie des Verhaltens in der Gemeinschaft) sind der Leistungsinformation zugrunde zu legen.

(3) In die Jahresinformation der 1. Schulstufe ist folgender Vermerk aufzunehmen:

„Sie/Er ist gemäß § 25 Abs. 3 Schulunterrichtsgesetz jedenfalls berechtigt, in die nächsthöhere Schulstufe aufzusteigen."

Der Vermerk ist unmittelbar vor dem Ausstellungsdatum einzufügen. Steht hiefür kein Platz zur Verfügung, kann er auch nach der Unterschrift gesetzt werden, ist jedoch ebenfalls mit Datum, Unterschriften und Rundsiegel zu fertigen. *(BGBl. II Nr. 424/2016, Art. 2 Z 12 idF BGBl. II Nr. 260/2019, Z 4)*

(4) Für die erste Seite der Jahresinformationen ist Papier mit hellgrünem Unterdruck gemäß Anlage 1 zu verwenden. Sofern für Semester- und Jahresinformationen mehrere Seiten benötigt werden, sind diese zu verbinden. *(BGBl. II Nr. 78/2018, Z 7)*

(5) § 1 Abs. 1 und 2, § 2 Abs. 2 bis 5, 9 und 11 sowie § 3 Abs. 2 sind sinngemäß anzuwenden.

(BGBl. II Nr. 424/2016, Art. 2 Z 12)

---
[6]) Siehe auch RS Nr. 20/2017 betreffend Informationen zum Bildungsreformgesetz 2017 sowie zur Jahres- und Semesterinformation (1.12.13.).

4. Abschnitt
Schlussbestimmungen
(BGBl. II Nr. 424/2016, Art. 2 Z 12)

Verweisungen

§ 11b. Soweit in dieser Verordnung auf Bundesgesetze verwiesen wird, sind diese in der mit dem Inkrafttreten der jeweils letzten Novelle dieser Verordnung geltenden Fassung anzuwenden.

(BGBl. II Nr. 77/2015, Z 32 idF BGBl. II Nr. 424/2016, Art. 2 Z 13)

Übergangsbestimmungen betreffend die neue Oberstufe

§ 11c. (1) Für Schülerinnen und Schüler ab der 10. Schulstufe von zumindest dreijährigen mittleren und höheren Schulen, für die die Bestimmungen der neuen Oberstufe gelten, sind § 3 Abs. 1 Z 1, 1a, 2a, 4b, 6a, 18, Abs. 3a und Abs. 7 sowie § 6b und § 6c nicht anzuwenden und es gilt Folgendes: *(BGBl. II Nr. 214/2022, Z 11)*

(2) In das Jahreszeugnis (Anlage 2) bzw. in das Semesterzeugnis (Anlage 5) sind folgende Vermerke aufzunehmen:

1. wenn die Schülerin oder der Schüler gemäß § 23a des Schulunterrichtsgesetzes in der Fassung vor dem Bundesgesetz BGBl. I Nr. 19/2021, zur Ablegung einer Semesterprüfung berechtigt ist:

   „Er/Sie ist gemäß § 23a des Schulunterrichtsgesetzes in der Fassung vor dem Bundesgesetz BGBl. I Nr. 19/2021, zur Ablegung einer Semesterprüfung aus dem Unterrichtsgegenstand/den Unterrichtsgegenständen berechtigt.“;

2. wenn die Schülerin oder der Schüler zur Ablegung einer Semesterprüfung gemäß § 23a Abs. 3 dritter Satz des Schulunterrichtsgesetzes in der Fassung vor dem Bundesgesetz BGBl. I Nr. 19/2021, berechtigt ist:

   „Im Pflichtgegenstand/In den Pflichtgegenständen .... ist/sind eine Semesterprüfung/…..Semesterprüfungen gemäß § 23a Abs. 3 dritter Satz des Schulunterrichtsgesetzes in der Fassung vor dem Bundesgesetz BGBl. I Nr. 19/2021, vorgemerkt.“;

3. wenn die Schülerin oder der Schüler einer zumindest dreijährigen mittleren oder höheren Schule in zumindest einem Pflichtgegenstand der 10. bis einschließlich der vorletzten Schulstufe gemäß § 23a des Schulunterrichtsgesetzes in der Fassung vor dem Bundesgesetz BGBl. I Nr. 19/2021, zu keinem (weiteren) Antritt zu einer Semesterprüfung berechtigt ist und Z 6 nicht zur Anwendung kommt:

   „Er/Sie hat aufgrund des Fehlens einer (weiteren) Antrittsmöglichkeit zu Semesterprüfungen in Pflichtgegenständen nach § 23a bzw. § 33 Abs. 2 lit. g des Schulunterrichtsgesetzes, jeweils in der Fassung vor dem Bundesgesetz BGBl. I Nr. 19/2021, aufgehört, Schüler/Schülerin dieser Schule zu sein.“;

   (BGBl. II Nr. 28/2022, Z 5 idF BGBl. II Nr. 214/2022, Z 12)

4. wenn aufgrund einer Wiederholung, eines Schulwechsels oder eines Übertrittes gemäß § 82c Abs. 2 Z 1 des Schulunterrichtsgesetzes eine Ausgleichsprüfung gemäß § 30 Abs. 6 des Schulunterrichtsgesetzes nicht innerhalb der festgesetzten Fristen abgelegt wurde oder nicht oder mit „Nicht genügend“ beurteilt wurde:

   „Er/Sie hat aufgrund des Fehlens einer Antrittsmöglichkeit zu Ausgleichsprüfungen nach § 30 Abs. 6 bzw. § 33 Abs. 2 lit. g des Schulunterrichtsgesetzes aufgehört, Schüler/Schülerin dieser Schule zu sein.“;

   (BGBl. II Nr. 28/2022, Z 5 idF BGBl. II Nr. 214/2022, Z 12 und BGBl. II Nr. 56/2024, Z 12)

5. wenn die Schülerin oder der Schüler einer zumindest dreijährigen mittleren oder höheren Schule aufgrund eines Beschlusses der Klassenkonferenz gemäß § 25 Abs. 10 dritter Satz des Schulunterrichtsgesetzes in der Fassung vor dem Bundesgesetz BGBl. I Nr. 19/2021, trotz dreier Nichtbeurteilungen oder Beurteilungen mit „Nicht genügend“ in Pflichtgegenständen zum Aufsteigen in die nächsthöhere Schulstufe berechtigt ist oder war:

   „Er/Sie ist/war gemäß § 25 Abs. 10 dritter Satz des Schulunterrichtsgesetzes in der Fassung vor dem Bundesgesetz BGBl. I Nr. 19/2021, trotz dreier Nichtbeurteilungen oder Beurteilungen mit „Nicht genügend“ in Pflichtgegenständen zum Aufsteigen in die/den … Klasse/Jahrgang (… Schulstufe) berechtigt. Ein Aufsteigen mit insgesamt drei Nichtbeurteilungen oder Beurteilungen mit „Nicht genügend“ in Pflichtgegenständen ist daher kein weiteres Mal zulässig.“;

   (BGBl. II Nr. 214/2022, Z 12)

6. wenn die Schülerin oder der Schüler gemäß § 27 Abs. 2 iVm Abs. 2a des Schulunterrichtsgesetzes in der Fassung vor dem Bundesgesetz BGBl. I Nr. 19/2021, berechtigt ist, die betreffende Schulstufe zu wiederholen:

   „Er/Sie ist gemäß § 27 Abs. 2 iVm Abs. 2a des Schulunterrichtsgesetzes in der Fassung vor dem Bundesgesetz BGBl. I Nr. 19/2021, berechtigt, die/den ... Klasse/Jahrgang (... Schulstufe) zu wiederholen.“;

   (BGBl. II Nr. 214/2022, Z 12)

7. wenn die Schülerin oder der Schüler das betreffende Semester gemäß § 22a Abs. 2 Z 8 des Schulunterrichtsgesetzes in der Fassung vor dem Bundesgesetz BGBl. I Nr. 19/2021, mit ausgezeichnetem Erfolg abgeschlossen hat:

   „Er/Sie hat gemäß § 22a Abs. 2 Z 8 des Schulunterrichtsgesetzes in der Fassung vor dem Bundesgesetz BGBl. I Nr. 19/2021 das ... Semester der/des ... Klasse/Jahrganges (... Schulstufe) mit ausgezeichnetem Erfolg abgeschlossen.“;

   (BGBl. II Nr. 214/2022, Z 12)

8. wenn die Schülerin oder der Schüler das betreffende Semester gemäß § 22a Abs. 2 Z 9 des Schulunterrichtsgesetzes in der Fassung vor dem Bundesgesetz BGBl. I Nr. 19/2021, mit gutem Erfolg abgeschlossen hat:

   „Er/Sie hat gemäß § 22a Abs. 2 Z 9 des Schulunterrichtsgesetzes in der Fassung vor dem Bundesgesetz BGBl. I Nr. 19/2021, das ... Semester der/des ... Klasse/Jahrganges (... Schulstufe) mit gutem Erfolg abgeschlossen.“;

   (BGBl. II Nr. 214/2022, Z 12)

9. wenn die Schülerin oder der Schüler die 10. oder eine höhere Schulstufe einer zumindest dreijährigen mittleren oder höheren Schule wiederholt und gemäß § 22a Abs. 2 Z 5 lit. c des Schulunterrichtsgesetzes in der Fassung vor dem Bundesgesetz BGBl. I Nr. 19/2021, die jeweils bessere Beurteilung der im Pflichtgegenstand erbrachten Leistungen heranzuziehen ist:

   „Die Beurteilung in den Pflichtgegenständen .... ist die Beurteilung auf Grund des der Wiederholung der Schulstufe vorangegangenen Schulbesuches.“[7])

   (BGBl. II Nr. 214/2022, Z 12)

(3) Auf einem entsprechend der Anlage 1n zu gestaltenden Beiblatt zum Semesterzeugnis gemäß § 22a Abs. 5 des Schulunterrichtsgesetzes in der Fassung vor dem Bundesgesetz BGBl. I Nr. 19/2021, sind dann, wenn ein Unterrichtsgegenstand oder mehrere Unterrichtsgegenstände nicht oder mit „Nicht genügend“ beurteilt wurden, derjenige Teilbereich oder diejenigen Teilbereiche der Bildungs- und Lehraufgabe sowie des Lehrstoffs des betreffenden Unterrichtsgegenstandes und Semesters gemäß dem Lehrplan vollständig zu benennen, der oder die für die Nichtbeurteilung oder die Beurteilung mit „Nicht genügend“ maßgeblich waren. *(BGBl. II Nr. 28/2022, Z 5 idF BGBl. II Nr. 214/2022, Z 13)*

[7]) Die Novelle BGBl. II Nr. 214/2022 hat keinen Punkt am Ende der Z 9 gesetzt.

(4) Für das vorläufige Semesterzeugnis gemäß § 22a Abs. 4 des Schulunterrichtsgesetzes in der Fassung vor dem Bundesgesetz BGBl. I Nr. 19/2021, gelten die Bestimmungen für das Semesterzeugnis, doch ist im Zeugnisformular vor dem Wort „Semesterzeugnis“ das Wort „Vorläufiges“ zu setzen. Ferner ist folgender Vermerk aufzunehmen, wobei alle Pflichtgegenstände, in denen die Nachtragsprüfung abzulegen ist, anzuführen sind:

„Er/Sie wurde zur Ablegung einer Nachtragsprüfung aus .... bis spätestens .... zugelassen.“

(BGBl. II Nr. 214/2022, Z 14)

(5) Über die Semesterprüfung über noch nicht besuchte Unterrichtsgegenstände gemäß § 23b des Schulunterrichtsgesetzes in der Fassung vor dem Bundesgesetz BGBl. I Nr. 19/2021, ist ein gemäß der Anlage 2n zu gestaltendes Zeugnis auszustellen. Im Fall der Beurteilung der Leistungen mit „Nicht genügend“ ist zu vermerken:

„Er/Sie ist nicht zum Wiederholen der Semesterprüfung berechtigt.“

(BGBl. II Nr. 214/2022, Z 14)

(6) Über den Besuch eines Unterrichtsgegenstandes oder mehrerer Unterrichtsgegenstände in einem höheren Semester gemäß § 26b des Schulunterrichtsgesetzes in der Fassung vor dem Bundesgesetz BGBl. I Nr. 19/2021, ist ein gemäß der Anlage 3n zu gestaltendes Zeugnis auszustellen. *(BGBl. II Nr. 214/2022, Z 14)*

(BGBl. II Nr. 28/2022, Z 5)

In- und Außerkrafttreten
(BGBl. II Nr. 424/2016, Art. 2 Z 14)

§ 12. (1) Diese Verordnung tritt mit dem auf die Kundmachung folgenden Tag in Kraft.

(2) Mit dem Inkrafttreten dieser Verordnung tritt die Verordnung des Bundesministers für Unterricht und Kunst, BGBl. Nr. 292/1975, in der Fassung der Verordnungen BGBl. Nr. 236/1978, 235/1982 und 239/1984 außer Kraft.

(3) § 2 Abs. 6, die Überschrift des § 3, § 3 Abs. 1 und 7, § 6 samt Überschrift, § 7 samt Überschrift, § 10 Abs. 2, § 11 samt Überschrift und die Anlagen 2, 4, 5a, 6, 7, 8, 11 und 13 dieser Verordnung jeweils in der Fassung der Verordnung BGBl. Nr. 272/1993 treten mit 1. April 1993 in Kraft. *(BGBl. Nr. 272/1993, Z 11)*

(4) § 3 Abs. 1 Z 4a und Abs. 8, § 5 Abs. 2 Z 2, § 6 Abs. 4 und 5 dieser Verordnung sowie die Anlagen 2[8]), 5, 5a, 6, 7 und 11 dieser Ver-

[8]) Anlage 2 ist von der Novelle BGBl. Nr. 303/1995 nicht berührt.

ordnung jeweils in der Fassung der Verordnung BGBl. Nr. 303/1995 treten mit 1. Juni 1995 in Kraft. *(BGBl. Nr. 303/1995, Z 10)*

(5) Die nachstehend genannten Bestimmungen dieser Verordnung sowie die Anlagen 2, 5, 6, 7, 8, 10 und 11 zu dieser Verordnung in der Fassung der Verordnung BGBl. II Nr. 130/1997 treten wie folgt in Kraft:

1. § 2 Abs. 1 und 6, § 3 Abs. 1 Z 11a und Z 15a, § 5 Abs. 3 Z 2 und Z 3, die Überschrift des § 6, § 6 Abs. 1, 3 und 4, die Anlagen 5, 6, 7, 8, 10 und 11 sowie der Entfall des § 11 samt Überschrift und der Anlage 9 mit Ablauf des Tages der Kundmachung im Bundesgesetzblatt und
2. die Anlage 2 sowie der Entfall des § 3 Abs. 1 Z 18 mit 1. September 1997.

(BGBl. II Nr. 130/1997, Z 13)

(6) § 2 Abs. 4, § 3 Abs. 1 Z 1b, § 3 Abs. 6a und § 6 Abs. 3 Z 7 dieser Verordnung sowie die Anlagen 6 und 7 zu dieser Verordnung in der Fassung der Verordnung BGBl. II Nr. 401/1997 treten mit Ablauf des Tages der Kundmachung im Bundesgesetzblatt in Kraft. *(BGBl. II Nr. 401/1997, Z 5)*

(7) § 2 Abs. 1, 6 und 10, § 3 Abs. 1 Z 3a, 8a, 8b, 8c und 21, § 3 Abs. 2, § 4 samt Überschrift, § 6 Abs. 3 Z 3a, 4, 5 und 6, § 11 samt Überschrift sowie die Anlagen 2, 3, 5, 5a, 6, 7, 10, 11 und 12 dieser Verordnung in der Fassung der Verordnung BGBl. II Nr. 320/1999 treten mit 1. September 1999 in Kraft. *(BGBl. II Nr. 320/1999, Z 13)*

(8) Die nachstehend genannten Bestimmungen dieser Verordnung sowie die Anlage 2 zu dieser Verordnung in der Fassung der Verordnung BGBl. II Nr. 187/2002 treten wie folgt in Kraft bzw. außer Kraft:

1. § 3 Abs. 1 Z 8c und Z 15a, § 3 Abs. 2 sowie die Anlage 2 treten mit Ablauf des Tages der Kundmachung im Bundesgesetzblatt in Kraft,
2. § 11 Abs. 1 tritt mit Ablauf des Tages der Kundmachung im Bundesgesetzblatt außer Kraft.

(BGBl. II Nr. 187/2002, Z 5)

(9) § 3 Abs. 1 Z 22a und § 3 Abs. 9 dieser Verordnung in der Fassung der Verordnung BGBl. II Nr. 82/2004 treten mit Ablauf des Tages der Freigabe zur Abfrage in Kraft. *(BGBl. II Nr. 82/2004, Z 3)*

(10) § 6 Abs. 1, § 6 Abs. 3 Z 6 und Anlage 3 in der Fassung der Verordnung BGBl. II Nr. 439/2006 treten mit Ablauf des Tages der Kundmachung im Bundesgesetzblatt in Kraft; zugleich treten § 6 Abs. 2 und § 10 Abs. 2 in der zum genannten Zeitpunkt geltenden Fassung außer Kraft. *(BGBl. II Nr. 439/2006, Z 6)*

(11) Die nachstehend genannten Bestimmungen dieser Verordnung in der Fassung der Verordnung BGBl. II Nr. 81/2009 treten wie folgt in Kraft:

1. § 3 Abs. 10, § 8 Abs. 1 sowie § 10 treten mit Ablauf des Tages der Kundmachung im Bundesgesetzblatt in Kraft.[9])
2. § 6 Abs. 5 tritt mit Ablauf des Tages der Kundmachung im Bundesgesetzblatt in Kraft und ist auf abschließende Prüfungen ab dem Haupttermin des Schuljahres 2009/10 anzuwenden.

(BGBl. II Nr. 81/2009, Z 5)

(12) § 2 Abs. 6, § 3 Abs. 1 Z 1b, 8c und 8d bis 8g, § 5 Abs. 2 Z 4 sowie Anlage 2a dieser Verordnung in der Fassung der Verordnung BGBl. II Nr. 185/2012 treten mit 1. September 2012 in Kraft. *(BGBl. II Nr. 185/2012, Art. 4 Z 6)*

(13) Die nachstehend genannten Bestimmungen in der Fassung der Verordnung BGBl. II Nr. 77/2015 treten wie folgt in bzw. außer Kraft:

1. § 1 Abs. 1, § 2 Abs. 1 in der Fassung der Z 2, § 2 Abs. 6, § 2 Abs. 10 erster Satz in der Fassung der Z 5, § 2 Abs. 10 zweiter Satz, § 3 Abs. 1 Z 8, 8a, 8b, 8d, 8e, 8f, 9, 13, 16, 22a und 24, § 6 samt Überschrift, § 6a samt Überschrift, § 8 Abs. 1, § 11 samt Überschrift, § 11a samt Überschrift sowie die Anlagen 2 und 8 bis 12 treten mit Ablauf des Tages der Kundmachung im Bundesgesetzblatt in Kraft; gleichzeitig treten die bisherigen Anlagen 2, 5, 5a, 6, 7, 8, 10, 11 und 12 außer Kraft;
2. § 2 Abs. 1 in der Fassung der Z 2 und § 2 Abs. 10 erster Satz in der Fassung der Z 5 treten mit Ablauf des 31. August 2017 außer Kraft;
3. § 2 Abs. 1 in der Fassung der Z 3, § 2 Abs. 10 erster Satz in der Fassung der Z 6, der Einleitungssatz des § 3 Abs. 1, § 3 Abs. 1 Z 1, 1a, 4b, 6a, 10, 10a, 15b und 18, § 3 Abs. 3a, 7 und 7a, § 5 Abs. 2, § 6b samt Überschrift, § 6c samt Überschrift, § 7 Abs. 1 Z 1 sowie die Anlagen 5, 6, 7, 13 bis 16 treten mit 1. September 2017 in Kraft.

(BGBl. II Nr. 77/2015, Z 33)

(14) § 3 Abs. 6 und die Anlage 4 in der Fassung der Verordnung BGBl. II Nr. 261/2015 treten mit Ablauf des Tages der Kundmachung im Bundesgesetzblatt in Kraft. Gleichzeitig tritt Anlage 2a außer Kraft.[10]) *(BGBl. II Nr. 261/2015, Art. 3 Z 2)*

---

[9]) Die Kundmachung im Bundesgesetzblatt erfolgte am 25. März 2009.

[10]) Die Kundmachung im Bundesgesetzblatt erfolgte am 16. September 2015.

(15) § 3 Abs. 1 Z 22a und § 6 Abs. 4 Z 8 und 9 in der Fassung der Verordnung BGBl. II Nr. 107/2016 treten mit Ablauf des Tages der Kundmachung im Bundesgesetzblatt in Kraft. *(BGBl. II Nr. 107/2016, Art. 2 Z 3)*

(16) § 3 Abs. 1 Z 22a und 22b in der Fassung der Verordnung BGBl. II Nr. 211/2016 tritt mit 1. September 2016 in Kraft. *(BGBl. II Nr. 211/2016, Art. 4 Z 2)*

(17) Die nachstehend genannten Bestimmungen treten wie folgt in bzw. außer Kraft:

1. Die Abschnittsüberschrift des 1. Abschnitts, die Überschrift des § 1, die Abschnittsüberschrift des 2. Abschnitts, § 3 Abs. 1 Z 2 lit. a, Z 10, 11a, 15a, 23 und 24, § 6a Z 2, § 11, der 3. Abschnitt sowie die Abschnittsüberschrift des 4. Abschnitts und die Paragraphenbezeichnungen der §§ 11b und 12 in der Fassung der Verordnung BGBl. II Nr. 424/2016 treten mit Ablauf des Tages der Kundmachung[11]) im Bundesgesetzblatt in Kraft.
2. § 3 Abs. 1 Z 8c und 8g tritt mit Ablauf des Tages der Kundmachung im Bundesgesetzblatt außer Kraft.

(BGBl. II Nr. 424/2016, Art. 2 Z 15)

(18) § 3 Abs. 1 Z 2a, 6b und 15b, § 3 Abs. 10, § 6 Abs. 4 Z 6, § 7 Abs. 1 Z 1 und 2, § 11a Abs. 4 sowie die Anlagen 2, 5 bis 15 und 17 in der Fassung der Verordnung BGBl. II Nr. 78/2018 treten mit Ablauf des Tages der Kundmachung[12]) im Bundesgesetzblatt in Kraft. *(BGBl. II Nr. 78/2018, Z 8)*

(19) § 7 Abs. 1a und 2 in der Fassung der Verordnung BGBl. II Nr. 159/2019 tritt mit Ablauf des Tages der Kundmachung[13]) im Bundesgesetzblatt in Kraft. *(BGBl. II Nr. 159/2019, Z 3)*

(20) Für das Inkrafttreten der durch die Verordnung BGBl. II Nr. 260/2019 geänderten oder eingefügten Bestimmungen gilt Folgendes:

1. § 5 Abs. 2a sowie die Anlagen 2, 3, 4, 5, 7, 9, 10, 11, 12, 13, 14, 15, 16 und 17 treten mit Ablauf des Tages der Kundmachung[14]) im Bundesgesetzblatt in Kraft;
2. § 2 Abs. 5a und § 11a Abs. 1 und 3 treten mit 1. September 2019 in Kraft.

(BGBl. II Nr. 260/2019, Z 5)

(21) Die nachstehend genannten Bestimmungen in der Fassung der Verordnung BGBl. II Nr. 264/2020 treten wie folgt in bzw. außer Kraft:

1. § 2 Abs. 1, 3a und Abs. 10, § 3 Abs. 1 Z 1b (in der Fassung der Z 5) sowie die Anlage 16 treten mit Ablauf des Tages der Kundmachung[15]) im Bundesgesetzblatt in Kraft; gleichzeitig tritt § 3 Abs. 1 Z 23 außer Kraft;
2. § 2 Abs. 6, § 3 Abs. 1 Z 1b (in der Fassung der Z 6), § 3 Abs. 1 Z 19 und 20, § 5 Abs. 2 sowie die Anlagen 2 und 15 treten mit 1. September 2020 in Kraft; gleichzeitig tritt § 3 Abs. 1 Z 8a, 8b, 8d, 8e und 8f außer Kraft.

(BGBl. II Nr. 264/2020, Art. 4 Z 11)

(22) § 3 Abs. 1 Z 19[16]), 21 und 23 sowie die Anlagen 2 und 15 in der Fassung der Verordnung BGBl. II Nr. 465/2020 treten mit Ablauf des Tages der Kundmachung[17]) dieser Verordnung im Bundesgesetzblatt in Kraft; gleichzeitig tritt § 3 Abs. 6a außer Kraft. *(BGBl. II Nr. 465/2020, Art. 6 Z 5)*

(23) § 6 Abs. 4 Z 10 und 11, Anlagen 2, 9, 10, 11 sowie 12 in der Fassung der Verordnung BGBl. II Nr. 210/2021 treten mit Ablauf des Tages der Kundmachung[18]) im Bundesgesetzblatt in Kraft. *(BGBl. II Nr. 210/2021, Z 2)*

(24) § 3 Abs. 2 in der Fassung der Verordnung BGBl. II Nr. 250/2021 tritt mit 1. September 2021 in Kraft. *(BGBl. II Nr. 250/2021, Art. 9 Z 2)*

(25) § 2 Abs. 8, § 3 Abs. 7, § 7 Abs. 1, § 11c samt Überschrift sowie die Anlagen 6 und 6a in der Fassung der Verordnung BGBl. II Nr. 28/2022 treten mit Ablauf des Tages der Kundmachung[19]) im Bundesgesetzblatt in Kraft; gleichzeitig tritt § 3 Abs. 1 Z 6b und Z 15b außer Kraft. *(BGBl. II Nr. 28/2022, Z 6)*

(26) Die nachstehend genannten Bestimmungen in der Fassung der Verordnung BGBl. II Nr. 214/2022 treten wie folgt in Kraft:

1. § 2 Abs. 3b, § 3 Abs. 1 Z 2a, 4b, 6a, 8 und 18, Abs. 3a, Abs. 7, § 6b, § 6c, § 7 Abs. 1 Z 1, § 11c Abs. 1, Abs. 2 Z 3 bis 9, Abs. 3, Abs. 4 bis 6 sowie die Anlagen 6, 1n, 2n und 3n treten mit Ablauf des Tages der Kundmachung[20]) im Bundesgesetzblatt in Kraft;

---

[11]) Die Kundmachung im Bundesgesetzblatt erfolgte am 22. Dezember 2016.

[12]) Die Kundmachung im Bundesgesetzblatt erfolgte am 26. April 2018.

[13]) Die Kundmachung im Bundesgesetzblatt erfolgte am 13. Juni 2019.

[14]) Die Kundmachung im Bundesgesetzblatt erfolgte am 27. August 2019.

[15]) Die Kundmachung im Bundesgesetzblatt erfolgte am 12. Juni 2020.

[16]) Sollte richtig „§ 3 Abs. 1 Z 19a" lauten.

[17]) Die Kundmachung im Bundesgesetzblatt erfolgte am 4. November 2020.

[18]) Die Kundmachung im Bundesgesetzblatt erfolgte am 7. Mai 2021.

[19]) Die Kundmachung im Bundesgesetzblatt erfolgte am 25. Jänner 2022.

[20]) Die Kundmachung im Bundesgesetzblatt erfolgte am 9. Juni 2022.

2. Anlage 3 tritt mit 1. September 2023 in Kraft.

(BGBl. II Nr. 214/2022, Z 15)

(27) Die nachstehend genannten Bestimmungen in der Fassung der Verordnung BGBl. II Nr. 56/2024 treten wie folgt in Kraft:

1. § 2 Abs. 3c, § 2 Abs. 4, § 3 Abs. 1 Z 1, 1a, 2b, 6a, 10, 10a, 17 und 18, § 6c und § 6d jeweils samt Überschrift, § 11c Abs. 2 Z 4 sowie die Anlagen 14 und 18 treten mit Ablauf des Tages der Kundmachung[21]) im Bundesgesetzblatt in Kraft;
2. § 3 Abs. 8 und 9 tritt mit 1. Juni 2024 in Kraft.

---

[21]) Die Kundmachung im Bundesgesetzblatt erfolgte am 15. Febuar 2024.

Anlage 1

Originalformat 197×281 mm

Anlage 2
(BGBl. II Nr. 210/2021, Z 3)

....

Bezeichnung und Standort der Schule

Schuljahr ..../.........

Jahreszeugnis

für ....

Familienname und Vorname(n)

geboren am .... Religionsbekenntnis ....

Schüler/Schülerin der/des .... Klasse/Jahrganges (... Schulstufe)

Schulart (Schulform/Fachrichtung/Schwerpunkt) ....

Verhalten in der Schule ....*)

Pflichtgegenstände**)/Beurteilung***)
Er/Sie hat an folgenden Verbindlichen Übungen teilgenommen:
Freigegenstände**)/Beurteilung***)
Er/Sie hat an folgenden Unverbindlichen Übungen teilgenommen:

...., am ....

....	Rund-	....
Schul(cluster)leiter/Schul(cluster)leiterin	siegel	Klassen- oder Jahrgangsvorstand/ Klassen- oder Jahrgangsvorständin

*) Beurteilungsstufen für die Beurteilung des Verhaltens in der Schule: Sehr zufriedenstellend, Zufriedenstellend, Wenig zufriedenstellend, Nicht zufriedenstellend

**) Bei Abweichen vom Lehrplan der oben angeführten Schulart bzw. Schulstufe ist der entsprechende Lehrplan anzuführen.

***) Beurteilungsstufen: Sehr gut (1), Gut (2), Befriedigend (3), Genügend (4), Nicht genügend (5)

Polytechnische Schule: In Deutsch und Kommunikation, Lebende Fremdsprache und Angewandte Mathematik zusätzlich zu den Beurteilungsstufen: Angabe des Leistungsniveaus.

Mittelschule: In Deutsch, Lebende Fremdsprache und Mathematik auf der 6., 7. und 8. Schulstufe zusätzlich zu den Beurteilungsstufen: „Nach den Anforderungen des Leistungsniveaus „Standard". " oder „Nach den Anforderungen des Leistungsniveaus „Standard AHS"; diese entsprechen gemäß § 21b Abs. 2 des Schulorganisationsgesetzes jenen der Unterstufe der Allgemein bildenden höheren Schule."

Anlage 3
(BGBl. II Nr. 214/2022, Z 16)

....
Bezeichnung und Standort der Schule

Schuljahr ..../.........

Jahreszeugnis

für ....
Familien- und Vorname(n)

geboren am ....Religionsbekenntnis ....

Schüler/Schülerin der Vorschulstufe hat an folgenden verbindlichen Übungen

Religion
Sachbegegnung
Verkehrs- und Mobilitätsbildung
Sprache und Sprechen, Vorbereitung auf Lesen und Schreiben
Mathematische Früherziehung
Singen und Musizieren
Rhythmisch-musikalische Erziehung
Kunst und Gestaltung
Werkerziehung
Bewegung und Sport
Spiel

teilgenommen.

...., am ....

....	Rund- siegel	....
Schul(cluster)leiter/Schul(cluster)leiterin		Klassenlehrer/Klassenlehrerin

Anlage 4

(BGBl. Nr. 415/1989 idF BGBl. II Nr. 261/2015, Art. 3 Z 4 und BGBl. II Nr. 260/2019, Z 7)

....
Bezeichnung und Standort der Schule

Schuljahr ..../.........

Jahreszeugnis

der Sonderschule für mehrfach behinderte Kinder/Kinder mit erhöhtem Förderbedarf

für ....
Familien- und Vorname

geboren am ....Religionsbekenntnis ....

Schüler/Schülerin der ....Klasse (..Schulstufe)

Erreichter Entwicklungsstand
Religion

Er/Sie ist auf Grund der Entscheidung der Schulkonferenz gemäß § 25 Abs. 6 des Schulunterrichtsgesetzes zum Aufsteigen in die nächsthöhere Lehrplanstufe berechtigt/nicht berechtigt.

...., am ....

Anlage 5
(BGBl. II Nr. 77/2015, Z 34 idF BGBl. II Nr. 78/2018, Z 9 und BGBl. II Nr. 260/2019, Z 6)

....

Bezeichnung und Standort der Schule

Schuljahr ..../.........

Semesterzeugnis

über das Wintersemester/Sommersemester

für ....

Familienname und Vorname(n)

geboren am .... Religionsbekenntnis ....

Schüler/Schülerin der/des .... Klasse/Jahrganges (.. Schulstufe)

Schulart (Schulform/Fachrichtung) ....

Verhalten in der Schule ....*)

Pflichtgegenstände**)/Beurteilung***)
Er/Sie hat an folgenden Verbindlichen Übungen teilgenommen:
Freigegenstände**)/Beurteilung***)
Er/Sie hat an folgenden Unverbindlichen Übungen teilgenommen:

...., am ....

.... Rund- ....

Schul(cluster)leiter/Schul(cluster)leiterin siegel Klassen- oder Jahrgangsvorstand/ Klassen- oder Jahrgangsvorständin

*) Beurteilungsstufen für die Beurteilung des Verhaltens in der Schule: Sehr zufriedenstellend, Zufriedenstellend, Wenig zufriedenstellend, Nicht zufriedenstellend
**) Bei Abweichen vom Lehrplan der oben angeführten Schulart bzw. Schulstufe ist der entsprechende Lehrplan anzuführen.
***) Beurteilungsstufen: Sehr gut (1), Gut (2), Befriedigend (3), Genügend (4), Nicht genügend (5)

Anlage 6
(BGBl. II Nr. 214/2022, Z 18)

....
Bezeichnung und Standort der Schule

Schuljahr ..../.........

Beiblatt zum Semesterzeugnis

Teilbereiche der Bildungs- und Lehraufgabe sowie des Lehrstoffs, hinsichtlich derer eine Semesterprüfung abgelegt werden darf

...., geboren am ....
Familienname und Vorname(n)

Schüler/Schülerin der/des .... Klasse/Jahrganges (.. Schulstufe)

Schulart (Schulform/Fachrichtung) ....

wurde im nachstehend genannten Pflichtgegenstand/Freigegenstand nicht oder mit „Nicht genügend“ beurteilt und ist gemäß § 23a Abs. 7 des Schulunterrichtsgesetzes berechtigt, über folgende Teilbereiche der Bildungs- und Lehraufgabe sowie des Lehrstoffs eine Semesterprüfung abzulegen:

Nicht oder mit „Nicht genügend“ beurteilter Pflichtgegenstand/Freigegenstand
Teilbereiche der Bildungs- und Lehraufgabe sowie des Lehrstoffs (vollständige Wiedergabe gemäß dem Lehrplan)
Ergänzende pädagogische Ausführungen*

...., am ....

Rund-
siegel

....
Lehrer/Lehrerin/Lehrerinnen
des Unterrichtsgegenstandes

* Sofern keine ergänzenden pädagogischen Ausführungen vermerkt werden, ist das Feld durchzustreichen.

Anlage 7
(BGBl. II Nr. 77/2015, Z 34 idF BGBl. II Nr. 78/2018, Z 9 und BGBl. II Nr. 260/2019, Z 6)

....

Bezeichnung und Standort der Schule

Schuljahr ..../.........

Beiblatt zum Semesterzeugnis

über mit dem Abschluss des letzten Semesters verbundene gewerbliche Berechtigungen

...., geboren am ....

Familienname und Vorname(n)

Schüler/Schülerin der/des .... Klasse/Jahrganges (... Schulstufe)

Schulart (Schulform/Fachrichtung) ....

hat das letzte Semester einer berufsbildenden Schule abgeschlossen und dadurch nachstehend genannte gewerbliche Berechtigungen erlangt:

Gewerbliche Berechtigungen

...., am ....

.... Rund-
Schul(cluster)leiter/Schul(cluster)leiterin siegel

Anlage 8
(BGBl. II Nr. 77/2015, Z 34 idF BGBl. II Nr. 78/2018, Z 9 und 10)

....

Bezeichnung und Standort der Schule

Schuljahr ..../.........

Vorprüfungszeugnis

zur Reifeprüfung/Reife- und Diplomprüfung

...., geboren am ....

Familienname und Vorname(n)

hat sich an dieser Schule

....

(Schulart, Schulform, Fachrichtung, Bezeichnung des Lehrplanes)

vor der zuständigen Prüfungskommission gemäß den Vorschriften über die abschließende Prüfung

(...) der

Angabe der Prüfungsordnung unter Zitierung der BGBl. Nr.

Vorprüfung

zur Reifeprüfung/Reife- und Diplomprüfung unterzogen. Seine/Ihre Leistungen bei dieser Vorprüfung wurden wie folgt beurteilt:

Prüfungsgebiete der Vorprüfung	Beurteilung*)

...., am ....

Für die Prüfungskommission:

....
Vorsitzender/Vorsitzende

.... Fachvorstand/Fachvorständin

Rund-
siegel

.... Prüfer/Prüferin/Prüferinnen

*) Beurteilungsstufen: Sehr gut (1), Gut (2), Befriedigend (3), Genügend (4), Nicht genügend (5)

Anlage 9
(BGBl. II Nr. 210/2021, Z 3)

....
Bezeichnung und Standort der Schule

Schuljahr ..../.........

Zeugnis

über die Ablegung einer

vorgezogenen Teilprüfung

der Hauptprüfung der Reifeprüfung/Reife- und
Diplomprüfung/Diplomprüfung/Abschlussprüfung

...., geboren am ....
Familienname und Vorname(n)

hat an dieser Schule

…….
(Schulart, Schulform, Fachrichtung, Bezeichnung des Lehrplanes)

vor der zuständigen Prüfungskommission gemäß den Vorschriften über die abschließende Prüfung

(……………………………………………………………………………………………………….……….) im
Angabe der Prüfungsordnung unter Zitierung der BGBl. Nr.

nachstehend genannten Prüfungsgebiet bzw. in nachstehend genannten Prüfungsgebieten der Hauptprüfung eine

vorgezogene Teilprüfung

absolviert. Seine/Ihre Leistungen bei dieser vorgezogenen Teilprüfung wurden wie folgt beurteilt:

Prüfungsgebiet/Prüfungsgebiete	Beurteilung*)

...., am ....

Für die Prüfungskommission:

.... Vorsitzender/Vorsitzende	Rund-siegel	.... Klassen- oder Jahrgangsvorstand Klassen- oder Jahrgangsvorständin

*) Beurteilungsstufen: Sehr gut (1), Gut (2), Befriedigend (3), Genügend (4), Nicht genügend (5)

Anlage 10
(BGBl. II Nr. 210/2021, Z 3)

....

Bezeichnung und Standort der Schule

Schuljahr ..../.........

Zeugnis

über die Ablegung der

abschließenden Arbeit

...., geboren am ....

Familienname und Vorname(n)

hat an dieser Schule

....

(Schulart, Schulform, Fachrichtung, Bezeichnung des Lehrplanes)

vor der zuständigen Prüfungskommission gemäß den Vorschriften über die abschließende Prüfung

(..) die

Angabe der Prüfungsordnung unter Zitierung der BGBl. Nr.

vorwissenschaftliche Arbeit/ Diplomarbeit/Abschlussarbeit

absolviert. Seine/Ihre Leistungen bei dieser abschließenden Arbeit wurden wie folgt beurteilt:

Thema der abschließenden Arbeit	Beurteilung*)

...., am ....

Für die Prüfungskommission:

....	Rund-	....
Vorsitzender/Vorsitzende	siegel	Klassen- oder Jahrgangsvorstand Klassen- oder Jahrgangsvorständin

*) Beurteilungsstufen: Sehr gut (1), Gut (2), Befriedigend (3), Genügend (4), Nicht genügend (5)

Anlage 11
(BGBl. II Nr. 210/2021, Z 3)

....
Bezeichnung und Standort der Schule

Zahl des Prüfungsprotokolls: ………………………………….. Schuljahr ..../.........

Reifeprüfungszeugnis/Reife- und Diplomprüfungszeugnis/Diplomprüfungszeugnis/Abschlussprüfungszeugnis

...., geboren am ....
Familienname und Vorname(n)

hat sich an dieser Schule

……..…………………..…………………………………………………………………………………..
(Schulart, Schulform, Fachrichtung, Bezeichnung des Lehrplanes)

vor der zuständigen Prüfungskommission gemäß den Vorschriften über die abschließende Prüfung

(…………………………………………………………………………………………………..…………..) der
Angabe der Prüfungsordnung unter Zitierung der BGBl. Nr.

Reifeprüfung/Reife- und Diplomprüfung/Diplomprüfung/Abschlussprüfung

unterzogen und diese

…………………………………………..……………*)

bestanden.

*) Gesamtbeurteilung: mit ausgezeichnetem Erfolg bestanden, mit gutem Erfolg bestanden, bestanden, nicht bestanden

Die Leistungen in den Prüfungsgebieten der abschließenden Prüfung (einschließlich allfälliger Zusatzprüfungen gemäß § 41 Abs. 1 des Schulunterrichtsgesetzes) wurden wie folgt beurteilt:

Vorprüfung:

Prüfungsgebiete der Vorprüfung	Beurteilung**)

Abschließende Arbeit (vorwissenschaftliche Arbeit/Diplomarbeit/Abschlussarbeit):

Thema der abschließenden Arbeit	Beurteilung**)

Klausurprüfung:

Prüfungsgebiete der Klausurprüfung	Beurteilung**)
Prüfungsgebiet(e) der Zusatzprüfung	Beurteilung**)

Mündliche Prüfung:

Prüfungsgebiete der mündlichen Prüfung	Beurteilung**)
Prüfungsgebiet(e) der Zusatzprüfung	Beurteilung**)

...., am ....

Für die Prüfungskommission:

Vorsitzender/Vorsitzende	Rund-siegel	Klassen- oder Jahrgangsvorstand Klassen- oder Jahrgangsvorständin

**) Beurteilungsstufen: Sehr gut (1), Gut (2), Befriedigend (3), Genügend (4), Nicht genügend (5)

Anlage 12
(BGBl. II Nr. 210/2021, Z 3)

....
Bezeichnung und Standort der Schule

Schuljahr ....../........

Zeugnis

über die Ablegung einer

Zusatzprüfung

zur Reifeprüfung

...., geboren am ....
Familienname und Vorname(n)

hat am .... an ....
Bezeichnung der Schule

die Reifeprüfung/Reife- und Diplomprüfung erfolgreich abgelegt. Er/Sie wurde zur Erweiterung der mit der genannten Prüfung erworbenen Studienberechtigung zur Ablegung einer Zusatzprüfung gemäß § 41 Abs. 2 des Schulunterrichtsgesetzes an

....
Schule (Schulart, Schulform, Fachrichtung, Bezeichnung des Lehrplanes)

zugelassen und hat sich vor der zuständigen Prüfungskommission gemäß den Vorschriften über die abschließende Prüfung

(...) der
Angabe der Prüfungsordnung unter Zitierung der BGBl. Nr.

Zusatzprüfung

zur Reifeprüfung unterzogen. Seine/Ihre Leistungen bei dieser Zusatzprüfung wurden wie folgt beurteilt:

Prüfungsgebiet/Prüfungsgebiete der Zusatzprüfung	Beurteilung*)

...., am ....

Für die Prüfungskommission:

....	Rund-	....
Vorsitzender/Vorsitzende	siegel	Klassen- oder Jahrgangsvorstand Klassen- oder Jahrgangsvorständin

*) Beurteilungsstufen: Sehr gut (1), Gut (2), Befriedigend (3), Genügend (4), Nicht genügend (5)

Anlage 13
(BGBl. II Nr. 77/2015, Z 34 idF BGBl. II Nr. 78/2018, Z 9 und BGBl. II Nr. 260/2019, Z 8)

....
Bezeichnung und Standort der Schule

Schuljahr ..../.........

Zeugnis

über die

Semesterprüfung

über noch nicht besuchte Unterrichtsgegenstände

...., geboren am ....
Familienname und Vorname(n)

Schüler/Schülerin der/des .... Klasse/Jahrganges (...Schulstufe)

Schulart (Schulform/Fachrichtung) ....

hat gemäß § 23b des Schulunterrichtsgesetzes an dieser Schule am ……………. über den nachstehend genannten Pflichtgegenstand/die nachstehend genannten Pflichtgegenstände des Wintersemesters/Sommersemesters der … Schulstufe eine Semesterprüfung nach dem Lehrplan ………………………………………………………………….. absolviert. Seine/Ihre Leistungen bei der Prüfung wurden wie folgt beurteilt:

Pflichtgegenstand/Pflichtgegenstände	Beurteilung*)	Prüfer/Prüferin

...., am ....

.... Rund-siegel ....
Abteilungsvorstand oder Schul(cluster)leiter/ Abteilungsvorständin oder Schul(cluster)leiterin — Prüfer/Prüferin/Prüferinnen

*) Beurteilungsstufen: Sehr gut (1), Gut (2), Befriedigend (3), Genügend (4), Nicht genügend (5)

Anlage 14
(BGBl. II Nr. 56/2024, Z 14)

....
Bezeichnung und Standort der Schule

Schuljahr ..../........

Zeugnis

über den Besuch eines Unterrichtsgegenstandes oder mehrerer Unterrichtsgegenstände eines höheren Semesters/einer höheren Schulstufe

...., geboren am ....
Familienname und Vorname(n)

Schüler/Schülerin der/des .... Klasse/Jahrganges (.. Schulstufe)

Schulart (Schulform/Fachrichtung) ....

hat an dieser Schule im oben bezeichneten Schuljahr im ... Semester (Wintersemester/Sommersemester) gemäß § 11 Abs. 6b Z 2 iVm § 22b Abs. 1 des Schulunterrichtsgesetzes den nachstehend genannten

Unterrichtsgegenstand/die nachstehend genannten Unterrichtsgegenstände nach dem Lehrplan ....

besucht. Seine/Ihre Leistungen wurden wie folgt beurteilt:

Unterrichtsgegenstand/ Unterrichtsgegenstände	Schulstufe bzw. Klasse/Jahrgang und Semester	Beurteilung*)	Lehrer/Lehrerin

...., am ....

....
Abteilungsvorstand oder Schul(cluster)leiter/
Abteilungsvorständin oder Schul(cluster)leiterin

Rund-
siegel

....
Lehrer/Lehrerin/Lehrerinnen

*) Beurteilungsstufen: Sehr gut (1), Gut (2), Befriedigend (3), Genügend (4), Nicht genügend (5)

Anlage 15

(BGBl. II Nr. 264/2020, Art. 4 Z 12 idF BGBl. II Nr. 465/2020, Art. 6 Z 6)

....

Bezeichnung und Standort der Schule

Schuljahr ....../........

Schulbesuchsbestätigung

...., geboren am ....,

Familienname und Vorname(n)

hat die/den .... Klasse/Jahrgang (.................................. Schulstufe) der/des

....

Form bzw. Fachrichtung

als ordentliche(r)/außerordentliche(r) Schüler/Schülerin im Sinne des § 3/§ 4 des Schulunterrichtsgesetzes, BGBl. Nr. 472/1986, während des Schuljahres ..../........ vom .... bis .... besucht. Er/Sie hat während des angeführten Zeitraumes folgende Leistungen in den nachstehenden Unterrichtsgegenständen erbracht:

Pflichtgegenstände/Beurteilung*)/Leistungsinformation**)
Freigegenstände/Beurteilung*)/Leistungsinformation**)

Er/Sie hat während des angeführten Zeitraumes an folgenden verbindlichen Übungen teilgenommen:

Er/Sie hat während des angeführten Zeitraumes an folgenden unverbindlichen Übungen teilgenommen:

...., am ....

....	Rund-	....
Schul(cluster)leiter/Schul(cluster)leiterin	siegel	Klassen- oder Jahrgangsvorstand/ Klassen- oder Jahrgangsvorständin

*) Beurteilungsstufen: Sehr gut (1), Gut (2), Befriedigend (3), Genügend (4), Nicht genügend (5)
Mittelschule: Deutsch, Lebende Fremdsprache und Mathematik zusätzlich zu den Beurteilungsstufen: Leistungsniveau „Standard" oder Leistungsniveau „Standard AHS"
Polytechnische Schule: Deutsch und Kommunikation, Lebende Fremdsprache und Angewandte Mathematik zusätzlich zu den Beurteilungsstufen: Angabe des Leistungsniveaus
**) Wenn gemäß § 18a des Schulunterrichtsgesetzes eine Information über die Lern- und Entwicklungssituation zu erfolgen hat, sind der Leistungsinformation geführte Bewertungsgespräche (ausgenommen die Erörterung der Persönlichkeitsentwicklung, der sozialen Kompetenz sowie des Verhaltens in der Gemeinschaft, welche unabhängig von der erbrachten Leistung im Rahmen des Bewertungsgespräches zu erfolgen hat), zu denen die Erziehungsberechtigten und der Schüler oder die Schülerin einzuladen sind, zugrunde zu legen. Das Bewertungsgespräch hat am .... stattgefunden. Es ist jedenfalls auch der Erfüllungsgrad der Kompetenzanforderungen darzulegen:
- Erfassen und Anwenden des Lehrstoffes und Durchführen von Aufgaben
- Eigenständigkeit
- Selbständiges Anwenden auf neuartige Aufgaben

<u>**Anlage 16**</u>

(BGBl. Nr. 415/1989 idF BGBl. II Nr. 77/2015, Z 34, BGBl. II Nr. 260/2019, Z 7 und BGBl. II Nr. 264/2020, Art. 4 Z 13)

....
Bezeichnung und Standort der Schule

Schuljahr ....../........

Schulbesuchsbestätigung

...., geboren am ....,
Familien- und Vorname

hat die/den ....Klasse/Jahrgang (...Schulstufe) der/des

....
Form bzw. Fachrichtung

als außerordentliche(r) Schüler/Schülerin im Sinne des § 4 des Schulunterrichtsgesetzes, BGBl. Nr. 472/1986, während des Schuljahres ..../.......... vom .... bis .... besucht und an folgenden Unterrichtsgegenständen teilgenommen:

...., am ....

....	Rund-	....
Schul(cluster)leiter	siegel	Klassen-/Jahrgangsvorstand

Anlage 17

(BGBl. II Nr. 78/2018, Z 13 idF BGBl. II Nr. 260/2019, Z 6 und 10)

....
Bezeichnung und Standort der Schule

Schuljahr ....../........

Semesterinformation/Jahresinformation

für ....
Familien- oder Nachname und Vorname(n)

geboren am.. Religionsbekenntnis ....
ordentliche(r)/außerordentliche(r) Schülerin/Schüler der .... Klasse (............................... Schulstufe)
Schulart ....

Leistungs- und Fortschrittsinformation:
1. Pflichtgegenstände*) **)
2. Verbindliche Übungen
3. Unverbindliche Übungen

...., am ....

....	Rund-	....
Schul(cluster)leiter/Schul(cluster)leiterin	siegel	Klassenlehrer/Klassenlehrerin

*) Der Leistungsinformation sind geführte Bewertungsgespräche (ausgenommen die Erörterung der Persönlichkeitsentwicklung, der sozialen Kompetenz sowie des Verhaltens in der Gemeinschaft, welche unabhängig von der erbrachten Leistung im Rahmen des Bewertungsgespräches zu erfolgen hat), zu denen die Erziehungsberechtigten und der Schüler oder die Schülerin einzuladen sind, zugrunde zu legen. Das Bewertungsgespräch hat am ……………..…….. stattgefunden. Es ist jedenfalls auch der Erfüllungsgrad der Kompetenzanforderungen darzulegen:
- Erfassen und Anwenden des Lehrstoffes und Durchführen von Aufgaben
- Eigenständigkeit
- Selbständiges Anwenden auf neuartige Aufgaben

**) Bei Abweichen vom Lehrplan der oben angeführten Schulart ist der entsprechende Lehrplan anzuführen.
***) Wenn der Religionsunterricht aufgrund einer freiwilligen Anmeldung als Freigegenstand besucht wurde mit dem Zusatz „(als Freigegenstand)“.

Anlage 18
(BGBl. II Nr. 56/2024, Z 15)

....
Bezeichnung und Standort der Schule

Schuljahr ..../........

Anhang zum Wintersemesterzeugnis / Sommersemesterzeugnis / Jahreszeugnis

Genehmigungen und Befreiungen gemäß § 11 Abs. 6b des Schulunterrichtsgesetzes

...., geboren am ....
Familien- oder Nachname und Vorname(n)

Schüler/Schülerin der/des .... Klasse/Jahrganges (....................................... Schulstufe)

Schulart (Schulform/Fachrichtung) ....

wurde im oben bezeichneten Schuljahr im … Semester (Wintersemester/Sommersemester) gemäß § 11 Abs. 6b des Schulunterrichtsgesetzes

im ausgewiesenen Ausmaß die Teilnahme an folgenden Unterrichtsgegenständen der angeführten Klasse/des angeführten Jahrganges im … Semester genehmigt:	im ausgewiesenen Ausmaß von der Teilnahme an folgenden stundenplanmäßig vorgesehenen Unterrichtsgegenständen des besuchten Semesters/der besuchen Schulstufe befreit:

...., am ....

....		....
Abteilungsvorstand oder Schul(cluster)leiter/ Abteilungsvorständin oder Schul(cluster)leiterin	Rund-siegel	Klassenvorständin/Klassenvorstand oder Jahrgangsvorständin/Jahrgangsvorstand

Anlage 1n
(BGBl. II Nr. 78/2018, Z 13 idF BGBl. II Nr. 28/2022, Z 7 und BGBl. II Nr. 214/2022, Z 17)

....
Bezeichnung und Standort der Schule

Schuljahr ..../........

Beiblatt zum Semesterzeugnis

Teilbereiche der Bildungs- und Lehraufgabe sowie des Lehrstoffs, hinsichtlich derer eine Semesterprüfung abgelegt werden darf

...., geboren am ....
Familienname und Vorname(n)

Schüler/Schülerin der/des .... Klasse/Jahrganges (... Schulstufe)

Schulart (Schulform/Fachrichtung) ....
wurde im nachstehend genannten Pflichtgegenstand/Freigegenstand nicht oder mit „Nicht genügend" beurteilt und ist gemäß § 23a Abs. 5 des Schulunterrichtsgesetzes in der Fassung vor dem Bundesgesetz BGBl. I Nr. 19/2021 berechtigt, über folgende Teilbereiche der Bildungs- und Lehraufgabe sowie des Lehrstoffs eine Semesterprüfung abzulegen:

Nicht oder mit „Nicht genügend" beurteilter Pflichtgegenstand/Freigegenstand
Teilbereiche der Bildungs- und Lehraufgabe sowie des Lehrstoffs (vollständige Wiedergabe gemäß dem Lehrplan)

...., am ....

Rund-
siegel

....
Lehrer/Lehrerin/Lehrerinnen
des Unterrichtsgegenstandes

Anlage 2n
(BGBl. II Nr. 214/2022, Z 19)

....
Bezeichnung und Standort der Schule

Schuljahr ..../.........

Zeugnis

über die

Semesterprüfung

über noch nicht besuchte Unterrichtsgegenstände

...., geboren am ....
Familienname und Vorname(n)

Schüler/Schülerin der/des .... Klasse/Jahrganges (..Schulstufe)

Schulart (Schulform/Fachrichtung) ....

hat gemäß § 23b des Schulunterrichtsgesetzes in der Fassung vor dem Bundesgesetz BGBl. I Nr. 19/2021 an dieser Schule am ……………. über den nachstehend genannten Pflichtgegenstand/die nachstehend genannten Pflichtgegenstände des Wintersemesters/Sommersemesters der … Schulstufe eine Semesterprüfung nach dem Lehrplan ……………………………………………………………………. absolviert. Seine/Ihre Leistungen bei der Prüfung wurden wie folgt beurteilt:

Pflichtgegenstand/Pflichtgegenstände	Beurteilung*)	Prüfer/Prüferin

...., am ....

.... Abteilungsvorstand oder Schul(cluster)leiter/ Abteilungsvorständin oder Schul(cluster)leiterin

Rund-
siegel

.... Prüfer/Prüferin/Prüferinnen

*) Beurteilungsstufen: Sehr gut (1), Gut (2), Befriedigend (3), Genügend (4), Nicht genügend (5)

Anlage 3n
(BGBl. II Nr. 214/2022, Z 19)

....

Bezeichnung und Standort der Schule

Schuljahr ..../.........

Zeugnis

über den Besuch eines Unterrichtsgegenstandes oder mehrerer Unterrichtsgegenstände in einem höheren Semester

...., geboren am ....

Familienname und Vorname(n)

Schüler/Schülerin der/des .... Klasse/Jahrganges (.. Schulstufe)

Schulart (Schulform/Fachrichtung) ....

hat gemäß § 26b des Schulunterrichtsgesetzes in der Fassung vor dem Bundesgesetz BGBl. I Nr. 19/2021 an dieser Schule den nachstehend genannten Unterrichtsgegenstand/die nachstehend genannten Unterrichtsgegenstände des Wintersemesters/Sommersemesters der ... Schulstufe nach dem Lehrplan .... besucht. Seine/Ihre Leistungen wurden wie folgt beurteilt:

Unterrichtsgegenstand/Unterrichtsgegenstände	Beurteilung*)	Lehrer/Lehrerin

...., am ....

.... Rund- ....

Abteilungsvorstand oder Schul(cluster)leiter/ Abteilungsvorständin oder Schul(cluster)leiterin — siegel — Lehrer/Lehrerin

*) Beurteilungsstufen: Sehr gut (1), Gut (2), Befriedigend (3), Genügend (4), Nicht genügend (5)

(BGBl. II Nr. 56/2024, Z 13)

1.7. Aufnahmsverfahrensverordnung

BGBl. II Nr. 317/2006
idF der Verordnungen

BGBl. II Nr. 297/2007 BGBl. II Nr. 185/2012
BGBl. II Nr. 90/2017 BGBl. II Nr. 12/2019

Verordnung der Bundesministerin für Bildung, Wissenschaft und Kultur über das Verfahren zur Aufnahme in Schulen (Aufnahmsverfahrensverordnung)

Auf Grund des § 5 des Schulunterrichtsgesetzes, BGBl. Nr. 472/1986, zuletzt geändert durch das Bundesgesetz BGBl. I Nr. 113/2006, wird verordnet:

Geltungsbereich

§ **1.** Diese Verordnung gilt für die Aufnahme in die 1. Stufe der durch § 1 des Schulunterrichtsgesetzes, BGBl. Nr. 472/1986, erfassten Schularten mit Ausnahme der Volksschule, der Sonderschule und der Berufsschule, sowie weiters für die Aufnahme in die 5. Klasse der allgemein bildenden höheren Schule. *(BGBl. II Nr. 317/2006 idF BGBl. II Nr. 90/2017, Art. 14 Z 1)*

Information zur Schulwahl

§ **2.** Zeitgerecht vor Ende der Anmeldefrist (§ 3 Abs. 1) sind in den Schulen auf geeignete Weise Informationen über die jeweilige Schule sowie über das Verfahren zur Aufnahme (insbesondere das Ende der Anmeldefrist) bereitzustellen und zugänglich zu machen.

Verfahren zur Aufnahme in die 1. Klasse der Mittelschule und der Allgemein bildenden höheren Schule

(BGBl. II Nr. 297/2007, Z 1 idF BGBl. II Nr. 185/2012, Art. 7 Z 1 und BGBl. II Nr. 12/2019, Z 1 und 2)

§ **3.** (1) Der Antrag auf Aufnahme ist bei der Schule, deren Besuch in Aussicht genommen wird, so zeitgereicht zu stellen, dass er bis spätestens am 2. Freitag nach den Semesterferien bei der Schulleitung dieser Schule eingelangt ist. Nach diesem Zeitpunkt einlangende Anträge auf Aufnahme sind nach Maßgabe des Zeitpunktes des Einlangens sowie der organisatorischen Gegebenheiten nach Möglichkeit dennoch zu berücksichtigen oder, wenn dies nicht möglich ist, der Aufnahmsbewerberin oder dem Aufnahmsbewerber unverzüglich und nachweislich rückzuübermitteln.

(2) Gleichzeitig mit dem Antrag auf Aufnahme

1. sind die Bekanntgaben zu machen, die von der betreffenden Schule als für die Durchführung des Verfahrens erforderlich verlangt werden,
2. sind das Original und eine Abschrift der Schulnachricht der zum Zeitpunkt der Antragstellung besuchten Schule vorzulegen,
3. ist bekannt zu geben, ob bzw. welche weitere Schulen allenfalls auch in Betracht gezogen werden, und
4. ist eine Rückmeldemöglichkeit (zB elektronisch, postalisch, telephonisch, per Fax) anzugeben.

Der Antrag auf Aufnahme ist am Original der Schulnachricht der zum Zeitpunkt der Antragstellung besuchten Schule zu bestätigen. Wird zum Zeitpunkt der Antragstellung keine Schule besucht oder wurde keine Schulnachricht ausgestellt, so tritt an die Stelle der Schulnachricht das von der zuletzt besuchten Schule ausgestellte Zeugnis.

(3) Die Anträge (Abs. 1) sind, sofern auf Grund der verfügbaren Schulplätze und der Zahl der Anträge auf Aufnahme nicht allen Antragstellern ein Schulplatz vorläufig zugewiesen werden kann sowie weiters unter Bedachtnahme auf landesrechtliche Bestimmungen über Schulsprengel für öffentliche Pflichtschulen, nach den Kriterien des § 5 zu reihen. Den zuständigen Schulbehörden ist bis spätestens am 5. Montag nach den Semesterferien mitzuteilen, wie viele Schulplätze unter Bedachtnahme auf die vorzunehmenden vorläufigen Schulplatzzuweisungen an der betreffenden Schule weiterhin verfügbar bleiben. *(BGBl. II Nr. 317/2006 idF BGBl. II Nr. 90/2017, Art. 14 Z 2)*

(4) Nach Maßgabe der verfügbaren Plätze sowie unter Bedachtnahme auf landesrechtliche Bestimmungen über Schulsprengel für öffentliche Pflichtschulen ist den nach der Reihung geeigneteren Aufnahmsbewerberinnen und Aufnahmsbewerbern bis spätestens am 7. Montag nach den Semesterferien ein Schulplatz vorläufig zuzuweisen. Bei der Bestimmung der verfügbaren Plätze durch den Leiter oder die Leiterin der Schule sind jene Plätze, deren Verfügbarkeit im Hinblick auf die Durchführung von Aufnahms- und Wiederholungsprüfungen, auf Anträge von Auf-

nahmsbewerberinnen und Aufnahmsbewerbern aus anderen Bundesländern sowie aus anderen erfahrungsgemäßen Gründen zu einem späteren Zeitpunkt gewährleistet zu sein hat, auszuschließen. Die vorläufige Zuweisung eines Schulplatzes hat nicht zu erfolgen, wenn

1. die Schulnachricht bzw. das zuletzt ausgestellte Zeugnis in den Pflichtgegenständen „Deutsch, Lesen, Schreiben" oder „Mathematik" eine schlechtere Beurteilung als „Gut" aufweist oder
2. nach den Vermerken am Original der Schulnachricht bzw. des Zeugnisses bereits zuvor ein Antrag auf Aufnahme bei einer oder mehreren anderen Schulen gestellt wurde.

Ein vorläufig zugewiesener Schulplatz gilt unter der Bedingung, dass zum Zeitpunkt der Aufnahme die gesetzlichen Aufnahmsvoraussetzungen erfüllt werden, als verbindlich. Die Nichtannahme eines vorläufig zugewiesenen Schulplatzes ist nur gegenüber der ausstellenden Schule zulässig und von dieser der zuständigen Schulbehörde zur Kenntnis zu bringen. *(BGBl. II Nr. 317/2006 idF BGBl. II Nr. 90/2017, Art. 14 Z 3 und BGBl. II Nr. 12/2019, Z 3)*

(5) Gleichzeitig mit der vorläufigen Zuweisung eines Schulplatzes (Abs. 4)

1. ist die zuständige Schulbehörde über die vorläufige Schulplatzzuweisung zu informieren und *(BGBl. II Nr. 317/2006 idF BGBl. II Nr. 90/2017, Art. 14 Z 3)*
2. sind diejenigen Aufnahmsbewerberinnen und Aufnahmsbewerber, denen kein Schulplatz vorläufig zugewiesen werden konnte, unter gleichzeitiger Bekanntgabe einer bei der zuständigen Schulbehörde einzurichtenden Informations-Hotline darüber zu informieren, an welchen Schulen Schulplätze verfügbar sind. *(BGBl. II Nr. 317/2006 idF BGBl. II Nr. 90/2017, Art. 14 Z 3 und BGBl. II Nr. 12/2019, Z 3)*

(6) Die Leiter und Leiterinnen von Schulen haben Anträge auf Aufnahme von Aufnahmsbewerberinnen und Aufnahmsbewerbern gemäß Abs. 5 Z 2 bis spätestens Ende April entgegenzunehmen und unter Beifügung allfälliger schulautonomer Reihungskriterien der zuständigen Schulbehörde zur Kenntnis zu bringen. Die zuständige Schulbehörde oder in deren Auftrag der Schulleiter oder die Schulleiterin hat durch Herstellen der erforderlichen Kontakte zu den in Betracht kommenden Schulleitungen und allenfalls den Aufnahmsbewerberinnen und Aufnahmsbewerbern den nach der Reihung geeigneteren Aufnahmsbewerberinnen und Aufnahmsbewerbern

1. nach Maßgabe der in ihrem örtlichen Wirkungsbereich verfügbaren Schulplätze,
2. unter Bedachtnahme auf weitere allenfalls in Betracht kommende Schulen und andere Wünsche der Aufnahmsbewerberin bzw. des Aufnahmsbewerbers,
3. unter Bedachtnahme auf die für die Reihung ausschlaggebenden Kriterien und
4. unter besonderer Beachtung allfälliger landesgrenzenüberschreitender Aufnahmsanträge

bis spätestens Donnerstag oder Freitag der letzten Woche des Unterrichtsjahres einen Schulplatz vorläufig zuzuweisen. Diejenigen Aufnahmsbewerberinnen und Aufnahmsbewerber, denen kein Schulplatz vorläufig zugewiesen werden konnte, sind – unter Hinweis auf die für sie jeweils in Betracht kommende öffentliche Pflichtschule – darüber zu informieren. *(BGBl. II Nr. 317/2006 idF BGBl. II Nr. 90/2017, Art. 14 Z 3 und BGBl. II Nr. 12/2019, Z 3)*

(BGBl. II Nr. 297/2007, Z 1)

Verfahren zur Aufnahme in die Polytechnische Schule, in die 5. Klasse der Allgemein bildenden höheren Schule sowie in die 1. Stufe von berufsbildenden mittleren und höheren Schulen

(BGBl. II Nr. 317/2006 idF BGBl. II Nr. 90/2017, Art. 14 Z 4)

§ 3a. (1) Der Antrag auf Aufnahme ist bei der Schule, deren Besuch in Aussicht genommen wird, so zeitgerecht zu stellen, dass er bis spätestens am 2. Freitag nach den Semesterferien bei der Schulleitung dieser Schule eingelangt ist. Nach diesem Zeitpunkt einlangende Anträge auf Aufnahme sind nach Maßgabe des Zeitpunktes des Einlangens sowie der organisatorischen Gegebenheiten nach Möglichkeit dennoch zu berücksichtigen oder, wenn dies nicht möglich ist, der Aufnahmsbewerberin oder dem Aufnahmsbewerber unverzüglich und nachweislich rückzuübermitteln.

(2) Gleichzeitig mit dem Antrag auf Aufnahme

1. sind die Bekanntgaben zu machen, die von der betreffenden Schule als für die Durchführung des Verfahrens erforderlich verlangt werden,
2. sind das Original und eine Abschrift der Schulnachricht der zum Zeitpunkt der Antragstellung besuchten Schule vorzulegen,
3. ist bekannt zu geben, ob bzw. welche weitere Schulen allenfalls auch in Betracht gezogen werden, und
4. ist eine Rückmeldemöglichkeit (zB elektronisch, postalisch, telephonisch, per Fax) anzugeben.

Der Antrag auf Aufnahme ist am Original der Schulnachricht der zum Zeitpunkt der Antragstellung besuchten Schule zu bestätigen. Wird zum Zeitpunkt der Antragstellung keine Schule besucht oder wurde keine Schulnachricht ausgestellt, so tritt an die Stelle der Schulnachricht das von der zuletzt besuchten Schule ausgestellte Zeugnis.

(3) Die Anträge (Abs. 1) sind, sofern auf Grund der verfügbaren Schulplätze und der Zahl der Anträge auf Aufnahme nicht allen Antragstellern ein Schulplatz vorläufig zugewiesen werden kann sowie weiters unter Bedachtnahme auf landesrechtliche Bestimmungen über Schulsprengel für öffentliche Pflichtschulen, nach den Kriterien des § 5 zu reihen. Den zuständigen Schulbehörden ist bis spätestens am 5. Montag nach den Semesterferien mitzuteilen, wie viele Schulplätze unter Bedachtnahme auf die vorzunehmende vorläufige Schulplatzzuweisung an der betreffenden Schule weiterhin verfügbar bleiben. *(BGBl. II Nr. 317/2006 idF BGBl. II Nr. 90/2017, Art. 14 Z 2)*

(4) Nach Maßgabe der verfügbaren Plätze sowie unter Bedachtnahme auf landesrechtliche Bestimmungen über Schulsprengel für öffentliche Pflichtschulen ist den nach der Reihung geeigneteren Aufnahmsbewerberinnen und Aufnahmsbewerbern bis spätestens am 7. Montag nach den Semesterferien ein Schulplatz vorläufig zuzuweisen. Bei der Bestimmung der verfügbaren Plätze durch den Leiter oder die Leiterin der Schule sind jene Plätze, deren Verfügbarkeit im Hinblick auf die Durchführung von Aufnahms- und Wiederholungsprüfungen, auf Anträge von Aufnahmsbewerberinnen und Aufnahmsbewerbern aus anderen Bundesländern sowie aus anderen erfahrungsgemäßen Gründen zu einem späteren Zeitpunkt gewährleistet zu sein hat, auszuschließen. Die vorläufige Zuweisung eines Schulplatzes hat nicht zu erfolgen, wenn nach den Vermerken am Original der Schulnachricht bzw. des Zeugnisses bereits zuvor ein Antrag auf Aufnahme bei einer oder mehreren anderen Schulen gestellt wurde. Ein vorläufig zugewiesener Schulplatz gilt unter der Bedingung, dass zum Zeitpunkt der Aufnahme die gesetzlichen Aufnahmsvoraussetzungen erfüllt werden, als verbindlich. Die Nichtannahme eines vorläufig zugewiesenen Schulplatzes ist nur gegenüber der ausstellenden Schule zulässig und von dieser der zuständigen Schulbehörde zur Kenntnis zu bringen. *(BGBl. II Nr. 317/2006 idF BGBl. II Nr. 90/2017, Art. 14 Z 3 und BGBl. II Nr. 12/2019, Z 3)*

(5) Gleichzeitig mit der vorläufigen Zuweisung eines Schulplatzes (Abs. 4) sind

1. die zu diesem Zeitpunkt allenfalls besuchte Allgemein bildende höhere Schule und die zuständige Schulbehörde über die vorläufige Schulplatzzuweisung der Aufnahmsbewerberinnen und Aufnahmsbewerber zu informieren und *(BGBl. II Nr. 317/2006 idF BGBl. II Nr. 90/2017, Art. 14 Z 3)*
2. diejenigen Aufnahmsbewerberinnen und Aufnahmsbewerber, denen kein Schulplatz vorläufig zugewiesen werden konnte, unter gleichzeitiger Bekanntgabe einer bei der zuständigen Schulbehörde einzurichtenden Informations-Hotline darüber zu informieren, an welchen Schulen Schulplätze verfügbar sind. *(BGBl. II Nr. 317/2006 idF BGBl. II Nr. 90/2017, Art. 14 Z 3 und BGBl. II Nr. 12/2019, Z 3)*

(6) Die Leiterinnen und Leiter von Schulen haben Anträge auf Aufnahme von Aufnahmsbewerberinnen und Aufnahmsbewerbern gemäß Abs. 5 Z 2 bis spätestens Ende April entgegenzunehmen und unter Beifügung allfälliger schulautonomer Reihungskriterien der zuständigen Schulbehörde zur Kenntnis zu bringen. Die zuständige Schulbehörde oder in deren Auftrag der Schulleiter oder die Schulleiterin hat durch Herstellen der erforderlichen Kontakte zu den in Betracht kommenden Schulleitungen und allenfalls den Aufnahmsbewerberinnen und Aufnahmsbewerbern den nach der Reihung geeigneteren Aufnahmsbewerberinnen und Aufnahmsbewerbern

1. nach Maßgabe der in ihrem örtlichen Wirkungsbereich verfügbaren Schulplätze,
2. unter Bedachtnahme auf allenfalls weiter in Betracht kommende Schulen und anderer Wünsche der Aufnahmsbewerberin bzw. des Aufnahmsbewerbers,
3. unter Bedachtnahme auf die für die Reihung ausschlaggebenden Kriterien und
4. unter besonderer Beachtung allfälliger landesgrenzenüberschreitender Aufnahmsanträge

bis spätestens Donnerstag oder Freitag der letzten Woche des Unterrichtsjahres einen Schulplatz vorläufig zuzuweisen. Diejenigen Aufnahmsbewerberinnen und Aufnahmsbewerber, denen kein Schulplatz vorläufig zugewiesen werden konnte, sind – im Falle der aufrechten Schulpflicht unter Hinweis auf die für sie jeweils in Betracht kommende öffentliche Polytechnische Schule – darüber zu informieren. Gleichzeitig mit der vorläufigen Zuweisung eines Schulplatzes gemäß den Bestimmungen dieses Absatzes ist die zu diesem Zeitpunkt allenfalls besuchte Allgemein bildende höhere Schule zu informieren. *(BGBl. II Nr. 317/2006 idF BGBl. II Nr. 90/2017, Art. 14 Z 3 und BGBl. II Nr. 12/2019, Z 3)*

(BGBl. II Nr. 297/2007, Z 2)

Ergänzende Bestimmungen für das Verfahren zur Aufnahme in die 1. Stufe von Schulen mit Semestergliederung

§ 4. Die §§ 2 und 3a finden sinngemäß Anwendung. Für Aufnahmen im Sommersemester sind die Anmeldefristen durch die Schulleitung der jeweiligen Schule festzulegen. Die allenfalls durch die zuständige Schulbehörde vorzunehmenden vorläufigen Schulplatzzuweisungen haben statt bis Donnerstag oder Freitag der letzten Woche des Unterrichtsjahres jeweils frühestmöglich zu erfolgen.

(BGBl. II Nr. 297/2007, Z 3 idF BGBl. II Nr. 90/2017, Art. 14 Z 3 und BGBl. II Nr. 12/2019, Z 4)

Reihungskriterien

§ 5. (1) Die Reihung gemäß § 3 Abs. 3 und 6 Z 3 sowie § 3a Abs. 3 und 6 Z 3 hat nach Maßgabe der Eignung, der Wohnortnähe und des Besuchs der Schule durch mindestens eine Schwester oder einen Bruder der Aufnahmsbewerberin bzw. des Aufnahmsbewerbers zu erfolgen. *(BGBl. II Nr. 317/2006 idF BGBl. II Nr. 297/2007, Z 4)*

(2) Für die Bewertung der Eignung sind die bisher erbrachten Leistungen sowie im Rahmen von Aufnahms- und Eignungsprüfungen erbrachte Leistungen zu berücksichtigen. Dabei sind für die Aufnahme in die 1. Klasse der allgemein bildenden höheren Schule jedenfalls die Leistungsbeurteilungen in den Pflichtgegenständen „Deutsch, Lesen, Schreiben" und „Mathematik", im Übrigen jedenfalls die Leistungsbeurteilungen in den Pflichtgegenständen „Deutsch", „Mathematik" und „Lebende Fremdsprache" entsprechend der Beurteilung in der Schulnachricht zu berücksichtigen. Sonstige Leistungen, wie zB die Leistungen in anderen Unterrichtsgegenständen, in vorangehenden Schulstufen erbrachte Leistungen und die Leistungsentwicklung, sind nach Maßgabe allfälliger schulautonomer Reihungskriterien zu berücksichtigen. *(BGBl. II Nr. 317/2006 idF BGBl. II Nr. 297/2007, Z 5)*

(3) Für die Bewertung der Wohnortnähe ist jedenfalls die Erreichbarkeit einer anderen Schule gleicher Schulart (Schulform, Fachrichtung) zu berücksichtigen (zB kürzerer und/oder weniger gefährlicher Schulweg, Verkehrsanbindung, sonstige Infrastruktur), wobei auch die jeweilige Altersstufe mit einzubeziehen ist.

(4) Für die Bewertung des Besuches der Schule durch mindestens eine Schwester oder einen Bruder der Aufnahmsbewerberin bzw. des Aufnahmsbewerbers sind ebenfalls die Wohnortnähe (im Sinne des Abs. 3, insbesondere jedoch die Verkehrsinfrastruktur) und die Altersstufe zu berücksichtigen.

Bewertung der Reihungskriterien

§ 6. (1) Die Reihung gemäß § 3 Abs. 3 und 6 Z 3 sowie § 3a Abs. 3 und 6 Z 3 hat nach den im § 5 genannten Kriterien in einem regional sinnvollen Verhältnis dieser zueinander und nachvollziehbar zu erfolgen, wobei die Reihungskriterien der Wohnortnähe (§ 5 Abs. 3) und des Besuches der Schule durch mindestens eine Schwester oder einen Bruder (§ 5 Abs. 4) im Verfahren zur Aufnahme in die 9. Schulstufe dem Reihungskriterium der Eignung (§ 5 Abs. 2) gegenüber nachzustellen sind. Die Bildungsdirektionen haben, wenn es im Hinblick auf den Einzugsbereich der Schulen und die regionalen Gegebenheiten erforderlich ist, für ihren Zuständigkeitsbereich ein regionales Konzept zu erstellen und dieses bei Bedarf (nach Häufigkeit von landesgrenzenüberschreitendem Schulbesuch) untereinander sowie hinsichtlich der Zentrallehranstalten mit dem Bundesministerium für Bildung, Wissenschaft und Forschung abzustimmen. Das regionale Konzept ist bei der Beratung und Beschlussfassung über schulautonome Reihungskriterien zu Grunde zu legen. *(BGBl. II Nr. 317/2006 idF BGBl. II Nr. 297/2007, Z 6 und 7 sowie BGBl. II Nr. 12/2019, Z 5 und 6)*

(2) Erfolgt keine Festlegung von schulautonomen Reihungskriterien und können an Schulen, für die kein Schulsprengel besteht, aus Platzgründen nicht alle Aufnahmsbewerberinnen bzw. Aufnahmsbewerber aufgenommen werden, so sind jene abzuweisen, deren Schulweg zu einer anderen Schule gleicher Schulart (Schulform, Fachrichtung) kürzer oder weniger gefährlich und deren Aufnahme in diese Schule möglich ist. Diese Gründe für eine Abweisung sind jedoch nicht anzuwenden, wenn mindestens ein Bruder oder eine Schwester der Aufnahmsbewerberin bzw. des Aufnahmsbewerbers bereits Schüler bzw. Schülerin der betreffenden Schule ist.

(3) Wenn unter Bedachtnahme auf Abs. 2 nicht alle Aufnahmsbewerberinnen bzw. Aufnahmsbewerber in eine Schule, für die kein Schulsprengel besteht, aufgenommen werden können, sind alle Aufnahmsbewerberinnen bzw. Aufnahmsbewerber nach ihrer Eignung (§ 5 Abs. 2) zu reihen.

Schulautonome Reihungskriterien

§ 7. Für Schulen, für die kein Schulsprengel besteht, kann der Schulleiter unter Bedachtnahme auf die Aufgabe der betreffenden

Schulart (Schulform, Fachrichtung) sowie weiters unter Zugrundelegung eines allfälligen regionalen Konzeptes (§ 6 Abs. 1) und allenfalls bestehender Schulprogramme, schulautonomer Schwerpunktsetzungen und Profilbildungen oder Schulkooperationen nähere Bestimmungen über die Reihung festlegen.

(BGBl. II Nr. 297/2007, Z 8 idF BGBl. II Nr. 185/2012, Art. 7 Z 2 und BGBl. II Nr. 12/2019, Z 7)

Termine, Fristen

§ 8. (1) Die in den §§ 3 und 3a genannten Termine und Fristen beziehen sich auf das der Aufnahme unmittelbar vorangehende Schuljahr. Fällt das Ende einer Frist auf einen schulfreien Tag (ausgenommen schulfreie Tage im Sinne der §§ 2 Abs. 5 sowie 8 Abs. 5 des Schulzeitgesetzes 1985) gemäß dem Schulzeitgesetz 1985, BGBl. Nr. 77/1985, so ist der nächste Schultag als letzter Tag der Frist anzusehen. *(BGBl. II Nr. 317/2006 idF BGBl. II Nr. 297/2007, Z 9 und BGBl. II Nr. 90/2017, Art. 14 Z 5 und BGBl. II Nr. 12/2019, Z 8)*

(2) Wenn es wegen der zu erwartenden Zahl von Anträgen auf Aufnahme von Aufnahmsbewerberinnen und Aufnahmsbewerbern aus anderen Bundesländern oder im Hinblick auf die bundesländerweise unterschiedliche Terminisierung der Semesterferien erforderlich ist, kann die zuständige Schulbehörde für einzelne Schulen oder für das gesamte Bundesland von § 3 und § 3a abweichende Termine und Fristen festlegen. *(BGBl. II Nr. 297/2007, Z 10 idF BGBl. II Nr. 90/2017, Art. 14 Z 3)*

Prüfungstermine für die Aufnahms- und Eignungsprüfungen

§ 9. (1) Die Prüfungstermine für die Eignungsprüfungen sind durch die zuständige Schulbehörde festzulegen. *(BGBl. II Nr. 317/2006 idF BGBl. II Nr. 90/2017, Art. 14 Z 3 und 6)*

(2) Aufnahmsprüfungen haben am Dienstag und Mittwoch in der letzten Woche des Unterrichtsjahres stattzufinden.

(3) Wenn die Aufnahmsbewerberin bzw. der Aufnahmsbewerber an dem gemäß Abs. 1 festgelegten bzw. an dem in Abs. 2 genannten Termin aus wichtigen Gründen nicht zur Prüfung antreten kann bzw. diese nicht ablegen kann, hat die Schulleiterin bzw. der Schulleiter auf Ansuchen der Aufnahmsbewerberin bzw. des Aufnahmsbewerbers einen abweichenden, auf den Grund der Verhinderung Bedacht nehmenden Termin festzulegen.

§ 9a. entfallen (BGBl. II Nr. 297/2007, Z 11 idF BGBl. II Nr. 12/2019, Z 9)

Schlussbestimmung

§ 9a. Soweit in dieser Verordnung auf Bundesgesetze verwiesen wird, sind diese in der mit dem Inkrafttreten der jeweils letzten Novelle dieser Verordnung geltenden Fassung anzuwenden.

(BGBl. II Nr. 90/2017, Art. 14 Z 7 idF BGBl. II Nr. 12/2019, Z 10)

Inkrafttreten, Außerkrafttreten
(BGBl. II Nr. 12/2019, Z 11)

§ 10. (1) Diese Verordnung tritt mit Ablauf des Tages der Kundmachung im Bundesgesetzblatt in Kraft. *(BGBl. II Nr. 317/2006 idF BGBl. II Nr. 297/2007, Z 12)*

(2) § 3 samt Überschrift, § 3a samt Überschrift, § 4 samt Überschrift, § 5 Abs. 1 und 2, § 6 Abs. 1, § 7 samt Überschrift, § 8 Abs. 1 und 2 sowie § 9a samt Überschrift dieser Verordnung in der Fassung der Verordnung BGBl. II Nr. 297/2007 treten mit Ablauf des Tages der Kundmachung dieser Verordnung im Bundesgesetzblatt in Kraft.[1]) *(BGBl. II Nr. 297/2007, Z 12)*

(3) Die Überschrift zu § 3 und § 7 dieser Verordnung in der Fassung der Verordnung BGBl. II Nr. 185/2012 treten mit 1. September 2012 in Kraft. *(BGBl. II Nr. 185/2012, Art. 7 Z 3)*

(4) § 1, § 3 Abs. 3 bis 6, die Überschrift des § 3a, § 3a Abs. 3 bis 6, § 4, § 8 Abs. 1 und 2, § 9 Abs. 1, § 9b samt Überschrift und die Überschrift des § 10 in der Fassung der Verordnung BGBl. II Nr. 90/2017 treten mit Ablauf des Tages der Kundmachung im Bundesgesetzblatt in Kraft.[2]) *(BGBl. II Nr. 90/2017, Art. 14 Z 9)*

(5) Die nachstehend genannten Bestimmungen dieser Verordnung in der Fassung der Verordnung BGBl. II Nr. 12/2019 treten wie folgt in bzw. außer Kraft:

1. Die Überschrift des § 3 in der Fassung der Z 1, § 3 Abs. 4 letzter Satz, Abs. 5 Z 2 und Abs. 6 erster Satz, § 3a Abs. 4 letzter Satz, Abs. 5 Z 2 und Abs. 6 erster Satz, § 4, § 6 Abs. 1 in der Fassung der Z 6, § 7, § 8 Abs. 1, § 9a sowie die Überschrift des § 10 treten mit Ablauf des Tages der Kundmachung im Bundesgesetzblatt in Kraft. Gleichzeitig tritt § 9a samt Überschrift in der Fassung vor der genannten Verord-

---

[1]) Die Kundmachung im Bundesgesetzblatt erfolgte am 30. Oktober 2007.

[2]) Die Kundmachung im Bundesgesetzblatt erfolgte am 31. März 2017.

nung mit Ablauf des Tages der Kundmachung im Bundesgesetzblatt außer Kraft,[3])

[3]) Die Kundmachung im Bundesgesetzblatt erfolgte am 9. Jänner 2019.

2. § 6 Abs. 1 in der Fassung der Z 5 tritt mit 1. Jänner 2019 in Kraft,
3. die Überschrift des § 3 in der Fassung der Z 2 tritt mit 1. September 2020 in Kraft.

(BGBl. II Nr. 12/2019, Z 12)

1.8.1. Verordnung über die Einstufungsprüfung als Voraussetzung für die Aufnahme in die Schule und die Aufnahmsprüfung als Voraussetzung für den Übertritt in eine andere Schulart

BGBl. Nr. 347/1976

idF der Verordnungen

BGBl. Nr. 501/1992 BGBl. II Nr. 185/2012
BGBl. II Nr. 264/2020

Inhaltsverzeichnis[1])

Verordnung des Bundesministers für Unterricht und Kunst vom 15. Juni 1976 über die Einstufungsprüfung als Voraussetzung für die Aufnahme in die Schule und die Aufnahmsprüfung als Voraussetzung für den Übertritt in eine andere Schulart

Auf Grund der §§ 3, 29 und 30 des Schulunterrichtsgesetzes, BGBl. Nr. 139/1974, wird verordnet:[2])

1. Abschnitt

Allgemeine Bestimmungen

Geltungsbereich

§ 1. (1) Diese Verordnung gilt – soweit im Abs. 2 nicht anderes bestimmt ist – für Einstufungsprüfungen als Voraussetzung für die Aufnahme in die Schule gemäß § 3 des Schulunterrichtsgesetzes, BGBl. Nr. 472/1986, in der jeweils geltenden Fassung, und für Aufnahmsprüfungen als Voraussetzung für den Übertritt in eine andere Schulart oder eine andere Form oder Fachrichtung oder einen anderen Schwerpunktbereich einer Schulart gemäß den §§ 29 bis 31 des Schulunterrichtsgesetzes. *(BGBl. Nr. 501/1992, Z 1 idF BGBl. II Nr. 185/2012, Art. 6 Z 1)*

(2) Vom Geltungsbereich dieser Verordnung ausgenommen sind Einstufungsprüfungen an Berufsschulen gemäß § 3 Abs. 7 des Schulunterrichtsgesetzes und Aufnahmsprüfungen in die erste Stufe, einer mittleren oder höheren Schule. *(BGBl. Nr. 347/1976 idF* BGBl. Nr. *501/1992, Z 2)*

Zweck der Einstufungsprüfung und der Aufnahmsprüfung

§ 2. (1) Die Einstufungsprüfung dient der Feststellung, ob die Vorbildung des Auf-

[1]) Das Inhaltsverzeichnis ist von den Verordnungserlassungen nicht umfasst.

[2]) Nach dem dzt. Stand der Gesetzgebung sind Verordnungsgrundlagen: § 3, § 29, § 30 und § 31 des Schulunterrichtsgesetzes, BGBl. Nr. 472/1986, idgF.

nahmsbewerbers für die angestrebte Schulstufe ausreicht.

(2) Die Aufnahmsprüfung dient der Feststellung, ob der Übertrittsbewerber die Eignung für die angestrebte Schulart oder Form oder Fachrichtung oder den Schwerpunktbereich einer Schulart aufweist. *(BGBl. Nr. 347/1976 idF BGBl. II Nr. 185/2012, Art. 6 Z 2)*

2. Abschnitt
Einstufungsprüfung

Zeitpunkt der Einstufungsprüfung

§ 3. Der Prüfungstermin oder die Termine der einzelnen Teilprüfungen sind vom Schulleiter unter Bedachtnahme auf die einem Aufnahmsbewerber hinsichtlich der angestrebten Schulstufe zumutbare Leistungsfähigkeit sowie unter Bedachtnahme auf eine allenfalls gemäß § 4 Abs. 7 vom unterrichtenden Lehrer zu treffende Feststellung festzusetzen. Bis zur erfolgreichen Ablegung der Einstufungsprüfung oder deren Entfall auf Grund von Feststellungen gemäß § 4 Abs. 7 ist eine Aufnahme nur als außerordentlicher Schüler zulässig; bei der allgemeinen Schulpflicht unterliegenden Aufnahmsbewerbern darf eine Aufnahme als außerordentlicher Schüler allein aus diesem Grund zwölf Monate nicht überschreiten.

(BGBl. Nr. 501/1992, Z 3)

Umfang der Einstufungsprüfung

§ 4. (1) Die Einstufungsprüfung ist in allen Pflichtgegenständen mündlich (mündliche Teilprüfungen), in den Pflichtgegenständen, in denen in den der angestrebten Schulstufe vorangegangenen Stufen Schularbeiten vorgesehen sind, sowohl schriftlich (schriftliche Teilprüfungen) als auch mündlich (mündliche Teilprüfungen), in den Pflichtgegenständen, in denen der praktische Unterricht überwiegt, sowohl praktisch (praktische Teilprüfungen) als auch mündlich (mündlich Teilprüfungen) abzulegen. In den zuletzt genannten Pflichtgegenständen ist hinsichtlich der Ablegung der mündlichen Teilprüfungen § 5 Abs. 11, ausgenommen lit. a sublit. aa, der Verordnung BGBl. Nr. 371/1974 über die Leistungsbeurteilung in Pflichtschulen sowie mittleren und höheren Schulen anzuwenden. Jeder Pflichtgegenstand bildet ein Prüfungsgebiet.

(2) Bei der Festlegung des Umfanges der Einstufungsprüfung haben in der Volksschule und in den Sonderschulen, ausgenommen die nach dem Lehrplan der Mittelschule geführten Sonderschulen, die Pflichtgegenstände Musikerziehung, Bildnerische Erziehung, Schreiben, Werkerziehung (Technisches und Textiles Werken), Ernährung und Haushalt und Bewegung und Sport außer Betracht zu bleiben. *(BGBl. Nr. 501/1992, Z 4 idF BGBl. II Nr. 185/2012, Art. 6 Z 3 und BGBl. II Nr. 264/2020, Art. 2 Z 1 und 2)*

(3) Die Einstufungsprüfung hat Aufgaben zu umfassen, die der Feststellung dienen, ob der Aufnahmsbewerber über die zur erfolgreichen Teilnahme am Unterricht der angestrebten Schulstufe erforderlichen allgemeinbildenden und (oder) berufsbildenden Kenntnisse und (oder) Fertigkeiten im Hinblick auf die Aufgabe der betreffenden Schulart sowie die im Lehrplan der betreffenden Schulart oder Form oder Fachrichtung oder des Schwerpunktbereichs festgelegten Bildungs- und Lehraufgaben und Lehrstoffe der einzelnen Pflichtgegenstände verfügt. *(BGBl. Nr. 347/1976 idF BGBl. II Nr. 185/2012, Art. 6 Z 4)*

(4) Von der Überprüfung im Rahmen der Einstufungsprüfung ausgenommen sind die durch Zeugnisse von öffentlichen oder mit dem Öffentlichkeitsrecht ausgestatteten Schulen nachgewiesenen Kenntnisse und Fertigkeiten, die zumindest annähernd jenen entsprechen, die in den der angestrebten Schulstufe vorangegangenen Stufen der betreffenden Schulart oder Form oder Fachrichtung oder des Schwerpunktbereichs vermittelt wurden. Von der Überprüfung ausgenommen sind ferner durch ein Zeugnis über die Lehrabschlußprüfung in einem facheinschlägigen Lehrberuf nachgewiesene oder durch eine facheinschlägige Berufspraxis erworbene Fertigkeiten. *(BGBl. Nr. 347/1976 idF BGBl. II Nr. 185/2012, Art. 6 Z 4)*

(5) Der Feststellung, ob der Aufnahmsbewerber über Kenntnisse und Fertigkeiten im Sinne des Abs. 4 erster Satz verfügt, sind die Aufgabe der betreffenden Schulart sowie die im Lehrplan der betreffenden Schulart oder Form oder Fachrichtung oder des Schwerpunktbereichs festgelegten Bildungs- und Lehraufgaben, Lehrstoffe und Stundenausmaße der einzelnen Pflichtgegenstände zugrunde zu legen, jeweils unter Vergleich mit der Aufgabe der bisher besuchten Schulart sowie der vorgenannten, im Lehrplan der bisher besuchten Schulart oder Form oder Fachrichtung oder des Schwerpunktbereichs festgelegten Gesichtspunkte. *(BGBl. Nr. 347/1976 idF BGBl. II Nr. 185/2012, Art. 6 Z 4)*

(6) Die Festlegung des Umfanges der Einstufungsprüfung obliegt dem Schulleiter.

(7) Die Einstufungsprüfung kann insoweit entfallen, als der Schüler durch die Mitarbeit im Unterricht sowie durch in die Unterrichtsarbeit sonst eingeordnete Leistungsfeststellungen gemäß § 18 Abs. 1 des Schulunterrichtsgesetzes zu erkennen gibt, daß er das Bildungsziel des betreffenden Pflichtgegenstandes in den

vorangegangenen Schulstufen in den wesentlichen Bereichen überwiegend erfüllt. Die diesbezügliche Feststellung trifft der den jeweiligen Pflichtgegenstand unterrichtende Lehrer; sie ist dem Schüler unverzüglich bekanntzugeben. *(BGBl. Nr. 501/1992, Z 5)*

Prüfungsstoff der Einstufungsprüfung

§ 5. Die Aufgaben für die schriftlichen, die mündlichen und die praktischen Teilprüfungen sind dem Bereich des Lehrstoffes der der angestrebten Schulstufe vorangegangenen Stufen der betreffenden Schulart oder Form oder Fachrichtung oder des Schwerpunktbereichs zu entnehmen. Der Schwierigkeitsgrad der Aufgabenstellung hat sich nach den an die Schüler der der angestrebten Schulstufe vorangegangenen Stufen gestellten Anforderungen zu richten. Sofern die Aufnahme in die erste Stufe einer Schulart oder Form oder Fachrichtung oder des Schwerpunktbereichs angestrebt wird, treten an die Stelle der vorangegangenen Stufen der betreffenden Schulart, Form oder Fachrichtung oder des Schwerpunktbereichs die Stufen jener Schulart, deren erfolgreicher Abschluß Mindestvoraussetzung für die Aufnahme in die angestrebte Schulstufe ist.

(BGBl. Nr. 347/1976 idF BGBl. II Nr. 185/2012, Art. 6 Z 4)

3. Abschnitt
Aufnahmsprüfung

Zeitpunkt der Aufnahmsprüfung

§ 6. Der Prüfungstermin oder die Termine der einzelnen Teilprüfungen sind vom Schulleiter unter Bedachtnahme auf eine allenfalls gemäß § 7 Abs. 7 vom unterrichtenden Lehrer zu treffende Feststellung festzusetzen. Die Aufnahmsprüfung oder einzelne Teilprüfungen derselben sind vom Schulleiter auf Ansuchen des Übertrittsbewerbers bei gleichzeitiger Aufnahme als außerordentlicher Schüler aufzuschieben, wenn in dessen Person rücksichtswürdige Gründe vorliegen. Die Frist zur Ablegung der Prüfung oder der Teilprüfung ist mit höchstens einem halben Unterrichtsjahr je nachzuholender Schulstufe zu bemessen; hiebei darf bei der allgemeinen Schulpflicht unterliegenden Übertrittsbewerbern eine Aufnahme als außerordentlicher Schüler allein aus diesem Grund zwölf Monate nicht überschreiten.

(BGBl. Nr. 501/1992, Z 6)

Umfang der Aufnahmsprüfung

§ 7. (1) Die Aufnahmsprüfung ist in allen Pflichtgegenständen mündlich (mündliche Teilprüfungen), in den Pflichtgegenständen, in denen in den der angestrebten Schulstufe vorangegangenen Stufen Schularbeiten vorgesehen sind, sowohl schriftlich (schriftliche Teilprüfungen) als auch mündlich (mündliche Teilprüfungen), in den Pflichtgegenständen, in denen der praktische Unterricht überwiegt, sowohl praktisch (praktische Teilprüfungen) als auch mündlich (mündliche Teilprüfungen) abzulegen. In den zuletzt genannten Pflichtgegenständen ist hinsichtlich der Ablegung der mündlichen Teilprüfungen § 5 Abs. 11, ausgenommen lit. a sublit. aa, der Verordnung über die Leistungsbeurteilung in Pflichtschulen sowie mittleren und höheren Schulen abzuwenden. Jeder Pflichtgegenstand bildet ein Prüfungsgebiet.

(2) Bei der Festsetzung des Umfanges der Aufnahmsprüfung haben in der Volksschule und in den Sonderschulen, ausgenommen die nach dem Lehrplan der Mittelschule geführten Sonderschulen, die Pflichtgegenstände Musikerziehung, Bildnerische Erziehung, Schreiben, Werkerziehung (Technisches und Textiles Werken), Ernährung und Haushalt und Bewegung und Sport außer Betracht zu bleiben. *(BGBl. Nr. 501/1992, Z 7 idF BGBl. II Nr. 185/2012, Art. 6 Z 3 und BGBl. II Nr. 264/2020, Art. 2 Z 1 und 2)*

(3) Die Aufnahmsprüfung hat Aufgaben aus den Unterrichtsgegenständen zu umfassen, die in einer der vorangegangenen Schulstufen der angestrebten Schulart oder Form oder Fachrichtung oder des Schwerpunktbereichs einer Schulart Pflichtgegenstand waren und die die Übertrittsbewerberin oder der Übertrittsbewerber noch nicht oder nicht in annähernd gleichem Umfang besucht hat. Im Falle des Übertritts von Schülerinnen oder Schülern der Mittelschule in allgemeinbildende höhere Schulen hat die Aufnahmsprüfung Aufgaben aus jenen Pflichtgegenständen zu umfassen, in denen das Jahreszeugnis der Übertrittsbewerberin oder des Übertrittsbewerbers nicht die Leistungsbeurteilung enthält, die gemäß § 40 Abs. 2 und 3 des Schulorganisationsgesetzes, BGBl. Nr. 242/1962, in der jeweils geltenden Fassung, für einen Übertritt ohne Aufnahmsprüfung vorgeschrieben ist. *(BGBl. II Nr. 264/2020, Art. 2 Z 3)*

(4) Ein annähernd gleicher Umfang im Sinne des Abs. 3 ist nicht gegeben, wenn

a) im Lehrplan der vom Übertrittsbewerber bisher besuchten Schulart oder Form oder Fachrichtung oder des Schwerpunktbereichs Lehrstoffgebiete nicht vorgesehen sind, die hinsichtlich der Pflichtgegenstände im Lehrplan der angestrebten Schulart oder Form oder Fachrichtung oder des Schwerpunktbereichs in den der angestrebten Schulstufe vorangegangenen Stufen enthalten sind, oder
b) das Stundenausmaß des vom Übertrittsbewerber bisher besuchten Pflichtgegenstandes weniger als drei Viertel des Stunden-

ausmaßes des betreffenden Pflichtgegenstandes in den der angestrebten Schulstufe vorangegangenen Stufen der angestrebten Schulart oder Form oder Fachrichtung oder des Schwerpunktbereichs beträgt.

(BGBl. Nr. 347/1976 idF BGBl. II Nr. 185/2012, Art. 6 Z 4)

(5) Die Aufnahmsprüfung hat sich zu erstrecken

a) in Fällen, in denen der Übertrittsbewerber einen Pflichtgegenstand noch nicht besucht hat, auf den gesamten Lehrstoff des betreffenden Pflichtgegenstandes in den der angestrebten Schulstufe vorangegangenen Stufen der betreffenden Schulart oder Form oder Fachrichtung oder des Schwerpunktbereichs;

b) in den Fällen, in denen der Übertrittsbewerber einen Pflichtgegenstand nicht in annähernd gleichem Umfang besucht hat (Abs. 4 lit. a und b), auf jene Lehrstoffgebiete des betreffenden Pflichtgegenstandes, die im Lehrplan der bisher besuchten Schulstufen nicht vorgesehen waren und die für die weitere Ausbildung an der angestrebten Schulart oder Form oder Fachrichtung oder des Schwerpunktbereichs wesentlich sind.

(BGBl. Nr. 347/1976 idF BGBl. II Nr. 185/2012, Art. 6 Z 4)

(6) Die Festlegung des Umfanges der Aufnahmsprüfung obliegt dem Schulleiter.

(7) Die Aufnahmsprüfung kann bei Aufschiebung gemäß § 29 Abs. 5 zweiter Satz des Schulunterrichtsgesetzes insoweit entfallen, als der Schüler durch die Mitarbeit im Unterricht sowie durch in die Unterrichtsarbeit sonst eingeordnete Leistungsfeststellungen gemäß § 18 Abs. 1 des Schulunterrichtsgesetzes zu erkennen gibt, daß er das Bildungsziel des betreffenden Pflichtgegenstandes in den vorangegangenen Schulstufen in den wesentlichen Bereichen überwiegend erfüllt. Die diesbezügliche Feststellung trifft der den jeweiligen Pflichtgegenstand unterrichtende Lehrer; sie ist dem Schüler unverzüglich bekanntzugeben. *(BGBl. Nr. 501/1992, Z 9)*

Prüfungsstoff der Aufnahmsprüfung

§ 8. Die Aufgaben für die schriftlichen, die mündlichen und die praktischen Teilprüfungen sind dem Bereich des Lehrstoffes der der angestrebten Schulstufe vorangegangenen Stufen der betreffenden Schulart oder Form oder Fachrichtung oder des Schwerpunktbereichs zu entnehmen. Der Schwierigkeitsgrad der Aufgabenstellung hat sich nach den an die Schüler der der angestrebten Schulstufe vorangegangenen Stufen gestellten Anforderungen zu richten.

(BGBl. Nr. 347/1976 idF BGBl. II Nr. 185/2012, Art. 6 Z 4)

4. Abschnitt
Gemeinsame Bestimmungen

Bestellung der Prüfer

§ 9. Zur Durchführung der Einstufungsprüfung bzw. der Aufnahmsprüfung hat der Schulleiter, an Schulen, die in Fachabteilungen gegliedert sind, der Abteilungsvorstand, für die einzelnen Prüfungsgebiete fachlich zuständige Lehrer als Prüfer zu bestellen.

Durchführung der schriftlichen Teilprüfungen

§ 10. (1) Die Aufgaben sind vom Prüfer zu stellen. Sie sind dem Prüfungskandidaten vor Beginn der Teilprüfung in schriftlicher Form vorzulegen, ausgenommen kurze und einfache Themenstellung (z.B. Aufsatzthemen). Die für die Vorlage der Aufgabenstellung verwendete Zeit ist in die Arbeitszeit nicht einzurechnen.

(2) Der Prüfungskandidat ist vor Beginn der schriftlichen Teilprüfung auf die Folgen des Gebrauches unerlaubter Hilfsmittel oder Hilfen gemäß Abs. 4 hinzuweisen.

(3) Vorgetäuschte Leistungen (z.B. wegen Gebrauches unerlaubter Hilfsmittel oder Hilfen) sind nicht zu beurteilen ; in diesem Fall darf die schriftliche Teilprüfung mit neuer Aufgabenstellung binnen einer Frist von acht Unterrichtstagen nochmals abgelegt werden. Der Prüfungstermin ist vom Schulleiter festzusetzen.

(4) Unerlaubte Hilfsmittel, deren sich der Prüfungskandidat bedienen könnte, sind diesem abzunehmen und nach der betreffenden Teilprüfung zurückzugeben.

(5) Das Verlassen des Prüfungsraumes während der schriftlichen Teilprüfung ist nur in dringenden Fällen und nur einzeln zulässig. Bis zum Abschluß der Prüfung dürfen weder Arbeiten noch Teile davon oder Abschriften aus dem Prüfungsraum fortgenommen werden.

(6) Der Prüfungskandidat hat nach Beendigung der Prüfungsarbeit diese, alle Entwürfe und Aufzeichnungen abzugeben und den Prüfungsraum zu verlassen.

(7) Über den Verlauf der Teilprüfung hat der jeweils aufsichtsführende Lehrer ein Protokoll zu führen, in dem Beginn und Ende der Aufsicht, Beginn und Ende der Abwesenheit des Prüfungskandidaten vom Prüfungsraum, der Zeitpunkt der Ablieferung der Prüfungsarbeit, die Anzahl der Beilagen sowie etwaige besondere Vorkommnisse, insbesondere solche nach Abs. 3 und 4, zu vermerken sind.

(8) Tritt während einer Teilprüfung ein unvorhergesehenes Ereignis ein, das die körperliche Sicherheit oder die Gesundheit des Prüfungskandidaten gefährdet oder den ordnungs-

gemäßen Ablauf der Teilprüfung schwerwiegend beeinträchtigt, so ist diese unverzüglich abzubrechen. In diesem Fall ist die Teilprüfung sofort nach Wegfall des Abbruchsgrundes fortzusetzen; sofern bei Fortsetzung eine sichere Beurteilung nicht gewährleistet ist, ist die Teilprüfung mit neuer Aufgabenstellung nochmals durchzuführen.

Durchführung der mündlichen und der praktischen Teilprüfungen

§ 11. (1) Die Aufgaben sind vom Prüfer zu stellen. Im Rahmen der mündlichen Teilprüfungen sind dem Prüfungskandidaten jeweils zwei voneinander unabhängige Aufgaben vorzulegen.

(2) Ergibt sich aus der Lösung der Aufgaben keine sichere Beurteilungsgrundlage, so hat der Prüfer eine weitere Aufgabe zu stellen.

(3) Zur Vorbereitung auf jede Aufgabe ist dem Prüfungskandidaten erforderlichenfalls eine angemessene Frist einzuräumen.

(4) Bedient sich ein Prüfungskandidat bei der Lösung einer Aufgabe unerlaubter Hilfsmittel oder Hilfen, ist die betreffende Aufgabe nicht zu beurteilen und eine neue Aufgabe zu stellen.

(5) Die dem Prüfungskandidaten im Rahmen der mündlichen und der praktischen Teilprüfung gestellten Aufgaben sind im Prüfungsprotokoll zu vermerken.

Dauer der Einstufungsprüfung bzw. der Aufnahmsprüfung

§ 12. (1) Die schriftlichen, die mündlichen und die praktischen Teilprüfungen dürfen jeweils nicht vor 7.30 Uhr beginnen und haben spätestens um 18.00 Uhr, für Prüfungskandidaten, die der allgemeinen Schulpflicht unterliegen, spätestens um 17.00 Uhr zu enden. An einem Tag sollen nicht mehr als drei Teilprüfungen stattfinden.

(2) Die Dauer einer schriftlichen Teilprüfung hat 50 Minuten, in den Prüfungsgebieten, in denen in den der angestrebten Schulstufe vorangegangenen Stufen mindestens eine zwei- oder mehrstündige Schularbeit lehrplanmäßig vorgesehen ist, jedoch 100 Minuten zu betragen. Die Dauer einer mündlichen Teilprüfung hat in den allgemeinbildenden Pflichtschulen höchstens 15 Minuten, in den übrigen Schulen 15 bis 30 Minuten zu betragen. Die Dauer einer praktischen Teilprüfung hat in den allgemeinbildenden Schulen 30 bis 50 Minuten zu betragen; in den übrigen Schulen ist die für die Gewinnung einer sicheren Beurteilungsgrundlage erforderliche Zeit zur Verfügung zu stellen.

Beurteilung der Leistungen bei der Einstufungsprüfung bzw. bei der Aufnahmsprüfung

§ 13. (1) Die Leistungen des Prüfungskandidaten bei der Einstufungsprüfung bzw. bei der Aufnahmsprüfung sind in jedem Prüfungsgebiet vom Prüfer zu beurteilen (Einzelbeurteilungen). Grundlage der Beurteilung der Leistungen ist die vom Prüfungskandidaten bei der Lösung der Aufgaben erwiesene Kenntnis des Prüfungsgebietes. Im übrigen finden die Bestimmungen des § 11 Abs. 2 und 5 bis 9 sowie der §§ 12 bis 17 der Verordnung über die Leistungsbeurteilung in Pflichtschulen sowie mittleren und höheren Schulen Anwendung. *(BGBl. Nr. 347/1976 idF BGBl. II Nr. 264/2020, Art. 2 Z 4)*

(2) Die Gesamtbeurteilung der Leistungen des Prüfungskandidaten ist mit „bestanden" oder „nicht bestanden" festzusetzen. Die Einstufungsprüfung bzw. die Aufnahmsprüfung ist „bestanden", wenn keine der Einzelbeurteilungen (Abs. 1) mit „Nicht genügend" festgesetzt wird. Die Einstufungsprüfung bzw. die Aufnahmsprüfung ist „nicht bestanden", wenn auch nur eine Einzelbeurteilung mit „Nicht genügend" festgesetzt wird.

(3) Nach bestandener Einstufungsprüfung oder Aufnahmsprüfung, deren Wiederholung oder deren Entfall auf Grund von Feststellungen gemäß § 4 Abs. 7 bzw. gemäß § 7 Abs. 7 ist der Prüfungskandidat ordentlicher Schüler. Hat er die Einstufungsprüfung bzw. die Aufnahmsprüfung oder die Wiederholung dieser Prüfung nicht bestanden, ist ihm die Gesamtbeurteilung zugleich mit der Ablehnung der Aufnahme schriftlich bekanntzugeben; dies gilt auch für den Fall, daß der Prüfungskandidat die Einstufungsprüfung bzw. die Aufnahmsprüfung oder die Wiederholung dieser Prüfung zwar bestanden hat, wegen Platzmangels jedoch nicht in die Schule aufgenommen werden kann. *(BGBl. Nr. 501/1992, Z 10)*

(4) Die Einzelbeurteilungen (Abs. 1) und die Gesamtbeurteilung (Abs. 2) sind in das Prüfungsprotokoll aufzunehmen. Das Prüfungsprotokoll ist vom Schulleiter und von den Prüfern zu unterfertigen.

Wiederholung der Einstufungsprüfung oder der Aufnahmsprüfung

§ 14. (1) Eine einmalige Wiederholung der Einstufungsprüfung oder der Aufnahmsprüfung oder von Teilprüfungen dieser Prüfungen ist zulässig.

(2) Der Wiederholungsprüfungstermin oder der Termin der Wiederholung von einzelnen Teilprüfungen ist vom Schulleiter unter Bedachtnahme auf die zumutbare Leistungsfähigkeit des Aufnahmsbewerbers bzw. des Über-

trittsbewerbers innerhalb einer Frist von zwei Monaten, gerechnet vom Zeitpunkt der nicht bestandenen Prüfung oder Teilprüfung, festzusetzen.

(3) Die Wiederholung der Einstufungsprüfung oder der Aufnahmsprüfung ist im gleichen Umfang wie die ursprüngliche Prüfung durchzuführen. § 4 Abs. 1 bis 6, § 5, § 7 Abs. 1 bis 6 und die §§ 8 bis 13 sind anzuwenden. Positiv beurteilte Teilprüfungen sind nicht zu wiederholen. Bei der Beurteilung der Wiederholung der Einstufungsprüfung und der Aufnahmsprüfung oder einer Teilprüfung dieser Prüfungen sind vorangegangene Teilbeurteilungen mit „Nicht genügend" nicht zu berücksichtigen.

(4) Hat der Prüfungskandidat die Einstufungsprüfung oder die Aufnahmsprüfung oder die Wiederholung der Einstufungsprüfung oder der Aufnahmsprüfung für die angestrebte Schulstufe nicht bestanden, so ist er berechtigt, die Prüfung für eine niedrigere Stufe derselben Schulart oder derselben Form oder Fachrichtung oder desselben Schwerpunktbereichs einer Schulart abzulegen. Hiebei sind dem Prüfungskandidaten im Rahmen der ersten Einstufungsprüfung oder der Aufnahmsprüfung oder im Rahmen der Wiederholung der Einstufungsprüfung oder der Aufnahmsprüfung nicht mit „Nicht genügend" festgesetzte Einzelbeurteilungen anzurechnen. *(BGBl. Nr. 501/1992, Z 11 idF BGBl. II Nr. 185/2012, Art. 6 Z 6)*

(BGBl. Nr. 501/1992, Z 11)

Verhinderung und Rücktritt des Prüfungskandidaten

§ 15. (1) Ist ein Prüfungskandidat an der Ablegung einer Teilprüfung verhindert, so darf er diese mit neuer Aufgabenstellung zu einem vom Schulleiter festzusetzenden Prüfungstermin nachholen. Die Frist hierfür ist mit acht Unterrichtstagen, gerechnet vom Wegfall des Hinderungsgrundes, zu bemessen. Ist ein Prüfungskandidat jedoch nur vorübergehend verhindert, so ist ihm nach Möglichkeit Gelegenheit zur Fortsetzung der betreffenden Teilprüfung, erforderlichenfalls unter neuer Aufgabenstellung, zu geben.

(2) Abs. 1 erster und zweiter Satz finden sinngemäß auf jene Fälle Anwendung, in denen der Prüfungskandidat von einer Teilprüfung zurücktritt. Nach Entgegennahme der Aufgabenstellung ist der Rücktritt nicht mehr zulässig; die betreffende Teilprüfung ist zu beurteilen.

Übergangsbestimmung zum Auslaufen der Hauptschule und der Einführung der Mittelschule

§ 15a. Für Übertrittsbewerberinnen und Übertrittsbewerber an allgemeinbildenden höheren Schulen, die die Hauptschule bis zum Ablauf des Schuljahres 2018/19 oder eine Neue Mittelschule bis zum Ablauf des Schuljahres 2019/20 erfolgreich abgeschlossen haben, gilt § 7 Abs. 3 in der Fassung vor der Verordnung BGBl. II Nr. 264/2020.[3])

(BGBl. II Nr. 264/2020, Art. 2 Z 5)

Inkrafttreten

§ 16. (1) § 1 Abs. 1 und 2, § 3, § 4 Abs. 2 und 7, § 6, § 7 Abs. 2, 3 und 7, § 13 Abs. 3 und § 14 dieser Verordnung in der Fassung der Verordnung BGBl. Nr. 501/1992 treten mit 1. September 1992 in Kraft. *(BGBl. Nr. 501/1992, Z 12 idF BGBl. II Nr. 185/2012, Art. 6 Z 7)*

(2) § 1 Abs. 1, § 2 Abs. 2, § 4 Abs. 2 bis 5, § 5, § 7 Abs. 2 bis 5, § 8 sowie § 14 Abs. 4 dieser Verordnung in der Fassung der Verordnung BGBl. II Nr. 185/2012 treten mit 1. September 2012 in Kraft. *(BGBl. II Nr. 185/2012, Art. 6 Z 7)*

(3) Die nachstehend genannten Bestimmungen in der Fassung der Verordnung BGBl. II Nr. 264/2020 treten wie folgt in Kraft:

1. § 4 Abs. 2 (in der Fassung der Z 1), § 7 Abs. 2 (in der Fassung der Z 1) sowie § 13 Abs. 1 zweiter Satz treten mit Ablauf des Tages der Kundmachung[4]) im Bundesgesetzblatt in Kraft;
2. § 4 Abs. 2 (in der Fassung der Z 2), § 7 Abs. 2 (in der Fassung der Z 2) und Abs. 3 sowie § 15a samt Überschrift treten mit 1. September 2020 in Kraft.

(BGBl. II Nr. 264/2020, Art. 2 Z 6)

(BGBl. Nr. 501/1992, Z 12)

---

[3]) § 7 Abs. 3 in der Fassung vor der Verordnung BGBl. II Nr. 264/2020 lautet:

„(3) Die Aufnahmsprüfung hat Aufgaben aus den Unterrichtsgegenständen zu umfassen, die in einer der vorangegangenen Schulstufen der angestrebten Schulart oder Form oder Fachrichtung oder des Schwerpunktbereichs einer Schulart Pflichtgegenstand waren und die der Übertrittsbewerber noch nicht oder nicht in annähernd gleichem Umfang besucht hat. Im Falle des Übertrittes von Hauptschülern in allgemeinbildende höhere Schulen hat die Aufnahmsprüfung Aufgaben aus jenen Pflichtgegenständen zu umfassen, in denen das Jahreszeugnis des Übertrittsbewerbers nicht die Leistungsbeurteilung enthält, die gemäß § 40 Abs. 2 und 3 des Schulorganisationsgesetzes, BGBl. Nr. 242/1962, in der jeweils geltenden Fassung, für einen Übertritt ohne Aufnahmsprüfung vorgeschrieben ist; für den Übertritt von Schülern der Neuen Mittelschule in allgemeinbildende höhere Schulen gilt dies hinsichtlich des § 40 Abs. 2a und 3a des Schulorganisationsgesetzes."

[4]) Die Kundmachung im Bundesgesetzblatt erfolgte am 12. Juni 2020.

1.8.2. Verordnung über die Einstufungsprüfung an Berufsschulen

BGBl. Nr. 478/1976
idF der Verordnungen

BGBl. Nr. 502/1992 BGBl. II Nr. 293/2013

Inhaltsverzeichnis[1])

Verordnung des Bundesministers für Unterricht und Kunst vom 20. Juli 1976 über die Einstufungsprüfung an Berufsschulen

Auf Grund des § 3 Abs. 6 und 7 des Schulunterrichtsgesetzes, BGBl. Nr. 139/1974, wird verordnet:[2])

Geltungsbereich

§ 1. Diese Verordnung gilt für Einstufungsprüfungen an Berufsschulen als Voraussetzung für die Aufnahme in eine höhere als die erste Stufe bei

1. gleichzeitiger Erlernung von zwei Lehrberufen (§ 5 Abs. 6 des Berufsausbildungsgesetzes, BGBl. Nr. 142/1969) oder
2. kürzerer Dauer des Lehrverhältnisses (§ 13 Abs. 1 oder 2, § 30b Abs. 5 des Berufsausbildungsgesetzes).

(BGBl. II Nr. 293/2013, Z 1)

Zweck der Einstufungsprüfung

§ 2. Die Einstufungsprüfung dient der Feststellung, ob die Vorbildung des Aufnahmsbewerbers für die angestrebte Schulstufe ausreicht.

Zeitpunkt der Einstufungsprüfung

§ 3. Der Prüfungstermin oder die Termine der einzelnen Teilprüfungen über Prüfungsgebiete sind vom Schulleiter unter Bedachtnahme auf die einem Aufnahmsbewerber hinsichtlich der angestrebten Schulstufe zumutbare Leistungsfähigkeit sowie unter Bedachtnahme auf eine allenfalls gemäß § 4 Abs. 6 vom unterrichtenden Lehrer zu treffende Feststellung festzusetzen. Bis zur erfolgreichen Ablegung der Einstufungsprüfung oder deren Entfall auf Grund von Feststellungen gemäß § 4 Abs. 6 ist eine Aufnahme nur als außerordentlicher Schüler zulässig.

(BGBl. Nr. 502/1992, Z 1)

Umfang der Einstufungsprüfung

§ 4. (1) Die Einstufungsprüfung ist in folgenden Prüfungsgebieten abzulegen:

a) in Politischer Bildung,
b) im Betriebswirtschaftlichen Unterricht,
c) im Fachunterricht, ausgenommen die praktischen Unterrichtsgegenstände. *(BGBl. Nr. 502/1992, Z 2)*

Die Prüfung ist in jedem der angeführten Prüfungsgebiete mündlich abzulegen, wobei die Einbeziehung kurzer schriftlicher und (oder) graphischer Aufgaben zulässig ist.

(2) Die Einstufungsprüfung hat in den einzelnen Prüfungsgebieten Aufgaben zu umfassen, die der Feststellung dienen, ob der Aufnahmsbewerber über die zur erfolgreichen Teilnahme am Unterricht der angestrebten Schulstufe erforderlichen Kenntnisse im Hinblick auf die Aufgabe der Berufsschule sowie die im Lehrplan für den betreffenden Lehrberuf festgelegten Bildungs- und Lehraufgaben, Lehrstoffe und Stundenausmaße der einzelnen Pflichtgegenstände verfügt.

(3) Von der Überprüfung im Rahmen der Einstufungsprüfung sind Kenntnisse und Fertigkeiten ausgenommen, die durch Zeugnisse von öffentlichen oder mit dem Öffentlichkeitsrecht ausgestatteten Schulen nachgewiesenen

---

[1]) Das Inhaltsverzeichnis ist von den Verordnungserlassungen nicht umfasst.

[2]) Nach dem dzt. Stand der Gesetzgebung sind Verordnungsgrundlagen: § 3 Abs. 6, 7 und 7a des Schulunterrichtsgesetzes, BGBl. Nr. 472/1986, idgF.

werden und zumindest annähernd jenen entsprechen, die in den der angestrebten Schulstufe vorangegangenen Stufen vermittelt wurden. *(BGBl. II Nr. 293/2013, Z 2)*

(4) Der Feststellung, ob der Aufnahmsbewerber über Kenntnisse und Fertigkeiten im Sinne des Abs. 3 verfügt, sind die Aufgabe der Berufsschule sowie die im Lehrplan für den betreffenden Lehrberuf festgelegten Bildungs- und Lehraufgaben, Lehrstoffe und Stundenausmaße der einzelnen durch die im Abs. 1 angeführten Prüfungsgebiete jeweils erfaßten Pflichtgegenstände zugrunde zu legen, jeweils unter Vergleich mit der Aufgabe der bisher besuchten Schulart sowie der vorgenannten, im Lehrplan der bisher besuchten Schulart oder Form oder Fachrichtung festgelegten Gesichtspunkte. Diese Feststellung obliegt dem Schulleiter. *(BGBl. Nr. 478/1976 idF BGBl. II Nr. 293/2013, Z 3)*

(5) Bei kürzerer Dauer des Lehrverhältnisses gemäß § 13 Abs. 2 des Berufsausbildungsgesetzes ist eine Einstufungsprüfung nur abzulegen

a) in den Fällen der Anrechnung einer in demselben Lehrberuf zurückgelegten Lehrzeit (§ 13 Abs. 2 lit. a), wenn der Aufnahmsbewerber die Berufsschule oder eine einschlägige Fachschule nicht oder nicht in ausreichendem Ausmaß besucht hat,
b) in den Fällen der Anrechnung einer in einem verwandten Lehrberuf zurückgelegten Lehrzeit (§ 13 Abs. 2 lit. b und c), wenn der Aufnahmsbewerber die Berufsschule oder eine einschlägige Fachschule nicht oder nicht in ausreichendem Ausmaß besucht hat unter der Voraussetzung, daß die betreffenden verwandten Lehrberufe in eigenen Fachklassen geführt werden,
c) in den Fällen der Anrechnung einer in der Land- und Forstwirtschaft zurückgelegten Lehrzeit (§ 13 Abs. 2 lit. d), wenn der Aufnahmsbewerber die land- und forstwirtschaftliche Berufsschule oder eine einschlägige land- und forstwirtschaftliche Fachschule nicht oder nicht in ausreichendem Ausmaß besucht hat.

(6) Die Einstufungsprüfung kann insoweit entfallen, als der Schüler durch die Mitarbeit im Unterricht sowie durch in die Unterrichtsarbeit sonst eingeordnete Leistungsfeststellungen gemäß § 18 Abs. 1 des Schulunterrichtsgesetzes zu erkennen gibt, daß er das Bildungsziel des betreffenden Pflichtgegenstandes in den vorangegangenen Schulstufen in den wesentlichen Bereichen überwiegend erfüllt. Die diesbezügliche Feststellung trifft der den jeweiligen Pflichtgegenstand unterrichtende Lehrer; sie ist dem Schüler unverzüglich bekanntzugeben. *(BGBl. Nr. 502/1992, Z 3)*

Prüfungsstoff der Einstufungsprüfung

§ 5. Die Aufgaben sind dem Bereich des Lehrstoffes der durch die im § 4 Abs. 1 angeführten Prüfungsgebiete jeweils erfaßten Pflichtgegenstände der der angestrebten Schulstufe vorangegangenen Stufen zu entnehmen. Der Schwierigkeitsgrad der Aufgabenstellungen hat sich nach den an die Schüler der der angestrebten Schulstufe vorangegangenen Stufen gestellten Anforderungen zu richten.

Bestellung der Prüfer

§ 6. Zur Durchführung der Einstufungsprüfung hat der Schulleiter für die einzelnen Prüfungsgebiete fachlich zuständige Lehrer als Prüfer zu bestellen.

Durchführung der Einstufungsprüfung

§ 7. (1) Die Aufgaben sind vom Prüfer zu stellen. Dem Prüfungskandidaten sind in den einzelnen Prüfungsgebieten jeweils nicht mehr als zwei voneinander unabhängige Aufgaben vorzulegen, wobei kurze schriftliche und graphische Aufgaben (§ 4 Abs. 1 letzter Satz) mündlichen gleichzuhalten sind.

(2) Ergibt sich aus der Lösung der Aufgaben keine sichere Beurteilungsgrundlage, so hat der Prüfer eine weitere Aufgabe zu stellen.

(3) Zur Vorbereitung auf jede Aufgabe ist dem Prüfungskandidaten erforderlichenfalls eine angemessene Frist einzuräumen.

(4) Bedient sich ein Prüfungskandidat bei der Lösung einer Aufgabe unerlaubter Hilfsmittel oder Hilfen, ist die betreffende Aufgabe nicht zu beurteilen und eine neue Aufgabe zu stellen.

(5) Die dem Prüfungskandidaten gestellten Aufgaben sind im Prüfungsprotokoll zu vermerken.

Dauer der Einstufungsprüfung

§ 8. (1) Die Prüfung darf nicht vor 7.30 Uhr beginnen und hat spätestens um 17.00 Uhr zu enden.

(2) Für jedes Prüfungsgebiet ist die für die Gewinnung einer sicheren Beurteilungsgrundlage erforderliche Zeit zur Verfügung zu stellen, jedoch soll die Prüfungszeit je Prüfungsgebiet 30 Minuten nicht überschreiten.

Beurteilung der Leistung bei der Einstufungsprüfung

§ 9. (1) Die Leistungen des Prüfungskandidaten bei der Einstufungsprüfung sind in jedem Prüfungsgebiet vom Prüfer zu beurteilen (Einzelbeurteilungen). Grundlage der Beurteilungen der Leistungen ist die vom Prüfungskandidaten bei der Lösung der Aufgaben erwiesene Kenntnis des Prüfungsgebietes. Im übrigen finden die Bestimmungen des § 11 Abs. 2, 6 und 7, des § 12 Abs. 1 Z 4 und des § 14 der Verordnung, BGBl. Nr. 371/1974, über die Leistungsbeurteilung in Pflichtschulen sowie mittleren und höheren Schulen Anwendung.

(2) Die Gesamtbeurteilung der Leistungen des Prüfungskandidaten ist mit „bestanden" oder „nicht bestanden" festzusetzen. Die Einstufungsprüfung ist „bestanden", wenn keine der Einzelbeurteilungen (Abs. 1) mit „Nicht genügend" festgesetzt wird. Die Einstufungsprüfung ist „nicht bestanden", wenn auch nur eine Einzelbeurteilung mit „Nicht genügend" festgesetzt wird.

(3) Die Einzelbeurteilungen (Abs. 1) und die Gesamtbeurteilung (Abs. 2) sind in das Prüfungsprotokoll aufzunehmen. Das Prüfungsprotokoll ist vom Schulleiter und von den Prüfern zu unterfertigen.

Wiederholung der Einstufungsprüfung

§ 10. (1) Eine einmalige Wiederholung der Einstufungsprüfung oder von Teilprüfungen über Prüfungsgebiete ist zulässig.

(2) Der Wiederholungsprüfungstermin oder der Termin der Wiederholung von einzelnen Teilprüfungen über ein Prüfungsgebiet ist vom Schulleiter unter Bedachtnahme auf die zumutbare Leistungsfähigkeit des Aufnahmsbewerbers innerhalb einer Frist von zwei Monaten (an lehrgangsmäßigen und saisonmäßigen Berufsschulen zwei Wochen), gerechnet vom Zeitpunkt der nicht bestandenen Prüfung oder Teilprüfung über ein Prüfungsgebiet, festzusetzen.

(3) Die Wiederholung der Einstufungsprüfung ist im gleichen Umfang wie die ursprüngliche Prüfung durchzuführen. § 4 Abs. 1 bis 5 und die §§ 5 bis 9 sind anzuwenden. Positiv beurteilte Teilprüfungen über Prüfungsgebiete sind nicht zu wiederholen. Bei der Beurteilung der Wiederholung der Einstufungsprüfung oder einer Teilprüfung über ein Prüfungsgebiet sind vorangegangene Teilbeurteilungen mit „Nicht genügend" nicht zu berücksichtigen.

(4) Hat der Prüfungskandidat die Einstufungsprüfung oder die Wiederholung der Einstufungsprüfung für die angestrebte Schulstufe nicht bestanden, so ist er berechtigt, die Prüfung für eine niedrigere Stufe abzulegen. Hiebei sind dem Prüfungskandidaten im Rahmen der ersten Einstufungsprüfung oder im Rahmen der Wiederholung der Einstufungsprüfung nicht mit „Nicht genügend" festgesetzte Einzelbeurteilungen anzurechnen.

(BGBl. Nr. 502/1992, Z 4)

Verhinderung und Rücktritt des Prüfungskandidaten

§ 11. (1) Ist ein Prüfungskandidat an der Ablegung der Prüfung in einem Prüfungsgebiet verhindert, so darf er dieses mit neuer Aufgabenstellung zu einem vom Schulleiter festzusetzenden Prüfungstermin nachholen. Ist ein Prüfungskandidat jedoch nur vorübergehend verhindert, so ist ihm nach Möglichkeit Gelegenheit zur Fortsetzung der Prüfung in dem betreffenden Prüfungsgebiet, erforderlichenfalls unter neuer Aufgabenstellung, zu geben.

(2) Abs. 1 erster und zweiter Satz finden sinngemäß auf jene Fälle Anwendung, in denen der Prüfungskandidat von der Prüfung in einem Prüfungsgebiet zurücktritt. Nach Entgegennahme der Aufgabenstellung ist der Rücktritt nicht mehr zulässig; die betreffende Prüfung ist zu beurteilen.

Inkrafttreten

§ 12. (1) § 3, § 4 Abs. 1 lit. c und 6 sowie § 10 dieser Verordnung in der Fassung der Verordnung BGBl. Nr. 502/1992 treten mit 1. September 1992 in Kraft. *(BGBl. Nr. 502/1992, Z 5 idF BGBl. II Nr. 293/2013, Z 4)*

(2) § 1 und § 4 Abs. 3 und 4 dieser Verordnung in der Fassung der Verordnung BGBl. II Nr. 293/2013 treten mit Ablauf des Tages der Kundmachung in Kraft.[3]) *(BGBl. II Nr. 293/2013, Z 4)*

(BGBl. Nr. 502/1992, Z 5)

---

[3]) Die Kundmachung im Bundesgesetzblatt Teil II erfolgte am 8. Oktober 2013.

1.8.3. Aufnahms- und Eignungsprüfungsverordnung

BGBl. Nr. 291/1975
idF der Verordnungen

BGBl. Nr. 170/1978	BGBl. Nr. 381/1980
BGBl. Nr. 199/1985	BGBl. Nr. 396/1989
BGBl. Nr. 575/1994	BGBl. II Nr. 110/1997
BGBl. II Nr. 172/1999	BGBl. II Nr. 440/2006
BGBl. II Nr. 185/2012	BGBl. II Nr. 114/2017
BGBl. II Nr. 257/2019	BGBl. II Nr. 264/2020
BGBl. II Nr. 9/2024	BGBl. II Nr. 204/2024

Inhaltsverzeichnis[1])

---
[1]) Das Inhaltsverzeichnis ist von den Verordnungserlassungen nicht umfasst.

Verordnung des Bundesministers für Unterricht, Kunst und Sport über Aufnahms- und Eignungsprüfungen
(BGBl. Nr. 199/1985, Z 1)

Auf Grund der §§ 6 bis 8, 28 Abs. 2 und 3 und 66 Abs. 2 des Schulunterrichtsgesetzes, BGBl. Nr. 139/1974, wird, hinsichtlich der letztgenannten Bestimmung im Einvernehmen mit dem Bundesminister für Gesundheit und Umweltschutz verordnet:[2])

1. Abschnitt

Allgemeine Bestimmungen

Geltungsbereich

§ 1. Diese Verordnung gilt für die an öffentlichen und mit dem Öffentlichkeitsrecht ausgestatteten berufsbildenden mittleren und höheren Schulen, allgemeinbildenden höheren Schulen, Schulen für Berufstätige sowie an den Sonderformen der Mittelschule und der allgemeinbildenden höheren Schulen unter besonderer Berücksichtigung der musischen, der sportlichen oder der englischsprachigen Ausbildung durchzuführenden Aufnahms- und Eignungsprüfungen.

(BGBl. II Nr. 110/1997, Z 1 idF BGBl. II Nr. 185/2012, Art. 5 Z 1, BGBl. II Nr. 114/2017, Z 1, BGBl. II Nr. 264/2020, Art. 1 Z 1 und 2 und BGBl. II Nr. 9/2024, Z 1)

Zweck der Aufnahms- und Eignungsprüfung

§ 2. Die Aufnahms- und Eignungsprüfung dient der Feststellung, ob die Aufnahmsbewerberin oder der Aufnahmsbewerber die Eignung für die betreffende Schule (§ 1) aufweist. Die geistige Eignung ist nach den §§ 4 bis 13, 15 bis 19, 21 bis 28, 30 bis 38, 40 bis 44 und 52 bis 54, die körperliche Eignung nach den §§ 46 bis 50 und die Eignung in künstlerischer Hinsicht nach § 20 festzustellen.

(BGBl. II Nr. 110/1997, Z 2 idF BGBl. II Nr. 114/2017, Z 2 und BGBl. II Nr. 9/2024, Z 2)

***§ 3.** entfallen (BGBl. II Nr. 110/1997, Z 3)*

[2]) Nach dem dzt. Stand der Gesetzgebung sind Verordnungsgrundlagen: §§ 6 bis 8 und § 66 Abs. 2 SchUG idgF sowie §§ 9 bis 10 SchUG-BKV idgF.

2. Abschnitt
Eignungsprüfung an den Bildungsanstalten für Elementarpädagogik, an den Bildungsanstalten für Sozialpädagogik (einschließlich der Kollegs), an den Fachschulen für pädagogische Assistenzberufe und für die Aufbaulehrgänge für Elementarpädagogik

(BGBl. II Nr. 9/2024, Z 3)

Umfang der Eignungsprüfung

§ 4. Die Eignungsprüfung an den Bildungsanstalten für Elementarpädagogik, den Bildungsanstalten für Sozialpädagogik, den Kollegs für Elementarpädagogik, den Kollegs für Sozialpädagogik, den Fachschulen für pädagogische Assistenzberufe sowie den Aufbaulehrgängen für Elementarpädagogik hat eine praktische Prüfung zu umfassen. *(BGBl. II Nr. 257/2019, Z 2 idF BGBl. II Nr. 9/2024, Z 4)*

(BGBl. II Nr. 114/2017, Z 4)

Prüfungsgebiete der Eignungsprüfungen

§ 5. (1) Als Eignungsprüfung ist eine praktische Prüfung abzulegen. Die praktische Prüfung ist an jener Schule abzulegen, an welcher die Aufnahme angestrebt wird, und dient der Feststellung, ob die Aufnahmsbewerberin oder der Aufnahmsbewerber für die Anforderungen der zu vermittelnden berufsspezifischen Ausbildungsinhalte hinsichtlich der Kontakt- und Kommunikationsfähigkeit geeignet ist. Die Arbeitszeit ist zwischen zwei und vier Stunden anzusetzen. *(BGBl. II Nr. 9/2024, Z 5)*

(2) Die Termine für die praktische Prüfung werden nach den organisatorischen Erfordernissen des Aufnahmsverfahrens durch die zuständige Schulbehörde gemäß § 9 der Aufnahmsverfahrensverordnung, BGBl. II Nr. 317/2006, festgelegt.

(3) Die in Abs. 1 genannten Anforderungen gelten entsprechend für die Eignungsprüfung an Fachschulen für pädagogische Assistenzberufe unter Berücksichtigung der für diese Schulform notwendigen Eignung. *(BGBl. II Nr. 257/2019, Z 3 idF BGBl. II Nr. 9/2024, Z 6)*

(4) Die in Abs. 1 genannten Anforderungen werden jedenfalls durch den positiven Abschluss der Fachschule für pädagogische Assistenzberufe gemäß § 63b des Schulorganisationsgesetzes – SchOG, BGBl. Nr. 242/1962, erfüllt. *(BGBl. II Nr. 9/2024, Z 7)*

(BGBl. II Nr. 114/2017, Z 5)

***§ 5a.** entfallen (BGBl. II Nr. 172/1999, Z 3)*

***§ 6.** entfallen (BGBl. II Nr. 114/2017, Z 6)*

***§ 7.** entfallen (BGBl. II Nr. 172/1999, Z 5)*

Auswahl der Aufgabenstellungen

§ 8. Die fachlich zuständigen Prüferinnen und Prüfer haben einen Vorschlag für die Aufgabenstellungen auszuarbeiten und diesen der Schulleitung zur Kenntnis zu bringen. Die Aufgabenstellungen sind sodann in einer von der Schulleitung einzuberufenden Konferenz der Prüferinnen und Prüfer festzusetzen. Die Übergabe der Vorschläge an die Schulleitung hat so zeitgerecht vor der Abhaltung der Konferenz zu erfolgen, dass dieser ein angemessener Zeitraum zur Verfügung steht, um sich mit den Vorschlägen vertraut machen zu können. *(BGBl. Nr. 291/1975 idF BGBl. II Nr. 9/2024, Z 8)*

***§ 9.** entfallen (BGBl. II Nr. 114/2017, Z 6)*

Durchführung der praktischen Prüfung
(BGBl. Nr. 291/1975 idF BGBl. II Nr. 114/2017, Z 7)

§ 10. *(1) entfallen (BGBl. II Nr. 440/2006, Z 4)*

(2) Der Schulleiter hat die für die ordnungsgemäße Durchführung der praktischen Prüfung notwendigen Vorkehrungen zu treffen. *(BGBl. Nr. 291/1975 idF BGBl. II Nr. 114/2017, Z 7)*

(3) entfallen (BGBl. II Nr. 114/2017, Z 8)

(4) Die praktische Prüfung ist in einem Einzel- und einem Gruppensetting von bis zu zwei Prüferinnen und Prüfern durchzuführen. *(BGBl. II Nr. 9/2024, Z 9)*

(5) Bedient sich ein Prüfungskandidat bei der Lösung einer Aufgabe unerlaubter Hilfsmittel oder Hilfen, ist die betreffende Aufgabe nicht zu beurteilen und eine neue Aufgabe zu stellen.

(6) Die dem Prüfungskandidaten im Rahmen der praktischen Prüfung gestellten Aufgaben sind im Prüfungsprotokoll zu vermerken. *(BGBl. Nr. 291/1975 idF BGBl. II Nr. 114/2017, Z 7)*

***§ 11.** entfallen (BGBl. II Nr. 114/2017, Z 9)*

Beurteilung der Leistungen bei der Eignungsprüfung

§ 12. (1) Die Leistungen der Prüfungskandidatin oder des Prüfungskandidaten bei der praktischen Eignungsprüfung gemäß § 5 Abs. 1 sind von den Prüferinnen und Prüfern gemäß § 10 Abs. 4 gemeinsam zu beurteilen. Grundlage der Beurteilung der Leistungen sind die von der Prüfungskandidatin oder dem Prüfungskandidaten bei der Lösung der Aufgabe erwiesenen Kompetenzen und Eigenständigkeit im Denken. Im Übrigen sind die Bestimmungen des

§ 11 Abs. 2 und 5 bis 9, des § 12 Abs. 1 Z 4 sowie der §§ 13 und 14 der Leistungsbeurteilungsverordnung, BGBl. Nr. 371/1974, anzuwenden. *(BGBl. II Nr. 9/2024, Z 10)*

(2) Auf Grund der Prüfungsergebnisse nach Abs. 1 ist unter Berücksichtigung der bisherigen Schulleistungen in einer Konferenz der Prüfer unter dem Vorsitz des Schulleiters mit unbedingter Mehrheit der abgegebenen Stimmen festzusetzen, ob der Prüfungskandidat die Prüfung „bestanden" oder wegen mangelnder Eignung „nicht bestanden" hat (Gesamtbeurteilung). Bei Stimmengleichheit entscheidet der Schulleiter.

(3) entfallen (BGBl. II Nr. 114/2017, Z 11)

(4) Die von der Konferenz der Prüfer (Abs. 2) festgesetzte Gesamtbeurteilung der Leistungen des Prüfungskandidaten ist diesem bekannt zu geben. Hat der Prüfungskandidat die Prüfung bestanden und wird er in die Schule aufgenommen, ist ihm die Gesamtbeurteilung zugleich mit der Aufnahme durch Anschlag an der Amtstafel der Schule oder in anderer geeigneter Weise bekannt zu geben. Hat die Prüfungskandidatin oder der Prüfungskandidat die Prüfung nicht bestanden oder zwar bestanden, kann aber wegen Platzmangels nicht in die Schule aufgenommen werden, ist ihr bzw. ihm die Gesamtbeurteilung zugleich mit der Ablehnung der Aufnahme auf ihr bzw. sein Verlangen schriftlich bekannt zu geben. *(BGBl. II Nr. 172/1999, Z 6 idF BGBl. II Nr. 9/2024, Z 11)*

(5) Die Gesamtbeurteilung (Abs. 2) ist in das Prüfungsprotokoll aufzunehmen. Das Prüfungsprotokoll ist von der Vorsitzenden bzw. vom Vorsitzenden und von allen Prüferinnen und Prüfern zu unterfertigen. *(BGBl. II Nr. 9/2024, Z 12)*

Verhinderung und Rücktritt des Prüfungskandidaten

§ 13. *(1) entfallen (BGBl. II Nr. 114/2017, Z 12)*

(2) Ist eine Prüfungskandidatin oder ein Prüfungskandidat an der Ablegung der praktischen Prüfung verhindert, so darf sie oder er die praktische Prüfung in dem auf den Wegfall des Verhinderungsgrundes nächstfolgenden Prüfungstermin mit neuer Aufgabenstellung nachholen. Ist eine Prüfungskandidatin oder ein Prüfungskandidat jedoch nur vorübergehend verhindert, ist ihr oder ihm nach Möglichkeit Gelegenheit zur Fortsetzung der praktischen Prüfung, erforderlichenfalls unter neuer Aufgabenstellung, zu geben. *(BGBl. II Nr. 9/2024, Z 13)*

(3) Abs. 2 erster und zweiter Satz ist sinngemäß auf jene Fälle anzuwenden, in denen die Prüfungskandidatin oder der Prüfungskandidat von der praktischen Prüfung zurücktritt. Nach Entgegennahme der Aufgabenstellung ist der Rücktritt nicht mehr zulässig; die Prüfung ist zu beurteilen. *(BGBl. II Nr. 9/2024, Z 13)*

Zeugnis

§ 14. (1) Kann die Aufnahmsbewerberin oder der Aufnahmsbewerber wegen Platzmangels nicht in die Schule aufgenommen werden, ist ihr bzw. ihm auf ihr bzw. sein Verlangen über die Gesamtbeurteilung ein Zeugnis auszustellen. *(BGBl. II Nr. 9/2024, Z 14)*

(2) Das Zeugnisformular für das Zeugnis über die Eignungsprüfung ist entsprechend der einen Bestandteil dieser Verordnung bildenden Anlage 1 zu gestalten.

§ 14a. *entfallen (BGBl. II Nr. 9/2024, Z 15)*

§ 14b. *entfallen (BGBl. II Nr. 114/2017, Z 15)*

3. Abschnitt
(BGBl. II Nr. 110/1997, Z 8)
Aufnahmsprüfung in die 1. Klasse einer berufsbildenden mittleren Schule (mit Ausnahme der Forstfachschule) und in den I. Jahrgang einer berufsbildenden höheren Schule

Umfang der Aufnahmsprüfung

§ 15. Die Aufnahmsprüfungen gemäß § 55 Abs. 1 und § 55 Abs. 1a des Schulorganisationsgesetzes, BGBl. Nr. 242/1962, in der geltenden Fassung, für die 1. Klasse einer berufsbildenden mittleren Schule mit Ausnahme der Forstfachschule und gemäß § 68 Abs. 1 des Schulorganisationsgesetzes, BGBl. Nr. 242/1962, und § 12 des Land- und forstwirtschaftlichen Bundesschulgesetzes, BGBl. Nr. 175/1966, in der geltenden Fassung, für den I. Jahrgang einer berufsbildenden höheren Schule hat zu umfassen:

1. schriftliche Prüfungen,
2. mündliche Prüfungen.

(BGBl. II Nr. 110/1997, Z 8 idF BGBl. II Nr. 185/2012, Art. 5 Z 3)

Prüfungsgebiete der Aufnahmsprüfung

§ 16. (1) Im Rahmen der Aufnahmsprüfung ist eine schriftliche Prüfung abzulegen:

1. in Deutsch,
2. in Lebender Fremdsprache,
3. in Mathematik.

Sofern schriftliche Prüfungen mit „Nicht genügend" beurteilt werden, ist im jeweiligen Prüfungsgebiet eine mündliche Prüfung abzulegen.

(2) Die Aufgaben für die schriftliche und die mündliche Prüfung gemäß Abs. 1 sind für die

berufsbildenden mittleren Schulen sowie berufsbildenden höheren Schulen dem Lehrstoff der 4. Klasse der Mittelschule zu entnehmen. (*BGBl. II Nr. 264/2020, Art. 1 Z 3*)

(BGBl. II Nr. 110/1997, Z 8)

Auswahl der Aufgabenstellungen

§ 17. Die für die einzelnen Prüfungsgebiete fachlich zuständigen Prüfer haben einen Vorschlag für die Aufgabenstellungen auszuarbeiten und diesen dem Schulleiter und den übrigen Prüfern zur Kenntnis zu bringen. Die Aufgabenstellungen sind sodann in einer vom Schulleiter einzuberufenden Konferenz der Prüfer festzusetzen. Die Übergabe der Vorschläge an den Schulleiter und die übrigen Prüfer hat so zeitgerecht vor der Abhaltung der Konferenz zu erfolgen, dass diesen ein angemessener Zeitraum zur Verfügung steht, um sich mit den Vorschlägen vertraut machen zu können.

(BGBl. II Nr. 114/2017, Z 16 idF BGBl. II Nr. 9/2024, Z 16)

Durchführung der schriftlichen Prüfung

§ 17a. (1) Die Schulleiterin oder der Schulleiter hat die für die ordnungsgemäße Durchführung der schriftlichen Prüfung notwendigen Vorkehrungen, wie die Aufsichtsführung durch Lehrerinnen oder Lehrer in jedem Prüfungsraum, zu treffen; dabei ist auf die Zahl der Prüfungskandidaten Bedacht zu nehmen.

(2) Die Aufgabenstellungen sind den Prüfungskandidatinnen oder Prüfungskandidaten bei Beginn der schriftlichen Prüfung vorzulegen. Die für die Vorlage der Aufgabenstellungen verwendete Zeit ist in die Arbeitszeit nicht einzurechnen.

(3) Die Prüfungskandidatinnen oder Prüfungskandidaten sind vor Beginn der schriftlichen Prüfung auf die Folgen des Gebrauches unerlaubter Hilfsmittel oder Hilfen gemäß Abs. 4 hinzuweisen.

(4) Vorgetäuschte Leistungen (zB wegen Gebrauches unerlaubter Hilfsmittel oder Hilfen) sind nicht zu beurteilen; in diesem Fall darf die schriftliche Prüfung in dem betreffenden Prüfungsgebiet im nächstfolgenden Prüfungstermin mit neuer Aufgabenstellung nochmals abgelegt werden.

(5) Unerlaubte Hilfsmittel, deren sich die Prüfungskandidatin oder der Prüfungskandidat bedienen könnte, sind dieser oder diesem abzunehmen, dem Prüfungsprotokoll anzuschließen und nach dem betreffenden Prüfungstermin zurückzugeben.

(6) Das Verlassen des Prüfungsraumes während der schriftlichen Prüfung ist nur in dringenden Fällen und nur einzeln zu gestatten; das Verlassen jenes Teiles des Schulgebäudes, in dem die Prüfung stattfindet, ist erst nach Ablieferung der Prüfungsarbeit zulässig. Bis zum Abschluss der Prüfung dürfen weder Arbeiten noch Teile davon oder Abschriften aus dem Prüfungsraum fortgenommen werden.

(7) Jede Prüfungskandidatin oder jeder Prüfungskandidat hat nach Beendigung der Prüfungsarbeit diese, alle Entwürfe und alle Aufzeichnungen abzugeben und den Prüfungsraum unverzüglich zu verlassen.

(8) Über den Verlauf der Prüfung hat die jeweils aufsichtsführende Lehrerin oder der jeweils aufsichtsführende Lehrer ein Protokoll zu führen, in dem Beginn und Ende der Aufsicht, Beginn und Ende der Abwesenheit einzelner Prüfungskandidatinnen oder Prüfungskandidaten vom Prüfungsraum, der Zeitpunkt der Ablieferung der einzelnen Prüfungsarbeiten, die Anzahl der Beilagen sowie etwaige besondere Vorkommnisse, insbesondere solche nach Abs. 4 und 5, zu vermerken sind.

(9) Tritt während der Prüfung ein unvorhergesehenes Ereignis ein, das die körperliche Sicherheit oder die Gesundheit der Prüfungskandidatinnen oder Prüfungskandidaten gefährdet oder den ordnungsgemäßen Ablauf der Prüfung schwerwiegend beeinträchtigt, so ist die Prüfung unverzüglich abzubrechen. In diesem Falle ist die Prüfung nach Möglichkeit im selben Prüfungstermin mit neuer Aufgabenstellung nochmals durchzuführen.

(BGBl. II Nr. 114/2017, Z 17)

Durchführung der mündlichen Prüfung, Arbeitszeit, Dauer der Aufnahmsprüfung, Beurteilung der Leistungen bei der Aufnahmsprüfung und Zeugnis

§ 18. (1) Auf die Durchführung der mündlichen Prüfung, die Arbeitszeit, die Dauer der Aufnahmsprüfung, die Beurteilung der Leistungen bei der Aufnahmsprüfung und das Zeugnis finden die §§ 34 bis 37 und 39 Anwendung.

(2) Die Konferenz der Prüfer kann bei Festsetzung des Prüfungsergebnisses für die Aufnahme in eine berufsbildende höhere Schule mit „nicht bestanden“ auf Grund der Leistung des Prüfungskandidaten bei der Aufnahmsprüfung unter Berücksichtigung der bisherigen Schulleistungen feststellen, daß die Aufnahmsprüfung für berufsbildende mittlere Schulen „bestanden“ wurde.

(BGBl. II Nr. 110/1997, Z 8)

Verhinderung und Rücktritt der Prüfungskandidatin oder des Prüfungskandidaten

§ 18a. (1) Ist eine Prüfungskandidatin oder ein Prüfungskandidat an der Ablegung einer schriftlichen Prüfungsarbeit (schriftlichen Teilprüfung) verhindert, darf sie oder er die betreffende schriftliche Teilprüfung in dem auf den Wegfall des Verhinderungsgrundes nächstfolgenden Prüfungstermin mit neuer Aufgabenstellung nachholen. Die Prüfungskandidatin oder der Prüfungskandidat darf zu der anderen schriftlichen Teilprüfung und zur mündlichen Prüfung antreten, soweit das Prüfungsgebiet einer mündlichen Teilprüfung nicht auch Prüfungsgebiet der schriftlichen Teilprüfung, bei der die Prüfungskandidatin oder der Prüfungskandidat verhindert war, ist. Im Prüfungsgebiet, in dem bei der schriftlichen Teilprüfung die Verhinderung bestand, darf die mündliche Teilprüfung erst im nächstfolgenden Prüfungstermin nach Nachholung der versäumten schriftlichen Teilprüfung abgelegt werden. Beurteilte schriftliche und mündliche Teilprüfungen behalten hiebei ihre Gültigkeit.

(2) Ist eine Prüfungskandidatin oder ein Prüfungskandidat an der Ablegung einer mündlichen Teilprüfung in dem für die mündliche Prüfung des betreffenden Termines vorgesehenen Zeitraum verhindert, so darf sie oder er die betreffende Teilprüfung in dem auf den Wegfall des Verhinderungsgrundes nächstfolgenden Prüfungstermin mit neuer Aufgabenstellung nachholen. Beurteilte schriftliche oder mündliche Teilprüfungen behalten hiebei ihre Gültigkeit. Ist eine Prüfungskandidatin oder ein Prüfungskandidat jedoch nur vorübergehend verhindert, ist ihr oder ihm nach Möglichkeit Gelegenheit zur Fortsetzung der mündlichen Prüfung, erforderlichenfalls unter neuer Aufgabenstellung, zu geben.

(3) Die Abs. 1 und 2 erster und zweiter Satz sind sinngemäß auf jene Fälle anzuwenden, in denen die Prüfungskandidatin oder der Prüfungskandidat von einer schriftlichen oder einer mündlichen Teilprüfung zurücktritt. Nach Entgegennahme der Aufgabenstellung ist der Rücktritt nicht mehr zulässig; die betreffende Teilprüfung ist zu beurteilen.

(BGBl. II Nr. 114/2017, Z 18)

Berechtigungen

§ 19. (1) Die erfolgreiche Ablegung einer Aufnahmsprüfung gemäß § 15 und § 16 Abs. 1 an einer berufsbildenden mittleren Schule sowie die Feststellung gemäß § 18 Abs. 2 gelten als Aufnahmsprüfung im entsprechenden Prüfungsgebiet für alle berufsbildenden mittleren Schulen (einschließlich der Forstfachschule).

(2) Die erfolgreiche Ablegung einer Aufnahmsprüfung gemäß § 15 und § 16 Abs. 1 an einer berufsbildenden höheren Schule gilt als Aufnahmsprüfung im entsprechenden Prüfungsgebiet für alle berufsbildenden mittleren (einschließlich der Forstfachschule) und höheren Schulen sowie in die 5. Klasse einer allgemein bildenden höheren Schule. *(BGBl. II Nr. 172/1999, Z 8 idF BGBl. II Nr. 114/2017, Z 19)*

(BGBl. II Nr. 110/1997, Z 8)

4. Abschnitt

(BGBl. II Nr. 110/1997, Z 9)

Eignungsprüfung an kunstgewerblichen Fachschulen, an höheren technischen und gewerblichen Lehranstalten mit besonderen Anforderungen in künstlerischer Hinsicht, an kunstgewerblichen Meisterschulen und Meisterklassen und an kunstgewerblichen Meisterschulen und Meisterklassen für Berufstätige

§ 20. An den kunstgewerblichen Fachschulen und an den höheren technischen und gewerblichen Lehranstalten mit besonderen Anforderungen in künstlerischer Hinsicht einschließlich ihrer Sonderformen ist eine Eignungsprüfung durchzuführen. Diese Prüfung dient der Feststellung, ob der Aufnahmsbewerber den Anforderungen der zu vermittelnden Berufsausbildung in künstlerischer Hinsicht entspricht. *(BGBl. II Nr. 110/1997, Z 9 idF BGBl. II Nr. 114/2017, Z 20)*

(2) entfallen (BGBl. II Nr. 440/2006, Z 6)

(BGBl. II Nr. 110/1997, Z 9)

5. Abschnitt

Aufnahmsprüfung in die erste Klasse einer allgemeinbildenden höheren Schule

(BGBl. Nr. 199/1985, Z 8)

Umfang der Aufnahmsprüfung

§ 21. Die Aufnahmsprüfung gemäß § 40 Abs. 1 des Schulorganisationsgesetzes für die erste Klasse einer allgemeinbildenden höheren Schule hat zu umfassen

1. schriftliche Prüfungen,
2. mündliche Prüfungen.

(BGBl. Nr. 199/1985, Z 9)

Prüfungsgebiete der Aufnahmsprüfung

§ 22. (1) Im Rahmen der Aufnahmsprüfung ist jeweils eine schriftliche und eine mündliche Prüfung abzulegen

a) in Deutsch,

b) in Mathematik.

Wenn in Deutsch, Lesen oder Mathematik die Beurteilung über die 4. Stufe der Volksschule mit „Sehr gut“ oder „Gut“ erfolgt ist, entfällt die Aufnahmsprüfung im diesbezüglichen Prüfungsgebiet. *(BGBl. Nr. 396/1989, Z 5)*

(2) Die schriftliche Prüfung in Deutsch besteht aus einem freien Aufsatz. Die Arbeitszeit hat eine Stunde zu betragen.

(3) Die schriftliche Prüfung in Mathematik hat vier voneinander unabhängige Aufgaben zu umfassen. Die Arbeitszeit hat eine Stunde zu betragen. *(BGBl. Nr. 291/1975 idF BGBl. Nr. 170/1978, Z 10)*

(4) Die mündliche Prüfung in Deutsch besteht aus

a) dem Lesen eines zusammenhängenden Textes im Ausmaß von 20 bis 40 Druckzeilen,
b) dem (zusammenfassenden) Nacherzählen des Gelesenen,
c) der Besprechung damit zusammenhängender Fragen zur Sprachlehre.

Die Arbeitszeit hat 15 bis 30 Minuten zu betragen.

(5) Die mündliche Prüfung in Mathematik besteht aus höchstens zwei eingekleideten Rechenaufgaben mit Nebenfragen. Sie dient der Beurteilung der Fähigkeit des Prüfungskandidaten, den Rechenweg aufzufinden, sowie dem Nachweis der Wendigkeit im Kopfrechnen. Die Arbeitszeit hat 15 bis 30 Minuten zu betragen. *(BGBl. Nr. 291/1975 idF BGBl. Nr. 170/1978, Z 10)*

(6) Die Aufgaben für die schriftliche und die mündliche Prüfung in Deutsch und in Mathematik (Abs. 2 bis 5) sind dem Bereich des Lehrstoffes der vierten Klasse der Volksschule zu entnehmen. Hiebei sind Aufgabenstellungen mit gehobenem Schwierigkeitsgrad zu wählen. *(BGBl. Nr. 291/1975 idF BGBl. Nr. 170/1978, Z 10)*

Festsetzung der Aufgabenstellungen

§ 23. Die für die Prüfungsgebiete fachlich zuständigen Prüfer haben die Aufgabenstellungen festzusetzen. Sie sind dem Schulleiter vor der Durchführung der Aufnahmsprüfung zur Kenntnis zu bringen.

Durchführung der schriftlichen Prüfung

§ 24. Auf die Durchführung der schriftlichen Prüfung finden die Bestimmungen des § 17a Anwendung.

(BGBl. Nr. 291/1975 idF BGBl. II Nr. 114/2017, Z 21)

Durchführung der mündlichen Prüfung

§ 25. (1) Der Schulleiter hat die für die ordnungsgemäße Durchführung der mündlichen Prüfung notwendigen Vorkehrungen zu treffen; er hat hiebei, wenn es die Zahl der Prüfungskandidaten erforderlich macht, insbesondere dafür zu sorgen, daß bei der Prüfung außer dem jeweiligen Prüfer ein weiterer Lehrer zur Aufsichtsführung anwesend ist.

(2) Im Rahmen einer mündlichen Teilprüfung dürfen zur selben Zeit nicht mehrere Prüfungskandidaten geprüft werden, doch ist während einer mündlichen Teilprüfung eines Prüfungskandidaten die Ausgabe von Aufgaben an andere Prüfungskandidaten zur Vorbereitung zulässig.

(3) Zur Vorbereitung auf jede Aufgabe ist dem Prüfungskandidaten eine angemessene Zeit einzuräumen.

(4) Bedient sich ein Prüfungskandidat bei der Lösung einer Aufgabe unerlaubter Hilfsmittel oder Hilfen, ist die betreffende Aufgabe nicht zu beurteilen und eine neue Aufgabe zu stellen.

(5) Die dem Prüfungskandidaten im Rahmen der mündlichen Prüfung gestellten Aufgaben sind im Prüfungsprotokoll zu vermerken.

Dauer der Aufnahmsprüfung

§ 26. Die schriftliche Prüfung ist an einem Tag durchzuführen, wobei zwischen den schriftlichen Teilprüfungen eine angemessene Pause vorzusehen ist. Die mündliche Prüfung kann am Tag der schriftlichen Prüfung oder an dem der schriftlichen Prüfung folgenden Tag stattfinden. Die schriftliche und die mündliche Prüfung dürfen jeweils nicht vor 7.30 Uhr beginnen und haben spätestens um 17.00 Uhr zu enden.

(BGBl. II Nr. 110/1997, Z 10)

Beurteilung der Leistungen bei der Aufnahmsprüfung

§ 27. (1) Die Leistungen des Prüfungskandidaten bei der Aufnahmsprüfung sind in jedem Prüfungsgebiet vom Prüfer zu beurteilen (Einzelbeurteilungen). Grundlage der Beurteilungen der Leistung sind die vom Prüfungskandidaten bei der Lösung der Aufgaben erwiesene Kenntnis des Prüfungsgebietes und Eigenständigkeit im Denken. Im Übrigen sind die Bestimmungen des § 11 Abs. 2 und 5 bis 8, des § 14, des § 15, des § 16 Abs. 1 Z 1 und 4 sowie Abs. 2 der Leistungsbeurteilungsverordnung anzuwenden. *(BGBl. Nr. 291/1975 idF BGBl. II Nr. 110/1997, Z 11 und BGBl. II Nr. 114/2017, Z 22)*

(2) Der Gesamtbeurteilung der Leistungen des Prüfungskandidaten sind die Einzelbeurteilungen (Abs. 1) zugrunde zu legen. Die Aufnahmsprüfung ist „bestanden“, wenn die Einzelbeurteilungen zumindest mit „Genügend“ festgesetzt werden. Die Aufnahmsprüfung ist „nicht bestanden“, wenn auch nur eine Einzelbeurteilung mit „Nicht genügend“ festgesetzt wird.

(3) Dem Prüfungskandidaten ist die Gesamtbeurteilung seiner Leistungen bekanntzugeben. Hat er die Aufnahmsprüfung bestanden und wird er in die Schule, an der er die Prüfung abgelegt hat, aufgenommen, ist ihm die Gesamt-

beurteilung zugleich mit der Aufnahme durch Anschlag an der Amtstafel der Schule oder in anderer geeigneter Weise bekanntzugeben. Hat er die Aufnahmsprüfung nicht bestanden oder zwar bestanden, kann aber wegen Platzmangels nicht in die Schule aufgenommen werden, ist ihm die Gesamtbeurteilung zugleich mit der Ablehnung der Aufnahme schriftlich bekanntzugeben. Ferner ist dem Prüfungskandidaten die Gesamtbeurteilung schriftlich bekanntzugeben, wenn er die Aufnahmsprüfung bestanden hat, aber nicht die Aufnahme in die Schule anstrebt, an der er die Prüfung abgelegt hat.

(4) Die Einzelbeurteilungen (Abs. 1) und die Gesamtbeurteilung (Abs. 2) sind in das Prüfungsprotokoll aufzunehmen. Das Prüfungsprotokoll ist vom Schulleiter und von den Prüfern zu unterfertigen.

Verhinderung und Rücktritt der Prüfungskandidatin oder des Prüfungskandidaten

§ 28. Auf die Verhinderung der Prüfungskandidatin oder des Prüfungskandidaten an der Ablegung der Aufnahmsprüfung und den Rücktritt der Prüfungskandidatin oder des Prüfungskandidaten von der Aufnahmsprüfung ist § 18a anzuwenden.

(BGBl. II Nr. 114/2017, Z 23)

Zeugnis

§ 29. (1) Kann der Aufnahmsbewerber wegen Platzmangels nicht in die Schule aufgenommen werden, ist ihm auf sein Verlangen über die Einzelbeurteilungen durch die Prüfer und die Gesamtbeurteilung ein Zeugnis auszustellen.

(2) Das Zeugnisformular für das Zeugnis über die Aufnahmsprüfung ist entsprechend der einen Bestandteil dieser Verordnung bildenden Anlage 3 zu gestalten.

6. Abschnitt

(BGBl. Nr. 170/1978, Z 11)

Aufnahmsprüfung in das Oberstufenrealgymnasium und das Aufbaugymnasium sowie das Aufbaurealgymnasium

(BGBl. II Nr. 110/1997, Z 12 idF BGBl. II Nr. 114/2017, Z 24)

Umfang der Aufnahmsprüfung

§ 30. Die Aufnahmsprüfung gemäß § 40 Abs. 3 bis 6 des Schulorganisationsgesetzes in das Oberstufenrealgymnasium und das Aufbaugymnasium sowie das Aufbaurealgymnasium hat zu umfassen:

1. schriftliche Prüfungen,
2. mündliche Prüfungen.

(BGBl. II Nr. 110/1997, Z 13 idF BGBl. II Nr. 114/2017, Z 24)

Prüfungsgebiete der Aufnahmsprüfung

§ 31. (1) Im Rahmen der Aufnahmsprüfung ist eine schriftliche Prüfung abzulegen:

1. in Deutsch,
2. in Lebender Fremdsprache,
3. in Mathematik.

Sofern schriftliche Prüfungen mit „Nicht genügend“ beurteilt werden, ist im jeweiligen Prüfungsgebiet eine mündliche Prüfung abzulegen. *(BGBl. II Nr. 110/1997, Z 14)*

(2) Im Rahmen der Aufnahmsprüfung ist jeweils eine mündliche Prüfung in den nicht in Abs. 1 genannten Unterrichtsgegenständen, ausgenommen Leibesübungen und Werkerziehung, abzulegen. *(BGBl. Nr. 396/1989, Z 7)*

(3) Die Aufgaben für die schriftliche und die mündliche Prüfung gemäß Abs. 1 sowie die Aufgaben der mündlichen Prüfung gemäß Abs. 2 sind dem Lehrstoff der 4. Klasse der Mittelschule zu entnehmen. *(BGBl. II Nr. 264/2020, Art. 1 Z 4)*

(BGBl. Nr. 170/1978, Z 11)

Auswahl der Aufgabenstellungen

§ 32. Die für die einzelnen Prüfungsgebiete fachlich zuständigen Prüfer haben einen Vorschlag für die Aufgabenstellungen auszuarbeiten und diesen dem Schulleiter und den übrigen Prüfern zur Kenntnis zu bringen. Die Aufgabenstellungen sind sodann in einer vom Schulleiter einzuberufenden Konferenz der Prüfer festzusetzen. Die Übergabe der Vorschläge an den Schulleiter und die übrigen Prüfer hat so zeitgerecht vor der Abhaltung der Konferenz zu erfolgen, dass diesen ein angemessener Zeitraum zur Verfügung steht, um sich mit den Vorschlägen vertraut machen zu können.

(BGBl. Nr. 170/1978, Z 11 idF BGBl. II Nr. 9/2024, Z 17)

Durchführung der schriftlichen Prüfung

§ 33. Auf die Durchführung der schriftlichen Prüfung ist § 17a anzuwenden.

(BGBl. II Nr. 114/2017, Z 25)

Durchführung der mündlichen Prüfung

§ 34. (1) Dem Prüfungskandidaten sind im Rahmen der mündlichen Prüfung in jedem Prüfungsgebiet zwei voneinander unabhängige Aufgaben vorzulegen.

(2) Ergibt sich aus der Lösung der Aufgaben keine sichere Beurteilungsgrundlage, so hat der Prüfer eine weitere Aufgabe zu stellen.

(3) Im übrigen findet § 25 Anwendung.

(BGBl. Nr. 170/1978, Z 11)

Arbeitszeit

§ 35. (1) Die Arbeitszeit für die schriftliche Prüfung hat in jedem Prüfungsgebiet eine Stunde zu betragen.

(2) Für die mündliche Prüfung ist in jedem Prüfungsgebiet nicht mehr Zeit zu verwenden, als für die Gewinnung einer sicheren Beurteilung erforderlich ist. Die Prüfung darf für ein Prüfungsgebiet 15 Minuten nicht übersteigen, sofern nicht eine weitere Aufgabe (§ 34 Abs. 2) gestellt wurde. *(BGBl. Nr. 397/1989, Z 8)*

(BGBl. Nr. 170/1978, Z 11)

Dauer der Aufnahmsprüfung

§ 36. Hinsichtlich der Dauer der Aufnahmsprüfung findet § 26 Anwendung.

(BGBl. Nr. 170/1978, Z 11)

Beurteilung der Leistungen bei der Aufnahmsprüfung

§ 37. (1) Die Leistungen des Prüfungskandidaten bei der Aufnahmsprüfung sind in jedem Prüfungsgebiet vom Prüfer zu beurteilen (Einzelbeurteilungen). Grundlage der Beurteilung der Leistungen sind die vom Prüfungskandidaten bei der Lösung der Aufgaben erwiesene Kenntnis des Prüfungsgebietes und Eigenständigkeit im Denken. Im Übrigen sind die Bestimmungen des § 11 Abs. 2 und 5 bis 8, des § 14, des § 15, des § 16 Abs. 1 Z 1, 2 und 4 und Abs. 2 der Leistungsbeurteilungsverordnung anzuwenden. *(BGBl. Nr. 170/1978, Z 11 idF BGBl. II Nr. 110/1997, Z 15 und BGBl. II Nr. 114/2017, Z 26)*

(2) Auf Grund der Prüfungsergebnisse nach Abs. 1 ist unter Berücksichtigung der bisherigen Schulleistungen in einer Konferenz der Prüfer unter dem Vorsitz des Schulleiters mit unbedingter Mehrheit der abgegebenen Stimmen festzusetzen, ob der Prüfungskandidat die Prüfung „bestanden" oder wegen mangelnder Eignung „nicht bestanden" hat (Gesamtbeurteilung). Bei Stimmengleichheit entscheidet der Schulleiter.

(3) Zur Festsetzung der Gesamtbeurteilung sind die überprüften schriftlichen Prüfungsarbeiten und die den Prüfungskandidaten im Rahmen der mündlichen Prüfung gestellten Aufgaben allen Prüfern und dem Schulleiter zu Beginn der gemäß Abs. 2 abzuhaltenden Konferenz zugänglich zu machen.

(4) Die von der Konferenz der Prüfer (Abs. 2) festgesetzte Gesamtbeurteilung der Leistungen des Prüfungskandidaten ist diesem bekanntzugeben. Hat der Prüfungskandidat die Prüfung bestanden und wird er in die Schule aufgenommen, ist ihm die Gesamtbeurteilung zugleich mit der Aufnahme durch Anschlag an der Amtstafel der Schule oder in anderer geeigneter Weise bekanntzugeben. Hat er die Prüfung nicht bestanden oder zwar bestanden, kann aber wegen Platzmangels nicht in die Schule aufgenommen werden, ist ihm die Gesamtbeurteilung zugleich mit der Ablehnung der Aufnahme schriftlich bekanntzugeben.

(5) Die Einzelbeurteilungen (Abs. 1) und die Gesamtbeurteilung (Abs. 2) sind in das Prüfungsprotokoll aufzunehmen. Das Prüfungsprotokoll ist vom Vorsitzenden und von allen Prüfern zu unterfertigen.

(BGBl. Nr. 170/1978, Z 11)

Verhinderung und Rücktritt der Prüfungskandidatin oder des Prüfungskandidaten

§ 38. Auf die Verhinderung der Prüfungskandidatin oder des Prüfungskandidaten an der Ablegung der Aufnahmsprüfung und den Rücktritt der Prüfungskandidatin oder des Prüfungskandidaten von der Aufnahmsprüfung ist § 18a anzuwenden.

(BGBl. II Nr. 114/2017, Z 27)

Zeugnis

§ 39. (1) Kann der Aufnahmsbewerber wegen Platzmangels nicht in die Schule aufgenommen werden, ist ihm auf sein Verlangen über die Einzelbeurteilungen durch die Prüfer und die Gesamtbeurteilung ein Zeugnis auszustellen.

(2) Das Zeugnisformular für das Zeugnis über die Aufnahmsprüfung ist entsprechend der einen Bestandteil dieser Verordnung bildenden Anlage 3 zu gestalten.

(BGBl. Nr. 170/1978, Z 11)

Berechtigungen

§ 40. Die erfolgreiche Ablegung einer Aufnahmsprüfung gemäß § 30 und § 31 Abs. 1 gilt als Aufnahmsprüfung im entsprechenden Prüfungsgebiet für alle berufsbildenden mittleren (einschließlich der Forstfachschule) und höheren Schulen.

(BGBl. II Nr. 172/1999, Z 9 idF BGBl. II Nr. 114/2017, Z 28)

7. Abschnitt
Eignungsprüfung an allgemeinbildenden höheren Schulen und Mittelschulen unter besonderer Berücksichtigung der musischen Ausbildung

(BGBl. II Nr. 185/2012, Art. 5 Z 4 idF BGBl. II Nr. 264/2020, Art. 1 Z 5 und 6)

Zweck der Eignungsprüfung

§ 41. (1) Die Eignungsprüfung dient der Feststellung, ob der Aufnahmsbewerber die erforderliche Eignung im Hinblick auf die besonderen Aufgaben der Sonderform mit musischer Ausbildung besitzt.

(2) Die Eignungsprüfung für die Aufnahme in eine Sonderform der allgemeinbildenden höheren Schule für Studierende der Musik wird durch den Nachweis der bestandenen Aufnahmsprüfung an der Hochschule für Musik und darstellende Kunst oder an dem Konservatorium mit Öffentlichkeitsrecht ersetzt, an der/dem der Aufnahmsbewerber einen Vorbereitungs- oder Ausbildungslehrgang besucht.

(BGBl. Nr. 199/1985, Z 10)

Umfang der Eignungsprüfung

§ 42. (1) Die Eignungsprüfung umfaßt eine praktische Prüfung.

(2) Die praktische Prüfung für den musikalischen Schwerpunktbereich soll ein Bild von der Fähigkeit des Aufnahmsbewerbers zum Erfassen und Nachvollziehen von Rhythmen, Melodien und einfachen Akkorden ergeben. Vorhandene instrumentale Fertigkeiten des Prüfungskandidaten können dabei mit herangezogenen werden.

(3) Die praktische Prüfung für den bildnerischen Schwerpunktbereich soll ein Bild von den Fähigkeiten des Aufnahmsbewerbers zum Anwenden einfacher graphischer und/oder malerischer Techniken ergeben. Dabei kann die Eignung auch durch das Darstellen einer gezeigten Vorlage aus dem Gedächtnis oder durch Ergänzungsaufgaben mit Strichtests überprüft werden.

(3a) Die praktische Prüfung für einen schulautonomen musischen Schwerpunktbereich soll ein Bild von den Fähigkeiten der Aufnahmsbewerberin und des Aufnahmsbewerbers ergeben. Die Aufnahmsbewerberinnen und Aufnahmsbewerber zeigen ihre Eignung, ihr Talent, ihr Interesse und ihr Leistungspotenzial im jeweiligen schulautonomen musischen Schwerpunktbereich. *(BGBl. II Nr. 204/2024, Art. 6 Z 1)*

(4) Zusätzlich zur Eignungsprüfung ist auch für die Sonderform an allgemeinbildenden höheren Schulen eine Aufnahmsprüfung nach den Bestimmungen des 5. Abschnittes bzw. des 6. Abschnittes abzulegen, wenn die Voraussetzungen des § 40 des Schulorganisationsgesetzes nicht gegeben sind.

(BGBl. Nr. 199/1985, Z 10)

Durchführung der praktischen Eignungsprüfung

§ 43. (1) Die praktische Eignungsprüfung ist so zu gestalten, daß sie eine Aussage über die voraussichtliche Eignung des Prüfungskandidaten für die Ausbildung im musikalischen bzw. bildnerischen Schwerpunkt der Sonderform ermöglichen.

(2) Der Schulleiter hat die für die ordnungsgemäße Durchführung der praktischen Prüfung notwendigen Vorkehrungen unter Einbeziehung des Fachkkoordinators zu treffen; dabei ist auf die Anzahl der Prüfungskandidaten Bedacht zu nehmen.

(3) Über die erbrachten Prüfungsleistungen ist vom Prüfer ein Prüfungsprotokoll zu führen.

(4) Tritt während der Prüfung ein unvorhergesehenes Ereignis ein, das die körperliche Sicherheit oder die Gesundheit der Prüfungskandidaten gefährdet oder den ordnungsgemäßen Ablauf der Prüfung schwerwiegend beeinträchtigt, so ist die Prüfung unverzüglich abzubrechen. In diesem Falle ist die Prüfung nach Möglichkeit im selben Prüfungstermin mit neuer Aufgabenstellung nochmals durchzuführen. *(BGBl. Nr. 199/1985, Z 10 idF BGBl. II Nr. 114/2017, Z 29)*

(BGBl. Nr. 199/1985, Z 10)

Beurteilung der Leistungen bei der Eignungsprüfung

§ 44. (1) Die Leistungen des Prüfungskandidaten sind vom Prüfer zu beurteilen (Einzelbeurteilung). Grundlage der Beurteilung der Leistungen sind die vom Prüfungskandidaten bei der Lösung der Aufgaben erwiesenen Fähigkeiten im Hinblick auf die Eignung für die besonderen Anforderungen der Schule. Im Übrigen sind die Bestimmungen des § 11 Abs. 2 und 5 bis 8, des § 12 Abs. 1 Z 2 und 3, des § 13 und des § 14 der Leistungsbeurteilungsverordnung anzuwenden. *(BGBl. Nr. 199/1985, Z 10 idF BGBl. II Nr. 114/2017, Z 30)*

(2) Auf Grund der Prüfungsergebnisse nach Abs. 1 ist unter Berücksichtigung allfälliger einschlägiger bisheriger Schulleistungen in einer Konferenz der Prüfer unter dem Vorsitz des Schulleiters mit unbedingter Mehrheit der abgegebenen Stimmen festzusetzen, ob der Prüfungskandidat die Eignungsprüfung „bestanden“ oder wegen mangelnder Eignung „nicht bestanden“ hat (Gesamtbeurteilung). Zur Festsetzung der Gesamtbeurteilung sind die vom Prüfungskandidaten erbrachten Leistungen zu Beginn der Konferenz allen Prüfern und dem Vorsitzenden zugänglich zu machen.

(3) Die von der Konferenz der Prüfer (Abs. 2) festgesetzte Gesamtbeurteilung der Leistungen des Prüfungskandidaten ist diesem bekanntzugeben. Hat der Prüfungskandidat die Prüfung bestanden und wird er in die Schule aufgenommen, ist ihm die Gesamtbeurteilung zugleich mit der Aufnahme in die Schule durch Anschlag an der Amtstafel oder in anderer geeigneter Weise bekanntzugeben. Hat der Prüfungskandidat die Prüfung nicht bestanden oder zwar bestanden, kann aber wegen Platzmangels nicht aufgenommen werden, ist die Gesamtbeurteilung zugleich mit der Ablehnung der Aufnahme dem Aufnahmsbewerber schriftlich bekanntzugeben.

(4) Die Einzelbeurteilungen (Abs. 1) und die Gesamtbeurteilung (Abs. 2) sowie die erfolgte Aufnahme oder Ablehnung sind in das Prüfungsprotokoll aufzunehmen. Das Prüfungsprotokoll ist vom Vorsitzenden und allen Prüfern zu unterfertigen.

(BGBl. Nr. 199/1985, Z 10)

Zeugnis

§ 45. (1) Kann ein Aufnahmsbewerber wegen Platzmangels nicht in die Schule aufgenommen werden, so ist ihm auf Verlangen ein Zeugnis über die Einzelbeurteilungen und die Gesamtbeurteilung auszustellen.

(2) Das Zeugnisformular für das Zeugnis über die Eignungsprüfung ist entsprechend der einen Bestandteil dieser Verordnung bildenden Anlage 1 zu gestalten.

(BGBl. Nr. 199/1985, Z 10)

8. Abschnitt
Eignungsprüfung an allgemeinbildenden höheren Schulen und Mittelschulen unter besonderer Berücksichtigung der sportlichen Ausbildung (einschließlich der Sikmittelschulen)

(BGBl. II Nr. 185/2012, Art. 5 Z 5 idF BGBl. II Nr. 264/2020, Art. 1 Z 7 bis 10)

Zweck der Eignungsprüfung

§ 46. Die Eignungsprüfung dient der Feststellung, ob der Aufnahmsbewerber die erforderliche körperliche Eignung im Hinblick auf die besonderen Aufgaben der Sonderform mit sportlicher Ausbildung besitzt.

(BGBl. Nr. 199/1985, Z 10)

Umfang der Eignungsprüfung

§ 47. (1) Die Eignungsprüfung umfaßt eine praktische Prüfung. Ferner ist im Rahmen der Eignungsprüfung die körperliche Eignung festzustellen.

(2) Die praktische Prüfung soll ein Bild von der allgemeinmotorischen Leistungsfähigkeit des Kandidaten geben. Die Prüfungsanforderungen sind dem Prüfungskandidaten spätestens bei der Anmeldung zur Prüfung zur Kenntnis zu bringen. Allenfalls geforderte Mindestleistungen können bei vorübergehender körperlicher Behinderung zum Zeitpunkt der Eignungsprüfung auch anderweitig nachgewiesen werden (zB Ergebnisse früherer Wettkämpfe).

(3) Zur Feststellung der körperlichen Eignung des Aufnahmsbewerbers ist im Rahmen der Eignungsprüfung vor der praktische Prüfung eine Untersuchung durch den Schularzt nach sportmedizinischen Kriterien durchzuführen beziehungsweise zu veranlassen.

(4) Zusätzlich zur Eignungsprüfung ist für die Sonderform an allgemeinbildenden höheren Schulen eine Aufnahmsprüfung nach den Bestimmungen des 5. Abschnittes bzw. des 6. Abschnittes abzulegen, wenn die Voraussetzungen des § 40 des Schulorganisationsgesetzes nicht gegeben sind.

(BGBl. Nr. 199/1985, Z 10)

Durchführung der praktischen Eignungsprüfung

§ 48. (1) Die gemäß § 7 Abs. 3 des Schulunterrichtsgesetzes zu erfolgenden Aufgabenstellungen bei der praktischen Eignungsprüfung sind so zu gestalten, daß sie eine Aussage über die voraussichtliche Bewältigung der allgemeinen sportlichen Beanspruchung unter Beachtung einer allfälligen Schwerpunktsetzung ermöglichen. Es ist zu berücksichtigen, daß die allgemeine Ausdauer eine wichtige Grundlage für alle Sportarten darstellt. Diese Prüfung hat vor allem eine Schutzfunktion für jene Aufnahmsbewerber zu erfüllen, die nicht die körperlichen Voraussetzungen mitbringen, und die daher in der Sonderform überlastet werden. Eine Auswahl der Übungen ausschließlich nach Kriterien des Spitzensportes ist zu vermeiden. Der Fachkoordinator ist jedenfalls vor der Festlegung der Aufgabenstellungen zu hören.

(2) Der Schulleiter hat die für die ordnungsgemäße Durchführung der praktischen Prüfung notwendigen Vorkehrungen unter Einbeziehung des Fachkoordinators zu treffen.

(3) Über die erbrachten Prüfungsleistungen ist vom Prüfer ein Prüfungsprotokoll zu führen.

(4) Tritt während der Prüfung ein unvorhergesehenes Ereignis ein, das die körperliche Sicherheit oder die Gesundheit der Prüfungskandidaten gefährdet oder den ordnungsgemäßen Ablauf der Prüfung schwerwiegend beeinträchtigt, so ist die Prüfung unverzüglich abzubrechen. In diesem Fall ist die Prüfung nach Möglichkeit im selben Prüfungstermin bei gesicherten Bedingungen fortzusetzen, wobei bereits erbrachte Leistungen ihre Gültigkeit behalten.

(BGBl. Nr. 199/1985, Z 10)

Beurteilung der Leistungen bei der Eignungsprüfung

§ 49. (1) Die Leistungen des Prüfungskandidaten sind in jedem Prüfungsgebiet vom Prüfer zu beurteilen (Einzelbeurteilung). Grundlage der Beurteilung sind jeweils die erbrachten Leistungen; sofern Mindestvoraussetzungen festgelegt worden sind, ist von diesen auszugehen. Im Übrigen sind die Bestimmungen des § 11 Abs. 2, 4, 5, 7 und 8, des § 13 und des § 14 der Leistungsbeurteilungsverordnung anzuwenden. *(BGBl. Nr. 199/1985, Z 10 idF BGBl. II Nr. 114/2017, Z 31)*

(2) Auf Grund der Prüfungsergebnisse nach Abs. 1 ist in einer Konferenz der Prüfer gemäß § 8 Abs. 2 des Schulunterrichtsgesetzes festzusetzen, ob der Prüfungskandidat die Prüfung „bestanden" oder wegen mangelnder Eignung „nicht bestanden" hat (Gesamtbeurteilung).

(3) Zur Festsetzung der Gesamtbeurteilung sind die vom Prüfungskandidaten erbrachten Leistungen zu Beginn der gemäß Abs. 2 abzuhaltenden Konferenz allen Prüfern zugänglich zu machen.

(4) Die von der Konferenz der Prüfer (Abs. 2) festgesetzte Gesamtbeurteilung der Leistungen des Prüfungskandidaten ist diesem bekanntzugeben. Hat der Prüfungskandidat die Prüfung bestanden und wird er nach Feststellung der körperlichen Eignung in die Schule aufgenommen, ist ihm die Gesamtbeurteilung zugleich mit der Aufnahme in die Schule durch Anschlag an der Amtstafel der Schule oder in anderer geeigneter Weise bekanntzugeben. Hat der Prüfungskandidat die Prüfung zwar bestanden, kann aber wegen mangelnder Feststellung der körperlichen Eignung oder trotz körperlicher Eignung wegen Platzmangels nicht aufgenommen werden, ist die Gesamtbeurteilung zugleich mit der Ablehnung dem Aufnahmsbewerber schriftlich bekanntzugeben.

(5) Die Einzelbeurteilungen (Abs. 1) und die Gesamtbeurteilung (Abs. 2) sind in das Prüfungsprotokoll aufzunehmen. Das Prüfungsprotokoll ist vom Vorsitzenden und von allen Prüfern zu unterfertigen.

(BGBl. Nr. 199/1985, Z 10)

Feststellung der körperlichen Eignung

§ 50. (1) Die ärztliche Untersuchung durch den Schularzt im Rahmen der Eignungsprüfung oder das vorgelegte Zeugnis (gemäß § 47 Abs. 3) muß folgendes beinhalten:

1. Ausführliche Anamnese,
2. Klinische Untersuchung (nach Möglichkeit unter Mitwirkung eines Facharztes für Orthopädie)
   a) Allgemeinstatus, Größe, Gewicht
   b) Kopf
   c) Hals
   d) Thorax (Cor und Pulmo)
   e) Peripherer Kreislauf, RR
   f) Abdomen
   g) Wirbelsäule und Becken
   h) Extremitäten
   i) Nervensystem und Sinnesorgane,
3. Hilfsbefunde
   a) Labor: Blutbild komplett, Blutsenkung
Harn komplett
Ruhe-EKG
sofern anamnestisch nötig:
weitere Hilfsbefunde
(zB nach Hepatitis)
   b) Röntgen: Hals-, Brust- und Lendenwirbelsäule
Beckenübersicht
Hüftgelenke
Kniegelenke
Thorax (Cor und Pulmo)

(2) Die geforderten Hilfsbefunde (Abs. 1 Z 3 lit. a) sind nur von jenen Schülern beizubringen, die tatsächlich in die Schule auf Grund der positiven praktischen Eignungsprüfung aufgenommen werden können. Die Röntgenbefunde (Abs. 1 Z 3 lit. b) sind nur bei Verdacht auf einen krankhaften Zustand nach klinischer Untersuchung beizubringen.

(3) Sofern die Untersuchung und die Befunde ergeben, daß der Aufnahmsbewerber körperlich nicht geeignet ist, ist ihm dies zugleich mit der Bekanntgabe der Gesamtbeurteilung (§ 49 Abs. 4) schriftlich mitzuteilen.

(BGBl. Nr. 199/1985, Z 10)

Zeugnis

§ 51. (1) Kann ein Aufnahmsbewerber wegen Platzmangels nicht in die Schule aufgenommen werden, ist ihm auf sein Verlangen über die Einzelbeurteilungen durch die Prüfer und die Gesamtbeurteilung ein Zeugnis auszustellen.

(2) Das Zeugnisformular für das Zeugnis über die Eignungsprüfung ist entsprechend der einen Bestandteil dieser Verordnung bildenden Anlage 1 zu gestalten.

(BGBl. Nr. 199/1985, Z 10)

9. Abschnitt
Eignungsprüfung an allgemeinbildenden höheren Schulen und Mittelschulen unter besonderer Berücksichtigung der englischsprachigen Ausbildung

(BGBl. II Nr. 9/2024, Z 19)

Zweck der Eignungsprüfung

§ 52. Die Eignungsprüfung dient der Feststellung, ob die Aufnahmsbewerberin oder der Aufnahmsbewerber die erforderliche Eignung im Hinblick auf die besonderen Aufgaben und Anforderungen der Sonderform unter besonderer Berücksichtigung der englischsprachigen Ausbildung besitzt.

(BGBl. II Nr. 9/2024, Z 19)

Umfang der Eignungsprüfung

§ 53. Die Eignungsprüfung umfasst eine mündliche und schriftliche Prüfung. Diese soll die Eignung der Aufnahmsbewerberin oder des Aufnahmsbewerbers im Hinblick auf die besonderen Herausforderungen einer englischsprachigen Ausbildung feststellen. Die mündliche Prüfung kann in Form von angeleiteten Gruppengesprächen stattfinden. Die schriftliche

Prüfung kann entfallen, wenn die Eignung unter Berücksichtigung bisheriger einschlägiger Schulleistungen allein aufgrund einer mündlichen Prüfung festgestellt werden kann.

(BGBl. II Nr. 9/2024, Z 19)

Durchführung der Eignungsprüfung

§ 53a. (1) Die Eignungsprüfung ist so zu gestalten, dass die persönliche Eignung der Prüfungskandidatin oder des Prüfungskandidaten im Hinblick auf die Sprachkompetenz festgestellt werden kann. Auf die Durchführung der schriftlichen Prüfung finden die Bestimmungen des § 17a Anwendung.

(2) Die Schulleitung hat die für die ordnungsgemäße Durchführung der Eignungsprüfung notwendigen Vorkehrungen unter Einbeziehung einer fachlich geeigneten Lehrperson zu treffen; dabei ist auf die Anzahl der Prüfungskandidatinnen und Prüfungskandidaten Bedacht zu nehmen.

(3) Über die erbrachten Prüfungsleistungen ist von der Prüferin bzw. vom Prüfer ein Prüfungsprotokoll zu führen.

(4) Tritt während der Prüfung ein unvorhergesehenes Ereignis ein, das die körperliche Sicherheit oder die Gesundheit der Prüfungskandidatinnen und Prüfungskandidaten gefährdet oder den ordnungsgemäßen Ablauf der Prüfung schwerwiegend beeinträchtigt, so ist die Prüfung unverzüglich abzubrechen. In diesem Falle ist die Prüfung nach Möglichkeit im selben Prüfungstermin mit neuer Aufgabenstellung nochmals durchzuführen.

(BGBl. II Nr. 9/2024, Z 19)

Beurteilung der Leistungen bei der Eignungsprüfung

§ 53b. (1) Die Leistungen der Prüfungskandidatin bzw. des Prüfungskandidaten sind von der Prüferin bzw. vom Prüfer zu beurteilen (Einzelbeurteilung). Grundlage der Beurteilung der Leistungen sind die von der Prüfungskandidatin bzw. vom Prüfungskandidaten bei der Lösung der Aufgaben erwiesenen Fähigkeiten im Hinblick auf die Eignung für die besonderen Anforderungen der Schule. Im Übrigen sind die Bestimmungen des § 11 Abs. 2 und 5 bis 8, des § 12 Abs. 1 Z 2 und 3 sowie des § 14 der Leistungsbeurteilungsverordnung anzuwenden.

(2) Auf Grund der Prüfungsergebnisse nach Abs. 1 ist unter Berücksichtigung allfälliger einschlägiger bisheriger Schulleistungen in einer Konferenz der Prüferinnen und Prüfer unter dem Vorsitz der Schulleitung mit unbedingter Mehrheit der abgegebenen Stimmen festzusetzen, ob die Prüfungskandidatin bzw. der Prüfungskandidat die Eignungsprüfung „bestanden“ oder wegen mangelnder Eignung „nicht bestanden“ hat (Gesamtbeurteilung). Zur Festsetzung der Gesamtbeurteilung sind die von der Prüfungskandidatin bzw. vom Prüfungskandidaten erbrachten Leistungen zu Beginn der Konferenz allen Prüferinnen und Prüfern und der Vorsitzenden bzw. dem Vorsitzenden zugänglich zu machen.

(3) Die von der Konferenz der Prüferinnen und Prüfer (Abs. 2) festgesetzte Gesamtbeurteilung der Leistungen der Prüfungskandidatin bzw. des Prüfungskandidaten ist dieser bzw. diesem bekanntzugeben. Hat die Prüfungskandidatin bzw. der Prüfungskandidat die Prüfung bestanden und wird sie bzw. er in die Schule aufgenommen, ist ihr bzw. ihm die Gesamtbeurteilung zugleich mit der Aufnahme in die Schule durch Anschlag an der Amtstafel oder in anderer geeigneter Weise bekanntzugeben. Hat die Prüfungskandidatin bzw. der Prüfungskandidat die Prüfung nicht bestanden oder zwar bestanden, kann aber wegen Platzmangels nicht aufgenommen werden, ist die Gesamtbeurteilung zugleich mit der Ablehnung der Aufnahme der Aufnahmsbewerberin bzw. dem Aufnahmsbewerber schriftlich bekanntzugeben.

(4) Die Einzelbeurteilungen (Abs. 1) und die Gesamtbeurteilung (Abs. 2) sowie die erfolgte Aufnahme oder Ablehnung sind in das Prüfungsprotokoll aufzunehmen. Das Prüfungsprotokoll ist von der Vorsitzenden bzw. vom Vorsitzenden und allen Prüferinnen und Prüfern zu unterfertigen.

(BGBl. II Nr. 9/2024, Z 19)

Zeugnis

§ 54. (1) Kann eine Aufnahmsbewerberin bzw. ein Aufnahmsbewerber wegen Platzmangels nicht in die Schule aufgenommen werden, so ist ihr bzw. ihm auf Verlangen ein Zeugnis über die Einzelbeurteilungen und die Gesamtbeurteilung auszustellen.

(2) Das Zeugnisformular für das Zeugnis über die Eignungsprüfung ist entsprechend der einen Bestandteil dieser Verordnung bildenden Anlage 1 zu gestalten.

(BGBl. II Nr. 9/2024, Z 19)

10. Abschnitt
(BGBl. Nr. 291/1975 idF BGBl. Nr. 170/1978, Z 12 und BGBl. Nr. 199/1985, Z 10)
Schlussbestimmungen

§ 54a. (1) Soweit in dieser Verordnung auf Bundesgesetze verwiesen wird, sind diese in der mit dem Inkrafttreten der jeweils letzten Novelle dieser Verordnung geltenden Fassung anzuwenden.

(2) Soweit in dieser Verordnung auf Bestimmungen anderer Verordnungen verwiesen wird,

sind diese in ihrer jeweils geltenden Fassung anzuwenden.

(BGBl. II Nr. 114/2017, Z 33)

Inkrafttreten

§ 55. (1) Diese Verordnung tritt mit dem dem Tag ihrer Kundmachung folgenden Tag in Kraft. *(BGBl. Nr. 291/1975 idF BGBl. Nr. 170/1978, Z 12, BGBl. Nr. 199/1985, Z 10 und BGBl. Nr. 575/1994, Z 3)*

(2) § 5a dieser Verordnung in der Fassung der Verordnung BGBl. Nr. 575/1994 tritt mit Ablauf des Tages der Kundmachung dieser Verordnung im Bundesgesetzblatt in Kraft. *(BGBl. Nr. 575/1994, Z 3)*

(3) § 1, § 2, der Entfall des § 3 samt Überschrift, § 4, § 5 Abs. 1 und 2, § 12 Abs. 1, § 14a samt Überschrift, der 3. und der 4. Abschnitt, § 26, § 27 Abs. 1, die Überschrift des 6. Abschnittes, § 30, § 31 Abs. 1, § 37 Abs. 1, § 40 samt Überschrift, § 52, § 53 Abs. 1 und 2 und § 55 Abs. 3 sowie der Entfall der Anlage 2 in der Fassung der Verordnung BGBl. II Nr. 110/1997 treten mit 1. April 1997 in Kraft. *(BGBl. II Nr. 110/1997, Z 19)*

(4) § 4 Z 3, § 5 samt Überschrift, § 6 samt Überschrift, § 12 Abs. 4, § 14b samt Überschrift, § 19 Abs. 2 und § 40 dieser Verordnung in der Fassung der Verordnung BGBl. II Nr. 172/1999 treten mit 1. Mai 1999 in Kraft. § 5a sowie § 7 jeweils samt Überschrift treten mit Ablauf des 30. April 1999 außer Kraft. *(BGBl. II Nr. 172/1999, Z 10)*

(5) §§ 4 und 5 jeweils samt Überschrift, § 6 und § 12 Abs. 1 der Verordnung in der Fassung der Verordnung BGBl. II Nr. 440/2006 treten jeweils mit Ablauf des Tages der Kundmachung dieser Verordnung im Bundesgesetzblatt in Kraft; zugleich treten § 10 Abs. 1 und § 20 Abs. 2, in der zum genannten Zeitpunkt geltenden Fassung, außer Kraft. *(BGBl. II Nr. 440/2006, Z 7)*

(6) § 1, § 5 Abs. 3, § 15, die Überschriften des 7. und des 8. Abschnitts sowie § 53 Abs. 2 dieser Verordnung in der Fassung der Verordnung BGBl. II Nr. 185/2012 treten mit 1. September 2012 in Kraft. *(BGBl. II Nr. 185/2012, Art. 5 Z 7)*

(7) § 1, die Überschrift des 2. Abschnitts, § 2, §§ 4 und 5 jeweils samt Überschrift, die Überschrift des § 10, § 10 Abs. 2 und 6, § 12 Abs. 1, § 13 Abs. 2 und 3, § 14a Abs. 1, § 17 samt Überschrift, § 17a, § 18a, § 19 Abs. 2, § 20, § 24, § 27 Abs. 1, § 28 samt Überschrift, die Überschrift des 6. Abschnitts, § 30, § 33 samt Überschrift, § 37 Abs. 1, § 38 samt Überschrift, § 40, § 43 Abs. 4, § 44 Abs. 1, § 49 Abs. 1, § 54a und die Anlagen 1 und 3 in der Fassung der Verordnung BGBl. II Nr. 114/2017 treten mit Ablauf des Tages der Kundmachung im Bundesgesetzblatt in Kraft. Gleichzeitig treten die §§ 6 und 9 jeweils samt Überschrift, § 10 Abs. 3, § 11, § 12 Abs. 3, § 13 Abs. 1, § 14b samt Überschrift und der 9. Abschnitt außer Kraft. *(BGBl. II Nr. 114/2017, Z 34)*

(8) Die Überschrift des 2. Abschnitts, § 4 sowie § 5 Abs. 3 in der Fassung der Verordnung BGBl. II Nr. 257/2019 treten mit Ablauf des Tages der Kundmachung im Bundesgesetzblatt in Kraft.[3]) *(BGBl. II Nr. 257/2019, Z 4)*

(9) Die nachstehend genannten Bestimmungen in der Fassung der Verordnung BGBl. II Nr. 264/2020 treten wie folgt in Kraft:

1. § 1 (in der Fassung der Z 1), die Überschrift des 7. Abschnitts (in der Fassung der Z 6), die Überschrift des 8. Abschnitts (in der Fassung der Z 8) sowie der Klammerausdruck in der Überschrift des 8. Abschnitts (in der Fassung der Z 10) treten mit Ablauf des Tages der Kundmachung[4]) im Bundesgesetzblatt in Kraft;
2. § 1 (in der Fassung der Z 2), § 16 Abs. 2, § 31 Abs. 3, die Überschrift des 7. Abschnitts (in der Fassung der Z 5), die Überschrift des 8. Abschnitts (in der Fassung der Z 7) sowie der Klammerausdruck in der Überschrift des 8. Abschnitts (in der Fassung der Z 9) treten mit 1. September 2020 in Kraft.

(BGBl. II Nr. 264/2020, Art. 1 Z 11)

(10) § 1, § 2, die Überschrift des 2. Abschnitts, § 4, § 5 Abs. 1, 3 und 4, § 8, § 10 Abs. 4, § 12 Abs. 1, 4 und 5, § 13 Abs. 2 und 3, § 14 Abs. 1, § 17, § 32, § 42 Abs. 3a, 3b und 3c, der 9. Abschnitt samt Überschrift in der Fassung der Verordnung BGBl. II Nr. 9/2024 treten mit Ablauf des Tages der Kundmachung im Bundesgesetzblatt in Kraft; gleichzeitig tritt § 14a samt Überschrift außer Kraft.[5]) *(BGBl. II Nr. 9/2024, Z 20)*

(11) § 42 Abs. 3a in der Fassung der Verordnung BGBl. II Nr. 204/2024 tritt mit Ablauf des Tages der Kundmachung im Bundesgesetzblatt in Kraft; gleichzeitig tritt § 42 Abs. 3b und 3c außer Kraft.[6]) *(BGBl. II Nr. 204/2024, Art. 6 Z 2)*

(BGBl. Nr. 291/1975 idF BGBl. Nr. 170/1978, Z 12 und BGBl. Nr. 199/1985, Z 10)

---

[3]) Die Kundmachung im Bundesgesetzblatt erfolgte am 27. August 2019.

[4]) Die Kundmachung im Bundesgesetzblatt erfolgte am 12.Juni 2020.

[5]) Die Kundmachung im Bundesgesetzblatt erfolgte am 11. Jänner 2024.

[6]) Die Kundmachung im Bundesgesetzblatt erfolgte am 17. Juli 2024.

Anlage 1
(BGBl. Nr. 291/1975 idF BGBl. II Nr. 114/2017, Z 35)

....
Bezeichnung und Standort der Schule

Zahl des Prüfungsprotokolls: .... Schuljahr 20........../.............

Eignungsprüfungszeugnis

...., geboren am ....,
Familien- und Vorname

hat sich am .... an der obgenannnten Anstalt gemäß den Vorschriften der Verordnung des Bundesministers für Unterricht und Kunst vom 6. Mai 1975, BGBl. Nr. 291/1975, in der jeweils geltenden Fassung, der

Eignungsprüfung

unterzogen.

Er hat diese Prüfung bestanden, kann aber wegen Platzmangels nicht aufgenommen werden.

Prüfungsgebiet	Beurteilung

...., am .... 20........... Rund-siegel ....
Schulleiter

Anlage 3
(BGBl. Nr. 291/1975 idF BGBl. II Nr. 114/2017, Z 35)

....
Bezeichnung und Standort der Schule

Zahl des Prüfungsprotokolls: .... Schuljahr 20........../.............

Aufnahmsprüfungszeugnis

...., geboren am ....,
Familien- und Vorname

hat sich am .... an der obgenannten Anstalt gemäß den Vorschriften der Verordnung des Bundesministers für Unterricht und Kunst vom 6. Mai 1975, BGBl. Nr. 291/1975, in der jeweils geltenden Fassung, der

Aufnahmsprüfung

unterzogen.

Er hat diese Prüfung bestanden, kann aber wegen Platzmangels nicht aufgenommen werden.

Prüfungsgebiet	Beurteilung

...., am .... 20........... Rund-siegel ....
Schulleiter

1.9.1. Prüfungsordnung AHS

BGBl. II Nr. 174/2012
idF der Verordnungen

BGBl. II Nr. 264/2012 BGBl. II Nr. 47/2014
BGBl. II Nr. 107/2016 BGBl. II Nr. 264/2017
BGBl. II Nr. 326/2017 BGBl. II Nr. 107/2019
BGBl. II Nr. 465/2020 BGBl. II Nr. 411/2021
BGBl. II Nr. 175/2022 BGBl. II Nr. 160/2023
BGBl. II Nr. 362/2023

Verordnung der Bundesministerin für Unterricht, Kunst und Kultur über die Reifeprüfung in den allgemein bildenden höheren Schulen (Prüfungsordnung AHS)

Auf Grund der §§ 34 bis 41 des Schulunterrichtsgesetzes, BGBl. Nr. 472/1986, zuletzt geändert durch das Bundesgesetz BGBl. I Nr. 36/2012, wird verordnet:

Inhaltsverzeichnis

1. Abschnitt
Allgemeine Bestimmungen

Geltungsbereich

§ 1. Diese Verordnung gilt für die öffentlichen und mit Öffentlichkeitsrecht ausgestatteten allgemein bildenden höheren Schulen (einschließlich der Sonderformen, ausgenommen die als Sonderformen für Berufstätige geführten Schulen) und regelt die Durchführung der Reifeprüfung.

Formen und Umfang der Reifeprüfung

§ 2. (1) Die Reifeprüfung besteht am Realgymnasium unter besonderer Berücksichtigung der sportlichen Ausbildung, am Oberstufenrealgymnasium unter besonderer Berücksichtigung der sportlichen Ausbildung sowie am Werkschulheim aus einer Vorprüfung und einer Hauptprüfung, an den übrigen Formen aus einer Hauptprüfung. *(BGBl. II Nr. 174/2012 idF BGBl. II Nr. 175/2022, Art. 1 Z 1)*

(2) Die Vorprüfung besteht aus mündlichen, praktischen oder mündlichen und praktischen Prüfungen.

(3) Die Hauptprüfung besteht aus

1. einer vorwissenschaftlichen Arbeit (einschließlich deren Präsentation und Diskussion),
2. einer Klausurprüfung, bestehend aus Klausurarbeiten sowie allenfalls mündlichen Kompensationsprüfungen, und
3. einer mündlichen Prüfung, bestehend aus mündlichen Teilprüfungen.

Nach Wahl der Prüfungskandidatin oder des Prüfungskandidaten sind drei Klausurarbeiten und drei mündliche Teilprüfungen oder vier Klausurarbeiten und zwei mündliche Teilprüfungen abzulegen.

(4) Auf Zusatzprüfungen gemäß § 41 des Schulunterrichtsgesetzes (SchUG) sind die Bestimmungen des 3. Abschnittes über die Klausurprüfung und die mündliche Prüfung anzuwenden.

(5) Die Schulleiterin oder der Schulleiter hat bei der Wahl der Themen und der Prüfungsgebiete sicherzustellen, dass zumindest entweder

1. das für die vorwissenschaftliche Arbeit gewählte Thema oder
2. das Prüfungsgebiet einer allenfalls gewählten vierten schriftlichen Klausurarbeit gemäß § 12 Abs. 2 oder
3. ein Prüfungsgebiet der mündlichen Prüfung

an Sonderformen unter besonderer Berücksichtigung der musischen oder der sportlichen Ausbildung und am Werkschulheim dem Schwerpunkt der betreffenden Sonderform und an den übrigen Formen dem lehrplanmäßigen schulautonomen Schwerpunkt zuzuordnen ist. *(BGBl. II Nr. 174/2012 idF BGBl. II Nr. 175/2022, Art. 1 Z 1)*

Prüfungsgebiete

§ 3. (1) Die vorwissenschaftliche Arbeit umfasst ein dem Bildungsziel der allgemein bildenden höheren Schule entsprechendes Thema. Im Übrigen umfasst ein Prüfungsgebiet den gesamten Lehrstoff der Oberstufe des gleichnamigen (schulautonomen) Unterrichtsgegenstandes, soweit in den folgenden Bestimmungen nicht anderes bestimmt wird. *(BGBl. II Nr. 174/2012 idF BGBl. II Nr. 107/2016, Art. 1 Z 2)*

(1a) Sofern bei Prüfungsgebieten auf lehrplanmäßig besuchte Schuljahre abgestellt wird, ist eine von diesen schulautonom abweichende Aufteilung der Gesamtwochenstunden mitumfasst. *(BGBl. II Nr. 107/2016, Art. 1 Z 3)*

(1b) Wenn bei Wahlpflichtgegenständen zwischen eigenständigen Wahlpflichtgegenständen und solchen zur Vertiefung und Erweiterung besuchter Pflichtgegenstände unterschieden wird, dann sind

1. unter eigenständigen Wahlpflichtgegenständen die unter sublit. aa der Anlage A vierter Teil Z 2 lit. a der Verordnung über die Lehrpläne der allgemeinbildenden

höheren Schulen, BGBl. Nr. 88/1985 in der jeweils geltenden Fassung, genannten Wahlpflichtgegenstände und

2. unter denen zur Vertiefung und Erweiterung besuchter Pflichtgegenstände die unter sublit. bb der Anlage A vierter Teil Z 2 lit. a der Verordnung über die Lehrpläne der allgemeinbildenden höheren Schulen genannten Wahlpflichtgegenstände

zu verstehen. *(BGBl. II Nr. 107/2016, Art. 1 Z 3)*

(2) Wenn in allen Schulstufen der Oberstufe eine andere als die deutsche Sprache statt oder neben dieser als Unterrichtssprache vorgesehen war, so ist die Reifeprüfung – ausgenommen in den sprachlichen Prüfungsgebieten und im Prüfungsgebiet „Mathematik" (standardisiert) – in dieser Sprache statt der deutschen Sprache bzw. in beiden Unterrichtssprachen im annähernd gleichen Umfang abzuhalten. In diesen Fällen sind die Aufgabenstellungen in beiden Sprachen abzufassen. Am Bundesgymnasium und Bundesrealgymnasium für Slowenen sind im Prüfungsgebiet „Mathematik" (standardisiert) die Aufgabenstellungen in slowenischer und in deutscher Sprache abzufassen.

(3) Auf Antrag der Prüfungskandidatin oder des Prüfungskandidaten entfällt die Ablegung der Reifeprüfung in einzelnen Prüfungsgebieten, wenn diese im Rahmen der Berufsreifeprüfung erfolgreich absolviert worden sind und die Schulleiterin oder der Schulleiter die Gleichwertigkeit der Prüfung feststellt.

(4) Im Falle einer Beeinträchtigung durch eine Körper- oder Sinnesbehinderung, die geeignet ist, das Prüfungsergebnis zu beeinflussen, sind durch die Vorsitzende oder den Vorsitzenden Vorkehrungen im organisatorischen Ablauf und in der Durchführung der Reifeprüfung festzulegen, die ohne Änderung des Anforderungsniveaus eine nach Möglichkeit barrierefreie Ablegung der Prüfung durch die betreffende Prüfungskandidatin oder den betreffenden Prüfungskandidaten ermöglichen. Die Schulleiterin oder der Schulleiter hat die erforderlichen Veranlassungen zu treffen.

2. Abschnitt
Vorprüfung

Prüfungstermine der Vorprüfung

§ 4. (1) Am Realgymnasium unter besonderer Berücksichtigung der sportlichen Ausbildung und am Oberstufenrealgymnasium unter besonderer Berücksichtigung der sportlichen Ausbildung haben die Vorprüfungen beim erstmaligen Antreten je nach dem sportlichen Schwerpunkt innerhalb der letzten zehn Wochen der vorletzten Schulstufe oder innerhalb des ersten Semesters der letzten Schulstufe stattzufinden. Wiederholungen haben je nach dem sportlichen Schwerpunkt innerhalb des Wintersemesters und innerhalb der letzten 15 Wochen des Unterrichtsjahres stattzufinden. Die konkreten Prüfungstermine, einschließlich jener für Wiederholungen, sind durch die zuständige Schulbehörde unter Bedachtnahme auf die inhaltliche Ausrichtung festzulegen und vier Wochen vor der Prüfung kundzumachen. Im Falle der Zulassung auf Antrag ist dieser bis spätestens zwei Wochen vor dem Prüfungstermin bei der Schulleiterin oder beim Schulleiter einzubringen. *(BGBl. II Nr. 174/2012 idF BGBl. II Nr. 107/2016, Art. 1 Z 4)*

(2) Am Werkschulheim hat die Vorprüfung beim erstmaligen Antreten

1. hinsichtlich der praktischen Prüfungen gemäß § 5 Abs. 2 Z 1 bis 3 innerhalb der letzten fünf Wochen der 8. Klasse und
2. hinsichtlich der mündlichen (Teil)Prüfungen gemäß § 5 Abs. 2 Z 1 bis 3 innerhalb der ersten beiden Unterrichtswochen der 9. Klasse

stattzufinden. Wiederholungen haben innerhalb der letzten acht Wochen des Wintersemesters und innerhalb der letzten fünf Wochen des Unterrichtsjahres stattzufinden. Abs. 1 vorletzter und letzter Satz ist anzuwenden. *(BGBl. II Nr. 174/2012 idF BGBl. II Nr. 175/2022, Art. 1 Z 1)*

(3) Im Falle der Verhinderung an der Ablegung einer Teilprüfung darf die betreffende Teilprüfung nach Möglichkeit im selben Prüfungstermin, sonst in dem auf den Wegfall des Verhinderungsgrundes nächstfolgenden Prüfungstermin mit neuer Aufgabenstellung abgelegt werden. Im Falle einer dauerhaften körperlichen Beeinträchtigung, die einer erfolgreichen Ablegung einer Teilprüfung der Vorprüfung gemäß Abs. 1 auch unter Bedachtnahme auf § 3 Abs. 4 entgegensteht, entfällt die betreffende Teilprüfung ersatzlos.

Prüfungsgebiete der Vorprüfung

§ 5. (1) Die Vorprüfung umfasst am Realgymnasium unter besonderer Berücksichtigung der sportlichen Ausbildung und am Oberstufenrealgymnasium unter besonderer Berücksichtigung der sportlichen Ausbildung je nach den an der betreffenden Schule eingerichteten lehrplanmäßigen Bewegungsbereichen vier praktische Teilprüfungen im Prüfungsgebiet „Bewegung und Sport, Bewegungsbereiche

…“ (mit einem auf die gewählten Bewegungsbereiche hinweisenden Zusatz).

(2) Die Vorprüfung umfasst am Werkschulheim je nach Handwerksausbildung folgende Prüfungsgebiete:

1. in der Handwerksausbildung „Maschinenbautechnik“
   a) eine praktische Prüfung im Prüfungsgebiet „Werkstätte und Produktionstechnik“ und
   b) eine mündliche Prüfung im Prüfungsgebiet „Fachkunde“ und
   c) eine praktische Prüfung und eine mündliche Teilprüfung im Prüfungsgebiet „Konstruktionslehre“ und
   d) eine mündliche Prüfung im Prüfungsgebiet „Betriebswirtschaftslehre“,
2. in der Handwerksausbildung „Mechatronik“
   a) eine praktische Prüfung im Prüfungsgebiet „Werkstätte und Produktionstechnik“ und
   b) eine mündliche Prüfung im Prüfungsgebiet „Fachkunde“ und
   c) eine praktische Prüfung und eine mündliche Teilprüfung im Prüfungsgebiet „Werkstättenlabor“ und
   d) eine mündliche Prüfung im Prüfungsgebiet „Betriebswirtschaftslehre“,
3. in der Handwerksausbildung „Tischlereitechnik“
   a) eine praktische Prüfung im Prüfungsgebiet „Werkstätte und Produktionstechnik“ und
   b) eine mündliche Prüfung im Prüfungsgebiet „Fachkunde (Werkzeug-, Material- und Stilkunde)“ und
   c) eine praktische Prüfung und eine mündliche Teilprüfung im Prüfungsgebiet „Fachzeichnen und Konstruktionslehre“ und
   d) eine mündliche Prüfung im Prüfungsgebiet „Betriebswirtschaftslehre“.

(BGBl. II Nr. 174/2012 idF BGBl. II Nr. 175/2022, Art. 1 Z 1)

Durchführung der Vorprüfung

§ 6. (1) Die Schulleiterin oder der Schulleiter hat die für die ordnungsgemäße Durchführung der Vorprüfung notwendigen Vorkehrungen zu treffen. Über den Verlauf der Vorprüfung ist ein Prüfungsprotokoll zu führen.

(2) Am Realgymnasium unter besonderer Berücksichtigung der sportlichen Ausbildung und am Oberstufenrealgymnasium unter besonderer Berücksichtigung der sportlichen Ausbildung haben die Prüfungskandidatinnen und Prüfungskandidaten spätestens zwei Wochen vor der Prüfung bekannt zu geben, welche Bewegungsbereiche sie für das Prüfungsgebiet gemäß § 5 Abs. 1 gewählt haben. *(BGBl. II Nr. 174/2012 idF BGBl. II Nr. 107/2016, Art. 1 Z 5)*

(3) Am Werkschulheim hat die praktische Prüfung gemäß § 5 Abs. 2 Z 1 bis 3 jeweils lit. c von einer im betreffenden Pflichtgegenstand im Rahmen des Unterrichts der 8. Klasse sowie als Hausarbeit angefertigten Arbeit auszugehen. Die Arbeitszeit hat 60 bis 80 Stunden zu betragen. *(BGBl. II Nr. 174/2012 idF BGBl. II Nr. 175/2022, Art. 1 Z 1)*

(4) Die mündlichen (Teil)Prüfungen gemäß § 5 Abs. 2 Z 1 bis 3 haben jeweils mindestens fünf und höchstens 15 Minuten zu dauern. *(BGBl. II Nr. 174/2012 idF BGBl. II Nr. 107/2016, Art. 1 Z 6)*

3. Abschnitt
Hauptprüfung

1. Unterabschnitt
Vorwissenschaftliche Arbeit

Prüfungsgebiet

§ 7. Die vorwissenschaftliche Arbeit besteht aus einer auf vorwissenschaftlichem Niveau zu erstellenden schriftlichen Arbeit über ein Thema gemäß § 3 einschließlich deren Präsentation und Diskussion.

Themenfestlegung, Inhalt und Umfang der vorwissenschaftlichen Arbeit

§ 8. (1) Die Themenfestlegung hat im Einvernehmen zwischen der Betreuerin oder dem Betreuer der vorwissenschaftlichen Arbeit und der Prüfungskandidatin oder dem Prüfungskandidaten im ersten Semester der vorletzten Schulstufe zu erfolgen. Eine Lehrerin oder ein Lehrer hat grundsätzlich bis zu drei, höchstens jedoch fünf vorwissenschaftliche Arbeiten pro Reifeprüfungsjahrgang und nur solche vorwissenschaftliche Arbeiten zu betreuen, hinsichtlich derer sie oder er über die erforderliche berufliche oder außerberufliche (informelle) Sach- und Fachkompetenz verfügt. Bei der Themenfestlegung ist zu beachten, dass neben umfangreichen Fachkenntnissen auch vorwissenschaftliche Arbeitsweisen unter Beweis gestellt werden sollen. Dafür ist erforderlich, dass unterschiedliche Informationsquellen unter sachgerechter Nutzung sowie der Einsatz neuer Medien und geeigneter Lern- und Arbeitstechniken zielführende Aufschlüsse über den Themenbereich zulassen. Zusammenhängende Sachverhalte sollen selbstständig mit geeigneten Methoden erfasst und unter Zugrundelegung logischer Denkweisen sinnvoll hinterfragt und kritisch problematisiert werden können. Sowohl die schriftliche Arbeit als auch die Präsentation und Diskussion sollen Gelegenheit geben, neben klarer Begriffsbildung auf hohem Niveau differenziertes Ausdrucksvermögen, umfangreiche Kenntnisse, Methodik, Selbstständigkeit sowie Kommunikations- und Diskursfähigkeit unter Beweis zu stellen.

(2) Das festgelegte Thema sowie der im Zuge der Themenfindung vereinbarte Erwartungshorizont ist der Schulleiterin oder dem Schulleiter bis Ende März der vorletzten Schulstufe zur Zustimmung vorzulegen. Die Schulleiterin oder der Schulleiter hat bis Ende April der vorletzten Schulstufe die Zustimmung zu erteilen oder unter gleichzeitiger Setzung einer Nachfrist die Vorlage eines neuen Themas zu verlangen. *(BGBl. II Nr. 174/2012 idF BGBl. II Nr. 107/2016, Art. 1 Z 4 und 7 und BGBl. II Nr. 107/2019, Art. 1 Z 1 und 2)*

(3) Im Falle der Nichtbeurteilung oder der negativen Beurteilung des Prüfungsgebietes „vorwissenschaftliche Arbeit“ durch die Prüfungskommission ist innerhalb von längstens vier Wochen ein neues Thema im Sinne des Abs. 1 festzulegen. Die Schulleiterin oder der Schulleiter hat dem Thema innerhalb von zwei Wochen zuzustimmen oder unter Setzung einer Nachfrist die Vorlage eines neuen Themas zu verlangen. *(BGBl. II Nr. 107/2016, Art. 1 Z 8 idF BGBl. II Nr. 107/2019, Art. 1 Z 2)*

(4) Die schriftliche Arbeit hat einen Umfang von höchstens zirka 60 000 Zeichen (inklusive Leerzeichen, Quellenbelegen im Text und Fußnoten), ausgenommen Vorwort, Inhalts-, Literatur- und Abkürzungsverzeichnis, zu umfassen. Sie kann im Einvernehmen mit der Betreuerin oder dem Betreuer auch in einer von der Prüfungskandidatin oder vom Prüfungskandidaten besuchten lebenden Fremdsprache abgefasst werden. *(BGBl. II Nr. 174/2012 idF BGBl. II Nr. 107/2016, Art. 1 Z 9)*

(5) Im Rahmen der schriftlichen Arbeit ist ein Abstract im Umfang von zirka 1 000 bis 1 500 Zeichen, inklusive Leerzeichen, zu erstellen, in welchem das Thema, die Problemformulierung und die wesentlichen Ergebnisse schlüssig darzulegen sind. Der Abstract ist in deutscher oder englischer Sprache abzufassen. *(BGBl. II Nr. 174/2012 idF BGBl. II Nr. 107/2016, Art. 1 Z 10)*

(6) Wurde die schriftliche Arbeit in einer lebenden Fremdsprache abgefasst (Abs. 4 letzter Satz), so kann die Präsentation und Diskussion auf Wunsch des Prüfungskandidaten oder der Prüfungskandidatin und mit Zustimmung aller Kommissionsmitglieder in dieser Fremdsprache abgehalten werden.

Durchführung der vorwissenschaftlichen Arbeit

§ 9. (1) Die schriftliche Arbeit (einschließlich allfälliger praktischer und/oder grafischer Arbeiten) ist als selbstständige Arbeit außerhalb der Unterrichtszeit zu bearbeiten und anzufertigen, wobei Ergebnisse des Unterrichts mit einbezogen werden dürfen. In der letzten Schulstufe hat eine kontinuierliche Betreuung zu erfolgen, die unter Beobachtung des Arbeitsfortschrittes vorzunehmen ist. Die Betreuung umfasst die Bereiche Aufbau der Arbeit, Arbeitsmethodik, Selbstorganisation, Zeitplan, Struktur und Schwerpunktsetzung der Arbeit, organisatorische Belange sowie die Anforderungen im Hinblick auf die Präsentation und Diskussion, wobei die Selbstständigkeit der Leistungen nicht beeinträchtigt werden darf. *(BGBl. II Nr. 174/2012 idF BGBl. II Nr. 107/2016, Art. 1 Z 11)*

(2) Die Erstellung der Arbeit ist in einem von der Prüfungskandidatin oder vom Prüfungskandidaten zu erstellenden Begleitprotokoll zu dokumentieren, welches jedenfalls den Arbeitsablauf sowie die verwendeten Hilfsmittel und Hilfestellungen anzuführen hat. Das Begleitprotokoll ist der schriftlichen Arbeit beizulegen.

(3) Zur Dokumentation der Arbeit sind Aufzeichnungen, insbesondere Vermerke über die Durchführung von Gesprächen im Rahmen der Themenfindung und der Festlegung des Erwartungshorizontes sowie im Zuge der Betreuung und nach Fertigstellung der Arbeit im Hinblick auf die Präsentation und Diskussion, zu führen und dem Prüfungsprotokoll anzuschließen.

(4) Die Dauer der Präsentation und der Diskussion hat zehn bis 15 Minuten pro Prüfungskandidatin und Prüfungskandidat zu betragen.

Prüfungstermine der vorwissenschaftlichen Arbeit

§ 10. Die erstmalige Abgabe der schriftlichen Arbeit hat bis zum Ende der ersten Woche des zweiten Semesters der letzten Schulstufe zu erfolgen. Die Zeiträume für die Abgabe der schriftlichen Arbeit im Falle der Wiederholung der vorwissenschaftlichen Arbeit sind die erste Unterrichtswoche, die ersten fünf Unterrichtstage im Dezember und die erste Woche des zweiten Semesters. In allen Fällen hat die Abgabe sowohl in digitaler Form (in jeder technisch möglichen Form, nicht jedoch mit E-Mail) als auch in zweifach ausgedruckter Form (bei Einbeziehung praktischer und/oder grafischer Arbeitsformen auch unter physischer Beigabe der praktischen und/oder grafischen Arbeiten) zu erfolgen.

(BGBl. II Nr. 107/2016, Art. 1 Z 12)

2. Unterabschnitt
Klausurprüfung

Prüfungstermine der Klausurprüfung

§ 11. Die Prüfungstermine für die standardisierten Prüfungsgebiete (Klausurarbeiten und mündliche Kompensationsprüfungen) werden gemäß § 36 Abs. 4 Z 2 und 3 des Schulunterrichtsgesetzes gesondert verordnet.

Prüfungsgebiete der Klausurprüfung

§ 12. (1) Die Klausurprüfung umfasst, vorbehaltlich der Sonderbestimmungen des 4. Abschnittes, bei drei Klausurarbeiten je eine schriftliche Klausurarbeit aus folgenden Prüfungsgebieten:

1. „Deutsch" (standardisiert),
2. nach Wahl der Prüfungskandidatin oder des Prüfungskandidaten, sofern in der Oberstufe mit insgesamt mindestens zehn Wochenstunden besucht (in den Sprachen Englisch, Französisch, Italienisch und Spanisch standardisiert):
   a) „Lebende Fremdsprache (achtjährig)" oder
   b) „Lebende Fremdsprache (sechsjährig)" oder
   c) „Lebende Fremdsprache (vierjährig)" oder
   d) „Lebende Fremdsprache (dreijährig)" und
3. „Mathematik" (standardisiert).

(2) Die Klausurprüfung umfasst bei vier Klausurarbeiten neben den in Abs. 1 genannten Prüfungsgebieten eine weitere schriftliche Klausurarbeit nach Wahl der Prüfungskandidatin oder des Prüfungskandidaten aus folgenden Prüfungsgebieten (in den Sprachen Latein und Griechisch standardisiert), wenn lehrplanmäßig Schularbeiten vorgesehen sind:

1. Prüfungsgebiet gemäß Abs. 1 Z 2, sofern noch nicht gewählt,
2. „Latein (sechsjährig)", sofern in der Oberstufe mit insgesamt mindestens zehn Wochenstunden besucht, *(BGBl. II Nr. 107/2016, Art. 1 Z 14)*

2a. „Latein (vierjährig)", sofern in der Oberstufe mit insgesamt mindestens zehn Wochenstunden besucht, *(BGBl. II Nr. 107/2016, Art. 1 Z 15)*

3. „Griechisch", sofern in der Oberstufe mit insgesamt mindestens zehn Wochenstunden besucht, *(BGBl. II Nr. 107/2016, Art. 1 Z 16)*
4. „Darstellende Geometrie",
5. „Physik" (am Realgymnasium und am Oberstufenrealgymnasium, wenn lehrplanmäßig Schularbeiten vorgesehen sind),
6. „Biologie und Umweltbildung" (am Realgymnasium und am Oberstufenrealgymnasium, wenn lehrplanmäßig Schularbeiten vorgesehen sind) *(BGBl. II Nr. 174/2012 idF BGBl. II Nr. 362/2023, Art. 1 Z 1)*,
7. „Musikkunde", nur wählbar am Realgymnasium und Oberstufenrealgymnasium unter besonderer Berücksichtigung der musischen Ausbildung für Studierende der Musik,
8. „Musik", nur wählbar am Gymnasium, Realgymnasium und Oberstufenrealgymnasium unter besonderer Berücksichtigung der musischen Ausbildung, *(BGBl. II Nr. 174/2012 idF BGBl. II Nr. 362/2023, Art. 1 Z 2)*
9. „Kunst und Gestaltung", nur wählbar am Gymnasium, Realgymnasium und Oberstufenrealgymnasium unter besonderer Berücksichtigung der musischen Ausbildung, *(BGBl. II Nr. 174/2012 idF BGBl. II Nr. 362/2023, Art. 1 Z 3)*
10. „Sportkunde", nur wählbar am Realgymnasium unter besonderer Berücksichtigung der sportlichen Ausbildung und am Oberstufenrealgymnasium unter besonderer Berücksichtigung der sportlichen Ausbildung,
11. Prüfungsgebiet gemäß einem besuchten (schulautonomen) Unterrichtsgegenstand (in den in Abs. 1 Z 2 genannten Fremdsprachen standardisiert), sofern dieser in der Oberstufe mit zumindest zehn Gesamtwochenstunden geführt wurde und im Lehrplan zumindest in den letzten beiden Schulstufen Schularbeiten vorgesehen sind. *(BGBl. II Nr. 174/2012 idF BGBl. II Nr. 107/2016, Art. 1 Z 17)*

(BGBl. II Nr. 174/2012 idF BGBl. II Nr. 107/2016, Art. 1 Z 13)

(3) Die Wahl der Prüfungsgebiete gemäß Abs. 1 Z 2 und Abs. 2 sowie deren Bekanntgabe durch die Prüfungskandidatin oder den Prüfungskandidat hat bis 15. Jänner der letzten Schulstufe zu erfolgen.

(4) Im Fall der negativen Beurteilung einer Klausurarbeit umfasst die Klausurprüfung auch die allenfalls von der Prüfungskandidatin oder vom Prüfungskandidaten beantragte mündliche Kompensationsprüfung im betreffenden Prüfungsgebiet.

Aufgabenstellungen der standardisierten Prüfungsgebiete

§ 13. (1) Die Aufgabenstellungen für standardisierte Prüfungsgebiete sowie die korrespondierenden Korrektur- und Beurteilungsanleitungen sind an eine oder mehrere von der Schulleiterin oder vom Schulleiter namhaft zu machende Person oder Personen elektronisch zu übermitteln oder physisch zu übergeben. Die Übermittlung oder die Übergabe haben in einer die Geheimhaltung gewährleistenden Weise möglichst zeitnah zur Prüfung und dennoch so zeitgerecht zu erfolgen, dass für die Durchführung notwendige Vorkehrungen getroffen werden können. Die Aufgabenstellungen sind sodann in der Schule bis unmittelbar vor Beginn der betreffenden Klausurarbeit in einer die Geheimhaltung gewährleistenden Weise aufzubewahren. Die Korrektur- und Beurteilungsanleitungen sind bis zum Ende der betreffenden Klausurarbeit in einer die Geheimhaltung gewährleistenden Weise aufzubewahren und sodann der Prüferin oder dem Prüfer auszuhändigen.

(2) Die Aufgabenstellungen haben in den Prüfungsgebieten „Lebende Fremdsprache (sechsjährig)", „Lebende Fremdsprache (vierjährig)", „Lebende Fremdsprache (dreijährig)", „Latein (sechsjährig)" und „Latein (vierjährig)" nach Maßgabe der nachstehenden Bestimmungen über Inhalt und Umfang der Prüfungsgebiete auf die lehrplanmäßige Wochenstundenzahl, die Lernjahre und die unterschiedlichen Anforderungen Bedacht zu nehmen. In den Prüfungsgebieten gemäß § 12 Abs. 1 Z 2 sind die Aufgabenstellungen in der betreffenden Fremdsprache abzufassen. *(BGBl. II Nr. 174/2012 idF BGBl. II Nr. 107/2016, Art. 1 Z 18)*

Aufgabenstellungen der nicht standardisierten Prüfungsgebiete

§ 14. (1) Für die nicht standardisierten Prüfungsgebiete der Klausurprüfung haben die Prüferinnen und Prüfer eine Aufgabenstellung, die mindestens zwei voneinander unabhängige Aufgaben zu enthalten hat, auszuarbeiten und der zuständigen Schulbehörde als Vorschlag im Dienstweg zu übermitteln. Die vorgeschlagene Aufgabenstellung hat einen eindeutigen Arbeitsauftrag zu enthalten. Sie darf im Unterricht nicht so weit vorbereitet worden sein, dass ihre Bearbeitung keine selbstständige Leistung erfordert. In den Prüfungsgebieten gemäß § 12 Abs. 1 Z 2 sind die Aufgabenstellungen in der betreffenden Fremdsprache abzufassen. *(BGBl. II Nr. 174/2012 idF BGBl. II Nr. 107/2016, Art. 1 Z 7)*

(2) Dem Vorschlag gemäß Abs. 1 sind die für die Bearbeitung zur Verfügung zu stellenden Hilfen und Hilfsmittel oder ein Hinweis auf deren erlaubte Verwendung bei der Prüfung anzuschließen. Dabei dürfen nur solche Hilfen oder Hilfsmittel zum Einsatz kommen, die im Unterricht gebraucht wurden und die keine Beeinträchtigung der Eigenständigkeit in der Erfüllung der Aufgaben darstellen. Dem Vorschlag sind darüber hinaus allfällige Texte, Übersetzungen, Beantwortungsdispositionen, Zusammenfassungen von Hörtexten, Ausarbeitungen usw. sowie die für die einzelnen Beurteilungsstufen relevanten Anforderungen und Erwartungen in der Bearbeitung und Lösung der Aufgaben anzuschließen.

(3) Bei mangelnder Eignung der vorgeschlagenen Aufgabenstellung oder der vorgesehenen Hilfen oder Hilfsmittel hat die zuständige Schulbehörde die Vorlage eines neuen Vorschlages oder einer Ergänzung des Vorschlages einzuholen. Die festgesetzte Aufgabenstellung ist der Schulleiterin oder dem Schulleiter unter Gewährleistung der Geheimhaltung bekannt zu geben. Nach Einlangen sind sie von der Schulleiterin oder vom Schulleiter bis zur Prüfung auf eine die Geheimhaltung gewährleistende Weise aufzubewahren. *(BGBl. II Nr. 174/2012 idF BGBl. II Nr. 107/2016, Art. 1 Z 4)*

Inhalt und Umfang der Klausurarbeit in den Prüfungsgebieten „Deutsch", „Slowenisch", „Kroatisch" und „Ungarisch" (als Unterrichtssprache)

§ 15. (1) Im Rahmen der Klausurarbeit in den Prüfungsgebieten „Deutsch", „Slowenisch", „Kroatisch" und „Ungarisch" ist den Prüfungskandidatinnen und Prüfungskandidaten eine Aufgabenstellung mit drei Aufgaben, von denen eine Aufgabe eine literarische Themenstellung zu beinhalten hat, in der betreffenden Sprache schriftlich vorzulegen. Eine der Aufgaben ist zu wählen und vollständig zu bearbeiten. Jede der drei Aufgaben ist in zwei voneinander unabhängige schriftlich zu bearbeitende Teilaufgaben zu unterteilen. Beide Teilaufgaben haben die Kompetenzbereiche „Inhaltsdimension", „Textstruktur", „Stil und Ausdruck" sowie „normative Sprachrichtigkeit" zu betreffen.

(2) Der Arbeitsumfang der beiden Teilaufgaben hat zirka 900 Wörter (im Prüfungsgebiet „Deutsch") bzw. zirka 800 Wörter (in den Prüfungsgebieten „Slowenisch", „Kroatisch" und „Ungarisch") und die Arbeitszeit hat 300 Minuten zu betragen.

(3) Die Verwendung eines (elektronischen) Wörterbuches ist zulässig. Der Einsatz von Lexika oder elektronischen Informationsmedien ist nicht zulässig.

Inhalt und Umfang der Klausurarbeit in den Prüfungsgebieten „Lebende Fremdsprache (achtjährig)", „Lebende Fremdsprache (sechsjährig)", Lebende Fremdsprache (vierjährig)" und „Lebende Fremdsprache (dreijährig)"

§ 16. (1) Im Rahmen der Klausurarbeit in den Prüfungsgebieten „Lebende Fremdsprache (achtjährig)", „Lebende Fremdsprache (sechsjährig)", „Lebende Fremdsprache (vierjährig)" und „Lebende Fremdsprache (dreijährig)" ist den Prüfungskandidatinnen und Prüfungskandidaten eine Aufgabenstellung mit vier voneinander unabhängigen Aufgabenbereichen in der betreffenden Sprache schriftlich vorzulegen, wobei Hörtexte zwei Mal abzuspielen sind. Die Aufgabenbereiche, die in voneinander unabhängige Aufgaben gegliedert sein können, haben die rezeptiven Kompetenzen „Lese- und Hörverstehen" sowie die produktiven Kompetenzen „Sprachverwendung im Kontext und Schreiben" zu betreffen. Der Aufgabenbereich „Schreiben" ist in mindestens zwei voneinander unabhängige schriftlich zu bearbeitende Teilaufgaben zu unterteilen. Die Vorlage und Bearbeitung der Aufgabenbereiche hat in der genannten Reihenfolge und in zeitlicher Abfolge voneinander getrennt zu erfolgen.

(2) Gemäß den lehrplanmäßigen Anforderungen haben im Prüfungsgebiet „Lebende Fremdsprache (achtjährig)" der Arbeitsumfang des Aufgabenbereiches „Schreibkompetenz" zirka 650 Wörter (in den nicht standardisierten Fremdsprachen „Kroatisch", „Slowenisch", „Ungarisch" und „Russisch" zirka 550 Wörter) und die Arbeitszeit 270 Minuten zu betragen, wobei 60 Minuten auf den Aufgabenbereich „Leseverstehen", maximal 45 Minuten auf den Aufgabenbereich „Hörverstehen", 45 Minuten auf den Aufgabenbereich „Sprachverwendung im Kontext" und 120 Minuten auf den Aufgabenbereich „Schreibkompetenz" zu entfallen haben. Sofern für den Aufgabenbereich „Hörverstehen" weniger als 45 Minuten vorgesehen werden, wird die die Dauer von 45 Minuten unterschreitende Zeit von der Gesamtarbeitszeit von 270 Minuten in Abzug gebracht. *(BGBl. II Nr. 174/2012 idF BGBl. II Nr. 107/2019, Art. 1 Z 3 und 4)*

(3) Gemäß den lehrplanmäßigen Anforderungen haben in den Prüfungsgebieten „Lebende Fremdsprache (sechsjährig)", „Lebende Fremdsprache (vierjährig)" und „Lebende Fremdsprache (dreijährig)" der Arbeitsumfang des Aufgabenbereiches „Schreibkompetenz" zirka 400 Wörter (in den nicht standardisierten Fremdsprachen „Kroatisch", „Slowenisch", „Ungarisch" und „Russisch" zirka 350 Wörter) und die Arbeitszeit 270 Minuten zu betragen, wobei 60 Minuten auf den Aufgabenbereich „Leseverstehen", maximal 40 Minuten auf den Aufgabenbereich „Hörverstehen", 45 Minuten auf den Aufgabenbereich „Sprachverwendung im Kontext" und 125 Minuten auf den Aufgabenbereich „Schreibkompetenz" zu entfallen haben. Sofern für den Aufgabenbereich „Hörverstehen" weniger als 40 Minuten vorgesehen werden, wird die die Dauer von 40 Minuten unterschreitende Zeit von der Gesamtarbeitszeit von 270 Minuten in Abzug gebracht. *(BGBl. II Nr. 174/2012 idF BGBl. II Nr. 107/2019, Art. 1 Z 3 und 5)*

(4) Die Verwendung von Hilfsmitteln (Wörterbücher, Lexika, elektronische Informationsmedien) ist nicht zulässig; lediglich in nicht standardisierten Fremdsprachen ist im Aufgabenbereich „Schreiben" die Verwendung eines (elektronischen) Wörterbuches zulässig. *(BGBl. II Nr. 107/2016, Art. 1 Z 19)*

(5) Für Prüfungskandidatinnen und Prüfungskandidaten mit Hörbeeinträchtigung oder Gehörlosigkeit, die geeignet ist, das Prüfungsergebnis im Aufgabenbereich „Hörverstehen" zu beeinflussen, kann die oder der Vorsitzende festlegen, dass dieser Aufgabenbereich entfällt, wenn Vorkehrungen im organisatorischen Ablauf und in der Durchführung der Reifeprüfung gemäß § 3 Abs. 4 nicht ausreichen, um eine barrierefreie Ablegung der Prüfung zu ermöglichen. *(BGBl. II Nr. 465/2020, Art. 1 Z 1)*

Inhalt und Umfang der Klausurarbeit in den Prüfungsgebieten „Latein (sechsjährig)", „Latein (vierjährig)" und „Griechisch"
(BGBl. II Nr. 107/2016, Art. 1 Z 20)

§ 17. (1) Im Rahmen der Klausurarbeit in den Prüfungsgebieten „Latein (sechsjährig)", „Latein (vierjährig)" und „Griechisch" ist den Prüfungskandidatinnen und Prüfungskandidaten eine Aufgabenstellung mit zwei voneinander unabhängigen Aufgaben, die in Teilaufgaben gegliedert sein können, schriftlich vorzulegen. Eine der beiden Aufgaben hat den Kompetenzbereich „Übersetzung", die andere den Kompetenzbereich „Interpretation" zu betreffen. Der Kompetenzbereich „Übersetzung" hat eine Übersetzung aus einem lateinischen bzw. griechischen Originaltext zu beinhalten (Produktion eines in Inhalt, Sinn und Funktion äquivalenten Textes, der die Textnormen der Zielsprache berücksichtigt). Der Kompetenzbereich „Interpretation" hat eine von einem lateinischen bzw. griechischen Originaltext ausgehende, zehn Teilaufgaben umfassende Analyse und Interpretation (mit Bezug auf Vergleichsmaterialien sowie unter Einbeziehung des textbezogenen Umfeldes) zu beinhalten. In den Prüfungsgebieten „Latein (sechsjährig)" und „Latein (vierjährig)" sind bei der Erstellung der Aufgaben und der Auswahl der Texte die unterschiedlichen Anforderungsprofile von sechs- bzw. vierjährigem Latein zu berücksichtigen. *(BGBl. II Nr. 174/2012 idF BGBl. II Nr. 264/2012, Z 1 und BGBl. II Nr. 107/2016, Art. 1 Z 21 und 22)*

(2) Der Arbeitsumfang beider Aufgaben hat in den Prüfungsgebieten „Latein (sechsjährig)" und „Griechisch" bis zu 220 Wörter, davon mindestens 120 Wörter im Übersetzungsteil und mindestens 80 Wörter im Interpretationsteil, zu betragen. Der Arbeitsumfang beider Aufgaben hat im Prüfungsgebiet „Latein (vierjährig)" bis zu 210 Wörter, davon mindestens 110 Wörter im Übersetzungsteil und mindestens 80 Wörter im Interpretationsteil, zu betragen. Die Arbeitszeit hat 270 Minuten zu betragen. *(BGBl. II Nr. 174/2012 idF BGBl. II Nr. 107/2016, Art. 1 Z 23)*

(3) Die Verwendung eines (elektronischen) Wörterbuches ist zulässig. Der Einsatz von Lexika oder elektronischen Informationsmedien ist nicht zulässig.

Inhalt und Umfang der Klausurarbeit im Prüfungsgebiet „Mathematik"

§ 18. (1) Im Rahmen der Klausurarbeit im Prüfungsgebiet „Mathematik" ist den Prüfungskandidatinnen und Prüfungskandidaten eine Aufgabenstellung mit zwei voneinander unabhängigen Aufgabenbereichen schriftlich vorzulegen. Ein Aufgabenbereich hat mehrere voneinander unabhängige Aufgaben in grundlegenden Kompetenzbereichen zu betreffen (Grundkompetenzen). Der zweite Aufgabenbereich hat voneinander unabhängige Aufgaben, die in Teilaufgaben gegliedert sein können, in vertieften Kompetenzbereichen mit kontextbezogenen oder innermathematischen Problemstellungen zur Vernetzung und eigenständigen Anwendung von Grundkompetenzen sowie deren weitergehenden Reflexionen zu beinhalten (Vernetzung von Grundkompetenzen). *(BGBl. II Nr. 174/2012 idF BGBl. II Nr. 107/2019, Art. 1 Z 6)*

(2) Die Arbeitszeit für die Aufgabenbereiche „Grundkompetenzen" und „Vernetzung von Grundkompetenzen" hat 270 Minuten zu betragen. *(BGBl. II Nr. 107/2019, Art. 1 Z 7)*

(3) Bei der Bearbeitung beider Aufgabenbereiche sind der Einsatz von herkömmlichen Schreibgeräten, Bleistiften, Lineal, Geo-Dreieck und Zirkel sowie die Verwendung von einer Formelsammlung, die vom zuständigen Regierungsmitglied für die Klausurarbeit freigegeben wird, die Verwendung von einem (elektronischen) Wörterbuch und elektronischen Hilfsmitteln zulässig. Die Minimalanforderungen an elektronische Hilfsmittel sind grundlegende Funktionen zur Darstellung von Funktionsgraphen, zum numerischen Lösen von Gleichungen und Gleichungssystemen, zur Ermittlung von Ableitungs- bzw. Stammfunktionen, zur numerischen Integration sowie zur Unterstützung bei Methoden und Verfahren in der Stochastik. *(BGBl. II Nr. 174/2012 idF BGBl. II Nr. 264/2017, Art. 1 Z 1, BGBl. II Nr. 107/2019, Art. 1 Z 8 und BGBl. II Nr. 175/2022, Art. 1 Z 2)*

(4) Die zuständige Bundesministerin oder der zuständige Bundesminister kann bei standardisierten Klausurprüfungen für Prüfungskandidatinnen und Prüfungskandidaten mit Sehbeeinträchtigung oder Blindheit, die geeignet ist, das Prüfungsergebnis zu beeinflussen, Aufgabenstellungen ohne Änderung des Anforderungsniveaus abändern oder tauschen oder diese mit zusätzlichen Informationen aufbereiten. Die oder der Vorsitzende kann festlegen, dass diese geänderten, getauschten bzw. mit zusätzlichen Informationen aufbereiteten Aufgabenstellungen Prüfungskandidatinnen und Prüfungskandidaten mit Sehbeeinträchtigung oder Blindheit vorgelegt werden, wenn Vorkehrungen im organisatorischen Ablauf und in der Durchführung der Reifeprüfung gemäß § 3 Abs. 4 nicht ausreichen, um eine barrierefreie Ablegung der Prüfung zu ermöglichen. Die Schulleiterin oder der Schulleiter hat die erforderlichen Veranlassungen zu treffen. *(BGBl. II Nr. 465/2020, Art. 1 Z 2)*

Inhalt und Umfang der Klausurarbeit im Prüfungsgebiet „Darstellende Geometrie"

§ 19. (1) Im Rahmen der Klausurarbeit im Prüfungsgebiet „Darstellende Geometrie" ist den Prüfungskandidatinnen und Prüfungskandidaten eine Aufgabenstellung mit drei bis fünf voneinander unabhängigen Aufgaben, die in Teilaufgaben gegliedert sein können, aus unterschiedlichen Handlungsdimensionen mit ausgewogenen Anforderungen an den Einsatz klassisch-konstruktiver und computerunterstützter Methoden schriftlich vorzulegen. Mindestens eine Aufgabe hat anwendungsorientiert zu sein.

(2) Die Arbeitszeit hat 270 Minuten zu betragen.

Inhalt und Umfang der Klausurarbeit im Prüfungsgebiet „Physik"

§ 20. (1) Im Rahmen der Klausurarbeit im Prüfungsgebiet „Physik" ist den Prüfungskandidatinnen und Prüfungskandidaten eine Aufgabenstellung mit drei oder vier voneinander unabhängigen Aufgaben aus unterschiedlichen Themenbereichen und Handlungsdimensionen schriftlich vorzulegen. Aufgaben, die in Teilaufgaben gegliedert sein können, mit praxisorientierten oder experimentellen Komponenten haben fiktive Messergebnisse zu beinhalten, die eine Lösung des theoretischen Teils der betreffenden Aufgabe auch bei fehlerhafter oder ungelöster praktischer oder experimenteller Teilaufgabe ermöglichen.

(2) Die Arbeitszeit hat 270 Minuten zu betragen.

Inhalt und Umfang der Klausurarbeit im Prüfungsgebiet „Biologie und Umweltbildung“
(BGBl. II Nr. 174/2012 idF BGBl. II Nr. 362/2023, Art. 1 Z 1)

§ 21. (1) Im Rahmen der Klausurarbeit im Prüfungsgebiet „Biologie und Umweltbildung“ ist den Prüfungskandidatinnen und Prüfungskandidaten eine Aufgabenstellung mit drei oder vier voneinander unabhängigen Aufgaben, die in Teilaufgaben gegliedert sein können, aus unterschiedlichen Themenbereichen und Handlungsdimensionen schriftlich vorzulegen. Aufgaben mit praxisorientierten oder experimentellen Komponenten haben fiktive Messergebnisse zu beinhalten, die eine Lösung des theoretischen Teils der betreffenden Aufgabe auch bei fehlerhafter oder ungelöster praktischer oder experimenteller Teilaufgabe ermöglichen. *(BGBl. II Nr. 174/2012 idF BGBl. II Nr. 362/2023, Art. 1 Z 1)*

(2) Die Arbeitszeit hat 270 Minuten zu betragen.

Inhalt und Umfang der Klausurarbeit in den Prüfungsgebieten „Musik“ und „Musikkunde“
(BGBl. II Nr. 174/2012 idF BGBl. II Nr. 362/2023, Art. 1 Z 2)

§ 22. (1) Im Rahmen der Klausurarbeit in den Prüfungsgebieten „Musik“ und „Musikkunde“ ist den Prüfungskandidatinnen und Prüfungskandidaten eine Aufgabenstellung mit vier Aufgaben aus Kompetenzbereichen „Tonsatz“, „Formenlehre“, „Musikgeschichte“ und „Gehörbildung“ schriftlich vorzulegen. Sofern es zur Bearbeitung der Aufgaben notwendig ist, können ein Keyboard/Klavier mit Kopfhörern, ein Tonträger mit Wiedergabegerät und Kopfhörern oder Computer mit Notations- und Klangverarbeitungsprogrammen eingesetzt werden. *(BGBl. II Nr. 174/2012 idF BGBl. II Nr. 362/2023, Art. 1 Z 2)*

(2) Die Arbeitszeit hat 300 Minuten zu betragen.

Inhalt und Umfang der Klausurarbeit im Prüfungsgebiet „Kunst und Gestaltung“
(BGBl. II Nr. 174/2012 idF BGBl. II Nr. 362/2023, Art. 1 Z 3)

§ 23. (1) Im Rahmen der Klausurarbeit im Prüfungsgebiet „Kunst und Gestaltung“ ist den Prüfungskandidatinnen und Prüfungskandidaten eine Aufgabenstellung mit einer praktischen und einer theoretischen Aufgabe schriftlich vorzulegen. *(BGBl. II Nr. 174/2012 idF BGBl. II Nr. 362/2023, Art. 1 Z 3)*

(2) Die Arbeitszeit hat 420 Minuten zu betragen. Sie ist für eine Pause in angemessener Dauer zu unterbrechen.

Inhalt und Umfang der Klausurarbeit im Prüfungsgebiet „Sportkunde“

§ 24. (1) Im Rahmen der Klausurarbeit im Prüfungsgebiet „Sportkunde“ ist den Prüfungskandidatinnen und Prüfungskandidaten eine Aufgabenstellung mit drei verschiedenen Aufgaben, die in Teilaufgaben gegliedert sein können, schriftlich vorzulegen.

(2) Die Arbeitszeit hat 270 Minuten zu betragen.

Durchführung der Klausurprüfung

§ 25. (1) Die Schulleiterin oder der Schulleiter hat die für die ordnungsgemäße Durchführung der Klausurarbeiten notwendigen Vorkehrungen zu treffen. Im Rahmen der Aufsichtsführung sind insbesondere auch Maßnahmen gegen die Verwendung unerlaubter Hilfsmittel zu setzen. Prüfungskandidatinnen und Prüfungskandidaten, die den ordnungsgemäßen Ablauf der Prüfung stören und Anordnungen der aufsichtsführenden Person nicht Folge leisten, sind von der (weiteren) Ablegung der Prüfung auszuschließen.

(2) Der genaue Zeitpunkt von Klausurarbeiten ist den Prüfungskandidatinnen und Prüfungskandidaten spätestens eine Woche vor deren Beginn bekannt zu geben.

(3) Klausurarbeiten in den Prüfungsgebieten gemäß § 12 Abs. 1 Z 2 sind in der betreffenden Fremdsprache abzulegen. Darüber hinaus können im Einvernehmen zwischen der Prüferin oder dem Prüfer sowie der Prüfungskandidatin oder dem Prüfungskandidaten Klausurarbeiten in anderen, nicht standardisierten Prüfungsgebieten zur Gänze oder in wesentlichen Teilen in einer besuchten lebenden Fremdsprache abgelegt werden; in diesem Fall haben mangelnde Kenntnisse in der lebenden Fremdsprache bei der Beurteilung der Leistungen außer Betracht zu bleiben und ist die Verwendung der lebenden Fremdsprache (ohne Beurteilungsrelevanz) im Zeugnis über die Reifeprüfung beim betreffenden Prüfungsgebiet zu vermerken. *(BGBl. II Nr. 174/2012 idF BGBl. II Nr. 107/2019, Art. 1 Z 9)*

(4) Sofern eine Teilbeurteilung der Klausurprüfung mit „Nicht genügend“ festgesetzt wird, ist diese Entscheidung der Prüfungskandidatin und dem Prüfungskandidaten frühestmöglich, spätestens jedoch eine Woche vor dem festge-

setzten Termin für die mündliche Kompensationsprüfung nachweislich bekannt zu geben.

(5) Über den Verlauf der Prüfung ist von der aufsichtsführenden Person ein Protokoll zu führen, in welchem jedenfalls der Beginn und das Ende der Prüfung, Abwesenheiten vom Prüfungsraum, die Zeitpunkte der Abgabe der Arbeiten und allfällige besondere Vorkommnisse zu verzeichnen sind.

Mündliche Kompensationsprüfung

§ 26. (1) Im Falle der negativen Beurteilung von Klausurarbeiten durch die Prüfungskommission kann die Prüfungskandidatin oder der Prüfungskandidat bis spätestens drei Tage nach der Bekanntgabe der negativen Beurteilung beantragen, eine mündliche Kompensationsprüfung abzulegen.

(2) Für die Aufgabenstellungen gelten die Bestimmungen der Klausurprüfung gemäß §§ 13 und 14 sinngemäß.

(3) Für die Durchführung gilt § 30 Abs. 2 bis 4 mit der Maßgabe, dass zur Vorbereitung eine angemessene, mindestens 30 Minuten umfassende Frist einzuräumen ist und die Prüfungsdauer 25 Minuten nicht überschreiten darf.

3. Unterabschnitt
Mündliche Prüfung

Prüfungsgebiete der mündlichen Prüfung

§ 27. (1) Im Rahmen der mündlichen Prüfung können nach Maßgabe der Abs. 2 und 3 mündliche Teilprüfungen aus folgenden Prüfungsgebieten gewählt werden:

1. „Religion“,
1a. „Ethik“, *(BGBl. II Nr. 160/2023, Art. 1 Z 1)*
2. „Deutsch“,
3. „Slowenisch“,
4. „Kroatisch“,
5. „Ungarisch“,
6. „Lebende Fremdsprache (achtjährig)“,
7. „Lebende Fremdsprache (sechsjährig)“,
8. „Lebende Fremdsprache (vierjährig)“,
9. „Lebende Fremdsprache (dreijährig)“,
10. „Wahlpflichtgegenstand lebende Fremdsprache“ im Ausmaß von mindestens sechs Wochenstunden in der Oberstufe,
11. „Latein (sechsjährig)“, *(BGBl. II Nr. 264/2012, Z 2 idF BGBl. II Nr. 107/2016, Art. 1 Z 24)*
11a. „Latein (vierjährig)“, *(BGBl. II Nr. 107/2016, Art. 1 Z 25)*
12. „Griechisch“,
13. „Geschichte und Politische Bildung“, *(BGBl. II Nr. 174/2012 idF BGBl. II Nr. 362/2023, Art. 1 Z 4)*
14. „Geographie und wirtschaftliche Bildung“, *(BGBl. II Nr. 174/2012 idF BGBl. II Nr. 362/2023, Art. 1 Z 5)*
15. „Mathematik“,
16. „Darstellende Geometrie“,
17. „Biologie und Umweltbildung“, *(BGBl. II Nr. 174/2012 idF BGBl. II Nr. 362/2023, Art. 1 Z 1)*
18. „Chemie“,
19. „Physik“,
20. „Psychologie und Philosophie“,
21. „Musik“ (vierjährig in der Oberstufe, auch in Verbindung mit dem eigenständigen Wahlpflichtgegenstand), *(BGBl. II Nr. 174/2012 idF BGBl. II Nr. 107/2016, Art. 1 Z 26 und BGBl. II Nr. 362/2023, Art. 1 Z 2)*
22. „Kunst und Gestaltung“ (vierjährig in der Oberstufe, auch in Verbindung mit dem eigenständigen Wahlpflichtgegenstand), *(BGBl. II Nr. 174/2012 idF BGBl. II Nr. 107/2016, Art. 1 Z 26 und BGBl. II Nr. 362/2023, Art. 1 Z 3)*
23. „Sportkunde“,
24. Prüfungsgebiet entsprechend einem (schulautonomen) Pflicht-, Frei- oder Wahlpflichtgegenstand, welcher in der Oberstufe im Ausmaß von mindestens vier Stunden bis mindestens zur vorletzten Schulstufe besucht wurde,
25. „Musikkunde“,
26. „Instrumentalmusik und Gesang“, *(BGBl. II Nr. 264/2017, Art. 1 Z 2)*
27. „Bildnerisches Gestalten und Werkerziehung“.

(2) Die mündliche Prüfung hat je nach gewählter Prüfungsform gemäß § 2 Abs. 3 letzter Satz nach Wahl der Prüfungskandidatin oder des Prüfungskandidaten drei oder zwei mündliche Teilprüfungen aus inhaltlich und fachlich unterschiedlichen Prüfungsgebieten gemäß Abs. 1 Z 1 bis 27 zu umfassen. Es können nur solche Prüfungsgebiete gewählt werden, deren entsprechende Unterrichtsgegenstände bei drei mündlichen Teilprüfungen in der Oberstufe im Ausmaß von insgesamt mindestens 15 Wochenstunden und bei zwei mündlichen Teilprüfungen in der Oberstufe im Ausmaß von insgesamt mindestens zehn Wochenstunden besucht wurden. Dabei kann der einem Prüfungsgebiet entsprechende Unterrichtsgegenstand um einen von der Prüfungskandidatin oder vom Prüfungskandidaten besuchten „Wahlpflichtgegenstand zur Vertiefung und Erweiterung vom Schüler besuchter Pflichtgegenstände“ ergänzt werden.

(3) Das Prüfungsgebiet „Religion“ oder „Ethik“ oder ein einem Freigegenstand entsprechendes Prüfungsgebiet darf nur dann gewählt werden, wenn der dem Prüfungsgebiet

entsprechende Unterrichtsgegenstand zumindest in der letzten lehrplanmäßig vorgesehenen Schulstufe besucht wurde und über allenfalls nicht besuchte Schulstufen die erfolgreiche Ablegung einer Externistenprüfung nachgewiesen wird. *(BGBl. II Nr. 174/2012 idF BGBl. II Nr. 160/2023, Art. 1 Z 2)*

(4) Die Wahl der Prüfungsgebiete gemäß Abs. 1 bis 3 sowie deren Bekanntgabe durch die Prüfungskandidatin oder den Prüfungskandidat hat bis 15. Jänner der letzten Schulstufe zu erfolgen.

(5) Die Festlegung einer alternativen Prüfungsform der mündlichen Prüfung für einzelne Klassen oder Sprachgruppen in einem Prüfungsgebiet gemäß Abs. 1 Z 6 bis 10 und 24 erfolgt auf Antrag einer Lehrperson durch die Schulleitung nach Anhörung des Schulgemeinschaftsausschusses. Die Verordnung ist von der Schulleitung innerhalb der ersten acht Wochen der letzten Schulstufe zu erlassen und gemäß § 79 SchUG kundzumachen. Bei einer ungeraden Anzahl der Prüfungskandidatinnen und Prüfungskandidaten kann eine Prüfungskandidatin oder ein Prüfungskandidat freiwillig ein weiteres Mal als Gesprächspartnerin oder Gesprächspartner am dialogischen Prüfungsteil teilnehmen. Die Leistungen dieser freiwilligen Gesprächsteilnahme sind nicht zu beurteilen. Andernfalls tritt im dialogischen Prüfungsteil eine von der Schulleitung zu bestimmende fachkundige Lehrperson an die Stelle der Gesprächspartnerin bzw. des Gesprächspartners. *(BGBl. II Nr. 175/2022, Art. 1 Z 3)*

Themenbereiche der mündlichen Teilprüfungen

§ 28. (1) Die Schulleiterin oder der Schulleiter hat für jedes Prüfungsgebiet der mündlichen Prüfung die jeweiligen Fachlehrerinnen und -lehrer und erforderlichenfalls weitere fachkundige Lehrerinnen und Lehrer zu einer Konferenz einzuberufen. Diese Lehrerinnen- und Lehrerkonferenz hat für jede Abschlussklasse oder -gruppe für jedes Prüfungsgebiet gemäß § 27 Abs. 1 pro Wochenstunde in der Oberstufe mindestens zwei und höchstens drei, jedoch insgesamt höchstens 18 Themenbereiche festzulegen und bis spätestens Ende November der letzten Schulstufe gemäß § 79 des Schulunterrichtsgesetzes kundzumachen. *(BGBl. II Nr. 174/2012 idF BGBl. II Nr. 264/2017, Art. 1 Z 3)*

(2) Abweichend von Abs. 1 ist durch die Lehrerinnen- und Lehrerkonferenz für die angeführten Prüfungsgebiete folgende Anzahl an Themenbereichen festzulegen:

1. für „Instrumentalmusik und Gesang" (Pflicht-, (schulautonomen) Frei- oder Wahlpflichtgegenstand) sowie „Bildnerisches Gestalten und Werkerziehung" sechs Themenbereiche, *(BGBl. II Nr. 107/2016, Art. 1 Z 27 idF BGBl. II Nr. 264/2017, Art. 1 Z 2 und BGBl. II Nr. 175/2022, Art. 1 Z 4)*
2. *entfallen (BGBl. II Nr. 264/2017, Art. 1 Z 4)*
3. für „Lebende Fremdsprache (dreijährig)" und den (schulautonomen) Pflicht-, Frei- oder Wahlpflichtgegenstand Lebende Fremdsprache im Ausmaß von sechs bis neun Wochenstunden je acht bis zwölf Themenbereiche, *(BGBl. II Nr. 326/2017, Z 1)*

3a. für „Religion" oder „Ethik" je nach Lehrplan acht bis 18 Themenbereiche und *(BGBl. II Nr. 326/2017, Z 1 idF BGBl. II Nr. 160/2023, Art. 1 Z 3)*

4. für „Lebende Fremdsprache (vierjährig)", „Latein (vierjährig)" sowie „Griechisch" je 14 Themenbereiche. *(BGBl. II Nr. 264/2017, Art. 1 Z 4)*
5. *entfallen (BGBl. II Nr. 264/2017, Art. 1 Z 4)*

Wird ein einem Prüfungsgebiet entsprechender Unterrichtsgegenstand um einen von der Prüfungskandidatin oder vom Prüfungskandidaten besuchten „Wahlpflichtgegenstand zur Vertiefung und Erweiterung vom Schüler besuchter Pflichtgegenstände" ergänzt, so ist die Anzahl der Themenbereiche aliquot zu den Stunden des Unterrichtsgegenstandes und des Wahlpflichtgegenstandes festzulegen.

(3) Die Vorlage aller Themenbereiche zur Ziehung von zwei Themenbereichen durch die Prüfungskandidatin oder den Prüfungskandidaten hat durch die Vorsitzende oder den Vorsitzenden der Prüfungskommission so zu erfolgen, dass der Prüfungskandidatin oder dem Prüfungskandidaten bei der Ziehung nicht bekannt ist, welche beiden Themenbereiche sie oder er zieht. Einer der beiden gezogenen Themenbereiche ist von der Prüfungskandidatin oder vom Prüfungskandidaten für die mündliche Teilprüfung zu wählen.

(4) Im Falle der Festlegung einer alternativen Prüfungsform der mündlichen Prüfung gemäß § 27 Abs. 5 findet auf den monologischen Prüfungsteil Abs. 3 sinngemäß Anwendung. Im dialogischen Prüfungsteil hat die Vorlage der verbliebenen Themenbereiche zur gemeinsamen Ziehung von drei Themenbereichen durch die Prüfungskandidatinnen oder Prüfungskandidaten durch die Vorsitzende oder den Vorsitzenden der Prüfungskommission so zu erfolgen, dass den Prüfungskandidatinnen oder Prüfungskandidaten bei der Ziehung nicht bekannt ist, welche drei Themenbereiche sie gemeinsam ziehen. Aus den drei gemeinsam gezogenen Themenbereichen hat jeder der beiden Prüfungskandidatinnen und Prüfungskandidaten jeweils einen Themenbereich abzuwählen; der dialogische Prüfungsteil hat über den verbleibenden Themenbereich zu erfolgen. Wird von

den Prüfungskandidatinnen und Prüfungskandidaten derselbe Themenbereich abgewählt, hat die Auswahl des Themenbereichs für den dialogischen Prüfungsteil durch die Prüferin oder den Prüfer zu erfolgen. Die Prüferin oder der Prüfer hat den Prüfungskandidatinnen und Prüfungskandidaten aus dem gewählten Themenbereich eine dialogische Aufgabenstellung vorzulegen. *(BGBl. II Nr. 175/2022, Art. 1 Z 5)*

Kompetenzorientierte Aufgabenstellungen der mündlichen Teilprüfungen

§ 29. (1) Im Rahmen der mündlichen Teilprüfung ist jeder Prüfungskandidatin und jedem Prüfungskandidaten im gewählten Themenbereich eine kompetenzorientierte Aufgabenstellung, welche in voneinander unabhängige Aufgaben mit Anforderungen in den Bereichen der Reproduktions- und Transferleistungen sowie der Reflexion und Problemlösung gegliedert sein kann, schriftlich vorzulegen. Gleichzeitig mit der Aufgabenstellung sind die allenfalls zur Bearbeitung der Aufgaben erforderlichen Hilfsmittel vorzulegen.

(2) Jede Prüferin und jeder Prüfer hat zu jedem Themenbereich bei mehr als einer Prüfungskandidatin oder einem Prüfungskandidaten mindestens zwei kompetenzorientierte Aufgabenstellungen auszuarbeiten.

(3) In den Prüfungsgebieten „Deutsch“, „Slowenisch“, „Ungarisch“, „Kroatisch“, „Latein (sechsjährig)“, „Latein (vierjährig)“ und „Griechisch“ haben die Aufgabenstellungen von einem Text auszugehen. *(BGBl. II Nr. 107/2016, Art. 1 Z 30)*

(4) In den Prüfungsgebieten „Lebende Fremdsprache (achtjährig)“, „Lebende Fremdsprache (sechsjährig)“, „Lebende Fremdsprache (vierjährig)“, „Lebende Fremdsprache (dreijährig)“ und „Wahlpflichtgegenstand Lebende Fremdsprache“ haben die Aufgabenstellungen je eine monologische und eine dialogische Aufgabe zu enthalten.

(5) In den Prüfungsgebieten „Instrumentalmusik und Gesang“ und „Bildnerisches Gestalten und Werkerziehung“ ist im Zusammenhang mit der Aufgabenstellung eine Probe des praktischen Könnens abzulegen. *(BGBl. II Nr. 174/2012 idF BGBl. II Nr. 264/2017, Art. 1 Z 2)*

Durchführung der mündlichen Prüfung

§ 30. (1) In der unterrichtsfreien Zeit vor dem Prüfungstermin der mündlichen Prüfung gemäß § 36 Abs. 2 Z 2 des Schulunterrichtsgesetzes sowie außerhalb des lehrplanmäßigen Unterrichts vor dem Prüfungstermin der mündlichen Prüfung gemäß § 36 Abs. 2 Z 3 lit. a in Verbindung mit § 36 Abs. 3 des Schulunterrichtsgesetzes können für erstmalig zur Hauptprüfung antretende Prüfungskandidatinnen und Prüfungskandidaten Arbeitsgruppen zur Vorbereitung auf die mündliche Prüfung eingerichtet werden. Dies gilt nicht für vorgezogene Teilprüfungen auf der Grundlage des § 23b des Schulunterrichtsgesetzes. Die Vorbereitung in den Arbeitsgruppen hat bis zu vier Unterrichtseinheiten pro Prüfungsgebiet zu umfassen. In den Arbeitsgruppen sind die prüfungsrelevanten Kompetenzanforderungen im jeweiligen Prüfungsgebiet zu behandeln, Prüfungssituationen zu analysieren und lerntechnische Hinweise zur Bewältigung der Lerninhalte zu geben. *(BGBl. II Nr. 174/2012 idF BGBl. II Nr. 107/2016, Art. 1 Z 31 und BGBl. II Nr. 264/2017, Art. 1 Z 5)*

(2) Die Schulleiterin oder der Schulleiter hat die für die ordnungsgemäße Durchführung der mündlichen Prüfung notwendigen Vorkehrungen zu treffen. Über den Verlauf der mündlichen Prüfung ist ein Prüfungsprotokoll zu führen.

(3) Die oder der Vorsitzende hat für einen rechtskonformen Ablauf der Prüfung zu sorgen.

(4) Zur Vorbereitung auf jede mündliche Teilprüfung ist eine im Hinblick auf das Prüfungsgebiet und die Aufgabenstellung angemessene Frist von mindestens 20 Minuten, in den Prüfungsgebieten „Lebende Fremdsprache (achtjährig)“, „Lebende Fremdsprache (sechsjährig)“, „Lebende Fremdsprache (vierjährig)“, „Lebende Fremdsprache (dreijährig)“ und „Wahlpflichtgegenstand Lebende Fremdsprache“ jedoch mindestens 15 Minuten, einzuräumen. Für jede mündliche Teilprüfung ist nicht mehr Zeit zu verwenden, als für die Gewinnung einer sicheren Beurteilung erforderlich ist. Die Prüfungsdauer darf dabei zehn Minuten nicht unterschreiten und 20 Minuten nicht überschreiten.

(4a) Im Falle der Festlegung einer alternativen Prüfungsform der mündlichen Prüfung gemäß § 27 Abs. 5 ist jeder Prüfungskandidatin und jedem Prüfungskandidaten zur Vorbereitung eine angemessene Frist von mindestens 15 Minuten einzuräumen. Diese beträgt für die Vorbereitung auf den monologischen Teil mindestens 10 Minuten, für die Vorbereitung auf den dialogischen Teil mindestens 5 Minuten. Die Vorlage der Aufgabenstellungen erfolgt unmittelbar vor den jeweiligen Prüfungsteilen. Für jede mündliche Teilprüfung ist je Prüfungskandidatin oder je Prüfungskandidat nicht mehr Zeit zu verwenden, als für die Gewinnung einer sicheren Beurteilung erforderlich ist. Die Prüfungsdauer darf dabei je Prüfungskandidatin oder je Prüfungskandidat zehn Minuten nicht unterschreiten und 20 Minuten nicht überschreiten. Der monologische Prüfungsteil ist von den Prüfungskandidatinnen und Prüfungskandidaten nacheinander abzulegen, danach erfolgt die gemeinsame Ablegung des dialogischen Prüfungsteils. Die Leistungen der Prüfungskandidatinnen und Prüfungskandidaten sind getrennt voneinander zu beurteilen. *(BGBl. II Nr. 175/2022, Art. 1 Z 6)*

(5) Mündliche Teilprüfungen in den Prüfungsgebieten gemäß § 27 Abs. 1 Z 3 bis 10 sind in der betreffenden Fremdsprache abzulegen. Darüber hinaus können im Einvernehmen zwischen der Prüferin oder dem Prüfer sowie der Prüfungskandidatin oder dem Prüfungskandidaten mündliche Teilprüfungen in den Prüfungsgebieten gemäß § 27 Abs. 1 Z 13 bis 27 zur Gänze oder in wesentlichen Teilen in einer besuchten lebenden Fremdsprache abgelegt werden; in diesem Fall haben mangelnde Kenntnisse in der lebenden Fremdsprache bei der Beurteilung der Leistungen außer Betracht zu bleiben und ist die Verwendung der lebenden Fremdsprache (ohne Beurteilungsrelevanz) im Zeugnis über die Reifeprüfung beim betreffenden Prüfungsgebiet zu vermerken. *(BGBl. II Nr. 174/2012 idF BGBl. II Nr. 107/2019, Art. 1 Z 9)*

4. Abschnitt
Sonderbestimmungen

Sonderbestimmungen für das Bundesgymnasium und Bundesrealgymnasium für Slowenen

§ 31. (1) Abweichend von § 12 hat die Klausurprüfung folgende Prüfungsgebiete zu umfassen:

1. Bei drei Klausurarbeiten:
   a) „Slowenisch" (standardisiert),
   b) „Deutsch" (standardisiert) und
   c) „Mathematik" (standardisiert);
2. bei vier Klausurarbeiten:
   a) „Slowenisch" (standardisiert),
   b) „Deutsch" (standardisiert),
   c) „Mathematik" (standardisiert) und
   d) nach Wahl der Prüfungskandidatin oder des Prüfungskandidaten
      aa) „Lebende Fremdsprache (achtjährig)" (in den Sprachen Englisch, Französisch, Italienisch, Spanisch standardisiert) oder
      bb) „Latein (vierjährig)" (am Gymnasium, standardisiert) oder *(BGBl. II Nr. 107/2016, Art. 1 Z 32)*
      cc) „Darstellende Geometrie" (am Realgymnasium) oder
      dd) „Biologie und Umweltbildung" (am Realgymnasium, wenn lehrplanmäßig Schularbeiten vorgesehen sind) oder *(BGBl. II Nr. 174/2012 idF BGBl. II Nr. 362/2023, Art. 1 Z 1)*
      ee) „Physik" (am Realgymnasium, wenn lehrplanmäßig Schularbeiten vorgesehen sind).

(2) Als zuständige Landesschulinspektorin oder zuständiger Landesschulinspektor gilt die oder der für das Bundesgymnasium und Bundesrealgymnasium für Slowenen zuständige Fachinspektorin oder zuständige Fachinspektor. Wird eine andere Expertin oder ein anderer Experte mit der Vorsitzführung betraut, so muss diese oder dieser die slowenische Sprache beherrschen.

Sonderbestimmungen für das Zweisprachige Bundesgymnasium in Oberwart

§ 32. (1) Abweichend von § 12 hat die Klausurprüfung folgende Prüfungsgebiete zu umfassen:

1. Bei drei Klausurarbeiten:
   a) „Kroatisch" bzw. „Ungarisch" (jeweils standardisiert),
   b) „Deutsch" (standardisiert) und
   c) „Mathematik" (standardisiert);
2. bei vier Klausurarbeiten:
   a) „Kroatisch" bzw. „Ungarisch" (jeweils standardisiert),
   b) „Deutsch" (standardisiert),
   c) „Mathematik" (standardisiert) und
   d) nach Wahl der Prüfungskandidatin oder des Prüfungskandidaten „Lebende Fremdsprache (achtjährig)" (in den Sprachen Englisch, Französisch, Italienisch, Spanisch standardisiert) oder „Latein (vierjährig)" (standardisiert). *(BGBl. II Nr. 107/2016, Art. 1 Z 33)*

(2) Als zuständige Landesschulinspektorin oder zuständiger Landesschulinspektor gilt die oder der für Kroatisch bzw. Ungarisch zuständige Fachinspektorin oder zuständige Fachinspektor. Wird eine andere Expertin oder ein anderer Experte mit der Vorsitzführung betraut, so muss diese oder dieser die kroatische bzw. die ungarische Sprache beherrschen.

Sonderbestimmungen für das Gymnasium mit Dritter lebender Fremdsprache und mit digitalen, naturwissenschaftlichen und technologischen Kompetenzen am Öffentlichen Gymnasium der Stiftung „Theresianische Akademie" in Wien

(BGBl. II Nr. 411/2021, Art. 1 Z 2)

§ 33. Abweichend von § 12 hat die Klausurprüfung bei drei Klausurarbeiten je eine schriftliche Klausurarbeit aus folgenden Prüfungsgebieten zu umfassen:

1. „Deutsch" (standardisiert),
2. nach Wahl der Prüfungskandidatin oder des Prüfungskandidaten, sofern in der Oberstufe mit insgesamt mindestens zehn Wochenstunden besucht (in den Sprachen

Latein, Englisch, Französisch, Italienisch, Spanisch standardisiert):
a) „Latein (sechsjährig)" oder *(BGBl. II Nr. 107/2016, Art. 1 Z 34)*
b) *entfallen (BGBl. II Nr. 411/2021, Art. 1 Z 3)*
c) „Lebende Fremdsprache (achtjährig)" oder *(BGBl. II Nr. 107/2016, Art. 1 Z 34)*
d) „Lebende Fremdsprache (sechsjährig)" oder *(BGBl. II Nr. 107/2016, Art. 1 Z 34)*
e) *entfallen (BGBl. II Nr. 411/2021, Art. 1 Z 3)*
f) „Lebende Fremdsprache (dreijährig)" und *(BGBl. II Nr. 107/2016, Art. 1 Z 34)*

3. „Mathematik" (standardisiert).

Bei vier Klausurarbeiten hat die Klausurprüfung im Gymnasium mit Dritter lebender Fremdsprache eine weitere schriftliche Klausurarbeit nach Wahl der Prüfungskandidatin oder des Prüfungskandidaten aus einem noch nicht gewählten Prüfungsgebiet gemäß Z 2 oder aus dem Prüfungsgebiet „Darstellende Geometrie" zu umfassen. *(BGBl. II Nr. 411/2021, Art. 1 Z 4)*

5. Abschnitt
Schlussbestimmungen

Übergangsbestimmungen

§ 34. (1) Die Verordnung über die Reifeprüfung in den allgemein bildenden höheren Schulen[1]), BGBl. Nr. 432/1990, in der Fassung der Verordnung BGBl. II Nr. 211/2008, ist auf Reifeprüfungen bis zum Wirksamwerden dieser Verordnung gemäß § 35 Abs. 1 sowie auf die Wiederholung von solchen Reifeprüfungen auch über den Zeitpunkt dieses Wirksamwerdens hinaus weiterhin mit der Maßgabe anzuwenden, dass abweichend von § 28 Abs. 2 Z 1 die Vorlage der Aufgabenstellungen für die schriftlichen Klausurarbeiten im Haupttermin im Schuljahr 2013/14 bis spätestens acht Wochen nach Beginn des zweiten Semesters zu erfolgen hat. *(BGBl. II Nr. 47/2014, Z 1)*

(2) Abweichend von § 8 Abs. 1 hat die Themenfestlegung der vorwissenschaftlichen Arbeit hinsichtlich jener Prüfungskandidatinnen und Prüfungskandidaten, welche
1. an Sonderformen gemäß § 36 Abs. 1 Z 1 im Schuljahr 2015/16 die letzte Schulstufe wiederholen, bis Ende September 2015 und
2. an den übrigen Formen der allgemein bildenden höheren Schulen im Schuljahr 2014/15 die letzte Schulstufe wiederholen, bis Ende September 2014

zu erfolgen. *(BGBl. II Nr. 264/2012, Z 5)*

(3) Abweichend von § 18 Abs. 3 sind bei Klausurarbeiten im Prüfungsgebiet „Mathematik" bis zum Haupttermin 2017 sowie bei allfälligen Wiederholungen dieser Klausurarbeit über diesen Termin hinaus bei der Bearbeitung beider Aufgabenbereiche der Einsatz von herkömmlichen Schreibgeräten, Bleistiften, Lineal, Geo-Dreieck und Zirkel sowie die Verwendung von approbierten Formelsammlungen und elektronischen Hilfsmitteln zulässig.

(4) § 27 Abs. 1 Z 26, § 28 Abs. 2 Z 1 und § 29 Abs. 5 in der Fassung vor der Verordnung BGBl. II Nr. 264/2017 sind auf Reifeprüfungen bis zum Wirksamwerden des § 35 Abs. 5 Z 2 sowie auf die Wiederholung von solchen Prüfungen auch über den Zeitpunkt dieses Wirksamwerdens hinaus weiterhin anzuwenden. *(BGBl. II Nr. 264/2017, Art. 1 Z 6)*

Inkrafttreten, Außerkrafttreten

§ 35. (1) Diese Verordnung, die §§ 17 Abs. 1, 27 Abs. 1 Z 11, 28 Abs. 2 Z 3 und 4 sowie 34 Abs. 2 in der Fassung der Verordnung BGBl. II Nr. 264/2012, tritt mit 1. September 2012 in Kraft und ist abweichend von diesem Zeitpunkt
1. hinsichtlich des Werkschulheimes und des Realgymnasiums sowie des Oberstufenrealgymnasiums unter besonderer Berücksichtigung der musischen Ausbildung für Studierende der Musik auf Reifeprüfungen mit Haupttermin ab 2016 und
2. hinsichtlich der übrigen Formen der allgemein bildenden höheren Schulen auf Reifeprüfungen mit Haupttermin ab 2015

anzuwenden. *(BGBl. II Nr. 264/2012, Z 6)*

(2) Mit dem Inkrafttreten dieser Verordnung tritt die Verordnung des Bundesministers für Unterricht, Kunst und Sport über die Reifeprüfung in den allgemein bildenden höheren Schulen, BGBl. Nr. 432/1990, in der Fassung der Verordnungen BGBl. Nr. 789/1992, BGBl. II Nr. 232/1998, BGBl. II Nr. 96/2000, BGBl. II Nr. 270/2004, BGBl. II Nr. 123/2007 und BGBl. II Nr. 211/2008, außer Kraft.

(3) § 34 Abs. 1 in der Fassung der Verordnung BGBl. II Nr. 47/2014 tritt mit Ablauf des Tages der Kundmachung im Bundesgesetzblatt in Kraft. *(BGBl. II Nr. 47/2014, Z 2)*

(4) Das Inhaltsverzeichnis zu § 17, § 3 Abs. 1, 1a und 1b, § 4 Abs. 1, § 6 Abs. 2 und 4, § 8 Abs. 2, § 9 Abs. 1, § 10, § 12 Abs. 2 Z 2, 2a, 3 und 11, § 13 Abs. 2, § 14 Abs. 1 und 3, die Überschrift des § 17, § 17 Abs. 1 und 2, § 27 Abs. 1 Z 11, 11a, 21 und 22, § 29 Abs. 3, § 30 Abs. 1, § 31 Abs. 1 Z 2 lit. d sublit. bb, § 32 Abs. 1 Z 2 lit. d sowie § 33 Z 2 lit. a bis f in der Fassung der Verordnung BGBl. II Nr. 107/2016 treten mit Ablauf des Tages der Kundmachung

[1]) Siehe Kodex 15. Auflage (1.9.2. – RP-AHS).

im Bundesgesetzblatt in Kraft; § 8 Abs. 3, 4 und 5, der Einleitungsteil des § 12 Abs. 2, § 16 Abs. 4 sowie § 28 Abs. 2 Z 1, 3 und 3a in der genannten Fassung treten mit 1. September 2016 in Kraft. *(BGBl. II Nr. 107/2016, Art. 1 Z 35 idF BGBl. II Nr. 264/2017, Art. 1 Z 7)*

(5) Die nachstehend genannten Bestimmungen in der Fassung der Verordnung BGBl. II Nr. 264/2017 treten wie folgt in Kraft:

1. § 18 Abs. 3, § 28 Abs. 1 und Abs. 2 Z 3a und 4, § 30 Abs. 1 sowie § 34 Abs. 4 treten mit Ablauf des Tages der Kundmachung im Bundesgesetzblatt[2]) in Kraft;
2. § 27 Abs. 1 Z 26, § 28 Abs. 2 Z 1 und § 29 Abs. 5 treten mit Ablauf des Tages der Kundmachung im Bundesgesetzblatt in Kraft und finden abweichend von diesem Zeitpunkt auf Reifeprüfungen mit Haupttermin ab 2020 Anwendung.

§ 28 Abs. 2 Z 2 und 5 tritt mit Ablauf des Tages der Kundmachung der genannten Verordnung im Bundesgesetzblatt außer Kraft. *(BGBl. II Nr. 264/2017, Art. 1 Z 8)*

(6) § 28 Abs. 2 Z 3 und 3a in der Fassung der Verordnung BGBl. II Nr. 326/2017 tritt mit Ablauf des Tages der Kundmachung im Bundesgesetzblatt in Kraft.[3]) *(BGBl. II Nr. 326/2017, Z 2)*

(7) Die nachstehend genannten Bestimmungen in der Fassung der Verordnung BGBl. II Nr. 107/2019 treten wie folgt in Kraft:

1. § 8 Abs. 2 und 3 tritt mit 1. September 2019 in Kraft und findet abweichend von diesem Zeitpunkt auf Reifeprüfungen mit Haupttermin ab 2021 Anwendung;
2. § 18 Abs. 1 und 2 tritt mit Ablauf des Tages der Kundmachung im Bundesgesetzblatt[4]) in Kraft und findet abweichend von diesem Zeitpunkt auf Reifeprüfungen mit Haupttermin ab 2019 Anwendung;
3. § 16 Abs. 2 und 3, § 18 Abs. 3, § 25 Abs. 3 und § 30 Abs. 5 treten mit Ablauf des Tages der Kundmachung im Bundesgesetzblatt in Kraft.

(BGBl. II Nr. 107/2019, Art. 1 Z 10)

(8) § 16 Abs. 5 und § 18 Abs. 4 in der Fassung der Verordnung BGBl. II Nr. 465/2020 treten mit Ablauf des Tages der Kundmachung der Verordnung im Bundesgesetzblatt in Kraft.[5]) *(BGBl. II Nr. 465/2020, Art. 1 Z 3)*

(9) Die nachstehend genannten Bestimmungen in der Fassung der Verordnung BGBl. II Nr. 411/2021 treten wie folgt in bzw. außer Kraft:

1. Das Inhaltsverzeichnis, die Überschrift des § 33 sowie der Schlussteil des § 33 treten mit Ablauf des Tages der Kundmachung im Bundesgesetzblatt[6]) in Kraft und finden abweichend von diesem Zeitpunkt auf Reifeprüfungen mit Haupttermin ab dem Schuljahr 2022/23 Anwendung;
2. § 33 Z 2 lit. b und e tritt mit Ablauf des Tages der Kundmachung im Bundesgesetzblatt außer Kraft.

(BGBl. II Nr. 411/2021, Art. 1 Z 5)

(10) Die nachstehend genannten Bestimmungen in der Fassung der Verordnung BGBl. II Nr. 175/2022 treten wie folgt in Kraft:

1. § 2 Abs. 1 und 5, § 4 Abs. 2, § 5 Abs. 2 sowie § 6 Abs. 3 treten mit Ablauf des Tages der Kundmachung im Bundesgesetzblatt[7]) in Kraft;
2. § 18 Abs. 3 erster Satz und § 28 Abs. 2 Z 1 treten mit Ablauf des Tages der Kundmachung im Bundesgesetzblatt in Kraft und finden abweichend von diesem Zeitpunkt auf Reifeprüfungen mit Haupttermin ab 2022 Anwendung;
3. § 27 Abs. 5, § 28 Abs. 4 und § 30 Abs. 4a treten mit Ablauf des Tages der Kundmachung im Bundesgesetzblatt in Kraft und finden abweichend von diesem Zeitpunkt auf Reifeprüfungen mit Haupttermin ab dem Schuljahr 2022/23 Anwendung.

(BGBl. II Nr. 75/2022, Art. 1 Z 7)

(11) § 27 Abs. 1 Z 1a und Abs. 3 sowie § 28 Abs. 2 lit. 3a in der Fassung der Verordnung BGBl. II Nr. 160/2023 treten mit Ablauf des Tages der Kundmachung im Bundesgesetzblatt[8]) in Kraft. *(BGBl. II Nr. 160/2023, Art. 1 Z 4)*

(12) Das Inhaltsverzeichnis, § 12 Abs. 2 Z 6, 8 und 9, die Überschriften der §§ 21 bis 23, § 21 Abs. 1, § 22 Abs. 1, § 23 Abs. 1, § 27 Abs. 1 Z 13, 14, 17, 21 und 22 sowie § 31 Abs. 1 Z 2 lit. d sublit. dd in der Fassung der Verordnung BGBl. II Nr. 362/2023 treten mit Ablauf des Tages der Kundmachung im Bundesgesetzblatt[9]) in Kraft. *(BGBl. II Nr. 362/2023, Art. 1 Z 6)*

---

[2]) Die Kundmachung im Bundesgesetzblatt erfolgte am 29. September 2017.

[3]) Die Kundmachung im Bundesgesetzblatt erfolgte am 24. November 2017.

[4]) Die Kundmachung im Bundesgesetzblatt erfolgte am 29. April 2019.

[5]) Die Kundmachung im Bundesgesetzblatt erfolgte am 4. November 2020.

[6]) Die Kundmachung im Bundesgesetzblatt erfolgte am 28. September 2021.

[7]) Die Kundmachung im Bundesgesetzblatt erfolgte am 2. Mai 2022.

[8]) Die Kundmachung im Bundesgesetzblatt erfolgte am 1. Juni 2023.

[9]) Die Kundmachung im Bundesgesetzblatt erfolgte am 6. Dezember 2023.

1.9.2. Prüfungsordnung AHS-B

BGBl. II Nr. 54/2017

idF der Verordnungen

BGBl. II Nr. 107/2019
BGBl. II Nr. 465/2020
BGBl. II Nr. 175/2022
BGBl. II Nr. 160/2023
BGBl. II Nr. 362/2023

Verordnung der Bundesministerin für Bildung über die Reifeprüfung in den als Sonderform für Berufstätige geführten allgemein bildenden höheren Schulen (Prüfungsordnung AHS-B)

Auf Grund der §§ 33 bis 41 des Schulunterrichtsgesetzes für Berufstätige, Kollegs und Vorbereitungslehrgänge, BGBl. I Nr. 33/1997, zuletzt geändert durch das Bundesgesetz BGBl. I Nr. 56/2016, wird verordnet:

Inhaltsverzeichnis

1. Abschnitt
Allgemeine Bestimmungen

Geltungsbereich

§ 1. Diese Verordnung gilt für die im Schulorganisationsgesetz, BGBl. Nr. 242/1962, geregelten öffentlichen und mit Öffentlichkeitsrecht ausgestatteten als Sonderform für Berufstätige geführten allgemein bildenden höheren Schulen und regelt die Durchführung der Reifeprüfung.

Formen und Umfang der Reifeprüfung

§ 2. (1) Die Reifeprüfung besteht aus einer Hauptprüfung.

(2) Die Hauptprüfung besteht aus

1. einer vorwissenschaftlichen Arbeit (einschließlich deren Präsentation und Diskussion),
2. einer Klausurprüfung bestehend aus Klausurarbeiten sowie allenfalls mündlichen Kompensationsprüfungen, und
3. einer mündlichen Prüfung bestehend aus mündlichen Teilprüfungen.

Nach Wahl der Prüfungskandidatin oder des Prüfungskandidaten sind drei Klausurarbeiten und drei mündliche Teilprüfungen oder vier Klausurarbeiten und zwei mündliche Teilprüfungen abzulegen.

(3) Auf Zusatzprüfungen zur Reifeprüfung gemäß § 41 des Schulunterrichtsgesetzes für Berufstätige, Kollegs und Vorbereitungslehrgänge (SchUG-BKV) sind die Bestimmungen der Unterabschnitte 2 und 3 des 3. Abschnittes der Prüfungsordnung AHS, BGBl. II Nr. 174/2012 in der jeweils geltenden Fassung, anzuwenden.

Prüfungsgebiete

§ 3. (1) Die vorwissenschaftliche Arbeit umfasst ein dem Bildungsziel der allgemein bildenden höheren Schule entsprechendes Thema. Im Übrigen umfasst ein Prüfungsgebiet den gesamten Lehrstoff des gleichnamigen (schulautonomen) Unterrichtsgegenstandes, soweit in den folgenden Bestimmungen nicht anderes bestimmt wird.

(2) Auf Antrag der Prüfungskandidatin oder des Prüfungskandidaten entfällt die Ablegung der Reifeprüfung in einzelnen Prüfungsgebieten, wenn diese im Rahmen einer Reifeprüfung, Reife- und Diplomprüfung oder Diplomprüfung an einer anderen Schulart (Form, Fachrichtung) oder im Rahmen der Berufsreifeprüfung erfolgreich absolviert worden sind und die Schulleiterin oder der Schulleiter die Gleichwertigkeit der Prüfung feststellt.

(3) Im Falle einer Beeinträchtigung durch eine Körper- oder Sinnesbehinderung, die geeignet ist, das Prüfungsergebnis zu beeinflussen, sind durch die Vorsitzende oder den Vorsitzenden Vorkehrungen im organisatorischen Ablauf und in der Durchführung der Reifeprüfung festzulegen, die ohne Änderung des Anforderungsniveaus eine nach Möglichkeit barrierefreie Ablegung der Prüfung durch die betreffende Prüfungskandidatin oder den betreffenden Prüfungskandidaten ermöglichen. Die Schulleiterin oder der Schulleiter hat die erforderlichen Veranlassungen zu treffen.

2. Abschnitt
Hauptprüfung

1. Unterabschnitt
Vorwissenschaftliche Arbeit

Prüfungsgebiet

§ 4. Die vorwissenschaftliche Arbeit besteht aus einer auf vorwissenschaftlichem Niveau zu erstellenden schriftlichen Arbeit über ein Thema gemäß § 3 einschließlich deren Präsentation und Diskussion.

Themenfestlegung, Inhalt und Umfang der vorwissenschaftlichen Arbeit

§ 5. (1) Die Themenfestlegung hat im Einvernehmen zwischen der Betreuerin oder dem Betreuer der vorwissenschaftlichen Arbeit und der Prüfungskandidatin oder dem Prüfungskandidaten zu erfolgen. Eine Lehrerin oder ein Lehrer hat grundsätzlich bis zu drei, höchstens jedoch sechs vorwissenschaftliche Arbeiten pro Schuljahr und nur solche vorwissenschaftliche Arbeiten zu betreuen, hinsichtlich derer sie oder er über die erforderliche berufliche oder außerberufliche (informelle) Sach- und Fachkompetenz verfügt. Bei der Themenfestlegung ist zu beachten, dass neben umfangreichen Fachkenntnissen auch vorwissenschaftliche Arbeitsweisen unter Beweis gestellt werden sollen. Dafür ist erforderlich, dass unterschiedliche Informationsquellen unter sachgerechter Nutzung sowie der Einsatz neuer Medien und geeigneter Lern- und Arbeitstechniken zielführende Aufschlüsse über den Themenbereich zulassen. Zusammenhängende Sachverhalte sollen selbstständig mit geeigneten Methoden erfasst und unter Zugrundelegung logischer Denkweisen sinnvoll hinterfragt und kritisch problematisiert werden können. Sowohl die schriftliche Arbeit als auch die Präsentation und Diskussion sollen Gelegenheit geben, neben klarer Begriffsbildung auf hohem Niveau differenziertes Ausdrucksvermögen, umfangreiche Kenntnisse, Methodik, Selbstständigkeit sowie Kommunikations- und Diskursfähigkeit unter Beweis zu stellen.

(2) Das festgelegte Thema sowie der im Zuge der Themenfindung vereinbarte Erwartungshorizont ist der Schulleiterin oder dem Schulleiter innerhalb der ersten acht Wochen des zweiten, auf Antrag der Prüfungskandidatin oder des Prüfungskandidaten auch innerhalb der ersten acht Wochen des ersten, der erstmaligen Abgabe der schriftlichen Arbeit vorangehenden Halbjahres zur Zustimmung vorzulegen. Die Schulleiterin oder der Schulleiter hat innerhalb von vier Wochen nach Vorlage des Themas die Zustimmung zu erteilen oder unter gleichzeitiger Setzung einer Nachfrist die Vorlage eines neuen Themas zu verlangen. *(BGBl. II Nr. 54/2017 idF BGBl. II Nr. 107/2019, Art. 2 Z 1 und 2 sowie BGBl. II Nr. 175/2022, Art. 2 Z 1)*

(3) Im Falle der Nichtbeurteilung oder der negativen Beurteilung des Prüfungsgebietes „vorwissenschaftliche Arbeit“ durch die Prüfungskommission ist innerhalb von längstens vier Wochen ein neues Thema im Sinne des Abs. 1 festzulegen. Die Schulleiterin oder der Schulleiter hat dem Thema innerhalb von zwei Wochen zuzustimmen oder unter Setzung einer Nachfrist die Vorlage eines neuen Themas zu verlangen. *(BGBl. II Nr. 54/2017 idF BGBl. II Nr. 107/2019, Art. 2 Z 2*

(4) Die schriftliche Arbeit hat einen Umfang von höchstens zirka 60 000 Zeichen (in-

klusive Leerzeichen, Quellenbelegen im Text und Fußnoten), ausgenommen Vorwort, Inhalts-, Literatur- und Abkürzungsverzeichnis, zu umfassen. Sie kann im Einvernehmen mit der Betreuerin oder dem Betreuer auch in einer von der Prüfungskandidatin oder vom Prüfungskandidaten besuchten lebenden Fremdsprache abgefasst werden.

(5) Im Rahmen der schriftlichen Arbeit ist ein Abstract im Umfang von zirka 1 000 bis 1 500 Zeichen, inklusive Leerzeichen, zu erstellen, in welchem das Thema, die Problemformulierung und die wesentlichen Ergebnisse schlüssig darzulegen sind. Der Abstract ist in deutscher oder englischer Sprache abzufassen.

(6) Wurde die schriftliche Arbeit in einer lebenden Fremdsprache abgefasst (Abs. 4 letzter Satz), so kann die Präsentation und Diskussion auf Wunsch des Prüfungskandidaten oder der Prüfungskandidatin und mit Zustimmung aller Kommissionsmitglieder in dieser Fremdsprache abgehalten werden.

Durchführung der vorwissenschaftlichen Arbeit

§ 6. (1) Die schriftliche Arbeit (einschließlich allfälliger praktischer oder grafischer Arbeiten) ist als selbstständige Arbeit außerhalb der Unterrichtszeit zu bearbeiten und anzufertigen, wobei Ergebnisse des Unterrichts mit einbezogen werden dürfen. Über den Zeitraum von acht Monaten während der erstmaligen Erstellung hat eine kontinuierliche Betreuung zu erfolgen, die unter Beobachtung des Arbeitsfortschrittes vorzunehmen ist. Die Betreuung umfasst die Bereiche Aufbau der Arbeit, Arbeitsmethodik, Selbstorganisation, Zeitplan, Struktur und Schwerpunktsetzung der Arbeit, organisatorische Belange sowie die Anforderungen im Hinblick auf die Präsentation und Diskussion, wobei die Selbstständigkeit der Leistungen nicht beeinträchtigt werden darf.

(2) Die Erstellung der Arbeit ist in einem von der Prüfungskandidatin oder vom Prüfungskandidaten zu erstellenden Begleitprotokoll zu dokumentieren, welches jedenfalls den Arbeitsablauf sowie die verwendeten Hilfsmittel und Hilfestellungen anzuführen hat. Das Begleitprotokoll ist der schriftlichen Arbeit beizulegen.

(3) Zur Dokumentation der Arbeit sind Aufzeichnungen, insbesondere Vermerke über die Durchführung von Gesprächen im Rahmen der Themenfindung und der Festlegung des Erwartungshorizontes sowie im Zuge der Betreuung und nach Fertigstellung der Arbeit im Hinblick auf die Präsentation und Diskussion, zu führen und dem Prüfungsprotokoll anzuschließen.

(4) Die Dauer der Präsentation und der Diskussion hat zehn bis 15 Minuten pro Prüfungskandidatin und Prüfungskandidat zu betragen.

Prüfungstermine der vorwissenschaftlichen Arbeit

§ 7. Die erstmalige Abgabe der schriftlichen Arbeit hat bis zum Ende der ersten Woche des der erstmaligen Zulassung zur Klausurprüfung vorangehenden Halbjahres zu erfolgen. Die Zeiträume für die Abgabe der schriftlichen Arbeit im Falle der Wiederholung der vorwissenschaftlichen Arbeit sind die erste Unterrichtswoche des dem Wintersemester entsprechenden Halbjahres und die erste Woche des dem Sommersemester entsprechenden Halbjahres. In allen Fällen hat die Abgabe sowohl in digitaler Form (in jeder technisch möglichen Form, nicht jedoch mit E-Mail) als auch in zweifach ausgedruckter Form (bei Einbeziehung praktischer und/oder grafischer Arbeitsformen auch unter physischer Beigabe der praktischen und/oder grafischen Arbeiten) zu erfolgen.

2. Unterabschnitt
Klausurprüfung

Prüfungstermine der Klausurprüfung

§ 8. Die Prüfungstermine für die standardisierten Prüfungsgebiete (Klausurarbeiten und mündliche Kompensationsprüfungen) werden gemäß § 35 Abs. 4 Z 2 und 3 SchUG-BKV gesondert verordnet.

Prüfungsgebiete der Klausurprüfung

§ 9. (1) Die Klausurprüfung umfasst bei drei Klausurarbeiten je eine schriftliche Klausurarbeit aus folgenden Prüfungsgebieten:

1. „Deutsch“ (standardisiert),
2. nach Wahl der Prüfungskandidatin oder des Prüfungskandidaten „Erste lebende Fremdsprache (achtsemestrig)“ oder „Zweite lebende Fremdsprache (siebensemestrig)“ (in den Sprachen Englisch, Französisch, Italienisch und Spanisch standardisiert) und *(BGBl. II Nr. 54/2017 idF BGBl. II Nr. 175/2022, Art. 2 Z 2)*
3. „Mathematik“ (standardisiert).

(2) Die Klausurprüfung umfasst bei vier Klausurarbeiten neben den in Abs. 1 genannten Prüfungsgebieten eine weitere schriftliche Klausurarbeit nach Wahl der Prüfungskandidatin oder des Prüfungskandidaten aus folgenden Prüfungsgebieten:

1. Prüfungsgebiet gemäß Abs. 1 Z 2, sofern noch nicht gewählt,
2. „Latein" (standardisiert),
3. „Darstellende Geometrie".

(3) Die Wahl der Prüfungsgebiete gemäß Abs. 1 Z 2 und Abs. 2 sowie deren Bekanntgabe durch die Prüfungskandidatin oder den Prüfungskandidat hat bis spätestens sechs Wochen vor Beginn der Klausurprüfung zu erfolgen.

(4) Im Fall der negativen Beurteilung einer Klausurarbeit umfasst die Klausurprüfung auch die allenfalls von der Prüfungskandidatin oder vom Prüfungskandidaten beantragte mündliche Kompensationsprüfung im betreffenden Prüfungsgebiet.

Aufgabenstellungen der standardisierten Prüfungsgebiete

§ 10. (1) Die Aufgabenstellungen für standardisierte Prüfungsgebiete sowie die korrespondierenden Korrektur- und Beurteilungsanleitungen sind an eine oder mehrere von der Schulleiterin oder vom Schulleiter namhaft zu machende Person oder Personen elektronisch zu übermitteln oder physisch zu übergeben. Die Übermittlung oder die Übergabe haben in einer die Geheimhaltung gewährleistenden Weise möglichst zeitnah zur Prüfung und dennoch so zeitgerecht zu erfolgen, dass für die Durchführung notwendige Vorkehrungen getroffen werden können. Die Aufgabenstellungen sind sodann in der Schule bis unmittelbar vor Beginn der betreffenden Klausurarbeit in einer die Geheimhaltung gewährleistenden Weise aufzubewahren. Die Korrektur- und Beurteilungsanleitungen sind bis zum Ende der betreffenden Klausurarbeit in einer die Geheimhaltung gewährleistenden Weise aufzubewahren und sodann der Prüferin oder dem Prüfer auszuhändigen.

(2) Die Aufgabenstellungen haben in den Prüfungsgebieten „Erste lebende Fremdsprache", „Zweite lebende Fremdsprache" und „Latein" nach Maßgabe der nachstehenden Bestimmungen über Inhalt und Umfang der Prüfungsgebiete auf die lehrplanmäßige Wochenstundenzahl, die Lernjahre und die unterschiedlichen Anforderungen Bedacht zu nehmen. In den Prüfungsgebieten gemäß § 9 Abs. 1 Z 2 sind die Aufgabenstellungen in der betreffenden Fremdsprache abzufassen.

Aufgabenstellungen der nicht standardisierten Prüfungsgebiete

§ 11. (1) Für die nicht standardisierten Prüfungsgebiete der Klausurprüfung haben die Prüferinnen und Prüfer eine Aufgabenstellung, die mindestens zwei voneinander unabhängige Aufgaben zu enthalten hat, auszuarbeiten und der zuständigen Schulbehörde als Vorschlag im Dienstweg zu übermitteln. Die vorgeschlagene Aufgabenstellung hat einen eindeutigen Arbeitsauftrag zu enthalten. Sie darf im Unterricht nicht so weit vorbereitet worden sein, dass ihre Bearbeitung keine selbstständige Leistung erfordert. In den Prüfungsgebieten gemäß § 9 Abs. 1 Z 2 sind die Aufgabenstellungen in der betreffenden Fremdsprache abzufassen.

(2) Dem Vorschlag gemäß Abs. 1 sind die für die Bearbeitung zur Verfügung zu stellenden Hilfen und Hilfsmittel oder ein Hinweis auf deren erlaubte Verwendung bei der Prüfung anzuschließen. Dabei dürfen nur solche Hilfen oder Hilfsmittel zum Einsatz kommen, die im Unterricht gebraucht wurden und die keine Beeinträchtigung der Eigenständigkeit in der Erfüllung der Aufgaben darstellen. Dem Vorschlag sind darüber hinaus allfällige Texte, Übersetzungen, Beantwortungsdispositionen, Zusammenfassungen von Hörtexten, Ausarbeitungen usw. sowie die für die einzelnen Beurteilungsstufen relevanten Anforderungen und Erwartungen in der Bearbeitung und Lösung der Aufgaben anzuschließen.

(3) Bei mangelnder Eignung der vorgeschlagenen Aufgabenstellung oder der vorgesehenen Hilfen oder Hilfsmittel hat die Schulbehörde erster Instanz die Vorlage eines neuen Vorschlages oder einer Ergänzung des Vorschlages einzuholen. Die festgesetzte Aufgabenstellung ist der Schulleiterin oder dem Schulleiter unter Gewährleistung der Geheimhaltung bekannt zu geben. Nach Einlangen sind sie von der Schulleiterin oder vom Schulleiter bis zur Prüfung auf eine die Geheimhaltung gewährleistende Weise aufzubewahren.

Inhalt und Umfang der Klausurarbeit im Prüfungsgebiet „Deutsch"

§ 12. (1) Im Rahmen der Klausurarbeit im Prüfungsgebiet „Deutsch" ist den Prüfungskandidatinnen und Prüfungskandidaten eine Aufgabenstellung mit drei Aufgaben, von denen eine Aufgabe eine literarische Themenstellung zu beinhalten hat, schriftlich vorzulegen. Eine der Aufgaben ist zu wählen und vollständig zu bearbeiten. Jede der drei Aufgaben ist in zwei voneinander unabhängige schriftlich zu bearbeitende Teilaufgaben zu unterteilen. Beide Teilaufgaben haben die Kompetenzbereiche „Inhaltsdimension", „Textstruktur", „Stil und Ausdruck" sowie „normative Sprachrichtigkeit" zu betreffen.

(2) Der Arbeitsumfang der beiden Teilaufgaben hat zirka 900 Wörter und die Arbeitszeit hat 300 Minuten zu betragen.

(3) Die Verwendung eines (elektronischen) Wörterbuches ist zulässig. Der Einsatz von Lexika oder elektronischen Informationsmedien ist nicht zulässig.

Inhalt und Umfang der Klausurarbeit in den Prüfungsgebieten „Erste lebende Fremdsprache" und „Zweite lebende Fremdsprache"

§ 13. (1) Im Rahmen der Klausurarbeit in den Prüfungsgebieten „Erste lebende Fremdsprache" und „Zweite lebende Fremdsprache" ist den Prüfungskandidatinnen und Prüfungskandidaten eine Aufgabenstellung mit vier voneinander unabhängigen Aufgabenbereichen in der betreffenden Sprache schriftlich vorzulegen, wobei Hörtexte zwei Mal abzuspielen sind. Die Aufgabenbereiche, die in voneinander unabhängige Aufgaben gegliedert sein können, haben die rezeptiven Kompetenzen „Lese- und Hörverstehen" sowie die produktiven Kompetenzen „Sprachverwendung im Kontext und Schreiben" zu betreffen. Der Aufgabenbereich „Schreiben" ist in mindestens zwei voneinander unabhängige schriftlich zu bearbeitende Teilaufgaben zu unterteilen. Die Vorlage und Bearbeitung der Aufgabenbereiche hat in der genannten Reihenfolge und in zeitlicher Abfolge voneinander getrennt zu erfolgen.

(2) Gemäß den lehrplanmäßigen Anforderungen haben im Prüfungsgebiet „Erste lebende Fremdsprache" der Arbeitsumfang des Aufgabenbereiches „Schreibkompetenz" zirka 650 Wörter (in den nicht standardisierten Fremdsprachen zirka 550 Wörter) und die Arbeitszeit 270 Minuten zu betragen, wobei 60 Minuten auf den Aufgabenbereich „Leseverstehen", maximal 45 Minuten auf den Aufgabenbereich „Hörverstehen", 45 Minuten auf den Aufgabenbereich „Sprachverwendung im Kontext" und 120 Minuten auf den Aufgabenbereich „Schreibkompetenz" zu entfallen haben. Sofern für den Aufgabenbereich „Hörverstehen" weniger als 45 Minuten vorgesehen werden, wird die die Dauer von 45 Minuten unterschreitende Zeit von der Gesamtarbeitszeit von 270 Minuten in Abzug gebracht. *(BGBl. II Nr. 54/2017 idF BGBl. II Nr. 107/2019, Art. 2 Z 3 und 4)*

(3) Gemäß den lehrplanmäßigen Anforderungen haben im Prüfungsgebiet „Zweite lebende Fremdsprache" der Arbeitsumfang des Aufgabenbereiches „Schreibkompetenz" zirka 400 Wörter (in den nicht standardisierten Fremdsprachen zirka 350 Wörter) und die Arbeitszeit 270 Minuten zu betragen, wobei 60 Minuten auf den Aufgabenbereich „Leseverstehen", 40 Minuten auf den Aufgabenbereich „Hörverstehen", maximal 45 Minuten auf den Aufgabenbereich „Sprachverwendung im Kontext" und 125 Minuten auf den Aufgabenbereich „Schreibkompetenz" zu entfallen haben. Sofern für den Aufgabenbereich „Hörverstehen" weniger als 40 Minuten vorgesehen werden, wird die die Dauer von 40 Minuten unterschreitende Zeit von der Gesamtarbeitszeit von 270 Minuten in Abzug gebracht. *(BGBl. II Nr. 54/2017 idF BGBl. II Nr. 107/2019, Art. 2 Z 3 und 5)*

(4) Die Verwendung von Hilfsmitteln (Wörterbücher, Lexika, elektronische Informationsmedien) ist nicht zulässig; lediglich in nicht standardisierten Fremdsprachen ist im Aufgabenbereich „Schreiben" die Verwendung eines (elektronischen) Wörterbuches zulässig.

(5) Für Prüfungskandidatinnen und Prüfungskandidaten mit Hörbeeinträchtigung oder Gehörlosigkeit, die geeignet ist, das Prüfungsergebnis im Aufgabenbereich „Hörverstehen" zu beeinflussen, kann die oder der Vorsitzende festlegen, dass dieser Aufgabenbereich entfällt, wenn Vorkehrungen im organisatorischen Ablauf und in der Durchführung der Reifeprüfung gemäß § 3 Abs. 3 nicht ausreichen, um eine barrierefreie Ablegung der Prüfung zu ermöglichen. *(BGBl. II Nr. 465/2020, Art. 3 Z 1)*

Inhalt und Umfang der Klausurarbeit im Prüfungsgebiet „Latein"

§ 14. (1) Im Rahmen der Klausurarbeit im Prüfungsgebiet „Latein" ist den Prüfungskandidatinnen und Prüfungskandidaten eine Aufgabenstellung mit zwei voneinander unabhängigen Aufgaben, die in Teilaufgaben gegliedert sein können, schriftlich vorzulegen. Eine der beiden Aufgaben hat den Kompetenzbereich „Übersetzung", die andere den Kompetenzbereich „Interpretation" zu betreffen. Der Kompetenzbereich „Übersetzung" hat eine Übersetzung aus einem lateinischen Originaltext zu beinhalten (Produktion eines in Inhalt, Sinn und Funktion äquivalenten Textes, der die Textnormen der Zielsprache berücksichtigt). Der Kompetenzbereich „Interpretation" hat eine von einem lateinischen Originaltext ausgehende, zehn Aufgaben umfassende Analyse und Interpretation (mit Bezug auf Vergleichsmaterialien sowie unter Einbeziehung des textbezogenen Umfeldes) zu beinhalten.

(2) Der Arbeitsumfang beider Aufgaben hat im Prüfungsgebiet „Latein" bis zu 210 Wörter, davon mindestens 110 Wörter im Übersetzungsteil und mindestens 80 Wörter im Interpretationsteil, zu betragen. Die Arbeitszeit hat 270 Minuten zu betragen.

(3) Die Verwendung eines (elektronischen) Wörterbuches ist zulässig. Der Einsatz von Lexika oder elektronischen Informationsmedien ist nicht zulässig.

Inhalt und Umfang der Klausurarbeit im Prüfungsgebiet „Mathematik“

§ 15. (1) Im Rahmen der Klausurarbeit im Prüfungsgebiet „Mathematik“ ist den Prüfungskandidatinnen und Prüfungskandidaten eine Aufgabenstellung mit zwei voneinander unabhängigen Aufgabenbereichen schriftlich vorzulegen. Ein Aufgabenbereich hat mehrere voneinander unabhängige Aufgaben in grundlegenden Kompetenzbereichen zu betreffen (Grundkompetenzen). Der zweite Aufgabenbereich hat voneinander unabhängige Aufgaben, die in Teilaufgaben gegliedert sein können, in vertieften Kompetenzbereichen mit kontextbezogenen oder innermathematischen Problemstellungen zur Vernetzung und eigenständigen Anwendung von Grundkompetenzen sowie deren weitergehenden Reflexionen zu beinhalten (Vernetzung von Grundkompetenzen). *(BGBl. II Nr. 54/2017 idF BGBl. II Nr. 107/2019, Art. 2 Z 6)*

(2) Die Arbeitszeit für die Aufgabenbereiche „Grundkompetenzen“ und „Vernetzung von Grundkompetenzen“ hat 270 Minuten zu betragen. *(BGBl. II Nr. 107/2019, Art. 2 Z 7)*

(3) Bei der Bearbeitung beider Aufgabenbereiche sind der Einsatz von herkömmlichen Schreibgeräten, Bleistiften, Lineal, Geo-Dreieck und Zirkel sowie die Verwendung von einer Formelsammlung, die vom zuständigen Regierungsmitglied für die Klausurarbeit freigegeben wird, die Verwendung von einem (elektronischen) Wörterbuch und elektronischen Hilfsmitteln zulässig. Die Minimalanforderungen an elektronische Hilfsmittel sind grundlegende Funktionen zur Darstellung von Funktionsgraphen, zum numerischen Lösen von Gleichungen und Gleichungssystemen, zur Ermittlung von Ableitungs- bzw. Stammfunktionen, zur numerischen Integration sowie zur Unterstützung bei Methoden und Verfahren in der Stochastik. *(BGBl. II Nr. 54/2017 idF BGBl. II Nr. 107/2019, Art. 2 Z 8 und BGBl. II Nr. 175/2022, Art. 2 Z 3)*

(4) Die zuständige Bundesministerin oder der zuständige Bundesminister kann bei standardisierten Klausurprüfungen für Prüfungskandidatinnen und Prüfungskandidaten mit Sehbeeinträchtigung oder Blindheit, die geeignet ist, das Prüfungsergebnis zu beeinflussen, Aufgabenstellungen ohne Änderung des Anforderungsniveaus abändern oder tauschen oder diese mit zusätzlichen Informationen aufbereiten. Die oder der Vorsitzende kann festlegen, dass diese geänderten, getauschten bzw. mit zusätzlichen Informationen aufbereiteten Aufgabenstellungen Prüfungskandidatinnen und Prüfungskandidaten mit Sehbeeinträchtigung oder Blindheit vorgelegt werden, wenn Vorkehrungen im organisatorischen Ablauf und in der Durchführung der Reifeprüfung gemäß § 3 Abs. 3 nicht ausreichen, um eine barrierefreie Ablegung der Prüfung zu ermöglichen. Die Schulleiterin oder der Schulleiter hat die erforderlichen Veranlassungen zu treffen. *(BGBl. II Nr. 465/2020, Art. 3 Z 2)*

Inhalt und Umfang der Klausurarbeit im Prüfungsgebiet „Darstellende Geometrie“

§ 16. (1) Im Rahmen der Klausurarbeit im Prüfungsgebiet „Darstellende Geometrie“ ist den Prüfungskandidatinnen und Prüfungskandidaten eine Aufgabenstellung mit drei bis fünf voneinander unabhängigen Aufgaben, die in Teilaufgaben gegliedert sein können, aus unterschiedlichen Handlungsdimensionen mit ausgewogenen Anforderungen an den Einsatz klassisch-konstruktiver und computerunterstützter Methoden schriftlich vorzulegen. Mindestens eine Aufgabe hat anwendungsorientiert zu sein.

(2) Die Arbeitszeit hat 270 Minuten zu betragen.

Durchführung der Klausurprüfung

§ 17. (1) Die Schulleiterin oder der Schulleiter hat die für die ordnungsgemäße Durchführung der Klausurarbeiten notwendigen Vorkehrungen zu treffen. Im Rahmen der Aufsichtsführung sind insbesondere auch Maßnahmen gegen die Verwendung unerlaubter Hilfsmittel zu setzen. Prüfungskandidatinnen und Prüfungskandidaten, die den ordnungsgemäßen Ablauf der Prüfung stören und Anordnungen der aufsichtsführenden Person nicht Folge leisten, sind von der (weiteren) Ablegung der Prüfung auszuschließen.

(2) Der genaue Zeitpunkt von Klausurarbeiten ist den Prüfungskandidatinnen und Prüfungskandidaten spätestens eine Woche vor deren Beginn bekannt zu geben.

(3) Klausurarbeiten in den Prüfungsgebieten gemäß § 9 Abs. 1 Z 2 sind in der betreffenden Fremdsprache abzulegen. Darüber hinaus können im Einvernehmen zwischen der Prüferin oder dem Prüfer sowie der Prüfungskandidatin oder dem Prüfungskandidaten Klausurarbeiten in anderen, nicht standardisierten Prüfungsgebieten zur Gänze oder in wesentlichen Teilen in einer besuchten lebenden Fremdsprache abgelegt werden; in diesem Fall haben mangelnde Kenntnisse in der lebenden Fremdsprache bei der Beurteilung der Leistungen außer Betracht zu bleiben und ist die Verwendung der lebenden Fremdsprache (ohne Beurteilungsrelevanz) im Zeugnis über die Reifeprüfung beim betreffenden Prüfungsgebiet zu vermerken. *(BGBl. II Nr. 54/2017 idF BGBl. II Nr. 107/2019, Art. 2 Z 9)*

(4) Sofern eine Teilbeurteilung der Klausurprüfung mit „Nicht genügend" festgesetzt wird, ist diese Entscheidung der Prüfungskandidatin und dem Prüfungskandidaten frühestmöglich, spätestens jedoch eine Woche vor dem festgesetzten Termin für die mündliche Kompensationsprüfung nachweislich bekannt zu geben.

(5) Über den Verlauf der Prüfung ist von der aufsichtsführenden Person ein Protokoll zu führen, in welchem jedenfalls der Beginn und das Ende der Prüfung, Abwesenheiten vom Prüfungsraum, die Zeitpunkte der Abgabe der Arbeiten und allfällige besondere Vorkommnisse zu verzeichnen sind.

Mündliche Kompensationsprüfung

§ 18. (1) Im Falle der negativen Beurteilung von Klausurarbeiten durch die Prüfungskommission kann die Prüfungskandidatin oder der Prüfungskandidat bis spätestens drei Tage nach der Bekanntgabe der negativen Beurteilung beantragen, eine mündliche Kompensationsprüfung abzulegen.

(2) Für die Aufgabenstellungen gelten die Bestimmungen der Klausurprüfung gemäß §§ 10 und 11 sinngemäß.

(3) Für die Durchführung gilt § 22 Abs. 2 bis 4 mit der Maßgabe, dass zur Vorbereitung eine angemessene, mindestens 30 Minuten umfassende Frist einzuräumen ist und die Prüfungsdauer 25 Minuten nicht überschreiten darf.

3. Unterabschnitt
Mündliche Prüfung

Prüfungsgebiete der mündlichen Prüfung

§ 19. (1) Im Rahmen der mündlichen Prüfung können nach Maßgabe der Abs. 2 und 3 mündliche Teilprüfungen aus folgenden Prüfungsgebieten gewählt werden:

1. „Religion",
1a. „Ethik", *(BGBl. II Nr. 160/2023, Art. 2 Z 1)*
2. „Deutsch",
3. „Erste lebende Fremdsprache",
4. „Zweite lebende Fremdsprache",
5. „Latein",
6. „Geschichte und Politische Bildung", *(BGBl. II Nr. 54/2017 idF BGBl. II Nr. 362/2023, Art. 2 Z 1)*
7. „Geographie und wirtschaftliche Bildung", *(BGBl. II Nr. 54/2017 idF BGBl. II Nr. 362/2023, Art. 2 Z 2)*
8. „Mathematik",
9. „Darstellende Geometrie" (nur am Realgymnasium für Berufstätige),
10. „Biologie und Umweltbildung", *(BGBl. II Nr. 54/2017 idF BGBl. II Nr. 362/2023, Art. 2 Z 3)*
11. „Chemie",
12. „Physik",
13. „Psychologie und Philosophie",
14. „Ökonomie" (nur am Wirtschaftskundlichen Realgymnasium für Berufstätige),
15. Prüfungsgebiet entsprechend einem (schulautonomen) Pflicht-, Frei- oder Wahlpflichtgegenstand, welcher im Ausmaß von mindestens fünf Wochenstunden besucht wurde.

(2) Die mündliche Prüfung hat je nach gewählter Prüfungsform gemäß § 2 Abs. 2 letzter Satz nach Wahl der Prüfungskandidatin oder des Prüfungskandidaten drei oder zwei mündliche Teilprüfungen aus inhaltlich und fachlich unterschiedlichen Prüfungsgebieten gemäß Abs. 1 Z 1 bis 15 zu umfassen. Es können nur solche Prüfungsgebiete gewählt werden, deren entsprechende Unterrichtsgegenstände bei drei mündlichen Teilprüfungen im Ausmaß von insgesamt mindestens 16 Wochenstunden und bei zwei mündlichen Teilprüfungen im Ausmaß von insgesamt mindestens elf Wochenstunden besucht wurden.

(3) Das Prüfungsgebiet „Religion" oder „Ethik" oder ein einem Freigegenstand entsprechendes Prüfungsgebiet darf nur dann gewählt werden, wenn der dem Prüfungsgebiet entsprechende Unterrichtsgegenstand zumindest im letzten lehrplanmäßig vorgesehenen Semester besucht oder mittels Modulprüfungen (§ 23a SchUG-BKV) nachgewiesen wurde und über allenfalls nicht besuchte bzw. nicht mittels Modulprüfungen nachgewiesene Semester die erfolgreiche Ablegung einer Externistenprüfung nachgewiesen wird. *(BGBl. II Nr. 54/2017 idF BGBl. II Nr. 160/2023, Art. 2 Z 2)*

(4) Die Wahl der Prüfungsgebiete gemäß Abs. 1 bis 3 sowie deren Bekanntgabe durch die Prüfungskandidatin oder den Prüfungskandidat hat bis spätestens sechs Wochen vor Beginn der Klausurprüfung zu erfolgen.

(5) Die Festlegung einer alternativen Prüfungsform der mündlichen Prüfung für einzelne Klassen oder Sprachgruppen in einem Prüfungsgebiet gemäß Abs. 1 Z 3, 4 und 15 erfolgt auf Antrag einer Lehrperson durch die Schulleitung nach Anhörung des Schulgemeinschaftsausschusses. Die Verordnung ist von der Schulleitung innerhalb der ersten acht Wochen der letzten Schulstufe zu erlassen und gemäß § 66 SchUG-BKV kundzumachen. Bei einer ungeraden Anzahl der Prüfungskandidatinnen und Prüfungskandidaten kann eine Prüfungskandidatin oder ein Prü-

fungskandidat freiwillig ein weiteres Mal als Gesprächspartnerin oder Gesprächspartner am dialogischen Prüfungsteil teilnehmen. Die Leistungen dieser freiwilligen Gesprächsteilnahme sind nicht zu beurteilen. Andernfalls tritt im dialogischen Prüfungsteil eine von der Schulleitung zu bestimmende fachkundige Lehrperson an die Stelle der Gesprächspartnerin bzw. des Gesprächspartners. *(BGBl. II Nr. 175/2022, Art. 2 Z 4)*

Themenbereiche der mündlichen Teilprüfungen

§ 20. (1) Die Schulleiterin oder der Schulleiter hat für jedes Prüfungsgebiet der mündlichen Prüfung die jeweiligen Fachlehrerinnen und -lehrer und erforderlichenfalls weitere fachkundige Lehrerinnen und Lehrer zu einer Konferenz einzuberufen. Diese Lehrerinnen- und Lehrerkonferenz hat für jede Abschlussklasse oder -gruppe für die Prüfungsgebiete „Zweite lebende Fremdsprache" und „Latein" zwölf Themenbereiche sowie für die übrigen Prüfungsgebiete gemäß § 19 Abs. 1 pro Wochenstunde zwei, jedoch insgesamt höchstens 18 Themenbereiche festzulegen und bis spätestens drei Wochen nach Beginn des Halbjahres, in dem die mündliche Teilprüfung abgelegt wird, gemäß § 66 SchUG-BKV kundzumachen.

(2) Die Vorlage aller Themenbereiche zur Ziehung von zwei Themenbereichen durch die Prüfungskandidatin oder den Prüfungskandidaten hat durch die Vorsitzende oder den Vorsitzenden der Prüfungskommission so zu erfolgen, dass der Prüfungskandidatin oder dem Prüfungskandidaten bei der Ziehung nicht bekannt ist, welche beiden Themenbereiche sie oder er zieht. Einer der beiden gezogenen Themenbereiche ist von der Prüfungskandidatin oder vom Prüfungskandidaten für die mündliche Teilprüfung zu wählen.

(3) Im Falle der Festlegung einer alternativen Prüfungsform der mündlichen Prüfung gemäß § 19 Abs. 5 findet auf den monologischen Prüfungsteil Abs. 2 sinngemäß Anwendung. Im dialogischen Prüfungsteil hat die Vorlage der verbliebenen Themenbereiche zur gemeinsamen Ziehung von drei Themenbereichen durch die Prüfungskandidatinnen oder Prüfungskandidaten durch die Vorsitzende oder den Vorsitzenden der Prüfungskommission so zu erfolgen, dass den Prüfungskandidatinnen oder Prüfungskandidaten bei der Ziehung nicht bekannt ist, welche drei Themenbereiche sie gemeinsam ziehen. Aus den drei gemeinsam gezogenen Themenbereichen hat jeder der beiden Prüfungskandidatinnen und Prüfungskandidaten jeweils einen Themenbereich abzuwählen; der dialogische Prüfungsteil hat über den verbleibenden Themenbereich zu erfolgen. Wird von den Prüfungskandidatinnen und Prüfungskandidaten derselbe Themenbereich abgewählt, hat die Auswahl des Themenbereichs für den dialogischen Prüfungsteil durch die Prüferin oder den Prüfer zu erfolgen. Die Prüferin oder der Prüfer hat den Prüfungskandidatinnen und Prüfungskandidaten aus dem gewählten Themenbereich eine dialogische Aufgabenstellung vorzulegen. *(BGBl. II Nr. 175/2022, Art. 2 Z 5)*

Kompetenzorientierte Aufgabenstellungen der mündlichen Teilprüfungen

§ 21. (1) Im Rahmen der mündlichen Teilprüfung ist jeder Prüfungskandidatin und jedem Prüfungskandidaten im gewählten Themenbereich eine kompetenzorientierte Aufgabenstellung, welche in voneinander unabhängige Aufgaben mit Anforderungen in den Bereichen der Reproduktions- und Transferleistungen sowie der Reflexion und Problemlösung gegliedert sein kann, schriftlich vorzulegen. Gleichzeitig mit der Aufgabenstellung sind die allenfalls zur Bearbeitung der Aufgaben erforderlichen Hilfsmittel vorzulegen.

(2) Jede Prüferin und jeder Prüfer hat zu jedem Themenbereich bei mehr als einer Prüfungskandidatin oder einem Prüfungskandidaten mindestens zwei kompetenzorientierte Aufgabenstellungen auszuarbeiten.

(3) In den Prüfungsgebieten „Deutsch" und „Latein" haben die Aufgabenstellungen von einem Text auszugehen.

(4) In den Prüfungsgebieten „Erste lebende Fremdsprache" und „Zweite lebende Fremdsprache" haben die Aufgabenstellungen je eine monologische und eine dialogische Aufgabe zu enthalten.

Durchführung der mündlichen Prüfung

§ 22. (1) In der unterrichtsfreien Zeit vor dem Prüfungstermin der mündlichen Prüfung gemäß § 35 Abs. 2 Z 3 lit. a SchUG-BKV sowie außerhalb des lehrplanmäßigen Unterrichts vor dem Prüfungstermin der mündlichen Prüfung gemäß § 35 Abs. 2 Z 3 lit. b in Verbindung mit § 35 Abs. 3 leg. cit. können für erstmalig zur Hauptprüfung antretende Prüfungskandidatinnen und Prüfungskandidaten Arbeitsgruppen zur Vorbereitung auf die mündliche Prüfung eingerichtet werden. Dies gilt nicht für vorgezogene Teilprüfungen auf Basis des § 23a SchUG-BKV. Die Vorbereitung in den Arbeitsgruppen hat bis zu vier Unterrichtseinheiten pro Prüfungsgebiet zu umfassen. In den Arbeitsgruppen sind die prüfungsrelevanten Kompetenzanforderungen im jeweiligen Prüfungsgebiet zu behandeln, Prüfungssituationen zu analysieren und lerntechnische Hinweise zur Bewältigung der Lerninhalte zu geben. *(BGBl. II Nr. 54/2017 idF BGBl. II Nr. 107/2019, Art. 2 Z 10)*

(2) Die Schulleiterin oder der Schulleiter hat die für die ordnungsgemäße Durchführung der mündlichen Prüfung notwendigen Vorkehrungen zu treffen. Über den Verlauf der mündlichen Prüfung ist ein Prüfungsprotokoll zu führen.

(3) Die oder der Vorsitzende hat für einen rechtskonformen Ablauf der Prüfung zu sorgen.

(4) Zur Vorbereitung auf jede mündliche Teilprüfung ist eine im Hinblick auf das Prüfungsgebiet und die Aufgabenstellung angemessene Frist von mindestens 20 Minuten, in den Prüfungsgebieten „Erste lebende Fremdsprache" und „Zweite lebende Fremdsprache" jedoch mindestens 15 Minuten, einzuräumen. Für jede mündliche Teilprüfung ist nicht mehr Zeit zu verwenden, als für die Gewinnung einer sicheren Beurteilung erforderlich ist. Die Prüfungsdauer darf dabei zehn Minuten nicht unterschreiten und 20 Minuten nicht überschreiten.

(4a) Im Falle der Festlegung einer alternativen Prüfungsform der mündlichen Prüfung gemäß § 19 Abs. 5 ist jeder Prüfungskandidatin und jedem Prüfungskandidaten zur Vorbereitung eine angemessene Frist von mindestens 15 Minuten einzuräumen. Diese beträgt für die Vorbereitung auf den monologischen Teil mindestens 10 Minuten, für die Vorbereitung auf den dialogischen Teil mindestens 5 Minuten. Die Vorlage der Aufgabenstellungen erfolgt unmittelbar vor den jeweiligen Prüfungsteilen. Für jede mündliche Teilprüfung ist je Prüfungskandidatin oder je Prüfungskandidat nicht mehr Zeit zu verwenden, als für die Gewinnung einer sicheren Beurteilung erforderlich ist. Die Prüfungsdauer darf dabei je Prüfungskandidatin oder je Prüfungskandidat zehn Minuten nicht unterschreiten und 20 Minuten nicht überschreiten. Der monologische Prüfungsteil ist von den Prüfungskandidatinnen und Prüfungskandidaten nacheinander abzulegen, danach erfolgt die gemeinsame Ablegung des dialogischen Prüfungsteils. Die Leistungen der Prüfungskandidatinnen und Prüfungskandidaten sind getrennt voneinander zu beurteilen. *(BGBl. II Nr. 175/2022, Art. 2 Z 6)*

(5) Mündliche Teilprüfungen in den Prüfungsgebieten „Erste lebende Fremdsprache" und „Zweite lebende Fremdsprache" sind in der betreffenden Fremdsprache abzulegen. Darüber hinaus können im Einvernehmen zwischen der Prüferin oder dem Prüfer sowie der Prüfungskandidatin oder dem Prüfungskandidaten mündliche Teilprüfungen in den Prüfungsgebieten gemäß § 19 Abs. 1 Z 6 bis 15 zur Gänze oder in wesentlichen Teilen in einer besuchten lebenden Fremdsprache abgelegt werden; in diesem Fall haben mangelnde Kenntnisse in der lebenden Fremdsprache bei der Beurteilung der Leistungen außer Betracht zu bleiben und ist die Verwendung der lebenden Fremdsprache (ohne Beurteilungsrelevanz) im Zeugnis über die Reifeprüfung beim betreffenden Prüfungsgebiet zu vermerken. *(BGBl. II Nr. 54/2017 idF BGBl. II Nr. 107/2019, Art. 2 Z 9)*

3. Abschnitt
Schlussbestimmungen
Übergangsbestimmung

§ 23. (1) Die Verordnung über die Reifeprüfung in den allgemein bildenden höheren Schulen für Berufstätige[1]), BGBl. II Nr. 400/1999, in der Fassung der Verordnungen BGBl. II Nr. 122/2007 und BGBl. II Nr. 190/2014, ist auf Reifeprüfungen bis zum Wirksamwerden dieser Verordnung gemäß § 24 Abs. 1 sowie auf die Wiederholung von solchen Reifeprüfungen auch über den Zeitpunkt dieses Wirksamwerdens hinaus weiterhin anzuwenden.

(2) Wenn gemäß § 69 Abs. 9 Z 2 lit. b SchUG-BKV durch Verordnung des Bundesministers oder der Bundesministerin für Bildung das Wirksamwerden der §§ 33 bis 41 SchUG-BKV für einzelne Schulen für Reifeprüfungen mit späterem Haupttermin als 2017 festgelegt wurde, ist die in Abs. 1 genannte Verordnung an den betreffenden Standorten bis zum festgelegten Zeitpunkt des Wirksamwerdens weiterhin anzuwenden.

(3) § 15 Abs. 3 zweiter Satz ist bis einschließlich zum Haupttermin 2017 sowie bei allfälligen Wiederholungen der Klausurarbeit im Prüfungsgebiet „Mathematik" über diesen Termin hinaus nicht anzuwenden.

Inkrafttreten, Außerkrafttreten

§ 24. (1) Diese Verordnung tritt mit Ablauf des Tages der Kundmachung im Bundesgesetzblatt in Kraft und ist abweichend von diesem Zeitpunkt auf Reifeprüfungen mit Haupttermin ab 2017 anzuwenden.

(2) Mit dem Inkrafttreten dieser Verordnung tritt die Verordnung des Bundesministers für Unterricht und kulturelle Angelegenheiten über die Reifeprüfung in den allgemein bildenden höheren Schulen für Berufstätige, BGBl. II

[1]) Siehe Kodex 17. Auflage (1.9.2. – RP-AHS-B).

Nr. 400/1999, zuletzt geändert durch die Verordnung BGBl. II Nr. 190/2014, außer Kraft.

(3) Die nachstehend genannten Bestimmungen in der Fassung der Verordnung BGBl. II Nr. 107/2019 treten wie folgt in Kraft:

1. § 5 Abs. 2 und 3 tritt mit 1. September 2019 in Kraft und findet abweichend von diesem Zeitpunkt auf Reifeprüfungen mit Haupttermin ab 2021 Anwendung;
2. § 15 Abs. 1 und 2 tritt mit Ablauf des Tages der Kundmachung im Bundesgesetzblatt[2]) in Kraft und findet abweichend von diesem Zeitpunkt auf Reifeprüfungen mit Haupttermin ab 2019 Anwendung;
3. § 13 Abs. 2 und 3, § 15 Abs. 3, § 17 Abs. 3, § 22 Abs. 1 und 5 treten mit Ablauf des Tages der Kundmachung im Bundesgesetzblatt in Kraft.

(BGBl. II Nr. 107/2019, Art. 2 Z 11)

(4) § 13 Abs. 5 und § 15 Abs. 4 in der Fassung der Verordnung BGBl. II Nr. 465/2020 treten mit Ablauf des Tages der Kundmachung der Verordnung im Bundesgesetzblatt in Kraft.[3]) *(BGBl. II Nr. 465/2020, Art. 3 Z 3)*

(5) Die nachstehend genannten Bestimmungen in der Fassung der Verordnung BGBl. II Nr. 175/2022 treten wie folgt in Kraft:

1. § 5 Abs. 2 erster Satz tritt mit Ablauf des Tages der Kundmachung im Bundesgesetzblatt in Kraft;[4])
2. § 9 Abs. 1 Z 2 und § 15 Abs. 3 erster Satz treten mit Ablauf des Tages der Kundmachung im Bundesgesetzblatt in Kraft und finden abweichend von diesem Zeitpunkt auf Reifeprüfungen mit Haupttermin ab 2022 Anwendung;
3. § 19 Abs. 5, § 20 Abs. 3 und § 22 Abs. 4a treten mit Ablauf des Tages der Kundmachung im Bundesgesetzblatt in Kraft und finden abweichend von diesem Zeitpunkt auf Reifeprüfungen mit Haupttermin ab dem Schuljahr 2022/23 Anwendung.

(BGBl. II Nr. 175/2022, Art. 2 Z 7)

(6) § 19 Abs. 1 Z 1a und Abs. 3 in der Fassung der Verordnung BGBl. II Nr. 160/2023 tritt mit Ablauf des Tages der Kundmachung im Bundesgesetzblatt in Kraft.[5]) *(BGBl. II Nr. 160/2023, Art. 2 Z 3)*

(7) § 19 Abs. 1 Z 6, 7 und 10 in der Fassung der Verordnung BGBl. II Nr. 362/2023 tritt mit Ablauf des Tages der Kundmachung im Bundesgesetzblatt in Kraft.[6]) *(BGBl. II Nr. 362/2023, Art. 2 Z 4)*

---

[2]) Die Kundmachung im Bundesgesetzblatt erfolgte am 29. April 2019.

[3]) Die Kundmachung im Bundesgesetzblatt erfolgte am 4. November 2020.

[4]) Die Kundmachung im Bundesgesetzblatt erfolgte am 2. Mai 2022.

[5]) Die Kundmachung im Bundesgesetzblatt erfolgte am 1. Juni 2023.

[6]) Die Kundmachung im Bundesgesetzblatt erfolgte am 6. Dezember 2023.

1.9.3. Prüfungsordnung BMHS

BGBl. II Nr. 177/2012

idF der Verordnungen

BGBl. II Nr. 265/2012	BGBl. II Nr. 160/2015
BGBl. II Nr. 30/2017	BGBl. II Nr. 231/2018
BGBl. II Nr. 107/2019	BGBl. II Nr. 465/2020
BGBl. II Nr. 527/2021	BGBl. II Nr. 175/2022
BGBl. II Nr. 2/2023	BGBl. II Nr. 150/2023
BGBl. II Nr. 160/2023	BGBl. II Nr. 207/2023
BGBl. II Nr. 362/2023	

Verordnung der Bundesministerin für Bildung über die abschließenden Prüfungen in den berufsbildenden mittleren und höheren Schulen (Prüfungsordnung BMHS)
(BGBl. II Nr. 30/2017, Z 1)

Auf Grund der §§ 34 bis 41 des Schulunterrichtsgesetzes, BGBl. Nr. 472/1986, zuletzt geändert durch das Bundesgesetz BGBl. I Nr. 36/2012, wird verordnet:

Inhaltsverzeichnis
(BGBl. II Nr. 160/2015, Art. 1 Z 2)

Inhaltsverzeichnis

Inhaltsverzeichnis

1. Abschnitt
Allgemeine Bestimmungen
Geltungsbereich

§ 1. (1) Diese Verordnung gilt für

1. die im Schulorganisationsgesetz, BGBl. Nr. 242/1962, geregelten öffentlichen und mit dem Öffentlichkeitsrecht ausgestatteten berufsbildenden höheren Schulen,
2. die im Schulorganisationsgesetz geregelten öffentlichen und mit dem Öffentlichkeitsrecht ausgestatteten zumindest dreijährigen berufsbildenden mittleren Schulen (einschließlich der gewerblichen und kunstgewerblichen Meisterschulen sowie der Werkmeister- und Bauhandwerkerschulen),
3. *entfallen (BGBl. II Nr. 30/2017, Z 3)*
4. die im Land- und forstwirtschaftlichen Bundesschulgesetz, BGBl. Nr. 175/1966, geregelten öffentlichen und mit dem Öffentlichkeitsrecht ausgestatteten höheren land- und forstwirtschaftlichen Lehranstalten,
5. die Aufbaulehrgänge der in Z 1 und 4 genannten Schulen und
6. die Lehrgänge der in Z 1 genannten Schulen *(BGBl. II Nr. 160/2015, Art. 1 Z 3 idF BGBl. II Nr. 30/2017, Z 3)*

und regelt die Durchführung der abschließenden Prüfung.

(2) Diese Verordnung gilt nicht für Kollegs und die als Sonderform für Berufstätige geführten Schulen, Aufbaulehrgänge, Kollegs und Lehrgänge.

(BGBl. II Nr. 160/2015, Art. 1 Z 3)

Formen und Umfang der abschließenden Prüfung

§ 2. (1) Die abschließende Prüfung erfolgt

1. an den berufsbildenden höheren Schulen (§ 1 Abs. 1 Z 1 und 4) und den Aufbaulehrgängen an berufsbildenden höheren Schulen (§ 1 Abs. 1 Z 5) in Form einer Reife- und Diplomprüfung, *(BGBl. II Nr. 30/2017, Z 4)*
2. an den Lehrgängen berufsbildender höherer Schulen (§ 1 Abs. 1 Z 6) in Form einer Diplomprüfung und *(BGBl. II Nr. 30/2017, Z 4)*
3. an den berufsbildenden mittleren Schulen (§ 1 Abs. 1 Z 2) in Form einer Abschlussprüfung.

(BGBl. II Nr. 160/2015, Art. 1 Z 4)

(2) Die abschließende Prüfung besteht nach Maßgabe des 4. Abschnittes aus einer Vorprüfung und einer Hauptprüfung oder aus einer Hauptprüfung.

(3) Die Vorprüfung besteht aus mündlichen und bzw. oder praktischen Teilprüfungen. *(BGBl. II Nr. 177/2012 idF BGBl. II Nr. 150/2023, Art. 2 Z 2)*

(4) Die Hauptprüfung besteht aus

1. einer abschließenden Arbeit (einschließlich deren Präsentation und Diskussion) in Form
   a) einer Diplomarbeit an den in § 1 Abs. 1 Z 1 und 4 bis 6 genannten höheren Schulen oder *(BGBl. II Nr. 160/2015, Art. 1 Z 5 idF BGBl. II Nr. 30/2017, Z 5)*
   b) einer Abschlussarbeit an den in § 1 Abs. 1 Z 2 genannten mittleren Schulen,

   (BGBl. II Nr. 160/2015, Art. 1 Z 5)
2. einer Klausurprüfung bestehend aus Klausurarbeiten sowie allenfalls mündlichen Kompensationsprüfungen und
3. einer mündlichen Prüfung bestehend aus mündlichen Teilprüfungen.

An höheren Schulen (§ 1 Abs. 1 Z 1 und 4 bis 6) sind nach Wahl der Prüfungskandidatin oder des Prüfungskandidaten drei Klausurarbeiten und drei mündliche Teilprüfungen oder vier Klausurarbeiten und zwei mündliche Teilprüfungen abzulegen. An Höheren Lehranstalten für Pflege und Sozialbetreuung (14a. Unterabschnitt) sind drei Klausurarbeiten und drei mündliche Teilprüfungen abzulegen. *(BGBl. II Nr. 177/2012 idF BGBl. II Nr. 160/2015, Art. 1 Z 6, BGBl. II Nr. 30/2017, Z 5 und BGBl. II Nr. 150/2023, Art. 2 Z 3)*

(5) Auf Zusatzprüfungen zur Reifeprüfung gemäß § 41 des Schulunterrichtsgesetzes sind die Bestimmungen der Unterabschnitte 2 und 3 des 3. Abschnittes der Prüfungsordnung AHS, BGBl. II Nr. 174/2012 in der jeweils geltenden Fassung, anzuwenden. *(BGBl. II Nr. 30/2017, Z 6)*

Prüfungsgebiete

§ 3. (1) Die abschließende Arbeit umfasst die Bearbeitung eines Themas, das nach Maßgabe des 4. Abschnittes dem Bildungsziel der jeweiligen Schulart (Form, Fachrichtung) zu entsprechen hat. Im Übrigen umfasst ein Prüfungsgebiet den gesamten Lehrstoff des gleichnamigen (schulautonomen) Unterrichtsgegenstandes oder der gleichnamigen (schulautonomen) Unterrichtsgegenstände, soweit im 4. Abschnitt nicht anderes bestimmt wird. *(BGBl. II Nr. 177/2012 idF BGBl. II Nr. 160/2015, Art. 1 Z 8 und BGBl. II Nr. 30/2017, Z 7)*

(2) Wenn in allen Schulstufen eine andere als die deutsche Sprache statt oder neben dieser als Unterrichtssprache vorgesehen war, so ist die abschließende Prüfung – ausgenommen in den sprachlichen Prüfungsgebieten

und im Prüfungsgebiet „Angewandte Mathematik“ (standardisiert) – in dieser Sprache statt der deutschen Sprache bzw. in beiden Unterrichtssprachen im annähernd gleichen Umfang abzuhalten. In diesen Fällen sind die Aufgabenstellungen in beiden Sprachen abzufassen. An der Zweisprachigen Handelsakademie in Klagenfurt und an zweisprachigen Höheren Lehranstalten für wirtschaftliche Berufe in Kärnten sind im Prüfungsgebiet „Angewandte Mathematik“ (standardisiert) die Aufgabenstellungen in slowenischer und in deutscher Sprache abzufassen. *(BGBl. II Nr. 177/2012 idF BGBl. II Nr. 160/2015, Art. 1 Z 9 und BGBl. II Nr. 207/2023, Art. 3 Z 2)*

(3) Auf Antrag der Prüfungskandidatin oder des Prüfungskandidaten entfällt die Ablegung der abschließenden Prüfung in einzelnen Prüfungsgebieten, wenn diese im Rahmen einer abschließenden Prüfung an einer anderen Schulart (Form, Fachrichtung) oder im Rahmen der Berufsreifeprüfung erfolgreich absolviert worden sind und die Schulleiterin oder der Schulleiter die Gleichwertigkeit der Prüfung feststellt.

(4) Im Falle einer Beeinträchtigung durch eine Körper- oder Sinnesbehinderung, die geeignet ist, das Prüfungsergebnis zu beeinflussen, sind durch die Vorsitzende oder den Vorsitzenden Vorkehrungen im organisatorischen Ablauf und in der Durchführung der abschließenden Prüfung festzulegen, die ohne Änderung des Anforderungsniveaus eine nach Möglichkeit barrierefreie Ablegung der Prüfung durch die betreffende Prüfungskandidatin oder den betreffenden Prüfungskandidaten ermöglichen. Die Schulleiterin oder der Schulleiter hat die erforderlichen Veranlassungen zu treffen.

2. Abschnitt
Vorprüfung

Prüfungstermine der Vorprüfung

§ 4. (1) Die Vorprüfung hat beim erstmaligen Antreten innerhalb der letzten elf Wochen des Unterrichtsjahres der vorletzten Schulstufe stattzufinden. Wiederholungen haben innerhalb der ersten sechs Wochen des Schuljahres, innerhalb der ersten drei Wochen des zweiten Semesters und innerhalb der letzten 11 Wochen des Unterrichtsjahres stattzufinden. Die konkreten Prüfungstermine sind durch die zuständige Schulbehörde festzulegen und vier Wochen vor der Prüfung kundzumachen. Im Falle der Zulassung auf Antrag ist dieser bis spätestens zwei Wochen vor dem Prüfungstermin bei der Schulleiterin oder beim Schulleiter einzubringen. *(BGBl. II Nr. 177/2012 idF BGBl. II Nr. 160/2015, Art. 1 Z 10)*

(2) Im Falle der Verhinderung an der Ablegung einer Teilprüfung darf die betreffende Teilprüfung nach Möglichkeit im selben Prüfungstermin, sonst in dem auf den Wegfall des Verhinderungsgrundes nächstfolgenden Prüfungstermin mit neuer Aufgabenstellung abgelegt werden.

Prüfungsgebiete der Vorprüfung

§ 5. Die Vorprüfung umfasst die im 4. Abschnitt für die jeweilige Schulart (Form, Fachrichtung) genannten Prüfungsgebiete.

Durchführung der Vorprüfung

§ 6. Die Schulleiterin oder der Schulleiter hat die für die ordnungsgemäße Durchführung der Vorprüfung notwendigen Vorkehrungen zu treffen. Über den Verlauf der Vorprüfung ist ein Prüfungsprotokoll zu führen.

3. Abschnitt
Hauptprüfung

1. Unterabschnitt
Abschließende Arbeit
(BGBl. II Nr. 160/2015, Art. 1 Z 11)

Prüfungsgebiet der abschließenden Arbeit (Diplomarbeit, Abschlussarbeit)

§ 7. (1) Die Diplomarbeit an höheren Schulen (§ 2 Abs. 4 Z 1 lit. a) besteht nach Maßgabe des 4. Abschnittes aus einer auf vorwissenschaftlichem Niveau zu erstellenden schriftlichen Arbeit (bei entsprechender Aufgabenstellung auch unter Einbeziehung praktischer und/oder grafischer Arbeitsformen) mit Diplomcharakter über ein Thema gemäß § 3 sowie deren Präsentation und Diskussion.

(2) Die Abschlussarbeit an mittleren Schulen (§ 2 Abs. 4 Z 1 lit. b) besteht nach Maßgabe des 4. Abschnittes aus einer schriftlichen Arbeit (bei entsprechender Aufgabenstellung auch unter Einbeziehung praktischer und/oder grafischer Arbeitsformen) mit Abschlusscharakter über ein Thema gemäß § 3 sowie deren Präsentation und Diskussion.

(BGBl. II Nr. 160/2015, Art. 1 Z 12)

Themenfestlegung, Inhalt und Umfang der abschließenden Arbeit
(BGBl. II Nr. 177/2012 idF BGBl. II Nr. 160/2015, Art. 1 Z 13)

§ 8. (1) Die Themenfestlegung hat im Einvernehmen zwischen der Betreuerin oder dem Betreuer der abschließenden Arbeit, die oder der über die erforderliche berufliche oder außerberufliche (informelle) Sach- und Fachkompetenz zu verfügen hat, und der Prüfungskandidatin oder dem Prüfungskandidaten spätestens in den ersten drei Wochen der letzten Schulstufe zu erfolgen. Nach Möglichkeit sollen Themen für bis zu fünf Prüfungskandidatinnen und Prüfungskandidaten einem übergeordneten komplexen Aufgabenbereich oder Projekt zuordenbar sein, wobei die Eigenständigkeit der Bearbeitung der einzelnen Themen dadurch nicht beeinträchtigt werden darf. *(BGBl. II Nr. 177/2012 idF BGBl. II Nr. 160/2015, Art. 1 Z 13)*

(2) Das festgelegte Thema ist der Schulleiterin oder dem Schulleiter zur Zustimmung vorzulegen. Die Schulleiterin oder der Schulleiter hat bis spätestens sechs Wochen nach Beginn der letzten Schulstufe die Zustimmung zu erteilen oder unter gleichzeitiger Setzung einer Nachfrist die Vorlage eines neuen Themas zu verlangen. *(BGBl. II Nr. 177/2012 idF BGBl. II Nr. 160/2015, Art. 1 Z 10 und 14 sowie BGBl. II Nr. 107/2019, Art. 3 Z 1 und 2)*

(3) Im Falle der Nichtbeurteilung oder der negativen Beurteilung des Prüfungsgebietes „Diplomarbeit" oder des Prüfungsgebietes „Abschlussarbeit" durch die Prüfungskommission ist innerhalb von längstens vier Wochen ein neues Thema im Sinne des Abs. 1 festzulegen. Die Schulleiterin oder der Schulleiter hat dem Thema innerhalb einer Woche zuzustimmen oder unter Setzung einer Nachfrist die Vorlage eines neuen Themas zu verlangen. *(BGBl. II Nr. 177/2012 idF BGBl. II Nr. 160/2015, Art. 1 Z 10 und 15, BGBl. II Nr. 30/2017, Z 8 sowie BGBl. II Nr. 107/2019, Art. 3 Z 2)*

(4) Die schriftliche Arbeit kann im Einvernehmen mit der Prüferin oder dem Prüfer auch in einer von der Prüfungskandidatin oder vom Prüfungskandidaten besuchten lebenden Fremdsprache abgefasst werden.

(5) Im Rahmen der schriftlichen Arbeit ist ein Abstract zu erstellen, in welchem das Thema, die Fragestellung, die Problemformulierung und die wesentlichen Ergebnisse schlüssig darzulegen sind. Der Abstract ist in deutscher Sprache sowie in einer besuchten lebenden Fremdsprache abzufassen.

Durchführung der abschließenden Arbeit
(BGBl. II Nr. 177/2012 idF BGBl. II Nr. 160/2015, Art. 1 Z 13)

§ 9. (1) Die schriftliche Arbeit (einschließlich allfälliger praktischer und/oder grafischer Arbeiten) ist als selbstständige Arbeit außerhalb der Unterrichtszeit zu bearbeiten und anzufertigen, wobei Ergebnisse des Unterrichts mit einbezogen werden dürfen. In der letzten Schulstufe hat eine kontinuierliche Betreuung zu erfolgen, die unter Beobachtung des Arbeitsfortschrittes vorzunehmen ist. Die Betreuung umfasst die Bereiche Aufbau der Arbeit, Arbeitsmethodik, Selbstorganisation, Zeitplan, Struktur und Schwerpunktsetzung der Arbeit, organisatorische Belange sowie die Anforderungen im Hinblick auf die Präsentation und Diskussion, wobei die Selbstständigkeit der Leistungen nicht beeinträchtigt werden darf. *(BGBl. II Nr. 177/2012 idF BGBl. II Nr. 160/2015, Art. 1 Z 16)*

(2) Die Erstellung der Arbeit ist in einem von der Prüfungskandidatin oder vom Prüfungskandidaten zu erstellenden Begleitprotokoll zu dokumentieren, welches jedenfalls den Arbeitsablauf sowie die verwendeten Hilfsmittel und Hilfestellungen anzuführen hat. Das Begleitprotokoll ist der schriftlichen Arbeit beizulegen.

(3) Im Rahmen der Betreuung sind von der Prüferin oder vom Prüfer die für die Dokumentation der Arbeit erforderlichen Aufzeichnungen, insbesondere Vermerke über die Durchführung von Gesprächen im Zuge der Betreuung der Arbeit, zu führen. Die Aufzeichnungen sind dem Prüfungsprotokoll anzuschließen.

(4) Die Dauer der Präsentation und der Diskussion hat höchstens 15 Minuten pro Prüfungskandidatin und Prüfungskandidat zu betragen.

Prüfungstermine der abschließenden Arbeit

§ 10. (1) Die erstmalige Abgabe des schriftlichen Teils der abschließenden Arbeit hat bis spätestens vier Wochen vor Beginn der Klausurprüfung zu erfolgen. Die Zeiträume für die Abgabe im Falle der Wiederholung der abschließenden Arbeit sind die erste Unterrichtswoche, die ersten fünf Unterrichtstage im Dezember und die letzten fünf Unterrichtstage im März. In allen Fällen hat die Abgabe sowohl in digitaler Form (in jeder technisch möglichen Form, nicht jedoch mit E-Mail) als auch in zweifach ausgedruckter Form (bei Einbeziehung praktischer und/oder grafischer Arbeitsformen auch unter physischer Beigabe der praktischen und/oder grafischen Arbeiten) zu erfolgen. *(BGBl. II Nr. 30/2017, Z 9)*

(2) Abweichend von Abs. 1 hat die erstmalige Abgabe der Abschlussarbeit an dreieinhalbjährigen Fachschulen mit Betriebspraxis spätestens zwei Wochen vor Beginn der Klausurprüfung (§ 11 Abs. 1 zweiter Satz) zu erfolgen. Die Zeiträume für die Abgabe im Falle der Wiederholung der abschließenden Arbeit sind die letzte Woche im Mai, die erste Unterrichtswoche und die ersten fünf Unterrichtstage im Dezember.

(BGBl. II Nr. 160/2015, Art. 1 Z 17)

2. Unterabschnitt
Klausurprüfung

Prüfungstermine der Klausurprüfung

§ 11. (1) Die Klausurprüfung findet, soweit Abs. 2 nicht anderes anordnet, an den in § 36 des Schulunterrichtsgesetzes genannten Prüfungsterminen statt. Abweichend davon findet die Klausurprüfung an dreieinhalbjährigen Fachschulen mit Betriebspraxis im Haupttermin innerhalb der ersten neun Wochen des zweiten Semesters der letzten Schulstufe und in den übrigen Terminen an den in § 36 Abs. 2 Z 3 des Schulunterrichtsgesetzes genannten Terminen statt. *(BGBl. II Nr. 160/2015, Art. 1 Z 18 idF BGBl. II Nr. 231/2018, Z 2)*

(2) Die Prüfungstermine für die standardisierten Prüfungsgebiete (Klausurarbeiten und mündliche Kompensationsprüfungen) werden gemäß § 36 Abs. 4 Z 2 und 3 des Schulunterrichtsgesetzes gesondert verordnet.

(BGBl. II Nr. 160/2015, Art. 1 Z 18)

Prüfungsgebiete der Klausurprüfung

§ 12. (1) Die Klausurprüfung umfasst schriftliche, grafische und/oder praktische Klausurarbeiten nach Maßgabe des 4. Abschnittes. An höheren Schulen (§ 1 Abs. 1 Z 1 und 4 bis 6) umfasst die Klausurprüfung nach Maßgabe des 4. Abschnittes jedenfalls je eine schriftliche Klausurarbeit aus zumindest drei der folgenden Prüfungsgebiete:

1. „Deutsch“ (standardisiert), an der zweisprachigen Handelsakademie in Klagenfurt und an zweisprachigen Höheren Lehranstalten für wirtschaftliche Berufe in Kärnten alternativ „Slowenisch“ (standardisiert) *(BGBl. II Nr. 177/2012 idF BGBl. II Nr. 207/2023, Art. 3 Z 2)*
2. „Lebende Fremdsprache“ (in den Sprachen Englisch, Französisch, Italienisch und Spanisch standardisiert),
3. „Angewandte Mathematik“ (standardisiert) und
4. eine weitere schriftliche, graphische und/oder praktische Klausurarbeit.

(BGBl. II Nr. 177/2012 idF BGBl. II Nr. 160/2015, Art. 1 Z 19 und BGBl. II Nr. 30/2017, Z 5)

(2) Im Fall der negativen Beurteilung einer schriftlichen Klausurarbeit umfasst die Klausurprüfung auch die allenfalls von der Prüfungskandidatin oder vom Prüfungskandidaten beantragte mündliche Kompensationsprüfung im betreffenden Prüfungsgebiet. *(BGBl. II Nr. 177/2012 idF BGBl. II Nr. 30/2017, Z 10)*

Aufgabenstellungen der standardisierten Prüfungsgebiete

§ 13. (1) Die Aufgabenstellungen für standardisierte Prüfungsgebiete sowie die korrespondierenden Korrektur- und Beurteilungsanleitungen sind an eine oder mehrere von der Schulleiterin oder vom Schulleiter namhaft zu machende Person oder Personen elektronisch zu übermitteln oder physisch zu übergeben. Die Übermittlung oder die Übergabe haben in einer die Geheimhaltung gewährleistenden Weise möglichst zeitnah zur Prüfung und dennoch so zeitgerecht zu erfolgen, dass für die Durchführung notwendige Vorkehrungen getroffen werden können. Die Aufgabenstellungen sind sodann in der Schule bis unmittelbar vor Beginn der betreffenden Klausurarbeit in einer die Geheimhaltung gewährleistenden Weise aufzubewahren. Die Korrektur- und Beurteilungsanleitungen sind bis zum Ende der betreffenden Klausurarbeit in einer die Geheimhaltung gewährleistenden Weise aufzubewahren und sodann der Prüferin oder dem Prüfer auszuhändigen.

(2) Die Aufgabenstellungen haben in den Prüfungsgebieten „Lebende Fremdsprache“ und „Angewandte Mathematik“ nach Maßgabe der nachstehenden Bestimmungen über Inhalt und Umfang der Prüfungsgebiete auf die unterschiedlichen Anforderungen des Lehrplanes Bedacht zu nehmen. In den Prüfungsgebieten gemäß § 12 Abs. 1 Z 2 sind die Aufgabenstellungen in der betreffenden Fremdsprache abzufassen.

Aufgabenstellungen der nicht standardisierten Prüfungsgebiete

§ 14. (1) Für die nicht standardisierten Prüfungsgebiete der Klausurprüfung haben die Prüferinnen und Prüfer eine Aufgabenstellung, die mindestens zwei voneinander unabhängige Aufgaben zu enthalten hat, auszuarbeiten und der zuständigen Schulbehörde als Vorschlag im Dienstweg zu übermitteln. Bei anderen als nur schriftlichen Klausurarbeiten kann die Aufgabenstellung oder können unterschiedliche Aufgabenstellungen an Gruppen von Prüfungskandidatinnen und Prüfungskandidaten vergeben werden; diese Aufgabenstellung oder Aufgabenstellungen können in Arbeitsabschnitte mit getrennten Aufgaben (Teilaufgaben) gegliedert sein, wobei für die einzelnen Arbeitsabschnitte Arbeitszeiten festgelegt werden können. Jede vorgeschlagene Aufgabenstellung (Aufgabe, Teilaufgabe) hat einen eindeutigen Arbeitsauftrag zu enthalten. Sie darf im Unterricht nicht so weit vorbereitet worden sein, dass ihre Bearbeitung keine selbstständige Leistung erfordert. In den Prüfungsgebieten gemäß § 12 Abs. 1 Z 2 sind die Aufgabenstellungen in der betreffenden Fremdsprache abzufassen. *(BGBl. II Nr. 177/2012 idF BGBl. II Nr. 160/2015, Art. 1 Z 10, 14 und 20)*

(2) Dem Vorschlag gemäß Abs. 1 sind die für die Bearbeitung zur Verfügung zu stellenden Hilfen und Hilfsmittel oder ein Hinweis auf deren erlaubte Verwendung bei der Prüfung anzuschließen. Dabei dürfen nur solche Hilfen oder Hilfsmittel zum Einsatz kommen, die im Unterricht gebraucht wurden und die keine Beeinträchtigung der Eigenständigkeit in der Erfüllung der Aufgaben darstellen. Dem Vorschlag sind darüber hinaus allfällige Texte, Übersetzungen, Beantwortungsdispositionen, Zusammenfassungen von Hörtexten, Ausarbeitungen usw. sowie die für die einzelnen Beurteilungsstufen relevanten Anforderungen und Erwartungen in der Bearbeitung und Lösung der Aufgaben anzuschließen.

(3) Bei mangelnder Eignung der vorgeschlagenen Aufgabenstellung oder der vorgesehenen Hilfen oder Hilfsmittel hat die zuständige Schulbehörde die Vorlage eines neuen Vorschlages oder einer Ergänzung des Vorschlages einzuholen. Die festgesetzte Aufgabenstellung ist der Schulleiterin oder dem Schulleiter unter Gewährleistung der Geheimhaltung bekannt zu geben. Nach Einlangen sind sie von der Schulleiterin oder vom Schulleiter bis zur Prüfung auf eine die Geheimhaltung gewährleistende Weise aufzubewahren. *(BGBl. II Nr. 177/2012 idF BGBl. II Nr. 160/2015, Art. 1 Z 10)*

Inhalt und Umfang der Klausurarbeit in den Prüfungsgebieten „Deutsch“ und „Slowenisch“ (als Unterrichtssprache) an höheren Schulen

(BGBl. II Nr. 177/2012 idF BGBl. II Nr. 160/2015, Art. 1 Z 21)

§ 15. (1) Im Rahmen der Klausurarbeit in den Prüfungsgebieten „Deutsch“ und „Slowenisch“ ist den Prüfungskandidatinnen und Prüfungskandidaten eine Aufgabenstellung mit drei Aufgaben, von denen eine Aufgabe ein literarisches Thema zu beinhalten hat, in der betreffenden Sprache schriftlich vorzulegen. Eine der Aufgaben ist zu wählen und vollständig zu bearbeiten. Jede der drei Aufgaben ist in zwei voneinander unabhängige schriftlich zu bearbeitende Teilaufgaben zu unterteilen. Beide Teilaufgaben haben die Kompetenzbereiche „Inhaltsdimension“, „Textstruktur“, „Stil und Ausdruck“ sowie „normative Sprachrichtigkeit“ zu betreffen. *(BGBl. II Nr. 177/2012 idF BGBl. II Nr. 30/2017, Z 11)*

(2) Der Arbeitsumfang der beiden Teilaufgaben hat zirka 900 Wörter (im Prüfungsgebiet „Deutsch“) bzw. zirka 800 Wörter (im Prüfungsgebiet „Slowenisch“) und die Arbeitszeit hat 300 Minuten zu betragen.

(3) Die Verwendung eines (elektronischen) Wörterbuches ist zulässig. Der Einsatz von Lexika oder elektronischen Informationsmedien ist nicht zulässig.

Inhalt und Umfang der Klausurarbeit im Prüfungsgebiet „Lebende Fremdsprache“ an höheren Schulen

(BGBl. II Nr. 177/2012 idF BGBl. II Nr. 160/2015, Art. 1 Z 21)

§ 16. (1) Im Rahmen der Klausurarbeit im Prüfungsgebiet „Lebende Fremdsprache“ ist den Prüfungskandidatinnen und Prüfungskandidaten eine Aufgabenstellung mit drei voneinander unabhängigen Aufgabenbereichen in der betreffenden Sprache schriftlich vorzulegen, wobei Hörtexte zwei Mal abzuspielen sind. Die Aufgabenbereiche, die in voneinander unabhängige Aufgaben gegliedert sein können, haben die rezeptiven Kompetenzen „Lese- und Hörverstehen“ sowie die produktive Kompetenz „Schreiben“ zu betreffen. Der Aufgabenbereich „Schreiben“ ist in mindestens zwei voneinander unabhängige schriftlich zu bearbeitende Teilaufgaben zu unterteilen. Die Aufgabenbereiche sind in der genannten Reihenfolge in zeitlicher Abfolge voneinander getrennt vorzulegen und zu bearbeiten.

(2) Gemäß den lehrplanmäßigen Anforderungen hat die Arbeitszeit im Prüfungsgebiet „Lebende Fremdsprache“ auf dem Kompetenzniveau B2 des Gemeinsamen Europäischen Referenzrahmens für Sprachen entsprechend der Empfehlung des Ministerkomitees des Europarates an die Mitgliedstaaten Nr. (98) 6 vom 17. März 1998 zum Gemeinsamen Europäischen Referenzrahmen für Sprachen – GER 300 Minuten zu betragen, wobei 60 Minuten auf den Aufgabenbereich „Leseverstehen“, maximal 45 Minuten auf den Aufgabenbereich „Hörverstehen“ und 195 Minuten auf den Aufgabenbereich „Schreibkompetenz“ zu entfallen haben. Sofern für den Aufgabenbereich „Hörverstehen“ weniger als 45 Minuten vorgesehen werden, wird die die Dauer von 45 Minuten unterschreitende Zeit von der Gesamtarbeitszeit von 300 Minuten in Abzug gebracht. *(BGBl. II Nr. 107/2019, Art. 3 Z 3)*

(2a) Gemäß den lehrplanmäßigen Anforderungen hat die Arbeitszeit im Prüfungsgebiet „Lebende Fremdsprache“ auf dem Kompetenzniveau B1 des Gemeinsamen Europäischen Referenzrahmens für Sprachen 300 Minuten zu betragen, wobei 60 Minuten auf den Aufgabenbereich „Leseverstehen“, maximal 40 Minuten auf den Aufgabenbereich „Hörverstehen“ und 200 Minuten auf den Aufgabenbereich „Schreibkompetenz“ zu entfallen haben. Sofern für den Aufgabenbereich „Hörverstehen“ weniger als 40 Minuten vorgesehen werden, wird die die Dauer von 40 Minuten unterschreitende Zeit von der Gesamtarbeitszeit von 300 Minuten in Abzug gebracht. *(BGBl. II Nr. 107/2019, Art. 3 Z 4)*

(3) In den Aufgabenbereichen „Leseverstehen“ und „Hörverstehen“ ist die Verwendung von Hilfsmitteln nicht zulässig. Im Aufgabenbereich „Schreibkompetenz“ (berufsspezifischer Teil) ist die Verwendung eines (elektronischen) Wörterbuches zulässig, der Einsatz von Lexika oder elektronischen Informationsmedien ist nicht zulässig.

(4) Für Prüfungskandidatinnen und Prüfungskandidaten mit Hörbeeinträchtigung oder Gehörlosigkeit, die geeignet ist, das Prüfungsergebnis im Aufgabenbereich „Hörverstehen“ zu beeinflussen, kann die oder der Vorsitzende festlegen, dass dieser Aufgabenbereich entfällt, wenn Vorkehrungen im organisatorischen Ablauf und in der Durchführung der Reife- und Diplomprüfung gemäß § 3 Abs. 4 nicht ausreichen, um eine barrierefreie Ablegung der Prüfung zu ermöglichen. *(BGBl. II Nr. 465/2020, Art. 2 Z 6)*

Inhalt und Umfang der Klausurarbeit im Prüfungsgebiet „Angewandte Mathematik“ an höheren Schulen
(BGBl. II Nr. 177/2012 idF BGBl. II Nr. 160/2015, Art. 1 Z 21)

§ 17. (1) Im Rahmen der Klausurarbeit im Prüfungsgebiet „Angewandte Mathematik“ ist den Prüfungskandidatinnen und Prüfungskandidaten eine Aufgabenstellung mit zwei voneinander unabhängigen Aufgabenbereichen schriftlich vorzulegen. Ein Aufgabenbereich hat mehrere voneinander unabhängige Aufgaben in den wesentlichen Lehrplanbereichen „Modellbilden“, „Operieren“, „Interpretieren“ und „Argumentieren“ zu betreffen (Grundkompetenzen). Der zweite Aufgabenbereich hat voneinander unabhängige Aufgaben, die in Teilaufgaben gegliedert sein können, mit kontextbezogenen Problemstellungen der Schulart, der Fachrichtung oder des Ausbildungszweiges und deren weitergehenden Reflexionen zu beinhalten (fachliche Vertiefung).

(2) Die Arbeitszeit für die Aufgabenbereiche „Grundkompetenzen“ und „fachliche Vertiefung“ hat 270 Minuten zu betragen.

(3) Bei der Bearbeitung beider Aufgabenbereiche sind der Einsatz von herkömmlichen Schreibgeräten, Bleistiften, Lineal, Geo-Dreieck und Zirkel sowie die Verwendung von einer Formelsammlung, die vom zuständigen Regierungsmitglied für die Klausurarbeit freigegeben wird, die Verwendung von einem (elektronischen) Wörterbuch und elektronischen Hilfsmitteln zulässig. Die Minimalanforderungen an elektronische Hilfsmittel sind grundlegende Funktionen zur Darstellung von Funktionsgrafen, zum numerischen Lösen von Gleichungen und Gleichungssystemen, zur Matrizenrechnung, zur numerischen Integration sowie zur Unterstützung bei Methoden und Verfahren in der Stochastik. *(BGBl. II Nr. 177/2012 idF BGBl. II Nr. 107/2019, Art. 3 Z 5 und BGBl. II Nr. 175/2022, Art. 3 Z 2)*

(4) Die zuständige Bundesministerin oder der zuständige Bundesminister kann bei standardisierten Klausurprüfungen für Prüfungskandidatinnen und Prüfungskandidaten mit Sehbeeinträchtigung oder Blindheit, die geeignet ist, das Prüfungsergebnis zu beeinflussen, Aufgabenstellungen ohne Änderung des Anforderungsniveaus abändern oder tauschen oder diese mit zusätzlichen Informationen aufbereiten. Die oder der Vorsitzende kann festlegen, dass diese geänderten, getauschten bzw. mit zusätzlichen Informationen aufbereiteten Aufgabenstellungen Prüfungskandidatinnen und Prüfungskandidaten mit Sehbeeinträchtigung oder Blindheit vorgelegt werden, wenn Vorkehrungen im organisatorischen Ablauf und in der Durchführung der Reife- und Diplomprüfung gemäß § 3 Abs. 4 nicht ausreichen, um eine barrierefreie Ablegung der Prüfung zu ermöglichen. Die Schulleiterin oder der Schulleiter hat die erforderlichen Veranlassungen zu treffen. *(BGBl. II Nr. 465/2020, Art. 2 Z 7)*

Durchführung der Klausurprüfung

§ 18. (1) Die Schulleiterin oder der Schulleiter hat die für die ordnungsgemäße Durchführung der Klausurarbeiten notwendigen Vorkehrungen zu treffen. Im Rahmen der Aufsichtsführung sind insbesondere auch Maßnahmen gegen die Verwendung unerlaubter Hilfsmittel zu setzen. Prüfungskandidatinnen und Prüfungskandidaten, die den ordnungsgemäßen Ablauf der Prüfung stören und Anordnungen der aufsichtsführenden Person nicht Folge leisten, sind von der (weiteren) Ablegung der Prüfung auszuschließen.

(2) Der genaue Zeitpunkt von Klausurarbeiten ist den Prüfungskandidatinnen und Prüfungskandidaten spätestens eine Woche vor deren Beginn bekannt zu geben.

(3) Klausurarbeiten im Prüfungsgebiet „Lebende Fremdsprache“ gemäß § 12 Abs. 1 Z 2 an höheren Schulen sowie Klausurarbeiten in den Prüfungsgebieten „Lebende Fremdsprache“, „Englisch“ und „Zweite lebende Fremdsprache“ an mittleren Schulen sind in der betreffenden Fremdsprache abzulegen. Darüber

hinaus können im Einvernehmen zwischen der Prüferin oder dem Prüfer sowie der Prüfungskandidatin oder dem Prüfungskandidaten Klausurarbeiten in anderen, nicht standardisierten Prüfungsgebieten zur Gänze oder in wesentlichen Teilen in einer besuchten lebenden Fremdsprache abgelegt werden; in diesem Fall haben mangelnde Kenntnisse in der lebenden Fremdsprache bei der Beurteilung der Leistungen außer Betracht zu bleiben und ist die Verwendung der lebenden Fremdsprache (ohne Beurteilungsrelevanz) im Zeugnis über die abschließende Prüfung beim betreffenden Prüfungsgebiet zu vermerken. *(BGBl. II Nr. 177/2012 idF BGBl. II Nr. 160/2015, Art. 1 Z 22 und BGBl. II Nr. 231/2018, Z 3)*

(4) Sofern eine Teilbeurteilung der Klausurprüfung mit „Nicht genügend" festgesetzt wird, ist diese Entscheidung der Prüfungskandidatin und dem Prüfungskandidaten frühestmöglich, spätestens jedoch eine Woche vor dem festgesetzten Termin für die mündliche Kompensationsprüfung nachweislich bekannt zu geben.

(5) Über den Verlauf der Prüfung ist von der aufsichtsführenden Person ein Protokoll zu führen, in welchem jedenfalls der Beginn und das Ende der Prüfung, Abwesenheiten vom Prüfungsraum, die Zeitpunkte der Abgabe der Arbeiten und allfällige besondere Vorkommnisse zu verzeichnen sind.

Mündliche Kompensationsprüfung

§ **19.** (1) Im Falle der negativen Beurteilung von schriftlichen Klausurarbeiten durch die Prüfungskommission kann die Prüfungskandidatin oder der Prüfungskandidat bis spätestens drei Tage nach der Bekanntgabe der negativen Beurteilung beantragen, eine mündliche Kompensationsprüfung abzulegen. *(BGBl. II Nr. 177/2012 idF BGBl. II Nr. 30/2017, Z 12)*

(2) Für die Aufgabenstellungen gelten die Bestimmungen der Klausurprüfung gemäß §§ 13 und 14 sinngemäß.

(3) Für die Durchführung gilt § 23 Abs. 2, 3 und 4 mit der Maßgabe, dass zur Vorbereitung eine angemessene, mindestens 30 Minuten umfassende Frist einzuräumen ist und die Prüfungsdauer 25 Minuten nicht überschreiten darf.

3. Unterabschnitt
Mündliche Prüfung

Prüfungstermine der mündlichen Prüfung

§ **19a.** Die mündliche Prüfung findet an den in § 36 des Schulunterrichtsgesetzes genannten Prüfungsterminen statt. Abweichend davon findet die mündliche Prüfung an dreieinhalbjährigen Fachschulen mit Betriebspraxis im Haupttermin innerhalb der ersten neun Wochen des zweiten Semesters der letzten Schulstufe und in den übrigen Terminen an den in § 36 Abs. 2 Z 3 des Schulunterrichtsgesetzes genannten Terminen statt.

(BGBl. II Nr. 160/2015, Art. 1 Z 23 idF BGBl. II Nr. 231/2018, Z 2)

Prüfungsgebiete der mündlichen Prüfung

§ **20.** (1) Die mündliche Prüfung umfasst mündliche Teilprüfungen gemäß dem 4. Abschnitt. Wenn im Rahmen der Klausurprüfung an höheren Schulen in einem der Prüfungsgebiete gemäß § 12 Abs. 1 keine Klausurarbeit abgelegt wurde, umfasst die mündliche Prüfung jedenfalls eine mündliche Teilprüfung in diesem Prüfungsgebiet. *(BGBl. II Nr. 177/2012 idF BGBl. II Nr. 160/2015, Art. 1 Z 24)*

(2) Das Prüfungsgebiet „Religion" oder „Ethik" oder ein einem Freigegenstand entsprechendes Prüfungsgebiet darf nur dann gewählt werden, wenn der dem Prüfungsgebiet entsprechende Unterrichtsgegenstand zumindest in der letzten lehrplanmäßig vorgesehenen Schulstufe besucht wurde und über allenfalls nicht besuchte Schulstufen die erfolgreiche Ablegung einer Externistenprüfung nachgewiesen wird. *(BGBl. II Nr. 177/2012 idF BGBl. II Nr. 160/2023, Art. 3 Z 1)*

(3) Die Festlegung einer alternativen Prüfungsform der mündlichen Prüfung für einzelne Klassen oder Sprachgruppen bei abschließenden Prüfungen gemäß § 2 Abs. 1 Z 1 in den Prüfungsgebieten „Englisch", „Lebende Fremdsprache", „Zweite lebende Fremdsprache", „Dritte lebende Fremdsprache", „Berufsbezogene Kommunikation in der lebenden Fremdsprache" und „Berufsbezogene Kommunikation in der Fremdsprache" erfolgt auf Antrag einer Lehrperson durch die Schulleitung nach Anhörung des Schulgemeinschaftsausschusses. Die Verordnung ist von der Schulleitung spätestens in der ersten Woche des 2. Semesters der vorletzten Schulstufe zu erlassen und gemäß § 79 SchUG kundzumachen. Bei einer ungeraden Anzahl der Prüfungskandidatinnen und Prüfungskandidaten kann eine Prüfungskandidatin oder ein Prüfungskandidat freiwillig ein weiteres Mal als Gesprächspartnerin oder Gesprächspartner am dialogischen Prüfungsteil teilnehmen. Die Leistungen dieser freiwilligen Gesprächsteilnahme sind nicht zu beurteilen. Andernfalls tritt im dialogischen Prüfungsteil eine von der Schulleitung zu bestimmende fachkundige Lehrperson an die Stelle der Gesprächspartnerin bzw. des Gesprächspartners. *(BGBl. II Nr. 175/2022, Art. 3 Z 3)*

Themenbereiche der mündlichen Teilprüfungen

§ 21. (1) Die Schulleiterin oder der Schulleiter hat für jedes Prüfungsgebiet der mündlichen Prüfung die jeweiligen Fachlehrerinnen und -lehrer und erforderlichenfalls weitere fachkundige Lehrerinnen und Lehrer zu einer Konferenz einzuberufen. Diese Lehrerinnen- und Lehrerkonferenz hat für jede Abschlussklasse oder -gruppe für jedes Prüfungsgebiet der mündlichen Prüfung eine im Hinblick auf den betreffenden Unterrichtsgegenstand oder die betreffenden Unterrichtsgegenstände, die lehrplanmäßig vorgesehenen Wochenstunden und die Lernjahre angemessene Anzahl an Themenbereichen festzulegen und bis spätestens Ende November der letzten Schulstufe gemäß § 79 des Schulunterrichtsgesetzes kund zu machen.

(2) Die Vorlage aller Themenbereiche zur Ziehung von zwei Themenbereichen durch die Prüfungskandidatin oder den Prüfungskandidaten hat durch die Vorsitzende oder den Vorsitzenden der Prüfungskommission so zu erfolgen, dass der Prüfungskandidatin oder dem Prüfungskandidaten bei der Ziehung nicht bekannt ist, welche beiden Themenbereiche sie oder er zieht. Einer der beiden gezogenen Themenbereiche ist von der Prüfungskandidatin oder vom Prüfungskandidaten für die mündliche Teilprüfung zu wählen.

(3) Im Falle der Festlegung einer alternativen Prüfungsform der mündlichen Prüfung gemäß § 20 Abs. 3 findet auf den monologischen Prüfungsteil Abs. 2 sinngemäß Anwendung. Im dialogischen Prüfungsteil hat die Vorlage der verbliebenen Themenbereiche zur gemeinsamen Ziehung von drei Themenbereichen durch die Prüfungskandidatinnen oder Prüfungskandidaten durch die Vorsitzende oder den Vorsitzenden der Prüfungskommission so zu erfolgen, dass den Prüfungskandidatinnen oder Prüfungskandidaten bei der Ziehung nicht bekannt ist, welche drei Themenbereiche sie gemeinsam ziehen. Aus den drei gemeinsam gezogenen Themenbereichen hat jeder der beiden Prüfungskandidatinnen und Prüfungskandidaten jeweils einen Themenbereich abzuwählen; der dialogische Prüfungsteil hat über den verbleibenden Themenbereich zu erfolgen. Wird von den Prüfungskandidatinnen und Prüfungskandidaten derselbe Themenbereich abgewählt, hat die Auswahl des Themenbereichs für den dialogischen Prüfungsteil durch die Prüferin oder den Prüfer zu erfolgen. Die Prüferin oder der Prüfer hat den Prüfungskandidatinnen und Prüfungskandidaten aus dem gewählten Themenbereich eine dialogische Aufgabenstellung vorzulegen. *(BGBl. II Nr. 175/2022, Art. 3 Z 4)*

Kompetenzorientierte Aufgabenstellungen der mündlichen Teilprüfungen

§ 22. (1) Im Rahmen der mündlichen Teilprüfung ist jeder Prüfungskandidatin und jedem Prüfungskandidaten im gewählten Themenbereich eine kompetenzorientierte, von einer Problemstellung ausgehende Aufgabenstellung schriftlich vorzulegen. An höheren Schulen kann die Aufgabenstellung in voneinander unabhängige Aufgaben mit Anforderungen in den Bereichen der Reproduktions- und Transferleistungen sowie der Reflexion und Problemlösung gegliedert sein. Gleichzeitig mit der Aufgabenstellung ist erforderlichenfalls begleitendes Material beizustellen und sind die allenfalls zur Bearbeitung der Aufgaben erforderlichen Hilfsmittel vorzulegen. *(BGBl. II Nr. 177/2012 idF BGBl. II Nr. 160/2015, Art. 1 Z 25)*

(2) In den Prüfungsgebieten „Deutsch" und „Slowenisch" haben die Aufgabenstellungen von einem Text auszugehen.

(3) In den fremdsprachigen Prüfungsgebieten haben die Aufgabenstellungen je eine monologische und eine dialogische Aufgabe zu enthalten.

Durchführung der mündlichen Prüfung

§ 23. (1) In der unterrichtsfreien Zeit vor dem Prüfungstermin der mündlichen Prüfung gemäß § 36 Abs. 2 Z 2 des Schulunterrichtsgesetzes sowie außerhalb des lehrplanmäßigen Unterrichts vor dem Prüfungstermin der mündlichen Prüfung gemäß § 36 Abs. 2 Z 3 lit. a in Verbindung mit § 36 Abs. 3 des Schulunterrichtsgesetzes können für erstmalig zur Hauptprüfung antretende Prüfungskandidatinnen und Prüfungskandidaten Arbeitsgruppen zur Vorbereitung auf die mündliche Prüfung eingerichtet werden. Dies gilt nicht für vorgezogene Teilprüfungen auf der Grundlage des § 23b des Schulunterrichtsgesetzes. Die Vorbereitung in den Arbeitsgruppen hat bis zu vier Unterrichtseinheiten pro Prüfungsgebiet zu umfassen. In den Arbeitsgruppen sind die prüfungsrelevanten Kompetenzanforderungen im jeweiligen Prüfungsgebiet zu behandeln, Prüfungssituationen zu analysieren und lerntechnische Hinweise zur Bewältigung der Lerninhalte zu geben. *(BGBl. II Nr. 177/2012 idF BGBl. II Nr. 30/2017, Z 13 und BGBl. II Nr. 231/2018, Z 4)*

(2) Die Schulleiterin oder der Schulleiter hat die für die ordnungsgemäße Durchführung der mündlichen Prüfung notwendigen Vorkehrungen zu treffen. Über den Verlauf der mündlichen Prüfung ist ein Prüfungsprotokoll zu führen.

(3) Die oder der Vorsitzende hat für einen rechtskonformen Ablauf der Prüfung zu sorgen.

(4) Zur Vorbereitung auf jede mündliche Teilprüfung ist eine im Hinblick auf das Prüfungsgebiet und die Aufgabenstellung angemessene Frist von mindestens 20 Minuten einzuräumen. Für jede mündliche Teilprüfung ist nicht mehr Zeit zu verwenden, als für die Gewinnung einer sicheren Beurteilung erforderlich ist. Die Prüfungsdauer darf dabei zehn Minuten nicht unterschreiten und 20 Minuten nicht überschreiten.

(4a) Im Falle der Festlegung einer alternativen Prüfungsform der mündlichen Prüfung gemäß § 20 Abs. 3 ist jeder Prüfungskandidatin und jedem Prüfungskandidaten zur Vorbereitung auf den monologischen und dialogischen Prüfungsteil eine im Hinblick auf die Aufgabenstellung angemessene Frist von mindestens 20 Minuten einzuräumen, wobei für jeden Prüfungsteil eine gesonderte Vorbereitung vorzusehen ist. Für jede mündliche Teilprüfung ist je Prüfungskandidatin oder je Prüfungskandidat nicht mehr Zeit zu verwenden, als für die Gewinnung einer sicheren Beurteilung erforderlich ist. Die Prüfungsdauer darf dabei je Prüfungskandidatin oder je Prüfungskandidat zehn Minuten nicht unterschreiten und 20 Minuten nicht überschreiten. Die Leistungen der Prüfungskandidatinnen und Prüfungskandidaten sind getrennt voneinander zu beurteilen. *(BGBl. II Nr. 175/2022, Art. 3 Z 5)*

(5) Im Einvernehmen zwischen Prüferin und Prüfer sowie Prüfungskandidatin und Prüfungskandidat können mündliche Teilprüfungen, ausgenommen in sprachlichen Prüfungsgebieten, zur Gänze oder in wesentlichen Teilen in einer besuchten lebenden Fremdsprache abgehalten werden; in diesem Fall haben mangelnde Kenntnisse in der lebenden Fremdsprache bei der Beurteilung der Leistungen außer Betracht zu bleiben und ist die Verwendung der lebenden Fremdsprache (ohne Beurteilungsrelevanz) im Zeugnis über die abschließende Prüfung beim betreffenden Prüfungsgebiet zu vermerken. *(BGBl. II Nr. 177/2012 idF BGBl. II Nr. 231/2018, Z 5)*

4. Abschnitt
Besondere Bestimmungen

1. Unterabschnitt
Reife- und Diplomprüfung an der Höheren technischen Lehranstalt
(einschließlich des Aufbaulehrganges)

Diplomarbeit

§ 24. Das Prüfungsgebiet „Diplomarbeit" umfasst die fachtheoretischen und die fachpraktischen Pflichtgegenstände der jeweiligen Fachrichtung oder des jeweiligen Ausbildungszweiges oder des jeweiligen Ausbildungsschwerpunktes.

Klausurprüfung

§ 25. (1) Die Klausurprüfung umfasst:

1. Eine Klausurarbeit im Prüfungsgebiet „Angewandte Mathematik" gemäß § 12 Abs. 1 Z 3 und
2. nach Wahl der Prüfungskandidatin oder des Prüfungskandidaten eine oder zwei Klausurarbeiten in den Prüfungsgebieten
   a) „Deutsch" gemäß § 12 Abs. 1 Z 1 oder
   b) „Lebende Fremdsprache" gemäß § 12 Abs. 1 Z 2 und
3. eine 300 Minuten dauernde schriftliche Klausurarbeit im Prüfungsgebiet „Fachtheorie".

(BGBl. II Nr. 177/2012 idF BGBl. II Nr. 265/2012, Z 2, 3 und 4)

(2) Das Prüfungsgebiet „Fachtheorie" gemäß Abs. 1 Z 3 umfasst einen oder zwei fachtheoretische Pflichtgegenstände (Zuteilungsgegenstände) im Gesamtausmaß von mindestens vier Wochenstunden in der vorletzten und letzten Schulstufe, die von der Schulleiterin oder vom Schulleiter innerhalb der ersten drei Wochen der letzten Schulstufe durch Anschlag in der Schule bekannt zu machen sind.

Mündliche Prüfung

§ 26. (1) Die mündliche Prüfung umfasst:

1. Wenn gemäß § 25 Abs. 1 Z 2 nur eine Klausurarbeit gewählt wurde, eine mündliche Teilprüfung in demjenigen Prüfungsgebiet, in welchem gemäß § 25 Abs. 1 Z 2 im Rahmen der Klausurprüfung keine Klausurarbeit abgelegt wurde, und
2. eine mündliche Teilprüfung im Prüfungsgebiet „Schwerpunktfach" und
3. eine mündliche Teilprüfung im Prüfungsgebiet „Wahlfach" (mit einem auf den Unterrichtsgegenstand gemäß Abs. 3 hinweisenden Zusatz).

(2) Das Prüfungsgebiet „Schwerpunktfach" gemäß Abs. 1 Z 2 umfasst einen oder zwei fachtheoretische Pflichtgegenstände (Zuteilungsgegenstände) im Gesamtausmaß von mindestens vier Wochenstunden in der vorletzten und letzten Schulstufe, die von der Schulleiterin oder vom Schulleiter innerhalb der ersten drei Wochen der letzten Schulstufe durch Anschlag in der Schule bekannt zu machen sind.

(3) Das Prüfungsgebiet „Wahlfach" gemäß Abs. 1 Z 3 umfasst nach Wahl der Prüfungskandidatin oder des Prüfungskandidaten einen

der nachstehend genannten lehrplanmäßig vorgesehenen Unterrichtsgegenstände:

1. „Religion“ oder
1a. „Ethik“, *(BGBl. II Nr. 160/2023, Art. 3 Z 2)*
2. „Geschichte und politische Bildung“ oder
3. „Geografie, Geschichte und politische Bildung“ oder
4. „Naturwissenschaften“ oder
5. „Wirtschaft und Recht“ oder
6. „Wirtschaftsrecht“ oder
7. „Zweite lebende Fremdsprache“ oder
8. ein fachtheoretischer Unterrichtsgegenstand oder höchstens zwei fachtheoretische Unterrichtsgegenstände, der bzw. die im Gesamtausmaß von mindestens vier Wochenstunden in der vorletzten und letzten Schulstufe vorgesehen ist bzw. sind (ausgenommen Zuteilungsgegenstände gemäß Abs. 2 und § 25 Abs. 2).

2. Unterabschnitt
(BGBl. II Nr. 160/2015, Art. 1 Z 26)

Abschlussprüfung an den gewerblichen, technischen und kunstgewerblichen Fachschulen
(ausgenommen die Meister-, Werkmeister- und Bauhandwerkerschulen, die Fachschule für Mode, die Hotelfachschule und die Tourismusfachschule)

Abschlussarbeit

§ 27. Das Prüfungsgebiet „Abschlussarbeit“ umfasst den Lehrstoff der fachtheoretischen und fachpraktischen Pflichtgegenstände.

Klausurprüfung

§ 28. (1) Die Klausurprüfung umfasst

1. eine Klausurarbeit im Prüfungsgebiet „Deutsch“ (180 Minuten, schriftlich) und
2. eine Klausurarbeit im Prüfungsgebiet „Fachklausur“ (480 Minuten, graphisch und/oder praktisch).

(2) Das Prüfungsgebiet „Fachklausur“ umfasst den Lehrstoff von höchstens zwei Pflichtgegenständen, die im Gesamtausmaß von mindestens vier Wochenstunden in den letzten vier Semestern unterrichtet wurden (Zuteilungsgegenstände, bei denen es sich in zumindest einem Fall um einen fachpraktischen Pflichtgegenstand handeln muss). Die zugeteilten Pflichtgegenstände sind von der Schulleiterin oder vom Schulleiter innerhalb der ersten drei Wochen der letzten Schulstufe durch Anschlag in der Schule bekanntzumachen.

Mündliche Prüfung

§ 29. (1) Die mündliche Prüfung umfasst

1. eine mündliche Teilprüfung im Prüfungsgebiet „Schwerpunktkolloquium“ und
2. eine mündliche Teilprüfung nach Wahl der Prüfungskandidatin oder des Prüfungskandidaten im Prüfungsgebiet
   a) „Fachkolloquium“ oder
   b) „Wirtschaftsrechtlich-betriebstechnisches Kolloquium“.

(2) Das Prüfungsgebiet „Schwerpunktkolloquium“ gemäß Abs. 1 Z 1 umfasst den Lehrstoff von höchstens zwei Pflichtgegenständen aus dem Fachbereich (Zuteilungsgegenstände), die in den letzten vier Semestern in einem Gesamtausmaß von mindestens vier Wochenstunden unterrichtet wurden und nicht Gegenstand des Prüfungsgebietes gemäß § 28 Abs. 1 Z 2 sind. Die zugeteilten Pflichtgegenstände sind von der Schulleiterin oder vom Schulleiter innerhalb der ersten drei Wochen der letzten Schulstufe durch Anschlag in der Schule bekanntzumachen.

(3) Die Prüfungsgebiete „Fachkolloquium“ und „Wirtschaftsrechtlich-betriebstechnisches Kolloquium“ gemäß Abs. 1 Z 2 lit. a und b umfassen jeweils nach Wahl der Prüfungskandidatin oder des Prüfungskandidaten den Lehrstoff von höchstens zwei Pflichtgegenständen aus dem Fachbereich, die in den letzten vier Semestern in einem Gesamtausmaß von mindestens drei Wochenstunden unterrichtet wurden und nicht Gegenstand des Prüfungsgebietes gemäß Abs. 1 Z 1 sind.

3. Unterabschnitt
(BGBl. II Nr. 160/2015, Art. 1 Z 26)

Abschlussprüfung an den Meister-, Werkmeister- und Bauhandwerkerschulen
(ausgenommen die Meisterschulen für Damenkleidermacher/innen und Herrenkleidermacher/innen)
(BGBl. II Nr. 160/2015, Art. 1 Z 26 idF BGBl. II Nr. 465/2020, Art. 2 Z 8)

Abschlussarbeit

§ 30. Das Prüfungsgebiet „Abschlussarbeit“ umfasst den Lehrstoff der fachtheoretischen und fachpraktischen Pflichtgegenstände, wobei zumindest ein fachtheoretischer Pflichtgegenstand den Zuteilungsgegenständen des Prüfungsgebiets „Schwerpunktkolloquium“ (§ 32 Abs. 1 Z 1) zuzuordnen ist. Die Präsentation und Diskussion kann im Rahmen der Ablegung der mündlichen Teilprüfung im Prüfungsgebiet „Schwerpunktkolloquium“ erfolgen. In diesem Fall hat die Dauer der Präsentation und der Diskussion abweichend von

§ 9 Abs. 4 höchstens 10 Minuten pro Prüfungskandidatin und Prüfungskandidat zu betragen. *(BGBl. II Nr. 2/2023, Art. 3 Z 1)*

Klausurprüfung

§ 31. (1) Die Klausurprüfung umfasst eine Klausurarbeit im Prüfungsgebiet „Fachklausur" (120 Minuten, schriftlich und/oder graphisch und/oder praktisch). *(BGBl. II Nr. 160/2015, Art. 1 Z 26 idF BGBl. II Nr. 2/2023, Art. 3 Z 2)*

(2) Das Prüfungsgebiet „Fachklausur" umfasst den Lehrstoff der Pflichtgegenstände aus dem Fachbereich.

Mündliche Prüfung

§ 32. (1) Die mündliche Prüfung umfasst

1. eine mündliche Teilprüfung im Prüfungsgebiet „Schwerpunktkolloquium" und
2. eine mündliche Teilprüfung nach Wahl der Prüfungskandidatin oder des Prüfungskandidaten im Prüfungsgebiet
   a) „Fachkolloquium" oder
   b) „Kolloquium zu Betriebstechnik und Mitarbeiterführung".

(2) Das Prüfungsgebiet „Schwerpunktkolloquium" gemäß Abs. 1 Z 1 umfasst den Lehrstoff von höchstens zwei Pflichtgegenständen (Zuteilungsgegenstände), die in einem Gesamtausmaß von mindestens 80 Unterrichtseinheiten unterrichtet wurden. Die zugeteilten Pflichtgegenstände sind von der Schulleiterin oder vom Schulleiter innerhalb der ersten drei Wochen der letzten Schulstufe durch Anschlag in der Schule bekanntzumachen.

(3) Die Prüfungsgebiete „Fachkolloquium" und „Kolloquium zu Betriebstechnik und Mitarbeiterführung" gemäß Abs. 1 Z 2 lit. a und b umfassen jeweils nach Wahl der Prüfungskandidatin oder des Prüfungskandidaten den Lehrstoff von höchstens drei Pflichtgegenständen, die in einem Gesamtausmaß von mindestens 80 Unterrichtseinheiten unterrichtet wurden und nicht Gegenstand des Prüfungsgebietes gemäß Abs. 2 sind.

3a. Unterabschnitt
(BGBl. II Nr. 465/2020, Art. 2 Z 9)

Abschlussprüfung an den Meisterschulen für Damenkleidermacher/innen und Herrenkleidermacher/innen

Abschlussarbeit

§ 32a. Das Prüfungsgebiet „Abschlussarbeit" umfasst den Lehrstoff der fachtheoretischen und fachpraktischen Pflichtgegenstände.

Klausurprüfung

§ 32b. Die Klausurprüfung umfasst eine Klausurarbeit im Prüfungsgebiet „Projekt – Werkstätte und Fertigungstechnik" (1500 Minuten, praktisch).

Mündliche Prüfung

§ 32c. (1) Die mündliche Prüfung umfasst eine mündliche Teilprüfung im Prüfungsgebiet „Angewandte Mode- und Fachtheorie".

(2) Das Prüfungsgebiet „Angewandte Mode- und Fachtheorie" gemäß Abs. 1 umfasst die Pflichtgegenstände „Textiltechnologie", „Kund/innenberatung", „Schnittkonstruktion, Modellgestaltung und Schnittoptimierung" sowie „Werkstätte und Fertigungstechnik".

4. Unterabschnitt
(BGBl. II Nr. 160/2015, Art. 1 Z 26)

Reife- und Diplomprüfung an der Höheren Lehranstalt für Mode
(einschließlich des Aufbaulehrganges)

Diplomarbeit

§ 33. Das Prüfungsgebiet „Diplomarbeit" umfasst nach Wahl der Prüfungskandidatin oder des Prüfungskandidaten

1. die besuchte schulautonome Vertiefung oder
2. die besuchte schulautonome Vertiefung und den Pflichtgegenstand „Betriebswirtschaft, Modemarketing und Verkaufsmanagement" oder
3. zwei Pflichtgegenstände aus dem Cluster „Produktentwicklung und Produktion" oder
4. höchstens zwei Pflichtgegenstände aus dem Cluster „Produktentwicklung und Produktion" und einen weiteren Pflichtgegenstand.

(BGBl. II Nr. 231/2018, Z 6)

Klausurprüfung

§ 34. (1) Die Klausurprüfung umfasst

1. eine Klausurarbeit im Prüfungsgebiet „Deutsch" gemäß § 12 Abs. 1 Z 1 und
2. nach Wahl der Prüfungskandidatin oder des Prüfungskandidaten zwei oder drei Klausurarbeiten in den Prüfungsgebieten
   a) „Lebende Fremdsprache" gemäß § 12 Abs. 1 Z 2 oder
   b) „Angewandte Mathematik" gemäß § 12 Abs. 1 Z 3 oder
   c) „Angewandte Betriebswirtschaft und Rechnungswesen" (300 Minuten, schriftlich).

(2) Das Prüfungsgebiet „Lebende Fremdsprache" gemäß Abs. 1 Z 2 lit. a umfasst den Pflichtgegenstand „Englisch".

(3) Das Prüfungsgebiet „Angewandte Betriebswirtschaft und Rechnungswesen“ gemäß Abs. 1 Z 2 lit. c umfasst die Pflichtgegenstände „Rechnungswesen“ und „Betriebswirtschaft, Modemarketing und Verkaufsmanagement“. *(BGBl. II Nr. 231/2018, Z 7)*

Mündliche Prüfung

§ 35. (1) Die mündliche Prüfung umfasst

1. wenn gemäß § 34 Abs. 1 Z 2 zwei Klausurarbeiten gewählt wurden, eine mündliche Teilprüfung in demjenigen Prüfungsgebiet, in welchem gemäß § 34 Abs. 1 Z 2 im Rahmen der Klausurprüfung keine Klausurarbeit abgelegt wurde,
2. eine mündliche Teilprüfung im Prüfungsgebiet „Schwerpunktfach Fachkolloquium …“ (mit Bezeichnung des Pflichtgegenstandes oder der Pflichtgegenstände gemäß Abs. 2) und
3. eine mündliche Teilprüfung im Prüfungsgebiet „Wahlfach …“ (mit Bezeichnung des Pflichtgegenstandes gemäß Abs. 3 Z 1 oder 2 oder mit der Bezeichnung gemäß Abs. 3 Z 3 bis 7).

(2) Das Prüfungsgebiet „Schwerpunktfach Fachkolloquium …“ gemäß Abs. 1 Z 2 umfasst nach Wahl der Prüfungskandidatin oder des Prüfungskandidaten

1. die besuchte schulautonome Vertiefung oder
2. den Pflichtgegenstand „Mode- und Kunstgeschichte, Trendforschung“ und den Pflichtgegenstand „Betriebswirtschaft, Modemarketing und Verkaufsmanagement“ oder
3. den Pflichtgegenstand „Mode- und Kunstgeschichte, Trendforschung“ und einen fachtheoretischen Pflichtgegenstand aus dem Cluster „Produktentwicklung und Produktion“ oder
4. den Pflichtgegenstand „Betriebswirtschaft, Modemarketing und Verkaufsmanagement“ und einen fachtheoretischen Pflichtgegenstand aus dem Cluster „Produktentwicklung und Produktion“ oder
5. zwei oder drei fachtheoretische Pflichtgegenstände aus dem Cluster „Produktentwicklung und Produktion“.

(3) Das Prüfungsgebiet „Wahlfach …“ gemäß Abs. 1 Z 3 umfasst nach Wahl der Prüfungskandidatin oder des Prüfungskandidaten

1. einen im Ausmaß von mindestens vier Wochenstunden unterrichteten Pflichtgegenstand des Stammbereiches, ausgenommen die bereits gemäß § 34 zur Klausurprüfung oder gemäß Abs. 1 Z 1 und 2 zur mündlichen Prüfung gewählten Pflichtgegenstände sowie die Pflichtgegenstände „Entwurf- und Modezeichnen“, „Fertigungsverfahren und Verarbeitungstechniken“ und „Bewegung und Sport“, oder
2. die besuchte schulautonome Vertiefung, sofern diese nicht bereits gemäß Abs. 1 Z 2 zum Schwerpunktfach Fachkolloquium gewählt wurde, oder
3. „Mehrsprachigkeit (mit Bezeichnung der beiden lebenden Fremdsprachen)“ oder
4. „Geschichte und Trendforschung“ oder
5. „Politische Bildung und Recht“ oder
6. „Prozessgestaltung und Qualitätsmanagement“ oder
7. „Kultur und gesellschaftliche Reflexion“.

(4) Das Prüfungsgebiet „Wahlfach Mehrsprachigkeit (mit Bezeichnung der beiden lebenden Fremdsprachen)“ gemäß Abs. 3 Z 3 umfasst die Pflichtgegenstände „Englisch“ und „Zweite lebende Fremdsprache“.

(5) Das Prüfungsgebiet „Wahlfach Geschichte und Trendforschung“ gemäß Abs. 3 Z 4 umfasst den Bereich „Geschichte“ des Pflichtgegenstandes „Geschichte und Politische Bildung“ und den Pflichtgegenstand „Mode- und Kunstgeschichte, Trendforschung“.

(6) Das Prüfungsgebiet „Wahlfach Politische Bildung und Recht“ gemäß Abs. 3 Z 5 umfasst die Bereiche „Grundlagen und Aufgaben des Staates“, „Moderne Demokratie am Beispiel Österreich“, „Österreichische Verfassung“ und „Europäische Union“ des Pflichtgegenstandes „Geschichte und Politische Bildung“ und den Pflichtgegenstand „Recht“.

(7) Das Prüfungsgebiet „Wahlfach Prozessgestaltung und Qualitätsmanagement“ gemäß Abs. 3 Z 6 umfasst an der Höheren Lehranstalt die Pflichtgegenstände „Projekt- und Qualitätsmanagement“ und „Prozessgestaltung und Prozessdatenmanagement“ und am Aufbaulehrgang den Pflichtgegenstand „Prozessgestaltung, Prozessdatenmanagement und Qualitätsmanagement“ und darf nur gewählt werden, wenn keiner dieser Pflichtgegenstände zum Schwerpunktfach Fachkolloquium gewählt wurde.

(8) Das Prüfungsgebiet „Wahlfach Kultur und gesellschaftliche Reflexion“ gemäß Abs. 3 Z 7 umfasst die Bereiche „Zuhören und Sprechen“ und „Reflexion“ des Pflichtgegenstandes „Deutsch“.

(9) Am Aufbaulehrgang ist das Prüfungsgebiet „Wahlfach Politische Bildung und Recht“ gemäß Abs. 3 Z 5 nicht wählbar.

(10) Für die Kombination von Pflichtgegenständen gemäß Abs. 2 Z 3, 4 und 5 hat die Schulleiterin oder der Schulleiter innerhalb der ersten drei Wochen der letzten Schulstufe alle geeigneten Gegenstandskombinationen durch Anschlag in der Schule bekannt zu machen.

(BGBl. II Nr. 231/2018, Z 8)

4a. Unterabschnitt
Reife- und Diplomprüfung an der Höheren Lehranstalt für Modedesign und Produktgestaltung
(BGBl. II Nr. 231/2018, Z 9)

Diplomarbeit

§ 35a. Das Prüfungsgebiet „Diplomarbeit" umfasst die Pflichtgegenstände des besuchten Ausbildungsschwerpunktes und nach Wahl der Prüfungskandidatin oder des Prüfungskandidaten einen weiteren Pflichtgegenstand.

Klausurprüfung

§ 35b. (1) Die Klausurprüfung umfasst
1. eine Klausurarbeit im Prüfungsgebiet „Deutsch" gemäß § 12 Abs. 1 Z 1 und
2. nach Wahl der Prüfungskandidatin oder des Prüfungskandidaten zwei oder drei Klausurarbeiten in den Prüfungsgebieten
   a) „Lebende Fremdsprache" gemäß § 12 Abs. 1 Z 2 oder
   b) „Angewandte Mathematik" gemäß § 12 Abs. 1 Z 3 oder
   c) „Angewandte Betriebswirtschaft und Rechnungswesen" (300 Minuten, schriftlich).

(2) Das Prüfungsgebiet „Lebende Fremdsprache" gemäß Abs. 1 Z 2 lit. a umfasst den Pflichtgegenstand „Englisch".

(3) Das Prüfungsgebiet „Angewandte Betriebswirtschaft und Rechnungswesen" gemäß Abs. 1 Z 2 lit. c umfasst den Pflichtgegenstand „Rechnungswesen" und die betriebswirtschaftlichen Lehrstoffbereiche (einschließlich „Modemarketing") des Pflichtgegenstandes „Betriebs- und Volkswirtschaft, Modemarketing".

Mündliche Prüfung

§ 35c. (1) Die mündliche Prüfung umfasst
1. wenn gemäß § 35b Abs. 1 Z 2 zwei Klausurarbeiten gewählt wurden, eine mündliche Teilprüfung in demjenigen Prüfungsgebiet, in welchem gemäß § 35b Abs. 1 Z 2 im Rahmen der Klausurprüfung keine Klausurarbeit abgelegt wurde,
2. eine mündliche Teilprüfung im Prüfungsgebiet „Schwerpunktfach Fachkolloquium …" (mit Bezeichnung der Pflichtgegenstände gemäß Abs. 2) und
3. eine mündliche Teilprüfung im Prüfungsgebiet „Wahlfach …" (mit Bezeichnung des Pflichtgegenstandes gemäß Abs. 3 Z 1 bis 4 oder mit der Bezeichnung gemäß Abs. 3 Z 5 oder 6).

(2) Das Prüfungsgebiet „Schwerpunktfach Fachkolloquium …" gemäß Abs. 1 Z 2 umfasst die fachtheoretischen Pflichtgegenstände des besuchten Ausbildungsschwerpunktes und nach Wahl der Prüfungskandidatin oder des Prüfungskandidaten den Pflichtgegenstand
1. „Modeentwurf" oder
2. „Modegrafik und Mediendesign".

(3) Das Prüfungsgebiet „Wahlfach …" gemäß Abs. 1 Z 3 umfasst nach Wahl der Prüfungskandidatin oder des Prüfungskandidaten
1. den Pflichtgegenstand „Religion" oder „Ethik" oder *(BGBl. II Nr. 231/2018, Z 9 idF BGBl. II Nr. 160/2023, Art. 3 Z 1)*
2. den Pflichtgegenstand „Zweite lebende Fremdsprache (mit Bezeichnung der Fremdsprache)" oder
3. den Pflichtgegenstand „Textiltechnologie" oder
4. den Pflichtgegenstand „Kulturgeschichte und Modetheorie" oder
5. „Mehrsprachigkeit (mit Bezeichnung der beiden lebenden Fremdsprachen)" oder
6. „Kultur und gesellschaftliche Reflexion".

(4) Das Prüfungsgebiet „Wahlfach Mehrsprachigkeit (mit Bezeichnung der beiden lebenden Fremdsprachen)" gemäß Abs. 3 Z 5 umfasst die Pflichtgegenstände „Englisch" und „Zweite lebende Fremdsprache".

(5) Das Prüfungsgebiet „Wahlfach Kultur und gesellschaftliche Reflexion" gemäß Abs. 3 Z 6 umfasst die Bereiche „Zuhören und Sprechen" sowie „Reflexion" des Pflichtgegenstandes „Deutsch".

4b. Unterabschnitt[1])
Reife- und Diplomprüfung an der Höheren Lehranstalt für Hairstyling, Visagistik und Maskenbildnerei
(BGBl. II Nr. 527/2021, Art. 1 Z 3)

Diplomarbeit

§ 35d. Das Prüfungsgebiet „Diplomarbeit" umfasst nach Wahl der Prüfungskandidatin oder des Prüfungskandidaten
1. die besuchte schulautonome Vertiefung oder
2. die besuchte schulautonome Vertiefung und den Pflichtgegenstand „Betriebswirtschaft, Marketing sowie Verkaufs- und Dienstleistungsmanagement" oder
3. höchstens zwei Pflichtgegenstände aus dem Cluster „Hairstyling, Visagistik und Maskenbildnerei" und einen weiteren Pflichtgegenstand.

---

[1]) Der 4b. Unterabschnitt (§§ 35d bis 35f) ist gemäß § 95 Abs. 7 Z 2 mit Wirksamkeit ab Haupttermin 2026 anzuwenden.

Klausurprüfung

§ 35e. (1) Die Klausurprüfung umfasst

1. eine Klausurarbeit im Prüfungsgebiet „Deutsch" gemäß § 12 Abs. 1 Z 1 und
2. nach Wahl der Prüfungskandidatin oder des Prüfungskandidaten zwei oder drei Klausurarbeiten in den Prüfungsgebieten
   a) „Lebende Fremdsprache" gemäß § 12 Abs. 1 Z 2 oder
   b) „Angewandte Mathematik" gemäß § 12 Abs. 1 Z 3 oder
   c) „Angewandte Betriebswirtschaft und Rechnungswesen" (300 Minuten, schriftlich).

(2) Das Prüfungsgebiet „Lebende Fremdsprache" gemäß Abs. 1 Z 2 lit. a umfasst den Pflichtgegenstand „Englisch".

(3) Das Prüfungsgebiet „Angewandte Betriebswirtschaft und Rechnungswesen" gemäß Abs. 1 Z 2 lit. c umfasst die Pflichtgegenstände „Rechnungswesen" und „Betriebswirtschaft, Marketing sowie Verkaufs- und Dienstleistungsmanagement".

Mündliche Prüfung

§ 35f. (1) Die mündliche Prüfung umfasst

1. wenn gemäß § 35e Abs. 1 Z 2 zwei Klausurarbeiten gewählt wurden, eine mündliche Teilprüfung in demjenigen Prüfungsgebiet, in welchem gemäß § 35e Abs. 1 Z 2 im Rahmen der Klausurprüfung keine Klausurarbeit abgelegt wurde,
2. eine mündliche Teilprüfung im Prüfungsgebiet „Schwerpunktfach Fachkolloquium …" (mit Bezeichnung des Pflichtgegenstandes oder der Pflichtgegenstände gemäß Abs. 2) und
3. eine mündliche Teilprüfung im Prüfungsgebiet „Wahlfach …" (mit Bezeichnung des Pflichtgegenstandes gemäß Abs. 3 Z 1 oder 2 oder mit der Bezeichnung gemäß Abs. 3 Z 3 bis 7).

(2) Das Prüfungsgebiet „Schwerpunktfach Fachkolloquium …" gemäß Abs. 1 Z 2 umfasst nach Wahl der Prüfungskandidatin oder des Prüfungskandidaten

1. die besuchte schulautonome Vertiefung oder
2. den Pflichtgegenstand „Betriebswirtschaft, Marketing sowie Verkaufs- und Dienstleistungsmanagement" und einen fachtheoretischen Pflichtgegenstand aus dem Cluster „Hairstyling, Visagistik und Maskenbildnerei" oder
3. zwei oder drei fachtheoretische Pflichtgegenstände aus dem Cluster „Hairstyling, Visagistik und Maskenbildnerei".

(3) Das Prüfungsgebiet „Wahlfach …" gemäß Abs. 1 Z 3 umfasst nach Wahl der Prüfungskandidatin oder des Prüfungskandidaten

1. einen im Ausmaß von mindestens vier Wochenstunden, im Pflichtgegenstand „Zweite lebende Fremdsprache" jedoch mindestens sechs Wochenstunden unterrichteten Pflichtgegenstand des Stammbereiches, ausgenommen die bereits gemäß § 35e zur Klausurprüfung oder gemäß Abs. 1 Z 1 und 2 zur mündlichen Prüfung gewählten Pflichtgegenstände sowie die Pflichtgegenstände „Frisurengestaltung und Schönheitspflege" und „Bewegung und Sport" oder
2. die besuchte schulautonome Vertiefung, sofern diese nicht bereits gemäß Abs. 1 Z 2 zum Schwerpunktfach Fachkolloquium gewählt wurde, oder
3. „Mehrsprachigkeit (mit Bezeichnung der beiden lebenden Fremdsprachen)" oder
4. „Geschichte und Trendforschung" oder
5. „Geschichte und Recht" oder
6. „Farb- und Stilberatung und Trendforschung" oder
7. „Kultur und gesellschaftliche Reflexion".

(4) Das Prüfungsgebiet „Wahlfach Mehrsprachigkeit (mit Bezeichnung der beiden lebenden Fremdsprachen)" gemäß Abs. 3 Z 3 umfasst die Pflichtgegenstände „Englisch" und „Zweite lebende Fremdsprache".

(5) Das Prüfungsgebiet „Wahlfach Geschichte und Trendforschung" gemäß Abs. 3 Z 4 umfasst den Bereich „Geschichte" des Pflichtgegenstandes „Geschichte und Politische Bildung" und den Pflichtgegenstand „Mode- und Kunstgeschichte, Trendforschung".

(6) Das Prüfungsgebiet „Wahlfach Geschichte und Recht" gemäß Abs. 3 Z 5 umfasst den Bereich „Geschichte" des Pflichtgegenstandes „Geschichte und Politische Bildung" und den Pflichtgegenstand „Recht".

(7) Das Prüfungsgebiet „Farb- und Stilberatung und Trendforschung" gemäß Abs. 3 Z 6 umfasst die Pflichtgegenstände „Farb- und Stilberatung" und „Mode- und Kunstgeschichte, Trendforschung".

(8) Das Prüfungsgebiet „Wahlfach Kultur und gesellschaftliche Reflexion" gemäß Abs. 3 Z 7 umfasst die Bereiche „Zuhören und Sprechen" sowie „Reflexion" des Pflichtgegenstandes „Deutsch".

(9) Für die Kombination von Pflichtgegenständen gemäß Abs. 2 Z 2 und 3 hat die Schulleiterin oder der Schulleiter innerhalb der ersten drei Wochen der letzten Schulstufe alle geeigneten Gegenstandskombinationen durch Anschlag in der Schule bekannt zu machen.

5. Unterabschnitt
(BGBl. II Nr. 160/2015, Art. 1 Z 26)

Abschlussprüfung an der Fachschule für Mode

Abschlussarbeit

§ 36. Das Prüfungsgebiet „Abschlussarbeit" umfasst nach Wahl der Prüfungskandidatin oder des Prüfungskandidaten

1. den Pflichtgegenstand „Betriebswirtschaft" oder
2. einen Pflichtgegenstand aus dem Cluster „Produktentwicklung und Produktion", ausgenommen den Pflichtgegenstand „Fertigungsverfahren und Verarbeitungstechniken", oder
3. die besuchte schulautonome Vertiefung oder
4. das Pflichtpraktikum.

(BGBl. II Nr. 231/2018, Z 10)

Klausurprüfung

§ 37. (1) Die Klausurprüfung umfasst

1. eine Klausurarbeit im Prüfungsgebiet „Deutsch" (180 Minuten, schriftlich) und
2. eine Klausurarbeit im Prüfungsgebiet „Rechnungswesen" (180 Minuten, schriftlich) und
3. eine Klausurarbeit im Prüfungsgebiet „Schnittkonstruktion und Modellgestaltung" (240 Minuten, grafisch) und
4. eine Klausurarbeit im Prüfungsgebiet „Fertigungsverfahren und Verarbeitungstechniken" (960 Minuten, praktisch).

Mündliche Prüfung

§ 38. (1) Die mündliche Prüfung umfasst eine mündliche Teilprüfung im Prüfungsgebiet „Fachkolloquium …" (mit Bezeichnung des Pflichtgegenstandes oder der Pflichtgegenstände gemäß Abs. 2). *(BGBl. II Nr. 177/2012 idF BGBl. II Nr. 231/2018, Z 11)*

(2) Das Prüfungsgebiet „Fachkolloquium …" gemäß Abs. 1 umfasst nach Wahl der Prüfungskandidatin oder des Prüfungskandidaten

1. die Pflichtgegenstände „Geschichte und Politische Bildung" und „Recht" oder
2. den Pflichtgegenstand „Englisch" oder
3. den Pflichtgegenstand „Betriebswirtschaft" oder
4. den Pflichtgegenstand „Textiltechnologie" oder
5. den Pflichtgegenstand „Entwurf und Design" oder
6. den Pflichtgegenstand „Methoden des Projektmanagements und Prozessgestaltung" oder
7. die besuchte schulautonome Vertiefung.

(BGBl. II Nr. 231/2018, Z 12)

6. Unterabschnitt
(BGBl. II Nr. 160/2015, Art. 1 Z 26)

Reife- und Diplomprüfung an der Höheren Lehranstalt für Kunst und Gestaltung
(BGBl. II Nr. 231/2018, Z 13)

Diplomarbeit

§ 39. Das Prüfungsgebiet „Diplomarbeit" umfasst nach Wahl der Prüfungskandidatin oder des Prüfungskandidaten

1. den besuchten schulautonomen Schwerpunkt oder *(BGBl. II Nr. 160/2015, Art. 1 Z 26 idF BGBl. II Nr. 231/2018, Z 14)*
2. den besuchten schulautonomen Schwerpunkt und höchstens zwei weitere Pflichtgegenstände oder *(BGBl. II Nr. 160/2015, Art. 1 Z 26 idF BGBl. II Nr. 231/2018, Z 14)*
3. den Pflichtgegenstand „Mediale Darstellungsverfahren" oder
4. den Pflichtgegenstand „Mediale Darstellungsverfahren" und höchstens zwei weitere Pflichtgegenstände.

Klausurprüfung

§ 40. (1) Die Klausurprüfung umfasst

1. eine Klausurarbeit im Prüfungsgebiet „Deutsch" gemäß § 12 Abs. 1 Z 1 und
2. nach Wahl der Prüfungskandidatin oder des Prüfungskandidaten zwei oder drei Klausurarbeiten in den Prüfungsgebieten
   a) „Lebende Fremdsprache" gemäß § 12 Abs. 1 Z 2 oder
   b) „Angewandte Mathematik" gemäß § 12 Abs. 1 Z 3 oder
   c) „Angewandte Betriebswirtschaft und Rechnungswesen" (300 Minuten, schriftlich).

(2) Das Prüfungsgebiet „Lebende Fremdsprache" gemäß Abs. 1 Z 2 lit. a umfasst den Pflichtgegenstand „Englisch".

(3) Das Prüfungsgebiet „Angewandte Betriebswirtschaft und Rechnungswesen" gemäß Abs. 1 Z 2 lit. c umfasst den Pflichtgegenstand „Rechnungswesen" und die betriebswirtschaftlichen Lehrstoffbereiche des Pflichtgegenstandes „Betriebswirtschaft, Kultur- und Projektmanagement". *(BGBl. II Nr. 231/2018, Z 15)*

Mündliche Prüfung

§ 41. (1) Die mündliche Prüfung umfasst

1. wenn gemäß § 40 Abs. 1 Z 2 zwei Klausurarbeiten gewählt wurden, eine mündliche Teilprüfung in demjenigen Prüfungsgebiet, in welchem gemäß § 40 Abs. 1 Z 2 im Rahmen der Klausurprüfung keine Klausurarbeit abgelegt wurde,
2. eine mündliche Teilprüfung im Prüfungsgebiet „Schwerpunktfach Fachkolloquium …" (mit Bezeichnung der Pflichtgegenstände gemäß Abs. 2) und
3. eine mündliche Teilprüfung im Prüfungsgebiet „Wahlfach …" (mit Bezeichnung des Pflichtgegenstandes oder der Pflichtgegenstände gemäß Abs. 3 Z 1 oder 2 oder mit der Bezeichnung gemäß Abs. 3 Z 3 bis 5).

(2) Das Prüfungsgebiet „Schwerpunktfach Fachkolloquium …" gemäß Abs. 1 Z 2 umfasst den besuchten schulautonomen Schwerpunkt und den Pflichtgegenstand „Kunst- und Kulturgeschichte".

(3) Das Prüfungsgebiet „Wahlfach …" gemäß Abs. 1 Z 3 umfasst nach Wahl der Prüfungskandidatin oder des Prüfungskandidaten

1. einen im Ausmaß von mindestens vier Wochenstunden unterrichteten Pflichtgegenstand, ausgenommen die bereits gemäß § 40 zur Klausurprüfung oder gemäß Abs. 1 Z 1 und 2 zur mündlichen Prüfung gewählten Pflichtgegenstände sowie die Pflichtgegenstände „Betriebswirtschaft, Kultur- und Projektmanagement", „Atelier für räumliches Gestalten", „Atelier für flächiges Gestalten" und „Bewegung und Sport", oder
2. zwei im Ausmaß von insgesamt mindestens vier Wochenstunden unterrichtete Pflichtgegenstände, ausgenommen die bereits gemäß § 40 zur Klausurprüfung oder gemäß Abs. 1 Z 1 und 2 zur mündlichen Prüfung gewählten Pflichtgegenstände sowie die Pflichtgegenstände „Betriebswirtschaft, Kultur- und Projektmanagement", „Atelier für räumliches Gestalten", „Atelier für flächiges Gestalten" und „Bewegung und Sport", oder
3. „Mehrsprachigkeit (mit Bezeichnung der beiden lebenden Fremdsprachen)" oder
4. „Kultur und gesellschaftliche Reflexion" oder
5. „Politische Bildung und Recht".

(4) Das Prüfungsgebiet „Wahlfach Mehrsprachigkeit (mit Bezeichnung der beiden lebenden Fremdsprachen)" gemäß Abs. 3 Z 3 umfasst die Pflichtgegenstände „Englisch" und „Zweite lebende Fremdsprache".

(5) Das Prüfungsgebiet „Wahlfach Kultur und gesellschaftliche Reflexion" gemäß Abs. 3 Z 4 umfasst die Bereiche „Zuhören und Sprechen" und „Reflexion" des Pflichtgegenstandes „Deutsch".

(6) Das Prüfungsgebiet „Wahlfach Politische Bildung und Recht" gemäß Abs. 3 Z 5 umfasst die Bereiche „Grundlagen der politischen Bildung", „Entwicklung, Grundlagen und Aufgaben moderner Staaten", „Moderne Demokratie am Beispiel Österreich", „Machtstrukturen im Staat", „Österreichische Verfassung", „Österreich und EU" und „Europäische Integration und Europäische Union" des Pflichtgegenstandes „Geschichte und Politische Bildung" und den Pflichtgegenstand „Recht".

(7) Für die Kombination von Pflichtgegenständen gemäß Abs. 3 Z 2 hat die Schulleiterin oder der Schulleiter innerhalb der ersten drei Wochen der letzten Schulstufe alle geeigneten Gegenstandskombinationen durch Anschlag in der Schule bekannt zu machen.

(BGBl. II Nr. 231/2018, Z 16)

7. Unterabschnitt
(BGBl. II Nr. 160/2015, Art. 1 Z 26)

Reife- und Diplomprüfung an der Höheren Lehranstalt für Tourismus
(einschließlich des Aufbaulehrganges)

Vorprüfung

§ 42. (1) Die Vorprüfung umfasst die Prüfungsgebiete

1. „Küche" (300 Minuten einschließlich Vorarbeiten, praktisch) und
2. „Restaurant" (300 Minuten einschließlich Vorarbeiten, praktisch).

(2) Das Prüfungsgebiet „Küche" gemäß Abs. 1 Z 1 umfasst an der Höheren Lehranstalt den Pflichtgegenstand „Küchenorganisation und Kochen" und am Aufbaulehrgang die Lehrstoffbereiche „Küchenorganisation" und „Kochen" des Pflichtgegenstandes „Küchenorganisation, Kochen und Ernährung".

(3) Das Prüfungsgebiet „Restaurant" gemäß Abs. 1 Z 2 umfasst den Pflichtgegenstand „Serviceorganisation, Servieren und Getränke".

(4) Am Aufbaulehrgang entfällt für Prüfungskandidatinnen und Prüfungskandidaten, die den Lehrberuf Koch/Köchin erfolgreich absolviert haben, die Teilprüfung im Prüfungsgebiet „Küche" gemäß Abs. 1 Z 1 und für Prüfungskandidatinnen und Prüfungskandidaten, die den Lehrberuf Restaurantfachmann/Restaurantfachfrau erfolgreich absolviert haben, die Teilprüfung im Prüfungsgebiet „Restaurant" gemäß Abs. 1 Z 2.

(5) Am Aufbaulehrgang entfällt die Vorprüfung für Prüfungskandidatinnen und Prüfungskandidaten, die den alternativen Pflicht-

bereich „Tourismusmanagement und Seminare“ besucht haben.

(BGBl. II Nr. 231/2018, Z 17)

Diplomarbeit

§ 43. Das Prüfungsgebiet „Diplomarbeit“ umfasst nach Wahl der Prüfungskandidatin oder des Prüfungskandidaten

1. den Pflichtgegenstand „Tourismusgeografie und Reisebüro“ oder
2. den Pflichtgegenstand „Tourismusmarketing und Kundenmanagement“ oder
3. den Pflichtgegenstand „Betriebs- und Volkswirtschaft“ oder
4. einen schulautonom eingeführten, im Ausmaß von mindestens vier Wochenstunden unterrichteten Pflichtgegenstand oder
5. einen Pflichtgegenstand gemäß Z 1, 2, 3 oder 4 in Kombination mit einem zweiten Pflichtgegenstand.

(BGBl. II Nr. 231/2018, Z 17)

Klausurprüfung

§ 44. (1) Die Klausurprüfung umfasst

1. eine Klausurarbeit im Prüfungsgebiet „Deutsch“ gemäß § 12 Abs. 1 Z 1 und
2. nach Wahl der Prüfungskandidatin oder des Prüfungskandidaten zwei oder drei Klausurarbeiten in den Prüfungsgebieten
   a) „Lebende Fremdsprache“ gemäß § 12 Abs. 1 Z 2 oder
   b) „Angewandte Mathematik“ gemäß § 12 Abs. 1 Z 3 oder
   c) „Angewandte Betriebswirtschaft und Rechnungswesen“ (300 Minuten, schriftlich).

(2) Das Prüfungsgebiet „Lebende Fremdsprache“ gemäß Abs. 1 Z 2 lit. a umfasst nach Wahl der Prüfungskandidatin oder des Prüfungskandidaten den Pflichtgegenstand „Englisch“ oder „Zweite lebende Fremdsprache (mit Bezeichnung der Fremdsprache)“. *(BGBl. II Nr. 160/2015, Art. 1 Z 26 idF BGBl. II Nr. 231/2018, Z 18)*

(3) Das Prüfungsgebiet „Angewandte Betriebswirtschaft und Rechnungswesen“ gemäß Abs. 1 Z 2 lit. c umfasst den Pflichtgegenstand „Rechnungswesen und Controlling“ und die betriebswirtschaftlichen Lehrstoffbereiche des Pflichtgegenstandes „Betriebs- und Volkswirtschaft“. *(BGBl. II Nr. 231/2018, Z 19)*

Mündliche Prüfung

§ 45. (1) Die mündliche Prüfung umfasst

1. wenn gemäß § 44 Abs. 1 Z 2 zwei Klausurarbeiten gewählt wurden, eine mündliche Teilprüfung in demjenigen Prüfungsgebiet, in welchem gemäß § 44 Abs. 1 Z 2 im Rahmen der Klausurprüfung keine Klausurarbeit abgelegt wurde,
2. eine mündliche Teilprüfung nach Wahl der Prüfungskandidatin oder des Prüfungskandidaten im Prüfungsgebiet
   a) „Schwerpunktfach Fachkolloquium …“ (mit Bezeichnung des Pflichtgegenstandes oder der Pflichtgegenstände gemäß Abs. 2) oder
   b) „Berufsbezogene Kommunikation in der Fremdsprache (mit Bezeichnung der Fremdsprache)“ und
3. eine mündliche Teilprüfung im Prüfungsgebiet „Wahlfach …“ (mit Bezeichnung des Pflichtgegenstandes oder der Pflichtgegenstände gemäß Abs. 4 Z 1 oder 2 oder mit der Bezeichnung gemäß Abs. 4 Z 3 bis 5).

(2) Das Prüfungsgebiet „Schwerpunktfach Fachkolloquium …“ gemäß Abs. 1 Z 2 lit. a umfasst nach Wahl der Prüfungskandidatin oder des Prüfungskandidaten

1. den Pflichtgegenstand „Tourismusgeografie und Reisebüro“ oder
2. den Pflichtgegenstand „Tourismusmarketing und Kundenmanagement“ oder
3. einen im Cluster „Tourismus und Wirtschaft“ schulautonom eingeführten, am Aufbaulehrgang im Ausmaß von mindestens vier Wochenstunden unterrichteten Pflichtgegenstand oder
4. eine schulautonom eingeführte, im Ausmaß von mindestens sechs Wochenstunden unterrichtete Fremdsprache oder
5. einen Pflichtgegenstand, ausgenommen die bereits gemäß § 44 zur Klausurprüfung oder gemäß Abs. 1 Z 1 zur mündlichen Prüfung gewählten Pflichtgegenstände sowie die Pflichtgegenstände „Küchenorganisation und Kochen“, „Küchenorganisation, Kochen und Ernährung“, „Serviceorganisation, Servieren und Getränke“, „Betriebspraktikum und angewandtes Projektmanagement“ und „Bewegung und Sport; Sportliche Animation“, und
   a) den Pflichtgegenstand „Tourismusgeografie und Reisebüro“ oder
   b) den Pflichtgegenstand „Tourismusmarketing und Kundenmanagement“ oder
   c) den Pflichtgegenstand „Betriebs- und Volkswirtschaft“ oder
   d) einen im Cluster „Tourismus und Wirtschaft“ schulautonom eingeführten Pflichtgegenstand.

(3) Das Prüfungsgebiet „Berufsbezogene Kommunikation in der Fremdsprache (mit

Bezeichnung der Fremdsprache)“ gemäß Abs. 1 Z 2 lit. b umfasst den Teilbereich „Berufsbezogene Kommunikation“

1. des Pflichtgegenstandes „Englisch“ oder
2. des Pflichtgegenstandes „Zweite lebende Fremdsprache“ oder
3. einer schulautonom eingeführten, im Ausmaß von mindestens sechs Wochenstunden unterrichteten Fremdsprache.

Die Wahl des Pflichtgegenstandes gemäß Z 1 bis 3 obliegt der Prüfungskandidatin oder dem Prüfungskandidaten, wobei die gemäß § 44 Abs. 1 Z 2 lit. a zur Klausurprüfung oder gemäß Abs. 1 Z 1 zur mündlichen Prüfung gewählte Fremdsprache ausgenommen ist.

(4) Das Prüfungsgebiet „Wahlfach …“ gemäß Abs. 1 Z 3 umfasst nach Wahl der Prüfungskandidatin oder des Prüfungskandidaten

1. einen im Ausmaß von mindestens vier Wochenstunden unterrichteten Pflichtgegenstand, ausgenommen die bereits gemäß § 44 zur Klausurprüfung oder gemäß Abs. 1 Z 1 und 2 zur mündlichen Prüfung gewählten Pflichtgegenstände sowie die Pflichtgegenstände „Betriebs- und Volkswirtschaft“, „Küchenorganisation und Kochen“, „Küchenorganisation, Kochen und Ernährung“, „Serviceorganisation, Servieren und Getränke“, „Betriebspraktikum und angewandtes Projektmanagement“ und „Bewegung und Sport; Sportliche Animation“, oder
2. zwei im Ausmaß von insgesamt mindestens vier Wochenstunden unterrichtete Pflichtgegenstände, ausgenommen die bereits gemäß § 44 zur Klausurprüfung oder gemäß Abs. 1 Z 1 und 2 zur mündlichen Prüfung gewählte Pflichtgegenstände sowie die Pflichtgegenstände „Betriebs- und Volkswirtschaft“, „Küchenorganisation und Kochen“, „Küchenorganisation, Kochen und Ernährung“, „Serviceorganisation, Servieren und Getränke“, „Betriebspraktikum und angewandtes Projektmanagement“ und „Bewegung und Sport; Sportliche Animation“, oder
3. „Mehrsprachigkeit (mit Bezeichnung der lebenden Fremdsprachen)“ oder
4. „Kultur und gesellschaftliche Reflexion“ oder
5. „Politische Bildung und Recht“.

(5) Das Prüfungsgebiet „Wahlfach Mehrsprachigkeit (mit Bezeichnung der lebenden Fremdsprachen)“ gemäß Abs. 4 Z 3 umfasst nach Wahl der Prüfungskandidatin oder des Prüfungskandidaten

1. die Pflichtgegenstände „Englisch“ und „Zweite lebende Fremdsprache“ oder
2. den Pflichtgegenstand „Englisch“ und eine schulautonom eingeführte, im Ausmaß von mindestens sechs Wochenstunden unterrichtete Fremdsprache.

(6) Das Prüfungsgebiet „Wahlfach Kultur und gesellschaftliche Reflexion“ gemäß Abs. 4 Z 4 umfasst die Bereiche „Zuhören und Sprechen“ und „Reflexion“ des Pflichtgegenstandes „Deutsch“.

(7) Das Prüfungsgebiet „Wahlfach Politische Bildung und Recht“ gemäß Abs. 4 Z 5 umfasst an der Höheren Lehranstalt die Bereiche „Entwicklung des modernen Staates“, „Grundlagen und Aufgaben des Staates“, „Moderne Demokratie am Beispiel Österreich“, „Österreichische Verfassung“ und „Europäische Union“ des Pflichtgegenstandes „Geschichte und Politische Bildung“ sowie den Pflichtgegenstand „Recht“ und am Aufbaulehrgang die Bereiche „Internationale Organisationen“, „Grundlagen der österreichischen Verfassung“ und „Medien und ihre Bedeutung in Gesellschaft und Politik“ des Pflichtgegenstandes „Geschichte und Politische Bildung“ sowie den Pflichtgegenstand „Recht“.

(8) Für die Kombination von Pflichtgegenständen gemäß Abs. 2 Z 5 und Abs. 4 Z 2 hat die Schulleiterin oder der Schulleiter innerhalb der ersten drei Wochen der letzten Schulstufe alle geeigneten Gegenstandskombinationen durch Anschlag in der Schule bekannt zu machen.

(BGBl. II Nr. 231/2018, Z 20)

8. Unterabschnitt
(BGBl. II Nr. 160/2015, Art. 1 Z 26)
Abschlussprüfung an der Tourismusfachschule

Abschlussarbeit

§ 46. Das Prüfungsgebiet „Abschlussarbeit“ umfasst nach Wahl der Prüfungskandidatin oder des Prüfungskandidaten

1. den Pflichtgegenstand „Betriebs- und Volkswirtschaft mit Betriebswirtschaftlichen Übungen“ oder
2. den Pflichtgegenstand „Tourismusgeografie“ oder
3. den Pflichtgegenstand „Tourismusmarketing und angewandtes Projektmanagement“ oder
4. den Pflichtgegenstand „Reisewirtschaft“ oder
5. den Pflichtgegenstand „Rezeption und Hotelmanagement“ oder
6. einen schulautonom eingeführten Pflichtgegenstand oder
7. das Pflichtpraktikum.

(BGBl. II Nr. 231/2018, Z 21)

Klausurprüfung

§ 47. Die Klausurprüfung umfasst
1. eine Klausurarbeit im Prüfungsgebiet „Deutsch“ (180 Minuten, schriftlich) und
2. eine Klausurarbeit nach Wahl der Prüfungskandidatin oder des Prüfungskandidaten im Prüfungsgebiet
   a) „Englisch“ (180 Minuten, schriftlich) oder
   b) „Zweite lebende Fremdsprache (mit Bezeichnung der Fremdsprache)“ (180 Minuten, schriftlich) und
3. eine Klausurarbeit im Prüfungsgebiet „Rechnungswesen“ (180 Minuten, schriftlich).

Mündliche Prüfung

§ 48. (1) Die mündliche Prüfung umfasst
1. eine mündliche Teilprüfung im Prüfungsgebiet
   a) „Englisch“, wenn die Prüfungskandidatin oder der Prüfungskandidat gemäß § 47 Z 2 für die Klausurprüfung das Prüfungsgebiet „Zweite lebende Fremdsprache (mit Bezeichnung der Fremdsprache)“ gewählt hat, oder
   b) „Zweite lebende Fremdsprache (mit Bezeichnung der Fremdsprache)“, wenn die Prüfungskandidatin oder der Prüfungskandidat gemäß § 47 Z 2 für die Klausurprüfung das Prüfungsgebiet „Englisch“ gewählt hat, und
2. eine mündliche Teilprüfung im Prüfungsgebiet „Fachkolloquium …“ (mit Bezeichnung des Pflichtgegenstandes gemäß Abs. 2).

(2) Das Prüfungsgebiet „Fachkolloquium …“ gemäß Abs. 1 Z 2 umfasst nach Wahl der Prüfungskandidatin oder des Prüfungskandidaten den Pflichtgegenstand
1. „Betriebs- und Volkswirtschaft mit Betriebswirtschaftlichen Übungen“ oder
2. „Tourismusgeografie“ oder
3. „Tourismusmarketing und angewandtes Projektmanagement“ oder
4. „Reisewirtschaft“ oder
5. „Rezeption und Hotelmanagement“.

(BGBl. II Nr. 231/2018, Z 22)

9. Unterabschnitt
(BGBl. II Nr. 160/2015, Art. 1 Z 26)
Abschlussprüfung an der Hotelfachschule

Abschlussarbeit

§ 49. Das Prüfungsgebiet „Abschlussarbeit“ umfasst nach Wahl der Prüfungskandidatin oder des Prüfungskandidaten
1. die Pflichtgegenstände „Tourismusgeografie“ und „Kultur- und Tourismusland Österreich“ oder
2. den Pflichtgegenstand „Tourismusmarketing“ oder
3. den Pflichtgegenstand „Betriebs- und Volkswirtschaft“ oder
4. den Pflichtgegenstand „Serviceorganisation, Servieren und Getränke“ oder
5. einen schulautonom eingeführten Pflichtgegenstand oder
6. das Pflichtpraktikum.

(BGBl. II Nr. 231/2018, Z 23)

Klausurprüfung

§ 50. (1) Die Klausurprüfung umfasst
1. eine Klausurarbeit im Prüfungsgebiet „Deutsch“ (180 Minuten, schriftlich) und
2. eine Klausurarbeit im Prüfungsgebiet „Rechnungswesen“ (180 Minuten, schriftlich) und
3. eine Klausurarbeit im Prüfungsgebiet „Küche“ (300 Minuten einschließlich Vorarbeiten, praktisch) und *(BGBl. II Nr. 160/2015, Art. 1 Z 26 idF BGBl. II Nr. 231/2018, Z 24)*
4. eine Klausurarbeit im Prüfungsgebiet „Restaurant“ (300 Minuten einschließlich Vorarbeiten, praktisch). *(BGBl. II Nr. 160/2015, Art. 1 Z 26 idF BGBl. II Nr. 231/2018, Z 24)*

(2) Das Prüfungsgebiet „Küche“ gemäß Abs. 1 Z 3 umfasst den Pflichtgegenstand „Küchenorganisation und Kochen“.

(3) Das Prüfungsgebiet „Restaurant“ gemäß Abs. 1 Z 4 umfasst den Pflichtgegenstand „Serviceorganisation, Servieren und Getränke“. *(BGBl. II Nr. 160/2015, Art. 1 Z 26 idF BGBl. II Nr. 231/2018, Z 25)*

Mündliche Prüfung

§ 51. (1) Die mündliche Prüfung umfasst
1. eine mündliche Teilprüfung nach Wahl der Prüfungskandidatin oder des Prüfungskandidaten im Prüfungsgebiet
   a) „Englisch“ oder
   b) „Zweite lebende Fremdsprache (mit Bezeichnung der Fremdsprache)“ und
2. eine mündliche Teilprüfung im Prüfungsgebiet „Fachkolloquium“ (mit Bezeichnung des Pflichtgegenstandes oder der Pflichtgegenstände gemäß Abs. 2). *(BGBl. II Nr. 160/2015, Art. 1 Z 26 idF BGBl. II Nr. 231/2018, Z 11)*

(2) Das Prüfungsgebiet „Fachkolloquium …“ gemäß Abs. 1 Z 2 umfasst nach Wahl der Prüfungskandidatin oder des Prüfungskandidaten
1. einen im Ausmaß von mindestens vier Wochenstunden unterrichteten Pflichtge-

genstand aus dem Cluster „Tourismus und Wirtschaft", ausgenommen der Pflichtgegenstand „Rechnungswesen", oder
2. zwei im Ausmaß von insgesamt mindestens vier Wochenstunden unterrichtete Pflichtgegenstände aus dem Cluster „Tourismus und Wirtschaft", ausgenommen der Pflichtgegenstand „Rechnungswesen".

(BGBl. II Nr. 231/2018, Z 26)

(3) Das Prüfungsgebiet „Zweite lebende Fremdsprache (mit Bezeichnung der Fremdsprache)" gemäß Abs. 1 Z 1 lit. b ist nur wählbar, wenn eine schulautonom eingeführte zweite lebende Fremdsprache im Ausmaß von mindestens sechs Wochenstunden unterrichtet wurde. *(BGBl. II Nr. 231/2018, Z 26)*

9a. Unterabschnitt

Reife- und Diplomprüfung an der Höheren Lehranstalt für Produktmanagement und Präsentation

(BGBl. II Nr. 231/2018, Z 27)

Diplomarbeit

§ 51a. Das Prüfungsgebiet „Diplomarbeit" umfasst nach Wahl der Prüfungskandidatin oder des Prüfungskandidaten zwei oder drei der folgenden Pflichtgegenstände:

1. „Betriebswirtschaft",
2. „Werkstofflehre und -analyse",
3. „Präsentation",
4. „Produktdesign",
5. „Medienwerkstatt" und
6. „Produktmanagement und Projektatelier".

Klausurprüfung

§ 51b. (1) Die Klausurprüfung umfasst

1. eine Klausurarbeit im Prüfungsgebiet „Deutsch" gemäß § 12 Abs. 1 Z 1 und
2. nach Wahl der Prüfungskandidatin oder des Prüfungskandidaten zwei oder drei Klausurarbeiten in den Prüfungsgebieten
   a) „Lebende Fremdsprache" gemäß § 12 Abs. 1 Z 2 oder
   b) „Angewandte Mathematik" gemäß § 12 Abs. 1 Z 3 oder
   c) „Angewandte Betriebswirtschaft und Rechnungswesen" (300 Minuten, schriftlich).

(2) Das Prüfungsgebiet „Lebende Fremdsprache" gemäß Abs. 1 Z 2 lit. a umfasst den Pflichtgegenstand „Englisch".

(3) Das Prüfungsgebiet „Angewandte Betriebswirtschaft und Rechnungswesen" gemäß Abs. 1 Z 2 lit. c umfasst die Pflichtgegenstände „Rechnungswesen" und „Betriebswirtschaft".

Mündliche Prüfung

§ 51c. (1) Die mündliche Prüfung umfasst

1. wenn gemäß § 51b Abs. 1 Z 2 zwei Klausurarbeiten gewählt wurden, eine mündliche Teilprüfung in demjenigen Prüfungsgebiet, in welchem gemäß § 51b Abs. 1 Z 2 im Rahmen der Klausurprüfung keine Klausurarbeit abgelegt wurde,
2. eine mündliche Teilprüfung nach Wahl der Prüfungskandidatin oder des Prüfungskandidaten im Prüfungsgebiet
   a) „Schwerpunktfach Fachkolloquium ..." (mit Bezeichnung der Pflichtgegenstände gemäß Abs. 2) oder
   b) „Berufsbezogene Kommunikation in der Fremdsprache (mit Bezeichnung der Fremdsprache)" und
3. eine mündliche Teilprüfung im Prüfungsgebiet „Wahlfach ..." (mit Bezeichnung des Pflichtgegenstandes oder der Pflichtgegenstände gemäß Abs. 4 Z 1 oder 2 oder mit der Bezeichnung gemäß Abs. 4 Z 3 bis 5).

(2) Das Prüfungsgebiet „Schwerpunktfach Fachkolloquium ..." gemäß Abs. 1 Z 2 lit. a umfasst nach Wahl der Prüfungskandidatin oder des Prüfungskandidaten zwei der folgenden Pflichtgegenstände:

1. „Werkstofflehre und -analyse",
2. „Präsentation",
3. „Produktdesign",
4. „Medienwerkstatt" und
5. „Produktmanagement und Projektatelier", wobei hier nur die fachtheoretischen Lehrinhalte umfasst sind.

(3) Das Prüfungsgebiet „Berufsbezogene Kommunikation in der Fremdsprache (mit Bezeichnung der Fremdsprache)" gemäß Abs. 1 Z 2 lit. b umfasst den Teilbereich „Berufsbezogene Kommunikation" des Pflichtgegenstandes

1. „Zweite lebende Fremdsprache" oder
2. „Dritte lebende Fremdsprache".

Die Wahl des Pflichtgegenstandes gemäß Z 1 und 2 obliegt der Prüfungskandidatin oder dem Prüfungskandidaten.

(4) Das Prüfungsgebiet „Wahlfach ..." gemäß Abs. 1 Z 3 umfasst nach Wahl der Prüfungskandidatin oder des Prüfungskandidaten

1. einen im Ausmaß von mindestens vier Wochenstunden unterrichteten Pflichtgegenstand, ausgenommen die bereits gemäß § 51b zur Klausurprüfung oder gemäß Abs. 1 Z 1 und 2 zur mündlichen Prüfung gewählten Pflichtgegenstände sowie die Pflichtgegenstände „Produktmanagement und Projektatelier" und „Bewegung und Sport" oder
2. zwei im Ausmaß von insgesamt mindestens vier Wochenstunden unterrichtete

Pflichtgegenstände, ausgenommen die bereits gemäß § 51b zur Klausurprüfung oder gemäß Abs. 1 Z 1 und 2 zur mündlichen Prüfung gewählten Pflichtgegenstände sowie die Pflichtgegenstände „Produktmanagement und Projektatelier“ und „Bewegung und Sport“, oder
3. „Mehrsprachigkeit (mit Bezeichnung der beiden lebenden Fremdsprachen)“ oder
4. „Kultur und gesellschaftliche Reflexion“ oder
5. „Politische Bildung und Recht“.

(5) Das Prüfungsgebiet „Wahlfach Mehrsprachigkeit (mit Bezeichnung der beiden lebenden Fremdsprachen)“ gemäß Abs. 4 Z 3 umfasst nach Wahl der Prüfungskandidatin oder des Prüfungskandidaten die Pflichtgegenstände
1. „Englisch“ und „Zweite lebende Fremdsprache“ oder
2. „Englisch“ und „Dritte lebende Fremdsprache“.

(6) Das Prüfungsgebiet „Wahlfach Kultur und gesellschaftliche Reflexion“ gemäß Abs. 4 Z 4 umfasst die Bereiche „Zuhören und Sprechen“ und „Reflexion“ des Pflichtgegenstandes „Deutsch“.

(7) Das Prüfungsgebiet „Wahlfach Politische Bildung und Recht“ gemäß Abs. 4 Z 5 umfasst die Bereiche „Grundlagen und Aufgaben des Staates“, „Moderne Demokratie am Beispiel Österreich“, „Österreichische Verfassung“ und „Europäische Union“ des Pflichtgegenstandes „Geschichte und Politische Bildung“ und den Pflichtgegenstand „Recht“

(8) Für die Kombination von Pflichtgegenständen gemäß Abs. 4 Z 2 hat die Schulleiterin oder der Schulleiter innerhalb der ersten drei Wochen der letzten Schulstufe alle geeigneten Gegenstandskombinationen durch Anschlag in der Schule bekannt zu machen.

10. Unterabschnitt
Reife- und Diplomprüfung an der Höheren Lehranstalt für wirtschaftliche Berufe

(einschließlich des Aufbaulehrganges und des Aufbaulehrganges für Hörbeeinträchtigte; ausgenommen die Fachrichtungen „Kommunikations- und Mediendesign“, „Sozialmanagement“, „Kultur- und Kongressmanagement“, „Umwelt und Wirtschaft“ sowie „Wasser- und Kommunalwirtschaft“)

(BGBl. II Nr. 207/2023, Art. 3 Z 3)

Vorprüfung

§ 52. (1) Die Vorprüfung umfasst die Prüfungsgebiete
1. „Küchenmanagement“ (300 Minuten einschließlich Arbeitsplanung und Vorarbeiten, praktisch) und
2. „Restaurantmanagement“ (210 Minuten einschließlich Vorarbeiten, praktisch).

(2) Das Prüfungsgebiet „Küchenmanagement“ gemäß Abs. 1 Z 1 umfasst
1. den Teilbereich „Küche“ des Pflichtgegenstandes „Küchen- und Restaurantmanagement“ und
2. den Teilbereich „Arbeitsorganisation (Arbeitsplanung, Zeitmanagement)“ des Pflichtgegenstandes „Betriebsorganisation (mit Übungen)“.

(3) Das Prüfungsgebiet „Restaurantmanagement“ gemäß Abs. 1 Z 2 umfasst
1. den Teilbereich „Restaurant“ des Pflichtgegenstandes „Küchen- und Restaurantmanagement“ und
2. den Teilbereich „Gast und Gastlichkeit“ des Pflichtgegenstandes „Betriebsorganisation (mit Übungen)“.

(4) Am Aufbaulehrgang und am Aufbaulehrgang für Hörbeeinträchtigte entfällt die Vorprüfung.

Diplomarbeit

§ 53. Das Prüfungsgebiet „Diplomarbeit“ umfasst nach Wahl der Prüfungskandidatin oder des Prüfungskandidaten
1. den Pflichtgegenstand „Globalwirtschaft, Wirtschaftsgeografie und Volkswirtschaft“ oder
2. den Pflichtgegenstand „Betriebswirtschaft und Projektmanagement“ oder
3. den Pflichtgegenstand „Naturwissenschaften“ oder
4. den Pflichtgegenstand „Ernährung und Lebensmitteltechnologie“ oder
5. den Pflichtgegenstand „Unternehmens- und Dienstleistungsmanagement“ oder
6. einen schulautonom eingeführten, im Ausmaß von mindestens vier Wochenstunden, bei Fremdsprachen im Ausmaß von mindestens sechs Wochenstunden unterrichteten Pflichtgegenstand oder
7. einen Pflichtgegenstand gemäß Z 1, 2, 3, 4, 5 oder 6 in Kombination mit einem zweiten Pflichtgegenstand.

Klausurprüfung

§ 54. (1) Die Klausurprüfung umfasst
1. eine Klausurarbeit im Prüfungsgebiet „Deutsch“ gemäß § 12 Abs. 1 Z 1 und
2. nach Wahl der Prüfungskandidatin oder des Prüfungskandidaten zwei oder drei Klausurarbeiten in den Prüfungsgebieten

a) „Lebende Fremdsprache“ gemäß § 12 Abs. 1 Z 2 oder
b) „Angewandte Mathematik“ gemäß § 12 Abs. 1 Z 3 oder
c) „Angewandte Betriebswirtschaft und Rechnungswesen“ (300 Minuten, schriftlich).

An zweisprachigen Höheren Lehranstalten für wirtschaftliche Berufe in Kärnten umfasst die Klausurprüfung abweichend von Z 1 nach Wahl der Prüfungskandidatin oder des Prüfungskandidaten eine Klausurarbeit im Prüfungsgebiet „Deutsch“ gemäß Z 1 oder im Prüfungsgebiet „Slowenisch“ (standardisiert, 300 Minuten, schriftlich).[2]) *(BGBl. II Nr. 177/2012 idF BGBl. II Nr. 207/2023, Art. 3 Z 4)*

(2) Am Aufbaulehrgang umfasst die Klausurprüfung für Prüfungskandidatinnen und Prüfungskandidaten mit dem alternativen Pflichtgegenstandsbereich „Gastronomie und Hotellerie“ zusätzlich zu den Klausurarbeiten gemäß Abs. 1

1. eine Klausurarbeit im Prüfungsgebiet „Küchenmanagement“ (300 Minuten einschließlich Arbeitsplanung und Vorarbeiten, praktisch) und
2. eine Klausurarbeit im Prüfungsgebiet „Restaurantmanagement“ (210 Minuten einschließlich Vorarbeiten, praktisch),

wobei für Prüfungskandidatinnen und Prüfungskandidaten, die den Lehrberuf Koch/Köchin erfolgreich absolviert haben, die Klausurarbeit im Prüfungsgebiet „Küchenmanagement“ gemäß Z 1 und für Prüfungskandidatinnen und Prüfungskandidaten, die den Lehrberuf Restaurantfachmann/Restaurantfachfrau erfolgreich absolviert haben, die Klausurarbeit im Prüfungsgebiet „Restaurantmanagement“ gemäß Z 2 entfällt.

(3) Am Aufbaulehrgang für Hörbeeinträchtigte umfasst die Klausurprüfung für Prüfungskandidatinnen und Prüfungskandidaten mit dem alternativen Pflichtgegenstandsbereich „Gastronomie und Hotellerie“ zusätzlich zu den Klausurarbeiten gemäß Abs. 1 eine Klausurarbeit im Prüfungsgebiet „Küchenmanagement“ (300 Minuten einschließlich Arbeitsplanung und Vorarbeiten, praktisch).

(4) Das Prüfungsgebiet „Lebende Fremdsprache“ gemäß Abs. 1 Z 2 lit. a umfasst nach Wahl der Prüfungskandidatin oder des Prüfungskandidaten den Pflichtgegenstand „Englisch“ oder „Zweite lebende Fremdsprache (mit Bezeichnung der Fremdsprache)“ bzw. den Pflichtgegenstand „Englisch“ am Aufbaulehrgang für Hörbeeinträchtigte.

(5) Das Prüfungsgebiet „Angewandte Betriebswirtschaft und Rechnungswesen“ gemäß Abs. 1 Z 2 lit. c umfasst den Pflichtgegenstand „Rechnungswesen und Controlling“ und die betriebswirtschaftlichen Lehrstoffbereiche des Pflichtgegenstandes „Betriebswirtschaft und Projektmanagement“.

(6) Das Prüfungsgebiet „Küchenmanagement“ gemäß Abs. 2 Z 1 und Abs. 3 umfasst die Teilbereiche „Küche“ und „Arbeitsorganisation (Arbeitsplanung, Zeitmanagement)“ des Pflichtgegenstandes „Küchen- und Restaurantmanagement“.

(7) Das Prüfungsgebiet „Restaurantmanagement“ gemäß Abs. 2 Z 2 umfasst den Teilbereich „Restaurant“ des Pflichtgegenstandes „Küchen- und Restaurantmanagement“.

Mündliche Prüfung

§ 55. (1) Die mündliche Prüfung umfasst

1. wenn gemäß § 54 Abs. 1 Z 2 zwei Klausurarbeiten gewählt wurden, eine mündliche Teilprüfung in demjenigen Prüfungsgebiet, in welchem gemäß § 54 Abs. 1 Z 2 im Rahmen der Klausurprüfung keine Klausurarbeit abgelegt wurde, und
2. eine mündliche Teilprüfung nach Wahl der Prüfungskandidatin oder des Prüfungskandidaten im Prüfungsgebiet
   a) „Schwerpunktfach Fachkolloquium …“ (mit Bezeichnung des Pflichtgegenstandes oder der Pflichtgegenstände gemäß Abs. 2) oder
   b) „Berufsbezogene Kommunikation in der Fremdsprache (mit Bezeichnung der Fremdsprache)“ und
3. eine mündliche Teilprüfung im Prüfungsgebiet „Wahlfach …“ (mit Bezeichnung des Pflichtgegenstandes oder der Pflichtgegenstände gemäß Abs. 4 Z 1 oder 2 oder mit der Bezeichnung gemäß Abs. 4 Z 3 bis 5).

(2) Das Prüfungsgebiet „Schwerpunktfach Fachkolloquium …“ gemäß Abs. 1 Z 2 lit. a umfasst nach Wahl der Prüfungskandidatin oder des Prüfungskandidaten

1. den Pflichtgegenstand „Globalwirtschaft, Wirtschaftsgeografie und Volkswirtschaft“ oder
2. den Pflichtgegenstand „Naturwissenschaften“ oder
3. den Pflichtgegenstand „Ernährung und Lebensmitteltechnologie“ oder
4. einen im Cluster „Wirtschaft“ oder „Mathematik, Naturwissenschaften und Ernährung“ schulautonom eingeführten Pflicht-

[2]) Der Schlusssatz betreffend die zweisprachigen Höheren Lehranstalten für wirtschaftliche Berufe in Kärnten ist gemäß § 95 Abs. 12 Z 2 mit Wirksamkeit ab Haupttermin 2028 anzuwenden.

gegenstand, wobei dieser am Aufbaulehrgang und am Aufbaulehrgang für Hörbeeinträchtigte nur gewählt werden kann, wenn er im Ausmaß von mindestens vier Wochenstunden unterrichtet wurde, oder
5. eine schulautonom eingeführte, im Ausmaß von mindestens sechs Wochenstunden unterrichtete Fremdsprache oder
6. einen Pflichtgegenstand, ausgenommen die bereits gemäß § 54 zur Klausurprüfung oder gemäß Abs. 1 Z 1 zur mündlichen Prüfung gewählten Pflichtgegenstände sowie die Pflichtgegenstände „Küchen- und Restaurantmanagement" und „Bewegung und Sport", und
   a) den Pflichtgegenstand „Globalwirtschaft, Wirtschaftsgeografie und Volkswirtschaft" oder
   b) den Pflichtgegenstand „Betriebswirtschaft und Projektmanagement" oder
   c) den Pflichtgegenstand „Naturwissenschaften" oder
   d) den Pflichtgegenstand „Ernährung und Lebensmitteltechnologie" oder
   e) einen im Cluster „Wirtschaft" oder „Mathematik, Naturwissenschaften und Ernährung" schulautonom eingeführten Pflichtgegenstand.

(3) Das Prüfungsgebiet „Berufsbezogene Kommunikation in der Fremdsprache (mit Bezeichnung der Fremdsprache)" gemäß Abs. 1 Z 2 lit. b umfasst den Teilbereich „Berufsbezogene Kommunikation"
1. des Pflichtgegenstandes „Englisch" oder
2. des Pflichtgegenstandes „Zweite lebende Fremdsprache" oder
3. einer schulautonom eingeführten, im Ausmaß von mindestens sechs Wochenstunden unterrichteten Fremdsprache.

Die Wahl des Pflichtgegenstandes gemäß Z 1 bis 3 obliegt der Prüfungskandidatin oder dem Prüfungskandidaten, wobei die zur Klausurprüfung gemäß § 54 Abs. 1 Z 2 lit. a oder zur mündlichen Prüfung gemäß Abs. 1 Z 1 gewählte Fremdsprache ausgenommen ist.

(4) Das Prüfungsgebiet „Wahlfach …" gemäß Abs. 1 Z 3 umfasst nach Wahl der Prüfungskandidatin oder des Prüfungskandidaten
1. einen im Ausmaß von mindestens vier Wochenstunden unterrichteten Pflichtgegenstand, ausgenommen die bereits gemäß § 54 zur Klausurprüfung oder gemäß Abs. 1 Z 1 und 2 zur mündlichen Prüfung gewählten Pflichtgegenstände sowie die Pflichtgegenstände „Betriebswirtschaft und Projektmanagement", „Küchen- und Restaurantmanagement" und „Bewegung und Sport", oder
2. zwei im Ausmaß von insgesamt mindestens vier Wochenstunden unterrichtete Pflichtgegenstände, ausgenommen die bereits gemäß § 54 zur Klausurprüfung oder gemäß Abs. 1 Z 1 und 2 zur mündlichen Prüfung gewählten Pflichtgegenstände sowie die Pflichtgegenstände „Betriebswirtschaft und Projektmanagement", „Küchen- und Restaurantmanagement" und „Bewegung und Sport", oder
3. „Mehrsprachigkeit (mit Bezeichnung der beiden lebenden Fremdsprachen)" oder
4. „Kultur und gesellschaftliche Reflexion" oder
5. „Politische Bildung und Recht".

(5) Das Prüfungsgebiet „Wahlfach Mehrsprachigkeit (mit Bezeichnung der beiden lebenden Fremdsprachen)" gemäß Abs. 4 Z 3 umfasst nach Wahl der Prüfungskandidatin oder des Prüfungskandidaten
1. die Pflichtgegenstände „Englisch" und „Zweite lebende Fremdsprache" oder
2. den Pflichtgegenstand „Englisch" und eine schulautonom eingeführte, im Ausmaß von mindestens sechs Wochenstunden unterrichtete Fremdsprache.

(6) Das Prüfungsgebiet „Wahlfach Kultur und gesellschaftliche Reflexion" gemäß Abs. 4 Z 4 umfasst die Bereiche „Zuhören und Sprechen" und „Reflexion" des Pflichtgegenstandes „Deutsch".

(7) Das Prüfungsgebiet „Wahlfach Politische Bildung und Recht" gemäß Abs. 4 Z 5 umfasst die Bereiche „Entwicklung des modernen Staates", „Grundlagen und Aufgaben des Staates", „Moderne Demokratie am Beispiel Österreich", „Österreichische Verfassung" und „Europäische Union" des Pflichtgegenstandes „Geschichte und Politische Bildung" sowie den Pflichtgegenstand „Recht".

(8) Am Aufbaulehrgang und am Aufbaulehrgang für Hörbeeinträchtigte sind die Prüfungsgebiete „Schwerpunktfach Fachkolloquium Globalwirtschaft, Wirtschaftsgeografie und Volkswirtschaft" gemäß Abs. 2 Z 1 sowie „Wahlfach Politische Bildung und Recht" gemäß Abs. 4 Z 5 nicht wählbar.

(9) Am Aufbaulehrgang für Hörbeeinträchtigte sind die Prüfungsgebiete „Berufsbezogene Kommunikation in der Fremdsprache (mit Bezeichnung der Fremdsprache)" gemäß Abs. 1 Z 2 lit. b und „Wahlfach Mehrsprachigkeit (mit Bezeichnung der beiden lebenden Fremdsprachen)" gemäß Abs. 4 Z 3 nicht wählbar.

(10) Für die Kombination von Pflichtgegenständen gemäß Abs. 2 Z 6 und Abs. 4 Z 2 hat die Schulleiterin oder der Schulleiter innerhalb der ersten drei Wochen der letzten

Schulstufe alle geeigneten Gegenstandskombinationen durch Anschlag in der Schule bekannt zu machen.

(11) An zweisprachigen Höheren Lehranstalten für wirtschaftliche Berufe in Kärnten ist abweichend von § 3 Abs. 2 eine mündliche Teilprüfung

1) in der Unterrichtssprache Slowenisch, wenn zur Klausurprüfung gemäß § 54 Abs. 1 das Prüfungsgebiet „Deutsch" gewählt wurde, oder
2) in der Unterrichtssprache Deutsch, wenn zur Klausurprüfung gemäß § 54 Abs. 1 das Prüfungsgebiet „Slowenisch" gewählt wurde,

abzulegen.[3]) *(BGBl. II Nr. 207/2023, Art. 3 Z 5)*

10a. Unterabschnitt
Reife- und Diplomprüfung an der Höheren Lehranstalt für wirtschaftliche Berufe – Fachrichtung „Kommunikations- und Mediendesign"

(BGBl. II Nr. 231/2018, Z 29)

Diplomarbeit

§ 55a. Das Prüfungsgebiet „Diplomarbeit" umfasst nach Wahl der Prüfungskandidatin oder des Prüfungskandidaten

1. den Pflichtgegenstand „Kommunikations- und Mediendesign" oder
2. den Pflichtgegenstand „Angewandte Informatik" oder
3. den Pflichtgegenstand gemäß Z 1 oder 2 und einen zweiten Pflichtgegenstand.

Klausurprüfung

§ 55b. (1) Die Klausurprüfung umfasst

1. eine Klausurarbeit im Prüfungsgebiet „Deutsch" gemäß § 12 Abs. 1 Z 1 und
2. nach Wahl der Prüfungskandidatin oder des Prüfungskandidaten zwei oder drei Klausurarbeiten in den Prüfungsgebieten
   a) „Lebende Fremdsprache" gemäß § 12 Abs. 1 Z 2 oder
   b) „Angewandte Mathematik" gemäß § 12 Abs. 1 Z 3 oder
   c) „Kommunikations- und Mediendesign" (300 Minuten; schriftlich).

(2) Das Prüfungsgebiet „Lebende Fremdsprache" gemäß Abs. 1 Z 2 lit. a umfasst den Pflichtgegenstand „Englisch".

(3) Für Prüfungskandidatinnen und Prüfungskandidaten, die für die Diplomarbeit nicht den Pflichtgegenstand „Kommunikations- und Mediendesign" gemäß § 55a Z 1 oder 3 gewählt haben, ist das Prüfungsgebiet „Kommunikations- und Mediendesign" im Rahmen der Klausurprüfung verpflichtend.

Mündliche Prüfung

§ 55c. (1) Die mündliche Prüfung umfasst

1. wenn gemäß § 55b Abs. 1 Z 2 zwei Klausurarbeiten gewählt wurden, eine mündliche Teilprüfung in demjenigen Prüfungsgebiet, in welchem gemäß § 55b Abs. 1 Z 2 im Rahmen der Klausurprüfung keine Klausurarbeit abgelegt wurde,
2. eine mündliche Teilprüfung im Prüfungsgebiet „Fachkolloquium Angewandte Betriebswirtschaft und Rechnungswesen" und
3. eine mündliche Teilprüfung im Prüfungsgebiet „Wahlfach …" (mit Bezeichnung des Pflichtgegenstandes oder der Pflichtgegenstände gemäß Abs. 3 Z 1 oder 2 oder mit der Bezeichnung gemäß Abs. 3 Z 3 bis 5).

(2) Das Prüfungsgebiet „Fachkolloquium Angewandte Betriebswirtschaft und Rechnungswesen" gemäß Abs. 1 Z 2 umfasst die Pflichtgegenstände „Betriebswirtschaft und Projektmanagement" und „Rechnungswesen und Controlling".

(3) Das Prüfungsgebiet „Wahlfach …" gemäß Abs. 1 Z 3 umfasst nach Wahl der Prüfungskandidatin oder des Prüfungskandidaten

1. einen im Ausmaß von mindestens vier Wochenstunden unterrichteten Pflichtgegenstand, ausgenommen die bereits gemäß § 55b zur Klausurprüfung oder gemäß Abs. 1 Z 1 zur mündlichen Prüfung gewählten Pflichtgegenstände sowie die Pflichtgegenstände „Betriebswirtschaft und Projektmanagement", „Rechnungswesen und Controlling" und „Bewegung und Sport", oder
2. zwei im Ausmaß von insgesamt mindestens vier Wochenstunden unterrichtete Pflichtgegenstände, ausgenommen die bereits gemäß § 55b zur Klausurprüfung oder gemäß Abs. 1 Z 1 zur mündlichen Prüfung gewählten Pflichtgegenstände sowie die Pflichtgegenstände „Betriebswirtschaft und Projektmanagement", „Rechnungswesen und Controlling" und „Bewegung und Sport", oder
3. „Mehrsprachigkeit (mit Bezeichnung der beiden lebenden Fremdsprachen)" oder
4. „Kultur und gesellschaftliche Reflexion" oder
5. „Politische Bildung und Recht".

---

[3]) Dieser Absatz betreffend die zweisprachigen Höheren Lehranstalten für wirtschaftliche Berufe in Kärnten ist gemäß § 95 Abs. 12 Z 2 mit Wirksamkeit ab Haupttermin 2028 anzuwenden. Anstelle „1)" und „2)" sollte die Ziffergliederung richtig „1." und „2." lauten.

(4) Das Prüfungsgebiet „Wahlfach Mehrsprachigkeit (mit Bezeichnung der beiden lebenden Fremdsprachen)" gemäß Abs. 3 Z 3 umfasst die Pflichtgegenstände „Englisch" und „Zweite lebende Fremdsprache".

(5) Das Prüfungsgebiet „Wahlfach Kultur und gesellschaftliche Reflexion" gemäß Abs. 3 Z 4 umfasst die Bereiche „Zuhören und Sprechen" und „Reflexion" des Pflichtgegenstandes „Deutsch".

(6) Das Prüfungsgebiet „Wahlfach Politische Bildung und Recht" gemäß Abs. 3 Z 5 umfasst die Bereiche „Entwicklung des modernen Staates", „Grundlagen und Aufgaben des Staates", „Moderne Demokratie am Beispiel Österreich", „Österreichische Verfassung" und „Europäische Union" des Pflichtgegenstandes „Geschichte und Politische Bildung" und den Pflichtgegenstand „Recht".

(7) Für die Kombination von Pflichtgegenständen gemäß Abs. 3 Z 2 hat die Schulleiterin oder der Schulleiter innerhalb der ersten drei Wochen der letzten Schulstufe alle geeigneten Gegenstandskombinationen durch Anschlag in der Schule bekannt zu machen.

10b. Unterabschnitt

Reife- und Diplomprüfung an der Höheren Lehranstalt für wirtschaftliche Berufe – Fachrichtung „Sozialmanagement"

(BGBl. II Nr. 231/2018, Z 29)

Diplomarbeit

§ 55d. Das Prüfungsgebiet „Diplomarbeit" umfasst nach Wahl der Prüfungskandidatin oder des Prüfungskandidaten

1. den Pflichtgegenstand „Sozialmanagement und angewandtes Projektmanagement" oder
2. den Pflichtgegenstand „Psychologie, Pädagogik, Philosophie und Soziologie" oder
3. den Pflichtgegenstand „Biologie, Gesundheit, Hygiene und Ernährung" oder
4. den Pflichtgegenstand gemäß Z 1, 2 oder 3 und einen zweiten Pflichtgegenstand.

Klausurprüfung

§ 55e. (1) Die Klausurprüfung umfasst

1. eine Klausurarbeit im Prüfungsgebiet „Deutsch" gemäß § 12 Abs. 1 Z 1 und
2. nach Wahl der Prüfungskandidatin oder des Prüfungskandidaten zwei oder drei Klausurarbeiten in den Prüfungsgebieten
   a) „Lebende Fremdsprache" gemäß § 12 Abs. 1 Z 2 oder
   b) „Angewandte Mathematik" gemäß § 12 Abs. 1 Z 3 oder
   c) „Angewandte Betriebswirtschaft und Rechnungswesen" (300 Minuten, schriftlich).

(2) Das Prüfungsgebiet „Lebende Fremdsprache" gemäß Abs. 1 Z 2 lit. a umfasst den Pflichtgegenstand „Englisch".

(3) Das Prüfungsgebiet „Angewandte Betriebswirtschaft und Rechnungswesen" gemäß Abs. 1 Z 2 lit. c umfasst die Pflichtgegenstände „Rechnungswesen und Controlling" und „Betriebswirtschaft".

Mündliche Prüfung

§ 55f. (1) Die mündliche Prüfung umfasst

1. wenn gemäß § 55e Abs. 1 Z 2 zwei Klausurarbeiten gewählt wurden, eine mündliche Teilprüfung in demjenigen Prüfungsgebiet, in welchem gemäß § 55e Abs. 1 Z 2 im Rahmen der Klausurprüfung keine Klausurarbeit abgelegt wurde,
2. eine mündliche Teilprüfung im Prüfungsgebiet „Schwerpunktfach Fachkolloquium …" (mit Bezeichnung des Pflichtgegenstandes oder der Pflichtgegenstände gemäß Abs. 2) und
3. eine mündliche Teilprüfung im Prüfungsgebiet „Wahlfach …" (mit Bezeichnung des Pflichtgegenstandes oder der Pflichtgegenstände gemäß Abs. 4 Z 1 oder 2 oder mit der Bezeichnung gemäß Abs. 4 Z 3 bis 5).

(2) Das Prüfungsgebiet „Schwerpunktfach Fachkolloquium …" gemäß Abs. 1 Z 2 umfasst nach Wahl der Prüfungskandidatin oder des Prüfungskandidaten

1. den Pflichtgegenstand „Sozialmanagement und angewandtes Projektmanagement" oder
2. den Pflichtgegenstand „Psychologie, Pädagogik, Philosophie und Soziologie" oder
3. den Pflichtgegenstand „Biologie, Gesundheit, Hygiene und Ernährung" oder
4. den Pflichtgegenstand gemäß Z 1, 2 oder 3 und einen zweiten Pflichtgegenstand, ausgenommen die Pflichtgegenstände „Haushaltsökonomie" sowie „Bewegung und Sport".

(3) Für Prüfungskandidatinnen oder Prüfungskandidaten ist die Wahl des Pflichtgegenstandes „Sozialmanagement und angewandtes Projektmanagement" gemäß Abs. 2 Z 1 oder gemäß Abs. 2 Z 4 verpflichtend, wenn dieser Pflichtgegenstand nicht für die Diplomarbeit gemäß § 55d Z 1 oder 4 gewählt wurde.

(4) Das Prüfungsgebiet „Wahlfach …" gemäß Abs. 1 Z 3 umfasst nach Wahl der Prüfungskandidatin oder des Prüfungskandidaten

1. einen im Ausmaß von mindestens vier Wochenstunden unterrichteten Pflichtgegenstand, ausgenommen die bereits gemäß

§ 55e zur Klausurprüfung oder gemäß Abs. 1 Z 1 und 2 zur mündlichen Prüfung gewählten Pflichtgegenstände sowie die Pflichtgegenstände „Haushaltsökonomie" und „Bewegung und Sport", oder
2. zwei im Ausmaß von insgesamt mindestens vier Wochenstunden unterrichtete Pflichtgegenstände, ausgenommen die bereits gemäß § 55e zur Klausurprüfung oder gemäß Abs. 1 Z 1 und 2 zur mündlichen Prüfung gewählten Pflichtgegenstände sowie die Pflichtgegenstände „Haushaltsökonomie" und „Bewegung und Sport", oder
3. „Mehrsprachigkeit (mit Bezeichnung der beiden lebenden Fremdsprachen)" oder
4. „Kultur und gesellschaftliche Reflexion" oder
5. „Politische Bildung und Recht".

(5) Das Prüfungsgebiet „Wahlfach Mehrsprachigkeit (mit Bezeichnung der beiden lebenden Fremdsprachen)" gemäß Abs. 4 Z 3 umfasst die Pflichtgegenstände „Englisch" und „Zweite lebende Fremdsprache".

(6) Das Prüfungsgebiet „Wahlfach Kultur und gesellschaftliche Reflexion" gemäß Abs. 4 Z 4 umfasst die Bereiche „Zuhören und Sprechen" und „Reflexion" des Pflichtgegenstandes „Deutsch".

(7) Das Prüfungsgebiet „Wahlfach Politische Bildung und Recht" gemäß Abs. 4 Z 5 umfasst die Bereiche „Entwicklung des modernen Staates", „Grundlagen und Aufgaben des Staates", „Moderne Demokratie am Beispiel Österreich", „Österreichische Verfassung" und „Europäische Union" des Pflichtgegenstandes „Geschichte und Politische Bildung" und den Pflichtgegenstand „Recht".

(8) Für die Kombination von Pflichtgegenständen gemäß Abs. 2 Z 4 und Abs. 4 Z 2 hat die Schulleiterin oder der Schulleiter innerhalb der ersten drei Wochen der letzten Schulstufe alle geeigneten Gegenstandskombinationen durch Anschlag in der Schule bekannt zu machen.

11. Unterabschnitt

(BGBl. II Nr. 160/2015, Art. 1 Z 26)

Reife- und Diplomprüfung an der Höheren Lehranstalt für wirtschaftliche Berufe

(Fachrichtung „Kultur- und Kongressmanagement")
(BGBl. II Nr. 160/2015, Art. 1 Z 26 idF BGBl. II Nr. 231/2018, Z 30)

Diplomarbeit

§ 56. Das Prüfungsgebiet „Diplomarbeit" umfasst nach Wahl der Prüfungskandidatin oder des Prüfungskandidaten

1. den Pflichtgegenstand „Kultur- und Eventmanagement" oder
2. den Pflichtgegenstand „Tagungs-, Seminar- und Kongressmanagement" oder
3. den Pflichtgegenstand „Globalwirtschaft, Wirtschaftsgeografie und Volkswirtschaft" oder
4. einen schulautonom eingeführten, im Ausmaß von vier Wochenstunden unterrichteten Pflichtgegenstand oder
5. den Pflichtgegenstand gemäß Z 1 oder 2 und
   a) den Pflichtgegenstand „Religion" oder „Ethik" oder *(BGBl. II Nr. 160/2015, Art. 1 Z 26 idF BGBl. II Nr. 231/2018, Z 31 und BGBl. II Nr. 160/2023, Art. 3 Z 1)*
   b) den Pflichtgegenstand „Deutsch" oder
   c) den Pflichtgegenstand „Globalwirtschaft, Wirtschaftsgeografie und Volkswirtschaft" oder
   d) den Pflichtgegenstand „Betriebswirtschaft" oder
   e) den Pflichtgegenstand „Recht" oder
   f) den Pflichtgegenstand „Geschichte und Politische Bildung" oder
   g) den Pflichtgegenstand „Musik, Bildnerische Erziehung und kreativer Ausdruck" oder
   h) den Pflichtgegenstand „Food, Beverage und Cateringmanagement" oder
   i) einen schulautonom eingeführten Pflichtgegenstand.

(BGBl. II Nr. 160/2015, Art. 1 Z 26 idF BGBl. II Nr. 231/2018, Z 31)

Klausurprüfung

§ 57. (1) Die Klausurprüfung umfasst

1. eine Klausurarbeit im Prüfungsgebiet „Deutsch" gemäß § 12 Abs. 1 Z 1 und
2. nach Wahl der Prüfungskandidatin oder des Prüfungskandidaten zwei oder drei Klausurarbeiten in den Prüfungsgebieten
   a) „Lebende Fremdsprache" gemäß § 12 Abs. 1 Z 2 oder
   b) „Angewandte Mathematik" gemäß § 12 Abs. 1 Z 3 oder
   c) „Angewandte Betriebswirtschaft und Rechnungswesen" (300 Minuten, schriftlich).

(2) Das Prüfungsgebiet „Lebende Fremdsprache" gemäß Abs. 1 Z 2 lit. a umfasst nach Wahl der Prüfungskandidatin oder des Prüfungskandidaten den Pflichtgegenstand „Englisch" oder „Zweite lebende Fremdsprache (mit Bezeichnung der Fremdsprache)".

(3) Das Prüfungsgebiet „Angewandte Betriebswirtschaft und Rechnungswesen“ gemäß Abs. 1 Z 2 lit. c umfasst die Pflichtgegenstände „Rechnungswesen und Controlling“ und „Betriebswirtschaft“. *(BGBl. II Nr. 231/2018, Z 32)*

Mündliche Prüfung

§ 58. (1) Die mündliche Prüfung umfasst

1. wenn gemäß § 57 Abs. 1 Z 2 zwei Klausurarbeiten gewählt wurden, eine mündliche Teilprüfung in demjenigen Prüfungsgebiet, in welchem gemäß § 57 Abs. 1 Z 2 im Rahmen der Klausurprüfung keine Klausurarbeit abgelegt wurde, und
2. eine mündliche Teilprüfung nach Wahl der Prüfungskandidatin oder des Prüfungskandidaten im Prüfungsgebiet
   a) „Schwerpunktfach Fachkolloquium …“ (mit Bezeichnung des Pflichtgegenstandes oder der Pflichtgegenstände gemäß Abs. 2) oder
   b) „Berufsbezogene Kommunikation in der Fremdsprache (mit Bezeichnung der Fremdsprache)“ und
3. eine mündliche Teilprüfung im Prüfungsgebiet „Wahlfach …“ (mit Bezeichnung des Pflichtgegenstandes oder der Pflichtgegenstände gemäß Abs. 4 Z 1 oder 2 oder mit der Bezeichnung gemäß Abs. 4 Z 3 bis 5).

(2) Das Prüfungsgebiet „Schwerpunktfach Fachkolloquium …“ gemäß Abs. 1 Z 2 lit. a umfasst nach Wahl der Prüfungskandidatin oder des Prüfungskandidaten

1. den Pflichtgegenstand „Kultur- und Eventmanagement“ oder
2. den Pflichtgegenstand „Tagungs-, Seminar- und Kongressmanagement“, sofern dieser im Ausmaß von mindestens fünf Wochenstunden unterrichtet wurde, oder
3. den Pflichtgegenstand „Globalwirtschaft, Wirtschaftsgeografie und Volkswirtschaft“ oder
4. einen Pflichtgegenstand gemäß Z 1, 2 oder 3 oder einen im Cluster „Wirtschaft“ oder „Kultur-, Kongress-, Eventmanagement“ schulautonom eingeführten Pflichtgegenstand in Kombination mit einem zweiten Pflichtgegenstand, ausgenommen der Pflichtgegenstand „Bewegung und Sport“.

(3) Das Prüfungsgebiet „Berufsbezogene Kommunikation in der Fremdsprache (mit Bezeichnung der Fremdsprache)“ gemäß Abs. 1 Z 2 lit. b umfasst nach Wahl der Prüfungskandidatin oder des Prüfungskandidaten den Teilbereich „Berufsbezogene Kommunikation“ des Pflichtgegenstandes

1. „Englisch“ oder
2. „Zweite lebende Fremdsprache“ oder
3. „Dritte lebende Fremdsprache“,

wobei die zur Klausurarbeit gemäß § 57 Abs. 1 Z 2 lit. a oder zur mündlichen Prüfung gemäß Abs. 1 Z 1 gewählte Fremdsprache ausgenommen ist.

(4) Das Prüfungsgebiet „Wahlfach …“ gemäß Abs. 1 Z 3 umfasst nach Wahl der Prüfungskandidatin oder des Prüfungskandidaten

1. einen im Ausmaß von mindestens vier Wochenstunden unterrichteten Pflichtgegenstand, ausgenommen die bereits gemäß § 57 zur Klausurprüfung oder gemäß Abs. 1 Z 1 und 2 zur mündlichen Prüfung gewählten Pflichtgegenstände sowie die Pflichtgegenstände „Food, Beverage und Cateringmanagement“ und „Bewegung und Sport“, oder
2. zwei im Ausmaß von insgesamt mindestens vier Wochenstunden unterrichtete Pflichtgegenstände, ausgenommen die bereits gemäß § 57 zur Klausurprüfung oder gemäß Abs. 1 Z 1 und 2 zur mündlichen Prüfung gewählten Pflichtgegenstände sowie die Pflichtgegenstände „Food, Beverage und Cateringmanagement“ und „Bewegung und Sport“, oder
3. „Mehrsprachigkeit (mit Bezeichnung der beiden lebenden Fremdsprachen)“ oder
4. „Kultur und gesellschaftliche Reflexion“ oder
5. „Politische Bildung und Recht“.

(5) Das Prüfungsgebiet „Wahlfach Mehrsprachigkeit (mit Bezeichnung der beiden lebenden Fremdsprachen)“ gemäß Abs. 4 Z 3 umfasst nach Wahl der Prüfungskandidatin oder des Prüfungskandidaten die Pflichtgegenstände

1. „Englisch“ und „Zweite lebende Fremdsprache“ oder
2. „Englisch“ und „Dritte lebende Fremdsprache“.

(6) Das Prüfungsgebiet „Wahlfach Kultur und gesellschaftliche Reflexion“ gemäß Abs. 4 Z 4 umfasst die Bereiche „Zuhören und Sprechen“ und „Reflexion“ des Pflichtgegenstandes „Deutsch“.

(7) Das Prüfungsgebiet „Wahlfach Politische Bildung und Recht“ gemäß Abs. 4 Z 5 umfasst die Bereiche „Entwicklung des modernen Staates“, „Grundlagen und Aufgaben des Staates“, „Moderne Demokratie am Beispiel Österreich“, „Österreichische Verfassung“ und „Europäische Union“ des Pflichtgegenstandes „Geschichte und Politische Bildung“ und den Pflichtgegenstand „Recht“.

(8) Für die Kombination von Pflichtgegenständen gemäß Abs. 2 Z 4 und Abs. 4 Z 2 hat die Schulleiterin oder der Schulleiter innerhalb der ersten drei Wochen der letzten Schulstufe alle geeigneten Gegenstandskombinationen durch Anschlag in der Schule bekannt zu machen.
(BGBl. II Nr. 231/2018, Z 33)

12. Unterabschnitt
(BGBl. II Nr. 160/2015, Art. 1 Z 26)

Reife- und Diplomprüfung an der Höheren Lehranstalt für wirtschaftliche Berufe
(Fachrichtung „Umwelt und Wirtschaft")
(BGBl. II Nr. 160/2015, Art. 1 Z 26 idF BGBl. II Nr. 231/2018, Z 30)

Diplomarbeit

§ 59. Das Prüfungsgebiet „Diplomarbeit" umfasst nach Wahl der Prüfungskandidatin oder des Prüfungskandidaten einen Pflichtgegenstand, ausgenommen der Pflichtgegenstand „Bewegung und Sport", in Kombination mit dem Pflichtgegenstand *(BGBl. II Nr. 231/2018, Z 34 idF BGBl. II Nr. 465/2020, Art. 2 Z 10)*
1. „Betriebswirtschaft und Umweltmanagement" oder
2. „Angewandte Biologie und ökologische Umweltanalytik" oder
3. „Angewandte Chemie und chemische Umweltanalytik" oder
4. „Angewandte Physik und physikalische Umweltanalytik, Mess- und Regeltechnik" oder
5. „Umwelttechnologie und Innovation" oder
6. „Lebensraumgestaltung und Raumplanung".

(BGBl. II Nr. 231/2018, Z 34)

Klausurprüfung

§ 60. (1) Die Klausurprüfung umfasst
1. eine Klausurarbeit im Prüfungsgebiet „Deutsch" gemäß § 12 Abs. 1 Z 1 und
2. nach Wahl der Prüfungskandidatin oder des Prüfungskandidaten zwei oder drei Klausurarbeiten in den Prüfungsgebieten
   a) „Lebende Fremdsprache" gemäß § 12 Abs. 1 Z 2 oder
   b) „Angewandte Mathematik" gemäß § 12 Abs. 1 Z 3 oder
   c) „Angewandte Betriebswirtschaft und Rechnungswesen" (300 Minuten, schriftlich).

(2) Das Prüfungsgebiet „Lebende Fremdsprache" gemäß Abs. 1 Z 2 lit. a umfasst den Pflichtgegenstand „Englisch".

(3) Das Prüfungsgebiet „Angewandte Betriebswirtschaft und Rechnungswesen" gemäß Abs. 1 Z 2 lit. c umfasst den Pflichtgegenstand „Rechnungswesen und Ökocontrolling" und die betriebswirtschaftlichen Lehrstoffbereiche des Pflichtgegenstandes „Betriebswirtschaft und Umweltmanagement". *(BGBl. II Nr. 231/2018, Z 35)*

Mündliche Prüfung

§ 61. (1) Die mündliche Prüfung umfasst
1. wenn gemäß § 60 Abs. 1 Z 2 zwei Klausurarbeiten gewählt wurden, eine mündliche Teilprüfung in demjenigen Prüfungsgebiet, in welchem gemäß § 60 Abs. 1 Z 2 im Rahmen der Klausurprüfung keine Klausurarbeit abgelegt wurde, und
2. eine mündliche Teilprüfung im Prüfungsgebiet „Schwerpunktfach Fachkolloquium …" (mit Bezeichnung des Pflichtgegenstandes oder der Pflichtgegenstände gemäß Abs. 2 Z 1 bis 3 sowie Z 4 lit. a bis e oder mit der Bezeichnung gemäß Abs. 2 Z 4 lit. f) und *(BGBl. II Nr. 465/2020, Art. 2 Z 11)*
3. eine mündliche Teilprüfung im Prüfungsgebiet „Wahlfach …" (mit Bezeichnung des Pflichtgegenstandes oder der Pflichtgegenstände gemäß Abs. 3 Z 1 oder 2 oder mit der Bezeichnung gemäß Abs. 3 Z 3 bis 6). *(BGBl. II Nr. 231/2018, Z 36 idF BGBl. II Nr. 465/2020, Art. 2 Z 12)*

(2) Das Prüfungsgebiet „Schwerpunktfach Fachkolloquium …" gemäß Abs. 1 Z 2 umfasst nach Wahl der Prüfungskandidatin oder des Prüfungskandidaten
1. den Pflichtgegenstand „Angewandte Biologie und ökologische Umweltanalytik" oder
2. den Pflichtgegenstand „Angewandte Chemie und chemische Umweltanalytik" oder
3. den Pflichtgegenstand „Angewandte Physik und physikalische Umweltanalytik, Mess- und Regeltechnik" oder
4. einen Pflichtgegenstand, ausgenommen die bereits gemäß § 60 zur Klausurprüfung oder gemäß Abs. 1 Z 1 zur mündlichen Prüfung gewählten Pflichtgegenstände sowie die Pflichtgegenstände „Betriebswirtschaft und Umweltmanagement" und „Bewegung und Sport", und
   a) den Pflichtgegenstand „Angewandte Biologie und ökologische Umweltanalytik" oder
   b) den Pflichtgegenstand „Angewandte Chemie und chemische Umweltanalytik" oder

c) den Pflichtgegenstand „Angewandte Physik und physikalische Umweltanalytik, Mess- und Regeltechnik“ oder
d) den Pflichtgegenstand „Umwelttechnologie und Innovation“ oder
e) den Pflichtgegenstand „Lebensraumgestaltung und Raumplanung“ oder
f) „Umweltmanagement“.

(BGBl. II Nr. 465/2020, Art. 2 Z 13)

(3) Das Prüfungsgebiet „Wahlfach …“ gemäß Abs. 1 Z 3 umfasst nach Wahl der Prüfungskandidatin oder des Prüfungskandidaten

1. einen im Ausmaß von mindestens vier Wochenstunden unterrichteten Pflichtgegenstand, ausgenommen die bereits gemäß § 60 zur Klausurprüfung oder gemäß Abs. 1 Z 1 und 2 zur mündlichen Prüfung gewählten Pflichtgegenstände sowie die Pflichtgegenstände „Betriebswirtschaft und Umweltmanagement“ und „Bewegung und Sport“, oder
2. zwei im Ausmaß von insgesamt mindestens vier Wochenstunden unterrichtete Pflichtgegenstände, ausgenommen die bereits gemäß § 60 zur Klausurprüfung oder gemäß Abs. 1 Z 1 und 2 zur mündlichen Prüfung gewählten Pflichtgegenstände sowie die Pflichtgegenstände „Betriebswirtschaft und Umweltmanagement“ und „Bewegung und Sport“, oder
3. „Umweltmanagement“, sofern dies nicht bereits gemäß Abs. 1 Z 2 zur mündlichen Prüfung gewählt wurde, oder *(BGBl. II Nr. 465/2020, Art. 2 Z 14)*
4. „Mehrsprachigkeit (mit Bezeichnung der beiden lebenden Fremdsprachen)“ oder *(BGBl. II Nr. 465/2020, Art. 2 Z 14)*
5. „Kultur und gesellschaftliche Reflexion“ oder *(BGBl. II Nr. 465/2020, Art. 2 Z 14)*
6. „Politische Bildung und Recht“. *(BGBl. II Nr. 465/2020, Art. 2 Z 14)*

(4) Die Prüfungsgebiete „Schwerpunktfach Fachkolloquium Umweltmanagement“ gemäß Abs. 2 Z 4 lit. f und „Wahlfach Umweltmanagement“ gemäß Abs. 3 Z 3 umfassen den Lehrstoffbereich „Umweltmanagement“ des Pflichtgegenstandes „Betriebswirtschaft und Umweltmanagement“. *(BGBl. II Nr. 465/2020, Art. 2 Z 16)*

(5) Das Prüfungsgebiet „Wahlfach Mehrsprachigkeit (mit Bezeichnung der beiden lebenden Fremdsprachen)“ gemäß Abs. 3 Z 4 umfasst die Pflichtgegenstände „Englisch“ und „Zweite lebende Fremdsprache“. *(BGBl. II Nr. 231/2018, Z 36 idF BGBl. II Nr. 465/2020, Art. 2 Z 15 und 17)*

(6) Das Prüfungsgebiet „Wahlfach Kultur und gesellschaftliche Reflexion“ gemäß Abs. 3 Z 5 umfasst die Bereiche „Zuhören und Sprechen“ und „Reflexion“ des Pflichtgegenstandes „Deutsch“. *(BGBl. II Nr. 231/2018, Z 36 idF BGBl. II Nr. 465/2020, Art. 2 Z 15 und 18)*

(7) Das Prüfungsgebiet „Wahlfach Politische Bildung und Recht“ gemäß Abs. 3 Z 6 umfasst die Bereiche „Entwicklung des modernen Staates“, „Grundlagen und Aufgaben des Staates“, „Moderne Demokratie am Beispiel Österreich“, „Österreichische Verfassung“ und „Europäische Union“ des Pflichtgegenstandes „Geschichte und Politische Bildung“ und den Pflichtgegenstand „Recht und Umweltrecht“. *(BGBl. II Nr. 231/2018, Z 36 idF BGBl. II Nr. 465/2020, Art. 2 Z 15 und 19)*

(8) Für die Kombination von Pflichtgegenständen gemäß Abs. 2 Z 4 und Abs. 3 Z 2 hat die Schulleiterin oder der Schulleiter innerhalb der ersten drei Wochen der letzten Schulstufe alle geeigneten Gegenstandskombinationen durch Anschlag in der Schule bekannt zu machen. *(BGBl. II Nr. 231/2018, Z 36 idF BGBl. II Nr. 465/2020, Art. 2 Z 15)*

(BGBl. II Nr. 231/2018, Z 36)

12a. Unterabschnitt[4])

Reife- und Diplomprüfung an der Höheren Lehranstalt für wirtschaftliche Berufe – Fachrichtung „Wasser- und Kommunalwirtschaft“

(BGBl. II Nr. 527/2021, Art. 1 Z 4)

Diplomarbeit

§ 61a. Das Prüfungsgebiet „Diplomarbeit“ umfasst nach Wahl der Prüfungskandidatin oder des Prüfungskandidaten einen Pflichtgegenstand, ausgenommen den Pflichtgegenstand „Bewegung und Sport“, in Kombination mit dem Pflichtgegenstand

1. „Betriebswirtschaft und Umweltmanagement“ oder
2. „Angewandte Biologie, Gewässerökologie und ökologische Umweltanalytik“ oder
3. „Angewandte Chemie, Wasserbehandlung und chemische Umweltanalytik“ oder
4. „Angewandte Physik, Hydrotechnik und Umweltmess- und Regeltechnik“ oder
5. „Landschafts- und Raumplanung“.

Klausurprüfung

§ 61b. (1) Die Klausurprüfung umfasst

1. eine Klausurarbeit im Prüfungsgebiet „Deutsch“ gemäß § 12 Abs. 1 Z 1 und

[4]) Der 12a. Unterabschnitt (§§ 61a bis 61c) ist gemäß § 95 Abs. 7 Z 2 mit Wirksamkeit ab Haupttermin 2026 anzuwenden.

2. nach Wahl der Prüfungskandidatin oder des Prüfungskandidaten zwei oder drei Klausurarbeiten in den Prüfungsgebieten
   a) „Lebende Fremdsprache" gemäß § 12 Abs. 1 Z 2 oder
   b) „Angewandte Mathematik" gemäß § 12 Abs. 1 Z 3 oder
   c) „Angewandte Betriebswirtschaft und Rechnungswesen" (300 Minuten, schriftlich).

(2) Das Prüfungsgebiet „Lebende Fremdsprache" gemäß Abs. 1 Z 2 lit. a umfasst den Pflichtgegenstand „Englisch".

(3) Das Prüfungsgebiet „Angewandte Betriebswirtschaft und Rechnungswesen" gemäß Abs. 1 Z 2 lit. c umfasst den Pflichtgegenstand „Rechnungswesen und Ökocontrolling" und die betriebswirtschaftlichen Lehrstoffbereiche des Pflichtgegenstandes „Betriebswirtschaft und Umweltmanagement".

Mündliche Prüfung

§ 61c. (1) Die mündliche Prüfung umfasst

1. wenn gemäß § 61b Abs. 1 Z 2 zwei Klausurarbeiten gewählt wurden, eine mündliche Teilprüfung in demjenigen Prüfungsgebiet, in welchem gemäß § 61b Abs. 1 Z 2 im Rahmen der Klausurprüfung keine Klausurarbeit abgelegt wurde, und
2. eine mündliche Teilprüfung im Prüfungsgebiet „Schwerpunktfach Fachkolloquium ..." (mit Bezeichnung des Pflichtgegenstandes oder der Pflichtgegenstände gemäß Abs. 2 Z 1 bis 3 sowie Z 4 lit. a bis d oder mit der Bezeichnung gemäß Abs. 2 Z 4 lit. e) und
3. eine mündliche Teilprüfung im Prüfungsgebiet „Wahlfach ..." (mit Bezeichnung des Pflichtgegenstandes oder der Pflichtgegenstände gemäß Abs. 3 Z 1 oder 2 oder mit der Bezeichnung gemäß Abs. 3 Z 3 bis 5).

(2) Das Prüfungsgebiet „Schwerpunktfach Fachkolloquium ..." gemäß Abs. 1 Z 2 umfasst nach Wahl der Prüfungskandidatin oder des Prüfungskandidaten

1. den Pflichtgegenstand „Angewandte Biologie, Gewässerökologie und ökologische Umweltanalytik" oder
2. den Pflichtgegenstand „Angewandte Chemie, Wasserbehandlung und chemische Umweltanalytik" oder
3. den Pflichtgegenstand „Angewandte Physik, Hydrotechnik und Umweltmess- und Regeltechnik" oder
4. einen Pflichtgegenstand, ausgenommen die bereits gemäß § 61b zur Klausurprüfung oder gemäß Abs. 1 Z 1 zur mündlichen Prüfung gewählten Pflichtgegenstände sowie die Pflichtgegenstände „Betriebswirtschaft und Umweltmanagement" und „Bewegung und Sport", und
   a) den Pflichtgegenstand „Angewandte Biologie, Gewässerökologie und ökologische Umweltanalytik" oder
   b) den Pflichtgegenstand „Angewandte Chemie, Wasserbehandlung und chemische Umweltanalytik" oder
   c) den Pflichtgegenstand „Angewandte Physik, Hydrotechnik und Umweltmess- und Regeltechnik" oder
   d) den Pflichtgegenstand „Landschafts- und Raumplanung" oder
   e) „Umweltmanagement".

(3) Das Prüfungsgebiet „Wahlfach ..." gemäß Abs. 1 Z 3 umfasst nach Wahl der Prüfungskandidatin oder des Prüfungskandidaten

1. einen im Ausmaß von mindestens vier Wochenstunden unterrichteten Pflichtgegenstand, ausgenommen die bereits gemäß § 61b zur Klausurprüfung oder gemäß Abs. 1 Z 1 und 2 zur mündlichen Prüfung gewählten Pflichtgegenstände sowie die Pflichtgegenstände „Betriebswirtschaft und Umweltmanagement" und „Bewegung und Sport", oder
2. zwei im Ausmaß von insgesamt mindestens vier Wochenstunden unterrichtete Pflichtgegenstände, ausgenommen die bereits gemäß § 61b zur Klausurprüfung oder gemäß Abs. 1 Z 1 und 2 zur mündlichen Prüfung gewählten Pflichtgegenstände sowie die Pflichtgegenstände „Betriebswirtschaft und Umweltmanagement" und „Bewegung und Sport", oder
3. „Umweltmanagement", sofern dies nicht bereits gemäß Abs. 1 Z 2 zur mündlichen Prüfung gewählt wurde, oder
4. „Mehrsprachigkeit (mit Bezeichnung der beiden lebenden Fremdsprachen)" oder
5. „Kultur und gesellschaftliche Reflexion".

(4) Die Prüfungsgebiete „Schwerpunktfach Fachkolloquium Umweltmanagement" gemäß Abs. 2 Z 4 lit. e und „Wahlfach Umweltmanagement" gemäß Abs. 3 Z 3 umfassen den Lehrstoffbereich „Umweltmanagement" des Pflichtgegenstandes „Betriebswirtschaft und Umweltmanagement".

(5) Das Prüfungsgebiet „Wahlfach Mehrsprachigkeit (mit Bezeichnung der beiden lebenden Fremdsprachen)" gemäß Abs. 3 Z 4 umfasst die Pflichtgegenstände „Englisch" und „Zweite lebende Fremdsprache".

(6) Das Prüfungsgebiet „Wahlfach Kultur und gesellschaftliche Reflexion" gemäß Abs. 3 Z 5 umfasst die Bereiche „Zuhören und Sprechen" und „Reflexion" des Pflichtgegenstandes „Deutsch".

(7) Für die Kombination von Pflichtgegenständen gemäß Abs. 2 Z 4 und Abs. 3 Z 2 hat die Schulleiterin oder der Schulleiter innerhalb der ersten drei Wochen der letzten Schulstufe alle geeigneten Gegenstandskombinationen durch Anschlag in der Schule bekannt zu machen.

13. Unterabschnitt

Abschlussprüfung an der dreijährigen Fachschule für wirtschaftliche Berufe

(einschließlich der dreijährigen Fachschule für Hörbeeinträchtigte)
(BGBl. II Nr. 231/2018, Z 37)

Abschlussarbeit

§ **62.** Das Prüfungsgebiet „Abschlussarbeit" umfasst nach Wahl der Prüfungskandidatin oder des Prüfungskandidaten

1. die Pflichtgegenstände „Naturwissenschaften" und „Ernährung" oder
2. den Pflichtgegenstand „Volkswirtschaft und Wirtschaftsgeografie" oder
3. den Pflichtgegenstand „Betriebswirtschaft" oder
4. den Pflichtgegenstand „Wirtschaftswerkstatt" oder
5. einen schulautonom eingeführten Pflichtgegenstand oder
6. das Pflichtpraktikum.

Klausurprüfung

§ **63.** (1) Die Klausurprüfung umfasst

1. eine Klausurarbeit im Prüfungsgebiet „Deutsch" (180 Minuten, schriftlich),
2. eine Klausurarbeit im Prüfungsgebiet „Rechnungswesen und wirtschaftliches Rechnen" (180 Minuten, schriftlich),
3. eine Klausurarbeit im Prüfungsgebiet „Küchenmanagement" (300 Minuten einschließlich Arbeitsplanung und Vorarbeiten, praktisch) und
4. eine Klausurarbeit im Prüfungsgebiet „Restaurantmanagement" (210 Minuten einschließlich Vorarbeiten, praktisch).

(2) Das Prüfungsgebiet „Küchenmanagement" gemäß Abs. 1 Z 3 umfasst

1. den Teilbereich „Küche" des Pflichtgegenstandes „Küchen- und Restaurantmanagement" bzw. des Pflichtgegenstandes „Küche" an der Fachschule für Hörbeeinträchtigte und
2. die Teilbereiche „Arbeitsorganisation (Arbeitsplanung, Zeitmanagement)", „Ergonomie" und „Hygienemanagement" des Pflichtgegenstandes „Betriebsorganisation (mit Übungen)".

(3) Das Prüfungsgebiet „Restaurantmanagement" gemäß Abs. 1 Z 4 umfasst

1. den Teilbereich „Restaurant" des Pflichtgegenstandes „Küchen- und Restaurantmanagement" und
2. den Teilbereich „Gast und Gastlichkeit" des Pflichtgegenstandes „Betriebsorganisation (mit Übungen)".

(4) An der Fachschule für Hörbeeinträchtigte entfällt die Klausurarbeit gemäß Abs. 1 Z 4.

Mündliche Prüfung

§ **64.** (1) Die mündliche Prüfung umfasst

1. eine mündliche Teilprüfung im Prüfungsgebiet „Englisch" bzw. an der Fachschule für Hörbeeinträchtigte nach Wahl der Prüfungskandidatin oder des Prüfungskandidaten im Prüfungsgebiet „Englisch" oder „Österreichische Gebärdensprache" und
2. eine mündliche Teilprüfung im Prüfungsgebiet „Fachkolloquium …" (mit Bezeichnung des Pflichtgegenstandes oder der Pflichtgegenstände gemäß Abs. 2).

(2) Das Prüfungsgebiet „Fachkolloquium …" gemäß Abs. 1 Z 2 umfasst nach Wahl der Prüfungskandidatin oder des Prüfungskandidaten

1. einen mindestens vier Wochenstunden unterrichteten Pflichtgegenstand aus dem Cluster „Wirtschaftliche Grundlagen und Zusammenhänge", ausgenommen der Pflichtgegenstand „Rechnungswesen und wirtschaftliches Rechnen", oder
2. den Pflichtgegenstand „Ernährung", sofern dieser im Ausmaß von mindestens vier Wochenstunden unterrichtet wurde, oder
3. die Pflichtgegenstände „Ernährung" und „Naturwissenschaften", wobei beim Pflichtgegenstand „Naturwissenschaften" die Lehrstoffbereiche „(Ver)bindung schafft Neues" (inklusive Modellbildung), „Gesundheit und Hygiene, Prophylaxe", „Überblick über die Organsysteme" und „Energie und Umwelt" umfasst sind.

14. Unterabschnitt

(BGBl. II Nr. 160/2015, Art. 1 Z 26)

Abschlussprüfung an der Fachschule für Sozialberufe

Abschlussarbeit

§ **65.** Das Prüfungsgebiet „Abschlussarbeit" umfasst nach Wahl der Prüfungskandidatin oder des Prüfungskandidaten den Pflichtgegenstand

1. „Psychologie und Pädagogik“ oder
2. „Soziale Handlungsfelder“ oder
3. „Somatologie und Pathologie“ oder
4. „Einführung in Pflege, Hygiene und Erste Hilfe“ oder *(BGBl. II Nr. 231/2018, Z 38)*
5. „Fachpraxis während des Unterrichtsjahres“. *(BGBl. II Nr. 231/2018, Z 38)*

Klausurprüfung

§ 66. Die Klausurprüfung umfasst
1. eine Klausurarbeit im Prüfungsgebiet „Deutsch“ (180 Minuten, schriftlich) und
2. eine Klausurarbeit im Prüfungsgebiet „Betriebswirtschaft und Rechnungswesen“ (180 Minuten, schriftlich).

Mündliche Prüfung

§ 67. (1) Die mündliche Prüfung umfasst
1. eine mündliche Teilprüfung im Prüfungsgebiet „Englisch“ und
2. eine mündliche Teilprüfung im Prüfungsgebiet „Fachkolloquium …“ (mit Bezeichnung der Pflichtgegenstände gemäß Abs. 2). *(BGBl. II Nr. 160/2015, Art. 1 Z 26 idF BGBl. II Nr. 231/2018, Z 39)*

(2) Das Prüfungsgebiet „Fachkolloquium …“ gemäß Abs. 1 Z 2 umfasst nach Wahl der Prüfungskandidatin oder des Prüfungskandidaten
1. die Pflichtgegenstände „Psychologie und Pädagogik“ und „Fachpraxis während des Unterrichtsjahres“ oder
2. die Pflichtgegenstände „Soziale Handlungsfelder“ und „Fachpraxis während des Unterrichtsjahres“ oder
3. die Pflichtgegenstände „Somatologie und Pathologie“ und „Fachpraxis während des Unterrichtsjahres“ oder
4. die Pflichtgegenstände „Einführung in Pflege, Hygiene und Erste Hilfe“ und „Fachpraxis während des Unterrichtsjahres“ oder
5. eine Kombination der Pflichtgegenstände gemäß Z 1, 2, 3 oder 4 mit einem dritten Pflichtgegenstand.

(BGBl. II Nr. 231/2018, Z 40)

(3) Für die Kombination von Pflichtgegenständen gemäß Abs. 2 Z 5 hat die Schulleiterin oder der Schulleiter innerhalb der ersten drei Wochen der letzten Schulstufe alle geeigneten Gegenstandskombinationen durch Anschlag in der Schule bekannt zu machen. *(BGBl. II Nr. 231/2018, Z 40)*

14a. Unterabschnitt[5])
Reife- und Diplomprüfung an der Höheren Lehranstalt für Pflege und Sozialbetreuung
(BGBl. II Nr. 150/2023, Art. 2 Z 4)

Vorprüfung

§ 67a. (1) Die Vorprüfung umfasst in den Ausbildungsschwerpunkten Altenarbeit, Behindertenarbeit und Familienarbeit die Prüfungsgebiete
1. „Grundzüge und Prinzipien der Akut- und Langzeitpflege einschließlich Pflegetechnik (Teil 2)“ (30 Minuten einschließlich Vorbereitungszeit, mündlich) und
2. „Grundzüge medizinischer Diagnostik und Therapie in der Akut- und Langzeitversorgung einschließlich medizinische Pflegetechnik (Teil 2)“ (30 Minuten einschließlich Vorbereitungszeit, mündlich).

(2) Das Prüfungsgebiet „Grundzüge und Prinzipien der Akut- und Langzeitpflege einschließlich Pflegetechnik (Teil 2)“ gemäß Abs. 1 Z 1 umfasst die Pflichtgegenstände „Pflegerische Basisbildung“, „Berufsspezifische Bildung I Gesundheitswissenschaften Niveau Pflegeassistenz“ und „Fachpraktisches Seminar“. Der Kompetenzerwerb ist auch anhand mindestens eines Fallbeispiels umfassend und integrierend sowie praxisbezogen zu überprüfen.

(3) Das Prüfungsgebiet „Grundzüge medizinischer Diagnostik und Therapie in der Akut- und Langzeitversorgung einschließlich medizinische Pflegetechnik (Teil 2)“ gemäß Abs. 1 Z 2 umfasst die Pflichtgegenstände „Natur- und gesundheitswissenschaftliche Bildung“, „Berufsspezifische Bildung I Gesundheitswissenschaften Niveau Pflegeassistenz“ und „Fachpraktisches Seminar“. Der Kompetenzerwerb ist auch anhand mindestens eines Fallbeispiels umfassend und integrierend sowie praxisbezogen zu überprüfen.

(4) Im Ausbildungsschwerpunkt Pflegefachassistenz ist die Ablegung der Vorprüfung fakultativ. Bei Ablegung der Vorprüfung ist Abs. 1 Z 1 und 2 anzuwenden.

Diplomarbeit

§ 67b. Das Prüfungsgebiet „Diplomarbeit“ umfasst
1. in der Fachrichtung Pflege die Pflichtgegenstände „Berufskunde und Ethik“, „Beruf und Wissenschaft“ und „Berufsspezifi-

[5]) Der 14a. Unterabschnitt (§§ 67a bis 67d) ist gemäß § 95 Abs. 10 Z 2 mit Wirksamkeit ab Haupttermin 2028 anzuwenden.

sche Bildung II“ des Ausbildungsschwerpunktes Pflegefachassistenz und

2. in der Fachrichtung Sozialbetreuung die Pflichtgegenstände „Berufskunde und Ethik“, „Beruf und Wissenschaft“ und „Berufsspezifische Bildung II“ des vom Prüfungskandidaten oder von der Prüfungskandidatin gewählten Ausbildungsschwerpunktes.

Klausurprüfung

§ 67c. (1) Die Klausurprüfung umfasst

1. eine Klausurarbeit im Prüfungsgebiet „Deutsch“ gemäß § 12 Abs. 1 Z 1,
2. eine Klausurarbeit im Prüfungsgebiet „Lebende Fremdsprache“ gemäß § 12 Abs. 1 Z 2 und
3. eine Klausurarbeit im Prüfungsgebiet „Angewandte Mathematik“ gemäß § 12 Abs. 1 Z 3.

(2) Das Prüfungsgebiet „Lebende Fremdsprache“ gemäß Abs. 1 Z 2 umfasst den Pflichtgegenstand „Englisch“.

Mündliche Prüfung

§ 67d. (1) Die mündliche Prüfung umfasst

1. in der Fachrichtung Pflege
   a) eine mündliche Teilprüfung im Prüfungsgebiet „Schwerpunktfach Fachkolloquium Zielgruppen- und settingorientierte Pflege einschließlich Pflegetechnik (Teil 2)“,
   b) eine mündliche Teilprüfung im Prüfungsgebiet „Schwerpunktfach Fachkolloquium Zielgruppen- und settingorientierte medizinische Diagnostik und Therapie einschließlich medizinische Pflegetechnik (Teil 2)“ und
   c) eine mündliche Teilprüfung im Prüfungsgebiet „Wahlfach …“ (mit Bezeichnung des Pflichtgegenstandes gemäß Abs. 5 Z 1 oder mit der Bezeichnung gemäß Abs. 5 Z 2 bis 4) sowie
2. in der Fachrichtung Sozialbetreuung
   a) eine mündliche Teilprüfung im Prüfungsgebiet „Humanwissenschaftliche Bildung“,
   b) eine mündliche Teilprüfung im Prüfungsgebiet „Schwerpunktfach Fachkolloquium Berufsspezifische Bildung II“ und
   c) eine mündliche Teilprüfung im Prüfungsgebiet „Wahlfach …“ (mit Bezeichnung des Pflichtgegenstandes gemäß Abs. 5 Z 1 oder mit der Bezeichnung gemäß Abs. 5 Z 2 bis 4).

(2) Die Prüfungsgebiete „Schwerpunktfach Fachkolloquium Zielgruppen- und settingorientierte Pflege einschließlich Pflegetechnik (Teil 2)“ und „Schwerpunktfach Fachkolloquium Zielgruppen- und settingorientierte medizinische Diagnostik und Therapie einschließlich medizinische Pflegetechnik (Teil 2)“ gemäß Abs. 1 Z 1 lit. a und b umfassen die Pflichtgegenstände „Berufsspezifische Bildung II“ des Ausbildungsschwerpunktes Pflegefachassistenz und „Fachpraktisches Seminar“ des Ausbildungsschwerpunktes Pflegefachassistenz. Der Kompetenzerwerb ist auch anhand mindestens eines Fallbeispiels pro Prüfungsgebiet umfassend und integrierend sowie praxisbezogen zu überprüfen.

(3) Das Prüfungsgebiet „Humanwissenschaftliche Bildung“ gemäß Abs. 1 Z 2 lit. a umfasst den Pflichtgegenstand „Humanwissenschaftliche Bildung (Pädagogik, Psychologie, Soziologie, Gerontologie und Geragogik)“.

(4) Das Prüfungsgebiet „Schwerpunktfach Fachkolloquium Berufsspezifische Bildung II“ gemäß Abs. 1 Z 2 lit. b umfasst den Pflichtgegenstand „Berufsspezifische Bildung II“ des vom Prüfungskandidaten oder von der Prüfungskandidatin gewählten Ausbildungsschwerpunktes.

(5) Das Prüfungsgebiet „Wahlfach …“ gemäß Abs. 1 Z 1 lit. c und Abs. 1 Z 2 lit. c umfasst nach Wahl der Prüfungskandidatin oder des Prüfungskandidaten

1. einen im Ausmaß von mindestens vier Wochenstunden unterrichteten Pflichtgegenstand, ausgenommen die bereits gemäß § 67c zur Klausurprüfung oder gemäß Abs. 1 zur mündlichen Prüfung gewählten Pflichtgegenstände sowie der Pflichtgegenstand „Bewegung und Sport“,
2. „Kultur und gesellschaftliche Reflexion“,
3. „Politische Bildung und Recht“ oder
4. „Berufs- und Rechtskunde“.

(6) Das Prüfungsgebiet „Wahlfach Kultur und gesellschaftliche Reflexion“ gemäß Abs. 5 Z 2 umfasst die Bereiche „Zuhören und Sprechen“ und „Reflexion“ des Pflichtgegenstandes „Deutsch“ sowie die Bereiche Kulturelle Identität und Interkulturelle Kommunikation des Pflichtgegenstandes „Allgemeine und Interkulturelle Kommunikation“.

(7) Das Prüfungsgebiet „Wahlfach Politische Bildung und Recht“ gemäß Abs. 5 Z 3 umfasst den Bereich „Politische Bildung“ des Pflichtgegenstandes „Geografie, Geschichte und Politische Bildung“ und den Pflichtgegenstand „Berufsbezogene Rechtskunde“.

(8) Das Prüfungsgebiet „Wahlfach Berufs- und Rechtskunde“ gemäß Abs. 5 Z 4 umfasst die Pflichtgegenstände „Berufskunde und Ethik“ und „Berufsbezogene Rechtskunde“.

14b. Unterabschnitt[6])
Abschlussprüfung an der Fachschule für Sozialberufe mit Pflegevorbereitung
(BGBl. II Nr. 150/2023, Art. 2 Z 4)

Abschlussarbeit

§ 67e. Das Prüfungsgebiet „Abschlussarbeit“ umfasst nach Wahl der Prüfungskandidatin oder des Prüfungskandidaten den Pflichtgegenstand
1. „Psychologie und Pädagogik“,
2. „Soziale Handlungsfelder“,
3. „Somatologie und Pathologie“,
4. „Einführung in Pflege, Hygiene und Erste Hilfe“ oder
5. „Fachpraxis während des Unterrichtsjahres“, sofern eine Fachpraxis im sozialen Berufsfeld im Ausmaß von mindestens vier Wochenstunden absolviert wurde.

Klausurprüfung

§ 67f. Die Klausurprüfung umfasst
1. eine Klausurarbeit im Prüfungsgebiet „Deutsch“ (180 Minuten, schriftlich) und
2. eine Klausurarbeit im Prüfungsgebiet „Betriebswirtschaft und Rechnungswesen“ (180 Minuten, schriftlich).

Mündliche Prüfung

§ 67g. (1) Die mündliche Prüfung umfasst
1. eine mündliche Teilprüfung im Prüfungsgebiet „Englisch“ und
2. eine mündliche Teilprüfung im Prüfungsgebiet „Fachkolloquium …“ (mit Bezeichnung der Pflichtgegenstände gemäß Abs. 2).

(2) Das Prüfungsgebiet „Fachkolloquium …“ gemäß Abs. 1 Z 2 umfasst nach Wahl der Prüfungskandidatin oder des Prüfungskandidaten
1. den Pflichtgegenstand „Psychologie und Pädagogik“,
2. den Pflichtgegenstand „Soziale Handlungsfelder“,
3. den Pflichtgegenstand „Somatologie und Pathologie“,
4. den Pflichtgegenstand „Einführung in Pflege, Hygiene und Erste Hilfe“,
5. eine Kombination der Pflichtgegenstände gemäß Z 1, 2, 3 oder 4 mit dem Pflichtgegenstand „Fachpraxis während des Unterrichtsjahres“, sofern eine Fachpraxis im sozialen Berufsfeld im Ausmaß von mindestens vier Wochenstunden absolviert wurde, oder
6. eine Kombination der Pflichtgegenstände gemäß Z 1, 2, 3 oder 4 mit einem zweiten Pflichtgegenstand.

(3) Für die Kombination von Pflichtgegenständen gemäß Abs. 2 Z 6 hat die Schulleiterin oder der Schulleiter innerhalb der ersten drei Wochen der letzten Schulstufe alle geeigneten Gegenstandskombinationen durch Anschlag in der Schule bekannt zu machen.

[6]) Der 14b. Unterabschnitt (§§ 67e bis 67g) ist gemäß § 95 Abs. 10 Z 3 mit Wirksamkeit ab Haupttermin 2026 anzuwenden.

15. Unterabschnitt
(BGBl. II Nr. 160/2015, Art. 1 Z 26)
Reife- und Diplomprüfung an der Handelsakademie
(einschließlich des Aufbaulehrganges; ausgenommen die Handelsakademie Digital Business, die Handelsakademie – European and International Business, die Handelsakademie – Kommunikation und Medieninformatik, die Handelsakademie – Industrial Business und die Handelsakademie – Wirtschaft und Recht)
(BGBl. II Nr. 231/2018, Z 41 idF BGBl. II Nr. 465/2020, Art. 2 Z 20)

Diplomarbeit

§ 68. (1) Das Prüfungsgebiet „Diplomarbeit“ umfasst nach Wahl der Prüfungskandidatin oder des Prüfungskandidaten
1. einen oder mehrere Pflichtgegenstände des Clusters „Entrepreneurship – Wirtschaft und Management“ oder
2. falls ein Ausbildungsschwerpunkt gewählt wurde, den gewählten Ausbildungsschwerpunkt.

Wurde schulautonom kein Ausbildungsschwerpunkt gewählt, umfasst die Diplomarbeit außerdem das Seminar bzw. die Seminare oder die Verbindliche Übung bzw. die Verbindlichen Übungen, das bzw. die als Ergänzung oder Vertiefung der Pflichtgegenstände des Clusters „Entrepreneurship – Wirtschaft und Management“ gewählt wurden.

(2) Das Prüfungsgebiet „Diplomarbeit“ umfasst nach Wahl der Prüfungskandidatin oder des Prüfungskandidaten zusätzlich zu Abs. 1 einen Pflichtgegenstand des Stammbereiches (ausgenommen den Pflichtgegenstand „Bewegung und Sport“).

Klausurprüfung

§ 69. (1) Die Klausurprüfung umfasst
1. eine Klausurarbeit im Prüfungsgebiet „Deutsch“ gemäß § 12 Abs. 1 Z 1 und

2. nach Wahl der Prüfungskandidatin oder des Prüfungskandidaten eine oder zwei Klausurarbeiten in den Prüfungsgebieten
   a) „Lebende Fremdsprache“ gemäß § 12 Abs. 1 Z 2 oder
   b) „Angewandte Mathematik“ gemäß § 12 Abs. 1 Z 3 und
3. eine Klausurarbeit im Prüfungsgebiet „Betriebswirtschaftliche Fachklausur“ (360 Minuten, schriftlich).

An der Zweisprachigen Bundeshandelsakademie umfasst die Klausurprüfung abweichend von Z 1 nach Wahl der Prüfungskandidatin oder des Prüfungskandidaten eine Klausurarbeit im Prüfungsgebiet „Deutsch“ gemäß Abs. 1 Z 1 oder im Prüfungsgebiet „Slowenisch“ (standardisiert, 300 Minuten, schriftlich).

(2) Das Prüfungsgebiet „Lebende Fremdsprache“ gemäß Abs. 1 Z 2 lit. a umfasst nach Wahl der Prüfungskandidatin oder des Prüfungskandidaten den Pflichtgegenstand „Englisch einschließlich Wirtschaftssprache“ oder „Lebende Fremdsprache (mit Bezeichnung der Fremdsprache)“.

(3) Das Prüfungsgebiet „Angewandte Mathematik“ gemäß Abs. 1 Z 2 lit. b umfasst den Pflichtgegenstand „Mathematik und angewandte Mathematik“.

(4) Das Prüfungsgebiet „Betriebswirtschaftliche Fachklausur“ gemäß Abs. 1 Z 3 umfasst

1. den Pflichtgegenstand „Betriebswirtschaft“ und
2. den Pflichtgegenstand „Unternehmensrechnung“ und
3. die Teilbereiche „Übungsfirma“ und „Case Studies“ des Pflichtgegenstandes „Business Training, Projektmanagement, Übungsfirma und Case Studies“.

Mündliche Prüfung

§ 70. (1) Die mündliche Prüfung umfasst

1. wenn gemäß § 69 Abs. 1 Z 2 nur eine Klausurarbeit gewählt wurde, eine mündliche Teilprüfung in demjenigen Prüfungsgebiet, in welchem gemäß § 69 Abs. 1 Z 2 im Rahmen der Klausurprüfung keine Klausurarbeit abgelegt wurde, und
2. eine mündliche Teilprüfung im Prüfungsgebiet „Schwerpunktfach: Betriebswirtschaftliches Kolloquium vertiefend aus …“ (mit Bezeichnung des Ausbildungsschwerpunktes, des gewählten Seminars, der gewählten Seminare, der Verbindlichen Übung, der Verbindlichen Übungen oder, falls weder ein Ausbildungsschwerpunkt noch ein Seminar noch eine Verbindliche Übung als Ergänzung oder Vertiefung der Pflichtgegenstände des Clusters „Entrepreneurship – Wirtschaft und Management“ gewählt wurde, mit der Bezeichnung „Allgemeiner Betriebswirtschaft“) und *(BGBl. II Nr. 30/2017, Z 14)*
3. eine mündliche Teilprüfung nach Wahl der Prüfungskandidatin oder des Prüfungskandidaten im Prüfungsgebiet
   a) „Religion“ oder „Ethik“ oder *(BGBl. II Nr. 177/2012 idF BGBl. II Nr. 160/2023, Art. 3 Z 1)*
   b) „Kultur“ oder
   c) „Slowenisch“ (an der Zweisprachigen Bundeshandelsakademie) oder
   d) „Geschichte und Internationale Wirtschafts- und Kulturräume“ oder
   e) „Geografie und Internationale Wirtschafts- und Kulturräume“ (ausgenommen Aufbaulehrgang) oder *(BGBl. II Nr. 177/2012 idF BGBl. II Nr. 527/2021, Art. 1 Z 5)*
   f) „Naturwissenschaften“ oder
   g) „Recht“ oder
   h) „Volkswirtschaft“ oder
   i) „Berufsbezogene Kommunikation in der Lebenden Fremdsprache (mit Bezeichnung der Fremdsprache)“ oder
   j) „Mehrsprachigkeit (mit Bezeichnung der beiden lebenden Fremdsprachen)“ oder
   k) „Wirtschaftsinformatik“ oder
   l) „Seminar (mit Bezeichnung des Seminars)“ oder
   m) „Freigegenstand (mit Bezeichnung des Freigegenstandes)“ und
4. an der Zweisprachigen Bundeshandelsakademie eine mündliche Teilprüfung im Prüfungsgebiet
   a) „Slowenisch“, wenn zur Klausurprüfung gemäß § 69 Abs. 1 das Prüfungsgebiet „Deutsch“ gewählt wurde, oder
   b) „Deutsch“, wenn zur Klausurprüfung gemäß § 69 Abs. 1 das Prüfungsgebiet „Slowenisch“ gewählt wurde.

(2) Das Prüfungsgebiet „Schwerpunktfach: Betriebswirtschaftliches Kolloquium vertiefend aus …“ (mit Bezeichnung des Ausbildungsschwerpunktes, des gewählten Seminars, der gewählten Seminare, der Verbindlichen Übung, der Verbindlichen Übungen oder, falls weder ein Ausbildungsschwerpunkt noch ein Seminar noch eine Verbindliche Übung als Ergänzung oder Vertiefung der Pflichtgegenstände des Clusters „Entrepreneurship – Wirtschaft und Management“ gewählt wurde, mit der Bezeichnung „Allgemeiner Betriebswirtschaft“) gemäß Abs. 1 Z 2 umfasst

1. den Pflichtgegenstand „Betriebswirtschaft“ und
2. den gewählten Ausbildungsschwerpunkt oder, falls schulautonom kein Ausbildungsschwerpunkt gewählt wurde, das Seminar bzw. die Seminare oder die Verbindliche Übung bzw. die Verbindlichen Übungen, das bzw. die als Ergänzung oder Vertiefung der Pflichtgegenstände des Clusters „Entrepreneurship – Wirtschaft und Management“ gewählt wurde bzw. wurden. Umfasst der Erweiterungsbereich weder einen Ausbildungsschwerpunkt noch das Seminar bzw. die Seminare oder die Verbindliche Übung bzw. die Verbindlichen Übungen, das bzw. die als Ergänzung oder Vertiefung der Pflichtgegenstände des Clusters „Entrepreneurship – Wirtschaft und Management“ gewählt wurde bzw. wurden, umfasst das Prüfungsgebiet „Schwerpunktfach: Betriebswirtschaftliches Kolloquium vertiefend aus …“ den Pflichtgegenstand „Betriebswirtschaft“.

(BGBl. II Nr. 30/2017, Z 15)

(3) Das Prüfungsgebiet „Kultur“ gemäß Abs. 1 Z 3 lit. b umfasst den Teilbereich „Reflexion über gesellschaftliche Realität“ des Pflichtgegenstandes „Deutsch“.

(4) Das Prüfungsgebiet „Geschichte und Internationale Wirtschafts- und Kulturräume“ gemäß Abs. 1 Z 3 lit. d umfasst die Pflichtgegenstände „Politische Bildung und Geschichte (Wirtschafts- und Sozialgeschichte)“ und „Internationale Wirtschafts- und Kulturräume“. *(BGBl. II Nr. 177/2012 idF BGBl. II Nr. 30/2017, Z 16)*

(5) Das Prüfungsgebiet „Geografie und Internationale Wirtschafts- und Kulturräume“ gemäß Abs. 1 Z 3 lit. e umfasst die Pflichtgegenstände „Geografie (Wirtschaftsgeografie)“ und „Internationale Wirtschafts- und Kulturräume“.

(6) Das Prüfungsgebiet „Naturwissenschaften“ gemäß Abs. 1 Z 3 lit. f umfasst die Pflichtgegenstände „Naturwissenschaften“ und „Technologie, Ökologie und Warenlehre“.

(7) Das Prüfungsgebiet „Berufsbezogene Kommunikation in der Lebenden Fremdsprache (mit Bezeichnung der Fremdsprache)“ gemäß Abs. 1 Z 3 lit. i umfasst den nicht gemäß § 69 Abs. 1 Z 2 zur Klausurprüfung oder gemäß Abs. 1 Z 1 zur mündlichen Prüfung gewählten Pflichtgegenstand

1. „Englisch einschließlich Wirtschaftssprache“ oder
2. „Lebende Fremdsprache“.

(8) Das Prüfungsgebiet „Mehrsprachigkeit (mit Bezeichnung der beiden lebenden Fremdsprachen)“ gemäß Abs. 1 Z 3 lit. j umfasst die Pflichtgegenstände „Englisch einschließlich Wirtschaftssprache“ und „Lebende Fremdsprache“.

(9) Das Prüfungsgebiet „Seminar (mit Bezeichnung des Seminars)“ gemäß Abs. 1 Z 3 lit. l umfasst nach Wahl der Prüfungskandidatin oder des Prüfungskandidaten ein mindestens vier Wochenstunden, beim Fremdsprachenseminar jedoch ein mindestens sechs Wochenstunden unterrichtetes Seminar.

(10) Das Prüfungsgebiet „Freigegenstand (mit Bezeichnung des Freigegenstandes)“ gemäß Abs. 1 Z 3 lit. m umfasst nach Wahl der Prüfungskandidatin oder des Prüfungskandidaten einen mindestens vier Wochenstunden, im Freigegenstand „Lebende Fremdsprache“ jedoch einen mindestens sechs Wochenstunden unterrichteten Freigegenstand.

15a. Unterabschnitt
Reife- und Diplomprüfung an der Handelsakademie Digital Business
(BGBl. II Nr. 231/2018, Z 42)

Diplomarbeit

§ 70a. (1) Das Prüfungsgebiet „Diplomarbeit“ umfasst einen oder mehrere Pflichtgegenstände des „Erweiterungsbereichs – Digital Business“.

(2) Nach Wahl der Prüfungskandidatin oder des Prüfungskandidaten kann das Prüfungsgebiet „Diplomarbeit“ zusätzlich einen Pflichtgegenstand des Stammbereiches (ausgenommen den Pflichtgegenstand „Bewegung und Sport“) umfassen.

Klausurprüfung

§ 70b. (1) Die Klausurprüfung umfasst

1. eine Klausurarbeit im Prüfungsgebiet „Deutsch“ gemäß § 12 Abs. 1 Z 1 und
2. nach Wahl der Prüfungskandidatin oder des Prüfungskandidaten eine oder zwei Klausurarbeiten in den Prüfungsgebieten
   a) „Lebende Fremdsprache“ gemäß § 12 Abs. 1 Z 2 oder
   b) „Angewandte Mathematik“ gemäß § 12 Abs. 1 Z 3 und
3. eine Klausurarbeit im Prüfungsgebiet „Betriebswirtschaftliche Fachklausur“ (360 Minuten, schriftlich).

(2) Das Prüfungsgebiet „Lebende Fremdsprache“ gemäß Abs. 1 Z 2 lit. a. umfasst den Pflichtgegenstand „Englisch einschließlich Wirtschaftssprache“.

(3) Das Prüfungsgebiet „Angewandte Mathematik“ gemäß Abs. 1 Z 2 lit. b. umfasst

den Pflichtgegenstand „Mathematik und angewandte Mathematik“.

(4) Das Prüfungsgebiet „Betriebswirtschaftliche Fachklausur“ gemäß Abs. 1 Z 3 umfasst

1. den Pflichtgegenstand „Betriebswirtschaft“ und
2. den Pflichtgegenstand „Unternehmensrechnung“ und
3. die Teilbereiche „E-Business-Center (Übungsfirma)“ und „Case Studies“ des Pflichtgegenstandes „E-Business und E-Business-Center (Übungsfirma), Case Studies“.

Mündliche Prüfung

§ 70c. (1) Die mündliche Prüfung umfasst

1. wenn gemäß § 70b Abs. 1 Z 2 nur eine Klausurarbeit gewählt wurde, eine mündliche Teilprüfung in demjenigen Prüfungsgebiet, in welchem gemäß § 70b Abs. 1 Z 2 im Rahmen der Klausurprüfung keine Klausurarbeit abgelegt wurde,
2. eine mündliche Teilprüfung im Prüfungsgebiet „Schwerpunktfach: Informationstechnisches Kolloquium vertiefend aus …“ (mit Bezeichnung des Pflichtgegenstandes oder der Pflichtgegenstände des Erweiterungsbereiches – Digital Business, ausgenommen der Pflichtgegenstand „E-Business und E-Business-Center (Übungsfirma), Case Studies“) und
3. eine mündliche Teilprüfung nach Wahl der Prüfungskandidatin oder des Prüfungskandidaten im Prüfungsgebiet
   a) „Religion“ oder „Ethik“ oder *(BGBl. II Nr. 231/2018, Z 42 idF BGBl. II Nr. 160/2023, Art. 3 Z 1)*
   b) „Kultur“ oder
   c) „Geschichte und Internationale Wirtschafts- und Kulturräume“ oder
   d) „Geografie und Internationale Wirtschafs- und Kulturräume“ oder
   e) „Naturwissenschaften“ oder
   f) „Wirtschaftsrecht und E-Businessrecht“ oder
   g) „Volkswirtschaft“ oder
   h) jene Pflichtgegenstände des Erweiterungsbereiches – Digital Business (ausgenommen der Pflichtgegenstand „E-Business und E-Business-Center (Übungsfirma), Case Studies“), die nicht Teil des Prüfungsfaches „Informationstechnisches Kolloquium vertiefend aus …“ sind oder
   i) „Wirtschaftsinformatik“ oder
   j) „Seminar (mit Bezeichnung des Seminars)“ oder
   k) „Freigegenstand (mit Bezeichnung des Freigegenstandes)“.

(2) Das Prüfungsgebiet „Schwerpunktfach: Informationstechnisches Kolloquium vertiefend aus …“ (mit Bezeichnung des Pflichtgegenstandes oder der Pflichtgegenstände des Erweiterungsbereiches – Digital Business gemäß Abs. 1 Z 2 umfasst

1. bis zu zwei Pflichtgegenstände des Erweiterungsbereiches – Digital Business nach Wahl der Schule: „Betriebssysteme und Netzwerkmanagement“, „Internet, Multimedia und Contentmanagement“, „Angewandte Programmierung“ oder den Teilbereich „Softwareentwicklung“ des Pflichtgegenstandes „Softwareentwicklung und Projektmanagement“ und
2. den Pflichtgegenstand „Betriebswirtschaft“.

(3) Das Prüfungsgebiet „Kultur“ gemäß Abs. 1 Z 3 lit. b umfasst den Teilbereich „Reflexion über gesellschaftliche Realität“ des Pflichtgegenstandes „Deutsch“.

(4) Das Prüfungsgebiet „Geschichte und Internationale Wirtschaftsräume“ gemäß Abs. 1 Z 3 lit. c umfasst die Pflichtgegenstände „Politische Bildung und Geschichte (Wirtschafts- und Sozialgeschichte)“ und „Internationale Wirtschafts- und Kulturräume“.

(5) Das Prüfungsgebiet „Geografie und Internationale Wirtschafts- und Kulturräume“ gemäß Abs. 1 Z 3 lit. d umfasst die Pflichtgegenstände „Geografie (Wirtschaftsgeografie)“ und „Internationale Wirtschafts- und Kulturräume“.

(6) Das Prüfungsgebiet „Wirtschaftsrecht und E-Businessrecht“ gemäß Abs. 1 Z 3 lit. f umfasst den Pflichtgegenstand „Recht“.

(7) Das Prüfungsgebiet „Wirtschaftsinformatik“ gemäß Abs. 1 Z 3 lit. j umfasst den Pflichtgegenstand „Wirtschaftsinformatik und Datenbanksysteme“.

(8) Das Prüfungsgebiet „Seminar (mit Bezeichnung des Seminars)“ gemäß Abs. 1 Z 3 lit. j umfasst nach Wahl der Prüfungskandidatin oder des Prüfungskandidaten ein mindestens vier Wochenstunden, beim Fremdsprachenseminar jedoch ein mindestens sechs Wochenstunden unterrichtetes Seminar.

(9) Das Prüfungsgebiet „Freigegenstand (mit Bezeichnung des Freigegenstandes)“ gemäß Abs. 1 Z 3 lit. k umfasst nach Wahl der Prüfungskandidatin oder des Prüfungskandidaten einen mindestens vier Wochenstunden, im Freigegenstand.

15b. Unterabschnitt
(BGBl. II Nr. 465/2020, Art. 2 Z 21)
Reife- und Diplomprüfung an der Handelsakademie – European and International Business

Diplomarbeit

§ 70d. (1) Das Prüfungsgebiet „Diplomarbeit" umfasst einen oder mehrere Pflichtgegenstände des Erweiterungsbereiches „European and International Business".

(2) Nach Wahl der Prüfungskandidatin bzw. des Prüfungskandidaten kann das Prüfungsgebiet „Diplomarbeit" zusätzlich einen Pflichtgegenstand des Stammbereiches (ausgenommen den Pflichtgegenstand „Bewegung und Sport") umfassen.

Klausurprüfung

§ 70e. (1) Die Klausurprüfung umfasst
1. eine Klausurarbeit im Prüfungsgebiet „Deutsch" gemäß § 12 Abs. 1 Z 1 und
2. nach Wahl der Prüfungskandidatin bzw. des Prüfungskandidaten eine oder zwei Klausurarbeiten in den Prüfungsgebieten
   a) „Lebende Fremdsprache" gemäß § 12 Abs. 1 Z 2 oder
   b) „Angewandte Mathematik" gemäß § 12 Abs. 1 Z 3 und
3. eine Klausurarbeit im Prüfungsgebiet „Betriebswirtschaftliche Fachklausur" (360 Minuten, schriftlich).

(2) Das Prüfungsgebiet „Lebende Fremdsprache" gemäß Abs. 1 Z 2 lit. a umfasst nach Wahl der Prüfungskandidatin bzw. des Prüfungskandidaten den Pflichtgegenstand „Englisch einschließlich Wirtschaftssprache" oder „Lebende Fremdsprache (mit Bezeichnung der Fremdsprache)".

(3) Das Prüfungsgebiet „Angewandte Mathematik" gemäß Abs. 1 Z 2 lit. b umfasst den Pflichtgegenstand „Mathematik und angewandte Mathematik".

(4) Das Prüfungsgebiet „Betriebswirtschaftliche Fachklausur" gemäß Abs. 1 Z 3 umfasst
1. den Pflichtgegenstand „Betriebswirtschaft",
2. den Pflichtgegenstand „Unternehmensrechnung" und
3. die Teilbereiche „Business Center (Übungsfirma)" und „Case Studies" des Pflichtgegenstandes „Business Training, Projektmanagement, Business Center (Übungsfirma) und Case Studies".

Mündliche Prüfung

§ 70f. (1) Die mündliche Prüfung umfasst:
1. wenn gemäß § 70e Abs. 1 Z 2 nur eine Klausurarbeit gewählt wurde, eine mündliche Teilprüfung in demjenigen Prüfungsgebiet, in welchem gemäß § 70e Abs. 1 Z 2 im Rahmen der Klausurprüfung keine Klausurarbeit abgelegt wurde, und
2. eine mündliche Teilprüfung im Prüfungsgebiet „Schwerpunktfach: Betriebswirtschaftliches Kolloquium vertiefend aus European and International Business" und
3. eine mündliche Teilprüfung nach Wahl der Prüfungskandidatin bzw. des Prüfungskandidaten im Prüfungsgebiet
   a) „Religion" oder „Ethik" oder (BGBl. II Nr. 465/2020, Art. 2 Z 21 idF BGBl. II Nr. 160/2023, Art. 3 Z 1)
   b) „Kultur" oder
   c) „Geschichte und Internationale Wirtschafts- und Kulturräume" oder
   d) „Geografie und Internationale Wirtschafts- und Kulturräume" oder
   e) „Naturwissenschaften" oder
   f) „Volkswirtschaft" oder
   g) „Recht" oder
   h) „Berufsbezogene Kommunikation in der Lebenden Fremdsprache (mit Bezeichnung der Fremdsprache)" oder
   i) „Mehrsprachigkeit (mit Bezeichnung der beiden lebenden Fremdsprachen)" oder
   j) „Creative Business Solutions" oder
   k) „Wirtschaftsinformatik" oder
   l) „Freigegenstand (mit Bezeichnung des Freigegenstandes)" oder
   m) „Seminar (mit Bezeichnung des Seminars)".

(2) Das Prüfungsgebiet „Schwerpunktfach: Betriebswirtschaftliches Kolloquium vertiefend aus European and International Business" gemäß Abs. 1 Z 2 umfasst
1. den Pflichtgegenstand „International Business" und
2. den Pflichtgegenstand „Betriebswirtschaft".

(3) Das Prüfungsgebiet „Kultur" gemäß Abs. 1 Z 3 lit. b umfasst den Teilbereich „Reflexion über gesellschaftliche Realität" des Pflichtgegenstandes „Deutsch".

(4) Das Prüfungsgebiet „Geschichte und Internationale Wirtschafts- und Kulturräume" gemäß Abs. 1 Z 3 lit. c umfasst die Pflichtgegenstände „Politische Bildung und Geschichte (Wirtschafts- und Sozialgeschichte)" und „Internationale Wirtschafts- und Kulturräume".

(5) Das Prüfungsgebiet „Geografie und Internationale Wirtschafts- und Kulturräume" gemäß Abs. 1 Z 3 lit. d umfasst die Pflichtgegenstände „Geografie (Wirtschaftsgeografie)" und „Internationale Wirtschafts- und Kulturräume".

(6) Das Prüfungsgebiet „Naturwissenschaften" gemäß Abs. 1 Z 3 lit. e umfasst die Pflichtgegenstände „Naturwissenschaften" und „Technologie, Ökologie und Warenlehre".

(7) Das Prüfungsgebiet „Berufsbezogene Kommunikation in der Fremdsprache (mit Bezeichnung der Fremdsprache)" gemäß Abs. 1 Z 3 lit. h umfasst den nicht gemäß § 70e Abs. 1 Z 2 zur Klausurprüfung oder gemäß Abs. 1 Z 1 zur mündlichen Prüfung gewählten Pflichtgegenstand

1. „Englisch einschließlich Wirtschaftssprache" oder
2. „Lebende Fremdsprache".

(8) Das Prüfungsgebiet „Mehrsprachigkeit (mit Bezeichnung der beiden lebenden Fremdsprachen)" gemäß Abs. 1 Z 3 lit. i umfasst die Pflichtgegenstände „Englisch einschließlich Wirtschaftssprache" und „Lebende Fremdsprache".

(9) Das Prüfungsgebiet „Freigegenstand (mit Bezeichnung des Freigegenstandes)" gemäß Abs. 1 Z 3 lit. l umfasst nach Wahl der Prüfungskandidatin bzw. des Prüfungskandidaten einen mindestens vier Wochenstunden, im Freigegenstand „Lebende Fremdsprache" jedoch einen mindestens sechs Wochenstunden unterrichteten Freigegenstand.

(10) Das Prüfungsgebiet „Seminar (mit Bezeichnung des Seminars)" gemäß Abs. 1 Z 3 lit. m umfasst nach Wahl der Prüfungskandidatin bzw. des Prüfungskandidaten ein mindestens vier Wochenstunden, im Seminar „Lebende Fremdsprache" jedoch ein mindestens sechs Wochenstunden unterrichtetes Seminar.

15c. Unterabschnitt
(BGBl. II Nr. 465/2020, Art. 2 Z 21)

Reife- und Diplomprüfung an der Handelsakademie – Kommunikation und Medieninformatik

Diplomarbeit

§ 70g. (1) Das Prüfungsgebiet „Diplomarbeit" umfasst einen oder mehrere Pflichtgegenstände des Erweiterungsbereiches „Kommunikation und Medieninformatik".

(2) Nach Wahl der Prüfungskandidatin bzw. des Prüfungskandidaten kann das Prüfungsgebiet „Diplomarbeit" zusätzlich einen Pflichtgegenstand des Stammbereiches (ausgenommen den Pflichtgegenstand „Bewegung und Sport") umfassen.

Klausurprüfung

§ 70h. (1) Die Klausurprüfung umfasst

1. eine Klausurarbeit im Prüfungsgebiet „Deutsch" gemäß § 12 Abs. 1 Z 1 und
2. nach Wahl der Prüfungskandidatin oder des Prüfungskandidaten eine oder zwei Klausurarbeiten in den Prüfungsgebieten
   a) „Lebende Fremdsprache" gemäß § 12 Abs. 1 Z 2 oder
   b) „Angewandte Mathematik" gemäß § 12 Abs. 1 Z 3 und
3. eine Klausurarbeit im Prüfungsgebiet „Betriebswirtschaftliche Fachklausur" (360 Minuten, schriftlich).

(2) Das Prüfungsgebiet „Lebende Fremdsprache" gemäß Abs. 1 Z 2 lit. a umfasst den Pflichtgegenstand „Englisch einschließlich Wirtschaftssprache".

(3) Das Prüfungsgebiet „Angewandte Mathematik" gemäß Abs. 1 Z 2 lit. b umfasst den Pflichtgegenstand „Mathematik und angewandte Mathematik".

(4) Das Prüfungsgebiet „Betriebswirtschaftliche Fachklausur" gemäß Abs. 1 Z 3 umfasst

1. den Pflichtgegenstand „Betriebswirtschaft",
2. den Pflichtgegenstand „Unternehmensrechnung" und
3. die Teilbereiche „Übungsfirma" und „Case Studies" des Pflichtgegenstandes „Business Training, Projektmanagement, Übungsfirma und Case Studies".

Mündliche Prüfung

§ 70i. (1) Die mündliche Prüfung umfasst:

1. wenn gemäß § 70h Abs. 1 Z 2 nur eine Klausurarbeit gewählt wurde, eine mündliche Teilprüfung in demjenigen Prüfungsgebiet, in welchem gemäß § 70h Abs. 1 Z 2 im Rahmen der Klausurprüfung keine Klausurarbeit abgelegt wurde, und
2. eine mündliche Teilprüfung im Prüfungsgebiet „Schwerpunktfach: Betriebswirtschaftliches Kolloquium vertiefend aus Kommunikation und Medieninformatik" und
3. eine mündliche Teilprüfung nach Wahl der Prüfungskandidatin bzw. des Prüfungskandidaten im Prüfungsgebiet
   a) „Religion" oder „Ethik" oder *(BGBl. II Nr. 465/2020, Art. 2 Z 21 idF BGBl. II Nr. 160/2023, Art. 3 Z 1)*

b) „Kultur“ oder
c) „Geschichte und Internationale Wirtschafts- und Kulturräume“ oder
d) „Geografie und Internationale Wirtschafts- und Kulturräume“ oder
e) „Naturwissenschaften“ oder
f) „Recht“ oder
g) „Volkswirtschaft“ oder
h) jene Pflichtgegenstände des Erweiterungsbereiches Kommunikation und Medieninformatik, die nicht Teil des Prüfungsfaches „Betriebswirtschaftliches Kolloquium vertiefend aus Kommunikation und Medieninformatik“ sind oder
i) „Wirtschaftsinformatik“ oder
j) „Freigegenstand (mit Bezeichnung des Freigegenstandes)“.

(2) Das Prüfungsgebiet „Schwerpunktfach: Betriebswirtschaftliches Kolloquium vertiefend aus Kommunikation und Medieninformatik“ gemäß Abs. 1 Z 2 umfasst

1. bis zu zwei Pflichtgegenstände des Erweiterungsbereiches Kommunikation und Medieninformatik nach Wahl der Schule: „Medieninformatik“, „Internet, Social Media und Kommunikation“, „Netzwerkmanagement“, „Wirtschafts- und Organisationsstrategie“ oder „Kommunikation und Öffentlichkeitsarbeit“ und
2. den Pflichtgegenstand „Betriebswirtschaft“.

(3) Das Prüfungsgebiet „Kultur“ gemäß Abs. 1 Z 3 lit. b umfasst den Teilbereich „Reflexion über gesellschaftliche Realität“ des Pflichtgegenstandes „Deutsch“.

(4) Das Prüfungsgebiet „Geschichte und Internationale Wirtschafts- und Kulturräume“ gemäß Abs. 1 Z 3 lit. c umfasst die Pflichtgegenstände „Politische Bildung und Geschichte (Wirtschafts- und Sozialgeschichte)“ und „Internationale Wirtschafts- und Kulturräume“.

(5) Das Prüfungsgebiet „Geografie und Internationale Wirtschafts- und Kulturräume“ gemäß Abs. 1 Z 3 lit. d umfasst die Pflichtgegenstände „Geografie (Wirtschaftsgeografie)“ und „Internationale Wirtschafts- und Kulturräume“.

(6) Das Prüfungsgebiet „Naturwissenschaften“ gemäß Abs. 1 Z 3 lit. e umfasst die Pflichtgegenstände „Naturwissenschaften“ und „Technologie, Ökologie und Warenlehre“.

(7) Das Prüfungsgebiet „Freigegenstand (mit Bezeichnung des Freigegenstandes)“ gemäß Abs. 1 Z 3 lit. j umfasst nach Wahl der Prüfungskandidatin bzw. des Prüfungskandidaten einen mindestens vier Wochenstunden, im Freigegenstand „Lebende Fremdsprache“ jedoch einen mindestens sechs Wochenstunden unterrichteten Freigegenstand.

15d. Unterabschnitt

(BGBl. II Nr. 465/2020, Art. 2 Z 21)

Reife- und Diplomprüfung an der Handelsakademie – Industrial Business

Diplomarbeit

§ 70j. (1) Das Prüfungsgebiet „Diplomarbeit“ umfasst einen oder mehrere Pflichtgegenstände des Erweiterungsbereiches.

(2) Nach Wahl der Prüfungskandidatin bzw. des Prüfungskandidaten kann das Prüfungsgebiet „Diplomarbeit“ zusätzlich einen Pflichtgegenstand des Stammbereiches (ausgenommen den Pflichtgegenstand „Bewegung und Sport) umfassen.

Klausurprüfung

§ 70k. (1) Die Klausurprüfung umfasst

1. eine Klausurarbeit im Prüfungsgebiet „Deutsch“ gemäß § 12 Abs. 1 Z 1,
2. nach Wahl der Prüfungskandidatin bzw. des Prüfungskandidaten eine oder zwei Klausurarbeiten in den Prüfungsgebieten
   a) „Lebende Fremdsprache“ gemäß § 12 Abs. 1 Z 2 oder
   b) „Angewandte Mathematik“ gemäß § 12 Abs. 1 Z 3 und
3. eine Klausurarbeit im Prüfungsgebiet „Betriebswirtschaftliche Fachklausur“ (360 Minuten, schriftlich).

(2) Das Prüfungsgebiet „Lebende Fremdsprache“ gemäß Abs. 1 Z 2 lit. a umfasst den Pflichtgegenstand „Englisch einschließlich Wirtschaftssprache“ oder „Lebende Fremdsprache (mit Bezeichnung der Fremdsprache)“.

(3) Das Prüfungsgebiet „Angewandte Mathematik“ gemäß Abs. 1 Z 2 lit. b umfasst den Pflichtgegenstand „Mathematik und angewandte Mathematik“.

(4) Das Prüfungsgebiet „Betriebswirtschaftliche Fachklausur“ gemäß Abs. 1 Z 3 umfasst

1. den Pflichtgegenstand „Betriebswirtschaft“,
2. den Pflichtgegenstand „Unternehmensrechnung“ und
3. die Teilbereiche „E-Business Center (Übungsfirma)“ und „Case Studies“ des entsprechenden Pflichtgegenstandes.

Mündliche Prüfung

§ 70l. (1) Die mündliche Prüfung umfasst

1. wenn gemäß § 70k Abs. 1 Z 2 nur eine Klausurarbeit gewählt wurde, eine mündliche Teilprüfung in demjenigen Prüfungsgebiet, in welchem gemäß § 70k Abs. 1 Z 2 im Rahmen der Klausurprüfung keine Klausurarbeit abgelegt wurde, und
2. eine mündliche Teilprüfung im Prüfungsgebiet „Schwerpunktfach: Industrietechnisches Kolloquium vertiefend aus …“ (mit Bezeichnung des Pflichtgegenstandes bzw. der Pflichtgegenstände oder des Seminares des Erweiterungsbereiches, ausgenommen die Pflichtgegenstände oder Seminare „Industrial Business Training, Project Management, E-Business-Center (Übungsfirma) und Case Studies“, „Lebende Fremdsprache“, „Angewandte Mathematik – Industrie“, „Wirtschaftsethik“, „Industrial-Processing, „Industrial English, E-Business-Center (Übungsfirma) und Case Studies“, „Industrial Law“, „Industrial English“) und
3. eine mündliche Teilprüfung nach Wahl der Prüfungskandidatin bzw. des Prüfungskandidaten im Prüfungsgebiet
   a) „Religion“ oder „Ethik“ oder *(BGBl. II Nr. 465/2020, Art. 2 Z 21 idF BGBl. II Nr. 160/2023, Art. 3 Z 1)*
   b) „Kultur“ oder
   c) „Geschichte und Internationale Wirtschafts- und Kulturräume“ oder
   d) „Geografie und Internationale Wirtschafts- und Kulturräume“ oder
   e) „Naturwissenschaften“ oder
   f) „Volkswirtschaft“ oder
   g) „Recht“ oder
   h) „Berufsbezogene Kommunikation in der Lebenden Fremdsprache (mit Bezeichnung der Fremdsprache)“ oder
   j) jener Pflichtgegenstände bzw. Seminare des Erweiterungsbereiches (ausgenommen „Industrial Business Training, Project Management, E-Business-Center (Übungsfirma) und Case Studies“, „Angewandte Mathematik – Industrie“, „Industrial-Processing, Industrial English, E-Business-Center (Übungsfirma) und Case Studies“, „Industrial English“, „Wirtschaftsethik“), die mindestens zwei Wochenstunden unterrichtet wurden und die nicht Teil des Prüfungsfaches „Schwerpunktfach: Industrietechnisches Kolloquium vertiefend aus …“ sind, oder
   k) „Wirtschaftsinformatik“ oder
   l) „Freigegenstand (mit Bezeichnung des Freigegenstandes)“.

(2) Das Prüfungsgebiet „Schwerpunktfach: Industrietechnisches Kolloquium vertiefend aus …“ gemäß Abs. 1 Z 2 umfasst

1. mindestens einen Pflichtgegenstand oder mindestens ein Seminar des Erweiterungsbereiches (ausgenommen „Angewandte Mathematik – Industrie“, „Wirtschaftsethik“, „Industrial-Processing, Industrial English, E-Business-Center (Übungsfirma) und Case Studies“, „Lebende Fremdsprache“, „Industrial English“, „Industrial Law“ und „Industrial Business Training, Project Management, E-Business-Center (Übungsfirma) und Case Studies“) und
2. den Pflichtgegenstand „Betriebswirtschaft“.

(3) Das Prüfungsgebiet „Kultur“ gemäß Abs. 1 Z 3 lit. b umfasst den Teilbereich „Reflexion über gesellschaftliche Realität“ des Pflichtgegenstandes „Deutsch“.

(4) Das Prüfungsgebiet „Geschichte und Internationale Wirtschafts- und Kulturräume“ gemäß Abs. 1 Z 3 lit. c umfasst die Pflichtgegenstände „Politische Bildung und Geschichte (Wirtschafts- und Sozialgeschichte)“ und „Internationale Wirtschafts- und Kulturräume“.

(5) Das Prüfungsgebiet „Geografie und Internationale Wirtschafts- und Kulturräume“ gemäß Abs. 1 Z 3 lit. d umfasst die Pflichtgegenstände „Geografie (Wirtschaftsgeografie)“ und „Internationale Wirtschafts- und Kulturräume“.

(6) Das Prüfungsgebiet „Naturwissenschaften“ gemäß Abs. 1 Z 3 lit. e umfasst die Pflichtgegenstände „Naturwissenschaften“ und „Technologie, Ökologie und Warenlehre“.

(7) Das Prüfungsgebiet „Berufsbezogene Kommunikation in der Fremdsprache (mit Bezeichnung der Fremdsprache)“ gemäß Abs. 1 Z 3 lit. h umfasst den nicht gemäß § 70k Abs. 1 Z 2 zur Klausurprüfung oder gemäß Abs. 1 Z 1 zur mündlichen Prüfung gewählten Pflichtgegenstand

1. „Englisch einschließlich Wirtschaftssprache“ oder
2. „Lebende Fremdsprache“.

(8) Das Prüfungsgebiet „Freigegenstand (mit Bezeichnung des Freigegenstandes)“ gemäß Abs. 1 Z 3 lit. l umfasst nach Wahl der Prüfungskandidatin bzw. des Prüfungskandidaten einen mindestens vier Wochenstunden, im Freigegenstand „Lebende Fremdsprache“ jedoch einen mindestens sechs Wochenstunden unterrichteten Freigegenstand.

15e. Unterabschnitt
(BGBl. II Nr. 465/2020, Art. 2 Z 21)

Reife- und Diplomprüfung an der Handelsakademie – Wirtschaft und Recht

Diplomarbeit

§ 70m. (1) Das Prüfungsgebiet „Diplomarbeit" umfasst einen oder mehrere Pflichtgegenstände des Clusters „Entrepreneurship – Wirtschaft, Management und Recht".

(2) Nach Wahl der Prüfungskandidatin bzw. des Prüfungskandidaten kann das Prüfungsgebiet „Diplomarbeit" zusätzlich einen Pflichtgegenstand des Erweiterungsbereiches „Wirtschaft und Recht" sowie einen Pflichtgegenstand des Stammbereiches (ausgenommen den Pflichtgegenstand „Bewegung und Sport") umfassen.

Klausurprüfung

§ 70n. (1) Die Klausurprüfung umfasst

1. eine Klausurarbeit im Prüfungsgebiet „Deutsch" gemäß § 12 Abs. 1 Z 1,
2. nach Wahl der Prüfungskandidatin bzw. des Prüfungskandidaten eine oder zwei Klausurarbeiten in den Prüfungsgebieten
   a) „Lebende Fremdsprache" gemäß § 12 Abs. 1 Z 2 oder
   b) „Angewandte Mathematik" gemäß § 12 Abs. 1 Z 3 und
3. eine Klausurarbeit im Prüfungsgebiet „Betriebswirtschaftliche Fachklausur" (360 Minuten, schriftlich).

(2) Das Prüfungsgebiet „Lebende Fremdsprache" gemäß Abs. 1 Z 2 lit. a umfasst den Pflichtgegenstand „Englisch einschließlich Wirtschaftssprache".

(3) Das Prüfungsgebiet „Angewandte Mathematik" gemäß Abs. 1 Z 2 lit. b umfasst den Pflichtgegenstand „Mathematik und angewandte Mathematik".

(4) Das Prüfungsgebiet „Betriebswirtschaftliche Fachklausur" gemäß Abs. 1 Z 3 umfasst

1. den Pflichtgegenstand „Betriebswirtschaft" und
2. den Pflichtgegenstand „Unternehmensrechnung" und
3. die Teilbereiche „Übungsfirma" und „Case Studies" des Pflichtgegenstandes „Business Training, Projektmanagement, Übungsfirma und Case Studies".

Mündliche Prüfung

§ 70o. (1) Die mündliche Prüfung umfasst:

1. wenn gemäß § 70n Abs. 1 Z 2 nur eine Klausurarbeit gewählt wurde, eine mündliche Teilprüfung in demjenigen Prüfungsgebiet, in welchem gemäß § 70n Abs. 1 Z 2 im Rahmen der Klausurprüfung keine Klausurarbeit abgelegt wurde, und
2. eine mündliche Teilprüfung im Prüfungsgebiet „Schwerpunktfach: Betriebswirtschaftliches Kolloquium vertiefend aus Wirtschaft und Recht" und
3. eine mündliche Teilprüfung nach Wahl der Prüfungskandidatin bzw. des Prüfungskandidaten im Prüfungsgebiet
   a) „Religion" oder „Ethik" oder *(BGBl. II Nr. 465/2020, Art. 2 Z 21 idF BGBl. II Nr. 160/2023, Art. 3 Z 1)*
   b) „Kultur" oder
   c) „Geschichte und Internationale Wirtschafts- und Kulturräume" oder
   d) „Geografie und Internationale Wirtschafts- und Kulturräume" oder
   e) „Naturwissenschaften" oder
   f) „Volkswirtschaft" oder
   g) „Berufsbezogene Kommunikation in der Lebenden Fremdsprache (mit Bezeichnung der Fremdsprache)" oder
   h) „Mehrsprachigkeit (mit Bezeichnung der beiden Fremdsprachen)" oder
   i) jener Pflichtgegenstände des Erweiterungsbereiches „Wirtschaft und Recht" (ausgenommen der Pflichtgegenstand „Business Training, Projektmanagement, Übungsfirma und Case Studies"), die nicht Teil des Prüfungsfaches „Betriebswirtschaftliches Kolloquium vertiefend aus Wirtschaft und Recht" sind oder
   j) „Wirtschaftsinformatik" oder
   k) „Freigegenstand (mit Bezeichnung des Freigegenstandes)".

(2) Das Prüfungsgebiet „Schwerpunktfach: Betriebswirtschaftliches Kolloquium vertiefend aus Wirtschaft und Recht" gemäß Abs. 1 Z 2 umfasst

1. den Pflichtgegenstand „Juristische Case Studies" und
2. den Pflichtgegenstand „Angewandtes Recht" und
3. den Pflichtgegenstand „Betriebswirtschaft".

(3) Das Prüfungsgebiet „Kultur" gemäß Abs. 1 Z 3 lit. b umfasst den Teilbereich „Reflexion über gesellschaftliche Realität" des Pflichtgegenstandes „Deutsch".

(4) Das Prüfungsgebiet „Geschichte und Internationale Wirtschafts- und Kulturräume" gemäß Abs. 1 Z 3 lit. c umfasst die Pflichtgegenstände „Politische Bildung und Geschichte (Wirtschafts- und Sozialgeschichte)" und „Internationale Wirtschafts- und Kulturräume".

(5) Das Prüfungsgebiet „Geografie und Internationale Wirtschafts- und Kulturräume" gemäß Abs. 1 Z 3 lit. d umfasst die Pflichtgegenstände „Geografie (Wirtschaftsgeografie)" und „Internationale Wirtschafts- und Kulturräume".

(6) Das Prüfungsgebiet „Naturwissenschaften" gemäß Abs. 1 Z 3 lit. e umfasst die Pflichtgegenstände „Naturwissenschaften" und „Technologie, Ökologie und Warenlehre".

(7) Das Prüfungsgebiet „Berufsbezogene Kommunikation in der Fremdsprache (mit Bezeichnung der Fremdsprache)" gemäß Abs. 1 Z 3 lit. g umfasst den nicht gemäß § 70n Abs. 1 Z 2 zur Klausurprüfung oder gemäß Abs. 1 Z 1 zur mündlichen Prüfung gewählten Pflichtgegenstand

1. „Englisch einschließlich Wirtschaftssprache" oder
2. „Lebende Fremdsprache".

(8) Das Prüfungsgebiet „Mehrsprachigkeit (mit Bezeichnung der beiden lebenden Fremdsprachen)" gemäß Abs. 1 Z 3 lit. h umfasst die Pflichtgegenstände „Englisch einschließlich Wirtschaftssprache" und „Lebende Fremdsprache".

(9) Das Prüfungsgebiet „Freigegenstand (mit Bezeichnung des Freigegenstandes)" gemäß Abs. 1 Z 3 lit. k umfasst nach Wahl der Prüfungskandidatin oder des Prüfungskandidaten einen mindestens vier Wochenstunden, im Freigegenstand „Lebende Fremdsprache" jedoch einen mindestens sechs Wochenstunden unterrichteten Freigegenstand.

16. Unterabschnitt

(BGBl. II Nr. 160/2015, Art. 1 Z 26)

Abschlussprüfung an der Handelsschule

Abschlussarbeit

§ 71. Das Prüfungsgebiet „Abschlussarbeit" umfasst einen oder mehrere Pflichtgegenstände des Clusters „Wirtschaftskompetenz".

Klausurprüfung

§ 72. (1) Die Klausurprüfung umfasst

1. eine Klausurarbeit im Prüfungsgebiet „Deutsch" (180 Minuten, schriftlich) und
2. eine Klausurarbeit im Prüfungsgebiet „Übungsfirma" (240 Minuten, schriftlich und praktisch).

(2) Das Prüfungsgebiet „Übungsfirma" gemäß Abs. 1 Z 2 umfasst den Teilbereich „Übungsfirma" des Pflichtgegenstandes „Betriebswirtschaftliche Übungen einschließlich Übungsfirma, Projektmanagement und Projektarbeit".

Mündliche Prüfung

§ 73. (1) Die mündliche Prüfung umfasst

1. eine mündliche Teilprüfung ausgehend von einer betriebswirtschaftlichen Problemstellung im Prüfungsgebiet „Betriebswirtschaftliches Kolloquium" und
2. eine mündliche Teilprüfung im Prüfungsgebiet „Englisch einschließlich Wirtschaftssprache".

(2) Das Prüfungsgebiet „Betriebswirtschaftliches Kolloquium" gemäß Abs. 1 Z 1 umfasst den Pflichtgegenstand „Betriebswirtschaft, Wirtschaftliches Rechnen, Rechnungswesen" und den Pflichtgegenstand „Betriebswirtschaftliche Übungen einschließlich Übungsfirma, Projektmanagement und Projektarbeit", ausgenommen die Teilbereiche „Übungsfirma" und „Projektarbeit".

17. Unterabschnitt

(BGBl. II Nr. 160/2015, Art. 1 Z 26)

Reife- und Diplomprüfung an der Bildungsanstalt für Elementarpädagogik

(BGBl. II Nr. 30/2017, Z 17)

Diplomarbeit

§ 74. Das Prüfungsgebiet „Diplomarbeit" umfasst nach Wahl der Prüfungskandidatin oder des Prüfungskandidaten einen oder zwei Pflichtgegenstände oder den Freigegenstand „Volksgruppensprache".

(BGBl. II Nr. 231/2018, Z 43)

Klausurprüfung

§ 75. (1) Die Klausurprüfung umfasst

1. eine Klausurarbeit im Prüfungsgebiet „Deutsch" gemäß § 12 Abs. 1 Z 1 und
2. eine Klausurarbeit im Prüfungsgebiet „Fachtheorie …" (mit Bezeichnung des Pflichtgegenstandes gemäß Abs. 3) (300 Minuten, schriftlich) und
3. nach Wahl der Prüfungskandidatin oder des Prüfungskandidaten eine oder zwei Klausurarbeiten in den Prüfungsgebieten
   a) „Lebende Fremdsprache" gemäß § 12 Abs. 1 Z 2 oder
   b) „Angewandte Mathematik" gemäß § 12 Abs. 1 Z 3.

(2) Das Prüfungsgebiet „Deutsch" gemäß Abs. 1 Z 1 umfasst den Pflichtgegenstand „Deutsch (einschließlich Sprecherziehung, Kinder- und Jugendliteratur)", ausgenommen Sprecherziehung, Kinder- und Jugendliteratur.

(3) Das Prüfungsgebiet „Fachtheorie …" gemäß Abs. 1 Z 2 umfasst nach Wahl der Prüfungskandidatin oder des Prüfungskandidaten

den Pflichtgegenstand „Pädagogik (einschließlich Psychologie, Philosophie)“ oder „Didaktik“.

(4) Das Prüfungsgebiet „Lebende Fremdsprache“ gemäß Abs. 1 Z 3 lit. a umfasst den Pflichtgegenstand „Englisch“.

(BGBl. II Nr. 231/2018, Z 43)

Mündliche Prüfung

§ 76. (1) Die mündliche Prüfung umfasst
1. wenn gemäß § 75 Abs. 1 Z 3 nur eine Klausurarbeit gewählt wurde, eine mündliche Teilprüfung in demjenigen Prüfungsgebiet, in welchem gemäß § 75 Abs. 1 Z 3 im Rahmen der Klausurprüfung keine Klausurarbeit abgelegt wurde, und
2. eine mündliche Teilprüfung im Prüfungsgebiet „Schwerpunktfach Fachkolloquium …“ (mit Bezeichnung des Pflichtgegenstandes oder der Pflichtgegenstände gemäß Abs. 2 oder 3) und
3. eine mündliche Teilprüfung im Prüfungsgebiet „Wahlfach …“ (mit Bezeichnung des Unterrichtsgegenstandes oder der Unterrichtsgegenstände gemäß Abs. 4).

(2) Das Prüfungsgebiet „Schwerpunktfach Fachkolloquium …“ gemäß Abs. 1 Z 2 umfasst für Prüfungskandidatinnen und Prüfungskandidaten, die gemäß § 75 Abs. 3 den Pflichtgegenstand „Pädagogik (einschließlich Psychologie, Philosophie)“ gewählt haben, nach Wahl der Prüfungskandidatin oder des Prüfungskandidaten
1. den Pflichtgegenstand „Didaktik“ oder
2. die Pflichtgegenstände „Didaktik“ und „Inklusive Pädagogik“ oder
3. die Pflichtgegenstände „Didaktik“ und „Organisation, Management und Recht, wissenschaftliches Arbeiten“.

(3) Das Prüfungsgebiet „Schwerpunktfach Fachkolloquium …“ gemäß Abs. 1 Z 2 umfasst für Prüfungskandidatinnen und Prüfungskandidaten, die gemäß § 75 Abs. 3 den Pflichtgegenstand „Didaktik“ gewählt haben, nach Wahl der Prüfungskandidatin oder des Prüfungskandidaten
1. den Pflichtgegenstand „Pädagogik (einschließlich Psychologie, Philosophie)“ oder
2. die Pflichtgegenstände „Pädagogik (einschließlich Psychologie, Philosophie)“ und „Inklusive Pädagogik“.

(4) Das Prüfungsgebiet „Wahlfach …“ gemäß Abs. 1 Z 3 umfasst nach Wahl der Prüfungskandidatin oder des Prüfungskandidaten
1. den Pflichtgegenstand „Deutsch (einschließlich Sprecherziehung, Kinder- und Jugendliteratur)“ oder
2. einen im Ausmaß von mindestens vier Wochenstunden unterrichteten Pflichtgegenstand oder den Freigegenstand „Volksgruppensprache“, ausgenommen die bereits gemäß § 75 zur Klausurprüfung oder gemäß Abs. 1 Z 1 und Z 2 zur mündlichen Prüfung gewählten Pflichtgegenstände sowie die Pflichtgegenstände „Praxis“ und „Instrumentalunterricht“, oder
3. den Pflichtgegenstand „Deutsch (einschließlich Sprecherziehung, Kinder- und Jugendliteratur)“ in Kombination mit einem weiteren Pflichtgegenstand oder dem Freigegenstand „Volksgruppensprache“, ausgenommen die bereits gemäß § 75 zur Klausurprüfung oder gemäß Abs. 1 Z 1 und Z 2 zur mündlichen Prüfung gewählten Pflichtgegenstände sowie der Pflichtgegenstand „Praxis“, oder
4. zwei im Ausmaß von insgesamt mindestens vier Wochenstunden unterrichtete Pflichtgegenstände einschließlich des Freigegenstandes „Volksgruppensprache“, ausgenommen die bereits gemäß § 75 zur Klausurprüfung oder gemäß Abs. 1 Z 1 und Z 2 zur mündlichen Prüfung gewählten Pflichtgegenstände sowie die Pflichtgegenstände „Praxis“ und „Deutsch (einschließlich Sprecherziehung, Kinder- und Jugendliteratur)“.

(5) Wird zum Wahlfach gemäß Abs. 4 der Pflichtgegenstand „Bewegungserziehung; Bewegung und Sport“ gewählt, so ist der Bereich „Bewegung und Sport“ dieses Pflichtgegenstandes vom Prüfungsgebiet nicht umfasst.

(6) Für die Kombination von Unterrichtsgegenständen gemäß Abs. 4 Z 3 und Z 4 hat die Schulleiterin oder der Schulleiter innerhalb der ersten drei Wochen der letzten Schulstufe alle geeigneten Gegenstandskombinationen durch Anschlag in der Schule bekannt zu machen.

(BGBl. II Nr. 231/2018, Z 43)

18. Unterabschnitt
(BGBl. II Nr. 160/2015, Art. 1 Z 26)

Reife- und Diplomprüfung für Elementarpädagogik (Zusatzausbildung Hortpädagogik) an der Bildungsanstalt für Elementarpädagogik
(BGBl. II Nr. 30/2017, Z 18)

Diplomarbeit

§ 77. Das Prüfungsgebiet „Diplomarbeit“ umfasst nach Wahl der Prüfungskandidatin oder des Prüfungskandidaten einen oder zwei Pflichtgegenstände oder den Freigegenstand „Volksgruppensprache“.

(BGBl. II Nr. 231/2018, Z 44)

Klausurprüfung

§ 78. (1) Die Klausurprüfung umfasst

1. eine Klausurarbeit im Prüfungsgebiet „Deutsch" gemäß § 12 Abs. 1 Z 1 und
2. eine Klausurarbeit im Prüfungsgebiet „Fachtheorie …" (mit Bezeichnung des Pflichtgegenstandes gemäß Abs. 3) (300 Minuten, schriftlich) und
3. nach Wahl der Prüfungskandidatin oder des Prüfungskandidaten eine oder zwei Klausurarbeiten in den Prüfungsgebieten
   a) „Lebende Fremdsprache" gemäß § 12 Abs. 1 Z 2 oder
   b) „Angewandte Mathematik" gemäß § 12 Abs. 1 Z 3.

(2) Das Prüfungsgebiet „Deutsch" gemäß Abs. 1 Z 1 umfasst den Pflichtgegenstand „Deutsch (einschließlich Sprecherziehung, Kinder- und Jugendliteratur)", ausgenommen Sprecherziehung, Kinder- und Jugendliteratur.

(3) Das Prüfungsgebiet „Fachtheorie …" gemäß Abs. 1 Z 2 umfasst nach Wahl der Prüfungskandidatin oder des Prüfungskandidaten den Pflichtgegenstand „Pädagogik (einschließlich Psychologie, Philosophie)" oder „Didaktik".

(4) Das Prüfungsgebiet „Lebende Fremdsprache" gemäß Abs. 1 Z 3 lit. a umfasst den Pflichtgegenstand „Englisch".

(BGBl. II Nr. 231/2018, Z 44)

Mündliche Prüfung

§ 79. (1) Die mündliche Prüfung umfasst

1. wenn gemäß § 78 Abs. 1 Z 3 nur eine Klausurarbeit gewählt wurde, eine mündliche Teilprüfung in demjenigen Prüfungsgebiet, in welchem gemäß § 78 Abs. 1 Z 3 im Rahmen der Klausurprüfung keine Klausurarbeit abgelegt wurde, und
2. eine mündliche Teilprüfung im Prüfungsgebiet „Schwerpunktfach Fachkolloquium …" (mit Bezeichnung des Pflichtgegenstandes oder der Pflichtgegenstände gemäß Abs. 2 oder 3) und
3. eine mündliche Teilprüfung im Prüfungsgebiet „Wahlfach …" (mit Bezeichnung des Unterrichtsgegenstandes oder der Unterrichtsgegenstände gemäß Abs. 4) und
4. eine mündliche Teilprüfung im Prüfungsgebiet „Didaktik der Horterziehung und Lernhilfe".

(2) Das Prüfungsgebiet „Schwerpunktfach Fachkolloquium …" gemäß Abs. 1 Z 2 umfasst für Prüfungskandidatinnen und Prüfungskandidaten, die gemäß § 78 Abs. 3 den Pflichtgegenstand „Pädagogik (einschließlich Psychologie, Philosophie)" gewählt haben, nach Wahl der Prüfungskandidatin oder des Prüfungskandidaten

1. den Pflichtgegenstand „Didaktik" oder
2. die Pflichtgegenstände „Didaktik" und „Inklusive Pädagogik" oder
3. die Pflichtgegenstände „Didaktik" und „Organisation, Management und Recht, wissenschaftliches Arbeiten".

(3) Das Prüfungsgebiet „Schwerpunktfach Fachkolloquium …" gemäß Abs. 1 Z 2 umfasst für Prüfungskandidatinnen und Prüfungskandidaten, die gemäß § 78 Abs. 3 den Pflichtgegenstand „Didaktik" gewählt haben, nach Wahl der Prüfungskandidatin oder des Prüfungskandidaten

1. den Pflichtgegenstand „Pädagogik (einschließlich Psychologie, Philosophie)" oder
2. die Pflichtgegenstände „Pädagogik (einschließlich Psychologie, Philosophie)" und „Inklusive Pädagogik".

(4) Das Prüfungsgebiet „Wahlfach …" gemäß Abs. 1 Z 3 umfasst nach Wahl der Prüfungskandidatin oder des Prüfungskandidaten

1. den Pflichtgegenstand „Deutsch (einschließlich Sprecherziehung, Kinder- und Jugendliteratur)" oder
2. einen im Ausmaß von mindestens vier Wochenstunden unterrichteten Pflichtgegenstand oder den Freigegenstand „Volksgruppensprache", ausgenommen die bereits gemäß § 78 zur Klausurprüfung oder gemäß Abs. 1 Z 1, Z 2 und Z 4 zur mündlichen Prüfung gewählten Pflichtgegenstände sowie die Pflichtgegenstände „Praxis", „Hortpraxis" und „Instrumentalunterricht", oder
3. den Pflichtgegenstand „Deutsch (einschließlich Sprecherziehung, Kinder- und Jugendliteratur)" in Kombination mit einem weiteren Pflichtgegenstand oder dem Freigegenstand „Volksgruppensprache", ausgenommen die bereits gemäß § 78 zur Klausurprüfung oder gemäß Abs. 1 Z 1, Z 2 und Z 4 zur mündlichen Prüfung gewählten Pflichtgegenstände sowie die Pflichtgegenstände „Praxis" und „Hortpraxis", oder
4. zwei im Ausmaß von insgesamt mindestens vier Wochenstunden unterrichtete Pflichtgegenstände einschließlich des Freigegenstandes „Volksgruppensprache", ausgenommen die bereits gemäß § 78 zur Klausurprüfung oder gemäß Abs. 1 Z 1, Z 2 und Z 4 zur mündlichen Prüfung gewählten Pflichtgegenstände sowie die Pflichtgegenstände „Praxis", „Hortpraxis" und „Deutsch (einschließlich Sprecherziehung, Kinder- und Jugendliteratur)".

(5) Wird zum Wahlfach gemäß Abs. 4 der Pflichtgegenstand „Bewegungserziehung; Bewegung und Sport" gewählt, so ist der Bereich „Bewegung und Sport" dieses Pflichtgegenstandes vom Prüfungsgebiet nicht umfasst.

(6) Das Prüfungsgebiet „Didaktik der Horterziehung und Lernhilfe" gemäß Abs. 1 Z 4 umfasst den Pflichtgegenstand „Didaktik der Horterziehung" und nach Wahl der Prüfungskandidatin oder des Prüfungskandidaten den Pflichtgegenstand

1. „Deutsch (Lernhilfe)" oder
2. „Englisch (Lernhilfe)" oder
3. „Mathematik (Lernhilfe)".

(7) Für die Kombination von Unterrichtsgegenständen gemäß Abs. 4 Z 3 und Z 4 hat die Schulleiterin oder der Schulleiter innerhalb der ersten drei Wochen der letzten Schulstufe alle geeigneten Gegenstandskombinationen durch Anschlag in der Schule bekannt zu machen.

(BGBl. II Nr. 231/2018, Z 44)

19. Unterabschnitt
(BGBl. II Nr. 160/2015, Art. 1 Z 26)

Reife- und Diplomprüfung an der Bildungsanstalt für Sozialpädagogik

Diplomarbeit

§ 80. Das Prüfungsgebiet „Diplomarbeit" umfasst nach Wahl der Prüfungskandidatin oder des Prüfungskandidaten einen oder zwei Pflichtgegenstände. *(BGBl. II Nr. 160/2015, Art. 1 Z 26 idF BGBl. II Nr. 231/2018, Z 45)*

(2) entfallen (BGBl. II Nr. 231/2018, Z 46)

Klausurprüfung

§ 81. (1) Die Klausurprüfung umfasst

1. eine Klausurarbeit im Prüfungsgebiet „Deutsch" gemäß § 12 Abs. 1 Z 1 und
2. eine Klausurarbeit im Prüfungsgebiet „Fachtheorie..." (mit Bezeichnung des Pflichtgegenstandes gemäß Abs. 3) (300 Minuten, schriftlich) und
3. nach Wahl der Prüfungskandidatin oder des Prüfungskandidaten eine oder zwei Klausurarbeiten in den Prüfungsgebieten
   a) „Lebende Fremdsprache" gemäß § 12 Abs. 1 Z 2 oder
   b) „Angewandte Mathematik" gemäß § 12 Abs. 1 Z 3.

(2) Das Prüfungsgebiet „Deutsch" gemäß Abs. 1 Z 1 umfasst den Pflichtgegenstand „Deutsch (einschließlich Sprecherziehung, Kinder- und Jugendliteratur, Lernhilfe)", ausgenommen Sprecherziehung, Kinder- und Jugendliteratur, Lernhilfe.

(3) Das Prüfungsgebiet „Fachtheorie ..." gemäß Abs. 1 Z 2 umfasst nach Wahl der Prüfungskandidatin oder des Prüfungskandidaten den Pflichtgegenstand „Pädagogik (einschließlich Sozialpädagogik, Entwicklungspsychologie, Soziologie)" oder den Pflichtgegenstand „Didaktik (Handlungskonzepte und -felder der Sozialpädagogik)" des Stammbereiches.

(4) Das Prüfungsgebiet „Lebende Fremdsprache" gemäß Abs. 1 Z 3 lit. a umfasst den Pflichtgegenstand „Englisch".

(BGBl. II Nr. 231/2018, Z 47)

Mündliche Prüfung

§ 82. (1) Die mündliche Prüfung umfasst

1. wenn gemäß § 81 Abs. 1 Z 3 nur eine Klausurarbeit gewählt wurde, eine mündliche Teilprüfung in demjenigen Prüfungsgebiet, in welchem gemäß § 81 Abs. 1 Z 3 im Rahmen der Klausurprüfung keine Klausurarbeit abgelegt wurde,
2. eine mündliche Teilprüfung im Prüfungsgebiet „Schwerpunktfach Fachkolloquium ..." (mit Bezeichnung des Pflichtgegenstandes oder der Pflichtgegenstände gemäß Abs. 2 oder 3) und
3. eine mündliche Teilprüfung im Prüfungsgebiet „Wahlfach ..." (mit Bezeichnung des Pflichtgegenstandes oder der Pflichtgegenstände gemäß Abs. 4).

(2) Das Prüfungsgebiet „Schwerpunktfach Fachkolloquium ..." gemäß Abs. 1 Z 2 umfasst für Prüfungskandidatinnen und Prüfungskandidaten, die gemäß § 81 Abs. 3 den Pflichtgegenstand „Pädagogik (einschließlich Sozialpädagogik, Entwicklungspsychologie, Soziologie)" gewählt haben, nach Wahl der Prüfungskandidatin oder des Prüfungskandidaten

1. den Pflichtgegenstand „Didaktik (Handlungskonzepte und -felder der Sozialpädagogik)" des Stammbereiches oder
2. den Pflichtgegenstand „Didaktik (Handlungskonzepte und -felder der Sozialpädagogik)" des Stammbereiches und den Pflichtgegenstand „Inklusive Pädagogik".

(3) Das Prüfungsgebiet „Schwerpunktfach Fachkolloquium ..." gemäß Abs. 1 Z 2 umfasst für Prüfungskandidatinnen und Prüfungskandidaten, die gemäß § 81 Abs. 3 den Pflichtgegenstand „Didaktik (Handlungskonzepte und -felder der Sozialpädagogik)" gewählt haben, nach Wahl der Prüfungskandidatin oder des Prüfungskandidaten

1. den Pflichtgegenstand „Pädagogik (einschließlich Sozialpädagogik, Entwicklungspsychologie, Soziologie)" oder
2. die Pflichtgegenstände „Pädagogik (einschließlich Sozialpädagogik, Entwicklungs-

psychologie, Soziologie)“ und „Inklusive Pädagogik“.

(4) Das Prüfungsgebiet „Wahlfach …“ gemäß Abs. 1 Z 3 umfasst nach Wahl der Prüfungskandidatin oder des Prüfungskandidaten

1. den Pflichtgegenstand „Deutsch (einschließlich Sprecherziehung, Kinder- und Jugendliteratur, Lernhilfe)“ oder
2. einen im Ausmaß von mindestens vier Wochenstunden unterrichteten Pflichtgegenstand des Stammbereiches, ausgenommen die bereits gemäß § 81 zur Klausurprüfung oder gemäß Abs. 1 Z 1 und Z 2 zur mündlichen Prüfung gewählten Pflichtgegenstände sowie die Pflichtgegenstände „Praxis der Sozialpädagogik“, „Seminar BE, WE, TG“ und „Instrumentalunterricht“, oder
3. den Pflichtgegenstand „Deutsch (einschließlich Sprecherziehung, Kinder- und Jugendliteratur, Lernhilfe)“ in Kombination mit einem weiteren Pflichtgegenstand, ausgenommen die bereits gemäß § 81 zur Klausurprüfung oder gemäß Abs. 1 Z 1 und Z 2 zur mündlichen Prüfung gewählten Pflichtgegenstände sowie der Pflichtgegenstand „Praxis der Sozialpädagogik“, oder
4. zwei im Ausmaß von insgesamt mindestens vier Wochenstunden unterrichtete Pflichtgegenstände des Stammbereiches, ausgenommen die bereits gemäß § 81 zur Klausurprüfung oder gemäß Abs. 1 Z 1 und Z 2 zur mündlichen Prüfung gewählten Pflichtgegenstände sowie die Pflichtgegenstände „Praxis der Sozialpädagogik“ und „Deutsch (einschließlich Sprecherziehung, Kinder- und Jugendliteratur, Lernhilfe)“, oder
5. den Pflichtgegenstand „Seminar BE, WE, TG“ in Kombination mit dem Pflichtgegenstand „Bildnerische Erziehung“, „Werkerziehung“ oder „Textiles Gestalten“.

(5) Für die Kombination von Pflichtgegenständen gemäß Abs. 4 Z 3 und Z 4 hat die Schulleiterin oder der Schulleiter innerhalb der ersten drei Wochen der letzten Schulstufe alle geeigneten Gegenstandskombinationen durch Anschlag in der Schule bekannt zu machen.

(BGBl. II Nr. 231/2018, Z 47)

20. Unterabschnitt
(BGBl. II Nr. 160/2015, Art. 1 Z 26)

Diplomprüfung für Inklusive Elementarpädagogik an der Bildungsanstalt für Elementarpädagogik
(BGBl. II Nr. 30/2017, Z 19)

Diplomarbeit

§ 83. Im Prüfungsgebiet „Diplomarbeit“ ist eine ausbildungsspezifische Diplomarbeit zu verfassen.

Klausurprüfung

§ 84. (1) Die Klausurprüfung umfasst eine Klausurarbeit nach Wahl der Prüfungskandidatin oder des Prüfungskandidaten in einem nachstehend genannten und nicht gemäß § 83 zur Diplomarbeit gewählten Prüfungsgebiet:

1. „Pädagogik“ (300 Minuten, schriftlich) oder
2. „Psychologie“ (300 Minuten, schriftlich) oder
3. „Didaktik“ (300 Minuten, schriftlich).

(2) Das Prüfungsgebiet „Didaktik“ gemäß Abs. 1 Z 3 umfasst nach Wahl der Prüfungskandidatin oder des Prüfungskandidaten den Pflichtgegenstand

1. „Integrative Didaktik“ oder
2. „Arbeitsweisen interdisziplinärer Frühförderung“ oder
3. „Methoden und didaktische Umsetzung“.

Mündliche Prüfung

§ 85. (1) Die mündliche Prüfung umfasst eine mündliche Teilprüfung im Prüfungsgebiet „Interdisziplinäre Fallbesprechung“.

(2) Das Prüfungsgebiet „Interdisziplinäre Fallbesprechung“ gemäß Abs. 1 umfasst nach Wahl der Prüfungskandidatin oder des Prüfungskandidaten

1. den Pflichtgegenstand
   a) „Pädagogik“ oder
   b) „Psychologie“ oder
   c) „Medizinische Grundlagen und therapeutische Konzepte“ und
2. den Pflichtgegenstand
   a) „Integrative Didaktik“ oder
   b) „Arbeitsweisen interdisziplinärer Frühförderung“ oder
   c) „Methoden und didaktische Umsetzung“.

20a. Unterabschnitt
Diplomprüfung für Früherziehung an der Bildungsanstalt für Elementarpädagogik
(BGBl. II Nr. 175/2022, Art. 3 Z 6)

Diplomarbeit

§ 85a. Das Prüfungsgebiet „Diplomarbeit“ umfasst nach Wahl der Prüfungskandidatin oder des Prüfungskandidaten einen oder zwei Pflichtgegenstände.

Klausurprüfung

§ 85b. (1) Die Klausurprüfung umfasst eine Klausurarbeit im Prüfungsgebiet „Fachklausur“ (180 Minuten, schriftlich).

(2) Das Prüfungsgebiet „Fachklausur“ umfasst den Lehrstoff der Pflichtgegenstände „Pädagogik der Früherziehung“ und/oder „Didaktik der Früherziehung“ oder „Didaktik der Früherziehung und Physiologische Grundlagen“.

Mündliche Prüfung

§ 85c. (1) Die mündliche Prüfung umfasst eine mündliche Teilprüfung im Prüfungsgebiet „Schwerpunktfach Fachkolloquium …“ (mit Bezeichnung des Pflichtgegenstandes oder der Pflichtgegenstände gemäß Abs. 2).

(2) Das Prüfungsgebiet „Schwerpunktfach Fachkolloquium …“ gemäß Abs. 1 umfasst nach Wahl der Prüfungskandidatin oder des Prüfungskandidaten

1. die Pflichtgegenstände
   a) „Pädagogik der Früherziehung“ und
   b) „Didaktik der Früherziehung“ oder
2. die Pflichtgegenstände
   a) „Pädagogik der Früherziehung“ und
   b) „Didaktik der Früherziehung“ und
   c) „Physiologische Grundlagen“.

20b. Unterabschnitt
Diplomprüfung für den Aufbaulehrgang an der Bildungsanstalt für Elementarpädagogik

(BGBl. II Nr. 362/2023, Art. 3 Z 2)

Diplomarbeit

§ 85d. Das Prüfungsgebiet „Diplomarbeit“ umfasst nach Wahl der Prüfungskandidatin oder des Prüfungskandidaten einen oder zwei Pflichtgegenstände oder den Freigegenstand „Volksgruppensprache“.

Klausurprüfung

§ 85e. (1) Die Klausurprüfung umfasst

1. eine Klausurarbeit im Prüfungsgebiet „Deutsch“ gemäß § 12 Abs. 1 Z 1,
2. eine Klausurarbeit im Prüfungsgebiet „Fachtheorie …“ (mit Bezeichnung des Pflichtgegenstandes gemäß Abs. 3) (300 Minuten, schriftlich) und
3. nach Wahl der Prüfungskandidatin oder des Prüfungskandidaten eine oder zwei Klausurarbeiten in den Prüfungsgebieten
   a) „Lebende Fremdsprache“ gemäß § 12 Abs. 1 Z 2 oder
   b) „Angewandte Mathematik“ gemäß § 12 Abs. 1 Z 3.

(2) Das Prüfungsgebiet „Deutsch“ gemäß Abs. 1 Z 1 umfasst den Pflichtgegenstand „Deutsch (einschließlich Sprecherziehung, Kinder- und Jugendliteratur)“, ausgenommen Sprecherziehung, Kinder- und Jugendliteratur.

(3) Das Prüfungsgebiet „Fachtheorie …“ gemäß Abs. 1 Z 2 umfasst nach Wahl der Prüfungskandidatin oder des Prüfungskandidaten den Pflichtgegenstand „Pädagogik (einschließlich Psychologie, Soziologie)“ oder „Didaktik“.

(4) Das Prüfungsgebiet „Lebende Fremdsprache“ gemäß Abs. 1 Z 3 lit. a umfasst den Pflichtgegenstand „Englisch“.

Mündliche Prüfung

§ 85f. (1) Die mündliche Prüfung umfasst

1. wenn gemäß § 85e Abs. 1 Z 3 nur eine Klausurarbeit gewählt wurde, eine mündliche Teilprüfung in demjenigen Prüfungsgebiet, in welchem keine Klausurarbeit abgelegt wurde, und
2. eine mündliche Teilprüfung im Prüfungsgebiet „Schwerpunktfach Fachkolloquium …“ (mit Bezeichnung des Pflichtgegenstandes oder der Pflichtgegenstände gemäß Abs. 2 oder 3) und
3. eine mündliche Teilprüfung im Prüfungsgebiet „Wahlfach …“ (mit Bezeichnung des Unterrichtsgegenstandes oder der Unterrichtsgegenstände gemäß Abs. 4).

(2) Das Prüfungsgebiet „Schwerpunktfach Fachkolloquium …“ gemäß Abs. 1 Z 2 umfasst für Prüfungskandidatinnen und Prüfungskandidaten, die gemäß § 85e Abs. 3 den Pflichtgegenstand „Pädagogik (einschließlich Psychologie, Soziologie)“ gewählt haben, nach Wahl der Prüfungskandidatin oder des Prüfungskandidaten

1. den Pflichtgegenstand „Didaktik“ oder
2. die Pflichtgegenstände „Didaktik“ und „Inklusive Pädagogik“ oder
3. die Pflichtgegenstände „Didaktik“ und „Organisation, Management und Recht, wissenschaftliches Arbeiten“.

(3) Das Prüfungsgebiet „Schwerpunktfach Fachkolloquium …“ gemäß Abs. 1 Z 2 umfasst für Prüfungskandidatinnen und Prüfungskandidaten, die gemäß § 85e Abs. 3 den Pflichtgegenstand „Didaktik“ gewählt haben, nach Wahl der Prüfungskandidatin oder des Prüfungskandidaten

1. den Pflichtgegenstand „Pädagogik (einschließlich Psychologie, Soziologie)" oder
2. die Pflichtgegenstände „Pädagogik (einschließlich Psychologie, Soziologie)" und „Inklusive Pädagogik".

(4) Das Prüfungsgebiet „Wahlfach …" gemäß Abs. 1 Z 3 umfasst nach Wahl der Prüfungskandidatin oder des Prüfungskandidaten

1. den Pflichtgegenstand „Deutsch (einschließlich Sprecherziehung, Kinder- und Jugendliteratur)" oder
2. einen im Ausmaß von mindestens vier Wochenstunden unterrichteten Pflichtgegenstand oder den Freigegenstand „Minderheitensprache", ausgenommen die bereits gemäß § 85e zur Klausurprüfung oder gemäß Abs. 1 Z 1 und Z 2 zur mündlichen Prüfung gewählten Pflichtgegenstände sowie die Pflichtgegenstände „Praxis" und „Instrumentalunterricht Gitarre", oder
3. den Pflichtgegenstand „Deutsch (einschließlich Sprecherziehung, Kinder- und Jugendliteratur)" in Kombination mit einem weiteren Pflichtgegenstand oder dem Freigegenstand „Minderheitensprache", ausgenommen die bereits gemäß § 85e zur Klausurprüfung oder gemäß Abs. 1 Z 1 und Z 2 zur mündlichen Prüfung gewählten Pflichtgegenstände sowie der Pflichtgegenstand „Praxis", oder
4. zwei im Ausmaß von insgesamt mindestens vier Wochenstunden unterrichtete Pflichtgegenstände einschließlich des Freigegenstandes „Minderheitensprache", ausgenommen die bereits gemäß § 85e zur Klausurprüfung oder gemäß Abs. 1 Z 1 und Z 2 zur mündlichen Prüfung gewählten Pflichtgegenstände sowie die Pflichtgegenstände „Praxis" und „Deutsch (einschließlich Sprecherziehung, Kinder- und Jugendliteratur)".

(5) Wird zum Wahlfach gemäß Abs. 4 der Pflichtgegenstand „Bewegungserziehung; Bewegung und Sport" gewählt, so ist der Bereich „Bewegung und Sport" dieses Pflichtgegenstandes vom Prüfungsgebiet nicht umfasst.

(6) Für die Kombination von Unterrichtsgegenständen gemäß Abs. 4 Z 3 und Z 4 hat die Schulleiterin oder der Schulleiter innerhalb der ersten drei Wochen der letzten Schulstufe alle geeigneten Gegenstandskombinationen durch Anschlag in der Schule bekannt zu machen.

20c. Unterabschnitt Diplomprüfung für den Lehrgang der Bildungsanstalt für Elementarpädagogik für Absolventinnen und Absolventen einer Bildungsanstalt für Sozialpädagogik

(BGBl. II Nr. 362/2023, Art. 3 Z 2)

Diplomarbeit

§ 85g. Das Prüfungsgebiet „Diplomarbeit" umfasst nach Wahl der Prüfungskandidatin oder des Prüfungskandidaten einen oder zwei Pflichtgegenstände.

Klausurprüfung

§ 85h. (1) Die Klausurprüfung umfasst eine Klausurarbeit im Prüfungsgebiet „Fachklausur" (180 Minuten, schriftlich).

(2) Das Prüfungsgebiet „Fachklausur" umfasst den Lehrstoff des Pflichtgegenstandes

1. „Pädagogik (einschließlich Psychologie, Soziologie), Didaktik, Inklusive Pädagogik" oder der beiden Pflichtgegenstände
2. „Pädagogik (einschließlich Psychologie, Soziologie), Didaktik, Inklusive Pädagogik" und „Frühe sprachliche Bildung und Förderung".

Mündliche Prüfung

§ 85i. (1) Die mündliche Prüfung umfasst eine mündliche Teilprüfung im Prüfungsgebiet „Schwerpunktfach Fachkolloquium …" gemäß Abs. 2 oder eine mündliche Teilprüfung im Prüfungsgebiet „Wahlfach" gemäß Abs. 3 (jeweils mit Bezeichnung des Pflichtgegenstandes oder der Pflichtgegenstände gemäß Abs. 2).

(2) Das Prüfungsgebiet „Schwerpunktfach Fachkolloquium …" gemäß Abs. 1 umfasst für Prüfungskandidatinnen oder des Prüfungskandidaten, die gemäß § 85h Abs. 2 den Pflichtgegenstand „Pädagogik (einschließlich Psychologie, Soziologie), Didaktik, Inklusive Pädagogik" gewählt haben eine Kombination der Pflichtgegenstände „Frühe sprachliche Bildung und Förderung" und „Deutsch (einschließlich Kinder- und Jugendliteratur)" und „Deutsch als Zweitsprache".

(3) Das Prüfungsgebiet „Wahlfach …" gemäß Abs. 1 umfasst nach Wahl der Prüfungskandidatinnen oder des Prüfungskandidaten im Ausmaß von insgesamt mindestens 4 Wochenstunden

1. die Pflichtgegenstände „Bildnerische Erziehung" und „Werkerziehung" und „Textiles Gestalten" oder

2. den Pflichtgegenstand „Bewegungserziehung; Bewegung und Sport und Rhythmisch-musikalische Erziehung“.

21. Unterabschnitt
(BGBl. II Nr. 160/2015, Art. 1 Z 26)
Diplomprüfung für Inklusive Sonderpädagogik an der Bildungsanstalt für Sozialpädagogik
(BGBl. II Nr. 30/2017, Z 20)

Diplomarbeit

§ 86. Im Prüfungsgebiet „Diplomarbeit“ ist eine ausbildungsspezifische Diplomarbeit zu verfassen.

Klausurprüfung

§ 87. Die Klausurprüfung umfasst eine Klausurarbeit in dem nicht gemäß § 86 gewählten Prüfungsgebiet:

1. „Heil- und Sonderpädagogik“ (300 Minuten, schriftlich) oder
2. „Spezielle Didaktik“ (300 Minuten, schriftlich).

Mündliche Prüfung

§ 88. (1) Die mündliche Prüfung umfasst eine mündliche Teilprüfung im Prüfungsgebiet „Interdisziplinäre Fallbesprechung“.

(2) Das Prüfungsgebiet „Interdisziplinäre Fallbesprechung“ gemäß Abs. 1 umfasst nach Wahl der Prüfungskandidatin oder des Prüfungskandidaten

1. den Pflichtgegenstand
   a) „Heil- und Sonderpädagogik“ oder
   b) „Spezielle Didaktik“ und
2. den Pflichtgegenstand
   a) „Aspekte der Entwicklungspsychologie“ oder
   b) „Aspekte der Tiefenpsychologie“ oder
   c) „Aspekte der Sozialpädagogik“.

21a. Unterabschnitt
(BGBl. II Nr. 465/2020, Art. 2 Z 22)
Abschlussprüfung an der Fachschule für pädagogische Assistenzberufe

Abschlussarbeit

§ 88a. Das Prüfungsgebiet „Abschlussarbeit“ umfasst nach Wahl der Prüfungskandidatin oder des Prüfungskandidaten den Pflichtgegenstand „Praxis und Kleinkindpflege“ einschließlich dem „Pflichtpraktikum“ in Kombination mit einem weiteren Pflichtgegenstand oder einer verbindlichen Übung oder einem Freigegenstand.

Klausurprüfung

§ 88b. Die Klausurprüfung umfasst

1. eine Klausurarbeit im Prüfungsgebiet „Deutsch (einschließlich Kinder- und Jugendliteratur, Bildungssprache)“ (180 Minuten, schriftlich) und
2. nach Wahl der Prüfungskandidatin oder des Prüfungskandidaten eine Klausurarbeit im Prüfungsgebiet
   a) „Englisch“ (180 Minuten, schriftlich) oder
   b) „Mathematik und Grundlagen der Mathematik“ (180 Minuten, schriftlich) oder
   c) „Pädagogik (einschl. Entwicklungspsychologie, Inklusive Pädagogik)“ (180 Minuten, schriftlich).

Mündliche Prüfung

§ 88c. (1) Die mündliche Prüfung umfasst

1. eine mündliche Teilprüfung im Prüfungsgebiet
   a) „Englisch“ oder
   b) „Mathematik und Grundlagen der Mathematik“ oder
   c) „Fachkolloquium …“ (mit Bezeichnung der Pflichtgegenstände gemäß Abs. 2), wenn die Prüfungskandidatin oder der Prüfungskandidat für die Klausurprüfung das Prüfungsgebiet „Englisch“ gemäß § 88b Z 2 lit. a oder das Prüfungsgebiet „Mathematik und Grundlagen der Mathematik“ gemäß § 88b Z 2 lit. b gewählt hat, und
2. eine mündliche Teilprüfung aus dem Prüfungsgebiet „Ausdruck, Gestaltung und Bewegung“.

(2) Das Prüfungsgebiet „Fachkolloquium …“ gemäß Abs. 1 Z 1 lit. c umfasst nach Wahl der Prüfungskandidatin oder des Prüfungskandidaten die Pflichtgegenstände

1. „Didaktik“ und „Haushalts- und Sicherheitsmanagement“ oder
2. „Pädagogik (einschließlich Entwicklungspsychologie, Inklusive Pädagogik)“ und „Didaktik“.

(3) Das Prüfungsgebiet „Ausdruck, Gestaltung und Bewegung" gemäß Abs. 1 Z 2 umfasst nach Wahl der Prüfungskandidatin oder des Prüfungskandidaten

1. einen mindestens vier Wochenstunden unterrichteten Pflichtgegenstand ausgenommen den Pflichtgegenstand „Instrumentalunterricht" oder
2. zwei insgesamt mindestens vier Wochenstunden unterrichtete Pflichtgegenstände.

(4) Für die Kombination der Pflichtgegenstände gemäß Abs. 3 sowie § 88a hat die Schulleiterin oder der Schulleiter innerhalb der ersten drei Wochen der letzten Schulstufe alle geeigneten Gegenstandskombinationen durch Anschlag in der Schule bekannt zu geben.

22. Unterabschnitt
(BGBl. II Nr. 160/2015, Art. 1 Z 26)

Reife- und Diplomprüfung an der Höheren land- und forstwirtschaftlichen Lehranstalt
(einschließlich des Aufbaulehrganges)

Diplomarbeit

§ 89. Das Prüfungsgebiet „Diplomarbeit" umfasst einen Pflichtgegenstand oder mehrere Pflichtgegenstände aus dem fachtheoretischen, fachpraktischen, naturwissenschaftlichen und betriebswirtschaftlichen Bereich einschließlich des alternativen Pflichtgegenstandes „... – Spezialgebiete" der jeweiligen Fachrichtung.

(BGBl. II Nr. 231/2018, Z 48)

Klausurprüfung

§ 90. (1) Die Klausurprüfung umfasst

1. eine Klausurarbeit im Prüfungsgebiet „Deutsch" gemäß § 12 Abs. 1 Z 1 und
2. nach Wahl der Prüfungskandidatin oder des Prüfungskandidaten eine oder zwei Klausurarbeiten in den Prüfungsgebieten
   a) „Lebende Fremdsprache" gemäß § 12 Abs. 1 Z 2 oder
   b) „Angewandte Mathematik" gemäß § 12 Abs. 1 Z 3 und
3. eine Klausurarbeit im Prüfungsgebiet „Betriebswirtschaft und Rechnungswesen" (300 Minuten, schriftlich).

(2) Das Prüfungsgebiet „Lebende Fremdsprache" gemäß Abs. 1 Z 2 lit. a umfasst den Pflichtgegenstand „Englisch". *(BGBl. II Nr. 231/2018, Z 49)*

Mündliche Prüfung

§ 91. (1) Die mündliche Prüfung umfasst

1. wenn gemäß § 90 Abs. 1 Z 2 nur eine Klausurarbeit gewählt wurde, eine mündliche Teilprüfung in demjenigen Prüfungsgebiet, in welchem gemäß § 90 Abs. 1 Z 2 im Rahmen der Klausurprüfung keine Klausurarbeit abgelegt wurde,
2. eine mündliche Teilprüfung im Prüfungsgebiet „Fachkolloquium ..." (mit Bezeichnung der Pflichtgegenstände) und
3. eine mündliche Teilprüfung nach Wahl der Prüfungskandidatin oder des Prüfungskandidaten im Prüfungsgebiet
   a) „Komplementärfach ..." (mit Bezeichnung des Pflichtgegenstandes) oder
   b) „Religion" oder „Ethik" oder *(BGBl. II Nr. 177/2012 idF BGBl. II Nr. 160/2023, Art. 3 Z 1)*
   c) „Kultur und gesellschaftliche Reflexion" oder
   d) „Zweite lebende Fremdsprache (mit Bezeichnung der Fremdsprache)", sofern der entsprechende Unterrichtsgegenstand im Ausmaß von mindestens sechs Wochenstunden unterrichtet wurde, oder
   e) „Geschichte und Politische Bildung, Recht" oder
   f) „Wirtschaftsgeografie und Globale Entwicklung, Volkswirtschaft", sofern der Pflichtgegenstand im Ausmaß von mindestens vier Wochenstunden unterrichtet wurde.

(2) Das Prüfungsgebiet „Fachkolloquium ..." gemäß Abs. 1 Z 2 umfasst nach Wahl der Prüfungskandidatin oder des Prüfungskandidaten zwei im Gesamtausmaß von mindestens acht Wochenstunden unterrichtete fachtheoretische (alternative) Pflichtgegenstände gemäß Abs. 5.

(3) Das Prüfungsgebiet „Komplementärfach ..." gemäß Abs. 1 Z 3 lit. a umfasst nach Wahl der Prüfungskandidatin oder des Prüfungskandidaten einen mindestens vier Wochenstunden unterrichteten und nicht gemäß Abs. 2 zum Fachkolloquium gewählten fachtheoretischen (alternativen) Pflichtgegenstand gemäß Abs. 5.

(4) Das Prüfungsgebiet „Kultur und gesellschaftliche Reflexion" gemäß Abs. 1 Z 3 lit. c umfasst den Bereich „Kultur und gesellschaftliche Reflexion, Literarische Bildung, Medien" des Pflichtgegenstandes „Deutsch".

(5) Die Festlegung der gemäß Abs. 2 für das Prüfungsgebiet „Fachkolloquium ..." und

gemäß Abs. 3 für das Prüfungsgebiet „Komplementärfach …" zur Wahl stehenden Pflichtgegenstände erfolgt durch die Schulleiterin oder den Schulleiter aus den folgenden Pflichtgegenständen:

1. an allen Höheren land- und forstwirtschaftlichen Lehranstalten (einschließlich der dreijährigen Aufbaulehrgänge) aus den schulautonom eingeführten Pflichtgegenständen im Lehrplanbereich „Wirtschaft und Unternehmensführung, Personale und soziale Kompetenzen",
2. an allen Höheren land- und forstwirtschaftlichen Lehranstalten (einschließlich der dreijährigen Aufbaulehrgänge) aus dem alternativen Pflichtgegenstand „… – Spezialgebiete" der jeweiligen Fachrichtung,
3. an der Höheren Lehranstalt für Landwirtschaft (einschließlich des dreijährigen Aufbaulehrganges) aus den Pflichtgegenständen des Lehrplanbereiches „Landwirtschaft",
4. an der Höheren Lehranstalt für Wein- und Obstbau aus den Pflichtgegenständen des Lehrplanbereiches „Wein- und Obstbau, Technologie",
5. an der Höheren Lehranstalt für Garten- und Landschaftsgestaltung aus den Pflichtgegenständen des Lehrplanbereiches „Garten- und Landschaftsgestaltung",
6. an der Höheren Lehranstalt für Gartenbau aus den Pflichtgegenständen des Lehrplanbereiches „Gartenbau",
7. an der Höheren Lehranstalt für Landtechnik aus den Pflichtgegenständen des Lehrplanbereiches „Landtechnik",
8. an der Höheren Lehranstalt für Forstwirtschaft (einschließlich des dreijährigen Aufbaulehrganges) aus den Pflichtgegenständen des Lehrplanbereiches „Forstwirtschaft und Naturraummanagement",
9. an der Höheren Lehranstalt für Landwirtschaft und Ernährung (einschließlich des dreijährigen Aufbaulehrganges) aus den Pflichtgegenständen des Lehrplanbereiches „Landwirtschaft und Ernährung",
10. an der Höheren Lehranstalt für Lebensmittel- und Biotechnologie aus den Pflichtgegenständen des Lehrplanbereiches „Lebensmittel- und Biotechnologie", *(BGBl. II Nr. 231/2018, Z 50 idF BGBl. II Nr. 175/2022, Art. 3 Z 7)*
11. an der Höheren Lehranstalt für Umwelt- und Ressourcenmanagement aus den Pflichtgegenständen des Lehrplanbereiches „Umwelt- und Ressourcenmanagement" und dem Pflichtgegenstand „Angewandte Mikrobiologie" und *(BGBl. II Nr. 231/2018, Z 50 idF BGBl. II Nr. 175/2022, Art. 3 Z 8)*
12.[7]) an der Höheren Lehranstalt für Informationstechnologie in der Landwirtschaft aus den Pflichtgegenständen des Lehrplanbereiches „Informationstechnologie in der Landwirtschaft". *(BGBl. II Nr. 175/2022, Art. 3 Z 8)*

(6) Die Pflichtgegenstände gemäß Abs. 5 sind von der Schulleiterin oder vom Schulleiter innerhalb der ersten drei Wochen der letzten Schulstufe durch Anschlag in der Schule bekannt zu machen.

(BGBl. II Nr. 231/2018, Z 50)

5. Abschnitt
Schlussbestimmungen

Übergangsbestimmung

§ 92. (1) Die Verordnungen

1. über die abschließenden Prüfungen in den berufsbildenden mittleren und höheren Schulen[8]), BGBl. II 70/2000, in der Fassung der Verordnung BGBl. II Nr. 58/2008, und
2. über die abschließenden Prüfungen in der Bildungsanstalt für Kindergartenpädagogik und der Bildungsanstalt für Sozialpädagogik[9]), BGBl. II Nr. 58/2000, in der Fassung der Verordnung BGBl. II Nr. 172/2009,

finden auf abschließende Prüfungen bis zum Wirksamwerden dieser Verordnung gemäß § 95 sowie auf die Wiederholung von solchen abschließenden Prüfungen auch über den Zeitpunkt dieses Wirksamwerdens hinaus weiterhin Anwendung. *(BGBl. II Nr. 177/2012 idF BGBl. II Nr. 160/2015, Art. 1 Z 26, BGBl. II Nr. 30/2017, Z 21 und BGBl. II Nr. 465/2020, Art. 2 Z 23)*

(2) Die Bestimmungen über abschließende Prüfungen an der

1. Höheren Lehranstalt für Mode (einschließlich des Aufbaulehrganges) (§ 33 samt Überschrift, § 34 Abs. 3, § 35 samt Überschrift),

---

[7]) Diese Bestimmung ist gemäß § 95 Abs. 8 Z 4 mit Wirksamkeit ab Haupttermin 2024 anzuwenden.

[8]) Siehe Kodex 15. Auflage (1.9.5. – RP-BMHS).

[9]) Siehe Kodex 15. Auflage (1.9.6. – RP-KIGA/SOZ).

2. Fachschule für Mode (§ 36 samt Überschrift, § 38 Abs. 1 und 2),
3. Höheren Lehranstalt für künstlerische Gestaltung (die Überschrift des 6. Unterabschnittes des 4. Abschnittes, § 39 Z 1 und 2, § 40 Abs. 3, § 41 samt Überschrift),
4. Höheren Lehranstalt für Tourismus (einschließlich des Aufbaulehrganges) (§ 42 samt Überschrift, § 43 samt Überschrift, § 44 Abs. 2 und 3, § 45 samt Überschrift),
5. Tourismusfachschule (§ 46 samt Überschrift, § 48 samt Überschrift),
6. Hotelfachschule (§ 49 samt Überschrift, § 50 Abs. 1 Z 3 und 4 sowie Abs. 3, § 51 Abs. 1 Z 2 sowie Abs. 2 und 3),
7. Höheren Lehranstalt für wirtschaftliche Berufe (einschließlich des Aufbaulehrganges und ausgenommen die Fachrichtungen „Kommunikations- und Mediendesign", „Sozialmanagement", „Kultur- und Kongressmanagement" sowie „Umwelt und Wirtschaft") (10. Unterabschnitt des 4. Abschnittes),
8. Höheren Lehranstalt für wirtschaftliche Berufe – Fachrichtung „Kultur und Kongressmanagement" (die Überschrift des 11. Unterabschnittes des 4. Abschnittes, § 56 samt Überschrift, § 57 Abs. 3, § 58 samt Überschrift),
9. Höheren Lehranstalt für wirtschaftliche Berufe – Fachrichtung „Umwelt und Wirtschaft" (die Überschrift des 12. Unterabschnittes des 4. Abschnittes, § 59 samt Überschrift, § 60 Abs. 3, § 61 samt Überschrift),
10. Fachschule für wirtschaftliche Berufe (der 13. Unterabschnitt des 4. Abschnittes),
11. Fachschule für Sozialberufe (§ 65 Z 4 und 5, § 67 Abs. 1 Z 2 und Abs. 2 und 3),[10])
12. Bildungsanstalt für Elementarpädagogik (§ 74 samt Überschrift, § 75 samt Überschrift, § 76 samt Überschrift),
13. Bildungsanstalt für Elementarpädagogik (Zusatzausbildung Hortpädagogik) an der Bildungsanstalt für Elementarpädagogik (§ 77 samt Überschrift, § 78 samt Überschrift, § 79 samt Überschrift),
14. Bildungsanstalt für Sozialpädagogik (§ 80, § 81 samt Überschrift, § 82 samt Überschrift) und
15. Höheren land- und forstwirtschaftlichen Lehranstalt (einschließlich des Aufbaulehrganges) (§ 89 samt Überschrift, § 90 Abs. 2 sowie § 91 samt Überschrift)

in der Fassung vor der Novelle BGBl. II Nr. 231/2018 sind bis zum Wirksamwerden gemäß § 95 Abs. 4 Z 1 bis 8 auf abschließende Prüfungen sowie auf Wiederholungen dieser abschließenden Prüfungen auch über diesen Zeitpunkt hinaus anzuwenden.[11])
(BGBl. II Nr. 465/2020, Art. 2 Z 23)

Übergangsbestimmung zum 4. Abschnitt Unterabschnitt 15 (Reife- und Diplomprüfung an den fünfjährigen Langformen der Handelsakademie in den Hauptterminen 2016, 2017 und 2018

§ 93. Auf Reife- und Diplomprüfungen an den fünfjährigen Langformen der Handelsakademie sind bis zum Wirksamwerden der Bestimmungen des 4. Abschnittes Unterabschnitt 15 (§§ 68 bis 70) gemäß § 95 Abs. 2 Z 4 auf abschließende Prüfungen ab dem Haupttermin 2019 die Übergangsbestimmungen gemäß Anlage 1 auf abschließende Prüfungen in den Hauptterminen 2016, 2017 und 2018 (sowie auf Wiederholungen dieser Prüfungen auch nach diesem Zeitpunkt) anzuwenden.
(BGBl. II Nr. 30/2017, Z 22)

Übergangsbestimmung zum 4. Abschnitt Unterabschnitt 15 (Reife- und Diplomprüfung an den Aufbaulehrgängen der Handelsakademie im Haupttermin 2016)

§ 93a. Auf Reife- und Diplomprüfungen an den Aufbaulehrgängen der Handelsakademie sind bis zum Wirksamwerden der Bestimmungen des 4. Abschnittes Unterabschnitt 15 (§§ 68 bis 70) gemäß § 95 Abs. 2 Z 4a auf abschließende Prüfungen ab dem Haupttermin 2017 die Übergangsbestimmungen gemäß Anlage 1 auf abschließende Prüfungen im Hauptterminen 2016 (sowie auf Wiederholungen dieser Prüfungen auch nach diesem Zeitpunkt) anzuwenden.
(BGBl. II Nr. 30/2017, Z 22)

[10]) Mangels eines „§ 67 Abs. 3 … in der Fassung vor der Novelle BGBl. II Nr. 231/2018" geht diese Anordnung ins Leere.

[11]) Zu den auf Wiederholungen dieser abschließenden Prüfungen auch über diesen Zeitpunkt hinaus anzuwendenden Bestimmungen siehe Kodex 23. Auflage (1.9.3. – PrüfOrd. BMHS).

Übergangsbestimmung zum 4. Abschnitt Unterabschnitt 16 (Abschlussprüfung an der Handelsschule im Haupttermin 2016)

§ 94. Auf Abschlussprüfungen an der Handelsschule sind bis zum Wirksamwerden der Bestimmungen des 4. Abschnittes Unterabschnitt 16 (§§ 71 bis 73) gemäß § 95 Abs. 2 Z 5 auf abschließende Prüfungen ab dem Haupttermin 2017 die Übergangsbestimmungen gemäß **Anlage 2** auf abschließende Prüfungen im Haupttermin 2016 (sowie auf Wiederholungen dieser Prüfungen auch nach diesem Zeitpunkt) anzuwenden.

(BGBl. II Nr. 177/2012 idF BGBl. II Nr. 160/2015, Art. 1 Z 26)

Inkrafttreten

§ 95. (1) Diese Verordnung, die §§ 10, 25 Abs. 1 Z 1 und 2, § 28 Abs. 1, § 31 Abs. 1, § 35 Abs. 1, § 39 Abs. 1, § 42 Abs. 1, § 45 Abs. 1, § 48 Abs. 1 Z 1 und 2, § 51 Abs. 1, § 57 Abs. 1 sowie § 66 Abs. 1 Z 1 und 2 in der Fassung der Verordnung BGBl. II Nr. 265/2012, tritt mit 1. September 2012 in Kraft und findet abweichend von diesem Zeitpunkt auf abschließende Prüfungen mit Haupttermin ab 2016 Anwendung.

(2) Die nachstehend genannten Bestimmungen in der Fassung der Verordnung BGBl. II Nr. 160/2015 treten wie folgt in Kraft:

1. Der Titel samt Kurztitel der Verordnung, das Inhaltsverzeichnis, § 1 samt Überschrift, § 2 Abs. 1, 4 und 5, § 3 Abs. 1 und 2, § 4 Abs. 1, die Überschrift des 1. Unterabschnittes des 3. Abschnittes, § 7 samt Überschrift, die Überschrift des § 8, § 8 Abs. 1, 2 und 3, die Überschrift des § 9, § 9 Abs. 1, § 10 samt Überschrift, § 11 samt Überschrift, § 12 Abs. 1, § 14 Abs. 1 und 3, die Überschriften der §§ 15, 16 und 17, § 18 Abs. 3, § 19a samt Überschrift, § 20 Abs. 1, § 22 Abs. 1 sowie die Unterabschnitte 2 bis 22 des 4. Abschnittes treten mit Ablauf des Tages der Kundmachung im Bundesgesetzblatt[12]) in Kraft und finden abweichend von diesem Zeitpunkt auf abschließende Prüfungen mit Haupttermin ab 2016 Anwendung;
2. § 93 samt Überschrift sowie Anlage 1 treten mit Ablauf des Tages der Kundmachung im Bundesgesetzblatt in Kraft und sind abweichend von diesem Zeitpunkt auf abschließende Prüfungen mit Haupttermin 2016, 2017 und 2018 sowie auf die Wiederholung von solchen Prüfungen auch über den Zeitpunkt dieses Wirksamwerdens hinaus anzuwenden;
3. § 94 samt Überschrift sowie Anlage 2 treten mit Ablauf des Tages der Kundmachung im Bundesgesetzblatt in Kraft und sind abweichend von diesem Zeitpunkt auf abschließende Prüfungen mit Haupttermin 2016 sowie auf die Wiederholung von solchen Prüfungen auch über den Zeitpunkt dieses Wirksamwerdens hinaus anzuwenden;
4. Unterabschnitt 15 des 4. Abschnittes tritt mit Ablauf des Tages der Kundmachung im Bundesgesetzblatt in Kraft und ist abweichend von diesem Zeitpunkt auf abschließende Prüfungen an den fünfjährigen Langformen der Handelsakademie mit Haupttermin ab 2019 anzuwenden; *(BGBl. II Nr. 30/2017, Z 23)*

4a. Unterabschnitt 15 des 4. Abschnittes tritt mit Ablauf des Tages der Kundmachung im Bundesgesetzblatt in Kraft und ist abweichend von diesem Zeitpunkt auf abschließende Prüfungen an den Aufbaulehrgängen der Handelsakademie mit Haupttermin ab 2017 anzuwenden; *(BGBl. II Nr. 30/2017, Z 23)*

5. Unterabschnitt 16 des 4. Abschnittes tritt mit Ablauf des Tages der Kundmachung im Bundesgesetzblatt in Kraft und ist abweichend von diesem Zeitpunkt auf abschließende Prüfungen mit Haupttermin ab 2017 anzuwenden.

(BGBl. II Nr. 160/2015, Art. 1 Z 27)

(3) Der Titel, das Inhaltsverzeichnis, § 1 Abs. 1 Z 6, § 2 Abs. 1 Z 1 und 2, Abs. 4 Z 1 lit. a, Abs. 4 letzter Satz und Abs. 5, § 3 Abs. 1, § 8 Abs. 3, § 10 Abs. 1, § 12 Abs. 1 und 2, § 15 Abs. 1, § 19 Abs. 1, § 23 Abs. 1, § 70 Abs. 1 Z 2, Abs. 2 und Abs. 4, die Überschriften der Unterabschnitte 17, 18, 20 und 21, § 92, §§ 93 und 93a jeweils samt Überschrift sowie Anlage 1 in der Fassung der Verordnung BGBl. II Nr. 30/2017 treten mit 1. September 2016 in Kraft. Gleichzeitig tritt § 1 Abs. 1 Z 3 außer Kraft. *(BGBl. II Nr. 30/2017, Z 24)*

(4) Die nachstehend genannten Bestimmungen in der Fassung der Verordnung BGBl. II Nr. 231/2018 treten wie folgt in Kraft:

1. § 11 Abs. 1 zweiter Satz, § 18 Abs. 3 erster Teilsatz des zweiten Satzes, § 19a zweiter Satz, § 23 Abs. 1 und Abs. 5 erster Teilsatz des ersten Satzes sowie der 4. Abschnitt des Inhaltsverzeichnisses treten mit Ablauf des Tages der Kundmachung im Bundesgesetzblatt in Kraft;

[12]) Die Kundmachung im Bundesgesetzblatt erfolgte am 22. Juni 2015.

2. § 36 samt Überschrift, § 38 Abs. 1 und Abs. 2, § 46 samt Überschrift, § 48 samt Überschrift, § 49 samt Überschrift, § 50 Abs. 1 Z 3 und Z 4 sowie Abs. 3, § 51 Abs. 1 Z 2 sowie Abs. 2 und Abs. 3, der 13. Unterabschnitt des. 4. Abschnittes, § 65 Z 4 und Z 5, § 67 Abs. 1 Z 2 und § 67 Abs. 2 und Abs. 3 treten mit Ablauf des Tages der Kundmachung im Bundesgesetzblatt in Kraft und finden abweichend von diesem Zeitpunkt auf abschließende Prüfungen mit Haupttermin ab 2019 Anwendung;
3. der 4a. Unterabschnitt des 4. Abschnittes, die Überschrift des 6. Unterabschnittes des 4. Abschnittes, § 39 Z 1 und Z 2, § 40 Abs. 3, § 41 samt Überschrift, der 9a. Unterabschnitt des 4. Abschnittes, der 10a. Unterabschnitt des 4. Abschnittes, der 10b. Unterabschnitt des 4. Abschnittes, die Überschrift des 11. Unterabschnittes des 4. Abschnittes, § 56 samt Überschrift, § 57 Abs. 3, § 58 samt Überschrift, die Überschrift des 12. Unterabschnittes des 4. Abschnittes, § 59 samt Überschrift, § 60 Abs. 3, § 61 samt Überschrift, § 74 samt Überschrift, § 75 samt Überschrift, § 76 samt Überschrift, § 77 samt Überschrift, § 78 samt Überschrift, § 79 samt Überschrift, § 80, § 81 samt Überschrift sowie § 82 samt Überschrift treten mit Ablauf des Tages der Kundmachung im Bundesgesetzblatt in Kraft und finden abweichend von diesem Zeitpunkt auf abschließende Prüfungen mit Haupttermin ab 2021 Anwendung;
4. § 33 samt Überschrift, § 34 Abs. 3 sowie § 35 samt Überschrift treten mit Ablauf des Tages der Kundmachung im Bundesgesetzblatt in Kraft und finden abweichend von diesem Zeitpunkt auf abschließende Prüfungen des Aufbaulehrganges der Höheren Lehranstalt für Mode mit Haupttermin ab 2019 und auf abschließende Prüfungen der Höheren Lehranstalt für Mode mit Haupttermin ab 2021 Anwendung;
5. § 42 samt Überschrift, § 43 samt Überschrift, § 44 Abs. 2 und Abs. 3 sowie § 45 samt Überschrift treten mit Ablauf des Tages der Kundmachung im Bundesgesetzblatt in Kraft und finden abweichend von diesem Zeitpunkt auf abschließende Prüfungen des Aufbaulehrganges der Höheren Lehranstalt für Tourismus mit Haupttermin ab 2019 und auf abschließende Prüfungen der Höheren Lehranstalt für Tourismus mit Haupttermin ab 2021 Anwendung;
6. der 10. Unterabschnitt des 4. Abschnittes tritt mit Ablauf des Tages der Kundmachung im Bundesgesetzblatt in Kraft und findet abweichend von diesem Zeitpunkt auf abschließende Prüfungen des Aufbaulehrganges und des Aufbaulehrganges für Hörbeeinträchtige der Höheren Lehranstalt für wirtschaftliche Berufe mit Haupttermin ab 2019 und auf abschließende Prüfungen der Höheren Lehranstalt für wirtschaftliche Berufe (ausgenommen die Fachrichtungen „Kommunikations- und Mediendesign", „Sozialmanagement", „Kultur- und Kongressmanagement" sowie „Umwelt und Wirtschaft") mit Haupttermin ab 2021 Anwendung;
7. § 89 samt Überschrift, § 90 Abs. 2 und § 91 samt Überschrift treten mit Ablauf des Tages der Kundmachung im Bundesgesetzblatt in Kraft und finden abweichend von diesem Zeitpunkt auf abschließende Prüfungen des Aufbaulehrganges der Höheren Land- und Forstwirtschaftlichen Lehranstalten mit Haupttermin ab 2020 und auf abschließende Prüfungen der Höheren Land- und Forstwirtschaftlichen Lehranstalten mit Haupttermin ab 2021 Anwendung;
8. die Überschrift des 15. Unterabschnittes des 4. Abschnittes und der 15a. Unterabschnitt des 4. Abschnittes treten mit Ablauf des Tages der Kundmachung im Bundesgesetzblatt in Kraft und finden abweichend von diesem Zeitpunkt auf abschließende Prüfungen mit Haupttermin 2023[13]) Anwendung.

(BGBl. II Nr. 231/2018, Z 51)

(5) Die nachstehend genannten Bestimmungen in der Fassung der Verordnung BGBl. II Nr. 107/2019 treten wie folgt in Kraft:

1. § 8 Abs. 2 und 3 sowie § 17 Abs. 3 treten mit 1. September 2019 in Kraft und finden abweichend von diesem Zeitpunkt auf abschließende Prüfungen mit dem Haupttermin ab dem Schuljahr 2019/20 Anwendung;
2. § 16 Abs. 2 und 2a tritt mit Ablauf des Tages der Kundmachung im Bundesgesetzblatt[14]) in Kraft.

(BGBl. II Nr. 107/2019, Art. 3 Z 6)

(6) Für das Inkrafttreten der durch die Verordnung BGBl. II Nr. 465/2020 geänderten oder eingefügten Bestimmungen sowie für den Übergang zur neuen Rechtslage gilt Folgendes:

[13]) Sollte richtig lauten: „mit Haupttermin ab 2023".

[14]) Die Kundmachung im Bundesgesetzblatt erfolgte am 29. April 2019.

1.[15]) Das Inhaltsverzeichnis betreffend die die 3., 3a., 15., 15b. bis 15e. sowie 21a. Unterabschnitte des 4. Abschnitts betreffenden Zeilen sowie § 16 Abs. 4, § 17 Abs. 4, die Überschrift des 3., 3a. und 15. Unterabschnittes des 4. Abschnitts, die 15b. bis 15e. Unterabschnitte des 4. Abschnittes, der 21a. Unterabschnitt des 4. Abschnitts sowie § 92 treten mit Ablauf des Tages der Kundmachung der Verordnung im Bundesgesetzblatt[16]) in Kraft;

2.[17]) Der Einleitungsteil des § 59, § 61 Abs. 1 Z 2 und 3, Abs. 2 Z 4, Abs. 3 Z 3 bis 6, Abs. 4 bis 7 treten mit Ablauf des Tages der Kundmachung der Verordnung im Bundesgesetzblatt in Kraft und finden auf abschließende Prüfungen mit dem Haupttermin ab dem Schuljahr 2020/21 Anwendung. Bis zu Wirksamwerden sind diese Bestimmungen in der Fassung vor der Verordnung BGBl. II Nr. 231/2018 sowie für die Wiederholungen der bis vor dem Haupttermin im Schuljahr 2020/21 stattgefundenen Reife- und Diplomprüfungen auch über diesen Zeitpunkt hinaus anzuwenden.

(BGBl. II Nr. 465/2020, Art. 2 Z 24)

(7) Die nachstehend genannten Bestimmungen in der Fassung der Verordnung BGBl. II Nr. 527/2021 treten wie folgt in Kraft:

1. § 70 Abs. 1 Z 3 lit. e tritt mit Ablauf des Tages der Kundmachung im Bundesgesetzblatt[18]) in Kraft;
2. das Inhaltsverzeichnis betreffend den 4b. Unterabschnitt des 4. Abschnitts, das Inhaltsverzeichnis betreffend den 12a. Unterabschnitt des 4. Abschnitts, der 4b. Unterabschnitt des 4. Abschnitts sowie der 12a. Unterabschnitt des 4. Abschnitts treten mit Ablauf des Tages der Kundmachung im Bundesgesetzblatt in Kraft und finden abweichend von diesem Zeitpunkt auf abschließende Prüfungen mit Haupttermin ab dem Schuljahr 2025/26 Anwendung.

(BGBl. II Nr. 527/2021, Art. 1 Z 6)

(8) Die nachstehend genannten Bestimmungen in der Fassung der Verordnung BGBl. II Nr. 175/2022 treten wie folgt in Kraft:

1. Das Inhaltsverzeichnis betreffend den 20a. Unterabschnitt des 4. Abschnitts sowie der 20a. Unterabschnitt des 4. Abschnitts treten mit Ablauf des Tages der Kundmachung im Bundesgesetzblatt[19]) in Kraft;
2. § 17 Abs. 3 erster Satz tritt mit Ablauf des Tages der Kundmachung im Bundesgesetzblatt in Kraft und findet abweichend von diesem Zeitpunkt auf abschließende Prüfungen mit Haupttermin ab 2022 Anwendung;
3. § 20 Abs. 3, § 21 Abs. 3 und § 23 Abs. 4a treten mit Ablauf des Tages der Kundmachung im Bundesgesetzblatt in Kraft und finden abweichend von diesem Zeitpunkt auf Reife- und Diplomprüfungen mit Haupttermin ab dem Schuljahr 2022/23 Anwendung;
4. § 91 Abs. 5 tritt mit Ablauf des Tages der Kundmachung im Bundesgesetzblatt in Kraft und findet abweichend von diesem Zeitpunkt auf abschließende Prüfungen mit Haupttermin ab 2024 Anwendung.

(BGBl. II Nr. 175/2022, Art. 3 Z 9)

(9) § 30 sowie § 31 Abs. 1 in der Fassung der Verordnung BGBl. II Nr. 2/2023 treten mit Ablauf des Tages der Kundmachung im Bundesgesetzblatt[20]) in Kraft und finden abweichend von diesem Zeitpunkt auf Abschlussprüfungen mit Haupttermin ab dem Schuljahr 2022/23 Anwendung. *(BGBl. II Nr. 2/2023, Art. 3 Z 3)*

(10) Die nachstehend genannten Bestimmungen in der Fassung der Verordnung BGBl. II Nr. 150/2023 treten wie folgt in Kraft:

1. Das Inhaltsverzeichnis betreffend den 14a. und 14b. Unterabschnitt des 4. Abschnitts, § 2 Abs. 3 sowie § 2 Abs. 4 letzter Satz treten mit Ablauf des Tages der Kundmachung im Bundesgesetzblatt[21]) in Kraft.
2. Der 14a. Unterabschnitt des 4. Abschnitts tritt mit Ablauf des Tages der Kundmachung im Bundesgesetzblatt in Kraft und

---

[15]) Aufgrund eines redaktionellen Versehens umfasste die Novellierungsanordnung 24 der Verordnung BGBl. II Nr. 465/2020, Art. 2, betreffend § 95 Abs. 6 Z 1 nicht auch die Wendung „„..., der 3a. Unterabschnitt des 4. Abschnittes, ...“ (betreffend §§ 32a bis 32c – Abschlussarbeit, Klausurprüfung und mündliche Prüfung an den an den Meisterschulen für Damenkleidermacher/innen und Herrenkleidermacher/innen).

[16]) Die Kundmachung im Bundesgesetzblatt erfolgte am 4. November 2020.

[17]) Aufgrund eines redaktionellen Versehens umfasste die Novellierungsanordnung 24 der Verordnung BGBl. II Nr. 465/2020, Art. 2, betreffend § 95 Abs. 6 Z 2 nicht auch § 61 Abs. 8.

[18]) Die Kundmachung im Bundesgesetzblatt erfolgte am 3. Dezember 2021.

[19]) Die Kundmachung im Bundesgesetzblatt erfolgte am 2. Mai 2022.

[20]) Die Kundmachung im Bundesgesetzblatt erfolgte am 2. Jänner 2023.

[21]) Die Kundmachung im Bundesgesetzblatt erfolgte am 22. Mai 2023.

findet auf abschließende Prüfungen mit Haupttermin ab 2028 Anwendung.

3. Der 14b. Unterabschnitt des 4. Abschnitts tritt mit Ablauf des Tages der Kundmachung im Bundesgesetzblatt in Kraft und findet auf abschließende Prüfungen mit Haupttermin ab 2026 Anwendung.

(BGBl. II Nr. 150/2023, Art. 2 Z 5)

(11) § 20 Abs. 2, § 26 Abs. 3 Z 1a, § 35c Abs. 3 Z 1, § 56 Z 5 lit. a, § 70 Abs. 1 Z 3 lit. a, § 70c Abs. 1 Z 3 lit. a, § 70f Abs. 1 Z 3 lit. a, § 70i Abs. 1 Z 3 lit. a, § 70l Abs. 1 Z 3 lit. a, § 70o Abs. 1 Z 3 lit. a und § 91 Abs. 1 Z 3 lit. b in der Fassung der Verordnung BGBl. II Nr. 160/2023 treten mit Ablauf des Tages der Kundmachung im Bundesgesetzblatt[22]) in Kraft. *(BGBl. II Nr. 160/2023, Art. 3 Z 3)*

(12) Die nachstehend genannten Bestimmungen in der Fassung der Verordnung BGBl. II Nr. 207/2023 treten wie folgt in Kraft:

1. Das Inhaltsverzeichnis sowie die Überschrift des 10. Unterabschnittes des 4. Abschnittes treten mit Ablauf des Tages der Kundmachung im Bundesgesetzblatt[23]) in Kraft;
2. § 3 Abs. 2, § 12 Abs. 1 Z 1, § 54 Abs. 1 sowie § 55 Abs. 11 treten mit Ablauf des Tages der Kundmachung im Bundesgesetzblatt in Kraft und finden abweichend von diesem Zeitpunkt auf Reife- und Diplomprüfungen mit Haupttermin ab dem Schuljahr 2027/28 Anwendung.

(BGBl. II Nr. 207/2023, Art. 3 Z 6)

(13) Das Inhaltsverzeichnis sowie der 20b. Unterabschnitt und der 20c. Unterabschnitt des 4. Abschnitts in der Fassung der Verordnung BGBl. II Nr. 362/2023 treten mit Ablauf des Tages der Kundmachung im Bundesgesetzblatt[24]) in Kraft. *(BGBl. II Nr. 362/2023, Art. 3 Z 3)*

(BGBl. II Nr. 265/2012, Z 5 idF BGBl. II Nr. 160/2015, Art. 1 Z 27)

---

[22]) Die Kundmachung im Bundesgesetzblatt erfolgte am 1. Juni 2023.

[23]) Die Kundmachung im Bundesgesetzblatt erfolgte am 30. Juni 2023.

[24]) Die Kundmachung im Bundesgesetzblatt erfolgte am 6. Dezember 2023.

Anlage 1
(zu § 93)
(BGBl. II Nr. 160/2015, Art. 1 Z 28 – zur übergangsweisen Geltung der Anlage 1 siehe § 93)

15-Ü. Unterabschnitt[25])

Reife- und Diplomprüfung an der Handelsakademie (HT 2016-2018)

(einschließlich des Aufbaulehrganges)

Diplomarbeit (HT 2016-2018)

§ 68-Ü. (1) Das Prüfungsgebiet „Diplomarbeit" umfasst nach Wahl der Prüfungskandidatin oder des Prüfungskandidaten

1. einen oder mehrere der Pflichtgegenstände „Betriebswirtschaft", „Businesstraining, Projekt- und Qualitätsmanagement, Übungsfirma und Case Studies", „Rechnungswesen und Controlling", „Wirtschaftsinformatik", „Informations- und Officemanagement", „Politische Bildung und Recht", „Volkswirtschaft" oder *(BGBl. II Nr. 160/2015, Art. 1 Z 28 idF BGBl. II Nr. 30/2017, Z 25)*
2. den gewählten Ausbildungsschwerpunkt oder
3. die gewählte Fachrichtung.

(2) Das Prüfungsgebiet „Diplomarbeit" umfasst nach Wahl der Prüfungskandidatin oder des Prüfungskandidaten zusätzlich zu Abs. 1 einen Pflichtgegenstand des Kernbereiches (ausgenommen den Pflichtgegenstand „Bewegung und Sport").

Klausurprüfung (HT 2016-2018)

§ 69-Ü. (1) Die Klausurprüfung umfasst

1. eine Klausurarbeit im Prüfungsgebiet „Deutsch" gemäß § 12 Abs. 1 Z 1 und
2. nach Wahl der Prüfungskandidatin oder des Prüfungskandidaten eine oder zwei Klausurarbeiten in den Prüfungsgebieten
   a) „Lebende Fremdsprache" gemäß § 12 Abs. 1 Z 2 oder
   b) „Angewandte Mathematik" gemäß § 12 Abs. 1 Z 3 und
3. eine Klausurarbeit im Prüfungsgebiet „Betriebswirtschaftliche Fachklausur" (360 Minuten, schriftlich).

An der Zweisprachigen Bundeshandelsakademie umfasst die Klausurprüfung abweichend von Z 1 nach Wahl der Prüfungskandidatin oder des Prüfungskandidaten eine Klausurarbeit im Prüfungsgebiet „Deutsch" gemäß Abs. 1 Z 1 oder im Prüfungsgebiet „Slowenisch" (standardisiert, 300 Minuten, schriftlich).

(2) Das Prüfungsgebiet „Lebende Fremdsprache" gemäß Abs. 1 Z 2 lit. a umfasst nach Wahl der Prüfungskandidatin oder des Prüfungskandidaten den Pflichtgegenstand „Englisch einschließlich Wirtschaftssprache" oder „Lebende Fremdsprache (mit Bezeichnung der Fremdsprache)".

(3) Das Prüfungsgebiet „Angewandte Mathematik" gemäß Abs. 1 Z 2 lit. b umfasst den Pflichtgegenstand „Mathematik und angewandte Mathematik".

(4) Das Prüfungsgebiet „Betriebswirtschaftliche Fachklausur" gemäß Abs. 1 Z 3 umfasst

1. den Pflichtgegenstand „Betriebswirtschaft" und
2. den Pflichtgegenstand „Rechnungswesen und Controlling" und
3. die Teilbereiche „Übungsfirma" und „Case Studies" des Pflichtgegenstandes „Businesstraining, Projekt- und Qualitätsmanagement, Übungsfirma und Case Studies".

Mündliche Prüfung (HT 2016-2018)

§ 70-Ü. (1) Die mündliche Prüfung umfasst:

1. Wenn gemäß § 69-Ü Abs. 1 Z 2 nur eine Klausurarbeit gewählt wurde, eine mündliche Teilprüfung in demjenigen Prüfungsgebiet, in welchem gemäß § 69-Ü Abs. 1 Z 2 im Rahmen der Klausurprüfung keine Klausurarbeit abgelegt wurde, und

---

[25]) Anlage 1 war gemäß § 93 bis zum Wirksamwerden des 15. Unterabschnitts übergangsweise auf abschließende Prüfungen in den Hauptterminen 2016, 2017 und 2018 (sowie auf Wiederholungen dieser Prüfungen auch nach diesem Zeitpunkt) anzuwenden und ist daher überholt.

2. eine mündliche Teilprüfung im Prüfungsgebiet „Schwerpunktfach: Betriebswirtschaftliches Kolloquium vertiefend aus … (mit Bezeichnung des gewählten Ausbildungsschwerpunktes oder der gewählten Fachrichtung)“ und
3. eine mündliche Teilprüfung nach Wahl der Prüfungskandidatin oder des Prüfungskandidaten im Prüfungsgebiet
   a) „Religion“ oder
   b) „Kultur“ oder
   c) „Slowenisch“ (an der Zweisprachigen Bundeshandelsakademie) oder
   d) „Geschichte (Wirtschafts- und Sozialgeschichte) und Internationale Wirtschafts- und Kulturräume“ oder
   e) „Geografie (Wirtschaftsgeografie) und Internationale Wirtschafts- und Kulturräume“ oder
   f) „Naturwissenschaften (Chemie, Physik, Biologie, Ökologie und Warenlehre)“ oder
   g) „Politische Bildung und Recht“ oder
   h) „Volkswirtschaft“ oder
   i) „Berufsbezogene Kommunikation in der Lebenden Fremdsprache (mit Bezeichnung der Fremdsprache)“ oder
   j) „Mehrsprachigkeit (mit Bezeichnung der beiden lebenden Fremdsprachen)“ oder
   k) „Wirtschaftsinformatik“ oder
   l) „Seminar (mit Bezeichnung des Seminars)“ oder
   m) „Freigegenstand (mit Bezeichnung des Freigegenstandes)“ und
4. an der Zweisprachigen Bundeshandelsakademie eine mündliche Teilprüfung im Prüfungsgebiet
   a) „Slowenisch“, wenn zur Klausurprüfung gemäß § 69-Ü Abs. 1 das Prüfungsgebiet „Deutsch“ gewählt wurde, oder
   b) „Deutsch“, wenn zur Klausurprüfung gemäß § 69-Ü Abs. 1 das Prüfungsgebiet „Slowenisch“ gewählt wurde.

(2) Das Prüfungsgebiet „Schwerpunktfach: Betriebswirtschaftliches Kolloquium vertiefend aus … (mit Bezeichnung des gewählten Ausbildungsschwerpunktes oder der gewählten Fachrichtung)“ gemäß Abs. 1 Z 2 umfasst
1. den Pflichtgegenstand „Betriebswirtschaft“ und
2. den gewählten Ausbildungsschwerpunkt bzw. die gewählte Fachrichtung.

(3) Das Prüfungsgebiet „Kultur“ gemäß Abs. 1 Z 3 lit. b umfasst die Teilbereiche „Literatur, Kunst und Gesellschaft“ und „Kulturportfolio“ des Pflichtgegenstandes „Deutsch“.

(4) Das Prüfungsgebiet „Naturwissenschaften (Chemie, Physik, Biologie, Ökologie und Warenlehre)“ gemäß Abs. 1 Z 3 lit. f umfasst die Pflichtgegenstände „Chemie“, „Physik“ und „Biologie, Ökologie und Warenlehre“.

(5) Das Prüfungsgebiet „Berufsbezogene Kommunikation in der Lebenden Fremdsprache (mit Bezeichnung der Fremdsprache)“ gemäß Abs. 1 Z 3 lit. i umfasst den nicht gemäß § 69-Ü Abs. 1 Z 2 zur Klausurprüfung oder gemäß Abs. 1 Z 1 zur mündlichen Prüfung gewählten Pflichtgegenstand
1. „Englisch einschließlich Wirtschaftssprache“ oder
2. „Lebende Fremdsprache“.

(6) Das Prüfungsgebiet „Mehrsprachigkeit (mit Bezeichnung der beiden lebenden Fremdsprachen)“ gemäß Abs. 1 Z 3 lit. j umfasst die Pflichtgegenstände „Englisch einschließlich Wirtschaftssprache[26]) und „Lebende Fremdsprache“.

(7) Das Prüfungsgebiet „Seminar (mit Bezeichnung des Seminars)“ gemäß Abs. 1 Z 3 lit. l umfasst nach Wahl der Prüfungskandidatin oder des Prüfungskandidaten ein mindestens vier Wochenstunden, beim Fremdsprachenseminar jedoch ein mindestens sechs Wochenstunden unterrichtetes Seminar.

(8) Das Prüfungsgebiet „Freigegenstand (mit Bezeichnung des Freigegenstandes)“ gemäß Abs. 1 Z 3 lit. m umfasst nach Wahl der Prüfungskandidatin oder des Prüfungskandidaten einen mindestens vier Wochenstunden, im Freigegenstand „Lebende Fremdsprache“ jedoch einen mindestens sechs Wochenstunden unterrichteten Freigegenstand.

---

[26]) Hier sollte ein Ausführungszeichen gesetzt sein.

Anlage 2
(zu § 94)
(BGBl. II Nr. 160/2015, Art. 1 Z 28)

16-Ü. Unterabschnitt[27])
Abschlussprüfung an der Handelsschule (HT 2016)

Abschlussarbeit (HT 2016)

§ 71-Ü. Das Prüfungsgebiet „Abschlussarbeit" umfasst den Pflichtgegenstand „Betriebswirtschaft einschließlich volkswirtschaftlicher Grundlagen" und/oder aus dem Fachbereich den Pflichtgegenstand „Schulautonomer Bereich".

Klausurprüfung (HT 2016)

§ 72-Ü. (1) Die Klausurprüfung umfasst
1. eine dreistündige schriftliche Klausurarbeit im Prüfungsgebiet „Deutsch" und
2. eine vierstündige schriftliche und praktische Klausurarbeit im Prüfungsgebiet „Übungsfirma".

(2) Das Prüfungsgebiet „Übungsfirma" gemäß Abs. 1 Z 2 umfasst den Teilbereich „Übungsfirma" des Pflichtgegenstandes „Betriebliche Kommunikation und Übungsfirma".

Mündliche Prüfung (HT 2016)

§ 73-Ü. (1) Die mündliche Prüfung umfasst
1. eine mündliche Teilprüfung ausgehend von einer betriebswirtschaftlichen Problemstellung im Prüfungsgebiet „Betriebswirtschaftliches Kolloquium" und
2. eine mündliche Teilprüfung im Prüfungsgebiet „Englisch einschließlich Wirtschaftssprache".

(2) Das Prüfungsgebiet „Betriebswirtschaftliches Kolloquium" gemäß Abs. 1 Z 1 umfasst den Pflichtgegenstand „Betriebswirtschaft einschließlich volkswirtschaftlicher Grundlagen", den Pflichtgegenstand „Rechnungswesen" und den Teilbereich „Projektmanagement" des Pflichtgegenstandes „Projektmanagement und Projektarbeit".

---

[27]) Anlage 2 war gemäß § 94 bis zum Wirksamwerden des 16. Unterabschnitts übergangsweise auf abschließende Prüfungen im Haupttermin 2016 (sowie auf Wiederholungen dieser Prüfungen auch nach diesem Zeitpunkt) anzuwenden und ist daher überholt.

1.9.4. Prüfungsordnung Kollegs und Sonderformen für Berufstätige an BMHS

BGBl. II Nr. 36/2017

idF der Verordnungen

BGBl. II Nr. 86/2019
BGBl. II Nr. 527/2021
BGBl. II Nr. 175/2022
BGBl. II Nr. 160/2023
BGBl. II Nr. 362/2023
BGBl. II Nr. 465/2020
BGBl. II Nr. 1/2022
BGBl. II Nr. 2/2023
BGBl. II Nr. 207/2023

Verordnung der Bundesministerin für Bildung über die abschließenden Prüfungen in den Kollegs sowie in den als Sonderform für Berufstätige geführten berufsbildenden mittleren und höheren Schulen (Prüfungsordnung Kollegs und Sonderformen für Berufstätige an BMHS)

Auf Grund der §§ 33 bis 41 des Schulunterrichtsgesetzes für Berufstätige, Kollegs und Vorbereitungslehrgänge, BGBl. I Nr. 33/1997, zuletzt geändert durch das Bundesgesetz BGBl. I Nr. 56/2016, wird verordnet:

Inhaltsverzeichnis

Inhaltsverzeichnis

1. Abschnitt
Allgemeine Bestimmungen

Geltungsbereich

§ 1. Diese Verordnung gilt für die im Schulorganisationsgesetz, BGBl. Nr. 242/1962, geregelten öffentlichen und mit dem Öffentlichkeitsrecht ausgestatteten

1. als Sonderform für Berufstätige geführten
   a) zumindest viersemestrigen berufsbildenden mittleren Schulen (einschließlich der Werkmeister- und Bauhandwerkerschulen) sowie
   b) gewerblichen und kunstgewerblichen Meisterschulen,
2. als Sonderform für Berufstätige geführten berufsbildenden höheren Schulen,
3. Kollegs an berufsbildenden höheren Schulen,
4. Kollegs für Berufstätige an berufsbildenden höheren Schulen,
5. Aufbaulehrgänge für Berufstätige an berufsbildenden höheren Schulen und
6. Lehrgänge für Berufstätige an Bildungsanstalten für Elementarpädagogik und an Bildungsanstalten für Sozialpädagogik

und regelt die Durchführung der abschließenden Prüfung.

Formen und Umfang der abschließenden Prüfung

§ 2. (1) Die abschließende Prüfung erfolgt

1. an den als Sonderform für Berufstätige geführten berufsbildenden höheren Schulen (§ 1 Z 2) und den Aufbaulehrgängen für Berufstätige an berufsbildenden höheren Schulen (§ 1 Z 5) in Form einer Reife- und Diplomprüfung,
2. an den Kollegs an berufsbildenden höheren Schulen (§ 1 Z 3), den Kollegs für Berufstätige an berufsbildenden höheren Schulen (§ 1 Z 4) sowie den Lehrgängen für Berufstätige an Bildungsanstalten für Elementarpädagogik und an Bildungsanstalten für Sozialpädagogik (§ 1 Z 6) in Form einer Diplomprüfung und
3. an den als Sonderform für Berufstätige geführten zumindest viersemestrigen berufsbildenden mittleren Schulen (einschließlich der Werkmeister- und Bauhandwerkerschulen) (§ 1 Z 1 lit. a) sowie gewerblichen und kunstgewerblichen Meisterschulen (§ 1 Z 1 lit. b) in Form einer Abschlussprüfung.

(2) Die abschließende Prüfung besteht nach Maßgabe des 3. Abschnittes aus einer Vorprüfung und einer Hauptprüfung oder aus einer Hauptprüfung. *(BGBl. II Nr. 207/2023, Art. 4 Z 3)*

(2a) Die Vorprüfung besteht aus praktischen Teilprüfungen. *(BGBl. II Nr. 207/2023, Art. 4 Z 4)*

(3) Die Hauptprüfung besteht aus

1. einer abschließenden Arbeit (einschließlich deren Präsentation und Diskussion) in Form
   a) einer Diplomarbeit an den in § 1 Z 2 bis 6 genannten höheren Schulen oder
   b) einer Abschlussarbeit an den in § 1 Z 1 genannten mittleren Schulen,
2. einer Klausurprüfung bestehend aus Klausurarbeiten sowie allenfalls mündlichen Kompensationsprüfungen und
3. einer mündlichen Prüfung bestehend aus mündlichen Teilprüfungen.

An den höheren Schulen gemäß § 1 Z 2 und 5 sind nach Wahl der Prüfungskandidatin oder des Prüfungskandidaten drei Klausurarbeiten und drei mündliche Teilprüfungen oder vier Klausurarbeiten und zwei mündliche Teilprüfungen abzulegen.

(4) Auf Zusatzprüfungen zur Reifeprüfung gemäß § 41 des Schulunterrichtsgesetzes für Berufstätige, Kollegs und Vorbereitungslehrgänge (SchUG-BKV) sind die Bestimmungen der Unterabschnitte 2 und 3 des 3. Abschnittes der Prüfungsordnung AHS, BGBl. II Nr. 174/2012 in der jeweils geltenden Fassung, anzuwenden.

Prüfungsgebiete

§ 3. (1) Die abschließende Arbeit umfasst die Bearbeitung eines Themas, das nach Maßgabe des 3. Abschnittes dem Bildungsziel der jeweiligen Schulart (Form, Fachrichtung) zu entsprechen hat. Im Übrigen umfasst ein Prüfungsgebiet den gesamten Lehrstoff des gleichnamigen (schulautonomen) Unterrichtsgegenstandes oder der gleichnamigen (schulautonomen) Unterrichtsgegenstände, soweit im 3. Abschnitt nicht anderes bestimmt wird.

(2) Wenn in allen Semestern eine andere als die deutsche Sprache statt oder neben dieser als Unterrichtssprache vorgesehen war, so ist die abschließende Prüfung – ausgenommen in den sprachlichen Prüfungsgebieten und im Prüfungsgebiet „Angewandte Mathematik“ (standardisiert) – in dieser Sprache statt der deutschen Sprache bzw. in beiden Unterrichtssprachen im annähernd gleichen Umfang abzuhalten. In diesen Fällen sind die Aufgabenstellungen in beiden Sprachen abzufassen.

(3) Auf Antrag der Prüfungskandidatin oder des Prüfungskandidaten entfällt die Ablegung der abschließenden Prüfung in einzelnen Prüfungsgebieten, wenn diese im Rahmen einer abschließenden Prüfung an einer anderen Schulart (Form, Fachrichtung) oder im Rahmen der Be-

rufsreifeprüfung erfolgreich absolviert worden sind und die Schulleiterin oder der Schulleiter die Gleichwertigkeit der Prüfung feststellt.

(4) Im Falle einer Beeinträchtigung durch eine Körper- oder Sinnesbehinderung, die geeignet ist, das Prüfungsergebnis zu beeinflussen, sind durch die Vorsitzende oder den Vorsitzenden Vorkehrungen im organisatorischen Ablauf und in der Durchführung der abschließenden Prüfung festzulegen, die ohne Änderung des Anforderungsniveaus eine nach Möglichkeit barrierefreie Ablegung der Prüfung durch die betreffende Prüfungskandidatin oder den betreffenden Prüfungskandidaten ermöglichen. Die Schulleiterin oder der Schulleiter hat die erforderlichen Veranlassungen zu treffen.

1a. Abschnitt[1]) Vorprüfung

(BGBl. II Nr. 207/2023, Art. 4 Z 5)

Prüfungstermine der Vorprüfung

§ 3a. (1) Die Vorprüfung hat beim erstmaligen Antreten am Ende des dritten Semesters vor der erstmaligen Zulassung zur Klausurprüfung stattzufinden. Wiederholungen haben innerhalb der ersten sechs Wochen des dem Wintersemester entsprechenden Halbjahres, innerhalb der ersten drei Wochen des dem Sommersemester entsprechenden Halbjahres und am Ende des dem Sommersemester entsprechenden Halbjahres stattzufinden. Die konkreten Prüfungstermine sind durch die zuständige Schulbehörde festzulegen und vier Wochen vor der Prüfung kundzumachen. Im Falle der Zulassung auf Antrag ist dieser bis spätestens zwei Wochen vor dem Prüfungstermin bei der Schulleiterin oder beim Schulleiter einzubringen.

(2) Im Falle der Verhinderung an der Ablegung einer Teilprüfung darf die betreffende Teilprüfung nach Möglichkeit im selben Prüfungstermin, sonst in dem auf den Wegfall des Verhinderungsgrundes nächstfolgenden Prüfungstermin mit neuer Aufgabenstellung abgelegt werden.

Prüfungsgebiete der Vorprüfung

§ 3b. Die Vorprüfung umfasst die im 3. Abschnitt für die jeweilige Schulart (Form, Fachrichtung) genannten Prüfungsgebiete.

Durchführung der Vorprüfung

§ 3c. Die Schulleiterin oder der Schulleiter hat die für die ordnungsgemäße Durchführung der Vorprüfung notwendigen Vorkehrungen zu treffen. Über den Verlauf der Vorprüfung ist ein Prüfungsprotokoll zu führen.

2. Abschnitt Hauptprüfung

1. Unterabschnitt Abschließende Arbeit

Prüfungsgebiet der abschließenden Arbeit (Diplomarbeit, Abschlussarbeit)

§ 4. (1) Die Diplomarbeit an höheren Schulen (§ 2 Abs. 3 Z 1 lit. a) besteht nach Maßgabe des 3. Abschnittes aus einer auf vorwissenschaftlichem Niveau zu erstellenden schriftlichen Arbeit (bei entsprechender Aufgabenstellung auch unter Einbeziehung praktischer und/oder grafischer Arbeitsformen) mit Diplomcharakter über ein Thema gemäß § 3 sowie deren Präsentation und Diskussion.

(2) Die Abschlussarbeit an mittleren Schulen (§ 2 Abs. 3 Z 1 lit. b) besteht nach Maßgabe des 3. Abschnittes aus einer schriftlichen Arbeit (bei entsprechender Aufgabenstellung auch unter Einbeziehung praktischer und/oder grafischer Arbeitsformen) mit Abschlusscharakter über ein Thema gemäß § 3 sowie deren Präsentation und Diskussion.

Themenfestlegung, Inhalt und Umfang der abschließenden Arbeit

§ 5. (1) Die im Einvernehmen zwischen der Betreuerin oder dem Betreuer der abschließenden Arbeit, die oder der über die erforderliche berufliche oder außerberufliche (informelle) Sach- und Fachkompetenz zu verfügen hat, und der Prüfungskandidatin oder dem Prüfungskandidaten zu erfolgende Themenfestlegung und die Vorlage an die Schulleiterin oder den Schulleiter zur Zustimmung hat so rechtzeitig zu erfolgen, dass für die Entscheidung der Schulleiterin oder des Schulleiters gemäß Abs. 2 ein Zeitraum von drei Wochen ab der Vorlage sowie ausreichend Zeit für die Bearbeitung und die kontinuierliche Betreuung der abschließenden Arbeit gewährleistet sind. Nach Möglichkeit sollen Themen für bis zu fünf Prüfungskandidatinnen und Prüfungskandidaten einem übergeordneten komplexen Aufgabenbereich oder Projekt zuordenbar sein, wobei die Eigenständigkeit der Bearbeitung der einzelnen Themen dadurch nicht beeinträchtigt werden darf. *(BGBl. II Nr. 36/2017 idF BGBl. II Nr. 86/2019, Z 2)*

(2) Das festgelegte Thema ist der Schulleiterin oder dem Schulleiter zur Zustimmung vorzulegen. Die Schulleiterin oder der Schulleiter hat bis spätestens drei Wochen nach Vor-

[1]) Der 1a. Abschnitt (§§ 3a bis 3c) ist gemäß § 65 Abs. 9 mit Wirksamkeit ab Haupttermin 2026 anzuwenden.

lage die Zustimmung zu erteilen oder unter gleichzeitiger Setzung einer Nachfrist die Vorlage eines neuen Themas zu verlangen. *(BGBl. II Nr. 36/2017 idF BGBl. II Nr. 86/2019, Z 3)*

(3) Im Falle der Nichtbeurteilung oder der negativen Beurteilung des Prüfungsgebietes „Diplomarbeit" oder des Prüfungsgebietes „Abschlussarbeit" durch die Prüfungskommission ist innerhalb von längstens vier Wochen ein neues Thema im Sinne des Abs. 1 festzulegen. Die Schulleiterin oder der Schulleiter hat dem Thema innerhalb einer Woche zuzustimmen oder unter Setzung einer Nachfrist die Vorlage eines neuen Themas zu verlangen. *(BGBl. II Nr. 36/2017 idF BGBl. II Nr. 86/2019, Z 4)*

(4) Die schriftliche Arbeit kann im Einvernehmen mit der Prüferin oder dem Prüfer auch in einer von der Prüfungskandidatin oder vom Prüfungskandidaten besuchten lebenden Fremdsprache abgefasst werden.

(5) Im Rahmen der schriftlichen Arbeit ist ein Abstract zu erstellen, in welchem das Thema, die Problemformulierung und die wesentlichen Ergebnisse schlüssig darzulegen sind. Der Abstract ist in deutscher Sprache sowie in einer besuchten lebenden Fremdsprache abzufassen.

Durchführung der abschließenden Arbeit

§ 6. (1) Die schriftliche Arbeit (einschließlich allfälliger praktischer und/oder grafischer Arbeiten) ist als selbstständige Arbeit außerhalb der Unterrichtszeit zu bearbeiten und anzufertigen, wobei Ergebnisse des Unterrichts mit einbezogen werden dürfen. Während der erstmaligen Erstellung hat eine kontinuierliche Betreuung zu erfolgen, die unter Beobachtung des Arbeitsfortschrittes vorzunehmen ist. Die Betreuung umfasst die Bereiche Aufbau der Arbeit, Arbeitsmethodik, Selbstorganisation, Zeitplan, Struktur und Schwerpunktsetzung der Arbeit, organisatorische Belange sowie die Anforderungen im Hinblick auf die Präsentation und Diskussion, wobei die Selbstständigkeit der Leistungen nicht beeinträchtigt werden darf.

(2) Die Erstellung der Arbeit ist in einem von der Prüfungskandidatin oder vom Prüfungskandidaten zu erstellenden Begleitprotokoll zu dokumentieren, welches jedenfalls den Arbeitsablauf sowie die verwendeten Hilfsmittel und Hilfestellungen anzuführen hat. Das Begleitprotokoll ist der schriftlichen Arbeit beizulegen.

(3) Im Rahmen der Betreuung sind von der Prüferin oder vom Prüfer die für die Dokumentation der Arbeit erforderlichen Aufzeichnungen, insbesondere Vermerke über die Durchführung von Gesprächen im Zuge der Betreuung der Arbeit, zu führen. Die Aufzeichnungen sind dem Prüfungsprotokoll anzuschließen.

(4) Die Dauer der Präsentation und der Diskussion hat höchstens 15 Minuten pro Prüfungskandidatin und Prüfungskandidat zu betragen.

Prüfungstermine der abschließenden Arbeit

§ 7. (1) Die erstmalige Abgabe des schriftlichen Teils der abschließenden Arbeit hat bis spätestens vier Wochen vor Beginn der Klausurprüfung zu erfolgen. Die Zeiträume für die Abgabe im Falle der Wiederholung der abschließenden Arbeit sind die erste Unterrichtswoche, die ersten fünf Unterrichtstage im Dezember und die letzten fünf Unterrichtstage im März. In allen Fällen hat die Abgabe sowohl in digitaler Form (in jeder technisch möglichen Form, nicht jedoch mit E-Mail) als auch in zweifach ausgedruckter Form (bei Einbeziehung praktischer und/oder grafischer Arbeitsformen auch unter physischer Beigabe der praktischen und/oder grafischen Arbeiten) zu erfolgen.

(2) Abweichend von Abs. 1 hat die erstmalige Abgabe der Diplomarbeit an Höheren technischen und gewerblichen (einschließlich kunstgewerblichen) Lehranstalten für Berufstätige gemäß dem 1. Unterabschnitt des 3. Abschnittes, an technischen und gewerblichen (einschließlich kunstgewerblichen) Kollegs (einschließlich der Kollegs für Berufstätige) gemäß dem 3. Unterabschnitt des 3. Abschnittes sowie die erstmalige Abgabe der Abschlussarbeit an gewerblichen, technischen und kunstgewerblichen Fachschulen für Berufstätige gemäß dem 1b. Unterabschnitt des 3. Abschnittes spätestens zwei Wochen vor Beginn der Klausurprüfung und hat die erstmalige Abgabe der Abschlussarbeit an Werkmeister- und Bauhandwerkerschulen für Berufstätige spätestens zwei Wochen vor Beginn der mündlichen Prüfung zu erfolgen.[2]) *(BGBl. II Nr. 2/2023, Art. 4 Z 3)*

2. Unterabschnitt
Klausurprüfung

Prüfungstermine der Klausurprüfung

§ 8. (1) Die Klausurprüfung findet, soweit Abs. 2 nicht anderes anordnet, an den in § 35 SchUG-BKV genannten Prüfungsterminen statt. Abweichend davon kann die Klausurprü-

[2]) Diese Bestimmung ist gemäß § 65 Abs. 7 hinsichtlich der Bauhandwerkerschulen für Berufstätige mit Wirksamkeit ab Haupttermin 2024 anzuwenden.

fung an Werkmeister- und Bauhandwerkerschulen für Berufstätige innerhalb der ersten sechs Wochen des der erstmaligen Zulassung folgenden Halbjahres und in den übrigen Terminen jeweils innerhalb der ersten sechs Wochen eines Halbjahres stattfinden.[3]) *(BGBl. II Nr. 36/2017 idF BGBl. II Nr. 2/2023, Art. 4 Z 4)*

(2) Die Prüfungstermine für die standardisierten Prüfungsgebiete (Klausurarbeiten und mündliche Kompensationsprüfungen) werden gemäß § 35 Abs. 4 Z 2 und 3 SchUG-BKV gesondert verordnet.

Prüfungsgebiete der Klausurprüfung

§ 9. (1) Die Klausurprüfung umfasst schriftliche, grafische und/oder praktische Klausurarbeiten nach Maßgabe des 3. Abschnittes. An den höheren Schulen gemäß § 1 Z 2 und 5 umfasst die Klausurprüfung nach Maßgabe des 3. Abschnittes jedenfalls je eine schriftliche Klausurarbeit aus zumindest drei der folgenden Prüfungsgebiete:

1. „Deutsch" (standardisiert),
2. „Lebende Fremdsprache" (in den Sprachen Englisch, Französisch, Italienisch und Spanisch standardisiert),
3. „Angewandte Mathematik" (standardisiert) und
4. eine weitere schriftliche, grafische und/oder praktische Klausurarbeit.

(2) Im Fall der negativen Beurteilung einer schriftlichen Klausurarbeit umfasst die Klausurprüfung auch die allenfalls von der Prüfungskandidatin oder vom Prüfungskandidaten beantragte mündliche Kompensationsprüfung im betreffenden Prüfungsgebiet.

Aufgabenstellungen der standardisierten Prüfungsgebiete

§ 10. (1) Die Aufgabenstellungen für standardisierte Prüfungsgebiete sowie die korrespondierenden Korrektur- und Beurteilungsanleitungen sind an eine oder mehrere von der Schulleiterin oder vom Schulleiter namhaft zu machende Person oder Personen elektronisch zu übermitteln oder physisch zu übergeben. Die Übermittlung oder die Übergabe haben in einer die Geheimhaltung gewährleistenden Weise möglichst zeitnah zur Prüfung und dennoch so zeitgerecht zu erfolgen, dass für die Durchführung notwendige Vorkehrungen getroffen werden können. Die Aufgabenstellungen sind sodann in der Schule bis unmittelbar vor Beginn der betreffenden Klausurarbeit in einer die Geheimhaltung gewährleistenden Weise aufzubewahren. Die Korrektur- und Beurteilungsanleitungen sind bis zum Ende der betreffenden Klausurarbeit in einer die Geheimhaltung gewährleistenden Weise aufzubewahren und sodann der Prüferin oder dem Prüfer auszuhändigen.

(2) Die Aufgabenstellungen haben in den Prüfungsgebieten „Lebende Fremdsprache" und „Angewandte Mathematik" nach Maßgabe der nachstehenden Bestimmungen über Inhalt und Umfang der Prüfungsgebiete auf die unterschiedlichen Anforderungen des Lehrplanes Bedacht zu nehmen. Im Prüfungsgebiet gemäß § 9 Abs. 1 Z 2 sind die Aufgabenstellungen in der betreffenden Fremdsprache abzufassen.

Aufgabenstellungen der nicht standardisierten Prüfungsgebiete

§ 11. (1) Für die nicht standardisierten Prüfungsgebiete der Klausurprüfung haben die Prüferinnen und Prüfer eine Aufgabenstellung, die mindestens zwei voneinander unabhängige Aufgaben zu enthalten hat, auszuarbeiten und der zuständigen Schulbehörde als Vorschlag im Dienstweg zu übermitteln. Bei anderen als nur schriftlichen Klausurarbeiten kann die Aufgabenstellung oder können unterschiedliche Aufgabenstellungen an Gruppen von Prüfungskandidatinnen und Prüfungskandidaten vergeben werden; diese Aufgabenstellung oder Aufgabenstellungen können in Arbeitsabschnitte mit getrennten Aufgaben (Teilaufgaben) gegliedert sein, wobei für die einzelnen Arbeitsabschnitte Arbeitszeiten festgelegt werden können. Jede vorgeschlagene Aufgabenstellung (Aufgabe, Teilaufgabe) hat einen eindeutigen Arbeitsauftrag zu enthalten. Sie darf im Unterricht nicht so weit vorbereitet worden sein, dass ihre Bearbeitung keine selbstständige Leistung erfordert. Im Prüfungsgebiet gemäß § 9 Abs. 1 Z 2 sind die Aufgabenstellungen in der betreffenden Fremdsprache abzufassen.

(2) Dem Vorschlag gemäß Abs. 1 sind die für die Bearbeitung zur Verfügung zu stellenden Hilfen und Hilfsmittel oder ein Hinweis auf deren erlaubte Verwendung bei der Prüfung anzuschließen. Dabei dürfen nur solche Hilfen oder Hilfsmittel zum Einsatz kommen, die im Unterricht gebraucht wurden und die keine Beeinträchtigung der Eigenständigkeit in der Erfüllung der Aufgaben darstellen. Dem Vorschlag sind darüber hinaus allfällige Texte, Übersetzungen, Beantwortungsdispositionen, Zusammenfassungen von Hörtexten, Ausarbeitungen usw. sowie die für die einzelnen Beurteilungsstufen relevanten Anforderungen und Erwartungen in der Bearbeitung und Lösung der Aufgaben anzuschließen.

---

[3]) § 8 Abs. 1 zweiter Satz ist gemäß § 65 Abs. 7 hinsichtlich der Bauhandwerkerschulen für Berufstätige mit Wirksamkeit ab Haupttermin 2024 anzuwenden.

(3) Bei mangelnder Eignung der vorgeschlagenen Aufgabenstellung oder der vorgesehenen Hilfen oder Hilfsmittel hat die zuständige Schulbehörde die Vorlage eines neuen Vorschlages oder einer Ergänzung des Vorschlages einzuholen. Die festgesetzte Aufgabenstellung ist der Schulleiterin oder dem Schulleiter unter Gewährleistung der Geheimhaltung bekannt zu geben. Nach Einlangen sind sie von der Schulleiterin oder vom Schulleiter bis zur Prüfung auf eine die Geheimhaltung gewährleistende Weise aufzubewahren.

Inhalt und Umfang der Klausurarbeit im Prüfungsgebiet „Deutsch“ an höheren Schulen gemäß § 1 Z 2 und 5

§ 12. (1) Im Rahmen der Klausurarbeit im Prüfungsgebiet „Deutsch“ ist den Prüfungskandidatinnen und Prüfungskandidaten eine Aufgabenstellung mit drei Aufgaben, von denen eine Aufgabe ein literarisches Thema zu beinhalten hat, schriftlich vorzulegen. Eine der Aufgaben ist zu wählen und vollständig zu bearbeiten. Jede der drei Aufgaben ist in zwei voneinander unabhängige schriftlich zu bearbeitende Teilaufgaben zu unterteilen. Beide Teilaufgaben haben die Kompetenzbereiche „Inhaltsdimension“, „Textstruktur“, „Stil und Ausdruck“ sowie „normative Sprachrichtigkeit“ zu betreffen.

(2) Der Arbeitsumfang der beiden Teilaufgaben hat zirka 900 Wörter und die Arbeitszeit hat 300 Minuten zu betragen.

(3) Die Verwendung eines (elektronischen) Wörterbuches ist zulässig. Der Einsatz von Lexika oder elektronischen Informationsmedien ist nicht zulässig.

Inhalt und Umfang der Klausurarbeit im Prüfungsgebiet „Lebende Fremdsprache“ an höheren Schulen gemäß § 1 Z 2 und 5

§ 13. (1) Im Rahmen der Klausurarbeit im Prüfungsgebiet „Lebende Fremdsprache“ ist den Prüfungskandidatinnen und Prüfungskandidaten eine Aufgabenstellung mit drei voneinander unabhängigen Aufgabenbereichen in der betreffenden Sprache schriftlich vorzulegen, wobei Hörtexte zwei Mal abzuspielen sind. Die Aufgabenbereiche, die in voneinander unabhängige Aufgaben gegliedert sein können, haben die rezeptiven Kompetenzen „Lese- und Hörverstehen“ sowie die produktive Kompetenz „Schreiben“ zu betreffen. Der Aufgabenbereich „Schreiben“ ist in mindestens zwei voneinander unabhängige schriftlich zu bearbeitende Teilaufgaben zu unterteilen. Die Aufgabenbereiche sind in der genannten Reihenfolge in zeitlicher Abfolge voneinander getrennt vorzulegen und zu bearbeiten.

(2) Die Aufgabenstellungen sind gemäß den lehrplanmäßigen Anforderungen zu erstellen. Die Arbeitszeit hat 300 Minuten zu betragen, wobei 60 Minuten auf den Aufgabenbereich „Leseverstehen“, 40 bis 45 Minuten auf den Aufgabenbereich „Hörverstehen“ und 195 bis 200 Minuten auf den Aufgabenbereich „Schreibkompetenz“ zu entfallen haben.

(3) In den Aufgabenbereichen „Leseverstehen“ und „Hörverstehen“ ist die Verwendung von Hilfsmitteln nicht zulässig. Im Aufgabenbereich „Schreibkompetenz“ (berufsspezifischer Teil) ist die Verwendung eines (elektronischen) Wörterbuches zulässig, der Einsatz von Lexika oder elektronischen Informationsmedien ist nicht zulässig.

(4) Für Prüfungskandidatinnen und Prüfungskandidaten mit Hörbeeinträchtigung oder Gehörlosigkeit, die geeignet ist, das Prüfungsergebnis im Aufgabenbereich „Hörverstehen“ zu beeinflussen, kann die oder der Vorsitzende festlegen, dass dieser Aufgabenbereich entfällt, wenn Vorkehrungen im organisatorischen Ablauf und in der Durchführung der Reife- und Diplomprüfung gemäß § 3 Abs. 4 nicht ausreichen, um eine barrierefreie Ablegung der Prüfung zu ermöglichen. (*BGBl. II Nr. 465/2020, Art. 4 Z 2*)

Inhalt und Umfang der Klausurarbeit im Prüfungsgebiet „Angewandte Mathematik“ an höheren Schulen gemäß § 1 Z 2und 5

§ 14. (1) Im Rahmen der Klausurarbeit im Prüfungsgebiet „Angewandte Mathematik“ ist den Prüfungskandidatinnen und Prüfungskandidaten eine Aufgabenstellung mit zwei voneinander unabhängigen Aufgabenbereichen schriftlich vorzulegen. Ein Aufgabenbereich hat mehrere voneinander unabhängige Aufgaben in den wesentlichen Lehrplanbereichen „Modellbilden“, „Operieren“, „Interpretieren“ und „Argumentieren“ zu betreffen (Grundkompetenzen). Der zweite Aufgabenbereich hat voneinander unabhängige Aufgaben, die in Teilaufgaben gegliedert sein können, mit kontextbezogenen Problemstellungen der Schulart, der Fachrichtung oder des Ausbildungszweiges und deren weitergehenden Reflexionen zu beinhalten (fachliche Vertiefung).

(2) Die Arbeitszeit für die Aufgabenbereiche „Grundkompetenzen“ und „fachliche Vertiefung“ hat 270 Minuten zu betragen.

(3) Bei der Bearbeitung beider Aufgabenbereiche sind der Einsatz von herkömmlichen Schreibgeräten, Bleistiften, Lineal, Geo-Dreieck und Zirkel sowie die Verwendung von einer Formelsammlung, die vom zuständigen Regierungsmitglied für die Klausurarbeit freigegeben wird, die Verwendung von einem

(elektronischen) Wörterbuch und elektronischen Hilfsmitteln zulässig. Die Minimalanforderungen an elektronische Hilfsmittel sind grundlegende Funktionen zur Darstellung von Funktionsgrafen, zum numerischen Lösen von Gleichungen und Gleichungssystemen, zur Matrizenrechnung, zur numerischen Integration sowie zur Unterstützung bei Methoden und Verfahren in der Stochastik. *(BGBl. II Nr. 36/2017 idF BGBl. II Nr. 86/2019, Z 5 und BGBl. II Nr. 175/2022, Art. 4 Z 2)*

(4) Die zuständige Bundesministerin oder der zuständige Bundesminister kann bei standardisierten Klausurprüfungen für Prüfungskandidatinnen und Prüfungskandidaten mit Sehbeeinträchtigung oder Blindheit, die geeignet ist, das Prüfungsergebnis zu beeinflussen, Aufgabenstellungen ohne Änderung des Anforderungsniveaus abändern oder tauschen oder diese mit zusätzlichen Informationen aufbereiten. Die oder der Vorsitzende kann festlegen, dass diese geänderten, getauschten bzw. mit zusätzlichen Informationen aufbereiteten Aufgabenstellungen Prüfungskandidatinnen und Prüfungskandidaten mit Sehbeeinträchtigung oder Blindheit vorgelegt werden, wenn Vorkehrungen im organisatorischen Ablauf und in der Durchführung der Reife- und Diplomprüfung gemäß § 3 Abs. 4 nicht ausreichen, um eine barrierefreie Ablegung der Prüfung zu ermöglichen. Die Schulleiterin oder der Schulleiter hat die erforderlichen Veranlassungen zu treffen. *(BGBl. II Nr. 465/2020, Art. 4 Z 3)*

Durchführung der Klausurprüfung

§ 15. (1) Die Schulleiterin oder der Schulleiter hat die für die ordnungsgemäße Durchführung der Klausurarbeiten notwendigen Vorkehrungen zu treffen. Im Rahmen der Aufsichtsführung sind insbesondere auch Maßnahmen gegen die Verwendung unerlaubter Hilfsmittel zu setzen. Prüfungskandidatinnen und Prüfungskandidaten, die den ordnungsgemäßen Ablauf der Prüfung stören und Anordnungen der aufsichtsführenden Person nicht Folge leisten, sind von der (weiteren) Ablegung der Prüfung auszuschließen.

(2) Der genaue Zeitpunkt von Klausurarbeiten ist den Prüfungskandidatinnen und Prüfungskandidaten spätestens eine Woche vor deren Beginn bekannt zu geben.

(3) Klausurarbeiten im Prüfungsgebiet „Lebende Fremdsprache“ gemäß § 9 Abs. 1 Z 2 an höheren Schulen sowie Klausurarbeiten in den Prüfungsgebieten „Lebende Fremdsprache“, „Englisch“ und „Zweite lebende Fremdsprache“ an mittleren Schulen sind in der betreffenden Fremdsprache abzulegen. Darüber hinaus können im Einvernehmen zwischen der Prüferin oder dem Prüfer sowie der Prüfungskandidatin oder dem Prüfungskandidaten Klausurarbeiten in anderen, nicht standardisierten Prüfungsgebieten zur Gänze oder in wesentlichen Teilen in einer besuchten lebenden Fremdsprache abgelegt werden; in diesem Fall haben mangelnde Kenntnisse in der besuchten lebenden Fremdsprache bei der Beurteilung der Leistungen außer Betracht zu bleiben und ist die Verwendung der besuchten lebenden Fremdsprache (ohne Beurteilungsrelevanz) im Zeugnis über die abschließende Prüfung beim betreffenden Prüfungsgebiet zu vermerken. *(BGBl. II Nr. 36/2017 idF BGBl. II Nr. 86/2019, Z 6)*

(4) Sofern eine Teilbeurteilung der Klausurprüfung mit „Nicht genügend“ festgesetzt wird, ist diese Entscheidung der Prüfungskandidatin und dem Prüfungskandidaten frühestmöglich, spätestens jedoch eine Woche vor dem festgesetzten Termin für die mündliche Kompensationsprüfung nachweislich bekannt zu geben.

(5) Über den Verlauf der Prüfung ist von der aufsichtsführenden Person ein Protokoll zu führen, in welchem jedenfalls der Beginn und das Ende der Prüfung, Abwesenheiten vom Prüfungsraum, die Zeitpunkte der Abgabe der Arbeiten und allfällige besondere Vorkommnisse zu verzeichnen sind.

Mündliche Kompensationsprüfung

§ 16. (1) Im Falle der negativen Beurteilung von schriftlichen Klausurarbeiten durch die Prüfungskommission kann die Prüfungskandidatin oder der Prüfungskandidat bis spätestens drei Tage nach der Bekanntgabe der negativen Beurteilung beantragen, eine mündliche Kompensationsprüfung abzulegen.

(2) Für die Aufgabenstellungen gelten die Bestimmungen der Klausurprüfung gemäß §§ 10 und 11 sinngemäß.

(3) Für die Durchführung gilt § 21 Abs. 2, 3 und 4 mit der Maßgabe, dass zur Vorbereitung eine angemessene, mindestens 30 Minuten umfassende Frist einzuräumen ist und die Prüfungsdauer 25 Minuten nicht überschreiten darf.

3. Unterabschnitt
Mündliche Prüfung

Prüfungstermine der mündlichen Prüfung

§ 17. Die mündliche Prüfung findet an den in § 35 SchUG-BKV genannten Prüfungsterminen statt. Abweichend davon kann die mündliche Prüfung an Werkmeister- und Bauhandwerkerschulen für Berufstätige innerhalb der ersten sechs Wochen des der erstmaligen Zulassung folgenden Halbjahres und in den übrigen Terminen jeweils innerhalb der ersten sechs Wochen eines Halbjahres stattfinden.[4]) *(BGBl. II Nr. 36/2017 idF BGBl. II Nr. 2/2023, Art. 4 Z 5)*

Prüfungsgebiete der mündlichen Prüfung

§ 18. (1) Die mündliche Prüfung umfasst mündliche Teilprüfungen gemäß dem 3. Abschnitt. Wenn im Rahmen der Klausurprüfung an höheren Schulen in einem der Prüfungsgebiete gemäß § 9 Abs. 1 keine Klausurarbeit abgelegt wurde, umfasst die mündliche Prüfung jedenfalls eine mündliche Teilprüfung in diesem Prüfungsgebiet.

(2) Das Prüfungsgebiet „Religion" oder „Ethik" oder ein einem Freigegenstand entsprechendes Prüfungsgebiet darf nur dann gewählt werden, wenn der dem Prüfungsgebiet entsprechende Unterrichtsgegenstand zumindest im letzten lehrplanmäßig vorgesehenen Semester besucht oder mittels Modulprüfungen (§ 23a SchUG-BKV) nachgewiesen wurde und über allenfalls nicht besuchte bzw. nicht mittels Modulprüfungen nachgewiesene Semester die erfolgreiche Ablegung einer Externistenprüfung nachgewiesen wird. *(BGBl. II Nr. 36/2017 idF BGBl. II Nr. 160/2023, Art. 4 Z 1)*

(3) Die Festlegung einer alternativen Prüfungsform der mündlichen Prüfung für einzelne Klassen oder Sprachgruppen bei abschließenden Prüfungen gemäß § 2 Abs. 1 Z 1 und 2 in den Prüfungsgebieten „Englisch", „Lebende Fremdsprache", „Berufsbezogene Kommunikation in der lebenden Fremdsprache" und „Berufsbezogene Kommunikation in der Fremdsprache" erfolgt auf Antrag einer Lehrperson durch die Schulleitung nach Anhörung des Schulgemeinschaftsausschusses. Die Verordnung ist von der Schulleitung spätestens im den letzten beiden Semestern vorangehenden Semester zu erlassen und gemäß § 66 SchUG-BKV kundzumachen. Bei einer ungeraden Anzahl der Prüfungskandidatinnen und Prüfungskandidaten kann eine Prüfungskandidatin oder ein Prüfungskandidat freiwillig ein weiteres Mal als Gesprächspartnerin oder Gesprächspartner am dialogischen Prüfungsteil teilnehmen. Die Leistungen dieser freiwilligen Gesprächsteilnahme sind nicht zu beurteilen. Andernfalls tritt im dialogischen Prüfungsteil eine von der Schulleitung zu bestimmende fachkundige Lehrperson an die Stelle der Gesprächspartnerin bzw. des Gesprächspartners. *(BGBl. II Nr. 175/2022, Art. 4 Z 3)*

---

[4]) § 17 Abs. 1 zweiter Satz ist gemäß § 65 Abs. 7 hinsichtlich der Bauhandwerkerschulen für Berufstätige mit Wirksamkeit ab Haupttermin 2024 anzuwenden.

Themenbereiche der mündlichen Teilprüfungen

§ 19. (1) Die Schulleiterin oder der Schulleiter hat für jedes Prüfungsgebiet der mündlichen Prüfung die jeweiligen Fachlehrerinnen und -lehrer und erforderlichenfalls weitere fachkundige Lehrerinnen und Lehrer zu einer Konferenz einzuberufen. Diese Lehrerinnen- und Lehrerkonferenz hat für jede Abschlussklasse oder -gruppe für jedes Prüfungsgebiet der mündlichen Prüfung eine im Hinblick auf den betreffenden Unterrichtsgegenstand oder die betreffenden Unterrichtsgegenstände, die lehrplanmäßig vorgesehenen Wochenstunden und die Lernjahre angemessene Anzahl an Themenbereichen festzulegen und bis spätestens drei Monate nach Beginn jedes Halbjahres für die Prüfungen im folgenden Halbjahr gemäß § 66 SchUG-BKV kundzumachen. Abweichend davon können an Werkmeisterschulen für Berufstätige in begründeten Fällen die Termine für die Festlegung der Themenbereiche mit Zustimmung der Schulbehörde gesondert festgesetzt werden.

(2) Die Vorlage aller Themenbereiche zur Ziehung von zwei Themenbereichen durch die Prüfungskandidatin oder den Prüfungskandidaten hat durch die Vorsitzende oder den Vorsitzenden der Prüfungskommission so zu erfolgen, dass der Prüfungskandidatin oder dem Prüfungskandidaten bei der Ziehung nicht bekannt ist, welche beiden Themenbereiche sie oder er zieht. Einer der beiden gezogenen Themenbereiche ist von der Prüfungskandidatin oder vom Prüfungskandidaten für die mündliche Teilprüfung zu wählen.

(3) Im Falle der Festlegung einer alternativen Prüfungsform der mündlichen Prüfung gemäß § 18 Abs. 3 findet auf den monologischen Prüfungsteil Abs. 2 sinngemäß Anwendung. Im dialogischen Prüfungsteil hat die Vorlage der verbliebenen Themenbereiche zur gemeinsamen Ziehung von drei Themenbereichen durch die Prüfungskandidatinnen oder Prüfungskandidaten durch die Vorsitzende oder den Vorsitzenden der Prüfungskommission so zu erfolgen, dass den Prüfungskandidatinnen oder Prüfungskandidaten bei der Ziehung nicht bekannt ist, welche drei Themenbereiche sie gemeinsam ziehen. Aus den drei gemeinsam gezogenen Themenbereichen hat jeder der beiden Prüfungskandidatinnen und Prüfungskandidaten jeweils einen Themenbereich abzuwählen; der dialogische Prüfungsteil hat über den verbleibenden Themenbereich zu erfolgen. Wird von den Prüfungskandidatinnen und Prüfungskandidaten derselbe Themenbereich abgewählt, hat die Auswahl des Themenbereichs für den dialogischen Prüfungsteil durch die Prüferin oder den Prüfer zu erfolgen. Die Prüferin oder der Prüfer hat den Prüfungskandidatinnen und Prüfungs-

kandidaten aus dem gewählten Themenbereich eine dialogische Aufgabenstellung vorzulegen. *(BGBl. II Nr. 175/2022, Art. 4 Z 4)*

Kompetenzorientierte Aufgabenstellungen der mündlichen Teilprüfungen

§ 20. (1) Im Rahmen der mündlichen Teilprüfung ist jeder Prüfungskandidatin und jedem Prüfungskandidaten im gewählten Themenbereich eine kompetenzorientierte, von einer Problemstellung ausgehende Aufgabenstellung schriftlich vorzulegen. An höheren Schulen kann die Aufgabenstellung in voneinander unabhängige Aufgaben mit Anforderungen in den Bereichen der Reproduktions- und Transferleistungen sowie der Reflexion und Problemlösung gegliedert sein. Gleichzeitig mit der Aufgabenstellung ist erforderlichenfalls begleitendes Material beizustellen und sind die allenfalls zur Bearbeitung der Aufgaben erforderlichen Hilfsmittel vorzulegen.

(2) Im Prüfungsgebiet „Deutsch" haben die Aufgabenstellungen von einem Text auszugehen.

(3) In den fremdsprachigen Prüfungsgebieten haben die Aufgabenstellungen je eine monologische und eine dialogische Aufgabe zu enthalten.

Durchführung der mündlichen Prüfung

§ 21. (1) In der unterrichtsfreien Zeit vor dem Prüfungstermin der mündlichen Prüfung gemäß § 35 Abs. 2 Z 3 lit. a SchUG-BKV sowie außerhalb des lehrplanmäßigen Unterrichts vor dem Prüfungstermin der mündlichen Prüfung gemäß § 35 Abs. 2 Z 3 lit. b in Verbindung mit § 35 Abs. 3 des SchUG-BKV können für erstmalig zur Hauptprüfung antretende Prüfungskandidatinnen und Prüfungskandidaten Arbeitsgruppen zur Vorbereitung auf die mündliche Prüfung eingerichtet werden. Dies gilt nicht für vorgezogene Teilprüfungen auf der Grundlage des § 23a SchUG-BKV. Die Vorbereitung in den Arbeitsgruppen hat bis zu vier Unterrichtseinheiten pro Prüfungsgebiet zu umfassen. In den Arbeitsgruppen sind die prüfungsrelevanten Kompetenzanforderungen im jeweiligen Prüfungsgebiet zu behandeln, Prüfungssituationen zu analysieren und lerntechnische Hinweise zur Bewältigung der Lerninhalte zu geben. *(BGBl. II Nr. 36/2017 idF BGBl. II Nr. 86/2019, Z 7)*

(2) Die Schulleiterin oder der Schulleiter hat die für die ordnungsgemäße Durchführung der mündlichen Prüfung notwendigen Vorkehrungen zu treffen. Über den Verlauf der mündlichen Prüfung ist ein Prüfungsprotokoll zu führen.

(3) Die oder der Vorsitzende hat für einen rechtskonformen Ablauf der Prüfung zu sorgen.

(4) Zur Vorbereitung auf jede mündliche Teilprüfung ist eine im Hinblick auf das Prüfungsgebiet und die Aufgabenstellung angemessene Frist von mindestens 20 Minuten einzuräumen. Für jede mündliche Teilprüfung ist nicht mehr Zeit zu verwenden, als für die Gewinnung einer sicheren Beurteilung erforderlich ist. Die Prüfungsdauer darf dabei zehn Minuten nicht unterschreiten und 20 Minuten nicht überschreiten.

(4a) Im Falle der Festlegung einer alternativen Prüfungsform der mündlichen Prüfung gemäß § 18 Abs. 3 ist jeder Prüfungskandidatin und jedem Prüfungskandidaten zur Vorbereitung auf den monologischen und dialogischen Prüfungsteil eine im Hinblick auf die Aufgabenstellung angemessene Frist von mindestens 20 Minuten einzuräumen, wobei für jeden Prüfungsteil eine gesonderte Vorbereitung vorzusehen ist. Für jede mündliche Teilprüfung ist je Prüfungskandidatin oder je Prüfungskandidat nicht mehr Zeit zu verwenden, als für die Gewinnung einer sicheren Beurteilung erforderlich ist. Die Prüfungsdauer darf dabei je Prüfungskandidatin oder je Prüfungskandidat zehn Minuten nicht unterschreiten und 20 Minuten nicht überschreiten. Die Leistungen der Prüfungskandidatinnen und Prüfungskandidaten sind getrennt voneinander zu beurteilen. *(BGBl. II Nr. 175/2022, Art. 4 Z 5)*

(5) Im Einvernehmen zwischen Prüferin und Prüfer sowie Prüfungskandidatin und Prüfungskandidat können mündliche Teilprüfungen, ausgenommen in sprachlichen Prüfungsgebieten, zur Gänze oder in wesentlichen Teilen in einer besuchten lebenden Fremdsprache abgehalten werden; in diesem Fall haben mangelnde Kenntnisse in der besuchten lebenden Fremdsprache bei der Beurteilung der Leistungen außer Betracht zu bleiben und ist die Verwendung der besuchten lebenden Fremdsprache (ohne Beurteilungsrelevanz) im Zeugnis über die abschließende Prüfung beim betreffenden Prüfungsgebiet zu vermerken. *(BGBl. II Nr. 36/2017 idF BGBl. II Nr. 86/2019, Z 6)*

3. Abschnitt
Besondere Bestimmungen

1. Unterabschnitt
Reife- und Diplomprüfung an den Höheren technischen und gewerblichen (einschließlich kunstgewerblichen) Lehranstalten für Berufstätige
(einschließlich des Aufbaulehrganges für Berufstätige, ausgenommen die Höhere Lehranstalt für Mode, die Höhere Lehranstalt für Tourismus, die Höhere Lehranstalt für Kunst und Gestaltung und die Höhere Lehranstalt für Produktmanagement und Präsentation)

Diplomarbeit

§ 22. Das Prüfungsgebiet „Diplomarbeit" umfasst die fachtheoretischen und die fachpraktischen Pflichtgegenstände der jeweiligen Fachrichtung oder des jeweiligen Ausbildungszweiges oder des jeweiligen Ausbildungsschwerpunktes.

Klausurprüfung

§ 23. (1) Die Klausurprüfung umfasst:

1. eine Klausurarbeit im Prüfungsgebiet „Angewandte Mathematik“ gemäß § 9 Abs. 1 Z 3 und
2. nach Wahl der Prüfungskandidatin oder des Prüfungskandidaten eine oder zwei Klausurarbeiten in den Prüfungsgebieten
   a) „Deutsch“ gemäß § 9 Abs. 1 Z 1 oder
   b) „Lebende Fremdsprache“ gemäß § 9 Abs. 1 Z 2 und
3. eine 300 Minuten dauernde schriftliche Klausurarbeit im Prüfungsgebiet „Fachtheorie“.

(2) Das Prüfungsgebiet „Fachtheorie“ gemäß Abs. 1 Z 3 umfasst einen oder zwei fachtheoretische Pflichtgegenstände (Zuteilungsgegenstände) im Gesamtausmaß von mindestens acht Semesterwochenstunden in den letzten vier Semestern, die von der Schulleiterin oder vom Schulleiter innerhalb der ersten drei Wochen nach Beginn jedes Halbjahres für die Prüfungen im folgenden Halbjahr durch Anschlag in der Schule bekannt zu machen sind.

Mündliche Prüfung

§ 24. (1) Die mündliche Prüfung umfasst:

1. Wenn gemäß § 23 Abs. 1 Z 2 nur eine Klausurarbeit gewählt wurde, eine mündliche Teilprüfung in demjenigen Prüfungsgebiet, in welchem gemäß § 23 Abs. 1 Z 2 im Rahmen der Klausurprüfung keine Klausurarbeit abgelegt wurde, und
2. eine mündliche Teilprüfung im Prüfungsgebiet „Schwerpunktfach“ und
3. eine mündliche Teilprüfung im Prüfungsgebiet „Wahlfach“ (mit einem auf den Unterrichtsgegenstand gemäß Abs. 3 hinweisenden Zusatz).

(2) Das Prüfungsgebiet „Schwerpunktfach“ gemäß Abs. 1 Z 2 umfasst einen oder zwei fachtheoretische Pflichtgegenstände (Zuteilungsgegenstände) im Gesamtausmaß von mindestens acht Semesterwochenstunden in den letzten vier Semestern, die von der Schulleiterin oder vom Schulleiter innerhalb der ersten drei Wochen nach Beginn jedes Halbjahres für die Prüfungen im folgenden Halbjahr durch Anschlag in der Schule bekannt zu machen sind.

(3) Das Prüfungsgebiet „Wahlfach“ gemäß Abs. 1 Z 3 umfasst nach Wahl der Prüfungskandidatin oder des Prüfungskandidaten einen der nachstehend genannten lehrplanmäßig vorgesehenen Unterrichtsgegenstände:

1. „Religion“ oder „Ethik“ oder *(BGBl. II Nr. 36/2017 idF BGBl. II Nr. 160/2023, Art. 4 Z 1)*
2. „Wirtschaft und Recht“ oder
3. „Unternehmensführung und Wirtschaftsrecht“ oder
4. „Betriebswirtschaft und Projektmanagement“ oder
5. ein fachtheoretischer Unterrichtsgegenstand oder höchstens zwei fachtheoretische Unterrichtsgegenstände, der bzw. die im Gesamtausmaß von mindestens acht Semesterwochenstunden in den letzten vier Semestern vorgesehen ist bzw. sind (ausgenommen Zuteilungsgegenstände gemäß Abs. 2 und § 23 Abs. 2).

1a. Unterabschnitt
Abschlussprüfung an den Meisterschulen für Berufstätige für Damenkleidermacher/innen und Herrenkleidermacher/innen
(BGBl. II Nr. 465/2020, Art. 4 Z 4)

Abschlussarbeit

§ 24a. Das Prüfungsgebiet „Abschlussarbeit“ umfasst den Lehrstoff der fachtheoretischen und fachpraktischen Pflichtgegenstände.

Klausurprüfung

§ 24b. Die Klausurprüfung umfasst eine Klausurarbeit im Prüfungsgebiet „Projekt – Werkstätte und Fertigungstechnik“ (1500 Minuten, praktisch).

Mündliche Prüfung

§ 24c. (1) Die mündliche Prüfung umfasst eine mündliche Teilprüfung im Prüfungsgebiet „Angewandte Mode- und Fachtheorie“.

(2) Das Prüfungsgebiet „Angewandte Mode- und Fachtheorie“ gemäß Abs. 1 umfasst die Pflichtgegenstände „Textiltechnologie“, „Kund/innenberatung“, „Schnittkonstruktion, Modellgestaltung und Schnittoptimierung“ sowie „Werkstätte und Fertigungstechnik“.

1b. Unterabschnitt
Abschlussprüfung an den gewerblichen, technischen und kunstgewerblichen Fachschulen für Berufstätige
(ausgenommen die Meister-, Werkmeister- und Bauhandwerkerschulen für Berufstätige)
(BGBl. II Nr. 2/2023, Art. 4 Z 6)

Abschlussarbeit

§ 24d. Das Prüfungsgebiet „Abschlussarbeit“ umfasst den Lehrstoff der fachtheoretischen und fachpraktischen Pflichtgegenstände.

Klausurprüfung

§ 24e. (1) Die Klausurprüfung umfasst
1. eine Klausurarbeit im Prüfungsgebiet „Deutsch" (180 Minuten, schriftlich) und
2. eine Klausurarbeit im Prüfungsgebiet „Fachklausur" (480 Minuten, graphisch und/oder praktisch).

(2) Das Prüfungsgebiet „Fachklausur" umfasst den Lehrstoff von höchstens zwei Pflichtgegenständen, die im Gesamtausmaß von mindestens vier Semesterwochenstunden in den letzten vier Semestern unterrichtet wurden (Zuteilungsgegenstände, bei denen es sich in zumindest einem Fall um einen fachpraktischen Pflichtgegenstand handeln muss). Die zugeteilten Pflichtgegenstände sind von der Schulleiterin oder vom Schulleiter innerhalb der ersten drei Wochen nach Beginn jedes Halbjahres für die Prüfungen im folgenden Halbjahr durch Anschlag in der Schule bekanntzumachen.

Mündliche Prüfung

§ 24f. (1) Die mündliche Prüfung umfasst
1. eine mündliche Teilprüfung im Prüfungsgebiet „Schwerpunktkolloquium" und
2. eine mündliche Teilprüfung nach Wahl der Prüfungskandidatin oder des Prüfungskandidaten im Prüfungsgebiet
   a) „Fachkolloquium" oder
   b) „Wirtschaftlich-betriebstechnisches Kolloquium".

(2) Das Prüfungsgebiet „Schwerpunktkolloquium" gemäß Abs. 1 Z 1 umfasst den Lehrstoff von höchstens zwei Pflichtgegenständen aus dem Fachbereich (Zuteilungsgegenstände), die in den letzten vier Semestern in einem Gesamtausmaß von mindestens vier Semesterwochenstunden unterrichtet wurden und nicht Gegenstand des Prüfungsgebietes gemäß § 24e Abs. 1 Z 2 sind. Die zugeteilten Pflichtgegenstände sind von der Schulleiterin oder vom Schulleiter innerhalb der ersten drei Wochen nach Beginn jedes Halbjahres für die Prüfungen im folgenden Halbjahr durch Anschlag in der Schule bekanntzumachen.

(3) Die Prüfungsgebiete „Fachkolloquium" und „Wirtschaftsrechtlich-betriebstechnisches Kolloquium" gemäß Abs. 1 Z 2 lit. a und b umfassen jeweils nach Wahl der Prüfungskandidatin oder des Prüfungskandidaten den Lehrstoff von höchstens zwei Pflichtgegenständen aus dem Fachbereich, die in den letzten vier Semestern in einem Gesamtausmaß von mindestens drei Semesterwochenstunden unterrichtet wurden und nicht Gegenstand des Prüfungsgebietes gemäß Abs. 1 Z 1 sind.

2. Unterabschnitt[5])
Abschlussprüfung an den Werkmeister- und Bauhandwerkerschulen für Berufstätige
(BGBl. II Nr. 36/2017 idF BGBl. II Nr. 2/2023, Art. 4 Z 7)

Abschlussarbeit

§ 25. Das Prüfungsgebiet „Abschlussarbeit" umfasst den Lehrstoff der fachtheoretischen und fachpraktischen Pflichtgegenstände, wobei zumindest ein fachtheoretischer Pflichtgegenstand den Zuteilungsgegenständen des Prüfungsgebiets „Schwerpunktkolloquium" (§ 27 Abs. 1 Z 1) zuzuordnen ist. Die Präsentation und Diskussion kann im Rahmen der Ablegung der mündlichen Teilprüfung im Prüfungsgebiet „Schwerpunktkolloquium" erfolgen. In diesem Fall hat die Dauer der Präsentation und der Diskussion abweichend von § 6 Abs. 4 höchstens 10 Minuten pro Prüfungskandidatin und Prüfungskandidat zu betragen. *(BGBl. II Nr. 2/2023, Art. 4 Z 8)*

Klausurprüfung

§ 26. (1) Die Klausurprüfung umfasst eine Klausurarbeit im Prüfungsgebiet „Fachklausur" (120 Minuten, schriftlich und/oder grafisch und/oder praktisch). *(BGBl. II Nr. 36/2017 idF BGBl. II Nr. 2/2023, Art. 4 Z 9)*

(2) Das Prüfungsgebiet „Fachklausur" umfasst den Lehrstoff der Pflichtgegenstände aus dem Fachbereich.

Mündliche Prüfung

§ 27. (1) Die mündliche Prüfung umfasst
1. eine mündliche Teilprüfung im Prüfungsgebiet „Schwerpunktkolloquium" und
2. eine mündliche Teilprüfung nach Wahl der Prüfungskandidatin oder des Prüfungskandidaten im Prüfungsgebiet
   a) „Fachkolloquium" oder
   b) „Kolloquium zu Betriebstechnik und Mitarbeiterführung".

(2) Das Prüfungsgebiet „Schwerpunktkolloquium" gemäß Abs. 1 Z 1 umfasst den Lehrstoff von höchstens zwei Pflichtgegenständen (Zuteilungsgegenstände), die in einem Gesamtausmaß von mindestens 80 Unterrichtseinheiten unterrichtet wurden. Die zugeteilten Pflichtgegenstände sind von der Schulleiterin oder vom Schulleiter innerhalb der ersten drei Wochen nach Beginn jedes Halbjahres für die

[5]) Der 2. Unterabschnitt (§§ 25 bis 27) ist gemäß § 65 Abs. 7 hinsichtlich der Bauhandwerkerschulen für Berufstätige mit Wirksamkeit ab Haupttermin 2024 anzuwenden.

Prüfungen im folgenden Halbjahr durch Anschlag in der Schule bekanntzumachen.

(3) Die Prüfungsgebiete „Fachkolloquium" und „Kolloquium zu Betriebstechnik und Mitarbeiterführung" gemäß Abs. 1 Z 2 lit. a und b umfassen jeweils nach Wahl der Prüfungskandidatin oder des Prüfungskandidaten den Lehrstoff von höchstens drei Pflichtgegenständen, die in einem Gesamtausmaß von mindestens 80 Unterrichtseinheiten unterrichtet wurden und nicht Gegenstand des Prüfungsgebietes gemäß Abs. 2 sind.

3. Unterabschnitt

Diplomprüfung an den technischen und gewerblichen (einschließlich kunstgewerblichen) Kollegs (ausgenommen das Kolleg für Mode, das Kolleg für Tourismus und das Kolleg für Kunst und Gestaltung)

(einschließlich des Kollegs für Berufstätige)

Diplomarbeit

§ 28. (1) Das Prüfungsgebiet „Diplomarbeit" umfasst die fachtheoretischen und die fachpraktischen Pflichtgegenstände der jeweiligen Fachrichtung oder des jeweiligen Ausbildungszweiges oder des jeweiligen Ausbildungsschwerpunktes.

Klausurprüfung

§ 29. (1) Die Klausurprüfung umfasst eine 300 Minuten dauernde schriftliche Klausurarbeit im Prüfungsgebiet „Fachtheorie".

(2) Das Prüfungsgebiet „Fachtheorie" gemäß Abs. 1 umfasst einen oder zwei fachtheoretische Pflichtgegenstände (Zuteilungsgegenstände) im Gesamtausmaß von mindestens acht Semesterwochenstunden in den letzten vier Semestern, die von der Schulleiterin oder vom Schulleiter innerhalb der ersten drei Wochen nach Beginn jedes Halbjahres für die Prüfungen im folgenden Halbjahr durch Anschlag in der Schule bekannt zu machen sind.

Mündliche Prüfung

§ 30. (1) Die mündliche Prüfung umfasst

1. eine mündliche Teilprüfung im Prüfungsgebiet „Schwerpunktfach" und
2. eine mündliche Teilprüfung im Prüfungsgebiet „Wahlfach" (mit einem auf den Unterrichtsgegenstand gemäß Abs. 3 hinweisenden Zusatz).

(2) Das Prüfungsgebiet „Schwerpunktfach" gemäß Abs. 1 Z 1 umfasst einen oder zwei fachtheoretische Pflichtgegenstände (Zuteilungsgegenstände) im Gesamtausmaß von mindestens acht Semesterwochenstunden in den letzten vier Semestern, die von der Schulleiterin oder vom Schulleiter innerhalb der ersten drei Wochen nach Beginn jedes Halbjahres für die Prüfungen im folgenden Halbjahr durch Anschlag in der Schule bekannt zu machen sind.

(3) Das Prüfungsgebiet „Wahlfach" gemäß Abs. 1 Z 2 umfasst nach Wahl der Prüfungskandidatin oder des Prüfungskandidaten einen der nachstehend genannten lehrplanmäßig vorgesehenen Unterrichtsgegenstände:

1. „Wirtschaft und Recht" oder
2. „Unternehmensführung und Wirtschaftsrecht" oder
3. „Betriebswirtschaft und Projektmanagement" oder
4. ein fachtheoretischer Unterrichtsgegenstand oder höchstens zwei fachtheoretische Unterrichtsgegenstände, der bzw. die im Gesamtausmaß von mindestens acht Semesterwochenstunden in den letzten vier Semestern vorgesehen ist bzw. sind (ausgenommen Zuteilungsgegenstände gemäß Abs. 2 und § 29 Abs. 2).

4. Unterabschnitt

Diplomprüfung am Kolleg für Mode

Diplomarbeit

§ 31. Das Prüfungsgebiet „Diplomarbeit" umfasst nach Wahl der Prüfungskandidatin oder des Prüfungskandidaten

1. den Pflichtgegenstand „Betriebswirtschaft, Modemarketing und Verkaufsmanagement" und höchstens zwei Pflichtgegenstände aus dem Cluster „Mode und Fachtheorie" oder
2. höchstens zwei Pflichtgegenstände aus
   a) dem Cluster „Design, Schnitt und Produktion" (bei der Fachrichtung Modemanagement und Design) oder
   b) dem Cluster „Kollektionsentwicklung und Produktion" und/oder dem besuchten Wahlpflichtbereich (bei der Fachrichtung Modedesign Damen/Modedesign Herren) oder
   c) den Clustern „Kollektionsentwicklung und -erstellung" und/oder „Design, Schnitt und Produktion" (bei der Fachrichtung Mode – Design – Textil)

   und einen weiteren Pflichtgegenstand oder
3. eine Kombination von höchstens drei Pflichtgegenständen aus dem Cluster „Mode und Fachtheorie" und
   a) dem Cluster „Design, Schnitt und Produktion" (bei der Fachrichtung Modemanagement und Design) oder
   b) dem Cluster „Kollektionsentwicklung und Produktion" und/oder dem besuchten Wahlpflichtbereich (bei der Fach-

richtung Modedesign Damen/Modedesign Herren) oder

c) den Clustern „Kollektionsentwicklung und -erstellung" und/oder „Design, Schnitt und Produktion" (bei der Fachrichtung Mode – Design – Textil).

Klausurprüfung

§ 32. (1) Die Klausurprüfung umfasst

1. eine Klausurarbeit im Prüfungsgebiet „Angewandte Betriebswirtschaft und Rechnungswesen" (300 Minuten, schriftlich) und
2. eine Klausurarbeit im Prüfungsgebiet „Schnittkonstruktion und Modellgestaltung" (300 Minuten, grafisch) und
3. eine Klausurarbeit im Prüfungsgebiet
   a) „Entwurf- und Modezeichnen" (300 Minuten, grafisch) (bei den Fachrichtungen Modedesign Damen/Modedesign Herren sowie Modemanagement und Design) oder
   b) „Modegrafik, Entwurf und Musterdesign" (300 Minuten, grafisch) (bei der Fachrichtung Mode – Design – Textil) und
4. eine Klausurarbeit im Prüfungsgebiet „Projekt – Fertigungsverfahren, Verarbeitungstechnik und Experimentelles Design" (1500 Minuten, praktisch).

(2) Das Prüfungsgebiet „Angewandte Betriebswirtschaft und Rechnungswesen" gemäß Abs. 1 Z 1 umfasst die Pflichtgegenstände „Betriebswirtschaft, Modemarketing und Verkaufsmanagement" und „Rechnungswesen".

(3) Das Prüfungsgebiet „Schnittkonstruktion und Modellgestaltung" gemäß Abs. 1 Z 2 umfasst die Pflichtgegenstände

1. „Schnittkonstruktion und Modellgestaltung" (bei der Fachrichtung Modemanagement und Design) oder
2. „Schnittkonstruktion" und „Schnittkonstruktion – Damen" bzw. „Schnittkonstruktion – Herren" (bei der Fachrichtung Modedesign Damen/Modedesign Herren) oder
3. „Schnittkonstruktion" und „Schnittkonstruktion – Kollektion" (bei der Fachrichtung Mode – Design – Textil).

(4) Das Prüfungsgebiet „Modegrafik, Entwurf und Musterdesign" gemäß Abs. 1 Z 3 lit. b umfasst die Pflichtgegenstände „Modegrafik, Entwurf und Musterdesign" und „Planung und Entwurf".

(5) Das Prüfungsgebiet „Projekt – Fertigungsverfahren, Verarbeitungstechnik und Experimentelles Design" gemäß Abs. 1 Z 4 umfasst den Pflichtgegenstand „Fertigungsverfahren, Verarbeitungstechnik und Experimentelles Design".

Mündliche Prüfung

§ 33. (1) Die mündliche Prüfung umfasst

1. eine mündliche Teilprüfung im Prüfungsgebiet „Schwerpunktfach Fachkolloquium" (mit einem auf die Pflichtgegenstände gemäß Abs. 2 hinweisenden Zusatz) und
2. eine mündliche Teilprüfung nach Wahl der Prüfungskandidatin oder des Prüfungskandidaten
   a) im Prüfungsgebiet „Prozessgestaltung und Qualitätsmanagement" oder
   b) in einem nicht bereits gemäß Abs. 1 Z 1 gewählten Pflichtgegenstand des Clusters „Mode und Fachtheorie".

(2) Das Prüfungsgebiet „Schwerpunktfach Fachkolloquium" gemäß Abs. 1 Z 1 umfasst

1. den Pflichtgegenstand „Betriebswirtschaft, Modemarketing und Verkaufsmanagement" und höchstens zwei Pflichtgegenstände aus dem Cluster „Mode und Fachtheorie" oder
2. höchstens zwei fachtheoretische Pflichtgegenstände aus
   a) dem Cluster „Design, Schnitt und Produktion" (bei der Fachrichtung Modemanagement und Design) oder
   b) dem Cluster „Kollektionsentwicklung und Produktion" und/oder dem besuchten Wahlpflichtbereich (bei der Fachrichtung Modedesign Damen/Modedesign Herren) oder
   c) den Clustern „Kollektionsentwicklung und -erstellung" und/oder „Design, Schnitt und Produktion" (bei der Fachrichtung Mode – Design – Textil)

   und einen weiteren Pflichtgegenstand oder
3. eine Kombination von höchstens drei fachtheoretischen Pflichtgegenständen aus dem Cluster „Mode und Fachtheorie" und
   a) dem Cluster „Design, Schnitt und Produktion" (bei der Fachrichtung Modemanagement und Design) oder
   b) dem Cluster „Kollektionsentwicklung und Produktion" und/oder dem besuchten Wahlpflichtbereich (bei der Fachrichtung Modedesign Damen/Modedesign Herren) oder
   c) den Clustern „Kollektionsentwicklung und -erstellung" und/oder „Design, Schnitt und Produktion" (bei der Fachrichtung Mode – Design – Textil).

(3) Das Prüfungsgebiet „Prozessgestaltung und Qualitätsmanagement" gemäß Abs. 1 Z 2 lit. a umfasst die Pflichtgegenstände „Projekt- und Qualitätsmanagement" und „Prozessgestaltung und Prozessdatenmanagement".

5. Unterabschnitt
Diplomprüfung am Kolleg für Tourismus

Diplomarbeit

§ 34. Das Prüfungsgebiet „Diplomarbeit" umfasst nach Wahl der Prüfungskandidatin oder des Prüfungskandidaten

1. den Pflichtgegenstand „Tourismusmarketing und Kundenmanagement" oder
2. den Pflichtgegenstand „Tourismusmanagement", sofern dieser im Ausmaß von mindestens sechs Semesterwochenstunden unterrichtet wurde, oder
3. gegebenenfalls einen im Cluster „Tourismus, Wirtschaft und Recht" schulautonom eingeführten Pflichtgegenstand oder
4. den Pflichtgegenstand „Tourismusmarketing und Kundenmanagement" und einen weiteren Pflichtgegenstand oder
5. den Pflichtgegenstand „Tourismusmanagement", sofern dieser im Ausmaß von mindestens sechs Semesterwochenstunden unterrichtet wurde, und einen weiteren Pflichtgegenstand oder
6. gegebenenfalls einen im Cluster „Tourismus, Wirtschaft und Recht" schulautonom eingeführten Pflichtgegenstand und einen weiteren Pflichtgegenstand.

Klausurprüfung

§ 35. (1) Die Klausurprüfung umfasst

1. eine Klausurarbeit im Prüfungsgebiet „Lebende Fremdsprache (mit Bezeichnung der Fremdsprache)" (300 Minuten, schriftlich) und
2. eine Klausurarbeit im Prüfungsgebiet „Angewandte Betriebswirtschaft und Rechnungswesen" (300 Minuten, schriftlich) und
3. eine Klausurarbeit im Prüfungsgebiet „Gastronomie und Hotellerie" (600 Minuten, praktisch).

(2) Das Prüfungsgebiet „Lebende Fremdsprache" gemäß Abs. 1 Z 1 umfasst nach Wahl der Prüfungskandidatin oder des Prüfungskandidaten eine der im Pflichtgegenstand „Lebende Fremdsprachen" unterrichteten Fremdsprachen. Falls in diesem Pflichtgegenstand nur eine Fremdsprache unterrichtet wurde, umfasst das Prüfungsgebiet diese Fremdsprache.

(3) Das Prüfungsgebiet „Angewandte Betriebswirtschaft und Rechnungswesen" gemäß Abs. 1 Z 2 umfasst den Pflichtgegenstand „Rechnungswesen und Controlling" und die betriebswirtschaftlichen Lehrstoffbereiche des Pflichtgegenstandes „Betriebs- und Volkswirtschaft".

(4) Das Prüfungsgebiet „Gastronomie und Hotellerie" gemäß Abs. 1 Z 3 umfasst die Pflichtgegenstände „Küchenorganisation und Kochen" sowie „Serviceorganisation, Servieren und Getränke".

Mündliche Prüfung

§ 36. (1) Die mündliche Prüfung umfasst

1. eine mündliche Teilprüfung im Prüfungsgebiet „Schwerpunktfach Fachkolloquium" (mit einem auf den Pflichtgegenstand oder die Pflichtgegenstände gemäß Abs. 2 hinweisenden Zusatz) und
2. eine mündliche Teilprüfung im Prüfungsgebiet „Berufsbezogene Kommunikation in der Fremdsprache (mit Bezeichnung der Fremdsprache)".

(2) Das Prüfungsgebiet „Schwerpunktfach Fachkolloquium" gemäß Abs. 1 Z 1 umfasst nach Wahl der Prüfungskandidatin oder des Prüfungskandidaten

1. den Pflichtgegenstand „Tourismusmarketing und Kundenmanagement" oder
2. den Pflichtgegenstand „Tourismusmanagement", sofern dieser im Ausmaß von mindestens sechs Semesterwochenstunden unterrichtet wurde, oder
3. gegebenenfalls einen im Cluster „Tourismus, Wirtschaft und Recht" schulautonom eingeführten Pflichtgegenstand oder
4. den Pflichtgegenstand „Tourismusmarketing und Kundenmanagement" und einen weiteren, nicht bereits gemäß § 35 zur Klausurprüfung gewählten Pflichtgegenstand oder
5. den Pflichtgegenstand „Tourismusmanagement", sofern dieser im Ausmaß von mindestens sechs Semesterwochenstunden unterrichtet wurde, und einen weiteren, nicht bereits gemäß § 35 zur Klausurprüfung gewählten Pflichtgegenstand oder
6. gegebenenfalls einen im Cluster „Tourismus, Wirtschaft und Recht" schulautonom eingeführten Pflichtgegenstand und einen weiteren, nicht bereits gemäß § 35 zur Klausurprüfung gewählten Pflichtgegenstand.

(3) Das Prüfungsgebiet „Berufsbezogene Kommunikation in der Fremdsprache (mit Bezeichnung der Fremdsprache)" gemäß Abs. 1 Z 2 umfasst den Teilbereich „Berufsbezogene Kommunikation" einer der im Pflichtgegenstand „Lebende Fremdsprachen" unterrichteten Fremdsprachen nach Wahl der Prüfungskandidatin oder des Prüfungskandidaten, wobei die gemäß § 35 Abs. 1 Z 1 zur Klausurarbeit gewählte Fremdsprache ausgenommen ist. Falls in diesem Pflichtgegenstand nur eine Fremdsprache unterrichtet wurde, umfasst das Prüfungsgebiet den Teilbereich „Berufsbezogene Kommunikation" dieser Fremdsprache.

(4) Für die Kombination von Pflichtgegenständen gemäß Abs. 2 Z 4 bis 6 hat die Schulleiterin oder der Schulleiter innerhalb der ersten drei Wochen nach Beginn jedes Halbjahres für die Prüfungen im folgenden Halbjahr alle geeigneten Gegenstandskombinationen durch Anschlag in der Schule bekannt zu machen.

5a. Unterabschnitt[6])

Reife- und Diplomprüfung am Aufbaulehrgang für Berufstätige an der Höheren Lehranstalt für Tourismus

(BGBl. II Nr. 207/2023, Art. 4 Z 6)

Vorprüfung

§ 36a. (1) Die Vorprüfung umfasst die Prüfungsgebiete

1. „Küche" (300 Minuten einschließlich Vorarbeiten, praktisch) und
2. „Restaurant" (300 Minuten einschließlich Vorarbeiten, praktisch).

(2) Das Prüfungsgebiet „Küche" gemäß Abs. 1 Z 1 umfasst die Lehrstoffbereiche „Küchenorganisation" und „Kochen" des Pflichtgegenstandes „Küchenorganisation, Kochen und Ernährung".

(3) Das Prüfungsgebiet „Restaurant" gemäß Abs. 1 Z 2 umfasst den Pflichtgegenstand „Serviceorganisation, Servieren und Getränke".

(4) Für Prüfungskandidatinnen und Prüfungskandidaten, die den Lehrberuf Koch/Köchin erfolgreich absolviert haben, entfällt die Teilprüfung im Prüfungsgebiet „Küche" gemäß Abs. 1 Z 1 und für Prüfungskandidatinnen und Prüfungskandidaten, die den Lehrberuf Restaurantfachmann/Restaurantfachfrau erfolgreich absolviert haben, entfällt die Teilprüfung im Prüfungsgebiet „Restaurant" gemäß Abs. 1 Z 2.

(5) Die Vorprüfung entfällt für Prüfungskandidatinnen und Prüfungskandidaten, die eine Fachschule für wirtschaftliche Berufe, eine Hotelfachschule, eine Gastgewerbefachschule oder den Lehrberuf Gastronomiefachmann/Gastronomiefachfrau erfolgreich absolviert haben.

Diplomarbeit

§ 36b. Das Prüfungsgebiet „Diplomarbeit" umfasst nach Wahl der Prüfungskandidatin oder des Prüfungskandidaten

1. den Pflichtgegenstand „Tourismusgeografie und Reisebüro" oder
2. den Pflichtgegenstand „Tourismusmarketing und Kundenmanagement" oder
3. den Pflichtgegenstand „Betriebs- und Volkswirtschaft" oder
4. einen schulautonom eingeführten, im Ausmaß von mindestens vier Wochenstunden unterrichteten Pflichtgegenstand oder
5. einen Pflichtgegenstand gemäß Z 1, 2, 3 oder 4 in Kombination mit einem zweiten Pflichtgegenstand.

Klausurprüfung

§ 36c. (1) Die Klausurprüfung umfasst

1. eine Klausurarbeit im Prüfungsgebiet „Deutsch" gemäß § 9 Abs. 1 Z 1 und
2. nach Wahl der Prüfungskandidatin oder des Prüfungskandidaten zwei oder drei Klausurarbeiten in den Prüfungsgebieten
   a) „Lebende Fremdsprache" gemäß § 9 Abs. 1 Z 2 oder
   b) „Angewandte Mathematik" gemäß § 9 Abs. 1 Z 3 oder
   c) „Angewandte Betriebswirtschaft und Rechnungswesen" (300 Minuten, schriftlich).

(2) Das Prüfungsgebiet „Lebende Fremdsprache" gemäß Abs. 1 Z 2 lit. a umfasst nach Wahl der Prüfungskandidatin oder des Prüfungskandidaten den Pflichtgegenstand „Englisch" oder „Zweite lebende Fremdsprache (mit Bezeichnung der Fremdsprache)".

(3) Das Prüfungsgebiet „Angewandte Betriebswirtschaft und Rechnungswesen" gemäß Abs. 1 Z 2 lit. c umfasst den Pflichtgegenstand „Rechnungswesen und Controlling" und die betriebswirtschaftlichen Lehrstoffbereiche des Pflichtgegenstandes „Betriebs- und Volkswirtschaft".

Mündliche Prüfung

§ 36d. (1) Die mündliche Prüfung umfasst

1. wenn gemäß § 36c Abs. 1 Z 2 zwei Klausurarbeiten gewählt wurden, eine mündliche Teilprüfung in demjenigen Prüfungsgebiet, in welchem gemäß § 36c Abs. 1 Z 2 im Rahmen der Klausurprüfung keine Klausurarbeit abgelegt wurde,
2. eine mündliche Teilprüfung nach Wahl der Prüfungskandidatin oder des Prüfungskandidaten im Prüfungsgebiet
   a) „Schwerpunktfach Fachkolloquium …" (mit Bezeichnung des Pflichtgegenstandes oder der Pflichtgegenstände gemäß Abs. 2) oder
   b) „Berufsbezogene Kommunikation in der Fremdsprache (mit Bezeichnung der Fremdsprache)" und
3. eine mündliche Teilprüfung im Prüfungsgebiet „Wahlfach …" (mit Bezeichnung des Pflichtgegenstandes oder der Pflichtgegenstände gemäß Abs. 4 Z 1 oder 2 oder mit der Bezeichnung gemäß Abs. 4 Z 3 bis 5).

---

[6]) Der 5a. Abschnitt (§§ 36a bis 36d) ist gemäß § 65 Abs. 9 mit Wirksamkeit ab Haupttermin 2026 anzuwenden.

(2) Das Prüfungsgebiet „Schwerpunktfach Fachkolloquium …" gemäß Abs. 1 Z 2 lit. a umfasst nach Wahl der Prüfungskandidatin oder des Prüfungskandidaten

1. den Pflichtgegenstand „Tourismusgeografie und Reisebüro" oder
2. den Pflichtgegenstand „Tourismusmarketing und Kundenmanagement" oder
3. einen im Cluster „Tourismus und Wirtschaft" schulautonom eingeführten, im Ausmaß von mindestens vier Wochenstunden unterrichteten Pflichtgegenstand oder
4. eine schulautonom eingeführte, im Ausmaß von mindestens sechs Wochenstunden unterrichtete Fremdsprache oder
5. einen Pflichtgegenstand, ausgenommen die bereits gemäß § 36c zur Klausurprüfung oder gemäß Abs. 1 Z 1 zur mündlichen Prüfung gewählten Pflichtgegenstände sowie die Pflichtgegenstände „Küchenorganisation, Kochen und Ernährung", „Serviceorganisation, Servieren und Getränke" und „Betriebspraktikum und angewandtes Projektmanagement", und
   a) den Pflichtgegenstand „Tourismusgeografie und Reisebüro" oder
   b) den Pflichtgegenstand „Tourismusmarketing und Kundenmanagement" oder
   c) den Pflichtgegenstand „Betriebs- und Volkswirtschaft" oder
   d) einen im Cluster „Tourismus und Wirtschaft" schulautonom eingeführten Pflichtgegenstand.

(3) Das Prüfungsgebiet „Berufsbezogene Kommunikation in der Fremdsprache (mit Bezeichnung der Fremdsprache)" gemäß Abs. 1 Z 2 lit. b umfasst den Teilbereich „Berufsbezogene Kommunikation"

1. des Pflichtgegenstandes „Englisch" oder
2. des Pflichtgegenstandes „Zweite lebende Fremdsprache" oder
3. einer schulautonom eingeführten, im Ausmaß von mindestens sechs Wochenstunden unterrichteten Fremdsprache.

Die Wahl des Pflichtgegenstandes gemäß Z 1 bis 3 obliegt der Prüfungskandidatin oder dem Prüfungskandidaten, wobei die gemäß § 36c Abs. 1 Z 2 lit. a zur Klausurprüfung oder gemäß Abs. 1 Z 1 zur mündlichen Prüfung gewählte Fremdsprache ausgenommen ist.

(4) Das Prüfungsgebiet „Wahlfach …" gemäß Abs. 1 Z 3 umfasst nach Wahl der Prüfungskandidatin oder des Prüfungskandidaten

1. einen im Ausmaß von mindestens vier Wochenstunden unterrichteten Pflichtgegenstand, ausgenommen die bereits gemäß § 36c zur Klausurprüfung oder gemäß Abs. 1 Z 1 und 2 zur mündlichen Prüfung gewählten Pflichtgegenstände sowie die Pflichtgegenstände „Betriebs- und Volkswirtschaft", „Küchenorganisation, Kochen und Ernährung", „Serviceorganisation, Servieren und Getränke" und „Betriebspraktikum und angewandtes Projektmanagement", oder
2. zwei im Ausmaß von insgesamt mindestens vier Wochenstunden unterrichtete Pflichtgegenstände, ausgenommen die bereits gemäß § 36c zur Klausurprüfung oder gemäß Abs. 1 Z 1 und 2 zur mündlichen Prüfung gewählten Pflichtgegenstände sowie die Pflichtgegenstände „Betriebs- und Volkswirtschaft", „Küchenorganisation, Kochen und Ernährung", „Serviceorganisation, Servieren und Getränke" und „Betriebspraktikum und angewandtes Projektmanagement", oder
3. „Mehrsprachigkeit (mit Bezeichnung der lebenden Fremdsprachen)" oder
4. „Kultur und gesellschaftliche Reflexion" oder
5. „Politische Bildung und Recht".

(5) Das Prüfungsgebiet „Wahlfach Mehrsprachigkeit (mit Bezeichnung der lebenden Fremdsprachen)" gemäß Abs. 4 Z 3 umfasst nach Wahl der Prüfungskandidatin oder des Prüfungskandidaten

1. die Pflichtgegenstände „Englisch" und „Zweite lebende Fremdsprache" oder
2. den Pflichtgegenstand „Englisch" und eine schulautonom eingeführte, im Ausmaß von mindestens sechs Wochenstunden unterrichtete Fremdsprache.

(6) Das Prüfungsgebiet „Wahlfach Kultur und gesellschaftliche Reflexion" gemäß Abs. 4 Z 4 umfasst die Bereiche „Zuhören und Sprechen" und „Reflexion" des Pflichtgegenstandes „Deutsch".

(7) Das Prüfungsgebiet „Wahlfach Politische Bildung und Recht" gemäß Abs. 4 Z 5 umfasst die Bereiche „Internationale Organisationen", „Grundlagen der österreichischen Verfassung" und „Medien und ihre Bedeutung in Gesellschaft und Politik" des Pflichtgegenstandes „Geschichte und Politische Bildung" sowie den Pflichtgegenstand „Recht".

(8) Für die Kombination von Pflichtgegenständen gemäß Abs. 2 Z 5 und Abs. 4 Z 2 hat die Schulleiterin oder der Schulleiter innerhalb der ersten drei Wochen der letzten Schulstufe alle geeigneten Gegenstandskombinationen durch Anschlag in der Schule bekannt zu machen.

6. Unterabschnitt

Diplomprüfung am Kolleg für Kunst und Gestaltung – Schwerpunkt „Schmuck-Design"

(einschließlich des Kollegs für Berufstätige)

Diplomarbeit

§ 37. Das Prüfungsgebiet „Diplomarbeit" umfasst die Pflichtgegenstände „Design- und

Produktmanagement", „Technologie" und „Theorie des modernen Schmucks und Modeschmuck" sowie nach Wahl der Prüfungskandidatin oder des Prüfungskandidaten den Pflichtgegenstand

1. „Schmucktechniken" oder
2. „Plastische Metalltechniken" oder
3. „Prototyping und serielle Techniken".

Klausurprüfung

§ 38. (1) Die Klausurprüfung umfasst

1. eine Klausurarbeit im Prüfungsgebiet „Angewandte Betriebswirtschaft und Rechnungswesen" (300 Minuten, schriftlich) und
2. eine Klausurarbeit im Prüfungsgebiet „Entwurf und Darstellung" (240 Minuten, grafisch) und
3. eine Klausurarbeit im Prüfungsgebiet „Schmucktechniken", welches nach Wahl der Prüfungskandidatin oder des Prüfungskandidaten um die Pflichtgegenstände „Oberfläche und Farbgestaltung" oder „Kunststoffbearbeitung und Wachstechnik" oder „Edelsteinkunde und Juwelentechnik" ergänzt werden kann (1800 Minuten, praktisch).

(2) Das Prüfungsgebiet „Angewandte Betriebswirtschaft und Rechnungswesen" gemäß Abs. 1 Z 1 umfasst die Pflichtgegenstände „Betriebswirtschaft und Marketing" sowie „Rechnungswesen für Kleinunternehmer/innen".

Mündliche Prüfung

§ 39. (1) Die mündliche Prüfung umfasst

1. eine mündliche Teilprüfung im Prüfungsgebiet „Schwerpunktfach Fachkolloquium" (mit einem auf die Pflichtgegenstände gemäß Abs. 2 hinweisenden Zusatz) und
2. eine mündliche Teilprüfung nach Wahl der Prüfungskandidatin oder des Prüfungskandidaten in einem der folgenden Prüfungsgebiete, sofern der vom Prüfungsgebiet umfasste Pflichtgegenstand im Ausmaß von mindestens sechs Wochenstunden unterrichtet wurde:
   a) „Kunst- und Designgeschichte" oder
   b) „Betriebswirtschaft und Marketing" oder
   c) „Konstruktion mit CAD/CAM" oder
   d) „Fotografie und Computergrafik" oder
   e) „Edelsteinkunde und Juwelentechnik".

(2) Das Prüfungsgebiet „Schwerpunktfach Fachkolloquium" gemäß Abs. 1 Z 1 umfasst die Pflichtgegenstände „Technologie" und „Theorie des modernen Schmucks und Modeschmuck".

7. Unterabschnitt
Reife- und Diplomprüfung an der Handelsakademie für Berufstätige
(einschließlich des Aufbaulehrganges für Berufstätige)
(BGBl. II Nr. 527/2021, Art. 2 Z 5)

Diplomarbeit

§ 40. (1) Das Prüfungsgebiet „Diplomarbeit" umfasst nach Wahl der Prüfungskandidatin oder des Prüfungskandidaten

1. einen oder mehrere Pflichtgegenstände des Clusters „Entrepreneurship – Wirtschaft und Management" oder
2. falls ein Ausbildungsschwerpunkt gewählt wurde, den gewählten Ausbildungsschwerpunkt.

Wurde schulautonom kein Ausbildungsschwerpunkt gewählt, umfasst die Diplomarbeit außerdem das Seminar bzw. die Seminare oder die Verbindliche Übung bzw. die Verbindlichen Übungen, das bzw. die als Ergänzung oder Vertiefung der Pflichtgegenstände des Clusters „Entrepreneurship – Wirtschaft und Management" gewählt wurde bzw. wurden.

(2) Das Prüfungsgebiet „Diplomarbeit" umfasst nach Wahl der Prüfungskandidatin oder des Prüfungskandidaten zusätzlich zu Abs. 1 einen Pflichtgegenstand des Stammbereiches.

Klausurprüfung

§ 41. (1) Die Klausurprüfung umfasst

1. eine Klausurarbeit im Prüfungsgebiet „Deutsch" gemäß § 9 Abs. 1 Z 1 und
2. nach Wahl der Prüfungskandidatin oder des Prüfungskandidaten eine oder zwei Klausurarbeiten in den Prüfungsgebieten
   a) „Lebende Fremdsprache" gemäß § 9 Abs. 1 Z 2 oder
   b) „Angewandte Mathematik" gemäß § 9 Abs. 1 Z 3 und
3. eine Klausurarbeit im Prüfungsgebiet „Betriebswirtschaftliche Fachklausur" (360 Minuten, schriftlich).

(2) Das Prüfungsgebiet „Lebende Fremdsprache" gemäß Abs. 1 Z 2 lit. a umfasst nach Wahl der Prüfungskandidatin oder des Prüfungskandidaten den Pflichtgegenstand „Englisch einschließlich Wirtschaftssprache" oder „Lebende Fremdsprache (mit Bezeichnung der Fremdsprache)".

(3) Das Prüfungsgebiet „Angewandte Mathematik" gemäß Abs. 1 Z 2 lit. b umfasst den Pflichtgegenstand „Mathematik und angewandte Mathematik".

(4) Das Prüfungsgebiet „Betriebswirtschaftliche Fachklausur" gemäß Abs. 1 Z 3 umfasst

1. den Pflichtgegenstand „Betriebswirtschaft" und

2. den Pflichtgegenstand „Unternehmensrechnung“ und
3. die Teilbereiche „Übungsfirma“ und „Case Studies“ des Pflichtgegenstandes „Business Training, Projektmanagement, Übungsfirma und Case Studies“.

Mündliche Prüfung

§ 42. (1) Die mündliche Prüfung umfasst
1. wenn gemäß § 41 Abs. 1 Z 2 nur eine Klausurarbeit gewählt wurde, eine mündliche Teilprüfung in demjenigen Prüfungsgebiet, in welchem gemäß § 41 Abs. 1 Z 2 im Rahmen der Klausurprüfung keine Klausurarbeit abgelegt wurde, und
2. eine mündliche Teilprüfung im Prüfungsgebiet „Schwerpunktfach: Betriebswirtschaftliches Kolloquium vertiefend aus …“ (mit Bezeichnung des Ausbildungsschwerpunktes, des gewählten Seminars, der gewählten Seminare, der Verbindlichen Übung, der Verbindlichen Übungen oder, falls weder ein Ausbildungsschwerpunkt noch ein Seminar noch eine Verbindliche Übung als Ergänzung oder Vertiefung der Pflichtgegenstände des Clusters „Entrepreneurship – Wirtschaft und Management“ gewählt wurde, mit der Bezeichnung „Allgemeiner Betriebswirtschaft“) und
3. eine mündliche Teilprüfung nach Wahl der Prüfungskandidatin oder des Prüfungskandidaten im Prüfungsgebiet
   a) „Religion“ oder „Ethik“ oder *(BGBl. II Nr. 36/2017 idF BGBl. II Nr. 160/2023, Art. 4 Z 1)*
   b) „Kultur“ oder
   c) „Geschichte und Internationale Wirtschafts- und Kulturräume“ oder
   d) „Geografie und Internationale Wirtschafts- und Kulturräume“ (ausgenommen Aufbaulehrgang für Berufstätige) oder *(BGBl. II Nr. 36/2017 idF BGBl. II Nr. 527/2021, Art. 2 Z 6)*
   e) „Naturwissenschaften“ oder
   f) „Recht“ oder
   g) „Volkswirtschaft“ oder
   h) „Berufsbezogene Kommunikation in der Lebenden Fremdsprache (mit Bezeichnung der Fremdsprache)“ oder
   i) „Mehrsprachigkeit (mit Bezeichnung der beiden lebenden Fremdsprachen)“ oder
   j) „Wirtschaftsinformatik“ oder
   k) „Seminar (mit Bezeichnung des Seminars)“ oder
   l) „Freigegenstand (mit Bezeichnung des Freigegenstandes)“.

(2) Das Prüfungsgebiet „Schwerpunktfach: Betriebswirtschaftliches Kolloquium vertiefend aus …“ (mit Bezeichnung des Ausbildungsschwerpunktes, des gewählten Seminars, der gewählten Seminare, der Verbindlichen Übung, der Verbindlichen Übungen oder, falls weder ein Ausbildungsschwerpunkt noch ein Seminar noch eine Verbindliche Übung als Ergänzung oder Vertiefung der Pflichtgegenstände des Clusters „Entrepreneurship – Wirtschaft und Management“ gewählt wurde, mit der Bezeichnung „Allgemeiner Betriebswirtschaft“) gemäß Abs. 1 Z 2 umfasst
1. den Pflichtgegenstand „Betriebswirtschaft“ und
2. den gewählten Ausbildungsschwerpunkt oder, falls schulautonom kein Ausbildungsschwerpunkt gewählt wurde, das Seminar bzw. die Seminare oder die Verbindliche Übung bzw. die Verbindlichen Übungen, das bzw. die als Ergänzung oder Vertiefung der Pflichtgegenstände des Clusters „Entrepreneurship – Wirtschaft und Management“ gewählt wurde bzw. wurden. Umfasst der Erweiterungsbereich weder einen Ausbildungsschwerpunkt noch das Seminar bzw. die Seminare oder die Verbindliche Übung bzw. die Verbindlichen Übungen, das bzw. die als Ergänzung oder Vertiefung der Pflichtgegenstände des Clusters „Entrepreneurship – Wirtschaft und Management“ gewählt wurde bzw. wurden, umfasst das Prüfungsgebiet „Schwerpunktfach: Betriebswirtschaftliches Kolloquium vertiefend aus …“ den Pflichtgegenstand „Betriebswirtschaft“.

(3) Das Prüfungsgebiet „Kultur“ gemäß Abs. 1 Z 3 lit. b umfasst den Teilbereich „Reflexion über gesellschaftliche Realität“ des Pflichtgegenstandes „Deutsch“.

(4) Das Prüfungsgebiet „Geschichte und Internationale Wirtschafts- und Kulturräume“ gemäß Abs. 1 Z 3 lit. c umfasst die Pflichtgegenstände „Politische Bildung und Geschichte (Wirtschafts- und Sozialgeschichte)“ und „Internationale Wirtschafts- und Kulturräume“.

(5) Das Prüfungsgebiet „Geografie und Internationale Wirtschafts- und Kulturräume“ gemäß Abs. 1 Z 3 lit. d umfasst die Pflichtgegenstände „Geografie (Wirtschaftsgeografie)“ und „Internationale Wirtschafts- und Kulturräume“.

(6) Das Prüfungsgebiet „Naturwissenschaften“ gemäß Abs. 1 Z 3 lit. e umfasst die Pflichtgegenstände „Naturwissenschaften“ und „Technologie, Ökologie und Warenlehre“.

(7) Das Prüfungsgebiet „Berufsbezogene Kommunikation in der Lebenden Fremdsprache (mit Bezeichnung der Fremdsprache)“ gemäß Abs. 1 Z 3 lit. h umfasst den nicht gemäß § 41 Abs. 1 Z 2 zur Klausurprüfung oder gemäß Abs. 1 Z 1 zur mündlichen Prüfung gewählten Pflichtgegenstand
1. „Englisch einschließlich Wirtschaftssprache“ oder
2. „Lebende Fremdsprache“.

(8) Das Prüfungsgebiet „Mehrsprachigkeit (mit Bezeichnung der beiden lebenden Fremdsprachen)“ gemäß Abs. 1 Z 3 lit. i umfasst die Pflichtgegenstände „Englisch einschließlich Wirtschaftssprache“ und „Lebende Fremdsprache“.

(9) Das Prüfungsgebiet „Seminar (mit Bezeichnung des Seminars)“ gemäß Abs. 1 Z 3 lit. k umfasst nach Wahl der Prüfungskandidatin oder des Prüfungskandidaten ein im Ausmaß von mindestens vier Wochenstunden, beim Fremdsprachenseminar jedoch ein im Ausmaß von mindestens sechs Wochenstunden unterrichtetes Seminar.

(10) Das Prüfungsgebiet „Freigegenstand (mit Bezeichnung des Freigegenstandes)“ gemäß Abs. 1 Z 3 lit. l umfasst nach Wahl der Prüfungskandidatin oder des Prüfungskandidaten einen im Ausmaß von mindestens vier Wochenstunden, im Freigegenstand „Lebende Fremdsprache“ jedoch einen im Ausmaß von mindestens sechs Wochenstunden unterrichteten Freigegenstand.

7a. Unterabschnitt[7])
Reife- und Diplomprüfung an der Handelsakademie für Berufstätige – Kommunikation und Medieninformatik

(BGBl. II Nr. 527/2021, Art. 2 Z 7)

Diplomarbeit

§ 42a. (1) Das Prüfungsgebiet „Diplomarbeit“ umfasst einen oder mehrere Pflichtgegenstände des Erweiterungsbereiches „Kommunikation und Medieninformatik“.

(2) Nach Wahl der Prüfungskandidatin bzw. des Prüfungskandidaten kann das Prüfungsgebiet „Diplomarbeit“ zusätzlich zu Abs. 1 einen Pflichtgegenstand des Stammbereiches (ausgenommen den Pflichtgegenstand „Bewegung und Sport“) umfassen.

Klausurprüfung

§ 42b. (1) Die Klausurprüfung umfasst
1. eine Klausurarbeit im Prüfungsgebiet „Deutsch“ gemäß § 9 Abs. 1 Z 1 und
2. nach Wahl der Prüfungskandidatin oder des Prüfungskandidaten eine oder zwei Klausurarbeiten in den Prüfungsgebieten
   a) „Lebende Fremdsprache“ gemäß § 9 Abs. 1 Z 2 oder
   b) „Angewandte Mathematik“ gemäß § 9 Abs. 1 Z 3 und
3. eine Klausurarbeit im Prüfungsgebiet „Betriebswirtschaftliche Fachklausur“ (360 Minuten, schriftlich).

(2) Das Prüfungsgebiet „Lebende Fremdsprache“ gemäß Abs. 1 Z 2 lit. a umfasst den Pflichtgegenstand „Englisch einschließlich Wirtschaftssprache“.

(3) Das Prüfungsgebiet „Angewandte Mathematik“ gemäß Abs. 1 Z 2 lit. b umfasst den Pflichtgegenstand „Mathematik und angewandte Mathematik“.

(4) Das Prüfungsgebiet „Betriebswirtschaftliche Fachklausur“ gemäß Abs. 1 Z 3 umfasst
1. den Pflichtgegenstand „Betriebswirtschaft“ und
2. den Pflichtgegenstand „Unternehmensrechnung“ und
3. die Teilbereiche „Übungsfirma“ und „Case Studies“ des Pflichtgegenstandes „Business Training, Projektmanagement, Übungsfirma und Case Studies“.

Mündliche Prüfung

§ 42c. (1) Die mündliche Prüfung umfasst
1. wenn gemäß § 42b Abs. 1 Z 2 nur eine Klausurarbeit gewählt wurde, eine mündliche Teilprüfung in demjenigen Prüfungsgebiet, in welchem gemäß § 42b Abs. 1 Z 2 im Rahmen der Klausurprüfung keine Klausurarbeit abgelegt wurde, und
2. eine mündliche Teilprüfung im Prüfungsgebiet „Schwerpunktfach: Betriebswirtschaftliches Kolloquium vertiefend aus …“ (mit Bezeichnung des Pflichtgegenstandes oder der Pflichtgegenstände des Erweiterungsbereiches „Kommunikation und Medieninformatik“) und
3. eine mündliche Teilprüfung nach Wahl der Prüfungskandidatin bzw. des Prüfungskandidaten im Prüfungsgebiet
   a) „Religion“ oder „Ethik“ oder *(BGBl. II Nr. 527/2021, Art. 2 Z 7 idF BGBl. II Nr. 160/2023, Art. 4 Z 1)*
   b) „Kultur“ oder
   c) „Geschichte und Internationale Wirtschafts- und Kulturräume“ oder
   d) „Geografie und Internationale Wirtschafts- und Kulturräume“ oder
   e) „Naturwissenschaften“ oder
   f) „Recht“ oder
   g) „Volkswirtschaft“ oder
   h) jene Pflichtgegenstände des Erweiterungsbereiches „Kommunikation und Medieninformatik“, die nicht Teil des Prüfungsgebietes „Betriebswirtschaftliches Kolloquium vertiefend aus …“ sind, oder
   i) „Wirtschaftsinformatik“ oder
   j) „Seminar (mit Bezeichnung des Seminars)“ oder
   k) „Freigegenstand (mit Bezeichnung des Freigegenstandes)“.

---

[7]) Der 7a. Unterabschnitt (§§ 42a bis 42c) ist gemäß § 65 Abs. 4 Z 3 mit Wirksamkeit ab Haupttermin 2025 anzuwenden.

(2) Das Prüfungsgebiet „Schwerpunktfach: Betriebswirtschaftliches Kolloquium vertiefend aus …“ (mit Bezeichnung des Pflichtgegenstandes oder der Pflichtgegenstände des Erweiterungsbereiches „Kommunikation und Medieninformatik“) gemäß Abs. 1 Z 2 umfasst

1. bis zu zwei Pflichtgegenstände des Erweiterungsbereiches „Kommunikation und Medieninformatik“ nach Wahl der Schule: „Medieninformatik“, „Internet, Social Media, Kommunikation und Öffentlichkeitsarbeit“ und
2. den Pflichtgegenstand „Betriebswirtschaft“.

(3) Das Prüfungsgebiet „Kultur“ gemäß Abs. 1 Z 3 lit. b umfasst den Teilbereich „Reflexion über gesellschaftliche Realität“ des Pflichtgegenstandes „Deutsch“.

(4) Das Prüfungsgebiet „Geschichte und Internationale Wirtschafts- und Kulturräume“ gemäß Abs. 1 Z 3 lit. c umfasst die Pflichtgegenstände „Politische Bildung und Geschichte (Wirtschafts- und Sozialgeschichte)“ und „Internationale Wirtschafts- und Kulturräume“.

(5) Das Prüfungsgebiet „Geografie und Internationale Wirtschafts- und Kulturräume“ gemäß Abs. 1 Z 3 lit. d umfasst die Pflichtgegenstände „Geografie (Wirtschaftsgeografie)“ und „Internationale Wirtschafts- und Kulturräume“.

(6) Das Prüfungsgebiet „Naturwissenschaften“ gemäß Abs. 1 Z 3 lit. e umfasst die Pflichtgegenstände „Naturwissenschaften“ und „Technologie, Ökologie und Warenlehre“.

(7) Das Prüfungsgebiet „Seminar (mit Bezeichnung des Seminares)“ gemäß Abs. 1 Z 3 lit. j umfasst nach Wahl der Prüfungskandidatin bzw. des Prüfungskandidaten ein mindestens vier Wochenstunden unterrichtetes Seminar.

(8) Das Prüfungsgebiet „Freigegenstand (mit Bezeichnung des Freigegenstandes)“ gemäß Abs. 1 Z 3 lit. k umfasst nach Wahl der Prüfungskandidatin bzw. des Prüfungskandidaten einen mindestens vier Wochenstunden, im Freigegenstand „Lebende Fremdsprache“ jedoch einen mindestens sechs Wochenstunden unterrichteten Freigegenstand.

8. Unterabschnitt
Diplomprüfung am Kolleg an Handelsakademien
(einschließlich des Kollegs für Berufstätige)

Diplomarbeit

§ 43. (1) Das Prüfungsgebiet „Diplomarbeit“ umfasst nach Wahl der Prüfungskandidatin oder des Prüfungskandidaten

1. einen oder mehrere Pflichtgegenstände des Clusters „Entrepreneurship – Wirtschaft und Management“ oder
2. falls ein Ausbildungsschwerpunkt gewählt wurde, den gewählten Ausbildungsschwerpunkt.

Wurde schulautonom kein Ausbildungsschwerpunkt gewählt, umfasst die Diplomarbeit außerdem das Seminar bzw. die Seminare oder die Verbindliche Übung bzw. die Verbindlichen Übungen, das bzw. die als Ergänzung oder Vertiefung der Pflichtgegenstände des Clusters „Entrepreneurship – Wirtschaft und Management“ gewählt wurde bzw. wurden.

(2) Das Prüfungsgebiet „Diplomarbeit“ umfasst nach Wahl der Prüfungskandidatin oder des Prüfungskandidaten zusätzlich zu Abs. 1 einen Pflichtgegenstand des Stammbereiches.

Klausurprüfung

§ 44. (1) Die Klausurprüfung umfasst eine Klausurarbeit im Prüfungsgebiet „Betriebswirtschaftliche Fachklausur“ (360 Minuten, schriftlich).

(2) Das Prüfungsgebiet „Betriebswirtschaftliche Fachklausur“ umfasst

1. den Pflichtgegenstand „Betriebswirtschaft“ und
2. den Pflichtgegenstand „Unternehmensrechnung“ und
3. die Teilbereiche „Übungsfirma“ und „Case Studies“ des Pflichtgegenstandes „Business Training, Projektmanagement, Übungsfirma und Case Studies“.

Mündliche Prüfung

§ 45. (1) Die mündliche Prüfung umfasst

1. eine mündliche Teilprüfung im Prüfungsgebiet „Schwerpunktfach: Betriebswirtschaftliches Kolloquium vertiefend aus …“ (mit Bezeichnung des Ausbildungsschwerpunktes, des gewählten Seminars, der gewählten Seminare, der Verbindlichen Übung, der Verbindlichen Übungen oder, falls weder ein Ausbildungsschwerpunkt noch ein Seminar noch eine Verbindliche Übung als Ergänzung oder Vertiefung der Pflichtgegenstände des Clusters „Entrepreneurship – Wirtschaft und Management“ gewählt wurde, mit der Bezeichnung „Allgemeiner Betriebswirtschaft“) und
2. eine mündliche Teilprüfung nach Wahl der Prüfungskandidatin oder des Prüfungskandidaten im Prüfungsgebiet
   a) „Recht“ oder
   b) „Volkswirtschaft“ oder
   c) „Berufsbezogene Kommunikation in der Lebenden Fremdsprache (mit Bezeichnung der Fremdsprache)“ oder
   d) „Wirtschaftsinformatik“ oder

e) „Seminar (mit Bezeichnung des Seminars)“ oder
f) „Freigegenstand (mit Bezeichnung des Freigegenstandes)“.

(2) Das Prüfungsgebiet „Schwerpunktfach: Betriebswirtschaftliches Kolloquium vertiefend aus …“ (mit Bezeichnung des Ausbildungsschwerpunktes, des gewählten Seminars, der gewählten Seminare, der Verbindlichen Übung, der Verbindlichen Übungen oder, falls weder ein Ausbildungsschwerpunkt noch ein Seminar noch eine Verbindliche Übung als Ergänzung oder Vertiefung der Pflichtgegenstände des Clusters „Entrepreneurship – Wirtschaft und Management“ gewählt wurde, mit der Bezeichnung „Allgemeiner Betriebswirtschaft“) gemäß Abs. 1 Z 1 umfasst

1. den Pflichtgegenstand „Betriebswirtschaft“ und
2. den gewählten Ausbildungsschwerpunkt oder, falls schulautonom kein Ausbildungsschwerpunkt gewählt wurde, das Seminar bzw. die Seminare oder die Verbindliche Übung bzw. die Verbindlichen Übungen, das bzw. die als Ergänzung oder Vertiefung der Pflichtgegenstände des Clusters „Entrepreneurship – Wirtschaft und Management“ gewählt wurde bzw. wurden. Umfasst der Erweiterungsbereich weder einen Ausbildungsschwerpunkt noch das Seminar bzw. die Seminare oder die Verbindliche Übung bzw. die Verbindlichen Übungen, das bzw. die als Ergänzung oder Vertiefung der Pflichtgegenstände des Clusters „Entrepreneurship – Wirtschaft und Management“ gewählt wurde bzw. wurden, umfasst das Prüfungsgebiet „Schwerpunktfach: Betriebswirtschaftliches Kolloquium vertiefend aus …“ den Pflichtgegenstand „Betriebswirtschaft“.

(3) Das Prüfungsgebiet „Berufsbezogene Kommunikation in der Lebenden Fremdsprache (mit Bezeichnung der Fremdsprache)“ gemäß Abs. 1 Z 2 lit. c umfasst nach Wahl der Prüfungskandidatin oder des Prüfungskandidaten entweder den Pflichtgegenstand

1. „Englisch einschließlich Wirtschaftssprache“ oder
2. „Lebende Fremdsprache“.

(4) Das Prüfungsgebiet „Seminar (mit Bezeichnung des Seminars)“ gemäß Abs. 1 Z 2 lit. e umfasst nach Wahl der Prüfungskandidatin oder des Prüfungskandidaten ein im Ausmaß von mindestens vier Wochenstunden, beim Fremdsprachenseminar jedoch ein im Ausmaß von mindestens sechs Wochenstunden unterrichtetes Seminar.

(5) Das Prüfungsgebiet „Freigegenstand (mit Bezeichnung des Freigegenstandes)“ gemäß Abs. 1 Z 2 lit. f umfasst nach Wahl der Prüfungskandidatin oder des Prüfungskandidaten einen im Ausmaß von mindestens vier Wochenstunden, im Freigegenstand „Lebende Fremdsprache“ jedoch einen im Ausmaß von mindestens sechs Wochenstunden unterrichteten Freigegenstand.

8a. Unterabschnitt

Diplomprüfung am Kolleg der Handelsakademie – Digital Business

(einschließlich des Kollegs für Berufstätige)
(BGBl. II Nr. 527/2021, Art. 2 Z 8)

Diplomarbeit

§ 45a. (1) Das Prüfungsgebiet „Diplomarbeit“ umfasst einen oder mehrere Pflichtgegenstände des Erweiterungsbereiches „Digital Business“.

(2) Nach Wahl der Prüfungskandidatin bzw. des Prüfungskandidaten kann das Prüfungsgebiet „Diplomarbeit“ zusätzlich zu Abs. 1 einen Pflichtgegenstand des Stammbereiches umfassen.

Klausurprüfung

§ 45b. (1) Die Klausurprüfung umfasst eine Klausurarbeit im Prüfungsgebiet „Betriebswirtschaftliche Fachklausur“ (360 Minuten, schriftlich).

(2) Das Prüfungsgebiet „Betriebswirtschaftliche Fachklausur“ umfasst

1. den Pflichtgegenstand „Betriebswirtschaft“ und
2. den Pflichtgegenstand „Unternehmensrechnung“ und
3. die Teilbereiche „E-Business-Center (Übungsfirma)“ und „Case Studies“ des Pflichtgegenstandes „E-Business und E-Business-Center (Übungsfirma), Case Studies“.

Mündliche Prüfung

§ 45c. (1) Die mündliche Prüfung umfasst

1. eine mündliche Teilprüfung im Prüfungsgebiet „Schwerpunktfach: Informationstechnologisches Kolloquium vertiefend aus …“ (mit Bezeichnung des Pflichtgegenstandes oder der Pflichtgegenstände des Erweiterungsbereiches „Digital Business“, ausgenommen die Pflichtgegenstände „E-Business und E-Business-Center (Übungsfirma), Case Studies“ sowie „Officemanagement und Angewandte Informatik“) und
2. eine mündliche Teilprüfung nach Wahl der Prüfungskandidatin bzw. des Prüfungskandidaten im Prüfungsgebiet
   a) „Wirtschaftsrecht und E-Business“ oder
   b) „Volkswirtschaft“ oder
   c) „Berufsbezogene Kommunikation in der Lebenden Fremdsprache (mit Bezeichnung der Fremdsprache)“ oder

d) „Freigegenstand (mit Bezeichnung des Freigegenstandes)“ oder
e) „Seminar (mit Bezeichnung des Seminars)“.

(2) Das Prüfungsgebiet „Schwerpunktfach: Informationstechnologisches Kolloquium vertiefend aus …“ (mit Bezeichnung des Pflichtgegenstandes oder der Pflichtgegenstände des Erweiterungsbereiches „Digital Business“, ausgenommen die Pflichtgegenstände „E-Business und E-Business-Center (Übungsfirma), Case Studies“ sowie „Officemanagement und Angewandte Informatik“) gemäß Abs. 1 Z 1 umfasst

1. bis zu zwei Pflichtgegenstände des Erweiterungsbereiches „Digital Business“ nach Wahl der Schule: „Wirtschaftsinformatik und Datenbanksysteme“, „Betriebssysteme und Netzwerkmanagement“, „Internet, Multimedia und Contentmanagement“, „Angewandte Programmierung“, „Softwareentwicklung und Projektmanagement“ und
2. den Pflichtgegenstand „Betriebswirtschaft“.

(3) Das Prüfungsgebiet „Berufsbezogene Kommunikation in der Lebenden Fremdsprache (mit Bezeichnung der Fremdsprache)“ gemäß Abs. 1 Z 2 lit. c umfasst den Pflichtgegenstand „Englisch einschließlich Wirtschaftssprache“ bzw. „Fachsprache Englisch“.

(4) Das Prüfungsgebiet „Freigegenstand (mit Bezeichnung des Freigegenstandes)“ gemäß Abs. 1 Z 2 lit. d umfasst nach Wahl der Prüfungskandidatin bzw. des Prüfungskandidaten einen mindestens vier Wochenstunden, im Freigegenstand „Lebende Fremdsprache“ jedoch einen mindestens sechs Wochenstunden unterrichteten Freigegenstand.

(5) Das Prüfungsgebiet „Seminar (mit Bezeichnung des Seminars)“ gemäß Abs. 1 Z 2 lit. e umfasst nach Wahl der Prüfungskandidatin bzw. des Prüfungskandidaten einen mindestens vier Wochenstunden, beim „Fremdsprachenseminar“ jedoch ein mindestens sechs Wochenstunden unterrichtetes Seminar.

8b. Unterabschnitt
Diplomprüfung am Kolleg der Handelsakademie – Kommunikation und Medieninformatik

(einschließlich des Kollegs für Berufstätige)
(BGBl. II Nr. 527/2021, Art. 2 Z 9)

Diplomarbeit

§ 45d. (1) Das Prüfungsgebiet „Diplomarbeit“ umfasst einen oder mehrere Pflichtgegenstände des Erweiterungsbereiches „Kommunikation und Medieninformatik“.

(2) Nach Wahl der Prüfungskandidatin bzw. des Prüfungskandidaten kann das Prüfungsgebiet „Diplomarbeit“ zusätzlich zu Abs. 1 einen Pflichtgegenstand des Stammbereiches umfassen.

Klausurprüfung

§ 45e. (1) Die Klausurprüfung umfasst eine Klausurarbeit im Prüfungsgebiet „Betriebswirtschaftliche Fachklausur“ (360 Minuten, schriftlich).

(2) Das Prüfungsgebiet „Betriebswirtschaftliche Fachklausur“ umfasst

1. den Pflichtgegenstand „Betriebswirtschaft“ und
2. den Pflichtgegenstand „Unternehmensrechnung“ und
3. die Teilbereiche „Übungsfirma“ und „Case Studies“ des Pflichtgegenstandes „Business Training, Projektmanagement, Übungsfirma und Case Studies“.

Mündliche Prüfung

§ 45f. (1) Die mündliche Prüfung umfasst

1. eine mündliche Teilprüfung im Prüfungsgebiet „Schwerpunktfach: Betriebswirtschaftliches Kolloquium vertiefend aus …“ (mit Bezeichnung des Pflichtgegenstandes oder der Pflichtgegenstände des Erweiterungsbereiches „Kommunikation und Medieninformatik“) und
2. eine mündliche Teilprüfung nach Wahl der Prüfungskandidatin bzw. des Prüfungskandidaten im Prüfungsgebiet
   a) „Recht“ oder
   b) „Volkswirtschaft“ oder
   c) „Berufsbezogene Kommunikation in der Lebenden Fremdsprache (mit Bezeichnung der Fremdsprache)“ oder
   d) „Wirtschaftsinformatik“ oder
   e) „Seminar ERP“ oder
   f) „Freigegenstand (mit Bezeichnung des Freigegenstandes)“ oder
   g) „Seminar (mit Bezeichnung des Seminars)“.

(2) Das Prüfungsgebiet „Schwerpunktfach: Betriebswirtschaftliches Kolloquium vertiefend aus Kommunikation und Medieninformatik“ gemäß Abs. 1 Z 1 umfasst

1. bis zu zwei Pflichtgegenstände des Erweiterungsbereiches „Kommunikation und Medieninformatik“ nach Wahl der Schule: „Medieninformatik“, „Internet, Social Media, Kommunikation und Öffentlichkeitsarbeit“ und
2. den Pflichtgegenstand „Betriebswirtschaft“.

(3) Das Prüfungsgebiet „Berufsbezogene Kommunikation in der Lebenden Fremdsprache (mit Bezeichnung der Fremdsprache)“ gemäß Abs. 1 Z 2 lit. c umfasst den Pflichtgegenstand „Englisch einschließlich Wirtschaftssprache“.

(4) Das Prüfungsgebiet „Freigegenstand (mit Bezeichnung des Freigegenstandes)“ gemäß Abs. 1 Z 2 lit. f umfasst nach Wahl der Prüfungskandidatin bzw. des Prüfungskandida-

ten einen mindestens vier Wochenstunden, im Freigegenstand „Lebende Fremdsprache" jedoch einen mindestens sechs Wochenstunden unterrichteten Freigegenstand.

(5) Das Prüfungsgebiet „Seminar (mit Bezeichnung des Seminars)" gemäß Abs. 1 Z 2 lit. g umfasst nach Wahl der Prüfungskandidatin bzw. des Prüfungskandidaten ein mindestens vier Wochenstunden unterrichtetes Seminar.

8c. Unterabschnitt
Abschlussprüfung an der Handelsschule für Berufstätige
(BGBl. II Nr. 1/2022, Art. 2 Z 2)

Abschlussarbeit

§ 45g. Das Prüfungsgebiet „Abschlussarbeit" umfasst einen Pflichtgegenstand oder mehrere Pflichtgegenstände des Clusters „Entrepreneurship – Wirtschaft und Management".

Klausurprüfung

§ 45h. (1) Die Klausurprüfung umfasst

1. eine Klausurarbeit im Prüfungsgebiet „Deutsch" (180 Minuten, schriftlich) und
2. eine Klausurarbeit im Prüfungsgebiet „Übungsfirma" (240 Minuten, schriftlich und praktisch).

(2) Das Prüfungsgebiet „Übungsfirma" gemäß Abs. 1 Z 2 umfasst den Teilbereich „Übungsfirma" des Pflichtgegenstandes „Business Training, Projektmanagement, Übungsfirma".

Mündliche Prüfung

§ 45i. (1) Die mündliche Prüfung umfasst

1. eine mündliche Teilprüfung, ausgehend von einer betriebswirtschaftlichen Problemstellung im Prüfungsgebiet „Betriebswirtschaftliches Kolloquium", und
2. eine mündliche Teilprüfung im Prüfungsgebiet „Englisch einschließlich Wirtschaftssprache".

(2) Das Prüfungsgebiet „Betriebswirtschaftliches Kolloquium" gemäß Abs. 1 Z 1 umfasst den Pflichtgegenstand „Betriebswirtschaft", den Pflichtgegenstand „Unternehmensrechnung" und den Pflichtgegenstand „Business Training, Projektmanagement, Übungsfirma", ausgenommen den Teilbereich „Übungsfirma".

9. Unterabschnitt
Diplomprüfung am Kolleg für wirtschaftliche Berufe
(ausgenommen die Fachrichtung Kommunikations- und Mediendesign)

Diplomarbeit

§ 46. Das Prüfungsgebiet „Diplomarbeit" umfasst nach Wahl der Prüfungskandidatin oder des Prüfungskandidaten

1. den Pflichtgegenstand „Betriebswirtschaft und Projektmanagement" und einen weiteren Pflichtgegenstand, ausgenommen den Pflichtgegenstand „Küchen- und Restaurantmanagement", oder
2. den Pflichtgegenstand „Globalwirtschaft, Wirtschaftsgeografie und Volkswirtschaft" und einen weiteren Pflichtgegenstand, ausgenommen den Pflichtgegenstand „Küchen- und Restaurantmanagement", oder
3. den Pflichtgegenstand „Ernährung und Lebensmitteltechnologie" und einen weiteren Pflichtgegenstand, ausgenommen den Pflichtgegenstand „Küchen- und Restaurantmanagement".

Klausurprüfung

§ 47. (1) Die Klausurprüfung umfasst

1. eine Klausurarbeit im Prüfungsgebiet „Lebende Fremdsprache (mit Bezeichnung der Fremdsprache)" (300 Minuten, schriftlich) und
2. eine Klausurarbeit im Prüfungsgebiet „Angewandte Betriebswirtschaft und Rechnungswesen" (300 Minuten, schriftlich) und
3. eine Klausurarbeit im Prüfungsgebiet „Küchen- und Restaurantmanagement" (600 Minuten, praktisch).

(2) Das Prüfungsgebiet „Lebende Fremdsprache" gemäß Abs. 1 Z 1 umfasst nach Wahl der Prüfungskandidatin oder des Prüfungskandidaten eine der im Pflichtgegenstand „Lebende Fremdsprachen" unterrichteten Fremdsprachen. Falls in diesem Pflichtgegenstand nur eine Fremdsprache unterrichtet wurde, umfasst das Prüfungsgebiet diese Fremdsprache.

(3) Das Prüfungsgebiet „Angewandte Betriebswirtschaft und Rechnungswesen" gemäß Abs. 1 Z 2 umfasst die Pflichtgegenstände „Rechnungswesen und Controlling" und „Betriebswirtschaft und Projektmanagement".

Mündliche Prüfung

§ 48. (1) Die mündliche Prüfung umfasst

1. eine mündliche Teilprüfung im Prüfungsgebiet „Schwerpunktfach Fachkolloquium" (mit einem auf die Pflichtgegenstände gemäß Abs. 2 hinweisenden Zusatz) und
2. nach Wahl der Prüfungskandidatin oder des Prüfungskandidaten
   a) eine mündliche Teilprüfung im Prüfungsgebiet „Berufsbezogene Kommunikation in der Fremdsprache (mit Bezeichnung der Fremdsprache)" oder
   b) eine mündliche Teilprüfung im Prüfungsgebiet „Wahlfach" (mit einem auf den Pflichtgegenstand oder die Pflichtgegenstände gemäß Abs. 4 hinweisenden Zusatz).

(2) Das Prüfungsgebiet „Schwerpunktfach Fachkolloquium" gemäß Abs. 1 Z 1 umfasst

nach Wahl der Prüfungskandidatin oder des Prüfungskandidaten
1. den Pflichtgegenstand „Betriebswirtschaft und Projektmanagement“ und einen weiteren, nicht bereits gemäß § 47 zur Klausurprüfung gewählten Pflichtgegenstand oder
2. den Pflichtgegenstand „Globalwirtschaft, Wirtschaftsgeografie und Volkswirtschaft“ und einen weiteren, nicht bereits gemäß § 47 zur Klausurprüfung gewählten Pflichtgegenstand oder
3. den Pflichtgegenstand „Ernährung und Lebensmitteltechnologie“ und einen weiteren, nicht bereits gemäß § 47 zur Klausurprüfung gewählten Pflichtgegenstand.

(3) Das Prüfungsgebiet „Berufsbezogene Kommunikation in der Fremdsprache (mit Bezeichnung der Fremdsprache)“ gemäß Abs. 1 Z 2 lit. a umfasst den Teilbereich „Berufsbezogene Kommunikation“ einer der im Pflichtgegenstand „Lebende Fremdsprachen“ unterrichteten Fremdsprachen nach Wahl der Prüfungskandidatin oder des Prüfungskandidaten, wobei die gemäß § 47 Abs. 1 Z 1 zur Klausurarbeit gewählte Fremdsprache ausgenommen ist. Falls nur eine Fremdsprache unterrichtet wurde, kann dieses Prüfungsgebiet nicht gewählt werden.

(4) Das Prüfungsgebiet „Wahlfach“ gemäß Abs. 1 Z 2 lit. b umfasst nach Wahl der Prüfungskandidatin oder des Prüfungskandidaten
1. einen im Ausmaß von mindestens vier Wochenstunden unterrichteten und nicht bereits gemäß § 47 zur Klausurprüfung oder gemäß Abs. 1 Z 1 zum „Schwerpunktfach Fachkolloquium“ gewählten Pflichtgegenstand, ausgenommen den Pflichtgegenstand „Bewegung und Sport“, oder
2. zwei insgesamt im Ausmaß von mindestens vier Wochenstunden unterrichtete und nicht bereits gemäß § 47 zur Klausurprüfung oder gemäß Abs. 1 Z 1 zum „Schwerpunktfach Fachkolloquium“ gewählte Pflichtgegenstände, ausgenommen den Pflichtgegenstand „Bewegung und Sport“.

(5) Für die Kombination von Pflichtgegenständen gemäß Abs. 2 und Abs. 4 Z 2 hat die Schulleiterin oder der Schulleiter innerhalb der ersten drei Wochen nach Beginn jedes Halbjahres für die Prüfungen im folgenden Halbjahr alle geeigneten Gegenstandskombinationen durch Anschlag in der Schule bekannt zu machen.

10. Unterabschnitt
Diplomprüfung am Kolleg für wirtschaftliche Berufe, Fachrichtung Kommunikations- und Mediendesign

Diplomarbeit

§ **49.** Das Prüfungsgebiet „Diplomarbeit“ umfasst nach Wahl der Prüfungskandidatin oder des Prüfungskandidaten
1. den Pflichtgegenstand „Kommunikations- und Mediendesign“ oder
2. den Pflichtgegenstand „Angewandte Informatik“ oder
3. den Pflichtgegenstand „Kommunikations- und Mediendesign“ und einen weiteren Pflichtgegenstand oder
4. den Pflichtgegenstand „Angewandte Informatik“ und einen weiteren Pflichtgegenstand.

Klausurprüfung

§ **50.** (1) Die Klausurprüfung umfasst
1. eine Klausurarbeit im Prüfungsgebiet „Lebende Fremdsprache“ (mit Bezeichnung der Fremdsprache) (300 Minuten, schriftlich) und
2. eine Klausurarbeit im Prüfungsgebiet „Kommunikations- und Mediendesign“ (300 Minuten, schriftlich, grafisch) und
3. eine Klausurarbeit im Prüfungsgebiet „Rechnungswesen und Controlling“ (300 Minuten, schriftlich).

(2) Das Prüfungsgebiet „Lebende Fremdsprache“ gemäß Abs. 1 Z 1 umfasst die im Pflichtgegenstand „Lebende Fremdsprache“ unterrichtete Fremdsprache.

Mündliche Prüfung

§ **51.** (1) Die mündliche Prüfung umfasst
1. eine mündliche Teilprüfung im Prüfungsgebiet „Schwerpunktfach Fachkolloquium“ (mit einem auf den Pflichtgegenstand oder die Pflichtgegenstände gemäß Abs. 2 hinweisenden Zusatz) und
2. eine mündliche Teilprüfung im Prüfungsgebiet „Wahlfach“ (mit einem auf den Pflichtgegenstand oder die Pflichtgegenstände gemäß Abs. 3 hinweisenden Zusatz).

(2) Das Prüfungsgebiet „Schwerpunktfach Fachkolloquium“ gemäß Abs. 1 Z 1 umfasst nach Wahl der Prüfungskandidatin oder des Prüfungskandidaten einen der folgenden, nicht bereits gemäß § 49 zur Diplomarbeit gewählten Pflichtgegenstände:
1. „Kommunikations- und Mediendesign“ oder
2. „Angewandte Informatik“ oder
3. „Kommunikations- und Mediendesign“ und einen weiteren Pflichtgegenstand oder
4. „Angewandte Informatik“ und einen weiteren Pflichtgegenstand.

(3) Das Prüfungsgebiet „Wahlfach“ gemäß Abs. 1 Z 2 umfasst nach Wahl der Prüfungskandidatin oder des Prüfungskandidaten
1. einen im Ausmaß von mindestens vier Wochenstunden unterrichteten und nicht bereits gemäß § 50 zur Klausurprüfung oder gemäß Abs. 1 Z 1 zum „Schwerpunktfach Fachkolloquium“ gewählten Pflichtgegen-

stand, ausgenommen den Pflichtgegenstand „Bewegung und Sport" oder

2. zwei insgesamt im Ausmaß von mindestens vier Wochenstunden unterrichtete und nicht bereits gemäß § 50 zur Klausurprüfung oder gemäß Abs. 1 Z 1 zum „Schwerpunktfach Fachkolloquium" gewählte Pflichtgegenstände, ausgenommen den Pflichtgegenstand „Bewegung und Sport".

(4) Für die Kombination von Pflichtgegenständen gemäß Abs. 3 Z 2 hat die Schulleiterin oder der Schulleiter innerhalb der ersten drei Wochen nach Beginn jedes Halbjahres für die Prüfungen im folgenden Halbjahr alle geeigneten Gegenstandskombinationen durch Anschlag in der Schule bekannt zu machen.

11. Unterabschnitt

Diplomprüfung an der Bildungsanstalt für Elementarpädagogik – Kolleg für Elementarpädagogik

(einschließlich des Kollegs für Berufstätige)
(BGBl. II Nr. 86/2019, Z 8)

Diplomarbeit

§ 52. Das Prüfungsgebiet „Diplomarbeit" umfasst nach Wahl der Prüfungskandidatin oder des Prüfungskandidaten einen Pflichtgegenstand oder zwei Pflichtgegenstände oder den Freigegenstand „Volksgruppensprache" oder eine verbindliche Übung.

Klausurprüfung

§ 53. Die Klausurprüfung umfasst nach Wahl der Prüfungskandidatin oder des Prüfungskandidaten eine Klausurarbeit im Prüfungsgebiet

1. „Pädagogik (einschließlich Psychologie, Soziologie)" (300 Minuten, schriftlich) oder
2. „Didaktik" (300 Minuten, schriftlich).

Mündliche Prüfung

§ 54. (1) Die mündliche Prüfung umfasst

1. eine mündliche Teilprüfung im Prüfungsgebiet „Schwerpunktfach Fachkolloquium …" (mit Bezeichnung des Pflichtgegenstandes oder der Pflichtgegenstände gemäß Abs. 2 oder Abs. 3) und
2. eine mündliche Teilprüfung im Prüfungsgebiet „Wahlfach …" (mit Bezeichnung des Pflichtgegenstandes oder der Pflichtgegenstände gemäß Abs. 4).

(2) Das Prüfungsgebiet „Schwerpunktfach Fachkolloquium …" gemäß Abs. 1 Z 1 umfasst für Prüfungskandidatinnen oder Prüfungskandidaten, die gemäß § 53 das Prüfungsgebiet „Pädagogik (einschließlich Psychologie, Soziologie)" gewählt haben, nach Wahl der Prüfungskandidatin oder des Prüfungskandidaten

1. den Pflichtgegenstand „Didaktik" oder
2. die Pflichtgegenstände „Didaktik" und „Organisation, Management und Recht, wissenschaftliches Arbeiten" oder
3. die Pflichtgegenstände „Didaktik" und „Deutsch als Zweitsprache".

(3) Das Prüfungsgebiet „Schwerpunktfach Fachkolloquium …" gemäß Abs. 1 Z 1 umfasst für Prüfungskandidatinnen oder Prüfungskandidaten, die gemäß § 53 das Prüfungsgebiet „Didaktik" gewählt haben, nach Wahl der Prüfungskandidatin oder des Prüfungskandidaten

1. den Pflichtgegenstand „Pädagogik (einschließlich Psychologie, Soziologie)" oder
2. die Pflichtgegenstände „Pädagogik (einschließlich Psychologie, Soziologie)" und „Inklusive Pädagogik".

(4) Das Prüfungsgebiet „Wahlfach …" gemäß Abs. 1 Z 2 umfasst nach Wahl der Prüfungskandidatin oder des Prüfungskandidaten

1. einen im Ausmaß von mindestens vier Wochenstunden unterrichteten Pflichtgegenstand oder den Freigegenstand „Volksgruppensprache", ausgenommen die bereits gemäß § 53 zur Klausurprüfung oder gemäß Abs. 1 Z 1 zur mündlichen Prüfung gewählten Pflichtgegenstände sowie die Pflichtgegenstände „Praxis" und „Instrumentalunterricht", oder
2. zwei im Ausmaß von insgesamt mindestens vier Wochenstunden unterrichtete Pflichtgegenstände einschließlich des Freigegenstandes „Volksgruppensprache", ausgenommen die bereits gemäß § 53 zur Klausurprüfung oder gemäß Abs. 1 Z 1 zur mündlichen Prüfung gewählten Pflichtgegenstände sowie der Pflichtgegenstand „Praxis".

(5) Wird zum Wahlfach gemäß Abs. 4 der Pflichtgegenstand „Bewegungserziehung; Bewegung und Sport" gewählt, so ist der Bereich „Bewegung und Sport" dieses Pflichtgegenstandes vom Prüfungsgebiet nicht umfasst.

(6) Für die Kombination von Pflichtgegenständen gemäß Abs. 4 Z 2 hat die Schulleiterin oder der Schulleiter innerhalb der ersten drei Wochen der letzten Schulstufe alle geeigneten Gegenstandskombinationen durch Anschlag in der Schule bekannt zu machen.

11a. Unterabschnitt

Diplomprüfung an der Bildungsanstalt für Elementarpädagogik – Kolleg für Elementarpädagogik (einschließlich der Zusatzqualifikation für Hortpädagogik)

(einschließlich des Kollegs für Berufstätige)
(BGBl. II Nr. 86/2019, Z 9)

Diplomarbeit

§ 54a. Das Prüfungsgebiet „Diplomarbeit" umfasst nach Wahl der Prüfungskandidatin oder des Prüfungskandidaten einen Pflichtgegenstand oder zwei Pflichtgegenstände oder den Freigegenstand „Volksgruppensprache" oder eine verbindliche Übung.

Klausurprüfung

§ 54b. Die Klausurprüfung umfasst nach Wahl der Prüfungskandidatin oder des Prüfungskandidaten eine Klausurarbeit im Prüfungsgebiet
1. „Pädagogik (einschließlich Psychologie, Soziologie)" (300 Minuten, schriftlich) oder
2. „Didaktik" (300 Minuten, schriftlich).

Mündliche Prüfung

§ 54c. (1) Die mündliche Prüfung umfasst
1. eine mündliche Teilprüfung im Prüfungsgebiet „Schwerpunktfach Fachkolloquium …" (mit Bezeichnung des Pflichtgegenstandes oder der Pflichtgegenstände gemäß Abs. 2 oder Abs. 3) und
2. eine mündliche Teilprüfung im Prüfungsgebiet „Wahlfach …" (mit Bezeichnung des Pflichtgegenstandes oder der Pflichtgegenstände gemäß Abs. 4) und
3. eine mündliche Teilprüfung im Prüfungsgebiet „Didaktik der Horterziehung und Lernhilfe".

(2) Das Prüfungsgebiet „Schwerpunktfach Fachkolloquium …" gemäß Abs. 1 Z 1 umfasst für Prüfungskandidatinnen oder Prüfungskandidaten, die gemäß § 54b das Prüfungsgebiet „Pädagogik (einschließlich Psychologie, Soziologie)" gewählt haben, nach Wahl der Prüfungskandidatin oder des Prüfungskandidaten
1. den Pflichtgegenstand „Didaktik" oder
2. die Pflichtgegenstände „Didaktik" und „Organisation, Management und Recht, wissenschaftliches Arbeiten" oder
3. die Pflichtgegenstände „Didaktik" und „Deutsch als Zweitsprache".

(3) Das Prüfungsgebiet „Schwerpunktfach Fachkolloquium …" gemäß Abs. 1 Z 1 umfasst für Prüfungskandidatinnen oder Prüfungskandidaten, die gemäß § 54b das Prüfungsgebiet „Didaktik" gewählt haben, nach Wahl der Prüfungskandidatin oder des Prüfungskandidaten
1. den Pflichtgegenstand „Pädagogik (einschließlich Psychologie, Soziologie)" oder
2. die Pflichtgegenstände „Pädagogik (einschließlich Psychologie, Soziologie)" und „Inklusive Pädagogik".

(4) Das Prüfungsgebiet „Wahlfach …" gemäß Abs. 1 Z 2 umfasst nach Wahl der Prüfungskandidatin oder des Prüfungskandidaten
1. einen im Ausmaß von mindestens vier Wochenstunden unterrichteten Pflichtgegenstand oder den Freigegenstand „Volksgruppensprache", ausgenommen die bereits gemäß § 54b zur Klausurprüfung oder gemäß Abs. 1 Z 1 und Z 3 zur mündlichen Prüfung gewählten Pflichtgegenstände sowie die Pflichtgegenstände „Praxis", „Instrumentalunterricht" und „Hortpraxis", oder
2. zwei im Ausmaß von insgesamt mindestens vier Wochenstunden unterrichtete Pflichtgegenstände einschließlich des Freigegenstandes „Volksgruppensprache", ausgenommen die bereits gemäß § 54b zur Klausurprüfung oder gemäß Abs. 1 Z 1 und Z 3 zur mündlichen Prüfung gewählten Pflichtgegenstände sowie die Pflichtgegenstände „Praxis" und „Hortpraxis".

(5) Wird zum Wahlfach gemäß Abs. 4 der Pflichtgegenstand „Bewegungserziehung; Bewegung und Sport" gewählt, so ist der Bereich „Bewegung und Sport" dieses Pflichtgegenstandes vom Prüfungsgebiet nicht umfasst.

(6) Das Prüfungsgebiet „Didaktik der Horterziehung und Lernhilfe" gemäß Abs. 1 Z 3 umfasst den Pflichtgegenstand „Didaktik der Horterziehung" und nach Wahl der Prüfungskandidatin oder des Prüfungskandidaten den Pflichtgegenstand
1. „Deutsch (Lernhilfe)" oder
2. „Englisch (Lernhilfe)" oder
3. „Mathematik (Lernhilfe)".

(7) Für die Kombination von Pflichtgegenständen gemäß Abs. 4 Z 2 hat die Schulleiterin oder der Schulleiter innerhalb der ersten drei Wochen der letzten Schulstufe alle geeigneten Gegenstandskombinationen durch Anschlag in der Schule bekannt zu machen.

12. Unterabschnitt
Diplomprüfung für Inklusive Elementarpädagogik an der Bildungsanstalt für Elementarpädagogik

Diplomarbeit

§ 55. Das Prüfungsgebiet „Diplomarbeit" umfasst nach Wahl der Prüfungskandidatin oder des Prüfungskandidaten den Pflichtgegenstand
1. „Pädagogik" oder
2. „Psychologie" oder
3. „Didaktik".

Klausurprüfung

§ 56. (1) Die Klausurprüfung umfasst eine 300 Minuten dauernde schriftliche Klausurarbeit nach Wahl der Prüfungskandidatin oder des Prüfungskandidaten in einem nachstehend

genannten und nicht gemäß § 55 zur Diplomarbeit gewählten Prüfungsgebiet:
1. „Pädagogik“ oder
2. „Psychologie“ oder
3. „Didaktik“.

(2) Das Prüfungsgebiet „Didaktik“ gemäß Abs. 1 Z 3 umfasst nach Wahl der Prüfungskandidatin oder des Prüfungskandidaten den Pflichtgegenstand
1. „Integrative Didaktik“ oder
2. „Arbeitsweisen interdisziplinärer Frühförderung“ oder
3. „Methoden und didaktische Umsetzung“.

Mündliche Prüfung

§ 57. (1) Die mündliche Prüfung umfasst eine mündliche Teilprüfung im Prüfungsgebiet „Interdisziplinäre Fallbesprechung“.

(2) Das Prüfungsgebiet „Interdisziplinäre Fallbesprechung“ gemäß Abs. 1 umfasst nach Wahl der Prüfungskandidatin oder des Prüfungskandidaten
1. den Pflichtgegenstand
   a) „Pädagogik“ oder
   b) „Psychologie“ oder
   c) „Medizinische Grundlagen und therapeutische Konzepte“ und
2. den Pflichtgegenstand
   a) „Integrative Didaktik“ oder
   b) „Arbeitsweisen interdisziplinärer Frühförderung“ oder
   c) „Methoden und didaktische Umsetzung“.

12a. Unterabschnitt
Diplomprüfung für Früherziehung an der Bildungsanstalt für Elementarpädagogik
(BGBl. II Nr. 175/2022, Art. 4 Z 6)

Diplomarbeit

§ 57a. Das Prüfungsgebiet „Diplomarbeit“ umfasst nach Wahl der Prüfungskandidatin oder des Prüfungskandidaten einen oder zwei Pflichtgegenstände.

Klausurprüfung

§ 57b. (1) Die Klausurprüfung umfasst eine Klausurarbeit im Prüfungsgebiet „Fachklausur“ (180 Minuten, schriftlich).

(2) Das Prüfungsgebiet „Fachklausur“ umfasst den Lehrstoff der Pflichtgegenstände „Pädagogik der Früherziehung“ und/oder „Didaktik der Früherziehung“ oder „Didaktik der Früherziehung und Physiologische Grundlagen“.

Mündliche Prüfung

§ 57c. (1) Die mündliche Prüfung umfasst eine mündliche Teilprüfung im Prüfungsgebiet „Schwerpunktfach Fachkolloquium …“ (mit Bezeichnung des Pflichtgegenstandes oder der Pflichtgegenstände gemäß Abs. 2).

(2) Das Prüfungsgebiet „Schwerpunktfach Fachkolloquium …“ gemäß Abs. 1 umfasst nach Wahl der Prüfungskandidatin oder des Prüfungskandidaten
1. die Pflichtgegenstände
   a) „Pädagogik der Früherziehung“ und
   b) „Didaktik der Früherziehung“ oder
2. die Pflichtgegenstände
   a) „Pädagogik der Früherziehung“ und
   b) „Didaktik der Früherziehung“ und
   c) „Physiologische Grundlagen“.

12b. Unterabschnitt
Diplomprüfung für den Aufbaulehrgang an der Bildungsanstalt für Elementarpädagogik
(BGBl. II Nr. 362/2023, Art. 4 Z 2)

Diplomarbeit

§ 57d. Das Prüfungsgebiet „Diplomarbeit“ umfasst nach Wahl der Prüfungskandidatin oder des Prüfungskandidaten einen oder zwei Pflichtgegenstände oder den Freigegenstand „Volksgruppensprache“.

Klausurprüfung

§ 57e. (1) Die Klausurprüfung umfasst
1. eine Klausurarbeit im Prüfungsgebiet „Deutsch“ gemäß § 12 Abs. 1,
2. eine Klausurarbeit im Prüfungsgebiet „Fachtheorie …“ (mit Bezeichnung des Pflichtgegenstandes gemäß Abs. 3) (300 Minuten, schriftlich) und
3. nach Wahl der Prüfungskandidatin oder des Prüfungskandidaten eine oder zwei Klausurarbeiten in den Prüfungsgebieten
   a) „Lebende Fremdsprache“ gemäß § 12 Abs. 2 oder
   b) „Angewandte Mathematik“ gemäß § 12 Abs. 3.

(2) Das Prüfungsgebiet „Deutsch“ gemäß Abs. 1 Z 1 umfasst den Pflichtgegenstand „Deutsch (einschließlich Sprecherziehung, Kinder- und Jugendliteratur)“, ausgenommen Sprecherziehung, Kinder- und Jugendliteratur.

(3) Das Prüfungsgebiet „Fachtheorie …“ gemäß Abs. 1 Z 2 umfasst nach Wahl der Prüfungskandidatin oder des Prüfungskandidaten den Pflichtgegenstand „Pädagogik (einschließlich Psychologie, Soziologie)“ oder „Didaktik“.

(4) Das Prüfungsgebiet „Lebende Fremdsprache“ gemäß Abs. 1 Z 3 lit. a umfasst den Pflichtgegenstand „Englisch“.

Mündliche Prüfung

§ 57f. (1) Die mündliche Prüfung umfasst

1. wenn gemäß § 57e Abs. 1 Z 3 nur eine Klausurarbeit gewählt wurde, eine mündliche Teilprüfung in demjenigen Prüfungsgebiet, in welchem gemäß § 57e Abs. 1 Z 3 im Rahmen der Klausurprüfung keine Klausurarbeit abgelegt wurde,
2. eine mündliche Teilprüfung im Prüfungsgebiet „Schwerpunktfach Fachkolloquium …" (mit Bezeichnung des Pflichtgegenstandes oder der Pflichtgegenstände gemäß Abs. 2 oder 3) und
3. eine mündliche Teilprüfung im Prüfungsgebiet „Wahlfach …" (mit Bezeichnung des Unterrichtsgegenstandes oder der Unterrichtsgegenstände gemäß Abs. 4).

(2) Das Prüfungsgebiet „Schwerpunktfach Fachkolloquium …" gemäß Abs. 1 Z 2 umfasst für Prüfungskandidatinnen und Prüfungskandidaten, die gemäß § 57e Abs. 3 den Pflichtgegenstand „Pädagogik (einschließlich Psychologie, Soziologie)" gewählt haben, nach Wahl der Prüfungskandidatin oder des Prüfungskandidaten

1. den Pflichtgegenstand „Didaktik" oder
2. die Pflichtgegenstände „Didaktik" und „Inklusive Pädagogik" oder
3. die Pflichtgegenstände „Didaktik" und „Organisation, Management und Recht, wissenschaftliches Arbeiten".

(3) Das Prüfungsgebiet „Schwerpunktfach Fachkolloquium …" gemäß Abs. 1 Z 2 umfasst für Prüfungskandidatinnen und Prüfungskandidaten, die gemäß § 57e Abs. 3 den Pflichtgegenstand „Didaktik" gewählt haben, nach Wahl der Prüfungskandidatin oder des Prüfungskandidaten

1. den Pflichtgegenstand „Pädagogik (einschließlich Psychologie, Soziologie)" oder
2. die Pflichtgegenstände „Pädagogik (einschließlich Psychologie, Soziologie)" und „Inklusive Pädagogik".

(4) Das Prüfungsgebiet „Wahlfach …" gemäß Abs. 1 Z 3 umfasst nach Wahl der Prüfungskandidatin oder des Prüfungskandidaten

1. den Pflichtgegenstand „Deutsch (einschließlich Sprecherziehung, Kinder- und Jugendliteratur)" oder
2. einen im Ausmaß von mindestens vier Wochenstunden unterrichteten Pflichtgegenstand oder den Freigegenstand „Minderheitensprache", ausgenommen die bereits gemäß § 57e zur Klausurprüfung oder gemäß Abs. 1 Z 1 und Z 2 zur mündlichen Prüfung gewählten Pflichtgegenstände sowie die Pflichtgegenstände „Praxis" und „Instrumentalunterricht Gitarre", oder
3. den Pflichtgegenstand „Deutsch (einschließlich Sprecherziehung, Kinder- und Jugendliteratur)" in Kombination mit einem weiteren Pflichtgegenstand oder dem Freigegenstand „Minderheitensprache", ausgenommen die bereits gemäß § 57e zur Klausurprüfung oder gemäß Abs. 1 Z 1 und Z 2 zur mündlichen Prüfung gewählten Pflichtgegenstände sowie der Pflichtgegenstand „Praxis", oder
4. zwei im Ausmaß von insgesamt mindestens vier Wochenstunden unterrichtete Pflichtgegenstände einschließlich des Freigegenstandes „Minderheitensprache", ausgenommen die bereits gemäß § 57e zur Klausurprüfung oder gemäß Abs. 1 Z 1 und Z 2 zur mündlichen Prüfung gewählten Pflichtgegenstände sowie die Pflichtgegenstände „Praxis" und „Deutsch (einschließlich Sprecherziehung, Kinder- und Jugendliteratur)".

(5) Wird zum Wahlfach gemäß Abs. 4 der Pflichtgegenstand „Bewegungserziehung; Bewegung und Sport" gewählt, so ist der Bereich „Bewegung und Sport" dieses Pflichtgegenstandes vom Prüfungsgebiet nicht umfasst.

(6) Für die Kombination von Unterrichtsgegenständen gemäß Abs. 4 Z 3 und Z 4 hat die Schulleiterin oder der Schulleiter innerhalb der ersten drei Wochen der letzten Schulstufe alle geeigneten Gegenstandskombinationen durch Anschlag in der Schule bekannt zu machen.

12c. Unterabschnitt
Diplomprüfung für den Lehrgang der Bildungsanstalt für Elementarpädagogik für Absolventinnen und Absolventen einer Bildungsanstalt für Sozialpädagogik

(BGBl. II Nr. 362/2023, Art. 4 Z 2)

Diplomarbeit

§ 57g. Das Prüfungsgebiet „Diplomarbeit" umfasst nach Wahl der Prüfungskandidatin oder des Prüfungskandidaten einen oder zwei Pflichtgegenstände.

Klausurprüfung

§ 57h. (1) Die Klausurprüfung umfasst eine Klausurarbeit im Prüfungsgebiet „Fachklausur" (180 Minuten, schriftlich).

(2) Das Prüfungsgebiet „Fachklausur" umfasst den Lehrstoff des Pflichtgegenstandes

1. „Pädagogik (einschließlich Psychologie, Soziologie), Didaktik, Inklusive Pädagogik" oder der beiden Pflichtgegenstände

2. „Pädagogik (einschließlich Psychologie, Soziologie), Didaktik, Inklusive Pädagogik“ und „Frühe sprachliche Bildung und Förderung“.

Mündliche Prüfung

§ 57i. (1) Die mündliche Prüfung umfasst eine mündliche Teilprüfung im Prüfungsgebiet „Schwerpunktfach Fachkolloquium …“ gemäß Abs. 2 oder eine mündliche Teilprüfung im Prüfungsgebiet „Wahlfach“ gemäß Abs. 3 (jeweils mit Bezeichnung des Pflichtgegenstandes oder der Pflichtgegenstände gemäß Abs. 2).

(2) Das Prüfungsgebiet „Schwerpunktfach Fachkolloquium …“ gemäß Abs. 1 umfasst für Prüfungskandidatinnen oder des Prüfungskandidaten, die gemäß § 57h Abs. 2 den Pflichtgegenstand „Pädagogik (einschließlich Psychologie, Soziologie), Didaktik, Inklusive Pädagogik“ gewählt haben eine Kombination der Pflichtgegenstände „Frühe sprachliche Bildung und Förderung“ und „Deutsch (einschließlich Kinder- und Jugendliteratur)“ und „Deutsch als Zweitsprache“.

(3) Das Prüfungsgebiet „Wahlfach …“ gemäß Abs. 1 umfasst nach Wahl der Prüfungskandidatinnen oder des Prüfungskandidaten im Ausmaß von insgesamt mindestens 4 Wochenstunden

1. die Pflichtgegenstände „Bildnerische Erziehung“ und „Werkerziehung“ und „Textiles Gestalten“ oder
2. den Pflichtgegenstand „Bewegungserziehung; Bewegung und Sport und Rhythmisch-musikalische Erziehung“.

13. Unterabschnitt

Diplomprüfung an der Bildungsanstalt für Sozialpädagogik – Kolleg für Sozialpädagogik

(einschließlich des Kollegs für Berufstätige)
(BGBl. II Nr. 86/2019, Z 10)

Diplomarbeit

§ 58. Das Prüfungsgebiet „Diplomarbeit“ umfasst nach Wahl der Prüfungskandidatin oder des Prüfungskandidaten einen Pflichtgegenstand oder zwei Pflichtgegenstände oder eine verbindliche Übung.

Klausurprüfung

§ 59. Die Klausurprüfung umfasst nach Wahl der Prüfungskandidatin oder des Prüfungskandidaten eine Klausurarbeit im Prüfungsgebiet

1. „Pädagogik (einschließlich Sozialpädagogik, Entwicklungspsychologie, Soziologie)“ (300 Minuten, schriftlich) oder
2. „Didaktik (Handlungskonzepte und -felder der Sozialpädagogik)“ des Stammbereiches (300 Minuten, schriftlich).

Mündliche Prüfung

§ 60. (1) Die mündliche Prüfung umfasst

1. eine mündliche Teilprüfung im Prüfungsgebiet „Schwerpunktfach Fachkolloquium …“ (mit Bezeichnung des Pflichtgegenstandes oder der Pflichtgegenstände gemäß Abs. 2 oder Abs. 3) und
2. eine mündliche Teilprüfung im Prüfungsgebiet „Wahlfach …“ (mit Bezeichnung des Pflichtgegenstandes oder der Pflichtgegenstände gemäß Abs. 4).

(2) Das Prüfungsgebiet „Schwerpunktfach Fachkolloquium …“ gemäß Abs. 1 Z 1 umfasst für Prüfungskandidatinnen oder Prüfungskandidaten, die gemäß § 59 das Prüfungsgebiet „Pädagogik (einschließlich Sozialpädagogik, Entwicklungspsychologie, Soziologie)“ gewählt haben, den Pflichtgegenstand „Didaktik (Handlungskonzepte und -felder der Sozialpädagogik)“ des Stammbereiches.

(3) Das Prüfungsgebiet „Schwerpunktfach Fachkolloquium …“ gemäß Abs. 1 Z 1 umfasst für Prüfungskandidatinnen oder Prüfungskandidaten, die gemäß § 59 das Prüfungsgebiet „Didaktik (Handlungskonzepte und -felder der Sozialpädagogik)“ gewählt haben, nach Wahl der Prüfungskandidatin oder des Prüfungskandidaten

1. den Pflichtgegenstand „Pädagogik (einschließlich Sozialpädagogik, Entwicklungspsychologie, Soziologie)“ oder
2. die Pflichtgegenstände „Pädagogik (einschließlich Sozialpädagogik, Entwicklungspsychologie, Soziologie)“ und „Inklusive Pädagogik“.

(4) Das Prüfungsgebiet „Wahlfach …“ gemäß Abs. 1 Z 2 umfasst nach Wahl der Prüfungskandidatin oder des Prüfungskandidaten

1. einen im Ausmaß von mindestens vier Wochenstunden unterrichteten Pflichtgegenstand des Stammbereiches, ausgenommen die bereits gemäß § 59 zur Klausurprüfung oder gemäß Abs. 1 Z 1 zur mündlichen Prüfung gewählten Pflichtgegenstände sowie die Pflichtgegenstände „Praxis der Sozialpädagogik“ und „Instrumentalunterricht“, oder
2. zwei im Ausmaß von insgesamt mindestens vier Wochenstunden unterrichtete Pflichtgegenstände des Stammbereiches, ausgenommen die bereits gemäß § 59 zur Klausurprüfung oder gemäß Abs. 1 Z 1 zur mündlichen Prüfung gewählten Pflichtge-

genstände sowie der Pflichtgegenstand „Praxis der Sozialpädagogik“, oder
3. den Pflichtgegenstand „Seminar BE, WE, TG“ oder „Musikerziehung“ oder „Bewegungserziehung; Bewegung und Sport“ in Kombination mit dem jeweils korrespondierenden Pflichtgegenstand des „Berufsspezifischen Erweiterungsseminares Ausdruck, Gestaltung und Bewegung“.

(5) Wird zum Wahlfach gemäß Abs. 4 der Pflichtgegenstand „Bewegungserziehung; Bewegung und Sport“ gewählt, so ist der Bereich „Bewegung und Sport“ dieses Pflichtgegenstandes vom Prüfungsgebiet nicht umfasst.

(6) Für die Kombination von Pflichtgegenständen gemäß Abs. 4 Z 2 hat die Schulleiterin oder der Schulleiter innerhalb der ersten drei Wochen der letzten Schulstufe alle geeigneten Gegenstandskombinationen durch Anschlag in der Schule bekannt zu machen.

14. Unterabschnitt
Diplomprüfung für Inklusive Sozialpädagogik an der Bildungsanstalt für Sozialpädagogik

Diplomarbeit

§ 61. Das Prüfungsgebiet „Diplomarbeit“ umfasst nach Wahl der Prüfungskandidatin oder des Prüfungskandidaten den Pflichtgegenstand
1. „Heil- und Sonderpädagogik“ oder
2. „Spezielle Didaktik“.

Klausurprüfung

§ 62. Die Klausurprüfung umfasst eine 300 Minuten dauernde schriftliche Klausurarbeit in dem nicht gemäß § 61 gewählten Prüfungsgebiet
1. „Heil- und Sonderpädagogik“ oder
2. „Spezielle Didaktik“.

Mündliche Prüfung

§ 63. (1) Die mündliche Prüfung umfasst eine mündliche Teilprüfung im Prüfungsgebiet „Interdisziplinäre Fallbesprechung“.

(2) Das Prüfungsgebiet „Interdisziplinäre Fallbesprechung“ gemäß Abs. 1 umfasst nach Wahl der Prüfungskandidatin oder des Prüfungskandidaten
1. den Pflichtgegenstand
   a) „Heil- und Sonderpädagogik“ oder
   b) „Spezielle Didaktik“ und
2. den Pflichtgegenstand
   a) „Aspekte der Entwicklungspsychologie“ oder
   b) „Aspekte der Tiefenpsychologie“ oder
   c) „Aspekte der Sozialpädagogik“.

4. Abschnitt
Schlussbestimmungen

Übergangsbestimmung

§ 64. (1) Die
1. Prüfungsordnung Kollegs und Sonderformen für Berufstätige an BMHS[8]), BGBl. II Nr. 70/2000, zuletzt geändert durch die Verordnung BGBl. II Nr. 160/2015, und die
2. Prüfungsordnung Kollegs und Sonderformen für Berufstätige an Bildungsanstalten[9]), BGBl. II Nr. 58/2000, zuletzt geändert durch die Verordnung BGBl. II Nr. 160/ 2015,

finden auf abschließende Prüfungen bis zum Wirksamwerden dieser Verordnung gemäß § 65 sowie auf die Wiederholung von solchen abschließenden Prüfungen auch über den Zeitpunkt dieses Wirksamwerdens hinaus weiterhin Anwendung.

(2) Wenn gemäß § 69 Abs. 9 Z 2 lit. b SchUG-BKV durch Verordnung des Bundesministers oder der Bundesministerin für Bildung das Wirksamwerden der §§ 33 bis 41 SchUG-BKV für einzelne Schulen für abschließende Prüfungen mit späterem Haupttermin als 2017 festgelegt wurde, ist die in Abs. 1 genannte Verordnung an den betreffenden Standorten bis zum festgelegten Zeitpunkt des Wirksamwerdens weiterhin anzuwenden.

Inkrafttreten

§ 65. (1) Diese Verordnung tritt[10])
1. hinsichtlich der in den Unterabschnitten 9 und 10 des 3. Abschnittes geregelten Di-

[8]) Siehe Kodex 17. Auflage (1.9.4. – RP-BMHS).

[9]) Siehe Kodex 17. Auflage (1.9.5. – RP-KIGA/ SOZ).

[10]) Diese Prüfungsordnung in ihrer Stammfassung BGBl. II Nr. 36/2017 ist ab dem Haupttermin 2017 anzuwenden, lediglich hinsichtlich der Diplomprüfungen an den Kollegs für wirtschaftliche Berufe (Unterabschnitte 9 und 10 des 3. Abschnitts) erst ab dem Haupttermin 2018. Die bis dahin und für Wiederholungen auslaufend noch anzuwendende Prüfungsordnung für Kollegs und Sonderformen für Berufstätige an BMHS (BGBl. II Nr. 70/2000) und Prüfungsordnung für Kollegs und Sonderformen für Berufstätige an Bildungsanstalten (BGBl. II Nr. 58/2000) siehe Kodex 17. Auflage (1.9.4 und 1.9.5). Der 11. Unterabschnitt (§§ 52 bis 54), 11a. Unterabschnitt (§§ 54a bis 54c) und 13. Unterabschnitt (§§ 58 bis 60) des 3. Abschnitts dieser Prüfungsordnung, jeweils idF der Novelle BGBl. II Nr. 86/2019, ist ab dem Haupttermin 2019 anzuwenden. Zum 11. und 13 Unterabschnitt des 3. Abschnitts dieser Prüfungsordnung in der Fassung vor der Novelle BGBl. II Nr. 86/2019 siehe Kodex 19. Auflage (1.9.4. – PrüfOrd. BMHS-B, Kollegs).

plomprüfung am Kolleg für wirtschaftliche Berufe mit 1. September 2016 in Kraft und ist abweichend von diesem Zeitpunkt auf Diplomprüfungen mit Haupttermin ab 2018 anzuwenden und
2. im Übrigen mit 1. September 2016 in Kraft und ist abweichend von diesem Zeitpunkt auf abschließende Prüfungen mit Haupttermin ab 2017 anzuwenden.

(BGBl. II Nr. 36/2017 idF BGBl. II Nr. 86/2019, Z 11)

(2) Die nachstehend genannten Bestimmungen in der Fassung der Verordnung BGBl. II Nr. 86/2019 treten wie folgt in Kraft:

1. Das Inhaltsverzeichnis zum 11a. Unterabschnitt, § 15 Abs. 3 zweiter Satz sowie § 21 Abs. 1 und 5, der 11. Unterabschnitt, der 11a. Unterabschnitt sowie der 13. Unterabschnitt treten mit Ablauf des Tages der Kundmachung im Bundesgesetzblatt in Kraft;[11])
2. § 5 Abs. 1 bis 3 sowie § 14 Abs. 3 treten mit 1. September 2019 in Kraft und finden abweichend von diesem Zeitpunkt auf abschließende Prüfungen mit dem Haupttermin ab dem Schuljahr 2019/20 Anwendung.

(BGBl. II Nr. 86/2019, Z 11)

(3) Das Inhaltsverzeichnis sowie der 1a. Unterabschnitt des 4. Abschnittes, § 13 Abs. 4 und § 14 Abs. 4 in der Fassung der Verordnung BGBl. II Nr. 465/2020 treten mit Ablauf des Tages der Kundmachung der Verordnung im Bundesgesetzblatt in Kraft.[12]) *(BGBl. II Nr. 465/2020, Art. 4 Z 5)*

(4) Die nachstehend genannten Bestimmungen in der Fassung der Verordnung BGBl. II Nr. 527/2021 treten wie folgt in Kraft:

1. Das Inhaltsverzeichnis betreffend den 8a. Unterabschnitt des 3. Abschnitts, das Inhaltsverzeichnis betreffend den 8b. Unterabschnitt des 3. Abschnitts, der 8a. Unterabschnitt des 3. Abschnitts sowie der 8b. Unterabschnitt des 3. Abschnitts treten mit Ablauf des Tages der Kundmachung im Bundesgesetzblatt in Kraft[13]) und finden abweichend von diesem Zeitpunkt auf abschließende Prüfungen mit dem Haupttermin ab dem Schuljahr 2021/22 Anwendung;
2. das Inhaltsverzeichnis betreffend den 7. Unterabschnitt des 3. Abschnitts, die Bezeichnung des 7. Unterabschnitts des 3. Abschnitts sowie § 42 Abs. 1 Z 3 lit. d treten mit Ablauf des Tages der Kundmachung im Bundesgesetzblatt in Kraft und finden abweichend von diesem Zeitpunkt auf abschließende Prüfungen mit dem Haupttermin ab dem Schuljahr 2022/23 Anwendung;
3. das Inhaltsverzeichnis betreffend den 7a. Unterabschnitt des 3. Abschnitts sowie der 7a. Unterabschnitt des 3. Abschnitts treten mit Ablauf des Tages der Kundmachung im Bundesgesetzblatt in Kraft und finden abweichend von diesem Zeitpunkt auf abschließende Prüfungen mit dem Haupttermin ab dem Schuljahr 2024/25 Anwendung.

(BGBl. II Nr. 527/2021, Art. 2 Z 10)

(5) Das Inhaltsverzeichnis betreffend den 8c. Unterabschnitt des 3. Abschnitts sowie der 8c. Unterabschnitt des 3. Abschnitts in der Fassung der Verordnung BGBl. II Nr. 1/2022 treten mit Ablauf des Tages der Kundmachung im Bundesgesetzblatt in Kraft.[14]) *(BGBl. II Nr. 1/2022, Art. 2 Z 3)*

(6) Die nachstehend genannten Bestimmungen in der Fassung der Verordnung BGBl. II Nr. 175/2022 treten wie folgt in Kraft:

1. Das Inhaltsverzeichnis betreffend den 12a. Unterabschnitt des 3. Abschnitts sowie der 12a. Unterabschnitt des 3. Abschnitts treten mit Ablauf des Tages der Kundmachung im Bundesgesetzblatt in Kraft;[15])
2. § 14 Abs. 3 erster Satz tritt mit Ablauf des Tages der Kundmachung im Bundesgesetzblatt in Kraft und findet abweichend von diesem Zeitpunkt auf abschließende Prüfungen mit Haupttermin ab 2022 Anwendung;
3. § 18 Abs. 3, § 19 Abs. 3 und § 21 Abs. 4a treten mit Ablauf des Tages der Kundmachung im Bundesgesetzblatt in Kraft und finden abweichend von diesem Zeitpunkt auf Reife- und Diplomprüfungen sowie Diplomprüfungen mit Haupttermin ab dem Schuljahr 2022/23 Anwendung.

(BGBl. II Nr. 175/2022, Art. 4 Z 7)

(7) Das Inhaltsverzeichnis, § 7 Abs. 2, § 8 Abs. 1, § 17, der 1b. Unterabschnitt des 3. Abschnittes, die Überschrift des 2. Unterabschnittes des 3. Abschnittes, § 25 sowie § 26 Abs. 1 in der Fassung der Verordnung BGBl. II Nr. 2/2023 treten mit Ablauf des Tages der Kundmachung im Bundesgesetzblatt in Kraft[16]) und finden abweichend von diesem Zeitpunkt auf Abschlussprüfungen der Bauhandwerkerschulen für Berufstätige mit Haupt-

[11]) Die Kundmachung im Bundesgesetzblatt erfolgte am 2. April 2019.

[12]) Die Kundmachung im Bundesgesetzblatt erfolgte am 4. November 2020.

[13]) Die Kundmachung im Bundesgesetzblatt erfolgte am 3. Dezember 2021.

[14]) Die Kundmachung im Bundesgesetzblatt erfolgte am 3. Jänner 2022.

[15]) Die Kundmachung im Bundesgesetzblatt erfolgte am 2. Mai 2022.

[16]) Die Kundmachung im Bundesgesetzblatt erfolgte am 2. Jänner 2023.

termin ab dem Schuljahr 2023/24 und im übrigen auf abschließende Prüfungen mit Haupttermin ab dem Schuljahr 2022/23 Anwendung. *(BGBl. II Nr. 2/2023, Art. 4 Z 10)*

(8) § 18 Abs. 2, § 24 Abs. 3 Z 1, § 42 Abs. 1 Z 3 lit. a und § 42c Abs. 1 Z 3 lit. a in der Fassung der Verordnung BGBl. II Nr. 160/2023 treten mit Ablauf des Tages der Kundmachung im Bundesgesetzblatt in Kraft.[17]) *(BGBl. II Nr. 160/2023, Art. 4 Z 2)*

(9) Das Inhaltsverzeichnis, § 2 Abs. 2 und 2a, der 1a. Abschnitt sowie der 5a. Unterabschnitt des 3. Abschnittes in der Fassung der Verordnung BGBl. II Nr. 207/2023 treten mit Ablauf des Tages der Kundmachung im Bundesgesetzblatt in Kraft[18]) und finden abweichend von diesem Zeitpunkt auf abschließende Prüfungen mit Haupttermin ab dem Schuljahr 2025/26 Anwendung. *(BGBl. II Nr. 207/2023, Art. 4 Z 7)*

(10) Das Inhaltsverzeichnis sowie der 12b. Unterabschnitt und der 12c. Unterabschnitt des 3. Abschnitts in der Fassung der Verordnung BGBl. II Nr. 362/2023 treten mit Ablauf des Tages der Kundmachung im Bundesgesetzblatt in Kraft.[19]) *(BGBl. II Nr. 362/2023, Art. 4 Z 3)*

[17]) Die Kundmachung im Bundesgesetzblatt erfolgte am 1. Juni 2023.

[18]) Die Kundmachung im Bundesgesetzblatt erfolgte am 30. Juni 2023.

Außerkrafttreten anderer Rechtsvorschriften

§ 66. Mit Ablauf des 31. August 2016 treten außer Kraft:

1. die Verordnung der Bundesministerin für Bildung und Frauen über die abschließenden Prüfungen in den Kollegs und in den als Sonderform für Berufstätige geführten berufsbildenden mittleren und höheren Schulen (Prüfungsordnung Kollegs und Sonderformen für Berufstätige an BMHS), BGBl. II Nr. 70/2000, zuletzt geändert durch die Verordnung BGBl. II Nr. 160/2015, und
2. die Verordnung der Bundesministerin für Bildung und Frauen über die abschließenden Prüfungen in den Kollegs und in den als Sonderform für Berufstätige geführten höheren Anstalten der Lehrerbildung und der Erzieherbildung (Prüfungsordnung Kollegs und Sonderformen für Berufstätige an Bildungsanstalten), BGBl. II Nr. 58/2000, zuletzt geändert durch die Verordnung BGBl. II Nr. 160/2015.

[19]) Die Kundmachung im Bundesgesetzblatt erfolgte am 6. Dezember 2023.

1.9.5. Externistenprüfungsverordnung

BGBl. Nr. 362/1979
idF der Verordnungen

BGBl. Nr. 220/1980	BGBl. Nr. 130/1989
BGBl. Nr. 136/1991	BGBl. Nr. 643/1992
BGBl. Nr. 671/1993	BGBl. II Nr. 125/1997
BGBl. II Nr. 385/2008	BGBl. II Nr. 230/2016
BGBl. II Nr. 112/2018	BGBl. II Nr. 107/2019
BGBl. II Nr. 465/2020	BGBl. II Nr. 166/2023
BGBl. II Nr. 204/2024	

Inhaltsverzeichnis[1])

Verordnung des Bundesministers für Unterricht und Kunst vom 31. Juli 1979 über die Externistenprüfungen (Externistenprüfungsverordnung)
(BGBl. Nr. 362/1979 idF BGBl. II Nr. 385/2008, Z 1)

Auf Grund des § 42 des Schulunterrichtsgesetzes, BGBl. Nr. 139/1974, in der Fassung des Bundesgesetzes BGBl. Nr. 231/1977 wird verordnet:[2])

[1]) Das Inhaltsverzeichnis ist von den Verordnungserlassungen nicht umfasst.

[2]) Weitere gesetzliche Grundlagen sind § 8c des Schulorganisationsgesetzes, BGBl. Nr. 242/1962, idgF, und § 8c des Land- und forstwirtschaftlichen Bundesschulgesetzes, BGBl. Nr. 175/1966, idgF.

Anwendungsbereich

§ 1. (1) Diese Verordnung gilt für

1. Externistenprüfungen über den Lehrstoff einzelner Unterrichtsgegenstände einer oder mehrerer Stufen einer Schulart (Form, Fachrichtung),
2. Externistenprüfungen über einzelne Schulstufen einer Schulart (Form, Fachrichtung),

2a. Externistenprüfungen über einzelne Schulstufen einer Schulart (Form, Fachrichtung) in Verbindung mit den § 11 Abs. 4 und 13 Abs. 3 des Schulpflichtgesetzes 1985, BGBl. Nr. 76/1985, *(BGBl. II Nr. 166/2023, Z 1)*

3. Externistenprüfungen über eine Schulart (Form, Fachrichtung), sofern nicht Z. 4 in Betracht kommt,

4. Externistenprüfungen, die einer Reifeprüfung, einer Reife- und Diplomprüfung, einer Diplomprüfung oder einer Abschlußprüfung entsprechen (im folgenden Externistenreifeprüfung, Externistenreife- und Diplomprüfung, Externistendiplomprüfung oder Externistenabschlußprüfung genannt) *(BGBl. II Nr. 125/1997, Z 1)*

im Bereich der vom Regelungsbereich des Schulunterrichtsgesetzes erfassten Schulen. *(BGBl. Nr. 362/1979 idF BGBl. II Nr. 385/2008, Z 2)*

(2) Externistenprüfungen sind unzulässig:

1. über Praktische Arbeit und Laboratoriumsübungen an Berufsschulen bei Prüfungskandidaten, die weder in einem entsprechenden Lehr- bzw. Ausbildungsverhältnis stehen, noch ein solches abgeschlossen haben;
2. über Bildnerische Erziehung, Bewegungserziehung; Bewegung und Sport und Rhythmisch-musikalische Erziehung sowie verbindliche Übungen an Bildungsanstalten für Elementarpädagogik; *(BGBl. Nr. 130/1989, Z 2 idF BGBl. II Nr. 385/2008, Z 3 und BGBl. II Nr. 230/2016, Z 1)*
3. über Bildnerische Erziehung, Bewegungserziehung; Bewegung und Sport und Rhythmisch-musikalische Erziehung sowie verbindliche Übungen an den Bildungsanstalten für Sozialpädagogik; *(BGBl. Nr. 130/1989, Z 2 idF BGBl. Nr. 671/1993, Z 1 und BGBl. II Nr. 385/2008, Z 3)*
4. über Bewegung und Sport; sofern der Nachweis über den erfolgreichen Abschluß der achten Schulstufe erbracht werden soll, ist die Ablegung einer Externistenprüfung über Bewegung und Sport jedoch zulässig; *(BGBl. Nr. 362/1979 idF BGBl. Nr. 130/1989, Z 2 und BGBl. II Nr. 385/2008, Z 3)*
5. über Pflichtpraktika, die während des Unterrichtsjahres durchgeführt werden; *(BGBl. Nr. 362/1979 idF BGBl. Nr. 130/1989, Z 2)*
6. über praktischen Unterricht (Werkstätte, Bauhof, Laboratorien u.ä.); *(BGBl. Nr. 362/1979 idF BGBl. Nr. 130/1989, Z 2)*
7. über Kindergarten-, Hort- und Heimpraxis sowie Praxis in Bildungsanstalten für Elementarpädagogik und Praxis der Sozialpädagogik in Bildungsanstalten für Sozialpädagogik; *(BGBl. II Nr. 112/2018, Z 1)*
8. über Technik und Design; sofern der Nachweis über den erfolgreichen Abschluß der achten Schulstufe erbracht werden soll, ist die Ablegung einer Externistenprüfung über Technik und Design jedoch zulässig. *(BGBl. Nr. 362/1979 idF BGBl. Nr. 130/1989, Z 2, BGBl. Nr. 643/1992, Z 1 und BGBl. II Nr. 204/2024, Art. 7 Z 1)*

(3) Die Bestimmungen über die Ablegung von Externistenprüfungen gelten auch für die auf Grund des § 11 Abs. 4, des § 13 Abs. 3 und des § 23 Abs. 2 des Schulpflichtgesetzes 1985, BGBl. Nr. 76, abzulegenden Prüfungen zum Nachweis des zureichenden Erfolges des Besuches von Privatschulen ohne Öffentlichkeitsrecht oder häuslichen Unterrichtes sowie des Besuches von im Ausland gelegenen Schulen. *(BGBl. Nr. 362/1979 idF BGBl. Nr. 130/1989, Z 4)*

(4) entfallen (BGBl. II Nr. 230/2016, Z 2)

(5) entfallen (BGBl. II Nr. 230/2016, Z 2)

(5a) Die Studienberechtigungsprüfung ist durch Externistenprüfungen gemäß Abs. 1 Z 1 über folgende Prüfungsgebiete abzulegen:

1. einen Aufsatz über ein allgemeines Thema,
2. weitere Prüfungsgebiete, die im Hinblick auf Vorkenntnisse oder Fertigkeiten für die angestrebte Schulart (Form, Fachrichtung) erforderlich sind (Pflichtfächer) gemäß Anlage 10 und *(BGBl. Nr. 671/1993, Z 2 idF BGBl. II Nr. 385/2008, Z 5 und BGBl. II Nr. 230/2016, Z 3)*
3. weitere Prüfungsgebiete nach Wahl des Aufnahmsbewerbers aus dem Bereich der angestrebten Schulart (Form, Fachrichtung), seiner fachlichen Voraussetzungen oder der der angestrebten Schulart (Fachrichtung) entsprechenden beruflichen Tätigkeitsfelder (Wahlfächer). *(BGBl. Nr. 671/1993, Z 2 idF BGBl. II Nr. 385/2008, Z 5)*

Die Zahl der Pflicht- und Wahlfächer gemäß Z 2 und 3 hat zusammen vier zu betragen. Die Pflichtfächer gemäß Z 2 sind für die vom Prüfungskandidaten gewählte schulische Ausbildung der Anlage 10 zu entnehmen; soweit bei lebenden Fremdsprachen keine Angaben über die Fremdsprache bestehen, hat der Prüfungskandidat die Auswahl zu treffen. *(BGBl. Nr. 671/1993, Z 2 idF BGBl. II Nr. 112/2018, Z 2)*

(6) Zusatzprüfungen zur Reifeprüfung, die in der Form einer Externistenprüfung abgelegt werden, sind als Externistenprüfungen über den Lehrstoff eines Unterrichtsgegenstandes (Abs. 1 Z 1) abzulegen. *(BGBl. II Nr. 125/1997, Z 3)*

Ansuchen um Zulassung zur Externistenprüfung

§ 2. (1) Der Prüfungskandidat hat das Ansuchen um Zulassung zu einer Externistenprüfung schriftlich bei der Schule, an der die Prüfungskommission ihren Sitz hat, einzubringen. An der Schule müssen die für die gewählte Externistenprüfung erforderlichen Fachprüfer zur Verfügung stehen. Das Ansuchen hat zu enthalten:

1. die Art der Externistenprüfung (§ 1);
2. die Angabe der Schulart (Form, Fachrichtung);

3. den in Betracht kommenden Lehrplan und bei Externistenprüfungen gemäß § 1 Abs. 1 Z 4 die in Betracht kommende Prüfungsordnung; *(BGBl. II Nr. 230/2016, Z 5)*
4. die gewählten Prüfungsgebiete
   a) bei Externistenprüfungen gemäß § 1 Abs. 1 Z 1 bis 4, sofern der Lehrplan alternative Pflichtgegenstände (einschließlich Wahlpflichtgegenstände), die Wahl zwischen mehreren Fremdsprachen oder die Unterrichtsgegenstände Religion und Ethik vorsieht, *(BGBl. II Nr. 166/2023, Z 2)*
   b) bei Externistenprüfungen gemäß § 1 Abs. 1 Z 1 bis 3 bei Pflichtgegenständen mit Leistungsdifferenzierung unter Angabe des gewählten Leistungsniveaus, sofern dieses aus der Bezeichnung des Prüfungsgebietes nicht hervorgeht, *(BGBl. II Nr. 112/2018, Z 3 idF BGBl. II Nr. 107/2019, Art. 4 Z 1)*
   c) bei Vorprüfungen gemäß § 9 Abs. 4 im Rahmen von Externistenreifeprüfungen und Externistenreife- und Diplomprüfungen, sofern die entsprechende Vorprüfungsverordnung eine Wahlmöglichkeit vorsieht, *(BGBl. Nr. 130/1989, Z 5 idF BGBl. II Nr. 125/1997, Z 4)*
   d) bei Hauptprüfungen im Rahmen von Externistenreifeprüfungen, Externistenreife- und Diplomprüfungen, Externistendiplomprüfungen und Externistenabschlußprüfungen, sofern die entsprechenden Reifeprüfungs-, Reife- und Diplomprüfungs-, Diplomprüfungs- und Abschlußprüfungsverordnungen eine Wahlmöglichkeit vorsehen; *(BGBl. II Nr. 125/1997, Z 5)*
5. im Prüfungsgebiet „Lebende Fremdsprache (mit dem auf die Ausbildungsdauer hinweisenden Zusatz)" bei Hauptprüfungen im Rahmen von Externistenreifeprüfung, Externistenreife- und Diplomprüfung, Externistendiplomprüfung oder Externistenabschlussprüfung die gewählte Sprache; *(BGBl. II Nr. 230/2016, Z 7)*
6. einen Themenvorschlag für die im Rahmen einer Externistenreifeprüfung, Externistenreife- und Diplomprüfung, Externistendiplomprüfung oder Externistenabschlussprüfung abzulegenden abschließenden Arbeit. *(BGBl. II Nr. 230/2016, Z 7)*

(BGBl. Nr. 130/1989, Z 5 idF BGBl. II Nr. 230/2016, Z 4)

(1a) Abs. 1 ist auf Ansuchen um Zulassung zu einer Studienberechtigungsprüfung gemäß § 1 Abs. 5a nicht anzuwenden; dieses hat zu enthalten:

1. die Art der Externistenprüfung (§ 1 Abs. 5a),
2. die Angabe der Schulart (Form, Fachrichtung) und *(BGBl. Nr. 671/1993, Z 3 idF BGBl. II Nr. 385/2008, Z 5)*
3. das Wahlfach oder, bei weniger als drei Pflichtfächern, die Wahlfächer.

Die Studienberechtigungsprüfung (§ 1 Abs. 5a) ist an der Schule abzulegen, die der Aufnahmsbewerber besuchen will. *(BGBl. Nr. 671/1993, Z 3)*

(2) Gleichzeitig mit dem Ansuchen gemäß Abs. 1 hat der Prüfungskandidat vorzulegen:

1. Personaldokumente zum Nachweis des Namens und des Geburtsdatums,
2. ein allfälliges Ansuchen um gänzliche bzw. teilweise Befreiung von einem Prüfungsgebiet der Externistenprüfung gemäß § 4 und § 19 Abs. 4,
3. einen Vorschlag für einen Termin der Externistenprüfung, bei Externistenprüfungen gemäß § 1 Abs. 1 Z 4 zumindest der ersten Zulassungsprüfung, *(BGBl. Nr. 136/1991, Z 3)*
4. gegebenenfalls das der Externistenprüfung vorausgehende letzte Jahreszeugnis (ausgenommen Berufsschulzeugnis) bzw. Semesterzeugnis oder das Zeugnis über die Reifeprüfung, Reife- und Diplomprüfung, Diplomprüfung oder Abschlußprüfung, sofern jedoch eine Externistenprüfung über eine höhere als die erste Stufe der Berufsschule angestrebt wird, das Zeugnis über die vorangehende Stufe der Berufsschule, *(BGBl. Nr. 130/1989, Z 6 idF BGBl. II Nr. 125/1997, Z 7 und BGBl. II Nr. 230/2016, Z 8)*
5. im Falle des § 3 Abs. 5 den Nachweis über den erfolgreichen Abschluß der achten Schulstufe (§ 28 Abs. 3 bis 5 des Schulunterrichtsgesetzes) oder einer höheren Schulstufe, sofern dieser Nachweis nicht bereits durch Z 4 erbracht wird, *(BGBl. Nr. 130/1989, Z 6 idF BGBl. Nr. 671/1993, Z 4)*
6. im Falle des § 3 Abs. 3 den Nachweis der Erfüllung der besonderen Zulassungsvoraussetzungen, sofern dieser Nachweis nicht bereits durch Z 4 erbracht wird und *(BGBl. Nr. 130/1989, Z 6 idF 671/1993, Z 5 und 6)*
7. im Falle des § 1 Abs. 5a (Studienberechtigungsprüfung) den Nachweis der besonderen Zulassungsvoraussetzungen gemäß § 8c des Schulorganisationsgesetzes, BGBl. Nr. 242/1962, welche spätestens zum Zeitpunkt des erstmaligen Antrittes zur Prüfung vorliegen müssen, sofern dieser Nachweis nicht bereits durch Z 4 erbracht wird. *(BGBl. II Nr. 125/1997, Z 8 idF BGBl. II Nr. 385/2008, Z 6)*

(3) Prüfungskandidaten, die einer gesetzlich anerkannten Kirche oder Religionsgesellschaft angehören, können, sofern der Lehrplan den Unterrichtsgegenstand Ethik nicht vorsieht,

auch um Zulassung zur Externistenprüfung aus dem Prüfungsgebiet „Religion" ansuchen, sofern zur Zeit des Ansuchens an der Schule, an der die Prüfungskommission ihren Sitz hat, Religionsunterricht dieser gesetzlich anerkannten Kirche oder Religionsgesellschaft abgehalten wird. *(BGBl. Nr. 362/1979 idF BGBl. II Nr. 166/2023, Z 3)*

(4) Sieht der Lehrplan die Unterrichtsgegenstände Religion und Ethik vor, so haben Prüfungskandidatinnen und -kandidaten von Externistenprüfungen gemäß § 1 Abs. 1 um Zulassung zur Externistenprüfung aus einem der beiden Prüfungsgebiete anzusuchen. *(BGBl. II Nr. 166/2023, Z 4)*

(5) Über das Ansuchen hat der Vorsitzende der Prüfungskommission zu entscheiden.

Kurse zur Vorbereitung auf die Studienberechtigungsprüfung

§ 2a. (1) Zur Vorbereitung auf die Studienberechtigungsprüfung (§ 1 Abs. 5a) können für die Prüfungsgebiete gemäß § 1 Abs. 5a Z 1 und 2 Kurse zur Ergänzung des Selbststudiums eingerichtet werden, sofern

1. sich mindestens zehn Kandidaten für einen Kurs im betreffenden Prüfungsgebiet angemeldet haben und
2. in zumutbarer Entfernung vom Wohnort des Kandidaten keine anderen vergleichbaren Ausbildungsmöglichkeiten im schulischen, im universitären, im Erwachsenenbildungsbereich oder in anderen Bereichen bestehen.

(2) Die Kurse gemäß Abs. 1 dürfen für ein Prüfungsgebiet das Ausmaß von insgesamt 20 Unterrichtsstunden nicht überschreiten.

(BGBl. Nr. 671/1993, Z 7)

Voraussetzung für die Zulassung zur Externistenprüfung

§ 3. (1) Grundvoraussetzung für die Zulassung zur Ablegung einer Externistenprüfung ist, daß der Prüfungskandidat zum (ersten) Prüfungstermin nicht jünger ist als ein Schüler bei Absolvierung des betreffenden Bildungsganges ohne Wiederholen oder Überspringen von Schulstufen, auch an den Nahtstellen, wäre. *(BGBl. Nr. 643/1992, Z 3 idF BGBl. II Nr. 385/2008, Z 7)*

(2) Hat der Prüfungskandidat vor dem Antritt zur Externistenprüfung eine Schule besucht und eine oder mehrere Stufen dieser Schule nicht erfolgreich abgeschlossen, so darf er zur Externistenprüfung über eine Schulstufe der betreffenden Schulart (Form, Fachrichtung) oder über die Schulart (Form, Fachrichtung) gemäß § 1 Abs. 1 Z 2 und 3 frühestens zwölf Monate nach der zuletzt nicht erfolgreich abgeschlossenen Schulstufe antreten. Dies gilt auch für den Antritt zu einer oder mehreren Externistenprüfungen gemäß § 1 Abs. 1 Z 1, sofern durch die Ablegung der erfolgreiche Abschluß einer Schulstufe oder Schulart (Form, Fachrichtung) erreicht werden könnte. *(BGBl. Nr. 643/1992, Z 3)*

(3) Bei Externistenreifeprüfungen, Externistenreife- und Diplomprüfungen, Externistendiplomprüfungen und Externistenabschlußprüfungen gemäß § 1 Abs. 1 Z 4 bezieht sich das im Abs. 1 genannte Alterserfordernis auf den Zeitpunkt der Zulassung zur Hauptprüfung. Hat ein Prüfungskandidat im Rahmen seiner bisherigen Schullaufbahn eine Reifeprüfung, Reife- und Diplomprüfung, Diplomprüfung oder eine Abschlußprüfung nicht erfolgreich abgeschlossen, darf er zur Hauptprüfung einer entsprechenden Externistenprüfung nicht früher antreten, als dies bei sinngemäßer Anwendung der Bestimmungen über die Wiederholung der nicht erfolgreich abgelegten Prüfung nach den diesbezüglichen Prüfungsvorschriften möglich ist. *(BGBl. II Nr. 125/1997, Z 10 idF BGBl. II Nr. 385/2008, Z 8)*

(4) Sofern für die Aufnahme in eine Schulart, Form oder Fachrichtung neben einer Aufnahms- oder Eignungsprüfung besondere Aufnahmsvoraussetzungen festgelegt sind, ist überdies der Nachweis der Erfüllung dieser besonderen Aufnahmsvoraussetzungen Voraussetzung für die Zulassung zu einer Externistenprüfung gemäß § 1 Abs. 1 Z 2 bis 4. *(BGBl. Nr. 130/1989, Z 7 idF BGBl. Nr. 643/1992, Z 4)*

(5) Für die Zulassung zu einer Externistenprüfung gemäß § 1 Abs. 1 Z 2 bis 4 an einer mittleren oder höheren Schule, ausgenommen die Unterstufe der allgemeinbildenden höheren Schule, ist ferner der Nachweis des erfolgreichen Abschlusses der 8. Schulstufe (§ 28 Abs. 3 bis 5 des Schulunterrichtsgesetzes) oder einer höheren Schulstufe bzw. eine diesbezügliche Externistenprüfung Voraussetzung, wobei im Falle der Ablegung einer Externistenprüfung über die 8. Schulstufe der Zeitpunkt der erfolgreichen Ablegung dieser Prüfung für die Feststellung der Zulassungsvoraussetzung nach Abs. 1 nicht zu berücksichtigen ist. Dem erfolgreichen Besuch der 8. Schulstufe ist eine entsprechende Berechtigung zum Aufsteigen in die nächsthöhere Schulstufe gemäß § 25 Abs. 2 des Schulunterrichtsgesetzes gleichzuhalten, wenn der Prüfungskandidat eine höhere als die 8. Schulstufe erfolgreich abgeschlossen hat. *(BGBl. Nr. 130/1989, Z 7 idF BGBl. Nr. 136/1991, Z 6, BGBl. Nr. 643/1992, Z 4 und BGBl. II Nr. 385/2008, Z 9)*

(6) Die Zulassung zur Externistenprüfung hat im Falle des § 1 Abs. 1 Z 1 den Unterrichtsgegenstand oder die Unterrichtsgegenstände,

die Schulstufe oder die Schulstufen und die Schulart (Form, Fachrichtung), im Falle des § 1 Abs. 1 Z 2 die Schulstufe oder die Schulstufen und die Schulart (Form, Fachrichtung), im Falle des § 1 Abs. 1 Z 3 die Schulart (Form, Fachrichtung), im Falle des § 1 Abs. 1 Z 4 die Schulart (Form, Fachrichtung) sowie das Thema der abschließenden Arbeit und in allen Fällen den Prüfungstermin oder die Prüfungstermine zu bezeichnen. Standen den Prüfungskandidaten mehrere Prüfungsgebiete (§ 2 Abs. 1 Z 4) zur Wahl, so ist das gewählte Prüfungsgebiet in der Zulassung zu nennen. Standen den Prüfungskandidaten im Prüfungsgebiet „Lebende Fremdsprache (mit dem auf die Ausbildungsdauer hinweisenden Zusatz)" mehrere Sprachen (§ 2 Abs. 1 Z 5) zur Wahl, so ist die gewählte Fremdsprache in der Zulassung zu nennen. Wurde bei einem Ansuchen gemäß § 2 Abs. 2 Z 3 zweiter Halbsatz nicht ein Vorschlag für alle Prüfungstermine eingebracht, so sind nur die Prüfungstermine für jene Zulassungsprüfungen festzusetzen, für die der Prüfungskandidat einen Vorschlag eingebracht hat; ferner ist der frühestmögliche Termin der Hauptprüfung bekanntzugeben. *(BGBl. Nr. 643/1992, Z 5 idF BGBl. Nr. 671/1993, Z 8 und BGBl. II Nr. 230/2016, Z 10 und 11)*

(7) Die Zulassung zur Externistenprüfung über den Lehrstoff der im folgenden genannten Schulen ist von der Teilnahme in einem praktischen Unterricht bzw. an praktischen Übungen oder einem anderen Nachweis der Erlernung entsprechender Fertigkeiten in jenem Ausmaß abhängig zu machen, das für die Erfassung des Prüfungsstoffes wesentlich ist: Berufsschule, Wirtschaftskundliches Realgymnasium, Werkschulheim, technische, gewerbliche oder kunstgewerbliche Fachschule, Fachschule für wirtschaftliche Berufe, Fachschule für Sozialberufe, Höhere technische oder gewerbliche Lehranstalt, Höhere Lehranstalt für wirtschaftliche Berufe, Bildungsanstalt für Elementarpädagogik, Bildungsanstalt für Sozialpädagogik und höhere land- und forstwirtschaftliche Lehranstalten. *(BGBl. Nr. 130/1989, Z 7 idF BGBl. Nr. 643/1992, Z 4, BGBl. Nr. 671/1993, Z 1, BGBl. II Nr. 385/2008, Z 10 und BGBl. II Nr. 230/2016, Z 1)*

(8) Die Zulassung zur Hauptprüfung einer Externistenprüfung gemäß § 1 Abs. 1 Z 4 ist von der erfolgreichen Ablegung aller in Betracht kommenden Zulassungsprüfungen (§ 9 Abs. 3) und Vorprüfungen (§ 9 Abs. 4) abhängig zu machen. *(BGBl. Nr. 136/1991, Z 7 idF BGBl. Nr. 643/1992, Z 4)*

(9) Die Zulassung zu einer Hauptprüfung einer Externistenreife- und Diplomprüfung an einer Bildungsanstalt für Elementarpädagogik und einer Bildungsanstalt für Sozialpädagogik ist von einer entsprechenden Einführung in die Praxis der Erziehertätigkeit (in Kindergärten, Horten oder Heimen) abhängig zu machen. Die Zulassung zu einer Externistenabschlussprüfung an einer Fachschule für Sozialberufe ist von einer entsprechenden Einführung in die Praxis der Sozialarbeit abhängig zu machen. *(BGBl. Nr. 130/1989, Z 7 idF BGBl. Nr. 643/1992, Z 4 und 6, BGBl. Nr. 671/1993, Z 1, BGBl. II Nr. 125/1997, Z 11 und BGBl. II Nr. 230/2016, Z 1 und 12)*

(9a) Voraussetzung für die Zulassung zu einer Studienberechtigungsprüfung (§ 1 Abs. 5a) ist, daß der Prüfungskandidat entweder

1. das 22. Lebensjahr vollendet hat und eine eindeutig über die Erfüllung der allgemeinen Schulpflicht hinausgehende erfolgreiche berufliche oder außerberufliche Vorbildung für die angestrebte Schulart (Form, Fachrichtung) nachweist, oder *(BGBl. Nr. 671/1993, Z 9 idF BGBl. II Nr. 385/2008, Z 5)*
2. das 20. Lebensjahr vollendet hat, eine Lehrabschlußprüfung gemäß dem Berufsausbildungsgesetz, BGBl. Nr. 142/1969, oder gemäß dem Land- und forstwirtschaftlichen Berufsausbildungsgesetz, BGBl. Nr. 298/1990, eine mittlere Schule oder eine nach Umfang und Anforderungen gleichwertige inländische Berufsausbildung erfolgreich abgeschlossen hat und eine insgesamt vierjährige Ausbildungsdauer (allenfalls durch Absolvierung eines weiteren Bildungsganges) erreicht hat. *(BGBl. II Nr. 125/1997, Z 12)*

(BGBl. Nr. 671/1993, Z 9)

(10) Sofern ein Prüfungskandidat die letztmögliche Wiederholung einer Externistenprüfung nicht bestanden hat, darf er zu einer gleichen Externistenprüfung nicht mehr zugelassen werden; Externistenprüfungen über eine andere Schulart, Form oder Fachrichtung sind jedoch zulässig. *(BGBl. Nr. 130/1989, Z 7 idF BGBl. Nr. 643/1992, Z 4)*

Anrechnung eines Schulbesuches sowie von Prüfungen

§ 4. (1) Prüfungskandidaten für eine Externistenprüfung gemäß § 1 Abs. 1 Z. 1 bis 3, die über einen das Prüfungsgebiet bildenden Pflichtgegenstand ein Zeugnis oder eine Schulbesuchsbestätigung mit einer Beurteilung gemäß § 24 Abs. 2 des Schulunterrichtsgesetzes einer öffentlichen oder mit dem Öffentlichkeitsrecht ausgestatteten Schule oder ein Externistenprüfungszeugnis vorweisen können, sind von der Ablegung der Externistenprüfung in diesem Bereich auf Ansuchen ganz oder zum Teil zu befreien, soweit damit der Nachweis der Beherrschung des entsprechenden Prüfungsstoffes gegeben ist.

(1a) Prüfungskandidaten für eine Studienberechtigungsprüfung (§ 1 Abs. 5a) sind auch insofern von der Ablegung der Studienberechtigungsprüfung auf Ansuchen ganz oder zum Teil zu befreien, als sie eine Studienberechtigungsprüfung gemäß dem Studienberechtigungsgesetz, BGBl. Nr. 292/1985, dem Universitätsgesetz 2002, BGBl. I Nr. 120/2002, dem Hochschulgesetz 2005, BGBl. I Nr. 30/2006, oder dem Hochschul-Studienberechtigungsgesetz BGBl. I Nr. 71/2008, oder Teile einer solchen Prüfung erfolgreich absolviert haben und diese Prüfungen oder Teile von Prüfungen nach Inhalt und Umfang den Prüfungsgebieten gemäß Anlage 10 entsprechen. *(BGBl. Nr. 671/1993, Z 10 idF BGBl. II Nr. 385/2008, Z 11, BGBl. II Nr. 230/2016, Z 13 und BGBl. II Nr. 112/2018, Z 2 und 4)*

(2) Prüfungskandidaten für eine Externistenprüfung gemäß § 1 Abs. 1 Z. 4,

1. die über einen das Prüfungsgebiet der Zulassungsprüfung gemäß § 9 Abs. 3 bildenden Pflichtgegenstand ein Zeugnis oder eine Schulbesuchsbestätigung mit einer Beurteilung gemäß § 24 Abs. 2 des Schulunterrichtsgesetzes einer öffentlichen oder mit dem Öffentlichkeitsrecht ausgestatteten Schule oder ein Externistenprüfungszeugnis vorweisen können, sind von der Ablegung der Zulassungsprüfung in diesem Bereich auf Ansuchen ganz oder zum Teil zu befreien, soweit damit der Nachweis der Beherrschung des entsprechenden Prüfungsstoffes gegeben ist, *(BGBl. Nr. 220/1980 idF BGBl. Nr. 136/1991, Z 8)*
2. die eine Reifeprüfung, Reife- und Diplomprüfung, Diplomprüfung oder Abschlußprüfung oder eine entsprechende Externistenprüfung oder einzelne Prüfungsgebiete einer solchen Prüfung oder Externistenprüfung erfolgreich abgelegt haben, sind auf Ansuchen von Prüfungsgebieten, die auch Prüfungsgebiete dieser Prüfungen waren, zu befreien, wenn *(BGBl. Nr. 362/1979 idF BGBl. Nr. 130/1989, Z 8, BGBl. II Nr. 125/1997, Z 7 und BGBl. II Nr. 230/2016, Z 14)*
   a) das betreffende Prüfungsgebiet den gleichen Umfang hatte wie jenes, um dessen Entfall angesucht wird,
   b) die Durchführung der Prüfung im betreffenden Prüfungsgebiet bei beiden Prüfungen gleichartig ist,
   c) der Lehrstoff der Unterrichtsgegenstände, die das Prüfungsgebiet der bereits abgelegten Prüfung bilden, den Lehrstoff jener Unterrichtsgegenstände umfaßt, die das Prüfungsgebiet bilden, um dessen Entfall angesucht wird,
   d) das Stundenausmaß der Unterrichtsgegenstände, die das Prüfungsgebiet der bereits abgelegten Prüfung bilden, mindestens drei Viertel des Stundenausmaßes jener Unterrichtsgegenstände beträgt, die das Prüfungsgebiet bilden, um dessen Entfall angesucht wird und
   e) der Prüfungskandidat gemäß § 11 Abs. 7 des Schulunterrichtsgesetzes von der Teilnahme an allen jenen Pflichtgegenständen befreit war, die das Prüfungsgebiet bilden, um dessen Entfall angesucht wird oder der Prüfungskandidat im Bereich des Prüfungsgebietes keine Zulassungsprüfung abzulegen hat. *(BGBl. Nr. 362/1979 idF BGBl. Nr. 136/1991, Z 8)*

Eine Befreiung ist nur in dem Maß zulässig, als zumindest eine Teilprüfung der Hauptprüfung vor der zuständigen Prüfungskommission (§ 5) abzulegen ist. Bei lit. c und d ist jeweils der Lehrplan der betreffenden Schulart (Form, Fachrichtung) ab der 9. Schulstufe zu berücksichtigen. *(BGBl. Nr. 362/1979 idF BGBl. II Nr. 385/2008, Z 12 und BGBl. II Nr. 230/2016, Z 15)*

Prüfungskommissionen

§ 5. (1) Die Externistenprüfungen sind vor Prüfungskommissionen abzulegen.

(2) Die Prüfungskommission für Externistenprüfungen gemäß § 1 Abs. 1 Z 1 bis 3 besteht aus dem Leiter der Schule oder einem von diesem zu bestimmenden Lehrer als Vorsitzendem und der erforderlichen Anzahl von Lehrern der in Betracht kommenden Prüfungsgegenstände, die der Schulleiter zu bestimmen hat, als Prüfer.

(2a) Wird eine Externistenprüfung gemäß § 1 Abs. 1 Z 2a abgelegt, so können Teilprüfungen dieser Externistenprüfung vor der Schulleitung oder einer von dieser zu bestimmenden Lehrperson als Vorsitzendem, einer Einzelprüferin oder einem Einzelprüfer, welche oder welcher von der Schulleitung aus dem Kreis jener Lehrpersonen, die den das Prüfungsgebiet umfassenden Unterrichtsgegenstand unterrichten, zu bestellen ist, sowie einer Beisitzerin oder einem Beisitzer abgelegt werden. *(BGBl. II Nr. 166/2023, Z 5)*

(3) Die Prüfungskommission für Externistenprüfungen gemäß § 1 Abs. 1 Z 4 besteht

1. für die einzelnen Prüfungsgebiete der Hauptprüfung gemäß § 9 Abs. 2
   a) aus der oder dem nach der Geschäftsordnung der Bildungsdirektion zuständigen Bediensteten des Schulqualitätsmanagements oder einem oder einer anderen von der zuständigen Schulbehörde zu bestellenden Experten oder Expertin des

mittleren oder höheren Schulwesens oder externen Fachexperten oder Fachexpertin als Vorsitzendem oder Vorsitzender, *(BGBl. II Nr. 230/2016, Z 16 idF BGBl. II Nr. 107/2019, Art. 4 Z 2)*

b) aus dem Schulleiter oder der Schulleiterin oder einem oder einer von ihm oder ihr zu bestellenden Abteilungsvorstand oder Abteilungsvorständin oder Lehrer oder Lehrerin und *(BGBl. II Nr. 230/2016, Z 16 idF BGBl. II Nr. 112/2018, Z 5)*

c) aus einem oder einer vom Schulleiter oder von der Schulleiterin aus dem Kreis jener Lehrer und Lehrerinnen, die den das Prüfungsgebiet umfassenden Unterrichtsgegenstand unterrichten, zu bestellenden Prüfer oder Prüferin; *(BGBl. II Nr. 230/2016, Z 16 idF BGBl. II Nr. 112/2018, Z 5)*

2. für die einzelnen Prüfungsgebiete der Zulassungsprüfung gemäß § 9 Abs. 3
   a) aus dem Schulleiter oder der Schulleiterin oder einem oder einer von ihm oder ihr zu bestellenden Abteilungsvorstand oder Abteilungsvorständin oder Lehrer oder Lehrerin als Vorsitzendem oder Vorsitzender und
   b) aus einem oder einer vom Schulleiter oder von der Schulleiterin aus dem Kreis jener Lehrer und Lehrerinnen, die den das Prüfungsgebiet umfassenden Unterrichtsgegenstand unterrichten, zu bestellenden Prüfer oder Prüferin;
3. für die einzelnen Prüfungsgebiete der Vorprüfung gemäß § 9 Abs. 4
   a) aus dem Schulleiter oder der Schulleiterin oder einem oder einer von ihm oder ihr zu bestellenden Abteilungsvorstand oder Abteilungsvorständin oder Lehrer oder Lehrerin als Vorsitzenden oder Vorsitzende,
   b) aus dem oder der Abteilungsvorstand oder Abteilungsvorständin, dem Fachvorstand oder der Fachvorständin, dem Werkstätten- oder Bauhofleiter oder der Werkstätten- oder Bauhofleiterin oder einem oder einer vom Schulleiter oder von der Schulleiterin zu bestellenden fachkundigen Lehrer oder Lehrerin und
   c) aus einem oder einer vom Schulleiter oder von der Schulleiterin aus dem Kreis jener Lehrer und Lehrerinnen, die den das Prüfungsgebiet umfassenden Unterrichtsgegenstand unterrichten, zu bestellenden Prüfer oder Prüferin.

(BGBl. II Nr. 230/2016, Z 16)

(4) Sofern die zuständige Schulbehörde Prüfungskommissionen an bestimmten Schulen für einen größeren örtlichen Bereich einrichtet, kann sie auch Lehrer anderer Schulen als Mitglieder der Prüfungskommission bestellen. *(BGBl. Nr. 362/1979 idF BGBl. II Nr. 230/2016, Z 17)*

(5) Sofern der Bundesminister oder die Bundesministerin für Bildung, Wissenschaft und Forschung für das ganze Bundesgebiet zuständige Prüfungskommissionen an bestimmten Schulen einrichtet, kann er auch Lehrer anderer Schulen als Mitglieder dieser Prüfungskommission bestellen. *(BGBl. Nr. 362/1979 idF BGBl. Nr. 136/1991, Z 1, BGBl. II Nr. 125/1997, Z 13, BGBl. II Nr. 385/2008, Z 13, BGBl. II Nr. 230/2016, Z 18 und BGBl. II Nr. 112/2018, Z 6)*

(6) Für einen Beschluss der Prüfungskommissionen gemäß Abs. 3 Z 1 und 3 ist die Anwesenheit aller in Abs. 3 Z 1 und 3 genannten Kommissionsmitglieder sowie die unbedingte Mehrheit der abgegebenen Stimmen erforderlich. Stimmenthaltungen sind unzulässig. Im Falle der unvorhergesehenen Verhinderung des oder der Vorsitzenden gemäß Abs. 3 Z 1 und erforderlichenfalls bei standardisierten mündlichen Kompensationsprüfungen erfolgt die Vorsitzführung durch den Schulleiter oder die Schulleiterin oder durch einen oder eine von diesem oder dieser zu bestellenden Lehrer oder Lehrerin. Wenn ein anderes Mitglied der jeweiligen Prüfungskommission verhindert ist oder wenn die Funktion des Prüfers oder der Prüferin mit der Funktion eines anderen Kommissionsmitgliedes zusammenfällt, hat der Schulleiter oder die Schulleiterin für das betreffende Mitglied einen Stellvertreter oder eine Stellvertreterin zu bestellen. *(BGBl. II Nr. 230/2016, Z 19 idF BGBl. II Nr. 112/2018, Z 7)*

(7) Der Prüfungskandidat darf die Prüfungskommission – ausgenommen in den in den Abs. 8 und 9 angeführten Fällen – wechseln. Im Falle eines Wechsels der Prüfungskommission hat sich der Prüfungskandidat bei der bisherigen Prüfungskommission schriftlich abzumelden. Diese hat dem Prüfungskandidaten ein Zeugnis über die bis zum Zeitpunkt der Abmeldung abgelegten Prüfungen auszustellen.

(8) Die Wiederholung einer Externistenprüfung gemäß § 16 ist bei der Prüfungskommission abzulegen, bei der die Externistenprüfung nicht bestanden wurde.

(9) Ein Wechsel der Prüfungskommission während der Hauptprüfung (§ 9 Abs. 2) ist nicht zulässig.

Prüfungsgebiete, Form und Dauer der Externistenprüfung über einzelne Unterrichtsgegenstände

§ 6. (1) Die Externistenprüfung über den Lehrstoff einzelner Unterrichtsgegenstände (§ 1

Abs. 1 Z 1) hat den im Lehrplan vorgeschriebenen Lehrstoff des betreffenden Unterrichtsgegenstandes (der betreffenden Unterrichtsgegenstände) entsprechend der Zulassung (§ 3 Abs. 6) zu umfassen. *(BGBl. Nr. 130/1989, Z 11 idF BGBl. Nr. 671/1993, Z 11)*

(2) Externistenprüfungen können nur über den Lehrstoff eines geltenden Lehrplanes oder eines Lehrplanes abgelegt werden, der nicht länger als drei Jahre vor der Ablegung der Externistenprüfung außer Kraft getreten ist.

(3) Die Externistenprüfung besteht

a) aus einer schriftlichen Klausurarbeit und einer mündlichen Teilprüfung in jenen Unterrichtsgegenständen, in denen nach dem Lehrplan der betreffenden Schulstufe(n) Schularbeiten durchzuführen sind,

b) aus einer mündlichen Teilprüfung und praktischen Klausurarbeit in Unterrichtsgegenständen mit überwiegend praktischer Tätigkeit gemäß § 9 Abs. 2 der Leistungsbeurteilungsverordnung, BGBl. Nr. 371/1974, sofern die Abhaltung einer mündlichen Prüfung gemäß § 5 Abs. 11 der Leistungsbeurteilungsverordnung nicht unzulässig ist, sowie in Musikerziehung, in Musikerziehung, Stimmbildung und Sprechtechnik und in Instrumentalunterricht in Bildungsanstalten für Elementarpädagogik und Bildungsanstalten für Sozialpädagogik, *(BGBl. Nr. 643/1992, Z 7 idF BGBl. Nr. 671/1993, Z 12, BGBl. II Nr. 125/1997, Z 14, BGBl. II Nr. 230/2016, Z 1 und BGBl. II Nr. 112/2018, Z 8)*

c) aus einer praktischen Klausurarbeit in Unterrichtsgegenständen mit überwiegend praktischer Tätigkeit gemäß § 9 Abs. 2 der Leistungsbeurteilungsverordnung, wenn die Abhaltung einer mündlichen Prüfung gemäß § 5 Abs. 11 der Leistungsbeurteilungsverordnung unzulässig ist, *(BGBl. Nr. 643/1992, Z 7)*

d) aus einer mündlichen Prüfung in allen übrigen Unterrichtsgegenständen.

(4) Die Dauer einer schriftlichen Klausurarbeit hat der Dauer der im betreffenden Lehrplanbereich oder, wenn ein solcher nicht vorhanden ist, der in einem vergleichbaren Lehrplanbereich vorgeschriebenen längsten Schularbeit zu entsprechen. *(BGBl. Nr. 671/1993, Z 13)*

(5) Die Dauer einer mündlichen oder praktischen Prüfung hat die für die Gewinnung eines sicheren Urteiles über die Kenntnisse des Prüfungskandidaten notwendige Zeit zu umfassen.

(6) Prüfungsanforderungen und -methoden von Studienberechtigungsprüfungen (§ 1 Abs. 5a) sind unter Abweichung von Abs. 1, 3 und 4 der Anlage 10 zu entnehmen. *(BGBl. Nr. 671/1993, Z 14 idF BGBl. II Nr. 112/2018, Z 2)*

Prüfungsgebiete, Form und Dauer der Externistenprüfung über einzelne Schulstufen

§ 7. (1) Die Externistenprüfung über einzelne Schulstufen (§ 1 Abs. 1 Z 2) hat den im Lehrplan vorgeschriebenen Lehrstoff aller Pflichtgegenstände der betreffenden Schulstufe(n) entsprechend der Zulassung (§ 3 Abs. 6) zu umfassen. *(BGBl. Nr. 130/1989, Z 13 idF BGBl. Nr. 671/1993, Z 15)*

(2) Die Externistenprüfung gemäß Abs. 1 umfasst

1. nicht die in § 1 Abs. 2 genannten Unterrichtsgegenstände,
2. den Unterrichtsgegenstand Religion dann, wenn er gemäß § 2 Abs. 3 oder 4 gewählt wurde,
3. den Unterrichtsgegenstand Ethik dann, wenn
   a) er im Lehrplan vorgesehen ist und
   b) nicht gemäß § 2 Abs. 4 der Unterrichtsgegenstand Religion gewählt wurde.

(BGBl. II Nr. 166/2023, Z 6)

(3) Externistenprüfungen können nur über den Lehrstoff eines geltenden Lehrplanes oder eines Lehrplanes abgelegt werden, der nicht länger als drei Jahre vor der Ablegung der Externistenprüfung außer Kraft getreten ist. Hat ein Prüfungskandidat einen Teil der Externistenprüfung nach einem länger als drei Jahre nicht mehr geltenden Lehrplan abgelegt, so hat er eine Prüfung über den durch den neuen Lehrplan gegenüber dem außer Kraft getretenen Lehrplan vorgesehenen zusätzlichen Lehrstoff abzulegen; dies gilt auch bei Anrechnungen gemäß § 4. Legt der Prüfungskandidat eine Externistenprüfung über mehrere Schulstufen ab, so gilt die Frist von drei Jahren nur für die letzte Schulstufe und verlängert sich diese Frist für die vorhergehenden Schulstufen um den entsprechenden Zeitraum.

(4) § 6 Abs. 3 bis 5 sind anzuwenden.

Prüfungsgebiete, Form und Dauer der Externistenprüfung über eine Schulart (Form, Fachrichtung)

§ 8. (1) Die Externistenprüfung über eine Schulart (Form, Fachrichtung) (§ 1 Abs. 1 Z 3) hat den im Lehrplan vorgeschriebenen Lehrstoff aller Pflichtgegenstände aller Stufen der betreffenden Schulart (Form, Fachrichtung) entsprechend der Zulassung (§ 3 Abs. 6) zu umfassen. *(BGBl. Nr. 130/1989, Z 14 idF BGBl. Nr. 671/1993, Z 15)*

(2) § 6 Abs. 3 bis 5 sowie § 7 Abs. 2 und 3 sind anzuwenden.

Prüfungsgebiete, Form und Dauer der Externistenreifeprüfung, der Externistenreife- und Diplomprüfung, der Externistendiplomprüfung und der Externistenabschlußprüfung
(BGBl. II Nr. 125/1997, Z 15)

§ 9. (1) Die Externistenreifeprüfungen, die Externistenreife- und Diplomprüfungen, die Externistendiplomprüfungen und die Externistenabschlußprüfungen (§ 1 Abs. 1 Z 4) bestehen aus Zulassungsprüfungen, allfälligen Vorprüfungen und der Hauptprüfung. *(BGBl. Nr. 136/1991, Z 10 idF BGBl. II Nr. 125/1997, Z 16)*

(1a) Externistenreifeprüfungen, Externistenreife- und Diplomprüfungen, Externistendiplomprüfungen und Externistenabschlussprüfungen können nur über den Lehrstoff eines Lehrplanes und nach einer Prüfungsordnung abgelegt werden, die nicht länger als drei Jahre vor der Ablegung der Hauptprüfung nicht mehr anzuwenden sind. Hat ein Prüfungskandidat einen Teil der betreffenden Externistenprüfung nach einem länger als drei Jahre nicht mehr geltenden Lehrplan abgelegt, so hat er eine Prüfung über den durch den neuen Lehrplan gegenüber dem außer Kraft getretenen Lehrplan vorgesehenen zusätzlichen Lehrstoff abzulegen; dies gilt auch bei Anrechnungen gemäß § 4. *(BGBl. Nr. 136/1991, Z 11 idF BGBl. II Nr. 125/1997, Z 17 und BGBl. II Nr. 230/2016, Z 20)*

(2) Auf die Hauptprüfung sind die Bestimmungen über die Prüfungsgebiete der Verordnung über jene Reifeprüfung, Reife- und Diplomprüfung, Diplomprüfung bzw. Abschlußprüfung anzuwenden, die der Externistenprüfung entspricht; hiebei ist jene Fassung der betreffenden Verordnung anzuwenden, die gleichzeitig mit jenem Lehrplan in Geltung steht oder gestanden ist, über den der Prüfungskandidat die betreffende Externistenprüfung ablegt. Kommen für einen Lehrplan mehrere Prüfungsordnungen in Betracht, so ist die jüngere Prüfungsordnung anzuwenden. Nicht anzuwenden sind jene Bestimmungen der Prüfungsordnungen, die mit dem Schulbesuch im Zusammenhang stehen. Die Festsetzung der nicht vom Prüfungskandidaten zu wählenden Prüfungsgebiete im Rahmen einer Hauptprüfung gemäß § 1 Abs. 1 Z 4 ist vom Vorsitzenden der Prüfungskommission vorzunehmen und dem Prüfungskandidaten zusammen mit der Zulassung zur ersten Zulassungsprüfung bekanntzugeben. *(BGBl. Nr. 130/1989, Z 15 idF BGBl. Nr. 136/1991, Z 12, BGBl. Nr. 643/1992, Z 8, BGBl. II Nr. 125/1997, Z 7, BGBl. II Nr. 385/2008, Z 14 und BGBl. II Nr. 230/2016, Z 21)*

(3) Zulassungsprüfungen sind abzulegen

1. über den im Lehrplan vorgeschriebenen Lehrstoff aller Pflichtgegenstände, die nicht ein Prüfungsgebiet der mündlichen Vorprüfung im Sinne des Abs. 4 oder des mündlichen Teiles der Hauptprüfung bilden, im Umfang aller Stufen ab der 9. Schulstufe, wobei auf § 1 Abs. 2 und § 2 Abs. 4 Bedacht zu nehmen ist, *(BGBl. Nr. 130/1989, Z 15 idF BGBl. II Nr. 385/2008, Z 12 und BGBl. II Nr. 166/2023, Z 7)*
2. bei Prüfungsgebieten, die mehrere Pflichtgegenstände umfassen, über den Lehrstoff jener Pflichtgegenstände, die nicht Gegenstand der Hauptprüfung sein werden, im Umfang aller Stufen ab der 9. Schulstufe, *(BGBl. Nr. 671/1993, Z 16 idF BGBl. II Nr. 385/2008, Z 12 und 15)*

2a. in nicht durch Z 1 und 2 erfassten, nicht oder mit „Nicht genügend“ beurteilten Pflichtgegenständen über jene im Lehrplan ab der 10. Schulstufe vorgeschriebenen Lehrstoffe, über die eine erfolgreiche Ablegung einer Semesterprüfung nicht nachgewiesen wird, *(BGBl. II Nr. 230/2016, Z 22)*

3. in nicht durch Z 1 und 2 erfaßten Pflichtgegenständen, sofern sie lehrplanmäßig ab der 9. Schulstufe in mehr als zwei Schuljahren unterrichtet werden, über den im Lehrplan vorgesehenen Lehrstoff für die den letzten zwei Stufen des betreffenden Pflichtgegenstandes vorangehenden Stufen ab der 9. Schulstufe und *(BGBl. II Nr. 125/1997, Z 18 idF BGBl. II Nr. 385/2008, Z 12)*
4. in den nicht durch Z 1 und 2 erfaßten Pflichtgegenständen, in denen lehrplanmäßig Schularbeiten vorgeschrieben sind, über den im Lehrplan vorgesehenen Lehrstoff der letzten beiden Stufen, sofern bei der Vorprüfung im Sinne des Abs. 4 oder bei der Hauptprüfung keine schriftliche Klausurarbeit abzulegen ist.

Sofern auf Zulassungsprüfungen ein bisheriger Schulbesuch oder frühere Prüfungen gemäß § 4 Abs. 2 Z 1 angerechnet werden, gelten sie als im Zeitpunkt des Abschlusses des betreffenden Schulbesuches oder der betreffenden Prüfung als abgelegt. *(BGBl. Nr. 130/1989, Z 15 idF BGBl. Nr. 136/1991, Z 13 und BGBl. Nr. 643/1992, Z 9)*

(4) Auf eine allfällige Vorprüfung sind die Bestimmungen über die Prüfungsgebiete der Verordnung über jene Reifeprüfung, Reife- und Diplomprüfung, Diplomprüfung bzw. Abschlussprüfung anzuwenden, der die Externistenprüfung entspricht; hiebei ist jene Fassung der betreffenden Verordnung anzuwenden, die gleichzeitig mit jenem Lehrplan in Geltung steht oder gestanden ist, über den der Prüfungskandidat oder die Prüfungskandidatin die betreffende Externistenprüfung ablegt. Kommen für einen Lehrplan mehrere Prüfungsordnungen

in Betracht, so ist die jüngere Prüfungsordnung anzuwenden. Nicht anzuwenden sind jene Bestimmungen der Prüfungsordnungen, die mit dem Schulbesuch im Zusammenhang stehen. *(BGBl. II Nr. 230/2016, Z 23)*

(5) Auf die Hauptprüfung sowie eine allfällige Vorprüfung gemäß Abs. 4 finden hinsichtlich der Dauer die Bestimmungen der entsprechenden Verordnung über die Reifeprüfung, die Reife- und Diplomprüfung, die Diplomprüfung, die Abschlußprüfung bzw. die Vorprüfung mit der Maßgabe Anwendung, daß für die mündlichen Prüfungen statt der in diesen Verordnungen vorgeschriebenen Höchstdauer § 6 Abs. 5 gilt und jene Fassung der betreffenden Verordnung anzuwenden ist, die gleichzeitig mit jenem Lehrplan in Geltung steht oder gestanden ist, über den der Prüfungskandidat die betreffende Externistenprüfung ablegt. Kommen für einen Lehrplan mehrere Prüfungsordnungen in Betracht, so ist die jüngere Prüfungsordnung anzuwenden. Nicht anzuwenden sind jene Bestimmungen der Prüfungsordnungen, die mit dem Schulbesuch im Zusammenhang stehen. *(BGBl. Nr. 130/1989, Z 15 idF BGBl. Nr. 136/1991, Z 15, BGBl. II Nr. 125/1997, Z 19 und BGBl. II Nr. 230/2016, Z 24)*

(6) Auf die Form und Dauer der Zulassungsprüfung gemäß Abs. 3 Z 1 bis 3 sind § 6 Abs. 3 bis 5 anzuwenden. *(BGBl. Nr. 130/1989, Z 15 idF BGBl. Nr. 136/1991, Z 16)*

(BGBl. Nr. 130/1989, Z 15)

Prüfungstermine

§ 10. (1) Die Prüfungstermine für die Externistenprüfungen gemäß § 1 Abs. 1 Z. 1 bis 3 sowie die Zulassungs- und Vorprüfungen im Rahmen der Externistenprüfungen gemäß § 1 Abs. 1 Z 4 sind vom Vorsitzenden der Prüfungskommission festzusetzen. Die Festsetzung hat dem Antrag des Prüfungskandidaten zu entsprechen, sofern Bestimmungen dieser Verordnung nicht entgegenstehen, es sich nicht um schulfreie Tage handelt sowie der Vorsitzende und die Prüfer voraussichtlich zur Verfügung stehen. *(BGBl. Nr. 362/1979 idF BGBl. Nr. 130/1989, Z 16 und BGBl. Nr. 136/1991, Z 17)*

(2) Die Prüfungstermine der Hauptprüfung im Rahmen der Externistenprüfung gemäß § 1 Abs. 1 Z 4 hat

1. hinsichtlich der gemäß den Prüfungsordnungen standardisierten Klausurarbeiten und mündlichen Kompensationsprüfungen von standardisierten Klausurarbeiten der Bundesminister oder die Bundesministerin für Bildung, Wissenschaft und Forschung und
2. hinsichtlich der übrigen Prüfungsgebiete der oder die Vorsitzende der Prüfungskommission gemäß den diesbezüglichen Bestimmungen des Schulunterrichtsgesetzes und der Verordnungen über jene Reifeprüfung, Reife- und Diplomprüfung, Diplomprüfung bzw. Abschlussprüfung, der die Externistenprüfung entspricht,

festzusetzen. Der oder die Vorsitzende der Prüfungskommission hat weiters die konkreten Termine für die Vorlage der im Rahmen der abschließenden Arbeit zu erstellenden schriftlichen Arbeit (bei entsprechender Aufgabenstellung auch unter Einbeziehung praktischer und/oder grafischer Arbeitsformen) festzulegen. *(BGBl. II Nr. 230/2016, Z 25 idF BGBl. II Nr. 112/2018, Z 9)*

Allgemeine Bestimmungen betreffend die Durchführung der Prüfungen

§ 11. (1) Die Prüfungskandidaten haben sich zu Beginn jeder schriftlichen Klausurarbeit sowie der mündlichen und praktischen Teilprüfung mit einem amtlichen Lichtbildausweis auszuweisen, soweit sie nicht einem Mitglied der Prüfungskommission oder dem aufsichtsführenden Lehrer persönlich bekannt sind.

(2) Vorgetäuschte Leistungen (z.B. wegen Gebrauches unerlaubter Hilfsmittel oder Hilfen) sind nicht zu beurteilen. Sofern dies im betreffenden Prüfungstermin möglich ist, ist eine neue Aufgabe zu stellen; ist dies nicht möglich, so ist auf Antrag des Prüfungskandidaten ein neuer Prüfungstermin vom Vorsitzenden der Prüfungskommission festzusetzen; bei Externistenprüfungen gemäß § 1 Abs. 1 Z 4 sind, sofern im Rahmen der Hauptprüfung gemäß § 9 Abs. 2 oder der Vorprüfung gemäß § 9 Abs. 4 Leistungen vorgetäuscht werden, die diesbezüglichen Bestimmungen der Verordnung über jene Reifeprüfung, Reife- und Diplomprüfung, Diplomprüfung, Abschlußprüfung und Vorprüfung anzuwenden, der die Externistenprüfung entspricht. *(BGBl. Nr. 362/1979 idF BGBl. Nr. 130/1989, Z 18 und BGBl. II Nr. 125/1997, Z 7)*

Durchführung der schriftlichen Klausurarbeiten

§ 12. (1) Die Festlegung der Aufgabenstellungen für die schriftliche Klausurarbeit im Rahmen einer Externistenprüfung gemäß § 1 Abs. 1 Z 1 bis 3 obliegt dem für das Prüfungsgebiet bestellten Prüfer nach Maßgabe der für vergleichbare Schularbeiten geltenden Bestimmungen, bei Studienberechtigungsprüfungen nach Maßgabe der Anlage 10. Auf die Festlegung und die Auswahl der Aufgabenstellungen für die schriftlichen Klausurarbeiten im Rahmen einer Externistenprüfung gemäß § 1 Abs. 1 Z 4 sind die diesbezüglichen Bestimmungen des Schulunterrichtsgesetzes und der Verordnung über jene Reifeprüfung, Reife- und Diplomprüfung, Diplomprüfung bzw. Abschlussprüfung anzuwenden, der die Externistenprüfung entspricht. *(BGBl. Nr. 362/1979 idF BGBl. Nr. 130/1989, Z 19, BGBl. Nr. 671/1993, Z 17, BGBl. II Nr. 125/1997, Z 7, BGBl. II Nr. 230/2016, Z 26 und BGBl. II Nr. 112/2018, Z 2)*

(2) Der Vorsitzende der Prüfungskommission, bei Externistenprüfungen gemäß § 1 Abs. 1 Z 4 der Schulleiter, hat die für die ordnungsgemäße Durchführung der schriftlichen Klausurarbeiten notwendigen Vorkehrungen, wie die Aufsichtsführung durch die Mitglieder der Prüfungskommission in jedem Prüfungsraum, zu treffen; dabei ist die Zahl der Prüfungskandidaten zu berücksichtigen. *(BGBl. Nr. 130/1989, Z 20)*

(3) Bei den schriftlichen Klausurarbeiten dürfen, sofern die Verordnung über die Reifeprüfung, Reife- und Diplomprüfung, Diplomprüfung bzw. Abschlussprüfung, der die Externistenprüfung entspricht, nicht anderes anordnet, jene Hilfsmittel verwendet werden, die auch bei vergleichbaren Arbeiten bei ordentlichem Schulbesuch verwendet werden. Unerlaubte Hilfsmittel, deren sich ein Prüfungskandidat bedienen könnte, sind diesem abzunehmen und nach dem betreffenden Prüfungstermin zurückzugeben. *(BGBl. Nr. 362/1979 idF BGBl. II Nr. 230/2016, Z 27)*

(4) Für die schriftliche Klausurarbeit dürfen nur besonders gekennzeichnetes Papier, das der Prüfungskandidat unmittelbar nach der Ausgabe mit seinem Namen zu versehen hat, und allfällige erlaubte Arbeitsbehelfe verwendet werden.

(5) Die Aufgabenstellungen und Hinweise sind den Prüfungskandidaten mündlich mitzuteilen und schriftlich vorzulegen. Die für die Mitteilung der Aufgabenstellung verwendete Zeit ist in die Arbeitszeit nicht einzurechnen.

(6) Das Verlassen des Prüfungsraumes während der schriftlichen Prüfung ist nur in dringenden Fällen und nur einzeln zu gestatten. Das Verlassen jenes Teiles des Schulgebäudes, in dem die Prüfung stattfindet, ist während der vorgesehenen Arbeitszeit unzulässig, sofern die Klausurarbeit noch nicht abgeliefert ist. Bis zum Abschluß der Prüfung dürfen weder Arbeiten noch Teile davon oder Abschriften aus dem Prüfungsraum fortgenommen werden.

(7) Jeder Prüfungskandidat hat nach Beendigung der schriftlichen Klausurarbeit diese sowie alle Entwürfe und Aufzeichnungen einschließlich des zur Verfügung gestellten besonders gekennzeichneten Papiers gemäß Abs. 4 abzugeben und den Prüfungsraum unverzüglich zu verlassen.

(8) Tritt während der schriftlichen Klausurarbeit ein unvorhergesehenes Ereignis ein, das die körperliche Sicherheit oder die Gesundheit der Prüfungskandidaten gefährdet, oder den ordnungsgemäßen Ablauf der schriftlichen Klausurarbeit schwerwiegend beeinträchtigt, so ist diese Klausurarbeit unverzüglich abzubrechen. In diesem Falle ist diese Klausurarbeit nach Möglichkeit im selben Prüfungstermin, jedenfalls mit neuer Aufgabenstellung zu wiederholen.

(9) Sofern eine Teilbeurteilung der Klausurprüfung mit „Nicht genügend" festgesetzt wird, ist diese Entscheidung dem Prüfungskandidaten oder der Prüfungskandidatin frühestmöglich, spätestens jedoch eine Woche vor dem festgesetzten Termin für die mündliche Kompensationsprüfung nachweislich bekannt zu geben. *(BGBl. II Nr. 230/2016, Z 28)*

Durchführung der mündlichen Kompensationsprüfungen

§ 12a. Für mündliche Kompensationsprüfungen im Rahmen von Externistenprüfungen gemäß § 1 Abs. 1 Z 4 sind die Bestimmungen des Schulunterrichtsgesetzes und der Verordnung über jene Reifeprüfung, Reife- und Diplomprüfung, Diplomprüfung bzw. Abschlussprüfung anzuwenden, der die Externistenprüfung entspricht.

(BGBl. II Nr. 230/2016, Z 29)

Durchführung der mündlichen Prüfungen

§ 13. (1) Der Vorsitzende der Prüfungskommission hat die für die ordnungsgemäße Durchführung der mündlichen Prüfung notwendigen Vorkehrungen zu treffen.

(2) Dem Vorsitzenden der Prüfungskommission obliegt die Leitung der mündlichen Prüfung.

(3) Dem Prüfungskandidaten oder der Prüfungskandidatin sind in jedem Prüfungsgebiet der Zulassungsprüfung mindestens zwei voneinander unabhängige Fragen vom Prüfer oder von der Prüferin schriftlich vorzulegen. Auf die Hauptprüfung sind die diesbezüglichen Bestimmungen des Schulunterrichtsgesetzes und der Verordnung über jene Reifeprüfung, Reife- und Diplomprüfung, Diplomprüfung bzw. Abschlussprüfung anzuwenden, der die Externistenprüfung entspricht, ausgenommen die Bestimmungen über die Dauer der mündlichen Prüfung. *(BGBl. II Nr. 230/2016, Z 30)*

(4) Zur Vorbereitung auf jede mündliche Prüfung ist bei Bedarf jedem Prüfungskandidaten eine angemessene Frist einzuräumen.

(5) Bei den mündlichen Prüfungen dürfen, sofern die Verordnung über die Reifeprüfung, Reife- und Diplomprüfung, Diplomprüfung bzw. Abschlussprüfung, der die Externistenprüfung entspricht, nicht anderes anordnet, jene Hilfsmittel verwendet werden, die auch bei ver-

gleichbaren mündlichen Prüfungen bei ordentlichem Schulbesuch verwendet werden. Unerlaubte Hilfsmittel, deren sich ein Prüfungskandidat bedienen könnte, sind diesem abzunehmen und nach dem betreffenden Prüfungstermin zurückzugeben. *(BGBl. Nr. 362/1979 idF BGBl. II Nr. 230/2016, Z 31)*

(6) Der Vorsitzende der Prüfungskommission ist berechtigt, sich an den mündlichen Prüfungen im Zusammenhang mit den vom Prüfer gestellten Fragen zu beteiligen und die Dauer der Prüfung festzulegen.

(7) Die mündliche Prüfung ist so zu gestalten, daß der Prüfungskandidat bei der Lösung der Aufgaben seine Kenntnis des Prüfungsgebietes, seine Einsicht in die Zusammenhänge zwischen verschiedenen Sachgebieten sowie seine Eigenständigkeit im Denken und in der Anwendung des Lehrstoffes nachweisen kann. Auf eine sachlich und sprachlich richtige Ausdrucksweise des Prüfungskandidaten ist Wert zu legen.

Durchführung der praktischen Prüfungen

§ 14. Auf die Durchführung der praktischen Prüfungen sind die Bestimmungen des § 13 sinngemäß anzuwenden.

Beurteilung der Leistungen bei den Externistenprüfungen

§ 15. (1) Grundlage für die Leistungsbeurteilung sind die vom Prüfungskandidaten bei der Lösung der Aufgaben erwiesene Kenntnis des Prüfungsgebietes, seine Einsicht in die Zusammenhänge zwischen verschiedenen Sachgebieten sowie seine Eigenständigkeit im Denken und in der Anwendung des Lehrstoffes. Im Übrigen finden die Bestimmungen des § 11 Abs. 2, 5 bis 7, 9 und 10 erster Satz sowie der §§ 12 bis 16 der Leistungsbeurteilungsverordnung Anwendung. *(BGBl. II Nr. 125/1997, Z 21 idF BGBl. II Nr. 385/2008, Z 16)*

(2) Die Bestimmungen des Abs. 1 sind sowohl auf die Beurteilung der einzelnen Teilprüfungen (der Vorprüfung) als auch auf die Beurteilung des jeweiligen Prüfungsgebietes (der Vorprüfung, der abschließenden Arbeit, der Klausurprüfung und der mündlichen Prüfung) anzuwenden. *(BGBl. II Nr. 230/2016, Z 32)*

(3) Die Beurteilungen hat die Prüfungskommission in nichtöffentlichen Sitzungen vorzunehmen.

(4) Für einen Beschluss der Prüfungskommission der Hauptprüfung und der Vorprüfung von Externistenprüfungen gemäß § 1 Abs. 1 Z 4 ist § 5 Abs. 6 anzuwenden. In den übrigen Fällen sind für einen Beschluss der Prüfungskommission die Anwesenheit des Vorsitzenden und von mindestens zwei Dritteln der weiteren Mitglieder sowie die unbedingte Mehrheit der von den Mitgliedern abgegebenen Stimmen erforderlich. Der Vorsitzende stimmt nur mit, wenn außer ihm nur ein Prüfer der Prüfungskommission angehört. Stimmenthaltungen sind unzulässig. Der Vorsitzende entscheidet im Falle der Stimmengleichheit. *(BGBl. Nr. 362/1979 idF BGBl. II Nr. 230/2016, Z 33)*

(5) Im Falle einer Ergänzungsprüfung gemäß § 7 Abs. 3 zweiter Satz ist die Beurteilung der ursprünglichen Prüfung unter Bedachtnahme auf den Umfang der beiden Prüfungen in die neue Beurteilung miteinzubeziehen.

(6) Auf die Hauptprüfung (§ 9 Abs. 2) und die Vorprüfung (§ 9 Abs. 4) sind die Bestimmungen der Verordnung über jene Reifeprüfung, Reife- und Diplomprüfung, Diplomprüfung, Abschlußprüfung bzw. Vorprüfung anzuwenden, der die Externistenprüfung entspricht, sofern in den vorhergehenden Bestimmungen nicht anderes bestimmt wird. *(BGBl. Nr. 130/1989, Z 23 idF BGBl. II Nr. 125/1997, Z 7)*

(7) entfallen (BGBl. II Nr. 230/2016, Z 34)

Wiederholung einer Externistenprüfung

§ 16. (1) Wenn ein Prüfungskandidat eine Externistenprüfung nicht besteht, so ist er von der Prüfungskommission zu einer Wiederholung dieser Prüfung zu einem frühesten Termin zuzulassen, der nicht weniger als zwei Monate und nicht mehr als vier Monate später liegt. Bei der Festlegung des Termines sind auf die bei der Prüfung festgestellten Mängel und die für die Beseitigung dieser Mängel erforderliche Zeit Bedacht zu nehmen. Sofern der neue Termin in die Hauptferien fiele, ist er so festzusetzen, daß er am Beginn des folgenden Schuljahres liegt.

(1a) Wenn eine Prüfungskandidatin oder ein Prüfungskandidat eine Externistenprüfung gemäß § 1 Abs. 1 Z 2a nicht besteht, können die Prüfungskandidatin oder der Prüfungskandidat innerhalb von drei Tagen ab Zustellung der Entscheidung, dass die Externistenprüfung nicht bestanden worden ist, um Zulassung zur Wiederholung einer Externistenprüfung bei der Schule, an der die Prüfungskommission ihren Sitz hat, ansuchen. In diesem Fall ist die Prüfungskandidatin oder der Prüfungskandidat zu einer Wiederholung jener Prüfungsgebiete, welche negativ beurteilt wurden, von der Schulleitung oder einer von dieser zu bestimmenden Lehrperson als Vorsitzendem der Prüfungskommission zuzulassen. Abweichend von Abs. 1 ist der neue Termin jedenfalls innerhalb der ersten beiden Wochen des folgenden Schuljahres festzusetzen. Wird zudem ein Widerspruch gegen die Entscheidung, dass die Externistenprüfung nicht bestanden wurde, eingebracht, so gilt das Ansuchen als zurückgezogen, wenn dem Widerspruch stattgegeben wird. *(BGBl. II Nr. 166/2023, Z 8)*

(2) Wenn der Prüfungskandidat auch die Wiederholung nicht besteht, ist er zu höchstens zwei weiteren Wiederholungen zuzulassen. Hinsichtlich der Termine sind die Bestimmungen des Abs. 1 anzuwenden. Diese Bestimmung gilt nicht für Prüfungskandidatinnen und -kandidaten, welche eine Externistenprüfung gemäß § 1 Abs. 1 Z 2a ablegen. *(BGBl. II Nr. 385/2008, Z 17 idF BGBl. II Nr. 166/2023, Z 9)*

(3) Bei der Wiederholung einer Externistenprüfung ist eine positiv beurteilte schriftliche Klausurarbeit nicht zu wiederholen.

(4) Bei Externistenprüfungen gemäß § 1 Abs. 1 Z 4 sind auf die Hauptprüfung gemäß § 9 Abs. 2 und auf die Vorprüfung gemäß § 9 Abs. 4 anstelle der vorstehenden Absätze die diesbezüglichen Bestimmungen der Verordnung über jene Reifeprüfung, Reife- und Diplomprüfung, Diplomprüfung, Abschlußprüfung und Vorprüfung anzuwenden, der die Externistenprüfung entspricht. *(BGBl. Nr. 130/1989, Z 24 idF BGBl. II Nr. 125/1997, Z 7)*

(5) entfallen (BGBl. II Nr. 385/2008, Z 18)

(6) Wiederholungen von Externistenprüfungen können nur über den Lehrstoff eines geltenden Lehrplanes oder eines Lehrplanes abgelegt werden, der nicht länger als vier Jahre vor der Ablegung der Wiederholung außer Kraft getreten ist. Bei der Wiederholung von Externistenprüfungen über mehrere Schulstufen gilt die Frist von vier Jahren nur für die letzte Schulstufe und verlängert sich diese Frist für die vorhergehenden Schulstufen um den entsprechenden Zeitraum. *(BGBl. Nr. 362/1979 idF BGBl. Nr. 671/1993, Z 18 und 20)*

Verhinderung und Rücktritt des Prüfungskandidaten

§ 17. (1) Ist ein Prüfungskandidat an der Ablegung einer Externistenprüfung oder aus Teilen derselben verhindert, hat er – nach Möglichkeit vor dem festgesetzten Prüfungstermin – die Verhinderung bekanntzugeben und um einen neuen Termin bei der Prüfungskommission anzusuchen. Auf die Festsetzung des Termines ist § 10 anzuwenden. Ist die Prüfungskandidatin oder der Prüfungskandidat an einer Wiederholung einer Externistenprüfung gemäß § 1 Abs. 1 Z 2a gerechtfertigt verhindert, so ist hinsichtlich der Festsetzung eines Termins ergänzend ein neuer Termin bis spätestens 30. November des Jahres der Ablegung der Externistenprüfung festzusetzen. *(BGBl. Nr. 362/1979 idF BGBl. II Nr. 166/2023, Z 10)*

(2) Bei einem Rücktritt von einer Externistenprüfung oder eines Teiles derselben ist Abs. 1 anzuwenden. Nach Entgegennahme der Aufgabenstellung ist ein Rücktritt nicht mehr zulässig. Die betreffende Prüfung ist zu beurteilen.

Protokoll

§ 18. (1) Über jede Externistenprüfung ist ein Prüfungsprotokoll anzufertigen, das die Prüfungskommission, die Daten des Prüfungskandidaten, die Aufgabenstellungen, die Beschreibung der Leistungen und ihre Beurteilung, die Prüfungsergebnisse und die bei der Prüfung oder auf Grund der Prüfungsergebnisse getroffenen Entscheidungen und Verfügungen, den Beginn und das Ende der einzelnen Prüfungen sowie allfällige besondere Vorkommnisse zu enthalten hat.

(2) Mit der Führung des Prüfungsprotokolles hat der Vorsitzende ein Mitglied der Prüfungskommission zu beauftragen, sofern er nicht selbst das Prüfungsprotokoll führt.

Sonderbestimmungen bei körperlicher Behinderung

§ 19. (1) Kann ein Prüfungskandidat zufolge einer schweren körperlichen Behinderung eine entsprechende Leistung nicht erbringen, oder ist er durch die Leistungsfeststellung gesundheitlich gefährdet, so sind seine Leistungen entsprechend den Forderungen des Lehrplanes unter Bedachtnahme auf den wegen der körperlichen Behinderung bzw. auf die gesundheitliche Gefährdung erreichbaren Stand zu beurteilen, soweit die Bildungs- und Lehraufgabe des betreffenden Prüfungsgebietes grundsätzlich erreicht wird.

(2) Kann ein Prüfungskandidat zufolge einer schweren körperlichen Behinderung die Klausurarbeit nicht in entsprechendem Ausmaß durchführen, so ist ihm nach Möglichkeit bei der mündlichen Prüfung Gelegenheit zu geben, die bei der Klausurarbeit für ihn nicht erbringbaren Leistungen in der mündlichen Prüfung, allenfalls auch in schriftlicher Form, nachzuweisen.

(3) Kann ein Prüfungskandidat zufolge einer schweren körperlichen Behinderung die mündliche Prüfung nicht in entsprechendem Ausmaß durchführen, so ist ihm nach Möglichkeit im Rahmen einer schriftlichen Klausurarbeit Gelegenheit zu geben, die bei der mündlichen Prüfung für ihn nicht erbringbaren Leistungen schriftlich nachzuweisen.

(3a) Bei Externistenprüfungen gemäß § 1 Abs. 1 Z 4 sind im Falle einer Beeinträchtigung durch eine Körper- oder Sinnesbehinderung, die geeignet ist, das Prüfungsergebnis zu beeinflussen, durch den Vorsitzenden oder die Vorsitzende Vorkehrungen im organisatorischen

Ablauf und in der Durchführung der Prüfung festzulegen, die ohne Änderung des Anforderungsniveaus eine nach Möglichkeit barrierefreie Ablegung der Prüfung durch den betreffenden Prüfungskandidaten oder die betreffende Prüfungskandidatin ermöglichen. *(BGBl. II Nr. 230/2016, Z 35)*

(4) Wenn mit den Maßnahmen nach Abs. 1 bis 3a nicht das Auslangen gefunden werden kann, hat der oder die Vorsitzende der Prüfungskommission auf Ansuchen des Prüfungskandidaten oder der Prüfungskandidatin diesen oder diese von der Ablegung der Externistenprüfung in einzelnen Prüfungsgebieten der Prüfungen gemäß § 1 Abs. 1 Z 1 bis 3 zu befreien, sofern er oder sie die entsprechende Prüfung wegen eines nicht nur vorübergehenden körperlichen Gebrechens oder einer gesundheitlichen Gefährdung nicht ablegen kann und sofern sichergestellt ist, dass die Bildungs- und Lehraufgabe der entsprechenden Schulform grundsätzlich erfüllt wird. Der oder die Vorsitzende kann im Zweifelsfall hiefür die Vorlage eines ärztlichen Zeugnisses verlangen. *(BGBl. II Nr. 112/2018, Z 10 idF BGBl. II Nr. 465/2020, Art. 5 Z 1)*

Externistenprüfungszeugnis

§ 20. (1) Auf das Externistenprüfungszeugnis von Externistenprüfungen gemäß § 1 Abs. 1 Z 4 sind die Bestimmungen des § 39 des Schulunterrichtsgesetzes mit der Maßgabe anzuwenden, dass die Bestimmungen hinsichtlich der vorgezogenen Teilprüfung nicht gelten und dass Bezugnahmen auf den Unterricht in Abs. 2 Z 3 und auf den Schulbesuch in Abs. 2 Z 8 auf die Externistenprüfung zu übertragen sind. Das Externistenprüfungszeugnis der übrigen Externistenprüfungen hat zu enthalten:

1. Standort der Externistenprüfungskommission;
2. Familien- und Vornamen sowie Geburtsdatum des Prüfungskandidaten;
3. Prüfungsgebiete(e), erforderlichenfalls Stufe sowie Schulart (Form, Fachrichtung), bei Pflichtgegenständen mit Leistungsdifferenzierung die gewählte Leistungsgruppe, sofern diese aus der Bezeichnung des Prüfungsgebietes nicht hervorgeht; bei leistungsdifferenzierten Pflichtgegenständen in Neuen Mittelschulen ein Hinweis auf die Beurteilung nach den Anforderungen der vertieften oder grundlegenden Allgemeinbildung; *(BGBl. Nr. 362/1979 idF BGBl. Nr. 643/1992, Z 11 und BGBl. II Nr. 112/2018, Z 11)*
4. Beurteilung der einzelnen Prüfungsgebiete und Gesamtbeurteilung;
5. allfällige Befreiungen von Prüfungsgebieten unter Angabe des Grundes;
6. allenfalls die Zulässigkeit einer Wiederholung; *(BGBl. Nr. 362/1979 idF BGBl. Nr. 671/1993, Z 21)*
7. allfällige mit dem Externistenprüfungszeugnis verbundene Berechtigungen sowie allfällige Einschränkungen gegenüber mit dem Schulbesuch verbundenen Berechtigungen;
8. Ort und Datum der Ausstellung, Unterschrift des Vorsitzenden, Rundsiegel der Schule.

(BGBl. Nr. 362/1979 idF BGBl. II Nr. 230/2016, Z 36)

(2) Als Standort der Externistenprüfungskommission ist die Bezeichnung der Schule anzugeben, bei Privatschulen mit Öffentlichkeitsrecht ist überdies ein Hinweis auf die Verleihung dieses Rechtes aufzunehmen.

(3) Bei den Prüfungsgebieten sind die betreffenden Unterrichtsgegenstände entsprechend der Bezeichnung im Lehrplan, bei der Hauptprüfung gemäß § 9 Abs. 2 und der Vorprüfung gemäß § 9 Abs. 4 die Prüfungsgebiete entsprechend den anzuwendenden Prüfungsvorschriften anzuführen. Bei den lebenden Fremdsprachen ist die Bezeichnung der Fremdsprache sowie erforderlichenfalls der Vermerk „Erste lebende Fremdsprache“ bzw. „Zweite lebende Fremdsprache“ bzw. „Dritte lebende Fremdsprache“ anzuführen. Bei Externistenprüfungen über den Unterrichtsgegenstand Religion ist die betreffende Religion anzugeben. *(BGBl. Nr. 362/1979 idF BGBl. Nr. 671/1993, Z 22 und BGBl. II Nr. 230/2016, Z 37)*

(4) Die Beurteilung der Leistungen ist in Worten zu schreiben.

(5) Folgende Gesamtbeurteilungen sind aufzunehmen:

1. Bei Externistenprüfungszeugnissen über einzelne Schulstufen einer Schulart (Form, Fachrichtung) (§ 1 Abs. 1 Z. 2) und über eine Schulart (Form, Fachrichtung) (§ 1 Abs. 1 Z. 3):
   a) „mit ausgezeichnetem Erfolg bestanden“ (§ 22 Abs. 2 lit. g bzw. § 22a Abs. 2 Z 8 des Schulunterrichtsgesetzes sind anzuwenden); *(BGBl. Nr. 130/1989, Z 26 idF BGBl. II Nr. 230/2016, Z 38)*
   b) „mit gutem Erfolg bestanden“ (§ 22 Abs. 2 lit. h bzw. § 22a Abs. 2 Z 9 des Schulunterrichtsgesetzes sind anzuwenden); *(BGBl. Nr. 671/1993, Z 23 idF BGBl. II Nr. 230/2016, Z 39)*
   c) „bestanden“, wenn keine Beurteilung über den Lehrstoff von Pflichtgegenständen mit „Nicht genügend“ erfolgt und die Voraussetzungen nach lit. a nicht gegeben sind; *(BGBl. Nr. 362/1979 idF BGBl. Nr. 671/1993, Z 23)*
   d) „nicht bestanden“, wenn Beurteilungen über den Lehrstoff von einem oder meh-

reren Pflichtgegenständen mit „Nicht genügend“ erfolgen; *(BGBl. Nr. 362/1979 idF BGBl. Nr. 671/1993, Z 23)*

2. bei Externistenprüfungen gemäß § 1 Abs. 1 Z 4 die Gesamtbeurteilung: *(BGBl. Nr. 130/1989, Z 27)*
   a) „mit ausgezeichnetem Erfolg bestanden“, wenn mindestens die Hälfte der Prüfungsgebiete mit „Sehr gut“ und die übrigen Prüfungsgebiete mit „Gut“ beurteilt werden; Beurteilungen mit „Befriedigend“ hindern diese Feststellung nicht, wenn dafür gleich viele Beurteilungen mit „Sehr gut“ über die Hälfte der Prüfungsgebiete hinaus vorliegen;
   b) „mit gutem Erfolg bestanden“, wenn keines der Prüfungsgebiete schlechter als mit „Befriedigend“ beurteilt wird und im übrigen mindestens gleich viele Prüfungsgebiete mit „Sehr gut“ wie mit „Befriedigend“ beurteilt werden;
   c) „bestanden“, wenn kein Prüfungsgebiet mit „Nicht genügend“ beurteilt wird und die Voraussetzungen nach lit. a und b nicht gegeben sind;
   d) „nicht bestanden“, wenn die Leistung in einem oder mehreren Prüfungsgebieten mit „Nicht genügend“ beurteilt wird.
3. *entfallen (BGBl. II Nr. 230/2016, Z 40)*

(6) Im Externistenprüfungszeugnis über Externistenprüfungen gemäß § 1 Abs. 1 Z. 2, 3 und 4 sind die Pflichtgegenstände anzugeben, die im Lehrplan der betreffenden Schulart vorgesehen sind, über die jedoch eine Externistenprüfung gemäß § 1 Abs. 2 unzulässig ist.

(7) Bei Entfall von Prüfungsgebieten gemäß § 4 oder gemäß § 19 Abs. 4 ist in das Externistenprüfungszeugnis ein entsprechender Hinweis aufzunehmen.

(8) entfallen (BGBl. II Nr. 230/2016, Z 40)

(9) Im Falle der Zulässigkeit einer Wiederholung ist folgender Vermerk in das Externistenprüfungszeugnis aufzunehmen:

„Er/Sie ist zur Ablegung einer Wiederholung aus dem/den Prüfungsgebiet(en) .... frühestens .... zuzulassen.“

(BGBl. Nr. 362/1979 idF BGBl. Nr. 671/1993, Z 26)

(10) In die Externistenprüfungszeugnisse ist ein Vermerk über die mit diesem Zeugnis verbundenen Berechtigungen aufzunehmen. Wenn der Prüfungskandidat jedoch eine praktische Unterweisung in Fertigkeiten nicht im gleichen Ausmaß zurückgelegt hat, wie sie dem Ausbildungsgang der betreffenden Schulart entspricht, so ist dies und die entsprechende Einschränkung der mit dem Externistenprüfungszeugnis verbundenen Berechtigung auf diesem Zeugnis zu vermerken.

(11) In die Externistenreifeprüfungszeugnisse und Externistenreife- und Diplomprüfungszeugnisse ist folgender Vermerk hinsichtlich der Berechtigung zum Besuch einer Universität bzw. einer Pädagogischen Hochschule mit der erforderlichen Ergänzung aufzunehmen: „Er/Sie hat damit die mit der Reifeprüfung bzw. Reife- und Diplomprüfung eines/einer .... verbundene Berechtigung zum Besuch einer Universität gemäß der Universitätsberechtigungsverordnung, BGBl. II Nr. 44/1998 in der jeweils geltenden Fassung, sowie einer Pädagogischen Hochschule erworben. *(BGBl. II Nr. 385/2008, Z 19)*

(12) In die Externistenreifeprüfungszeugnisse und in die Externistenreife- und Diplomprüfungszeugnisse ist bei Ablegung einer Zusatzprüfung gemäß § 41 des Schulunterrichtsgesetzes folgender Vermerk mit der erforderlichen Ergänzung aufzunehmen:

„Die Leistungen in den Prüfungsgebieten der Zusatzprüfung gemäß § 41 Abs. 1 des Schulunterrichtsgesetzes wurden wie folgt beurteilt:

Zusatzprüfung(en): ....
Beurteilung: ....“

(BGBl. Nr. 671/1993, Z 27 idF BGBl. II Nr. 125/1997, Z 25)

(13) Durch diese Verordnung werden auf Grund besonderer Vorschriften in das Externistenprüfungszeugnis aufzunehmende Vermerke (z.B. Überbeglaubigungen) nicht berührt.

(14) Wird mit der Ablegung einer Externistenprüfung der erfolgreiche Abschluß der letzten Stufe einer Schulart (Form, Fachrichtung) verbunden, so kann der Prüfungskandidat ein Abschlußzeugnis gemäß der Anlage 5 über die betreffende Schulart verlangen, sofern die mit diesem Externistenabschlußzeugnis verbundenen Berechtigungen keine Einschränkung gegenüber den mit dem Schulbesuch verbundenen Berechtigungen erfahren würden. In diesem Fall sind die Berechtigungen nur in das Externistenabschlußzeugnis aufzunehmen. Ein Externistenabschlußzeugnis ist nicht auszustellen, wenn ein Externistenreifeprüfungszeugnis, ein Externistenreife- und Diplomprüfungszeugnis, ein Externistendiplomprüfungszeugnis oder ein Externistenabschlußprüfungszeugnis ausgestellt wird. *(BGBl. Nr. 362/1979 idF BGBl. Nr. 130/1989, Z 30, BGBl. Nr. 643/1992, Z 12 und BGBl. II Nr. 125/1997, Z 26)*

(15) Bei Externistenprüfungen, die auf Grund eines bereits außer Kraft getretenen Lehrplanes abgehalten wurden, ist dieser Lehrplan im Externistenprüfungszeugnis zu bezeichnen.

(16) Zeugnisvermerke sind unmittelbar vor dem Ausstellungsdatum einzufügen. Steht hiefür kein Platz zur Verfügung, können sie auch

nach der Unterschrift gesetzt werden, sind jedoch ebenfalls mit Datum, Unterschrift und Rundsiegel zu fertigen.

(17) Auf den Externistenprüfungszeugnissen nicht zutreffende Textstellen sowie freie Stellen der Zeugnisformulare in dem für die Leistungsbeurteilung und sonstige Vermerke vorgesehenen Raum sind durchzustreichen.

(18) Für die Zeugnisformulare der Externistenprüfungen über einzelne Schulstufen einer Schulart (Form, Fachrichtung), über eine Schulart (Form, Fachrichtung), über eine Externistenreifeprüfung, Externistenreife- und Diplomprüfung, Externistendiplomprüfung oder Externistenabschlußprüfung sowie die Studienberechtigungsprüfung ist ein hellgrüner Unterdruck gemäß Anlage 1 zu verwenden. Sofern wegen zusätzlich in das Zeugnis aufzunehmender Vermerke mit dem Zeugnisformular das Auslangen nicht gefunden werden kann, ist mit diesem ein aus dem gleichen Unterdruckpapier hergestellter Anhang so zu verbinden, daß nachträgliches unbefugtes Austauschen des Anhanges nicht möglich ist. *(BGBl. Nr. 362/1979 idF BGBl. Nr. 130/1989, Z 31, BGBl. Nr. 671/1993, Z 28, BGBl. II Nr. 125/1997, Z 27 und 28 sowie BGBl. II Nr. 230/2016, Z 41)*

(19) Die Zeugnisformulare für die Externistenprüfungen über den Lehrstoff einzelner Unterrichtsgegenstände einer oder mehrerer Stufen einer Schulart (Form, Fachrichtung), über einzelne Schulstufen einer Schulart (Form, Fachrichtung) und über eine Schulart (Form, Fachrichtung), für das Externistenabschlusszeugnis, für Zulassungsprüfungen, für Vorprüfungen und für Externistenreifeprüfungen, Externistenreife- und Diplomprüfungen, Externistendiplomprüfungen und Externistenabschlussprüfungen sowie die Studienberechtigungsprüfung sind entsprechend den einen Bestandteil dieser Verordnung bildenden Anlagen 2 bis 8 zu gestalten. *(BGBl. II Nr. 230/2016, Z 42)*

Nostrifikationsprüfungen

§ 21. Auf die Nostrifikationsprüfungen gemäß § 75 Abs. 4 des Schulunterrichtsgesetzes sind § 2 Abs. 1 erster Satz, Abs. 2 Z. 1 und 3, § 5, § 6 Abs. 1 und 3 bis 5, § 7 Abs. 1 und 4, § 9, § 10 Abs. 1, §§ 11 bis 15, § 16 Abs. 1 bis 4, §§ 17 bis 20 sinngemäß mit der Maßgabe anzuwenden, daß das Prüfungsgebiet durch den Bundesminister oder die Bundesministerin für Bildung, Wissenschaft und Forschung festzusetzen ist.

(BGBl. Nr. 362/1979 idF BGBl. II Nr. 125/1997, Z 13, BGBl. II Nr. 385/2008, Z 13, BGBl. II Nr. 230/2016, Z 43 und BGBl. II Nr. 112/2018, Z 12)

Übergangs- und Schlußbestimmungen

§ 22. Zeugnisformulare gemäß den Anlagen 2 bis 9 sind unter Zugrundelegung der Neuregelung der deutschen Rechtschreibung abzufassen und es sind die ersten beiden Ziffern der Jahreszahl im Datumsfeld entsprechend zu ändern.

(BGBl. II Nr. 385/2008, Z 20 idF BGBl. II Nr. 230/2016, Z 44)

§ 23. Für Externistenreifeprüfungen, Externistenreife- und Diplomprüfungen, Externistendiplomprüfungen und Externistenabschlussprüfungen (einschließlich allfälliger Zusatzprüfungen) sowie Wiederholungen dieser Prüfungen, die nach den Prüfungsordnungen BGBl. II Nr. 432/1990, 58/2000 und 70/2000 abgelegt wurden, sind abweichend von § 20 Abs. 19 die Zeugnisformulare entsprechend der Anlage 8 in der Fassung vor der Novelle BGBl. II Nr. 230/2016 zu gestalten.

(BGBl. II Nr. 230/2016, Z 45)

***§ 23a.** entfallen (BGBl. II Nr. 385/2008, Z 21)*

***§ 24.** entfallen (BGBl. II Nr. 385/2008, Z 21)*

***§ 24a.** entfallen (BGBl. II Nr. 230/2016, Z 46)*

§ 25. Soweit in dieser Verordnung auf Bundesgesetze verwiesen wird, sind diese in der mit dem Inkrafttreten der jeweils letzten Novelle dieser Verordnung geltenden Fassung anzuwenden.

(BGBl. II Nr. 230/2016, Z 47)

§ 26. (1) § 1 Abs. 2 Z 8, § 2 Abs. 1 Z 5, § 3 Abs. 1 bis 10, § 6 Abs. 3 lit. b und c, § 9 Abs. 2, 3 und 4, § 20 Abs. 1 Z 3 und Abs. 14 sowie § 24 dieser Verordnung in der Fassung der Verordnung BGBl. Nr. 643/1992 treten mit Ablauf des Tages der Kundmachung im Bundesgesetzblatt in Kraft. *(BGBl. Nr. 643/1992, Z 14 idF BGBl. Nr. 671/1993, Z 31)*

(2) § 1 Abs. 2 und 5a, § 2 Abs. 1a und 2, § 2a, § 3 Abs. 6, 7, 9 und 9a, § 4 Abs. 1a, § 6 Abs. 1, 3, 4 und 6, § 7 Abs. 1, § 8 Abs. 1, § 9 Abs. 3, § 12 Abs. 1, § 16 Abs. 2, 5 und 6, § 20 Abs. 1, 3, 5, 9, 12, 18 und 19, § 23a sowie die Anlagen 1, 3, 4, 8, 11 und 12 dieser Verordnung jeweils in der Fassung der Verordnung BGBl. Nr. 671/1993 treten mit 1. September 1993 in Kraft. *(BGBl. Nr. 671/1993, Z 31)*

(3) § 1 Abs. 1 Z 4, § 1 Abs. 4, § 1 Abs. 6, § 2 Abs. 1 Z 4 lit. c und d, § 2 Abs. 1 Z 6, § 2 Abs. 2 Z 4, § 2 Abs. 2 Z 7, § 2 Abs. 4, § 3 Abs. 3, § 3 Abs. 9, § 3 Abs. 9a Z 2, § 4 Abs. 2

Z 2, § 5 Abs. 3 Z 1 lit. a, § 5 Abs. 5, § 6 Abs. 3 lit. b, die Überschrift des § 9, § 9 Abs. 1, 1a und 2, § 9 Abs. 3 Z 3, § 9 Abs. 5, § 10 Abs. 2, § 11 Abs. 2, § 12 Abs. 1 und 9, § 13 Abs. 3, § 15 Abs. 1, 6 und 7, § 16 Abs. 4, § 20 Abs. 8, 11, 12, 14, 18 und 19, § 21, § 24a sowie die Anlagen 6 bis 9 und 12 in der Fassung der Verordnung BGBl. II Nr. 125/1997 treten mit Ablauf des Tages der Kundmachung der genannten Verordnung im Bundesgesetzblatt in Kraft. *(BGBl. II Nr. 125/1997, Z 30)*

(4) Die Änderungen dieser Verordnung in der Fassung des Verordnung BGBl. II Nr. 385/2008 treten mit Ablauf des Tages der Kundmachung im Bundesgesetzblatt in Kraft.[3]) *(BGBl. II Nr. 385/2008, Z 23)*

(5) Die nachstehend genannten Bestimmungen in der Fassung der Verordnung BGBl. II Nr. 230/2016 treten wie folgt in Kraft:

1. § 1 Abs. 5a, § 2 Abs. 1 zweiter Satz sowie Abs. 1 Z 4 lit. b, § 3 Abs. 9, § 4 Abs. 1a und Abs. 2 Z 2, § 5 Abs. 4 und 5, § 20 Abs. 18 und 19, § 21, § 22, § 25 sowie die Anlagen 2 bis 7 und die Umbenennung der Anlagen 11 und 12 treten mit Ablauf des Tages der Kundmachung im Bundesgesetzblatt in Kraft;[4])
2. § 1 Abs. 2 Z 2, § 2 Abs. 1 Z 6 in der Fassung der Ziffer 1, § 3 Abs. 7 und 9, § 6 Abs. 3 lit. b und Anlage 10 (neu) treten mit 1. September 2016 in Kraft.
3. § 2 Abs. 1 Z 3 und 5, § 2 Abs. 1 Z 6 in der Fassung der Ziffer 7, § 3 Abs. 6, § 5 Abs. 3 und 6, § 9 Abs. 1a, 2, 3 Z 2a, 4 und 5, § 10 Abs. 2, § 12 Abs. 1, 3 und 9, § 12a samt Überschrift, § 13 Abs. 3 und 5, § 15 Abs. 2 und 4, § 19 Abs. 3a, § 20 Abs. 1 und 3, § 23 sowie Anlage 8 treten mit 1. April 2017 in Kraft;
4. § 2 Abs. 2 Z 4 sowie § 20 Abs. 5 Z 1 lit. a und b treten mit 1. September 2017 in Kraft.

§ 1 Abs. 4 und 5, § 2 Abs. 4, § 15 Abs. 7, § 20 Abs. 5 Z 3 und Abs. 8, § 24a sowie die Anlagen 9 und 10 treten mit Ablauf des Tages der Kundmachung der genannten Verordnung außer Kraft. § 2 Abs. 1 Z 6 in der Fassung der Z 1 tritt mit Ablauf des 31. März 2017 außer Kraft. *(BGBl. II Nr. 230/2016, Z 48)*

(6) Die nachstehend genannten Bestimmungen in der Fassung der Verordnung BGBl. II Nr. 112/2018 treten wie folgt in Kraft:

1. § 1 Abs. 2 Z 7 und Abs. 5a, § 2 Abs. 1 Z 4 lit. b., § 4 Abs. 1a, § 5 Abs. 3 Z 1 lit. b und lit. c sowie Abs. 5 und Abs. 6, § 6 Abs. 3 lit. b sowie Abs. 6, § 10 Abs. 2 Z 1, § 12 Abs. 1, § 20 Abs. 1 Z 3 und § 21 sowie die Anlagen 2, 3, 4, 5, 6, 7 und 8 treten mit Ablauf des Tages der Kundmachung im Bundesgesetzblatt in Kraft;[5])
2. § 19 Abs. 4 tritt mit 1. September 2018 in Kraft.

§ 5 Abs. 3 Z 1 (bisher) lit. c und lit. e tritt mit Ablauf des Tages der Kundmachung im Bundesgesetz außer Kraft. *(BGBl. II Nr. 112/2018, Z 13)*

(7) Die nachstehend genannten Bestimmungen in der Fassung der Verordnung BGBl. II Nr. 107/2019 treten wie folgt in Kraft:

1. § 2 Abs. 1 Z 4 lit. b sowie die Anlagen 2, 3 und 4 treten mit 1. September 2020 in Kraft;
2. § 5 Abs. 3 Z 1 lit. a tritt mit Ablauf des Tages der Kundmachung im Bundesgesetzblatt in Kraft.[6])

(BGBl. II Nr. 107/2019, Art. 4 Z 3)

(8) § 19 Abs. 4 in der Fassung der Verordnung BGBl. II Nr. 465/2020 tritt mit Ablauf des Tages der Kundmachung dieser Verordnung im Bundesgesetzblatt in Kraft.[7]) *(BGBl. II Nr. 465/2020, Art. 5 Z 2)*

(9) In der Fassung der Verordnung BGBl. II Nr. 166/2023 treten in Kraft:

1. § 1 Abs. 1 Z 2a, § 16 Abs. 1a und 2 sowie § 17 Abs. 1 mit Ablauf des Tages der Kundmachung im Bundesgesetzblatt;[8])
2. § 2 Abs. 1 Z 4 lit. a, Abs. 3 und 4, § 7 Abs. 2 sowie § 9 Abs. 3 Z 1 mit 1. September 2023;
3. § 5 Abs. 2a mit 1. Jänner 2024.

(BGBl. II Nr. 166/2023, Z 11)

(10) § 1 Abs. 2 Z 8 in der Fassung der Verordnung BGBl. II Nr. 204/2024 tritt mit Ablauf des Tages der Kundmachung im Bundesgesetzblatt in Kraft.[9]) *(BGBl. II Nr. 204/2024, Art. 7 Z 2)*

(BGBl. Nr. 643/1992, Z 14)

Prüfungsordnungen AHS, BMHS, Extern., Prüf.Termine bis 2026

---

[3]) Die Kundmachung im Bundesgesetzblatt erfolgte am 31. Oktober 2008.

[4]) Die Kundmachung im Bundesgesetzblatt erfolgte am 19. August 2016.

[5]) Die Kundmachung im Bundesgesetzblatt erfolgte am 4. Juni 2018.

[6]) Die Kundmachung im Bundesgesetzblatt erfolgte am 29. April 2019.

[7]) Die Kundmachung im Bundesgesetzblatt erfolgte am 4. November 2020.

[8]) Die Kundmachung im Bundesgesetzblatt erfolgte am 2. Juni 2023.

[9]) Die Kundmachung im Bundesgesetzblatt erfolgte am 17. Juli 2024.

Anlage 1

Originalformat 197 × 281 mm

Anlage 2
(BGBl. II Nr. 107/2019, Art. 4 Z 4)

EXTERNISTENPRÜFUNGSKOMMISSION

am/an der

....

Bezeichnung und Standort der Schule

Zl. des Prüfungsprotokolls:

Externistenprüfungszeugnis
über den Lehrstoff
einzelner Unterrichtsgegenstände

für ...., geboren am ....,
Familien- oder Nachname und Vorname(n)

über den Lehrstoff des (der) folgenden Unterrichtsgegenstandes (Unterrichtsgegenstände) der (des)

....

Schulart (Schulform/Fachrichtung/Schwerpunkt/Lehrberuf)

Pflichtgegenstände	Klasse/Jahrgang	Beurteilung*)**)
Freigegenstände	**Klasse/Jahrgang**	**Beurteilung*)**)**

...., am ....

Rund-
siegel

Für die Externistenprüfungskommission:

....
Vorsitzender/Vorsitzende

*) allenfalls: Leistungsniveau

**) Beurteilungsstufen: Sehr gut, Gut, Befriedigend, Genügend, Nicht genügend

Anlage 3
(BGBl. II Nr. 107/2019, Art. 4 Z 4)

EXTERNISTENPRÜFUNGSKOMMISSION

am/an der

....

Bezeichnung und Standort der Schule

Zl. des Prüfungsprotokolls:

Externistenprüfungszeugnis
über einzelne Schulstufen

für ...., geboren am ....,
Familien- oder Nachname und Vorname(n)

über die .... Schulstufe ....
Klasse(n)/Jahrgang (Jahrgänge)

der (des) ....
Schulart (Schulform/Fachrichtung/Schwerpunkt/Lehrberuf)

Pflichtgegenstände*)	Beurteilung**)
Freigegenstände	**Beurteilung**)**

Er/Sie hat die Externistenprüfung .... bestanden***).

...., am ....

Rund-
siegel

Für die Externistenprüfungskommission:

....
Vorsitzender/Vorsitzende

*) allenfalls: Leistungsniveau
**) Beurteilungsstufen: Sehr gut, Gut, Befriedigend, Genügend, Nicht genügend
***) Gesamtbeurteilung: mit ausgezeichnetem Erfolg bestanden, mit gutem Erfolg bestanden, bestanden, nicht bestanden

Anlage 4
(BGBl. II Nr. 107/2019, Art. 4 Z 4)

EXTERNISTENPRÜFUNGSKOMMISSION

am/an der

....

Bezeichnung und Standort der Schule

Zl. des Prüfungsprotokolls:

Externistenprüfungszeugnis
über eine Schulart

für ...., geboren am ....,
Familien- oder Nachname und Vorname(n)

über die (den) ....
Schulart (Schulform/Fachrichtung/Schwerpunkt/Lehrberuf)

Pflichtgegenstände*)	Beurteilung**)
Freigegenstände	**Beurteilung**)**

Er/Sie hat die Externistenprüfung .... bestanden***).

...., am ....

Rund-
siegel

Für die Externistenprüfungskommission:

....
Vorsitzender/Vorsitzende

*) allenfalls: Leistungsniveau
**) Beurteilungsstufen: Sehr gut, Gut, Befriedigend, Genügend, Nicht genügend
***) Gesamtbeurteilung: mit ausgezeichnetem Erfolg bestanden, mit gutem Erfolg bestanden, bestanden, nicht bestanden

Anlage 5
(BGBl. II Nr. 230/2016, Z 49 idF BGBl. II Nr. 112/2018, Z 14)

EXTERNISTENPRÜFUNGSKOMMISSION

am/an der

....
Bezeichnung und Standort der Schule

Zl. des Prüfungsprotokolls:

Externistenabschlusszeugnis

für ...., geboren am ....
Familienname und Vorname(n)

Durch dieses Zeugnis wird der erfolgreiche Abschluss

der (des) ....
Schulart (Schulform/Fachrichtung/Schwerpunkt/Lehrberuf)

nachgewiesen.

Er/Sie hat bisher folgende Schulen besucht bzw. folgende Externistenprüfungen abgelegt:

...., am ....

Rund-
siegel

Für die Externistenprüfungskommission:

....
Vorsitzender/Vorsitzende

Anlage 6
(BGBl. II Nr. 230/2016, Z 49 idF BGBl. II Nr. 112/2018, Z 14)

EXTERNISTENPRÜFUNGSKOMMISSION

am/an der

....
Bezeichnung und Standort der Schule

Zl. des Prüfungsprotokolls:

Externistenprüfungszeugnis
über die Zulassungsprüfung der
Externistenreifeprüfung/Externistenreife- und Diplomprüfung/
Externistendiplomprüfung/Externistenabschlussprüfung

gemäß § 9 Abs. 3 der Externistenprüfungsverordnung

für ...., geboren am ....,
Familienname und Vorname(n)

des (der) ....
Schulart (Schulform/Fachrichtung/Schwerpunkt)

Prüfungsgebiet(e)	Klasse(n)/Jahrgang (Jahrgänge)	Beurteilung*)

...., am ....

Rund-
siegel

Für die Externistenprüfungskommission:

....
Vorsitzender/Vorsitzende

*) Beurteilungsstufen: Sehr gut, Gut, Befriedigend, Genügend, Nicht genügend

Anlage 7
(BGBl. II Nr. 230/2016, Z 49 idF BGBl. II Nr. 112/2018, Z 14)

EXTERNISTENPRÜFUNGSKOMMISSION

am/an der

....
Bezeichnung und Standort der Schule

Zl. des Prüfungsprotokolls:

Externistenprüfungszeugnis
über die Vorprüfung der
Externistenreifeprüfung/Externistenreife- und Diplomprüfung

gemäß § 9 Abs. 4 der Externistenprüfungsverordnung

für ...., geboren am ....,
Familienname und Vorname(n)

des (der) ....
Schulart (Schulform/Fachrichtung/Schwerpunkt)

Prüfungsgebiet(e)	Beurteilung*)

...., am ....

Rund-
siegel

Für die Externistenprüfungskommission:

....
Vorsitzender/Vorsitzende

*) Beurteilungsstufen: Sehr gut, Gut, Befriedigend, Genügend, Nicht genügend

Anlage 8
(BGBl. II Nr. 230/2016, Z 49 idF BGBl. II Nr. 112/2018, Z 14)

EXTERNISTENPRÜFUNGSKOMMISSION

am/an der

....
Bezeichnung und Standort der Schule

Zl. des Prüfungsprotokolls:

Externistenprüfungszeugnis/Externistenreife- und Diplomprüfungszeugnis/Externistendiplomprüfungszeugnis/ Externistenabschlussprüfungszeugnis

…….., geboren am ....,
Familienname und Vorname(n)

hat sich an ....
Schule (Schulart, Schulform, Fachrichtung, Bezeichnung des Lehrplanes)

vor der zuständigen Externistenprüfungskommission gemäß der Externistenprüfungsverordnung

(………………………………………………………………………………………..………..) der
Zitierung der BGBl. Nr. 362/1979

Externistenprüfung/Externistenreife- und Diplomprüfung/ Externistendiplomprüfung/Externistenabschlussprüfung

unterzogen und diese

…………………………………..………….*)

bestanden.

*) Gesamtbeurteilung: mit ausgezeichnetem Erfolg bestanden, mit gutem Erfolg bestanden, bestanden, nicht bestanden

Die Leistungen in den Prüfungsgebieten der Externistenprüfung (einschließlich allfälliger Zusatzprüfungen gemäß § 41 Abs. 1 des Schulunterrichtsgesetzes) wurden wie folgt beurteilt:

I. Vorprüfung:

Prüfungsgebiete der Vorprüfung	Beurteilung**)

II. Abschließende Arbeit (vorwissenschaftliche Arbeit/Diplomarbeit/Abschlussarbeit):

Thema der abschließenden Arbeit	Beurteilung**)

III. Klausurprüfung:

Prüfungsgebiete der Klausurprüfung	Beurteilung**)
Prüfungsgebiet(e) der Zusatzprüfung	Beurteilung**)

IV. Mündliche Prüfung:

Prüfungsgebiete der mündlichen Prüfung	Beurteilung**)
Prüfungsgebiet(e) der Zusatzprüfung	Beurteilung**)

...., am ....

Rund-
siegel

Für die Externistenprüfungskommission:

....
Vorsitzender/Vorsitzende

**) Beurteilungsstufen: Sehr gut, Gut, Befriedigend, Genügend, Nicht genügend

Anlage 9
(BGBl. II Nr. 230/2016, Z 50)

STUDIENBERECHTIGUNGSPRÜFUNGSKOMMISSION

am/an der

....

Bezeichnung und Standort der Schule

Zl. des Prüfungsprotokolls:

Studienberechtigungsprüfungszeugnis

für ...., geboren am ....,
über den Lehrstoff der folgenden Unterrichtsgegenstände:

Aufsatz über ein allgemeines Thema/Beurteilung
Thema:
Pflichtfächer/Beurteilung
Wahlfächer/Beurteilung

Er/Sie hat die Studienberechtigungsprüfung .... bestanden.
Er/Sie ist zum Studium an .... berechtigt.

...., am ....

Für die Studienberechtigungsprüfungskommission:

....
Vorsitzender

Beurteilungsstufen: Sehr gut, Gut, Befriedigend, Genügend, Nicht genügend
Gesamtbeurteilung: mit ausgezeichnetem Erfolg bestanden, bestanden, nicht bestanden

Anlage 10
(BGBl. Nr. 671/1993, Z 35 idF BGBl. II Nr. 125/1997, Z 35, BGBl. II Nr. 385/2008, Z 24 und 25 sowie BGBl. II Nr. 230/2016, Z 50 und 51)

I. Pflichtfächer der Studienberechtigungsprüfung nach schulischen Ausbildungen:

Schulische Ausbildung[7])	Pflichtfach
Höhere Lehranstalt – Kolleg Chemie	Lebende Fremdsprache 1 (Englisch) Mathematik 2 Chemie
Höhere Lehranstalt – Kolleg Technische Chemie	Lebende Fremdsprache 1 (Englisch) Mathematik 2 Chemie
Höhere Lehranstalt – Kolleg Elektrotechnik	Lebende Fremdsprache 1 (Englisch) Mathematik 2 Physik
Höhere Lehranstalt – Kolleg Elektronik	Lebende Fremdsprache 1 (Englisch) Mathematik 2 Physik
Höhere Lehranstalt – Kolleg Elektronische Datenverarbeitung und Organisation	Lebende Fremdsprache 1 (Englisch) Mathematik 2 Physik
Höhere Lehranstalt – Kolleg Mode und Bekleidungstechnik	Lebende Fremdsprache 1 (Englisch) Biologie
Höhere Lehranstalt für Berufstätige – Kolleg Wirtschaftsingenieurwesen	Lebende Fremdsprache 1 (Englisch) Mathematik 2 Darstellende Geometrie
Höhere Lehranstalt – Kolleg für Bautechnik – Hochbau	Lebende Fremdsprache 1 (Englisch) Mathematik 2 Darstellende Geometrie
Höhere Lehranstalt – Kolleg für Bautechnik – Tiefbau	Lebende Fremdsprache 1 (Englisch) Mathematik 2 Darstellende Geometrie
Höhere Lehranstalt – Kolleg für Möbelbau und Innenausbau	Lebende Fremdsprache 1 (Englisch) Mathematik 2 Darstellende Geometrie
Höhere Lehranstalt – Kolleg für Maschinenbau	Lebende Fremdsprache 1 (Englisch) Mathematik 2 Darstellende Geometrie
Höhere Lehranstalt – Kolleg für Textiltechnik – Textilmechanik	Lebende Fremdsprache 1 (Englisch) Mathematik 2 Darstellende Geometrie
Höhere Lehranstalt – Kolleg für Textiltechnik – Textilchemie	Lebende Fremdsprache 1 (Englisch) Mathematik 2 Chemie
Höhere Lehranstalt – Kolleg für Feinwerktechnik	Lebende Fremdsprache 1 (Englisch) Mathematik 2 Physik
Höhere Lehranstalt – Kolleg für Kunststofftechnik	Lebende Fremdsprache 1 (Englisch) Mathematik 2 Physik
Höhere Lehranstalt – Kolleg für Fremdenverkehrsberufe (Fremdenverkehrskolleg)	Lebende Fremdsprache 2 (Englisch) Geschichte Geographie und Wirtschaftskunde
Höhere Lehranstalt – Kolleg Bautechnik – Restaurierung und Ortsbildpflege	Lebende Fremdsprache 1 (Englisch) Mathematik 2 Darstellende Geometrie

[7]) Die nachstehenden schulischen Ausbildungen umfassen jeweils auch als Schulen für Berufstätige geführte Formen.

Höhere Lehranstalt – Kolleg Bautechnik – Umwelttechnik	Lebende Fremdsprache 1 (Englisch) Mathematik 2 Darstellende Geometrie
Höhere Lehranstalt – Kolleg Fotographie	Lebende Fremdsprache 1 (Englisch) Mathematik 2 Physik
Höhere Lehranstalt – Kolleg Kunsthandwerk – Design	Lebende Fremdsprache 1 (Englisch) Mathematik 2 Darstellende Geometrie
Höhere Lehranstalt – Kolleg Maschinenbau – Installation, Gebäudetechnik und Energieplanung	Lebende Fremdsprache 1 (Englisch) Mathematik 2 Darstellende Geometrie
Höhere Lehranstalt – Kolleg Maschinenbau – Fertigungsautomatisierung	Lebende Fremdsprache 1 (Englisch) Mathematik 2 Darstellende Geometrie
Höhere Lehranstalt – Kolleg Technische Chemie und Umwelttechnik	Lebende Fremdsprache 1 (Englisch) Mathematik 2 Chemie
Höhere Lehranstalt – Kolleg Biochemie, Biotechnologie und Gentechnologie	Lebende Fremdsprache 1 (Englisch) Mathematik 2 Chemie
Höhere Lehranstalt – Kolleg Textilchemie	Lebende Fremdsprache 1 (Englisch) Mathematik 2 Chemie
Handelsakademie – Kolleg	Mathematik 1 Lebende Fremdsprache 2 (Englisch)
Höhere Lehranstalt für wirtschaftliche Berufe – Kolleg für wirtschaftliche Berufe	Lebende Fremdsprache 2 (Englisch) Biologie und Umweltkunde
Bildungsanstalt für Elementarpädagogik – Kolleg	Lebende Fremdsprache 1 (Englisch) Biologie und Umweltkunde Geschichte
Bildungsanstalt für Sozialpädagogik – Kolleg	Lebende Fremdsprache 2 (Englisch) Mathematik 1 Biologie und Umweltkunde

II. Prüfungsanforderungen und -methoden der Externistenprüfung über die Studienberechtigungsprüfung:

1. Mit dem Aufsatz über ein allgemeines Thema gemäß § 1 Abs. 5a Z 1 hat der Kandidat nachzuweisen, daß er sich zu einem vorgegebenen Thema in einwandfreier und gewandter Sprache und mit klarem Gedankengang schriftlich zu äußern vermag. Es sind drei Themen zur Wahl zu stellen; dem Kandidaten ist jedenfalls Gelegenheit zu geben, seine Vertrautheit mit den Grundzügen der Geschichte der Republik Österreich, mit den gegenwärtigen Strukturen Österreichs und seiner Stellung in der Welt nachzuweisen. Die Arbeitszeit für jedes Thema beträgt vier Stunden.
2. Für die einzelnen Pflichtfächer gemäß § 1 Abs. 5a Z 2 bestehen folgende Prüfungsanforderungen und -methoden:
   a) Geschichte – mündliche Prüfung: Grundzüge der allgemeinen Geschichte; wesentliche historische Fakten und Entwicklungen der europäischen Geschichte mit Schwerpunkt auf Österreich unter Berücksichtigung kultur-, wirtschafts- und sozialgeschichtlicher Aspekte.
   b) Lebende Fremdsprache 1 – schriftliche Prüfung: Für die Arbeit mit einfachen fachlichen Texten unter Heranziehung des Wörterbuches erforderliche Kenntnis der Formenlehre und Syntax sowie grundlegender Wortschatz.
   c) Lebende Fremdsprache 2 – schriftliche und mündliche Prüfung: Sicherheit im mündlichen und schriftlichen Ausdruck unter richtiger Anwendung der Grundgrammatik; Fähigkeit, die Sprache bei normaler Sprechgeschwindigkeit zu verstehen und sich an Konversation über allgemein bekannte Inhalte für die Gesprächspartner verständlich zu beteiligen; Fähigkeit, einfache Texte ins Deutsche zu übersetzen; Fähigkeit, kurze Texte fließend zu lesen und zusammenzufassen; Fähigkeit, zu allgemeinen Themen vorwiegend in erzählender und beschreibender Weise in Aufsatzform Stellung zu nehmen.
   d) entfallen (BGBl. II Nr. 385/2008, Z 25)
   e) Mathematik 1 – schriftliche und mündliche Prüfung: Zahlenmengen; Gleichungen und Ungleichungen; lineare Gleichungs- und Ungleichungssysteme; Vektoren; Matrizen; Determi-

nanten; elementare Funktionen; Grundbegriffe der Differenzialrechnung und Integralrechnung; Einführung in die Wahrscheinlichkeitsrechnung und Statistik.

f) Mathematik 2 – schriftliche und mündliche Prüfung: Zahlenmengen; Gleichungen und Ungleichungen; elementare Funktionen; lineare Algebra (insbesondere Vektoren) und Geometrie; Trigonometrie und Winkelfunktionen; Folgen und Reihen; Grundbegriffe der Differenzialrechnung und Integralrechnung.

g) entfallen (BGBl. II Nr. 385/2008, Z 25)

h) Darstellende Geometrie – schriftliche Prüfung: Lösen der Grundaufgaben in zugeordneten Normalrissen; perspektivische Darstellung; Seitenrißprinzip; Darstellung ebenflächig begrenzter Körper und einfacher technischer Objekte; ebene Schnitte und Netze von Prismen und Pyramiden; perspektive Affinität und Kollineation; Normalriß eines Kreises; Ellipse als affines Bild des Kreises; Drehzylinder und Drehkegel; Darstellung der Kugel und ihrer ebenen Schnitte; ebene Schnitte von Drehzylindern und Drehkegeln; Abwicklung von Drehzylindern und Drehkegeln.

i) Physik – schriftliche und mündliche Prüfung: Arbeitsweisen, Fragestellungen und Probleme der Physik; Grundgrößen – abgeleitete Größen; Längen- und Zeitmessung.

Mechanik: Inertialsystem; Modell des materiellen Punktes; Grundgrößen und Grundgesetze der Mechanik; einfache Maschinen.

Schwingungen und Wellen: harmonische Schwingung; harmonische Welle; Überlagerung von Wellen; Akustik.

Wärmelehre: Temperatur; innere Energie; Arbeit und Wärme; Hauptsätze der Wärmelehre; Gasgesetze; Zustandsgleichung; Wärmekraftmaschinen; Hydro- und Aeromechanik; Meteorologie.

Elektrizitätslehre: Elektrostatik; Ladung – Potential; Strom – Spannung – Widerstand; Ohmsches Gesetz; Kirchhoffsche Gesetze; Leistung und Arbeit; elektrisches Feld; magnetisches Feld; Wechselstrom; elektrische Maschinen; Meßgeräte; elektrische Leiter; Halbleiter.

Optik: geometrische Optik; Wellenoptik; Dualismus Teilchen – Welle; optische Geräte; physiologische Optik.

Aufbau und Struktur der Festkörper; Atom- und Kernphysik; Radioaktivität; Quantenmechanik; Astrophysik; Grundzüge der allgemeinen und speziellen Relativitätstheorie; Weltbild der Physik – Physik des 20. Jahrhunderts und aktuelle Probleme der Gegenwart.

j) Chemie – schriftliche und mündliche Prüfung: Allgemeine Chemie: Bausteine der Materie (Aufbau der Atome und Moleküle, Arten der chemischen Bindung, Radioaktivität); Bedeutung des Periodensystems; die drei klassischen Aggregatzustände; Satz von Avogadro; Molvolumen; Avogadro-(Loschmidt-)Konstante; allgemeine Gasgleichung; chemische Reaktionen (Gleichungen, Stöchiometrie, Massenwirkungsgesetz, Prinzip von Le Chatelier-Braun); Reaktionsgeschwindigkeit und Katalyse; Lösungen; Dissoziation und Assoziation; Säuren, Basen und Salze; pH-Wert; Hydrolyse; Elektrolyse; Energieumsatz bei chemischen Reaktionen, Maßanalyse, Ionenreaktionen, Korrosion.

Anorganische Chemie: Wasserstoff; Sauerstoff; Halogene; weitere wichtige nichtmetallische Elemente und Metalle; Verbindungen dieser Elemente; Edelgase, Schwefel, Phosphor, Silizium, Metalle und deren Verbindungen.

Organische Chemie: Sonderstellung des Kohlenstoffes; ketten- und ringförmige Verbindungen; Isomerie; Kohlenwasserstoffe und ihre Derivate (funktionelle Gruppen); aromatische Verbindungen; Erdöl; Kunststoffe (Polymerisation, Polykondensation, Polyaddition); Nomenklatur, Heterozyklen, optische Aktivität, Waschmittel, Reaktionstypen.

Einführung in die Biochemie: Kohlenhydrate; Fette; Aminosäuren; Eiweißstoffe (Kolloide).

k) entfallen (BGBl. II Nr. 385/2008, Z 25)

l) Biologie und Umweltkunde – mündliche Prüfung: Überblickartige Kenntnis des Pflanzen- und Tierreiches mit Schwerpunkt auf den wichtigen systematischen Großeinheiten; Entwicklung der Lebewesen im Lauf der Erdgeschichte und Stammesgeschichte des Menschen; Bau und Funktion des menschlichen Körpers; Ernährung, Fortpflanzung und Vererbung bei Mensch und Tier; menschliches und tierisches Verhalten; Grundlagen des Lebens; Boden, Wasser, Pflanzen und Tiere als Ökosystem und Lebenswelt des Menschen.

m) Geographie und Wirtschaftskunde – mündliche Prüfung: Überblickartige Kenntnis der Landschaften und Staaten der Erde; Länderkunde Europas und der wichtigeren außereuropäischen Länder einschließlich der wirtschaftlichen und gesellschaftlichen Strukturen, im besonderen Österreich; Wirtschaftsräume und Wirtschaftsformen; betriebswirtschaftliche und volkswirtschaftliche Grundbegriffe; Wirtschaftsorganisation und wirtschaftliche Zusammenschlüsse.

3. Prüfungsanforderungen und -methoden in einem Wahlfach gemäß § 1 Abs. 5a Z 3 sind vom Prüfer nach Anhörung des Kandidaten zu bestimmen. Der Prüfer hat hiebei auf den studienvorbereitenden Charakter der Studienberechtigungsprüfung Bedacht zu nehmen. Als Prüfungsmethoden sind die schriftliche, die mündliche, die praktische Methode oder eine Kombination von zwei der genannten Methoden zulässig.

1.9.6. Verordnung über Prüfungstermine für standardisierte Prüfungsgebiete im Rahmen von abschließenden Prüfungen in den Jahren 2024, 2025 und 2026

BGBl. II Nr. 110/2023

idF der Verordnung

BGBl. II Nr. 255/2024

Verordnung des Bundesministers für Bildung, Wissenschaft und Forschung über Prüfungstermine für standardisierte Prüfungsgebiete im Rahmen von abschließenden Prüfungen in den Jahren 2024, 2025 und 2026

Auf Grund des § 36 Abs. 4 des Schulunterrichtsgesetzes, BGBl. Nr. 472/1986, zuletzt geändert durch das Bundesgesetz BGBl. I Nr. 227/2022, und des § 35 Abs. 4 des Schulunterrichtsgesetzes für Berufstätige, Kollegs und Vorbereitungslehrgänge, BGBl. I Nr. 33/1997, zuletzt geändert durch das Bundesgesetz BGBl. I Nr. 165/2022, wird verordnet:

Regelungsbereich

§ 1. Diese Verordnung regelt die Prüfungstermine für standardisierte Prüfungsgebiete im Rahmen von Reifeprüfungen, Reife- und Diplomprüfungen, Diplomprüfungen, Berufsreifeprüfungen sowie Externistenprüfungen, die einer Reifeprüfung, Reife- und Diplomprüfung oder Diplomprüfung entsprechen, mit Haupttermin in den Schuljahren 2023/24 und 2024/25 sowie die diesen Hauptterminen folgenden Termine (Herbsttermin 2024 und Wintertermin 2025 sowie Herbsttermin 2025 und Wintertermin 2026).

Prüfungstermine

§ 2. (1) Für die nachstehend genannten standardisierten Prüfungsgebiete der in § 1 genannten abschließenden Prüfungen werden folgende Prüfungstermine festgesetzt:

Prüfungsgebiet	Haupttermin 2024		Herbsttermin 2024		Wintertermin 2025	
	Datum		Datum		Datum	
Deutsch	Do	02.05.2024	Di	17.09.2024	Do	09.01.2025
Spanisch **Slowenisch** **Kroatisch** **Ungarisch**	Mi	15.05.2024	Mo	23.09.2024	Mo	13.01.2025
Englisch	Mi	08.05.2024	Do	19.09.2024	Di	14.01.2025
Französisch	Mo	13.05.2024	Fr	20.09.2024	Mi	15.01.2025
Italienisch	Di	14.05.2024	Do	26.09.2024	Fr	17.01.2025
Latein **Griechisch**	Do	16.05.2024	Mi	25.09.2024	Do	16.01.2025
(angewandte) Mathematik	Di	07.05.2024	Mi	18.09.2024	Fr	10.01.2025
mündliche Kompensationsprüfung	Mo Di	03.06.2024 04.06.2024	Di	08.10.2024	Di	28.01.2025

	Haupttermin 2025		Herbsttermin 2025		Wintertermin 2026	
Prüfungsgebiet	**Datum**		**Datum**		**Datum**	
Deutsch	Mi	07.05.2025	Di	16.09.2025	Fr	09.01.2026
Spanisch **Slowenisch** **Kroatisch** **Ungarisch**	Di	13.05.2025	Do	25.09.2025	Mo	19.01.2026
Englisch	Fr	09.05.2025	Do	18.09.2025	Mi	14.01.2026
Französisch	Mo	12.05.2025	Fr	19.09.2025	Do	15.01.2026
Italienisch	Mi	14.05.2025	Mo	15.09.2025	Fr	16.01.2026
Latein	Di	06.05.2025	Mo	22.09.2025	Mo	12.01.2026
Griechisch	Mo	05.05.2025	Fr	26.09.2025	Do	08.01.2026
(angewandte) Mathematik	Do	08.05.2025	Mi	17.09.2025	Di	13.01.2026
mündliche Kompensationsprüfung	Di Mi	27.05.2025 28.05.2025	Do	09.10.2025	Do	29.01.2026

(2) Für eine Person, die zum Herbsttermin 2024 am Prüfungsgebiet Deutsch oder (angewandte) Mathematik nicht teilgenommen hat, weil

1. wegen Unbenützbarkeit des Schulgebäudes, eines Katastrophenfalles und aus einem sonstigen zwingenden Grund entweder IKT-gestützter Unterricht angeordnet oder die Tage für schulfrei erklärt wurden, oder
2. eine gerechtfertigte Verhinderung vorlag,

werden für die folgenden Prüfungsgebiete folgende Prüfungstermine festgesetzt:

	Herbsttermin 2024	
Prüfungsgebiet	**Datum**	
Deutsch	Fr	27.09.2024
(angewandte) Mathematik	Mo	30.09.2024

(BGBl. II Nr. 255/2024, Z 1)

Inkrafttreten; Außerkrafttreten

§ 3. (1) Diese Verordnung tritt mit Ablauf des Tages der Kundmachung im Bundesgesetzblatt in Kraft.[1]) Sie tritt mit Ablauf des 30. Jänner 2026 außer Kraft. *(BGBl. II Nr. 110/2023 idF BGBl. II Nr. 255/2024, Z 3)*

(2) § 2 samt Überschrift in der Fassung BGBl. II Nr. 255/2024 tritt mit dem Ablauf des Tages der Kundmachung im Bundesgesetzblatt in Kraft[2]) und mit Ablauf des 30. Jänner 2026 außer Kraft. *(BGBl. II Nr. 255/2024, Z 3)*

---

[1]) Die Kundmachung im Bundesgesetzblatt erfolgte am 21. April 2023.

[2]) Die Kundmachung im Bundesgesetzblatt erfolgte am 19. September 2024.

1.10. Schulordnung 2024

BGBl. II Nr. 126/2024

Verordnung des Bundesministers für Bildung, Wissenschaft und Forschung über das Verhalten in der Schule und Maßnahmen für einen geordneten und sicheren Schulbetrieb – Schulordnung 2024

Auf Grund der §§ 43 bis 50 des Schulunterrichtsgesetzes – SchUG, BGBl. Nr. 139/1974, zuletzt geändert durch das Bundesgesetz BGBl. I Nr. 140/2023, wird verordnet:

1. Abschnitt
Allgemeine Bestimmungen

Gegenstand und Zweck der Verordnung

§ 1. (1) Diese Verordnung regelt das Verhalten, Maßnahmen zur Sicherheit und zur Ermöglichung eines ordnungsgemäßen Schulbetriebes

1. in der Schule,
2. an sonstigen, nicht für schulische Zwecke gewidmeten, Unterrichtsorten („dislozierter Unterricht"),
3. bei Schulveranstaltungen (§ 13 SchUG) und
4. bei schulbezogenen Veranstaltungen (§ 13a SchUG).

(2) Der Unterricht kann

1. in einer für schulische Zwecke gewidmeten Liegenschaft (Schule) oder
2. in einer nicht für schulische Zwecke gewidmeten Liegenschaft (dislozierter Unterricht), wenn dies für den Unterricht erforderlich ist, insbesondere in Schwimmhallen oder auf Sportplätzen,

erteilt werden.

Berechtigung zum Aufenthalt in der Schule

§ 2. Personen sind berechtigt, sich in der Schule aufzuhalten, wenn sie

1. verpflichtet sind, sich in der Schule aufzuhalten,
2. für Organisationen mit Sicherheitsaufgaben oder für Behörden in Erfüllung ihrer Aufgaben tätig sind,
3. ein rechtliches Interesse am Aufenthalt in der Schule haben,
4. eine Vereinbarung, die zum Aufenthalt berechtigt oder diesen erfordert, vorlegen können oder
5. zum Aufenthalt in der Schule durch die Schulleitung oder eine Lehrperson eingeladen wurden.

Verhaltenskodex in der Schule

§ 3. (1) Alle Personen, die sich in der Schule aufhalten, an Schulveranstaltungen oder an disloziertem Unterricht teilnehmen, haben sich nach den Grundsätzen eines verantwortungsvollen und wertschätzenden Umgangs miteinander gemäß Verhaltenskodex (**Anlage A**) zu verhalten.

(2) In der Schule, im dislozierten Unterricht und bei Schulveranstaltungen sowie schulbezogenen Veranstaltungen sind das Rauchen, der Konsum von Tabak oder Nikotin jeglicher Art und von diesen gleichzuhaltenden Erzeugnissen untersagt. Der Konsum alkoholischer Getränke ist während des Unterrichtstages, bei Schulveranstaltungen und schulbezogenen Veranstaltungen untersagt. Der Umgang mit alkoholischen Getränken im Rahmen des lehrplanmäßig dafür vorgesehenen Unterrichts stellt keinen Konsum dar.[1])

(3) Sicherheitsgefährdende Gegenstände sind Objekte, die geeignet sind, einem anderen Verletzungen zuzufügen, mit Ausnahme von Gegenständen des täglichen Gebrauches, die in der Schule ihrem gewöhnlichen Gebrauch entsprechend verwendet werden. Gegenstände, deren Besitz oder Führung aufgrund besonderer Rechtsvorschriften untersagt ist, sind jedenfalls sicherheitsgefährdende Gegenstände.

(4) Sicherheitsgefährdende Gegenstände und den Schulbetrieb störende Gegenstände dürfen nicht in die Schule, zu disloziertem Unterricht, zu Schulveranstaltungen oder schulbezogenen Veranstaltungen mitgebracht werden. Derartige Gegenstände sind der Lehrperson auf Verlangen zu übergeben. Abgenommene Gegenstände sind nach Beendigung des Unterrichtes bzw. der Schulveranstaltung oder der schulbezogenen Veranstaltung der Schülerin bzw. dem Schüler zurückzugeben, sofern es sich nicht um sicherheitsgefährdende Gegenstände gemäß Abs. 3 handelt. Sicherheitsgefährdende Gegenstände dürfen nur einem Erziehungsberechtigten – sofern die Schülerin bzw. der Schüler volljährig ist, dieser bzw. diesem – ausgefolgt werden, wenn deren Besitz nicht sonstigen Rechtsvorschriften widerspricht.

---

[1]) Siehe auch Auszug zum Tabak- und Nichtraucherinnen- bzw. Nichtraucherschutzgesetz (14.2.).

Maßnahmen zur Sicherheit, zur Prävention und zum Kinderschutz in der Schule

§ 4. (1) In der Schule sind jene Maßnahmen festzulegen, die erforderlich sind, um im Katastrophenfall eine Gefährdung der Schülerinnen und Schüler möglichst zu verhindern. Entsprechende Übungen sind jährlich mindestens einmal durchzuführen.

(2) Jede Schule hat über ein in einem partnerschaftlichen Prozess zu erarbeitendes Kinderschutzkonzept zu verfügen. Dieses hat jedenfalls

1. Maßnahmen zum Schutz der Schülerinnen und Schüler vor physischer, psychischer und sexualisierter Gewalt,
2. eine Risikoanalyse ausgehend von bestehenden Maßnahmen (Bestands- und Risikoanalyse),
3. Verhaltensregeln zur Vermeidung von potentiellen Gefahrensituationen unter besonderer Berücksichtigung der Kommunikation zwischen Erwachsenen und Schülerinnen und Schülern,
4. Verhaltensregeln zur Vermeidung von physischer und sexualisierter Gewalt sowie Mobbing, Diskriminierung, Verächtlichmachung, Ausgrenzung und anderen Formen psychischer Gewalt denen der Verhaltenskodex in Anlage A, der ein integrierter Bestandteil des Kinderschutzkonzeptes ist, zugrunde liegt,
5. die Festlegung eines Kinderschutzteams und
6. Regelungen über den Umgang mit möglichen Fällen von physischer, psychischer oder sexualisierter Gewalt, wobei nach Möglichkeit zwischen den Lebensbereichen außerhalb der Schule, zwischen Schülerinnen und Schülern sowie zwischen diesen und Mitarbeiterinnen oder Mitarbeitern der Schule zu differenzieren ist,

zu enthalten. Zur Umsetzung des Verhaltenskodex hat die Hausordnung zumindest drei auf ihre Umsetzung überprüfbare Maßnahmen zu enthalten.

(3) Das Kinderschutzkonzept kann im Schulforum oder Schulgemeinschaftsausschuss behandelt werden. Eine solche Behandlung ist für den partnerschaftlichen Prozess nicht ausreichend, sondern ist jedenfalls einem weiteren Kreis an Erziehungsberechtigten und Schülerinnen und Schülern die Gelegenheit zur Mitwirkung zu geben. Die Evaluierung des Kinderschutzkonzepts muss jeweils spätestens bis zum Ende des dritten Schuljahres seit Kundmachung oder der letzten Evaluierung erfolgen und deren Ergebnis dem Schulforum oder Schulgemeinschaftsausschuss zur Kenntnis gebracht werden.

(4) Der Risikoanalyse sind jedenfalls

1. die Situation im örtlichen Umfeld der jeweiligen Schule,
2. der Schulweg, zB Wege von Haltestellen öffentlicher Verkehrsmittel zur Schule, der Schülertransport uä.
3. die Zugänglichkeit des Schulgeländes und -gebäudes,
4. Gefahren durch die Nutzung digitaler Kommunikation und digitaler Endgeräte,
5. Art, Dauer und Ausmaß der Schulveranstaltungen sowie
6. Erfahrungen an der jeweiligen Schule

zugrunde zu legen.

(5) Ein wenn möglich geschlechterparitätisch besetztes Kinderschutzteam hat aus zumindest zwei, von der Schulleitung verschiedenen, Personen, die in einem unbefristeten Dienstverhältnis an der Schule tätig sind, zu bestehen. Die Mitglieder des Kinderschutzteams sind für drei Jahre zu bestellen. Eine unmittelbar anschließende Wiederbestellung ist nur einmal zulässig.

(6) Der Kinderschutz von Schulen mit weniger als acht Klassen ist durch das Schulqualitätsmanagement in der Bildungsregion schulstandortübergreifend zusammenzufassen oder an eine andere Schule der gleichen Schulart anzuschließen, bis die Gesamtzahl zumindest acht Klassen beträgt (Kinderschutzcluster) und an jedem Standort eine Ansprechperson vorhanden sein soll. Für diese Klassen ist ein gemeinsames Kinderschutzkonzept mit einem schulstandortübergreifenden Kinderschutzteam zu erstellen, wobei die Risikoanalyse je Schule zu erfolgen hat.

(7) Das Kinderschutzkonzept ist zusätzlich zur Kundmachung und Hinterlegung gemäß § 79 SchUG in einer dem Alter der Schülerinnen und Schüler entsprechenden Form und Sprache sowie deren Erziehungsberechtigten in einer solchen Art und Weise zugänglich zu machen, dass ein Einblick ohne Aufforderung auf Einsicht möglich ist. Den Schülerinnen und Schüler ist bekannt zu machen, wer die Mitglieder des Kinderschutzteams sind. Die erstmalige Kundmachung des Kinderschutzkonzepts hat im Schuljahr 2024/2025 zu erfolgen.

2. Abschnitt
Verhalten in der Schule

Aufenthalt in der Schule

§ 5. (1) Die Schülerinnen und Schüler haben sich vor Beginn des Unterrichtes, von Schulveranstaltungen oder schulbezogenen Veranstaltungen, an denen teilzunehmen sie verpflichtet sind, am Unterrichtsort bzw. am sonst festgelegten Treffpunkt einzufinden. Die Beaufsichtigung beginnt 15 Minuten vor Beginn des Unterrichtes, der Schulveranstaltung bzw. der schulbezogenen Veranstaltung. Die Beaufsichtigung der Schülerinnen und Schüler ab der 7. Schulstufe darf entfallen, wenn dies im Hinblick auf die Gestaltung des Unterrichtes, von Schulveranstaltungen (§ 13 SchUG), von schulbezogenen Veranstaltungen (§ 13a SchUG) und der individuellen Berufs(bildungs)orientierung (§ 13b SchUG) zweckmäßig ist und im Hinblick auf die körperliche und geistige Reife der Schülerinnen und Schüler entbehrlich ist. Ab der 9. Schulstufe darf die Beaufsichtigung entfallen, wenn sie im Hinblick auf die körperliche und geistige Reife entbehrlich ist.[2])

(2) Schülerinnen und Schüler haben regelmäßig teilzunehmen:

1. am Unterricht der für sie vorgeschriebenen Pflichtgegenstände (einschließlich der Pflichtseminare) und verbindlichen Übungen,
2. am Unterricht der von ihnen gewählten alternativen Pflichtgegenstände oder von Unterrichtseinheiten, für deren Besuch eine Freistellung von Pflichtgegenständen genehmigt wurde,
3. am Förderunterricht,
4. am Unterricht in den Freigegenständen und unverbindlichen Übungen, für den sie angemeldet sind,

4a. an ganztägigen Schulformen am Betreuungsteil, zu dem sie angemeldet sind,

5. an den für sie vorgesehenen Schulveranstaltungen,
6. an den schulbezogenen Veranstaltungen, für die sie angemeldet sind, sowie
7. an der individuellen Berufs(bildungs)orientierung, zu deren Teilnahme dem Unterricht fern geblieben werden darf.

(3) Abs. 2 gilt für ordentliche und für schulpflichtige außerordentliche Schülerinnen und Schüler. Andere außerordentliche Schülerinnen und Schüler sind berechtigt und verpflichtet, an jenen Unterrichtsgegenständen, für die sie aufgenommen wurden, und an den mit diesen Unterrichtsgegenständen in Beziehung stehenden Schulveranstaltungen und schulbezogenen Veranstaltungen teilzunehmen.

(4) Während des Vormittags- bzw. Nachmittagsunterrichts (einschließlich der Pausen) darf eine Schülerin oder ein Schüler die Schule oder einen anderen Unterrichtsort nur mit Genehmigung der aufsichtsführenden Lehrperson oder der Schulleitung, soweit die Hausordnung nicht anderes bestimmt, verlassen. Dies gilt sinngemäß für Schulveranstaltungen und schulbezogene Veranstaltungen. Hierdurch werden Vorschriften über das Fernbleiben von der Schule nicht berührt.

(5) Nach Beendigung des Unterrichtes hat eine Schülerin oder ein Schüler die Schule (den Unterrichtsort) unverzüglich zu verlassen, sofern nicht ein weiterer Aufenthalt bewilligt wurde.

(6) Inwieweit eine Schülerin oder ein Schüler früher als 15 Minuten vor Beginn des Unterrichtes, einer Schulveranstaltung oder einer schulbezogenen Veranstaltung, zwischen dem Vormittags- und Nachmittagsunterricht sowie nach Beendigung des Unterrichtes, der Schulveranstaltung oder der schulbezogenen Veranstaltung in der Schule anwesend sein darf, entscheidet die Schulleitung. Dabei ist von der Schulleitung – unbeschadet der §§ 3 Abs. 4 und 9 Abs. 3a des Schulzeitgesetzes 1985, BGBl. Nr. 77/1985 – festzulegen, ob eine Beaufsichtigung seitens der Schule (allenfalls auch unter Anwendung des § 44a des Schulunterrichtsgesetzes) erfolgt und dass diese Beaufsichtigung ab der 7. Schulstufe entfallen kann, wenn sie im Hinblick auf die konkrete Situation sowie die körperliche und geistige Reife entbehrlich ist. Dies ist gemäß § 79 Abs. 1 SchUG kundzumachen.

Fernbleiben vom Unterricht und verspätetes Eintreffen

§ 6. (1) Bei verspätetem Eintreffen zum Unterricht, zu einer Schulveranstaltung und einer schulbezogenen Veranstaltung hat die Schülerin bzw. der Schüler der Lehrkraft den Grund der Verspätung anzugeben.

(2) Auf das Fernbleiben von der Schule finden Anwendung:

1. für der allgemeinen Schulpflicht unterliegende Schülerinnen und Schüler § 9 des Schulpflichtgesetzes 1985, BGBl. Nr. 76/1985,
2. für der Berufsschulpflicht unterliegende Schülerinnen und Schüler § 22 Abs. 3 in Verbindung mit § 9 sowie § 23 des Schulpflichtgesetzes 1985,
3. im Übrigen § 45 des Schulunterrichtsgesetzes.

(3) Das verspätete Eintreffen zum Unterricht, zu Schulveranstaltungen und schulbezogenen Veranstaltungen, das vorzeitige Verlassen sowie das Fernbleiben von der Schule sind im Klassenbuch zu vermerken. Beim Fernbleiben von der Schule ist auch der Rechtfertigungsgrund anzuführen.

---

[2]) Siehe auch RS Nr. 15/2005 betreffend den Aufsichtserlass 2005 (1.11.).

(4) Eine ärztliche Bestätigung ist nur eine von einem in Österreich oder im EWR zur selbstständigen Berufsausübung berechtigten Arzt ausgestellte Bestätigung, die Ort und Datum der Ausstellung, den ausstellenden Arzt und die Person, auf welche sich die Bestätigung bezieht, enthält. Wenn eine ärztliche Bestätigung nicht binnen fünf Unterrichtstagen ab dem Verlangen auf Vorlage erbracht wird, so liegt ein Fernbleiben ohne Rechtfertigung vor.

Mitwirkungspflicht der Schülerinnen und Schüler

§ 7. (1) Die Schülerinnen und Schüler haben durch ihr Verhalten und ihre Mitarbeit im Unterricht in der Schule und bei Schulveranstaltungen die Unterrichtsarbeit zu fördern.

(2) Sie haben sich in der Gemeinschaft der Klasse und der Schule hilfsbereit, verständnisvoll und höflich zu verhalten.

(3) Sie haben am Unterricht, an den Schulveranstaltungen und den schulbezogenen Veranstaltungen in einer den jeweiligen Erfordernissen entsprechenden Kleidung teilzunehmen.

(4) Sie haben die notwendigen Unterrichtsmittel mitzubringen und in einem dem Unterrichtszweck entsprechenden Zustand zu erhalten.

(5) Sie haben sämtliche Einrichtungen und Anlagen der Schule einschließlich der zur Verfügung gestellten Arbeitsmittel schonend zu behandeln.

Sicherheitsbelehrungen

§ 8. Die Schülerinnen und Schüler sind vor dem Gebrauch von Maschinen und Geräten, die eine Gefährdung verursachen können, auf die notwendigen Sicherheitsmaßnahmen aufmerksam zu machen. Verletzt eine Schülerin oder ein Schüler die Sicherheitsvorschriften, ist sie bzw. er nachweisbar zu ermahnen und ihr bzw. ihm der Ausschluss von der weiteren Teilnahme an diesem Unterricht am betreffenden Tage anzudrohen. Bei einem weiteren Verstoß gegen die Sicherheitsvorschriften ist sie bzw. er von der weiteren Teilnahme an diesem Unterricht am betreffenden Tage auszuschließen. Der dadurch versäumte Unterricht ist wie ein Unterricht zu behandeln, dem unentschuldigt ferngeblieben wurde.

Verständigungspflicht bei Erkrankung an einer anzeigepflichtigen Krankheit

§ 9. Die Erziehungsberechtigten haben die Schulleitung im Falle einer Erkrankung der Schülerin oder des Schülers oder eines Haushaltsangehörigen der Schülerin oder des Schülers an einer anzeigepflichtigen Krankheit unverzüglich hievon zu verständigen oder verständigen zu lassen. Diese Verpflichtung trifft die Schülerin oder den Schüler, sofern er bzw. sie volljährig ist.

Erziehungsmittel

§ 10. (1) Im Rahmen des § 47 Abs. 1 des Schulunterrichtsgesetzes sind z. B. folgende Erziehungsmittel anzuwenden:

1. bei positivem Verhalten der Schülerin oder des Schülers:
   Ermutigung,
   Anerkennung,
   Lob,
   Dank;
2. bei einem Fehlverhalten der Schülerin oder des Schülers:
   Anleitung zur Reflexion
   Aufforderung,
   Zurechtweisung,
   Erteilung von Aufträgen zur nachträglichen Erfüllung versäumter Pflichten,
   beratendes bzw. belehrendes Gespräch mit der Schülerin oder dem Schüler,
   beratendes bzw. belehrendes Gespräch unter Beiziehung der Erziehungsberechtigten,
   Verwarnung.

Die genannten Erziehungsmittel können von der Lehrperson, vom Klassenvorstand und von der Schulleitung, in besonderen Fällen auch von der zuständigen Schulbehörde, angewendet werden.

(2) Erziehungsmaßnahmen sollen möglichst unmittelbar erfolgen und in einem sinnvollen Bezug zum Verhalten der Schülerin oder des Schülers stehen. Sie sollen der Schülerin oder dem Schüler einsichtig sein und eine deren Erziehung fördernde Wirkung haben.

Verständigungspflicht bei Änderung wesentlicher Daten

§ 11. Die Erziehungsberechtigten haben jede Änderung ihrer Wohnadresse, gegebenenfalls der eigenen Wohnadresse der Schülerin oder des Schülers, einen Übergang des Erziehungsrechtes an andere Personen sowie sonstige Veränderungen, die die Schülerin oder den Schüler betreffen und für die Schule bedeutsam sind, unverzüglich zu melden. Sofern die Schülerin oder der Schüler volljährig ist, trifft sie oder ihn die Meldepflicht hinsichtlich der Änderung ihrer oder seiner Wohnadresse und der wesentlichen ihre oder seine Person betreffenden Angaben.

3. Abschnitt
Aufmerksamkeit, Meldungen und Berichtswesen

Aufmerksamkeit

§ 12. (1) Wenn bei einer Schülerin oder einem Schüler, einer Lehrperson oder sonstigen Bediensteten der Schule ein Verhalten, körperliche oder psychische Symptome wahrgenommen werden, die auf das Erleben oder Ausüben von physischer, psychischer oder sexualisierter Gewalt hindeuten, so dürfen die Mitglieder des Kinderschutzteams, die Schulleitung, Mitarbeiter des schulärztlichen Dienstes oder Mitarbeiterinnen bzw. Mitarbeitern der Schulpsychologie das Verhalten beobachten, Informationen über die Wahrnehmungen austauschen und über mögliche Maßnahmen reflektieren.

(2) Die in Abs. 1 genannten Personen haben auch unter Wahrung der Vertraulichkeit Wahrnehmungen Dritter zu prüfen. Insbesondere sind die bekanntgegebenen Wahrnehmungen unter Wahrung der schutzwürdigen Interessen der Betroffenen auf ihren Wahrheitsgehalt hin zu prüfen.

Meldung von Gefährdungen der Sicherheit

§ 13. (1) Schülerinnen und Schüler, Lehrpersonen, sonstige Bedienstete der Schule sowie Personen, die gemäß § 44a des Schulunterrichtsgesetzes mit der Beaufsichtigung betraut sind, sind verpflichtet, eine Gefahr für die Sicherheit unverzüglich der Schulleitung zu melden.

(2) Schülerinnen und Schüler, Lehrpersonen, sonstige Bedienstete der Schule, Personen, die gemäß § 44a des Schulunterrichtsgesetzes mit der Beaufsichtigung betraut sind, und Erziehungsberechtigte dürfen und sollen Ereignisse oder Umstände, die für Schülerinnen und Schüler eine Gefährdung durch physische, psychische oder sexualisierte Gewalt sein können, sowohl an das Kinderschutzteam herantragen als auch allenfalls der Schulleitung melden.

Dokumentations- und Informationspflichten

§ 14. (1) Über Wahrnehmungen und Gespräche gemäß § 13 dürfen die klassenführende Lehrperson und die Klassenvorständin oder der Klassenvorstand, die Mitglieder des Kinderschutzteams und die Schulleitung Aufzeichnungen führen. Die Aufzeichnungen sind so zu verwahren, dass sie nur dem Aufzeichnenden, dem Kinderschutzteam und der Schulleitung zugänglich sind und ein Zugriff durch Dritte ausgeschlossen werden kann.

(2) Wenn aufgrund einer Wahrnehmung

1. einer Verhaltensänderung über einen längeren Zeitraum oder
2. einer physischen Gewalteinwirkung oder von Folgen einer solchen ohne nachvollziehbare und sachlich gerechtfertigte Gründe

die Ausübung von physischer, psychischer oder sexualisierter Gewalt gegen eine Schülerin oder einen Schüler als wahrscheinlich betrachtet wird, so sind die Schulleitung und das Kinderschutzteam zu informieren. Die Schulleitung hat nachweislich die Schulbehörde und die Schulpsychologie zu informieren. Alle darüber zu erstellenden Aufzeichnungen und Dokumentationen sind so aufzubewahren, dass nur das Kinderschutzteam und die Schulleitung dazu Zugang haben und ein Zugriff durch Dritte ausgeschlossen werden kann.

(3) Aufzeichnungen und Dokumentationen sind mit Ablauf des Jahres, in welchem die oder der zuletzt geborene Schülerin oder Schüler, auf den sich die Aufzeichnungen und Dokumentationen beziehen, das 20. Lebensjahr vollendet hat, jedenfalls aber nach 30 Jahren ab Erstellung der letzten Aufzeichnung, zu vernichten. Sie sind bis dahin so zu verwahren, dass nur die Personen in den Funktionen gemäß Abs. 1 Zugang haben.

Maßnahmen bei Verstößen gegen die Ordnung in der Schule

§ 15. (1) Schulfremde Personen, die nicht berechtigt sind sich in der Schule aufzuhalten oder gegen die Regeln über das Verhalten in der Schule verstoßen, können von der Schulleitung und allenfalls von mit der Aufrechterhaltung der Ordnung in der Schule beauftragten Personen von der Schule verwiesen werden.

(2) Die Schulleitung kann Personen ohne Angabe von Gründen das Betreten der Schule für bis zu einem Monat im Wiederholungsfall bis zu einem Semester, untersagen, ausgenommen Schülerinnen und Schülern, Personal der Schule und Mitarbeiterinnen und Mitarbeitern von Behörden und des Schulerhalters. Bei Verstößen von Mitarbeiterinnen und Mitarbeitern von Behörden, Schulerhaltern und Körperschaften öffentlichen Rechts hat die Schulleitung den Dienstgeber der Mitarbeiterin bzw. des Mitarbeiters über den oder die Verstöße zu informieren.

(3) Verstöße gegen Maßnahmen zur Sicherheit der Einrichtungen und des Schulbetriebs gemäß IKT-Schulverordnung, BGBl. II Nr. 382/2021 und andere Regelungen zur Si-

cherheit von Daten und informations- und kommunikationstechnologischen Einrichtungen und Anwendungen sind jedenfalls Verstöße gegen die Ordnung in der Schule.

4. Abschnitt

Schluss- und Übergangsbestimmungen

Bezeichnungen in geschlechtsspezifischer Form

§ 16. Soweit in dieser Verordnung auf natürliche Personen bezogene Bezeichnungen angeführt sind, beziehen sich diese auf alle Geschlechtsformen in gleicher Weise. Bei der Anwendung der Bezeichnung auf bestimmte natürliche Personen ist die jeweils geschlechtsspezifische Form zu verwenden.

Anwendung auf Schulcluster

§ 17. Diese Verordnung ist auf Schulcluster mit der Maßgabe anzuwenden, dass der Begriff Schule auf alle Schulen eines Schulclusters anzuwenden ist, außer im Fall des § 2, in welchem sich der Begriff Schule jeweils auf eine bestimmte Schule des Schulclusters bezieht.

In- und Außerkrafttreten

§ 18. Diese Verordnung tritt mit 1. September 2024 in Kraft, gleichzeitig tritt die Verordnung des Bundesministers für Unterricht und Kunst vom 24. Juni 1974 betreffend die Schulordnung, BGBl. Nr. 373/1974, in der Fassung BGBl. II Nr. 256/2020, außer Kraft.

Anlage A
Verhaltenskodex

Schulen sind Lern- und Lebensräume, in denen Schülerinnen und Schüler sich angenommen und sicher fühlen und in denen die Entfaltung ihrer Persönlichkeit und ihrer Begabungen unterstützt wird. Schülerinnen und Schüler werden in ihrer Entwicklung zu eigenverantwortlichen Persönlichkeiten gefördert und sollen bestärkt werden, für ihre Rechte auf körperliche und seelische Unversehrtheit einzutreten.

Alle am Schulleben Beteiligten, das sind Schülerinnen und Schüler, Lehrpersonen und sonstige Mitarbeiterinnen und Mitarbeiter der Schule sowie die Erziehungsberechtigten,

* verstehen sich als Mitglieder einer Bildungs- und Erziehungspartnerschaft,
* achten und respektieren die Persönlichkeit und Würde der anderen und
* pflegen einen von gegenseitiger Wertschätzung, von Respekt und wechselseitigem Vertrauen geprägten Umgang,
* gehen achtsam und verantwortungsbewusst mit Nähe und Distanz um,
* respektieren die persönlichen Grenzen anderer und unterlassen verbale oder nonverbale Verhaltensweisen, die die Würde anderer verletzen,
* nehmen jede Form persönlicher Grenzverletzung bewusst wahr und reagieren angemessen zum Schutz der Schülerinnen und Schüler und
* unterbinden diskriminierendes, gewalttätiges und sexistisches Verhalten in Wort, Schrift oder Tat.

1.11. Aufsichtserlass 2005[1])

Mit BGBl. II Nr. 181/2005 wurde die Verordnung betreffend die Schulordnung novelliert. Wesentlicher Inhalt dieser Novelle ist das Einführen einer neuen Altersgrenze (umgelegt auf die [7.] Schulstufe), welche hinsichtlich der Beaufsichtigung der Schüler eine neue Situation schafft.

Der bislang in Geltung gestandene Aufsichtserlass wurde daher der neuen Rechtslage angepasst: das Ergebnis ist der vorliegende überarbeitete Text, welcher eine Zusammenfassung und Erläuterung der für die Aufsichtsführung durch die Lehrkräfte sowie durch andere Aufsichtspersonen i.S. des § 44a SchUG wesentlichen Rechtsvorschriften – nach Rechtsbereichen gegliedert – darstellt.

Personenbezogene Bezeichnungen in diesem Erlass umfassen gleichermaßen Personen männlichen und weiblichen Geschlechts.

Zur besseren Lesbarkeit werden Gesetzes- und Verordnungszitate nicht authentisch sondern in der neuen deutschen Rechtschreibung wiedergegeben.

ALLGEMEINE ERWÄGUNGEN

Die österreichische Bundesverfassung definiert Schulen als Einrichtungen, die neben dem Bildungsauftrag auch einen umfassenden Erziehungsauftrag wahrzunehmen haben (Art. 14 Abs. 6 B-VG, BGBl. Nr. 1/1930 in der Fassung der Novelle BGBl. I Nr. 31/2005).

Um diesem Erziehungsauftrag, welcher jenen der Erziehungsberechtigten ergänzt, nachkommen zu können, sind Kinder für die Zeit des Schulaufenthaltes der Obsorge ihrer Erziehungsberechtigten entzogen und hat daher auch gleichzeitig die Schule für die an sich den Obsorgeberechtigten zukommende Beaufsichtigung der Kinder Sorge zu tragen. Die Beaufsichtigung verfolgt zwei Ziele gleichermaßen: einerseits soll durch eine angemessene Beaufsichtigung der Schüler deren eigene Sicherheit gewährleistet werden, andererseits soll die Verursachung von Schäden am Eigentum und an der Person anderer durch Schüler weitgehend hintan gehalten werden.

SCHULRECHTLICHE BESTIMMUNGEN

1. Aufsichtsverpflichtung

§ 51 Abs. 3 SchUG: Der Lehrer hat nach der jeweiligen Diensteinteilung die Schüler in der Schule auch 15 Minuten vor Beginn des Unterrichtes, in den Unterrichtspausen – ausgenommen die zwischen dem Vormittags- und dem Nachmittagsunterricht liegende Zeit – und unmittelbar nach Beendigung des Unterrichtes beim Verlassen der Schule sowie bei allen Schulveranstaltungen und schulbezogenen Veranstaltungen innerhalb und außerhalb des Schulhauses zu beaufsichtigen, soweit dies nach dem Alter und der geistigen Reife der Schüler erforderlich ist. Hiebei hat er insbesondere auf die körperliche Sicherheit und auf die Gesundheit der Schüler zu achten und Gefahren nach Kräften abzuwehren. Dies gilt sinngemäß für den Betreuungsteil an ganztägigen Schulformen, wobei an die Stelle des Unterrichtes der Betreuungsteil tritt.

§ 13b Abs. 4 SchUG: Während der individuellen Berufs(bildungs)orientierung sind die Schüler in einem ihrem Alter, ihrer geistigen und körperlichen Reife sowie den sonstigen Umständen entsprechenden Ausmaß zu beaufsichtigen. …

§ 2 Abs. 1 Schulordnung: Die Schüler haben sich vor Beginn des Unterrichtes sowie vor Beginn von Schulveranstaltungen und schulbezogenen Veranstaltungen, an denen teilzunehmen sie verpflichtet sind, am Unterrichtsort bzw. am sonst festgelegten Treffpunkt einzufinden. Die Beaufsichtigung der Schüler beginnt 15 Minuten vor Beginn des Unterrichtes, der Schulveranstaltung bzw. der schulbezogenen Veranstaltung. Die Beaufsichtigung der Schüler ab der 7. Schulstufe darf entfallen, wenn dies im Hinblick auf die Gestaltung des Unterrichtes, von Schulveranstaltungen (§ 13 SchUG), von schulbezogenen Veranstaltungen (§ 13a SchUG) und der individuellen Berufs(bildungs)orientierung (§ 13b SchUG) zweckmäßig ist und weiters im Hinblick auf die körperliche und geistige Reife der Schüler entbehrlich ist. Die Beaufsichtigung der Schüler ab der 9. Schulstufe darf entfallen, wenn sie im Hinblick auf die körperliche und geistige Reife entbehrlich ist.

1.1 Der zeitliche Geltungsbereich umfasst demnach:

- die 15 Minuten vor Beginn des Unterrichtes
- die Zeit des Unterrichtes
- sämtliche Pausen mit Ausnahme der „Mittagspause“, das ist die Zeit zwischen dem Vormittags- und dem Nachmittagsunterricht
- den Zeitraum während des Verlassens der Schule unmittelbar nach Beendigung des Unterrichtes

[1]) Verwaltungsverordnung der Bundesministerin für Bildung, Wissenschaft und Kultur vom 28. Juli 2005, Zl. BMBWK-10.361/0002-III/3/2005, RS Nr. 15/2005.

- bei Schulen mit Tagesbetreuung (ganztägige Schulformen): zusätzlich die Zeit der Tagesbetreuung (Betreuungsteil), also die gegenstandsbezogene und die individuelle Lernzeit und die Freizeit (einschließlich die Zeit für die Verabreichung der Verpflegung in der Mittagspause)
- den Zeitraum einer Schulveranstaltung
- den Zeitraum einer schulbezogenen Veranstaltung
- den Zeitraum einer Berufsbildungsorientierung

Beginnt für einzelne Klassen oder Schülergruppen ein Unterricht zu einem anderen Zeitpunkt als für die übrigen Schüler, so ist in der vom Schulleiter gemäß § 56 Abs. 4 SchUG zu erstellenden Diensteinteilung die erforderliche Vorsorge für die Beaufsichtigung auch dieser Schüler zu treffen.

1.2 Sonderkonstellationen

Finden Unterrichtsstunden, Schulveranstaltungen oder schulbezogene Veranstaltungen anschließend an einen in der Schule stattfindenden Unterricht an einem anderen Ort als in der Schule (also disloziert) statt, so sind die Schüler unter Aufsicht an diesen Ort und zurück zur Schule zu führen. Falls es zweckmäßig ist, können Schüler ab der 7. Schulstufe, sofern es ihre körperliche und geistige Reife zulässt, auch ohne Aufsicht an den betreffenden Ort und allenfalls zur Schule zurück geschickt werden.

Findet ein solcher Unterricht, eine Schulveranstaltung oder schulbezogene Veranstaltung in der letzten Unterrichtsstunde statt, so können alle oder einzelne Schüler ab der 7. Schulstufe unmittelbar vom Ort dieses Unterrichts, der Schulveranstaltung oder schulbezogenen Veranstaltung entlassen werden, sofern dies zweckmäßig und unbedenklich erscheint (so z.B., wenn der Unterricht, die Schulveranstaltung oder schulbezogene Veranstaltung in der Nähe der Wohnung des Schülers stattfindet, der Rückweg in die Schule einen Umweg bedeuten würde, der Schüler mit der Umgebung gut vertraut ist und damit kein zusätzliches Sicherheitsrisiko für den Schüler entsteht).

Findet der Unterricht, eine Schulveranstaltung oder schulbezogene Veranstaltung in der ersten Unterrichtsstunde (Vormittagsunterricht oder Nachmittagsunterricht) an einem anderen Ort als in der Schule statt, so kann, wenn dies zweckmäßig und für die Erziehungsberechtigten zumutbar erscheint, ein anderer Treffpunkt als der Schulstandort bestimmt werden. Hievon sind die Erziehungsberechtigten rechtzeitig zu verständigen.

Bei Unfällen oder schweren Erkrankungen von Schülern während des Unterrichtes, einer Schulveranstaltung, einer schulbezogenen Veranstaltung oder einer Berufs(bildungs)orientierung sind alle erforderlichen Maßnahmen, wie zum Beispiel Zuziehung eines Arztes, Transport in ein Krankenhaus, unverzüglich zu treffen. Ebenso sind der Schulleiter und die Erziehungsberechtigten der verunglückten bzw. erkrankten Schüler umgehend zu verständigen. Bei leichteren Verletzungen oder Erkrankungen eines Schülers während des Unterrichtes, einer Schulveranstaltung einer schulbezogenen Veranstaltung oder einer Berufs(bildungs)orientierung richten sich die zu ergreifenden Maßnahmen nach dem für den Lehrer erkennbaren Grad der gesundheitlichen Beeinträchtigung. Schülerunfälle sind der Allgemeinen Unfallversicherungsanstalt gemäß § 363 Abs. 4 ASVG anzuzeigen.

§ 10 Abs. 2 SchUG: …Wenn der Entfall von Unterrichtsstunden vom Schulleiter angeordnet werden muss, hat er für die Beaufsichtigung der Schüler bis zum stundenplanmäßig vorgesehenen Unterrichtsende zu sorgen, soweit eine Gefährdung der Schüler durch ein vorzeitiges Unterrichtsende zu befürchten ist.

Es ist nicht zulässig, dass seitens der Erziehungsberechtigten eine „Generalermächtigung" erteilt wird, wonach die Schüler bei (Rand) Stundenentfall ohne vorhergehende Verständigung der Erziehungsberechtigten vorzeitig aus der Schule entlassen werden dürfen. Vielmehr hat eine solche Verständigung im konkreten Einzelfall bzw. für konkrete Fälle zu erfolgen und ist ein vorzeitiges Entlassen in diesem Fall nur nach nachweislicher Kenntnisnahme durch die Erziehungsberechtigten erlaubt.

§ 5 Schulordnung: Die Schüler sind vor dem Gebrauch von Maschinen und Geräten, die eine Gefährdung verursachen können, auf die notwendigen Sicherheitsmaßnahmen aufmerksam zu machen. Verletzt ein Schüler die Sicherheitsvorschriften, ist er nachweisbar zu ermahnen und ihm der Ausschluss von der weiteren Teilnahme an diesem Unterricht am betreffenden Tag anzudrohen. Bei weiterem Verstoß gegen die Sicherheitsvorschriften ist er von der weiteren Teilnahme an diesem Unterricht am betreffenden Tage auszuschließen. Der dadurch versäumte Unterricht ist wie ein Unterricht zu behandeln, dem der Schüler unentschuldigt fernbleibt.

Wird der Schüler vom Unterricht ausgeschlossen, richtet sich die Beaufsichtigung nach den allgemeinen Grundsätzen dieses Erlasses.

Die arbeitsschutzrechtlichen Bestimmungen finden als solche auf Schüler nicht unmittelbar Anwendung. Es sind die im § 5 der Schulordnung erwähnten Sicherheitsvorschriften (Werkstättenordnungen der einzelnen Schulen usw.) einzuhalten.

2. Schulautonome Möglichkeiten

§ 2 Abs. 6 Schulordnung: Inwieweit die Schüler früher als 15 Minuten vor Beginn des Unterrichtes, einer Schulveranstaltung oder einer schulbezogenen Veranstaltung, zwischen dem Vormittags- und Nachmittagsunterricht sowie nach Beendigung des Unterrichtes, der Schulveranstaltung oder der schulbezogenen Veranstaltung im Schulgebäude anwesend sein dürfen, bestimmt die Hausordnung. Dabei ist festzulegen, ob eine Beaufsichtigung der Schüler seitens der Schule (allenfalls unter Anwendung des § 44a des Schulunterrichtsgesetzes) erfolgt und dass diese Beaufsichtigung ab der 7. Schulstufe entfallen kann, wenn sie im Hinblick auf die konkrete Situation sowie die körperliche und geistige Reife entbehrlich ist.

Eine Hausordnung kann, soweit es die besonderen Verhältnisse erfordern, gemäß § 44 Abs. 1 SchUG vom Schulforum (§ 63a SchUG) bzw. vom Schulgemeinschaftsausschuss (§ 64 SchUG) erlassen werden. In dieser kann festgelegt werden, dass sich die Schüler auch außerhalb der gesetzlich vorgesehenen Aufsichtszeiten im Schulgebäude aufhalten dürfen, sofern für eine Beaufsichtigung gesorgt ist. Die Beaufsichtigung kann seitens der Schule – durch Lehrer, aber auch durch andere geeignete Personen im Sinne des § 44a SchUG – oder durch andere – nicht schulische – Einrichtungen erfolgen. Wesentlich für diese Unterscheidung ist, ob die aufsichtsführenden Personen im Auftrag der Schule tätig werden oder nicht. So ist es durchaus zulässig, dass auch Eltern, Erzieher oder andere Aufsichtspersonen im Auftrag der Schule die Aufsichtsführung übernehmen; in diesem Fall greift § 44a SchUG. Für Schüler ab der 7. Schulstufe kann in der Hausordnung vorgesehen werden, dass unter den in Punkt 4. ausgeführten Voraussetzungen, die Beaufsichtigung auch entfallen kann.

§ 2 Abs. 4 Schulordnung: Während des Vormittags- bzw. des Nachmittagsunterrichtes (einschließlich der Pausen) darf der Schüler das Schulgebäude oder einen anderen Unterrichtsort nur mit Genehmigung des aufsichtsführenden Lehrers oder des Schulleiters, soweit die Hausordnung nicht anderes bestimmt, verlassen. Dies gilt sinngemäß für Schulveranstaltungen und schulbezogene Veranstaltungen. Hiedurch werden Vorschriften über das Fernbleiben von der Schule nicht berührt.

Wenn der Schüler in unterrichtsfreien Stunden (während des Vormittags- oder während des Nachmittagsunterrichtes), die nach dem jeweils geltenden Stundenplan zwischen Unterrichtsstunden gelegen sind, das Schulgebäude nicht verlässt, ist eine Beaufsichtigung (zum Beispiel Aufenthalt im Unterricht einer anderen Klasse oder in einem Pausenraum) einzurichten, sofern nicht ein Entfall der Beaufsichtigung (§ 51 Abs. 3 SchUG, § 2 Abs. 1 Schulordnung) möglich ist.

3. Inhalt der Aufsichtspflicht

§ 51 Abs. 3 SchUG: … Der Lehrer hat …[bei der Beaufsichtigung] insbesondere auf die körperliche Sicherheit und auf die Gesundheit der Schüler zu achten und Gefahren nach Kräften abzuwehren.

Aus dem Wort „insbesondere" ergibt sich, dass sich eine ordnungsgemäße Wahrnehmung der Aufsichtspflicht nicht nur auf die ausdrücklich erwähnte körperliche Sicherheit bzw. Gesundheit der Schüler bezieht, sondern darüber hinaus auch die Verpflichtung beinhaltet, körperliche bzw. wirtschaftliche Schädigungen dritter Personen bzw. deren Eigentum, ebenso wie etwa von Bundeseigentum, durch Schüler hintan zu halten.

4. Umfang der Aufsichtspflicht

Grundsätzlich besteht die Pflicht zur Beaufsichtigung hinsichtlich aller Schüler in den oben genannten Zeiträumen. Die Intensität und die Form der Aufsichtsführung kann jedoch situationsbezogen differieren. So ist in gefährlichen Situationen (Turnunterricht, Schulveranstaltungen in fremden Verkehrszonen, etc.), aber auch an Schultagen, welche auf Grund besonderer Ereignisse ungewöhnlich ablaufen, ebenso wie in Klassen, in welchen sich Kinder mit Behinderungen oder verhaltensauffällige Kinder befinden, ein strengerer Maßstab anzulegen als in alltäglichen Situationen des Schulalltages. Ebenso wird eine noch geringe Erfahrung des Lehrers, zum Beispiel mit der betreffenden Klasse, einen strengeren Maßstab erfordern. Weiters wird der Informationsstand der Schüler über Gefahrenquellen und die Beziehung zur Umgebung zu berücksichtigen sein. Die Aufsichtsmaßnahmen werden auch vom Verhältnis der Anzahl der Aufsichtspersonen zur Anzahl der ihnen anvertrauten Schüler abhängig sein. So hat der Lehrer im konkreten Einzelfall die jeweils angemessene Intensität der Beaufsichtigung (von „nicht aus den Augen lassen" bis „in der Nähe oder erreichbar sein") eigenverantwortlich zu wählen.

Ebenso wie der Lehrer gefordert ist, in jeder Situation das richtige Maß der Beaufsichtigung zu finden, obliegt ihm die Einschätzung, ob die – mehr oder weniger intensive – Beaufsichtigung für Schüler ab der 9. Schulstufe auch ganz entfallen kann. Dies ist jedoch nur dann erlaubt, wenn eine Beaufsichtigung im Hinblick auf die körperliche und geistige Reife der

Schüler entbehrlich ist. Auch hier ist auf den Einzelfall abzustellen. So kann ein Schüler, welcher üblicher Weise die geistige Reife aufweist, um unbeaufsichtigt keinen Risikofaktor für sich oder andere darzustellen, auf Grund besonders tief greifender Ereignisse (z.B. überraschendes „Nicht genügend" bei einer Prüfung), in der (anschließenden) Pause einer Beaufsichtigung bedürfen, wenngleich er schon die 9. oder eine höhere Schulstufe besucht.

Eine besondere Regelung erfährt die Altersgruppe der Schüler auf der 7. und 8. Schulstufe. Hier kann nämlich die Aufsichtsführung bei Vorliegen der notwendigen körperlichen und geistigen Reife – unter den oben dargestellten Erwägungen – bereits auf dieser Altersstufe entfallen, sofern dies aus besonderen schulischen Gründen zweckmäßig ist. So kann es etwa bei Projektunterricht, beim selbständigen Einkaufen für den Kochunterricht, bei Auslandssprachreisen oder in der durch die Hausordnung vorgesehenen grundsätzlich zu beaufsichtigenden Mittagspause zweckmäßig sein, auf eine Beaufsichtigung zu Gunsten anderer Aspekte (Selbsttätigkeit, Organisationsvereinfachung u.a.m.) zu verzichten, wenn angenommen werden kann, dass die Schüler die nötige Reife aufweisen. Auch hier gilt der Grundsatz, dass stets im konkreten Einzelfall abzuwägen und zu entscheiden ist.

5. Besondere Bestimmungen für Schulveranstaltungen, schulbezogene Veranstaltungen und individuelle Berufs(bildungs)orientierung

§ 2 Abs. 1 SchVV: *Bei der Planung von Schulveranstaltungen ist … auf die Sicherheit der Schüler … Bedacht zu nehmen.*

§ 10 Abs. 3 SchVV: *Auf die Gewährleistung der Sicherheit der Schüler ist besonders zu achten. …*

§ 13b Abs. 4 SchUG: *Während der individuellen Berufs(bildungs)orientierung sind die Schüler in einem ihrem Alter und ihrer geistigen und körperlichen Reife sowie den sonstigen Umständen entsprechenden Ausmaß zu beaufsichtigen. Die Festlegung geeigneter Aufsichtspersonen hat unter Anwendung des § 44a auf Vorschlag der Erziehungsberechtigten bzw. derjenigen Einrichtung zu erfolgen, die der Schüler zum Zweck der individuellen Berufs(bildungs)orientierung zu besuchen beabsichtigt.*

Für schulbezogene Veranstaltungen (§ 13a SchUG) gilt mangels einer diese konkretisierenden Verordnung § 51 Abs. 3 SchUG unmittelbar.

Die Beaufsichtigung obliegt dem Lehrer 15 Minuten vor Beginn bis zum Ende der Schulveranstaltung oder schulbezogenen Veranstaltung. Ein Entfall der Aufsichtspflicht in bestimmten Zeiträumen während der Schulveranstaltung oder schulbezogenen Veranstaltung (einschließlich der 15 Minuten vor Beginn) ist nur für Schüler ab der 7. Schulstufe zulässig, wenn dies für die Gestaltung der jeweiligen Veranstaltung zweckmäßig und im Hinblick auf die körperliche und geistige Reife der Schüler entbehrlich ist. Für Schüler ab der 9. Schulstufe kann vom Kriterium der Zweckmäßigkeit abgesehen werden; das heißt, dass bei ausreichender körperlicher und geistiger Reife auch aus anderen Erwägungen (Schaffen von Freiräumen etwa für Freizeitaktivitäten, Besichtigungen, Einkaufen, etc.) eine Beaufsichtigung entfallen kann.

Die einschlägigen landesrechtlichen Vorschriften, wie zum Beispiel Jugendschutzgesetze, sind zu beachten. Informationen darüber können bei den Bezirksverwaltungsbehörden eingeholt werden.

6. Vorgehensweise bei Ausschluss von einer Schulveranstaltung bzw. schulbezogenen Veranstaltung:

§ 10 Abs. 5 SchVV: *Stört ein Schüler den geordneten Ablauf einer Schulveranstaltung in schwer wiegender Weise oder wird durch sein Verhalten die eigene oder die körperliche Sicherheit der anderen Teilnehmer gefährdet, so kann der Leiter der Schulveranstaltung den Schüler von der weiteren Teilnahme an der Schulveranstaltung ausschließen. In diesem Fall sind der Schulleiter und die Erziehungsberechtigten des betreffenden Schülers unverzüglich in Kenntnis zu setzen. Die Erziehungsberechtigten sind vor der Durchführung einer mehrtägigen Schulveranstaltung verpflichtet, eine Erklärung darüber abzugeben, ob sie im Falle des Ausschlusses ihres Kindes mit dessen Heimfahrt ohne Begleitung einverstanden sind oder für eine Beaufsichtigung während der Heimfahrt Sorge tragen werden.*

In letzterem Fall haben sie auch eine Adresse/Telefonnummer anzugeben, an/unter der sie tatsächlich erreichbar sind. Die Nichtabgabe solch einer Erklärung hat keinen Einfluss auf die Verpflichtung des Schülers zur Teilnahme an der Schulveranstaltung. Im Zweifelsfall hat die Beaufsichtigung jedenfalls durch die Schule zu erfolgen.

Dies gilt sinngemäß auch für schulbezogene Veranstaltungen.

7. Schülermitverwaltung; Schülervertretung

§ 58 Abs. 4 SchUG: *Veranstaltungen der Schülermitverwaltung … unterliegen nicht der Aufsichtspflicht des Lehrers (des Schulleiters). Die Befugnis der Lehrer (des Schulleiters), an diesen Veranstaltungen teilzunehmen, wird davon nicht berührt.*

<u>§ 59b Abs.3 SchUG (Schülervertreterstunden):</u> Schülervertreterstunden, die außerhalb der Unterrichtszeit stattfinden unterliegen nicht der Aufsichtspflicht des Lehrers.

Die gemäß § 59 Abs. 5 SchUG durch den Schulsprecher bzw. den Vertreter der Klassensprecher einzuberufende Versammlung der Schülervertreter, die Teilnahme der Vertreter der Schüler im Schulgemeinschaftsausschuss bzw. im Schulforum an den Sitzungen dieser Gremien (§ 63a, § 64 SchUG), sowie die Teilnahme der Schülervertreter an Lehrerkonferenzen (§ 58 Abs. 2 Z 1 lit. d SchUG) unterliegen nicht der Aufsichtspflicht des Lehrers. Auch die Wahrnehmung von Aufgaben durch Schülervertreter nach dem Schülervertretungengesetz unterliegt nicht der Aufsichtspflicht des Lehrers.

Hingegen sind Schülervertreterstunden gemäß § 59b SchUG, sofern sie während der Unterrichtszeit stattfinden, zu beaufsichtigen. Hierbei wird unter Berücksichtigung des allfälligen Interesses der Beteiligten an Vertraulichkeit des Themas eine weniger intensive Beaufsichtigung angemessen sein.

PERSÖNLICHER GELTUNGSBEREICH

<u>§ 44 a SchUG:</u> Die Beaufsichtigung von Schülern in der Schule, bei Schulveranstaltungen oder schulbezogenen Veranstaltungen kann auch durch andere geeignete Personen als durch Lehrer oder Erzieher erfolgen, wenn dies

1. zur Gewährleistung der Sicherheit für die Schüler erforderlich ist und

2. im Hinblick auf die Erfüllung der Aufgaben der Schule zweckmäßig ist.

Diese Personen (z.B. Erziehungsberechtigte) werden funktionell als Bundesorgane tätig.

Träger der Aufsichtspflicht sind Lehrer und andere Personen, die in Vollziehung des SchUG und der auf Grund dieses Gesetzes erlassenen Verordnungen tätig werden, wie zum Beispiel Unterrichtspraktikanten, Austauschlehrer, Fremdsprachenassistenten, Lehrbeauftragte, an Besuchs- und Übungsschulen unterrichtende Akademiestudenten, Übungskindergärtnerinnen bzw. Erzieher, die die Studierenden der Bildungsanstalten für Kindergarten- bzw. Sozialpädagogik unterrichten, sowie sonstige geeignete Personen wie etwa Begleitpersonen oder Gastfamilien bei Schulveranstaltungen und schulbezogenen Veranstaltungen. Hier ist allerdings zu beachten, dass den Schulleiter, welchem in diesem Fall die Übertragung der Aufsichtspflicht obliegt, gemäß § 1313a ABGB das Auswahlverschulden (culpa in eligendo) treffen kann. Diese Personen sind auf die die Aufsichtspflicht betreffenden Vorschriften ausdrücklich hinzuweisen.

SONDERBESTIMMUNGEN

<u>Außerschulische Veranstaltungen</u>

Veranstaltungen, die ein Lehrer als Privatperson durchführt, wie z.B. abendliche Theaterbesuche oder Wochenend-Schiausflüge mit Schülern, sind weder Schulveranstaltungen noch schulbezogene Veranstaltungen im Sinne der §§ 13 bzw. 13a SchUG. In diesen Fällen richten sich das zugrunde liegende Rechtsverhältnis und die Haftung des Lehrers nach den Bestimmungen des Zivilrechtes. An dieser Tatsache vermag auch die Erteilung der erforderlichen Bewilligung zur bloßen Organisation einer derartigen Veranstaltung in der Schule durch das Klassen- oder Schulforum, den Schulgemeinschaftsausschuss bzw. die Schulbehörde erster Instanz nichts zu ändern (§ 46 Abs. 2 SchUG).

Religiöse Übungen (z.B. Gottesdienste, Einkehrtage, ...) sind keine Schulveranstaltungen bzw. schulbezogene Veranstaltungen. Übernimmt ein Lehrer aber die Beaufsichtigung von Schülern auf dem Weg zu oder von der religiösen Übung, handelt er in örtlichem, zeitlichem und ursächlichem Zusammenhang mit der Besorgung von Aufgaben, die sich aus dem Dienstverhältnis ergeben. Ein Unfall, den der Lehrer dabei erleidet, ist daher ein Dienstunfall.

DIENST- UND DISZIPLINARRECHTLICHE ASPEKTE

<u>§ 51 Abs. 3 SchUG:</u> Der Lehrer hat nach der jeweiligen Diensteinteilung die Schüler… zu beaufsichtigen. …

<u>§ 43 Abs. 1 BDG 1979:</u> Der Beamte ist verpflichtet, seine dienstlichen Aufgaben unter Beachtung der geltenden Rechtsordnung treu, gewissenhaft und unparteiisch mit den ihm zur Verfügung stehenden Mitteln aus eigenem zu besorgen.

<u>§ 211 BDG 1979:</u> Der Lehrer ist zur Erteilung regelmäßigen Unterrichtes (Lehrverpflichtung) sowie zur genauen Erfüllung der sonstigen aus seiner lehramtlichen Stellung sich ergebenden Obliegenheiten verpflichtet und hat die vorgeschriebene Unterrichtszeit einzuhalten.

Die Aufsichtspflicht gehört zu den sonstigen aus der lehramtlichen Stellung des Lehrers sich ergebenden Obliegenheiten.

<u>§ 5 VBG 1948:</u> Der Vertragsbedienstete ist verpflichtet, die ihm übertragenen Arbeiten und Verrichtungen fleißig und gewissenhaft nach bestem Wissen und Können zu vollziehen. …

§ 29 LDG 1984: Der Landeslehrer ist verpflichtet, die ihm obliegenden Unterrichts-, Erziehungs- und Verwaltungsaufgaben unter Beachtung der geltenden Rechtsordnung treu, gewissenhaft und unparteiisch mit den ihm zur Verfügung stehenden Mitteln aus eigenem zu besorgen.

Für Landesvertragslehrer gelten dem § 5 VBG vergleichbare Regelungen.

§ 91 BDG 1979: Der Beamte, der schuldhaft seine Dienstpflichten verletzt, ist [nach dem 9. Abschnitt des BDG (Disziplinarrecht)] zur Verantwortung zu ziehen.

§ 69 LDG 1984: Landeslehrer, die schuldhaft ihre Dienstpflichten verletzen, sind [nach den Bestimmungen des 7. Abschnittes des LDG 1984 (Disziplinarrecht)) zur Verantwortung zu ziehen.

Eine Handlung (Unterlassung) eines pragmatischen Bundes- bzw. Landeslehrers ist bloß dann zu ahnden, wenn die Dienstpflichtverletzung dem Lehrer vorgeworfen werden kann. Dies ist dann der Fall, wenn der Lehrer voll zurechnungsfähig ist, vorsätzlich oder fahrlässig gehandelt hat und ihm zugemutet werden konnte, sich rechtmäßig zu verhalten.

AUFSICHTSFÜHRUNG UND ZIVILRECHT

§ 1 Abs. 1 AHG: Der Bund, die Länder, die Bezirke, die Gemeinden, sonstige Körperschaften des öffentlichen Rechts und die Träger der Sozialversicherung … haften nach den Bestimmungen des bürgerlichen Rechts für den Schaden am Vermögen oder an der Person, den die als ihre Organe handelnden Personen in Vollziehung der Gesetze durch ein rechtswidriges Verhalten wem immer schuldhaft zugefügt haben; dem Geschädigten haftet das Organ nicht. Der Schaden ist nur in Geld zu ersetzen.

§ 1 Abs. 2 AHG: Organe im Sinne dieses Bundesgesetzes sind alle physischen Personen, wenn sie in Vollziehung der Gesetze (… Verwaltung) handeln, gleichviel, ob sie dauernd oder vorübergehend oder für den einzelnen Fall bestellt sind, ob sie gewählte, ernannte oder sonst wie bestellte Organe sind und ob ihr Verhältnis zum Rechtsträger nach öffentlichem oder privatem Recht zu beurteilen ist.

§ 3 Abs. 1 AHG: Hat der Rechtsträger dem Geschädigten auf Grund dieses Bundesgesetzes den Schaden ersetzt, so kann er von den Personen, die als seine Organe gehandelt und die Rechtsverletzung vorsätzlich oder grob fahrlässig verübt oder verursacht haben, Rückersatz begehren.

§ 4 AHG: Von einem Organ kann kein Rückersatz wegen einer Handlung begehrt werden, die auf Weisung (Auftrag, Befehl) eines Vorgesetzten erfolgt ist, es sei denn, das Organ hätte die Weisung eines offenbar unzuständigen Vorgesetzten befolgt oder in Befolgung der Weisung gegen strafgesetzliche Vorschriften verstoßen.

Im Zivilrecht wird unter Fahrlässigkeit die Außerachtlassung der gebotenen Sorgfalt verstanden. Wird der Schaden „aus schuldbarer Unwissenheit oder aus Mangel der gehörigen Aufmerksamkeit oder des gehörigen Fleißes" verursacht, handelt es sich um Fahrlässigkeit (§ 1294 ABGB). Ein Verhalten ist leicht fahrlässig, wenn es auf einem Fehler beruht, der gelegentlich auch einem sorgfältigen Menschen unterläuft. Dagegen liegt grobe Fahrlässigkeit vor, wenn die Sorgfaltswidrigkeit so schwer ist, dass sie einem ordentlichen Menschen in dieser Situation keinesfalls unterläuft.

Der Bund haftet daher nach den Bestimmungen des AHG für den Schaden, den Lehrer oder andere Aufsichtspersonen i.S. des § 44a SchUG in Vollziehung des Schulrechtes des Bundes durch rechtswidriges Verhalten wem immer schuldhaft zugefügt haben. Haftungssubjekt ist der Bund; eine Haftung des Lehrers bzw. einer anderen Aufsichtsperson i.S.d. § 44a SchUG gegenüber dem Geschädigten (Schüler) ist dadurch ausgeschlossen.

Unter „Vollziehung der Gesetze" ist ein Verhalten zu verstehen, das auf Grund von Gesetzen oder Durchführungsverordnungen gesetzt worden ist oder pflichtgemäß zu setzen gewesen wäre. Das haftungsauslösende Verhalten kann demnach in einem Handeln, aber auch in einem Unterlassen bestehen.

Bei Schülerunfällen (das sind Unfälle, die sich in örtlichem, zeitlichem und ursächlichem Zusammenhang mit der Schulausbildung, bei der Teilnahme an Schulveranstaltungen im Sinne der SchVV, an gleichartigen Schulveranstaltungen an anderen – vom Geltungsbereich der zit. Verordnung nicht erfassten – Schularten, an schulbezogenen Veranstaltungen gemäß § 13a SchUG oder bei einer individuellen Berufs(bildungs)orientierung gemäß § 13b SchUG ereignen; §§ 175 Abs. 4 und 5, 176 Abs. 1 Z 11 ASVG) ist der Rechtsträger (der Bund) im Rahmen der Amtshaftung dem Schüler zum Ersatz des Schadens, der diesem durch eine Körperverletzung infolge eines Schülerunfalles entstanden ist, nur verpflichtet, wenn der Aufsichtsführende den Unfall vorsätzlich verursacht hat (§§ 333 Abs. 1, 335 Abs. 3 ASVG). Die Amtshaftung für fahrlässiges (grob fahrlässiges und leicht fahrlässiges) Verhalten der Aufsichtsperson wird in diesen Fällen durch die gesetzliche Schülerunfallversicherung abgelöst, das heißt, dass die Allgemeine Unfallversicherungsanstalt dem

Schüler gegenüber leistungspflichtig ist. Daraus folgt, dass in diesen Fällen die Aufsichtsperson vom Rechtsträger im Regressweg nicht nach den Bestimmungen des bürgerlichen Rechts haftbar gemacht werden kann.

Das Amtshaftungsgesetz und die einschlägigen Regelungen des ASVG finden auch Anwendung, wenn die Schulveranstaltung, die schulbezogene Veranstaltung oder die individuelle Berufs(bildungs)orientierung im Ausland stattfindet.

§ 1 Abs. 1 OrgHG: Personen, die als Organe des Bundes … handeln, haften … nach den Bestimmungen des bürgerlichen Rechts für den Schaden am Vermögen, den sie dem Rechtsträger, als dessen Organ sie gehandelt haben, in Vollziehung der Gesetze durch ein schuldhaftes und rechtswidriges Verhalten unmittelbar zugefügt haben. … Der Schaden ist nur in Geld zu ersetzen.

§ 2 Abs. 2 OrgHG: Von einem Organ kann kein Ersatz wegen einer Handlung begehrt werden, die auf einer entschuldbaren Fehlleistung beruht oder auf Weisung (Auftrag, Befehl) eines Vorgesetzten erfolgt ist, es sei denn, das Organ hätte die Weisung eines offenbar unzuständigen Vorgesetzten befolgt oder in Befolgung der Weisung gegen strafgesetzliche Vorschriften verstoßen.

Eine in Vollziehung des Schulrechtes des Bundes handelnde Aufsichtsperson haftet demnach für den Vermögensschaden, den sie dem Bund durch ein schuldhaftes (es genügt leichte Fahrlässigkeit) und rechtswidriges Verhalten zugefügt hat. – Im Gegensatz zur Amtshaftung, die einen geschädigten Dritten voraussetzt, hat die Organhaftung nur das Verhältnis zwischen Organ und geschädigtem Rechtsträger (Bund) zum Gegenstand.

Mäßigungen des (Rück)Ersatzes.

§ 3 Abs. 2 AHG: Hat das Organ die Rechtsverletzung grobfahrlässig verübt oder verursacht, so kann das Gericht aus Gründen der Billigkeit den Rückersatz mäßigen. …

§ 3 Abs. 1 OrgHG: Beruht die Schädigung, derentwegen das Organ zur Ersatzleistung herangezogen wird, auf einem Versehen, so kann das Gericht aus Gründen der Billigkeit den Ersatz mäßigen oder, sofern der Schaden durch einen minderen Grad des Versehens zugefügt worden ist, auch ganz erlassen.

AUFSICHTSFÜHRUNG UND STRAFRECHT

Im Zusammenhang mit der Verletzung der Aufsichtspflicht sind auch Bestimmungen des StGB von Bedeutung. Insbesondere bei Schülerunfällen können die Tatbestände der fahrlässigen Körperverletzung oder der Tötung (§§ 88, 80 StGB) gegeben sein.

§ 6 Abs. 1 StGB: Fahrlässig handelt, wer die Sorgfalt außer acht lässt, zu der er nach den Umständen verpflichtet und nach seinen geistigen und körperlichen Verhältnissen befähigt ist und die ihm zuzumuten ist, und deshalb nicht erkennt, dass er einen Sachverhalt verwirklichen könne, der einem gesetzlichen Tatbild entspringt.

§ 6 Abs. 2 StGB: Fahrlässig handelt auch, wer es für möglich hält, dass er einen solchen Sachverhalt verwirkliche, ihn aber nicht herbeiführen will.

Die Pflicht zur Sorgfaltsausübung kann sich aus Gesetz, Vertrag, vorausgegangenem Verhalten oder Lebens- oder Gefahrengemeinschaften ergeben. Das Maß der aufzuwendenden Sorgfalt (Aufmerksamkeit) ist je nach den Umständen größer oder geringer; die Nähe der Gefahr und der Wert des gefährdeten Rechtsgutes spielen dabei eine Rolle. Die Außerachtlassung der objektiv gebotenen und subjektiv möglichen Sorgfalt kann dem Täter aber nur vorgeworfen werden, wenn es ihm unter den besonderen Umständen des Einzelfalls auch zuzumuten war, die Sorgfalt tatsächlich anzuwenden.

§ 2 StGB: Bedroht das Gesetz die Herbeiführung eines Erfolges mit Strafe, so ist auch strafbar, wer es unterlässt, ihn abzuwenden, obwohl er zufolge einer ihn im besonderen treffenden Verpflichtung durch die Rechtsordnung dazu verhalten ist und die Unterlassung der Erfolgsabwendung einer Verwirklichung des gesetzlichen Tatbildes durch ein Tun gleichzuhalten ist.

Dieser Erlass tritt an die Stelle des Erlasses vom 20. August 1997, Zl. 10.361/115-III/4/96, RS Nr. 46/1997.

VERZEICHNIS DER ABKÜRZUNGEN

ABGB	Allgemeines Bürgerliches Gesetzbuch
AHG	Amtshaftungsgesetz
ASVG	Allgemeines Sozialversicherungsgesetz
BDG 1979	Beamten-Dienstrechtsgesetz 1979
LDG 1984	Landeslehrer-Dienstrechtsgesetz 1984
OrgHG	Organhaftpflichtgesetz
PrivSchG	Privatschulgesetz
SchOG	Schulorganisationsgesetz
SchUG	Schulunterrichtsgesetz
SchVG	Schülervertretungengesetz
SchVV	Schulveranstaltungenverordnung
StGB	Strafgesetzbuch
VBG 1948	Vertragsbedienstetengesetz 1948

1.12.1. Verordnung über die Gutachterkommissionen zur Eignungserklärung von Unterrichtsmitteln

BGBl. Nr. 348/1994

idF der Verordnungen

BGBl. II Nr. 248/1998	BGBl. II Nr. 90/2017
BGBl. II Nr. 264/2020	BGBl. II Nr. 286/2022

Verordnung des Bundesministers für Unterricht und Kunst über die Gutachterkommissionen zur Eignungserklärung von Unterrichtsmitteln

Auf Grund der §§ 14 und 15 des Schulunterrichtsgesetzes, BGBl. Nr. 472/1986, zuletzt geändert durch das Bundesgesetz BGBl. Nr. 514/1993, wird verordnet:[1])

Zusammensetzung der Gutachterkommissionen

§ 1. Die Gutachterkommissionen bestehen entsprechend den Erfordernissen der Geschäftsbereiche aus drei bis zwanzig Mitgliedern und so vielen Ersatzmitgliedern, wie die jeweilige Kommission Mitglieder hat.

(BGBl. II Nr. 286/2022, Z 1)

Geschäftsbereiche der Gutachterkommissionen

§ 2. (1) Zur Begutachtung von Unterrichtsmitteln (ausgenommen Lesestoffe) sind nach Maßgabe der folgenden Absätze Gutachterkommissionen zu bilden.

(2) Eine Kommission ist zu bilden für alle Unterrichtsgegenstände (ausgenommen Bewegung und Sport; Bildnerische Erziehung (Kunst und Gestaltung); Kroatisch; Musikerziehung (Musik); Romanes; Slowenisch; Technisches und textiles Werken (Technik und Design) und Ungarisch) im Bereich der Volksschule (ausgenommen Volksschuloberstufe) sowie für alle Bereiche der Vorschulstufe.

(3) Eine Kommission ist zu bilden für alle Unterrichtsgegenstände im Bereich der Sonderschulen, die nicht nach den Lehrplänen der Volksschule, Mittelschulen oder Polytechnischen Schulen geführt werden.

(4) Eine Kommission ist zu bilden für: Darstellendes Spiel; Deutsch; Deutsch als Zweitsprache; Deutsch (einschließlich Kinder- und Jugendliteratur, Bildungssprache); Deutsch (einschließlich Sprecherziehung, Kinder- und Jugendliteratur); Deutsch im Deutschförderkurs; Deutsch in der Deutschförderklasse; Deutsch und Kommunikation; Kommunikation; Kommunikationstraining und Konfliktbewältigung; Kommunikationspraxis und Gruppendynamik; Kommunikation und Präsentation; Kommunikation und Präsentationstechnik; Organisation, Management und Recht, wissenschaftliches Arbeiten; Persönlichkeitsbildung und soziale Kompetenz; Persönlichkeitsentwicklung; Persönlichkeitsentwicklung und Kommunikation; Persönlichkeitsentwicklung, Kommunikation und Psychologie; Präsentation; Praxisorientiertes Kommunikationstraining; Soziale und personale Kompetenz; Sprachliche Bildung und Lesen; Unterstützendes Sprachtraining Deutsch sowie sonstige lehrstofflich vergleichbare Unterrichtsgegenstände im Bereich der Volksschuloberstufen, der Mittelschulen, der Polytechnischen Schulen, der allgemeinbildenden höheren Schulen, der Berufsschulen, der berufsbildenden mittleren und höheren Schulen.

(5) Eine Kommission ist zu bilden für: Lebende Fremdsprache (auch im Bereich des Fachunterrichts); Muttersprachlicher Unterricht (Erstsprachenunterricht) sowie sonstige lehrstofflich vergleichbare Unterrichtsgegenstände im Bereich der Volksschuloberstufe, der Mittelschulen, der Polytechnischen Schulen, der allgemeinbildenden höheren Schulen, der Berufsschulen und der berufsbildenden mittleren und höheren Schulen.

(6) Eine Kommission ist zu bilden für: Griechisch; Latein im Bereich der Mittelschulen, allgemeinbildenden höheren Schulen, der Handelsakademien, der höheren technischen Lehranstalten und der höheren land- und forstwirtschaftlichen Schulen.

(7) Eine Kommission ist zu bilden für: Kroatisch und kroatischsprachige Unterrichtsmittel; Ungarisch und ungarischsprachige Unterrichtsmittel; Romanes und romanessprachige Unterrichtsmittel für alle Unterrichtsgegenstände und Schularten.

(8) Eine Kommission ist zu bilden für Slowenisch und slowenischsprachige Unterrichtsmittel für alle Unterrichtsgegenstände und Schularten.

(9) Eine Kommission ist zu bilden für: Angewandte Mathematik; CAD und Darstellende Geometrie; Darstellende Geometrie;

---

[1]) Weitere gesetzliche Grundlage ist § 16 des SchUG-BKV (1.2.).

Geometrisches Zeichnen; Mathematik; Mathematik und angewandte Mathematik; Mathematik und Grundlagen der Mathematik; Schach; Technisches Zeichnen sowie sonstige lehrstofflich vergleichbare Unterrichtsgegenstände im Bereich der Volksschuloberstufe, der Mittelschulen, der Polytechnischen Schulen, der allgemeinbildenden höheren Schulen, der Berufsschulen und der berufsbildenden mittleren und höheren Schulen.

(10) Eine Kommission ist zu bilden für: Biologie und Umweltkunde (Biologie und Umweltbildung); Chemie; Naturwissenschaftliche Grundlagen und Übungen; Physik; Politische Bildung, Wirtschaft und Ökologie; Umweltbildung; Verkehrserziehung (Verkehrs- und Mobilitätsbildung) sowie sonstige lehrstofflich vergleichbare Unterrichtsgegenstände im Bereich der Volksschuloberstufe, der Mittelschulen, der Polytechnischen Schulen und der allgemeinbildenden höheren Schulen.

(11) Eine Kommission ist zu bilden für: Angewandte Biologie und Ökologie; Angewandte Naturwissenschaften; Angewandte Naturwissenschaften und Warenlehre; Angewandte Physik und Angewandte Chemie; Biologie und Ökologie (Biologie und Umweltbildung); Biologie und Ökologie (einschließlich Physiologische Grundlagen, Gesundheit und Ernährung); Chemie; Naturwissenschaften; Naturwissenschaften und Lebensmitteltechnologie; Physik; Technologie, Ökologie und Warenlehre sowie sonstige lehrstofflich vergleichbare Unterrichtsgegenstände im Bereich der Berufsschulen und der berufsbildenden mittleren und höheren Schulen.

(12) Eine Kommission ist zu bilden für: Angewandte Informatik; Angewandtes Informationsmanagement; Computerunterstützte Textverarbeitung; Digitale Grundbildung; Einführung in die Informatik; Grundlagen der Informatik und Medien; Informatik; Informatik und Medien; Informations- und Kommunikationstechnologie; Informatische Bildung; Kurzschrift; Maschinschreiben; Medienbildung; Officemanagement; Officemanagement und angewandte Informatik sowie sonstige lehrstofflich vergleichbare Unterrichtsgegenstände im Bereich der Volksschuloberstufe, der Mittelschulen, der Polytechnischen Schulen, der allgemeinbildenden höheren Schulen, der Berufsschulen und der berufsbildenden mittleren und höheren Schulen.

(13) Eine Kommission ist zu bilden für: Berufsorientierung (Bildungs-, Berufs- und Lebensorientierung); Berufs- und Lebenswelt; Entrepreneurship Education; Geografie und Wirtschaftskunde (Geographie und wirtschaftliche Bildung); Geografie (Wirtschaftsgeografie); Geografie (Wirtschafts- und Kulturräume); Globalwirtschaft, Wirtschaftsgeografie und Volkswirtschaft; Internationale Wirtschafts- und Kulturräume; Kultur- und Tourismusland Österreich; Tourismusgeografie; Tourismusgeografie und Reisebüro; Wirtschaftsgeografie; Wirtschaftsgeografie und globale Entwicklung, Volkswirtschaft; Wirtschaftsgeografie und Volkwirtschaft; Wirtschafts- und Verbraucher/innenbildung; Volkwirtschaft und Wirtschaftsgeografie sowie sonstige lehrstofflich vergleichbare Unterrichtsgegenstände im Bereich der Volksschuloberstufe, der Mittelschulen, der Polytechnischen Schulen, der allgemeinbildenden höheren Schulen, der Berufsschulen und der berufsbildenden mittleren und höheren Schulen.

(14) Eine Kommission ist zu bilden für: Geschichte; Geschichte und Politische Bildung; Geschichte und Politische Bildung, Recht; Geschichte und Sozialkunde, Politische Bildung; Geschichte und Sozialkunde/Politische Bildung (Geschichte und Politische Bildung); Interkulturelle Bildung; Politische Bildung; Politische Bildung und Geschichte (Wirtschafts- und Sozialgeschichte); Politische Bildung, Wirtschaft und Ökologie; Politische Bildung und Zeitgeschichte; Reflexive Geschlechterpädagogik und Gleichstellung; im Bereich Geschichte und der politischen Bildung sowie sonstige lehrstofflich vergleichbare Unterrichtsgegenstände im Bereich der Volksschuloberstufe, der Mittelschulen, der Polytechnischen Schulen, der allgemeinbildenden höheren Schulen, der Berufsschulen und der berufsbildenden mittleren und höheren Schulen.

(15) Eine Kommission ist zu bilden für: Betriebswirtschaftliche Unterrichtsgegenstände einschließlich Wirtschaftsinformatik; Betriebswirtschaftliche Grundlagen; Buchführen und Wirtschaftsrechnen; Produktgestaltung und Betriebsorganisation; die Bereiche der Volkswirtschaft und der wirtschaftlichen Bildung; rechtskundliche Fächer sowie sonstige lehrstofflich vergleichbare Unterrichtsgegenstände im Bereich der Polytechnischen Schulen, der Berufsschulen und der berufsbildenden mittleren und höheren Schulen.

(16) Eine Kommission ist zu bilden für: Berufskunde und Berufsethik; Ethik; Didaktik; Didaktik der Horterziehung; Didaktik (Handlungskonzepte und -felder der Sozialpädagogik); Hortpraxis; Humanwissenschaftliche Grundbildung; Inklusive Pädagogik; Pädagogik (einschließlich Psychologie, Philosophie); Pädagogik (einschließlich Psychologie, Soziologie); Pädagogik (einschließlich Sozialpädagogik, Entwicklungspsychologie, Soziologie); Pädagogik Hort; Praxis der Sozialpädagogik; Psychologie; Psychologie und Pädagogik; Psychologie und Philosophie; Psy-

chologie und Philosophie (einschließlich Praktikum) sowie sonstige lehrstofflich vergleichbare Unterrichtsgegenstände im Bereich der allgemeinbildenden höheren Schulen, der Berufsschulen und der berufsbildenden mittleren und höheren Schulen.

(17) Eine Kommission ist zu bilden für: Betriebsorganisation (mit Übungen); Food and Beverage; Küchen- und Restaurantmanagement; Küchenorganisation, Kochen und Ernährung; Küchenorganisation und Kochen; Reisewirtschaft; Rezeptions- und Hotelmanagement; Serviceorganisation, Servieren und Getränke; Tourismusmanagement; Tourismusmarketing; Tourismusmarketing und angewandtes Projektmanagement; Tourismusmarketing und Kundenmanagement; Veranstaltungs- und Kongressmanagement; Wahlpflichtfachbereich: Spezialisierung; Fachunterricht des Bereiches Tourismus; bekleidungsberuflicher Fachunterricht sowie sonstige lehrstofflich vergleichbare Unterrichtsgegenstände im Bereich der Berufsschulen und der berufsbildenden mittleren und höheren Schulen.

(18) Eine Kommission ist zu bilden für: Fachunterricht der Bereiche Bau und Bautechnik; Elektro- und Elektrotechnik; Metall und Maschinenbau sowie alle anderen Fachbereiche im Bereich der Berufsschulen und der berufsbildenden mittleren und höheren Schulen.

(19) Eine Kommission ist zu bilden für: Bewegung und Sport; Pflege, Hygiene und Erste Hilfe; Ernährung; Ernährung mit praktischen Übungen; Ernährung und Diät; Ernährung und Haushalt; Ernährung und Lebensmitteltechnologie; Gesundheitsförderung; Gesundheit und Ernährung; Haushaltsökonomie und Ernährung; Haushalt und Organisation; Pharmakologie; Haushalts- und Sicherheitsmanagement; Somatologie und Pathologie; Soziale Handlungsfelder; Sexualpädagogik sowie sonstige lehrstofflich vergleichbare Unterrichtsgegenstände im Bereich der Volksschulen, der Volksschuloberstufe, der Mittelschulen, der Polytechnischen Schulen, der allgemeinbildenden höheren Schulen, der Berufsschulen und der berufsbildenden mittleren und höheren Schulen.

(20) Eine Kommission ist zu bilden für: Bildnerische Erziehung (Kunst und Gestaltung); Bildnerische Erziehung und kreatives Gestalten; Bildnerisches Gestalten; Digitale Bildbearbeitung und Fotografie; Kunst und Kultur; Kunst- und Kulturgeschichte; Mode- und Kunstgeschichte, Trendforschung; Seminar BE; WE, TG; Technisches und textiles Werken (Technik und Design); Technisches Werken, Textiles Werken; Technisches Werken; Textiles Gestalten; Werkerziehung sowie sonstige lehrstofflich vergleichbare Unterrichtsgegenstände im Bereich der Volksschulen, der Volksschuloberstufe, der Mittelschulen, der Polytechnischen Schulen, der allgemeinbildenden höheren Schulen, der Berufsschulen und der berufsbildenden mittleren und höheren Schulen.

(21) Eine Kommission ist zu bilden für: Chorgesang; Gesang; Instrumentalunterricht; Musikalisches Gestalten; Musikerziehung (Musik); Musikerziehung, Stimmbildung und Sprechtechnik; Rhythmisch-musikalische Erziehung; Singen und Musizieren; Spielmusik sowie sonstige lehrstofflich vergleichbare Unterrichtsgegenstände im Bereich der Volksschulen, der Volksschuloberstufe, der Mittelschulen, der Polytechnischen Schulen, der allgemeinbildenden höheren Schulen, der Berufsschulen und der berufsbildenden mittleren und höheren Schulen.

(BGBl. II Nr. 286/2022, Z 2)

Grundsatz der digitalen Tätigkeit der Gutachterkommissionen

§ **3.** (1) Die Tätigkeiten der Gutachterkommissionen erfolgen grundsätzlich unter Einsatz der Informations- und Kommunikationstechnologie. Nur in begründeten Ausnahmefällen, insbesondere wenn die Begutachtung der Unterrichtsmittel aufgrund deren Beschaffenheit digital nicht abschließend beurteilt werden kann, kann die Begutachtung durch physische Anwesenheit erfolgen.

(2) Eine Beratung einer Kommission mit physischer Anwesenheit ist vom den Vorsitz führenden Mitgliedern beim Bundesminister für Bildung, Wissenschaft und Forschung unter Anschluss einer Begründung zu beantragen.

(BGBl. II Nr. 286/2022, Z 2)

Geschäftsbehandlung durch die Gutachterkommissionen

§ **4.** (1) Jede Gutachterkommission hat in der ersten Sitzung, die vom Bundesminister für Bildung, Wissenschaft und Forschung einzuladen ist, ein den Vorsitz führendes Mitglied mit einfacher Mehrheit der abgegebenen Stimmen zu wählen. Scheidet das den Vorsitz führende Mitglied aus einer Gutachterkommission aus, so ist die Wahl eines neuen den Vorsitz führenden Mitgliedes in der folgenden Sitzung durchzuführen. Ist das den Vorsitz führende Mitglied an der Teilnahme an einer Sitzung der Gutachterkommission verhindert, so ist für die Dauer dieser Sitzung eine Stellvertretung zu wählen. Die Leitung der Wahl des den Vorsitz führenden Mitgliedes obliegt dem ältesten anwesenden Mitglied.

(2) Die weitere Einberufung der Gutachterkommissionen obliegt dem jeweiligen den Vorsitz führenden Mitglied. Er hat das schriftführende Mitglied und die Berichterstatter des jeweiligen Geschäftsfalles nach Bedarf, längstens aber innerhalb von vier Monaten nach Zuweisung, zu einer Sitzung über den jeweiligen Geschäftsfall einzuberufen. Solange ein den Vorsitz führendes Mitglied von der Gutachterkommission nicht gewählt ist, wenn dieses aus der Gutachterkommission ausscheidet oder es nicht innerhalb von vier Monaten nach Zuweisung eines Geschäftsfalles die Gutachterkommission einberuft, hat der Bundesminister für Bildung, Wissenschaft und Forschung die Einberufung vorzunehmen.

(3) Das den Vorsitz führende Mitglied hat jede anfallende Geschäftssache zumindest zwei Mitgliedern (Berichterstattern) zuzuweisen. Wenn das Unterrichtsmittel in mehreren Schularten Verwendung finden soll, muss es jeweils einem Mitglied zur Begutachtung zugewiesen werden, das der jeweiligen Schulart angehören. Erachtet es das den Vorsitz führende Mitglied wegen der Art des Geschäftsfalles, insbesondere zur Erfüllung auch der pädagogischen Inhaltsanforderungen des § 8, oder zur Beschleunigung des Verfahrens als notwendig, so hat er beim Bundesminister für Bildung, Wissenschaft und Forschung die Beiziehung eines nicht der Gutachterkommission angehörenden Sachverständigen zu beantragen und diesem die Geschäftssache zur Berichterstattung zuzuweisen. Der Bundesminister für Bildung, Wissenschaft und Forschung kann zur Vereinfachung der Berufung von Sachverständigen eine Liste von Sachverständigen erstellen, deren Beiziehung dem Bundesminister für Bildung, Wissenschaft und Forschung bekanntzugeben ist; die Beiziehung eines solchen Sachverständigen sowie die Zuweisung einer Geschäftssache an diesen als Berichterstatter gilt als genehmigt, wenn der Bundesminister für Bildung, Wissenschaft und Forschung nicht innerhalb von 14 Tagen einen Einwand erhebt.

(4) Das den Vorsitz führende Mitglied hat gleichzeitig mit der Zuweisung des Geschäftsfalles an die Berichterstatter die Frist für die Abgabe des Berichtes festzulegen; diese Frist ist unter Bedachtnahme auf den Umfang des zu begutachtenden Unterrichtsmittels festzulegen, jedenfalls jedoch so, dass eine vom Bundesminister für Bildung, Wissenschaft und Forschung für die Abgabe des Gutachtens durch die Gutachterkommission allenfalls gestellte Frist eingehalten werden kann. Kommt ein Mitglied, dem eine Geschäftssache zugewiesen wurde, der Berichterstattung nicht innerhalb der ihm gesetzten Frist seiner Verpflichtung nicht nach, kann das den Vorsitz führende Mitglied den Geschäftsfall mit einem anderen Mitglied zur Berichterstattung zuweisen oder die Bestellung eines nicht der Gutachterkommission angehörenden Sachverständigen bei dem Bundesminister für Bildung, Wissenschaft und Forschung beantragen; mit der Bestellung des neuen Berichterstatters erlischt die Zuweisung an den bisherigen Berichterstatter.

(5) Findet mindestens ein mit der Berichterstattung beauftragtes Mitglied, dass ein zur Begutachtung vorliegendes Unterrichtsmittel infolge mangelhafter äußerer oder digitaler Form die Erstellung des Gutachtens wesentlich erschweren würde, so ist es vom den Vorsitz führenden Mitglied an den Bundesminister für Bildung, Wissenschaft und Forschung zurückzusenden. Andernfalls haben die Berichterstatter einen Gutachtensentwurf auszuarbeiten und dem den Vorsitz führenden Mitglied vorzulegen, das ihn den übrigen Kommissionsmitgliedern zur Kenntnis zu übermitteln hat.

(6) Der Zeitpunkt der Sitzung ist vom den Vorsitz führenden Mitglied so anzuberaumen, dass für die Kenntnisnahme des Gutachtensentwurfes durch die übrigen Mitglieder der Gutachterkommission mindestens zwei Wochen zur Verfügung stehen.

(BGBl. II Nr. 286/2022, Z 2)

§ 5. (1) Die Behandlung der einzelnen Geschäftsfälle in der Gutachterkommission hat mit dem Vortrag des (der) Berichterstatter(s) zu beginnen. Der Vortrag ist mit einem begründeten Beschlußantrag abzuschließen.

(2) Nach dem (den) Berichterstatter(n) erhalten die übrigen Mitglieder das Wort, und zwar in der Reihenfolge, in der sie sich hiezu gemeldet haben. Der Vorsitzende hat dafür zu sorgen, daß die Zahl der Sitzungsstunden das für die Erledigung des angefallenen Geschäftsfalles notwendige Ausmaß nicht übersteigt.

(3) Jedes Mitglied, das sich zu Wort gemeldet hat, hat das Recht, die Aufnahme des wesentlichen Inhaltes seiner Ausführungen in die Niederschrift (§ 7 Abs. 2) zu verlangen.

(4) Dem den Vorsitz führende Mitglied, den Berichterstattern des jeweiligen Geschäftsfalles und dem schriftführenden Mitglied kommt eine beschließende Stimme zu. Stimmenthaltung ist unzulässig. Eine Übertragung der Stimme auf eine andere Person ist ebenso wie der Widerruf der abgegebenen Stimme unzulässig und unwirksam. Bei Stimmengleichheit entscheidet die Stimme des den Vorsitz führenden Mitgliedes. *(BGBl. II Nr. 286/2022, Z 3)*

(5) Die Gutachterkommission ist beschlussfähig, wenn mindestens zwei Drittel der

stimmberechtigten Mitglieder anwesend sind. *(BGBl. II Nr. 286/2022, Z 3)*

(6) Die Abstimmung ist namentlich durchzuführen, es sei denn, daß die Stimmeneinhelligkeit offenkundig ist.

(7) Ein Mitglied wird in folgenden Fällen durch ein vom den Vorsitz führenden Mitglied einzuberufendes Ersatzmitglied vertreten: *(BGBl. Nr. 348/1994 idF BGBl. II Nr. 286/2022, Z 4)*

1. bei Verhinderung;
2. bei Vorliegen von Befangenheitsgründen (§ 7 des Allgemeinen Verwaltungsverfahrensgesetzes 1991, BGBl. Nr. 51/1991); *(BGBl. Nr. 348/1994 idF BGBl. II Nr. 264/2020, Art. 8 Z 8)*
3. bei Ausscheiden aus der Gutachterkommission bis zur Neubestellung eines Mitgliedes.

*§ **6.** entfallen (BGBl. II Nr. 248/1998, Z 3)*

§ 7. (1) Der Vorsitzende hat einen Schriftführer zu bestimmen und, falls dieser verhindert ist, für Ersatz zu sorgen.

(2) Der Schriftführer hat die Namen und Funktionen der anwesenden Personen sowie den Ablauf der Sitzung und den wesentlichen Inhalt der Beratung in einer Niederschrift festzuhalten. Darin sind insbesondere alle bis zum Schluß der Sitzung gestellten Anträge einschließlich Begründung, der Beschluß des Gutachtens und das Abstimmungsergebnis zu verzeichnen. Die Niederschrift ist vom Schriftführer zu unterzeichnen und vom Vorsitzenden nach Prüfung mitzufertigen. *(BGBl. Nr. 348/1994 idF BGBl. II Nr. 286/2022, Z 5)*

§ 8. Der Vorsitzende der Gutachterkommissionen kann den Autor, Herausgeber, Verleger oder Hersteller zur Auskunftserteilung einladen. Während des Vortrages des Berichterstatters und der Abstimmung über das zu erstellende Gutachten sind diese Personen jedenfalls von der Teilnahme an der Sitzung ausgeschlossen.

§ 9. (1) Das zu beschließende Gutachten hat

1. die Feststellung hinsichtlich der Erfüllung der Erfordernisse gemäß § 14 Abs. 2 des Schulunterrichtsgesetzes zu enthalten, insbesondere hinsichtlich
   a) der Übereinstimmung mit vom Lehrplan vorgeschriebenen
      aa) Bildungs- und Lehraufgaben,
      bb) Kompetenzorientierungen,
      cc) didaktischen Zielsetzungen,
      dd) wesentlichen Inhalten der Anwendungsbereiche/des Lehrstoffes und
      ee) übergreifenden Kompetenzen,
   b) der Übereinstimmung mit den Zielen der staatsbürgerlichen Erziehung, insbesondere der Grundwerte und Aufgaben der österreichischen Schule gemäß Art. 14 Abs. 5a B-VG und § 2 SchOG,
   c) der sachlichen Richtigkeit des Inhaltes und seiner Übereinstimmung mit dem jeweiligen Stand der Wissenschaft, unter Berücksichtigung der den Sachbereich berührenden Normen im Sinne des Normengesetzes, BGBl. Nr. 240/1971, und der sonstigen technischen Vorschriften,
   d) der Berücksichtigung des Grundsatzes der Selbsttätigkeit und der aktiven Teilnahme der Schülerinnen und Schüler am Unterricht,
   e) der Berücksichtigung des Grundsatzes der Anpassung des Schwierigkeitsgrades an das Auffassungsvermögen der Schülerinnen und Schüler (Schüleradäquatheit des Unterrichtsmittels in Bezug auf Aufnahmekapazität, Alter, Interessen, Bedürfnisse und Möglichkeiten der Schüler),
   f) der ausreichenden Berücksichtigung der Lebenswelt der Schülerinnen und Schüler sowie ihrer zukünftigen Arbeitswelt einschließlich der spezifischen österreichischen und europäischen Verhältnisse,
   g) der sprachlichen Gestaltung und der guten Lesbarkeit (sprachsensibler Fachunterricht unter Einschluss der didaktischen Elemente der optischen Darstellung),
   h) der Zweckmäßigkeit vom Standpunkt des Materials, der Darstellung und der sonstigen Ausstattung,
   i) der Berücksichtigung des Ziels der Geschlechtergleichstellung, der Antidiskriminierung sowie der Berücksichtigung vielfältiger Lebensrealitäten in der Gesellschaft unter Vermeidung von einseitigen und klischeehaften Darstellungen von sozialen und geschlechterspezifischen Rollen auf der Wort- und Bildebene und
2. die Beurteilung zu enthalten, ob das Unterrichtsmittel
   a) in der vorliegenden Fassung geeignet oder
   b) unter der Auflage von Änderungen geeignet oder
   c) nach Überarbeitung erneut vorgelegt werden kann oder
   d) nicht geeignet erscheint.

(2) Ein Gutachten für digitale Unterrichtsmittel hat weiters die Feststellung der Erfüllung folgender Erfordernisse zu enthalten, insbesondere hinsichtlich

a) der Einbindung unterschiedlicher interaktiver Informationstypen in Bezug zum pädagogischen und didaktischen Konzept des Unterrichtsmittels,
b) der Förderung von Medienkompetenz mittels Medienbildung, hinsichtlich selbstständiges, kritisches, multiperspektivisches und flexibles Denken sowie Handeln in sozialen, ethischen und kulturellen Kontexten,
c) des interaktiven Arbeitens unter Berücksichtigung von Unterstützungsfunktionen und
d) der flexiblen Aufgabengestaltung und der Lernaktivitäten.

(3) In dem Gutachten ist die Schulart, allenfalls die Schulform bzw. die Fachrichtung und die Schulstufe (Klasse, Jahrgang), soweit es sich nicht um Berufsschulen handelt, sowie der Unterrichtsgegenstand, für den das Unterrichtsmittel geeignet erscheint, zu bezeichnen. Im Falle des Abs. 1 Z 2 lit. b ist Art und Ausmaß der erforderlichen Änderungen aufzunehmen. Ferner ist bei Schulbüchern auszusprechen, ob das Werk als Teil der Grundausstattung (Arbeitsbuch, Lesebuch, Sprachbuch, Liederbuch, Wörterbuch, Atlas, mathematisches Tabellenwerk) geeignet erscheint.

(BGBl. II Nr. 286/2022, Z 6)

§ 10. Das Gutachten ist schriftlich abzufassen, vom Vorsitzenden und vom Schriftführer zu unterfertigen und binnen zwei Wochen nach Beschlußfassung der Bundesministerin oder dem Bundesminister für Bildung, Wissenschaft und Forschung zu übermitteln. *(BGBl. Nr. 348/1994 idF BGBl. II Nr. 90/2017, Art. 3 Z 9 und BGBl. II Nr. 264/2020, Art. 8 Z 7)*

***§ 10a.** entfallen (BGBl. II Nr. 286/2022, Z 7)*

Inkrafttreten

§ 11. (1) Diese Verordnung tritt mit 1. September 1994 in Kraft. *(BGBl. Nr. 348/1994 idf BGBl. II Nr. 248/1998, Z 5)*

(2) § 1, § 2 samt Überschrift und § 9 Abs. 1 Z 1 sowie der Entfall des § 6 dieser Verordnung in der Fassung der Verordnung BGBl. II Nr. 248/1998 treten mit 1. September 1998 in Kraft. *(BGBl. II Nr. 248/1998, Z 5)*

(3) § 1 Abs. 2 Z 2, § 2 Abs. 3 bis 29, § 3 Z 7, § 4 Abs. 1, 3, 4 und 5, § 10 sowie § 10a in der Fassung der Verordnung BGBl. II Nr. 90/2017 treten mit Ablauf des Tages der Kundmachung im Bundesgesetzblatt in Kraft.[2]) *(BGBl. II Nr. 90/2017, Art. 3 Z 13)*

(4) Die nachstehend genannten Bestimmungen in der Fassung der Verordnung BGBl. II Nr. 264/2020 treten wie folgt in Kraft:

1. § 2 Abs. 4, 5, 6, 7, 8, 10, 12, 14, 16, 22, 27, 28 und 29 (in der Fassung der Z 1), § 2 Abs. 27 (in der Fassung der Z 3), § 4 Abs. 1, 3 und 4, § 5 Abs. 7 Z 2 und § 10 treten mit Ablauf des Tages der Kundmachung[3]) im Bundesgesetzblatt in Kraft;
2. § 2 Abs. 4, 5, 6, 7, 8, 10, 12, 14, 16, 22, 27, 28 und 29 (in der Fassung der Z 2) tritt mit 1. September 2020 in Kraft.

(BGBl. II Nr. 264/2020, Art. 8 Z 9)

(5) § 1, § 2 samt Überschrift, § 3 samt Überschrift, § 4 samt Überschrift, § 5 Abs. 4, 5 und 7, § 7 Abs. 2 und § 9 in der Fassung der Verordnung BGBl. II Nr. 286/2022 treten mit 1. September 2022 in Kraft; gleichzeitig tritt § 10a samt Überschrift außer Kraft. *(BGBl. II Nr. 286/2022, Z 8)*

Außerkrafttreten

§ 12. Mit Inkrafttreten dieser Verordnung tritt die Verordnung des Bundesministers für Unterricht und Kunst vom 24. Juni 1974 über die Gutachterkommissionen zur Eignungserklärung von Unterrichtsmitteln, BGBl. Nr. 370, in der Fassung der Verordnungen BGBl. Nr. 437/1978, BGBl. Nr. 444/1986 und BGBl. Nr. 402/1991, außer Kraft.

[2]) Die Kundmachung im Bundesgesetzblatt erfolgte am 31. März 2017.

[3]) Die Kundmachung im Bundesgesetzblatt erfolgte am 12. Juni 2020.

1.12.2. Schulärzte-Verordnung

BGBl. II Nr. 388/2019[1])
idF der Verordnung

BGBl. II Nr. 466/2021[2])

Verordnung der Bundesministerin für Arbeit, Soziales, Gesundheit und Konsumentenschutz betreffend die Übernahme von Aufgaben der Gesundheitsvorsorge für die schulbesuchende Jugend durch Schulärztinnen und Schulärzte (SchulÄ-V)

Aufgrund des § 66a Abs. 1 iVm § 83 Abs. 3 des Bundesgesetzes über die Ordnung von Unterricht und Erziehung in den im Schulorganisationsgesetz geregelten Schulen (Schulunterrichtsgesetz – SchUG), BGBl. Nr. 472/1986, zuletzt geändert durch das Bundesgesetz BGBl. I Nr. 86/2019, wird verordnet:

Regelungsgegenstand

§ **1.** Diese Verordnung regelt Aufgaben und Maßnahmen der Gesundheitsvorsorge für die schulbesuchende Jugend, die durch Schulärztinnen/Schulärzte neben den in § 66 des Bundesgesetzes über die Ordnung von Unterricht und Erziehung in den im Schulorganisationsgesetz geregelten Schulen (Schulunterrichtsgesetz – SchUG), BGBl. Nr. 472/1986, in der jeweils geltenden Fassung, und den in sonstigen schulrechtlichen Bestimmungen genannten Aufgaben im Bereich der allgemeinen Gesundheitsvorsorge für die schulbesuchende Jugend wahrzunehmen sind.

Schutzimpfungen

§ **2.** (1) Schulärztinnen/Schulärzte haben nach Beauftragung durch die Landeshauptfrau/den Landeshauptmann, sofern diese Aufgabe nicht von anderen Ärztinnen/Ärzten wahrgenommen wird, in Umsetzung des gemeinsamen kostenfreien Impfprogramms des Bundes, der Bundesländer und der Sozialversicherungsträger die gemäß dem jeweils aktuellen Impfplan Österreich empfohlenen Impfungen entsprechend dem gemeinsamen kostenfreien Impfprogramm bei Schülerinnen/Schülern nach schriftlicher Aufklärung mit Rückfragemöglichkeit oder mündlich erfolgter Aufklärung und Zustimmung durch die entscheidungsfähige Schülerin/den entscheidungsfähigen Schüler oder deren/dessen Erziehungsberechtigte/n (Person, die mit der gesetzlichen Vertretung im Bereich der Pflege und Erziehung betraut ist) durchzuführen und zeitnah elektronisch zu erfassen. *(BGBl. II Nr. 388/2019 idF BGBl. II Nr. 466/2021, Z 1)*

(2) Die Bundesministerin/Der Bundesminister für Arbeit, Soziales, Gesundheit und Konsumentenschutz kann Schulärztinnen/Schulärzten insbesondere folgende weitere Tätigkeiten übertragen:

1. Beratung der entscheidungsfähigen Schülerin/des entscheidungsfähigen Schülers oder der/des Erziehungsberechtigten der nicht entscheidungsfähigen Schülerin/des nicht entscheidungsfähigen Schülers im Rahmen der jährlichen schulärztlichen Untersuchung gemäß § 66 Abs. 2 SchUG über die gemäß dem jeweils aktuellen Impfplan Österreich empfohlenen Impfungen, insbesondere mit Hinweis auf die individuell fehlenden Impfungen;
2. Erhebung der dokumentierten Impfungen der Schülerin/des Schülers im Rahmen der jährlichen schulärztlichen Untersuchung gemäß § 66 Abs. 2 SchUG (aktueller Impfstatus, insbesondere bei Schuleintritt);
3. Durchführung von weiteren gemäß dem jeweils aktuellen Impfplan Österreich empfohlenen Impfungen bei Schülerinnen/Schülern nach Beauftragung durch die Landeshauptfrau/den Landeshauptmann und nach schriftlicher Aufklärung mit Rückfragemöglichkeit oder mündlich erfolgter Aufklärung und Zustimmung durch die entscheidungsfähige Schülerin/den entscheidungsfähigen Schüler oder deren/dessen Erziehungsberechtigte/n, wenn diese im Hinblick auf in Aussicht genommene Schulveranstaltungen oder schulbezogene Veranstaltungen oder aus epidemiologischer Sicht für den Schulkontext erforderlich sind. *(BGBl. II Nr. 388/2019 idF BGBl. II Nr. 466/2021, Z 2)*

(3) Die Bundesministerin/Der Bundesminister für Arbeit, Soziales, Gesundheit und Konsumentenschutz ist berechtigt, gemäß Abs. 1 und 2 elektronisch erfasste Daten zu verarbeiten und zum Zwecke der öffentlichen Ge-

[1]) Die Kundmachung im Bundesgesetzblatt erfolgte am 6. Dezember 2019.
[2]) Die Kundmachung im Bundesgesetzblatt erfolgte am 15. November 2021.

sundheit und der Gesundheitsvorsorge in pseudonymisierter Form anhand des bPK-GH (bereichsspezifisches Personenkennzeichen Bereich Gesundheit) mit anderen pseudonymisierten Registern zu verknüpfen.

Bekämpfung von Infektionskrankheiten

§ **3.** (1) Schulärztinnen/Schulärzte haben die Gesundheitsbehörden nach Beauftragung durch die zuständige vollziehende Behörde im Rahmen der Mitwirkung bei der Bekämpfung von Infektionskrankheiten zu unterstützen, sofern ein Verdachts-, Erkrankungs- oder Todesfall einer meldepflichtigen Krankheit in der Schule aufgetreten ist oder ein Bezug zur Schule im Rahmen von Umgebungsuntersuchungen vermutet wird.

(2) Schulärztinnen/Schulärzte sind verpflichtet, bei Tätigkeiten gemäß Abs. 1 den zuständigen vollziehenden Behörden die für die Bekämpfung von Infektionskrankheiten im Sinne des Epidemiegesetzes 1950, BGBl. Nr. 186/1950, in der jeweils geltenden Fassung, relevanten personenbezogenen Daten zur Verfügung zu stellen.

1.12.3. Verordnung über die Aufbewahrungsfristen von in den Schulen zu führenden Aufzeichnungen, die bis zum Ablauf des 31. August 2016 angefertigt wurden

Hier nicht abgedruckt, siehe Kodex 24. Auflage.

1.12.4. Verordnung über die Aufbewahrungsfristen von in den Zentrallehranstalten für Berufstätige zu führenden Aufzeichnungen, die bis zum Ablauf des 31. August 2016 angefertigt wurden

Hier nicht abgedruckt, siehe Kodex 24. Auflage.

1.12.5. Zusammenarbeit mit außerschulischen Organisationen im Bereich Sexualpädagogik[1])

Hintergrund und Zielsetzung der Sexualpädagogik:

Aufgabe der Schule ist es, im Zusammenwirken von Lehrkräften, Schülerinnen und Schüler sowie Eltern bzw. Erziehungsberechtigten die Schülerinnen und Schüler in ihrer gesamten Persönlichkeit zu fördern. Sexuelle Entwicklung ist Teil der gesamten Persönlichkeitsentwicklung des Menschen und verläuft auf kognitiver, emotionaler, sensorischer und körperlicher Ebene.

Zeitgemäße Sexualpädagogik versteht sich heute als eine Form der schulischen Bildung, die altersentsprechend in der frühen Kindheit beginnt und sich bis ins Erwachsenenalter fortsetzt. Dabei wird Sexualität als ein positives, dem Menschen innewohnendes Potential verstanden. Im Rahmen einer umfassenden Sexualpädagogik sollen Kindern und Jugendlichen Informationen und Kompetenzen vermittelt werden, um verantwortungsvoll mit sich und anderen umgehen zu können.

In diesem Prozess spielen Eltern neben Institutionen wie Kindergärten und Schulen eine zentrale Rolle (siehe dazu *Grundsatzerlass Sexualpädagogik, BMBF-33.543/0038-I/9d/2015*).

Verankerung in Lehrplänen und inhaltlicher Rahmen:

Sexualpädagogik als Bildungs- und Lehraufgabe ist in allen Lehrplänen als Unterrichtsprinzip bzw. als Bildungsbereich „Gesundheit und Bewegung“ verankert. Weiters sind sexualpädagogische Schwerpunktsetzungen in Pflichtgegenständen der verschiedenen Schulformen z.B. im Sachunterricht (Volksschule), in Biologie und Umweltkunde (Neue Mittelschule, Allgemein bildende höhere Schule, Allgemeine Sonderschule, Bildungsanstalt für Elementarpädagogik), Religion (BAKIP), Psychologie (Handelsschule), Psychologie und Philosophie (Handelsakademie) enthalten.

Verantwortung der Lehrkraft und Einbeziehung außerschulischer Personen:

Grundsätzlich hat die Lehrkraft gemäß § 17 SchUG in eigenständiger und verantwortlicher Unterrichts- und Erziehungsarbeit die Aufgabe der österreichischen Schulen zu erfüllen. In diesem Sinne hat sie unter Berücksichtigung der Entwicklung der Schülerinnen und Schüler den Lehrstoff des Unterrichtsgegenstandes dem Stand der Wissenschaft entsprechend zu vermitteln. Neben den schulgesetzlichen Bestimmungen bilden die Lehrpläne, Grundsatzerlässe und andere rechtliche Grundlagen die Basis der pädagogischen Tätigkeit, wie z.B. Art 14 Abs. 5a Bundes-Verfassungsgesetz, in dem die Grundwerte der österreichischen Schule festgehalten sind, oder Artikel 2, 1. Zusatzprotokoll zur EMRK, wo das Recht auf Bildung und die erzieherischen Rechte der Eltern festgehalten werden.

Den einzelnen Lehrkräften steht es im Rahmen des Unterrichts frei, außerschulische Personen bzw. Organisationen in den Unterricht einzubinden, sofern die Einbindung ausschließlich im Zusammenhang mit dem Erarbeiten und Festigen des Lehrstoffs erfolgt, den rechtlichen Grundlagen entspricht und in der notwendigen Qualität erfolgt (siehe untenstehende Kriterien für die Feststellung der Eignung). Für das Qualitätsmanagement der Schule ist die Schulleitung gemäß § 56 SchUG verantwortlich.

Wesentlich für eine **rechtskonforme Einbeziehung von außerschulischen Personen und Organisationen** in den Unterricht (z.B. Durchführung von Workshops) ist vor allem Folgendes:

1. Einhaltung der Regelungen der Schulgeldfreiheit

   Der Unterricht an öffentlichen Schulen hat unentgeltlich zu sein. Die Einbeziehung von außerschulischen Expertinnen und Experten darf mit keinen Kostenauswirkungen für die Erziehungsberechtigten verbunden sein. Diese Regelung kann auch nicht mit Genehmigung z.B. des Schulgemeinschaftsausschusses (SGA) geändert werden. Die Vorschreibung und Einhebung von (verpflichtenden) Kostenbeiträgen durch die Erziehungsberechtigten zwecks Durchführung der „Workshops“ am Schulstandort ist daher im Hinblick auf die Schulgeldfreiheit nicht zulässig.

2. Einhaltung der Regelungen betreffend die Unterrichtsarbeit der Lehrkräfte gemäß § 17 Schulunterrichtsgesetz (SchUG)

   Die Lehrkraft ist für die Zeit der Durchführung des „Workshops“ nicht ihrer Hauptaufgabe, der Unterrichts- und Erziehungsarbeit, entbunden. D.h. auch bei Einbindung außerschulischer Expertinnen und Experten wird nicht nur die gänzliche Anwesenheit der Lehrkräfte im Rahmen des Unterrichts vorausgesetzt, sondern der

[1]) Verwaltungsverordnung des Bundesministers für Bildung, Wissenschaft und Forschung vom 4. März 2019, Zl. BMBWF-33.543/0048-I/2/2018, RS Nr. 5/2019.

Lehrkraft obliegt weiterhin die Unterrichtsarbeit (z.B. Vor- und Nachbereitung des Unterrichts sowie Unterrichtserteilung mit Einbeziehung der Expertinnen und Experten). Durch die Einladung der Expertinnen und Experten kann die Unterrichtserteilung nicht gänzlich an diese delegiert werden.

3. Da – wie im Grundsatzerlass Sexualpädagogik geregelt – den Eltern und Erziehungsberechtigten im Bereich der sexuellen Bildung eine zentrale Aufgabe zukommt, sind die Eltern bzw. Erziehungsberechtigten rechtzeitig im Vorfeld über die Einbindung von außerschulischen Personen und Organisationen z.B. im Rahmen eines Elternabends über Folgendes zu informieren:
   – Name der Person/Organisation und deren wertebezogenen Hintergrund
   – Geplante Inhalte und Methoden
   – Verwendete Materialen sollten den Eltern vorgestellt bzw. zur Verfügung gestellt werden.
4. Es ist darauf zu achten, dass die außerschulischen Organisationen nachweislich eine spezielle „Strafregisterbescheinigung Kinder- und Jugendfürsorge" über die in ihrem Auftrag oder über ihre Empfehlung im Schulbereich tätigen Personen eingeholt haben und die eingesetzten didaktischen Methoden und Inhalte altersgemäß sind sowie an die Lebenswelt der Kinder anknüpfen (siehe auch Grundsatzerlass Sexualpädagogik, Kap. C5).

Im Zweifel wird empfohlen, sich über die Seriosität und Qualität der außerschulischen Person bzw. Organisation bei der jeweiligen **Clearingstelle im Bereich der Sexualpädagogik**, die in den Bildungsdirektionen eingerichtet ist, zu informieren.

Folgende Kriterien sind für die Feststellung der Eignung jedenfalls anzuwenden:

a) Übereinstimmung mit der vom Lehrplan bzw. dem Grundsatzerlass für Sexualpädagogik vorgeschriebenen Bildungs-und Lehraufgabe, den didaktischen Zielsetzungen und den wesentlichen Inhalten des Lehrstoffes. Berücksichtigung des Grundsatzes der aktiven Teilnahme der Schülerinnen und Schüler am Unterricht.

b) Berücksichtigung des Grundsatzes der Anpassung des Inhaltes an die Lebenswelt bzw. das Auffassungsvermögen der Schülerinnen und Schüler (Schülerin-oder Schüleradäquatheit des Unterrichtsmittels in Bezug auf Aufnahmekapazität, Lebenswelt, Alter, Interessen und Bedürfnisse der Schülerinnen und Schüler).

c) Sachliche Richtigkeit des Inhaltes und seine Übereinstimmung mit dem jeweiligen Stand der Wissenschaft des betreffenden Wissensgebietes.

d) Ausreichende Berücksichtigung der Lebenswelt der Schülerinnen und Schüler sowie ihrer zukünftigen Arbeitswelt einschließlich der spezifischen österreichischen und europäischen Verhältnisse.

e) Orientierung am Prinzip der Gleichstellung der Geschlechter sowie Vielfalt der Lebensformen und Ausrichtung an den internationalen Menschenrechten.

f) Das Indoktrinationsverbot (Art. 2, 1. Zusatzprotokoll zur Europäischen Menschenrechtskonvention) wonach die Lehrkräfte der Schule verpflichtet sind, einen vorurteilsfreien Unterricht anzubieten, ohne geschlechtsstereotypen Zuweisungen.

1.12.6. Einsichtnahme in schriftliche Arbeiten der Schüler/innen

Hier nicht abgedruckt, siehe Kodex 20. Auflage.

1.12.7. Aufsteigen mit einem „Nicht genügend" gemäß § 25 Abs. 2 SchUG[1])

1. Darlegung der Problematik:

Das Schulunterrichtsgesetz (SchUG) regelt im § 25 die Voraussetzungen, in die nächsthöhere Schulstufe aufzusteigen.

Gegenstand dieses Rundschreibens ist jedoch ausschließlich das Aufsteigen mit einem „Nicht genügend" gemäß § 25 Abs. 2 SchUG. (§ 25 Abs. 1 letzter Satz bleibt in diesem Rundschreiben außer Betracht).

Diese Bestimmung wurde immer wieder unterschiedlich interpretiert. Da aus pädagogischen und rechtlichen Erwägungen völlig unterschiedliche Handhabungen des Aufsteigens mit einem „Nicht genügend" nicht erwünscht sein können – schließlich stellt das Nichterteilen der Berechtigung zum Aufsteigen einen der wesentlichsten Eingriffe der Organe der Schule in die Sphäre des Schülers dar -, verfolgt diese Information das Ziel, den Klassen- bzw. Jahrgangskonferenzen deutlich zu machen, in welcher Relation § 25 Abs. 2 SchUG zu § 25 Abs. 1 zweiter Satz leg.cit. steht. Dies geschieht auch unter Rückgriff auf die Spruchpraxis des Verwaltungsgerichtshofes zu dieser Frage.

2. § 25 Abs. 2 lit. c SchUG als Ausnahmeregelung zu § 25 Abs. 1 SchUG

§ 25 Abs. 1 und 2 Schulunterrichtsgesetz lautet:

„§ 25. (1) Ein Schüler ist zum Aufsteigen in die nächsthöhere Schulstufe berechtigt, wenn er die Schulstufe erfolgreich abgeschlossen hat. Eine Schulstufe ist erfolgreich abgeschlossen, wenn das Jahreszeugnis in allen Pflichtgegenständen eine Beurteilung aufweist und in keinem Pflichtgegenstand die Note „Nicht genügend" enthält. Eine Schulstufe gilt auch dann als erfolgreich abgeschlossen, wenn bei Wiederholen von Schulstufen das Jahreszeugnis in einem Pflichtgegenstand die Note „Nicht genügend" enthält und dieser Pflichtgegenstand vor der Beurteilung der Schulstufe zumindest mit „Befriedigend" beurteilt wurde.

(2) Ein Schüler ist ferner zum Aufsteigen in die nächsthöhere Schulstufe berechtigt, wenn das Jahreszeugnis zwar in einem Pflichtgegenstand die Note „Nicht genügend" enthält, aber

a) der Schüler nicht auch schon im Jahreszeugnis des vorhergegangenen Schuljahres in demselben Pflichtgegenstand die Note „Nicht genügend" erhalten hat,
b) der betreffende Pflichtgegenstand – ausgenommen an Berufsschulen – in einer höheren Schulstufe lehrplanmäßig vorgesehen ist und
c) die Klassenkonferenz feststellt, daß der Schüler aufgrund seiner Leistungen in den übrigen Pflichtgegenständen die Voraussetzungen zur erfolgreichen Teilnahme am Unterricht der nächsthöheren Schulstufe im Hinblick auf die Aufgaben der nächsthöheren Schulstufe aufweist."

§ 25 SchUG kennt demnach, was die Frage des Aufsteigens in die nächsthöhere Schulstufe betrifft, u.a. folgende Möglichkeiten (Tatbestände; vgl. VwGH Slg. Nr. 9667 A). Diese sind:

1. Das Jahreszeugnis des Schülers weist in allen Pflichtgegenständen eine positive Beurteilung auf (§ 25 Abs. 1 zweiter Satz SchUG) oder
2. das Jahreszeugnis des Schülers enthält nicht mehr als eine negative Beurteilung (§ 25 Abs. 2 SchUG).

Liegt der zuerst genannte Sachverhalt vor, hat der Schüler jedenfalls einen Rechtsanspruch aufzusteigen. Ist hingegen die zweite Tatbestandsvariante gegeben, so entsteht der Rechtsanspruch erst, wenn alle im § 25 Abs. 2 SchUG angeführten Bedingungen erfüllt sind. Dabei sind die Tatbestandsvoraussetzungen der lit. a und b vergleichsweise leicht zu ermitteln. Schwieriger ist hingegen das Auslegen der lit. c, worauf im folgenden einzugehen sein wird. Die hier dargelegte Konzeption des § 25 SchUG bedeutet, daß Abs. 2 leg.cit. die Ausnahmeregel (Ausnahmetatbestand) zu Abs. 1 dieser Bestimmung darstellt und nicht in jedem Fall zum Tragen kommt. Wenn daher ein Schüler in seinem Jahreszeugnis nicht in allen Pflichtgegenständen positiv beurteilt wurde, dann muß er – von § 25 Abs. 1 letzter Satz abgesehen – die Schulstufe grundsätzlich wiederholen bzw. Wiederholungsprüfungen ablegen. In diesem Sinn judiziert auch der Verwaltungsgerichtshof in seinem Erkenntnis VwGH Slg. Nr. 11.935 A. Darin heißt es u.a.:

„Gemäß § 25 Abs. 2 lit. c SchUG soll nur dann dem Aufsteigen mit einem „Nicht genügend" gegenüber dem Wiederholen einer Schulstufe der Vorzug gegeben wer-

[1]) Verwaltungsverordnung des Bundesministers für Unterricht und kulturelle Angelegenheiten vom 21. März 1997, Zl. 13.261/8-III/4/97, RS Nr. 20/1997, MVBl. Nr. 56/1997.

den, wenn es aufgrund zu erwartender positiver Entwicklung des Leistungsbildes des Schülers in der nächsthöheren Schulstufe gerechtfertigt erscheint. Ausgangspunkt für die Prognose sind die Leistungen (nicht jedoch die Leistungsbeurteilungen) des Schülers in den übrigen Pflichtgegenständen, sowie eine vorausschauende Bedachtnahme auf die kennzeichnenden Aufgaben der betreffenden Schulart."

„Bei der Leistungsprognose steht der Klassenkonferenz (Jahrgangskonferenz) und im Berufungsverfahren der Schulbehörde ein Beurteilungsspielraum (Prognosespielraum) zu, dessen Grenzen dann als gewahrt anzusehen sind, wenn die ex-ante-Beurteilung (Beurteilung nach dem augenblicklichen Wissensstand) aufgrund der ermittelten Fallumstände, somit sachverhaltsbezogen, unter Zugrundelegung pädagogischen Sachverstandes und nach der allgemeinen Erfahrung eine vertretbare Einschätzung darstellt."

Ausgehend vom bisher Gesagten kommt ein Aufsteigen mit einem „Nicht genügend" somit nur dann in Frage, wenn sich für einen Schüler, um mit den Worten des Verwaltungsgerichtshofes zu sprechen, „unter Zugrundelegung pädagogischen Sachverstandes und nach allgemeinen Erfahrungen" die Prognose abgeben läßt, er werde ungeachtet einer negativen Beurteilung im Jahreszeugnis die Anforderungen der kommenden Schulstufe höchstwahrscheinlich bewältigen. Eine solche Einschätzung läßt sich nur treffen, wenn das Leistungsbild (die Leistungen) des Schülers im abgelaufenen Schuljahr in allen positiv beurteilten Pflichtgegenständen hinreichende Lern- und Arbeitskapazitäten signalisiert. In diesem Zusammenhang ist davon auszugehen, daß kein Schüler über unbegrenzte Lern- und Arbeitskapazitäten verfügt. Denn bei einem Aufsteigen mit einem „Nicht genügend" ist der Schüler schließlich gezwungen, auf der nächsthöheren Schulstufe im negativ beurteilten Pflichtgegenstand sowohl den neuen Lehrstoff zu erarbeiten, als auch die aus dem abgelaufenen Schuljahr stammenden Lücken zu schließen. Diese Lücken sind immerhin so groß, daß die nach Maßgabe des Lehrplans gestellten Anforderungen in der Erfassung und in der Anwendung des Lehrstoffes sowie in der Durchführung der Aufgaben in den wesentlichen Bereichen nicht überwiegend erfüllt werden konnten (§ 14 Leistungsbeurteilungs-Verordnung). Nach der Konzeption von § 25 Abs. 2 lit. c SchUG setzt ein Schließen dieser Lücken die Möglichkeit voraus, aus den positiv beurteilten Bereichen Lern- und Arbeitskapazität abzuziehen, um sie in den negativ abgeschlossenen Pflichtgegenstand zu „investieren", ohne dadurch auf der nächsthöheren Schulstufe das Fortkommen in diesen positiv abgeschlossenen Gegenständen zu gefährden.

3. Prognoseerstellung:

Die Organe der Schule (Klassenkonferenz, Jahrgangskonferenz) müssen im Rahmen ihrer Entscheidungsfindung zu § 25 SchUG eine Prognose darüber abgeben, ob das Gelingen dieses Vorhabens realistisch ist. Als Maßstab für diese Einschätzung dient das Leistungsbild des Schülers in den positiv beurteilten Pflichtgegenständen (subjektiver Aspekt) vor dem Hintergrund der Lehrplananforderungen der nächsthöheren Schulstufe und der Zielbestimmungen der jeweiligen Schulart, wie sie sich aus dem II. Hauptstück des Schulorganisationsgesetzes ergeben (objektiver Aspekt). Jeder einzelne Lehrer muß sich als Mitglied der Klassen- bzw. Jahrgangskonferenz demnach darüber im klaren sein, welche Stärken und Schwächen ein Schüler in den von ihm unterrichteten Pflichtgegenständen aufweist, und er soll dem entscheidungsbefugten Organ (Klassenkonferenz, Jahrgangskonferenz) verdeutlichen können, weshalb aufgrund dieser Leistungsstruktur, projiziert auf die Lehrplananforderungen der nächsthöheren Schulstufe, bei einem Aufsteigen Probleme zu befürchten oder nicht zu befürchten sind.

Im Falle einer lebenden Fremdsprache können diese Leistungsschwächen etwa in der Sprachbeherrschung liegen. Sie kommen z.B. dadurch zum Ausdruck, daß in den Schularbeiten, aber auch im Bereich des Mündlichen, konstant Verstöße gegen zum Teil elementare grammatikalische Regeln unterlaufen. Wenn nun etwa der Lehrplan auf der nächsthöheren Schulstufe im Bereich der Grammatik das Behandeln von Besonderheiten der Formen- und Satzlehre vorsieht und damit solide grammatikalische Kenntnisse voraussetzt, weil nun der Schwerpunkt bei Übersetzungen mit gehobenem Schwierigkeitsgrad oder bei Referaten und Aufsätzen liegt, dann stellen nach realistischer Einschätzung ins Grundlegende gehende Grammatik- und Wortschatzschwächen ein nicht zu unterschätzendes Hindernis für das Erreichen dieses Lehrziels dar. Sind auch nur in einem noch positiv abgeschlossenen Pflichtgegenstand die Leistungsreserven des Schülers so gering, daß ein Absinken ins Negative als wahrscheinlich gelten muß, wenn der Schüler für das Erarbeiten des neuen Lehrstoffes nicht mehr die Zeit wie bisher aufwenden kann, so scheidet das Erteilen einer Berechtigung zum Aufsteigen gemäß § 25 Abs. 2 lit. c SchUG aus.

Selbstverständlich läßt sich der Nachweis, daß nur mehr geringe Leistungsreserven vorhanden sind, nicht in jedem Fall bis zur absoluten Zweifelsfreiheit führen. Vielfach muß es genügen, jene Indizien, die im Fall eines Aufsteigens für oder gegen ein Weiterkommen sprechen, einander gegenüberzustellen und zu einem Schluß zu kommen. An dieser Stelle sei ausdrücklich betont, daß das Schulrecht eine solche absolute Zweifelsfreiheit auch keineswegs fordert. Sie wäre in der Schulwirklichkeit auch gar nicht leistbar.

Es würde den Rahmen eines Rundschreibens bei weitem übersteigen, zu versuchen, darin alle denkbaren Konstellationen, die zu einer Entscheidung gemäß § 25 Abs. 2 lit. c SchUG führen können, aufzuzeigen. Es muß die Aufgabe der Organe der Schule bzw. der Schulbehörden bleiben, hier eine rechtsstaatlich vertretbare Entscheidungspraxis zu entwickeln. Wie die eben angesprochenen Indizien, die im Fall eines Aufsteigens für oder gegen ein Weiterkommen sprechen, konkret beschaffen sein müssen, dies kann im Rahmen eines Rundschreibens allenfalls grob skizziert werden. Als Entscheidungshilfe mag dienen, daß eine Situation, in der die Berechtigung zum Aufsteigen verweigert werden muß, dann gegeben sein kann, wenn der Schüler erst aufgrund einer mündlichen Prüfung gemäß § 5 Abs. 2 erster Satz der Leistungsbeurteilungs-Verordnung eine positive Jahresbeurteilung erhalten hat. Die Tatsache, daß bis unmittelbar vor Ende des Unterrichtsjahres in diesem Pflichtgegenstand eine negative Jahresbeurteilung drohte, kann auf nicht mehr allzu große Leistungsreserven schließen lassen. Hat der Schüler hingegen – und dies relativiert das eben Gesagte wieder etwas – krankheitshalber einen großen Teil des Unterrichtsjahres versäumt und dann aufgrund einer erfolgreich abgelegten Prüfung gemäß § 20 Abs. 2 SchUG eine positive Jahresbeurteilung erreicht, kann es ohne weiters vertretbar sein, daß sich die Klassen- bzw. Jahrgangskonferenz unter Würdigung dieses speziellen Umstandes für das Erteilen der Berechtigung zum Aufsteigen mit einem „Nicht genügend" entscheidet.

4. Leistungen versus Leistungsbeurteilungen; ein Widerspruch?

Zwar spricht das zitierte Erkenntnis des Verwaltungsgerichtshofes (VwGH Slg. Nr. 11 935 A) davon, daß es im Fall des Aufsteigens mit einem „Nicht genügend" nicht auf die Leistungsbeurteilungen, sondern auf die Leistungen (an sich) ankommt, doch wird man sich bei einem Abschätzen der noch vorhandenen Leistungsreserven eines Schülers sicherlich am Notenbild des Jahreszeugnisses bzw. seiner Entwicklung mitzuorientieren haben. Was der Gesetzgeber und die Rechtsprechung meinen, ist, daß auf „Genügend" lautende Jahresbeurteilungen nicht von vornherein zum Verweigern der Aufstiegsberechtigung führen müssen. So kann der Fall eintreten, daß bereits eine nur denkbar knapp abgesicherte, auf „Genügend" lautende Jahresbeurteilung dem Aufsteigen entgegensteht. Es sind jedoch ebenso Konstellationen denkbar, wo trotz mehrerer auf „Genügend" lautender Jahresbeurteilungen das Erteilen von § 25 Abs. 2 lit. c SchUG vertretbar erscheint. Dies dann, wenn aus allen auf „Genügend" lautenden Jahresbeurteilungen eine starke Tendenz in Richtung „Befriedigend" herauslesbar ist, abgestützt etwa durch deutlich über dem Durchschnitt liegenden Schularbeitsleistungen gegen Ende des Unterrichtsjahres. Spricht demnach der Gesetzgeber unter Beachtung der Wortwahl des § 25 Abs. 2 lit. c von Leistungen, so will er damit keinesfalls Leistung(en) und Leistungsbeurteilungen gegeneinander ausspielen oder Unterschiedliches konstruieren. Es liegt dem, ausgehend von § 20 Abs. 1 SchUG – der Beurteilung der Leistungen eines Schülers in einem Unterrichtsgegenstand auf der ganzen Schulstufe hat der Lehrer alle in dem betreffenden Unterrichtsjahr erbrachten Leistungen zugrunde zu legen, wobei dem zuletzt erreichten Leistungsstand das größere Gewicht zuzumessen ist -, vielmehr die Vorstellung zugrunde, daß jeder Beurteilung eine gewisse Orientierung, eine Tendenz innewohnt. So kann etwa ein Schüler deshalb ein „Genügend" im Jahreszeugnis erhalten haben, weil er in der zweiten Hälfte des Unterrichtsjahres nach vielversprechendem Beginn deutlich abfiel. Es kann bei derselben Jahresbeurteilung jedoch auch die gegenteilige Leistungsentwicklung gegeben sein. Ein Schüler braucht zwar relativ lange, um leistungsmäßig Tritt zu fassen, kann sich dann aber beträchtlich steigern. Diesen Verlauf des Leistungsbildes, seine allfällige Tendenz in Richtung benachbarter Noten, will das Gesetz beim Aufsteigen oder Nichtaufsteigen mit einem „Nicht genügend" einbinden. Die vergebene Jahresbeurteilung faßt die Leistungen des Schülers zu einer globalen Aussage im Sinne der Notenskala zusammen. Sie formalisiert sie. Die Notendefinition des § 14 LB-VO bietet dem Lehrer eine Handhabe, wie er die konkrete Einordnung vorzunehmen hat. Das Abstellen auf die Leistungen, wie es § 25 Abs. 2 lit. c SchUG sowie der Verwaltungsgerichtshof fordern, soll eine Analyse dieser Jahresbeurteilung möglich machen. Es sollen Umstände wieder sichtbar werden, die, in numerische Kalküle gebracht, zwangsläufig nicht greifbar sein können. Aufgrund dieser Analyse des durch die Jahresbeurteilung zusammengefaßten Leistungsbildes ist über § 25 Abs. 2 lit. c SchUG zu entscheiden.

Wenn in den bisher gemachten Ausführungen das Gewähren einer Aufstiegsberechtigung gemäß § 25 Abs. 2 lit. c SchUG von der Beschaffenheit der auf „Genügend" lautenden Beurteilung(en) abhängig gemacht wurde, so deshalb, weil man wohl davon wird ausgehen können, daß überall dort, wo ein Schüler zumindest mit „Befriedigend" beurteilt wurde, er also jedenfalls Leistungen erbracht hat, mit denen die nach Maßgabe des Lehrplans gestellten Anforderungen in der Erfassung und in der Anwendung des Lehrstoffes sowie in der Durchführung der Aufgaben in den wesentlichen Bereichen zur Gänze erfüllt worden sind, das Vorhandensein ausreichender Leistungsreserven gegeben ist. Dies bedeutet, daß die einzelnen Klassen- und Jahrgangskonferenzen sich mit der Problematik des § 25 Abs. 2 lit. c SchUG nur dann eingehender zu befassen haben, wenn auf „Genügend" lautende Beurteilungen vorliegen.

5. Beschaffenheit der von der Schule vorzulegenden Unterlagen im Falle einer Berufung gemäß § 25 Abs. 2 lit. c SchUG:

Beruft ein Schüler gegen die Entscheidung der Klassenkonferenz (Jahrgangskonferenz), zum Aufsteigen in die nächsthöhere Schulstufe nicht berechtigt zu sein, so sind u.a. folgende Möglichkeiten denkbar:

– Es wird im gegen die Nichtberechtigung zum Aufsteigen gerichteten Berufungsschreiben nur die Unrichtigkeit der negativen Jahresbeurteilung behauptet. In diesem Fall muß sich die Berufungsbehörde sowohl mit der Frage befassen, ob die negative Jahresbeurteilung richtig oder unrichtig war, als auch damit auseinandersetzen, ob ein Aufsteigen mit einem „Nicht genügend" möglich ist.
– Der Schüler bekämpft die negative Jahresbeurteilung ausdrücklich nicht, sondern behauptet in seinem Berufungsschriftsatz lediglich, daß ihm das Aufsteigen mit einem „Nicht genügend" zu Unrecht verweigert wurde. In diesem Fall braucht die Berufungsbehörde die Richtigkeit oder Unrichtigkeit der negativen Jahresbeurteilung nicht zu prüfen.

Diese beiden Ausgangslagen muß auch die Schule beim Weiterleiten der Berufung an die zuständige Rechtsmittelinstanz berücksichtigen, weil sie die Zusammensetzung der vorzulegenden Unterlagen beeinflussen. Im zuerst genannten Fall müssen die Unterlagen der Rechtsmittelbehörde sowohl ein Nachprüfen der negativen Jahresbeurteilung als auch der negativen Entscheidung gemäß § 25 Abs. 2 ermöglichen. Im zweiten Fall braucht zum negativ beurteilten Pflichtgegenstand nichts vorgelegt zu werden.

Der Sinn und Zweck eines Rechtsmittelverfahrens besteht darin, nachzuprüfen, ob jene Organe, von denen die bekämpfte Entscheidung stammt, die von ihnen zu beachtenden rechtlichen Bestimmungen eingehalten haben. Dabei zählt es zu den Grundsätzen eines rechtsstaatlichen Verfahrens, daß die Rechtsmittelbehörde die bekämpfte Entscheidung nach jeder Richtung abändern kann (§ 66 Abs. 4 des Allgemeinen Verwaltungsverfahrensgesetzes 1991 – AVG). Aus diesem Grund muß die Rechtsmittelbehörde alle entscheidungsrelevanten Informationen bekommen und sich unmittelbar damit auseinandersetzen können. Deshalb ist etwa lediglich eine summarische, vom Schulleiter oder dem Klassenvorstand stammende Information über das Leistungsbild des Schülers nicht ausreichend. Bei der Frage des Aufsteigens mit einem „Nicht genügend" ist das Leistungsbild des Schülers in jenen Gegenständen, in denen das Vorhandensein ausreichender Lern- und Arbeitskapazitäten verneint wird, durch den unterrichtenden Lehrer in einer Stellungnahme zur Berufung darzustellen.

Weist das Jahreszeugnis eines Schülers neben der negativen Benotung etwa zwei auf „Genügend" lautende Beurteilungen auf, und war nach Auffassung der Klassenkonferenz nur eines davon nicht abgesichert, so braucht, wie schon bisher, nur in diesem Gegenstand das Leistungsbild des Schülers in Form der nachfolgend angeführten Unterlagen dargestellt zu werden.

Diese Dokumentation im Fall des Nichterteilens einer Aufstiegsberechtigung gemäß § 25 Abs. 2 lit. c SchUG wird daher jedenfalls folgende Erfordernisse zu umfassen haben:

– die Schularbeiten bzw. allfällige Tests im Original, soweit sie dem Lehrer (der Schule) zur Verfügung stehen (für den Fall der Unvollständigkeit die Angabe des Grundes hiefür – etwa Nichtrückgabe seitens des Schülers);

- eine kurze Äußerung der Lehrer, die Gegenstände unterrichtet haben, in denen die Existenz ausreichender Lern- und Arbeitskapazität verneint werden mußte. Diese Äußerung soll die im Rahmen von mündlichen Prüfungen bzw. der Mitarbeit des Schülers im Unterricht vergebenen Beurteilungen enthalten. Im Zuge dieser Äußerung ist auch darauf einzugehen, ob eine Information gemäß § 19 Abs. 4 SchUG notwendig war.

Die Vorlage der Schularbeiten bzw. allfälliger Tests ist deshalb notwendig, weil schriftlichen Leistungsfeststellungen ein bedeutender Stellenwert bei der Ermittlung der Jahresbeurteilung zukommt (vgl. § 3 Abs. 4 der Leistungsbeurteilungs-Verordnung) und sich daraus Tendenzen, die einer auf „Genügend" lautenden Jahresbeurteilung innewohnen, relativ zuverlässig abschätzen lassen.

Hat der Schüler den Verlust von Schularbeiten, Tests etc. zu verantworten, muß er dies im Verfahren gegen sich gelten lassen.

1.12.8. Informationen zur Beurteilung der abschließenden Prüfungen[1])

Rundschreiben

Titel: Informationen zur Beurteilung der abschließenden Prüfungen

Gesamthafte Beurteilung von Prüfungsgebieten – Neuverlautbarung[1])

Rundschreiben Nr.: 14/2023

Sachgebiet: Schulwesen

Verteilerkreis: alle AHS und BHS

Personenkreis: Direktor/innen und Pädagog/innen

Geltung: 30. April 2023

Rechtsgrundlage: Schulunterrichtsgesetz, 8. Abschnitt §§ 34-42
Schulunterrichtsgesetz für Berufstätige, Kollegs und Vorbereitungslehrgänge, 8. Abschnitt §§ 33-42
LBVO-abschlPrüf (Verordnung über die Leistungsbeurteilung für abschließende Prüfungen), § 3

Kernaussagen/Ziele: **Gesamthafte Beurteilung der schriftlichen/praktischen/grafischen und mündlichen Prüfungsgebiete**

1. **Ermittlung der Jahresnote**
   a. Ermittlung der Jahresnote
   b. Ermittlung einer Jahresnote bei Schulen mit Semesterbeurteilung
   c. Ermittlung einer Jahresnote bei Prüfungsgebieten, die aus mehreren Unterrichtsgegenständen bestehen
   d. Ermittlung einer Jahresnote bei Schulen mit Semesterbeurteilung und Prüfungsgebieten, die aus mehreren Unterrichtsgegenständen bestehen
2. **Ermittlung der Gesamtnote für das jeweilige Prüfungsgebiet**
   a. Voraussetzung für die Berücksichtigung der Jahresnote bzw. der ermittelten „Jahresnote" bei der schriftlichen/grafischen/prak-tischen Klausurarbeit („Schwellenwert")
   b. Voraussetzung für die Berücksichtigung der Jahresnote bzw. der ermittelten „Jahresnote" bei der mündlichen Prüfung (Mitwirkung des Kandidaten/der Kandidatin bei den mündlichen Teilprüfungen)
   c. Modus zur Ermittlung der Gesamtnote
3. **FALLBEISPIELE**

Ort und Zeitpunkt der Genehmigung: Wien, 28.04.2023

Zeitliche Priorisierung: Es wird ersucht, das Rundschreiben innerhalb von 48 Stunden nach Einlangen an den Bildungsdirektionen an die Schulen zu übermitteln.

Veröffentlichende Stelle: BMBWF

[1]) Geschäftszahl: 2023-0.215.251.

[1]) Jene Passagen, die gegenüber RS Nr. 09/2022 aktualisiert wurden, sind grau unterlegt.

Gesamthafte Beurteilung der schriftlichen/praktischen/grafischen und mündlichen Prüfungsgebiete

Die Leistungen der letzten Schulstufe, in der der Unterrichtsgegenstand unterrichtet wurde, werden bei der Gesamtbeurteilung der Prüfungsgebiete abschließender Prüfungen berücksichtigt (§ 3 Abs. 1 bis 6 der Leistungsbeurteilungsverordnung für abschließende Prüfungen (LBVO-abschlPrüf), BGBl. II Nr. 215/2021 in der geltenden Fassung).

Dies gilt auch für Externistenprüfungen. Prüfungskandidatinnen und Prüfungskandidaten weisen die zuletzt erbrachten Leistungen der lehrplanmäßig letzten Schulstufe bei der Anmeldung zur Prüfung nach (§ 3 Abs. 1 LBVO-abschlPrüf).

Nachfolgend wird erläutert, wie die Leistungen der zuletzt besuchten Schulstufe berücksichtigt werden. Die Jahresnote bzw. die ermittelte „Jahresnote“ ist die Basis für die weitere Ermittlung der schriftlichen/grafischen/praktischen oder mündlichen Gesamtnote im Rahmen der abschließenden Prüfungen.

Für die Jahresnote bzw. die ermittelte „Jahresnote“ sowie für die Ermittlung der Gesamtnote kommen aufgrund der Komplexität unterschiedliche Modi zur Ermittlung der Beurteilungsstufe zur Anwendung:

1. Ermittlung der Jahresnote			
a) „Jahresnote“ bei Schulen mit Semesterbeurteilung	Gleichgewichtung der Semesterbeurteilungen	bei uneindeutiger Beurteilungsstufe	pädagogisches Gutachten der Lehrkraft
b) Jahresnote bei Prüfungsgebieten, die aus mehreren Unterrichtsgegenstände n bestehen	Anteilsmäßige Gewichtung der Jahresnoten entsprechend der Stunden der zuletzt besuchten Schulstufe bzw. der beiden zuletzt besuchten Semester		bis einschl. 0,5 Abrundung bei mehr als 0,5 Aufrundung
c) „Jahresnote“ an Schulen mit Semesterbeurteilung bei Prüfungsgebieten, die aus mehreren Unterrichtsgegenstände n bestehen	s. a) und b)	s. a) und b)	s. a) und b)
2. Ermittlung der Gesamtnote für das jeweilige Prüfungsgebiet			
Berücksichtigung der ermittelten Jahresnote und der Klausurprüfungsnote / der Note der mündlichen Prüfung	Gleichgewichtung der Jahresnote und der Klausurprüfungsnote bzw. der Note der mündlichen Teilprüfung	bei uneindeutiger Beurteilungsstufe	stärkere Gewichtung der Klausurprüfungsnote bzw. der Note der mündlichen Teilprüfung

1. Ermittlung der Jahresnote

a) Ermittlung einer Jahresnote bei Schulen mit Semesterbeurteilung

Bei Schulen mit Semesterbeurteilung (bspw. in der NOST/semestrierten Oberstufe und an SchUG-BKV-Formen) wird die Jahresnote aus den Noten der beiden vorangegangenen Semester ermittelt (§ 3 Abs. 4 LBVO-abschlPrüf).

Die beiden vorangegangenen Semester können innerhalb eines Unterrichtsjahres gelegen sein oder sich auch über zwei Unterrichtsjahre hinweg erstreckt haben. D.h. es können u.U. die Noten des Sommersemesters 2020/21 sowie des Wintersemesters 2021/22 zur Ermittlung der „Jahresnote“ hinzugezogen werden.

Diese beiden Semesternoten werden zu gleichen Teilen berücksichtigt. Bei Uneindeutigkeit wird die „Jahresnote“ aufgrund der gutachterlichen Beurteilung durch die Lehrperson festgelegt.

Beispiele:

Note im Wintersemester 1
Note im Sommersemester 2
Ermittelte Note: 1 oder 2, je nach gutachterlicher Beurteilung der Lehrkraft

(1) Note im Wintersemester 4
Note im Sommersemester 3
Ermittelte Note: 3 oder 4, je nach gutachterlicher Beurteilung der Lehrkraft

b) Ermittlung einer Jahresnote bei Prüfungsgebieten, die aus mehreren Unterrichtsgegenständen bestehen

Bei Prüfungsgebieten, die aus mehreren Unterrichtsgegenständen bestehen, erfolgt eine anteilsmäßige Berücksichtigung der Jahresnoten entsprechend der Stundenanzahl in der Schulstufe, in der der Gegenstand zuletzt unterrichtet worden ist bzw. der beiden Semester, in denen der Unterrichtsgegenstand zuletzt unterrichtet worden ist. D.h. die anteilsmäßige Berücksichtigung ergibt sich aus der Stundenverteilung der Unterrichtsgegenstände aus der Schulstufe bzw. den Semestern, in der/denen der Gegenstand zuletzt unterrichtet worden ist, der Betrachtungszeitraum ist somit auf die Schulstufe bzw. die Semester, in der/denen der Gegenstand zuletzt unterrichtet worden ist, beschränkt und bezieht sich nicht auf die Gesamtwochenstunden über alle Schuljahre hinweg.

Wenn sich daraus keine eindeutige, ganzzahlige Beurteilungsstufe ergibt, wird bis einschließlich eines Wertes von 0,50 abgerundet, bei einem Wert von über 0,50 wird aufgerundet (§ 3 Abs. 6 LBVO-abschlPrüf).

Beispiel zur Ermittlung der Jahresnote für die Berücksichtigung bei der Ermittlung der Gesamtnote in Betriebswirtschaftliche Fachklausur (BFK) an Handelsakademien

Jahresnote BW (40% Gewichtung, da 2 WS[1] im letzten SJ)	Jahresnote UNCO (40% Gewichtung, da 2 WS im letzten SJ)	Jahresnote CS/BPQM (20% Gewichtung, da 1 WS im letzten SJ)	Leistungen der letzten Schulstufe (= ermittelte Jahresnote)
4	4	3	4 (4*0,4+4*0,4+3*0,2=3,8 wird auf 4 aufgerundet)
2	1	1	1 (2*0,4+1*0,4+1*0,2=1,4 wird auf 1 abgerundet)

[1]) Wochenstunden.

c) Ermittlung einer Jahresnote bei Schulen mit Semesterbeurteilung und Prüfungsgebieten, die aus mehreren Unterrichtsgegenständen bestehen

In bestimmen Schularten fallen die oben genannten Fälle zusammen. Hier muss aus mehreren Unterrichtsgegenständen, die semesterweise beurteilt werden, eine Jahresnote ermittelt werden.

In diesen Fällen bietet sich ein aus mehreren Schritten bestehendes Vorgehen an:

(1) Ermittlung der „Jahresnote“ für jeden betroffenen Unterrichtsgegenstand gemäß Pkt. 1a)

(2) Anteilsmäßige Gewichtung der „Jahresnote“ entsprechend der Stundenanzahl der beiden letzten Semester und Ermittlung einer „Jahresnote“ gemäß Pkt. 1b) (ggf. Auf- oder Abrundung bei uneindeutiger Beurteilungsstufe)

(3) Ermittlung der schriftlichen/praktischen/grafischen oder mündlichen Gesamtnote

2. Ermittlung der Gesamtnote für das jeweilige Prüfungsgebiet

Die schriftliche/praktische/grafische Gesamtnote wird nach Abschluss der Prüfungsgebiete festgelegt (gesamthafte Beurteilung des Prüfungsgebiets, § 3 LBVO-abschlPrüf).

a) Voraussetzung für die Berücksichtigung der Jahresnote bzw. der ermittelten „Jahresnote“ bei der schriftlichen/grafischen/praktischen Klausurarbeit („Schwellenwert“)

Für die Berücksichtigung der Jahresnote bzw. der ermittelten „Jahresnote“ bei Klausurarbeiten müssen zumindest 30% der gestellten Aufgabenstellungen erfüllt werden.

Im standardisierten Prüfungsgebiet „Deutsch“ („Slowenisch“, „Kroatisch“, „Ungarisch“ als Unterrichtssprache) muss die Dimension Inhalt in einer der beiden Aufgaben des gewählten Themenpakets überwiegend erfüllt werden, damit eine Berücksichtigung der Jahresnote bzw. der ermittelten „Jahresnote“ erfolgen kann. Bei nicht-standardisierten Klausurarbeiten müssen durch die Fachlehrer/innen/konferenz definierte Anforderungen erfüllt werden.

Die Anforderungen, die im Bereich der **standardisierten Prüfungsgebiete** für eine Berücksichtigung der Jahres-/Semesternoten („Schwellenwert“) erfüllt werden müssen, sind in den Korrektur- und Beurteilungsanleitungen der jeweiligen standardisierten Prüfungsgebiete festgelegt.

Die Anforderungen, die im Bereich des **nicht standardisierten Prüfungsgebiets** für eine Berücksichtigung der Jahres-/Semesternoten („Schwellenwert“) erfüllt werden müssen, sind durch die (Fach-)Lehrer/innen/konferenz festzulegen.

Prüfungskandidat/inn/en, die den Schwellenwert bei schriftlichen Klausurarbeiten nicht erreicht haben, erfüllen die Voraussetzung für die Einbeziehung der Jahres-/Semesternoten durch positive Absolvierung der Kompensationsprüfung.

Das bedeutet, dass die Ermittlung der Gesamtnote erst nach der Kompensationsprüfung erfolgt. D.h. auch Prüfungskandidat/inn/en, die eine Klausurarbeit negativ absolviert und den Schwellenwert erreicht haben, können zur Kompensationsprüfung antreten.

Nach der schriftlichen Klausurarbeit und der Kompensationsprüfung bzw. nach der grafischen/praktischen Klausurarbeit wird die Klausurprüfungsnote festgelegt. Für die Gesamtnote werden die Jahresnote bzw. die ermittelten „Jahresnote“ und die Note im Prüfungsgebiet der Klausurprüfung herangezogen.

Schriftliche Klausurarbeitsnote	Schwellenwert	Kompensationsprüfungsnote	Note im Prüfungsgebiet der Klausurprüfung	Berücksichtigung der Jahresnote bzw. der ermittelten „Jahresnote“
positiv	erreicht	-	positiv	ja
negativ	erreicht	positiv	positiv	ja
negativ	erreicht	negativ	negativ	ja
negativ	nicht erreicht	positiv	positiv	ja
negativ	nicht erreicht	positiv	negativ	ja
negativ	nicht erreicht	kein Antritt	negativ	nein
negativ	erreicht	kein Antritt	negativ	ja
negativ	nicht erreicht	negativ	negativ	nein

b) Voraussetzung für die Berücksichtigung der Jahresnote bzw. der ermittelten „Jahresnote“ bei der mündlichen Prüfung

Für die Berücksichtigung der Jahresnote bzw. der ermittelten „Jahresnote“ bei den mündlichen Teilprüfungen ist die Mitwirkung an der Prüfung erforderlich. Wenn eine Prüfungskandidatin oder ein Prüfungskandidat an der mündlichen Teilprüfung nicht mitgewirkt hat oder die Mitwirkung an der Prüfung verhindert, ist die Anwendung der gesamthaften Beurteilung für die jeweilige Teilprüfung von der Prüfungskommission auszuschließen (§ 3 Abs. 1 LBVO-abschlPrüf). Aus dem Protokoll der Prüfungskommission muss klar hervorgehen, warum eine Mitwirkung an der mündlichen Teilprüfung nicht vorhanden war.

Beispiele für Mitwirkung:

a) Prüfungskandidat/in gibt eine Antwort auf eine Frage, z.B.: Prüfungskandidat/in kann die Fachsprache richtig anwenden oder (entsprechende) Sachverhalte wiedergeben bzw. mögliche (valide) Quellen zum Abrufen von Faktenwissen benennen bzw. nutzen.

b) Prüfungskandidat/in gibt eine unzureichende Antwort auf die Frage. Die Beantwortung lässt dennoch darauf schließen, dass dem/der Prüfungskandidat/in das Themengebiet bekannt ist.

c) Prüfungskandidat/in gibt Antworten, die einen inhaltlichen Bezug zu den Fragen aufweisen.

Beispiele für fehlende Mitwirkung:

a) Prüfungskandidat/in gibt keine Antwort auf eine Frage und schweigt.

b) Prüfungskandidat/in gibt Antworten, die in keinem (entsprechenden) Zusammenhang zu den Aufgabenstellungen stehen, z.B.: Prüfungskandidat/in spricht über einen anderen Themenkomplex, der keinen inhaltlichen Bezug zur Frage darstellt.

c) Modus zur Ermittlung der Gesamtnote

Die Jahresnote bzw. die ermittelte „Jahresnote" und die Note im Prüfungsgebiet der Klausurprüfung bzw. die Note im Prüfungsgebiet der mündlichen Prüfung werden für die Ermittlung der schriftlichen/grafischen/praktischen Gesamtnote bzw. der mündlichen Gesamtnote gleichwertig berücksichtigt. Wenn sich daraus keine eindeutige Beurteilungsstufe ergibt, werden die Leistungen bei der abschließenden Prüfung stärker gewichtet.

Jahresnote bzw. ermittelte „Jahresnote"*	Note im Prüfungsgebiet der Klausurprüfung bzw. der mündlichen Prüfung	Beurteilung eines Prüfungsgebietes („Gesamtnote")
1 oder 2	1	1
3 oder 4		2
1, 2 oder 3	2	2
4		3
1	3	2
2, 3 oder 4		3
1 oder 2	4	3
3 oder 4		4
1	5	3
2 oder 3		4
4		5

*) Diese werden nur berücksichtigt, wenn bei den Klausurarbeiten der Schwellenwert erreicht bzw. bei den mündlichen Teilprüfungen mitgewirkt wurde.

3. FALLBEISPIELE

Schriftliches Prüfungsgebiet – Fallbeispiel Handelsakademien

Fallbeispiel **Prüfungsgebiet Betriebswirtschaftliche Fachklausur in der NOST:**

Jahresnote BW (40% Gewichtung, da 2 WStd. im letzten SJ)	Jahresnote UNCO (40% Gewichtung, da 2 WStd. im letzten SJ)	Jahresnote CS/BPQM (20% Gewichtung, da 2 WStd. im letzten SJ)	Leistungen der letzten Schulstufe (= ermittelte Jahresnote)
Wintersemester: 1 Sommersemester: 2 **1** (1 oder 2, je nach Entscheidung der Lehrkraft)	Wintersemester: 3 Sommersemester: 4 **4** (3 oder 4, je nach Entscheidung der Lehrkraft)	Wintersemester: 2 Sommersemester: 4 **3**	**3** (2,6 wird auf 3 aufgerundet)

Mündliches Prüfungsgebiet: Fallbeispiel BAFEP/BASOP

Fallbeispiel **Prüfungsgebiet „Wahlfach"** Bildungsanstalt für Elementarpädagogik; Grundlage: Lehrplan 2016; § 76 Abs. 4 Z 4 PO BMHS):

- 1. Pflichtgegenstand „Rhythmisch-musikalische Erziehung": 1 WStd. im V. Jahrgang
- 2. Pflichtgegenstand „Musikerziehung; Stimmbildung": 2 WStd. im V. Jahrgang

Bei Berechnung der Jahresnote (= Leistungen der letzten Schulstufe, in der der Gegenstand unterrichtet wurde) ist die Stundenanzahl der beiden Unterrichtsgegenstände (im Beispiel beträgt die Anzahl der Gesamt-WS. beider Gegenstände 3 JWS) anteilsmäßig zu berücksichtigen. Ergibt sich bei der Berechnung eine Note mit einem Kommawert, so ist bis einschließlich 0,50 abzurunden und darüber aufzurunden.

Rhythmisch-musikal. Erz. (33,3%, weil 1 WStd.)	**Musikerziehung; Stimmbildung (66,6%, weil 2 WStd.)**	**Leistungen der letzten Schulstufe (= ermittelte Jahresnote)**
Sehr gut (1) / 0,33	Gut (2) / 1,32	Gut (2) / 1,65
Gut (2) / 0,66	Sehr gut (1) / 0,66	Sehr gut (1) / 1,32
Befriedigend (3) / 0,99	Sehr gut (1) / 0,66	Gut(2) / 1,65
Sehr gut (1) / 0,33	Befriedigend (3) / 1,98	Gut (2) / 2,31
Gut (2) / 0,66	Befriedigend (3) / 1,98	Befriedigend (3) / 2,64
Befriedigend (3) / 0,99	Gut (2) 1,32	Gut (2) / 2,31
Gut (2) / 0,66	Genügend (4) / 2,64	Befriedigend (3) / 3,30
Genügend (4) / 1,32	Gut (2) / 1,32	Befriedigend (3) / 2,64

Bei Schulen mit Semesterbeurteilung bilden die Semesternoten der beiden letzten Semester, in denen der Gegenstand unterrichtet wurde, die „Jahresnote". Die Semesternoten werden gleichwertig gewichtet. Bei Uneindeutigkeit (z.B. Wintersemester Beurteilung 3, Sommersemester Beurteilung 2) entscheidet die Lehrkraft. Die Ermittlung der „Jahresnote" aus den Semesternoten erfolgt vor der anteilsmäßigen Berücksichtigung der Stundenanzahl der Unterrichtsgegenstände.

Die Leistungen der mündlichen Teilprüfung und jene der letzten Schulstufe, in der der Gegenstand unterrichtet wurde, sind gleichwertig. Wenn sich daraus keine eindeutige Beurteilung ergibt, wird der Leistung im Rahmen der mündlichen Teilprüfung mehr Gewicht zugemessen.

Mündliches Prüfungsgebiet: Fallbeispiel Technische Lehranstalten – Fachschule

Fallbeispiel technische Lehranstalten, **Prüfungsgebiet „Fachkolloquium"**: 4-jährige Fachschule für Mediengestaltung und digitale Druckproduktion (Grundlage: Lehrplan BGBl. II, Nr. 240/2016, Anl. 1 und 1.22; § 29 Abs. 1 Z 3 PO BMHS):

Das Prüfungsgebiet besteht in vorliegendem Beispiel aus 2 Pflichtgegenständen:

• Pflichtgegenstand „Digitaldruck und Endfertigung": 1 SeWStd. im 7. Semester, 2 SeWSt. im 8. Semester sowie

• Pflichtgegenstand „Arbeitsvorbereitung und Medienproduktion": 0 SeWSt. im 7. Semester, 2 SeWSt. im 8. Semester

Bei Berechnung der Jahresnote (=Leistungen der letzten Schulstufe, in der der Gegenstand unterrichtet wurde) ist die Stundenanzahl der beiden Unterrichtsgegenstände anteilsmäßig zu berücksichtigen. Ergibt sich bei der Berechnung eine Note mit einem Kommawert, so ist bis einschließlich 0,50 abzurunden und darüber aufzurunden.

„Digitaldruck und Endfertigung" (60,0% weil 1,5 WStd.)		**„Arbeitsvorbereitung und Medienproduktion" (40,0% weil 1,0 WStd.)**		**Leistungen der letzten Schulstufe (= ermittelte Jahresnote)**
7. Semester 1 SeWStd.	*8. Semester 2 SeWStd.*	*7. Semester 0 SeWStd.*	*8. Semester 2 SeWStd.*	
(1+2)/2=1,5 Jahres WoStd.		**(0+2)/2=1,0 Jahres WoStd.**		
Befriedigend (3) / 1,8		Gut (2) / 0,8		Befriedigend (3) / 2,6
Gut (2) / 1,2		Genügend (4) / 1,6		Befriedigend (3) / 2,8
Genügend (4)/ 2,4		Befriedigend (3) /1,2		Genügend (4) / 3,6
Befriedigend (3) / 1,8		Genügend (4) /1,6		Befriedigend (3) /3,4
Genügend (4) /2,4		Sehr gut (1) / 0,4		Befriedigend (3) / 2,8
Sehr gut (1) / 0,6		Genügend (4) /1,6		Gut (2) / 2,2

Bei Schulen mit Semesterbeurteilung bilden die Semesternoten der beiden letzten Semester, in denen der Gegenstand unterrichtet wurde, die „Jahresnote". Die Semesternoten werden gleichwertig gewichtet. Bei Uneindeutigkeit (z.B. Wintersemester Beurteilung 3, Sommersemester Beurteilung 2) entscheidet die Lehrkraft. Die Ermittlung der „Jahresnote" aus den Semesternoten erfolgt vor der anteilsmäßigen Berücksichtigung der Stundenanzahl der Unterrichtsgegenstände.

Die Leistungen der mündlichen Teilprüfung und jene der letzten Schulstufe, in der der Gegenstand unterrichtet wurde, sind gleichwertig. Wenn sich daraus keine eindeutige Beurteilung ergibt, wird der Leistung im Rahmen der mündlichen Teilprüfung mehr Gewicht zugemessen.

Mündliche Prüfungsgebiete: Fallbeispiel HLFS

Fallbeispiel Prüfungsgebiet **„Fachkolloquium Pflanzen- und Gartenbau sowie Nutztierhaltung“**, Höhere Lehranstalt für Landwirtschaft und Ernährung (Grundlage: Lehrplan 2016; § 91 Abs. 1 Z 2 PO BMHS):

• Pflichtgegenstand „Pflanzen- und Gartenbau“: 5 WStd. im V. Jahrgang

• Pflichtgegenstand „Nutztierhaltung“: 3 WStd. im V. Jahrgang

Bei Berechnung der Jahresnote (= Leistungen der letzten Schulstufe, in der der Gegenstand unterrichtet wurde) ist die Stundenanzahl der beiden Unterrichtsgegenstände (im Beispiel beträgt die Anzahl der Gesamt-WSt. beider Gegenstände 8 WStd.) anteilsmäßig zu berücksichtigen. Ergibt sich bei der Berechnung eine Note mit einem Kommawert, so ist bis einschließlich 0,50 abzurunden und darüber aufzurunden.

Pflanzen- und Gartenbau (62,5%, weil 5 WStd.)	**Nutztierhaltung (37,5%, weil 3 WStd.)**	**Leistungen der letzten Schulstufe (= ermittelte Jahresnote)**
Befriedigend (3) / 1,875	Gut (2) / 0,750	Befriedigend (3) / 2,625
Gut (2)/ 1,25	Genügend (4) / 1,5	Befriedigend (3) / 2,75
Genügend (4) / 2,5	Befriedigend (3) /1,125	Genügend (4) / 3,625
Befriedigend (3) / 1,875	Genügend (4) /1,5	Befriedigend (3) /3,375
Genügend (4) /2,5	Sehr gut (1) / 0,375	Befriedigend (3) / 2,875
Sehr gut (1) / 0,625	Genügend (4) /1,5	Gut (2) / 2,125

Bei Schulen mit Semesterbeurteilung bilden die Semesternoten der beiden letzten Semester, in denen der Gegenstand unterrichtet wurde, die „Jahresnote“. Die Semesternoten werden gleichwertig gewichtet. Bei Uneindeutigkeit (z.B. Wintersemester Beurteilung 3, Sommersemester Beurteilung 2) entscheidet die Lehrkraft. Die Ermittlung der „Jahresnote“ aus den Semesternoten erfolgt vor der anteilsmäßigen Berücksichtigung der Stundenanzahl der Unterrichtsgegenstände.

Die Leistungen der mündlichen Teilprüfung und jene der letzten Schulstufe, in der der Gegenstand unterrichtet wurde, sind gleichwertig. Wenn sich daraus keine eindeutige Beurteilung ergibt, wird der Leistung im Rahmen der mündlichen Teilprüfung mehr Gewicht zugemessen.

Mündliches Prüfungsgebiet: Fallbeispiel HLW

Fallbeispiel Prüfungsgebiet **„Schwerpunktfach Fachkolloquium"**, Höhere Lehranstalt für wirtschaftliche Berufe (Grundlage: LP BGBl. II Nr. 340/2015 idgF – verordnete Stundentafel; PO BGBl. II Nr. 177/2012 idgF, § 55 Abs. 2):

- Pflichtgegenstand „Globalwirtschaft, Wirtschaftsgeografie und Volkswirtschaft": 3 WStd. im V. Jahrgang
- Pflichtgegenstand „Ernährung und Lebensmitteltechnologie": 0 WStd. im V. Jahrgang; 2 WStd. im IV. Jahrgang

Bei Berechnung der Jahresnote (= Leistungen der letzten Schulstufe, in der der Gegenstand unterrichtet wurde) ist die Stundenanzahl der beiden Unterrichtsgegenstände (im Bsp. betragen die Gesamtwstd. der beiden Gegenstände 5 Wstd.) anteilsmäßig zu berücksichtigen. Ergibt sich bei der Berechnung eine Note mit einem Kommawert, so ist bis einschließlich 0,50 abzurunden und darüber aufzurunden.

Globalwirtschaft, Wirtschaftsgeografie und Volkswirtschaft (60 %, weil 3 WStd. unterrichtet)	**Ernährung und Lebensmitteltechnologie (40 %, weil 2 WStd. unterrichtet)**	**Leistungen der letzten Schulstufe (= ermittelte Jahresnote)**
Sehr gut (1) - 0,6	Gut (2) - 0,8	Sehr gut (1) - 1,4
Gut (2) - 1,2	Sehr gut (1) - 0,4	Gut (2) - 1,6
Sehr Gut (1) - 0,6	Befriedigend (3) - 1,2	Gut (2) - 1,8
Befriedigend (3) - 1,8	Sehr gut (1) - 0,4	Gut (2) - 2,2
Sehr Gut (1) - 0,6	Genügend (4) - 1,6	Gut (2) - 2,2
Genügend (4) - 2,4	Sehr gut (1) - 0,4	Befriedigend (3) - 2,8
Gut (2) - 1,2	Befriedigend (3) - 1,2	Gut (2) - 2,4
Befriedigend (3) - 1,8	Gut (2) - 0,8	Befriedigend (3) - 2,6
Gut (2) - 1,2	Genügend (4) - 1,6	Befriedigend (3) - 2,8
Genügend (4) - 2,4	Gut (2) - 0,8	Befriedigend (3) - 3,2
Befriedigend (3) - 1,8	Genügend (4) - 1,6	Befriedigend (3) - 3,4
Genügend (4) - 2,4	Befriedigend (3) - 1,2	Genügend (4) - 3,6

Bei Schulen mit Semesterbeurteilung bilden die Semesternoten der beiden letzten Semester, in denen der Gegenstand unterrichtet wurde, die „Jahresnote". Die Semesternoten werden gleichwertig gewichtet. Bei Uneindeutigkeit (z.B. Wintersemester Beurteilung 3, Sommersemester Beurteilung 2) entscheidet die Lehrkraft. Die Ermittlung der „Jahresnote" aus den Semesternoten erfolgt vor der anteilsmäßigen Berücksichtigung der Stundenanzahl der Unterrichtsgegenstände.

Die Leistungen der mündlichen Teilprüfung und jene der letzten Schulstufe, in der der Gegenstand unterrichtet wurde, sind gleichwertig. Wenn sich daraus keine eindeutige Beurteilung ergibt, wird der Leistung im Rahmen der mündlichen Teilprüfung mehr Gewicht zugemessen.

1.12.9. Schulgesundheitspflege; Rundschreiben zu § 13 Suchtmittelgesetz

Hier nicht abgedruckt, siehe Kodex 17. Auflage.

1.12.10. Auskunftserteilung der Schule gegenüber Eltern volljähriger Schüler

Hier nicht abgedruckt, siehe Kodex 17. Auflage.

1.12.11. Offenlegung der Gebarung von Schulen gegenüber den Schulpartnern

Hier nicht abgedruckt, siehe Kodex 17. Auflage.

1.12.12. Unterstützung für Schülerinnen und Schüler mit einer Behinderung in Bildungseinrichtungen des Bundes[1])

Erlass

Titel:	Erlass betr. Unterstützung für Schülerinnen und Schüler mit einer Behinderung in Bildungseinrichtungen des Bundes Information der Bildungsdirektionen, Zentrallehranstalten und Pädagogischen Hochschulen
Sachgebiet:	Soziale Schüler/innenangelegenheiten
Verteilerkreis:	Alle Bildungsdirektionen Alle Zentrallehranstalten Alle Pädagogischen Hochschulen des Bundes Private Pädagogische Hochschule Burgenland
Geltung:	unbefristet
Rechtsgrundlage:	Bundes-Behindertengleichstellungsgesetz (BGStG)
Kernaussagen/Ziele:	Unterstützungsleistungen von Schülerinnen und Schülern in Bildungseinrichtungen des Bundes
Ort und Zeitpunkt der Genehmigung:	Wien, 17.09.2023
Veröffentlichende Stelle:	BMBWF

Ziel eines inklusiven Bildungssystems ist es, für all jene Schülerinnen und Schüler bzw. Studierende, die grundsätzlich das Potential zur Erreichung des Bildungsziels einer Schulart haben, Unterstützungsmöglichkeiten bereitzustellen, um die Nachteile, die aufgrund einer Behinderung entstehen, auszugleichen.

Mit dem vorliegenden Erlass sollen daher für alle Arten von Behinderungen die jeweils passenden Unterstützungsleistungen zur Verfügung gestellt werden, um das oben genannte Ziel erreichen zu können. Das bisherige Rundschreiben Nr. 22/2021 des Bundesministeriums für Bildung, Wissenschaft und Forschung betreffend „Persönliche Assistenz für Schülerinnen und Schüler mit Körperbehinderung in Einrichtungen des Bundes" tritt außer Kraft (siehe Punkt 6).

1. Allgemeine Informationen zu den Unterstützungsleistungen in Bildungseinrichtungen des Bundes

Schülerinnen und Schüler mit einer Behinderung, die im Sinne von § 3 Abs. 1 Schulunterrichtsgesetz (SchUG) über die Eignung zum Besuch einer allgemeinbildenden höheren Schule (AHS) oder berufsbildenden mittleren oder höheren Schule (BMHS) bzw. einer in den Pädagogischen Hochschulen eingegliederten Praxisschule verfügen, bedürfen zur Bewältigung des Schulalltages mitunter besonderer Unterstützung. Ähnliches gilt im Hinblick auf § 52 Hochschulgesetz 2005 für Studierende an Pädagogischen Hochschulen.

Dabei ist es besonders wichtig, individuell die im Einzelfall beste Unterstützung zur Bewältigung des Schulalltags zu gewährleisten. Für eine Schülerin bzw. einen Schüler mit einer Autismus-Spektrum-Störung ist beispielsweise eine andere Unterstützung erforderlich, als bei Vorliegen einer körperlichen Behinderung.

Die Entscheidung über die Art und den Umfang der Unterstützung für die Schülerin und den Schüler verfolgt stets das Ziel, der Schülerin bzw. dem Schüler ein möglichst autonomes Leben mit größtmöglicher Selbständigkeit sowie einer eigenständigen Teilhabe an der Gesellschaft zu ermöglichen. Während möglicherweise ein zu geringer Umfang an Unterstützung die Teilhabe erschweren kann, besteht die Möglichkeit, dass ein zu großes Stundenausmaß die Entwicklung der Selbständigkeit erschweren kann und die Schülerin bzw. der Schüler vom sozialen Umfeld isoliert wird. Daher wird bei der Entscheidung über die Art und den Umfang der Unterstützung stets eine fachliche Abwägungsentscheidung zu erfolgen haben.

Der vorliegende Erlass soll daher für alle Arten von Behinderungen die passende Unterstützungsleistung bereitstellen. Diese Unterstützung kann sich sowohl auf den Weg zur und von der Bildungseinrichtung beziehen, als auch Hilfestellungen während der in der Einrichtung bzw. im Rahmen von ein- und mehrtägigen Schulveranstaltungen und schulbezogenen Veranstaltungen zu verbringenden Zeit umfassen. In Umsetzung der unter Punkt 2 dieses Erlasses genannten rechtlichen Grundlagen besteht das Ziel der Unterstützung darin, der Gefahr entgegenzuwirken, dass Schülerinnen und Schüler eine Ausbildung wegen einer Behinderung nicht durchlaufen können. Der Einsatz der Unterstützung muss jedoch so erfolgen, dass die Ziele und Aufgaben der Schule davon nicht beeinträchtigt werden.

[1]) Geschäftszahl: 2023-0.480.776, Erlass Nr. 4/2023.

2. Rechtsgrundlagen

a) Art. 7 Bundes-Verfassungsgesetz (B-VG) Allgemeines und besonderes Diskriminierungsverbot
b) Art. 6 Bundesverfassungsgesetz über die Rechte von Kindern
c) § 8 Abs. 2 Bundes-Behindertengleichstellungsgesetz (BGStG) verpflichtet den Bund, geeignete und konkret erforderliche Maßnahmen zu ergreifen, um Menschen mit Behinderungen den Zugang zu seinen Leistungen und Angeboten zu ermöglichen. Diese Verpflichtung gilt somit für die vom Bund erhaltenen Schulen und Pädagogischen Hochschulen.
d) § 9 Abs. 6 Z 14 Hochschulgesetz 2005 (HG) normiert, dass Erfordernisse von Menschen mit Behinderungen besonders zu berücksichtigen sind.

2.1 Zum Begriff der Behinderung

Behinderung im Sinne des § 3 BGStG ist die Auswirkung einer nicht nur vorübergehenden körperlichen, intellektuellen oder psychischen Funktionsbeeinträchtigung oder einer Beeinträchtigung der Sinnesfunktionen, die geeignet ist, die Teilhabe am Leben in der Gesellschaft zu erschweren. Als nicht nur vorübergehend gilt ein Zeitraum von mehr als voraussichtlich sechs Monaten.

3. Mögliche Unterstützungsleistungen

Die Unterstützungsleistungen dienen zum Ausgleich jenes Nachteils, den Schülerinnen und Schüler aufgrund einer Behinderung nachweislich in Bezug auf Lernen, Kommunikation, Verhalten, Alltagsbewältigung sowie auch Pflege haben. Die Gewährung einer Unterstützung anerkennt den Hilfsbedarf mit dem Ziel, bestmögliche Bildungschancen zu gewährleisten, sowie größtmögliche Selbstbestimmung von Schülerinnen und Schülern zu fördern. Mit der Unterstützung ist keine pädagogische Hilfestellung verbunden. Wenn eine pädagogische Hilfestellung erforderlich ist, so hat diese nach den allgemeinen schulrechtlichen Regelungen (zB Förderunterricht) zu erfolgen.

3.1 Persönliche Assistenz

Gemäß § 25a des Kollektivvertrages der Sozialwirtschaft Österreich (SWÖ-KV) hat Persönliche Assistenz die Aufgabe, individuelle Dienste für ein selbstbestimmtes Leben behinderter Menschen im beruflichen wie privaten Umfeld bereit zu stellen, wobei die Anleitungskompetenz beim behinderten Menschen liegt.

In diesem Sinne wird unter Persönlicher Assistenz eine Hilfestellung für Persönliche Belange verstanden. Nur auf diesen Bereich bezieht sich die Anleitungskompetenz. Es wird ausdrücklich darauf hingewiesen, dass diese Anleitungskompetenz bei Schülerinnen und Schülern nicht das nochmalige Erläutern des Lehrstoffes umfasst.

Als Hilfestellung im Rahmen der Persönlichen Assistenz kommen vor allem Arbeitsvor- und -nachbereitung (zB Inbetriebnahme des Laptops), Handreichung während des Unterrichts, Unterstützung beim Raumwechsel, Assistenz während der Pausen, Körperpflege während der in der Bildungseinrichtung zu verbringenden Zeit, Hilfe beim Aus- und Ankleiden und beim Einnehmen von Mahlzeiten in Betracht.

Die Persönliche Assistenz wird somit insbesondere für Schülerinnen und Schüler mit einer körperlichen Behinderung bzw. hochgradigen Sehbehinderung/Blindheit gewährt.

3.2 Schulassistenz

Gemäß § 22b des Kollektivvertrages der Sozialwirtschaft Österreich (SWÖ-KV) stellt die Schulassistenz für Schülerinnen und Schüler mit besonderen Bedürfnissen im Schulalltag und in der pädagogischen Arbeit („Schulassistenz") eine Unterstützung für eine Schule oder eine Klasse dar, in der ein oder mehrere Schülerinnen bzw. Schüler mit besonderen Bedürfnissen betreut werden. Zu den Aufgaben der Schulassistenz zählen unter anderem die räumliche und zeitliche Orientierung, Schaffung von Ordnung und Struktur am Lernplatz, soziales Lernen sowie Training von sozialen Kompetenzen.

Die Schulassistenz wird insbesondere Schülerinnen und Schülern mit einer Autismus-Spektrum-Störung gewährt.

3.3 Dolmetschleistung

Unter „Dolmetschleistung" werden Übersetzungsleistungen zwischen unterschiedlichen Sprachen bzw. Sprachsystemen verstanden.

Beim Gebärdensprachdolmetsch wird von einer gesprochenen Ausgangssprache (Unterrichtssprache (insb. Deutsch)) in eine Zielsprache (Österreichische Gebärdensprache) und umgekehrt gedolmetscht. Dagegen wird beim Schriftdolmetschen von einer gesprochenen Ausgangssprache (Unterrichtssprache (insb. Deutsch)) in die Zielsprache (schriftliche Unterrichtssprache) gedolmetscht.

Dolmetschleistungen werden für schwerhörige und gehörlose Schülerinnen und Schüler gewährt.

4. Gemeinsame Bestimmungen für alle Unterstützungsleistungen in Bildungseinrichtungen des Bundes

a) Dieser Erlass bezieht sich auf Schülerinnen und Schüler mit einer Behinderung, welche in einer Pflegestufe eingestuft sind. Vom Erlass umfasst sind auch Personen ohne Pflegestufe bei Vorliegen eines entsprechenden fachärztlichen oder klinisch-psychologischen Befundes. Beispielsweise dient eine Diagnose nach International Classification of Functioning, Disability and Health (ICF) bei Vorliegen einer Autismus-Spektrum-Störung als geeigneter Nachweis.

b) Schülerinnen und Schüler haben über die erforderlichen fachlich-inhaltlichen Voraussetzungen für die angestrebte Ausbildung zu verfügen.
c) Dieser Erlass gilt für Schülerinnen und Schüler, die eine vom Bund erhaltene öffentliche Schule besuchen. Öffentliche Pflichtschulen sind nicht erfasst. Bezüglich dieser Schulen treffen den Bund keine aus dem Behindertengleichstellungsrecht ableitbaren Pflichten. Von dieser Einschränkung ausgenommen sind jedoch die den Pädagogischen Hochschulen des Bundes eingegliederten Praxisschulen. Privatschulen sind dann erfasst, wenn sie das Öffentlichkeitsrecht besitzen und der Bund in den Organen des Schulerhalters vertreten ist.
d) Die Bereitstellung einer Unterstützung im Sinne des Erlasses muss für Schülerinnen und Schüler unbedingt erforderlich sein. Kann auf andere Weise, z.B. durch den Einsatz technischer Mittel, in zumutbarem Rahmen Abhilfe geschaffen werden, ist die Gewährung einer personellen Unterstützung subsidiär.
e) Unterstützungsleistungen im Sinne dieses Erlasses werden im Rahmen der budgetären Bedeckungsmöglichkeiten für die Dauer des Erfordernisses grundsätzlich über die gesamte maximal zulässige gesetzliche Ausbildungsdauer an Bildungseinrichtungen des Bundes und jeweils für ein Schuljahr gewährt.
f) Die von der Unterstützung zu leistenden Dienste beschränken sich auf die Persönliche Betreuung während des Unterrichts und die Zeiten, in denen sich die Schülerinnen und Schüler in der Einrichtung aufgrund des Stundenplanes aufhalten sowie auf die Nachmittagsbetreuung. Eine Unterscheidung zwischen pflichtigem und nichtpflichtigem Unterricht findet nicht statt. Der Betreuungszeitraum umfasst auch die Dauer von Unterrichtseinheiten, an denen die Schülerin bzw. der Schüler aufgrund der Behinderung zwar nicht teilnehmen kann, sich aber in der Schule aufhalten muss (zB ein nicht auf Randstunden verlegbarer Sportunterricht im Fall einer Schülerin oder eines Schülers mit Körperbehinderung).
g) Keinesfalls wird durch die Unterstützung die Funktion einer zusätzlich abgestellten Lehrperson übernommen.
h) Eine Unterstützung der Schülerinnen und Schüler für den Schulweg vor dem Unterricht und nach dem Unterricht ist im erforderlichen Ausmaß möglich. Dabei handelt es sich naturgemäß vorwiegend um eine Unterstützung bei Vorliegen einer körperlichen Beeinträchtigung.
i) Unterstützung wird auch während ein- und mehrtägiger Schulveranstaltungen und schulbezogenen Veranstaltungen gewährt. Davon umfasst sind auch allfällige Reise- und Nächtigungskosten der unterstützenden Person.
j) Die Unterstützung erstreckt sich nicht auf das private Umfeld. Ferner wird keine Betreuung während der Ferien oder an sonstigen schulfreien Tagen finanziert.
k) Die Unterstützung wird bei Teilnahme an der Sommerschule gewährt.
l) Für die im Schulrecht (Lehrplan) vorgesehenen Pflichtpraktika sind ebenfalls Unterstützungsleistungen bereitzustellen und zwar unabhängig davon, ob diese in den Ferien oder während des Schuljahres zu absolvieren sind. Durch diese Praktika kommt kein Arbeitsverhältnis zustande. Pflichtpraktika sind vor allem dadurch gekennzeichnet, dass den Schülerinnen und Schülern, anders als bei Ferialpraktika, nicht jede Arbeit aufgetragen werden kann.
m) Bei Schulen ist von einer Unterrichtstätigkeit von 36 Wochen pro Schuljahr auszugehen.
n) Die Beaufsichtigung von Schülerinnen und Schülern im Sinne des § 44a SchUG stellt keine Unterstützungsleistung im Sinne des Punktes 3 dar.
o) Wenn die Kosten bereits zur Gänze von anderer Stelle übernommen wurden, ist keine weitere Kostenübernahme für denselben Fall möglich. Bei teilweiser Kostentragung durch eine andere Stelle kann der Differenzbetrag bei Vorliegen der Voraussetzungen übernommen werden.
p) Die Bestimmungen zu den Unterstützungsleistungen gelten analog für Studierende an vom Bund erhaltenen öffentlichen Pädagogischen Hochschulen sowie der Privaten Pädagogischen Hochschule Burgenland. Bei den Pädagogischen Hochschulen ist von einer Lehrtätigkeit von 16 Wochen pro Semester auszugehen.

4.1 Organisatorisches

a) Die Bildungsdirektionen als Schulbehörden erster Instanz werden jeweils für ihren Wirkungsbereich und in Bundesvollziehung zum Abschluss von Verträgen zum Bezug der gegenständlichen Unterstützungsleistungen ermächtigt.
b) Die Ermächtigung zum Abschluss der Verträge wird unter der Voraussetzung erteilt, dass sowohl bei der Errichtung, als auch bei der Erfüllung der Verträge den geltenden haushaltsrechtlichen Bestimmungen entsprochen wird und die vergabe- und beschaffungsrechtlichen Vorschriften eingehalten werden. Zu letzteren Vorschriften zählen das Bundesvergabegesetz 2018, BGBl. I Nr. 65/2018 samt den dazu ergangenen Verordnungen, sowie das Bundesgesetz über die Errichtung einer Bundesbeschaffung GmbH, BGBl. I Nr. 39/2001 samt den dazu ergangenen Verordnungen, jeweils in der geltenden Fassung.
c) Eine Delegation dieser Abschlusskompetenz an die Leitungen der Bundesschulen ist unzulässig.

5. Individuelle Bedarfsprüfung und Abwicklung

5.1 Antragstellung Persönliche Assistenz

Das Bundesministerium für Soziales, Gesundheit, Pflege und Konsumentenschutz bietet auf Grundlage des Behinderteneinstellungsgesetzes Persönliche Assistenz am Arbeitsplatz für behinderte Arbeitnehmerinnen und Arbeitnehmer an. Dabei erfolgt die Betreuung, Beratung sowie die Abwicklung der vertraglichen und finanziellen Angelegenheiten bezüglich der Persönlichen Assistenz durch Assistenzservicestellen, die in jedem Bundesland eingerichtet sind.

Diese Assistenzservicestellen stellen ihre Leistungen auch dem Bundesministerium für Bildung, Wissenschaft und Forschung zur Verfügung, sofern die anfallenden Kosten übernommen werden. Dabei gelangen die entsprechenden Richtlinien zur Persönlichen Assistenz am Arbeitsplatz des Bundesministeriums für Soziales, Gesundheit, Pflege und Konsumentenschutz analog zur Anwendung. Es können bei Bedarf auch andere geeignete Stellen herangezogen werden. Die Auswahl, Betreuung und Bezahlung der Persönlichen Assistentinnen und Assistenten erfolgt über die Assistenzservicestellen.

Die Schulen bzw. die Bildungsdirektionen, das Bundesministerium für Bildung, Wissenschaft und Forschung in Angelegenheiten der Zentrallehranstalten, bzw. die Pädagogischen Hochschulen verweisen die Erziehungsberechtigten bzw. die Studierenden zunächst an eine Assistenzservicestelle im jeweiligen Bundesland. Die Erziehungsberechtigten (bzw. die Assistenzservicestellen) können in weiterer Folge einen entsprechenden Antrag auf Finanzierung einer Persönlichen Assistenz an die zuständige Schulbehörde richten (die Studierenden an die jeweilige Pädagogische Hochschule).

Zur Feststellung des tatsächlichen Bedarfes sowie der Höhe der erforderlichen Stunden bei Vorliegen einer Sehbehinderung bzw. Blindheit kann die Abteilung für Inklusion am Bundes-Blindeninstitut herangezogen werden.

Die Höhe des Kostenersatzes im Schulbereich beträgt bis zu EUR 40 netto pro Stunde. Dies inkludiert auch Anfahrtskosten, Zeitversäumnis und Vor- bzw. Nachbereitungszeit.

5.2 Antragstellung Schulassistenz

Die Bundesbeschaffung GmbH schloss im Namen und auf Rechnung der Republik Österreich (Bund), vertreten durch den Bundesminister für Bildung, Wissenschaft und Forschung den Rahmenvertrag „Bereitstellung von Assistenzleistungen für Schülerinnen und Schüler mit Autismus - Spektrum-Störungen an Bundesschulen“ BBG-GZ 5192.03745 am Ende November 2021 ab.

Auftragsgegenstand ist die Bereitstellung von Assistenzleistungen für Schülerinnen und Schüler mit Autismus-Spektrum Störungen an Bundesschulen im Rahmen des Beratungs- und Unterstützungssystems an den jeweiligen Schulstandorten.

Der Zuschlag wurde an den Bestbieter erteilt:

Bundesland	Bestbieter
Burgenland, Kärnten, Niederösterreich, Oberösterreich, Salzburg, Tirol, Vorarlberg, Wien (Lose 1-5, 7-9)	Pro Mente
Steiermark (Los 6)	Lebenshilfe Soziale Dienste GmbH

Im Falle einer nicht pädagogisch motivierten Betreuung durch eine Lehrperson, weil dies zB organisatorisch die bessere Lösung darstellt, stehen zunächst 8 halbwertige RST (da Vor-und Nachbereitung dann wegfällt) als Abrufkontingent zur Verfügung. Pro Förderfall (=Schüler/in) stehen im Falle einer pädagogisch motivierten und entsprechend begründbaren Betreuung durch eine Lehrperson 4 RST (plus Vor-und Nachbereitung) als Abrufkontingent zur Verfügung.

Für jede Schülerin bzw. jeden Schüler können im Falle einer Betreuung durch eine Schulassistenz der beauftragten externen Organisationen zunächst 8 Stunden/Woche als Abrufkontingent zur Verfügung gestellt werden. Im Einzelfall können aufgrund einer medizinischen, klinisch-psychologischen und pädagogischen Begründung auch mehr Stunden zuerkannt werden.

Die Erziehungsberechtigten melden den Bedarf einer Schulassistenz an die jeweilige Schule. Die Antragstellung für eine Schulassistenz an Bundesschulen erfolgt direkt von der Schule an die jeweilige Bildungsdirektion. Die Antragstellung für Schulassistenz an Bundesschulen, die als Zentrallehranstalten geführt werden, erfolgt direkt von der Schule an die Schulaufsicht im Bundesministerium für Bildung, Wissenschaft und Forschung. In beiden Fällen ist das Formblatt M (siehe Beilage) zu verwenden.

Die Höhe des Kostenersatzes richtet sich nach den Bedingungen des Rahmenvertrages „Bereitstellung von Assistenzleistungen für Schülerinnen und Schüler mit Autismus-Spektrum-Störungen an Bundesschulen“.

5.3 Antragstellung für Dolmetschleistungen

Nach dem Bundes-Behindertengleichstellungsgesetz ist sicherzustellen, dass behinderte Menschen einen gleichwertigen Zugang zur Gesellschaft haben, im Fall von gehörlosen Menschen bedeutet das – unter anderem – das zur Verfügung stellen von Gebärdensprachdolmetscherinnen und Gebärdensprachendolmetscher sowie Schriftdolmetscherinnen und Schriftdolmetschern. Die im Nationalen Aktionsplan beschriebene barrierefreie Teilhabe entspricht einer vollständigen Gebärdensprachdolmetschung des Unterrichts.

Wenn mehr als ein gehörloses Kind eine Klasse besucht, können die Kosten für zwei Dolmetscherinnen und Dolmetscher (Doppelbesetzung) übernommen werden. Dies gilt auch bei länger als zwei Stunden dauernden Dolmetscheinsätzen für eine Schülerin bzw. einen Schüler. Bei Bedarf kann auch eine Schriftdolmetscherin bzw. ein Schriftdolmetscher beigezogen werden.

Die Erziehungsberechtigten stellen über die jeweilige Schule einen Antrag auf eine Gebärden- oder Schriftdolmetschleistung an die Bildungsdirektionen, das Bundesministerium für Bildung, Wissenschaft und Forschung in Angelegenheiten der Zentrallehranstalten, bzw. die Studierenden an die Pädagogischen Hochschulen.

Zur Feststellung des tatsächlichen Bedarfes sowie der Höhe der erforderlichen Stunden kann das Bundesinstitut für Gehörlosenbildung herangezogen werden.

Die Höhe des Kostenersatzes beträgt bis zu EUR 140 netto pro Stunde. Dies inkludiert auch Anfahrtskosten, Zeitversäumnis und Vor- bzw. Nachbereitungszeit.

5.4 Individuelle Bedarfsprüfung der Anträge

Voraussetzung für die Genehmigung einer Unterstützungsleistung ist das Vorliegen einer medizinischen, klinisch-psychologischen und pädagogischen Begründung. Die Bildungsdirektionen, das Bundesministerium für Bildung, Wissenschaft und Forschung in Angelegenheiten der Zentrallehranstalten bzw. die Pädagogischen Hochschulen prüfen im Rahmen einer individuellen Bedarfsprüfung das tatsächliche Erfordernis sowie das damit verbundene Stundenausmaß der beantragten Unterstützungsleistung.

Folgende Daten sind jedenfalls zu erheben:

a) Name und Adresse der Schülerin bzw. des Schülers und der Erziehungsberechtigten bzw. der oder des Studierenden
b) Pflegegeldbescheid oder fachärztlicher bzw. klinisch-psychologischer Befund
c) Name und Anschrift der Schule/Pädagogischen Hochschule
d) Angabe der Klasse bzw. des Semesters
e) Bezeichnung der Unterstützungsstelle
f) Anzahl der laut Stundenplan bzw. Curriculum vorgesehenen Stunden
g) Ausmaß der unbedingt erforderlichen Stundenanzahl an Betreuung
h) Angabe, ob eine Begleitung auf dem Weg von und zur Bildungseinrichtung benötigt wird
i) Angabe, auf welche Weise die Unterstützung bisher erfolgte
j) Pädagogische Begründung

Die Genehmigung von Anträgen und die Beauftragung der konkreten Assistenzleistung kommt dem Präsidialbereich der Bildungsdirektionen zu. In der Genehmigung ist begründet festzustellen, ob und in welchem erforderlichen Ausmaß und auf welche Dauer der Schülerin oder dem Schüler tatsächlich eine Unterstützung zuerkannt wird. Ausgangspunkt der Feststellung ist eine erschöpfende, auf pädagogisch-didaktische und schulorganisatorische Belange bezogene Stellungnahme der sachlich und örtlich zuständigen Diversitätsmanagerin bzw. des sachlich und örtlich zuständigen Diversitätsmanagers. In der Genehmigung ist anzugeben, dass der Bildungsdirektion alle Ereignisse, welche eine Veränderung, ein Aussetzen oder einen Entfall (insbesondere Beendigung des Schulbesuches) der zuerkannten Unterstützungsleistung bedeuten würden, unverzüglich anzuzeigen sind.

Sollten sich im Zuge des Genehmigungsprozesses Fragen oder Unklarheiten insbesondere hinsichtlich des Vorliegens der Voraussetzungen ergeben, kann mit Abteilung Präs/11 des Bundesministeriums für Bildung, Wissenschaft und Forschung Rücksprache gehalten werden.

Für Pädagogische Hochschulen des Bundes sowie die Zentrallehranstalten im Sinne des § 1 Abs. 3 Bildungsdirektionen-Einrichtungsgesetz bleibt die Genehmigung von Unterstützungsleistungen dem Bundesministerium für Bildung, Wissenschaft und Forschung vorbehalten.

5.5 Übergang bereits gestellter bzw. genehmigter Anträge

Bereits vor Kundmachung dieses Erlasses genehmigte Anträge auf Basis des Rundschreibens Nr. 22/2021 des Bundesministeriums für Bildung, Wissenschaft und Forschung gelten weiterhin und müssen nicht noch einmal neu eingebracht werden.

Neue Anträge und Änderungen von bestehenden bzw. genehmigten Anträgen haben gemäß den Bestimmungen dieses Erlasses zu erfolgen.

5.6 Bedarfsmeldung, Abrechnung und Bericht

Die Bereitstellung der Mittelverwendungen zur Bedeckung der Leistungen erfolgt auf Basis einer Bedarfsmeldung der jeweiligen Bildungsdirektion bzw. Pädagogischen Hochschule bis 30. Juni an das Bundesministerium für Bildung, Wissenschaft und Forschung über die notwendigen Bedarfe. Die Abrechnung erfolgt direkt durch die Bildungsdirektionen bzw. die Pädagogischen Hochschulen.

Am Ende des Schul- bzw. Studienjahres ist von den Bildungsdirektionen bzw. Pädagogischen Hochschulen der Abteilung Präs/11 des Bundesministeriums für Bildung, Wissenschaft und Forschung ein Bericht über die Anzahl der tatsächlich genehmigten und abgelehnten Anträge und die Höhe der Auszahlungen zu übermitteln.

6. Außerkrafttreten des RS Nr. 22/2021

Das Rundschreiben Nr. 22/2021 des Bundesministeriums für Bildung, Wissenschaft und Forschung vom 02.10.2021, 2021-0.108.600 tritt außer Kraft.

Beilage
Hier nicht abgedruckt.

1.12.13. Informationen zum Bildungsreformgesetz 2017 sowie Informationen zur Semester- und Jahresinformation[1])

TEIL 1 – Informationen zum Bildungsreformgesetz 2017

Das am 28.6.2017 im Nationalrat beschlossene Bildungsreformgesetz 2017 steht nunmehr vor Kundmachung. Nachstehende Ausführungen sollen jene Maßnahmen, die mit 1. September 2017 in Kraft treten, darlegen sowie allfällige Auslegungsfragen beantworten.

1. Sprechtage und Bewertungsgespräche (§§ 18a, 19 SchUG)

Die in § 18a Abs. 4 des Schulunterrichtsgesetzes (SchUG), BGBl. Nr. 472/1986 idgF, vorgesehenen Elternsprechtage und die in § 18a Abs. 3 sowie § 19 Abs. 1a SchUG vorgesehenen Bewertungsgespräche bzw. „Kinder-Eltern-Lehrer"-Gespräche („KEL"-Gespräche) können nunmehr an denselben Tagen abgehalten werden, um deren Organisation sowohl den Erziehungsberechtigten als auch den einzelnen Schulstandorten zu erleichtern. Die diesbezügliche Entscheidung obliegt der jeweiligen Klassenlehrerin bzw. dem jeweiligen Klassenlehrer.

2. Freiwilliges 11. und 12. Schuljahr an allgemeinen Schulen für Schülerinnen und Schüler mit sonderpädagogischem Förderbedarf (§ 32 Abs. 2 SchUG)

Für Schülerinnen und Schüler mit sonderpädagogischem Förderbedarf besteht nunmehr die Möglichkeit, mit Zustimmung des Schulerhalters und mit Bewilligung der zuständigen Schulbehörde ein freiwilliges 11. und 12. Schuljahr auch an allgemeinen Schulen in Form von integrativem Unterricht zu absolvieren; ein Wechsel an eine Sonderschule ist somit nicht mehr zwingend erforderlich.

3. Freiwilliges 10. Schuljahr für außerordentliche Schülerinnen und Schüler (§ 32 Abs. 2a SchUG)

Dem neugefassten § 32 Abs. 2a SchUG zufolge dürfen Schülerinnen und Schüler, die eine Hauptschule, eine Neue Mittelschule oder die Polytechnische Schule im 9. Schuljahr der allgemeinen Schulpflicht als außerordentliche Schülerinnen und Schüler besucht haben, nunmehr mit Zustimmung des Schulerhalters und mit Bewilligung der zuständigen Schulbehörde die genannten Schulen in einem freiwilligen 10. Schuljahr als außerordentliche oder ordentliche Schülerinnen und Schüler absolvieren. Es handelt sich dabei um Schülerinnen und Schüler, die beispielsweise wegen mangelnder Sprachkenntnisse (Migrantinnen bzw. Migranten oder Flüchtlinge) nicht als ordentliche Schülerinnen und Schüler an z.B. einer Neuen Mittelschule aufgenommen werden konnten (§ 4 Abs. 2 lit. a SchUG).

§ 4 Abs. 5 SchUG zufolge ist die Aufnahme einer nicht schulpflichtigen Aufnahmsbewerberin bzw. eines nicht schulpflichtigen Aufnahmsbewerbers jedoch nur dann zulässig, wenn alle als ordentliche Schülerinnen bzw. Schüler in Betracht kommenden Aufnahmsbewerberinnen bzw. Aufnahmsbewerber aufgenommen worden sind. Zum Besuch einzelner Unterrichtsgegenstände dürfen außerordentliche Schülerinnen und Schüler nur dann aufgenommen werden, wenn dadurch keine Klassenteilung erforderlich ist. Außerordentliche Schülerinnen und Schüler können daher nur in Klassen aufgenommen werden, in denen die Klassenschülerhöchstzahl noch nicht überschritten wird.

Schülerinnen und Schüler, die die 9. Schulstufe an einer AHS-Oberstufe oder an einer BMHS verbracht haben, dürfen die Polytechnische Schule nicht in einem „freiwilligen 10. Schuljahr" besuchen.

Schülerinnen – und Schülerzahlenmeldung in den Stellenplananträgen für APS:

Schülerinnen und Schüler im Sinne des § 32 Abs. 2a SchUG sind in den Datenmeldungen zum vorläufigen wie definitiven Stellenplanantrag in denjenigen Klassen zu berücksichtigen, welche tatsächlich besucht werden. Hierbei sind die außerordentlichen wie ordentlichen Schülerinnen und Schüler im freiwilligen 10. Schuljahr getrennt nach Geschlecht auf der jeweiligen „Klassenschulstufe", insofern der 9. Schulstufe, unter Beachtung aller weiteren für die Datenmeldung geltenden Grundsätze, zu erfassen.

Auf das mit Schreiben vom 21.7.2017, Zl. BMB-17.100/0022-II/2017, ausgesandte Informationsschreiben „Reformen im Bereich der Polytechnischen Schule" wird an dieser Stelle der Vollständigkeit halber verwiesen.

4. Ausübung ärztlicher Tätigkeiten durch Lehrpersonen (§ 66a und 66b SchUG)

<u>Gesundheitsvorsorge für die schulbesuchende Jugend</u>

Damit das Bundesministerium für Gesundheit und Frauen (BMGF) seiner Aufgabe des Schutzes und der Vorsorge der Gesundheit der schulbesuchenden Jugend nachkommen kann, darf es sich der gemäß § 66 SchUG eingerichteten schulärztlichen Strukturen bedienen. Die Festlegung eines klaren Aufgabenkatalogs nimmt die Bundesministerin bzw. der Bundesminister für Gesundheit und Frauen im Rahmen der im Gesetz enthaltenen

[1]) Verwaltungsverordnung der Bundesministerin für Bildung vom 30. August 2017, Zl. 10.050/0032-Präs.12/2017, RS Nr. 20/2017. Auszug betreffend Ausführungen zum SchUG.

Verordnungsermächtigung vor. § 66a SchUG zählt einige der grundlegenden Aufgaben in demonstrativer Form auf, die Schulärztinnen bzw. Schulärzte im Rahmen des Gesundheitswesens und damit unter der Verantwortung der Gesundheitsbehörden (Bezirksverwaltungsbehörden/Magistrate) und damit für das BMGF erfüllen. Dazu gehören etwa die Gesundheitsberatung, das Organisieren und Durchführen von Schutzimpfungen, das Bekämpfen von Infektionskrankheiten oder das Durchführen von Screenings.

Ausübung ärztlicher Tätigkeiten nach § 50a Abs. 1 des Ärztegesetzes 1998 durch Lehrpersonen

Prinzipiell können Lehrkräften all jene Tätigkeiten abverlangt werden, die medizinischen Laien zumutbar sind. Diese zumutbaren Tätigkeiten sind Teil der lehramtlichen Obliegenheiten im Sinne des § 211 des Beamten-Dienstrechtsgesetzes 1979 (BDG), BGBl. Nr. 333/1979 idgF, bzw. § 31 des Landeslehrer-Dienstrechtsgesetzes (LDG), BGBl. Nr. 302/1984 idgF, sowie der einschlägigen für Vertragslehrerinnen und Vertragslehrer geltenden Bestimmungen. Zu ihnen gehören das Überwachen der selbstständigen Medikamenteneinnahme, das orale Verabreichen ärztlich verschriebener Medikamente oder das Herbeiholen von ärztlicher Hilfe. Diese Tätigkeiten sind Aufsichtsführung gemäß § 51 Abs. 3 SchUG und gesetzlich angeordnet. Sollte in einem solchen Fall eine Schülerin bzw. ein Schüler zu Schaden kommen, greift das Amtshaftungsgesetz (AHG), BGBl. Nr. 20/1949 idgF. Es haftet nicht die Lehrkraft, sondern die Republik Österreich.

Chronisch kranke Kinder und Jugendliche benötigen oftmals routinemäßige pflegerische und/oder medizinische Betreuung, dies auch während der Unterrichtszeit. Handelt es sich dabei um keine Laientätigkeit mehr, besteht die Möglichkeit der Übertragung nach § 50a des Ärztegesetzes 1998, BGBl. I Nr. 169/1998 idgF. Gemäß dieser Regelung kann die Ärztin bzw. der Arzt (niemals aber die Eltern der betroffenen Schülerin bzw. des betroffenen Schülers) im Einzelfall einem Laien wiederkehrende Tätigkeiten, die ansonsten nur von Angehörigen der Gesundheits- und Krankenpflegeberufe durchgeführt werden dürfen, nach vorhergehender Unterweisung übertragen. Die Lehrkraft hat das Recht, die Übernahme der Tätigkeit abzulehnen. Auf die Möglichkeit der Ablehnung muss die Ärztin bzw. der Arzt ausdrücklich hinweisen. Die Übernahme von Tätigkeiten nach § 50a Ärztegesetz erfolgt immer freiwillig. Eine Weisung, sich für die damit verbundenen Aufgaben zur Verfügung zu stellen, können Schulleitungen Lehrkräften nicht erteilen. Ebenso hat die betroffene Schülerin bzw. der betroffene Schüler bzw. deren Erziehungsberechtigte der Übertragung zuzustimmen. Durch § 66b Abs. 1 SchUG wird die freiwillig übernommene Tätigkeit nun zu einer Dienstpflicht, womit die Lehrperson in Vollziehung der Gesetze handelt. Sollte der Schülerin bzw. dem Schüler ein Schaden entstehen, haftet die Republik Österreich nach dem AHG.

Exkurs: Notfall

Bei einem Notfall muss von jedem die offensichtlich erforderliche und zumutbare Hilfe geleistet werden (§ 95 des Strafgesetzbuches (StGB), BGBl. Nr. 60/1974 idgF). Lehrkräfte bilden also in dieser Hinsicht keine Ausnahme. Dabei kann die Hilfeleistung auch Tätigkeiten umfassen, die sonst nur von Angehörigen der Gesundheits- und Krankenpflegeberufe durchgeführt werden dürfen. So sind Lehrpersonen im Notfall verpflichtet, einer unter einer Bienenstichallergie leidenden Schülerin bzw. einem unter einer Bienenstichallergie leidenden Schüler die mitgeführte Injektion zur Vermeidung einer allergischen Reaktion zu verabreichen (z. B. Wandertag). Gleiches gilt für Maßnahmen in Verbindung mit epileptischen Anfällen oder einer sonstigen unvermutet eingetretenen Situation. Notfälle sind Situationen, die ein unverzügliches Eingreifen zum Vermeiden eines schweren gesundheitlichen Schadens oder von Schlimmerem erforderlich machen.

Werden Lehrkräfte im Rahmen eines Notfalls aktiv, kommen sie einer sich aus § 95 StGB ergebenden Verpflichtung nach. In Verbindung mit § 51 Abs. 3 SchUG handeln sie in Vollziehung der Gesetze und werden damit durch das AHG geschützt. Wird in einem Notfall nicht gehandelt, obwohl ein Eingreifen zum Vermeiden einer schweren Beeinträchtigung der Schülerin bzw. des Schülers notwendig und zumutbar war, besteht das Risiko, sich einer strafrechtlichen Verfolgung wegen § 95 StGB ausgesetzt zu sehen.

...

TEIL 2 – Informationen zur Semester- und Jahresinformation (§ 18a SchUG, § 23a Abs. 3 LBVO, § 11a Abs. 2 ZFVO)

Durch das Schulrechtsänderungsgesetz 2016, BGBl. I Nr. 56/2016, wurde in § 18a SchUG die Möglichkeit der alternativen Leistungsbeurteilung gesetzlich verankert.

§ 23a Abs. 3 der Leistungsbeurteilungsverordnung (LBVO), BGBl. Nr. 371/1974 idgF, sieht diesbezüglich vor, dass im Rahmen der schriftlichen Semester- bzw. Jahresinformationen darzulegen ist, inwieweit die Schülerinnen und Schüler durch ihre Leistungen die Kompetenzanforderungen erfüllt haben.

Weitere Vorschriften hinsichtlich der Gestaltung der Semester- bzw. Jahresinformation, insbesondere in Hinblick auf die formalen Erfordernisse, ergeben sich aus § 11 der Zeugnisformularverordnung (ZFVO), BGBl. Nr. 415/1989 idgF.

Nachstehende Informationen sollen die Umsetzung derselben näher erläutern.

Pädagogische Umsetzung

Die alternative Leistungsinformation folgt einem „Drei-Stufen-Modell“:

1. eine durchgehende Beobachtung und Dokumentation der Lern- und Entwicklungsfortschritte der Schülerin bzw. des Schülers mittels Lernzielkatalog, Lernfortschrittsdokumentation, Kompetenzraster oder Portfolio findet statt,
2. ein Bewertungsgespräch (KEL-Gespräch) pro Semester zur Ausgangssituation, den festgestellten Lernfortschritten sowie zu erreichenden Lernzielen hinsichtlich der Selbständigkeit der Arbeit, des Erfassens und Anwendens des Lehrstoffes, der Durchführung der Aufgaben und der Eigenständigkeit sowie zur Persönlichkeitsentwicklung und zum Verhalten in der Gemeinschaft wird durchgeführt,
3. eine schriftliche Semester- bzw. Jahresinformation ergeht an die Erziehungsberechtigten.

Durchgehende Beobachtungen und Dokumentationen wie auch Bewertungsgespräche wurden seit vielen Jahren in zuletzt mehr als 2000 Schulstandorten als Schulversuch in der Praxis erprobt.

Grundsätzlich ist die Semester- bzw. Jahresinformation eine schriftliche Zusammenfassung des Bewertungsgespräches. Dem KEL-Gespräch kommt eine besondere Bedeutung zu. Es dient der detaillierten Darlegung der Lern- und Entwicklungsschritte und dem Festsetzen der nächsten Schritte und Fördermaßnahmen auf Basis der Dokumentation.

Die nachstehenden Ausführungen dienen zur Orientierung. Regionale Rahmenbedingungen können bei der Umsetzung berücksichtigt werden. Diese sind von der Schulaufsicht im Sinne der Qualitätssicherung zu begleiten.

Qualitätsentwicklung – Qualitätssicherung zur Umsetzung der alternativen Leistungsbewertung

- Die Schulaufsicht informiert, berät und begleitet Schulen, die sich für eine alternative Leistungsinformation entscheiden.
- Schulaufsicht und Schulleitungen stellen sicher, dass bisherige Formen der alternativen Leistungsbeurteilung nicht mehr im Schulversuch zur Anwendung kommen, sondern im Rahmen der alternativen Leistungsinformation unter Beachtung der entsprechenden Kriterien umgesetzt werden. Diesbezügliche Schulversuche können nicht mehr beantragt werden.
- Im Landeskonzept zur Umsetzung der Grundschulreform, welches dem BMB übermittelt wird, bilden sich Maßnahmen zur Implementierung und Durchführung der alternativen Leistungsinformation ab.
- Einmal jährlich finden Fortschrittsgespräche der Schulaufsicht mit dem BMB statt.
- Die Umsetzung der alternativen Leistungsinformation ist Thema der Bilanz- und Zielvereinbarungsgespräche im SQA-Prozess (Schule-PSI, PSI-LSI).

Grundsätzliche Hinweise zum Befüllen des Formulars „Semesterinformation/ Jahresinformation“, Anlage 17 zur ZFVO (s. Anhang)[2]

- Der **Erfüllungsgrad der Kompetenzanforderung** ist **auf jeden Fall** im Feld „Pflichtgegenstände“ der Semester- bzw. Jahresinformation **darzulegen.**
- Der Bereich der Persönlichkeitsentwicklung und sozialen Kompetenz darf lediglich in den Bewertungsgesprächen thematisiert werden, sich jedoch nicht in der Semester- bzw. Jahresinformation abbilden (§11a Abs. 2 ZFVO.)
- Nächste Schritte und zu setzende Fördermaßnahmen können direkt aus dem Protokoll des Bewertungsgespräches in das Feld „Pflichtgegenstände“ der Semester- bzw. Jahresinformation übertragen werden.
- Wenn aufgrund des Fernbleibens der Erziehungsberechtigten kein Bewertungsgespräch stattgefunden hat, sind jedenfalls nächste Schritte und Fördermaßnahmen im Feld „Pflichtgegenstände“ der Semester- bzw. Jahresinformation anzuführen.
- Wenn die Schülerin bzw. der Schüler in einem oder mehreren Gegenständen die Kompetenzanforderungen NICHT erfüllt, sind jedenfalls spezifische Fördermaßnahmen im Feld „Pflichtgegenstände“ der Semester- bzw. Jahresinformation anzuführen.
- Die Dokumentation der Lern- und Entwicklungsschritte kann der Semester- bzw. Jahresinformation additiv beigelegt werden. Es dürfen jedoch keine schriftlichen Informationen zur Persönlichkeitsentwicklung und sozialen Kompetenz enthalten sein.
- Es wird empfohlen, den Vermerk „Sie/Er ist gemäß § 25 Abs. 3 SchUG jedenfalls berechtigt, in die nächsthöhere Schulstufe aufzusteigen“ in der Jahresinformation unmittelbar vor dem Datum einzufügen. Andernfalls muss dieser Zusatz noch einmal mittels Datum, Unterschrift und Rundstempel bestätigt werden. (§11a Abs. 3 ZFVO)
- Das Datum des abgehaltenen Bewertungsgespräches ist an der vorgesehenen Stelle einzutragen. Findet aufgrund des Fernbleibens der Erziehungsberechtigten kein Bewertungsgespräch statt, ist an der vorgesehenen Stelle anstelle des Datums ein Strich zu setzen.
- Für die erste Seite der Semester- bzw. Jahresinformation ist Papier mit hellgrünem Unterdruck zu verwenden (§ 11a Abs. 4 ZFVO). Werden für die Ausfüllung des Formulars „Semesterinformation/Jahresinformation“ mehrere Seiten benötigt, sind diese zu verbinden (§11a Abs. 4 ZFVO).

[2]) Der Anhang (Anlage 17) ist hier nicht abgedruckt. Anlage 17 zur Zeugnisformularverordnung wurde mit der Novelle BGBl. II Nr. 78/2018 neu gefasst. Siehe dort (1.6.).

1.12.14. Gültigkeit bzw. Ungültigkeit unvollständig ausgefüllter Stimmzettel[1])

Das Bundesministerium für Unterricht, Kunst und Kultur wurde in der Vergangenheit wiederholt mit der Frage befasst, ob unvollständig ausgefüllte Stimmzettel bei im Schulrecht vorgesehenen Wahlen als ungültig zu werten sind oder nicht. Es erfolgt daher folgende Klarstellung:

Wahlen finden sich in unterschiedlichen Rechtsvorschriften. Es sind daher – auch im Ergebnis – unterschiedliche Regelungen zu finden:

1. Wahl der Landesschülervertretung nach dem Bundesgesetz über die überschulischen Schülervertretungen (Schülervertretungengesetz – SchVG), BGBl. Nr. 284/1990:

§ 13 SchVG legt fest, dass von den Wahlberechtigten auf dem Stimmzettel untereinander so viele Namen zu verzeichnen sind, als Mitglieder und Ersatzmitglieder aus einem der im § 6 Abs. 1 Z 1 bis 3 genannten Schulartbereiche zu wählen sind. Dabei hat ein getrenntes Verzeichnen nach Mitgliedern und Ersatzmitgliedern zu unterbleiben. Enthält ein Stimmzettel mehr Namen, als Mitglieder und Ersatzmitglieder zu wählen sind, so sind die über diese Zahl im Stimmzettel eingesetzten Namen unberücksichtigt zu lassen. Enthält er weniger Namen, so wird deshalb seine Gültigkeit nicht beeinträchtigt.

Ein unvollständig ausgefüllter Stimmzettel ist somit gültig.

2. Wahl der Schülervertreter gemäß der §§ 59, 59a und 64 des Schulunterrichtsgesetzes (SchUG), BGBl. Nr.472/1986 idgF, iVm § 11 der Verordnung über die Wahl der Schülervertreter, BGBl. Nr. 388/1993 idgF:

Gemäß § 64 Abs. 7 SchUG ist die Wahl der Vertreter der Schüler (mit Ausnahme des Schulsprechers und des Vertreters der Klassensprecher) nach den Grundsätzen der Verhältniswahl durchzuführen. In Ausführung dieser Bestimmung erging die VO über die Wahl der Schülervertreter. Diese bestimmt in § 11, dass die Wahlberechtigten auf den Stimmzetteln die Namen der von ihnen in die jeweilige Funktion gewählten beiden bzw. sechs Kandidaten einzutragen haben. Nur dadurch ist gewährleistet, dass es sich tatsächlich im Wesen um eine Verhältniswahl und nicht um eine Mehrheitswahl handelt.

Im Falle der Wahl der
- Klassen- bzw. Jahrgangssprecher und deren Stellvertreter
- Vertreter der Klassensprecher und deren Stellvertreter
- Abteilungssprecher und deren Stellvertreter
- Tagessprecher und deren Stellvertreter

sind somit auf den Stimmzetteln 2 Namen einzutragen (allenfalls den in die jeweilige Funktion gewählten Kandidaten 2 und 1 Wahlpunkt(e) zuzuordnen).

Im Falle der Wahl der Schulsprecher, deren zwei Stellvertretern und der drei Stellvertreter für den Schulgemeinschaftsausssschuss sind auf den Stimmzetteln 6 Namen einzutragen (allenfalls den in die jeweilige Funktion gewählten Kandidaten 6, 5, 4, 3, 2 und 1 Wahlpunkt(e) zuzuordnen.

Unvollständig ausgefüllte Stimmzettel entsprechen nicht diesem Gebot und sind daher ungültig. Daran vermag auch § 11 Abs. 5 leg. cit., wonach die Stimme gültig abgegeben ist, wenn der Wählerwille aus dem Stimmzettel eindeutig hervorgeht, nichts zu ändern. Der Wählerwille ist nämlich nur dann beachtlich, wenn er die gesetzlich vorgegebenen Rahmenbedingungen beachtet. Enthält somit der Stimmzettel etwa Namen von Kandidaten, die nicht im Wahlverzeichnis aufscheinen ist er ebenso ungültig wie ein unvollständig ausgefüllter Stimmzettel. Ist hingegen ein Name bloß falsch geschrieben, so greift Abs. 5, sofern der Wählerwille erkennbar ist.

3. Wahl der Vertreter der Lehrer in den Schulgemeinschaftsausschuss gemäß § 64 SchUG iVm § 4 der Verordnung über die Wahl der Vertreter der Lehrer und der Erziehungsberechtigten in den Schulgemeinschaftsausschuß, BGBl. Nr.389/1993

Die Wahlberechtigten haben auf den Stimmzetteln die Namen der von ihnen in die jeweilige Funktion gewählten sechs Kandidaten einzutragen (allenfalls sechs, fünf und vier Wahlpunkte für die Funktionen der Lehrervertreter im Schulgemeinschaftsausschuss und drei, zwei und einen Wahlpunkt(e) zuzuordnen.

Unvollständig ausgefüllte Stimmzettel entsprechen nicht diesem Gebot und sind daher ungültig. Daran vermag auch § 4 Abs. 4 leg. cit., wonach die Stimme gültig abgegeben ist, wenn der Wählerwille aus dem Stimmzettel eindeutig hervorgeht, nichts zu ändern. (Siehe Punkt 2.)

4. Wahl der Vertreter der Erziehungsberechtigten in den Schulgemeinschaftsausschuss gemäß § 64 SchUG iVm § 4 der Verordnung über die Wahl der Vertreter der Lehrer und der Erziehungsberechtigten in den Schulgemeinschaftsausschuß, BGBl. Nr.389/1993

Es gilt das unter Punkt 3. Gesagte sinngemäß.

Unvollständig ausgefüllte Stimmzettel sind ungültig.

---

[1]) Verwaltungsverordnung der Bundesministerin für Unterricht, Kunst und Kultur vom 11. Juli 2008, Zl. 13.261/0057-III/3/2008, RS Nr. 16/2008.

1.12.15. Unzulässigkeit parteipolitischer Werbung an Schulen[1])

Rundschreiben	
Titel:	Unzulässigkeit parteipolitischer Werbung an Schulen; Besuche von Politikerinnen und Politikern – Neuverlautbarung
Rundschreiben Nr.:	17/2024
Sachgebiet:	Schulrecht
Verteilerkreis:	alle österreichischen Schulen
Personenkreis:	Direktorinnen und Direktoren sowie Pädagoginnen und Pädagogen
Geltung:	unbefristet
Rechtsgrundlage:	§§ 17, 46 Abs. 3 SchUG, § 2 SchOG
Kernaussagen/Ziele:	Das Werben für parteipolitische Zwecke an Schulen ist unzulässig. Die Schulen werden über die Voraussetzungen, unter denen der Besuch von Politikerinnen und Politikern an Schulen zulässig ist, informiert.
Ort der Veröffentlichung:	Rundschreibendatenbank des BMBWF
Veröffentlichende Stelle:	BMBWF

1. Einleitende Bemerkungen

Zu den Aufgaben der österreichischen Schule zählt es gemäß § 2 des Schulorganisationsgesetzes (SchOG), BGBl. Nr. 242/1962 in der geltenden Fassung[1]) unter anderem, die Schülerinnen und Schüler zu selbständigem Urteil heranzuführen und darauf hinzuwirken, dass sie eine aufgeschlossene Haltung gegenüber dem politischen und weltanschaulichen Denken anderer Menschen entwickeln.

Um dies zu erreichen, ist es unabdingbar, den Schülerinnen und Schülern ein ihrem jeweiligen Alter und Entwicklungsstand entsprechendes politisches Grundlagenwissen zu vermitteln.[2]) Dabei ist jedenfalls darauf zu achten, dass nicht unreflektiert parteipolitische Interessen in der Schule Platz greifen. Vielmehr ist sachlich, objektiv und pluralistisch über Politik, durchaus auch über Parteipolitik, zu informieren.

Die diesbezügliche rechtliche Schranke ist festgelegt, indem in der Schule, bei Schulveranstaltungen und bei schulbezogenen Veranstaltungen für schulfremde Zwecke nur dann geworben werden darf, wenn die Erfüllung der Aufgaben der österreichischen Schule dadurch nicht beeinträchtigt wird (siehe dazu § 46 Abs. 3 des Schulunterrichtsgesetzes (SchUG); BGBl. Nr. 476/1986 in der geltenden Fassung).

Spannungsfelder zwischen der Erfüllung der Aufgabe der österreichischen Schule und dem Verbot der Werbung für schulfremde Zwecke ergeben sich in der Praxis insbesondere bei den folgenden Themen:

- Besuche von Politikerinnen und Politikern in der Schule
- Verteilung von politischem Werbematerial
- Schulraumüberlassung für politische Zwecke

Über die Zulässigkeit entscheidet jeweils die Schulleitung. Dabei gilt es, die aus den Aufgaben der österreichischen Schule abgeleiteten Ziele gegenüber der Unzulässigkeit einseitiger politischer Werbung abzuwägen, was jeweils im Einzelfall zu beurteilen ist.

Im Folgenden werden dazu Erwägungen und Hilfestellungen für die Praxis dargestellt.

2. Besuche von Politikerinnen und Politikern in der Schule

Dem unmittelbaren Kontakt mit Personen des politischen Lebens kommt im Rahmen sowohl des Unterrichtsprinzips als auch des übergreifenden Themas „Politische Bildung“ eine besondere Rolle zu. Amtsträgerinnen und Amtsträger, die auch Mitglieder einer politischen Partei sind, werden als Personen des öffentlichen Lebens selbst bei Auftritten mit nicht

---

[1]) Geschäftszahl: 2024-0.067.403.

[1]) Für die höheren land- und forstwirtschaftlichen Lehranstalten sowie für die Forstfachschule des Bundes ist § 2 Abs. 1 des Land- und forstwirtschaftlichen Bundesschulgesetzes, BGBl. Nr. 175/1966 in der geltenden Fassung, einschlägig.

[2]) Auf das Rundschreiben mit der Nummer 12/2015 – „Unterrichtsprinzip Politische Bildung, Grundsatzerlass 2015“ – darf hingewiesen werden.

politischen Inhalten in der Regel als parteizugehörig wahrgenommen. Schülerinnen und Schüler können diese beiden Eigenschaften, unabhängig vom konkreten Grund des Besuches, vielfach nur schwer voneinander trennen.

Grundsätzlich sollten deshalb gerade in Vorwahlzeiten die schulpartnerschaftlichen Gremien in die Planung und Organisation von entsprechend parteipolitisch wahrnehmbaren Veranstaltungen einbezogen werden (siehe dazu die §§ 63a Abs. 2 Z 2, 64 Abs. 2 Z 2 SchUG).

Auf jeden Fall wird eine Information der Erziehungsberechtigten im Vorfeld empfohlen. Bitte beachten Sie auch die datenschutzrechtlichen Aspekte im Zusammenhang mit Fotos und das daraus abgeleitete Zustimmungserfordernis aller Beteiligten.

Wenn Unklarheit darüber besteht, ob ein geplanter Besuch einer Politikerin oder eines Politikers bzw. mehrerer Politikerinnen und Politiker an der Schule stattfinden kann oder ob die Gefahr besteht, dass es zu einer einseitigen Beeinflussung oder gar Vereinnahmung der Schülerinnen und Schüler kommt, ist die Bildungsdirektion zu befassen.

2.1 Einbeziehung von Politikerinnen und Politikern als außerschulische Expertinnen und Experten in den Unterricht

Vor dem Hintergrund des einleitend Ausgeführten wäre es lebensfremd, die Schule als „politikfreien Raum" zu betrachten. Im Sinne einer anschaulichen und gegenwartsbezogenen Unterrichtsgestaltung, wie sie § 17 Abs. 1 SchUG vorsieht, können auch Politikerinnen und Politiker in öffentlichen Funktionen bei geeigneten Anlässen nach entsprechender Vorbereitung der Schülerinnen und Schüler in den Unterricht miteinbezogen werden.

Sofern Lehrkräfte im Rahmen ihrer eigenständigen und eigenverantwortlichen Gestaltung des Unterrichts im Sinne des § 17 SchUG eine Einbeziehung von außerschulischen Expertinnen und Experten in den Unterricht in Erwägung ziehen, ist weiterhin auf die Einhaltung der Regelungen betreffend die Unterrichtsarbeit der Lehrkräfte zu achten.

Dies bedeutet, dass die Lehrkraft für die Zeit der Anwesenheit der außerschulischen Expertin bzw. des außerschulischen Experten nicht ihrer Hauptaufgabe, nämlich der Unterrichts- und Erziehungsarbeit, entbunden ist. Die Unterrichtserteilung sowie die damit einhergehende erforderliche Vor- und Nachbereitung des Unterrichts obliegt daher weiterhin ausschließlich der Lehrkraft. Außerschulische Expertinnen und Experten werden in den Unterricht (mit)einbezogen; die Unterrichtserteilung kann jedoch nicht gänzlich an diese delegiert werden. Dies setzt auch die Anwesenheit der unterrichtenden Lehrkraft und damit einhergehend die Wahrnehmung der Aufsichtspflicht über die gesamte Zeit hinweg voraus.

Jedem Besuch von Politikerinnen und Politikern sind deshalb entsprechende Vorüberlegungen unter Berücksichtigung des Rundschreibens Nr. 12/2015 zugrunde zu legen, durch welches insbesondere die Einhaltung des Beutelsbacher Konsenses (Schülerinnen- bzw. Schülerorientierung, Kontroversitätsgebot und Überwältigungsverbot) gewährleistet wird:

- Schülerinnen- bzw. Schülerorientierung: auf die inhaltlichen Interessen der Schülerinnen und Schüler ist ausreichend einzugehen;
- Kontroversitätsgebot: Inhalte, Zugänge, Interessen, Meinungen und Ansichten, die in Politik und Gesellschaft kontrovers diskutiert werden, sind auch im Unterricht in ihrer Kontroversität abzubilden. Bei Diskussionsveranstaltungen ist dies beispielsweise durch die Einladung von Personen unterschiedlicher Parteien bzw. wahlwerbenden Gruppierungen zu Podiumsdiskussionen oder Diskussionsreihen und durch eine anschließende Auseinandersetzung im Unterricht gegeben.
- Überwältigungsverbot: damit soll gewährleistet werden, dass weder Lehrkräfte noch außerschulische Expertinnen bzw. Experten durch ihre besondere Position die Schülerinnen und Schüler mit ihren Sichtweisen und Meinungen überwältigen. Den Schülerinnen und Schülern muss daher immer die Möglichkeit eingeräumt werden, sich von politischen Meinungen und Haltungen distanzieren zu können und eine von Lehrpersonen oder Expertinnen bzw. Experten unterschiedliche Sicht- und Handlungsweise zu entwickeln.

Durch die Einbeziehung der außerschulischen Expertinnen und Experten aus der Politik sollen politische Sachverhalte praxisbezogen, objektiv und sachlich, jedoch dem Kontroversitätsgebot folgend, behandelt werden.

Es liegt in der Verantwortung der Lehrkraft, darauf zu achten, dass von den konkreten Personen keinerlei unzulässige Werbewirkung für eine politische Partei oder eine parteipolitische Vereinnahmung der Schülerinnen und Schüler ausgeht.

Die Teilnahme von Politikerinnen und Politikern am Unterricht soll klar der praxisbezogenen Information und der damit verbundenen kritischen Reflexion und Erarbeitung von politischen Kompetenzen (Sach-, Methoden-, Urteils- und Handlungskompetenz) der Schülerinnen und Schüler dienen.

Beispiele für die Einbeziehung von Politikerinnen und Politikern als außerschulische Expertinnen und Experten im Unterricht:

- Eine Abgeordnete zum Nationalrat informiert im Rahmen des Unterrichtsgegenstandes „Geschichte und Politische Bildung" über das parlamentarische Gesetzgebungsverfahren.
- Ein Mitglied des Europäischen Parlaments gibt Einblick in die Arbeit der Institutionen der Europäischen Union.

Anlässlich der Auswahl der Politikerinnen und Politiker, die als außerschulische Expertinnen und Experten in den Unterricht einbezogen werden sollen, ist deshalb stets auch auf eine entsprechende Ausgewogenheit zu achten.

Beispiele:

- Werden, so zum Beispiel in zeitlichem Zusammenhang zu einer Wahl, zu einer Podiumsdiskussion nur Vertreterinnen und Vertreter einer oder einzelner ausgewählter Parteien eingeladen, so widerspricht dies dem Prinzip der Ausgewogenheit. Gleiches gilt für Einzelauftritt von wahlwerbenden bzw. kandidierenden Personen.
- Podiumsdiskussionen oder in enger Zeitfolge stattfindende Einzelbesuche, zu denen allen politischen Parteien die Gelegenheit einer Teilnahme gegeben wird, stehen hingegen im Einklang mit dem Prinzip der Ausgewogenheit.

Auch bei der Einbeziehung von Politikerinnen und Politikern zu Themenstellungen, die nicht parteipolitischer Natur sind, darf nicht außer Acht gelassen werden, dass auch diese Personen als Angehörige einer politischen Partei wahrgenommen werden können. Dies sollte mit den Schülerinnen und Schülern im Rahmen der Vorbereitung im Sinne der Transparenz entsprechend thematisiert werden.

2.2 Einbeziehung von außerschulischen Expertinnen und Experten im Rahmen von Schulveranstaltungen oder schulbezogenen Veranstaltungen

Das vorstehend Ausgeführte gilt sinngemäß auch für Schulveranstaltungen gemäß § 13 SchUG, die der Ergänzung des lehrplanmäßigen Unterrichts dienen, sowie für schulbezogene Veranstaltungen gemäß § 13a SchUG, die auf einem lehrplanmäßigen Unterricht aufbauen.

Beispiel für die Einbeziehung von Politikerinnen und Politikern als außerschulische Expertinnen und Experten im Rahmen einer Schulveranstaltung:

Der Nationalratspräsident als außerschulischer Experte informiert im Rahmen einer Schulveranstaltung über Themen wie Gesetzgebungsprozess, Parlamentarismus und dgl. mehr.

Die Entscheidung über die Durchführung sowie den Inhalt von Schulveranstaltungen obliegt im Falle von eintägigen Schulveranstaltungen der Schulleitung bzw. einer von ihr bestimmten Lehrkraft, im Falle von mehrtägigen Schulveranstaltungen dem Klassen- oder Schulforum bzw. dem Schulgemeinschaftsausschuss. Die Erklärung einer Veranstaltung zur schulbezogenen Veranstaltung liegt ebenfalls in der Zuständigkeit der schulpartnerschaftlichen Gremien.

3. Verteilung von politischem Werbematerial

Die Verteilung bzw. die Zurverfügungstellung von politischem Werbematerial, also von Geschenken, Broschüren, Flyern und dgl. mehr, an Schulen ist rechtlich nicht zulässig. Dieses Verbot bezieht sich auf die gesamte Schulliegenschaft.

Es wird ausdrücklich darauf hingewiesen, dass unzulässige Werbung im Sinne des § 46 Abs. 3 SchUG auch nicht mit „Zustimmung" der Schulbehörden erlaubt ist.

4. Schulraumüberlassung für politische Zwecke

§ 128a SchOG ermächtigt die Leitungen von Schulen oder Schülerheimen, die vom Bund erhalten werden, Teile der Schul- bzw. der Heimliegenschaft samt Inventar für nichtschulische Zwecke an Dritte zu überlassen, sofern dadurch die Erfüllung der Aufgaben der österreichischen Schule gemäß § 2 SchOG nicht beeinträchtigt wird. Hierfür ist ein mindestens angemessenes Entgelt einzuheben.

Außerschulische Veranstaltungen können auch während der Unterrichtszeit stattfinden, solange der Schulbetrieb durch Art, Umfang oder Zeitpunkt der schulfremden Nutzung nicht gestört wird. In diesem Zusammenhang ist insbesondere darauf zu achten, dass von einer solchen Veranstaltung keinerlei (politische) Werbewirkung, die Auswirkungen auf den schulischen Kontext hat, ausgeht.

Das Rundschreiben mit der Nummer 13/2008 tritt hiermit außer Kraft.

1.12.16. Kommerzielle Werbung an Schulen – Verbot aggressiver Geschäftspraktiken[1])

Mit dem vorliegenden Rundschreiben wird das Rundschreiben Nr. 10/2015 des Bundesministeriums für Bildung und Frauen betreffend „Kommerzielle Werbung an Schulen – Verbot aggressiver Geschäftspraktiken" in ergänzter und präzisierter Fassung wiederverlautbart:

1. Allgemeines zum Rundschreiben

1.1 Das vorliegende Rundschreiben bezieht sich ausdrücklich auf kommerzielle Werbung.

Darunter sind Werbeaktivitäten zu verstehen, die in der Absicht unternommen werden, den Absatz von Unternehmen direkt oder indirekt zu fördern.

1.2 Aktivitäten gemeinnütziger Einrichtungen oder von Non-Profit-Organisationen, welche die Lehrplanarbeit sowie schulische Anliegen unterstützen, werden vom vorliegenden Rund schreiben nicht erfasst. Damit verbundene Werbung ist nicht schulfremd.

1.3 Das vorliegende Rundschreiben spricht ausdrücklich kein Verbot schulfremder Werbung oder von Schulsponsoring aus. Vielmehr wird die geltende Rechtslage verdeutlicht, darunter insbesondere die Grenzen des § 46 Abs. 3 Schulunterrichtsgesetz (SchUG).

1.4 Mit dem vorliegenden Rundschreiben untersagt werden hingegen wettbewerbswidrige Werbe- und Sponsoringaktivitäten an Schulen. Jede Verletzung gesetzlicher Werbeverbote, gesetzlich festgelegter Werbebeschränkungen oder anderer rechtlicher Vorschriften behindert Schulen im Sinne von § 46 Abs. 3 SchUG bei der Erfüllung der ihnen übertragenen Aufgaben. Als öffentlich-rechtliche Einrichtungen dürfen sich Schulen nie in Widerspruch zur Rechtsordnung setzen (§ 56 Abs. 4 SchUG).

Die Schulleitungen sind gemäß § 56 Abs. 4 SchUG dafür verantwortlich, dass an ihren Schulen alle Rechtsvorschriften beachtet werden, die in der jeweiligen Situation von Relevanz sind. § 56 Abs. 4 SchUG bezieht sich nicht bloß auf das Schulrecht. Die Schulleitungen bzw. die an Schulen Tätigen in Belangen der kommerziellen Werbung sowie des Schulsponsorings vor Rechtsverstößen und deren Folgen zu bewahren, ist erklärtes Ziel des Rundschreibens.

2. Rechtlicher Rahmen

2.1 Schulunterrichtsgesetz

Gemäß § 46 Abs. 3 SchUG darf in der Schule, bei Schulveranstaltungen und bei schulbezogenen Veranstaltungen für schulfremde Zwecke nur dann geworben werden, wenn dadurch die Erfüllung der Aufgaben der österreichischen Schule (§ 2 Schulorganisationsgesetz – SchOG) nicht beeinträchtigt wird.

Werbung für schulfremde Zwecke hat schon begrifflich nichts mit den Anliegen von Schulen zu tun. Die in diesem Zusammenhang nur folgerichtige Einschränkung des Gesetzes ordnet daher an, dass schulfremde Werbeaktivitäten die Aufgaben der Schule nicht beeinträchtigen dürfen. Dabei wird auf die vergleichsweise abstrakt formulierte Zielbestimmung des § 2 SchOG verwiesen, die seit 2005 vor dem Hintergrund von Art. 14 Abs. 5a B-VG gelesen werden muss.

§ 46 Abs. 3 SchUG legt keine konkreten Kriterien für die Zulässigkeit schulfremder Werbung fest. Das bedeutet aber nicht, dass keine Kriterien bestehen. Schulen sind öffentlich-rechtliche Einrichtungen. Für alle öffentlich-rechtlichen Einrichtungen gilt in Verbindung mit Werbung und Sponsoring derselbe grundsätzliche rechtliche Standard. Geben andere, sich auf öffentlichrechtliche Einrichtungen beziehende Gesetze für die von ihnen erfassten Institutionen einen Maßstab für Werbung und Sponsoring vor, darf ihn die öffentlich-rechtliche Einrichtung Schule nicht einfach ignorieren.

Ist in § 13 ORF-Gesetz davon die Rede, dass die redaktionelle Unabhängigkeit des öffentlich-rechtlichen Rundfunks durch kommerzielle Kommunikation nicht beeinträchtigt werden darf, bedeutet das für die öffentlich-rechtliche Einrichtung Schule, dass Werbung und Sponsoring nicht auf Kosten der pädagogischen und unterrichtlichen Unabhängigkeit gehen können. Dass Schulen nicht dem ORF-Gesetz unterliegen, spielt keine Rolle: Der für alle öffentlich-rechtlichen Ein-

[1]) Verwaltungsverordnung der Bundesministerin für Bildung vom 10. Oktober 2016, BMB-10.010/0147-Präs. 6/2016, RS Nr. 14/2016.

richtungen verbindliche Standard ist die Wahrung der spezifischen Unabhängigkeit der jeweiligen Institution. Geben Schulen ihre pädagogische und unterrichtliche Unabhängigkeit preis, dienen sie den subjektiven Interessen Dritter. Sie sind dann nicht mehr in der Lage, einen indoktrinationsfreien Unterricht zu gewährleisten, was die Rechtsordnung jedoch von ihnen verlangt (siehe auch Punkt 5.5, letzter Absatz). Ihre Unterrichtsarbeit orientiert sich nicht mehr an sachlichen Erfordernissen, was überdies korruptionsstrafrechtlich relevant ist.

§ 46 Abs. 3 SchUG lässt Werbung für schulfremde Zwecke zu, stellt damit aber keinen Freibrief für schulfremde Werbung und Schulsponsoring aus. Nicht alles, was im Wirtschaftsleben an Werbung bzw. Sponsoring gestattet ist, kann auch im öffentlichrechtlichen Raum, für den eine wesentlich strengere Gesetzesbindung charakteristisch ist, praktiziert werden. Das Schulverhältnis ist Teil des öffentlich-rechtlichen Raums.

In Verbindung mit § 46 Abs. 3 SchUG sind deshalb auch Schutzpflichten gegenüber Schüler/innen zu berücksichtigen. Deren Wahrung ergibt sich aus dem Schulverhältnis, das gemäß § 2 SchUG als *„Zusammenwirken von Lehrern, Schülern und Erziehungsberechtigten als Schulgemeinschaft"* zur Erfüllung der der Institution Schule gesetzlich übertragenen Aufgaben definiert ist. Aus diesem Grund dürfen Schulen keine Aktivitäten dulden, die Gruppendruck erzeugen oder Schüler/innen zur vorschnellen Preisgabe ihnen gesetzlich eingeräumter Rechtspositionen verleiten (siehe auch Punkt 2.3).

2.2 Dienstrecht

Der Gedanke, wonach sich staatliche Einrichtungen im Sinn der Sauberkeit und Unbestechlichkeit der Amtsführung nicht an fremden Interessen orientieren oder sich solchen Interessen gar ausliefern dürfen, liegt auch dem Dienstrecht zugrunde.

Öffentliche Bedienstete haben in ihrem gesamten Verhalten darauf Bedacht zu nehmen, dass das Vertrauen der Allgemeinheit in die sachliche Wahrnehmung ihrer dienstlichen Aufgaben erhalten bleibt (vgl. dazu etwa § 43 Abs. 2 Beamten-Dienstrechtsgesetz 1979 – BDG 1979; § 5 Abs. 1 Vertragsbedienstetengesetz 1948 – VBG; § 29 Abs. 1 und 2 Landeslehrer-Dienstrechtsgesetz – LDG 1984). Diese Anforderung gilt auch für die Institution Schule als Richtlinie. Schulen, die sich als im Dienst ihrer Werbepartner/innen oder Sponsor/innen stehend begreifen, nehmen ihre Aufgaben nicht mehr in der gesetzlich geforderten Objektivität wahr. Ein Umstand, der auch (korruptions)strafrechtlich bedeutsam sein kann.

2.3 Datenschutzgesetz 2000

Die Weitergabe personenbezogener Daten von Schüler/innen ohne deren Zustimmung bzw. ohne Zustimmung der Erziehungsberechtigten an Werbepartner/innen oder Sponsor/innen ist unzulässig.

Die Zustimmung zur Weitergabe personenbezogener Daten muss zum Zweck der Nachweisbarkeit schriftlich gegeben werden. Aus ihr hat hervorzugehen, welche personenbezogenen Daten zu welchem Zweck an wen übermittelt werden sollen. Ferner müssen die Betroffenen auf ihr Recht hingewiesen werden, die einmal erteilte Zustimmung jederzeit widerrufen zu können.

Eine bloß pauschale Zustimmung zur Verwendung personenbezogener Daten durch Dritte sieht die Rechtsprechung zum Datenschutzgesetz 2000 (DSG 2000) als nicht ausreichend an (vgl. § 8 Abs. 1 Z. 2 bzw. § 9 Z. 6 i.V.m. § 4 Z. 14 DSG 2000). Werden die Betroffenen auf ihr Widerrufsrecht nicht aufmerksam gemacht, ist die Zustimmung nach geltender Rechtsprechung ungültig. Das Wissen um dieses Recht darf nicht einfach vorausgesetzt werden.

Auch ein Widerruf der Zustimmung muss zur Erleichterung der Nachweisbarkeit schriftlich erfolgen. In diesem Fall hat die Schule gegenüber den Werbepartner/innen oder Sponsor/innen das Erforderliche zu veranlassen.

In allen mit dem Schutz personenbezogener Daten von Schüler/innen zusammenhängenden Angelegenheiten sind die schulpartnerschaftlichen Organe vorab zu befassen (§ 63a Abs. 2 Z. 2 lit. a und b SchUG; § 64 Abs. 2 Z. 2 lit. a und b SchUG). Diese schulrechtlich angeordnete Befassung ist allerdings kein Ersatz für die datenschutzrechtlich geforderte Einzelzustimmung. Auf Ebene des SchUG geht es lediglich um die Entscheidung, ob die Datenerhebung überhaupt durchgeführt werden soll. Nach geltender Rechtslage sind die Organe der Schulpartnerschaft nicht befugt, in individuelle Rechtspositionen einzugreifen bzw. darüber nach eigenem Ermessen zu verfügen (siehe auch Punkt 5.3, vorletzter Absatz). Die im SchUG ausgewiesenen Entscheidungsbefugnisse von Klassenforum, Schulforum und Schulgemeinschaftsausschuss sind selbstverständlich auch gegenüber diesen Organen verbindlich. Sie können nicht durch Beschluss erweitert und das Recht auf diese Weise korrigiert werden (§ 63a Abs. 2 Z. 1 bzw. § 64 Abs. 2 Z. 1).

Jede mit der Schulleitung nicht abgesprochene Erhebung personenbezogener Daten von Schüler/innen durch Werbepartner/innen oder Sponsor/innen in der Schule, bei Schulveranstaltungen oder bei schulbezogenen Veranstaltungen ist unverzüglich zu unterbinden. Möchten etwa Organisator/innen von freiwilligen Aufsatz- oder Zeichenwettbewerben oder von vergleichbaren, im Rahmen des Unterrichts geplanten lehrplankonformen Aktivitäten die personenbezogenen Daten der teilnehmenden Schüler/innen zum Zweck der Abwicklung des Wettbewerbes erheben, haben sie zuvor mit der Schulleitung in Kontakt zu treten. Die Schulleitung hat sich die Einhaltung aller datenschutzrechtlichen Erfordernisse schriftlich zusichern zu lassen. Darüber hinaus haben die Schulleitungen darauf zu achten, dass nicht mehr als die zur Durchführung der Aktivität notwendigen personenbezogenen Informationen abgefragt werden. Dies schließt in der Regel das Erheben von Privatadressen aus.

Die beschriebenen Vorgangsweisen ergeben sich aus den dem öffentlich-rechtlichen Schulverhältnis (§ 2 SchUG) innewohnenden Schutzpflichten gegenüber Schüler/innen. Schulen haben darauf zu achten, dass Schüler/innen im Rahmen des Schul- und Unterrichtsbetriebs nicht zur unüberlegten Preisgabe gesetzlich eingeräumter Rechte verleitet werden. Zu den von der Rechtsordnung besonders geschützten Positionen gehört eben auch das Grundrecht auf Datenschutz (§ 1 DSG 2000).

2.4 Gesetz gegen den unlauteren Wettbewerb

Zu den zentralen, nicht zum Schulrecht zählenden Bestimmungen in Verbindung mit schulfremder Werbung in Schulen zählt § 1a Bundesgesetz gegen den unlauteren Wettbewerb (UWG).

§ 1a UWG untersagt aggressive Geschäftspraktiken. Darunter werden Handlungen verstanden, die geeignet sind, „*die Entscheidungs- oder Verhaltensfreiheit des Marktteilnehmers in Bezug auf das Produkt durch Belästigung, Nötigung, oder durch unzulässige Beeinflussung wesentlich zu beeinträchtigen und ihn dazu veranlassen, eine geschäftliche Entscheidung zu treffen, die er andernfalls nicht getroffen hätte.*“ Marktteilnehmer sind im Fall der Schulen die Erziehungsberechtigten sowie die Schülerinnen und Schüler.

Im Anhang des UWG werden als aggressiv einzustufende Geschäftspraktiken benannt. Gemäß Ziffer 28 des Anhangs stellt die „*Einbeziehung einer direkten Aufforderung an Kinder in der Werbung, die beworbenen Produkte zu kaufen oder ihre Eltern oder andere Erwachsene zu überreden, die beworbenen Produkte für sie zu kaufen*“ explizit eine mögliche aggressive Geschäftspraktik dar. Nach der Rechtsprechung des Obersten Gerichtshofs werden unter Kinder im Sinne des UWG jedenfalls Minderjährige unter 14 Jahren verstanden. Der Begriff „Minderjährigkeit“ kann also in Einzelfällen bis zur Volljährigkeit reichen.

2.5 Sonstige Rechtsvorschriften

Rechtsverletzungen beeinträchtigen immer die gesetzliche Aufgabenerfüllung der Schule. Diese Feststellung beschränkt sich nicht bloß auf Verstöße gegen das Schulrecht. Wie bereits unter Punkt 1.4 ausgeführt, umfasst die Verpflichtung der Schulleitungen zur Einhaltung von Rechtsvorschriften jede Norm, die in einem konkreten Fall in Bezug zu schulischem Handeln steht, gleichgültig, aus welchem Rechtsbereich sie stammt.

2.6 Privatschulgesetz

Der unter den Punkten 2.1 bis 2.5 dargestellte rechtliche Rahmen sowie die folgenden Bestimmungen dieses Rundschreibens haben auch für die mit dem Öffentlichkeitsrecht ausgestatteten Privatschulen Gültigkeit. Das Öffentlichkeitsrecht verleiht Privatschulen hoheitliche Befugnisse (§ 13 Abs.1 und 2 lit. a und b Privatschulgesetz). Als beliehene Einrichtungen finden auf sie gemäß § 13 Abs. 2 lit.c Privatschulgesetz alle schulrechtlichen Vorschriften Anwendung, die auch für öffentliche Schulen gelten. Zu den schulrechtlichen Vorschriften im Sinn dieser Bestimmung gehören auch Verwaltungsverordnungen, die schulgesetzliche Regelungen präzisieren. Da das Rundschreiben keine der in § 13 Abs. 2 lit. c Privatschulgesetz angeführten Ausnahmen berührt, bezieht es mit dem Öffentlichkeitsrecht ausgestattete Privatschulen mit ein.

3. Kompetenzen der Schulleitungen

3.1 Entscheidung über Werbeaktivitäten

Ob an Schulen im Sinne § 46 Abs. 3 SchuG für schulfremde Zwecke geworben wird, entscheiden die Schulleitungen. Weil es sich bei der Entscheidung, ob Werbeaktivitäten an Schulen zugelassen werden sollen oder nicht, um eine wichtige Frage des Unterrichts sowie der Erziehung handelt, steht dem Schulforum bzw. dem Schulgemeinschaftsausschuss ein Beratungsrecht zu (§ 63a Abs. 2 Z. 2 lit. a und b bzw. § 64 Abs. 2 Z. 2 lit. a und b SchUG). Die Entscheidung selbst wird jedoch den Schulleitungen zugerechnet.

3.2 Abschluss von Verträgen

Von der Befugnis, Werbung für schulfremde Zwecke an Schulen zuzulassen, ist die Kompetenz zum Abschluss von Werbe- und Sponsoringverträgen zu unterscheiden.

Bei öffentlichen Schulen steht die Vertragsabschlusskompetenz ausschließlich dem gesetzlichen Schulerhalter zu. Im Bereich der mittleren und höheren Schulen ist der Bund gesetzlicher Schulerhalter. Gesetzlicher Schulerhalter der allgemeinbildenden Pflichtschulen sind die Gemeinden. Gesetzlicher Schulerhalter der Berufsschulen sind die Länder.

Ohne Ermächtigung des gesetzlichen Schulerhalters können Schulleitungen keine Werbe- bzw. Sponsoringverträge schließen. Diese Ermächtigung kann sich auf einen konkreten Vertragsabschluss beziehen, kann aber auch allgemeiner Natur sein und einen Rahmen vorgeben, innerhalb dessen die Schulleitungen Verträge errichten können.

Den Leitungen der Bundesschulen zukommende Vertragsabschlusskompetenzen sind aktuell im Rundschreiben Nr. 18/2015 des Bundesministeriums für Bildung und Frauen geregelt.

4. Beeinträchtigung der Aufgaben der Schulen durch Werbung und Sponsoring

4.1 Grundsätzliches

Die zentrale Aufgabe der Schule ist der bestmögliche Unterricht. Die pädagogische Qualität des Unterrichts, nicht das Erschließen von Drittmitteln aus Werbung und Sponsoring steht im Vordergrund aller schulischer Bemühungen. Werbung für schulfremde Zwecke darf folglich unter keinen Umständen auf Kosten der pädagogischen Glaubwürdigkeit oder gar der pädagogischen Unabhängigkeit der Schule (Punkt 2.1) gehen und so in Widerspruch zu den Zielsetzungen der Schule geraten. Zu diesen Zielsetzungen gehört auch das Unterrichtsprinzip „Wirtschaftserziehung und Verbraucher/innenbildung".

Der Umstand, dass Schüler/innen im Alltag laufend mit Werbebotschaften konfrontiert sind, relativiert das Beachten dieser Verpflichtung nicht. Dieser Umstand kann auch nicht als Rechtfertigung dafür dienen, Werbung an Schulen unkritisch hinzunehmen.

Schulfremde Werbung darf die Schule nicht bei der Erfüllung ihrer gesetzlichen Aufgaben beeinträchtigen. Beeinträchtigung bedeutet dabei jede Art und jeden Grad von Störung. Störungen sind nicht bloß Erschwerungen im Unterrichtsablauf. Auch eine durch Werbeaktivitäten verursachte verzerrte öffentliche Wahrnehmung einer Schule als Werbeplattform stellt eine Beeinträchtigung im Sinne des § 46 Abs. 3 SchUG dar. Schulen sind nicht erst dann in der Erfüllung ihrer Aufgaben beeinträchtigt, wenn die Unterrichtsarbeit und dabei vor allem die Vermittlung des Lehrstoffes (§ 17 SchUG) verunmöglicht wird. Nochmals wird darauf verwiesen, dass rechtswidrige Werbung die Schule immer bei der Erfüllung ihrer Aufgaben behindert (siehe Punkt 2.5).

4.2 Wann stellt Werbung eine „aggressive Geschäftspraktik" dar?

Das UWG untersagt an Kinder und Jugendliche gerichtete Werbung nicht grundsätzlich. Direkt an diese Personengruppe gerichtete Aufforderungen, Produkte zu erwerben oder die Eltern zum Kauf zu bewegen, gilt wettbewerbsrechtlich jedenfalls als aggressiv (Punkt 2.4). Eine aggressive Geschäftspraktik liegt ferner vor, wenn Werbung nicht als Werbung durchschaut werden kann.

Werbung muss deshalb von Schüler/innen der entsprechenden Altersstufe sofort und unmittelbar als solche erkennbar sein. So hat das Oberlandesgericht Wien das Verteilen eines Mitteilungsheftes mit Werbung an Volksschulkinder durch Lehrkräfte als aggressive Geschäftspraktik eingestuft, weil Kinder im Volksschulalter das Mitteilungsheft als Schulutensil und nicht als Werbemaßnahme wahrnehmen. Bedrängen sie ihre Erziehungsberechtigten, ihnen die beworbenen Produkte zu kaufen, stellt dies eine Belästigung im Sinne von § 1a UWG dar, weil die Konsumwünsche der Kinder mit rechtswidrigen Werbeaktivitäten geweckt wurden. In solchen Fällen ist es Erziehungsberechtigten nicht zuzumuten, dem Verlangen von Kindern ständig entgegentreten zu müssen. Unternehmen, die darauf setzen, dass Erziehungsberechtigte dem Verlangen von Kindern keinen Widerstand entgegensetzen um innerfamiliäre Konflikte zu vermeiden, verletzen die für die Erziehung Verantwortlichen in ihrem Recht auf Erziehung und erschweren es ihnen, ihrer gesetzlichen Pflicht nachzukommen (§ 160 ABGB).

Schulen dürfen ein solches, eine aggressive Geschäftspraktik darstellendes Verhalten weder zulassen, noch auf irgendeine Weise fördern. Sie würden damit nicht bloß gegen § 46 Abs. 3 SchUG verstoßen, sondern sich darüber hinaus auch über ihre Mitwirkungspflicht an der Erziehung gemäß § 47 Abs. 1 SchUG hinwegsetzen. Die Bestimmung besagt, dass die Schule die Erziehungsberechtigten bei ihrer Erziehungsarbeit zu unterstützen hat. Schulen dürfen den Erziehungsberechtigten das Erfüllen gesetzlich übertragener Verpflichtungen (§ 160 ABGB) weder erschweren, noch verunmöglichen.

Als aggressive Geschäftspraktik gelten ferner alle Werbeaktionen, die einen Gruppendruck erzeugen. Im Rahmen einer Schulsparaktion stellte ein Geldinstitut in einer Volksschule Zählmaschinen auf. Schüler/innen, die von ihren Eltern die Erlaubnis erhalten hatten, bei dem Geldinstitut ein Sparbuch zu eröffnen oder auf ein bestehendes einzuzahlen, warfen ihr Geld in die Zählmaschine ein. Der Betrag wurde von Bankangestellten notiert, um später in der Filiale auf den Sparbüchern der Kinder gutgeschrieben zu werden. Schüler/innen, die an dieser von der Bank initiierten Werbeaktion teilnahmen, erhielten ein Werbegeschenk, die anderen gingen leer aus. Das selektive Verteilen von Werbegeschenken und das damit verbundene Ausgrenzen von Schüler/innen, die kein Sparbuch eröffnen wollen oder möglicherweise auch nicht können, ist diskriminierend und ein Lehrbeispiel für das Erzeugen von Gruppendruck. Eine in dieser Form durchgeführte Schulsparaktion entspricht werden dem Gedanken des Schulsparens noch hat sie irgendetwas mit „Financial Education" zu tun (Punkt 5.3). Sie widerspricht auch pädagogischen Zielsetzungen. Schulen lassen keine Ausgrenzung zu!

4.3 Ausgewählte Fälle aggressiver Geschäftspraktiken

4.3.1 Verteilen von Geschenkboxen eines Geldinstitutes durch Schulleitungen im Zuge von Schuleinschreibungen

Einen weiteren Fall aggressiver Geschäftspraktik stellte das Verteilen von Geschenkboxen eines Geldinstitutes durch Schulleitungen im Zuge von Schuleinschreibungen dar.

In den Boxen befand sich unter anderem ein kleines Buch in der Aufmachung eines bekannten Kinderformats, das die Geschichte einer Schulanfängerin erzählt. Aus Anlass des Schulbeginns erhält das Mädchen von seinen Eltern Taschengeld, das direkt auf ein zu diesem Zweck eröffnetes Jugendkonto eingezahlt wird. Mittels eines Handys (ein in diesem Zusammenhang ebenfalls beworbenes Produkt), holt das Mädchen von seiner Mutter die Erlaubnis ein, von seinem Konto Geld beheben zu dürfen, um einem bedürftigen Mitschüler eine Jause kaufen zu können.

Werden Werbegeschenke mit Botschaften dieser Art von Schulen an künftige Schüler/innen verteilt, müssen diese darin eine Empfehlung der Schule für Jugendkonten und sozial offenkundig nützliche Handys sehen. Das Geldinstitut spekuliert damit, dass Kinder versuchen werden, ihre Erziehungsberechtigten dahingehend unter Druck zu setzen. Der im Anlassfall gegebene Hinweis auf die mit einem Jugendkonto und einem Handy zu vollbringenden „guten Taten" diente ganz augenscheinlich diesem Zweck.

Damit liegen die Voraussetzungen für die Einstufung der Werbeaktion als aggressive Geschäftspraktik vor. Die Beteiligung schulischer Organe unterläuft zudem das Erziehungsrecht und die Erziehungspflicht der Eltern.

Bei der Frage, ob ein an Schüler/innen für Schulzwecke verteiltes Heft, Buch oder eine sonst verteilte Unterlage eine aggressive Geschäftspraktik darstellt, kommt es im Übrigen nicht auf den Umfang der darin enthaltenen Werbung an. Auch das hat die Rechtsprechung ausdrücklich klargestellt. Einziges Kriterium für die Beurteilung der Frage, ob eine aggressive Geschäftspraktik vorliegt oder nicht, ist die für die betreffende Altersgruppe problemlose Erkennbarkeit als Werbung. Bereits eine einzelne Werbeeinschaltung kann ausreichen, um ein Vorgehen als aggressiv im wettbewerbsrechtlichen Sinn und damit als unzulässig einzustufen.

4.3.2 Aktives Beteiligen von Schulen an schulfremder Werbung Unzulässige Beeinflussung von Schüler/nnen Ausnutzen eines Autoritätsverhältnisses

Das unter Punkt 4.2 angesprochene Mitteilungsheft mit Werbung an Volksschulkinder wurde durch die Schulleitung bzw. durch Lehrkräfte verteilt, wobei sich die Schulen, die die kostenlosen Hefte angefordert hatten, gegenüber der auf Werbung in Schulen spezialisierten Vermarktungsagentur zur Verteilung sogar ausdrücklich verpflichten mussten.

Gemäß § 1a UWG gilt neben dem Beeinträchtigen von Kaufentscheidungen durch Nötigung oder Belästigung auch die unzulässige Beeinflussung als aggressive Geschäftspraktik. Eine unzulässige Beeinflussung ist jedenfalls anzunehmen, wenn der Schule zurechenbare Personen das Verteilen von Werbematerial übernehmen oder sich daran beteiligen. Durch das Einbinden von Lehrpersonal und sonstigem schulischen Personal in Werbemaßnahmen Dritter wird bei Schüler/innen der Eindruck erweckt, die Schule habe die beworbenen Produkte oder Dienstleistungen geprüft und für gut befunden. Es wird gleichsam ein Qualitätssiegel ausgestellt, das tatsächlich aber nicht vorliegt.

In Fällen wie dem oben angesprochenen Fall des Mitteilungsheftes könnten Schüler/innen für Schulzwecke gedachte Werbegeschenke in dem Glauben benutzen, der Schule würde dadurch ein finanzieller Vorteil erwachsen, dem sie nicht im Weg stehen möchten. Unter diesen Umständen ist die Beteiligung von Lehrpersonal und sonstigem schulischen Personal an schulfremder Werbung das Ausnützen eines Autoritätsverhältnisses: Die Schule wirkt aktiv an der unzulässigen Beeinflussung der Entscheidungs- und Verhaltensfreiheit (§ 1a UWG) der Schülerinnen und Schüler bzw. der Erziehungsberechtigten mit. Sie duldet und unterstützt in ihrem Verantwortungsbereich eine nach dem UWG untersagte aggressive Geschäftspraktik und lässt zu, dass ihre Autorität zum wirtschaftlichen Vorteil eines Dritten instrumentalisiert wird.

Die Teilnahme von Lehrkräften an Werbeaktivitäten gehört keinesfalls zu den lehramtlichen Pflichten im Sinne der einschlägigen schul- und dienstrechtlichen Bestimmungen (§ 51 SchUG; § 211 BDG 1979; § 31 Abs. 1 Landeslehrer-Dienstrechtsgesetz – LDG 1984). Schulen haben darauf zu achten, dass das berechtigte Vertrauen der Öffentlichkeit in die unparteiliche und gesetzeskonforme Wahrnehmung ihrer Aufgaben nicht in Zweifel gezogen werden kann. Schon aus diesem Grund verbietet sich die Beteiligung von Lehrpersonal und sonstigem schulischen Personal an schulfremder Werbung.

4.3.3 Scheinbar verlockende Geschäfte Anwerbung künftiger zahlender Kundinnen und Kunden

Aus dem Schulverhältnis, das § 2 SchUG als Zusammenwirken zwischen Lehrkräften, Schülerinnen und Schülern sowie Erziehungsberechtigten definiert, leiten sich für die Schule Schutzpflichten ab. Diese Schutzpflichten betreffen jede Form schulischen Handelns, womit sie auch für schulfremde Werbung und für Schulsponsoring gelten. So darf an Schulen keine Werbung stattfinden, die zur unüberlegten Preisgabe gesetzlich eingeräumter Rechtspositionen verleitet.

In einem Fall wurden Schüler/innen von einem Geldinstitut aufgefordert, die örtliche Zweigstelle aufzusuchen, um sich dort einen Markenrucksack abzuholen. Die Schüler/innen müssten dafür nichts weiter tun, als ihre Daten zur Eröffnung eines kostenlosen Jugendkontos bekannt zu geben.

Hier wird den Adressat/innen ein scheinbar günstiges Geschäft vorgetäuscht. Für das Bekanntgeben einiger weniger, auf den ersten Blick belanglos erscheinender Informationen zur Person erhält man einen Markenartikel als Geschenk und eröffnet als Zugabe ein zunächst gebührenfreies Konto, verbunden mit Ermäßigungen bei diversen Veranstaltungen.

Dulden Schulleitungen solche oder ähnliche Formen von Werbung lassen sie nicht nur zu, dass Schulen für die geschäftlichen Interessen Dritter eingespannt werden. Sie beteiligen sich zusätzlich am Unterlaufen der datenschutzrechtlichen Position von Schüler/innen. Sie untergraben damit letztlich auch ein Bewusstsein, zu dessen Festigung Schulen in Verbindung mit dem Unterrichtsprinzip „Wirtschaftserziehung und Verbraucher/innenbildung“ beitragen sollten, nämlich: Informationen zur Person nicht vorschnell, um eines kurzfristigen Vorteils willen, preiszugeben und Angebote sowie damit verbundene Bedingungen kritisch zu prüfen. Eigenschaften, die die mündige Konsumentin/den mündigen Konsumenten ausmachen.

Von diesen Überlegungen abgesehen, ist es nicht Aufgabe der Schule, Unternehmen – weder aktiv, noch passiv – beim Anwerben künftig zahlender Kund/innen zu unterstützen. Keinesfalls dürfen sich Schulen als Rekrutierungsplattformen zum Auffüllen oder Erweitern des Kund/innenenstamms von Unternehmen zur Verfügung stellen. Ebenso wenig gehört es zu den Aufgaben von Schulen, Geschäftsfelder von Unternehmen abzusichern oder zu erweitern.

An Punkt 2.4 anknüpfend wird abschließend darauf verwiesen, dass Schüler/innen im konkreten Fall vom Geldinstitut direkt zum Abschluss eines Geschäftes aufgefordert wurden, was allein schon eine aggressive Geschäftspraktik bedeutet (Z. 28 Anhang UWG).

5. Werbung und Sponsoring im laufenden Schul- und Unterrichtsbetrieb

5.1 Werbeverbote und Werbebeschränkungen

Jedes Hinwegsetzen über gesetzlich festgelegte Werbeverbote oder Werbebeschränkungen behindert Schulen im Sinne von § 46 Abs. 3 SchUG bei der Erfüllung der ihnen übertragenen Aufgaben (Punkt 1.4).

Werbeverbote oder Werbebeschränkungen können sowohl produktbezogen sein, als auch mit Werbung verbundenes Verhalten erfassen. Produktbezogen ist etwa das Verbot von Werbung und Sponsoring für Tabakerzeugnisse und verwandte Erzeugnisse gemäß § 11 Tabak- und Nichtraucherinnen- bzw. Nichtraucherschutzgesetz (TNRSG).

Für alkoholische Produkte aller Art lässt sich ein auf die Schule bezogenes absolutes Werbeverbot aus § 9 Schulordnung ableiten.

Ebenfalls auf der Hand liegt, dass für Produkte nicht geworben werden darf, die aus pädagogischen Überlegungen abzulehnen sind.

In Verbindung mit schulfremder Werbung muss ferner beachtet werden, dass an Schulen nicht Produkte beworben werden, die unter dem Aspekt einer gesunden Ernährung problematisch oder dafür bekannt sind, dass sie unter menschenunwürdigen, ausbeuterischen Bedingungen oder unter Zerstörung der Umwelt und natürlicher Lebensräume hergestellt bzw. vertrieben werden. Bezüglich des Bewerbens von Produkten, deren übermäßiger Konsum ernährungswissenschaftlich nicht empfohlen werden kann, siehe auch Punkt 5.10, dritter Absatz.

5.2 Schulen als Werbeträgerinnen

Schulen selbst transportieren weder Werbebotschaften noch Logos, Embleme, Marken, Muster, Firmennamen oder sonstige Produkt- bzw. Unternehmensbezeichnungen. Als Teil der öffentlichen Verwaltung dürfen Schulen nach außen nicht einmal den Anschein erwecken, sie würden sich als Institution mit bestimmten Hersteller/innen, Anbieter/innen, Produkten oder Dienstleistungen unmittelbar identifizieren.

Aus diesem Grund ist es Schulen untersagt, auf ihren Drucksorten (z.B. Briefpapieren) oder schulischen Mitteilungen (z.B. Informationsschreiben) Logos, Embleme, Schriftzüge, Slogans etc. von Sponsoren aufscheinen zu lassen. Dahingehend eingegangene vertragliche Verpflichtungen sind unverzüglich zu kündigen und neue Verpflichtungen solcherart nicht mehr zu begründen.

Das Bekanntmachen von Sponsoren im Rahmen von schulischen Internetauftritten ist zulässig. Zu einer Verlinkung mit Websites des Sponsors darf es hingegen nicht kommen.

Hinweis: Einladungen zu Schulbällen, Schüler/innen- oder Maturazeitungen oder Informationen von Elternvereinen stellen keine schulischen Drucksorten oder Mitteilungen im vorgenannten Sinn dar.

5.3 Schulsparen[2])

Schulsparen dient der Erziehung zur bewussten Marktteilnahme. Sparen sowie das Bilden von Rücklagen bedeutet Risikovorsorge. Beides sind Elemente einer verantwortungsvollen, planenden Lebensgestaltung. Der potenzielle Nutzen von Waren und Dienstleistungen muss mit dem für den Erwerb erforderlichen finanziellen Aufwand in Bezug gesetzt, eigene Bedürfnisse sollen auf den Prüfstand gestellt werden. Die Erziehungsberechtigten bei der Vermittlung dieser Fähigkeiten zu unterstützen, ist Teil des schulischen Erziehungsauftrages gemäß § 47 SchUG.

Mit ausdrücklicher Zustimmung der betroffenen Erziehungsberechtigten können im Rahmen des Schulsparens Sparbücher für einzelne Schülerinnen und Schüler oder Klassen-Sammelsparbücher eröffnet werden (§ 40a Abs. 2 Z. 2 lit a und b Bankwesengesetz – BWG). Dem Beratungsrecht der schulpartnerschaftlichen Organe ist dabei vorab Rechnung zu tragen (§ 63a Abs. 2 Z. 2 lit. a und b SchUG; § 64 Abs. 2 Z. 2 lit. a und b SchUG).

Das BWG lässt in Verbindung mit dem Schulsparen das Eröffnen von Sparbüchern zu. Eine Verpflichtung der Schulen zum Schulsparen wird damit nicht begründet. Das Schulsparen ist vielmehr ein ergänzendes Angebot, mit welchem Schulen die elterliche Obsorgepflicht unterstützen können (§§ 158 und 162 ABGB). Grundsätzlich bleibt es aber Aufgabe der Erziehungsberechtigten, sich um die Spargesinnung ihrer Kinder zu kümmern. Andere als die im Bankwesengesetz genannten Sparformen dürfen im Rahmen des Schulsparens nicht angeboten werden.

Branchenübliche Geschenke von geringem Wert können den Schüler/innen im Rahmen des Schulsparens angeboten werden. Jemanden davon auszunehmen, ist allerdings unzulässig: Das Verteilen von Werbegeschenken lediglich an jene Schülerinnen, die über ein Sparbuch des betreffenden Geldinstitutes verfügen, stellt einen unerwünschten Gruppendruck dar (Punkt 4.2, letzter Absatz).

Von den Schulleitungen darf im Rahmen des Schulsparens Schüler/innen bzw. deren Erziehungsberechtigten das Eröffnen eines Sparbuchs bei einem bestimmten Geldinstitut weder direkt noch indirekt nahegelegt werden.

Bei Besuchen in Geldinstituten kann für Kund/innen konzipiertes Werbe- und Informationsmaterial in der sonst üblichen Form aufliegen. Speziell auf den Besuch abgestimmtes Material darf hingegen nicht angeboten werden. Werbung, die Schüler/innen unmittelbar auffordert, ihre Erziehungsberechtigten oder Dritte zum Erwerb von Bankprodukten zu bewegen oder ihnen den Erwerb zu gestatten, ist verboten (Z. 28 Anhang UWG). Gleiches gilt für Werbung, welche das besondere Vertrauensverhältnis von Schüler/innen zu Erziehungsberechtigten, Lehrkräften oder anderer, ihnen nahestehenden Personen ausnützt.

---

[2]) Siehe auch die Verordnung der Finanzmarktaufsichtsbehörde BGBl. II Nr. 2/2017 im Anhang zu diesem Rundschreiben.

Die nach § 40a Abs. 2 Z. 2 BWG für eine Identifizierung der Schüler/innen erforderlichen personenbezogenen Daten (das sind: Name, Geburtsdatum, Wohnadresse) dürfen nur für diesen gesetzlich vorgegebenen Zweck verwendet werden. Nach dem DSG 2000 haben Schulleitungen bzw. Schulbehörden keine Befugnis, mit Geldinstituten in Bezug auf die personenbezogenen Daten von Schüler/innen einen darüber hinausgehenden Verwendungszweck selbstständig zu vereinbaren.

In Verbindung mit dem Schulsparen besteht keine Branchenexklusivität.

5.4 Verteilung von Broschüren, Flyern oder Werbegeschenken in Schulen

§ 46 Abs. 3 SchUG vermittelt keinen Anspruch von Unternehmen, an Schulen Waren oder Dienstleistungen zu bewerben. Das ist mittlerweile auch gerichtlich geklärt.

Nach der Rechtsprechung müssen Verteilungsaktionen für Schüler/innen des betreffenden Alters unmittelbar als Werbung erkennbar sein. Unmittelbar bedeutet, dass die Schüler/innen nicht erst darauf hingewiesen zu werden brauchen, dass es sich um Werbung handelt. Vor Durchführung von Verteilungsaktionen sind die schulpartnerschaftlichen Organe zu befassen (§ 63a Abs. 2 Z. 2 lit. b SchUG; § 64 Abs. 2 Z. 2 lit. b SchUG). Deren Einschätzung kommt entsprechendes Gewicht zu.

Die Schulleitungen entscheiden, ob die Artikel von Mitarbeiter/innen des die Aktion durchführenden Unternehmens verteilt werden oder in der Schule lediglich für eine bestimmte Zeit zur Entnahme aufliegen. Lehrkräfte und andere an der Schule beschäftigte Personen dürfen sich nicht an Verteilungen beteiligen.

Von verdeckter oder getarnter Werbung (Schleichwerbung) abgesehen, darf auch für pädagogisch fragwürdige Werbeaktionen, für das Bewerben von nicht altersadäquaten Produkten sowie von Produkten, die einem Werbeverbot unterliegen, keine Zustimmung erteilt werden. Ferner ist das Verteilen von Broschüren, Prospekten, Flyern oder Werbegeschenken im Rahmen von in den Unterricht einbezogenen Vorträgen außerschulischer Experten unzulässig (siehe dazu Punkt 5.6).

Im Zuge von Verteilungsaktionen ist Werbung, die Schüler/innen unmittelbar dazu auffordert, ihre Erziehungsberechtigte oder Dritte zum Erwerb von Produkten zu bewegen oder sie zu veranlassen, ihnen den Erwerb zu gestatten, verboten (Z. 28 Anlage UWG). Gutscheine dürfen nicht verteilt, Gewinnspiele nicht organisiert werden. Ebenfalls untersagt sind Aktivitäten, die das besondere Vertrauensverhältnis von Schüler/innen zu Erziehungsberechtigten, Lehrkräften und sonstigen Vertrauenspersonen ausnützen.

Den Schulen ist es untersagt, in Zusammenhang mit Verteilungsaktionen oder aus einem sonstigen Anlass Produktempfehlungen abzugeben oder Produkte zu promoten. Verpflichtungen dieser Art können auch nicht Gegenstand vom Werbe- und Sponsoringvereinbarungen sein. Das Recht von Lehrkräften gegenüber Schüler/innen auf dem Markt angebotene Unterrichtsmittel oder Unterrichtsbehelfe nach objektiv-sachlichen Kriterien auf deren pädagogischdidaktische Eignung zu bewerten, bleibt unberührt.

5.5 Werbung während des Unterrichts

Das Bewerben sowie das Bewerbenlassen von Produkten oder Dienstleistungen im Unterricht stellt einen massiven Verstoß gegen § 46 Abs. 3 SchUG und – damit im Zusammenhang stehend – gegen § 1a UWG dar.

Zwar ist die Heran- und Einbeziehung außerschulischer Expert/innen im Rahmen der in § 17 Abs. 1 SchUG geregelten pädagogischen Eigenverantwortung von Lehrer/innen zulässig, doch gilt dies ausschließlich in Verbindung mit dem Erarbeiten und Festigen des Lehrstoffs. Niemals darf der Unterricht als Vorwand zum Präsentieren oder verdeckten Anpreisen von Produkten oder Dienstleistungen dienen. Auch das Verteilen von Werbegeschenken, etwa von Markenrucksäcken durch ein Geldinstitut, ist unzulässig. Dabei ist unerheblich, wieviel Unterrichtszeit für das Vorstellen von Produkten oder Dienstleistungen oder für das Verteilen von Werbegeschenken verwendet wird. Der bloße Umstand, dass im Unterricht für Schulfremdes geworben wird, reicht aus.

Wegen der Teilnahmepflicht am Unterricht besteht für Schüler/innen keine Möglichkeit, einer Werbung während des Unterrichts auszuweichen. Neben den im § 1a UWG genannten Tatbeständen der Belästigung und der unzulässigen Beeinflussung wird damit auch der Tatbestand der Nötigung erfüllt. Darüber hinaus ist der Missbrauch des Unterrichts für Werbezwecke, auch wenn er aus bloßer Unbedarftheit geschieht, als gravierender Verstoß gegen das Indoktrinationsverbot (Art. 2 Erstes Zusatzprotokoll zur Europäischen Menschenrechtskonvention) zu werten und wird damit das Grundrecht auf Bildung verletzt.

5.6 Vorträge in Schulen

Vorträge außerschulischer Expert/innen aus Kultur, Wirtschaft oder Sport zu lehrplanrelevanten Themen sind ausdrücklich erwünscht. Die schulrechtliche Grundlage dafür bietet § 17 Abs. 1 SchUG. Allerdings rechtfertigt § 17 Abs. 1 SchUG kein Überschreiten der für schulfremde Werbung gesetzten rechtlichen Grenzen. Folglich darf es im Rahmen solcher Vorträge nicht zum Bewerben von Produkten oder Dienstleistungen kommen. Jede Art von Werbung während des Unterrichts ist Indoktrination und deshalb untersagt (Punkt 5.5).

Ausschließlich fach- und themenbezogene Literatur darf hingegen im Rahmen von Vorträgen außerschulischer Expert/innen angeboten werden. Das gilt vorbehaltlich der Genehmigung durch die Schulleitung. Im Zusammenhang mit der wirtschaftlichen Bildung können solche Unterlagen etwa die Themenfelder Geld, Sparen, Wertpapiere, Kapitalmarkt, Finanzierung etc. betreffen. Nicht erlaubt ist hingegen das Informieren über spezielle Produkte des Unternehmens, in dem die Vortragende bzw. der Vortragende tätig ist.

Wird im Zuge von Vorträgen während des Unterrichts eine Power-Point-Präsentation oder eine vergleichbare Darstellungshilfe benützt, kann auf den einzelnen Seiten (Folien) das Logo, das Emblem, der Schriftzug oder eine Marke des Unternehmens aufscheinen, dem die Vortragende/der Vortragende angehört. Kontaktdaten (Telefonnummern, Mailadressen etc.) dürfen hingegen nicht auf den Seiten (Folien) platziert sein oder sonst bekanntgegeben werden. Derartiges läuft auf einen indirekten Versuch zum Anbahnen von Kund/innenbeziehungen während des Unterrichts hinaus und ist als aggressive Geschäftspraktik im Sinn von § 1a UWG zu qualifizieren.

Die den Gegenstand unterrichtende Lehrkraft hat bei Vorträgen schulfremder Expert/innen im Unterrichts- bzw. Vortragsraum anwesend zu sein.

5.7 Unterrichtsprojekte

Unterrichtsprojekte, die zur Voraussetzung haben, dass Schüler/innen im Projektzeitraum eine Kund/innenbeziehung zu einem Unternehmen eingehen, sind unzulässig. Das gilt auch, wenn die Kund/innenbeziehung für die Betroffenen keinerlei Verpflichtungen beinhaltet, oder die Beziehung nach Ablauf des Projektes kostenfrei aufgelöst werden kann bzw. von selbst erlischt, oder wenn den Schüler/innen dafür sogar ein Vorteil gewährt wird.

In einem Fall hat eine berufsbildende höhere Schule mit einem Geldinstitut ein Unterrichtsprojekt zum Thema „Richtiger Umgang mit Geld" durchgeführt. Voraussetzung für die Realisierung des Projektes war, dass sich alle Schüler/innen der in Frage kommenden Klassen für den Projektzeitraum ein kostenfreies Konto vom Geldinstitut einrichten lassen. Zu diesem Zweck forderte die Schulleitung die Schüler/innen auf, dem Geldinstitut ihre Personendaten bekanntzugeben. Jedes Konto wurde vom Institut außerdem mit einem kleinen Betrag „gesponsert".

Ein solche Form der Zusammenarbeit ist mit § 46 Abs. 3 SchUG sowie mit dem Schulverhältnis (§ 2 SchOG) nicht zu vereinbaren, weil die Schule im Ergebnis dem als Sponsor auftretenden Geldinstitut unter Inkaufnahme von Gruppendruck systematisch Kundschaft zuführt. Das Geldinstitut setzt wiederum darauf, dass ein Teil der Schüler/innen das einmal eingerichtete Konto nicht mehr auflösen wird. Die Schule hat sich unter Verletzung ihrer gesetzlichen Obliegenheiten an einer aggressiven Geschäftspraktik im Sinn von § 1a UWG beteiligt.

5.8 Fremde Unterrichtsmittel (Branding)

Von Werbepartner/innen oder Sponsor/innen zur Verfügung gestellte Unterrichtsmittel müssen den Vorgaben von § 14 Abs. 2 SchUG entsprechen. Die erforderliche Überprüfung ist von den Schulleitungen unter Einbindung der schulpartnerschaftlichen Organe (§ 63a Abs. 2 Z. 2 lit. a und b SchUG; § 64 Abs. 2 Z. 2 lit. a und b SchUG) vorab vorzunehmen.

Von dritter Seite zur Verfügung gestelltes Unterrichtsmaterial darf das Logo, den Schriftzug oder Marken von Werbepartner/innen oder Sponsor/innen, jedoch keine Produktwerbung, Gutscheine, Gewinnspiele, direkte Aufforderungen zum Erwerb von Produkten oder Vergleichbares enthalten.

Unzulässig sind weiters Werbeeinschaltungen, in welchen Persönlichkeiten aus Sport, Kultur, Politik, Gesellschaft etc. für Werbepartner/innen oder Sponsor/innen bzw. deren Produkte werben.

Bei von dritter Seite zur Verfügung gestellten Unterrichtsmitteln sind immer die Inhalte und deren fachliche und pädagogische Aufbereitung entscheidend, nicht die äußerliche Aufmachung des Materials. Ist gleichwertiges, nicht gebrandetes Unterrichtsmaterial vorhanden, ist diesem der Vorzug zu geben.

Schulen können von Werbepartner/innen oder Sponsor/innen nicht zum Einsatz angebotener Unterrichtsmittel verpflichtet werden. Ihre pädagogische und unterrichtliche Unabhängigkeit haben Schulen in jedem Fall zu wahren (Punkt 2.1).

5.9 Exkursionen

Bei Exkursionen in Betriebe oder Unternehmen handelt es sich um Schulveranstaltungen im Sinne des § 13 SchUG. Dieser Bestimmung entsprechend haben sie den lehrplanmäßigen Unterricht durch unmittelbaren Kontakt zum Wirtschaftsleben zu ergänzen. Sie decken Aspekte ab, die der Unterricht in der Klasse nicht oder nur in Teilbereichen vermitteln kann. Daher sollen Exkursionen in Betriebe oder Unternehmen durchgeführt werden, wann immer es aus pädagogischer bzw. unterrichtlicher Sicht sinnvoll ist und die Möglichkeit dazu besteht.

Als Teil des Unterrichts (§ 13 Abs. 1 SchUG) liegt die Entscheidung über Schulveranstaltungen stets bei den Schulen. Ausschließlich sie bestimmen über Inhalt, Ziel und Zweck von geplanten Betriebs- oder Unternehmensbesuchen. Auf die bestehenden Beratungsrechte der schulpartnerschaftlichen Organe wird hingewiesen.

In Werbe- und Sponsoringvereinbarungen können Schulen daher nicht zu Exkursionen in den Betrieb, in das Unternehmen oder in die Geschäftsstelle der Werbepartner/innen oder Sponsor/innen verpflichtet werden. Auch dürfen Schulen keine einseitigen Vorgaben der Werbepartner/innen oder Sponsor/innen über den inhaltlichen Ablauf von Exkursionen akzeptieren.

Auf die betriebliche Organisation des zu besuchenden Unternehmens ist bei der Vorbereitung und Durchführung von Exkursionen seitens der Schule allerdings Rücksicht zu nehmen.

Unzulässig ist es, Schulen in Werbe- und Sponsoringvereinbarungen den Besuch anderer Betriebe oder Unternehmen derselben Branche zu untersagen.

Weder Werbe- und Sponsoringvereinbarungen, noch andere Verträge oder Absprachen dürfen die pädagogische und unterrichtliche Unabhängigkeit von Schulen einschränken oder einen dahingehenden Anschein erwecken (Punkt 2.1). Schulen müssen ihren Unterricht ohne jegliche Fremdbestimmung gestalten können (§ 17 Abs. 1 SchUG).

Für Kund/innen konzipiertes Werbe- und Informationsmaterial kann im Betrieb, im Unternehmen oder in der Geschäftsstelle der Werbepartner/innen oder Sponsor/innen auch während der Exkursion in der sonst üblichen Form aufliegen. Speziell auf die an der Exkursion teilnehmenden Schüler/innen abgestimmtes Material darf hingegen nicht angeboten werden.

5.10 Schulsport

Bei Schulsportveranstaltungen kann es sich um Schulveranstaltungen (§ 13 SchUG) oder schulbezogene Veranstaltungen (§ 13a SchUG) handeln. In beiden Fällen ist schulfremde Werbung gemäß § 46 Abs. 3 SchUG grundsätzlich gestattet. Die in dieser Bestimmung enthaltene Einschränkung, wonach Schulen bei der Erfüllung ihrer Aufgaben nicht durch schulfremde Werbung behindert werden dürfen, gilt allerdings auch hier.

Bei Schulsportveranstaltungen kann auf Startnummern oder auf zur Verfügung gestellten Trikots das Logo, der Schriftzug oder eine Marke der Werbepartner/innen oder Sponsor/innen angebracht werden. Entsprechende Klauseln in Werbe- und Sponsoringverträgen sind jedoch nicht als Zusage zu verstehen, dass Schüler/innen zur Verfügung gestellte Sportbekleidung auch tragen werden. Schadenersatzansprüche gegen die Schule bzw. den Schulerhalter sind aus derartigen Klauseln nicht ableitbar. Auch Vertragsstrafen können daran nicht geknüpft werden: Es gibt im Rahmen des Schulverhältnisses für Schulerhalter, Schulbehörden oder Schulen keinerlei rechtliche Handhabe, Schüler/innen zur Werbung für Werbepartner/innen oder Sponsor/innen in welcher Form auch immer anzuhalten (betreffend das Fotografieren von Schüler/innen zu Werbezwecken siehe den Punkt 5.11).

Stellen Sponsor/innen im Rahmen von Schulsportveranstaltungen Verpflegung bereit, ist darauf zu achten, dass die Produkte nicht Substanzen mit ernährungsbezogener oder physiologischer Wirkung (Fett, Transfettsäuren, Salz/Natrium oder Zucker) enthalten, deren übermäßige Aufnahme unter dem Aspekt einer gesunden Ernährung nicht empfohlen werden kann. Die Verpflichtung von Schulen, ihren Beitrag zur Gesundheitsförderung zu leisten (§ 2 Z. 2 Gesundheitsförderungsgesetz – GfG), ist gerade bei Schulsportveranstaltungen im Blick zu behalten.

5.11 Fotografieren von Schülerinnen und Schülern zu Werbezwecken

Vereinbarungen mit Werbepartner/innen oder Sponsor/innen dürfen keine Klauseln beinhalten, die das Fotografieren von Schüler/innen für Werbezwecke gestatten. Aus dem Schulverhältnis lässt sich weder für die Schulerhalter, noch für Schulen die Befugnis ableiten, über Schüler/innen in diesem Sinn zu verfügen: Der Bildnisschutz nach § 78 Abs. 1 Urheberrechtsgesetz (UrhG) ist ein höchstpersönliches Recht, über das ausschließlich die Betroffenen selbst befinden. Werden Personen, ohne dafür ihre Zustimmung erteilt zu haben, für Werbezwecke fotografiert, sind deren berechtigte Interessen im Sinn der genannten urheberschutzrechtlichen Bestimmung verletzt.

Insbesondere ist es unzulässig, wenn Vereinbarungen mit Sponsor/innen die Höhe des Sponsorgeldes von der Bereitschaft der Schüler/innen abhängig machen, sich für Werbezwecke fotografieren zu lassen oder sich in anderer Form für Werbeaktivitäten zur Verfügung zu stellen. Klauseln dieser Art setzen Schüler/innen einem unzulässigen Gruppendruck aus und sind daher als aggressive Geschäftspraktik im Sinne des § 1a UWG zu qualifizieren (siehe dazu auch Punkt 6.1).

6. Unzulässige Vereinbarungen in Werbe- und Sponsoringverträgen

6.1 Keine Bindung des Erlöses aus Werbung und Sponsoring an das Verhalten von Schülerinnen und Schülern

Mit Werbepartner/innen oder Sponsor/innen geschlossene Verträge dürfen keine Klauseln vorsehen, welche den der Schule zufließenden Erlös mit dem Verhalten von Schüler/Innen oder deren Erziehungsberechtigten verknüpfen. Es ist daher nicht zulässig, die Höhe des Erlöses aus Werbung bzw. Sponsoring an Kauf- oder Abnahmeentscheidungen zu koppeln, wie es in Verbindung mit dem Erstellen von Klassen- und Erinnerungsfotos immer wieder praktiziert wird.

Zwar ist das Verknüpfen von Sponsorerlös und Umsatz nach einer höchstgerichtlichen Entscheidung grundsätzlich nicht unzulässig, allerdings müssen sich die Schulen dabei jeder Einflussnahme auf Schüler/innen oder Erziehungsberechtigte enthalten. Eine Einflussnahme ist nicht erst bei einer direkten Aufforderung gegeben. Kauf- oder Abnahmeentscheidungen lassen sich unter Ausnutzung von Gruppendruck auch auf subtilere Weise manipulieren. Wird ein Verhalten der Schule als Versuch gewertet, den Sponsorerlös zu erhöhen, ist die Grenze zum Korruptionsstrafrecht überschritten. Um Lehrer/innen vor den damit verbundenen Unannehmlichkeiten zu bewahren, werden Sponsorverträge dieses Inhalts untersagt.

Gänzlich unzulässig ist es, wenn Lehrer/innen Angebote von Fotografen annehmen, sich im Rahmen derartiger Aktionen kostenlos fotografieren zu lassen.

6.2 Weitere unzulässige Vereinbarungen in Werbe- und Sponsoringverträgen (beispielhafte Auflistung)

- Die unautorisierte Weitergabe von Daten der Schüler/innen sowie das nicht kontrollierte Zulassen derartiger Erhebungen durch Dritte (vgl. Punkt 2.3).
- Vereinbarungen bzw. Inhalte mit denen Gruppendruck erzeugt oder in Kauf genommen wird.
- Zuwendungen an Schulleitungen, Lehrpersonen oder sonstiges schulisches Personal, gleichgültig welcher Art, als Teil der Sponsorleistung.
- Die Verpflichtung, Logos, Schriftzüge und sonstige Marken der Werbepartner/innen oder Sponsor/innen auf schulischen Drucksorten oder schulischen Mitteilungen zu führen (vgl. Punkt 5.2).
- Das Verlinken von Schulhomepages mit den Internetauftritten von Werbepartner/innen oder Sponsor/innen (vgl. Punkt 5.2).
- Info-Ständer und/oder Plakate sowie Banderolen im Schulgebäude bzw. auf der Schulliegenschaft in einer die Schule vereinnahmenden Massivität.
- Klauseln, die Schulen zur Mitwirkung an Werbeaktivitäten verpflichten (vgl. Punkt 4.3.2).
- Klauseln, die Schulen zur Abgabe von Produktempfehlungen verpflichten (vgl. Punkt 5.4).
- Das Zulassen von Werbung während des Unterrichts (vgl. Punkt 5.5).
- Klauseln, die das Durchführen von Projekten oder Veranstaltungen davon abhängig machen, dass Schüler/innen eine Kundenbeziehung zu Werbepartner/innen oder Sponsor/innen eingehen (vgl. Punkt 5.7).
- Die Verpflichtung, von dritter Seite zur Verfügung gestellte Materialien (Mitteilungshefte, Literatur, Unterrichtsbehelfe etc.) zu verwenden oder von angebotenen Besuchen in Betrieben, Unternehmen oder Geschäftsstellen Gebrauch zu machen (vgl. die Punkte 5.8 und 5.9).
- Klauseln, die es Schulen untersagen, auch andere Betriebe aus der Branche der Werbepartner/innen oder Sponsor/innen zu besuchen (vgl. Punkt 5.9).
- Zusagen, dass Schüler/innen von dritter Seite zur Verfügung gestellte Bekleidung tragen werden (vgl. Punkt 5.10).
- Zusagen, Schüler/innen für Werbezwecke fotografieren zu dürfen (vgl. Punkt 5.11).

Beim Abschluss von Werbe- und Sponsoringverträgen im Bereich der Bundesschulen ist darüber hinaus zu beachten:

- Keinesfalls dürfen Werbe- und Sponsoringverträge die Schulen zu Verstößen gegen die im § 2 Bundeshaushaltsgesetz 2013 (BHG 2013) bestimmten haushaltsrechtlichen Grundsätze, gegen das Bundesvergabegesetz 2006 (BVergG 2006), oder gegen das Bundesgesetz über die Errichtung einer Bundesbeschaffung GmbH (BB-GmbH-Gesetz) veranlassen.

– Sofern sich die Schulliegenschaft im Eigentum der Bundesimmobiliengesellschaft m.b.H. (BIG) befindet, ist eine zuvor eingeholte schriftliche Zustimmung der BIG Voraussetzung für Werbemaßnahmen an Gebäudefassaden oder im Bereich der Freianlagen der Schule (z.B. Anbringung von Werbetafeln, Transparenten und dergleichen).

7. Verweise auf themenverwandte Rundschreiben

Das Rundschreiben Nr. 13/2008 des Bundesministeriums für Unterricht, Kunst und Kultur betreffend die Unzulässigkeit von parteipolitischer Werbung an Schulen, GZ 13.261/0056-III/3/2008 vom 7. Oktober 2008 bleibt von den Bestimmungen des vorliegenden Rundschreibens unberührt.

Hinsichtlich der spezifischen Gestaltung von Werbe- und Sponsoringverträgen im Bereich der Bundesschulen, einschließlich der Verrechnung damit verbundener Einnahmen im Rahmen der zweckgebundenen Gebarung, wird auf das Rundschreiben Nr. 10/2013 des Bundesministeriums für Unterricht, Kunst und Kultur, GZ 14.300/0008-B/2/2013 vom 29. Juli 2013 verwiesen.

8. Hinweis zum Außerkrafttreten von Bestimmungen

Das Rundschreiben Nr. 10/2015 des Bundesministeriums für Bildung und Frauen, GZ 10.010/0027-III/1/2015 vom 12. Juni 2015 tritt außer Kraft.

Anhang zum RS 14/2016

Verordnung der Finanzmarktaufsichtsbehörde (FMA) über die Anwendbarkeit vereinfachter Sorgfaltspflichten im Bereich des Schulsparens (Schulsparen-Sorgfaltspflichtenverordnung – Schulspar-SoV)[3])

Auf Grund des § 8 Abs. 5 des Finanzmarkt-Geldwäschegesetzes – FM-GwG, BGBl. I Nr. 118/2016, wird mit Zustimmung des Bundesministers für Finanzen verordnet:

Festlegung eines geringen Risikos der Geldwäscherei und Terrorismusfinanzierung im Bereich des Schulsparens

§ 1. (1) Im Bereich des Einlagengeschäftes gemäß § 1 Abs. 1 Z 1 des Bankwesengesetzes (BWG), BGBl. Nr. 532/1993, in der Fassung des Bundesgesetzes BGBl. I Nr. 118/2016, besteht in Bezug auf die in Abs. 2 genannten Spareinlagen (§ 31 BWG) ein geringes Risiko der Geldwäscherei oder Terrorismusfinanzierung.

(2) Abweichend von § 6 Abs. 1 Z 1 in Verbindung mit § 6 Abs. 2 Z 1 und Abs. 3 FM-GwG können Kreditinstitute (§ 2 Z 1 FM-GwG) gegenüber Kunden in Bezug auf

1. Spareinlagen, die im Rahmen des Schulsparens für jeweils einen einzelnen minderjährigen Schüler entgegengenommen werden („Einzelschulspareinlage“);
2. Spareinlagen, die im Rahmen des Schulsparens für mehrere minderjährige Schüler der gleichen Klasse (Jahrgang) im Sinne des § 9 des Schulunterrichtsgesetzes (SchUG), BGBl. Nr. 472/1986, in der Fassung des Bundesgesetzes BGBl. I Nr. 56/2016, von einer Lehrperson als Treuhänder entgegengenommen werden („Klassen-Sammelschulspareinlage“)

und die damit zusammenhängenden Transaktionen die in den §§ 2 und 3 festgelegten vereinfachten Sorgfaltspflichten anwenden.

(3) Die Festlegung eines geringen Risikos der Geldwäscherei oder Terrorismusfinanzierung und die Anwendbarkeit der in den §§ 2 und 3 festgelegten vereinfachten Sorgfaltspflichten gegenüber Kunden in Bezug auf die in Abs. 2 genannten Spareinlagen gelten auch für CRR-Kreditinstitute, welche die Tätigkeit gemäß Nr. 1 des Anhangs I der Richtlinie 2013/36/EU über den Zugang zur Tätigkeit von Kreditinstituten und die Beaufsichtigung von Kreditinstituten und Wertpapierfirmen, ABl. Nr. L 176 vom 27.06.2013 S. 338, in der Fassung der Berichtigung ABl. Nr. L 208 vom 02.08.2013 S. 73, zuletzt geändert durch die Richtlinie 2014/59/EU, ABl. Nr. L 173 vom 12.06.2014 S. 190, in Österreich über eine Zweigstelle gemäß § 9 BWG erbringen.

Vereinfachte Sorgfaltspflichten im Hinblick auf die Identifizierung von Schülern bei Einzelschulspareinlagen

§ 2. (1) Bei Spareinlagen gemäß § 1 Abs. 2 Z 1 kann die Identifizierung der einzelnen minderjährigen Schüler, für die eine Spareinlage eröffnet wird,

1. durch den einzelnen minderjährigen Schüler selbst im Beisein einer Lehrperson oder
2. treuhändig durch eine Lehrperson

erfolgen.

(2) Die Feststellung der Identität der einzelnen minderjährigen Schüler durch Kreditinstitute kann anhand

1. der Schülerausweise der betreffenden Schüler oder
2. von Kopien der Schülerausweise der betreffenden Schüler oder
3. einer den Kreditinstituten auszuhändigenden Liste mit Namen, Geburtsdaten und Adressen der betreffenden Schüler, für die eine Spareinlage gemäß § 1 Abs. 2 Z 1 eröffnet wird,

erfolgen.

(3) Die Mitwirkung des gesetzlichen Vertreters bei der Identifizierung gemäß Abs. 1 sowie bei der Feststellung der Identität gemäß Abs. 2 ist nicht erforderlich.

---

[3]) BGBl. II Nr. 2/2017.

Vereinfachte Sorgfaltspflichten im Hinblick auf die Identifizierung von Schülern bei Klassen-Sammelschulspareinlagen

§ 3. (1) Bei Spareinlagen gemäß § 1 Abs. 2 Z 2 kann die Identifizierung der einzelnen minderjährigen Schüler, die aus der Spareinlage berechtigt sind, treuhändig durch eine Lehrperson erfolgen.

(2) Die Feststellung der Identität der einzelnen minderjährigen Schüler, die aus der Spareinlage berechtigt sind, durch Kreditinstitute kann anhand einer den Kreditinstituten auszuhändigenden Liste mit Namen, Geburtsdaten und Adressen der betreffenden minderjährigen Schüler erfolgen.

(3) Die Mitwirkung des gesetzlichen Vertreters bei der Identifizierung gemäß Abs. 1 sowie bei der Feststellung der Identität gemäß Abs. 2 ist nicht erforderlich.

1.12.17. Rundschreiben zur neuen Reifeprüfung bzw. Reife- und Diplomprüfung bzw. Diplomprüfung

Hier nicht abgedruckt, siehe Kodex 17. Auflage.

1.12.18. Herausgabe von Schülerzeitungen

Hier nicht abgedruckt, siehe Kodex 17. Auflage.

1.12.19. Befreiung vom Pflichtgegenstand Instrumentalunterricht

Hier nicht abgedruckt, siehe Kodex 17. Auflage.

1.12.20. Umgang mit Risiken und Gewährleistung von Sicherheit im Unterrichtsgegenstand Bewegung und Sport, bei bewegungserziehlichen Schulveranstaltungen und im Bereich der bewegungsorientierten Freizeitgestaltung ganztägiger Schulformen

Hier nicht abgedruckt, siehe Kodex 17. Auflage.

1.12.21. Richtlinien für die Durchführung von bewegungserziehlichen Schulveranstaltungen

Hier nicht abgedruckt, siehe Kodex 17. Auflage.

1.12.22. Übertritt von Schulen mit eigenem Organisationsstatut in Schulen mit gesetzlich geregelter Schulartbezeichnung – Neufassung 2018[1])

1. Beim Übertritt von Schulen mit eigenem Organisationsstatut und Eignung zur Schulpflichterfüllung (in der nachstehenden Übersicht: OS) in gesetzlich geregelte Schularten sind folgende Prüfungen abzulegen:

OS →	Klasse/Schulart	Prüfungen
4.	1. NMS	keine
	1. AHS	Aufnahmsprüfung[1]) (§ 40 Abs. 1 SchOG)
5.	2. NMS	Einstufungsprüfung[2])[3]) (§ 3 Abs. 6 SchUG)
	2. AHS	Einstufungsprüfung[2])[4])
6.	3. NMS	Einstufungsprüfung[2])[5])
	3. AHS	Einstufungsprüfung[2])[5])
7.	4. NMS	Einstufungsprüfung[2])[5])
	4. AHS	Einstufungsprüfung[2])[5])
8.	Polytechnische Schule	keine
	Ü-Stufe des ORG	keine
	5. AHS	Aufnahmsprüfung[6]) (§ 40 Abs. 3a SchOG)
	1. ORG	Aufnahmsprüfung[6]) (§ 40 Abs. 3a SchOG)
	1. BMHS	Aufnahmsprüfung[7])[8]) (§ 55 Abs. 1 bzw. § 68 Abs. 1 SchOG)
9.	6. AHS	Einstufungsprüfung[2])[9])
	2. BMHS	Einstufungsprüfung[2])[8])[10])

[1]) In Deutsch und Mathematik. Die näheren Bestimmungen zur Durchführung der Aufnahmsprüfung finden sich in den §§ 21 bis 29 der Aufnahms- und Eignungsprüfungsverordnung, BGBl. Nr. 291/1975 idgF.

[2]) Die Einstufungsprüfung kann insoweit entfallen, als die Schülerin bzw. der Schüler durch die Mitarbeit im Unterricht sowie durch in die Unterrichtsarbeit sonst eingeordnete Leistungsfeststellungen zu erkennen gibt, dass er das Bildungsziel des betreffenden Pflichtgegenstands in den vorangegangenen Schulstufen in den wesentlichen Bereichen überwiegend erfüllt (§ 3 Abs. 6 SchUG).

[3]) Eine einmalige Wiederholung der Einstufungsprüfung ist zulässig (§ 14 Abs. 1 Einstufungs- und Aufnahmsprüfungsverordnung, BGBl. Nr. 347/1976 idgF); wird auch diese negativ beurteilt, ist die Schülerin bzw. der Schüler in die 1. Klasse der NMS aufzunehmen.

[4]) Eine einmalige Wiederholung der Einstufungsprüfung ist zulässig (§ 14 Abs. 1 Einstufungs- und Aufnahmsprüfungsverordnung, BGBl. Nr. 347/1976 idgF). Wird auch die Wiederholung der Einstufungsprüfung negativ beurteilt, kann die Schülerin bzw. der Schüler entweder die Aufnahmsprüfung in die 1. Klasse AHS ablegen oder ohne eine Prüfung die 1. Klasse der NMS besuchen.

[5]) Eine einmalige Wiederholung der Einstufungsprüfung ist zulässig (§ 14 Abs. 1 Einstufungs- und Aufnahmsprüfungsverordnung, BGBl. Nr. 347/1976 idgF). Wird auch die Wiederholung der Einstufungsprüfung negativ beurteilt, hat die Schülerin bzw. der Schüler eine Einstufungsprüfung über die nächstniedrigere Schulstufe abzulegen. Die Schülerin bzw. der Schüler kann aber auch ohne Wiederholung der Einstufungsprüfung gleich die Einstufungsprüfung für die nächstniedrigere Schulstufe ablegen.

[6]) In den differenzierten Pflichtgegenständen.

[7]) In Deutsch, Mathematik und Lebender Fremdsprache. Die näheren Bestimmungen der Durchführung der Aufnahmsprüfung finden sich in den §§ 15 bis 19 der Aufnahms- und Eignungsprüfungsverordnung, BGBl. Nr. 291/1975 idgF.

[1]) Verwaltungsverordnung des Bundesministers für Bildung, Wissenschaft und Forschung vom 12. Juni 2018, BMBWF-24.264/0011-BS/5/2018, RS Nr. 16/2018.

[8]) Für die Aufnahme in die Bildungsanstalt für Elementar- bzw. Sozialpädagogik ist zusätzlich eine Eignungsprüfung (§§ 4 bis 14a der Aufnahms- und Eignungsprüfungsverordnung, BGBl. Nr. 291/1975 idgF) erforderlich.

[9]) Eine einmalige Wiederholung der Einstufungsprüfung ist zulässig (§ 14 Abs. 1 Einstufungs- und Aufnahmsprüfungsverordnung, BGBl. Nr. 347/1976 idgF). Wird auch die Wiederholung der Einstufungsprüfung negativ beurteilt, hat die Schülerin bzw. der Schüler eine Aufnahmsprüfung für die 5. Klasse AHS bzw. 1. Klasse ORG abzulegen.

[10]) Eine einmalige Wiederholung der Einstufungsprüfung ist zulässig (§ 14 Abs. 1 Einstufungs- und Aufnahmsprüfungsverordnung, BGBl. Nr. 347/1976 idgF). Wird auch die Wiederholung der Einstufungsprüfung negativ beurteilt, hat die Schülerin bzw. der Schüler eine Aufnahmsprüfung in die 1. Klasse der BMHS abzulegen. Die Schülerin bzw. der Schüler kann aber auch ohne Wiederholung der Einstufungsprüfung gleich die Aufnahmsprüfung ablegen.

2. Mit dieser Neufassung tritt das Rundschreiben Nr. 16/2017 außer Kraft.

1.12.23. Prüfungskandidatinnen und Prüfungskandidaten mit Behinderungen, chronischen Krankheiten etc. Angemessene Vorkehrungen für Prüfungskandidatinnen und Prüfungskandidaten im Rahmen abschließender Prüfungen[1])

Rechtsgrundlage:

Vorkehrungen im organisatorischen Ablauf und in der Durchführung:

§ 3 Abs. 4 Prüfungsordnung AHS, § 3 Abs. 4 Prüfungsordnung BMHS, § 3 Abs. 3 Prüfungsordnung AHS-B, § 3 Abs. 4 Prüfungsordnung Kollegs und Sonderformen für Berufstätige an BMHS, § 19 Abs. 3a Externistenprüfungsverordnung, § 1 Abs. 3 Berufsreifeprüfungsgesetz

Inhaltliche Abänderungen (Entfall, Tausch, Ergänzung etc.) bei standardisierten Prüfungsgebieten:

§ 18 Abs. 6 und § 37 Abs. 3a Schulunterrichtsgesetz, § 16 Abs. 5 und § 18 Abs. 4 Prüfungsordnung AHS, § 16 Abs. 4 und § 17 Abs. 4 Prüfungsordnung BMHS, § 13 Abs. 5 und § 15 Abs. 4 Prüfungsordnung AHS-B, § 13 Abs. 4 und § 14 Abs. 4 Prüfungsordnung Kollegs und Sonderformen für Berufstätige an BMHS, § 9 Abs. 2 Externistenprüfungsverordnung, § 1 Abs. 3 Berufsreifeprüfungsgesetz

Inhalt:

1. Muss ein ärztliches Gutachten erbracht werden?
2. Allgemeine Informationen zu möglichen Vorkehrungen am Prüfungsstandort
3. Vorkehrungen am Prüfungsstandort – Spezifische Empfehlungen bei Lese- und Rechtschreibschwierigkeiten (LRS)
4. Vorkehrungen am Prüfungsstandort – Spezifische Empfehlungen bei Rechenschwäche
5. Vorkehrungen am Prüfungsstandort – Spezifische Empfehlungen bei Blindheit, Sehbehinderung, CVI (cerebral visual impairment)
6. Vorkehrungen am Prüfungsstandort – Spezifische Empfehlungen bei Gehörlosigkeit, Hörbeeinträchtigung, Auditive Verarbeitungs- und Wahrnehmungsstörung (AVWS)
7. Vorkehrungen am Prüfungsstandort – Spezifische Empfehlungen bei Körperbehinderung, chronischen Krankheiten
8. Vorkehrungen am Prüfungsstandort – Spezifische Empfehlungen bei Autismus-Spektrum-Störung (ASS), Aufmerksamkeitsdefizit-(Hyperaktivitäts)syndrom (AD(H)S)

1. Muss ein ärztliches Gutachten erbracht werden?

Wurde im Schulalltag eine Beeinträchtigung, die geeignet ist, Prüfungsergebnisse zu beeinflussen, festgestellt und entsprechend berücksichtigt, so gilt dies auch für die abschließenden Prüfungen. Relevante Hilfestellungen, die im Schulalltag zum Einsatz kamen, sind auch bei den abschließenden Prüfungen anzuwenden.

Bei Kandidatinnen und Kandidaten der BRP, Externistenreifeprüfung bzw. Externistenreife- und Diplomprüfung kann eine derartige Beeinträchtigung im Schulalltag nicht festgestellt und berücksichtigt werden. Wünscht eine Prüfungskandidatin/ein Prüfungskandidat aufgrund einer Beeinträchtigung die Anpassung der Rahmenbedingungen bei der BRP, so ist im Zweifelsfall ein entsprechendes Gutachten zu erbringen.

Gutachten müssen immer von Personen bzw. Institutionen ausgestellt werden, die dafür fachlich zuständig sind (z.B. entsprechende Fachärztinnen und Fachärzte, klinische Psychologinnen und Psychologen).

Information an die Bildungsdirektionen

Sobald an einem Schulstandort feststeht, dass eine Prüfungskandidatin/ein Prüfungskandidat mit einer Beeinträchtigung, die geeignet ist, das Prüfungsergebnis zu beeinflussen, zur abschließenden Prüfung/BRP/Externistenreifeprüfung antreten wird, ist die Bildungsdirektion zu informieren.

2. Allgemeine Informationen zu möglichen Vorkehrungen am Prüfungsstandort

Die nachfolgenden Empfehlungen gelten gleichermaßen für alle Prüfungsgebiete und alle Prüfungsteile abschließender Prüfungen (inkl. vorwissenschaftlicher Arbeit bzw. Diplomarbeit). Gilt eine Empfehlung nur für ein bestimmtes Prüfungsgebiet bzw. einen bestimmten Prüfungsteil, so ist dies explizit angeführt.

[1]) Verwaltungsverordnung des Bundesministers für Bildung, Wissenschaft und Forschung vom 14. April 2021, Zl. 2020-0.561.468, RS Nr. 11/2021.

Vorbereitung der Prüfungskandidatinnen und Prüfungskandidaten

Vorab soll die Prüfungskandidatin/der Prüfungskandidat ausführlich über den genauen Ablauf und die Bedingungen am Prüfungsstandort informiert werden:
- In welchem Raum findet die Prüfung statt? Wie sieht es dort aus?
- Wer ist meine Ansprechperson?
- Im Falle von Assistenzeinsatz: Was darf die Assistentin/der Assistent tun?
- Wer wird bei der Prüfung anwesend sein?
- Wie muss ich mich verhalten?
- Darf ich Fragen stellen? Wann darf ich eine Frage stellen?
- Wie viel Zeit steht mir zur Verfügung? Was passiert, wenn ich fertig bin?

Beispiele für mögliche Vorkehrungen am Prüfungsstandort

- Ablaufplan/Checkliste für die Prüfungskandidatin/den Prüfungskandidaten erstellen und der Prüfung beilegen (z.B. bei Autismus-Spektrum-Störung)
- eigener Raum
- individuelle Pausen
- individuelle Verlängerung der Arbeitszeit bzw. Präsentationszeit
- Assistenz
- Anwesenheit einer Person zur technischen Unterstützung bzw. für technischen Support beim Einsatz von Computern und anderen Geräten
- Verwendung spezieller Ein- und Ausgabegeräte, Arbeit am Computer (z.B. Textverarbeitungsprogramm, elektronisches Wörterbuch, Software zur Sprachausgabe, Nutzung einer elektronischen Korrekturhilfe, Braillezeile, Eye-Tracking)
- Hörverstehen: Pausieren/Unterbrechen der Audiodateien (auch selbstgesteuert), 1-2 zusätzliche Hörphasen
- Im gerechtfertigten Bedarfsfall (z.B. Gehörlosigkeit) kann auf Ansuchen der Prüfungskandidatin/des Prüfungskandidaten der Prüfungsteil Hörverstehen entfallen.
- Bestellung von SRDP/BRP-Klausuraufgaben in digitaler Form:
  - nicht bearbeitbares PDF
  - Für Blinde und Sehbehinderte gibt es zusätzlich ein nach besonderen Kriterien aufbereitetes RTF und spezielle Grafikaufbereitungen.
- Anpassung und technische Adaptierung der durch das Bundesministerium zur Verfügung gestellten Klausuraufgaben, ohne jedoch den Inhalt zu verändern

Bestellung von SRDP/BRP-Klausuraufgaben in digitaler Form

Beeinträchtigte Prüfungskandidatinnen und Prüfungskandidaten, die beispielsweise am Computer arbeiten, benötigen die SRDP/BRP-Klausuraufgaben in digitaler Form. Die Bestellung von SRDP/BRP-Klausuraufgaben in digitaler Form erfolgt während der regulären Bestellfristen für den jeweiligen Prüfungstermin. Diese Bestellfristen werden vom Bundesministerium direkt an alle Schulleitungen kommuniziert.

Bestellung von SRDP/BRP-Klausuraufgaben als PDF

Die SRDP/BRP-Klausuraufgaben können während der regulären Bestellfrist für den jeweiligen Prüfungstermin als nicht bearbeitbares PDF bestellt werden.

Die Anpassung und technische Adaptierung derart zur Verfügung gestellter SRDP/BRP-Klausuraufgaben am Prüfungsstandort ist grundsätzlich möglich, solange die Inhalte dadurch nicht verändert werden.

Bestellung von SRDP/BRP-Klausuraufgaben in digitaler Form für Prüfungskandidatinnen und Prüfungskandidaten mit Blindheit oder Sehbehinderung

Die SRDP/BRP-Klausuraufgaben für Prüfungskandidatinnen und Prüfungskandidaten mit Blindheit oder Sehbehinderung können nicht nur als PDF, sondern auch als RTF bestellt werden. Die Aufbereitung der Klausuraufgaben als RTF erfolgt nach standardisierten Kriterien.

Die SRDP/BRP-Klausuraufgaben als RTF erfüllen folgende Kriterien:
- Die Klausuraufgaben können mithilfe einer Braillezeile gelesen und am Computer bearbeitet werden.
- Grafische Darstellungen werden in Text-Form beschrieben.
- Mathematische Ausdrücke werden nach den gleichen Kriterien in Zeilen-Form übertragen, die auch bei der Aufbereitung von österreichischen Schulbüchern für Blinde und Sehbehinderte zur Anwendung kommen.
- Alle Klausuraufgaben zu den Prüfungsfächern Mathematik, Angewandte Mathematik und Berufsreifeprüfung Mathematik werden im Zuge der standardisierten Aufbereitung derart angepasst, dass diese von Personen mit Blindheit oder Sehbehinderung erfasst und bearbeitet werden können. Dabei bleibt das ursprüngliche Anforderungsniveau der Klausuraufgaben unverändert.

Die Anpassung und technische Adaptierung derart zur Verfügung gestellter SRDP/BRP-Klausuraufgaben am Prüfungsstandort ist grundsätzlich möglich, solange die Inhalte dadurch nicht verändert werden.

Für die Prüfungsgebiete Mathematik, Angewandte Mathematik und Berufsreifeprüfung Mathematik werden Grafiken – zusätzlich zur Beschreibung in Text-Form – als speziell aufbereitete PDF zur Verfügung gestellt. Diese Grafiken als PDF gibt es in zwei Varianten, die jeweils nach standardisierten Kriterien erstellt werden:

- für starke Vergrößerung (z.B.: Ausdruck im Format A3, Zoom-Ansicht am Computer)
- zur Erstellung taktiler Grafiken (z.B.: mithilfe von temperaturempfindlichem Schwellpapier und einem Schwellkopiergerät)

Weitere Informationen, Übungsmaterial und frühere Prüfungsaufgaben für Prüfungskandidatinnen und Prüfungskandidaten mit Blindheit oder Sehbehinderung: www.matura.gv.at/bs

Anpassung und technische Adaptierung digital zur Verfügung gestellter SRDP/BRP-Klausuraufgaben am Prüfungsstandort

Beispiele für Anpassungen und technische Adaptierungen:

- Umwandlung in ein anderes Dateiformat
- Umwandlung des nicht bearbeitbaren PDF in ein PDF-Formular
- Änderung von Schriftgröße, Kontrast, Zeilenabstand etc.
- Ausdruck auf speziellem Papier (z.B. Schwellpapier)
- Ausdruck im Format A3

Grundsätzlich sollten sich Anpassungen und technische Adaptierungen an den Arbeitsgewohnheiten der betroffenen Prüfungskandidatinnen und Prüfungskandidaten orientieren.

Die betroffenen Prüfungskandidatinnen und Prüfungskandidaten sind im Vorfeld zu den geplanten Anpassungen und technischen Adaptierungen zu informieren.

Die Verantwortlichen am Prüfungsstandort tragen Sorge, dass bei der Umwandlung digital zur Verfügung gestellter SRDP/BRP-Klausuraufgaben in andere Dateiformate die Inhalte korrekt und vollständig dargestellt werden.

Bei der Adaptierung und technischen Anpassung der zur Verfügung gestellten SRDP/BRP-Klausuraufgaben am Prüfungsstandort dürfen die Prüfungsinhalte nicht verändert werden.

3. Vorkehrungen am Prüfungsstandort – Spezifische Empfehlungen bei Lese- und Rechtschreibschwierigkeiten (LRS)

- individuelle Verlängerung der Arbeitszeit
- Arbeit am Computer: vorgesehen sind ein Textverarbeitungsprogramm, die Nutzung einer elektronischen Korrekturhilfe und ein elektronisches Wörterbuch
- Hörverstehen:
  Pausieren/Unterbrechen der Audiodateien (auch selbstgesteuert)
  1-2 zusätzliche Hörphasen

Die Handreichung „Der schulische Umgang mit der Lese-Rechtschreib-Schwäche" enthält wertvolle Informationen für Lehrkräfte zur Förderung von betroffenen Schülerinnen und Schülern:

http://www.schulpsychologie.at/lernen-lernerfolg/lese-rechtschreibschwaeche

Rundschreiben Nr. 32/2001 zur Leistungsbeurteilung bei LRS:

https://bildung.bmbwf.gv.at/ministerium/rs/2001_32.html

Eine Aktualisierung dieses Rundschreibens befindet sich derzeit in Vorbereitung.

4. Vorkehrungen am Prüfungsstandort – Spezifische Empfehlungen bei Rechenschwäche

Im Falle einer Rechenschwäche ist es nicht notwendig, dass die Rahmenbedingungen bei der abschließenden Prüfung am Prüfungsstandort angepasst werden.

Das Rundschreiben Nr. 27/2017 und auch die Handreichung „Die schulische Behandlung der Rechenschwäche" enthalten wertvolle Informationen für Lehrkräfte zur Förderung von rechenschwachen Schülerinnen und Schülern:

http://www.schulpsychologie.at/lernen-lernerfolg/rechenschwaeche

https://bildung.bmbwf.gv.at/ministerium/rs/2017_27.html

https://bildung.bmbwf.gv.at/ministerium/rs/2017_27.pdf?6cczmi

5. Vorkehrungen am Prüfungsstandort – Spezifische Empfehlungen bei Blindheit, Sehbehinderung, CVI (cerebral visual impairment)

- eigener Raum
- individuelle Verlängerung der Arbeitszeit bzw. Präsentationszeit
- Assistenz:
  Von Expert/innen wird dies nur im ausdrücklichen Bedarfsfall empfohlen, da gut geförderte Blinde die abschließenden Prüfungen/BRP/Externistenreifeprüfung ohne Assistenz ablegen können.
- Anwesenheit einer Person zur technischen Unterstützung bzw. für technischen Support
- Verwendung spezieller Ein- und Ausgabegeräte, Arbeit am Computer (z.B. Software zur Sprachausgabe, Braillezeile) oder mit speziellen Hilfsmitteln (z.B. Lesehilfe zur Vergrößerung)

- Bestellung von SRDP/BRP-Klausuraufgaben in digitaler Form – je nach Bedarf:
  - nicht bearbeitbares PDF
  - nach besonderen Kriterien aufbereitetes RTF
  - Mathematik: Grafikaufbereitung zur starken Vergrößerung
  - Mathematik: Grafikaufbereitung zur Erstellung taktiler Grafiken
- Anpassung und technische Adaptierung der durch das Bundesministerium zur Verfügung gestellten Klausuraufgaben, ohne jedoch den Inhalt zu verändern

Weitere Informationen, Übungsmaterial und frühere Prüfungsaufgaben für Prüfungskandidatinnen und Prüfungskandidaten mit Blindheit oder Sehbehinderung: www.matura.gv.at/bs

6. Vorkehrungen am Prüfungsstandort – Spezifische Empfehlungen bei Gehörlosigkeit, Hörbeeinträchtigung, Auditive Verarbeitungs- und Wahrnehmungsstörung (AVWS)

- eigener Raum
- individuelle Pausen
- individuelle Verlängerung der Arbeitszeit bzw. Präsentationszeit
- Assistenz:
  Schriftdolmetscher/in, Gebärdensprachendolmetscher/in,
  Lehrkraft mit ÖGS-Kompetenz bei Präsentationen und mündlichen Prüfungen
- im gerechtfertigten Bedarfsfall (z.B. Gehörlosigkeit) kann auf Ansuchen der Prüfungskandidatin/des Prüfungskandidaten der Prüfungsteil Hörverstehen entfallen (Gutachten eines Amtssachverständigen des schulärztlichen Dienstes notwendig)
- wenn das Hörverstehen geprüft wird:
  Pausieren/Unterbrechen der Audiodateien (auch selbstgesteuert)
  1-2 zusätzliche Hörphasen

7. Vorkehrungen am Prüfungsstandort – Spezifische Empfehlungen bei Körperbehinderung, chronischen Krankheiten

- eigener Raum
- individuelle Pausen, zusätzliche Essenszeiten
- individuelle Verlängerung der Arbeitszeit bzw. Präsentationszeit
- Assistenz
- Anwesenheit einer Person zur technischen Unterstützung bzw. für technischen Support
- Verwendung spezieller Ein- und Ausgabegeräte, Arbeit am Computer (z.B. Software zur Spracherkennung/Sprachausgabe, Eye-Tracking)
- Hörverstehen:
  Pausieren/Unterbrechen der Audiodateien (auch selbstgesteuert)
  1–2 zusätzliche Hörphasen
- Bestellung von SRDP/BRP-Klausuraufgaben in digitaler Form
- Anpassung und technische Adaptierung der durch das Bundesministerium zur Verfügung gestellten Klausuraufgaben, ohne jedoch den Inhalt zu verändern

8. Vorkehrungen am Prüfungsstandort – Spezifische Empfehlungen bei Autismus-Spektrum-Störung (ASS), Aufmerksamkeitsdefizit-(Hyperaktivitäts)syndrom (AD(H)S)

Eine besonders detaillierte Vorbereitung auf die Prüfungssituation wird dringend empfohlen:

- Prüfungsräumlichkeiten besichtigen
- darüber informieren, welche Personen bei der Prüfung anwesend sein werden
- Verhaltensregeln bei der Prüfung besprechen
- Umgang mit zu treffenden Entscheidungen üben

Empfehlungen zur Prüfungssituation:

- Ablaufplan/Checkliste für die Prüfungskandidatin / den Prüfungskandidaten erstellen und der Prüfung beilegen – z.B.:
  - Kontrolliere die Seitenanzahl und die Prüfungskandidatinnen- bzw. Prüfungskandidatennummer.
  - Kontrolliere, ob dein Name auf jedem Zettel steht.
  - Notiere die Anfangs- und Abgabezeiten.
  - Vergiss nicht, nur schwarze oder blaue nicht radierbare Stifte zu verwenden und ggf. Bleistiftlinien nachzuziehen.
  - Streiche alles durch, was nicht bewertet werden soll.
  - Vergiss nicht, auf regelmäßiges Zwischenspeichern (wenn am Computer gearbeitet wird).
  - Überprüfe, ob wirklich alle Aufgaben bearbeitet wurden.
- eigener Raum
- individuelle Pausen
- individuelle Verlängerung der Arbeitszeit bzw. Präsentationszeit
- Assistenz
- Arbeit am Computer (z.B. Textverarbeitungsprogramm)
- Hörverstehen:
  Pausieren/Unterbrechen der Audiodateien (auch selbstgesteuert)
  1-2 zusätzliche Hörphasen
- Bestellung von SRDP/BRP-Klausuraufgaben in digitaler Form
- Anpassung und technische Adaptierung der durch das Bundesministerium zur Verfügung gestellten Klausuraufgaben, ohne jedoch den Inhalt zu verändern.

1.12.24. Ausdehnung des polizeilichen Betretungsverbotes auf Schulen

Hier nicht abgedruckt, siehe Kodex 15. Auflage.

1.12.25. Verordnung über die Bestellung von Fachkoordinatoren

Hier nicht abgedruckt, siehe Kodex 21. Auflage.

1.12.26. Dienstanweisung für Fachkoordinatoren

Hier nicht abgedruckt, siehe Kodex 6. Auflage.

1.12.27. § 33 SchUG – Beendigung des Schulbesuchs

Hier nicht abgedruckt, siehe Kodex 11. Auflage.

1.12.28. Auslegungen zum 2. Schulrechtspaket 2005, BGBl. I Nr. 20/2006 – SchUG

Hier nicht abgedruckt, siehe Kodex 11. Auflage.

1.12.29. Medizinische Laientätigkeiten, Übertragung ärztlicher Tätigkeiten an Lehrpersonen, Verhalten im Notfall

Hier nicht abgedruckt, siehe Kodex 22. Auflage.

1.12.30. Eignungsprüfung im Bereich Elementarpädagogik, Sozialpädagogik und pädagogische Assistenzberufe[1])

Rundschreiben	
Titel:	Rundschreiben zur Eignungsprüfung an den Bildungsanstalten für Elementarpädagogik, den Bildungsanstalten für Sozialpädagogik, den Kollegs für Elementarpädagogik, den Kollegs für Sozialpädagogik, den Fachschulen für pädagogische Assistenzberufe sowie für den Aufbaulehrgang für Elementarpädagogik (AUL)
Rundschreiben Nr.:	02/2024
Sachgebiet:	Pädagogische Angelegenheiten; Schulrecht
Verteilerkreis:	alle Bildungsanstalten für Elementarpädagogik, Bildungsanstalten für Sozialpädagogik, Fachschulen für pädagogische Assistenzberufe
Personenkreis:	Direktor/innen
Geltung:	unbefristet
Rechtsgrundlage:	§§ 4 – 14 AufnEignPr-VO
Kernaussagen/Ziele:	Reduktion auf Kontakt- und Kommunikationsfähigkeit; Entfall der Feststellung der körperlichen Eignung; Ausweitung auf Aufbaulehrgang für Elementarpädagogik
Ort und Zeitpunkt der Genehmigung:	Wien, 17.01.2024
Zeitliche Priorisierung:	
Veröffentlichende Stelle:	BMBWF

Zentrale Eckpunkte

Die Aufnahms- und Eignungsprüfungsverordnung (AufnEignPr-VO), BGBl. Nr. 291/1975 in der geltenden Fassung, sieht gemäß §§ 4 – 14 Eignungsprüfungen an Bildungsanstalten für Elementarpädagogik, Bildungsanstalten für Sozialpädagogik, Fachschulen für pädagogische Assistenzberufe sowie für Aufbaulehrgänge für Elementarpädagogik vor.

Die bisherige Auseinandersetzung zur Bedeutung der Eignungsprüfung hat wiederholt zu der Rückmeldung geführt, dass die Aufnahmsbewerber/innen eine umfassende Orientierung auf die von ihnen angestrebte Ausbildung erhalten sollen.

Kontakt- und Kommunikationsfähigkeit werden als wesentliche Voraussetzungen für elementar- und sozialpädagogische Berufe angesehen, weshalb hierzu von den Aufnahmsbewerber/inne/n bereits wesentliche Kompetenzen mitzubringen sind. Die Eignungsprüfung legt daher den Fokus auf diesen Bereich.

Die bisher überprüften **Anteile „musikalische Bildbarkeit", „schöpferisches Gestalten" und „körperliche Gewandtheit und Belastbarkeit" werden nicht mehr als eigene Bereiche überprüft**. Erfahrungen haben gezeigt, dass zwischen den Ergebnissen bei der Eignungsprüfung in diesen drei Bereichen und dem späteren schulischen Erfolg kein direkter Zusammenhang besteht. Entsprechende Kompetenzen können und werden während der Ausbildung erworben. Pädagog/inn/en sollen im Zuge der Ausbildung darauf vorbereitet werden, Kinder, Jugendliche und (junge) Erwachsene in der Entwicklung ihrer kreativen, musikalischen und körperlichen Fähigkeiten zu unterstützen und sie entsprechend anzuleiten. Es ist das primäre Ziel, Methoden zu erlernen, wie diese Aspekte bei Kindern, Jugendlichen und (jungen) Erwachsenen gefördert werden können. Daher ist es nicht erforderlich, das eigene Können der Pädagog/inn/en bereits im Rahmen der Eignungsprüfung zu prüfen. Dies gilt auch für Inhalte zu „Schwimmen".

Diese Maßnahme soll dazu beitragen, die Eignungsprüfung an Bildungsanstalten für Elementarpädagogik, Bildungsanstalten für Sozialpädagogik, Fachschulen für pädagogische Assistenzberufe sowie für Aufbaulehr-

[1]) Geschäftszahl: 2023-0.702.218.

gänge für Elementarpädagogik an die Aufnahmeverfahren anderer tertiärer Ausbildungswege anzugleichen, die bereits bisher den Fokus auf Kontakt- und Kommunikationsfähigkeit legten.

Selbstevaluierungsbogen

Im Zuge der Eignungsprüfung wird unter anderem eine Selbstevaluierung anhand eines Erhebungsbogens empfohlen. Der Erhebungsbogen ist keinesfalls als Test oder Prüfung zu verstehen, vielmehr bietet er den Prüfungskandidat/inn/en eine persönliche Orientierung und zeigt die vielfältigen Aufgabenbereiche im angestrebten Berufsfeld auf. Die Auseinandersetzung bietet einen inhaltlichen Hintergrund für die Durchführung des Prüfungsgebietes „Kontakt- und Kommunikationsfähigkeit" im Einzel- und/oder Gruppensetting.

Um sicherzustellen, dass die Prüfungskandidat/inn/en den Bogen selbstständig ausfüllen, wird angeregt, den Erhebungsbogen im Rahmen der Eignungsprüfung am Standort auszufüllen. Die konkrete Gestaltung der Durchführung vor Ort obliegt der jeweiligen Bildungsanstalt. Der Erhebungsbogen verbleibt jedenfalls bei dem/der Prüfungskandidaten/-kandidatin, zumal er der individuellen Einschätzung der persönlichen Eignung dient und nicht in die Beurteilung einfließt. Der Erhebungsbogen soll im Rahmen der Eignungsprüfung als Gesprächsanlass und Selbsteinschätzungstool dienen. Den Prüfungskandidat/inn/en ist dies in geeigneter Form zu kommunizieren, um etwaige Unsicherheiten in der Beantwortung zu vermeiden. Eine Auseinandersetzung mit dem Erhebungsbogen zur Selbstevaluierung wird im Rahmen der Aufgabenstellung im Einzel- und/oder im Gruppensetting empfohlen, indem die Prüfungskandidat/inn/en dazu angehalten werden, ihre Antworten zu reflektieren und dabei unterstützt werden, daraus Ableitungen zu treffen.

Für die jeweilige Ausbildungsform gibt es interaktive PDF-Dokumente als entsprechende Vorlage, die seitens des Bundesministeriums für Bildung, Wissenschaft und Forschung als Anhang zu diesem Rundschreiben bereitgestellt werden. Der Erhebungsbogen zur Selbstevaluierung kann entweder in Papierform oder in digitaler Form angeboten werden. Es werden im Zuge der Selbstevaluierung keine personenbezogenen Daten erhoben.

Es wird empfohlen, am Ende der Ausbildung eine neuerliche Selbstevaluierung anhand des bereits bekannten Erhebungsbogens durchzuführen, um den Schüler/inne/n und Studierenden eine Reflexion der eigenen Lernerfolge zu ermöglichen.

Auswahl der Aufgabenstellungen

Gemäß § 10 Abs. 4 AufnEignPr-VO sind eine Aufgabenstellung im Einzelsetting und eine Aufgabenstellung im Gruppensetting vorgesehen.

Die Aufgabenstellung im Gruppensetting kann aus mehreren Teilaufgaben bestehen. Die Auseinandersetzung damit soll im Rahmen einer Kleingruppe erfolgen. Die Aufgabenstellungen sind wie bisher gemäß § 8 Abs. 1 AufnEignPr-VO am Standort vorzubereiten. Zwei mögliche Aufgabenstellungen im Gruppensetting sind diesem Rundschreiben als Anregungen angefügt.

Die Aufgabestellung im Einzelsetting kann ebenso aus mehreren Teilaufgaben bestehen. Eine Teilaufgabe kann jedenfalls ein Gespräch im Sinne einer Reflexion über die erledigten Aufgabenstellungen sein.

Durchführung der praktischen Prüfung

Die Arbeitszeit der praktischen Prüfung ist zwischen zwei und vier Stunden anzusetzen. Die Arbeitszeit kann innerhalb dieses zeitlichen Rahmens am Standort festgelegt und je nach Ausbildungsform entsprechend adaptiert werden. Die Fokussierung auf das eine Prüfungsgebiet „Kontakt- und Kommunikationsfähigkeit" bedeutet nicht, dass die bisherige Zeit für vier Prüfungsbereiche für nunmehr ein Prüfungsgebiet ausgeschöpft werden muss.

Beurteilung der Leistungen bei der Eignungsprüfung

In die Beurteilung der Eignung fließt ausschließlich der Aspekt „Kontakt- und Kommunikationsfähigkeit". Die praktische Prüfung ist in einem Einzel- und einem Gruppensetting von bis zu zwei Prüferinnen und Prüfern durchzuführen, die sich auf eine gemeinsame Note einigen. Die Gesamtbeurteilung ergibt sich somit aus der Beurteilung des Prüfungsgebiets „Kontakt- und Kommunikationsfähigkeit".

Die Beurteilung der Prüfung erfolgt mittels Beschluss in der Konferenz. Anhand der Beurteilungen soll eine nachvollziehbare Reihung der Prüfungskandidat/inn/en vorgenommen werden. Wird ein/e Prüfungskandidat/in aufgrund mangelnden Platzes nicht aufgenommen, obwohl die Prüfung bestanden wurde, so ist im Sinne einer Transparenz die Reihung der Prüfungskandidat/inn/en zu begründen.

Unterschiede der Ausbildungsformen

Die Aufgabenstellungen sind unter Berücksichtigung der für die jeweilige Ausbildungsform notwendigen Eignung zu gestalten. Sie sind vom Fachteam so zu wählen, dass sie den Interessen und Bedürfnissen der jeweiligen Zielgruppe der Ausbildungsform gerecht werden.

Die Eignungsprüfung ist nur von jenen Aufnahmsbewerber/inne/n zu absolvieren, die davor nicht bereits die Fachschule für pädagogische Assistenzberufe positiv abgeschlossen haben. Dieser Hinweis bezieht sich speziell auf den Aufbaulehrgang.

Entfall der Feststellung der körperlichen Eignung

Die Feststellung der körperlichen Eignung im Rahmen der Eignungsprüfung entfällt.

1.13.1. Verordnung über die Wahl der Schülervertreter

BGBl. Nr. 388/1993
idF der Verordnungen
BGBl. II Nr. 142/1997 BGBl. II Nr. 185/2012
BGBl. II Nr. 264/2020

Inhaltsverzeichnis[1])

Verordnung des Bundesministers für Unterricht und Kunst über die Wahl der Schülervertreter

Auf Grund der §§ 59, 59a und 64 des Schulunterrichtsgesetzes, BGBl. Nr. 472/1986, zuletzt geändert durch das Bundesgesetz BGBl. Nr. 324/1993, wird verordnet:

1. Abschnitt
Arten der Wahlen und Wahlberechtigte

Klassensprecher, Jahrgangssprecher

§ 1. (1) Für jede Klasse ab der 5. Schulstufe sind ein Klassensprecher, der an Schulen mit Jahrgangseinteilung als Jahrgangssprecher zu bezeichnen ist, und ein Stellvertreter zu wählen.

(2) Aktiv und passiv wahlberechtigt sind alle Schüler der betreffenden Klasse oder des betreffenden Jahrganges.

(3) entfallen (BGBl. II Nr. 142/1997, Z 1)

Vertreter der Klassensprecher

§ 1a. (1) Für Volksschuloberstufen, für Mittelschulen, für die 5. bis 8. Schulstufen der nach dem Lehrplan der Mittelschulen geführten Sonderschulen und für die Unterstufen der allgemein bildenden höheren Schulen sind je ein Vertreter der Klassensprecher und ein Stellvertreter zu wählen. *(BGBl. II Nr. 185/2012, Art. 12 Z 1 idF BGBl. II Nr. 264/2020, Art. 7 Z 1 und 2)*

(2) Aktiv und passiv wahlberechtigt sind die Klassensprecher der betreffenden Schule, an allgemeinbildenden höheren Schulen die Klassensprecher der Unterstufe.

(BGBl. II Nr. 142/1997, Z 2)

Abteilungssprecher

§ 2. (1) Für jede Fachabteilung sind ein Abteilungssprecher und ein Stellvertreter zu wählen.

(2) Aktiv und passiv wahlberechtigt sind die Schüler der betreffenden Fachabteilung.

(3) Abs. 1 gilt nicht an berufsbildenden Schulen, an denen nur eine Fachabteilung geführt wird.

[1]) Das Inhaltsverzeichnis ist von den Verordnungserlassungen nicht umfasst.

Tagessprecher

§ 3. (1) An ganzjährigen Berufsschulen sind für die einzelnen Schultage einer Woche je ein Tagessprecher und ein Stellvertreter zu wählen.

(2) Aktiv und passiv wahlberechtigt sind die Schüler des betreffenden Schultages.

Schulsprecher

§ 4. (1) Für jede Schule sind ein Schulsprecher und zwei Stellvertreter zu wählen. An allgemeinbildenden Pflichtschulen (mit Ausnahme der Polytechnischen Schule sowie der nach dem Lehrplan der Polytechnischen Schule geführten Sonderschulen) werden keine Schulsprecher gewählt. *(BGBl. Nr. 388/1993 idF BGBl. II Nr. 264/2020, Art. 7 Z 3)*

(2) Aktiv wahlberechtigt sind

1. an allgemeinbildenden höheren Schulen die Schüler der Oberstufe,
2. an ganzjährigen Berufsschulen die Tagessprecher und
3. an den übrigen Schulen die Schüler der betreffenden Schule.

(3) Passiv wahlberechtigt sind alle Schüler der betreffenden Schule, an allgemeinbildenden höheren Schulen jedoch nur die Schüler der Oberstufe.

Stellvertreter für den Schulgemeinschaftsausschuß

§ 5. (1) An Schulen mit Schulgemeinschaftsausschüssen (§ 64 Abs. 1 des Schulunterrichtsgesetzes) sind gleichzeitig mit der Wahl der Schulsprecher und deren beiden Stellvertreter drei Stellvertreter für den Schulgemeinschaftsausschuß zu wählen.

(2) Aktiv wahlberechtigt sind die im § 4 Abs. 2 genannten Schüler.

(3) Passiv wahlberechtigt sind die im § 4 Abs. 3 genannten Schüler.

2. Abschnitt
Durchführung der Wahlen

Wahltermin

§ 6. Die Wahlen der Schülervertreter und deren Stellvertreter sowie die Wahl der Stellvertreter für den Schulgemeinschaftsausschuß haben möglichst zu einem Termin wie folgt stattzufinden:

1. an lehrgangsmäßigen Berufsschulen innerhalb der ersten Woche eines Lehrganges für die Wahl der Klassensprecher und deren Stellvertreter und innerhalb der ersten zwei Wochen eines Lehrganges für die Wahl der Schulsprecher und deren Stellvertreter sowie der Stellvertreter für den Schulgemeinschaftsausschuß und
2. an den übrigen Schulen innerhalb der ersten fünf Wochen eines Schuljahres.

Wahlausschreibung

§ 7. Die Wahlen sind durch den Schulleiter spätestens zwei Wochen vor der Wahl, an lehrgangsmäßigen Berufsschulen am ersten Schultag eines jeden Lehrganges, auszuschreiben. Die Wahlausschreibung muß den Wahltermin (Wahltag, Wahlzeit, Wahlort) und, sofern die Wahlen nicht zu einem Termin erfolgen, die Wahltermine enthalten. Die Ausschreibung ist in der Schule anzuschlagen.

Kandidaten

§ 8. (1) Jeder der Wahlberechtigten hat das Recht, bis spätestens drei Schultage vor den Wahlen Kandidaten für die jeweilige Wahl zu nominieren.

(2) Der Vorschlag bedarf der Annahme durch den Vorgeschlagenen und ist an den Wahlvorsitzenden (§ 9 Abs. 2), der Vorschlag betreffend die Wahl zum Klassensprecher im Falle der Durchführung der Wahl in einzelnen Klassen an den Wahlleiter (§ 9 Abs. 3) zu richten.

(3) Die gemäß Abs. 1 und 2 vorgeschlagenen Kandidaten, ausgenommen die Kandidaten für die Wahl zum Klassensprecher, sind vom Wahlvorsitzenden in ein Wahlverzeichnis aufzunehmen, welches spätestens zwei Schultage vor dem Wahltag, bei Durchführung der Wahlen an verschiedenen Wahltagen vor dem ersten Wahltag, in der Schule anzuschlagen ist. Gegen die Richtigkeit und Vollständigkeit des Wahlverzeichnisses kann jeder Wahlberechtigte (§§ 1 bis 5) vor der Durchführung der Wahlen beim Wahlvorsitzenden Einwendungen erheben, über die der Wahlvorsitzende unverzüglich zu entscheiden hat.

Wahlvorsitz

§ 9. (1) Die Durchführung der Wahlen obliegt dem Wahlvorsitzenden.

(2) Wahlvorsitzender ist:

1. der Schulleiter oder
2. ein vom Schulleiter zum Wahlvorsitzenden zu bestellender Lehrer.

(3) Bei Durchführung der Wahlen in einzelnen Klassen kann der Schulleiter zusätzliche Lehrer als Wahlleiter mit der Durchführung der Wahlen betrauen.

Stimmzettel[2])

§ 10. (1) Die Wahlen sind mittels vom Wahlvorsitzenden zur Verfügung gestellter Stimmzettel von gleicher Beschaffenheit und einheitlichem Format vorzunehmen.

(2) Die Stimmzettel haben den Anlagen 1 und 2 zu entsprechen und die Funktionen, in die gewählt werden soll, zu bezeichnen.

(3) Auf den Stimmzetteln gemäß den Anlagen 1 und 2 können, erforderlichenfalls unter Hinzufügung von Zeilen, die Namen der Kandidaten in alphabetischer Reihenfolge ohne Hinzufügung der Wahlpunkte angeführt sein.

(4) Die Stimmzettel gemäß den Anlagen 1 und 2 können auf einem Blatt vereinigt werden.

Stimmabgabe

§ 11. (1) Die Wahlen sind geheim und durch die persönliche Abgabe des Stimmzettels am Wahlort vorzunehmen. Jedem Wähler kommt eine Stimme zu. Der Wahlvorsitzende oder, im Falle des § 9 Abs. 3, der Wahlleiter hat für die Wahrung des Wahlgeheimnisses zu sorgen.

(2) Die Wahlberechtigten haben auf den Stimmzetteln gemäß Anlage 1 die Namen der von ihnen in die jeweilige Funktion gewählten beiden Kandidaten einzutragen. Sofern die Stimmzettel gemäß § 10 Abs. 3 bereits die Namen der Kandidaten enthalten, haben die Wahlberechtigten die Wahlpunkte den von ihnen in die jeweilige Funktion gewählten Kandidaten wie folgt zuzuordnen:

1. zwei Wahlpunkte für die Reihung an erster Stelle sowie für die Funktion des Schülervertreters und
2. einen Wahlpunkt für die Funktion des Stellvertreters.

(3) Die Wahlberechtigten haben auf den Stimmzetteln gemäß Anlage 2 die Namen der von ihnen in die jeweilige Funktion gewählten sechs Kandidaten einzutragen. Sofern die Stimmzettel gemäß § 10 Abs. 3 bereits die Namen der Kandidaten enthalten, haben die Wahlberechtigten die Wahlpunkte den von ihnen in die jeweilige Funktion gewählten Kandidaten wie folgt zuzuordnen:

1. sechs Wahlpunkte für die Reihung an erster Stelle sowie für die Funktion des Schulsprechers,
2. fünf Wahlpunkte für die Funktion des ersten Stellvertreters des Schulsprechers,
3. vier Wahlpunkte für die Funktion des zweiten Stellvertreters des Schulsprechers,
4. drei Wahlpunkte für die Funktion des ersten Stellvertreters für den Schulgemeinschaftsausschuß,
5. zwei Wahlpunkte für die Funktion des zweiten Stellvertreters für den Schulgemeinschaftsausschuß und
6. einen Wahlpunkt für die Funktion des dritten Stellvertreters für den Schulgemeinschaftsausschuß.

(4) Die Abgabe der Stimme ist vom Wahlvorsitzenden oder, im Falle des § 9 Abs. 3, vom Wahlleiter in einem Wahlprotokoll zu vermerken.

(5) Die Stimme ist gültig abgegeben, wenn der Wählerwille aus dem Stimmzettel eindeutig hervorgeht.

Wahlergebnis

§ 12. (1) Unmittelbar nach Beendigung der Stimmabgabe hat der Wahlvorsitzende gemeinsam mit zwei von ihm aus dem Kreis der Wahlberechtigten als Wahlzeugen zu bestimmenden Schülern die Gültigkeit der Stimmzettel zu prüfen sowie die Zahl der gültigen und der ungültigen Stimmen, die Reihung der einzelnen Kandidaten und die auf die einzelnen Kandidaten entfallende Zahl an Wahlpunkten festzustellen.

(2) Erfolgen die Wahlen in den einzelnen Klassen (§ 9 Abs. 3), so obliegen die Aufgaben des Wahlvorsitzenden gemäß Abs. 1 dem Wahlleiter. Dieser hat, sofern es sich nicht um die Wahl des Klassensprechers handelt, gemeinsam mit den Wahlzeugen die Klassenwahlergebnisse dem Wahlvorsitzenden zu übermitteln. Der Wahlvorsitzende hat nach Erhalt sämtlicher Klassenwahlergebnisse gemeinsam mit zwei von ihm aus dem Kreis der Wahlberechtigten als Wahlzeugen zu bestimmenden Schülern die Reihung der einzelnen Kandidaten und die auf die auf die einzelnen Kandidaten entfallende Zahl an Wahlpunkten festzustellen.

(3) Zum Schülervertreter ist gewählt, wer auf mehr als der Hälfte der Stimmzettel durch die Vergabe der jeweils höchstmöglichen Zahl an Wahlpunkten an erster Stelle gereiht wurde. Erreicht keiner der Kandidaten diese Mehrheit, so ist eine Stichwahl zwischen jenen beiden Kandidaten durchzuführen, die am häufigsten an erster Stelle gereiht wurden. Wäre danach die Stichwahl zwischen mehr als zwei Kandidaten durchzuführen, so entscheidet die Zahl an Wahlpunkten oder, wenn auch danach die Stichwahl zwischen mehr als zwei Kandidaten durchzuführen wäre, das

[2]) Siehe auch RS Nr. 16/2008 betreffend Gültigkeit bzw. Ungültigkeit unvollständig ausgefüllter Stimmzettel (1.12.14.).

Wahl VO
Schüler, Eltern, SGA

Los, zwischen welchen beiden Kandidaten die Stichwahl durchzuführen ist.

(4) Zum Stellvertreter eines Schülervertreters gemäß §§ 1 bis 3 ist gewählt, wer im ersten Wahlgang die höchste Zahl an Wahlpunkten (unter Außerachtlassung der Punktezahl des gemäß Abs. 3 gewählten Schülervertreters) auf sich vereinigt. Bei gleicher Punktezahl entscheidet das Los.

(5) Zu den Stellvertretern eines Schulsprechers (§ 4) sind gewählt, wer im ersten Wahlgang die höchste und die zweithöchste Zahl an Wahlpunkten (unter Außerachtlassung der Punktezahl des gemäß Abs. 3 gewählten Schulsprechers) auf sich vereinigt. Bei gleicher Punktezahl entscheidet das Los.

(6) Zu den Stellvertretern der Vertreter der Schüler im Schulgemeinschaftsausschuß (§ 5) sind gewählt, wer im ersten Wahlgang die dritt- bis fünfthöchste Zahl an Wahlpunkten (unter Außerachtlassung der Punktezahl des gemäß Abs. 3 gewählten Schulsprechers) auf sich vereinigt. Bei gleicher Punktezahl entscheidet das Los.

(7) Die Feststellungen gemäß Abs. 1 und 2 sowie das Wahlergebnis gemäß Abs. 3 bis 6 sind im Wahlprotokoll festzuhalten und vom Wahlvorsitzenden, von den Wahlzeugen und, im Falle des Abs. 2, vom Wahlleiter zu unterfertigen.

(8) Das Wahlergebnis ist unverzüglich und auf geeignete Weise in der Schule kundzumachen. Der Schulleiter hat dem gewählten Schülervertreter auf sein Verlangen eine Bestätigung über die Wahl zum Schülervertreter auszustellen. *(BGBl. Nr. 388/1993 idF BGBl. II Nr. 142/1997, Z 3)*

(9) Die Wahlakten sind unter Verschluß bis zur nächsten Wahl aufzubewahren.

Anfechtung der Wahl

§ 13. (1) Die Wahl eines Schülervertreters, eines Stellvertreters, oder eines Stellvertreters für den Schulgemeinschaftsausschuß kann von jedem Wahlberechtigten (§§ 1 bis 5) innerhalb von einer Woche ab der Kundmachung der Wahl angefochten werden. Die Anfechtung ist jedoch unzulässig, wenn sie sich auf Gründe stützt, die gemäß § 8 Abs. 3 hätten geltend gemacht werden können oder erfolglos geltend gemacht worden sind.

(2) Über die Anfechtung entscheidet der Wahlvorsitzende. Gegen die Entscheidung ist ein ordentliches Rechtsmittel nicht zulässig.

(3) Auf Grund der Anfechtung ist die Wahl so weit für ungültig zu erklären, als durch Rechtswidrigkeiten das Wahlergebnis beeinflußt werden konnte.

3. Abschnitt
Besondere Bestimmungen

§ 14. (1) An Schulen mit nur einer Klasse oder einem Jahrgang haben die gemäß § 4 gewählten Schulsprecher und deren Stellvertreter abweichend von § 1 auch die Funktionen der Klassensprecher oder Jahrgangssprecher und deren Stellvertreter auszuüben bzw. haben die gemäß § 1 gewählten Klassensprecher und deren Stellvertreter auch die Funktionen der Vertreter der Klassensprecher und deren Stellvertreter auszuüben. *(BGBl. II Nr. 142/1997, Z 4)*

(2) An berufsbildenden Schulen, an denen Fachabteilungen mit nur einer Klasse oder einem Jahrgang geführt werden, haben die gewählten Abteilungssprecher und deren Stellvertreter abweichend von § 1 auch die Funktion der Klassensprecher oder Jahrgangssprecher und deren Stellvertreter auszuüben. *(BGBl. II Nr. 142/1997, Z 4)*

(3) An berufsbildenden Schulen, an denen nur eine Fachabteilung geführt wird (§ 2 Abs. 3), haben die gewählten Schulsprecher und deren Stellvertreter auch die Funktionen der Abteilungssprecher und deren Stellvertreter auszuüben.

§ 15. Für die Wahl des Schulsprechers, dessen Stellvertreter und deren drei Stellvertreter für den Schulgemeinschaftsausschuß an Berufsschulen mit ganzjährigem und lehrgangsmäßigem Unterricht sind nur die Bestimmungen für ganzjährige Berufsschulen anzuwenden. Bei lehrgangsmäßigen Berufsschulen, an denen gleichzeitig Lehrgänge mit unterschiedlicher Dauer geführt werden, ist von einer achtwöchigen Lehrgangsdauer auszugehen; werden derartige Lehrgänge nicht geführt, so gilt die längste Lehrgangsdauer.

4. Abschnitt
Abwahl und Neuwahl eines Schülervertreters, eines Stellvertreters oder eines Stellvertreters im Schulgemeinschaftsausschuß

Abwahlantrag

§ 16. Ein Antrag auf Abwahl eines Schülervertreters, eines Stellvertreters oder eines Stellvertreters im Schulgemeinschaftsausschuß ist schriftlich gemäß § 59a Abs. 10 des Schulunterrichtsgesetzes beim Schulleiter einzubringen und von mindestens einem Drittel der jeweils zur Wahl Berechtigten zu unterschreiben.

Durchführung der Abwahl

§ 17. § 7 (mit Ausnahme des die Ausschreibung an lehrgangsmäßigen Berufsschulen betreffenden Halbsatzes), § 9, § 10 Abs. 1 und § 11 sind mit der Maßgabe anzuwenden, daß an die Stelle der Worte „Wahl" und „Wahlen" jeweils die Worte „Abwahl" und „Abwahlen" treten. Die Stimmzettel haben der Anlage 3 zu entsprechen und den Namen sowie die Funktion des Abzuwählenden zu enthalten.

Abwahlergebnis und Anfechtung der Abwahl

§ 18. (1) Unmittelbar nach Beendigung der Stimmabgabe hat der Wahlvorsitzende gemeinsam mit zwei von ihm aus dem Kreis der Wahlberechtigten als Wahlzeugen zu bestimmenden Schülern die Gültigkeit der Stimmzettel zu prüfen, die Zahl der gültigen und der ungültigen Stimmen sowie die Zahl der auf Abwahl lautenden Stimmen festzustellen.

(2) Erfolgen die Abwahlen in den einzelnen Klassen (§ 9 Abs. 3), so obliegen die Aufgaben des Wahlvorsitzenden gemäß Abs. 1 dem Wahlleiter. Dieser hat, sofern es sich nicht um die Abwahl des Klassensprechers handelt, gemeinsam mit den Wahlzeugen die Klassenabwahlergebnisse dem Wahlvorsitzenden zu übermitteln. Der Wahlvorsitzende hat nach Erhalt sämtlicher Klassenabwahlergebnisse gemeinsam mit zwei von ihm aus dem Kreis der zur Abwahl Berechtigten als Wahlzeugen zu bestimmenden Schülern die Zahl der auf Abwahl lautenden Stimmen festzustellen.

(3) Ein Schülervertreter, ein Stellvertreter oder ein Stellvertreter im Schulgemeinschaftsausschuß ist abgewählt, wenn die unbedingte Mehrheit der gültigen Stimmen auf Abwahl lautet. Bei Stimmengleichheit gilt die Abwahl als abgelehnt.

(4) Die Feststellungen gemäß Abs. 1 und 2 sowie das Wahlergebnis gemäß Abs. 3 sind im Wahlprotokoll festzuhalten und vom Wahlvorsitzenden, von den Wahlzeugen und im Falle des Abs. 2 vom Wahlleiter zu unterfertigen.

(5) § 12 Abs. 8 und 9 sind anzuwenden. § 13 Abs. 1 erster Satz, Abs. 2 und 3 sind mit der Maßgabe anzuwenden, daß an die Stelle der Worte „Wahl" jeweils das Wort „Abwahl" tritt.

Neuwahl eines Schülervertreters oder eines Stellvertreters

§ 19. (1) Auf Neuwahlen gemäß § 59a Abs. 11 des Schulunterrichtsgesetzes und nach einer Ungültigerklärung der Wahl gemäß § 13 Abs. 3 sind die §§ 7 bis 13 und 15 anzuwenden.

(2) Sofern die Neuwahl nur eines Schülervertreters, eines Stellvertreters oder eines Stellvertreters für den Schulgemeinschaftsausschuß stattfindet, ist § 12 jedoch mit der Maßgabe anzuwenden, daß

1. im Falle das Abs. 3 letzter Satz das Los entscheidet, zwischen welchen beiden Kandidaten die Stichwahl durchzuführen ist, und
2. in den Fällen des Abs. 4 bis 6 gewählt ist, wer die höchste Zahl an Stimmen auf sich vereinigt.

5. Abschnitt
Ergänzende Bestimmungen

§ 20. Eine gemäß § 54 Abs. 2 des Schulorganisationsgesetzes, BGBl. Nr. 242/1962, aus dem Grunde der fachlichen Zusammengehörigkeit einer berufsbildenden höheren Schule eingegliederte berufsbildende mittlere Schule bildet mit dieser eine einzige Schule im Sinne dieser Verordnung.

§ 21. Soweit in dieser Verordnung auf andere Rechtsvorschriften verwiesen wird, sind diese in der jeweils geltenden Fassung anzuwenden.

6. Abschnitt
Inkrafttreten und Außerkrafttreten

Inkrafttreten und Außerkrafttreten

§ 22. (1) Diese Verordnung tritt mit 1. September 1993 in Kraft.

(2) Mit dem Inkrafttreten dieser Verordnung tritt die Verordnung über die Durchführung der Wahl der Schülervertreter, BGBl. Nr. 374/1974, in der Fassung der Verordnungen BGBl. Nr. 440/1977 und 445/1986, außer Kraft.

(3) Der Entfall des § 1 Abs. 3, § 1a samt Überschrift, § 12 Abs. 8, § 14 Abs. 1 und 2 sowie Anlage 1 dieser Verordnung in der Fassung der Verordnung BGBl. II Nr. 142/1997 treten mit 1. September 1997 in Kraft. *(BGBl. II Nr. 142/1997, Z 5)*

(4) § 1a Abs. 1 dieser Verordnung in der Fassung der Verordnung BGBl. II Nr. 185/2012 tritt mit 1. September 2012 in Kraft. *(BGBl. II Nr. 185/2012, Art. 12 Z 2)*

(5) Die nachstehend genannten Bestimmungen in der Fassung der Verordnung BGBl. II Nr. 264/2020 treten wie folgt in Kraft:

1. § 1a Abs. 1 (in der Fassung der Z 1) und § 4 Abs. 1 treten mit Ablauf des Tages der Kundmachung[3]) in Kraft;
2. § 1a Abs. 1 (in der Fassung der Z 2) tritt mit 1. September 2020 in Kraft.

(BGBl. II Nr. 264/2020, Art. 7 Z 4)

---

[3]) Die Kundmachung im Bundesgesetzblatt erfolgte am 12. Juni 2020.

Anlage 1

Stimmzettel für die Wahl der
– Klassensprecher/Jahrgangssprecher und deren Stellvertreter
– Vertreter der Klassensprecher und deren Stellvertreter *(BGBl. II Nr. 142/1997, Z 6)*
– Abteilungssprecher und deren Stellvertreter
– Tagessprecher und deren Stellvertreter

Name des Kandidaten/der Kandidatin	Wahlpunkte
	2
	1

Anlage 2

Stimmzettel für die Wahl der Schulsprecher, deren zwei Stellvertreter und der drei Stellvertreter für den Schulgemeinschaftsausschuß

Name des Kandidaten/der Kandidatin	Wahlpunkte
	6
	5
	4
	3
	2
	1

Anlage 3

Stimmzettel für die Abwahl eines Schülervertreters oder eines Stellvertreters

Soll .... in der Funktion als .... abgesetzt werden?
❍ ja
❍ nein

1.13.2. Verordnung über die Wahl der Klassenelternvertreter

BGBl. Nr. 285/1988
idF der Verordnungen
BGBl. II Nr. 185/2012 BGBl. II Nr. 264/2020

Inhaltsverzeichnis[1])

Verordnung des Bundesministers für Unterricht, Kunst und Sport vom 31. Mai 1988 über die Wahl der Klassenelternvertreter

Auf Grund des § 63a des Schulunterrichtsgesetzes, BGBl. Nr. 472/1986, in der Fassung des Bundesgesetzes BGBl. Nr. 229/1988 wird verordnet:

Allgemeine Bestimmung

§ 1. Die Wahl des Klassenelternvertreters (Stellvertreters) ist als erster Tagesordnungspunkt der ersten Sitzung der Klassenforen zu Beginn des Schuljahres durchzuführen

1. in der Vorschulstufe, der 1. Schulstufe der Volksschulen und der Sonderschule sowie der 1. Klasse der Mittelschule; *(BGBl. Nr. 285/1988 idF BGBl. II Nr. 185/2012, Art. 13 Z 1 und BGBl. II Nr. 264/2020, Art. 6 Z 1 und 2)*
2. in höheren Stufen der in Z 1 genannten Schularten, wenn vor Eingehen in die Tagesordnung ein Wahlvorschlag erstattet wird, der Klassenelternvertreter (Stellvertreter) von seiner Funktion gemäß § 63a Abs. 5 des Schulunterrichtsgesetzes zurücktritt oder sein Kind aus dem Klassenverband ausscheidet;
3. bei Zusammenlegung oder Teilung von Klassen; werden Klassen während des Unterrichtsjahres zusammengelegt oder geteilt, hat die Wahl in der gemäß § 63a Abs. 4 des Schulunterrichtsgesetzes einzuberufenden Sitzung des Klassenforums stattzufinden.

Wahlvorschläge

§ 2. Elternvereine im Sinne des § 63 des Schulunterrichtsgesetzes sowie die Erziehungsberechtigten der Schüler der betreffenden Klasse sind berechtigt, Wahlvorschläge für die Wahl des Klassenelternvertreters (Stellvertreter) beim Klassenlehrer oder Klassenvorstand einzubringen. Nach dem Zeitpunkt der Bestellung des Wahlvorsitzenden (§ 3) sind Wahlvorschläge bei diesem zu erstatten. Der Klassenlehrer bzw. der Klassenvorstand hat die bei ihm eingebrachten Wahlvorschläge dem Wahlvorsitzenden rechtzeitig zu übergeben. Wahlvorschläge bedürfen zu ihrer Gültigkeit der Annahme des Vorgeschlagenen.

Wahlvorsitzender

§ 3. (1) Vor Durchführung der Wahl des Klassenelternvertreters (Stellvertreters) ist der Wahlvorsitzende aus dem Kreis der Erziehungsberechtigten der Schüler der betreffenden Schule zu wählen. Kandidaten für die Funktion des Wahlvorsitzenden dürfen nicht Kandidaten für die Wahl zum Klassenelternvertreter (Stellvertreter) der betreffenden Klasse sein.

(2) Die Wahl des Wahlvorsitzenden findet unter Leitung des Vorsitzenden des Klassenforums (§ 63a Abs. 3 des Schulunterrichtsgesetzes) statt. Über jeden Kandidaten ist gesondert abzustimmen.

(3) Das Wahlrecht ist offen, zB durch Handheben, auszuüben. Für jeden der die betreffende Klasse besuchenden Schüler kommt dessen Erziehungsberechtigten eine Stimme zu.

(4) Gewählt ist, wer die einfache Mehrheit der gültigen Stimmen auf sich vereinigt. Bei Stimmengleichheit zwischen zwei oder mehreren Kandidaten entscheidet das Los, wer Wahlvorsitzender ist.

§ 4. Besteht an der Schule ein Elternverein im Sinne des § 63 des Schulunterrichtsgesetzes, so ist dieser zur Entsendung des Wahlvorsitzenden berechtigt; hiebei dürfen nur Er-

[1]) Das Inhaltsverzeichnis ist von den Verordnungserlassungen nicht umfasst.

ziehungsberechtigte von Schülern der betreffenden Schule entsendet werden. Wird ein Wahlvorsitzender entsendet und nimmt diese Person zur Ausübung ihrer Funktion an der ersten Sitzung des betreffenden Klassenforums teil, so entfällt die Wahl des Wahlvorsitzenden.

Wahl des Klassenelternvertreters (Stellvertreters)

§ 5. (1) Der Klassenelternvertreter und dessen Stellvertreter sind jeweils in einem gesonderten Wahlgang zu wählen, sofern nicht der Stellvertreter gemäß § 9 Abs. 1 zweiter Satz bestimmt wird.

(2) Die Wahl ist durch persönliche und geheime Stimmabgabe am Wahlort vorzunehmen; auf Antrag eines Wahlberechtigten (Abs. 3) ist offen abzustimmen (zB durch Handheben), sofern keiner der anwesenden Wähler sich dagegen ausspricht.

(3) Für jeden die betreffende Klasse besuchenden Schüler kommt dessen Erziehungsberechtigten eine Stimme zu.

(4) Der Wahlvorsitzende hat für den geordneten Ablauf der Wahlhandlung zu sorgen.

§ 6. (1) Die geheime Wahl des Klassenelternvertreters (Stellvertreters) ist mittels zur Verfügung gestellter Stimmzettel von gleicher Beschaffenheit und einheitlichem Format vorzunehmen.

(2) Für jede Stimme ist bei geheimer Wahl dem (den) Wahlberechtigten (§ 5 Abs. 3) vom Wahlvorsitzenden ein Stimmzettel zu übergeben. Der Wahlvorsitzende hat für die Geheimhaltung der Stimmabgabe zu sorgen.

§ 7.[2]) (1) Im Anschluß an eine geheime Abstimmung hat der Wahlvorsitzende die Gültigkeit der Stimmzettel und die Zahl der für die einzelnen Kandidaten gültig abgegebenen Stimmen festzustellen.

(2) Ein Stimmzettel ist gültig ausgefüllt, wenn aus ihm eindeutig hervorgeht, welchem Kandidaten der Wähler seine Stimme geben wollte. Der Stimmzettel ist ungültig, wenn

1. ein anderer als der vom Wahlleiter zur Verfügung gestellte Stimmzettel verwendet wurde,
2. der Stimmzettel durch Beschädigung derart beeinträchtigt wurde, daß nicht mehr eindeutig hervorgeht, welchem Kandidaten der Wähler seine Stimme geben wollte,
3. der Name keines Kandidaten oder
4. die Namen von zwei oder mehreren Kandidaten angegeben wurden.

[2]) Siehe auch RS Nr. 16/2008 betreffend Gültigkeit bzw. Ungültigkeit unvollständig ausgefüllter Stimmzettel (1.12.14.).

§ 8. (1) Im Falle offener Abstimmung ist über jeden Wahlvorschlag gesondert abzustimmen.

(2) Bei offener Abstimmung hat der Wahlvorsitzende die Zahl der für die einzelnen Kandidaten abgegebenen gültigen Stimmen festzustellen.

§ 9. (1) Gewählt ist, wer die einfache Mehrheit der gültigen Stimmen auf sich vereinigt. Bei Stimmengleichheit zwischen zwei oder mehr Kandidaten entscheidet das vom Wahlvorsitzenden zu ziehende Los wer Klassenelternvertreter bzw. Stellvertreter wird.

(2) Der Wahlvorsitzende hat Ort und Zeit der Wahl sowie das Wahlergebnis schriftlich festzuhalten.

(3) Das Wahlergebnis ist in der Schule anzuschlagen.

§ 10. Die Wahlakten (Wahlvorschläge, Stimmzettel, schriftlicher Vermerk über das Wahlergebnis) sind vom Klassenlehrer oder Klassenvorstand in einem Umschlag unter Verschluß bis zur nächsten Wahl aufzubewahren und sodann zu vernichten.

§ 11. (1) Diese Verordnung tritt mit 1. September 1988 in Kraft.

(2) Mit dem Inkrafttreten dieser Verordnung tritt die Verordnung des Bundesministers für Unterricht, Kunst und Sport über die Wahl der Klassenelternvertreter, BGBl. Nr. 446/1986, außer Kraft.

(3) § 1 Z 1 dieser Verordnung in der Fassung der Verordnung BGBl. II Nr. 185/2012 tritt mit 1. September 2012 in Kraft. *(BGBl. II Nr. 185/2012, Art. 13 Z 2)*

(4) Die nachstehend genannten Bestimmungen in der Fassung der Verordnung BGBl. II Nr. 264/2020 treten wie folgt in Kraft:

1. § 1 Z 1 (in der Fassung der Z 1) tritt mit Ablauf des Tages der Kundmachung[3]) im Bundesgesetzblatt in Kraft;
2. § 1 Z 1 (in der Fassung der Z 2) tritt mit 1. September 2020 in Kraft.

(BGBl. II Nr. 264/2020, Art. 6 Z 3)

[3]) Die Kundmachung im Bundesgesetzblatt erfolgte am 12. Juni 2020.

1.13.3. Verordnung über die Wahl der Vertreter der Lehrer und der Erziehungsberechtigten in den Schulgemeinschaftsausschuss

BGBl. Nr. 389/1993

Inhaltsverzeichnis[1])

Verordnung des Bundesministers für Unterricht und Kunst über die Wahl der Vertreter der Lehrer und der Erziehungsberechtigten in den Schulgemeinschaftsausschuß

Auf Grund des § 64 des Schulunterrichtsgesetzes, BGBl. Nr. 472/1986, zuletzt geändert durch das Bundesgesetz BGBl. Nr. 324/1993, wird verordnet:

1. Abschnitt
Wahl der Vertreter der Lehrer

Wahlausschreibung, Wahltermin

§ 1. Die Wahl der Lehrervertreter ist vom Schulleiter unter Bekanntgabe des Wahltages, der Wahlzeit und des Wahlortes spätestens zwei Wochen vorher, an lehrgangsmäßigen Berufsschulen in der ersten oder zweiten Woche des Monats September, auszuschreiben. Die Ausschreibung ist durch Anschlag in der Schule kundzumachen. Die Wahl hat innerhalb der ersten drei Monate eines jeden Schuljahres, an lehrgangsmäßigen Berufsschulen im September jeden Jahres stattzufinden; dauert über Beschluß der Schulkonferenz die Funktionsperiode der Lehrervertreter zwei Jahre, so findet zwischenzeitig keine Wahl statt.

Kandidaten

§ 2. (1) Jeder der Wahlberechtigten (§ 64 Abs. 4 des Schulunterrichtsgesetzes) ist berechtigt, bis spätestens drei Schultage vor Beginn der Wahl der Lehrervertreter dem Schulleiter Namen von an der betreffenden Schule tätigen Lehrern als Kandidaten für die Wahl bekanntzugeben. Der Vorschlag bedarf der Annahme durch den Vorgeschlagenen.

(2) Die gemäß Abs. 1 nominierten Kandidaten sind vom Schulleiter in ein Wahlverzeichnis aufzunehmen, welches spätestens am letzten Schultag vor dem Wahltag in der Schule anzuschlagen ist.

Stimmzettel[2])

§ 3. (1) Die Wahl ist mittels vom Schulleiter zur Verfügung gestellter Stimmzettel von gleicher Beschaffenheit und einheitlichem Format vorzunehmen.

(2) Die Stimmzettel sind entsprechend der Anlage zu gestalten und können, erforderlichenfalls unter Hinzufügung von Zeilen, die Namen der Kandidaten in alphabetischer Reihenfolge ohne Hinzufügung der Wahlpunkte enthalten.

[1]) Das Inhaltsverzeichnis ist von den Verordnungserlassungen nicht umfasst.

[2]) Siehe auch RS Nr. 16/2008 betreffend Gültigkeit bzw. Ungültigkeit unvollständig ausgefüllter Stimmzettel (1.12.14.).

Stimmabgabe

§ 4. (1) Die Wahlen sind geheim und durch die persönliche Abgabe des Stimmzettels am Wahlort vorzunehmen. Jedem Wähler kommt eine Stimme zu. Der Schulleiter hat für die Wahrung des Wahlgeheimnisses zu sorgen.

(2) Die Wahlberechtigten haben auf den Stimmzetteln gemäß der Anlage die Namen der von ihnen in die jeweilige Funktion gewählten sechs Kandidaten einzutragen. Sofern die Stimmzettel gemäß § 3 Abs. 2 bereits die Namen der Kandidaten enthalten, haben die Wahlberechtigten die Wahlpunkte den von ihnen in die jeweilige Funktion gewählten Kandidaten wie folgt zuzuordnen:

1. sechs, fünf und vier Wahlpunkte für die Funktionen der Lehrervertreter im Schulgemeinschaftsausschuß und
2. drei, zwei und einen Wahlpunkt für die Funktionen der Stellvertreter der Lehrervertreter im Schulgemeinschaftsausschuß.

(3) Die Abgabe der Stimme ist vom Schulleiter in einem Protokoll zu vermerken.

(4) Die Stimme ist gültig abgegeben, wenn der Wählerwille aus dem Stimmzettel eindeutig hervorgeht.

Wahlergebnis

§ 5. (1) Unmittelbar nach Beendigung der Stimmabgabe hat der Schulleiter gemeinsam mit zwei von ihm aus dem Kreis der Lehrer der betreffenden Schule zu bestimmenden Wahlzeugen die Gültigkeit der Stimmzettel zu prüfen sowie die Zahl der gültigen und der ungültigen Stimmen und die auf die einzelnen Kandidaten entfallende Zahl an Wahlpunkten festzustellen. Diese Feststellungen sind im Protokoll festzuhalten und vom Schulleiter und den Wahlzeugen zu unterfertigen.

(2) Zum Mitglied des Schulgemeinschaftsausschusses als Lehrervertreter gewählt sind jene drei Kandidaten, die die höchste Zahl an Wahlpunkten aufweisen. Als Stellvertreter gewählt sind jene drei Kandidaten, die die viert-, fünft- und sechsthöchste Zahl an Wahlpunkten aufweisen. Wenn infolge gleicher Zahl an Wahlpunkten mehr als drei Kandidaten als Mitglieder oder Stellvertreter in Betracht kommen, so entscheidet das Los darüber, wer als Mitglied und wer als Stellvertreter gewählt ist.

(3) Das Wahlergebnis ist im Protokoll festzuhalten. Die Niederschrift ist vom Schulleiter und von den Wahlzeugen (Abs. 1) zu unterfertigen.

(4) Das Wahlergebnis ist unverzüglich und auf geeignete Weise in der Schule kundzumachen.

(5) Die Wahlakten sind unter Verschluß bis zur nächsten Wahl aufzubewahren.

Anfechtung der Wahl

§ 6. (1) Die Wahl eines Lehrervertreters kann von jedem Wahlberechtigten (§ 64 Abs. 4 des Schulunterrichtsgesetzes) innerhalb von einer Woche ab der Kundmachung der Wahl[3]) angefochten werden.

(2) Über die Anfechtung entscheidet der Schulleiter. Gegen die Entscheidung ist ein ordentliches Rechtsmittel nicht zulässig.

(3) Auf Grund der Anfechtung ist die Wahl soweit für ungültig zu erklären, als durch Rechtswidrigkeiten das Wahlergebnis beeinflußt werden konnte.

Wiederholung der Wahl

§ 7. Ist die Wahl ungültig oder wurde nicht die erforderliche Zahl an Vertretern und Stellvertretern gewählt, obwohl Kandidaten gemäß § 2 in genügender Zahl vorhanden sind, ist die Wahl unverzüglich zu wiederholen.

2. Abschnitt

Wahl der Vertreter der Erziehungsberechtigten

Wahlausschreibung

§ 8. (1) Die Wahl der Vertreter der Erziehungsberechtigten ist vom Schulleiter unter Bekanntgabe des Wahltages, der Wahlzeit, des Wahlortes, der Möglichkeit der Stimmabgabe auf dem Wege durch die Post sowie der Möglichkeit zur Namhaftmachung von Kandidaten spätestens zwei Monate vorher, an lehrgangsmäßigen Berufsschulen am ersten Schultag eines jeden Lehrganges, auszuschreiben.

(2) Die Ausschreibung ist durch schriftliche Mitteilung an die Erziehungsberechtigten vorzunehmen. Darüber hinaus ist die Ausschreibung durch Anschlag in der Schule kundzumachen.

(3) Die Wahlberechtigten haben eine allfällige Inanspruchnahme der Möglichkeit der Stimmabgabe auf dem Wege durch die Post bekanntzugeben.

Wahltermin

§ 9. Die Wahl hat innerhalb der ersten drei Monate eines jeden Schuljahres, an lehrgangsmäßigen Berufsschulen innerhalb der ersten drei Wochen eines jeden Lehrganges, stattzufinden.

Kandidaten

§ 10. (1) Jeder der Wahlberechtigten (§ 64 Abs. 6 des Schulunterrichtsgesetzes) ist berechtigt, bis spätestens einen Monat, an lehr-

[3]) Gemeint: „des Wahlergebnisses".

gangsmäßigen Berufsschulen bis spätestens zwei Wochen vor Beginn der Wahl der Elternvertreter dem Schulleiter Namen von Erziehungsberechtigten der Schüler der betreffenden Schule als Kandidaten für die Wahl bekanntzugeben. Der Vorschlag bedarf der Annahme durch den Vorgeschlagenen.

(2) Die gemäß Abs. 1 nominierten Kandidaten sind vom Schulleiter in ein Wahlverzeichnis aufzunehmen, welches unverzüglich in der Schule anzuschlagen ist.

Durchführung der Wahl

§ 11. (1) Die Durchführung der Wahl in der Schule erfolgt für diejenigen Erziehungsberechtigten, die ihre Stimme nicht auf dem Wege durch die Post abgeben (§ 12), innerhalb der vom Schulleiter gemäß § 8 Abs. 1 festgelegten Zeit.

(2) Für die Durchführung der Wahl gemäß Abs. 1 sind § 3, § 4 (vorbehaltlich der Möglichkeit der Stimmabgabe auf dem Wege durch die Post), § 5 Abs. 1 bis 3 und 5, § 6 und § 7 mit der Maßgabe anzuwenden, daß

1. die Durchführung der Wahl der Vertreter der Erziehungsberechtigten dem Schulleiter oder einem von ihm namhaft gemachten Lehrer obliegt,
2. an die Stelle der Lehrervertreter die Vertreter der Erziehungsberechtigten im Schulgemeinschaftsausschuß treten und
3. die Wahlzeugen aus dem Kreis der Erziehungsberechtigten zu bestimmen sind.

Stimmabgabe auf dem Wege durch die Post (Briefwahl)

§ 12. (1) Zur Briefwahl berechtigt sind alle Wahlberechtigten, die der Schulleitung die Inanspruchnahme der Möglichkeit der Stimmabgabe auf dem Wege durch die Post gemäß § 8 Abs. 3 bekanntgegeben haben.

(2) Der Schulleiter hat unverzüglich nach Ablauf der in § 10 Abs. 1 für die Nominierung von Kandidaten vorgesehenen Zeiträume an die Erziehungsberechtigten zu übermitteln:

1. einen leeren Umschlag (Wahlkuvert),
2. einen Stimmzettel,
3. einen mit der Anschrift der Schule an den Schulleiter adressierten sowie mit dem Vor- und Zunamen des Wahlberechtigten versehenen und besonders gekennzeichneten Briefumschlag und
4. ein Wahlverzeichnis (§ 10 Abs. 2), sofern nicht der Stimmzettel gemäß § 3 Abs. 2 die Namen der Kandidaten enthält.

(3) Die zur Briefwahl berechtigten (Abs. 1) haben das Wahlkuvert, das den ausgefüllten Stimmzettel enthält, in dem von der Schulleitung übermittelten Briefumschlag an den Schulleiter zu übermitteln; zur Wahrung des Wahlgeheimnisses ist der Briefumschlag zu verschließen.

(4) Der verschlossene Briefumschlag ist so rechtzeitig zu übermitteln, daß er vor dem Ende der in der Wahlausschreibung (§ 8 Abs. 1) genannten Wahlzeit bei der Schulleitung einlangt; später eingelangte Stimmzettel sind bei der Stimmenauszählung nicht zu berücksichtigen.

(5) Der Schulleiter oder der von ihm mit der Durchführung der Wahl betraute Lehrer hat unmittelbar nach der persönlichen Stimmabgabe (§ 4 Abs. 1) in Anwesenheit der Wahlzeugen (§ 5 Abs. 1) die Briefumschläge zu öffnen und die darin befindlichen Wahlkuverts mit den vorhandenen Wahlkuverts zu vermischen.

Bekanntgabe des Wahlergebnisses

§ 13. (1) Die zu Vertretern der Erziehungsberechtigten Gewählten und deren Stellvertreter sind vom Schulleiter von ihrer Wahl schriftlich zu verständigen. Darüber hinaus ist das Wahlergebnis unverzüglich auf geeignete Weise in der Schule kundzumachen.

(2) Tritt an die Stelle einer Wahl der Vertreter der Erziehungsberechtigten und deren Stellvertreter die Entsendung durch den Elternverein gemäß § 64 Abs. 6 des Schulunterrichtsgesetzes, so sind die Namen der entsendeten Vertreter und deren Funktionen im Schulgemeinschaftsausschuß auf geeignete Weise in der Schule kundzumachen.

3. Abschnitt
Ergänzende Bestimmungen

§ 14. Eine gemäß § 54 Abs. 2 des Schulorganisationsgesetzes, BGBl. Nr. 242/1962, aus dem Grunde der fachlichen Zusammengehörigkeit der berufsbildenden höheren Schule eingegliederte berufsbildende mittlere Schule bildet mit dieser eine einzige Schule im Sinne dieser Verordnung.

§ 15. An Schulen, an denen ganzjähriger und lehrgangsmäßiger Unterricht erteilt wird, sind nur die Bestimmungen für ganzjährige Berufsschulen anzuwenden. Bei lehrgangsmäßigen Berufsschulen, an denen gleichzeitig Lehrgänge mit unterschiedlicher Dauer geführt werden, ist von einer achtwöchigen Lehrgangsdauer auszugehen; werden derartige Lehrgänge nicht geführt, so gilt die längste Lehrgangsdauer.

§ 16. An Schulen mit weniger als vier Lehrern (der Schulleiter ist nicht mitzuzählen) findet keine Wahl der Lehrervertreter statt.

§ 17. Soweit in dieser Verordnung auf andere Rechtsvorschriften verwiesen wird, sind diese in der jeweils geltenden Fassung anzuwenden.

4. Abschnitt
Inkrafttreten und Außerkrafttreten

§ 18. (1) Diese Verordnung tritt mit 1. September 1993 in Kraft.

(2) Mit dem Inkrafttreten dieser Verordnung tritt die Verordnung über die Wahl des Schulgemeinschaftsausschusses, BGBl. Nr. 447/1986, außer Kraft.

Anlage

Name des Kandidaten/der Kandidatin	Wahlpunkte
	6
	5
	4
	3
	2
	1

2.1.1. Berufsreifeprüfungsgesetz – BRPG

BGBl. I Nr. 68/1997
idF der Bundesgesetze

BGBl. I Nr. 21/1998	BGBl. I Nr. 52/2000
BGBl. I Nr. 91/2005	BGBl. I Nr. 118/2008
BGBl. I Nr. 45/2010	BGBl. I Nr. 32/2011
BGBl. I Nr. 9/2012	BGBl. I Nr. 89/2012
BGBl. I Nr. 75/2013	BGBl. I Nr. 97/2015
BGBl. I Nr. 75/2016	BGBl. I Nr. 47/2017
BGBl. I Nr. 138/2017	BGBl. I Nr. 13/2020
BGBl. I Nr. 15/2022	

Inhaltsverzeichnis[1])

Stichwortverzeichnis zum BRPG
(die Ziffern beziehen sich auf die Paragrafen)

[1]) Das Inhaltsverzeichnis ist von den Gesetzesbeschlüssen nicht umfasst.

Stichwortverzeichnis

Bundesgesetz über die Berufsreifeprüfung[2]) (Berufsreifeprüfungsgesetz – BRPG)

(BGBl. I Nr. 68/1997 idF BGBl. I Nr. 75/2013, Art. 5 Z 1)

Der Nationalrat hat beschlossen:

Allgemeine Bestimmungen

§ 1. (1) Personen ohne Reifeprüfung können nach Maßgabe dieses Bundesgesetzes durch die Ablegung der Berufsreifeprüfung die mit der Reifeprüfung einer höheren Schule verbundenen Berechtigungen erwerben, wenn sie eine der nachstehend genannten Prüfungen bzw. Ausbildungen erfolgreich abgelegt bzw. absolviert haben:

1. Lehrabschlussprüfung nach dem Berufsausbildungsgesetz, BGBl. Nr. 142/1969, *(BGBl. I Nr. 52/2000, Z 1 idF BGBl. I Nr. 97/2015, Art. 2 Z 1)*
2. Facharbeiterprüfung nach dem Land- und forstwirtschaftlichen Berufsausbildungsgesetz, BGBl. Nr. 298/1990, *(BGBl. I Nr. 52/2000, Z 1 idF BGBl. I Nr. 97/2015, Art. 2 Z 2)*
3. mindestens dreijährige mittlere Schule,
4. mindestens dreijährige Ausbildung nach dem Gesundheits- und Krankenpflegegesetz, BGBl. I Nr. 108/1997, *(BGBl. I Nr. 118/2008, Z 1)*
5. mindestens 30 Monate umfassende Ausbildung nach dem Bundesgesetz über die Regelung des medizinisch-technischen Fachdienstes und der Sanitätshilfsdienste (MTF-SHD-G), BGBl. Nr. 102/1961, *(BGBl. I Nr. 118/2008, Z 1)*
6. Meisterprüfung nach der Gewerbeordnung 1994, BGBl. Nr. 194, *(BGBl. I Nr. 91/2005, Art. 12 Z 1 idF BGBl. I Nr. 97/2015, Art. 2 Z 3)*
7. Befähigungsprüfung nach der Gewerbeordnung 1994, BGBl. Nr. 194, *(BGBl. I Nr. 91/2005, Art. 12 Z 1 idF BGBl. I Nr. 97/2015, Art. 2 Z 4)*
8. land- und forstwirtschaftliche Meisterprüfung nach dem Land- und forstwirtschaftlichen Berufsausbildungsgesetz, BGBl. Nr. 298/1990, *(BGBl. I Nr. 91/2005, Art. 12 Z 1 idF BGBl. I Nr. 118/2008, Z 2 und BGBl. I Nr. 97/2015, Art. 2 Z 5)*
9. Dienstprüfung gemäß § 28 des Beamten-Dienstrechtsgesetzes 1979 (BDG 1979), BGBl. Nr. 333/1979 bzw. § 67 des Vertragsbedienstetengesetzes 1948 (VBG), BGBl. Nr. 86/1948, in Verbindung mit § 28 BDG 1979 für eine entsprechende oder höhere Einstufung in die Verwendungs- bzw. Entlohnungsgruppen A 4, D, E 2b, W 2, M BUO 2, d oder die Bewertungsgruppe v4/2, jeweils gemeinsam mit einer tatsächlich im Dienstverhältnis verbrachten Dienstzeit von mindestens drei Jahren nach Vollendung des 18. Lebensjahres, *(BGBl. I Nr. 118/2008, Z 2)*
10. erfolgreicher Abschluss sämtlicher Pflichtgegenstände in allen Semestern der 10. und 11. Schulstufe einer berufsbildenden höheren Schule oder einer höheren Anstalt der Lehrer- und Erzieherbildung jeweils gemeinsam mit einer mindestens dreijährigen beruflichen Tätigkeit sowie erfolgreicher Abschluss aller Module über Pflichtgegenstände der ersten vier Semester einer berufsbildenden höheren Schule für Berufstätige oder einer höheren Anstalt der Lehrer- und Erzieherbildung für Berufstätige, *(BGBl. I Nr. 9/2012, Art. 6 Z 1)*
11. erfolgreicher Abschluss eines gemäß § 5 Abs. 3 des Studienförderungsgesetzes 1992, BGBl. Nr. 305, durch Verordnung des zuständigen Bundesministers genannten Hauptstudienganges an einem Konservatorium, *(BGBl. I Nr. 32/2011, Z 1)*
12. erfolgreicher Abschluss eines mindestens dreijährigen künstlerischen Studiums an einer Universität gemäß Universitätsgesetz 2002, BGBl. I Nr. 120, oder an einer Privatuniversität gemäß Universitäts-Akkreditierungsgesetz, BGBl. I Nr. 168/1999, für welches die allgemeine Universitätsreife mittels positiv beurteilter Zulassungsprüfung nachzuweisen war, *(BGBl. I Nr. 32/2011, Z 1)*
13. erfolgreicher Abschluss einer Ausbildung zum Heilmasseur gemäß dem Bundesgesetz über die Berufe und die Ausbildung zum medizinischen Masseur und Heilmasseur – MMHmG, BGBl. I Nr. 169/2002, *(BGBl. I Nr. 32/2011, Z 1 idF BGBl. I Nr. 89/2012, Art. 9 Z 1)*
14. erfolgreicher Abschluss einer Ausbildung in der medizinischen Fachassistenz oder Operationstechnischen Assistenz gemäß Medizinische Assistenzberufe-Gesetz (MABG), BGBl. I Nr. 89/2012, *(BGBl. I Nr. 89/2012, Art. 9 Z 1 idF BGBl. I Nr. 75/2016, Art. 3 Z 1 und BGBl. I Nr. 15/2022, Art. 6 Z 1)*
15. erfolgreicher Abschluss einer Ausbildung in der Pflegefachassistenz gemäß Gesundheits- und Krankenpflegegesetz – GuKG, BGBl. I Nr. 108/1997. *(BGBl. I Nr. 75/2016, Art. 3 Z 1)*

(BGBl. I Nr. 52/2000, Z 1)

BRPG, VO
PflSchAbschlPrüf.G, VO

[2]) Siehe auch die Begründung in den stenographischen Protokollen der XX. GP (Kodex 5. Auflage).

(2) Zu den mit der Reifeprüfung einer höheren Schule verbundenen Berechtigungen zählen insbesondere die Berechtigung zum Besuch von Kollegs, Fachhochschulen und Fachhochschul-Studiengängen, Pädagogischen Hochschulen, anerkannten privaten Pädagogischen Hochschulen und Studiengängen, Universitäten und akkreditierten Privatuniversitäten sowie die Erfüllung der Ernennungserfordernisse gemäß Z 2.11 der Anlage 1 zum Beamten-Dienstrechtsgesetz 1979, BGBl. Nr. 333. *(BGBl. I Nr. 32/2011, Z 2)*

(3) Die Berufsreifeprüfung ist eine Externistenprüfung im Sinne des § 42 des Schulunterrichtsgesetzes, BGBl. Nr. 472/1986 in seiner jeweils geltenden Fassung. Soweit im Folgenden nicht anderes bestimmt wird, gelten die Vorschriften über Externistenprüfungen.

§ **2.** Personenbezogene Bezeichnungen in diesem Bundesgesetz gelten jeweils auch in ihrer weiblichen Form.

Inhalt und Umfang der Berufsreifeprüfung

§ **3.** (1) Die Berufsreifeprüfung umfaßt folgende Teilprüfungen:

1. Deutsch: eine fünfstündige schriftliche Klausurarbeit mit den Anforderungen einer Reifeprüfung einer höheren Schule und eine mündliche Prüfung bestehend aus einer Präsentation der schriftlichen Klausurarbeit und Diskussion derselben; *(BGBl. I Nr. 118/2008, Z 3)*
2. Mathematik (bzw. Mathematik und angewandte Mathematik): eine viereinhalbstündige schriftliche Klausurarbeit mit den Anforderungen einer Reifeprüfung einer höheren Schule und eine allfällige mündliche Kompensationsprüfung; *(BGBl. I Nr. 47/2017, Art. 1 Z 1)*
3. Lebende Fremdsprache: nach Wahl des Prüfungskandidaten eine fünfstündige schriftliche Klausurarbeit oder eine mündliche Prüfung, mit den Anforderungen einer Reifeprüfung einer höheren Schule;
4. Fachbereich: eine fünfstündige schriftliche Klausurarbeit über ein Thema aus dem Berufsfeld des Prüfungskandidaten (einschließlich des fachlichen Umfeldes) und eine diesbezügliche mündliche Prüfung mit dem Ziel einer Auseinandersetzung auf höherem Niveau. *(BGBl. I Nr. 52/2000, Z 2)*

(1a) entfallen (BGBl. I Nr. 32/2011, Z 2a)

(2) Die Prüfung gemäß Abs. 1 Z 3 bzw. Abs. 1 Z 4 und Abs. 3 Z 2 entfällt für Personen, die eine nach Inhalt, Prüfungsform, Prüfungsdauer und Niveau gleichwertige Prüfung erfolgreich abgelegt haben. Der zuständige Bundesminister hat durch Verordnung jene Meister-, Befähigungs- und sonstigen Prüfungen festzulegen, die diesen Anforderungen entsprechen. *(BGBl. I Nr. 52/2000, Z 3 idF BGBl. I Nr. 91/2005, Art. 12 Z 1a und BGBl. I Nr. 47/2017, Art. 1 Z 2)*

(3) Die Teilprüfung gemäß Abs. 1 Z 4 kann

1. auch über ein Thema abgelegt werden, das sowohl der beruflichen Tätigkeit des Prüfungskandidaten als auch dem Ausbildungsziel einer berufsbildenden höheren Schule zugeordnet werden kann, oder
2. an Stelle der fünfstündigen schriftlichen Klausurarbeit auch in Form einer projektorientierten Arbeit (einschließlich einer Präsentation und Diskussion unter Einbeziehung des fachlichen Umfeldes) auf höherem Niveau abgelegt werden (Projektarbeit).

(BGBl. I Nr. 118/2008, Z 5)

Zulassung zur Berufsreifeprüfung

§ **4.** (1) Das Ansuchen um Zulassung zur Berufsreifeprüfung ist bei der öffentlichen oder mit dem Öffentlichkeitsrecht ausgestatteten höheren Schule einzubringen, vor deren Prüfungskommission der Prüfungskandidat die Berufsreifeprüfung abzulegen wünscht. An der Schule müssen die für die abzulegenden Teilprüfungen erforderlichen Fachprüfer zur Verfügung stehen. *(BGBl. I Nr. 68/1997 idF BGBl. I Nr. 52/2000, Z 4)*

(2) Das Ansuchen hat zu enthalten:

1. den Nachweis der persönlichen Voraussetzungen gemäß § 1 Abs. 1 sowie des Geburtsdatums,
2. *entfallen (BGBl. I Nr. 52/2000, Z 5)*
3. die Wahl, ob die Teilprüfung „Lebende Fremdsprache" (§ 1 Abs. 1 Z 3) schriftlich oder mündlich abgelegt wird,
4. Angaben zur Teilprüfung aus dem Fachbereich (§ 3 Abs. 1 Z 4),
5. gegebenenfalls die in Aussicht genommene Anerkennung von Prüfungen gemäß § 8b Abs. 1 und 2 sowie *(BGBl. I Nr. 118/2008, Z 6)*
6. den beabsichtigten Zeitpunkt der vor der Prüfungskommission (§ 5) abzulegenden Teilprüfungen der Berufsreifeprüfung. *(BGBl. I Nr. 118/2008, Z 6)*

Im Falle der beabsichtigten Ablegung der Teilprüfung über den Fachbereich in Form einer Projektarbeit gemäß § 3 Abs. 3 Z 2 können die Angaben gemäß Z 4 auch einen Vorschlag für die Themenstellung und die inhaltliche Abgrenzung des fachlichen Umfeldes der Projektarbeit enthalten. Die Festlegung der Themenstellung und des fachlichen Umfeldes erfolgt auf Antrag und in Abstimmung mit dem Zulassungswerber durch den Vorsitzenden der Prüfungskommission (Abs. 4). *(BGBl. I Nr. 68/1997 idF BGBl. I Nr. 118/2008, Z 7)*

(3) Der Prüfungskandidat darf zur letzten Teilprüfung nicht vor Vollendung des 19. Lebensjahres antreten. Abweichend von § 1 Abs. 1 darf der Prüfungskandidat zu höchstens drei Teilprüfungen bereits vor erfolgreichem Abschluss einer der in § 1 Abs. 1 genannten Ausbildungen bzw. Prüfungen antreten. Bei vierjährigen Lehrberufen kann die Teilprüfung über den Fachbereich unter sinngemäßer Anwendung des § 8a und des § 11 Abs. 1 auch im Rahmen der Lehrabschlussprüfung abgelegt werden. *(BGBl. I Nr. 118/2008, Z 8)*

(3a) Bei negativer Beurteilung der schriftlichen Klausurarbeiten gemäß § 3 Abs. 1 Z 2 ist der Prüfungskandidat oder die Prüfungskandidatin auf Antrag im selben Prüfungstermin zu einer zusätzlichen mündlichen Kompensationsprüfung zuzulassen. *(BGBl. I Nr. 47/2017, Art. 1 Z 3)*

(4) Über die Zulassung hat der Vorsitzende der Prüfungskommission zu entscheiden.

(5) Nach der Zulassung zur Berufsreifeprüfung ist ein Wechsel der Prüfungskommission nicht mehr zulässig. *(BGBl. I Nr. 52/2000, Z 6)*

Prüfungskommission

§ 5. (1) Die Prüfungskommission für die einzelnen Teilprüfungen besteht aus dem Vorsitzenden und dem Prüfer der Teilprüfung.

(2) Vorsitzender ist der Leiter jener Schule, an der die Anmeldung zur Berufsreifeprüfung (§ 4 Abs. 1) erfolgt ist. Der Schulleiter oder bei Schulen, die an einem Schulcluster beteiligt sind, der Leiter des Schulclusters kann die Vorsitzführung einem Lehrer der betreffenden Schule übertragen. Werden Teilprüfungen im Rahmen einer Reifeprüfung abgelegt (§ 6 Abs. 3), so obliegt dem Vorsitzenden der Reifeprüfungskommission auch bezüglich der Durchführung dieser Teilprüfung(en) die Vorsitzführung. *(BGBl. I Nr. 68/1997 idF BGBl. I Nr. 138/2017, Art. 20 Z 1)*

(3) Die Prüfer für die einzelnen Teilprüfungen sind vom Vorsitzenden (Abs. 2 erster Satz) zu bestellen. Bei Ablegung von Teilprüfungen im Rahmen einer Reifeprüfung gemäß § 6 Abs. 3 sind Lehrer zu Prüfern zu bestellen, die bereits der Reifeprüfungskommission angehören.

Durchführung der Prüfung

§ 6. (1) Die Teilprüfungen können nach Wahl des Prüfungskandidaten gemeinsam zu einem Termin oder getrennt abgelegt werden. Die Festlegung der Prüfungstermine von schriftlichen Klausurarbeiten hat hinsichtlich der Teilprüfungen „Deutsch", „Mathematik (bzw. Mathematik und angewandte Mathematik)" und „Lebende Fremdsprache" (Englisch, Französisch, Spanisch, Italienisch; in weiteren Sprachen nach Maßgabe einer Verordnung des zuständigen Bundesministers) gemäß § 3 Abs. 1 Z 1 bis 3 durch den zuständigen Bundesminister, hinsichtlich der übrigen Teilprüfungen durch den Vorsitzenden zu erfolgen, welcher Wünschen des Prüfungskandidaten nach Möglichkeit zu entsprechen hat. *(BGBl. I Nr. 68/1997 idF BGBl. I Nr. 32/2011, Z 3)*

(1a) Die Teilprüfungen der Berufsreifeprüfung sind – unbeschadet des § 3 Abs. 1 Z 2 in der Fassung des Bundesgesetzes BGBl. I Nr. 97/2015 und des § 6 Abs. 1 in der Fassung des Bundesgesetzes BGBl. I Nr. 32/2011 – innerhalb von fünf Jahren, gerechnet vom Zeitpunkt der Zulassung (§ 4 Abs. 4), nach den zu diesem Zeitpunkt geltenden Lehrplan- und Prüfungsvorschriften, danach nach den jeweils geltenden Vorschriften abzulegen. *(BGBl. I Nr. 52/2000, Z 7 idF BGBl. I Nr. 118/2008, Z 9 und BGBl. I Nr. 47/2017, Art. 1 Z 4)*

(2) Die Ablegung der mündlichen Prüfung(en) hat vor der Prüfungskommission (§ 5) zu erfolgen. Für die Beaufsichtigung während der schriftlichen Prüfung hat der Vorsitzende der Prüfungskommission Vorsorge zu treffen. Die Prüfungskommission kann die Prüfung auch am Standort einer Berufsschule oder einer mittleren Schule oder, wenn es wegen der Zahl der zur Prüfung antretenden Prüfungskandidaten notwendig ist, auch an einem anderen Prüfungsort durchführen. *(BGBl. I Nr. 68/1997 idF BGBl. I Nr. 47/2017, Art. 1 Z 5)*

(3) Die Teilprüfungen können auch im Rahmen einer Reifeprüfung an der Schule, bei der sich der Prüfungswerber angemeldet hat, abgelegt werden.

(4) Die mündliche Prüfung ist öffentlich. Dem Vorsitzenden obliegt die Leitung der Prüfung. Der Schulleiter oder bei Schulen, die an einem Schulcluster beteiligt sind, der Leiter des Schulclusters hat einen Schriftführer mit der Anfertigung eines Prüfungsprotokolls zu betrauen. *(BGBl. I Nr. 91/2005, Art. 12 Z 5idF BGBl. I Nr. 138/2017, Art. 20 Z 2)*

Beurteilung und Wiederholung der Teilprüfungen

§ 7. (1) Der Vorsitzende der Prüfungskommission für die einzelnen Teilprüfungen hat die allfällige schriftliche und die allfällige mündliche (Kompensations)Prüfung nach Abgabe eines Beurteilungsvorschlages durch den Prüfer zu beurteilen und eine Gesamtbeurteilung für die Teilprüfung auszusprechen. Die Beurteilungsstufen sind: „Sehr gut", „Gut", „Befriedigend", „Genügend" und „Nicht genügend". Grundlage für die Beurteilung sind die vom Prüfungskandidaten bei der Lösung der Aufgaben erwiesene Kenntnis des Prüfungsgebietes, die dabei gezeigte Einsicht in die Zusammenhänge zwischen verschiedenen Sachgebieten des Prüfungsgebietes, die Eigenständigkeit im Denken und in der Anwendung des Inhaltes des Prüfungsgebietes, die Erreichung der Bildungs- und Lehraufgabe sowie der Lernziele des betreffenden Prüfungsgebietes und die im Rahmen der Präsentation und Diskussion (§ 3 Abs. 1 Z 1 und 4) nachgewiesenen Kompetenzen in der Ausdrucks- und Diskursfähigkeit in der deutschen Sprache. *(BGBl. I Nr. 68/1997 idF BGBl. I Nr. 91/2005, Art. 12 Z 6, BGBl. I Nr. 118/2008, Z 10 und BGBl. I Nr. 47/2017, Art. 1 Z 6)*

(2) Nach Entgegennahme der Aufgabenstellung ist ein Rücktritt nicht mehr zulässig. Die Teilprüfung ist zu beurteilen.

(3) Vorgetäuschte Leistungen sind nicht zu beurteilen.

(4) Nicht bestandene Teilprüfungen oder Teilprüfungen, die gemäß Abs. 3 nicht beurteilt wurden, dürfen jeweils nach Ablauf von zwei Monaten höchstens dreimal wiederholt werden. *(BGBl. I Nr. 97/2015, Art. 2 Z 4)*

(5) Über die Gesamtbeurteilung der einzelnen Teilprüfungen ist ein Zeugnis auszustellen, wobei im Zeugnis über die Teilprüfung im Fachbereich gemäß § 3 Abs. 1 Z 4 die Themenstellung dieser Prüfung und im Falle der Ablegung der Teilprüfung über den Fachbereich in Form einer projektorientierten Arbeit gemäß § 3 Abs. 3 Z 2 das Thema der Projektarbeit anzugeben ist. Zeugnisse über die einzelnen Teilprüfungen sind nicht auszustellen, sofern alle Teilprüfungen im Rahmen eines Prüfungstermines abgelegt werden und sofort ein Zeugnis über die Berufsreifeprüfung gemäß § 9 ausgestellt werden kann. Sofern im Rahmen der schriftlichen Klausurarbeiten gemäß § 3 Abs. 1 Z 2 eine negative Beurteilung der Klausurarbeit erfolgte und auf Antrag des Prüfungskandidaten eine mündliche Kompensationsprüfung abgelegt wurde, hat die Prüfungskommission auf Grund der Teilbeurteilung der Klausurarbeit mit „Nicht genügend" und der Teilbeurteilung der mündlichen Kompensationsprüfung die Beurteilung der Leistungen des Prüfungskandidaten im betreffenden Prüfungsgebiet mit „Befriedigend", „Genügend" oder „Nicht genügend" festzusetzen. *(BGBl. I Nr. 68/1997 idF BGBl. I Nr. 118/2008, Z 11 und BGBl. I Nr. 47/2017, Art. 1 Z 7)*

Lehrgänge zur Vorbereitung auf die Berufsreifeprüfung

§ 8. (1) Auf Antrag einer Einrichtung der Erwachsenenbildung, die vom Bund als Förderungsempfänger anerkannt ist[3]), oder einer öffentlichen Schule im Rahmen der Teilrechtsfähigkeit kann der zuständige Bundesminister einen Lehrgang als zur Vorbereitung auf die Berufsreifeprüfung geeignet anerkennen. Auf Antrag des Bundesministers für Inneres kann der zuständige Bundesminister einen von der Sicherheitsakademie gemäß § 11 des Sicherheitspolizeigesetzes, BGBl. Nr. 566/1991, geführten Lehrgang als zur Vorbereitung auf die Teilprüfung über den Fachbereich „Politische Bildung und Recht" geeignet anerkennen. *(BGBl. I Nr. 32/2011, Z 4)*

(1a) Die Anerkennung hat zu erfolgen, wenn der vorzulegende Lehr- oder Studienplan von seinen Anforderungen her jenen von öffentlichen höheren Schulen gleichwertig ist und die Vortragenden sowie die Prüfer über eine facheinschlägige, zum Unterricht nach den Anforderungen einer berufsbildenden höheren Schule befähigende Qualifikation verfügen. Als Vortragende in Lehrgängen zur Vorbereitung auf die Teilprüfungen „Deutsch", „Mathematik (bzw. Mathematik und angewandte Mathematik)" und „Lebende Fremdsprache" kommen auch Personen in Betracht, welche ein facheinschlägiges, zum Unterricht nach den Anforderungen einer höheren Schule befähigendes Studium an einer anerkannten postsekundären Bildungseinrichtung erfolgreich abgeschlossen haben und über eine zumindest zwölfmonatige Berufserfahrung als Vortragende in der Aus-, Fort- oder Weiterbildung verfügen. Als Vortragende in Lehrgängen zur Vorbereitung auf die Teilprüfung „Fachbereich" kommen auch Personen in Betracht, welche über eines der nachstehend genannten Lehrämter verfügen:

1. Lehramt für Berufsschulen, Fachgruppe II (für fachtheoretische Unterrichtsgegenstände),
2. Lehramt für den technisch-gewerblichen Fachbereich an berufsbildenden mittleren und höheren Schulen, Fachgruppe A (für fachtheoretische Unterrichtsgegenstände an berufsbildenden mittleren Schulen),
3. Lehramt für den Fachbereich Ernährung an berufsbildenden mittleren und höheren Schulen,
4. Lehramt für den Fachbereich Information und Kommunikation an berufsbildenden mittleren und höheren Schulen,
5. Lehramt für land- und forstwirtschaftliche Berufs- und Fachschulen und für den Fachbereich Agrar und Umwelt an höheren land- und forstwirtschaftlichen Schulen.

Der zuständige Bundesminister kann, wenn es im Hinblick auf die Gleichwertigkeit der Ab-

---

[3]) Siehe die Kundmachung BGBl. II Nr. 228/2001 (hier nicht abgedruckt).

schlüsse erforderlich ist, kompetenzbasierte Curricula für die Vorbereitung zu den einzelnen Teilprüfungen verordnen, welche den anerkannten Lehrgängen zu Grunde zu legen sind. *(BGBl. I Nr. 32/2011, Z 4 idF BGBl. I Nr. 9/2012, Art. 6 Z 2)*

(2) Die Anerkennung des Lehrgangs als zur Vorbereitung auf die Berufsreifeprüfung geeignet erfolgt im Hinblick auf den eingereichten, einer gesetzlich geregelten höheren Schulart zuordenbaren, Lehr- oder Studienplan auf die Dauer von höchstens fünf Jahren und ist bei Änderung oder Neuerlassung desselben neu zu beantragen.

(3) Die Anerkennung erfolgt durch Bescheid. Vor der Anerkennung ist die Bildungsdirektion zu hören. Die Anerkennung ist gemeinsam mit dem Lehr- oder Studienplan oder mit dem verordneten Curriculum, der bzw. das dem anerkannten Lehrgang zu Grunde liegt, durch den Rechtsträger gemäß Abs. 1 auf geeignete Weise kund zu machen. *(BGBl. I Nr. 91/2005, Art. 12 Z 7 idF BGBl. I Nr. 118/2008, Z 14 und BGBl. I Nr. 138/2017, Art. 20 Z 3)*

(BGBl. I Nr. 91/2005, Art. 12 Z 7)

Durchführung der Prüfungen an Lehrgängen zur Vorbereitung auf die Berufsreifeprüfung

§ 8a. (1) Die Abschlussprüfungen an anerkannten Lehrgängen gemäß § 8 finden vor einer Prüfungskommission unter der Vorsitzführung eines fachkundigen Experten mit einschlägigen Erfahrungen in der Durchführung von abschließenden Prüfungen statt. Der Rechtsträger des anerkannten Lehrganges hat spätestens drei Monate vor dem voraussichtlichen Prüfungstermin der Bildungsdirektion gegenüber die für die Vorsitzführung in Aussicht genommene Person vorzuschlagen. Die Bildungsdirektion hat binnen vier Wochen nach Einlangen des Vorschlages die namhaft gemachte Person oder einen anderen fachkundigen Experten des öffentlichen Schulwesens mit der Vorsitzführung zu betrauen. Auf Antrag eines Rechtsträgers gemäß § 8 Abs. 1 hat die Bildungsdirektion auch fachkundige Experten des öffentlichen Schulwesens als Prüfer beizustellen. *(BGBl. I Nr. 91/2005, Art. 12 Z 7 idF BGBl. I Nr. 118/2008, Z 15 und BGBl. I Nr. 138/2017, Art. 20 Z 4)*

(2) Der Prüfung sind die Lehr- oder Studienpläne des anerkannten Lehrganges zu Grunde zu legen. Sie hat unter sinngemäßer Anwendung der Prüfungsordnung der entsprechenden höheren Schulart zu erfolgen. Die Beurteilung jeder einzelnen Teilprüfung erfolgt durch den Prüfer im Einvernehmen mit dem Vorsitzenden. *(BGBl. I Nr. 68/1997 idF BGBl. I Nr. 47/2017, Art. 1 Z 8)*

(3) Die Rechtsträger gemäß § 8 Abs. 1 haben gemeinsam mit dem Vorsitzenden (Abs. 1) unverzüglich, längstens jedoch binnen vier Wochen nach dessen Bestellung die konkreten Prüfungstermine der mündlichen Teilprüfungen gemäß § 3 Abs. 1 Z 1 und 3 sowie der Teilprüfung „Fachbereich" gemäß § 3 Abs. 1 Z 4 und Abs. 3 Z 2 (schriftlich oder projektorientierte Arbeit einschließlich Präsentation und Diskussion unter Einbeziehung des fachlichen Umfeldes sowie mündlich) festzulegen. *(BGBl. I Nr. 32/2011, Z 5)*

(4) Gleichzeitig mit dem Vorschlag des für die Vorsitzführung in Aussicht genommenen fachkundigen Experten (Abs. 1) sind

1. dem Bundesinstitut für Bildungsforschung, Innovation und Entwicklung des österreichischen Schulwesens gemäß Art. 1 des BIFIE-Gesetzes 2008, BGBl. I Nr. 25, bezüglich der Teilprüfungen „Deutsch", „Mathematik (bzw. Mathematik und angewandte Mathematik)" und „Lebende Fremdsprache" (Englisch, Französisch, Spanisch, Italienisch; in weiteren Sprachen nach Maßgabe einer Verordnung des zuständigen Bundesministers) gemäß § 3 Abs. 1 Z 1 bis 3 jeweils die Zahl der Prüfungskandidaten von schriftlichen Klausurarbeiten und
2. der Bildungsdirektion bezüglich der Teilprüfungen „Lebende Fremdsprache" (sofern nicht von Z 1 erfasst) und „Fachbereich" gemäß § 3 Abs. 1 Z 3 und 4 die Aufgabenstellungen der schriftlichen Klausurarbeiten und die Themenstellungen der projektorientierten Arbeiten einschließlich der Abgrenzung des fachlichen Umfeldes gemäß § 3 Abs. 3 Z 2 *(BGBl. I Nr. 32/2011, Z 5 idF BGBl. I Nr. 138/2017, Art. 20 Z 5)*

zu übermitteln. *(BGBl. I Nr. 32/2011, Z 5)*

(4a) Die Festlegung des Prüfungstermins und der Aufgabenstellungen von schriftlichen Klausurarbeiten in den Teilprüfungen gemäß Abs. 4 Z 1 sowie der mündlichen Kompensationsprüfungen gemäß § 3 Abs. 1 Z 2 erfolgt durch den zuständigen Bundesminister. Findet die Bildungsdirektion die gemäß Abs. 4 Z 2 vorgelegten Aufgabenstellungen im Hinblick auf den für den Fachbereich maßgeblichen Lehrplan und im Hinblick auf die geforderte Gleichwertigkeit ungeeignet, hat er unter Setzung einer angemessenen Frist die Vorlage neuer Aufgabenstellungen zu verlangen. Die Aufgabenstellungen der mündlichen Teilprüfungen sind dem Vorsitzenden am Prüfungstag vor Beginn der Prüfung zur Genehmigung vorzulegen. *(BGBl. I Nr. 32/2011, Z 5 idF BGBl. I Nr. 47/2017, Art. 1 Z 9 und BGBl. I Nr. 138/2017, Art. 20 Z 6)*

(4b) Die Beurteilung der Leistungen der Prüfungskandidaten und Prüfungskandidatinnen bei den schriftlichen standardisierten Klausurarbeiten von Teilprüfungen gemäß Abs. 4 Z 1 sowie bei den mündlichen Kompensationsprüfungen gemäß § 3 Abs. 1 Z 2 hat nach Maßgabe zentraler Korrektur- und Beurteilungsanleitungen des zuständigen Bundesministers oder der zuständigen Bundesministerin zu erfolgen. *(BGBl. I Nr. 47/2017, Art. 1 Z 10)*

(5) Nicht bestandene Abschlussprüfungen oder Abschlussprüfungen, die wegen vorgetäuschter Leistungen nicht beurteilt wurden, dürfen jeweils nach Ablauf von zwei Monaten höchstens dreimal wiederholt werden. *(BGBl. I Nr. 97/2015, Art. 2 Z 8)*

(BGBl. I Nr. 91/2005, Art. 12 Z 7)

Anerkennung von Prüfungen

§ 8b. (1) Gemäß § 8a erfolgreich abgelegte Abschlussprüfungen an anerkannten Lehrgängen (§ 8) sind als Teilprüfungen der Berufsreifeprüfung im entsprechenden Fach anzuerkennen.

(2) Erfolgreich abgelegte Prüfungen (Teilprüfungen) im Rahmen einer abschließenden Prüfung an einer höheren Schule sowie im Rahmen eines Studiums an einer Akademie für Sozialarbeit, an einer Akademie im Sinne des Akademien-Studiengesetzes 1999, BGBl. I Nr. 94, an einem Fachhochschul-Studiengang, an einer Pädagogischen Hochschule oder an einer Universität sind als Teilprüfungen der Berufsreifeprüfung anzuerkennen, sofern sie im Inhalt und der Dauer zumindest den im § 3 Abs. 1 Z 1 bis 4 vorgesehenen Erfordernissen entsprechen. Weiters sind erfolgreich abgelegte Teilprüfungen von Studienberechtigungsprüfungen in den Pflichtfächern „Mathematik 3" und „Lebende Fremdsprache 2" gemäß dem Studienberechtigungsgesetz, BGBl. Nr. 292/1985, dem Universitätsgesetz 2002, BGBl. I Nr. 120, dem Hochschul-Studienberechtigungsgesetz, BGBl. I Nr. 71/2008, und dem Schulorganisationsgesetz, BGBl. Nr. 242/1962, als Teilprüfungen gemäß § 3 Abs. 1 Z 2 und 3 anzuerkennen. *(BGBl. I Nr. 91/2005, Art. 12 Z 7 idF BGBl. I Nr. 118/2008, Z 19, BGBl. I Nr. 32/2011, Z 6 und BGBl. I Nr. 9/2012, Art. 6 Z 3)*

(3) Bei Anerkennung von Prüfungen gemäß Abs. 1 und 2 sind die diesbezüglichen Prüfungsunterlagen oder deren Kopien zusammen mit den sonstigen Unterlagen für die Berufsreifeprüfung bei der in § 4 Abs. 1 genannten Schule aufzubewahren.

(4) Die Anerkennung von Prüfungen gemäß Abs. 1 und 2 ist nur in dem Maß zulässig, als zumindest eine Teilprüfung gemäß § 3 Abs. 1 vor der zuständigen Prüfungskommission (§ 5) abzulegen ist.

(BGBl. I Nr. 91/2005, Art. 12 Z 7)

Gesamtbeurteilung der Berufsreifeprüfung

§ 9. Die Gesamtbeurteilung der Berufsreifeprüfung hat auf „Bestanden" zu lauten, wenn – gegebenenfalls unter Einbeziehung von Anerkennungen gemäß § 8b – alle Teilprüfungen beurteilt wurden, und keine Beurteilung auf „Nicht genügend" lautet. In diesem Fall ist ein Zeugnis über die Berufsreifeprüfung auszustellen. Im Zeugnis über die Berufsreifeprüfung (§ 9a) sind die Beurteilungen der Teilprüfungen sowie die Themenstellungen der Teilprüfung gemäß § 3 Abs. 1 Z 4 und im Falle der Ablegung der Teilprüfung über den Fachbereich in Form einer projektorientierten Arbeit gemäß § 3 Abs. 3 Z 2 das Thema der Projektarbeit anzuführen. Ferner sind der Entfall von Teilprüfungen gemäß § 3 Abs. 2 und allfällige Anerkennungen gemäß § 8b zu vermerken.

(BGBl. I Nr. 68/1997 idF BGBl. I Nr. 91/2005, Art. 12 Z 8, BGBl. I Nr. 118/2008, Z 20 und BGBl. I Nr. 47/2017, Art. 1 Z 11)

Zeugnis

§ 9a. (1) Die Leistungen des Prüfungskandidaten bei den einzelnen Teilprüfungen sind in einem oder in mehreren Teilprüfungszeugnissen zu beurkunden. Nach erfolgreicher Ablegung sämtlicher Teilprüfungen (unter Bedachtnahme auf einen allfälligen Entfall einer Prüfung gemäß § 3 Abs. 1 Z 3 bzw. Z 4 in Verbindung mit § 3 Abs. 2 sowie auf Anerkennung von Prüfungen gemäß § 8b) ist dem Prüfungskandidaten ein Zeugnis über die Berufsreifeprüfung auszustellen. *(BGBl. I Nr. 52/2000, Z 10 idF BGBl. I Nr. 91/2005, Art. 12 Z 8)*

(2) Die Zeugnisse gemäß Abs. 1 sind entsprechend den **Anlagen 1** und **2** zu diesem Bundesgesetz auf den für öffentliche Schulen vorgesehenen Unterdruckpapieren zu gestalten.

(BGBl. I Nr. 52/2000, Z 10)

Verfahrensvorschriften

§ 10. Auf das Verfahren betreffend die Zulassung zur Berufsreifeprüfung, die Anerkennung von Prüfungen und den Widerspruch gegen eine nicht bestandene Teilprüfung der Berufsreifeprüfung sind die §§ 70 und 71 des Schulunterrichtsgesetzes, BGBl. Nr. 472/1986, mit der Maßgabe anzuwenden, daß ein Widerspruch innerhalb von zwei Wochen mit einem begründeten Widerspruchsantrag beim Vorsitzenden der Prüfungskommission einzubringen ist.

(BGBl. I Nr. 68/1997 idF BGBl. I Nr. 52/2000, Z 11, BGBl. I Nr. 75/2013, Art. 5 Z 2 und BGBl. I Nr. 47/2017, Art. 1 Z 12)

Abgeltung für die Prüfungstätigkeit

§ 11. (1) Dem Vorsitzenden, den Prüfern und dem Schriftführer der an öffentlichen Schulen eingerichteten Prüfungskommissionen sowie dem von der Bildungsdirektion gemäß § 8a Abs. 1 bestellten Vorsitzenden und Prüfern, sofern sie aus dem öffentlichen Schulwesen kommen, gebührt eine Abgeltung gemäß dem Prüfungstaxengesetz – Schulen/Pädagogische Hochschulen, BGBl. Nr. 314/1976, nach Maßgabe der für Externistenreifeprüfungen vorgesehenen Abgeltung. Dabei gilt die in Form einer Projektarbeit (§ 3 Abs. 3 Z 2) abgelegte Teilprüfung im Rahmen der Prüfung über den Fachbereich als schriftliche Klausurarbeit im Sinne der zitierten Bestimmung. *(BGBl. I Nr. 118/2008, Z 21 idF BGBl. I Nr. 32/2011, Z 7 und BGBl. I Nr. 138/2017, Art. 20 Z 7)*

(2) Bei Ablegung der (Teil)Prüfung an einer öffentlichen Schule hat der Prüfungskandidat vor Antritt zur Prüfung eine Prüfungsgebühr in der Höhe der gemäß Abs. 1 vorgesehenen Prüfungstaxen zu entrichten. Bei Ablegung von Teilprüfungen im Rahmen von anerkannten Lehrgängen bzw. im Rahmen der Lehrabschlussprüfung über vierjährige Lehrberufe hat der Berufsreifeprüfungsabsolvent vor Antritt zur Prüfung eine Prüfungsgebühr in der Höhe der für die Vorsitzführung gemäß Abs. 1 vorgesehenen Prüfungstaxe zu entrichten.

(BGBl. I Nr. 91/2005, Art. 12 Z 9)

Geltung und Wirksamkeit anderer Rechtsvorschriften

§ 11a. Soweit in diesem Bundesgesetz auf andere Bundesgesetze verwiesen wird, sind diese in ihrer jeweils geltenden Fassung anzuwenden.

(BGBl. I Nr. 52/2000, Z 12)

Übergangsbestimmung zur Novelle BGBl. I Nr. 118/2008

§ 11b. Prüfungskandidaten, die zum Zeitpunkt des In-Kraft-Tretens des Bundesgesetzes BGBl. I Nr. 118/2008 bereits zur Berufsreifeprüfung zugelassen wurden, sind berechtigt, die Berufsreifeprüfung nach der zum Zeitpunkt der Zulassung geltenden Rechtslage zu absolvieren oder im Wege über den Vorsitzenden der zulassenden Prüfungskommission eine neuerliche Zulassung nach Maßgabe der Bestimmungen dieses Bundesgesetzes in der Fassung des Bundesgesetzes BGBl. I Nr. 118/2008 zu begehren. Zum Zeitpunkt des In-Kraft-Tretens des Bundesgesetzes BGBl. I Nr. 118/2008 noch nicht zugelassene Prüfungskadidaten sind berechtigt, bis zum Ablauf des 31. Dezember 2008 den Antrag zu stellen, die Berufsreifeprüfung nach der am 31. August 2008 geltenden Rechtslage zu absolvieren.

(BGBl. I Nr. 118/2008, Z 22)

Übergangsbestimmung hinsichtlich § 3 Abs. 1a der Novelle BGBl. I Nr. 32/2011

§ 11c. Prüfungskandidaten, die zum Zeitpunkt des In-Kraft-Tretens des Bundesgesetzes BGBl. I Nr. 32/2011 bereits zur Berufsreifeprüfung zugelassen wurden, sind hinsichtlich des § 3 Abs. 1a berechtigt, die Berufsreifeprüfung nach der zum Zeitpunkt der Zulassung geltenden Rechtslage zu absolvieren oder im Wege über den Vorsitzenden der zulassenden Prüfungskommission eine neuerliche Zulassung nach Maßgabe der Bestimmungen dieses Bundesgesetzes in der Fassung des Bundesgesetzes BGBl. I Nr. 32/2011 zu begehren. Zum Zeitpunkt des In-Kraft-Tretens des Bundesgesetzes BGBl. I Nr. 32/2011 noch nicht zugelassene Prüfungskandidaten sind berechtigt, bis zum Ablauf des 31. Dezember 2011 den Antrag zu stellen, die Berufsreifeprüfung nach der am 1. Jänner 2011 geltenden Rechtslage zu absolvieren.

(BGBl. I Nr. 32/2011, Z 7a)

Prüfungen der Berufsreifeprüfung für das Schuljahr 2019/20

§ 11d. In Ausnahme zu den Bestimmungen der §§ 5, 6 und 8a nach diesem Bundesgesetz kann der Bundesminister für Bildung, Wissenschaft und Forschung für das Schuljahr 2019/2020 mit Verordnung Regelungen treffen. Diese Verordnung muss zumindest Regelungen über die Zusammensetzung der Prüfungskommissionen, die Prüfungstermine und den Prüfungsvorgang enthalten.

(BGBl. I Nr. 12/2020, Art. 3 Z 1)

Inkrafttreten

§ 12. (1) Dieses Bundesgesetz tritt mit 1. September 1997 in Kraft. *(BGBl. I Nr. 68/1997 idF BGBl. I Nr. 21/1998, Z 2)*

(2) § 4 Abs. 3 in der Fassung des Bundesgesetzes BGBl. I Nr. 21/1998 tritt mit 1. Jänner 1998 in Kraft. *(BGBl. I Nr. 21/1998, Z 2)*

(3) § 1 Abs. 1, § 3 Abs. 1 Z 4, § 3 Abs. 2, § 4 Abs. 1 erster Satz und Abs. 5, § 6 Abs. 1a, § 8 Abs. 1 und 2, § 9a samt Überschrift, § 10, § 11a, § 13 sowie die Anlagen 1 und 2 dieses Bundesgesetzes in der Fassung des Bundesgesetzes BGBl. I Nr. 52/2000 treten mit 1. September 2000 in Kraft; § 4 Abs. 2 Z 2 tritt mit Ablauf des 31. August 2000 außer Kraft. *(BGBl. I Nr. 52/2000, Z 13)*

(4) § 1 Abs. 1 Z 5, 6, 7 und 8, § 3 Abs. 3, § 4 Abs. 2 Z 5 und Abs. 3, § 6 Abs. 4, § 7

Abs. 1, § 8 samt Überschrift, § 8a samt Überschrift, § 8b samt Überschrift, § 9, § 9a Abs. 1 sowie § 11 samt Überschrift und die Änderung der Anlage 2 dieses Bundesgesetzes in der Fassung des Bundesgesetzes BGBl. I Nr. 91/2005 treten mit 1. März 2006 in Kraft. Gemäß § 8 dieses Bundesgesetzes in der Fassung vor der Novelle BGBl. I Nr. 91/2005 anerkannte Lehrgänge zur Vorbereitung auf die Berufsreifeprüfung gelten für die Dauer der Anerkennung als Lehrgänge im Sinne des neuen § 8. *(BGBl. I Nr. 91/2005, Art. 12 Z 10)*

(5) § 1 Abs. 1 Z 4, 5 und 8 bis 10, § 3 Abs. 1 Z 1, Abs. 1a und 3, § 4 Abs. 2 und 3, § 6 Abs. 1a, § 7 Abs. 1 und 5, § 8 Abs. 1, 3 und 4, § 8a Abs. 1, 3, 4 und 5, § 8b Abs. 2, § 9, § 11 Abs. 1 sowie § 11b samt Überschrift dieses Bundesgesetzes in der Fassung des Bundesgesetzes BGBl. I Nr. 118/2008 treten mit 1. September 2008 in Kraft. *(BGBl. I Nr. 118/2008, Z 23)*

(6) § 1 Abs. 1 Z 10 und § 8 Abs. 1 dieses Bundesgesetzes in der Fassung des Bundesgesetzes BGBl. I Nr. 45/2010 treten mit 1. September 2010 in Kraft. *(BGBl. I Nr. 45/2010, Z 3)*

(7) Die nachstehend genannten Bestimmungen dieses Bundesgesetzes in der Fassung des Bundesgesetzes BGBl. I Nr. 32/2011 treten wie folgt in Kraft:

1. § 1 Abs. 1 Z 10 bis 13, § 1 Abs. 2, § 8 Abs. 1 und 1a, § 8b Abs. 2, § 11 Abs. 1 sowie § 11c treten mit Ablauf des Tages der Kundmachung im Bundesgesetzblatt in Kraft,[4])
2. § 6 Abs. 1 sowie § 8a Abs. 3, 4, 4a und 4b treten mit 1. April 2017 in Kraft, *(BGBl. I Nr. 32/2011, Z 8 idF BGBl. I Nr. 97/2015, Art. 2 Z 9)*
3. § 3 Abs. 1a tritt mit Ablauf des Tages der Kundmachung im Bundesgesetzblatt außer Kraft.

(BGBl. I Nr. 32/2011, Z 8)

(8) § 8 Abs. 1a und § 8b Abs. 2 dieses Bundesgesetzes in der Fassung des Bundesgesetzes BGBl. I Nr. 9/2012 treten mit Ablauf des Tages der Kundmachung im Bundesgesetzblatt in Kraft.[5]) § 1 Abs. 1 Z 10 in der genannten Fassung tritt mit 1. September 2013 in Kraft. *(BGBl. I Nr. 9/2012, Art. 6 Z 4)*

(9) § 1 Abs. 1 Z 14 in der Fassung des Bundesgesetzes BGBl. I Nr. 89/2012 tritt mit 1. Jänner 2013 in Kraft. *(BGBl. I Nr. 89/2012, Art. 9 Z 2)*

(10) Der Titel sowie § 10 in der Fassung des Bundesgesetzes BGBl. I Nr. 75/2013 treten mit 1. Jänner 2014 in Kraft. *(BGBl. I Nr. 75/2013, Art. 5 Z 3)*

(11) § 3 Abs. 1 Z 2 in der Fassung des Bundesgesetzes BGBl. I Nr. 97/2015 tritt mit 1. April 2017 in Kraft. § 1 Abs. 1 Z 1, 2, 6, 7 und 8, § 7 Abs. 4 sowie § 8a Abs. 5 in der genannten Fassung treten mit 1. September 2015 in Kraft; § 7 Abs. 4 und § 8a Abs. 5 gelten für Prüfungen, die ab diesem Zeitpunkt abgelegt wurden. *(BGBl. I Nr. 97/2015, Art. 2 Z 10)*

(12) § 1 Abs. 1 Z 14 und 15 in der Fassung des Bundesgesetzes BGBl. I Nr. 75/2016 tritt mit 1. September 2016 in Kraft. *(BGBl. I Nr. 75/2016, Art. 3 Z 2 idF BGBl. I Nr. 47/2017, Art. 1 Z 13)*

(13) § 3 Abs. 1 Z 2 und Abs. 2, § 4 Abs. 3a, § 6 Abs. 1a und 2, § 7 Abs. 1 und 5, § 8a Abs. 2, 4a und 4b, § 9, § 10, § 12 Abs. 12 und § 13 in der Fassung des Bundesgesetzes BGBl. I Nr. 47/2017 treten mit 2. April 2017 in Kraft. *(BGBl. I Nr. 47/2017, Art. 1 Z 14)*

(14) Für das Inkrafttreten der durch das Bildungsreformgesetz 2017, BGBl. I Nr. 138/2017, geänderten oder eingefügten Bestimmungen gilt Folgendes:

1. § 13 tritt mit Ablauf des Tages der Kundmachung im Bundesgesetzblatt in Kraft;[6])
2. § 5 Abs. 2 und § 6 Abs. 4 treten mit 1. September 2018 in Kraft;
3. § 8 Abs. 3, § 8a Abs. 1, Abs. 4 Z 2 und Abs. 4a sowie § 11 Abs. 1 treten mit 1. Jänner 2019 in Kraft.

(BGBl. I Nr. 138/2017, Art. 20 Z 8)

(15) § 11d samt Überschrift in der Fassung des Bundesgesetzes BGBl. I Nr. 13/2020 tritt mit dem Ablauf des Tages der Kundmachung im Bundesgesetzblatt in Kraft.[7]) *(BGBl. I Nr. 12/2020, Art. 3 Z 2)*

(16) § 1 Abs. 1 Z 14 in der Fassung des Bundesgesetzes BGBl. I Nr. 15/2022 tritt mit 1. Juli 2022 in Kraft. *(BGBl. I Nr. 15/2022, Art. 6 Z 2)*

Vollziehung

§ 13. Mit der Vollziehung dieses Bundesgesetzes ist der Bundesminister für Bildung betraut.

(BGBl. I Nr. 68/1997 idF BGBl. I Nr. 52/2000, Z 14, BGBl. I Nr. 45/2010, Z 4, BGBl. I Nr. 47/2017, Art. 1 Z 15 und BGBl. I Nr. 138/2017, Art. 20 Z 9)

---

[4]) Die Kundmachung im Bundesgesetzblatt erfolgte am 20. Mai 2011.

[5]) Die Kundmachung im Bundesgesetzblatt erfolgte am 14. Februar 2012.

[6]) Die Kundmachung im Bundesgesetzblatt erfolgte am 15. September 2017.

[7]) Die Kundmachung im Bundesgesetzblatt erfolgte am 15. März 2020.

Anlage 1

BERUFSREIFEPRÜFUNGSKOMMISSION

am/an der

....
Bezeichnung und Standort der Schule

Zl. des Prüfungsprotokolls: ....

Externistenprüfungszeugnis

...., geb. am ....
Familien- und Vorname

hat sich an dieser Schule vor der zuständigen Berufsreifeprüfungskommission folgender(folgenden) Teilprüfung(en) der Berufsreifeprüfung gemäß § 3 Abs. 1 des Bundesgesetzes über die Berufsreifeprüfung, BGBl. I Nr. 68/1997, unterzogen:

Teilprüfung[1])	**Beurteilung**

............................., am ....

Rund-
siegel

Für die Berufsreifeprüfungskommission

....
Vorsitzender/Vorsitzende

[1]) Bei der Teilprüfung aus dem Fachbereich unter Angabe der Themenstellung.

Anlage 2

BERUFSREIFEPRÜFUNGSKOMMISSION

am/an der

....
Bezeichnung und Standort der Schule

Zl. des Prüfungsprotokolls: ....

Berufsreifeprüfungszeugnis

...., geb. am ....
Familien- und Vorname

hat bei der Berufsreifeprüfungskommission an dieser Schule gemäß dem Bundesgesetz über die Berufsreifeprüfung, BGBl. I Nr. 68/1997, die Berufsreifeprüfung

bestanden / nicht bestanden[1]).

[1]) Nichtzutreffendes streichen.

Die Leistungen bei den Teilprüfungen wurden, sofern diese nicht gemäß § 3 Abs. 2 des Bundesgesetzes über die Berufsreifeprüfung entfallen sind oder gemäß § 8 des Bundesgesetzes über die Berufsreifeprüfung anerkannt wurden, wie folgt beurteilt:

Teilprüfungen	**Beurteilung(en)/Entfall/Anerkennung[3])**
Deutsch	
Lebende Fremdsprache	
Mathematik/ Mathematik und angewandte Mathematik[1])	
Fachbereich[2])	

Er/Sie hat damit gemäß § 1 Abs. 1 und 2 des Bundesgesetzes über die Berufsreifeprüfung, BGBl. I Nr. 68/1997, die mit der Reifeprüfung einer höheren Schule verbundenen Berechtigungen erworben.

.............................., am ....

Rund-
siegel

Für die Berufsreifeprüfungskommission

....
Vorsitzender/Vorsitzende

[1]) Nichtzutreffendes streichen.
[2]) Unter Angabe der Themenstellung.
[3]) Unter Angabe der Prüfung (Datum, Prüfungsinstitution), die zum Entfall bzw. zur Anerkennung geführt hat.

2.1.2. Verordnung über den Ersatz von Prüfungsgebieten der Berufsreifeprüfung

BGBl. II Nr. 268/2000
idF der Kundmachung BGBl. II Nr. 189/2018 und der Verordnungen
BGBl. II Nr. 371/2005 BGBl. II Nr. 39/2010
BGBl. II Nr. 129/2013 BGBl. II Nr. 218/2016
BGBl. II Nr. 43/2024

Verordnung des Bundesministers für Bildung, Wissenschaft und Kultur über den Ersatz von Prüfungsgebieten der Berufsreifeprüfung

Aufgrund des § 3 Abs. 2 des Bundesgesetzes über die Berufsreifeprüfung, BGBl. I Nr. 68/1997, in der Fassung der Bundesgesetze BGBl. I Nr. 21/1998 und 52/2000, wird verordnet:

§ 1. Die Prüfung gemäß § 3 Abs. 1 Z 3 des Bundesgesetzes über die Berufsreifeprüfung, BGBl. I Nr. 68/1997, entfällt für Personen, die eine der folgenden Prüfungen erfolgreich abgelegt haben:

1. Bereich Englisch:
   a) Certificate in Advanced English (CAE),
   b) Certificate of Proficiency in English (CPE),
   c) Business English Certificate (BEC), Niveau 3,
   d) Certificate in English for International Business and Trade (CEIBT),
   e) Vantage-Business English Certificate (BEC),
   f) TELC English, die dem Niveau B2 entsprechen,
   g) SLP – Prüfungsbestätigung des Sprachinstitutes des Bundesheeres in der lebenden Fremdsprache Englisch mit dem Ergebnis von 2+/2+/2+/2+ bis zu 3/3/3/3,
   h) First Certificate in English (FCE), *(BGBl. II Nr. 129/2013, Z 1)*
2. Bereich Französisch:
   a) Diplôme de Français Professionnel (DFP) Affaires B2,
   b) Diplôme de Français des Affaires (DFA 2) B2,
   c) Diplôme d'études en langue française (DELF) B2,
   d) Diplome de francais des affaires – DFA 1, *(BGBl. II Nr. 129/2013, Z 2)*
   e) SLP – Prüfungsbestätigung des Sprachinstitutes des Bundesheeres in der lebenden Fremdsprache Französisch mit dem Ergebnis von 2+/2+/2+/2+ bis zu 3/3/3/3, *(BGBl. II Nr. 218/2016, Z 1)*
3. Bereich Italienisch:
   a) Certificato di Conoscenza della Lingua Italiana, Niveau 5,
   b) Certificato della Lingua Italiana Dante Alighieri Professionale 3 (CLIDA P3),
   c) Certificato della Lingua Italiana Dante Alighieri Professionale 5 (CLIDA P5),
   d) Certificato della Lingua Italiana Dante Alighieri Turistico-Commerciale (CLIDA TC),
   e) Progetto Lingua Italiana Dante Alighieri (PLIDA B2),
   f) Certificato di Lingua Italiana – livello 3 (CELI 3),
   g) certificato di lingua italiana – CELI 2, *(BGBl. II Nr. 129/2013, Z 3)*
   h) certificato di italiano commerciale, livello intermedio – CIC 1, *(BGBl. II Nr. 129/2013, Z 3)*
   i) SLP – Prüfungsbestätigung des Sprachinstitutes des Bundesheeres in der lebenden Fremdsprache Italienisch mit dem Ergebnis von 2+/2+/2+/2+ bis zu 3/3/3/3, *(BGBl. II Nr. 218/2016, Z 2)*
4. Bereich Spanisch:
   a) Diploma de Español como Lengua Extranjera, Nivel Intermedio (DELE B2),
   b) SLP – Prüfungsbestätigung des Sprachinstitutes des Bundesheeres in der lebenden Fremdsprache Spanisch mit dem Ergebnis von 2+/2+/2+/2+ bis zu 3/3/3/3,

   (BGBl. II Nr. 218/2016, Z 3)
5. Bereich Russisch: SLP – Prüfungsbestätigung des Sprachinstitutes des Bundesheeres in der lebenden Fremdsprache Russisch mit dem Ergebnis von 2+/2+/2+/2+ bis zu 3/3/3/3, *(BGBl. II Nr. 218/2016, Z 4)*
6. Bereich Ukrainisch: SLP – Prüfungsbestätigung des Sprachinstitutes des Bundesheeres in der lebenden Fremdsprache Ukrainisch mit dem Ergebnis von 2+/2+/2+/2+ bis zu 3/3/3/3, *(BGBl. II Nr. 218/2016, Z 4)*

7. Bereich Tschechisch: SLP – Prüfungsbestätigung des Sprachinstitutes des Bundesheeres in der lebenden Fremdsprache Tschechisch mit dem Ergebnis von 2+/2+/2+/2+ bis zu 3/3/3/3, *(BGBl. II Nr. 218/2016, Z 4)*
8. Bereich Slowakisch: SLP – Prüfungsbestätigung des Sprachinstitutes des Bundesheeres in der lebenden Fremdsprache Slowakisch mit dem Ergebnis von 2+/2+/2+/2+ bis zu 3/3/3/3, *(BGBl. II Nr. 218/2016, Z 4)*
9. Bereich Slowenisch: SLP – Prüfungsbestätigung des Sprachinstitutes des Bundesheeres in der lebenden Fremdsprache Slowenisch mit dem Ergebnis von 2+/2+/2+/2+ bis zu 3/3/3/3, *(BGBl. II Nr. 218/2016, Z 4)*
10. Bereich Kroatisch: SLP – Prüfungsbestätigung des Sprachinstitutes des Bundesheeres in der lebenden Fremdsprache Kroatisch mit dem Ergebnis von 2+/2+/2+/2+ bis zu 3/3/3/3, *(BGBl. II Nr. 218/2016, Z 4)*
11. Bereich Serbisch: SLP – Prüfungsbestätigung des Sprachinstitutes des Bundesheeres in der lebenden Fremdsprache Serbisch mit dem Ergebnis von 2+/2+/2+/2+ bis zu 3/3/3/3, *(BGBl. II Nr. 218/2016, Z 4)*
12. Bereich Bosnisch: SLP – Prüfungsbestätigung des Sprachinstitutes des Bundesheeres in der lebenden Fremdsprache Bosnisch mit dem Ergebnis von 2+/2+/2+/2+ bis zu 3/3/3/3. *(BGBl. II Nr. 218/2016, Z 4)*
(BGBl. II Nr. 39/2010, Z 1)

§ 2. Die Prüfung gemäß § 3 Abs. 1 Z 4 des Bundesgesetzes über die Berufsreifeprüfung, BGBl. I Nr. 68/1997, entfällt für Personen, die eine der folgenden Prüfungen erfolgreich abgelegt haben:

1. Abschlussprüfung an Werkmeisterschulen gemäß § 59 Abs. 2a des Schulorganisationsgesetzes, BGBl. Nr. 242/1962,
2. Abschlussprüfung an Bauhandwerkerschulen gemäß § 59 Abs. 2a des Schulorganisationsgesetzes, BGBl. Nr. 242/1962,
3. Diplomprüfung nach dem Krankenpflegegesetz, BGBl. Nr. 102/1961, gemäß der Ersten Krankenpflegeverordnung, BGBl. Nr. 634/1973, und gemäß der Zweiten Krankenpflegeverordnung, BGBl. Nr. 73/1975, sowie nach dem Gesundheits- und Krankenpflegegesetz (GuKG), BGBl. I Nr. 108/1997, gemäß der Gesundheits- und Krankenpflege-Ausbildungsverordnung, BGBl. II Nr. 179/1999, in der geltenden Fassung, *(BGBl. II Nr. 371/2005, Z 1 idF BGBl. II Nr. 218/2016, Z 5)*

3a. Abschlussprüfung in der Pflegefachassistenz nach dem Gesundheits- und Krankenpflegegesetz, BGBl. I Nr. 108/1997, sofern im Rahmen der Prüfung eine Abschlussarbeit absolviert wurde, *(BGBl. II Nr. 43/2024, Z 1)*

3b. Abschluss der Ausbildung in der Medizinischen Fachassistenz nach dem Medizinische-Assistenzberufe-Gesetz, BGBl. I Nr. 89/2012, sofern im Rahmen der Ausbildung mindestens 3.000 Unterrichtseinheiten absolviert wurden, *(BGBl. II Nr. 43/2024, Z 1)*

4. Abschlussprüfung an einer nachstehend genannten Fachakademie, die bei einer Einrichtung einer Körperschaft des öffentlichen Rechtes im Mindestausmaß von 1 000 Unterrichtseinheiten geführt wird:
   a) Fachakademie für Angewandte Informatik,
   b) Fachakademie für Angewandte Informatik – Schwerpunkt Software-Entwicklung,
   c) Fachakademie für Angewandte Informatik – Schwerpunkt System-Administration,
   d) Fachakademie für Automatisierungstechnik,
   e) Fachakademie für Elektroenergietechnik – Schwerpunkt Gebäudeenergieeffizienz/Ökoenergietechnik,
   f) Fachakademie für Fertigungstechnik,
   g) Fachakademie für Fertigungstechnik/Produktionsmanagement,
   h) Fachakademie für Handel,
   i) Fachakademie für Hochbau,
   j) Fachakademie für Holzbau, Design, Technologie und Betriebsmanagement,
   k) Fachakademie für Holzwirtschaft und -technologie,
   l) Fachakademie für Industrie-Informatik,
   m) Fachakademie für Innenausbau/Raumgestaltung,
   n) Fachakademie für Konstruktion und Produktdesign,
   o) Fachakademie für Marketing,
   p) Fachakademie für Marketing & Management,
   q) Fachakademie für Medieninformatik,
   r) Fachakademie für Medieninformatik und Mediendesign,

s) Fachakademie für Rechnungswesen/Controlling,

t) Fachakademie für Spritzgusstechnik/Automation,

u) Fachakademie für Umweltschutz,

(BGBl. II Nr. 129/2013, Z 4)

5. *aufgehoben (VfGH, BGBl. II Nr. 189/2018)*
6. *entfallen (BGBl. II Nr. 39/2010, Z 3)*
7. a) Befähigungsprüfung für Kindergärtnerinnen bzw. Kindergärtnerinnen und Horterzieherinnen an einer Bildungsanstalt für Kindergärtnerinnen gemäß Verordnung des Bundesministers für Unterricht und Kunst vom 18. Feber 1975 über die Befähigungsprüfung in den Bildungsanstalten für Arbeitslehrerinnen, für Kindergärtnerinnen und für Erzieher, BGBl. Nr. 120/1975,

   b) Befähigungsprüfung für Erzieher an einer Bildungsanstalt für Erzieher gemäß Verordnung des Bundesministers für Unterricht und Kunst vom 18. Feber 1975 über die Befähigungsprüfung in den Bildungsanstalten für Arbeitslehrerinnen, für Kindergärtnerinnen und für Erzieher, BGBl. Nr. 120/1975,

   c) Befähigungsprüfung für Arbeitslehrerinnen an einer Bildungsanstalt für Arbeitslehrerinnen gemäß Verordnung des Bundesministers für Unterricht und Kunst vom 18. Feber 1975 über die Befähigungsprüfung in den Bildungsanstalten für Arbeitslehrerinnen, für Kindergärtnerinnen und für Erzieher, BGBl. Nr. 120/1975,
8. gewerbliche Meisterprüfung,

   a) die bis 30. Juni 1995 abgelegt worden ist,

   b) die nach dem 1. Juli 1995 gemeinsam mit der Unternehmerprüfung abgelegt worden ist,

   c) die nach dem 1. Juli 1995 abgelegt worden ist,

   - für Bäcker gemäß BGBl. Nr. 22/1981,
   - für Bildhauer gemäß BGBl. Nr. 74/1995,
   - für Binder gemäß BGBl. Nr. 180/1989,
   - für Blechblasinstrumentenerzeuger gemäß BGBl. Nr. 973/1994,
   - für Bodenleger gemäß BGBl. Nr. 290/1994,
   - für Bootbauer gemäß BGBl. II Nr. 464/1999,
   - für Buchbinder gemäß BGBl. Nr. 193/1989,
   - für Bürokommunikationstechniker gemäß BGBl. Nr. 909/1994,
   - für Dachdecker gemäß BGBl. Nr. 96/1981,
   - für Denkmal-, Fassaden- und Gebäudereiniger gemäß BGBl. Nr. 567/1989,
   - für Drechsler gemäß BGBl. Nr. 181/1989,
   - für Elektroniker und Elektromaschinenbauer gemäß BGBl. Nr. 910/1994,
   - für Fleischer gemäß BGBl. Nr. 11/1981 idF BGBl. Nr. 59/1989,
   - für Fotografen gemäß BGBl. Nr. 52/1994,
   - für Gärtner gemäß BGBl. Nr. 467/1993,
   - für Glaser gemäß BGBl. Nr. 321/1981,
   - für Glasschleifer gemäß BGBl. Nr. 322/1981,
   - für Gold- und Silberschmiede und Juweliere gemäß BGBl. Nr. 207/1987,
   - für Hafner gemäß BGBl. Nr. 272/1981,
   - für Harmonikamacher gemäß BGBl. Nr. 553/1993,
   - für Holzblasinstrumentenerzeuger gemäß BGBl. Nr. 755/1994,
   - für Hörgeräteakustiker gemäß BGBl. II Nr. 501/1999,
   - für Kälteanlagentechniker gemäß BGBl. Nr. 908/1994,
   - für Karosseriebauer gemäß BGBl. Nr. 164/1981,
   - für Karosseriebauer einschließlich Karosseriespengler und Karosserielackierer gemäß BGBl. II Nr. 70/1998 sowie gemäß BGBl. II Nr. 70/1998 idF BGBl. II Nr. 406/1998,
   - für Kartonagewarenerzeuger gemäß BGBl. Nr. 685/1992,
   - für Keramiker gemäß BGBl. Nr. 271/1981,
   - für Klaviermacher gemäß BGBl. Nr. 552/1993,
   - für Kraftfahrzeugtechniker gemäß BGBl. Nr. 113/1996 sowie gemäß

BGBl. Nr. 113/1996 idF BGBl. II Nr. 191/1998,

- für Kunststeinerzeuger gemäß BGBl. Nr. 213/1982,
- für Kunststoffverarbeiter gemäß BGBl. Nr. 289/1994,
- für Kupferschmiede gemäß BGBl. Nr. 190/1981,
- für Landmaschinentechniker gemäß BGBl. Nr. 756/1995,
- für Ledergalanteriewarenerzeuger und Taschner gemäß BGBl. Nr. 146/1991,
- für Lüftungsanlagenbauer gemäß BGBl. Nr. 854/1994,
- für Maler und Anstreicher gemäß BGBl. Nr. 312/1984,
- für Maschinen- und Fertigungstechniker gemäß BGBl. Nr. 907/1994,
- für Modellbauer/Modelltischler gemäß BGBl. II Nr. 465/1999,
- für Molker und Käser gemäß BGBl. Nr. 53/1994,
- für Optiker gemäß BGBl. Nr. 114/1981,
- für Orgelbauer gemäß BGBl. Nr. 675/1990,
- für Pflasterer gemäß BGBl. Nr. 71/1982,
- für Platten- und Fliesenleger gemäß BGBl. Nr. 273/1981,
- für Radio- und Videoelektroniker gemäß BGBl. Nr. 366/1995,
- für Rauchfangkehrer gemäß BGBl. Nr. 328/1981,
- für Sattler einschließlich Fahrzeugsattler und Riemer gemäß BGBl. Nr. 147/1991,
- für Schilderhersteller gemäß BGBl. Nr. 211/1981,
- für Schlosser gemäß BGBl. Nr. 459/1995,
- für Schmiede gemäß BGBl. Nr. 460/1995,
- für Spengler gemäß BGBl. Nr. 191/1981,
- für Streich- und Saiteninstrumentenerzeuger gemäß BGBl. Nr. 554/1993,
- für Stukkateure und Trockenausbauer gemäß BGBl. Nr. 718/1993,
- für Tapezierer und Bettwarenerzeuger gemäß BGBl. Nr. 275/1984,
- für Textilreiniger gemäß BGBl. Nr. 508/1989,
- für Tischler gemäß BGBl. Nr. 182/1989,
- für Tischler gemäß BGBl. II Nr. 463/1999,
- für Vergolder und Staffierer gemäß BGBl. Nr. 267/1982,
- für Wagner gemäß BGBl. Nr. 181/1989,
- für Zentralheizungsbauer gemäß BGBl. Nr. 880/1984,

d) die nach dem 1. Februar 2004 nach der gemäß § 20 der Gewerbeordnung 1994, BGBl. Nr. 194, erlassenen und im Internet kundgemachten Prüfungsordnung absolviert wurde, *(BGBl. II Nr. 371/2005, Z 2 idF BGBl. II Nr. 218/2016, Z 7)*

e) die nach der von der zuständigen Fachorganisation oder der Wirtschaftskammer Österreich gemäß den §§ 21 und 22a der Gewerbeordnung 1994, BGBl. Nr. 194, verordneten und im Internet kundgemachten Prüfungsordnung absolviert wurde und durch die Vorlage des Meisterprüfungszeugnisses in folgenden Handwerken nachgewiesen wird: *(BGBl. II Nr. 129/2013, Z 5 idF BGBl. II Nr. 218/2016, Z 8)*

- Augenoptik,
- Bäcker,
- Bandagisten,
- Bildhauer,
- Binder,
- Blumenbinder (Floristen),
- Bodenleger,
- Bootbauer,
- Buchbinder,
- Dachdecker,
- Damenkleidermacher,
- Denkmal-, Fassaden- und Gebäudereinigung,
- Drechsler,
- Fleischer,
- Floristen,
- Friseur und Perückenmacher (Stylist),
- Gärtner,
- Getreidemüller, *(BGBl. II Nr. 129/2013, Z 6)*
- Glasbläser und Glasinstrumentenerzeugung,

BRPG, VO
PflSchAbschl-Prüf.G, VO

- Glaser, Glasbeleger und Flachglasschleifer,
- Gold- und Silberschmiede,
- Gold-, Silber- und Metallschläger,
- Hafner,
- Heizungstechnik,
- Herrenkleidermacher,
- Hohlglasschleifer und Hohlglasveredler,
- Hörgeräteakustik,
- Kälte- und Klimatechnik,
- Karosseriebauer einschließlich Karosseriespengler und Karosserielackierer,
- Kartonagewarenerzeuger,
- Keramiker,
- Kommunikationselektronik,
- Konditoren (Zuckerbäcker) einschließlich der Lebzelter und der Kanditen-, Gefrorenes- und Schokoladewarenerzeugung,
- Kraftfahrzeugtechnik,
- Kunststoffverarbeitung,
- Kupferschmiede,
- Kürschner,
- Lackierer,
- Landmaschinentechnik,
- Ledergalanteriewarenerzeugung und Taschner,
- Lüftungstechnik,
- Maler und Anstreicher,
- Mechatroniker für Elektromaschinenbau und Automatisierung,
- Mechatroniker für Elektronik, Büro- und EDV-Systemtechnik,
- Mechatroniker für Maschinen- und Fertigungstechnik,
- Mechatroniker für Medizingerätetechnik,
- Metalldesign,
- Metalltechnik für Land- und Baumaschinen, *(BGBl. II Nr. 43/2024, Z 2)*
- Metalltechnik für Metall- und Maschinenbau, *(BGBl. II Nr. 43/2024, Z 2)*
- Metalltechnik für Schmiede und Fahrzeugbau, *(BGBl. II Nr. 43/2024, Z 2)*
- Milchtechnologie, *(BGBl. II Nr. 43/2024, Z 2)*
- Modellbauer,
- Musikinstrumentenerzeuger wie folgend
- Blechblasinstrumentenerzeuger,
- Harmonikamacher,
- Holzblasinstrumentenerzeuger,
- Klaviermacher,
- Orgelbauer,
- Streich- und Saiteninstrumentenerzeuger,
- Oberflächentechnik,
- Orthopädieschuhmacher,
- Orthopädietechnik,
- Pflasterer,
- Platten- und Fliesenleger,
- Rauchfangkehrer,
- Sattler einschließlich Fahrzeugsattler und Riemer,
- Schädlingsbekämpfung,
- Schilderherstellung,
- Schlosser,
- Schmiede,
- Schuhmacher,
- Spengler,
- Stukkateure und Trockenausbauer,
- Tapezierer und Dekorateure,
- Textilreiniger (Chemischreiniger, Wäscher und Wäschebügler),
- Tischler,
- Uhrmacher,
- Vergolder und Staffierer,
- Wärme-, Kälte-, Schall- und Branddämmer,
- Zahntechniker,

(BGBl. II Nr. 371/2005, Z 2)

8a. land- und forstwirtschaftliche Meisterprüfung, und zwar:

- Land- und forstwirtschaftliche Meisterprüfung auf Grund der Burgenländischen Land- und forstwirtschaftlichen Berufsausbildungsordnung 1993, LGBl. Nr. 51/1993, und der darauf basierenden Ausbildungs- und Prüfungsordnung für die Berufsausbildung in der Land- und Forstwirtschaft vom 9. April 1997, kundgemacht im Jahrgang 1997 des Landesamtsblattes für das Burgenland, 29. Stück, 458. Verlautbarung, in der Fassung der Novellen vom 31. Oktober 2003, kundgemacht im 73. Jahrgang, 44. Stück, 679. Verlautbarung, vom 3. Oktober 2008, kundgemacht im 78. Jahrgang, 40. Stück, 460. Verlautbarung sowie vom 30. April 2010, kundgemacht im 80. Jahrgang, 18. Stück, 144. Verlautbarung, *(BGBl. II Nr. 371/2005, Z 3 idF BGBl. II Nr. 43/2024, Z 3)*

– Meisterprüfung auf Grund der Kärntner Land- und forstwirtschaftlichen Berufsausbildungsordnung 1991, LGBl. Nr. 144, und der darauf basierenden Ausbildungs- und Prüfungsordnungen der Land- und forstwirtschaftlichen Lehrlings- und Fachausbildungsstelle bei der Kammer für Land- und Forstwirtschaft in Kärnten vom 4. Dezember 1992 und vom 12. März 1996, kundgemacht in der Kärntner Landeszeitung Nr. 5 vom 4. Februar 1993, Nr. 6 vom 11. Februar 1993, Nr. 7 vom 18. Februar 1993 und Nr. 15 vom 4. April 1996, alle in der Fassung der Novelle vom Juli 2002, kundgemacht in der Kärntner Landeszeitung Nr. 28 vom 18. Juli 2002, bzw. der Prüfungsordnung der Land- und forstwirtschaftlichen Lehrlings- und Fachausbildungsstelle bei der Kammer für Land- und Forstwirtschaft in Kärnten vom 7. Oktober 2005, kundgemacht in der Kärntner Landeszeitung Nr. 40 vom 13. Oktober 2005, Nr. 8 vom 4. März 2010 sowie Nr. 44 vom 7. November 2019, *(BGBl. II Nr. 371/2005, Z 3 idF BGBl. II Nr. 43/2024, Z 4)*

– Meisterprüfung auf Grund der Niederösterreichischen Land- und forstwirtschaftlichen Berufsausbildungsordnung 1991, LGBl. Nr. 5030-0, und der darauf basierenden Ausbildungs- und Prüfungsordnung der Land- und forstwirtschaftlichen Lehrlings- und Fachausbildungsstelle vom 25. Juni 1992 mit Genehmigung der Landesregierung vom 28. Juni 1993 in der Fassung der Novelle vom 25. Juni 2004 mit Genehmigung der Landesregierung vom 3. August 2004, kundgemacht in den Amtlichen Nachrichten Nr. 15/2004 vom 16. August 2004,

– Meisterprüfung auf Grund des Oberösterreichischen Land- und forstwirtschaftlichen Berufsausbildungsgesetzes 1991, LGBl. Nr. 95, und der darauf basierenden Oberösterreichischen Land- und forstwirtschaftlichen Ausbildungs- und Prüfungsordnung 1991 der Land- und forstwirtschaftlichen Lehrlings- und Fachausbildungsstelle bei der Landwirtschaftskammer für Oberösterreich vom 27. August 1991, kundgemacht in der Amtlichen Linzer Zeitung vom 3. Jänner 1992, Folge 1, in der Fassung der Novelle vom 3. April 2002, kundgemacht in der Amtlichen Linzer Zeitung vom 3. September 2002, Folge 19,

– Meisterprüfung auf Grund der Salzburger land- und forstwirtschaftlichen Berufsausbildungsordnung 1991, LFBAO 1991, LGBl. Nr. 69/1991, und der darauf basierenden Ausbildungs- und Prüfungsordnungen auf dem Gebiete der land- und forstwirtschaftlichen Facharbeiter- und Meisterausbildung der Lehrlings- und Fachausbildungsstelle bei der Kammer für Land- und Forstwirtschaft in Salzburg vom 5. Juni 2002, kundgemacht in der Salzburger Landes-Zeitung Nr. 20 vom 16. Juli 2002,

– Meisterprüfung auf Grund des Steiermärkischen Land- und forstwirtschaftlichen Berufsausbildungsgesetzes 1991, LGBl. Nr. 65, und der darauf basierenden Verordnung der Steiermärkischen Landesregierung über die Ausbildung und Prüfung zum Facharbeiter und Meister auf dem Gebiet der Land- und Forstwirtschaft, LGBl. Nr. 74/1997, in der Fassung der Novellen LGBl. Nr. 45/2002 und LGBl. Nr. 93/2011, LGBl. Nr. 30/2017, *(BGBl. II Nr. 371/2005, Z 3 idF BGBl. II Nr. 43/2024, Z 5)*

– Meisterprüfung auf Grund des Tiroler Land- und forstwirtschaftlichen Berufsausbildungsgesetzes 2000, LGBl. Nr. 32, und der darauf basierenden Verordnungen der Lehrlings- und Fachausbildungsstelle bei der Landwirtschaftskammer vom 25. Mai 2001, mit der Ausbildungsvorschriften und eine Prüfungsordnung über die Berufsausbildung in der Land- und Forstwirtschaft erlassen werden, kundgemacht im Boten für Tirol vom 25. Juli 2001, Stück 30, 182. Jahrgang/2001, Nr. 777 sowie der Lehrlings- und Fachausbildungsstelle bei der Landwirtschaftskammer vom 27. Februar 2017 mit der die Ausbildungsvorschriften und eine Prüfungsordnung über die Berufsausbildung in der Land- und Forstwirtschaft erlassen werden, kundgemacht im Boten für Tirol vom 16. März 2017, Stück 11, 198. Jahrgang/2017, Nr. 239, *(BGBl. II Nr. 43/2024, Z 6)*

– Meisterprüfung in der Land- und Forstwirtschaft auf Grund des Vorarlberger Land- und forstwirtschaftlichen Berufsausbildungsgesetzes, LGBl. Nr. 22/1992, und der darauf basierenden Verordnung der Land- und forstwirtschaftlichen Lehrlings- und Fachausbildungsstelle über die Facharbeiter- und Meisterprüfung in der Land- und Forstwirtschaft, ABl. Nr. 37/1995 in der Fassung der Novelle ABl. Nr. 12/2004, genehmigt vom Amt der Vorarlberger Landesregierung am 16. März 2004, kundgemacht im Amtsblatt für das Land Vorarlberg am 27. März 2004,

– Meisterprüfung auf Grund der Wiener land- und forstwirtschaftlichen Berufsausbildungsordnung 1992, LGBl. Nr. 35, und der darauf basierenden Verordnung der Land- und forstwirtschaftlichen Lehrlings- und Fachausbildungsstelle vom 2. Juli 2003, mit der eine Ausbildungs- und Prüfungsordnung für die Land- und Forstwirtschaft festgelegt wird, genehmigt von der Wiener Landesregierung am 23. September 2003, kundgemacht im Amtsblatt der Stadt Wien am 9. Oktober 2003, Nr. 41/2003, S. 20 in der Fassung der Novellen kundgemacht im Amtsblatt der Stadt Wien am 22. Dezember 2005, Nr. 51/2005, S. 20, am 5. Oktober 2006, Nr. 40/2006, S. 23 sowie am 27. November 2008, Nr. 48/2008, S. 5. *(BGBl. II Nr. 371/2005, Z 3 idF BGBl. II Nr. 43/2024, Z 7)*

(BGBl. II Nr. 371/2005, Z 3)

9. Befähigungsprüfung

a) für

– das Gewerbe der Baumeister gemäß BGBl. Nr. 294/1996 sowie gemäß BGBl. Nr. 294/1996 idF BGBl. II Nr. 435/1998,

– das Gewerbe der Brunnenmeister gemäß BGBl. Nr. 294/1996 sowie gemäß BGBl. Nr. 294/1996 idF BGBl. II Nr. 435/1998,

– das Gewerbe der Buchhalter gemäß BGBl. II Nr. 399/1999,

– das Gewerbe der Drucker und der Druckformenhersteller gemäß BGBl. Nr. 291/1994 sowie gemäß BGBl. II Nr. 46/2000,

– das Gewerbe der Elektrotechniker gemäß BGBl. Nr. 972/1994,

– das Gewerbe der Gas- und Wasserleitungsinstallateure gemäß BGBl. Nr. 78/1995,

– das Gewerbe der Kontaktlinsenoptiker gemäß BGBl. Nr. 675/1976, gemäß BGBl. Nr. 675/1976 idF 548/1978 sowie gemäß BGBl. Nr. 675/1976 idF BGBl. Nr. 353/1989,

– das Gewerbe der Reisebüros gemäß BGBl. II Nr. 95/1999 sowie gemäß BGBl. II Nr. 95/1999 idF BGBl. II Nr. 149/1999,

– das Gewerbe der Reisebüros für eine unbeschränkte Konzession gemäß § 1 der Verordnung BGBl. Nr. 129/1989,

– das Gewerbe der Reisebüros für eine beschränkte Konzession gemäß § 4 Abs. 1 der Verordnung BGBl. Nr. 129/1989,

– das Gewerbe der Spediteure einschließlich der Transportagenten gemäß BGBl. Nr. 233/1995,

– das Gewerbe des Betriebes von Sprengungsunternehmen gemäß BGBl. Nr. 367/1978 sowie gemäß BGBl. Nr. 367/1978 idF BGBl. Nr. 353/1989,

– das Gewerbe der Steinmetzmeister gemäß BGBl. Nr. 294/1996 sowie gemäß BGBl. Nr. 294/1996 idF BGBl. II Nr. 435/1998,

– das Gewerbe der Technischen Büros gemäß BGBl. Nr. 725/1990,

– das Gewerbe der Unternehmensberater einschließlich der Unternehmensorganisatoren gemäß BGBl. II Nr. 34/1998,

– das Gewerbe der Vermittlung von Personalkrediten, Hypothekarkrediten und Vermögensberatung (einschließlich Vermittlung von Veranlagungen im Sinne des § 1 Abs. 1 Z 3 KGM) gemäß BGBl. II Nr. 284/1999,

– das Gewerbe der Vulkaniseure gemäß BGBl. II Nr. 187/1998,

- das Gewerbe der Werbeagentur gemäß BGBl. Nr. 331/1995 sowie gemäß BGBl. Nr. 331/1995 idF BGBl. Nr. 285/1996,
- das Gewerbe der Werbeberater gemäß BGBl. Nr. 276/1978,
- das Gewerbe der Werbungsmittler gemäß BGBl. Nr. 277/1978,
- das Gewerbe der Zimmermeister gemäß BGBl. Nr. 294/1996 sowie gemäß BGBl. Nr. 294/1996 idF BGBl. II Nr. 435/1998, die nach der zum Zeitpunkt ihrer Absolvierung geltenden Prüfungsordnung (allenfalls mit der gemeinsam absolvierten Unternehmerprüfung) den Anforderungen des § 3 Abs. 1 Z 4 des Berufsreifeprüfungsgesetzes, BGBl. I Nr. 68/1997, entspricht, *(BGBl. II Nr. 371/2005, Z 4 idF BGBl. II Nr. 218/2016, Z 9)*

b) die nach der von der zuständigen Fachorganisation oder der Wirtschaftskammer Österreich gemäß den §§ 22 und 22a der Gewerbeordnung 1994, BGBl. Nr. 194, verordneten und im Internet kundgemachten Prüfungsordnung absolviert wurde und durch die Vorlage des Befähigungsprüfungszeugnisses in folgenden Gewerben nachgewiesen wird:
- Baumeister,
- Bestattung,
- Brunnenmeister,
- Buchhaltung,
- Drogisten,
- Drucker und Druckformenherstellung,
- Elektrotechnik,
- Fotografen,
- Fremdenführer,
- Fußpflege,
- Gas- und Sanitärtechnik,
- Getreidemüller,
- Herstellung von Arzneimitteln und Giften und Großhandel mit Arzneimitteln und Giften,
- Holzbau-Meister, *(BGBl. II Nr. 43/2024, Z 8)*
- Kontaktlinsenoptik,
- Kosmetik (Schönheitspflege),
- Massage,
- *entfallen (BGBl. II Nr. 43/2024, Z 9)*
- Sprengungsunternehmen,
- Steinmetzmeister einschließlich Kunststeinerzeugung und Terrazzomacher,
- Technische Büros – Ingenieurbüros (Beratende Ingenieure),
- Unternehmensberater,
- Vermögensberatung,
- Vulkaniseur,
- Waffengewerbe (Büchsenmacher) einschließlich des Waffenhandels,
- Zimmermeister,

(BGBl. II Nr. 371/2005, Z 4 idF BGBl. II Nr. 218/2016, Z 6)

9a. Befähigungsprüfung einschließlich abgelegter Unternehmerprüfung
- für das Gewerbe der Arbeitsvermittler gemäß BGBl. Nr. 506/1996,
- für das Gewerbe der Berufsdetektive gemäß BGBl. Nr. 10/1995,
- für das Gewerbe der Bestatter gemäß BGBl. Nr. 236/1994,
- für das Gewerbe der Drogisten gemäß BGBl. Nr. 712/1996,
- für das Gewerbe der Fußpfleger gemäß BGBl. Nr. 30/1996,
- für das Gewerbe der Inkassoinstitute gemäß BGBl. Nr. 490/1993,
- für das Gewerbe der Kosmetiker (Schönheitspflege) gemäß BGBl. Nr. 29/1996,
- für das gebundene Gewerbe der Masseure gemäß BGBl. Nr. 618/1993,
- für das Waffengewerbe gemäß § 10 der Verordnung BGBl. II Nr. 51/1998,

(BGBl. II Nr. 371/2005, Z 5)

9b. Befähigungsprüfung

a) für das reglementierte Gewerbe der Arbeitsvermittler gemäß der am 30.1. 2004 im Internet unter der Internetadresse www.WKO.at kundgemachten Arbeitsvermittlungs-Befähigungsprüfungsordnung der Wirtschaftskammer Österreich,

b) für das Gewerbe der Arbeitskräfteüberlassung gemäß der am 30. Jänner 2004 sowie der am 11. März 2021 im Internet unter der Internetadresse www.WKO.at kundgemachten Arbeitskräfteüberlassungs-Prüfungsordnung des Fachverbandes der gewerblichen Dienstleister, *(BGBl. II Nr. 43/2024, Z 10)*

c) für das Gewerbe der Berufsdetektive gemäß der am 30. Jänner 2004 sowie der am 11. März 2021 im Internet unter der Internetadresse www.WKO.at kundgemachten Berufsdetektive-Prüfungsordnung des Fachverbandes der gewerblichen Dienstleister, *(BGBl. II Nr. 43/2024, Z 10)*

d) für das Gewerbe der Bestatter gemäß der am 30. Jänner 2004 sowie der am 8. April 2021 im Internet unter der Internetadresse www.WKO.at kundgemachten Bestattungs-Prüfungsordnung der Bundesinnung der Rauchfangkehrer und Bestatter, *(BGBl. II Nr. 43/2024, Z 10)*

e) für das Gewerbe der Drogisten gemäß der am 20. Oktober 2003 sowie der am 1. April 2022 im Internet unter der Internetadresse www.WKO.at kundgemachten Drogisten-Befähigungsprüfungsordnung des Bundesgremiums des Handels mit Arzneimitteln, Drogerie- und Parfümeriewaren sowie Chemikalien und Farben der Wirtschaftskammer Österreich, *(BGBl. II Nr. 43/2024, Z 10)*

f) für das Gewerbe der Fußpfleger gemäß der am 26. Jänner 2004, der am 13. Dezember 2017 sowie der am 25. November 2022 im Internet unter der Internetadresse www.WKO.at kundgemachten Fußpflege-Befähigungsprüfungsordnung der Bundesinnung der Fußpfleger, Kosmetiker und Masseure über die Prüfung für das reglementierte Gewerbe der Fußpflege, *(BGBl. II Nr. 43/2024, Z 10)*

g) für das Gewerbe der Inkassoinstitute gemäß der am 31.1.2004 sowie am 17. November 2005 im Internet unter der Internetadresse www.WKO.at kundgemachten Inkassoinstitute-Befähigungsprüfungsordnung der Wirtschaftskammer Österreich,

h) für das Gewerbe der Kosmetiker (Schönheitspflege) gemäß der am 26. Jänner 2004, der am 13. Dezember 2017 sowie der am 25. November 2022 im Internet unter der Internetadresse www.WKO.at kundgemachten Verordnung der Bundesinnung der Fußpfleger, Kosmetiker und Masseure über die Prüfung für das reglementierte Gewerbe der Kosmetik (Schönheitspflege), *(BGBl. II Nr. 43/2024, Z 11)*

i) für das gebundene Gewerbe der Masseure gemäß der am 26. Jänner 2004, der am 13. Dezember 2017 sowie der am 16. November 2022 im Internet unter der Internetadresse www.WKO.at kundgemachten Verordnung der Bundesinnung der Fußpfleger, Kosmetiker und Masseure über die Prüfung für das reglementierte Gewerbe der Massage, *(BGBl. II Nr. 43/2024, Z 11)*

j) für das Waffengewerbe gemäß der am 30.1.2004 im Internet unter der Internetadresse www.WKO.at kundgemachten Waffengewerbe-Befähigungsprüfungsordnung der Wirtschaftskammer Österreich,

(BGBl. II Nr. 129/2013, Z 7)

9c. Personenzertifikat „Zertifizierter Berufsfotograf (ZBF NEU)“ gemäß dem am 11. April 2022 im Internet unter der Internetadresse https://zertifizierung.wifi.at in Kraft gesetzten Prüfungsablauf der Wirtschaftskammer Österreich Zertifizierungsstelle, *(BGBl. II Nr. 43/2024, Z 12)*

10. Fachprüfung „Steuerberater“ gemäß BGBl. I Nr. 58/1999 sowie gemäß BGBl. I Nr. 137/2017, in der jeweils geltenden Fassung, *(BGBl. II Nr. 43/2024, Z 13)*

11. Fachprüfung „Selbständiger Buchhalter“ gemäß BGBl. I Nr. 58/1999,

12. Fachprüfung „Wirtschaftsprüfer“ gemäß BGBl. I Nr. 58/1999 sowie gemäß BGBl. I Nr. 137/2017, in der jeweils geltenden Fassung, *(BGBl. II Nr. 43/2024, Z 14)*

13. Bilanzbuchhalterprüfung gemäß
    a) § 1 Z 1 der Buchhalter-Befähigungsnachweisverordnung, BGBl. II Nr. 399/1999, in der jeweils geltenden Fassung, oder
    b) §§ 1 bis 23 des Bilanzbuchhaltungsgesetzes, BGBl. I Nr. 161/2006, oder *(BGBl. II Nr. 39/2010, Z 4 idF BGBl. II Nr. 218/2016, Z 10)*
    c) §§ 1 bis 16 des Bilanzbuchhaltungsgesetzes 2014, BGBl. I Nr. 191/2013, *(BGBl. II Nr. 218/2016, Z 10)*

    (BGBl. II Nr. 39/2010, Z 4)

14. Diplomprüfung an Schulen für Sozialbetreuungsberufe mit Öffentlichkeitsrecht, die gemäß dem mit
    – GZ BMBWK-21.635/0003-III/3a/2006 erlassenen und im Verordnungsblatt für die Dienstbereiche der Bundesministerien für Unterricht, Kunst und Kultur und für Wissenschaft und Forschung unter der Nr. 22/2007 kundgemachten,
    – GZ BMUKK-21.635/0014-III/3a/2010 erlassenen und im Verordnungsblatt für

die Dienstbereiche der Bundesministerien für Unterricht, Kunst und Kultur und für Wissenschaft und Forschung unter der Nr. 102/2010 kundgemachten sowie

- GZ BMUKK-21.635/0008-III/3a/2012 erlassenen und im Verordnungsblatt für die Dienstbereiche der Bundesministerien für Unterricht, Kunst und Kultur und für Wissenschaft und Forschung unter der Nr. 67/2012 kundgemachten Organisationsstatuten geführt werden,
- GZ BMBWF-21.635/0006-BS/5/2018 erlassenen und im Verordnungsblatt für die Dienstbereiche des Bundesministeriums für Bildung, Wissenschaft und Forschung unter der Nr. 30/2018 kundgemachten Organisationsstatuten geführt werden.[1]) *(BGBl. II Nr. 43/2024, Z 15)*

(BGBl. II Nr. 129/2013, Z 8)

14a. Abschlussprüfung des Hochschullehrganges „Akademischer Sozialpädagogischer Fachbetreuer“ auf Grundlage des § 49 des Oberösterreichischen Sozialberufegesetzes, LBGl. Nr. 63/2008, *(BGBl. II Nr. 43/2024, Z 16)*

15. nachstehende Zivilluftfahrt-Scheine gemäß § 1 der Verordnung des Bundesministers für Verkehr, Innovation und Technologie über das Zivilluftfahrt-Personal (Zivilluftfahrt-Personalverordnung 2006 – ZLPV 2006), BGBl. II Nr. 205/2006 in der Fassung der Verordnungen BGBl. II Nr. 71/2009 sowie BGBl. II Nr. 260/2012: *(BGBl. II Nr. 129/2013, Z 9)*
    a) Berufspilotenlizenz (Flugzeug),
    b) Linienpilotenlizenz (Flugzeug),
    c) Berufspilotenlizenz (Hubschrauber),
    d) Linienpilotenlizenz (Hubschrauber),
    e) Luftfahrzeugwartschein I. Klasse,
    f) Teil-66 Lizenz für Freigabeberechtigtes Personal, *(BGBl. II Nr. 39/2010, Z 4 idF BGBl. II Nr. 218/2016, Z 11)*

    (BGBl. II Nr. 39/2010, Z 4)

16. Militärpilotenausweis gemäß § 2 Abs. 1 Z 1 der Verordnung des Bundesministers für Landesverteidigung und Sport über Militärluftfahrt-Personalausweise (Militärluftfahrt-Personalverordnung 2012 – MLPV 2012), BGBl. II Nr. 401/2012, *(BGBl. II Nr. 218/2016, Z 11 idF BGBl. II Nr. 43/2024, Z 17)*

17. Bescheinigung über die fachliche Eignung für den Bereich Güterfernverkehr gemäß Berufszugangs-Verordnung Güterkraftverkehr, BGBl. Nr. 221/1994. *(BGBl. II Nr. 43/2024, Z 17)*

Verweise auf Bundesgesetze

§ 2a. Soweit in dieser Verordnung auf Bundesgesetze verwiesen wird, sind diese in der mit dem Inkrafttreten der jeweils letzten Novelle dieser Verordnung geltenden Fassung anzuwenden.

(BGBl. II Nr. 218/2016, Z 12)

§ 3. (1) Diese Verordnung tritt mit 1. September 2000 in Kraft. *(BGBl. II Nr. 268/2000 idF BGBl. II Nr. 371/2005, Z 7)*

(2) § 2 Z 3, 4, 8, 8a, 9, 9a, 12 und 13 sowie § 3 Abs. 3 dieser Verordnung in der Fassung der Verordnung BGBl. II Nr. 371/2005 treten mit Ablauf des Tages der Kundmachung im Bundesgesetzblatt in Kraft.[2]) *(BGBl. II Nr. 371/2005, Z 7)*

(3) Prüfungskandidaten, die sich zur Berufsreifeprüfung bereits vor dem Zeitpunkt des In-Kraft-Tretens der Verordnung BGBl. II Nr. 371/2005 angemeldet haben, sind berechtigt, die Prüfung gemäß dieser Verordnung in der zum Zeitpunkt der Anmeldung zur Berufsreifeprüfung geltenden Fassung abzulegen. *(BGBl. II Nr. 371/2005, Z 7)*

(4) § 1 sowie § 2 Z 4, 13, 14 und 15 dieser Verordnung in der Fassung der Verordnung BGBl. II Nr. 39/2010 treten mit Ablauf des Tages der Kundmachung im Bundesgesetzblatt[3]) in Kraft; gleichzeitig tritt § 2 Z 6 außer Kraft. *(BGBl. II Nr. 39/2010, Z 5)*

(5) § 1 Z 1 lit. h, Z 2 lit. d, Z 3 lit. g und h sowie § 2 Z 4, Z 8 lit. e, Z 9b, Z 14 und Z 15 in der Fassung der Verordnung BGBl. II Nr. 129/2013 treten mit Ablauf des Tages der Kundmachung im Bundesgesetzblatt in Kraft.[4]) *(BGBl. II Nr. 129/2013, Z 10)*

(6) § 1 Z 2 lit. e, Z 3 lit. i, Z 4 bis 12, § 2 Z 3, 5, 8 lit. d und e, 9 lit. a und b, 13 lit. b und c, 15 lit. f und 16 sowie § 2a samt Überschrift

[1]) Aufgrund der Anfügung des vierten Spiegelstriches zu Z 14 durch die Novelle BGBl. II Nr. 43/2024 wäre der Punkt am Ende des vierten Spiegelstriches im Hinblick auf die nachfolgende Zifferngliederung durch einen Beistrich zu ersetzen gewesen.

[2]) Die Kundmachung im Bundesgesetzblatt erfolgte am 15. November 2005.

[3]) Die Kundmachung im Bundesgesetzblatt erfolgte am 1. Februar 2010.

[4]) Die Kundmachung im Bundesgesetzblatt erfolgte am 17. Mai 2013.

in der Fassung der Verordnung BGBl. II Nr. 218/2016 treten mit Ablauf des Tages der Kundmachung im Bundesgesetzblatt in Kraft.[5]) *(BGBl. II Nr. 218/2016, Z 13)*

(7) § 2 Z 3a, 3b, 8 lit. e, 8a, 9 lit. b, 9b lit. b bis f und h bis i, 9c, 10, 12, 14, 14a sowie 17 in der Fassung der Verordnung BGBl. II Nr. 43/2024 tritt mit Ablauf des Tages der Kundmachung im Bundesgesetzblatt in Kraft; gleichzeitig tritt § 2 Z 9 lit. b in der Fassung der Ziffer 9 außer Kraft.[6]) *(BGBl. II Nr. 43/2024, Z 18)*

---

[5]) Die Kundmachung im Bundesgesetzblatt erfolgte am 9. August 2016.

[6]) Die Kundmachung im Bundesgesetzblatt erfolgte am 14. Februar 2024.

2.1.3. Berufsreifeprüfungscurriculaverordnung

BGBl. II Nr. 40/2010
idF der Verordnung BGBl. II Nr. 391/2012

Verordnung der Bundesministerin für Unterricht, Kunst und Kultur über kompetenzbasierte Curricula an anerkannten Lehrgängen zur Vorbereitung auf die Berufsreifeprüfung (Berufsreifeprüfungscurriculaverordnung – BRPCV)

Auf Grund des § 8 Abs. 1 des Bundesgesetzes über die Berufsreifeprüfung, BGBl. I Nr. 68/1997, zuletzt geändert durch das Bundesgesetz BGBl. I Nr. 118/2008, wird verordnet:

Geltungsbereich

§ 1. Diese Verordnung gilt für anerkannte Lehrgänge zur Vorbereitung auf die Berufsreifeprüfung, die von Rechtsträgern gemäß § 8 Abs. 1 des Bundesgesetzes über die Berufsreifeprüfung angeboten werden, und legt kompetenzbasierte Curricula in den folgenden Teilprüfungen fest:

1. Deutsch (Anlage 1),
2. Lebende Fremdsprache (Anlage 2),
3. Mathematik (bzw. Mathematik und angewandte Mathematik) (Anlage 3) und
4. Fachbereiche (Anlage 4) entsprechend den beruflichen Vorbildungen.

Begriffsbestimmungen

§ 2. Im Anwendungsbereich dieser Verordnung sind

1. „Kompetenzen“ als Untergliederung der Kompetenzbereiche längerfristig verfügbare kognitive Fähigkeiten und Fertigkeiten, die von Lernenden entwickelt werden und die sie befähigen, Probleme in variablen Situationen erfolgreich und verantwortungsbewusst zu lösen und die damit verbundene motivationale und soziale Bereitschaft zu zeigen;
2. „kompetenzbasierte Curricula“ Curricula, die
   a) Kompetenzen in fachlicher und fachdidaktischer Hinsicht definieren,
   b) bezüglich ihrer Didaktik auf die unterschiedliche Vorbildung der Prüfungswerberinnen und Prüfungswerber abstellen und
   c) sich am bestehenden europäischen Referenzrahmen für Sprachen, Empfehlung des Ministerkomitees des Europarates an die Mitgliedstaaten Nr. R (98) 6 vom 17. März 1998 zum Gemeinsamen Europäischen Referenzrahmen für Sprachen (GER), orientieren.
3. „Handlungsbereiche“ Teile der Kompetenzmodelle, die die einzelnen Kompetenzen einer bestimmten operativen Tätigkeit zuordnen (zB in Mathematik „Modellieren und Transferieren“, „Operieren und Technologieeinsatz“);
4. „Inhaltsbereiche“ Teile der Kompetenzmodelle, die die Inhalte in systematischer und aufbauender Form aufzeigen.

Bildungsziel

§ 3. Kompetenzbasierte Curricula bilden die Grundlage für die Vermittlung von kognitiven und spezifischen Handlungskompetenzen entsprechend den Anforderungen des Bundesgesetzes über die Berufsreifeprüfung, wobei auf das Wissen und die Kenntnisse, die im Rahmen der bisherigen Bildungs- und Berufslaufbahn erworben wurden, aufzubauen ist.

Didaktische Grundsätze

§ 4. (1) Die auf Basis der zu erlangenden Kompetenzen für den Lehrgang festgelegten Bildungsinhalte und Anforderungen sind den Prüfungswerberinnen und Prüfungswerbern zu Beginn des Lehrgangs zur Kenntnis zu bringen.

(2) Die Art der Wissensvermittlung hat erwachsenengerecht anhand der didaktischen Richtlinien zu erfolgen und an die vorhandenen schulischen und beruflichen Vorkenntnisse und Vorerfahrungen der Prüfungswerberinnen und Prüfungswerber anzuknüpfen. Der Unterricht ist dem Stand der aktuellen Wissenschaft entsprechend zu vermitteln sowie anschaulich und gegenwartsbezogen zu gestalten. Der Ertrag des Unterrichts ist durch geeignete Methoden und durch den zweckmäßigen Einsatz von Unterrichtsmitteln zu sichern und zu festigen.

(3) Den Prüfungswerberinnen und Prüfungswerbern ist ihr individueller Leistungsstand in Hinblick auf die Kompetenzerreichung auf Verlangen rückzumelden.

Mindeststundenausmaß der Vorbereitungslehrgänge

§ **5.** Die Vorbereitungslehrgänge haben für die einzelnen Teilprüfungen folgendes Mindeststundenmaß aufzuweisen:

1. Deutsch	160 Stunden
2. Lebende Fremdsprache	160 Stunden
3. Mathematik	160 Stunden
4. Fachbereich	120 Stunden

Die Fernunterrichtsphase pro Lehrgang darf in den allgemein bildenden Fächern nicht mehr als 30 vH, im Fachbereich nicht mehr als 50 vH des tatsächlichen Stundenausmaßes betragen.

Inkrafttreten

§ **6.** (1) Diese Verordnung tritt mit Ablauf des Tages der Kundmachung im Bundesgesetzblatt[1]) in Kraft und findet auf Lehrgänge Anwendung, die nach dem 1. Jänner 2010 gemäß § 8 des Bundesgesetzes über die Berufsreifeprüfung anerkannt werden. *(BGBl. II Nr. 40/2010 idF BGBl. II Nr. 391/2012, Z 1)*

(2) Die Anlagen 1 und 4 in der Fassung der Verordnung BGBl. II Nr. 391/2012 treten mit Ablauf des Tages der Kundmachung im Bundesgesetzblatt[2]) in Kraft. *(BGBl. II Nr. 391/2012, Z 1)*

---

[1]) Die Kundmachung im Bundesgesetzblatt erfolgte am 1. Februar 2010.

[2]) Die Kundmachung im Bundesgesetzblatt erfolgte am 29. November 2012.

Kompetenzbasiertes Curriculum Deutsch

Das kompetenzbasierte Curriculum für „Deutsch" ist in die Bereiche „Zuhören – Sprechen – Lesen – Schreiben – integratives Sprachbewusstsein – Reflexion und kreative Ausdrucksformen" eingeteilt. Innerhalb dieser Einteilungen erfolgt eine Zuordnung der Kompetenzen zu den Bereichen Rezeption, Interaktion und Produktion.

Die Prüfungswerberinnen und Prüfungswerber sollen folgende Kompetenzen entwickeln:

1. Kompetenzbereich Zuhören

1. Mündlichen Darstellungen folgen und sie verstehen (Rezeption)	1.1. Aktiv zuhören (einer Präsentation folgen und Zwischenfragen stellen; kontrollierter Dialog)
	1.2. Gestaltungsmittel gesprochener Sprache verstehen (Rhetorische Figuren)
	1.3. Verbale und nonverbale Äußerungen wahrnehmen (Stimmführung, Körpersprache)
	1.4. Redeabsichten erkennen (Information, Manipulation, Appell, Diskriminierung)
	1.5. Kerninformationen entnehmen

2. Kompetenzbereich Sprechen

2. Sprache situationsangemessen, partnergerecht, sozial verantwortlich gebrauchen (Interaktion)	2.1. Stil- und Sprachebenen unterscheiden und situationsangemessen einsetzen (Standardsprache, Umgangssprache, Dialekt)
	2.2. Sprachsensibel formulieren (geschlechter- und minderheitengerechte Formulierungen)
	2.3. Sachgerecht argumentieren und zielgerichtet appellieren (Zielgruppenorientierung, Kundenorientierung)
	2.4. Äußerungen durch nonverbale Ausdrucksmittel unterstützen (Satzmelodie, Körpersprache)
	2.5. Feedback geben (Regeln vereinbaren und einhalten)
3. Gespräche führen (Interaktion)	3.1. Sich konstruktiv an Gesprächen und Diskussionen beteiligen (Gesprächsregeln, eigene Position sachlich vorbringen)
	3.2. Auf Gesprächsbeiträge angemessen reagieren (Strategien zur Reaktion auf der Sach- und Beziehungsebene beherrschen)
	3.3. Passende Gesprächsformen in privaten, beruflichen und öffentlichen Sprechsituationen anwenden (Bewerbung, Beratung, Beschwerde)
	3.4. Diskussionen leiten und Gespräche moderieren (Gruppenarbeiten, Teambesprechungen)
	3.5. Berufsbezogene Informationen einholen und geben (Gespräche, Telefonate, Interviews)

4. Öffentlich sprechen (Interaktion, Produktion)	4.1. Anliegen von Interessengruppen sprachlich differenziert vorbringen (Statements abgeben, Argumente vertreten)
	4.2. Wirkungsvoll rezitieren (kreativer Umgang mit Lauten, Wörtern und Texten)
	4.3. Komplexe Inhalte mit Medienunterstützung präsentieren (Informationen graphisch aufbereiten, Fachvokabular einsetzen)

3. Kompetenzbereich Lesen

5. Unterschiedliche Lesetechniken anwenden (Rezeption, Interaktion)	5.1. Still sinnerfassend lesen (Rezeption; z.B. Querlesen, Parallellesen)
	5.2. Laut gestaltend lesen (Interaktion; deutliche Aussprache, adressatenbezogen und situationsadäquat)
6. Texte formal und inhaltlich erschließen (Rezeption)	6.1. Texten Informationen entnehmen (Texte unterschiedlicher Medien)
	6.2. Relevante von irrelevanten Informationen unterscheiden (Auswahl treffen, Kernaussagen suchen)
	6.3. Verschiedene Techniken der Texterfassung und Textanalyse einsetzen (Bild-Text-Kombinationen, Diagramme, Tabellen; Stilmittel erkennen, Kerninformationen aufspüren)
	6.4. Textsorten und ihre strukturellen Merkmale unterscheiden (Textvergleiche nach Form und Gliederung)
	6.5. Texte hinsichtlich ihrer Inhalte und Gedankenführung analysieren (in Sinneinheiten gliedern, inhaltlich verknüpfen, Textintention verstehen)
	6.6. Korrelation der formalen Aspekte mit dem Textinhalt erkennen (Gattung, Stilfiguren, mit dem Inhalt in Beziehung setzen.)
7. Sich in der Medienlandschaft orientieren (Rezeption, Interaktion)	7.1. Medienangebote nutzen und eine bedürfnisgerechte Auswahl treffen (Medien nach Effizienz, Thema, Intention und Aufgabenstellung auswählen, Recherchen)
	7.2. Information aus unterschiedlichen Texten prüfen, vergleichen und verbinden (Quellen kritisch bearbeiten)
8. Sich mit Texten kritisch auseinandersetzen (Rezeption)	8.1. Texte interpretieren (mögliche Intentionen, Aussagen)
	8.2. Texte bewerten (die zugrunde liegenden Interessen erkennen, inhaltliche und ästhetische Qualität beurteilen)
9. Texte in Kontexten verstehen (Rezeption)	9.1. Bezüge zu anderen Texten herstellen (Textvergleiche)
	9.2. Bezüge zum eigenen Wissens- und Erfahrungssystem herstellen (verschiedene Lebenswelten)
	9.3. Unterschiedliche Weltansichten und Denkmodelle erkennen (Werthaltungen, Lebensentwürfe, Ideologien)

4. Kompetenzbereich Schreiben

10. Texte verfassen (Produktion)	10.1. Texte mit unterschiedlicher Intention verfassen und die jeweils spezifischen Textmerkmale gezielt einsetzen (Erzählen, Berichten, Zusammenfassen)
	10.2. Texte adressatenadäquat produzieren (Leserbrief, Informationsblatt, Rundschreiben)
	10.3. Texte themengerecht und ästhetischen Kriterien entsprechend gestalten (Texte mediengerecht gestalten, Schreibhaltungen beherrschen)
	10.4. Texte geschlechtergerecht verfassen
	10.5. Texte verfassen anhand nicht sprachlicher Gestaltungsmittel (Informationsgraphiken verbalisieren und interpretieren)
11. Texte redigieren (Produktion)	11.1. Eigene bzw. fremde Texte formal und inhaltlich über- und bearbeiten (Textüberarbeitung kennen und bewusst anwenden, Portfolioarbeit)
	11.2. Texte unter Einbeziehung von informationstechnologischen Mitteln gestalten (elektronische Textverarbeitung und Präsentationssoftware einsetzen)
12. Schreiben als Hilfsmittel einsetzen (Produktion)	12.1. Mitschriften verfassen (bei Vorträgen, Filmen, Sendungen)
	12.2. Informationen strukturiert schriftlich wiedergeben (Stichwortzettel, Protokoll, Handout, Exzerpt, Mindmap)
	12.3. Relevante Informationen markieren und kommentieren (nach Sachrichtigkeit, Brauchbarkeit und Relevanz)
13. Einfache wissenschaftliche Techniken anwenden (Produktion)	13.1. Bibliographieren (Quellenangabe, Literaturverzeichnis)
	13.2. Zitieren (Zitierregeln, wörtliche Zitate, Paraphrasieren)

BRPG, VO
PflSchAbschl-Prüf.G, VO

5. Kompetenzbereich integratives Sprachbewusstsein

14. Sprachnormen kennen und anwenden	14.1. Fundierte Kenntnisse und Fertigkeiten in der Textgrammatik haben (Satzverknüpfungen, Textzusammenhang, Absätze)
	14.2. Fundierte Kenntnisse und Fertigkeiten in der Satzgrammatik und Formenlehre haben (Satzanalyse, -arten, -strukturen, Kongruenz, Aktiv und Passiv)
	14.3. Wortarten und Wortbildungsmuster erkennen und anwenden (Deklination, Konjugation, Modus, Tempus, Kasus)
	14.4. Orthographische Regeln beherrschen und anwenden (Prozessorientiertes Schreiben)
	14.5. Mit der Zeichensetzung sicher umgehen (prozessorientiertes Schreiben)

15. Über einen umfassenden Wortschatz einschließlich der relevanten Fachsprachen verfügen	15.1. Begriffe definieren und erläutern (Wortschatzgebrauch, Wortfamilien; zB Erläuterungen von fünf Fachbegriffen aus dem beruflichen Umfeld)
	15.2. Begriffe text- und situationsangemessen anwenden (Synonyme, Fachtermini, Fremdwörter)
	15.3. Wörterbücher und andere Hilfsmittel verwenden (Etymologie, Bedeutung, Synonyme) *(BGBl. II Nr. 40/2010 idF BGBl. II Nr. 391/2012, Z 2)*
16. Mit Fehlern konstruktiv umgehen	16.1. Häufige Fehlerquellen erkennen (falsche Verwendung des Superlativs, Fallfehler)
	16.2. Strategien zur Fehlervermeidung beherrschen (kritische Textarbeit, Wörterbucheinsatz, Rechtschreibsoftware)
17. Bedeutung innerer und äußerer Mehrsprachigkeit erfassen	17.1. Varietäten des Deutschen einordnen (Akzente, Dialekte, regionale Umgangssprache)
	17.2. Die deutsche Sprache in ihrem Verhältnis zu anderen Sprachen betrachten (Sprachenportfolio, Sprachbiographie, Deutsch als Zweitsprache, Deutsch als Fremdsprache)
18. Erkennen, dass Sprachnormen und Wortschatz Veränderungen unterliegen	18.1. Sprachgeschichte in Beziehung zu gesellschaftlichen Entwicklungen setzen (Texte aus verschiedenen Epochen, Fachsprachen)
	18.2. Durch Institutionen gesteuerte sprachliche Entwicklungen erkennen (Amtssprache, Vorschriften, Rechtschreibreform, Vorschriften zur geschlechtsneutralen Formulierung)

6. Kompetenzbereich Reflexion und kreative Ausdrucksformen

19. Über den Informations-, Bildungs- und Unterhaltungswert von Medien, Kunst- und Literaturbetrieb als Mittel der öffentlichen Meinungsbildung reflektieren (öffentlich-rechtliche Medien, Meinungsbildung, Medienkonzentration)
20. Darstellungs- und Vermittlungsmöglichkeiten unterschiedlicher Medien bewerten (Möglichkeiten und Grenzen unterschiedlicher Medien wie Printmedien, Radio, Fernsehen, Film, Internet analysieren)
21. Zu Problemen aus dem Spannungsfeld von Individuum, Gesellschaft, Politik und Wirtschaft Stellung nehmen (Zeitgeschichte, aktuelle politische Ereignisse, kulturelle Ausdrucksformen)
22. Über Aspekte der Berufs- und Arbeitswelt reflektieren (Arbeitswelt, Arbeitsmarkt, Auswirkungen der Globalisierung) *(BGBl. II Nr. 40/2010 idF BGBl. II Nr. 391/2012, Z 3)*
23. Populärkulturelle Phänomene wahrnehmen, kommentieren und bewerten (Fernsehserien, populäre Musik, Ausdrucksformen gesellschaftlicher Gruppierungen, Computerspiele)

7. Didaktische Richtlinien für unterschiedliche Zielgruppen

Die Zielgruppen der Berufsreifeprüfung sind einerseits jugendliche (noch nicht volljährige) und andererseits erwachsene Bildungswerberinnen und Bildungswerber mit einer vollständigen oder abgebrochenen schulischen oder beruflichen Ausbildung (zB einer berufsbildenden mittleren Schule oder einer Berufsschule). Zur Erreichung des fachlichen Bildungszieles ist an ein Mindestmaß an Vorkenntnissen der Bildungswerberinnen und Bildungswerber bei den Sprachnormen und beim Wortschatz anzuknüpfen.

Während die Jugendlichen naturgemäß näher am Schulprozess sind, weisen die Erwachsenen ein höheres Ausmaß an beruflicher Erfahrung auf, wobei bei diesen das in der Schulzeit erworbene Wissen in der Regel stärker verblasst ist. In der Didaktik der Lehrgänge ist auf diese Zielgruppen in entsprechender Weise einzugehen.

7.1. Bei jugendlichen Bildungswerberinnen und Bildungswerbern ist das Abholen auf dem vorgefundenen Sprachniveau didaktisch von besonderer Bedeutung. Dies kann einerseits durch persönlichkeitsbildende Elemente (zB Arbeit an eigener Bildungsbiographie, Training von Metakompetenzen wie Dialogfähigkeit, Rhetorik, Gesprächstechnik und soziales Lernen) und andererseits durch vorgeschaltete Kurselemente in vertrauten Lernumgebungen erfolgen.

7.2. Bei erwachsenen Bildungswerberinnen und Bildungswerbern sollen verblasste systematische Kenntnisse der deutschen Sprache im Bereich der Grammatik oder beim interaktiven und öffentlichen Sprechen aufgefrischt und schließlich auf Reifeprüfungsniveau gebracht werden.

Anlage 2

Kompetenzbasiertes Curriculum Lebende Fremdsprache

Das kompetenzbasierte Curriculum für die „Lebende Fremdsprache" baut auf dem gemeinsamen europäischen Referenzrahmen für Sprachen (GER) auf und gliedert sich in die Bereiche „Hören – Lesen – Sprechen – Schreiben", welche in Verbindung mit den linguistischen, pragmatischen und funktionalen Kompetenzen zu entwickeln sind.

Die vorliegenden Kompetenzen beziehen sich auf das Referenzniveau B2 des „Gemeinsamen europäischen Referenzrahmens für Sprachen" (GER).

Die Prüfungswerberinnen und Prüfungswerber sollen folgende Kompetenzen entwickeln:

1. Kompetenzbereich Hören

1. Kann mit einiger Anstrengung Gesprächen, die in ihrer bzw. seiner Gegenwart von Personen mit dieser Erstsprache geführt werden, folgen (zB Verstehen eines Interviews).
2. Kann die Hauptaussagen von inhaltlich und sprachlich komplexen Vorlesungen, Reden, Berichten und anderen akademischen oder berufsbezogenen Präsentationen verstehen.
3. Kann aus öffentlichen Durchsagen (zB auf Reisen oder bei Veranstaltungen) Einzelinformationen heraushören.
4. Kann technische Informationen im Detail verstehen (zB Bedienungsanleitungen oder Spezifikationen zu vertrauten Produkten und Dienstleistungen).
5. Kann Aufnahmen in Standardsprache verstehen, denen man normalerweise im gesellschaftlichen und beruflichen Leben oder in der Ausbildung begegnet und erfasst dabei nicht nur den Informationsgehalt, sondern auch Standpunkte und Einstellungen der Sprechenden.
6. Kann die Standardsprache in Filmen, Fernsehreportagen, Live-Interviews, Fernsehspielen verstehen, sofern das Thema vertraut ist (zB Erstellen von Notizen und Diagrammen auf der Basis einer Videosequenz).

2. Kompetenzbereich Lesen

1. Kann lange und komplexe Texte rasch durchsuchen und wichtige Einzelinformationen auffinden (zB ein Veranstaltungsprogramm lesen und Fragen dazu beantworten).
2. Kann rasch den Inhalt und die Wichtigkeit von Nachrichten, Artikeln, Berichten und anderen Schriftstücken zu einem breiten Spektrum berufsbezogener Themen erfassen und entscheiden, ob sich ein genaueres Lesen lohnt.
3. Kann längere Texte nach gewünschten Informationen durchsuchen und Informationen aus verschiedenen Texten oder Textteilen zusammentragen, um eine bestimmte Aufgabe zu lösen (zB Wörter mit bestimmter Bedeutung aus einem Text herausfinden).
4. Kann unter gelegentlicher Zuhilfenahme des Wörterbuchs private und berufliche Korrespondenz, die sich auf die Umgangssprache oder ein vertrautes Arbeitsgebiet bezieht, verstehen.
5. Kann Artikel und Berichte zu aktuellen Fragen, in denen die Schreibenden eine bestimmte Haltung oder einen bestimmten Standpunkt vertreten, lesen und verstehen.
6. Kann aus spezialisierten Quellen des eigenen Fachgebiets Informationen, Gedanken und Meinungen entnehmen.

7. Kann Fachartikel, die über das eigene Gebiet hinausgehen, unter Zuhilfenahme des Wörterbuchs, um das Verständnis der verwendeten Terminologie zu überprüfen, lesen und verstehen.
8. Kann lange, komplexe Anleitungen im eigenen Fachgebiet verstehen, auch detaillierte Vorschriften oder Warnungen, sofern schwierige Passagen mehrmals gelesen werden können.
9. Kann ausgewählte Texte verstehen.
10. Kann in Texten mit Themen aus dem eigenen Fach- oder Interessensgebiet unbekannte Wörter aus dem Kontext erschließen.
11. Kann eine Vielfalt von Strategien einsetzen, um das Verstehen zu sichern; dazu gehört, dass sie bzw. er auf Kernpunkte achtet sowie das Textverständnis anhand von Hinweisen aus dem Kontext überprüft.

3. Kompetenzbereich Sprechen (an Gesprächen teilnehmen)

1. Kann Gespräche über eine Vielfalt allgemeiner und beruflicher Themen oder über ihre bzw. seine Interessensgebiete fließend und spontan führen. Kann dabei auch Standpunkte, Gefühle, Absichten oder Wünsche klar zum Ausdruck bringen (zB Interviews über das Arbeitsklima in einem Betrieb führen).
2. Kann sich in vertrauten Situationen aktiv an formellen und informellen Diskussionen und Besprechungen beteiligen, in dem sie bzw. er Stellung nimmt, einen Standpunkt klar darlegt, verschiedene Vorschläge beurteilt, Hypothesen aufstellt oder auf Hypothesen reagiert.
3. Kann höflich Überzeugungen und Meinungen, Zustimmung und Ablehnung ausdrücken.
4. Kann zum Fortgang eines Arbeitsprozesses oder zur gemeinsamen Lösung einer Problemstellung beitragen, indem sie bzw. er erklärt, warum etwas ein Problem ist, diskutiert, was man als nächstes tun sollte, Alternativen vergleicht und einander gegenüber stellt.
5. Kann Verhandlungsgespräche führen und sprachlich Situationen bewältigen, in denen es darum geht, eine Lösung auszuhandeln (zB eine Schuldfrage zu klären, eine Wiedergutmachung zu vereinbaren und die Grenzen für Zugeständnisse abzustecken).
6. Kann Gespräche über Dienstleistungen bewältigen (zB Buchen einer Reise oder Unterkunft bzw. Umgang mit Behörden während eines Auslandsaufenthaltes).
7. Kann weniger routinemäßige sprachliche Situationen bewältigen (zB Besuch einer Postdienststelle, einer Bank, eines Geschäfts, Abwickeln eines Beschwerdevorgangs).
8. Kann komplexe Informationen und Ratschläge in Zusammenhang mit allen Dingen, die mit ihrem bzw. seinem Alltag und Beruf zu tun haben, verstehen und austauschen.
9. Kann detaillierte Informationen und Argumente aus verschiedenen Quellen zusammenfassen und zuverlässig weitergeben.
10. Kann wirksam und flüssig ein Interviewgespräch führen, von vorbereiteten Fragen spontan abweichen, auf interessante Antworten näher eingehen und nachfragen.
11. Kann in einem Interviewgespräch – ohne viele Hilfen oder Anstöße der Interviewerin bzw. des Interviewers – die Initiative ergreifen, Gedanken ausführen und entwickeln.

4. Kompetenzbereich Sprechen (zusammenhängend sprechen)

1. Kann ein umfangreiches Thema gut strukturiert und klar vortragen und dabei wesentliche Punkte und relevante unterstützende Details hervorheben. Kann vom vorbereiteten Text abweichen und auf Nachfragen reagieren.
2. Kann zu einem Thema oder einer Problemstellung innerhalb des eigenen Interessens- und Fachgebiets die Vor- und Nachteile verschiedener Optionen argumentieren und miteinander in Beziehung bringen. Kann einen Standpunkt überzeugend vertreten.
3. Kann verschiedenste Abläufe beschreiben, Regeln erklären, komplexe Arbeitsanleitungen oder Anweisungen geben, sodass andere danach handeln können.
4. Kann Inhalte aus verschiedenen Quellen so zusammenfassen, dass den Zuhörerinnen und Zuhörern das Wesentliche klar wird.
5. Kann fließend, klar und detailliert über Erlebnisse und Erfahrungen, Ideen oder Lektüre aus dem privaten und beruflichen Umfeld berichten.
6. Kann Absichten und Ziele präzise formulieren.

5. Kompetenzbereich Schreiben

1. Kann reale oder fiktive Ereignisse und Erfahrungen klar gegliedert, anschaulich und Leserinnen bzw. Lesern gerecht darstellen.
2. Kann klare, gut strukturierte Berichte, Artikel und argumentative Texte zu komplexen Themen aus dem eigenen Interessens- und Fachgebiet verfassen und dabei zentrale Punkte hervorheben. Kann Standpunkte ausführlich darstellen und durch Unterpunkte, geeignete Beispiele oder Begründungen stützen.
3. Kann sich in schriftlicher Kommunikation mitteilen (zB im privaten und öffentlichen Bereich Neuigkeiten mitteilen, Gedanken zu abstrakten oder kulturellen Themen wie Musik und Film ausdrücken oder Informationen geben oder erfragen).
4. Kann sich in den für das Fachgebiet wesentlichen Bereichen der berufsbezogenen schriftlichen Kommunikation praxisgerecht ausdrücken und sich flexibel und sich auf die jeweiligen Adressatinnen und Adressaten beziehen.
5. Kann Informationen zu Themen des eigenen Interessens- und Fachbereichs aus verschiedenen Quellen in Sinn erfassender und übersichtlicher Form schriftlich zusammenfassen.
6. Kann sich schriftlich präsentieren (zB einen Lebenslauf und ein Bewerbungsschreiben verfassen).
7. Kann klare, gut verständliche zusammenfassende Mitschriften, Protokolle oder Berichte anfertigen (zB von Vorträgen oder Besprechungen).
8. Kann Notizen mit unmittelbar relevanten Informationen für private und berufliche Zwecke verfassen und dabei das Wichtige klar verständlich machen (zB Verfassen eines Internet-Blogs).

6. Didaktische Richtlinien für unterschiedliche Zielgruppen

Die Zielgruppen der Berufsreifeprüfung sind einerseits jugendliche (noch nicht volljährige) und andererseits erwachsene Bildungswerberinnen und Bildungswerber mit einer vollständigen oder abgebrochenen schulischen oder beruflichen Ausbildung (zB einer berufsbildenden mittleren Schule oder einer Berufsschule). Zur Erreichung des fachlichen Bildungszieles ist an ein Mindestmaß an fremdsprachigen Vorkenntnissen der Bildungswerberinnen und Bildungswerber anzuknüpfen.

Während die Jugendlichen naturgemäß näher am Schulprozess sind, weisen die Erwachsenen ein höheres Ausmaß an beruflicher Erfahrung auf, wobei bei diesen das in der Schulzeit erworbene Wissen in der Regel stärker verblasst ist. In der Didaktik der Lehrgänge ist auf diese Zielgruppen besonders einzugehen.

6.1. Bei jugendlichen Bildungswerberinnen und Bildungswerbern sind vorgeschaltete Kurselemente in fremdsprachlichen Lernumgebungen, die ein gutes Ausgangsniveau garantieren, sehr wichtig.

6.2. Bei erwachsenen Bildungswerberinnen und Bildungswerbern sollen verblasste systematische Kenntnisse der Fremdsprache etwa beim interaktiven und öffentlichen Sprechen aufgefrischt und auf Reifeprüfungsniveau gebracht werden. Ein pragmatischer Zugang ist für Bildungswerberinnen und Bildungswerber, die fremdsprachliche Kenntnisse pflegen, aber mit Grundstrukturen wenig vertraut sind, wichtig.

Anlage 3

Kompetenzbasiertes Curriculum Mathematik
(bzw. Mathematik und angewandte Mathematik)

Die Prüfungswerberinnen und Prüfungswerber sollen mit den folgenden Handlungs- und Inhaltsbereichen in der Mathematik vertraut sein:

1. Handlungsbereich:

A. Modellieren und Transferieren: Beim Modellieren geht es um eine mathematische Modellbildung, bei der ein Sachverhalt quantitativ erfasst werden soll. Beim Transferieren wird ein quantitativ ermittelter Sachverhalt von einer Aufgabenstellung auf eine andere übertragen.

B. Operieren: Beim Operieren in der Mathematik geht es um die Berechnung nach vorgegebenen Formeln oder mathematischen Aussagen – von den Grundrechnungsarten bis zu Lösungsmethoden von umfangreichen Berechnungen.

C. Interpretieren und Dokumentieren: Die sprachliche oder formal mathematische Interpretation von Aufgabenstellungen, Begründungen oder Lösungen ist ebenso wichtig wie eine gute Dokumentation von Ansätzen, Rechengängen, Vereinfachungen, Näherungen oder exakten Lösungen. Hier kann Software-Einsatz dienlich sein.

D. Argumentieren und Kommunizieren: Die Argumentation ist in der Mathematik auf höherem Niveau wichtig, um unterschiedliche Ansätze, Lösungswege, Irrwege oder unterschiedliche Wege zum gleichen oder ähnlichen Ergebnis verbal darzustellen. Mathematik ist besonders bei wirtschaftlichen und gesellschaftlichen Anwendungen auch ein Element der Darstellung und Kommunikation. In der Praxis sind mathematische oder statistische Ergebnisse in verständlicher Weise durch Graphen, Diagramme, Zuordnungen, Skizzen oder andere visuelle Darstellungen darzustellen.

In allen vier Handlungsbereichen sind Technologien (elektronische Rechengeräte, Computeralgebra, Tabellenkalkulationssoftware oder Mathematik-Internetportale) einzusetzen, um rasch quantitative symbolische oder numerische Lösungen zu finden.

2. Inhaltsbereich:

2.1. Zahlen und Maße
2.2. Algebra und Geometrie
2.3. Funktionale Zusammenhänge
2.4. Analysis
2.5. Stochastik

Die Verknüpfung der angeführten Handlungsbereiche mit den Inhaltsbereichen ergibt an den Kreuzungspunkten die Lehrinhalte (Beispiel zum Operieren in Algebra und Geometrie: Berechnung des Flächeninhalts eines Dreiecks, das durch die kürzesten Entfernungen der Punkte Wien-Innenstadt, Eisenstadt und St. Pölten-Innenstadt gebildet wird).

3. Untergliederung der Inhaltsbereiche

Zur genauen Abstimmung der Lehrstoffbereiche wird der Inhaltsbereich entsprechend untergliedert in:

3.1. Zahlen und Maße:

- Zahlenmengen N, Z, Q, R und C kennen und Operationen auf den Mengen klassifizieren; Darstellung der komplexen Zahlen in der Gaußschen Ebene
- Dezimal- und Gleitkommadarstellung anwenden können (zB Datentypen bei Programmiersprachen-Compilern)
- Maßeinheiten verwenden (im Alltag gebräuchliche Maße)
- die Prozentrechnung anwenden können (zB Preise inklusive oder exklusive Mehrwertsteuer)
- mit komplexen Zahlen einfache Berechnungen durchführen können (Grundrechnungsarten) und Darstellung in der Gaußschen Ebene kennen

3.2. Lineare Algebra und Geometrie:

- mit Variablen, Termen und Formeln arbeiten (zB Textaufgabe zu einem kinematischen Beispiel, wobei aus mehreren Aufgaben die mit dem linearen Zusammenhang zu finden ist)
- Lineare Gleichungen und Ungleichungen lösen können (zB bei einfachen Optimierungsaufgaben); quadratische Gleichungen lösen können
- Gleichungssysteme lösen können (zB durch den Gaußschen Algorithmus)
- Elementare Geometrie und Trigonometrie anwenden (zB Flächen-, Volumens- und Oberflächenberechnungen von Körpern)
- Darstellungen in Vektoren und Matrizen verwenden und elementare Berechnungen durchführen können (zB mit technischen oder kaufmännischen Anwendungen)

3.3. Funktionen:

- mit empirischen, diskreten und kontinuierlichen Funktionen arbeiten (lineare Funktionen, Potenz- und Polynomfunktionen, exponentielle und logarithmische Funktionen, Kreisfunktionen; (zB mit Anwendungen aus den Berufsfeldern)
- Darstellung von Funktionen in unterschiedlichen Formen umsetzen können (zB Graph und Funktionsgleichung zu einer Bakterienkultur)
- Eigenschaften von Funktionen kennen, einfache Funktionsgleichungen graphisch näherungsweise lösen können (zB Finden einer Näherungslösung einer transzendenten Gleichung graphisch oder numerisch); kaufmännische oder technische Anwendungen
- Umkehrfunktionen definieren (Voraussetzungen) und ermitteln

3.4. Analysis:

- bei Zahlenfolgen und Reihen allgemeine Darstellung ermitteln und den Konvergenzbegriff definieren können (zB bei arithmetischen oder geometrischen Reihen)
- Grenzwerte berechnen (zB von rationalen Funktionen)
- Stetigkeit und Differenzierbarkeit von Funktionen erkennen, Begriff Differenzen- und Differentialquotient kennen sowie Ableitung(sfunktionen) berechnen (zB bei stetigen Funktionen, Kreisfunktionen ohne und mit Unstetigkeitsstellen und Betragsfunktion)
- Ableitungsregeln kennen und anwenden können (zB bei Extremwertaufgaben und Kurvendiskussionen anwenden); kaufmännische oder technische Anwendungen

- Integralbegriff kennen; bestimmtes Integral und Stammfunktion berechnen (zB Zusammenhang zwischen Ableitungs- und Stammfunktion graphisch herstellen, Auswahl von Verfahren wie Lösung beispielsweise durch Substitution)
- Integrationsregeln anwenden (Auswahl; zB Flächen berechnen)

3.5. Stochastik:

- Verfahren der beschreibenden Statistik (Häufigkeiten, Mittel- und Streuungsmaße) kennen und anwenden (zB Beschreibung von Formen des Gedächtnistrainings bei Vergleichsgruppen)
- Regression und Korrelation kennen und verwenden
- Grundlagen der Wahrscheinlichkeitsrechnung anwenden (zB Addition und Multiplikation von Eintrittswahrscheinlichkeiten von Ereignissen)
- Wahrscheinlichkeitsverteilungen kennen (Auswahl; zB Häufigkeitsverteilung der Größe von Hühnereiern bei Annahme einer Normalverteilung darstellen)
- Methoden der beurteilenden Statistik kennen und anwenden (Auswahl)

4. Didaktische Richtlinien für unterschiedliche Zielgruppen

Die Zielgruppen der Berufsreifeprüfung sind einerseits jugendliche (noch nicht volljährige) und andererseits erwachsene Bildungswerberinnen und Bildungswerber mit einer vollständigen oder abgebrochenen schulischen oder beruflichen Ausbildung (zB einer berufsbildenden mittleren Schule oder einer Berufsschule). Zur Erreichung des fachlichen Bildungszieles ist an ein Mindestmaß an mathematischen Vorkenntnissen der Bildungswerberinnen und Bildungswerber anzuknüpfen.

Während die Jugendlichen naturgemäß näher am Schulprozess sind, weisen die Erwachsenen ein höheres Ausmaß an beruflicher Erfahrung auf, wobei bei diesen das in der Schulzeit erworbene Wissen in der Regel stärker verblasst ist. In der Didaktik der Lehrgänge ist auf diese Zielgruppen besonders einzugehen.

4.1. Bei jugendlichen Bildungswerberinnen und Bildungswerbern sind Basiskenntnisse in Mathematik, vor allem der 7. und 8. Schulstufen (Termumformungen, Gleichungen lösen, Bruchrechnen, Potenzen, Elemente der Geometrie usw.) zu wiederholen. Auf diesen kann die oben dargestellte Mathematik aufgebaut werden. Besonders beim Einstieg in die Vorbereitung auf Mathematik ist auf den Zusammenhang mit mathematischen Arbeitsmethoden des Berufsfeldes zu achten. Anschaulichkeit hat, wenn immer möglich, den Vorrang vor Abstraktion. Die Visualisierung von quantitativen Sachverhalten ist, wenn immer möglich, zu forcieren.

4.2. Bei erwachsenen Bildungswerberinnen und Bildungswerbern sollen spiralcurriculare Prozesse im Vordergrund stehen: In einem ersten Schritt wird Anschaulichkeit und Praxisbezogenheit betont, dann werden entsprechende Schritte zur Abstraktion gewählt, die auf der Basis von inzwischen angelernter Lösungskompetenz besser verstanden werden können.

Anlage 4

Kompetenzbasiertes Curriculum zum Fachbereich
(BGBl. II Nr. 40/2010 idF BGBl. II Nr. 391/2012, Z 4)

Das Prüfungsgebiet „Fachbereich" hat gemäß § 3 Abs. 1 Z 4 des Bundesgesetzes über die Berufsreifeprüfung ein Thema aus dem Berufsfeld der Prüfungskandidatin bzw. des Prüfungskandidaten auf höherem Niveau zu beinhalten (dh. das Niveau liegt bezüglich des Umfanges und der Abstraktion deutlich über dem Niveau der Lehrabschlussprüfung von Lehrberufen oder Abschlussprüfungen von bis zu dreijährigen berufsbildenden mittleren Schulen). *(BGBl. II Nr. 40/2010 idF BGBl. II Nr. 391/2012, Z 5)*

Die Prüfungswerberinnen und Prüfungswerber sollen mit den folgenden Bereichen der Handlungs- und Inhaltsbereiche des Prüfungsgebietes „Fachbereich" vertraut sein: *(BGBl. II Nr. 40/2010 idF BGBl. II Nr. 391/2012, Z 6)*

1. Handlungsbereich:

A. Wiedergeben von berufsfeldrelevanten Fakten und Daten
B. Verstehen von berufsfeldrelevanten Sachverhalten
C. Anwenden berufsfeldrelevanter Methoden und Verfahren
D. Analysieren bestehender oder neuer Sachverhalte
E. Entwickeln von berufsfeldrelevanten Lösungen oder Ergebnissen

2. Inhaltsbereich:

Die Darstellung der Inhaltsbereiche enthält:

2.1. Grundlagen des Fachbereiches
2.2. bis 2.5. oder 2.6. Die einzelnen Fachkapitel
2.6. oder 2.7. Gesellschaftliche Bezüge des Fachbereiches

Die angeführten Kapitel des Inhaltsbereiches werden in der Folge für die Fachbereiche dargestellt. Als genauere Referenz dient, wenn vorhanden, der gegenstandsbezogene Lehrplan der jeweiligen berufsbildenden höheren Schule. Die in der Folge dargestellten Inhalte enthalten nicht den gesamten Lehrstoff typenbildender Gegenstände berufsbildender höherer Schulen, sondern sollen eine gute Basis für das Verständnis des Faches ergeben.

Im Fachbereich spielt die Qualifikation der vorbereitenden und prüfenden Lehrenden eine wichtige Rolle, da hier unterschiedliche Zugänge gegeben sind. Daher werden diese Qualifikationen für jeden Fachbereich angeführt.

Die Verknüpfung der angeführten Handlungsbereiche mit den Inhaltsbereichen ergibt an den Kreuzungspunkten die Lehrinhalte (analog zum Curriculum aus dem Prüfungsgebiet Mathematik).

3. Inhaltsbereiche der einzelnen Fachbereiche

3.1. Bautechnik
  3.1.1. Bauplatz und Gründung (Absicherung, Baugrund, Fundamente)
  3.1.2. Aufgehendes Mauerwerk

3.1.3. Decken und Dächer
3.1.4. Ausbauarbeiten, Stiegen und Hauskanalisation
3.1.5. Holzbau, Stahlbau
3.1.6. Umweltschutz, Recycling von Baumaterialien

- Qualifikation der Prüfenden: Lehrkräfte mit facheinschlägigem Universitäts- oder Fachhochschulstudium sowie einschlägiger Praxis in der Wirtschaft

3.2. Innenraumgestaltung und Holztechnik
3.2.1. Holzkunde – Aufbau des Holzes, Holzarten, Holzphysik
3.2.2. Bautischlerei
3.2.3. Möbeltischlerei
3.2.4. Holzhalbwaren, Holzschutz und Holzvergütung
3.2.5. Holzbearbeitung und Verbindungen mit anderen Werkstoffen wie Glas, Metall, Leder, Textil und Kunststoffe. Werkzeuge und Maschinen der Holzbearbeitung
3.2.6. Ökologie und Qualitätskontrolle

- Qualifikation der Prüfenden: Lehrkräfte mit facheinschlägigem Universitäts- oder Fachhochschulstudium sowie einschlägiger Praxis in der Wirtschaft

3.3. Chemie
3.3.1. Allgemeine Chemie – Atommodell, Periodizität von Eigenschaften, Energieumsatz, Stöchiometrie
3.3.2. Chemische Bindung und theoretische Modelle zu den Aggregatszuständen
3.3.3. Spezielle anorganische Chemie – Eigenschaften, Herstellung, Nutzung
3.3.4. Spezielle organische Chemie – Strukturen, Reaktionstypen, Verbindungen
3.3.5. Bausteine der Biochemie, Stoffklassen und Stoffwechsel
3.3.6. Entsorgung, Umweltaspekte, Klimawandel

- Qualifikation der Prüfenden: Lehrkräfte mit facheinschlägigem Universitäts- oder Fachhochschulstudium sowie einschlägiger Praxis in der Wirtschaft oder Lehramtsstudium Chemie und Unterrichtspraktikum

3.4. Informationsmanagement und Medientechnik
3.4.1. Informatiksysteme und Netzwerke
3.4.2. Bild-, Video- und Soundbearbeitung
3.4.3. Autorensysteme, Beschreibungssprachen, Skriptsprachen, Makros, Applets, Benutzerschnittstellen
3.4.4. Multimediadesign und Webpublishing
3.4.5. Datenmodellierung und Datenbanken
3.4.6. Soziale Auswirkungen der neuen Technologien, Datensicherheit, Datenschutz
- Qualifikation der Prüfenden: Lehrkräfte mit facheinschlägigem Universitäts- oder Fachhochschulstudium sowie einschlägiger Praxis in der Wirtschaft

3.5. Elektronik
3.5.1. Stromkreis, magnetisches Feld, elektrisches Feld, Elektromagnetismus, sinusförmige Größen.
3.5.2. Bauelemente der Elektronik und Leistungselektronik. Schaltungen
3.5.3. Kombinatorische Logik

3.5.4. Wechselstromtechnik, Drehstrom
3.5.5. Messtechnik, Oszilloskopie, analoge und digitale Messgeräte
3.5.6. Energieumwandlung, alternative Energieformen

- Qualifikation der Prüfenden: Lehrkräfte mit facheinschlägigem Universitäts- oder Fachhochschulstudium sowie einschlägiger Praxis in der Wirtschaft

3.6. Elektrotechnik
3.6.1. Stromkreis, magnetisches Feld, elektrisches Feld, Elektromagnetismus
3.6.2. Wechselstromtechnik, Drehstrom
3.6.3. Elektrische Messtechnik
3.6.4. Elektrische Netzwerke
3.6.5. Elektrische Maschinen und Geräte
3.6.6. Halbleitertechnik und Stromrichter
3.6.7. Energieumwandlung, alternative Energieformen

- Qualifikation der Prüfenden: Lehrkräfte mit facheinschlägigem Universitäts- oder Fachhochschulstudium sowie einschlägiger Praxis in der Wirtschaft

3.7. Maschinenbau

3.7.1. Grundbegriffe der Mechanik, Kräftesysteme, Festigkeit. Normen
3.7.2. Statik
3.7.3. Kinematik und Dynamik
3.7.4. Festigkeit von Werkstoffen
3.7.5. Maschinenelemente
3.7.6. Umweltfragen im Maschinenbau. Computergestützte Konstruktion

- Qualifikation der Prüfenden: Lehrkräfte mit facheinschlägigem Universitäts- oder Fachhochschulstudium sowie einschlägiger Praxis in der Wirtschaft

3.8. Werkstofftechnik
3.8.1. Einteilung, Eigenschaften und Verarbeitung von Werkstoffen
3.8.2. Werkstoffe und Werkstoffprüfung
3.8.3. Werkzeuge und Verfahren der Kunststoffbearbeitung
3.8.4. Werkzeuge und Verfahren der Metallbearbeitung, Schweißen
3.8.5. Automation und Prozessdatenerfassung
3.8.6. Entsorgung, Recycling, Wiederverwertung, Kreislaufwirtschaft

- Das Fachgebiet kann, ohne die obige Systematik zu ändern, auf „Kunststoffe" oder „Metalle (inkl. Schweißtechnik)" eingeschränkt werden. *(BGBl. II Nr. 40/2010 idF BGBl. II Nr. 391/2012, Z 7)*

- Qualifikation der Prüfenden: Lehrkräfte mit facheinschlägigem Universitäts- oder Fachhochschulstudium sowie einschlägiger Praxis in der Wirtschaft

3.9. Textiltechnik
3.9.1. Eigenschaften und Einsatzbereiche von Textilien
3.9.2. Produktentwicklung und technische Kalkulation von Textilien
3.9.3. Textile Produktionsverfahren und Fertigungsbetriebe
3.9.4. Auftragsbearbeitung und Arbeitsvorbereitung

3.9.5. High Performance Textilien in Technik und Medizin
3.9.6. Sicherheitsvorschriften. Recycling, Wiederverwertung

- Qualifikation der Prüfenden: Lehrkräfte mit facheinschlägigem Universitäts- oder Fachhochschulstudium sowie einschlägiger Praxis in der Wirtschaft

3.10. Betriebswirtschaft und Rechnungswesen
3.10.1. Betriebs- und Volkswirtschaft, Wirtschaftssysteme, Wirtschaftspolitik, öffentliche Wirtschaft - Privatwirtschaft
3.10.2. Kaufvertrag, Rechtliche Grundlagen *(BGBl. II Nr. 40/2010 idF BGBl. II Nr. 391/2012, Z 8)*
3.10.3. Betriebliche Leistungserstellung, Material- und Warenwirtschaft, betriebliche Leistungsverwertung (Absatz) – Marketing, internationale Geschäftstätigkeit
3.10.4. Management und Managementfunktionen, Projekt- und Qualitätsmanagement
3.10.5. Personalmanagement, Mitarbeiterin bzw. Mitarbeiter im Betrieb, Personalverrechnung
3.10.6. Rechnungswesen – Buchführung, Bilanz, Steuerlehre, Kostenrechnung *(BGBl. II Nr. 40/2010 idF BGBl. II Nr. 391/2012, Z 8)*
3.10.7. Finanzierung und Investition, Controlling
3.10.8. Unternehmensgründung – Entrepreneurship

- Qualifikation der Prüfenden: Lehramt für „Wirtschaftspädagogik", betriebswirtschaftliches Studium und Berufspraxis

3.11. Handel und Rechnungswesen
3.11.1. Betriebs- und Volkswirtschaft, Wirtschaftssysteme.
3.11.2. Kaufvertrag, rechtliche Grundlagen des Handels
3.11.3. Handelsformen, Absatzwege, internationale Geschäftstätigkeit
3.11.4. Marketing, Sortiment- und Preispolitik, Marktforschung
3.11.5. Unternehmensgründung, Entrepreneurship, Gewerbe- und Arbeitsrecht
3.11.6. Unternehmensführung und Organisation
3.11.7. Rechnungswesen – Buchführung, Bilanz, Steuerlehre, Kostenrechnung
3.11.8. Finanzierung und Investition, Controlling
3.11.9. Personalmanagement, Personalverrechnung, Persönlichkeitsbildung *(BGBl. II Nr. 40/2010 idF BGBl. II Nr. 391/2012, Z 8)*
3.11.10. Projekt- und Qualitätsmanagement

- Qualifikation der Prüfenden: Lehramt für „Wirtschaftspädagogik", betriebswirtschaftliches Studium und Berufspraxis

3.12. Wirtschaftsinformatik
3.12.1. Informatiksysteme und Netzwerke
3.12.2. Angewandte Programmierung von Benutzeroberflächen und in objektorientierten Umgebungen, Autorensysteme
3.12.3. Projektmanagement – Grundlagen und Anwendung für Softwareentwicklung
3.12.4. Softwareentwicklung für Datenbanken und dynamische Webseiten
3.12.5. eCommerce und eBusiness-Anwendungen

3.12.6. Soziale Auswirkungen der Wirtschaftsinformatik, Datensicherheit, Datenschutz

- Qualifikation der Prüfenden: Lehrkräfte mit dem Studium „Informatik“ oder „Wirtschaftsinformatik“ sowie einschlägiger Praxis in der Wirtschaft

3.13. Touristisches Management
3.13.1. Touristik – Geographie
3.13.2. Unternehmen Reise- und Tourismusbüro
3.13.3. Reiseleitung und Reisecounter
3.13.4. Touristikveranstaltungen, Tagungen, Seminare, Ausstellungen, Messen
3.13.5. Tourismusmanagement – rechtlich, organisatorisch, finanziell
3.13.6. Touristik und Umwelt, Qualitätsmanagement

- Qualifikation der Prüfenden: Lehramt für fachtheoretische Unterrichtsgegenstände im Bereich „Tourismus“ oder Lehramt „Wirtschaftspädagogik“ oder betriebswirtschaftliches Studium, jeweils mit einschlägiger Berufspraxis *(BGBl. II Nr. 40/2010 idF BGBl. II Nr. 391/2012, Z 9)*

3.14. Kulturtouristik
3.14.1. Aufgaben, Gliederung und Methoden der Kulturtouristik
3.14.2. Bereiche der Kulturtouristik
3.14.3. Projektentwicklung und Projektmanagement der Kulturtouristik
3.14.4. Kulturmanagement
3.14.5. Angewandtes touristisches Marketing
3.14.6. Neue Trends im Freizeitbereich, Ökologie im Tourismus

- Qualifikation der Prüfenden: Lehramt für „Wirtschaftspädagogik“, betriebswirtschaftliches Studium oder Lehramt für fachtheoretische Unterrichtsgegenstände im Bereich „Tourismus“, jeweils mit einschlägiger Berufspraxis

3.15. Gesundheit und Soziales
3.15.1. Hygiene und Ernährung
3.15.2. Betreuungsmaßnahmen und Gesundheitstraining
3.15.3. Biomechanik und Stoffwechsel
3.15.4. Angewandte Psychologie
3.15.5. Soziale Verwaltung und Sanitätsrecht
3.15.6. Sozialpsychologie, Psychosomatik

- Qualifikation der Prüfenden: Lehramt für „Biologie“ oder Lehramt für Unterrichtsgegenstände im Bereich „Gesundheits- und Krankenpflege“ sowie „Soziales“

3.16. Modemarketing
3.16.1. Marketing, Kommunikation Mode und Wirtschaft
3.16.2. Beschaffungs- und Preispolitik in der Modebranche
3.16.3. Innerbetriebliche Logistik und Produktionsplanung
3.16.4. Ansatzpolitik in der Modebranche
3.16.5. Planung und Gestaltung der Public Relation, Modepräsentation
3.16.6. Kreativitäts- und Kommunikationstechniken

- Qualifikation der Prüfenden: Lehramt für „Wirtschaftspädagogik" und entsprechende Berufspraxis oder Lehramt für fachpraktische Unterrichtsgegenstände in „Mode und Bekleidungstechnik" *(BGBl. II Nr. 40/2010 idF BGBl. II Nr. 391/2012, Z 10)*

3.17. Kunst und Design
- 3.17.1. Vergleichende Stilkunde, Mediengeschichte
- 3.17.2. Theorie der Gestaltung, Ästhetik
- 3.17.3. Präsentation und Ausstattung von Kunstobjekten
- 3.17.4. Bildbearbeitung, Typographie, New Media Bearbeitung
- 3.17.5. Projektmanagement und Arbeitstechniken
- 3.17.6. Wahrnehmung von Form, Farbe und Raum, Illusion, Abstraktion, Imagination

- Qualifikation der Prüfenden: Lehramt für „Bildnerische Erziehung" oder verwandte einschlägige Ausbildungen *(BGBl. II Nr. 40/2010 idF BGBl. II Nr. 391/2012, Z 10)*

3.18. Land- und Forstwirtschaft
- 3.18.1. Bodenbildung, Bodeneigenschaften, Bodenbewertung
- 3.18.2. Pflanzen- und Gartenbau
- 3.18.3. Forstwirtschaft
- 3.18.4. Obst- und Weinbau, Ernährung
- 3.18.5. Nutztierhaltung
- 3.18.6. Landtechnik, Umweltschutz, Ökologischer Landbau

- Qualifikation der Prüfenden: Facheinschlägiges Studium der Universität für Bodenkultur oder gleichwertiger Universitäten

3.19. Agrarmarketing
- 3.19.1. Gründung eines Betriebes, Betriebliche Leistungserstellung
- 3.19.2. Kaufvertrag, Mitarbeiter im Betrieb, Grundzüge der Investition und Finanzierung
- 3.19.3. Marketing von land- und forstwirtschaftlichen Produkten
- 3.19.4. Rechtsfragen beim Agrarmarketing
- 3.19.5. Rechnungswesen – Buchführung. Bilanz, Steuerlehre, Kostenrechnung
- 3.19.6. Waren- und Zahlungsverkehr mit dem Ausland, dokumentäres Rechnungswesen
- 3.19.7. Betrieb und Gesellschaft, Agrarpolitik und Förderung

- Qualifikation der Prüfenden: Facheinschlägiges Studium der Universität für Bodenkultur oder gleichwertiger Universitäten

3.20. Ernährung und Lebensmitteltechnologie
- 3.20.1. Ernährung und Gesundheit, Ernährungsverhalten
- 3.20.2. Energie- und Nährstoffbedarf, Ernährungsphysiologie
- 3.20.3. Behandlung, Verarbeitung und Konservierung von Lebensmitteln, Kostformen
- 3.20.4. Lebensmittelqualität, Lebensmittelrecht
- 3.20.5. Produktinnovationen bei festen Lebensmitteln und Getränken
- 3.20.6. Schadstoffe in Lebensmitteln, Ernährungsverhalten

- Qualifikation der Prüfenden: Facheinschlägiges Universitäts-, Fachhochschul-, Hochschul- oder Akademienstudium

3.21. Politische Bildung und Recht *(BGBl. II Nr. 40/2010 idF BGBl. II Nr. 391/2012, Z 11)*

3.21.1. Aktive Staatsbürgerschaft. Menschenrechte und gesellschaftliche Werte *(BGBl. II Nr. 40/2010 idF BGBl. II Nr. 391/2012, Z 8)*
3.21.2. Europäische und österreichische Rechtsordnung, Staatliche Strukturen, Internationale Organisationen
3.21.3. Rechtsanwendung im Alltag unter besonderer Berücksichtigung des Einsatzbereiches
3.21.4. Rechtsdurchsetzung, Verfahren, Rechtsinformatik
3.21.5. Unternehmer und Arbeitnehmer in Recht und Wirtschaft
3.21.6. Zivilgesellschaft und Staat, gemeinwirtschaftliche Ansätze, politische Partizipation

- Qualifikation der Prüfenden: Lehrbefähigung für „Politische Bildung und Recht“ an berufsbildenden höheren Schulen oder rechtswissenschaftliches Studium

3.22. Sportmanagement

3.22.1. Organisation des Sports
3.22.2. Rechtskunde
3.22.3. Marketing
3.22.4. Finanzwesen
3.22.5. Sportbiologie
3.22.6. Soziale und wirtschaftliche Bedeutung des Sports

- Qualifikation der Prüfenden: Lehrkräfte mit facheinschlägigem Universitäts- oder Fachhochschulstudium sowie einschlägiger Praxis im Bereich „Sportmanagement“

(BGBl. II Nr. 391/2012, Z 12)

3.23. Installations- und Gebäudetechnik

3.23.1. Thermodynamik und Strömungslehre in der Haustechnik
3.23.2. Gas- und Sanitärtechnik
3.23.3. Heizungstechnik
3.23.4. Lüftungs- und Klimatechnik
3.23.5. ein Wahlfach aus
- Sanitärtechnik,
- Ökoenergietechnik,
- Steuer- und Regeltechnik,
- Haustechnikplanung

3.23.6. Alternative Energieformen in der Haustechnik

- Qualifikation der Prüfenden: Lehrkräfte mit facheinschlägigem Universitäts- oder Fachhochschulstudium sowie einschlägiger Praxis in der Wirtschaft

(BGBl. II Nr. 391/2012, Z 12)

4. Didaktische Richtlinien für unterschiedliche Zielgruppen

Die Zielgruppen der Berufsreifeprüfung sind einerseits jugendliche (noch nicht volljährige) und andererseits erwachsene Bildungswerberinnen und Bildungswerber mit einer vollständigen oder abgebrochenen schulischen oder beruflichen Ausbildung (zB einer berufsbildenden mittleren Schule oder einer Berufsschule).

Unterschiedliche Kompetenzen zwischen jugendlichen und erwachsenen Bildungswerberinnen und Bildungswerbern sind im Fachbereich in verstärktem Ausmaß gegeben, da die Dauer der beruflichen Erfahrung eine große Rolle spielt. Auf der anderen Seite ist eine umfassende Einführung junger Bildungswerberinnen und Bildungswerber in das Berufsfeld durch die duale oder fachschulische Ausbildung dazu geeignet, die aktuellen Anforderungen darzustellen. Daher ist auf die unterschiedlichen Bedürfnisse der Zielgruppen in der Vorbereitung einzugehen.

Praxiszertifikate auf höherem Niveau, die im Berufsfeld bekannt und gebräuchlich sind, sollen bei der Vorbereitung auf den Fachbereich der Berufsreifeprüfung integriert werden – entweder durch Abgleich des Lehrstoffes des Prüfungsgebietes mit den Anforderungen eines dieser Zertifikate oder durch Schaffung von Möglichkeiten, nach der Berufsreifeprüfung auch ein derartiges Zertifikat mit vertretbarem Aufwand erwerben zu können.

Im Rahmen der Projektarbeit soll eine Verbindung zwischen den theoretischen Grundkenntnissen und konkreten Themenstellungen im Berufsfeld gefunden werden. So können in jedem Berufsfeld Elemente aus den Fachkapiteln gefunden werden, die dann durch die Projektarbeit erweitert, auf die speziellen Anforderungen des Arbeitsplatzes zugeschnitten oder mit anderen Kapiteln des Fachbereiches verknüpft werden können (zB praktische Lösung von komplexen betrieblichen Kalkulationen mittels Tabellenkalkulation oder Entwicklung von Kunden- und Artikeldatenbanken für das jeweilige Berufsfeld).

2.1.4. Durchführungsbestimmungen zur Berufsreifeprüfung[1])

Das vorliegende Rundschreiben ersetzt das Rundschreiben Nr. 15/2017 des Bundesministeriums für Bildung.

Auslegungen zum Berufsreifeprüfungsgesetz
(Paragraphenzitate ohne Bezeichnung beziehen sich auf das Bundesgesetz über die Berufsreifeprüfung)

Die Berufsreifeprüfung (BRP) ist eine Externistenprüfung. Es gelten daher grundsätzlich die Vorschriften über Externistenprüfungen (also § 42 SchUG und die Externistenprüfungsverordnung idgF), es sei denn, das BRP-Gesetz enthält Sonderbestimmungen oder verweist auf andere Rechtsnormen (etwa § 6 Abs. 1a).

Aus der Rechtsnatur der BRP als Externistenprüfung folgt, dass ausschließlich die an einer höheren Schule funktionell ohnedies bestehende oder etwa durch die Schulbehörde erster Instanz (§ 5 Abs. 4 Externistenprüfungsverordnung) eingerichtete Prüfungskommission die BRP durchzuführen und das Berufsreifeprüfungszeugnis auszustellen hat. Über die Zulassung zur BRP und die Anerkennung von Prüfungen gemäß § 8b Abs. 1 und 2 als Teilprüfungen der Berufsreifeprüfung hat daher die Vorsitzende bzw. der Vorsitzende der Prüfungskommission der höheren Schule zu entscheiden, wobei im Falle des Abs. 2 neben der Prüfung der Formalerfordernisse auch eine inhaltliche Auseinandersetzung mit dem Curriculum jener Ausbildung, welche durch das vorgelegte Zeugnis als erfolgreich abgeschlossen dokumentiert ist, zu erfolgen hat. Der Entfall von Teilprüfungen gemäß § 3 Abs. 2 iVm der VO über den Ersatz von Prüfungsgebieten der BRP erfolgt ex lege und ist durch die Prüfungskandidatin bzw. den Prüfungskandidaten mittels Vorlage des entsprechenden Zeugnisses gleichfalls bei der bzw. dem Vorsitzenden der Prüfungskommission geltend zu machen.

1. Zulassung zur Berufsreifeprüfung

1.1. Ansuchen

1.1.1. Einbringen des Ansuchens

Das Ansuchen ist bei einer öffentlichen oder mit dem Öffentlichkeitsrecht ausgestatteten höheren Schule einzubringen.

Grundsätzlich steht es der Prüfungskandidatin bzw. dem Prüfungskandidaten frei, selbst jene Schule zu wählen, an welcher sie bzw. er die BRP ablegen möchte. Die Schulbehörde erster Instanz kann jedoch auch gemäß § 5 Abs. 4 der Externistenprüfungsverordnung vorgehen. Sind demnach regionale Prüfungskommissionen eingerichtet, so ist das Ansuchen um Zulassung an jene Schule zu richten, die Sitz dieser Prüfungskommission ist.

BRPG, VO
PflSchAbschl-Prüf.G, VO

Teilprüfungen der Berufsreifeprüfung können grundsätzlich auch im Weg der Anerkennung von Abschlussprüfungen im Sinne des § 8b auch an anerkannten Lehrgängen (§ 8) absolviert werden. Abschlussprüfungen an diesen anerkannten Lehrgängen können jedoch erst dann abgelegt werden, wenn die Prüfungskandidatin bzw. der Prüfungskandidat bereits über eine gültige Zulassungsentscheidung der Prüfungskommission einer öffentlichen Schule verfügt.

Ausnahme: Vor dem 1.4.2017 absolvierte Abschlussprüfungen an anerkannten Lehrgängen mit und ohne einer gültigen Zulassungsentscheidung der Prüfungskommission einer öffentlichen Schule bleiben erhalten und sind als Teilprüfungen der Berufsreifeprüfung im entsprechenden Fach anzuerkennen (§ 8b Abs. 1).

1.1.2. Inhalt des Ansuchens

➢ Nachweis der persönlichen Voraussetzungen gemäß § 1 Abs. 1, also erfolgreicher Abschluss einer der nachstehend genannten Prüfungen bzw. erfolgreiches Absolvieren einer der nachstehend genannten Ausbildungen:
   1. Lehrabschlussprüfung nach dem Berufsausbildungsgesetz, BGBl. Nr. 142/1969
   2. Facharbeiterprüfung nach dem Land- und forstwirtschaftlichen Berufsausbildungsgesetz, BGBl. Nr. 298/1990
   3. mindestens dreijährige mittlere Schule
   4. mindestens dreijährige Ausbildung nach dem Gesundheits- und Krankenpflegegesetz, BGBl. I Nr. 108/1997
   5. mindestens 30 Monate umfassende Ausbildung nach dem Bundesgesetz über die Regelung des medizinisch-technischen Fachdienstes und der Sanitätshilfsdienste (MTF-SHD-G), BGBl. Nr. 102/1961
   6. Meisterprüfung nach der Gewerbeordnung 1994, BGBl. Nr. 194

[1]) Verwaltungsverordnung des Bundesministers für Bildung, Wissenschaft und Forschung vom 7. Februar 2017, Zl. BMBWF-9.205/0010-II/9a/2018, RS Nr. 8/2018.

7. Befähigungsprüfung nach der Gewerbeordnung 1994, BGBl. Nr. 194
8. land- und forstwirtschaftliche Meisterprüfung nach dem Land- und forstwirtschaftlichen Berufsausbildungsgesetz, BGBl. Nr. 298/1990
9. Dienstprüfung gemäß § 28 des Beamten-Dienstrechtsgesetzes 1979 (BDG 1979), BGBl. Nr. 333/1979 bzw. § 67 des Vertragsbedienstetengesetzes 1948 (VBG), BGBl. Nr. 86/1948, in Verbindung mit § 28 BDG 1979 für eine entsprechende oder höhere Einstufung in die Verwendungs- bzw. Entlohnungsgruppen A 4, D, E 2b, W 2, M BUO 2, d oder die Bewertungsgruppe v4/2, jeweils gemeinsam mit einer tatsächlich im Dienstverhältnis verbrachten Dienstzeit von mindestens drei Jahren nach Vollendung des 18. Lebensjahres: Die erfolgreich abgelegte Dienstprüfung ist durch das Zeugnis über diese Prüfung zu belegen. Der Nachweis über die im Dienstverhältnis verbrachte Dienstzeit von mindestens 3 Jahren nach Vollendung des 18. Lebensjahres ist durch eine entsprechende Bestätigung der Bundesdienststelle zu erbringen, wobei hier auch Zeiten berücksichtigt werden, die in einer niedrigeren Verwendungs- bzw. Entlohnungsgruppe zurückgelegt worden sind.
10. erfolgreicher Abschluss sämtlicher Pflichtgegenstände in allen Semestern der 10. und 11. Schulstufe einer berufsbildenden höheren Schule oder einer höheren Anstalt der Lehrer- und Erzieherbildung jeweils gemeinsam mit einer mindestens dreijährigen beruflichen Tätigkeit sowie erfolgreicher Abschluss aller Module über Pflichtgegenstände der ersten vier Semester einer berufsbildenden höheren Schule für Berufstätige oder einer höheren Anstalt der Lehrer- und Erzieherbildung für Berufstätige:

    Der erfolgreiche Abschluss sämtlicher Pflichtgegenstände in allen Semestern der 10. und 11. Schulstufe einer BHS oder einer höheren Anstalt der Lehrer- und Erzieherbildung ist durch die entsprechenden Semesterzeugnisse nachzuweisen. Die berufliche Tätigkeit im Ausmaß von (insge-samt) mindestens drei Jahren kann durch entsprechende Bestätigungen oder Zeugnisse des Dienstgebers bzw. der Dienstgeber, mittels Versicherungsdatenauszug oder in sonstiger geeigneter Form erbracht werden, sofern dadurch die Berufstätigkeit im geforderten Ausmaß zweifelsfrei dokumentiert ist. Ein Mindestbeschäftigungsausmaß bezüglich Wochenstundenzeit ist dabei nicht gefordert.

    Der erfolgreiche Abschluss aller Module über Pflichtgegenstände der ersten vier Semester einer berufsbildenden höheren Schule für Berufstätige oder einer höheren Anstalt der Lehrer- und Erzieherbildung für Berufstätige ist durch die entsprechenden Halbjahreszeugnisse oder das entsprechende Zeugnis nachzuweisen.

    Diese Ziffer wurde mit BGBl. I Nr. 9/2012 novelliert (Berücksichtigung der neuen Struktur der Oberstufe und des modularen Aufbaus der Berufstätigenformen). Zusätzlich gilt aber nach wie vor, dass wie bisher auch der erfolgreiche Abschluss des III. Jahrganges einer berufsbildenden höheren Schule oder der 3. Klasse einer höheren Anstalt der Lehrer- und Erzieherbildung jeweils gemeinsam mit einer mindestens dreijährigen beruflichen Tätigkeit sowie auch der erfolgreiche Abschluss des 4. Semesters einer als Schule für Berufstätige geführten Sonderform der genannten Schularten zur Ablegung der Berufsreifeprüfung berechtigt. Auch diese alten Strukturen (vor der Einführung der Oberstufe Neu und des modularen Aufbaus der Berufstätigenformen) vor der Novelle BGBl. I Nr. 9/2012 sind von § 1 Abs. 1 Z 10 BRPG miterfasst.
11. erfolgreicher Abschluss eines gemäß § 5 Abs. 3 des Studienförderungsgesetzes 1992, BGBl. Nr. 305, durch Verordnung des zuständigen Bundesministers genannten Hauptstudienganges an einem Konservatorium.
12. erfolgreicher Abschluss eines mindestens dreijährigen künstlerischen Studiums an einer Universität gemäß Universitätsgesetz 2002, BGBl. I Nr. 120, oder an einer Privatuniversität gemäß Universitäts-Akkreditierungsgesetz, BGBl. I Nr. 168/1999, für welches die allgemeine Universitätsreife mittels positiv beurteilter Zulassungsprüfung nachzuweisen war.
13. erfolgreicher Abschluss einer Ausbildung zur Heilmasseurin bzw. zum Heilmasseur gemäß dem Bundesgesetz über die Berufe und die Ausbildung zum medizinischen Masseur und Heilmasseur – MMHmG, BGBl. I Nr. 169/2002
14. erfolgreicher Abschluss einer Ausbildung in der medizinischen Fachassis-

tenz gemäß Medizinische Assistenzberufe-Gesetz (MABG), BGBl. I Nr. 89/2012.

15. erfolgreicher Abschluss einer Ausbildung in der Pflegefachassistenz gemäß Gesundheits- und Krankenpflegegesetz (GuKG), BGBl. Nr. 75/2016.

Da bis zu drei der vier Teilprüfungen bereits vor erfolgreichem Abschluss einer der in § 1 Abs. 1 genannten Ausbildungen abgelegt werden dürfen (§ 4 Abs. 3), ist dieser Nachweis spätestens beim Antritt zur letzten Teilprüfung der bzw. dem Vorsitzenden vorzulegen. Dies gilt sinngemäß auch für die Abschlussprüfungen von als gleichwertig anerkannten Lehrgängen gemäß § 8 Abs. 1. In diesen Fällen ist das Verfahren zur Zulassung allenfalls mit dem Ergebnis einer nur „bedingten Zulassung“ durchzuführen.

➢ Nachweis des Geburtsdatums:

Die Prüfungskandidatin bzw. der Prüfungskandidat darf zur letzten Teilprüfung nicht vor Vollendung des 19. Lebensjahres antreten.

Entscheidend ist das Datum des Prüfungsantrittes und nicht jenes der Zulassung oder der Zeugnisausstellung.

➢ Angabe, ob die Ablegung der Teilprüfung „Lebende Fremdsprache“ schriftlich oder mündlich abgelegt in Aussicht genommen wird (die gewählte Prüfungsform gilt auch für eine allfällige Wiederholung dieser Teilprüfung).

➢ Angaben zur Teilprüfung aus dem Fachbereich:

Die Teilprüfung „Fachbereich“ besteht aus zwei Prüfungsteilen. Sie kann nach Wahl der Prüfungskandidatin bzw. des Prüfungskandidaten entweder in Form

- einer fünfstündigen schriftlichen Klausurarbeit oder
- einer Projektarbeit (einschließlich Präsentation und Diskussion)

plus (in beiden Fällen) einer diesbezüglichen mündlichen Prüfung abgelegt werden.

Die Klausurarbeit ist über ein Thema aus dem Berufsfeld der Prüfungskandidatin bzw. des Prüfungskandidaten (einschließlich des fachlichen Umfeldes) oder über ein Thema, das sowohl der beruflichen Tätigkeit der Prüfungskandidatin bzw. des Prüfungskandidaten als auch dem Ausbildungsziel einer berufsbildenden höheren Schule zugeordnet werden kann, zu erstellen.

Die Projektarbeit besteht aus einer projektorientierten Arbeit, welche in eigenständiger Weise auf höherem Niveau zu erstellen ist und einer Präsentation und Diskussion derselben unter Einbeziehung des fachlichen Umfeldes (gleichfalls auf höherem Niveau). Im Falle der beabsichtigten Ablegung der Teilprüfung über den Fachbereich in Form einer Projektarbeit können die Angaben auch einen Vorschlag für die Themenstellung und die inhaltliche Abgrenzung des fachlichen Umfeldes der Projektarbeit enthalten.

Die Festlegung des fachlichen Umfeldes und der Prüfungsform erfolgt auf Antrag und in Abstimmung mit der Zulassungswerberin bzw. dem Zulassungswerber durch die Vorsitzende bzw. den Vorsitzenden der Prüfungskommission. Die Prüfungsform kann auch am anerkannten Lehrgang festgelegt werden.

Die Prüfungskommission hat Prüfungskandidatinnen bzw. Prüfungskandidaten auch dann eine Zulassung zu erteilen, wenn der gewählte Fachbereich nicht an der Schule, an der die Prüfungskommission eingerichtet ist, unterrichtet wird. In diesem Fall muss die Prüfung zum Fachbereich an einem anerkannten Lehrgang gemäß § 8 abgelegt werden.

➢ Gegebenenfalls Antrag auf in Aussicht genommene Anerkennung von Prüfungen (§ 8b Abs. 1 und 2). Der Antrag auf Anerkennung von Teilprüfungen kann auch erst nach der formalen Zulassung zur Berufsreifeprüfung erfolgen, sofern dies im Rahmen der Antragsstellung zur Zulassung in Aussicht gestellt wird.

Nach der erfolgten Zulassung ist ohne dieses In-Aussicht-Nehmen keine nachträgliche Anerkennung von Prüfungen mehr möglich.

Es gilt zu beachten, dass jedenfalls eine der vier Teilprüfungen der Berufsreifeprüfung vor der schulischen Berufsreifeprüfungskommission (gemäß § 5) abgelegt werden muss.

➢ Angaben betreffend den Entfall einer Teilprüfung gemäß § 3 Abs. 2. Der Nachweis ist durch Vorlage des entsprechenden Prüfungszeugnisses über eine in der Verordnung über den Ersatz von Prüfungsgebieten der Berufsreifeprüfung genannte, erfolgreich abgelegte Prüfung zu erbringen.

In diesem Zusammenhang ist darauf hinzuweisen, dass nur die in der zitierten Verordnung taxativ aufgelisteten, erfolgreich abgelegten Prüfungen, nicht aber erfolgreich absolvierte Ausbildungen (ohne eine diese abschließende [Meister-, Lehrabschluss-, Befähigungs-, Abschluss-, Diplom-, Fach-] Prüfung) zum Entfall der entsprechenden Teilprüfung führen können.

Der Entfall von Prüfungen gemäß § 3 Abs. 2 kann durch Vorlage entsprechender Zeugnisse auch noch nach erfolgter Zulassung geltend gemacht werden.

➢ Beabsichtigter Zeitpunkt der vor der Prüfungskommission abzulegenden Teilprüfung(en). Hiefür gelten ab 1.4.2017 für schriftliche Klausurarbeiten in den Teilprüfungen „Deutsch", „Mathematik (bzw. Mathematik und angewandte Mathematik)" und „Lebende Fremdsprache" (Englisch, Französisch, Spanisch, Italienisch) die üblichen von der zuständigen Bundesministerin bzw. dem zuständigen Bundesminister in einer Verordnung festgelegten Reifeprüfungstermine, hinsichtlich der übrigen Teilprüfungen sind auch – nach Maßgabe der organisatorischen Möglichkeiten der höheren Schule – andere Termine möglich (§ 6 Abs. 1).

1.1.3. Entscheidung über das Ansuchen

- Über die Zulassung (einschließlich der Anerkennung von Teilprüfungen gemäß Pkt 1.1.2. 5. Aufzählungszeichen) entscheidet gemäß § 4 Abs. 4 die Vorsitzende bzw. der Vorsitzende der Prüfungskommission.
- In den Fällen, in denen die persönlichen (Zulassungs-)Voraussetzungen gemäß § 1 Abs. 1 zum Zeitpunkt der Stellung des Ansuchens noch nicht vorliegen, hat eine bedingte Zulassung zu erfolgen. In diesen Fällen ist in die Zulassungsentscheidung der Vermerk aufzunehmen, dass der Nachweis des erfolgreichen Abschlusses einer entsprechenden Prüfung bzw. des erfolgreichen Absolvierens einer entsprechenden Ausbildung spätestens beim Antritt zur letzten Teilprüfung der Vorsitzenden bzw. dem Vorsitzenden der Prüfungskommission vorzulegen ist.
- *Bei negativer Beurteilung der schriftlichen Klausurarbeit in Mathematik (bzw. Mathematik und angewandte Mathematik) ist der Prüfungskandidat bzw. die Prüfungskandidatin zu einer zusätzlichen mündlichen Kompensationsprüfung zuzulassen.*
- Die Verfahrensbestimmungen des § 70 und 71 SchUG finden Anwendung.

1.2. Widerspruch

Gegen die Entscheidung der Vorsitzenden bzw. des Vorsitzenden gemäß § 4 Abs. 4 (etwa, dass die Antragstellerin bzw. der Antragsteller nicht oder nicht in der beantragten Form zugelassen wird oder eine Prüfung nicht anerkannt wird) ist der Widerspruch an die zuständige Schulbehörde zulässig. Er ist innerhalb von zwei Wochen mit einem begründeten Widerspruchsantrag bei der Vorsitzenden bzw. dem Vorsitzenden der Prüfungskommission einzubringen. Gegen die Entscheidung der zuständigen Schulbehörde ist die Beschwerde an das Bundesverwaltungsgericht zulässig.

2. Inhalt der BRP

Die BRP umfasst vier Teilprüfungen (Deutsch, Mathematik (bzw. Mathematik und angewandte Mathematik), Lebende Fremdsprache, Fachbereich).

1. Deutsch: eine fünfstündige schriftliche standardisierte Klausurarbeit und eine mündliche Prüfung
2. Mathematik (bzw. Mathematik und angewandte Mathematik): eine viereinhalbstündige schriftliche standardisierte Klausurarbeit *und eine allfällige mündliche Kompensationsprüfung*
3. Lebende Fremdsprache (Englisch, Französisch, Spanisch, Italienisch): nach Wahl der Kandidatin/des Kandidaten eine fünfstündige schriftliche standardisierte Klausurarbeit oder eine mündliche Teilprüfung oder eine fünfstündige schriftliche Klausurarbeit oder eine mündliche Teilprüfung in weiteren Sprachen
4. Fachbereich: Die Teilprüfung „Fachbereich" besteht aus zwei Prüfungsteilen. Sie kann nach Wahl der Prüfungskandidatin bzw. des Prüfungskandidaten in folgender Form abgelegt werden:

Eine fünfstündige schriftliche Klausurarbeit über ein Thema aus dem Berufsfeld der Kandidatin bzw. des Kandidaten (einschließlich des fachlichen Umfeldes) oder über ein Thema, das sowohl der beruflichen Tätigkeit der Prüfungskandidatin bzw. des Prüfungskandidaten als auch dem Ausbildungsziel einer berufsbildenden höheren Schule zugeordnet werden kann und eine diesbezügliche mündliche Teilprüfung mit dem Ziel der Auseinandersetzung auf höherem Niveau (§ 3 Abs. 1 Z 4 und Abs. 3 Z 1).

Eine berufsbezogene Projektarbeit und eine Präsentation und Diskussion (unter Einbeziehung des fachlichen Umfeldes) auf höherem Niveau und eine mündliche Teilprüfung mit dem Ziel der Auseinandersetzung auf höherem Niveau (§ 3 Abs. 3 Z 2).

Da durch Ablegung der BRP die mit der Reifeprüfung einer höheren Schule verbundenen Berechtigungen erworben werden (§ 1 Abs. 2), haben die Teilprüfungen den Anforderungen der Reifeprüfung jener höheren Schule zu entsprechen, nach deren Lehrplan die Teilprüfungen abgelegt werden. An anerkannten Lehrgängen gemäß § 8 Abs. 1 kommen die mit VO BGBl. II Nr. 40/2010 verordneten kompetenzbasierten Curricula für die Vorbereitung zu den an diesen Einrichtungen abgehaltenen Teilprüfungen zur Anwendung.

3. Kompetenzorientierte und erwachsenengerechte Vorbereitung und Durchführung der Prüfung/der Teilprüfungen (§ 6)

Die Kompetenzorientierung zielt darauf ab, dass erworbenes Wissen und Können für die Bearbeitung und Lösung auch neuartiger Aufgaben des jeweiligen fachlichen Umfelds zur Verfügung stehen und dass in Anknüpfung an die persönlichen Fertigkeiten und Erfahrungen der Prüfungskandidatinnen bzw. der Prüfungskandidaten auch die intrinsische Motivation zur selbstständigen Problemlösung nachhaltig gefördert wird. Für den Lern- und Prüfungserfolg ausschlaggebend ist somit nicht die Reproduktion des jeweiligen fachlichen Inputs, sondern die Fähigkeit zur selbstständigen Anwendung von erworbenem Wissen bzw. angeeigneten Fertigkeiten in einem spezifischen, auf konkrete Handlungssituationen bezogenen Kontext.

Für die Vorbereitung der Prüfung/der Teilprüfungen gilt:

Um der im Zusammenhang mit der Berufsreifeprüfung geforderten Kompetenz- und Output-Orientierung tatsächlich gerecht werden zu können, muss die Wissensvermittlung durchgehend erwachsenengerecht erfolgen, wobei nicht nur an die theoretischen Vorkenntnisse, sondern gemäß § 3 Berufsreifeprüfungscurriculaverordnung auch an die konkreten jeweiligen beruflichen Vorerfahrungen der Prüfungswerberinnen bzw. der Prüfungswerber anzuknüpfen ist. Dieser Anforderung muss in der Vorbereitung mit einem geeigneten, kompetenzbasierten Unterricht Rechnung getragen werden. Im Rahmen der abschließenden Prüfungen müssen die Aufgaben so gestaltet sein, dass dadurch entsprechende Kompetenzen entfaltet und vor dem Hintergrund konkreter handlungsrelevanter Zusammenhänge nachgewiesen werden können.

Mit den seit 1. Juni 2012 gültigen Leitfäden für die kompetenzorientierte Reifeprüfung (Rundschreiben Nr. 18/2011 des Bundesministeriums für Unterricht, Kunst und Kultur) werden sowohl die Externistenprüfungskommissionen als auch die Einrichtungen der Erwachsenenbildung in die Lage versetzt, die gestellten Anforderungen transparent und institutionenübergreifend darzustellen und ihre Informations- und Beratungsangebote auf einheitlichen Kriterien aufzubauen. Indem die Externistenprüfungskommissionen und Erwachsenenbildungseinrichtungen den Prüfungskandidatinnen bzw. den Prüfungskandidaten die Leitfäden zur Gänze oder in den jeweils relevanten Textauszügen zugänglich machen, kann der tatsächliche Aufwand für Beratungen und Informationsgespräche in beiden Institutionen deutlich verringert werden. Die Leitfäden für die kompetenzorientierte Reifeprüfung liegen in der jeweils aktuellen Fassung vor und sind unter www.erwachsenenbildung.at zugänglich.

Für die Durchführung der Prüfung/der Teilprüfungen gilt:

a) für Externistenprüfungskommissionen:

Die Bestimmungen der Externistenprüfungsverordnungen finden Anwendung.

Die Prüfungstermine von schriftlichen standardisierten Klausurarbeiten in Deutsch, Mathematik (bzw. Mathematik und angewandte Mathematik) und Lebende Fremdsprache werden von der Bundesministerin bzw. dem Bundesminister für Bildung festgelegt.

Die Ablegung hat vor der Prüfungskommission jener Schule zu erfolgen, an der die Zulassung erfolgt ist. Die Prüfungskommission kann die Prüfung auch am Standort einer Berufsschule oder einer mittleren Schule oder, wenn es wegen der Zahl der zur Prüfung antretenden Prüfungskandidatinnen und Prüfungskandidaten notwendig ist, auch an einem anderen Prüfungsort durchführen. Andere Prüfungsorte sind im Einvernehmen mit der zuständigen Schulaufsicht festzulegen, die erforderlichen Prozessvorgaben und Sicherheitserfordernisse sind bei der Wahl des Prüfungsortes zu berücksichtigen.

Für mündlich abzulegende Teilprüfungen (Deutsch, Fremdsprache, Fachbereich) ist so viel Zeit aufzuwenden, wie für eine sichere Beurteilung erforderlich ist. Die Reihenfolge der Teilprüfungen legt die Prüfungskandidatin bzw. der Prüfungskandidat fest, eine getrennte oder gemeinsame Ablegung (§ 6 Abs. 1) ist zulässig.

Für jene Teilprüfungen, die vor dem 1.4.2017 abgelegt und negativ beurteilt wurden, finden für die Wiederholung der Prüfungen innerhalb von fünf Jahren ab dem Zeitpunkt der Zulassung jene Lehrpläne und Prüfungsvorschriften Anwendung, die zum Zeitpunkt der Zulassung anzuwenden waren; nach diesem Zeitpunkt ist nach den jeweils geltenden Bestimmungen vorzugehen.

Eine zeitliche Limitierung für das Ablegen der einzelnen Teilprüfungen bzw. der Berufsreifeprüfung insgesamt ist nicht vorgesehen. Nach der Zulassung erfolgreich abgelegte Teilprüfungen nach nicht mehr geltenden Vorschriften gehen nicht verloren.

Den Externistenprüfungskommissionen wird empfohlen, bei der Gestaltung der Prüfungsaufgaben der mündlichen Prüfung in Deutsch und der mündlichen Prüfung in Englisch die Leitfäden für die kompetenzorientierte Reifeprüfung als gemeinsames Referenzdokument mit zu berücksichtigen.

b) für Einrichtungen der Erwachsenenbildung:

Die Prüfungstermine von schriftlichen standardisierten Klausurarbeiten in Deutsch, Mathematik (bzw. Mathematik und angewandte Mathematik) und Lebende Fremdsprache werden von der Bundesministerin bzw. dem Bundesminister für Bildung festgelegt.

Dem Bundesministerium für Bildung ist fristgerecht gemäß § 8a Abs. 4 Z 1 jeweils die Zahl der Prüfungskandidatinnen bzw. Prüfungskandidaten von schriftlichen standardisierten Klausurarbeiten in „Deutsch", „Mathematik (bzw. Mathematik und angewandte Mathematik" und „Lebende Fremdsprache" (Englisch, Französisch, Spanisch, Italienisch, sofern schriftlich gewählt) zu melden. Dem zuständigen Landesschulrat/Stadtschulrat sind gemäß § 8a Abs. 4 Z 2 die Aufgabenstellungen bezüglich der Teilprüfungen „Lebende Fremdsprache" (sofern eine weitere lebende Fremdsprache gewählt wird) und „Fachbereich" zu melden. Die Aufgabenstellungen der mündlichen Teilprüfungen (Deutsch, Lebende Fremdsprache, Fachbereich) sind der bzw. dem Vorsitzenden am Prüfungstag vor Beginn der Prüfung zu übermitteln.

Für mündlich abzulegende Teilprüfungen (Deutsch, Fremdsprache, Fachbereich) ist so viel Zeit aufzuwenden, wie für eine sichere Beurteilung erforderlich ist. Die Reihenfolge der Teilprüfungen legt die Prüfungskandidatin bzw. der Prüfungskandidat fest, eine getrennte oder gemeinsame Ablegung (§ 6 Abs. 1) ist zulässig. Es kommen die Leitfäden für die kompetenzorientierte Reifeprüfung zur Anwendung.

Für jene Teilprüfungen, die vor dem 1.4. 2017 abgelegt und negativ beurteilt wurden, finden für die Wiederholung der Prüfungen innerhalb von fünf Jahren ab dem Zeitpunkt der Zulassung jene Lehrpläne, Curricula und Prüfungsvorschriften Anwendung, die zum Zeitpunkt der Zulassung anzuwenden waren; nach diesem Zeitpunkt ist nach den jeweils geltenden Bestimmungen vorzugehen.

4. Beurteilung und Wiederholung von Teilprüfungen (§ 7)

4.1. Die bzw. der Vorsitzende der Prüfungskommission für die einzelnen Teilprüfungen hat die allfällige schriftliche und die allfällige mündliche Prüfung nach Abgabe eines Beurteilungsvorschlages durch die Prüferin bzw. den Prüfer zu beurteilen und eine Gesamtbeurteilung für die Teilprüfung auszusprechen. Grundlage für die Beurteilung sind die von der Prüfungskandidatin bzw. dem Prüfungskandidaten bei der Lösung der Aufgaben erwiesene Kenntnis des Prüfungsgebietes, die dabei gezeigte Einsicht in die Zusammenhänge zwischen verschiedenen Sachgebieten des Prüfungsgebietes, die Eigenständigkeit im Denken und in der Anwendung des Inhaltes des Prüfungsgebietes, die Erreichung der Bildungs- und Lehraufgabe sowie der Lernziele des betreffenden Prüfungsgebietes und die im Rahmen der Präsentation und Diskussion (§ 3 Abs. 1 Z 1 und 4) nachgewiesenen Kompetenzen in der Ausdrucks- und Diskursfähigkeit in der deutschen Sprache.

4.2. Beurteilung der Teilprüfung „Deutsch"

Die Teilprüfung aus Deutsch setzt sich aus einem schriftlichen, standardisierten und einem mündlichen Prüfungsteil zusammen. Die beiden Prüfungsteile (schriftlich und mündlich) sind vorerst (von der Vorsitzenden bzw. dem Vorsitzenden auf Vorschlag der Prüferin bzw. des Prüfers) getrennt zu beurteilen.

Die mündliche Prüfung bezieht sich auf die Klausurarbeit und hat sich mit dem Thema dieser Arbeit auf höherem Niveau auseinanderzusetzen. Dabei sind die von der Prüfungskandidatin bzw. dem Prüfungskandidaten bei der Lösung der Aufgaben erwiesene Kenntnis des Prüfungsgebietes, die dabei gezeigte Einsicht in die Zusammenhänge zwischen verschiedenen Sachgebieten des Prüfungsgebietes, die Eigenständigkeit im Denken und in der Anwendung des Inhaltes des Prüfungsgebietes und die Erreichung der Bildungs- und Lehraufgabe sowie der Lernziele des betreffenden Prüfungsgebietes und die im Rahmen der Präsentation und Diskussion nachgewiesenen Kompetenzen in der Ausdrucks- und Diskursfähigkeit in der deutschen Sprache zu beurteilen.

Danach ist unter Abwägen der erbrachten Leistungen die Gesamtbeurteilung festzulegen. Diese kann auch bei negativer Beurteilung eines der beiden Prüfungsteile insgesamt positiv oder negativ sein.

4.3. Beurteilung der Teilprüfung „Mathematik (bzw. Mathematik und angewandte Mathematik)"

Die Teilprüfung „Mathematik (bzw. Mathematik und angewandte Mathematik)" besteht aus einer viereinhalbstündigen schriftlichen Klausurarbeit und einer allfälligen Kompensationsprüfung. Wurde die schriftliche Klausurarbeit negativ beurteilt und hat der Prüfungskandidat bzw. die Prüfungskandidatin auf Antrag eine mündliche Kompensationsprüfung abgelegt, hat die Prüfungskommission auf Grund der Teilbeurteilung der Klausurarbeit mit „Nicht genügend" und der Teilbeurteilung der mündlichen Kompensationsprüfung die Beurteilung der Leistungen des Prüfungskandida-

ten bzw. der Prüfungskandidatin im betreffenden Prüfungsgebiet mit „Befriedigend", „Genügend" oder „Nicht genügend" festzusetzen."

4.4. Beurteilung der Teilprüfung „Fachbereich"

Die Teilprüfung „Fachbereich" besteht aus zwei Prüfungsteilen. Sie kann nach Wahl der Prüfungskandidatin bzw. des Prüfungskandidaten entweder in Form einer fünfstündigen schriftlichen Klausurarbeit oder einer Projektarbeit plus (in beiden Fällen) einer diesbezüglichen mündlichen Prüfung abgelegt werden.

Die Beurteilung der Projektarbeit setzt sich aus der Beurteilung der projektorientierten Arbeit und der Beurteilung der im Rahmen der Präsentation und Diskussion erwiesenen Kompetenz in der Ausdrucks- und Diskursfähigkeit zusammen. Da die anschließend an die Präsentation der Arbeit stattfindende Diskussion die Kenntnis und die Auseinandersetzung mit der Arbeit auch seitens der Prüferin bzw. des Prüfers voraussetzt, hat zwischen Abgabe der Arbeit und der Präsentation bzw. Diskussion ein ausreichender Zeitraum zu liegen, währenddessen die „Korrektur" und Beurteilung stattfinden kann. Dieser Zeitraum soll – in Anlehnung an die Bestimmungen zu Reife- und Diplomprüfungen – zwischen 3 und 7 Wochen betragen. Der Termin zur Präsentation und Diskussion kann entweder getrennt oder gemeinsam mit jenem der mündlichen Prüfung anberaumt werden. Bei gemeinsamer Anberaumung ist darauf zu achten, dass die Präsentation und die Diskussion der projektorientierten Arbeit zeitlich vor der mündlichen Prüfung stattfinden und die bezügliche Beurteilung (auch der Ausdrucks- und Diskursfähigkeit) in die Beurteilung der Projektarbeit einfließt. Erst nach Festlegung der Beurteilung der Projektarbeit hat sodann die mündliche Prüfung stattzufinden.

Die mündliche Prüfung bezieht sich je nach Wahl des schriftlichen Prüfungsteiles auf die Klausurarbeit bzw. auf die Projektarbeit und hat sich mit dem Thema dieser Arbeit auf höherem Niveau auseinanderzusetzen. Dabei sind die von der Prüfungskandidatin bzw. dem Prüfungskandidaten bei der Lösung der Aufgaben erwiesene Kenntnis des Prüfungsgebietes, die dabei gezeigte Einsicht in die Zusammenhänge zwischen verschiedenen Sachgebieten des Prüfungsgebietes, die Eigenständigkeit im Denken und in der Anwendung des Inhaltes des Prüfungsgebietes und die Erreichung der Bildungs- und Lehraufgabe sowie der Lernziele des betreffenden Prüfungsgebietes, nicht hingegen die Kompetenz in der Ausdrucks- und Diskursfähigkeit zu beurteilen.

Nach Feststehen der Beurteilung des mündlichen Prüfungsteiles ist unter sorgfältiger Abwägung der Leistungen der Prüfungskandidatin bzw. des Prüfungskandidaten in beiden Prüfungsteilen die Gesamtbeurteilung der Teilprüfung „Fachbereich" festzulegen. Diese kann auch bei negativer Beurteilung eines der beiden Prüfungsteile insgesamt positiv oder negativ sein.

4.5. Wiederholung von Teilprüfungen

Nicht bestandene und nicht beurteilte Teilprüfungen dürfen jeweils nach Ablauf von zwei Monaten höchstens dreimal wiederholt werden, wobei positiv beurteilte schriftliche Teilprüfungen nicht zu wiederholen sind. War der erstmalige Prüfungsantritt noch vor dem 1.9.2015, dann dürfen nicht bestandene und nicht beurteilte Teilprüfungen jeweils nach Ablauf von drei Monaten höchstens zweimal wiederholt werden. Die Wiederholung der jeweiligen Prüfung ist bei jener Prüfungskommission iSd § 5 bzw. § 8a Abs.1 abzulegen, bei welcher die Teilprüfung nicht bestanden wurde (vgl. § 5 Abs. 8 ExtPV).

5. Zeugnis über die BRP (§ 9a)

5.1. Zeugnis über einzelne Teilprüfungen

Je nach Durchführung (getrennt oder gemeinsam zu einem Termin) der BRP als Externistenprüfung an einer höheren Schule sind die Leistungen der Prüfungskandidatin bzw. des Prüfungskandidaten in einem oder mehreren Teilprüfungszeugnissen gemäß Anlage 1 zum BRPG zu beurkunden.

5.2. Zeugnis über die Berufsreifeprüfung

Nach erfolgreicher Ablegung aller Teilprüfungen (unter Bedachtnahme auf einen allfälligen Entfall oder eine allfällige Anrechnung von Prüfungen) ist der Prüfungskandidatin bzw. dem Prüfungskandidaten ein Berufsreifeprüfungszeugnis gemäß Anlage 2 zum BRPG auszustellen. In diesem Zeugnis ist die Beurteilung oder der Entfall oder die Anrechnung der einzelnen Teilprüfungen zu beurkunden und das Gesamtkalkül der Berufsreifeprüfung mit „bestanden" oder „nicht bestanden" festzulegen.

Die Zeugnisse (5.1. und 5.2.) sind auf den für öffentliche Schulen vorgesehenen Unterdruckpapieren zu gestalten.

5.3. Zeugnis von Einrichtungen eines Rechtsträgers gemäß § 8 Abs. 1

Über die erfolgreich abgelegte Abschlussprüfung eines als gleichwertig anerkannten Lehrganges eines Rechtsträgers gemäß § 8

Abs. 1 ist ebenfalls ein Zeugnis (nach dem beiliegenden Muster) auszustellen, jedoch nicht auf Papier mit hellgrünem Unterdruck, da es kein Externistenprüfungszeugnis ist. Die darin dokumentierte erfolgreich abgelegte Abschlussprüfung ist als Teilprüfung der Berufsreifeprüfung anzuerkennen.

5.4. Information der Prüfungskandidaten bzw. der Prüfungskandidatinnen

Die Prüfungskandidatinnen bzw. die Prüfungskandidaten sind nachweislich schriftlich darüber zu informieren, dass Wiederholungen der jeweiligen Prüfung nur bei jener Prüfungskommission abgelegt werden dürfen, bei welcher die Teilprüfung nicht bestanden oder nicht beurteilt wurde und dass die Ablegung der Prüfung über den Fachbereich, wenn die Zulassung bei einer Prüfungskommission erfolgt, an der der Fachbereich nicht geprüft werden kann, zwingend an einem anerkannten Lehrgang gemäß § 8 abzulegen ist.

6. Als gleichwertig anerkannte Lehrgänge (§ 8)

Einrichtungen der Erwachsenenbildung, die vom Bund als Förderungsempfänger anerkannt sind, Einrichtungen mit eigener Rechtspersönlichkeit (etwa gemäß § 128c SchOG oder § 31c Luf BSchG) sowie der Bundesminister für Inneres können gemäß § 8 Abs. 1 Anträge auf Anerkennung von Vorbereitungslehrgängen zur Berufsreifeprüfung stellen. Teilrechtsfähige Einrichtungen haben die bezügliche Kundmachung ebenso wie alle anderen erforderlichen Unterlagen im Wege des zuständigen Landesschulrates bzw. des Stadtschulrates für Wien dem Bundesministerium für Bildung zu übermitteln.

6.1. Die Anträge auf Feststellung der Gleichwertigkeit von Vorbereitungskursen einschließlich Abschlussprüfung sind beim örtlich zuständigen Landesschulrat bzw. dem Stadtschulrat für Wien einzubringen und nach Anhörung von diesem dem Bundesministerium für Bildung vorzulegen.

6.2. Die anerkannten Lehrgänge sind unter Zugrundelegung der Berufsreifeprüfungscurriculaverordnung durchzuführen. Demnach beträgt das Mindestausmaß für die Vorbereitungskurse

in Deutsch	160 Stunden
in Mathematik (bzw. Mathematik und angewandte Mathematik)	160 Stunden
in Lebende Fremdsprache	160 Stunden
und im Fachbereich	120 Stunden.

Hierbei handelt es sich um Stunden zu 60 Minuten.

Das tatsächliche Stundenausmaß kann natürlich auch darüber liegen.

In den allgemein bildenden Fächern kann bis zu 30 %, im Fachbereich bis zu 50 % des tatsächlichen Stundenausmaßes als Fernunterricht konzipiert werden.

6.3. Qualifikation der Vortragenden und der Prüferinnen bzw. der Prüfer

Die Vortragenden sowie die Prüferinnen bzw. Prüfer haben grundsätzlich über eine facheinschlägige, zum Unterricht nach den Anforderungen einer berufsbildenden höheren Schule befähigende Qualifikation verfügen.

Als Vortragende in Lehrgängen zur Vorbereitung auf die Teilprüfungen „Deutsch", „Mathematik (bzw. Mathematik und angewandte Mathematik)" und „Lebende Fremdsprache" kommen auch Personen in Betracht, welche ein facheinschlägiges Studium an einer anerkannten postsekundären Bildungseinrichtung erfolgreich abgeschlossen haben und über eine zumindest zwölfmonatige Berufserfahrung als Vortragende in der Aus-, Fort- oder Weiterbildung verfügen. In diesen Fächern kann daher vom Nachweis der Zurücklegung des Unterrichtspraktikums abgesehen werden, sofern die nach den Anforderungen einer berufsbildenden höheren Schule befähigende Qualifikation und die genannte Berufserfahrung vorliegen.

Als Vortragende, nicht jedoch als Prüferin bzw. Prüfer, in Lehrgängen zur Vorbereitung auf die Teilprüfung „Fachbereich" kommen auch Personen in Betracht, welche über eines der nachstehend genannten Lehrämter verfügen:

- Lehramt für Berufsschulen, Fachgruppe II (für fachtheoretische Unterrichtsgegenstände),
- Lehramt für den technisch-gewerblichen Fachbereich an berufsbildenden mittleren und höheren Schulen, Fachgruppe A (für fachtheoretische Unterrichtsgegenstände an berufsbildenden mittleren Schulen),
- Lehramt für den Fachbereich Ernährung an berufsbildenden mittleren und höheren Schulen,
- Lehramt für den Fachbereich Information und Kommunikation an berufsbildenden mittleren und höheren Schulen,
- Lehramt für land- und forstwirtschaftliche Berufs- und Fachschulen und für den Fachbereich Agrar und Umwelt an höheren land- und forstwirtschaftlichen Schulen.

6.4. Qualitätssicherung

Unter Bedachtnahme auf die Zielsetzung und die gesetzlichen Berechtigungen der Berufsreifeprüfung haben die Rechtsträger gemäß

§ 8 Abs. 1 bei der Planung und Durchführung der Lehrgänge und der Abhaltung der Abschlussprüfungen eine besondere Verantwortung übernommen und haben daher eine möglichst intensive Kooperation mit der zuständigen Schulbehörde erster Instanz zu pflegen. Diese hat gegenüber den Rechtsträgern gemäß § 8 Abs. 1 zur optimalen Durchführung der Berufsreifeprüfung geeignete Personen (Schulaufsicht oder erfahrene Schulleiterinnen bzw. Schulleiter) als Beraterinnen bzw. Berater namhaft zu machen. Hierbei kommt dem zuständigen Landesschulrat bzw. dem Stadtschulrat für Wien (bzw. dessen Vertreterinnen bzw. Vertretern) eine wichtige Aufgabe zu.

Insbesondere:

6.4.1. Recht zum Besuch des Lehrganges und zur Unterrichtsbeobachtung (in der Regel nach vorheriger Bekanntgabe).

6.4.2. Möglichkeit, gegenüber der bzw. dem Lehrgangsverantwortlichen und der bzw. dem Vortragenden – nach Beratung – erforderliche didaktische bzw. fachdidaktische Änderungen zu verlangen.

6.4.3. Recht auf rechtzeitige (siehe § 8a Abs. 4 Z 2) Übermittlung der Aufgabenstellungen der Abschlussprüfungen der anerkannten Lehrgänge durch die Rechtsträger gemäß § 8 Abs. 1 (wobei für die inhaltliche Gestaltung die einschlägigen Reife- bzw. Reife- und Diplomprüfungsbestimmungen sinngemäß anzuwenden sind). Findet der zuständige Landesschulrat bzw. der Stadtschulrat für Wien die vorgelegten Aufgabenstellungen im Hinblick auf den für das Prüfungsgebiet maßgebenden Lehrplan und im Hinblick auf die geforderte Gleichwertigkeit ungeeignet, hat er unter Setzung einer angemessenen Frist die Vorlage neuer Aufgabenstellungen zu verlangen.

6.4.4. Die bzw. der Vorsitzende der Abschlussprüfung an anerkannten Lehrgängen gemäß § 8 Abs. 1 wird vom zuständigen Landesschulrat bzw. vom Stadtschulrat für Wien bestimmt. Den Rechtsträgern anerkannter Lehrgänge kommt hierbei ein Vorschlagsrecht zu, wobei nur fachkundige Expertinnen bzw. Experten, welche in der Durchführung abschließender Prüfungen (das sind Reifeprüfungen, Reife- und Diplomprüfungen, Diplomprüfungen bzw. Abschlussprüfungen an berufsbildenden mittleren Schulen) einschlägige Erfahrungen haben, also bei solchen Prüfungen bereits als Prüferin bzw. Prüfer oder Vorsitzende bzw. Vorsitzender mitgewirkt haben, namhaft gemacht werden dürfen (vgl. § 8a Abs. 1). Der zuständige Landesschulrat bzw. der Stadtschulrat für Wien ist an den Vorschlag des Trägers des anerkannten Lehrganges nicht gebunden; er kann diesen oder eine andere fachkundigen Expertin bzw. diesen oder einen anderen fachkundigen Experten des öffentlichen Schulwesens mit der Vorsitzführung betrauen. Auf die gesetzlich vorgegebenen Fristen (§ 8a) wird in diesem Zusammenhang ausdrücklich hingewiesen.

Beilage

Zeugnisformular gemäß Pkt 5.3.

____

Bezeichnung und Standort der
Einrichtung der Erwachsenenbildung

Auf Grund des § 8 des Berufsreifeprüfungsgesetzes, BGBl. I Nr. 68/1997 idgF, mit Bescheid des BMUKK/BMBF/BMB[1)] vom__________, GZ__________, bezüglich des Lehrganges/der Lehrgänge[1)] __________________________ als zur Vorbereitung auf die Berufsreifeprüfung anerkannt.

ZEUGNIS über die ABSCHLUSSPRÜFUNG

aus/des Fachbereiches[1,2)]

____

____

____

der Berufsreifeprüfung gemäß § 3 Abs. 1 des BerufsreifeprüfungsG, BGBl. I Nr. 68/1997 idgF

für______________, geb. am ______________

Beurteilung : ______________

______________, am______________20__

Nachweis der Zulassungsvoraussetzung gemä ß § 1 Abs. 1 BRPG:
Er/Sie hat folgende Prüfung/Schule erfolgreich absolviert / Ausbildung erfolgreich abgeschlossen / erfüllt die folgende Voraussetzung des § 1 Abs. 1 Z 10 BRPG:[1,3)]

____

…………………… PrüferIn

…………………… Vorsitzende/r

1) Nichtzutreffendes streichen oder weglassen.
2) Hier ist die Bezeichnung des Lehrganges/der Teilprüfung iS des § 3 BRPG einzufügen (Deutsch, Mathematik (bzw. Mathematik und angewandte Mathematik), Lebende Fremdsprache, Fachbereich); bei der Fachprüfung ist die Themenstellung anzugeben.
3) Zutreffendes einfügen.

2.2.1. Pflichtschulabschluss-Prüfungs-Gesetz

BGBl. I Nr. 72/2012

idF der Bundesgesetze

BGBl. I Nr. 75/2013 BGBl. I Nr. 138/2017
BGBl. I Nr. 101/2018 BGBl. I Nr. 20/2021

Bundesgesetz über den Erwerb des Pflichtschulabschlusses durch Jugendliche und Erwachsene (Pflichtschulabschluss-Prüfungs-Gesetz)

Der Nationalrat hat beschlossen:

Inhaltsverzeichnis

Regelungsinhalt und Regelungszweck

§ 1. (1) Dieses Bundesgesetz regelt den Erwerb der mit dem erfolgreichen Abschluss der 8. Schulstufe bzw. der erfolgreichen Erfüllung der ersten acht Jahre der allgemeinen Schulpflicht verbundenen Berechtigungen durch Jugendliche und Erwachsene, welche den Pflichtschulabschluss nicht im Rahmen des Schulbesuches oder sonst durch Externistenprüfungen erlangt haben und die Voraussetzungen für die Zulassung zur Prüfung (§ 2) erfüllen.

(2) Prüfungen zum Erwerb des Pflichtschulabschlusses gemäß Abs. 1 erfolgen durch die Ablegung von Externistenprüfungen gemäß § 42 des Schulunterrichtsgesetzes (SchUG), BGBl. Nr. 472/1986. Soweit dieses Bundesgesetz nicht anderes bestimmt, gelten die Vorschriften über Externistenprüfungen.

(3) Der Erwerb der mit dem Pflichtschulabschluss gemäß Abs. 1 verbundenen Berechtigungen durch Jugendliche und Erwachsene verfolgt den Zweck, einen altersgerechten Zugang zu weiterer Bildung zu eröffnen und für Absolventen und Absolventinnen verbesserte Bedingungen für den Einstieg in das Berufsleben oder für das berufliche Fortkommen zu schaffen.

(4)[1]) Mit der erfolgreichen Ablegung der Externistenprüfungen gemäß Abs. 1 und 2 (Pflichtschulabschluss-Prüfung) werden die mit

1. dem erfolgreichen Abschluss der 8. Schulstufe bzw. der erfolgreichen Erfüllung der ersten acht Jahre der allgemeinen Schulpflicht und
2. dem erfolgreichen Abschluss der 8. Klasse der Volksschuloberstufe oder der 4. Klasse der Mittelschule oder der Polytechnischen Schule auf der 8. Schulstufe *(BGBl. I Nr. 101/2018, Art. 6 Z 1)*

verbundenen Berechtigungen erlangt, wobei nach den Erfordernissen der verschiedenen Schularten mittlerer und höherer Schulen durch Verordnung des zuständigen Regierungsmitglieds zu bestimmen ist, welche Prüfungsgebiete gemäß § 3 Abs. 1 Z 4 für die Aufnahme in bestimmte mittlere und höhere Schulen erfolgreich absolviert sein müssen.

---

[1]) Der Unterrichtsausschuss hat einstimmig folgende Feststellungen getroffen:

„Der Unterrichtsausschuss geht davon aus, dass die positiv absolvierte Pflichtschulabschluss-Prüfung jedenfalls für all jene weiterführenden Ausbildungen als Kriterium gleichwertig ist, die bisher die Erfüllung der allgemeinen Schulpflicht bzw. den Abschluss der 9. Schulstufe voraussetzen. Dies sind beispielsweise:

1. Die Ausbildung zum Pflegehelfer/zur Pflegehelferin, geregelt im Gesundheits- und Krankenpflegesetz
2. Die Ausbildung in einem medizinischen Assistenzberuf, geregelt im MAB-Gesetz

Der Ausschuss geht weiter davon aus, dass der Bundesminister für Gesundheit die Aufnahmekriterien in den geltenden Bestimmungen im Sinne w.o. zeitgerecht adaptiert."

(5) Nach erfolgreicher Absolvierung der Pflichtschulabschluss-Prüfung können zusätzliche Teilprüfungen über jene Prüfungsgebiete gemäß § 3 Abs. 1 Z 4 abgelegt werden, deren erfolgreiche Absolvierung gemäß der auf Grund des Abs. 4 ergangenen Verordnung im Hinblick auf den beabsichtigten weiterführenden Schulbesuch erforderlich ist. Auf zusätzliche Teilprüfungen zur Pflichtschulabschluss-Prüfung finden die nachstehenden Bestimmungen über die Pflichtschulabschluss-Prüfung bzw. über Teilprüfungen derselben sinngemäß Anwendung.

Zulassung zur Pflichtschulabschluss-Prüfung

§ **2.** (1) Zur Pflichtschulabschluss-Prüfung sind Personen auf Antrag zuzulassen, die am Tag des Antretens zur Pflichtschulabschluss-Prüfung oder zur ersten Teilprüfung derselben das 16. Lebensjahr vollendet und die 8. Schulstufe nach dem Lehrplan der Hauptschule, der Neuen Mittelschule, der Mittelschule, der Polytechnischen Schule oder der 4. oder einer höheren Klasse der allgemein bildenden höheren Schule nicht oder nicht erfolgreich abgeschlossen haben. *(BGBl. I Nr. 72/2012 idF BGBl. I Nr. 101/2018, Art. 6 Z 2)*

(2) Der Antrag auf Zulassung ist bei der öffentlichen oder mit dem Öffentlichkeitsrecht ausgestatteten Mittelschule einzubringen, vor deren Prüfungskommission die Ablegung der Pflichtschulabschluss-Prüfung beabsichtigt wird. *(BGBl. I Nr. 72/2012 idF BGBl. I Nr. 101/2018, Art. 6 Z 3)*

(3) Der Antrag hat neben den in § 5 Abs. 1 Z 3, 6 bis 10, 12, 13 und 15 des Bildungsdokumentationsgesetzes 2020, BGBl. I Nr. 20/2021, genannten Angaben zu enthalten: *(BGBl. I Nr. 72/2012 idF BGBl. I Nr. 20/2021, Art. 3 Z 1)*

1. die Angabe der zuletzt besuchten Schule,
2. Angaben über die gewählte Prüfungsform, sofern gemäß § 3 eine Wahlmöglichkeit besteht,
3. das gewählte Prüfungsgebiet gemäß § 3 Abs. 1 Z 4,
4. beim Prüfungsgebiet „Weitere Sprache" gemäß § 3 Abs. 1 Z 4 lit. c die gewählte Sprache,
5. gegebenenfalls den Antrag auf Entfall von Prüfungsgebieten gemäß § 3 Abs. 4 (unter Vorlage der Zeugnisse),
6. gegebenenfalls die in Aussicht genommene Anerkennung von Prüfungen gemäß § 9 Abs. 6 (unter Vorlage bereits vorhandener Zeugnisse) und
7. den beabsichtigten Zeitpunkt der Ablegung der Prüfung oder den beabsichtigten Zeitpunkt der Ablegung der ersten Teilprüfung und einen in Aussicht genommenen Zeitrahmen für die weiteren Teilprüfungen.

(4) Über die Zulassung hat der oder die Vorsitzende der Prüfungskommission zu entscheiden.

(5) Nach der Zulassung zur Pflichtschulabschluss-Prüfung ist ein Wechsel der Prüfungskommission nicht mehr zulässig.

Prüfungsgebiete der Pflichtschulabschluss-Prüfung

§ **3.** (1) Die Pflichtschulabschluss-Prüfung umfasst thematisch und didaktisch erwachsenengerecht abgefasste Aufgabenstellungen in folgenden Prüfungsgebieten:

1. „Deutsch – Kommunikation und Gesellschaft": Eine einstündige schriftliche Klausurarbeit und eine mündliche Prüfung;
2. „Englisch – Globalität und Transkulturalität": Nach Wahl des Prüfungskandidaten oder der Prüfungskandidatin eine einstündige schriftliche Klausurarbeit oder eine mündliche Prüfung;
3. „Mathematik": Eine einstündige schriftliche Klausurarbeit und eine mündliche Prüfung;
4. nach Wahl des Prüfungskandidaten oder der Prüfungskandidatin zwei der nachstehend genannten Prüfungsgebiete:
   a) „Kreativität und Gestaltung",
   b) „Gesundheit und Soziales",
   c) „Weitere Sprache" (mit Bezeichnung der vom Prüfungskandidaten oder von der Prüfungskandidatin gewählten Sprache),
   d) „Natur und Technik".

   Die Prüfungsgebiete gemäß lit. a bis d können nach Wahl des Prüfungskandidaten oder der Prüfungskandidatin in Form einer einstündigen schriftlichen Klausurarbeit, in Form einer mündlichen Prüfung oder in Form einer Projektarbeit (einschließlich deren Präsentation und Diskussion unter Einbeziehung des fachlichen Umfeldes) abgelegt werden.
5. „Berufsorientierung": Die mündliche Präsentation eines der Prüfungskommission vorgelegten Portfolios.

(2) Die Prüfungsanforderungen in den Prüfungsgebieten gemäß Abs. 1 Z 1 bis 4 sind jene der Mittelschule (in den Prüfungsgebieten gemäß Abs. 1 Z 1 bis 3 gemäß Leistungsniveau „Standard" und Leistungsniveau „Standard AHS"). Die Prüfungsanforderungen im Prüfungsgebiet gemäß Abs. 1 Z 5 sind eine schriftliche Dokumentation von Projek-

ten und Arbeiten in einem Portfolio sowie eine mündliche Auseinandersetzung mit allgemein bildenden Aspekten der Berufsorientierung. *(BGBl. I Nr. 72/2012 idF BGBl. I Nr. 101/2018, Art. 6 Z 4)*

(3) Das zuständige Regierungsmitglied hat auf der Grundlage der für die 5. bis 8. Schulstufe verordneten Lehrpläne durch Verordnung zu bestimmen, welche Unterrichtsgegenstände oder Teile von Unterrichtsgegenständen (Bildungs- und Lehraufgaben sowie Lehrstoffe von Unterrichtsgegenständen) den Prüfungsgebieten gemäß Abs. 1 zuzuordnen sind.

(4) Ein Prüfungsgebiet gemäß Abs. 1 Z 1 bis 4 entfällt auf Antrag, wenn der Prüfungskandidat oder die Prüfungskandidatin

1. den erfolgreichen Abschluss des Unterrichtsgegenstandes oder der Unterrichtsgegenstände nachweist, der bzw. die (allenfalls auch nur zum Teil) durch die Verordnung gemäß Abs. 3 dem jeweiligen Prüfungsgebiet zugeordnet wurde bzw. wurden, oder
2. die erfolgreiche Absolvierung von Externistenprüfungen oder Teilprüfungen von Externistenprüfungen nachweist und der oder die Vorsitzende der Prüfungskommission die Gleichwertigkeit der Prüfung feststellt.

(5) Der Entfall von Prüfungsgebieten ist nur in dem Maß zulässig, als – auch unter Bedachtnahme auf allfällige Anerkennungen gemäß § 9 Abs. 6 – zumindest eine Teilprüfung gemäß Abs. 1 vor der zuständigen Prüfungskommission (§ 4) abzulegen ist.

Prüfungskommission der Pflichtschulabschluss-Prüfung

§ 4. (1) Die Prüfungskommission der Pflichtschulabschluss-Prüfung sowie von Teilprüfungen derselben besteht jeweils aus dem oder der Vorsitzenden und einem Prüfer oder einer Prüferin pro Teilprüfung.

(2) Vorsitzender oder Vorsitzende ist der Leiter oder die Leiterin der Schule, an welcher die Zulassung zur Pflichtschulabschluss-Prüfung erfolgt ist. Der Schulleiter oder die Schulleiterin oder bei Schulen, die an einem Schulcluster beteiligt sind, der Leiter oder die Leiterin des Schulclusters kann die Vorsitzführung einem Lehrer oder einer Lehrerin der betreffenden Schule übertragen. *(BGBl. I Nr. 75/2013 idF BGBl. I Nr. 138/2017, Art. 21 Z 1)*

(3) Die Prüfer oder Prüferinnen für die einzelnen Teilprüfungen sind vom Vorsitzenden oder von der Vorsitzenden zu bestellende Lehrer oder Lehrerinnen der betreffenden Schule.

Durchführung der Pflichtschulabschluss-Prüfung

§ 5. (1) Die Pflichtschulabschluss-Prüfung kann nach Wahl des Prüfungskandidaten oder der Prüfungskandidatin an einem Prüfungstermin oder in Teilprüfungen an verschiedenen Prüfungsterminen abgelegt werden. Die Festlegung der Prüfungstermine hat durch den Vorsitzenden oder die Vorsitzende zu erfolgen, wobei Wünschen des Prüfungskandidaten oder der Prüfungskandidatin nach Möglichkeit zu entsprechen ist.

(2) Die Pflichtschulabschluss-Prüfung sowie Teilprüfungen derselben sind innerhalb von fünf Jahren, gerechnet vom Zeitpunkt der Zulassung, nach den zu diesem Zeitpunkt geltenden Prüfungsvorschriften, danach nach den jeweils geltenden Vorschriften abzulegen.

(3) Nicht oder mit „Nicht genügend" beurteilte Teilprüfungen dürfen jeweils nach Ablauf zumindest eines Monats drei Mal wiederholt werden.

(4) Dem Vorsitzenden oder der Vorsitzenden obliegt die Leitung der Prüfung. Er oder sie hat für einen ordnungsgemäßen Prüfungsablauf zu sorgen.

(5) Mündliche Teilprüfungen sowie die Präsentation und Diskussion einer Projektarbeit gemäß § 3 Abs. 1 Z 4 sind öffentlich und vor der jeweiligen Prüfungskommission abzulegen.

(6) Der Schulleiter oder die Schulleiterin oder bei Schulen, die an einem Schulcluster beteiligt sind, der Leiter oder die Leiterin des Schulclusters hat einen Schriftführer oder eine Schriftführerin mit der Protokollführung zu beauftragen. *(BGBl. I Nr. 138/2017, Art. 21 Z 2)*

Beurteilung von Teilprüfungen sowie Gesamtbeurteilung der Pflichtschulabschluss-Prüfung

§ 6. (1) Die Beurteilung der bei den einzelnen Teilprüfungen gemäß § 3 Abs. 1 Z 1 bis 4 erbrachten Leistungen hat durch den Vorsitzenden oder die Vorsitzende nach Einholen eines Beurteilungsvorschlages des Prüfers oder der Prüferin zu erfolgen. Die bei der Teilprüfung gemäß § 3 Abs. 1 Z 5 erbrachten Leistungen sind in Form einer Leistungsbeschreibung zu bewerten.

(2) Maßstab für die Beurteilung bzw. Bewertung sind die Anforderungen der Mittelschule (§ 3 Abs. 2). Grundlage für die Beurteilung bzw. Bewertung sind die vom Prüfungskandidaten oder von der Prüfungskandidatin bei der Lösung der Aufgaben erwiesene Kenntnis des Prüfungsgebietes, die dabei ge-

zeigte Einsicht in die Zusammenhänge zwischen verschiedenen Sachgebieten des Prüfungsgebietes, die Eigenständigkeit im Denken und in der Anwendung des Inhaltes des Prüfungsgebietes, die Erreichung der Bildungs- und Lehraufgabe sowie der Lernziele des betreffenden Prüfungsgebietes und die im Rahmen der Präsentation (§ 3 Abs. 1 Z 4 und 5) nachgewiesenen Kompetenzen in der Ausdrucks- und Diskursfähigkeit in der deutschen Sprache. *(BGBl. I Nr. 72/2012 idF BGBl. I Nr. 101/2018, Art. 6 Z 3)*

(3) Die Beurteilungsstufen für die Beurteilung der bei den Teilprüfungen gemäß § 3 Abs. 1 Z 1 bis 4 erbrachten Leistungen sind: „Sehr gut", „Gut", „Befriedigend", „Genügend" und „Nicht genügend". In den Prüfungsgebieten gemäß § 3 Abs. 1 Z 1 bis 3 ist mit der Beurteilung das Leistungsniveau „Standard" oder das Leistungsniveau „Standard AHS" auszuweisen, wobei die Anforderungen des Leistungsniveaus „Standard AHS" jenen der Unterstufe der allgemeinbildenden höheren Schule zu entsprechen haben. *(BGBl. I Nr. 72/2012 idF BGBl. I Nr. 101/2018, Art. 6 Z 5)*

(4) Nach Entgegennahme der Aufgabenstellung ist ein Rücktritt nicht mehr zulässig. Die betreffende Teilprüfung ist zu beurteilen.

(5) Vorgetäuschte Leistungen sind nicht zu beurteilen.

(6) Die Gesamtbeurteilung der Pflichtschulabschluss-Prüfung hat auf „Bestanden" zu lauten, wenn – unter Außerachtlassung allenfalls entfallener Prüfungsgebiete und gemäß § 9 Abs. 6 anerkannter Teilprüfungen

1. alle Teilprüfungen gemäß § 3 Abs. 1 Z 1 bis 4 beurteilt wurden und keine Beurteilung auf „Nicht genügend" lautet und
2. im Rahmen des Prüfungsgebietes gemäß § 3 Abs. 1 Z 5 ein Portfolio vorgelegt und präsentiert wurde.

(BGBl. I Nr. 72/2012 idF BGBl. I Nr. 101/2018, Art. 6 Z 6)

Zeugnis über die Pflichtschulabschluss-Prüfung/Teilprüfungszeugnis

§ 7. (1) Die Leistungen des Prüfungskandidaten oder der Prüfungskandidatin sind bei Ablegung von Teilprüfungen der Pflichtschulabschluss-Prüfung in Teilprüfungszeugnissen je absolvierter Teilprüfung zu beurkunden.

(2) Nach erfolgreicher Ablegung aller Teilprüfungen oder nach erfolgreicher Ablegung der Pflichtschulabschluss-Prüfung an einem Prüfungstermin ist ein Zeugnis über die Pflichtschulabschluss-Prüfung auszustellen. Das Zeugnis über die Pflichtschulabschluss-Prüfung hat die Beurteilung in den einzelnen Prüfungsgebieten gemäß § 3 Abs. 1 Z 1 bis 4, die Bewertung im Prüfungsgebiet gemäß § 3 Abs. 1 Z 5, bei Entfall von Prüfungsgebieten gemäß § 3 Abs. 4 und bei Anerkennung von Prüfungsgebieten gemäß § 9 Abs. 6 einen entsprechenden Vermerk sowie die Gesamtbeurteilung zu enthalten.

(3) Die Teilprüfungszeugnisse gemäß Abs. 1 sowie das Zeugnis über die Pflichtschulabschluss-Prüfung gemäß Abs. 2 sind entsprechend den **Anlagen 1** und **2** zu diesem Bundesgesetz auf dem für öffentliche Schulen vorgesehenen Unterdruckpapier zu gestalten.

Lehrgänge zur Vorbereitung auf die Pflichtschulabschluss-Prüfung

§ 8. (1) Auf Antrag einer Einrichtung der Erwachsenenbildung, die vom Bund als Förderungsempfänger anerkannt ist[2]), oder einer öffentlichen Schule im Rahmen der Teilrechtsfähigkeit (Rechtsträger) kann das zuständige Regierungsmitglied einen Lehrgang als zur Vorbereitung auf die Pflichtschulabschluss-Prüfung geeignet anerkennen.

(2) Die Anerkennung hat zu erfolgen, wenn

1. der vorzulegende Lehr- oder Studienplan von seinen Anforderungen her den Prüfungsanforderungen gemäß § 3 zumindest gleichwertig ist und
2.[3]) die Vortragenden sowie die Prüfer und Prüferinnen über den erfolgreichen Abschluss eines facheinschlägigen, zum Unterricht an Mittelschulen, Polytechnischen Schulen oder mittleren und höheren Schulen befähigenden Studiums an einer anerkannten postsekundären Bildungseinrichtung verfügen. *(BGBl. I Nr. 72/2012 idF BGBl. I Nr. 101/2018, Art. 6 Z 7)*

Als Vortragende in Lehrgängen zur Vorbereitung auf die Pflichtschulabschluss-Prüfung kommen auch Personen in Betracht, welche ein facheinschlägiges Studium an einer anerkannten postsekundären Bildungseinrichtung erfolgreich abgeschlossen haben und über eine zumindest zwölfmonatige Berufserfahrung als Vortragende in der Aus-, Fort- oder Weiterbildung verfügen.

(3) Die Anerkennung eines Lehrgangs nach Abs. 1 und 2 erfolgt im Hinblick auf den

---

[2]) Siehe die Kundmachung BGBl. II Nr. 228/2001 – hier nicht abgedruckt.

[3]) In der Fassung vor der Novelle BGBl. I Nr. 101/2018 war bis 1. September 2019 für die Qualifikation der Vortragenden sowie der Prüfenden auch der „Abschluss eines facheinschlägigen, zum Unterricht an Hauptschulen oder an Neuen Mittelschulen befähigenden Studiums an einer anerkannten postsekundären Bildungseinrichtung" vorgesehen.

eingereichten Lehr- oder Studienplan für die Dauer von höchstens fünf Jahren und ist bei Änderung oder Neuerlassung desselben neu zu beantragen.

(4) Die Anerkennung erfolgt durch Bescheid. Vor der Anerkennung ist die örtlich zuständige Bildungsdirektion zu hören. Die Anerkennung ist gemeinsam mit dem Lehr- oder Studienplan, der dem anerkannten Lehrgang zu Grunde liegt, durch den Rechtsträger gemäß Abs. 1 auf geeignete Weise kund zu machen. *(BGBl. I Nr. 75/2013 idF BGBl. I Nr. 138/2017, Art. 21 Z 3)*

Prüfungen an Lehrgängen zur Vorbereitung auf die Pflichtschulabschluss-Prüfung

§ 9. (1) Die Abschlussprüfungen an anerkannten Lehrgängen gemäß § 8 finden vor einer Prüfungskommission unter der Vorsitzführung eines fachkundigen Experten oder einer fachkundigen Expertin des allgemeinbildenden Pflichtschulwesens statt. Der Rechtsträger des anerkannten Lehrganges hat spätestens drei Monate vor dem voraussichtlichen Prüfungstermin der Bildungsdirektion gegenüber die für die Vorsitzführung in Aussicht genommene Person vorzuschlagen. Die Bildungsdirektion hat binnen vier Wochen nach Einlangen des Vorschlages die namhaft gemachte Person oder einen anderen fachkundigen Experten oder eine andere fachkundige Expertin des öffentlichen Pflichtschulwesens mit der Vorsitzführung zu betrauen. Auf Antrag eines Rechtsträgers gemäß § 8 Abs. 1 hat die Bildungsdirektion auch fachkundige Experten oder Expertinnen des öffentlichen Schulwesens als Prüfer oder Prüferinnen beizustellen. *(BGBl. I Nr. 75/2013 idF BGBl. I Nr. 138/2017, Art. 21 Z 4, 5 und 6)*

(2) Der Prüfung ist der Lehr- oder Studienplan des anerkannten Lehrganges zu Grunde zu legen. § 6 Abs. 1 bis 5 findet Anwendung.

(3) Die Rechtsträger gemäß § 8 Abs. 1 haben gemeinsam mit dem oder der Vorsitzenden unverzüglich, längstens jedoch binnen vier Wochen nach der Bestellung die konkreten Prüfungstermine festzulegen.

(4) Gleichzeitig mit dem Vorschlag des oder der für die Vorsitzführung in Aussicht genommenen fachkundigen Experten oder Expertin sind der Bildungsdirektion die Aufgabenstellungen der schriftlichen Klausurarbeiten zu übermitteln. Findet die Bildungsdirektion die vorgelegten Aufgabenstellungen im Hinblick auf den für das Prüfungsgebiet maßgeblichen Lehrplan und im Hinblick auf die geforderte Gleichwertigkeit ungeeignet, hat sie unter Setzung einer angemessenen Frist die Vorlage neuer Aufgabenstellungen zu verlangen. *(BGBl. I Nr. 75/2013 idF BGBl. I Nr. 138/2017, Art. 21 Z 7)*

(5) Nicht oder mit „Nicht genügend" beurteilte Abschlussprüfungen dürfen jeweils nach Ablauf zumindest eines Monats drei Mal wiederholt werden.

(6) Erfolgreich abgelegte Abschlussprüfungen an anerkannten Lehrgängen sind auf Antrag des Prüfungskandidaten oder der Prüfungskandidatin als Teilprüfungen der Pflichtschulabschluss-Prüfung im entsprechenden Prüfungsgebiet anzuerkennen. Die Anerkennung ist nur in dem Maß zulässig, als – auch unter Bedachtnahme auf einen allfälligen Entfall von Prüfungsgebieten gemäß § 3 Abs. 4 und 5 – zumindest eine Teilprüfung gemäß § 3 Abs. 1 vor der zuständigen Prüfungskommission (§ 4) abzulegen ist. Die zum Nachweis der Anerkennung der Abschlussprüfung eingereichten Unterlagen sind zusammen mit den sonstigen Unterlagen für die Pflichtschulabschluss-Prüfung bei der in § 2 Abs. 4 genannten Schule aufzubewahren.

Verfahrensvorschriften

§ 10. Auf das Verfahren betreffend die Zulassung zu Prüfungen, die Anerkennung von Prüfungen und ein Widerspruch[4]) gegen eine nicht bestandene Teilprüfung sind die §§ 70 und 71 des Schulunterrichtsgesetzes, BGBl. Nr. 472/1986, mit der Maßgabe anzuwenden, dass ein Widerspruch innerhalb von zwei Wochen mit einem begründeten Widerspruchsantrag beim oder bei der Vorsitzenden der Prüfungskommission einzubringen ist.

(BGBl. I Nr. 72/2012 idF BGBl. I Nr. 75/2013, Art. 6 Z 1)

Abgeltung für die Prüfungstätigkeit

§ 11. Den Vorsitzenden, den Prüfern und Prüferinnen sowie den Schriftführern und Schriftführerinnen der

1. an öffentlichen Schulen eingerichteten Prüfungskommissionen,
2. an Schulen mit Öffentlichkeitsrecht, deren Lehrer- und Lehrerinnenpersonalaufwand zur Gänze vom Bund getragen wird, und
3. von der Bildungsdirektion bestellten Vorsitzenden und Prüfern und Prüferinnen *(BGBl. I Nr. 75/2013 idF BGBl. I Nr. 138/2017, Art. 21 Z 8)*

gebührt eine Abgeltung gemäß dem Prüfungstaxengesetz – Schulen/Pädagogische Hochschulen, BGBl. Nr. 314/1976, nach Maßgabe der für eine entsprechende Externistenprüfung vorgesehenen Abgeltung.

---

[4]) Sollte richtig lauten: „den Widerspruch".

Geltung und Wirksamkeit anderer Rechtsvorschriften

§ 12. Soweit in diesem Bundesgesetz auf andere Bundesgesetze verwiesen wird, sind diese in ihrer jeweils geltenden Fassung anzuwenden.

Übergangsbestimmung

§ 12a. Schülerinnen und Schüler, die bis zum 1. September 2020 zur Pflichtschulabschluss-Prüfung zugelassen wurden, sind berechtigt, diese nach Maßgabe dieses Bundesgesetzes in der Fassung vor dem Bundesgesetz BGBl. I Nr. 101/2018 bis Ablauf des Schuljahres 2022/23 abzuschließen.

(BGBl. I Nr. 101/2018, Art. 6 Z 8)

Inkrafttreten

§ 13. (1) Dieses Bundesgesetz sowie die Anlagen 1 und 2 zu diesem Bundesgesetz treten mit 1. September 2012 in Kraft. *(BGBl. I Nr. 72/2012 idF BGBl. I Nr. 75/2013, Art. 6 Z 2)*

(2) § 10 in der Fassung des Bundesgesetzes BGBl. I Nr. 75/2013 tritt mit 1. Jänner 2014 in Kraft. *(BGBl. I Nr. 75/2013, Art. 6 Z 2)*

(3) Für das Inkrafttreten der durch das Bildungsreformgesetz 2017, BGBl. I Nr. 138/2017, geänderten oder eingefügten Bestimmungen gilt Folgendes:

1. § 14 tritt mit Ablauf des Tages der Kundmachung im Bundesgesetzblatt in Kraft;[5])
2. § 4 Abs. 2 und § 5 Abs. 6 treten mit 1. September 2018 in Kraft;
3. § 8 Abs. 4, § 9 Abs. 1 und 4 sowie § 11 Z 3 treten mit 1. Jänner 2019 in Kraft.

(BGBl. I Nr. 138/2017, Art. 21 Z 9)

[5]) Die Kundmachung im Bundesgesetzblatt erfolgte am 15. September 2017.

(4) Für das Inkrafttreten der durch das Bundesgesetz BGBl. I Nr. 101/2018, geänderten oder eingefügten Bestimmungen und das Außerkrafttreten der durch dieses Bundesgesetz entfallenen Bestimmungen sowie für den Übergang zur neuen Rechtslage gilt Folgendes:

1. § 14 tritt mit Ablauf des Tages der Kundmachung im Bundesgesetzblatt in Kraft;[6])
2. § 1 Abs. 4 Z 2 sowie § 8 Abs. 2 Z 2 treten mit 1. September 2019 in Kraft;
3. § 2 Abs. 1 und 2, § 3 Abs. 2 erster Satz, § 6 Abs. 2 und 3 letzter Satz, § 12a samt Überschrift sowie Anlagen 1 und 2 treten mit 1. September 2020; gleichzeitig tritt § 6 Abs. 6 letzter Satz außer Kraft;
4. sofern in Bestimmungen gemäß dem Bundesgesetz BGBl. I Nr. 101/2018 auf die Mittelschule abgestellt wird, tritt bis zum Ablauf des 31. August 2020 die Neue Mittelschule an die Stelle der Mittelschule.

(BGBl. I Nr. 101/2018, Art. 6 Z 9)

(5) § 2 Abs. 3 in der Fassung des Bundesgesetzes BGBl. I Nr. 20/2021 tritt mit Ablauf des Tages der Kundmachung im Bundesgesetzblatt in Kraft.[7]) *(BGBl. I Nr. 20/2021, Art. 3 Z 2)*

Vollziehung

§ 14. Mit der Vollziehung dieses Bundesgesetzes ist der Bundesminister oder die Bundesministerin für Bildung, Wissenschaft und Forschung betraut.

(BGBl. I Nr. 72/2012 idF BGBl. I Nr. 138/2017, Art. 21 Z 10 und BGBl. I Nr. 101/2018, Art. 6 Z 10)

[6]) Die Kundmachung im Bundesgesetzblatt erfolgte am 22. Dezember 2018.

[7]) Die Kundmachung im Bundesgesetzblatt erfolgte am 7. Jänner 2021.

Anlage 1
(BGBl. I Nr. 101/2018, Art. 6 Z 11)

**EXTERNISTENPRÜFUNGSKOMMISSION
der
PFLICHTSCHULABSCHLUSS-PRÜFUNG**

am/an der

____
Bezeichnung und Standort der Schule

Zahl des Prüfungsprotokolls:

Teilprüfungszeugnis

.... , geboren am ....
Familien- und Vorname tt.mm.jjjj

hat sich an dieser Schule vor der zuständigen Prüfungskommission der Pflichtschulabschluss-Prüfung folgender(folgenden) Teilprüfung(en) der Pflichtschulabschluss-Prüfung gemäß dem Pflichtschulabschluss-Prüfungs-Gesetz, BGBl. I Nr. 72/2012, unterzogen:

Prüfungsgebiet	Beurteilung[1)]/Bewertung[2)]

.... , am ....
Ort tt.mm.jjjj

Rundsiegel

Für die Prüfungskommission:

....
Vorsitzende/Vorsitzender

[1)] In den Prüfungsgebieten „Deutsch – Kommunikation und Gesellschaft“, „Englisch – Globalität und Transkulturalität“ sowie „Mathematik“ ist mit den Beurteilungsstufen das Leistungsniveau „Standard“ oder „Standard AHS“ auszuweisen. Das Leistungsniveau „Standard AHS“ entspricht gemäß § 21b Abs. 2 zweiter Satz des Schulorganisationsgesetzes, BGBl. Nr. 242/1962 idF BGBl. I Nr. 36/2012, jener der Unterstufe der allgemein bildenden höheren Schule.
[2)] Im Prüfungsgebiet „Berufsorientierung“.

Anlage 2
(BGBl. I Nr. 101/2018, Art. 6 Z 11)

EXTERNISTENPRÜFUNGSKOMMISSION
der
PFLICHTSCHULABSCHLUSS-PRÜFUNG

am/an der

____

Bezeichnung und Standort der Schule

Zahl des Prüfungsprotokolls:

Zeugnis über die Pflichtschulabschluss-Prüfung

.... , geboren am ....

Familien- und Vorname tt.mm.jjjj

hat vor der Prüfungskommission der Pflichtschulabschluss-Prüfung an dieser Schule gemäß dem Pflichtschulabschluss-Prüfungs-Gesetz, BGBl. I Nr. 72/2012, die Pflichtschulabschluss-Prüfung

bestanden / nicht bestanden[1].

[1] Nichtzutreffendes streichen.

Die Leistungen in den Prüfungsgebieten wurden, sofern diese nicht gemäß § 3 Abs. 4 des Bundesgesetzes über den Erwerb schulischer Bildungsabschlüsse durch Jugendliche und Erwachsene, BGBl. I Nr. 72/2012, entfallen sind oder gemäß § 9 Abs. 6 leg.cit. anerkannt wurden, wie folgt beurteilt bzw. im Prüfungsgebiet „Berufsorientierung" bewertet:

Prüfungsgebiet	**Beurteilung[2)]/Bewertung[3)]/Entfall[4)]/ Anerkennung[5)]**
Deutsch – Kommunikation und Gesellschaft	
Englisch – Globalität und Transkulturalität	
Mathematik	
Zwei der nachstehend genannten Prüfungsgebiete:	
Kreativität und Gestaltung	
Gesundheit und Soziales	
Weitere Sprache	
Natur und Technik	
Berufsorientierung	

Sie/Er hat damit die nach Maßgabe des § 1 des Pflichtschulabschluss-Prüfungs-Gesetzes, BGBl. I Nr. 72/2012, mit der Pflichtschulabschluss-Prüfung verbundenen Berechtigungen erworben.

...., am ....
Ort tt.mm.jjjj

Rundsiegel

Für die Prüfungskommission:

....
Vorsitzende/Vorsitzender

2) In den Prüfungsgebieten „Deutsch – Kommunikation und Gesellschaft", „Englisch – Globalität und Transkulturalität" sowie „Mathematik" ist mit den Beurteilungsstufen das Leistungsniveau „Standard" oder „Standard AHS" auszuweisen. Das Leistungsniveau „Standard AHS" entspricht gemäß § 21b Abs. 2 zweiter Satz des Schulorganisationsgesetzes, BGBl. Nr. 242/1962 idF BGBl. I Nr. xxx/2018, jener der Unterstufe der allgemein bildenden höheren Schule.

3) Im Prüfungsgebiet „Berufsorientierung".

4) Unter Angabe des Unterrichtsgegenstandes/ der Unterrichtsgegenstände sowie der besuchten Schule (Schulart, Schulstufe), der/ die zum Entfall geführt hat/ haben.

5) Unter Angabe der Prüfung (Datum, Prüfungsinstitution), die anerkannt wurde.

2.2.2. Pflichtschulabschluss-Prüfungs-Verordnung

BGBl. II Nr. 288/2012

idF der Verordnungen

BGBl. II Nr. 90/2017 BGBl. II Nr. 264/2020

Verordnung der Bundesministerin für Unterricht, Kunst und Kultur über die Prüfungsgebiete der Pflichtschulabschluss-Prüfung

Auf Grund der §§ 1 und 3 des Pflichtschulabschluss-Prüfungs-Gesetzes, BGBl. I Nr. 72/2012, wird verordnet:

Umfang und Inhalt der Prüfungsgebiete

§ 1. (1) Diese Verordnung legt in der **Anlage** den Umfang und den Inhalt der nachstehend genannten Prüfungsgebiete der Pflichtschulabschluss-Prüfung fest:

1. Deutsch – Kommunikation und Gesellschaft,
2. Englisch – Globalität und Transkulturalität,
3. Mathematik,
4. Kreativität und Gestaltung,
5. Gesundheit und Soziales,
6. Weitere Sprache,
7. Natur und Technik sowie
8. Berufsorientierung.

(2) Den einzelnen in Abs. 1 genannten Prüfungsgebieten werden Bildungs- und Lehraufgaben sowie die Lehrstoffe von Unterrichtsgegenständen des Lehrplanes der Mittelschule gemäß Anlage 1 zur Verordnung über die Lehrpläne der Mittelschule, BGBl. II Nr. 185/2012, und des Lehrplanes der Polytechnischen Schule (auf der 8. Schulstufe) gemäß der Anlage zur Verordnung über den Lehrplan der Polytechnischen Schule, BGBl. II Nr. 236/1997, zugeordnet. *(BGBl. II Nr. 288/2012 idF BGBl. II Nr. 90/2017, Art. 6 Z 1 und BGBl. II Nr. 264/2020, Art. 9 Z 1)*

(3) Die den Prüfungsgebieten zugeordneten Bildungs- und Lehraufgaben der Lehrpläne bilden insofern die Grundlage der Pflichtschulabschluss-Prüfung, als die dort beschriebenen, durch den Unterricht in der Mittelschule oder in der Polytechnischen Schule (auf der 8. Schulstufe) den Schülerinnen und Schülern zu vermittelnden Kompetenzen bei den Prüfungskandidatinnen und Prüfungskandidaten der Pflichtschulabschluss-Prüfung als gegeben anzunehmen sind. *(BGBl. II Nr. 288/2012 idF BGBl. II Nr. 264/2020, Art. 9 Z 1)*

(4) Die den Prüfungsgebieten zugeordneten Lehrstoffe des Lehrplanes bilden den Prüfungsstoff. Der Nachweis der Erfüllung der Kompetenzanforderungen bestätigt die Annahme des Vorliegens der vom betreffenden Prüfungsgebiet umfassten Kompetenzen gemäß Abs. 3.

Für die Aufnahme in mittlere und höhere Schulen relevante Prüfungsgebiete

§ 2. Die erfolgreiche Ablegung nachstehend genannter Prüfungsgebiete gemäß § 3 Abs. 1 Z 4 des Pflichtschulabschluss-Prüfungs-Gesetzes (Prüfungsgebiete nach Wahl der Prüfungskandidatin oder des Prüfungskandidaten) ist Voraussetzung für die Aufnahme in folgende mittlere und höhere Schulen:

Schulart	Prüfungsgebiet
Technische Fachschule	Natur und Technik
Fachschule für Mode	Kreativität und Gestaltung
Kunstgewerbliche Fachschule	Kreativität und Gestaltung
Handelsschule	Natur und Technik
Fachschule für wirtschaftliche Berufe	Natur und Technik
Fachschule für Sozialberufe	Gesundheit und Soziales
Forstfachschule	Natur und Technik
Allgemein bildende höhere Schule – Realgymnasium	Natur und Technik
Höhere technische Lehranstalt	Natur und Technik
Höhere Lehranstalt für Mode	Kreativität und Gestaltung
Höhere Lehranstalt für künstlerische Gestaltung	Kreativität und Gestaltung
Handelsakademie	Natur und Technik
Höhere Lehranstalt für wirtschaftliche Berufe	Natur und Technik
Höhere Lehranstalt für Tourismus	Weitere Sprache
Höhere land- und forstwirtschaftliche Lehranstalt	Natur und Technik
Bildungsanstalt für Elementarpädagogik	Gesundheit und Soziales
Bildungsanstalt für Sozialpädagogik	Gesundheit und Soziales

(BGBl. II Nr. 288/2012 idF BGBl. II Nr. 90/2017, Art. 6 Z 2)

Schlussbestimmung

§ 2a. Soweit in dieser Verordnung auf Bestimmungen anderer Verordnungen verwiesen wird, sind diese in ihrer jeweils geltenden Fassung anzuwenden.

(BGBl. II Nr. 90/2017, Art. 6 Z 3)

Inkrafttreten

§ 3. (1) Diese Verordnung tritt mit 1. September 2012 in Kraft. *(BGBl. II Nr. 288/2012 idF BGBl. II Nr. 90/2017, Art. 6 Z 4)*

(2) § 1 Abs. 2, § 2, § 2a samt Überschrift, § 3 Abs. 1 und die Anlage in der Fassung der Verordnung BGBl. II Nr. 90/2017 treten mit Ablauf des Tages der Kundmachung[1]) im Bundesgesetzblatt in Kraft. *(BGBl. II Nr. 90/2017, Art. 6 Z 5)*

(3) § 1 Abs. 2 und 3 sowie die Anlage treten mit 1. September 2020 in Kraft. *(BGBl. II Nr. 264/2020, Art. 9 Z 2)*

[1]) Die Kundmachung im Bundesgesetzblatt erfolgte am 31. März 2017.

Anlage

Umfang und Inhalt der Prüfungsgebiete der Pflichtschulabschluss-Prüfung

Die als „Kompetenzanforderungen" den Prüfungsgebieten zugeordneten (Teile von) Bildungs- und Lehraufgaben der Lehrpläne der Mittelschule (Anlage 1 zur Verordnung BGBl. II Nr. 185/2012) und der Polytechnischen Schule auf der 8. Schulstufe (Anlage zur Verordnung BGBl. II Nr. 236/1997) sind im Sinne des § 1 Abs. 3 dieser Verordnung zu verstehen und der Prüfung zu Grunde zu legen. Der Kompetenznachweis erfolgt durch die positive Beurteilung des Prüfungsgebietes nach den Anforderungen der Leistungsniveaus „Standard" sowie „Standard AHS" gemäß dem Lehrplan der Mittelschule. *(BGBl. II Nr. 288/2012 idF BGBl. II Nr. 90/2017, Art. 6 Z 1 und BGBl. II Nr. 264/2020, Art. 9 Z 3)*

Als Prüfungsstoff sind den Prüfungsgebieten Lehrstoffe oder Teile von Lehrstoffen der Lehrpläne der Mittelschule und der Polytechnischen Schule (auf der 8. Schulstufe) zugeordnet. *(BGBl. II Nr. 288/2012 idF BGBl. II Nr. 264/2020, Art. 9 Z 3)*

Sofern sich die den genannten Lehrplänen (wortgetreu) entnommenen Passagen auf Unterricht und auf Schülerinnen und Schüler beziehen, gelten sie unter sinngemäßer Anwendung auf die Externistenprüfungssituation für Prüfungskandidatinnen und Prüfungskandidaten der Pflichtschulabschluss-Prüfung.

1. Deutsch – Kommunikation und Gesellschaft

A. Kompetenzanforderungen:

Deutsch:

Der Deutschunterricht hat die Aufgabe, Kommunikations- und Handlungsfähigkeit durch Lernen mit und über Sprache zu fördern.

Im Besonderen soll befähigt werden,

- mit Sprache Erfahrungen und Gedanken auszutauschen, Beziehungen zu gestalten und Interessen wahrzunehmen;
- Sachinformationen aufzunehmen, zu bearbeiten und zu vermitteln und sich mit Sachthemen auseinander zu setzen;
- Ausdrucksformen von Texten und Medien und deren Wirkung zu verstehen sowie sprachliche Gestaltungsmittel kreativ einzusetzen.
- Gestaltungserfahrungen mit Sprache zu machen und sinnliche Zugänge mit kognitiven Erkenntnissen zu verbinden.

Der Deutschunterricht soll Urteils- und Kritikfähigkeit, Entscheidungs- und Handlungskompetenzen weiterentwickeln. Er soll die Auseinandersetzung mit Werten im Hinblick auf ein ethisch vertretbares Menschen- und Weltbild fördern.

Geschichte und Sozialkunde/Politische Bildung:

Der Unterricht in Geschichte und Sozialkunde/Politische Bildung beschäftigt sich mit Vergangenheit, Gegenwart und Zukunftsperspektiven. Er leistet somit einen wichtigen Beitrag zur Orientierung der Schülerinnen und Schüler in Zeit und Raum, zur Identitätsfindung in einer pluralistisch verfassten Gesellschaft sowie zur Entwicklung selbständigen Denkens und Handelns. Kontroverse Interessen in Geschichte und Politik sind im Unterricht ebenso kontrovers darzustellen. Lehrkräfte haben darauf zu achten, dass Schülerinnen und Schüler eine kritisch-abwägende Distanz aufrecht erhalten können. Der Vermittlung von historischen und politischen Kompetenzen ist besondere Beachtung zu schenken. Das Kennenlernen verschiedener Modelle menschlichen Zusammenlebens in Vergangenheit und Gegenwart soll zu Verständnis der eigenen Situation und Toleranz gegenüber dem Anderen führen.

Der Unterricht soll sich mit folgenden Grundbereichen der Geschichte, Sozialkunde und Politischen Bildung beschäftigen: Macht und Herrschaft, Gesellschaft und Individuum, Wirtschaft, Kultur und Religion. Im besonderen Maße ist hierbei von der Erlebnis- und Erfahrungswelt der Schülerinnen und Schüler auszugehen. Im Bereich des historischen Lernens stellen ua. Neue Kulturgeschichte/Geschlechtergeschichte, Umweltgeschichte oder Globalgeschichte gleichberechtigte Zugänge dar. Im Bereich des politischen Lernens sind Themen aus der Lebenswelt (Medien, Konsum, Migrationserfahrungen, Lebenswegentscheidungen etc.) aufzugreifen.

B. Prüfungsstoff:

Deutsch:

Sprache als Grundlage von Beziehungen

Erlebnisse, Erfahrungen, Gedanken austauschen: Erlebnisse, Erfahrungen und Gedanken mündlich und schriftlich partnergerecht mitteilen.

Beziehungen aufnehmen, ausbauen und gemeinsames Handeln ermöglichen: Eigenes Gesprächsverhalten in seiner Wirkung abschätzen und situations- und partnergerecht einsetzen können. Sich in verschiedenen Gesprächsformen – versuchsweise auch leitend – angemessen verhalten. In vielfältigen Situationen und unter verschiedenen Bedingungen ausdrucksvoll und verständlich sprechen. Texte verfassen um persönliche Beziehungen ausdrücken; entsprechende Formen der Übermittlung kennen lernen und einsetzen.

Interessen wahrnehmen: Verschiedene, auch versteckte Absichten erkennen und zuordnen; entsprechend reagieren. Anliegen sprachlich differenziert vorbringen; auch mit Anforderungen im öffentlichen und institutionellen Bereich vertraut werden.

Sprache als Trägerin von Sachinformationen aus verschiedenen Bereichen

Informationsquellen erschließen: Informationen von Personen gezielt einholen (auch in Form von Interviews); entsprechende sprachliche und technische Mittel einsetzen. Mit Ordnungs- und Suchhilfen vertraut werden; Bibliotheken, Medien bzw. andere Informationssysteme zur Erarbeitung von Themen nützen.

Informationen aufnehmen und verstehen: Die Fähigkeit zum sinnerfassenden Lesen weiterentwickeln und das individuelle Lesetempo steigern; Lesetechniken zur Informationsentnahme kennen lernen und anwenden. Aus Gehörtem und Gesehenem – auch größeren Umfangs – Informationen entnehmen und gezielt Merkhilfen einsetzen.

Informationen für bestimmte Zwecke bearbeiten sowie schriftlich und mündlich vermitteln: Das Wesentliche aus Gehörtem, Gesehenem und Gelesenem wirkungsvoll und anschaulich mündlich und schriftlich präsentieren und erklären.

Sich mit Sachthemen auseinander setzen: Zu Sachverhalten und Äußerungen (auch aus Texten) Argumente sammeln, ordnen und zu ausführlicheren mündlichen und schriftlichen Stellungnahmen zusammenfassen. Standpunkte anderer in zunehmendem Maß berücksichtigen.

Sprache als Gestaltungsmittel

Literarische Textformen und Ausdrucksmittel kennen lernen:

Grundlegende Einblicke in Entstehungs- und Wirkungszusammenhänge von Texten gewinnen. Gestaltungsmittel erkennen und als Anregung für eigene Texte nützen.

Ausdrucksformen in verschiedenen Medien kennen lernen: Verstehen, wie in Medien Themen und Inhalte gezielt aufbereitet und gestaltet werden (auch durch eigenes Erproben).

Kreative sprachliche Gestaltungsmittel kennen lernen: Schriftlich und mündlich erzählen; erzählerische Mittel einsetzen um Texte bewusst zu gestalten. Durch kreativen Umgang mit Lauten, Wörtern, Sätzen oder Texten Möglichkeiten sprachlicher Gestaltung erleben und erproben.

Sprachbetrachtung und Rechtschreibung

Sprachliche Erscheinungsformen betrachten und anwenden

Wissen über Sprache erwerben und anwenden, wie es für einen möglichst fehlerfreien Sprachgebrauch notwendig ist. Rechtschreiben

Den Gebrauchswortschatz entsprechend dem jeweiligen Thema stetig erweitern und orthographisch sichern. Die Regelhaftigkeit von Sprachformen und Schreibung in zunehmendem Maße erkennen und verstehen. Neben anderen Hilfen Wortbedeutungen und Wortbildung zum Erschließen der richtigen Schreibung nützen lernen. Individuelle Rechtschreibschwächen herausfinden und durch regelmäßige Übungen abbauen. Hilfsmittel (Wörterbücher, elektronische Programme ua.) benützen lernen und regelmäßig verwenden.

Geschichte und Sozialkunde/Politische Bildung:

- Menschen- und Kinderrechte und ihre Durchsetzung gestern und heute.
- Kultur und Gesellschaft als Globalgeschichte, zB Afrika, Südamerika und Asien.
- Herausbildung verschiedener politischer Ordnungskonzeptionen; Liberalismus, Nationalismus, Sozialismus.
- Wirtschaft und Gesellschaft im 20. und 21. Jahrhundert – Veränderungen in Arbeitswelt und Freizeit, Wirtschaftskrisen.

- Selbstverständnis der Geschlechter (Analyse von unterschiedlichen Zugängen zu Weiblichkeit und Männlichkeit) und Generationen (Familie im Wandel).
- Entstehung und Bedingungen diktatorischer Systeme, Methoden totalitärer Herrschaft: Faschismus, Nationalsozialismus, Kommunismus; Bezüge zu modernen Formen des politischen Extremismus.
- Entwicklung und Krise der Demokratie in Österreich – Verfassung, Parteien, Wehrverbände, autoritäres System, Bürgerkrieg, NS-Zeit.
- Erinnerungskulturen und deren Wandel; Erinnerungen an jüdisches Leben vor und nach dem Holocaust.
- Der Zweite Weltkrieg und die internationale Politik nach 1945 – Kalter Krieg, Blockbildung und Entspannung, das Ende der bipolaren Welt, die UNO; Die USA und die Sowjetunion – ein Vergleich verschiedener politischer und gesellschaftlicher Systeme.
- Die Auflösung der Kolonialreiche und neue Hegemonien; Globalisierung als kultureller, wirtschaftlicher, politischer Wandel (Migration, Konsumverhalten, Nichtregierungsorganisationen).
- Österreich – die Zweite Republik: politisches System, außenpolitische Orientierung, Wirtschafts- und Sozialpolitik im Wandel; Neue Soziale Bewegungen (Umweltbewegung, Frauenbewegung).
- Europa und die EU; politische Mitbestimmung und Mitverantwortung Österreichs in der EU.
- Medien und deren Auswirkung auf das Politische; Manifestationen des Politischen (mediale Berichterstattung, politische Inszenierungen, Wahlwerbung).
- Demokratie und Möglichkeiten ihrer Weiterentwicklung (Formen der Mitbestimmung, e- Democracy); Zukunftschancen im Spannungsfeld zwischen persönlichen und gesellschaftlichen Anliegen.

2. Englisch – Globalität und Transkulturalität

A. Kompetenzanforderungen:

Lebende Fremdsprache (Englisch):

Kommunikative Fremdsprachenkompetenz

Ziel des Fremdsprachunterrichts ist die Entwicklung der kommunikativen Kompetenz in den Fertigkeitsbereichen Hören, Lesen, an Gesprächen teilnehmen, zusammenhängend Sprechen und Schreiben. Sie soll die Schülerinnen und Schüler befähigen, Alltags- und Unterrichtsituationen in altersgemäßer und dem Lernniveau entsprechender Form situationsadäquat zu bewältigen. Sozialkompetenz und interkulturelle Kompetenz.

Der Prozess des Fremdsprachenerwerbs bietet auch zahlreiche Möglichkeiten der Auseinandersetzung mit interkulturellen Themen. Das bewusste Aufgreifen solcher Fragestellungen soll zu einer verstärkten Sensibilisierung der Schülerinnen und Schüler für kulturelle Gemeinsamkeiten und Unterschiede führen und ihr Verständnis für die Vielfalt von Kulturen und Lebensweisen vertiefen. Dabei ist die Reflexion über eigene Erfahrungen und österreichische Gegebenheiten einzubeziehen.

Erwerb von Lernstrategien

Der Fremdsprachenunterricht hat darüber hinaus die Aufgabe, fachliche Grundlagen, Lernstrategien und Lerntechniken für den weiteren selbstständigen Spracherwerb, insbesondere im Hinblick auf lebensbegleitendes und autonomes Lernen, zu vermitteln und zu trainieren.

Allgemeine Fachziele sind

- das Verstehen von gesprochener Sprache bei Standardaussprache und durchschnittlicher Sprechgeschwindigkeit
- das selbstständige Erschließen und Erfassen schriftlicher fremdsprachlicher Texte verschiedener Art mit Hilfe angemessener Lesestrategien
- der produktive mündliche Einsatz der erworbenen Redemittel in adressatenadäquater Form in für die Schülerinnen und Schüler relevanten Gesprächssituationen
- die produktive schriftliche Anwendung der erworbenen Sprachmittel in adressatenadäquater und mediengerechter, dh. der jeweiligen Textsorte entsprechender, Form
- eine zielorientierte, dh. auf den Fremdsprachenunterricht abgestimmte, Einbeziehung der neuen Informationstechnologien (zB Textverarbeitung, Internet, E-Mail, digitale Medien).

Bei der Vermittlung der Fremdsprache ist Denken und Handeln im politischen, sozialen, wirtschaftlichen, kulturellen und weltanschaulichen Umfeld zu fördern.

Geographie und Wirtschaftskunde:
Aufbau von Orientierungs- und Bezugssystemen mit Hilfe fachbezogener Arbeitsmittel und Arbeitstechniken, um Wissen selbstständig erwerben, einordnen und umsetzen zu können.
Einsichten in Vorgänge der Raumentwicklung gewinnen, um Fragen der Raumnutzung und Raumordnung unter Beachtung von Ökonomie und Ökologie zu verstehen.
Einblick in unterschiedliche Wirtschafts- und Gesellschaftssysteme gewinnen, um sich mit aktuellen und zukünftigen politischen Fragen auseinander zu setzen sowie demokratisch und tolerant handeln zu können.
Die raumdifferenzierende Betrachtungsweise in anderen Bereichen anwenden sowie Kenntnisse und Einsichten aus anderen Unterrichtsgegenständen heranziehen können.
Auswertung von Texten, Bildern und grafischen Darstellungsformen; Einbeziehung aktueller Massenmedien.
Beschreibung der Auswirkungen klimatischer Veränderungen auf die Lebenswelt, verantwortungsvoller Umgang mit der Umwelt; kritische Auseinandersetzung mit Statistiken, Wahrnehmen von Manipulationsmöglichkeiten, Auseinandersetzung mit einfachen Modellen.

B. Prüfungsstoff:

Lebende Fremdsprache (Englisch):

Kompetenzniveaus des Europäischen Referenzrahmens (GER)
Die kommunikativen Teilkompetenzen folgen den international standardisierten Kompetenzniveaus A2 und teilweise B1 des Gemeinsamen Europäischen Referenzrahmens für Sprachen entsprechend der Empfehlung des Ministerkomitees des Europarates an die Mitgliedsstaaten Nr. R (98) 6 vom 17. März 1998 zum Gemeinsamen Europäischen Referenzrahmen für Sprachen – GER und umfassen die Kann-Beschreibungen des Rasters zu den Fertigkeitsbereichen Hören, Lesen, an Gesprächen teilnehmen, zusammenhängend Sprechen und Schreiben.

Kompetenzniveaus:

An Gesprächen teilnehmen:
A2: Die Schülerinnen und Schüler können sich in einfachen, routinemäßigen Situationen verständigen, in denen es um einen einfachen, direkten Austausch von Informationen und um vertraute Themen und Tätigkeiten geht. Sie können ein sehr kurzes Kontaktgespräch führen, verstehen aber normalerweise nicht genug, um selbst ein Gespräch in Gang zu halten.

Zusammenhängendes Sprechen:
A2: Die Schülerinnen und Schüler können mit einer Reihe von Sätzen und mit einfachen Mitteln zB ihre Familie, andere Leute, ihre Wohnsituation, ihre Ausbildung und ihre gegenwärtige (oder letzte berufliche) Tätigkeit als Schülerinnen und Schüler beschreiben.

Hören:
A2: Die Schülerinnen und Schüler können einzelne Sätze und die gebräuchlichsten Wörter verstehen, wenn es um für sie wichtige Dinge geht (zB sehr einfache Informationen zur Person und zur Familie, Einkaufen, Arbeit, nähere Umgebung). Sie verstehen das Wesentliche von kurzen, klaren und einfachen Mitteilungen und Durchsagen.
Aus B1: Die Schülerinnen und Schüler können die Hauptpunkte verstehen, wenn klare Standardsprache verwendet wird und wenn es um vertraute Dinge aus Arbeit, Schule, Freizeit usw. geht.

Lesen:
A2: Die Schülerinnen und Schüler können ganz kurze, einfache Texte lesen. Sie können in einfachen Alltagstexten (zB Anzeigen, Prospekten, Speisekarten oder Fahrplänen) konkrete, vorhersehbare Informationen auffinden. Sie können kurze, einfache persönliche Briefe verstehen.
Aus B1: Die Schülerinnen und Schüler können Texte verstehen, in denen vor allem sehr gebräuchliche Alltags- oder Berufssprache vorkommt.

Schreiben:
A2: Die Schülerinnen und Schüler können kurze, einfache Notizen und Mitteilungen schreiben. Sie können einen ganz einfachen persönlichen Brief schreiben, zB um sich für etwas zu bedanken.

Aus B1: Die Schülerinnen und Schüler können über Themen, die ihnen vertraut sind oder sie persönlich interessieren, einfache zusammenhängende Texte schreiben.

Geographie und Wirtschaftskunde:

Aufbau der Bereitschaft, sich aktuellen politischen, gesellschaftlichen und wirtschaftlichen Fragen zuzuwenden.

Ein Blick auf die Erde:

Erwerben grundlegender Informationen über die Erde mit Globus, Karten, Atlas und Bildern.

Wie Menschen Rohstoffe und Energie gewinnen und nutzen:

Erkennen, wie Rohstoffe und Nutzenergie gewonnen und zu den Verbraucherinnen und Verbrauchern gebracht werden.

Einsehen, dass Rohstoffe und Energieträger auf der Erde ungleichmäßig verteilt und begrenzt vorhanden sind und dass ihre Nutzung oft die Umwelt belastet.

Leben in Ballungsräumen:

Das Leben in Ballungsräumen und peripheren Räumen vergleichen.

Erfassen von Merkmalen, Aufgaben und Umweltproblemen in Ballungsräumen. Erkennen der Vernetzung zwischen Kernstadt und Umland.

Erwerben grundlegender Informationen über Städte mit Hilfe kartographischer Darstellungen.

Lebensraum Österreich:

Anhand von unterschiedlichen Karten, Luft- und Satellitenbildern die Eigenart österreichischer Landschaften erfassen.

Gestaltung des Lebensraums durch die Menschen:

Vergleichen unterschiedlicher Standortpotenziale zentraler und peripherer Gebiete an den Beispielen Verkehr, Infrastruktur, Versorgung und Umweltqualität.

Erfassen der Zusammenhänge von Wirtschaftsweise und Landnutzung.

Wirtschaften im privaten Haushalt:

Erfassen von Möglichkeiten für die Wahrung von Verbraucherinteressen in der Marktwirtschaft.

Volkswirtschaftliche Zusammenhänge:

Erfassen grundlegender Zusammenhänge der Marktprozesse.

Erkennen der Aussagekraft wichtiger Kennzahlen zum Vergleich von Volkswirtschaften.

Gemeinsames Europa – vielfältiges Europa:

Informationen über ausgewählte Regionen und Staaten gezielt sammeln und strukturiert auswerten.

Erkennen, dass manche Gegenwarts- und Zukunftsprobleme nur überregional zu lösen sind, um damit die Bereitschaft zur Auseinandersetzung mit gesamteuropäischen Fragen zu fördern.

Zentren und Peripherien in der Weltwirtschaft:

Die Bedeutung ausgewählter Staaten und Regionen für Weltpolitik und Weltwirtschaft erkennen.

Entwicklungsunterschiede zwischen Regionen wahrnehmen und Erklärungsansätze für deren Ursachen untersuchen.

Leben in einer vielfältigen Welt:

Erfassen der kulturellen, sozialen und politischen Differenzierung in unterschiedlichen Regionen der Erde.

Bereitschaft anbahnen, sich mit „dem Anderen" vorurteilsfrei auseinander zu setzen.

Leben in der „Einen Welt" – Globalisierung:

Zunehmende Verflechtungen und Abhängigkeiten in der Weltwirtschaft und deren Auswirkungen auf die Gesellschaft erkennen. Die Bedeutung der „neuen Mächtigen", wie multinationaler Unternehmen, internationaler Organisationen und anderer „global players", erfassen.

Die Verantwortung der Menschen für die „Eine Erde" erkennen.

3. Mathematik

A. Kompetenzanforderungen:

- In den verschiedenen Bereichen des Mathematikunterrichts Handlungen und Begriffe nach Möglichkeit mit vielfältigen Vorstellungen verbinden und somit Mathematik als beziehungsreichen Tätigkeitsbereich erleben;
- mathematisches Können und Wissen aus verschiedenen Bereichen ihrer Erlebnis- und Wissenswelt nutzen sowie durch Verwenden von Informationsquellen weiter entwickeln. Das Bilden mathematischer Modelle und das Erkennen ihrer Grenzen soll zu einem verantwortungsvollen Umgang mit Aussagen führen, die mittels mathematischer Methoden entstanden sind;
- durch Reflektieren mathematischen Handelns und Wissens Einblicke in Zusammenhänge gewinnen und Begriffe bilden;
- Argumentieren und exaktes Arbeiten, Darstellen und Interpretieren als mathematische Grundtätigkeiten durchführen, wobei dazu hingeführt werden soll, Lernprozesse selbstständig zu gestalten;
- durch das Benutzen entsprechender Arbeitstechniken, Lernstrategien und heuristischer Methoden Lösungswege und -schritte bei Aufgaben und Problemstellungen planen und in der Durchführung erproben;
- verschiedene Technologien (zB Computer) einsetzen können;
- Kritisches Denken, insbesondere: Überprüfen von Vermutungen.

Überprüfen von Ergebnissen; Erkennen von Unzulänglichkeiten mathematischer Modelle; Erkennen von Mängeln in Darstellungen oder Begründungen; Überlegen von Bedeutungen mathematischer Methoden und Denkweisen; Überlegen der Bedeutung des Mathematikunterrichts für die eigene Person.

Durch Erwerb und Nutzung grundlegender Kenntnisse, Fertigkeiten und Fähigkeiten Einsichten in die Gebiete Arithmetik, elementare Algebra und Geometrie gewinnen.

- Arithmetik: Mit rationalen Zahlen rechnen, Rechenergebnisse abschätzen, elektronische Hilfsmittel benutzen können, Gesetzmäßigkeiten des Rechnens kennen und anwenden können.
- Elementare Algebra: Variablen als Mittel zum Beschreiben von Sachverhalten, insbesondere von Gesetzmäßigkeiten und funktionalen Beziehungen, und zum Lösen von Problemen verwenden können; algebraische Ausdrücke und Formeln bzw. Gleichungen umformen können.
- Geometrie: Mit grundlegenden geometrischen Objekten und mit Beziehungen zwischen diesen Objekten vertraut werden, zeichnerische Darstellungen von ebenen und räumlichen Gebilden anfertigen können, räumliches Vorstellungsvermögen entwickeln und Längen-, Flächen- und Volumsberechnungen durchführen können, geeignete Sachverhalte geometrisch darstellen und umgekehrt solche Darstellungen deuten können.

B. Prüfungsstoff:

Arbeiten mit Zahlen und Maßen

- Rechnen mit Prozenten in vielfältigen Zusammenhängen,
- durch zusammenfassendes Betrachten das Zahlenverständnis vertiefen,
- anhand einfacher Beispiele erkennen, dass es Rechensituationen gibt, die nicht mit Hilfe der rationalen Zahlen lösbar sind,
- Näherungswerte oder Schranken für irrationale Zahlen angeben können, auch unter Verwendung elektronischer Hilfsmittel,
- bei Anwendungen Überlegungen zur sinnvollen Genauigkeit anstellen.

Arbeiten mit Variablen

- Sicherheit beim Arbeiten mit Variablen, Termen, Formeln und Gleichungen steigern,
- Arbeiten mit einfachen Bruchtermen,
- lineare Gleichungen mit zwei Variablen graphisch darstellen und Lösungen angeben können,
- Verfahren zum Lösen von linearen Gleichungssystemen (zwei Gleichungen mit zwei Variablen) nutzen können,
- durch das Arbeiten mit funktionalen Abhängigkeiten einen intuitiven Funktionsbegriff erarbeiten.

Aufgabenstellungen aus Sachbereichen wie:

Bauen und Wohnen: Betriebskosten, Flächen- und Körperberechnungen, Maßstab, Maßverwandlungen

Rund ums Geld: Sparen und Kredite, Währungen, Lohn, Lebenshaltungskosten

Reisen: Fahrplan, Geschwindigkeit, Wechselkurse, Kalkulation

Rund ums Kraftfahrzeug: Kosten, Steuer, Versicherung, Anhalteweg, Diagramme

Arbeiten mit Figuren und Körpern

- den Lehrsatz des Pythagoras für Berechnungen in ebenen Figuren und in Körpern nutzen können,
- eine Begründung des Lehrsatzes des Pythagoras verstehen,
- Berechnungsmöglichkeiten mit Variablen darstellen können;
- Schranken für Umfang und Inhalt des Kreises angeben können,
- Formeln für die Berechnung von Umfang und Flächeninhalt des Kreises wissen und anwenden können,
- Formeln für die Länge eines Kreisbogens und für die Flächeninhalte von Kreisteilen herleiten und anwenden können,
- Formeln für die Berechnung der Oberfläche und des Volumens von Drehzylindern und Drehkegeln sowie für die Kugel erarbeiten und nutzen können.

Arbeiten mit Modellen, Statistik

- Wachstums- und Abnahmeprozesse mit verschiedenen Annahmen unter Zuhilfenahme von elektronischen Rechenhilfsmitteln untersuchen können,
- funktionale Abhängigkeiten untersuchen und darstellen,
- Untersuchen und Darstellen von Datenmengen unter Verwendung statistischer Kennzahlen (zB Mittelwert, Median, Quartil, relative Häufigkeit, Streudiagramm).

4. Kreativität und Gestaltung

A. Kompetenzanforderungen:

Bildnerische Erziehung:

Der Unterrichtsgegenstand Bildnerische Erziehung stellt sich die Aufgabe, grundlegende Erfahrungen in visueller Kommunikation und Gestaltung zu vermitteln und Zugänge zu den Bereichen bildende Kunst, visuelle Medien, Umweltgestaltung und Alltagsästhetik zu erschließen.

Auf dieser Grundlage sollen Wahrnehmungs-, Kommunikations- und Erlebnisfähigkeit gesteigert und Vorstellungskraft, Fantasie, individueller Ausdruck und Gestaltungsvermögen entwickelt und das reflektorische und kritische Potenzial von Kunstwerken bewusst gemacht werden. In gleicher Weise soll eine sachliche Basis für die kreative und verantwortungsbewusste Nutzung der neuen Medien und das persönliche Engagement in Fragen der Umweltgestaltung gelegt werden.

- Einblicke in historische, ethische und ökonomische Bedingungsfelder künstlerischer Prozesse.

Wechselbeziehung zwischen Kunst und gesellschaftlichen Entwicklungen; Zusammenhang von Kunst und kultureller Identität.

Musikerziehung:

Der Musikunterricht soll einen selbstständigen, weiterführenden Umgang mit Musik auf der Basis von Handlungsorientiertheit, Aktualität, kultureller Tradition und Lebensnähe vermitteln. Dies soll in der aktiven Auseinandersetzung mit möglichst vielen musikalischen Bereichen, Epochen und Ausdrucksformen erfolgen. Dabei sollen Wahrnehmungsfähigkeit, Vorstellungskraft, Ausdrucksfähigkeit und Fantasie eine Erweiterung und Differenzierung erfahren.

Dazu gehört auch das Erfahren und das Wissen um die psychischen, physischen, sozialen, manipulierenden und therapeutischen Wirkungen von Musik und deren Nutzung.

Kritikfähigkeit und Bewertung musikalischen Geschehens und künstlerischer Leistungen sollen geschult werden. Musik soll als Faktor individueller Lebensgestaltung sowie als Möglichkeit für die eigene Berufswahl erkannt werden.

Musik als Spiegel der Gesellschaft, Jugendkultur; kritisches Konsumverhalten – sinnvolle Freizeitgestaltung; gesellschaftliches Verhalten und Erleben im Kulturbetrieb – Verständnis für künstlerische Lebenswelt.

B. Prüfungsstoff:

Bildnerische Erziehung:

- Erweitertes Wissen über Form-Wirkungs-Zusammenhänge erwerben und selbst anwenden lernen;
- visuelle Phänomene strukturiert beschreiben und analysieren können;
- die Auseinandersetzung mit Kunstwerken durch Vernetzung unterschiedlicher Betrachtungsaspekte und durch Einbeziehung gesicherter Sachinformation intensivieren und Kriterien für die Werkanalyse entwickeln;
- ästhetisch bestimmte Aspekte des Alltagslebens erkennen und im persönlichen Bereich gestalten lernen;
- Grundgesetze visueller Kommunikation mit den damit verbundenen Möglichkeiten der Manipulation kennen und kritisch beurteilen lernen;
- die neuen Bildmedien in komplexe Gestaltungsaufgaben integrieren können;
- Wissen über kunsthistorische Zusammenhänge und ihre gesellschaftlichen Ursachen erwerben;
- Projekte der Umweltgestaltung durch Nutzung der ästhetischen Zugänge analysieren lernen und in eigenen Gestaltungsversuchen Alternativen entwickeln.

Sachgebiete:
Bildende Kunst:
Malerei, Grafik, Plastik/Objekt, Architektur, zeitgenössische künstlerische Medien und Ausdrucksformen;
Bildfunktionen und Bildsujets, Bildauffassungen;
Bildordnung: Bildelemente und Struktur;
Farbe: Licht, Farbwahrnehmung, Funktion und Wirkung der Farbe, Maltechniken, Farbtheorien;
Kunst und Gesellschaft, Kunst und Politik, Kunst und Geschichte;
Kunstvermittlung: Museum, Galerie, Kunstmarkt, Medien.

Visuelle Medien:
Typografie, Layout, Graphic Design;
Schrift und Bild: Plakat, Zeitung, Illustrierte, visuelle Aspekte der Werbung;

Sprache und Bild:
gesellschaftliche Bedeutung der Bildmedien;
Kunstwerke als Massenmedien.
Umweltgestaltung und Alltagsästhetik:
visuelle Aspekte der Architektur und des Design;
Stadtbilder, Stadtstrukturen, Denkmalschutz, Kulturtourismus;
Raumgestaltung, Raumwirkung;
ästhetisch geprägte Situationen und Prozesse: kulturelle, religiöse, politische und sportliche Veranstaltungen, Feste und Feiern, Zeremonien und Rituale, Spiele und Aktionen;
Selbstdarstellung: Körpersprache, Mode, Make-up.

Musikerziehung:
Vokales Musizieren:
exemplarische Lieder zur Musikgeschichte und aus verschiedenen Kulturkreisen.
Instrumentales Musizieren:
Musizierpraxis mit Körperinstrumenten, Rhythmusinstrumenten, Stabspielen und elektronischen Instrumenten; einfaches improvisatorisches Musizieren.

Bewegen:

verschiedene Bewegungsformen und Tänze unter Berücksichtigung der aktuellen Musik; exemplarische Tänze aus verschiedenen Kulturkreisen.

Gestalten:

Gestaltung von Musikstücken mit gegebenen oder selbst erfundenen rhythmischen und melodischen Motiven, Texten und Bewegungsabläufen; Einbeziehung aktueller Medien.

Hören:

Hören von Musik in Bezug auf Formen, Gattungen und Stile aus verschiedenen Epochen und Kulturkreisen; kritische Auseinandersetzung mit den Wirkungen von Musik.

Grundwissen:

Anwenden, Festigen und Erweitern der Grundbegriffe; Ensembles und Besetzungen in verschiedenen Epochen und Kulturkreisen; Musik und Musikerbiografien im sozialen, wirtschaftlichen und politischen Umfeld; Orientierung im regionalen, überregionalen und internationalen Kulturleben; Erkennen von Musik als Wirtschaftsfaktor.

5. Gesundheit und Soziales

A. Kompetenzanforderungen:

Erweiterte Gesundheitslehre:

Der Schüler/Die Schülerin soll

- den Zusammenhang von Gesundheit, Umwelt und Gesellschaft erkennen;
- die Bedeutung von persönlicher Hilfeleistung erkennen und
- ein Bewusstsein für gesunde Lebensführung in Beruf und Freizeit erlangen.

Personale und soziale Kompetenzen wie Kommunikationsfähigkeit, Kooperation, Konflikt- und Teamfähigkeit, emotionale Intelligenz sollen erworben bzw. gefördert werden.

Ernährung und Haushalt:

Die Bedeutung der Ernährungssicherheit erkennen; Einstellung für eine gesundheitsfördernde und sozial verträgliche Lebensweise entwickeln; soziokulturelle Einflüsse auf das Ernährungsverhalten und die Gestaltung des Zusammenlebens erkennen; sich den Stellenwert unentgeltlich geleisteter Arbeit bewusst machen; emotionale Bedeutung der Kultur des Zusammenlebens erkennen.

Grundregeln im Sicherheits- und Hygienemanagement anwenden; ergonomische Erkenntnisse bei praktischen Arbeiten anwenden; sich den Zusammenhang zwischen Ernährungsgewohnheiten und Gesundheit bewusst machen; Einblick in Maßnahmen zur Prophylaxe ernährungsabhängiger Erkrankungen gewinnen; gesundheitsförderndes Verhalten und Verantwortung für die eigene Gesundheit entwickeln.

Biologie und Umweltkunde:

Mensch als biologisches und soziales Wesen, Sexualität/Partnerschaft/Familie, Gesundheit/Krankheit als biologisches und soziales Phänomen; Arbeitswelt; Anwendung biologischer Erkenntnisse.

Naturwissenschaften und Ethik, naturwissenschaftliche Denk- und Arbeitsstrategien.

B. Prüfungsstoff:

Ernährung und Haushalt:

Anhand einer Lebensmittelgruppe Kriterien der Lebensmittelqualität kennen lernen. Verzehrsempfehlungen für die Lebensmittelgruppen kennen. Aufgaben der Nahrungsinhaltsstoffe kennen.

Zusammenhänge zwischen Ernährung und Gesundheit reflektieren. Die Bedeutung der Mahlzeiten für das individuelle Leistungsvermögen erkennen. Abhängigkeiten zwischen Nährstoff- und Energiebedarf unter Berücksichtigung der Lebensphase kennen lernen.

Soziale Netze – familienergänzende Einrichtungen kennen lernen.

Bedürfnisse, Werte und Normen für die persönliche Lebensgestaltung reflektieren. Einstellungen und Verhaltensweisen, die der sozialen Integration dienlich sind, entwickeln.

Erweiterte Gesundheitslehre:

Sozialhygiene und Ethik: Bedeutung der Gesundheit für den einzelnen und die Gesellschaft. Psychohygiene. Arbeitshygiene. Berufskrankheiten. Impfungen. Hilfsorganisationen und Selbsthilfegruppen. Altenhilfe. Körperliche und geistige Behinderung.

Gesundheit am Arbeitsplatz und in der Freizeit: Erste Hilfe, Unfallverhütung.

Hilfe für den Kranken: Psychosomatik, Krankenhilfe zu Hause, Diätetik, Pflege des alten Menschen, Schulmedizin und Hausmittel.

Hauskrankenhilfe, Mutter und Kind. Öffentliche Gesundheitseinrichtungen.

Säuglings- und Kinderpflege: Familienplanung, Schwangerschaft, Geburt, Betreuung vom Säugling bis zum Kleinkind.

Geographie und Wirtschaftskunde:

Leben in einer vielfältigen Welt:

Erfassen der sozialen Differenzierung in unterschiedlichen Regionen der Erde.

Biologie und Umweltkunde:

Mensch und Gesundheit:

Bau und Funktion des menschlichen Körpers (einschließlich der Themenfelder Gesundheit und Krankheit, Psychosomatik und Immunsystem).
Sexualität als biologisches, psychologisches und soziales Phänomen, Empfängnisregelung, Schwangerschaft, Geburt; AIDS-Prophylaxe.

Geschichte und Sozialkunde/Politische Bildung:

- Soziale Konflikte, ihre Ursachen und Lösungsversuche an ausgewählten Beispielen.
- Selbstverständnis der Geschlechter (Analyse von unterschiedlichen Zugängen zu Weiblichkeit und Männlichkeit) und Generationen (Familie im Wandel).
- Globalisierung (Migration, Konsumverhalten, Nichtregierungsorganisationen).
- Sozialpolitik im Wandel; Neue Soziale Bewegungen (Umweltbewegung, Frauenbewegung).

6. Weitere Sprache

A. Kompetenzanforderungen:

Siehe die Kompetenzanforderungen des Prüfungsgebietes „2. Englisch – Globalität und Transkulturalität", ausgenommen den Bereich „Geographie und Wirtschaftskunde".

B. Prüfungsstoff:

An Gesprächen teilnehmen: A1
Hören, Lesen, Zusammenhängendes Sprechen, Schreiben: A2

Kompetenzniveaus:

An Gesprächen teilnehmen:

A1: Die Schülerinnen und Schüler können sich auf einfache Art verständigen, wenn ihre Gesprächspartner bereit sind, etwas langsamer zu wiederholen oder anders zu sagen, und ihnen dabei hilft zu formulieren, was sie zu sagen versuchen. Sie können einfache Fragen stellen und beantworten, sofern es sich um unmittelbar notwendige Dinge und um sehr vertraute Themen handelt.

Hören:

A2: Die Schülerinnen und Schüler können einzelne Sätze und die gebräuchlichsten Wörter verstehen, wenn es um für sie wichtige Dinge geht (zB sehr einfache Informationen zur Person und zur Familie, Einkaufen, Arbeit, nähere Umgebung). Sie verstehen das Wesentliche von kurzen, klaren und einfachen Mitteilungen und Durchsagen.

Lesen:

A2: Die Schülerinnen und Schüler können ganz kurze, einfache Texte lesen. Sie können in einfachen Alltagstexten (zB Anzeigen, Prospekten, Speisekarten oder Fahrplänen) konkrete, vorhersehbare Informationen auffinden. Sie können kurze, einfache persönliche Briefe verstehen.

Zusammenhängendes Sprechen:
A2: Die Schülerinnen und Schüler können mit einer Reihe von Sätzen und mit einfachen Mitteln zB ihre Familie, andere Leute, ihre Wohnsituation, ihre Ausbildung und ihre gegenwärtige (oder letzte berufliche) Tätigkeit als Schülerinnen und Schüler beschreiben.

Schreiben:
A2: Die Schülerinnen und Schüler können kurze, einfache Notizen und Mitteilungen schreiben. Sie können einen ganz einfachen persönlichen Brief schreiben, zB um sich für etwas zu bedanken.

7. Natur und Technik

A. Kompetenzanforderungen:

Biologie und Umweltkunde:
- Zentrale biologische Erkenntnisse gewinnen, Prinzipien, Zusammenhänge, Kreisläufe und Abhängigkeiten sehen lernen und Verständnis für biologische bzw. naturwissenschaftliche Denk- und Arbeitsweisen erwerben;
- die Abhängigkeit der Menschen von Natur und Umwelt begreifen und Wissen, Fähigkeiten/Fertigkeiten erwerben, die sie für einen umweltbewussten, nachhaltigen Umgang mit unseren Lebensgrundlagen motivieren und befähigen (ökologische Handlungskompetenz);
- ein biologisches „Grundverständnis“ erwerben, welches sie bei ihrer zukünftigen Partizipation an gesellschaftlichen Entscheidungen unterstützen kann. Werte und Normen, Fragen der Verantwortung bei der Anwendung naturwissenschaftlicher bzw. biologischer Erkenntnisse sollen thematisiert werden.

Chemie:
- Bewusstes Beobachten chemischer Vorgänge;
- Kennenlernen chemischer Prinzipien und Arbeitstechniken;
- Schulung des einfachen Modelldenkens;
- Erfassung der Zusammenhänge zwischen Mikrokosmos und alltäglichem Erfahrungsbereich;
- Verstehen der Bedeutung der Chemie für alle Lebensformen und Lebensvorgänge.

Physik:
Ausgehend von fachspezifischen Aspekten wird die enge Verflechtung der Physik mit anderen Naturwissenschaften bearbeitet:
- Bewusstes Beobachten physikalischer Vorgänge;
- Verstehen und Anwenden von typischen Denk- und Arbeitsweisen der Physik;
- Erkennen von Gültigkeitsgrenzen physikalischer Gesetzmäßigkeiten in alltagsbezogenen Situationen;
- eigenständige und handlungsorientierte Auseinandersetzung mit Problemen aus dem Erfahrungsbereich;
- Entwickeln von Erklärungsversuchen beziehungsweise Modellvorstellungen und deren Anwendungen bei physikalischen Vorgängen in Natur und Technik;
- Erkennen von Gefahren, die durch die Anwendung naturwissenschaftlich-technischer Erkenntnisse verursacht werden, und Auseinandersetzung mit problemadäquaten Maßnahmen zur Minimierung (Unfallverhütung, Verkehrserziehung, Strahlenschutz, Zivilschutz, Friedenserziehung ...);
- Einsicht gewinnen in die Bedeutung technischer Entwicklungen für Gesellschaft und Umwelt;
- Darlegung eines Zusammenhanges zwischen Modellbildung und Weltanschauung;
- Anwendung physikalischer Aussagen bei der Interpretation philosophischer und religiöser Erklärungsversuche über den Ursprung und die Entwicklung des Universums.

Einfluss von Physik und Technik auf gesellschaftliche, ökonomische und ökologische Entwicklungen; kritische Auseinandersetzung mit unwissenschaftlichen bzw. technikfeindlichen Meinungen; Einfluss moderner Technologien; Aufzeigen möglicher Gefahren bei der Umsetzung von naturwissenschaftlichen Erkenntnissen in technische Anwendungen;

B. Prüfungsstoff:

Biologie und Umweltkunde:

Mensch und Gesundheit:

Kenntnisse über Bau und Funktion des menschlichen Körpers (einschließlich der Themenfelder Gesundheit und Krankheit, Psychosomatik und Immunsystem).

Tiere und Pflanzen:

An Beispielen ausgewählter Vertreter aus dem Tier- und Pflanzenreich sind Zusammenhänge zwischen Bau, Lebensweise und Umwelt zu erarbeiten.

Die Schwerpunkte bilden diejenigen Organismen, die für die menschliche Ernährung eine besondere Rolle spielen (Nutztiere, Nutzpflanzen) und die für den Themenbereich Stadtökologie und das gewählte Ökosystem einer anderen Region von Bedeutung sind. Auf die Bedeutung der Pflanzen für die Existenz des Lebens auf der Erde ist einzugehen.

Grundlagen der Vererbung und deren Anwendungsmöglichleiten (zB Gentechnik) auch im Hinblick auf gesellschaftliche und ethische Fragen diskutieren.

Ökologie und Umwelt:

Ökologische Grundbegriffe (biologisches Gleichgewicht, Nahrungsbeziehungen, ökologische Nische, Produzent – Konsument – Destruent, Stoffkreisläufe) erarbeiten und vertiefen.

Anhand von Stadtökologie und einem Ökosystem einer anderen Region (zB Meer, Regenwald) sind ökologische Grundbegriffe (biologisches Gleichgewicht, Nahrungsbeziehungen, ökologische Nische, Produzent – Konsument – Destruent, Stoffkreisläufe) zu vertiefen.

Positive wie negative Folgen menschlichen Wirkens sind hinsichtlich ihrer Auswirkungen auf das Ökosystem Boden zu analysieren und zu hinterfragen. Umweltprobleme, deren Ursachen und Lösungsvorschläge sind zu erarbeiten. Umwelt-, Natur- und Biotopschutz sollen an konkreten Beispielen demonstriert werden.

Chemie:

Einteilung und Eigenschaften der Stoffe:

Einsicht gewinnen in die verschiedenen Einteilungskriterien für die Materie.

Aufbauprinzipien der Materie.

Einsicht in ein Teilchen- bzw. Atommodell. Verstehen des Ordnungsprinzips der Elemente.

Grundmuster chemischer Reaktionen:

Verstehen der Kopplung von Oxidation und Reduktion anhand einfacher Beispiele.

Alltagsbezogenes Erkennen der Bedeutung saurer und basischer Lösungen.

Einsicht gewinnen in wichtige Eigenschaften und Reaktionen von Säuren, Basen und Salzen.

Rohstoffquellen und ihre verantwortungsbewusste Nutzung:

Erkennen von Luft, Wasser und Boden als Rohstoffquelle einerseits und schützenswerte Lebensgrundlage andererseits.

Wissen um die Bedeutung, Gewinnung und Verarbeitung wichtiger anorganischer Rohstoffe.

Wissen um die Bedeutung, Gewinnung und Verarbeitung fossiler Rohstoffe.

Wissen um den Stellenwert von Altstoffen und deren Entsorgung oder Wiederverwertung.

Prinzipielles Verstehen von Umweltproblemen als Störung natürlicher Systeme.

Erkennen der Bedeutung chemischer Methoden bei der Minimierung von Schadstoffen.

Erwerb von chemischen Grundkenntnissen in praxisrelevanten Gebieten wie Kleidung, Wohnen, Energiequellen und Energieversorgung, Verkehr und neue Technologien.

Biochemie und Gesundheitserziehung:

Entscheidungsfähigkeit betreffend Nahrungs- und Genussmittel, Medikamente und Drogen.

Verständnis erlangen für die Zusammensetzung und Anwendung hygienerelevanter Stoffe.

Einschätzung von Stoffen in Hinblick auf deren Gefährlichkeit und Erlernen des verantwortungsvollen und sicheren Umgangs mit (Haushalts)Chemikalien.

Physik:

Unser Leben im „Wärmebad“:

- Die Alltagsbegriffe „Wärme“ und „Kälte“ als Bewegungsenergie der Aufbauteilchen der Körper sowie den Unterschied zwischen „Wärme“ und „Temperatur“ verstehen;
- modellartig verschiedene Formen des Wärmetransportes und wichtige Folgerungen erklären können; Wärmeleitung, Wärmeströmung, Wärmestrahlung;
- die Bedeutung der Wärmeenergie für Lebewesen in ihrer Umwelt erkennen;
- die Bedeutung der Wärmeenergie im wirtschaftlichen und ökologischen Zusammenhang sehen;
- Zustandsänderungen mit Hilfe des Teilchenmodells erklären können;

Elektrizität bestimmt unser Leben:

- verschiedene Spannungsquellen als Energieumformer und einfache Stromkreise verstehen; Gleichstrom und Wechselstrom, Stromstärke, Spannung, Widerstand, das Ohm'sche Gesetz;
- elektrische Erscheinungen in Natur und Technik erklären können;
- Einsicht in den Zusammenhang zwischen elektrischer und magnetischer Energie gewinnen; Permanentmagnet und Elektromagnet; elektromagnetische Induktion;
- grundlegendes Wissen über Herstellung, Transport und „Verbrauch“ elektrischer Energie erwerben (Generator und Transformator);
- Gefahren des elektrischen Stromflusses erkennen und sicherheitsbewusstes Handeln erreichen;
- Einsichten in Funktionsprinzipien technischer Geräte gewinnen (Elektromotor);
- Einsicht in die ökologische Bedeutung von Energiesparmaßnahmen gewinnen und ökologische Handlungskopetenz aufbauen;

Die Welt des Sichtbaren:

- Die Voraussetzungen für die Sichtbarkeit von Körpern erkennen und die Folgeerscheinungen der geradlinigen Lichtausbreitung verstehen;
- Funktionsprinzipien optischer Geräte und deren Grenzen bei der Bilderzeugung verstehen und Einblicke in die kulturhistorische Bedeutung gewinnen (ebener und gekrümmter Spiegel; Brechung und Totalreflexion, Fernrohr und Mikroskop);
- grundlegendes Wissen über das Zustandekommen von Farben in der Natur erwerben.

Gekrümmte Wege auf der Erde und im Weltall:

- Eine Bewegung längs einer gekrümmten Bahn als Folge der Einwirkung einer Querkraft verstehen; Zentripetalkraft;
- die Gewichtskraft als Gravitationskraft deuten können;
- Bewegungen von Planeten und Satelliten grundlegend erklären können.

Das radioaktive Verhalten der Materie:

- Einsichten in Veränderungen im Atomkern als Ursache der „Radioaktivität“ gewinnen (Eigenschaften von Alpha-, Beta- und Gammastrahlen);
- radioaktiven Zerfall als ständig auftretenden Vorgang erkennen;
- grundlegende Vorgänge bei der Energieumsetzung in der Sonne, in Sternen und bei Kernreaktionen verstehen können (Kernfusion, Kernspaltung).

8. Berufsorientierung

A. Kompetenzanforderungen:

Der Unterricht in Berufsorientierung strebt die Entscheidungsfähigkeit der Schülerinnen und Schüler an und soll zwei Hauptkomponenten integrieren: Selbstkompetenz und Wissen um die bzw. Auseinandersetzung mit der Berufswelt (Sach- und Methodenkompetenz). Sozialkompetenz gewinnt steigende Bedeutung in der Berufswelt: Sie soll sowohl Gegenstand der Untersuchung als auch der Einübung im Rahmen der Berufsorientierung sein.

Berufsorientierung bietet auch Gelegenheit, traditionelle Einstellungen und Vorurteile im Hinblick auf Berufs- und Bildungswege zu überprüfen, und zielt darauf ab, den Raum möglicher Berufs- und Bildungsentscheidungen zu erweitern.

Gewinnung von und kritische Auseinandersetzung mit bildungs- und berufsrelevanten Informationen.

Arbeits- und Berufswelt unter kulturellen, wirtschaftlichen, sozialen und ökologischen Gesichtspunkten kennen lernen.

Dimensionen der Gesundheit als Faktor in Arbeit und Beruf.

B. Prüfungsstoff:

– die eigenen Wünsche, Interessen und Neigungen entdecken, erforschen und hinterfragen lernen sowie Begabungen und Fähigkeiten wahrnehmen können, um persönliche Erwartungen reflektieren und einschätzen zu lernen:

  Erfahrungen mit Tätigkeiten, in denen Fähigkeiten angesprochen werden (kognitive, affektive, psychomotorische), Auseinandersetzung mit Berufsbiographien, kulturelle Thematisierung von Arbeit (Dichtung, Musik, Werkzeug, Kleidung, Sozialformen, ...);

  persönliche Lebens- und Berufsplanung kritisch reflektieren und überprüfen (Präkonzepte, eigenes Rollenverständnis, geschlechtsspezifische Sozialisation, ...);

  Selbstreflexion in Bezug auf Interessen, Neigungen, Fähigkeiten aus den verschiedenen Lebensbereichen (Freizeit, Schule, ...) und Verknüpfung mit der Berufswahl;

  Veränderbarkeit des Berufswunsches, Berufswunschverlauf;

  Anforderungsprofile für berufliche Tätigkeiten und Ausbildungen;

  Berufswunsch und Realisierbarkeit im Wirkungsgefüge von zB Eltern, Freundinnen und Freunden, Wirtschaft und Gesellschaft.

– Arbeit in ihrer vielfältigen Bedeutung und Form als Elementarfaktor für die Menschen und ihren Lebensraum erkennen und ihr einen persönlichen Stellenwert zuordnen können:

  Eigene und die Erfahrung anderer mit Arbeit;

  Vergleich von Arbeit in verschiedenen Lebens- und Wirtschaftsräumen; Weltwirtschaft und globale Entwicklungen, volkswirtschaftliche Zusammenhänge (Lohn- und Preisentwicklung, Wirtschafts- und Sozialpolitik), europäische Entwicklungen;

  die vielfältigen Formen von Arbeit, zB: unbezahlte Arbeit (Hausarbeit, Arbeit für Gemeinschaft und Familie, informeller Sektor) – Erwerbsarbeit, selbstbestimmte Arbeit – fremdbestimmte Arbeit;

  Arbeit und Gesundheit, Arbeitsbedingungen und Gesundheitssicherung.

– durch Auseinandersetzung mit der Problematik der geschlechtsspezifischen Konzentration auf bestimmte Ausbildungswege und des nach Geschlechtern geteilten Arbeitsmarkts die daraus resultierenden Konsequenzen für die weitere Lebens- und Berufslaufbahn einschätzen lernen:

  Stärkung des Selbstwertgefühls hinsichtlich der Eignung für ein breites Ausbildungs- und Berufsspektrum Doppelbelastung von berufstätigen Frauen und Lösungsansätze;

  Partnerschaft und Aufgabenteilung in Familie, Ehe und Lebensgemeinschaften;

  Rollenverständnis (soziale Rolle, Berufsrolle) von Frauen und Männern;

  gesetzliche Grundlagen, zB Gleichbehandlungsgesetz;

  Bezahlung, Aufstiegsmöglichkeiten, Wiedereinstiegsproblematik, Teilzeitbeschäftigung, Weiterbildungschancen.

– aktuelle Formen sowie die Veränderbarkeit von Arbeit und Berufen erkennen, Entwicklungen einschätzen lernen und eine persönliche Strategie für die eigene Berufs- und Lebensplanung aufbauen können:

  Veränderungen und Weiterentwicklung von Arbeit und Berufen unter historischen, politischen, wirtschaftlichen, sozialen, ergonomischen und ökologischen Aspekten;

  Auswirkungen neuer Technologien auf die verschiedenen Berufs- und Lebensbereiche im Zusammenhang mit Arbeit erforschen;

  Arbeitslosigkeit als strukturelles Phänomen – mögliche persönliche Strategien und Fördermaßnahmen am Arbeitsmarkt;

  Interessenvertretungen und Grundlagen des Arbeits- und Sozialrechts;

  Basisqualifikationen als Ausgangspunkt für Spezialisierungen und Weiterbildungsmöglichkeiten;

Bedeutung von sozialen Kompetenzen (Kommunikations- und Kooperationsfähigkeit, Tragen von Verantwortung usw.) im Berufs- und Wirtschaftsleben.

– sich in den verschiedenen Berufsbereichen zurecht finden lernen, Charakteristika erkennen und nach eigenem Interesse vertiefte Einblicke in ausgewählte Berufe gewinnen:

Persönlich ausgewählte Berufe und Arbeitsbereiche erkunden, Erkenntnisse ableiten und mit persönlichen Einstellungen und Haltungen in Zusammenhang bringen;

die Arbeits- und Berufswelt erfahren;

selbstständiges Einholen und kritisches Auseinandersetzen mit berufsrelevanten Informationen.

– Erwartungshaltungen und Beeinflussungen von außen wahrnehmen, ergründen und in ihrer Wirkung einschätzen lernen:

Äußere Einflüsse auf die Entwicklung des Berufswunsches;

geschlechtsspezifische Vorurteile (Rollenbilder, geschlechtsspezifische Arbeitsteilung usw.);

Lebens- und Berufsbiographien;

Statistiken und Datenmaterial zu beruflichen Positionen, Einkommenshöhen, Arbeitsplatz- und Ausbildungsangebot usw.

– die vielfältigen Ausbildungswege in Österreich mit ihren besonderen Anforderungen und Bildungsabschlüssen charakterisieren können sowie über Eintritts- und Übertrittsprobleme Bescheid wissen, um einen für sie richtigen Ausbildungsweg zu finden und sich darauf vorbereiten zu können:

Angebotsprofile und Eingangsvoraussetzungen der weiterführenden Schulen bzw. Schulstufen sowie der Lehre, Inhalte und Abschlüsse;

Aufnahmeverfahren der Schulen und Betriebe, zB Tests, Bewerbungen;

Schulabbruch und daraus resultierende Konsequenzen;

Bildungsabschlüsse und Berufschancen;

Umstiegsmöglichkeiten und Anrechenbarkeiten, Zugangsbedingungen in weitere aufbauende Ausbildungen (Kolleg, Fachhochschule, ...) exemplarisch kennenlernen;

Notwendigkeit und Angebote lebensbegleitender Weiterbildung.

– Beratungseinrichtungen, die Hilfe für die Planung der beruflichen Ausbildung anbieten, kennen und das Angebot für sich nutzen können.

– schwierige berufliche Situationen für bestimmte Gruppen erkennen, Zusammenhänge und mögliche Gründe dafür überlegen, Veränderungsmöglichkeiten aufzeigen und diskutieren können.

3.1. Schulorganisationsgesetz – SchOG

BGBl. Nr. 242/1962

der Bundesgesetze

BGBl. Nr. 83/1963, BGBl. Nr. 243/1965, BGBl. Nr. 173/1966, BGBl. Nr. 289/1969, BGBl. Nr. 234/1971, BGBl. Nr. 323/1975, BGBl. Nr. 142/1980, BGBl. Nr. 365/1982, BGBl. Nr. 271/1985, BGBl. Nr. 371/1986, BGBl. Nr. 335/1987, BGBl. Nr. 327/1988, BGBl. Nr. 467/1990, BGBl. Nr. 408/1991, BGBl. Nr. 323/1993, BGBl. Nr. 512/1993, BGBl. Nr. 550/1994, BGBl. Nr. 642/1994, BGBl. Nr. 435/1995, BGBl. Nr. 330/1996, BGBl. Nr. 766/1996, BGBl. I Nr. 20/1998, BGBl. I Nr. 132/1998, BGBl. I Nr. 96/1999, BGBl. I Nr. 77/2001, BGBl. I Nr. 91/2005, BGBl. I Nr. 20/2006, BGBl. I Nr. 113/2006, BGBl. I Nr. 26/2008, BGBl. I Nr. 116/2008, BGBl. I Nr. 44/2009, BGBl. I Nr. 44/2010, BGBl. I Nr. 73/2011, BGBl. I Nr. 9/2012, BGBl. I Nr. 36/2012, BGBl. I Nr. 79/2012, BGBl. I Nr. 74/2013, BGBl. I Nr. 75/2013, BGBl. I Nr. 48/2014, BGBl. I Nr. 38/2015, BGBl. I Nr. 67/2015, BGBl. I Nr. 104/2015, BGBl. I Nr. 56/2016, BGBl. I Nr. 129/2017, BGBl. I Nr. 138/2017, BGBl. I Nr. 35/2018, BGBl. I Nr. 101/2018, BGBl. I Nr. 35/2019, BGBl. I Nr. 86/2019, BGBl. I Nr. 23/2020, BGBl. I Nr. 80/2020, BGBl. I Nr. 133/2020, BGBl. I Nr. 19/2021, BGBl. I Nr. 170/2021, BGBl. I Nr. 232/2021, BGBl. I Nr. 96/2022, BGBl. I Nr. 165/2022, BGBl. I Nr. 37/2023, BGBl. I Nr. 121/2024

und der Kundmachungen

BGBl. Nr. 267/1963, BGBl. Nr. 287/1995

SchOG

Inhaltsverzeichnis[1])

[1]) Das Inhaltsverzeichnis ist von den Gesetzesbeschlüssen nicht umfasst.

Stichwortverzeichnis zum SchOG

(die Ziffern beziehen sich auf die Paragrafen)

SchOG

Stichwortverzeichnis

SchOG

Bundesgesetz vom 25. Juli 1962 über die Schulorganisation (Schulorganisationsgesetz)

Der Nationalrat hat beschlossen:

I. HAUPTSTÜCK
Allgemeine Bestimmungen über die Schulorganisation

Geltungsbereich

§ 1. (1) Dieses Bundesgesetz gilt für die allgemeinbildenden und berufsbildenden Pflichtschulen, mittleren Schulen und höheren Schulen. Ausgenommen vom Geltungsbereich dieses Bundesgesetzes sind die land- und forstwirtschaftlichen Schulen. *(BGBl. Nr. 242/1962 idF BGBl. I Nr. 113/2006, Art. 16 Z 1, BGBl. I Nr. 56/2016, Art. 1 Z 1 und BGBl. I Nr. 138/2017, Art. 9 Z 1)*

(2) (**Verfassungsbestimmung**) Die Bestimmungen der §§ 8a, 8b, 8e, 14, 21, 21h, 27, 33 und 51 gelten hinsichtlich der dort zu treffenden Festlegungen als unmittelbar anzuwendendes Bundesrecht. *(BGBl. I Nr. 138/2017, Art. 9 Z 1)*

Aufgabe der österreichischen Schule

§ 2. (1) Die österreichische Schule hat die Aufgabe, an der Entwicklung der Anlagen der Jugend nach den sittlichen, religiösen und sozialen Werten sowie nach den Werten des Wahren, Guten und Schönen durch einen ihrer Entwicklungsstufe und ihrem Bildungsweg entsprechenden Unterricht mitzuwirken. Sie hat die Jugend mit dem für das Leben und den künftigen Beruf erforderlichen Wissen und Können auszustatten und zum selbsttätigen Bildungserwerb zu erziehen.

Die jungen Menschen sollen zu gesunden und gesundheitsbewussten, arbeitstüchtigen, pflichttreuen und verantwortungsbewussten Gliedern der Gesellschaft und Bürgern der demokratischen und bundesstaatlichen Republik Österreich herangebildet werden. Sie sollen zu selbständigem Urteil, sozialem Verständnis und sportlich aktiver Lebensweise geführt, dem politischen und weltanschaulichen Denken anderer aufgeschlossen sein sowie befähigt werden, am Wirtschafts- und Kulturleben Österreichs, Europas und der Welt Anteil zu nehmen und in Freiheits- und Friedensliebe an den gemeinsamen Aufgaben der Menschheit mitzuwirken. *(BGBl. Nr. 242/1062 idF BGBl. I Nr. 38/2015, Art. 2 Z 1)*

(2) Die besonderen Aufgaben der einzelnen Schularten ergeben sich aus den Bestimmungen des II. Hauptstückes.

(3) Durch die Erziehung an Schülerheimen und im Betreuungsteil ganztägiger Schulformen ist zur Erfüllung der Aufgabe der österreichischen Schule gemäß Abs. 1 beizutragen. *(BGBl. Nr. 512/1993, Z 1)*

Personenbezogene Bezeichnungen

§ 2a. Personenbezogene Bezeichnungen in diesem Bundesgesetz sowie in den auf Grund dieses Bundesgesetzes erlassenen Verordnungen, wie zB „Schüler", „Lehrer", umfassen Knaben und Mädchen bzw. Männer und Frauen gleichermaßen, außer es ist ausdrücklich anderes angeordnet.

(BGBl. Nr. 323/1993, Art. I Z 1)

Gliederung der österreichischen Schulen

§ 3. (1) Das österreichische Schulwesen stellt in seinem Aufbau eine Einheit dar. Seine Gliederung wird durch die Alters- und Reifestufen, die verschiedenen Begabungen und durch die Lebensaufgaben und Berufsziele bestimmt. Der Erwerb höherer Bildung und der Übertritt von einer Schulart in eine andere ist allen hiefür geeigneten Schülern zu ermöglichen. Schüler und Eltern sind über die Aufgaben und Voraussetzungen der verschiedenen Schularten zu informieren und insbesondere in der 4. und 8. Schulstufe sowie vor dem Abschluß einer Schulart über den nach den Interessen und Leistungen des Schülers empfehlenswerten weiteren Bildungsweg zu beraten. *(BGBl. Nr. 242/1962 idF BGBl. Nr. 234/1971, Art. I Z 1)*

(2) Die Schulen gliedern sich

1. nach ihrem Bildungsinhalt in:
   a) allgemeinbildende Schulen,
   b) berufsbildende Schulen; *(BGBl. Nr. 642/1994, Z 1 idF BGBl. I Nr. 56/2016, Art. I Z 2)*
   c) *entfallen (BGBl. I Nr. 56/2016, Art. 1 Z 2)*
2. nach ihrer Bildungshöhe in:
   a) Primarschulen,
   b) Sekundarschulen. *(BGBl. Nr. 642/1994, Z 1 idF BGBl. I Nr. 113/2006, Art. 16 Z 2)*
   c) *entfallen (BGBl. I Nr. 113/2006, Art. 16 Z 2)*

(BGBl. Nr. 642/1994, Z 1)

(3) Primarschulen sind

1. die Volksschule bis einschließlich der 4. Schulstufe,
2. die entsprechenden Stufen der Sonderschule.

(BGBl. Nr. 642/1994, Z 2)

(4) Sekundarschulen sind

1. die Oberstufe der Volksschule,
2. die Mittelschule, *(BGBl. I Nr. 36/2012, Art. 1 Z 1 idF BGBl. I Nr. 101/2018, Art. 1 Z 1 und 2)*
3. die Polytechnische Schule, *(BGBl. Nr. 766/1996, Z 1)*
4. die entsprechenden Stufen der Sonderschule,
5. die Berufsschulen,
6. die mittleren Schulen,
7. die höheren Schulen.

(BGBl. Nr. 642/1994, Z 2)

(5) entfallen (BGBl. I Nr. 113/2006, Art. 16 Z 3)

(6) Pflichtschulen sind

1. die allgemeinbildenden Pflichtschulen (Volksschulen, Mittelschulen, Sonderschulen, Polytechnische Schulen), *(BGBl. Nr. 642/1994, Z 2 idF BGBl. Nr. 766/1996, Z 2, BGBl. I Nr. 36/2012, Art. 1 Z 2 und BGBl. I Nr. 101/2018, Art. 1 Z 2 und 3)*
2. die berufsbildenden Pflichtschulen (Berufsschulen).

(BGBl. Nr. 642/1994, Z 2)

Allgemeine Zugänglichkeit der Schulen

§ 4. (1) Die öffentlichen Schulen sind allgemein ohne Unterschied der Geburt, des Geschlechtes, der Rasse, des Standes, der Klasse, der Sprache und des Bekenntnisses zugänglich. Aus organisatorischen oder lehrplanmäßigen Gründen können jedoch Schulen und Klassen eingerichtet werden, die nur für Knaben oder nur für Mädchen bestimmt sind, sofern dadurch keine Minderung der Organisation eintritt.

(2) Die Aufnahme eines Schülers in eine öffentliche Schule darf nur abgelehnt werden,

a) wenn der Schüler die schulrechtlichen Aufnahmsbedingungen nicht erfüllt;
b) wenn der Schüler dem für die Schule vorgesehenen Schulsprengel nicht angehört;
c) wenn für die Schule kein Schulsprengel vorgesehen ist, wegen Überfüllung der Schule.

(3) Für Privatschulen gelten die Bestimmungen des Abs. 1 mit der Maßgabe, daß an Schulen, deren Schulerhalter eine gesetzlich anerkannte Kirche oder Religionsgesellschaft, eine nach deren Recht bestehende Einrichtung oder ein anderer Rechtsträger ist, sofern er nicht öffentlich-rechtlichen Charakter hat, die Auswahl der Schüler nach dem Bekenntnis und nach der Sprache sowie die Geschlechtertrennung zulässig sind.

(4) **(Grundsatzbestimmung)** Die Bestimmungen des Abs. 1 und 2 gelten für öffentliche Pflichtschulen, die keine Praxisschulen gemäß § 33a Abs. 1 sind, als Grundsatzbestimmungen. Die nach dem Ausführungsgesetz zuständige Behörde hat vor der Festlegung der Geschlechtertrennung den Schulerhalter und die zuständige Schulbehörde zu hören. *(BGBl. Nr. 323/1975, Art. I Z 2 idF BGBl. I Nr. 113/2006, Art. 16 Z 4, BGBl. I Nr. 75/2013, Art. 12 Z 1 und BGBl. I Nr. 86/2019, Art. 1 Z 1)*

(BGBl. Nr. 323/1975, Art. I Z 2)

Schulgeldfreiheit

§ 5. (1) Außer der durch andere gesetzliche Vorschriften vorgesehenen Schulgeldfreiheit an öffentlichen Pflichtschulen ist auch der Besuch der sonstigen unter dieses Bundesgesetz fallenden öffentlichen Schulen unentgeltlich.

(2) Von der Schulgeldfreiheit gemäß Abs. 1 sind ausgenommen:

1. Lern- und Arbeitsmittelbeiträge und
2. Beiträge für die Unterbringung, Verpflegung und Betreuung in öffentlichen Schülerheimen sowie im Betreuungsteil (ausgenommen die Lernzeiten gemäß § 8 lit. j sublit. aa und bb) öffentlicher ganztägiger Schulformen. (BGBl. Nr. 512/1993, Z 2 idF BGBl. I Nr. 48/2014, Art. 2 Z 1)

Sonstige Schulgebühren dürfen nicht eingehoben werden. *(BGBl. Nr. 512/1993, Z 2)*

(3) Die Beiträge für Schülerheime und den Betreuungsteil ganztägiger Schulformen gemäß Abs. 2 Z 2 sind durch Verordnung festzulegen, wobei diese höchstens kostendeckend sein dürfen, auf die finanzielle Leistungsfähigkeit der Schüler und der Unterhaltspflichtigen Bedacht zu nehmen ist und eine Durchschnittsberechnung für alle in Betracht kommenden Schularten zulässig ist. *(BGBl. Nr. 512/1993, Z 2)*

Lehrpläne[2])

§ 6. (1) Der zuständige Bundesminister oder die zuständige Bundesministerin hat für die in diesem Bundesgesetz geregelten Schulen Lehrpläne (einschließlich Deutschförderpläne für die 1. bis 4. Schulstufe und für die Sekundarstufe I sowie Betreuungspläne für ganztägige Schulformen) durch Verordnung festzusetzen. Die Bildungsdirektionen sind vor Erlassung solcher Verordnungen zu hören. In den Lehrplänen kann bei Bedarf vorgesehen werden, dass die Bildungsdirektionen zusätzliche Lehrplanbestimmungen zu erlassen haben; für Be-

[2]) Siehe auch RS Nr. 20/2017 betreffend Informationen zum Bildungsreformgesetz 2017 (3.6.2.).

rufsschulen kann diese Ermächtigung generell, für die anderen Schularten nur in bestimmten Angelegenheiten sowie für den Fall der Aufhebung schulautonomer Lehrplanbestimmungen erfolgen. *(BGBl. I Nr. 138/2017, Art. 9 Z 2 idF BGBl. I Nr. 35/2018, Art. 1 Z 1)*

(1a) Für einzelne Schulstandorte berufsbildender Schulen können zur Entwicklung neuer Lehrplaninhalte, insbesondere im Hinblick auf den aktuellen Stand der Wissenschaft und die Zeitgemäßheit der Ausbildung, sowie zur Verbesserung didaktischer und methodischer Arbeitsformen von den verordneten Lehrplänen abweichende Übergangslehrpläne erlassen werden. Solche Übergangslehrpläne oder -lehrplanabweichungen sind im Hinblick auf eine möglichst zeitnahe generelle Umsetzung zeitlich zu befristen. Übergangslehrpläne und -lehrplanabweichungen sind gemäß § 129 an den betroffenen Schulen kundzumachen. Abs. 1 vorletzter und letzter Satz ist anzuwenden. *(BGBl. I Nr. 138/2017, Art. 9 Z 2)*

(1b) Die Lehrplanverordnungen haben die einzelnen Schulen zu ermächtigen, in einem vorzugebenden Rahmen Lehrplanbestimmungen nach den örtlichen Erfordernissen sowie im Rahmen von Schulkooperationen auf Grund dieses Bundesgesetzes zu erlassen (schulautonome Lehrplanbestimmungen), soweit dies unter Bedachtnahme auf die Bildungsaufgabe der einzelnen Schularten (Schulformen, Fachrichtungen), auf die mit deren erfolgreichen Abschluss verbundenen Berechtigungen sowie auf die Erhaltung der Übertrittsmöglichkeiten im Rahmen derselben Schulart (Schulform, Fachrichtung) und der Übertrittsmöglichkeiten im Sinne des § 3 Abs. 1 vertretbar ist. *(BGBl. I Nr. 138/2017, Art. 9 Z 2)*

(2) Die Lehrpläne haben zu enthalten:

a) die allgemeinen Bildungsziele,
b) die Bildungs- und Lehraufgaben der einzelnen Unterrichtsgegenstände und didaktische Grundsätze,
c) den Lehrstoff,
d) die Aufteilung des Lehrstoffes auf die einzelnen Schulstufen, soweit dies im Hinblick auf die Bildungsaufgabe der betreffenden Schulart (Schulform, Fachrichtung) sowie die Übertrittsmöglichkeiten erforderlich ist und
e) die Gesamtstundenzahl und das Stundenausmaß der einzelnen Unterrichtsgegenstände (Stundentafel),
f) soweit es schulautonome Lehrplanbestimmungen erfordern, sind Kernanliegen in den Bildungs- und Lehraufgaben oder den didaktischen Grundsätzen oder im Lehrstoff zu umschreiben.

Die Lehrpläne der 10. bis einschließlich der vorletzten Schulstufe an zumindest dreijährigen mittleren und höheren Schulen müssen, alle anderen Lehrpläne können, jeweils kumulativ oder alternativ Kompetenzen, Kompetenzmodelle und Kompetenzmodule enthalten. Schulstufen, hinsichtlich derer die im Winter- und im Sommersemester erbrachten Leistungen am Ende des Unterrichtsjahres als Jahresleistungen zu beurteilen sind, sowie die Semester der letzten Schulstufe der semestrierten Oberstufe bilden ein Kompetenzmodul. *(BGBl. Nr. 323/1993, Art. I Z 2 idF BGBl. I Nr. 9/2012, Art. 1 Z 1, BGBl. I Nr. 35/2018, Art. 1 Z 2, BGBl. I Nr. 170/2021, Art. 1 Z 1 und BGBl. I Nr. 96/2022, Art. 1 Z 1)*

(3) Die Erlassung schulautonomer Lehrplanbestimmungen obliegt dem Schulforum bzw. dem Schulgemeinschaftsausschuss. Die schulautonomen Lehrplanbestimmungen sind durch Anschlag an der betreffenden Schule auf die Dauer eines Monats kundzumachen; nach Ablauf des Monats sind sie bei der Schulleitung zu hinterlegen. Auf Verlangen ist Schülern und Erziehungsberechtigten, an Berufsschulen auch den Lehrberechtigten Einsicht zu gewähren. Schulautonome Lehrplanbestimmungen sind der zuständigen Schulbehörde zur Kenntnis zu bringen. Die zuständige Schulbehörde hat die schulautonomen Lehrplanbestimmungen im erforderlichen Ausmaß aufzuheben, wenn sie nicht der Ermächtigung (Abs. 1b) entsprechen oder über die einzelne Schule hinausgehende Interessen der Schüler und Erziehungsberechtigten nicht in ausreichendem Maße berücksichtigt worden sind. Schulautonome Lehrplanbestimmungen, die gegenüber dem verordneten Lehrplan zusätzliche personelle oder ausstattungsmäßige Ressourcen erfordern, bedürfen der Genehmigung der zuständigen Schulbehörde. Der zuständige Bundesminister hat in den Lehrplänen gemäß Abs. 1 Lehrplanbestimmungen für die Fälle der Aufhebung von schulautonomen Lehrplanbestimmungen und den Fall der Nichterlassung schulautonomer Lehrplanbestimmungen vorzusehen. *(BGBl. I Nr. 96/1999, Z 2 idF BGBl. I Nr. 77/2001, Art. 1 Z 1, BGBl. I Nr. 91/2005, Art. 1 Z 3, BGBl. I Nr. 113/2006, Art. 16 Z 6, BGBl. I Nr. 75/2013, Art. 12 Z 1 und 3, BGBl. I Nr. 48/2014, Art. 2 Z 2 und 3 sowie BGBl. I Nr. 138/2017, Art. 9 Z 3)*

(4) Welche Unterrichtsgegenstände (Pflichtgegenstände, alternative Pflichtgegenstände, verbindliche Übungen, Freigegenstände, unverbindliche Übungen) in den Lehrplänen vorzusehen sind, wird im II. Hauptstück für die einzelnen Schularten festgesetzt. Im Lehrplan kann bestimmt werden, daß zwei oder mehrere der im II. Hauptstück angeführten Pflichtgegenstände als alternative oder als zusammengefaßte Pflichtgegenstände zu führen sind. Überdies können bei

Unterrichtsgegenständen, die eine zusammengesetzte Bezeichnung haben, die Teile gesondert oder in Verbindung mit anderen solchen Teilen geführt werden. Darüber hinaus können in den Lehrplänen auch weitere Unterrichtsgegenstände als Freigegenstände (auch Freigegenstände für besonders begabte und interessierte Schüler mit entsprechenden Anforderungen) und unverbindliche Übungen sowie ein Förderunterricht vorgesehen werden. Ferner kann in den Lehrplänen für Schulen für Berufstätige die Einbeziehung von Formen des Fernunterrichtes insoweit vorgesehen werden, als dies zur Erleichterung des Besuches dieser Schulen ohne Einschränkung des Bildungszieles zweckmäßig ist. Weiters können auf Grund der Aufgaben der einzelnen Schularten sowie der österreichischen Schule (§ 2) durch schulautonome Lehrplanbestimmungen im Rahmen der Ermächtigung (Abs. 1) zusätzlich zu den im II. Hauptstück genannten Unterrichtsgegenständen weitere Pflichtgegenstände, alternative Pflichtgegenstände, insbesondere Wahlpflichtgegenstände, und verbindliche Übungen festgelegt sowie Pflichtgegenstände oder Teile davon zusammengefasst werden. *(BGBl. Nr. 435/1995, Z 1 idF BGBl. I Nr. 96/1999, Z 3, BGBl. I Nr. 91/2005, Art. 1 Z 4 und BGBl. I Nr. 96/2022, Art. 1 Z 2)*

(4a) Betreuungspläne sind für die Lernzeiten sowie für den Freizeitteil ganztägiger Schulformen festzusetzen. Hiebei ist festzulegen, dass die Lernzeiten jedenfalls der Bearbeitung von Hausübungen, der Festigung und Förderung der Unterrichtsarbeit im Unterrichtsteil und der individuellen Förderung der Kinder dienen, nicht jedoch der Erarbeitung neuer Lehrinhalte. Im Freizeitteil sind jedenfalls kreative, künstlerische, musische und sportliche Begabungen sowie die Aneignung von sozialen Kompetenzen und die Persönlichkeitsentfaltung zu fördern. Die gegenstandsbezogene Lernzeit hat wöchentlich zwei bis vier Stunden zu umfassen. Die Festlegung der Zeiteinheiten für Lernzeiten und Freizeit hat so zu erfolgen, dass in der Freizeit unter Hinzuziehung der im Unterrichtsteil vorgesehenen Wochenstunden im Pflichtgegenstand „Bewegung und Sport“ fünf Bewegungseinheiten, die nach Möglichkeit gleichmäßig auf die Woche zu verteilen sind, gewährleistet sind. Die Bestimmungen über schulautonome Lehrplanbestimmungen finden Anwendung. *(BGBl. Nr. 512/1993, Z 4 idF BGBl. I Nr. 91/2005, Art. 1 Z 5 und BGBl. I Nr. 38/2015, Art. 2 Z 2 und 3)*

(5) Bei der Erlassung der Lehrpläne für den Religionsunterricht ist auf das Religionsunterrichtsgesetz, BGBl. Nr. 190/1949, in seiner jeweils geltenden Fassung Bedacht zu nehmen.

(BGBl. Nr. 323/1993, Art. I Z 2)

Schulversuche[3])

§ 7. (1) Soweit dem Bund die Vollziehung auf dem Gebiet des Schulwesens zukommt, kann die zuständige Bundesministerin oder der zuständige Bundesminister zur Erprobung besonderer pädagogischer oder schulorganisatorischer Maßnahmen an bestimmten öffentlichen Schulen Schulversuche durchführen. In Angelegenheiten, die in den schulautonomen Entscheidungsbereich fallen, dürfen keine Schulversuche durchgeführt werden.

(2) An Privatschulen mit Öffentlichkeitsrecht bedarf die Durchführung eines Schulversuches des Einvernehmens mit dem Schulerhalter, der die Genehmigung eines Schulversuches bei der zuständigen Bundesministerin oder dem zuständigen Bundesminister auch beantragen kann.

(3) Jedem Schulversuch hat ein Schulversuchsplan zu Grunde zu liegen, der das Ziel des Schulversuches, die Einzelheiten der Durchführung und seine Dauer festlegt. Die Dauer eines Schulversuches darf das Doppelte der Zahl an Schulstufen der Schule, an der der Schulversuch durchgeführt wird, zuzüglich zwei Schuljahre nicht übersteigen. Eine einmalige Verlängerung um zwei weitere Schuljahre ist zulässig. *(BGBl. I Nr. 138/2017, Art. 9 Z 4 idF BGBl. I Nr. 121/2024, Art. 1 Z 1)*

(4) Nach Ablauf der im Schulversuchsplan festgelegten Dauer ist der Schulversuch nach Maßgabe der Zielerreichung in das Regelschulwesen überzuführen. Im Fall der Überführung in das Regelschulwesen mittels Gesetzesvorlage durch die Bundesregierung ist die Abschlussevaluierung (Abs. 9) der Regierungsvorlage beizulegen.

(5) Soweit bei der Durchführung von Schulversuchen an öffentlichen Pflichtschulen deren in die Zuständigkeit der Länder fallende äußere Organisation berührt wird, bedarf es einer vorherigen Vereinbarung zwischen dem Bund und dem betreffenden Bundesland.

(6) Vor der Durchführung eines Schulversuches an einer Schule ist das Schulforum bzw. der Schulgemeinschaftsausschuss bzw. der Schulclusterbeirat zu hören.

(7) Schulversuche dürfen an einer Schule nur durchgeführt werden, wenn die Erziehungsberechtigten von mindestens zwei Drittel der Schülerinnen und Schüler und mindestens zwei Drittel der Lehrerinnen und Lehrer der betreffenden Schule dem Schul-

[3]) Siehe auch RS Nr. 20/2017 betreffend Informationen zum Bildungsreformgesetz 2017 (3.6.2.) und RS Nr. 21/2021 betreffend Schulversuche Grundsatzerlass 2021 (3.6.3).

SchOG

versuch zustimmen. Ist ein Schulversuch nur für einzelne Klassen einer Schule geplant, darf ein derartiger Schulversuch nur eingerichtet werden, wenn die Erziehungsberechtigten von mindestens zwei Dritteln der Schülerinnen und Schüler, welche diese Klasse voraussichtlich besuchen werden, und mindestens zwei Drittel der Lehrerinnen und Lehrer, welche in dieser Klasse voraussichtlich unterrichten werden, zustimmen; diese Zustimmung gilt auch für eine Fortsetzung des Schulversuches in den aufsteigenden Klassen. An Berufsschulen tritt an die Stelle der erforderlichen Zustimmung der Erziehungsberechtigten die entsprechende Zustimmung der Schülerinnen und Schüler.

(8) Die Anzahl der Klassen an öffentlichen und mit dem Öffentlichkeitsrecht ausgestatteten Schulen, an denen Schulversuche durchgeführt werden, darf 5 vH der Klassen an diesen Schulen im Bundesgebiet, soweit es sich aber um Schulversuche an öffentlichen Pflichtschulen und diesen entsprechenden Privatschulen mit Öffentlichkeitsrecht handelt, 5 vH der Klassen an diesen Schulen im jeweiligen Bundesland nicht übersteigen.

(9) Jeder Schulversuch ist von der zuständigen Schulbehörde zu betreuen, zu beaufsichtigen und nach den Vorgaben der Geschäftsstelle für Qualitätsentwicklung gemäß § 5 Abs. 3 des Bundesgesetzes über die Einrichtung von Bildungsdirektionen in den Ländern zu evaluieren, wobei Einrichtungen der Lehreraus- und -fortbildung herangezogen werden können. Hiebei kommt dem Institut des Bundes für Qualitätssicherung im österreichischen Schulwesen gemäß dem IQS-Gesetz (IQS-G), BGBl. I Nr. 50/2019,[4]) beratende Tätigkeit zu. Zum Zeitpunkt der Beendigung eines Schulversuches hat eine Abschlussevaluierung auch im Hinblick auf eine allfällige Überführung des Schulversuches in das Regelschulwesen zu erfolgen. *(BGBl. I Nr. 138/2017, Art. 9 Z 4 idF BGBl. I Nr. 165/2022, Art. 1 Z 1)*

(BGBl. I Nr. 138/2017, Art. 9 Z 4)

Modellversuche an allgemein bildenden höheren Schulen

§ 7a. (1) An allgemein bildenden höheren Schulen können zur Verschiebung der Bildungslaufbahnentscheidung Modellversuche zur Weiterentwicklung der Sekundarstufe I im Sinne der §§ 21a bis c geführt werden. Die Einrichtung erfolgt durch den zuständigen Bundesminister auf Antrag der Bildungsdirektion und hat alle Klassen der Unterstufe zu umfassen. Der zuständige Bundesminister kann auf Grundlage des Antrages der Bildungsdirektion die Modellpläne, die die Details der Umsetzung des Antrages regeln, erlassen. Die Modellpläne sind in den betreffenden Schulen durch Anschlag während eines Monats kund zu machen und anschließend bei den Schulleitungen zu hinterlegen. Den Schülern und Erziehungsberechtigten ist auf Verlangen Einsicht zu gewähren. *(BGBl. I Nr. 36/2012, Art. 1 Z 4 idF BGBl. I Nr. 138/2017, Art. 9 Z 5)*

(2) Jeder Modellversuch zur Individualisierung von Bildungslaufbahnen gemäß Abs. 1 hat sich auf klar definierte Schulstandorte zu beziehen und auf einen Zeitraum von vier Jahren zu erstrecken. Bestehende allgemein bildende höhere Schulen innerhalb des politischen Bezirkes haben in erforderlicher Anzahl und Klassen weiterzubestehen.

(3) Die Schüler können nach Schulstufen oder schulstufenübergreifend durch Maßnahmen der inneren und temporär der äußeren Differenzierung individuell gefördert werden.

(4) Vor der Einführung eines Modellversuches ist der Schulgemeinschaftsausschuss zu hören.

(5) Modellversuche dürfen an einer allgemein bildenden höheren Schule nur dann eingerichtet werden, wenn die Erziehungsberechtigten von mindestens zwei Dritteln der Schüler und mindestens zwei Drittel der Lehrer der betreffenden Schule dem Modellversuch zugestimmt haben.

(6) Die Anzahl der Klassen an Unterstufen von allgemein bildenden höheren Schulen, an denen Modellversuche durchgeführt werden, darf 10 vH der Anzahl der Klassen an Unterstufen von allgemein bildenden höheren Schulen im Bundesgebiet nicht übersteigen. Dieser Absatz gilt sinngemäß für private allgemein bildende höhere Schulen mit Öffentlichkeitsrecht.

(BGBl. I Nr. 36/2012, Art. 1 Z 4)

Begriffsbestimmungen

§ 8. Im Sinne dieses Bundesgesetzes sind zu verstehen:

a) Unter öffentlichen Schulen jene Schulen, die von gesetzlichen Schulerhaltern (Artikel 14 Abs. 6 des Bundes-Verfassungsgesetzes in der Fassung von 1929 und in der Fassung des Bundesverfassungsgesetzes vom 18. Juli 1962, BGBl. Nr. 215) errichtet und erhalten werden;

b) unter Privatschulen jene Schulen, die von anderen als den gesetzlichen Schulerhaltern errichtet und erhalten werden und gemäß den Bestimmungen des Privatschulgesetzes, BGBl. Nr. 244/1962, zur

[4]) Siehe IQS-G (9.5.).

Führung einer gesetzlich geregelten Schulartbezeichnung berechtigt sind;

c) unter Schülern auch Studierende an in Semester gegliederten Sonderformen mit modularer Unterrichtsorganisation; *(BGBl. I Nr. 9/2012, Art. 1 Z 2)*

d) unter Pflichtgegenständen jene Unterrichtsgegenstände, deren Besuch für alle in die betreffende Schule aufgenommenen Schüler verpflichtend ist, sofern sie nicht vom Besuch befreit oder im Falle des Religionsunterrichtes auf Grund der Bestimmungen des Religionsunterrichtsgesetzes vom Besuch abgemeldet worden sind; *(BGBl. Nr. 242/1962 idF BGBl. I Nr. 96/1999, Z 4)*

e) unter alternativen Pflichtgegenständen jene Unterrichtsgegenstände, deren Besuch zur Wahl gestellt wird und der gewählte Unterrichtsgegenstand oder die gewählten Unterrichtsgegenstände wie Pflichtgegenstände gewertet werden; *(BGBl. I Nr. 96/2022, Art. 1 Z 3)*

f) unter verbindlichen Übungen jene Unterrichtsveranstaltungen, deren Besuch für alle in die betreffende Schule aufgenommenen Schüler verpflichtend ist, sofern sie nicht vom Besuch befreit sind, und die nicht beurteilt werden; *(BGBl. Nr. 365/1982, Art. I Z 2 idF BGBl. I Nr. 96/1999, Z 4)*

g) unter Förderunterricht nicht zu beurteilende Unterrichtsveranstaltungen
   aa) für Schüler, für die eine Förderungsbedürftigkeit durch die unterrichtende Lehrperson festgestellt wurde oder die sich für diesen ergänzenden Unterricht anmelden, *(BGBl. Nr. 365/1982, Art. I Z 2 idF BGBl. I Nr. 96/2022, Art. 1 Z 4)*
   bb) in Sonderschulen auch für Schüler, die auf den Übertritt in eine Schule, die keine Sonderschule ist, vorbereitet werden sollen,
   cc) in Pflichtgegenständen, die leistungsdifferenziert geführt werden, nach Maßgabe der Bestimmungen des § 12 Abs. 6 des Schulunterrichtsgesetzes, BGBl. Nr. 472/1986, *(BGBl. I Nr. 56/2016, Art. 1 Z 3 idF BGBl. I Nr. 101/2018, Art. 1 Z 4 und BGBl. I Nr. 232/2021, Art. 1 Z 1)*
   dd) in der unterrichtsfreien Zeit (Sommerschule) zur Wiederholung und Vertiefung von Lehrinhalten eines oder mehrerer vergangener Unterrichtsjahre, zur Vorbereitung auf ein kommendes Schuljahr, zur Vorbereitung der Aufnahme in eine andere Schulart, zur Vorbereitung oder Durchführung eines nationalen oder internationalen Wettbewerbs sowie zur Vorbereitung auf eine abschließende Prüfung; *(BGBl. I Nr. 232/2021, Art. 1 Z 1)*

   (BGBl. Nr. 365/1982, Art. I Z 2 idF BGBl. I Nr. 96/1999, Z 4)

h)[5] unter Freigegenständen jene Unterrichtsgegenstände, zu deren Besuch eine Anmeldung für jedes Unterrichtsjahr erforderlich ist, die beurteilt werden und deren Beurteilung – außer wenn an diesem anstelle eines Pflichtgegenstandes teilgenommen wird – keinen Einfluß auf den erfolgreichen Abschluß einer Schulstufe hat; *(BGBl. Nr. 365/1982, Art. I Z 2 idF BGBl. I Nr. 96/1999, Z 4 und BGBl. I Nr. 133/2020, Art. 1 Z 1)*

i) unter unverbindlichen Übungen jene Unterrichtsveranstaltungen, zu deren Besuch eine Anmeldung für jedes Unterrichtsjahr erforderlich ist und die nicht beurteilt werden; *(BGBl. Nr. 365/1982, Art. I Z 2 idF BGBl. Nr. 512/1993, Z 5 und BGBl. I Nr. 96/1999, Z 4)*

j) unter ganztägigen Schulformen Schulen mit Tagesbetreuung, an denen neben dem Unterricht eine Tagesbetreuung angeboten wird, wobei zum Besuch der Tagesbetreuung eine Anmeldung erforderlich ist und die Tagesbetreuung aus folgenden Bereichen besteht:
   aa) gegenstandsbezogene Lernzeit, die sich auf bestimmte Pflichtgegenstände bezieht und durch Lehrer zu besorgen ist, *(BGBl. I Nr. 38/2015, Art. 2 Z 4)*
   bb) individuelle Lernzeit, die durch Lehrer, Erzieher oder Erzieher für die Lernhilfe zu besorgen ist, sowie *(BGBl. I Nr. 56/2016, Art. 1 Z 4)*
   cc) jedenfalls Freizeit (einschließlich Verpflegung), die durch Lehrer, Erzieher, Erzieher für die Lernhilfe, Freizeitpädagogen oder Personen mit anderer durch Verordnung des zuständigen Bundesministers festzulegender, für die Aufgaben im Rahmen der Freizeitbetreuung an ganztägigen Schulformen befähigender Qualifikation zu besorgen ist; *(BGBl. I Nr. 56/2016, Art. 1 Z 4)*

   (BGBl. I Nr. 91/2005, Art. 1 Z 6 idF BGBl. I Nr. 116/2008, Z 1)

[5]) § 8 lit.h idF BGBl. I Nr. 133/2020 tritt gemäß § 131 Abs. 43 ab 1. September 2021 klassen- und schulstufenweise aufsteigend und somit für die 9. Schulstufen mit 1. September 2021, für die 10. Schulstufen mit 1. September 2022, für die 11. Schulstufen mit 1. September 2023, für die 12. Schulstufen mit 1. September 2024 und für die 13. Schulstufen mit 1. September 2025 in Kraft.

k)[6]) entfallen (BGBl. I Nr. 138/2017, Art. 9 Z 6)

l) unter Erziehern Personen, die die Reife- und Diplomprüfung bzw. die Diplomprüfung einer Bildungsanstalt für Sozialpädagogik oder einer Bildungsanstalt für Elementarpädagogik (Zusatzausbildung Hortpädagogik) erfolgreich abgelegt haben; *(BGBl. I Nr. 73/2011, Art. 1 Z 1 idF BGBl. I Nr. 56/2016, Art. 1 Z 5)*

m) unter Erziehern für die Lernhilfe Personen, die über die allgemeine Universitätsreife verfügen und den Hochschullehrgang zur Qualifikation für die Erteilung von Lernhilfe an ganztägigen Schulformen im Ausmaß von zumindest 60 ECTS-Anrechnungspunkten erfolgreich abgelegt haben; *(BGBl. I Nr. 56/2016, Art. 1 Z 6)*

n) unter Freizeitpädagogen (Erziehern für die Freizeit an ganztägigen Schulformen) Personen mit erfolgreichem Abschluss des Hochschullehrganges für Freizeitpädagogik gemäß dem Hochschulgesetz 2005, BGBl. I Nr. 30/2006; *(BGBl. I Nr. 73/2011, Art. 1 Z 1 idF BGBl. I Nr. 36/2012, Art. 1 Z 4a idF BGBl. I Nr. 56/2016, Art. 1 Z 6)*

o) unter leistungsdifferenzierten Pflichtgegenständen die Unterrichtsgegenstände mit lehrplanmäßig vorgesehener Differenzierung; *(BGBl. I Nr. 101/2018, Art. 1 Z 5)*

p) unter ergänzender differenzierender Leistungsbeschreibung eine verbale Beschreibung der Leistungsstärken sowie Lernfortschritte des Schülers, die ihm gemeinsam mit der Schulnachricht (8. Schulstufe) und dem Zeugnis auszustellen ist; *(BGBl. I Nr. 36/2012, Art. 1 Z 4a idF BGBl. I Nr. 56/2016, Art. 1 Z 6 idF BGBl. I Nr. 138/2017, Art. 9 Z 7, BGBl. I Nr. 101/2018, Art. 1 Z 6 und BGBl. I Nr. 170/2021, Art. 1 Z 2)*

q) unter Schulleiter der Leiter des Schulclusters, wenn mehrere Schulen im organisatorischen Verbund mit anderen Schulen geführt werden. Dieser kann bestimmte Angelegenheiten im Einzelfall allenfalls bestellten Bereichsleitern der am Schulcluster beteiligten Schulen übertragen; *(BGBl. I Nr. 138/2017, Art. 9 Z 7 idF BGBl. I Nr. 170/2021, Art. 1 Z 3)*

r) unter Kompetenzen im Sinne der Ziele und Aufgaben der österreichischen Schule gemäß Art. 14 Abs. 5a B-VG und § 2 längerfristig verfügbare kognitive Fähigkeiten und Fertigkeiten, die von Schülerinnen und Schülern entwickelt werden und die sie befähigen, Aufgaben in variablen Situationen erfolgreich und verantwortungsbewusst zu lösen und die damit verbundene motivationale und soziale Bereitschaft zu zeigen. *(BGBl. I Nr. 170/2021, Art. 1 Z 3)*

(BGBl. Nr. 242/1962 idF BGBl. Nr. 323/1975, Art. I Z 6)

(2) entfallen (BGBl. Nr. 323/1975, Art. I Z 6)

Führung von alternativen Pflichtgegenständen, Freigegenständen, unverbindlichen Übungen und eines Förderunterrichtes sowie Bildung von Schülergruppen[7])

§ 8a. (1) Der Schulleiter oder die Schulleiterin hat für die öffentlichen Schulen unter Bedachtnahme auf die Erfordernisse der Pädagogik und der Sicherheit, auf den Förderbedarf der Schülerinnen und Schüler, auf die räumlichen Möglichkeiten, auf die mögliche Belastung der Lehrpersonen sowie auf die gemäß Abs. 3 der Schule zugeteilten Personalressourcen festzulegen,

1. bei welcher Mindestzahl von Anmeldungen ein alternativer Pflichtgegenstand zu führen ist,
2. bei welcher Mindestzahl von Anmeldungen ein Freigegenstand oder eine unverbindliche Übung zu führen und beim Unterschreiten welcher Mindestzahl von teilnehmenden Schülerinnen und Schülern ein solcher Unterrichtsgegenstand ab dem Ende des laufenden Beurteilungsabschnittes nicht mehr weiterzuführen ist,
3. bei welcher Mindestzahl von Schülerinnen und Schülern ein Förderunterricht abzuhalten ist,
4. unter welchen Voraussetzungen Klassen und Schülergruppen zu bilden sind,
5. unter welchen Voraussetzungen in leistungsdifferenzierten Pflichtgegenständen an Mittelschulen, Berufsschulen und Polytech-

---

[6]) Lit. k ist gemäß Art. 131 Abs. 36 Z 3 mit 1. September 2018 außer Kraft getreten. Gemäß § 8a Abs. 3 ist sie jedoch weiterhin von Bedeutung. Sie lautete:

„k) unter Richtwert jene Klassenschülerzahl, welche durch landesausführungsgesetzliche Regelungen unter Bedachtnahme auf Über- und Unterschreitungen anzustreben ist. Der Richtwert bildet zugleich eine der Grundlagen für die im Rahmen der Stellenpläne vom Bund zur Verfügung zu stellenden Ressourcen, die bei Überschreitung des Richtwertes auch für andere Maßnahmen der Förderung am jeweiligen Schulstandort zum Einsatz kommen können;“

[7] Siehe auch RS Nr. 22/2019 betreffend organisatorische Richtlinien für den Unterricht in Bewegung und Sport (3.6.4.).

nischen Schulen Schülergruppen im Hinblick auf die Leistungsniveaus zu führen sind, *(BGBl. I Nr. 101/2018, Art. 1 Z 7)*
6. bei welcher Mindestzahl von zum Betreuungsteil angemeldeten Schülerinnen und Schülern an ganztägigen Schulformen Gruppen zu bilden sind und
7. bei welcher Mindestzahl von Schülerinnen und Schülern mit mangelnder Kenntnis der Unterrichtssprache Sprachstartgruppen und Sprachförderkurse zu führen sind.

Es können Schülerinnen und Schüler mehrerer Klassen einer oder mehrerer Schulen zur Erreichung der Mindestzahl zusammengefasst werden.

(2) Die Festlegungen gemäß Abs. 1 sind unter Bedachtnahme auf allfällige allenfalls notwendige Änderungen auf Grund des § 8h Abs. 2 dem Schulforum oder dem Schulgemeinschaftsausschuss oder bei Schulclustern dem Schulclusterbeirat spätestens sechs Wochen vor dem Ende des Unterrichtsjahres, das dem betreffenden Schuljahr vorangeht, zur Kenntnis zu bringen. Wenn das Schulforum bzw. der Schulgemeinschaftsausschuss bzw. der Schulclusterbeirat mit der Festlegung des Schulleiters oder der Schulleiterin nicht einverstanden ist, so hat dieser oder diese das Einvernehmen mit dem Schulforum bzw. Schulgemeinschaftsausschuss bzw. Schulclusterbeirat anzustreben. Kann ein Einvernehmen nicht hergestellt werden, so kann das Schulforum bzw. der Schulgemeinschaftsausschuss bzw. der Schulclusterbeirat mit einer Anwesenheit und einer Mehrheit von zumindest zwei Dritteln der stimmberechtigten Mitglieder die Entscheidung des Schulleiters oder der Schulleiterin bis spätestens vier Wochen vor dem Ende des dem betreffenden Schuljahr vorangehenden Unterrichtsjahres der Bildungsdirektion zur Prüfung und Entscheidung vorlegen. Dieser Vorlage an die Bildungsdirektion kommt keine aufschiebende Wirkung zu. Die Bildungsdirektion hat im Einvernehmen mit dem jeweils zuständigen Zentralausschuss oder den jeweils zuständigen Zentralausschüssen für Landeslehrerinnen und -lehrer bzw. dem jeweils zuständigen Fachausschuss oder den jeweils zuständigen Fachausschüssen für Bundeslehrerinnen und -lehrer bis zum Ende des genannten Unterrichtsjahres zu entscheiden. Die Entscheidung ist ohne Aufschub dem Schulleiter oder der Schulleiterin bekannt zu geben sowie dem Schulforum bzw. dem Schulgemeinschaftsausschuss bzw. dem Schulclusterbeirat zur Kenntnis zu bringen. *(BGBl. I Nr. 138/2017, Art. 9 Z 8 idF BGBl. I Nr. 35/2018, Art. 1 Z 3)*

(3) Den einzelnen Schulen ist ein Rahmen für die einsetzbaren Lehrpersonenwochenstunden zuzuteilen, der sich jedenfalls an der Zahl der Schülerinnen und Schüler, am Bildungsangebot, am sozioökonomischen Hintergrund und am Förderbedarf der Schülerinnen und Schüler sowie an deren im Alltag gebrauchten Sprache und an den regionalen Bedürfnissen zu orientieren hat. Für öffentliche Pflichtschulen, ausgenommen Praxisschulen sowie die in Art. V Z 1 und 2 der 5. SchOG-Novelle, BGBl. Nr. 323/1975, genannten Schulen, stehen je Bundesland die in den gemäß Art. IV des Bundesverfassungsgesetzes BGBl. Nr. 215/1962 genehmigten Dienstpostenplänen vorgesehenen Lehrpersonenplanstellen zur Verfügung. Für öffentliche Pflichtschulen gelten § 8 lit. k iVm den §§ 14, 21, 21h und 33 sowie die §§ 27 und 51, jeweils in der am 31. August 2018 geltenden Fassung, als Grundlage für die Berechnung und Zuweisung der Lehrpersonalressourcen an die Schulen. Für die übrigen öffentlichen Schulen ihres Aufsichtsbereichs ist den Bildungsdirektionen ein Kontingent an Lehrpersonenwochenstunden zur Verfügung zu stellen, bei dessen Bemessung die bestehenden gesetzlichen Grundlagen zu berücksichtigen sind. Die mit BGBl. I Nr. 138/2017 eingeführten schulautonomen Gestaltungsmöglichkeiten bei der Unterrichtsorganisation, insbesondere die Festlegung der Klassenschüler-, Eröffnungs- und Teilungszahlen, dürfen jedoch zu keiner Änderung dieser Bemessung führen. Die §§ 43, 57 und 71, jeweils in der am 31. August 2018 geltenden Fassung, gelten ebenfalls als Grundlage für die Berechnung und Zuweisung der Lehrpersonalressourcen an die Schulen.

(4) Für Privatschulen steht die Festlegung der Mindestzahlen nach Abs. 1 dem Schulerhalter zu. Wenn der Bund verpflichtet ist, den Lehrer-Personalaufwand in einem Ausmaß von mindestens der Hälfte zu tragen und durch Maßnahmen des Schulerhalters ein höherer Lehrer-Personalaufwand entsteht, verkürzt sich diese Verpflichtung, und zwar im Verhältnis zu dem an vergleichbaren öffentlichen Schulen erforderlichen Lehrer-Personalaufwand.

(BGBl. I Nr. 138/2017, Art. 9 Z 8)

Führung des Unterrichtsgegenstandes Bewegung und Sport[8])

§ 8b. (1) Der Unterricht in Bewegung und Sport ist ab der 5. Schulstufe getrennt nach Geschlechtern zu erteilen, sofern im Folgen-

[8]) Siehe auch RS Nr. 22/2019 betreffend organisatorische Richtlinien für den Unterricht in Bewegung und Sport (3.6.4.).

den nicht anderes bestimmt wird. Bei nach Geschlechtern getrennter Unterrichtserteilung können Schülerinnen und Schüler mehrerer Klassen zusammengefasst werden.

(2) Wenn bei Trennung nach Geschlechtern wegen zu geringer Schülerzahl nicht für alle Schülerinnen und Schüler der lehrplanmäßige Unterricht im Pflichtgegenstand Bewegung und Sport erteilt werden könnte, darf der Unterricht auch ohne Trennung nach Geschlechtern erteilt werden. Dasselbe gilt im Freigegenstand und in der unverbindlichen Übung Bewegung und Sport sowie in den sportlichen Schwerpunkten in Sonderformen, sofern diese Unterrichtsveranstaltungen auf Sportarten beschränkt sind, bei denen vom Standpunkt der unterschiedlichen Leistungsfähigkeit und der koedukativen Führung kein Einwand besteht. Ferner kann der Unterricht in Bewegung und Sport ohne Trennung nach Geschlechtern erteilt werden, wenn der Unterricht gleichzeitig durch mehrere Lehrerinnen und Lehrer (im Falle des Unterrichts für mehrere Klassen oder Schülergruppen) erfolgt und wenn dies aus inhaltlichen Gründen (zB Tanz, Schwimmen, Freizeitsportarten) zweckmäßig ist.

(3) Die Bestimmungen der Abs. 1 und 2 finden an Schulen für Berufstätige mit modularer Unterrichtsorganisation insofern nicht Anwendung, als sie sich auf die Organisation des Unterrichts in Klassen beziehen.

(4) Die Festlegungen gemäß Abs. 1 bis 3 sind vom Schulleiter oder von der Schulleiterin zu treffen. § 8a Abs. 2 ist anzuwenden.

(BGBl. I Nr. 138/2017, Art. 9 Z 9)

Ersatz der Reifeprüfung als Aufnahmsvoraussetzung
(BGBl. Nr. 642/1994, Art. I Z 3)

§ 8c. (1) Sofern im II. Hauptstück dieses Bundesgesetzes die erfolgreiche Ablegung der Reifeprüfung einer höheren Schule als Aufnahmsvoraussetzung festgelegt wird, wird diese ersetzt durch

1. den Erwerb des Diplomgrades gemäß § 35 AHStG bzw. eines akademischen Grades gemäß § 66 Abs. 1 UniStG, *(BGBl. I Nr. 77/2001, Art. 1 Z 5)*
2. den Erwerb des Akademischen Grades gemäß § 5 FHStG,
3. den erfolgreichen Abschluß eines anderen Schulbesuches, für den die Reifeprüfung Aufnahmsvoraussetzung ist,
4. den Erwerb eines ausländischen Zeugnisses, wobei die Gleichwertigkeit dann gegeben ist, wenn mit diesem Zeugnis im Ausstellungsland die allgemeine Voraussetzung zu einem Hochschulbesuch oder zu einem Hochschulbesuch der dem beabsichtigten Schulbesuch entsprechenden Richtung ohne zusätzliche Voraussetzung verbunden ist,
5. die erfolgreiche Ablegung einer einschlägigen Studienberechtigungsprüfung.

(BGBl. Nr. 642/1994, Z 4)

(2) Zur Studienberechtigungsprüfung sind Personen zuzulassen, die das 20. Lebensjahr vollendet haben und eine eindeutig über die Erfüllung der allgemeinen Schulpflicht hinausgehende erfolgreiche berufliche oder außerberufliche Vorbildung für die angestrebte Schulart (Fachrichtung) nachweisen. *(BGBl. I Nr. 121/2024, Art. 1 Z 2)*

(3) Die Studienberechtigungsprüfung hat folgende Prüfungsgebiete zu umfassen:

1. einen Aufsatz über ein allgemeines Thema,
2. höchstens drei weitere Fächer, die im Hinblick auf Vorkenntnisse oder Fertigkeiten für die angestrebte Schulart (Form, Fachrichtung) erforderlich sind (Pflichtfächer) und
3. weitere Prüfungsgebiete nach Wahl des Aufnahmsbewerbers aus dem Bereich der angestrebten Schulart (Fachrichtung, Lehramtsausbildung, Studiengang), seiner fachlichen Voraussetzungen oder der der angestrebten Schulart (Fachrichtung) entsprechenden beruflichen Tätigkeitsfelder (Wahlfächer). *(BGBl. Nr. 323/1993, Art. I Z 4 idF BGBl. I Nr. 48/2014, Art. 2 Z 4)*

Die Zahl der Pflicht- und Wahlfächer gemäß Z 2 und 3 hat zusammen vier zu betragen.

(4) Der zuständige Bundesminister hat durch Verordnung unter Bedachtnahme auf die Aufgabe der Studienberechtigungsprüfung und die einzelnen Schularten nähere Bestimmungen betreffend den Aufsatz zu erlassen sowie die Pflichtfächer und die Art der Durchführung der Prüfung (schriftlich, mündlich oder praktisch) festzulegen. Hiebei können für die einzelnen Prüfungsfächer Kurse zur Ergänzung des Selbststudiums vorgesehen werden. *(BGBl. Nr. 323/1993, Art. I Z 4 idF BGBl. Nr. 766/1996, Z 3 und BGBl. I Nr. 77/2001, Art. 1 Z 1)*

(5) Für die Zulassung und Durchführung der Studienberechtigungsprüfung ist § 42 des Schulunterrichtsgesetzes anzuwenden, soweit in den vorstehenden Absätzen nicht anderes bestimmt wird.

(6) Die Studienberechtigungsprüfung ist an der Schule abzulegen, die der Aufnahmsbewerber besuchen will. Eine erfolgreich abgelegte Studienberechtigungsprüfung gilt auch für andere Schulen gleicher Art (Fachrichtung).

(7) Die erfolgreich abgelegte Abschlußprüfung eines als gleichwertig anerkannten Lehrganges einer Einrichtung der Erwachsenenbildung ist als Fachprüfung der Studienberechtigungsprüfung im entsprechenden Fach (in den entsprechenden Fächern), mit Ausnahme eines Faches gemäß Abs. 3 Z 2, anzuerkennen. Der zuständige Bundesminister kann einen zur Vorbereitung auf die Studienberechtigungsprüfung eingerichteten Lehrgang einer Einrichtung der Erwachsenenbildung, die vom Bund als Förderungsempfänger anerkannt ist, nach Anhörung der Bildungsdirektion als einen gemäß Abs. 4 letzter Satz gleichwertigen Kurs anerkennen, sofern der Vergleich mit den entsprechenden öffentlichen oder mit dem Öffentlichkeitsrecht ausgestatteten Schulen die gleichen Anforderungen im Prüfungsvorgang erwarten läßt und ein Mitglied einer Externistenprüfungskommission für die Studienberechtigungsprüfungen der betreffenden Schulart Mitglied der Kommission für die Abschlußprüfung ist. Die Anerkennung ist jeweils für höchstens fünf Jahre auszusprechen; sie ist zu widerrufen, wenn eine der erforderlichen Voraussetzungen nicht mehr vorliegt. *(BGBl. Nr. 323/1993, Art. I Z 4 idF BGBl. Nr. 766/1996, Z 3, BGBl. I Nr. 77/2001, Art. 1 Z 1 und BGBl. I Nr. 138/2017, Art. 9 Z 5)*

(8) Erfolgreich abgelegte Studienberechtigungsprüfungen nach dem Studienberechtigungsgesetz, BGBl. Nr. 292/1985 in der jeweils geltenden Fassung, und Teile von solchen Prüfungen sowie erfolgreich abgelegte Teile einer Reifeprüfung an höheren Schulen für Berufstätige sind als Prüfungen gemäß Abs. 3 anzuerkennen, soweit sie diesen nach Inhalt und Umfang entsprechen.

(BGBl. Nr. 323/1993, Art. I Z 4)

Führung ganztägiger Schulformen[9])[10])

§ 8d. (1) Ganztägige Schulformen sind in einen Unterrichtsteil und einen Betreuungsteil gegliedert. Diese können in getrennter oder verschränkter Abfolge geführt werden. Für die Führung einer Klasse mit verschränkter Abfolge des Unterrichts- und des Betreuungsteiles ist erforderlich, daß alle Schüler einer Klasse am Betreuungsteil während der ganzen Woche angemeldet sind sowie daß die Erziehungsberechtigten von mindestens zwei Dritteln der betroffenen Schüler und mindestens zwei Drittel der betroffenen Lehrer zustimmen; in allen übrigen Fällen sind der Unterrichts- und Betreuungsteil getrennt zu führen. Bei getrennter Abfolge dürfen die Schüler für den Betreuungsteil in klassen-, schulstufen- oder schulübergreifenden Gruppen zusammengefaßt werden; der Betreuungsteil darf auch an einzelnen Nachmittagen der Woche in Anspruch genommen werden. *(BGBl. Nr. 512/1993, Z 8 idF BGBl. I Nr. 73/2011, Art. 1 Z 2)*

(2) Der Festlegung der Standorte öffentlicher ganztägiger Schulformen hat eine Information der Erziehungsberechtigten voranzugehen. Auf der Grundlage der für die Bildung einer Schülergruppe (getrennte Abfolge von Unterricht und Tagesbetreuung) bzw. einer Klasse (verschränkte Form von Unterricht und Tagesbetreuung) erforderlichen Zahl an Anmeldungen von Schülern für die Tagesbetreuung ist die Schule als solche mit Tagesbetreuung zu führen. *(BGBl. I Nr. 91/2005, Art. 1 Z 8)*

(3) **(Grundsatzbestimmung)** Öffentliche allgemein bildende Pflichtschulen, die keine Praxisschulen gemäß § 33a Abs. 1 sind, können als ganztägige Schulformen (Schulen mit Tagesbetreuung) geführt werden. Die Festlegung der Standorte solcher ganztägiger Schulformen hat auf Grund der Vorschriften über die Schulerhaltung zu erfolgen, wobei auf die Zahl der Anmeldungen von Schülern zur Tagesbetreuung abzustellen ist, die Schulerhalter zu befassen sind und unter Bedachtnahme auf die räumlichen Voraussetzungen und auf andere regionale Betreuungsangebote eine klassen-, schulstufen-, schul- oder schulartenübergreifende Tagesbetreuung jedenfalls ab 15, bei sonstigem Nichtzustandekommen einer schulischen Tagesbetreuung auch bei schulartenübergreifender Führung jedenfalls ab 12 angemeldeten Schülern zu führen ist. *(BGBl. I Nr. 91/2005, Art. 1 Z 8 idF BGBl. I Nr. 113/2006, Art. 16 Z 13, BGBl. I Nr. 73/2011, Art. 1 Z 2 und BGBl. I Nr. 138/2017, Art. 9 Z 10)*

(BGBl. Nr. 512/1993, Z 8)

Sprachstartgruppen und Sprachförderkurse

§ 8e. (1) Schülerinnen und Schülern von allgemein bildenden Pflichtschulen (Praxisschulen) sowie von mittleren und höheren Schulen, die gemäß § 4 Abs. 2 lit. a oder Abs. 5 des Schulunterrichtsgesetzes wegen mangelnder Kenntnis der Unterrichtssprache als außerordentliche Schülerinnen oder Schüler aufgenommen wurden, sind in den Schuljahren 2016/17, 2017/18 und 2018/19 in Sprachstartgruppen und Sprachförderkursen jene Sprachkenntnisse zu vermitteln, die sie befähigen, dem Unterricht der betreffenden Schulstufe zu folgen.

[9]) Siehe auch § 5 Abs. 2 und § 8 lit. j SchOG.

[10]) Siehe auch das Bildungsinvestitionsgesetz, BGBl. I Nr. 8/2017 idgF (9.4.).

SchOG

(2) In den Sprachstartgruppen ist im Ausmaß von elf Wochenstunden an Stelle von für die jeweilige Schulart vorgesehenen Pflichtgegenständen nach dem im betreffenden Lehrplan verordneten Pflichtgegenstand Deutsch (gegebenenfalls mit den Schwerpunkten oder Lehrplan-Zusätzen „für Schülerinnen und Schüler mit nichtdeutscher Muttersprache“ oder „Deutsch als Zweitsprache“) zu unterrichten. Sprachstartgruppen können in geblockter Form sowie klassen-, schulstufen-, schul- oder schulartübergreifend geführt werden. Sprachstartgruppen können vorzeitig beendet und die Schülerinnen und Schüler darauf aufbauend in Sprachförderkurse übergeführt werden.

(3) In den Sprachförderkursen, die an Stelle von oder aufbauend auf Sprachstartgruppen geführt werden können, ist im Ausmaß von elf Wochenstunden integrativ im Unterricht von Pflichtgegenständen nach dem im betreffenden Lehrplan verordneten Pflichtgegenstand Deutsch (gegebenenfalls mit den Schwerpunkten oder Lehrplan-Zusätzen „für Schülerinnen und Schüler mit nichtdeutscher Muttersprache“ oder „Deutsch als Zweitsprache“) zu unterrichten.

(4) Sprachstartgruppen und Sprachförderkurse sind jedenfalls ab einer Schülerzahl von acht Schülern einzurichten; sie dauern ein oder höchstens zwei Unterrichtsjahre und können nach Erreichen der erforderlichen Sprachkompetenz durch die Schülerin oder den Schüler auch nach kürzerer Dauer beendet werden. Bei der Durchführung von Sprachstartgruppen und Sprachförderkursen sind im Sinne der Qualitätssicherung und -entwicklung verpflichtend Diagnose- und Förderinstrumente einzusetzen. *(BGBl. I Nr. 56/2016, Art. 1 Z 7 idF BGBl. I Nr. 138/2017, Art. 9 Z 11 und BGBl. I Nr. 35/2018, Art. 1 Z 4)*

(5) Abs. 1 bis 4 gelten für Berufsschulen mit der Maßgabe, dass

1. Sprachstartgruppen und Sprachförderkurse auch für Schülerinnen und Schüler, die als ordentliche oder gemäß § 4 Abs. 5 des Schulunterrichtsgesetzes als außerordentliche Schülerinnen und Schüler aufgenommen wurden, eingerichtet werden können und
2. das Ausmaß höchstens vier Wochenstunden umfasst.

(BGBl. I Nr. 138/2017, Art. 9 Z 12)

(6) Abs. 1 bis 4 gelten für als Sonderform für Berufstätige geführte Schulen, Kollegs und Vorbereitungslehrgänge mit der Maßgabe, dass Sprachstartgruppen und Sprachförderkurse für Studierende eingerichtet werden können, die dem Unterricht wegen mangelnder Kenntnis der Unterrichtssprache nicht oder nur unzureichend folgen können. *(BGBl. I Nr. 138/2017, Art. 9 Z 12)*

(BGBl. I Nr. 56/2016, Art. 1 Z 7)

Bundes-Schulcluster

§ 8f. (1) Die im II. Hauptstück genannten öffentlichen Praxisschulen, mittleren und höheren Schulen sowie weiters die in Art. V Z 1 und 2 der 5. SchOG-Novelle, BGBl. Nr. 323/1975, genannten öffentlichen Schulen können nach Maßgabe der folgenden Absätze auch im organisatorischen Verbund mit anderen vom Bund erhaltenen Schulen geführt werden (Schulcluster). Diese Schulcluster sind als „Bundes-Schulcluster“ (allenfalls mit einem auf die Region, auf die inhaltlichen Ausrichtungen, auf den kooperativen Zusammenschluss mehrerer Schulcluster unter einem Schulclusterverbund oder als Campus oder auf andere Gegebenheiten hinweisenden Zusatz) zu bezeichnen. Zuständig ist die Bildungsdirektion desjenigen Bundeslandes, in dem die Schulen gelegen sind; bei landesübergreifender Bildung von Schulclustern haben die betreffenden Bildungsdirektionen einvernehmlich vorzugehen.

(2) Die Bildung von Schulclustern gemäß Abs. 3 und 4 hat zur Voraussetzung, dass die beteiligten Schulen von 200 bis 2 500 Schülerinnen und Schülern besucht werden. Mehrere Schulcluster können zu einem Schulclusterverbund zusammengefasst oder als Campus geführt werden. Für die Bildung von Schulclustern mit mehr als 1 300 Schülerinnen und Schülern oder mit mehr als drei am Schulcluster beteiligten Schulen ist die Zustimmung der Zentralausschüsse für Lehrerinnen und Lehrer der betroffenen Schulen erforderlich.

(3) Die Bildung von Schulclustern ist unbeschadet des Abs. 2 jedenfalls dann anzustreben, wenn

1. die in Betracht kommenden Schulen nicht weiter als fünf Straßenkilometer voneinander entfernt sind und
2. zumindest eine dieser Schulen weniger als 200 Schülerinnen und Schüler umfasst und
3. an zumindest einer dieser Schulen innerhalb der letzten drei Jahre die Zahl der Schülerinnen und Schüler tendenziell und merklich abgenommen hat.

(4) Schulcluster können unbeschadet des Abs. 2 auch bei Nichtvorliegen der in Abs. 3 genannten Voraussetzungen von Amts wegen oder auf Anregung des Leiters oder der Leiterin oder des Dienststellenausschusses einer der in Betracht kommenden Schulen gebildet werden, wenn

1. die Schulkonferenzen jeder der in Betracht kommenden Schulen nach Beratung mit den jeweiligen Schulgemeinschaftsausschüssen der Schulclusterbildung zustimmen und
2. ein Entwurf eines Organisationsplans vorliegt, der die Schulclusterbildung pädagogisch und organisatorisch zweckmäßig erscheinen lässt.

(5) Für jeden Bundes-Schulcluster ist ein Leiter oder eine Leiterin des Schulclusters zu bestellen.

(6) Der Leiter oder die Leiterin des Schulclusters hat in einem Organisationsplan festzulegen, wie die ihm oder ihr von der zuständigen Schulbehörde für die Besorgung der Verwaltungs- und Managementaufgaben im Schulcluster zugeteilten Personalressourcen (Verwaltungsplanstellen und Lehrerwochenstunden) einzusetzen sind. Dabei ist § 207n Abs. 11 des Beamten-Dienstrechtsgesetzes 1979 zu beachten. In diesem Zusammenhang sind im Höchstausmaß der durch die Minderung der Lehrverpflichtung zur Verfügung gestellten Lehrpersonenwochenstunden auch Bereichsleiterinnen und Bereichsleiter zu bestellen. Die im Cluster für die Clusterleitung, die Bereichsleitung oder die Umwandlung in administratives Unterstützungspersonal nicht eingesetzten Lehrerwochenstunden werden für die Durchführung von pädagogischen und fachdidaktischen Projekten der Unterrichtsorganisation und Schulentwicklung verwendet.

(BGBl. I Nr. 138/2017, Art. 9 Z 13)

Schulcluster mit Bundes- und Pflichtschulen

§ 8g. (1) **(Verfassungsbestimmung)** Die im II. Hauptstück genannten öffentlichen Praxisschulen, mittleren und höheren Schulen sowie weiters die in Art. V Z 1 und 2 der 5. SchOG-Novelle, BGBl. Nr. 323/1975, genannten öffentlichen Schulen können auch im organisatorischen Verbund mit anderen öffentlichen allgemein bildenden und berufsbildenden Pflichtschulen als Schulcluster mit Bundes- und Pflichtschulen geführt werden, mit der Maßgabe, dass

1. die Schulerhalter zustimmen,
2. für jeden solchen Schulcluster ein Leiter oder eine Leiterin des Schulclusters zu bestellen ist,
3. der Leiter oder die Leiterin des Schulclusters einen Organisationsplan festzulegen hat und
4. die von der zuständigen Schulbehörde für die Besorgung der Verwaltungs- und Managementaufgaben im Schulcluster zuteilenden Personalressourcen (Verwaltungsplanstellen und Lehrerwochenstunden) sich für die an einem solchen Schulcluster beteiligten allgemein bildenden und berufsbildenden Pflichtschulen, ausgenommen Praxisschulen und die in Art. V Z 1 der 5. SchOG-Novelle, BGBl. Nr. 323/1975, genannten öffentlichen Schulen nach den Bestimmungen des Pflichtschulerhaltungs-Grundsatzgesetzes und für die übrigen beteiligten Schulen nach den Bestimmungen dieses Bundesgesetzes richten.

(2) Die Bildung von Schulclustern gemäß Abs. 1 hat zur Voraussetzung, dass die beteiligten Schulen von 200 bis 2 500 Schülerinnen und Schülern besucht werden. § 8f Abs. 2 zweiter Satz findet Anwendung. Für die Bildung von Schulclustern mit Bundes- und Pflichtschulen mit mehr als 1 300 Schülerinnen und Schülern oder mit mehr als drei am Schulcluster beteiligten Schulen ist die Zustimmung der Zentralausschüsse für Lehrerinnen und Lehrer der betroffenen Schulen erforderlich.

SchOG

(3) Die Bildung von Schulclustern gemäß Abs. 1 hat weiters zur Voraussetzung, dass

1. diese von den Leitern und Leiterinnen der beteiligten Schulen angeregt wurde,
2. ein Entwurf eines Organisationsplans vorliegt, der die Schulclusterbildung pädagogisch und organisatorisch zweckmäßig erscheinen lässt und
3. die Schulkonferenzen jeder beteiligten Schule nach Beratung mit den jeweiligen Schulforen oder Schulgemeinschaftsausschüssen der Schulclusterbildung zustimmen.

Diese Schulcluster sind als „Schulcluster“ mit einem auf die Region, auf die inhaltlichen Ausrichtungen oder auf andere Gegebenheiten hinweisenden Zusatz zu bezeichnen. Zuständig ist die Bildungsdirektion desjenigen Bundeslandes, in dem die Schulen gelegen sind; bei landesübergreifender Bildung von Schulclustern haben die betreffenden Bildungsdirektionen einvernehmlich vorzugehen.

(BGBl. I Nr. 138/2017, Art. 9 Z 13)

Deutschförderklassen und Deutschförderkurse

§ 8h. (1) Schülerinnen und Schülern von allgemein bildenden Pflichtschulen sowie von mittleren und höheren Schulen, die gemäß § 4 Abs. 2 lit. a oder Abs. 5 des Schulunterrichtsgesetzes wegen mangelnder Kenntnis der Unterrichtssprache als außerordentliche Schülerinnen oder Schüler aufgenommen wurden, sind nach Maßgabe der Testergebnisse gemäß den §§ 4 Abs. 2a und 18 Abs. 14 des Schulunterrichtsgesetzes in Deutschförderklassen und Deutschförderkursen jene Sprachkenntnisse zu vermitteln, die sie befähigen, dem Unterricht der betreffenden Schulstufe zu folgen.

(2) Deutschförderklassen sind vom Schulleiter oder von der Schulleiterin jedenfalls ab einer Schülerzahl von acht Schülerinnen und Schülern (auch klassen-, schulstufen- oder schulartübergreifend) einzurichten, bei denen die Feststellung der Kenntnisse der Unterrichtssprache gemäß den §§ 4 Abs. 2a oder 18 Abs. 14 des Schulunterrichtsgesetzes ergeben hat, dass sie weder als ordentliche Schüler aufgenommen werden können noch über jene Kenntnisse verfügen, die eine besondere Förderung in Deutschförderkursen erlauben. Sie dauern ein Semester und sind so oft, längstens jedoch vier Mal, zu besuchen, bis auf Grund der Testergebnisse gemäß § 18 Abs. 14 des Schulunterrichtsgesetzes eine Sprachförderung in Deutschförderkursen erfolgen kann oder der Unterricht ohne besondere Sprachförderung besucht werden kann. Bei einer zu geringen Schülerzahl sind die betreffenden Schülerinnen und Schüler in der jeweiligen Klasse grundsätzlich integrativ nach dem Deutschförderplan, sechs Wochenstunden jedoch parallel zum Unterricht in der Klasse zu unterrichten.

(3) Deutschförderkurse sind vom Schulleiter oder von der Schulleiterin jedenfalls ab einer Schülerzahl von acht Schülerinnen und Schülern (auch klassen-, schulstufen- oder schulartübergreifend) einzurichten, bei denen die Feststellung der Kenntnisse der Unterrichtssprache gemäß den §§ 4 Abs. 2a oder 18 Abs. 14 des Schulunterrichtsgesetzes ergeben hat, dass sie zwar nicht als ordentliche Schüler aufgenommen werden können, aber keine besondere Förderung in Deutschförderklassen benötigen. Sie dauern ein oder höchstens zwei Unterrichtsjahre und können nach Erreichen der erforderlichen Sprachkompetenz gemäß § 18 Abs. 15 des Schulunterrichtsgesetzes durch die Schülerin oder den Schüler auch nach kürzerer Dauer beendet werden. In Deutschförderkursen ist im Ausmaß von sechs Wochenstunden parallel zum Unterricht von Pflichtgegenständen nach dem im betreffenden Lehrplan verordneten Pflichtgegenstand Deutsch (gegebenenfalls mit den Schwerpunkten oder Lehrplan-Zusätzen „für Schülerinnen und Schüler mit nichtdeutscher Muttersprache“ oder „Deutsch als Zweitsprache“) zu unterrichten. Bei einer zu geringen Schülerzahl sind die betreffenden Schülerinnen und Schüler in der jeweiligen Klasse integrativ zu unterrichten. *(BGBl. I Nr. 35/2018, Art. 1 Z 5 idF BGBl. I Nr. 35/2019, Art. 1 Z 1)*

(4) Bei der Durchführung von Deutschförderklassen und Deutschförderkursen sind im Sinne der Qualitätssicherung und -entwicklung verpflichtend Diagnoseinstrumente einzusetzen, auf deren Grundlage individuelle Förderpläne zu erstellen sind. Der Einsatz von Förderinstrumenten und das Erreichen der Förderziele sind zu dokumentieren.

(5) Abs. 1, 3 und 4 gelten für Berufsschulen mit der Maßgabe, dass

1. Deutschförderkurse auch für Schülerinnen und Schüler, die als ordentliche oder gemäß § 4 Abs. 5 des Schulunterrichtsgesetzes als außerordentliche Schülerinnen und Schüler aufgenommen wurden, eingerichtet werden können und
2. das Ausmaß der Deutschförderkurse höchstens vier Wochenstunden umfasst.

(6) (**Grundsatzbestimmung**) Die Abs. 1 bis 3 und 5 gelten hinsichtlich der Regelungen der äußeren Organisation an öffentlichen Pflichtschulen (ausgenommen Praxisschulen und die in Art. V Z 1 und 2 der 5. SchOG-Novelle, BGBl. Nr. 323/1975, genannten öffentlichen Schulen) als Grundsatzbestimmungen.

(BGBl. I Nr. 35/2018, Art. 1 Z 5)

Sommerschule

§ 8i. (1) Die Durchführung von Förderunterricht in der unterrichtsfreien Zeit gemäß § 8 lit. g sublit. dd (Sommerschule), die klassen-, schulstufen-, schulstandort- und schulartenübergreifend erfolgen kann, bedarf abweichend von § 8a Abs. 1 Z 3 der Zustimmung der Schulbehörde und des Schulerhalters. Die Schulbehörde darf die Zustimmung nur erteilen, wenn zumindest sechs Schülerinnen oder Schüler bis zum Ende des Unterrichtsjahres angemeldet sind. Die Anzahl der Schülerinnen und Schüler einer Gruppe oder eines Kurses hat mindestens sechs und bis einschließlich der 8. Schulstufe höchstens 15 zu betragen. Der Unterricht kann entweder von Lehrpersonen oder von Lehramtsstudierenden unter Betreuung durch die Schulleitung oder die mit der Leitung der Sommerschule betrauten Lehrperson erteilt werden. An Bildungsanstalten für Elementarpädagogik kann dieser Förderunterricht auch zur Erfüllung von Praktika gemäß § 20 Abs. 3 und 4 SchUG[11]) sowie § 78 SchOG[12]) in den Praxiskindergärten, die zu diesem Zweck während des Zeitraumes gemäß § 2 Abs. 9 Schulzeitgesetz 1985 geöffnet werden dürfen, durchgeführt werden. *(BGBl. I Nr. 232/2021, Art. 1 Z 2 idF BGBl. I Nr. 96/2022, Art. 1 Z 5)*

---

[11]) Anstelle „SchUG“ sollte es richtig lauten: „Schulunterrichtsgesetz“.

[12]) Die Abkürzung „SchOG“ innerhalb des Schulorganisationsgesetzes ist entbehrlich.

(2) (**Grundsatzbestimmung**) Abs. 1 gilt hinsichtlich der Regelungen der äußeren Organisation an öffentlichen Pflichtschulen (ausgenommen Praxisschulen) und die in Artikel V Z 1 und 2 der 5. SchOG-Novelle, BGBl. Nr. 323/1975, genannten öffentlichen Pflichtschulen als Grundsatzbestimmung.
(BGBl. I Nr. 232/2021, Art. 1 Z 2)

II. HAUPTSTÜCK
Besondere Bestimmungen über die Schulorganisation

TEIL A
Allgemeinbildende Schulen

Abschnitt I
Allgemeinbildende Pflichtschulen

1. Volksschulen
Aufgabe der Volksschule

§ 9. (1) Die Volksschule hat in der Vorschulstufe jene Kinder, die in dem betreffenden Kalenderjahr schulpflichtig geworden sind, jedoch noch nicht die Schulreife besitzen, und ebenso jene Kinder, deren vorzeitige Aufnahme in die 1. Schulstufe widerrufen wurde, im Hinblick auf die für die 1. Schulstufe erforderliche Schulreife zu fördern, wobei die soziale Integration behinderter Kinder zu berücksichtigen ist. *(BGBl. I Nr. 132/1998, Z 1)*

(2) Die Volksschule hat in den ersten vier Schulstufen eine für alle Schüler gemeinsame Elementarbildung unter Berücksichtigung einer sozialen Integration behinderter Kinder zu vermitteln. Für Kinder mit sonderpädagogischem Förderbedarf (§ 8 Abs. 1 des Schulpflichtgesetzes 1985, BGBl. Nr. 76, in der Fassung BGBl. Nr. 513/1993) sind die Bildungsaufgaben der der Behinderung entsprechenden Sonderschulart zu berücksichtigen. *(BGBl. Nr. 512/1993, Z 9 idF BGBl. I Nr. 132/1998, Z 2)*

(3) Die Volksschule hat in der 5. bis 8. Schulstufe (Oberstufe) die Aufgabe, eine grundlegende Allgemeinbildung zu vermitteln sowie die Schüler je nach Interesse, Neigung, Begabung und Fähigkeit für das Berufsleben und zum Übertritt in mittlere Schulen oder in höhere Schulen zu befähigen. Unter Beachtung des Prinzips der sozialen Integration ist Schülern mit sonderpädagogischem Förderbedarf eine der Aufgabe der Sonderschule (§ 22) entsprechende Bildung zu vermitteln, wobei entsprechend den Lernvoraussetzungen des Schülers die Unterrichtsziele der Volksschuloberstufe anzustreben sind. *(BGBl. Nr. 365/1982, Art. I Z 5 idF BGBl. Nr. 766/1996, Z 5)*

(4) entfallen (BGBl. I Nr. 116/2008, Z 5)

(BGBl. Nr. 365/1982, Art. I Z 5)

Lehrplan der Volksschule

§ 10. (1) Im Lehrplan (§ 6) der Grundstufe I sind für Kinder, die die Vorschulstufe besuchen, als verbindliche Übungen vorzusehen: Religion, Deutsch, mathematische Früherziehung, Sachbegegnung, Verkehrs- und Mobilitätsbildung, Kunst und Gestaltung, Musik, Rhythmik, Spiel, Technik und Design, Bewegung und Sport. *(BGBl. I Nr. 132/1998, Z 3 idF BGBl. I Nr. 91/2005, Art. 1 Z 9, BGBl. I Nr. 170/2021, Art. 1 Z 4 und BGBl. I Nr. 37/2023, Art. 1 Z 1)*

(2) Im Lehrplan (§ 6) der 1. bis 4. Schulstufe sind vorzusehen:
1. als Pflichtgegenstände: Religion, Deutsch, Sachunterricht, Mathematik, Musik, Kunst und Gestaltung, Technik und Design, Bewegung und Sport;
2. als verbindliche Übungen: Verkehrs- und Mobilitätsbildung; für Schüler, die für den zweisprachigen Unterricht an Volksschulen für sprachliche Minderheiten angemeldet sind, ist eine lebende Fremdsprache als unverbindliche Übung vorzusehen;
3. eine lebende Fremdsprache in der Grundstufe I als verbindliche Übung und in der Grundstufe II als Pflichtgegenstand und für zumindest teilweise englischsprachig geführte Schulen Englisch als Unterrichtssprache. *(BGBl. I Nr. 170/2021, Art. 1 Z 5 idF BGBl. I Nr. 165/2022, Art. 1 Z 2 und BGBl. I Nr. 37/2023, Art. 1 Z 2)*

(BGBl. I Nr. 170/2021, Art. 1 Z 5)

(3) Im Lehrplan (§ 6) der Oberstufe sind vorzusehen:
1. als Pflichtgegenstände: Religion, Deutsch, Lebende Fremdsprache, Geschichte und Politische Bildung, Geographie und wirtschaftliche Bildung, Mathematik, Geometrisches Zeichnen, Biologie und Umweltbildung, Physik und Chemie, Musik, Kunst und Gestaltung, Technik und Design, Ernährung und Haushalt, Bewegung und Sport;
2. als verbindliche Übung: Bildungs- und Berufsorientierung in der 7. und 8. Schulstufe.

(BGBl. I Nr. 170/2021, Art. 1 Z 5)

(4) Für Kinder mit sonderpädagogischem Förderbedarf findet der Lehrplan der Volksschule insoweit Anwendung, als erwartet werden kann, daß ohne Überforderung die Bildungs- und Lehraufgabe des betreffenden Unterrichtsgegenstandes grundsätzlich erreicht wird; im übrigen findet der der Behinderung entsprechende Lehrplan der Sonderschule Anwendung. *(BGBl. Nr. 512/1993, Z 10)*

(5) entfallen (BGBl. I Nr. 116/2008, Z 7)

(BGBl. Nr. 365/1982, Art. I Z 5)

SchOG

Aufbau der Volksschule

§ **11.** (**Grundsatzbestimmung**) (1) Die Volksschule umfaßt
1. jedenfalls die Grundschule, bestehend aus
   a) der Grundstufe I und
   b) der Grundstufe II sowie
2. bei Bedarf die Oberstufe.

(2) Die Grundstufe I umfaßt bei Bedarf die Vorschulstufe und jedenfalls die 1. und 2. Schulstufe.

(3) Die Grundstufe II umfaßt die 3. und 4. Schulstufe.

(4) Die Oberstufe umfaßt die 5. bis 8. Schulstufe.

(5) Soweit es die Schülerzahl zuläßt, hat den Schulstufen (ausgenommen bei gemeinsamer Führung in der Grundschule) jeweils eine Klasse zu entsprechen. Bei zu geringer Schülerzahl können mehrere Schulstufen in einer Klasse zusammengefaßt werden. Solche Klassen sind in Abteilungen zu gliedern, wobei eine Abteilung eine oder mehrere – in der Regel aufeinanderfolgende – Schulstufen zu umfassen hat. *(BGBl. I Nr. 132/1998, Z 4 idF BGBl. I Nr. 56/2016, Art. 1 Z 9)*

(6) Zur Ermöglichung des zeitweisen gemeinsamen Unterrichtes von nicht behinderten Kindern und Kindern mit sonderpädagogischem Förderbedarf können zeitweise Volksschulklassen und Sonderschulklassen gemeinsam geführt werden.

(7) Volksschulen können als ganztägige Volksschulen geführt werden.[13])

(BGBl. I Nr. 132/1998, Z 4)

Organisationsformen der Volksschule

§ 12. (**Grundsatzbestimmung**) (1) Volksschulen sind
1. nur mit der Grundschule oder
2. mit Grundschule und Oberstufe

zu führen.

(2) Die Grundschule ist
1. mit einem getrennten Angebot von Vorschulstufe (bei Bedarf) sowie 1. bis 4. Schulstufe oder
2. mit einem gemeinsamen Angebot von Schulstufen

zu führen. *(BGBl. I Nr. 56/2016, Art. 1 Z 10)*

(2a) Volksschulen sind je nach den örtlichen Erfordernissen zu führen
1. als selbständige Volksschulen oder
2. als Volksschulklassen, die einer Mittelschule oder einer Sonderschule angeschlossen sind, oder *(BGBl. I Nr. 101/2018, Art. 1 Z 9)*
3. als Expositurklassen einer selbständigen Volksschule.

(BGBl. I Nr. 116/2008, Z 8)

(3) Über die Organisationsform gemäß Abs. 1 und 2a entscheidet die Bildungsdirektion nach Anhörung des Schulforums und des Schulerhalters. Die Entscheidung über die Organisationsform gemäß Abs. 2 ist dem Schulforum oder der Schulleitung nach Anhörung des Schulforums zu übertragen, wobei die Anhörung oder die Zustimmung des Schulerhalters und der Bildungsdirektion vorgesehen werden kann. *(BGBl. I Nr. 138/2017, Art. 9 Z 16)*

(BGBl. I Nr. 132/1998, Z 5)

Lehrer

§ **13.** (**Grundsatzbestimmung**) (1) Der Unterricht in jeder Volksschulklasse ist – abgesehen von einzelnen Unterrichtsgegenständen und einzelnen Unterrichtsstunden – durch einen Klassenlehrer zu erteilen. Für noch nicht schulreife Kinder (bei gemeinsamer Führung von Schulstufen der Grundstufe I), für Kinder mit sonderpädagogischem Förderbedarf sowie für Kinder mit nichtdeutscher Muttersprache, welche die Unterrichtssprache nicht ausreichend beherrschen, kann ein entsprechend ausgebildeter Lehrer zusätzlich eingesetzt werden. *(BGBl. I Nr. 132/1998, Z 6)*

(2) Für jede Volksschule sind ein Leiter, für jede Volksschulklasse ein Klassenlehrer und die erforderlichen Lehrer für einzelne Gegenstände zu bestellen.

(2a) An ganztägigen Schulformen kann für die Leitung des Betreuungsteiles ein Lehrer oder Erzieher vorgesehen werden. Für die gegenstandsbezogene Lernzeit sind die erforderlichen Lehrer, für die individuelle Lernzeit die erforderlichen Lehrer, Erzieher oder Erzieher für die Lernhilfe und für die Freizeit die erforderlichen Lehrer, Erzieher, Erzieher für die Lernhilfe oder Freizeitpädagogen zu bestellen. Für die Freizeit können auch andere auf Grund besonderer Qualifikation zur Erfüllung der Aufgaben im Freizeitteil geeignete Personen (§ 8 lit. j sublit. cc) bestellt werden. Der Einsatz solcher qualifizierter Personen ist auch dann zulässig, wenn diese nicht Bedienstete einer Gebietskörperschaft oder eines Gemeindeverbandes sind;[14]) § 56 Abs. 2 des

---

[13]) Siehe auch § 8d SchOG.

[14]) Siehe auch §§ 2, 9a und 10 des Strafregistergesetzes 1968, BGBl. Nr. 277/1968 idgF, welche auszugsweise lauten:

„Gegenstand der Aufnahme in das Strafregister

§ 2. (1) In das Strafregister sind aufzunehmen:
1. alle rechtskräftigen Verurteilungen durch inländische Strafgerichte sowie die auf Grund solcher Verurteilungen im Zusammenhang mit einer

Schulunterrichtsgesetzes ist anzuwenden. *(BGBl. Nr. 512/1993, Z 13 idF BGBl. I Nr. 73/2011, Art. 1 Z 3, BGBl. I Nr. 38/2015, Art. 2 Z 5 und BGBl. I Nr. 56/2016, Art. 1 Z 12)*

Übernahme der Überwachung oder der Vollstreckung getroffenen Entscheidungen ausländischer Strafgerichte;

2. alle rechtskräftigen Verurteilungen österreichischer Staatsbürger und solcher Personen, die in Österreich ihren Wohnsitz oder gewöhnlichen Aufenthalt haben, durch ausländische Strafgerichte sowie die auf Grund solcher Verurteilungen im Zusammenhang mit einer Übernahme der Überwachung oder der Vollstreckung getroffenen Entscheidungen inländischer Strafgerichte;
3. alle rechtskräftigen Verurteilungen durch ausländische Strafgerichte, zu deren gegenseitiger Mitteilung sich die vertragschließenden Staaten in dem Internationalen Abkommen vom 4. Mai 1910, RGBl. Nr. 116/1912, betreffend die Bekämpfung der Verbreitung unzüchtiger Veröffentlichungen, dem Internationalen Abkommen zur Bekämpfung der Falschmünzerei vom 20. April 1929, BGBl. Nr. 347/1931, dem Abkommen zur Beschränkung der Herstellung und zur Regelung der Verteilung der Betäubungsmittel vom 13. Juli 1931, BGBl. Nr. 198/1934 II, und dem Internationalen Abkommen zur Unterdrückung des Handels mit volljährigen Frauen vom 11. Oktober 1933, BGBl. Nr. 317/1936, verpflichtet haben;

...

7. die Anordnung der gerichtlichen Aufsicht gemäß § 52a StGB sowie Weisungen gemäß § 51 StGB, die einem wegen einer strafbaren Handlung gegen die sexuelle Integrität und Selbstbestimmung Verurteilten erteilt wurden;

...

8. rechtskräftige Tätigkeitsverbote gemäß § 220b StGB sowie gemäß vergleichbarer Bestimmungen anderer Mitgliedstaaten ausgesprochene Tätigkeitsverbote gemeinsam mit Daten gemäß § 3 Abs. 2 Z 1 bis 3;

...

(1a) Verurteilungen wegen einer strafbaren Handlung gegen die sexuelle Integrität und Selbstbestimmung, die nach Z 1 bis 3 in das Strafregister aufgenommen wurden, sind für Zwecke der Beauskunftung nach § 9a gesondert zu kennzeichnen. ..."

„Sonderauskünfte zu Sexualstraftätern

§ 9a. ...

(2) Nach Maßgabe besonderer gesetzlicher Regelungen hat die Landespolizeidirektion Wien Auskunft über die gemäß § 2 Abs. 1a gekennzeichneten Verurteilungen sowie über Daten gemäß § 2 Abs. 1 Z 7 und 8 zu erteilen:

1. Kinder- und Jugendhilfeträgern, Schulbehörden sowie Dienstbehörden und Personalstellen der Gebietskörperschaften im Zusammenhang mit der Anstellung von Personen an Einrichtungen zur Betreuung, Erziehung oder Unterrichtung von Kindern und Jugendlichen sowie zur Eignungsbeurteilung von Pflege- und Adoptivwerberinnen und -werbern,

..."

(3) Hiedurch werden die Vorschriften des Lehrerdienstrechtes, bei Religionslehrern auch jene des Religionsunterrichtsrechtes, nicht berührt.

Klassenschülerzahl

§ **14.**[15]) Die Zahl der Schülerinnen und Schüler in einer Volksschulklasse ist vom Schulleiter oder von der Schulleiterin unter Bedachtnahme auf die Erfordernisse der Pädagogik und der Sicherheit, auf den Förderbedarf der Schülerinnen und Schüler, auf die räumlichen Möglichkeiten und auf die mögliche Belastung der Lehrpersonen sowie nach Maßgabe der der Schule gemäß § 8a Abs. 3 zugeteilten Lehrpersonalressourcen festzulegen. § 8a Abs. 2 ist anzuwenden.

(BGBl. I Nr. 138/2017, Art. 9 Z 17)

SchOG

„Strafregisterbescheinigungen

§ 10. ...

(1a) Über besonderen Antrag ist eine mit „Strafregisterbescheinigung Kinder- und Jugendfürsorge" bezeichnete Bescheinigung über sämtliche gemäß § 2 Abs. 1a gekennzeichneten Verurteilungen des Antragstellers, über Daten gemäß § 2 Abs. 1 Z 7 und 8 oder darüber, dass das Strafregister keine solche Verurteilungen oder Einträge enthält, auszustellen. ...

(1b) Einem Antrag nach Abs. 1a hat der Antragsteller eine an ihn ergangene schriftliche Aufforderung zur Vorlage einer Bescheinigung nach Abs. 1a anzuschließen, in der der Aussteller bestätigt, dass diese Bescheinigung für die Prüfung der Eignung zur Ausübung einer bestimmten in seinem Verantwortungsbereich liegenden beruflichen oder organisierten ehrenamtlichen Tätigkeit, die hauptsächlich die Beaufsichtigung, Betreuung, Erziehung, Pflege oder Ausbildung Minderjähriger umfasst, benötigt wird.

..."

[15]) § 14 idF vor der Novelle BGBl. I Nr. 138/2017 ist gemäß § 8a Abs. 3 noch von Bedeutung. Er lautete:

„Klassenschülerzahl

§ 14. (**Grundsatzbestimmung**) (1) Die Zahl der Schüler in einer Volksschulklasse – ausgenommen die Vorschulklasse – hat 25 als Richtwert zu betragen und darf 10 nicht unterschreiten. Sofern hievon aus besonderen Gründen (zB zur Erhaltung von Schulstandorten oder der höheren Schulorganisation) ein Abweichen erforderlich ist, hat darüber die nach dem Ausführungsgesetz zuständige Behörde nach Anhörung des Schulerhalters und des Landesschulrates zu entscheiden. Die Ausführungsgesetzgebung hat zu bestimmen, unter welchen Voraussetzungen und in welchem Ausmaß die Klassenschülerhöchstzahl für Klassen, in denen sich Kinder mit sonderpädagogischem Förderbedarf befinden, niedriger als der Richtwert ist. Dabei ist auf die Anzahl der Schüler mit sonderpädagogischem Förderbedarf, die Art und das Ausmaß der Behinderung sowie das Ausmaß des zusätzlichen Lehrereinsatzes Rücksicht zu nehmen.

(2) Die Zahl der Schüler in einer Vorschulklasse darf 10 nicht unterschreiten und 20 nicht überschreiten."

§ 14a. entfallen (BGBl. I Nr. 116/2008, Z 11)

2. Hauptschulen
(§§ 15 bis 21)

entfallen (BGBl. I Nr. 101/2018, Art. 1 Z 10)

2a. Mittelschulen
(BGBl. I Nr. 36/2012, Art. 1 Z 10 idF BGBl. I Nr. 101/2018, Art. 1 Z 2)

Aufgabe der Mittelschule

§ 21a. (1) Die Mittelschule schließt als vierjähriger Bildungsgang an die 4. Schulstufe der Volksschule an. Sie hat die Aufgabe, der Schülerin oder dem Schüler je nach Interesse, Neigung, Begabung und Fähigkeit eine grundlegende Allgemeinbildung und eine vertiefte Allgemeinbildung zu vermitteln und sie oder ihn für den Übertritt in mittlere oder in höhere Schulen zu befähigen sowie auf die Polytechnische Schule oder das Berufsleben vorzubereiten.

(2) Zur Förderung der Schülerinnen und Schüler sind in den Pflichtgegenständen Deutsch, Mathematik und Lebende Fremdsprache in der 6. bis 8. Schulstufe zwei Leistungsniveaus vorzusehen.

(3) Unter Beachtung des Prinzips der inklusiven Pädagogik ist Schülerinnen und Schülern mit sonderpädagogischem Förderbedarf, die in eine Mittelschule aufgenommen wurden, eine der Aufgabe der Sonderschule (§ 22) entsprechende Bildung zu vermitteln, wobei entsprechend den Lernvoraussetzungen der Schülerin und des Schülers die Unterrichtsziele der Mittelschule anzustreben sind.

(BGBl. I Nr. 101/2018, Art. 1 Z 11)

Lehrplan der Mittelschule
(BGBl. I Nr. 36/2012, Art. 1 Z 10 idF BGBl. I Nr. 101/2018, Art. 1 Z 12)

§ 21b. (1) Im Lehrplan (§ 6) der Mittelschule sind vorzusehen:

1. als Pflichtgegenstände: Religion, Deutsch, eine lebende Fremdsprache (für zumindest teilweise englischsprachig geführte Schulen Englisch auch als Unterrichtssprache), Geschichte und Politische Bildung, Geografie und wirtschaftliche Bildung, Mathematik, Biologie und Umweltbildung, Chemie, Physik, Digitale Grundbildung, Musik, Kunst und Gestaltung, Technik und Design, Bewegung und Sport, Ernährung und Haushalt sowie die für (allfällige) einzelne Schwerpunktbereiche erforderlichen Pflichtgegenstände (wie insbesondere Latein, eine weitere lebende Fremdsprache oder Geometrisches Zeichnen). Die Festlegung des Schwerpunktbereichs für den Bildungsgang erfolgt durch die Schulleitung mit Zustimmung der Bildungsdirektion und nach Anhörung des Schulforums. Als Schwerpunktbereiche kommen in Betracht:
   a) sprachlicher, humanistischer und geisteswissenschaftlicher Schwerpunktbereich,
   b) naturwissenschaftlicher und mathematischer Schwerpunktbereich,
   c) ökonomischer und lebenskundlicher (einschließlich praxisbezogener) Schwerpunktbereich,
   d) musisch-kreativer Schwerpunktbereich;

   (BGBl. I Nr. 170/2021, Art. 1 Z 6 idF BGBl. I Nr. 232/2021, Art. 1 Z 3 und BGBl. I Nr. 165/2022, Art. 1 Z 3)
2. als verbindliche Übung: in der 3. und 4. Klasse Bildungs- und Berufsorientierung. *(BGBl. I Nr. 170/2021, Art. 1 Z 6 idF BGBl. I Nr. 232/2021, Art. 1 Z 4)*

(BGBl. I Nr. 170/2021, Art. 1 Z 6 idF BGBl. I Nr. 165/2022, Art. 1 Z 4)

(2) Im Lehrplan sind für die 6. bis 8. Schulstufe in den Pflichtgegenständen Deutsch, Mathematik und Lebende Fremdsprache die Leistungsniveaus „Standard" und „Standard AHS" vorzusehen. Die Anforderungen des Leistungsniveaus „Standard AHS" haben jenen der Unterstufe der allgemeinbildenden höheren Schule zu entsprechen. Der Lehrplan hat weiters förderdidaktische Maßnahmen vorzusehen, um die Schülerinnen und Schüler nach Möglichkeit zum Bildungsziel des Leistungsniveaus „Standard AHS" zu führen. *(BGBl. I Nr. 101/2018, Art. 1 Z 13)*

(3) Im Lehrplan für Sonderformen der Mittelschule (§ 21f) ist auf den Schwerpunkt der Ausbildung Bedacht zu nehmen. *(BGBl. I Nr. 36/2012, Art. 1 Z 10 idF BGBl. I Nr. 101/2018, Art. 1 Z 12)*

(4) Für Schüler mit sonderpädagogischem Förderbedarf findet der Lehrplan der Mittelschule insoweit Anwendung, als erwartet werden kann, dass ohne Überforderung die Bildungs- und Lehraufgabe des betreffenden Unterrichtsgegenstandes grundsätzlich erreicht wird; im Übrigen findet der der Behinderung entsprechende Lehrplan der Sonderschule Anwendung. Für körperbehinderte und sinnesbehinderte Schüler, die nach erfolgreichem Abschluss der 4. Schulstufe einer Volksschule oder einer nach dem Lehrplan der Volksschule geführten Sonderschule in die Mittelschule aufgenommen werden, hat die zuständige Schulbehörde unter Bedachtnahme auf die Behinderung und die Förderungsmöglichkeiten

sowie die grundsätzliche Aufgabe der Mittelschule (§ 21a) Abweichungen vom Lehrplan festzulegen. *(BGBl. I Nr. 36/2012, Art. 1 Z 10 idF BGBl. I Nr. 75/2013, Art. 12 Z 1 und BGBl. I Nr. 101/2018, Art. 1 Z 2 und 12)*

(BGBl. I Nr. 36/2012, Art. 1 Z 10)

Aufnahmsvoraussetzungen

§ 21c. (1) Die Aufnahme in die Mittelschule setzt den erfolgreichen Abschluss der 4. Stufe der Volksschule voraus. Die Aufnahme von Schülern mit sonderpädagogischem Förderbedarf setzt den Besuch der 4. Stufe der Volksschule oder der entsprechenden Stufe der Sonderschule voraus. *(BGBl. I Nr. 36/2012, Art. 1 Z 10 idF BGBl. I Nr. 101/2018, Art. 1 Z 2)*

(2) Die Aufnahme in eine Mittelschule unter besonderer Berücksichtigung der musischen, der sportlichen oder der englischsprachigen Ausbildung setzt die im Hinblick auf die besondere Aufgabe der Sonderform erforderliche Eignung voraus, die durch eine Eignungsprüfung festzustellen ist. *(BGBl. I Nr. 36/2012, Art. 1 Z 10 idF BGBl. I Nr. 101/2018, Art. 1 Z 2 und BGBl. I Nr. 165/2022, Art. 1 Z 5)*

(BGBl. I Nr. 36/2012, Art. 1 Z 10)

Aufbau der Mittelschule
(BGBl. I Nr. 36/2012, Art. 1 Z 10 idF BGBl. I Nr. 101/2018, Art. 1 Z 14)

§ 21d. (Grundsatzbestimmung) (1) Die Mittelschule umfasst vier Schulstufen (5. bis 8. Schulstufe). *(BGBl. I Nr. 36/2012, Art. 1 Z 10 idF BGBl. I Nr. 101/2018, Art. 1 Z 14)*

(2) Die Schüler der Mittelschule sind in Klassen zusammenzufassen. Jeder Schulstufe hat eine Klasse zu entsprechen. Nach Maßgabe pädagogischer oder organisatorischer Anforderungen (zB geringe Schülerzahl) können mehrere Schulstufen in einer Klasse zusammengefasst werden. *(BGBl. I Nr. 36/2012, Art. 1 Z 10 idF BGBl. I Nr. 101/2018, Art. 1 Z 14)*

(2a) Schülerinnen und Schüler der 6. bis 8. Schulstufe können in den Pflichtgegenständen Deutsch, Mathematik und Lebende Fremdsprache entsprechend ihrem Leistungsniveau zeitweise oder dauernd in Schülergruppen zusammengefasst werden. Diese Entscheidung ist der Schulleiterin oder dem Schulleiter zu übertragen. *(BGBl. I Nr. 101/2018, Art. 1 Z 15)*

(3) Zur Ermöglichung eines zeitweisen gemeinsamen Unterrichtes von nicht behinderten Schülern und Schülern mit sonderpädagogischem Förderbedarf können zeitweise Klassen der Mittelschule und Sonderschulklassen gemeinsam geführt werden. *(BGBl. I Nr. 36/2012, Art. 1 Z 10 idF BGBl. I Nr. 101/2018, Art. 1 Z 14)*

(4) Mittelschulen können als ganztägige Schulen geführt werden.[16]) *(BGBl. I Nr. 36/2012, Art. 1 Z 10 idF BGBl. I Nr. 101/2018, Art. 1 Z 14)*

(BGBl. I Nr. 36/2012, Art. 1 Z 10)

Organisationsformen der Mittelschule

§ 21e. (Grundsatzbestimmung) Mittelschulen sind je nach den örtlichen Erfordernissen zu führen

1. als selbstständige Mittelschulen oder
2. als Klassen einer Mittelschule, die einer Volksschule, einer Sonderschule oder einer Polytechnischen Schule angeschlossen sind, oder
3. als Expositurklassen einer selbstständigen Mittelschule.

Hierüber hat die Bildungsdirektion nach Anhörung des Schulforums und des Schulerhalters zu entscheiden.

(BGBl. I Nr. 36/2012, Art. 1 Z 10 idF BGBl. I Nr. 48/2014, Art. 2 Z 7, BGBl. I Nr. 138/2017, Art. 9 Z 27 und BGBl. I Nr. 101/2018, Art. 1 Z 14)

Sonderformen der Mittelschule
(BGBl. I Nr. 36/2012, Art. 1 Z 10 idF BGBl. I Nr. 101/2018, Art. 1 Z 14)

§ 21f. (Grundsatzbestimmung) Als Sonderformen können Mittelschulen oder einzelne ihrer Klassen unter besonderer Berücksichtigung der musischen, der sportlichen oder der englischsprachigen Ausbildung geführt werden, wobei die musische oder sportliche Ausbildung auch englischsprachig geführt werden kann.

(BGBl. I Nr. 36/2012, Art. 1 Z 10 idF BGBl. I Nr. 101/2018, Art. 1 Z 14 und BGBl. I Nr. 165/2022, Art. 1 Z 6)

Lehrer

§ 21g. (Grundsatzbestimmung) (1) Der Unterricht in den Mittelschulen ist durch Fachlehrer zu erteilen. Für den Unterricht von Schülern mit sonderpädagogischem Förderbedarf sind entsprechend ausgebildete Lehrer zusätzlich einzusetzen. Weiters können in den Pflichtgegenständen Deutsch, Lebende Fremdsprache und Mathematik sowie bei Bedarf in Pflichtgegenständen eines (schulautonomen) Schwerpunktbereiches entsprechend ausgebildete Lehrer zusätzlich eingesetzt werden. *(BGBl. I Nr. 36/2012, Art. 1 Z 10 idF BGBl. I Nr. 67/2015, Art. 1 Z 1 und BGBl. I Nr. 101/2018, Art. 1 Z 14)*

---

[16]) Siehe auch § 8d SchOG.

SchOG

(2) Für jede Mittelschule sind ein Leiter und die erforderlichen weiteren Lehrer zu bestellen. *(BGBl. I Nr. 36/2012, Art. 1 Z 10 idF BGBl. I Nr. 101/2018, Art. 1 Z 14)*

(3) § 13 Abs. 2a und 3 ist anzuwenden.
(BGBl. I Nr. 36/2012, Art. 1 Z 10)

Klassenschülerzahl

§ 21h.[17]) Die Zahl der Schülerinnen und Schüler in einer Klasse einer Mittelschule ist vom Schulleiter oder von der Schulleiterin unter Bedachtnahme auf die Erfordernisse der Pädagogik und der Sicherheit, auf den Förderbedarf der Schülerinnen und Schüler, auf die räumlichen Möglichkeiten und auf die mögliche Belastung der Lehrpersonen sowie nach Maßgabe der der Schule gemäß § 8a Abs. 3 zugeteilten Lehrpersonalressourcen festzulegen. § 8a Abs. 2 ist anzuwenden.

(BGBl. I Nr. 138/2017, Art. 9 Z 28 idF BGBl. I Nr. 101/2018, Art. 1 Z 12)

3. Sonderschulen

Aufgabe der Sonderschule

§ 22. Die Sonderschule in ihren verschiedenen Arten hat physisch oder psychisch behinderte Kinder in einer ihrer Behinderungsart entsprechenden Weise zu fördern, ihnen nach Möglichkeit eine den Volksschulen oder Mittelschulen oder Polytechnischen Schulen entsprechende Bildung zu vermitteln und ihre Eingliederung in das Arbeits- und Berufsleben vorzubereiten. Sonderschulen, die unter Bedachtnahme auf den Lehrplan der Mittelschule geführt werden, haben den Schüler je nach Interesse, Neigung, Begabung und Fähigkeit auch zum Übertritt in mittlere oder in höhere Schulen zu befähigen.
(BGBl. Nr. 365/1982, Art. I Z 15 idF BGBl. Nr. 766/1996, Z 16, BGBl. I Nr. 36/2012, Art. 1 Z 11 und 12 und BGBl. I Nr. 101/2018, Art. 1 Z 16)

Lehrplan der Sonderschule

§ 23. (1) Die Lehrpläne (§ 6) der einzelnen Arten der Sonderschule sind unter Bedachtnahme auf die Bildungsfähigkeit der Schüler und unter Anwendung der Vorschriften über den Lehrplan der Volksschule oder der Mittelschule oder der Polytechnischen Schule zu erlassen. An Sonderschulen für körperbehinderte Kinder ist der Unterricht in Bewegung und Sport als verbindliche oder unverbindliche Übung vorzusehen. Zusätzlich sind der Behinderung der Schüler entsprechende Unterrichtsgegenstände sowie therapeutische und funktionelle Übungen vorzusehen. *(BGBl. Nr. 365/1982, Art. I Z 15 idF BGBl. Nr. 512/1993, Z 17, BGBl. Nr. 766/1996, Z 17, BGBl. I Nr. 91/2005, Art. 1 Z 9, BGBl. I Nr. 36/2012, Art. 1 Z 13 und BGBl. I Nr. 101/2018, Art. 1 Z 12 und 17)*

(2) Soweit für einzelne Arten der Sonderschule eigene Lehrpläne erlassen werden, ist in diesen vorzusehen, daß Schüler in jenen Unterrichtsgegenständen nach dem Lehrplan der Volksschule, der Mittelschule oder der Polytechnischen Schule unterrichtet werden können, in denen ohne Überforderung die Erreichung des Lehrzieles erwartet werden kann. *(BGBl. Nr. 512/1993, Z 17 idF BGBl. Nr. 766/1996, Z 17, BGBl. I Nr. 36/2012, Art. 1 Z 14 und BGBl. I Nr. 101/2018, Art. 1 Z 12 und 18)*

(BGBl. Nr. 365/1982, Art. I Z 15)

Aufbau der Sonderschule

§ 24. (Grundsatzbestimmung) (1) Die Sonderschule umfaßt neun Schulstufen. Die letzte Schulstufe ist das Berufsvorbereitungsjahr. *(BGBl. I Nr. 9/2012, Art. 1 Z 7)*

(2) Die Einteilung der Klassen richtet sich nach dem Alter und der Bildungsfähigkeit der Schüler. In den Unterrichtsgegenständen Deutsch und Mathematik ist die Teilnahme am Unterricht der nächstniedrigeren oder nächsthöheren Schulstufe zu ermöglichen, wenn dadurch der individuellen Lernsituation der Schüler besser entsprochen werden kann.

(3) Für Sonderschulen, die nach dem Lehrplan der Volksschule, der Mittelschule oder der Polytechnischen Schule geführt werden, finden die §§ 11, 21d und 30 insoweit Anwendung, als dies die Aufgabe der Sonderschule zulässt. *(BGBl. I Nr. 36/2012, Art. 1 Z 15 idF BGBl. I Nr. 101/2018, Art. 1 Z 19)*

---

[17]) § 21h idF vor der Novelle BGBl. I Nr. 138/2017 ist gemäß § 8a Abs. 3 noch von Bedeutung. Er lautete:

„**Klassenschülerzahl**

§ 21h. (**Grundsatzbestimmung**) Die Klassenschülerzahl an der Neuen Mittelschule hat 25 als Richtwert zu betragen und soll 20 nicht unterschreiten. Sofern hievon aus besonderen Gründen (zB zur Erhaltung von Schulstandorten) ein Abweichen erforderlich ist, hat darüber die nach dem Ausführungsgesetz zuständige Behörde nach Anhörung des Schulerhalters und des Landesschulrates zu entscheiden. Die Ausführungsgesetzgebung hat zu bestimmen, unter welchen Voraussetzungen und in welchem Ausmaß die Klassenschülerhöchstzahl für Klassen, in denen sich Schüler mit sonderpädagogischem Förderbedarf befinden, niedriger als der Richtwert ist. Dabei ist auf die Anzahl der Schüler mit sonderpädagogischem Förderbedarf, die Art und das Ausmaß der Behinderung sowie das Ausmaß des zusätzlichen Lehrereinsatzes Rücksicht zu nehmen."

(4) Sonderschulen können als ganztägige Sonderschulen geführt werden.[18])
(BGBl. I Nr. 132/1998, Z 8)

Organisationsformen der Sonderschule

§ **25.** (**Grundsatzbestimmung**) (1) Sonderschulen sind je nach den örtlichen Erfordernissen zu führen
a) als selbständige Schulen oder
b) als Sonderschulklassen, die einer Volksschule, einer Mittelschule oder einer Polytechnischen Schule oder einer Sonderschule anderer Art angeschlossen sind. *(BGBl. I Nr. 101/2018, Art. 1 Z 20)*

Im Falle der lit. b ist bei ganztägigen Schulformen im Betreuungsteil eine integrative Gruppenbildung anzustreben. Ferner können in einer Sonderschulklasse Abteilungen eingerichtet werden, die verschiedenen Sonderschularten entsprechen. Auf Sonderschulen, die nach dem Lehrplan der Volksschule geführt werden, findet § 12 Abs. 2 und 3 Anwendung. *(BGBl. Nr. 512/1993, Z 19 idF BGBl. I Nr. 132/1998, Z 9)*

(2) Folgende Arten von Sonderschulen kommen in Betracht:
a) Allgemeine Sonderschule (für leistungsbehinderte oder lernschwache Kinder);
b) Sonderschule für körperbehinderte Kinder;
c) Sonderschule für sprachgestörte Kinder;
d) Sonderschule für schwerhörige Kinder;
e) Sonderschule für Gehörlose (Institut für Gehörlosenbildung); *(BGBl. Nr. 142/1980, Art. I Z 4)*
f) Sonderschule für sehbehinderte Kinder; *(BGBl. Nr. 323/1975, Art. I Z 16)*
g) Sonderschule für blinde Kinder (Blindeninstitut);
h) Sondererziehungsschule (für erziehungsschwierige Kinder); *(BGBl. Nr. 323/1975, Art. I Z 16)*
i) Sonderschule für Kinder mit erhöhtem Förderbedarf; *(BGBl. I Nr. 104/2015, Art. 1 Z 1)*
j) entfallen (BGBl. Nr. 323/1975, Art. I Z 16)

(3) Die im Abs. 2 unter lit. b bis h angeführten Sonderschulen tragen unter Bedachtnahme auf den Lehrplan, nach dem sie geführt werden, die Bezeichnung „Volksschule", „Mittelschule" bzw. „Polytechnische Schule" in den Fällen der lit. b bis g unter Beifügung der Art der Behinderung; dies gilt sinngemäß für derartige Sonderschulklassen. *(BGBl. Nr. 365/1982, Art. I Z 17 idF BGBl. Nr. 766/1996, Z 19, BGBl. I Nr. 36/2012, Art. 1 Z 17 und BGBl. I Nr. 101/2018, Art. 1 Z 21)*

[18]) Siehe auch § 8d SchOG.

(4) In Krankenanstalten und ähnlichen Einrichtungen können für schulpflichtige Kinder nach Maßgabe der gesundheitlichen Voraussetzungen Klassen bzw. ein kursmäßiger Unterricht nach dem Lehrplan der Volksschule, der Mittelschule, der Polytechnischen Schule oder einer Sonderschule eingerichtet werden. Unter der Voraussetzung einer entsprechenden Anzahl solcher Klassen und Kurse können auch „Heilstättenschulen" eingerichtet werden. *(BGBl. Nr. 323/1975, Art. I Z 16 idF BGBl. Nr. 766/1996, Z 17, BGBl. I Nr. 36/2012, Art. 1 Z 18 und BGBl. I Nr. 101/2018, Art. 1 Z 22)*

(5) Den im Abs. 2 angeführten Arten von Sonderschulen können Klassen für mehrfach behinderte Kinder angeschlossen werden. Unter der Voraussetzung einer entsprechenden Anzahl solcher Klassen können auch Sonderschulen für mehrfach behinderte Kinder geführt werden. *(BGBl. Nr. 242/1962 idF BGBl. Nr. 323/1975, Art. I Z 16)*

(6) An Volksschulen, Mittelschulen und Sonderschulen sowie an Polytechnischen Schulen können therapeutische und funktionelle Übungen in Form von Kursen durchgeführt werden. Ferner können für Schülerinnen und Schüler an Volksschulen und Mittelschulen, bezüglich deren ein Verfahren gemäß § 8 des Schulpflichtgesetzes 1985 eingeleitet wurde, Kurse zur Überprüfung des sonderpädagogischen Förderbedarfs durchgeführt werden. *(BGBl. I Nr. 101/2018, Art. 1 Z 23)*

Lehrer

§ **26.** (**Grundsatzbestimmung**) Die Vorschriften der §§ 13 und 21g finden unter Bedachtnahme auf die Organisationsform der Sonderschule sinngemäß Anwendung. *(BGBl. Nr. 242/1962 idF BGBl. I Nr. 101/2018, Art. 1 Z 24)*

Klassenschülerzahl

§ **27.**[19]) Die Zahl der Schülerinnen und Schüler in einer Klasse einer Sonderschule ist vom Schulleiter oder von der Schulleiterin

[19]) § 27 idF vor der Novelle BGBl. I Nr. 138/2017 ist gemäß § 8a Abs. 3 noch von Bedeutung. Er lautete:

„Klassenschülerzahl

§ 27. (Grundsatzbestimmung) (1) Die Zahl der Schüler in einer Klasse in einer Sonderschule für blinde Kinder, einer Sonderschule für Gehörlose und einer Sonderschule für Kinder mit erhöhtem Förderbedarf darf 8, die Zahl der Schüler in einer Klasse einer Sonderschule für sehbehinderte Kinder, einer Sonderschule für schwerhörige Kinder und einer Heilstättenschule darf 10 und die Zahl der Schüler in einer Klasse einer sonstigen Sonderschule darf 13 nicht übersteigen.

unter Bedachtnahme auf die Erfordernisse der Pädagogik und der Sicherheit, auf den Förderbedarf der Schülerinnen und Schüler, auf die räumlichen Möglichkeiten und auf die mögliche Belastung der Lehrpersonen sowie nach Maßgabe der der Schule gemäß § 8a Abs. 3 zugeteilten Lehrpersonalressourcen festzulegen. § 8a Abs. 2 ist anzuwenden.

(BGBl. I Nr. 138/2017, Art. 9 Z 31)

c) Verfassungsbestimmungen
entfallen (BGBl. I Nr. 138/2017, Art. 9 Z 32)

§ 27a. *entfallen (BGBl. I Nr. 138/2017, Art. 9 Z 32)*

4. Polytechnische Schule
(BGBl. Nr. 242/1962 idF BGBl. Nr. 243/1965, Art. II und BGBl. Nr. 766/1996, Z 19)

Aufgabe der Polytechnischen Schule

§ 28. (1) Die Polytechnische Schule schließt an die 8. Schulstufe an und umfaßt eine Schulstufe. Sie hat auf das weitere Leben insbesondere auf das Berufsleben dadurch vorzubereiten, als sie die Allgemeinbildung der Schüler in angemessener Weise zu erweitern und zu vertiefen, durch Bildungs- und Berufsorientierung auf die Berufsentscheidung vorzubereiten und eine Berufsgrundbildung zu vermitteln hat. Die Schüler sind je nach Interesse, Neigung, Begabung und Fähigkeit für den Übertritt in Lehre und Berufsschule bestmöglich zu qualifizieren sowie für den Übertritt in weiterführende Schulen zu befähigen. Die Polytechnische Schule ist für Schüler, die die 8. Schulstufe erfolgreich abgeschlossen haben, die 9. Schulstufe. *(BGBl. Nr. 766/1996, Z 22 idF BGBl. I Nr. 170/2021, Art. 1 Z 7)*

(2) Zur Förderung der Schülerinnen und Schüler können in den Pflichtgegenständen Deutsch und Kommunikation, Angewandte Mathematik und Lebende Fremdsprache Differenzierungsmaßnahmen (zwei Leistungsniveaus oder Interessensgruppen) vorgesehen werden. Nach Wahl der Schülerin oder des Schülers kann ein erweiterter Unterricht im Cluster Technik, im Cluster Dienstleistungen oder in einem sonstigen, den Interessen, Begabungen und Fähigkeiten der Schülerinnen und Schüler oder der Wirtschaftsstruktur der Region entsprechenden Bereich vorgesehen werden. *(BGBl. I Nr. 86/2019, Art. 1 Z 2)*

(3) Schüler ohne erfolgreichen Abschluß der 8. Schulstufe sind hinsichtlich ihrer Befähigung für das Arbeits- und Berufsleben besonders zu fördern und zu einem bestmöglichen Bildungsabschluß zu führen.

(4) Unter Beachtung des Prinzips der sozialen Integration ist Schülern mit sonderpädagogischem Förderbedarf eine der Aufgabe der Sonderschule entsprechende Bildung zu vermitteln, wobei entsprechend den Lernvoraussetzungen des Schülers die Unterrichtsziele der Polytechnischen Schule anzustreben sind. *(BGBl. I Nr. 9/2012, Art. 1 Z 8)*

(BGBl. Nr. 766/1996, Z 22)

Lehrplan der Polytechnischen Schule

§ 29. (1) Im Lehrplan (§ 6) der Polytechnischen Schule sind vorzusehen:

a) als Pflichtgegenstände: Religion, Berufs- und Lebenswelt, Deutsch und Kommunikation, eine lebende Fremdsprache, Angewandte Mathematik, Politische Bildung, Wirtschaft und Ökologie, Bewegung und Sport;
b) als alternative Pflichtgegenstände: die im Hinblick auf die Berufsgrundbildung sowie zur Erweiterung und Vertiefung der Allgemeinbildung erforderlichen Unterrichtsgegenstände; diese können in Fachbereiche zusammengefasst werden, die Berufsfeldern bzw. weiterführenden Ausbildungen entsprechen.

(BGBl. I Nr. 86/2019, Art. 1 Z 3)

(2) Für Schüler mit sonderpädagogischem Förderbedarf findet der Lehrplan der Polytechnischen Schule insoweit Anwendung, als erwartet werden kann, dass ohne Überforderung die Bildungs- und Lehraufgabe des betreffenden Unterrichtsgegenstandes grundsätzlich erreicht wird; im Übrigen findet der der Behinderung entsprechende Lehrplan der Sonderschule Anwendung. Für körperbehinderte und sinnesbehinderte Schüler hat die zuständige Schulbehörde unter Bedachtnahme auf die Behinderung und die Förderungsmöglichkeiten sowie die grundsätzliche Erfüllung der Aufgabe der Polytechnischen Schule (§ 28) Abweichungen vom Lehrplan festzulegen. *(BGBl. I Nr. 9/2012, Art. 1 Z 9 idF BGBl. I Nr. 75/2013, Art. 12 Z 1)*

(BGBl. Nr. 766/1996, Z 23)

Aufbau der Polytechnischen Schule
(BGBl. Nr. 242/1962 idF BGBl. Nr. 243/1965, Art. II und BGBl. Nr. 766/1996, Z 17)

§ 30. (**Grundsatzbestimmung**) (1) Die Polytechnische Schule umfaßt ein Schuljahr

---

(2) Die Schülerzahl in Klassen für mehrfach behinderte Kinder richtet sich je nach den vorliegenden Behinderungen der Schüler nach Abs. 1 mit der Maßgabe, daß sie jedenfalls 10 nicht übersteigen darf.

(3) entfallen

(4) Die Zahl der Schüler in einer Vorschulklasse darf 8, in einer Vorschulklasse an einer Sonderschule für blinde Kinder und an einer Sonderschule für Gehörlose jedoch 6 nicht unterschreiten und die Zahl gemäß Abs. 1 nicht übersteigen."

(9. Schulstufe). *(BGBl. Nr. 242/1962 idF BGBl. Nr. 243/1965, Art. II und BGBl. Nr. 766/1996, Z 25)*

(2) Die Schüler der Polytechnischen Schule sind unter Bedachtnahme auf eine für die Unterrichtsführung erforderliche Mindestschülerzahl in Klassen zusammenzufassen. *(BGBl. Nr. 142/1980, Art. I Z 8 idF BGBl. Nr. 766/1996, Z 17)*

(3) Sofern in den Pflichtgegenständen Deutsch und Kommunikation, Angewandte Mathematik und Lebende Fremdsprache eine Differenzierung nach zwei Leistungsniveaus erfolgt, sind die Schülerinnen und Schüler mehrerer Klassen entsprechend ihrem Leistungsniveau unter Anwendung des § 8a nach Möglichkeit in Schülergruppen zusammenzufassen. Die Zusammenfassung in Schülergruppen kann bei einem gemeinsamen Unterricht von Schülern mit sonderpädagogischem Förderbedarf und Schülern ohne sonderpädagogischen Förderbedarf entfallen. *(BGBl. Nr. 365/1982, Art. II Z 4 idF BGBl. Nr. 766/1996, Z 26, BGBl. I Nr. 9/2012, Art. 1 Z 10, BGBl. I Nr. 101/2018, Art. 1 Z 26 und BGBl. I Nr. 86/2019, Art. 1 Z 4)*

(3a) Zur Ermöglichung eines zeitweisen gemeinsamen Unterrichtes von Schülern ohne sonderpädagogischen Förderbedarf und Schülern mit sonderpädagogischem Förderbedarf können zeitweise Klassen der Polytechnischen Schule und Sonderschulklassen gemeinsam geführt werden. *(BGBl. I Nr. 9/2012, Art. 1 Z 11)*

(4) Polytechnische Schulen können als ganztägige Polytechnische Schulen geführt werden.[20]) *(BGBl. Nr. 512/1993, Z 21 idF BGBl. Nr. 766/1996, Z 2)*

Organisationsformen der Polytechnischen Schule

§ 31. (**Grundsatzbestimmung**) Polytechnische Schulen sind je nach den örtlichen Erfordernissen zu führen

1. als selbständige Polytechnische Schulen oder
2. als Klassen von Polytechnischen Schulen, die einer Volksschule, einer Mittelschule oder einer Sonderschule angeschlossen sind, oder *(BGBl. I Nr. 101/2018, Art. 1 Z 27)*
3. als Expositurklassen einer selbständigen Polytechnischen Schule.

Hierüber hat die Bildungsdirektion nach Anhörung des Schulgemeinschaftsausschusses und des Schulerhalters zu entscheiden.

(BGBl. I Nr. 116/2008, Z 16 idF BGBl. I Nr. 48/2014, Art. 2 Z 7, BGBl. I Nr. 138/2017, Art. 9 Z 35 und BGBl. I Nr. 101/2018, Art. 1 Z 28)

[20]) Siehe auch § 8d SchOG.

Lehrer

§ 32. (**Grundsatzbestimmung**) (1) Der Unterricht in den Klassen der Polytechnischen Schule ist durch Fachlehrer zu erteilen. Für den integrativen Unterricht von Schülern mit sonderpädagogischem Förderbedarf sind entsprechend ausgebildete Lehrer zusätzlich einzusetzen; für einzelne Unterrichtsgegenstände dürfen mit ihrer Zustimmung auch Lehrer eingesetzt werden, die keine besondere Ausbildung zur sonderpädagogischen Förderung besitzen. *(BGBl. Nr. 242/1962 idF BGBl. Nr. 243/1965, Art. II, BGBl. Nr. 766/1996, Z 17 und BGBl. I Nr. 9/2012, Art. 1 Z 12)*

(2) Für die Polytechnischen Schulen sind die erforderlichen Lehrer zu bestellen. Für Polytechnische Schulen, die als selbständige Schule geführt werden, ist überdies ein Leiter zu bestellen. *(BGBl. Nr. 242/1962 idF BGBl. Nr. 243/1965, Art. II und BGBl. Nr. 766/1996, Z 28)*

(3) § 13 Abs. 2a und 3 ist anzuwenden. *(BGBl. Nr. 512/1993, Z 22)*

Klassenschülerzahl

§ 33.[21]) Die Zahl der Schülerinnen und Schüler in einer Klasse einer Polytechnischen Schule ist vom Schulleiter oder von der Schulleiterin unter Bedachtnahme auf die Erfordernisse der Pädagogik und der Sicherheit, auf den Förderbedarf der Schülerinnen und Schüler, auf die räumlichen Möglichkeiten und auf die mögliche Belastung der Lehrpersonen sowie nach Maßgabe der der Schule gemäß § 8a Abs. 3 zugeteilten Lehrpersonalressourcen festzulegen. § 8a Abs. 2 ist anzuwenden.

(BGBl. I Nr. 138/2017, Art. 9 Z 36)

[21]) § 33 idF vor der Novelle BGBl. I Nr. 138/2017 ist gemäß § 8a Abs. 3 noch von Bedeutung. Er lautete:

„Klassenschülerzahl

§ 33. (**Grundsatzbestimmung**) Die Klassenschülerzahl an der Polytechnischen Schule hat 25 als Richtwert zu betragen und soll 20 nicht unterschreiten. Sofern hievon aus besonderen Gründen (zB zur Erhaltung von Schulstandorten) ein Abweichen erforderlich ist, hat darüber die nach dem Ausführungsgesetz zuständige Behörde nach Anhörung des Schulerhalters und des Landesschulrates zu entscheiden. Für Polytechnische Schulen, die einer Sonderschule angeschlossen sind, gelten die im § 27 genannten Klassenschülerzahlen entsprechend der Behinderungsart. Die Ausführungsgesetzgebung hat zu bestimmen, unter welchen Voraussetzungen und in welchem Ausmaß die Klassenschülerhöchstzahl für Klassen, in denen sich Schüler mit sonderpädagogischem Förderbedarf befinden, niedriger als der Richtwert ist. Dabei ist auf die Anzahl der Schüler mit sonderpädagogischem Förderbedarf, die Art und das Ausmaß der Behinderung sowie das Ausmaß des zusätzlichen Lehrereinsatzes Rücksicht zu nehmen."

5. Praxisschulen
(BGBl. I Nr. 113/2006, Art. 16 Z 14)

Organisation der Praxisschulen

§ 33a. (1) In öffentliche Pädagogische Hochschulen als Praxisschulen eingegliederte Volksschulen oder Mittelschulen sind Bundesschulen. *(BGBl. I Nr. 101/2018, Art. 1 Z 29)*

(2) Neben den in Abs. 1 genannten Praxisschulen können mit Zustimmung des Schulerhalters auch andere öffentliche Schulen oder Schulen mit Öffentlichkeitsrecht als Praxisschulen herangezogen werden. *(BGBl. I Nr. 113/2006, Art. 16 Z 14 idF BGBl. I Nr. 116/2008, Z 18)*

(3) Für Praxisschulen gemäß Abs. 1 finden die für die betreffende Schulart geltenden Bestimmungen dieses Teiles mit der Maßgabe Anwendung, dass die näheren Festlegungen über den Aufbau, die Organisationsform und die Lehrer unter Bedachtnahme auf die landesgesetzlichen Bestimmungen desjenigen Bundeslandes, in dem die Pädagogische Hochschule ihren Sitz hat, sowie weiters unter Bedachtnahme auf die zusätzlichen Aufgaben der Praxisschulen gemäß § 23 des Hochschulgesetzes 2005, BGBl. I Nr. 30/2006, durch den Rektor der Pädagogischen Hochschule zu treffen sind. Diese Festlegungen haben im Ziel- und Leistungsplan sowie im Ressourcenplan (§§ 30 und 31 des Hochschulgesetzes 2005) ihre Deckung zu finden und sind durch Anschlag in der Praxisschule kund zu machen. *(BGBl. I Nr. 113/2006, Art. 16 Z 14 idF BGBl. I Nr. 138/2017, Art. 9 Z 37)*

(BGBl. I Nr. 113/2006, Art. 16 Z 14)

Abschnitt II
Allgemeinbildende höhere Schulen

Aufgabe der allgemeinbildenden höheren Schulen

§ 34. (1) Die allgemeinbildenden höheren Schulen haben die Aufgabe, den Schülern eine umfassende und vertiefte Allgemeinbildung zu vermitteln und sie zugleich zur Universitätsreife zu führen. *(BGBl. Nr. 242/1962 idF BGBl. Nr. 766/1996, Z 30 und BGBl. I Nr. 77/2001, Art. 1 Z 6)*

(2) Unter Beachtung des Prinzips der sozialen Integration ist Schülern mit sonderpädagogischem Förderbedarf, die in die Unterstufe einer allgemeinbildenden höheren Schule aufgenommen wurden, eine der Aufgabe der Sonderschule (§ 22) entsprechende Bildung zu vermitteln, wobei entsprechend den Lernvoraussetzungen des Schülers die Unterrichtsziele der allgemeinbildenden höheren Schule anzustreben sind. *(BGBl. Nr. 766/1996, Z 30)*

Aufbau der allgemeinbildenden höheren Schulen

§ 35. (1) Die allgemeinbildenden höheren Schulen mit Unter- und Oberstufe schließen an die 4. Stufe der Volksschule an und umfassen acht Schulstufen (5. bis 12. Schulstufe); die Unterstufe und die Oberstufe umfassen je vier Schulstufen. *(BGBl. Nr. 365/1982, Art. I Z 23)*

(2) Das Oberstufenrealgymnasium schließt an die 8. Schulstufe an und umfaßt eine vierjährige Oberstufe (9. bis 12. Schulstufe). Eine einjährige Übergangsstufe kann eingerichtet werden. *(BGBl. Nr. 365/1982, Art. I Z 23)*

(3) Jeder Schulstufe hat eine Klasse zu entsprechen. An Sonderformen für Berufstätige mit modularer Unterrichtsorganisation sind die lehrplanmäßig vorgesehenen Unterrichtsgegenstände der einzelnen Semester als Module zu führen. *(BGBl. Nr. 323/1975, Art. I Z 21 idF BGBl. I Nr. 44/2010, Z 6)*

(4) Die Bestimmungen der Abs. 1 und 2 gelten nicht für die im § 37 Abs. 1 Z. 1 und 2 vorgesehenen Sonderformen.

(4a) Zur Ermöglichung eines zeitweisen gemeinsamen Unterrichtes von nicht behinderten Schülern und Schülern mit sonderpädagogischem Förderbedarf können zeitweise Klassen der Unterstufe der allgemeinbildenden höheren Schule und Sonderschulklassen gemeinsam geführt werden. *(BGBl. Nr. 766/1996, Z 31)*

(5) Allgemeinbildende höhere Schulen mit Unter- und Oberstufe können mit ganztägiger Unterstufe geführt werden.[22]) *(BGBl. Nr. 512/1993, Z 23)*

(BGBl. Nr. 323/1975, Art. I Z 21)

Formen der allgemein bildenden höheren Schulen

§ 36. Folgende Formen der allgemein bildenden höheren Schulen – abgesehen von den Sonderformen (§ 37) – kommen in Betracht:

1. mit Unter- und Oberstufe:
   a) das Gymnasium – mit besonderer Berücksichtigung von sprachlichen, humanistischen und geisteswissenschaftlichen Bildungsinhalten,
   b) das Realgymnasium – mit besonderer Berücksichtigung von naturwissenschaftlichen und mathematischen Bildungsinhalten,
   c) das Wirtschaftskundliche Realgymnasium – mit besonderer Berücksichtigung von ökonomischen und lebenskundlichen (einschließlich praxisbezogenen) Bildungsinhalten;

[22]) Siehe auch § 8d SchOG.

2. nur mit Oberstufe: das Oberstufenrealgymnasium. *(BGBl. I Nr. 96/2022, Art. 1 Z 6)*

(BGBl. I Nr. 20/2006, Art. 1 Z 6)

Sonderformen der allgemeinbildenden höheren Schulen

§ 37. (1) Sonderformen der allgemeinbildenden höheren Schulen sind:
1. das Aufbaugymnasium und das Aufbaurealgymnasium,
2. das Gymnasium für Berufstätige, das Realgymnasium für Berufstätige und das Wirtschaftskundliche Realgymnasium für Berufstätige,
3. allgemeinbildende höhere Schulen unter besonderer Berücksichtigung der musischen, der sportlichen oder der englischsprachigen Ausbildung, wobei die musische oder sportliche Ausbildung auch englischsprachig geführt werden kann, *(BGBl. I Nr. 165/2022, Art. 1 Z 7)*
4. das Werkschulheim. *(BGBl. I Nr. 20/2006, Art. 1 Z 7)*

(BGBl. Nr. 327/1988, Art. I Z 4)

(2) Das Aufbaugymnasium und das Aufbaurealgymnasium umfassen eine vierjährige Oberstufe; eine einjährige Übergangsstufe kann eingerichtet werden. Sie sind vornehmlich für Schüler bestimmt, die nach erfolgreichem Abschluß der acht Schulstufen der Volksschule das Bildungsziel einer allgemeinbildenden höheren Schule erreichen wollen. Bei größeren Altersunterschieden sind gesonderte Klassen zu führen. *(BGBl. Nr. 365/1982, Art. I Z 24)*

(3) Das Gymnasium für Berufstätige, das Realgymnasium für Berufstätige und das Wirtschaftskundliche Realgymnasium für Berufstätige umfassen acht Semester. Sie haben die Aufgabe, Personen, die die achte Schulstufe erfolgreich abgeschlossen haben und das 17. Lebensjahr spätestens im Kalenderjahr der Aufnahme vollenden sowie eine Berufsausbildung abgeschlossen haben oder in das Berufsleben eingetreten sind, zum Bildungsziel einer allgemeinbildenden höheren Schule zu führen. *(BGBl. Nr. 327/1988, Art. I Z 5 idF BGBl. I Nr. 116/2008, Z 19)*

(4) entfallen (BGBl. I Nr. 48/2014, Art. 2 Z 10)

(5) Unter Berücksichtigung der musischen, der sportlichen oder der englischsprachigen Ausbildung können allgemeinbildende höhere Schulen oder einzelne ihrer Klassen als Sonderformen geführt werden. Der Ausbildungsgang umfasst dieselbe Anzahl von Schulstufen wie die entsprechenden im § 36 genannten Formen, sofern nicht eine Verlängerung zur Erreichung des angestrebten Bildungszieles erforderlich ist. *(BGBl. I Nr. 165/2022, Art. 1 Z 8)*

(6) Das Werkschulheim umfasst eine fünfjährige Oberstufe, in der neben der höheren Allgemeinbildung eine Handwerksausbildung zu vermitteln ist. *(BGBl. I Nr. 20/2006, Art. 1 Z 8)*

(BGBl. Nr. 323/1975, Art. I Z 21)

***§ 38.** entfallen (BGBl. I Nr. 20/2006, Art. 1 Z 9)*

Lehrplan der allgemeinbildenden höheren Schulen

§ 39. (1) In den Lehrplänen (§ 6) der allgemein bildenden höheren Schulen und deren in § 36 genannten Formen sind als Pflichtgegenstände vorzusehen:

Religion, Deutsch, eine lebende Fremdsprache (für zumindest teilweise englischsprachig geführte Schulen auch Englisch als Unterrichtssprache), Latein (im Gymnasium, in den anderen Formen alternativ zur weiteren lebenden Fremdsprache), eine weitere Fremdsprache, Geschichte und Politische Bildung, Geographie und wirtschaftliche Bildung, Mathematik, Biologie und Umweltbildung, Physik, Digitale Grundbildung, Chemie, Psychologie und Philosophie, Informations- und Kommunikationstechnologie, Musik, Kunst und Gestaltung, Technik und Design (ausgenommen am Oberstufenrealgymnasium), Bewegung und Sport, ferner die für die einzelnen Formen der allgemein bildenden höheren Schulen im Hinblick auf deren spezifische Bildungsinhalte (§ 36) erforderlichen Pflichtgegenstände. In den Lehrplänen aller Formen der Oberstufe sind weiters in der 6. bis 8. Klasse Wahlpflichtgegenstände als alternative Pflichtgegenstände in einem solchen Stundenausmaß vorzusehen, dass unter Einbeziehung der sonstigen Pflichtgegenstände das Gesamtstundenausmaß der Pflichtgegenstände in der Oberstufe für alle Schüler gleich ist. Die Wahlpflichtgegenstände dienen der Ergänzung, Erweiterung oder Vertiefung der im ersten Satz angeführten Pflichtgegenstände und der spezifischen Bildungsinhalte der einzelnen Formen der allgemein bildenden höheren Schulen (§ 36). Ab der 9. Schulstufe ist für jene Schülerinnen und Schüler, die am Religionsunterricht nicht teilnehmen, der Pflichtgegenstand Ethik im Ausmaß von zwei Wochenstunden vorzusehen.[23])

[23]) § 39 Abs. 1 (letzter Satz) idF BGBl. I Nr. 133/2020 tritt gemäß § 131 Abs. 43 ab 1. September 2021 klassen- und schulstufenweise aufsteigend und somit für die 9. Schulstufen mit 1. September 2021, für die 10. Schulstufen mit 1. September 2022, für die 11. Schulstufen mit 1. September 2023, für die 12. Schulstufen mit 1. September 2024 und für die 13. Schulstufen mit 1. September 2025 in Kraft.

SchOG

(BGBl. Nr. 327/1988, Art. I Z 9 idF BGBl. I Nr. 77/2001, Art. 1 Z 7, BGBl. I Nr. 20/2006, Art. 1 Z 10 und 11 und BGBl. I Nr. 113/2006, Art. 16 Z 15, BGBl. I Nr. 133/2020, Art. 1 Z 2, BGBl. I Nr. 170/2021, Art. 1 Z 8, BGBl. I Nr. 232/2021, Art. 1 Z 5, BGBl. I Nr. 96/2022, Art. 1 Z 7 und BGBl. I Nr. 165/2022, Art. 1 Z 9)

(1a) Im Lehrplan (§ 6) der in § 36 Z 1 genannten Formen der allgemein bildenden höheren Schule sind überdies als verbindliche Übungen vorzusehen:
in der 3. und 4. Klasse Bildungs- und Berufsorientierung.
(BGBl. I Nr. 138/2017, Art. 9 Z 38 idF BGBl. I Nr. 170/2021, Art. 1 Z 7 und BGBl. I Nr. 232/2021, Art. 1 Z 6)

(2) Eine unterschiedliche Gestaltung der Lehrpläne der Unterstufe der allgemeinbildenden höheren Schule und der Mittelschule darf den Übertritt von Schülerinnen und Schülern der Mittelschule in die allgemeinbildende höhere Schule (§ 40 Abs. 2 bis 3) nicht erschweren. § 21b Abs. 2 zweiter Satz ist anzuwenden. *(BGBl. I Nr. 101/2018, Art. 1 Z 30)*

(3) In der Unterstufe findet für Schüler mit sonderpädagogischem Förderbedarf der Lehrplan der allgemeinbildenden höheren Schule insoweit Anwendung, als erwartet werden kann, daß ohne Überforderung die Bildungs- und Lehraufgabe des betreffenden Unterrichtsgegenstandes grundsätzlich erreicht wird; im übrigen findet der der Behinderung entsprechende Lehrplan der Sonderschule Anwendung. In der Unter- und Oberstufe hat die Schulbehörde erster Instanz für körperbehinderte und sinnesbehinderte Schüler, die nach Erfüllung der Aufnahmsvoraussetzungen im Sinne des § 40 in die allgemeinbildende höhere Schule aufgenommen werden, unter Bedachtnahme auf die Behinderung und die Förderungsmöglichkeiten sowie die grundsätzliche Erfüllung der Aufgabe der allgemeinbildenden höheren Schule (§ 34 Abs. 1) Abweichungen vom Lehrplan festzulegen. *(BGBl. Nr. 766/1996, Z 32)*

(4) Die Lehrpläne der Sonderformen (§ 37) haben sich unter Bedachtnahme auf die besonderen Aufgaben dieser Schulen im wesentlichen nach den Lehrplänen der entsprechenden im § 36 genannten Formen zu richten, wobei das Angebot von Wahlpflichtgegenständen entfallen kann; bei Entfall von Wahlpflichtgegenständen können entsprechende Freigegenstände geführt werden. *(BGBl. Nr. 323/1993, Art. I Z 15 idF BGBl. I Nr. 20/2006, Art. 1 Z 12)*

(5) Der Lehrplan des Werkschulheims hat sich nach dem Lehrplan einer der in den § 36 genannten Formen zu richten, wobei zur Erfüllung der Aufgaben des Werkschulheims im Sinne des § 37 Abs. 6 in einem ergänzenden Lehrplan die schulmäßige Ausbildung in einem Handwerk vorzusehen ist; dabei sind die Vorschriften über den Lehrplan der entsprechenden berufsbildenden mittleren Schulen (Teil B Abschnitt II) sinngemäß anzuwenden. *(BGBl. I Nr. 20/2006, Art. 1 Z 13)*

(BGBl. Nr. 323/1975, Art. I Z 22)

Aufnahmsvoraussetzungen

§ 40.[24]) (1) Die Aufnahme in die 1. Klasse der allgemeinbildenden höheren Schule setzt voraus, daß die vierte Stufe der Volksschule

[24]) § 40 idF vor der Novelle BGBl. I Nr. 101/2018 ist gemäß § 130c Abs. 2 noch von Bedeutung. Er lautete:

„Aufnahmsvoraussetzungen

§ 40. (1) Die Aufnahme in die 1. Klasse einer allgemeinbildenden höheren Schule setzt voraus, daß die vierte Stufe der Volksschule erfolgreich abgeschlossen wurde und die Beurteilung in Deutsch, Lesen, Schreiben sowie Mathematik für die vierte Schulstufe mit „Sehr gut" oder „Gut" erfolgte; die Beurteilung mit „Befriedigend" in diesen Pflichtgegenständen steht der Aufnahme nicht entgegen, sofern die Schulkonferenz der Volksschule feststellt, daß der Schüler auf Grund seiner sonstigen Leistungen mit großer Wahrscheinlichkeit den Anforderungen der allgemeinbildenden höheren Schule genügen wird. Aufnahmsbewerber, die diese Voraussetzung nicht erfüllen, haben eine Aufnahmsprüfung abzulegen. Abweichend von den vorstehenden Bestimmungen setzt die Aufnahme von Schülern mit sonderpädagogischem Förderbedarf den Besuch der 4. Stufe der Volksschule oder der entsprechenden Stufe der Sonderschule für die Aufnahme in die 1. Klasse einer allgemeinbildenden höheren Schule voraus.

(2) Schüler der Hauptschule, deren Jahreszeugnis für die 1., 2. oder 3. Klasse den Vermerk enthält, daß sie im nächsten Unterrichtsjahr in den leistungsdifferenzierten Pflichtgegenständen die höchste Leistungsgruppe zu besuchen haben, und in den übrigen Pflichtgegenständen eine Beurteilung aufweist, die nicht schlechter als „Befriedigend" ist, sind berechtigt, zu Beginn des folgenden Schuljahres in die 2., 3. bzw. 4. Klasse einer allgemeinbildenden höheren Schule überzutreten. Aufnahmsbewerber, die diese Voraussetzung nicht erfüllen, haben aus jenen Pflichtgegenständen, in denen die Voraussetzungen nicht erfüllt werden, eine Aufnahmsprüfung abzulegen; eine Aufnahmsprüfung entfällt, sofern das Jahreszeugnis die Feststellung enthält, daß die Schulstufe „mit ausgezeichnetem Erfolg" abgeschlossen wurde (§ 22 Abs. 2 lit. g des Schulunterrichtsgesetzes, BGBl. Nr. 472/1986). Eine Aufnahmsprüfung ist jedenfalls in der Fremdsprache abzulegen, die der Schüler bisher nicht besucht hat, wenn diese in der angestrebten Klasse der allgemeinbildenden höheren Schule weiterführend unterrichtet wird. Abweichend von den vorstehenden Bestimmungen setzt die Aufnahme von Schülern mit sonderpädagogischem Förderbedarf in die 2., 3. oder 4. Klasse einer allgemeinbildenden höheren Schule den Besuch der vorhergehenden Stufe der Haupt- oder Sonderschule voraus.

erfolgreich abgeschlossen wurde und die Beurteilung in Deutsch, Lesen, Schreiben sowie Mathematik für die vierte Schulstufe mit „Sehr gut“ oder „Gut“ erfolgte; die Beurtei-

---

(2a) Schüler der Neuen Mittelschule sind berechtigt, bei erfolgreichem Abschluss der 1., 2. und 3. Klasse unter den folgenden Voraussetzungen zu Beginn des folgenden Schuljahres in die jeweils nächsthöhere Klasse einer allgemein bildenden höheren Schule überzutreten:

1. Nach erfolgreichem Abschluss der 1. und 2. Klasse, sofern das Jahreszeugnis in den Gegenständen Deutsch, Mathematik und Lebende Fremdsprache ein „Sehr gut“ oder ein „Gut“ aufweist. Aufnahmsbewerber, die diese Voraussetzungen nicht erfüllen, haben aus jenen Pflichtgegenständen, in denen die Voraussetzungen nicht erfüllt werden, eine Aufnahmsprüfung abzulegen.
2. Nach erfolgreichem Abschluss der 3. Klasse, sofern das Jahreszeugnis ausweist, dass der Schüler in allen differenzierten Pflichtgegenständen nach den Anforderungen der Vertiefung beurteilt wurde oder – sofern dieser in (nur) einem differenzierten Pflichtgegenstand nach den Anforderungen der grundlegenden Allgemeinbildung beurteilt wurde – die Klassenkonferenz der Neuen Mittelschule feststellt, dass der Schüler auf Grund seiner sonstigen Leistungen mit großer Wahrscheinlichkeit den Anforderungen der allgemein bildenden höheren Schule genügen wird. Dabei hat die Klassenkonferenz die Beurteilungen in den übrigen Unterrichtsgegenständen sowie die ergänzende differenzierende Leistungsbeschreibung (gemäß § 22 Abs. 1a des Schulunterrichtsgesetzes) zu berücksichtigen. Anderenfalls ist aus jenen differenzierten Pflichtgegenständen, in denen die Voraussetzungen nicht erfüllt werden, eine Aufnahmsprüfung abzulegen.

Haben Aufnahmsbewerber einen Gegenstand, der in der angestrebten Klasse der allgemein bildenden höheren Schule weiterführend unterrichtet wird, bisher nicht besucht, ist in diesem Gegenstand eine Aufnahmsprüfung abzulegen. Abweichend von den vorstehenden Bestimmungen setzt die Aufnahme von Schülern mit sonderpädagogischem Förderbedarf in die 2., 3. oder 4. Klasse einer allgemein bildenden höheren Schule den Besuch der vorhergehenden Stufe der Neuen Mittelschule oder der Sonderschule voraus.

(3) Schüler der 4. Klasse der Hauptschule und Schüler der Polytechnischen Schule auf der 9. Schulstufe, deren Jahreszeugnis in den leistungsdifferenzierten Pflichtgegenständen in der höchsten Leistungsgruppe eine positive Beurteilung oder in der mittleren Leistungsgruppe keine schlechtere Beurteilung als „Gut“ und in den übrigen Pflichtgegenständen eine Beurteilung aufweist, die nicht schlechter als „Befriedigend“ ist, sind berechtigt, am Beginn des folgenden Schuljahres in die 5. Klasse einer allgemein bildenden höheren Schule überzutreten; die Beurteilung eines leistungsdifferenzierten Pflichtgegenstandes in der mittleren Leistungsgruppe mit „Befriedigend“ steht der Aufnahme nicht entgegen, sofern die Klassenkonferenz feststellt, dass der Schüler auf Grund seiner sonstigen Leistungen mit großer Wahrscheinlichkeit den Anforderungen der Oberstufe der allgemein bildenden höheren Schule genügen wird. Aufnahmsbewerber, die diese Voraussetzungen nicht erfüllen, haben aus jenen Pflichtgegenständen, in denen die Voraussetzungen nicht erfüllt werden, eine Aufnahmsprüfung abzulegen; eine Aufnahmsprüfung entfällt, sofern das Jahreszeugnis die Feststellung enthält, daß die Schulstufe „mit ausgezeichnetem Erfolg“ abgeschlossen wurde (§ 22 Abs. 2 lit. g des Schulunterrichtsgesetzes). Eine Aufnahmsprüfung ist jedenfalls in der Fremdsprache abzulegen, die der Schüler bisher nicht besucht hat, wenn diese in der angestrebten Klasse der allgemeinbildenden höheren Schule weiterführend unterrichtet wird.

(3a) Schüler der Neuen Mittelschule sind berechtigt, bei erfolgreichem Abschluss der 4. Klasse zu Beginn des folgenden Schuljahres in eine höhere Klasse einer allgemein bildenden höheren Schule überzutreten, sofern die Berechtigung zum Übertritt in eine höhere Schule vorliegt. Diese liegt vor, wenn der Schüler in allen differenzierten Pflichtgegenständen das Bildungsziel der Vertiefung erreicht hat, oder – sofern dies auf (nur) einen differenzierten Pflichtgegenstand nicht zutrifft – die Klassenkonferenz der Neuen Mittelschule feststellt, dass der Schüler auf Grund seiner sonstigen Leistungen mit großer Wahrscheinlichkeit den Anforderungen einer höheren Schule genügen wird. Dabei hat die Klassenkonferenz die Beurteilungen in den übrigen Unterrichtsgegenständen sowie die ergänzende differenzierende Leistungsbeschreibung (gemäß § 22 Abs. 1a des Schulunterrichtsgesetzes) zu berücksichtigen. Liegt die Berechtigung zum Übertritt in eine höhere Schule nicht vor, ist aus jenen differenzierten Pflichtgegenständen, in denen die Voraussetzungen nicht erfüllt werden, eine Aufnahmsprüfung abzulegen. Eine Aufnahmsprüfung ist jedenfalls in der Fremdsprache abzulegen, die der Schüler bisher nicht besucht hat, wenn diese in der angestrebten Klasse der allgemein bildenden höheren Schule weiterführend unterrichtet wird.

(4) Schüler der Volksschuloberstufe haben vor Aufnahme in die allgemeinbildende höhere Schule eine Aufnahmsprüfung abzulegen.

(5) Die Aufnahme in die Übergangsstufe eines Oberstufenrealgymnasiums setzt die erfolgreiche Erfüllung der ersten acht Jahre der allgemeinen Schulpflicht voraus. Bei erfolgreichem Abschluß der Übergangsstufe entfällt die Ablegung einer Aufnahmsprüfung in die 5. Klasse des Oberstufenrealgymnasiums.

(6) Die Aufnahme in das Aufbaugymnasium oder Aufbaurealgymnasium erfordert die Erfüllung der in den Abs. 3 und 4 und im § 37 Abs. 2 genannten Voraussetzungen; die Ablegung einer Aufnahmsprüfung entfällt bei erfolgreichem Abschluß der Übergangsstufe. Die Aufnahme in ein Gymnasium für Berufstätige oder Realgymnasium für Berufstätige oder Wirtschaftskundliches Realgymnasium für Berufstätige gemäß § 37 Abs. 3 erfordert die Erfüllung der dort genannten Voraussetzungen. Für die Aufnahme in eine Sonderform gemäß § 37 Abs. 1 Z 3 und 4 gelten die Bestimmungen der Abs. 1 bis 4 sinngemäß, wobei die Aufnahme in Schulen unter besonderer Berücksichtigung der musischen oder der sportlichen Ausbildung die im Hinblick auf die besondere Aufgabe der Sonderform erforderliche Eignung, welche durch eine Eignungsprüfung festzustellen ist, voraussetzt.“

lung mit „Befriedigend“ in diesen Pflichtgegenständen steht der Aufnahme nicht entgegen, sofern die Schulkonferenz der Volksschule feststellt, daß der Schüler auf Grund seiner sonstigen Leistungen mit großer Wahrscheinlichkeit den Anforderungen der allgemeinbildenden höheren Schule genügen wird. Aufnahmsbewerber, die diese Voraussetzung nicht erfüllen, haben eine Aufnahmsprüfung abzulegen. Abweichend von den vorstehenden Bestimmungen setzt die Aufnahme von Schülern mit sonderpädagogischem Förderbedarf den Besuch der 4. Stufe der Volksschule oder der entsprechenden Stufe der Sonderschule für die Aufnahme in die 1. Klasse der allgemeinbildenden höheren Schule voraus. *(BGBl. Nr. 365/1982, Art. I Z 26 idF BGBl. Nr. 766/1996, Z 33, BGBl. I Nr. 44/2010, Z 7 und BGBl. I Nr. 96/2022, Art. 1 Z 8)*

(2) Eine Schülerin oder ein Schüler der Mittelschule, die oder der

1. die 1. Klasse erfolgreich abgeschlossen hat und in den Pflichtgegenständen Deutsch, Mathematik und Lebende Fremdsprache nicht schlechter als mit „Gut“ beurteilt wird oder
2. die 2. oder 3. Klasse erfolgreich abgeschlossen hat und in allen leistungsdifferenzierten Pflichtgegenständen gemäß dem höheren Leistungsniveau oder gemäß dem niedrigeren Leistungsniveau nicht schlechter als mit „Gut“ beurteilt wird,

ist berechtigt, zu Beginn des folgenden Schuljahres in die nächsthöhere Klasse einer allgemeinbildenden höheren Schule überzutreten. Aus jenen Pflichtgegenständen, in denen die Voraussetzungen nicht erfüllt werden, ist eine Aufnahmsprüfung abzulegen. Haben Aufnahmsbewerberinnen und Aufnahmsbewerber einen Pflichtgegenstand, der in der angestrebten Klasse der allgemeinbildenden höheren Schule weiterführend unterrichtet wird, bisher nicht besucht, ist in diesem Pflichtgegenstand eine Aufnahmsprüfung abzulegen. Abweichend von den vorstehenden Bestimmungen setzt die Aufnahme von Schülerinnen und Schülern mit sonderpädagogischem Förderbedarf in die 2., 3. oder 4. Klasse einer allgemeinbildenden höheren Schule den Besuch der vorhergehenden Stufe der Mittelschule oder der Sonderschule voraus. *(BGBl. I Nr. 101/2018, Art. 1 Z 31)*

(3) Eine Schülerin oder ein Schüler, die oder der

1. die 4. Klasse der Mittelschule erfolgreich abgeschlossen hat und in allen leistungsdifferenzierten Pflichtgegenständen gemäß dem höheren Leistungsniveau oder gemäß dem niedrigeren Leistungsniveau nicht schlechter als mit „Gut“ beurteilt wird oder
2. die Polytechnische Schule auf der 9. Schulstufe erfolgreich abgeschlossen hat und in allen leistungsdifferenzierten Pflichtgegenständen gemäß dem höheren Leistungsniveau oder gemäß dem niedrigeren Leistungsniveau nicht schlechter als mit „Gut“ und in den übrigen Pflichtgegenständen nicht schlechter als mit „Befriedigend“ beurteilt wird,

ist berechtigt, in die 5. Klasse einer allgemeinbildenden höheren Schule überzutreten. Aufnahmsbewerberinnen und Aufnahmsbewerber, die diese Voraussetzungen nicht erfüllen, haben aus jenen Pflichtgegenständen, in denen die Voraussetzungen nicht erfüllt werden, eine Aufnahmsprüfung abzulegen. Eine Aufnahmsprüfung ist jedenfalls in der Fremdsprache abzulegen, die die Schülerin oder der Schüler bisher nicht besucht hat, wenn diese in der angestrebten Klasse der allgemeinbildenden höheren Schule weiterführend unterrichtet wird. *(BGBl. I Nr. 101/2018, Art. 1 Z 31)*

(4) Schüler der Volksschuloberstufe haben vor Aufnahme in die allgemeinbildende höhere Schule eine Aufnahmsprüfung abzulegen.

(5) Die Aufnahme in die Übergangsstufe eines Oberstufenrealgymnasiums setzt die erfolgreiche Erfüllung der ersten acht Jahre der allgemeinen Schulpflicht voraus. Bei erfolgreichem Abschluß der Übergangsstufe entfällt die Ablegung einer Aufnahmsprüfung in die 5. Klasse des Oberstufenrealgymnasiums. *(BGBl. Nr. 271/1985, Art. I Z 11)*

(6) Die Aufnahme in das Aufbaugymnasium oder Aufbaurealgymnasium erfordert die Erfüllung der in den Abs. 3 und 4 und im § 37 Abs. 2 genannten Voraussetzungen; die Ablegung einer Aufnahmsprüfung entfällt bei erfolgreichem Abschluß der Übergangsstufe. Die Aufnahme in ein Gymnasium für Berufstätige oder Realgymnasium für Berufstätige oder Wirtschaftskundliches Realgymnasium für Berufstätige gemäß § 37 Abs. 3 erfordert die Erfüllung der dort genannten Voraussetzungen. Für die Aufnahme in eine Sonderform gemäß § 37 Abs. 1 Z 3 und 4 gelten die Bestimmungen der Abs. 1 bis 4 sinngemäß, wobei die Aufnahme in Schulen unter besonderer Berücksichtigung der musischen, der sportlichen oder der englischsprachigen Ausbildung die im Hinblick auf die besondere Aufgabe der Sonderform erforderliche Eignung, welche durch eine Eignungsprüfung festzustellen ist, voraussetzt. *(BGBl. Nr. 327/1988, Art. I Z 11 idF BGBl. I Nr. 48/2014, Art. 2 Z 11 und BGBl. I Nr. 165/2022, Art. 1 Z 10)*

(BGBl. Nr. 365/1982, Art. I Z 26)

Reifeprüfung

§ 41. (1) Der Bildungsgang der allgemeinbildenden höheren Schulen wird durch die

Reifeprüfung abgeschlossen. *(BGBl. Nr. 365/1982, Art. I Z 27)*

(2) Die erfolgreiche Ablegung der Reifeprüfung berechtigt zum Besuch einer Universität, für die die Reifeprüfung Zulassungsvoraussetzung ist, wobei nach den Erfordernissen der verschiedenen Studienrichtungen durch Verordnung der Bundesministerin oder des Bundesministers für Bildung, Wissenschaft und Forschung zu bestimmen ist, in welchen Fällen Zusatzprüfungen zur Reifeprüfung aus den Unterrichtsgegenständen Latein, Griechisch oder Darstellende Geometrie abzulegen sind. *(BGBl. I Nr. 77/2001, Art. 1 Z 9 idF BGBl. I Nr. 129/2017, Art. 2 Z 1 und BGBl. I Nr. 35/2018, Art. 1 Z 6)*

Lehrer

§ 42. (1) Der Unterricht in den Klassen der allgemein bildenden höheren Schulen und in den Modulen der Sonderformen für Berufstätige mit modularer Unterrichtsorganisation ist durch Fachlehrer zu erteilen. Für den Unterricht von Schülern mit sonderpädagogischem Förderbedarf sind entsprechend ausgebildete Lehrer zusätzlich einzusetzen; für einzelne Unterrichtsgegenstände dürfen mit ihrer Zustimmung auch Lehrer eingesetzt werden, die keine besondere Ausbildung zur sonderpädagogischen Förderung besitzen. *(BGBl. Nr. 766/1996, Z 36 idF BGBl. I Nr. 44/2010, Z 8)*

(2) Für jede allgemeinbildende höhere Schule sind ein Leiter und die erforderlichen weiteren Lehrer zu bestellen.

(2a) An ganztägigen Schulformen kann für die Leitung des Betreuungsteiles ein Lehrer oder Erzieher bestellt werden. Für die gegenstandsbezogene Lernzeit sind die erforderlichen Lehrer, für die individuelle Lernzeit die erforderlichen Lehrer, Erzieher oder Erzieher für die Lernhilfe und für die Freizeit die erforderlichen Lehrer, Erzieher, Erzieher für die Lernhilfe oder Freizeitpädagogen zu bestellen. Für die Freizeit können auch andere auf Grund besonderer Qualifikation zur Erfüllung der Aufgaben im Freizeitteil geeignete Personen (§ 8 lit. j sublit. cc) bestellt werden. Der Einsatz solcher qualifizierter Personen ist auch dann zulässig, wenn diese nicht Bedienstete einer Gebietskörperschaft oder eines Gemeindeverbandes sind;[25]) § 56 Abs. 2 des Schulunterrichtsgesetzes ist anzuwenden. *(BGBl. Nr. 512/1993, Z 24 idF BGBl. I Nr. 73/2011, Art. 1 Z 4, BGBl. I Nr. 38/2015, Art. 2 Z 6 und BGBl. I Nr. 56/2016, Art. 1 Z 12)*

(3) Hiedurch werden die Vorschriften des Lehrerdienstrechtes, bei Religionslehrern auch jene des Religionsunterrichtsrechtes, nicht berührt.

[25]) Siehe auch die FN zu § 13 Abs. 2a.

Klassenschülerzahl

§ 43.[26]) (1) Die Klassenschülerzahl an der allgemein bildenden höheren Schule sowie an Sonderformen mit modularer Unterrichtsorganisation ist die Zahl der ein Modul besuchenden Studierenden unter Bedachtnahme auf die Erfordernisse der Pädagogik und der Sicherheit sowie auf die personellen und räumlichen Möglichkeiten durch den Schulleiter festzulegen, wobei für die Höchstzahl der Studierenden in einem Modul die Bestimmungen über die Klassenschülerhöchstzahl in der Oberstufe von Tagesformen gelten.

(1a) Sofern in Klassen der allgemeinbildenden höheren Schulen ein integrativer Unterricht von Kindern mit und ohne sonderpädagogischem Förderbedarf erfolgt, sind im Durchschnitt (bezogen auf das Bundesland) mindestens fünf Schüler mit sonderpädagogischem Förderbedarf zu unterrichten. Bei der Feststellung der Klassenschülerzahl gemäß Abs. 1 zählt jedes Kind mit sonderpädagogischem Förderbedarf doppelt.

(1b) Abs. 1 gilt in den Fällen der Teilnahme am Unterricht einzelner Unterrichtsgegenstände in einem anderen Semester gemäß den §§ 26b und 26c des Schulunterrichtsgesetzes mit der Maßgabe, dass sich die auf Klassen bezogenen Schülerzahlen auf die einzelnen Unterrichtsgegenstände einer Klasse beziehen und dass eine Überschreitung der Höchstzahl von 30 Schülern in einzelnen Unterrichtsgegenständen einer Klasse durch den Schulleiter festzulegen ist.

(2) Für die Wahlpflichtgegenstände sind ab der 10. Schulstufe Schülergruppen zu bilden. Eine Schülergruppe darf nur geführt werden, wenn sich auf der betreffenden Schulstufe einer Schule mindestens fünf Schüler für den betreffenden Pflichtgegenstand angemeldet haben. Die Gesamtzahl der Schülergruppen an einer Schule darf die vierfache Anzahl der an dieser Schule geführten Klassen ab der 10. Schulstufe nicht übersteigen. Die Schülergruppen können klassenübergreifend geführt werden. Auf der 10. und 11. Schulstufe dürfen Schülergruppen nur insoweit gebildet werden, als gesichert ist, daß die Schüler der 12. Schulstufe das vorgeschriebene Gesamtstundenausmaß an Wahlpflichtgegenständen erfüllen können. Ferner ist darauf zu achten, daß für die Schüler entsprechend deren Interessen ein möglichst differenziertes Angebot an Wahlpflichtgegenständen besteht. Wenn ein Wahlpflichtgegenstand wegen Nichterreichens der Mindestschülerzahl an einer Schule nicht geführt werden kann, darf der betreffende Wahlpflichtgegenstand schulübergreifend bei einer Anmeldung von min-

[26]) § 43 idF vor der Novelle BGBl. I Nr. 138/2017 ist gemäß § 8a Abs. 3 noch von Bedeutung. Er lautete:

„Klassenschülerzahl

§ 43. (1) Die Klassenschülerzahl an der allgemein bildenden höheren Schule darf in der Unterstufe 25 und in der Oberstufe 30 nicht übersteigen und soll jeweils 20 nicht unterschreiten. Um Abweisungen zu vermeiden, kann die Klassenschülerhöchstzahl bis zu 20 vH überschritten werden; darüber hat die zuständige Schulbehörde zu entscheiden. An Sonderformen für Berufstätige mit modularer Unterrichtsorganisa-

SchOG

nisation die Zahl der ein Modul besuchenden Studierenden sind vom Schulleiter oder von der Schulleiterin unter Bedachtnahme auf die Erfordernisse der Pädagogik und der Sicherheit, auf den Förderbedarf der Schülerinnen und Schüler, auf die räumlichen Möglichkeiten und auf die mögliche Belastung der Lehrpersonen sowie nach Maßgabe der der Schule gemäß § 8a Abs. 3 zugeteilten Lehrpersonalressourcen festzulegen. § 8a Abs. 2 ist anzuwenden.

(2) Für die Wahlpflichtgegenstände sind ab der 10. Schulstufe Schülergruppen zu bilden, die auch klassen-, schulstufen- oder schulübergreifend geführt werden können. Abs. 1 ist anzuwenden.

(3)[27]) Der Pflichtgegenstand Ethik ist möglichst zeitgleich mit dem Religionsunterricht jener gesetzlich anerkannten Kirche (Religionsgesellschaft) durchzuführen, der die höchste Zahl an Schülerinnen und Schülern der Schule angehört. Wenn Kirchen (Religionsgesellschaften) den Religionsunterricht in kooperativer Form abhalten, so ist für die Ermittlung der Zahl der Schülerinnen und Schüler die Summe aller Angehörigen der an der Kooperation teilnehmenden Kirchen (Religionsgesellschaften) zu bilden. Sind weniger als zehn Schülerinnen oder Schüler einer Klasse zur Teilnahme am Ethikunterricht verpflichtet, so sind sie zunächst mit Schülerinnen oder Schülern anderer Klassen der gleichen Schulstufe, dann anderer Klassen der Schule und schließlich anderer Schulen zusammenzuziehen, bis die Zahl mindestens zehn beträgt. *(BGBl. I Nr. 133/2020, Art. 1 Z 3)*

(BGBl. I Nr. 138/2017, Art. 9 Z 39)

§ 44. *entfallen (BGBl. Nr. 323/1975, Art. I Z 25)*

---

destens 5 Schülern geführt werden, sofern das Einvernehmen der beteiligten Schulleiter hergestellt ist; in diesem Fall darf die Gesamtzahl der Schülergruppen der Schulen, aus denen Schüler an diesem Wahlpflichtgegenstand teilnehmen, die sich aus dem dritten Satz dieses Absatzes ergebende Zahl an Schülergruppen nicht übersteigen. An Sonderformen für Berufstätige mit modularer Unterrichtsorganisation ist die Zahl der Studierenden einer Gruppe eines Wahlpflichtgegenstandes unter Bedachtnahme auf die Erfordernisse der Pädagogik und der Sicherheit sowie auf die personellen und räumlichen Möglichkeiten durch den Schulleiter festzulegen."

[27]) § 43 Abs. 3 idF BGBl. I Nr. 133/2020 tritt gemäß § 131 Abs. 43 ab 1. September 2021 klassen- und schulstufenweise aufsteigend und somit für die 9. Schulstufen mit 1. September 2021, für die 10. Schulstufen mit 1. September 2022, für die 11. Schulstufen mit 1. September 2023, für die 12. Schulstufen mit 1. September 2024 und für die 13. Schulstufen mit 1. September 2025 in Kraft.

Allgemeinbildende höhere Bundesschulen

§ 45. (1) Die öffentlichen allgemeinbildenden höheren Schulen sind als „Allgemeinbildende höhere Bundesschulen" zu bezeichnen.

(2) Die einzelnen Formen und Sonderformen der allgemeinbildenden höheren Bundesschulen haben folgende Bezeichnungen zu führen:
Bundesgymnasium,
Bundesrealgymnasium,
Wirtschaftskundliches Bundesrealgymnasium,
Bundes-Oberstufenrealgymnasium,
Bundes-Aufbaugymnasium und
Bundes-Aufbaurealgymnasium,
Bundesgymnasium für Berufstätige,
Bundesrealgymnasium für Berufstätige und
Wirtschaftskundliches Bundesrealgymnasium für Berufstätige, *(BGBl. Nr. 327/1988, Art. I Z 14 idF BGBl. I Nr. 20/2006, Art. 1 Z 15)*
Bundeswerkschulheim (unter Anführung der handwerklichen Fachrichtung).
(BGBl. I Nr. 20/2006, Art. 1 Z 15)

(BGBl. Nr. 327/1988, Art. I Z 14)

(3) entfallen (BGBl. I Nr. 20/2006, Art. 1 Z 16)

(4) entfallen (BGBl. Nr. 323/1975, Art. I Z 26)

(4) entfallen (BGBl. Nr. 242/1962 idF BGBl. Nr. 323/1975, Art. I Z 26 und BGBl. Nr. 327/1988, Art. I Z 15)

TEIL B
Berufsbildende Schulen

Abschnitt I
Berufsbildende Pflichtschulen (Berufsschulen)
(BGBl. Nr. 323/1975, Art. I Z 27)

Aufgabe der Berufsschule

§ 46. (1) Die Berufsschule hat die Aufgabe, berufsschulpflichtigen Personen in Lehr- und Ausbildungsverhältnissen sowie Personen in Ausbildungsverhältnissen, die zum Besuch der Berufsschule berechtigt sind, in einem fachlich einschlägigen Unterricht grundlegende theoretische Kenntnisse zu vermitteln, ihre betriebliche oder berufspraktische Ausbildung zu fördern und zu ergänzen sowie ihre Allgemeinbildung zu erweitern. *(BGBl. I Nr. 74/2013, Art. 1 Z 1)*

(2) Zur Förderung der Schülerinnen und Schüler sind diese im betriebswirtschaftlichen und fachtheoretischen Unterricht in einem, zwei oder drei Pflichtgegenständen entsprechend ihrem Leistungsniveau unter Anwendung des § 8a nach Möglichkeit in Schülergruppen zusammenzufassen. *(BGBl. I Nr. 101/2018, Art. 1 Z 32)*

(3) Zur Vorbereitung auf die Berufsreifeprüfung sind interessierte Schüler nach Möglichkeit durch Differenzierungsmaßnahmen im Unterricht und durch Freigegenstände zu fördern. *(BGBl. I Nr. 20/1998, Z 5)*

(BGBl. Nr. 323/1975, Art. I Z 28)

Lehrplan der Berufsschulen

§ 47. (1) Im Lehrplan (§ 6) der Berufsschulen sind als Pflichtgegenstände vorzusehen:

a) Religion (nach Maßgabe der Bestimmungen des Religionsunterrichtsgesetzes), Deutsch und Kommunikation, Berufsbezogene Fremdsprache, Politische Bildung;
b) betriebswirtschaftliche und die für den betreffenden Lehrberuf erforderlichen theoretischen und praktischen Unterrichtsgegenstände.

(BGBl. Nr. 435/1995, Z 2)

(2) An jenen Berufsschulen, an denen Religion nach den Bestimmungen des Religionsunterrichtsgesetzes nicht als Pflichtgegenstand gelehrt wird, ist Religion als Freigegenstand vorzusehen.

(3) In den Bereichen des betriebswirtschaftlichen und des fachtheoretischen Unterrichts sind in einem, zwei oder drei Pflichtgegenständen zwei Leistungsniveaus vorzusehen. In den Lehrplänen kann vorgesehen werden, dass der betriebswirtschaftliche Unterricht in einem Pflichtgegenstand zusammengefasst wird; in diesem Fall sind jene Teile des Pflichtgegenstandes, die in zwei Leistungsniveaus zu unterrichten sind, auszuweisen. Jeweils ein Leistungsniveau hat die zur Erfüllung der Aufgabe der Berufsschule notwendigen Erfordernisse, das andere ein erweitertes oder vertieftes Bildungsangebot zu vermitteln. *(BGBl. I Nr. 101/2018, Art. 1 Z 33)*

(4) Ferner sind im Lehrplan Bewegung und Sport als unverbindliche Übung und eine lebende Fremdsprache als Freigegenstand vorzusehen. *(BGBl. Nr. 365/1982, Art. I Z 29 idF BGBl. I Nr. 91/2005, Art. 1 Z 9)*

Aufbau der Berufsschulen

§ 48. (Grundsatzbestimmung) (1) Die Berufsschulen umfassen so viele Schulstufen (Schuljahre), wie es der Dauer des Lehrverhältnisses (Ausbildungsverhältnisses) entspricht, wobei jeder Schulstufe – soweit es die Schülerzahl zuläßt – eine Klasse zu entsprechen hat. *(BGBl. Nr. 323/1975, Art. I Z 31 idF BGBl. I Nr. 74/2013, Art. 1 Z 3)*

(2) § 11 Abs. 5 findet Anwendung. *(BGBl. Nr. 365/1982, Art. I Z 30 idF BGBl. I Nr. 132/1998, Z 12)*

(BGBl. Nr. 323/1975, Art. I Z 31)

Organisationsformen der Berufsschulen

§ 49. (Grundsatzbestimmung) (1) Die Berufsschulen sind als Berufsschulen für einen oder mehrere Lehrberufe zu führen. *(BGBl. Nr. 323/1975, Art. I Z 32)*

(2) Die Berufsschulen sind – bei gleichem Unterrichtsausmaß – zu führen:

a) als ganzjährige Berufsschulen mit mindestens einem vollen Schultag oder mindestens zwei halben Schultagen in der Woche; oder *(BGBl. Nr. 243/1965, Art. I Z 4)*
b) als lehrgangsmäßige Berufsschulen mit einem in jeder Schulstufe mindestens acht – in Schulstufen, die einem halben Jahr des Lehrverhältnisses entsprechen, mindestens vier – Wochen dauernden Unterricht; die dem halben Jahr des Lehrverhältnisses entsprechende Unterrichtszeit kann auch auf die vorhergehenden Schulstufen aufgeteilt werden; oder *(BGBl. Nr. 467/1990, Art. I Z 8)*
c) als saisonmäßige Berufsschulen mit einem auf eine bestimmte Jahreszeit zusammengezogenen Unterricht.

(BGBl. Nr. 242/1962 idF BGBl. Nr. 323/1975, Art. I Z 32)

(3) Sofern der Unterricht an ganzjährigen Berufsschulen einen Tag in der Woche überschreitet, kann vorgesehen werden, daß der den einen Tag in der Woche überschreitende Unterricht zur Gänze oder teilweise blockmäßig geführt werden darf. *(BGBl. Nr. 467/1990, Art. I Z 9)*

(4) Im Falle einer Unterbrechung des Lehrganges an einer lehrgangsmäßigen Berufsschule aus Anlass von Ferien oder aus sonstigen organisatorischen Gründen ist die volle Gesamtdauer des lehrplanmäßig vorgesehenen Unterrichtes anzustreben; keinesfalls darf die im Lehrplan vorgesehene Zahl der Unterrichtsstunden für die jeweilige Schulstufe um mehr als ein Zehntel unterschritten werden. *(BGBl. Nr. 323/1993, Art. I Z 17 idF BGBl. I Nr. 138/2017, Art. 9 Z 42)*

Lehrer

§ 50. (Grundsatzbestimmung) (1) Der Unterricht in den Berufsschulklassen ist durch Fachlehrer zu erteilen.

(2) Für jede Berufsschule sind ein Leiter, nach Maßgabe der dienstrechtlichen Vorschriften auch ein Stellvertreter des Leiters, sowie die erforderlichen weiteren Lehrer zu bestellen.

(3) Die Bestimmung des § 13 Abs. 3 findet Anwendung.

(4) An Berufsschulen, an welchen der Unterricht für Pflegeassistenzberufe erfolgt, hat

der Unterricht in fachtheoretischen und fachpraktischen Unterrichtsgegenständen durch Fachlehrer, die zur Unterrichtserteilung nach den Regelungen der Pflegeassistenzberufe-Ausbildungsverordnung – PA-PFA-AV, BGBl. II Nr. 301/2016, befähigt sind, zu erfolgen. *(BGBl. I Nr. 37/2023, Art. 1 Z 2a)*

Klassenschülerzahl

§ 51.[28]) Die Zahl der Schülerinnen und Schüler in einer Klasse einer Berufsschule ist vom Schulleiter oder von der Schulleiterin unter Bedachtnahme auf die Erfordernisse der Pädagogik und der Sicherheit, auf den Förderbedarf der Schülerinnen und Schüler, auf die räumlichen Möglichkeiten und auf die mögliche Belastung der Lehrpersonen sowie nach Maßgabe der der Schule gemäß § 8a Abs. 3 zugeteilten Lehrpersonalressourcen festzulegen. § 8a Abs. 2 ist anzuwenden.

(BGBl. I Nr. 138/2017, Art. 9 Z 43)

Abschnitt II

Berufsbildende mittlere Schulen

Allgemeine Bestimmungen

Aufgabe der berufsbildenden mittleren Schulen

§ 52. (1) Die berufsbildenden mittleren Schulen haben die Aufgabe, den Schülern jenes fachliche grundlegende Wissen und Können zu vermitteln, das unmittelbar zur Ausübung eines Berufes auf gewerblichem, technischem, kunstgewerblichem, kaufmännischem oder hauswirtschaftlichem und sonstigem wirtschaftlichen oder sozialem oder pädagogischem Gebiet befähigt. Zugleich haben sie die erworbene Allgemeinbildung in einer der künftigen Berufstätigkeit des Schülers angemessenen Weise zu erweitern und zu vertiefen. *(BGBl. Nr. 242/1962 idF BGBl. Nr. 335/1987, Art. I Z 8, BGBl. I Nr. 20/1998, Z 7 und BGBl. I Nr. 138/2017, Art. 9 Z 44)*

(2) Zur Vorbereitung auf die Berufsreifeprüfung sind interessierte Schüler nach Möglichkeit durch Differenzierungsmaßnahmen im Unterricht und durch Freigegenstände zu fördern. *(BGBl. I Nr. 20/1998, Z 7)*

(3) Unter Beachtung des Prinzips der sozialen Integration ist Schülern mit sonderpädagogischem Förderbedarf, die in eine einjährige Fachschule für wirtschaftliche Berufe gemäß § 62 Abs. 2 lit. a aufgenommen wurden, eine der Aufgabe der Sonderschule entsprechende Bildung zu vermitteln, wobei entsprechend den Lernvoraussetzungen des Schülers die Unterrichtsziele der einjährigen Fachschule für wirtschaftliche Berufe anzustreben sind. *(BGBl. I Nr. 9/2012, Art. 1 Z 15 idF BGBl. I Nr. 56/2016, Art. 1 Z 14)*

(BGBl. Nr. 242/1962 idF BGBl. Nr. 335/1987, Art. I Z 8)

Aufbau der berufsbildenden mittleren Schulen

§ 53. (1) Die berufsbildenden mittleren Schulen schließen an die 8. Schulstufe an und umfassen je nach ihrer Art eine bis vier Schulstufen (9., 10., 11. und 12. Schulstufe).

(2) Jeder Schulstufe hat eine Klasse zu entsprechen. An Sonderformen mit modularer Unterrichtsorganisation sind die lehrplanmäßig vorgesehenen Unterrichtsgegenstände der einzelnen Semester als Module zu organisieren. *(BGBl. Nr. 242/1962 idF BGBl. I Nr. 44/2010, Z 11 und BGBl. I Nr. 9/2012, Art. 1 Z 16)*

(3) Die Bestimmung des Abs. 1 gilt nicht für die in den folgenden Bestimmungen vorgesehenen Sonderformen sowie für die Fachschulen für Sozialberufe. *(BGBl. I Nr. 20/1998, Z 8)*

(4) Zur Ermöglichung eines zeitweisen gemeinsamen Unterrichtes von Schülern ohne sonderpädagogischen Förderbedarf und Schülern mit sonderpädagogischem Förderbedarf können zeitweise Klassen der einjährigen Fachschule für wirtschaftliche Berufe und Sonderschulklassen gemeinsam geführt werden. *(BGBl. I Nr. 9/2012, Art. 1 Z 17 idF BGBl. I Nr. 56/2016, Art. 1 Z 15)*

Arten der berufsbildenden mittleren Schulen

§ 54. (1) Berufsbildende mittlere Schulen sind:

---

[28]) § 51 idF vor der Novelle BGBl. I Nr. 138/2017 ist gemäß § 8a Abs. 3 noch von Bedeutung. Er lautete:

„**Klassenschülerzahl**

§ 51. (Grundsatzbestimmung) (1) Die Klassenschülerzahl an der Berufsschule darf 30 nicht übersteigen und soll 20 nicht unterschreiten; sofern hievon aus besonderen Gründen (zB zur Erhaltung der Verfachlichung oder zur Aufnahme der Berufsschulpflichtigen) ein Abweichen erforderlich ist, hat darüber die nach dem Ausführungsgesetz zuständige Behörde nach Anhörung des Schulerhalters und des Landesschulrates zu entscheiden.

(2) Die Ausführungsgesetzgebung hat zu bestimmen, daß der Unterricht in den sprachlichen und praktischen Unterrichtsgegenständen statt für die gesamte Klasse in Schülergruppen zu erteilen ist. Die Ausführungsgesetzgebung kann ferner weitere Unterrichtsgegenstände bestimmen, in denen der Unterricht statt für die gesamte Klasse in Schülergruppen zu erteilen ist. Hiebei ist auf die Möglichkeit von Angeboten zur Vorbereitung auf die Berufsreifeprüfung (§ 46 Abs. 3) Bedacht zu nehmen."

a) Gewerbliche, technische und kunstgewerbliche Fachschulen,
b) Handelsschulen,
c) Fachschulen für wirtschaftliche Berufe, *(BGBl. Nr. 242/1962 idF BGBl. Nr. 335/1987, Art. I Z 9)*
d) Fachschulen für Sozialberufe und Fachschulen für Sozialberufe mit Pflegevorbereitung, *(BGBl. I Nr. 165/2022, Art. 1 Z 11)*
e) Fachschulen für pädagogische Assistenzberufe, *(BGBl. I Nr. 138/2017, Art. 9 Z 45)*
f) Sonderformen der in lit. a bis e genannten Arten. *(BGBl. I Nr. 138/2017, Art. 9 Z 45)*

(2) Berufsbildende mittlere Schulen können aus dem Grunde der fachlichen Zusammengehörigkeit berufsbildenden höheren Schulen eingegliedert werden.

Aufnahmsvoraussetzungen

§ 55.[29]) (1) Voraussetzung für die Aufnahme in eine berufsbildende mittlere Schule ist der erfolgreiche Abschluss der 8. Schulstufe. Abweichend davon setzt die Aufnahme in die einjährige Fachschule für wirtschaftliche Berufe für Schülerinnen und Schüler mit sonderpädagogischem Förderbedarf den Besuch der 8. Schulstufe der Volksschule oder der Sonderschule oder der Mittelschule voraus. *(BGBl. I Nr. 101/2018, Art. 1 Z 34)*

(1a) Zusätzlich zum erfolgreichen Abschluss der 8. Schulstufe setzt die Aufnahme in eine mindestens dreijährige berufsbildende mittlere Schule von Schülerinnen und Schülern der Mittelschule eine Beurteilung gemäß dem Leistungsniveau „Standard AHS" oder eine Beurteilung gemäß dem Leistungsniveau „Standard" nicht schlechter als mit „Befriedigend" voraus. Aufnahmsbewerberinnen und Aufnahmsbewerber der Mittelschule haben aus jenen leistungsdifferenzierten Pflichtgegenständen, in denen die vorstehenden Voraussetzungen nicht erfüllt werden, eine Aufnahmsprüfung abzulegen. Ebenso haben Aufnahmsbewerberinnen und Aufnahmsbewerber der 8. Stufe der Volksschule eine Aufnahmsprüfung abzulegen. Eine Aufnahmsprüfung entfällt nach erfolgreichem Abschluss der 1. Klasse einer berufsbildenden mittleren Schule oder der Polytechnischen Schule auf der 9. Schulstufe. *(BGBl. I Nr. 101/2018, Art. 1 Z 34)*

(2) Soweit im folgenden die erfolgreiche Ablegung der Lehrabschlußprüfung vorgeschrieben ist, ist dieser der Abschluß einer Schule gleichzusetzen, der gemäß § 28 des Berufsausbildungsgesetzes, BGBl. Nr. 142/1969, die Lehrabschlußprüfung ersetzt.

(BGBl. Nr. 371/1986, Art. I Z 4)

Lehrpläne

§ 55a. (1) In den Lehrplänen (§ 6) der berufsbildenden mittleren Schulen sind als Pflichtgegenstände vorzusehen: Religion, Deutsch, eine lebende Fremdsprache, Politische Bildung, Bewegung und Sport, in den

[29]) § 55 idF vor der Novelle BGBl. I Nr. 101/2018 ist gemäß § 130c Abs. 2 noch von Bedeutung. Er lautete:

„Aufnahmsvoraussetzungen

§ 55. (1) Voraussetzung für die Aufnahme in eine berufsbildende mittlere Schule ist der erfolgreiche Abschluß der 8. Schulstufe. Sofern der Aufnahmsbewerber in eine mindestens dreijährige berufsbildende mittlere Schule in einem leistungsdifferenzierten Pflichtgegenstand der Hauptschule zum Abschluß der 4. Klasse in der niedrigsten Leistungsgruppe war, hat er im betreffenden Pflichtgegenstand eine Aufnahmsprüfung abzulegen; eine derartige Aufnahmsprüfung entfällt nach erfolgreichem Abschluß einer 1. Klasse einer berufsbildenden mittleren Schule oder der Polytechnischen Schule in der 9. Schulstufe. Abweichend von den vorstehenden Bestimmungen setzt die Aufnahme von Schülern mit sonderpädagogischem Förderbedarf in die einjährige Fachschule für wirtschaftliche Berufe den Besuch der 8. Schulstufe der Volksschule, der Hauptschule oder der Sonderschule voraus.

(1a) Schüler der Neuen Mittelschule, die die Aufnahme in eine mindestens dreijährige berufsbildende mittlere Schule anstreben, haben zusätzlich zum erfolgreichen Abschluss der 8. Schulstufe die Berechtigung zum Übertritt in eine mittlere Schule vorzuweisen. Diese liegt vor, wenn das Jahreszeugnis ausweist, dass der Schüler das Bildungsziel der grundlegenden Allgemeinbildung in allen differenzierten Pflichtgegenständen zumindest mit der Beurteilung „Befriedigend" erreicht hat, wobei (nur) eine Beurteilung mit „Genügend" der Aufnahme nicht entgegensteht, sofern die Klassenkonferenz der Neuen Mittelschule feststellt, dass der Schüler auf Grund seiner sonstigen Leistungen mit großer Wahrscheinlichkeit den Anforderungen der berufsbildenden mittleren Schule genügen wird; dabei hat die Klassenkonferenz die Beurteilungen in den übrigen Unterrichtsgegenständen sowie die ergänzende differenzierende Leistungsbeschreibung (gemäß § 22 Abs. 1a des Schulunterrichtsgesetzes) zu berücksichtigen. Liegt die Berechtigung zum Übertritt in eine mittlere Schule nicht vor, ist aus jenen differenzierten Pflichtgegenständen, in denen die Voraussetzungen nicht erfüllt werden, eine Aufnahmsprüfung abzulegen. Eine derartige Aufnahmsprüfung entfällt nach erfolgreichem Abschluss einer 1. Klasse einer berufsbildenden mittleren Schule oder der Polytechnischen Schule in der 9. Schulstufe.

(2) Soweit im folgenden die erfolgreiche Ablegung der Lehrabschlußprüfung vorgeschrieben ist, ist dieser der Abschluß einer Schule gleichzusetzen, der gemäß § 28 des Berufsausbildungsgesetzes, BGBl. Nr. 142/1969, die Lehrabschlußprüfung ersetzt."

Lehrplänen der mehrjährigen Fachschulen darüber hinaus Geschichte und Geographie, ferner die für die einzelnen Arten der berufsbildenden mittleren Schulen im Hinblick auf die künftige Berufstätigkeit erforderlichen in den folgenden Bestimmungen näher umschriebenen Pflichtgegenstände. Ab der 9. Schulstufe ist für jene Schülerinnen und Schüler, die am Religionsunterricht nicht teilnehmen, der Pflichtgegenstand Ethik im Ausmaß von zwei Wochenstunden vorzusehen.[30]) *(BGBl. I Nr. 20/1998, Z 10 idF BGBl. I Nr. 91/2005, Art. 1 Z 9 und BGBl. I Nr. 133/2020, Art. 1 Z 4)*

(1a) Für Schüler mit sonderpädagogischem Förderbedarf, die integrativ in einer einjährigen Fachschule für wirtschaftliche Berufe unterrichtet werden, findet der Lehrplan der einjährigen Fachschule für wirtschaftliche Berufe insoweit Anwendung, als erwartet werden kann, dass ohne Überforderung die Bildungs- und Lehraufgabe des betreffenden Unterrichtsgegenstandes grundsätzlich erreicht wird; im Übrigen findet der der Behinderung entsprechende Lehrplan der Sonderschule Anwendung. *(BGBl. I Nr. 9/2012, Art. 1 Z 19 idF BGBl. I Nr. 56/2016, Art. 1 Z 17)*

(2) Für körperbehinderte und sinnesbehinderte Schüler hat die zuständige Schulbehörde unter Bedachtnahme auf die Behinderung und die Förderungsmöglichkeiten sowie die grundsätzliche Erfüllung der Aufgabe der betreffenden Art und Fachrichtung der berufsbildenden mittleren Schule Abweichungen vom Lehrplan festzulegen. *(BGBl. Nr. 766/1996, Z 39 idF BGBl. I Nr. 75/2013, Art. 12 Z 1)*

(3) Weiters können Wahlpflichtgegenstände als alternative Pflichtgegenstände in einem solchen Stundenausmaß vorgesehen werden, dass unter Einbeziehung der sonstigen Pflichtgegenstände das Gesamtstundenausmaß der Pflichtgegenstände für alle Schülerinnen und Schüler gleich ist. Die Wahlpflichtgegenstände dienen der Ergänzung, Erweiterung oder Vertiefung der Pflichtgegenstände und der spezifischen Bildungsinhalte der jeweiligen Schulart, Schulform oder Fachrichtung. *(BGBl. I Nr. 96/2022, Art. 1 Z 9)*

(BGBl. Nr. 766/1996, Z 39)

[30]) § 55a Abs. 1 (letzter Satz) idF BGBl. I Nr. 133/2020 tritt gemäß § 131 Abs. 43 ab 1. September 2021 klassen- und schulstufenweise aufsteigend und somit für die 9. Schulstufen mit 1. September 2021, für die 10. Schulstufen mit 1. September 2022, für die 11. Schulstufen mit 1. September 2023, für die 12. Schulstufen mit 1. September 2024 und für die 13. Schulstufen mit 1. September 2025 in Kraft.

Lehrer

§ 56. (1) Der Unterricht in den Klassen der berufsbildenden mittleren Schulen und in den Modulen der Sonderformen mit modularer Unterrichtsorganisation ist durch Fachlehrer zu erteilen. *(BGBl. Nr. 242/1962 idF BGBl. I Nr. 44/2010, Z 12 und BGBl. I Nr. 9/2012, Art. 1 Z 16)*

(1a) Für den integrativen Unterricht von Schülern mit sonderpädagogischem Förderbedarf in der einjährigen Fachschule für wirtschaftliche Berufe sind entsprechend ausgebildete Lehrer zusätzlich einzusetzen; für einzelne Unterrichtsgegenstände dürfen mit ihrer Zustimmung auch Lehrer eingesetzt werden, die keine besondere Ausbildung zur sonderpädagogischen Förderung besitzen. *(BGBl. I Nr. 9/2012, Art. 1 Z 20 idF BGBl. I Nr. 56/2016, Art. 1 Z 15)*

(2) Für jede berufsbildende mittlere Schule sind, sofern sie nicht nach § 54 Abs. 2 einer berufsbildenden höheren Schule eingegliedert ist, ein Leiter sowie die erforderlichen Lehrer, im Falle der Gliederung in Fachabteilungen auch Abteilungsvorstände zu bestellen. *(BGBl. Nr. 323/1975, Art. I Z 36)*

(3) Die Bestimmung des § 42 Abs. 3 ist anzuwenden. Darüber hinaus können in berufsbildenden mittleren Schulen bei Bedarf auf bestimmte Zeit Lehrbeauftragte[31]) bestellt werden. Als Lehrbeauftragte kommen Fachleute in Betracht, die nicht als Lehrer bestellt sind. Ein Dienstverhältnis wird durch einen Lehrauftrag nicht begründet, allenfalls bestehende Dienstverhältnisse bleiben durch den Lehrauftrag unberührt. *(BGBl. I Nr. 116/2008, Z 22 idF BGBl. I Nr. 56/2016, Art. 1 Z 18)*

Klassenschülerzahl

§ 57.[32]) Die Klassenschülerzahl an einer berufsbildenden mittleren Schule sowie an Sonderformen mit modularer Unterrichtsorganisa-

[31]) § 1 Abs. 3 letzter Satz des Lehrbeauftragtengesetzes, BGBl. Nr. 656/1987 idF BGBl. I Nr. 56/2016, lautet:

„Lehrbeauftragte an Schulen haben neben der Abhaltung des vorgesehenen Unterrichts auch die mit der Unterrichtstätigkeit verbundenen Prüfungen abzunehmen sowie die in den schulrechtlichen Bestimmungen für Lehrbeauftragte vorgesehenen sonstigen Pflichten wahrzunehmen."

[32]) § 57 idF vor der Novelle BGBl. I Nr. 138/2017 ist gemäß § 8a Abs. 3 noch von Bedeutung. Er lautete:

„Klassenschülerzahl

§ 57. (1) Die Klassenschülerzahl an einer berufsbildenden mittleren Schule darf 30 nicht übersteigen und soll 20 nicht unterschreiten. Um Abweisungen zu vermeiden, kann die Klassenschülerhöchstzahl bis zu 20 vH überschritten werden; darüber hat die zuständige Schulbehörde zu entscheiden. An Sonderformen mit

tion die Zahl der ein Modul besuchenden Studierenden sind vom Schulleiter oder von der Schulleiterin unter Bedachtnahme auf die Erfordernisse der Pädagogik und der Sicherheit, auf den Förderbedarf der Schülerinnen und Schüler, auf die räumlichen Möglichkeiten und auf die mögliche Belastung der Lehrpersonen sowie nach Maßgabe der der Schule gemäß § 8a Abs. 3 zugeteilten Lehrpersonalressourcen festzulegen. § 8a Abs. 2 ist anzuwenden. Für die Wahlpflichtgegenstände können ab der 10. Schulstufe klassen-, schulstufen- oder schulstandortübergreifende Schülergruppen gebildet werden. Der Pflichtgegenstand Ethik ist möglichst zeitgleich mit dem Religionsunterricht jener gesetzlich anerkannten Kirche (Religionsgesellschaft) durchzuführen, der die höchste Zahl an Schülerinnen und Schülern der Schule angehört. Wenn Kirchen (Religionsgesellschaften) den Religionsunterricht in kooperativer Form abhalten, so ist für die Ermittlung der Zahl der Schülerinnen und Schüler die Summe aller Angehörigen der an der Kooperation teilnehmenden Kirchen (Religionsgesellschaften) zu bilden. Sind weniger als zehn Schülerinnen oder Schüler einer Klasse zur Teilnahme am Ethikunterricht verpflichtet, so sind sie zunächst mit Schülerinnen oder Schülern anderer Klassen der gleichen Schulstufe, dann anderer Klassen der Schule und schließlich anderer Schulen zusammenzuziehen, bis die Zahl mindestens zehn beträgt.[33])

---

modularer Unterrichtsorganisation ist die Zahl der ein Modul besuchenden Studierenden unter Bedachtnahme auf die Erfordernisse der Pädagogik und der Sicherheit sowie auf die personellen und räumlichen Möglichkeiten durch den Schulleiter festzulegen, wobei für die Höchstzahl der Studierenden in einem Modul die Bestimmungen des ersten und zweiten Satzes gelten.

(2) Abs. 1 gilt in den Fällen der Teilnahme am Unterricht einzelner Unterrichtsgegenstände in einem anderen Semester gemäß den §§ 26b und 26c des Schulunterrichtsgesetzes mit der Maßgabe, dass sich die auf Klassen bezogenen Schülerzahlen auf die einzelnen Unterrichtsgegenstände einer Klasse beziehen und dass eine Überschreitung der Höchstzahl von 30 Schülern in einzelnen Unterrichtsgegenständen einer Klasse durch den Schulleiter festzulegen ist.

(3) Sofern in Klassen der einjährigen Fachschule für wirtschaftliche Berufe ein integrativer Unterricht von Schülern mit sonderpädagogischem Förderbedarf und Schülern ohne sonderpädagogischen Förderbedarf erfolgt, zählt bei der Feststellung der Klassenschülerzahl gemäß Abs. 1 jeder Schüler mit sonderpädagogischem Förderbedarf doppelt."

[33]) § 57 (dritter, vierter und fünfter Satz) idF BGBl. I Nr. 133/2020 tritt gemäß § 131 Abs. 43 ab 1. September 2021 klassen- und schulstufenweise aufsteigend und somit für die 9. Schulstufen mit 1. September 2021, für die 10. Schulstufen mit 1. September 2022, für die 11. Schulstufen mit 1. September 2023, für die 12. Schulstufen mit 1. September 2024 und für die 13. Schulstufen mit 1. September 2025 in Kraft.

(BGBl. I Nr. 138/2017, Art. 9 Z 46 idF BGBl. I Nr. 133/2020, Art. 1 Z 5 und BGBl. I Nr. 96/2022, Art. 1 Z 10)

Besondere Bestimmungen

Gewerbliche, technische und kunstgewerbliche Fachschulen

§ 58. (1) Die gewerblichen, technischen und kunstgewerblichen Fachschulen umfassen einen zwei- bis vierjährigen Bildungsgang. Sie dienen der Erlernung eines oder mehrerer Gewerbe oder der Ausbildung auf technischem oder kunstgewerblichem Gebiet. Hiebei ist in einem Werkstättenunterricht oder in einem sonstigen praktischen Unterricht eine sichere handwerkliche oder sonstige praktische Fertigkeit zu vermitteln. *(BGBl. Nr. 323/1975, Art. I Z 38)*

(2) Gewerbliche, technische und kunstgewerbliche Fachschulen für mehrere Fachrichtungen sind in Fachabteilungen zu gliedern. Die Leitungen der Fachabteilungen einer Schule unterstehen der gemeinsamen Schulleitung.

(3) Gewerblichen und technischen Fachschulen können Versuchsanstalten angegliedert werden. Solche Schulen führen die Bezeichnung „Lehr- und Versuchsanstalt" mit Anführung der Fachrichtung.

(3a) An den kunstgewerblichen Fachschulen ist durch eine Eignungsprüfung festzustellen, ob der Aufnahmsbewerber den Anforderungen der zu vermittelnden Berufsausbildung in künstlerischer Hinsicht entspricht. *(BGBl. Nr. 766/1996, Z 40)*

(4) In den Lehrplänen (§ 6) für die einzelnen Fachrichtungen der gewerblichen, technischen und kunstgewerblichen Fachschulen sind neben den im § 55a Abs. 1 genannten Pflichtgegenständen die im Hinblick auf die künftige Berufstätigkeit erforderlichen mathematischen, naturwissenschaftlichen, fremdsprachlichen, fachtheoretischen, praktischen, betriebswirtschaftlichen und rechtlichen Pflichtgegenstände sowie Pflichtpraktika vorzusehen. *(BGBl. Nr. 766/1996, Z 40)*

(5) entfallen (BGBl. Nr. 323/1975, Art. I Z 38)

(5) Die Ausbildung an den gewerblichen, technischen und kunstgewerblichen Fachschulen wird durch die Abschlußprüfung beendet. *(BGBl. Nr. 242/1962 idF BGBl. Nr. 323/1975, Art. I Z 38 und BGBl. Nr. 323/1993, Art. I Z 22)*

Sonderformen der gewerblichen, technischen und kunstgewerblichen Fachschulen sowie gewerbliche und technische Lehrgänge und Kurse

§ 59. (1) Als Sonderformen der gewerblichen, technischen und kunstgewerblichen Fachschulen können geführt werden:

1. Schulen zur fachlichen Weiterbildung, die bis zu vier Jahre umfassen:
   a) Gewerbliche Meisterschulen für Personen mit abgeschlossener Berufsausbildung zur Erweiterung der Fachbildung;
   b) Werkmeisterschulen und Bauhandwerkerschulen zur Erweiterung der Fachbildung von Personen mit abgeschlossener Berufsausbildung;
   c) kunstgewerbliche Meisterschulen zur fachlichen Weiterbildung von Personen, die ihre besondere Eignung hiefür durch die erfolgreiche Ablegung einer Eignungsprüfung nachgewiesen haben; *(BGBl. I Nr. 20/1998, Z 12)*
2. Vorbereitungslehrgänge, die ein oder zwei Semester umfassen,
   a) zur Vorbereitung zum Eintritt in den III. Jahrgang einer Höheren technischen oder gewerblichen Lehranstalt oder in einen Aufbaulehrgang entsprechender Fachrichtung ohne Aufnahmsprüfung für Personen, die die achte Schulstufe erfolgreich abgeschlossen und eine Lehrabschlußprüfung in einem der Fachrichtung entsprechenden Lehrberuf erfolgreich abgelegt haben;
   b) zur Vorbereitung zum Eintritt in eine Höhere technische oder gewerbliche Lehranstalt für Berufstätige ohne Aufnahmsprüfung für Personen, die die achte Schulstufe erfolgreich abgeschlossen haben. Der zuständige Bundesminister hat durch Verordnung zu bestimmen, daß Personen, die eine Lehrabschlußprüfung in einem der Fachrichtung entsprechenden Lehrberuf abgelegt und den Vorbereitungslehrgang erfolgreich abgeschlossen haben, zum Eintritt in den II. Jahrgang einer Höheren technischen oder gewerblichen Lehranstalt für Berufstätige berechtigt sind, sofern dies im Hinblick auf den Lehrabschluß und die Lehrpläne des betreffenden Vorbereitungslehrganges und der betreffenden Fachrichtung der Höheren technischen oder gewerblichen Lehranstalt für Berufstätige gerechtfertigt ist. *(BGBl. Nr. 371/1986, Art. I Z 6 idF BGBl. Nr. 408/1991, Z 1, BGBl. Nr. 766/1996, Z 3 und BGBl. I Nr. 77/2001, Art. 1 Z 1)*

   Schüler, die eine Werkmeisterschule erfolgreich abgeschlossen haben und durch einen zusätzlichen Unterricht die Kenntnisse eines Vorbereitungslehrganges nachweisen, sind den Absolventen des betreffenden Vorbereitungslehrganges gleichgestellt; Vorbereitungslehrgänge sind in Modulen zu organisieren; *(BGBl. Nr. 371/1986, Art. I Z 6 idF BGBl. I Nr. 116/2008, Z 23 und BGBl. I Nr. 9/2012, Art. 1 Z 23)*
3. gewerbliche, technische und kunstgewerbliche Fachschulen für Berufstätige, welche in Semester zu gliedern und in Modulen zu organisieren sind. *(BGBl. I Nr. 116/2008, Z 23 idF BGBl. I Nr. 44/2010, Z 14 und BGBl. I Nr. 9/2012, Art. 1 Z 24)*

Für die Aufnahme in die unter diesen Absatz fallenden Sonderformen ist – abgesehen von der Eignungsprüfung für kunstgewerbliche Meisterschulen (Z 1 lit. c) – die Ablegung einer Aufnahmsprüfung nicht erforderlich. In Vorbereitungslehrgänge können auch Berufsschüler nach erfolgreichem Abschluß der 1. Klasse der Berufsschule aufgenommen werden. Die Sonderformen können auch als Schulen für Berufstätige, erforderlichenfalls unter Verlängerung der Ausbildungsdauer, geführt werden; sie sind in Semester zu gliedern und in Modulen zu organisieren. *(BGBl. Nr. 371/1986, Art. I Z 6 idF BGBl. Nr. 323/1993, Art. 1 Z 23, BGBl. Nr. 642/1994, Z 5, BGBl. I Nr. 132/1998, Z 13, BGBl. I Nr. 44/2010, Z 15 und BGBl. I Nr. 9/2012, Art. 1 Z 24)*

(2) Für die Lehrpläne der in Abs. 1 genannten Sonderformen sind die Bestimmungen des § 58 Abs. 4 nach den Erfordernissen der betreffenden Ausbildung sinngemäß anzuwenden. Die Lehrpläne der Vorbereitungslehrgänge gemäß Abs. 1 Z 2 lit. b haben für Bewerber, die keine Lehrabschlußprüfung in einem entsprechenden Lehrberuf erfolgreich abgelegt oder keine einschlägige Fachschule oder Werkmeisterschule erfolgreich abgeschlossen haben, einen zusätzlichen praktischen Unterricht vorzusehen. *(BGBl. Nr. 371/1986, Art. I Z 6)*

(2a) Die Ausbildung an den gewerblichen Meisterschulen (Abs. 1 Z 1 lit. a), an den Werkmeisterschulen und Bauhandwerkerschulen (Abs. 1 Z 1 lit. b) sowie an den kunstgewerblichen Meisterschulen (Abs. 1 Z 1 lit. c) wird durch die Abschlußprüfung beendet. *(BGBl. I Nr. 20/1998, Z 13)*

(3) entfallen (BGBl. I Nr. 20/1998, Z 14)

(4) Ferner können gewerbliche, technische und kunstgewerbliche Fachschulen oder einzelne ihrer Klassen als Sonderformen unter Bedachtnahme auf eine entsprechende Berufsausbildung körperbehinderter Personen geführt werden, für deren Lehrpläne die Bestimmungen des § 58 Abs. 4 sinngemäß anzuwenden sind.

(5) entfallen (BGBl. Nr. 766/1996, Z 41)

Handelsschule

§ 60. (1) Die Handelsschule umfaßt einen dreijährigen Bildungsgang und dient der kaufmännischen Berufsausbildung für alle Zweige der Wirtschaft.

(2) In den Lehrplänen (§ 6) der Handelsschule sind neben den im § 55a Abs. 1 genannten Pflichtgegenständen die im Hinblick auf die künftige Berufstätigkeit erforderlichen naturwissenschaftlichen, fachtheoretischen, praktischen, wirtschaftlichen und rechtlichen Pflichtgegenstände sowie Pflichtpraktika vorzusehen. *(BGBl. Nr. 766/1996, Z 42 idF BGBl. I Nr. 56/2016, Art. 1 Z 19)*

(3) Die Ausbildung an den Handelsschulen wird durch die Abschlußprüfung beendet. *(BGBl. Nr. 512/1993, Z 25)*

Sonderformen der Handelsschule und kaufmännische Lehrgänge und Kurse

§ 61. (1) Als Sonderformen der Handelsschule können geführt werden:

a) Handelsschulen für Berufstätige, welche die Aufgabe haben, in einem viersemestrigen Bildungsgang Personen, die die achte Schulstufe erfolgreich abgeschlossen haben und das 17. Lebensjahr spätestens im Kalenderjahr der Aufnahme vollenden sowie eine Berufsausbildung abgeschlossen haben oder in das Berufsleben eingetreten sind, zum Bildungsziel der Handelsschule zu führen. Sie sind in Modulen zu organisieren. Für den Lehrplan sind die Bestimmungen des § 60 Abs. 2 anzuwenden. *(BGBl. Nr. 323/1975, Art. I Z 39 idF BGBl. Nr. 323/1993, Art. 1 Z 25, BGBl. I Nr. 44/2010, Z 16 und BGBl. I Nr. 9/2012, Art. 1 Z 24)*

b) entfallen (BGBl. I Nr. 20/1998, Z 15)

c) entfallen (BGBl. I Nr. 20/1998, Z 15)

d) Vorbereitungslehrgänge zur Vorbereitung zum Eintritt in den III. Jahrgang einer Handelsakademie oder in den III. Jahrgang einer Handelsakademie für Berufstätige oder in einen Aufbaulehrgang kaufmännischer Art ohne Aufnahmsprüfung für Personen, die die achte Schulstufe erfolgreich abgeschlossen und die Lehrabschlußprüfung in einem Lehrberuf kaufmännischer Richtung erfolgreich abgelegt haben, mit der Dauer von zwei Semestern. In Vorbereitungslehrgänge können auch Berufsschüler nach erfolgreichem Abschluß der 1. Klasse der Berufsschule aufgenommen werden. Die Vorbereitungslehrgänge können auch als Schulen für Berufstätige, erforderlichenfalls unter Verlängerung der Ausbildungsdauer, geführt werden. Vorbereitungslehrgänge sowie Vorbereitungslehrgänge für Berufstätige sind in Modulen zu organisieren. Für den Lehrplan sind die Bestimmungen des § 60 Abs. 2 nach den Erfordernissen der Ausbildung sinngemäß anzuwenden. *(BGBl. Nr. 371/1986, Art. I Z 7 idF BGBl. Nr. 323/1993, Art. 1 Z 27, BGBl. Nr. 642/1994, Z 6, BGBl. I Nr. 44/2010, Z 17 und BGBl. I Nr. 9/2012, Art. 1 Z 25)*

Für die Aufnahme in die Sonderformen ist die Ablegung einer Aufnahmsprüfung nicht erforderlich. *(BGBl. Nr. 242/1962 idF BGBl. Nr. 371/1986, Art. I Z 7)*

(2) Ferner können Handelsschulen oder einzelne ihrer Klassen als Sonderform unter Bedachtnahme auf eine entsprechende Berufsausbildung körperbehinderter Personen geführt werden, für deren Lehrplan die Bestimmungen des § 60 Abs. 2 sinngemäß anzuwenden sind.

Fachschulen für wirtschaftliche Berufe
(BGBl. Nr. 242/1962 idF BGBl. Nr. 335/1987, Art. I Z 9)

§ 62. (1) Die Fachschulen für wirtschaftliche Berufe umfassen einen ein- bis dreijährigen Bildungsgang und dienen der Erwerbung der Befähigung zur Ausübung eines Berufes in den Bereichen der Wirtschaft, Verwaltung, Ernährung, Tourismus und Kultur. *(BGBl. Nr. 323/1993, Art. I Z 28)*

(2) Fachschulen für wirtschaftliche Berufe sind

a) die einjährige Fachschule für wirtschaftliche Berufe, *(BGBl. I Nr. 56/2016, Art. 1 Z 20)*

b) die zweijährige Fachschule für wirtschaftliche Berufe, *(BGBl. I Nr. 56/2016, Art. 1 Z 20)*

c) die dreijährige Fachschule für wirtschaftliche Berufe. *(BGBl. Nr. 242/1962 idF BGBl. Nr. 335/1987, Art. I Z 9)*

(BGBl. Nr. 242/1962 idF BGBl. Nr. 335/1987, Art. I Z 9)

(3) In den Lehrplänen (§ 6) der einzelnen Arten der Fachschulen für wirtschaftliche Berufe sind neben den im § 55a Abs. 1 genannten Pflichtgegenständen die im Hinblick auf die künftige Berufstätigkeit erforderlichen naturwissenschaftlichen, fachtheoretischen, praktischen, betriebswirtschaftlichen, lebenskundlichen und musischen Pflichtgegenstände sowie Pflichtpraktika vorzusehen. *(BGBl. Nr. 766/1996, Z 43 idF BGBl. I Nr. 56/2016, Art. 1 Z 21)*

(4) Die Ausbildung an den dreijährigen Fachschulen für wirtschaftliche Berufe wird durch die Abschlußprüfung beendet. *(BGBl. Nr. 512/1993, Z 26)*

Sonderform der Fachschule für wirtschaftliche Berufe

§ 62a. Fachschulen für wirtschaftliche Berufe können auch als Schulen für Berufstätige geführt werden, welche in Semester zu gliedern und in Modulen zu organisieren sind. Sie haben die Aufgabe, Personen, welche die 8. Schulstufe erfolgreich abgeschlossen haben und das 17. Lebensjahr spätestens im Kalenderjahr der Aufnahme vollenden sowie eine Berufsausbildung abgeschlossen haben oder in das Berufsleben eingetreten sind, zum Bildungsziel der Fachschule für wirtschaftliche Berufe zu führen. Für den Lehrplan sind die Bestimmungen des § 62 Abs. 3 anzuwenden.

(BGBl. I Nr. 116/2008, Z 24 idF BGBl. I Nr. 44/2010, Z 18 und BGBl. I Nr. 9/2012, Art. 1 Z 24)

Fachschulen für Sozialberufe und Fachschulen für Sozialberufe mit Pflegevorbereitung

§ 63. (1) Die Fachschulen für Sozialberufe umfassen einen ein- bis dreijährigen Bildungsgang und dienen unter praktischer Einführung in die Berufstätigkeit der Erwerbung der Fachkenntnisse für die Ausübung eines Berufes auf sozialen Gebieten.

(2) Die Fachschulen für Sozialberufe mit Pflegevorbereitung umfassen einen dreijährigen Bildungsgang und dienen unter praktischer Einführung in die Berufstätigkeit der Erwerbung der Fachkenntnisse für die Ausübung eines Berufes auf sozialen Gebieten. Eine Fachschule für Sozialberufe mit Pflegevorbereitung muss für die Umsetzung des Lehrplanes gemäß Abs. 5 über einen Kooperationsvertrag mit einer für die Ausbildung in den Pflegeassistenzberufen bewilligten Einrichtung verfügen. Im Kooperationsvertrag ist die Durchführung der fachtheoretischen und fachpraktischen Pflegeassistenzausbildung nach den Regelungen des Gesundheits- und Krankenpflegegesetzes (GuKG), BGBl. I Nr. 108/1997, und der Pflegeassistenzberufe-Ausbildungsverordnung (PA-PFA-AV), BGBl. II Nr. 301/2016, vorzusehen. Ausgenommen von der Anwendung der PA-PFA-AV sind die Leistungsfeststellung und -beurteilung der theoretischen Ausbildung und der praktischen Ausbildung ohne Patientenkontakt sowie Zeugnisse, Schulnachrichten und Schulbesuchsbestätigungen. Der Abschluss dieses Kooperationsvertrages bedarf der Zustimmung der Schulbehörde.

(3) Die Aufnahme in eine ein- oder zweijährige Fachschule gemäß Abs. 1 setzt die Erfüllung der allgemeinen Schulpflicht, die Aufnahme in eine dreijährige Fachschule setzt die erfolgreiche Erfüllung der ersten acht Jahre der allgemeinen Schulpflicht voraus. Für die Aufnahme in eine ein- und zweijährige Fachschule ist die Ablegung einer Aufnahmsprüfung nicht erforderlich.

(4) Der zuständige Bundesminister hat durch Verordnung die Vollendung eines höheren Aufnahmealters zu bestimmen, sofern dies wegen der für die betreffende Fachschule gemäß Abs. 1 notwendigen körperliche oder geistige Reife erforderlich ist. Ferner kann der zuständige Bundesminister als Aufnahmevoraussetzung den erfolgreichen Besuch einer oder mehrerer Klassen einer anderen Schulart oder eine Praxis vorsehen, sofern der Lehrplan auf ein derartiges Wissen oder Können aufbaut.

(5) In den Lehrplänen (§ 6) der Fachschulen gemäß Abs. 1 sind neben den im § 55a Abs. 1 genannten Pflichtgegenständen die im Hinblick auf die künftige Berufstätigkeit erforderlichen fachtheoretischen, rechtlichen, praktischen, berufskundlichen und musischen Pflichtgegenstände sowie Praktika vorzusehen.

(6) Die Ausbildung an den Fachschulen gemäß Abs. 1 wird durch die Abschlussprüfung beendet.

(BGBl. I Nr. 165/2022, Art. 1 Z 12)

Sonderformen der Fachschulen für Sozialberufe und Fachschulen für Sozialberufe mit Pflegevorbereitung

§ 63a. Fachschulen für Sozialberufe und Fachschulen für Sozialberufe mit Pflegevorbereitung können auch als Schulen für Berufstätige geführt werden, welche in Semester zu gliedern und in Modulen zu organisieren sind. Sie haben die Aufgabe, Personen, welche die 8. Schulstufe erfolgreich abgeschlossen haben und das 17. Lebensjahr spätestens im Kalenderjahr der Aufnahme vollenden sowie eine Berufsausbildung abgeschlossen haben oder in das Berufsleben eingetreten sind, zum Bildungsziel der Fachschule für Sozialberufe oder der Fachschule für Sozialberufe mit Pflegevorbereitung zu führen. Für den Lehrplan sind die Bestimmungen des § 63 anzuwenden.

(BGBl. I Nr. 165/2022, Art. 1 Z 13)

Fachschulen für pädagogische Assistenzberufe

§ 63b. (1) Die Fachschulen für pädagogische Assistenzberufe umfassen einen dreijährigen Bildungsgang und dienen der Erwerbung (elementar)pädagogischer Fachkenntnisse sowie der Vermittlung jenes Berufswissens und jenes Berufskönnens, die für Assistenzaufgaben in (elementar)pädagogischen Bildungseinrichtungen erforderlich sind.

(2) Die Aufnahme in eine Fachschule für pädagogische Assistenzberufe setzt die erfolgreiche Erfüllung der ersten acht Jahre der allgemeinen Schulpflicht voraus. Es ist durch eine Eignungsprüfung festzustellen, ob die Aufnahmsbewerberin oder der Aufnahmsbe-

werber den Anforderungen der zu vermittelnden Berufsausbildung in pädagogischer und administrativer Hinsicht entspricht.

(3) In den Lehrplänen (§ 6) der Fachschulen für pädagogische Assistenzberufe sind neben den im § 55a Abs. 1 genannten Pflichtgegenständen die im Hinblick auf die künftige Berufstätigkeit erforderlichen pädagogisch-geisteswissenschaftlichen, didaktischen, fachtheoretischen, musisch-kreativen, bewegungserziehlichen, praktischen, administrativen sowie rechts- und berufskundlichen Pflichtgegenstände sowie Praktika vorzusehen.

(4) Die Ausbildung an den Fachschulen für pädagogische Assistenzberufe wird durch die Abschlussprüfung beendet.

(BGBl. I Nr. 138/2017, Art. 9 Z 47)

Sonderform der Fachschule für pädagogische Assistenzberufe

§ 63c. Die Fachschulen für pädagogische Assistenzberufe können auch als Schulen für Berufstätige geführt werden, welche in Semester zu gliedern und in Modulen zu organisieren sind. Sie haben die Aufgabe, Personen, welche die 8. Schulstufe erfolgreich abgeschlossen haben und das 17. Lebensjahr spätestens im Kalenderjahr der Aufnahme vollenden sowie eine Berufsausbildung abgeschlossen haben oder in das Berufsleben eingetreten sind, zum Bildungsziel der Fachschule für pädagogische Assistenzkräfte zu führen. Für den Lehrplan sind die Bestimmungen des § 63b Abs. 3 anzuwenden.

(BGBl. I Nr. 138/2017, Art. 9 Z 47)

Berufsbildende mittlere Bundesschulen

§ 64. (1) Die öffentlichen berufsbildenden mittleren Schulen sind als „Berufsbildende mittlere Bundesschulen" zu bezeichnen.

(2) Die einzelnen Arten und Sonderformen der berufsbildenden mittleren Bundesschulen haben folgende Bezeichnungen zu führen:
Bundesfachschule;
Bundes-Lehr- und Versuchsanstalt;
Bundeshandelsschule;
Bundesfachschule für wirtschaftliche Berufe;
Bundes-Meisterschule;
Bundes-Bauhandwerkerschule;
Bundes-Werkmeisterschule;
Bundesfachschule für Sozialberufe;
(BGBl. I Nr. 138/2017, Art. 9 Z 48)
Bundesfachschule für pädagogische Assistenzberufe.
(BGBl. I Nr. 138/2017, Art. 9 Z 48)
(BGBl. Nr. 242/1962 idF BGBl. Nr. 335/1987, Art. I Z 9)

(3) Zur näheren Kennzeichnung einer der im Abs. 2 angeführten Schulen kann überdies die Fachrichtung, bei Bundesfachschulen für wirtschaftliche Berufe die im § 62 Abs. 2 genannte Schulart angeführt werden. *(BGBl. Nr. 242/1962 idF BGBl. Nr. 335/1987, Art. I Z 9)*

(4) Bei berufsbildenden mittleren Bundesschulen für Berufstätige ist der im Abs. 2 angeführten Bezeichnung der Ausdruck „für Berufstätige" anzufügen. *(BGBl. Nr. 323/1993, Art. I Z 33)*

Abschnitt III
Berufsbildende höhere Schulen

SchOG

Allgemeine Bestimmungen

Aufgabe der berufsbildenden höheren Schulen

(BGBl. Nr. 365/1982, Art. I Z 39)

§ 65. Die berufsbildenden höheren Schulen haben die Aufgabe, den Schülerinnen und Schülern eine höhere allgemeine und fachliche Bildung zu vermitteln, die sie zur Ausübung eines gehobenen Berufes auf technischem, gewerblichem, kunstgewerblichem, kaufmännischem, pflegerischem, sozialbetreuerischem, hauswirtschaftlichem und sonstigem wirtschaftlichen oder elementar- und sozialpädagogischen Gebiet befähigt, und sie zugleich zur Universitätsreife zu führen.

(BGBl. I Nr. 165/2022, Art. 1 Z 14)

Aufbau der berufsbildenden höheren Schulen

§ 66. (1) Die berufsbildenden höheren Schulen schließen an die 8. Schulstufe an und umfassen fünf Schulstufen (9. bis 13. Schulstufe).

(2) Jeder Schulstufe hat ein Jahrgang, sofern die Schulstufe ein Semester umfaßt, eine Klasse zu entsprechen. An Sonderformen mit modularer Unterrichtsorganisation sind die lehrplanmäßig vorgesehenen Unterrichtsgegenstände der einzelnen Semester als Module zu organisieren. *(BGBl. Nr. 365/1982, Art. I Z 40 idF BGBl. I Nr. 44/2010, Z 21 und BGBl. I Nr. 9/2012, Art. 1 Z 16)*

(3) Die Bestimmung des Abs. 1 gilt nicht für die berufsbildenden höheren Schulen für Berufstätige, Aufbaulehrgänge, Lehrgänge und Kollegs. *(BGBl. I Nr. 20/1998, Z 18 idF BGBl. I Nr. 56/2016, Art. 1 Z 23)*

Arten der berufsbildenden höheren Schulen

§ 67. Berufsbildende höhere Schulen sind:

a) Höhere technische und gewerbliche (einschließlich kunstgewerblicher) Lehranstalten, *(BGBl. Nr. 365/1982, Art. I Z 41)*

b) Handelsakademien,
c) Höhere Lehranstalten für wirtschaftliche Berufe, *(BGBl. Nr. 242/1962 idF BGBl. Nr. 335/1987, Art. I Z 11)*
d) Bildungsanstalten für Elementarpädagogik, *(BGBl. I Nr. 56/2016, Art. 1 Z 24)*
e) Bildungsanstalten für Sozialpädagogik, *(BGBl. I Nr. 56/2016, Art. 1 Z 24)*
f) Höhere Lehranstalten für Pflege und Sozialbetreuung und *(BGBl. I Nr. 165/2022, Art. 1 Z 15)*
g) Sonderformen der in lit. a bis f genannten Arten. *(BGBl. I Nr. 165/2022, Art. 1 Z 16)*

Aufnahmsvoraussetzungen

§ **68.**[34]) (1) Voraussetzung für die Aufnahme in eine berufsbildende höhere Schule ist

1. der erfolgreiche Abschluss der 4. Klasse der Mittelschule und in allen leistungsdifferenzierten Pflichtgegenständen eine Beurteilung gemäß dem Leistungsniveau „Standard AHS" oder eine Beurteilung gemäß dem Leistungsniveau „Standard" nicht schlechter als „Gut" oder
2. der erfolgreiche Abschluss der Polytechnischen Schule auf der 9. Schulstufe oder
3. der erfolgreiche Abschluss der 1. Klasse einer berufsbildenden mittleren Schule oder
4. der erfolgreiche Abschluss der 4. oder einer höheren Klasse der allgemeinbildenden höheren Schule.

Aufnahmsbewerberinnen und Aufnahmsbewerber der Mittelschule haben aus jenen leistungsdifferenzierten Pflichtgegenständen, in denen die Voraussetzungen gemäß Z 1 nicht erfüllt werden, eine Aufnahmsprüfung abzulegen. Aufnahmsbewerberinnen und Aufnahmsbewerber mit dem erfolgreichen Abschluss der 8. Stufe der Volksschule haben in Deutsch, Mathematik und Lebender Fremdsprache eine Aufnahmsprüfung abzulegen. Eine Aufnahmsprüfung entfällt bei den Sonderformen für Berufstätige, Kollegs und Aufbaulehrgängen. *(BGBl. I Nr. 101/2018, Art. 1 Z 35)*

(2) An berufsbildenden höheren Schulen mit besonderen Anforderungen in künstleri-

---

[34]) § 68 idF vor der Novelle BGBl. I Nr. 101/2018 ist gemäß § 130c Abs. 2 noch von Bedeutung. Er lautete:

„Aufnahmsvoraussetzungen

§ **68.** (1) Voraussetzung für die Aufnahme in eine berufsbildende höhere Schule ist

1. der erfolgreiche Abschluß der 4. Klasse der Hauptschule, wobei das Jahreszeugnis für diese Klasse in den leistungsdifferenzierten Pflichtgegenständen in der höchsten Leistungsgruppe eine positive Beurteilung oder in der mittleren Leistungsgruppe keine schlechtere Beurteilung als „Gut" enthält; die Beurteilung eines leistungsdifferenzierten Pflichtgegenstandes in der mittleren Leistungsgruppe mit „Befriedigend" steht der Aufnahme nicht entgegen, sofern die Klassenkonferenz feststellt, daß der Schüler auf Grund seiner sonstigen Leistungen mit großer Wahrscheinlichkeit den Anforderungen der berufsbildenden höheren Schule genügen wird, oder
2. der erfolgreiche Abschluß der Polytechnischen Schule auf der 9. Schulstufe oder

2a. der erfolgreiche Abschluss der 1. Klasse einer mittleren Schule oder

3. der erfolgreiche Abschluß der 4. oder einer höheren Klasse der allgemeinbildenden höheren Schule oder
4. der erfolgreiche Abschluss der 4. Klasse der Neuen Mittelschule und die Berechtigung zum Übertritt in eine höhere Schule; diese liegt vor, wenn das Jahreszeugnis ausweist, dass der Schüler in allen differenzierten Pflichtgegenständen das Bildungsziel der Vertiefung erreicht hat, oder – sofern dies auf (nur) einen differenzierten Pflichtgegenstand nicht zutrifft – die Klassenkonferenz der Neuen Mittelschule feststellt, dass der Schüler auf Grund seiner sonstigen Leistungen mit großer Wahrscheinlichkeit den Anforderungen einer höheren Schule genügen wird; dabei hat die Klassenkonferenz die Beurteilungen in den übrigen Unterrichtsgegenständen sowie die ergänzende differenzierende Leistungsbeschreibung (gemäß § 22 Abs. 1a des Schulunterrichtsgesetzes) zu berücksichtigen.

Aufnahmsbewerber mit dem erfolgreichen Abschluß der 4. Klasse der Hauptschule, die die vorstehenden Voraussetzungen in den leistungsdifferenzierten Pflichtgegenständen nicht erfüllen, haben aus jenen Pflichtgegenständen, in denen die Aufnahmsvoraussetzungen nicht erfüllt werden, eine Aufnahmsprüfung abzulegen. Aufnahmsbewerber mit dem erfolgreichen Abschluß der 8. Stufe der Volksschule haben in Deutsch, Mathematik und Lebender Fremdsprache eine Aufnahmsprüfung abzulegen. Aufnahmsbewerber der Neuen Mittelschule, die die Berechtigung zum Übertritt in eine höhere Schule nicht aufweisen, haben aus jenen differenzierten Pflichtgegenständen, in denen die Voraussetzungen nicht erfüllt werden, eine Aufnahmsprüfung abzulegen. Eine Aufnahmsprüfung entfällt bei den Sonderformen für Berufstätige, Kollegs und Aufbaulehrgängen.

(2) An berufsbildenden höheren Schulen mit besonderen Anforderungen in künstlerischer oder pädagogischer Hinsicht ist durch eine Eignungsprüfung festzustellen, ob die Aufnahmsbewerberin oder der Aufnahmsbewerber den Anforderungen der zu vermittelnden Berufsausbildung in künstlerischer bzw. pädagogischer Hinsicht entspricht."

scher oder pädagogischer Hinsicht ist durch eine Eignungsprüfung festzustellen, ob die Aufnahmsbewerberin oder der Aufnahmsbewerber den Anforderungen der zu vermittelnden Berufsausbildung in künstlerischer bzw. pädagogischer Hinsicht entspricht. *(BGBl. I Nr. 56/2016, Art. 1 Z 25)*

(BGBl. Nr. 766/1996, Z 47)

Lehrpläne

§ 68a. (1) In den Lehrplänen (§ 6) der berufsbildenden höheren Schulen sind als Pflichtgegenstände vorzusehen: Religion, Deutsch, lebende Fremdsprache(n), Geschichte, Geographie, Politische Bildung, Bewegung und Sport, ferner die für die einzelnen Arten der berufsbildenden höheren Schulen im Hinblick auf die künftige Berufstätigkeit erforderlichen in den folgenden Bestimmungen näher umschriebenen Pflichtgegenstände. Ab der 9. Schulstufe ist für jene Schülerinnen und Schüler, die am Religionsunterricht nicht teilnehmen, der Pflichtgegenstand Ethik im Ausmaß von zwei Wochenstunden vorzusehen.[35]) *(BGBl. Nr. 766/1996, Z 48 idF BGBl. I Nr. 91/2005, Art. 1 Z 9 und BGBl. I Nr. 133/2020, Art. 1 Z 6)*

(2) Für körperbehinderte und sinnesbehinderte Schüler hat die zuständige Schulbehörde unter Bedachtnahme auf die Behinderung und die Förderungsmöglichkeiten sowie die grundsätzliche Erfüllung der Aufgabe der betreffenden Art und Fachrichtung der berufsbildenden höheren Schule Abweichungen vom Lehrplan festzulegen, sofern nicht mit der Befreiung von Pflichtgegenständen gemäß § 11 Abs. 6 des Schulunterrichtsgesetzes das Auslangen gefunden wird. *(BGBl. Nr. 766/1996, Z 48 idF BGBl. I Nr. 75/2013, Art. 12 Z 1)*

(3) Weiters können Wahlpflichtgegenstände als alternative Pflichtgegenstände in einem solchen Stundenausmaß vorgesehen werden, dass unter Einbeziehung der sonstigen Pflichtgegenstände das Gesamtstundenausmaß der Pflichtgegenstände für alle Schülerinnen und Schüler gleich ist. Die Wahlpflichtgegenstände dienen der Ergänzung, Erweiterung oder Vertiefung der Pflichtgegenstände und der spezifischen Bildungsinhalte der jeweiligen Schulart, Schulform oder Fachrichtung. *(BGBl. I Nr. 96/2022, Art. 1 Z 11)*

(BGBl. Nr. 766/1996, Z 48)

Reife- und Diplomprüfung

§ 69. (1) Die Ausbildung an den berufsbildenden höheren Schulen wird durch die Reife- und Diplomprüfung, im Fall des § 78 Abs. 2 durch die Reife- und Diplomprüfung für Elementarpädagogik (Zusatzausbildung Hortpädagogik), abgeschlossen. *(BGBl. I Nr. 56/2016, Art. 1 Z 26)*

(2) Die erfolgreiche Ablegung der Reife- und Diplomprüfung einer berufsbildenden höheren Schule berechtigt zum Besuch einer Universität, für die die Reifeprüfung Zulassungsvoraussetzung ist, wobei nach den Erfordernissen der verschiedenen Studienrichtungen durch Verordnung der Bundesministerin oder des Bundesministers für Bildung, Wissenschaft und Forschung zu bestimmen ist, in welchen Fällen Zusatzprüfungen zur Reifeprüfung abzulegen sind. *(BGBl. I Nr. 77/2001, Art. 1 Z 12 idF BGBl. I Nr. 129/2017, Art. 2 Z 1 und BGBl. I Nr. 35/2018, Art. 1 Z 6)*

(3) Sofern in anderen Rechtsvorschriften auf die „Reife- und Befähigungsprüfung" oder die „Befähigungsprüfung" abgestellt wird, sind diesen Prüfungen die „Reife- und Diplomprüfung" bzw. die „Diplomprüfung" gleichgestellt. *(BGBl. I Nr. 56/2016, Art. 1 Z 27)*

(BGBl. Nr. 766/1996, Z 49)

Lehrer

§ 70. (1) Der Unterricht in den Klassen der berufsbildenden höheren Schulen und in den Modulen der Sonderformen mit modularer Unterrichtsorganisation ist durch Fachlehrer zu erteilen. *(BGBl. I Nr. 44/2010, Z 22 idF BGBl. I Nr. 9/2012, Art. 1 Z 16)*

(2) Für jede berufsbildende höhere Schule sind eine Leiterin oder ein Leiter und die erforderlichen Lehrerinnen und Lehrer, Erzieherinnen und Erzieher, Praxiskindergärtnerinnen und Praxiskindergärtner sowie Praxishorterzieherinnen und Praxishorterzieher sowie im Falle der Gliederung in Fachabteilungen oder der Eingliederung eines Praxiskindergartens oder eines Praxishortes Abteilungsvorständinnen und Abteilungsvorstände zu bestellen. *(BGBl. I Nr. 56/2016, Art. 1 Z 28)*

(3) Die Bestimmungen des § 42 Abs. 3 und des § 56 Abs. 3 finden Anwendung. *(BGBl. I Nr. 56/2016, Art. 1 Z 28)*

[35]) § 68a (letzter Satz) idF BGBl. I Nr. 133/2020 tritt gemäß § 131 Abs. 43 ab 1. September 2021 klassen- und schulstufenweise aufsteigend und somit für die 9. Schulstufen mit 1. September 2021, für die 10. Schulstufen mit 1. September 2022, für die 11. Schulstufen mit 1. September 2023, für die 12. Schulstufen mit 1. September 2024 und für die 13. Schulstufen mit 1. September 2025 in Kraft.

SchOG

Klassenschülerzahl

§ 71.[36]) Die Klassenschülerzahl an einer berufsbildenden höheren Schule sowie an Sonderformen mit modularer Unterrichtsorganisation die Zahl der ein Modul besuchenden Studierenden sind vom Schulleiter oder von der Schulleiterin unter Bedachtnahme auf die Erfordernisse der Pädagogik und der Sicherheit, auf den Förderbedarf der Schülerinnen und Schüler, auf die räumlichen Möglichkeiten und auf die mögliche Belastung der Lehrpersonen sowie nach Maßgabe der der Schule gemäß § 8a Abs. 3 zugeteilten Lehrpersonalressourcen festzulegen. § 8a Abs. 2 ist anzuwenden. Für die Wahlpflichtgegenstände können ab der 10. Schulstufe klassen-, schulstufen- oder schulstandortübergreifende Schülergruppen gebildet werden. Der Pflichtgegenstand Ethik ist möglichst zeitgleich mit dem Religionsunterricht jener gesetzlich anerkannten Kirche (Religionsgesellschaft) durchzuführen, der die höchste Zahl an Schülerinnen und Schülern der Schule angehört. Wenn Kirchen (Religionsgesellschaften) den Religionsunterricht in kooperativer Form abhalten, so ist für die Ermittlung der Zahl der Schülerinnen und Schüler die Summe aller Angehörigen der an der Kooperation teilnehmenden Kirchen (Religionsgesellschaften) zu bilden. Sind weniger als zehn Schülerinnen oder Schüler einer Klasse zur Teilnahme am Ethikunterricht verpflichtet, so sind sie zunächst mit Schülerinnen oder Schülern anderer Klassen der gleichen Schulstufe, dann anderer Klassen der Schule und schließlich anderer Schulen zusammenzuziehen, bis die Zahl mindestens zehn beträgt.[37])

(BGBl. I Nr. 138/2017, Art. 9 Z 49 idF BGBl. I Nr. 133/2020, Art. 1 Z 7 und BGBl. I Nr. 96/2022, Art. 1 Z 12)

Besondere Bestimmungen

Höhere technische und gewerbliche Lehranstalten

§ 72. (1) Die Höheren technischen und gewerblichen Lehranstalten dienen der Erwerbung höherer technischer oder gewerblicher Bildung auf den verschiedenen Fachgebieten der industriellen und gewerblichen Wirtschaft. Hiebei ist in einem Werkstättenunterricht oder in einem sonstigen praktischen Unterricht auch eine sichere praktische Fertigkeit zu vermitteln.

(2) Höhere technische und gewerbliche Lehranstalten für mehrere Fachrichtungen sind in Fachabteilungen zu gliedern. Die Leitungen der Fachabteilungen einer Schule unterstehen der gemeinsamen Schulleitung.

(3) entfallen (BGBl. Nr. 243/1965, Art. I Z 9)

(4) Höheren technischen und gewerblichen Lehranstalten können Versuchsanstalten angegliedert werden. Solche Anstalten führen die Bezeichnung „Höhere Lehr- und Versuchsanstalt" mit Anführung der Fachrichtung.

(5) In den Lehrplänen (§ 6) für die einzelnen Fachrichtungen der Höheren technischen und gewerblichen Lehranstalten sind neben den im § 68a Abs. 1 genannten Pflichtgegenständen die im Hinblick auf die künftige Berufstätigkeit erforderlichen fremdsprachlichen, mathematischen, naturwissenschaftlichen, fachtheoretischen, praktischen, wirtschaftlichen und rechtlichen Pflichtgegenstände sowie Pflichtpraktika vorzusehen. *(BGBl. Nr. 766/1996, Z 50)*

Sonderformen der Höheren technischen und gewerblichen Lehranstalten

§ 73. (1) Als Sonderformen der Höheren technischen und gewerblichen Lehranstalten können geführt werden:

a) Höhere technische und gewerbliche Lehranstalten für Berufstätige, welche die Auf-

---

[36]) § 71 idF vor der Novelle BGBl. I Nr. 138/2017 ist gemäß § 8a Abs. 3 noch von Bedeutung. Er lautete:

„Klassenschülerzahl

§ 71. (1) Die Klassenschülerzahl an einer berufsbildenden höheren Schule darf 30 nicht übersteigen und soll 20 nicht unterschreiten. Um Abweisungen zu vermeiden, kann die Klassenschülerhöchstzahl bis zu 20 vH überschritten werden; darüber hat die zuständige Schulbehörde zu entscheiden. An Sonderformen mit modularer Unterrichtsorganisation ist die Zahl der ein Modul besuchenden Studierenden unter Bedachtnahme auf die Erfordernisse der Pädagogik und der Sicherheit sowie auf die personellen und räumlichen Möglichkeiten durch den Schulleiter festzulegen, wobei für die Höchstzahl der Studierenden in einem Modul die Bestimmungen des ersten und zweiten Satzes gelten.

(2) Abs. 1 gilt in den Fällen der Teilnahme am Unterricht einzelner Unterrichtsgegenstände in einem anderen Semester gemäß den §§ 26b und 26c des Schulunterrichtsgesetzes mit der Maßgabe, dass sich die auf Klassen bezogenen Schülerzahlen auf die einzelnen Unterrichtsgegenstände einer Klasse beziehen und dass eine Überschreitung der Höchstzahl von 30 Schülern in einzelnen Unterrichtsgegenständen einer Klasse durch den Schulleiter festzulegen ist."

[37]) § 71 (dritter, vierter und fünfter Satz) idF BGBl. I Nr. 133/2020 tritt gemäß § 131 Abs. 43 ab 1. September 2021 klassen- und schulstufenweise aufsteigend und somit für die 9. Schulstufen mit 1. September 2021, für die 10. Schulstufen mit 1. September 2022, für die 11. Schulstufen mit 1. September 2023, für die 12. Schulstufen mit 1. September 2024 und für die 13. Schulstufen mit 1. September 2025 in Kraft.

gabe haben, in einem achtsemestrigen Bildungsgang Personen, die das 17. Lebensjahr spätestens im Kalenderjahr der Aufnahme vollenden und eine Berufsausbildung abgeschlossen haben oder in das Berufsleben eingetreten sind, zum Bildungsziel der Höheren technischen oder gewerblichen Lehranstalt zu führen. Sie sind in Modulen zu organisieren. Voraussetzung für die Aufnahme ist ferner

1. die erfolgreiche Ablegung der Lehrabschlußprüfung in einem entsprechenden Lehrberuf oder
2. der erfolgreiche Abschluß einer einschlägigen Fachschule oder
3. der erfolgreiche Abschluß einer einschlägigen Werkmeisterschule oder
4. für Bewerber, die weder eine Lehrabschlußprüfung in einem entsprechenden Lehrberuf erfolgreich abgelegt noch eine einschlägige Fachschule oder Werkmeisterschule erfolgreich abgeschlossen haben, ist der erfolgreiche Besuch des Vorbereitungslehrganges (§ 59 Abs. 1 Z 2 lit. b) mit praktischem Unterricht Aufnahmsvoraussetzung.

(BGBl. Nr. 467/1990, Art. I Z 10 idF BGBl. Nr. 323/1993, Art. I Z 37, BGBl. I Nr. 44/2010, Z 24 und BGBl. I Nr. 9/2012, Art. 1 Z 24)

b) Aufbaulehrgänge, welche die Aufgabe haben, in einem zwei- bis dreijährigen Bildungsgang Personen, die eine Fachschule oder einen Vorbereitungslehrgang gleicher oder verwandter Fachrichtung erfolgreich abgeschlossen haben, zum Bildungsziel einer Höheren technischen oder gewerblichen Lehranstalt zu führen. Der Ausbildungsgang wird durch eine Reife- und Diplomprüfung abgeschlossen. Aufbaulehrgänge können auch als Schulen für Berufstätige, erforderlichenfalls unter Verlängerung der Ausbildungsdauer, geführt werden; sie sind in Semester zu gliedern und in Modulen zu organisieren. *(BGBl. Nr. 467/1990, Art. I Z 10 idF BGBl. Nr. 323/1993, Art. I Z 38, BGBl. Nr. 766/1996, Z 51, BGBl. I Nr. 44/2010, Z 25 und BGBl. I Nr. 9/2012, Art. 1 Z 24)*

c) Kollegs, welche die Aufgabe haben, in einem viersemestrigen Bildungsgang Absolventen von höheren Schulen ergänzend das Bildungsgut einer Höheren technischen oder gewerblichen Lehranstalt zu vermitteln. Voraussetzung für die Aufnahme ist die erfolgreiche Ablegung der Reifeprüfung einer berufsbildenden höheren Schule anderer Art oder einer sonstigen höheren Schule. Der Ausbildungsgang wird durch eine Diplomprüfung abgeschlossen, die auf jene Unterrichtsgegenstände und Lehrstoffe zu beschränken ist, die nicht im wesentlichen bereits durch den vor dem Besuch des Kollegs zurückgelegten Bildungsgang nachgewiesen sind; wird das Kolleg auf Grund einer Studienberechtigungsprüfung (§ 8c) besucht, hat die Diplomprüfung Unterrichtsgegenstände und Lehrstoffe des berufsbildenden Ausbildungsbereiches des Kollegs zu umfassen. Kollegs können auch als Schulen für Berufstätige, erforderlichenfalls unter Verlängerung der Ausbildungsdauer, geführt werden. Kollegs sowie Kollegs für Berufstätige sind in Modulen zu organisieren. *(BGBl. Nr. 371/1986, Art. I Z 10 idF BGBl. Nr. 323/1993, Art. I Z 39, BGBl. I Nr. 44/2010, Z 26 und BGBl. I Nr. 9/2012, Art. 1 Z 28)*

SchOG

d) entfallen (BGBl. I Nr. 20/1998, Z 19)

(BGBl. Nr. 371/1986, Art. I Z 10)

(2) Die Lehrpläne der Höheren technischen und gewerblichen Lehranstalten für Berufstätige (Abs. 1 lit. a) und der Aufbaulehrgänge (Abs. 1 lit. b) haben sich unter Bedachtnahme auf die besondere Aufgabe dieser Schulen im wesentlichen nach den Lehrplänen gemäß § 72 Abs. 5 zu richten, wobei der Werkstättenunterricht oder sonstige praktische Unterricht entfallen kann. Für die Lehrpläne der Kollegs (Abs. 1 lit. c) gelten die Bestimmungen des § 72 Abs. 5 mit der Maßgabe, daß der Unterricht auf jene Unterrichtsgegenstände bzw. Lehrstoffe zu beschränken ist, die nicht im wesentlichen bereits in dem vor dem Besuch des Kollegs zurückgelegten Bildungsgang vorgesehen sind. *(BGBl. Nr. 371/1986, Art. I Z 10 idF BGBl. I Nr. 20/1998, Z 19)*

(3) entfallen (BGBl. I Nr. 20/1998, Z 19)

(4) Ferner können Höhere technische und gewerbliche Lehranstalten oder einzelne ihrer Jahrgänge als Sonderformen unter Bedachtnahme auf eine entsprechende Berufsausbildung körperbehinderter Personen geführt werden, für deren Lehrpläne die Bestimmungen des § 72 Abs. 5 sinngemäß anzuwenden sind.

(5) entfallen (BGBl. Nr. 371/1986, Art. I Z 11)

Handelsakademie

§ 74. (1) Die Handelsakademie dient der Erwerbung höherer kaufmännischer Bildung für alle Zweige der Wirtschaft.

(2) In den Lehrplänen (§ 6) der Handelsakademie sind neben den im § 68a Abs. 1 genannten Pflichtgegenständen die im Hinblick auf die künftige Berufstätigkeit erforderlichen mathematischen, naturwissenschaftlichen, fachtheo-

retischen, praktischen, wirtschaftlichen und rechtlichen Pflichtgegenstände sowie Pflichtpraktika vorzusehen. *(BGBl. Nr. 766/1996, Z 52 idF BGBl. I Nr. 56/2016, Art. 1 Z 30)*

Sonderformen der Handelsakademie

§ 75. (1) Als Sonderformen der Handelsakademie können geführt werden:

a) Handelsakademien für Berufstätige, welche die Aufgabe haben, in einem achtsemestrigen Bildungsgang Personen, die das 17. Lebensjahr spätestens im Kalenderjahr der Aufnahme vollenden und eine Berufsausbildung abgeschlossen haben oder in das Berufsleben eingetreten sind, zum Bildungsziel einer Handelsakademie zu führen. Sie sind in Modulen zu organisieren. *(BGBl. Nr. 323/1993, Art. I Z 41 idF BGBl. I Nr. 44/2010, Z 27 und BGBl. I Nr. 9/2012, Art. 1 Z 24)*

b) Aufbaulehrgänge, welche die Aufgabe haben, in einem zwei- bis dreijährigen Bildungsgang Personen, die eine Handelsschule oder einen Vorbereitungslehrgang kaufmännischer Richtung erfolgreich abgeschlossen haben, zum Bildungsziel einer Handelsakademie zu führen. Der Ausbildungsgang wird durch eine Reife- und Diplomprüfung abgeschlossen. Aufbaulehrgänge können auch als Schulen für Berufstätige, erforderlichenfalls unter Verlängerung der Ausbildungsdauer, geführt werden; sie sind in Semester zu gliedern und in Modulen zu organisieren. *(BGBl. Nr. 371/1986, Art. I Z 12 idF BGBl. Nr. 467/1990, Art. I Z 10a, BGBl. Nr. 323/1993, Art. I Z 42, BGBl. Nr. 766/1996, Z 51, BGBl. I Nr. 44/2010, Z 28 und BGBl. I Nr. 9/2012, Art. 1 Z 24)*

c) Kollegs, welche die Aufgabe haben, in einem viersemestrigen Bildungsgang Absolventen von höheren Schulen ergänzend das Bildungsgut einer Handelsakademie zu vermitteln. Voraussetzung für die Aufnahme ist die erfolgreiche Ablegung der Reifeprüfung einer berufsbildenden höheren Schule anderer Art oder einer sonstigen höheren Schule. Der Ausbildungsgang wird durch eine Diplomprüfung abgeschlossen, die auf jene Unterrichtsgegenstände und Lehrstoffe zu beschränken ist, die nicht im wesentlichen bereits durch den vor dem Besuch des Kollegs zurückgelegten Bildungsgang nachgewiesen sind; wird das Kolleg auf Grund einer Studienberechtigungsprüfung (§ 8c) besucht, hat die Diplomprüfung Unterrichtsgegenstände und Lehrstoffe des berufsbildenden Ausbildungsbereiches des Kollegs zu umfassen. Kollegs können auch als Schulen für Berufstätige, erforderlichenfalls unter Verlängerung der Ausbildungsdauer, geführt werden. Kollegs sowie Kollegs für Berufstätige sind in Modulen zu organisieren. *(BGBl. Nr. 371/1986, Art. I Z 12 idF BGBl. Nr. 467/1990, Art. I Z 11, BGBl. Nr. 323/1993, Art. I Z 39, BGBl. I Nr. 44/2010, Z 29 und BGBl. I Nr. 9/2012, Art. 1 Z 28)*

d) *entfallen (BGBl. I Nr. 20/1998, Z 20)*

(BGBl. Nr. 371/1986, Art. I Z 12)

(2) Die Lehrpläne der Handelsakademie für Berufstätige (Abs. 1 lit. a) und Aufbaulehrgänge (Abs. 1 lit. b) haben sich unter Bedachtnahme auf die besondere Aufgabe dieser Schule im wesentlichen nach den Lehrplänen gemäß § 74 Abs. 2 zu richten. Für die Lehrpläne des Kollegs (Abs. 1 lit. c) gelten die Bestimmungen des § 74 Abs. 2 mit der Maßgabe, daß der Unterricht auf jene Unterrichtsgegenstände bzw. Lehrstoffe zu beschränken ist, die nicht im wesentlichen bereits in dem vor dem Besuch des Kollegs zurückgelegten Bildungsgang vorgesehen sind. *(BGBl. Nr. 371/1986, Art. I Z 12 idF BGBl. I Nr. 20/1998, Z 20)*

(3) Ferner können Handelsakademien oder einzelne ihrer Jahrgänge als Sonderform unter Bedachtnahme auf eine entsprechende Berufsausbildung körperbehinderter Personen geführt werden, für deren Lehrplan die Bestimmungen des § 74 Abs. 2 sinngemäß anzuwenden sind.

Höhere Lehranstalt für wirtschaftliche Berufe

§ 76. (1) Die Höhere Lehranstalt für wirtschaftliche Berufe dient der Erwerbung höherer wirtschaftlicher Bildung, die zur Ausübung gehobener Berufe in den Bereichen Wirtschaft, Verwaltung, Ernährung, Tourismus und Kultur befähigen.

(2) In den Lehrplänen (§ 6) der Höheren Lehranstalt für wirtschaftliche Berufe sind neben den im § 68a Abs. 1 genannten Pflichtgegenständen eine weitere lebende Fremdsprache, Musikerziehung, Bildnerische Erziehung sowie die im Hinblick auf die künftige Berufstätigkeit erforderlichen mathematischen, naturwissenschaftlichen, fachtheoretischen, praktischen, wirtschaftlichen, rechtlichen und berufskundlichen Pflichtgegenstände sowie Pflichtpraktika vorzusehen. *(BGBl. Nr. 766/1996, Z 53)*

Sonderformen der Höheren Lehranstalt für wirtschaftliche Berufe
(BGBl. Nr. 242/1962 idF BGBl. Nr. 335/1987, Art. I Z 11)

§ 77. (1) Als Sonderformen der Höheren Lehranstalt für wirtschaftliche Berufe können geführt werden:

a) Höhere Lehranstalten für wirtschaftliche Berufe für Berufstätige, welche die Aufgabe haben, in einem achtsemestrigen Bildungsgang Personen, die das 17. Lebensjahr spätestens im Kalenderjahr der Aufnahme vollenden und eine Berufsausbildung abgeschlossen haben oder in das Berufsleben (einschließlich der Tätigkeit im eigenen Haushalt) eingetreten sind, zum Bildungsziel der Höheren Lehranstalt für wirtschaftliche Berufe zu führen. Sie sind in Modulen zu organisieren. Voraussetzung für die Aufnahme ist ferner eine mindestens zweijährige facheinschlägige praktische Tätigkeit (einschließlich der Tätigkeit im eigenen Haushalt). *(BGBl. Nr. 371/1986, Art. I Z 13 idF BGBl. Nr. 335/1987, Art. I Z 11, BGBl. Nr. 323/1993, Art. I Z 44, BGBl. I Nr. 44/2010, Z 30 und BGBl. I Nr. 9/2012, Art. 1 Z 24)*

b) Aufbaulehrgänge, welche die Aufgabe haben, in einem zwei- bis dreijährigen Bildungsgang Personen, die eine Fachschule oder einen Vorbereitungslehrgang gleicher oder verwandter Richtung erfolgreich abgeschlossen haben, zum Bildungsziel einer Höheren Lehranstalt für wirtschaftliche Berufe zu führen. Der Ausbildungsgang wird durch eine Reife- und Diplomprüfung abgeschlossen. Aufbaulehrgänge können auch als Schulen für Berufstätige, erforderlichenfalls unter Verlängerung der Ausbildungsdauer, geführt werden; sie sind in Semester zu gliedern und in Modulen zu organisieren. *(BGBl. Nr. 766/1996, Z 54 idF BGBl. I Nr. 44/2010, Z 31 und BGBl. I Nr. 9/2012, Art. 1 Z 24)*

c) Kollegs, welche die Aufgabe haben, in einem viersemestrigen Bildungsgang Absolventen von höheren Schulen ergänzend das Bildungsgut einer Höheren Lehranstalt für wirtschaftliche Berufe zu vermitteln. Voraussetzung für die Aufnahme ist die erfolgreiche Ablegung der Reifeprüfung einer berufsbildenden höheren Schule anderer Art oder einer sonstigen höheren Schule. Der Ausbildungsgang wird durch eine Diplomprüfung abgeschlossen, die auf jene Unterrichtsgegenstände und Lehrstoffe zu beschränken ist, die nicht im wesentlichen bereits durch den vor dem Besuch des Kollegs zurückgelegten Bildungsgang nachgewiesen sind; wird das Kolleg auf Grund einer Studienberechtigungsprüfung (§ 8c) besucht, hat die Diplomprüfung Unterrichtsgegenstände und Lehrstoffe des berufsbildenden Ausbildungsbereiches des Kollegs zu umfassen. Kollegs können auch als Schulen für Berufstätige, erforderlichenfalls unter Verlängerung der Ausbildungsdauer, geführt werden. Kollegs sowie Kollegs für Berufstätige sind in Modulen zu organisieren. *(BGBl. Nr. 371/1986, Art. I Z 13 idF BGBl. Nr. 335/1987, Art. I Z 11, BGBl. Nr. 323/1993, Art. I Z 39, BGBl. I Nr. 20/1998, Z 21, BGBl. I Nr. 44/2010, Z 32 und BGBl. I Nr. 9/2012, Art. 1 Z 28)*

d) entfallen (BGBl. I Nr. 20/1998, Z 22)

(BGBl. Nr. 371/1986, Art. I Z 13 idF BGBl. Nr. 335/1987, Art. I Z 11)

(2) Die Lehrpläne der Höheren Lehranstalten für wirtschaftliche Berufe für Berufstätige (Abs. 1 lit. a) und Aufbaulehrgänge (Abs. 1 lit. b) haben sich unter Bedachtnahme auf die besondere Aufgabe dieser Schule im wesentlichen nach den Lehrplänen gemäß § 76 Abs. 2 zu richten. Für die Lehrpläne des Kollegs (Abs. 1 lit. c) gelten die Bestimmungen des § 76 Abs. 2 mit der Maßgabe, daß der Unterricht auf jene Unterrichtsgegenstände bzw. Lehrstoffe zu beschränken ist, die nicht im wesentlichen bereits in dem vor dem Besuch des Kollegs zurückgelegten Bildungsgang vorgesehen sind. *(BGBl. Nr. 371/1986, Art. I Z 13 idF BGBl. Nr. 335/1987, Art. I Z 11 und BGBl. I Nr. 20/1998, Z 22)*

(3) Ferner können Höhere Lehranstalten für wirtschaftliche Berufe oder einzelne ihrer Jahrgänge als Sonderform unter Bedachtnahme auf eine entsprechende Berufsausbildung körperbehinderter Personen geführt werden, für deren Lehrplan die Bestimmungen des § 76 Abs. 2 sinngemäß anzuwenden sind. *(BGBl. Nr. 242/1962 idF BGBl. Nr. 335/1987, Art. I Z 11)*

Bildungsanstalt für Elementarpädagogik

§ 78. (1) Die Bildungsanstalt für Elementarpädagogik dient der Erwerbung höherer elementarpädagogischer Bildung sowie der Vermittlung jener Berufsgesinnung und jenes Berufswissens und Berufskönnens, die für die Erfüllung der Erziehungs- und Bildungsaufgaben in Kindergärten als elementarpädagogische Bildungseinrichtungen für Kinder vom ersten Lebensjahr bis zum Schuleintritt erforderlich sind.

(2) An der Bildungsanstalt für Elementarpädagogik können Schülerinnen und Schüler auch zu Erzieherinnen und Erziehern an Horten ausgebildet werden.

(3) Jeder Bildungsanstalt für Elementarpädagogik ist ein Praxiskindergarten, erforderlichenfalls auch ein Praxishort einzugliedern. Darüber hinaus sind geeignete Kindergärten als elementarpädagogische Bildungseinrichtungen für Kinder vom ersten Lebensjahr bis zum Schuleintritt, erforderlichenfalls auch Horte, als Besuchskindergärten bzw. Besuchshorte vorzusehen.

(4) In den Lehrplänen (§ 6) der Bildungsanstalt für Elementarpädagogik sind neben den in § 68a Abs. 1 genannten Pflichtgegenständen die im Hinblick auf die künftige Berufstätigkeit erforderlichen pädagogisch-geisteswissenschaftlichen, didaktischen, fachtheoretischen, praktischen, musisch-kreativen, bewegungserziehlichen und rechtskundlichen Pflichtgegenstände sowie Pflichtpraktika vorzusehen.

(BGBl. I Nr. 56/2016, Art. 1 Z 31)

Sonderformen der Bildungsanstalt für Elementarpädagogik

§ 79. (1) Als Sonderformen der Bildungsanstalt für Elementarpädagogik können geführt werden:

1. Lehrgänge für Inklusive Elementarpädagogik. Voraussetzung für die Aufnahme ist die Befähigung zur Ausübung des Berufes der Kindergärtnerin bzw. des Kindergärtners. Der Ausbildungsgang dauert zwei Jahre und wird durch eine Diplomprüfung für Inklusive Elementarpädagogik abgeschlossen. Lehrgänge für Inklusive Elementarpädagogik können auch als Schulen für Berufstätige, erforderlichenfalls unter Verlängerung der Ausbildungsdauer, geführt werden; sie sind in Semester zu gliedern und in Modulen zu organisieren.

1a. Lehrgänge für Früherziehung. Voraussetzung für die Aufnahme ist die erfolgreiche Ablegung einer Reife- und Diplomprüfung an einer Bildungsanstalt für Elementarpädagogik, geführt nach dem Lehrplan der Bildungsanstalt für Elementarpädagogik in einer Fassung vor BGBl. II Nr. 204/2016 oder die erfolgreiche Ablegung einer Diplomprüfung an einem Kolleg für Elementarpädagogik, geführt nach dem Lehrplan des Kollegs der Bildungsanstalt für Elementarpädagogik in einer Fassung vor BGBl. II Nr. 239/2017. Der Ausbildungsgang dauert ein Jahr und wird durch eine Diplomprüfung für Früherziehung abgeschlossen. Lehrgänge für Früherziehung können auch als Schulen für Berufstätige, erforderlichenfalls unter Verlängerung der Ausbildungsdauer, geführt werden; sie sind in Semester zu gliedern und in Modulen zu organisieren. *(BGBl. I Nr. 80/2020, Art. 1 Z 1)*

1b. Aufbaulehrgänge, welche die Aufgabe haben, in einem dreijährigen Ausbildungsgang Personen, die eine Fachschule oder einen Vorbereitungslehrgang gleicher oder verwandter Richtung erfolgreich abgeschlossen haben, zum Bildungsziel einer Bildungsanstalt für Elementarpädagogik zu führen. Der Ausbildungsgang wird durch eine Reife- und Diplomprüfung abgeschlossen. Aufbaulehrgänge können auch als Schulen für Berufstätige, erforderlichenfalls unter Verlängerung der Ausbildungsdauer, geführt werden; sie sind in Semester zu gliedern und in Modulen zu organisieren. *(BGBl. I Nr. 170/2021, Art. 1 Z 9)*

2. Kollegs, welche die Aufgabe haben, in einem viersemestrigen Bildungsgang Absolventinnen und Absolventen von höheren Schulen ergänzend das Bildungsgut einer Bildungsanstalt für Elementarpädagogik zu vermitteln. Voraussetzung für die Aufnahme sind die erfolgreiche Ablegung der Reifeprüfung einer berufsbildenden höheren Schule anderer Art oder einer sonstigen höheren Schule und die erfolgreiche Ablegung einer Eignungsprüfung. Der Ausbildungsgang wird durch eine Diplomprüfung abgeschlossen, die auf jene Unterrichtsgegenstände und Lehrstoffe zu beschränken ist, die nicht im Wesentlichen bereits durch den vor dem Besuch des Kollegs zurückgelegten Bildungsgang nachgewiesen sind; wird das Kolleg auf Grund einer Studienberechtigungsprüfung (§ 8c) besucht, hat die Diplomprüfung Unterrichtsgegenstände und Lehrstoffe des berufsbildenden Ausbildungsbereiches des Kollegs zu umfassen. Kollegs können auch als Schulen für Berufstätige, erforderlichenfalls unter Verlängerung der Ausbildungsdauer, geführt werden. Kollegs sowie Kollegs für Berufstätige sind in Modulen zu organisieren.

3. Kollegs, welche die Aufgabe haben, in einem viersemestrigen Bildungsgang Absolventinnen und Absolventen von höheren Schulen ergänzend das Bildungsgut einer Bildungsanstalt für Elementarpädagogik einschließlich der Qualifikation für Hortpädagogik zu vermitteln. Z 2 findet mit der Maßgabe Anwendung, dass der Ausbildungsgang durch eine Diplomprüfung für Elementarpädagogik (Zusatzausbildung Hortpädagogik) abgeschlossen wird.

4. Lehrgänge für Elementarpädagogik, welche die Aufgabe haben, Absolventinnen und Absolventen der Bildungsanstalt für Sozialpädagogik ergänzend das Bildungsgut einer Bildungsanstalt für Elementarpädagogik zu vermitteln. Der Ausbildungsgang dauert ein Jahr und wird durch eine Diplomprüfung für Elementarpädagogik abgeschlossen. Diese Lehr-

gänge können auch als Schulen für Berufstätige, erforderlichenfalls unter Verlängerung der Ausbildungsdauer, geführt werden. Lehrgänge für Berufstätige sind in Semester zu gliedern und in Modulen zu organisieren. *(BGBl. I Nr. 96/2022, Art. 1 Z 13)*

(2) Die Lehrpläne der Lehrgänge und der Aufbaulehrgänge haben sich unter Bedachtnahme auf die besondere Aufgabe dieser Schule im Wesentlichen nach den Lehrplänen gemäß § 78 Abs. 4 zu richten, wobei die im Hinblick auf das Ausbildungsziel erforderlichen Ergänzungen und die im Hinblick auf die Vorbildung möglichen Einschränkungen vorzunehmen sind. Für die Lehrpläne der Kollegs (Abs. 1 Z 2 und 3) gelten die Bestimmungen des § 78 Abs. 4 mit der Maßgabe, dass der Unterricht auf jene Unterrichtsgegenstände bzw. Lehrstoffe zu beschränken ist, die nicht im Wesentlichen bereits in dem vor dem Besuch des Kollegs zurückgelegten Bildungsgang vorgesehen sind. *(BGBl. I Nr. 56/2016, Art. 1 Z 31 idF BGBl. I Nr. 170/2021, Art. 1 Z 10)*

(BGBl. I Nr. 56/2016, Art. 1 Z 31)

Bildungsanstalt für Sozialpädagogik

§ 80. (1) Die Bildungsanstalt für Sozialpädagogik dient der Erwerbung höherer sozialpädagogischer Bildung sowie der Vermittlung jener Berufsgesinnung und jenes Berufswissens und Berufskönnens, die für die Erfüllung der Erziehungsaufgaben in Horten, Heimen, Tagesheimstätten und im Betreuungsteil ganztägiger Schulformen sowie in der außerschulischen Jugendarbeit und in anderen sozialpädagogischen Berufsfeldern erforderlich sind.

(2) An der Bildungsanstalt für Sozialpädagogik sind geeignete Einrichtungen zum Zweck der praktischen Einführung in die Berufstätigkeit vorzusehen.

(3) Bildungsanstalten für Sozialpädagogik, welche außer den in § 65 und in Abs. 1 angeführten Aufgaben auch Aufgaben der sozialpädagogischen Forschung auf dem Gebiete der Erziehung in Schülerheimen, Horten und Tagesheimstätten sowie in der außerschulischen Jugendarbeit und in anderen sozialpädagogischen Berufsfeldern übernehmen sowie Lehrgänge für Inklusive Sozialpädagogik durchführen, sind als „Institut für Sozialpädagogik" zu bezeichnen.

(4) In den Lehrplänen (§ 6) der Bildungsanstalt für Sozialpädagogik sind neben den in § 68a Abs. 1 genannten Pflichtgegenständen die im Hinblick auf die künftige Berufstätigkeit erforderlichen pädagogisch-geisteswissenschaftlichen, didaktischen, fachtheoretischen, praktischen, musisch-kreativen, bewegungserziehlichen und rechtskundlichen Pflichtgegenstände sowie Pflichtpraktika vorzusehen.

(BGBl. I Nr. 56/2016, Art. 1 Z 31)

Sonderformen der Bildungsanstalt für Sozialpädagogik

§ 81. (1) Als Sonderformen der Bildungsanstalt für Sozialpädagogik können geführt werden:

1. Lehrgänge für Inklusive Sozialpädagogik. Voraussetzung für die Aufnahme ist die Befähigung zur Ausübung des Berufes der Erzieherin oder des Erziehers bzw. der Sozialpädagogin oder des Sozialpädagogen. Der Ausbildungsgang dauert zwei Jahre und wird mit der Diplomprüfung für Inklusive Sozialpädagogik abgeschlossen. Lehrgänge für Inklusive Sozialpädagogik können auch als Schulen für Berufstätige, erforderlichenfalls unter Verlängerung der Ausbildungsdauer, geführt werden; sie sind in Semester zu gliedern und in Modulen zu organisieren.
2. Kollegs, welche die Aufgabe haben, in einem viersemestrigen Bildungsgang Absolventen von höheren Schulen ergänzend das Bildungsgut einer Bildungsanstalt für Sozialpädagogik zu vermitteln. Voraussetzung für die Aufnahme ist die erfolgreiche Ablegung der Reifeprüfung einer berufsbildenden höheren Schule anderer Art oder einer sonstigen höheren Schule. Der Ausbildungsgang wird durch eine Diplomprüfung abgeschlossen, die auf jene Unterrichtsgegenstände und Lehrstoffe zu beschränken ist, die nicht im Wesentlichen bereits durch den vor dem Besuch des Kollegs zurückgelegten Bildungsgang nachgewiesen sind; wird das Kolleg auf Grund einer Studienberechtigungsprüfung (§ 8c) besucht, hat die Diplomprüfung Unterrichtsgegenstände und Lehrstoffe des berufsbildenden Ausbildungsbereiches des Kollegs zu umfassen. Kollegs können auch als Schulen für Berufstätige, erforderlichenfalls unter Verlängerung der Ausbildungsdauer, geführt werden. Kollegs sowie Kollegs für Berufstätige sind in Modulen zu organisieren.

(2) Die Lehrpläne der Lehrgänge für Inklusive Sozialpädagogik (Abs. 1 Z 1) haben sich unter Bedachtnahme auf die besondere Aufgabe dieser Schule im Wesentlichen nach den Lehrplänen gemäß § 80 Abs. 4 zu richten, wobei die im Hinblick auf das Ausbildungsziel erforderlichen Ergänzungen und die im

Hinblick auf die Vorbildung möglichen Einschränkungen vorzunehmen sind. Für die Lehrpläne der Kollegs (Abs. 1 Z 2) gelten die Bestimmungen des § 80 Abs. 4 mit der Maßgabe, dass der Unterricht auf jene Unterrichtsgegenstände bzw. Lehrstoffe zu beschränken ist, die nicht im Wesentlichen bereits in dem vor dem Besuch des Kollegs zurückgelegten Bildungsgang vorgesehen sind.

(BGBl. I Nr. 56/2016, Art. 1 Z 31)

Berufsbildende höhere Bundesschulen

§ 82. (1) Die öffentlichen berufsbildenden höheren Schulen sind als „Berufsbildende höhere Bundesschulen" zu bezeichnen.

(2) Die einzelnen Arten und Sonderformen der berufsbildenden höheren Bundesschulen haben folgende Bezeichnungen zu führen:

Höhere technische Bundeslehranstalt,
Höhere gewerbliche Bundeslehranstalt,
Höhere Bundes-Lehr- und Versuchsanstalt,
Bundeshandelsakademie,
Höhere Bundeslehranstalt für
wirtschaftliche Berufe,
Bundes-Bildungsanstalt für
Elementarpädagogik,
Bundes-Bildungsanstalt für
Sozialpädagogik oder
Höhere Bundeslehranstalt für Pflege und
Sozialbetreuung.

(BGBl. I Nr. 165/2022, Art. 1 Z 17)

(2a) Die Festlegung eines Kindergartens als elementarpädagogische Bildungseinrichtung für Kinder vom ersten Lebensjahr bis zum Schuleintritt oder eines Hortes als Besuchskindergarten bzw. Besuchshort für eine Bundes-Bildungsanstalt für Elementarpädagogik hat durch Vereinbarung des Bundes mit dem Erhalter des als Besuchskindergarten bzw. Besuchshort vorgesehenen Kindergartens als elementarpädagogische Bildungseinrichtung für Kinder vom ersten Lebensjahr bis zum Schuleintritt bzw. Hortes zu erfolgen, sofern die betreffende Bildungseinrichtung nicht vom Bund erhalten wird. Bundes- Bildungsanstalten für Sozialpädagogik im Sinne des § 80 Abs. 3 führen die Bezeichnung „Bundesinstitut für Sozialpädagogik". *(BGBl. I Nr. 56/2016, Art. 1 Z 33)*

(3) Zur näheren Kennzeichnung einer höheren technischen oder gewerblichen Bundeslehranstalt kann überdies die Fachrichtung angeführt werden. Umfaßt eine Höhere technische oder gewerbliche Bundeslehranstalt mehrere Fachabteilungen, so sind diese mit dem Ausdruck „Höhere Abteilung für ... (Anführung der Fachrichtung)" zu bezeichnen.

(4) Bei berufsbildenden höheren Bundesschulen für Berufstätige ist der im Abs. 2 angeführten Bezeichnung der Ausdruck „für Berufstätige" anzufügen.

(BGBl. Nr. 242/1962 idF BGBl. I Nr. 56/2016, Art. 1 Z 31)

Höhere Lehranstalt für Pflege und Sozialbetreuung

§ 83. (1) Die Höhere Lehranstalt für Pflege und Sozialbetreuung dient der Erwerbung höherer Bildung sowie der Vermittlung jener Berufsgesinnung und jenes Berufswissens und Berufskönnens, die für die Erfüllung der pflegerischen und sozialbetreuerischen Aufgaben erforderlich sind.

(2) In den Lehrplänen (§ 6) der Höheren Lehranstalt für Pflege und Sozialbetreuung sind neben den in § 68a Abs. 1 genannten Pflichtgegenständen die im Hinblick auf die künftige Berufstätigkeit erforderlichen pflegerischen, sozialbetreuerischen, kreativen, naturwissenschaftlichen, humanwissenschaftlichen, mathematischen und rechtskundlichen Pflichtgegenstände sowie Pflichtpraktika vorzusehen.

(3) Eine Höhere Lehranstalt für Pflege und Sozialbetreuung hat für die Umsetzung des Lehrplanes gemäß Abs. 2

1. für die Fachrichtung Pflege und die Fachrichtung Sozialbetreuung mit den Ausbildungsschwerpunkten Altenarbeit, Behindertenarbeit und Familienarbeit über einen Kooperationsvertrag mit einer für die Ausbildung in den Pflegeassistenzberufen bewilligten Einrichtung zu verfügen. Im Kooperationsvertrag ist die Durchführung der fachtheoretischen und fachpraktischen Pflegeassistenz- oder Pflegefachassistenzausbildung nach den Regelungen des Gesundheits- und Krankenpflegegesetzes – GuKG, BGBl. I Nr. 108/1997, und der Pflegeassistenzberufe-Ausbildungsverordnung – PA-PFA-AV, BGBl. II Nr. 301/2016, vorzusehen. Ausgenommen von der Anwendung der PA-PFA-AV sind die Leistungsfeststellung und -beurteilung der theoretischen Ausbildung und der praktischen Ausbildung ohne Patientenkontakt sowie Zeugnisse, Schulnachrichten und Schulbesuchsbestätigungen. Der Abschluss dieses Kooperationsvertrages bedarf der Zustimmung der Schulbehörde.
2. für die Fachrichtung Sozialbetreuung mit dem Ausbildungsschwerpunkt Behindertenbegleitung eine Bewilligung für die Durchführung des Ausbildungsmoduls „Unterstützung bei der Basisversorgung" gemäß der Gesundheits- und Kranken-

pflege-Basisversorgungs-Ausbildungsverordnung – GuK-BAV, BGBl. II Nr. 381/2006, einzuholen.

(BGBl. I Nr. 165/2022, Art. 1 Z 18)

Sonderformen der Höheren Lehranstalt für Pflege und Sozialbetreuung

§ 84. (1) Als Sonderformen der Lehranstalt für Pflege und Sozialbetreuung können geführt werden:

a) Höhere Lehranstalten für Pflege und Sozialbetreuung für Berufstätige, welche die Aufgabe haben, in einem achtsemestrigen Bildungsgang Personen, die das 17. Lebensjahr spätestens im Kalenderjahr der Aufnahme vollenden und eine Berufsausbildung abgeschlossen haben oder in das Berufsleben, einschließlich einer ehrenamtlichen Tätigkeit und der Betreuung von Angehörigen, eingetreten sind, zum Bildungsziel der Höheren Lehranstalt für Pflege und Sozialbetreuung zu führen. Sie sind in Modulen zu organisieren.

b) Aufbaulehrgänge, welche die Aufgabe haben, in einem zwei- bis dreijährigen Bildungsgang Personen, die eine Fachschule, einen Vorbereitungslehrgang gleicher oder verwandter Richtung oder eine Ausbildung in Diplom-Sozialbetreuer, Fach-Sozialbetreuung oder Pflege(fach)assistenz erfolgreich abgeschlossen haben, zum Bildungsziel einer Höheren Lehranstalt für Pflege und Sozialbetreuung zu führen. Der Ausbildungsgang wird durch eine Reife- und Diplomprüfung abgeschlossen. Aufbaulehrgänge können auch als Schulen für Berufstätige, erforderlichenfalls unter Verlängerung der Ausbildungsdauer, geführt werden; sie sind in Semester zu gliedern und in Modulen zu organisieren.

(2) Die Lehrpläne der Höheren Lehranstalten für Pflege und Sozialbetreuung für Berufstätige (Abs. 1 lit. a) und Aufbaulehrgänge (Abs. 1 lit. b) haben sich unter Bedachtnahme auf die besondere Aufgabe dieser Schule im Wesentlichen nach den Bestimmungen gemäß § 83 zu richten.

(BGBl. I Nr. 165/2022, Art. 1 Z 18)

Qualifikationen und Fachaufsicht

§ 85. (1) Wenn an einer Höheren Lehranstalt für Pflege und Sozialbetreuung ein Fachvorstand bestellt wird, so muss dieser dem gehobenen Dienst für Gesundheits- und Krankenpflege angehören und eine Ausbildung für Lehraufgaben gemäß § 65a GuKG absolviert haben. Bei Angehörigen des gehobenen Dienstes für Gesundheits- und Krankenpflege, die eine Ausbildung für Lehraufgaben gemäß § 65a GuKG absolviert haben, gilt bei einer Bewerbung um die Schulleitung einer Höheren Lehranstalt für Pflege und Sozialbetreuung der Nachweis der Ausbildung gemäß § 65a GuKG als Nachweis eines Lehramtes.

(2) Mit der unmittelbaren Beaufsichtigung (Fachaufsicht) dieses Lehrpersonals können in den Bildungsdirektionen Fachinspektoren für den Gesundheits- und Krankenpflegeunterricht betraut werden. Es dürfen nur Personen betraut werden, die über eine Ausbildung als diplomiertes Gesundheits- und Krankenpflegepersonal und eine Ausbildung für Lehraufgaben gemäß § 65a GuKG verfügen. Die Wahrnehmungen und Berichte dieser Fachinspektoren sind zumindest jährlich zwischen der Bildungsdirektion und dem jeweiligen Amt der Landesregierung auszutauschen.

(BGBl. I Nr. 165/2022, Art. 1 Z 18)

Abschnitt IV

Akademie für Sozialarbeit (§§ 79 bis 85)

entfallen (BGBl. I Nr. 91/2005, Art. 1 Z 10)

TEIL C

Höhere Anstalten der Lehrerbildung und der Erzieherbildung

entfallen (BGBl. I Nr. 56/2016, Art. 1 Z 34)

Abschnitt I

Bildungsanstalten für Arbeitslehrerinnen (§§ 86 bis 93)

entfallen (BGBl. Nr. 365/1982, Art. I Z 50)

Abschnitt I

Höhere Anstalten der Lehrerbildung und der Erzieherbildung

entfallen (BGBl. I Nr. 113/2006, Art. 16 Z 17)

1. Bildungsanstalten für Kindergartenpädagogik (§§ 94 bis 101)

entfallen (BGBl. I Nr. 56/2016, Art. 1 Z 34)

2. Bildungsanstalten für Sozialpädagogik (§§ 102 bis 109)

entfallen (BGBl. I Nr. 56/2016, Art. 1 Z 34)

Abschnitt II

Akademien (§§ 110 bis 128)

entfallen (BGBl. I Nr. 113/2006, Art. 16 Z 17)

IIa. HAUPTSTÜCK

Zweckgebundene Gebarung, Teilrechtsfähigkeit

(BGBl. Nr. 330/1996, Z 1 idF BGBl. I Nr. 20/1998, Z 30)

Schulraumüberlassung

§ **128a.** (1) Die Leiter von Schulen oder Schülerheimen, die vom Bund erhalten werden, sind ermächtigt, Teile der Schul- bzw. der Heimliegenschaft samt Inventar für nichtschulische Zwecke an Dritte zu überlassen, sofern dadurch die Erfüllung der Aufgaben der österreichischen Schule (§ 2) nicht beeinträchtigt wird. Dabei sind Überlassungen für kreative, künstlerische, musische und sportliche Zwecke sowie für Zwecke der Erwachsenenbildung und des Volksbüchereiwesens im Sinne des Bundes-Sportförderungsgesetzes 2017, BGBl. I Nr. 100/2017, des Kunstförderungsgesetzes, BGBl. Nr. 146/1988, und des Bundesgesetzes über die Förderung der Erwachsenenbildung und des Volksbüchereiwesens aus Bundesmitteln, BGBl. Nr. 171/1973, des Bundes-Jugendförderungsgesetzes, BGBl. I Nr. 126/2000, jeweils in der geltenden Fassung, sowie Überlassungen für Zwecke im Rahmen der Teilrechtsfähigkeit gemäß § 128c vorrangig zu behandeln. *(BGBl. Nr. 330/1996, Z 1 idF BGBl. I Nr. 20/1998, Z 31, BGBl. I Nr. 113/2006, Art. 16 Z 18, BGBl. I Nr. 48/2014, Art. 2 Z 12, BGBl. I Nr. 38/2015, Art. 2 Z 7 und BGBl. I Nr. 101/2018, Art. 1 Z 36)*

(2) Für die Überlassung von Teilen der Liegenschaft gemäß Abs. 1 ist ein mindestens angemessenes Entgelt (insbesondere Mietzins, Beiträge für den Betriebsaufwand, Umsatzsteuer) einzuheben.

(3) Abweichend von Abs. 2 ist bei Überlassung von Teilen der Schulliegenschaft für Zwecke gemäß Abs. 1 zweiter Satz ein Beitrag in der Höhe des durch die Überlassung entstandenen Mehraufwandes einzuheben. § 22 des Bundes-Sportförderungsgesetzes 2013 betreffend die Überlassung gegen jederzeitigen Widerruf bleibt unberührt.[38]) *(BGBl. Nr. 330/1996, Z 1 idF BGBl. I Nr. 48/2014, Art. 2 Z 13)*

(4) Abweichend von Abs. 2 und 3 kann die Überlassung von Teilen der Schulliegenschaft für Zwecke, die im Interesse der Schule oder des Schülerheimes, insbesondere im kreativen, künstlerischen, musischen und sportlichen Bereich, gelegen sind, unentgeltlich erfolgen. Ein allenfalls dennoch eingehobener Überlassungsbeitrag darf jedoch den Betriebsaufwand nicht übersteigen. *(BGBl. I Nr. 38/2015, Art. 2 Z 8 idF BGBl. I Nr. 56/2016, Art. 1 Z 35)*

(5) Gemäß Abs. 2 bis 4 eingehobene Entgelte bzw. Beiträge sind im Sinne des § 36 des Bundeshaushaltsgesetzes 2013[39]), BGBl. I Nr. 139/2009, in der geltenden Fassung, zweckgebunden vorrangig für die Bedeckung der durch die Überlassung entstandenen Mehrausgaben sowie weiters für andere Zwecke der Schule oder des Schülerheimes zu verwenden. *(BGBl. Nr. 330/1996, Z 1 idF BGBl. I Nr. 48/2014, Art. 2 Z 14)*

(6) Sofern durch die Überlassung von Teilen der Schulliegenschaft gemäß Abs. 1 Mietverhältnisse begründet werden, unterliegen diese nicht den Bestimmungen des Mietrechtsgesetzes.

(BGBl. Nr. 330/1996, Z 1)

Sonstige Drittmittel

§ **128b.** Andere als durch Schulraumüberlassung (§ 128a) oder für die Unterbringung und Betreuung in öffentlichen Schülerheimen sowie im Betreuungsteil öffentlicher ganztä-

---

[38]) § 16 BSFG 2017, BGBl. I Nr. 100, lautet:

„Überlassung von Einrichtungen der Bundesschulen

§ **16.** Sofern Einrichtungen der Bundesschulen gegen jederzeitigen Widerruf für sportliche Zwecke überlassen werden, darf diese Überlassung unentgeltlich erfolgen."

[39]) § 36 BHG 2013 idF BGBl. I Nr. 62/2012 lautet:

„Zweckgebundene Gebarung

§ **36.** (1) Mittelaufbringungen, die auf Grund eines Bundesgesetzes oder auf Grund von Vorgaben der EU nur für bestimmte Zwecke zu verwenden sind, sind in der erwarteten Höhe des Mittelzuflusses als zweckgebundene Einzahlungen zu veranschlagen. Die entsprechenden Mittelverwendungen sind in gleicher Höhe als zweckgebundene Auszahlungen zu veranschlagen.

(2) Finanzierungswirksame Aufwendungen sowie Erträge in Zusammenhang mit der zweckgebundenen Gebarung sind in Höhe der korrespondierenden Ein- und Auszahlungen im Ergebnisvoranschlag zu veranschlagen.

(3) Sieht ein Bundesgesetz vor, dass der Bund den Abgang einer zweckgebundenen Gebarung abzudecken hat, so sind die diesbezüglichen Aufwendungen oder Auszahlungen innerhalb dieser Gebarung zu veranschlagen.

(4) Die zweckgebundene Gebarung ist auf eigenen Konten im Ergebnis- und Finanzierungshaushalt des jeweiligen Global- und Detailbudgets auszuweisen.

(5) Eine Mittelumschichtung zwischen zweckgebundenen Mittelverwendungen und -aufbringungen und nicht zweckgebundenen Mittelverwendungen und -aufbringungen ist nicht zulässig. Ausnahmen davon können im Bundesfinanzgesetz festgelegt werden.

(6) Zweckgebundene Einzahlungen, die nicht im laufenden Finanzjahr verwendet werden, sind einer Rücklage zweckgebunden zuzuführen."

giger Schulformen (§ 5 Abs. 2 Z 2) vereinnahmte Drittmittel sind durch die Leiter von Schulen oder Schülerheimen, die vom Bund erhalten werden, im Sinne des § 36 des Bundeshaushaltsgesetzes 2013[40]), BGBl. I Nr. 139/2009, in der geltenden Fassung, zweckgebunden im Sinne einer allfälligen speziellen Widmung, ansonsten für andere Zwecke der Schule oder des Schülerheimes zu verausgaben. Als spezielle Widmung kann die Zustimmung des Kuratoriums gemäß § 65 des Schulunterrichtsgesetzes vorgesehen werden.

(BGBl. Nr. 330/1996, Z 1 idF BGBl. I Nr. 48/2014, Art. 2 Z 15 und BGBl. I Nr. 232/2021, Art. 1 Z 8)

Teilrechtsfähigkeit

§ 128c. (1) An den Schulen des Bundes können im Rahmen der Teilrechtsfähigkeit Einrichtungen mit eigener Rechtspersönlichkeit geschaffen werden. Diese Einrichtungen haben eine Bezeichnung zu führen, der die eigene Rechtspersönlichkeit zu entnehmen ist und die einen Hinweis auf die Schule zu enthalten hat, an der sie eingerichtet ist.

(2) Die Einrichtung mit Rechtspersönlichkeit wird durch den Schulleiter oder im Einvernehmen mit diesem durch eine andere geeignete Person als Geschäftsführer nach außen vertreten.

(3) Der Schulleiter hat nach Beratung mit dem Schulgemeinschaftsausschuß bei der zuständigen Schulbehörde die Kundmachung der beabsichtigten Gründung bzw. Auflassung einer Einrichtung mit Rechtspersönlichkeit im Verordnungsblatt zu beantragen. *(BGBl. I Nr. 20/1998, Z 32 idF BGBl. I Nr. 75/2013, Art. 12 Z 1 und BGBl. I Nr. 48/2014, Art. 2 Z 16)*

(4) Die zuständige Schulbehörde hat im jeweiligen Verordnungsblatt

1. die Schulen, an denen Einrichtungen mit Rechtspersönlichkeit bestehen,
2. die Namen der Geschäftsführer und
3. die Zeitpunkte des Wirksamwerdens (frühestens mit der Kundmachung im Verordnungsblatt)

kundzumachen, wenn hinsichtlich der Person des Geschäftsführers (insbesondere im Hinblick auf Abs. 5 Z 1 bis 5) keine die Eignung in Frage stellenden Umstände vorliegen und wenn eine Beeinträchtigung des Unterrichtsbetriebes voraussichtlich nicht zu erwarten ist. Im Falle einer Auflösung der Einrichtung mit Rechtspersönlichkeit ist diese ebenfalls im Verordnungsblatt kundzumachen. *(BGBl. I Nr. 20/1998, Z 32 idF BGBl. I Nr. 75/2013, Art. 12 Z 1)*

(5) Die Einrichtungen mit Rechtspersönlichkeit sind berechtigt, ausschließlich folgende in Z 1 bis 5 genannte Tätigkeiten im eigenen Namen durchzuführen:

1. Erwerb von Vermögen und Rechten durch unentgeltliche Rechtsgeschäfte,
2. Durchführung von Lehrveranstaltungen, die nicht schulische Veranstaltungen im Rahmen des öffentlichen Bildungsauftrages sind,
3. Durchführung von sonstigen nicht unter Z 2 fallenden Veranstaltungen, die mit der Aufgabe der betreffenden Schule vereinbar sind, bzw. auch deren Organisation und Abwicklung für Dritte,
4. Abschluß von Verträgen über die Durchführung von Arbeiten, die mit der Aufgabe der betreffenden Schule vereinbar sind, und
5. Verwendung des durch Rechtsgeschäfte gemäß Z 1 und 4 oder aus Veranstaltungen gemäß Z 2 und 3 erworbenen Vermögens und erworbener Rechte für die Erfüllung der Aufgaben der betreffenden Schule oder für Zwecke gemäß Z 2 bis 4.

Tätigkeiten gemäß Z 1 bis 5 dürfen nur dann durchgeführt werden, wenn dadurch die Erfüllung der Aufgaben der österreichischen Schule gemäß § 2 sowie die Erfüllung des Lehrplanes nicht beeinträchtigt werden. Der Abschluß von Verträgen gemäß Z 4 bedarf der vorherigen Genehmigung der Schulbehörde, wenn die zu vereinbarende Tätigkeit voraussichtlich länger als ein Jahr dauern wird oder das zu vereinbarende Gesamtentgelt eines derartigen Vertrages 400 000 Euro übersteigt; erfolgt binnen einem Monat keine diesbezügliche Entscheidung der Schulbehörde, gilt die Genehmigung als erteilt. *(BGBl. I Nr. 20/1998, Z 32 idF BGBl. I Nr. 91/2005, Art. 1 Z 11 und BGBl. I Nr. 19/2021, Art. 1 Z 1)*

(6) Auf Dienst- und Werkverträge, die im Rahmen des Abs. 1 abgeschlossen werden, findet das auf die Art der Tätigkeit jeweils zutreffende Gesetz Anwendung. Ein Dienstverhältnis zum Bund wird nicht begründet.

(7) Für Verbindlichkeiten, die im Rahmen der Teilrechtsfähigkeit entstehen, trifft den Bund keine Haftung.

(8) Im Rahmen der Tätigkeiten der Einrichtung mit Rechtspersönlichkeit ist nach den Grundsätzen der Sparsamkeit, Wirtschaftlichkeit und Zweckmäßigkeit sowie weiters nach den für Unternehmer geltenden Grundsätzen zu gebaren; die Bestimmungen des Dritten Buches des Unternehmensgesetzbuches, dRGBl. S 219/1897, in der geltenden Fassung, betreffend die für Unternehmer geltenden Vorschriften über die Rechnungslegung finden sinngemäß Anwendung. Der zuständigen Schul-

SchOG

[40]) Siehe Fußnote zu § 128a Abs. 5.

behörde ist bis 30. März eines jeden Jahres ein Jahresabschluß über das vorangegangene Kalenderjahr vorzulegen und jederzeit Einsicht in die Gebarungsunterlagen zu gewähren sowie Auskünfte zu erteilen. *(BGBl. I Nr. 20/1998, Z 32 idF BGBl. I Nr. 75/2013, Art. 12 Z 3, BGBl. I Nr. 48/2014, Art. 2 Z 17 und BGBl. I Nr. 48/2014, Art. 2 Z 17)*

(9) Erbringt der Bund im Rahmen der Tätigkeiten gemäß Abs. 5 Leistungen, so ist hiefür ein Entgelt zu leisten, welches zweckgebunden für die Bedeckung der durch die Leistung des Bundes entstandenen Mehrausgaben zu verwenden ist. § 36[41]) und § 64[42]) des Bundeshaushaltsgesetzes 2013, BGBl. I Nr. 139/2009, in der geltenden Fassung, finden Anwendung. *(BGBl. I Nr. 20/1998, Z 32 idF BGBl. I Nr. 48/2014, Art. 2 Z 18)*

(10) Im Falle der Auflösung einer Einrichtung mit Rechtspersönlichkeit geht ihr Vermögen auf den Bund über. Der Bund hat als Träger von Privatrechten Verpflichtungen aus noch offenen Verbindlichkeiten der Einrichtung mit Rechtspersönlichkeit bis zur Höhe des übernommenen Vermögens zu erfüllen.

(11) Die Einrichtungen mit Rechtspersönlichkeit unterliegen der Aufsicht der Schulbehörden und der Kontrolle durch den Rechnungshof.

(BGBl. I Nr. 20/1998, Z 32)

Teilrechtsfähigkeit im Rahmen von Förderprogrammen der Europäischen Union

§ 128d. (1) Öffentlichen Schulen kommt insofern Rechtspersönlichkeit zu, als sie berechtigt sind, im eigenen Namen am Förderprogramm gemäß der Verordnung (EU) Nr. 1288/2013 zur Einrichtung von „Erasmus+“, ABl. Nr. L 347 vom 20.12.2013, und an daran anschließenden Folgeprogrammen teilzunehmen, und zwar durch

1. Antragstellung im Rahmen von Ausschreibungen,
2. Abschluss von Finanzvereinbarungen mit der nationalen Erasmus+-Agentur und mit der für Erasmus+ zuständigen Exekutivagentur der Europäischen Kommission,
3. eigenständige Wahrnehmung der sich aus der Verordnung (EU) Nr. 1288/2013 und daran anschließenden Folgeprogrammen sowie den Finanzvereinbarungen gemäß Z 2 für teilnehmende Einrichtungen ergebenden Rechte und Pflichten,
4. Annahme von Förderungen und Weiterleitung dieser Förderungen oder von Teilen dieser an Begünstigte oder andere teilnehmende Einrichtungen sowie eigenständige Verfügung über diese Förderungen im Rahmen der Vorgaben der Verordnung (EU) Nr. 1288/2013 und daran anschließender Folgeprogramme und
5. Abschluss von Rechtsgeschäften zur Erfüllung der unter Z 1 bis 4 genannten Aufgaben.

Tätigkeiten gemäß Z 1 bis 5 dürfen nur dann durchgeführt werden, wenn dadurch die Erfüllung der Aufgaben der österreichischen Schule gemäß § 2 sowie die Erfüllung des Lehrplanes nicht beeinträchtigt werden.

(2) Im Rahmen dieser Teilrechtsfähigkeit wird die Schule durch die Schulleiterin oder den Schulleiter vertreten. Diese oder dieser kann sich von einer von ihr oder ihm zu bestimmenden geeigneten Lehrerin oder einem geeigneten Lehrer vertreten lassen.

(3) Auf Dienst- und Werkverträge, die im Rahmen des Abs. 1 abgeschlossen werden, findet das auf die Art der Tätigkeit jeweils zutreffende Gesetz Anwendung. Ein Dienstverhältnis zum Bund wird nicht begründet.

(4) Soweit die Schule gemäß Abs. 1 im Rahmen der Teilrechtsfähigkeit tätig wird, hat sie die Grundsätze der Sparsamkeit, Wirtschaftlichkeit und Zweckmäßigkeit sowie die Grundsätze des ordentlichen Unternehmers zu beachten. Die Schulleiterin oder der Schulleiter hat dafür zu sorgen, dass alle verrechnungsrelevanten Unterlagen mit einer fortlaufenden Belegnummer versehen, geordnet abgelegt werden und zehn Jahre nach Abschluss der entsprechenden Tätigkeit aufbewahrt werden.

(5) Die Tätigkeiten im Rahmen der Teilrechtsfähigkeit unterliegen der Aufsicht der zuständigen Schulbehörde sowie der Kontrolle des Rechnungshofes. Die zuständige Schulbehörde kann die widmungsgemäße Verwendung der Geldmittel sowie die Kontoführung jederzeit prüfen. Die Schulleiterin oder der Schulleiter hat der zuständigen Schulbehörde auf Verlangen jederzeit alle verrechnungsrelevanten Unterlagen und Kontoauszüge vorzulegen und die erforderlichen Auskünfte zu erteilen.

(6) Für Verbindlichkeiten, die im Rahmen der Teilrechtsfähigkeit entstehen, trifft den Bund keine Haftung.

---

[41]) Siehe Fußnote zu § 128a Abs. 5.

[42]) § 64 BHG 2013 lautet:

„Leistungen von Organen des Bundes an Dritte

§ 64. Organe des Bundes haben für Leistungen an Dritte ein Entgelt unter Zugrundelegung mindestens des gemeinen Wertes (§ 305 ABGB) zu vereinbaren, wobei § 63 Abs. 1 zweiter und letzter Satz sowie Abs. 2 sinngemäß anzuwenden sind. Die Bestimmungen der §§ 75 und 76 bleiben unberührt.“

(7) Bei Auflassung der Schule ist allenfalls vorhandenes Vermögen, insoweit dies die Verordnung (EU) Nr. 1288/2013 und daran anschließende Folgeprogramme vorsieht, an die nationale Erasmus+-Agentur oder die für Erasmus+ zuständige Exekutivagentur der Europäischen Kommission zurückzuführen; ist dies nicht vorgesehen, geht das Vermögen auf den Bund über. Dieser hat als Träger von Privatrechten die Geldmittel ihrer Bestimmung zuzuführen und Verpflichtungen aus noch offenen Verbindlichkeiten bis zur Höhe des übernommenen Vermögens zu erfüllen.

(8) Für Tätigkeiten gemäß Abs. 1 können sich Schulen zu einem Konsortium zusammenschließen. Die Schulleitung einer der beteiligten Schulen, die einvernehmlich festzulegen ist, vertritt das Konsortium nach außen. Abweichend davon kann ein Konsortium auch von einem Mitarbeiter oder einer Mitarbeiterin der örtlich zuständigen Bildungsdirektion vertreten werden.

(9) Die genehmigten und durchgeführten Erasmus+-Aktivitäten müssen auf der Webseite veröffentlicht werden.

(BGBl. I Nr. 19/2021, Art. 1 Z 3)

„Bildungsanstalt für Leistungssport“ und „Bildungsanstalt für darstellende Kunst“

§ 128e. (1) Eine Schule gemäß § 3 Abs. 4 Z 6 und 7 kann ganz oder teilweise als Bildungsanstalt für Leistungssport, im Fall der Z 2 lit. b als Bildungsanstalt für darstellende Kunst (im Folgenden Bildungsanstalt) geführt werden, wenn

1. ein Statut der Bildungsanstalt,
2. ein Kooperationsvertrag mit zumindest
   a) einer Organisation des Nachwuchsleistungssportes im Sinne des § 5 Abs. 3 Z 4 des Bundes-Sportförderungsgesetzes BSFG 2017, BGBl. I Nr. 100/2017,[43]) oder
   b) einer Einrichtung nach dem Bundestheaterorganisationsgesetz, BGBl. I Nr. 108/1998,[44]) und
3. eine gesamthafte Darstellung der mittelfristigen Planungen für die folgenden sechs Schuljahre

vorliegen.

(2) Das Statut gemäß Abs. 1 Z 1 hat jedenfalls zu enthalten:

1. eine Darstellung der schulautonomen Regelungen gemäß Abs. 4, einschließlich der Lehrpläne sowie der dazugehörigen Stundentafeln,

---

[43]) Siehe dazu unter https://www.bundes-sport-gmbh.at, Förderungen nach § 5 Abs. 3 BSFG 2017, Fördervorhaben, Nachwuchs-Leistungssport (Aufruf Juli 2024): Verband österreichischer Nachwuchszentren (VÖN), Burgenländisches Schule & Sport Modell Oberschützen, Schulsportleistungsmodell Kärnten, NÖ Sport-Leistungs-Zentrum St. Pölten, Talentezentrum Sportland OÖ, NWKZ Salzburg-Schul-Sport-Modell Salzburg, Verein Leistungsmodell Sport-BORG Graz, Förderverein Nachwuchsleistungssport Tirol, Nachwuchsleistungssportmodell – Schulsportmodell Sportgymnasium Dornbirn, Verein Internatsschule für SchisportlerInnen Stams, Skihandelsschule Schladming, Verein Österreichisches Leistungssportzentrum Südstadt für die Liese Prokop Privatschule (LPPS).

[44]) § 3 Abs. 1 bis 4 Bundestheaterorganisationsgesetz, BGBl. I Nr. 108/1998 idF BGBl. I Nr. 100/2015, lautet:

„Errichtung von Gesellschaften

§ 3. (1) Zur Führung des Betriebes im Sinne des kulturpolitischen Auftrages gemäß § 2 der im Bundestheaterverband vereinten Bühnen „Burgtheater“, „Staatsoper“ und „Volksoper“ wird der Bundeskanzler ermächtigt, im Einvernehmen mit dem Bundesminister für Finanzen folgende Gesellschaften mit beschränkter Haftung mit einem Stammkapital von jeweils zwei Millionen Schilling mit folgenden Firmen zu errichten:

1. die „Bundestheater-Holding Gesellschaft mit beschränkter Haftung“, abgekürzt „Bundestheater-Holding GmbH“;
2. die „Burgtheater Gesellschaft mit beschränkter Haftung“, abgekürzt „Burgtheater GmbH“;
3. die „Wiener Staatsoper Gesellschaft mit beschränkter Haftung“, abgekürzt „Wiener Staatsoper GmbH“;
4. die „Volksoper Wien Gesellschaft mit beschränkter Haftung“, abgekürzt „Volksoper Wien GmbH“;
5. die „ART for ART Theaterservice Gesellschaft mit beschränkter Haftung, abgekürzt „ART for ART Theaterservice GmbH“ (im Folgenden „Theaterservice GmbH“).

(2) Soweit dieses Gesetz keine abweichenden Vorschriften enthält, ist auf die Gesellschaften gemäß Abs. 1 das Gesetz über die Gesellschaften mit beschränkter Haftung (GmbHG), RGBl. Nr. 58/1906, anzuwenden.

(3) Die Bundestheater-Holding GmbH steht zu 100% im Eigentum des Bundes und wird mit der Eintragung der Gesellschaften gemäß Abs. 1 Z 2 bis 5 in das Firmenbuch Eigentümerin aller Geschäftsanteile dieser Gesellschaften. Die Übertragung von Geschäftsanteilen an den Gesellschaften gemäß Abs. 1 Z 1 bis 4 an Dritte ist unzulässig. Ab dem 1. September 2004 ist der Bundeskanzler ermächtigt, im Einvernehmen mit dem Bundesminister für Finanzen bis zu 49 vH der Geschäftsanteile an der Theaterservice GmbH an Dritte zu übertragen. Die Übertragung bedarf der Zustimmung der Bundesregierung.

(4) Die Gesellschaften gemäß Abs. 1 Z 2 bis 5 werden im folgenden auch als Tochtergesellschaften und die Gesellschaften gemäß Abs. 1 Z 2 bis 4 auch als Bühnengesellschaften bezeichnet.“

SchOG

2. Schulkooperationen gemäß § 65a des Schulunterrichtsgesetzes über den Übertritt in eine andere Schule gleicher Schulart für den Fall des Ausscheidens aus dem Leistungssport oder der künstlerischen Ausbildung, falls ein Wechsel in eine andere Klasse der Schule nicht möglich ist, und
3. wenn die Schule nicht durch einen Kooperationsvertrag in eine Institution von gesamtösterreichischer Bedeutung im Nachwuchs-Leistungssport (Nachwuchskompetenzzentrum) eingebunden ist, zusätzlich
   a) Regelungen über die Zusammensetzung, Funktionsdauer und Wahl, Abwahl und Verteilung der Zuständigkeiten eines Kuratoriums der Bildungsanstalt, dem mindestens 40 vH Frauen angehören sollen, wobei als Mitglieder zumindest drei Vertreter der Schule, je ein Vertreter jedes Kooperationspartners und der zuständigen Schulbehörde vorzusehen sind, und
   b) Regelungen über die Mitwirkungs- und Mitbestimmungsrechte des Kuratoriums, wobei vor Entscheidung über die mittelfristige Planung sowie Lehrpläne dieses jedenfalls zu hören ist.

(3) Die Errichtung der Bildungsanstalt sowie das Statut gemäß Abs. 1 Z 1 und dessen Änderung bedürfen der Genehmigung der Bundesministerin oder des Bundesministers. Die Vorlage der beabsichtigten Errichtung durch den Schulleiter, im Falle einer Privatschule, den Schulerhalter, hat zumindest folgende Angaben zu enthalten:

1. ein Statut der Bildungsanstalt,
2. einen Kooperationsvertrag gemäß Abs. 1 Z 2, dessen Vertragsdauer frühestens mit dem Tag der Genehmigung durch die Bundesministerin oder den Bundesminister beginnen darf, sowie
3. eine gesamthafte Darstellung der mittelfristigen Planung für die kommenden sechs Schuljahre.

(4) Die Bildungsanstalt ist berechtigt, ab der 9. Schulstufe schulautonome, von schulunterrichts-, schulorganisations- und schulzeitrechtlichen Regelungen abweichende, Regelungen in folgenden Bereichen und im jeweils angeführten Ausmaß zu treffen:

1. Aufnahmsverfahren und Eignungsprüfungsvoraussetzungen und -verfahren unter Einbindung von Kooperationspartnern,
2. Unterrichtsorganisation, wobei jedenfalls Klassen (Jahrgänge) vorzusehen sind und der Beginn des Schuljahres um höchstens drei Wochen vorverlegt werden kann,
3. Führung des Unterrichtsgegenstandes „Bewegung und Sport“, wobei dieser durch einen Unterrichtsgegenstand, der sich mit den theoretischen Grundlagen des Sportes oder vergleichbaren theoretischen künstlerischen Leistungen auseinandersetzt, einen Unterrichtsgegenstand, der mit Sport oder Kunst im Hinblick auf eine zukünftige Berufstätigkeit gemäß der Aufgabe der jeweiligen Schule im Zusammenhang steht, oder ein durch den Kooperationspartner durchgeführtes, durch die Schule anerkanntes „Basistraining“ ganz oder teilweise ersetzt werden kann, *(BGBl. I Nr. 80/2020, Art. 1 Z 2 idF BGBl. I Nr. 96/2022, Art. 1 Z 14)*
4. Aufnahme, Übertritt und Beendigung des Schulbesuches im Zusammenhang mit der Ausübung von Leistungssport oder darstellender Kunst,
5. Organisation von abschließenden Prüfungen, insbesondere im Hinblick auf vorgezogene Teilprüfungen,
6. Einrichtung von Ausbildungskoordinatoren für die Kooperation mit außerschulischen Partnern,
7. Erhöhung der Anzahl der Schulstufen um eine und Aufteilung der lehrplanmäßigen Gesamtstundenanzahl auf diese Schulstufen,
8. Regelungen über Struktur und Dauer des Schultages, einschließlich der Unterrichtseinheiten und Pausen, wobei die Dauer der Unterrichtseinheiten im Durchschnitt eines Unterrichtsjahres 50 (fünfzig) Minuten betragen muss,
9. Dauer und Struktur des Unterrichtsjahres (ausgenommen § 2 Abs. 4 Z 2 des Schulzeitgesetzes), wobei die Zahl der Unterrichtseinheiten der einzelnen Gegenstände am Ende des Unterrichtsjahres die Zahl der lehrplanmäßig vorgesehenen Wochenstunden multipliziert mit 36 (sechsunddreißig) ergeben muss.

Private Bildungsanstalten können vom Höchstmaß der Schulveranstaltungen, die im Zusammenhang mit der künstlerischen Ausbildung stattfinden, abweichen.

(5) Die Bildungsanstalt hat folgende Pflichten:

1. Kundmachungspflicht: Das Statut gemäß Abs. 1 Z 1 ist in der Schule in der in § 6 Abs. 3 festgelegten Art und Weise und auf der Webseite der Schule kund zu machen,
2. Berichtspflicht: Die Bildungsanstalt hat der Bildungsdirektion jährlich einen Bericht gemäß § 5 Abs. 2 Z 4 des Bildungsdirektionen-Einrichtungsgesetzes, BGBl. I Nr. 138/2017, in der jeweils geltenden Fassung, und eine mittelfristige Planung für die kommenden sechs Schuljahre vorzulegen,

3. Informationspflicht: Die Schulleitung, im Falle einer Privatschule der Schulerhalter, hat die zuständige Schulbehörde über jede Änderung in Bezug auf das Kuratorium oder die Schülerzahlen unverzüglich zu informieren.

(6) Die Genehmigung der Errichtung der Bildungsanstalt ist durch die Bundesministerin oder den Bundesminister aufzuheben, wenn Voraussetzungen für die Errichtung nicht mehr gegeben sind oder die Bildungsanstalt ihre Pflichten trotz Aufforderung verletzt.

(BGBl. I Nr. 80/2020, Art. 1 Z 2 idF BGBl. I Nr. 19/2021, Art. 1 Z 2)

III. HAUPTSTÜCK

Übergangs- und Schlußbestimmungen

*§ **129.** entfallen (BGBl. I Nr. 113/2006, Art. 16 Z 19)*

Kundmachung von Verordnungen

§ **129.** Verordnungen auf Grund dieses Bundesgesetzes, die sich nur auf einzelne Schulen beziehen, sind einen Monat lang durch Anschlag in der betreffenden Schule kund zu machen. Sie treten, soweit darin nicht anderes bestimmt ist, mit Ablauf des Tages des Anschlages in der Schule in Kraft. Nach Ablauf des Monats sind sie bei der Schulleitung zu hinterlegen und zumindest für die Dauer ihrer Geltung aufzubewahren. Auf Verlangen ist Schülern und Erziehungsberechtigten Einsicht zu gewähren.

(BGBl. I Nr. 9/2012, Art. 1 Z 36)

Schulbezeichnungen

(BGBl. I Nr. 9/2012, Art. 1 Z 37)

§ **130.** (1) Durch die Bestimmungen dieses Bundesgesetzes über die Bezeichnung von Schulen werden eigennamenähnliche Bezeichnungen einzelner Schulen nicht berührt. *(BGBl. Nr. 242/1962 idF BGBl. I Nr. 91/2005, Art. 1 Z 12)*

(2) Weiters können Schulen mit schulautonomen Schwerpunkten zusätzlich zur Schulart(form) eine auf die schulautonome Schwerpunktsetzung hinweisende Bezeichnung führen. Diese Zusatzbezeichnung ist in der schulautonomen Lehrplanbestimmung festzulegen. *(BGBl. I Nr. 91/2005, Art. 1 Z 12)*

(3) (**Grundsatzbestimmung**) Die Abs. 1 und 2 erster Satz gelten für Pflichtschulen, ausgenommen Praxisschulen gemäß § 33a Abs. 1, als Grundsatzbestimmung. *(BGBl. I Nr. 91/2005, Art. 1 Z 12 idF BGBl. I Nr. 113/2006, Art. 16 Z 20)*

Übergangsbestimmung zur Einführung der Neuen Mittelschule

§ **130a.** (1) Ab dem Schuljahr 2012/13 sind erste Klassen der Hauptschulen nach Maßgabe des II. Hauptstück, Teil A, Abschnitt I, 2a. Unterabschnitt (§§ 21a bis 21h) und unter Beachtung der Kontingente gemäß Abs. 3 als Neue Mittelschulen zu führen. Die Führung ist durch die Bildungsdirektion zu beantragen und durch den zuständigen Bundesminister zu genehmigen. *(BGBl. I Nr. 36/2012, Art. 1 Z 30 idF BGBl. I Nr. 138/2017, Art. 9 Z 50)*

(2) Hauptschulklassen, die vor Beginn des Schuljahres 2012/13 als Modellversuchsklassen gemäß § 7a SchOG (in der Fassung des Bundesgesetzes BGBl. I Nr. 26/2008) geführt wurden, sind ab 1. September 2012 nach Maßgabe der Bestimmungen zur Neuen Mittelschule weiterzuführen.

(3) Die Anzahl der Klassen an öffentlichen Hauptschulen und an privaten Hauptschulen mit Öffentlichkeitsrecht, die als Neue Mittelschule geführt werden, darf ab den Schuljahren 2012/13 660 zusätzliche erste Klassen, 2013/2014 496 zusätzliche erste Klassen und 2014/15 314 zusätzliche erste Klassen im Bundesgebiet nicht überschreiten. Im Schuljahr 2015/16 ist die Neue Mittelschule an den restlichen ersten Klassen der Hauptschule zu führen, sodass mit Beginn des Schuljahres 2018/19 die Hauptschule durch die Neue Mittelschule ersetzt wird.

(BGBl. I Nr. 36/2012, Art. 1 Z 30)

Übergangsbestimmung betreffend Schulversuche[45])

§ **130b.** Schulversuche auf der Grundlage des § 7 in der Fassung vor dem Bundesgesetz BGBl. I Nr. 138/2017 enden zu dem in der Bewilligung des Schulversuches vorgesehenen Zeitpunkt, spätestens jedoch mit Ablauf des 31. August 2027. § 7 Abs. 4 ist anzuwenden. *(BGBl. I Nr. 138/2017, Art. 9 Z 51 idF BGBl. I Nr. 170/2021, Art. 1 Z 11)*

(BGBl. I Nr. 138/2017, Art. 9 Z 51)

Stufenweise Umsetzung Mittelschule

§ **130c.** (1) An Neuen Mitteschulen[46]) können die §§ 8a, 21a sowie 21b dieses Bundes-

---

[45]) Siehe auch RS Nr. 20/2017 betreffend Informationen zum Bildungsreformgesetz 2017 (3.6.2.) und RS Nr. 21/2021 betreffend Schulversuche Grundsatzerlass 2021 (3.6.3).

[46]) Sollte richtig lauten: „Mittelschulen".

gesetzes in der Fassung des Bundesgesetzes BGBl. I Nr. 101/2018 bereits im Schuljahr 2019/20 angewendet werden. Dabei ist § 7 Abs. 1 erster Satz, 2, 3 erster Satz, 5 und 6 anzuwenden. Darüber hinaus darf eine Durchführung an einer Schule nur erfolgen, wenn die Erziehungsberechtigten von mindestens der Hälfte der Schülerinnen und Schüler und mindestens die Hälfte der Lehrerinnen und Lehrer der betreffenden Schule zustimmen. Die zuständige Schulbehörde hat die Durchführung zu betreuen und zu beaufsichtigen.

(2) Für Aufnahmsbewerberinnen und Aufnahmsbewerber an allgemeinbildenden höheren und berufsbildenden mittleren und höheren Schulen, die die Hauptschule bis Ablauf des Schuljahres 2018/19 oder die Neue Mittelschule bis Ablauf des Schuljahres 2019/20 oder die Pflichtschulabschluss-Prüfung nach dem Pflichtschulabschluss-Prüfungs-Gesetz, BGBl. I Nr. 72/2012, in der Fassung des Bundesgesetzes BGBl. I Nr. 138/2017 oder einer früheren Fassung, bis Ablauf des Schuljahres 2022/23 abgeschlossen haben, gelten die §§ 40, 55 und 68 in der Fassung vor dem Bundesgesetz BGBl. I Nr. 101/2018.

(BGBl. I Nr. 101/2018, Art. 1 Z 37)

§ 130d. *entfallen (BGBl. I Nr. 121/2024, Art. 1 Z 3)*

(BGBl. I Nr. 101/2018, Art. 1 Z 37)

Inkrafttreten, Außerkrafttreten
(BGBl. I Nr. 9/2012, Art. 1 Z 38)

§ 131. (1) Dieses Bundesgesetz tritt nach Maßgabe der folgenden Bestimmungen in Kraft:

a) Gegenüber den Ländern für die Ausführungsgesetzgebung zu den §§ 11 bis 14, 18 bis 21, 24 bis 27, 30 bis 33, 48 bis 51 und 129 Abs. 4 bis 6 mit dem Tage der Kundmachung; die Ausführungsgesetze der Länder sind innerhalb eines Jahres, vom Tage der Kundmachung dieses Bundesgesetzes an gerechnet, zu erlassen;

b) für die Erlassung von Verordnungen auf Grund der Bestimmungen dieses Bundesgesetzes mit dem Tage der Kundmachung, wobei diese Verordnungen jedoch erst gleichzeitig mit dem Inkrafttreten der Bestimmungen dieses Bundesgesetzes über die jeweilige Schulart, auf die sie sich beziehen, in Kraft zu setzen sind;

c) die §§ 130 bis 133 mit dem Tage der Kundmachung;

d) die §§ 1 bis 10, 15 bis 17, 22, 23, 46, 47, 52 bis 57, 59, 62 bis 73, 78, 102 bis 117, 125 bis 128 und 129 Abs. 1 bis 3 am 1. September 1963, soweit es sich nicht um die Erlassung von Verordnungen (lit. b) handelt;

e) die §§ 34 bis 45 am 1. September 1963, soweit es sich nicht um die Erlassung von Verordnungen (lit. b) handelt, mit der Maßgabe, daß
   1. für jene Schüler, die spätestens zu Beginn des Schuljahres 1962/63 in die erste Klasse eines Gymnasiums, eines Realgymnasiums, einer Realschule oder einer Frauenoberschule eintreten, bis zum Abschluß ihrer Schulzeit, längstens aber bis zum Ende des Schuljahres 1969/70,
   2. für jene Schüler, die spätestens zu Beginn des Schuljahres 1965/66 in den ersten Jahrgang einer Aufbaumittelschule eintreten, bis zum Abschluß ihrer Schulzeit, längstens aber bis zum Ende des Schuljahres 1969/70,
   3. für jene Schüler, die spätestens im Schuljahr 1965/66 in den ersten Halbjahrslehrgang einer Arbeitermittelschule eintreten, bis zum Abschluß ihrer Schulzeit, längstens aber bis zum Ende des Schuljahres 1969/70,

   die bisher geltenden Vorschriften weiter anzuwenden sind;

f) § 58 am 1. September 1963, soweit es sich nicht um die Erlassung von Verordnungen (lit. b) handelt, mit der Maßgabe, daß für jene Schüler, die spätestens zu Beginn des Schuljahres 1962/63
   1. in die erste Klasse einer zweijährigen Fachschule eintreten, bis zum Abschluß ihrer Schulzeit, längstens aber bis zum Ende des Schuljahres 1963/64,
   2. in die erste Klasse einer dreijährigen Fachschule eintreten, bis zum Abschluß ihrer Schulzeit, längstens aber bis zum Ende des Schuljahres 1964/65,

   die bisher geltenden Vorschriften weiter anzuwenden sind;

g) die §§ 60 und 61 sowie 79 bis 85 am 1. September 1963, soweit es sich nicht um die Erlassung von Verordnungen (lit. b) handelt, mit der Maßgabe, daß für jene Schüler, die spätestens zu Beginn des Schuljahres 1962/63 in die erste Klasse einer Handelsschule oder einer Abendhandelsschule oder in das erste Semester einer Fürsorgerinnenschule eintreten, bis zum Abschluß ihrer Schulzeit, längstens aber bis zum Ende des Schuljahres 1963/64 die bisher geltenden Vorschriften weiter anzuwenden sind;

h) die §§ 74 bis 77 am 1. September 1963, soweit es sich nicht um die Erlassung von Verordnungen (lit. b) handelt, mit der Maßgabe, daß für jene Schüler, die spätestens zu Beginn des Schuljahres 1962/63 in den ersten Jahrgang einer Handelsakademie, einer Abendhandelsakademie oder einer höheren Lehranstalt für wirtschaftliche Frauenberufe eintreten, bis zum Abschluß ihrer Schulzeit, längstens aber bis zum Ende des Schuljahres 1965/66 die Bisher geltenden Vorschriften weiter anzuwenden sind;
i) die §§ 86 bis 101 am 1. September 1963, soweit es sich nicht um die Erlassung von Verordnungen (lit. b) handelt, mit der Maßgabe, daß für jene Schüler, die spätestens zu Beginn des Schuljahres 1962/63 in den ersten Jahrgang einer Bildungsanstalt für Arbeitslehrerinnen oder einer Bildungsanstalt für Kindergärtnerinnen eintreten, bis zum Abschluß ihrer Schulzeit, längstens aber bis zum Ende des Schuljahres 1964/65 die bisher geltenden Vorschriften weiter anzuwenden sind;
j) die §§ 28 und 29 am 1. September 1966, soweit es sich nicht um die Erlassung von Verordnungen (lit. b) handelt;
k) die §§ 118 bis 124 am 1. September 1968, soweit es sich nicht um die Erlassung von Verordnungen (lit. b) handelt, mit der Maßgabe, daß
   1. für jene Schüler, die spätestens zu Beginn des Schuljahres 1962/63 in den ersten Jahrgang einer Lehrerbildungsanstalt eintreten, bis zum Abschluß ihrer Schulzeit, längstens aber bis zum Ende des Schuljahres 1966/67,
   2. für jene Schüler, die spätestens zu Beginn des Schuljahres 1967/68 in einen einjährigen Maturantenlehrgang an einer Lehrerbildungsanstalt eintreten, bis zum Ende dieses Schuljahres, *(BGBl. Nr. 243/1965, Art. I Z 19)*
   3. für jene Schüler, die spätestens zu Beginn des Schuljahres 1967/68 in den ersten Jahrgang eines zweijährigen Maturantenlehrganges an einer Lehrerbildungsanstalt eintreten, bis zum Abschluß ihrer Schulzeit, längstens aber bis zum Ende des Schuljahres 1968/69,

die bisher geltenden Vorschriften weiter anzuwenden sind. Kuratorien für künftige Pädagogische Akademien des Bundes (§ 124) können bereits ab 1. September 1965 eingerichtet werden; dabei finden die Bestimmungen des § 124 Abs. 3 lit. b über die Zugehörigkeit des Direktors und von Vertretern des Lehrerkollegiums der Pädagogischen Akademie des Bundes so lange keine Anwendung, als der Direktor beziehungsweise das Lehrerkollegium der betreffenden künftigen Pädagogischen Akademie des Bundes nicht bestellt sind. Überdies können ab 1. September 1966 Pädagogische Akademien als Schulversuch (§ 7) eingerichtet werden; in einem Land, in dem eine Pädagogische Akademie des Bundes als Schulversuch eingerichtet wird, darf zugleich kein einjähriger Maturantenlehrgang geführt werden. *(BGBl. Nr. 242/1962 idF BGBl. Nr. 243/1965, Art. I Z 19)*

(2) Für die Zeit vom 1. Jänner 1965 bis zum 31. August 1968 tritt in den §§ 43, 57, 71, 92, 100, 108 und 116 an die Stelle der Klassenschülerhöchstzahl 36 die Klassenschülerhöchstzahl 40. Die Klassenschülerhöchstzahl 40 darf während dieses Zeitraumes in einer Klasse jeweils für die Dauer eines Schuljahres nur überschritten werden, wenn ihre Einhaltung in diesem Schuljahr aus nicht behebbaren personellen oder räumlichen Gründen undurchführbar ist. Ob diese Voraussetzung gegeben ist, hat das Bundesministerium für Unterricht, Kunst und Sport auf Antrag des zuständigen Landesschulrates (Kollegium) beziehungsweise bei Zentrallehranstalten auf Antrag des Leiters durch Mitteilung an den Landesschulrat beziehungsweise an den Leiter der Zentrallehranstalt festzustellen. Bei Privatschulen mit Öffentlichkeitsrecht der unter den ersten Satz fallenden Schularten hat das Bundesministerium für Unterricht, Kunst und Sport die Feststellung auf Antrag des Schulerhalters mit Bescheid zu treffen; der Antrag ist bei der Schulbehörde erster Instanz einzubringen. Die vorstehenden Bestimmungen sind auf private Pflichtschulen mit Öffentlichkeitsrecht sinngemäß mit der Maßgabe anzuwenden, daß für die Erlassung des Bescheides der Landesschulrat zuständig ist. *(BGBl. Nr. 243/1965, Art. I Z 19 idF BGBl. Nr. 271/1985, Art. I Z 1)*

(3) **(Grundsatzbestimmung.)** Der Zeitpunkt des Inkrafttretens der Ausführungsgesetze der Länder zu den §§ 11 bis 14, 18 bis 21, 24 bis 27, 48 bis 51 und 129 Abs. 4 bis 6 ist mit 1. September 1963, jener zu den §§ 30 bis 33 mit 1. September 1966 festzusetzen. Für die Zeit vom 1. Jänner 1965 bis zum 31. August 1968 tritt in den §§ 14, 21, 33 Abs. 1 und 51 an die Stelle der Klassenschülerhöchstzahl 36 die Klassenschülerhöchstzahl 40. Die Klassenschülerhöchstzahl 40 darf während dieses Zeitraumes in einer Klasse jeweils für die Dauer eines Schuljahres nur überschritten werden, wenn ihre Einhaltung in diesem Schuljahr aus nicht behebbaren personellen oder räumlichen Gründen undurchführbar ist. Ob diese Voraussetzung gegeben ist, hat bei den öffentlichen Pflichtschulen die nach dem Ausführungsgesetz zuständige Behörde nach Anhörung des Landes-

schulrates (Kollegium), bei Volks-, Haupt- und Sonderschulen sowie Polytechnischen Lehrgängen überdies nach Anhörung des Bezirksschulrates (Kollegium), festzustellen; ist die nach dem Ausführungsgesetz zuständige Behörde eine der genannten Schulbehörden des Bundes, so entfällt das Erfordernis ihrer Anhörung. *(BGBl. Nr. 242/1962 idF BGBl. Nr. 243/1965, Art. I Z 19)*

(4) Für jene Schüler, die die lehrplanmäßig letzte Klasse (den lehrplanmäßig letzten Jahrgang) einer auslaufenden Schulart nicht erfolgreich besucht haben und zur Wiederholung der betreffenden Klasse berechtigt sind, verlängert sich die Anwendbarkeit der bisher geltenden Vorschriften um ein Schuljahr. *(BGBl. Nr. 243/1965, Art. I Z 19)*

(5) Die Änderungen dieses Bundesgesetzes auf Grund des Bundesgesetzes BGBl. Nr. 408/1991 treten mit 1. September 1991 in Kraft. *(BGBl. Nr. 408/1991, Z 2)*

(6) Die folgenden Bestimmungen dieses Bundesgesetzes in der Fassung des Bundesgesetzes BGBl. Nr. 323/1993 treten wie folgt in Kraft:

1. § 2a, § 6, § 7 Abs. 5a, § 8a Abs. 1, 2 und 4, § 8b Abs. 1 und 2, § 8c, § 10 Abs. 2 und 3, § 16 Abs. 1 und 3, § 39 Abs. 1 Z 1 sowie Abs. 4, § 46 Abs. 2, § 57, § 58 Abs. 4 und 5, § 59 Abs. 1, § 60 Abs. 2, § 61 Abs. 1, § 62 Abs. 1 und 3, § 62a Abs. 1, § 63 Abs. 4, § 63a Abs. 1 und 2, § 64 Abs. 4, § 69 Abs. 1, § 71, § 72 Abs. 5, § 73 Abs. 1, § 74 Abs. 2, § 75 Abs. 1, § 76, § 77 Abs. 1, § 80 Abs. 4, § 83 Abs. 2[47]), § 96 Abs. 1, § 100, § 104 Abs. 1, § 106 Abs. 2, § 108, § 110, § 111 Abs. 4, § 111 Abs. 7, § 112 Abs. 2, § 113 Abs. 2 und 3, § 114 Abs. 1 und 3, § 119 Abs. 6, 7, 8 und 10, § 120 Abs. 5, § 122, § 131a Abs. 7, § 131b Abs. 3 und § 133 Abs. 1 sowie der Entfall des § 39 Abs. 3, § 43 Abs. 3 und 4, § 81 Abs. 2 und § 82 Abs. 2[48]) mit 1. September 1993,
2. § 80 Abs. 1 und § 82 Abs. 4 sowie der Entfall des § 81 Abs. 2 und § 82 Abs. 2 mit 1. September 1994,
3. die Grundsatzbestimmungen des § 8a Abs. 3, § 8b Abs. 3, § 11 Abs. 1 und 4[49]), § 21, § 33, § 49 Abs. 4 und § 51 sowie der Entfall des § 13[50]) Abs. 3 sowie § 27 Abs. 3 und 5 gegenüber den Ländern mit Ablauf des Tages der Kundmachung im Bundesgesetzblatt.

Verordnungen auf Grund der in Z 2 bis 4 genannten Bestimmungen können bereits von dem der Kundmachung des genannten Bundesgesetzes im Bundesgesetzblatt folgenden Tag an erlassen werden; sie treten frühestens mit den im ersten Satz dieses Absatzes bezeichneten Zeitpunkten in Kraft. *(BGBl. Nr. 323/1993, Art. I Z 72)*

(7) Die nachstehenden Bestimmungen dieses Bundesgesetzes in der Fassung des Bundesgesetzes BGBl. Nr. 512/1993 treten wie folgt in Kraft:

1. § 2 Abs. 3 und § 81 Abs. 1 mit 1. September 1994,
2. § 5 Abs. 2 und 3, § 6 Abs. 1 und 4a, § 8, § 8a Abs. 1, § 8d Abs. 1 und 2, § 35 Abs. 5, § 42 Abs. 2a, § 119 Abs. 8a und § 123 Abs. 5 hinsichtlich der Vorschulstufe, der 1. und 5. Schulstufe sowie des Polytechnischen Lehrganges mit 1. September 1994, hinsichtlich der 2. und 6. Schulstufe mit 1. September 1995, hinsichtlich der 3. und 7. Schulstufe mit 1. September 1996 und hinsichtlich der 4. und 8. Schulstufe mit 1. September 1997,
3. § 9 Abs. 2 und § 10 Abs. 4 hinsichtlich der Vorschulstufe und der 1. Schulstufe mit 1. September 1993, hinsichtlich der 2. Schulstufe mit 1. September 1994, hinsichtlich der 3. Schulstufe mit 1. September 1995 und hinsichtlich der weiteren Schulstufen mit 1. September 1996,
4. § 23, § 95 Abs. 3a, § 96 Abs. 1 und 1a, § 97, § 98 Abs. 1a, § 100, die §§ 102 bis 109, § 125 Abs. 1, § 126 Abs. 1 und § 131c mit 1. September 1993,
5.[51]) ***(Verfassungsbestimmung)*** *§ 27a mit 1. September 1993,*
6. § 60 Abs. 3 und § 62 Abs. 4 mit 1. Jänner 1996,
7. die Grundsatzbestimmungen des § 8a Abs. 3, § 8d Abs. 3, § 11 Abs. 5, § 13 Abs. 2a, § 18 Abs. 4, § 20 Abs. 3, § 24 Abs. 3, § 25 Abs. 1, § 30 Abs. 4 und § 32 Abs. 3 gegenüber den Ländern mit Ablauf des Tages der Kundmachung im Bundesgesetzblatt; die Ausführungsbestimmungen sind entsprechend der Z 2 in Kraft zu setzen,
8. die Grundsatzbestimmungen des § 11 Abs. 4, § 13 Abs. 1 und des § 14 Abs. 1 gegenüber den Ländern mit Ablauf des Tages der Kundmachung im Bundesgesetzblatt;

[47]) Sollte richtig lauten: „§ 83 Abs. 1 und 2".

[48]) Der Entfall der § 81 Abs. 2 und 82 Abs. 2 tritt richtig gemäß § 131 Abs. 6 Z 2 mit 1. September 1994 in Kraft.

[49]) § 11 Abs. 4 ist durch die Novelle BGBl. Nr. 323/1993 nicht berührt.

[50]) Sollte richtig lauten: „§ 14".

[51]) § 131 Abs. 7 Z 5 wurde durch § 2 Abs. 2 Z 7 des Ersten Bundesverfassungsrechtsbereinigungsgesetz, BGBl. I Nr. 2/2008, als nicht mehr geltend festgestellt.

die Ausführungsbestimmungen sind entsprechend der Z 1[52]) in Kraft zu setzen.

Verordnungen auf Grund der in Z 2 bis 4 genannten Bestimmungen können bereits von dem der Kundmachung des genannten Bundesgesetzes im Bundesgesetzblatt folgenden Tag an erlassen werden; sie treten frühestens mit den im ersten Satz dieses Absatzes bezeichneten Zeitpunkten in Kraft. *(BGBl. Nr. 512/1993, Z 41)*

(8) § 37 Abs. 4 in der Fassung des Bundesgesetzes BGBl. Nr. 550/1994 tritt mit 1. Jänner 1995 in Kraft. *(BGBl. Nr. 550/1994, Art. XVI Z 2)*

(9) § 3 Abs. 2 bis 6, die Überschrift des § 8c, § 8c Abs. 1, § 59 Abs. 1, § 61 Abs. 1 und § 131e in der Fassung des Bundesgesetzes BGBl. Nr. 642/1994 treten mit 1. September 1994 in Kraft. *(BGBl. Nr. 642/1994, Z 7 idF BGBl. Nr. 435/1995, Z 4)*

(10) § 6 Abs. 4, § 47 Abs. 1 und § 59 Abs. 2a in der Fassung des Bundesgesetzes BGBl. Nr. 435/1995 treten mit 1. September 1995 in Kraft. Verordnungen auf Grund des § 47 Abs. 1 in der vorgenannten Fassung sind spätestens mit 1. September 1998, beginnend mit der 1. Klasse, in Kraft zu setzen. *(BGBl. Nr. 435/1995, Z 4)*

(11) Das Hauptstück IIa (§§ 128a und 128b) in der Fassung des Bundesgesetzes BGBl. Nr. 330/1996 tritt mit 1. September 1996 in Kraft. *(BGBl. Nr. 330/1996, Z 2)*

(12) Die nachstehenden Bestimmungen dieses Bundesgesetzes in der Fassung des Bundesgesetzes BGBl. Nr. 766/1996 treten wie folgt in Kraft:

1. § 6 Abs. 1 und 3, § 7 Abs. 1 und 4, § 8a Abs. 1 und 2, § 8c Abs. 4 und 7, § 8d Abs. 2, § 41 Abs. 2, § 59 Abs. 1 Z 2 lit. b, § 63 Abs. 3, § 83 Abs. 2, § 84 Abs. 1, § 102, § 113 Abs. 5 und 6, § 114 Abs. 2 und 3, § 117 Abs. 6, § 122 Abs. 1 und 2, § 124 Abs. 7, § 131d Abs. 4 sowie § 133 Abs. 1 und 2 mit Ablauf des Tages der Kundmachung im Bundesgesetzblatt,
2. der Entfall des § 129 Abs. 1 bis 3 und 7 mit 1. September 1996,
3. § 55 Abs. 1, § 58 Abs. 3a, der Entfall des § 62 Abs. 4, § 63 Abs. 2, § 68, § 69 samt Überschrift, § 73 Abs. 1 lit. b, § 75 Abs. 1 lit. b, § 97 Abs. 2, § 98 samt Überschrift, § 105 Abs. 3 sowie § 106 samt Überschrift mit 1. April 1997,
4.[53]) ***(Verfassungsbestimmung)*** *§ 27a Abs. 2 und 3 mit 1. September 1997 schulstufenweise aufsteigend,*
5. § 3 Abs. 4 Z 3 und Abs. 6 Z 1, § 10 Abs. 3, § 16 Abs. 1, § 22, § 23 Abs. 1 und 2, die Überschrift des 4. Unterabschnittes des II. Hauptstückes Teil A Abschnitt I, § 28 samt Überschrift, § 29 samt Überschrift, lit. b des Unterabschnittes 4 des II. Hauptstückes Teil A Abschnitt I, § 55a samt Überschrift, § 58 Abs. 4, der Entfall des § 59 Abs. 5, § 60 Abs. 2, § 62 Abs. 3, § 63 Abs. 4, § 68a samt Überschrift, § 72 Abs. 5, § 74 Abs. 2, § 76 Abs. 2, § 77 Abs. 1 lit. b, § 118, § 119 Abs. 1 und 4, § 120 Abs. 3 und 5, § 123 Abs. 1 sowie § 131a Abs. 1 und 6 mit 1. September 1997,
6. § 9 Abs. 3, § 15 Abs. 3, § 16 Abs. 5, § 17 Abs. 1, § 34 Abs. 1 und 2, § 35 Abs. 4a, § 39 Abs. 3, § 40 Abs. 1 und 2, § 42 Abs. 1 sowie § 43 Abs. 1a mit 1. September 1997 schulstufenweise aufsteigend,
7. die Grundsatzbestimmungen des § 14 Abs. 1, § 18 Abs. 3 und 3a, § 20 Abs. 1, § 21, § 24 Abs. 1, § 25 Abs. 1 lit. b und Abs. 3, 4 und 6, die Überschrift des § 30, § 30 Abs. 1, 2, 3 und 4, § 31, § 32 Abs. 1 und 2, § 33 sowie betreffend den Entfall des § 129 Abs. 4 bis 6 gegenüber den Ländern mit Ablauf des Tages der Kundmachung im Bundesgesetzblatt; die Ausführungsbestimmungen zu § 14 Abs. 1, § 24 Abs. 1, § 25 Abs. 1 lit. b, Abs. 3 und 4, zur Überschrift des § 30, zu § 30 Abs. 1, 2, 3 und 4, § 31, § 32 Abs. 1 und 2 sowie § 33 sind mit 1. September 1997 in Kraft, jene zu § 18 Abs. 3 und 3a, § 20 Abs. 1, § 21 sowie § 25 Abs. 6 sind mit 1. September 1997 schulstufenweise aufsteigend in Kraft, jene auf Grund des § 129 Abs. 4 bis 6 sind mit Ablauf des 31. August 1996 außer Kraft zu setzen.

Verordnungen auf Grund der in Z 3 bis 6 genannten Bestimmungen können bereits von dem der Kundmachung des genannten Bundesgesetzes im Bundesgesetzblatt folgenden Tag an erlassen werden; sie dürfen frühestens mit 1. September 1997 in Kraft gesetzt werden. *(BGBl. Nr. 766/1996, Z 62)*

(13) Die nachstehend genannten Bestimmungen dieses Bundesgesetzes in der Fassung des Bundesgesetzes BGBl. I Nr. 20/1998 treten wie folgt in Kraft:

1. § 41 Abs. 2, § 55 Abs. 1, § 55a Abs. 1, § 69 Abs. 2, § 83 Abs. 2, § 98 Abs. 4, § 106 Abs. 4, § 114 Abs. 3, § 122 Abs. 2, § 131d Abs. 4 und § 133 Abs. 1 treten mit Ablauf des Tages der Kundmachung im Bundesgesetzblatt in Kraft,
2. § 46 Abs. 3, § 56 Abs. 3, § 59 Abs. 2a, die Überschrift des IIa. Hauptstückes, § 128a Abs. 1 sowie § 128c treten mit 1. Jänner 1998 in Kraft,

SchOG

[52]) Sollte richtig lauten: „Z 3".

[53]) § 131 Abs. 12 Z 4 wurde durch § 2 Abs. 2 Z 7 des Ersten Bundesverfassungsrechtsbereinigungsgesetz, BGBl. I Nr. 2/2008, als nicht mehr geltend festgestellt.

3. § 10 Abs. 3, § 16 Abs. 1, § 39 Abs. 1a, § 52 Abs. 1 und 2, § 53 Abs. 3, § 59 Abs. 1 Z 1, der Entfall des § 59 Abs. 3, der Entfall des § 61 Abs. 1 lit. b und c, der Entfall des § 62a samt Überschrift, § 63a samt Überschrift, § 66 Abs. 3, der Entfall des § 73 Abs. 1 lit. d, Abs. 2 letzter Satz sowie Abs. 3, der Entfall des § 75 Abs. 1 lit. d und Abs. 2 letzter Satz, § 77 Abs. 1 lit. c, der Entfall des § 77 Abs. 1 lit. d und Abs. 2 letzter Satz, der Entfall des § 80 Abs. 3, der Entfall des § 81 Abs. 3, der Entfall des § 82 Abs. 3, der Entfall des § 83 Abs. 3, § 103 Abs. 3 und 4, § 105 Abs. 3, § 106 Abs. 3 sowie § 132a treten mit 1. September 1998 in Kraft,
4. die Grundsatzbestimmung des § 51 Abs. 2 tritt gegenüber den Ländern mit Ablauf des Tages der Kundmachung im Bundesgesetzblatt in Kraft.

(BGBl. I Nr. 20/1998, Z 33)

(14) Die nachstehend genannten Bestimmungen dieses Bundesgesetzes in der Fassung des Bundesgesetzes BGBl. I Nr. 132/1998 treten wie folgt in Kraft:

1. § 10 Abs. 2, § 40 Abs. 3, § 59 Abs. 1, § 68 Abs. 1, § 129, § 131b Abs. 1 und 3, § 131c Abs. 1 und 3 sowie der Entfall des § 131e samt Überschrift treten mit 1. September 1998 in Kraft,
2. § 9 Abs. 1 und 2 sowie § 10 Abs. 1 treten mit 1. September 1999 in Kraft,
3. die Grundsatzbestimmungen des § 11 samt Überschrift, § 12 samt Überschrift, § 13 Abs. 1, § 14 Abs. 2, § 24 samt Überschrift, § 25 Abs. 1, § 27 Abs. 4 sowie § 48 Abs. 2 treten gegenüber den Ländern mit Ablauf des Tages der Kundmachung im Bundesgesetzblatt in Kraft; die Ausführungsbestimmungen zu § 11 samt Überschrift, § 12 samt Überschrift, § 13 Abs. 1, § 14 Abs. 2, § 25 Abs. 1, § 27 Abs. 4 sowie § 48 Abs. 2 sind mit 1. September 1999 in Kraft zu setzen, jene zu § 24 samt Überschrift ist mit 1. September 2001 in Kraft zu setzen.

(BGBl. I Nr. 132/1998, Z 16)

(15) Die nachstehend genannten Bestimmungen dieses Bundesgesetzes in der Fassung des Bundesgesetzes BGBl. I Nr. 96/1999 treten wie folgt in Kraft bzw. außer Kraft:

1. § 6 Abs. 1, 3 und 4, § 8 lit. c bis j, § 8a Abs. 3a, im Teil C die Überschrift des I. Abschnittes, im Teil C die Überschrift des 1. Unterabschnittes des I. Abschnittes, im Teil C die Überschrift des 2. Unterabschnittes, im Teil C die Überschrift des II. Abschnittes sowie des 1. Unterabschnittes, § 110 samt Überschrift, § 111 Abs. 1 und 4, § 113 Abs. 1 bis 5, § 114 samt Überschrift, § 115 Abs. 1, § 117 Abs. 1, im Teil C die Überschrift des 2. Unterabschnittes des II. Abschnittes, § 118 samt Überschrift, § 119 Abs. 1, § 122 samt Überschrift, § 123 Abs. 1, im Teil C die Überschrift des 3. Unterabschnittes des II. Abschnittes, § 124 Abs. 2, § 125 samt Überschrift sowie § 131e treten mit 1. September 1999 in Kraft;
2. § 111 Abs. 5 und 7, § 112 samt Überschrift, § 113 Abs. 6, § 119 Abs. 10, § 120 samt Überschrift sowie § 126a samt Überschrift treten mit Ablauf des 31. August 1999 außer Kraft.

(BGBl. I Nr. 96/1999, Z 33)

(16) Die nachstehend genannten Bestimmungen dieses Bundesgesetzes in der Fassung des Bundesgesetzes BGBl. I Nr. 77/2001 treten wie folgt in bzw. außer Kraft:

1. § 6 Abs. 1 und 3, § 7 Abs. 1 und 4, § 8a Abs. 1, 2, 3 und 3a, § 8c Abs. 1 Z 1, Abs. 4 und 7, § 8d Abs. 2, § 34 Abs. 1, § 39 Abs. 1 Z 1, § 40 Abs. 3, § 41 Abs. 2, § 59 Abs. 1 Z 2 lit. b, § 63 Abs. 3, § 65, § 68 Abs. 1 Z 2a, § 69 Abs. 2, § 94 Abs. 1, § 98 Abs. 4, § 102, § 106 Abs. 4, § 117 Abs. 6, § 124 Abs. 7, § 131e Abs. 1 sowie § 133 treten mit Ablauf des Tages der Kundmachung im Bundesgesetzblatt in Kraft;
2. § 83 Abs. 2, § 114 Abs. 2, § 122 Abs. 2 sowie § 131d Abs. 4 treten mit Ablauf des Tages der Kundmachung im Bundesgesetzblatt außer Kraft.

(BGBl. I Nr. 77/2001, Art. 1 Z 20)

(17) Die nachstehenden Bestimmungen dieses Bundesgesetzes in der Fassung des Bundesgesetzes BGBl. I Nr. 91/2005 treten wie folgt in Kraft bzw. außer Kraft:

1. § 128c Abs. 5 tritt mit Ablauf des Tages der Kundmachung dieses Bundesgesetzes im Bundesgesetzblatt in Kraft,
2. § 6 Abs. 4a und § 8 lit. j treten mit 1. September 2005 in Kraft,
3. § 6 Abs. 1, 3 und 4, § 8b Abs. 1 und 2 samt Überschrift, § 8d Abs. 2, § 10 Abs. 1, Abs. 2 lit. a und Abs. 3 Z 1, § 16 Abs. 1 Z 1, § 23 Abs. 1, § 29 Abs. 1 lit. a, § 39 Abs. 1 Z 1 und Z 3 lit. b, § 47 Abs. 4, § 55a Abs. 1, § 68a Abs. 1, § 119 Abs. 6, § 130 Abs. 1 und 2 sowie § 132a treten mit 1. September 2006 in Kraft,
4. **(Grundsatzbestimmung)** § 8b Abs. 3, § 8d Abs. 3 und § 130 Abs. 3 treten gegenüber den Ländern mit Ablauf des Tages der Kundmachung im Bundesgesetzblatt in Kraft; die Ausführungsgesetze sind binnen einem Jahr zu erlassen und mit 1. September 2006 in Kraft zu setzen,

5. § 3 Abs. 5 Z 1 sowie Abschnitt IV des Teiles B des II. Hauptstückes treten mit Ablauf des 31. August 2006 außer Kraft.

(BGBl. I Nr. 91/2005, Art. 1 Z 13)

(18) Die nachstehenden Bestimmungen dieses Bundesgesetzes in der Fassung des Bundesgesetzes BGBl. I Nr. 20/2006 treten wie folgt in Kraft bzw. außer Kraft:

1. § 37 Abs. 1 Z 4 und Abs. 6, § 39 Abs. 5, § 40 Abs. 2 sowie § 45 Abs. 2 treten mit Ablauf des Tages der Kundmachung im Bundesgesetzblatt in Kraft,
2. § 6 Abs. 1, § 8a Abs. 1 lit. e, f und g, § 9 Abs. 4, § 10 Abs. 5, § 36 samt Überschrift, § 39 Abs. 1 und 4 sowie § 119 Abs. 8b treten mit 1. September 2006 in Kraft,
3. § 38 samt Überschrift, § 45 Abs. 3, § 131a samt Überschrift, § 131b samt Überschrift, § 131c samt Überschrift sowie § 131d treten mit Ablauf des Tages der Kundmachung im Bundesgesetzblatt außer Kraft,
4. **(Grundsatzbestimmung)** § 14a samt Überschrift tritt gegenüber den Ländern mit Ablauf des Tages der Kundmachung im Bundesgesetzblatt in Kraft; die Ausführungsgesetze sind binnen einem Jahr zu erlassen und mit 1. September 2006 in Kraft zu setzen.

(BGBl. I Nr. 20/2006, Art. 1 Z 18)

(19) Die nachstehend genannten Bestimmungen dieses Bundesgesetzes in der Fassung des Bundesgesetzes BGBl. I Nr. 113/2006 treten wie folgt in bzw. außer Kraft:

1. § 128a Abs. 1 tritt mit Ablauf des Tages der Kundmachung im Bundesgesetzblatt in Kraft,
2. § 39 Abs. 1 tritt mit 1. September 2006 in Kraft,
3. § 1, § 3 Abs. 2 Z 2, § 6 Abs. 1 und 3, § 7 Abs. 5a und 6, § 8 lit. c, Unterabschnitt 5 samt Überschrift, § 33a samt Überschrift sowie die Überschrift des Teil C des II. Hauptstückes treten mit 1. Oktober 2007 in Kraft,
4. § 129 tritt mit Ablauf des Tages der Kundmachung im Bundesgesetzblatt außer Kraft,
5. § 3 Abs. 2 Z 3 und Abs. 5, § 8a Abs. 3a, die Überschrift des Teil C Abschnitt I des II. Hauptstückes, Teil C Abschnitt II des II. Hauptstückes (§§ 110 bis 128) sowie § 131e treten mit Ablauf des 30. September 2007 außer Kraft,
6. **(Grundsatzbestimmung)** § 4 Abs. 4, § 8a Abs. 3, § 8b Abs. 3, § 8d Abs. 3 sowie § 130 Abs. 3 treten gegenüber den Ländern mit Ablauf des Tages der Kundmachung im Bundesgesetzblatt in Kraft; die Ausführungsgesetze sind binnen einem Jahr zu erlassen und mit 1. Oktober 2007 in Kraft bzw. mit Ablauf des 30. September 2007 außer Kraft zu setzen.

(BGBl. I Nr. 113/2006, Art. 16 Z 21)

(20) **(Grundsatzbestimmung hinsichtlich des zweiten Satzes)** § 7 Abs. 6 und 7 sowie § 7a samt Überschrift dieses Bundesgesetzes in der Fassung des Bundesgesetzes BGBl. I Nr. 26/2008 treten, mit Ausnahme des § 7a Abs. 7, mit 1. Jänner 2008 in Kraft. Die Grundsatzbestimmung des § 7a Abs. 7 tritt gegenüber den Ländern mit Ablauf des Tages der Kundmachung im Bundesgesetzblatt[54]) in Kraft; die Ausführungsgesetze sind binnen einem Jahr zu erlassen und mit 1. Juli 2008 in Kraft zu setzen. Verordnungen auf Grund § 7a Abs. 1 können bereits von dem der Kundmachung im Bundesgesetzblatt folgenden Tag an erlassen werden; sie sind mit 1. September 2008 in Kraft zu setzen. *(BGBl. I Nr. 26/2008, Z 4)*

SchOG

(21) Die nachstehend genannten Bestimmungen dieses Bundesgesetzes in der Fassung des Bundesgesetzes BGBl. I Nr. 116/2008 treten wie folgt in Kraft bzw. außer Kraft:

1. § 8 lit. j und k, § 8a Abs. 1 und 2, § 8e samt Überschrift (ausgenommen Abs. 3), § 10 Abs. 3 Z 1, § 16 Abs. 1 Z 1, § 33a Abs. 2, § 43 Abs. 1a, § 56 Abs. 3, § 99 Abs. 3 und § 107 Abs. 3 treten mit 1. September 2008 in Kraft,
2. § 43 Abs. 1 tritt hinsichtlich der 1. und 2. Klassen (5. und 6. Schulstufe) mit 1. September 2008, hinsichtlich der 3. Klassen (7. Schulstufe) mit 1. September 2009 und hinsichtlich der 4. Klassen (8. Schulstufe) mit 1. September 2010 in Kraft,
3. § 37 Abs. 3, § 59 Abs. 1 und § 62a samt Überschrift treten hinsichtlich des 1. Semesters mit 1. September 2009, hinsichtlich des 2. Semesters mit 1. Februar 2010 und hinsichtlich der weiteren Semester jeweils mit 1. September und mit 1. Februar der Folgejahre semesterweise aufsteigend in Kraft,
4. § 9 Abs. 4 und § 10 Abs. 5 treten mit Ablauf des 31. August 2008 außer Kraft,
5. **(Grundsatzbestimmung)** § 8e Abs. 3, § 12 Abs. 2a und 3, § 14 Abs. 1, § 18a samt Überschrift, § 21 samt Überschrift, § 27 Abs. 1, § 31 samt Überschrift, § 33 sowie der Entfall des § 14a samt Überschrift treten gegenüber den Ländern mit Ablauf des Tages der Kundmachung im Bundesgesetzblatt in Kraft. Die Ausführungsgesetze sind binnen einem Jahr zu erlassen; sie sind hinsichtlich des § 8e Abs. 3, des § 27 Abs. 1 das Berufsvorbereitungsjahr (9. Schulstufe) betreffend und des § 33 für das Schuljahr 2008/09 und im Übrigen klassen- bzw.

---

[54]) Die Kundmachung im Bundesgesetzblatt erfolgte am 9. Jänner 2008.

schulstufenweise aufsteigend so in Kraft zu setzen, dass sie hinsichtlich der §§ 14 und 21 für die 4. Klassen (4. und 8. Schulstufe) mit 1. September 2010 und hinsichtlich des § 27 Abs. 1 für die 4. und 8. Klassen (4. und 8. Schulstufe) mit 1. September 2011 wirksam werden.
(BGBl. I Nr. 116/2008, Z 27)

(22) § 7 Abs. 7 und § 7a Abs. 4 dieses Bundesgesetzes in der Fassung des Bundesgesetzes BGBl. I Nr. 44/2009 treten mit Ablauf des Tages der Kundmachung im Bundesgesetzblatt in Kraft.[55]) *(BGBl. I Nr. 44/2009, Z 3)*

(23) Die nachstehend genannten Bestimmungen dieses Bundesgesetzes in der Fassung des Bundesgesetzes BGBl. I Nr. 44/2010 treten wie folgt in Kraft:
1. § 8e Abs. 1, § 40 Abs. 1 sowie § 63 Abs. 5 treten mit 1. September 2010 in Kraft,
2. (**Grundsatzbestimmung**) § 8e Abs. 3 erster Satz tritt mit Ablauf des Tages der Kundmachung im Bundesgesetzblatt in Kraft; die Ausführungsgesetze sind binnen einem Jahr zu erlassen und mit 1. September 2010 in Kraft zu setzen,
3. § 8a Abs. 1 und 2a, § 8b Abs. 2a, § 35 Abs. 3, § 42 Abs. 1, § 43 Abs. 1 und 2, § 53 Abs. 2, § 56 Abs. 1, § 57, § 59 Abs. 1 Z 3, § 59 Abs. 1 letzter Satz, § 61 Abs. 1 lit. a und lit. d, § 62 a, § 63a, § 66 Abs. 2, § 70 Abs. 1, § 71, § 73 Abs. 1 lit. a, b und c, § 75 Abs. 1 lit. a, b und c, § 77 Abs. 1 lit. a, b und c, § 95 Abs. 3 und 3a, § 99 Abs. 1, § 100, § 103 Abs. 3, § 107 Abs. 1, § 108 treten mit 1. September 2010 in Kraft und finden an den einzelnen in den Anwendungsbereich des Schulunterrichtsgesetzes für Berufstätige, Kollegs und Vorbereitungslehrgänge (SchUG-BKV), BGBl. I Nr. 33/1997, fallenden Schulen nach Maßgabe einer Verordnung der Bundesministerin für Unterricht, Kunst und Kultur ab dem Schuljahr 2010/11 oder ab dem Schuljahr 2011/12 Anwendung. *(BGBl. I Nr. 44/2010, Z 40 idF BGBl. I Nr. 9/2012, Art. 8)*

(BGBl. I Nr. 44/2010, Z 40 idF BGBl. I Nr. 73/2011, Art. 1 Z 5)

(24) Die nachstehend genannten Bestimmungen dieses Bundesgesetzes in der Fassung des Bundesgesetzes BGBl. I Nr. 73/2011 treten wie folgt in Kraft:
1. § 8 lit. k, l und m, § 8d Abs. 1 sowie § 42 Abs. 2a treten mit 1. September 2011 in Kraft,
2. (**Grundsatzbestimmung**) § 8d Abs. 3 sowie § 13 Abs. 2a treten gegenüber den Ländern mit Ablauf des Tages der Kundmachung im Bundesgesetzblatt in Kraft; die Ausführungsgesetze sind binnen einem Jahr zu erlassen und mit 1. September 2011 in Kraft zu setzen.

(BGBl. I Nr. 73/2011, Art. 1 Z 5)

(25) Für das Inkrafttreten der durch das Bundesgesetz BGBl. I Nr. 9/2012 geänderten oder eingefügten Bestimmungen und für das Außerkrafttreten der durch dieses Bundesgesetz entfallenen Bestimmung sowie für den Übergang zur neuen Rechtslage gilt Folgendes:
1. § 8a Abs. 1, § 18a, § 129 samt Überschrift, die Überschrift der §§ 130 und 131, die Überschrift des § 133 sowie § 133 Abs. 1 und 2 treten mit Ablauf des Tages der Kundmachung im Bundesgesetzblatt in Kraft,[56])
2. § 8 lit. c, § 8a Abs. 2a, § 28 Abs. 4, § 29 Abs. 2, § 52 Abs. 3, § 53 Abs. 2 und 4, § 55 Abs. 1, § 55a Abs. 1a, § 56 Abs. 1a, § 57 Abs. 1 und 3, § 59 Abs. 1 sowie Abs. 1 Z 2 und 3, § 61 Abs. 1 lit. a und d, § 62a, § 63a, § 66 Abs. 2, § 70 Abs. 1, § 71 Abs. 1, § 73 Abs. 1 lit. a, b und c, § 75 Abs. 1 lit. a, b und c, § 77 Abs. 1 lit. a, b und c, § 95 Abs. 3 und 3a, § 99 Abs. 1, § 100 Abs. 1, § 103 Abs. 3, § 107 Abs. 1 sowie § 108 Abs. 1 treten mit 1. September 2012 in Kraft,
3. § 132 samt Überschrift tritt mit 1. September 2013 in Kraft,
4. (**Grundsatzbestimmung**) § 24 Abs. 1, § 30 Abs. 3 und 3a, § 32 Abs. 1 und § 33 treten gegenüber den Ländern mit Ablauf des Tages der Kundmachung im Bundesgesetzblatt in Kraft; die Ausführungsgesetze sind binnen eines Jahres zu erlassen und mit 1. September 2012 in Kraft zu setzen,
5. § 6 Abs. 2 tritt hinsichtlich der 10. Schulstufen von zumindest dreijährigen mittleren und höheren Schulen mit 1. September 2017 und hinsichtlich der weiteren Schulstufen dieser Schularten jeweils mit 1. September der Folgejahre schulstufenweise aufsteigend in Kraft,
6. *entfallen (BGBl. I Nr. 138/2017, Art. 9 Z 52)*
7. § 132a tritt mit Ablauf des Tages der Kundmachung im Bundesgesetzblatt außer Kraft.

Verordnungen auf Grund der in Z 1, 2, 3, 5 und 6 genannten Bestimmungen können bereits von dem der Kundmachung des Bundesgesetzes BGBl. I Nr. 9/2012 folgenden Tag an erlassen werden, Verordnungen auf Grund der in Z 5 genannten Bestimmung allerdings bis spätestens zum Ablauf des 31. August 2016; sie treten frühestens mit den in Z 1, 2, 3 und 6 genannten Zeitpunkten bzw. mit den in

[55]) Die Kundmachung im Bundesgesetzblatt erfolgte am 22. Mai 2009.

[56]) Die Kundmachung im Bundesgesetzblatt erfolgte am 14. Februar 2012.

Z 5 genannten Zeitpunkten in Kraft. *(BGBl. I Nr. 9/2012, Art. 1 Z 39)*

(26) Die nachstehend genannten Bestimmungen dieses Bundesgesetzes in der Fassung des Bundesgesetzes BGBl. I Nr. 36/2012 treten wie folgt in Kraft:

1. § 3 Abs. 4 Z 2 und 2a, § 3 Abs. 6 Z 1, § 7 Abs. 7, § 7a samt Überschrift, § 8 lit. m und o, § 8e Abs. 1 und 2 Z 2, § 10 Abs. 3, II. Hauptstück, Teil A, Abschnitt I, 2a. Unterabschnitt hinsichtlich der §§ 21a bis 21c (nach Maßgabe des § 130a), § 22, § 23, § 33a Abs. 1, § 39 Abs. 2, § 40 Abs. 2a und 3a, § 55 Abs. 1a, § 68 Abs. 1 und Abs. 1 Z 3 und Z 4, § 97 Abs. 1a, § 105 Abs. 1a, sowie § 130a samt Überschrift treten mit 1. September 2012 in Kraft,
2. (**Grundsatzbestimmung**) § 8e Abs. 3, § 12 Abs. 2a Z 2, II. Hauptstück, Teil A, Abschnitt I, 2a. Unterabschnitt hinsichtlich der §§ 21 d bis 21 h (nach Maßgabe des § 130a), § 24 Abs. 3, § 25 Abs. 1 lit. b, Abs. 3, 4 und 6 sowie § 31 Z 2 treten gegenüber den Ländern mit Ablauf des Tages der Kundmachung im Bundesgesetzblatt in Kraft; die Ausführungsgesetze sind binnen einem Jahr zu erlassen und mit 1. September 2012 in Kraft zu setzen.

(BGBl. I Nr. 36/2012, Art. 1 Z 31)

(27) (**Grundsatzbestimmung** hinsichtlich § 8e Abs. 3) § 8e Abs. 1 in der Fassung des Bundesgesetzes BGBl. I Nr. 79/2012 tritt mit 2. September 2012 in Kraft. § 8e Abs. 3 in der Fassung des genannten Bundesgesetzes tritt gegenüber den Ländern mit Ablauf des der Kundmachung folgenden Tages in Kraft; die Ausführungsgesetze sind binnen einem Jahr zu erlassen und mit 2. September 2012 in Kraft zu setzen. *(BGBl. I Nr. 79/2012, Z 3)*

(28) (**Grundsatzbestimmung hinsichtlich des zweiten Satzes**) § 46 Abs. 1 und § 47 Abs. 3 in der Fassung des Bundesgesetzes BGBl. I Nr. 74/2013 treten mit 1. September 2013 in Kraft. § 48 Abs. 1 tritt gegenüber den Ländern mit Ablauf des Tages der Kundmachung im Bundesgesetzblatt in Kraft; die Ausführungsgesetze sind binnen einem Jahr zu erlassen und mit 1. September 2013 in Kraft zu setzen. *(BGBl. I Nr. 74/2013, Art. 1 Z 4)*

(29) § 4 Abs. 4, § 6 Abs. 3 vierter Satz, § 8a Abs. 2 zweiter Satz, § 16 Abs. 5, § 21b Abs. 4, § 29 Abs. 2, § 43 Abs. 1, § 55a Abs. 2, § 57 Abs. 1, § 68a Abs. 2, § 71 Abs. 1, § 100 Abs. 1, § 108 Abs. 1, § 128c Abs. 3 und 4, § 6 Abs. 1, § 8a Abs. 2 erster Halbsatz, § 6 Abs. 3, § 8a Abs. 2 zweiter Halbsatz, § 8b Abs. 2, § 128c Abs. 8 und § 7 Abs. 6 erster Satz in der Fassung des Bundesgesetzes BGBl. I Nr. 75/2013 treten mit 1. Jänner 2014 in Kraft. *(BGBl. I Nr. 75/2013, Art. 12 Z 5)*

(30) Die nachstehend genannten Bestimmungen in der Fassung des Bundesgesetzes BGBl. I Nr. 48/2014 treten wie folgt in bzw. außer Kraft:

1. § 5 Abs. 2 Z 2, § 6 Abs. 3, § 8c Abs. 3 Z 3, § 40 Abs. 6, § 128a Abs. 1, 3 und 5, § 128b, § 128c Abs. 3, 8 und 9 sowie § 133 Abs. 1 und 2 treten mit Ablauf des Tages der Kundmachung im Bundesgesetzblatt in Kraft; gleichzeitig tritt § 37 Abs. 4 außer Kraft,
2. § 8e Abs. 1 tritt mit 1. August 2014 in Kraft,
3. (**Verfassungsbestimmung**) § 27a samt Überschrift tritt mit 1. August 2014 in Kraft,
4. (**Grundsatzbestimmung**) § 8e Abs. 3, § 12 Abs. 3, § 14 Abs. 1, § 18a, § 21, § 21e, § 21h, § 31 und § 33 treten gegenüber den Ländern mit Ablauf des Tages der Kundmachung im Bundesgesetzblatt in Kraft; die Ausführungsgesetze sind binnen einem Jahr zu erlassen und mit 1. August 2014 in Kraft zu setzen.

(BGBl. I Nr. 48/2014, Art. 2 Z 19)

SchOG

(31) Die nachstehend genannten Bestimmungen in der Fassung des Bundesgesetzes BGBl. I Nr. 38/2015 treten wie folgt in Kraft:

1. § 2 Abs. 1 sowie § 128a Abs. 1 und 4 treten mit Ablauf des Tages der Kundmachung im Bundesgesetzblatt in Kraft,
2. § 6 Abs. 4a, § 8 lit. j sublit. aa bis cc und § 42 Abs. 2a treten mit 1. September 2015 in Kraft,
3. (**Grundsatzbestimmung**) § 13 Abs. 2a tritt gegenüber den Ländern mit Ablauf des Tages der Kundmachung im Bundesgesetzblatt in Kraft; die Ausführungsgesetze sind binnen einem Jahr zu erlassen und mit 1. September 2015 in Kraft zu setzen.

(BGBl. I Nr. 38/2015, Art. 2 Z 9)

(32) (**Grundsatzbestimmung**) § 21g Abs. 1 in der Fassung des Bundesgesetzes BGBl. I Nr. 67/2015 tritt gegenüber den Ländern mit Ablauf des Tages der Kundmachung im Bundesgesetzblatt in Kraft; die Ausführungsgesetze sind binnen einem Jahr zu erlassen und mit 1. September 2015 in Kraft zu setzen. *(BGBl. I Nr. 67/2015, Art. 1 Z 2)*

(33) (**Grundsatzbestimmung**) § 25 Abs. 2 lit. i und § 27 Abs. 1[57]) treten gegenüber den Ländern mit Ablauf des Tages der Kundmachung im Bundesgesetzblatt in Kraft; die Ausführungsgesetze sind binnen einem Jahr zu erlassen und mit 1. September 2015 in Kraft zu setzen. *(BGBl. I Nr. 104/2015, Art. 1 Z 3)*

(34) Die nachstehend genannten Bestimmungen in der Fassung des Bundesgesetzes BGBl. I Nr. 56/2016 treten wie folgt in Kraft:

1. § 8 lit. g sublit. cc, § 60 Abs. 2, § 74 Abs. 2, § 128a Abs. 4 und § 132a samt

[57]) In der Fassung BGBl. I Nr. 104/2015.

Überschrift treten mit Ablauf des Tages der Kundmachung im Bundesgesetzblatt in Kraft;[58])

2. § 1, § 3 Abs. 2 Z 1, § 8 lit. j sublit. bb und cc sowie lit. l, m, n, o und p, § 8e samt Überschrift (ausgenommen Abs. 5 und 6), § 42 Abs. 2a, § 52 Abs. 3, § 53 Abs. 4, § 55 Abs. 1, § 55a Abs. 1a, § 56 Abs. 1a und 3, § 57 Abs. 3, § 62 Abs. 2 lit. a und b, § 65 samt Überschrift, § 66 Abs. 3, § 67 lit. d, e und f, § 68 Abs. 2, § 69 Abs. 1 und 3, § 70 Abs. 2 und 3, §§ 78 bis 81 jeweils samt Überschrift und § 82 treten mit 1. September 2016 in Kraft;
3. § 62 Abs. 3 tritt mit 1. September 2017 in Kraft;
4. § 10 Abs. 2 lit. a, § 16 Abs. 1 Z 1 und § 39 Abs. 1 treten mit 1. September 2021 in Kraft;
5. (**Grundsatzbestimmung**) § 8e Abs. 5 und 6, § 11 Abs. 5, § 12 Abs. 2 und 3 sowie § 13 Abs. 2a treten gegenüber den Ländern mit Ablauf des Tages der Kundmachung im Bundesgesetzblatt in Kraft; die Ausführungsgesetze sind binnen einem Jahr zu erlassen und hinsichtlich der §§ 8e Abs. 5 und 6 sowie 13 Abs. 2a mit 1. September 2016 und hinsichtlich der §§ 11 Abs. 5 sowie 12 Abs. 2 und 3 mit 1. September 2017 in Kraft zu setzen.

Teil C des II. Hauptstückes (§§ 94 bis 109) tritt mit Ablauf des 31. August 2016 außer Kraft. *(BGBl. I Nr. 56/2016, Art. 1 Z 36)*

(35) § 41 Abs. 2, § 69 Abs. 2 und § 133 Abs. 1 in der Fassung des Bundesgesetzes BGBl. I Nr. 129/2017 treten mit 1. Oktober 2017 in Kraft. *(BGBl. I Nr. 129/2017, Art. 2 Z 2)*

(36) Für das Inkrafttreten der durch das Bildungsreformgesetz 2017, BGBl. I Nr. 138/2017, geänderten oder eingefügten Bestimmungen und das Außerkrafttreten der durch dieses Bundesgesetz entfallenen Bestimmungen sowie für den Übergang zur neuen Rechtslage gilt Folgendes:

1. § 132b samt Überschrift tritt mit Ablauf des Tages der Kundmachung im Bundesgesetzblatt in Kraft;[59])
2. § 6 Abs. 1, 1a, 1b und 3, § 7 samt Überschrift, § 130b samt Überschrift sowie § 133 Abs. 3 treten mit 1. September 2017 in Kraft;
3. (**Verfassungsbestimmung betreffend § 1 Abs. 2, § 8g Abs. 1 sowie lit. c des II. Hauptstückes Teil A Abschnitt I Unterabschnitt 3**) § 1 Abs. 1 und 2, § 8 lit. p und q, § 8a samt Überschrift, § 8b samt Überschrift, § 8e Abs. 4, 5 und 6, § 8f samt Überschrift, § 8g samt Überschrift, § 14 samt Überschrift, § 16 Abs. 1 Z 2, § 21 samt Überschrift, § 21b Abs. 1 Z 2, § 21h samt Überschrift, § 27 samt Überschrift, § 33 samt Überschrift, § 33a Abs. 3, § 39 Abs. 1a, § 43 samt Überschrift, § 51 samt Überschrift, § 52 Abs. 1, § 54 Abs. 1 lit. e und f, § 57 samt Überschrift, § 63b samt Überschrift, § 63c samt Überschrift, § 64 Abs. 2 und § 71 samt Überschrift treten mit 1. September 2018 in Kraft; § 8 lit. k, § 8e Abs. 4a, lit. c des II. Hauptstückes Teil A Abschnitt I Unterabschnitt 3 (einschließlich § 27a samt Überschrift) und § 131 Abs. 25 Z 6 treten mit Ablauf des 31. August 2018 außer Kraft;
4. § 7a Abs. 1, § 8c Abs. 7, § 12 Abs. 3, § 18a, § 21b Abs. 1 Z 1, § 21e, § 31 und § 130a Abs. 1 treten mit 1. Jänner 2019 in Kraft;
5. (**Grundsatzbestimmung**) § 8d Abs. 3 und § 49 Abs. 4 treten gegenüber den Ländern mit Ablauf des Tages der Kundmachung im Bundesgesetzblatt in Kraft. Die Ausführungsgesetze sind binnen einem Jahr zu erlassen und mit 1. Jänner 2018 in Kraft zu setzen;
6. § 131a samt Überschrift tritt mit 1. September 2020 in Kraft.

§ 8a Abs. 2 in der Fassung gemäß Z 3 ist auf Festlegungen, die gemäß diesem Bundesgesetz in der genannten Fassung zu treffen sind, bereits vor dem in Z 3 genannten Zeitpunkt anzuwenden. *(BGBl. I Nr. 138/2017, Art. 9 Z 53)*

(37) (**Grundsatzbestimmung hinsichtlich Z 6 und 9**) Für das Inkrafttreten der durch das Bundesgesetz BGBl. I Nr. 35/2018 geänderten oder eingefügten Bestimmungen und das Außerkrafttreten der durch dieses Bundesgesetz entfallenen Bestimmungen sowie für den Übergang zur neuen Rechtslage gilt Folgendes:

1. § 8e Abs. 4, § 41 Abs. 2, § 69 Abs. 2, und § 133 Abs. 1 Z 1 und 3 sowie Abs. 2 treten mit Ablauf des Tages der Kundmachung im Bundesgesetzblatt in Kraft; gleichzeitig tritt § 133 Abs. 1 Z 2 außer Kraft;[60])
2. die Überschrift des § 8h und § 8h Abs. 1 bis 5 treten mit 1. September 2018 in Kraft;
3. § 8a Abs. 2 tritt mit 1. September 2018 in Kraft und ist auf Festlegungen, die gemäß diesem Bundesgesetz in der genannten Fassung zu treffen sind, bereits vor diesem Zeitpunkt anzuwenden;
4. § 6 Abs. 2 tritt hinsichtlich der 10. und 11. Schulstufen von zumindest dreijährigen mittleren und höheren Schulen mit 1. September 2018 und hinsichtlich der weiteren Schulstufen dieser Schularten je-

[58]) Die Kundmachung im Bundesgesetzblatt erfolgte am 11. Juli 2016.

[59]) Die Kundmachung im Bundesgesetzblatt erfolgte am 15. September 2017.

[60]) Die Kundmachung im Bundesgesetzblatt erfolgte am 14. Juni 2018.

weils mit 1. September der Folgejahre schulstufenweise aufsteigend in Kraft;
5. § 6 Abs. 1 tritt mit 1. September 2019 in Kraft;
6. (**Grundsatzbestimmung**) § 8h Abs. 6 tritt gegenüber den Ländern mit Ablauf des Tages der Kundmachung im Bundesgesetzblatt in Kraft;
7. § 131a Abs. 2, 6 und 8 tritt mit 1. September 2020 in Kraft;
8. § 132a samt Überschrift und die auf der Grundlage seines Abs. 1 ergangenen Verordnungen treten mit Ablauf des 31. August 2018 außer Kraft; die in § 132a Abs. 2 Z 1 vorgesehene Rechtsfolge gilt auch für die Fälle des § 132a Abs. 2 Z 2;[61])
9. (**Grundsatzbestimmung hinsichtlich der äußeren Organisation von öffentlichen Pflichtschulen**) Im Schuljahr 2018/19 ist § 8h anzuwenden, wobei zur stufenweisen Einführung der Deutschförderklassen und der Deutschförderkurse davon abweichend Folgendes gilt:
   a) Alle wegen mangelnder Kenntnis der Unterrichtssprache als außerordentliche Schüler aufgenommene Schüler sind gemäß § 8h Abs. 2 in Deutschförderklassen zu unterrichten,
   b) die Feststellung der Kenntnisse der Unterrichtssprache hat durch den Schulleiter zu erfolgen,
   c) der Unterricht in den Deutschförderklassen hat gemäß der am Schulstandort autonom vom Schulleiter zu treffenden Entscheidung nach dem Lehrplan-Zusatz „für Schülerinnen und Schüler mit nichtdeutscher Muttersprache“ oder nach einem bereits verordneten Lehrplan für die Deutschförderklasse zu erfolgen.

(BGBl. I Nr. 35/2018, Art. 1 Z 7)

(38) Für das Inkrafttreten der durch das Bundesgesetz BGBl. I Nr. 101/2018 geänderten oder eingefügten Bestimmungen und das Außerkrafttreten der durch dieses Bundesgesetz entfallenen Bestimmungen gilt Folgendes:
1. Der Schlussteil des § 31, § 128a Abs. 1 sowie § 130c samt Überschrift treten mit Ablauf des Tages der Kundmachung im Bundesgesetzblatt in Kraft,[62])
2. § 3 Abs. 4 Z 2 (in der Fassung der Z 1) und Abs. 6 Z 1 (in der Fassung der Z 3), § 8 lit. g sublit. cc sowie lit. p, § 10 Abs. 3, § 22, § 23 Abs. 1 und 2[63]), § 33a Abs. 1, § 39 Abs. 2 sowie § 130d samt Überschrift treten mit 1. September 2019 in Kraft; gleichzeitig treten § 3 Abs. 4 Z 2[64]) und der 2. Unterabschnitt im II. Hauptstück Teil A Abschnitt I außer Kraft,
3. (**Grundsatzbestimmung**) § 12 Abs. 2a Z 2, § 24 Abs. 3, § 25 Abs. 1 lit. b sowie Abs. 3, 4 und 6, § 26 sowie § 31 Z 2 treten gegenüber den Ländern mit Ablauf des Tages der Kundmachung im Bundesgesetzblatt in Kraft; die Ausführungsgesetze sind innerhalb eines Jahres zu erlassen und mit 1. September 2020 in Kraft zu setzen; abweichend davon sind die Regelungen zum Entfall der Hauptschule spätestens mit 1. September 2019 in Kraft zu setzen,
4.[65]) die Überschrift des Unterabschnittes 2a im II. Hauptstück Teil A Abschnitt I, § 3 Abs. 4 Z 2 (in der Fassung der Z 2) und Abs. 6 Z 1 (in der Fassung der Z 2), § 8 lit. o, § 8a Abs. 1 Z 5, § 21a samt Überschrift, die Überschrift betreffend § 21b, § 21b Abs. 1, 2, 3 und 4, die Überschrift betreffend § 21d, § 21e samt Überschrift, § 21f samt Überschrift, § 21g Abs. 1 und 2, § 21h, § 23 Abs. 1 und 2[66]), § 28 Abs. 2, § 40 Abs. 2 und 3, § 46 Abs. 2, § 47 Abs. 3, § 55 Abs. 1 und 1a, § 68 Abs. 1 sowie § 131a Abs. 1 treten mit 1. September 2020 in Kraft; gleichzeitig tritt § 40 Abs. 3a außer Kraft, *(BGBl. I Nr. 101/2018, Art. 1 Z 38 idF BGBl. I Nr. 86/2019, Art. 1 Z 5)*
5. (**Grundsatzbestimmung**) § 21d Abs. 1, 2, 2a, 3 und 4 und § 30 Abs. 3 erster Satz treten gegenüber den Ländern mit Ablauf des Tages der Kundmachung im Bundesgesetzblatt in Kraft; die Ausführungsgesetze sind binnen eines Jahres zu erlassen und mit 1. September 2020 in Kraft zu setzen. *(BGBl. I Nr. 101/2018, Art. 1 Z 38 idF BGBl. I Nr. 86/2019, Art. 1 Z 6)*

(BGBl. I Nr. 101/2018, Art. 1 Z 38)

(39) § 8h Abs. 3 in der Fassung des Bundesgesetzes BGBl. I Nr. 35/2019 tritt mit Ablauf des Tages der Kundmachung im Bundesgesetzblatt in Kraft.[67]) *(BGBl. I Nr. 35/2019, Art. 1 Z 2)*

(40) Die nachstehenden Bestimmungen dieses Bundesgesetzes in der Fassung des Bundesgesetzes BGBl. I Nr. 86/2019 treten wie folgt in Kraft:

SchOG

[61]) § 132a idF vor seiner Aufhebung durch BGBl. I Nr. 35/2018 siehe Kodex 18. Auflage.

[62]) Die Kundmachung im Bundesgesetzblatt erfolgte am 22. Dezember 2018.

[63]) Sollte richtig lauten: „§ 23 Abs. 1 und 2 (in der Fassung der Z 17 und 18)“.

[64]) Bei der Anordnung des Entfalls des § 3 Abs. 4 Z 2 handelt es sich um ein redaktionelles Versehen.

[65]) Bei § 21f sowie § 21g Abs. 1 und 2 handelt es sich um Grundsatzbestimmungen.

[66]) Sollte richtig lauten: „§ 23 Abs. 1 und 2 (in der Fassung der Z 12)“.

[67]) Die Kundmachung im Bundesgesetzblatt erfolgte am 24. April 2019.

1. § 132 Abs. 1 und 2 tritt mit Ablauf des Tages der Kundmachung im Bundesgesetzblatt in Kraft,[68])
2. § 28 Abs. 2 und § 29 Abs. 1 treten mit 1. September 2020 in Kraft,
3. (**Grundsatzbestimmung**) § 4 Abs. 4 tritt gegenüber den Ländern mit Ablauf des Tages der Kundmachung im Bundesgesetzblatt in Kraft,
4. (**Grundsatzbestimmung**) § 30 Abs. 3 erster Satz tritt gegenüber den Ländern mit Ablauf des Tages der Kundmachung im Bundesgesetzblatt in Kraft; die Ausführungsgesetze sind binnen eines Jahres zu erlassen und bis 1. September 2020 in Kraft zu setzen.

(BGBl. I Nr. 86/2019, Art. 1 Z 7)

(41) § 132c samt Überschrift in der Fassung des Bundesgesetzes BGBl. I Nr. 23/2020 tritt rückwirkend mit 1. März 2020 in Kraft. *(BGBl. I Nr. 23/2020, Art. 16 Z 2)*

(42) Die nachstehend genannten Bestimmungen in der Fassung des Bundesgesetzes BGBl. I Nr. 80/2020 treten wie folgt in Kraft:
1. § 128d samt Überschrift tritt mit Ablauf des Tages der Kundmachung im Bundesgesetzblatt in Kraft;[69])
2. § 79 Abs. 1 Z 1a tritt mit 1. September 2021 in Kraft.

(BGBl. I Nr. 80/2020, Art. 1 Z 2)[70])

(43) § 8 lit. h, § 39 Abs. 1, § 43 Abs. 3, § 55a Abs. 1, § 57, § 68a Abs. 1 und § 71in der Fassung des Bundesgesetzes BGBl. I Nr. 133/2020 treten mit 1. September 2021 klassen- und schulstufenweise aufsteigend in Kraft. *(BGBl. I Nr. 133/2020, Art. 1 Z 8)*

(44) § 128c Abs. 5, § 128d samt Überschrift und § 128e in der Fassung BGBl. I Nr. 19/2021 treten mit 1. Jänner 2021 in Kraft. *(BGBl. I Nr. 19/2021, Art. 1 Z 4)*

(45) Die nachstehend genannten Bestimmungen dieses Bundesgesetzes in der Fassung des Bundesgesetzes BGBl. I Nr. 170/2021 treten wie folgt in Kraft:
1. § 6 Abs. 2, § 8 lit. p, q und r, § 130b und § 132c samt Überschrift treten mit Ablauf des Tages der Kundmachung im Bundesgesetzblatt in Kraft;[71])
2. § 79 Abs. 2 tritt mit 1. September 2021 in Kraft;
3. § 79 Abs. 1 Z 1b tritt mit 1. September 2022 in Kraft;
4. § 10 Abs. 1, 2 und 3, § 21b Abs. 1, § 28 Abs. 1 sowie § 39 Abs. 1 und Abs. 1a treten mit 1. September 2023 in Kraft.

(BGBl. I Nr. 170/2021, Art. 1 Z 12)

(46) Die nachstehend genannten Bestimmungen dieses Bundesgesetzes in der Fassung des Bundesgesetzes BGBl. I Nr. 232/2021 treten wie folgt in Kraft:
1. § 8 lit. g sublit. cc und dd, § 8i samt Überschrift, § 79 Abs. 1 Z 4 und § 128b treten mit dem Ablauf des Tages der Kundmachung im Bundesgesetzblatt in Kraft;[72])
2. § 21b Abs. 1 Z 1 und 2 sowie § 39 Abs. 1 und 1a treten mit 1. September 2022 in Kraft;
3. (**Grundsatzbestimmung**) § 8i Abs. 2 tritt gegenüber den Ländern mit Ablauf des Tages der Kundmachung im Bundesgesetzblatt in Kraft; die Ausführungsgesetze sind binnen sechs Monaten zu erlassen und in Kraft zu setzen.

(BGBl. I Nr. 232/2021, Art. 1 Z 9)

(47) (**Grundsatzbestimmung hinsichtlich der äußeren Organisation öffentlicher Pflichtschulen**) Im Schuljahr 2021/22 ist § 8i anzuwenden, wobei Festlegungen, die zur Vorbereitung der Sommerschule dienen, mit dem Ablauf des Tages der Kundmachung im Bundesgesetzblatt getroffen werden können. *(BGBl. I Nr. 232/2021, Art. 1 Z 10)*

(48) § 6 Abs. 4, § 8 lit. e, § 8 lit. g sublit. aa, § 8i Abs. 1 erster Satz, § 36 Z 2, § 39 Abs. 1, § 40 Abs. 1, § 55a Abs. 3, § 57 dritter Satz, § 68a Abs. 3, § 71 dritter Satz, § 79 Abs. 1 Z 5, § 128e Abs. 4 Z 3 und § 132c in der Fassung des Bundesgesetzes BGBl. I Nr. 96/2022 treten mit dem Ablauf des Tages der Kundmachung im Bundesgesetzblatt in Kraft.[73]) *(BGBl. I Nr. 96/2022, Art. 1 Z 15)*

(49) Die nachstehend genannten Bestimmungen dieses Bundesgesetzes in der Fassung des Bundesgesetzes BGBl. I Nr. 165/2022 treten wie folgt in Kraft:
1. § 7 Abs. 9, § 10 Abs. 2 Z 3, § 21b Abs. 1 Z 1 in der Fassung der Z 3, § 21c Abs. 2, § 37 Abs. 1 und 5, § 39 Abs. 1, § 40 Abs. 6, § 54 Abs. 1 lit d, § 63 samt Überschrift, § 63a samt Überschrift, § 65, § 67 lit. f und g, § 82 Abs. 2, § 83 samt Überschrift, § 84 samt Überschrift und § 85 samt Überschrift treten mit dem Ablauf des Tages der Kundmachung im Bundesgesetzblatt in Kraft;[74])

---

[68]) Die Kundmachung im Bundesgesetzblatt erfolgte am 31. Juli 2019.

[69]) Die Kundmachung im Bundesgesetzblatt erfolgte am 24. Juli 2020.

[70]) Die Anordnung der Anfügung des Abs. 42 hätte chronologisch richtig durch Art. 1 Z 3 der Novelle BGBl. I Nr. 80/2020 erfolgen sollen.

[71]) Die Kundmachung im Bundesgesetzblatt erfolgte am 24. August 2021.

[72]) Die Kundmachung im Bundesgesetzblatt erfolgte am 30. Dezember 2021.

[73]) Die Kundmachung im Bundesgesetzblatt erfolgte am 30. Juni 2022.

[74]) Die Kundmachung im Bundesgesetzblatt erfolgte am 31. Oktober 2022.

2. § 21b Abs. 1 in der Fassung der Z 4 tritt mit 1. September 2023 in Kraft;
3. (**Grundsatzbestimmung**) § 21f tritt gegenüber den Ländern mit Ablauf des Tages der Kundmachung im Bundesgesetzblatt in Kraft. Die Ausführungsgesetze sind binnen sechs Monaten zu erlassen und mit 1. September 2023 in Kraft zu setzen.

(BGBl. I Nr. 165/2022, Art. 1 Z 19)

(50) Die nachstehend genannten Bestimmungen dieses Bundesgesetzes in der Fassung des Bundesgesetzes BGBl. I Nr. 37/2023 treten wie folgt in Kraft:

1. § 10 Abs. 1 und Abs. 2 Z 3 in der Fassung des Bundesgesetzes BGBl. I Nr. 37/2023 tritt mit 1. September 2023 in Kraft.
2. (**Grundsatzbestimmung**) § 50 Abs. 4 tritt gegenüber den Ländern mit Ablauf des Tages der Kundmachung im Bundesgesetzblatt in Kraft; die Ausführungsgesetze sind binnen sechs Monaten zu erlassen und in Kraft zu setzen.

(BGBl. I Nr. 37/2023, Art. 1 Z 3)

(51) Die nachstehend genannten Bestimmungen in der Fassung des Bundesgesetzes BGBl. I Nr. 121/2024 treten wie folgt in bzw. außer Kraft:

1. § 7 Abs. 3 und § 8c Abs. 2 treten mit dem Ablauf des Tages der Kundmachung in Kraft,[75])
2. § 130d, § 132, § 132b und § 132c samt Überschriften treten mit dem Ablauf des Tages der Kundmachung außer Kraft.

(BGBl. I Nr. 121/2024, Art. 1 Z 4)

Einrichtung von Modellregionen

§ 131a. (1) Zum Zweck der Erprobung von Maßnahmen, möglichst alle in einer Region (Modellregion) wohnhaften schulpflichtigen Kinder, unabhängig von deren sozioökonomischen/soziodemografischen Hintergründen unter denselben organisatorischen und pädagogischen Rahmenbedingungen bestmöglich zu fördern, können in den Bundesländern Modellregionen unter Beteiligung öffentlicher Mittelschulen, Unterstufen allgemein bildender höherer Schulen sowie Sonderschulen eingerichtet werden. In Modellregionen dürfen höchstens 15 Prozent aller Schülerinnen und Schüler der 5. bis 8. Schulstufe und höchstens 15 Prozent aller Standorte der jeweils oben genannten Schularten des Bundesgebietes erfasst sein. Weiters dürfen je Bundesland höchstens 5 000 Schülerinnen und Schüler der als Unterstufe der allgemein bildenden höheren Schule geführten Schulen in Modellregionen erfasst sein. *(BGBl. I Nr. 138/2017, Art. 9 Z 54 idF BGBl. I Nr. 101/2018, Art. 1 Z 39)*

(2) Der Modellregion hat ein Bildungsplan zu Grunde zu liegen, der ein Lehrpersonalressourcenkonzept, ein organisatorisches Konzept, ein pädagogisches Konzept, ein umfassendes wissenschaftliches Begleitkonzept, ein Sprachförderkonzept, ein Schulpartnerschaftskonzept sowie, unter Einbeziehung einer Vergleichsregion im Regelschulwesen, ein Evaluationskonzept zu enthalten hat. Das Lehrpersonalressourcenkonzept der Schulen der Modellregion hat sich an den für die jeweilige an der Modellregion beteiligten Schularten geltenden Grundsätzen und Parametern sowie den Maßgaben des § 8a Schulorganisationsgesetz zu orientieren. Der Bildungsplan ist durch die Bildungsdirektion zu erstellen. Die näheren Bestimmungen zur Erstellung des Bildungsplanes sind durch die Bundesministerin oder den Bundesminister für Bildung, Wissenschaft und Forschung mit Verordnung zu erlassen. Der Bildungsplan ist in den Schulen der Modellregion durch Anschlag während eines Monats kundzumachen und anschließend bei den betreffenden Schulleitungen zu hinterlegen; auf Verlangen ist Schülerinnen und Schülern sowie Erziehungsberechtigten Einsicht zu gewähren. *(BGBl. I Nr. 138/2017, Art. 9 Z 54 idF BGBl. I Nr. 35/2018, Art. 1 Z 8)*

(3) Soweit bei der Einrichtung von Modellregionen die äußere Organisation von öffentlichen Pflichtschulen, die in die Zuständigkeit der Länder fällt, berührt wird, bedarf es einer vorherigen Vereinbarung zwischen dem Bund und dem betreffenden Bundesland. Vor der Einrichtung der Modellregion sind die Schulforen bzw. Schulgemeinschaftsausschüsse bzw. Schulclusterbeiräte zu hören.

(4) Die Erziehungsberechtigten aller Schülerinnen und Schüler sowie die Lehrerinnen und Lehrer der für die Einbeziehung in eine Modellregion geplanten Schulen sind durch die zuständige Bildungsdirektion über die beabsichtigte Einrichtung einer Modellregion schriftlich zu informieren.

(5) Eine Schule darf nur dann in eine Modellregion einbezogen werden, wenn die Erziehungsberechtigten der Schülerinnen und Schüler sowie die Lehrerinnen und Lehrer der betreffenden Schule der Einbeziehung jeweils mit der einfachen Mehrheit der abgegebenen gültigen Stimmen zustimmen. Damit der Beschluss Gültigkeit hat, müssen die Erziehungsberechtigten von mehr als einem Drittel der Schülerinnen und Schüler zugestimmt haben sowie mindestens zwei Drittel der Lehrerinnen und Lehrer an der Beschlussfassung teilgenommen haben. Die Beschlussfassung der Lehrerinnen und Lehrer hat im Rahmen einer Lehrerkonferenz (Schulkonferenz) gemäß § 57 des Schulunterrichtsgesetzes zu erfolgen.

[75]) Die Kundmachung im Bundesgesetzblatt erfolgte am 22. Juli 2024.

(6) Die Einrichtung erfolgt durch die Bundesministerin oder den Bundesminister für Bildung, Wissenschaft und Forschung auf Antrag der Bildungsdirektion und hat alle Klassen der 5. bis 8. Schulstufe der Schulen in der Modellregion zu umfassen. Die Einführung erfolgt in der jeweiligen Modellregion jahrgangsmäßig aufsteigend, beginnend mit der 5. Schulstufe. *(BGBl. I Nr. 138/2017, Art. 9 Z 54 idF BGBl. I Nr. 35/2018, Art. 1 Z 8)*

(7) Die Einbeziehung von Privatschulen mit gesetzlich geregelter Schulartbezeichnung in eine Modellregion ist auf Antrag des Schulerhalters möglich.

(8) Eine Evaluierung der jeweiligen Modellregion hat laufend, jedenfalls aber im siebten des auf die Einrichtung der Modellregion folgenden Schuljahres durch eine vom zuständigen Regierungsmitglied einzurichtende Evaluierungskommission zu erfolgen. Die Evaluierungskommission ist in Ausübung ihrer Tätigkeit selbständig, unabhängig und an keine Weisungen gebunden. Als Mitglieder der Evaluierungskommission sind je zwei Expertinnen bzw. Experten aus den Verwaltungsbereichen „Bildung" sowie „Wissenschaft und Forschung" des Bundesministeriums für Bildung, Wissenschaft und Forschung durch die Bundesministerin oder den Bundesminister für Bildung, Wissenschaft und Forschung zu bestellen. Die Evaluierungskommission hat einen Evaluierungsbericht zu erstellen, der sodann vom zuständigen Regierungsmitglied als Bericht dem Nationalrat vorzulegen ist. *(BGBl. I Nr. 138/2017, Art. 9 Z 54 idF BGBl. I Nr. 35/2018, Art. 1 Z 9)*

(BGBl. I Nr. 138/2017, Art. 9 Z 54)

***§ 132.** entfallen (BGBl. I Nr. 121/2024, Art. 1 Z 3)*

***§ 132a.** entfallen (BGBl. I Nr. 35/2018, Art. 1 Z 10)*

***§ 132b.** entfallen (BGBl. I Nr. 121/2024, Art. 1 Z 3)*

***§ 132c.** entfallen (BGBl. I Nr. 121/2024, Art. 1 Z 3)*

Vollziehung
(BGBl. I Nr. 9/2012, Art. 1 Z 42)

§ 133. (1) Mit der Vollziehung des Bundesgesetzes, soweit sie in die Zuständigkeit des Bundes fällt, ist betraut:

1. hinsichtlich der Vorbereitung und Erlassung der Verordnungen auf Grund des § 5 Abs. 2 die Bundesministerin oder der Bundesminister für Bildung, Wissenschaft und Forschung im Einvernehmen mit der Bundesministerin oder dem Bundesminister für Finanzen, *(BGBl. I Nr. 129/2017, Art. 2 Z 3 idF BGBl. I Nr. 35/2018, Art. 1 Z 8)*
2. *entfallen (BGBl. I Nr. 35/2018, Art. 1 Z 11)*
3. im Übrigen die Bundesministerin oder der Bundesminister für Bildung, Wissenschaft und Forschung. *(BGBl. I Nr. 129/2017, Art. 2 Z 3 idF BGBl. I Nr. 35/2018, Art. 1 Z 8)*

(BGBl. I Nr. 129/2017, Art. 2 Z 3)

(2) Mit der Wahrnehmung der dem Bund gemäß Art. 14 Abs. 8 des Bundes-Verfassungsgesetzes zustehenden Rechte ist der Bundesminister für Bildung, Wissenschaft und Forschung betraut. *(BGBl. I Nr. 77/2001, Art. 1 Z 22 idF BGBl. I Nr. 9/2012, Art. 1 Z 43, BGBl. I Nr. 48/2014, Art. 2 Z 20 und BGBl. I Nr. 35/2018, Art. 1 Z 12)*

(3) Mit der Vollziehung des § 7 Abs. 4 ist die Bundesregierung betraut. *(BGBl I Nr. 138/2017, Art. 9 Z 56)*

(BGBl. I Nr. 77/2001, Art. 1 Z 22)

Artikel V der 5. SchOG-Novelle
(BGBl. Nr. 323/1975)

Für das Bundes-Blindenerziehungsinstitut in Wien, das Bundesinstitut für Gehörlosenbildung in Wien und die Bundes-Berufsschule für Uhrmacher in Karlstein in Niederösterreich wird in Abweichung vom II. Hauptstück Teil A Abschnitt I Z. 3 lit. b und Teil B Abschnitt I lit. b des Schulorganisationsgesetzes als unmittelbar anzuwendendes Bundesrecht bestimmt:

1. Für das Bundes-Blindenerziehungsinstitut und das Bundesinstitut für Gehörlosenbildung in Wien:
   a) Das Bundes-Blindenerziehungsinstitut in Wien ist eine Sonderschule für blinde Kinder, das Bundesinstitut für Gehörlosenbildung in Wien eine Sonderschule für Gehörlose. Diesen Sonderschulen können auch Klassen für mehrfach behinderte Kinder angeschlossen werden. *(BGBl. Nr. 323/1975, Art. V idF BGBl. Nr. 142/1980, Art. IV)*
   b) Diese Sonderschulen umfassen 8 Schulstufen; der Anschluß der 9. Schulstufe in der Form der Polytechnischen Schule oder eines Berufsvorbereitungsjahres ist möglich. Die Einteilung in Klassen hat sich nach dem Alter und der Bildungsfähigkeit der Schüler zu richten. Insoweit der Unterricht nach dem Lehrplan der Volksschule oder der Mittelschule oder der Polytechnischen Schule erfolgt, hat jeder Schulstufe eine Klasse zu entsprechen. Sofern hiefür nicht genügend Schüler zur Verfügung stehen, kann der Unterricht nach dem Lehrplan der Volksschule für mehrere Schulstufen jeweils in einer Klasse erfolgen; wird der Unterricht für mehrere

Schulstufen in einer Klasse zusammengefaßt, so sind solche Klassen in Abteilungen zu gliedern, wobei eine Abteilung eine oder mehrere – in der Regel aufeinanderfolgende – Schulstufen zu umfassen hat. *(BGBl. Nr. 271/1985, Art. III Z 1 und BGBl. I Nr. 101/2018, Art. 2 Z 1, 2 und 3)*

c) Der Unterricht nachdem Lehrplan der Mittelschule und der Polytechnischen Schule ist durch Fachlehrer, der übrige Unterricht – abgesehen von einzelnen Unterrichtsgegenständen und einzelnen Unterrichtsstunden – durch einen Klassenlehrer zu erteilen. Vorschriften des Lehrerdienstrechtes, bei Religionslehrern auch jene des Religionsunterrichtsrechtes, werden hiedurch nicht berührt. *(BGBl. Nr. 323/1975, Art. V idF BGBl. I Nr. 101/2018, Art. 2 Z 2 und 3)*

d) Für das Bundes-Blindenerziehungsinstitut und das Bundesinstitut für Gehörlosenbildung in Wien sind je eine Leiter und die erforderlichen weiteren Lehrer zu bestellen. *(BGBl. Nr. 323/1975, Art. V idF BGBl. I Nr. 48/2014, Art. 3 Z 1)*

e) Die Zahl der Schüler in einer Klasse darf 8 nicht übersteigen. Soweit der Unterricht nach dem Lehrplan der Mittelschule oder der Polytechnischen Schule erfolgt, sind in leistungsdifferenzierten Pflichtgegenständen gemäß Leistungsniveaus Schülergruppen einzurichten, deren Zahl die Anzahl der Klassen der betreffenden Behinderungsart auf einer Schulstufe um 1 überschreiten darf. Die durchschnittliche Mindestzahl der Schüler für die Einrichtung von Schülergruppen hat der Bundesminister für Bildung und Frauen unter Bedachtnahme auf die Behinderungsart und die Anforderungen im betreffenden Pflichtgegenstand sowie die regionalen Verhältnisse durch Verordnung festzulegen. Die Höchstzahl der Schüler in einer Schülergruppe darf die Zahl 8 nicht übersteigen. *(BGBl. Nr. 271/1985, Art. III Z 2 idF BGBl. I Nr. 48/2014, Art. 3 Z 2 und BGBl. I Nr. 101/2018, Art. 2 Z 2, 3 und 4)*

f) Insoweit die Ausführungsgesetzgebung keine Trennung des Unterrichtes in Bewegung und Sport nach Geschlechtern an Sonderschulen vorsieht (§ 8b des Schulorganisationsgesetzes), kann der Leiter den gemeinsamen Unterricht von Knaben und Mädchen in Bewegung und Sport anordnen. *(BGBl. I Nr. 91/2005, Art. 2 Z 1)*

2. Für die Bundes-Berufsschule für Uhrmacher in Karlstein:

a) Die Bundes-Berufsschule für Uhrmacher umfaßt so viele Schulstufen wie es der Dauer des Lehrverhältnisses für den Lehrberuf „Uhrmacher" entspricht, wobei jeder Schulstufe, soweit es die Schülerzahl zuläßt, eine Klasse zu entsprechen hat. Bei zu geringer Schülerzahl können mehrere Schulstufen in einer Klasse zusammengefaßt werden; solche Klassen sind in Abteilungen zu gliedern, wobei eine Abteilung eine oder mehrere – in der Regel aufeinanderfolgende – Schulstufen zu umfassen hat.

b) Die Bundes-Berufsschule für Uhrmacher ist als lehrgangsmäßige Berufsschule unter Bedachtnahme auf die Lehrplanerfordernisse mit einem in jeder Schulstufe mindestens acht zusammenhängende Wochen dauernden Unterricht zu führen, wobei eine einmalige Unterbrechung eines Lehrganges zu Weihnachten und zu Ostern (ohne Anrechnung auf die Lehrgangsdauer) zulässig ist.

c) Die Leitung der Bundes-Berufsschule für Uhrmacher hat gemeinsam mit der Bundesfachschule für Uhrmacher in Karlstein zu erfolgen. Für die Berufsschule sind die erforderlichen Fachlehrer zu bestellen. Die Vorschriften des Lehrerdienstrechtes, bei Religionslehrern auch jene des Religionsunterrichtsrechtes werden hiedurch nicht berührt.

d) Die Klassenschülerzahl darf 30 nicht übersteigen und soll 20 nicht unterschreiten. § 43 Abs. 3 und 4 des Schulorganisationsgesetzes finden sinngemäß Anwendung. *(BGBl. Nr. 371/1986, Art. II Z 1)*

e) Zur Förderung der Schüler sind diese im betriebswirtschaftlichen und fachtheoretischen Unterricht in einem, zwei oder drei Pflichtgegenständen entsprechend ihrem Leistungsniveau unter Anwendung des § 8a[76]) nach Möglichkeit in Schülergruppen zusammenzufassen. *(BGBl. I Nr. 101/2018, Art. 2 Z 5)*

3. § 4 Abs. 4 und § 8a Abs. 3[77]) des Schulorganisationsgesetzes finden keine Anwendung. *(BGBl. Nr. 371/1986, Art. II Z 2)*

(BGBl. Nr. 323/1975, Art. V idF BGBl. Nr. 142/1980, Art. IV)

[76]) Sollte richtig lauten: „§ 8a des Schulorganisationsgesetzes".

[77]) Vgl. dazu § 8a Abs. 3 des Schulorganisationsgesetzes, BGBl Nr. 242/1962 idF BGBl. I Nr. 138/2017, welcher lautet:

„(3) Den einzelnen Schulen ist ein Rahmen für die einsetzbaren Lehrpersonenwochenstunden zuzuteilen, der sich jedenfalls an der Zahl der Schülerinnen und Schüler, am Bildungsangebot, am sozioökonomischen

***Artikel VI der 5. SchOG-Novelle (BGBl. Nr. 323/1975)*[78])**

entfallen (BGBl. I Nr. 101/2018, Art. 2 Z 6)

Artikel VII der 5. SchOG-Novelle (BGBl. Nr. 323/1975)

(1) Dieses Bundesgesetz tritt nach Maßgabe der folgenden Bestimmungen in Kraft:

...

(1a) Artikel V Z 1 lit. f dieses Bundesgesetzes in der Fassung des Bundesgesetzes BGBl. I Nr. 91/2005 tritt mit 1. September 2006 in Kraft. *(BGBl. I Nr. 91/2005, Art. 2 Z 2)*

(1b) Artikel V Z 1 lit. d und e sowie Z 2 lit. e in der Fassung des Bundesgesetzes BGBl. I Nr. 48/2014 treten mit Ablauf des Tages der Kundmachung im Bundesgesetzblatt in Kraft. *(BGBl. I Nr. 48/2014, Art. 3 Z 3)*

(1c) Für das Inkrafttreten der durch das Bundesgesetz BGBl. I Nr. 101/2018 geänderten oder eingefügten Bestimmungen und das Außerkrafttreten der durch dieses Bundesgesetz entfallenen Bestimmungen gilt Folgendes:

1. Artikel V Z 1 lit. b (in der Fassung der Z 1 und 2), c und e (in der Fassung der Z 2) tritt mit Ablauf des Tages der Kundmachung im Bundesgesetzblatt[79]) in Kraft, gleichzeitig tritt Artikel VI außer Kraft,
2. Artikel V Z 1 lit. b, c und e (in der Fassung der Z 3) tritt mit 1. September 2019 in Kraft,
3. Artikel V Z 1 lit. e (in der Fassung der Z 4) sowie Z 2 lit. e tritt mit 1. September 2020 in Kraft.

(BGBl. I Nr. 101/2018, Art. 2 Z 7)

...

Artikel VI der 7. SchOG-Novelle (BGBl. Nr. 365/1982)

Für die verbindliche Übung Religion auf der Vorschulstufe sind die den Pflichtgegenstand Religion in der Volksschule betreffenden Bestimmungen des Religionsunterrichtsgesetzes, BGBl. Nr. 190/1949, anzuwenden.

Artikel IV und VI der 11. SchOG-Novelle (BGBl. Nr. 327/1988 idF BGBl. I Nr. 80/2020, Art. 2)

Artikel IV

(1) Am Öffentlichen Gymnasium der Stiftung Theresianische Akademie in Wien dürfen in der 6. bis 8. Klasse eine dritte lebende Fremdsprache als Pflichtgegenstand und alternativ dazu Pflichtgegenstände, die die digitalen, naturwissenschaftlichen und technischen Kompetenzen fördern, in demselben Stundenausmaß wie die dritte lebende Fremdsprache geführt werden.[80]) *(BGBl. Nr. 327/1988 idF BGBl. I Nr. 80/2020, Art. 2 Z 1)*

...

Artikel VI

(1) Dieses Bundesgesetz tritt nach Maßgabe der folgenden Bestimmungen in Kraft:

1. ...,
2. Artikel I Z 3 bis 5 und 9 bis 19, Artikel III und Artikel IV hinsichtlich der 5. bis 7. und der 9. Schulstufe sowie des 1. und 2. Semesters der Formen für Berufstätige mit 1. September 1989, der 8. und 10. Schulstufe sowie des 3. und 4. Semesters der Formen für Berufstätige mit 1. September 1990, der 11. Schulstufe sowie des 5. und 6. Semesters mit 1. September 1991, der 12. Schulstufe sowie des 7. und 8. Semesters mit 1. September 1992 und der 13. Schulstufe sowie des 9. Semesters mit 1. September 1993 und
3. ...

...

(7) Artikel IV in der Fassung des Bundesgesetzes BGBl. I Nr. 80/2020 tritt mit 1. September 2022 in Kraft. *(BGBl. I Nr. 80/2020, Art. 2 Z 2)*

(BGBl. Nr. 327/1988)

Hintergrund und am Förderbedarf der Schülerinnen und Schüler sowie an deren im Alltag gebrauchten Sprache und an den regionalen Bedürfnissen zu orientieren hat. Für öffentliche Pflichtschulen, ausgenommen Praxisschulen sowie die in Art. V Z 1 und 2 der 5. SchOG-Novelle, BGBl. Nr. 323/1975, genannten Schulen, stehen je Bundesland die in den gemäß Art. IV des Bundesverfassungsgesetzes BGBl. Nr. 215/1962 genehmigten Dienstpostenplänen vorgesehenen Lehrpersonenplanstellen zur Verfügung. Für öffentliche Pflichtschulen gelten § 8 lit. k iVm den §§ 14, 21, 21h und 33 sowie die §§ 27 und 51, jeweils in der am 31. August 2018 geltenden Fassung, als Grundlage für die Berechnung und Zuweisung der Lehrpersonalressourcen an die Schulen. Für die übrigen öffentlichen Schulen ihres Aufsichtsbereichs ist den Bildungsdirektionen ein Kontingent an Lehrpersonenwochenstunden zur Verfügung zu stellen, bei dessen Bemessung die bestehenden gesetzlichen Grundlagen zu berücksichtigen sind. Die mit BGBl. I Nr. 138/2017 eingeführten schulautonomen Gestaltungsmöglichkeiten bei der Unterrichtsorganisation, insbesondere die Festlegung der Klassenschüler-, Eröffnungs- und Teilungszahlen, dürfen jedoch zu keiner Änderung dieser Bemessung führen. Die §§ 43, 57 und 71, jeweils in der am 31. August 2018 geltenden Fassung, gelten ebenfalls als Grundlage für die Berechnung und Zuweisung der Lehrpersonalressourcen an die Schulen."

[78]) Art. VI der 5. SchOG-Novelle hat die Sonderform des Bundesrealgymnasiums in Reutte/Tirol mit zusätzlicher Ausbildung in Metallurgie betroffen, welche nicht mehr geführt wird.

[79]) Die Kundmachung im Bundesgesetzblatt erfolgte am 22. Dezember 2018.

[80]) Mangels weiterer Absatzgliederung des Art. IV läuft die Vergabe der Absatzbezeichnung „(1)" ins Leere.

3.2. Verordnung über Beiträge für Schülerheime und ganztägige Schulformen

BGBl. Nr. 428/1994

idF der Verordnungen

BGBl. II Nr. 301/2001
BGBl. II Nr. 283/2005
BGBl. II Nr. 218/2007
BGBl. II Nr. 190/2014
BGBl. II Nr. 128/2020
BGBl. II Nr. 229/2020
BGBl. II Nr. 451/2020

Verordnung des Bundesministers für Unterricht und Kunst über Beiträge für Schülerheime und ganztägige Schulformen

Auf Grund des § 5 Abs. 2 und 3 des Schulorganisationsgesetzes, BGBl. Nr. 242/1962, zuletzt geändert durch das Bundesgesetz BGBl. Nr. 512/1993, wird im Einvernehmen mit dem Bundesminister für Finanzen verordnet:

1. Abschnitt
Allgemeine Bestimmungen

Geltungsbereich

§ 1. (1) Diese Verordnung regelt die Beiträge von Schülern, die

1. in vom Bund erhaltenen Schülerheimen (ausgenommen in Schülerheimen, die ausschließlich oder vorwiegend für Schüler an land- und forstwirtschaftlichen Schulen bestimmt sind) und *(BGBl. Nr. 428/1994 idF BGBl II Nr. 301/2001, Z 1)*
2. in vom Bund erhaltenen ganztägig geführten öffentlichen allgemeinbildenden Pflichtschulen (einschließlich der in öffentliche Pädagogische Hochschulen eingegliederten Praxisschulen gemäß § 33a Abs. 1 des Schulorganisationsgesetzes, BGBl. Nr. 242/1962) und allgemeinbildenden höheren Schulen (Unterstufe) zum Betreuungsteil sowie von Kindern, die für gemäß § 78 Abs. 3 SchOG an Bildungsanstalten für Elementarpädagogik angeschlossene Praxiskindergärten und Praxishorte *(BGBl. Nr. 428/1994 idF BGBl. II Nr. 218/2007, Z 1 und BGBl. II Nr. 451/2020, Z 1)*

angemeldet sind.

(2) Zu den Schülerheimen im Sinne des Abs. 1 Z 1 zählen insbesondere Bundeskonvikte, Tagesschulheime und offene Studiersäle (letztere jedoch nur, wenn die Betreuung der Schüler durch Bundeslehrer oder Bundeserzieher erfolgt). *(BGBl. Nr. 428/1994 idF BGBl. II Nr. 218/2007, Z 2)*

Beiträge

§ 2. Die Beiträge bestehen aus:

1. dem Betreuungsbeitrag (§ 5) für Unterbringung und Nachmittagsbetreuung an ganztägigen Schulformen und in Schülerheimen (halbintern), ausgenommen jedoch in den Lernzeiten,
2. dem Betreuungs- und Nächtigungsbeitrag (§ 7a) für die Unterbringung in Schülerheimen (vollintern) und
3. dem Verpflegungsbeitrag (§ 8).

(BGBl. II Nr. 301/2001, Z 2)

Bekanntmachung der Beiträge

§ 3. Die gemäß den folgenden Bestimmungen festgelegten Beiträge sind durch Anschlag in der Schule (Schülerheim) bekannt zu machen.

Entrichtung der Beiträge

§ 4. (1) Die Beiträge sind je Unterrichtsjahr zehnmal, und zwar jeweils innerhalb der ersten zehn Tage des Folgemonats zu entrichten. Der Beitragsberechnung kann eine monatliche Durchschnittsbetrachtung zugrunde gelegt werden. *(BGBl. Nr. 428/1994 idF BGBl. II Nr. 451/2020, Z 2)*

(2) Abweichend von Abs. 1 sind die Beiträge im ersten Monat des Schuljahres innerhalb der ersten zehn Tage nach Beginn des Schuljahres zu entrichten.

(3) Sofern das Unterrichtsjahr weniger als neun volle Monate umfaßt, sind die Beiträge je Unterrichtsjahr statt zehnmal nur in der entsprechend verringerten Anzahl zu entrichten.

(4) Im Falle einer Anmeldung während des Unterrichtsjahres sind die Beiträge nur für den verbleibenden Rest des Unterrichtsjahres zu entrichten.

(5) Im Falle einer Abmeldung vom Betreuungsteil ganztägiger Schulformen gemäß § 12a des Schulunterrichtsgesetzes, BGBl. Nr. 472/1986, in seiner jeweils geltenden Fassung entfällt der Beitrag für die noch nicht begonnenen Monate. *(BGBl. II Nr. 301/2001, Z 3)*

(6) Für Verpflegungsbeiträge können aus Gründen der Zweckmäßigkeit von Abs. 1 bis 5 abweichende Entrichtungstermine vorgesehen werden.

2. Abschnitt
Betreuungsbeitrag

Höhe des Betreuungsbeitrages

§ 5. (1) Der Betreuungsbeitrag gemäß § 2 Z 1 beträgt:

1. im Bundesinstitut für Gehörlosenbildung in Wien XIII monatlich 176 €, sofern der zu betreuende Schüler erheblich behindert im Sinne des Familienlastenausgleichsgesetzes 1967, BGBl. Nr. 376, in seiner jeweils geltenden Fassung ist, *(BGBl. II Nr. 301/2001, Z 4 idF BGBl. II Nr. 218/2007, Z 3)*
2. im Bundes-Blindenerziehungsinstitut in Wien II monatlich 176 €, sofern der zu betreuende Schüler erheblich behindert im Sinne des Familienlastenausgleichsgesetzes 1967, BGBl. Nr. 376, in seiner jeweils geltenden Fassung ist, *(BGBl. II Nr. 301/2001, Z 4 idF BGBl. II Nr. 218/2007, Z 3)*
3. in der Höheren technischen Bundeslehranstalt, Bundeshandelsakademie und Bundeshandelsschule in Wien III monatlich 176 €, sofern der zu betreuende Schüler erheblich behindert im Sinne des Familienlastenausgleichsgesetzes 1967, BGBl. Nr. 376, in seiner jeweils geltenden Fassung ist, und *(BGBl. II Nr. 301/2001, Z 4 idF BGBl. II Nr. 218/2007, Z 3)*
4. im Übrigen monatlich 88 €. *(BGBl. II Nr. 301/2001, Z 4 idF BGBl. II Nr. 218/2007, Z 4)*

(2) Im Falle eines Antrages auf Ermäßigung des Betreuungsbeitrages ist der in Abs. 1 Z 1 bis 4 genannte Betreuungsbeitrag gemäß § 6 wie folgt festzusetzen:

bei einem jährlichen Einkommen gemäß § 6 Abs. 2 €	Betreuungsbeitrag monatlich Ermäßigung in %
bis 11 222,99	100
von 11 223 bis 12 626,99	90
von 12 627 bis 13 889,99	80
von 13 890 bis 15 011,99	70
von 15 012 bis 15 993,99	60
von 15 994 bis 16 881,99	50
von 16 882 bis 17 676,99	40
von 17 677 bis 18 378,99	30
von 18 379 bis 18 986,99	20
von 18 987 bis 19 500	10

(BGBl. II Nr. 218/2007, Z 5)

(3) Für die in einem Praxiskindergarten oder einem Praxishort des Bundes aufgenommenen Kinder sind als Elternbeiträge die für öffentliche Kindergärten bzw. Horte ortsüblichen Beiträge einzuheben, wobei auch ortsübliche Ermäßigungen gewährt werden können. Diese Elternbeiträge sollen, im Falle dass im Einzugsgebiet der Praxisstätte Beiträge für Kindergärten oder Horte eingehoben werden, nicht niedriger sein als monatlich € 65,—. *(BGBl. II Nr. 451/2020, Z 3)*

(BGBl. II Nr. 301/2001, Z 4)

Ermäßigung des Betreuungsbeitrages

§ 6. (1) Ein Antrag auf Ermäßigung des Betreuungsbeitrages ist bei der Leitung des Schülerheimes oder der ganztägig geführten Schule innerhalb eines Monats nach Aufnahme einzubringen. Sofern eine Anmeldung für einen Weiterbesuch im folgenden Schuljahr nicht erforderlich ist, ist der Antrag auf Ermäßigung vor Beginn dieses Schuljahres zu stellen.

(2) Über den Antrag auf Ermäßigung des Betreuungsbeitrages hat die zuständige Schulbehörde zu entscheiden. Bei der Festlegung des ermäßigten Betreuungsbeitrages gemäß § 5 Abs. 2 gilt als jährliches Einkommen der gemäß § 12 Abs. 9 und 10 unter Bedachtnahme auf § 3 Abs. 2 bis 6 des Schülerbeihilfengesetzes 1983, BGBl.Nr. 455, in seiner jeweils geltenden Fassung, als Bemessungsgrundlage festzusetzende Betrag. Sofern die Eltern nicht in Wohngemeinschaft leben und ein Elternteil auf Grund eines Exekutionstitels gegenüber dem Schüler zur Unterhaltsleistung verpflichtet ist, bleibt das Einkommen dieses Elternteiles außer Betracht und erhöht sich die Bemessungsgrundlage um 25vH des 1 599 € übersteigenden Betrages der jährlichen Unterhaltsleistung. *(BGBl. Nr. 428/1994 idF BGBl. II Nr. 301/2001, Z 5, BGBl. II Nr. 218/2007, Z 6 und BGBl. II Nr. 190/2014, Art. 9 Z 1)*

(3) Bis zur Entscheidung über einen Antrag gemäß Abs. 1 wird die Entrichtung des Betreuungsbeitrages im ersten Schuljahr des Besuches des Schülerheimes oder des Betreuungsteiles gestundet; in den folgenden Schuljahren ist bis zur Entscheidung der Beitrag des vergangenen Schuljahres zu leisten.

(4) Tritt nach Stellung des Antrages auf Ermäßigung des Betreuungsbeitrages durch den Tod, eine schwere Erkrankung, die Pensionierung oder Arbeitslosigkeit eines leiblichen Elternteiles oder ein gleich schweres, von außen kommendes Ereignis oder durch die Änderung von gemäß § 12 Abs. 9 und 10 des Schülerbeihilfengesetzes 1983 zu berücksichtigenden Sachverhalten eine Minderung des zu berücksichtigenden Einkommens

ein, ist ein neuerlicher Antrag auf Ermäßigung zulässig. Im Falle eines Anspruches auf eine weitergehende Ermäßigung des Betreuungsbeitrages ist der geringere Beitrag für die auf den Eintritt des maßgeblichen Ereignisses folgenden Monate festzusetzen.

Betreuungsbeitrag bei tageweisem Besuch

§ 7. Sofern sich die Anmeldung zum Besuch des Betreuungsteiles ganztägiger Schulformen gemäß § 12a Abs. 1 Z 1 lit. b des Schulunterrichtsgesetzes, BGBl. Nr. 472/1986, in der derzeit geltenden Fassung, oder zur Nachmittagsbetreuung in Schülerheimen nur auf einzelne Tage einer Woche bezieht, ist der Betreuungsbeitrag gemäß § 5 in folgender Höhe zu entrichten:

Bei einer Anmeldung für	Ausmaß des Betreuungsbeitrages gemäß § 5
1 Tag	30vH
2 Tage	40vH
3 Tage	60vH
4 Tage	80vH

(BGBl. Nr. 428/1994 idF BGBl. II Nr. 283/2005, Z 1)

2a. ABSCHNITT

Betreuungs- und Nächtigungsbeitrag
(BGBl. II Nr. 301/2001, Z 6)

Höhe des Betreuungs- und Nächtigungsbeitrages

§ 7a. (1) Der Betreuungs- und Nächtigungsbeitrag gemäß § 2 Z 2 beträgt:
1. im Bundesinstitut für Gehörlosenbildung in Wien XIII monatlich 970 €, sofern der zu betreuende Schüler erheblich behindert im Sinne des Familienlastenausgleichsgesetzes 1967, BGBl. Nr. 376, in seiner jeweils geltenden Fassung ist, *(BGBl. II Nr. 301/2001, Z 6 idF BGBl. II Nr. 218/2007, Z 7)*
2. im Bundes-Blindenerziehungsinstitut in Wien II monatlich 1 188 €, sofern der zu betreuende Schüler erheblich behindert im Sinne des Familienlastenausgleichsgesetzes 1967, BGBl. Nr. 376, in seiner jeweils geltenden Fassung ist, *(BGBl. II Nr. 301/2001, Z 6 idF BGBl. II Nr. 218/2007, Z 8)*
3. in der Höheren technischen Bundeslehranstalt, Bundeshandelsakademie und Bundeshandelsschule in Wien III monatlich 501 €, sofern der zu betreuende Schüler erheblich behindert im Sinne des Familienlastenausgleichsgesetzes 1967, BGBl. Nr. 376, in seiner jeweils geltenden Fassung ist, und *(BGBl. II Nr. 301/2001, Z 6 idF BGBl. II Nr. 218/2007, Z 9)*
4. im Übrigen monatlich 202 €. *(BGBl. II Nr. 301/2001, Z 6 idF BGBl. II Nr. 218/2007, Z 10)*

(2) Der Leiter des Schülerheimes oder der Leiter der Schule kann mit Zustimmung der zuständigen Schulbehörde im Hinblick auf Besonderheiten bei der Betriebsführung des Schülerheimes einen gegenüber Abs. 1 niedrigeren oder höheren, jedoch höchstens kostendeckenden, Beitrag festsetzen. Bei der Festsetzung eines höheren Beitrages ist weiters auf die finanzielle Leistungsfähigkeit der Schüler und der Unterhaltspflichtigen Bedacht zu nehmen. *(BGBl. II Nr. 301/2001, Z 6 idF BGBl. II Nr. 190/2014, Art. 9 Z 2)*

(BGBl. II Nr. 301/2001, Z 6)

Beitrags VO
Univ.berecht VO
Freizeit-BetreuungsVO

Ermäßigung des Betreuungs- und Nächtigungsbeitrages

§ 7b. Im Fall eines Antrages auf Ermäßigung des Betreuungs- und Nächtigungsbeitrages ist dieser gemäß § 6 sowie unter Anwendung des § 5 Abs. 2 festzusetzen. Bei bescheidmäßig zuerkannter Heimbeihilfe (§ 1 Abs. 1 Z 3 und § 11 Abs. 1 des Schülerbeihilfengesetzes 1983, BGBl. Nr. 455, in seiner jeweils geltenden Fassung) ist eine Ermäßigung nur hinsichtlich des um das monatsanteilige Ausmaß der Heimbeihilfe verringerten Betreuungs- und Nächtigungsbeitrages zulässig.

(BGBl. II Nr. 301/2001, Z 6)

3. Abschnitt

Verpflegungsbeitrag
(BGBl. II Nr. 301/2001, Z 6)

Höhe des Verpflegungsbeitrages

§ 8. Der Verpflegungsbeitrag gemäß § 2 Z 3 hat die Kosten der Verpflegung einschließlich der Verabreichung zu umfassen. Der Verpflegungsbeitrag ist vom Leiter des Schülerheimes oder vom Leiter der Schule festzusetzen, wobei dieser Beitrag höchstens kostendeckend sein darf.

(BGBl. II Nr. 301/2001, Z 7)

4. Abschnitt

Schlussbestimmungen
(BGBl. II Nr. 301/2001, Z 8)

Übergangsbestimmungen

§ 8a. (1) Sofern die Beiträge gemäß § 5 Abs. 1 oder § 7a Abs. 1 Z 4 aufgrund dieser Verordnung den vorgeschriebenen Beitrag für bereits im Schuljahr 2000/2001 angemeldete Schüler um mehr als 10 vH übersteigen, ist für das Schuljahr 2001/2002 ein gegenüber dem Schuljahr 2000/2001 um 10 vH erhöhter Beitrag zu entrichten.

(2) Sofern die Beiträge gemäß § 7a Abs. 1 Z 1 bis 3 aufgrund dieser Verordnung den vorgeschriebenen Beitrag für bereits im Schuljahr 2000/2001 angemeldete Schüler um mehr als 10 vH übersteigen, ist für das Schuljahr 2001/2002 ein gegenüber dem Schuljahr 2000/2001 um 10 vH erhöhter und für das Schuljahr 2002/2003 eine gegenüber dem Schuljahr 2001/2002 und 10 vH erhöhter Beitrag zu entrichten.

(3) Für Schülerinnen und Schüler, die aufgrund der Einschränkung des Unterrichts in Schulgebäuden wegen der Corona/COVID-19-Pandemie im Schuljahr 2019/20 Leistungen, für welche Beiträge nach dieser Verordnung zu zahlen sind, überwiegend nicht in Anspruch genommen haben, sind für die Beitragsmonate April 2020 und Mai 2020 keine Beiträge zu entrichten. Der Berechnung der Beiträge für den Monat Juni 2020 sind jene Tage zugrunde zu legen, an welchen eine Schülerin oder ein Schüler bis 29. Mai 2020 zur Inanspruchnahme von Leistungen für den Monat Juni angemeldet ist. Der Beitragsberechnung kann eine monatliche Durchschnittsbetrachtung zugrunde gelegt werden. *(BGBl. II Nr. 229/2020, Z 1)*

(BGBl. II Nr. 301/2001, Z 9)

Inkrafttreten

§ **9.** (1) Diese Verordnung tritt

1. hinsichtlich der Vorschulstufe sowie der 1., 5. und 9. Schulstufe mit 1. September 1994,
2. hinsichtlich der 2., 6. und 10. Schulstufe mit 1. September 1995,
3. hinsichtlich der 3., 7. und 11. Schulstufe mit 1. September 1996,
4. hinsichtlich der 4., 8. und 12. Schulstufe mit 1. September 1997 und
5. hinsichtlich der 13. Schulstufe mit 1. September 1998

in Kraft. *(BGBl. Nr. 428/1994 idF BGBl. II Nr. 301/2001, Z 10)*

(2) § 1 Abs. 1 Z 1, § 2, § 4 Abs. 5, § 5, § 6 Abs. 2, die Abschnitte 2a und 3 (§ 7a, § 7b, § 8 samt Überschriften), die Überschrift des Abschnitts 4 sowie § 8a samt Überschrift dieser Verordnung in der Fassung der Verordnung BGBl. II Nr. 301/2001 treten mit 1. September 2001 in Kraft. *(BGBl. II Nr. 301/2001, Z 10)*

(3) § 7 dieser Verordnung in der Fassung der Verordnung BGBl. II Nr. 283/2005 tritt mit 1. September 2005 in Kraft. *(BGBl. II Nr. 283/2005, Z 2)*

(4) Die nachstehend genannten Bestimmungen dieser Verordnung in der Fassung der Verordnung BGBl. II Nr. 218/2007 treten wie folgt in Kraft:

1. § 1 Abs. 1 Z 2 hinsichtlich der Beiträge an den genannten Einrichtungen mit Ausnahme der in öffentliche Pädagogische Hochschulen eingegliederten Praxisschulen, § 1 Abs. 2, § 5 Abs. 1 Z 1, 2, 3 und 4, § 5 Abs. 2, § 6 Abs. 2 sowie § 7a Abs. 1 Z 1, 2, 3 und 4 treten mit 1. September 2007 in Kraft,
2. § 1 Abs. 1 Z 2 hinsichtlich der Beiträge an den in öffentliche Pädagogische Hochschulen eingegliederten Praxisschulen tritt mit 1. Oktober 2007 in Kraft.

(BGBl. II Nr. 218/2007, Z 11)

(5) § 6 Abs. 2 sowie § 7a Abs. 2 in der Fassung der Verordnung BGBl. II Nr. 190/2014 treten mit 1. August 2014 in Kraft. *(BGBl. II Nr. 190/2014, Art. 9 Z 3)*

(6) § 8a Abs. 3 dieser Verordnung in der Fassung BGBl. II Nr. 128/2020 tritt mit dem Ablauf des Tages der Kundmachung[1]) im Bundesgesetzblatt in Kraft. *(BGBl. II Nr. 128/2020, Z 2)*

(7) § 8a Abs. 3 in der Fassung der Verordnung BGBl. II Nr. 229/2020 tritt mit dem Ablauf des Tages der Kundmachung[2]) im Bundesgesetzblatt in Kraft. *(BGBl. II Nr. 229/2020, Z 2)*

(8) § 1 Abs. 1 Z 2, § 4 Abs. 1 und § 5 Abs. 3 dieser Verordnung in der Fassung BGBl. II Nr. 451/2020 treten mit dem Ablauf des Tages der Kundmachung[3]) im Bundesgesetzblatt in Kraft. *(BGBl. II Nr. 451/2020, Z 4)*

[1]) Die Kundmachung im Bundesgesetzblatt erfolgte am 1. April 2020.

[2]) Die Kundmachung im Bundesgesetzblatt erfolgte am 27. Mai 2020.

[3]) Die Kundmachung im Bundesgesetzblatt erfolgte am 19. Oktober 2020.

3.3. Eröffnungs- und Teilungszahlenverordnung

Hier nicht abgedruckt, siehe Kodex 23. Auflage.

3.4. Universitätsberechtigungsverordnung – UBVO 1998

BGBl. II Nr. 44/1998
idF der Verordnungen

BGBl. II Nr. 63/1999	BGBl. II Nr. 365/2002
BGBl. II Nr. 98/2004	BGBl. II Nr. 429/2004
BGBl. II Nr. 26/2008	BGBl. II Nr. 142/2010
BGBl. II Nr. 297/2012	BGBl. II Nr. 26/2017
BGBl. II Nr. 258/2018	BGBl. II Nr. 182/2019
BGBl. II Nr. 63/2023	

Verordnung des Bundesministers für Unterricht und kulturelle Angelegenheiten über die mit den Reifeprüfungen der höheren Schulen verbundenen Berechtigungen zum Besuch der Universitäten (Universitätsberechtigungsverordnung – UBVO 1998)

Auf Grund des § 41 Abs. 2, des § 69 Abs. 2, des § 83 Abs. 2, des § 98 Abs. 3[1]), des § 106 Abs. 4, des § 114 Abs. 3, des § 122 Abs. 2 und des § 131d Abs. 4 des Schulorganisationsgesetzes, BGBl. Nr. 242/1962, zuletzt geändert durch das Bundesgesetz BGBl. I Nr. 20/1998, auf Grund des Art. II der 12. Schulorganisationsgesetz-Novelle, BGBl. Nr. 467/1990, in der Fassung des Bundesgesetzes BGBl. Nr. 323/1993, sowie auf Grund des § 13 Abs. 2 des Land- und forstwirtschaftlichen Bundesschulgesetzes, BGBl. Nr. 175/1966, zuletzt geändert durch das Bundesgesetz BGBl. I Nr. 23/1998, sowie aufgrund des § 1 des Bundesgesetzes über die Berufsreifeprüfung, BGBl. I Nr. 68/1997 in der Fassung des Bundesgesetzes BGBl. I Nr. 21/1998, wird im Einvernehmen mit dem Bundesminister für Wissenschaft und Verkehr verordnet:

§ 1. Die erfolgreiche Ablegung einer Reifeprüfung einer höheren Schule oder einer Berufsreifeprüfung berechtigt zum Besuch von Universitäten und Pädagogischen Hochschulen, für welche die Reifeprüfung Voraussetzung für die Zulassung zum Studium ist, wobei jedoch gemäß den §§ 2 bis 5 die erfolgreiche Ablegung von Zusatzprüfungen zur Reifeprüfung oder zur Berufsreifeprüfung erforderlich ist.

(BGBl. II Nr. 44/1998 idF BGBl. II Nr. 98/2004, Z 1 und BGBl. II Nr. 258/2018, Z 1)

§ 2. (1) Vor der Zulassung zum Studium sind für folgende Studienrichtungen Zusatzprüfungen jedenfalls zur Berufsreifeprüfung oder zur Reifeprüfung der folgenden höheren Schulen abzulegen:

a) aus Latein:

Höhere Schule	Studienrichtung
Höhere Schulen ohne Pflichtgegenstand Latein	Alte Geschichte und Altertumskunde Klassische Archäologie, Archäologie *(BGBl. II Nr. 258/2018, Z 2)* Klassische Philologie *(BGBl. II Nr. 258/2018, Z 3)* Klassische Philologie-Latein Ägyptologie Altertumswissenschaften *(BGBl. II Nr. 258/2018, Z 4)* Lehramtsstudium im Unterrichtsfach Latein

b) aus Griechisch:

Höhere Schule	Studienrichtung
Höhere Schulen ohne Pflichtgegenstand Griechisch	Klassische Philologie-Griechisch Lehramtsstudium im Unterrichtsfach Griechisch

[1]) Die Zitierung sollte richtig lauten: „§ 98 Abs. 4“.

c) aus Darstellender Geometrie:

Höhere Schule	Studienrichtung
Höhere Schulen ohne Pflichtgegenstand Darstellende Geometrie	Lehramtsstudium im Unterrichtsfach Darstellende Geometrie

d) aus Biologie und Umweltkunde:

Höhere Schule	Studienrichtung
Höhere technische und gewerbliche Lehranstalten ohne Pflichtgegenstand Biologie bzw. Biologie in Verbindung mit anderen Unterrichtsbereichen	Erdwissenschaften Biologie Lehramtsstudium in den Unterrichtsfächern Biologie und Umweltkunde *(BGBl. II Nr. 258/2018, Z 5)* Pharmazie Humanmedizin Zahnmedizin Veterinärmedizin Biomedizin und Biotechnologie *(BGBl. II Nr. 429/2004, Z 1)* Molekulare Medizin *(BGBl. II Nr. 258/2018, Z 6)*

(2) Die Zusatzprüfung aus Latein nach Abs. 1 lit. a entfällt, wenn der Schüler Latein an einer höheren Schule im Ausmaß von mindestens zehn Wochenstunden erfolgreich abgeschlossen hat. *(BGBl. II Nr. 26/2008, Z 1)*

(3) Die Zusatzprüfung aus Griechisch nach Abs. 1 lit. b entfällt, wenn der Schüler Griechisch nach der 8. Schulstufe an einer höheren Schule im Ausmaß von mindestens zehn Wochenstunden erfolgreich besucht hat. *(BGBl. II Nr. 44/1998 idF BGBl. II Nr. 98/2004, Z 2)*

(4) Die Zusatzprüfung aus Darstellender Geometrie nach Abs. 1 lit. c entfällt, wenn der Schüler Darstellende Geometrie nach der 8. Schulstufe an einer höheren Schule im Ausmaß von mindestens vier Wochenstunden erfolgreich besucht hat.

(5) Die Zusatzprüfung aus Biologie und Umweltkunde gemäß Abs. 1 lit. d entfällt, wenn die Schülerin oder der Schüler Naturwissenschaften, Biologie oder Biologie in Verbindung mit anderen Unterrichtsbereichen nach der 8. Schulstufe an einer höheren Schule im Ausmaß von mindestens vier Wochenstunden erfolgreich besucht hat. *(BGBl. II Nr. 182/2019, Z 1)*

(6) Die Zusatzprüfung aus Biologie und Umweltkunde gemäß Abs. 1 lit. d entfällt für sämtliche Studienrichtungen, in welchen ein Aufnahme- bzw. Auswahlverfahren gemäß § 65a oder §§ 71b, c, d Universitätsgesetz, BGBl. I Nr. 120/2002, in der jeweils geltenden Fassung, vorgesehen ist, wenn das für die studienrechtlichen Angelegenheiten zuständige Organ feststellt, dass die Kenntnisse aus (angewandte) Naturwissenschaften, (angewandte) Biologie oder (angewandte) Biologie in Verbindung mit anderen Unterrichtsbereichen bereits im Aufnahmeverfahren vor der Zulassung enthalten sind. *(BGBl. II Nr. 182/2019, Z 1)*

§ 3. entfallen (BGBl. II Nr. 258/2018, Z 8)

§ 3a. entfallen (BGBl. II Nr. 258/2018, Z 8)

§ 4. (1) Vor vollständiger Ablegung der ersten Diplomprüfung bzw. für Bachelorstudien oder für Erweiterungsstudien zur Erweiterung von Lehramtsstudien auf Bachelorebene vor der Bachelorprüfung sind für folgende Studienrichtungen Zusatzprüfungen, jedenfalls zur Berufsreifeprüfung oder zur Reifeprüfung der folgenden höheren Schulen, abzulegen: *(BGBl. II Nr. 63/1999, Z 2 idF BGBl. II Nr. 365/2002, Z 1, BGBl. II Nr. 142/2010, Z 1 und BGBl. II Nr. 258/2018, Z 9)*

a) aus Latein:

Höhere Schule	Studienrichtung
Höhere Schulen ohne Pflichtgegenstand Latein	Evangelische und katholische theologische Studienrichtungen *(BGBl. II Nr. 429/2004, Z 2 idF BGBl. II Nr. 142/2010, Z 3 und BGBl. II Nr. 258/2018, Z 10)* Rechtswissenschaften *(BGBl. II Nr. 258/2018, Z 11)*

	Philosophie Geschichte Kunstgeschichte Urgeschichte und Historische Archäologie *(BGBl. II Nr. 26/2017, Z 1)* Musikwissenschaft Sprachwissenschaft Deutsche Philologie Klassische Philologie-Griechisch Anglistik und Amerikanistik Romanistik Slawistik Finno-Ugristik Byzantinistik und Neogräzistik Altsemitische Philologie und orientalische Archäologie Arabistik Turkologie Judaistik Sprachen und Kulturen des Alten Orients Pharmazie Vergleichende Literaturwissenschaft Skandinavistik Humanmedizin Zahnmedizin Veterinärmedizin Classica et Orientalia *(BGBl. II Nr. 142/2010, Z 4)* Archäologien *(BGBl. II Nr. 142/2010, Z 4)* Lehramtsstudium in den Unterrichtsfächern: Katholische Religion, Evangelische Religion, Bosnisch/Kroatisch/Serbisch, Burgenlandkroatisch/Kroatisch, *(BGBl. II Nr. 258/2018, Z 12)* Deutsch, Englisch, Französisch, Geschichte, Sozialkunde und Politische Bildung, *(BGBl. II Nr. 258/2018, Z 13)* Griechisch, Italienisch, Polnisch, *(BGBl. II Nr. 258/2018, Z 14)* Russisch, Slowakisch, *(BGBl. II Nr. 258/2018, Z 15)* Slowenisch, Spanisch, Tschechisch, Ungarisch;

b) aus Griechisch:

Höhere Schule	Studienrichtung
Höhere Schulen ohne Pflichtgegenstand Griechisch	Klassische Philologie *(BGBl. II Nr. 258/2018, Z 16)* Klassische Philologie-Latein Byzantinistik und Neogräzistik Evangelische Fachtheologie *(BGBl. II Nr. 63/1999, Z 3)* Katholische Fachtheologie *(BGBl. II Nr. 63/1999, Z 3)*

	Katholische Religionspädagogik (mit Ausnahme der Bachelorstudien Katholische Religionspädagogik und Religionspädagogik) *(BGBl. II Nr. 63/1999, Z 3 idF BGBl. II Nr. 429/2004, Z 3, BGBl. II Nr. 142/2010, Z 3 und BGBl. II Nr. 258/2018, Z 17)* Alte Geschichte und Altertumskunde *(BGBl. II Nr. 63/1999, Z 3)* Altertumswissenschaften *(BGBl. II Nr. 258/2018, Z 18)* *Ägyptologie – entfallen (BGBl. II Nr. 297/2012, Z 1)* Klassische Archäologie, Archäologie *(BGBl. II Nr. 63/1999, Z 3 idF BGBl. II Nr. 258/2018, Z 19)* *Sprachwissenschaft – Studienzweig Indogermanistik – entfallen (BGBl. II Nr. 63/1999, Z 3 idF BGBl. II Nr. 258/2018, Z 20)* Lehramtsstudium im Unterrichtsfach Latein *(BGBl. II Nr. 258/2018, Z 21)*

c) aus Darstellender Geometrie:

Höhere Schule	Studienrichtung
Allgemeinbildende höhere Schulen ohne Pflichtgegenstand Darstellende Geometrie Höhere Lehranstalt textilkaufmännischer Richtung Höhere Lehranstalt für Reproduktions- und Drucktechnik Höhere Lehranstalt für Tourismus (Höhere Lehranstalt für Fremdenverkehrsberufe) Handelsakademie Höhere Lehranstalt für wirtschaftliche Berufe Höhere land- und forstwirtschaftliche Lehranstalten (ausgenommen für Landtechnik und Forstwirtschaft) Bildungsanstalt für Sozialpädagogik Bildungsanstalt für Elementarpädagogik *(BGBl. II Nr. 26/2017, Z 2)*	Bauingenieurwesen *Wirtschaftsingenieurwesen-Bauwesen – entfallen (BGBl. II Nr. 258/2018, Z 22)* Architektur *Raumplanung und Raumordnung – entfallen (BGBl. II Nr. 365/2002, Z 2)* Maschinenbau Wirtschaftsingenieurwesen – Maschinenbau Verfahrenstechnik Vermessung und Geoinformation *(BGBl. II Nr. 98/2004, Z 3)* *Angewandte Geowissenschaften – entfallen (BGBl. II Nr. 63/2023, Z 2)* *Bergwesen – entfallen (BGBl. II Nr. 63/2023, Z 1)* *Erdölwesen – entfallen (BGBl. II Nr. 98/2004, Z 4)* *Gesteinshüttenwesen – entfallen (BGBl. II Nr. 258/2018, Z 23)* *Metallurgie – entfallen (BGBl. II Nr. 63/2023, Z 1)* *Industrielle Umweltschutz- und Verfahrenstechnik – entfallen (BGBl. II Nr. 63/2023, Z 1)* *Kunststofftechnik – entfallen (BGBl. II Nr. 63/2023, Z 1)* *Markscheidewesen – entfallen (BGBl. II Nr. 258/2018, Z 23)* Montanmaschinenbau *(BGBl. II Nr. 258/2018, Z 24)* *Petroleum Engineering – entfallen (BGBl. II Nr. 63/2023, Z 2)* *Werkstoffwissenschaft – entfallen (BGBl. II Nr. 63/2023, Z 1)* Mechatronik Industrial Design *(BGBl. II Nr. 258/2018, Z 25)*

	Recyclingtechnik *(BGBl. II Nr. 182/2019, Z 4)* Energietechnik *(BGBl. II Nr. 63/2023, Z 3)* Materialwissenschaft und Werkstofftechnologie *(BGBl. II Nr. 63/2023, Z 3)* Metallurgie und Metallkreisläufe *(BGBl. II Nr. 63/2023, Z 3)* Rohstoffingenieurwesen *(BGBl. II Nr. 63/2023, Z 3)* Umwelt- und Klimaschutztechnik *(BGBl. II Nr. 63/2023, Z 3)* *Industrielogistik – entfallen (BGBl. II Nr. 63/2023, Z 2)* *Industrielle Energietechnik – entfallen (BGBl. II Nr. 63/2023, Z 1)*

(2) Die Zusatzprüfung aus Latein nach Abs. 1 lit. a entfällt, wenn der Schüler Latein an einer höheren Schule im Ausmaß von mindestens zehn Wochenstunden erfolgreich abgeschlossen hat. *(BGBl. II Nr. 26/2008, Z 3)*

(3) Die Zusatzprüfung aus Griechisch nach Abs. 1 lit. b entfällt, wenn der Schüler Griechisch nach der 8. Schulstufe an einer höheren Schule im Ausmaß von mindestens zehn Wochenstunden erfolgreich besucht hat. *(BGBl. II Nr. 44/1998 idF BGBl. II Nr. 98/2004, Z 2)*

(4) Die Zusatzprüfung aus Darstellender Geometrie nach Abs. 1 lit. c entfällt, wenn der Schüler Darstellende Geometrie nach der 8. Schulstufe an einer höheren Schule im Ausmaß von mindestens vier Wochenstunden erfolgreich besucht hat.

§ 5. entfallen (BGBl. II Nr. 63/1999, Z 4)

§ 6. (1) Zusatzprüfungen nach den §§ 2 bis 5 sind gemäß § 41 oder § 42 des Schulunterrichtsgesetzes, BGBl. Nr. 472/1986, in der jeweils geltenden Fassung, abzulegen.

(2) Diese Zusatzprüfungen können auch in Form von Ergänzungsprüfungen an der Universität oder der Pädagogischen Hochschule abgelegt werden, die nach Inhalt und Anforderungen den Zusatzprüfungen gemäß Abs. 1 entsprechen. In diesem Rahmen können im Hinblick auf die gewählte Studienrichtung Schwerpunkte gesetzt werden. *(BGBl. II Nr. 63/1999, Z 5 idF BGBl. II Nr. 258/2018, Z 26)*

(3) Sofern gemäß § 4 Abs. 1 die Zusatzprüfung vor vollständiger Ablegung der ersten Diplomprüfung oder der Bachelorprüfung abzulegen ist, ist der Nachweis über die erfolgreiche Ablegung der Zusatzprüfung (bzw. einer Ergänzungsprüfung) vor Antritt zur letzten Teilprüfung der ersten Diplomprüfung oder der Bakkalaureatsprüfung zu erbringen. *(BGBl. II Nr. 63/1999, Z 6 idF BGBl. II Nr. 365/2002, Z 3, BGBl. II Nr. 142/2010, Z 1 und BGBl. II Nr. 258/2018, Z 27)*

(4) In den Curricula der in § 4 Abs. 1 genannten Studienrichtungen kann vorgesehen werden, dass die Zusatzprüfung als Voraussetzung für die Anmeldung zu einem bestimmten Modul oder zu einer bestimmten Lehrveranstaltung bereits vor vollständiger Ablegung der ersten Diplomprüfung oder der Bachelorprüfung abzulegen ist. *(BGBl. II Nr. 258/2018, Z 28)*

§ 7. Unter höheren Schulen im Sinne dieser Verordnung sind die öffentlichen und die mit dem Öffentlichkeitsrecht ausgestatteten höheren Schulen im Sinne des Schulorganisationsgesetzes sowie die höheren land- und forstwirtschaftlichen Lehranstalten im Sinne des Land- und forstwirtschaftlichen Bundesschulgesetzes zu verstehen.

§ 8. (1) Für Abgänger der Mittelschulen sowie der mittleren Schulen mit Reifeprüfung im Sinne der vor dem Inkrafttreten des Schulorganisationsgesetzes in Geltung gestandenen Vorschriften sowie für die Abgänger der land- und forstwirtschaftlichen Lehranstalten mit Reifeprüfung im Sinne der vor dem Inkrafttreten des Land- und forstwirtschaftlichen Bundesschulgesetzes geltenden Vorschriften ist diese Verordnung sinngemäß anzuwenden, sofern mit der Ablegung der Reifeprüfung mindestens eine Hochschulberechtigung verbunden war.

(2) Sofern in dieser Verordnung die Höhere Lehranstalt für wirtschaftliche Berufe genannt wird, ist darunter auch die seinerzeitige Höhere Lehranstalt für wirtschaftliche Frauenberufe zu verstehen.

(3) Sofern in dieser Verordnung die Höhere Lehranstalt für Land- und Ernährungswirtschaft genannt wird, ist darunter auch die Höhere Lehranstalt für Land- und Hauswirtschaft und die Höhere Lehranstalt für landwirtschaftliche Frauenberufe zu verstehen.

Übergangsregelung

§ 9. *(1) entfallen (BGBl. II Nr. 258/2018, Z 29)*

Werden Studienrichtungen kombiniert, so sind für jede der gewählten Studienrichtungen die allfälligen Voraussetzungen nach den §§ 2 bis 4 zu erfüllen. *(BGBl. II Nr. 44/1998 idF BGBl. II Nr. 63/1999, Z 7und BGBl. II Nr. 258/2018, Z 29)*

(3) entfallen (BGBl. II Nr. 63/1999, Z 8)

Inkrafttreten, Außerkrafttreten

§ 10. (1) Diese Verordnung tritt mit dem auf die Kundmachung folgenden Tag in Kraft.

(2) § 3 Abs. 1, § 4 Abs. 1, § 6 Abs. 2 und 3 sowie § 9 Abs. 2 dieser Verordnung in der Fassung der Verordnung BGBl. II Nr. 63/1999 treten mit 1. Februar 1999 in Kraft; § 5 sowie § 9 Abs. 3 dieser Verordnung treten mit Ablauf des 31. Jänner 1999 außer Kraft.

(3) § 3 Abs. 1, § 4 Abs. 1, § 4 Abs. 1 lit. C sowie § 6 Abs. 3 dieser Verordnung in der Fassung der Verordnung BGBl. II Nr. 365/2002 treten mit 1. Oktober 2002 in Kraft. *(BGBl. II Nr. 365/2002, Z 4)*

(4) § 1, § 2 Abs. 2 und 3, § 3 Abs. 2 und § 4 Abs. 1 lit. c sowie Abs. 2 und 3 dieser Verordnung in der Fassung der Verordnung BGBl. II Nr. 98/2004 treten mit Ablauf des Tages der Freigabe zur Abfrage in Kraft. *(BGBl. II Nr. 98/2004, Z 5)*

(5) § 2 Abs. 1 lit. d, § 4 Abs. 1 lit. a und § 4 Abs. 1 lit. b dieser Verordnung in der Fassung der Verordnung BGBl. II Nr. 429/2004 treten mit 1. Oktober 2004 in Kraft. *(BGBl. II Nr. 429/2004, Z 3)*

(6) § 2 Abs. 2, § 3 Abs. 2 und § 4 Abs. 2 dieser Verordnung in der Fassung der Verordnung BGBl. II Nr. 26/2008 treten mit Ablauf des Tages der Kundmachung im Bundesgesetzblatt in Kraft.[2]) *(BGBl. II Nr. 26/2008, Z 4)*

(7) § 3 Abs. 1, § 3a, § 4 Abs. 1 und § 6 Abs. 3 dieser Verordnung in der Fassung der Verordnung BGBl. II Nr. 142/2010 treten mit Ablauf des Tages der Kundmachung im Bundesgesetzblatt in Kraft.[3]) *(BGBl. II Nr. 142/2010, Z 5)*

(8) § 4 Abs. 1 lit. b in der Fassung der Verordnung BGBl. II Nr. 297/2012 tritt mit Ablauf des Tages der Kundmachung im Bundesgesetzblatt in Kraft.[4]) *(BGBl. II Nr. 297/2012, Z 2)*

(9) § 4 Abs. 1 lit. a und c in der Fassung der Verordnung BGBl. II Nr. 26/2017 tritt mit Ablauf des Tages der Kundmachung im Bundesgesetzblatt in Kraft.[5]) *(BGBl. II Nr. 26/2017, Z 3)*

(10) Die §§ 1, 2, 4, 6 und 9 in der Fassung der Verordnung BGBl. II Nr. 258/2018 treten mit Ablauf des der Kundmachung der Verordnung im Bundesgesetzblatt folgenden Tages in Kraft; gleichzeitig treten die §§ 3 und 3a außer Kraft.[6]) *(BGBl. II Nr. 258/2018, Z 30)*

(11) § 2 Abs. 5 und 6 sowie § 4 Abs. 1 lit. c in der Fassung der Verordnung BGBl. II Nr. 182/2019 treten mit 1. Juli 2019 in Kraft. *(BGBl. II Nr. 182/2019, Z 5)*

(12) Die nachstehend genannten Bestimmungen dieser Verordnung in der Fassung der Verordnung BGBl. II Nr. 63/2023 treten wie folgt in Kraft:

1. § 4 Abs. 1 lit. c in der Fassung der Z 1 und 3 tritt mit Ablauf des Tages der Kundmachung in Kraft[7]) und findet ab dem Studienjahr 2022/23 Anwendung;
2. § 4 Abs. 1 lit. c in der Fassung der Z 2 tritt mit 1. Oktober 2023 in Kraft.

(BGBl. II Nr. 63/2023, Z 4)

(BGBl. II Nr. 63/1999, Z 9)

Außerkrafttreten

§ 11. Mit dem Inkrafttreten dieser Verordnung tritt die Verordnung BGBl. Nr. 510/1988 außer Kraft.

---

[2]) Die Kundmachung im Bundesgesetzblatt erfolgte am 23. Jänner 2008.

[3]) Die Kundmachung im Bundesgesetzblatt erfolgte am 21. Mai 2010.

[4]) Die Kundmachung im Bundesgesetzblatt erfolgte am 5. September 2012.

[5]) Die Kundmachung im Bundesgesetzblatt erfolgte am 18. Jänner 2017.

[6]) Die Kundmachung im Bundesgesetzblatt erfolgte am 27. September 2018.

[7]) Die Kundmachung im Bundesgesetzblatt erfolgte am 15. März 2023.

3.5. Schulische-Freizeit-Betreuungsverordnung 2017

BGBl. II Nr. 374/2017

Verordnung der Bundesministerin für Bildung über Qualifikationen, die zur Ausübung von Erziehungstätigkeiten im Rahmen der Freizeit an ganztägigen Schulformen befähigen (Schulische-Freizeit-Betreuungsverordnung 2017)

Auf Grund des § 8 lit. j sublit. cc des Schulorganisationsgesetzes, BGBl. Nr. 242/1962, zuletzt geändert durch das Bundesgesetz BGBl. I Nr. 138/2017, wird verordnet:

1. Abschnitt
Allgemeine Bestimmungen

Qualifikationen, die zur Ausübung von Erziehungstätigkeiten im Rahmen der Freizeit an ganztägigen Schulformen befähigen

§ 1. (1) Die Befähigung zur Ausübung von Erziehungstätigkeiten im Rahmen der Freizeit an ganztägigen Schulformen erfordert den Nachweis

1. allgemeiner Qualifikationen in den Bereichen
   a) Erste Hilfe (§ 2),
   b) Freizeitpädagogik (§ 3) und
   c) Schulrechtliche Grundlagen (§ 4) sowie
2. einer oder mehrerer besonderer Qualifikationen gemäß dem 3. Abschnitt dieser Verordnung.

(2) Personen, die den Nachweis über die Qualifikationen gemäß Abs. 1 in Verbindung mit dem 3. Abschnitt erbringen, sind zur Ausübung von Erziehungstätigkeiten im Rahmen der Freizeit an ganztägigen Schulformen befähigt.

2. Abschnitt
Allgemeine Qualifikationen

Erste Hilfe

§ 2. Der Nachweis der Qualifikation im Bereich „Erste Hilfe“ wird durch den erfolgreichen Abschluss eines den Vorgaben bekannter Rettungseinsatzorganisationen entsprechenden Erste-Hilfe-Kurses mit einer Mindestausbildungsdauer von 16 Stunden erbracht.

Freizeitpädagogik

§ 3. Der Nachweis der Qualifikation im Bereich „Freizeitpädagogik“ wird durch den erfolgreichen Abschluss eines Hochschullehrganges oder eines Lehrganges „Freizeitpädagogische Grundlagen“ an einer öffentlichen oder anerkannten privaten Pädagogischen Hochschule im Ausmaß von mindestens 5 ECTS-Anrechnungspunkten erbracht.

Schulrechtliche Grundlagen

§ 4. Der Nachweis der Qualifikation im Bereich „Schulrechtliche Grundlagen“ wird durch den erfolgreichen Abschluss eines Hochschullehrganges oder eines Lehrganges „Schulrechtliche Grundlagen“ an einer öffentlichen oder anerkannten privaten Pädagogischen Hochschule im Ausmaß von mindestens 5 ECTS-Anrechnungspunkten erbracht.

3. Abschnitt
Besondere Qualifikationen

Sport

§ 5. Besondere Qualifikationen im Bereich „Sport“ sind:

1. Bachelorstudium Lehramt im Unterrichtsfach „Bewegung und Sport“ oder Bachelorstudium „Sport- und Bewegungswissenschaften“: Absolvierte Module im Ausmaß von mindestens 30 ECTS-Anrechnungspunkten;
2. Lehrgang zur Ausbildung von Instruktorinnen und Instruktoren, Trainerinnen und Trainern sowie Lehrerinnen und Lehrern an der Bundessportakademie: Absolvierte Mindestausbildungsdauer 200 Stunden;
3. der erfolgreiche Abschluss einer Schule mit sportlichem Schwerpunkt sowie zusätzlich die Absolvierung eines Lehrganges zur Ausbildung von Instruktorinnen und Instruktoren, Trainerinnen und Trainern sowie Lehrerinnen und Lehrern an der Bundessportakademie im Ausmaß von mindestens 150 Stunden.

Musik

§ 6. Besondere Qualifikationen im Bereich „Musik“ sind:

1. Bachelorstudium Lehramt für die einschlägigen Unterrichtsgegenstände in den Bereichen Musik und Instrumentalunterricht: Absolvierte Module aus den künstlerisch-praktischen und pädagogisch-didaktischen Bereichen im Ausmaß von mindestens 30 ECTS-Anrechnungspunkten;

2. Bachelorstudium an Kunstuniversitäten oder Ausbildungen an Konservatorien im Sinne der Verordnung über die Studienförderung für Studierende an Konservatorien, BGBl. II Nr. 390/2004, jeweils in den Bereichen Instrumental- und Gesangspädagogik (IGP), Elementare Musikpädagogik (EMP), Elementare Musik- und Tanzpädagogik, Zeitgenössische Tanzpädagogik sowie Musik- und Bewegungspädagogik/Rhythmik: Absolvierte Module aus den künstlerisch-praktischen und pädagogisch-didaktischen Bereichen im Ausmaß von mindestens 30 ECTS-Anrechnungspunkten bzw. in einem mindestens 30 ECTS-Anrechnungspunkten entsprechenden Ausmaß;
3. der erfolgreiche Abschluss einer allgemeinbildenden höheren Schule unter besonderer Berücksichtigung der musischen Ausbildung mit Klausurarbeit im Prüfungsgebiet „Musikkunde“ oder „Musikerziehung“ sowie
   a) die Absolvierung von Modulen aus Z 2 im Ausmaß von mindestens 15 ECTS-Anrechnungspunkten oder
   b) die Absolvierung von Modulen eines Universitätslehrganges in den Bereichen Elementare Musikpädagogik oder Elementare Musik- und Bewegungserziehung im Ausmaß von mindestens 15 ECTS-Anrechnungspunkten.

Kreative Gestaltung

§ 7. Besondere Qualifikationen im Bereich „Kreative Gestaltung“ sind:

1. Bachelorstudium Lehramt für die einschlägigen Unterrichtsgegenstände in den Bereichen Bildnerische Erziehung sowie Werken (technisches, textiles): Absolvierte Module aus den künstlerisch-praktischen und pädagogisch-didaktischen Bereichen im Ausmaß von mindestens 30 ECTS-Anrechnungspunkten;
2. der erfolgreiche Abschluss einer allgemeinbildenden höheren Schule unter besonderer Berücksichtigung der musischen Ausbildung mit schulautonomer Schwerpunktsetzung im bildnerischen Bereich mit Klausurarbeit im Prüfungsgebiet „Bildnerische Erziehung“ sowie die Absolvierung von Modulen aus Z 1 im Ausmaß von mindestens15 ECTS-Anrechnungspunkten.

Theater

§ 8. Besondere Qualifikationen im Bereich „Theater“ sind absolvierte Module eines Hochschullehrganges mit Mastergraduierung an einer öffentlichen oder anerkannten privaten Pädagogischen Hochschule im Bereich Theaterpädagogik im Ausmaß von mindestens 30 ECTS-Anrechnungspunkten.

Außerschulische Jugendarbeit

§ 9. Besondere Qualifikationen im Bereich „Außerschulische Jugendarbeit“ sind:

1. Der erfolgreiche Abschluss eines durch das jeweilige Landesjugendreferat und das Bundesministerium für Familien und Jugend zertifizierten Grundkurses im Bereich Außerschulische Jugendarbeit sowie die Absolvierung von zwei der drei Bereiche „Sport“, „Musik“ oder „Kunst und Kreativität“ im Ausmaß von jeweils mindestens 5 ECTS-Anrechnungspunkten eines Hochschullehrganges oder Lehrganges an einer öffentlichen oder anerkannten privaten Pädagogischen Hochschule;
2. der erfolgreiche Abschluss eines durch das jeweilige Landesjugendreferat und das Bundesministerium für Familien und Jugend zertifizierten Aufbaulehrganges im Bereich Außerschulische Jugendarbeit.

Soziales

§ 10. Besondere Qualifikationen im Bereich „Soziales“ sind:

1. Bachelorstudium an einer Fachhochschule in den Bereichen Sozialarbeit oder Soziale Arbeit: Absolvierte Module aus den Bereichen der Handlungsfelder und Methoden der Sozialarbeit im Ausmaß von mindestens 30 ECTS-Anrechnungspunkten;
2. der erfolgreiche Abschluss einer Akademie für Sozialarbeit gemäß Abschnitt IV des II. Hauptstücks, Teil B, des Schulorganisationsgesetzes, BGBl. Nr. 242/1962, in der Fassung des Bundesgesetzes BGBl. I Nr. 77/2001;
3. Masterstudium mit sozialpädagogischem Schwerpunkt an einer Universität: Absolvierte Module aus dem Bereich Sozialpädagogik im Ausmaß von mindestens 30 ECTS-Anrechnungspunkten.

4. Abschnitt

Schlussbestimmungen

Inkrafttreten

§ 11. Diese Verordnung tritt mit 1. Jänner 2018 in Kraft.

Außerkrafttreten

§ 12. Die Schulische-Freizeit-Betreuungsverordnung, BGBl. II Nr. 159/2015, tritt mit Ablauf des 31. Dezember 2017 außer Kraft.

3.6.1. Information zur Aufnahme an Schulen für Mode[1])

Die nachfolgenden Informationen sollen Aufnahmswerberinnen und -werbern sowie Erziehungsberechtigten als Entscheidungsgrundlage dienen, ob die Ausbildung an einer Schule für Mode ihren Vorstellungen entspricht.

Die berufsbildenden mittleren und höheren Schulen haben die Aufgabe, neben der Erweiterung der Allgemeinbildung jene fachliche Bildung zu vermitteln, die zur unmittelbaren Ausübung eines Berufes befähigt. Die fachtheoretischen und fachpraktischen Unterrichtsgegenstände sehen daher berufsbezogene Inhalte vor, die für die einschlägigen Berufsfelder und die Erlangung der beruflichen Berechtigungen erforderlich sind.

Die Anforderungen der Praxis hinsichtlich der Art der Fertigungsstücke und der eingesetzten Maschinen sind zu beachten. Daher müssen vor allem in jenen Unterrichtsgegenständen, in denen es um die Verarbeitung und Fertigung von Werkstücken und die fachgerechte Handhabung von Maschinen, Geräten und sonstigen erforderlichen Einrichtungen geht, die relevanten Sicherheitsbestimmungen zur Verhütung von Unfällen eingehalten werden.

Insbesondere sind Oberbekleidung (am Körper anliegend, nur knielang), Kopftücher (nach hinten gebunden) sowie Schmuck und Haar (keine langen Ketten oder große Ringe, keine langen, offenen Haare) vorschriftsgemäß zu tragen, damit sich keine Gegenstände in den Maschinen verfangen können.

Die Schülerinnen und Schüler lernen, Damen-, Herren- und/oder Kinderbekleidung aus unterschiedlichen Materialien in zeitgemäßer Verarbeitungstechnik zu fertigen. Dabei ist es u.a. notwendig Tätigkeiten, wie etwa das Maßnehmen an anderen Personen und das Maßnehmen lassen durch andere Personen, durchzuführen.

Den Schulen wird empfohlen, eine Bestätigung über die Kenntnisnahme der Aufnahmeinformation durch die Erziehungsberechtigten einzuholen. Dabei ist darauf hinzuweisen, dass die von den Erziehungsberechtigten eingeholte Unterschrift der Bewusstmachung der Entscheidung dient und nicht als Aufnahmevoraussetzung angesehen werden kann. Bei Nichtleistung der Unterschrift soll ein Aktenvermerk über die gegebene Information durch die Schulleitung erfolgen, um allfälligen späteren Einwänden entsprechend begegnen zu können.

Bei Aufnahmswerberinnen und -werbern mit Körper- oder Sinnesbeeinträchtigungen ist bereits im Rahmen des Aufnahmsverfahrens gemäß § 3 SchUG zu prüfen, ob deren Eignung für die betreffende Schulart vorliegt.

[1]) Geschäftszahl: 2022-0.778.844.

3.6.2. Informationen zum Bildungsreformgesetz 2017 sowie Informationen zur Semester- und Jahresinformation[1])

TEIL 1 – Informationen zum Bildungsreformgesetz 2017

Das am 28.6.2017 im Nationalrat beschlossene Bildungsreformgesetz 2017 steht nunmehr vor Kundmachung. Nachstehende Ausführungen sollen jene Maßnahmen, die mit 1. September 2017 in Kraft treten, darlegen sowie allfällige Auslegungsfragen beantworten.

...

6. Neuerungen in Hinblick auf Autonome Lehrpläne und Übergangslehrpläne sowie die Durchführung von Schulversuchen (§§ 6,7 und 130b SchOG, §§ 6 und 40 Luf BSchG, §§ 6 und 15a SchZG §§ 78 und 82f SchUG)

Autonome Lehrpläne und Übergangslehrpläne

Die Kompetenz zur Erlassung von Lehrplänen liegt nach wie vor bei der Bundesministerin bzw. dem Bundesminister für Bildung, die bzw. der im Zuge dessen auch zusätzliche Lehrplanbestimmungen durch die Landesschulräte bzw. den Stadtschulrat für Wien ermöglichen kann.

Insbesondere in Hinblick auf die mit der Schulautonomie einhergehende Reduzierung von Schulversuchen besteht nunmehr in Fällen, wo Lehrplanschulversuche bisher ausschließlich dazu dienten, notwendige Entwicklungen in den Lehrplänen abzubilden, die Möglichkeit, von Schulversuchen zu Gunsten standortbezogener Lehrplanverordnungen durch die Bundesministerin bzw. den Bundesminister für Bildung abzugehen. Dies betrifft primär den Berufsschulbereich, wo die Notwendigkeit einer Abstimmung zwischen betrieblicher und schulischer Ausbildung eine rasche Anpassung der Lehrpläne für den berufsschulischen Unterricht an seitens des Bundesministeriums für Wissenschaft, Forschung und Wirtschaft geänderte oder neu eingeführte Ausbildungsordnungen erfordert. In diesem Fall werden Übergangslehrpläne an jenen Berufsschulstandorten, an denen die Lehrberufe mit neuen Ausbildungsordnungen beschult werden, geführt, um Lehrlingen dieser Lehrberufe von Beginn an eine mit den neuen Ausbildungsordnungen korrespondierende berufsschulische Ausbildung bieten zu können. Neben den Berufsschullehrplänen sind aber auch andere Lehrpläne im berufsbildenden Schulwesen (BMHS) betroffen, die z. B. die Notwendigkeiten im Stand der Technik an jenen Standorten, an denen die entsprechende Fachrichtung geführt wird, berücksichtigen sollen. Diese Lehrplanverordnungen sind, angepasst an die Realisierbarkeit ihrer Umsetzung, zeitlich zu befristen.

Schulversuche

Infolge des erweiterten schulautonomen Entscheidungsbereiches, welcher sich insbesondere auch auf den Lehrplanbereich erstreckt, wurde die Erforderlichkeit von Schulversuchen erheblich reduziert. Schulversuche sind daher nur mehr außerhalb dieses schulautonomen Entscheidungsbereiches und in Fällen, in denen seitens des Bundesministeriums für Bildung tatsächlich Erprobungsbedarf im Hinblick auf eine später mögliche Überführung ins Regelschulwesen besteht, möglich.

Schulversuche sollen künftig zeitlich befristet sein, wobei diesbezüglich auf den konkreten Schulversuchsinhalt Bedacht zu nehmen ist. Die Höchstdauer ist jedenfalls mit der Zahl an Schulstufen zuzüglich zwei Schuljahre zu bemessen.

Bestehende Schulversuche enden zu dem in der Bewilligung des Schulversuches vorgesehenen Zeitpunkt, spätestens jedoch mit 31. August 2025. Bis zu diesem Zeitpunkt ist auf der Grundlage einer Evaluation des jeweiligen Schulversuches zu entscheiden, in welchem Ausmaß er in das Regelschulwesen übergeführt wird, oder ob er ohne Überführung in das Regelschulwesen endet.

In Zusammenhang mit der prozentmäßigen Begrenzung von Schulversuchen ist auf Klassen (schulartübergreifend) abzustellen, an denen Schulversuche – welchen Inhalts auch immer – durchgeführt werden und nicht auf die Zahl der Klassen, an denen ein bestimmter Schulversuch durchgeführt wird. Bei der Zählung der Klassen sind die öffentlicher Schulen und die von Privatschulen mit Öffentlichkeitsrecht zusammen zu zählen.

---

[1]) Verwaltungsverordnung der Bundesministerin für Bildung vom 30. August 2017, Zl. 10.050/0032-Präs.12/2017, RS Nr. 20/2017. Auszug betreffend Ausführungen zum SchOG.

Die Genehmigungen des Bundesministeriums für Bildung (BMB) für Schulversuche des Schuljahres 2017/18 sind weiterhin aufrecht. Für das Schuljahr 2018/19 werden wie bisher Erlässe des BMB an die zuständigen Stellen übermittelt werden, die eine Ausführung der neuen gesetzlichen Bestimmungen für Schulversuche beinhalten.

Analog zur Neuregelung der Schulversuchsbestimmung des § 7 SchOG erfolgt unter Verweis auf diese Bestimmung auch eine Neuregelung der Schulversuche nach dem SchUG. Die entsprechenden Adaptierungen wurden auch im Schulzeitgesetz 1985 (SchZG), BGBl. Nr. 77/1985 idgF, und im Land- und forstwirtschaftlichen Bundesschulgesetz (Luf BSchG), BGBl. Nr. 175/1996 idgF, vorgenommen.

...

TEIL 2 – Informationen zur Semester- und Jahresinformation (§ 18a SchUG, § 23a Abs. 3 LBVO, § 11a Abs. 2 ZFVO)

Siehe 1.12.13.

3.6.3. Schulversuche Grundsatzerlass 2021[1])

Informationen zum Ansuchen und zur Durchführung von Schulversuchen inklusive Berichtslegung an öffentlichen Schulen und Privatschulen mit Öffentlichkeitsrecht

Vorbemerkungen

Zur Erprobung besonderer pädagogischer und schulorganisatorischer Maßnahmen kann an öffentlichen Schulen und Privatschulen mit Öffentlichkeitsrecht im Rahmen von Schulversuchen von Bestimmungen des Schulorganisationsgesetzes, des Schulunterrichtsgesetzes, des Schulzeitgesetzes, des Land- und forstwirtschaftlichen Bundesschulgesetzes sowie des Forstgesetzes abgewichen werden.

Mit dem Bildungsreformgesetz 2017, BGBl I Nr. 138/2017 wurde in vielen Bereichen ein schulautonomer Entscheidungsspielraum eingeführt oder dieser erweitert. Viele Maßnahmen, die bisher nur als Schulversuche möglich waren, liegen nun im schulautonomen Gestaltungsbereich. Schulversuche sind nur noch außerhalb dieses Entscheidungsbereichs zulässig (§ 7 Abs. 1 SchOG[2])).

Grundsätzlich muss zwischen **bereits bestehenden Schulversuchen** (auslaufend mit 2026/27 laut § 130b SchOG[3]) bzw. § 82f SchUG und § 15a SchZG) und **neuen Schulversuchen**, also Neuansuchen auf Basis einer Ausschreibung des BMBWF (auslaufend je nach gesetzlich festgelegter Dauer laut § 7 Abs. 3 SchOG[4]) unterschieden werden.

Der gegenständliche Grundsatzerlass regelt die Abwicklung beider Arten von Schulversuchen inklusive der Berichtslegung. Die Evaluierung neuer Schulversuche durch die Schulbehörde wird gesondert geregelt.

1. Schulversuchsansuchen/ Schulversuchsplan der Schulleitung

Alle Schulversuchsansuchen müssen jeweils im Herbst für das folgende Schuljahr **bis spätestens 31. Oktober** von den Bildungsdirektionen über die Schulversuchsdatenbank des BMBWF (https://www.schulversuche.at/) eingereicht werden.

---

[1]) Verwaltungsverordnung des Bundesministers für Bildung, Wissenschaft und Forschung vom 31. August 2021, GZ 2020-0.792.459, RS Nr. 21/2021.

[2]) § 6 Abs. 1 Luf BSchG, § 119 Abs. 4 Forstgesetz 1975.

[3]) § 40 LuF BSchG.

[4]) § 6 Abs. 3 Luf BSchG, § 119 Abs. 4 Forstgesetz 1975.

1.1. Bestehende Schulversuche (Schulversuche, die gemäß § 130b SchOG2, § 82f SchUG und § 15a SchZG 2026/27 enden)

Schulstandorte mit bestehenden Schulversuchen sind bereits in der Schulversuchsdatenbank angelegt und erhalten von schulversuche@bmbwf.gv.at Informationen über den Zugang zur Datenbank.

Das Antragsformular enthält bereits die bislang in Schulversuchsplänen beschriebenen Elemente. Die zu übermittelnden Inhalte beziehen sich auf allgemeine Angaben zum Schulstandort, formale Voraussetzungen entlang der gesetzlichen Bestimmungen, inhaltliche Angaben zum Schulversuch, qualitative und quantitative

Ziele und Wirkungen, den Bedarf und die benötigten Ressourcen zur Durchführung. Bei komplexeren Schulversuchen ist das Antragsformular durch ausführlichere Unterlagen zu ergänzen, um den Schulversuch ausreichend detailliert abbilden zu können.

1.2. Neue Schulversuche (Schulversuche auf Basis einer Ausschreibung des Bundesministeriums für Bildung, Wissenschaft und Forschung)

Neue Schulversuche werden vom Bundesministerium für Bildung, Wissenschaft und Forschung initiiert und ausgeschrieben. Von Seiten der zuständigen Schulbehörde werden entsprechend der regionalen Standortplanung Schulstandorte genannt, die für die Durchführung des ausgeschriebenen Schulversuches in Frage kommen. Durch das Bundesministerium für Bildung, Wissenschaft und Forschung erfolgt im Anschluss die Freischaltung der formal für den Schulversuch geeigneten Standorte zur Antragsstellung in der Schulversuchsdatenbank.

Neuansuchen müssen den vom Bundesministerium für Bildung, Wissenschaft und Forschung vorgegebenen, spezifischen **Schulversuchsplan** enthalten (Inhalte, Ziele, Wirkungen etc.), der von den Schulen detailgetreu umzusetzen ist. Zusätzlich sind noch schulspezifische Angaben zu machen und der Bedarf für den Schulversuch am Standort muss begründet werden.

Der Schulversuch wird für die gesamte Dauer genehmigt, wodurch jährliche Verlängerungsansuchen nicht notwendig sind. In den Folgeschuljahren, in denen ein Schulversuch geführt wird, sind jeweils die **tatsächlich im laufenden Schuljahr geführten Klassen** zu melden. Bei einer Erhöhung der **neu im Schulversuch starten-**

Beitrags VO
Univ.berecht VO
Freizeit-BetreuungsVO

den Eröffnungsklassen[5]) ist ein Ansuchen über die Datenbank zu stellen.

Alle Ansuchen werden von der zuständigen Schulaufsicht in der Datenbank mit einer Stellungnahme versehen und anschließend an das Bundesministerium für Bildung, Wissenschaft und Forschung übermittelt. Die Genehmigung oder Ablehnung eines Schulversuches erfolgt im Dienstweg außerhalb der Datenbank. Eine Nichtdurchführung eines genehmigten Schulversuchs durch eine nach der Genehmigung getroffene Entscheidung der Schule / des Schulerhalters ist im Folgejahr in der Schulversuchsdatenbank anzugeben und zu begründen.

2. Schulversuchsbericht

Für jeden Schulversuch ist jährlich ein **Schulversuchsbericht** in der Datenbank zu erstellen. Dabei wird der Erfolg des Schulversuchs anhand der im Ansuchen bzw. Schulversuchsplan formulierten Zielsetzungen und Kennzahlen gemessen. Der Bericht wird zeitgleich mit einem allfälligen Verlängerungsansuchen (bei bestehenden Schulversuchen) bzw. Nennung der geführten Klassen eines neuen Schulversuchs im Herbst des Folgeschuljahres in der Schulversuchsdatenbank übermittelt.

3. Stellungnahme der Schulaufsicht

Die zuständige Schulaufsicht gibt für jeden Schulversuch eine **Stellungnahme** in der Schulversuchsdatenbank ab. Pro Bundesland kann für gleichartige Schulversuche eine **Sammelstellungnahme** erstellt werden, die dann von allen Schulqualitätsmanager/innen für diesen Schulversuch verwendet wird.

Ein Schulversuchsansuchen muss gemeinsam mit der jeweiligen Stellungnahme der Leitung des Pädagogischen Dienstes sowie dem Schulversuchsbericht (sofern der Schulversuch bereits im letzten Jahr geführt wurde) ab dem Zeitpunkt der Öffnung der Datenbank freigegeben und spätestens bis zum **10. Oktober** übermittelt werden. Alle Ansuchen von Schulversuchen müssen spätestens bis zum **31. Oktober** in der Datenbank für das Bundesministerium für Bildung, Wissenschaft und Forschung freigegeben und übermittelt sein.

Es wird darauf hingewiesen, dass die rechtliche, formelle, finanzielle und pädagogische Bewertung und Überprüfung der Rahmenbedingungen (z.B. Ausschöpfung der Möglichkeiten im Rahmen der Schulautonomie) von Schulversuchsansuchen in die Verantwortung der zuständigen Schulbehörde fallen.

Bei Mängeln bzw. fehlerhaften Angaben ist dem Antragsteller/der Antragstellerin via Datenbank der Auftrag zur Nachbesserung zu erteilen und erst nach erfolgter Korrektur das Schulversuchsansuchen inklusive Stellungnahme an das Bundesministerium für Bildung, Wissenschaft und Forschung weiterzuleiten. Dies hat so zeitgerecht zu erfolgen, dass der zeitliche Ablauf bis **zur genannten Frist** gewahrt bleibt.

4. Allgemeine Hinweise zur Durchführung und Dauer

4.1. Die **Genehmigung für bestehende Schulversuche** wird für Klassen, die im folgenden Schuljahr den Schulversuch führen möchten, erteilt. Jedes Jahr muss also für die Klassen ein Verlängerungsansuchen gestellt werden.

Die letzte Klasse, die einen der bestehenden Schulversuches führen möchte, muss spätestens mit 31. August 2027 beendet sein (§ 130b SchOG[2])), § 82f SchUG und 15a SchZG).

Schülerinnen und Schüler jener Klassen, deren Schulversuch mit Ablauf des Schuljahres 2026/27 endet, können die Klasse nicht mehr im Schulversuch wiederholen.

An der Evaluation von Schulversuchen und einer etwaigen Überführung bestehender Schulversuche ins Regelschulwesen wird derzeit gearbeitet.

4.2. Die **Genehmigung neuer Schulversuche** gilt für die beantragten Einsteigerklassen im gesamten Schulversuch sowie für weitere Einsteigerklassen jeweils bis zu deren Abschluss je nach Dauer genehmigten Schulversuches.

Die Dauer eines solchen Schulversuches darf gemäß § 7 Abs. 3 SchOG[3]) die Zahl der Schulstufen, an der der Schulversuch an der Schule durchgeführt wird, zuzüglich zwei Schuljahre nicht übersteigen (z.B. Dauer eines Schulversuches in einer dreijährigen Fachschule wäre maximal 5 Schuljahre). Eine einmalige Verlängerung um zwei weitere Schuljahre ist zulässig und wird bedarfsbedingt vom Bundesministerium für Bildung, Wissenschaft und Forschung entschieden.

Startet ein Schulstandort in einem späteren Schuljahr als jenem, in welchen der Schulversuch erstmals gestartet wurde, so darf dieser die insgesamt für den Schulversuch vorgesehene Dauer der erstmaligen Genehmigung an einem Standort nicht übersteigen.

Die Genehmigung gilt für die ursprünglich beantragte Anzahl an Einsteigerklassen. Eine etwaige Erhöhung der Anzahl der Einsteigerklassen in einem der Folgejahre wäre per Ansuchen zu beantragen.

[5]) Zur leichteren Lesbarkeit wird im Grundsatzerlass durchgehend der Begriff Klassen benutzt. Bei einigen berufsbildenden Schularten sind damit Jahrgänge gemeint.

4.3. Bedeckung im Stellenplan bzw. im Rahmen des zugeteilten Realstundenkontingents

Alle auf Grund der gegenständlichen Richtlinie **an APS** durchzuführenden Schulversuche haben im jeweiligen genehmigten definitiven Stellenplan ihre Bedeckung zu finden. Die Genehmigung von Planstellen über die geltenden Stellenplanrichtlinien hinaus, aus Anlass der Führung von Schulversuchen, ist grundsätzlich nicht möglich. Daher ist auf die vorhandenen Ressourcen Bedacht zu nehmen. Die Vermittlung der Grundkompetenzen ist jedenfalls durch ausreichende Ressourcenbedeckung zu gewährleisten.

Im Bereich der **Bundesschulen**[6]) ist eine Überschreitung des zugeteilten Realstundenkontingents nicht zulässig.

Umschichtungen sind jedoch im Rahmen der zugeteilten Ressourcen unter Einhaltung der gesetzlichen Vorgaben möglich. Auf Kostenneutralität ist zu achten, besonders um finanzielle Auswirkungen in den Folgejahren zu berücksichtigen.

Es soll dargelegt werden, wie viele Wochenstunden über den genehmigten Stellenplan in den jeweiligen Schulversuch fließen, bzw. wie viele Wochenstunden von anderer Seite getragen werden.

4.4. Räumliche Infrastruktur, außerordentliche Dotationen und schulischer Sachaufwand

Auf Grund der nur befristeten Führung des Bildungsangebotes können für einen Schulversuch keine zusätzlichen räumlichen Ressourcen, außerordentliche Investitionen oder erhöhte Zuteilungen im schulischen Sachaufwand gewährt werden.

5. Rechtliche Grundlagen

Gemäß § 7 Abs. 1 SchOG[1]) kann die zuständige Bundesministerin oder der zuständige Bundesminister zur Erprobung besonderer pädagogischer oder schulorganisatorischer Maßnahmen Schulversuche an öffentlichen Schulen durchführen.

Gemäß § 7 Abs. 3 SchOG[3]) hat jedem Schulversuch ein Schulversuchsplan zu Grunde zu liegen, der das Ziel des Schulversuches, die Einzelheiten der Durchführung und seine Dauer in Verbindung mit § 130b SchOG[2]) bzw. § 82f SchUG und § 15a SchZG festlegt.

Gemäß § 7 Abs. 6 SchOG[7]) ist vor der Durchführung eines Schulversuches an einer Schule das Schulforum bzw. der Schulgemeinschaftsausschuss bzw. Schulclusterbeirat zu hören. Dieses gesetzlich vorgesehene Anhörungsrecht dient einerseits der verpflichtenden Information der Schulpartner, andererseits der Meinungsbildung der vom Schulversuch Betroffenen durch die Abgabe der Stellungnahme des schulpartnerschaftlichen Gremiums, hat jedoch nur beratenden Charakter.

Dies ersetzt jedoch keinesfalls die in § 7 Abs. 7 SchOG geforderte Zustimmung von mindestens zwei Dritteln der in der Schule bzw. falls der Schulversuch sich nur auf eine Klasse bezieht in der Klasse vom Schulversuch betroffenen Lehrerinnen und Lehrer, weiters auch nicht die Zustimmung der Erziehungsberechtigten von mindestens zwei Dritteln der vom Schulversuch betroffenen Schülerinnen und Schüler bzw. bei Berufsschulen die Zustimmung der Schülerinnen und Schüler anstelle der Erziehungsberechtigten[8]).

Die in den einzelnen schulgesetzlichen Bestimmungen vorgesehenen **Prozentgrenzen** sind zu beachten:

Gemäß § 7 Abs. 8 SchOG[9]) darf die Anzahl der Klassen an öffentlichen Pflichtschulen und diesen entsprechenden Privatschulen mit Öffentlichkeitsrecht, an denen Schulversuche durchgeführt werden, 5 % der Klassen an diesen Schulen **im Bundesland** nicht übersteigen.

Soweit es sich um Schulversuche an allen anderen öffentlichen und entsprechenden Privatschulen mit Öffentlichkeitsrecht handelt, darf die Anzahl der Klassen schulartenübergreifend 5 % der Klassen an diesen Schulen **im Bundesgebiet** nicht übersteigen.

Gemäß § 7 Abs. 9 SchOG[10]) ist jeder Schulversuch von der zuständigen Schulbehörde zu betreuen, zu beaufsichtigen und nach den Vorgaben der Geschäftsstelle für Qualitätsentwicklung in den Ländern zu evaluieren, wobei Einrichtungen der Lehreraus- und -fortbildung herangezogen werden können.

Auf die Gültigkeit des § 78 Schulunterrichtsgesetz sowie des § 6 Schulzeitgesetz 1985 wird verwiesen.

Das Rundschreiben Nr. 26/2018 wird mit gegenständlichem Grundsatzerlass aufgehoben.

---

[6]) Soweit die Durchführung von Schulversuchen an höheren land- und forstwirtschaftlichen Bundesschulen/der Forstfachschule des Bundes Angelegenheiten der Schulerhaltung sowie Dienstrechtsangelegenheiten der Lehrkräfte betrifft, ist vor der Durchführung der Schulversuche das Einvernehmen mit dem BMLRT herzustellen (§ 6 Abs. 5 Luf BSchG).

[7]) § 6 Abs. 6 Luf BSchG.

[8]) Diese Zustimmungspflicht gilt nicht im Bereich der höheren land- und forstwirtschaftlichen Schulen/der Forstfachschule des Bundes.

[9]) § 6 Abs. 7 Luf BSchG.

[10]) Jeder Schulversuch an höheren land- und forstwirtschaftlichen Schulen/an der Forstfachschule des Bundes ist vom BMBWF zu betreuen und zu beaufsichtigen und zu evaluieren, wobei die Hochschule für Agrar- und Umweltpädagogik Wien herangezogen werden kann (§ 6 Abs. 8 Luf BSchG).

3.6.4. Organisatorische Richtlinien für den Unterricht im Gegenstand Bewegung und Sport[1])

Der kompetenzorientierte Unterricht in Bewegung und Sport steht im Spannungsfeld zwischen bewusstem Umgang mit Risiken und der Gewährleistung von Sicherheit (siehe dazu auch RS 16/2014 i.d.g.F.). Aus diesem Grund ist bereits bei der Definition der Organisationsformen (u.a. Gruppengrößen) und Rahmenbedingungen im Unterrichtsfach Bewegung und Sport gemäß §§ 8a und 8b Schulorganisationsgesetz (SchOG) i.d.F. BGBl. I Nr. 86/2019 den Erfordernissen, die sich aus den rechtlichen Rahmenbedingungen, der Pädagogik und der Sicherheit in besonderer Weise Rechnung zu tragen.

Eine dieser rechtlichen Rahmenbedingungen ist, dass eine Befreiung vom Unterricht im Pflichtgegenstand Bewegung und Sport aus religiösen Gründen schulrechtlich nicht vorgesehen ist. Daher ist die Teilnahme am Unterricht im Pflichtgegenstand „Bewegung und Sport" bzw. am Schwimmunterricht ausnahmslos verpflichtend.

Nachfolgend werden einige dieser Organisationsformen und Rahmenbedingungen präzisiert, die zum Teil Aktualisierungen bisheriger Erlässe und Rundschreiben für den Unterricht im Gegenstand Bewegung und Sport darstellen.

I) Gruppengrößen:

Das Bildungsreformgesetz 2017(BGBl. I Nr. 138/2017 i.d.g.F.) sieht vor, dass Eröffnungs- und Teilungszahlen nicht mehr zentral vorgegeben, sondern in die Schulautonomie übertragen werden. Die Entscheidung, ab welcher Schülerzahl eine Gruppe eröffnet oder eine Klasse geteilt wird, hat die Schulleitung zu treffen. Das diesbezügliche Verfahren, unter welchen Voraussetzungen Klassen und Schülergruppen zu bilden sind, wird in § 8a Abs. 2 SchOG i.d.F. BGBl. I Nr. 86/2019 beschrieben. Diese Regelungen gelten für die Festlegung von Gruppen- und Klassengrößen in allen Schularten.

Die Festlegung der Gruppengröße im Unterricht aus Bewegung und Sport wird in besonderem Maße von der Altersstufe der Schüler/innen, dem Inhalt der sportlichen Aktivität und der Größe der Sportstätte beeinflusst. Sie hat sich zudem an den Richtlinien des Rundschreibens 16/2014 i.d.g.F (Umgang mit Risiken und Gewährleistung von Sicherheit im Unterrichtsgegenstand Bewegung und Sport, bei bewegungserziehlichen Schulveranstaltungen und im Bereich der bewegungsorientierten Freizeitgestaltung ganztägiger Schulformen) zu orientieren.

Vor dem Hintergrund von Überlegungen zur Risikoreduzierung im Unterrichtsfach Bewegung und Sport erscheint eine Obergrenze für die Gruppengröße bis zur 8. Schulstufe von maximal 25 Schülerinnen und Schülern pro Lehrperson und ab der 9. Schulstufe von maximal 30 Schülerinnen und Schülern pro Lehrperson sinnvoll. Seitens der Schulleitung ist in ihren Überlegungen abzuwägen, ob im Falle der Einrichtung größerer Gruppen Lehrpersonen im Rahmen ihrer Aufsichtspflicht auf die körperliche Sicherheit und auf die Gesundheit der Schüler/innen achten und Gefahren abwehren können (§ 51 Abs. 3 SchUG i.d.F. BGBl. I Nr. 101/2018) und ein verantwortbarer und vertretbarer Umgang mit Risiken im Bewegungs- und Sportunterricht erfolgen kann.

Bei der Vermittlung von Sportarten mit erhöhtem Sicherheitsrisiko (Klettern, Radfahren, Schwimmen, Skifahren, Snowboarden, …) ist die Größe der Schülergruppe unter Beachtung der Sorgfaltspflicht, des Alters der Schüler/innen sowie der körperlichen und geistigen Reife der Schüler/innen so festzulegen, dass von der Lehrperson wirksame Maßnahmen gesetzt werden können, die jederzeit die größtmögliche Sicherheit der Schülergruppe gewährleisten.

Bei Inhalten, die eine erhöhte Aufmerksamkeit der Lehrkraft erfordern (z.B. Übungen an schleudernden Geräten, beim Geräturnen, beim Kugelstoßen) kann unter Beachtung der Sorgfaltspflicht und abhängig vom Alter sowie von der körperlichen und geistigen Reife der Schüler/innen die Organisation des Unterrichts so erfolgen, dass ein Teil der Schüler/innen selbstständig Aufgaben zu erfüllen hat, während sich die Lehrperson in erster Linie jener Tätigkeit widmet, die eine erhöhte Aufmerksamkeit erfordert (z.B. Gruppenteilung: eine Gruppe klettert (betreut), eine andere Gruppe führt einfache Spielformen durch (unbetreut)).

Die Größe einer Sportstätte beeinflusst die Gruppengröße ab der Sekundarstufe I insofern, als bei Turnsälen unter 200m^2 eine Re-

[1]) Verwaltungsverordnung der Bundesministerin für Bildung, Wissenschaft und Forschung vom 27. September 2019, Zl. BMBWF-36.377/0022-I/7/2019, RS Nr. 22/2019.

duzierung der maximalen Gruppengröße um 20% notwendig erscheint.

II) Bekleidung:

Sportliche Betätigung in der Schule setzt sowohl aus pädagogischen und hygienischen Gründen als auch im Interesse der Sicherheit der Übenden eine zweckmäßige Kleidung für Schüler/innen sowie Lehrer/innen im Unterricht aus Bewegung und Sport voraus.

Sportkleidung muss hygienisch sein, volle Bewegungsfreiheit gewährleisten und darf nicht zu einer Unfallquelle werden.

Grundsätzlich gilt, dass freiwillige Initiativen von Schülerinnen und Schülern aller Altersstufen, im Bewegungs- und Sportunterricht keine Kopfbedeckung zu tragen, mit bewegungsbezogenen, pädagogischen sowie hygienischen Argumenten und entsprechender Sensibilität zu unterstützen sind. Den Schülerinnen und Schülern sollen die Gründe gegen das Tragen einer Kopfbedeckung im Bewegungs- und Sportunterricht sachlich und sensibel nähergebracht werden.

Schülerinnen und Schülern ist bis zum Ende des Schuljahres, in welchem Sie das 10. Lebensjahr vollenden, das Tragen weltanschaulich oder religiös geprägter Bekleidung, die mit einer Verhüllung des Hauptes verbunden ist, auch im Bewegungs- und Sportunterricht gesetzlich untersagt.

Bei Schüler/innen ab dem 10. Lebensjahr, die trotz entsprechendem Hinweis darauf bestehen, eine Kopfbedeckung aus weltanschaulich oder religiösen Gründen zu tragen, muss uneingeschränkt gewährleistet sein, dass diese nicht durch Kämme, Haarnadeln oder -spangen befestigt ist. Durch die genannte Befestigung würde sich die Verletzungsgefahr im Rahmen des Bewegungs- und Sportunterrichts (z.B. Drehbewegungen, Ballsport, Tragen eines Helms beim Radfahren oder Klettern) deutlich erhöhen. Auch die Befestigung der Kopfbedeckung durch Fixierung um den Hals ist aus Sicherheitsgründen untersagt. Ein Ersatz kann das Tragen einer dünnen Haube, unter die die Haare gesteckt werden können, sein.

Das Tragen einer Kopfbedeckung stellt im Bewegungs- und Sportunterricht nicht nur eine Verletzungsgefahr dar, sondern kann bei höheren Temperaturen auch zu einer Überhitzung des Körpers der Schüler/innen beitragen. Dies kann wiederum negative Auswirkungen auf das Herz-Kreislauf-System der Schüler/innen haben und ihre Gesundheit beeinträchtigen. Sofern das Tragen der Kopfbedeckung mit dem Tragen längerer Kleidung einhergeht, wird dieser Effekt noch zusätzlich verstärkt. Die Lehrperson hat dafür Sorge zu tragen, dass alle Schüler/innen im Bewegungs- und Sportunterricht den Verhältnissen entsprechend angemessene Kleidung tragen.

Abhängig von den sportlichen Aktivitäten, dem genutzten (Hallen-) Boden und der Beurteilung der hygienischen Umstände sind geeignete Sportschuhe zu tragen.

Im Unterricht verwendete Sportkleidung und Sportschuhe dürfen nicht gleichzeitig als Alltagskleidung dienen.

Bei bestimmten sportlichen Aktivitäten kann auch eine sportartspezifische (Schutz-) Bekleidung im Unterricht erforderlich sein. Helmpflicht besteht jedenfalls bei den Sportarten Sportklettern an natürlichen Felswänden im Freien, Inlineskaten, Skateboard/Scooter, Radfahren, Ski-/Snowboardfahren und dem Begehen von Hochseilgärten. (vgl. dazu auch RS 16/2014 i.d.g.F.). Zu beachten ist, dass mangelhafte oder nicht richtig passende Schutzausrüstung ebenfalls Ursache für Verletzungen sein kann.

Brillen dürfen im Unterricht aus Bewegung und Sport nur dann getragen werden, wenn sie aus nicht splitterbarem Material bestehen.

III) Schmuck:

Im Unterricht aus Bewegung und Sport ist den Schülerinnen und Schülern das Tragen von Uhren und Schmuck jeder Art wegen der von ihnen ausgehenden Verletzungsgefahren nicht gestattet. Dies betrifft auch Körperschmuck (z.B. Piercing) und nicht entfernbare Schmuckstücke (z.B. Freundschaftsbänder, Piercing, überlange Fingernägel). Können Schmuckstücke nicht entfernt werden, sind diese in geeigneter Form abzudecken bzw. abzukleben (z.B. Tape, Schweißband). Bei nicht entfernbaren Schmuckstücken, insbesondere bei langen Fingernägeln, ist zudem von der Lehrperson eine Einschätzung zu treffen, ob aufgrund der zur Durchführung gelangenden Inhalte des Bewegungs- und Sportunterrichts eine erhöhte Verletzungsgefahr für den/die Träger/in oder andere Schüler/innen der Klasse besteht.

Wird von einer Verletzungsgefahr ausgegangen, dann wären auch lange Fingernägel oder ähnliche nicht entfernbare Schmuckstücke abzukleben.

Nicht entfernbare Schmuckstücke stellen keine Begründung für eine (Teil-)Befreiung am Unterricht aus Bewegung und Sport dar.

IV) Körperpflege:

Der Unterricht aus Bewegung und Sport ist so zu organisieren, dass für alle Schüler/innen genügend Zeit für hygienische Maßnahmen (Waschen bzw. Duschen) bleibt. Kleiderwechsel und Waschen nach dem Unterricht sollen ein Minimum an hygienischer Grundhaltung sicherstellen.

V) Dislozierter Unterricht:

Der Unterricht in Bewegung und Sport kann auch an anderen als schuleigenen Sportstätten abgehalten werden. Bei allfälligen Ortsänderungen für die Durchführung des Bewegungs- und Sportunterrichts sind die Erziehungsberechtigten der Schüler/innen rechtzeitig in Kenntnis zu setzen. Die Schüler/innen sind von der Schule zur dislozierten Sportstätte und zurück zur Schule zu führen, sofern nicht einer der nachfolgend dargestellten Aspekte zutrifft:

– Beginnt der Unterricht des Schultages an der dislozierten Sportstätte, dürfen Schüler/innen zur dislozierten Sportstätte bestellt werden, wenn dies zweckmäßig, unbedenklich und ihnen zumutbar ist. Hievon sind die Erziehungsberechtigten rechtzeitig zu verständigen.
– Endet der Unterricht des Schultages an der dislozierten Sportstätte, dürfen Schüler/innen vor Ort entlassen werden, wenn dies für Schüler/innen ab der 7. Schulstufe zweckmäßig, unbedenklich und ihnen zumutbar ist. Mit Zustimmung der Erziehungsberechtigten ist ein entsprechendes Vorgehen auch schon vor der 7. Schulstufe möglich.
– Findet unmittelbar vor und nach dem Bewegungs- und Sportunterricht an einer dislozierten Sportstätte Unterricht oder Betreuung am Schulstandort statt, können Schüler/innen ab der 9. Schulstufe, wenn wenn es ihre körperliche und geistige Reife zulässt, auch ohne Aufsicht zur dislozierten Sportstätte und von dort wieder zur Schule zurückgeschickt werden. Bei vorliegender Zweckmäßigkeit ist ein solches Vorgehen auch bereits ab der 7. Schulstufe möglich.

VI) Schwimmunterricht:

Örtlichkeiten

Schwimmunterricht darf nur in Hallenbädern, künstlichen Freibädern oder in offenen Gewässern, in denen das Baden behördlich nicht untersagt ist, eine Rettungsmöglichkeit (zumindest Rettungsreifen) besteht, Umkleidemöglichkeiten vorhanden und die hygienischen Voraussetzungen gewährleistet sind, durchgeführt werden. Beim Unterricht in offenen Gewässern ist darauf zu achten, dass keine gefährlichen Stellen (auch unter Wasser) vorhanden sind.

Die Betreiber der Schwimm- und Badegewässer sind an die Einhaltung des Bäderhygienegesetzes gebunden.

Qualifizierungen

Zur Erteilung des Schwimmunterrichts sind grundsätzlich Lehrpersonen für Bewegung und Sport, in den Volksschulen Klassenlehrer/innen, einzusetzen. Für Assistenzen im Schwimmunterricht sind zunächst andere für den Schwimmunterricht qualifizierte Lehrpersonen für Bewegung und Sport heranzuziehen, stehen diese nicht zur Verfügung, dann Personen mit einer besonderen Qualifikation für die Erteilung des Schwimmunterrichts (z.B. Instruktorenausbildung an einer Bundessportakademie oder vergleichbare Ausbildungen).

Stehen auch diese nicht zur Verfügung, können auch andere geeignete Personen zur Assistenzleistung herangezogen werden, wenn diese in der Lage sind, notfalls Rettungsmaßnahmen zu ergreifen und den Helferschein als 1. Stufe des Österreichischen Rettungsschwimmerabzeichens besitzen.

Bademeister/innen im Dienst sind Ordnungsorgane und dürfen nicht zur Aufsichtsführung herangezogen werden.

Gruppengrößen und Koedukation

Auf Grund des besonderen Sicherheitsrisikos beim Schwimmen ist anzustreben, dass ab jeweils 20 Schüler/innen eine zusätzliche Fachlehrkraft oder Assistenz (siehe Punkt Qualifizierungen) vorgesehen ist. Für den Bereich der Pflichtschulen gelten die jeweiligen landesgesetzlichen Bestimmungen (Ausführungsgesetze), jedoch unter Beachtung des §§ 8a und 8b SchOG i.d.F. BGBl. I Nr. 86/2019 die für alle Schularten gelten.

Der Schwimmunterricht kann auch ohne Trennung nach Geschlechtern erteilt werden, wenn er von mehreren Lehrerinnen und Lehrern erteilt wird und wenn vom Standpunkt der unterschiedlichen Leistungsfähigkeit kein Einwand besteht.

Bekleidung

Für die Aneignung der Inhalte des Schwimmunterrichts und im Interesse der Sicherheit ist eine adäquate Badebekleidung zu tragen. Auch im Fall des Schwimmunterrichts gilt, dass freiwillige Initiativen von Schülerinnen und Schülern aller Altersstufen, kein Überkleid (Burkini) zu tragen, mit bewegungsbezogenen, pädagogischen sowie hygienischen Argumenten und entsprechender Sensibilität zu unterstützen sind. Das Tragen eines Ganzkörperanzuges mit losem Überkleid (Burkini) ist Schülerinnen bis zum 10. Lebensjahr gesetzlich untersagt. Schülerinnen ab dem 10. Lebensjahr, die aus religiösen Gründen keinen üblichen Badeanzug bzw. eine Kopfbedeckung verwenden wollen, ist das Tragen eines Ganzkörperanzuges mit losem Überkleid (Burkini) erlaubt. Schülerinnen ab dem 10. Lebensjahr ist eine Nicht-Teilnahme am Schwimmunterricht aus religiösen Gründen untersagt. In diesen Fällen ist darauf zu achten, dass auch diese Schülerinnen ungehindert am Schwimmunterricht teilnehmen.

Mit diesem Erlass tritt das Rundschreiben Nr. 18/2018 vom 6. Juli 2018 (Organisatorische Richtlinien für den Unterricht in Bewegung und Sport) außer Kraft.

3.6.5. Lern- und Arbeitsmittelbeiträge an Bundesschulen[1])

1. Regelungen für sämtliche Schulen des Bundes

1.1 Schulrechtliche Grundlagen

Gemäß § 5 Schulorganisationsgesetz ist der Besuch öffentlicher Schulen unentgeltlich („Schulgeldfreiheit"). Das bedeutet, dass der Bund als Schulerhalter all jene Ressourcen zur Verfügung zu stellen hat, die für den lehrplangemäßen Schul- bzw. Unterrichtsbetrieb einer Schule erforderlich sind. Demgegenüber normiert § 61 Schulunterrichtsgesetz, dass die Erziehungsberechtigten ihre Kinder mit den erforderlichen Unterrichtsmitteln im Sinne des § 14 SchUG auszustatten haben.

Es ist daher eine Abgrenzung zwischen jenen Unterrichtsmitteln (Lehrmitteln), welche der Bund als Schulerhalter zu finanzieren und bereitzustellen hat, und solchen Lern- und Arbeitsmitteln, welche von Schüler/innenseite bzw. von ihren Erziehungsberechtigten kommen, notwendig:

– **Lehrmittel** sind jene Sachen, welche die Lehrkraft zur Umsetzung des Lehrplanes bzw. zur Verdeutlichung der Lehrinhalte benötigt oder dieTeil der schulischen Infrastruktur sind. Dazu zählen beispielsweise Tafel, Kreide, Beamer, Maschinen, Werkzeuge, Geräte, aber auch schuleigene Hard- und Software, Access-Points, Drucker, Kopierer u.Ä.

  Es ist unzulässig für die Nutzung bzw. Bereitstellung derartiger Lehrmittel, aber auch für die Nutzung der schulischen Infrastruktur, Beiträge von den Schüler/innen bzw. deren Erziehungsberechtigten einzuheben.

– **Lernmittel** hingegen benötigen die Schüler/innen zur Erfüllung ihrer Pflichten und stehen in deren Eigentum. Dazu zählen u.a. Hefte, Füllfeder, Zirkel, Taschenrechner, Laptop, Tablett-PC u.Ä., aber auch Materialien für den praktischen Unterricht (Arbeitsmittel). Grundsätzlich sind diese Lern- und Arbeitsmittel von den Schüler/innen bzw. deren Erziehungsberechtigten bereitzustellen bzw. zu beschaffen.

Da in manchen Fällen die Schüler/innen mit gleichen Lernmitteln ausgestattet werden sollen, kann der Einkauf auch gemeinsam durch die Schule vorgenommen werden und eine Refundierung dieser Ausgaben durch die Schüler/innen bzw. deren Erziehungsberechtigte erfolgen (Lern- und Arbeitsmittelbeiträge).

Lern- und Arbeitsmittelbeiträge sind mit der Schulgeldfreiheit vereinbar, sofern die eingehobenen Beiträge nur kostendeckend sind und den Schüler/innen bzw. deren Erziehungsberechtigten offengelegt wurden.

1.2 Kalkulation der Lern- und Arbeitsmittelbeiträge

Als Lern- und Arbeitsmittelbeiträge **sind** von den **Schulen** einzuheben:

– Entgelt für Materialien, welche von der Schule angeschafft und den Schüler/innen ausgehändigt wurden
– Ersatz des Einstandspreises für von der Schule für die Schüler/innen angeschaffte Lernmittel
– Ersatz des Einstandspreises für von der Schule für die Schüler/innen angeschaffte Materialien für den praktischen Unterricht, sofern sie in die hergestellte Leistung eingehen bzw. von den Schüler/innen konsumiert werden

Keinesfalls dürfen im Rahmen der Lern- und Arbeitsmittelbeiträge Entgelte für

– Kosten der Maschinen, Geräte, Anlagen, Einrichtungen u.Ä.
– Kosten der Werkzeuge u.Ä.
– Infrastrukturkosten, wie Raummiete, Strom, Heizung, Reinigung u.Ä.
– Kosten der Schulausstattung, wie Desktop-PC, Beamer, Drucker, Kopierer, Kreide u.Ä.
– Personalkosten
– im Rahmen des Unterrichts durch Schüler/innen verursachte Schäden (Verschmutzungen, Werkzeug- bzw. Glasbruch u.Ä.)

erhoben werden.

Daraus folgt auch, dass

– keine undifferenzierten bzw. nicht belegbaren Pauschalbeträge erhoben werden dürfen,
– mit diesen Geldern keine Lehrmittel angeschafft werden dürfen,
– die Mittel nicht zur Finanzierung der schulischen Infrastruktur eingehoben werden dürfen.

Die Höhe des Lern- und Arbeitsmittelbeitrages ist zu Beginn jeden Schuljahres festzulegen und den Erziehungsberechtigten bzw. den Schüler/innen mitzuteilen. Grundlage für die Ermittlung der Höhe der einzuhebenden Beiträge ist die zu Beginn jeden Jahres vorzunehmende Lehrstoffplanung, welche als Grundlage für die Ermittlung der benötigten Materialien und Lernmittel dient.

Vor endgültiger Festlegung der Höhe des Beitrages und der Form des Inkassos (monatlich, quartalsweise, semesterweise oder jährlich) ist der Schulgemeinschaftsausschuss (SGA) zu konsultieren.

Am Ende des Schuljahres und Durchführung der Zahlungen ist eine Endabrechnung zu erstellen. In dieser sind die beschafften Materialien und Lernmittel samt den dafür getätigten Auszahlungen den eingehobenen Lern- und Arbeitsmit-

[1]) Verwaltungsverordnung des Bundesministers für Bildung, Wissenschaft und Forschung vom 5. Oktober 2020, Zl. 2020-0.342.574, RS Nr. 12/2020.

telbeiträgen gegenüberzustellen. Diese Abrechnung ist den Schüler/innen bzw. Erziehungsberechtigten zur Kenntnis zu bringen.

1.2.1 Umsatzsteuer

Da die Schule für die erhobenen Lern- und Arbeitsmittelbeiträge als Teil der staatlichen Hoheitsverwaltung weder umsatzsteuerpflichtig noch vorsteuerabzugsberechtigt ist, sind alle Preise brutto, d.h. inkl. der bei der Anschaffung bezahlten Umsatzsteuer, zu verrechnen.

1.3 Verrechnung/Verbuchung

Die Verrechnung ist jedenfalls im Haushaltsverrechnungssystem des Bundes (SAP/ZBF) zu führen. Es darf kein eigenes Konto bei einem Geldinstitut – außer dem Schulkonto – geführt werden.

1.3.1 Einzahlungen

Einzahlungen (durch Erziehungsberechtigte bzw. von Schüler/innen) von Lern- und Arbeitsmittelbeiträgen sind durch die Schule voranschlagsunwirksam (Sachkonten 3675.001 – 3675.021) zu verrechnen.

1.3.2 Auszahlungen

Die Auszahlungen sind analog den jeweiligen Einzahlungen voranschlagsunwirksam zu verrechnen.

1.3.3 Salden in der voranschlagsunwirksamen Verrechnung

Soll/Auszahlungssalden sind unzulässig.

Habensalden/Überschüsse (je Sachkonto) aus Lern- und Arbeitsmittelbeiträgen: Allfällige geringfügige Differenzen (max. 10%) zwischen eingehobenem Lern- und Arbeitsmittelbeitrag und tatsächlichen Auszahlungen können auf Rechnung des nächsten Jahres vorgetragen werden. Größere Differenzen hingegen sind dem Einzahler rückzuerstatten. Ausscheidenden Schüler/innen bzw. deren Erziehungsberechtigten sind Überschüsse jedenfalls auszuzahlen bzw. Fehlbeträge nachzuverrechnen.

1.[2]) Zusatzregelungen für technisch-gewerbliche, gewerbliche und humanberufliche Lehranstalten des Bundes

2.1 Schüler/innenarbeiten

Die im Rahmen des lehrplanmäßigen Unterrichts an berufsbildenden Schulen herzustellenden Erzeugnisse bzw. zu erbringenden Leistungen dienen dazu, die schulrechtlich vorgegebenen Ziele zu erreichen und den Lehrplan umzusetzen. Von den Schüler/innen darf daher nur die Anfertigung von Werkstücken, Produkten u.Ä. oder die Erbringung von Leistungen verlangt werden, welche im Lehrplan konkret vorgesehen sind oder der Zusammenschau von Bildungs- und Lehraufgabe und Lehrstoff entsprechen.

Schüler/innenarbeiten, die nicht der Erreichung der Lehrziele dienen bzw. nicht in den Lehrplänen vorgesehen sind, dürfen in der Unterrichtszeit nicht durchgeführt werden. Schüler/innen dürfen nicht zur Erbringung von Leistungen für die Schule außerhalb des lehrplanmäßigen Unterrichts – z.B. im Rahmen von teilrechtsfähigen Einrichtungen – verpflichtet werden.

Auch wenn die Herstellung im Rahmen des Unterrichts erfolgt, steht die Verfügung über die hergestellte Sache bzw. die Nutzungsgestattung ausschließlich den Eigentümer/innen bzw. Urheber/innen zu.

2.2 Eigentumsverhältnisse an Schüler/innenarbeiten

Wird eine Sache von den Eigentümer/innen verarbeitet, ändert sich an den Eigentumsverhältnissen nichts. Das Eigentum an einer Schüler/innenarbeit folgt daher grundsätzlich dem Eigentum am verarbeiteten Material, das zur Erstellung eines Erzeugnisses (Arbeit bzw. Produkt) notwendig ist:

Beispiel:

- *Rohmaterialien, Verbrauchs- und Hilfsstoffe. Gemäß § 61 Abs. 1 SchUG haben die Erziehungsberechtigten die Schüler/innen mit den erforderlichen Lernmitteln auszustatten. Dazu gehören auch die notwendigen Materialien, welche im Rahmen des fachpraktischen Unterrichts verarbeitet werden.*
- *fachkundiges Personal, Werkstätten bzw. Küchen samt Einrichtungen und Maschinen, EDV-Geräte und Programme uÄ. Dieses wird, da zum Schulerhalteraufwand zählend, vom Bund unentgeltlich zur Verfügung gestellt.*

Auch wenn Rohmaterialen, Verbrauchs- und Hilfsstoffe, die im Eigentum der Schüler/innen stehen, durch Lehrer/innen oder mit Maschinen und Einrichtungen des Bundes be- oder verarbeitet werden, erwirbt der Bund keinerlei Eigentum an den hergestellten Sachen. Daher kann er auch nicht über die Ergebnisse der Schüler/innenarbeiten verfügen. Das Eigentum sowie die Nutzungsmöglichkeiten stehen zur Gänze den Schüler/innen bzw. deren Erziehungsberechtigten zu. Nur diese können daher über das Ergebnis der Arbeit verfügen.

2.3 Instandhaltungs- oder Montagearbeiten

Insbesondere in den Lehrplänen der technisch-gewerblichen Lehranstalten ist die Durchführung von Instandhaltungs- und Montagearbeiten vorgesehen, welche an Übungsgegenständen durchgeführt werden. Diese hat der Schulerhalter samt den notwendigen Materialien, Werkzeugen und Vorrichtungen zur Verfügung zu stellen. Da nach Durchführung der Übung in der Regel der Übungsgegenstand wieder in den Ausgangszustand versetzt wird, entsteht keine verwertbare Leistung, an der die Schülerin, der Schüler oder sonst jemand Eigentum erwerben kann. Der

[2]) Sollte chronologisch richtig „2." lauten.

Übungsgegenstand verbleibt daher im Eigentum des Schulerhalters.

Um derartige Arbeiten praxisnäher durchführen zu können und dem Schulerhalter das Erlangen entsprechender Übungsgegenstände zu erleichtern, können derartige Übungsgegenstände auch von Dritten bereitgestellt werden. Ausschließlicher Zweck dieser Bereitstellung ist das Erproben und Verbessern der Fertigkeiten der Schüler/innen unter Bedingungen, die der gewerblichen und industriellen Praxis möglichst nahekommen, keinesfalls jedoch das Herstellen oder Reparieren eines Produktes oder die Erbringung einer bestimmten Arbeits- oder Dienstleistung. Daher verbleibt auch in diesem Fall das Eigentum beim Dritten, der den Übungsgegenstand bereitstellt.

Dritte sind vor Bereitstellung des Übungsgegenstandes darauf aufmerksam zu machen, dass keine Leistungsvereinbarung eingegangen und auch kein Werkvertrag abgeschlossen wird und der Bund daher keine Gewähr für die Qualität und/oder zeitgerechte Durchführung der Arbeit übernimmt, sondern dass der Gegenstand primär zur Erfüllung des gesetzlichen Bildungsauftrages übernommen wird und den Schüler/innen zur Einübung von praktischen Fertigkeiten dient. Aus Beweisgründen ist eine derartige Vereinbarung mit Dritten schriftlich zu treffen.

Die zuständige Schulbehörde wird ermächtigt ausschließlich mit folgenden Dritten derartige Vereinbarung zu treffen, wobei das im Anhang befindliche Muster zu verwenden ist:

- Schulen bzw. Schulerhalter
- öffentlich-rechtliche Einrichtungen
- karitative bzw. gemeinnützige Einrichtungen (gem. § 34 Bundesabgabenordnung (BAO) und der dazu ergangenen Rechtsprechung)

Mit Unternehmen oder Privatpersonen dürfen derartige Vereinbarungen nicht geschlossen werden.

Diese Ermächtigung kann an die Schulen weitergegeben werden.

2.4 Erzeugnisse aus dem Unterricht in Lehrküchen

Zur Erreichung der durch den Lehrplan vorgegebenen Bildungs- und Lehraufgabe sowie zur Festigung und Verbesserung der bereits erworbenen Kompetenzen, der Anwendung dieser in der beruflichen Arbeitssituation bzw. in einem neuen Lernumfeld, aber auch im Sinne eines ökonomischen Vorgehens können die in den Lehrküchen hergestellten Leistungen an folgende Personen bzw. Organisationen abgegeben werden:

1. Schüler/innen der eigenen Schule und deren Angehörige

1.[3]) Mitarbeiter/innen der eigenen Schule

2.[4]) Schüler/innen anderer Schulen

3.[5]) Mitarbeiter/innen anderer Schulen, öffentlich-rechtliche Körperschaften

4.[6]) karitative und gemeinnützige Einrichtungen (gem. § 34 BAO und dazu ergangener Rechtsprechung)

Wenn aus Kapazitätsgründen nicht sämtliche Personen am Essen teilnehmen können, ist den zuerst genannten Personengruppen der Vorzug zu geben.

Die Abgabe von Essen an natürliche und juristische Personen, welche zu keiner der genannten Gruppen gehören, sowie für Zwecke, welche nicht erwähnt wurden – insbesondere für gewerbliche Zwecke –, ist unzulässig.

2.5 Prüfungsarbeiten

Die Kosten für die Herstellung von Erzeugnissen bzw. Leistungen im Rahmen von Vorprüfungen und fachpraktische Klausuren sind nicht von den Kandidat/innen zu tragen, sondern – sofern sie nicht von Dritten getragen werden – zu Lasten der reellen Gebarung zu verrechnen.

Ausnahme für Mode/Kunst: Die Kandidat/innen haben die Möglichkeit, besondere Materialien für die fachpraktischen Anteile der Klausuren selbst zu besorgen.

2.6 Entgelt für Leistungen an Dritte

Werden Leistungen der Schule zulässigerweise an Dritte abgegeben bzw. nehmen Dritte zulässigerweise Leistungen der Schule in Anspruch (s. Pkt. 2.3 und 2.4), dann sind sämtliche damit im Zusammenhang stehende Auszahlungen zuzüglich eines mindestens 20%igen Zuschlages für die Bereitstellung der schulischen Infrastruktur vom Dritten zu ersetzen, sofern die verarbeiteten Materialien nicht vom Dritten in natura bereitgestellt werden.

Die für die Leistungen an Dritte angefallenen Auszahlungen haben bei der Ermittlung der Höhe des Arbeitsmittelbeitrages außer Betracht zu bleiben.

2.6.1 Verrechnung

Einzahlungen von Dritten sind ebenfalls voranschlagsunwirksam zu verrechnen. Für diese Ein- und Auszahlungen sind eigene, von den Lern- und Arbeitsmittelbeiträgen unabhängige, Abrechnungen zu führen. Die Überschüsse aufgrund des Zuschlags sind spätestens am Ende des Schuljahres in die zweckgebundene Gebarung umzubuchen. Als Beleggrundlage ist eine von der Schulleitung unterfertigte Gegenüberstellung der aus diesen Projekten vereinnahmten Zahlungen mit den dafür angefallenen Auszahlungen beizufügen (einzuscannen).

2.6.2 Barverkäufe

Kleinere Beträge (z.B. der Verkauf einer einzelnen Mahlzeit, Verkäufe im Rahmen eines Buffets) sollten vorzugsweise bar einkassiert werden.

[3]) Sollte chronologisch richtig „2." lauten.

[4]) Sollte chronologisch richtig „3." lauten.

[5]) Sollte chronologisch richtig „4." lauten.

[6]) Sollte chronologisch richtig „5." lauten.

Dabei sind für jeden Verkaufsvorgang zumindest folgende Daten zu erfassen:
- eingehobener Betrag,
- Art der verkauften Ware (z.B. Menü, Suppe, Wurstsemmel, Tee, Kaffee u.Ä.).

Die Form der Datenerfassung steht der Schule frei (z.B. Verkaufs-Strichlisten), jedoch muss sichergestellt sein, dass die Daten während der Aufbewahrungsfristen jederzeit nachvollziehbar sind. Die Verpflichtung zur Führung sonstiger Aufzeichnungen (z.B. Materialkontoblätter) und die Verpflichtung zur Dokumentation der verwendeten Materialien (z.B. durch Menüplan, Rezepte) bleiben davon unberührt.

Wird an Verkaufsstellen (Buffet, Mittagstisch, Cafeteria u.Ä.) Bargeld eingehoben, so sind Handkassen einzurichten, die als „Handverlag" für Wechselgeld (Konto 2700.000) von der Rechnungsführung ausgegeben werden. Diese sind grundsätzlich täglich abzurechnen.

3. Inkrafttreten

Dieses Rundschreiben tritt mit dem Schuljahr 2020/21 in Kraft und ersetzt das Rundschreiben 16/2016 – Lern- und Arbeitsmittelbeiträge an Bundesschulen, GZ 10.960/0069-III/8/2016.

Anhang: Mustervereinbarung (zu Punkt 2.3)

Das berufsbildende Schulwesen hat u. a. die Aufgabe, Schülerinnen und Schüler mit dem für das künftige Berufsleben erforderlichen fachlichen Wissen und Können auszustatten. Zur Sicherung eines qualifizierten sowie praxisnahen Unterrichts schließen

die Höhere Technische Bundeslehranstalt XY,

ermächtigt durch die Bildungsdirektion für ....

und

die (gemeinnützige) Einrichtung NN
(Adresse)
folgende

VEREINBARUNG

1. Im Zusammenhang mit dem in der Anlage zu dieser Vereinbarung beschriebenen Projekt stimmt die Einrichtung .... dem Einsatz von bis zu ... Schüler/innen der HTL .... an der Außenstelle .../ innerhalb ihrer Räumlichkeiten zu.

In Umsetzung der einschlägigen Bestimmungen des Lehrplans können diese Schüler/innen unter Anleitung und Aufsicht des Lehrpersonals der HTL .... bzw. von Organen der .... Tätigkeiten durchführen, die bei Projekten der beschriebenen Art üblicherweise anfallen. Der Einsatz der Schüler/innen gilt als Unterricht im Sinn des Schulrechts. Die Beschäftigten der Einrichtung .... sind daher in Ausübung ihrer Anleitungs- und Aufsichtsfunktion als Lehrkräfte anzusehen. Für Schäden, die durch den Einsatz der Schüler/innen gegenüber Dritten oder gegenüber der Einrichtung .... verursacht werden, haftet der Bund nach den Grundsätzen des Amtshaftungsgesetzes. Die gesetzliche Schülerunfallversicherung wird von dieser Vereinbarung nicht berührt.

Die Verantwortung für den lehrplankonformen Einsatz der Schüler/innen trägt der Bund als Schulerhalter.

2.1 Gegenstand dieser Vereinbarung ist die Unterstützung der HTL .... bei der Umsetzung des Lehrplanes. Die Vereinbarung soll den Schülern und Schülerinnen die Möglichkeit bieten, das im Unterricht erworbene Wissen und Können durch praxisnahe Erfahrung zu vertiefen und zu verfestigen.

2.2 Durch diese Vereinbarung kommt zwischen der Einrichtung .... und den Schüler/innen der HTL .... kein Arbeitsverhältnis zustande. Insbesondere erfolgt keine arbeitsrechtliche Eingliederung der Schüler/innen in den Betrieb der Einrichtung ....

2.3 Der Einsatz der Schüler/innen erfolgt in der Zeit von .... bis .... im Ausmaß von insgesamt .... Stunden zu je 50 Minuten. Die genaue Anwesenheit der Schüler/innen sowie die Anzahl der Schüler/innen, die gleichzeitig zum Einsatz kommen, ist erforderlichenfalls gesondert zu vereinbaren.

2.4 Der Einrichtung .... steht die sofortige Kündigung dieser Vereinbarung aus wichtigen betrieblichen Gründen jederzeit zu. Sie erfolgt schriftlich.

3. Weder der Republik Österreich, vertreten durch die Schule, noch den Schüler/innen steht aus der mit dem Einsatz verbundenen Tätigkeit irgendein Entgeltanspruch gegenüber der Einrichtung .... zu. Von den Schüler/innen im Rahmen ihres Einsatzes erbrachte eigenständige geistige Leistungen werden von dieser Vereinbarung nicht berührt. Sie sind nach den einschlägigen urheberrechtlichen Regelungen zu beurteilen.

3.6.6. Zweckgebundene Gebarung im Bundesschulbereich[1])

Erlass

Titel:	Zweckgebundene Gebarung im Bundesschulbereich
Sachgebiet:	Budget- und Rechnungswesen
Verteilerkreis:	Bildungsdirektionen; Zentrallehranstalten; Pädagogische Hochschulen des Bundes
Geltung:	Unbefristet
Rechtsgrundlage:	Bundeshaushaltsgesetz 2013; Schulorganisationsgesetz; Hochschulgesetz 2005; Bundessportakademiengesetz
Kernaussagen/Ziele:	Regelungen der Grundsätze sowie des Budgetmanagements in Belangen der zweckgebundenen Mittelverwendungen und Mittelaufbringungen gemäß § 36 Bundeshaushaltsgesetz 2013; Sicherstellung der rechtskonformen Verrechnung der Mittelverwendungen und Mittelaufbringungen aus der Schulraumüberlassung sowie sonstigen Drittmitteln
Ort und Zeitpunkt der Genehmigung:	Wien, 6. Oktober 2022
Veröffentlichende Stelle:	BMBWF

Hinweis

Sofern nicht ausdrücklich anderes bestimmt ist, sind Bundesschulen im Sinne dieses Erlasses alle Schulen und Bildungsanstalten, für welche die Schulerhalterschaft dem Bundesministerium für Bildung, Wissenschaft und Forschung zuzurechnen ist, einschließlich der Pädagogischen Hochschulen des Bundes sowie der Bundessportakademien. Die laut diesem Erlass der Schulbehörde erster Instanz zukommenden Aufgaben werden für die Pädagogischen Hochschulen des Bundes von der Zentralleitung des Bundesministeriums für Bildung, Wissenschaft und Forschung wahrgenommen.

Betreffend die zweckgebundene Gebarung gemäß § 36 BHG 2013 im Bereich der Bundesschulen wird wie folgt festgelegt:

1. Zweckgebundene Gebarung

Die zweckgebundene Gebarung bildet die haushaltsrechtliche Grundlage für die von den Bundesschulen und Bundesschülerheimen eigeninitiativ verfolgte Erschließung zusätzlicher finanzieller Ressourcen durch Überlassung von Teilen der Schul- bzw. Heimliegenschaft samt Inventar sowie durch Vereinnahmung von Drittmitteln.

1.1 Allgemeines

Bundesschulen und Bundesschülerheime können im Rahmen der zweckgebundenen Gebarung nach Maßgabe von Einzahlungen, welche einem bestimmten Zweck oder einer bestimmten Institution (wie zum Beispiel der jeweiligen Schule oder dem jeweiligen Schülerheim) gewidmet sind, grundsätzlich diesem Zweck entsprechende Auszahlungen in gleicher Höhe tätigen.

Solche Einzahlungen müssen gesichert sein, bevor die darauf gründenden Auszahlungen geleistet werden. Nur jener Teil der Einzahlungen, welcher nach Bedeckung der damit verbundenen Auszahlungen (z.B. die Bedeckung des durch die Überlassung von Teilen der Schul- bzw. Heimliegenschaft entstandenen Mehraufwandes für Energie sowie Reinigung und dergleichen) verbleibt, kann für andere Bedarfe der Schule oder des Schülerheimes verwendet werden.

1.2 Rechtsgrundlagen

Gemäß § 36 Abs. 1 BHG 2013 sind Mittelaufbringungen, die auf Grund eines Bundesgesetzes oder auf Grund von Vorgaben der Europäischen Union nur für bestimmte Zwecke zu verwenden sind, in der erwarteten Höhe des Mittelzuflusses als zweckgebundene Einzahlun-

[1]) Geschäftszahl: 2022-0.621.227, Erlass Nr. 4/2022.

gen zu veranschlagen. Die entsprechenden Mittelverwendungen sind (unter Einhaltung der im jeweils geltenden Bundesfinanzrahmengesetz festgelegten Auszahlungsobergrenzen) im Finanzierungshaushalt in gleicher Höhe als zweckgebundene Auszahlungen zu veranschlagen.

Die Veranschlagung einer Zweckbindung erfordert demnach zwingend eine materiellrechtliche Grundlage (bundesgesetzliche Anordnung):

– Rechtsgrundlage der zweckgebundenen Gebarung an Bundesschulen und Bundesschülerheimen sind die §§ 128a Abs. 5 und 128b SchOG, BGBl. Nr. 242/1962 in der geltenden Fassung.
– Rechtsgrundlage der zweckgebundenen Gebarung an Pädagogischen Hochschulen des Bundes sind die §§ 75 Abs. 3 und 77 Hochschulgesetz 2005, BGBl. I Nr. 30/2006 in der geltenden Fassung.
– Rechtsgrundlage der zweckgebundenen Gebarung an Bundessportakademien ist § 10a Abs. 5 und 7 Bundessportakademiegesetz, BGBl. Nr. 140/1974 in der geltenden Fassung.

Gemäß § 36 Abs. 2 BHG 2013 sind darüber hinaus im Ergebnisvoranschlag finanzierungswirksame Aufwendungen sowie Erträge im Zusammenhang mit der zweckgebundenen Gebarung in Höhe der korrespondierenden Ein- und Auszahlungen zu veranschlagen.

1.3 Ausweis der zweckgebundenen Gebarung im Bundesvoranschlag, Abgrenzung reelle Gebarung und zweckgebundene Gebarung

Zur nachweislichen Sicherstellung der Zweckbindung ist gemäß § 36 Abs. 4 BHG 2013 die zweckgebundene Gebarung im Ergebnis- und Finanzierungshaushalt des jeweiligen Global- und Detailbudgets auf eigenen Konten auszuweisen.

Die zweckgebundene Gebarung der Pädagogischen Hochschulen des Bundes sowie der Bundessportakademien wird im Detailbudget 30.01.05, die zweckgebundene Gebarung der Bundesschülerheime im Detailbudget 30.02.09 jeweils auf eigenen Konten verrechnet. Die zweckgebundene Gebarung der (übrigen) Bundesschulen wird ausschließlich im Detailbudget 30.02.07 verrechnet.

Die Abgrenzung der zweckgebundenen Gebarung von der reellen Gebarung ist insbesondere im laufenden Budgetvollzug erforderlich, um die Voranschlags- und Verfügungsreste sowie Rücklagenzuführungen der zweckgebundenen Gebarung zweifelsfrei nachvollziehbar zu halten.

Gemäß § 36 Abs. 5 BHG 2013 sind Mittelumschichtungen zwischen zweckgebundenen Mittelverwendungen und -aufbringungen und nicht zweckgebundenen Mittelverwendungen und -aufbringungen unzulässig. Ausnahmen von diesem Grundsatz erfordern eine bundesfinanzgesetzliche Grundlage, welche für den Bereich der Untergliederung 30 bis auf weiteres nicht besteht.

1.4 Rücklagen der zweckgebundenen Gebarung

Gemäß § 36 Abs. 6 BHG 2013 sind zweckgebundene Einzahlungen, die nicht im laufenden Finanzjahr verwendet werden, zweckgebunden einer Rücklage zuzuführen. Dabei bleibt die Zweckbindung erhalten.

Gemäß § 55 Abs. 1 letzter Satz BHG 2013 ist die Ermittlung der Rücklagen durch die Bundesministerin für Finanzen oder den Bundesminister für Finanzen bis zum 30. Jänner des folgenden Finanzjahres vorzunehmen. Der so ermittelte Stand der zweckgebundenen Rücklagen wird den Bundesschulen und Bundesschülerheimen im Wege der Schulbehörde erster Instanz unverzüglich mitgeteilt werden.

1.5 Budgetmanagement der zweckgebundenen Gebarung

1.5.1 Einhaltung der haushalts-, vergabe- und beschaffungsrechtlichen Vorschriften

Zweckgebundene Gebarung ist Bundesgebarung. Daher sind für alle Mittelverwendungen und Mittelaufbringungen der zweckgebundenen Gebarung die geltenden haushaltsrechtlichen Vorschriften einzuhalten.

Sofern aus der zweckgebundenen Gebarung Auszahlungen aus der Investitionstätigkeit sowie aus betrieblichem Sachaufwand erfolgen, sind zusätzlich die vergabe- und beschaffungsrechtlichen Vorschriften einzuhalten. Zu letzteren Vorschriften zählen das Bundesvergabegesetz 2018 (BVergG 2018), BGBl. I Nr. 65/2018 samt den dazu ergangenen Verordnungen, sowie das Bundesgesetz über die Errichtung einer Bundesbeschaffung GmbH, BGBl. I Nr. 39/2001 samt den dazu ergangenen Verordnungen, jeweils in der geltenden Fassung.

Die für den Bund geltenden haushalts-, vergabe- und beschaffungsrechtlichen Vorschriften sind im Internet über das Rechtsinformationssystem des Bundes (www.ris.bka.gv.at) sowie über die Website der Bundesbeschaffung GmbH (www.bbg.gv.at) zugänglich.

1.5.2 Einhaltung der Voranschlagswerte

Analog zur reellen Gebarung dürfen auch die Voranschlagswerte der zweckgebundenen

Gebarung im jeweiligen Finanzjahr nicht überschritten werden. Die Leiterinnen oder Leiter der Bundesschulen und Bundesschülerheime sind im Rahmen der ihnen im Gebarungsvollzug erteilten Befugnisse im Zusammenwirken mit der zuständigen Schulbehörde erster Instanz für die Einhaltung der Voranschlagswerte verantwortlich.

1.5.3 Vorgangsweise bei tatsächlichen Mehreinzahlungen im laufenden Finanzjahr

Etwaige gegenüber den Voranschlagswerten im laufenden Finanzjahr tatsächlich erzielte Mehreinzahlungen können ausschließlich für Mehrauszahlungen zu Lasten derselben Voranschlagsstelle (desselben Detailbudgets) verwendet werden.

Hat eine Bundesschule bzw. ein Bundesschülerheim im laufenden Finanzjahr tatsächlich zweckgebundene Mehreinzahlungen erzielt und beabsichtigt infolgedessen Auszahlungen, welche mit einer Überschreitung der ihr bzw. ihm im Rahmen der zweckgebundenen Gebarung zugewiesenen Auszahlungshöchstbeträge verbunden sind, hat zunächst die Schulbehörde erster Instanz im Rahmen des ihr insgesamt eingeräumten Ausgabenhöchstbetrages durch sachgerechte Umschichtungen eine Änderung der Budgetzuteilung an die betreffende Bundesschule bzw. an das betreffende Bundesschülerheim zu veranlassen.

Zeichnet sich für die Schulbehörde erster Instanz im Rahmen der zweckgebundenen Gebarung eine Überschreitung des ihr insgesamt eingeräumten Ausgabenhöchstbetrages ab, ist dem Bundesministerium für Bildung, Wissenschaft und Forschung (Abteilung II/16) unverzüglich ein Antrag auf Inanspruchnahme zweckgebundener Mittelverwendungen aus tatsächlich erzielten Mehreinzahlungen im laufenden Finanzjahr zu übermitteln. Im Hinblick auf allenfalls erforderliche Anträge auf Mittelverwendungsüberschreitungen bzw. Rücklagenentnahmen an das Bundesministerium für Finanzen hat ein solcher Antrag den Nachweis der Mehreinzahlungen, genaue Angaben zur Zweckbestimmung, den Nachweis der Notwendigkeit der Überschreitung des Auszahlungshöchstbetrages sowie das Fälligkeitsdatum der Finanzierung für alle im laufenden Finanzjahr geplanten Vorhaben zu enthalten.

1.5.4 Rücklagenentnahmen der zweckgebundenen Gebarung

Anträge auf Rücklagenentnahmen der zweckgebundenen Gebarung sind bis zu einem für das jeweilige Finanzjahr festgelegten Termin im Wege der Schulbehörde erster Instanz dem Bundesministerium für Bildung, Wissenschaft und Forschung (Abteilung II/14) zu übermitteln.

Die Entnahme zweckgebundener Rücklagen ist nur im Wege von Mittelverwendungsüberschreitungen gemäß § 54 BHG 2013 möglich. Mit Blick auf die Bestimmungen des § 4 Abs. 2 Rücklagen-Richtlinien, BGBl. II Nr. 510/2012 hat der im Wege der Schulbehörde erster Instanz eingebrachte Antrag auf Rücklagenentnahmen genaue Angaben zur Zweckbestimmung, den Nachweis der Notwendigkeit der Überschreitung des Ausgabenhöchstbetrages sowie das Fälligkeitsdatum der Finanzierung für alle im laufenden Finanzjahr geplanten Vorhaben zu enthalten.

2. Schulraumüberlassung durch Bundesschulen und Bundesschülerheime

Für die Pädagogischen Hochschulen des Bundes gilt Abschnitt 3, für die Bundessportakademien der Abschnitt 4 dieses Rundschreibens.

2.1 Ermächtigung zum Abschluss der Verträge

Gemäß § 128a SchOG sind die Leiterinnen oder Leiter von Schulen oder Schülerheimen, die vom Bund erhalten werden, ermächtigt, Teile der Schul- bzw. der Heimliegenschaft samt Inventar für nichtschulische Zwecke an Dritte zu überlassen, sofern dadurch die Erfüllung der Aufgaben der österreichischen Schule (§ 2 SchOG) nicht beeinträchtigt wird.

Dabei sind Überlassungen für kreative, künstlerische, musische und sportliche Zwecke sowie für Zwecke der Erwachsenenbildung und des Volksbüchereiwesens im Sinne des Bundes-Sportförderungsgesetzes 2017, BGBl. I Nr. 100/2017, des Kunstförderungsgesetzes, BGBl. Nr. 146/1988, und des Bundesgesetzes über die Förderung der Erwachsenenbildung und des Volksbüchereiwesens aus Bundesmitteln, BGBl. Nr. 171/1973, des Bundes-Jugendförderungsgesetzes, BGBl. I Nr. 126/2000, jeweils in der geltenden Fassung, sowie Überlassungen für Zwecke im Rahmen der Teilrechtsfähigkeit gemäß § 128c SchOG vorrangig zu behandeln.

Es gilt:

– Bei Überlassung von Teilen der Schulliegenschaft für die genannten Zwecke ist ein Bei- trag in der Höhe des durch die Überlassung entstandenen Mehraufwandes einzuheben. § 16 Bundes-Sportförderungsgesetz 2017 („*Sofern Einrichtungen der Bundesschulen gegen jederzeitigen Widerruf für sportliche Zwecke überlassen werden, darf diese Überlassung unentgeltlich erfolgen*“) bleibt unberührt.

– Die Überlassung von Teilen der Schulliegenschaft für Zwecke, die im Interesse der Schule oder des Schülerheimes, insbesondere im kreativen, künstlerischen, musischen und sportlichen Bereich gelegen sind, kann unentgeltlich erfolgen. Ein allenfalls dennoch eingehobener Überlassungsbeitrag darf den Betriebsaufwand nicht überteigen.

In allen übrigen Fällen ist für die Überlassung von Teilen der Liegenschaft ein mindestens angemessenes Entgelt (insbesondere Mietzins, Beiträge für den Betriebsaufwand, Umsatzsteuer) einzuheben.

2.2 Veranstaltungen im besonderen Interesse der Schule

Überlassungen für schulische Zwecke im weiteren Sinne (z.B. an Klassen- und Schulforen, an den Schulgemeinschaftsausschuss oder an den Elternverein) bleiben von den laut Punkt 2.1 dieses Erlasses getroffenen Regelungen unberührt.

2.3 Verrechnung von Entgelten

Eingehobene Entgelte bzw. Beiträge sind vorrangig für die Bedeckung der durch die Überlassung entstandenen Mehrausgaben sowie weiters für andere Zwecke der Schule oder des Schülerheimes zu verwenden.

Einzahlungen aus der Überlassung von Teilen der Schul- bzw. Heimliegenschaft samt Inventar sind ausnahmslos im Rahmen der zweckgebundenen Gebarung (Abschnitt 1 dieses Erlasses) zu verrechnen.

2.4 Wahrung der Interessen des Bundes

Zur Wahrung der Interessen des Bundes ist eine Überlassung von Teilen der Schul- bzw. Heimliegenschaft samt Inventar grundsätzlich nur auf jederzeitigen Widerruf und unter folgenden Bedingungen zu gestatten:

a) Die Benützerin oder der Benützer verpflichtet sich schriftlich, für sämtliche ihr bzw. ihm zuzurechnende Schäden, welche aus Anlass der Benützung an allen beweglichen und unbeweglichen Sachen des Bundes entstehen, die Haftung zu übernehmen. Der Bund ist berechtigt, die Beseitigung solcher Schäden auf Kosten der Benützerin oder des Benützers vorzunehmen.

b) Die Benützerin oder der Benützer nimmt schriftlich zur Kenntnis, dass für ihr bzw. ihm zuzurechnende Schäden, welche die Benützerin oder der Benützer sowie die Teilnehmerinnen oder Teilnehmer an deren Veranstaltungen aus Anlass der Benützung von Teilen der Schul- bzw. Heimliegenschaft oder von Schul- bzw. Heiminventar an Körper oder Eigentum erleiden, der Bund in keiner Weise haftet. Eine derartige Haftung kann weder durch ausdrückliche, noch stillschweigende Willenserklärung (z.B. Haftung des Bundes als Verwahrer bei Garderobediebstählen) begründet werden. Dieser Haftungsausschluss ist von der Benützerin oder vom Benützer allen Teilnehmerinnen oder Teilnehmern an ihren bzw. seinen Veranstaltungen zur Kenntnis zu bringen.

Hinweis: Bei Benützungsübereinkommen mit Vereinen ist darauf zu achten, dass diese rechtsgültig von den vertretungsbefugten Organen (Funktionären) des Vereines unterschrieben werden, weil nur in diesem Fall der vom Bund erklärte Haftungsausschluss rechtswirksam wird.

2.5 Zwingender Widerruf von Überlassungen

Im Zuge von Überlassungen erteilte Benützungsbewilligungen sind von der Schul- bzw. Heimleitung oder der zuständigen Schulbehörde erster Instanz unverzüglich zu widerrufen, wenn die weitere Überlassung von Teilen der Liegenschaft oder von Inventar die Erfüllung der Aufgaben der österreichischen Schule (§ 2 SchOG) beeinträchtigt.

2.6 Überlassungen im Falle wirtschaftlichen Eigentums

Die bei den Punkten 2.1 bis 2.5 getroffenen Regelungen gelten auch für Schul- bzw. Heimliegenschaften, welche zwar nicht im Eigentum des Bundes stehen, jedoch vom Eigentümer dem Bund zur Unterbringung von Bundesschulen oder Bundesschülerheimen überlassen wurden (wirtschaftliches Eigentum). Dabei ist allerdings in jedem Einzelfall auf die zwischen der Eigentümerin oder dem Eigentümer und dem Bund getroffenen Vereinbarungen Bedacht zu nehmen.

3. Raumnutzung an Pädagogischen Hochschulen des Bundes

Zur Sicherstellung einer optimalen Raumnutzung sind die Rektorate der Pädagogischen Hochschulen des Bundes gemäß § 75 Hochschulgesetz ermächtigt, Teile der Liegenschaft, des Bauwerks oder von Räumlichkeiten samt Inventar an Dritte zu überlassen, sofern dadurch die Erfüllung der Aufgaben der Pädagogischen Hochschule (§ 8 Hochschulgesetz 2005) nicht beeinträchtigt wird.

Dabei sind Überlassungen für sportliche und künstlerische Zwecke sowie für Zwecke der Erwachsenenbildung und des Volksbüchereiwesens im Sinne des Bundes-Sportförderungsgesetzes 2017, BGBl. I Nr. 100/2017, des Kunstförderungsgesetzes, BGBl. Nr. 146/1988, und des Bundesgesetzes über die Förderung der Erwachsenenbildung und des Volksbüchereiwesens aus Bundesmitteln, BGBl. Nr. 171/1973, sowie Überlassungen für Zwecke im Rahmen der eigenen Rechtspersönlichkeit gemäß § 3 Hochschulgesetz 2005 vorrangig zu behandeln.

Über solche Überlassungen sowie die Höhe des zu entrichtenden Entgelts (insbesondere Mietzins, Beiträge für den Betriebsaufwand, Umsatzsteuer) entscheidet das Rektorat.

Eingehobene Entgelte bzw. Beiträge sind vorrangig für die Bedeckung der durch die Überlassung entstandenen Mehrausgaben sowie weiters für andere Zwecke der Pädagogischen Hochschule zu verwenden.

Einzahlungen aus der Überlassung von Teilen der Liegenschaft, des Bauwerks oder von Räumlichkeiten samt Inventar sind ausnahmslos im Rahmen der zweckgebundenen Gebarung (Abschnitt 1 dieses Erlasses) zu verrechnen.

Im Übrigen gelten die Punkte 2.4 bis einschließlich 2.6 dieses Erlasses sinngemäß.

4. Schulraumüberlassung durch Bundessportakademien

Gemäß § 10a Bundessportakademiengesetz sind die Leiterinnen oder Leiter von Bundessportakademien ermächtigt, Teile der Schulliegenschaft samt Inventar für nichtschulische Zwecke an Dritte zu überlassen, sofern dadurch die Erfüllung der Aufgaben der Schulen zur Ausbildung von Bewegungserziehern und Sportlehrern (§ 1 Bundessportakademiengesetz) nicht beeinträchtigt wird.

Dabei sind Überlassungen für kreative, künstlerische, musische und sportliche Zwecke sowie für Zwecke der Erwachsenenbildung und des Volksbüchereiwesens im Sinne des Bundes-Sportförderungsgesetzes 2017, BGBl. I Nr. 100/2017, des Kunstförderungsgesetzes, BGBl. Nr. 146/1988, und des Bundesgesetzes über die Förderung der Erwachsenenbildung und des Volksbüchereiwesens aus Bundesmitteln, BGBl. Nr. 171/1973, des Bundes-Jugendförderungsgesetzes, BGBl. I Nr. 126/2000, jeweils in der geltenden Fassung, sowie Überlassungen für Zwecke im Rahmen der Teilrechtsfähigkeit gemäß § 10b Bundessportakademiengesetz vorrangig zu behandeln.

Es gilt:

- Bei Überlassung von Teilen der Schulliegenschaft für die genannten Zwecke ist ein Beitrag in der Höhe des durch die Überlassung entstandenen Mehraufwandes einzuheben. § 16 Bundes-Sportförderungsgesetz 2017 (*„Sofern Einrichtungen der Bundesschulen gegen jederzeitigen Widerruf für sportliche Zwecke überlassen werden, darf diese Überlassung unentgeltlich erfolgen“*) bleibt unberührt.
- Die Überlassung von Teilen der Schulliegenschaft für Zwecke, die im Interesse der Schule, insbesondere im kreativen, künstlerischen, musischen und sportlichen Bereich, gelegen sind kann unentgeltlich erfolgen. Ein allenfalls dennoch eingehobener Überlassungsbeitrag darf den Betriebsaufwand nicht überteigen.

In allen übrigen Fällen ist für die Überlassung von Teilen der Liegenschaft ein mindestens angemessenes Entgelt (insbesondere Mietzins, Beiträge für den Betriebsaufwand, Umsatzsteuer) einzuheben.

4.1 Verrechnung von Entgelten

Eingehobene Entgelte bzw. Beiträge sind vorrangig für die Bedeckung der durch die Überlassung entstandenen Mehrausgaben sowie weiters für andere Zwecke der Schule zu verwenden.

Einzahlungen aus der Überlassung von Teilen der Schulliegenschaft samt Inventar sind ausnahmslos im Rahmen der zweckgebundenen Gebarung (Abschnitt 1 dieses Erlasses) zu verrechnen.

Im Übrigen gelten die Punkte 2.4 bis einschließlich 2.6 dieses Erlasses sinngemäß.

5. Einnahmen aus Werbung und Schulsponsoring

5.1 Allgemeines

Rechtsgrundlage bilden der § 128b SchOG bzw. der § 77 Hochschulgesetz 2005 bzw. der § 10a Bundessportakademiengesetz.

Grundvoraussetzung für die Zulässigkeit von Werbung und Schulsponsoring (Spenden) im Bereich der Bundesschulen und Bundesschülerheime ist die Gewähr, dass dadurch die Erfüllung der Aufgaben der österreichischen Schule im Sinne des § 2 SchOG bzw. des § 8 Hochschulgesetz 2005 bzw. des § 1 Bundessportakademiegesetz nicht beeinträchtigt wird.

Darüber hinaus wird auf einschlägige Regelungen wie den § 46 Abs. 3 SchUG sowie die vom Bundesministerium für Bildung, Wissenschaft und Forschung erlassenen Bestimmungen betreffend die Unzulässigkeit von parteipolitischer Werbung an Schulen hingewiesen.

5.2 Ermächtigung zum Abschluss der Verträge

Gemäß den Bestimmungen der §§ 128a und 128b SchOG, des § 10a Bundessportakademiengesetz, sowie der §§ 75, 76 und 77 Hochschulgesetz 2005 sind die Leiterinnen und Leiter der Bundesschulen und Bundesschülerheime, die Rektorinnen und Rektoren der Pädagogischen Hochschulen des Bundes sowie die Leiterinnen und Leiter der Bundessportakademien ermächtigt, jeweils für ihren Wirkungsbereich Sponsoringverträge sowie Verträge betreffend Werbung am jeweiligen Schul- bzw. Heimstandort abzuschließen.

5.3 Vertragsgestaltung

Sponsoringverträge bzw. Verträge betreffend Werbung am jeweiligen Schul- bzw. Heimstandort sollten grundsätzlich nach einem von der Schulbehörde erster Instanz vorgegebenen, in rechtlicher und wirtschaftlicher Hinsicht geprüftem Muster abgeschlossen werden.

Ungeachtet dessen gilt für den Abschluss von Sponsoringverträgen bzw. Verträgen betreffend Werbung am jeweiligen Schul- und Heimstandort wie folgt:

- Sponsoringverträge bzw. Verträge betreffend Werbung dürfen nur unter Wahrung des unionsrechtlichen Diskriminierungsverbotes sowie unter Beachtung des Gleichheitssatzes (vgl. Art. 7 Abs. 1 B-VG; auch in Verbindung mit § 879 ABGB) abgeschlossen werden.
- Eine Verpflichtung zu einer einem Dritten eingeräumten Exklusivität kann in Fällen nicht eingegangen werden, in welchen die Bundesschule bzw. das Bundesschülerheim infolge der Einhaltung von Gesetzen und Verordnungen sowie von Rundschreiben, Erlässen und sonstigen Weisungen des Bundesministeriums für Bildung, Wissenschaft und Forschung in ihrer bzw. seiner Entscheidungs- und Handlungsfreiheit beschränkt ist.
- In diesem Sinne kann sich eine allenfalls vertraglich eingeräumte Branchenexklusivität nur auf die Werbung für Banken oder Sparkassen beziehen, nicht aber auf sonstige Unternehmungen (etwa Handelsbetriebe, Baumärkte, Versicherungen etc.).

Keinesfalls dürfen Sponsoringverträge bzw. Verträge betreffend Werbung am jeweiligen Schul- bzw. Heimstandort die Bundesschulen und Bundesschülerheime zu Verstößen gegen die im § 2 BHG 2013 bestimmten haushaltsrechtlichen Grundsätze oder gegen das Bundesvergabegesetz 2018 (BVergG 2018), BGBl. I Nr. 65/2018 sowie das Bundesgesetz über die Errichtung einer Bundesbeschaffung GmbH, BGBl. I Nr. 39/2001, jeweils samt den dazu ergangenen Verordnungen und jeweils in der geltenden Fassung veranlassen.

- Sofern sich die Schul- bzw. Heimliegenschaft im Eigentum der Bundesimmobiliengesellschaft m.b.H. befindet, ist eine zuvor eingeholte schriftliche Zustimmung der Bundesimmobiliengesellschaft m.b.H Voraussetzung für Werbemaßnahmen an Gebäudefassaden oder im Bereich der Freianlagen der Schule bzw. des Schülerheimes (z.B. Anbringung von Werbetafeln, Transparenten und dergleichen).

5.4 Verrechnung der Vertragsentgelte

Einzahlungen aus Sponsoringverträgen bzw. Verträgen betreffend Werbung am jeweiligen Schul- bzw. Heimstandort sind im Rahmen der zweckgebundenen Gebarung (Abschnitt 1 dieses Erlasses) auf dem betreffenden, der Schule bzw. dem Heim zur Verfügung stehenden Bankkonto des Bundes bei der BAWAG P.S.K. zu verrechnen. Die Verrechnung korrespondierender Auszahlungen hat gleichfalls im Rahmen der zweckgebundenen Gebarung auf dem betreffenden der Schule bzw. dem Heim zur Verfügung stehenden Bankkonto des Bundes bei der BAWAG P.S.K. zu erfolgen.

Die Verrechnung hat auch dann im Rahmen der zweckgebundenen Gebarung zu erfolgen, wenn eine Bank oder Sparkasse Sponsor bzw. Werberin ist:

5.4.1 Gebotene Vorgangsweise

Die Landeszentrale der Bank oder Sparkasse eröffnet ein Konto mit der Bezeichnung *„Sponsoring Bundesschulen“*. Anweisungsberechtigt sind die örtlichen Filialen der Bank o- der Sparkasse. Sie überweisen die den Schulen bzw. dem Heim nach dem Vertrag zukommenden Beträge auf das der Schule bzw. dem Heim zur Verfügung stehende Bankkonto des Bundes bei der BAWAG P.S.K., wo die Einzahlungen zweckgebunden beim Konto 8852.* verrechnet werden.

Diese Vorgangsweise ist nicht zuletzt aus Erwägungen der Verwaltungsökonomie geboten.

5.4.2 Alternative Vorgangsweise

Die Eröffnung eines „sonstigen Kontos“ – also die Einrichtung eines Kontos eines anderen Kreditunternehmens neben dem der Schule bzw. dem Heim zur Verfügung stehenden Bankkonto des Bundes bei der BAWAG P.S.K. – ist gemäß § 111 Abs. 2 BHG 2013 nur zulässig, wenn es die besonderen örtlichen oder sachlichen Voraussetzungen erfordern und die Bundesministerin für Finanzen oder der Bundesminister für Finanzen der Eröffnung zugestimmt hat.

Daraus folgt, dass sich die Eröffnung eines „sonstigen Kontos" nur auf besondere, sachlich begründete Ausnahmefälle beschränken kann. Sofern also eine Bank oder Sparkasse als Sponsor darauf besteht, dass jede örtliche Filiale und Schule oder Schülerheim ein eigenes Konto haben muss, ist für alle solche Konten die Durchführung eines Verfahrens gemäß § 111 Abs. 2 BHG 2013 in Verbindung mit § 102 Abs. 4 BHV 2013 erforderlich:

Die zuständigen Schulbehörden erster Instanz bzw. die Leiterinnen oder Leiter der Zentrallehranstalten und Rektorate der Pädagogischen Hochschulen des Bundes haben unter Angabe der maßgeblichen Zeichnungsberechtigungen einen Antrag auf Eröffnung des betreffenden „sonstigen Kontos" an das Bundesministerium für Bildung, Wissenschaft und Forschung (budget-UG30@bmbwf.gv.at) zu stellen. Dem Antrag ist eine Begründung sowie die Kopie des dazugehörigen Sponsoringvertrages bzw. Vertrages betreffend die Werbung am Schul- bzw. Heimstandort beizufügen.

Im Falle der Zustimmung der Bundesministerin für Finanzen oder des Bundesministers für Finanzen zur Eröffnung eines „sonstigen Kontos" sind Einzahlungen des Sponsors bzw. des Werbers zweckgebunden beim Konto 8852.* zu verrechnen.

Jede andere als die bei den Punkten 5.4.1 und 5.4.2 dieses Erlasses dargestellte Verrechnung von Einzahlungen aus Sponsoringverträgen bzw. Verträgen betreffend Werbung an Schul- bzw. Heimstandorten ist unzulässig.

6. Zu weiteren im Rahmen der zweckgebundenen Gebarung zu verrechnenden Mittelverwendungen

Folgende Mittelverwendungen der Bundesschulen und Bundesschülerheime sind unter Hinweis auf den § 128b SchOG bzw. den § 77 Hochschulgesetz 2005 bzw. den § 10a Abs. 7 Bundessportakademiegesetz jedenfalls im Rahmen der zweckgebundenen Gebarung (Abschnitt 1 dieses Erlasses) zu verrechnen:

- Mittelverwendungen im Zusammenhang mit der Verpachtung von Schulbuffets, Lehrmittelverkaufsstellen, Automaten und Kopiergeräten;
- Mittelverwendungen der Versuchsanstalten an technischen Bundeslehranstalten gemäß den vom Bundesministerium für Bildung, Wissenschaft und Forschung einschlägig erlassenen Bestimmungen;
- Drittmittel, welche aus der Veräußerung von Leistungen des fachpraktischen Unterrichts oder aus Sonderveranstaltungen' auf Erbringung von speziellen Leistungen im Rahmen des lehrplanmäßigen Unterrichts lukriert werden.

Darüber hinaus wird festgestellt:

- Sofern und soweit seitens des Bundesministeriums für Bildung, Wissenschaft und Forschung nicht ausdrücklich anderes bestimmt ist, ist die Bedeckung von Personalaufwand (darunter z.B. auch Belohnungen, Geldaushilfen, Leistungsprämien etc.) aus der zweckgebundenen Gebarung unzulässig. Im Übrigen wird auf den Punkt 1.4 dieses Erlasses verwiesen.
- Die Bedeckung baulicher Maßnahmen aus der zweckgebundenen Gebarung ist unzulässig. Von diesem Grundsatz ausgenommen sind Instandsetzungsmaßnahmen kleineren Umfanges, wie z.B. die Reparatur von Türen, die Abdichtung schadhafter Sanitär- und Heizungsleitungen oder der Austausch von schadhaften Steckdosen und Lichtschaltern.

  Umfangreichere Reparatur- und Instandsetzungsmaßnahmen sowie bauliche sowie funktionelle Verbesserungen (dazu gehören etwa die Sanierung von Fußböden oder Malerarbeiten, EDV-Verkabelungen, die Erneuerung von Telefonanlagen oder bauliche Maßnahmen im Zusammenhang mit dem Bundes-Behindertengleichstellungsgesetz) erfordern vor Inangriffnahme regelmäßig eine Befassung der Vermieterin oder des Vermieters der Liegenschaft. Solche Maßnahmen sind zudem aus hiefür besonders gewidmeten Mitteln der reellen Gebarung zu bedecken. Mit Blick darauf wird ersucht, sich nicht bloß im Falle angestrebter baulicher Sanierungs- und Erweiterungsmaßnahmen, sondern bereits im Falle umfangreicherer Reparatur- und Instandsetzungsmaßnahmen vorab mit der Schulbehörde erster Instanz ins Einvernehmen zu setzen.
- Etwaige Repräsentationsausgaben, Bewirtungen und dergleichen sind dem Ausmaß und dem Aufwand nach unbedingt auf das jeweils begründete, unabweisliche Erfordernis zu beschränken. In Zweifelsfällen wird ersucht, hierüber das Einvernehmen mit der Schulbehörde erster Instanz herzustellen.

7. Hinweis zum Außerkrafttreten von Bestimmungen

Der vorliegende Erlass ersetzt das seinerzeitige Rundschreiben Nr. 10/2013 des Bundesministeriums für Unterricht, Kunst und Kultur, GZ 14.300/0008-B/2/2013 vom 29. Juli 2013, welches außer Kraft tritt.

3.6.7. Ermächtigung zum Abschluss von Verträgen[1])

Erlass

Titel:	Ermächtigung zum Abschluss von Verträgen im Bereich der Bildungsdirektionen (Bundesvollziehung) sowie im Bundesschulbereich
Sachgebiet:	Verwaltungsorganisation; Vergabe-, zivil/Vertrags- und sozialversicherungsrechtliche Angelegenheiten; Budget- und Rechnungswesen
Verteilerkreis:	Bildungsdirektionen; Zentrallehranstalten; Pädagogische Hochschulen des Bundes
Geltung:	Unbefristet
Rechtsgrundlage:	Bildungsdirektionen-Einrichtungsgesetz; Schulorganisationsgesetz; Hochschulgesetz 2005; Bundessportakademiegesetz; Bundeshaushaltsgesetz 2013
Kernaussagen/Ziele:	Dezentralisierung von Aufgaben der Schulverwaltung in Angelegenheiten der Bundesvollziehung durch Übertragung von Vertragsabschlusskompetenzen an nachgeordnete Dienststellen
Ort und Zeitpunkt der Veröffentlichung:	Wien, 27. September 2022
Veröffentlichende Stelle:	BMBWF

Mit diesem Erlass werden im Sinne der vom Bundesministerium für Bildung, Wissenschaft und Forschung verfolgten weitest gehenden Dezentralisierung von Aufgaben der Schulverwaltung die Bildungsdirektionen in Angelegenheiten der Bundesvollziehung, die Bildungsdirektionen als Schulbehörden erster Instanz, die Leiterinnen und Leiter der Zentrallehranstalten sowie die Rektorinnen und Rektoren der Pädagogischen Hochschulen des Bundes jeweils für ihren Wirkungsbereich zum Abschluss bestimmter privatrechtlicher Verträge ermächtigt:

1. Umfang der Abschlusskompetenz

Die Bildungsdirektionen in Angelegenheiten der Bundesvollziehung, die Bildungsdirektionen als Schulbehörden erster Instanz, die Leiterinnen und Leiter der Zentrallehranstalten sowie die Rektorinnen und Rektoren der Pädagogischen Hochschulen des Bundes werden jeweils für ihren Wirkungsbereich zum Abschluss von

a) Kaufverträgen,
b) Mietverträgen,
c) Pachtverträgen,
d) Werkverträgen,
e) freien Dienstverträgen in Belangen der technischen Leistung der Hardware-, Netzwerk- und Systembetreuung an Bundesschulen bzw. Pädagogischen Hochschulen des Bundes,
f) freien Dienstverträgen in Belangen der Versuchsanstalten an Bundesschulen,
g) sonstigen freien Dienstverträgen, sowie von
h) Verträgen betreffend Personalbereitstellungen (Arbeitskräfteüberlassungen)

unter den bei den nachfolgenden Punkten 1.1, 1.2 und 1.3 dieses Erlasses angeführten, kumulativ vorliegenden Voraussetzungen ermächtigt.

1.1 Gesicherte budgetäre Bedeckung

Die Ermächtigung zum Abschluss der genannten Verträge wird unter der Voraussetzung erteilt, dass die dem Bund daraus entstehenden finanziellen Verpflichtungen im Rahmen der im jeweiligen Finanzjahr zur Verfügung stehenden budgetären Mittel (Budgetrahmen, Auszahlungshöchstbeträge) bedeckt werden können und keine zusätzlichen budgetären Forderungen bzw. Mittelverwendungsüberschreitungen (außer- oder überplanmäßige Mittelverwendungen) auslösen.

[1]) Geschäftszahl: 2022-0.599.127, Erlass Nr. 1/2022.

1.2 Einhaltung der haushalts-, vergabe- und beschaffungsrechtlichen Vorschriften

Die Ermächtigung zum Abschluss der genannten Verträge wird unter der Voraussetzung erteilt, dass sowohl bei der Errichtung, als auch bei der Erfüllung der Verträge den geltenden haushaltsrechtlichen Bestimmungen, darunter insbesondere den im § 2 Abs. 1 BHG 2013 bezeichneten Zielen und Grundsätzen der Haushaltsführung entsprochen wird und die vergabe- und beschaffungsrechtlichen Vorschriften eingehalten werden. Zu letzteren Vorschriften zählen das Bundesvergabegesetz 2018, BGBl. I Nr. 65/2018 samt den dazu ergangenen Verordnungen, sowie das Bundesgesetz über die Errichtung einer Bundesbeschaffung GmbH, BGBl. I Nr. 39/2001 samt den dazu ergangenen Verordnungen, jeweils in der geltenden Fassung.

Die für den Bund geltenden haushalts-, vergabe- und beschaffungsrechtlichen Vorschriften sind im Internet über das Rechtsinformationssystem des Bundes (www.ris.bka.gv.at) sowie über die Website der Bundesbeschaffung GmbH (www.bbg.gv.at) zugänglich.

1.3 Kündbarkeit

Sofern es sich bei den genannten Verträgen um Dauerschuldverhältnisse (Verträge, welche auf periodisch wiederkehrende Leistungen abstellen) handelt, wird die Ermächtigung zu ihrem Abschluss unter der Voraussetzung erteilt, dass die Verträge im Falle allgemeiner budgetärer Restriktionen fristgerecht gekündigt werden können. Im Hinblick darauf wird empfohlen, grundsätzlich die jährliche Kündbarkeit (vorzugsweise zum Ende eines Kalenderjahres) zu vereinbaren.

2. Von der Abschlusskompetenz nicht erfasste Verträge

Die Aufzählung beim Punkt 1 dieses Erlasses ist erschöpfend. Andere als die dort angeführten Vertragstypen (z.B. Förderungsverträge: vgl. § 30 Abs. 5 BHG 2013 i.V.m. § 2 ARR 2014) sind von der mit diesem Erlass eingeräumten Abschlusskompetenz nicht erfasst und bedürfen jedenfalls der vorherigen Genehmigung des Bundesministeriums für Bildung, Wissenschaft und Forschung.

Von der mit diesem Erlass erteilten Abschlusskompetenz nicht erfasst sind jedoch auch Kauf-, Miet-, Pacht- und Werkverträge, freie Dienstverträge, sowie Verträge betreffend Personalbereitstellungen (Arbeitskräfteüberlassungen), auf welche Tatbestände der nachfolgenden Punkte 2.1, 2.2 und 2.3 dieses Erlasses zutreffen.

2.1 Verträge, welche die Herstellung des Einvernehmens mit der Bundesministerin für Finanzen oder dem Bundesminister für Finanzen erfordern

Verträge, welche die Herstellung des Einvernehmens mit der Bundesministerin für Finanzen oder dem Bundesminister für Finanzen bedingen, erfordern vor Vertragsabschluss in jedem Fall die Befassung des Bundesministeriums für Bildung, Wissenschaft und Forschung.

Dabei handelt es sich um Verträge, welche die Durchführung eines Vorhabens von außerordentlicher finanzieller Bedeutung zum Inhalt haben sowie um Verträge, welche die Durchführung eines nur das jeweilige Finanzjahr oder künftige Finanzjahre belastenden Vorhabens betreffen, die damit verbundenen Auszahlungen aber bestimmte Betragsgrenzen überschreiten.

Die maßgeblichen Betragsgrenzen sowie Festlegungen, welche Vorhaben als Vorhaben von außerordentlicher finanzieller Bedeutung gelten, sind dem Erlass des Bundesministeriums für Bildung, Wissenschaft und Forschung betreffend die Durchführungsbestimmungen zum jährlichen Bundesfinanzgesetz zu entnehmen.

2.2 Verträge, mit welchen Finanzschulden oder Haftungen des Bundes begründet werden

Finanzschulden (§ 78 BHG 2013) dürfen nur von der Bundesministerin für Finanzen oder dem Bundesminister für Finanzen eingegangen werden.

Vor diesem Hintergrund sind Verträge, welche ein Finanzierungsleasing beinhalten sowie sale-and-lease-back-Geschäfte von der mit diesem Erlass eingeräumten Kompetenz zum Abschluss von Verträgen nicht erfasst. Der Abschluss jeglicher Leasingverträge erfordert vielmehr die vorherige Befassung des Bundesministeriums für Bildung, Wissenschaft und Forschung.

Gemäß § 82 Abs. 1 BHG 2013 darf nur die Bundesministerin für Finanzen oder der Bundesminister für Finanzen eine Haftung (Bürgschaft nach den §§ 1346 und 1348 bis 1367 ABGB oder eine Garantie) des Bundes übernehmen.

2.3 Verträge, die mit Verfügungen über Bestandteile des Bundesvermögens einhergehen

Auf die mit dem einschlägigen Erlass des Bundesministeriums für Bildung, Wissenschaft und Forschung getroffenen Regelungen in Belangen der Verfügungen über Bundesvermögen sowie Regelungen betreffend die Verwaltung und das Ausscheiden von Bundesvermögen wird verwiesen.

2.4 Dienstverträge

Von der gegenständlichen Ermächtigung zum Abschluss von Verträgen ausdrücklich nicht erfasst sind Dienstverträge gemäß § 4 VBG 1948.

Sofern und soweit hiezu nicht gesondert ausdrückliche Ermächtigungen erteilt sind – etwa mit der Dienstrechtsverfahrens- und Personalstellenverordnung – BMUKK 2007, BGBl. II Nr. 374/2007 – ist der Abschluss von Dienstverträgen ausschließlich dem Bundesministerium für Bildung, Wissenschaft und Forschung vorbehalten.

3. Hinweise zu den eingeräumten Abschlusskompetenzen

3.1 Abgrenzung freier Dienstvertrag – Werkvertrag

Auf die aus dem jährlichen Erlass des Bundesministeriums für Bildung, Wissenschaft und Forschung betreffend die Durchführungsbestimmungen zum jährlichen Bundesfinanzgesetz ersichtliche Abgrenzung von Werkverträgen von freien Dienstverträgen wird besonders hingewiesen. Ob tatsächlich ein Werkvertrag abgeschlossen wird oder nicht bereits ein freier Dienstvertrag, ist demnach nach inhaltlichen Kriterien zu beurteilen, nicht bloß nach der Bezeichnung des Vertrages als „Werkvertrag" oder „Freier Dienstvertrag".

Wesentliche Unterscheidungsmerkmale sind:

- Beim freien Dienstvertrag handelt es sich um einen beschäftigungsorientierten Vertrag. Die Leistung wird laufend und in engem Zusammenwirken mit dem Auftraggeber und in der Regel mit vom Auftraggeber bereitgestellten Mitteln erbracht.
- Beim Werkvertrag handelt es sich um einen leistungsorientierten Vertrag. Er zielt auf eine Leistung (das „Werk") ab, welche von der Auftragnehmerin bzw. vom Auftragnehmer selbstständig und wirtschaftlich unabhängig nach eigenem Plan und mit eigenen Mitteln bewerkstelligt wird.

Sofern bereits unter diesen Gesichtspunkten Zweifel am Charakter eines Vertrages als Werkvertrag bestehen, wird empfohlen, sich vor einem Vertragsabschluss mit der zuständigen Schulbehörde erster Instanz bzw. mit dem Bundesministerium für Bildung, Wissenschaft und Forschung ins Einvernehmen zu setzen.

3.2 Abgrenzung Vertrag betreffend Personalbereitstellungen (Arbeitskräfteüberlassungen) – Werkvertrag

Auf die Kriterien des § 4 Arbeitskräfteüberlassungsgesetz, BGBl. Nr. 196/1988 in der geltenden Fassung, wird besonders hingewiesen.

3.3 Abgeltung von Nebentätigkeiten

Erbringen Bundesbedienstete (Beamtinnen und Beamte oder Vertragsbedienstete) ohne unmittelbaren Zusammenhang mit ihren dienstlichen Aufgaben eine weitere Tätigkeit für den Bund, handelt es sich um eine Nebentätigkeit im Sinne des § 37 BDG 1979. Sofern und soweit eine solche Nebentätigkeit nicht an Stelle der der Bediensteten bzw. dem Bediensteten obliegenden dienstlichen Aufgaben ausgeübt wird, kommt eine Vergütung aufgrund einer privatrechtlichen Vereinbarung in Betracht (§ 25 Abs. 1 GehG).

Die einschlägigen steuer- und sozialversicherungsrechtlichen Vorschriften (§ 25 Abs. 1 Z 4 lit. c EStG 1988, § 19 Abs. 1 Z. 1 lit. f B-KUVG bzw. § 4 Abs. 2 Z. 2 ASVG) bestimmen, dass bei Auszahlung einer solchen Vergütung die Lohnsteuer bzw. Sozialversicherungsbeiträge einbehalten werden. Im Hinblick darauf sind solche Nebentätigkeitsvergütungen ausnahmslos über die Besoldung (Applikation PM-SAP, Lohnart 4969) auszubezahlen.

4. Delegation der Abschlusskompetenz

Die Bildungsdirektionen als Schulbehörden erster Instanz sind ermächtigt, die ihnen laut den Punkten 1 a. bis einschließlich 1 f. dieses Erlasses eingeräumte Kompetenz zum Abschluss von Verträgen samt Wahrnehmung der daraus resultierenden Rechte und Pflichten unter Wahrung des Subsidiaritätsprinzips den Leiterinnen und Leitern der Bundesschulen, der Bundesschülerheime sowie der Bundessportakademien zu übertragen.

Die Übertragung der Abschlusskompetenz für die bei den Punkten 1 g. und 1 h. dieses Erlasses bezeichneten Verträge an die Leiterinnen und Leiter der Bundesschulen, der Bundesschülerheime sowie der Bundessportakademien ist dagegen unzulässig: Die Beurteilung der Notwendigkeit, die Gestaltung sowie der Abschluss solcher Verträge sind mit Blick auf etwaige arbeitsrechtliche Implikationen für den Bereich der ihnen unterstellten Dienststellen jedenfalls von den Bildungsdirektionen wahrzunehmen.

Die mit diesem Erlass eingeräumten Kompetenzen zum Abschluss von Verträgen bzw. ihre Delegation an Schul-, Heim- bzw. Anstaltsleiterinnen und Anstaltsleiter hindert nicht, sich in Einzelfällen oder fallgruppenbezogen vor einem Vertragsabschluss mit den zuständigen Geschäftsabteilungen des Bundesministeriums für Bildung, Wissenschaft und Forschung ins Einvernehmen zu setzen.

5. Sonstige Vertragsabschlusskompetenzen

5.1 Versicherungsverträge

Die Ermächtigung zum etwaigen Abschluss von Versicherungsverträgen folgt den mit dem einschlägigen Erlass des Bundesministeriums für Bildung, Wissenschaft und Forschung in Belangen der Verfügungen über Bundesvermögen getroffenen Regelungen. Dabei sind die Bestimmungen der Verordnung der Bundesministerin für Finanzen über den Abschluss von Versicherungsverträgen durch die Bundesverwaltung gemäß § 70 Abs. 5 BHG 2013, BGBl. II Nr. 26/2013 in der geltenden Fassung, einzuhalten.

5.2 Schulraumüberlassung und sonstige Drittmittel

Die Bestimmungen der §§ 128a und 128b SchOG, des § 10a Bundessportakademiegesetz, sowie der §§ 75, 76 und 77 Hochschulgesetz 2005 bleiben von den Regelungen dieses Erlasses unberührt.

In diesem Zusammenhang wird auf die vom Bundesministerium für Bildung, Wissenschaft und Forschung für die zweckgebundene Gebarung im Bundesschulbereich, die Unzulässigkeit von parteipolitischer Werbung an Schulen sowie die in Belangen der kommerziellen Werbung an Schulen bzw. des Verbots aggressiver Geschäftspraktiken einschlägig getroffenen Regelungen hingewiesen.

5.3 Verträge im Rahmen der Teilrechtsfähigkeit bzw. eigenen Rechtspersönlichkeit

Die Bestimmungen dieses Erlasses finden in Belangen der Teilrechtsfähigkeit der Bundesschulen, Bundesschülerheime und Bundessportakademien sowie in Belangen der eigenen Rechtspersönlichkeit der Pädagogischen Hochschulen des Bundes keine Anwendung: gemäß den §§ 128c Abs. 7 und 128d Abs. 6 SchOG bzw. § 10b Abs. 7 Bundessportakademiegesetz bzw. § 3 Abs. 6 Hochschulgesetz 2005 trifft den Bund für Verbindlichkeiten, welche im Rahmen der Teilrechtsfähigkeit bzw. der eigenen Rechtspersönlichkeit entstehen, keine Haftung.

6. Zusammenfassende Darstellung

Eine konzise Übersicht über die mit dem gegenständlichen Erlass festgelegten Kompetenzen zum Abschluss von Verträgen bietet die Beilage zu diesem Erlass.

7. Hinweis zum Außerkrafttreten von Bestimmungen

Der vorliegende Erlass ersetzt das seinerzeitige Rundschreiben Nr. 27/2018 des Bundesministeriums für Bildung, Wissenschaft und Forschung, GZ 39.790/0079-Präs/2/2018 vom 26. November 2018, welches außer Kraft tritt.

Übersicht über die Kompetenzen zum Abschluss von Verträgen im Bundesschulbereich

(■) im Falle einer dahingehenden Ermächtigung durch das BMBWF (z.B. Dienstrechtsverfahrens- und Personalstellenverordnung – BMUKK 2007)
(●) im Falle einer dahingehenden Ermächtigung durch die Schulbehörde erster Instanz
(□) allenfalls nach Befassung der Bundesministerin für Finanzen oder des Bundesministers für Finanzen

Vertragstyp	Schulbehörden		Bundesschulen			
	BMBWF	Bildungsdirektionen	Zentrallehranstalten	AHS, BMHS, BAfEP, Schülerheime	Pädagogische Hochschulen	Bundessportakademien
Dienstverträge	●	(■)	-	-	-	-
Freie Dienstverträge in Belangen der technischen Leistung der Hardware-, Netzwerk- und Systembetreuung	●	●	●	(●)	●	(●)
Freie Dienstverträge in Belangen der Versuchsanstalten	●	●	●	(●)	-	-
Sonstige frei Dienstverträge	●	●	●	-	●	-
Verträge betreffend Personalbereitstellungen (Arbeitskräfteüberlassungen)	●	●	●	-	●	-
Kaufverträge	●	●	●	(●)	●	(●)
Mietverträge	●	●	●	(●)	●	(●)
Pachtverträge	●	●	●	(●)	●	(●)
Werkverträge	●	●	●	(●)	●	(●)
Förderungsverträge	●	-	-	-	-	-
Leasingverträge	(□)	-	-	-	-	-
(Fortsetzung)	Schulbehörden		Bundesschulen			

Vertragstyp	BMBWF	Bildungs-direktionen	Zentrallehr-anstalten	AHS, BMHS, BAfEP, Schülerheime	Pädagogische Hochschulen	Bundessport-akademien
Eingehen von Finanzschulden	(□)	-	-	-	-	-
Übernahme von Haftungen (Bürgschaften nach den §§ 1346 und 1348 bis 1367 ABGB oder Garantien)	(□)	-	-	-	-	-
Verträge in Angelegenheiten der Schulraumüberlassung im Sinne des § 128a SchOG	•	•	•	•	-	-
Verträge in Angelegenheiten sonstiger Drittmittel im Sinne des § 128b SchOG	•	•	•	•	-	-
Verträge in Angelegenheiten der Raumnutzung im Sinne der §§ 75 und 76 Hochschulgesetz 2005	•	-	-	-	•	-
Verträge in Angelegenheiten sonstiger Drittmittel im Sinne des § 77 Hochschulgesetz 2005	•	-	-	-	•	-
Verträge in Angelegenheiten der Schulraumüberlassung im Sinne des § 10a Abs. 1 bis 6 Bundessportakademiengesetz	•	•	-	-	-	•
Verträge in Angelegenheiten sonstiger Drittmittel im Sinne des § 10a Abs. 7 Bundessportakademiengesetz	•	•	-	-	-	•
Versicherungsverträge, wenn der Abschluss einer Versicherung gesetzlich angeordnet ist	•	•	•	(•)	•	(•)
Versicherungsverträge, wenn die Versicherungsprämie überwälzt werden kann	•	•	•	(•)	•	(•)
Übrige, hier nicht genannte Vertragstypen	•	-	-	-	-	-

3.7.1. Bundessportakademiengesetz

BGBl. Nr. 140/1974
idF der Bundesgesetze

BGBl. Nr. 770/1996 BGBl. I Nr. 24/1998
BGBl. I Nr. 91/2005 BGBl. I Nr. 48/2014
BGBl. I Nr. 38/2015 BGBl. I Nr. 56/2016
BGBl. I Nr. 19/2021

Inhaltsverzeichnis[1])

Bundesgesetz über Schulen zur Ausbildung von Bewegungserziehern und Sportlehrern (Bundessportakademiengesetz)

(BGBl. I Nr. 56/2016, Art. 3 Z 1)

Der Nationalrat hat beschlossen:

Geltungsbereich

§ 1. Dieses Bundesgesetz regelt die Organisation und Führung von Schulen, die die Aufgabe haben, junge Menschen zu gesunden, tüchtigen, pflichttreuen und verantwortungsbewußten Bewegungserziehern und Sportlehrern heranzubilden, die nach Berufsgesinnung, Berufswissen und Berufskönnen geeignet sind, die Aufgaben ihrers Berufes zu erfüllen und bestrebt sind, an ihrer Fortbildung weiterzuarbeiten.

(BGBl. Nr. 140/1974 idF BGBl. I Nr. 56/2016, Art. 3 Z 2)

Aufbau der Schulen

§ 2. (1) Die Schulen zur Ausbildung von Bewegungserziehern und Sportlehrern umfassen Lehrgänge mit einer nach der Vorbildung der Schüler und dem im Lehrplan vorgesehenen Bildungsziel unterschiedlichen Dauer von einem bis sechs Semestern. Sie sind mittlere Schulen im Sinne des § 3 Abs. 4 Z 6 des Schulorganisationsgesetzes, BGBl. Nr. 242/1962. *(BGBl. Nr. 140/1974 idF BGBl. I Nr. 24/1998, Z 1 und BGBl. I Nr. 56/2016, Art. 3 Z 3)*

(2) Die sechssemestrigen Lehrgänge schließen an die 8. Lehrplanstufe an. *(BGBl. I Nr. 56/2016, Art. 3 Z 4)*

Lehrplan

§ 3. (1) Der zuständige Bundesminister hat die Lehrpläne für die schulmäßige Ausbildung von Bewegungserziehern und Sportlehrern durch Verordnung festzusetzen. *(BGBl. Nr. 140/1974 idF BGBl. I Nr. 24/1998, Z 2, BGBl. I Nr. 48/2014, Art. 6 Z 1 und BGBl. I Nr. 56/2016, Art. 3 Z 2)*

(2) Die Lehrpläne haben zu enthalten:

a) die allgemeinen Bildungsziele der betreffenden Art der Bewegungserzieher- und Sportlehrerausbildung, wobei sich letztere auf eine oder mehrere Sportarten beziehen kann; *(BGBl. Nr. 140/1974 idF BGBl. I Nr. 56/2016, Art. 3 Z 5)*

b) die Bildungs- und Lehraufgaben der einzelnen Unterrichtsgegenstände und die didaktischen Grundsätze;

c) die Aufteilung des Lehrstoffes auf die einzelnen Semester;

d) die Gesamtstundenzahl und das Stundenausmaß der einzelnen Unterrichtsgegenstände.

(3) In den Lehrplänen sind folgende Pflichtgegenstände vorzusehen:

a) Religion; Deutsch; Politische Bildung; Sportpädagogik, -didaktik und -methodik; Sportphysiologie; Bewegungslehre und Biomechanik, Sportpsychologie, Sportbiologie, Geschichte des Sports; Praktische

[1]) Das Inhaltsverzeichnis ist von den Gesetzesbeschlüssen nicht umfasst.

Übungen; Praktisch-methodische Übungen; in den länger als ein Semester dauernden Ausbildungslehrgängen überdies Lebende Fremdsprache; *(BGBl. I Nr. 56/2016, Art. 3 Z 6)*

b) allgemeine sportliche Ausbildung in den Grundformen von Bewegung und Sport; *(BGBl. Nr. 140/1974 idF BGBl. I Nr. 91/2005, Art. 8 Z 2)*

c) die für die Berufsausübung als Sportlehrer für die betreffende Sportart notwendigen zusätzlichen theoretischen und praktischen Unterrichtsgegenstände;

d) für die Ausbildung zum Bewegungserzieher an Schulen zusätzlich praktisch-methodische Übungen und Schulrechtskunde. *(BGBl. Nr. 140/1974 idF BGBl. I Nr. 56/2016, Art. 3 Z 7)*

In den Lehrplänen kann vorgesehen werden, dass Pflichtgegenstände zusammengefasst als ein Pflichtgegenstand geführt werden. *(BGBl. Nr. 140/1974 idF BGBl. I Nr. 56/2016, Art. 3 Z 8)*

(4) Neben den Pflichtgegenständen können auch Freigegenstände vorgesehen werden, die eine Vertiefung des Unterrichtes in den Pflichtgegenständen oder weitere Kenntnisse bieten.

(5) Im Lehrplan kann vorgesehen werden, daß während des Ausbildungslehrganges entsprechende Praxiszeiten außerhalb der Schule zurückzulegen sind, soweit dies zur Erreichung des Bildungszieles zweckmäßig ist. Ferner kann in den Lehrplänen die Einbeziehung von Formen des Fernunterrichtes insoweit vorgesehen werden, als dies zur Erleichterung des Lehrgangsbesuches ohne Einschränkung des Bildungszieles zweckmäßig ist.

Sprachstartgruppen und Sprachförderkurse

§ 3a. (1) Schülerinnen und Schülern von Bundessportakademien, die gemäß § 4 Abs. 2 lit. a oder Abs. 5 des Schulunterrichtsgesetzes wegen mangelnder Kenntnis der Unterrichtssprache als außerordentliche Schülerinnen oder Schüler aufgenommen wurden, sind in den Schuljahren 2016/17, 2017/18 und 2018/19 in Sprachstartgruppen und Sprachförderkursen jene Sprachkenntnisse zu vermitteln, die sie befähigen, dem Unterricht der betreffenden Schulstufe zu folgen.

(2) In den Sprachstartgruppen ist im Ausmaß von elf Wochenstunden an Stelle von vorgesehenen Pflichtgegenständen nach dem im betreffenden Lehrplan verordneten Pflichtgegenstand Deutsch zu unterrichten. Sprachstartgruppen können in geblockter Form sowie klassen-, schulstufen-, schul- oder schulartübergreifend geführt werden. Sprachstartgruppen können vorzeitig beendet und die Schülerinnen und Schüler darauf aufbauend in Sprachförderkurse übergeführt werden.

(3) In den Sprachförderkursen, die an Stelle von oder aufbauend auf Sprachstartgruppen geführt werden können, ist im Ausmaß von elf Wochenstunden integrativ im Unterricht von Pflichtgegenständen nach dem im betreffenden Lehrplan verordneten Pflichtgegenstand Deutsch zu unterrichten.

(4) Sprachstartgruppen und Sprachförderkurse dauern ein oder höchstens zwei Unterrichtsjahre und können nach Erreichen der erforderlichen Sprachkompetenz durch die Schülerin oder den Schüler auch nach kürzerer Dauer beendet werden. Bei der Durchführung von Sprachstartgruppen und Sprachförderkursen sind im Sinne der Qualitätssicherung und -entwicklung verpflichtend Diagnose- und Förderinstrumente einzusetzen. Eine umfassende Evaluierung insbesondere der Wirkungen der Sprachförderungsmaßnahmen sowie der Effizienz des damit zusammenhängenden Ressourceneinsatzes hat bis 31. Jänner 2019 zu erfolgen.

(BGBl. I Nr. 56/2016, Art. 3 Z 9)

Aufnahmsvoraussetzungen

§ 4. (1) Voraussetzung für die Aufnahme in sechssemestrige Lehrgänge sind der erfolgreiche Abschluss der 8. Schulstufe und die Erfüllung der allgemeinen Schulpflicht sowie die erfolgreiche Ablegung einer Eignungsprüfung, durch welche die für die Ausübung des Berufs der Bewegungserzieherin und der Sportlehrerin oder des Bewegungserziehers und des Sportlehrers erforderlichen Kenntnisse der deutschen Sprache sowie die körperliche Eignung der Schülerin oder des Schülers festzustellen sind. Weiters ist bis zum Antritt zur Befähigungs- oder Abschlussprüfung die Qualifikation im Bereich „Erste Hilfe“ durch den erfolgreichen Abschluss eines den Vorgaben bekannter Rettungseinsatzorganisationen entsprechenden Erste-Hilfe-Kurses im Ausmaß von 16 Stunden nachzuweisen. *(BGBl. I Nr. 56/2016, Art. 3 Z 10)*

(2) Für die Aufnahme in einen anderen als sechssemestrigen Lehrgang ist über die im Abs. 1 genannten Voraussetzungen hinaus die Erfüllung der allgemeinen Schulpflicht sowie ein Lebensalter, bei dem der Aufnahmswerber im Kalenderjahr des Abschlusses des Lehrganges zumindest das 18. Lebensjahr vollenden wird, Voraussetzung. *(BGBl. Nr. 140/1974 idF BGBl. I Nr. 56/2016, Art. 3 Z 11)*

Schulbesuch

§ 5. (1) Die Schüler haben den theoretischen und praktischen Unterricht und die sonstigen verbindlich vorgeschriebenen Schulveranstaltungen während der vorgeschriebenen Schulzeit regelmäßig und pünktlich zu besuchen. Ein Fernbleiben ist nur im Falle gerechtfertigter Verhinderung des Schülers zulässig.

(2) Sofern der Schüler nachweist, daß er das im Lehrplan geforderte Bildungsziel des betreffenden Unterrichtsgegenstandes durch einen anderweitigen Unterricht erreicht hat, ist er auf sein Ansuchen von dem betreffenden Unterrichtsgegenstand zu befreien. Über die Befreiung hat der Schulleiter unter Anwendung der Bestimmungen des Allgemeinen Verwaltungsverfahrensgesetzes 1991 (AVG), BGBl. Nr. 51/1991, in der geltenden Fassung, zu entscheiden. *(BGBl. Nr. 140/1974 idF BGBl. I Nr. 24/1998, Z 3)*

Leistungsbeurteilung

§ 6. (1) Am Ende jedes Semesters sind die Leistungen in jedem Unterrichtsgegenstand zu beurteilen. Sofern das Bildungsziel in einem Unterrichtsgegenstand nicht erreicht wurde, ist das Semester zu wiederholen.

(2) Von der Wiederholung eines Semesters gemäß Abs. 1 kann abgesehen werden, wenn trotz des Mangels in einem Unterrichtsgegenstand erwartet werden kann, daß der Schüler bis zum Ende der Ausbildung das für die Berufsausübung notwendige Wissen und Können erwirbt; hiebei ist insbesondere auf die Erfordernisse bei der Abschlußprüfung Bedacht zu nehmen. Die diesbezügliche Entscheidung auf Grund eines Antrages des Schülers obliegt dem Schulleiter unter Anwendung der Bestimmungen des AVG. *(BGBl. Nr. 140/1974 idF BGBl. I Nr. 24/1998, Z 4)*

Befähigungsprüfung, Abschlussprüfung
(BGBl. I Nr. 56/2016, Art. 3 Z 12)

§ 7. (1) Die Ausbildung zum Bewegungserzieher an Schulen ist durch eine Befähigungsprüfung, die übrigen Ausbildungen sind durch Abschlußprüfungen abzuschließen. *(BGBl. Nr. 140/1974 idF BGBl. I Nr. 56/2016, Art. 3 Z 7)*

(2) Der zuständige Bundesminister hat durch Verordnung unter Bedachtnahme auf den Lehrplan der betreffenden Art der Sportlehrerausbildung, insbesondere auf das Bildungsziel dieser Ausbildung, die Prüfungsgegenstände festzulegen. *(BGBl. Nr. 140/1974 idF BGBl. I Nr. 24/1998, Z 2 und BGBl. I Nr. 48/2014, Art. 6 Z 1)*

(3) Die Abschlussprüfung der Lehrgänge zur Instruktorin oder zum Instruktor ist vor den die betreffenden Unterrichtsgegenstände unterrichtenden Lehrerinnen oder Lehrern als Prüferin oder Prüfer abzulegen. Die Abschlussprüfung der Lehrgänge zur Bewegungserzieherin und zur Sportlehrerin oder zum Bewegungserzieher und zum Sportlehrer sind vor einer Kommission abzulegen, deren Vorsitzende oder Vorsitzender vom zuständigen Regierungsmitglied zu bestellen ist. Die Vorsitzende oder der Vorsitzende muss Expertin oder Experte auf dem Gebiet des Sportwesens sein und eine entsprechende pädagogische Ausbildung besitzen. Die weiteren Mitglieder der Prüfungskommission sind die die betreffenden Unterrichtsgegenstände unterrichtenden Lehrerinnen oder Lehrer als Prüferinnen oder Prüfer. *(BGBl. I Nr. 56/2016, Art. 3 Z 13)*

Lehrer

§ 8. (1) Der Unterricht ist durch Fachlehrer zu erteilen.

(2) Für jede Schule sind ein Leiter und die erforderliche Anzahl von Lehrern für die einzelnen Unterrichtsgegenstände sowie im Falle der Gliederung in Fachabteilungen Abteilungsvorstände zu bestellen. Darüber hinaus können bei Bedarf auf bestimmte oder unbestimmte Zeit Lehrbeauftragte[2]) bestellt werden. Ein Dienstverhältnis wird durch einen Lehrauftrag nicht begründet, allenfalls bestehende Dienstverhältnisse bleiben durch den Lehrauftrag unberührt. *(BGBl. Nr. 140/1974 idF BGBl. I Nr. 56/2016, Art. 3 Z 14)*

Bundessportakademien

§ 9. (1) Die Errichtung und Erhaltung der öffentlichen Schulen zur Ausbildung von Bewegungserzieherinnen und Sportlehrerinnen oder Bewegungserziehern und Sportlehrern obliegt dem Bund als gesetzlichem Schulerhalter. Diese Schulen haben die Bezeichnung „Bundessportakademien" zu führen. Zum Zeitpunkt des Inkrafttretens des Bundesgesetzes BGBl. I Nr. 56/2016 bestehende Bundesanstalten für Leibeserziehung haben ab dem genannten Zeitpunkt die Bezeichnung „Bundessportakademien" zu führen.

(2) Bundessportakademien können nach Maßgabe des Bedarfes durch Verordnung er-

---

[2]) § 1 Abs. 3 letzter Satz des Lehrbeauftragtengesetzes, BGBl. Nr. 656/1987 idF BGBl. I Nr. 56/2016, lautet:

„Lehrbeauftragte an Schulen haben neben der Abhaltung des vorgesehenen Unterrichts auch die mit der Unterrichtstätigkeit verbundenen Prüfungen abzunehmen sowie die in den schulrechtlichen Bestimmungen für Lehrbeauftragte vorgesehenen sonstigen Pflichten wahrzunehmen."

richtet werden, wenn die räumlichen (Klassenräume, Übungsstätten und Nebenräume), sachlichen und personellen Voraussetzungen sichergestellt sind.

(3) Der Unterricht an den Bundessportakademien ist unentgeltlich.

(BGBl. I Nr. 56/2016, Art. 3 Z 15)

Anwendung sonstiger schulrechtlicher Vorschriften

§ 10. (1) Die Bestimmungen des Bundes-Schulaufsichtsgesetzes, BGBl. Nr. 240/1962, des Privatschulgesetzes, BGBl. Nr. 244/1962, und des Religionsunterrichtsgesetzes, BGBl. Nr. 190/1949, alle in der jeweils geltenden Fassung, bleiben durch dieses Bundesgesetz unberührt.

(2) Soweit dieses Bundesgesetz bezüglich der inneren Ordnung nicht anderes bestimmt, finden die für berufsbildende Schulen auf der Sekundarstufe (§ 3 Abs. 2 Z 1 lit. b und Abs. 4 Z 7 des Schulorganisationsgesetzes) geltenden Bestimmungen des Schulunterrichtsgesetzes, BGBl. Nr. 472/1986, Anwendung. *(BGBl. I Nr. 24/1998, Z 5 idF BGBl. I Nr. 56/2016, Art. 3 Z 16)*

(3) Hinsichtlich der Unterrichtszeit gelten die für die Bildungsanstalten geltenden Bestimmungen des Schulzeitgesetzes 1985, BGBl. Nr. 77/1985. Der Bundesminister darf durch Verordnung eine abweichende Regelung insoweit treffen, als dies im Hinblick auf die besonderen Erfordernisse der in diesem Bundesgesetz geregelten Lehrgänge unter Bedachtnahme auf den jeweiligen Lehrplan erforderlich ist. *(BGBl. Nr. 140/1974 idF BGBl. I Nr. 24/1998, Z 6, BGBl. I Nr. 48/2014, Art. 6 Z 3 und BGBl. I Nr. 56/2016, Art. 3 Z 17)*

Zweckgebundene Gebarung

§ 10a. (1) Die Leiter von Bundessportakademien sind ermächtigt, Teile der Schulliegenschaft samt Inventar für nichtschulische Zwecke an Dritte zu überlassen, sofern dadurch die Erfüllung der Aufgaben der Schulen zur Ausbildung von Bewegungserziehern und Sportlehrern (§ 1) nicht beeinträchtigt wird. Dabei sind Überlassungen für kreative, künstlerische, musische und sportliche Zwecke sowie für Zwecke der Erwachsenenbildung und des Volksbüchereiwesens im Sinne des Bundes-Sportförderungsgesetzes 2013, BGBl. I Nr. 100/2013, des Kunstförderungsgesetzes, BGBl. Nr. 146/1988, und des Bundesgesetzes über die Förderung der Erwachsenenbildung und des Volksbüchereiwesens aus Bundesmitteln, BGBl. Nr. 171/1973, des Bundes-Jugendförderungsgesetzes, BGBl. I Nr. 126/2000, jeweils in der geltenden Fassung, sowie Überlassungen für Zwecke im Rahmen der Teilrechtsfähigkeit gemäß § 10b vorrangig zu behandeln. *(BGBl. Nr. 770/1996, Z 1 idF BGBl. I Nr. 24/1998, Z 7, BGBl. I Nr. 48/2014, Art. 6 Z 4, BGBl. I Nr. 38/2015, Art. 4 Z 1 und BGBl. I Nr. 56/2016, Art. 3 Z 2 und 18)*

(2) Für die Überlassung von Teilen der Liegenschaft gemäß Abs. 1 ist ein mindestens angemessenes Entgelt (insbesondere Mietzins, Beiträge für den Betriebsaufwand, Umsatzsteuer) einzuheben.

(3) Abweichend von Abs. 2 ist bei Überlassung von Teilen der Schulliegenschaft für Zwecke gemäß Abs. 1 zweiter Satz ein Beitrag in der Höhe des durch die Überlassung entstandenen Mehraufwandes einzuheben. § 22 des Bundes-Sportförderungsgesetzes 2013 betreffend die Überlassung gegen jederzeitigen Widerruf bleibt unberührt.[3]) *(BGBl. I Nr. 48/2014, Art. 6 Z 5)*

(4) Abweichend von Abs. 2 und 3 kann die Überlassung von Teilen der Schulliegenschaft für Zwecke, die im Interesse der Schule, insbesondere im kreativen, künstlerischen, musischen und sportlichen Bereich, gelegen sind, unentgeltlich erfolgen. Ein allenfalls dennoch eingehobener Überlassungsbeitrag darf jedoch den Betriebsaufwand nicht übersteigen. *(BGBl. I Nr. 38/2015, Art. 4 Z 2 idF BGBl. I Nr. 56/2016, Art. 3 Z 19)*

(5) Gemäß Abs. 2 bis 4 eingehobene Entgelte bzw. Beiträge sind im Sinne des § 36 des Bundeshaushaltsgesetzes 2013[4]), BGBl. I

---

[3]) § 16 BSFG 2017, BGBl. I Nr. 100, lautet:

„Überlassung von Einrichtungen der Bundesschulen

§ 16. Sofern Einrichtungen der Bundesschulen gegen jederzeitigen Widerruf für sportliche Zwecke überlassen werden, darf diese Überlassung unentgeltlich erfolgen.“

[4]) § 36 BHG 2013 idF BGBl. I Nr. 62/2012 lautet:

„Zweckgebundene Gebarung

§ 36. (1) Mittelaufbringungen, die auf Grund eines Bundesgesetzes oder auf Grund von Vorgaben der EU nur für bestimmte Zwecke zu verwenden sind, sind in der erwarteten Höhe des Mittelzuflusses als zweckgebundene Einzahlungen zu veranschlagen. Die entsprechenden Mittelverwendungen sind in gleicher Höhe als zweckgebundene Auszahlungen zu veranschlagen.

(2) Finanzierungswirksame Aufwendungen sowie Erträge in Zusammenhang mit der zweckgebundenen Gebarung sind in Höhe der korrespondierenden Ein- und Auszahlungen im Ergebnisvoranschlag zu veranschlagen.

(3) Sieht ein Bundesgesetz vor, dass der Bund den Abgang einer zweckgebundenen Gebarung abzudecken hat, so sind die diesbezüglichen Aufwendungen oder Auszahlungen innerhalb dieser Gebarung zu veranschlagen.

Nr. 139/2009, in der geltenden Fassung, zweckgebunden vorrangig für die Bedeckung der durch die Überlassung entstandenen Mehrausgaben sowie weiters für andere Zwecke der Schule zu verwenden. *(BGBl. Nr. 770/1996, Z 1 idF BGBl. I Nr. 56/2016, Art. 3 Z 20)*

(6) Sofern durch die Überlassung von Teilen der Schulliegenschaft gemäß Abs. 1 Mietverhältnisse begründet werden, unterliegen diese nicht den Bestimmungen des Mietrechtsgesetzes.

(7) Andere als durch Schulraumüberlassung (Abs. 1 bis 6) vereinnahmte Drittmittel sind durch die Leiter von Bundessportakademien im Sinne des § 36 des Bundeshaushaltsgesetzes 2013[5]), BGBl. I Nr. 139/2009, in der geltenden Fassung, zweckgebunden im Sinne einer allfälligen speziellen Widmung, ansonsten für andere Zwecke der Schule zu verausgaben. *(BGBl. I Nr. 770/1996, Z 1 idF BGBl. I Nr. 56/2016, Art. 3 Z 18 und 20)*

(BGBl. Nr. 770/1996, Z 1)

Teilrechtsfähigkeit

§ 10b. (1) An den Schulen zur Ausbildung von Bewegungserziehern und Sportlehrern können im Rahmen der Teilrechtsfähigkeit Einrichtungen mit eigener Rechtspersönlichkeit geschaffen werden. Diese Einrichtungen haben eine Bezeichnung zu führen, der die eigene Rechtspersönlichkeit zu entnehmen ist und die einen Hinweis auf die Bundessportakademie zu enthalten hat, an der sie eingerichtet ist. *(BGBl. I Nr. 24/1998, Z 8 idF BGBl. I Nr. 56/2016, Art. 3 Z 2 und 21)*

(2) Die Einrichtung mit Rechtspersönlichkeit wird durch den Leiter der Bundessportakademie oder im Einvernehmen mit diesem durch eine andere geeignete Person als Geschäftsführer nach außen vertreten. *(BGBl. I Nr. 24/1998, Z 8 idF BGBl. I Nr. 56/2016, Art. 3 Z 21)*

(3) Der Leiter der Bundessportakademie hat nach Beratung mit dem Schulgemeinschaftsausschuß bei der zuständigen Schulbehörde die Kundmachung der beabsichtigten Gründung bzw. Auflassung einer Einrichtung mit Rechtspersönlichkeit im Verordnungsblatt zu beantragen. *(BGBl. I Nr. 24/1998, Z 8 idF BGBl. I Nr. 56/2016, Art. 3 Z 21 und 22)*

(4) Die zuständige Schulbehörde hat im jeweiligen Verordnungsblatt

1. die Bundessportakademien, an denen Einrichtungen mit Rechtspersönlichkeit bestehen, *(BGBl. I Nr. 24/1998, Z 8 idF BGBl. I Nr. 56/2016, Art. 3 Z 18)*
2. die Namen der Geschäftsführer und
3. die Zeitpunkte des Wirksamwerdens (frühestens mit der Kundmachung im Verordnungsblatt)

kundzumachen, wenn hinsichtlich der Person des Geschäftsführers (insbesondere im Hinblick auf Abs. 5 Z 1 bis 5) keine die Eignung in Frage stellenden Umstände vorliegen und wenn eine Beeinträchtigung des Unterrichtsbetriebes voraussichtlich nicht zu erwarten ist. Im Falle einer Auflösung der Einrichtung mit Rechtspersönlichkeit ist diese ebenfalls im Verordnungsblatt kundzumachen. *(BGBl. I Nr. 24/1998, Z 8 idF BGBl. I Nr. 56/2016, Art. 3 Z 23)*

(5) Die Einrichtungen mit Rechtspersönlichkeit sind berechtigt, ausschließlich folgende in Z 1 bis 5 genannte Tätigkeiten im eigenen Namen durchzuführen:

1. Erwerb von Vermögen und Rechten durch unentgeltliche Rechtsgeschäfte,
2. Durchführung von Lehrveranstaltungen, die nicht schulische Veranstaltungen im Rahmen des öffentlichen Bildungsauftrages sind,
3. Durchführung von sonstigen nicht unter Z 2 fallenden Veranstaltungen, die mit der Aufgabe der betreffenden Schule vereinbar sind, bzw. auch deren Organisation und Abwicklung für Dritte,
4. Abschluß von Verträgen über die Durchführung von Arbeiten, die mit der Aufgabe der betreffenden Schule vereinbar sind, und
5. Verwendung des durch Rechtsgeschäfte gemäß Z 1 und 4 oder aus Veranstaltungen gemäß Z 2 und 3 erworbenen Vermögens und erworbener Rechte für die Erfüllung der Aufgaben der betreffenden Bundessportakademie oder für Zwecke gemäß Z 2 bis 4. *(BGBl. I Nr. 24/1998, Z 8 idF BGBl. I Nr. 56/2016, Art. 3 Z 21)*

Tätigkeiten gemäß Z 1 bis 5 dürfen nur dann durchgeführt werden, wenn dadurch die Erfüllung der Aufgaben der Schulen zur Ausbildung von Bewegungserziehern und Sportlehrern (§ 1) sowie die Erfüllung des Lehrplanes nicht beeinträchtigt werden. Der Abschluß von Verträgen gemäß Z 4 bedarf der vorherigen Genehmigung der Schulbehörde, wenn

---

(4) Die zweckgebundene Gebarung ist auf eigenen Konten im Ergebnis- und Finanzierungshaushalt des jeweiligen Global- und Detailbudgets auszuweisen.

(5) Eine Mittelumschichtung zwischen zweckgebundenen Mittelverwendungen und -aufbringungen und nicht zweckgebundenen Mittelverwendungen und -aufbringungen ist nicht zulässig. Ausnahmen davon können im Bundesfinanzgesetz festgelegt werden.

(6) Zweckgebundene Einzahlungen, die nicht im laufenden Finanzjahr verwendet werden, sind einer Rücklage zweckgebunden zuzuführen."

[5]) Siehe Fußnote zu § 10a Abs. 5.

die zu vereinbarende Tätigkeit voraussichtlich länger als ein Jahr dauern wird oder das zu vereinbarende Gesamtentgelt eines derartigen Vertrages 400 000 Euro übersteigt; erfolgt binnen einem Monat keine diesbezügliche Entscheidung der Schulbehörde, gilt die Genehmigung als erteilt. *(BGBl. I Nr. 24/1998, Z 8 idF BGBl. I Nr. 91/2005, Art. 8 Z 3 BGBl. I Nr. 56/2016, Art. 3 Z 2 und BGBl. I Nr. 19/ 2021, Art. 6 Z 1)*

(6) Auf Dienst- und Werkverträge, die im Rahmen des Abs. 1 abgeschlossen werden, findet das auf die Art der Tätigkeit jeweils zutreffende Gesetz Anwendung. Ein Dienstverhältnis zum Bund wird nicht begründet.

(7) Für Verbindlichkeiten, die im Rahmen der Teilrechtsfähigkeit entstehen, trifft den Bund keine Haftung.

(8) Im Rahmen der Tätigkeiten der Einrichtung mit Rechtspersönlichkeit ist nach den Grundsätzen der Sparsamkeit, Wirtschaftlichkeit und Zweckmäßigkeit sowie weiters nach den für Unternehmer geltenden Grundsätzen zu gebaren; die Bestimmungen des Dritten Buches des Unternehmensgesetzbuches, dRGBl. S 219/1897, in der geltenden Fassung, betreffend die für Unternehmer geltenden Vorschriften über die Rechnungslegung finden sinngemäß Anwendung. Der zuständigen Schulbehörde ist bis 30. März eines jeden Jahres ein Jahresabschluß über das vorangegangene Kalenderjahr vorzulegen und jederzeit Einsicht in die Gebarungsunterlagen zu gewähren sowie Auskünfte zu erteilen. *(BGBl. I Nr. 24/1998, Z 8 idF BGBl. I Nr. 56/ 2016, Art. 3 Z 22 und 24)*

(9) Erbringt der Bund im Rahmen der Tätigkeiten gemäß Abs. 5 Leistungen, so ist hiefür ein Entgelt zu leisten, welches zweckgebunden für die Bedeckung der durch die Leistung des Bundes entstandenen Mehrausgaben zu verwenden ist. § 36[6]) und § 64[7]) des Bundeshaushaltsgesetzes 2013, BGBl. I Nr. 139/2009, in der geltenden Fassung, finden Anwendung. *(BGBl. I Nr. 24/1998, Z 8 idF BGBl. I Nr. 56/2016, Art. 3 Z 25)*

(10) Im Falle der Auflösung einer Einrichtung mit Rechtspersönlichkeit geht ihr Vermögen auf den Bund über. Der Bund hat als Träger von Privatrechten Verpflichtungen aus noch offenen Verbindlichkeiten der Einrichtung mit Rechtspersönlichkeit bis zur Höhe des übernommenen Vermögens zu erfüllen.

(11) Die Einrichtungen mit Rechtspersönlichkeit unterliegen der Aufsicht der Schulbehörden und der Kontrolle durch den Rechnungshof.

(BGBl. I Nr. 24/1998, Z 8)

Übergangsbestimmungen

§ 11. (1) Die im Zeitpunkt des Inkrafttretens dieses Bundesgesetzes bestehenden Bundesanstalten für Leibeserziehung sind nach Maßgabe der Bestimmungen dieses Bundesgesetzes einzurichten und zu führen; hiebei findet § 9 Abs. 2 keine Anwendung.

(2) Lehrgänge an Bundesanstalten für Leibeserziehung, die vor dem Inkrafttreten dieses Bundesgesetzes begonnen wurden, sind nach den bisherigen Vorschriften zum Abschluß zu führen.

Inkrafttreten

§ 12. (1) Dieses Bundesgesetz tritt mit 1. September 1974 in Kraft.

(2) Verordnungen auf Grund dieses Bundesgesetzes können schon vom Tage seiner Kundmachung an erlassen werden, doch dürfen sie frühestens mit 1. September 1974 in Kraft gesetzt werden.

(3) § 10a samt Überschrift in der Fassung des Bundesgesetzes BGBl. Nr. 770/1996 tritt mit 1. Februar 1997 in Kraft. *(BGBl. Nr. 770/ 1996, Z 2)*

(4) Die nachstehend genannten Bestimmungen dieses Bundesgesetzes in der Fassung des Bundesgesetzes BGBl. I Nr. 24/ 1998 treten wie folgt in Kraft:

1. § 2 Abs. 1, § 3 Abs. 1, § 5 Abs. 2, § 6 Abs. 2, § 7 Abs. 2 und 3, § 10 Abs. 2 und 3 sowie § 13 treten mit Ablauf des Tages der Kundmachung im Bundesgesetzblatt in Kraft,[8])
2. § 10a Abs. 1 sowie § 10b samt Überschrift treten mit 1. Jänner 1998 in Kraft.

(BGBl. I Nr. 24/1998, Z 9)

(5) Die nachstehend genannten Bestimmungen dieses Bundesgesetzes in der Fassung des Bundesgesetzes BGBl. I Nr. 91/ 2005 treten wie folgt in Kraft:

1. § 10b Abs. 5 tritt mit Ablauf des Tages der Kundmachung im Bundesgesetzblatt in Kraft,[9])

---

[6]) Siehe Fußnote zu § 10a Abs. 5.

[7]) § 64 BHG 2013 lautet:

„**Leistungen von Organen des Bundes an Dritte**

§ 64. Organe des Bundes haben für Leistungen an Dritte ein Entgelt unter Zugrundelegung mindestens des gemeinen Wertes (§ 305 ABGB) zu vereinbaren, wobei § 63 Abs. 1 zweiter und letzter Satz sowie Abs. 2 sinngemäß anzuwenden sind. Die Bestimmungen der §§ 75 und 76 bleiben unberührt."

[8]) Die Kundmachung im Bundesgesetzblatt erfolgte am 9. Jänner 1998.

[9]) Die Kundmachung im Bundesgesetzblatt erfolgte am 10. August 2005.

2. § 3 Abs. 3 lit. a und b tritt mit 1. September 2006 in Kraft.

(BGBl. I Nr. 91/2005, Art. 8 Z 4)

(6) § 3 Abs. 1, § 7 Abs. 2 und 3, § 10 Abs. 3, § 10a Abs. 1 und 3 sowie § 13 in der Fassung des Bundesgesetzes BGBl. I Nr. 48/2014 treten mit Ablauf des Tages der Kundmachung im Bundesgesetzblatt in Kraft.[10]) *(BGBl. I Nr. 48/2014, Art. 6 Z 6)*

(7) § 10a Abs. 1 und 4 in der Fassung des Bundesgesetzes BGBl. I Nr. 38/2015 tritt mit Ablauf des Tages der Kundmachung im Bundesgesetzblatt in Kraft.[11]) *(BGBl. I Nr. 38/2015, Art. 4 Z 3)*

(8) Die Überschrift des Bundesgesetzes, § 1, § 2 Abs. 1 und 2, § 3 Abs. 1, 2 und 3, § 3a samt Überschrift, § 4 Abs. 1 und 2, die Überschrift des § 7 sowie § 7 Abs. 3, § 8 Abs. 2, § 9 samt Überschrift, § 10 Abs. 2 und 3, § 10a Abs. 1, 4, 5 und 7 sowie § 10b Abs. 1, 2, 3, 4, 5, 8 und 9 in der Fassung des Bundesgesetzes BGBl. I Nr. 56/2016 treten mit 1. September 2016 in Kraft. *(BGBl. I Nr. 56/2016, Art. 3 Z 26)*

(9) § 10b Abs. 5 in der Fassung des Bundesgesetzes BGBl. I Nr. 19/2021 tritt mit 1. Jänner 2021 in Kraft. *(BGBl. I Nr. 19/2021, Art. 6 Z 2)*

Vollziehung

§ 13. Mit der Vollziehung dieses Bundesgesetzes ist der Bundesminister für Bildung und Frauen, hinsichtlich des § 9 Abs. 2 im Einvernehmen mit dem Bundesminister für Finanzen, betraut.

(BGBl. Nr. 140/1974 idF BGBl. I Nr. 24/1998, Z 2 und BGBl. I Nr. 48/2014, Art. 6 Z 7)

[10]) Die Kundmachung im Bundesgesetzblatt erfolgte am 9. Juli 2014.

[11]) Die Kundmachung im Bundesgesetzblatt erfolgte am 25. März 2015.

3.7.2. Schulzeitverordnung für Bundessportakademien

BGBl. Nr. 396/1980
idF der Verordnungen

BGBl. Nr. 774/1995 BGBl. II Nr. 327/2006
BGBl. II Nr. 90/2017

Verordnung des Bundesministers für Bildung über die Schulzeit an Bundessportakademien
(BGBl. II Nr. 90/2017, Art. 11 Z 1)

Auf Grund des § 10 Abs. 3 des Bundesgesetzes über Schulen zur Ausbildung von Leibeserziehern und Sportlehrern, BGBl. Nr. 140/1974, wird verordnet:

§ 1. Gemäß § 10 Abs. 3 des Bundessportakademiengesetzes gelten für die Bundessportakademien hinsichtlich der Unterrichtszeit die Bestimmungen des Schulzeitgesetzes, BGBl. Nr. 77/1985, für die berufsbildenden mittleren Schulen nach Maßgabe der folgenden Abweichungen.
(BGBl. II Nr. 90/2017, Art. 11 Z 2)

§ 2. (1) Das Schuljahr beginnt mit dem ersten Werktag im Oktober und dauert bis zum Beginn des nächsten Schuljahres.

(2) Das Schuljahr besteht aus dem Wintersemester, den Semesterferien, dem Sommersemester und den Hauptferien. Das Wintersemester beginnt mit dem Schuljahr und endet mit dem Beginn der Semesterferien. Die Semesterferien dauern eine Woche und beginnen in den Bundesländern Niederösterreich und Wien am ersten Montag im Februar, in den Bundesländern Burgenland, Kärnten, Salzburg, Tirol und Vorarlberg am zweiten Montag im Februar und in den Bundesländern Oberösterreich und Steiermark am dritten Montag im Februar; sofern der Beginn der Semesterferien gemäß § 2 Abs. 2a des Schulzeitgesetzes 1985 um eine Woche verlegt ist, verschiebt sich der Beginn der Semesterferien in gleicher Weise. Das Sommersemester beginnt am ersten Montag nach den Semesterferien und endet mit dem Beginn der Hauptferien. Die Hauptferien beginnen an dem Samstag, der frühestens am 28. Juni und spätestens am 4. Juli liegt; sie enden mit dem Beginn des nächsten Schuljahres. *(BGBl. Nr. 396/1980 idF BGBl. Nr. 774/1995, Z 1 und BGBl. II Nr. 327/2006, Z 1)*

(3) Alle Tage des Winter- bzw. Sommersemesters, die nicht nach Abs. 4 schulfrei sind, sind Schultage.

(4) Schulfrei sind folgende Tage des Winter- bzw. Sommersemesters:

a) die Samstage, die Sonntage und die gesetzlichen Feiertage, der Allerseelentag, in jedem Bundesland der Festtag des Landespatrons sowie der Landesfeiertag, wenn ein solcher in dem betreffenden Bundesland arbeitsfrei begangen wird;
b) die Tage vom 23. Dezember bis einschließlich 7. Jänner (Weihnachtsferien);
c) die Tage vom Samstag vor dem Palmsonntag bis einschließlich Dienstag nach Ostern (Osterferien);
d) die Tage vom Samstag vor bis einschließlich Dienstag nach Pflingsten (Pfingstferien).

(5) Außerdem dürfen in mehrtägigen Fachkursen oder in den im Lehrplan vorgesehenen Pflicht- und Freigegenständen in Spezialfächern im Rahmen der Sportlehrer-, Leibeserzieher- und Trainerausbildung auch Samstage und Sonntage, soweit sie nicht in die Weihnachtsferien fallen, vom Schulleiter einbezogen werden, wenn die Erteilung des Unterrichtes an den sonstigen Schultagen nicht stattfinden kann.

§ 3. Soweit Lehrgänge unter Einbeziehung von Formen des Fernunterrichtes geführt werden, darf der Unterricht auch während der Hauptferien und der Semesterferien (§ 2 Abs. 2) sowie an den gemäß § 2 Abs. 4 schulfreien Tagen – ausgenommen der 24., 25. und 26. Dezember – stattfinden, sofern dies im Hinblick auf die Berufstätigkeit der Lehrgangsteilnehmer erforderlich ist. Beginn und Ende des Lehrganges sowie die Schul- und Prüfungstage sind in diesem Rahmen vom Schulleiter festzusetzen. *(BGBl. Nr. 396/1980 idF BGBl. Nr. 774/1995, Z 2)*

§ 4. Der Unterricht darf grundsätzlich nicht vor 7.00 Uhr beginnen und nicht länger als bis 21.00 Uhr dauern, sofern nicht die Eigenart von Unterrichtsveranstaltungen einen früheren Beginn bzw. eine längere Dauer erfordert.

§ 5. Eine Unterrichtsstunde hat 45 Minuten zu dauern; wenn es jedoch auf Grund der Eigenart von Unterrichtsveranstaltungen – insbesondere wegen der in den Wettkampfregeln vorgeschriebenen Dauer – erforderlich ist, kann hievon abgewichen werden. Längere als im § 4 Abs. 2 und 3 Schulzeitgesetz vorgesehene Pausen sind zu halten, wenn dies nach einzelnen Unterrichtsstunden aus sportmedizinischen Gründen erforderlich ist.

Schlussbestimmung

§ 5a. Soweit in dieser Verordnung auf Bundesgesetze verwiesen wird, sind diese in der mit dem Inkrafttreten der jeweils letzten Novelle dieser Verordnung geltenden Fassung anzuwenden.
(BGBl. II Nr. 90/2017, Art. 11 Z 3)

§ 6. (1) Diese Verordnung tritt mit 1. Oktober 1980 in Kraft. *(BGBl. Nr. 396/1980 idF BGBl. Nr. 774/1995, Z 3)*

(2) § 2 Abs. 2 und § 3 dieser Verordnung in der Fassung der Verordnung BGBl. Nr. 774/1995 treten wie folgt in Kraft:

1. § 2 Abs. 2 mit 1. Februar 1997 und
2. § 3 mit 1. Jänner 1996.

(BGBl. Nr. 774/1995, Z 3)

(3) § 2 Abs. 2 dieser Verordnung in der Fassung der Verordnung BGBl. II Nr. 327/2006 tritt mit Ablauf des Tages der Kundmachung[1]) im Bundesgesetzblatt in Kraft. *(BGBl. II Nr. 327/2006, Z 2)*

(4) Der Titel, § 1 und § 5a samt Überschrift in der Fassung der Verordnung BGBl. II Nr. 90/2017 treten mit Ablauf des Tages der Kundmachung im Bundesgesetzblatt in Kraft. *(BGBl. II Nr. 90/2017, Art. 11 Z 4)*

---

[1]) Die Kundmachung der Novelle BGBl. II Nr. 327/2006 erfolgte am 30. August 2006.

B-SportakademienG, VO

3.7.3. Verordnung über die Eignungsprüfungen, Abschlussprüfungen und Befähigungsprüfungen an Bundessportakademien

BGBl. II Nr. 351/2011
idF der Verordnung BGBl. II Nr. 90/2017

Inhaltsverzeichnis[1])

Verordnung der Bundesministerin für Bildung über die Eignungsprüfungen, Abschlussprüfungen und Befähigungsprüfungen an Bundessportakademien
(BGBl. II Nr. 90/2017, Art. 10 Z 1)

Auf Grund der §§ 4 und 7 des Bundesgesetzes über Schulen zur Ausbildung von Leibeserziehern und Sportlehrern, BGBl. Nr. 140/1974, zuletzt geändert durch das Bundesgesetz BGBl. I Nr. 91/2005, sowie der §§ 7, 8, 39 und 40 des Schulunterrichtsgesetzes, BGBl. Nr. 472/1986, zuletzt geändert durch das Bundesgesetz BGBl. I Nr. 73/2011, wird verordnet:

1. Abschnitt
Geltungsbereich

§ 1. Diese Verordnung gilt für die an den öffentlichen und mit dem Öffentlichkeitsrecht ausgestatteten Bundessportakademien durchzuführenden Eignungsprüfungen, Abschlussprüfungen und Befähigungsprüfungen. *(BGBl. II Nr. 351/2011 idF BGBl. II Nr. 90/2017, Art. 10 Z 2)*

2. Abschnitt
Eignungsprüfung

Umfang

§ 2. (1) Die Eignungsprüfung besteht aus

1. einer schriftlichen und einer mündlichen Prüfung im Prüfungsfach Deutsch sowie
2. einer praktischen Prüfung.

(2) Vor Ablegung der Eignungsprüfung ist die körperliche Eignung der Kandidatinnen und Kandidaten festzustellen. Der Nachweis der körperlichen Eignung hat nach sportärztlichen Kriterien durch Vorlage eines entsprechenden ärztlichen Zeugnisses, das nicht älter als sechs Monate sein darf, zu erfolgen. Treten während der Ausbildung Bedenken im Hinblick auf die körperliche Eignung auf, so kann neuerlich die Vorlage eines ärztlichen Zeugnisses verlangt werden.

(3) Die Prüfungen gemäß Abs. 1 Z 1 und 2 entfallen für Kandidatinnen und Kandidaten im Lehrgang zur Ausbildung von Trainerinnen und Trainern, sofern sie den Lehrgang zur Ausbildung von Sportlehrerinnen und Sportlehrern sowie zur Ausbildung von Lehrerinnen und Lehrern für Bewegung und Sport mit dem entsprechenden Spezialfach erfolgreich abgeschlossen haben. Die Prüfung gemäß Abs. 1 Z 2 entfällt für Kandidatinnen und Kandidaten im Lehrgang zur Ausbildung von Trainerinnen und Trainern, sofern sie den Lehrgang zur Ausbildung von Instruktorinnen und Instruktoren der gleichen Sportart oder den Lehrgang zur Ausbildung von Sportlehrerinnen und Sportlehrern, die im Zuge der Ausbildung einen Schwerpunkt haben, der Gegenstand der Trainerausbildung ist, erfolgreich abgeschlossen haben.

[1]) Das Inhaltsverzeichnis ist von den Verordnungserlassungen nicht umfasst.

(4) Betreffend den Lehrgang zur Ausbildung von Sportlehrerinnen und Sportlehrern können im Falle des Bestehens von körperlichen Beeinträchtigungen der Kandidatin oder des Kandidaten in den in **Anlage A.1** genannten Disziplinen die Leistungen dem Niveau der Beeinträchtigung angepasst werden.

(5) Die Eignungsprüfung entfällt in dem Ausmaß, als gleichwertige Leistungen nachgewiesen werden; darüber hat die Schulleiterin oder der Schulleiter zu befinden.

Prüfungsgebiete

§ 3. (1) Die Klausurprüfung im Prüfungsfach Deutsch besteht aus einem Aufsatz mit berufsbezogener Themenstellung. Er dient der Feststellung, ob die Kandidatin und der Kandidat

1. über eine angemessene Sprachbeherrschung und
2. über berufsadäquate Interessen, Einstellungen, Motivationen und Einfallsreichtum

verfügt. Die Arbeitszeit hat eine Stunde zu betragen.

(2) Die mündliche Prüfung im Prüfungsfach Deutsch dient der Feststellung der Gewandtheit im sprachlichen Ausdruck.

(3) Die praktische Prüfung ist nach den in der **Anlage** „praktische Prüfung" vorgesehenen Bestimmungen durchzuführen.

Durchführung der Klausurprüfung

§ 4. (1) Die Schulleiterin oder der Schulleiter hat die für die ordnungsgemäße Durchführung der Klausurprüfung notwendigen Vorkehrungen zu treffen.

(2) Die Aufgabenstellungen sind der Prüfungskandidatin und dem Prüfungskandidaten unmittelbar vor der Klausurprüfung mitzuteilen. Die für die Mitteilung der Aufgabenstellung verwendete Zeit ist in die Arbeitszeit nicht einzurechnen.

(3) Vorgetäuschte Leistungen (zB wegen Gebrauches unerlaubter Hilfsmittel oder Hilfen) sind nicht zu beurteilen; in diesem Falle darf die Klausurprüfung beim nächstfolgenden Prüfungstermin mit neuer Aufgabenstellung nochmals abgelegt werden.

(4) Unerlaubte Hilfsmittel, deren sich die Prüfungskandidatinnen und Prüfungskandidaten bedienen könnten, sind diesen abzunehmen, dem Prüfungsprotokoll anzuschließen und nach dem betreffenden Prüfungstermin zurückzugeben.

(5) Über den Verlauf der Prüfung hat die jeweils aufsichtführende Lehrkraft Protokoll zu führen, in dem Beginn und Ende der Aufsicht, Beginn und Ende der Abwesenheit einzelner Prüfungskandidatinnen und Prüfungskandidaten vom Prüfungsraum, der Zeitpunkt der Ablieferung der einzelnen Prüfungsarbeiten, die Anzahl der Beilagen sowie etwaige besondere Vorkommnisse, insbesondere solche nach Abs. 3 und 4, zu vermerken sind.

Durchführung der mündlichen und der praktischen Prüfung

§ 5. (1) Die mündliche Prüfung und die praktische Prüfung können am Tag der Klausurprüfung oder an dem der Klausurprüfung folgenden Tag stattfinden. Das Antreten zur praktischen Prüfung ist nur zulässig, sofern die gesundheitliche Eignung gemäß § 2 Abs. 2 festgestellt wurde.

(2) Die Schulleiterin oder der Schulleiter hat die für die ordnungsgemäße Durchführung der mündlichen und praktischen Prüfung notwendigen Vorkehrungen zu treffen.

(3) Im Rahmen der mündlichen und praktischen Prüfung ist die Prüfung mehrerer Prüfungskandidatinnen und Prüfungskandidaten zur gleichen Zeit zulässig, sofern dadurch das zu überprüfende Wissen und Können in gesicherter Weise festgestellt werden kann und es die Eigenart des Prüfungsgebietes ermöglicht.

(4) Bedient sich die Prüfungskandidatin oder der Prüfungskandidat bei der Lösung einer Aufgabe unerlaubter Hilfsmittel oder Hilfen, ist die betreffende Aufgabe nicht zu beurteilen und eine neue Aufgabe zu stellen.

(5) Die der Prüfungskandidatin und dem Prüfungskandidaten im Rahmen der mündlichen und der praktischen Prüfung gestellten Aufgaben sind im Prüfungsprotokoll zu vermerken.

(6) Der Prüfungskandidatin und dem Prüfungskandidaten ist im Rahmen der mündlichen Prüfung eine Aufgabe zur Beantwortung vorzulegen.

(7) Ergibt sich aus der Lösung der Aufgabe keine sichere Beurteilungsgrundlage, so ist eine weitere Aufgabe zu stellen.

(8) Für die mündliche und praktische Prüfung ist jeweils nicht mehr Zeit zu verwenden, als für die Gewinnung einer sicheren Beurteilung erforderlich ist.

Beurteilung

§ 6. (1) Die Leistungen der Prüfungskandidatin und des Prüfungskandidaten bei der Eignungsprüfung sind in jedem Prüfungsgebiet von der Prüferin oder dem Prüfer zu beurteilen (Einzelbeurteilungen). Grundlage der Beurteilung der Leistungen sind die von den Prüfungskandidatinnen und Prüfungskandidaten bei der Lösung der Aufgabe erwiesene Kenntnis des Prüfungsgebietes und Eigenständigkeit im Denken. Im Übrigen finden die Bestimmungen des § 11 Abs. 2, 5 und 7, § 15 Abs. 1 und 3 sowie § 16 Abs. 1 Z 1 und Abs. 2 der Leistungsbeurteilungsverordnung, BGBl. Nr. 371/1974, in der jeweils geltenden Fassung, sinngemäß Anwendung. Eine positive Beurteilung darf jedoch nur erfolgen, sofern sämtliche in der in Betracht kommenden Anlage allenfalls vorgeschriebenen Mindestvoraussetzungen erfüllt sind.

(2) Auf Grund der Prüfungsergebnisse nach Abs. 1 ist unter Berücksichtigung der bisherigen Schulleistungen in einer Konferenz gemäß § 8 Abs. 2 des Schulunterrichtsgesetzes in der jeweils geltenden Fassung festzusetzen, ob die Prüfungskandidatin und der Prüfungskandidat die Prüfung „bestanden" oder wegen mangelnder Eignung „nicht bestanden" hat (Gesamtbeurteilung).

(3) Zur Festsetzung der Gesamtbeurteilung sind die überprüften schriftlichen Prüfungsarbeiten und die der Prüfungskandidatin und dem Prüfungskandidaten im Rahmen der mündlichen und praktischen Prüfung gestellten Aufgaben allen Prüferinnen und Prüfern sowie der Schulleiterin oder dem Schulleiter zu Beginn der gemäß Abs. 2 abzuhaltenden Konferenz zugänglich zu machen.

(4) Die im Rahmen der Konferenz der Prüferinnen und Prüfer (Abs. 2) festgesetzte Gesamtbeurteilung der Leistungen der Prüfungskandidatinnen und Prüfungskandidaten sind diesen bekanntzugeben. Hat die Prüfungskandidatin oder der Prüfungskandidat die Prüfung bestanden und wird sie oder er in die Schule aufgenommen, ist die Gesamtbeurteilung zugleich mit der Aufnahme durch Anschlag an der Amtstafel der Schule oder in anderer geeigneter Weise bekannt zu geben. Hat die Prüfungskandidatin oder der Prüfungskandidat die Prüfung nicht bestanden oder kann sie bzw. er aber wegen Platzmangels nicht in die Schule aufgenommen werden, ist die Gesamtbeurteilung zugleich mit der Ablehnung der Aufnahme schriftlich bekannt zu geben.

(5) Die Einzelbeurteilungen (Abs. 1) und die Gesamtbeurteilung (Abs. 2) sind in das Prüfungsprotokoll aufzunehmen. Das Prüfungsprotokoll ist von der Vorsitzenden oder dem Vorsitzenden und von allen Prüferinnen und Prüfern zu unterfertigen.

Verhinderung und Rücktritt

§ 7. (1) Ist eine Prüfungskandidatin oder ein Prüfungskandidat an der Ablegung der Klausurprüfung oder einer mündlichen oder praktischen Teilprüfung verhindert, darf die betreffende Prüfung mit neuer Aufgabenstellung nach Möglichkeit im selben Prüfungstermin, sonst in dem auf den Wegfall des Verhinderungsgrundes nächstfolgenden Prüfungstermin nachgeholt werden.

(2) Beurteilte schriftliche, mündliche und praktische Teilprüfungen behalten ihre Gültigkeit. Ist eine Prüfungskandidatin oder ein Prüfungskandidat jedoch nur vorübergehend verhindert, ist ihr und ihm nach Möglichkeit Gelegenheit zur Fortsetzung der mündlichen und praktischen Prüfung, erforderlichenfalls unter neuer Aufgabenstellung, zu geben.

(3) Die Abs. 1 und 2 finden sinngemäß auf jene Fälle Anwendung, in denen die Prüfungskandidatin oder der Prüfungskandidat von einer schriftlichen, einer mündlichen oder einer praktischen Teilprüfung zurücktritt. Nach Entgegennahme der Aufgabenstellung ist der Rücktritt nicht mehr zulässig; die betreffende Teilprüfung ist zu beurteilen.

Zeugnis

§ 8. (1) Kann eine Kandidatin oder ein Kandidat wegen Platzmangels nicht in die Schule aufgenommen werden, ist auf ihr oder sein Verlangen über die Einzelbeurteilungen und über die Gesamtbeurteilung ein Zeugnis auszustellen.

(2) Das Zeugnisformular für das Zeugnis über die Eignungsprüfung ist entsprechend der **Anlage E** zu gestalten.

3. Abschnitt
Abschlussprüfung und Befähigungsprüfung

Umfang

§ 9. (1) Die Abschlussprüfung und die Befähigungsprüfung haben aus einer Klausurprüfung und einer mündlichen Prüfung oder einer mündlichen und einer praktischen Prüfung gemäß den **Anlagen A.1 bis D** zu bestehen.

(2) Eine allfällige Semesterprüfung über einen Pflichtgegenstand ist im Rahmen der Abschluss- oder Befähigungsprüfung

1. als mündliche Prüfung im betreffenden Pflichtgegenstand, sofern es sich um einen theoretischen Pflichtgegenstand handelt, oder
2. als zusätzliche praktische Prüfung, sofern es sich um einen praktischen Pflichtgegenstand handelt,

abzulegen.

§ 10. Prüfungskandidatinnen und Prüfungskandidaten sind auf Antrag von der Ablegung der Abschlussprüfung oder Befähigungsprüfung in einzelnen Prüfungsgebieten zu befreien, wenn

1. sie das betreffende Prüfungsgebiet im Rahmen
   a) der Abschlussprüfung eines anderen Lehrganges zur Ausbildung von Sportlehrern oder,
   b) einer mindestens gleichwertigen staatlichen oder staatlich anerkannten Ausbildung oder
   c) einer Reifeprüfung, einer Reife- und Diplomprüfung, einer Diplomprüfung, einer Reife- und Befähigungsprüfung oder einer Befähigungsprüfung an einer anderen Schulart (Form, Fachrichtung)

   bereits mit Erfolg abgelegt haben und
2. die Schulleiterin oder der Schulleiter die Gleichwertigkeit der Prüfung feststellt.

Prüfungsgebiete

§ 11. Das Prüfungsgebiet der Abschlussprüfung und der Befähigungsprüfung umfasst jeweils den gesamten Lehrstoff des entsprechenden Pflichtgegenstandes gemäß der Verordnung, mit welcher Lehrpläne für Bundessportakademien erlassen werden, im Falle des § 10 Abs. 2 jedoch nur den Lehrstoff des letzten Semesters.

(BGBl. II Nr. 351/2011 idF BGBl. II Nr. 90/2017, Art. 10 Z 2)

Durchführung

§ 12. (1) Die Schulleiterin oder der Schulleiter hat die für die ordnungsgemäße Durchführung der Klausurprüfung, der mündlichen und praktischen Prüfung notwendigen Vorkehrungen zu treffen.

(2) Für die Durchführung der Klausurprüfung findet § 4 sinngemäß Anwendung.

(3) Die mündliche Prüfung und die praktische Prüfung haben nach Möglichkeit am Tag der Klausurprüfung oder an dem der Klausurprüfung folgenden Tag stattzufinden.

(4) Im Rahmen einer mündlichen Prüfung dürfen zur selben Zeit nicht mehrere Prüfungskandidatinnen und Prüfungskandidaten geprüft werden, doch ist während einer mündlichen Prüfung einer Prüfungskandidatin oder eines Prüfungskandidaten die Ausgabe von Aufgaben an andere Prüfungskandidatinnen und Prüfungskandidaten zur Vorbereitung zulässig.

(5) Im Rahmen der praktischen Prüfung ist die Prüfung mehrerer Prüfungskandidatinnen und Prüfungskandidaten zur gleichen Zeit zulässig, sofern es die Eigenart des Prüfungsgebietes ermöglicht.

(6) Bedient sich die Prüfungskandidatin oder der Prüfungskandidat bei der Lösung einer Aufgabe unerlaubter Hilfsmittel oder Hilfen, ist die betreffende Aufgabe nicht zu beurteilen und eine neue Aufgabe zu stellen.

(7) Die der Prüfungskandidatin und dem Prüfungskandidaten im Rahmen der mündlichen und der praktischen Prüfung gestellten Aufgaben sind im Prüfungsprotokoll zu vermerken.

(8) Für die Durchführung der mündlichen Prüfung findet ferner § 6 sinngemäß Anwendung.

Wiederholung

§ 13. Die Wiederholung von Teilprüfungen der Abschluss- und Befähigungsprüfung ist innerhalb von drei Jahren, gerechnet vom Zeitpunkt des erstmaligen Antretens, nach den zu diesem Zeitpunkt geltenden Prüfungsvorschriften durchzuführen. Ab diesem Zeitpunkt ist die Abschluss- und Befähigungsprüfung nach den jeweils geltenden Prüfungsvorschriften durchzuführen, wobei erfolgreich abgelegte Prüfungen vergleichbaren Umfangs und Inhalts nicht zu wiederholen sind.

Zeugnis

§ 14. (1) Das Zeugnis für die Abschlussprüfung ist gemäß **Anlage F**, das Zeugnis für die Befähigungsprüfung gemäß **Anlage G** zu gestalten. Für diese Zeugnisse ist ein hellgrüner Unterdruck gemäß **Anlage H** zu verwenden.

(2) Bei Entfall von Prüfungsgebieten gemäß § 11 ist in das Prüfungszeugnis ein entsprechender Vermerk aufzunehmen.

Schlussbestimmungen

§ 15. (1) Diese Verordnung tritt mit 1. Oktober 2011 in Kraft.

(2) Mit dem Inkrafttreten dieser Verordnung tritt die Verordnung über die Eignungsprüfungen, Abschlussprüfungen und Befähigungsprüfungen an Schulen zur Ausbildung von Leibeserziehern und Sportlehrern, BGBl. Nr. 530/1992, in der Fassung der Verordnungen BGBl. II Nr. 49/1993, 265/1996, 83/2000, 141/1985, 287/2004 und 306/2006 außer Kraft. Die zuletzt genannte Verordnung gilt jedoch für Lehrgänge, die vor dem 1. Oktober 2011 eingerichtet wurden.

(3) (2) § 1 Abs. 2, § 2, § 2a samt Überschrift, § 3 Abs. 1 und die Anlage in der Fassung der Verordnung BGBl. II Nr. 90/2017 treten mit Ablauf des Tages der Kundmachung im Bundesgesetzblatt in Kraft. *(BGBl. II Nr. 90/2017, Art. 10 Z 3)*

Anlage A.1

Abschlussprüfung im Lehrgang zur Ausbildung von Sportlehrerinnen und Sportlehrern

Die Abschlussprüfung im Lehrgang zur Ausbildung von Sportlehrerinnen und Sportlehrern umfasst:

1. Je eine schriftliche Klausurarbeit in
   a) Allgemeine Körperausbildung (Inhalte aus: Pädagogik, Didaktik und Methodik, Bewegungslehre, Sportphysiologie, Trainingslehre sowie sportkundliches Seminar),
   b) Spezielle Trainingslehre, Spezielle Bewegungslehre und Biomechanik sowie Spezielle Didaktik und Methodik in der von der Schülerin bzw. dem Schüler im Rahmen des Lehrganges gewählten Sportart im Ausmaß von je zwei Stunden.
2. Je eine mündliche Prüfung in
   a) Allgemeine Körperausbildung (Inhalte aus: Pädagogik, Didaktik und Methodik, Bewegungslehre, Sportphysiologie, Trainingslehre sowie sportkundliches Seminar),
   b) Spezielle Trainingslehre, Spezielle Bewegungslehre und Biomechanik sowie Spezielle Didaktik und Methodik in der von der Schülerin bzw. dem Schüler im Rahmen des Lehrganges gewählten Sportart.

Anlage A.2

Befähigungsprüfung im Lehrgang zur Ausbildung von Lehrerinnen und Lehrern für Bewegung und Sport an Schulen

Die Abschlussprüfung[2]) im Lehrgang zur Ausbildung von Lehrerinnen und Lehrern für Bewegung und Sport an Schulen hat zu umfassen:

1. Je eine schriftliche Klausurarbeit aus den Inhalten des Speziellen Faches Bewegung und Sport an Schulen.
2. Je eine mündliche Prüfung aus den Inhalten des Speziellen Faches Bewegung und Sport an Schulen.

(BGBl. II Nr. 351/2011 idF BGBl. II Nr. 90/2017, Art. 10 Z 4)

Anlage A.3

Abschlussprüfung im Lehrgang zur Ausbildung von Tennislehrerinnen und Tennislehrern

Die Abschlussprüfung im Lehrgang zur Ausbildung von Tennislehrerinnen und Tennislehrern umfasst:

1. Je eine mündliche Prüfung in
   a) Allgemeine Trainingslehre,
   b) Spezielle Bewegungslehre,
   c) Spezielle Trainingslehre.
2. Eine praktische Prüfung in Spezielle praktisch-methodische Übungen (Lehrauftritt).

Anlage A.4

Abschlussprüfung im Lehrgang zur Ausbildung von Reitlehrerinnen und Reitlehrern

Die Abschlussprüfung im Lehrgang zur Ausbildung von Reitlehrerinnen und Reitlehrern umfasst:

1. Vorlage eines abgeschlossenen Erste Hilfe Kurses nach den Vorgaben bekannter Rettungseinsatzorganisationen (nicht älter als fünf Jahre).
2. Je eine mündliche Prüfung in
   a) Trainingslehre,
   b) Pädagogik, Didaktik und Methodik,
   c) Reittheorie,
   d) Exterieurlehre und Veterinärkunde.

---
[2]) Sollte richtig lauten: „Befähigungsprüfung".

3. Je eine praktische Prüfung in
   a) Praktisch-methodische Übungen (Lehrauftritt – Dressur),
   b) Praktisch-methodische Übungen (Lehrauftritt – Springen oder Vielseitigkeit).

Anlage A.5

Abschlussprüfung im Lehrgang zur Ausbildung von Voltigierlehrerinnen und Voltigierlehrern

Die Abschlussprüfung im Lehrgang zur Ausbildung von Voltigierlehrerinnen und Voltigierlehrern umfasst:
1. Vorlage eines abgeschlossenen Erste Hilfe Kurses nach den Vorgaben bekannter Rettungseinsatzorganisationen (nicht älter als fünf Jahre).
2. Je eine mündliche Prüfung in
   a) Trainingslehre,
   b) Pädagogik, Didaktik und Methodik,
   c) Voltigiertheorie,
   d) Exterieurlehre und Veterinärkunde.
3. Eine praktische Prüfung in Praktisch-methodische Übungen (Lehrauftritt).

Anlage A.6

Abschlussprüfung im Lehrgang zur Ausbildung von Lehrerinnen und Lehrern für Gespannfahren

Die Abschlussprüfung im Lehrgang zur Ausbildung von Lehrerinnen und Lehrern für Gespannfahren umfasst:
1. Vorlage eines abgeschlossenen Erste Hilfe Kurses nach den Vorgaben bekannter Rettungseinsatzorganisationen (nicht älter als fünf Jahre).
2. Je eine mündliche Prüfung in
   a) Trainingslehre,
   b) Pädagogik, Didaktik und Methodik,
   c) Beschirrungs- und Wagenkunde,
   d) Exterieurlehre und Veterinärkunde,
   e) Fahrtheorie.
3. Eine praktische Prüfung in Praktisch-methodische Übungen (Lehrauftritt).

Anlage A.7

Abschlussprüfung im Lehrgang zur Ausbildung von Berg- und Skiführerinnen und Berg- und Skiführern

Die Abschlussprüfung im Lehrgang zur Ausbildung von Berg- und Skiführerinnen und Berg- und Skiführern umfasst:
1. Vorlage eines abgeschlossenen Erste Hilfe Kurses nach den Vorgaben bekannter Rettungseinsatzorganisationen (nicht älter als fünf Jahre).
2. Je eine mündliche Prüfung in
   a) Trainingslehre,
   b) Orientierungs- und Kartenkunde.
3. Je eine praktische Prüfung in
   a) Bergrettungstechnik,
   b) Spezielle praktisch-methodische Übungen (Lehrauftritt).

Anlage A.8

Abschlussprüfung im Lehrgang zur Ausbildung von Skilehrerinnen und Skiführerinnen sowie Skilehrern und Skiführern

Die Abschlussprüfung im Lehrgang zur Ausbildung von Skilehrerinnen und Skilehrern umfasst:
1. Vorlage eines abgeschlossenen Erste Hilfe Kurses nach den Vorgaben bekannter Rettungseinsatzorganisationen (nicht älter als fünf Jahre).

2. Je eine mündliche Prüfung in
   a) Bewegungslehre und Biomechanik,
   b) Lebende Fremdsprache,

   sofern auch die Zusatzprüfung zur Skiführerin und zum Skiführer abgelegt wird
   c) Orientierungs- und Kartenkunde,
   d) Schnee- und Lawinenkunde.
3. Je eine praktische Prüfung in
   a) Pädagogik, Didaktik und Methodik (Lehrauftritt),
   b) Skilauf im Gelände,
   c) Schulefahren,
   d) Überprüfung der Renntechnik durch Tore mit und ohne Zeitnehmung,

   sofern auch die Zusatzprüfung zur Skiführerin und zum Skiführer abgelegt wird
   e) Tourenführung,
   f) Bergrettungstechnik.

Anlage A.9

Abschlussprüfung im Lehrgang zur Ausbildung von Snowboardlehrerinnen und Snowboardführerinnen und Snowboardlehrern und Snowboardführern

Die Abschlussprüfung im Lehrgang zur Ausbildung von Snowboardlehrerinnen und Snowboardlehrern umfasst:

1. Vorlage eines abgeschlossenen Erste Hilfe Kurses nach den Vorgaben bekannter Rettungseinsatzorganisationen (nicht älter als fünf Jahre).
2. Je eine mündliche Prüfung in
   a) Bewegungslehre und Biomechanik,
   b) lebende Fremdsprache (jene Fremdsprache, in der die höhere Stundenzahl besucht worden ist),

   sofern auch die Zusatzprüfung zur Snowboardführerin und zum Snowboardführer abgelegt wird
   c) Orientierungs- und Kartenkunde,
   d) Schnee- und Lawinenkunde.
3. Je eine praktische Prüfung in
   a) Pädagogik, Didaktik und Methodik (Lehrauftritt),
   b) Snowboarden im Gelände,
   c) Snowboardtechnik (Schulefahren),
   d) Rennlauftechnik Snowboarden,

   sofern auch die Zusatzprüfung für Snowboardführerinnen und Snowboardführer abgelegt wird
   e) Tourenführung,
   f) Bergrettungstechnik.

Anlage B.1

Abschlussprüfung im Lehrgang zur Ausbildung von Diplomtrainerinnen und Diplomtrainern

Die Abschlussprüfung im Lehrgang zur Ausbildung von Diplomtrainerinnen und Diplomtrainern setzt sich zusammen aus:

1. einer eigenständig verfassten Abschlussarbeit, die aus dem Gebiet der Sportbiologie, Sportpsychologie, Trainingslehre, Bewegungslehre, Sportpädagogik oder einem fächerübergreifendem Themengebiet das die Trainertätigkeit betrifft stammt und zwischen Kandidatinnen bzw. Kandidaten und Ausbildungsleitung festgelegt wird,
2. Präsentation und Diskussion dieser Abschlussarbeit vor einer Prüfungskommission, die sich aus einer Vertretung der Bundessportakademie sowie einer Sportfachverbandsvertretung zusammensetzt.

Anlage B.2

Abschlussprüfung im Lehrgang zur Ausbildung von Trainerinnen und Trainern

Die Abschlussprüfung im Lehrgang zur Ausbildung von Trainerinnen und Trainern umfasst:

1. Je eine mündliche Prüfung in
   a) Spezielle Bewegungslehre und Biomechanik,
   b) Spezielle Trainingslehre,
   c) Reflexion des Handlungskonzeptes der Speziellen praktisch-methodischen Übungen (Lehrauftritt).
2. Eine praktische Prüfung in Spezielle praktisch-methodische Übungen (Lehrauftritt).

Abschlussprüfung im Lehrgang zur Ausbildung von Trainerinnen und Trainern für Athletik, Fitness und Koordination

Die Abschlussprüfung im Lehrgang zur Ausbildung von Trainerinnen und Trainern für Athletik, Fitness und Koordination umfasst:

1. Je eine mündliche Prüfung in
   a) Pädagogik, Didaktik und Methodik,
   b) Bewegungslehre und Biomechanik,
   c) Trainingslehre.
2. Eine praktische Prüfung in Allgemeine praktisch-methodische Übungen (Lehrauftritt).

Anlage B.3

Abschlussprüfung im Lehrgang zur Ausbildung von Fußballtrainerinnen und Fußballtrainern

Die Abschlussprüfung im Lehrgang zur Ausbildung von Fußballtrainerinnen und Fußballtrainern umfasst:

1. Je eine mündliche Prüfung in
   a) Sportpsychologie,
   b) Allgemeine und spezielle Bewegungslehre und Biomechanik,
   c) Allgemeine Trainingslehre,
   d) Spezielle Trainingslehre,
   e) Reflexion des Handlungskonzeptes der Speziellen praktisch-methodischen Übungen (Lehrauftritt).
2. Eine praktische Prüfung in Spezielle praktisch-methodische Übungen (Lehrauftritt).

Anlage B.4

Abschlussprüfung im Lehrgang zur Ausbildung von Trainerinnen und Trainern für Ski/Alpin

Die Abschlussprüfung im Lehrgang zur Ausbildung von Skitrainerinnen und Skitrainern/Alpin umfasst:

1. Je eine mündliche Prüfung in
   a) Spezielle Trainingslehre,
   b) Spezielle Bewegungslehre.
2. Je eine praktische Prüfung in
   a) Grundtechnik des alpinen Skilaufs,
   b) Technik des Rennlaufs,
   c) Spezielle praktisch-methodische Übungen (Lehrauftritt).

Anlage B.5

Abschlussprüfung im Lehrgang zur Ausbildung von Reittrainerinnen und Reittrainern für Dressur, Springen oder Vielseitigkeit

Die Abschlussprüfung im Lehrgang zur Ausbildung von Reittrainerinnen und Reittrainern für Dressur, Springen oder Vielseitigkeit umfasst:

1. Je eine mündliche Prüfung in
   a) Sportbiologie,
   b) Trainingslehre,
   c) Reittheorie,
   d) Exterieurlehre und Veterinärkunde.
2. Eine praktische Prüfung in Spezielle praktisch-methodische Übungen (Lehrauftritt).

Anlage B.6

Abschlussprüfung im Lehrgang zur Ausbildung von Trainerinnen und Trainern für Sportschießen/Gewehr

Die Abschlussprüfung im Lehrgang zur Ausbildung von Trainerinnen und Trainern für Sportschießen/Gewehr umfasst:

1. Je eine mündliche Prüfung in
   a) Bewegungslehre,
   b) Trainingslehre,
   c) Sportpsychologie.
2. Eine praktische Prüfung in Spezielle praktisch-methodische Übungen (Lehrauftritt).

Anlage B.7

Abschlussprüfung im Lehrgang zur Ausbildung von Trainerinnen und Trainern für Sportschießen/Pistole

Die Abschlussprüfung im Lehrgang zur Ausbildung von Trainerinnen und Trainern für Sportschießen/Pistole umfasst:

1. Je eine mündliche Prüfung in
   a) Bewegungslehre,
   b) Trainingslehre,
   c) Sportpsychologie.
2. Eine praktische Prüfung in Spezielle praktisch-methodische Übungen (Lehrauftritt).

Anlage B.8

Abschlussprüfung im Lehrgang zur Ausbildung von Trainerinnen und Trainern für Allgemeine Körperausbildung

Die Abschlussprüfung im Lehrgang zur Ausbildung von Trainerinnen und Trainern für Allgemeine Körperausbildung umfasst:

1. Je eine mündliche Prüfung in
   a) Pädagogik, Didaktik und Methodik,
   b) Bewegungslehre und Biomechanik,
   c) Trainingslehre.
2. Eine praktische Prüfung Allgemeine praktisch-methodische Übungen (Lehrauftritt) oder Spezielle praktisch-methodische Übungen (Lehrauftritt).

Anlage C.1

Abschlussprüfung im Lehrgang zur Ausbildung von Sportinstruktorinnen und Sportinstruktoren

Die Abschlussprüfung im Lehrgang zur Ausbildung von Sportinstruktorinnen und Sportinstruktoren umfasst:

1. Vorlage eines abgeschlossenen Erste Hilfe Kurses nach den Vorgaben bekannter Rettungseinsatzorganisationen (nicht älter als fünf Jahre).
2. Je eine mündliche Prüfung in
   a) Sportbiologie,
   b) Bewegungslehre und Biomechanik,
   c) Trainingslehre.
3. Je eine praktische Prüfung in
   a) Allgemeine praktisch-methodische Übungen (Lehrauftritt),
   b) Spezielle praktisch-methodische Übungen (Lehrauftritt).

Abschlussprüfung im Lehrgang zur Ausbildung von Instruktorinnen und Instruktoren für Snowboarden

Die Abschlussprüfung im Lehrgang zur Ausbildung von Instruktorinnen und Instruktoren für Snowboarden umfasst:

1. Vorlage eines abgeschlossenen Erste Hilfe Kurses nach den Vorgaben bekannter Rettungseinsatzorganisationen (nicht älter als fünf Jahre).
2. Je eine mündliche Prüfung in
   a) Sportbiologie,
   b) Bewegungslehre und Biomechanik,
   c) Trainingslehre.
3. Je eine praktische Prüfung in
   a) Snowboardtechnik (Schule und Gelände),
   b) Spezielle praktisch-methodische Übungen (Lehrauftritt).

Abschlussprüfung im Lehrgang zur Ausbildung von Instruktorinnen und Instruktoren für Sportschießen/Gewehr

Die Abschlussprüfung im Lehrgang zur Ausbildung von Instruktorinnen und Instruktoren für Sportschießen/Gewehr umfasst:

1. Vorlage eines abgeschlossenen Erste Hilfe Kurses nach den Vorgaben bekannter Rettungseinsatzorganisationen (nicht älter als fünf Jahre).
2. Je eine mündliche Prüfung in
   a) Bewegungslehre und Biomechanik,
   b) Trainingslehre,
   c) Wettkampfbestimmungen und Regelkunde.
3. Je eine praktische Prüfung in
   a) Pädagogik, Didaktik und Methodik (Lehrauftritt),
   b) Spezielle praktisch-methodische Übungen (Lehrauftritt).

Abschlussprüfung im Lehrgang zur Ausbildung von Instruktorinnen und Instruktoren für Sportschießen/Pistole

Die Abschlussprüfung im Lehrgang zur Ausbildung von Instruktorinnen und Instruktoren für Sportschießen/Pistole umfasst:

1. Vorlage eines abgeschlossenen Erste Hilfe Kurses nach den Vorgaben bekannter Rettungseinsatzorganisationen (nicht älter als fünf Jahre).
2. Je eine mündliche Prüfung in
   a) Bewegungslehre und Biomechanik,
   b) Trainingslehre,
   c) Wettkampfbestimmungen und Regelkunde.
3. Je eine praktische Prüfung in
   a) Pädagogik, Didaktik und Methodik (Lehrauftritt),
   b) Spezielle praktisch-methodische Übungen (Lehrauftritt).

Abschlussprüfung im Lehrgang zur Ausbildung von Instruktorinnen und Instruktoren für Skilanglauf

Die Abschlussprüfung im Lehrgang zur Ausbildung von Instruktorinnen und Instruktoren für Skilanglauf umfasst:

1. Vorlage eines abgeschlossenen Erste Hilfe Kurses nach den Vorgaben bekannter Rettungseinsatzorganisationen (nicht älter als fünf Jahre).
2. Je eine mündliche Prüfung in
   a) Sportbiologie,
   b) Bewegungslehre und Biomechanik,
   c) Trainingslehre.
3. Je eine praktische Prüfung in
   a) Praktische Übungen (Langlauf-Technikprogramm),
   b) Spezielle praktisch-methodische Übungen (Lehrauftritt).

Anlage C.2

Abschlussprüfung im Lehrgang zur Ausbildung von Instruktorinnen und Instruktoren für Skitouren

Die Abschlussprüfung im Lehrgang zur Ausbildung von Instruktorinnen und Instruktoren für Skitouren umfasst:

1. Vorlage eines abgeschlossenen Erste Hilfe Kurses nach den Vorgaben bekannter Rettungseinsatzorganisationen (nicht älter als fünf Jahre).
2. Je eine mündliche Prüfung in
   a) Sportbiologie und Erste Hilfe,
   b) Trainings- und Bewegungslehre,
   c) Orientierungs- und Kartenkunde,
   d) Schnee- und Lawinenkunde.
3. Je eine praktische Prüfung in
   a) Praxis Skitouren,
   b) Praktisch-methodische Übungen (Lehrauftritt),
   c) Rettungstechnik.

Anlage C.3

Abschlussprüfung im Lehrgang zur Ausbildung von Instruktorinnen und Instruktoren für Skihochtouren

Die Abschlussprüfung im Lehrgang zur Ausbildung von Instruktorinnen und Instruktoren für Skihochtouren umfasst:

1. Je eine mündliche Prüfung in
   a) Orientierungs- und Kartenkunde,
   b) Schnee- und Lawinenkunde.
2. Je eine praktische Prüfung in
   a) Praxis Skihochtouren,
   b) Praktisch-methodische Übungen (Lehrauftritt),
   c) Rettungstechnik.

Anlage C.4

Abschlussprüfung im Lehrgang zur Ausbildung von Instruktorinnen und Instruktoren für Snowboardtouren

Die Abschlussprüfung im Lehrgang zur Ausbildung von Instruktorinnen und Instruktoren für Snowboardtouren umfasst:

1. Vorlage eines abgeschlossenen Erste Hilfe Kurses nach den Vorgaben bekannter Rettungseinsatzorganisationen (nicht älter als fünf Jahre).
2. Je eine mündliche Prüfung in
   a) Sportbiologie und Erste Hilfe,
   b) Trainings- und Bewegungslehre,
   c) Orientierung,
   d) Schnee- und Lawinenkunde.
3. Je eine praktische Prüfung in
   a) Praxis Snowboardtouren,
   b) Praktisch-methodische Übungen (Lehrauftritt),
   c) Rettungstechnik.

Anlage C.5

Abschlussprüfung im Lehrgang zur Ausbildung von Skiinstruktorinnen und Skiinstruktoren

Die Abschlussprüfung im Lehrgang zur Ausbildung von Skiinstruktorinnen und Skiinstruktoren umfasst:

1. Vorlage eines abgeschlossenen Erste Hilfe Kurses nach den Vorgaben bekannter Rettungseinsatzorganisationen (nicht älter als fünf Jahre).

2. Je eine mündliche Prüfung in
   a) Sportbiologie,
   b) Pädagogik, Didaktik und Methodik,
   c) Bewegungslehre und Biomechanik,
   d) Schnee- und Lawinenkunde.
3. Je eine praktische Prüfung in
   a) Skilauf im organisierten Skiraum,
   b) Grundtechniken des alpinen Skilaufs,
   c) Riesentorlauf,
   d) Praktisch-methodische Übungen (Lehrauftritt auf Schnee).

Anlage C.6

Abschlussprüfung im Lehrgang zur Ausbildung von Instruktorinnen und Instruktoren für Jugendskirennlauf

Die Abschlussprüfung im Lehrgang zur Ausbildung von Instruktorinnen und Instruktoren für Jugendskirennlauf umfasst:

1. Vorlage eines abgeschlossenen Erste Hilfe Kurses nach den Vorgaben bekannter Rettungseinsatzorganisationen (nicht älter als fünf Jahre).
2. Je eine mündliche Prüfung in
   a) Sportbiologie,
   b) Bewegungslehre und Biomechanik,
   c) Trainingslehre.
3. Eine praktische Prüfung in
   a) Renntechnik,
   b) Grundtechnik des alpinen Skirennlaufs,
   c) Allgemeine praktisch-methodische Übungen (Lehrauftritt auf Schnee),
   d) Spezielle praktisch-methodische Übungen (Lehrauftritt).

Anlage C.7

Abschlussprüfung im Lehrgang zur Ausbildung von Instruktorinnen und Instruktoren für Hochtouren

Die Abschlussprüfung im Lehrgang zur Ausbildung von Instruktorinnen und Instruktoren für Hochtouren umfasst:

1. Vorlage eines abgeschlossenen Erste Hilfe Kurses nach den Vorgaben bekannter Rettungseinsatzorganisationen (nicht älter als fünf Jahre).
2. Je eine mündliche Prüfung in
   a) Sportbiologie und Erste Hilfe,
   b) Trainings- und Bewegungslehre,
   c) Orientierungs- und Kartenkunde.
3. Je eine praktische Prüfung in
   a) Praxis Hochtouren (Fels und Eis),
   b) Praktisch-methodische Übungen (Lehrauftritt),
   c) Rettungstechnik.

Anlage C.8

Abschlussprüfung im Lehrgang zur Ausbildung von Instruktorinnen und Instruktoren für Klettern-Alpin

Die Abschlussprüfung im Lehrgang zur Ausbildung von Instruktorinnen und Instruktoren für Klettern-Alpin umfasst:

1. Vorlage eines abgeschlossenen Erste Hilfe Kurses nach den Vorgaben bekannter Rettungseinsatzorganisationen (nicht älter als fünf Jahre).
2. Je eine mündliche Prüfung in
   a) Sportbiologie und Erste Hilfe,
   b) Trainings- und Bewegungslehre,
   c) Orientierungs- und Kartenkunde.

3. Je eine praktische Prüfung
   a) Praxis Klettern-Alpin,
   b) Praktisch-methodische Übungen (Lehrauftritt),
   c) Rettungstechnik.

Anlage C.9

Abschlussprüfung im Lehrgang zur Ausbildung von Instruktorinnen und Instruktoren für Wandern

Die Abschlussprüfung im Lehrgang zur Ausbildung von Instruktorinnen und Instruktoren für Wandern umfasst:

1. Vorlage eines abgeschlossenen Erste Hilfe Kurses nach den Vorgaben bekannter Rettungseinsatzorganisationen (nicht älter als fünf Jahre).
2. Je eine mündliche Prüfung in
   a) Sportbiologie und Erste Hilfe,
   b) Trainings- und Bewegungslehre,
   c) Orientierungs- und Kartenkunde.
3. Je eine praktische Prüfung in
   a) Praktisch-methodische Übungen (Lehrauftritt),
   b) Praxis Wandern.

Anlage C.10

Abschlussprüfung im Lehrgang zur Ausbildung von Instruktorinnen und Instruktoren für Winterwandern

Die Abschlussprüfung im Lehrgang zur Ausbildung von Instruktorinnen und Instruktoren für Winterwandern umfasst:

1. Je eine mündliche Prüfung in
   a) Orientierungs- und Kartenkunde,
   b) Schnee- und Lawinenkunde.
2. Je eine praktische Prüfung in
   a) Praktisch-methodische Übungen (Lehrauftritt),
   b) Praxis Wandern,
   c) Rettungstechnik.

Anlage C.11

Abschlussprüfung im Lehrgang zur Ausbildung von Instruktorinnen und Instruktoren für Eis- und Stockschießen, Sportkegeln und Kinderturnen

Die Abschlussprüfung im Lehrgang zur Ausbildung von Instruktorinnen und Instruktoren für Eis- und Stockschießen, Sportkegeln und Kinderturnen umfasst:

1. Vorlage eines abgeschlossenen Erste Hilfe Kurses nach den Vorgaben bekannter Rettungseinsatzorganisationen (nicht älter als fünf Jahre).
2. Je eine mündliche Prüfung in
   a) Sportbiologie,
   b) Bewegungslehre und Biomechanik,
   c) Trainingslehre.
3. Je eine praktische Prüfung in
   a) Allgemeine praktisch-methodische Übungen (Lehrauftritt),
   b) Spezielle praktisch-methodische Übungen (Lehrauftritt).

Anlage C.12

Abschlussprüfung im Lehrgang zur Ausbildung von Instruktorinnen und Instruktoren für die Sportausübung von Menschen mit Körper- und Sinnesbehinderungen oder Mentalbehinderungen

Die Abschlussprüfung in Lehrgängen zur Ausbildung von Instruktorinnen und Instruktoren für die Sportausübung von Menschen mit Körper- und Sinnesbehinderungen oder Mentalbehinderungen umfasst:

1. Vorlage eines abgeschlossenen Erste Hilfe Kurses nach den Vorgaben bekannter Rettungseinsatzorganisationen (nicht älter als fünf Jahre).
2. Je eine mündliche Prüfung in
   a) Sportbiologie,
   b) Pädagogik, Didaktik und Methodik,
   c) Trainingslehre.
3. Eine praktische Prüfung in Praktisch-methodische Übungen (Lehrauftritt).

Anlage C.13

Abschlussprüfung im Lehrgang zur Ausbildung von Reitinstruktorinnen und Reitinstruktoren

Die Abschlussprüfung im Lehrgang zur Ausbildung von Reitinstruktorinnen und Reitinstruktoren umfasst:

1. Vorlage eines abgeschlossenen Erste Hilfe Kurses nach den Vorgaben bekannter Rettungseinsatzorganisationen (nicht älter als fünf Jahre).
2. Je eine mündliche Prüfung in
   a) Sportbiologie,
   b) Trainings- und Bewegungslehre,
   c) Reittheorie,
   d) Exterieurlehre und Veterinärkunde.
3. Je eine praktische Prüfung in
   a) Praktisch-methodische Übungen (Lehrauftritt – Dressur),
   b) Praktisch-methodische Übungen (Lehrauftritt – Springen).

Anlage C.14

Abschlussprüfung im Lehrgang zur Ausbildung von Voltigierinstruktorinnen und Voltigierinstruktoren

Die Abschlussprüfung im Lehrgang zur Ausbildung von Voltigierinstruktorinnen und Voltigierinstruktoren umfasst:

1. Vorlage eines abgeschlossenen Erste Hilfe Kurses nach den Vorgaben bekannter Rettungseinsatzorganisationen (nicht älter als fünf Jahre).
2. Je eine mündliche Prüfung in
   a) Sportbiologie,
   b) Trainings- und Bewegungslehre,
   c) Voltigiertheorie,
   d) Exterieurlehre und Veterinärkunde.
3. Eine praktische Prüfung in Praktisch-methodische Übungen (Lehrauftritt).

Anlage C.15

Abschlussprüfung im Lehrgang zur Ausbildung von Instruktorinnen und Instruktoren für Gespannfahren

Die Abschlussprüfung im Lehrgang zur Ausbildung von Instruktorinnen und Instruktoren für Gespannfahren umfasst:

1. Vorlage eines abgeschlossenen Erste Hilfe Kurses nach den Vorgaben bekannter Rettungseinsatzorganisationen (nicht älter als fünf Jahre).
2. Je eine mündliche Prüfung in
   a) Sportbiologie,
   b) Trainings- und Bewegungslehre,
   c) Beschirrungs- und Wagenkunde,
   d) Exterieurlehre und Veterinärkunde.
3. Eine praktische Prüfung in Praktisch-methodische Übungen (Lehrauftritt).

Anlage C.16

Abschlussprüfung im Lehrgang zur Ausbildung von Fußballinstruktorinnen und Fußballinstruktoren

Die Abschlussprüfung im Lehrgang zur Ausbildung von Fußballinstruktorinnen und Fußballinstruktoren umfasst:

1. Vorlage eines abgeschlossenen Erste Hilfe Kurses nach den Vorgaben bekannter Rettungseinsatzorganisationen (nicht älter als fünf Jahre).
2. Je eine mündliche Prüfung in
   a) Bewegungslehre,
   b) Pädagogik, Didaktik und Methodik,
   c) Allgemeine Trainingslehre,
   d) Spezielle Trainingslehre.
3. Eine praktische Prüfung in Spezielle praktisch-methodische Übungen (Lehrauftritt).

Anlage C.17

Abschlussprüfung im Lehrgang zur Ausbildung von Tennisinstruktorinnen und Tennisinstruktoren

Die Abschlussprüfung im Lehrgang zur Ausbildung von Instruktorinnen und Instruktoren Tennis umfasst:

1. Vorlage eines abgeschlossenen Erste Hilfe Kurses nach den Vorgaben bekannter Rettungseinsatzorganisationen (nicht älter als fünf Jahre).
2. Je eine mündliche Prüfung in
   a) Sportbiologie,
   b) Spezielle Bewegungslehre,
   c) Allgemeine Trainingslehre.
3. Eine praktische Prüfung in
   a) Spezielle praktisch-methodische Übungen (Lehrauftritt),
   b) Allgemeine praktisch-methodische Übungen (Lehrauftritt).

Anlage C.18

Abschlussprüfung im Lehrgang zur Ausbildung von Instruktorinnen und Instruktoren für Sportklettern/Breitensport

Die Abschlussprüfung im Lehrgang zur Ausbildung von Instruktorinnen und Instruktoren Sportklettern/Breitensport umfasst:

1. Vorlage eines abgeschlossenen Erste Hilfe Kurses nach den Vorgaben bekannter Rettungseinsatzorganisationen (nicht älter als fünf Jahre).
2. Je eine mündliche Prüfung in
   a) Sportbiologie,
   b) Bewegungslehre und Biomechanik,
   c) Trainingslehre.
3. Je eine praktische Prüfung in
   a) Praktische Übungen,
   b) Praktisch-methodische Übungen (Lehrauftritt).

Anlage C.19

Abschlussprüfung im Lehrgang zur Ausbildung von Instruktorinnen und Instruktoren für Sportklettern/Leistungssport

Die Abschlussprüfung im Lehrgang zur Ausbildung von Instruktorinnen und Instruktoren Sportklettern Leistungssport umfasst:

1. Je eine mündliche Prüfung in
   a) Bewegungslehre und Biomechanik,
   b) Trainingslehre.
2. Je eine praktische Prüfung in
   a) Klettern an künstlicher Wand – Eigenkönnen,
   b) Spezielle praktisch-methodische Übungen (Lehrauftritt).

Anlage C.20

Abschlussprüfung im Lehrgang zur Ausbildung von Instruktorinnen und Instruktoren für Mountainbike

Die Abschlussprüfung im Lehrgang zur Ausbildung von Instruktorinnen und Instruktoren für Mountainbike umfasst:

1. Vorlage eines abgeschlossenen Erste Hilfe Kurses nach den Vorgaben bekannter Rettungseinsatzorganisationen (nicht älter als fünf Jahre).
2. Je eine mündliche Prüfung in
   a) Sportbiologie,
   b) Bewegungslehre und Biomechanik,
   c) Trainingslehre.
3. Je eine praktische Prüfung in
   a) Spezielle praktisch-methodische Übungen (Lehrauftritt),
   b) Mountainbiketechnik (Fahrtechnikparcours und Uphill-Test).

Anlage C.21

Abschlussprüfung im Lehrgang zur Ausbildung von Instruktorinnen und Instruktoren für Kinder- und Jugendfußball

Die Abschlussprüfung im Lehrgang zur Ausbildung von Instruktorinnen und Instruktoren für Kinder- und Jugendfußball umfasst:

1. Vorlage eines abgeschlossenen Erste Hilfe Kurses nach den Vorgaben bekannter Rettungseinsatzorganisationen (nicht älter als fünf Jahre).
2. Je eine mündliche Prüfung in
   a) Allgemeine Trainingslehre,
   b) Spezielle Trainingslehre,
   c) Bewegungslehre,
   d) Pädagogik, Didaktik und Methodik.
3. Eine praktische Prüfung in Praktisch-methodische Übungen (Lehrauftritt).

Anlage D

Abschlussprüfung im Lehrgang zur Ausbildung von Sport-Badewarten

Die Abschlussprüfung im Lehrgang zur Ausbildung von Sport-Badewarten umfasst:

1. Vorlage eines abgeschlossenen Erste Hilfe Kurses nach den Vorgaben bekannter Rettungseinsatzorganisationen (nicht älter als fünf Jahre).
2. Je eine mündliche Prüfung in
   a) Erste Hilfe,
   b) Pädagogik, Didaktik und Methodik,
   c) Bädertechnik und Bäderbau,
   d) Hygiene und Wasseraufbereitung.
3. Eine praktische Prüfung in Praktisch-methodische Übungen (Lehrauftritt).

Anlage E

Bundesanstalt für Leibeserziehung (Ort der Schule)

PLZ Ort; Adresse der Schule

Zahl des Prüfungsprotokolls: Schuljahr:

Eignungsprüfungszeugnis

...., geboren am ....

Familien- und Vorname tt.mm.jjjj

hat sich an der oben genannten Schule der Eignungsprüfung für die Aufnahme in die Ausbildung von

....

(Bezeichnung des Lehrplanes)

unterzogen.

Frau/Herr .... hat diese Prüfung bestanden, kann aber

(Name/Vorname)

wegen Platzmangels nicht aufgenommen werden

, am

....

Ort tt.mm.jjjj Für die Prüfungskommission

Rundsiegel

Anlage F

Bezeichnung und Standort der Schule

PLZ Ort; Adresse der Schule

Zahl des Prüfungsprotokolls: Schuljahr:

Abschlussprüfungszeugnis

...., geboren am ....

Familien- und Vorname tt.mm.jjjj

hat sich an der oben genannten Anstalt der

Abschlussprüfung

im Lehrgang

zur Ausbildung von unterzogen und diese

....

Bezeichnung des Lehrplanes

....

bestanden.

Gesamtbeurteilung: mit ausgezeichnetem Erfolg bestanden, mit gutem Erfolg bestanden, bestanden, nicht bestanden.

Die Leistungen in den Prüfungsgebieten der Abschlussprüfung wurden wie folgt beurteilt:

Prüfungsgebiet	Beurteilung
______________________	....
______________________	....
______________________	....
______________________	....
______________________	....
______________________	....

................................, am ....

Ort tt.mm.jjjj

Für die Prüfungskommission:

....

Vorsitzender

Rundsiegel

....

Schulleiter Abteilungsvorstand

Anlage G

Bezeichnung und Standort der Schule

PLZ Ort; Adresse der Schule

Zahl des Prüfungsprotokolls: Schuljahr:

Befähigungsprüfungszeugnis

.... , geboren am ....

Familien- und Vorname tt.mm.jjjj

hat sich an der oben genannten Anstalt der

B e f ä h i g u n g s p r ü f u n g

im Lehrgang

zur Ausbildung von unterzogen und diese

....

Bezeichnung des Lehrplanes

....

bestanden.

Gesamtbeurteilung: mit ausgezeichnetem Erfolg bestanden, mit gutem Erfolg bestanden, bestanden, nicht bestanden.

Die Leistungen in den Prüfungsgebieten der Befähigungsprüfung wurden wie folgt beurteilt:

Prüfungsgebiet	Beurteilung
______________	....
______________	....
______________	....
______________	....
______________	....
______________	....

, am

....

Ort tt.mm.jjjj

Für die Prüfungskommission:

....

Vorsitzender

Rundsiegel

....

Schulleiter Abteilungsvorstand

Anlage H

Originalformat 197×281 mm

KODEX
DES ÖSTERREICHISCHEN RECHTS
HERAUSGEBER: UNIV.-PROF. DR. WERNER DORALT
VERFASSUNGS-RECHT
LexisNexis
1 B-VG
1a ÜG, B-VGNov
2a StGG
2b EMRK
3a BVG
3b VfBest in BG
6 StbG
13a F-VG, FAG 2008
14 RHG
16 VwGG
17 VfGG
18 VolksanwG
19 AHG, OrgHG
20 AuskPfl
21 EUV, AEUV EU-GRC
Anh IA 1295/A BlgNR 25. GP

KODEX
DES ÖSTERREICHISCHEN RECHTS
HERAUSGEBER: UNIV.-PROF. DR. WERNER DORALT
VÖLKER-RECHT
LexisNexis
1 UN
2 WVK
3 Österreich
4 Immunität
5 Dipl. Verkehr
6 Streitbeileg.
7 Gewaltverbot
8 Humanitäres VR
9 Seerecht
10 Polarrecht
11 LuftfahrtR
12 WeltraumR
13 WirtschaftsR
14 UmweltR
15 Menschenrechte
16 Strafrecht
17 Verantwortlk.

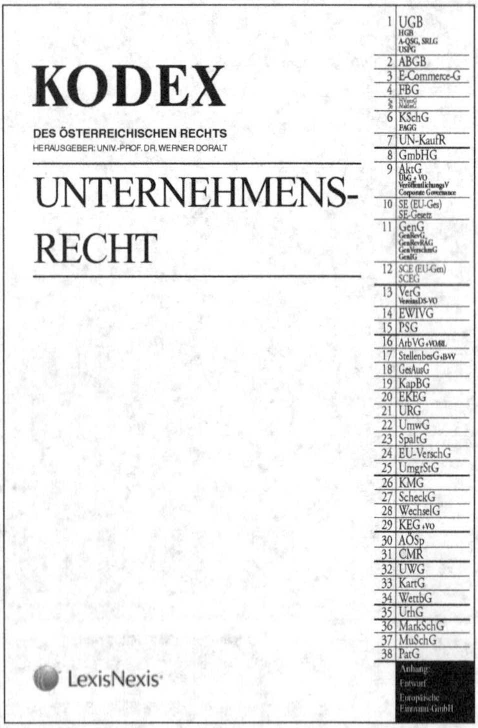
KODEX
DES ÖSTERREICHISCHEN RECHTS
HERAUSGEBER: UNIV.-PROF. DR. WERNER DORALT
UNTERNEHMENS-RECHT
LexisNexis
1 UGB
2 ABGB
3 E-Commerce-G
4 FBG
6 KSchG
7 UN-KaufR
8 GmbHG
9 AktG
10 SE (EU-Ges)
11 GenG
12 SCE (EU-Gen)
13 VerG
14 EWIVG
15 PSG
16 ArbVG
17 StellenbesG
18 GesAusG
19 KapBG
20 EKEG
21 URG
22 UmwG
23 SpaltG
24 EU-VerschG
25 UmgrStG
26 KMG
27 ScheckG
28 WechselG
29 KEG
30 AÖSp
31 CMR
32 UWG
33 KartG
34 WettbG
35 UrhG
36 MarkSchG
37 MuSchG
38 PatG
Anhang: Entwurf Europäische Einmann-GmbH

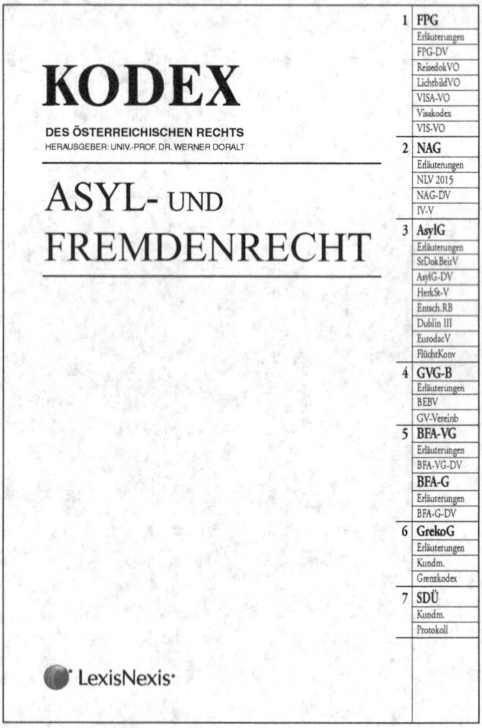
KODEX
DES ÖSTERREICHISCHEN RECHTS
HERAUSGEBER: UNIV.-PROF. DR. WERNER DORALT
ASYL- UND FREMDENRECHT
LexisNexis
1 FPG
Erläuterungen
FPG-DV
ReisedokVO
LichtbildVO
VISA-VO
Visakodex
VIS-VO
2 NAG
Erläuterungen
NLV 2015
NAG-DV
IV-V
3 AsylG
Erläuterungen
StDokBeirV
AsylG-DV
HerkSt-V
Entsch.RB
Dublin III
EurodacV
FlüchtKonv
4 GVG-B
Erläuterungen
BEBV
GV-Vereinb
5 BFA-VG
Erläuterungen
BFA-VG-DV
BFA-G
Erläuterungen
BFA-G-DV
6 GrekoG
Erläuterungen
Kundm.
Grenzkodex
7 SDÜ
Kundm.
Protokoll

4.1. Schulzeitgesetz 1985 – SchZG

BGBl. Nr. 77/1985 (Wiederverlautbarung)

idF der Bundesgesetze

BGBl. Nr. 144/1988	BGBl. Nr. 279/1991
BGBl. Nr. 516/1993	BGBl. Nr. 467/1995
BGBl. I Nr. 45/1998	BGBl. I Nr. 91/2005
BGBl. I Nr. 20/2006	BGBl. I Nr. 113/2006
BGBl. I Nr. 29/2008	BGBl. I Nr. 36/2012
BGBl I Nr. 75/2013	BGBl. I Nr. 48/2014
BGBl I Nr. 104/2015	BGBl. I Nr. 138/2017
BGBl. I Nr. 101/2018	BGBl. I Nr. 49/2019
BGBl. I Nr. 23/2020	BGBl. I Nr. 170/2021
BGBl. I Nr. 232/2021	BGBl. I Nr. 96/2022

Die Fundstellenhinweise beziehen sich auch auf die Stammfassung BGBl. Nr. 193/1964 idF der Bundesgesetze BGBl. Nr. 468/1974, 142/1978 und 369/1982.

Inhaltsverzeichnis[1])

[1]) Das Inhaltsverzeichnis ist von den Gesetzesbeschlüssen nicht umfasst.

Stichwortverzeichnis zum SchZG 1985
(die Ziffern beziehen sich auf die Paragrafen)

Kundmachung des Bundeskanzlers und des Bundesministers für Unterricht, Kunst und Sport vom 8. Feber 1985, mit der das Schulzeitgesetz wiederverlautbart wird

Anlage

Bundesgesetz über die Unterrichtszeit an den im Schulorganisationsgesetz geregelten Schularten (Schulzeitgesetz 1985)
(BGBl. Nr. 77/1985, Art. VIII)

ABSCHNITT I
Geltungsbereich

§ **1.** (1) Der Abschnitt I gilt für die im Schulorganisationsgesetz, BGBl. Nr. 242/1962, geregelten öffentlichen mittleren Schulen und höheren Schulen, für die im Land- und forstwirtschaftlichen Bundesschulgesetz, BGBl. Nr. 175/1966, geregelten öffentlichen höheren land- und forstwirtschaftlichen Lehranstalten, für die land- und forstwirtschaftlichen Fachschulen des Bundes im Sinne des Art. 14a Abs. 2 lit. c B-VG sowie für die im Forstgesetz 1975, BGBl. Nr. 440, geregelte Forstfachschule. Ferner gilt der Abschnitt I für öffentliche Praxisschulen gemäß § 33a Abs. 1 des Schulorganisationsgesetzes, BGBl. Nr. 242/1962, für das Bundes-Blindenerziehungsinstitut in Wien, das Bundesinstitut für Gehörlosenbildung in Wien sowie für die Bundes-Berufsschule für Uhrmacher in Karlstein in Niederösterreich. *(BGBl. I Nr. 113/2006, Art. 19 Z 1 idF BGBl. I Nr. 138/2017, Art. 12 Z 1)*

(2) (**Verfassungsbestimmung**) Die Bestimmungen des § 8 Abs. 5 erster und zweiter Satz sowie Abs. 9, § 9 und § 10 Abs. 5a, 6 erster und zweiter Satz, 7, 8 und 11 gelten hinsichtlich der dort zu treffenden Festlegungen als unmittelbar anzuwendendes Bundesrecht. *(BGBl. I Nr. 138/2017, Art. 12 Z 1)*

(BGBl. I Nr. 113/2006, Art. 19 Z 1)

Begriffsbestimmungen

§ **1a.** Wenn Schulen im organisatorischen Verbund mit anderen Schulen als Schulcluster geführt werden, dann ist unter Schulleiter oder Schulleiterin der Leiter oder die Leiterin des Schulclusters zu verstehen, der oder die bestimmte Angelegenheiten im Einzelfall allenfalls bestellten Bereichsleitern oder Bereichsleiterinnen der am Schulcluster beteiligten Schulen übertragen kann.

(BGBl. I Nr. 138/2017, Art. 12 Z 2)

Schuljahr

§ **2.** (1) Das Schuljahr beginnt in den Bundesländern Burgenland, Niederösterreich und Wien am ersten Montag, in den Bundesländern Kärnten, Oberösterreich, Salzburg, Steiermark, Tirol und Vorarlberg am zweiten Montag im September und dauert bis zum Beginn des nächsten Schuljahres.

(2) Das Schuljahr besteht aus dem Unterrichtsjahr (Z 1) und den Hauptferien (Z 2).

1. Das Unterrichtsjahr umfaßt
   a) das erste Semester, welches mit dem Schuljahr beginnt und mit dem Anfang der Semesterferien endet;
   b) die Semesterferien in der Dauer einer Woche, welche in den Bundesländern Niederösterreich und Wien am ersten Montag im Februar, in den Bundesländern Burgenland, Kärnten, Salzburg, Tirol und Vorarlberg am zweiten Montag im Februar und in den Bundesländern Oberösterreich und Steiermark am dritten Montag im Februar beginnen;
   c) das zweite Semester, welches an dem den Semesterferien folgenden Montag beginnt und mit dem Beginn der Hauptferien endet; für die letzte Stufe von Schulen, in welchen Reife-, Diplom-, Befähigungs- oder Abschlußprüfungen vorgesehen sind, endet das zweite Semester mit dem Sonntag vor dem Beginn der Klausurprüfung. *(BGBl. Nr. 467/1995, Z 1 idF BGBl. I Nr. 49/2019, Z 1)*

   (BGBl. Nr. 467/1995, Z 1)
2. Die Hauptferien beginnen in den Bundesländern Burgenland, Niederösterreich und Wien an dem Samstag, der frühestens auf den 28. Juni und spätestens auf den 4. Juli fällt, in den Bundesländern Kärnten, Oberösterreich, Salzburg, Steiermark, Tirol und Vorarlberg an dem Samstag, der frühestens auf den 5. Juli und spätestens auf den 11. Juli fällt; sie enden mit dem Beginn des nächsten Schuljahres.

(BGBl. Nr. 144/1988, Art. I Z 1)

(2a) Abweichend von Abs. 2 Z 1 lit. b kann der zuständige Bundesminister, wenn die Bildungsdirektion und das Land aus fremdenverkehrspolitischen Gründen gleichlautende Anträge stellen, durch Verordnung den Beginn der Semesterferien um eine Woche verlegen, sofern verkehrspolitische Gründe oder überregionale Interessen nicht entgegenstehen. Eine solche Verordnung ist vor Beginn des Kalenderjahres zu erlassen, das den Semesterferien vorangeht. *(BGBl. I Nr. 45/1998, Z 1 idF BGBl. I Nr. 20/2006, Art. 2 Z 1 und BGBl. I Nr. 138/2017, Art. 12 Z 3)*

(2b) Durch Verordnung der Schulleitung kann in zumindest dreijährigen mittleren und höheren Schulen das Ende des ersten Semesters abschließender Klassen und Jahrgänge auf einen zwischen dem 23. Dezember und dem Beginn der Semesterferien liegenden Sonntag festgelegt werden. Das zweite Semester beginnt abweichend von Abs. 2 Z 1 lit. c am darauffolgenden ersten Montag. *(BGBl. I Nr. 96/2022, Art. 4 Z 1)*

(3) Alle Tage des Unterrichtsjahres, die nicht nach den folgenden Bestimmungen schulfrei sind, sind Schultage.

(4) Schulfrei sind die folgenden Tage des Unterrichtsjahres:

1. die Samstage (ausgenommen in der Oberstufe der allgemein bildenden höheren Schule, in den berufsbildenden mittleren und höheren Schulen); *(BGBl. I Nr. 91/2005, Art. 4 Z 1 idF BGBl. I Nr. 101/2018, Art. 9 Z 1)*
2. die Sonntage und gesetzlichen Feiertage[2]), der Allerseelentag, in jedem Bundesland der Festtag des Landespatrons sowie der Landesfeiertag, wenn ein solcher in dem betreffenden Bundesland arbeitsfrei begangen wird; *(BGBl. Nr. 468/1974, Art. I Z 1 idF BGBl. I Nr. 91/2005, Art. 4 Z 1)*
3. die Tage vom 24. Dezember bis einschließlich 6. Jänner (Weihnachtsferien); der 23. Dezember, sofern er auf einen Montag fällt; überdies können der 23. Dezember sowie der 7. Jänner, wenn es für einzelne Schulen aus Gründen der Ab- oder Anreise der Schüler zweckmäßig ist, von der zuständigen Schulbehörde durch Verordnung schulfrei erklärt werden; *(BGBl. Nr. 144/1988, Art. I Z 2 idF BGBl. I Nr. 91/2005, Art. 4 Z 1 und BGBl. I Nr. 75/2013, Art. 13 Z 1)*
4. der einem gemäß Z 1 oder 2 schulfreien Freitag unmittelbar folgende Samstag; *(BGBl. Nr. 468/1974, Art. I Z 1 idF BGBl. I Nr. 91/2005, Art. 4 Z 1)*
5. die Tage vom Montag bis einschließlich Samstag der Semesterferien (Abs. 2); *(BGBl. Nr. 468/1974, Art. I Z 1 idF BGBl. I Nr. 91/2005, Art. 4 Z 1)*
6. die Tage vom Samstag vor dem Palmsonntag bis einschließlich Ostermontag (Osterferien); *(BGBl. Nr. 468/1974, Art. I Z 1 idF BGBl. I Nr. 91/2005, Art. 4 Z 1 und BGBl. I Nr. 49/2019, Z 2)*
7. die Tage vom Samstag vor dem Pfingstsonntag bis einschließlich Pfingstmontag (Pfingstferien); *(BGBl. Nr. 468/1974, Art. I Z 1 idF BGBl. I Nr. 91/2005, Art. 4 Z 1, BGBl. I Nr. 49/2019, Z 3 und 4 sowie BGBl. I Nr. 232/2021, Art. 4 Z 1)*
8. die Tage vom 27. Oktober bis einschließlich 31. Oktober (Herbstferien). *(BGBl. I Nr. 49/2019, Z 4)*

(5)[3]) Aus Anlässen des schulischen oder sonstigen öffentlichen Lebens kann das Schulforum bzw. der Schulgemeinschaftsausschuss in jedem Unterrichtsjahr,

1. in dem der 26. Oktober auf einen Sonntag fällt, höchstens zwei Tage,
2. in dem der 26. Oktober auf einen Montag oder einen Samstag fällt, höchstens drei Tage und
3. in dem der 26. Oktober auf einen anderen als in Z 1 und 2 genannten Wochentag fällt, höchstens vier Tage

schulfrei erklären. Bei der Beschlussfassung in den genannten Gremien haben der Schulleiter oder die Schulleiterin Stimmrecht. Ferner kann die zuständige Schulbehörde in besonderen Fällen des schulischen oder sonstigen öffentlichen Lebens einen weiteren Tag durch Verordnung schulfrei erklären. Für nicht an einem Schulcluster beteiligte öffentliche Praxisschulen sowie jene mit Unter- und Oberstufe geführten allgemein bildenden höheren Schulen, an denen für alle Klassen und Schulstufen der Samstag schulfrei ist, kann die zuständige Schulbehörde, im Fall der Zuständigkeit einer Bildungsdirektion nach Befassung des bei ihr eingerichteten Ständigen Beirates, zwei zwischen unterrichtsfreie Tage fallende Schultage in jedem Unterrichtsjahr durch Verordnung schulfrei erklären. Diese schulfrei erklärten Tage vermindern die im ersten Satz für die Schulfreierklärung vorgesehenen Tage. Verordnungen gemäß dem vierten Satz sind bis spätestens

---

[2]) Art. I § 1 des Feiertagsruhegesetzes 1957, BGBl. Nr. 153/1957, idF BGBl. I Nr. 22/2019, Art. 3, lautet:

„**§ 1.** (1) Als Feiertage im Sinne dieses Bundesgesetzes gelten folgende Tage: 1. Jänner (Neujahr), 6. Jänner (Heilige Drei Könige), Ostermontag, 1. Mai (Staatsfeiertag), Christi Himmelfahrt, Pfingstmontag, Fronleichnam, 15. August (Mariä Himmelfahrt), 26. Oktober (Nationalfeiertag), 1. November (Allerheiligen), 8. Dezember (Mariä Empfängnis), 25. Dezember (Weihnachten) und 26. Dezember (Stephanstag).

(2) Für öffentlich Bedienstete, deren Dienstverhältnis bundesgesetzlich geregelt ist, sind § 7a und § 33a Abs. 29 Arbeitsruhegesetz – ARG, BGBl. Nr. 144/1983 idF BGBl. I Nr. 22/2019, sinngemäß anzuwenden.

(3) Auf Ausbildungsverhältnisse im Bundesdienst ist Abs. 2 sinngemäß anzuwenden."

[3]) Siehe auch RS Nr. 6/2006 betreffend Auslegungen zum 2. Schulrechtspaket 2005 (Kodex 11. Auflage).

30. September des vorangehenden Schuljahres zu erlassen. *(BGBl. I Nr. 49/2019, Z 5)*

(5a) Aus zwingenden schulorganisatorischen oder im öffentlichen Interesse gelegenen Gründen kann die zuständige Schulbehörde mit Verordnung für einzelne Schulen oder Schularten den Entfall der Herbstferien gemäß § 2 Abs. 4 Z 8 festlegen. Wird dies festgelegt, sind für die entsprechende Schule oder Schulart der Dienstag nach Ostern sowie der Dienstag nach Pfingsten schulfrei und beträgt die Anzahl der vom Schulforum bzw. Schulgemeinschaftsausschuss als schulfrei erklärbaren Tage, abweichend von Abs. 5, fünf. Verordnungen gemäß dem ersten Satz sind bis spätestens 30. September des vorangehenden Schuljahres zu erlassen. *(BGBl. I Nr. 49/2019, Z 6)*

(6) Wenn die für die Durchführung von kommissionellen Prüfungen notwendige Anzahl von aufeinanderfolgenden Schultagen in der in Betracht kommenden Zeit des Unterrichtsjahres nicht zur Verfügung steht oder die Durchführung solcher Prüfungen den Unterrichtsbetrieb wesentlich erschwert, können diese Prüfungen auch an sonst schulfreien Tagen – ausgenommen die in Abs. 4 Z 2 genannten Tage, der 24. und der 31. Dezember und die letzten drei Tage der Karwoche – abgehalten werden. *(BGBl. Nr. 468/1974, Art. I Z 1 idF BGBl. I Nr. 29/2008, Z 2)*

(7) Bei Unbenützbarkeit des Schulgebäudes, in Katastrophenfällen und aus sonstigen zwingenden Gründen kann die zuständige Schulbehörde höchstens drei Tage oder der zuständige Bundesminister für die unumgänglich notwendige Zeit durch Verordnung IKT-gestützten Unterricht ohne physische Anwesenheit in der Schule anordnen. Wenn die Verordnung dieser Unterrichtsform nicht möglich oder aufgrund des Alters oder der Unterrichts- und Erziehungssituation der Schülerinnen und Schüler nicht zweckmäßig ist, kann die zuständige Schulbehörde höchstens drei Tage oder der zuständige Bundesminister die unumgänglich notwendige Zeit durch Verordnung schulfrei erklären. Hiebei ist zu verordnen, dass die schulfreien Tage durch Verringerung der in den Abs. 2, 4, 5 und 8 vorgesehenen schulfreien Tage – ausgenommen die im Abs. 4 Z 2 genannten Tage, der 24. und 31. Dezember und die letzten drei Tage der Karwoche – einzubringen sind. Die Hauptferien dürfen zu diesem Zweck um höchstens zwei Wochen verkürzt werden. *(BGBl. I Nr. 232/2021, Art. 4 Z 2)*

(8) An Schulen, an denen der Samstag schulfrei ist, kann der Schulleiter oder die Schulleiterin auf Grund besonderer regionaler oder schulischer Erfordernisse den Samstag für die gesamte Schule, einzelne Schulstufen oder einzelne Klassen zum Schultag erklären. An Schulen, an denen der Samstag ein Schultag ist, kann der Schulleiter oder die Schulleiterin auf Grund regionaler Erfordernisse den Samstag für die gesamte Schule, einzelne Schulstufen oder einzelne Klassen schulfrei erklären. Diese Entscheidungen bedürfen des Einvernehmens mit dem Klassen- oder Schulforum bzw. dem Schulgemeinschaftsausschuss. *(BGBl. I Nr. 138/2017, Art. 12 Z 5)*

(9) Förderunterricht in der unterrichtsfreien Zeit gemäß § 8 lit. g sublit. dd des Schulorganisationsgesetzes (Sommerschule) kann durch die Schulleitung in den letzten beiden Wochen des Schuljahres eingerichtet werden. Der Unterrichtstag darf nicht vor 07.30 Uhr beginnen und hat spätestens um 18.00 Uhr zu enden. § 4 ist anzuwenden. *(BGBl. I Nr. 232/2021, Art. 4 Z 3)*

(10) entfallen (BGBl. Nr. 467/1995, Z 5)

(BGBl. Nr. 468/1974, Art. I Z 1)

Schultag

§ **3.** (1)[4]) Die durch den Lehrplan bestimmte Gesamtwochenstundenzahl ist vom Schulleiter möglichst gleichmäßig auf die einzelnen Tage der Woche aufzuteilen, wobei in den Lehrplänen unter Bedachtnahme auf die Art des Unterrichtsgegenstandes pädagogisch zweckmäßige Blockungen und darüber hinausgehend schulautonome Gestaltungsmöglichkeiten vorzusehen sind. Die Zahl der Unterrichtsstunden an einem Schultag darf einschließlich der Freigegenstände für Schüler der 5. bis 8. Schulstufe höchstens acht, für Schüler ab der 9. Schulstufe höchstens zehn betragen. *(BGBl. Nr. 193/1964 idF BGBl. I Nr. 20/2006, Art. 2 Z 4)*

(2) Der Unterricht darf in der Regel nicht vor 8.00 Uhr beginnen. Eine Vorverlegung des Unterrichtsbeginnes auf frühestens 7.00 Uhr durch das Schulforum bzw. den Schulgemeinschaftsausschuss ist zulässig, wenn dies mit Rücksicht auf Fahrschüler oder aus anderen wichtigen Gründen, die durch die Stundenplangestaltung nicht beseitigt werden können, notwendig ist. Bei der Beschlussfassung in den genannten Gremien hat der Schulleiter oder die Schulleiterin Stimmrecht. Der Unterricht darf nicht länger als bis 18.00 Uhr, ab der 9. Schulstufe nicht länger als bis 19.00 Uhr dauern. Am Samstag darf der Unterricht längstens bis 12.45 Uhr dauern. *(BGBl. Nr. 516/1993, Z 2 idF BGBl. I Nr. 138/2017, Art. 12 Z 6)*

---

[4]) Siehe auch RS Nr. 6/2006 betreffend Auslegungen zum 2. Schulrechtspaket 2005 (Kodex 11. Auflage).

(3) An berufsbildenden mittleren und höheren Schulen kann der Schulgemeinschaftsausschuss festlegen, dass abweichend von Abs. 1 und 2 der Unterricht im Hinblick auf pädagogische Erfordernisse (zB praktischer Unterricht, Projekte, Projektunterricht) an allen oder einzelnen Schultagen vor 7.00 Uhr beginnt und nach 19.00 Uhr endet. Bei der Beschlussfassung hat der Schulleiter oder die Schulleiterin Stimmrecht. *(BGBl. I Nr. 138/2017, Art. 12 Z 7)*

(4) Der Schulleiter oder die Schulleiterin kann nach den beruflichen Erfordernissen der Erziehungsberechtigten und nach infrastrukturellen Gegebenheiten vorsehen, dass vor Beginn des Unterrichts und nach dem Ende des Unterrichts sowie an den gemäß § 2 Abs. 5 schulfrei erklärten Tagen eine Beaufsichtigung von Schülerinnen und Schülern in der Schule durch geeignete Personen gemäß § 44a des Schulunterrichtsgesetzes erfolgt. *(BGBl. I Nr. 138/2017, Art. 12 Z 7)*

Unterrichtsstunden und Pausen

§ 4. (1) Eine Unterrichtsstunde hat 50 Minuten zu dauern. Aus Gründen der pädagogischen Zweckmäßigkeit oder aus organisatorischen Gründen kann die Unterrichtsstunde in der Dauer von 50 Minuten durch den Schulleiter für einzelne oder alle Unterrichtsgegenstände an einzelnen oder allen Unterrichtstagen unter Beachtung der lehrplanmäßig vorgesehenen Wochenstundenzahl in den einzelnen Unterrichtsgegenständen auch als Unterrichtseinheit mit weniger oder mit mehr als 50 Minuten festgelegt werden. *(BGBl. Nr. 516/1993, Z 3 idF BGBl. I Nr. 75/2013, Art. 13 Z 2 und BGBl. I Nr. 138/2017, Art. 12 Z 8)*

(2) Zwischen den einzelnen Unterrichtseinheiten sind nach Bedarf ausreichende Pausen vorzusehen. In der Mittagszeit ist eine ausreichende Pause zur Einnahme eines Mittagessens und zur Vermeidung von Überanstrengung der Schüler festzusetzen. *(BGBl. Nr. 516/1993, Z 3 idF BGBl. I Nr. 138/2017, Art. 12 Z 9 und 10 und BGBl. I Nr. 49/2019, Z 7)*

(3) entfallen (BGBl. I Nr. 138/2017, Art. 12 Z 10)

(4) entfallen (BGBl. I Nr. 138/2017, Art. 12 Z 10)

(BGBl. Nr. 516/1993, Z 3)

Sonderbestimmungen für einzelne Schularten

§ 5. (1) Für das Werkschulheim, für Schulen, deren Lehrplan Praktika (einschließlich praktischer Unterricht, ausgenommen Ferialpraktika) vorsieht, für die mittleren und höheren Schulen für Berufstätige sowie für die Bundes-Berufsschule für Uhrmacher in Karlstein in Niederösterreich sind die den §§ 2 bis 4 entsprechenden Regelungen durch Verordnung des zuständigen Bundesministers zu treffen, wobei vom Inhalt der genannten Bestimmungen nur insofern abgewichen werden darf, als es im Hinblick auf die besonderen Erfordernisse der betreffenden Schulart zweckmäßig und unter Berücksichtigung des Alters der Schüler vertretbar ist. *(BGBl. I Nr. 20/2006, Art. 2 Z 5 idF BGBl. I Nr. 113/2006, Art. 19 Z 2 und BGBl. I Nr. 138/2017, Art. 12 Z 11)*

(2) Für Schulen, deren Bildungsgang lehrplanmäßig eine Ferialpraxis einschließt und die nicht unter Abs. 1 fallen, ist durch Verordnung des zuständigen Bundesministers eine vom § 2 abweichende Regelung zu treffen, soweit dies wegen der Dauer der Ferialpraxis erforderlich ist; dabei sind mindestens vier nach Möglichkeit zusammenhängende Wochen der Hauptferien von Ferialpraxis freizuhalten. *(BGBl. Nr. 193/1964 idF BGBl. Nr. 516/1993, Z 1, BGBl. Nr. 467/1995, Z 3 und BGBl. I Nr. 20/2006, Art. 2 Z 6)*

(3) Für Schulen für Tourismus ist durch Verordnung des zuständigen Bundesministers eine vom § 3 Abs. 2 abweichende Regelung insoweit zu treffen, als es den Erfordernissen dieser Schularten entspricht. *(BGBl. Nr. 193/1964 idF BGBl. Nr. 516/1993, Z 1, BGBl. Nr. 467/1995, Z 3, BGBl. I Nr. 20/2006, Art. 2 Z 6 und BGBl. I Nr. 104/2015, Art. 3 Z 1)*

(3a) Durch Verordnung kann im Rahmen der Ermächtigungen gemäß Abs. 1 bis 3 im Sinne der Subsidiarität auch die Zuständigkeit der Schulleiterin oder des Schulleiters, des Schulgemeinschaftsausschusses oder der Bildungsdirektion festgelegt werden, wenn und soweit als dies im Hinblick auf die regionalen und infrastrukturellen Gegebenheiten sowie die branchenspezifische Arbeitsmarktsituation zweckmäßig erscheint. *(BGBl. I Nr. 104/2015, Art. 3 Z 2 idF BGBl. I Nr. 138/2017, Art. 12 Z 12)*

(4) Für Praxisschulen gemäß § 33a Abs. 1 des Schulorganisationsgesetzes, BGBl. Nr. 242/1962, für das Bundes-Blindenerziehungsinstitut in Wien und das Bundesinstitut für Gehörlosenbildung in Wien gelten über die §§ 2 bis 4 hinaus folgende Bestimmungen: Die Zahl der Unterrichtsstunden an einem Schultag darf einschließlich der Freigegenstände und unverbindlichen Übungen für Schüler der Vorschulstufe sowie der 1. und 2. Schulstufe höchstens fünf, für Schüler der 3. und 4. Schulstufe höchstens sechs betragen. *(BGBl. Nr. 369/1982, Art. I Z 2 idF BGBl. I Nr. 113/2006, Art. 19 Z 3 und BGBl. I Nr. 29/2008, Z 3)*

(5) Für die Bundes-Berufsschule für Uhrmacher in Karlstein in Niederösterreich gelten

über die §§ 2 bis 4 hinaus folgende Bestimmungen: Die Zahl der Unterrichtsstunden in den Pflichtgegenständen an einem Tag darf neun nicht übersteigen; die Zahl der im Lehrplan vorgesehenen Unterrichtsstunden für eine Schulstufe darf durch schulfreie Tage um nicht mehr als ein Zehntel unterschritten werden. *(BGBl. Nr. 369/1982, Art. I Z 3)*

(6) An ganztägigen Schulformen ist der Betreuungsteil bzw. der Unterrichts- und Betreuungsteil an allen Schultagen mit Ausnahme des Samstags bis mindestens 16.00 Uhr und längstens 18.00 Uhr anzubieten. Das Schulforum bzw. der Schulgemeinschaftsausschuss kann festlegen, dass die Unterrichtsund Lernzeiten am Freitag nur bis 14.00 Uhr vorgesehen sind; bei der Beschlussfassung in den genannten Gremien hat der Schulleiter oder die Schulleiterin Stimmrecht. Für einen anderen Tag als den Freitag kann eine solche Festlegung durch den Schulerhalter im Einvernehmen mit dem Schulleiter oder der Schulleiterin getroffen werden. Während der Unterrichtseinheiten (einschließlich der dazugehörigen Pausen) für die zum Betreuungsteil angemeldeten Schüler entfällt die Betreuung. Eine Betreuungseinheit umfasst 50 Minuten und die Dauer einer allenfalls vorangehenden Pause. Aus Gründen der pädagogischen Zweckmäßigkeit oder aus organisatorischen Gründen kann die Dauer einzelner oder aller Betreuungseinheiten durch den Schulleiter oder die Schulleiterin an einzelnen oder allen Unterrichtstagen unter Beachtung der lehrplanmäßig für den Betreuungsteil vorgesehenen Wochenstundenzahl auch mit weniger oder mit mehr als 50 Minuten festgelegt werden. *(BGBl. I Nr. 138/2017, Art. 12 Z 13)*

Schulversuche[5])

§ 6. Der zuständige Bundesminister oder die zuständige Bundesministerin oder mit dessen bzw. mit deren Zustimmung die Bildungsdirektion kann, wenn dies zur Erprobung besonderer pädagogischer oder schulorganisatorischer Maßnahmen erforderlich ist, an Schulen der im § 1 genannten Arten Schulversuche durchführen, bei denen vom Abschnitt I abgewichen wird. § 7 des Schulorganisationsgesetzes, BGBl. Nr. 242/1962, und hinsichtlich der in den Zuständigkeitsbereich des Bundes fallenden land- und forstwirtschaftlichen Schulen § 6 des Land- und forstwirtschaftlichen Bundesschulgesetzes, BGBl. Nr. 175/1966, sind anzuwenden.

(BGBl. I Nr. 138/2017, Art. 12 Z 14)

[5]) Siehe auch RS Nr. 20/2017 betreffend Informationen zum Bildungsreformgesetz 2017 (3.6.2.) und RS Nr. 21/2021 betreffend Schulversuche Grundsatzerlass 2021 (3.6.3.).

Kundmachung von Verordnungen

§ 7. Wenn sich Verordnungen nur auf einzelne Schulen beziehen, so sind sie abweichend von den sonst geltenden Bestimmungen über die Kundmachung solcher Verordnungen durch Anschlag in der betreffenden Schule kundzumachen. Sie treten, soweit darin nicht anderes bestimmt ist, mit Ablauf des Tages des Anschlages in der Schule in Kraft. Die Erziehungsberechtigten der Schüler sind in geeigneter Weise auf diese Kundmachung hinzuweisen.

(BGBl. Nr. 144/1988, Art. I Z 6)

ABSCHNITT II
(Grundsatzbestimmungen)

Für die Ausführungsgesetzgebung der Länder über die Unterrichtszeit an den öffentlichen Pflichtschulen (ausgenommen die im § 1 zweiter Satz genannten Schulen) gelten folgende Grundsätze:

Unterabschnitt A
Grundsätze für Volksschulen, Mittelschulen, Sonderschulen und Polytechnische Schulen

(BGBl. I Nr. 91/2005, Art. 4 Z 5 idF BGBl. I Nr. 36/2012, Art. 5 Z 2 und BGBl. I Nr. 101/2018, Art. 9 Z 2)

§ 8. (1) Das Schuljahr hat zwischen dem 16. August und dem 30. September zu beginnen und bis zum Beginn des nächsten Schuljahres zu dauern. Es besteht aus dem Unterrichtsjahr und den Hauptferien. Das Unterrichtsjahr beginnt mit dem Schuljahr und endet mit dem Beginn der Hauptferien. Es besteht aus zwei Semestern. *(BGBl. Nr. 468/1974, Art. I Z 7)*

(2) Die Hauptferien dauern mindestens sieben, und, sofern nicht Abs. 6 anzuwenden ist, höchstens neun zusammenhängende Wochen am Ende des Schuljahres. Wird die Dauer der Hauptferien mit weniger als neun Wochen bestimmt, so sind die auf neun Wochen fehlenden Tage in einem anderen Teil des Schuljahres zusammenhängend als schulfreie Zeit vorzusehen (Sonderferien).

(3) Schulfrei sind außer den Hauptferien die Samstage, die Sonntage und die gesetzlichen Feiertage, der Allerseelentag, der 24. und 31. Dezember, die letzten drei Tage der Karwoche, in jedem Bundesland der Festtag des Landespatrons sowie der Landesfeiertag, wenn ein solcher in dem betreffenden Bundesland arbeitsfrei begangen wird. *(BGBl. Nr. 468/1974, Art. I Z 7, idF BGBl. Nr. 369/1982, Art. I Z 4, BGBl. I Nr. 91/2005, Art. 4 Z 6 und BGBl. I Nr. 20/2006, Art. 2 Z 7)*

(4) Über die Abs. 2 und 3 hinaus können in der Zeit vom 23. Dezember bis einschließlich 7. Jänner, in der Zeit vom Samstag vor dem Palmsonntag bis einschließlich Dienstag nach Ostern und in der Zeit vom Samstag vor bis einschließlich Dienstag nach Pfingsten alle oder einzelne Tage sowie bis zu einer Woche aus Anlaß des Abschlusses des ersten Semesters schulfrei erklärt werden. Ferner kann der einem gemäß Abs. 3 schulfreien Freitag unmittelbar folgende Samstag schulfrei erklärt werden; dies gilt auch für Samstag, den 8. Jänner, wenn der vorangehende Freitag schulfrei erklärt ist. Des Weiteren können die Tage vom 27. Oktober bis einschließlich 31. Oktober schulfrei erklärt werden; diese sind durch den Dienstag nach Ostern und den Dienstag nach Pfingsten einzubringen. *(BGBl. Nr. 468/1974, Art. I Z 7 idF BGBl. I Nr. 49/2019, Z 8)*

(5) Aus Anlässen des schulischen oder sonstigen öffentlichen Lebens kann das Schulforum bzw. der Schulgemeinschaftsausschuss bis zu vier Tage in jedem Unterrichtsjahr schulfrei erklären, wobei sich im Falle einer Festlegung gemäß Abs. 4 letzter Satz die schulfrei erklärbaren Tage auf das in § 2 Abs. 5 Z 1 bis 3 festgelegte Höchstausmaß abzüglich eines Tages verringern und von den verbleibenden Tagen die Bildungsdirektion nach Befassung des bei ihr eingerichteten Ständigen Beirates bis zu zwei zwischen unterrichtsfreie Tage fallende Schultage in jedem Unterrichtsjahr durch eine bis spätestens 30. September des vorangehenden Schuljahres zu erlassende Verordnung schulfrei erklären kann. Bei der Beschlussfassung in den genannten Gremien haben der Schulleiter oder die Schulleiterin Stimmrecht. Die Landesausführungsgesetzgebung kann vorsehen, dass in besonderen Fällen bis zu zwei weitere Tage schulfrei erklärt werden können, insbesondere zwei zwischen unterrichtsfreie Tage fallende Schultage. *(BGBl. I Nr. 138/2017, Art. 12 Z 15 idF BGBl. I Nr. 49/2019, Z 9 und 10)*

(6) Das Ausmaß einer Verringerung der schulfreien Tage unter das sich aus den Abs. 4 und 5 ergebende Höchstausmaß kann der Höchstdauer der Hauptferien oder der Dauer von Sonderferien (Abs. 2) zugeschlagen werden.

(7) Für die Ausführung der Abs. 1 bis 6 gelten folgende allgemeine Grundsätze:

1. Die Landesgesetzgebung hat, insbesondere hinsichtlich des Beginns und des Endes der Ferien sowie der gemäß § 2 Abs. 5 vierter Satz für Bundesschulen durch Verordnung der Schulbehörden schulfrei erklärten Tage, die Übereinstimmung mit Abschnitt I bzw. mit den Schulfreierklärungen gemäß § 2 Abs. 5 vierter Satz anzustreben, soweit zwingende örtliche Notwendigkeiten nicht entgegenstehen. *(BGBl. I Nr. 29/2008, Z 4 idF BGBl. I Nr. 138/2017, Art. 12 Z 16 und BGBl. I Nr. 49/2019, Z 11)*
2. Wenn örtliche Gegebenheiten es zwingend erfordern, kann die Landesgesetzgebung auch für einzelne Teile eines Bundeslandes unterschiedliche Regelungen treffen.

(8) Bei Unbenützbarkeit des Schulgebäudes, in Katastrophenfällen oder aus sonstigen zwingenden oder aus im öffentlichen Interesse gelegenen Gründen kann für die unumgänglich notwendige Zeit IKT-gestützter Unterricht ohne physische Anwesenheit in der Schule angeordnet werden. Wenn die Verordnung dieser Unterrichtsform nicht möglich oder aufgrund des Alters oder der Unterrichts- und Erziehungssituation der Schülerinnen und Schüler nicht zweckmäßig ist, kann die unumgänglich notwendige Zeit für schulfrei erklärt werden. Die Landesgesetzgebung hat vorzusehen, dass im Fall der Schulfreierklärung die Einbringung der hiedurch entfallenen Schultage angeordnet werden kann und ab welchem Ausmaß die Einbringung anzuordnen ist. Die Einbringung kann durch Verringerung der im Sinne der Abs. 2, 4 und 5 schulfrei erklärten Tage geschehen; die Hauptferien dürfen jedoch um nicht mehr als zwei Wochen verkürzt werden. *(BGBl. I Nr. 232/2021, Art. 4 Z 4)*

(9) Auf Grund besonderer regionaler Erfordernisse kann der Schulleiter oder die Schulleiterin im Einvernehmen mit dem Schulforum bzw. dem Schulgemeinschaftsausschuss den Samstag zum Schultag erklären. *(BGBl. I Nr. 138/2017, Art. 12 Z 17)*

(10) Förderunterricht in der unterrichtsfreien Zeit gemäß § 8 lit. g sublit. dd des Schulorganisationsgesetzes (Sommerschule) kann in den letzten beiden Wochen des Schuljahres durchgeführt werden. *(BGBl. I Nr. 232/2021, Art. 4 Z 5)*

§ 9. (1) Eine Unterrichtsstunde hat 50 Minuten zu dauern. Aus Gründen der pädagogischen Zweckmäßigkeit oder aus organisatorischen Gründen kann die Unterrichtsstunde in der Dauer von 50 Minuten durch den Schulleiter für einzelne oder alle Unterrichtsgegenstände an einzelnen oder allen Unterrichtstagen unter Beachtung der lehrplanmäßig vorgesehenen Wochenstundenzahl in den einzelnen Unterrichtsgegenständen auch als Unterrichtseinheit mit weniger oder mit mehr als 50 Minuten festgelegt werden. In erforderlicher Anzahl sind ausreichende Pausen vorzusehen. *(BGBl. Nr. 193/1964 idF BGBl. I Nr. 91/2005, Art. 4 Z 8 und BGBl. I Nr. 138/2017, Art. 12 Z 19)*

(2) Die Zahl der Unterrichtsstunden an einem Tag ist unter Bedachtnahme auf die im Lehrplan vorgesehene Wochenstundenzahl, die durchschnittliche Belastbarkeit der Schüler und die örtlichen Gegebenheiten festzusetzen.

(3) Der Unterricht darf in der Regel nicht vor 8.00 Uhr beginnen. Eine Vorverlegung des Unterrichtsbeginnes auf frühestens 7.00 Uhr durch das Schulforum bzw. den Schulgemeinschaftsausschuss ist zulässig, wenn dies mit Rücksicht auf Fahrschüler oder aus anderen wichtigen Gründen, die durch die Stundenplangestaltung nicht beseitigt werden können, notwendig ist. Bei der Beschlussfassung in den genannten Gremien hat der Schulleiter oder die Schulleiterin Stimmrecht. *(BGBl. I Nr. 138/2017, Art. 12 Z 20)*

(3a) Der Schulleiter oder die Schulleiterin kann nach den beruflichen Erfordernissen der Erziehungsberechtigten und nach infrastrukturellen Gegebenheiten vorsehen, dass vor Beginn des Unterrichts und nach dem Ende des Unterrichts sowie an den gemäß § 8 Abs. 5 schulfrei erklärten Tagen eine Beaufsichtigung von Schülerinnen und Schülern in der Schule durch geeignete Personen gemäß § 44a des Schulunterrichtsgesetzes erfolgt. *(BGBl. I Nr. 138/2017, Art. 12 Z 20)*

(4) An ganztägigen Schulformen ist der Betreuungsteil bzw. der Unterrichts- und Betreuungsteil an allen Schultagen mit Ausnahme des Samstags bis mindestens 16.00 Uhr und längstens 18.00 Uhr anzubieten. Das Schulforum bzw. der Schulgemeinschaftsausschuss kann festlegen, dass die Unterrichts- und Lernzeiten am Freitag nur bis 14.00 Uhr vorgesehen sind; bei der Beschlussfassung in den genannten Gremien hat der Schulleiter oder die Schulleiterin Stimmrecht. Für einen anderen Tag als den Freitag kann eine solche Festlegung durch den Schulerhalter im Einvernehmen mit dem Schulleiter oder der Schulleiterin getroffen werden. Während der Unterrichtseinheiten (einschließlich der dazugehörigen Pausen) für die zum Betreuungsteil angemeldeten Schülerinnen und Schüler entfällt die Betreuung. Eine Betreuungseinheit umfasst 50 Minuten und die Dauer einer allenfalls vorangehenden Pause. Aus Gründen der pädagogischen Zweckmäßigkeit oder aus organisatorischen Gründen kann die Dauer einzelner oder aller Betreuungseinheiten durch den Schulleiter oder die Schulleiterin an einzelnen oder allen Unterrichtstagen unter Beachtung der lehrplanmäßig für den Betreuungsteil vorgesehenen Wochenstundenzahl auch mit weniger oder mit mehr als 50 Minuten festgelegt werden. *(BGBl. I Nr. 138/2017, Art. 12 Z 21)*

(5) Die Festlegungen gemäß Abs. 1, 2, 3, 3a und 4 sind vom Schulleiter oder von der Schulleiterin zu treffen. *(BGBl. I Nr. 138/2017, Art. 12 Z 22)*

Unterabschnitt B
Grundsätze für Berufsschulen
(BGBl. Nr. 142/1978, Art. I Z 8 idF BGBl. Nr. 467/1995, Z 10)

§ 10. (1) Das Schuljahr hat im September zu beginnen und bis zum Beginn des nächsten Schuljahres zu dauern. Es besteht aus dem Unterrichtsjahr und den Hauptferien. Das Unterrichtsjahr beginnt mit dem Schuljahr und endet mit dem Beginn der Hauptferien. Es besteht an ganzjährigen Berufsschulen aus zwei Semestern. *(BGBl. Nr. 468/1974, Art. I Z 8)*

(2) Die Hauptferien dauern mindestens sieben, höchstens neun zusammenhängende Wochen am Ende des Schuljahres.

(3) Schultage sind

1. an ganzjährigen Berufsschulen mindestens ein voller Tag oder mindestens zwei halbe Tage in der Woche,
2. an lehrgangsmäßigen Berufsschulen die innerhalb der Lehrgangsdauer liegenden Tage und
3. an saisonmäßigen Berufsschulen mindestens zwei volle Tage in der Woche innerhalb des Teiles des Jahres, auf den der Unterricht zusammengezogen wird,

soweit sie nicht gemäß den folgenden Absätzen schulfrei sind.

(4) Schulfrei sind die Sonntage und die gesetzlichen Feiertage, der Allerseelentag, der 24. und 31. Dezember, die letzten drei Tage der Karwoche, in jedem Bundesland der Festtag des Landespatrons sowie der Landesfeiertag, wenn ein solcher in dem betreffenden Bundesland arbeitsfrei begangen wird. *(BGBl. Nr. 468/1974, Art. I Z 8)*

(5) Über den Abs. 4 hinaus können in der Zeit vom 23. Dezember bis einschließlich 7. Jänner, in der Zeit vom Samstag vor dem Palmsonntag bis einschließlich Dienstag nach Ostern und in der Zeit vom Samstag vor bis einschließlich Dienstag nach Pfingsten alle oder einzelne Tage schulfrei erklärt werden. Ferner können anläßlich des Abschlusses des ersten Semesters an ganzjährigen Berufsschulen an diesen sowie an saisonmäßigen und lehrgangsmäßigen Berufsschulen einzelne Tage bis zu einer Woche schulfrei erklärt werden. Außerdem kann der einem gemäß Abs. 4 schulfreien Freitag unmittelbar folgende Samstag schulfrei erklärt werden; dies gilt auch für Samstag, den 8. Jänner, wenn der vorangehende Freitag schulfrei erklärt ist. *(BGBl. Nr. 468/1974, Art. I Z 8)*

(5a) An lehrgangsmäßigen und saisonmäßigen Berufsschulen kann der Schulleiter oder die Schulleiterin im Einvernehmen mit dem Schulgemeinschaftsausschuss den Samstag für die Schule, einzelne Schulstufen oder einzelne Klassen schulfrei erklären. *(BGBl. I Nr. 138/2017, Art. 12 Z 23)*

(6) Aus Anlässen des schulischen oder sonstigen öffentlichen Lebens kann der Schulgemeinschaftsausschuss ein oder zwei Tage schulfrei erklären. Bei der Beschlussfassung im Schulgemeinschaftsausschuss hat der Schulleiter oder die Schulleiterin Stimmrecht. Die Landesausführungsgesetzgebung kann vorsehen, dass in besonderen Fällen bis zu zwei weitere Tage schulfrei erklärt werden können. *(BGBl. I Nr. 138/2017, Art. 12 Z 24)*

(7) Eine Unterrichtsstunde hat 50 Minuten zu dauern. In erforderlicher Anzahl sind ausreichende Pausen vorzusehen. Aus Gründen der pädagogischen Zweckmäßigkeit oder aus organisatorischen Gründen kann die Unterrichtsstunde in der Dauer von 50 Minuten durch den Schulleiter für einzelne oder alle Unterrichtsgegenstände an einzelnen oder allen Unterrichtstagen unter Beachtung der lehrplanmäßig vorgesehenen Wochenstundenzahl in den einzelnen Unterrichtsgegenständen auch als Unterrichtseinheit mit weniger oder mit mehr als 50 Minuten festgelegt werden. *(BGBl. Nr. 468/1974, Art. I Z 8 idF BGBl. I Nr. 138/2017, Art. 12 Z 25)*

(8) Die Zahl der Unterrichtsstunden an einem Tag ist unter Bedachtnahme auf die im Lehrplan vorgesehene Zahl der Unterrichtsstunden für eine Schulstufe, die durchschnittliche Belastbarkeit der Schüler und die örtlichen Gegebenheiten festzusetzen. Die Zahl der Unterrichtsstunden in den Pflichtgegenständen an einem Tag darf neun (in Ländern mit dem Pflichtgegenstand Religion an den Tagen, an welchen Religion unterrichtet wird, zehn) nicht übersteigen. *(BGBl. Nr. 369/1982, Art. I Z 5)*

(9) Die Dauer der Haupt-, der Weihnachts-, der Semester-, der Oster- und der Pfingstferien ist so zu bestimmen, daß die im Lehrplan vorgesehene Zahl der Unterrichtsstunden für eine Schulstufe durch Tage, die nach den Abs. 4 bis 6 schulfrei sind, um nicht mehr als ein Zehntel unterschritten wird. Bei lehrgangsmäßigen Berufsschulen sind Lehrgänge insoweit zu verlängern, als durch Ferien, allenfalls im Zusammenhang mit anderen schulfreien Tagen, die im Lehrplan vorgesehene Zahl an Unterrichtsstunden für die jeweilige Schulstufe um mehr als ein Zehntel unterschritten würde. *(BGBl. Nr. 369/1982, Art. I Z 5)*

(10) Bei Unbenützbarkeit des Schulgebäudes, in Katastrophenfällen oder aus sonstigen zwingenden oder aus im öffentlichen Interesse gelegenen Gründen kann für die unumgänglich notwendige Zeit IKT-gestützter Unterricht ohne physische Anwesenheit in der Schule angeordnet werden. Wenn die Verordnung dieser Unterrichtsform nicht möglich oder aufgrund der Unterrichts- und Erziehungssituation der Schülerinnen und Schüler nicht zweckmäßig ist, kann die unumgänglich notwendige Zeit für schulfrei erklärt werden. Die Landesgesetzgebung hat vorzusehen, dass im Fall der Schulfreierklärung die Einbringung der hiedurch entfallenen Schultage angeordnet werden kann und ab welchem Ausmaß die Einbringung anzuordnen ist. Die Einbringung ist jedenfalls anzuordnen, wenn die im Lehrplan vorgesehene Zahl der Unterrichtsstunden für eine Schulstufe um mehr als ein Zehntel unterschritten werden würde. Durch die Anordnung der Einbringung von Schulzeit dürfen die Hauptferien um nicht mehr als zwei Wochen verkürzt werden. *(BGBl. I Nr. 232/2021, Art. 4 Z 6)*

(11) Die Festlegungen gemäß Abs. 7 und 8 sind vom Schulleiter oder von der Schulleiterin zu treffen. *(BGBl. I Nr. 138/2017, Art. 12 Z 26)*

Unterabschnitt C
Gemeinsame Bestimmungen

§ **11.** Die Ausführungsgesetzgebung hat vorzusehen, daß die nach dem Ausführungsgesetz zuständige Behörde zur Erprobung von Schulzeitregelungen an Pflichtschulen (ausgenommen die im § 1 zweiter Satz genannten Schulen) Schulversuche durchführen kann, bei denen von den ausführungsgesetzlichen Bestimmungen über die Unterrichtszeit abgewichen wird. Die Anzahl der Klassen an Pflichtschulen, an denen solche Schulversuche durchgeführt werden, darf 5 vH der Anzahl der Klassen an gleichartigen Pflichtschulen im betreffenden Bundesland nicht übersteigen. Derartige Schulversuche dürfen nur soweit durchgeführt werden, als dadurch in die Vollziehung des Bundes fallende Angelegenheiten nicht berührt werden.

§ 12. entfallen (BGBl. I Nr. 138/2017, Art. 12 Z 27)

ABSCHNITT III
Befreiung vom Schulbesuch aus religiösen Gründen

§ **13.** (1) Schüler, die der evangelischen Kirche A.B. oder H.B. angehören, sind am 31. Oktober vom Schulbesuch befreit.

(2) Schüler, die der israelitischen Religionsgesellschaft angehören, sind an den beiden ersten und den beiden letzten Tagen des Passahfestes, den beiden Tagen des Offenbarungsfestes, den beiden Tagen des Neujahrsfestes, dem Versöhnungstag sowie an den beiden ersten und den beiden letzten Tagen des Laubhüttenfestes vom Schulbesuch befreit.

(3) Schüler, die einem Religionsbekenntnis angehören, nach dem der Schulbesuch am Samstag oder bestimmte Tätigkeiten an diesem Tag für seine Anhänger unzulässig sind, sind auf Verlangen ihrer Erziehungsberechtigten durch den Schulleiter vom Schulbesuch oder von den betreffenden Tätigkeiten zu befreien. Bei welchen Religionsbekenntnissen und in welchem Ausmaß dieser Anspruch besteht, hat der zuständige Bundesminister bei gesetzlich anerkannten Kirchen und Religionsgesellschaften auf deren Antrag, sonst auf Antrag der Erziehungsberechtigten zu bestimmen; die Erziehungsberechtigten haben dabei glaubhaft zu machen, daß es sich um ein allgemeines Glaubensgut des betreffenden Religionsbekenntnisses handelt. *(BGBl. Nr. 193/1964 idF BGBl. Nr. 516/1993, Z 1, BGBl. Nr. 467/1995, Z 3 und BGBl. I Nr. 20/2006, Art. 2 Z 1)*

(4) Wenn für eine Schulart eine Mindestzahl der zu besuchenden Unterrichtsstunden festgesetzt wird, bei deren Unterschreitung die betreffende Schulstufe als nicht erfolgreich abgeschlossen gilt, so gelten die durch die Inanspruchnahme der sich aus den Abs. 1 bis 3 ergebenden Rechte versäumten Unterrichtsstunden für diese Feststellung als nicht versäumt.

(5) Die Schüler haben den Lehrstoff, den sie durch die Inanspruchnahme der sich aus den Abs. 1 bis 3 ergebenden Rechte versäumt haben, selbst nachzuholen; die Beurteilung der Erreichung des Lehrzieles der besuchten Schulstufe hat ohne Rücksicht auf die Tatsache der Befreiung zu erfolgen.

Letztes Schuljahr der allgemeinen Schulpflicht

§ 14. Das letzte Schuljahr der allgemeinen Schulpflicht im Sinne des Schulpflichtgesetzes, BGBl. Nr. 76/1985, endet für die betreffenden Schüler mit dem Ende des letzten Unterrichtsjahres.

(BGBl. Nr. 193/1964 idF BGBl. Nr. 77/ 1985, Art. III und VI)

Anwendung auf Privatschulen

§ 15. (1) Soweit gesetzliche Vorschriften über die Unterrichtszeit gemäß § 13 Abs. 2 lit. c des Privatschulgesetzes, BGBl. Nr. 244/ 1962, bzw. gemäß dieser Bestimmung in Verbindung mit § 1 des Land- und forstwirtschaftlichen Privatschulgesetzes, BGBl. Nr. 318/ 1975, auf Privatschulen mit Öffentlichkeitsrecht anzuwenden sind, gilt die Einschränkung, daß bei gleichem Ausmaß der tatsächlich gehaltenen Unterrichtsstunden geringfügige Abweichungen von den für öffentliche Schulen gleicher Art geltenden Bestimmungen zulässig sind. *(BGBl. Nr. 142/1978, Art. I Z 9)*

(2) entfallen (BGBl. I Nr. 138/2017, Art. 12 Z 28)

(3) An Privatschulen mit Öffentlichkeitsrecht dürfen Entscheidungen über die Schulfreierklärung einzelner Unterrichtstage und die Schulfreierklärung des Samstages oder eines anderen Tages je Unterrichtswoche nur im Einvernehmen mit dem Schulerhalter getroffen werden. *(BGBl. Nr. 467/1995, Z 11)*

Übergangsbestimmung betreffend Schulversuche[6])

§ 15a. Schulversuche auf der Grundlage des § 6 in der Fassung vor dem Bildungsreformgesetz 2017, BGBl. I Nr. 138/2017, enden zu dem in der Bewilligung des Schulversuches vorgesehenen Zeitpunkt, spätestens jedoch mit Ablauf des 31. August 2025. § 7 Abs. 4 des Schulorganisationsgesetzes ist anzuwenden.

(BGBl. I Nr. 138/2017, Art. 12 Z 29)

ABSCHNITT IV

§ 16. (1) Dieses Bundesgesetz bezieht sich auf das Verhältnis zwischen Schule und Schüler. Unberührt davon bleiben die Regelungen über die Arbeitszeit der Lehrer und der sonstigen den Schulen zur Dienstleistung zugewiesenen Personen.

(2) Auf Schulveranstaltungen, schulbezogene Veranstaltungen und ähnliche Veranstaltungen, bei denen die Schüler außerhalb ihres gewöhnlichen Aufenthaltes untergebracht werden, findet dieses Gesetz keine Anwendung. *(BGBl. I Nr. 20/2006, Art. 2 Z 8)*

(3) **(Grundsatzbestimmung)** Die Abs. 1 und 2 gelten bezüglich der öffentlichen Pflichtschulen (ausgenommen die im § 1 zweiter Satz genannten Schulen) als Grundsatzbestimmungen.

§ 16a. (1) Die folgenden Paragraphen in der Fassung des Bundesgesetzes BGBl. Nr. 516/1993 treten wie folgt in Kraft:

---

[6]) Siehe auch RS Nr. 20/2017 betreffend Informationen zum Bildungsreformgesetz 2017 (3.6.2.) und RS Nr. 21/2021 betreffend Schulversuche Grundsatzerlass 2021 (3.6.3.).

1. § 2 Abs. 5 und 7 bis 10, § 5 Abs. 1, 2 und 3, § 6, § 13 Abs. 3, § 15 Abs. 2 und § 17 mit Ablauf des Tages der Kundmachung im Bundesgesetzblatt,
2. § 3, § 4 und 5 Abs. 6 mit 1. September 1994 und
3. § 9 Abs. 3 und 4 und § 10 Abs. 5a gegenüber den Ländern für die Ausführungsgesetzgebung mit Ablauf des Tages der Kundmachung im Bundesgesetzblatt.

(2) Die folgenden Paragraphen in der Fassung des Bundesgesetzes BGBl. Nr. 467/1995 treten wie folgt in Kraft:

1. § 2 Abs. 2 sowie der Entfall des letzten Satzes des § 5 Abs. 1 mit 1. Februar 1997,
2. § 2 Abs. 5 und 8, die Überschrift des Unterabschnittes B, § 15 Abs. 3 sowie der Entfall des § 2 Abs. 9 und 10 mit 1. September 1995,
3. § 2 Abs. 7 und 9, § 5 Abs. 1 bis 3, § 6, § 13 Abs. 3, § 15 Abs. 2, der Entfall des § 16a Abs. 3, § 16b und § 17 mit Ablauf des Tages der Kundmachung im Bundesgesetzblatt und
4. § 8 Abs. 5, 9 und 10 gegenüber den Ländern für die Ausführungsgesetzgebung mit Ablauf des Tages der Kundmachung im Bundesgesetzblatt.

(BGBl. Nr. 467/1995, Z 12)

(3) § 2 Abs. 2a in der Fassung des Bundesgesetzes BGBl. I Nr. 45/1998 tritt mit Ablauf des Tages der Kundmachung im Bundesgesetzblatt in Kraft. *(BGBl. I Nr. 45/1998, Z 2)*

(4) Die nachstehenden Bestimmungen dieses Bundesgesetzes in der Fassung des Bundesgesetzes BGBl. I Nr. 91/2005 treten wie folgt in Kraft:

1. § 2 Abs. 7 tritt mit Ablauf des Tages der Kundmachung im Bundesgesetzblatt in Kraft,
2. § 2 Abs. 4 Z 1 bis 7 und Abs. 8 sowie § 4 Abs. 4 treten mit 1. September 2006 in Kraft und
3. **(Grundsatzbestimmung)** die Überschrift des Unterabschnittes A des Abschnittes II, § 8 Abs. 3 und 9 sowie § 9 Abs. 1 treten gegenüber den Ländern mit Ablauf des Tages der Kundmachung im Bundesgesetzblatt in Kraft; die Ausführungsgesetze sind binnen einem Jahr zu erlassen und mit 1. September 2006 in Kraft zu setzen.

(BGBl. I Nr. 91/2005, Art. 4 Z 9)

(5) Die nachstehenden Bestimmungen dieses Bundesgesetzes in der Fassung des Bundesgesetzes BGBl. I Nr. 20/2006 treten wie folgt in Kraft:

1. § 2 Abs. 2a und 7, § 5 Abs. 1, 2 und 3, § 13 Abs. 3, § 15 Abs. 2, § 16 Abs. 2, § 16c sowie § 17 treten mit Ablauf des Tages der Kundmachung im Bundesgesetzblatt in Kraft,
2. § 2 Abs. 5 sowie § 3 Abs. 1 treten mit 1. September 2006 in Kraft,
3. **(Grundsatzbestimmung)** § 8 Abs. 3 tritt gegenüber den Ländern mit Ablauf des Tages der Kundmachung im Bundesgesetzblatt in Kraft; die Ausführungsgesetze sind binnen einem Jahr zu erlassen und mit 1. September 2006 in Kraft zu setzen.

(BGBl. I Nr. 20/2006, Art. 2 Z 9)

(6) § 1 samt Überschrift sowie § 5 Abs. 1 und 4 dieses Bundesgesetzes in der Fassung des Bundesgesetzes BGBl. I Nr. 113/2006 treten mit 1. Oktober 2007 in Kraft. *(BGBl. I Nr. 113/2006, Art. 19 Z 4)*

(7) Die nachstehend genannten Bestimmungen dieses Bundesgesetzes in der Fassung des Bundesgesetzes BGBl. I Nr. 29/2008 treten wie folgt in Kraft:

1. § 2 Abs. 5 und 6, § 5 Abs. 4 sowie § 16b Abs. 1a treten mit 1. Jänner 2008 in Kraft;
2. **(Grundsatzbestimmung)** § 8 Abs. 7 Z 1 tritt gegenüber den Ländern mit Ablauf des Tages der Kundmachung im Bundesgesetzblatt in Kraft; die Ausführungsgesetze sind binnen einem Jahr zu erlassen.

(BGBl. I Nr. 29/2008, Z 5)

(8) Die nachstehend genannten Bestimmungen dieses Bundesgesetzes in der Fassung des Bundesgesetzes BGBl. I Nr. 36/2012 treten wie folgt in Kraft:

1. § 4 Abs. 4 tritt mit 1. September 2012 in Kraft;
2. (**Grundsatzbestimmung**) die Überschrift des Unterabschnitts A in Abschnitt II tritt gegenüber den Ländern mit Ablauf des Tages der Kundmachung im Bundesgesetzblatt in Kraft; die Ausführungsgesetze sind binnen einem Jahr zu erlassen und mit 1. September 2012 in Kraft zu setzen.

(BGBl. I Nr. 36/2012, Art. 5 Z 3)

(9)[7]) § 2 Abs. 4 Z 3, Abs. 5 und 7 sowie § 4 Abs. 1 in der Fassung des Bundesgesetzes BGBl. I Nr. 75/2013 treten mit 1. Jänner 2014 in Kraft. *(BGBl. I Nr. 75/2013, Art. 13 Z 3)*

(10) Die nachstehend genannten Bestimmungen in der Fassung des Bundesgesetzes BGBl. I Nr. 48/2014 treten wie folgt in bzw. außer Kraft:

1. § 2 Abs. 7, § 6 und § 17 treten mit Ablauf des Tages der Kundmachung im Bundesgesetzblatt in Kraft,

---

[7]) Abs. 9 ist in BGBl. I Nr. 75/2013 redaktionell verfehlt dem § 16 statt dem § 16a zugeordnet.

2. (**Grundsatzbestimmung**) § 12 tritt gegenüber den Ländern mit Ablauf des Tages der Kundmachung im Bundesgesetzblatt in Kraft.

(BGBl. I Nr. 48/2014, Art. 10 Z 4)

(11) § 5 Abs. 3 und 3a in der Fassung des Bundesgesetzes BGBl. I Nr. 104/2015 tritt mit 1. September 2015 in Kraft. *(BGBl. I Nr. 104/2015, Art. 3 Z 3)*

(12) Für das Inkrafttreten der durch das Bildungsreformgesetz 2017, BGBl. I Nr. 138/2017, geänderten oder eingefügten Bestimmungen und das Außerkrafttreten der durch dieses Bundesgesetz entfallenen Bestimmungen sowie für den Übergang zur neuen Rechtslage gilt Folgendes:

1. § 16d und § 17 treten mit Ablauf des Tages der Kundmachung im Bundesgesetzblatt in Kraft; gleichzeitig tritt § 16b Abs. 1a außer Kraft;
2. § 5 Abs. 1, § 6 samt Überschrift und § 15a samt Überschrift treten mit 1. September 2017 in Kraft;
3. (**Verfassungsbestimmung betreffend § 1 Abs. 2**) § 1 Abs. 1 und 2, § 1a samt Überschrift, § 2 Abs. 5 und 8, § 3 Abs. 2, 3 und 4, § 4 Abs. 1 und 2, § 5 Abs. 6, § 8 Abs. 5 erster und zweiter Satz sowie Abs. 9, § 9 Abs. 1, 3, 3a, 4 und 5 sowie § 10 Abs. 5a, 6 erster und zweiter Satz sowie Abs. 7 und 11 treten mit 1. September 2018 in Kraft; § 4 Abs. 3 und 4 tritt mit Ablauf des 31. August 2018 außer Kraft;
4. § 2 Abs. 2a und § 5 Abs. 3a treten mit 1. Jänner 2019 in Kraft;
5. (**Grundsatzbestimmung**) § 8 Abs. 5 letzter Satz und Abs. 7 sowie § 10 Abs. 6 letzter Satz treten gegenüber den Ländern mit Ablauf des Tages der Kundmachung im Bundesgesetzblatt in Kraft. Die Ausführungsgesetze sind binnen einem Jahr zu erlassen und mit 1. Jänner 2019 in Kraft zu setzen;
6. (**Grundsatzbestimmung**) § 8 Abs. 10 sowie § 15 Abs. 2 treten mit Ablauf des 31. August 2018 außer Kraft. § 12 tritt mit Ablauf des 31. Dezember 2018 außer Kraft.

(BGBl. I Nr. 138/2017, Art. 12 Z 30)

(13) Für das Inkrafttreten der durch das Bundesgesetz BGBl. I Nr. 101/2018, geänderten oder eingefügten Bestimmungen sowie für den Übergang zur neuen Rechtslage gilt Folgendes:

1. § 2 Abs. 4 Z 1 tritt mit Ablauf des Tages der Kundmachung im Bundesgesetz in Kraft.[8])
2. (**Grundsatzbestimmung**) Die Überschrift betreffend den Unterabschnitt A im Abschnitt II in der Fassung des Bundesgesetzes BGBl. I Nr. 101/2018 tritt gegenüber den Ländern mit Ablauf des Tages der Kundmachung in Kraft; sofern auf die Mittelschule abgestellt wird, tritt bis zum Ablauf des 31. August 2020 die Neue Mittelschule an die Stelle der Mittelschule.

(BGBl. I Nr. 101/2018, Art. 9 Z 3)

(14) Für das Inkrafttreten der durch das Bundesgesetz BGBl. I Nr. 49/2019 geänderten oder eingefügten Bestimmungen sowie für den Übergang zur neuen Rechtslage gilt Folgendes:

1. § 2 Abs. 2 Z 1 lit. c und § 4 Abs. 2 treten mit 1. September 2019 in Kraft;
2. § 8 Abs. 5 erster Satz tritt mit 1. September 2019 in Kraft und findet für das Schuljahr 2019/20 mit der Maßgabe Anwendung, dass sich im Falle einer Festlegung gemäß § 8 Abs. 4 letzter Satz die vom Schulforum bzw. Schulgemeinschaftsausschuss schulfrei erklärbaren Tage auf zwei verringern;
3. § 2 Abs. 4 bis 5a tritt mit 1. September 2020 in Kraft;
4. (**Grundsatzbestimmung**) § 8 Abs. 4, 5 letzter Satz, 7 und 8 tritt gegenüber den Ländern mit Ablauf des Tages der Kundmachung im Bundesgesetzblatt in Kraft[9]); die Ausführungsgesetze können mit 1. September 2019 in Kraft gesetzt werden;
5. im Schuljahr 2019/20 kann die zuständige Schulbehörde für die Schulen gemäß § 1 Abs. 1 durch Verordnung die Tage vom 28. Oktober bis einschließlich 31. Oktober für schulfrei erklären (Herbstferien), wobei dies auch nur für einzelne Schulen oder Schularten erfolgen kann. Wird dies festgelegt, sind der Dienstag nach Ostern und der Dienstag nach Pfingsten Schultage und beträgt die Zahl der schulfrei erklärbaren Tage gemäß § 2 Abs. 5 Z 2 drei.

(BGBl. I Nr. 49/2019, Z 13)

(15) § 16e samt Überschrift in der Fassung des Bundesgesetzes BGBl. I Nr. 23/2020 tritt rückwirkend mit 1. März 2020 in Kraft. *(BGBl. I Nr. 23/2020, Art. 19 Z 2)*

(16) § 16e samt Überschrift in der Fassung des Bundesgesetzes BGBl. I Nr. 170/2021 tritt mit Ablauf des Tages der Kundmachung[10]) im Bundesgesetzblatt in Kraft. *(BGBl. I Nr. 170/2021, Art. 6 Z 1)*

(17) Die nachstehend genannten Bestimmungen dieses Bundesgesetzes in der Fas-

SchZG, VO

[8]) Die Kundmachung im Bundesgesetzblatt erfolgte am 22. Dezember 2018.

[9]) Die Kundmachung im Bundesgesetzblatt erfolgte am 12. Juni 2019.

[10]) Die Kundmachung im Bundesgesetzblatt erfolgte am 24. August 2021.

sung des Bundesgesetzes BGBl. I Nr. 232/2021 treten wie folgt in Kraft:

1. § 2 Abs. 4 Z 7 und Abs. 7 tritt mit 1. September 2022 in Kraft,
2. (Grundsatzbestimmung) § 8 Abs. 8 und § 10 Abs. 10 treten gegenüber den Ländern mit Ablauf des Tages der Kundmachung[11]) im Bundesgesetzblatt in Kraft; die Ausführungsgesetze sind binnen sechs Monaten zu erlassen und in Kraft zu setzen,
3. § 2 Abs. 9 tritt mit dem Ablauf des Tages der Kundmachung im Bundesgesetzblatt in Kraft,
4. (Grundsatzbestimmung) § 8 Abs. 10 tritt gegenüber den Ländern mit Ablauf des Tages der Kundmachung im Bundesgesetzblatt in Kraft; die Ausführungsgesetze sind binnen sechs Monaten zu erlassen und in Kraft zu setzen.

(BGBl. I Nr. 232/2021, Art. 4 Z 7)

(18) § 2 Abs. 2b und § 16e samt Überschrift in der Fassung des Bundesgesetzes BGBl. I Nr. 96/2022 treten mit 1. September 2022 in Kraft. *(BGBl. I Nr. 96/2022, Art. 4 Z 2)*

(BGBl. Nr. 516/1993, Z 6)

§ 16b. (1) Verordnungen auf Grund der Änderungen durch die in § 16a genannten Bundesgesetze können bereits von dem ihrer Kundmachung folgenden Tag an erlassen werden. Sie treten frühestens mit dem jeweils in § 16a genannten Zeitpunkt in Kraft.

(1a) entfallen (BGBl. I Nr. 138/2017, Art. 12 Z 31)

(2) Ausführungsgesetze auf Grund der Änderungen von Grundsatzbestimmungen durch die in § 16a genannten Bundesgesetze sind innerhalb von einem Jahr zu erlassen.

(BGBl. Nr. 467/1995, Z 14)

§ 16c. Soweit in diesem Bundesgesetz auf andere Bundesgesetze verwiesen wird, sind diese in ihrer jeweils geltenden Fassung anzuwenden.

(BGBl. I Nr. 20/2006, Art. 2 Z 10)

Übergangsrecht betreffend das Bildungsreformgesetz 2017, BGBl. I Nr. 138/2017

§ 16d. Sofern in Bestimmungen gemäß dem Bildungsreformgesetz 2017, BGBl. I Nr. 138/2017, auf die Schulbehörde Bildungsdirektion abgestellt wird, tritt bis zum Ablauf des 31. Dezember 2018 der Landesschulrat bzw. der Stadtschulrat für Wien an die Stelle der Bildungsdirektion.

(BGBl. I Nr. 138/2017, Art. 12 Z 32)

Festlegung von Fristen und schuljahresübergreifenden Regelungen für die Schuljahre 2019/20 bis 2022/23 aufgrund von Maßnahmen zur Bekämpfung von COVID-19

(BGBl. I Nr. 23/2020, Art. 19 Z 1 idF BGBl. I Nr. 170/2021, Art. 6 Z 2 und BGBl. I Nr. 96/2022, Art. 4 Z 3)

§ 16e. In Ausnahme zu den Bestimmungen dieses Bundesgesetzes kann der Bundesminister für Bildung, Wissenschaft und Forschung für die Schuljahre 2019/20 bis 2022/23 mit Verordnung *(BGBl. I Nr. 23/2020, Art. 19 Z 1 idF BGBl. I Nr. 170/2021, Art. 6 Z 2 und BGBl. I Nr. 96/2022, Art. 4 Z 3)*

1. bestehende Stichtage abweichend festsetzen und gesetzliche Fristen einschließlich der in den Grundsatzbestimmungen des Abschnittes II genannten, verkürzen, verlängern oder verlegen und
2. Schulfreierklärungen gemäß § 10 Abs. 5a aussetzen oder aufheben, sowie die Zahl der Unterrichtsstunden je Tag in § 10 Abs. 8 auf höchstens 10 erhöhen.

Diese Verordnung muss unter Angabe der Geltungsdauer und einer neuen Regelung jene gesetzlichen Bestimmungen benennen, von welchen abgewichen werden soll und kann rückwirkend mit 16. März 2020 in Kraft gesetzt werden.

(BGBl. I Nr. 23/2020, Art. 19 Z 1)

§ 17. Mit der Vollziehung dieses Bundesgesetzes, soweit sie in die Zuständigkeit des Bundes fällt, sowie mit der Wahrnehmung der dem Bund gemäß Art. 14 Abs. 8 B-VG zustehenden Rechte auf dem durch dieses Bundesgesetz geregelten Gebiet ist der Bundesminister für Bildung betraut.

(BGBl. Nr. 193/1964 idF BGBl. Nr. 77/1985, Art. III und VII, BGBl. Nr. 516/1993, Z 1, BGBl. Nr. 467/1995, Z 3, BGBl. I Nr. 20/2006, Art. 2 Z 11, BGBl. I Nr. 48/2014, Art. 10 Z 5 und BGBl. I Nr. 138/2017, Art. 12 Z 33)

[11]) Die Kundmachung im Bundesgesetzblatt erfolgte am 30. Dezember 2021.

4.2. Schulzeitverordnung

BGBl. Nr. 176/1991

idF der Verordnungen

BGBl. Nr. 347/1994
BGBl. Nr. 514/1996
BGBl. II Nr. 519/2004
BGBl. II Nr. 81/2007
BGBl. II Nr. 190/2014
BGBl. II Nr. 223/2016
BGBl. II Nr. 90/2017
BGBl. II Nr. 178/2017
BGBl. II Nr. 51/2021
BGBl. II Nr. 415/2021
BGBl. II Nr. 368/2022
BGBl. II Nr. 2/2023
BGBl. II Nr. 150/2023

Inhaltsverzeichnis[1])

Verordnung des Bundesministers für Unterricht und Kunst, mit welcher Sonderbestimmungen über die Unterrichtszeit für einzelne Schularten getroffen werden (Schulzeitverordnung)

Auf Grund des § 5 des Schulzeitgesetzes 1985, BGBl. Nr. 77, in der Fassung des Bundesgesetzes BGBl. Nr. 144/1988 wird verordnet:

Allgemeine Bestimmungen

§ 1. (1) Diese Verordnung gilt für die

1. Werkschulheime, *(BGBl. II Nr. 81/2007, Z 1)*
2. allgemeinbildenden höheren Schulen für Berufstätige,
3. Bundes-Berufsschule für Uhrmacher in Karlstein (NÖ),
4. Fachschulen für Sozialberufe,
5. berufsbildenden mittleren und höheren Schulen für Berufstätige,
6. Bauhandwerkerschulen, *(BGBl. II Nr. 81/2007, Z 2)*
7. Schulen für Tourismus, *(BGBl. II Nr. 190/2014, Art. 8 Z 1)*
8. Schulen für wirtschaftliche Berufe, *(BGBl. II Nr. 223/2016, Z 1)*
9. Höhere land- und forstwirtschaftliche Lehranstalten, *(BGBl. Nr. 167/1991 idF BGBl. Nr. 514/1996, Z 1)*
10. Für als Schulen für Berufstätige geführte Kollegs und Lehrgänge an Bildungsanstalten für Elementarpädagogik sowie an Bildungsanstalten für Sozialpädagogik, *(BGBl. Nr. 514/1996, Z 1 idF BGBl. II Nr. 90/2017, Art. 4 Z 1 und BGBl. II Nr. 51/2021, Art. 3 Z 1)*

[1]) Das Inhaltsverzeichnis ist von den Verordnungserlassungen nicht umfasst.

SchZG, VO

11. Höhere technische und gewerbliche Lehranstalten, *(BGBl. II Nr. 51/2021, Art. 3 Z 1 idF BGBl. II Nr. 2/2023, Art. 5 Z 1)*
12. Gewerbliche, technische und kunstgewerbliche Fachschulen. *(BGBl. II Nr. 2/ 2023, Art. 5 Z 1)*

(2) Soweit nicht in den folgenden Paragraphen im Hinblick auf die besonderen Erfordernisse der betreffenden Schulart Sonderbestimmungen getroffen werden, gelten die §§ 2 bis 4 des Schulzeitgesetzes 1985 einschließlich der darin enthaltenen Verordnungsermächtigungen für die im Abs. 1 genannten Schularten. *(BGBl. II Nr. 81/2007, Z 3)*

Sonderbestimmungen für die Werkschulheime

§ 2. Für die Werkschulheime gelten folgende Sonderbestimmungen:

1. Der Unterricht darf in der Regel nicht vor 7.30 Uhr beginnen;
2. hinsichtlich des Unterrichtsendes können, wenn es aus pädagogischen Gründen zweckmäßig erscheint, höchstens zwei Unterrichtsstunden nach dem Abendessen abgehalten werden (Abendunterricht);
3. eine Unterrichtsstunde hat 45 Minuten zu dauern.

(BGBl. II Nr. 81/2007, Z 4 idF BGBl. II Nr. 190/2014, Art. 8 Z 2)

Sonderbestimmungen für die allgemeinbildenden höheren Schulen für Berufstätige

§ 3. (1) Soweit in den Bestimmungen des Schulzeitgesetzes 1985 vom Unterrichtsjahr die Rede ist, sind bei der Anwendung dieser Bestimmungen auf allgemeinbildende höhere Schulen für Berufstätige darunter das Wintersemester und das Sommersemester, soweit vom ersten Semester die Rede ist, das Wintersemester, soweit vom zweiten Semester die Rede ist, das Sommersemester zu verstehen.

(2) Für die allgemeinbildenden höheren Schulen für Berufstätige ist zusätzlich zu den schulfreien Tagen des § 2 Abs. 4 des Schulzeitgesetzes 1985 überdies der 23. Dezember schulfrei.

(3) Der Unterrichtsbeginn ist von Montag bis Freitag unter Bedachtnahme auf den ortsüblichen Arbeitsschluß und eine für die Mehrzahl der Schüler allenfalls erforderliche Zufahrtszeit festzulegen. An Samstagen dürfen Unterrichtsstunden nur für Freigegenstände und unverbindliche Übungen angesetzt werden; der Unterricht darf frühestens um 8 Uhr beginnen, sofern der Samstagvormittag für die Mehrzahl der Schüler arbeitsfrei ist; andernfalls darf der Unterricht erst nach dem ortsüblichen Arbeitsschluß unter Bedachtnahme auf eine entsprechende Mittagspause beginnen. Der Unterricht darf von Montag bis Freitag bis längstens 22 Uhr, an Samstagen bis längstens 18 Uhr dauern.

(4) Eine Unterrichtsstunde hat 45 Minuten zu dauern.

Sonderbestimmungen für die Bundes-Berufsschule für Uhrmacher in Karlstein, NÖ

§ 4. (1) § 2 Abs. 2 des Schulzeitgesetzes 1985 gilt mit folgender Ergänzung: Kann die gemäß Art. V Z 2 lit. b der 5. Schulorganisationsgesetz-Novelle, BGBl. Nr. 323/1975, vorgeschriebene Dauer der Lehrgänge unter Bedachtnahme auf die Unterbrechungen zu Weihnachten, aus Anlass von Semesterferien und zu Ostern nicht eingehalten werden, so sind zunächst die Semesterferien, erforderlichenfalls die Hauptferien (jedoch um nicht mehr als zwei Wochen), entsprechend zu verkürzen.

(2) Schultage sind jeweils die innerhalb der Lehrgangsdauer liegenden Tage, soweit sie nicht nach den Bestimmungen des § 2 Abs. 4 (unter Bedachtnahme auf die Sonderbestimmung des folgenden Abs. 3) des Schulzeitgesetzes 1985 schulfrei sind.

(3) Die Zahl der Unterrichtsstunden an einem Schultag ist so zu bestimmen, dass die im Lehrplan vorgesehene Zahl der Unterrichtsstunden für eine Schulstufe durch Tage, die gemäß § 2 Abs. 4 oder 5 des Schulzeitgesetzes 1985 schulfrei sind, um nicht mehr als ein Zehntel unterschritten wird.

(BGBl. II Nr. 81/2007, Z 5)

Sonderbestimmungen für die Fachschulen für Sozialberufe, die Fachschulen für Sozialberufe mit Pflegevorbereitung sowie die Höheren Lehranstalten für Pflege und Sozialbetreuung

§ 5. (1) Bei der Durchführung von Pflichtpraktika tritt an die Stelle der Unterrichtsstunde die Arbeitsstunde in der Dauer von 60 Minuten. Wenn an einem Tag Unterrichtsstunden und im Rahmen der Pflichtpraktika Arbeitsstunden vorgesehen sind, darf die Gesamtzeit von neun vollen Stunden nicht überschritten werden. Wenn es die Art des Pflichtpraktikums erfordert, kann es auch an einem der nach § 2 Abs. 4 des Schulzeitgesetzes 1985 schulfreien Tage stattfinden.

(2) An den Höheren Lehranstalten für Pflege und Sozialbetreuung beginnen die Hauptferien für Schülerinnen und Schüler des III. Jahrgangs am letzten Samstag im Mai. Das Schuljahr des IV. Jahrganges beginnt am zweiten Montag im Oktober.

(BGBl. II Nr. 150/2023, Art. 3 Z 1)

Sonderbestimmungen für die berufsbildenden mittleren und höheren Schulen für Berufstätige (ausgenommen als Schulen für Berufstätige geführte Kollegs und Lehrgänge an den Bildungsanstalten sowie Bauhandwerkerschulen für Berufstätige)
(BGBl. Nr. 176/1991 idF BGBl. II Nr. 90/2017, Art. 4 Z 2 und BGBl. II Nr. 368/2022, Art. 5 Z 1)

§ 6. (1) Für die berufsbildenden mittleren und höheren Schulen für Berufstätige ist zusätzlich zu den schulfreien Tagen des § 2 Abs. 4 des Schulzeitgesetzes 1985 der 23. Dezember schulfrei.

(2) Der Unterrichtsbeginn ist von Montag bis Freitag unter Bedachtnahme auf den ortsüblichen Arbeitsschluß und eine für die Mehrzahl der Schüler allenfalls erforderliche Zufahrtszeit festzulegen. An Samstagen darf der Unterricht frühestens um 8 Uhr beginnen, sofern der Samstagvormittag für die Mehrzahl der Schüler arbeitsfrei ist; andernfalls darf der Unterricht erst nach dem ortsüblichen Arbeitsschluß unter Bedachtnahme auf eine entsprechende Mittagspause beginnen. Der Unterricht darf von Montag bis Freitag bis längstens 22 Uhr, an Samstagen bis längstens 18 Uhr dauern.

(3) Eine Unterrichtsstunde hat 45 Minuten zu dauern.

Sonderbestimmungen für die Bauhandwerkerschulen (einschließlich der Berufstätigenform)
(BGBl. II Nr. 81/2007, Z 6 idF BGBl. II Nr. 368/2022, Art. 5 Z 2)

§ 7. (1) Die Lehrgänge der Bauhandwerkerschulen haben mindestens 13 volle Unterrichtswochen zu umfassen. Sie beginnen frühestens am 15. November und enden spätestens am 6. April des jeweiligen Schuljahres. Die Festsetzung des Beginnes und der Dauer des Lehrganges – an Bauhandwerkerschulen für Berufstätige auch der Semester – erfolgt durch den Schulleiter. Schultage sind die innerhalb der Lehrgangsdauer liegenden Tage, soweit sie nicht nach § 2 Abs. 4 bis 8 des Schulzeitgesetzes 1985 schulfrei sind.[2]) *(BGBl. Nr. 514/1996, Z 2 idF BGBl. II Nr. 368/2022, Art. 5 Z 3 und 4)*

(2) entfallen (BGBl. II Nr. 81/2007, Z 7)

(3) entfallen (BGBl. II Nr. 519/2004, Z 4)

(4) Für die in Abs. 1 genannten Schulen gelten die Bestimmungen des § 2 Abs. 2 Z 1 lit. b, Abs. 2a und Abs. 4 Z 5 des Schulzeitgesetzes 1985. *(BGBl. II Nr. 81/2007, Z 8)*

Sonderbestimmungen für die Schulen für Tourismus

§ 8. (1) An den Höheren Lehranstalten für Tourismus dauern die Hauptferien 9 bis 16 Wochen und beginnen frühestens am 1. Samstag im Juni, spätestens zu dem in § 2 Abs. 2 Z 2 des Schulzeitgesetzes 1985 festgelegten Zeitpunkt. Im Rahmen der Gesamtausbildung darf die unterrichtsfreie und praktikumsfreie Zeit während der Hauptferien 21 Wochen nicht überschreiten. Die konkrete Festlegung des Beginns und des Endes der Hauptferien erfolgt für die Gesamtdauer der Ausbildung durch die Schulleiterin oder den Schulleiter nach Anhörung des Schulgemeinschaftsausschusses.

(2) An den Aufbaulehrgängen für Tourismus und den Tourismusfachschulen dauern die Hauptferien 13 Wochen. Sie beginnen für Schülerinnen und Schüler des I. und II. Jahrganges sowie der 1. und 2. Klasse nach Maßgabe einer Festlegung durch die Schulleiterin oder den Schulleiter nach Anhörung des Schulgemeinschaftsausschusses frühestens am 2. Samstag im Juni, spätestens am letzten Samstag im Juni.

(3) An den Kollegs für Tourismus und den Hotelfachschulen dauern die Hauptferien 17 Wochen. Sie beginnen für Studierende des 2. Semesters sowie für Schülerinnen und Schüler der 1. und 2. Klasse nach Maßgabe einer Festlegung durch die Schulleiterin oder den Schulleiter nach Anhörung des Schulgemeinschaftsausschusses frühestens am 2. Samstag im Mai, spätestens am 2. Samstag im Juni.

(4) Soweit der fachpraktische Unterricht an den in Abs. 1, 2 und 3 genannten Schulen ein Abweichen von § 3 Abs. 2 des Schulzeitgesetzes 1985 erfordert, ist dies mit Zustimmung der zuständigen Schulbehörde zulässig. Die Zustimmung darf für Schülerinnen und Schüler bis zum vollendeten 15. Lebensjahr nur bis 20.00 Uhr und für Schülerinnen und Schüler bis zum vollendeten 18. Lebensjahr nur bis 22.00 Uhr erteilt werden. Für ältere Schülerinnen und Schüler darf die Zustimmung nach 22.00 Uhr nur ausnahmsweise und unter gleichzeitiger Festlegung eines entsprechend späteren Unterrichtsbeginnes am nächsten Tag erteilt werden.

(BGBl. II Nr. 223/2016, Z 2)

SchZG, VO

---

[2]) Art. 5 Z 3 der Novelle BGBl. II Nr. 368/2022 lautet: „*In § 7 Abs. 1 zweiter Satz wird nach dem Wort „Lehrganges“ die Wendung „– an Bauhandwerkerschulen für Berufstätige auch der Semester –“ eingefügt.*“ Gemeint ist wohl § 7 Abs. 1 dritter Satz.

Art. 5 Z 4 der Novelle BGBl. II Nr. 368/2022 lautet: „*In § 7 Abs. 1 dritter Satz wird das Zitat „§ 2 Abs. 4 bis 7“ durch das Zitat „§ 2 Abs. 4 bis 8“ ersetzt.*“ Gemeint ist wohl § 7 Abs. 1 vierter Satz.

Sonderbestimmungen für die Schulen für wirtschaftliche Berufe

§ 9. (1) An den Fachschulen für wirtschaftliche Berufe beginnen die Hauptferien für die Schülerinnen und Schüler der 2. Klasse am 1. Juni.

(2) An den höheren Lehranstalten für wirtschaftliche Berufe, einschließlich der Fachrichtungen „Umwelt und Wirtschaft" sowie „Wasser- und Kommunalwirtschaft", ausgenommen die Fachrichtungen „Kultur- und Kongressmanagement", „Sozialmanagement" sowie „Kommunikations- und Mediendesign", beginnen die Hauptferien für Schülerinnen und Schüler des III. Jahrganges am 1. Juni. Das Schuljahr des IV. Jahrganges beginnt am 1. Montag im Oktober. *(BGBl. II Nr. 223/2016, Z 3 idF BGBl. II Nr. 51/2021, Art. 3 Z 2)*

(3) An den höheren Lehranstalten für wirtschaftliche Berufe, Fachrichtung „Sozialmanagement", beginnen die Hauptferien für Schülerinnen und Schüler des III. und IV. Jahrganges am 1. Juni.

(4) An Kollegs für wirtschaftliche Berufe, ausgenommen die Fachrichtung „Kommunikations- und Mediendesign", beginnen die Hauptferien für Studierende des 2. Semesters am 1. Juni.

(BGBl. II Nr. 223/2016, Z 3)

Sonderbestimmungen für höhere technische und gewerbliche Lehranstalten

§ 9a. An der höheren Lehranstalt für Hairstyling, Visagistik und Maskenbildnerei beginnen die Hauptferien für Schülerinnen und Schüler des III. Jahrganges am 1. Juni. Das Schuljahr des IV. Jahrganges beginnt am 1. Montag im Oktober.

(BGBl. II Nr. 51/2021, Art. 3 Z 3)

Sonderbestimmungen für gewerbliche, technische und kunstgewerbliche Fachschulen

§ 9b. An Fachschulen für Keramik und Ofenbau mit Ausbildungsschwerpunkt Keramik, für die nach Maßgabe des Lehrplans die Dauer des Pflichtpraktikums in der unterrichtsfreien Zeit schulautonom mit 16 Wochen festgelegt wurde, beginnt das Schuljahr für Schülerinnen und Schüler der 3. Klassen drei Wochen nach dem im Schulzeitgesetz 1985 geregelten Beginn des Schuljahres.

(BGBl. II Nr. 2/2023, Art. 5 Z 2)

Sonderbestimmungen für die höheren land- und forstwirtschaftlichen Lehranstalten

§ 10. (1) Für die höheren land- und forstwirtschaftlichen Lehranstalten gelten hinsichtlich des Schuljahres folgende Sonderbestimmungen:

1. Für die Schüler der II. Jahrgänge endet das Unterrichtsjahr in den Fachrichtungen „Garten- und Landschaftsgestaltung" und „Gartenbau" zwei Wochen vor dem im Schulzeitgesetz 1985 geregelten Beginn der Hauptferien.
2. *entfallen (BGBl. II Nr. 178/2017, Z 1)*
3. Für die Schüler der III. Jahrgänge endet das Unterrichtsjahr in den Fachrichtungen
   a) „Landwirtschaft", „Landtechnik", „Lebensmittel- und Biotechnologie", „Umwelt- und Ressourcenmanagement" sowie „Informationstechnologie in der Landwirtschaft" vier Wochen, *(BGBl. II Nr. 178/2017, Z 2 idF BGBl. II Nr. 415/2021, Art. 3 Z 1)*
   b) „Landwirtschaft und Ernährung" fünf Wochen sowie *(BGBl. II Nr. 178/2017, Z 2)*
   c) „Garten- und Landschaftsgestaltung", „Gartenbau" und „Forstwirtschaft" sechs Wochen

   vor dem im Schulzeitgesetz 1985 geregelten Beginn der Hauptferien.
4. Für die Schüler der IV. Jahrgänge beginnt das Unterrichtsjahr in den Fachrichtungen
   a) „Landwirtschaft", „Landtechnik", „Umwelt- und Ressourcenmanagement" sowie „Informationstechnologie in der Landwirtschaft" sechs Wochen, *(BGBl. II Nr. 178/2017, Z 3 idF BGBl. II Nr. 415/2021, Art. 3 Z 2)*
   b) „Wein- und Obstbau" acht Wochen sowie *(BGBl. II Nr. 178/2017, Z 3)*
   c) „Landwirtschaft und Ernährung" fünf Wochen *(BGBl. II Nr. 178/2017, Z 3)*

   nach dem im Schulzeitgesetz 1985 geregelten Beginn des Schuljahres.
5. Für die Schüler der IV. Jahrgänge endet das Unterrichtsjahr in den Fachrichtungen
   a) „Garten- und Landschaftsgestaltung" und „Gartenbau" zwei Wochen sowie
   b) „Lebensmittel- und Biotechnologie" vier Wochen

   vor dem im Schulzeitgesetz 1985 geregelten Beginn der Hauptferien.

(BGBl. II Nr. 519/2004, Z 6)

(2) Folgende Tage des Unterrichtsjahres sind schulfrei: Der 23. Dezember und der 7. Jänner.

Sonderbestimmungen für als Schulen für Berufstätige geführte Kollegs und Lehrgänge an Bildungsanstalten für Elementarpädagogik sowie an Bildungsanstalten für Sozialpädagogik
(BGBl. Nr. 514/1996, Z 3 idF BGBl. II Nr. 90/2017, Art. 4 Z 1)

§ **10a.** (1) Für Kollegs und Lehrgänge an Bildungsanstalten für Elementarpädagogik sowie an Bildungsanstalten für Sozialpädagogik (Berufstätigenform) ist zusätzlich zu den schulfreien Tagen des § 2 Abs. 4 des Schulzeitgesetzes 1985 der 23. Dezember schulfrei. *(BGBl. Nr. 514/1996, Z 3 idF BGBl. II Nr. 90/2017, Art. 4 Z 1)*

(2) Der Unterrichtsbeginn ist von Montag bis Samstag unter Bedachtnahme auf den ortsüblichen Arbeitsschluß und eine für die Mehrzahl der Schüler allenfalls erforderliche Zufahrtszeit festzulegen. Der Unterricht darf von Montag bis Freitag bis längstens 22.00 Uhr, an Samstagen bis längstens 18.00 Uhr dauern.

(3) Eine Unterrichtsstunde hat 45 Minuten zu dauern.

(BGBl. Nr. 514/1996, Z 3)

Schlussbestimmung

§ **11.** Soweit in dieser Verordnung auf Bundesgesetze verwiesen wird, sind diese in der mit dem Inkrafttreten der jeweils letzten Novelle dieser Verordnung geltenden Fassung anzuwenden.

(BGBl. II Nr. 90/2017, Art. 4 Z 3)

Inkrafttreten, Außerkrafttreten
(BGBl. II Nr. 90/2017, Art. 4 Z 4)

§ **12.** (1) Diese Verordnung tritt mit dem auf die Kundmachung folgenden Tag in Kraft.

(2) Mit dem Inkrafttreten dieser Verordnung tritt die Schulzeitverordnung, BGBl. Nr. 262/1965, in der Fassung der Verordnungen BGBl. Nr. 155/1970, 57/1975, 566/1975, 638/1976 und 451/1978 außer Kraft.

(3) § 8 Z 1 und 2 sowie § 11 dieser Verordnung in der Fassung der Verordnung BGBl. Nr. 347/1994 treten wie folgt in Kraft:

1. § 8 Z 1 und 2 hinsichtlich der 1. Klasse und des I. Jahrganges mit dem Ablauf des Tages der Kundmachung dieser Verordnung im Bundesgesetzblatt, hinsichtlich der 2. Klasse und des II. Jahrganges mit 1. September 1994, hinsichtlich der 3. Klasse und des III. Jahrganges mit 1. September 1995, hinsichtlich des IV. Jahrganges mit 1. September 1996 und hinsichtlich des V. Jahrganges mit 1. September 1997 sowie
2. § 11 samt Überschrift mit Ablauf des Tages der Kundmachung dieser Verordnung im Bundesgesetzblatt.

(BGBl. Nr. 347/1994, Z 4)

(4) § 1 Abs.1 Z 10, § 7 Abs. 1 sowie § 10a dieser Verordnung in der Fassung der Verordnung BGBl. Nr. 514/1996 treten mit Ablauf des Tages der Kundmachung im Bundesgesetzblatt in Kraft. *(BGBl. Nr. 514/1996, Z 4)*

(5) § 1 Abs. 1 und 2, die Überschrift des § 7, § 7 Abs. 3 und 4 sowie § 10 Abs. 1 dieser Verordnung in der Fassung der Verordnung BGBl. II Nr. 519/2004 treten wie folgt in Kraft bzw. außer Kraft:

1. § 1 Abs. 1 und 2, die Überschrift des § 7, § 7 Abs. 4 und § 10 Abs. 1 Z 2 treten mit Ablauf des Tages der Kundmachung dieser Verordnung im Bundesgesetzblatt in Kraft,[3])
2. § 7 Abs. 3 tritt mit Ablauf des Tages der Kundmachung dieser Verordnung im Bundesgesetzblatt außer Kraft,
3. § 10 Abs. 1 Z 1 tritt mit 1. September 2005 in Kraft,
4. § 10 Abs. 1 Z 3 tritt mit 1. September 2006 in Kraft und
5. § 10 Abs. 1 Z 4 und 5 treten mit 1. September 2007 in Kraft.

(BGBl. II Nr. 519/2004, Z 7)

SchZG, VO

(6) § 1 Abs. 1 Z 1 und 6, § 1 Abs. 2, § 2 samt Überschrift, § 4 samt Überschrift, die Überschrift des § 7, § 7 Abs. 4, § 9 sowie die Überschrift des § 12 dieser Verordnung in der Fassung der Verordnung BGBl. II Nr. 81/2007 treten mit Ablauf des Tages der Kundmachung im Bundesgesetzblatt in Kraft.[4]) Zugleich treten § 7 Abs. 2 sowie § 11 samt Überschrift in der zum genannten Zeitpunkt geltenden Fassung außer Kraft. *(BGBl. II Nr. 81/2007, Z 12)*

(7) § 1 Z 7, § 2, die Überschrift des § 8 sowie § 8 Z 1 und 3 dieser Verordnung in der Fassung der Verordnung BGBl. II Nr. 190/2014 treten mit 1. August 2014 in Kraft. *(BGBl. II Nr. 190/2014, Art. 8 Z 6)*

(8) Die nachstehend genannten Bestimmungen in der Fassung der Verordnung BGBl. II Nr. 223/2016 treten wie folgt in Kraft:

1. § 1 Abs. 1 Z 8, § 8 Abs. 4 sowie die Überschriften der §§ 8 und 9 treten mit 1. September 2016 in Kraft;
2. § 8 Abs. 1 tritt hinsichtlich der I. Jahrgänge mit 1. September 2016 sowie der weiteren Jahrgänge jeweils mit 1. Septem-

[3]) Die Kundmachung im Bundesgesetzblatt erfolgte am 27. Dezember 2004.

[4]) Die Kundmachung im Bundesgesetzblatt erfolgte am 2. April 2007.

ber der Folgejahre jahrgangsweise aufsteigend in Kraft;

3. § 8 Abs. 2 tritt hinsichtlich der I. Jahrgänge und 1. Klassen mit 1. September 2016 sowie hinsichtlich der II. Jahrgänge und 2. Klassen mit 1. September 2017 in Kraft;
4. § 8 Abs. 3 tritt hinsichtlich der 2. Semester mit 1. Februar 2017, hinsichtlich der 1. Klassen mit 1. September 2016 und hinsichtlich der 2. Klassen mit 1. September 2017 in Kraft;
5. § 9 Abs. 1 tritt mit 1. September 2017 in Kraft;
6. § 9 Abs. 2 und 3 tritt hinsichtlich der III. Jahrgänge mit 1. September 2018 und hinsichtlich der IV. Jahrgänge mit 1. September 2019 in Kraft;
7. § 9 Abs. 4 tritt mit 1. Februar 2017 in Kraft.

(BGBl. II Nr. 223/2016, Z 4)

(9) § 1 Abs. 1 Z 10, die Überschrift des § 6, die Überschrift des § 10a, § 10a Abs. 1, § 11 samt Überschrift sowie die Überschrift des § 12 in der Fassung der Verordnung BGBl. II Nr. 90/2017 treten mit Ablauf des Tages der Kundmachung im Bundesgesetzblatt in Kraft. *(BGBl. II Nr. 90/2017, Art. 4 Z 5)*

(10) Die nachstehend genannten Bestimmungen in der Fassung der Verordnung BGBl. II Nr. 178/2017 treten wie folgt in Kraft:

1. § 10 Abs. 1 Z 3 tritt mit 1. September 2018 in Kraft;
2. § 10 Abs. 1 Z 4 tritt mit 1. September 2019 in Kraft.

§ 10 Abs. 1 Z 2 tritt mit Ablauf des Tages der Kundmachung der genannten Verordnung außer Kraft. *(BGBl. II Nr. 178/2017, Z 4)*

(11) § 1 Abs. 1 Z 11, § 9 Abs. 2 und § 9a samt Überschrift in der Fassung der Verordnung BGBl. II Nr. 51/2021 treten mit 1. September 2021 in Kraft. *(BGBl. II Nr. 51/2021, Art. 3 Z 4)*

(12) § 10 Abs. 1 Z 3 lit. a und Z 4 lit. a treten mit Ablauf des Tages der Kundmachung im Bundesgesetzblatt in Kraft.[5]) *(BGBl. II Nr. 415/2021, Art. 3 Z 3)*

(13) Die Überschriften der §§ 6 und 7 sowie § 7 Abs. 1 in der Fassung der Verordnung BGBl. II Nr. 368/2022 treten mit Ablauf des Tages der Kundmachung im Bundesgesetzblatt in Kraft.[6]) *(BGBl. II Nr. 368/2022, Art. 5 Z 5)*

(14) § 1 Abs. 1 Z 11 und 12 sowie § 9b samt Überschrift in der Fassung der Verordnung BGBl. II Nr. 2/2023 treten mit dem Schuljahr 2022/23 in Kraft.[7]) *(BGBl. II Nr. 2/2023, Art. 5 Z 3)*

(15) § 5 samt Überschrift in der Fassung der Verordnung BGBl. II Nr. 150/2023 tritt mit Ablauf des Tages der Kundmachung im Bundesgesetzblatt in Kraft.[8]) *(BGBl. II Nr. 150/2023, Art. 3 Z 2)*

---

[5]) Die Kundmachung im Bundesgesetzblatt erfolgte am 30. September 2021.

[6]) Die Kundmachung im Bundesgesetzblatt erfolgte am 4. Oktober 2022.

[7]) Die Kundmachung im Bundesgesetzblatt erfolgte am 2. Jänner 2023.

[8]) Die Kundmachung im Bundesgesetzblatt erfolgte am 22. Mai 2023.

5.1.1. Schulpflichtgesetz 1985 – SchPflG

BGBl. Nr. 76/1985 (Wiederverlautbarung)

idF der Bundesgesetze

BGBl. Nr. 161/1987	BGBl. Nr. 456/1992
BGBl. Nr. 513/1993	BGBl. Nr. 768/1996
BGBl. I Nr. 134/1998	BGBl. I Nr. 75/2001
BGBl. I Nr. 57/2003	BGBl. I Nr. 91/2005
BGBl. I Nr. 20/2006	BGBl. I Nr. 113/2006
BGBl. I Nr. 9/2012	BGBl. I Nr. 36/2012
BGBl. I Nr. 74/2013	BGBl. I Nr. 75/2013
BGBl. I Nr. 76/2013	BGBl. I Nr. 77/2013
BGBl. I Nr. 48/2014	BGBl. I Nr. 104/2015
BGBl. I Nr. 56/2016	BGBl. I Nr. 138/2017
BGBl. I Nr. 32/2018	BGBl. I Nr. 35/2018
BGBl. I Nr. 101/2018	BGBl. I Nr. 86/2019
BGBl. I Nr. 23/2020	BGBl. I Nr. 20/2021
BGBl. I Nr. 170/2021	BGBl. I Nr. 232/2021
BGBl. I Nr. 96/2022	BGBl. I Nr. 37/2023
BGBl. I Nr. 121/2024	

und der Kundmachung

BGBl. Nr. 969/1994

Die Fundstellenhinweise beziehen sich auch auf die Stammfassung BGBl. Nr. 241/1962 idF der Kundmachung BGBl. Nr. 267/1963 und der Bundesgesetze BGBl. Nr. 322/1975, 232/1978 und 366/1982.

Inhaltsverzeichnis[1])

[1]) Das Inhaltsverzeichnis ist von den Gesetzesbeschlüssen nicht umfasst.

Inhaltsverzeichnis

Stichwortverzeichnis zum SchPflG
(die Ziffern beziehen sich auf die Paragrafen)

SchPflG
APflG, BAG

Stichwortverzeichnis

Kundmachung des Bundeskanzlers und des Bundesministers für Unterricht, Kunst und Sport vom 8. Feber 1985, mit der das Schulpflichtgesetz wiederverlautbart wird

Anlage

Bundesgesetz über die Schulpflicht (Schulpflichtgesetz 1985)
(BGBl. Nr. 76/1985, Art. VII)

ABSCHNITT I
Allgemeine Schulpflicht

A. Personenkreis, Beginn und Dauer

Personenkreis

§ **1.** (1) Für alle Kinder, die sich in Österreich dauernd aufhalten, besteht allgemeine Schulpflicht nach Maßgabe dieses Abschnittes.

(2) Unter Kindern im Sinne dieses Bundesgesetzes sind Minderjährige zu verstehen, die nach Maßgabe dieses Abschnittes schulpflichtig oder zum Besuch einer allgemeinbildenden Pflichtschule berechtigt sind.

Beginn der allgemeinen Schulpflicht

§ **2.** (1) Die allgemeine Schulpflicht beginnt mit dem auf die Vollendung des sechsten Lebensjahres folgenden 1. September. *(BGBl. Nr. 241/1962 idF BGBl. I Nr. 138/2017, Art. 19 Z 1)*

(2)[2]) Wenn die Geburt des Kindes vor dem gemäß dem Mutter-Kind-Pass als Tag der Geburt festgestellten Tag erfolgte, dann tritt für die Bestimmung des Beginns der allgemeinen Schulpflicht auf Wunsch der Erziehungsberechtigten dieser Tag an die Stelle des Tages der Geburt. Ein derartiger Wunsch ist im Zuge der Schülereinschreibung (§ 6 Abs. 1) unter gleichzeitiger Vorlage des Mutter-Kind-Passes vorzubringen. Der Schulleiter oder die Schulleiterin hat den sich daraus ergebenden Beginn der allgemeinen Schulpflicht den Erziehungsberechtigten schriftlich zu bestätigen und die zuständige Bildungsdirektion hievon zu verständigen. *(BGBl. I Nr. 138/2017, Art. 19 Z 1)*

Dauer der allgemeinen Schulpflicht

§ **3.** Die allgemeine Schulpflicht dauert neun Schuljahre.

[2]) Siehe auch RS Nr. 20/2017 betreffend Informationen zum Bildungsreformgesetz 2017 (5.1.2.).

B. Erfüllung der allgemeinen Schulpflicht durch den Besuch von öffentlichen oder mit dem Öffentlichkeitsrecht ausgestatteten Schulen

Öffentliche und mit dem Öffentlichkeitsrecht ausgestattete Schulen

§ **4.** Unter den in den §§ 5 bis 10 genannten Schulen sind öffentliche oder mit dem Öffentlichkeitsrecht ausgestattete Schulen zu verstehen.

Schulbesuch in den einzelnen Schuljahren

§ **5.** (1) Die allgemeine Schulpflicht ist durch den Besuch von allgemein bildenden Pflichtschulen sowie von mittleren oder höheren Schulen (einschließlich der land- und forstwirtschaftlichen Fachschulen und der höheren land- und forstwirtschaftlichen Lehranstalten) zu erfüllen. *(BGBl. I Nr. 20/2006, Art. 3 Z 1)*

(2) Schüler, die dem Pflichtsprengel einer Mittelschule angehören und den schulrechtlichen Aufnahmsbedingungen für diese Mittelschule genügen, können die allgemeine Schulpflicht im 5. bis 8. Schuljahr nicht durch den Besuch einer Volksschule erfüllen. *(BGBl. I Nr. 36/2012, Art. 3 Z 1 idF BGBl. I Nr. 101/2018, Art. 8 Z 2)*

(3) entfallen (BGBl. I Nr. 20/2006, Art. 3 Z 2)

(4) entfallen (BGBl. I Nr. 20/2006, Art. 3 Z 2)

Aufnahme in die Volksschule zu Beginn der Schulpflicht

§ **6.** (1) Die schulpflichtig gewordenen Kinder sind von ihren Eltern oder sonstigen Erziehungsberechtigten zur Schülereinschreibung bei jener Volksschule anzumelden, die sie besuchen sollen. Hiebei sind die Kinder persönlich vorzustellen. *(BGBl. Nr. 241/1962 idF BGBl. I Nr. 56/2016, Art. 10 Z 1)*

(1a) Zum Zweck der frühzeitigen Organisation und Bereitstellung von treffsicheren Fördermaßnahmen im Rahmen des Unterrichts nach dem Lehrplan der 1. Schulstufe oder der Vorschulstufe sowie weiters zum Zweck der Klassenbildung und der Klassenzuweisung haben die Erziehungsberechtigten allfällige Unterlagen, Erhebungen und Förderergebnisse, die während der Zeit des Kindergartenbesuches zum Zweck der Dokumentation des Entwicklungsstandes, insbesondere des Sprachstandes (Erfassung der Sprachkompetenz in Deutsch von Kindern mit Deutsch als Erstsprache oder von Kindern mit Deutsch als Zweitsprache) erstellt, durchgeführt bzw. erhoben wurden, vorzulegen. Die Vorlage kann in Papierform oder in elektronischer Form erfolgen. Kommen die Erziehungsberechtigten dieser Verpflichtung trotz Aufforderung der Schulleiterin oder des Schulleiters innerhalb angemessener Frist nicht nach, hat die Schulleiterin oder der Schulleiter die Leiterin oder den Leiter einer besuchten elementaren Bildungseinrichtung um die Übermittlung der Unterlagen, Erhebungen und Förderergebnisse zu ersuchen. Der Schulleiter hat diese personenbezogenen Daten im Sinne des Art. 4 Z 1 der Verordnung (EU) 2016/679 zum Schutz natürlicher Personen bei der Verarbeitung personenbezogener Daten, zum freien Datenverkehr und zur Aufhebung der Richtlinie 95/46/EG (Datenschutz-Grundverordnung), ABl. Nr. L 119 vom 4.5.2016 S. 1, und Informationen gemäß den Bestimmungen des Bildungsdokumentationsgesetzes 2020, BGBl. I Nr. 20/2021, insbesondere zum Bildungsverlauf vor Beginn der allgemeinen Schulpflicht zu verarbeiten und ist darüber hinaus ermächtigt, allenfalls nach Maßgabe landesgesetzlicher Bestimmungen automationsunterstützt übermittelte personenbezogene Daten und Informationen zu erfassen und zu verarbeiten. *(BGBl. I Nr. 56/2016, Art. 10 Z 2 idF BGBl. I Nr. 32/2018, Art. 53 Z 1, BGBl. I Nr. 86/2019, Art. 4 Z 1 und 2 und BGBl. I Nr. 20/2021, Art. 2 Z 1)*

(2) Die Aufnahme der schulpflichtig gewordenen Kinder in die Volksschule hat in der Regel auf Grund der Schülereinschreibung für den Anfang des folgenden Schuljahres zu erfolgen.

(2a) Die Aufnahme der schulpflichtig gewordenen Kinder, die schulreif sind, hat in die erste Schulstufe zu erfolgen. *(BGBl. I Nr. 134/1998, Z 2)*

(2b) Schulreif ist ein Kind, wenn

1. es die Unterrichtssprache so weit beherrscht, dass es dem Unterricht in der ersten Schulstufe ohne besondere Sprachförderung zu folgen vermag, und
2. angenommen werden kann, dass es dem Unterricht in der ersten Schulstufe zu folgen vermag, ohne körperlich oder geistig überfordert zu werden.

(BGBl. I Nr. 35/2018, Art. 4 Z 1)

(2c) Zur Feststellung der Schulreife gemäß Abs. 2b Z 1 ist § 4 Abs. 2a des Schulunterrichtsgesetzes anzuwenden. *(BGBl. I Nr. 35/2018, Art. 4 Z 1)*

(2d) Ergeben sich anlässlich der Schülereinschreibung Gründe für die Annahme, dass das Kind die Schulreife gemäß Abs. 2b Z 2 nicht besitzt, oder verlangen die Eltern oder sonstigen Erziehungsberechtigten eine Überprüfung der Schulreife, hat der Schulleiter zu entscheiden, ob das Kind die Schulreife gemäß Abs. 2b Z 2 aufweist. Der zuständige Bundesminister hat durch Verordnung die näheren Festlegungen über das Vorliegen der Schulreife gemäß Abs. 2b Z 2 zu treffen.[3]) *(BGBl. I Nr. 35/2018, Art. 4 Z 1)*

(2e) Die Aufnahme schulpflichtiger, jedoch gemäß Abs. 2b Z 1 nicht schulreifer Kinder hat nach Maßgabe der Testung gemäß § 4 Abs. 2a des Schulunterrichtsgesetzes

1. in Deutschförderklassen oder
2. je nach Vorliegen oder Nichtvorliegen der Schulreife gemäß Abs. 2b Z 2 in die erste Schulstufe oder in die Vorschulstufe in Verbindung mit besonderer Sprachförderung in Deutschförderkursen

zu erfolgen. Die Aufnahme schulpflichtiger, jedoch auch gemäß Abs. 2b Z 2 nicht schulreifer Kinder hat in die Vorschulstufe zu erfolgen. *(BGBl. I Nr. 35/2018, Art. 4 Z 1)*

(3) Die Frist für die Schülereinschreibung, die spätestens vier Monate vor Beginn der Hauptferien zu enden hat, und die bei der Schülereinschreibung vorzulegenden Personalurkunden sind von der Bildungsdirektion nach den örtlichen Erfordernissen durch Verordnung festzusetzen. *(BGBl. Nr. 241/1962 idF BGBl. I Nr. 20/2006, Art. 3 Z 3, BGBl. I Nr. 56/2016, Art. 10 Z 3 und BGBl. I Nr. 138/2017, Art. 19 Z 2)*

Vorzeitiger Besuch der Volksschule

§ 7. (1)[4]) Kinder, die noch nicht schulpflichtig sind, sind auf Ansuchen ihrer Eltern oder sonstigen Erziehungsberechtigten zum Anfang des Schuljahres in die erste Schulstufe aufzunehmen, wenn sie bis zum 1. März des folgenden Kalenderjahres das sechste Lebensjahr vollenden, schulreif sind und über die für den Schulbesuch erforderliche soziale Kompetenz verfügen. *(BGBl. I Nr. 20/2006, Art. 3 Z 4)*

(2) entfallen (BGBl. I Nr. 134/1998, Z 3)

(3) Das Ansuchen der Eltern oder sonstigen Erziehungsberechtigten ist innerhalb der Frist für die Schülereinschreibung (§ 6 Abs. 3) beim Leiter jener Volksschule, die das Kind besuchen soll, schriftlich einzubringen.

(4) Der Schulleiter hat zur Feststellung, ob das Kind die Schulreife gemäß § 6 Abs. 2b aufweist und ob es über die für den Schulbesuch erforderliche soziale Kompetenz verfügt die persönliche Vorstellung des Kindes zu ver-

[3]) Siehe auch die SchulreifeVO (5.1.1.).

[4]) Siehe auch RS Nr. 6/2006 betreffend Auslegungen zum 2. Schulrechtspaket 2005 (Kodex 11. Auflage).

langen und ein schulärztliches Gutachten einzuholen. Ferner hat er ein schulpsychologisches Gutachten einzuholen, wenn dies die Eltern oder sonstigen Erziehungsberechtigten des Kindes verlangen oder dies zur Feststellung der Schulreife erforderlich erscheint und die Eltern oder sonstigen Erziehungsberechtigten des Kindes zustimmen. *(BGBl. Nr. 366/1982, Art. I Z 1 idF* BGBl. I Nr. *123/1998, Z 4 und BGBl. I Nr. 20/2006, Art. 3 Z 5)*

(5) Über das Ansuchen um vorzeitige Aufnahme hat der Schulleiter ohne unnötigen Aufschub zu entscheiden. Die Entscheidung ist den Eltern oder sonstigen Erziehungsberechtigten unverzüglich – im Falle der Ablehnung unter Angabe der Gründe und der Belehrung über die Widerspruchsmöglichkeit – schriftlich bekanntzugeben. *(BGBl. I Nr. 134/1998, Z 5 idF BGBl. I Nr. 75/2013, Art. 7 Z 1, 5, 6, 7 und 8 sowie BGBl. I Nr. 35/2018, Art. 4 Z 2)*

(6) entfallen (BGBl. I Nr. 134/1998, Z 3)

(7) entfallen (BGBl. I Nr. 134/1998, Z 3)

(8) Stellt sich nach dem Eintritt in die erste Schulstufe heraus, dass die Schulreife (§ 6 Abs. 2b) oder die für den Schulbesuch erforderliche soziale Kompetenz doch nicht gegeben sind, so ist die vorzeitige Aufnahme durch den Schulleiter zu widerrufen. Abs. 5 zweiter Satz ist anzuwenden. Aus dem gleichen Grund können die Eltern oder sonstigen Erziehungsberechtigten das Kind vom Besuch der ersten Schulstufe abmelden. Der Widerruf und die Abmeldung sind jedoch nur bis zum Ende des Kalenderjahres der Aufnahme in die 1. Schulstufe zulässig. *(BGBl. I Nr. 134/1998, Z 6 idF BGBl. I Nr. 20/2006, Art. 3 Z 6 und BGBl. I Nr. 35/2018, Art. 4 Z 3)*

(9) Für vorzeitig aufgenommene Kinder gelten, solange die vorzeitige Aufnahme nicht widerrufen oder das Kind vom Schulbesuch abgemeldet wird (Abs. 8), die gleichen Bestimmungen wie für schulpflichtige Kinder.

(10) Der vorzeitige Schulbesuch wird in die Dauer der allgemeinen Schulpflicht (§ 3) eingerechnet, wenn er nicht gemäß Abs. 8 eingestellt worden ist.

(11) Im Falle des Widerrufes der vorzeitigen Aufnahme bzw. im Falle des Abmeldens vom Besuch der 1. Schulstufe (Abs. 8) können die Eltern oder sonstigen Erziehungsberechtigten das Kind zum Besuch der Vorschulstufe anmelden. Die Anmeldung ist beim Leiter der Volksschule, an der das Kind die Vorschulstufe besuchen soll, vorzunehmen. Die Dauer des Besuches der Vorschulstufe ist in die Dauer der allgemeinen Schulpflicht nur einzurechnen, wenn während der allgemeinen Schulpflicht die neunte Schulstufe erfolgreich abgeschlossen wird. *(BGBl. I Nr. 134/1998, Z 7)*

Schulbesuch bei sonderpädagogischem Förderbedarf

§ 8. (1) Auf Antrag oder von Amts wegen hat die Bildungsdirektion mit Bescheid den sonderpädagogischen Förderbedarf für ein Kind festzustellen, sofern dieses infolge einer Behinderung dem Unterricht in der Volksschule, Mittelschule oder Polytechnischen Schule ohne sonderpädagogische Förderung nicht zu folgen vermag. Unter Behinderung ist die Auswirkung einer nicht nur vorübergehenden körperlichen, geistigen oder psychischen Funktionsbeeinträchtigung oder Beeinträchtigung der Sinnesfunktionen zu verstehen, die geeignet ist, die Teilhabe am Unterricht zu erschweren. Als nicht nur vorübergehend gilt ein Zeitraum von mehr als voraussichtlich sechs Monaten. Im Zuge der Feststellung des sonderpädagogischen Förderbedarfs ist auszusprechen, welche Sonderschule für den Besuch durch das Kind in Betracht kommt oder, wenn die Eltern oder sonstigen Erziehungsberechtigten es verlangen, welche allgemeine Schule in Betracht kommt. Unter Bedachtnahme auf diese Feststellung hat die Bildungsdirektion festzulegen, ob und in welchem Ausmaß der Schüler oder die Schülerin nach dem Lehrplan der Sonderschule oder einer anderen Schulart zu unterrichten ist. Bei dieser Feststellung ist anzustreben, dass der Schüler oder die Schülerin die für ihn oder sie bestmögliche Förderung erhält. *(BGBl. I Nr. 138/2017, Art. 19 Z 3 idF BGBl. I Nr. 101/2018, Art. 8 Z 3)*

(2) Im Rahmen der Verfahren gemäß Abs. 1 kann auf Verlangen oder mit Zustimmung der Eltern oder sonstigen Erziehungsberechtigten das Kind, sofern es die Volksschule oder Mittelschule noch nicht besucht, für höchstens fünf Monate in die Volksschule oder die Mittelschule oder eine Sonderschule der beantragten Art, sofern es die Volksschule oder die Mittelschule bereits besucht, in eine Sonderschule der beantragten Art zur Beobachtung aufgenommen werden. *(BGBl. I Nr. 36/2012, Art. 3 Z 3 idF BGBl. I Nr. 101/2018, Art. 8 Z 4)*

(3) Sobald bei einem Kind auf die sonderpädagogische Förderung verzichtet werden kann, weil es – allenfalls trotz Weiterbestandes der Behinderung – dem Unterricht nach dem Lehrplan der betreffenden allgemeinen Schule zu folgen vermag, ist die Feststellung gemäß Abs. 1 erster Satz aufzuheben. Für den Fall, dass bei Fortbestand des sonderpädagogischen Förderbedarfs der Schüler oder die Schülerin dem Unterricht nach dem Lehrplan der betreffenden allgemeinen Schule zu folgen vermag, ist die Feststellung gemäß Abs. 1 vierter und fünfter Satz entsprechend abzuändern. *(BGBl. I Nr. 138/2017, Art. 19 Z 4 idF BGBl. I Nr. 101/2018, Art. 8 Z 5)*

(3a) Bei körperbehinderten und sinnesbehinderten Schülern, die in eine Sekundarschule nach Erfüllung der allgemeinen Aufnahmsvoraussetzungen der jeweiligen Schulart aufgenommen werden, ist die Feststellung gemäß Abs. 1 aufzuheben. Dies gilt nicht beim Besuch einer Sonderschule. *(BGBl. Nr. 768/1996, Z 3)*

(4) entfallen (BGBl. I Nr. 75/2013, Art. 7 Z 9)

(BGBl. Nr. 513/1993, Z 1)

§ **8a.** (1) Schulpflichtige Kinder mit sonderpädagogischem Förderbedarf (§ 8 Abs. 1) sind berechtigt, die allgemeine Schulpflicht entweder in einer für sie geeigneten Sonderschule oder Sonderschulklasse oder in einer den sonderpädagogischen Förderbedarf erfüllenden Volksschule, Mittelschule, Polytechnischen Schule, Unterstufe einer allgemein bildenden höheren Schule oder einjährigen Fachschule für wirtschaftliche Berufe zu erfüllen, soweit solche Schulen (Klassen) vorhanden sind und der Schulweg den Kindern zumutbar oder der Schulbesuch auf Grund der mit Zustimmung der Eltern oder sonstigen Erziehungsberechtigten des Kindes erfolgten Unterbringung in einem der Schule angegliederten oder sonst geeigneten Schülerheim möglich ist. *(BGBl. Nr. 768/1996, Z 4 idF BGBl. I Nr. 9/2012, Art. 3 Z 2, BGBl. I Nr. 36/2012, Art. 3 Z 5, BGBl. I Nr. 56/2016 Art. 10 Z 4 und BGBl. I Nr. 101/2018, Art. 8 Z 3)*

(2) Die Bildungsdirektion hat anläßlich der Feststellung des sonderpädagogischen Förderbedarfs sowie bei einem Übertritt in eine Sekundarschule die Eltern oder sonstigen Erziehungsberechtigten über die hinsichtlich der Behinderung bestehenden Förderungsmöglichkeiten in Sonderschulen und allgemeinen Schulen und den jeweils zweckmäßigsten Schulbesuch zu beraten. Wünschen die Eltern oder sonstigen Erziehungsberechtigten die Aufnahme in eine Volksschule, Mittelschule, Polytechnische Schule, Unterstufe einer allgemein bildenden höheren Schule oder einjährige Fachschule für wirtschaftliche Berufe, so hat die Bildungsdirektion zu informieren, an welcher nächstgelegenen allgemeinen Schule dem sonderpädagogischen Förderbedarf entsprochen werden kann. *(BGBl. Nr. 768/1996, Z 4 idF BGBl. I Nr. 9/2012, Art. 3 Z 3, BGBl. I Nr. 36/2012, Art. 3 Z 6, BGBl. I Nr. 77/2013, Art. 1 Z 1, BGBl. I Nr. 48/2014, Art. 12 Z 2, BGBl. I Nr. 56/2016 Art. 10 Z 5, BGBl. I Nr. 138/2017, Art. 19 Z 5, 6 und 7 sowie BGBl. I Nr. 101/2018, Art. 8 Z 6)*

(3) Wünschen die Eltern oder sonstigen Erziehungsberechtigten die Aufnahme des Kindes in eine Volksschule, Mittelschule, Polytechnische Schule, Unterstufe einer allgemein bildenden höheren Schule oder einjährige Fachschule für wirtschaftliche Berufe und bestehen keine entsprechenden Fördermöglichkeiten an einer derartigen Schule, welche das Kind bei einem ihm zumutbaren Schulweg erreichen kann, so hat die Bildungsdirektion unter Bedachtnahme auf die Gegebenheiten im Rahmen ihrer Zuständigkeiten Maßnahmen zur Ermöglichung des Besuches der gewünschten Schulart zu ergreifen oder, falls es sich um Zentrallehranstalten (§ 1 Abs. 3 des Bildungsdirektionen-Einrichtungsgesetzes) handelt, beim Bundesminister für Bildung, Wissenschaft und Forschung die Durchführung der entsprechenden Maßnahmen zu beantragen. *(BGBl. I Nr. 77/2013, Art. 1 Z 2 idF BGBl. I Nr. 48/2014, Art. 12 Z 3, BGBl. I Nr. 56/2016 Art. 10 Z 5, BGBl. I Nr. 138/2017, Art. 19 Z 7, 8 und 9, BGBl. I Nr. 35/2018, Art. 4 Z 4 sowie BGBl. I Nr. 101/2018, Art. 8 Z 6)*

(BGBl. Nr. 768/1996, Z 4)

§ **8b.** Schulpflichtige Kinder mit sonderpädagogischem Förderbedarf, die keine Volksschule, Mittelschule, Polytechnische Schule, Unterstufe einer allgemein bildenden höheren Schule oder einjährige Fachschule für wirtschaftliche Berufe gemäß § 8a besuchen, haben ihre allgemeine Schulpflicht in einer der Behinderung entsprechenden Sonderschule oder Sonderschulklasse zu erfüllen. Abschnitt C bleibt davon unberührt.

(BGBl. I Nr. 9/2012, Art. 3 Z 5 idF BGBl. I Nr. 36/2012, Art. 3 Z 6, BGBl. I Nr. 77/2013, Art. 1 Z 3, BGBl. I Nr. 56/2016 Art. 10 Z 5 sowie BGBl. I Nr. 101/2018, Art. 8 Z 6)

Schulbesuch und Fernbleiben vom Unterricht

§ **9.** (1) Die in eine in § 5 genannte Schule aufgenommenen Schüler haben den Unterricht während der vorgeschriebenen Schulzeit regelmäßig und pünktlich zu besuchen, auch am Unterricht in den unverbindlichen Lehrgegenständen, für die sie zu Beginn des Schuljahres angemeldet wurden, regelmäßig teilzunehmen und sich an den verpflichtend vorgeschriebenen sonstigen Schulveranstaltungen zu beteiligen.

(2) Ein Fernbleiben von der Schule ist während der Schulzeit nur im Falle gerechtfertigter Verhinderung des Schülers zulässig.

(3) Als Rechtfertigungsgründe für die Verhinderung gelten insbesondere:

1. Erkrankung des Schülers,
2. mit der Gefahr der Übertragung verbundene Erkrankungen von Hausangehörigen des Schülers,
3. Erkrankung der Eltern oder anderer Angehöriger, wenn sie der Hilfe des Schülers bedürfen,
4. außergewöhnliche Ereignisse im Leben des Schülers, in der Familie oder im Hauswesen des Schülers,

5. Ungangbarkeit des Schulweges oder schlechte Witterung, wenn die Gesundheit des Schülers dadurch gefährdet ist.

(4) Die Verwendung von Schülern zu häuslichen, landwirtschaftlichen, gewerblichen oder sonstigen Arbeiten sowie die Mitnahme von Schülern auf die Wanderschaft durch Personen, die eine Wanderbeschäftigung ausüben, ist nicht als Rechtfertigungsgrund für eine Verhinderung anzusehen.

(5) Die Eltern oder sonstigen Erziehungsberechtigten des Kindes haben den Klassenlehrer (Klassenvorstand) oder den Schulleiter von jeder Verhinderung des Schülers ohne Aufschub mündlich oder schriftlich unter Angabe des Grundes zu benachrichtigen. Auf Verlangen des Schulleiters hat die Benachrichtigung jedenfalls schriftlich und bei einer länger als eine Woche dauernden Erkrankung oder Erholungsbedürftigkeit allenfalls unter Vorlage eines ärztlichen Zeugnisses zu erfolgen.

(6) Im übrigen kann die Erlaubnis zum Fernbleiben aus begründetem Anlaß für einzelne Stunden bis zu einem Tag der Klassenlehrer (Klassenvorstand) und für mehrere Tage bis zu einer Woche der Schulleiter erteilen. Die Entscheidung des Klassenlehrers (Klassenvorstandes) bzw. des Schulleiters ist durch Widerspruch nicht anfechtbar. Für die Erlaubnis zu längerem Fernbleiben ist die zuständige Schulbehörde, für die allgemeinbildenden Praxisschulen gemäß § 33a Abs. 1 des Schulorganisationsgesetzes, BGBl. Nr. 242/1962, in der jeweils geltenden Fassung, jedoch die Bildungsdirektion zuständig. *(BGBl. Nr. 322/1975, Art. I Z 6 idF BGBl. I Nr. 113/2006, Art. 22 Z 2, BGBl. I Nr. 75/2013, Art. 7 Z 1, 10 und 11, BGBl. I Nr. 48/2014, Art. 12 Z 2 und BGBl. I Nr. 138/2017, Art. 19 Z 7)*

(7) entfallen (BGBl. Nr. 322/1975, Art. I Z 7)

§ 10. *entfallen (BGBl. I Nr. 138/2017, Art. 19 Z 10)*

C. Erfüllung der allgemeinen Schulpflicht durch Teilnahme an einem gleichwertigen Unterricht

Besuch von Privatschulen ohne Öffentlichkeitsrecht und häuslicher Unterricht

§ 11. (1) Die allgemeine Schulpflicht kann – unbeschadet des § 12 – auch durch die Teilnahme am Unterricht an einer Privatschule ohne Öffentlichkeitsrecht erfüllt werden, sofern der Unterricht jenem an einer im § 5 genannten Schule mindestens gleichwertig ist.

(2) Die allgemeine Schulpflicht kann ferner durch die Teilnahme an häuslichem Unterricht erfüllt werden, sofern der Unterricht jenem an einer im § 5 genannten Schule – ausgenommen die Polytechnische Schule – mindestens gleichwertig ist. *(BGBl. Nr. 241/1962 idF BGBl. Nr. 322/1975, Art. I Z 19 und BGBl. Nr. 768/1996, Z 7)*

(2a) Die Abs. 1 und 2 gelten nicht für Schülerinnen und Schüler, die eine Deutschförderklasse gemäß § 8h Abs. 2 oder einen Deutschförderkurs gemäß § 8h Abs. 3 des Schulorganisationsgesetzes zu besuchen haben. Diese Schülerinnen und Schüler haben ihre allgemeine Schulpflicht jedenfalls für die Dauer des Bedarfes einer dieser besonderen Sprachförderungen in öffentlichen Schulen oder in mit dem Öffentlichkeitsrecht ausgestatteten Schulen mit gesetzlich geregelter Schulartbezeichnung zu erfüllen. *(BGBl. I Nr. 35/2018, Art. 4 Z 5)*

(3) Die Eltern oder sonstigen Erziehungsberechtigten haben die Teilnahme ihres Kindes an einem im Abs. 1 oder 2 genannten Unterricht der Bildungsdirektion anzuzeigen. Die Anzeige hat

1. jeweils bis eine Woche nach dem Ende des vorhergehenden Unterrichtsjahres zu erfolgen und
2. jedenfalls die folgenden Angaben und Urkunden zu enthalten:
   a) Vor- und Familiennamen, Geburtsdatum und Anschrift jener Person, welche das Kind führend unterrichten wird,
   b) den Ort, an dem der Unterricht erfolgen soll,
   c) das Jahreszeugnis über das vorangehende Schuljahr oder ein Zeugnis über die Externistenprüfung über die vorangehende Schulstufe,
   d) den Lehrplan, nach welchem, und die Schulstufe, auf der der Unterricht erfolgen soll, sowie
   e) eine Zusammenfassung des pädagogischen Konzepts für den Unterricht.

(BGBl. I Nr. 37/2023, Art. 3 Z 1)

(4) Der zureichende Erfolg eines im Abs. 1 oder 2 genannten Unterrichtes ist jährlich zwischen dem 1. Juni und dem Ende des Unterrichtsjahres durch eine Prüfung an einer in § 5 genannten entsprechenden Schule nachzuweisen, wenn die Schülerinnen und Schüler dieser Schulen am Ende des Schuljahres beurteilt werden.[5]) Bei Teilnahme am häuslichen Unterricht gemäß Abs. 2 hat ein Reflexionsgespräch über den Leistungsstand bis spätestens zwei Wochen nach Ende der Semesterferien stattzufinden, wobei ein Rechtfertigungsgrund gemäß § 9 Abs. 3 diese Frist hemmt. Das Reflexionsgespräch ist

1. mit Kindern oder Jugendlichen, die am häuslichen Unterricht auf der Vorschul-

[5]) Siehe auch § 42 Abs. 14 des Schulunterrichtsgesetzes idgF (1.1.).

stufe oder der 1. bis 8. Schulstufe teilnehmen, an jener Schule, die bei Untersagung des häuslichen Unterrichts zu besuchen wäre, oder, wenn gemäß Abs. 3 Z 2 lit. d der Lehrplan einer allgemeinbildenden höheren Schule angegeben wurde, an einer Schule dieser Schulart, und
2. mit Kindern oder Jugendlichen, die am häuslichen Unterricht auf der 9. Schulstufe teilnehmen an einer Schule, an welcher der gemäß Abs. 3 Z 2 lit. d angegebene Lehrplan geführt wird,

durchzuführen. Wenn das Kind gemäß Z 1 vor Ablauf dieser Frist aus dem Sprengel dieser Schule verzogen ist und bei Reflexionsgesprächen gemäß Z 2, hat das Reflexionsgespräch mit zumindest einem Mitglied der Prüfungskommission gemäß Abs. 5 zu erfolgen. *(BGBl. I Nr. 37/2023, Art. 3 Z 2)*

(5) Die Prüfung des zureichenden Erfolges gemäß Abs. 4 erster Satz muss an einer Schule im örtlichen Zuständigkeitsbereich jener Schulbehörde abgelegt werden, die für die Einhaltung der Schulpflicht zuständig ist. Die Schulbehörden haben mit Verordnung gemäß § 42 Abs. 4 des Schulunterrichtsgesetzes zumindest zwei Prüfungskommissionen einzurichten. *(BGBl. I Nr. 232/2021, Art. 7 Z 5)*

(6) Die Bildungsdirektion hat die Teilnahme an einem solchen Unterricht zu untersagen und anzuordnen, dass das Kind seine Schulpflicht im Sinne des § 5 zu erfüllen hat, wenn
1. mit überwiegender Wahrscheinlichkeit anzunehmen ist, dass die im Abs. 1 oder 2 geforderte Gleichwertigkeit des Unterrichtes nicht gegeben ist, oder
2. gemäß Abs. 2a eine öffentliche Schule oder eine mit dem Öffentlichkeitsrecht ausgestattete Schule mit gesetzlich geregelter Schulartbezeichnung zu besuchen ist, oder
3. das Reflexionsgespräch gemäß Abs. 4 nicht durchgeführt wurde, oder
4. eine Prüfung aufgrund der Bestimmung gemäß § 42 Abs. 6 letzter Satz des Schulunterrichtsgesetzes vor dem Ende des Unterrichtsjahres, für welche der häusliche Unterricht angezeigt wurde, nicht möglich ist, oder
5. Umstände hervortreten, aufgrund welcher mit überwiegender Wahrscheinlichkeit anzunehmen ist, dass die Teilnahme am häuslichen Unterricht gemäß Abs. 2 dem Besuch einer öffentlichen Schule nicht mindestens gleichwertig ist, oder
6. der Nachweis des zureichenden Erfolges vor dem Ende des Unterrichtsjahres nicht erbracht wurde.

Treten Umstände hervor, die eine Gefährdung des Kindeswohls befürchten lassen, so sind, wenn nicht gemäß § 78 der Strafprozessordnung 1975, BGBl. Nr. 631/1975[6]) vorzugehen ist, die Behörden der allgemeinen staatlichen Verwaltung oder die Kinder- und Jugendhilfe[7]) zu informieren. *(BGBl. I Nr. 232/2021, Art. 7 Z 5 idF BGBl. I Nr. 37/2023, Art. 3 Z 3)*

---

[6]) § 78 StPO idF des Strafprozessreformgesetzes, BGBl. I Nr. 19/2004, lautet:

„Anzeigepflicht

§ 78. (1) Wird einer Behörde oder öffentlichen Dienststelle der Verdacht einer Straftat bekannt, die ihren gesetzmäßigen Wirkungsbereich betrifft, so ist sie zur Anzeige an Kriminalpolizei oder Staatsanwaltschaft verpflichtet.

(2) Eine Pflicht zur Anzeige nach Abs. 1 besteht nicht,
1. wenn die Anzeige eine amtliche Tätigkeit beeinträchtigen würde, deren Wirksamkeit eines persönlichen Vertrauensverhältnisses bedarf, oder
2. wenn und solange hinreichende Gründe für die Annahme vorliegen, die Strafbarkeit der Tat werde binnen kurzem durch schadensbereinigende Maßnahmen entfallen.

(3) Die Behörde oder öffentliche Dienststelle hat jedenfalls alles zu unternehmen, was zum Schutz des Opfers oder anderer Personen vor Gefährdung notwendig ist; erforderlichenfalls ist auch in den Fällen des Abs. 2 Anzeige zu erstatten."

[7]) § 37 des Bundes-Kinder- und Jugendhilfegesetzes 2013, BGBl. I Nr. 69/2013, idF BGBl. I Nr. 105/2019, lautet:

„Mitteilungen bei Verdacht der Kindeswohlgefährdung

§ 37. (1) Ergibt sich in Ausübung einer beruflichen Tätigkeit der begründete Verdacht, dass Kinder oder Jugendliche misshandelt, gequält, vernachlässigt oder sexuell missbraucht werden oder worden sind oder ihr Wohl in anderer Weise erheblich gefährdet ist, und kann diese konkrete erhebliche Gefährdung eines bestimmten Kindes oder Jugendlichen anders nicht verhindert werden, ist von folgenden Einrichtungen unverzüglich schriftlich Mitteilung an den örtlich zuständigen Kinder- und Jugendhilfeträger zu erstatten:
1. Gerichten, Behörden und Organen der öffentlichen Aufsicht;
2. Einrichtungen zur Betreuung oder zum Unterricht von Kindern und Jugendlichen;
3. Einrichtungen zur psychosozialen Beratung;
4. privaten Einrichtungen der Kinder- und Jugendhilfe;
5. Kranken- und Kuranstalten;
6. Einrichtungen der Hauskrankenpflege;

(1a) Ergibt sich in Ausübung einer beruflichen Tätigkeit im Rahmen der Geburt oder der Geburtsanmeldung in einer Krankenanstalt der begründete Verdacht, dass das Wohl eines Kindes, dessen Mutter Opfer von weiblicher Genitalverstümmelung geworden ist, erheblich gefährdet ist, und kann diese konkrete erhebliche Gefährdung des Kindes anders nicht verhindert werden, ist von der Krankenanstalt unverzüglich schriftlich Mitteilung an den örtlich zuständigen Kinder- und Jugendhilfeträger zu erstatten.

Besuch von Schulen, die keiner gesetzlich geregelten Schulart entsprechen

§ 12. (1) Die allgemeine Schulpflicht kann durch den Besuch von Schulen, die keiner gesetzlich geregelten Schulart entsprechen, erfüllt werden, wenn

1. dies in zwischenstaatlichen Vereinbarungen vorgesehen ist, oder
2. in dem vom zuständigen Bundesminister erlassenen oder genehmigten Organisationsstatut (§ 14 Abs. 2 lit. b des Privatschulgesetzes, BGBl. Nr. 244/1962, in der jeweils geltenden Fassung) die Schule als zur Erfüllung der Schulpflicht geeignet anerkannt wird und die Schule das Öffentlichkeitsrecht besitzt. *(BGBl. Nr. 768/1996, Z 8 idF BGBl. I Nr. 75/2001, Art. 1 Z 1 und BGBl. I Nr. 9/2012, Art. 3 Z 6)*

(2) Der Abschluß solcher zwischenstaatlicher Vereinbarungen beziehungsweise eine solche Anerkennung darf nur erfolgen, wenn der Unterricht im wesentlichen jenem an einer der im § 5 genannten Schulen gleichkommt. Soweit es sich um die Erfüllung der Schulpflicht durch Kinder österreichischer Staatsbürgerschaft handelt, ist die Erreichung des Lehrzieles einer entsprechenden österreichischen Schule Voraussetzung.

(BGBl. Nr. 768/1996, Z 8)

Besuch von im Ausland gelegenen Schulen

§ 13. (1) Mit Bewilligung der Bildungsdirektion können schulpflichtige Kinder österreichischer Staatsbürgerschaft die allgemeine Schulpflicht auch durch den Besuch von im Ausland gelegenen Schulen erfüllen. Das Ansuchen um die Bewilligung ist von den Eltern oder sonstigen Erziehungsberechtigten des Kindes bei der Bildungsdirektion einzubringen. Die Bewilligung ist jeweils für ein Schuljahr zu erteilen, wenn der Unterricht an der ausländischen Schule jenem an einer der im § 5 genannten Schule mindestens gleichwertig und kein erziehungs- und bildungsmäßiger Nachteil für das Kind anzunehmen ist. *(BGBl. I Nr. 91/2005, Art. 5 Z 1 idF BGBl. I Nr. 48/2014, Art. 12 Z 2 und BGBl. I Nr. 138/2017, Art. 19 Z 12)*

(2) Schulpflichtige Kinder, die die österreichische Staatsbürgerschaft nicht besitzen, können die allgemeine Schulpflicht ohne Bewilligung durch den Besuch von im Ausland gelegenen Schulen erfüllen. Die Eltern oder sonstigen Erziehungsberechtigten des Kindes haben jedoch den beabsichtigten Besuch einer solchen Schule der Bildungsdirektion vor Beginn eines jeden Schuljahres anzuzeigen. *(BGBl. I Nr. 91/2005, Art. 5 Z 1 idF BGBl. I Nr. 48/2014, Art. 12 Z 2 und BGBl. I Nr. 138/2017, Art. 19 Z 11)*

(3) § 11 Abs. 4 findet sinngemäß Anwendung.[8]) Die Bildungsdirektion hat von einer Prüfung gemäß § 11 Abs. 4 abzusehen, wenn der zureichende Erfolg durch die Vorlage von Zeugnissen öffentlicher oder diesen gleichzuhaltender Schulen glaubhaft gemacht wird. *(BGBl. I Nr. 91/2005, Art. 5 Z 1 idF BGBl. I Nr. 48/2014, Art. 12 Z 2 und BGBl. I Nr. 138/2017, Art. 19 Z 5)*

(4) entfallen (BGBl. I Nr. 75/2013, Art. 7 Z 16)

(BGBl. I Nr. 91/2005, Art. 5 Z 1)

D. Befreiung vom Schulbesuch

(BGBl. I Nr. 9/2012, Art. 3 Z 7)

***§ 14.** entfallen (BGBl. I Nr. 134/1998, Z 9)*

Befreiung schulpflichtiger Kinder vom Schulbesuch[9])

§ 15. (1) Sofern medizinische Gründe dem Besuch der Schule entgegenstehen oder dieser dadurch zu einer für den Schüler unzumutbaren Belastung würde, ist der Schüler für die unumgänglich notwendige Dauer vom Besuch der Schule zu befreien.

(2) Bei einer voraussichtlich über die Dauer eines Semesters hinausgehenden Zeit der Befreiung gemäß Abs. 1 hat die Bildungsdirektion die Eltern oder sonstigen Erziehungsberechtigten des Kindes darüber zu beraten, welche Fördermöglichkeiten außerhalb der Schule bestehen. *(BGBl. I Nr. 20/2006, Art. 3 Z 7 idF BGBl. I Nr. 48/2014, Art. 12 Z 2 und BGBl. I Nr. 138/2017, Art. 19 Z 7)*

---

(2) Die Entscheidung über die Mitteilung gemäß Abs. 1 und 1a ist erforderlichenfalls im Zusammenwirken von zumindest zwei Fachkräften zu treffen.

(3) Die Mitteilungspflicht gemäß Abs. 1 trifft auch:

1. Personen, die freiberuflich die Betreuung oder den Unterricht von Kindern und Jugendlichen übernehmen;
2. von der Kinder- und Jugendhilfe beauftragte freiberuflich tätige Personen;
3. Angehörige gesetzlich geregelter Gesundheitsberufe, sofern sie ihre berufliche Tätigkeit nicht in einer im Abs. 1 genannten Einrichtung ausüben.

(4) Die schriftliche Mitteilung hat jedenfalls Angaben über alle relevanten Wahrnehmungen und daraus gezogenen Schlussfolgerungen sowie Namen und Adressen der betroffenen Kinder und Jugendlichen und der mitteilungspflichtigen Person zu enthalten.

(5) Berufsrechtliche Vorschriften zur Verschwiegenheit stehen der Erfüllung der Mitteilungspflicht gemäß Abs. 1 und Abs. 3 nicht entgegen."

[8]) Siehe auch § 42 Abs. 14 des Schulunterrichtsgesetzes idgF (1.1.).

[9]) Siehe auch RS Nr. 6/2006 betreffend Auslegungen zum 2. Schulrechtspaket 2005 (Kodex 11. Auflage).

(3) Befreiungen gemäß Abs. 1 sind von der Bildungsdirektion mit Bescheid auszusprechen. Gemäß § 15 in der Fassung vor der Novelle BGBl. I Nr. 20/2006 erfolgte Befreiungen von der allgemeinen Schulpflicht wegen Schulunfähigkeit gelten für die festgestellte Dauer der Befreiung von der allgemeinen Schulpflicht als Befreiungen im Sinne des Abs. 1. *(BGBl. I Nr. 20/2006, Art. 3 Z 7 idF BGBl. I Nr. 138/2017, Art. 19 Z 13)*

(BGBl. I Nr. 20/2006, Art. 3 Z 7)

E. Erfüllung der allgemeinen Schulpflicht
(BGBl. I Nr. 138/2017, Art. 19 Z 14)

Feststellung der Erfüllung der allgemeinen Schulpflicht

§ 16. (1) Zur Überprüfung der Erfüllung der allgemeinen Schulpflicht haben die Leiterinnen und Leiter von Bildungseinrichtungen gemäß § 2 Z 1 und 2 lit. b des Bildungsdokumentationsgesetzes 2020 – BilDOkG 2020, nach Maßgabe der technischen Möglichkeiten im Wege des Datenverbundes der Schulen gemäß § 6 BilDokG 2020, bis spätestens 15. Oktober jedes Jahres festgelegten Stichtagen der Bundesrechenzentrum GmbH (BRZ) als Auftragsverarbeiter der Bildungsdirektionen im Sinne des Art. 4 Z 8 der Datenschutz-Grundverordnung nachstehend genannte personenbezogene Daten jener Schülerinnen und Schüler, die bis einschließlich der 10. Schulstufe eine zur Erfüllung der allgemeinen Schulpflicht geeignete Schule besuchen, automationsunterstützt zu übermitteln:

1. Die Namen (Vor- und Familiennamen),
2. das Geburtsdatum,
3. das Geschlecht,
4. die Anschrift am Heimatort und, sofern zusätzlich vorhanden, des der Bildungseinrichtung nächst gelegenen Wohnsitzes (Zustelladresse) entsprechend den Angaben der Erziehungsberechtigten bzw. des Schülers,
5. das erste Jahr der allgemeinen Schulpflicht,
6. das Beginndatum der jeweiligen Ausbildung,
7. die Schulkennzahl und
8. sofern vorhanden, das bereichsspezifische Personenkennzeichen „BF“ – Bildung und Forschung.

Die Eltern oder sonstigen Erziehungsberechtigten haben den Besuch einer Schule gemäß § 12 Abs. 1 Z 1 der örtlich zuständigen Bildungsdirektion bis spätestens 30. September jedes Jahres unter Angabe der Daten gemäß Z 1 bis 4 bekannt zu geben. *(BGBl. I Nr. 138/2017, Art. 19 Z 14 idF BGBl. I Nr. 32/2018, Art. 53 Z 2, BGBl. I Nr. 20/2021, Art. 2 Z 2, BGBl. I Nr. 170/2021, Art. 5 Z 1 und BGBl. I Nr. 121/2024, Art. 5 Z 1)*

(2) Die Bildungsdirektion hat ergänzend die Daten gemäß Abs. 1 Z 1 bis 4 hinsichtlich jener Schulpflichtigen, die ihre Schulpflicht gemäß § 11, § 12 Abs. 1 Z 1 oder § 13 erfüllen oder die gemäß § 15 für die voraussichtliche Dauer von mehr als einem Semester vom Schulbesuch befreit wurden, automationsunterstützt der BRZ zu übermitteln. *(BGBl. I Nr. 138/2017, Art. 19 Z 14 idF BGBl. I Nr. 35/2018, Art. 4 Z 7)*

(3) Zusätzlich hat die Bildungsdirektion die Daten gemäß Abs. 1 Z 1 bis 5 hinsichtlich jener Personen, die sich zum Stichtag des 1. September im siebenten bis 16. Lebensjahr befinden und deren allgemeine Schulpflicht gemäß § 2 Abs. 2 letzter Satz ein Jahr später beginnt, automationsunterstützt der BRZ zu übermitteln.

(4) Die BRZ ist ermächtigt, bei der Stammzahlenregisterbehörde die Ausstattung dieser Datenbestände gemäß Abs. 1 bis 3 mit dem bereichsspezifischen Personenkennzeichen „BF“ – Bildung und Forschung – durchzuführen. Kann in Bezug auf einen Datensatz kein bPK berechnet werden, ist die BRZ ermächtigt, diesen Datensatz an jene Bildungsdirektion zu übermitteln, die ihr den Datensatz übermittelt hat bzw. in deren Zuständigkeitsbereich die Übermittlung gemäß Abs. 1 erfolgt ist. Diese Bildungsdirektion hat den Datensatz zu überprüfen und, sofern eine Berichtigung möglich ist, den berichtigten Datensatz an die BRZ zu übermitteln. Die BRZ ist ermächtigt, jene Datensätze, zu denen das bPK „BF“ berechnet wurde, an die jeweilige Bildungsdirektion zu übermitteln.

(5) Der Bundesminister oder die Bundesministerin für Inneres hat gemäß § 16a Abs. 3 des Meldegesetzes 1991, BGBl. Nr. 9/1992, (MeldeG) aus dem Datenbestand des Zentralen Melderegisters (ZMR) der BRZ als Auftragsverarbeiter der Bildungsdirektionen jährlich bis 10. Oktober einen Datenauszug zu übermitteln, der für alle in Österreich angemeldeten Personen, die sich zum Stichtag des 1. September im siebenten bis 15. Lebensjahr befinden, folgende Informationen enthält: Familienname, Vornamen, Geburtsdatum, Geschlecht, verschlüsseltes bereichsspezifisches Personenkennzeichen „BF“ Bildung und Forschung, verschlüsseltes bereichsspezifisches Personenkennzeichen „ZP“ sowie Adressdaten des Hauptwohnsitzes und allfälliger weiterer Wohnsitze. *(BGBl. I Nr. 138/2017, Art. 19 Z 14 idF BGBl. I Nr. 32/2018, Art. 53 Z 3)*

(6) Durch automationsunterstützten Abgleich der Daten gemäß Abs. 1 und 2 einerseits sowie gemäß Abs. 5 andererseits werden zum Stichtag 1. Oktober des betreffenden Jahres jene Personen festgestellt, die zwar vom Datensatz gemäß Abs. 5, nicht jedoch von den gemäß Abs. 1 und 2 übermittelten Datensätzen erfasst sind. Ergänzend werden die Personen gemäß Abs. 3 in diesen Datenabgleich einbezogen, und zwar im Fall der Personen im siebenten Lebensjahr auf Seiten der Datenmeldungen gemäß Abs. 1 und 2 und im Fall der

Personen im 16. Lebensjahr auf Seiten der Datenmeldungen gemäß Abs. 5. Alle anderen personenbezogenen Datensätze, nämlich sowohl

1. von in den Datenmeldungen gemäß Abs. 1 und 2 sowie in den gemäß Abs. 5 übermittelten Daten erfassten Personen,
2. von in den Datenmeldungen gemäß Abs. 1 und 2 sowie in den gemäß Abs. 3 übermittelten Daten erfassten Personen und
3. von ausschließlich in den Datenmeldungen gemäß Abs. 1 und 2 erfassten Personen

sind unverzüglich nach erfolgtem Datenabgleich und beendeter Datenauswertung zu löschen.

(7) Hinsichtlich der verbleibenden, nur von den gemäß Abs. 5 übermittelten Datensätzen erfassten Personen haben die Bildungsdirektionen in ihrem örtlichen Wirkungsbereich Vorkehrungen zu treffen, die nach Möglichkeit zur Erfüllung der Schulpflicht durch die betroffenen Personen führen. Ist dies binnen angemessener, höchstens zweiwöchiger Frist nicht möglich, so ist gemäß § 24 Abs. 4 bei der Bezirksverwaltungsbehörde Strafanzeige zu erstatten. Unverzüglich nach Feststellung der Erfüllung der Schulpflicht oder nach Erstattung der Strafanzeige, spätestens am 31. August des Folgejahres, sind auch diese Datensätze zu löschen. *(BGBl. I Nr. 138/2017, Art. 19 Z 14 idF BGBl. I Nr. 70/2021, Art. 5 Z 2)*

(8) Die Spezifizierung der in Abs. 1 genannten Informationen einschließlich der Festlegung der Übermittlungsformate hat durch Verordnung des zuständigen Bundesministers oder der zuständigen Bundesministerin zu erfolgen. § 4 Abs. 5 des Bildungsdokumentationsgesetzes 2020 findet hinsichtlich der Datensicherheitsbestimmungen Anwendung. *(BGBl. I Nr. 138/2017, Art. 19 Z 14 idF BGBl. I Nr. 20/2021, Art. 2 Z 3)*

(BGBl. I Nr. 138/2017, Art. 19 Z 14)

F. Berechtigung zum freiwilligen Besuch allgemeinbildender Pflichtschulen

Schulbesuch bei vorübergehendem Aufenthalt

§ 17. Kinder, die sich in Österreich nur vorübergehend aufhalten, sind unter den gleichen sonstigen Voraussetzungen, wie sie für Schulpflichtige vorgesehen sind, zum Schulbesuch berechtigt.

(Weiter-)Besuch der allgemeinbildenden Pflichtschule im 9. und in einem freiwilligen 10. Schuljahr

(BGBl. I Nr. 101/2018, Art. 8 Z 7)

§ 18. (1) Schüler der Volksschuloberstufe und der Mittelschule, die im 8. Jahr der allgemeinen Schulpflicht eine oder mehrere Stufen der besuchten Schule nicht erfolgreich abgeschlossen haben, sind berechtigt, im 9. und in einem freiwilligen 10. Schuljahr die besuchte Schule weiter zu besuchen oder die Polytechnische Schule zu besuchen. Gleiches gilt für Kinder mit sonderpädagogischem Förderbedarf, die gemäß § 8a Abs. 1 eine allgemeine Pflichtschule besuchen. *(BGBl. I Nr. 76/2013, Art. 1 Z 1 idF BGBl. I Nr. 101/2018, Art. 8 Z 8, 9 und 10)*

(2) Schülerinnen und Schüler, die im 9. Jahr der allgemeinen Schulpflicht eine Stufe einer allgemeinbildenden höheren Schule oder einer berufsbildenden mittleren oder höheren Schule nicht erfolgreich abgeschlossen haben, sind berechtigt, in einem freiwilligen 10. Schuljahr die Polytechnische Schule zu besuchen. *(BGBl. I Nr. 101/2018, Art. 8 Z 10)*

(BGBl. I Nr. 76/2013, Art. 1 Z 1)

§ 19. *entfallen (BGBl. I Nr. 76/2013, Art. 1 Z 2)*

ABSCHNITT II

Berufsschulpflicht, Besuch der Berufsschule

(BGBl. I Nr. 74/2013, Art. 3 Z 1)

Personenkreis[10])

§ 20. (1) Berufsschulpflicht besteht nach Maßgabe dieses Abschnittes für

1. alle Lehrlinge im Sinne des Berufsausbildungsgesetzes, BGBl. Nr. 142/1969,
2. Personen, die in einem Lehrberuf in einer überbetrieblichen Berufsausbildung gemäß § 8c des Berufsausbildungsgesetzes hinsichtlich einer Ausbildung gemäß § 8b Abs. 1 des Berufsausbildungsgesetzes ausgebildet werden, und *(BGBl. I Nr. 74/2013, Art. 3 Z 2 idF BGBl. I Nr. 56/2016 Art. 10 Z 6)*
3. Personen, die in einem Lehrberuf in einer überbetrieblichen Lehrausbildung gemäß § 30 oder § 30b des Berufsausbildungsgesetzes ausgebildet werden.

(2) Für

1. Personen in Ausbildungsverhältnissen gemäß § 8b Abs. 2 des Berufsausbildungsgesetzes, und
2. Personen, die in einem Lehrberuf in einer überbetrieblichen Berufsausbildung gemäß § 8c des Berufsausbildungsgesetzes hinsichtlich einer Ausbildung gemäß § 8b Abs. 2 des Berufsausbildungsgesetzes ausgebildet werden, *(BGBl. I Nr. 74/2013, Art. 3 Z 2 idF BGBl. I Nr. 56/2016 Art. 10 Z 6)*

besteht nach Maßgabe der Festlegungen des § 8b Abs. 8 und des § 8c Abs. 8 in Verbindung mit § 8b des Berufsausbildungsgesetzes die Pflicht bzw. das Recht zum Besuch der Berufsschule.

(BGBl. I Nr. 74/2013, Art. 3 Z 2)

---

[10]) Berufsschulpflicht bzw. das Recht zum Besuch der Berufsschule ergibt sich auch auf Grund des Berufsausbildungsgesetzes – BAG (5.3.).

Dauer der Berufsschulpflicht bzw. des Berufsschulbesuches[11])

§ 21. (1) Die Berufsschulpflicht beginnt hinsichtlich der von § 20 Abs. 1 umfassten Personen sowie hinsichtlich der von § 20 Abs. 2 umfassten Personen im Falle der Festlegung der Berufsschulpflicht mit dem Eintritt in ein Lehrverhältnis oder in ein Ausbildungsverhältnis und dauert bis zu dessen Ende, längstens aber bis zum erfolgreichen Abschluss der letzten lehrplanmäßig vorgesehenen Schulstufe der in Betracht kommenden Berufsschule.

(2) Das Recht zum Besuch der Berufsschule beginnt hinsichtlich der von § 20 Abs. 2 umfassten Personen im Falle der Festlegung des Rechts zum Besuch der Berufsschule mit dem Eintritt in ein entsprechendes Ausbildungsverhältnis und dauert bis zu dessen Ende, längstens aber bis zum erfolgreichen Abschluss der letzten lehrplanmäßig vorgesehenen Schulstufe der in Betracht kommenden Berufsschule.

(3) Berufsschüler, deren Lehrverhältnis oder Ausbildungsverhältnis während eines Schuljahres geendet hat, sind berechtigt, bis zum Ende dieses Schuljahres die Berufsschule zu besuchen, sofern sie nicht die letzte lehrplanmäßig vorgesehene Schulstufe erfolgreich abgeschlossen haben. Ferner sind Lehrlinge, die die Zurücklegung von mindestens der Hälfte der für den Lehrberuf festgesetzten Lehrzeit nachweisen und glaubhaft machen, dass sie einen Lehrvertrag für die für den Lehrberuf festgesetzte Dauer der Lehrzeit nicht abschließen können, berechtigt, die Berufsschule während jener Zeit zu besuchen, während der sie bei einem aufrechten Lehrverhältnis zum Berufsschulbesuch verpflichtet oder im Sinne des ersten Satzes berechtigt wären.

(BGBl. I Nr. 74/2013, Art. 3 Z 3)

Erfüllung der Berufsschulpflicht

§ 22. (1) Die Berufsschulpflicht ist durch den Besuch einer dem Lehrberuf entsprechenden Berufsschule zu erfüllen. *(BGBl. Nr. 322/1975, Art. I Z 13)*

(2) Unter Berufsschulen im Sinne dieses Abschnittes sind öffentliche oder mit dem Öffentlichkeitsrecht ausgestattete Berufsschulen zu verstehen, soweit nicht ausdrücklich anderes bestimmt ist.

(3) Die Bestimmungen des § 9 Abs. 1 bis 6 über den Schulbesuch und das Fernbleiben vom Unterricht sind sinngemäß mit der Maßgabe anzuwenden, daß bei Anwendung des § 9 Abs. 6 zur Erteilung der Erlaubnis zum Fernbleiben für einzelne Stunden bis zu einem Tag der Schulleiter und darüber hinaus die Bildungsdirektion zuständig ist. *(BGBl. Nr. 241/1962 idF BGBl. I Nr. 138/2017, Art. 19 Z 7)*

(4) Die Berufsschulpflicht kann auch durch den Besuch einer nicht mit dem Öffentlichkeitsrecht ausgestatteten Berufsschule oder einer anderen in- oder ausländischen beruflichen Bildungseinrichtung erfüllt werden, doch ist in diesem Fall der zureichende Erfolg des Unterrichtes durch eine Prüfung über den Jahreslehrstoff am Ende eines jeden Schuljahres an einer öffentlichen oder mit dem Öffentlichkeitsrecht ausgestatteten Berufsschule nachzuweisen.[12]) Die Bildungsdirektion hat von einer Prüfung abzusehen, wenn der zureichende Erfolg durch die Vorlage von Zeugnissen einer nicht mit dem Öffentlichkeitsrecht ausgestatteten Berufsschule oder einer anderen in- oder ausländischen beruflichen Bildungseinrichtung glaubhaft gemacht wird. Wird ein solcher Nachweis nicht erbracht, so hat die Bildungsdirektion anzuordnen, daß der Berufsschulpflichtige fernerhin eine öffentliche oder mit dem Öffentlichkeitsrecht ausgestattete Berufsschule zu besuchen hat. *(BGBl. Nr. 241/1962 idF BGBl. I Nr. 74/2013, Art. 3 Z 4, BGBl. I Nr. 75/2013, Art. 7 Z 17 sowie BGBl. I Nr. 138/2017, Art. 19 Z 5 und 7)*

Befreiung vom Besuch der Berufsschule

§ 23. (1) Berufsschulpflichtige sind auf Ansuchen ihrer Eltern oder sonstigen Erziehungsberechtigten, volljährige Berufsschulpflichtige auf eigenes Ansuchen vom Besuch der Berufsschule insoweit zu befreien, als sie einen dem Lehrplan der betreffenden Berufsschule entspechenden oder gleichwertigen Berufsschulunterricht oder einen mindestens gleichwertigen anderen Unterricht bereits mit Erfolg besucht haben. Die Feststellung der Gleichwertigkeit hat gemäß § 11 Abs. 7 des Schulunterrichtsgesetzes, BGBl. Nr. 472/1986 in der jeweils geltenden Fassung, zu erfolgen. *(BGBl. Nr. 241/1962 idF BGBl. Nr. 322/1975, Art. I Z 14, BGBl. Nr. 456/1992, Z 2 und BGBl. Nr. 768/1996, Z 10 und 11)*

(2) Außerdem können Berufsschulpflichtige auf Ansuchen ihrer Eltern oder sonstigen Erziehungsberechtigten, volljährige Berufsschulpflichtige auf eigenes Ansuchen aus gesundheitlichen, wirtschaftlichen, sozialen oder sonstigen in ihrer Person liegenden Gründen vom Besuch der Berufsschule ganz oder teilweise, mit oder ohne Verpflichtung zur Ablegung von Prüfungen, befreit werden. Unter wirtschaftlichen Gründen im Sinne dieser Bestimmung sind auch besondere wirtschaftliche Umstände des Betriebes, in dem der Berufsschulpflichtige tätig ist, zu verstehen, wobei jedoch die Befrei-

---

[11]) Siehe auch § 32 Abs. 3a des Schulunterrichtsgesetzes idgF (1.1.).

[12]) Siehe auch § 42 Abs. 14 des Schulunterrichtsgesetzes idgF (1.1.).

ung nur bei Schülern von ganzjährigen Berufsschulen zulässig ist und im Laufe eines Schuljahres zwei Unterrichtstage nicht übersteigen darf; in diesem Fall kann das Ansuchen um Befreiung auch vom Lehrberechtigten (Leiter des Ausbildungsbetriebes) gestellt werden. *(BGBl. Nr. 241/1962 idF BGBl. Nr. 322/1975, Art. I Z 14 und BGBl. Nr. 232/1978, Art. II Z 2)*

(2a) Personen in verkürzten überbetrieblichen Lehrausbildungen im Auftrag des Arbeitsmarktservice gemäß § 30b Abs. 5 des Berufsausbildungsgesetzes sind auf Antrag vom Besuch der Berufsschule zu befreien, wenn berufliche oder sonstige in der Person des Berufsschulpflichtigen gelegenen Gründe dem regelmäßigen Besuch der Berufsschule entgegenstehen. *(BGBl. I Nr. 74/2013, Art. 3 Z 5)*

(3) Ansuchen um Befreiung vom Besuch der Berufsschule gemäß Abs. 2 sind beim Schulleiter einzubringen. Zuständig zur Entscheidung ist der nach dem Wohnort des Berufsschulpflichtigen, sofern der Berufsschulpflichtige jedoch bereits eine Berufsschule besucht, die nach deren Standort örtlich zuständige Bildungsdirektion oder in deren Auftrag der Schulleiter. *(BGBl. I Nr. 91/2005, Art. 5 Z 2 idF BGBl. I Nr. 75/2013, Art. 7 Z 18 und BGBl. I Nr. 138/2017, Art. 19 Z 15)*

(4) Ansuchen um Befreiung vom Besuch der Berufsschule gemäß Abs. 2a sind beim Schulleiter, allenfalls auch über den Leiter der Ausbildungseinrichtung im Zuge der Meldungspflicht gemäß § 24 Abs. 3 erster Satz, einzubringen. Zuständig zur Entscheidung ist der Leiter der Berufsschule, dessen Schulsprengel der Schüler angehört. *(BGBl. I Nr. 74/2013, Art. 3 Z 6)*

ABSCHNITT III
Gemeinsame Bestimmungen

Verantwortlichkeit für die Erfüllung der Schulpflicht und Strafbestimmungen

§ 24. (1) Die Eltern oder sonstigen Erziehungsberechtigten sind verpflichtet, für die Erfüllung der Schulpflicht, insbesondere für den regelmäßigen Schulbesuch und die Einhaltung der Schulordnung durch den Schüler bzw. in den Fällen der §§ 11, 13 und 22 Abs. 4 für die Ablegung der dort vorgesehenen Prüfungen zu sorgen. Minderjährige Schulpflichtige treten, sofern sie das 14. Lebensjahr vollendet haben, hinsichtlich dieser Pflichten neben die Eltern oder sonstigen Erziehungsberechtigten. Sofern es sich um volljährige Berufsschulpflichtige handelt, treffen sie diese Pflichten selbst. *(BGBl. Nr. 322/1975, Art. I Z 15)*

(2) Die Eltern oder sonstigen Erziehungsberechtigten eines der allgemeinen Schulpflicht unterliegenden Kindes sind weiters nach Maßgabe ihrer Leistungsfähigkeit verpflichtet, das Kind für den Schulbesuch in gehöriger Weise, insbesondere auch mit den notwendigen Schulbüchern, Lern- und Arbeitsmitteln, soweit diese nicht von einer Körperschaft des öffentlichen Rechts beigestellt werden, auszustatten. Ferner sind sie verpflichtet, die zur Führung der Schulpflichtmatrik (§ 16) erforderlichen Anzeigen und Auskünfte zu erstatten.

(3) Berufsschulpflichtige sind vom Lehrberechtigten (vom Leiter des Ausbildungsbetriebes) bei der Leitung der Berufsschule binnen zwei Wochen ab Beginn oder Beendigung des Lehrverhältnisses oder des Ausbildungsverhältnisses an- bzw. abzumelden. Diese Verpflichtung entfällt zwei Jahre nachdem eine automatisierte Datenübertragung der für den Berufsschulbesuch notwendigen Daten des Lehrlings durch die Lehrlingsstellen an die Berufsschulen, die Bildungsdirektorinnen und Bildungsdirektoren und die Berufsschulerhalter im Wege einer Schnittstelle zum Register- und Systemverbund gemäß § 1 Abs. 3 Unternehmensserviceportalgesetz – USPG, BGBl. I Nr. 52/2009, sichergestellt ist. Die Verpflichtung der Lehrberechtigten kann vor Ablauf der zwei Jahre entfallen, wenn die jeweilige Berufsschule eine vollständige, korrekte und zeitgerechte automatisierte Datenübertragung der für den Berufsschulbesuch notwendigen Daten der Lehrlinge bestätigt. Diese Daten sind:

1. Namen,
2. Geburtsdatum,
3. Geschlecht,
4. Staatsangehörigkeit,
5. die verschlüsselten bereichsspezifischen Personenkennzeichen der Tätigkeitsbereiche „Amtliche Statistik“ und „Bildung und Forschung“ (vbPK-AS und vbPK-BF gemäß § 9 E Government-Gesetz – E-GovG, BGBl. I Nr. 10/2004),
6. die Sozialversicherungsnummer zum Zweck der Inanspruchnahme von Leistungen gemäß § 8 Abs. 1 Z 3 lit. h und i des Allgemeinen Sozialversicherungsgesetzes, ASVG, BGBl. Nr. 189/1955,
7. die Anschrift sowie die Telefonnummer und E Mail-Adresse des Lehrlings,
8. Name und Anschrift der Erziehungsberechtigten, sofern die Schülerin oder der Schüler nicht volljährig und entscheidungsfähig ist;
9. Lehrvertragsnummer,
10. Lehrberuf bzw. Lehrberufe, wenn der Lehrling gemäß § 5 Abs. 6 Berufsausbildungsgesetz – BAG, BGBl. Nr. 142/1969, in zwei Lehrberufen gleichzeitig ausgebildet wird, bei modularen Lehrberufen zusätzlich die Bezeichnung des Hauptmoduls bzw. der Hauptmodule und gegebe-

nenfalls des Spezialmoduls, bei Schwerpunktlehrberufen zusätzlich die Bezeichnung des Schwerpunkts,
11. Information, ob die Ausbildung gemäß § 8b Abs. 1 oder 2 BAG erfolgt,
12. Beginn und Ende der Lehrzeit einschließlich Datum einer allfälligen vorzeitigen Lehrvertragsauflösung,
13. allfällige Lehrzeitverkürzungen, -anrechnungen oder -verlängerungen,
14. Name, Anschrift und Firmennummer des Lehrbetriebes am Ausbildungsstandort sowie die Telefonnummer und E-Mail-Adresse des Lehrbetriebs und
15. Branchenzugehörigkeit des Lehrbetriebs, insbesondere hinsichtlich Ausbildungseinrichtungen gemäß § 30 BAG.

Sofern der Berufsschulpflichtige minderjährig ist und im Haushalt des Lehrberechtigten wohnt, tritt dieser hinsichtlich der im Abs. 1 genannten Pflichten an die Stelle der Eltern oder sonstigen Erziehungsberechtigten. Inwieweit der Lehrberechtigte oder der Inhaber einer Ausbildungseinrichtung ansonsten für die Erfüllung der Berufsschulpflicht verantwortlich ist, richtet sich nach dem Berufsausbildungsgesetz. *(BGBl. Nr. 241/1962 idF BGBl. Nr. 232/1978, Art. II Z 2, BGBl. I Nr. 74/2013, Art. 3 Z 7 und 8 sowie BGBl. I Nr. 121/2024, Art. 5 Z 2)*

(4) Die Nichterfüllung der in den Abs. 1 bis 3 angeführten Pflichten stellt eine Verwaltungsübertretung dar, die nach Setzung geeigneter Maßnahmen gemäß § 25 Abs. 2 und je nach Schwere der Pflichtverletzung, jedenfalls aber bei ungerechtfertigtem Fernbleiben der Schülerin oder des Schülers vom Unterricht an mehr als drei aufeinander- oder nicht aufeinanderfolgenden Schultagen der neunjährigen allgemeinen Schulpflicht, bei der Bezirksverwaltungsbehörde zur Anzeige zu bringen ist und von dieser mit einer Geldstrafe von 110 € bis zu 440 €, im Fall der Uneinbringlichkeit mit Ersatzfreiheitsstrafe bis zu zwei Wochen zu bestrafen ist. *(BGBl. I Nr. 35/2018, Art. 4 Z 8)*

Maßnahmen zur Vermeidung von Schulpflichtverletzungen

§ 25. (1) Zu Beginn jedes Schuljahres sind die Schüler sowie deren Erziehungsberechtigte vom Klassenlehrer oder vom Klassenvorstand über Kommunikationsformen und Verhaltensweisen sowie über die Rechtsfolgen von Schulpflichtverletzungen zu informieren. Es sind grundlegende Regeln des Miteinanders im Sinne der Vereinbarungskultur an Schulen (Hausordnung, Verhaltensvereinbarungen für die Schule, die Klasse oder im Einzelfall) festzulegen, die auch klare Konsequenzen bei Verstößen gegen die Regeln enthalten.

(2) Während des Schuljahres sind, wenn es zur Erfüllung der Schulpflicht notwendig erscheint, durch den Schulleiter oder sonst von ihm beauftragte Personen (insbesondere Klassenlehrer oder Klassenvorstand) geeignete Maßnahmen zu setzen, um Schulpflichtverletzungen hintan zu halten. Diese Maßnahmen können solche der diagnostischen Ursachenfeststellung und darüber hinaus insbesondere auch Verwarnungen bei Schulpflichtverletzungen im Ausmaß von bis zu drei Schultagen oder andere auf die konkrete Situation abgestimmte Vereinbarungen mit dem Schüler sowie dessen Erziehungsberechtigten sein. Erforderlichenfalls sind Schülerberater sowie der schulpsychologische Dienst oder – wo es sinnvoll ist – andere Unterstützungsleistungen wie jene der Schulsozialarbeit einzubinden. Allfällige Verständigungspflichten, insbesondere solche gemäß § 48 des Schulunterrichtsgesetzes, bleiben unberührt.

(BGBl. I Nr. 35/2018, Art. 4 Z 9)

Freiheit von Stempelgebühren und Verwaltungsabgaben

§ 26. Ansuchen, Bestätigungen und Bescheide auf Grund dieses Bundesgesetzes oder der auf Grund dieses Bundesgesetzes erlassenen Verordnungen sind von allen Stempelgebühren und Verwaltungsabgaben des Bundes befreit.

(BGBl. Nr. 322/1975, Art. I Z 17 idF BGBl. I Nr. 77/2013, Art. 1 Z 5 und BGBl. I Nr. 48/2014, Art. 12 Z 6)

Verfahren

§ 27. (1) Soweit zur Durchführung von Verfahren andere Organe (zB Schulleiter) als die Schulbehörden berufen sind, finden die allgemeinen Verfahrensbestimmungen des AVG keine Anwendung. Auf diese Verfahren ist § 70 Abs. 2 bis 4 des Schulunterrichtsgesetzes anzuwenden. Gegen Entscheidungen in diesen Angelegenheiten ist Widerspruch an die zuständige Schulbehörde zulässig. § 71 Abs. 1, 2a und 3 des Schulunterrichtsgesetzes finden sinngemäß Anwendung.

(2) In den Fällen des § 11 Abs. 6 beträgt die Frist für die Erhebung der Beschwerde beim Verwaltungsgericht fünf Tage. Das Bundesverwaltungsgericht hat ab Vorlage solcher Beschwerden binnen vier Wochen zu entscheiden. *(BGBl. I Nr. 35/2018, Art. 4 Z 10 idF BGBl. I Nr. 37/2023, Art. 3 Z 4)*

(BGBl. I Nr. 35/2018, Art. 4 Z 10)

Schulleitung, Schulcluster-Leitung

§ 27a. Wenn Schulen im organisatorischen Verbund mit anderen Schulen als Schulcluster geführt werden, dann ist unter Schulleiter oder Schulleiterin der Leiter oder die Leiterin des Schulclusters zu verstehen, der oder die bestimmte Angelegenheiten im Einzelfall allenfalls bestellten Bereichsleitern oder Bereichsleiterinnen der am Schulcluster beteiligten Schulen übertragen kann.

(*BGBl. I Nr. 138/2017, Art. 19 Z 17*)

Übergangsbestimmungen

§ **28.** Zwischenstaatliche Vereinbarungen gemäß § 12 Abs. 1 dieses Bundesgesetzes in der Fassung vor der Novelle BGBl. Nr. 768/1996 behalten ihre Gültigkeit. Verordnungen gemäß der genannten Bestimmung verlieren mit Ablauf des Schuljahres 2017/18 ihre Gültigkeit.

(BGBl. I Nr. 138/2017, Art. 19 Z 18)

Übergangsrecht betreffend das Bildungsreformgesetz 2017, BGBl. I Nr. 138/2017

§ **28a.** Sofern in Bestimmungen gemäß dem Bildungsreformgesetz 2017, BGBl. I Nr. 138/2017, auf die Schulbehörde Bildungsdirektion abgestellt wird, tritt bis zum Ablauf des 31. Dezember 2018 der Landesschulrat bzw. der Stadtschulrat für Wien an die Stelle der Bildungsdirektion.

(BGBl. I Nr. 138/2017, Art. 19 Z 19)

Festlegung von Fristen und schuljahresübergreifenden Regelungen für die Schuljahre 2019/20 bis 2022/23 aufgrund von Maßnahmen zur Bekämpfung von COVID-19

(BGBl. I Nr. 23/2020, Art. 20 Z 1 idF BGBl. I Nr. 170/2021, Art. 5 Z 3 und BGBl. I Nr. 96/2022, Art. 6 Z 1)

§ **28b.** In Ausnahme zu den Bestimmungen dieses Bundesgesetzes kann der Bundesminister für Bildung, Wissenschaft und Forschung für die Schuljahre 2019/20 bis 2022/23 mit Verordnung *(BGBl. I Nr. 23/2020, Art. 20 Z 1 idF BGBl. I Nr. 170/2021, Art. 5 Z 3 und BGBl. I Nr. 96/2022, Art. 6 Z 1)*

1. bestehende Stichtage abweichend festsetzen und gesetzliche Fristen verkürzen, verlängern oder verlegen,
2. ein gerechtfertigtes Fernbleiben und die Einbringung der dadurch entfallenen Unterrichtszeit für Lehrlinge bestimmter Lehrberufe in Betrieben, die zur Aufrechterhaltung der kritischen Infrastruktur beitragen, regeln und
3. den Einsatz von elektronischer Kommunikation für die Abhaltung von Konferenzen, Unterricht und Leistungsfeststellung und -beurteilung einschließlich des Nachweises des zureichenden Erfolges regeln.

Diese Verordnung muss unter Angabe der Geltungsdauer und einer neuen Regelung jene gesetzlichen Bestimmungen benennen, von welchen abgewichen werden soll und rückwirkend mit 16. März 2020 in Kraft gesetzt werden.

(BGBl. I Nr. 23/2020, Art. 20 Z 1)

Schlußbestimmungen

§ **29.** (1) Mit dem Wirksamwerden dieses Bundesgesetzes treten alle bisherigen Vorschriften über die Schulpflicht außer Kraft, soweit im Abs. 3 nicht anderes bestimmt ist. *(BGBl. Nr. 241/1962 idF BGBl. Nr. 267/1963, Z 8)*

(2) Insbesondere treten im Sinne des Abs. 1 folgende Vorschriften, soweit sie noch in Geltung stehen, außer Kraft:

1. die §§ 20 bis 25 des Gesetzes vom 14. Mai 1869, RGBl. Nr. 62, in der Fassung des Gesetzes vom 2. Mai 1883, RGBl. Nr. 53, und des Bundesgesetzes vom 10. Juli 1928, BGBl. Nr. 188 (Reichsvolksschulgesetz);
2. die §§ 20 bis 34, 35 Abs. 2, 36 bis 39, 41, 42, 63, 65 und 66 der mit Verordnung des Ministeriums für Kultus und Unterricht vom 29. September 1905, RGBl. Nr. 159, erlassenen Schul- und Unterrichtsordnung für allgemeine Volksschulen und für Bürgerschulen;
3. die §§ 19 bis 25 des Burgenländischen Volksschulgesetzes, BGBl. Nr. 136/1936;
4. die auf Grund des § 24 des Reichsvolksschulgesetzes bzw. des § 24 des Burgenländischen Volksschulgesetzes erlassenen Vorschriften über den Schulbesuch;
5. die Verordnung zur Einführung des Reichsschulpflichtgesetzes in der Ostmark vom 25. Juli 1939, dRGBl. I S 1337 (GBlÖ Nr. 982/1939);
6. das Gesetz über die Schulpflicht im Deutschen Reich (Reichsschulpflichtgesetz) vom 6. Juli 1938, dRGBl. I S 799 (GBlÖ Nr. 982/1939), in der Fassung des Gesetzes zur Änderung des Reichsschulpflichtgesetzes vom 16. Mai 1941, dRGBl. I S 282;
7. die Erste Verordnung zur Durchführung des Reichsschulpflichtgesetzes vom 7. März 1939, dRGBl. I S 438 (GBlÖ Nr. 982/1939), in der Fassung der Zweiten Verordnung zur Durchführung des Reichsschulpflichtgesetzes vom 16. Mai 1941, dRGBl. I S 283;
8. das Bundesgesetz vom 13. Feber 1952, BGBl. Nr. 44, über den Beginn der Schulpflicht;
9. die Verordnung des Bundesministeriums für Unterricht vom 1. Juli 1952, BGBl. Nr. 144, zur Durchführung des Bundes-

gesetzes vom 13. Feber 1952, BGBl. Nr. 44, über den Beginn der Schulpflicht;
10. die Vorschriften über die Berufsschulpflicht der gewerblichen (einschließlich kaufmännischen)Lehrlinge;
11. das Bundesgesetz vom 17. Jänner 1929, BGBl. Nr. 74, über die Errichtung und Erhaltung hauswirtschaftlicher Fortbildungsschulen in Vorarlberg.

(3) Nicht berührt durch dieses Bundesgesetz werden Vorschriften über die Berufs(Fortbildungs)schulpflicht von Personen, die in der Land- oder Forstwirtschaft tätig sind oder in einem land- oder forstwirtschaftlichen Lehr- oder Ausbildungsverhältnis stehen.

§ 30. (1) Dieses Bundesgesetz tritt mit Ausnahme des § 3 mit 1. Jänner 1963 in Kraft.

(2) § 3 tritt mit 1. September 1966 in Kraft.

(3) Die folgenden Paragraphen in der Fassung des Bundesgesetzes BGBl. Nr. 456/1992 treten wie folgt in Kraft :
1. § 12 Abs. 1, § 23 Abs. 1 und 3 und § 31 Abs. 1 und 2 mit Ablauf des Tages der Kundmachung im Bundesgesetzblatt;
2. § 5 Abs. 4 mit 1.September 1992.

(BGBl. Nr. 456/1992, Z 4)

(4) Die nachstehenden Bestimmungen dieses Bundesgesetzes in der Fassung des Bundesgesetzes BGBl. Nr. 513/1993 treten wie folgt in Kraft:
1. § 8, § 8b, § 14 Abs. 1 und 9a, § 15 und § 28a mit 1. August 1993,
2. § 8a für Kinder im ersten Jahr der allgemeinen Schulpflicht mit 1. August 1993, im zweiten Jahr der allgemeinen Schulpflicht mit 1. August 1994, im dritten Jahr der allgemeinen Schulpflicht mit 1. August 1995 und in den weiteren Jahren der allgemeinen Schulpflicht mit 1. August 1996, für Kinder, die im Schuljahr 1992/93 im ersten Jahr der allgemeinen Schulpflicht die Vorschulstufe besucht haben, jedoch jeweils ein Jahr früher, frühestens jedoch mit 1. August 1993.

§ 15 Abs. 5 und 6 tritt mit Ablauf des 31. Juli 1993 außer Kraft. *(BGBl. Nr. 513/1993, Z 8 idF BGBl. Nr. 768/1996, Z 13)*

(5) Die nachstehenden Bestimmungen dieses Bundesgesetzes in der Fassung des Bundesgesetzes BGBl. Nr. 768/1996 treten wie folgt in Kraft:
1. § 23 Abs. 1 (hinsichtlich der Wendung „Unterricht und kulturelle Angelegenheiten") und 3 sowie § 31 Abs. 1 und 2 mit Ablauf des Tages der Kundmachung im Bundesgesetzblatt,
2. § 5 Abs. 1 Z 3 lit. a, § 8 Abs. 1, § 10 Abs. 1, § 11 Abs. 2, § 12 samt Überschrift, der Entfall des § 14 Abs. 9a, § 18, § 19 Abs. 2, § 23 Abs. 1 letzter Satz sowie § 28 mit 1. September 1997, und
3. § 8 Abs. 3a, § 8a und § 8b mit 1. September 1997 schulstufenweise aufsteigend.

(BGBl. Nr. 768/1996, Z 13)

(6) Die nachstehend genannten Bestimmungen dieses Bundesgesetzes in der Fassung des Bundesgesetzes BGBl. I Nr. 134/1998 treten wie folgt in Kraft:
1. § 23 Abs. 3 tritt mit 1. September 1998 in Kraft,
2. § 5 Abs. 4, § 6 Abs. 2a bis 2d, der Entfall des § 7 Abs. 2, 6 und 7, § 7 Abs. 4, 5, 8 und 11, die Überschrift des Abschnittes D sowie der Entfall des § 14 samt Überschrift treten mit 1. September 1999 in Kraft.

(BGBl. I Nr. 134/1998, Z 11)

(7) Die nachstehend genannten Bestimmungen dieses Bundesgesetzes in der Fassung des Bundesgesetzes BGBl. I Nr. 75/2001 treten wie folgt in Kraft:
1. § 12 Abs. 1 Z 2 sowie § 31 Abs. 1 und 2 treten mit Ablauf des Tages der Kundmachung im Bundesgesetzblatt in Kraft,
2. § 24 Abs. 4 tritt mit 1. Jänner 2002 in Kraft.

(BGBl. I Nr. 75/2001, Art. 1 Z 4)

(8) § 20 dieses Bundesgesetzes in der Fassung des Bundesgesetzes BGBl. I Nr. 57/2003 tritt wie folgt in Kraft bzw. außer Kraft:
1. § 20 tritt mit 1. September 2003 in Kraft,
2. § 20 Abs. 2 tritt mit Ablauf des 31. Dezember 2008 außer Kraft.

(BGBl. I Nr. 57/2003, Z 2)

(9) Die nachstehend genannten Bestimmungen dieses Bundesgesetzes in der Fassung des Bundesgesetzes BGBl. I Nr. 91/2005 treten wie folgt in bzw. außer Kraft:
1. § 13 samt Überschrift sowie § 23 Abs. 3 treten mit 1. September 2005 in Kraft;
2. § 28a tritt mit Ablauf des Tages der Kundmachung im Bundesgesetzblatt außer Kraft.

(BGBl. I Nr. 91/2005, Art. 5 Z 4)

(10) Die nachstehenden Bestimmungen dieses Bundesgesetzes in der Fassung des Bundesgesetzes BGBl. I Nr. 20/2006 treten wie folgt in Kraft bzw. außer Kraft:
1. § 6 Abs. 3 und § 7 Abs. 4 treten mit Ablauf des Tages der Kundmachung im Bundesgesetzblatt in Kraft,
2. § 5 Abs. 1, § 7 Abs. 1 und 8 sowie § 15 samt Überschrift treten mit 1. September 2006 in Kraft,

3. § 5 Abs. 3 und 4 tritt mit Ablauf des 31. August 2006 außer Kraft.

(BGBl. I Nr. 20/2006, Art. 3 Z 8)

(11) Die nachstehend genannten Bestimmungen dieses Bundesgesetzes in der Fassung des Bundesgesetzes BGBl. I Nr. 113/2006 treten wie folgt in Kraft:

1. § 8b tritt mit Ablauf des Tages der Kundmachung im Bundesgesetzblatt in Kraft,
2. § 9 Abs. 6 tritt mit 1. Oktober 2007 in Kraft.

(BGBl. I Nr. 113/2006, Art. 22 Z 3)

(12) Die nachstehenden Bestimmungen dieses Bundesgesetzes in der Fassung des Bundesgesetzes BGBl. I Nr. 9/2012 treten wie folgt in Kraft:

1. § 8 Abs. 1, § 12 Abs. 1 Z 2, die Überschrift des Unterabschnittes D in Abschnitt I, § 16 Abs. 3, § 18, § 19 und § 31 treten mit Ablauf des Tages der Kundmachung im Bundesgesetzblatt in Kraft,[13])
2. § 8a Abs. 1 bis 3 und § 8b treten mit 1. September 2012 in Kraft.

(BGBl. I Nr. 9/2012, Art. 3 Z 11)

(13) § 5 Abs. 2, § 8 Abs. 1, 2 und 3, § 8a, § 8b, § 18 samt Überschrift und § 19 samt Überschrift dieses Bundesgesetzes in der Fassung des Bundesgesetzes BGBl. I Nr. 36/2012 treten mit 2. September 2012 in Kraft. *(BGBl. I Nr. 36/2012, Art. 3 Z 9 idF BGBl. I Nr. 74/2013, Art. 3 Z 9)*

(14) Die Überschrift des Abschnitt II, § 20 samt Überschrift, § 21 samt Überschrift, § 22 Abs. 4, § 23 Abs. 2a und 4 sowie § 24 Abs. 3 in der Fassung des Bundesgesetzes BGBl. I Nr. 74/2013 treten mit 1. September 2013 in Kraft. *(BGBl. I Nr. 74/2013, Art. 3 Z 9)*

(15) § 6 Abs. 2c, § 7 Abs. 5, § 9 Abs. 6 und § 24b samt Überschrift in der Fassung des Bundesgesetzes BGBl. I Nr. 75/2013 treten mit 1. Jänner 2014 in Kraft. Gleichzeitig treten § 6 Abs. 2c letzter Satz, § 7 Abs. 5 letzter Satz, § 8 Abs. 4, § 10 Abs. 2 zweiter Satz, § 10 Abs. 3 zweiter Satz, § 11 Abs. 3 letzter Satz, § 11 Abs. 4 letzter Satz, § 13 Abs. 4, § 22 Abs. 4 letzter Satz und § 23 Abs. 3 letzter Satz außer Kraft. *(BGBl. I Nr. 75/2013, Art. 7 Z 20)*

(16) § 18 samt Überschrift in der Fassung des Bundesgesetzes BGBl. I Nr. 76/2013 tritt mit 1. Juni 2013 in Kraft. Gleichzeitig tritt § 19 samt Überschrift außer Kraft. *(BGBl. I Nr. 76/2013, Art. 1 Z 3 idF BGBl. I Nr. 48/2014, Art. 12 Z 7)*

(17) Die nachstehend genannten Bestimmungen in der Fassung des Bundesgesetzes BGBl. I Nr. 77/2013 treten wie folgt in Kraft:

1. § 8a Abs. 2 und 3 sowie § 8b treten mit Ablauf des Tages der Kundmachung im Bundesgesetzblatt in Kraft.[14])
2. § 24 Abs. 4, § 24a samt Überschrift und § 24b treten mit 1. September 2013 in Kraft.

(BGBl. I Nr. 77/2013, Art. 1 Z 6 idF BGBl. I Nr. 48/2014, Art. 12 Z 7)

(18) Die nachstehend genannten Bestimmungen in der Fassung des Bundesgesetzes BGBl. I Nr. 48/2014 treten wie folgt in Kraft:

1. § 6 Abs. 2c, § 24 Abs. 4, §§ 25 bis 27, § 30 Abs. 16 und 17 sowie § 31 Abs. 1 und 2 treten mit Ablauf des Tages der Kundmachung im Bundesgesetzblatt in Kraft,[15])
2. § 8 Abs. 1 und 3, § 8a Abs. 2 und 3, § 9 Abs. 6, § 10 Abs. 2 und 3, § 11 Abs. 3 und 4, § 13 Abs. 1, 2 und 3, § 15 Abs. 2 sowie § 16 Abs. 3 treten mit 1. August 2014 in Kraft.

(BGBl. I Nr. 48/2014, Art. 12 Z 8)

(19) § 25 Abs. 1 in der Fassung des Bundesgesetzes BGBl. I Nr. 104/2015 tritt mit 1. September 2015 in Kraft. *(BGBl. I Nr. 104/2015, Art. 4 Z 2)*

(20) Die nachstehend genannten Bestimmungen in der Fassung des Bundesgesetzes BGBl. I Nr. 56/2016 treten wie folgt in Kraft:

1. § 20 Abs. 1 und Abs. 2 tritt mit Ablauf des Tages der Kundmachung im Bundesgesetzblatt in Kraft;[16])
2. § 6 Abs. 1, 1a und 3, § 8a Abs. 1, 2 und 3 sowie § 8b treten mit 1. September 2016 in Kraft.

(BGBl. I Nr. 56/2016, Art. 10 Z 7)

(21) Für das Inkrafttreten der durch das Bildungsreformgesetz 2017, BGBl. I Nr. 138/2017, geänderten oder eingefügten Bestimmungen und das Außerkrafttreten der durch dieses Bundesgesetz entfallenen Bestimmungen sowie für den Übergang zur neuen Rechtslage gilt Folgendes:

1. § 8a Abs. 3 in der Fassung des Art. 19 Z 9 des Bildungsreformgesetzes 2017 und § 31 Abs. 1 und 2 in der Fassung des Art. 19 Z 9 des Bildungsreformgesetzes 2017 treten mit Ablauf des Tages der Kundmachung im Bundesgesetzblatt in Kraft; *(BGBl. I Nr. 138/2017, Art. 19 Z 20 idF BGBl. I Nr. 35/2018, Art. 4 Z 11)*[17])

---

[13]) Die Kundmachung im Bundesgesetzblatt erfolgte am 14. Februar 2012.

[14]) Die Kundmachung im Bundesgesetzblatt erfolgte am 23. Mai 2013.

[15]) Die Kundmachung im Bundesgesetzblatt erfolgte am 9. Juli 2014.

[16]) Die Kundmachung im Bundesgesetzblatt erfolgte 11. Juli 2016.

[17]) Die Kundmachung im Bundesgesetzblatt erfolgte am 15. September 2017.

2. § 2, § 28 und § 28a samt Überschrift treten mit 1. September 2017 in Kraft; § 10 samt Überschrift tritt mit Ablauf des 31. August 2017 außer Kraft;
3. § 8 Abs. 1 und 3, § 8a Abs. 2 in der Fassung des Art. 19 Z 6 des Bildungsreformgesetzes 2017, § 15 Abs. 3 und§ 27a samt Überschrift treten mit 1. September 2018 in Kraft; *(BGBl. I Nr. 138/2017, Art. 19 Z 20 idF BGBl. I Nr. 35/2018, Art. 4 Z 11)*
4. § 6 Abs. 3, § 8a Abs. 2 und 3 in der Fassung des Art. 19 Z 5, 7 und 8 des Bildungsreformgesetzes 2017, § 9 Abs. 6, § 11 Abs. 3 und 4, § 13 Abs. 1, 2 und 3, § 15 Abs. 2, § 22 Abs. 3 und 4, § 23 Abs. 3, § 27 und § 31 Abs. 1 in der Fassung des Art. 19 Z 21 des Bildungsreformgesetzes 2017 treten mit 1. Jänner 2019 in Kraft; *(BGBl. I Nr. 138/2017, Art. 19 Z 20 idF BGBl. I Nr. 35/2018, Art. 4 Z 11)*
5. Abschnitt I Unterabschnitt E und § 31 Abs. 2 in der Fassung des Art. 19 Z 22 des Bildungsreformgesetzes 2017 treten mit 1. September 2019 in Kraft. *(BGBl. I Nr. 138/2017, Art. 19 Z 20 idF BGBl. I Nr. 35/2018, Art. 4 Z 11)*

(BGBl. I Nr. 138/2017, Art. 19 Z 20)

(22) Die nachstehend genannten Bestimmungen in der Fassung des Materien-Datenschutz-Anpassungsgesetzes 2018, BGBl. I Nr. 32/2018, treten wie folgt in Kraft:

1. § 6 Abs. 1a tritt mit 1. September 2018 in Kraft;
2. § 16 Abs. 1 und 5 tritt mit 1. September 2019 in Kraft.

(BGBl. I Nr. 32/2018, Art. 53 Z 4)

(23) Für das Inkrafttreten der durch das Bundesgesetz BGBl. I Nr. 35/2018 geänderten oder eingefügten Bestimmungen sowie für den Übergang zur neuen Rechtslage gilt Folgendes:

1. § 8a Abs. 3 sowie § 31 Abs. 1 und 2 treten mit Ablauf des Tages der Kundmachung im Bundesgesetzblatt in Kraft;[18])
2. § 6 Abs. 2b bis 2e, § 7 Abs. 5 und 8, § 11 Abs. 2a und 3 sowie § 27 samt Überschrift treten mit 1. September 2018 in Kraft und sind bezüglich der für das Schuljahr 2018/19 zu treffenden Entscheidungen bereits vor diesem Zeitpunkt anzuwenden;
3. § 24 Abs. 4 und § 25 samt Überschrift treten mit 1. September 2018 in Kraft;
4. § 16 Abs. 2 tritt mit 1. September 2019 in Kraft;
5. Im Schuljahr 2018/19 sind die in Z 2 genannten Bestimmungen mit folgenden Abweichungen anzuwenden:
   a) Die Feststellung der Schulreife gemäß § 6 Abs. 2b Z 1 hat durch den Schulleiter zu erfolgen,
   b) § 6 Abs. 2e Z 2 ist nicht anzuwenden.

(BGBl. I Nr. 35/2018, Art. 4 Z 12)

(24) Für das Inkrafttreten der durch das Bundesgesetz BGBl. I Nr. 101/2018, geänderten oder eingefügten Bestimmungen sowie für den Übergang zur neuen Rechtslage gilt Folgendes:

1. § 8 Abs. 3 tritt mit Ablauf des Tages der Kundmachung im Bundesgesetzblatt in Kraft,[19])
2. das Inhaltverzeichnis betreffend § 18[20]), § 5 Abs. 2, § 8 Abs. 1 und 2, § 8a Abs. 1, 2 und 3, § 8b, die Überschrift betreffend § 18 sowie § 18 (in der Fassung der Z 8) und Abs. 2 in der Fassung des Bundesgesetzes BGBl. I Nr. 101/2018 treten mit 1. September 2019 in Kraft,
3. § 18 (in der Fassung der Z 9) tritt mit 1. September 2020 in Kraft,
4. sofern in Bestimmungen gemäß dem Bundesgesetz BGBl. I Nr. 101/2018 auf die Mittelschule abgestellt wird, tritt bis zum Ablauf des 31. August 2020 die Neue Mittelschule an die Stelle der Mittelschule.

(BGBl. I Nr. 101/2018, Art. 8 Z 11)

(25) § 6 Abs. 1a in der Fassung des Bundesgesetzes BGBl. I Nr. 86/2019 tritt mit Ablauf des Tages der Kundmachung im Bundesgesetzblatt in Kraft.[21]) *(BGBl. I Nr. 86/2019, Art. 4 Z 3)*

(26) § 28b samt Überschrift in der Fassung des Bundesgesetzes BGBl. I Nr. 23/2020 tritt rückwirkend mit 1. März 2020 in Kraft. *(BGBl. I Nr. 23/2020, Art. 20 Z 2)*

(27) § 6 Abs. 1a sowie § 16 Abs. 1 und 8 in der Fassung des Bundesgesetzes BGBl. I Nr. 20/2021 treten mit Ablauf des Tages der Kundmachung im Bundesgesetzblatt in Kraft.[22]) *(BGBl. I Nr. 20/2021, Art. 2 Z 4)*

(28) Die nachstehend genannten Bestimmungen dieses Bundesgesetzes in der Fassung des Bundesgesetzes BGBl. I Nr. 170/2021 treten wie folgt in Kraft:

1. § 16 Abs. 1 und Abs. 7 tritt mit 1. September 2021 in Kraft;

SchPflG
APflG, BAG

[18]) Die Kundmachung im Bundesgesetzblatt erfolgte am 14. Juni 2018.

[19]) Die Kundmachung im Bundesgesetzblatt erfolgte am 22. Dezember 2018.

[20]) Diese Bestimmung sowie die entsprechende Novellierungsanordung des Art. 8 Z 1 gehen in Ermangelung eines vom Gesetzesbeschluss umfassten Inhaltsverzeichnisses ins Leere.

[21]) Die Kundmachung im Bundesgesetzblatt erfolgte am 31. Juli 2019.

[22]) Die Kundmachung im Bundesgesetzblatt erfolgte am 7. Jänner 2021.

2. § 28b samt Überschrift tritt mit Ablauf des Tages der Kundmachung im Bundesgesetzblatt in Kraft.[23])

(BGBl. I Nr. 170/2021, Art. 5 Z 4)

(29) § 11 Abs. 3, 4, 5 und 6 in der Fassung des Bundesgesetzes BGBl. I Nr. 232/2021 tritt mit 1. Mai 2022 in Kraft. *(BGBl. I Nr. 232/2021, Art. 7 Z 6)*

(30) § 28b samt Überschrift in der Fassung des Bundesgesetzes BGBl. I Nr. 96/2022 tritt mit Ablauf des Tages der Kundmachung im Bundesgesetzblatt in Kraft.[24]) *(BGBl. I Nr. 96/2022, Art. 6 Z 2)*

(31) § 11 Abs. 3, 4 und 6 sowie § 27 Abs. 2 in der Fassung des Bundesgesetzes BGBl. I Nr. 37/2023 treten mit Ablauf des Tages der Kundmachung im Bundesgesetzblatt in Kraft.[25]) *(BGBl. I Nr. 37/2023, Art. 3 Z 5)*

(32) § 16 Abs. 1 und § 24 Abs. 3 dieses Bundesgesetzes in der Fassung des Bundesgesetzes BGBl. I Nr. 121/2024 treten mit Ablauf des Tages der Kundmachung im Bundesgesetzblatt in Kraft[26]) und sind nach Maßgabe der technischen Möglichkeiten anwendbar. *(BGBl. I Nr. 121/2024, Art. 5 Z 3)*

[23]) Die Kundmachung im Bundesgesetzblatt erfolgte am 24. August 2021.

[24]) Die Kundmachung im Bundesgesetzblatt erfolgte am 30. Juni 2022.

[25]) Die Kundmachung im Bundesgesetzblatt erfolgte am 20. April 2023.

[26]) Die Kundmachung im Bundesgesetzblatt erfolgte am 22. Juli 2024.

§ 31. (1) Soweit Verordnungen auf Grund dieses Bundesgesetzes vom Bundesminister für Bildung, Wissenschaft und Forschung erlassen werden, hat er vorher die Bildungsdirektionen anzuhören. Bei der Erlassung von Verordnungen betreffend die Berufsschulpflicht und den Besuch der Berufsschule hat er im Einvernehmen mit dem Bundesminister für Digitalisierung und Wirtschaftsstandort vorzugehen. *(BGBl. I Nr. 9/2012, Art. 3 Z 12 idF BGBl. I Nr. 48/2014, Art. 12 Z 9, BGBl. I Nr. 138/2017, Art. 19 Z 9 und 21 sowie BGBl. I Nr. 35/2018, Art. 4 Z 4 und 13)*

(2) Mit der Vollziehung dieses Bundesgesetzes ist, soweit nachstehend nicht anderes angeordnet wird, der Bundesminister für Bildung, Wissenschaft und Forschung, hinsichtlich des Abs. 1 zweiter Satz jedoch im Einvernehmen mit dem Bundesminister für Digitalisierung und Wirtschaftsstandort betraut. Mit der Vollziehung des § 24 Abs. 4 ist der Bundesminister für Finanzen betraut. Mit der Vollziehung des § 16 Abs. 5 ist der Bundesminister für Inneres betraut. *(BGBl. I Nr. 48/2014, Art. 12 Z 10 idF BGBl. I Nr. 138/2017, Art. 19 Z 9 und 22 sowie BGBl. I Nr. 35/2018, Art. 4 Z 4, 13 und 14)*

(BGBl. I Nr. 9/2012, Art. 3 Z 12)

5.1.1. Schulreifeverordnung – SchulreifeVO

BGBl. II Nr. 300/2018

Verordnung des Bundesministers für Bildung, Wissenschaft und Forschung über die näheren Festlegungen betreffend das Vorliegen der Schulreife (Schulreifeverordnung)

Auf Grund des § 6 Abs. 2d des Schulpflichtgesetzes 1985, BGBl. Nr. 76/1985, zuletzt geändert durch das Bundesgesetz BGBl. I Nr. 35/2018, wird verordnet:

Schulreife

§ 1. (1) Die Schulreife eines Kindes gemäß § 6 Abs. 2b Z 2 des Schulpflichtgesetzes 1985, BGBl. Nr. 76/1985, liegt vor, wenn es dem Unterricht der ersten Schulstufe zu folgen vermag, ohne körperlich oder geistig überfordert zu werden. Dies setzt ausreichende kognitive Reife und Grunddispositionen zum Erlernen der Kulturtechniken Lesen, Schreiben und Rechnen, ein altersgemäßes Sprachverständnis sowie eine altersgemäße sprachliche Ausdrucksfähigkeit und die für die erfolgreiche Teilnahme am Unterricht der ersten Schulstufe erforderliche körperliche und sozial-emotionale Reife voraus.

(2) Die Kriterien gemäß Abs. 1 sind entsprechend den Festlegungen der §§ 2 bis 5 zu überprüfen.

Kognitive Reife und Grunddispositionen zum Erlernen der Kulturtechniken

§ 2. Die kognitive Reife und Grunddispositionen zum Erlernen der Kulturtechniken Lesen, Schreiben und Rechnen sind ausreichend entwickelt, wenn das Kind

1. über phonologische Bewusstheit verfügt,
2. rasch und sicher vertraute Objekte benennen kann,
3. über ein mengenbezogenes Vorwissen verfügt,
4. über ein zahlenbezogenes Vorwissen verfügt sowie
5. ein altersgemäßes Aufmerksamkeits- und Konzentrationsverhalten zeigt.

Sprachliche Kompetenz

§ 3. Für die Überprüfung der sprachlichen Kompetenz sind ein altersgemäßes Sprachverständnis sowie eine altersgemäße sprachliche Ausdrucksfähigkeit zu berücksichtigen.

Körperliche Reife

§ 4. Für die Überprüfung der körperlichen Reife sind allgemeine körperliche Fähigkeiten zur Erfüllung schulischer Aufgaben sowie die dafür maßgebliche grob- und feinmotorische Geschicklichkeit zu berücksichtigen.

Sozial-emotionale Reife

§ 5. Eine ausreichende sozial-emotionale Reife liegt vor, wenn das Kind insbesondere über die für die erfolgreiche Teilnahme am Unterricht der ersten Schulstufe erforderlichen
1. sozialkommunikativen Kompetenzen sowie
2. personalen Kompetenzen

verfügt.

Verweisungen

§ 6. Soweit in dieser Verordnung auf Bundesgesetze verwiesen wird, sind diese in der mit dem Inkrafttreten der jeweils letzten Novelle dieser Verordnung geltenden Fassung anzuwenden.

Inkrafttreten

§ 7. Diese Verordnung tritt mit Ablauf des Tages der Kundmachung im Bundesgesetzblatt in Kraft.[1])

[1]) Die Kundmachung im Bundesgesetzblatt erfolgte am 30. November 2018.

5.1.2. Informationen zum Bildungsreformgesetz 2017 sowie Informationen zur Semester- und Jahresinformation[1])

TEIL 1 – Informationen zum Bildungsreformgesetz 2017

Das am 28.6.2017 im Nationalrat beschlossene Bildungsreformgesetz 2017 steht nunmehr vor Kundmachung. Nachstehende Ausführungen sollen jene Maßnahmen, die mit 1. September 2017 in Kraft treten, darlegen sowie allfällige Auslegungsfragen beantworten.

...

5. Feststellung des Beginns der allgemeinen Schulpflicht laut Mutter-Kind-Pass (§ 2 Abs. 2 SchPflG)

Betreffend die Feststellung des Beginns der allgemeinen Schulpflicht sieht § 2 Abs. 2 des Schulpflichtgesetzes 1985 (SchPflG), BGBl. Nr. 302/1984 idgF, nunmehr eine Wahlmöglichkeit der Erziehungsberechtigten vor, für die Feststellung des Beginns der allgemeinen Schulpflicht alternativ zum Geburtsdatum den laut Mutter-Kind-Pass berechneten Geburtstermin heranzuziehen. § 2 Abs. 1 SchPflG sieht den Beginn der allgemeinen Schulpflicht mit dem auf die Vollendung des sechsten Lebensjahres folgenden 1. September vor. In jenen Fällen, in denen die Geburt des Kindes vor dem im Mutter-Kind-Pass festgestellten Tag erfolgte, kann auf Wunsch der Erziehungsberechtigten für die Bestimmung des Beginns der allgemeinen Schulpflicht nunmehr jener Tag herangezogen werden. Der Wunsch nach Feststellung der allgemeinen Schulpflicht laut Mutter-Kind-Pass ist durch die Erziehungsberechtigten im Zuge der Schülereinschreibung gem. § 6 SchPflG bekanntzugeben. Durch die Schulleitung ist der Beginn der allgemeinen Schulpflicht sodann schriftlich zu bestätigen (keine Ermessensentscheidung) und die zuständige Schulbehörde zu verständigen.

TEIL 2 – Informationen zur Semester- und Jahresinformation (§ 18a SchUG, § 23a Abs. 3 LBVO, § 11a Abs. 2 ZFVO)

Siehe 1.12.13.

[1]) Verwaltungsverordnung der Bundesministerin für Bildung vom 30. August 2017, Zl. 10.050/0032-Präs.12/2017, RS Nr. 20/2017. Auszug betreffend Ausführungen zum SchPflG.

5.1.3. Richtlinien zur Organisation und Umsetzung der sonderpädagogischen Förderung[1])

1. Neugestaltung der SPF-Bescheidverfahren in der Bildungsdirektion

Sonderpädagogischer Förderbedarf

Gemäß § 8 Abs. 1 Schulpflichtgesetz 1985 liegt dann ein sonderpädagogischer Förderbedarf vor, wenn eine Schülerin bzw. ein Schüler infolge einer nicht nur vorübergehenden körperlichen, geistigen oder psychischen Funktionsbeeinträchtigung oder Beeinträchtigung der Sinnesfunktionen dem Unterricht in der Volksschule, Neuen Mittelschule oder Polytechnischen Schule ohne sonderpädagogische Förderung nicht zu folgen vermag und nicht gemäß § 15 Schulpflichtgesetz 1985 vom Schulbesuch befreit ist.

Eine physische oder psychische Behinderung liegt in Anlehnung an § 3 Behinderteneinstellungsgesetz vor, wenn eine körperliche, kognitive oder psychische Funktionsbeeinträchtigung oder eine Beeinträchtigung der Sinnesfunktionen nicht nur vorübergehend, sondern voraussichtlich für einen Zeitraum von mehr als 6 Monaten gegeben ist und dadurch die Teilhabe am Unterricht erschwert wird.

Diese Beeinträchtigung muss ferner kausal dafür sein, dass die Schülerin bzw. der Schüler dem Unterricht ohne sonderpädagogische Förderung, trotz Ausschöpfung aller pädagogischen Möglichkeiten im Rahmen des Regelunterrichts nicht folgen kann.

Die Erstellung der SPF-Bescheide durch die Bildungsdirektion

Im Zuge des Bildungsreformgesetzes 2017 wird auch das Verfahren zur Feststellung eines sonderpädagogischen Förderbedarfs neu gestaltet. Die Neuregelung der SPF-Verfahren geht mit der Errichtung der Bildungsdirektionen einher, in der sowohl die Zuständigkeit für das Bescheidverfahren selbst als auch die Verantwortung für die Sicherstellung der Qualität der pädagogischen Intervention im Vorfeld sowie der durch den Bescheid begründeten sonderpädagogischen Fördermaßnahmen liegen.

Das Allgemeine Verwaltungsverfahrensgesetz 1991 als Grundlage

Der Gesetzgeber hat aus Gründen der Objektivität und Praktikabilität eine Verschlankung des SPF-Verfahrens dahingehend vorgenommen, dass anstelle der bisherigen Verfahrensbestimmungen die Bestimmungen des Allgemeinen Verwaltungsverfahrensgesetzes 1991 (AVG) zur Anwendung gelangen. Darin sind in den „Allgemeinen Bestimmungen" Zuständigkeiten, Rechts- und Handlungsfähigkeit von Beteiligten und deren Vertreter/innen oder auch der Verkehr zwischen Behörde und Beteiligten geregelt. Ebenso sind das Ermittlungsverfahren (z. B. Zweck und Gang des Ermittlungsverfahrens, mündliche Verhandlung, Grundsätze über den Beweis, Sachverständige, Erhebungen etc.) sowie die Bescheide (Erlassung, Inhalt und Form von Bescheiden), der Rechtsschutz (Berufung, Abänderung, Wiederaufnahme etc.) und die Kostenfrage geregelt.

Die Rechtsabteilung als verfahrensleitendes Organ

Seit 1. Jänner 2019 obliegt den Bildungsdirektionen die Leitung des Verfahrens auf Feststellung des sonderpädagogischen Förderbedarfs. Die Durchführung fällt gem. § 18 Abs. 6 BD-EG, BGBl. I Nr. 138/2017, in die Zuständigkeit der Leiterin oder des Leiters des Präsidialbereiches sohin in eine allenfalls eingerichtete Rechtsabteilung oder ein Rechtsreferat.

Das verfahrensleitende Organ in der Bildungsdirektion entscheidet nunmehr nach eigenem Ermessen, welche (sonderpädagogischen, schul- oder amtsärztlichen, (schul-) psychologischen etc.) Gutachten es für seine Entscheidung benötigt. Eine verpflichtende Einholung eines sonderpädagogischen Gutachtens ist damit nicht mehr vorgesehen.

Vor der Antragstellung

Unverändert bleibt, dass vor Feststellung eines SPF alle am Schulstandort möglichen Fördermaßnahmen nachweislich auszuschöpfen sind.

Die Schulen werden angehalten, die Eltern bzw. die Erziehungsberechtigten von der Möglichkeit einer Beratung durch Mitarbeiter/innen des Pädagogischen Dienstes in der Bildungsregion (Schulqualitätsmanagement bzw. Fachbereich für Inklusion, Diversität und Sonderpädagogik (FIDS)) Gebrauch zu machen bzw. die Antragsteller/innen auf dieses Angebot hinzuweisen.

Die Beratung im Sinne des § 8a Abs. 2 Schulpflichtgesetz hat darauf Bedacht zu nehmen, dass Eltern über die Zielsetzung und In-

[1]) Verwaltungsverordnung des Bundesministers für Bildung, Wissenschaft und Forschung vom 29. März 2019, Zl. BMBWF-27.903/0013-I/3a/2019, RS Nr. 7/2019, Inkrafttreten am 29. März 2019.

tention eines SPF sowie alle Möglichkeiten der Förderung an Sonderschulen bzw. an allgemeinen Schulen im Rahmen Sonderpädagogischer Förderung informiert werden. Nach Möglichkeit ist ein Unterricht bzw. der Abschluss nach dem Lehrplan der Regelschule anzustreben.

Antragstellung und SPF-Bescheidverfahren

Die Feststellung eines SPF wird in der Regel durch die Erziehungsberechtigten beantragt.

In besonderen Fällen kann das Verfahren auch von Amts wegen eingeleitet werden. Besteht etwa für die Schulen der Grund zur Annahme, dass bei einer Schülerin bzw. einem Schüler eine Behinderung vorliegt und ein SPF festzustellen ist, ist über die Schulleitung umgehend Kontakt mit der Bildungsdirektion im Wege der Außenstelle (= pädagogische Abteilung der Bildungsregion) aufzunehmen.

Die Anträge auf Feststellung eines SPF können jederzeit gestellt werden. Im Sinne einer rechtzeitigen Planung von Fördermaßnahmen an den jeweiligen Schulstandorten empfiehlt es sich jedoch grundsätzlich, die Anträge bis spätestens 1. März des jeweiligen Schuljahres zu stellen.

Berichte über die Schullaufbahn, Beurteilungen, bisherige schulische Unterstützungsmaßnahmen etc. und die pädagogischen Berichte der unterrichtenden Lehrpersonen bzw. von Beratungslehrpersonen sind an das verfahrensleitende Organ zu übermitteln.

- *Durchführung des Verfahrens – Feststellung einer Behinderung*
  - Prüfung der vorliegenden Unterlagen
  - Einholung weiterer für die Fragestellung erforderlicher Gutachten/Stellungnahmen
  - Erstellung des 1. Teils des Bescheids zur Feststellung einer Behinderung

  Das Verfahren in der Bildungsdirektion läuft grundsätzlich so ab, dass nach einer formalen Vorprüfung Gutachten für die Entscheidungsfindung eingeholt werden. Dies können medizinische, schulpsychologische und sonderpädagogische Gutachten sein.
- *Durchführung des Verfahrens – Definition des Lehrplans für die Schülerin bzw. den Schüler*
  - Erstellung des 2. Teils des Bescheids zur Feststellung des Lehrplans
  - Es liegt dabei grundsätzlich im Ermessen der Rechtsabteilung, ob und in welcher Weise Mitarbeiter/innen der pädagogischen Abteilung in der Bildungsregion (z. B. aus dem FIDS) zur Beratung beigezogen werden.

  Nach Möglichkeit ist ein Unterricht nach dem Lehrplan der Regelschule bzw. der Abschluss nach dem Lehrplan der Regelschule anzustreben.
- *Durchführung des Verfahrens – Festlegung des Schulstandorts*
  - Gespräch mit Eltern über Standortwunsch in der Rechtsabteilung in der Bildungsdirektion oder in der pädagogischen Abteilung in der Bildungsregion
  - Erstellung des 3. Teils des Bescheids zur Festlegung des Schulstandorts
- *Bescheiderstellung und Kommunikation des Bescheids an Parteien im Verfahren*
  - Vor Bescheiderlassung erhalten die Eltern bzw. Erziehungsberechtigten im Rahmen eines Parteiengehörs die Möglichkeit, eine schriftliche Stellungnahme abzugeben oder im Rahmen eines Beratungsgespräches die eingeholten Gutachten und weiteren Verfahrensschritte zu besprechen.
  - Das Beratungsgespräch wird auf Verlangen der Eltern bzw. Erziehungsberechtigten durch Mitarbeiter/innen der verfahrensleitenden Stelle oder in deren Namen von Mitarbeiter/innen des Qualitätsmanagements in den Bildungsregionen durchgeführt.

Umsetzung des Bescheids in der pädagogischen Abteilung der Bildungsregion

Nach der Erstellung des Bescheides durch die Abteilung Recht erfolgt die Umsetzung. Bei der Planung der weiteren Maßnahmen wird die Schule von der pädagogischen Abteilung in der Bildungsregion unterstützt.

2. Sonderpädagogischer Förderbedarf – Definition

Sonderpädagogische Förderung unterstützt Kinder und Jugendliche mit physischen oder psychischen Behinderungen beim Erwerb einer ihren individuellen Möglichkeiten entsprechenden Bildung und Erziehung mit dem Ziel schulischer und beruflicher Eingliederung, gesellschaftlicher Teilhabe und selbstständiger Lebensgestaltung. Sie orientiert sich an der jeweiligen individuellen und sozialen Situation und schließt die persönlichkeits- und entwicklungsorientierte Vorbereitung auf zukünftige Lebenssituationen ein. Sie erfordert die Gestaltung von Lernumwelten, die Schülerinnen und Schülern – ausgehend von ihren individuellen Fähigkeiten und Stärken – den Erwerb größtmöglicher Autonomie sowie die Aneignung von Lerninhalten, Schlüsselqualifikationen und Kompetenzen ermöglicht.

Bei dem Wort „Behinderung" im § 8 Abs. 1 Schulpflichtgesetz 1985 handelt es sich nicht um einen medizinisch-diagnostischen Begriff, sondern um einen Rechtsbegriff. Eine physische oder psychische Behinderung liegt in Anlehnung an § 3 Behinderteneinstellungsgesetz vor, wenn eine körperliche, kognitive oder psychische Funktionsbeeinträchtigung oder eine Beeinträchtigung der Sinnesfunktionen nicht nur vorübergehend, sondern voraussichtlich für einen Zeitraum von mehr als 6 Monaten gegeben ist und dadurch die Teilhabe am gemeinsamen schulischen Leben und Lernen erschwert wird. Diese Beeinträchtigung muss ferner kausal dafür sein, dass die Schülerin bzw. der Schüler dem Unterricht ohne sonderpädagogische Förderung, trotz Ausschöpfung aller pädagogischen Möglichkeiten im Rahmen des allgemeinen Schulwesens, nicht folgen kann.

Seit jeher besuchen viele körper- oder sinnesbehinderte Kinder allgemeine Schulen, ohne dass sonderpädagogische Maßnahmen notwendig wären. In vielen Fällen reichen eine Berücksichtigung der Funktionseinschränkung bei der Gestaltung der Arbeitssituation oder der Einsatz behinderungsspezifischer Hilfsmittel sowie eine unterstützende Haltung der Lehrer/innen aus. In diesem Zusammenhang wird auch auf die Befreiung von der Teilnahme an einzelnen Pflichtgegenständen und verbindlichen Übungen gemäß § 11 Abs. 6 Schulunterrichtsgesetz sowie auf die Bestimmungen der Leistungsbeurteilungsverordnung (§ 2 Abs. 4) in der geltenden Fassung verwiesen.

Der sonderpädagogische Förderbedarf muss ausschließlich auf eine festgestellte physische oder psychische Behinderung einer Schülerin bzw. eines Schülers zurückzuführen sein. Das heißt, dass ein kausaler Zusammenhang zwischen dem Bestimmungsmerkmal „dem Unterricht nicht folgen können" und dem Vorliegen einer physischen oder psychischen Behinderung gegeben sein muss.

Der Sonderpädagogische Förderbedarf ist in folgenden Fällen nicht anzuwenden:

- Bei ungenügenden Schulleistungen ohne das Bestimmungsmerkmal der Behinderung – hier sind Maßnahmen der individuellen Förderung sowie förderpädagogische Unterstützung im Sinne der Prävention anzuwenden.
- Bei einer bestehenden Diskrepanz zwischen Lebens- und Entwicklungsalter der Schüler/innen im Schuleingangsbereich, insbesondere auf Schüler/innen mit anderen Erstsprachen, bei denen keine diagnostizierte psychische oder physische Behinderung vorliegt. Für sie sind Deutschförderklassen oder Deutschförderkurse vorgesehen.
- Bei Schülerinnen und Schülern mit vorübergehenden Lernschwierigkeiten und Lernschwächen, Verhaltensauffälligkeiten und Sprachstörungen ohne Diagnose einer zusätzlichen psychischen oder physischen Behinderung – auch wenn sie besonders förderbedürftig sind.

3. Abgrenzung Lernprobleme – Lernbehinderung

Die Abklärung, ob Lernprobleme oder eine Lernbehinderung vorliegen, hat grundsätzlich innerhalb der Grundschule zu erfolgen. Die frühzeitige Beratung durch die pädagogische Abteilung in der Bildungsregion leistet dazu einen wesentlichen Beitrag. Die zeitgerechte Kontaktaufnahme für eine sonderpädagogische Abklärung liegt in der pädagogischen Verantwortung der Klassenlehrerin bzw. des Klassenlehrers und der Schulleitung.

Bei Schülerinnen und Schülern, die ohne Vorliegen einschlägiger medizinischer oder psychologischer Hinweise auf eine Behinderung in die Volksschule aufgenommen werden, ist im Falle einer Beeinträchtigung des Lernens zwischen Lernproblemen (wie z. B. Teilleistungsschwächen) und einer Lernbehinderung, der eine physische oder psychische Behinderung zugrunde liegt, zu unterscheiden. Nur im Falle einer nachweislich diagnostizierten Lernbehinderung ist der sonderpädagogische Förderbedarf zulässig (Siehe auch Punkt 6).

Bei Lernproblemen wie Lernschwächen, LRS, Rechenschwäche, Verhaltensauffälligkeiten oder Sprachstörungen sind – im Sinne der Fördergarantie im System Schule[2]) – Maßnahmen zur individuellen Förderung bzw. förderpädagogischen Unterstützung im Sinne der Prävention („besonderer Förderbedarf") zu setzen. Nur wenn diese Lernprobleme auf eine als Behinderung diagnostizierte Entwicklungsstörung zurückzuführen sind, ist in indizierten Fällen die Vergabe eines sonderpädagogischen Förderbedarfs zulässig.

Das bloße Nichtbeherrschen der Unterrichtssprache ist keinesfalls ein Kriterium für die Feststellung des sonderpädagogischen Förderbedarfs. Für Schülerinnen und Schüler mit anderen Erstsprachen sind die vorhandenen gesetzlichen Möglichkeiten auszuschöpfen und die entsprechenden Fördermaßnahmen (Deutschförderklassen bzw. Deutschförderkurse; Deutsch-als-Zweitsprache-Unterricht gemäß Lehrplan für ordentliche Schüler/innen mit anderen Erstsprachen) durchzuführen.

[2]) Bifie Report, Individuelle Förderung im System Schule. Strategien für die Weiterentwicklung von Qualität in der Sonderpädagogik. Graz 2007, http://www.cisonline.at/fileadmin/kategorien/Bifie-Report_2007_5.10.07.pdf

4. Sonderpädagogischer Förderbedarf und Lehrplan

In diesem Zusammenhang wird auf den § 17 Abs. 4 des Schulunterrichtsgesetzes hingewiesen:

„Für Kinder, bei denen gemäß § 8 Abs. 1 des Schulpflichtgesetzes 1985 ein sonderpädagogischer Förderbedarf festgestellt wurde, hat die Schulkonferenz unter Bedachtnahme auf diese Feststellung zu entscheiden, ob und in welchen Unterrichtsgegenständen der Schüler oder die Schülerin nach dem Lehrplan einer anderen Schulstufe, als der seinem oder ihrem Alter entsprechenden, zu unterrichten ist. Dabei ist anzustreben, dass der Schüler oder die Schülerin die für ihn bestmögliche Förderung erhält.“

5. Recht auf sonderpädagogische Förderung

Der SPF-Bescheid begründet das Recht des Kindes auf besondere Fördermaßnahmen, die über die Angebote einer förderlichen Lern- und Lehrkultur hinausgehen. Eine bescheidmäßige Feststellung des sonderpädagogischen Förderbedarfs ist nur in jenen Fällen möglich, in denen eine Behinderung feststellbar ist und sonderpädagogische Maßnahmen notwendig sind. In einem weiteren Schritt werden die für die Schülerin bzw. den Schüler individuell notwendigen Fördermaßnahmen festgelegt wie etwa die gänzliche oder teilweise Anwendung eines anderen Lehrplans bzw. spezielle auf die Behinderungsart abgestellte Fördermaßnahmen (z. B. der Einsatz spezifischer Lehrmittel oder Einsatz von zusätzlichem entsprechend qualifiziertem Lehrpersonal). Die Sicherstellung der Umsetzung der entsprechenden Fördermaßnahmen und die Überprüfung von deren Wirksamkeit obliegen der jeweiligen Schulleitung in Kooperation mit dem Lehrpersonenteam und in enger Abstimmung mit den Mitarbeiterinnen und Mitarbeitern der pädagogischen Abteilung in der Bildungsregion.

6. Aufhebung des SPF-Status

Wie auch bei anderen Entwicklungsprozessen ist sonderpädagogischer Förderbedarf keine unveränderbare Größe. Im Laufe der individuellen Entwicklungswege der Schülerinnen und Schüler können sich Veränderungen ergeben. Sonderpädagogische Maßnahmen können positive Auswirkungen auf die Entwicklung der Schülerin bzw. des Schülers haben, welche insbesondere bei Schülerinnen und Schülern mit einer Lernbehinderung bzw. einer diagnostizierten schwerwiegenden Verhaltensstörung dazu beitragen, dass das Ausmaß sonderpädagogischer Förderung verringert werden oder durch andere Fördermaßnahmen ersetzt werden kann.

Das Verfahren zur Aufhebung des sonderpädagogischen Förderbedarfs richtet sich, ebenso wie das dem vorangehende Verfahren auf Feststellung, nach den Bestimmungen des AVG und wird auf Antrag oder von Amts wegen eingeleitet.

Bei Schülerinnen und Schülern mit einer Körper- oder Sinnesbehinderung ist mit Ende der 4. Klasse der Volksschule der sonderpädagogische Förderbedarf aufzuheben, sofern sie die Aufnahmevoraussetzungen für die weiterführende Schule erfüllen. In diesem Zusammenhang wird auf das Rundschreiben Nr. 36/2001 (Aufhebung des sonderpädagogischen Förderbedarfs bei körperbehinderten und sinnesbehinderten Schülern – rechtliche Klarstellung des § 8 Abs. 3a Schulpflichtgesetz) hingewiesen.

Dieses Rundschreiben tritt mit dem Datum der Genehmigung in Kraft und ersetzt das Rundschreiben Nr.: 23/2016 welches gleichzeitig außer Kraft gesetzt wird.

5.2. Ausbildungspflichtgesetz – APflG

BGBl. I Nr. 62/2016, Art. 2
idF der Bundesgesetze

BGBl. I Nr. 120/2016	BGBl. I Nr. 32/2018
BGBl. I Nr. 100/2018	BGBl. I Nr. 164/2020
BGBl. I Nr. 174/2023	BGBl. I Nr. 67/2024

Bundesgesetz, mit dem das Bundes-Verfassungsgesetz geändert wird, ein Bundesgesetz, mit dem die Verpflichtung zu Bildung oder Ausbildung für Jugendliche geregelt wird (Ausbildungspflichtgesetz – APflG), erlassen wird sowie das Arbeitsmarktservicegesetz, das Behinderteneinstellungsgesetz und das Arbeitsmarktpolitik-Finanzierungsgesetz geändert werden (Jugendausbildungsgesetz)

Der Nationalrat hat beschlossen:

Inhaltsverzeichnis[1])

Artikel 1
(Verfassungsbestimmung)
Änderung des Bundes-Verfassungsgesetzes

... (Die durch Artikel 1 verfügte Änderung des B-VG ist in den Text des B-VG eingearbeitet)

Artikel 2
Bundesgesetz, mit dem die Verpflichtung zu Bildung oder Ausbildung für Jugendliche geregelt wird (Ausbildungspflichtgesetz – APflG)

Inhalt

§ **1.** (1) Dieses Bundesgesetz regelt die Verpflichtung zu einer Bildung oder Ausbildung für Jugendliche, welche die allgemeine Schulpflicht erfüllt haben (Ausbildungspflicht).

(2) Schulen im Sinne dieses Bundesgesetzes sind Schulen im Sinne der Artikel 14 und 14a B-VG. Berufliche Ausbildungen im Sinne dieses Bundesgesetzes sind betriebliche und überbetriebliche Ausbildungen nach dem Berufsausbildungsgesetz (BAG), BGBl. Nr. 142/1969, nach dem Land- und forstwirtschaftlichen Berufsausbildungsgesetz (LFBAG), BGBl. Nr. 298/1990, oder Ausbildungen nach gesundheitsrechtlichen Vorschriften.

Zweck

§ **2.** (1) Zweck dieses Bundesgesetzes ist, den Jugendlichen durch eine Bildung oder Ausbildung eine Qualifikation zu ermöglichen, welche die Chancen auf eine nachhaltige und umfassende Teilhabe am wirtschaftlichen und gesellschaftlichen Leben erhöht und den zunehmenden Qualifizierungsanforderungen der Wirtschaft entspricht. Dies soll durch verstärkte Präventionsmaßnahmen zur Verhinderung von Schul- und Ausbildungsabbruch in den Bereichen der Bildungspolitik, Wirtschaftspolitik, Arbeitsmarktpolitik, Jugendpolitik und durch den sukzessiven Aufbau eines lückenlosen Ausbildungsangebotes erreicht werden.

(2) Durch abgestimmte Maßnahmen in den in Abs. 1 angeführten Politikbereichen sind die Jugendlichen bestmöglich zu unterstützen.

Geltungsbereich

§ **3.** (1) Die Ausbildungspflicht betrifft Jugendliche bis zur Vollendung des 18. Lebensjahres, die die allgemeine Schulpflicht erfüllt haben und sich nicht nur vorübergehend in Österreich aufhalten. *(BGBl. I Nr. 62/2016 idF BGBl. I Nr. 67/2024, Art. 4 Z 1)*

(2) Das Ausbildungspflichtgesetz betrifft auch Jugendliche bis zur Vollendung des 18. Lebensjahres, die sich aufgrund einer Verordnung gemäß § 62 Abs. 1 des Asylgesetzes 2005 – AsylG 2005, BGBl. I Nr. 100/2005, im Bundesgebiet aufhalten. *(BGBl. I Nr. 67/2024, Art. 4 Z 1)*

Ausbildungspflicht

§ **4.** (1) Die Erziehungsberechtigten sind verpflichtet, dafür zu sorgen, dass Jugendliche, die die allgemeine Schulpflicht erfüllt haben, bis zur Vollendung des 18. Lebensjahres einer Bildungs- oder Ausbildungsmaßnahme oder einer auf diese vorbereitenden Maßnahme nachgehen. Die Ausbildungspflicht endet vor Vollendung des 18. Lebensjahres, wenn nach Erfüllung der allgemeinen Schulpflicht eine mindestens zweijährige (be-

[1]) Das Inhaltsverzeichnis ist Teil des Bundesgesetzes, BGBl. I Nr. 62/2016, hier jedoch nicht abgedruckt.

rufsbildende) mittlere Schule, eine Lehrausbildung nach dem BAG oder nach dem LFBAG, eine gesundheitsberufliche Ausbildung von mindestens 2500 Stunden nach gesundheitsrechtlichen Vorschriften oder eine Teilqualifizierung gemäß § 8b Abs. 2 (auch in Verbindung mit § 8c) BAG oder gemäß § 11b LFBAG erfolgreich abgeschlossen wurde.

(2) Die Ausbildungspflicht kann insbesondere erfüllt werden durch

1. einen gültigen Lehr- oder Ausbildungsvertrag nach dem BAG oder nach dem LFBAG,
2. eine Ausbildung nach gesundheitsrechtlichen Vorschriften,
3. den Besuch weiterführender Schulen wie den Besuch einer allgemein bildenden höheren oder berufsbildenden mittleren oder höheren Schule,
4. den Besuch von auf schulische Externistenprüfungen oder auf einzelne Ausbildungen vorbereitenden Kursen, zB Lehrgänge zur Vorbereitung auf die Pflichtschulabschlussprüfung, oder Berufsausbildungsmaßnahmen,
5. die Teilnahme an arbeitsmarktpolitischen Maßnahmen,
6. die Teilnahme an einer Maßnahme für Jugendliche mit Assistenzbedarf (§ 10a Abs. 3 des Behinderteneinstellungsgesetzes – BEinstG, BGBl. Nr. 22/1970), die deren persönliche Leistungsfähigkeit erhöht und deren Integration in den Arbeitsmarkt erleichtert,
7. eine nach Abs. 3 zulässige Beschäftigung.

(3) Die Erfüllung der Ausbildungspflicht gemäß Abs. 2 Z 5 bis 7 setzt voraus, dass eine derartige Maßnahme oder Beschäftigung mit einem Perspektiven- oder Betreuungsplan, der gemäß § 14 Abs. 2 vom Arbeitsmarktservice (AMS) oder vom Sozialministeriumservice (SMS) oder in deren Auftrag erstellt wurde, vereinbar ist. Für die Erstellung von Perspektiven- und Betreuungsplänen sind Grundsätze festzulegen; vor deren Erlassung oder Änderung ist der Beirat (§ 10 Abs. 3) anzuhören.

(4) Ausbildungsfreie Zeiträume von bis zu drei Monaten innerhalb von zwölf Kalendermonaten stellen keine Verletzung der Ausbildungspflicht dar. Dasselbe gilt für Zeiträume (Wartezeiten), in denen trotz Bereitschaft der Jugendlichen oder Teilnahme am Verfahren gemäß § 14 keine Ausbildungsmaßnahmen bereitgestellt werden können. *(BGBl. I Nr. 62/2016 idF BGBl. I Nr. 174/2023, Art. 3 Z 1)*

Arbeitsverhältnisse

§ 5. (1) Außerhalb ausbildungsfreier Zeiträume nach § 4 Abs. 4 erfüllen Jugendliche, die keine Schule besuchen, die Ausbildungspflicht mit einem Arbeitsverhältnis nur dann, wenn die im Rahmen dieses Arbeitsverhältnisses ausgeübte Beschäftigung von einem aktuellen Perspektiven- oder Betreuungsplan umfasst ist.

(2) Für Jugendliche, die sich in einer Beschäftigung befinden, ist vom SMS zu prüfen, ob die Beschäftigung die Ausbildungspflicht verletzt. Diese Prüfung hat ausgehend von den Anmeldungen nach § 33 des Allgemeinen Sozialversicherungsgesetzes (ASVG), BGBl. Nr. 189/1955, anhand der vom Dachverband der Sozialversicherungsträger (Dachverband) elektronisch bereitgestellten Daten zu erfolgen. Jugendliche, deren Beschäftigung dieser Prüfung zufolge nicht von einem aktuellen Perspektiven- oder Betreuungsplan umfasst ist, sowie deren Eltern oder sonstige Erziehungsberechtigte sind zu einem Beratungsgespräch einzuladen, um einen aktuellen Perspektiven- oder Betreuungsplan zu erstellen. Leistet der oder die Jugendliche der Einladung keine Folge, hat die Einladung schriftlich mit dem Hinweis zu erfolgen, dass die Teilnahme am Beratungsgespräch verpflichtend ist und bei Unvereinbarkeit der Beschäftigung mit einem bestehenden Perspektiven- oder Betreuungsplan sowie bei Fehlen eines derartigen Betreuungsplans die Ausbildungspflicht verletzt wird. Die Einladung samt Hinweis ist auch dem Arbeitgeber oder der Arbeitgeberin des oder der Jugendlichen zur Information zu übermitteln. *(BGBl. I Nr. 62/2016 idF BGBl. I Nr. 100/2018, Art. 26 Z 1)*

(3) Eine Verletzung der Ausbildungspflicht liegt vor, wenn

1. der oder die Jugendliche trotz wiederholter Einladung zu einem Beratungsgespräch zur Erstellung eines aktuellen Perspektiven- oder Betreuungsplans nicht erschienen ist oder
2. die Beschäftigung des oder der Jugendlichen im Rahmen des Arbeitsverhältnisses keine Beschäftigung darstellt, die mit dem für den Jugendlichen oder die Jugendliche erstellten aktuellen Perspektiven- oder Betreuungsplan vereinbar ist.

(4) Das SMS hat das Vorliegen der Voraussetzungen nach Abs. 3 Z 1 oder Z 2 dem oder der Jugendlichen, dessen oder deren Eltern oder sonstigen Erziehungsberechtigten sowie dessen oder deren Arbeitgeber oder Arbeitgeberin schriftlich mitzuteilen.

Auswirkungen der Verletzung der Ausbildungspflicht auf den Arbeitsvertrag

§ 6. Jugendliche, deren Beschäftigung gemäß § 5 Abs. 3 Z 2 die Ausbildungspflicht verletzt, haben das Recht, das Arbeitsverhältnis vorzeitig ohne Einhaltung gesetzlicher oder kollektivvertraglicher Kündigungsfristen und –termine zu beenden. Die übrigen Ansprüche aus dem Arbeitsvertrag bleiben unberührt.

Ruhen der Ausbildungspflicht

§ 7. Die Ausbildungspflicht ruht insbesondere für Zeiträume, in denen Jugendliche

1. Kinderbetreuungsgeld beziehen;
2. an einem Freiwilligen Sozialjahr, einem Freiwilligen Umweltjahr, einem Gedenk-, Friedens- und Sozialdienst im Ausland oder einem Freiwilligen Integrationsjahr nach den Abschnitten 2, 3, 4 und 4a des Freiwilligengesetzes, BGBl. I Nr. 17/2012, teilnehmen;
3. *entfallen (BGBl. I Nr. 174/2023, Art. 3 Z 2)*
4. einen Präsenz-, Ausbildungs- oder Zivildienst leisten oder
5. aus berücksichtigungswürdigen Gründen keine dem § 4 entsprechende Ausbildung absolvieren können.

Zuständigkeit

§ 8. (1) Das SMS hat die erforderlichen institutionellen Maßnahmen zur Umsetzung der Ausbildungspflicht zu setzen sowie die Bürogeschäfte für die Steuerungsgruppe und den Beirat zu führen.

(2) Das SMS kann sich bei der (nicht hoheitlichen) Aufgabenerfüllung Dritter (Dienstleister) bedienen.

(3) Das SMS hat auf seiner Homepage im Internet die gemäß § 11 Abs. 6 Z 2 kundgemachte Liste jener Berufs- und Ausbildungsmaßnahmen zur Verfügung zu stellen, deren Absolvierung oder erfolgreicher Abschluss die bestehende Ausbildungspflicht erfüllt. *(BGBl. I Nr. 164/2020, Z 1)*

(4) Auf Antrag der Erziehungsberechtigten hat das SMS mit Bescheid festzustellen, ob eine Maßnahme oder eine Beschäftigung im Einzelfall die Ausbildungspflicht gemäß § 4 Abs. 2 erfüllt. Dabei ist insbesondere darauf Bedacht zu nehmen, ob die Maßnahme oder Beschäftigung die arbeitsmarktbezogenen Chancen der Jugendlichen verbessern kann.

(5) Das SMS hat Hinweisen auf Verletzungen der Ausbildungspflicht nachzugehen, eine eingehende Überprüfung zu veranlassen und wenn diese ergibt, dass eine den Erziehungsberechtigten vorwerfbare Verletzung der Ausbildungspflicht vorliegt, eine Anzeige an die zuständige Bezirksverwaltungsbehörde zu erstatten.

Koordinierungsstellen

§ 9. Das SMS kann für das Bundesgebiet und für jedes Bundesland jeweils eine Koordinierungsstelleeinrichten und hat deren Bestehen, Aufgaben und Kontaktdaten den betroffenen Jugendlichen, Erziehungsberechtigten, Schulen, Erwachsenenbildungseinrichtungen, Lehrlingsstellen, Lehr- und Ausbildungsbetrieben und anderen relevanten Institutionen in geeigneter Weise zur Kenntnis zu bringen.

Steuerungsgruppe und Beirat

§ 10. (1) Zur Weiterentwicklung und Qualitätssicherung der Ausbildungspflicht werden eine Steuerungsgruppe und ein Beirat eingerichtet.

(2) Die Steuerungsgruppe beim Bundesministerium für Arbeit, Soziales und Konsumentenschutz besteht aus je einem Mitglied der folgenden Bundesministerien:

1. Bundesministerium für Arbeit, Soziales und Konsumentenschutz,
2. Bundesministerium für Wissenschaft, Forschung und Wirtschaft,
3. Bundesministerium für Bildung und Frauen,
4. Bundesministerium für Familien und Jugend,
5. Bundesministerium für Gesundheit,
6. Bundesministerium für Land- und Forstwirtschaft, Umwelt und Wasserwirtschaft.

(3) Der Beirat beim SMS besteht aus je einem Mitglied der folgenden Institutionen:

1. Sozialministeriumservice,
2. Bundesarbeitskammer,
3. Wirtschaftskammer Österreich,
4. Österreichischer Gewerkschaftsbund,
5. Landwirtschaftskammer Österreich,
6. Österreichischer Landarbeiterkammertag,
7. Vereinigung der österreichischen Industrie,
8. Verbindungsstelle der Bundesländer,
9. Städte- und Gemeindebund,
10. Arbeitsmarktservice,
11. Bundesjugendvertretung,
12. Österreichische Arbeitsgemeinschaft für Rehabilitation.

(4) Die in den Abs. 2 und 3 genannten Institutionen sind berechtigt, je ein Mitglied und für jedes Mitglied ein stellvertretendes Mitglied zu entsenden.

(5) Die Mitglieder und stellvertretenden Mitglieder der Steuerungsgruppe sowie des Beirates haben ihr Amt gewissenhaft und unparteiisch auszuüben. Die (stellvertretende) Mitgliedschaft begründet keine gesonderten Entgeltansprüche.

Organisation und Aufgaben von Steuerungsgruppe und Beirat

§ 11. (1) Den Vorsitz in der Steuerungsgruppe führt der Vertreter (die Vertreterin) des Bundesministeriums für Arbeit, Soziales und Konsumentenschutz.

(2) Die Funktionsdauer der Steuerungsgruppe beträgt jeweils vier Jahre. Nach Ablauf der Funktionsdauer hat die alte Steuerungsgruppe die Geschäfte so lange weiterzuführen, bis die neue Steuerungsgruppe zusammentritt. Die Zeit der Weiterführung der Geschäfte durch die alte Steuerungsgruppe wird auf die vierjährige Funktionsdauer der neuen Steuerungsgruppe angerechnet.

(3) Die Mitglieder und stellvertretenden Mitglieder der Steuerungsgruppe können ihren Verzicht auf die Mitgliedschaft in der Steuerungsgruppe erklären. Weiters kann der Bundesminister für Arbeit, Soziales und Konsumentenschutz auf Antrag der entsendenden Institution oder bei grober Pflichtverletzung ein Mitglied (stellvertretendes Mitglied) der Steuerungsgruppe vor Ablauf der Funktionsdauer abberufen. Bei Ausscheiden eines Mitglieds (stellvertretenden Mitglieds) haben die entsendenden Institutionen das Recht, für die verbleibende Zeit der vierjährigen Funktionsdauer ein anderes Mitglied (Ersatzmitglied) zu entsenden.

(4) Die Steuerungsgruppe ist bei Anwesenheit von mehr als der Hälfte der stimmberechtigten Mitglieder beschlussfähig. Beschlüsse der Steuerungsgruppe bedürfen der Einstimmigkeit. Die Geschäftsordnung wird von der Steuerungsgruppe beschlossen und bedarf der Genehmigung des Bundesministers für Arbeit, Soziales und Konsumentenschutz.

(5) Die Steuerungsgruppe kann zur Erfüllung ihrer Aufgaben fachlich geeignete Personen anhören oder beiziehen.

(6) Die Steuerungsgruppe hat folgende Aufgaben:

1. Erstellung und Beschluss einer Geschäftsordnung.
2. Vorschlag einer Liste von Bildungs- und Ausbildungsmaßnahmen (Arten von Ausbildungen), deren Absolvierung die Ausbildungspflicht erfüllt. Die Liste ist zumindest halbjährlich auf erforderliche Änderungen zu überprüfen und bei Bedarf zu ändern. Die Liste ist von der Bundesministerin für Arbeit, Familie und Jugend zu genehmigen und kundzumachen. *(BGBl. I Nr. 164/2020, Z 2)*
3. Berichterstattung an den Bundesminister für Arbeit, Soziales und Konsumentenschutz über die Umsetzung der Ausbildungspflicht, die Tätigkeit der Koordinierungsstellen, vorhandene Problemlagen und Folgewirkungen der Ausbildungspflicht. Der Bericht ist zumindest einmal jährlich vorzulegen.
4. Laufende Beobachtung der Umsetzung und Wirkung sowie darauf basierend Abstimmung und gegebenenfalls Entwicklung von Programmen, Projekten und Maßnahmen innerhalb der einzelnen Ressorts sowie ressortübergreifend im Sinne akkordierten Vorgehens zur Verfolgung der Zielsetzungen gemäß § 2.

(7) Das SMS hat der Steuerungsgruppe auf deren Verlangen vorhandene Informationen und Unterlagen, die zur Erfüllung ihrer Aufgaben erforderlich sind, zur Verfügung zu stellen.

(8) Der Beirat hat beratende Funktion. Er ist vor wesentlichen Entscheidungen (insbesondere gemäß Abs. 6 Z 2 und 3 sowie § 4 Abs. 3) anzuhören. Berichte (Evaluierungen, Controlling) über die Tätigkeit der Koordinierungsstellen sind dem Beirat zur Kenntnis zu bringen. Der Beirat kann auf Vorschlag des SMS eine Geschäftsordnung beschließen.

Aufgaben der Koordinierungsstellen

§ 12. (1) Aufgabe jeder Koordinierungsstelle ist insbesondere die Koordinierung der Unterstützung von Jugendlichen bei der Berufsfindung und bei der Aufnahme in Ausbildungsmaßnahmen, um längere ausbildungsfreie Zeiträume, insbesondere nach Ausbildungsabbrüchen, zu vermeiden.

(2) Die Koordinierungsstellen haben dafür zu sorgen, dass Jugendliche, die ihre Schulpflicht erfüllt haben und keine Schule oder berufliche Ausbildung besuchen, sowie deren Eltern oder sonstige Erziehungsberechtigte zielgerichtet beraten und betreut werden. Sie haben sich dabei vorhandener fachlich geeigneter Unterstützungsstrukturen von bestehenden Beratungs- und Betreuungseinrichtungen zu bedienen.

(3) Die Koordinierungsstellen haben insbesondere mit den Erziehungsberechtigten, Trägern der Kinder- und Jugendhilfe, Jugendeinrichtungen, Schulen, Erwachsenenbildungseinrichtungen, Lehrlingsstellen, Lehr- und Ausbildungsbetrieben und sonstigen Trägern von Ausbildungsmaßnahmen sowie dem AMS und dem SMS zusammenzuarbeiten.

Meldeverpflichtungen

§ 13. (1) Die Erziehungsberechtigten haben die Koordinierungsstelle zu verständigen, wenn Jugendliche (§ 3) nicht innerhalb von drei Monaten nach Beendigung oder vorzeitiger Beendigung eines Schulbesuches oder einer beruflichen Ausbildung eine Bildungs- oder Ausbildungsmaßnahme begonnen haben. Die Verständigung hat umgehend, spätestens binnen zwei Wochen nach Ablauf des Dreimonatszeitraums, zu erfolgen. *(BGBl. I Nr. 62/2016 idF BGBl. I Nr. 174/2023, Art. 3 Z 1 und 3)*

(2) Um zu gewährleisten, dass Jugendliche, die eine schulische oder berufliche Ausbildung (vorzeitig) beendet haben oder aus der Betreuung des AMS oder des SMS ausgeschieden sind, erfasst werden können, haben Schulen, Lehrlingsstellen, AMS, Dachverband, SMS und die nicht vom AMS oder SMS beauftragten Träger von Ausbildungsmaßnahmen folgende Daten aller Zu- und Abgänge in und aus der Ausbildung oder Betreuung von nicht mehr schulpflichtigen Jugendlichen (ab oder nach Beendigung der Schulpflicht) an die Bundesanstalt Statistik Österreich zu übermitteln:

1. das Geburtsdatum,
2. das Geschlecht,
3. die Staatsangehörigkeit,
4. die Anschrift am Heimatort und, sofern zusätzlich vorhanden, des der Bildungseinrichtung nächst gelegenen Wohnsitzes sofern dieser in Österreich liegt (Zustelladresse) entsprechend den Angaben der Erziehungsberechtigten oder der Jugendlichen,
5. das Beginndatum der jeweiligen Ausbildung unter Angabe deren Bezeichnung sowie der Schulformenkennzahl und
6. das Beendigungsdatum und die Beendigungsform der jeweiligen Ausbildung unter Angabe der Bezeichnung der beendeten Ausbildung sowie der Schulformenkennzahl.

Die Schulen, die Lehrlingsstellen und die nicht vom AMS oder SMS beauftragten Träger von Ausbildungsmaßnahmen haben die Daten unter Verwendung des verschlüsselten bereichsspezifischen Personenkennzeichens „Amtliche Statistik“ (vbPK AS) und des verschlüsselten bereichsspezifischen Personenkennzeichens „Zur Person“ (vbPK ZP) oder der Sozialversicherungsnummer, wenn die bereichsspezifischen Personenkennzeichen nicht vorliegen, zu übermitteln. Die Bundesanstalt Statistik Österreich hat nach Eingang der Daten die Sozialversicherungsnummer durch das bereichspezifische Personenkennzeichen „Amtliche Statistik“ (bPK-AS) und das verschlüsselte bereichspezifische Personenkennzeichen „Zur Person“ (vbPK-ZP) zu ersetzen. Die Bundesanstalt Statistik Österreich hat zu diesem Zweck die Sozialversicherungsnummer an den Dachverband zu übermitteln. Dieser hat zu den betreffenden Sozialversicherungsnummern die verschlüsselten bPK-AS (vbPK-AS) und vbPK-ZP innerhalb von zwei Wochen rückzuübermitteln. Die Bundesanstalt Statistik Österreich hat in der Folge die erhaltenen bPK mit den Daten der entsprechenden Personen zu verknüpfen und die Sozialversicherungsnummern unverzüglich zu löschen. Das AMS, der Dachverband sowie das SMS übermitteln die Daten mit dem vbPK-AS sowie dem vbPK-ZP. *(BGBl. I Nr. 62/2016 idF BGBl. I Nr. 100/2018, Art. 26 Z 2 und BGBl. I Nr. 164/2020, Z 3)*

(3) Die gemäß Abs. 2 verpflichteten Institutionen sind zur Verarbeitung der im Abs. 2 genannten personenbezogenen Daten sowie im Fall der zur Übermittlung verpflichteten Institutionen zur Verarbeitung des Namens der Jugendlichen und deren Erziehungsberechtigten im Sinne des Datenschutzgesetzes 2000, BGBl. I Nr. 165/1999, ermächtigt.

(4) Die Übermittlung der Daten gemäß Abs. 2 hat jeweils zu den Stichtagen 1. März, 10. Juni und 10. November jedes Kalenderjahres (längstens binnen sieben Werktagen) zu erfolgen. Liegen zwischen den Stichtagen keine Zu- oder Abgänge vor, so hat eine Leermeldung zu erfolgen. Die Übermittlung der Daten der Schulen gemäß Abs. 2 hat ausschließlich in einem von der Bundesanstalt Statistik Österreich vorgegebenen Datenformat mittels dem von der Bundesanstalt Statistik Österreich bereitgestellten Webservice oder der bereitgestellten Portalapplikation zu erfolgen. Jede Datenlieferung der Schulen hat unter Verwendung der Schulkennzahl alle für den jeweiligen Stichtag relevanten Zu- und Abgänge zu enthalten. Die zur Einhaltung der Meldepflicht durch die Schulen erforderlichen Vorkehrungen hat der jeweilige Schulerhalter zu treffen. *(BGBl. I Nr. 62/2016 idF BGBl. I Nr. 164/2020, Z 4 und 5)*

(5) Für jene indirekt personenbezogenen Daten, für die binnen drei Monaten nach einem Abgang weder ein Zugang in einer Schule, einer Lehrstelle oder einer Ausbildungsmaßnahme eines nicht vom AMS oder SMS beauftragten Trägers noch eine Betreuung des AMS oder des SMS gemeldet wurde, hat die Bundesanstalt Statistik Österreich das vbPK-ZP verknüpft mit den Daten gemäß Abs. 2 dem SMS zu übermitteln. Das SMS erhält über das vbPK-ZP aus dem Zentralen Melderegister innerhalb von zwei Wochen den Personenbezug und informiert die nach dem Wohnsitz zuständige Koordinierungsstelle zur weiteren Kontaktaufnahme. *(BGBl. I Nr. 62/2016 idF BGBl. I Nr. 174/2023, Art. 3 Z 1)*

(6) Das AMS, das SMS, Bildungseinrichtungen sowie andere mit der Betreuung der Jugendlichen betraute Personen oder Einrichtungen dürfen die gemäß Abs. 2 erfassten Daten unter Verwendung des Namens der Jugendlichen, die aus deren Betreuung ausscheiden, und deren Erziehungsberechtigten zusätzlich

auch direkt einer Koordinierungsstelle übermitteln. *(BGBl. I Nr. 174/2023, Art. 3 Z 4)*

(7) Die Bundesanstalt Statistik Österreich handelt in der Durchführung des § 13 als gesetzlicher Auftragsverarbeiter für das SMS. Sie darf dem SMS jedoch Daten ausschließlich unter den Voraussetzungen des Abs. 5 übermitteln. Die Bundesanstalt Statistik Österreich erbringt ihre Leistungen nach dieser Bestimmung gegen Kostenersatz gemäß § 32 Abs. 4 Z 2 des Bundesstatistikgesetzes 2000, BGBl I Nr. 163/1999. *(BGBl. I Nr. 62/2016 idF BGBl. I Nr. 32/2018, Art. 48 Z 1)*

Verfahren bei Nichterfüllung der Ausbildungspflicht

§ 14. (1) Die Jugendlichen und die Erziehungsberechtigten sind über ihre Verantwortung zur Erfüllung der Ausbildungspflicht aufzuklären. Wird die Ausbildungspflicht ohne Vorliegen eines zulässigen Ausnahmegrundes nicht erfüllt, hat eine Koordinierungsstelle dafür zu sorgen, dass eine geeignete Einrichtung mit den Jugendlichen und deren Eltern oder sonstigen Erziehungsberechtigten Kontakt aufnimmt und die weitere Vorgangsweise abklärt.

(2) In den Fällen des § 4 Abs. 2 Z 5 bis 7 und ansonsten bei Bedarf ist zur Gewährleistung der bestmöglichen Ausbildung ein auf die Bedürfnisse der jeweiligen Jugendlichen abgestimmter Perspektiven- und Betreuungsplan zu erstellen. Diese Aufgabe obliegt abhängig von der Zielgruppe dem AMS oder dem SMS und kann von diesen an Beratungs- oder Betreuungseinrichtungen übertragen werden. Bei der Erstellung des Perspektiven- und Betreuungsplans ist zu erörtern, ob die Möglichkeit besteht, dass der Schulbesuch oder eine Lehre fortgesetzt oder neu aufgenommen werden kann, oder, wenn dies nicht möglich ist, in welcher Weise die Ausbildungspflicht erfüllt werden kann. Dies hat – soweit erforderlich oder zweckmäßig – in Zusammenarbeit mit in Betracht kommenden Schulen, Erwachsenenbildungseinrichtungen, Lehr- und Ausbildungsbetrieben, Lehrlingsstellen, Trägern der Kinder- und Jugendhilfe, Jugendeinrichtungen und sonstigen Beratungs- und Betreuungseinrichtungen zu erfolgen. Die Schulen haben im Rahmen der Erstellung des Perspektiven- und Betreuungsplanes ihre Unterstützung zu leisten und soweit dies zweckmäßig ist, die Wiederaufnahme oder Fortsetzung eines Schulbesuches zu ermöglichen. Die Lehrlingsstellen haben bei der Umsetzung des Perspektiven- und Betreuungsplanes ihre Unterstützung zu leisten und, soweit dies zweckmäßig ist, die Wiederaufnahme oder Fortsetzung einer Lehrausbildung zu ermöglichen.

Datenverarbeitungen

§ 15. (1) Das SMS und die Koordinierungsstellen sind zur Verarbeitung von personenbezogenen Daten im Sinne des Datenschutzgesetzes, BGBl. I Nr. 165/1999, insoweit ermächtigt, als diese zur Erfüllung der gesetzlichen Aufgaben eine wesentliche Voraussetzung sind. Eine gegenseitige Offenlegung der Daten ist zulässig. Die in Frage kommenden Datenarten sind: *(BGBl. I Nr. 62/2016 idF BGBl. I Nr. 32/2018, Art. 48 Z 2)*

1. Stammdaten der Jugendlichen:
   a) Namen (Vornamen, Familiennamen), *(BGBl. I Nr. 62/2016, Art. 2 idF BGBl. I Nr. 120/2016, Art. 7)*
   b) Sozialversicherungsnummer und Geburtsdatum,
   c) Geschlecht,
   d) Staatsangehörigkeit und Aufenthaltsberechtigungen,
   e) Adresse des Wohnsitzes oder Aufenthaltsortes,
   f) Telefonnummer,
   g) E-Mail-Adresse,
   h) sonstige Kontaktmöglichkeiten,
2. Daten über Bildung, Ausbildung und Beruf der Jugendlichen:
   a) Schulbildung,
   b) außerschulische Bildung,
   c) berufliche Ausbildung,
   d) Ausbildungswünsche,
   e) Berufswünsche,
   f) berufliche Tätigkeiten,
   g) beruflich verwertbare Fähigkeiten und Fertigkeiten,
   h) sonstige persönliche Umstände, die die berufliche Verwendung berühren,
   i) Umstände des Nichtzustandekommens oder der vorzeitigen Beendigung von Ausbildungen oder des Ruhens der Ausbildungspflicht,
3. Daten über Betreuungsverläufe der Jugendlichen:
   a) Pläne und Ergebnisse der Betreuung,
   b) Hindernisse, welche die Betreuung erschweren oder verhindern,
4. Stammdaten der Eltern oder sonstigen Erziehungsberechtigten:
   a) Namen (Vornamen, Familiennamen), *(BGBl. I Nr. 62/2016, Art. 2 idF BGBl. I Nr. 120/2016, Art. 7)*
   b) Sozialversicherungsnummer und Geburtsdatum,
   c) Geschlecht,
   d) Staatsangehörigkeit und Aufenthaltsberechtigungen,
   e) Adresse des Wohnsitzes oder Aufenthaltsortes,

f) Telefonnummer,
g) E-Mail-Adresse,
h) sonstige Kontaktmöglichkeiten,

5. Daten betreffend die Wahrnehmung der Ausbildungspflicht durch die Eltern oder sonstigen Erziehungsberechtigten:
   a) Ergebnisse der Kontaktaufnahmen und Beratungen,
   b) Verfahren wegen Nichterfüllung der Ausbildungspflicht.

(2) Die vom SMS oder von einer Koordinierungsstelle verarbeiteten Daten gemäß Abs. 1 dürfen Behörden, Gerichten, Trägern der Sozialversicherung, Trägern der Kinder- und Jugendhilfe, Jugendhilfeeinrichtungen, Schulen, Lehrlingsstellen, dem AMS und der Bundesanstalt Statistik Österreich im Wege der automationsunterstützten Datenverarbeitung offengelegt werden, soweit diese Daten im konkreten Einzelfall für die Vollziehung der jeweiligen Aufgaben eine wesentliche Voraussetzung bilden. Die Behörden, Gerichte, Träger der Sozialversicherung, Träger der Kinder- und Jugendhilfe, Jugendhilfeeinrichtungen, Schulen, Lehrlingsstellen und das AMS dürfen von ihnen verarbeitete Daten gemäß Abs. 1 dem SMS oder einer Koordinierungsstelle im Wege der automationsunterstützten Datenverarbeitung offenlegen, soweit diese Daten im konkreten Einzelfall für die Vollziehung der diesen übertragenen Aufgaben eine wesentliche Voraussetzung bilden. Das SMS darf die im Rahmen der Vollziehung des Behinderteneinstellungsgesetzes (BEinStG) und des Bundesbehindertengesetzes – BBG, BGBl. Nr. 283/1990, verarbeiteten Daten gemäß § 22 Abs. 4 Z 1 und 3 BEinStG und § 53 Abs. 3 Z 1 und 3 BBG auch für Zwecke der Vollziehung dieses Bundesgesetzes verarbeiten, soweit dies erforderlich ist. *(BGBl. I Nr. 32/2018, Art. 48 Z 3 idF BGBl. I Nr. 174/2023, Art. 3 Z 5)*

(3) Die vom SMS oder von einer Koordinierungsstelle verarbeiteten Daten gemäß Abs. 1 dürfen Erwachsenenbildungseinrichtungen, Betrieben und Trägern von Ausbildungsmaßnahmen offengelegt werden, soweit die entsprechenden Daten im konkreten Einzelfall für die Erfüllung der jeweiligen Aufgaben erforderlich sind. Einem Betrieb dürfen nur Daten gemäß Abs. 1 Z 1 lit. a bis h, Z 2 lit. a bis h sowie Z 4 lit. a und lit. e bis h, jeweils ausschließlich im Zusammenhang mit Ausbildungen oder Beschäftigungen im betreffenden Betrieb, offengelegt werden. *(BGBl. I Nr. 32/2018, Art. 48 Z 3)*

(4) Die Mitarbeiterinnen und Mitarbeiter des SMS und der Koordinierungsstellen sind unbeschadet anderer gesetzlicher Bestimmungen zur Verschwiegenheit über alle ihnen aus ihrer dienstlichen Tätigkeit bekannt gewordenen Tatsachen verpflichtet. Die Verpflichtung zur Verschwiegenheit bleibt auch nach Beendigung des Dienstverhältnisses aufrecht. Dies gilt gleichermaßen für Mitarbeiterinnen und Mitarbeiter jener Institutionen und Einrichtungen, denen im Rahmen der Beratung oder des Case Managements personenbezogene Daten bekannt werden.

(5) Das SMS und die Koordinierungsstellen dürfen die von ihnen verarbeiteten Daten gemäß Abs. 1 an einen beauftragten Rechtsträger im Wege der automationsunterstützten Datenverarbeitung überlassen, soweit die entsprechenden Daten eine unabdingbare Voraussetzung für die Erfüllung eines zur Beurteilung der Erfüllung der Aufgaben und der Wirksamkeit der Regelungen und Maßnahmen nach diesem Bundesgesetz erteilten Auftrages bilden.

(6) Sämtliche vom SMS und von den Koordinierungsstellen verarbeiteten personenbezogenen Daten sind, sobald sie nicht mehr benötigt werden, spätestens aber drei Jahre nach Beendigung der Beratungsleistung oder des Case Managements, zu löschen.

Statistische und wissenschaftliche Untersuchungen

§ 16. (1) Die Bundesanstalt Statistik Österreich erstellt die Statistiken nach den Bestimmungen des Bundesstatistikgesetzes 2000 und kann dafür – soweit erforderlich – die Daten gemäß § 13 Abs. 2 und § 15 Abs. 1 Z 2, 3 und 5 mit den statistischen Daten ihres Verfügungsbereichs unter Verwendung des bPK-AS anreichern und für die Erstellung weiterführender Statistiken verwenden.

(2) Andere Behörden dürfen die nach ihren gesetzlichen Vorschriften verarbeiteten Daten des eigenen staatlichen Tätigkeitsbereichs, verknüpft mit dem verschlüsselten bPK-AS, an die Bundesanstalt Statistik Österreich zum Zweck der Zusammenführung mit den Daten gemäß Abs. 1 und der nachfolgenden wissenschaftlichen oder statistischen Auswertung übermitteln. Eine Rückübermittlung zusammengeführter indirekt personenbezogener Daten oder die Rückführung auf einen direkten Personenbezug darf nicht erfolgen. Die Bundesanstalt Statistik Österreich erstellt die wissenschaftlichen oder statistischen Auswertungen nach Beauftragung durch den Bundesminister für Arbeit, Soziales und Konsumentenschutz.

(3) Die Bundesanstalt Statistik Österreich erbringt aufgrund einer vertraglichen Beauftragung ihre Leistungen nach Abs. 1 und 2 gegen Kostenersatz gemäß § 32 Abs. 4 Z 2 des Bundesstatistikgesetzes 2000.

Verwaltungsstrafen bei Nichterfüllung der Ausbildungspflicht

§ 17. Wer als Erziehungsberechtigte oder als Erziehungsberechtigter die Ausbildungspflicht gemäß § 4 schuldhaft verletzt, ist von der Bezirksverwaltungsbehörde mit einer Geldstrafe von € 100 bis € 500, im Wiederholungsfall von € 200 bis € 1 000 zu bestrafen. Leichte Fahrlässigkeit ist nicht strafbar. Die Bezirksverwaltungsbehörde hat dem SMS und der Koordinierungsstelle auf Anfrage Auskunft über Stand und Ergebnis des Verfahrens zu geben. *(BGBl. I Nr. 62/2016 idF BGBl. I Nr. 174/2023, Art. 3 Z 6)*

Sprachliche Gleichbehandlung

§ 18. Soweit in diesem Bundesgesetz personenbezogene Bezeichnungen angeführt sind, beziehen sie sich auf Frauen und Männer in gleicher Weise.

Verweisungen

§ 19. Soweit in diesem Gesetz auf andere Bundesgesetze verwiesen wird, sind diese in ihrer jeweils geltenden Fassung anzuwenden.

Vollziehung

§ 20. (1) Mit der Vollziehung dieses Bundesgesetzes ist, soweit die Abs. 2 bis 5 nicht anderes bestimmen, der Bundesminister für Arbeit und Wirtschaft betraut. *(BGBl. I Nr. 62/2016 idF BGBl. I Nr. 174/2023, Art. 3 Z 7)*

(2) Betreffend die Meldeverpflichtungen von Lehrlingsstellen und Trägern überbetrieblicher Berufsausbildung gemäß § 13 Abs. 2 ist der Bundesminister für Wissenschaft, Forschung und Wirtschaft mit der Vollziehung betraut.

(3) Betreffend die Meldeverpflichtungen von Schulen gemäß § 13 Abs. 2 ist, soweit es sich um Bundesschulen, ausgenommen land- und forstwirtschaftliche Bundesschulen, handelt, die Bundesministerin für Bildung und Frauen mit der Vollziehung betraut.

(4) Betreffend die Meldeverpflichtungen von Schulen gemäß § 13 Abs. 2 ist, soweit es sich um land- und forstwirtschaftliche Bundesschulen handelt, der Bundesminister für Land- und Forstwirtschaft, Umwelt und Wasserwirtschaft mit der Vollziehung betraut.

(5) Mit der Vollziehung aller Maßnahmen, die unmittelbar aus Mitteln des Ausgleichstaxfonds finanziert werden, ist der Bundesminister für Soziales, Gesundheit, Pflege und Konsumentenschutz betraut. *(BGBl. I Nr. 174/2023, Art. 3 Z 8)*

Inkrafttreten

§ 21. (1) Dieses Bundesgesetz tritt, mit Ausnahme der §§ 4, 13 und 17, mit 1. August 2016 in Kraft und gilt in Bezug auf Jugendliche, die frühestens mit Ende des Schuljahres 2016/2017 ihre allgemeine Schulpflicht erfüllt haben. Vorbereitungshandlungen zur Durchführung dieses Bundesgesetzes, einschließlich des Abschlusses entsprechender Vereinbarungen und Verträge, können bereits ab dem Tag nach der Kundmachung dieses Bundesgesetzes begonnen werden.

(2) § 4 tritt mit 1. Juli 2017 in Kraft.

(3) § 13 tritt mit 1. Juli 2017, hinsichtlich der Pflichtschulen mit 1. Juli 2018, in Kraft.

(4) § 17 tritt auf Grund der Tatsache, dass erst ab diesem Zeitpunkt ein ausreichendes Unterstützungsangebot für das Verfahren bei Nichterfüllung der Ausbildungspflicht (§ 14) bereit gestellt werden kann, mit 1. Juli 2018 in Kraft und gilt für Sachverhalte, die sich nach dem 30. Juni 2018 ereignet haben.

(5) § 13 Abs. 7 und § 15 Abs. 1 bis 3 in der Fassung des Materien-Datenschutz-Anpassungsgesetzes 2018, BGBl. I Nr. 32/2018, treten mit 25. Mai 2018 in Kraft. *(BGBl. I Nr. 32/2018, Art. 48 Z 4)*

(6) § 5 Abs. 2 und § 13 Abs. 2 in der Fassung des Bundesgesetzes BGBl. I Nr. 100/2018 treten mit 1. Jänner 2020 in Kraft. *(BGBl. I Nr. 100/2018, Art. 26 Z 3)*

(7) § 8 Abs. 3, § 11 Abs. 6 Z 2 sowie § 13 Abs. 2 und Abs. 4 in der Fassung des Bundesgesetzes BGBl. I Nr. 164/2020 treten mit 1. Jänner 2021 in Kraft. *(BGBl. I Nr. 164/2020, Z 6)*

(8) § 4 Abs. 4, § 13 Abs. 1, 5 und 6, § 15 Abs. 2 sowie § 17 in der Fassung des Bundesgesetzes BGBl. I Nr. 174/2023 treten mit 1. Jänner 2024 in Kraft. *(BGBl. I Nr. 174/2023, Art. 3 Z 9)*

(9) § 3 in der Fassung des Bundesgesetzes BGBl. I Nr. 67/2024 tritt mit 1. Juli 2024 in Kraft. *(BGBl. I Nr. 67/2024, Art. 4 Z 2)*

Artikel 3
Änderung des Arbeitsmarktservicegesetzes[2])

Artikel 4
Änderung des Behinderteneinstellungsgesetzes[3])

Artikel 5
Änderung desArbeitsmarktpolitik-Finanzierungsgesetzes[4])

---

[2]) Hier nicht abgedruckt.

[3]) Hier nicht abgedruckt.

[4]) Hier nicht abgedruckt.

5.2.1. Ausbildungspflicht-Verordnung – APfl-VO

BGBl. II Nr. 50/2021[1])
idF der Verordnung
BGBl. II Nr. 382/2022[2])

Verordnung des Bundesministers für Arbeit betreffend die Liste von Bildungs- und Ausbildungsmaßnahmen, deren Absolvierung die Ausbildungspflicht erfüllt (Ausbildungspflicht-Verordnung – APfl-VO)

Auf Grund des § 11 Abs. 6 Z 2 des Ausbildungspflichtgesetzes (APflG), BGBl. I Nr. 62/2016, zuletzt geändert durch das Bundesgesetz BGBl. I Nr. 164/2020, wird verordnet:

§ 1. (1) Die Ausbildungspflicht wird durch die Teilnahme an folgenden Bildungs- und Ausbildungsmaßnahmen erfüllt:

1. Besuch weiterführender Schulen allgemeinbildender höherer oder berufsbildender Art:
   a) Oberstufenformen (ab Sekundarstufe II) der Allgemeinbildenden höheren Schulen (AHS);
   b) Berufsbildende mittlere (BMS) oder höhere Schulen (BHS);
   c) Sonderformen nach dem Schulorganisationsgesetz (SchOG), BGBl. Nr. 242/1962;
   d) Privatschulen nach dem Privatschulgesetz, BGBl. Nr. 244/1964;
   e) Schulen für Land- und Forstwirtschaft;
2. Lehrausbildung nach dem Berufsausbildungsgesetz (BAG), BGBl. Nr. 142/1969, und dem Land- und forstwirtschaftlichen Berufsausbildungsgesetz (LFBAG), BGBl. Nr. 298/1990, einschließlich
   a) überbetriebliche Lehrausbildung (§ 30b BAG); *(BGBl. II Nr. 382/2022, Z 1)*
   b) verlängerte Lehre (§ 8b Abs. 1 BAG oder § 11a LFBAG), betrieblich oder überbetrieblich;
   c) Teilqualifizierung (§ 8b Abs. 2 BAG oder § 11b LFBAG), betrieblich oder überbetrieblich.
3. Ausbildung zu Gesundheits- und Sozialberufen:
   a) Schulen für Gesundheits- und Krankenpflege (Ausbildung zum gehobenen Dienst für Gesundheits- und Krankenpflege, Pflegeassistenz- und Pflegefachassistenz-Ausbildung, Ausbildung zur Operationstechnischen Assistenz); *(BGBl. II Nr. 382/2022, Z 2)*
   b) Ausbildungen zur Operationstechnischen Assistenz an Einrichtungen, die Sonderausbildungen in der Pflege im Operationsbereich anbieten[3]) *(BGBl. II Nr. 382/2022, Z 2)*
   c) Lehrgänge oder Schulen für medizinische Assistenzberufe (Medizinische Fachassistenz, Desinfektionsassistenz, Gipsassistenz, Laborassistenz, Obduktionsassistenz, Operationsassistenz, Ordinationsassistenz, Röntgenassistenz, Operationstechnische Assistenz); *(BGBl. II Nr. 382/2022, Z 2)*
   d) Lehrgänge für Ausbildungen in der Pflegeassistenz; *(BGBl. II Nr. 50/2021 idF BGBl. II Nr. 382/2022, Z 3)*
   e) Lehrgänge zur Zahnärztlichen Assistenz; *(BGBl. II Nr. 50/2021 idF BGBl. II Nr. 382/2022, Z 3)*
   f) Lehrgänge zum Medizinischen Masseur oder zur Medizinischen Masseurin; *(BGBl. II Nr. 50/2021 idF BGBl. II Nr. 382/2022, Z 3)*
   g) Lehrgänge zum Heilmasseur oder zur Heilmasseurin; *(BGBl. II Nr. 50/2021 idF BGBl. II Nr. 382/2022, Z 3)*
   h) Lehrgänge zum Rettungssanitäter oder zur Rettungssanitäterin; *(BGBl. II Nr. 50/2021 idF BGBl. II Nr. 382/2022, Z 3)*
   i) Lehrgänge zum Notfallsanitäter oder zur Notfallsanitäterin; *(BGBl. II Nr. 50/2021 idF BGBl. II Nr. 382/2022, Z 3)*
   j) Lehrgänge oder Schulen für Sozialbetreuungsberufe (Diplom-Sozialbetreuer oder Diplom-Sozialbetreuerin, Fach-Sozialbetreuer oder Fach-Sozialbetreuerin, Heimhelfer oder Heimhelferin). *(BGBl. II Nr. 50/2021 idF BGBl. II Nr. 382/2022, Z 3)*
4. Weitere Bildungs- oder Ausbildungsmaßnahmen:
   a) Teilnahme an einem für eine weiterführende (Aus-)Bildung erforderlichen Deutsch-Sprachkurs bis zur Erlangung der individuell notwendigen Sprachkenntnisse; *(BGBl. II Nr. 382/2022, Z 4)*

---

[1]) Die Kundmachung im Bundesgesetzblatt erfolgte am 3. Februar 2021.

[2]) Die Kundmachung im Bundesgesetzblatt erfolgte am 18. Oktober 2022.

[3]) Sollte richtig lauten: „… anbieten;“.

b) Besuch von Schulen oder Ausbildungen im Ausland, wenn diese vergleichbaren österreichischen Schulen oder Ausbildungen gleichwertig sind oder in Österreich nicht angeboten werden und dadurch kein Nachteil für die Jugendlichen zu erwarten ist; *(BGBl. II Nr. 382/2022, Z 4)*

c) Teilnahme an einer Offiziers- oder Unteroffiziersausbildung im Rahmen eines Ausbildungsdienstes oder eines Dienstverhältnisses beim Bundesheer;

d) Besuch von auf schulische Externistenprüfungen oder auf spezifische Ausbildungen vorbereitenden Kursen, z.B. Lehrgänge zur Vorbereitung auf die Pflichtschulabschlussprüfung oder Berufsausbildungsmaßnahmen mit Anwesenheitspflicht der Teilnehmerinnen und Teilnehmer und Unterrichtsplänen für alle bzw. individuell abgestimmten Plänen und Anwesenheiten.

5. Vorbereitende Maßnahmen, sofern diese mit einem Perspektiven- oder Betreuungsplan vom Arbeitsmarktservice (AMS) oder Sozialministeriumservice (SMS) – oder in deren Auftrag erstellt – vereinbar sind:

a) Teilnahme an Angeboten bzw. Beratungsleistungen des Sozialministeriumservice (SMS);

b) Teilnahme an Angeboten bzw. Beratungsleistungen des Arbeitsmarktservice (AMS);

c) Teilnahme an Angeboten der Länder nach landesspezifischen Behindertengesetzen für Jugendliche mit hohem Unterstützungsbedarf, die deren Integration in ein Ausbildungs- und Bildungsangebot oder in den Arbeitsmarkt zum Ziel haben;

d) Teilnahme an arbeitsmarkt- oder bildungspolitischen Angeboten der Länder, der außerschulischen Jugendarbeit oder an weiteren Projekten, die eine Integration oder Reintegration in weiterführende Ausbildungs- und Bildungsangebote zum Ziel haben, mit zumindest 16 Wochenstunden Anwesenheitspflicht für die Teilnehmerinnen und Teilnehmer.

6. Vorbereitende Maßnahmen bei gleichzeitiger Teilnahme an einer Perspektivenplanung des Sozialministeriumservice (SMS) oder in deren Auftrag:

Teilnahme an arbeitsmarkt- oder bildungspolitischen Angeboten der Länder, der außerschulischen Jugendarbeit oder an weiteren Projekten, die eine Integration oder Reintegration in weiterführende Ausbildungs- und Bildungsangebote zum Ziel haben, mit einer Anwesenheitspflicht von bis zu 16 Wochenstunden für die Teilnehmerinnen und Teilnehmer.

§ 2. Soweit in dieser Verordnung auf Bundesgesetze verwiesen wird, sind diese in ihrer jeweils geltenden Fassung anzuwenden.

5.3. Berufsausbildungsgesetz

BGBl. Nr. 142/1969
idF der Bundesgesetze

BGBl. Nr. 22/1974
BGBl. Nr. 399/1974
BGBl. Nr. 475/1974
BGBl. Nr. 232/1978
BGBl. Nr. 381/1986
BGBl. Nr. 563/1986
BGBl. Nr. 617/1987
BGBl. Nr. 23/1993
BGBl. Nr. 256/1993
BGBl. I Nr. 67/1997
BGBl. I Nr. 100/1998
BGBl. I Nr. 83/2000
BGBl. I Nr. 136/2001
BGBl. I Nr. 111/2002
BGBl. I Nr. 79/2003
BGBl. I Nr. 5/2006
BGBl. I Nr. 82/2008
BGBl. I Nr. 40/2010
BGBl. I Nr. 148/2011
BGBl. I Nr. 35/2012
BGBl. I Nr. 38/2012
BGBl. I Nr. 74/2013
BGBl. I Nr. 129/2013
BGBl. I Nr. 138/2013
BGBl. I Nr. 78/2015[1])
BGBl. I Nr. 153/2017
BGBl. I Nr. 154/2017
BGBl. I Nr. 32/2018
BGBl. I Nr. 100/2018[2])
BGBl. I Nr. 18/2020[3])
BGBl. I Nr. 112/2020
BGBl. I Nr. 60/2021
BGBl. I Nr. 118/2021
BGBl. I Nr. 86/2022
BGBl. I Nr. 185/2022
BGBl. I Nr. 62/2023

[1]) Die Novelle BGBl. I Nr. 78/2015 enthält keine Inkrafttretensbestimmungen. Die Kundmachung im Bundesgesetzblatt erfolgte am 9. Juli 2015.

[2]) Durch die 89. Novelle zum ASVG BGBl. I Nr. 100/2018 (Art. 1) wurde § 720 geschaffen, dessen Anordnungen mit 1. Jänner 2020 zu fugitiven Änderungen des BAG geführt haben. § 720 ASVG idF BGBl. I Nr. 100/2018 (Art. 1) lautet:

„Ersetzung von Begriffen

§ 720. Werden in anderen Bundesgesetzen die in der linken Spalte genannten Begriffe verwendet, so treten mit 1. Jänner 2020 an deren Stelle – in der grammatikalisch richtigen Form – die in der rechten Spalte genannten Begriffe. Dies gilt nicht für die Verwendung dieser Begriffe in Schluss- und Übergangsbestimmungen sowie in In-Kraft-Tretens- und Außer-Kraft-Tretens-Bestimmungen.

Hauptverband der österreichischen Sozialversicherungsträger	Dachverband der Sozialversicherungsträger
Wiener Gebietskrankenkasse	Österreichische Gesundheitskasse
Niederösterreichische Gebietskrankenkasse	Österreichische Gesundheitskasse
Burgenländische Gebietskrankenkasse	Österreichische Gesundheitskasse
Oberösterreichische Gebietskrankenkasse	Österreichische Gesundheitskasse
Steiermärkische Gebietskrankenkasse	Österreichische Gesundheitskasse
Kärntner Gebietskrankenkasse	Österreichische Gesundheitskasse
Salzburger Gebietskrankenkasse	Österreichische Gesundheitskasse
Tiroler Gebietskrankenkasse	Österreichische Gesundheitskasse
Vorarlberger Gebietskrankenkasse	Österreichische Gesundheitskasse
(örtlich zuständige) Gebietskrankenkasse(n)	Österreichische Gesundheitskasse
Sozialversicherungsanstalt der gewerblichen Wirtschaft	Sozialversicherungsanstalt der Selbständigen
Sozialversicherungsanstalt der Bauern	Sozialversicherungsanstalt der Selbständigen
Versicherungsanstalt öffentlich Bediensteter	Versicherungsanstalt öffentlich Bediensteter, Eisenbahnen und Bergbau
Versicherungsanstalt für Eisenbahnen und Bergbau	Versicherungsanstalt öffentlich Bediensteter, Eisenbahnen und Bergbau“

[3]) Die Novelle BGBl. I Nr. 18/2020 enthält keine Inkrafttretensbestimmungen. Die Kundmachung im Bundesgesetzblatt erfolgte am 21. März 2020.

Inhaltsverzeichnis[4])

SchPflG
APflG, BAG

[4]) Das Inhaltsverzeichnis ist von den Gesetzesbeschlüssen nicht umfasst.

Bundesgesetz vom 26. März 1969 über die Berufsausbildung von Lehrlingen (Berufsausbildungsgesetz – BAG)

Der Nationalrat hat beschlossen:

Der Lehrling

§ 1. Lehrlinge im Sinne dieses Bundesgesetzes sind Personen, die auf Grund eines Lehrvertrages (§ 12) zur Erlernung eines in der Lehrberufsliste (§ 7) angeführten Lehrberufes bei einem Lehrberechtigten (§ 2) fachlich ausgebildet und im Rahmen dieser Ausbildung tätig (§ 9) werden. *(BGBl. Nr. 142/1969 idF BGBl. I Nr. 18/2020, Z 1)*

Ziele der Berufsausbildung – Qualitätsmanagement

§ 1a. (1) Die aufgrund dieses Bundesgesetzes festgelegten Berufsausbildungen sollen auf qualifizierte berufliche Tätigkeiten vorbereiten und dazu die erforderlichen Kompetenzen (Kenntnisse, Fertigkeiten und Schlüsselqualifikationen) vermitteln. Absolventen und Absolventinnen einer Berufsausbildung gemäß diesem Bundesgesetz sollen insbesondere zur Übernahme von Verantwortung und Selbstständigkeit in Arbeits- und Lernsituationen befähigt werden (berufliche Handlungskompetenz gemäß § 21 Abs. 1). Weiters soll die Berufsausbildung zur Wettbewerbsfähigkeit der Unternehmen beitragen. Dabei ist insbesondere auf die Aktualität und Arbeitsmarktrelevanz der Berufsbilder der einzelnen Lehrberufe hinzuwirken.

(2) Um die Attraktivität der Berufsausbildung zu fördern, ist bei den Maßnahmen im Rahmen der Vollziehung dieses Bundesgesetzes auf die Durchlässigkeit zwischen den verschiedenen Bildungswegen und die internationale Dimension der Berufsausbildung zu achten.

(3) Um die Erreichung der in Abs. 1 und Abs. 2 genannten Ziele der Berufsausbildung zu unterstützen, koordiniert und fördert der Bundesminister für Wissenschaft, Forschung und Wirtschaft die Zusammenarbeit zwischen den mit Angelegenheiten der Berufsausbildung befassten Behörden und Institutionen bei der Erstellung von Strategien und der Konzeption von Maßnahmen zu Qualitätssicherung und Qualitätsentwicklung in der Berufsausbildung.

(4) Zur Erprobung von innovativen Weiterentwicklungen im Zusammenhang mit der dualen Ausbildung kann der Bundesminister für Wissenschaft, Forschung und Wirtschaft Modellprojekte genehmigen.

(5) Die Bundesministerin für Digitalisierung und Wirtschaftsstandort ist zur Durchführung von systematischen Lehrberufsanalysen im Zeitabstand von längstens fünf Jahren verpflichtet, um inländische, europäische und internationale Entwicklungen sowie veränderte wirtschaftliche, gesellschaftliche und technische Erfordernisse in der Berufsausbildung zu berücksichtigen und neue Berufsbilder zu entwickeln. *(BGBl. I Nr. 18/2020, Z 2)*

(6) Bei der Entwicklung neuer Berufsbilder sowie sonstiger Rahmenbedingungen und Unterstützungsleistungen für die Ausbildung sind die Ergebnisse aktueller Forschung und Entwicklung zu berücksichtigen. Erforderlichenfalls kann die Bundesministerin für Digitalisierung und Wirtschaftsstandort im Rahmen der Privatwirtschaftsverwaltung des Bundes (Art. 17 B-VG) entsprechende Einrichtungen beauftragen oder weitere Maßnahmen zur Förderung von Qualität und Innovation in der Ausbildung setzen, sofern dies der Qualitäts- und Effizienzsteigerung in der dualen Ausbildung dient. *(BGBl. I Nr. 18/2020, Z 2)*

(BGBl. I Nr. 78/2015, Z 1)

Der Lehrberechtigte

§ 2. (1) Lehrberechtigte im Sinne dieses Bundesgesetzes sind nach Maßgabe der Abs. 2 bis 5 natürliche und juristische Personen sowie offene Gesellschaften und Kommanditgesellschaften, bei denen Lehrlinge (§ 1) auf Grund eines Lehrvertrages (§ 12) zur Erlernung eines in der Lehrberufsliste (§ 7) angeführten Lehrberufes fachlich ausgebildet und im Rahmen dieser Ausbildung tätig (§ 9) werden. *(BGBl. Nr. 142/1969 idF BGBl. I Nr. 40/2010, Z 1 und BGBl. I Nr. 18/2020, Z 1)*

(2) Inhaber eines Gewerbes dürfen Lehrlinge in einem in der Lehrberufsliste angeführten Lehrberuf nur ausbilden, wenn

a) sie nach den Bestimmungen der Gewerbeordnung 1994, BGBl. Nr. 194/1994, zur Ausübung der Tätigkeit befugt sind, in der der Lehrling ausgebildet werden soll, *(BGBl. Nr. 142/1969 idF BGBl. Nr. 232/1978, Art. I Z 1 und BGBl. I Nr. 78/2015, Z 2)*
b) sie nicht nach den Bestimmungen des § 4 dieses Bundesgesetzes vom Recht zur Ausbildung von Lehrlingen ausgeschlossen sind,
c) sie, oder in den Fällen des § 3 der Ausbilder, die erforderlichen Fachkenntnisse besitzen und, sofern Abs. 8 und 9 nicht anders bestimmen, die Ausbilderprüfung erfolgreich abgelegt oder einen Ausbilderkurs erfolgreich absolviert haben und *(BGBl. I Nr. 67/1997, Art. I Z 1)*
d) die im Abs. 6 festgelegten Voraussetzungen gegeben sind.

(3) Inhaber eines Gewerbes, dessen Ausübung die Erbringung des Befähigungsnachweises voraussetzt (§ 16 Abs. 1 der Gewerbeordnung 1994), dürfen Lehrlinge in den ihrem Gewerbe entsprechenden Lehrberufen nur ausbilden, wenn sie – ausgenommen die Fälle des § 17 Abs. 1 der Gewerbeordnung 1994 – die erforderlichen Fachkenntnisse durch die Erfüllung der im § 16 Abs. 2 der Gewerbeordnung 1994 angeführten Voraussetzungen nachweisen. Dieser Nachweis ist nicht erforderlich, wenn ein Ausbilder (§ 3) mit der Ausbildung von Lehrlingen betraut ist. *(BGBl. Nr. 232/1978, Art. I Z 3)*

(4) Die für den Gewerbeinhaber einschließlich des Fortbetriebsberechtigten (§ 41 der Gewerbeordnung 1994) geltenden Bestimmungen dieses Bundesgesetzes finden auf den gewerberechtlichen Geschäftsführer (§ 39 der Gewerbeordnung 1994) und den Filialgeschäftsführer (§ 47 der Gewerbeordnung 1994) sinngemäß Anwendung. *(BGBl. Nr. 232/1978, Art. I Z 3 idF BGBl. I Nr. 40/2010, Z 2)*

(5) Das Ausbilden von Lehrlingen in einem in der Lehrberufsliste angeführten Lehrberuf ist ferner zulässig

a) durch die Inhaber von Betrieben, die nicht den Bestimmungen der Gewerbeordnung 1994 unterliegen, deren Inhaber aber Mitglied einer Landeskammer der gewerblichen Wirtschaft sind, *(BGBl. Nr. 232/1978, Art. I Z 4)*

b) in von land- und forstwirtschaftlichen Erwerbs- und Wirtschaftsgenossenschaften betriebenen Sägen, Harzverarbeitungsstätten, Mühlen und Molkereien, sofern in diesen Betrieben dauernd eine größere Anzahl von Dienstnehmern beschäftigt wird, als gemäß § 2 des Landarbeitsgesetzes, BGBl. Nr. 140/1948, in der jeweils geltenden Fassung, bestimmt ist, auch wenn diese Genossenschaft nicht Mitglied einer Landeskammer der gewerblichen Wirtschaft ist,

c) durch die Elektrizitätsversorgungsunternehmen, die gemeinnützigen Wohnungsunternehmen, die Sozialversicherungsträger, die Bauarbeiter-Urlaubs- und Abfertigungskasse und die gesetzlichen beruflichen Interessenvertretungen von Arbeitgebern und Arbeitnehmern, *(BGBl. Nr. 232/1978, Art. I Z 5 idF BGBl. I Nr. 40/2010, Z 3)*

d) durch die Inhaber von Betrieben, die der Herausgabe periodischer Druckschriften durch deren Herausgeber dienen, *(BGBl. Nr. 142/1969 idF BGBl. Nr. 232/1978, Art. I Z 6)*

e) durch Gebietskörperschaften, Universitäten, Hochschulen und die Österreichische Akademie der Wissenschaften, *(BGBl. I Nr. 40/2010, Z 4)*

f) durch Ausübende der freien Berufe, *(BGBl. Nr. 23/1993, Z 1)*

g) durch Vereine und sonstige juristische Personen, die nicht unter Abs. 2 fallen, sofern die Ausbildung von Lehrlingen im Rahmen ihres Wirkungsbereiches nicht den Hauptzweck bildet, *(BGBl. Nr. 23/1993, Z 2)*

wenn für die erforderliche Anzahl von Personen, die die persönlichen Voraussetzungen für das Ausbilden von Lehrlingen besitzen (Abs. 2 lit. b und c) vorgesorgt ist und die Voraussetzungen des Abs. 6 gegeben sind.

(6) Die Ausbildung von Lehrlingen ist nur zulässig, wenn der Betrieb oder die Werkstätte, allenfalls unter Berücksichtigung einer ergänzenden Ausbildung im Rahmen eines Ausbildungsverbundes, so eingerichtet ist und so geführt wird, dass den Lehrlingen die für die praktische Erlernung im betreffenden Lehrberuf notwendigen Fertigkeiten und Kenntnisse vermittelt werden können. *(BGBl. I Nr. 79/2003, Art. 1 Z 1)*

(6a) Bei Vorliegen begründeter Hinweise, dass in einem Lehrbetrieb die Ausbildungsvoraussetzungen gemäß Abs. 6 gänzlich oder teilweise nicht mehr vorliegen, kann der Landes-Berufsausbildungsbeirat im Rahmen seiner Aufgaben zu Qualitätssicherung und Qualitätsmanagement in der betrieblichen Ausbildung bei der Lehrlingsstelle eine Prüfung über das weitere Vorliegen der Voraussetzungen beantragen. Wenn im Zuge der Überprüfung festgestellt wird, dass die Ausbildungsvoraussetzungen nicht mehr oder nur mehr eingeschränkt vorliegen, ist über das Ergebnis ein Bescheid auszustellen. Vor der Erlassung dieses Bescheides ist der Kammer für Arbeiter und Angestellte bei sonstiger Nichtigkeit (§ 68 Abs. 4 Z 4 AVG) hievon Mitteilung zu machen und ihr Gelegenheit zur Abgabe einer schriftlichen Stellungnahme innerhalb einer Frist von drei Wochen zu geben. Auf begründetes Ersuchen hat die Lehrlingsstelle diese Frist angemessen zu erstrecken. Der Kammer für Arbeiter und Angestellte ist eine Ausfertigung des Bescheides zu übermitteln. Wenn die Entscheidung ihrer fristgerecht abgegebenen Stellungnahme widerspricht, steht ihr gegen den Bescheid das Recht der Beschwerde gemäß Art. 130 B-VG und gegen das Erkenntnis des Verwaltungsgerichtes die Revision gemäß Art. 133 B-VG wegen Rechtswidrigkeit zu. Die Lehrlingsstelle hat eine weitere Ausfertigung ihres Bescheides der zur Wahrnehmung des Arbeitnehmerschutzes zuständigen Behörde zu übermitteln. *(BGBl. I Nr. 78/2015, Z 3)*

(7) In Teilgewerben (§ 31 GewO 1994[5])) ist die Ausbildung von Lehrlingen bei Vorliegen der sonst nach diesem Bundesgesetz bestimmten Voraussetzungen zulässig. *(BGBl. I Nr. 111/2002, Art. II Z 1)*

(8) Lehrberechtigte, die erstmals Lehrlinge aufnehmen und die die Fachkenntnisse für die Ausbildung von Lehrlingen gemäß Abs. 2 lit. c noch nicht nachweisen können, dürfen selbst oder durch eine sonst geeignete und im Betrieb tätige Person, die zumindest die beruflichen Qualifikationen gemäß § 29c Abs. 1 besitzt, Lehrlinge ausbilden, müssen jedoch spätestens 18 Monate nach bescheidmäßiger Feststellung, daß die im § 3a Abs. 1 festgelegten Voraussetzungen vorliegen, den Nachweis der Fachkenntnisse für die Ausbildung von Lehrlingen gemäß Abs. 2 lit. c erbringen oder die Bestellung eines Ausbilders anzeigen. Wird innerhalb dieser Frist der Nachweis nicht erbracht oder die Bestellung eines Ausbilders nicht angezeigt, dürfen die bereits aufgenommenen Lehrlinge zwar weiter ausgebildet, neue Lehrlinge jedoch nicht aufgenommen werden. Dies gilt sinngemäß auch in Fällen, in denen vom Lehrberechtigten gemäß § 3 Abs. 1 ein Ausbilder bestellt werden muß. *(BGBl. I Nr. 67/1997, Art. I Z 2)*

(9) Scheidet während des Ausbildens von Lehrlingen ein Ausbilder unvorhergesehen aus und hat der Lehrberechtigte gemäß § 3 Abs. 1 unverzüglich einen anderen Ausbilder zu bestellen, so darf der Lehrberechtigte auch eine sonst geeignete und im Betrieb tätige Person, die zumindest die beruflichen Qualifikationen gemäß § 29c Abs. 1 besitzt, jedoch die Fachkenntnisse für die Ausbildung von Lehrlingen gemäß Abs. 2 lit. c noch nicht nachweisen kann, mit der weiteren Ausbildung von Lehrlingen betrauen. Innerhalb von 18 Monaten nach dem unvorhergesehenen Ausscheiden eines Ausbilders hat der Lehrberechtigte die Bestellung eines Ausbilders anzuzeigen. Ist dies nicht der Fall, so dürfen die bereits aufgenommenen Lehrlinge zwar weiter ausgebildet, neue Lehrlinge jedoch nicht aufgenommen werden. *(BGBl. I Nr. 67/1997, Art. I Z 2)*

Ausbildungsverbund

§ 2a. (1) Wenn in einem Lehrbetrieb (einer Ausbildungsstätte) die nach den Ausbildungsvorschriften festgelegten Fertigkeiten und Kenntnisse nicht in vollem Umfang vermittelt werden können, so ist die Ausbildung von Lehrlingen dann zulässig, wenn eine ergänzende Ausbildung durch Ausbildungsmaßnahmen in einem anderen hiefür geeigneten Betrieb oder einer anderen hiefür geeigneten Einrichtung erfolgt. Eine solche ergänzende Ausbildung ist nur dann zulässig, wenn im Lehrbetrieb die für den Lehrberuf wesentlichen Fertigkeiten und Kenntnisse überwiegend selbst ausgebildet werden können.

(2) Die ergänzende Ausbildung ist im Bescheid nach § 3a bezogen auf die Fertigkeiten und Kenntnisse gemäß dem Berufsbild sowie bezogen auf das Lehrjahr festzulegen. Eine die ergänzende Ausbildung betreffende Vereinbarung ist Bestandteil des Lehrvertrages gemäß § 12 Abs. 3 und 4; sie ist entweder im Lehrvertrag zu treffen oder dem Lehrvertrag als Anhang anzuschließen und bei Anmeldung des Lehrvertrages zur Eintragung vorzulegen.

(3) Wurde in einem Verfahren gemäß § 3a festgestellt, daß die Ausbildung von Lehrlingen nur dann zulässig ist, wenn eine ergänzende Ausbildung durch Ausbildungsmaßnahmen in einem anderen hiefür geeigneten Betrieb oder einer anderen hiefür geeigneten Einrichtung erfolgt, und wird ein Lehrvertrag bei der Lehrlingsstelle angemeldet, der keine sol-

---

[5]) § 31 der Gewerbeordnung 1994, BGBl. Nr. 194, idF des Bundesgesetzes BGBl. I Nr. 111/2002 lautet:

„**Einfache Tätigkeiten und Teilgewerbe mit vereinfachtem Zugang**

§ 31. (1) Einfache Tätigkeiten von reglementierten Gewerben, deren fachgemäße Ausübung den sonst vorgeschriebenen Befähigungsnachweis nicht erfordern, sind den betreffenden Gewerben nicht vorbehalten. Als einfache Tätigkeiten gelten jedenfalls nicht die für ein Gewerbe typischen Kerntätigkeiten, welche die für die Gewerbeausübung erforderlichen Kenntnisse, Fähigkeiten und Erfahrungen voraussetzen.

(2) Teilgewerbe sind Tätigkeiten eines reglementierten Gewerbes, deren selbstständige Ausführung auch von Personen erwartet werden kann, die die Befähigung hiefür auf vereinfachte Art nachweisen. Die Befähigung für ein Teilgewerbe ist bei der Anmeldung durch Belege der folgenden Art nachzuweisen:
1. Zeugnis über die erfolgreich abgelegte Lehrabschlussprüfung,
2. Zeugnis über eine fachliche Tätigkeit,
3. Zeugnis über den erfolgreichen Besuch einer Schule,
4. Zeugnis über den erfolgreichen Besuch eines Lehrganges.

(3) Der Bundesminister für Wirtschaft und Arbeit hat unter Bedachtnahme auf die technologische Entwicklung, die standardisierten Verfahrensweisen und die arbeitsteilige Organisation im Bereich eines reglementierten Gewerbes durch Verordnung festzulegen, welche Tätigkeiten eines reglementierten Gewerbes Teilgewerbe sind und durch welche Belege im Sinne des Abs. 2 – allein oder in entsprechender Verbindung untereinander – die Befähigung für ein Teilgewerbe nachzuweisen ist.

(4) Ob und inwieweit durch ein Zeugnis einer ausländischen Schule oder eines ausländischen Lehrganges die für die Ausübung eines Teilgewerbes erforderlichen fachlichen Fähigkeiten und Fertigkeiten erworben wurden, hat der Bundesminister für Wirtschaft und Arbeit im Einzelfall zu bestimmen.“

che ergänzende Ausbildung vorsieht, so hat die Lehrlingsstelle, wenn der Lehrvertrag nicht innerhalb angemessener Frist ergänzt wird, unter Anwendung des § 3a Abs. 3 mit Bescheid festzustellen, ob und inwieweit diese ergänzende Ausbildung noch erforderlich ist.

(4) Von den Bestimmungen der Abs. 1 und 2 kann im Rahmen von Modellprojekten, in welchen sich mehrere Unternehmen zum Zweck der Ausbildung zusammenschließen, abgewichen werden. Solche Projekte können vom Qualitätsausschuss gemäß § 31d Abs. 1 Z 2 vorgeschlagen werden und bedürfen einer wissenschaftlichen Begleitung und entsprechenden Qualitätssicherung. Dabei ist ein Lehrberechtigter mit allen Rechten und Pflichten festzulegen. *(BGBl. I Nr. 78/2015, Z 4)*

(BGBl. Nr. 23/1993, Z 3)

Der Ausbilder

§ 3. (1) Der Lehrberechtigte hat mit der Ausbildung von Lehrlingen andere Personen (Ausbilder) zu betrauen, die die Anforderungen des § 2 Abs. 2 lit. b und c erfüllen und in der Lage sind, sich im Lehrbetrieb (in der Ausbildungsstätte) entsprechend zu betätigen, sofern

1. der Lehrberechtigte eine juristische Person, eine offene Gesellschaft, eine Kommanditgesellschaft oder eine natürliche Person, die zur Gewerbeausübung einen Geschäftsführer zu bestellen hat (§ 16 GewO 1994) und selbst nicht die Fachkenntnisse für die Ausbildung von Lehrlingen gemäß § 2 Abs. 2 lit. c nachweisen kann, ist, *(BGBl. I Nr. 67/1997, Art. I Z 3 idF BGBl. I Nr. 40/2010, Z 5)*
2. die Art oder der Umfang des Unternehmens die fachliche Ausbildung des Lehrlings in dem betreffenden Lehrberuf unter der alleinigen Aufsicht der Lehrberechtigten nicht zuläßt oder
3. der Lehrberechtigte ein Fortbetriebsberechtigter im Sinne des § 41 der Gewerbeordnung 1994 ist.

(BGBl. I Nr. 67/1997, Art. I Z 3)

(2) Ein Lehrberechtigter, der gemäß Abs. 1 nicht verpflichtet ist, einen Ausbilder mit der Ausbildung von Lehrlingen zu betrauen, ist dazu berechtigt; dies gilt insbesondere, wenn es sich um ein durch Abs. 1 Z 2 nicht erfaßtes, in der Form eines Industriebetriebes ausgeübtes Gewerbe oder um die Ausübung von Rechten handelt, die dem Gewerbeinhaber im Rahmen seiner Gewerbeberechtigung zustehen, wie die Durchführung von Instandsetzungs- und Vollendungsarbeiten oder die Führung eines Nebenbetriebes. *(BGBl. Nr. 323/1978, Art. I Z 10 idF BGBl. I Nr. 67/1997, Art. I Z 4)*

(3) Ein gewerberechtlicher Geschäftsführer oder ein Filialgeschäftsführer darf als Ausbilder herangezogen werden, wenn er den Anforderungen des Abs. 1 entspricht.

(4) Der Ausbilder hat sich im Betrieb entsprechend zu betätigen.

(5) Sofern in einem Unternehmen mehrere Ausbilder mit der Ausbildung von Lehrlingen betraut wurden, hat der Lehrberechtigte eine Person mit der Koordination der gesamten Ausbildung zu betrauen (Ausbildungsleiter), wenn es zur sachgemäßen Ausbildung der Lehrlinge erforderlich ist.

(BGBl. Nr. 323/1978, Art. I Z 10)

Erstmaliges Ausbilden von Lehrlingen

§ 3a. (1) Bevor in einem Betrieb erstmalig Lehrlinge in einem bestimmten Lehrberuf ausgebildet werden sollen, hat die Lehrlingsstelle festzustellen, ob die im § 2 Abs. 6 angeführten Voraussetzungen für diesen Lehrberuf, allenfalls nach Maßgabe des § 2a, vorliegen. Diese Feststellung ist nicht erforderlich, wenn in diesem Betrieb bereits in nach diesem Bundesgesetz zulässiger Weise Lehrlinge in einem Lehrberuf ausgebildet wurden, der mit dem neuen Lehrberuf so weit verwandt ist, daß die Lehrzeit zumindest zur Hälfte auf die Lehrzeit des neuen Lehrberufs anzurechnen ist. Ist eine solche Feststellung für einen Lehrberuf jedoch notwendig, so bleibt das Ausbilden von Lehrlingen in diesem Lehrberuf bis zur Rechtskraft eines das Zutreffen der Voraussetzungen feststellenden Bescheides unzulässig. Mit dem Bescheid, der die Zulässigkeit der Ausbildung feststellt, hat die Lehrlingsstelle auch Lehrverträge in dem betreffenden Lehrberuf, die davor begründet wurden, für aufrecht zu erklären und mit der gesamten Lehrzeit einzutragen. Die Feststellung, daß die im § 2 Abs. 6 angeführten Voraussetzungen für die Ausbildung in einem bestimmten Lehrberuf vorliegen, gilt nur für den örtlichen Wirkungsbereich der Lehrlingsstelle. *(BGBl. Nr. 23/1993, Z 6)*

(2) Das Ausbilden von Lehrlingen in einem Betrieb, der unter Wahrung der Betriebsidentität auf einen Betriebsnachfolger übergegangen ist, gilt nicht als erstmaliges Ausbilden im Sinne des Abs. 1, wenn bereits vor dem Betriebsübergang in diesem Betrieb Lehrlinge ausgebildet worden sind. Der Betriebsnachfolger muß die Voraussetzungen des § 2 Abs. 2 erfüllen. Der Feststellungsbescheid wirkt nach Maßgabe des § 20 Abs. 3 lit. f auch für den Betriebsnachfolger. *(BGBl. Nr. 23/1993, Z 6)*

(3) Wer ein unter Abs. 1 fallendes Ausbilden von Lehrlingen beabsichtigt, hat bei der Lehrlingsstelle die Erlassung eines Feststellungsbescheides zu beantragen. Vor der Erlassung dieses Bescheides ist der Kammer für Arbeiter und Angestellte bei sonstiger Nichtigkeit

(§ 68 Abs. 4 Z 4 AVG) hievon Mitteilung zu machen und ihr Gelegenheit zur Abgabe einer schriftlichen Stellungnahme innerhalb einer Frist von drei Wochen zu geben. Auf begründetes Ersuchen hat die Lehrlingsstelle diese Frist angemessen zu erstrecken. Der Kammer für Arbeiter und Angestellte ist eine Ausfertigung des Bescheides zu übermitteln. Wenn die Entscheidung ihrer fristgerecht abgegebenen Stellungnahme widerspricht, steht ihr gegen den Bescheid das Recht der Beschwerde gemäß Art. 130 B-VG und gegen das Erkenntnis des Verwaltungsgerichtes die Revision gemäß Art. 133 B-VG wegen Rechtswidrigkeit zu. Die Lehrlingsstelle hat eine weitere Ausfertigung ihres Bescheides der zur Wahrnehmung des Arbeitnehmerschutzes zuständigen Behörde zu übermitteln. *(BGBl. Nr. 323/1978, Art. I Z 11 idF BGBl. I Nr. 129/2013, Art. 3 Z 1 und BGBl. I Nr. 78/2015, Z 5)*

(4) Ein Feststellungsverfahren gemäß Abs. 3 ist auch durchzuführen, wenn ein Lehrbetrieb die Ausbildung eines Lehrlings beabsichtigt und seit Beginn des Lehrverhältnisses des letzten Lehrvertrags gemäß § 20 Abs. 2 mehr als zehn Jahre vergangen sind. *(BGBl. I Nr. 78/2015, Z 6)*

(BGBl. Nr. 323/1978, Art. I Z 11)

Verbot des Ausbildens von Lehrlingen

§ 4. (1) Lehrberechtigte, die wegen einer vorsätzlichen, mit mehr als einjähriger Freiheitsstrafe bedrohten Handlung, wegen einer mit Bereicherungsvorsatz begangenen oder einer strafbaren Handlung gegen die Sittlichkeit oder wegen der Finanzvergehen des Schmuggels, der Hinterziehung von Eingangs- oder Ausgangsabgaben oder der Abgabenhehlerei nach § 37 Abs. 1 lit. a des Finanzstrafgesetzes, BGBl. Nr. 129/1958, rechtskräftig von einem Gericht verurteilt worden sind, ohne daß die Strafe bedingt nachgesehen worden ist, dürfen Lehrlinge weder aufnehmen noch die bereits aufgenommenen Lehrlinge weiter ausbilden. *(BGBl. Nr. 475/1974, Art. I Z 1 idF BGBl. Nr. 232/1978, Art. I Z 12)*

(2) Lehrberechtige, gegen die wegen einer der im Abs. 1 angeführten strafbaren Handlungen ein Ermittlungsverfahren nach der Strafprozeßordnung 1975 (StPO), BGBl. Nr. 631/1975, in der Fassung des Bundesgesetzes BGBl. I Nr. 34/2015, eingeleitet wurde, dürfen keine Lehrlinge aufnehmen. *(BGBl. I Nr. 78/2015, Z 7)*

(3) Die Bezirksverwaltungsbehörde hat auf Antrag des Lehrberechtigten oder des Lehrlings, für minderjährige Lehrlinge auf Antrag des gesetzlichen Vertreters, nach Anhörung der für den Lehrberechtigten zuständigen Fachgruppe (Fachvertretung, Kammer der gewerblichen Wirtschaft – Sektion Handel) und der Kammer für Arbeiter und Angestellte Ausnahmen von den Bestimmungen des Abs. 1 und 2 zu bewilligen, wenn kein Nachteil für die Lehrlinge zu befürchten ist.

(4) Die Bezirksverwaltungsbehörde hat einem Lehrberechtigten nach Anhörung der für ihn zuständigen Fachgruppe (Fachvertretung, Kammer der gewerblichen Wirtschaft) und der Kammer für Arbeiter und Angestellte die Ausbildung von Lehrlingen zu untersagen,

a) wenn gegen den Lehrberechtigten oder den Ausbilder wegen einer der im Abs. 1 angeführten strafbaren Handlungen ein Ermittlungsverfahren nach der Strafprozessordnung 1975 (StPO), BGBl. Nr. 631/1975, in der Fassung des Bundesgesetzes BGBl. I Nr. 34/2015, eingeleitet wurde, sofern durch diesen Umstand ein Nachteil für die Lehrlinge zu befürchten ist, *(BGBl. I Nr. 78/2015, Z 9)*
b) wenn der Ausbilder wegen einer der im Abs. 1 angeführten strafbaren Handlungen vom Gericht rechtskräftig verurteilt worden ist, ohne daß die Strafe bedingt nachgesehen worden ist, *(BGBl. Nr. 475/1974, Art. I Z 2)*
c) wenn der Lehrberechtigte oder der Ausbilder einer Sucht, insbesondere der Trunksucht, verfallen ist,
d) wenn der Lehrberechtigte oder der Ausbilder die Pflichten gegenüber seinem Lehrling gröblich verletzt, insbesondere wenn eine dieser Personen an dem nicht entsprechenden Ergebnis einer Lehrabschlussprüfung Schuld trägt, Vereinbarungen betreffend eine Ausbildung im Rahmen eines Ausbildungsverbundes nicht einhält oder diese Personen bzw. die verwaltungsstrafrechtlich verantwortlichen Personen wiederholt gemäß § 32 Abs. 1 bestraft wurden und dennoch diesen Pflichten nicht nachgekommen sind. Bei der Beurteilung ist insbesondere auch darauf abzustellen, ob aufgrund einer in der Vergangenheit gesetzten Pflichtverletzung die Setzung eines vergleichbaren oder eines anderen von dieser Litera erfassten Verhaltens auch in Zukunft im selben Lehrbetrieb nicht ausgeschlossen werden kann; oder *(BGBl. I Nr. 78/2015, Z 10)*
e) wenn der Betrieb oder die Werkstätte nicht den Anforderungen des § 2 Abs. 6 entspricht; in entsprechend begründeten Fällen kann die Untersagung auch nur für einzelne Lehrberufe ausgesprochen werden. *(BGBl. Nr. 23/1993, Z 7)*

(BGBl. Nr. 142/1969 idF BGBl. I Nr. 78/2015, Z 8)

(5) Die Ausbildung von Lehrlingen kann für immer oder auch, je nach der Art des Grundes, aus dem die Nichteignung des Lehrberechtigten oder des Ausbilders anzunehmen ist, für eine angemessene Zeit untersagt werden. Ist ein Ermittlungsverfahren nach der Strafprozessord-

nung 1975 (StPO), BGBl. Nr. 631/1975, in der Fassung des Bundesgesetzes BGBl. I Nr. 34/2015, der Grund der Maßnahme, so ist auszusprechen, dass das Verbot mit der Einstellung des Strafverfahrens, dem Rücktritt von der Verfolgung (Diversion) oder dem rechtskräftigen Freispruch endet. Ist die Nichteignung des Ausbilders (Abs. 4 lit. a bis d) oder des Betriebes oder der Werkstätte (Abs. 4 lit. e) der Grund der Maßnahme, so hat die Bezirksverwaltungsbehörde von dem Verbot abzusehen oder ein bereits erlassenes Verbot aufzuheben, wenn ein geeigneter Ausbilder mit der Ausbildung betraut wurde oder der Lehrberechtigte selbst die Ausbildung übernimmt, bzw. wenn der Betrieb oder die Werkstätte nunmehr den Anforderungen des § 2 Abs. 6 entspricht. *(BGBl. Nr. 142/1969 idF BGBl. I Nr. 78/2015, Z 11)*

(6) Bescheide gemäß Abs. 4 und 5, die ohne Anhörung der Landeskammer der gewerblichen Wirtschaft und der Kammer für Arbeiter und Angestellte erlassen worden sind, sind mit Nichtigkeit (§ 68 Abs. 4 Z 4 AVG) bedroht. Wenn die Entscheidung der Bezirksverwaltungsbehörde einem Antrag gemäß Abs. 10 oder der fristgerecht abgegebenen Stellungnahme der Landeskammer der gewerblichen Wirtschaft oder der Kammer für Arbeiter und Angestellte widerspricht, steht der Landeskammer der gewerblichen Wirtschaft oder der Kammer für Arbeiter und Angestellte gegen diesen Bescheid das Recht der Beschwerde gemäß Art. 130 B-VG und gegen das Erkenntnis des Verwaltungsgerichtes die Revision gemäß Art. 133 B-VG wegen Rechtswidrigkeit zu. *(BGBl. Nr. 23/1993, Z 8 idF BGBl. I Nr. 129/2013, Art. 3 Z 2 und BGBl. I Nr. 78/2015, Z 12)*

(7) Offene Gesellschaften und Kommanditgesellschaften dürfen nicht ihre persönlich haftenden Gesellschafter, Gesellschaften mit beschränkter Haftung ihre Gesellschafter und Geschäftsführer sowie Erwerbs- und Wirtschaftsgenossenschaften und Aktiengesellschaften ihre Vorstandsmitglieder als Lehrling ausbilden. *(BGBl. Nr. 142/1969 idF BGBl. I Nr. 40/2010, Z 6)*

(8) Die Bezirksverwaltungsbehörden haben die Lehrlingsstellen und die örtlich zuständigen Kammern für Arbeiter und Angestellte von rechtskräftigen Bescheiden, mit denen die Ausbildung von Lehrlingen untersagt wird, zu verständigen.

(9) Die Staatsanwaltschaft hat von der Einleitung eines Ermittlungsverfahrens nach der Strafprozessordnung 1975 (StPO), BGBl. Nr. 631/1975, in der Fassung des Bundesgesetzes BGBl. I Nr. 34/2015, gegen einen Lehrberechtigten wegen einer der im Abs. 1 angeführten strafbaren Handlungen die Bezirksverwaltungsbehörden, die Arbeitsinspektorate und die Lehrlingsstellen und von der Einleitung eines derartigen Ermittlungsverfahrens gegen einen Ausbilder die Bezirksverwaltungsbehörden und die Arbeitsinspektorate zu verständigen; weiters haben die Gerichte die Arbeitsinspektorate und die Lehrlingsstellen von der rechtskräftigen Verurteilung eines Lehrberechtigten wegen einer der im Abs. 1 angeführten strafbaren Handlungen sowie die Bezirksverwaltungsbehörden und die Arbeitsinspektorate von einer derartigen Verurteilung eines Ausbilders zu verständigen. *(BGBl. I Nr. 78/2015, Z 13)*

(10) Das Verfahren zur Untersagung der Ausbildung von Lehrlingen gemäß Abs. 4 ist von Amts wegen oder auf Antrag der Lehrlingsstelle, der Landeskammer der gewerblichen Wirtschaft oder der Kammer für Arbeiter und Angestellte einzuleiten. Anträge auf Untersagung der Ausbildung sind schriftlich zu stellen und zu begründen. *(BGBl. Nr. 23/1993, Z 9)*

Lehrberufe

§ 5. (1) Lehrberufe sind Tätigkeiten,

a) die alle oder einzelne Teile einer den Bestimmungen der Gewerbeordnung 1994 unterliegenden Beschäftigung oder mehrere solcher Beschäftigungen zum Gegenstand haben, *(BGBl. Nr. 142/1969 idF BGBl. Nr. 232/1978, Art. I Z 14)*

b) die geeignet sind, im Wirtschaftsleben den Gegenstand eines Berufes zu bilden, und

c) deren sachgemäße Erlernung mindestens zwei Jahre erfordert.

(2) Die in § 94 der Gewerbeordnung 1994 angeführten Handwerke sind nach Maßgabe des Berufsausbildungsgesetzes Lehrberufe. Lehrberufe sind für solche Handwerke einzurichten, für welche die fachliche Ausbildung nicht bereits durch einen bestehenden Lehrberuf in einem auf Grund der Gewerbeordnung 1994 verwandten Handwerk oder verwandten gebundenen Gewerbe sichergestellt ist. *(BGBl. Nr. 23/1993, Z 10)*

(3) Lehrberufe sind ferner Tätigkeiten,

a) die hinsichtlich der Berufsausbildung der Gesetzgebung und der Vollziehung des Bundes, nicht jedoch der Gewerbeordnung 1994 unterliegende Beschäftigungen zum Gegenstand haben, *(BGBl. Nr. 232/1978, Art. I Z 16)*

b) bei denen die Ausbildung in dieser Beschäftigung als Lehrling im Sinne dieses Bundesgesetzes im Hinblick auf die für diese Tätigkeiten erforderlichen Fertigkeiten und Kenntnisse zweckmäßig ist, und

c) bei denen die Voraussetzungen des Abs. 1 lit. b und c vorliegen.

(3a) Lehrberufe gemäß Abs. 1 bis 3, die als modulare Lehrberufe gemäß § 8 Abs. 4 eingerichtet werden, müssen aus einem Grundmodul und zumindest einem Hauptmodul sowie zumindest einem Spezialmodul bestehen. *(BGBl. I Nr. 5/2006, Z 1)*

(4) Lehrberufe, die auf Grund dieses Bundesgesetzes oder auf Grund anderer Rechtsvorschriften des Bundes oder der Länder eingerichtet sind, können in der Lehrberufsliste zueinander verwandt gestellt werden, wenn gleiche oder ähnliche Roh- oder Hilfsstoffe und Werkzeuge verwendet werden oder Tätigkeiten zu verrichten sind, die gleiche oder ähnliche Arbeitsgänge erfordern. Lehrberufe, die auf Grund anderer Rechtsvorschriften des Bundes oder der Länder eingerichtet sind, können jedoch nur dann zu Lehrberufen, die auf Grund dieses Bundesgesetzes eingerichtet sind, verwandt gestellt werden, wenn darüber hinaus in diesen anderen Rechtsvorschriften eine Verwandtschaft zu den entsprechenden auf Grund dieses Bundesgesetzes eingerichteten Lehrberufen festgelegt ist. Hinsichtlich der Zusatzprüfung gilt § 27. Lehrberufe, die Gewerben entsprechen, die zu einem verbundenen Gewerbe zusammengefaßt sind, sowie Lehrberufe, die verwandten Gewerben entsprechen, sind jedenfalls verwandt zu stellen. *(BGBl. I Nr. 67/1997, Art. I Z 5)*

(5) Verwandte Lehrberufe im Sinne des Abs. 4 können zu einem Lehrberuf zusammengefaßt werden. Eine solche Zusammenfassung darf nur erfolgen, wenn zumindest der Ersatz der Lehrabschlußprüfung für einen dieser von diesem neuen Lehrberuf erfaßten einzelnen Lehrberufe vorgesehen werden kann. Wenn das Zeugnis über die erfolgreiche Ablegung der Lehrabschlußprüfung in einem solchen neuen Lehrberuf das Zeugnis über die erfolgreiche Ablegung der Lehrabschlußprüfung in den von diesem neuen Lehrberuf erfaßten einzelnen Lehrberufen ersetzt, dürfen die von einem solchen neuen Lehrberuf erfaßten einzelnen Lehrberufe nicht im Rahmen einer Doppellehre ausgebildet werden. Werden einzelne Lehrberufe zu einem neuen Lehrberuf zusammengefaßt so ist gleichzeitig zu überprüfen, ob einer oder mehrere von diesen einzelnen Lehrberufen noch den Voraussetzungen des Abs. 1 entsprechen. Gegebenenfalls ist die Lehrberufsliste entsprechend zu ändern. *(BGBl. Nr. 23/1993, Z 11)*

(6) Außer in den im Abs. 5 dritter Satz und im Abs. 7 angeführten Fällen ist die gleichzeitige Ausbildung eines Lehrlings in zwei Lehrberufen zulässig. *(BGBl. Nr. 23/1993, Z 11)*

(7) Die gleichzeitige Ausbildung ist nicht zulässig:

a) bei verschiedenen Lehrberechtigten,
b) in Lehrberufen, die verwandt sind und deren Lehrzeit gegenseitig ohnedies in vollem Ausmaß anzurechnen ist (§ 6 Abs. 3), oder
c) in mehr als zwei Lehrberufen überhaupt.

(BGBl. Nr. 23/1993, Z 11)

(8) Die Ausbildung eines Lehrlings durch einen Lehrberechtigten, dessen Betrieb nur saisonmäßig geführt wird, ist nur dann zulässig, wenn für die Erfüllung der Berufsschulpflicht und für die Erreichung des Ausbildungsziels, beispielsweise im Rahmen eines Ausbildungsverbundes, vorgesorgt ist. Dies ist im Lehrvertrag unter sinngemäßer Anwendung des § 12 Abs. 4 darzulegen. *(BGBl. Nr. 23/1993, Z 11)*

Dauer der Lehrzeit

§ 6. (1) Die Dauer der Lehrzeit in einem Lehrberuf hat in der Regel drei Jahre zu betragen; sie darf innerhalb eines Zeitraumes von zwei bis höchstens vier Jahren nur in ganzen oder halben Jahren festgesetzt werden. Für die Festsetzung der Dauer der Lehrzeit eines Lehrberufes sind die in diesem zu erlernenden Fertigkeiten und Kenntnisse, der Schwierigkeitsgrad der Ausbildung in dem betreffenden Lehrberuf sowie die Anforderungen, die die Berufsausübung stellt, maßgebend.

(2) Bei gleichzeitiger Ausbildung in zwei Lehrberufen beträgt die Dauer der Gesamtlehrzeit die Hälfte der Gesamtdauer der beiden festgesetzten Lehrzeiten, vermehrt um ein Jahr; die gesamte Lehrzeit darf höchstens vier Jahre betragen.

(2a) Die Ausbildung eines Lehrlings in einem Lehrberuf, der als modularer Lehrberuf gemäß §§ 5 Abs. 3a und 8 Abs. 4 eingerichtet ist, hat jedenfalls ein Grundmodul und ein Hauptmodul in der Dauer von insgesamt mindestens drei Jahren zu umfassen. Innerhalb einer Gesamtausbildungsdauer von bis zu vier Jahren können dem Lehrling ein weiteres Hauptmodul oder zusätzlich ein oder zwei Spezialmodule vermittelt werden. Dies ist im Lehrvertrag festzulegen (§ 12 Abs. 3 Z 3). Bei der Ausschöpfung der Gesamtausbildungsdauer von vier Jahren dürfen höchstens so viele Hauptmodule und Spezialmodule vermittelt werden, dass die Summe der zeitlichen Dauer des Grundmoduls und der einzelnen Hauptmodule sowie der einzelnen Spezialmodule vier Jahre nicht überschreitet. *(BGBl. I Nr. 5/2006, Z 2)*

(3) Die Dauer der Lehrzeit verwandter Lehrberufe ist gegenseitig anrechenbar.

(4) Für die Festsetzung des Ausmaßes der Anrechnung von Lehrzeiten verwandter Lehrberufe in den einzelnen Lehrjahren ist maßgebend, ob und in welchem Umfang in den verwandten Lehrberufen während der einzelnen Lehrjahre gleiche oder ähnliche Roh- und Hilfsstoffe und Werkzeuge verwendet werden oder Tätigkeiten zu verrichten sind, die gleiche oder ähnliche Arbeitsgänge erfordern; hiebei ist auf die Berufsbilder (§ 8 Abs. 2) dieser

Lehrberufe Bedacht zu nehmen. *(BGBl. Nr. 232/1978, Art. I Z 18)*

(5) Das Ausmaß der Anrechnung von Lehrzeiten in nach § 5 Abs. 4 letzter Satz verwandten Lehrberufen beträgt zumindest die Hälfte der Lehrzeit. *(BGBl. I Nr. 67/1997, Art. I Z 6)*

(6) Der Bundesminister für Wirtschaft, Familie und Jugend hat mit Verordnung die Lehrberufe, die in einer verkürzten Lehrzeit erlernt werden können sowie das Ausmaß der Verkürzung, die allenfalls notwendige Vorbildung und die Grundzüge, wie diese verkürzte Ausbildung gestaltet werden muß, festzulegen. *(BGBl. I Nr. 67/1997, Art. I Z 6 idF BGBl. I Nr. 40/2010, Z 7)*

Lehrberufsliste

§ 7. (1) Der Bundesminister für Wirtschaft, Familie und Jugend hat mit Verordnung in einer Lehrberufsliste festzusetzen: *(BGBl. Nr. 142/1969 idF BGBl. I Nr. 40/2010, Z 8)*

a) die Lehrberufe im Sinne des § 5 Abs. 1 und des § 5 Abs. 3,
b) die Dauer der Lehrzeit im Sinne des § 6 Abs. 1,
c) die verwandten Lehrberufe im Sinne des § 5 Abs. 4, *(BGBl. Nr142/1969 idF BGBl. Nr. 23/1993, Z 12)*
d) das Ausmaß der Anrechnung von Lehrzeiten verwandter Lehrberufe im Sinne des § 6 Abs. 4 und *(BGBl. Nr142/1969 idF BGBl. Nr. 23/1993, Z 12)*
e) den Ersatz der Lehrabschlußprüfung durch erfolgreiche Ablegung der Lehrabschlußprüfung in einem anderen Lehrberuf. *(BGBl. Nr. 23/1993, Z 12)*

(2) Durch Änderungen der Lehrberufsliste darf in bestehende Lehrverhältnisse nicht eingegriffen werden.

(3) In den Lehrverträgen, Lehrzeugnissen, Lehrabschlußprüfungszeugnissen und Lehrbriefen ist der Lehrberuf in der dem Geschlecht des Lehrlings entsprechenden Form zu bezeichnen. *(BGBl. Nr. 23/1993, Z 13)*

Ausbildungsvorschriften

§ 8. (1) Der Bundesminister für Wirtschaft, Familie und Jugend hat für die einzelnen Lehrberufe nach Maßgabe der Abs. 2 bis 4, 12, 15 und 16 durch Verordnung Ausbildungsvorschriften festzulegen. *(BGBl. I Nr. 5/2006, Z 3 idF BGBl. I Nr. 40/2010, Z 9)*

(2) Die Ausbildungsvorschriften haben Berufsbilder zu enthalten; diese sind entsprechend den dem Lehrberuf eigentümlichen Arbeiten und den zur Ausübung dieser Tätigkeiten erforderlichen Hilfsverrichtungen, jedoch ohne Rücksicht auf sonstige Nebentätigkeiten des Lehrberufes unter Berücksichtigung der Anforderungen, die die Berufsausbildung stellt, festzulegen und haben hierbei nach Lehrjahren gegliedert die wesentlichen Fertigkeiten und Kenntnisse, die während der Ausbildung zu vermitteln sind, anzuführen.

(3) Die Ausbildungsvorschriften können für bestimmte Lehrberufe auch zusätzlich schwerpunktmäßig auszubildende Kenntnisse und Fertigkeiten beinhalten, die entsprechend der Ausbildungsberechtigung im Bescheid gemäß § 3a durch den Lehrbetrieb auszubilden sind. Die Lehrzeitdauer in der Ausbildung in unterschiedlichen Schwerpunkten eines Lehrberufes ist gleich. Die schwerpunktmäßige Ausbildung ist in die Bescheide gemäß § 3a und in die Lehrverträge aufzunehmen. Die Aufnahme der Bezeichnung des Schwerpunktes in die Lehrabschlussprüfungszeugnisse ist nur zulässig, wenn dies in der Ausbildungsordnung vorgesehen ist.

(4) Der Bundesminister für Wirtschaft, Familie und Jugend kann in den Ausbildungsvorschriften für einen Lehrberuf auch eine modulare Ausbildung festlegen. Ein modularer Lehrberuf besteht aus einem Grundmodul und zumindest einem Hauptmodul sowie zumindest einem Spezialmodul. Das Grundmodul hat die Fertigkeiten und Kenntnisse zu enthalten, die den grundlegenden Tätigkeiten eines oder mehrerer Lehrberufe entsprechen. Das Hauptmodul hat jene Fertigkeiten und Kenntnisse zu enthalten, die den dem Lehrberuf eigentümlichen Tätigkeiten und Arbeiten entsprechen. Die Mindestdauer eines Grundmoduls beträgt zwei Jahre, die Mindestdauer eines Hauptmoduls beträgt ein Jahr. Wenn dies auf Grund der besonderen Anforderungen des Lehrberufes für eine sachgemäße Ausbildung zweckmäßig ist, kann das Grundmodul mit einer Dauer von zumindest einem Jahr festgelegt werden; auch in diesem Fall ist in der Ausbildungsordnung die Gesamtdauer eines modularen Lehrberufes als Summe der Dauer von Grundmodul und Hauptmodul zumindest mit drei Jahren festzulegen. Die Ausbildungsinhalte des Grundmoduls und des Hauptmoduls haben zusammen die Beruflichkeit im Sinne des § 5 Abs. 1 bis 3 sicher zu stellen. Das Spezialmodul enthält weitere Fertigkeiten und Kenntnisse eines Lehrberufes im Sinne des § 5 Abs. 1 bis 3, die dem Qualifikationsbedarf eines Berufszweiges im Rahmen der Erstausbildung im Hinblick auf seine speziellen Produktionsweisen und Dienstleistungen entsprechen und die der Ausschöpfung der in § 6 Abs. 1 eingeräumten Möglichkeit zur Festlegung einer gesamten Lehrzeitdauer von höchstens vier Jahren dienen. Die Dauer eines Spezialmoduls beträgt ein halbes Jahr oder ein Jahr. In der Ausbildungsordnung ist auch festzulegen, inwiefern ein Grundmodul eines

Lehrberufes mit einem Hauptmodul oder Spezialmodul eines anderen Lehrberufes kombiniert werden kann. *(BGBl. I Nr. 5/2006, Z 3 idF BGBl. I Nr. 40/2010, Z 9)*

(5) Zur Sicherung einer sachgemäßen Ausbildung sind folgende Verhältniszahlen betreffend das Verhältnis der Anzahl der Lehrlinge zur Anzahl der im Betrieb beschäftigten, fachlich einschlägig ausgebildeten Personen einzuhalten:

1. eine fachlich einschlägig ausgebildete Person .... zwei Lehrlinge,
2. für jede weitere fachlich einschlägig ausgebildete Person .... je ein weiterer Lehrling.

(6) Auf die Verhältniszahlen von zweijährigen und dreijährigen Lehrberufen sind Lehrlinge in den letzten vier Monaten ihrer Lehrzeit nicht anzurechnen. Bei Lehrberufen mit einer Lehrzeitdauer von zweieinhalb und dreieinhalb Jahren sind Lehrlinge in den letzten sieben Monaten ihrer Lehrzeit nicht auf die Verhältniszahlen anzurechnen. Bei vierjährigen Lehrberufen sind Lehrlinge im letzten Jahr ihrer Lehrzeit nicht auf die Verhältniszahlen anzurechnen.

(7) Lehrlinge, denen mindestens zwei Lehrjahre ersetzt wurden, sowie fachlich einschlägig ausgebildete Personen, die nur vorübergehend oder aushilfsweise im Betrieb beschäftigt werden, sind nicht auf die Verhältniszahlen anzurechnen.

(8) Werden in einem Betrieb in mehr als einem Lehrberuf Lehrlinge ausgebildet, dann sind Personen, die für mehr als einen dieser Lehrberufe fachlich einschlägig ausgebildet sind, nur auf die Verhältniszahl eines dieser Lehrberufe anzurechnen.

(9) Ein Ausbilder ist bei der Ermittlung der Verhältniszahl gemäß Abs. 5 als eine fachlich einschlägig ausgebildete Person zu zählen. Wenn er jedoch mit Ausbildungsaufgaben in mehr als einem Lehrberuf betraut ist, ist er als eine fachlich einschlägig ausgebildete Person bei den Verhältniszahlen aller Lehrberufe zu zählen, in denen er Lehrlinge ausbildet.

(10) Zur Sicherung einer sachgemäßen Ausbildung sind folgende Verhältniszahlen betreffend das Verhältnis der Anzahl der Lehrlinge zur Anzahl der im Betrieb beschäftigten Ausbilder einzuhalten:

1. auf je fünf Lehrlinge zumindest ein Ausbilder, der nicht ausschließlich mit Ausbildungsaufgaben betraut ist,
2. auf je 15 Lehrlinge zumindest ein Ausbilder, der ausschließlich mit Ausbildungsaufgaben betraut ist.

Die Verhältniszahl gemäß Abs. 5 darf jedoch nicht überschritten werden.

(11) Ein Ausbilder, der mit Ausbildungsaufgaben in mehr als einem Lehrberuf betraut ist, darf – unter Beachtung der Verhältniszahlen gemäß Abs. 5 oder der entsprechenden durch Verordnung gemäß Abs. 12 festgelegten Verhältniszahlen – insgesamt höchstens so viele Lehrlinge ausbilden, wie es den Verhältniszahlen gemäß Abs. 10 oder den entsprechenden durch Verordnung gemäß Abs. 12 festgelegten höchsten Verhältniszahlen der in Betracht kommenden Lehrberufe entspricht.

(12) Der Bundesminister für Wirtschaft, Familie und Jugend hat in den Ausbildungsvorschriften von den Absätzen 5 bis 11 abweichende Regelungen über die Verhältniszahlen festzulegen, wenn dies auf Grund der besonderen Anforderungen des Lehrberufes für eine sachgemäße Ausbildung zweckmäßig ist. *(BGBl. I Nr. 5/2006, Z 3 idF BGBl. I Nr. 40/2010, Z 9)*

(13) Die Lehrlingsstelle hat auf Antrag des Lehrberechtigten die Lehrlingshöchstzahl gemäß Abs. 5 oder die entsprechende gemäß Abs. 12 in einer Ausbildungsordnung festgesetzte Lehrlingshöchstzahl bis zu 30 Prozent, mindestens jedoch um einen Lehrling durch Bescheid zu erhöhen, wenn nach den gegebenen Verhältnissen des betreffenden Einzelfalles eine sachgemäße Ausbildung bei der erhöhten Lehrlingszahl zu erwarten ist, dies in einer Stellungnahme des Landes-Berufsausbildungsbeirates festgestellt wird und ansonsten die Ausbildung von Lehrstellenbewerbern in dem betreffenden Lehrberuf nicht gewährleistet ist. Die Lehrlingsstelle hat unverzüglich eine Stellungnahme des Landes-Berufsausbildungsbeirates einzuholen; dieser hat die Stellungnahme innerhalb von drei Wochen zu erstatten. Die Lehrlingsstelle hat innerhalb von vier Wochen nach Einlangen des Antrages zu entscheiden. Der Antrag ist jedenfalls abzuweisen, wenn unter Nichtbeachtung der Verhältniszahl gemäß Abs. 5 oder der gemäß Abs. 12 festgesetzten Lehrlingshöchstzahl ein Lehrling bereits aufgenommen wurde. Bei Wegfall einer der im ersten Satz angeführten Voraussetzungen ist die Erhöhung der Lehrlingshöchstzahl zu widerrufen. *(BGBl. I Nr. 5/2006, Z 3 idF BGBl. I Nr. 40/2010, Z 10 und BGBl. I Nr. 129/2013, Art. 3 Z 3)*

(14) Wenn der Lehrlingsstelle Umstände bekannt werden, die die sachgemäße Ausbildung bei einem Lehrberechtigten in Frage stellen, hat sie eine entsprechende Überprüfung einzuleiten, ob durch eine Herabsetzung der gemäß Abs. 5 oder der entsprechenden gemäß Abs. 12 in einer Ausbildungsordnung festgesetzten Lehrlingshöchstzahl eine sachgemäße Ausbildung aufrechterhalten werden kann. Die Lehrlingsstelle hat hiezu eine Stellungnahme

des Landes-Berufsausbildungsbeirates einzuholen; dieser hat die Stellungnahme innerhalb von vier Wochen zu erstatten. Wird auf Grund der Stellungnahme des Landes-Berufsausbildungsbeirates festgestellt, dass durch eine solche Maßnahme eine sachgemäße Ausbildung bei dem Lehrberechtigten aufrechterhalten werden kann, so hat die Lehrlingsstelle durch Bescheid die Lehrlingshöchstzahl gemäß Abs. 5 oder die gemäß Abs. 12 in einer Ausbildungsordnung festgesetzte Lehrlingshöchstzahl entsprechend zu verringern. Durch diese Verringerung der Lehrlingshöchstzahl werden bestehende Lehrverhältnisse nicht berührt. Sind die Voraussetzungen für die Verringerungen weggefallen, so hat die Lehrlingsstelle diese Maßnahme zu widerrufen. *(BGBl. I Nr. 5/2006, Z 3 idF BGBl. I Nr. 40/2010, Z 10 und BGBl. I Nr. 129/2013, Art. 3 Z 4)*

(15) In den Ausbildungsvorschriften ist ferner vorzusehen, dass den Lehrlingen, insbesondere auch solchen, die bei einem Lehrberechtigten, dessen Betrieb nur saisonmäßig geführt wird, ausgebildet werden, die Möglichkeit gegeben wird, vor einer von der Lehrlingsstelle in sinngemäßer Anwendung des § 22 gebildeten Kommission Teilprüfungen zur Feststellung des jeweiligen Ausbildungsstandes abzulegen, wenn eine solche Maßnahme im Hinblick auf die besonderen Anforderungen des Lehrberufes zweckmäßig ist und die Lehrlingsstellen in der Lage sind, die erforderliche Anzahl von Prüfungskommissionen einzurichten.

(16) Wenn im Rahmen der gemäß Abs. 15 vorgesehenen Teilprüfungen die Fertigkeiten und Kenntnisse, die Gegenstand der Lehrabschlussprüfung sind, geprüft werden, ist in den Ausbildungsvorschriften festzulegen, dass durch die erfolgreiche Ablegung der Teilprüfungen und die Erreichung des Lehrzieles der letzten Klasse der Berufsschule die Ablegung der Lehrabschlussprüfung ersetzt wird.

(17) In den Ausbildungsvorschriften für einen Lehrberuf kann, insbesondere bei Überschneidungen von wesentlichen Teilen des Berufsbilds, die gleichzeitige Ausbildung in einem bestimmten anderen Lehrberuf (Doppellehre) ausgeschlossen werden. *(BGBl. I Nr. 78/2015, Z 14)*

(BGBl. I Nr. 5/2006, Z 3)

Ausbildungsversuche

§ 8a. (1) Wenn es im Interesse der Verbesserung der Ausbildung von Lehrlingen gelegen ist, kann der Bundesminister für Wirtschaft, Familie und Jugend zur Erprobung, ob bestimmte berufliche Tätigkeiten, deren fachgemäße Erlernung mindestens zwei Jahre dauert, geeignet sind, den Gegenstand eines neuen Lehrberufes im Sinne dieses Bundesgesetzes zu bilden, durch Verordnung die Durchführung eines Ausbildungsversuches vorsehen. In dieser Verordnung sind die betreffenden beruflichen Tätigkeiten, die Dauer der Ausbildung, die Ausbildungsvorschriften und die Gegenstände der Abschlußprüfung festzulegen. *(BGBl. Nr. 232/1978, Art. I Z 22 idF BGBl. I Nr. 40/2010, Z 8)*

(2) Wenn es im Interesse der Verbesserung der Ausbildung von Lehrlingen gelegen ist, kann der Bundesminister für Wirtschaft, Familie und Jugend zur Erprobung, ob bei einem in der Lehrberufsliste festgesetzten Lehrberuf eine Verkürzung oder Verlängerung der Dauer der Lehrzeit auf Grund des in den Ausbildungsvorschriften festgesetzten Berufsbildes zweckmäßig ist, durch Verordnung die Durchführung eines Ausbildungsversuches vorsehen. In dieser Verordnung ist der Lehrberuf anzugeben sowie die Dauer der Lehrzeit für den Ausbildungsversuch und unter Berücksichtigung der Zahl der in diesem Lehrberuf in Ausbildung stehenden Lehrlinge die Höchstzahl der Lehrlinge festzusetzen, die in den Ausbildungsversuch einbezogen werden dürfen. *(BGBl. Nr. 232/1978, Art. I Z 22 idF BGBl. I Nr. 40/2010, Z 8)*

(3) Der Ausbildungsversuch ist auf den Bereich eines Bundeslandes zu beschränken, wenn dies im Hinblick auf das örtlich beschränkte Vorkommen der betreffenden beruflichen Tätigkeiten erforderlich oder zur Erprobung ausreichend ist.

(4) Für die Dauer eines solchen Ausbildungsversuches sind die seinen Gegenstand bildenden Tätigkeiten einem Lehrberuf im Sinne dieses Bundesgesetzes gleichzuhalten.

(5) Der Lehrberechtigte hat auf Verlangen des Landes-Berufsausbildungsbeirates diesem Auskunft über die nähere Gestaltung und die Ergebnisse der Maßnahmen, die er im Rahmen des betreffenden Ausbildungsversuches durchführt, zu erteilen. Der Landes-Berufsausbildungsbeirat hat dieses Verlangen zu stellen, wenn dies mindestens zwei seiner Mitglieder beantragen. Der Lehrberechtigte hat ferner die Beobachtung dieser Maßnahmen durch die Lehrlingsstelle, durch die im § 19 Abs. 8 angeführten Behörden oder durch Mitglieder (Ersatzmitglieder) des Landes-Berufsausbildungsbeirates (§ 31a) oder des Bundes-Berufsausbildungsbeirates (§ 31) sowie die Befragung von Ausbildern und Lehrlingen bei dieser Beobachtung zuzulassen.

(6) Nach Beendigung eines Ausbildungsversuches gemäß Abs. 1 hat der Bundesminister für Wirtschaft, Familie und Jugend unter Berücksichtigung der beim Ausbildungsver-

such und bei den einschlägigen Prüfungen gemachten Erfahrungen zu prüfen, ob den den Gegenstand des Ausbildungsversuches bildenden beruflichen Tätigkeiten die Eignung als Lehrberuf zukommt, und – falls dies zutrifft – diese Tätigkeiten unter Bedachtnahme auf § 7 als Lehrberuf in die Lehrberufsliste aufzunehmen. In diesem Falle gilt die erfolgreich abgelegte Abschlußprüfung als Lehrabschlußprüfung im Sinne dieses Bundesgesetzes. *(BGBl. Nr. 232/1978, Art. I Z 22 idF BGBl. I Nr. 40/2010, Z 8)*

(7) Werden die den Gegenstand eines Ausbildungsversuches gemäß Abs. 1 bildenden beruflichen Tätigkeiten nicht als Lehrberuf in die Lehrberufsliste aufgenommen, so hat der Bundesminister für Wirtschaft, Familie und Jugend durch Verordnung zu bestimmen, auf welche Art und Weise die im Ausbildungsversuch ausgebildeten Lehrlinge mit Lehrlingen in bestehenden Lehrberufen gleichgestellt werden können; hiebei können insbesondere auch zusätzliche Ausbildungsmaßnahmen vorgeschrieben und kann die Möglichkeit der Anrechnung der Ausbildung im Ausbildungsversuch auf die Lehrzeit in fachlich in Betracht kommenden Lehrberufen festgelegt werden. Weiters sind in dieser Verordnung nähere Bestimmungen über die auszustellenden Zeugnisse unter Bedachtnahme auf die auf Grund des ersten Satzes sonst zu treffenden Maßnahmen zu erlassen. *(BGBl. Nr. 232/1978, Art. I Z 22 idF BGBl. I Nr. 40/2010, Z 8)*

(8) Nach Beendigung eines Ausbildungsversuches gemäß Abs. 2 hat der Bundesminister für Wirtschaft, Familie und Jugend unter Berücksichtigung der beim Ausbildungsversuch und bei den einschlägigen Prüfungen gemachten Erfahrungen zu prüfen, ob die in der Lehrberufsliste für den Lehrberuf festgesetzte Dauer der Lehrzeit zu ändern ist und – falls dies zutrifft – die Dauer der Lehrzeit für diesen Lehrberuf neu festzusetzen (§ 7). *(BGBl. Nr. 232/1978, Art. I Z 22 idF BGBl. I Nr. 40/2010, Z 8)*

(BGBl. Nr. 232/1978, Art. I Z 22)

§ 8b. (1) Zur Verbesserung der Eingliederung von benachteiligten Personen mit persönlichen Vermittlungshindernissen in das Berufsleben kann am Beginn oder im Laufe des Lehrverhältnisses im Lehrvertrag eine gegenüber der für den Lehrberuf festgesetzten Dauer der Lehrzeit (§ 7 Abs. 1 lit. b) längere Lehrzeit vereinbart werden. Die sich aufgrund der Lehrberufsliste ergebende Lehrzeit kann um höchstens ein Jahr, in Ausnahmefällen um bis zu zwei Jahre, verlängert werden, sofern dies für die Erreichung der Lehrabschlussprüfung notwendig ist.

(2) Zur Verbesserung der Eingliederung von benachteiligten Personen mit persönlichen Vermittlungshindernissen in das Berufsleben kann in einem Ausbildungsvertrag die Festlegung einer Teilqualifikation durch Einschränkung auf bestimmte Teile des Berufsbildes eines Lehrberufes, allenfalls unter Ergänzung von Fertigkeiten und Kenntnissen aus Berufsbildern weiterer Lehrberufe, vereinbart werden. In der Vereinbarung sind jedenfalls die zu vermittelnden Fertigkeiten und Kenntnisse und die Dauer der Ausbildung festzulegen. Die Dauer dieser Ausbildung kann zwischen einem und drei Jahren betragen. Ein Ausbildungsvertrag über eine Teilqualifizierung hat Fertigkeiten und Kenntnisse zu umfassen, die im Wirtschaftsleben verwertbar sind.

(3) Die Ausbildung gemäß Abs. 1 oder Abs. 2 soll vorrangig in Lehrbetrieben durchgeführt werden. *(BGBl. I Nr. 79/2003, Art. 1 Z 5 idF BGBl. I Nr. 78/2015, Z 16)*

(4) Für die Ausbildung gemäß Abs. 1 oder Abs. 2 kommen Personen in Betracht, die das Arbeitsmarktservice nicht in ein Lehrverhältnis als Lehrling gemäß § 1 vermitteln konnte und auf die eine der folgenden Voraussetzungen zutrifft:

1. Personen, die am Ende der Pflichtschule sonderpädagogischen Förderbedarf hatten und zumindest teilweise nach dem Lehrplan einer Sonderschule unterrichtet wurden, oder
2. Personen ohne Abschluss der Hauptschule oder der Neuen Mittelschule bzw. mit negativem Abschluss einer dieser Schulen, oder *(BGBl. I Nr. 78/2015, Z 18)*
3. Behinderte im Sinne des Behinderteneinstellungsgesetzes bzw. des jeweiligen Landesbehindertengesetzes, oder
4. Personen, von denen aufgrund des Ergebnisses einer vom Arbeitsmarktservice oder Sozialministeriumsservice beauftragten Beratungs-, Betreuungs- oder Orientierungsmaßnahme angenommen werden muss, dass für sie aus ausschließlich in der Person gelegenen Gründen, die durch eine fachliche Beurteilung nach einem in den entsprechenden Richtlinien des Arbeitsmarktservices oder des Sozialministeriumservices zu konkretisierenden Vier-Augen-Prinzip festgestellt wurden, der Abschluss eines Lehrvertrages gemäß § 1 nicht möglich ist. *(BGBl. I Nr. 78/2015, Z 19)*

(BGBl. I Nr. 79/2003, Art. 1 Z 5 idF BGBl. I Nr. 78/2015, Z 17)

(5) Die Lehrlingsstelle darf einen Lehrvertrag gemäß Abs. 1 oder einen Ausbildungsvertrag gemäß Abs. 2 nur eintragen, wenn auf die betreffende Person eine der Voraussetzungen

gemäß Abs. 4 Z 1 bis 4 zutrifft und wenn das Arbeitsmarktservice diese Person nicht in ein Lehrverhältnis als Lehrling gemäß § 1 vermitteln konnte. Bei einem Wechsel in eine andere Ausbildungsform gemäß Abs. 11 ist kein Vermittlungsversuch durch das Arbeitsmarktservice erforderlich. *(BGBl. I Nr. 79/2003, Art. 1 Z 5 idF BGBl. I Nr. 40/2010, Z 11)*

(6) Das Ausbildungsverhältnis gemäß Abs. 1 oder Abs. 2 ist durch die Berufsausbildungsassistenz zu begleiten und zu unterstützen. Die Berufsausbildungsassistenz hat im Zuge ihrer Unterstützungstätigkeit sozialpädagogische, psychologische und didaktische Probleme von Personen, die ihnen im Rahmen der Ausbildung anvertraut sind, mit Vertretern von Lehrbetrieben, besonderen selbständigen Ausbildungseinrichtungen und Berufsschulen zu erörtern, um zur Lösung dieser Probleme beizutragen. Die Berufsausbildungsassistenz hat zu Beginn der Ausbildung gemeinsam mit den dafür in Frage kommenden Personen bzw. den Erziehungsberechtigten und den Lehrberechtigten bzw. Ausbildungsverantwortlichen oder den Ausbildungseinrichtungen und unter Einbeziehung der Schulbehörde erster Instanz und des Schulerhalters die Ziele der Ausbildung festzulegen und bei der Abschlussprüfung gemäß Abs. 10 mitzuwirken. Sie hat zusammen mit einem Experten des betreffenden Berufsbereiches die Abschlussprüfung zum Abschluss der Ausbildung gemäß Abs. 2 durchzuführen. Die Berufsausbildungsassistenz hat bei einem Ausbildungswechsel das Einvernehmen mit den genannten, an der Ausbildung Beteiligten herzustellen und diesbezüglich besondere Beratungen durchzuführen. *(BGBl. I Nr. 78/2015, Z 20)*

(7) Die Lehrlingsstelle darf einen Lehrvertrag gemäß Abs. 1 oder einen Ausbildungsvertrag gemäß Abs. 2 nur eintragen, wenn eine verbindliche Erklärung des Arbeitsmarktservice, des Sozialministeriumservice oder einer Gebietskörperschaft bzw. einer Einrichtung einer Gebietskörperschaft über die Durchführung der Berufsausbildungsassistenz vorliegt. Diese können eine bewährte Einrichtung auf dem Gebiet der sozialpädagogischen Betreuung und Begleitung mit der Durchführung der Berufsausbildungsassistenz betrauen. *(BGBl. I Nr. 79/2003, Art. 1 Z 5 idF BGBl. I Nr. 138/2013, Art. 13 Z 4 iVm BGBl. II Nr. 59/2014)*

(8) Die Festlegung der Ausbildungsinhalte, des Ausbildungszieles und der Zeitdauer im Rahmen der Ausbildung hat durch die Vertragsparteien gemeinsam mit der Berufsausbildungsassistenz unter Einbeziehung der Schulbehörde erster Instanz und des Schulerhalters zu erfolgen. Dabei sind auch pädagogische Begleitmaßnahmen bzw. die Form der Einbindung in den Berufsschulunterricht unter Berücksichtigung der persönlichen Fähigkeiten und Bedürfnisse der die Berufsausbildung anstrebenden Person festzulegen. *(BGBl. I Nr. 40/2010, Z 13 idF BGBl. I Nr. 78/2015, Z 21 und BGBl. I Nr. 18/2020, Z 3)*

(9) Vor Beginn einer Berufsausbildung kann vom Arbeitsmarktservice der Besuch einer beruflichen Orientierungsmaßnahme empfohlen werden. Die berufliche Orientierungsmaßnahme gründet weder auf einem Ausbildungsvertrag noch auf einem Lehrvertrag. *(BGBl. I Nr. 79/2003, Art. 1 Z 5 idF BGBl. I Nr. 78/2015, Z 22)*

(10) Die Feststellung der in einer Ausbildung gemäß Abs. 2 erworbenen Qualifikationen erfolgt durch eine Abschlussprüfung am Ende der Ausbildungszeit, frühestens zwölf Wochen vor dem regulären Ende der Ausbildung. Die Abschlussprüfung findet im Lehrbetrieb oder in einer sonst geeigneten Einrichtung statt und ist durch einen von der Lehrlingsstelle im Einvernehmen mit dem Landes-Berufsausbildungsbeirat zu nominierenden Experten des betreffenden Berufsbereiches und ein Mitglied der Berufsausbildungsassistenz durchzuführen. Dabei ist anhand der vereinbarten Ausbildungsinhalte und Ausbildungsziele festzustellen, welcher Ausbildungsstand erreicht und welche Fertigkeiten und Kenntnisse erworben wurden. Die Lehrlingsstelle hat im Einvernehmen mit dem Landes-Berufsausbildungsbeirat den Ablauf der Abschlussprüfungen und die Gestaltung der jeweiligen Abschlusszeugnisse entsprechend den Erfordernissen des jeweiligen Berufsbereiches festzulegen. Im Abschlusszeugnis sind die festgestellten Fertigkeiten und Kenntnisse zu dokumentieren. Die für die Lehrabschlussprüfung geltenden Bestimmungen betreffend Prüfungstaxe und Prüferentschädigung sind anzuwenden. *(BGBl. I Nr. 40/2010, Z 14)*

(11) Bei einer Ausbildung in einem Lehrberuf gemäß § 1, bei einer Ausbildung in einem Lehrberuf gemäß Abs. 1 oder bei einer Ausbildung gemäß Abs. 2 ist ein Wechsel in eine jeweils andere dieser Ausbildungen im Zusammenhang mit einer Vereinbarung zwischen dem Lehrberechtigten und dem Lehrling und im Einvernehmen mit der Berufsausbildungsassistenz sowie unter Einbeziehung der Schulbehörde erster Instanz möglich. Der Wechsel der Ausbildung hat durch den Abschluss eines neuen Lehrvertrages bzw. eines neuen Ausbildungsvertrages zu erfolgen. Der Wechsel von einer Ausbildung in einem Lehrberuf gemäß § 1 zu einer Ausbildung in einem Lehrberuf gemäß Abs. 1 und umgekehrt kann auch durch Änderung des Lehrvertrages erfolgen. Bei einem Wechsel der Ausbildung sind im Einver-

nehmen mit der Berufsausbildungsassistenz die in der Folge noch erforderlichen Ausbildungsinhalte und die noch erforderliche Ausbildungsdauer festzulegen. Die Probezeit beginnt bei einem Wechsel der Ausbildung im selben Ausbildungsbetrieb bzw. derselben Ausbildungseinrichtung nicht von neuem zu laufen. Bei einem Wechsel von einer Ausbildung in einem Lehrberuf gemäß § 1 in eine Ausbildung in einem Lehrberuf gemäß Abs. 1 oder in eine Ausbildung gemäß Abs. 2 wird das Zutreffen der Voraussetzung gemäß Abs. 4 Z 4 durch die Berufsausbildungsassistenz mit der Maßgabe, dass die von der betreffenden Person begonnene Lehre in der regulären Form voraussichtlich nicht erfolgreich abgeschlossen werden kann, bestätigt. *(BGBl. I Nr. 79/2003, Art. 1 Z 5 idF BGBl. I Nr. 40/2010, Z 15)*

(12) Wurde im Rahmen einer Ausbildung gemäß Abs. 2 sowohl das Ausbildungsziel des Abs. 10 im Sinne einer erfolgreichen Ablegung der Abschlussprüfung als auch das berufsfachliche Bildungsziel der ersten Schulstufe der Berufsschule erreicht, so ist bei einer anschließenden Ausbildung in einem Lehrberuf gemäß § 1 oder in einem Lehrberuf gemäß Abs. 1 zumindest das erste Lehrjahr auf die Dauer der Lehrzeit des betreffenden Lehrberufes anzurechnen, sofern nicht eine Vereinbarung zwischen dem Lehrberechtigten und dem Lehrling über eine weitergehende Anrechnung vorliegt.

(13) Personen, die eine Berufsausbildung gemäß § 8b oder § 8c absolvieren, gelten als Lehrlinge im Sinne des Allgemeinen Sozialversicherungsgesetzes, im Sinne des Familienlastenausgleichsgesetzes, BGBl. Nr. 376/1967, im Sinne des Arbeitslosenversicherungsgesetzes 1977, im Sinne des Insolvenz-Entgeltsicherungsgesetzes (IESG), BGBl. Nr. 324/1977 und im Sinne des Einkommensteuergesetzes. Dies gilt weiters für Personen, die sich in einer diesen Ausbildungen vorgelagerten Berufsorientierungsmaßnahme befinden, bis zum Ausmaß von sechs Monaten einer solchen Berufsorientierungsmaßnahme. Personen, die im Rahmen einer Berufsausbildung gemäß Abs. 1 ausgebildet werden, sind hinsichtlich der Berufsschulpflicht Lehrlingen gleichgestellt. Für Personen, die im Rahmen einer Berufsausbildung gemäß Abs. 2 ausgebildet werden, besteht nach Maßgabe der Festlegungen gemäß Abs. 8 die Pflicht bzw. das Recht zum Besuch der Berufsschule. Personen, die in einer Ausbildungseinrichtung gemäß § 8c ausgebildet werden, haben Anspruch auf eine Ausbildungsbeihilfe, die die Beitragsgrundlage für die Bemessung der Sozialversicherungsbeiträge bildet. Auf Personen, die in einer Ausbildungseinrichtung gemäß § 8c ausgebildet werden, sind weiters die Bestimmungen der §§ 2a, 2b, 3, 4, 4a, 5 Abs. 1 und 3, 6, 7, 8, 8a, 9 und 14 des Mutterschutzgesetzes 1979 (MSchG), BGBl. Nr. 221/1979, in der Fassung des Bundesgesetzes BGBl. I Nr. 138/2013, anzuwenden; § 14 des Mutterschutzgesetzes 1979 gilt mit der Maßgabe, dass an die Stelle des Entgelts die Ausbildungsbeihilfe tritt. *(BGBl. I Nr. 40/2010, Z 16 idF BGBl. I Nr. 78/2015, Z 23 und 24)*

(14) Der Bundesminister für Wissenschaft, Forschung und Wirtschaft kann für Teilqualifikationen gemäß Abs. 2 in Richtlinien standardisierte Ausbildungsprogramme festlegen, um die Transparenz der erworbenen Abschlüsse zu erhöhen und die Eingliederung der Absolventen und Absolventinnen in den Arbeitsmarkt zu erleichtern. Das Ausbildungsprogramm kann eine Dauer der Ausbildung von einem bis zu drei Jahren vorsehen. Die Richtlinien haben nach Lehrjahren gegliedert die wesentlichen Fertigkeiten und Kenntnisse, die während der Ausbildung zu vermitteln sind, anzuführen. Vor Erlassung von Richtlinien hat der Bundesminister für Wissenschaft, Forschung und Wirtschaft den Entwurf dem Bundes-Berufsausbildungsbeirat zu übermitteln und ihm eine mindestens zweimonatige Frist zur Stellungnahme einzuräumen. Unternehmen, die Personen in einer standardisierten Teilqualifikation ausbilden wollen, müssen über einen Bescheid gemäß § 3a, allenfalls in Verbindung mit § 2a (Ausbildungsverbund), verfügen. *(BGBl. I Nr. 78/2015, Z 25)*

(15) Im Übrigen gelten die Bestimmungen dieses Bundesgesetzes sinngemäß. *(BGBl. I Nr. 79/2003, Art. 1 Z 5 idF BGBl. I Nr. 40/2010, Z 16 und BGBl. I Nr. 78/2015, Z 25)*

(14) bis (21) entfallen (BGBl. I Nr. 40/2010, Z 16)

(BGBl. I Nr. 79/2003, Art. 1 Z 5 idF BGBl. I Nr. 78/2015, Z 15)

§ 8c. (1) Die überbetriebliche Lehrausbildung ergänzt und unterstützt die betriebliche Ausbildung in Lehrbetrieben gemäß § 2 für Personen, die keine Ausbildung gemäß § 8b Abs. 1 oder § 8b Abs. 2 in einem Lehrbetrieb beginnen können und die das Arbeitsmarktservice nicht erfolgreich auf eine Lehrstelle oder betriebliche Ausbildungsstelle vermitteln konnte. Die Ausbildung in überbetrieblichen Ausbildungseinrichtungen soll daher auch die Einbeziehung von Unternehmen, bevorzugt von solchen, die auch zur Ausbildung von Lehrlingen gemäß § 3a berechtigt sind, beinhalten mit dem Ziel, den auszubildenden Personen den Beginn eines Lehrverhältnisses gemäß § 8b Abs. 1 oder eines betrieblichen Ausbildungsverhältnisses gemäß § 8b Abs. 2 zu ermöglichen, sofern dies mit der individuellen Zielsetzung der Ausbildung und den persönlichen Anforderungen und Bedürfnissen des Lehrlings oder des bzw. der Auszubildenden vereinbar ist.

(2) Voraussetzung zur Führung und zum Betrieb einer überbetrieblichen Ausbildungseinrichtung ist eine Bewilligung der Bundesministerin für Digitalisierung und Wirtschaftsstandort. Für das Bewilligungsverfahren gelten die Bestimmungen des § 30 Abs. 2 bis 6 nach Maßgabe des Abs. 1 sowie, dass im Falle einer Ausbildung gemäß § 8b Abs. 2 die Organisation und Ausstattung der Ausbildungseinrichtung die Vermittlung der betreffenden Teilqualifikationen ermöglichen muss. *(BGBl. I Nr. 18/2020, Z 4)*

(3) Bewilligungen für Ausbildungseinrichtungen gemäß § 30 können als Bewilligungen für Ausbildungseinrichtungen gemäß § 8c beansprucht werden. *(BGBl. I Nr. 40/2010, Z 17 idF BGBl. I Nr. 18/2020, Z 5)*

(5) Soweit § 8c keine besondere Regelung enthält, sind die Bestimmungen des § 8b anzuwenden. *(BGBl. I Nr. 40/2010, Z 17 idF BGBl. I Nr. 18/2020, Z 5)*

(6) Auf die Inhaber einer Bewilligung gemäß Abs. 1, auf die dort in Ausbildung Stehenden und die Ausbildungsverhältnisse überhaupt, finden die Bestimmungen dieses Bundesgesetzes mit Ausnahme der §§ 15a, 17, 17a und 18 mit der Maßgabe Anwendung, dass im Falle der Ausbildung gemäß § 8b Abs. 1 kein Lehrvertrag abzuschließen ist und die Ausbildungsverhältnisse in Ausbildungen gemäß § 8b Abs. 1 und 2 bei der Lehrlingsstelle in Form einer Liste, die sämtliche im § 12 Abs. 3 geforderten Angaben enthalten muss, anzumelden sind. *(BGBl. I Nr. 40/2010, Z 17 idF BGBl. I Nr. 18/2020, Z 5)*

(BGBl. I Nr. 40/2010, Z 17 idF BGBl. I Nr. 78/2015, Z 26)

Pflichten des Lehrberechtigten

§ 9. (1) Der Lehrberechtigte hat für die Ausbildung des Lehrlings zu sorgen und ihn unter Bedachtnahme auf die Ausbildungsvorschriften des Lehrberufes selbst zu unterweisen oder durch geeignete Personen unterweisen zu lassen.

(2) Der Lehrberechtigte hat den Lehrling nur zu solchen Tätigkeiten heranzuziehen, die mit dem Wesen der Ausbildung vereinbar sind. Dem Lehrling dürfen keine Aufgaben zugewiesen werden, die seine Kräfte übersteigen.

(3) Der Lehrberechtigte hat den Lehrling zur ordnungsgemäßen Erfüllung seiner Aufgaben und zu verantwortungsbewußtem Verhalten anzuleiten und ihm diesbezüglich ein gutes Beispiel zu geben; er darf den Lehrling weder mißhandeln noch körperlich züchtigen und hat ihn vor Mißhandlungen oder körperlichen Züchtigungen durch andere Personen, insbesondere durch Betriebs- und Haushaltsangehörige, zu schützen. *(BGBl. Nr. 232/1978, Art. I Z 23)*

(4) Der Lehrberechtigte hat die Eltern oder sonstige Erziehungsberechtigte des Lehrlings von wichtigen Vorkommnissen, die die Ausbildung eines minderjährigen Lehrlings betreffen, und, sofern ein minderjähriger Lehrling in die Hausgemeinschaft des Lehrberechtigten aufgenommen wurde, auch von einer Erkrankung des Lehrlings ehestens zu verständigen. Die Verständigung vom Eintritt der Endigung des Lehrverhältnisses gemäß § 14 Abs. 2 lit. b und d hat schriftlich und auch an den Lehrling zu erfolgen. *(BGBl. Nr. 232/1978, Art. I Z 23)*

(5) Der Lehrberechtigte hat dem Lehrling, der zum Besuch der Berufsschule verpflichtet ist, die zum Schulbesuch erforderliche Zeit freizugeben und ihn zum regelmäßigen Schulbesuch anzuhalten sowie auf den Stand der Ausbildung in der Berufsschule nach Möglichkeit Bedacht zu nehmen. Die Lehrberechtigten haben die Kosten der Unterbringung und Verpflegung, die durch den Aufenthalt der Lehrlinge in einem für die Schüler der Berufsschule bestimmten Schülerheim zur Erfüllung der Berufsschulpflicht entstehen (Internatskosten), zu tragen. Bei Unterbringung in einem anderen Quartier sind ebenso die bei Unterbringung in einem Schülerheim entstehenden Kosten zu tragen. Der Lehrberechtigte kann einen Ersatz dieser Kosten bei der für ihn zuständigen Lehrlingsstelle beantragen. Der Kostenersatz gilt nicht für Lehrberechtigte beim Bund, bei einem Land, einer Gemeinde oder einem Gemeindeverband. *(BGBl. Nr. 142/1969 idF BGBl. Nr. 232/1978, Art. I Z 24 und BGBl. I Nr. 154/2017, Art. 2 Z 1)*

(6) Wenn an ganzjährigen und saisonmäßigen Berufsschulen einzelne Unterrichtsstunden an einem Schultag entfallen oder wenn an lehrgangsmäßigen Berufsschulen während des Lehrganges der Unterricht an bis zu zwei aufeinanderfolgenden Werktagen entfällt und es in jedem dieser Fälle wegen des Verhältnisses zwischen der im Betrieb zu verbringenden Zeit und der Wegzeit nicht zumutbar ist, daß der Lehrling während dieser unterrichtsfreien Zeit den Betrieb aufsucht, hat der Lehrberechtigte dem Lehrling diese Zeit unter Fortzahlung des Lehrlingseinkommens frei zu geben. *(BGBl. Nr. 232/1978, Art. I Z 25 idF BGBl. I Nr. 18/2020, Z 6)*

(7) Der Lehrberechtigte hat dem Lehrling die zur Ablegung der Lehrabschlußprüfung und der in den Ausbildungsvorschriften vorgesehenen Teilprüfungen erforderliche Zeit

freizugeben. Wenn der Lehrling während der Lehrzeit oder während der Zeit seiner Weiterbeschäftigung gemäß § 18 dieses Bundesgesetzes erstmals zur Lehrabschlußprüfung antritt, hat der Lehrberechtigte dem Lehrling die Kosten der Prüfungstaxe zu ersetzen. *(BGBl. Nr. 142/1969 idF BGBl. Nr. 232/1978, Art. I Z 26 und BGBl. I Nr. 18/2020, Z 7)*

(8) Die Abs. 2 bis 7 gelten für den Ausbilder sinngemäß. Der Lehrberechtigte hat dafür Sorge zu tragen, daß dem Ausbilder die zur Erfüllung seiner Ausbildungsaufgaben erforderliche Zeit sowie eine angemessene Zeit zur beruflichen Weiterbildung im Interesse der Verbesserung der Ausbildung von Lehrlingen zur Verfügung steht. *(BGBl. Nr. 232/1978, Art. I Z 27)*

(9) Der Lehrberechtigte hat der Lehrlingsstelle ohne unnötigen Aufschub, spätestens jedoch binnen vier Wochen anzuzeigen:

a) die Dauer des Lehrverhältnisses gemäß § 13 Abs. 3 berührende Umstände,
b) eine Endigung des Lehrverhältnisses gemäß § 14 Abs. 2 lit. a oder d, *(BGBl. I Nr. 78/2015, Z 28)*
c) eine Fortsetzung des Lehrverhältnisses gemäß § 14 Abs. 3,
d) eine vorzeitige Auflösung des Lehrverhältnisses (§ 15) und
e) die Betrauung und den Wechsel des Ausbilders, sofern jedoch ein Ausbildungsleiter betraut wurde (§ 3 Abs. 5), dessen Betrauung und Wechsel.

(BGBl. Nr. 232/1978, Art. I Z 27)

(9a) Der Gerichtskommissär im Verlassenschaftsverfahren bzw., wenn kein Gerichtskommisär bestellt wurde, das Verlassenschaftsgericht hat der Lehrlingsstelle ohne unnötigen Aufschub, spätestens jedoch binnen vier Wochen eine Endigung des Lehrverhältnisses durch Ableben des Lehrberechtigten gemäß § 14 Abs. 2 lit. b anzuzeigen. *(BGBl. I Nr. 78/2015, Z 29)*

(10) Die Lehrlingsstellen haben die zuständige Kammer für Arbeiter und Angestellte vom Inhalt der auf Grund des Abs. 9 erstatteten Anzeigen in Kenntnis zu setzen. *(BGBl. Nr. 232/1978, Art. I Z 28)*

Pflichten des Lehrlings

§ 10. (1) Der Lehrling hat sich zu bemühen, die für die Erlernung des Lehrberufes erforderlichen Fertigkeiten und Kenntnisse zu erwerben; er hat die ihm im Rahmen der Ausbildung übertragenen Aufgaben ordnungsgemäß zu erfüllen und durch sein Verhalten im Betrieb der Eigenart des Betriebes Rechnung zu tragen. Er hat Geschäfts- und Betriebsgeheimnisse zu wahren und mit den ihm anvertrauten Werkstoffen, Werkzeugen und Geräten sorgsam umzugehen. *(BGBl. Nr. 232/1978, Art. I Z 29)*

(2) entfallen (BGBl. Nr. 232/1978, Art. I Z 30)

(2) Der Lehrling hat im Falle einer Erkrankung oder sonstiger Verhinderung den Lehrberechtigten oder den Ausbilder ohne Verzug zu verständigen oder verständigen zu lassen. *(BGBl. Nr. 142/1969 idF BGBl. Nr. 232/1978, Art. I Z 30)*

(3) Der Lehrling hat dem Lehrberechtigten unverzüglich nach Erhalt das Zeugnis der Berufsschule und auf Verlangen des Lehrberechtigten die Hefte und sonstigen Unterlagen der Berufsschule, insbesondere auch die Schularbeiten, vorzulegen. *(BGBl. Nr. 142/1969 idF BGBl. Nr. 232/1978, Art. I Z 30)*

Pflichten der Eltern oder der sonstigen Erziehungsberechtigten eines minderjährigen Lehrlings

§ 11. Die Eltern oder die sonstigen Erziehungsberechtigten eines minderjährigen Lehrlings haben im Zusammenwirken mit dem Lehrberechtigten den Lehrling dazu anzuhalten, seine Pflichten auf Grund der Vorschriften über die Berufsausbildung und auf Grund des Lehrvertrages zu erfüllen.

Lehrverhältnis und Lehrvertrag

§ 12. (1) Das Lehrverhältnis wird durch den Eintritt des Lehrlings in die fachliche Ausbildung und Tätigkeit begründet und durch den Lehrvertrag geregelt. Der Lehrvertrag ist unter Bedachtnahme auf den Zweck der Ausbildung in einem in der Lehrberufsliste angeführten Lehrberuf zwischen dem Lehrberechtigten und dem Lehrling schriftlich abzuschließen. Der Abschluß des Lehrvertrages eines minderjährigen Lehrlings bedarf der Zustimmung des gesetzlichen Vertreters des Lehrlings. *(BGBl. Nr. 142/1969 idF BGBl. Nr. 232/1978, Art. I Z 31 und BGBl. I Nr. 18/2020, Z 8)*

(2) Verträge, deren Gegenstand die Erlernung von Tätigkeiten ist, die nicht in der Lehrberufsliste als Lehrberufe festgesetzt sind, begründen kein Lehrverhältnis im Sinne dieses Bundesgesetzes.

(3) Der Lehrvertrag hat zu enthalten:

1. Bei physischen Personen den Vornamen, den Familiennamen und den Wohnort des Lehrberechtigten, bei juristischen Personen oder offenen Gesellschaften oder Kommanditgesellschaften die Firma und den Sitz des Lehrberechtigten; weiters den Gegenstand des Betriebes und den Standort

der festen Betriebsstätten, in denen der Lehrling ausgebildet werden soll, gegebenenfalls den Vornamen, den Familiennamen und den Wohnort des gewerberechtlichen Geschäftsführers oder den Vornamen und den Familiennamen des Ausbilders; sofern jedoch ein Ausbildungsleiter (§ 3 Abs. 5) betraut wurde, dessen Vornamen und Familiennamen; *(BGBl. Nr. 142/1969 idF BGBl. Nr. 232/1978, Art. I Z 32, BGBl. I Nr. 67/1997, Art. I Z 8 und BGBl. I Nr. 78/2015, Z 30)*

2. den Vornamen und den Familiennamen des Lehrlings, sein Geburtsdatum und seinen Geburtsort, seine Sozialversicherungsnummer, seinen Wohnort, bei minderjährigen Lehrlingen den Vornamen, Familiennamen und den Wohnort der gesetzlichen Vertreter; *(BGBl. Nr. 232/1978, Art. I Z 33 idF BGBl. I Nr. 79/2003, Art. 1 Z 6 und BGBl. I Nr. 40/2010, Z 18)*
3. die Bezeichnung des Lehrberufes, den der Lehrling erlernen soll und die für diesen Lehrberuf festgesetzte Dauer der Lehrzeit; im Falle eines Lehrberufes, der gemäß § 5 Abs. 3a und § 8 Abs. 4 als modularer Lehrberuf eingerichtet ist, die Bezeichnung des Grundmoduls, des Hauptmoduls (der Hauptmodule) und gegebenenfalls des Spezialmoduls (der Spezialmodule), die der Lehrling erlernen soll und die dafür festgesetzte Dauer der Lehrzeit; *(BGBl. Nr. 142/1969 idF BGBl. I Nr. 5/2006, Z 4)*
4. das Eintrittsdatum als den kalendermäßigen Beginn und das kalendermäßige Ende des Lehrverhältnisses;
5. die Erklärung des Lehrlings, für den minderjährigen Lehrling die des gesetzlichen Vertreters, mit der Aufnahme in ein für die Schüler der Berufsschule bestimmtes Schülerheim einverstanden zu sein, wenn der Lehrling die Berufsschulpflicht nur auf diese Weise erfüllen kann;
6. den Hinweis
   a) auf die Pflicht zum Besuch der Berufsschule,
   b) auf die allenfalls bestehende kollektivvertragliche Verpflichtung zur Ausbildung in einem Ausbildungsverbund, *(BGBl. Nr. 23/1993, Z 14)*
   c) auf die Bestimmungen über die Endigung und Auflösung des Lehrverhältnisses,
   d) auf die Höhe des Lehrlingseinkommens (§ 17); *(BGBl. Nr. 232/1978, Art. I Z 34 idF BGBl. I Nr. 18/2020, Z 6)*

   (BGBl. Nr. 232/1978, Art. I Z 34)
7. Name und Anschrift der betrieblichen Vorsorgekasse; *(BGBl. I Nr. 78/2015, Z 31)*
8. den Tag des Vetragsabschlusses.[6] *(BGBl. I Nr. 18/2020, Z 9)*

(4) Sofern die Ausbildung auch im Rahmen eines Ausbildungsverbundes erfolgt, ist eine Vereinbarung (§ 2a Abs. 2 zweiter Satz) abzuschließen, die eine Zusammenstellung jener Fertigkeiten und Kenntnisse enthält, die von einem anderen hiefür geeigneten und entsprechend Abs. 3 Z 1 näher bezeichneten Betrieb oder von einer anderen hiefür geeigneten Einrichtung vermittelt werden. Hiebei ist auch – zumindest nach Lehrjahren – anzugeben, wann diese Ausbildung im Rahmen des Ausbildungsverbundes durchgeführt wird und weiters deren voraussehbare Dauer. Wenn hiebei nicht auf öffentlich ausgeschriebene und regelmäßig angebotene Kursmaßnahmen geeigneter Einrichtungen Bezug genommen wird, ist diese Vereinbarung zusätzlich von dem zu unterfertigen, der die Verpflichtung zur Durchführung der Ausbildungsmaßnahme übernimmt; diese Vereinbarung ist dem Lehrvertrag anzuschließen. *(BGBl. Nr. 23/1993, Z 15)*

(5) In die Lehrverträge können weitere Vereinbarungen aufgenommen werden, insbesondere

1. über die Bedingungen, unter denen der Lehrberechtigte dem Lehrling Verköstigung, Bekleidung und Wohnung gewährt;
2. über eine besondere Gestaltung der Ausbildung;
3. über die Tragung der Kosten für das Berufsschulinternat durch den Lehrberechtigten.

(BGBl. Nr. 23/1993, Z 15)

(6) Der Lehrvertrag unterliegt keiner Gebührenpflicht im Sinne des Gebührengesetzes 1957, BGBl. Nr. 267. *(BGBl. Nr. 23/1993, Z 15)*

(7) Durch die Nichteinhaltung der Schriftform und der Bestimmungen der Abs. 3 und 4 wird keine Nichtigkeit des Lehrvertrages bewirkt. *(BGBl. Nr. 23/1993, Z 15)*

Dauer des Lehrverhältnisses

§ 13. (1) Der Lehrvertrag ist für die für den Lehrberuf festgesetzte Dauer der Lehrzeit (§ 7 Abs. 1 lit. b), bei gleichzeitiger Ausbildung in zwei Lehrberufen für die sich aus § 6 Abs. 2 ergebende Zeit, abzuschließen. Eine kürzere als diese Zeit darf nur vereinbart werden, wenn

a) der Lehrling bereits eine gemäß Abs. 2 für den Lehrberuf anrechenbare Lehrzeit oder sonstige berufsorientierte Ausbildungszeiten in einem Lehrgang gemäß § 3 des Ju-

[6]) Sollte korrekt „Vertragsabschlusses" lauten.

gendausbildungs-Sicherungsgesetzes oder in einer Ausbildung gemäß §§ 8b oder 8c oder eine gemäß § 28 dieses Bundesgesetzes anrechenbare schulmäßige Ausbildung oder eine gemäß § 29 dieses Bundesgesetzes anrechenbare Zeit zurückgelegt hat, jedoch höchstens für die auf die festgesetzte Lehrzeitdauer fehlende Zeit, *(BGBl. Nr. 142/1969 idF BGBl. Nr. 100/1998, Z 2, BGBl. I Nr. 40/2010, Z 19 und BGBl. I Nr. 18/2020, Z 11)*

b) *entfallen (BGBl. Nr. 23/1993, Z 16)*

c) die Ausbildung in mehreren Betrieben in dem betreffenden Lehrberuf zur Erreichung des Ausbildungszieles zweckmäßig und sichergestellt ist, oder

d) der Lehrling die Lehrabschlußprüfung nicht bestanden hat, jedoch höchstens für die Dauer von sechs Monaten.

(1a) Wird ein Lehrberuf in Zusammenhang mit einer anderen Ausbildung, deren gleichzeitige oder dazwischen erfolgende Absolvierung mit der Erreichung des Lehrzieles vereinbar ist, erlernt, so kann auf Antrag, der in Verbindung mit der Anmeldung oder der Abänderung des Lehrvertrages zu stellen ist, und nach Einholung einer binnen vier Wochen zu erstattenden Stellungnahme des Landes-Berufsausbildungsbeirates im Lehrvertrag eine gegenüber der für den Lehrberuf festgesetzten Dauer der Lehrzeit (§ 7 Abs. 1 lit. b) jeweils um bis zu 18 Monate längere Dauer des Lehrverhältnisses vereinbart werden. *(BGBl. I Nr. 79/2003, Art. 1 Z 7 idF BGBl. I Nr. 40/2010, Z 20)*

(2) Auf Grund einer im Zusammenhang mit der Eintragung eines späteren Lehrvertrages gemachten Mitteilung des Lehrberechtigten oder des Lehrlings, für minderjährige Lehrlinge auch dessen gesetzlichen Vertreters, sind von der Lehrlingsstelle auf die für den Lehrberuf festgesetzte Dauer der Lehrzeit anzurechnen:

a) die Teile der Lehrzeit, die in demselben Lehrberuf bereits zurückgelegt worden sind, in vollem Ausmaß,

b) die in einem verwandten Lehrberuf zurückgelegte, in der Lehrberufsliste festgesetzte Lehrzeit, in dem gemäß § 7 Abs. 1 lit. d bezeichneten Ausmaß,

c) die in einem verwandten Lehrberuf zurückgelegten Teile einer Lehrzeit – sofern sie nicht ohnehin im vollen Ausmaß anzurechnen sind – im Verhältnis des Anteiles der zurückgelegten Lehrzeit zu dem in der Lehrberufsliste gemäß § 7 Abs. 1 lit. d bezeichneten Ausmaß der Anrechnung; gegebenenfalls jedoch eine weitergehende Anrechnung entsprechend einer Vereinbarung des Lehrberechtigten und des Lehrlings, für minderjährige Lehrlinge auch dessen gesetzlichen Vertreters, über die in einem verwandten Lehrberuf zurückgelegten Teile der Lehrzeit, bis zu einem Höchstausmaß der tatsächlich zurückgelegten Lehrzeit, *(BGBl. Nr. 232/1978, Art. I Z 37 idF BGBl. I Nr. 79/2003, Art. 1 Z 8)*

d) die in einem Ausbildungszweig der Land- und Forstwirtschaft zurückgelegte Lehrzeit unter Bedachtnahme auf das in einer fachlich nahestehenden Beschäftigung Gelernte und dessen Verwertbarkeit für den Lehrberuf im Höchstausmaß von zwei Dritteln der für den Lehrberuf festgesetzten Dauer der Lehrzeit, es sei denn, daß für diesen Ausbildungszweig eine Verwandtschaftsregelung in der Lehrberufsliste festgelegt ist, *(BGBl. Nr. 142/1969 idF BGBl. Nr. 232/1978, Art. I Z 38 und BGBl. I Nr. 67/1997, Art. I Z 9)*

e) nach Einholung einer binnen vier Wochen zu erstattenden Stellungnahme des Landes-Berufsausbildungsbeirates im Ausland zurückgelegte Lehrzeiten oder vergleichbare berufsorientierte Ausbildungszeiten, wenn ein Vergleich der ausländischen Rechtsvorschriften mit den Bestimmungen des österreichischen Rechtes, insbesondere auch mit den gemäß § 8 erlassenen Ausbildungsvorschriften und den schulrechtlichen Vorschriften betreffend die Berufsschule ergibt, daß die im Ausland zurückgelegte Ausbildung mit einer in Österreich zurückgelegten Lehrzeit in dem in Betracht kommenden Lehrberuf gleichgesetzt werden kann, *(BGBl. Nr. 23/1993, Z 17 idF BGBl. I Nr. 40/2010, Z 20)*

f) die Zeiten des Weiterbesuches der Berufsschule gemäß § 21 Abs. 2 des Schulpflichtgesetzes, BGBl. Nr. 241/1962, *(BGBl. Nr. 232/1978, Art. I Z 34 idF BGBl. Nr. 23/1993, Z 18)*

g) im Ausland zurückgelegte Ausbildungszeiten, wenn sie gemäß § 27b gleichgehalten sind, *(BGBl. Nr. 23/1993, Z 18 idF BGBl. I Nr. 100/1998, Z 3)*

h) sofern keine Vereinbarung gemäß lit. i über eine weitergehende Anrechnung vorliegt, die in einem Lehrgang gemäß § 3 des Jugendausbildungs-Sicherungsgesetzes in dem sich aus § 3 Abs. 6 dieses Gesetzes ergebenden Ausmaß oder die in einer Ausbildung gemäß §§ 8b oder 8c für diesen Lehrberuf oder für einen mit diesem Lehrberuf verwandten Lehrberuf zurückgelegte Ausbildungszeit in dem sich aus § 8b ergebenden Ausmaß, *(BGBl. I Nr. 100/1998, Z 3 idF BGBl. I Nr. 40/2010, Z 19 und BGBl. I Nr. 18/2020, Z 11)*

i) entsprechend einer Vereinbarung des Lehrberechtigten und des Lehrlings, für minderjährige Lehrlinge auch dessen gesetzlichen Vertreters, die in einem Lehrgang gemäß § 3 des Jugendausbildungs-Sicherungsgesetzes oder die in einer Ausbildung gemäß §§ 8b oder 8c zurückgelegten Ausbildungszeiten, *(BGBl. I Nr. 100/1998, Z 3 idF BGBl. I Nr. 83/2000, Art. I Z 2, BGBl. I Nr. 40/2010, Z 19 und BGBl. I Nr. 18/2020, Z 11)*

j) die Zeit der Teilnahme an einem Lehrgang, der zur Verbesserung der Eingliederung von benachteiligten Jugendlichen mit persönlichen Vermittlungshindernissen in das Berufsleben eingerichtet wurde, um den Bildungsinhalt des ersten Lehrjahres eines Lehrberufes zu vermitteln, entsprechend einer Vereinbarung des Lehrberechtigten und des Lehrlings, für minderjährige Lehrlinge auch dessen gesetzlichen Vertreters, in dem vereinbarten Ausmaß, höchstens jedoch im Ausmaß der tatsächlich absolvierten Zeit, *(BGBl. I Nr. 83/2000, Art. I Z 2 idF BGBl. I Nr. 79/2003, Art. 1 Z 9)*

k) entsprechend einer Vereinbarung des Lehrberechtigten und des Lehrlings und nach Einholung einer Stellungnahme des Landes-Berufsausbildungsbeirates im Inland oder im Ausland zurückgelegte Zeiten beruflicher Praxis, von Anlerntätigkeiten, von Kursbesuch oder sonstige Zeiten des Erwerbs von beruflichen Fertigkeiten und Kenntnissen unter Bedachtnahme auf das in einer fachlich nahestehenden Beschäftigung Gelernte und dessen Verwertbarkeit für den Lehrberuf im Höchstausmaß von zwei Dritteln der für den Lehrberuf festgesetzten Dauer der Lehrzeit. *(BGBl. I Nr. 79/2003, Art. 1 Z 9 idF BGBl. I Nr. 40/2010, Z 20)*

(3) Wenn der Lehrling in einem zusammenhängenden Zeitraum von über vier Monaten aus in seiner Person gelegenen Gründen verhindert ist, den Lehrberuf zu erlernen, so ist die vier Monate überschreitende Zeit nicht auf die für den Lehrberuf festgesetzte Lehrzeit anzurechnen. Das gleiche gilt, wenn die Dauer mehrerer solcher Verhinderungen in einem Lehrjahr insgesamt vier Monate übersteigt.

(4) In einem Lehrvertrag darf nicht vereinbart werden, daß sich die Dauer des Lehrverhältnisses verlängert oder daß ein neuer Lehrvertrag abzuschließen ist, sofern die Voraussetzung des Abs. 1 lit. d gegeben sein sollte.

(5) Aus sachlich gerechtfertigten Gründen kann im Einzelfall durch Vereinbarung zwischen dem Lehrberechtigten und dem Lehrling, bei minderjährigen Lehrlingen auch dessen gesetzlichen Vertreter, die bei der Anmeldung des Lehrvertrages der Lehrlingsstelle vorzulegen ist, der gemäß § 28 Abs. 2 festgelegte Lehrzeitersatz um nicht mehr als ein Jahr vermindert werden. Die Lehrlingsstelle hat vor der Eintragung eines derartigen Lehrvertrages eine binnen vier Wochen zu erstattende Stellungnahme des Landes-Berufsausbildungsbeirates einzuholen. In dieser Stellungnahme hat der Landes-Berufsausbildungsbeirat die Interessen des Lehrlings, insbesondere im Hinblick auf die Erreichung des Lehrzieles, zu berücksichtigen. Eine Eintragung des Lehrvertrages unter Bedachtnahme auf eine derartige Vereinbarung kann nur dann erfolgen, wenn die Stellungnahme des Landes-Berufsausbildungsbeirates die sachliche Rechtfertigung der Vereinbarung sowie das Ausmaß der Lehrzeitverkürzung feststellt. *(BGBl. Nr. 23/1993, Z 19 idF BGBl. I Nr. 40/2010, Z 20)*

(6) Teilnehmer an einem Lehrgang gemäß Abs. 2 lit. j sind hinsichtlich der Berufsschulpflicht und der sozialrechtlichen Bestimmungen, insbesondere hinsichtlich § 4 Abs. 2 Z 2 ASVG und des Familienlastenausgleichsgesetzes, BGBl. Nr. 376/1967, Lehrlingen gleichgestellt. *(BGBl. I Nr. 5/2006, Z 5)*

(7) In folgenden Fällen können die Vertragspartner bei Lehrverträgen gemäß § 1 und § 8b Abs. 1 sowie bei Ausbildungsverträgen gemäß § 8b Abs. 2 eine Reduktion der täglichen oder wöchentlichen Ausbildungszeit bis auf die Hälfte der gesetzlichen oder kollektivvertraglichen Normalarbeitszeit vereinbaren, wenn zu erwarten ist, dass das Ausbildungsziel auch im Rahmen der reduzierten Ausbildungszeit erreicht wird:

1. wenn sich der Lehrling bzw. die Auszubildende/der Auszubildende der Betreuung ihres/seines Kindes widmet, bis zum 31. Dezember des Jahres des Eintritts in die Schulausbildung,
2. bei Vorliegen gesundheitlicher Gründe des Lehrlings bzw. der Auszubildenden/des Auszubildenden sowie
3. wenn dies zur Ermöglichung von Kurzarbeit im Lehrbetrieb gemäß § 37b des Arbeitsmarktservicegesetzes erforderlich ist.

Bei der Erlernung eines Lehrberufes gemäß § 1 darf, mit Ausnahme bei Kurzarbeit (Ziffer 3), die für den Lehrberuf festgesetzte Dauer der Lehrzeit (§ 7 Abs. 1 lit. b) um bis zu zwei Jahre verlängert werden. Bei der Erlernung eines Lehrberufes gemäß § 8b Abs. 1 darf die in dieser Bestimmung festgelegte zulässige Gesamtdauer der verlängerten Lehrzeit zusätzlich um ein Jahr verlängert werden. Bei einer Ausbildung gemäß § 8b Abs. 2 darf die gesamte Ausbildungszeit vier Jahre nicht übersteigen. Im Falle gesundheitlicher Gründe (Ziffer 2) ist eine ärztliche Bestätigung beizubringen. Im Fall der Ziffer 3 kann die tägliche oder wöchentliche Ausbildungszeit für die Dauer der Beihilfengewährung bis zur Gänze, jedoch längstens bis zum 31. Dezember 2022, reduziert werden. *(BGBl. I Nr. 18/2020, Z 12 idF BGBl. I Nr. 112/2020, Z 1, BGBl. I Nr. 60/ 2021, Z 1, BGBl. I Nr. 118/2021, Art. 1 Z 1 und BGBl. I Nr. 86/2022, Art. 3 Z 1)*

(8) Abs. 7 ist im Falle der Z 3 auch auf Lehrverträge bzw. Ausbildungsverträge anzuwenden, die unter die land- und forstwirtschaftlichen Berufsausbildungsordnungen bzw. land- und forstwirtschaftlichen Berufsausbildungsgesetze der Länder fallen. Abs. 7 letzter Satz ist anzuwenden. *(BGBl. I Nr. 18/2020, Z 12)*

Lehre mit Matura

§ 13a. Werden im Rahmen eines kombinierten Bildungsweges „Lehre mit Matura" Vorbereitungsmaßnahmen zur Absolvierung der Berufsreifeprüfung in zeitlichem Zusammenhang mit der Ausbildung in einem Lehrberuf absolviert, so kann auf Antrag, der in Verbindung mit der Anmeldung oder Abänderung des Lehrvertrags zu stellen ist, im Lehrvertrag bzw. in einer Zusatzvereinbarung eine gegenüber der für den Lehrberuf festgesetzten Dauer der Lehrzeit (§ 7 Abs. 1 lit. b) verlängerte Dauer des Lehrverhältnisses vereinbart werden. Für die Verlängerung steht ein Rahmenzeitraum im Ausmaß der Gesamtanzahl der Arbeitstage, die die betreffenden Vorbereitungsmaßnahmen während der Lehrzeit umfassen, zur Verfügung. Die Verlängerung bezieht sich auf jene Lehrjahre, in welchen die Vorbereitungsmaßnahmen stattfinden. Unterschreitet eine Vorbereitungsmaßnahme das Ausmaß der Tagesarbeitszeit, so erfolgt dafür ebenfalls eine Verlängerung der Dauer des Lehrverhältnisses um einen gesamten Tag, sofern der Tag der Vorbereitungsmaßnahme zur Gänze arbeitsfrei gestellt wird. Im Fall des Abbruches von Vorbereitungsmaßnahmen ist die verlängerte Dauer des Lehrverhältnisses im Lehrvertrag anzupassen.

(BGBl. I Nr. 78/2015, Z 32)

Nachholen des Pflichtschulabschlusses

§ 13b. Werden Vorbereitungsmaßnahmen zum Nachholen des Pflichtschulabschlusses in zeitlichem Zusammenhang mit der Ausbildung in einem Lehrberuf absolviert, so kann auf Antrag, der in Verbindung mit der Anmeldung oder Abänderung des Lehrvertrags zu stellen ist, im Lehrvertrag bzw. in einer Zusatzvereinbarung eine gegenüber der für den Lehrberuf festgesetzten Dauer der Lehrzeit (§ 7 Abs. 1 lit. b) verlängerte Dauer des Lehrverhältnisses vereinbart werden. Für die Verlängerung steht ein Rahmenzeitraum im Ausmaß der Gesamtanzahl der Arbeitstage, die die betreffenden Vorbereitungsmaßnahmen während der Lehrzeit umfassen, zur Verfügung. Die Verlängerung bezieht sich auf jene Lehrjahre, in welchen die Vorbereitungsmaßnahmen stattfinden. Unterschreitet eine Vorbereitungsmaßnahme das Ausmaß der Tagearbeitszeit, so erfolgt dafür ebenfalls eine Verlängerung der Dauer des Lehrverhältnisses um einen gesamten Tag, sofern der Tag der Vorbereitungsmaßnahme zur Gänze arbeitsfrei gestellt wird. Im Fall des Abbruches von Vorbereitungsmaßnahmen ist die verlängerte Dauer des Lehrverhältnisses im Lehrvertrag anzupassen.

(BGBl. I Nr. 78/2015, Z 32)

Endigung des Lehrverhältnisses

§ 14. (1) Das Lehrverhältnis endet mit Ablauf der im Lehrvertrag vereinbarten Dauer der Lehrzeit.

(2) Vor Ablauf der vereinbarten Lehrzeit endet das Lehrverhältnis, wenn

a) der Lehrling stirbt;
b) der Lehrberechtigte stirbt und kein Ausbilder vorhanden ist, es sei denn, daß er ohne unnötigen Aufschub bestellt wird;
c) die Eintragung des Lehrvertrages rechtskräftig verweigert oder die Löschung der Eintragung des Lehrvertrages rechtskräftig verfügt wurde;
d) der Lehrberechtigte nicht mehr zur Ausübung der Tätigkeit befugt ist, in deren Rahmen der Lehrling ausgebildet wird oder der Lehrberechtigte auf Grund des § 4 von der Ausbildung von Lehrlingen ausgeschlossen ist, *(BGBl. Nr. 232/1978, Art. I Z 39)*
e) der Lehrling die Lehrabschlußprüfung erfolgreich ablegt, wobei die Endigung des Lehrverhältnisses mit Ablauf der Woche in der die Prüfung abgelegt wird, eintritt, *(BGBl. Nr. 232/1978, Art. I Z 39 idF BGBl. I Nr. 78/2015, Z 33)*
f) ein Asylverfahren des Lehrlings mit einem rechtskräftigen negativen Bescheid beendet wurde. *(BGBl. I Nr. 78/2015, Z 33)*

(3) Wenn ein Lehrverhältnis gemäß Abs. 2 lit. d endet und der Lehrberechtigte innerhalb von sechs Monaten nach Endigung des Lehrverhältnisses seine Tätigkeit wieder aufnimmt, ist das Lehrverhältnis fortzusetzen, wenn der Lehrling innerhalb von zwei Wochen nach Verständigung von der Wiederaufnahme der Tätigkeit durch den Lehrberechtigten oder sonst innerhalb von zwei Monaten nach Wiederaufnahme der Tätigkeit eine dies-

bezügliche schriftliche Erklärung abgibt. Die vier Monate übersteigende Zeit zwischen der Endigung des Lehrverhältnisses und seiner Fortsetzung ist auf die für den Lehrberuf festgesetzte Lehrzeit nicht anzurechnen. *(BGBl. Nr. 232/1978, Art. I Z 40)*

(4) Wird ein Lehrling vom Lehrberechtigten vom Eintritt eines Endigungsgrundes gemäß Abs. 2 lit. d nicht unverzüglich informiert, hat dieser gegenüber dem Lehrberechtigten für die Dauer der fortgesetzten Beschäftigung die gleichen arbeits- und sozialrechtlichen Ansprüche wie aufgrund eines aufrechten Lehrverhältnisses (Arbeitsverhältnis). Bei Kenntnis des Lehrlings von der eingetretenen Endigung des Lehrverhältnisses endet dieses Arbeitsverhältnis ex lege. Dem Lehrling steht ein Entschädigungsanspruch entsprechend den auf das Arbeitsverhältnis anzuwendenden Bestimmungen für berechtigten vorzeitigen Austritt zu. *(BGBl. I Nr. 78/2015, Z 34)*

Vorzeitige Auflösung des Lehrverhältnisses

§ 15. (1) Während der ersten drei Monate kann sowohl der Lehrberechtigte als auch der Lehrling das Lehrverhältnis jederzeit einseitig auflösen; erfüllt der Lehrling seine Schulpflicht in einer lehrgangsmäßigen Berufsschule während der ersten drei Monate, kann sowohl der Lehrberechtigte als auch der Lehrling das Lehrverhältnis während der ersten sechs Wochen der Ausbildung im Lehrbetrieb (in der Ausbildungsstätte) jederzeit einseitig auflösen. Darüber hinaus ist die vorzeitige Auflösung des Lehrverhältnisses einvernehmlich oder bei Vorliegen eines der in Abs. 3 und 4 angeführten Gründe einseitig durch den Lehrberechtigten oder durch den Lehrling sowie die außerordentliche Auflösung gemäß § 15a zulässig. *(BGBl. I Nr. 83/2000, Art. I Z 4 idF BGBl. I Nr. 82/2008, Art. 1 Z 4)*

(2) Die Auflösung bedarf zur Rechtswirksamkeit der Schriftform. Die Auflösung durch einen minderjährigen Lehrling in den Fällen der Abs. 1 und 4 sowie des § 15a bedarf überdies der Zustimmung des gesetzlichen Vertreters, jedoch keiner pflegschaftsgerichtlichen Zustimmung. *(BGBl. I Nr. 82/2008, Art. 1 Z 5)*

(3) Gründe, die den Lehrberechtigten zur vorzeitigen Auflösung des Lehrverhältnisses berechtigen, liegen vor, wenn

a) der Lehrling sich eines Diebstahls, einer Veruntreuung oder einer sonstigen strafbaren Handlung schuldig macht, die ihn des Vertrauens des Lehrberechtigten unwürdig macht oder der Lehrling länger als einen Monat in Haft, ausgenommen Untersuchungshaft, gehalten wird;

b) der Lehrling den Lehrberechtigten, dessen Betriebs- oder Haushaltsangehörige tätlich oder erheblich wörtlich beleidigt oder gefährlich bedroht hat oder der Lehrling die Betriebsangehörigen zur Nichtbefolgung von betrieblichen Anordnungen, zu unordentlichem Lebenswandel oder zu unsittlichen oder gesetzwidrigen Handlungen zu verleiten sucht;

c) der Lehrling trotz wiederholter Ermahnungen die ihm auf Grund dieses Bundesgesetzes, des Schulpflichtgesetzes, BGBl. Nr. 242/1962, oder des Lehrvertrages obliegenden Pflichten verletzt oder vernachlässigt;

d) der Lehrling ein Geschäfts- oder Betriebsgeheimnis anderen Personen verrät oder es ohne Zustimmung des Lehrberechtigten verwertet oder einen seiner Ausbildung abträglichen Nebenerwerb betreibt oder ohne Einwilligung des Lehrberechtigten Arbeiten seines Lehrberufes für Dritte verrichtet und dafür ein Entgelt verlangt;

e) der Lehrling seinen Lehrplatz unbefugt verläßt; *(BGBl. Nr. 142/1969 idF BGBl. Nr. 23/1993, Z 20)*

f) der Lehrling unfähig wird, den Lehrberuf zu erlernen, sofern innerhalb der vereinbarten Lehrzeit die Wiedererlangung dieser Fähigkeit nicht zu erwarten ist; oder *(BGBl. Nr. 232/1978, Art. I Z 43 idF BGBl. Nr. 23/1993, Z 20)*

g) der Lehrling einer vereinbarten Ausbildung im Rahmen eines Ausbildungsverbundes infolge erheblicher Pflichtverletzung nicht nachkommt. *(BGBl. Nr. 23/1993, Z 20)*

(4) Gründe, die den Lehrling zur vorzeitigen Auflösung des Lehrverhältnisses berechtigen, liegen vor, wenn

a) der Lehrling ohne Schaden für seine Gesundheit das Lehrverhältnis nicht fortsetzen kann;

b) der Lehrberechtigte oder der Ausbilder die ihm obliegenden Pflichten gröblich vernachlässigt, den Lehrling zu unsittlichen oder gesetzwidrigen Handlungen zu verleiten sucht, ihn mißhandelt, körperlich züchtigt oder erheblich wörtlich beleidigt oder den Lehrling gegen Mißhandlungen, körperliche Züchtigungen oder unsittliche Handlungen von seiten der Betriebsangehörigen und der Haushaltsangehörigen des Lehrberechtigten zu schützen unterläßt;

c) der Lehrberechtigte länger als einen Monat in Haft gehalten wird, es sei denn, daß ein gewerberechtlicher Stellvertreter (Geschäftsführer) oder ein Ausbilder bestellt ist;

d) der Lehrberechtigte unfähig wird, seine Verpflichtungen auf Grund der Bestimmungen dieses Bundesgesetzes oder des Lehrvertrages zu erfüllen; *(BGBl. Nr. 232/1978, Art. I Z 44)*

e) der Betrieb oder die Werkstätte auf Dauer in eine andere Gemeinde verlegt wird und dem Lehrling die Zurücklegung eines längeren Weges zur Ausbildungsstätte nicht zugemutet werden kann, während der ersten zwei Monate nach der Verlegung; das gleiche gilt bei einer Übersiedlung des Lehrlings in eine andere Gemeinde; *(BGBl. Nr. 232/1978, Art. I Z 44)*

f) der Lehrling von seinen Eltern oder sonstigen Erziehungsberechtigten wegen wesentlicher Änderung ihrer Verhältnisse zu ihrer Unterstützung oder zur vorwiegenden Tätigkeit in ihrem Betrieb benötigt wird; *(BGBl. Nr. 142/1969 idF BGBl. Nr. 232/1978, Art. I Z 45, BGBl. Nr. 23/1993, Z 21 und BGBl. I Nr. 18/2020, Z 8)*

g) der Lehrling seinen Lehrberuf aufgibt; oder *(BGBl. Nr. 232/1978, Art. I Z 46 idF BGBl. Nr. 23/1993, Z 21)*

h) dem Lehrling eine vereinbarte Ausbildung im Rahmen eines Ausbildungsverbundes ohne gerechtfertigte Gründe nicht im hiefür vorgesehenen Lehrjahr vermittelt wird. *(BGBl. Nr. 23/1993, Z 21)*

(5) Bei einvernehmlicher Auflösung des Lehrverhältnisses nach Ablauf der gemäß Abs. 1 zutreffenden Frist muß eine Amtsbestätigung eines Gerichts (§ 92 ASGG) oder eine Bescheinigung einer Kammer für Arbeiter und Angestellte vorliegen, aus der hervorgeht, daß der Lehrling über die Bestimmungen betreffend die Endigung und die vorzeitige Auflösung des Lehrverhältnisses belehrt wurde. *(BGBl. Nr. 563/1986, Art. VII iVm BGBl. Nr. 617/1987, Art. I idF BGBl. I Nr. 82/2008, Art. 1 Z 6)*

Ausbildungsübertritt

§ **15a.** (1) Sowohl der Lehrberechtigte als auch der Lehrling können das Lehrverhältnis zum Ablauf des letzten Tages des zwölften Monats der Lehrzeit und bei Lehrberufen mit einer festgelegten Dauer der Lehrzeit von drei, dreieinhalb oder vier Jahren überdies zum Ablauf des letzten Tages des 24. Monats der Lehrzeit unter Einhaltung einer Frist von einem Monat einseitig außerordentlich auflösen.

(2) Abs. 1 ist auf Ausbildungsverträge gemäß § 8b Abs. 2 nicht anwendbar.

(3) Die außerordentliche Auflösung des Lehrverhältnisses durch den Lehrberechtigten ist nur dann wirksam, wenn der Lehrberechtigte die beabsichtigte außerordentliche Auflösung und die geplante Aufnahme eines Mediationsverfahrens spätestens am Ende des neunten bzw. 21. Lehrmonats dem Lehrling, der Lehrlingsstelle und gegebenenfalls dem Betriebsrat sowie dem Jugendvertrauensrat mitgeteilt hat und vor der Erklärung der außerordentlichen Auflösung ein Mediationsverfahren durchgeführt wurde und gemäß Abs. 6 beendet ist. Die Voraussetzung der Durchführung und Beendigung eines Mediationsverfahrens entfällt, wenn der Lehrling die Teilnahme am Mediationsverfahren schriftlich ablehnt. Diese Ablehnung kann vom Lehrling innerhalb einer Frist von 14 Tagen schriftlich widerrufen werden. Die Mitteilung hat den Namen des Lehrlings, seine Adresse, seinen Lehrberuf sowie den Beginn und das Ende der Lehrzeit zu enthalten. Die Lehrlingsstelle hat die Arbeiterkammer binnen angemessener Frist über die Mitteilung zu informieren.

(4) Auf das Mediationsverfahren ist das Zivilrechts-Mediations-Gesetz (ZivMediatG), BGBl. I Nr. 29/2003, anzuwenden.

(5) Der Lehrberechtigte hat dem Lehrling eine in der Liste gemäß § 8 ZivMediatG eingetragene Person für die Durchführung des Mediationsverfahrens vorzuschlagen. Der Lehrling kann die genannte Person unverzüglich ablehnen. In diesem Fall hat der Lehrberechtigte zwei weitere in der Liste gemäß § 8 ZivMediatG eingetragene Personen vorzuschlagen, von denen der Lehrling unverzüglich eine Person auszuwählen hat. Wählt der Lehrling keine Person aus, ist der Erstvorschlag angenommen. Der Lehrberechtigte hat den Mediator spätestens am Ende des zehnten Lehrmonats bzw. am Ende des 22. Lehrmonats zu beauftragen. In die Mediation sind der Lehrberechtigte, der Lehrling, bei dessen Minderjährigkeit auch der gesetzliche Vertreter und auf Verlangen des Lehrlings auch eine Person seines Vertrauens einzubeziehen. Zweck der Mediation ist es, die Problemlage für die Beteiligten nachvollziehbar darzustellen und zu erörtern, ob und unter welchen Vorraussetzungen eine Fortsetzung des Lehrverhältnisses möglich ist. Die Kosten des Mediationsverfahrens hat der Lehrberechtigte zu tragen.

(6) Das Mediationsverfahren ist beendet, wenn ein Ergebnis erzielt wurde. Als Ergebnis gilt die Bereitschaft des Lehrberechtigten zur Fortsetzung des Lehrverhältnisses oder die Erklärung des Lehrlings, nicht weiter auf der Fortsetzung des Lehrverhältnisses zu bestehen. Das Mediationsverfahren ist auch beendet, wenn der Mediator die Mediation für beendet erklärt. Das Mediationsverfahren endet jedenfalls mit Beginn des fünften Werktages vor Ablauf des elften bzw. 23. Lehrmonats, sofern zumindest ein Mediationsgespräch unter Beteiligung des Lehrberechtigten oder in dessen Vertretung einer mit der Ausbildung des Lehrlings betrauten Person stattgefunden hat.

(7) Im Falle der Auflösung hat der Lehrberechtigte der Lehrlingsstelle die Erklärung der außerordentlichen Auflösung des Lehrverhältnisses unverzüglich mitzuteilen. Die Lehrlingsstelle hat die regionale Geschäftstelle des Arbeitsmarktsservice von der Erklärung der außerordentlichen Auflösung eines Lehrverhältnisses unverzüglich in Kenntnis zu setzen, um einen reibungslosen Ausbildungsübertritt zu gewährleisten.

(8) Auf die außerordentliche Auflösung durch den Lehrberechtigten ist der besondere Kündigungsschutz nach dem Mutterschutzgesetz 1979, BGBl. Nr. 221, dem Väter-Karenzgesetz, BGBl. Nr. 651/1989, dem Arbeitsplatz-Sicherungsgesetz 1991, BGBl. Nr. 683, dem Behinderteneinstellungsgesetz, BGBl. Nr. 22/1979, und für Mitglieder des Jugendvertrauensrates oder Betriebsrates nach dem Arbeitsverfassungsgesetz, BGBl. Nr. 22/1974, anzuwenden. Maßgeblich ist der Zeitpunkt der Erklärung der Auflösung. *(BGBl. I Nr. 82/2008, Art. 1 Z 7 idF BGBl. I Nr. 40/2010, Z 21)*

(BGBl. I Nr. 82/2008, Art. 1 Z 7)

Bericht

§ 15b. (1) Der Bundesminister für Wirtschaft, Familie und Jugend hat dem Nationalrat alle zwei Jahre, beginnend mit 2010, bis längstens zum 30. Juni des jeweiligen Berichtsjahres, einen Bericht zur Situation der Jugendbeschäftigung vorzulegen. In diesem Bericht ist darzustellen, wie sich die gesetzlichen Grundlagen und die im Berichtszeitraum ergriffenen Maßnahmen auf die duale Berufsausbildung auswirken, insbesondere ob und inwieweit es zu einer Erhöhung der Zahl der in Ausbildung befindlichen Jugendlichen und der verfügbaren Lehrstellen, einer quantitativen und qualitativen Erweiterung der beruflichen Erstausbildung sowie einer Verbesserung der beruflichen Perspektiven der Jugendlichen gekommen ist und wie sich der Fachkräftebedarf der österreichischen Unternehmen entwickelt hat. Weiters ist die Anzahl der nach einem Mediationsverfahren außerordentlich aufgelösten Lehrverhältnisse anzugeben. *(BGBl. I Nr. 82/2008, Art. 1 Z 7 idF BGBl. I Nr. 40/2010, Z 9)*

(2) Der Bericht gemäß Abs. 1 ist im Internet zu veröffentlichen.

(BGBl. I Nr. 82/2008, Art. 1 Z 7)

Lehrzeugnis

§ 16. (1) Nach Endigung oder vorzeitiger Auflösung oder außerordentlicher Auflösung gemäß § 15a Abs. 7 hat der Lehrberechtigte auf eigene Kosten dem Lehrling ein Zeugnis (Lehrzeugnis) auszustellen. Dieses Zeugnis muß Angaben über den Lehrberuf und kalendermäßige Angaben über die Dauer des Lehrverhältnisses enthalten; es können auch Angaben über die erworbenen Fertigkeiten und Kenntnisse aufgenommen werden. Angaben, die dem Lehrling das Fortkommen erschweren könnten, sind nicht zulässig. *(BGBl. Nr. 142/1969 idF BGBl. I Nr. 78/2015, Z 35)*

(2) Das Lehrzeugnis unterliegt nicht der Gebührenpflicht im Sinne des Gebührengesetzes 1957, BGBl. Nr. 267.

(3) Die Lehrlingsstelle hat die Richtigkeit der Angaben über den Lehrberuf und die Dauer des Lehrverhältnisses in Lehrzeugnissen auf Antrag des Zeugnisinhabers zu bestätigen, wenn und insoweit der dem Antrag zu Grunde liegende Lehrvertrag bei der Lehrlingsstelle eingetragen ist. Bestätigte Lehrzeugnisse begründen für die Zulassung zur Lehrabschlußprüfung, zu einer Zusatzprüfung und für einen Befähigungsnachweis im Sinne der Gewerbeordnung 1994 vollen Beweis über die so beurkundete Lehrzeit. *(BGBl. Nr. 142/1969 idF BGBl. Nr. 232/1978, Art. I Z 48)*

Lehrlingseinkommen
(BGBl. I Nr. 18/2020, Z 13)

§ 17. (1) Dem Lehrling gebührt ein Lehrlingseinkommen, zu dessen Bezahlung der Lehrberechtigte verpflichtet ist. *(BGBl. Nr. 142/1969 idF BGBl. I Nr. 18/2020, Z 14)*

(2) Liegt keine Regelung des Lehrlingseinkommens durch kollektive Rechtsgestaltung vor, so richtet sich die Höhe des Lehrlingseinkommens nach der Vereinbarung im Lehrvertrag. Bei Fehlen einer kollektiven Regelung gebührt jedenfalls das für gleiche, verwandte oder ähnliche Lehrberufe geltende Lehrlingseinkommen, im Zweifelsfalle ist auf den Ortsgebrauch Bedacht zu nehmen. *(BGBl. Nr. 232/1978, Art. I Z 49 idF BGBl. I Nr. 18/2020, Z 6 und 15)*

(3) Das Lehrlingseinkommen ist für die Dauer der Unterrichtszeit in der Berufsschule unter Ausschluß der Mittagspause sowie für die Dauer der Lehrabschlußprüfung und der in den Ausbildungsvorschriften vorgesehenen Teilprüfungen weiterzuzahlen. *(BGBl. Nr. 232/1978, Art. I Z 50 idF BGBl. I Nr. 18/2020, Z 16)*

(4) Wird der Lehrling vom Lehrberechtigten zu einer ausländischen berufsorientierten Ausbildung im Sinne des § 27c Berufsausbildungsgesetz entsandt, dann ist der Lehrberechtigte für die Zeit der Teilnahme an dieser Ausbildung zur Bezahlung des Lehrlingseinkommens verpflichtet. *(BGBl. I Nr. 79/2003, Art. 1 Z 10 idF BGBl. I Nr. 18/2020, Z 6)*

Arbeitsverhinderung

§ 17a. (1) Im Falle der Arbeitsverhinderung durch Krankheit (Unglücksfall) hat der Lehrberechtigte bis zur Dauer von acht Wochen das volle Lehrlingseinkommen und bis zur Dauer von weiteren vier Wochen ein Teilentgelt in der Höhe des Unterschiedsbetrages zwischen dem vollen Lehrlingseinkommen und dem aus der gesetzlichen Krankenversicherung gebührenden Krankengeld zu gewähren. *(BGBl. Nr. 399/1974, Art. IV Z 2 idF BGBl. I Nr. 153/2017, Art. 5 Z 1 und BGBl. I Nr. 18/2020, Z 17 und 18)*

(2) Kur- und Erholungsaufenthalte, Aufenthalte in Heil- und Pflegeanstalten, Rehabilitationszentren und Rekonvaleszentenheimen, die aus Gründen der Erhaltung, Besserung oder Wiederherstellung der Arbeitsfähigkeit von einem Träger der Sozialversicherung, dem Bundesministerium für Arbeit, Soziales und Konsumentenschutz gemäß § 12 Abs. 4 Opferfürsorgegesetz, einem Bundesamt für Soziales und Behindertenwesen oder einer Landesregierung aufgrund eines Behindertengesetzes auf deren Rechnung bewilligt oder angeordnet wurden, sind unbeschadet allfälliger Zuzahlungen durch den Versicherten (Beschädigten) der Arbeitsverhinderung gemäß Abs. 1 gleichzuhalten. *(BGBl. Nr. 399/1974, Art. IV Z 2 idF BGBl. I Nr. 40/2010, Z 22)*

(3) Ist dieser Entgeltanspruch nach Abs. 1 und 2 innerhalb eines Lehrjahres ausgeschöpft, so gebührt bei einer weiteren Arbeitsverhinderung infolge Krankheit (Unglücksfall) innerhalb desselben Lehrjahres das volle Lehrlingseinkommen für die ersten drei Tage, für die übrige Zeit der Arbeitsunfähigkeit, längstens jedoch bis zur Dauer von weiteren sechs Wochen, ein Teilentgelt in der Höhe des Unterschiedsbetrages zwischen dem vollen Lehrlingseinkommen und dem aus der gesetzlichen Krankenversicherung gebührenden Krankengeld. *(BGBl. Nr. 399/1974, Art. IV Z 2 idF BGBl. I Nr. 18/2020, Z 17 und 18)*

(4) Im Falle der Arbeitsverhinderung durch Arbeitsunfall oder Berufskrankheit im Sinne der Vorschriften über die gesetzliche Unfallversicherung, ist das volle Lehrlingseinkommen ohne Rücksicht auf andere Zeiten einer Arbeitsverhinderung bis zur Dauer von acht Wochen und ein Teilentgelt in der Höhe des Unterschiedsbetrages zwischen dem vollen Lehrlingseinkommen und dem aus der gesetzlichen Krankenversicherung gebührenden Krankengeld bis zur Dauer von weiteren vier Wochen zu gewähren. *(BGBl. Nr. 399/1974, Art. IV Z 2 idF BGBl. I Nr. 18/2020, Z 17 und 18)*

(5) Wird ein in Abs. 2 genannter Aufenthalt nach einem Arbeitsunfall oder einer Berufskrankheit bewilligt oder angeordnet, so richtet sich der Anspruch nach Abs. 4.

(6) Die Verpflichtung des Lehrberechtigten zur Gewährung eines Teilentgelts besteht auch dann, wenn der Lehrling aus der gesetzlichen Krankenversicherung kein Krankengeld erhält.

(7) Die Bestimmungen des Artikels I, Abschnitt 1, § 2 Abs. 7, der §§ 3, 4, 6 und 7 sowie Abschnitt 2 Entgeltfortzahlungsgesetz (EFZG), sind anzuwenden.

(8) Wird das Lehrverhältnis während einer Arbeitsverhinderung wegen Erkrankung, Unfall, Arbeitsunfall oder Berufskrankheit durch den Lehrberechtigten gemäß § 15a aufgelöst, besteht Anspruch auf Fortzahlung des Entgelts für die nach Abs. 1 und Abs. 4 vorgesehene Dauer, wenngleich das Lehrverhältnis vorher endet. *(BGBl. I Nr. 82/2008, Art. 1 Z 8)*

(BGBl. Nr. 399/1974, Art. IV Z 2)

Weiterbeschäftigung von ausgelernten Lehrlingen

(BGBl. Nr. 142/1969 idF BGBl. I Nr. 18/2020, Z 19)

§ 18. (1) Der Lehrberechtigte ist verpflichtet, den Lehrling, dessen Lehrverhältnis mit ihm gemäß § 14 Abs. 1 oder § 14 Abs. 2 lit. e endet, im Betrieb drei Monate im erlernten Beruf weiter zu beschäftigen. *(BGBl. I Nr. 82/2000, Art. I Z 5 idF BGBl. I Nr. 18/2020, Z 20)*

(2) Hat der Lehrling bei dem Lehrberechtigten die für den Lehrberuf festgesetzte Lehrzeit bis zur Hälfte zurückgelegt, so trifft diesen Lehrberechtigten die im Abs. 1 festgelegte Verpflichtung nur im halben Ausmaß. Darüber hinaus trifft den Lehrberechtigten diese Verpflichtung in vollem Ausmaß. *(BGBl. Nr. 23/1993, Z 22)*

(3) Die Landeskammer der gewerblichen Wirtschaft hat im Einvernehmen mit der Kammer für Arbeiter und Angestellte binnen 14 Tagen auf Antrag dem Lehrberechtigten die im Abs. 1 festgesetzte Verpflichtung zu erlassen oder die Bewilligung zur Kündigung vor Ablauf der im Abs. 1 vorgeschriebenen Beschäftigungsdauer zu erteilen, wenn diese Verpflichtung aus wirtschaftlichen Gründen, insbesondere bei Saisongewerben, nicht erfüllt werden kann. Wird die Entscheidung nicht innerhalb dieser Frist getroffen, so hat die Bezirksverwaltungsbehörde über diesen Antrag nach Anhörung der Landeskammer der gewerblichen Wirtschaft und der Kammer für Arbeiter und Angestellte endgültig zu entscheiden. Wird dem Antrag entsprochen, darf der Lehrberechtigte vor Ablauf der bezeichneten Beschäftigungsdauer keinen neuen Lehrling aufnehmen.

(4) Bestimmungen über eine allfällige vorzeitige Beendigung des Dienstverhältnisses bleiben unberührt.

Lehrlingsstellen

§ 19. (1) Im übertragenen Wirkungsbereich der Landeskammern der gewerblichen Wirtschaft ist je eine Lehrlingsstelle errichtet. *(BGBl. Nr. 232/1978, Art. I Z 52)*

(2) Die Landeskammer der gewerblichen Wirtschaft hat den Leiter der Lehrlingsstelle zu bestellen. Dieser muß mit den einschlägigen Rechtsvorschriften vertraut sein und über die für diese Tätigkeit erforderlichen Erfahrungen verfügen. Die Bestellung bedarf für ihre Gültigkeit der Bestätigung durch den Landeshauptmann. Die Bestätigung ist zu erteilen, wenn der Leiter der Lehrlingsstelle den in diesem Absatz aufgestellten Voraussetzungen entspricht. *(BGBl. Nr. 232/1978, Art. I Z 52)*

(3) Den Lehrlingsstellen obliegt in erster Instanz die Durchführung der ihnen durch dieses Bundesgesetz übertragenen Aufgaben. Sie haben im Rahmen der Überwachung der Lehrlingsausbildung festzustellen, ob die Voraussetzungen für die Ausbildung von Lehrlingen gegeben sind. Die Lehrlingsstelle hat die betriebliche Ausbildung zu überwachen und dabei insbesondere auch auf die Einhaltung der nach diesem Bundesgesetz bestehenden Rechtsvorschriften sowie der im Rahmen eines Ausbildungsverbundes vorgeschriebenen ergänzenden Ausbildungsmaßnahmen hinzuwirken. Ihre Organe können zu diesem Zwecke die Betriebe besichtigen und im erforderlichen Umfang in die Aufzeichnungen der Betriebe Einsicht nehmen. Im Falle der Durchführung eines Ausbildungsversuches haben sie diesen zu überwachen. *(BGBl. Nr. 23/1993, Z 23)*

(4) Die Lehrlingsstellen haben Ausbildungen im Rahmen eines Ausbildungsverbundes, insbesondere die Heranziehung von hiefür geeigneten Betrieben oder hiefür geeigneten Einrichtungen, zu fördern und nötigenfalls deren Einrichtung anzuregen. Die Lehrlingsstellen haben Kursmaßnahmen zur Aus- und Weiterbildung der Ausbilder anzuregen und zu unterstützen. Sie haben die Lehrlinge, die Ausbilder und die Lehrberechtigten in Angelegenheiten der Berufsausbildung zu betreuen und die Lehrlinge bei der Wahl eines geeigneten Lehrplatzes im Einvernehmen mit den zuständigen Stellen des Arbeitsmarktservice zu unterstützen. Ferner haben sie für die weitere Unterbringung des Lehrlings tunlichst Sorge zu tragen, wenn er den Lehrplatz infolge der vorzeitigen Endigung oder der vorzeitigen Auflösung des Lehrverhältnisses verlassen muss. *(BGBl. I Nr. 79/2003, Art. 1 Z 11)*

(4a) Hinsichtlich der Aufgaben gemäß Abs. 3 und Abs. 4 haben die Lehrlingsstellen einhelligen Anregungen, Stellungnahmen und Vorschlägen des Landes-Berufsausbildungsbeirates nach Möglichkeit Rechnung zu tragen. *(BGBl. I Nr. 79/2003, Art. 1 Z 12 idF BGBl. I Nr. 40/2010, Z 23)*

(5) Die Lehrlingsstellen haben jedermann in die Lehrberufsliste, die Ausbildungsvorschriften sowie in die Prüfungsordnungen Einsicht zu gewähren und den Lehrlingen die genannten Verordnungen, soweit sie sich auf den gewählten Lehrberuf beziehen, anläßlich der Eintragung des Lehrvertrages in geeigneter Weise zur Kenntnis zu bringen. *(BGBl. Nr. 142/1969 idF BGBl. Nr. 232/1978, Art. I Z 53)*

(6) Die Lehrlingsstellen haben in Verfahren, in denen sie voraussichtlich eine Entscheidung zu treffen haben werden, die dem Antrag des Lehrlings, für einen minderjährigen Lehrling auch dessen gesetzlicher Vertreter, nicht Rechnung trägt, der zuständigen Kammer für Arbeiter und Angestellte bei sonstiger Nichtigkeit (§ 68 Abs. 4 Z 4 AVG) hievon Mitteilung zu machen und ihr Gelegenheit zur Abgabe einer schriftlichen Stellungnahme innerhalb einer Frist von drei Wochen zu geben. Auf begründetes Ersuchen hat die Lehrlingsstelle diese Frist angemessen zu erstrecken. Der Kammer für Arbeiter und Angestellte ist eine Ausfertigung des Bescheides zu übermitteln. Wenn die Entscheidung ihrer fristgerecht abgegebenen Stellungnahme widerspricht, steht ihr gegen diesen Bescheid das Recht der Beschwerde gemäß Art. 130 B-VG und gegen das Erkenntnis des Verwaltungsgerichtes die Revision gemäß Art. 133 B-VG wegen Rechtswidrigkeit zu. *(BGBl. Nr. 232/1978, Art. I Z 54, BGBl. I Nr. 129/2013, Art. 3 Z 5 und BGBl. I Nr. 78/2015, Z 36)*

(7) Jede Lehrlingsstelle hat den bei ihr errichteten Landes-Berufsausbildungsbeirat über die Situation der Berufsausbildung im Sinne dieses Bundesgesetzes sowie über die durchgeführten Maßnahmen durch einen Jahresbericht in Kenntnis zu setzen, der in der ersten Hälfte des dem Berichtsjahr folgenden Jahres zu erstatten ist; weiters hat sie den Landes-Berufsausbildungsbeirat auf dessen Verlangen von den im Bundesland festgesetzten Terminen für Lehrabschlußprüfungen und allfällige Teilprüfungen zu verständigen. *(BGBl. Nr. 232/1978, Art. I Z 54)*

(8) Sachlich in Betracht kommende Oberbehörden sind die Landeshauptleute und über diesen der Bundesminister für Wirtschaft, Familie und Jugend. Die Landeskammern der gewerblichen Wirtschaft und die Lehrlings-

stellen sind bei Besorgung der diesen obliegenden Aufgaben gemäß Art. 120b Abs. 2 B-VG an Weisungen des Bundesministers für Wirtschaft, Familie und Jugend gebunden. *(BGBl. I Nr. 129/2013, Art. 3 Z 6)*

(9) Schriften und Amtshandlungen im Verfahren vor den Lehrlingsstellen unterliegen nicht der Gebührenpflicht im Sinne des Gebührengesetzes 1957, BGBl. Nr. 267. *(BGBl. Nr. 142/1969 idF BGBl. Nr. 232/1978, Art. I Z 55)*

(10) Die Amtshandlungen der Lehrlingsstellen sowie der im Instanzenzug gemäß Art. 130 B-VG übergeordneten Verwaltungsgerichte sind von Bundesverwaltungsabgaben befreit. *(BGBl. I Nr. 129/2013, Art. 3 Z 7)*

Ausbildungsberatung und Schiedsstelle

§ 19a. Die kollektivvertragsfähigen Körperschaften der Arbeitgeber und der Arbeitnehmer sollen im Rahmen ihres Wirkungsbereiches eine qualifizierte betriebliche Ausbildung fördern, Betriebe zur Lehrlingsausbildung motivieren, die Einrichtung von Ausbildungsverbundmaßnahmen (§ 2a) anregen, in besonderen Konfliktfällen aus dem Lehrverhältnis Hilfestellung anbieten und bei Nichteinigung paritätisch besetzte Schiedsstellen einrichten.

(BGBl. I Nr. 79/2003, Art. 1 Z 13)

Festlegung von Beihilfen für die betriebliche Ausbildung von Lehrlingen

§ 19b. (Verfassungsbestimmung) Die Erlassung, Aufhebung und Vollziehung von Vorschriften hinsichtlich der Vergabe von Beihilfen für die betriebliche Ausbildung von Lehrlingen, wie sie in diesem Bundesgesetz enthalten sind, sind auch in den Belangen Bundessache, hinsichtlich derer das B-VG etwas anderes bestimmt. Die in diesen Vorschriften geregelten Angelegenheiten können unmittelbar von den in diesem Bundesgesetz vorgesehenen Einrichtungen versehen werden.

(BGBl. I Nr. 82/2008, Art. 1 Z 9)

Beihilfen für die betriebliche Ausbildung von Lehrlingen

§ 19c. (1) Zur Förderung der betrieblichen Ausbildung von Lehrlingen können Beihilfen an Lehrberechtigte gemäß § 2 und an Lehrberechtigte gemäß § 2 Abs. 1 des Land- und forstwirtschaftlichen Berufsausbildungsgesetzes, BGBl. Nr. 298/1990, gewährt sowie ergänzende Unterstützungsstrukturen, auch unter Einbeziehung von dazu geeigneten Einrichtungen, zur Verfügung gestellt werden. Die Beihilfen und ergänzenden Unterstützungsstrukturen dienen insbesondere folgenden Zwecken:

1. Förderung des Anreizes zur Ausbildung von Lehrlingen, insbesondere durch Abgeltung eines Teiles des Lehrlingseinkommens, *(BGBl. I Nr. 148/2011, Z 1 idF BGBl. I Nr. 18/2020, Z 6)*
2. Steigerung der Qualität in der Lehrlingsausbildung,
3. Förderung von Ausbildungsverbünden,
4. Aus- und Weiterbildung von Ausbilder/innen,
5. Zusatzausbildungen von Lehrlingen,
6. Förderung der Ausbildung in Lehrberufen entsprechend dem regionalen Fachkräftebedarf,
7. Förderung des gleichmäßigen Zugangs von jungen Frauen und jungen Männern zu den verschiedenen Lehrberufen,
8. Förderung von Beratungs-, Betreuungs- und Unterstützungsleistungen zur Erhöhung der Chancen auf eine erfolgreiche Berufsausbildung und auch zur Anhebung der Ausbildungsbeteiligung insbesondere in Bereichen mit wenigen Ausbildungsbetrieben oder Lehrlingen.

(BGBl. I Nr. 148/2011, Z 1)

(2) Die näheren Bestimmungen über Art, Höhe, Dauer, Gewährung und Rückforderbarkeit der Beihilfen gemäß Abs. 1, ausgenommen für Zwecke gemäß Z 8, werden durch Richtlinien des Förderausschusses (§ 31b), die der Bestätigung des Bundesministers für Wirtschaft, Familie und Jugend bedürfen, festgelegt. Die näheren Bestimmungen über Art, Höhe, Dauer, Gewährung und Rückforderbarkeit der Beihilfen sowie für die ergänzenden Unterstützungsstrukturen für Zwecke gemäß Abs. 1 Z 8 werden durch Richtlinien des Bundesministers für Arbeit und Wirtschaft (§ 31c) festgelegt. Bei der Gestaltung der einzelnen in den Richtlinien festgelegten Maßnahmen gemäß Abs. 1 ist auf Transparenz und Anwendungsfreundlichkeit des Beihilfen- und Fördersystems gemäß diesem Bundesgesetz zu achten. *(BGBl. I Nr. 148/2011, Z 2 idF BGBl. I Nr. 18/2020, Z 21 und BGBl. I Nr. 185/2022, Art. 10 Z 1)*

(3) Die Vergabe der Beihilfen an Lehrberechtigte hat im übertragenen Wirkungsbereich der Landeskammern der gewerblichen Wirtschaft durch die Lehrlingsstellen im Namen und auf Rechnung des Bundes zu erfolgen. Die Vergabe der Beihilfen und die Administration und Organisation der ergänzen-

den Unterstützungsstrukturen, u.a. die Beauftragung geeigneter Einrichtungen, gemäß Abs. 1 Z 8 hat, soweit nicht ausnahmsweise in den Richtlinien gemäß § 31c anderes vorgesehen ist, im übertragenen Wirkungsbereich der Landeskammern der gewerblichen Wirtschaft durch die Lehrlingsstellen im Namen und auf Rechnung des Bundes zu erfolgen. *(BGBl. I Nr. 148/2011, Z 2)*

(4) Die Gewährung der Beihilfen erfolgt auf Antrag des Lehrberechtigten. Auf Beihilfen besteht kein Rechtsanspruch. Der Lehrberechtigte hat der Lehrlingsstelle die zur Beurteilung der Voraussetzungen für die Gewährung der Beihilfe erforderlichen Unterlagen und Dokumente vorzulegen. Der Lehrberechtigte hat der Lehrlingsstelle Einsicht in die betriebsbezogenen Unterlagen und Zugang zu den betrieblichen Einrichtungen zu gewähren, soweit dies für die Beurteilung der Voraussetzungen erforderlich ist.

(5) Die Lehrlingsstellen haben der jeweils zuständigen Arbeiterkammer vor der Gewährung von in den Richtlinien bestimmten Beihilfen, bei denen ein Ermessensspielraum zur Beurteilung des Vorliegens der Voraussetzungen besteht, Gelegenheit zur Stellungnahme zu geben. Zu diesem Zweck hat die Lehrlingsstelle der Arbeiterkammer die für die Entscheidung maßgeblichen Angaben zu übermitteln. Spricht sich die Arbeiterkammer binnen vierzehn Tagen gegen die Gewährung der Beihilfe aus, ist der Landes-Berufsausbildungsbeirat anzuhören. Der Landes-Berufsausbildungsbeirat entscheidet über seine Stellungnahme mit einfacher Mehrheit.

(6) Die Lehrlingsstellen haben die Vergabe der Beihilfen zu dokumentieren und den Landes-Berufsausbildungsbeiräten mindestens halbjährlich über die wichtigsten Umstände zu berichten. Den Kammern für Arbeiter und Angestellte sowie dem Bundesminister für Wirtschaft, Familie und Jugend ist die stichprobenartige und anlassfallbezogene Einsichtnahme in die Dokumentation zum Zwecke der Kontrolle der rechtmäßigen und zweckmäßigen Mittelverwendung bzw. der Wahrnehmung der Aufsicht nach § 19d zu gewähren. Die Dokumentation hat die für jeden Beihilfenfall maßgeblichen Sachverhaltsangaben samt den zugehörigen Nachweisen zu enthalten. *(BGBl. I Nr. 82/2008, Art. 1 Z 10 idF BGBl. I Nr. 40/2010, Z 9)*

(7) Die Wirtschaftskammern können sich zur Vorbereitung und Durchführung der Entscheidungen der Lehrlingsstellen einer eigenen Gesellschaft oder sonstiger geeigneter Einrichtungen als Dienstleister und Auftragsverarbeiter bedienen, soweit dem die Grundsätze der Sparsamkeit, Wirtschaftlichkeit und Zweckmäßigkeit nicht entgegenstehen. Dadurch dürfen schutzwürdige Interessen Dritter im Sinne des § 1 Abs. 1 des Datenschutzgesetzes 2000 (DSG 2000), BGBl. I Nr. 165/1999, nicht verletzt werden. *(BGBl. I Nr. 82/2008, Art. 1 Z 10 idF BGBl. I Nr. 32/2018, Art. 64 Z 1)*

(8) Den Wirtschaftskammern ist der durch die Schaffung und Aufrechterhaltung der Voraussetzungen für die Vergabe der Beihilfen sowie der ergänzenden Unterstützungsstrukturen, durch die Vergabe der Beihilfen und durch die Erfüllung der Informations- und Dokumentationspflichten entstehende unvermeidliche Personal- und Sachaufwand vom Bund zu ersetzen. Der Einsatz dieser Mittel unterliegt der nachprüfenden Kontrolle durch den Bundesminister für Arbeit und Wirtschaft. *(BGBl. I Nr. 148/2011, Z 3 idF BGBl. I Nr. 185/2022, Art. 10 Z 2)*

(BGBl. I Nr. 82/2008, Art. 1 Z 10)

Aufsicht
(BGBl. I Nr. 148/2011, Z 4)

§ 19d. (1) Soweit die Lehrlingsstellen Beihilfen gemäß § 19c vergeben, unterstehen sie der Aufsicht des Bundesministers für Wirtschaft, Familie und Jugend und, soweit dies für die gesetzes- und richtlinienkonforme Erfüllung der Aufgaben erforderlich ist, auch dem Weisungsrecht des Bundesministers für Wirtschaft, Familie und Jugend. *(BGBl. I Nr. 82/2008, Art. 1 Z 10 idF BGBl. I Nr. 40/2010, Z 25)*

(2) Die Lehrlingsstellen sind verpflichtet, dem Bundesminister für Wirtschaft, Familie und Jugend sowie dem gemäß § 31b eingerichteten Förderausschuss auf Verlangen alle für die Wahrnehmung der Aufsicht erforderlichen Auskünfte zu geben und die erforderlichen Unterlagen zur Verfügung zu stellen. *(BGBl. I Nr. 82/2008, Art. 1 Z 10 idF BGBl. I Nr. 40/2010, Z 9)*

(3) Bei der Ausübung der Aufsicht sind die Gesetzmäßigkeit und die Einhaltung der nach diesem Gesetz ergangenen Vorschriften zu prüfen.

(4) entfallen (BGBl. I Nr. 185/2022, Art. 10 Z 3)

(BGBl. I Nr. 82/2008, Art. 1 Z 10)

Prüfung der Zweckmäßigkeit und Wirkung der Beihilfen

§ 19e. Der Bundesminister für Wirtschaft, Familie und Jugend hat die Zweckmäßigkeit und Wirkung der vom Förderausschuss gemäß § 19c festgelegten Beihilfen zu prüfen. Er kann sich dabei erforderlichenfalls geeigneter externer Einrichtungen als Dienstleister und Auftragsverarbeiter bedienen. Dadurch dürfen schutzwürdige Interessen Dritter im Sinne des § 1 Abs. 1 DSG 2000 nicht verletzt werden. *(BGBl. I Nr. 82/2008, Art. 1 Z 10 idF BGBl. I Nr. 40/2010, Z 9, BGBl. I Nr. 148/2011, Z 6, BGBl. I Nr. 32/2018, Art. 64 Z 2 und BGBl. I Nr. 185/2022, Art. 10 Z 4)*

(2) entfallen (BGBl. I Nr. 185/2022, Art. 10 Z 4)

(BGBl. I Nr. 82/2008, Art. 1 Z 10 idF BGBl. I Nr. 40/2010, Z 9)

Informationspflicht

§ 19f. Alle Behörden und Ämter, die Träger der Sozialversicherung sowie die gesetzlichen Interessenvertretungen der Arbeitgeber und der Arbeitnehmer sind verpflichtet, die Lehrlingsstellen in der Erfüllung ihrer Aufgaben zu unterstützen. Die Träger der Sozialversicherung und der Dachverband der Sozialversicherungsträger sind verpflichtet, zum Zweck der Beurteilung der Voraussetzungen für die Vergabe von Beihilfen gemäß § 19c auf automationsunterstütztem Weg gespeicherte personenbezogene Daten (§ 31 Abs. 4 Z 3 lit. b ASVG) über die Versicherungszeiten der Lehrlinge und die Beiträge, mit denen sie versichert waren, an die Lehrlingsstellen zu übermitteln, soweit diese personenbezogenen Daten eine wesentliche Voraussetzung zur Durchführung ihrer Aufgaben nach diesem Bundesgesetz bilden.

(BGBl. I Nr. 82/2008, Art. 1 Z 10 idF BGBl. I Nr. 32/2018, Art. 64 Z 3 und BGBl. I Nr. 100/2018, Art. 1 Z 194)

Datenverarbeitung

§ 19g. (1) Die Lehrlingsstellen und das Bundesministerium für Digitalisierung und Wirtschaftsstandort sind zur Verarbeitung nachstehender personenbezogener Daten ermächtigt, soweit deren Verwendung für die Erfüllung der Aufgaben eine wesentliche Voraussetzung ist. Die in Frage kommenden Arten von personenbezogenen Daten sind: *(BGBl. I Nr. 82/2008, Art. 1 Z 10 idF BGBl. I Nr. 40/2010, Z 26 und BGBl. I Nr. 32/2018, Art. 64 Z 4)*

1. personenbezogene Daten der Lehrlinge: *(BGBl. I Nr. 82/2008, Art. 1 Z 10 idF BGBl. I Nr. 32/2018, Art. 64 Z 5)*
   a) Namen (Vornamen, Familiennamen),
   b) Sozialversicherungsnummer und Geburtsdatum,
   c) Geschlecht,
   d) Staatsangehörigkeit, Aufenthalts- und Arbeitsberechtigungen,
   e) Adresse des Wohnsitzes oder Aufenthaltsortes,
   f) gesetzliche Vertreter minderjähriger Lehrlinge,
   g) Telefonnummer,
   h) E-Mail-Adresse,
   i) Lehrberuf,
   j) Beginn, Ende und Dauer des Lehrverhältnisses,
   k) Ergebnis der Lehrabschlussprüfung und allfälliger Teilprüfungen,
   l) Vorbildung und Zusatzausbildungen,
   m) anzuwendender Kollektivvertrag oder sonstige anzuwendende Rechtsquelle (Satzung, Mindestlohntarif, festgesetzte Lehrlingsentschädigung),
   n) Höhe des Lehrlingseinkommens. *(BGBl. I Nr. 82/2008, Art. 1 Z 10 idF BGBl. I Nr. 18/2020, Z 6)*
2. personenbezogene Daten der Lehrberechtigten: *(BGBl. I Nr. 82/2008, Art. 1 Z 10 idF BGBl. I Nr. 32/2018, Art. 64 Z 5)*
   a) Firmennamen und Betriebsnamen,
   b) Firmensitz und Betriebssitz,
   c) Struktur des Betriebes (zB Konzern-, Stamm-, Filialbetrieb),
   d) Betriebsgröße,
   e) Betriebsgegenstand,
   f) Branchenzugehörigkeit,
   g) Kollektivvertragszugehörigkeit,
   h) Zahl und Struktur der Beschäftigten,
   i) Betriebsinhaber und verantwortliche Mitglieder der Geschäftsführung,
   j) Ansprechpartner,
   k) Ausbilder/innen,
   l) Aus- und Weiterbildung von Ausbilder/innen,
   m) Lehrberufe,
   n) Ergebnisse von Qualitätsüberprüfungen,
   o) Auszeichnungen gemäß § 30a,
   p) Ausbildungsverbünde und die daran beteiligten Unternehmen und Einrichtungen,
   q) Dienstgeberkontonummer und Unternehmenskennzahl,
   r) Telefonnummer,
   s) E-Mail-Adresse,
   t) sonstige Kontaktmöglichkeiten,
   u) Bankverbindung und Kontonummer.

3. personenbezogene Daten über Beihilfen an Lehrberechtigte: *(BGBl. I Nr. 82/2008, Art. 1 Z 10 idF BGBl. I Nr. 32/2018, Art. 64 Z 5)*
   a) Art und Zweck der Beihilfe,
   b) Höhe der Beihilfe,
   c) Beihilfenzeitraum (Beginn und Ende).

(2) Die von den Lehrlingsstellen oder vom Bundesministerium für Digitalisierung und Wirtschaftsstandort verarbeiteten personenbezogenen Daten gemäß Abs. 1 dürfen an Behörden, Gerichte, Träger der Sozialversicherung, die Arbeiterkammern, die Wirtschaftskammern, das Arbeitsmarktservice und die Bundesanstalt Statistik Österreich im Wege der automationsunterstützten Datenverarbeitung übermittelt werden, soweit die entsprechenden personenbezogenen Daten für die Vollziehung der jeweiligen gesetzlich übertragenen Aufgaben eine wesentliche Voraussetzung bilden. Die Behörden, Gerichte, Träger der Sozialversicherung, die Arbeiterkammern, die Wirtschaftskammern und das Arbeitsmarktservice dürfen von ihnen verarbeitete personenbezogene Daten gemäß Abs. 1 an die Lehrlingsstellen und an das Bundesministerium für Digitalisierung und Wirtschaftsstandort im Wege der automationsunterstützten Datenverarbeitung übermitteln, soweit diese personenbezogenen Daten für die Vollziehung der den Lehrlingsstellen und dem Bundesministerium für Digitalisierung und Wirtschaftsstandort gesetzlich übertragenen Aufgaben eine wesentliche Voraussetzung bilden. *(BGBl. I Nr. 32/2018, Art. 64 Z 6)*

(3) Die Lehrlingsstellen und das Bundesministerium für Digitalisierung und Wirtschaftsstandort dürfen die von ihnen verarbeiteten personenbezogenen Daten gemäß Abs. 1 an Auftragsverarbeiter im Wege der automationsunterstützten Datenverarbeitung übermitteln, soweit die entsprechenden personenbezogenen Daten eine unabdingbare Voraussetzung für die Erfüllung der übertragenen Aufgaben bilden. Eine derartige Aufgabe kann auch die Erfüllung eines vergebenen Forschungsauftrages zur Beurteilung der Zweckmäßigkeit und Wirkung der Beihilfen an Lehrberechtigte sein. *(BGBl. I Nr. 82/2008, Art. 1 Z 10 idF BGBl. I Nr. 40/2010, Z 26 und BGBl. I Nr. 32/2018, Art. 64 Z 7)*

(4) entfallen (BGBl. I Nr. 185/2022, Art. 10 Z 5)

(BGBl. I Nr. 82/2008, Art. 1 Z 10)

Eintragung des Lehrvertrages

§ 20. (1) Der Lehrberechtigte hat ohne unnötigen Aufschub, jedenfalls binnen drei Wochen nach Beginn des Lehrverhältnisses, den Lehrvertrag bei der zuständigen Lehrlingsstelle zur Eintragung anzumelden und den Lehrling davon zu informieren. Die Anmeldung hat mindestens die im § 12 Abs. 3 Z 1 bis 3 verlangten Angaben sowie das Eintrittsdatum und allenfalls anrechenbare Vorlehr- bzw. Schulzeiten zu enthalten. Der Lehrvertrag ist in vier Ausfertigungen vorzulegen, die Lehrlingsstelle kann die Anzahl der erforderlichen Ausfertigungen herabsetzen. Hat der Lehrberechtigte den Lehrvertrag nicht fristgerecht angemeldet, so kann der Lehrling, für minderjährige Lehrlinge auch deren gesetzlicher Vertreter, der Lehrlingsstelle den Abschluss des Lehrvertrages bekannt geben. *(BGBl. I Nr. 79/2003, Art. 1 Z 14)*

(2) Die Lehrlingsstelle hat ohne unnötigen Aufschub nach Einlangen der Anmeldung des Lehrvertrages die Eintragung des Lehrvertrages vorzunehmen oder einen Bescheid gemäß Abs. 3 zu erlassen. Leidet der Lehrvertrag an Formgebrechen oder leidet der Lehrvertrag bzw. die Anmeldung an behebbaren sachlichen Mängeln, so hat die Lehrlingsstelle je nach der Sachlage einen der Vertragspartner oder beide aufzufordern, die Formgebrechen zu beheben oder den Vertrag zu ändern und hiefür eine angemessene Frist zu setzen. Wenn im Zuge der Überwachung der betrieblichen Ausbildung gemäß § 19 Abs. 3 durch die Lehrlingsstellen festgestellt wird, dass der entsprechende Betrieb nicht mehr den Anforderungen des § 2 Abs. 6 entspricht, da die für die Ausbildung im entsprechenden Lehrberuf erforderlichen Fertigkeiten und Kenntnisse nicht mehr zur Gänze vermittelt werden können, dann hat die Lehrlingsstelle vor der Eintragung der entsprechenden Lehrverträge den Lehrberechtigten aufzufordern, mit dem Lehrling Ausbildungsverbundmaßnahmen gemäß § 2a im Sinne des § 12 Abs. 4 zu vereinbaren. *(BGBl. I Nr. 79/2003, Art. 1 Z 14)*

(3) Die Lehrlingsstelle hat die Eintragung mit Bescheid zu verweigern,
a) wenn der Aufnahme des Lehrlings ein in diesem Bundesgesetz begründetes Hindernis entgegensteht,
b) wenn es sich um ein Scheinlehrverhältnis handelt,
c) wenn der Lehrling im Zeitpunkt des Beginnes des Lehrverhältnisses nicht die allgemeine Schulpflicht erfüllt hat,
d) wenn es sich im Falle eines jugendlichen Lehrlings um einen verbotenen Betrieb im Sinne des Kinder- und Jugendbeschäftigungsgesetzes, BGBl. Nr. 146/1948, handelt, oder dem Lehrberechtigten die Beschäftigung Jugendlicher rechtskräftig untersagt ist,

e) wenn der Aufnahme des Lehrlings ein sonstiges gesetzliches Hindernis entgegensteht,

f) solange in den Fällen des § 3a Abs. 1 nicht ein rechtskräftiger Feststellungsbescheid über das Vorliegen der dort festgelegten Voraussetzungen für den betreffenden Lehrberuf innerhalb der letzten 15 Monate vor der Anmeldung des Lehrvertrages erlassen wurde, *(BGBl. I Nr. 79/2003, Art. 1 Z 15)*

g) wenn der Lehrvertrag nicht innerhalb der gemäß Abs. 2 gesetzten Frist der Lehrlingsstelle wiederum vorgelegt wird, *(BGBl. Nr. 142/1969 idF BGBl. Nr. 232/1978, Art. I Z 59 und BGBl. Nr. 23/1993, Z 25)*

h) wenn der Lehrvertrag erst nach Ablauf der für den Lehrberuf festgesetzten Lehrzeit zur Eintragung angemeldet wird, oder *(BGBl. Nr. 142/1969 idF BGBl. Nr. 232/1978, Art. I Z 59 und BGBl. Nr. 23/1993, Z 25)*

i) wenn die Bestimmungen betreffend den Ausbildungsverbund nicht eingehalten werden. *(BGBl. Nr. 23/1993, Z 25)*

(4) Der Landeshauptmann hat im Falle der Ausübung des Aufsichtsrechtes die Löschung der Eintragung zu verfügen, wenn diese aus einem der im Abs. 3 angegebenen Gründe zu verweigern gewesen wäre. Eine solche Verfügung ist nicht mehr zulässig, wenn der Lehrling inzwischen die Lehrabschlußprüfung erfolgreich abgelegt hat.

(5) In dem Bescheid, mit dem die Eintragung eines Lehrvertrages verweigert oder die Löschung der Eintragung gemäß Abs. 4 verfügt wird, ist unter Bedachtnahme auf den Grund dieser Maßnahme und den Stand der Ausbildung des Lehrlings auszusprechen, ob und inwieweit die bereits tatsächlich zurückgelegte Zeit auf die in dem betreffenden Lehrberuf festgesetzte Lehrzeit anzurechnen ist.

(6) Gegen den Bescheid über die Verweigerung der Eintragung steht dem Lehrberechtigten und dem Lehrling, für minderjährige Lehrlinge auch dem gesetzlichen Vertreter, das Recht der Beschwerde gemäß Art. 130 B-VG und gegen das Erkenntnis des Verwaltungsgerichtes die Revision gemäß Art. 133 B-VG wegen Rechtswidrigkeit zu. *(BGBl. Nr. 232/1978, Art. I Z 60 idF BGBl. I Nr. 1 29/2013, Art. 3 Z 8)*

(7) Die vollzogene Eintragung sowie eine etwaige Anrechnung früherer Lehrzeiten oder eine etwaige auf die Lehrzeit anrechenbare schulmäßige Ausbildung oder sonst gemäß diesem Bundesgesetz anrechenbare Zeiten sind auf allen Ausfertigungen des Lehrvertrages zu beurkunden. Je eine Ausfertigung ist ohne unnötigen Aufschub dem Lehrberechtigten und dem Lehrling, für minderjährige Lehrlinge dem gesetzlichen Vertreter, zuzustellen. Je eine Ausfertigung oder Abschrift ist der zuständigen Kammer für Arbeiter und Angestellte zu übermitteln bzw. in der Lehrlingsstelle aufzubewahren. Bei vorhandenen kommunikationstechnischen Möglichkeiten kann anstelle der Übermittlung der Ausfertigung oder der Abschrift des Lehrvertrages eine Übermittlung der entsprechenden personenbezogenen Daten an den Lehrberechtigten und auf Grund einer Stellungnahme des Landes-Berufsausbildungsbeirates an den Lehrling sowie auf Grund einer entsprechenden Vereinbarung an die Kammer für Arbeiter und Angestellte auch in einer anderen geeigneten Form, insbesondere in elektronischer Form, erfolgen. *(BGBl. I Nr. 79/2003, Art. 1 Z 16 idF BGBl. I Nr. 40/2010, Z 27 und BGBl. I Nr. 32/2018, Art. 64 Z 8)*

(8) Die Absätze 1 bis 7 gelten für die Abänderung bereits eingetragener Lehrverträge sinngemäß.

(9) Die Bezirksverwaltungsbehörden haben die Lehrlingsstellen und die örtlich zuständigen Kammern für Arbeiter und Angestellte von rchtskräftigen Bescheiden, mit denen Lehrberechtigte die Beschäftigung Jugendlicher untersagt wird, zu verständigen.

Lehrabschlußprüfung

§ 21. (1) Zweck der Lehrabschlußprüfung ist es festzustellen, ob sich der Lehrling die im betreffenden Lehrberuf erforderlichen Fertigkeiten und Kenntnisse angeeignet hat und in der Lage ist, die dem erlernten Lehrberuf eigentümlichen Tätigkeiten selbst fachgerecht auszuführen. Die Lehrabschlußprüfung gliedert sich in eine praktische und eine theoretische Prüfung und besteht aus einem schriftlichen und einem mündlichen Teil.

(2) Die Lehrlingsstellen haben dafür zu sorgen, daß sich alle Lehrlinge am Ende der Lehrzeit (§ 23 Abs. 2) der Lehrabschlußprüfung unterziehen können. Dem Prüfungswerber sind, wenn er erstmals zur Lehrabschlußprüfung antritt, die bei der praktischen Prüfung benötigten Materialien kostenlos zur Verfügung zu stellen, sofern er nicht erklärt, das Eigentum an dem in der praktischen Prüfung Hergestellten erwerben zu wollen. In der Prüfungsordnung (§ 24) ist unter Bedachtnahme auf die Besonderheiten des jeweiligen Lehrberufes festzulegen, wer diese Materialen[7]) zur Verfügung zu stellen hat. Weiters sind dem Prüfungswerber auf dessen begründetes Verlangen die zur Durchführung der praktischen Prüfung erforderlichen Werkzeuge und Personen (Modelle) kostenlos zur

[7]) Sollte richtig lauten: „Materialien“.

Verfügung zu stellen. *(BGBl. Nr. 232/1978, Art. I Z 61)*

(3) Personen, die eine Lehrabschlußprüfung erfolgreich abgelegt haben, sind berechtigt sich zu bezeichnen:

a) bei Lehrberufen, die einem Handelsgewerbe entsprechen, als Kaufmannsgehilfen oder mit der Berufsbezeichnung des Lehrberufes,
b) bei den übrigen Lehrberufen als Facharbeiter oder als Gesellen oder mit der Berufsbezeichnung des Lehrberufes.

(4) Für die Ablegung der Lehrabschlußprüfung sind Prüfungstaxen zu entrichten. Die Höhe der Prüfungstaxe ist in der Prüfungsordnung (§ 24) so zu bestimmen, dass zur Tragung des durch die Abhaltung der Prüfungen entstehenden besonderen Verwaltungsaufwandes einschließlich einer angemessenen Entschädigung der Mitglieder der Prüfungskommission und sonstiger Hilfspersonen, die durch die Lehrlingsstelle bestellt werden, beigetragen wird. Die Prüfungstaxen fließen der Landeskammer der gewerblichen Wirtschaft zu, in deren Bereich die Prüfungskommission errichtet wurde, und sind für den Verwaltungsaufwand der Lehrlingsstellen zu verwenden. *(BGBl. Nr. 142/1969 idF BGBl. I Nr. 79/2003, Art. 1 Z 17)*

Prüfungskommissionen für die Lehrabschlußprüfungen

§ 22. (1) Die Lehrabschlussprüfungen sind vor Prüfungskommissionen abzulegen, die die Lehrlingsstelle zu errichten hat. Jede Prüfungskommission besteht aus einem Vorsitzenden und zwei Beisitzern. Die Mitglieder der Prüfungskommission haben über eine fachliche Qualifikation zu verfügen, die zumindest dem Niveau einer Lehrabschlussprüfung aus dem Berufsbereich der Ausbildung, insbesondere im selben oder in einem verwandten Lehrberuf, entspricht. *(BGBl. I Nr. 78/2015, Z 37)*

(2) Die Vorsitzenden der Prüfungskommissionen sind vom Leiter/von der Leiterin der Lehrlingsstelle auf Grund eines vom Landes-Berufsausbildungsbeirat einzuholenden Vorschlages auf die Dauer von fünf Jahren zu bestellen. Der Leiter/die Leiterin der Lehrlingsstelle ist an einstimmige Vorschläge des Landes-Berufsausbildungsbeirates gebunden. Wenn innerhalb von zwei Monaten nach Einholung eines Vorschlages durch die Lehrlingsstelle seitens des Landes-Berufsausbildungsbeirates kein solcher Vorschlag erstattet wird, hat der Leiter/die Leiterin der Lehrlingsstelle die Bestellung der Vorsitzenden nach Anhörung der Arbeiterkammer und der Landeskammer der gewerblichen Wirtschaft vorzunehmen. *(BGBl. I Nr. 78/2015, Z 37)*

(3) Die Beisitzer der Prüfungskommission sind von der Lehrlingsstelle für jeden Prüfungstermin gesondert auf Grund von Listen zu bestimmen, die für die einzelnen Lehrberufe von der Lehrlingsstelle hinsichtlich des einen Beisitzers nach Anhörung der fachlich zuständigen gesetzlichen beruflichen Interessenvertretungen der Arbeitgeber und hinsichtlich des anderen Beisitzers der Arbeiterkammer des jeweiligen Bundeslandes auf die Dauer von fünf Jahren aufzustellen sind. Je ein Mitglied der Prüfungskommission ist dabei aus einer der beiden Listen zu nominieren. Bei der Erstellung der Listen ist darauf zu achten, dass, sofern entsprechende Personen zur Verfügung stehen, die Prüferinnen und Prüfer über didaktische und pädagogische Kompetenz verfügen. Zur Beurteilung können zB absolvierte, zu diesem Zweck eingerichtete Kursmaßnahmen herangezogen werden. *(BGBl. I Nr. 78/2015, Z 37)*

(4) Liegen der Lehrlingsstelle keine für die ordnungsgemäße Heranziehung der erforderlichen Mitglieder der Prüfungskommission ausreichende Listen vor, so hat die Lehrlingsstelle die Mitglieder unter Bedachtnahme auf Abs. 1 ad hoc heranzuziehen. *(BGBl. I Nr. 78/2015, Z 37)*

(5) Personen, die wegen einer vorsätzlichen, mit mehr als einjähriger Freiheitsstrafe bedrohten Handlung, wegen einer mit Bereicherungsvorsatz begangenen oder einer strafbaren Handlung gegen die Sittlichkeit oder wegen der Finanzvergehen des Schmuggels, der Hinterziehung von Eingangs- oder Ausgangsabgaben oder der Abgabenhehlerei nach § 37 Abs. 1 lit. a des Finanzstrafgesetzes, BGBl. Nr. 129/1958, rechtskräftig von einem Gericht verurteilt worden sind, dürfen nicht zu Mitgliedern der Prüfungskommission bestellt werden. *(BGBl. I Nr. 78/2015, Z 37)*

(6) Die Lehrlingsstelle hat Mitglieder, die die Voraussetzungen für ihre Bestellung nicht oder nicht mehr erfüllen oder durch deren wiederholte unentschuldigte Abwesenheit die Prüfungskommission nicht beschlussfähig war, nach Anhörung der entsendenden Stelle nicht mehr mit der Prüfungstätigkeit zu betrauen und dies der entsendenden Stelle bekanntzugeben sowie diese um Änderung bzw. Ergänzung der Liste zu ersuchen. *(BGBl. I Nr. 78/2015, Z 37)*

(7) Der Leiter der Lehrlingsstelle hat einen Vorsitzenden der Prüfungskommission vor Ablauf seiner Amtsdauer zu entheben, wenn er seine Pflichten wiederholt vernachlässigt oder andere wichtige Gründe für seine Abberufung sprechen. *(BGBl. I Nr. 78/2015, Z 37)*

(8) Die im § 19 Abs. 8 angeführten Behörden können zur Überwachung der Ordnungsmäßigkeit des Prüfungsvorganges einen Vertreter zur Prüfung entsenden. *(BGBl. Nr. 232/1978, Art. I Z 65 idF BGBl. I Nr. 78/2015, Z 37)*

(9) Von der Errichtung von Prüfungskommissionen für einzelne Lehrberufe ist von der Lehrlingsstelle abzusehen, in deren örtlichen Bereich keine hinreichende Zahl von Prüfungswerbern in dem betreffenden Lehrberuf zu erwarten ist oder eine hinreichende Zahl von Prüfern nicht zur Verfügung steht. In einem solchen Fall hat die Lehrlingsstelle eine andere Lehrlingsstelle, von der eine Prüfungskommission für den betreffenden Lehrberuf errichtet wurde, zu ersuchen, daß die Prüfungen vor dieser Prüfungskommission abgelegt werden können; die andere Lehrlingsstelle hat diesem Ersuchen zu entsprechen. *(BGBl. Nr. 142/1969 idF BGBl. I Nr. 78/2015, Z 37)*

(10) Die Lehrlingsstellen haben die Mitglieder der von ihnen errichteten Prüfungskommission bei der Durchführung der Prüfungen, insbesondere auch hinsichtlich einer einheitlichen Handhabung der Prüfungsbestimmungen, zu unterstützen. *(BGBl. Nr. 142/1969 idF BGBl. I Nr. 78/2015, Z 37)*

Prüfungskommission für die Teilprüfung über den Fachbereich der Berufsreifeprüfung im Rahmen von Lehrabschlussprüfungen über vierjährige Lehrberufe

§ 22a. (1) Die Prüfungskommission für die Teilprüfung über den Fachbereich der Berufsreifeprüfung anlässlich der Lehrabschlussprüfung gemäß § 4 Abs. 3 letzter Satz des Berufsreifeprüfungsgesetzes, BGBl. I Nr. 68/1997 in der Fassung des Bundesgesetzes BGBl. I Nr. 91/2005, welche bei vierjährigen Lehrberufen und bei modularen Lehrberufen mit vierjähriger Ausbildungszeit möglich ist, besteht aus den beiden Beisitzern der Kommission gemäß § 22 Abs. 1 und einem fachkundigen Experten gemäß § 8a des Berufsreifeprüfungsgesetzes als Vorsitzenden.

(2) Die Anmeldung zur Teilprüfung über den Fachbereich hat im Zuge der Anmeldung zur Lehrabschlussprüfung zu erfolgen.

(3) Der Prüfungskandidat hat vor Antritt zur Prüfung eine Prüfungsgebühr für die Mitglieder der Kommission in der Höhe der gemäß § 11 Abs. 1 des Berufsreifeprüfungsgesetzes vorgesehenen Prüfungstaxe zu entrichten. Diese Prüfungsgebühr ersetzt nicht die Prüfungsgebühr gemäß § 21 Abs. 4.

(BGBl. I Nr. 5/2006, Z 5a)

Zulassung zur Lehrabschlußprüfung

§ 23. (1) Zur Lehrabschlußprüfung im erlernten oder in einem verwandten Lehrberuf sind unter der Voraussetzung, daß die im Abs. 3 geforderten Nachweise erbracht werden, zuzulassen:

a) Lehrlinge;
b) Personen, die die festgesetzte Lehrzeit allenfalls unter Anrechnung einer schulmäßigen Ausbildung gemäß § 28 dieses Bundesgesetzes oder von Zeiten gemäß § 29 dieses Bundesgesetzes beendet haben; und
c) Personen, die auf Grund einer schulmäßigen Ausbildung keine Lehrzeit zurücklegen müssen.

(BGBl. Nr. 142/1969 idF BGBl. Nr. 23/1993, Z 26)

(2) Die Zulassung zur Lehrabschlußprüfung ist im Fall des Abs. 1 lit. a bei der für den Lehrbetrieb (die Ausbildungsstätte) des Lehrlings örtlich zuständigen Lehrlingsstelle frühestens sechs Monate vor Beendigung der festgesetzten Lehrzeit, sonst nach Wahl des Prüfungswerbers entweder bei der nach dem Arbeitsort oder bei der nach dem Wohnort des Prüfungswerbers örtlich zuständigen Lehrlingsstelle zu beantragen. Diese Lehrlingsstelle hat über den Antrag zu entscheiden und den Prüfungstermin festzusetzen, der bei Lehrlingen auch in den letzten zehn Wochen der festgesetzten Lehrzeit, jedoch bei ganzjährigen oder saisonmäßigen Berufsschulen nicht früher als sechs Wochen vor dem Ende des Unterrichtsjahres, bei Lehrberufen mit zweieinhalb- oder dreieinhalbjähriger Dauer der Lehrzeit sechs Wochen vor Beendigung der Berufsschulpflicht und bei lehrgangsmäßigen Berufsschulen nicht vor dem Ende des letzten Lehrgangs liegen darf. Wenn der Prüfungswerber eine Berufsschule in einem anderen Bundesland besucht, dort am Ende dieses Berufsschulbesuches die Möglichkeit der Ablegung der Lehrabschlußprüfung hat, von dieser Möglichkeit Gebrauch machen will und dies der nach dem ersten Satz zuständigen Lehrlingsstelle bekanntgibt, hat diese Lehrlingsstelle die andere Lehrlingsstelle davon zu verständigen, daß der Lehrling die Prüfung im anderen Bundesland ablegen darf. Will ein Lehrling auch die Wiederholungsprüfung bei der Lehrlingsstelle, in dessen Wirkungsbereich sich die von ihm besuchte lehrgangsmäßige Berufsschule befindet, ablegen, so kann er seinen Antrag auf Zulassung zur Wiederholungsprüfung direkt an diese Lehrlingsstelle richten. Wenn das Zusammentreten der Prüfungskommission nicht rechtzeitig möglich ist, so hat die nach dem ersten Satz zuständige Lehrlingsstelle auf Antrag des Prüfungswerbers

eine andere Lehrlingsstelle, bei der die Ablegung der Lehrabschlußprüfung rechtzeitig möglich ist, darum zu ersuchen, daß die Prüfung von der Prüfungskommission dieser Lehrlingsstelle abgelegt werden kann. Die ersuchte Lehrlingsstelle hat diesem Ersuchen zu entsprechen. *(BGBl. I Nr. 67/1997, Art. I Z 11)*

(2a) Lehrlinge, die die Berufsschule erfolgreich abgeschlossen haben, können bereits ab Beginn ihres letzten Lehrjahres die Zulassung zur Lehrabschlußprüfung beantragen und zur Lehrabschlußprüfung antreten, wenn der Lehrberechtigte in dem Antrag auf Zulassung zur Lehrabschlußprüfung der vorzeitigen Ablegung der Lehrabschlußprüfung zugestimmt hat oder das Lehrverhältnis einvernehmlich oder ohne Verschulden des Lehrlings vorzeitig aufgelöst wurde oder vor Ablauf der vereinbarten Lehrzeit geendet hat. *(BGBl. I Nr. 67/1997, Art. I Z 12 idF BGBl. I Nr. 79/2003, Art. 1 Z 20)*

(3) Dem Antrag des Prüfungswerbers um Zulassung zur Lehrabschlussprüfung sind grundsätzlich anzuschließen:

a) Nachweise über die Dauer der zurückgelegten Lehrzeit oder der gemäß § 13 Abs. 2 anzurechnenden Lehrzeit oder das Zeugnis einer Schule, deren erfolgreicher Besuch die Lehrzeit ganz oder teilweise ersetzt;
b) der Nachweis über den Besuch der Berufsschule oder über die Befreiung von der Berufsschulpflicht und
c) der Nachweis über die Entrichtung der Prüfungstaxe.

Die Lehrlingsstelle kann aus organisatorischen Gründen auf die Vorlage dieser Beilagen verzichten bzw. festlegen, dass die Prüfungstaxe zu einem späteren Zeitpunkt eingehoben wird. *(BGBl. I Nr. 79/2003, Art. 1 Z 21)*

(4) Die Prüfung ist vor einer Prüfungskommission abzulegen, die bei der Lehrlingsstelle, die über die Zulassung entschieden hat, errichtet worden ist. Ist im örtlichen Bereich dieser Lehrlingsstelle keine Prüfungskommission für diesen Lehrberuf errichtet worden (§ 22 Abs. 9) oder liegt ein Fall des § 23 Abs. 2 vorletzter oder letzter Satz vor, so kann die Prüfung vor einer entsprechenden Prüfungskommission einer anderen Lehrlingsstelle abgelegt werden. *(BGBl. Nr. 232/1978, Art. I Z 67 idF BGBl. I Nr. 78/2015, Z 38)*

(5) Nach Wahl des Antragstellers hat die nach dem Arbeitsort oder dem Wohnort örtlich zuständige Lehrlingsstelle ausnahmsweise einen Prüfungswerber auch ohne Nachweis der Voraussetzungen gemäß Abs. 1 und Abs. 3 lit. a und b zur Lehrabschlussprüfung zuzulassen,

a) wenn dieser das 18. Lebensjahr vollendet hat und glaubhaft macht, dass er auf eine andere Weise die im betreffenden Lehrberuf erforderlichen Fertigkeiten und Kenntnisse, beispielsweise durch eine entsprechend lange und einschlägige Anlerntätigkeit oder sonstige praktische Tätigkeit oder durch den Besuch entsprechender Kursveranstaltungen erworben hat; oder
b) wenn dieser die Zurücklegung von mindestens der Hälfte der für den Lehrberuf festgesetzten Lehrzeit, allenfalls unter Berücksichtigung eines Lehrzeitersatzes, nachweist und für ihn keine Möglichkeit besteht, einen Lehrvertrag für die auf die im Lehrberuf festgesetzte Dauer der Lehrzeit fehlende Zeit abzuschließen.

Der von der Lehrlingsstelle festzusetzende Prüfungstermin darf nicht vor dem Zeitpunkt liegen, zu dem der Prüfungswerber unter der Annahme eines mit 1. Juli des Jahres, in dem er die Schulpflicht beendet hat, begonnenen Lehrverhältnisses frühestens die Prüfung hätte ablegen dürfen. Sofern die Lehrlingsstelle eine dem Antrag des Prüfungswerbers nicht stattgebende Entscheidung beabsichtigt, ist die Kammer für Arbeiter und Angestellte anzuhören. Der Kammer für Arbeiter und Angestellte ist eine Ausfertigung des Bescheides zu übermitteln. Gegen diesen Bescheid steht ihr das Recht der Beschwerde gemäß Art. 130 B-VG und gegen das Erkenntnis des Verwaltungsgerichtes die Revision gemäß Art. 133 B-VG wegen Rechtswidrigkeit zu. *(BGBl. I Nr. 79/2003, Art. 1 Z 22 idF BGBl. I Nr. 129/2013, Art. 3 Z 9)*

(6) Personen, die die im betreffenden Lehrberuf erforderlichen Fertigkeiten und Kenntnisse oder einen Teil davon im Wege von Maßnahmen zu ihrer Rehabilitation erworben haben, sind ohne Rücksicht auf das im Abs. 5 lit. a verlangte Mindestalter bei Vorliegen der in dieser Bestimmung sonst geforderten Voraussetzung zur Lehrabschlußprüfung zuzulassen. *(BGBl. I Nr. 67/1997, Art. I Z 14 idF BGBl. I Nr. 79/2003, Art. 1 Z 23)*

(7) Wenn es im Interesse der Verbesserung der Vorbereitung auf die Lehrabschlußprüfung der unter Abs. 5 lit. a fallenden Prüfungswerber gelegen ist, hat der Bundesminister für Wirtschaft, Familie und Jugend durch Verordnung die Mindestdauer für Kurse festzusetzen, die dieser Vorbereitung dienen; er hat hiebei die in den Berufsbildern der in Betracht kommenden Lehrberufe angeführten Fertigkeiten und Kenntnisse, die erforderliche Gestaltung der Kurse sowie die in Betracht kommenden Altersgruppen der Kursteilnehmer zu berücksichtigen. Die im Abs. 5 lit. a verlangte Glaubhaftmachung wird jeden-

falls durch die Vorlage einer Bestätigung über die Teilnahme an einem solchen Kurs erbracht. *(BGBl. Nr. 232/1978, Art. I Z 70 idF BGBl. I Nr. 40/2010, Z 8)*

(8) Bei der Lehrabschlußprüfung entfällt die theoretische Prüfung, wenn der Prüfungswerber die Erreichung des Lehrzieles der letzten Klasse der fachlichen Berufsschule oder den erfolgreichen Abschluß einer die Lehrzeit ersetzenden berufsbildenden mittleren oder höheren Schule, deren Sonderformen einschließlich der Schulversuche nachweist. *(BGBl. Nr. 23/1993, Z 29)*

(9) Die Lehrlingsstelle hat Prüfungswerber, die eine Schule mit einer zusätzlichen systematischen Ausbildung in einem Lehrberuf besuchen, am Ende der 12. Schulstufe zur Lehrabschlussprüfung zuzulassen, wenn auf Grund der vermittelten fachlichen Ausbildung eine erfolgreiche Ablegung der Lehrabschlussprüfung erwartet werden kann. Der Antrag auf Zulassung zur Lehrabschlussprüfung kann bereits ein halbes Jahr vor dem Ende dieser Schulstufe beantragt werden und ist nach Wahl des Prüfungswerbers entweder bei der nach dem Schulstandort oder der nach seinem Wohnort örtlich zuständigen Lehrlingsstelle zu stellen. Bei erfolgreicher Absolvierung der 12. Schulstufe der betreffenden Schule entfällt bei der Lehrabschlussprüfung die theoretische Prüfung. Davon unberührt bleibt die Bestimmung des § 27 Abs. 4. *(BGBl. I Nr. 79/2003, Art. I Z 24)*

(10) Hinsichtlich Prüfungswerbern gemäß Abs. 5 und 6 kann die Lehrlingsstelle auf Antrag festlegen, dass bei der Lehrabschlussprüfung die theoretische Prüfung teilweise oder zur Gänze entfällt, wenn dies aufgrund des vom Prüfungswerber glaubhaft gemachten Qualifikationserwerbs – allenfalls auch im Zusammenhang mit der erfolgreichen Absolvierung eines Vorbereitungskurses gemäß § 23 Abs. 7 – und im Hinblick auf den im § 21 Abs. 1 festgelegten Zweck der Lehrabschlussprüfung sachlich vertretbar ist. *(BGBl. I Nr. 5/2006, Z 6)*

(11) Bei Absolvierung von Bildungsmaßnahmen im Rahmen von Projekten zur Höherqualifizierung, die vom Landes-Berufsausbildungsbeirat hinsichtlich ihrer Eignung zur Heranführung der Teilnehmerinnen und Teilnehmer an die Lehrabschlussprüfung positiv beschlossen wurden, kann die Lehrlingsstelle festlegen, dass die praktische Prüfung der Lehrabschlussprüfung gemäß Abs. 5 lit. a in zwei Teilen abgelegt werden kann. In diesem Fall besteht der erste Teil aus einer Feststellung der erworbenen Qualifikationen durch die Lehrlingsstelle unter Beiziehung eines gemäß § 22 nominierten Kommissionsmitglieds. Im zweiten Teil hat der Prüfungskandidat vor der Prüfungskommission die noch fehlenden Qualifikationen nachzuweisen. Insgesamt sind alle Teile der praktischen Prüfung abzudecken. Für den Antritt zur praktischen Prüfung in dieser Form ist die Vollendung des 22. Lebensjahres des Prüfungskandidaten Voraussetzung. Sofern in einem Bundesland die Ablegung der Lehrabschlussprüfung gemäß dieser Bestimmung nicht möglich ist, weil keine entsprechende Bildungsmaßnahme für den betreffenden Lehrberuf und keine entsprechenden Prüfungskommissionen eingerichtet sind, können Anträge auf Zulassung zur Lehrabschlussprüfung auch bei der Lehrlingsstelle der Wirtschaftskammer eines anderen Bundeslandes, bei der entsprechende Prüfungskommissionen eingerichtet sind, gestellt werden. *(BGBl. I Nr. 148/2011, Z 8 idF BGBl. I Nr. 78/2015, Z 39 und BGBl. I Nr. 18/2020, Z 22)*

Prüfungsordnungen

§ 24. (1) Die Prüfungsordnungen für die Lehrabschlußprüfungen in den einzelnen Lehrberufen sind vom Bundesminister für Wirtschaft, Familie und Jugend durch Verordnung zu erlassen. Sie haben auf Grund der Bestimmungen dieses Bundesgesetzes den Prüfungsvorgang einschließlich der Prüfungsniederschrift näher zu regeln, Bestimmungen über die Gegenstände der praktischen und der theoretischen Prüfung sowie über den schriftlichen und mündlichen Teil der Lehrabschlußprüfung und über die Höhe der Prüfungstaxe und der Entschädigung der Mitglieder der Prüfungskommissionen zu enthalten. *(BGBl. Nr. 142/1969 idF BGBl. I Nr. 40/2010, Z 8)*

(2) Im Fall des Nichtbestehens der Lehrabschlussprüfung sind bei der Wiederholung der Prüfung nur die mit „nicht genügend“ bewerteten Prüfungsgegenstände zu prüfen. *(BGBl. I Nr. 40/2010, Z 28)*

(3) Die Prüfungsordnung hat ferner nach Maßgabe der Bestimmungen des § 27 Abs. 2 festzusetzen, welche Gegenstände im Rahmen einer Zusatzprüfung zu prüfen sind.

(4) Sofern durch die Änderung einer Prüfungsordnung die Ablegung der Lehrabschlußprüfung wesentlich erschwert wird, ist unter Berücksichtigung des im § 21 Abs. 1 vorgesehenen Zweckes der Lehrabschlußprüfung auch zu bestimmen, ob und in welchem Ausmaß die geänderten Bestimmungen auf die im Zeitpunkt deren Inkrafttretens bereits in Ausbildung stehenden Personen anzuwenden sind.

(5) In der Prüfungsordnung kann der Bundesminister für Wirtschaft, Familie und Jugend auch bestimmen, unter welchen Voraussetzungen Personen, die eine Lehrabschluss-

prüfung in einem Lehrberuf abgelegt haben, jedenfalls unmittelbar zur Führung der Bezeichnung des Nachfolgelehrberufes berechtigt sind. *(BGBl. I Nr. 79/2003, Art. 1 Z 25 idF BGBl. I Nr. 40/2010, Z 9)*

(6) Der Bundesminister für Wirtschaft, Familie und Jugend hat in der Prüfungsordnung eines vierjährigen Lehrberufs und eines modularen Lehrberufs mit vierjähriger Ausbildungszeit die Teilprüfung über den Fachbereich der Berufsreifeprüfung vorzusehen. Die Ausgestaltung dieser Teilprüfung über den Fachbereich hat dem § 3 Abs. 1 Z 4 des Berufsreifeprüfungsgesetzes sowie dem Lehrplan einer diesem Lehrberuf entsprechenden öffentlichen oder mit Öffentlichkeitsrecht ausgestatteten höheren Schule zu entsprechen. *(BGBl. I Nr. 5/2006, Z 6a idF BGBl. I Nr. 40/2010, Z 9)*

Befangenheit der Mitglieder der Prüfungskommission und Prüfungsvorgang

§ 25. (1) Vom Amt als Mitglied der Prüfungskommission sind im einzelnen Fall der Lehrberechtigte, der Ausbilder, der Ausbildungsleiter, der gewerberechtliche Geschäftsführer, der Filialgeschäftsführer und, sofern die Prüfung nach Zurücklegung der Lehrzeit abgelegt wird, die Arbeitgeber des Prüflings sowie Personen ausgeschlossen, bei denen sonstige wichtige Gründe, insbesondere Verwandtschaft, Schwägerschaft oder eingetragene Partnerschaft gemäß Eingetragene Partnerschaft-Gesetz, BGBl. I Nr. 135/2009, vorliegen, die geeignet sind, ihre volle Unbefangenheit in Zweifel zu ziehen. Ob Ausschließungsgründe vorliegen, ist nach Tunlichkeit schon von der Lehrlingsstelle, in jedem Falle aber auch vom Vorsitzenden der Prüfungskommission, zu prüfen. *(BGBl. Nr. 142/1969 idF BGBl. Nr. 232/1978, Art. I Z 71 und BGBl. I Nr. 40/2010, Z 29)*

(2) Die Prüfung ist nicht öffentlich; ausnahmsweise hat jedoch der Vorsitzende der Prüfungskommission einzelne Zuhörer zuzulassen, sofern diese ein berufliches Interesse glaubhaft machen und die räumlichen Verhältnisse die Anwesenheit der Zuhörer ohne Beeinträchtigung des Prüfungsablaufes gestatten. Ein vom Landesschulrat namhaft gemachter Berufsschullehrer ist jedenfalls zur Lehrabschlußprüfung als Zuhörer zuzulassen. *(BGBl. Nr. 142/1969 idF BGBl. Nr. 232/1978, Art. I Z 72)*

(3) Umfang und Niveau der Prüfungsaufgaben und -fragen haben dem im § 21 Abs. 1 festgelegten Zweck der Lehrabschlußprüfung und den Anforderungen der Berufspraxis zu entsprechen. Der mündliche Teil der Prüfung ist vor der gesamten Prüfungskommission abzulegen.

(4) Die Prüfungskommission hat die Leistungen des Prüflings in den einzelnen Prüfungsgegenständen mit folgenden Noten zu bewerten:

a) „sehr gut" (1), wenn die Leistungen erheblich über dem Durchschnitt liegen und alle gestellten Aufgaben einwandfrei gelöst wurden;

b) „gut" (2), wenn die Leistungen über dem Durchschnitt liegen und die gestellten Aufgaben in den wichtigeren Punkten gelöst wurden;

c) „befriedigend" (3), wenn die Leistungen dem Durchschnitt entsprechen und die gestellten Aufgaben im wesentlichen gelöst wurden;

d) „genügend" (4), wenn die Leistungen unter dem Durchschnitt liegen, die gestellten Aufgaben aber wenigstens teilweise gelöst wurden und erwartet werden kann, daß der Prüfling trotz der aufgetretenen Mängel den im erlernten Beruf gestellten Anforderungen entsprechen wird;

e) „nichtgenügend" (5), wenn die gestellten Aufgaben nicht gelöst wurden und nicht erwartet werden kann, daß der Prüfling den im erlernten Beruf gestellten Anforderungen entsprechen wird.

Wenn in einem Prüfungsgegenstand die Prüfung aus einem schriftlichen und einem mündlichen Teil besteht, so hat die Prüfungskommission die Leistungen in beiden Teilen mit einer gemeinsamen Note zu bewerten.

(5) Auf Grund der gemäß Abs. 4 ermittelten Noten hat die Prüfungskommission festzustellen, ob die Lehrabschlussprüfung mit Auszeichnung bestanden, mit gutem Erfolg bestanden, bestanden oder nicht bestanden wurde. Die Lehrabschlußprüfung ist *(BGBl. Nr. 142/1969 idF BGBl. I Nr. 40/2010, Z 30)*

a) mit Auszeichnung bestanden, wenn wenigstens die Hälfte der Prüfungsgegenstände, worunter auch die der praktischen Prüfung zu fallen haben, mit „sehr gut" bewertet wurden und in den übrigen Prüfungsgegenständen keine schlechtere Bewertung als „gut" erfolgte;

b) mit gutem Erfolg bestanden, wenn wenigstens die Hälfte der Prüfungsgegenstände, worunter auch die Gegenstände der praktischen Prüfung zu fallen haben, mit gut oder sehr gut bewertet wurden und in den übrigen Prüfungsgegenständen keine schlechtere Bewertung als befriedigend erfolgte; *(BGBl. I Nr. 79/2003, Art. 1 Z 26)*

c) bestanden, wenn kein Prüfungsgegenstand mit „nichtgenügend" bewertet wurde; *(BGBl. Nr. 142/1969 idF BGBl. I Nr. 79/2003, Art. 1 Z 26)*

d) nicht bestanden, wenn ein oder mehrere Prüfungsgegenstände mit „nichtgenügend" bewertet wurden. *(BGBl. I Nr. 79/2003, Art. 1 Z 26)*

(6) Die Lehrabschlussprüfung kann wiederholt werden. *(BGBl. I Nr. 79/2003, Art. 1 Z 27)*

(7) Für die Beschlüsse der Prüfungskommission ist Stimmenmehrheit erforderlich. Bei der Abstimmung hat der Vorsitzende sein Stimmrecht zuletzt auszuüben. Der Beschluß der Prüfungskommission gemäß Abs. 5 und 6 ist dem Prüfling vom Vorsitzenden nach Abschluß der Prüfung mündlich zu verkünden.

(8) Die Bestimmungen des § 9 Abs. 7 zweiter Satz und der §§ 21 bis 26 finden auf Teilprüfungen sinngemäß Anwendung. *(BGBl. Nr. 232/1978, Art. I Z 73)*

Prüfungszeugnis und Lehrbrief

§ 26. (1) Die Lehrlingsstelle hat dem Prüfling nach Ablegung der Lehrabschlußprüfung ein Prüfungszeugnis auszustellen, das die Beurteilung des Prüfungsergebnisses der Lehrabschlußprüfung zu enthalten hat. Bei der Ablegung der Lehrabschlussprüfung in einem modularen Lehrberuf hat sich das Prüfungszeugnis auf die betreffenden Hauptmodule und Spezialmodule zu beziehen. *(BGBl. Nr. 142/1969 idF BGBl. I Nr. 5/2006, Z 7)*

(2) Das Prüfungszeugnis ist zumindest vom Vorsitzenden der Prüfungskommission zu unterzeichnen und mit dem Siegel der Lehrlingsstelle zu versehen.

(3) Im Falle des § 8 Abs. 16 hat die Lehrlingsstelle dem Prüfling, der ihr nach Zurücklegung der für den Lehrberuf festgesetzten Lehrzeit die Zeugnisse über die erfolgreiche Ablegung der für den Lehrberuf festgelegten Teilprüfungen und über den erfolgreichen Besuch der Berufsschule vorgelegt hat, ein Zeugnis auszustellen, das die Feststellung über den Ersatz der Lehrabschlußprüfung im Sinne des § 8 Abs. 16 enthält. Dieses Zeugnis gilt als Prüfungszeugnis über die Lehrabschlußprüfung. *(BGBl. Nr. 232/1978, Art. I Z 74 idF BGBl. I Nr. 5/2006, Z 8)*

(4) Das Prüfungszeugnis und das Zeugnis gemäß Abs. 3 unterliegen nicht der Gebührenpflicht im Sinne des Gebührengesetzes 1957, BGBl. Nr. 267. *(BGBl. Nr. 232/1978, Art. I Z 74)*

(5) Auf Antrag des Prüflings hat die Lehrlingsstelle einen Lehrbrief in Form einer entsprechend gestalteten Urkunde auszustellen. Darin sind die Beendigung des Lehrverhältnisses und die erfolgreiche Ablegung der Lehrabschlussprüfung in dem betreffenden Lehrberuf, im Falle der Bewertung der Prüfung mit Auszeichnung oder mit gutem Erfolg, auch dies zu beurkunden. *(BGBl. Nr. 142/1969 idF BGBl. Nr. 232/1978, Art. I Z 75 und BGBl. I Nr. 40/2010, Z 31)*

Zusatzprüfung

§ 27. (1) Personen, die eine Lehrabschlussprüfung in einem diesem Bundesgesetz unterliegenden Lehrberuf, eine Facharbeiterprüfung in einem land- und forstwirtschaftlichen Lehrberuf, eine Reifeprüfung an einer allgemein bildenden höheren Schule mit einschlägigen berufsbildenden Inhalten, eine Reife- und Diplomprüfung an einer berufsbildenden höheren Schule einschließlich der höheren land- und forstwirtschaftlichen Lehranstalten gemäß dem land- und forstwirtschaftlichen Bundesschulgesetz oder deren Sonderformen erfolgreich abgelegt haben oder eine mindestens zweijährige berufsbildende mittlere Schule einschließlich einer land- und forstwirtschaftlichen Fachschule oder deren Sonderformen erfolgreich abgeschlossen haben, können eine Zusatzprüfung in Lehrberufen aus dem Berufsbereich ihrer Ausbildung oder aus einem ihrer Ausbildung fachlich nahe stehenden Berufsbereich – insbesondere in verwandten Lehrberufen – ablegen. Bei modularen Lehrberufen bezieht sich die Möglichkeit zur Ablegung einer Zusatzprüfung auf die jeweiligen Hauptmodule bzw. Spezialmodule. Der von der Lehrlingsstelle für die Zusatzprüfung festzusetzende Prüfungstermin darf nicht vor dem Zeitpunkt liegen, zu dem der Prüfungswerber unter der Annahme eines mit 1. Juli des Jahres der Beendigung seiner Schulpflicht in dem betreffenden Lehrberuf begonnenen Lehrverhältnisses frühestens die Lehrabschlussprüfung hätte ablegen dürfen. Die Zusatzprüfung erstreckt sich auf die Gegenstände der praktischen Prüfung.

(2) Für Personen, die eine diesem Bundesgesetz unterliegende Lehrabschlussprüfung im Sinne des Abs. 1 erfolgreich abgelegt haben, kann der Bundesminister für Wirtschaft, Familie und Jugend in der Prüfungsordnung des betreffenden Lehrberufes festlegen, dass Teile der praktischen Prüfung nicht zu prüfen sind, wenn dies auf Grund der fachlich nahe stehenden Ausbildungsinhalte im Hinblick auf den im § 21 Abs. 1 festgelegten Zweck sachlich vertretbar ist. *(BGBl. I Nr. 5/2006, Z 9 idF BGBl. I Nr. 40/2010, Z 9)*

(3) Für Personen, die eine berufliche Ausbildung gemäß Abs. 1 und in weiterer Folge einen Kurs gemäß § 23 Abs. 7 erfolgreich absolviert haben, kann der Bundesminister für Wirtschaft, Familie und Jugend in der Prüfungsordnung des betreffenden Lehrberufes festlegen, dass Teile der praktischen Prüfung

nicht zu prüfen sind, wenn dies auf Grund der fachlich nahe stehenden Ausbildungsinhalte im Hinblick auf den in § 21 Abs. 1 festgelegten Zweck der Lehrabschlussprüfung sachlich vertretbar ist. *(BGBl. I Nr. 5/2006, Z 9 idF BGBl. I Nr. 40/2010, Z 9)*

(4) Für Personen, die eine Reifeprüfung an einer allgemein bildenden höheren Schule mit einschlägigen berufsbildenden Inhalten, eine Reife- und Diplomprüfung an einer berufsbildenden höheren Schule einschließlich der höheren land- und forstwirtschaftlichen Lehranstalten gemäß dem land- und forstwirtschaftlichen Bundesschulgesetz oder deren Sonderformen erfolgreich abgelegt haben oder eine vierjährige berufsbildende mittlere Schule oder eine ihrer Sonderformen erfolgreich abgeschlossen haben, kann die Lehrlingsstelle auf Antrag des Prüfungswerbers festlegen, dass Teile der praktischen Prüfung nicht zu prüfen sind, wenn dies auf Grund der fachlich nahe stehenden Ausbildungsinhalte im Hinblick auf den im § 21 Abs. 1 festgelegten Zweck der Lehrabschlussprüfung sachlich vertretbar ist.

(5) Die Zusatzprüfung gilt als Lehrabschlussprüfung im betreffenden Lehrberuf; §§ 21 bis 23, 25 und 26 haben sinngemäß Anwendung zu finden.

(BGBl. I Nr. 5/2006, Z 9)

Gleichhaltung von ausländischen Prüfungszeugnissen

§ 27a. (1) Ausländische Prüfungszeugnisse sind den entsprechenden österreichischen Prüfungszeugnissen, die von diesem Bundesgesetz erfaßt sind, gleichgehalten, wenn dies in Staatsverträgen oder durch Verordnung des Bundesministers für Wirtschaft, Familie und Jugend, mit der die Gleichwertigkeit im Sinne des Abs. 2 festgestellt wurde, festgelegt worden ist. Hierüber ist über Antrag eine Bestätigung durch die Lehrlingsstelle auszustellen. *(BGBl. Nr. 23/1993, Z 32 idF BGBl. I Nr. 40/2010, Z 32)*

(2) Eine im Ausland erfolgreich abgelegte Prüfung, die durch Abs. 1 nicht erfasst ist, ist auf Antrag desjenigen, der diese Prüfung abgelegt hat, vom Bundesminister für Wirtschaft, Familie und Jugend der entsprechenden Prüfung, die von diesem Bundesgesetz erfasst ist, gleichzuhalten, wenn nachgewiesen wird, dass die Berufsausbildung und die in der Prüfung nachgewiesenen Fertigkeiten und Kenntnisse in Zusammenhalt mit allenfalls bereits zurückgelegten facheinschlägigen Tätigkeiten in der Hinsicht gleichwertig sind, dass der Antragsteller in der Lage ist, die dem entsprechenden Lehrberuf eigentümlichen Tätigkeiten selbst fachgerecht auszuführen (Gleichwertigkeit). *(BGBl. I Nr. 40/2010, Z 33)*

(3) entfallen (BGBl. I Nr. 40/2010, Z 34)

(3) Wenn die Gleichwertigkeit nicht nachgewiesen werden kann, jedoch glaubhaft gemacht wird, daß die im Ausland zurückgelegte Berufsausbildung in weiten Bereichen einer Ausbildung in einem Lehrverhältnis und die bei der Prüfung im Ausland nachgewiesenen Fertigkeiten und Kenntnisse in weiten Bereichen dem im § 21 Abs. 1 festgelegten Zweck einer Lehrabschlußprüfung nahekommen, ist vom Bundesminister für Wirtschaft, Familie und Jugend statt der Gleichhaltung die Zulassung zur Lehrabschlußprüfung auszusprechen und unter Bedachtnahme auf die berufspraktischen Erfordernisse gleichzeitig festzulegen, welche Gegenstände des praktischen Teils der Lehrabschlußprüfung abzulegen sind. *(BGBl. Nr. 23/1993, Z 32 idF BGBl. I Nr. 40/2010, Z 34)*

(BGBl. Nr. 23/1993, Z 32)

Gleichhaltung von ausländischen Ausbildungszeiten

§ 27b. (1) Ausländische berufsorientierte Ausbildungszeiten sind der Lehrzeit oder Teilen der Lehrzeit in den entsprechenden Lehrberufen gleichgehalten, wenn dies in Staatsverträgen festgelegt worden ist.

(2) Ausländische berufsorientierte Ausbildungszeiten im Rahmen internationaler Ausbildungsprogramme, die durch Abs. 1 nicht erfaßt sind, können durch Verordnung des Bundesministers für Wirtschaft, Familie und Jugend der Lehrzeit oder Teilen der Lehrzeit in den entsprechenden Lehrberufen gleichgehalten werden, wenn ein Vergleich der ausländischen Rechtsvorschriften mit den Ausbildungsvorschriften des betreffenden Lehrberufes ergibt, daß die ausländische Ausbildung, insbesondere hinsichtlich der vermittelten berufspraktischen Fertigkeiten und Kenntnisse, in weiten Bereichen der Lehrausbildung nahekommt. *(BGBl. Nr. 23/1993, Z 33 idF BGBl. I Nr. 40/2010, Z 32)*

(BGBl. Nr. 23/1993, Z 33)

Teilnahme an internationalen Ausbildungsprogrammen

§ 27c. (1) Die Zeit der Teilnahme an internationalen Ausbildungsprogrammen ist von der Lehrlingsstelle bis zu vier Monate pro Lehrjahr auf die Lehrzeit anzurechnen. Dieser Zeitraum verringert sich um gemäß § 13 Abs. 3 bereits angerechnete Zeit. Gemäß diesem Absatz angerechnete Zeiten der Teilnahme an internationalen Ausbildungsprogrammen verringern die gemäß § 13 Abs. 3 anzurechnende Zeit.

(2) Die Zeit der Teilnahme an internationalen Ausbildungsprogrammen, bei welchen eine dem Berufsbild des jeweiligen Lehrberufs für die Ausbildung im entsprechenden Lehrjahr entsprechende Ausbildung absolviert wird, ist von der Lehrlingsstelle bis zu sechs Monate pro Lehrjahr auf die Lehrzeit anzurechnen. Dieser Zeitraum verringert sich nicht um bereits gemäß Abs. 1 oder § 13 Abs. 3 angerechnete Zeit. Gemäß diesem Absatz angerechnete Zeiten der Teilnahme an internationalen Ausbildungsprogrammen verringern die gemäß Abs. 1 oder § 13 Abs. 3 anzurechnende Zeit nicht.

(3) Der Lehrberechtigte hat der Lehrlingsstelle ohne unnötigen Aufschub, spätestens jedoch binnen vier Wochen nach dem Abschluss die Teilnahme an einem internationalen Ausbildungsprogramm gemäß Abs. 1 oder 2 anzuzeigen.

(4) Teilnehmer an internationalen Ausbildungsprogrammen gemäß Abs. 1 oder 2 gelten als Lehrlinge im Sinne des Allgemeinen Sozialversicherungsgesetzes, im Sinne des Familienlastenausgleichsgesetzes, BGBl. Nr. 376/1967, im Sinne des Arbeitslosenversicherungsgesetzes 1977, im Sinne des Insolvenz-Entgeltsicherungsgesetzes (IESG), BGBl. Nr. 324/1977 und im Sinne des Einkommensteuergesetzes.

(BGBl. I Nr. 40/2010, Z 35)

Ersatz von Lehrzeiten auf Grund schulmäßiger Berufsausbildung

§ 28. (1) Zeugnisse (Jahrgangszeugnisse, Abschlußzeugnisse, Abschlußprüfungszeugnisse, Reifeprüfungszeugnisse), mit denen der erfolgreiche Abschluß allgemeinbildender höherer oder berufsbildender mittlerer oder höherer Schulen einschließlich deren Sonderformen und der Schulversuche oder einzelner Klassen dieser Schulen nachgewiesen wird, ersetzen Lehrzeiten in den der schwerpunktmäßigen berufsbildenden Ausbildung der Schule entsprechenden Lehrberufen, wenn die Schüler während des Besuches der Schule oder der einzelnen Klassen der Schule in den dem betreffenden Lehrberuf eigentümlichen Fertigkeiten und Kenntnissen derart fachgemäß ausgebildet und praktisch unterwiesen werden, daß sie in der Lage sind, die Ausbildung in einer Lehre unter entsprechender Verkürzung der Lehrzeit zweckentsprechend fortzusetzen oder befähigt sind, zur Lehrabschlußprüfung anzutreten.

(2) Der Bundesminister für Wirtschaft, Familie und Jugend hat mit Verordnung festzulegen, in welchem Ausmaß Lehrzeiten in bestimmten Lehrberufen durch die schwerpunktmäßige berufsbildende Ausbildung in einer Schule gemäß Abs. 1 ersetzt werden. Bei der erstmaligen Festlegung der Lehrzeitersätze ist von den in Geltung stehenden Lehrplänen für die betreffende Schultype auszugehen. Lehrplanänderungen, die zu einer Veränderung der schwerpunktmäßigen berufsbildenden Ausbildung der Schultype führen, sind bei der Regelung des Lehrzeitersatzes zu berücksichtigen. Lehrzeitersätze dürfen nur für Klassen festgelegt werden, die mindestens der zehnten Schulstufe entsprechen. Bei der Festlegung von Lehrzeitersätzen haben jene Gegenstände, deren Kenntnis für die Ausübung des Lehrberufes nicht erforderlich ist, außer Betracht zu bleiben. *(BGBl. Nr. 23/1993, Z 34 idF BGBl. I Nr. 40/2010, Z 7)*

(3) Einer Person, die das 16. Lebensjahr vollendet hat und

a) die eine von einer Verordnung gemäß Abs. 2 nicht oder hinsichtlich des Lehrberufes nicht erfaßte Schule besucht hat oder

b) auf die wegen des Schulerfolges die Bestimmungen einer solchen Verordnung nicht Anwendung finden,

ist auf Antrag, der in Verbindung mit der Anmeldung des Lehrvertrages oder einer Abänderung desselben zu stellen ist, die schulmäßige berufsorientierte Ausbildung auf die festgesetzte Lehrzeit anzurechnen. Im Falle der lit. a ist die Schulzeit auf die festgesetzte Lehrzeit eines facheinschlägigen Lehrberufes mit bis zu drei Jahren Lehrzeit im Ausmaß bis zu eineinhalb Jahren, mit über drei Jahren Lehrzeit im Ausmaß bis zu zwei Jahren von der Lehrlingsstelle anzurechnen, wenn das Erlernte für die Anrechnung dieser Zeit ausreicht. Bei der Festlegung des Ausmaßes der Anrechnung ist das Berufsbild des Lehrberufes und die Verwertbarkeit des Erlernten für die weitere Ausbildung zu berücksichtigen und auf eine zweckentsprechende Eingliederung zum Berufsschulbesuch Bedacht zu nehmen. Es darf gemäß lit. b keine Anrechnung vorgenommen werden, die über die in einer Verordnung gemäß Abs. 2 festgelegte Anrechnung hinausgeht. Es darf auch keine Anrechnung für Klassen vorgenommen werden, die nicht mindestens der zehnten Schulstufe entsprechen. Weiters hat die Lehrlingsstelle vor Eintragung des Lehrvertrages eine binnen vier Wochen abzugebende Stellungnahme des Landes-Berufsausbildungsbeirates zur sachlichen Rechtfertigung und zum Ausmaß der Anrechnung einzuholen und zu berücksichtigen. *(BGBl. Nr. 23/1993, Z 34 idF BGBl. I Nr. 40/2010, Z 36)*

(BGBl. Nr. 23/1993, Z 34)

Dauer der Lehrzeit im Falle der Ausbildung oder Beschäftigung in Justizanstalten, in denen der Strafvollzug nach den Bestimmungen des § 55 des Jugendgerichtsgesetzes 1988 erfolgt, in Sozialpädagogischen Einrichtungen oder in Einrichtungen für Menschen mit einer Körper- oder Sinnesbehinderung

§ 29. (1) Die Lehrlingsstelle hat die Zeit, in der Personen in einer Justizanstalt, in der der Strafvollzug nach den Bestimmungen des § 55 des Jugendgerichtsgesetzes 1988 erfolgt, in einer auf Grund des § 17 des Bundes-Kinder- und Jugendhilfegesetzes 2013 errichteten Sozialpädagogischen Einrichtung oder in einer anderen Einrichtung, die zur Durchführung öffentlicher Jugendhilfe berechtigt ist, in einem Lehrberuf ausgebildet werden, auf die Lehrzeit in diesem Lehrberuf in vollem Ausmaß anzurechnen, wenn die Werkstätte so eingerichtet und so geführt wird, dass die für die praktische Erlernung im betreffenden Lehrberuf nötigen Fertigkeiten und Kenntnisse vermittelt werden können und wenn die Anleitung durch eine Person, die die persönlichen Voraussetzungen für das Ausbilden von Lehrlingen (§ 2 Abs. 2 lit. b und c) besitzt, erfolgte.

(2) Die Lehrlingsstelle hat die Zeit, in der Personen in einer der im Abs. 1 angeführten Einrichtungen mit Tätigkeiten beschäftigt werden, die den Gegenstand eines Lehrberufes ausmachen, auf die Lehrzeit in diesem Lehrberuf anzurechnen, wenn die im Abs. 1 angeführten Voraussetzungen gegeben sind. Im Rahmen des Ermittlungsverfahrens hat die Lehrlingsstelle eine Stellungnahme des Leiters der Einrichtung einzuholen und bei der Entscheidung über das Ausmaß der Anrechnung auf den Ausbildungsstand des Bewohners Bedacht zu nehmen.

(3) Der Aufenthalt in einer der im Abs. 1 angeführten Einrichtungen darf im Lehrzeugnis, in Prüfungszeugnissen und im Zeugnis gemäß § 26 Abs. 3 nicht erwähnt werden.

(4) Die Lehrlingsstelle hat die Zeit, in der Personen in einer Einrichtung für blinde Menschen oder gehörlose Menschen oder für Menschen mit einer Körper- oder Sinnesbehinderung in einem Lehrberuf ausgebildet werden, auf die Lehrzeit in diesem Lehrberuf anzurechnen, wenn es sich nicht um eine Schule handelt und wenn die im Abs. 1 angeführten Voraussetzungen gegeben sind. Im Rahmen des Ermittlungsverfahrens hat die Lehrlingsstelle eine Stellungnahme des Leiters der Einrichtung einzuholen und bei der Entscheidung über das Ausmaß der Anrechnung auf den Ausbildungsstand und das Ausmaß der Behinderung des Antragstellers Bedacht zu nehmen.

(BGBl. I Nr. 78/2015, Z 40)

Die §§ 29a bis 29h betreffen die Ausbilderprüfung und den Ausbilderkurs und sind hier mangels Schulrechtsbezug nicht abgedruckt.

...

Überbetriebliche Lehrausbildung

§ 30. (1) Die überbetriebliche Lehrausbildung ergänzt und unterstützt die betriebliche Ausbildung in Lehrbetrieben gemäß § 2 für Personen, die kein Lehrverhältnis gemäß § 12 beginnen können und die das Arbeitsmarktservice nicht erfolgreich auf eine Lehrstelle vermitteln konnte. Die Ausbildung in überbetrieblichen Ausbildungseinrichtungen hat daher auch die Einbeziehung von Unternehmen, bevorzugt von solchen, die auch zur Ausbildung von Lehrlingen berechtigt sind, zu beinhalten mit dem Ziel, den auszubildenden Personen den Beginn eines Lehrverhältnisses gemäß § 12 zu ermöglichen (Vermittlungsauftrag). *(BGBl. I Nr. 18/2020, Z 23)*

(2) Voraussetzung zur Führung und zum Betrieb einer überbetrieblichen Ausbildungseinrichtung ist eine Bewilligung der Bundesministerin für Digitalisierung und Wirtschaftsstandort. Die Bewilligung ist zu erteilen, wenn

1. die Organisation und Ausstattung der Ausbildungseinrichtung unter Berücksichtigung einer allfälligen ergänzenden Ausbildung die Vermittlung aller für die praktische Erlernung des betreffenden Lehrberufes nötigen Kenntnisse, Fertigkeiten und Kompetenzen ermöglicht, wobei die Gestaltung der Ausbildung im Wesentlichen dem Berufsbild des betreffenden Lehrberufes und das Ausbildungsziel den in der Prüfungsordnung dieses Lehrberufes gestellten Anforderungen entspricht und die Ausbildung mit der Ablegung der Lehrabschlussprüfung abgeschlossen werden kann,
2. für die erforderliche Anzahl von Personen, die die persönlichen Voraussetzungen für das Ausbilden von Lehrlingen besitzen, vorgesorgt ist,
3. Praktika in Unternehmen, bevorzugt von solchen, die auch zur Ausbildung von Lehrlingen berechtigt sind, einbezogen werden,
4. ein Konzept zur Unterstützung und Förderung der proaktiven Vermittlung in Lehrverhältnisse gemäß § 12 vorgelegt wird,
5. glaubhaft gemacht wird, dass die Führung der Ausbildungseinrichtung für die geplante Betriebsdauer mit einem hohen Grad der Wahrscheinlichkeit sichergestellt ist, und

6. für die Wirtschaft sowie die Lehrstellenbewerberinnen und Lehrstellenbewerber ein Bedarf nach einer Ausbildungseinrichtung besteht und die Ausbildung im betreffenden Lehrberuf bzw. Berufsfeld in betrieblichen Lehrverhältnissen nicht gewährleistet ist.

Praktika gemäß Z 3 gelten nicht als Überlassung gemäß § 9 ArbeitnehmerInnenschutzgesetz, BGBl. Nr. 450/1994, in der jeweils geltenden Fassung, und unterliegen nicht den Bestimmungen des Arbeitskräfteüberlassungsgesetzes, BGBl. Nr. 196/1988, in der jeweils geltenden Fassung. *(BGBl. I Nr. 18/2020, Z 23)*

(3) Die Bewilligung ist auf die erforderliche Dauer des Betriebs der Ausbildungseinrichtung zu befristen. *(BGBl. I Nr. 18/2020, Z 23)*

(4) Der Bewilligungswerber hat alle für die Prüfung des Vorliegens der im Abs. 2 genannten Voraussetzungen notwendigen Angaben zu machen und die erforderlichen Unterlagen vorzulegen. *(BGBl. I Nr. 18/2020, Z 23)*

(5) Wenn die im Abs. 2 Z 1 bis 6 genannten Voraussetzungen nicht mehr gegeben sind, ist dem Inhaber oder der Inhaberin der Bewilligung unter Androhung des Entzuges oder der Nichtverlängerung der Bewilligung eine angemessene, höchstens ein halbes Jahr dauernde Frist zur Behebung der Mängel zu setzen. Werden die Mängel innerhalb der gesetzten Frist nicht behoben, so hat die Bundesministerin für Digitalisierung und Wirtschaftsstandort die Bewilligung zu entziehen. *(BGBl. I Nr. 18/2020, Z 23)*

(6) Ausbildungsverhältnisse in der überbetrieblichen Lehrausbildung enden ex lege mit Beginn eines Lehrvertrages gemäß § 12. *(BGBl. I Nr. 18/2020, Z 23)*

(7) Auf die Inhaber einer Bewilligung gemäß Abs. 1, auf die dort in Ausbildung Stehenden und die Ausbildungsverhältnisse finden die Bestimmungen dieses Bundesgesetzes mit Ausnahme der §§ 15a, 17, 17a und 18 mit der Maßgabe sinngemäß Anwendung, dass

1. kein Lehrvertrag abzuschließen ist und die Ausbildungsverhältnisse bei der Lehrlingsstelle in Form einer Liste, die sämtliche im § 12 Abs. 3 geforderten Angaben enthalten muss, anzumelden sind und
2. die in einer Ausbildungseinrichtung zurückgelegte Zeit der Ausbildung der Lehrzeit im betreffenden Lehrberuf gleichgestellt ist.

(8) Personen, die in einer Ausbildungseinrichtung gemäß Abs. 1 ausgebildet werden, sind in einem Lehrverhältnis stehenden Personen (Lehrlingen) im Sinne des § 4 Abs. 1 Z 2 des Allgemeinen Sozialversicherungsgesetzes sowie hinsichtlich der Berufsschulpflicht gleichgestellt. Sie gelten als Lehrlinge im Sinne des Arbeitslosenversicherungsgesetzes 1977, des Insolvenz-Entgeltsicherungsgesetzes sowie des Familienlastenausgleichsgesetzes und haben Anspruch auf eine Ausbildungsbeihilfe, die die Beitragsgrundlage für die Bemessung der Sozialversicherungsbeiträge bildet. Weiters sind auf sie die Bestimmungen der §§ 2a, 2b, 3, 4, 4a, 5 Abs. 1 und 3, 6, 7, 8, 8a, 9 und 14 des Mutterschutzgesetzes 1979 (MSchG), BGBl. Nr. 221/1979, in der Fassung des Bundesgesetzes BGBl. I Nr. 138/2013 anzuwenden; § 14 MSchG gilt mit der Maßgabe, dass an die Stelle des Entgelts die Ausbildungsbeihilfe tritt. *(BGBl. I Nr. 82/2008, Art. 1 Z 11 idF BGBl. I Nr. 78/2015, Z 42)*

(BGBl. I Nr. 82/2008, Art. 1 Z 11)

Auszeichnung

§ 30a. (1) Der Bundesminister für Wirtschaft, Familie und Jugend kann auf einstimmigen Antrag des Landes-Berufsausbildungsbeirates einem Ausbildungsbetrieb die Auszeichnung verleihen, im geschäftlichen Verkehr das Wappen der Republik Österreich (Bundeswappen) mit dem Hinweis „Staatlich ausgezeichneter Ausbildungsbetrieb" als Kopfaufdruck auf Geschäftspapieren, auf Druckschriften und Verlautbarungen sowie in der äußeren Geschäftsbezeichnung und in sonstigen Ankündigungen führen zu dürfen. Dieses Recht wird durch eine Änderung der Rechtsform nicht berührt. Auszeichnungen unterliegen nicht der Gebührenpflicht im Sinne des Gebührengesetzes 1957, BGBl. Nr. 267, und keinen Bundesverwaltungsabgaben. *(BGBl. I Nr. 67/1997, Art. I Z 16 idF BGBl. I Nr. 67/1997, Art. I Z 19, BGBl I Nr. 79/2003, Art. 1 Z 37 und BGBl. I Nr. 40/2010, Z 7)*

(2) Die Auszeichnung darf nur verliehen werden, wenn der Ausbildungsbetrieb sich durch außergewöhnliche Leistungen in der Ausbildung von Lehrlingen und im Lehrlingswesen Verdienste um die österreichische Wirtschaft erworben hat und eine allgemein geachtete Stellung einnimmt.

(3) Der Bundesminister für Wirtschaft, Familie und Jugend hat die Auszeichnung zu widerrufen, wenn diese trotz Abmahnung nicht der Vorschrift des Abs. 1 entsprechend geführt wird oder wenn die Voraussetzungen für die Verleihung der Auszeichnung nach Abs. 2 nicht mehr gegeben sind. Der Landes-Berufsausbildungsbeirat, die Landeskammer der gewerblichen Wirtschaft oder die Kammer für Arbeiter und Angestellte können den Widerruf der Auszeichnung beantragen. *(BGBl. Nr. 23/1993, Z 38 idF BGBl. I Nr. 79/2003, Art. 1 Z 38 und BGBl. I Nr. 40/2010, Z 7)*

(4) Ausbildungsbetriebe (Ausbildungsstätten), denen die Auszeichnung nicht verliehen oder diese widerrufen worden ist, dürfen diese nicht führen.

(BGBl. Nr. 23/1993, Z 38)

Überbetriebliche Lehrausbildung im Auftrag des Arbeitsmarktservice[8])

§ 30b. (1) Hat das Arbeitsmarktservice entsprechend den Richtlinien des Verwaltungsrates für die überbetriebliche Lehrausbildung, die den Bestimmungen des § 30 oder des § 8c vergleichbare Qualitätsstandards enthalten, eine Ausbildungseinrichtung mit der überbetrieblichen Lehrausbildung beauftragt, so ist für den Zeitraum der Beauftragung keine Bewilligung der Bundesministerin für Digitalisierung und Wirtschaftsstandort gemäß § 30 Abs. 2 bzw. gemäß § 8c Abs. 2 erforderlich. Die Zuweisung zu einer Maßnahme gemäß dieser Bestimmung darf erst erfolgen, wenn die Vermittlung in ein Lehrverhältnis gemäß § 12 Abs. 1 nicht zustande gekommen ist. *(BGBl. I Nr. 18/2020, Z 24)*

(2) Abs. 1 gilt auch, wenn im Auftrag des Arbeitsmarktservice einzelne Personen zusätzlich auf einem Ausbildungsplatz in einer Aus-

---

[8]) § 29 Abs. 3, § 31 Abs. 6, 7 und 8 sowie die §§ 38d und 38e des Arbeitsmarktservicegesetzes (AMSG), BGBl. Nr. 313/1994 idF des Bundesgesetzes BGBl. I Nr. 3/2013 (betreffend § 29), BGBl. I Nr. 90/2009 (betreffend § 31), BGBl. I Nr. 40/2014 (betreffend § 38d) und BGBl. I Nr. 82/2008 (betreffend § 38e) lauten:

„**§ 29.** … (3) Zu den Aufgaben des Arbeitsmarktservice gehört insbesondere auch die Sicherstellung von beruflichen Ausbildungsmöglichkeiten für Jugendliche durch Vermittlung auf geeignete Lehrstellen und ergänzende Maßnahmen wie die Beauftragung von Ausbildungseinrichtungen zur überbetrieblichen Lehrausbildung gemäß § 30b des Berufsausbildungsgesetzes (BAG), BGBl. Nr. 142/1969, oder von Ausbildungseinrichtungen gemäß § 2 Abs. 4 des Land- und forstwirtschaftlichen Berufsausbildungsgesetzes, BGBl. I Nr. 298/1990.“

„**§ 31.** … (6) Das Arbeitsmarktservice hat insbesondere bei Vorhaben betreffend die Sicherstellung von beruflichen Ausbildungsmöglichkeiten für Jugendliche gemäß § 29 Abs. 3 auf unterschiedliche Bedürfnisse in den einzelnen Bundesländern Bedacht zu nehmen und zur bestmöglichen Erfüllung der Aufgaben die Mitwirkung und angemessene finanzielle Beteiligung des jeweiligen Bundeslandes anzustreben.

(7) Bei der Maßnahmenplanung hat das Arbeitsmarktservice darauf zu achten, dass für Personengruppen, die besonders von Arbeitslosigkeit bedroht sind, geeignete Unterstützungsleistungen angeboten werden.

(8) Die Maßnahmen sollen insbesondere die Erhaltung und den Ausbau marktfähiger Qualifikationen der Arbeitnehmer fördern. Das Arbeitsmarktservice kann sich an Maßnahmen anderer Rechtsträger zur Verbesserung der Rahmenbedingungen zur langfristigen Aufrechterhaltung der Gesundheit beteiligen.“

„Überbetriebliche Lehrausbildung

§ 38d. (1) Soweit berufliche Ausbildungsmöglichkeiten für Jugendliche nicht durch Vermittlung auf Lehrstellen oder andere Maßnahmen sichergestellt werden können, hat das Arbeitsmarktservice geeignete Ausbildungseinrichtungen mit der überbetrieblichen Lehrausbildung zu beauftragen.

(2) Der Verwaltungsrat hat Richtlinien für die überbetriebliche Ausbildung, die den berufsausbildungsrechtlichen Vorschriften für Ausbildungseinrichtungen vergleichbare Qualitätsstandards enthalten, zu erlassen. Die Richtlinien haben auf die Verpflichtung zur Setzung gezielter Bemühungen zur Übernahme der auszubildenden Personen in ein betriebliches Lehrverhältnis Bedacht zu nehmen und können daher auch Ausbildungsverträge, die sich nicht über die gesamte Lehrzeit erstrecken, zulassen, soweit dadurch eine umfassende Ausbildung im jeweiligen Lehrberuf mit dem Ziel des Lehrabschlusses nicht gefährdet wird. Die Richtlinien haben Bestimmungen über die während der Ausbildung in überbetrieblichen Ausbildungseinrichtungen zu gewährenden Ausbildungsbeihilfen zu enthalten.

(3) Die Einhaltung der Qualitätsstandards ist vertraglich zu vereinbaren. Falls erforderlich, hat das Arbeitsmarktservice die Erfüllung von Auflagen im Sinne des § 30 Abs. 3 BAG auszubedingen.

(4) Personen, die eine überbetriebliche Lehrausbildung in einer Ausbildungseinrichtung erhalten, gelten nicht als Dienstnehmer im Sinne des Einkommensteuergesetzes 1988, BGBl. Nr. 400/1988. Ausbildungsbeihilfen gelten für die Lohnsteuer nicht als steuerpflichtiger Lohn und für sonstige Abgaben nicht als Entgelt. Für Ausbildungsbeihilfen ist insbesondere auch keine Kommunalsteuer zu entrichten.

Vermittlung eines Ausbildungsplatzes

§ 38e. Das Arbeitsmarktservice hat einem Lehrling, der die Fortsetzung seiner Ausbildung anstrebt, innerhalb von drei Monaten nach Erhalt der Information über die Beendigung des Lehrverhältnisses einen Ausbildungsplatz zu vermitteln. Der Ausbildungsplatz soll nach Maßgabe der Möglichkeiten eine Fortsetzung der Ausbildung im bisher erlernten Lehrberuf, in einem demselben Berufsbereich angehörenden Lehrberuf oder in einem anderen vom Jugendlichen gewünschten Lehrberuf ermöglichen. Für die Fortführung der Ausbildung kommen folgende vom Arbeitsmarktservice zu vermittelnde Ausbildungsplätze in Betracht:

1. eine Lehrstelle bei einem Lehrberechtigten gemäß § 2 BAG oder gemäß § 2 Abs. 1 des land- und forstwirtschaftlichen Berufsausbildungsgesetzes,
2. ein Ausbildungsplatz im Rahmen einer überbetrieblichen Lehrausbildung,
3. eine Ausbildung durch eine sonstige Maßnahme, sofern die Vermittlung der wesentlichen Inhalte des Berufsbildes des betreffenden Lehrberufs gewährleistet ist und das Ausbildungsziel im Wesentlichen den in der Prüfungsordnung dieses Lehrberufes gestellten Anforderungen entspricht.“

SchPflG
APflG, BAG

bildungseinrichtung in einem bestimmten Lehrberuf ausgebildet werden und dadurch die Anzahl der für diesen Lehrberuf gemäß § 30 bzw. § 8c bewilligten oder ursprünglich vertraglich vereinbarten Ausbildungsplätze überschritten wird. *(BGBl. I Nr. 40/2010, Z 39)*

(3) § 30 Abs. 7 und 8 gelten auch für die überbetriebliche Lehrausbildung im Auftrag des Arbeitsmarktservice.

(4) Das Arbeitsmarktservice hat auch Ausbildungsplätze bei Nichtverfügbarkeit von betrieblichen Praktika gemäß § 30 Abs. 2 Z 3 zur Verfügung zu stellen, wobei für die betroffenen Jugendlichen ein individueller Ausbildungsplan im Rahmen der überbetrieblichen Lehrausbildung zu vereinbaren ist. *(BGBl. I Nr. 18/2020, Z 25)*

(5) Weiters sind Personen, die in einer vom Arbeitsmarktservice beauftragten (sonstigen) Maßnahme mit einer Mindestdauer von einem Jahr, in die ab Vollendung des 20. Lebensjahres eingetreten werden kann, mit dem Ziel der Ablegung der Lehrabschlussprüfung ausgebildet werden, hinsichtlich der Berufsschulpflicht den in einem Ausbildungsverhältnis gemäß § 30 befindlichen Personen gleichgestellt, sofern die Ausbildungen in sinngemäßer Anwendung des § 30 Abs. 7 Z 1 in Form einer Liste bei der Lehrlingsstelle gemeldet werden. Die Meldung darf nur dann unterbleiben, wenn der daraus resultierende Besuch der Berufsschule zur Erreichung des Ausbildungszieles nicht zweckmäßig ist. Die Festlegung der Dauer der Ausbildung hat aufgrund bereits bestehender facheinschlägiger (Teil)Qualifikationen zu erfolgen. *(BGBl. I Nr. 74/2013, Art. 2 Z 1)*

(BGBl. I Nr. 82/2008, Art. 1 Z 12)

Vertrauensrat[9])

§ 30c. (1) Personen, die in einer Ausbildungseinrichtung gemäß § 8c, § 30 oder gemäß § 30b ausgebildet werden, haben für jeden Standort einen Vertrauensrat zu wählen. Dieser hat die wirtschaftlichen, sozialen, gesundheitlichen und kulturellen Interessen der Auszubildenden wahrzunehmen. Er hat den Inhaber der Ausbildungseinrichtung auf allfällige Mängel aufmerksam zu machen und entsprechende Maßnahmen anzuregen. Weiters kann der Vertrauensrat Vorschläge zu allen die Ausbildung betreffenden Fragen machen und ist in die Planung der Ausbildung einzubeziehen. Der Inhaber der Ausbildungseinrichtung hat dem Vertrauensrat für seine Aufgaben die erforderliche Zeit zu gewähren und die notwendigen Mittel und Sacherfordernisse unentgeltlich zur Verfügung zu stellen. Er ist verpflichtet, mit dem Vertrauensrat vierteljährlich, auf dessen Verlangen auch monatlich, gemeinsame Beratungen über laufende Angelegenheiten der Ausbildung zu führen, ihn über alle wichtigen Angelegenheiten zu informieren und ihm die zur Erfüllung seiner Aufgaben erforderlichen Auskünfte zu erteilen. Die Mitglieder des Vertrauensrates dürfen in der Ausübung ihrer Tätigkeit nicht beschränkt und nicht benachteiligt werden. Werden den Mitgliedern des Vertrauensrates persönliche Verhältnisse oder Angelegenheiten der von ihnen vertretenen Jugendlichen bekannt, die ihrer Bedeutung oder ihrem Inhalt nach einer vertraulichen Behandlung bedürfen, so haben sie hierüber Verschwiegenheit zu bewahren. Der Bundesminister für Wirtschaft, Familie und Jugend hat mittels Verordnung weitere Regelungen für die Rechte und Pflichten der Mitglieder des Vertrauensrates festlegen.

(2) Der Vertrauensrat besteht für jeden Standort der Ausbildungseinrichtung mit bis zu dreißig Auszubildenden aus einem Mitglied, das aus dem Kreis der Auszubildenden kommen muss. Bei 31 bis 50 Auszubildenden an einem Standort besteht der Vertrauensrat aus zwei Mitgliedern, bei 51 bis 100 Auszubildenden an einem Standort aus drei Mitgliedern. Für je weitere bis zu 100 Auszubildende an einem Standort erhöht sich die Zahl der Mitglieder um je ein weiteres Mitglied. Die Tätigkeitsdauer der Mitglieder des Vertrauensrates beginnt mit dem Zeitpunkt ihrer Wahl und endet mit dem Zeitpunkt der Wahl einer Nachfolgerin oder eines Nachfolgers oder des Ausscheidens aus der Ausbildungseinrichtung sowie bei Rücktritt von der Funktion. Im Fall des Ausscheidens oder bei Rücktritt von der Funktion übernimmt die auf Grund des Wahlergebnisses nächstgereihte Person die Funktion.

(3) Die Wahl der Mitglieder des Vertrauensrates erfolgt jährlich in freier, gleicher und geheimer Wahl durch alle am Standort der Ausbildungseinrichtung zum Zeitpunkt der Wahl in einem Ausbildungsverhältnis befindlichen Personen im vierten Quartal jeden Jahres in einer Versammlung der Auszubildenden. Der Inhaber der Ausbildungseinrichtung ist verpflichtet, die für die Durchführung der Wahl erforderliche Infrastruktur zur Verfügung zu stellen. Der Bundesminister für Wirtschaft, Familie und Jugend hat mittels Verordnung die Bestimmungen zur Einberufung der Wahl, zur Erstellung der Wahllisten, zur Leitung der Wahl, zu den erforderlichen Quoren für die Wahl sowie zum Wahlvorgang festzulegen (Wahlordnung). Die Wahl kann binnen eines Monats beim Gericht durch jeden Wahl-

[9]) Die Verordnung BGBl. II Nr. 356/2010 (hier nicht abgedruckt) regelt „Rechte und Pflichten sowie die Wahl der Mitglieder des Vertrauensrates in überbetrieblichen Ausbildungseinrichtungen".

berechtigten angefochten werden, wenn wesentliche Bestimmungen des Wahlverfahrens oder leitende Grundsätze des Wahlrechts, insbesondere des freien, gleichen und geheimen Wahlrechts, verletzt werden und dadurch das Wahlergebnis beeinflusst werden konnte.

(BGBl. I Nr. 40/2010, Z 40)

Bundes-Berufsausbildungsbeirat
(BGBl. Nr. 232/1978, Art. I Z 82)

§ 31. (1) Bei der Bundeskammer der gewerblichen Wirtschaft ist ein Bundes-Berufsausbildungsbeirat zu errichten, der aus zwölf Mitgliedern mit beschließender Stimme und aus zwei Mitgliedern mit beratender Stimme besteht. Niemand kann gleichzeitig dem Bundes- Berufsausbildungsbeirat und einem Landes-Berufsausbildungsbeirat als Mitglied oder Ersatzmitglied angehören. *(BGBl. Nr. 232/1978, Art. I Z 82)*

(2) Der Beirat hat folgende Aufgaben:

1. die Erstattung von begründeten Vorschlägen zur Erlassung oder Abänderung von Verordnungen auf Grund dieses Bundesgesetzes an den Bundesminister für Wirtschaft, Familie und Jugend,
2. die Erstattung von begründeten Vorschlägen zu Fragen der durch dieses Bundesgesetz geregelten Berufsausbildung an den Bundesminister für Wirtschaft, Familie und Jugend,
3. die Erstattung von Vorschlägen zu Fragen der durch dieses Bundesgesetz geregelten Berufsausbildung an die Bundesschulbehörden und
4. die Abgabe von Stellungnahmen in Verfahren über die Gleichhaltung von ausländischen Prüfungszeugnissen gemäß § 27a und von in- und ausländischen Prüfungen und Ausbildungen mit der Ausbilderprüfung bzw. dem Ausbilderkurs gemäß § 29h Abs. 2 und 4 sowie zur Erteilung und Entziehung einer Bewilligung zur Ausbildung von Personen in Ausbildungseinrichtungen gemäß § 30.

Bei der Erstattung von Vorschlägen und der Abgabe von Stellungnahmen hat der Beirat auf die Ergebnisse der Berufsbildungsforschung Bedacht zu nehmen. *(BGBl. I Nr. 40/2010, Z 41)*

(3) Wenn der Bundesminister für Wirtschaft, Familie und Jugend die Erlassung oder Abänderung einer der im Abs. 2 Z 1 angeführten Verordnungen beabsichtigt, hat er unter Setzung einer angemessenen, mindestens zweimonatigen Frist eine Stellungnahme des Beirates einzuholen und auf eine fristgerecht erstattete Stellungnahme bei Erlassung der entsprechenden Verordnung Bedacht zu nehmen. *(BGBl. Nr. 142/1969 idF BGBl. I Nr. 40/2010, Z 42)*

(4) Der Bundesminister für Wirtschaft, Familie und Jugend hat die Mitglieder mit beschließender Stimme sowie für jedes dieser Mitglieder ein Ersatzmitglied auf Grund von Vorschlägen zu bestellen, welche die Bundeskammer der gewerblichen Wirtschaft und die Bundeskammer für Arbeiter und Angestellte für je sechs Mitglieder und Ersatzmitglieder zu erstatten haben. Die zwei Mitglieder mit beratender Stimme sowie für jedes dieser Mitglieder ein Ersatzmitglied hat der Bundesminister für Wirtschaft, Familie und Jugend auf Grund von Vorschlägen des Bundesministers für Unterricht, Kunst und Kultur aus dem Kreise der Berufsschullehrer zu bestellen. Ferner hat der Bundesminister für Wirtschaft, Familie und Jugend aus dem Kreis der Mitglieder auf Vorschlag der Bundeskammer der gewerblichen Wirtschaft nach Anhörung der Bundeskammer für Arbeiter und Angestellte einen Vorsitzenden und auf Vorschlag der Bundeskammer für Arbeiter und Angestellte nach Anhörung der Bundeskammer der gewerblichen Wirtschaft einen weiteren Vorsitzenden zu bestellen. Die Vorsitzenden haben einander in der Vorsitzführung zu Beginn jeder Sitzung abzuwechseln. *(BGBl. Nr. 232/1978, Art. I Z 86 idF BGBl. I Nr. 82/2008, Art. 1 Z 14 und BGBl. I Nr. 40/2010, Z 8 und 43)*

(4a) entfallen (BGBl. I Nr. 40/2010, Z 44)

(5) Der Bundesminister für Wirtschaft, Familie und Jugend hat ein Mitglied (Ersatzmitglied) abzuberufen, wenn das Mitglied (Ersatzmitglied) selbst oder die Stelle, welche es vorgeschlagen hat, dies beantragt, wenn es zum Mitglied (Ersatzmitglied) eines Landes-Berufsausbildungsbeirates bestellt wird oder wenn es nicht die Gewähr bietet, daß es seine Aufgaben zu erfüllen vermag; gleichzeitig ist ein anderes Mitglied (Ersatzmitglied) zu bestellen. *(BGBl. Nr. 232/1978, Art. I Z 87 idF BGBl. I Nr. 40/2010, Z 8)*

(6) In Abwesenheit des Vorsitzenden, der bei dieser Sitzung die Vorsitzführung innehaben sollte, führt das an Lebensjahren älteste stimmberechtigte Mitglied (Ersatzmitglied), das anwesend ist und auf Grund eines Vorschlages derselben Stelle wie der abwesende Vorsitzende bestellt wurde, den Vorsitz im Beirat. Der Beirat ist beschlußfähig, wenn alle Mitglieder ordnungsgemäß eingeladen worden und mindestens sieben Mitglieder (Ersatzmitglieder) mit beschließender Stimme anwesend sind. Ist ein Mitglied an der Teilnahme an einer Sitzung des Beirates verhindert, so hat es für die entsprechende Verständigung und Information eines Ersatzmitgliedes zu sorgen. *(BGBl. Nr. 232/1978, Art. I Z 87)*

(7) Für das Zustandekommen von Beschlüssen des Beirates ist Stimmeneinhelligkeit erforderlich; kommt keine Stimmeneinhelligkeit zustande, so hat der Vorsitzende dies dem Bundesminister für Wirtschaft, Familie und Jugend mitzuteilen und dieser Mitteilung die übereinstimmende Ansicht von mindestens vier bei der Beschlußfassung anwesenden Mitgliedern (Ersatzmitgliedern) mit beschließender Stimme als deren Stellungnahme anzuschließen. *(BGBl. Nr. 232/1978, Art. I Z 88 idF BGBl. I Nr. 40/2010, Z 8)*

(8) Der Vorsitzende hat aus eigenem oder auf Antrag von mindestens drei Mitgliedern des Beirates für die einzelnen Beratungsgegenstände Sachverständige den Sitzungen des Beirates beizuziehen. Die Sachverständigen werden durch Beschluß des Beirates bestellt; es dürfen für einen Beratungsgegenstand nicht mehr als sechs Sachverständige bestellt werden. Die Sachverständigen besitzen kein Stimmrecht. *(BGBl. Nr. 232/1978, Art. I Z 88)*

(9) Die Bürogeschäfte des Beirates sind von der Bundeskammer der gewerblichen Wirtschaft zu führen. Der Beirat hat eine Geschäftsordnung zu beschließen, in welcher der Geschäftsgang auf Grund der gesetzlichen Vorschriften so geordnet wird, daß die Erfüllung der dem Beirat übertragenen Aufgaben sichergestellt ist. *(BGBl. Nr. 232/1978, Art. I Z 88)*

(10) Die Mitglieder (Ersatzmitglieder) des Beirates versehen ihr Amt auf Grund einer öffentlichen Verpflichtung als ein Ehrenamt; sie und die sonst bei den Sitzungen des Beirates Anwesenden sind verpflichtet, über den Verlauf der Beratungen des Beirates Verschwiegenheit zu bewahren. Die Mitglieder und die Ersatzmitglieder des Beirates haben das Recht, der Durchführung von Lehrabschlußprüfungen, Ausbilderprüfungen und allfälligen Teilprüfungen jederzeit beizuwohnen. *(BGBl. Nr. 232/1978, Art. I Z 89)*

Landes-Berufsausbildungsbeiräte

§ 31a. (1) Bei jeder Lehrlingsstelle ist ein Landes- Berufsausbildungsbeirat zu errichten, der aus vier Mitgliedern mit beschließender Stimme besteht.

(2) Dem Beirat obliegt

1. Die Erstattung von Stellungnahmen, Vorschlägen und Anregungen
   a) über die Vorgangsweise bei der Durchführung der den Lehrlingsstellen übertragenen Aufgaben,
   b) zur Durchführung der Lehrabschlußprüfungen, allfälliger Teilprüfungen und der Ausbilderprüfungen sowie Ausbilderkurse, *(BGBl. Nr. 232/1978, Art. I Z 90 idF BGBl. I Nr. 67/1997, Art. I Z 21)*
   c) im Zusammenhang mit den unterstützenden Maßnahmen der Lehrlingsstelle gemäß § 22 Abs. 9,
   d) zu Ausbildungsmaßnahmen im Rahmen eines Ausbildungsverbundes, insbesondere zu dessen Förderung auf Landesebene, *(BGBl. Nr. 23/1993, Z 41)*
   e) über finanzielle Förderungsmaßnahmen in Ausbildungsangelegenheiten,
   f) über die Durchführung von Ausbildungsversuchen im Bundesland;
2. die Übermittlung von Anträgen und die Erstattung von Stellungnahmen an den Bundes-Berufsausbildungsbeirat in Angelegenheiten, für die dieser Beirat zuständig ist, insbesondere in Verfahren gemäß § 30 und in Fragen der Durchführung eines Ausbildungsversuches;
3. die Erstattung eines Vorschlages für die Bestellung der Vorsitzenden der Prüfungskommissionen für die Lehrabschlußprüfung und für die Ausbilderprüfung;
4. die Erstattung von Vorschlägen und Anregungen an die Landesschulbehörden in Berufsausbildungsangelegenheiten;
5. die Erstattung von Stellungnahmen gemäß § 8 Abs. 13 und 14, § 13 Abs. 1a, § 13 Abs. 2 lit. e und j, § 13 Abs. 5 und § 28 Abs. 3, die Einholung von Auskünften gemäß § 8a Abs. 5 sowie in begründeten Fällen die Einholung von Auskünften über den Stand des Eintragungsverfahrens gemäß § 20 Abs. 2 betreffend bestimmte Lehrverträge und die Erstattung von Vorschlägen zur Erledigung; *(BGBl. I Nr. 79/2003, Art. 1 Z 40 idF BGBl. I Nr. 82/2008, Art. 1 Z 15)*
6. die Erstattung von Stellungnahmen, Vorschlägen und Anregungen in sonstigen Berufsausbildungsangelegenheiten im Bundesland;
7. die Erstattung von Vorschlägen und Anregungen im Zusammenhang mit Beschwerden bezüglich der dem Lehrberechtigten im § 9 Abs. 8 auferlegten Pflichten; *(BGBl. I Nr. 67/1997, Art. I Z 22)*
8. die Erstattung von Stellungnahmen an die Lehrlingsstelle über die Erteilung und Entziehung einer Berechtigung, Ausbilderkurse zu führen; *(BGBl. I Nr. 67/1997, Art. I Z 22 idF BGBl. I Nr. 79/2003, Art. 1 Z 41)*
9. Anregung und Förderung der Zusammenarbeit zwischen den kollektivvertragsfähigen Körperschaften der Arbeitgeber und der Arbeitnehmer sowie den Vertretern der Lehrbetriebe, der zuständigen Schulbehörde, des Bundeslandes, der Lehrlingsstellen der Wirtschaftskammer und des Arbeitsmarktservice für die Förde-

rung der betrieblichen Ausbildung und für die Einrichtung von Ausbildungsverbundmaßnahmen (§ 2a) im Sinne des § 19a; *(BGBl. I Nr. 79/2003, Art. 1 Z 41)*

10. das Stellen von Anträgen, mit denen die Verleihung einer öffentlichen Auszeichnung an Ausbildungsbetriebe mit außergewöhnlichen Leistungen in der Ausbildung von Lehrlingen und im Lehrlingswesen empfohlen wird. *(BGBl. I Nr. 79/2003, Art. 1 Z 41)*

(BGBl. Nr. 232/1978, Art. I Z 90 idF BGBl. I Nr. 40/2010, Z 45)

(3) Bei Einholung einer Stellungnahme oder Vorschlages ist dem Beirat, soweit in diesem Bundesgesetz nicht anderes bestimmt ist, eine angemessene, mindestens zweimonatige Frist zu setzen und auf fristgerecht erstattete Stellungnahmen und Vorschläge des Beirates bei der Entscheidung Bedacht zu nehmen. *(BGBl. Nr. 232/1978, Art. I Z 90 idF BGBl. I Nr. 40/2010, Z 45)*

(4) Der Landeshauptmann hat die Mitglieder des Landes-Berufsausbildungsbeirates sowie für jedes Mitglied ein Ersatzmitglied auf Grund von Vorschlägen zu bestellen, welche die Landeskammer der gewerblichen Wirtschaft und die Kammer für Arbeiter und Angestellte für je zwei Mitglieder und Ersatzmitglieder zu erstatten haben. Ferner hat der Landeshauptmann aus dem Kreis der Mitglieder auf Vorschlag der Landeskammer der gewerblichen Wirtschaft nach Anhörung der Kammer für Arbeiter und Angestellte einen Vorsitzenden und auf Vorschlag der Kammer für Arbeiter und Angestellte nach Anhörung der Landeskammer der gewerblichen Wirtschaft einen weiteren Vorsitzenden zu bestellen. Die Vorsitzenden haben einander in der Vorsitzführung zu Beginn jeder Sitzung abzuwechseln.

(5) Der Landeshauptmann hat ein Mitglied (Ersatzmitglied) abzuberufen, wenn das Mitglied (Ersatzmitglied) selbst oder die Stelle, welche es vorgeschlagen hat, dies beantragt, wenn es zum Mitglied (Ersatzmitglied) des Bundes-Berufsausbildungsbeirates bestellt wird oder wenn es nicht die Gewähr bietet, daß es seine Aufgaben zu erfüllen vermag; gleichzeitig ist ein anderes Mitglied (Ersatzmitglied) zu bestellen.

(6) In Abwesenheit des Vorsitzenden, der bei dieser Sitzung die Vorsitzführung innehaben sollte, führt das an Lebensjahren älteste stimmberechtigte Mitglied (Ersatzmitglied), das anwesend ist und auf Grund eines Vorschlages derselben Stelle wie der abwesende Vorsitzende bestellt wurde, den Vorsitz im Beirat. Der Beirat ist beschlußfähig, wenn alle Mitglieder ordnungsgemäß eingeladen worden und mindestens drei Mitglieder (Ersatzmitglieder) anwesend sind. Ist ein Mitglied an der Teilnahme einer Sitzung des Beirates verhindert, so hat es für die entsprechende Verständigung und Information eines Ersatzmitgliedes zu sorgen. Der Leiter des Lehrlingsstelle oder ein von ihm als Vertreter bestellter Bediensteter der Lehrlingsstelle hat an den Sitzungen des Beirates teilzunehmen und auf Verlangen der Mitglieder (Ersatzmitglieder) im Zusammenhang mit dem Beratungsgegenstand stehende Auskünfte aus seinem Aufgabenbereich zu erteilen.

(7) Für das Zustandekommen von Beschlüssen des Landes-Berufsausbildungsbeirates ist Stimmeneinhelligkeit erforderlich; kommt keine Stimmeneinhelligkeit zustande, so hat der Vorsitzende dies der für die in Beratung stehende Angelegenheit zuständigen Stelle mitzuteilen, die übereinstimmende Ansicht von mindestens zwei bei der Beschlußfassung anwesenden Mitgliedern (Ersatzmitgliedern) aber nur dann als deren Stellungnahme anzuschließen, wenn der Beirat um eine Stellungnahme ersucht worden ist oder wenn die Mitglieder (Ersatzmitglieder) die Weiterleitung ihrer Stellungnahme verlangen. *(BGBl. Nr. 232/1978, Art. I Z 90 idF BGBl. I Nr. 40/2010, Z 45)*

(8) Der Vorsitzende hat erforderlichenfalls für einzelne Beratungsgegenstände Sachverständige den Sitzungen des Beirates beizuziehen. Die Sachverständigen werden durch Beschluß des Beirates bestellt; es dürfen für einen Beratungsgegenstand nicht mehr als drei Sachverständige bestellt werden. Die Sachverständigen besitzen kein Stimmrecht.

(9) Die Bürogeschäfte des Landes-Berufsausbildungsbeirates sind von der Lehrlingsstelle zu führen. Der Beirat hat eine Geschäftsordnung zu beschließen, in welcher der Geschäftsgang auf Grund der gesetzlichen Vorschriften so geordnet wird, daß die Erfüllung der dem Beirat übertragenen Aufgaben sichergestellt ist.

(10) Die Mitglieder (Ersatzmitglieder) des Landes-Berufsausbildungsbeirates versehen ihr Amt auf Grund einer öffentlichen Verpflichtung als ein Ehrenamt; sie und die sonst bei den Sitzungen des Beirates Anwesenden sind verpflichtet, über den Verlauf der Beratungen des Beirates Verschwiegenheit zu bewahren. Die Mitglieder und die Ersatzmitglieder des Beiraten haben das Recht, der Durchführung von Lehrabschlußprüfungen, Ausbilderprüfungen und Ausbilderkursen und allfälligen Teilprüfungen jederzeit beizuwohnen. *(BGBl. Nr. 232/1978, Art. I Z 90 idF BGBl. I Nr. 67/1997, Art. I Z 23)*

(BGBl. Nr. 232/1978, Art. I Z 90)

Förderausschuss

§ 31b. (1) Beim Bundes-Berufsausbildungsbeirat wird ein Ausschuss eingerichtet. Dieser hat Richtlinien betreffend Beihilfen für die betriebliche Ausbildung von Lehrlingen gemäß § 19c Abs. 1, ausgenommen für Zwecke gemäß Z 8, festzulegen. *(BGBl. I Nr. 148/2011, Z 9)*

(2) Der Ausschuss setzt sich aus insgesamt neun Mitgliedern zusammen. Die Mitglieder werden vom Bundesminister für Wirtschaft, Familie und Jugend bestellt, davon drei Mitglieder auf Vorschlag der Wirtschaftskammer Österreich und drei Mitglieder auf Vorschlag der Bundesarbeitskammer. Für jedes Mitglied ist ein Ersatzmitglied zu bestellen. *(BGBl. I Nr. 82/2008, Art. 1 Z 16 idF BGBl. I Nr. 40/2010, Z 9)*

(3) Der Ausschuss wählt einen Vorsitzenden sowie zwei Stellvertreter. Die Funktionen des Vorsitzenden und der beiden Stellvertreter sind auf die vom Bundesminister für Wirtschaft, Familie und Jugend ohne Vorschlag bestellten sowie auf die von der Wirtschaftskammer Österreich und von der Bundesarbeitskammer vorgeschlagenen Mitglieder so aufzuteilen, dass je eine Funktion auf eine der drei genannten Gruppen von Mitgliedern entfällt. *(BGBl. I Nr. 82/2008, Art. 1 Z 16 idF BGBl. I Nr. 40/2010, Z 9)*

(4) Die Funktionsperiode der Mitglieder (Ersatzmitglieder) beträgt vier Jahre. Die Wiederbestellung ist zulässig.

(5) Die Mitglieder (Ersatzmitglieder) können jederzeit gegenüber dem Bundesminister für Wirtschaft, Familie und Jugend ihren Rücktritt erklären. Der Rücktritt wird mit Zugang der schriftlichen Erklärung wirksam. *(BGBl. I Nr. 82/2008, Art. 1 Z 16 idF BGBl. I Nr. 40/2010, Z 9)*

(6) Scheidet ein Mitglied (Ersatzmitglied) vor Ablauf der Zeit, für die es bestellt ist, aus, so ist für den Rest der Funktionsperiode ein neues Mitglied (Ersatzmitglied) zu bestellen.

(7) Die Mitglieder (Ersatzmitglieder) sind zur gewissenhaften und unparteiischen Ausübung ihrer Funktion und zur Verschwiegenheit über ihnen in Ausübung ihrer Funktion bekannt gewordene personenbezogene Daten verpflichtet. Der Bundesminister für Wirtschaft, Familie und Jugend hat die Bestellung eines Mitgliedes (Ersatzmitgliedes) zu widerrufen, wenn ein wichtiger Grund, insbesondere bei grober Pflichtverletzung oder dauernder Unfähigkeit zur Ausübung der Funktion, vorliegt. *(BGBl. I Nr. 82/2008, Art. 1 Z 16 idF BGBl. I Nr. 40/2010, Z 9)*

(8) Die näheren Bestimmungen über das einzuhaltende Verfahren sind in einer vom Ausschuss zu erlassenden Geschäftsordnung zu regeln. Die Geschäftsordnung bedarf der Bestätigung des Bundesministers für Wirtschaft, Familie und Jugend. Soweit die Geschäftsordnung nicht anderes vorsieht, obliegt die Einberufung und Leitung der Sitzungen des Ausschusses dem Vorsitzenden, ist die Beschlussfähigkeit des Ausschusses bei Anwesenheit von mindestens sieben Mitgliedern gegeben und bedürfen Beschlüsse einer qualifizierten Mehrheit der abgegebenen Stimmen von zwei Dritteln und einer Stimme. Bis zur Wahl des Vorsitzenden obliegt die Einberufung und Leitung der Sitzungen des Ausschusses einem vom Bundesminister für Wirtschaft, Familie und Jugend bestimmten Mitglied. Die Geschäftsordnung kann die Beiziehung von Experten mit beratender Stimme vorsehen. *(BGBl. I Nr. 82/2008, Art. 1 Z 16 idF BGBl. I Nr. 40/2010, Z 9)*

(BGBl. I Nr. 82/2008, Art. 1 Z 16)

Richtlinien des Bundesministers für Arbeit und Wirtschaft

(BGBl. I Nr. 148/2011, Z 10 idF BGBl. I Nr. 185/2022, Art. 10 Z 6)

§ 31c. (1) Der Bundesminister für Arbeit und Wirtschaft hat Richtlinien für Beihilfen und ergänzende Unterstützungsstrukturen zum Zweck der Förderung von Beratungs,- Betreuungs- und Unterstützungsleistungen zur Erhöhung der Chancen auf eine erfolgreiche Berufsausbildung und auch zur Anhebung der Ausbildungsbeteiligung insbesondere in Bereichen mit wenigen Ausbildungsbetrieben oder Lehrlingen (§ 19c Abs. 1 Z 8) zu erlassen. Der Förderausschuss gemäß § 31b sowie die Wirtschaftskammer Österreich und die Bundesarbeitskammer sind berechtigt, Vorschläge für entsprechende Richtlinien zu erstatten. *(BGBl. I Nr. 148/2011, Z 10 idF BGBl. I Nr. 185/2022, Art. 10 Z 7)*

(2) Die Richtlinien gemäß Abs. 1 sollen insbesondere auch die Bereitstellung von Mitteln für den Auf- und Ausbau geeigneter Beratungs,- Betreuungs- und Unterstützungsstrukturen vorsehen. Die Richtlinien können auch die unmittelbare Vergabe von Aufträgen an geeignete Einrichtungen vorsehen, soweit diese zur Zielerreichung zweckmäßiger ist. Die Richtlinien haben darauf zu achten, dass eine entsprechende Bedeckung aus den gemäß § 14 AMPFG[10]) zur Verfügung gestellten Mitteln gegeben ist. *(BGBl. I Nr. 148/2011, Z 10 idF BGBl. I Nr. 185/2022, Art. 10 Z 8)*

(BGBl. I Nr. 148/2011, Z 10)

---

[10]) § 14 Arbeitsmarktpolitik-Finanzierungsgesetz (AMPFG), BGBl. Nr. 315/1994, zuletzt geändert durch das Bundesgesetz BGBl. I Nr. 185/2022, Art. 8 Z 5, lautet:

Qualitätsausschuss des Bundes-Berufsausbildungsbeirates

§ 31d. (1) Beim Bundes-Berufsausbildungsbeirat wird ein Qualitätsausschuss eingerichtet. Dieser hat die Aufgabe, Instrumente und Maßnahmen zu Qualitätssicherung und Qualitätsentwicklung in der Berufsausbildung zu beraten und zu entwickeln. Dazu zählen insbesondere

1. Ausarbeitung systematischer Konzepte für die Lehrlingsausbildung,
2. Beratung und Erstattung von Vorschlägen zu innovativen Projekten an den Förderausschuss (§ 31b) und zu Modellprojekten an das Bundesministerium für Wissenschaft, Forschung und Wirtschaft
3. Monitoring der Erfolgs- und Antrittsquoten im Zusammenhang mit der Lehrabschlussprüfung unter Einbeziehung von statistischen Daten über Erfolgsquoten in den Berufsschulen
4. Erarbeitung von Angeboten, Programmen und Projekten, um Lehrlinge und Lehrbetriebe und sonstige Ausbildungsträger bei einer erfolgreichen Ausbildung zu unterstützen,
5. Abstimmung mit den Landes-Berufsausbildungsbeiräten zur Konzeption und Vorbereitung regionaler und branchenbezogener Angebote, Programme und Projekte.

(2) Der Ausschuss setzt sich aus sechs Mitgliedern zusammen. Jeweils drei Mitglieder werden vom Bundesminister für Wissenschaft, Forschung und Wirtschaft auf Vorschlag der Wirtschaftskammer Österreich und auf Vorschlag der Bundesarbeitskammer bestellt. Für jede Kurie ist ein Ersatzmitglied zu bestellen.

(3) Der Ausschuss wählt zwei Vorsitzende. Die Funktionen der Vorsitzenden sind auf die von der Wirtschaftskammer Österreich und von der Bundesarbeitskammer vorgeschlagenen Mitglieder so aufzuteilen, dass je ein Vorsitzender auf eine der genannten Gruppen von Mitgliedern entfällt. Die Vorsitzenden wechseln einander in der Vorsitzführung zu Beginn jeder Sitzung ab. Die Beiziehung von Experten mit beratender Stimme ist jederzeit zulässig. Bei der Erarbeitung von Branchenangeboten sind die Interessenvertretungen der betroffenen Branche einzubeziehen.

(4) Weiters sind die Bestimmungen des § 31b Abs. 4 bis 7 anzuwenden. Die Beschlussfähigkeit des Ausschusses ist bei Anwesenheit von mindestens vier Mitgliedern gegeben, wenn alle Mitglieder ordnungsgemäß eingeladen wurden. Für das Zustandekommen von Beschlüssen ist Stimmeinhelligkeit erforderlich.

(5) Die Lehrlingsstellen haben dem Qualitätsausschuss auf Antrag von mindestens drei seiner Mitglieder personenbezogene Daten gemäß § 19g Abs. 1, soweit diese bei der Lehrlingsstelle verfügbar sind, insbesondere zu Ausbildungsabbruchs- und Prüfungserfolgsquoten einzelner Branchen und Regionen, sowie bei Vorliegen besonderer Gründe wie zB bei der Lehrlingsstelle, der Wirtschaftskammer oder der Arbeiterkammer eingelangter Informationen auch einzelner Lehrbetriebe auf Anforderung zur Verfügung zu stellen bzw. zu übermitteln. Gleichzeitig ist bei Betroffenheit einzelner Bundesländer der zuständige Landes-Berufsausbildungsbeirat zu informieren. Die Mitglieder des Qualitätsausschusses und die beigezogenen Experten und Expertinnen haben diese Informationen vertraulich zu behandeln und sind darüber zur Verschwiegenheit verpflichtet. *(BGBl. I Nr. 78/2015, Z 43 idF BGBl. I Nr. 32/2018, Art. 64 Z 9)*

(BGBl. I Nr. 78/2015, Z 43)

„Überweisung zum Zweck der Lehrlingsförderung

§ 14. (1) Der Bundesminister für Arbeit und Wirtschaft hat den Lehrlingsstellen der Landeskammern der gewerblichen Wirtschaft als Beitrag zur Erfüllung ihrer Aufgaben gemäß § 19c des Berufsausbildungsgesetzes (BAG), BGBl. Nr. 142/1969, Mittel aus der Gebarung Arbeitsmarktpolitik im Jahr 2023 im Ausmaß von bis zu 270 Mio. € und ab dem Jahr 2024 im Ausmaß von bis zu 280 Mio. € zur Verfügung zu stellen. Diese Mittel dienen auch als Beitrag zur Bedeckung der Aufwendungen der Lehrberechtigten für die Tragung von Internatskosten für Lehrlinge während des Besuches der Berufsschule gemäß § 9 Abs. 5 BAG und § 130 Abs. 4a des Landarbeitsgesetzes 1984 (LAG), BGBl. Nr. 287/1984.

(2) Die betreffenden Mittel sind im erforderlichen Ausmaß zu akontieren und im Folgejahr abzurechnen. Die Lehrlingsstellen haben dem Bund die gemäß Abs. 1 bereitgestellten Budgetmittel, die bis Jahresende nicht zweckentsprechend ausbezahlt worden sind, im Folgejahr zugunsten der Gebarung Arbeitsmarktpolitik zurückzuzahlen.“

Strafbestimmungen

§ 32. (1) Wer zwar befugt ist, einen Lehrling im Sinne dieses Bundesgesetzes auszubilden, aber seiner Verpflichtung nicht nachgekommen ist,

a) einen Lehrvertrag rechtzeitig zur Eintragung anzumelden, oder
b) dem Lehrling die zum Besuch der Berufsschule erforderliche Zeit freizugeben, oder
c) den Lehrling zum regelmäßigen Schulbesuch anzuhalten, oder
d) dem Lehrling keine berufsfremden Tätigkeiten zu übertragen, oder *(BGBl. I Nr. 18/2020, Z 26)*
e) bei der Aufnahme von Lehrlingen die auf Grund des § 8 Abs. 3, 4 und 5 festgesetzte Verhältniszahl zu beachten, *(BGBl. Nr. 232/1978, Art. I Z 91)*

SchPflG
APflG, BAG

f) für einen geeigneten Ausbilder mit der Ausbildung zu betrauen, oder *(BGBl. Nr. 232/1978, Art. I Z 91 idF BGBl. Nr. 23/1993, Z 43)*

g) eine Anzeige gemäß § 9 Abs. 9 rechtzeitig zu erstatten oder *(BGBl. Nr. 232/1978, Art. I Z 91 idF BGBl. Nr. 23/1993, Z 43)*

h) die in einem Bescheid gemäß § 3a vorgeschriebenen ergänzenden Ausbildungsmaßnahmen im Rahmen eines Ausbildungsverbundes in erheblichem Ausmaß zu vermitteln oder die zur ordnungsgemäßen Durchführung der ergänzenden Ausbildung erforderlichen Maßnahmen zu treffen, *(BGBl. Nr. 23/1993, Z 43)*

begeht eine Verwaltungsübertretung und ist von der Bezirksverwaltungsbehörde mit einer Geldstrafe bis zu 1 090 €, in den Fällen der lit. b, d und f jedoch mit einer Geldstrafe von mindestens 145 €, und nach wiederholter Bestrafung mit einer Geldstrafe von mindestens 327 € bis 3 270 € zu bestrafen. *(BGBl. Nr. 142/1969 idF BGBl. Nr. 232/1978, Art. I Z 92, BGBl. Nr. 23/1993, Z 44 und BGBl. I Nr. 136/2001, Art. 57 Z 1)*

(2) a) Wer unter Vortäuschung, Lehrberechtigter zu sein, eine Person in einem Lehrberuf ausbildet, sofern nicht der Tatbestand der lit. c vorliegt, oder *(BGBl. Nr. 232/1978, Art. I Z 93)*

b) wer einen Lehrling im Sinne dieses Bundesgesetzes ausbildet, obwohl dies gemäß § 3a Abs. 1 unzulässig ist, im Falle der Unterlassung der Antragstellung zur Feststellung der Ausbildungseignung in weiteren Lehrberufen gemäß § 3a Abs. 1 jedoch nur dann, wenn der Antrag gemäß § 3a trotz Aufforderung durch die Lehrlingsstelle nicht binnen drei Wochen gestellt wird oder der Lehrvertrag durch die Lehrlingsstelle nicht für aufrecht erklärt wird oder *(BGBl. Nr. 23/1993, Z 45)*

c) wer einen Lehrling im Sinne dieses Bundesgesetzes ausbildet, obwohl ihm die Ausbildung von Lehrlingen gemäß § 4 verboten ist, oder *(BGBl. Nr. 142/1969 idF BGBl. Nr. 232/1978, Art. I Z 94)*

d) wer die Ausbildung im Sinne dieses Bundesgesetzes fortsetzt, obwohl die Eintragung des Lehrvertrages gemäß § 20 rechtskräftig verweigert oder gelöscht wurde, *(BGBl. Nr. 142/1969 idF BGBl. Nr. 232/1978, Art. I Z 94)*

e) wer einen Ausbilderkurs führt, ohne im Besitz einer Berechtigung gemäß § 29g zu sein, oder *(BGBl. I Nr. 67/1997, Art. I Z 24)*

f) wer Personen in einem Lehrberuf in einer besonderen selbständigen Ausbildungseinrichtung ausbildet, ohne im Besitz einer Bewilligung gemäß § 30 Abs. 1 zu sein, oder *(BGBl. Nr. 142/1969 idF BGBl. Nr. 232/1978, Art. I Z 94 und BGBl. Nr. 23/1993, Z 46)*

g) wer als Lehrberechtigter entgegen einer Verpflichtung gemäß § 2a eine Ausbildung im Rahmen eines Ausbildungsverbundes nicht durchführt, *(BGBl. Nr. 23/1993, Z 46)*

begeht eine Verwaltungsübertretung und ist von der Bezirksverwaltungsbehörde mit einer Geldstrafe bis zu 3 270 € zu bestrafen. *(BGBl. Nr. 142/1969 idF BGBl. Nr. 23/1993, Z 47 und BGBl. I Nr. 136/2001, Art. 57 Z 2)*

(3) Eine Verwaltungsübertretung, die von der Bezirksverwaltungsbehörde mit Geldstrafe bis zu 2 180 € zu bestrafen ist, begeht, wer die Bestimmungen des § 30a über die Führung der Auszeichnung nicht einhält. *(BGBl. Nr. 23/1993, Z 48 idF BGBl. I Nr. 136/2001, Art. 57 Z 3)*

(4) Wenn

a) die Bestellung eines gewerberechtlichen Geschäftsführers angezeigt oder genehmigt wurde,

b) die Übertragung der Ausübung des Gewerbes an einen gewerberechtlichen Pächter angezeigt oder genehmigt wurde oder

c) die Bestellung eines Filialgeschäftsführers für eine bestimmt Betriebsstätte angezeigt oder genehmigt wurde,

sind Geld- und Ersatzfreiheitsstrafen gegen diese Personen zu verhängen. Der Gewerbetreibende ist neben dem gewerberechtlichen Geschäftsführer oder Filialgeschäftsführer strafbar, wenn er die Verwaltungsübertretung wissentlich duldet oder wenn er bei der Auswahl des gewerberechtlichen Geschäftsführers oder Filialgeschäftsführers es an der erforderlichen Sorgfalt hat fehlen lassen. *(BGBl. Nr. 232/1978, Art. I Z 96 idF BGBl. Nr. 23/1993, Z 48)*

Übergangsbestimmungen

§ 33. (1) Die Verordnung des Bundesministers für wirtschaftliche Angelegenheiten über den Ersatz der Lehrabschlußprüfung und der Lehrzeit auf Grund schulmäßiger Ausbildung, BGBl. Nr. 356/1985, in der Fassung der Verordnungen BGBl. Nr. 101/1988, BGBl. Nr. 95/1989, BGBl. Nr. 214/1989, BGBl. Nr. 535/1990, BGBl. Nr. 88/1991, BGBl. Nr. 154/1992 und BGBl. Nr. 533/1992 sowie die Verordnung des Bundesministers für wirtschaftliche Angelegenheiten über den Ersatz der Lehrabschlußprüfung und der Lehrzeit auf Grund schulmäßiger Ausbildung in land- und forstwirtschaftlichen Fachschulen, BGBl. Nr. 462/1986, in der Fassung der Verordnungen BGBl. Nr. 448/1988, BGBl. Nr. 89/1991, BGBl. Nr. 526/1991, BGBl. Nr. 574/1991 und BGBl. Nr. 281/1992 bleiben hinsichtlich des Ersatzes der Lehrzeit solange als Bundesgesetz aufrecht, bis sie durch eine Verordnung auf Grund des § 28 Abs. 2 ersetzt werden. *(BGBl. Nr. 23/1993, Z 50)*

(1a) Die Bestimmungen über den Ersatz von Lehrabschlußprüfungen auf Grund schulmäßiger Ausbildung bleiben für Schüler aufrecht, die spätestens im Schuljahr 1992/93 mit dem Besuch einer Schule begonnen haben, deren erfolgreicher Abschluß auf Grund der im Abs. 1 angeführten Verordnungen die Lehrabschlußprüfung ersetzt. *(BGBl. Nr. 23/1993, Z 51)*

(2) entfallen (BGBl. I Nr. 40/2010, Z 46)

(3) entfallen (BGBl. I Nr. 40/2010, Z 46)

(4) entfallen (BGBl. I Nr. 40/2010, Z 46)

(2) Die Bestimmungen des § 2 Abs. 3 dieses Bundesgesetzes finden keine Anwendung

a) auf Personen, die im Zeitpunkt des Inkrafttretens dieses Bundesgesetzes auf Grund ihrer Gewerbeberechtigung zur Ausbildung von Lehrlingen berechtigt waren, ohne die im § 2 Abs. 3 angeführten Voraussetzungen nachgewiesen zu haben,

b) auf Personen, die auf Grund ihrer Gewerbeberechtigung zur Ausbildung von Lehrlingen berechtigt sind, wenn dieses Gewerbe später unter die handwerksmäßigen Gewerbe eingereiht oder bei konzessionierten Gewerben die Erbringung eines Befähigungsnachweises eingeführt wird.

(BGBl. Nr. 142/1969 idF BGBl. I Nr. 40/2010, Z 46)

(3) Vor dem Inkrafttreten dieses Bundesgesetzes erfolgreich abgelegte Facharbeiterprüfungen werden hinsichtlich ihrer Rechtswirkungen den vor dem Inkrafttreten dieses Bundesgesetzes erfolgreich abgelegten Gesellenprüfungen gleichgestellt. Vor dem Inkrafttreten dieses Bundesgesetzes erfolgreich abgelegte Gesellenprüfungen, Facharbeiterprüfungen, Gehilfenprüfungen, Lehrlingsprüfungen und Kaufmannsgehilfenprüfungen gelten als erfolgreich abgelegte Lehrabschlußprüfungen im Sinne dieses Bundesgesetzes. *(BGBl. Nr. 142/1969 idF BGBl. I Nr. 40/2010, Z 46)*

(4) Sofern hinsichtlich neu anerkannter Lehrberufe nicht genügend Personen die Voraussetzungen gemäß § 22 Abs. 2 oder 3 erfüllen, sind solche Personen als Vorsitzende der Prüfungskommissionen zu bestellen oder als Beisitzer zu bestimmen, die den fachlichen Anforderungen am ehesten entsprechen. *(BGBl. Nr. 142/1969 idF BGBl. I Nr. 40/2010, Z 46)*

(8) entfallen (BGBl. I Nr. 40/2010, Z 46)

(9) entfallen (BGBl. I Nr. 40/2010, Z 46)

(5) Soweit in bundesgesetzlichen Vorschriften auf Bestimmungen verwiesen wird, die gemäß § 34 dieses Bundesgesetzes außer Kraft treten, gilt nunmehr die Verweisung auf die entsprechenden Bestimmungen dieses Bundesgesetzes und der hiezu ergangenen Verordnungen. *(BGBl. Nr. 142/1969 idF BGBl. I Nr. 40/2010, Z 46)*

(11) entfallen (BGBl. I Nr. 40/2010, Z 46)

(12) entfallen (BGBl. I Nr. 40/2010, Z 46)

(13) entfallen (BGBl. I Nr. 40/2010, Z 46)

Schlußbestimmungen

§ **34.** (1) § 19, soweit die Möglichkeit der Übertragung der Besorgung der Angelegenheiten der Lehrlingsstellen an andere Lehrlingsstellen geregelt wird, und § 31 dieses Bundesgesetzes treten nach Ablauf des Tages der Kundmachung, die sonstigen Bestimmungen dieses Bundesgesetzes am 1. Jänner 1970 in Kraft. Auf dieses Bundesgesetz gestützte Verordnungen können schon vor diesem Zeitpunkt erlassen werden, treten aber frühestens zugleich mit diesem Bundesgesetz in Kraft.

(2) Soweit in diesem Bundesgesetz hinsichtlich des Lehrverhältnisses nicht ausdrücklich anderes bestimmt ist, bleiben die Vorschriften des Arbeitsrechtes unberührt.

(3) Durch dieses Bundesgesetz bleiben insbesondere unberührt:

1. Das Arbeitsinspektionsgesetz, 1993, BGBl. Nr. 27/1993, zuletzt geändert durch das Bundesgesetz BGBl. I Nr. 51/2011, *(BGBl. I Nr. 35/2012, Art. 78 Z 1)*
2. *entfallen (BGBl. I Nr. 35/2012, Art. 78 Z 2)*
3. §§ 10, 19, 31 und 43 des Wirtschaftskammergesetzes, BGBl. I Nr. 103/1998, zuletzt geändert durch das Bundesgesetz BGBl. I Nr. 2/2008,
4. §§ 4, 5, 9 und 93 Abs. 2 des Arbeiterkammergesetzes 1992, BGBl. Nr. 626/1991. *(BGBl. I Nr. 78/2015, Z 44)*

(BGBl. I Nr. 40/2010, Z 47)

(4) Mit Inkrafttreten dieses Bundesgesetzes verlieren die Wirksamkeit:

1. a) § 14 vierter und fünfter Absatz der Gewerbeordnung, letzterer jedoch nur insoweit, als er sich nicht auf die Zulassung zur Meisterprüfung bezieht,
   b) § 13a Abs. 6 und 14a der Gewerbeordnung, soweit sie den Ersatz der ordnungsmäßigen Beendigung des Lehrverhältnisses durch Schulbesuch vorsehen und
   c) § 14b Abs. 2 bis 6, Abs. 2 jedoch nur insoweit, als er sich auf die Gleichhaltung der Tätigkeit als Lehrling bezieht, §§ 97 bis 105a, § 132 lit. f, soweit er sich auf Lehrlinge bezieht, und § 133a lit. d der Gewerbeordnung; *(BGBl. Nr. 142/1969 idF BGBl. I Nr. 18/2020, Z 8)*
2. das Gesetz GBl. f. d. L. Ö. Nr. 302/1939, mit dem einige das Lehrlingswesen betreffende gewerberechtliche Vorschriften abgeändert und ergänzt werden;
3. Art. 79III der Gewerberechtsnovelle 1952, BGBl. Nr. 179;
4. die ehemals deutschen Vorschriften, soweit sie Angelegenheiten regeln, die Gegenstand dieses Bundesgesetzes sind, insbesondere
   a) der Erlaß des Reichswirtschaftsministers vom 2. Dezember 1938, Zl. III/SW

18585, zum Aufbau des industriellen und kaufmännischen Ausbildungs- und Prüfungswesens;
b) die Verordnung vom 15. Dezember 1939, Deutsches RGBl. I S. 2425, über die Ausbildung von Fachkräften;
c) die Verordnung vom 6. Jänner 1940, Deutsches RGBl. I S. 32, über Maßnahmen auf dem Gebiete der Berufsausbildung im Handwerk;
d) die Satzungen der Prüfungsämter für die Industrie-, Facharbeiter- und Gehilfenprüfungen der Industrie- und Handelskammer;
5. für den Geltungsbereich dieses Bundesgesetzes Art. II und III des Bundesgesetzes vom 9. Juli 1953, BGBl. Nr. 141.

(5) entfallen (BGBl. I Nr. 40/2010, Z 48)

(5) Die Bestimmungen des § 8b betreffend integrative Berufsausbildung in der Fassung des Bundesgesetzes BGBl. I Nr. 79/2003 treten mit 1. September 2003 in Kraft. *(BGBl. I Nr. 82/2008, Art. 1 Z 17 idF BGBl. I Nr. 40/2010, Z 48)*

(6) Beihilfen gemäß § 19c Abs. 1 Z 1 können nur auf Grund von Lehrverhältnissen gewährt werden, die nach dem 27. Juni 2008 beginnen. Die übrigen Beihilfen gemäß § 19c können auf Grund von Lehrverhältnissen gewährt werden, die nach dem 27. Juni 2008 bestehen. *(BGBl. I Nr. 82/2008, Art. 1 Z 17 idF BGBl. I Nr. 40/2010, Z 48)*

(7) Der in diesem Gesetz verwendete Begriff Lehrlingseinkommen vermittelt, insbesondere auch für die Bereiche des Arbeitsrechtes einschließlich der Kollektivverträge und des Sozialrechtes, dieselben Rechte und Pflichten wie der in diesem Gesetz, in der Fassung des Bundesgesetzes BGBl. I Nr. 32/2018, verwendete Begriff Lehrlingsentschädigung. *(BGBl. I Nr. 18/2020, Z 27)*

§ 34a. (1) Für den Bereich der beruflichen Qualifikationen, des Arbeitsrechtes einschließlich der Kollektivverträge sowie des Sozialversicherungsrechtes gilt das Prüfungszeugnis, mit dem der erfolgreiche Abschluß einer mindestens dreijährigen berufsbildenden mittleren Schule, einer mindestens dreijährigen land- und forstwirtschaftlchen Fachsuche, einer berufsbildenden höheren Schule oder deren Sonderformen einschließlich der Schulversuche nachgewiesen wird, zumindest als Nachweis einer mit einer facheinschlägigen Lehrabschlußprüfung abgeschlossenen beruflichen Ausbildung. *(BGBl. Nr. 23/1993, Z 52 idF BGBl. I Nr. 79/2003, Art. 1 Z 44 und BGBl. I Nr. 18/2020, Z 28)*

(2) Zur Unterstützung der Erreichung des Ausbildungszieles können der Lehrberechtigte und der Inhaber oder die Inhaberin eines Prüfungszeugnisses gemäß Abs. 1 bei zu den gleichgestellten Lehrberufen verwandten Lehrberufen (§ 7 Abs. 1 lit.d) eine Reduktion des Lehrzeitersatzes gemäß Lehrberufsliste um bis zu einem Jahr vereinbaren. Die Lehrlingsstelle hat vor Eintragung des Lehrvertrages den Landes-Berufsausbildungsbeirat zu informieren und zu einer binnen zwei Wochen zu erstattenden Stellungnahme einzuladen. In einer bezugnehmenden Stellungnahme hat der Landes-Berufsausbildungsbeirat die Interessen der Lehrvertragspartner, insbesondere im Hinblick auf die Erreichung des Ausbildungszieles, zu berücksichtigen. *(BGBl. I Nr. 18/2020, Z 28)*

(BGBl. Nr. 23/1993, Z 52 idF BGBl. I Nr. 79/2003, Art. 1 Z 44)

Vollziehung

§ 35. Mit der Vollziehung dieses Bundesgesetzes ist der Bundesminister für Arbeit und Wirtschaft betraut.

(BGBl. I Nr. 185/2022, Art. 10 Z 9)

Lehrberuf in der Zahnärztliche[11]) Fachassistenz

§ 35a. (1) Hinsichtlich eines Lehrberufs in der Zahnärztlichen Fachassistenz sind
1. die Verordnungen gemäß § 6 Abs. 6 und §§ 7, 8, 8a, 24 und 27b im Einvernehmen mit dem Bundesminister für Gesundheit zu erlassen und
2. die §§ 8b, 8c, 27, 27a, 28, 29, 30 und 30b nicht anzuwenden.

(2) Für einen Lehrberuf gemäß Abs. 1 gelten folgende Sonderbestimmungen:
1. Die Lehrlingsstelle hat die Eintragung des Lehrvertrags gemäß § 20 Abs. 3 auch zu verweigern, wenn der Lehrling nicht die Voraussetzungen der für die Berufsausübung erforderlichen gesundheitlichen Eignung und Vertrauenswürdigkeit erfüllt.
2. Der Vorsitzende der Prüfungskommission für die Lehrabschlussprüfung gemäß § 22 ist ein vom Landeshauptmann entsandter Angehöriger des zahnärztlichen Berufs.
3. Voraussetzung für die Zulassung zur Lehrabschlussprüfung gemäß § 23 Abs. 5 ist der Nachweis der für die Ausübung der Zahnärztlichen Assistenz erforderlichen Qualifikation; § 23 Abs. 7 und 9 ist nicht anzuwenden.
4. Dem Bundes-Berufsausbildungsbeirat gemäß § 31 gehören zwei vom Bundesminister für Gesundheit zu bestellende Mitglieder mit beratender Stimme an.

(BGBl. I Nr. 38/2012, Art. 5)

---

[11]) Sollte richtig lauten: „Zahnärztlichen“.

Lehrberufe in den Pflegeassistenzberufen

§ 35b. (1) Für Lehrberufe, mit deren Abschluss die Berufsberechtigung zur Pflegeassistenz oder zur Pflegefachassistenz verbunden sind, gelten besondere Bestimmungen gemäß den nachstehenden Absätzen.

(2) § 2 Abs. 8 und 9, § 8c, § 23 Abs. 5, 6, 7, 9 und 10, § 27, § 27a, § 29, § 29h Abs. 2, § 30 und § 30b sind nicht anzuwenden.

(3) In Verfahren gemäß § 3a ist ein vom Landeshauptmann zu nominierender Sachverständiger für die Pflegeausbildung, der über einen Qualifikationsnachweis in der allgemeinen Gesundheits- und Krankenpflege mit Spezialisierung Lehraufgaben gemäß § 17 Abs. 1 Z 2 des Gesundheits- und Krankenpflegegesetzes – GuKG, BGBl I Nr. 108/1997, in der jeweils geltenden Fassung, verfügt, ergänzend beizuziehen. Bescheide gemäß § 3a sind dem Landeshauptmann zur Kenntnis zu bringen. Der Landeshauptmann hat zur Sicherung der Ausbildungsqualität eine Prüfung gemäß § 2 Abs. 6a bei Vorliegen begründeter Hinweise anzuordnen.

(4) Verordnungen gemäß § 6 Abs. 6 und §§ 7, 8, 8a, 24, 27b und 29h Abs. 1 sind hinsichtlich jener Bestimmungen, die sich auf Lehrberufe in den Pflegeassistenzberufen beziehen, im Einvernehmen mit dem für das Gesundheitswesen zuständigen Bundesminister zu erlassen.

(5) In Verordnungen gemäß den §§ 8, 8a und 24 sind insbesondere Bestimmungen

1. zum Schutz der auszubildenden Personen betreffend praktischer Ausbildungsmaßnahmen vor Vollendung des 17. Lebensjahres,
2. über die Qualifikationsanforderungen an Ausbilderinnen und Ausbilder sowie an weitere mit der Ausbildung der Lehrlinge betraute Personen gemäß § 8 Abs. 5 unter Berücksichtigung des Verhältnisses der Zahl der Lehrlinge zur Zahl der im Betrieb beschäftigten und mit ihrer Ausbildung betrauten Ausbilderinnen und Ausbilder gemäß § 8 Abs. 12,
3. über die einzuhaltenden Ausbildungsgrundsätze,
4. über die zu vermittelnden Fachbereiche und
5. über den für die Ausübung des jeweiligen Pflegeassistenzberufs notwendigen Kompetenzerwerb und die zu erwerbenden Qualifikationen

festzulegen.

(6) Die Lehrlingsstelle hat die Eintragung des Lehrvertrags gemäß § 20 Abs. 3 zu verweigern, wenn der Lehrling nicht die Voraussetzungen der für die Berufsausübung erforderlichen gesundheitlichen Eignung und Vertrauenswürdigkeit erfüllt. Zur Prüfung ist § 85 Abs. 1 Z 2 des Gesundheits- und Krankenpflegegesetzes – GuKG, BGBl I Nr. 108/1997, in der jeweils geltenden Fassung, heranzuziehen.

(7) Der oder die Vorsitzende der Prüfungskommission gemäß § 22 hat dem gehobenen Dienst für Gesundheits- und Krankenpflege anzugehören und über die Spezialisierung Lehraufgaben (§ 17 Abs. 1 Z 2 GuKG) sowie über eine mindestens zweijährige der Qualifikation entsprechende Berufserfahrung zu verfügen. Der oder die Vorsitzende wird vom Landeshauptmann benannt und vom Leiter oder von der Leiterin der Lehrlingsstelle bestellt. Ein weiteres Mitglied der Prüfungskommission muss dem gehobenen Dienst für Gesundheits- und Krankenpflege angehören und über eine mindestens zweijährige der Qualifikation entsprechende Berufserfahrung verfügen.

(8) Die Lehrlingsstelle hat der zur Lehrabschlussprüfung antretenden Person nach Ablegung der Lehrabschlussprüfung ein Prüfungszeugnis auszustellen, das den in § 86 des Gesundheits- und Krankenpflegegesetzes – GuKG, BGBl I Nr. 108/1997, in der jeweils geltenden Fassung, festgelegten Anforderungen an Qualifikationsnachweise in den Pflegeassistenzberufen entspricht.

(9) Dem Bundes-Berufsausbildungsbeirat gemäß § 31 gehören zwei vom für das Gesundheitswesen zuständigen Bundesminister zu bestellende Mitglieder mit beratender Stimme an, sofern die Behandlung von Verordnungen oder die Fassung von Beschlüssen betreffend Pflegeassistenzberufe auf der Tagesordnung stehen. Beschlüsse betreffend die Pflegeassistenzberufe, die ohne Einladung dieser beiden Mitglieder zu den entsprechenden Sitzungen des Bundes-Berufsausbildungsbeirates gefasst werden, sind wegen Nichtigkeit aufzuheben.

(BGBl. I Nr. 62/2023, Art. 1 Z 1)

Inkrafttreten

§ 36. (1) Dieses Bundesgesetz tritt hinsichtlich seiner Stammfassung, BGBl. Nr. 142/1969, und der Fassungen durch die Novellen durch die Bundesgesetze BGBl. Nr. 22/1974 (§ 162 Abs. 1 Z 5), 399/1974 (Art. IV), 475/1974, 232/1978, 381/1986, 536/1986 (Art. VII), 617/1987 (Art. I), 23/1993, 256/1993 (Art. 17), BGBl. I Nr. 67/1997 und BGBl. I Nr. 100/1998 zu den sich aus diesen Bundesgesetzen ergebenden Zeitpunkten in Kraft. § 8b, § 13 Abs. 2 lit. j und Abs. 6, § 15 Abs. 1 und 2, § 18 Abs. 1, § 27 Abs. 4 und § 35 in der Fassung des Bundesgesetzes BGBl. I Nr. 83/2000 treten mit 1. September 2000 in Kraft. § 32 in der Fassung des Bundesgesetzes BGBl. I Nr. 136/2001 tritt mit 1. Jänner 2002 in Kraft. § 2 Abs. 7 in der Fassung des Bundesgesetzes BGBl. I Nr. 111/2002 tritt mit dem auf die Kundmachung dieses Gesetzes folgenden Monatsersten in Kraft. *(BGBl. I Nr. 100/1998, Z 5 idF BGBl. I Nr. 83/2000, Art. 1 Z 8, BGBl. I Nr. 136/2001, Art. 57 Z 4,*

BGBl. I Nr. 111/2002, Art. II Z 2 und BGBl. I Nr. 79/2003, Art. 1 Z 45)

(2) § 2 Abs. 6, § 8 Abs. 1, 2a und 3 bis 13, § 12 Abs. 3 Z 2, § 13 Abs. 1a, Abs. 2 lit. c und lit. k, § 17 Abs. 4, § 19 Abs. 4 und 4a, § 19a, § 20 Abs. 1, 2, 3 lit. f und 7, § 21 Abs. 4, § 22 Abs. 5 und 6, § 23 Abs. 2a und 3, § 24 Abs. 5, § 27 c, § 29a Abs. 3 und 5, § 29b Abs. 1 und 3, § 29c, § 29e Abs.1 und 5, § 29f, § 30a Abs. 1 und 3, § 31 Abs. 2, § 31a Abs. 2 Z 5, 9 und 10, § 33 Abs. 11 und 13 sowie § 34a in der Fassung des Bundesgesetzes BGBl. I Nr. 79/2003 treten mit dem der Kundmachung dieses Bundesgesetzes folgenden Tag in Kraft. *(BGBl. I Nr. 79/2003, Art. 1 Z 45)*

(3) § 23 Abs. 5, 6 und 9, § 25 Abs. 5 lit. b und Abs. 6 sowie § 33 Abs. 12 in der Fassung des Bundesgesetzes BGBl. I Nr. 79/2003 treten mit 1. Jänner 2004 in Kraft. *(BGBl. I Nr. 79/2003, Art. 1 Z 45)*

(4) § 5 Abs. 3a, § 6 Abs. 2a, § 8, § 12 Abs. 3 Z 3, § 13 Abs. 6, § 22a samt Überschrift, § 23 Abs. 10, § 24 Abs. 6, § 26 Abs. 1 sowie § 27 in der Fassung des Bundesgesetzes BGBl. I Nr. 5/2006 treten mit dem auf die Kundmachung dieses Gesetzes folgenden Monatsersten in Kraft. *(BGBl. I Nr. 5/2006, Z 10)*

(5) § 19c Abs. 2 und § 31b in der Fassung des BGBl. I Nr. 82/2008 treten mit dem auf die Kundmachung dieses Bundesgesetzes folgenden Tag in Kraft. *(BGBl. I Nr. 82/2008, Art. 1 Z 18)*

(6) § 8b Abs. 14 und 22, § 15 Abs. 1 und 2, § 15a, § 15b, § 19c Abs. 1 und 3 bis 8, § 19d, § 19e, § 19f, § 19g, § 30, § 30b, § 31 Abs. 2 lit. d und Abs. 4 sowie § 31a Abs. 2 Z 5 in der Fassung des Bundesgesetzes BGBl. I Nr. 82/2008 treten mit 28. Juni 2008 in Kraft. *(BGBl. I Nr. 82/2008, Art. 1 Z 18)*

(7) Die § 2 Abs. 1, 4, 5 lit. c und e, § 3 Abs. 1 Z 1, § 8 Abs. 13 und 14, § 8b Abs. 5, 6, 8, 10, 11, 13 und 14, § 8c, § 12 Abs. 3 Z 2, § 13 Abs. 1, 1a und 2 lit. e, i und h, § 15a Abs. 8, § 19 Abs. 4a, § 20 Abs. 7, § 24 Abs. 2, § 25 Abs. 1 und 5, § 26 Abs. 5, § 27a, § 27c, § 28 Abs. 3, § 29 Abs. 2 und 4, § 29e Abs. 1 § 30b Abs. 1 und 2, § 30c, § 31 Abs. 2 und 3 sowie § 31a Abs. 2, 3 und 7 in der Fassung des Bundesgesetzes BGBl. I Nr. 40/2010 treten mit 1. Juli 2010 in Kraft. *(BGBl. I Nr. 40/2010, Z 49)*

(8) § 19c Abs. 1 bis 4 und 8, die Überschrift vor § 19d, § 19d Abs. 4, § 19e, § 19g Abs. 4, § 23 Abs. 11, § 31b Abs. 1, § 31c samt Überschrift und § 35 in der Fassung des BGBl. I Nr. 148/2011 treten mit 1. Jänner 2012 in Kraft. *(BGBl. I Nr. 148/2011, Z 12)*

(9) § 34 Abs. 3 Z 1 in der Fassung des 2. Stabilitätsgesetzes 2012, BGBl. I Nr. 35/2012, tritt mit 1. Juli 2012 in Kraft; gleichzeitig tritt § 34 Abs. 3 Z 2 außer Kraft. *(BGBl. I Nr. 35/2012, Art. 78 Z 3)*

(10) § 30b Abs. 5 in der Fassung des Bundesgesetzes BGBl. I Nr. 74/2013 tritt mit 1. September 2013 in Kraft. *(BGBl. I Nr. 74/2013, Art. 2 Z 2)*

(9) § 3 Abs. 3, § 4 Abs. 6, § 8 Abs. 13 und 14, § 19 Abs. 6, 8 und 10, § 20 Abs. 6, § 23 Abs. 5 sowie § 29 Abs. 5 in der Fassung des Bundesgesetzes BGBl. I Nr. 129/2013 treten mit 1. Jänner 2014 in Kraft. *(BGBl. I Nr. 129/2013, Art. 3 Z 11)*

(11) § 17a Abs. 1 in der Fassung des Bundesgesetzes BGBl. I Nr. 153/2017 tritt mit 1. Juli 2018 in Kraft und ist auf Arbeitsverhinderungen anzuwenden, die in nach dem 30. Juni 2018 begonnenen Lehrjahren eingetreten sind. *(BGBl. I Nr. 153/2017, Art. 5 Z 2)*

(11) § 9 Abs. 5 in der Fassung des Bundesgesetzes BGBl. I Nr. 154/2017 tritt mit 1. Jänner 2018 in Kraft. *(BGBl. I Nr. 154/2017, Art. 2 Z 2)*

(12) § 19c Abs. 7, § 19e Abs. 1, § 19f, § 19g Abs. 1, 2 und 3, § 20 Abs. 7 sowie § 31d Abs. 5 in der Fassung des Materien-Datenschutz-Anpassungsgesetzes 2018, BGBl. I Nr. 32/2018, treten mit 25. Mai 2018 in Kraft. *(BGBl. I Nr. 32/2018, Art. 64 Z 10)*

(13) § 13 Abs. 7 in der Fassung des Bundesgesetzes BGBl. I Nr. 112/2020 tritt rückwirkend mit 1. September 2020 in Kraft. *(BGBl. I Nr. 112/2020, Z 2)*

(14) § 13 Abs. 7 in der Fassung des Bundesgesetzes BGBl. I Nr. 60/2021 tritt mit 1. April 2021 in Kraft. *(BGBl. I Nr. 60/2021, Z 2)*

(15) § 13 Abs. 7 in der Fassung des Bundesgesetzes BGBl. I Nr. 118/2021 tritt mit 1. Juli 2021 in Kraft. *(BGBl. I Nr. 118/2021, Art. 1 Z 2)*

(16) § 13 Abs. 7 in der Fassung des Bundesgesetzes BGBl. I Nr. 86/2022 tritt mit 1. Juli 2022 in Kraft. *(BGBl. I Nr. 86/2022, Art. 3 Z 2)*

(17) § 19c Abs. 2 und 8, § 19e, § 31c samt Überschrift sowie § 35 in der Fassung des Budgetbegleitgesetzes 2023, BGBl. I Nr. 185/2022, treten mit 1. Jänner 2023 in Kraft. Gleichzeitig treten § 19d Abs. 4 und § 19g Abs. 4 außer Kraft. *(BGBl. I Nr. 185/2022, Art. 10 Z 10)*

(18) § 35b in der Fassung des BGBl. I Nr. 62/2023 tritt mit dem der Kundmachung folgendem Tag in Kraft.[12]) *(BGBl. I Nr. 62/2023, Art. 1 Z 2)*

(BGBl. I Nr. 100/1998, Z 5 idF BGBl. I Nr. 83/2000, Art. I Z 8, BGBl. I Nr. 136/2001, Art. 57 Z 4 und BGBl. I Nr. 111/2002, Art. II Z 2)

---

[12]) Die Kundmachung im Bundesgesetzblatt erfolgte am 21. Juni 2023.

6. Schülerbeihilfengesetz 1983 – SchBeihG

BGBl. Nr. 455/1983 (Wiederverlautbarung)

idF der Bundesgesetze

BGBl. Nr. 152/1984	BGBl. Nr. 293/1985
BGBl. Nr. 660/1987	BGBl. Nr. 378/1988
BGBl. Nr. 373/1989	BGBl. Nr. 468/1990
BGBl. Nr. 45/1991	BGBl. Nr. 186/1993
BGBl. Nr. 640/1994	BGBl. Nr. 853/1995
BGBl. I Nr. 34/1997	BGBl. I Nr. 158/1998[1])
BGBl. I Nr. 54/1999	BGBl. I Nr. 75/2001
BGBl. I Nr. 71/2003	BGBl. I Nr. 20/2006
BGBl. I Nr. 24/2007	BGBl. I Nr. 135/2009
BGBl. I Nr. 46/2010	BGBl. I Nr. 9/2012
BGBl. I Nr. 89/2012	BGBl. I Nr. 75/2013
BGBl. I Nr. 154/2013	BGBl. I Nr. 104/2015
BGBl. I Nr. 138/2017	BGBl. I Nr. 32/2018
BGBl. I Nr. 61/2018[2])	BGBl. I Nr. 202/2021
BGBl. I Nr. 161/2022	

und der Verordnungen[3])

BGBl. II Nr. 268/2023[4])	BGBl. II Nr. 237/2024[5])

Die Fundstellenhinweise beziehen sich auch auf die Stammfassung BGBl. Nr. 253/1971 idF der Bundesgesetze BGBl. Nr. 285/1972, 183/1974, 230/1977, 426/1979 und 115/1982.

Inhaltsverzeichnis[6])

---

[1]) Bei diesem Bundesgesetz handelt es sich um eine Novelle zum AVG, durch dessen § 18 Abs. 4 dem § 16 Abs. 3 des Schülerbeihilfengesetzes 1983 derogiert wurde (gemäß § 82 Abs. 7 AVG).

[2]) Bei diesem Bundesgesetz handelt es sich um das Zweite Bundesrechtsbereinigungsgesetz, durch dessen Bestimmungen in der Anlage das Schülerbeihilfengesetz 1983 nicht mit Ablauf des 31. Dezember 2018 außer Kraft getreten ist.

[3]) Auf Grundlage des § 12 Abs. 4 des Schülerbeihilfengesetzes 1983 zur Valorisierung der Beträge in § 4 Abs. 4, § 9 Abs. 1a, § 10 Abs. 1a, § 11 Abs. 2, § 11a Abs. 1, § 12 Abs. 2, 3, 5, 6, 8, 9 und 10 sowie § 20a.

[4]) Die Kundmachung im Bundesgesetzblatt erfolgte am 13. September 2023.

[5]) Die Kundmachung im Bundesgesetzblatt erfolgte am 3. September 2024.

[6]) Das Inhaltsverzeichnis ist von den Gesetzesbeschlüssen nicht umfasst.

Stichwortverzeichnis zum SchBG 1983

(die Ziffern beziehen sich auf die Paragrafen)

Stichwortverzeichnis

Kundmachung des Bundeskanzlers und des Bundesministers für Unterricht und Kunst vom 19. Juli 1983, mit der das Schülerbeihilfengesetz wiederverlautbart wird

<u>Anlage</u>

Bundesgesetz über die Gewährung von Schulbeihilfen und Heimbeihilfen (Schülerbeihilfengesetz 1983)
(BGBl. Nr. 455/1983, Art. VII)

ARTIKEL I
(Verfassungsbestimmung)

Die Erlassung und Aufhebung von Vorschriften, wie sie in diesem Bundesgesetz enthalten sind, sowie die Vollziehung dieser Vorschriften sind auch in den Belangen Bundessache, hinsichtlich derer Art. 14a des Bundes-Verfassungsgesetzes in der Fassung von 1929 etwas anderes vorsieht.

ARTIKEL II
Schülerbeihilfen

§ 1. (1) Schülerbeihilfen im Sinne dieses Bundesgesetzes sind:

1. die Schulbeihilfe (§ 9),
2. die besondere Schulbeihilfe (§ 10),
3. die Heimbeihilfe (§ 11),
4. die Fahrtkostenbeihilfe (§ 11a) und
5. die außerordentliche Unterstützung (§ 20a).

(2) Die Gewährung von Beihilfen berührt den Anspruch auf Unterhalt weder dem Grunde noch der Höhe nach.

(BGBl. I Nr. 54/1999, Z 1)

Anspruchsberechtigte

§ 1a. Zur Gewährung von Schülerbeihilfen sind nach Maßgabe dieses Bundesgesetzes anspruchsberechtigt:

1. österreichische Staatsbürger,
2. Staatsbürger von Vertragsparteien des Übereinkommens zur Schaffung des Europäischen Wirtschaftsraumes (EWR) und von Vertragsparteien des Vertrages zur Gründung der Europäischen Gemeinschaft sowie Drittstaatsangehörige, soweit es sich aus diesen Übereinkommen ergibt, *(BGBl. I Nr. 20/2006, Art. 6 Z 1)*
3. nicht vom Anwendungsbereich der Z 1 und 2 erfasste Schüler, wenn zumindest ein Elternteil in Österreich durch wenigstens fünf Jahre einkommensteuerpflichtig war und in Österreich den Mittelpunkt seiner Lebensbeziehungen hatte, und
4. Flüchtlinge im Sinne des Artikels 1 des Abkommens über die Rechtsstellung der Flüchtlinge, BGBl. Nr. 55/1955, in der Fassung des Protokolls über die Rechtsstellung der Flüchtlinge, BGBl. Nr. 78/1974. *(BGBl. I Nr. 32/2018, Art. 56 Z 1)*

(BGBl. I Nr. 54/1999, Z 1)

Begriffsbestimmungen

§ 1b. (1) Als Polytechnische Schulen, Sonderschulen, mittlere Schulen und höhere Schulen im Sinne dieses Bundesgesetzes gelten

1. die entsprechenden öffentlichen oder mit dem Öffentlichkeitsrecht ausgestatteten Schulen einer im Schulorganisationsgesetz, BGBl. Nr. 242/1962, oder im Land- und forstwirtschaftlichen Bundesschulgesetz, BGBl. Nr. 175/1966, geregelten Schulart einschließlich der Sonderformen der mittleren und höheren Schulen,
2. die öffentlichen oder mit dem Öffentlichkeitsrecht ausgestatteten land- und forstwirtschaftlichen Fachschulen im Sinne des Art. 14a Abs. 2 lit. c des Bundes-Verfassungsgesetzes und des Bundesgesetzes betreffend die Grundsätze für land- und forstwirtschaftliche Fachschulen, BGBl. Nr. 320/1975,
3. die Forstfachschulen im Sinne des Forstgesetzes 1975, BGBl. Nr. 440,
4. die öffentlichen oder mit dem Öffentlichkeitsrecht ausgestatteten Schulen im Sinne des Bundesgesetzes über Schulen zur Ausbildung von Bewegungserziehern und Sportlehrern, BGBl. Nr. 140/1974, *(BGBl. I Nr. 54/1999, Z 1 idF BGBl. I Nr. 138/2017, Art. 22 Z 1)*
5. die den mittleren und höheren Schulen vergleichbaren mit dem Öffentlichkeitsrecht ausgestatteten Privatschulen mit Organisationsstatut (§ 14 Abs. 2 des Privatschulgesetzes, BGBl. Nr. 244/1962),

jeweils unter der Voraussetzung, dass sie entweder in einem Unterrichtsjahr mindestens acht Monate mit mindestens 30 Wochenstunden oder in mehreren Unterrichtsjahren insgesamt mindestens 1200 Unterrichtsstunden, hievon in jedem vollen Unterrichtsjahr jedoch mindestens 500 Unterrichtsstunden, in den Pflichtgegenständen umfassen. *(BGBl. I Nr. 54/1999, Z 1 idF BGBl. I Nr. 154/2013, Z 1)*

(2) Wenn für eine Privatschule

1. erstmals um das Öffentlichkeitsrecht angesucht wurde oder
2. im vorangegangenen Schuljahr das Öffentlichkeitsrecht verliehen und nicht gemäß § 16 Abs. 1 des Privatschulgesetzes entzogen worden ist sowie für das laufende

Schuljahr um die Verleihung des Öffentlichkeitsrechtes angesucht wurde,

ist sie bei der Anwendung dieses Bundesgesetzes so zu behandeln, als ob das Öffentlichkeitsrecht bereits verliehen wäre.

(3) Sofern in diesem Bundesgesetz von Schülern die Rede ist, sind darunter auch Studierende an in Semester gegliederten Sonderformen zu verstehen. *(BGBl. I Nr. 9/2012, Art. 7 Z 1)*

(3a) An in Semester gegliederten Schulen (Schularten, Schulformen) entspricht ein Semester einer Schulstufe im Sinne dieses Bundesgesetzes. *(BGBl. I Nr. 46/2010, Z 1 idF BGBl. I Nr. 9/2012, Art. 7 Z 2)*

(3b) An in Semester gegliederten Sonderformen mit modularer Unterrichtsorganisation entsprechen Module über Pflichtgegenstände und verbindliche Übungen in einem Gesamtausmaß, wie es der durchschnittlichen Gesamtwochenstundenzahl von Pflichtgegenständen und verbindlichen Übungen eines Semesters der Ausbildung entspricht, einer Schulstufe im Sinne dieses Bundesgesetzes. Jede innerhalb der Gesamtwochenstundenzahl der Ausbildung erfolgte tatsächliche Über- oder Unterschreitung der durchschnittlichen Gesamtwochenstundenzahl in einem Halbjahr bildet die Grundlage für das prozentuelle Ausmaß der Gewährung der Beihilfe. *(BGBl. I Nr. 46/2010, Z 1 idF BGBl. I Nr. 9/2012, Art. 7 Z 3)*

(4) Schüler, die nur wegen mangelnder Kenntnis der Unterrichtssprache (§ 3 Abs. 1 lit. b des Schulunterrichtsgesetzes, BGBl. Nr. 472/1986, oder gleichartige Bestimmung) oder wegen Zulassung zur Ablegung einer Einstufungsprüfung (§ 3 Abs. 6 des Schulunterrichtsgesetzes oder gleichartige Bestimmung) oder wegen der Zulassung zur Ablegung einer Aufnahmsprüfung (§ 29 Abs. 5 des Schulunterrichtsgesetzes oder gleichartige Bestimmung) als außerordentliche Schüler aufgenommen wurden, sind ordentlichen Schülern gleichgestellt. *(BGBl. I Nr. 54/1999, Z 1 idF BGBl. I Nr. 154/2013, Z 2)*

(BGBl. I Nr. 54/1999, Z 1)

Voraussetzungen

§ 2. Voraussetzung für die Gewährung von Schulbeihilfen und Heimbeihilfen (einschließlich Fahrtkostenbeihilfen) ist außer den in §§ 1a, 9, 11 und 11a genannten Bedingungen, dass der Schüler

1. bedürftig ist und
2. den Schulbesuch, für den Schülerbeihilfe beantragt wird, vor Vollendung des 35. Lebensjahres begonnen hat; diese Altersgrenze erhöht sich für Selbsterhalter im Sinne des § 12 Abs. 2 Z 2 und 3
   a) um ein weiteres Jahr für jedes volle Jahr, in dem sie sich länger als vier Jahre zur Gänze selbst erhalten haben, sowie
   b) um die Hälfte der Zeit, die sie Kinder auf Grund einer gesetzlichen Verpflichtung bis zum vollendeten zweiten Lebensjahr gepflegt und erzogen haben,

höchstens jedoch um insgesamt fünf Jahre.

(BGBl. I Nr. 154/2013, Z 3)

Beurteilung der Bedürftigkeit

§ 3. (1) Maßgebend für die Bedürftigkeit im Sinne dieses Bundesgesetzes sind

1. Einkommen
2. Familienstand und
3. Familiengröße

des Schülers, seiner Eltern und seines Ehegatten oder eingetragenen Partners. *(BGBl. Nr. 640/1994, Z 2 idF BGBl. I Nr. 104/2015, Art. 5 Z 1)*

(1a) entfallen (BGBl. I Nr. 104/2015, Art. 5 Z 2)

(2) Für die Beurteilung von Einkommen, Familienstand und Familiengröße ist der Zeitpunkt der Antragstellung entscheidend.

(3) Das Einkommen im Sinne dieses Bundesgesetzes ist wie folgt nachzuweisen:

1. grundsätzlich durch die Vorlage des Einkommensteuerbescheides über das zuletzt veranlagte Kalenderjahr,
2. bei lohnsteuerpflichtigen Einkünften auch durch die Vorlage sämtlicher Lohnzettel über das letztvergangene Kalenderjahr,
3. bei Einkünften aus Land- und Forstwirtschaft, die nach Durchschnittssätzen (§ 17 EStG 1988) ermittelt werden, auch durch die Vorlage des zuletzt ergangenen Einheitswertbescheides,
4. bei steuerfreien Bezügen gemäß § 5 Z 1 und 3 durch eine Bestätigung der bezugsliquidierenden Stelle über die Bezüge im letztvergangenen Kalenderjahr.

Über Sonderausgaben, allfällige steuerfreie Bezüge, Beträge gemäß § 5 Z 2 sowie ausländische Einkünfte ist eine Erklärung abzugeben. Es können, insbesondere bei ausländischen Einkünften, auch andere Nachweise über das Einkommen oder Teile desselben gefordert werden.

(4) Das im Kalenderjahr der Antragstellung zu erwartende Jahreseinkommen ist für die Beurteilung der Bedürftigkeit zu schätzen, wenn es voraussichtlich eine mindestens ein Jahr dauernde Verminderung um mindestens 10 Prozent gegenüber dem gemäß Abs. 3 zu berücksichtigenden Einkommen erfährt. Eine Schätzung ist nicht zulässig bei Einkommensschwankungen infolge von Zahlungen gemäß den §§ 67 und 68 EStG 1988 oder bei saisonal bedingten Einkommensschwankungen.

(5) Bei Ableben eines Elternteils, dessen Einkommen zur Beurteilung der Bedürftigkeit heranzuziehen gewesen wäre, ist das zu erwartende Einkommen aller für die Beurteilung maßgeblichen Personen zu schätzen. Diese Schätzung hat die infolge des Todesfalles anfallenden, regelmäßig wiederkehrenden Einkünfte zum Zeitpunkt der Antragstellung, umgerechnet auf ein Kalenderjahr, heranzuziehen.

(6) Einkünfte aus Erwerbstätigkeit eines Schülers sowie seines Ehegatten oder eingetragenen Partners sind zur Beurteilung der Bedürftigkeit nicht heranzuziehen, wenn vor der ersten Zuerkennung von Schul- oder Heimbeihilfe (einschließlich Fahrtkostenbeihilfe) die Berufstätigkeit zur Aufnahme oder Intensivierung des Schulbesuches für mindestens ein Jahr aufgegeben wurde. Steuerfreie Einkünfte gemäß § 5 Z 1 und 3 sind zur Beurteilung der Bedürftigkeit nicht heranzuziehen, wenn ab der Zuerkennung von Schul- oder Heimbeihilfe (einschließlich Fahrtkostenbeihilfe) mindestens ein Jahr kein Einkommen mehr bezogen wird. *(BGBl. Nr. 640/1994, Z 2, idF BGBl. I Nr. 54/1999, Z 4, BGBl. I Nr. 75/2001, Art. 3 Z 1, BGBl. I Nr. 135/2009, Art. 72 Z 2 und BGBl. I Nr. 154/2013, Z 4)*

(BGBl. Nr. 640/1994, Z 2)

Einkommen

§ 4. (1) Einkommen im Sinne dieses Bundesgesetzes ist das Einkommen gemäß § 2 Abs. 2 EStG 1988 zuzüglich der Hinzurechnungen (§ 5) und des Pauschalierungsausgleiches (§ 6). *(BGBl. I Nr. 54/1999, Z 5)*

(2) Sind im Einkommen lohnsteuerpflichtige Einkünfte enthalten, so sind bei der Ermittlung des Einkommens nach Abs. 1 jene lohnsteuerpflichtigen Einkünfte anzusetzen, die in dem der Antragstellung vorangegangenen Kalenderjahr zugeflossen sind. Eine Hinzurechnung derartiger Einkünfte hat auch dann zu erfolgen, wenn zwar nicht im zuletzt veranlagten, jedoch in dem der Antragstellung vorangegangenen Kalenderjahr lohnsteuerpflichtige Einkünfte zugeflossen sind. Dies gilt sinngemäß auch für steuerfreie Bezüge gemäß § 5 Z 1 und 3. *(BGBl. Nr. 640/1994, Z 3)*

(3) Haben Personen, deren Einkommen für die Beurteilung der Bedürftigkeit maßgeblich ist, im Inland weder einen Wohnsitz noch ihren gewöhnlichen Aufenthalt oder genießen sie in Österreich auf Grund eines völkerrechtlichen Vertrages oder auf Grund des Bundesgesetzes, BGBl. Nr. 677/1977, über die Einräumung von Privilegien und Immunitäten an internationale Organisationen Befreiung von der Einkommensteuer, so ist das Einkommen zu schätzen. § 184 der Bundesabgabenordnung, BGBl. Nr. 194/1961, ist dabei sinngemäß anzuwenden. *(BGBl. Nr. 115/1992, Art. I Z 5 idF BGBl. Nr. 152/1984, Art. I Z 6)*

(4) Bei der Feststellung des Einkommens haben bis zum Höchstausmaß von insgesamt 6 521,00 Euro jährlich außer Betracht zu bleiben:

1. Einkünfte von Schülern und Studenten aus Ferialarbeit; darunter sind Tätigkeiten, die ausschließlich während der Ferien erfolgen, sowie Tätigkeiten, die überwiegend während der Hauptferien, keinesfalls jedoch länger als zwei Wochen außerhalb der Hauptferien, durchgeführt werden, zu verstehen;
2. Studienbeihilfen und Stipendien aller Art, wenn die Gewährung mit keiner Verpflichtung zu einer Gegenleistung verbunden ist.

(BGBl. Nr. 378/1988, Art. I Z 2 idF BGBl. Nr. 373/1989, Art. I Z 4, BGBl. I Nr. 54/1999, Z 6, BGBl. I Nr. 75/2001, Art. 3 Z 1, BGBl. I Nr. 24/2007, Art. 19 Z 2, BGBl. I Nr. 202/2021, Art. 8 Z 1 und BGBl. I Nr. 161/2022, Z 1 sowie BGBl. II Nr. 268/2023, Z 1 und BGBl. II Nr. 237/2024, Z 1)

(5) entfallen (BGBl. Nr. 378/1988, Art. I Z 3)

(BGBl. Nr. 115/1982, Art. I Z 5)

Hinzurechnungen

§ 5. Dem Einkommen nach § 2 Abs. 2 EStG 1988 sind die folgenden Beträge hinzuzurechnen:

1. steuerfreie Bezüge gemäß § 3 Abs. 1 Z 1, Z 2, Z 3 lit. a mit Ausnahme des Hilflosenzuschusses (Hilflosenzulage) sowie Pflege- und Blindenzulagen (Pflege- oder Blindengeld, Pflege- oder Blindenbeihilfe), Z 4 lit. a, c und e, Z 5, Z 8 bis 12, Z 15, Z 22 bis 24 sowie Z 25, Z 27 und Z 28, sofern es sich dabei um wiederkehrende Leistungen handelt, und § 112 Z 1 EStG 1988; *(BGBl. Nr. 468/1990, Art. I Z 2 idF BGBl. I Nr. 54/1999, Z 7)*
2. die Beträge nach den §§ 10, 12, 18 Abs. 1 Z 4, Abs. 6 und 7, 24 Abs. 4, 27 Abs. 3, 31 Abs. 3, 36, 41 Abs. 3, 112 Z 5, Z 7 und Z 8 EStG 1988, soweit sie bei der Ermittlung des Einkommens abgezogen wurden; *(BGBl. Nr. 373/1989, Art. I Z 5 idF BGBl. Nr. 640/1994, Z 4)*
3. Sonderunterstützungen nach dem Sonderunterstützungsgesetz, BGBl. Nr. 642/1973, und die besondere Schulbeihilfe gemäß § 10.

(BGBl. Nr. 373/1989, Art. I Z 5)

Pauschalierungsausgleich

§ 6. Gewinne, die nach Durchschnittssätzen (§ 17 EStG 1988) ermittelt werden, sind zu erhöhen. Die Erhöhung beträgt

1. bei Einkünften aus Land- und Forstwirtschaft 10 Prozent des Einheitswertes des land- und forstwirtschaftlichen Vermögens,
2. bei Einkünften aus Land- und Forstwirtschaft, für die keine Veranlagung erfolgt, weitere 10 Prozent des Einheitswertes des land- und forstwirtschaftlichen Vermögens,
3. bei Einkünften aus selbständiger Arbeit oder Gewerbebetrieb 10 Prozent dieser Einkünfte.

(BGBl. Nr. 640/1994, Z 5)

§ 7. entfallen (BGBl. Nr. 640/1994, Z 6)

§ 8. entfallen (BGBl. I Nr. 154/2013, z 5)

Schulbeihilfe

§ 9. (1) Schulbeihilfe gebührt nach Maßgabe dieses Bundesgesetzes für den Besuch einer mittleren oder höheren Schule ab der 10. Schulstufe oder von in Semester gegliederten Sonderformen als ordentlicher Schüler oder einer Schule für medizinische Assistenzberufe im Rahmen einer Ausbildung in der medizinischen Fachassistenz. *(BGBl. I Nr. 54/1999, Z 9 idF BGBl. I Nr. 89/2012, Art. 10 Z 1)*

(1a) Bei der Berechnung der Höhe der Schulbeihilfe ist von einem jährlichen Grundbetrag von 1 764,00 Euro auszugehen. *(BGBl. I Nr. 54/1999, Z 9 idF BGBl. I Nr. 75/2001, Art. 3 Z 1, BGBl. I Nr. 24/2007, Art. 19 Z 3, BGBl. I Nr. 202/2021, Art. 8 Z 2 und BGBl. I Nr. 161/2022, Z 2 sowie BGBl. II Nr. 268/2023, Z 2 und BGBl. II Nr. 237/2024, Z 2)*

(2) Der Grundbetrag erhöht oder vermindert sich nach Maßgabe des § 12.

(3) Schulbeihilfen sind jeweils auf volle Euro zu runden. Beträge von weniger als 50 Cent sind dabei zu vernachlässigen und Beträge von 50 Cent und mehr auf volle Euro aufzurunden. *(BGBl. I Nr. 75/2001, Art. 3 Z 2)*

(4) entfallen (BGBl. Nr. 640/1994, Z 8)

(5) Sofern im Unterrichtsjahr nicht während zehn Monaten Unterricht erteilt wird, gebührt die Schulbeihilfe nur in der Höhe, die dem Verhältnis der Zahl der Monate, in denen Unterricht erteilt wird, zu zehn Monaten entspricht; hiebei sind Monate, in denen der Unterricht weniger als die Hälfte des Monats umfaßt, nicht zu berücksichtigen. Diese Bestimmung findet keine Anwendung, wenn das Unterrichtsjahr nur wegen der Ablegung einer Reife-, Reife- und Diplom-, Diplom- oder Abschlußprüfung oder einer Ferialpraxis verkürzt ist. *(BGBl. Nr. 115/1982, Art. I Z 6 idF BGBl. I Nr. 34/1997, Z 9)*

(BGBl. Nr. 115/1982, Art. I Z 6)

Besondere Schulbeihilfe für Schüler höherer Schulen für Berufstätige im Prüfungsstadium

§ 10. (1) Besondere Schulbeihilfe gebührt Studierenden an höheren Schulen (einschließlich deren Sonderformen) für Berufstätige, die sich zum Zweck der Vorbereitung auf die abschließende Prüfung gegen Entfall der Bezüge beurlauben lassen oder jede Berufstätigkeit nachweislich einstellen, sofern sie sich durch eine zumindest einjährige Berufstätigkeit selbst erhalten haben. *(BGBl. I Nr. 54/1999, Z 11 idF BGBl. I Nr. 9/2012, Art. 7 Z 6)*

(1a) Die besondere Schulbeihilfe beträgt 1 117,00 Euro monatlich. Sie erhöht sich bei verheirateten oder in eingetragener Partnerschaft lebenden Schülern, wenn der Ehepartner oder eingetragene Partner keine Einkünfte im Sinne dieses Bundesgesetzes bezieht, um 522,00 Euro, ferner für jedes Kind, für das der Schüler auf Grund einer gesetzlichen Verpflichtung Unterhalt leistet, um 197,00 Euro. *(BGBl. I Nr. 54/1999, Z 11 idF BGBl. I Nr. 75/2001, Art. 3 Z 1, BGBl. I Nr. 24/2007, Art. 19 Z 4, BGBl. I Nr. 135/2009, Art. 72 Z 3 und 4, BGBl. I Nr. 46/2010, Z 3, BGBl. I Nr. 202/2021, Art. 8 Z 3 und BGBl. I Nr. 161/2022, Z 3 sowie BGBl. II Nr. 268/2023, Z 3, 4 und 5 und BGBl. II Nr. 237/2024, Z 3, 4 und 5)*

(1b) Die besondere Schulbeihilfe gebührt für sechs Monate, während derer keine Berufstätigkeit ausgeübt wird. *(BGBl. I Nr. 54/1999, Z 11)*

(2) Die Berechnung der besonderen Schulbeihilfe nach Wochen ist zulässig, wobei 4,3 Wochen als Monat zählen.

(3) Die besondere Schulbeihilfe ist auf Antrag in Teilbeträgen zu gewähren, sofern die Prüfungsvorschrift die Ablegung der mündlichen Reifeprüfung in Teilen zu verschiedenen Terminen vorsieht.

(4) Auf die nach Abs. 1 bis 1b zustehende besondere Schulbeihilfe ist ein für den gleichen Monat allenfalls zustehender Anspruch auf Schulbeihilfe gemäß § 9 anzurechnen. *(BGBl. Nr. 640/1994, Z 9 idF BGBl. I Nr. 54/1999, Z 12)*

(5) Erhält der Schüler eine Leistung auf Grund des Arbeitsmarktförderungsgesetzes oder des Arbeitslosenversicherungsgesetzes 1977, so vermindert sich die besondere Schulbeihilfe um jenen Betrag, der sich durch den Abzug der Hälfte der nach Abs. 1 bis 1b zustehenden besonderen Schulbeihilfe von den Leistungen auf Grund des Arbeitsmarktförderungsgesetzes oder des Arbeitslosenversicherungsgesetzes 1977 für den selben Zeitraum ergibt. *(BGBl. Nr. 640/1994, Z 9 idF BGBl. I Nr. 54/1999, Z 12)*

(6) Erhält der Schüler Waisenpension, so vermindert sich die besondere Schulbeihilfe um die Höhe der Waisenpension, die für den-

selben Zeitraum bezogen wird. *(BGBl. I Nr. 154/2013, Z 6)*

(BGBl. Nr. 640/1994, Z 9)

Heimbeihilfe

§ 11. (1) Heimbeihilfe gebührt nach Maßgabe dieses Bundesgesetzes für den Besuch einer Polytechnischen Schule, einer Sonderschule oder einer mittleren oder höheren Schule ab der 9. Schulstufe als ordentlicher Schüler sowie für den Besuch einer in § 9 Abs. 1 genannten Schule als ordentlicher Schüler, wenn der Schulbesuch außerhalb des Wohnortes der Eltern erfolgt, weil

1. dieser Wohnort vom Schulort so weit entfernt ist, daß der tägliche Hin- und Rückweg nicht zumutbar ist und die Aufnahme in eine gleichartige öffentliche Schule, bei der der Hin- und Rückweg zumutbar wäre, nicht möglich war, oder
2. *entfallen (BGBl. I Nr. 24/2007, Art. 19 Z 5)*
3. sie auf Grund des § 123 des Forstgesetzes 1975 in dem mit einer Forstfachschule verbundenen Schülerheim untergebracht sind oder *(BGBl. Nr. 230/1977, Art. I Z 11 idF BGBl. Nr. 186/1993, Z 4)*
4. sie wegen des Besuches einer land- oder forstwirtschaftlichen Schule gesetzlich verpflichtet sind, in einem mit der Schule verbundenen Schülerheim zu wohnen. *(BGBl. Nr. 378/1988, Art. I Z 9 idF BGBl. I Nr. 34/1997, Z 10)*

An die Stelle des Wohnortes der Eltern tritt bei Halbwaisen der Wohnort eines Elternteiles, bei Vollwaisen der Wohnort sonstiger Unterhaltsverpflichteter und bei Vollwaisen ohne Unterhaltsverpflichteten der eigene gewöhnlich Wohnort. *(BGBl. Nr. 230/1977, Art. I Z 11 idF BGBl. I Nr. 54/1999, Z 13, BGBl. I Nr. 24/2007, Art. 19 Z 6 und BGBl. I Nr. 154/2013, Z 7)*

(2) Bei der Berechnung der Höhe der Heimbeihilfe ist von einem jährlichen Grundbetrag von 2 155,00 Euro auszugehen. *(BGBl. Nr. 640/1994, Z 10 idF BGBl. I Nr. 54/1999, Z 14, BGBl. I Nr. 75/2001, Art. 3 Z 1, BGBl. I Nr. 24/2007, Art. 19 Z 6, BGBl. I Nr. 202/2021, Art. 8 Z 4 und BGBl. I Nr. 161/2022, Z 4 sowie BGBl. II Nr. 268/2023, Z 6 und BGBl. II Nr. 237/2024, Z 6)*

(3) Der Grundbetrag erhöht oder vermindert sich nach Maßgabe des § 12. *(BGBl. Nr. 115/1982, Art. I Z 9)*

(4) Heimbeihilfen sind jeweils auf volle Euro zu runden. Beträge von weniger als 50 Cent sind dabei zu vernachlässigen und Beträge von 50 Cent und mehr auf volle Euro aufzurunden. *(BGBl. I Nr. 75/2001, Art. 3 Z 3)*

(5) entfallen (BGBl. Nr. 640/1994, Z 11)

(6) Sofern im Unterrichtsjahr nicht während zehn Monaten Unterricht erteilt wird, gebührt die Heimbeihilfe nur in der Höhe, die dem Verhältnis der Zahl der Monate, in denen Unterricht erteilt wird, zu zehn Monaten entspricht; hiebei sind Monate, in denen der Unterricht weniger als die Hälfte des Monats umfaßt, nicht zu berücksichtigen. Diese Bestimmung findet keine Anwendung, wenn das Unterrichtsjahr nur wegen der Ablegung einer Reife-, Reife- und Diplom-, Diplom- oder Abschlußprüfung oder einer Ferialpraxis verkürzt ist. *(BGBl. Nr. 115/1982, Art. I Z 9 idF BGBl. I Nr. 34/1997, Z 11)*

Fahrtkostenbeihilfe

§ 11a. (1) Bezieher von Heimbeihilfen haben Anspruch auf eine Fahrtkostenbeihilfe von 165,00 Euro. *(BGBl. I Nr. 54/1999, Z 16 idF BGBl. I Nr. 75/2001, Art. 3 Z 1, BGBl. I Nr. 24/2007, Art. 19 Z 7, BGBl. I Nr. 202/2021, Art. 8 Z 5 und BGBl. I Nr. 161/2022, Z 5 sowie BGBl. II Nr. 268/2023, Z 7 und BGBl. II Nr. 237/2024, Z 7)*

(2) § 11 Abs. 6 findet Anwendung.

(BGBl. I Nr. 54/1999, Z 16)

Erhöhung und Verminderung der Grundbeträge für die Schulbeihilfe und die Heimbeihilfe
(BGBl. I Nr. 54/1999, Z 17)

§ 12. (1) Die Grundbeträge für die Schul- und Heimbeihilfe erhöhen oder vermindern sich nach Maßgabe der Abs. 2 bis 8; steht nur die Schulbeihilfe oder nur die Heimbeihilfe zu, erhöht bzw. vermindert sich der jeweilige Grundbetrag nur um die Hälfte der sich aus den Abs. 2 bis 8 ergebenden Beträge.

(2) Die Grundbeträge für die Schul- und Heimbeihilfe erhöhen sich um insgesamt 1 829,00 Euro, wenn

1. die leiblichen Eltern (Wahleltern) des Schülers verstorben sind oder
2. der Schüler eine unter § 9 Abs. 1 bzw. unter § 11 Abs. 1 fallende Schule besucht und sich vor der ersten Zuerkennung einer Schul- oder Heimbeihilfe durch eigene Einkünfte im Sinne dieses Bundesgesetzes vier Jahre zur Gänze selbst erhalten hat, oder
3. der Studierende eine in Semester gegliederte Sonderform besucht und sich durch eigene Einkünfte im Sinne dieses Bundesgesetzes zur Gänze selbst erhält oder einen Präsenz-, Ausbildungs- oder Zivildienst leistet oder *(BGBl. Nr. 152/1984, Art. I Z 12 idF BGBl. I Nr. 9/2012, Art. 7 Z 7)*
4. der Schüler verheiratet ist oder in eingetragener Partnerschaft lebt und weder mit einem leiblichen Elternteil (Wahlelternteil)

noch mit einem leiblichen Elternteil (Wahlelternteil) seines Ehepartners oder eingetragenen Partners im gemeinsamen Haushalt lebt. *(BGBl. I Nr. 135/2009, Art. 72 Z 5 idF BGBl. I Nr. 46/2010, Z 4)*

Zeiten eines Präsenz-, Ausbildungs- oder Zivildienstes sind für die Dauer des Selbsterhaltes gemäß Z 2 und 3 jedenfalls zu berücksichtigen. *(BGBl. I Nr. 54/1999, Z 18 idF BGBl. I Nr. 75/2001, Art. 3 Z 1, BGBl. I Nr. 24/2007, Art. 19 Z 8, BGBl. I Nr. 202/2021, Art. 8 Z 6 und BGBl. I Nr. 161/2022, Z 6 sowie BGBl. II Nr. 268/2023, Z 8 und BGBl. II Nr. 237/2024, Z 8)*

(3) Die Grundbeträge für die Schul- und Heimbeihilfe erhöhen sich weiters um insgesamt 2 026,00 Euro, sofern es sich beim Schüler um ein erheblich behindertes Kind im Sinne des Familienlastenausgleichsgesetzes 1967, BGBl. Nr. 376, handelt. *(BGBl. Nr. 640/1994, Z 13 idF BGBl. I Nr. 54/1999, Z 19, BGBl. I Nr. 75/2001, Art. 3 Z 1, BGBl. I Nr. 24/2007, Art. 19 Z 9, BGBl. I Nr. 202/2021, Art. 8 Z 7 und BGBl. I Nr. 161/2022, Z 7 sowie BGBl. II Nr. 268/2023, Z 9 und BGBl. II Nr. 237/2024, Z 9)*

(4) An die Stelle der Beträge gemäß § 4 Abs. 4, § 9 Abs. 1a, § 10 Abs. 1a, § 11 Abs. 2, § 11a Abs. 1, § 12 Abs. 2, 3, 5, 6, 8, 9 und 10 sowie § 20a treten ab 1. September eines jeden Jahres, erstmals mit 1. September 2023, die mit dem für dieses Jahr geltenden Anpassungsfaktor des § 108f ASVG[7]) vervielfachten und auf Euro gerundeten Beträge. Die vervielfachten Beträge sind für jedes Schuljahr durch Verordnung festzustellen. Der Vervielfachung sind die für das jeweils vorangegangene Schuljahr festgestellten Beträge zugrunde zu legen. *(BGBl. I Nr. 161/2022, Z 8)*

(5) Die Grundbeträge für die Schul- und Heimbeihilfe vermindern sich um

1. die gemäß Abs. 6 zu errechnende zumutbare Unterhaltsleistung der leiblichen Eltern (Wahleltern), sofern nicht Abs. 2 Z 2, 3 oder 4 anzuwenden ist; *(BGBl. Nr. 152/1984, Art. I Z 12 idF BGBl. I Nr. 154/2013, Z 9)*
2. die 3 261,00 Euro übersteigende Hälfte *(BGBl. Nr. 152/1984, Art. I Z 12 idF BGBl. Nr. 640/1994, Z 15 idF BGBl. I Nr. 54/1999, Z 21, BGBl. I Nr. 75/2001, Art. 3 Z 1, BGBl. I Nr. 24/2007, Art. 19 Z 11, BGBl. I Nr. 202/2021, Art. 8 Z 8 und BGBl. I Nr. 161/2022, Z 9 sowie BGBl. II Nr. 268/2023, Z 10 und BGBl. II Nr. 237/2024, Z 10)*
   a) der Bemessungsgrundlage für ein eigenes Einkommen (einschließlich Waisenpension) des Schülers und/oder
   b) der auf Grund eines Exekutionstitels gemäß Abs. 7 bestimmten Unterhaltsleistung oder der tatsächlichen Unterhaltsleistung unter Bedachtnahme auf Unterhaltsvorschüsse, die der Schüler erlangt hat oder erlangen könnte (§§ 3 ff. des Unterhaltsvorschußgesetzes, BGBl. Nr. 250/1976);
3. die gemäß Abs. 8 zu errechnende zumutbare Unterhaltsleistung des Ehegatten oder des eingetragenen Partners des Schülers. *(BGBl. Nr. 152/1984, Art. I Z 12 idF BGBl. I Nr. 135/2009, Art. 72 Z 6)*

(6) Die zumutbare Unterhaltsleistung der leiblichen Eltern (Wahleltern) beträgt

bis zu 9 780,00 Euro	0 %
für die nächsten 1 957,00 Euro (bis 11 736,00 Euro)	10 %
für die nächsten 2 608,00 Euro (bis 14 344,00 Euro)	15 %
für die nächsten 2 608,00 Euro (bis 16 952,00 Euro)	20 %
über 16 952,00 Euro	25 %

der Bemessungsgrundlage. Ein negatives Einkommen gemäß § 2 Abs. 2 EStG 1988 des einen Elternteiles (Wahlelternteiles) vermindert das Einkommen des anderen Elternteiles (Wahlelternteiles) nicht. Leben die leiblichen Eltern (Wahleltern) jedoch nicht in Wohngemeinschaft, so beträgt die zumutbare Unterhaltsleistung die Summe der zunächst von jedem Eltern(Wahleltern)teil getrennt zu berechnenden Unterhaltsleistungen; diese Bestimmung findet keine Anwendung, wenn die Voraussetzungen des Abs. 7 zutreffen. *(BGBl. Nr. 468/1990, Art. I Z 5 idF BGBl. Nr. 640/1994, Z 16, BGBl. I Nr. 54/1999, Z 22, BGBl. I Nr. 75/2001, Art. 3 Z 4, BGBl. I Nr. 24/2007, Art. 19 Z 12, BGBl. I Nr. 202/2021, Art. 8 Z 9 und BGBl. I Nr. 161/2022, Z 10 sowie BGBl. II Nr. 268/2023, Z 11 bis 16 und BGBl. II Nr. 237/2024, Z 11 bis 16)*

(7) Sofern die leiblichen Eltern (Wahleltern) nicht in Wohngemeinschaft leben und ein Elternteil (Wahlelternteil) auf Grund eines Exekutionstitels gegenüber dem Schüler zur Unterhaltsleistung verpflichtet ist, entfällt auf Antrag die Berücksichtigung seines Einkommens gemäß Abs. 6 und ist bezüglich dieser Unterhaltsleistung Abs. 5 Z 2 anzuwenden. Einer Unterhaltsleistung im Sinne des ersten Satzes sind ein Vorschuss auf Grund des Unterhaltsvorschussgesetzes sowie ein Antrag auf Festsetzung der Unterhaltsleistung gleich zu halten. *(BGBl. I Nr. 24/2007, Art. 19 Z 12a)*

(8) Als zumutbare Unterhaltsleistung des Ehegatten oder des eingetragenen Partners sind 30 Prozent des 6 650,00 Euro übersteigenden Teiles der Bemessungsgrundlage anzusehen. *(BGBl. Nr. 640/1994, Z 17 idF BGBl. I Nr. 54/*

[7]) Siehe auch den Auszug zum ASVG und die Verordnungen zur Festsetzung des Anpassungsfaktors (14.3.).

1999, Z 23, BGBl. I Nr. 75/2001, Art. 3 Z 1, BGBl. I Nr. 24/2007, Art. 19 Z 13, BGBl. I Nr. 135/2009, Art. 72 Z 7, BGBl. I Nr. 202/ 2021, Art. 8 Z 10 und BGBl. I Nr. 161/2022, Z 11 sowie BGBl. II Nr. 268/2023, Z 17 und BGBl. II Nr. 237/2024, Z 17)

(9) Als jeweilige Bemessungsgrundlage ist das Einkommen des Schülers, der leiblichen Eltern (Wahleltern) des Schülers, sowie des Ehegatten oder eingetragenen Partners des Schülers gemäß §§ 4 bis 6 abzüglich nachstehender Absetzbeträge für die folgenden Personen, für die entweder der Schüler, einer seiner leiblichen Elternteile (Wahlelternteile) oder sein Ehegatte oder eingetragener Partner kraft Gesetzes Unterhalt leistet, anzusehen:

1. für jede noch nicht schulpflichtige Person 3 809,00 Euro;
2. für jede schulpflichtige Person bis einschließlich zur 8. Schulstufe 4 655,00 Euro;
3. für jede Person nach Absolvierung der 8. Schulstufe mit Ausnahme der in Z 4 genannten 6 193,00 Euro;
4. für jede Person, die nach Absolvierung der 8. Schulstufe eine der im § 9 Abs. 1 bzw. im § 11 Abs. 1 genannten Schulen besucht, wenn die Voraussetzungen des § 11 Abs. 1 zutreffen, sowie für jede Person, die eine der im § 3 des Studienförderungsgesetzes 1992 genannten Anstalten als ordentlicher Hörer (Studierender) besucht oder einem solchen gemäß §§ 4 und 5 des Studienförderungsgesetzes 1992 gleichgestellt ist, 7 748,00 Euro;
5. für jedes erheblich behinderte Kind im Sinne des Familienlastenausgleichsgesetzes 1967 weitere 3 134,00 Euro.

Die Absetzbeträge vermindern sich um das 2 257,00 Euro übersteigende Einkommen dieser Person. Für den Schüler selbst steht kein Absetzbetrag zu. Für den zweiten Elternteil ist jedenfalls ein Absetzbetrag in der Höhe gemäß Z 3 zu berücksichtigen. Leben die Eltern (Wahleltern) nicht in Wohngemeinschaft und sind beide kraft Gesetzes unterhaltspflichtig, so vermindert jedenfalls die Hälfte der obigen Absetzbeträge das Einkommen jedes Eltern(Wahleltern)teiles. Diese Bestimmung findet im Falle des Abs. 7 bezüglich des zur Unterhaltsleistung Verpflichteten keine Anwendung. *(BGBl. Nr. 640/1994, Z 17 idF BGBl. I Nr. 54/1999, Z 24, BGBl. I Nr. 75/2001, Art. 3 Z 1, BGBl. I Nr. 24/2007, Art. 19 Z 14 bis 19, BGBl. I Nr. 135/2009, Art. 72 Z 8, BGBl. I Nr. 154/ 2013, Z 10, BGBl. I Nr. 202/2021, Art. 8 Z 11 bis 16 und BGBl. I Nr. 161/2022, Z 12 bis 17 sowie BGBl. II Nr. 268/2023, Z 18 bis 23 und BGBl. II Nr. 237/2024, Z 18 bis 23)*

(10) Als Freibeträge sind zu berücksichtigen:

1. bei den Eltern sowie dem Ehegatten oder eingetragenen Partner des Schülers,
   a) wenn Einkünfte aus nichtselbständiger Arbeit im Sinne des § 25 Abs. 1 EStG 1988 zur Berechnung herangezogen werden, jeweils 2 803,00 Euro;
   b) wenn nur bei einem Elternteil Einkünfte im Sinne der lit. a herangezogen werden, bei diesem 3 978,00 Euro;
2. beim Schüler, seinen Eltern und seinem Ehegatten oder eingetragenen Partner, sofern ausschließlich Einkünfte aus nichtselbständiger Arbeit im Sinne des § 25 Abs. 1 EStG 1988 und steuerfreie Bezüge gemäß § 5 Z 1 und 3 zur Berechnung herangezogen werden, jeweils weitere 2 544,00 Euro.

Die Freibeträge dürfen jedoch die Summe der Einkünfte der jeweiligen Personen aus nichtselbständiger Arbeit im Sinne des § 25 Abs. 1 EStG 1988 nicht überschreiten. *(BGBl. Nr. 640/ 1994, Z 17 idF BGBl. I Nr. 54/1999, Z 26, BGBl. I Nr. 75/2001, Art. 3 Z 1, BGBl. I Nr. 24/ 2007, Art. 19 Z 20 bis 22, BGBl. I Nr. 135/ 2009, Art. 72 Z 9, BGBl. I Nr. 202/2021, Art. 8 Z 17 bis 19 und BGBl. I Nr. 161/2022, Z 18 bis 20 sowie BGBl. II Nr. 268/2023, Z 24, 25 und 26 und BGBl. II Nr. 237/2024, Z 24, 25 und 26)*

(11) entfallen (BGBl. Nr. 640/1994, Z 18)

(BGBl. Nr. 152/1984, Art. I Z 12)

Zuständigkeit

§ 13. In Beihilfenangelegenheiten von Schülern ist zuständig:

1. an Zentrallehranstalten (§ 3 Abs. 4 des Bundesgesetzes über die Einrichtung von Bildungsdirektionen in den Ländern, BGBl. I Nr. 138/2017), an land- und forstwirtschaftlichen Bundesschulen und höheren land- und forstwirtschaftlichen Privatschulen sowie an Forstfachschulen der Bundesminister für Bildung, Wissenschaft und Forschung; *(BGBl. I Nr. 138/2017, Art. 22 Z 2 idF BGBl. I Nr. 32/2018, Art. 56 Z 3)*
2. an den nicht unter Z 1 fallenden land- und forstwirtschaftlichen Schulen der für die Schule örtlich zuständige Landeshauptmann; *(BGBl. Nr. 183/1974, Art. I Z 9 idF BGBl. Nr. 186/1993, Z 8, BGBl. I Nr. 34/ 1997, Z 13, BGBl. I Nr. 75/2001, Art. 3 Z 5, BGBl. I Nr. 24/2007, Art. 19 Z 23 und BGBl. I Nr. 75/2013, Art. 8 Z 2)*
3. an den Schulen für medizinische Assistenzberufe der für diese Schule örtlich zuständige Landeshauptmann; *(BGBl. I Nr. 34/ 1997, Z 14 idF BGBl. I Nr. 75/2001, Art. 3 Z 6, BGBl. I Nr. 24/2007, Art. 19 Z 24, BGBl. I Nr. 46/2010, Z 5, BGBl. I Nr. 89/ 2012, Art. 10 Z 2 und BGBl. I Nr. 75/2013, Art. 8 Z 3)*

4. an den übrigen Schulen die für die Schule örtlich zuständige Bildungsdirektion. *(BGBl. Nr. 183/1974, Art. I Z 9 idF BGBl. Nr. 186/1993, Z 8, BGBl. I Nr. 34/1997, Z 13, BGBl. I Nr. 75/2001, Art. 3 Z 5, BGBl. I Nr. 24/2007, Art. 19 Z 23, BGBl. I Nr. 75/2013, Art. 8 Z 4 und BGBl. I Nr. 138/2017, Art. 22 Z 3)*

Die gemäß Z 1 bis 4 Zuständigen sind Verantwortliche gemäß Art. 4 Z 7 der Verordnung (EU) 2016/679 zum Schutz natürlicher Personen bei der Verarbeitung personenbezogener Daten, zum freien Datenverkehr und zur Aufhebung der Richtlinie 95/46/EG (Datenschutz-Grundverordnung), ABl. Nr. L 119 vom 4.5. 2016 S. 1.

(BGBl. Nr. 183/1974, Art. I Z 9 idF BGBl. I Nr. 75/2013, Art. 8 Z 1 und BGBl. I Nr. 32/2018, Art. 56 Z 2 bis 4)

Anträge

§ 14. (1) Anträge auf Gewährung von Beihilfen können jederzeit eingebracht werden. Die Fahrtkostenbeihilfe gemäß § 11a bedarf keines besonderen Antrages. *(BGBl. Nr. 853/1995, Abschn. IV Z 3)*

(2) Sofern der Schüler minderjährig ist, sind die Anträge von den Erziehungsberechtigten einzubringen.

(3) Die Anträge sind zusammen mit den vorgeschriebenen Nachweisen bei der zuständigen Behörde einzubringen, sofern diese Nachweise nicht von der Schülerbeihilfenbehörde automationsunterstützt eingeholt werden. *(BGBl. I Nr. 154/2013, Z 10 idF BGBl. I Nr. 75/2013, Art. 8 Z 5)*

(4) Unvollständige Anträge sind zur Ergänzung zurückzustellen; bis zum Ablauf des Unterrichtsjahres nicht ergänzte Anträge gelten als zurückgezogen. *(BGBl. I Nr. 54/1999, Z 27)*

(5) Für den Antrag und die Nachweise der Bedürftigkeit sind die von den zuständigen Bundesministerien aufzulegenden Formblätter zu verwenden. Sofern das elterliche Einkommen maßgebend ist und der Antrag nicht von einem Elternteil (Wahlelternteil) gestellt wird, sind die Angaben der Familien- und Einkommensverhältnisse von einem Elternteil (Wahlelternteil) zu unterfertigen. *(BGBl. Nr. 115/1982, Art. I Z 11 idF BGBl. I Nr. 34/1997, Z 15)*

(6) Anträge auf Schülerbeihilfe können auch im elektronischen Verfahren eingebracht werden. Der für die Schülerbeihilfe zuständige Bundesminister hat den Beginn und die Durchführung dieser Form der Antragstellung nach Maßgabe der technischen und organisatorischen Möglichkeiten und die Verwendung sicherer elektronischer Signaturen nach dem Signaturgesetz, BGBl. I Nr. 190/1999, durch Verordnung zu bestimmen. *(BGBl. I Nr. 154/2013, Z 12)*

Nachweis der Bedürftigkeit

§ 15. (1) Personen, deren Einkommen zur Ermittlung der Bedürftigkeit nachzuweisen ist, haben dem Antragsteller die erforderlichen Nachweise an die Hand zu geben oder auf Verlangen der Behörde die für den Anspruch auf Beihilfen bedeutsamen Umstände offenzulegen. Die Träger der Sozialversicherung haben über Ersuchen der im § 13 angeführten Behörden die Versicherungsverhältnisse und deren Dauer sowie die Arbeitgeber von Personen, deren Einkommen zur Ermittlung der Bedürftigkeit nachzuweisen ist, bekannt zu geben, sofern der Betroffene gegenüber der im § 13 angeführten Behörden seine Zustimmung zu dieser Vorgangsweise schriftlich erklärt hat. *(BGBl. Nr. 230/1977, Art. I Z 18 idF BGBl. Nr. 378/1988, Art. I Z 20, BGBl. I Nr. 34/1997, Z 16 und BGBl. I Nr. 71/2003, 2. Teil Art. 22 Z 1)*

(2) Arbeitgeber, bezugsliquidierende und sonstige Stellen, die Beträge im Sinne der §§ 4 und 5 anweisen, haben alle Angaben, die zur Feststellung der Bedürftigkeit notwendig sind, binnen vier Wochen mitzuteilen. *(BGBl. Nr. 115/1982, Art. I Z 12)*

(3) Die Verpflichtungen gemäß Abs. 1 und 2 können durch Verhängung von Zwangsstrafen erzwungen werden.

(4) Offenlegungen, Meldungen und Nachweise nach diesem Bundesgesetz müssen vollständig und wahrheitsgetreu erfolgen.

(5) entfallen (BGBl. I Nr. 32/2018, Art. 56 Z 5)

(6) Im Verfahren zur Gewährung von Beihilfen nach diesem Bundesgesetz sind die Beihilfenbehörden berechtigt, die hierfür notwendigen personenbezogenen Daten gemäß der Anlage automationsunterstützt zu verarbeiten. *(BGBl. I Nr. 32/2018, Art. 56 Z 6)*

(7) Die folgenden Einrichtungen haben den Schülerbeihilfenbehörden auf Anfrage unter Angabe der Sozialversicherungsnummer, bei Abfragen aus dem zentralen Melderegister unter Angabe von Namen und Geburtsdatum die zur Überprüfung der Anspruchsvoraussetzungen und zur Bemessung der Beihilfenhöhe notwendigen und in ihrem Bereich verfügbaren Daten gemäß der Anlage, wenn möglich im automationsunterstützten Datenverkehr zu übermitteln:

1. die Abgabenbehörden des Bundes,
2. die Träger der Sozialversicherung,
3. das Arbeitsmarktservice,
4. die Bundesrechenzentrum GmbH (BRZ),
5. das zentrale Melderegister,
6. die Studienbeihilfenbehörde,
7. die vom Antragsteller besuchte Schule.

(BGBl. I Nr. 32/2018, Art. 56 Z 6)

(8) Zum Zweck der Gewährung von Schülerbeihilfen verarbeitete Daten sind spätestens mit Ablauf des 31. Juli des der letzten Antragstellung siebentfolgenden Kalenderjahres zu löschen. *(BGBl. I Nr. 32/2018, Art. 56 Z 6)*

(9) entfallen (BGBl. I Nr. 32/2018, Art. 56 Z 7)

(10) entfallen (BGBl. I Nr. 32/2018, Art. 56 Z 7)

Besondere Verfahrensvorschriften

§ 16. (1) Die Beihilfen gemäß §§ 9 und 11 sind jeweils für ein Schuljahr, an in Semester gegliederten Sonderformen für ein Halbjahr, zu gewähren. Bei den Schulen für den medizinisch-technischen Fachdienst[8]) gilt ein Jahr der Ausbildung als Schuljahr. *(BGBl. I Nr. 34/1997, Z 17 idF BGBl. I Nr. 9/2012, Art. 7 Z 3)*

(2) Die Anwendung des § 57 des Allgemeinen Verwaltungsverfahrensgesetzes 1991 ist auch ohne Vorliegen der dort angeführten Voraussetzungen auf von den nach § 13 zuständigen Behörden zu führende Verwaltungsverfahren auf Grund dieses Bundesgesetzes zulässig. *(BGBl. Nr. 253/1971 idF BGBl. Nr. 186/1993, Z 10 und BGBl. I Nr. 75/2013, Art. 8 Z 6)*

(3) Unrichtigkeiten in Bescheiden, die durch die unrichtige oder unvollständige Übermittlung von Daten gemäß § 15 Abs. 6 bewirkt wurden, kann die Schülerbeihilfenbehörde jederzeit von Amts wegen Berichtigen. *(BGBl. I Nr. 154/2013, Z 15)*

(4) entfallen (BGBl. I Nr. 75/2013, Art. 8 Z 7)

(5) Wird der Bezug einer Beihilfe erschlichen, so ist der Bescheid, mit dem sie zuerkannt wird, nichtig.

(6) Über Anträge in Schülerbeihilfenangelegenheiten ist ohne unnötigen Aufschub, spätestens aber binnen drei Monaten, zu entscheiden. *(BGBl. Nr. 285/1972, Art. I Z 6)*

(7) Das Verwaltungsgericht hat über Beschwerden in Schülerbeihilfenangelegenheiten ab Beschwerdevorlage binnen drei Monaten zu entscheiden. *(BGBl. I Nr. 75/2013, Art. 8 Z 8)*

(8) Die Schülerbeihilfenbehörde hat sich beim schriftlichen Verkehr mit den Schülern bzw. Studierenden nach Möglichkeit moderner Kommunikationstechnologien, insbesondere der automationsunterstützten Datenübertragung zu bedienen. *(BGBl. I Nr. 154/2013, Z 16)*

[8]) Mit BGBl. I Nr. 89/2012 (Medizinische Assistenzberufe-Gesetz – MABG) wurden die Schulen für den medizinisch-technischen Fachdienst durch Schulen für medizinische Assistenzberufe ersetzt.

Ansuchen um Erhöhung von Beihilfen

§ 17. (1) Tritt während des Schuljahres, für das um die Schulbeihilfe bzw. Heimbeihilfe angesucht worden ist, durch den Tod, eine schwere Erkrankung, die Pensionierung (Berentung) eines leiblichen Elternteiles (Wahlelternteiles) oder des Ehepartners oder eingetragenen Partners des Schülers, wegen Krankheit, Unfall oder Erreichung der Altersgrenze oder durch Arbeitslosigkeit oder ein gleich schweres, von außen kommendes Ereignis, ferner wegen Aufgabe oder Einschränkung der Berufstätigkeit durch den Schüler eine wesentliche Verminderung des Einkommens ein, kann die Erhöhung der Beihilfe beantragt werden. Für derartige Ansuchen sind § 3 Abs. 3 und 4 sowie die §§ 14 bis 16 sinngemäß anzuwenden. Unter diesen Voraussetzungen kann auch nach Erhalt eines mangels Bedürftigkeit abweisenden Bescheides ein Antrag auf Zuerkennung einer Beihilfe ab dem Zeitpunkt eines oben genannten Ereignisses gestellt werden. *(BGBl. Nr. 378/1988, Art. I Z 22 idF BGBl. I Nr. 135/2009, Art. 72 Z 10 und BGBl. I Nr. 154/2013, Z 17)*

(2) Im Falle eines Anspruches auf Erhöhung der Beihilfe gebührt je ein Zehntel der erhöhten Beihilfe für jeden auf den Eintritt des maßgeblichen Ereignisses folgenden Monat, wobei Monate, in denen der Unterricht weniger als die Hälfte des Monats umfaßt, nicht zu berücksichtigen sind. Für den betreffenden Zeitraum bereits gewährte Beihilfen gleicher Art sind anzurechnen.

(BGBl. Nr. 183/1974, Art. I Z 11)

Auszahlung und Ausmaß der Beihilfen

§ 18. (1) Die Beihilfen sind in der für das Schuljahr gebührenden Höhe (an in Semester gegliederten Sonderformen für ein Halbjahr im halben Ausmaß der für ein Schuljahr gebührenden Höhe) unverzüglich nach ihrer Zuerkennung zu überweisen. *(BGBl. I Nr. 34/1997, Z 18 idF BGBl. I Nr. 9/2012, Art. 7 Z 3)*

(2) Die Beihilfen gemäß §§ 9, 11 und 11a gebühren bei Ableben des Schülers, Abbruch des einen Beihilfenanspruchs begründenden Schulbesuches sowie bei Wegfall der Voraussetzung des § 1a nur bis zum Ablauf jenes Monats, in dem eines der erwähnten Ereignisse eintritt. In gleicher Weise erlischt der Anspruch auf Heimbeihilfe (einschließlich der Fahrtkostenbeihilfe) bei Wegfall der Voraussetzungen des § 11 Abs. 1. In den angeführten Fällen gebührt für jeden Monat ein Zehntel der für das Schuljahr bzw. an in Semester gegliederten Sonderformen für jeden Monat ein Fünftel der für das Halbjahr zugestandenen Beihilfe gemäß §§ 9, 11 und 11a. *(BGBl. Nr. 853/1995, Abschn. IV Z 4 idF BGBl. I*

Nr. 34/1997, Z 19, BGBl. I Nr. 54/1999, Z 29 und BGBl. I Nr. 9/2012, Art. 7 Z 3)

(3) Die Beihilfen gemäß §§ 9, 11 und 11a gebühren im vollen Ausmaß bzw. gemäß Abs. 2 in dem dort genannten Ausmaß, sofern der Antrag bis zum Ende des auf den Beginn des Unterrichtsjahres folgenden Dezember bzw. an in Semester gegliederten Sonderformen bis zum Ende des auf den Beginn des Halbjahres folgenden Dezember oder Mai eingebracht wird. In den anderen Fällen entfällt der anteilsmäßige Anspruch für die vor der Einbringung des Antrages liegenden Monate. *(BGBl. I Nr. 34/1997, Z 20 idF BGBl. I Nr. 9/2012, Art. 7 Z 3)*

(4) Die besondere Schulbeihilfe gemäß § 10 ist möglichst in dem Monat auszuzahlen, ab dem sie gebührt. *(BGBl. I Nr. 24/2007, Art. 19 Z 25)*

(5) Die einem minderjährigen Schüler gebührenden Beihilfen sind dem Erziehungsberechtigten auszuzahlen, zu dessen Haushalt der Schüler gehört; mit der schriftlichen Zustimmung dieses Erziehungsberechtigten sind sie dem Schüler selbst oder der natürlichen oder juristischen Person auszuzahlen, bei der der Schüler wohnt. *(BGBl. Nr. 285/1972, Art. I Z 8)*

(6) entfallen (BGBl. Nr. 285/1972, Art. I Z 8; BGBl. Nr. 230/1977, Art. I Z 11)

Meldungen

§ 19. Sofern ein Ansuchen um Beihilfen gemäß §§ 9 oder 11 gestellt worden ist, sind Sachverhalte, die eine Minderung der Beihilfe oder einen Entfall des Anspruches auf Grund des § 18 Abs. 2, eine Minderung der Beihilfe auf Grund des § 20 oder eine Rückzahlung gemäß § 21 Abs. 1 Z 3 begründen, unverzüglich zu melden.

(BGBl. Nr. 230/1977, Art. I Z 20)

Minderung von Beihilfen

§ 20. Wurde die Beihilfe auf Grund einer Schätzung gemäß § 3 Abs. 3 bis 5 oder gemäß § 17 wegen Aufgabe oder Einschränkung der Berufstätigkeit bewilligt und wurde wieder eine Berufstätigkeit aufgenommen oder die eingeschränkte Berufstätigkeit wieder ausgeweitet, ist die Beihilfe entsprechend zu mindern. § 17 Abs. 2 ist sinngemäß anzuwenden.

(BGBl. Nr. 183/1974, Art. I Z 12)

Außerordentliche Unterstützung

§ 20a. Der zuständige Bundesminister kann im Rahmen der Privatwirtschaftsverwaltung außerordentliche Unterstützungen zum Ausgleich von durch den Schulbesuch verursachten sozialen Härten gewähren. Die außerordentliche Unterstützung soll für ein Schuljahr 129,00 Euro nicht unterschreiten und den Grundbetrag der Schulbeihilfe, bei einem Schulbesuch außerhalb des Wohnortes der Eltern die Grundbeträge der Schul- und Heimbeihilfe zusammen, nicht überschreiten.

(BGBl. I Nr. 54/1999, Z 30 idF BGBl. I Nr. 75/2001, Art. 3 Z 1, BGBl. I Nr. 24/2007, Art. 19 Z 26, BGBl. I Nr. 202/2021, Art. 8 Z 20 und BGBl. I Nr. 161/2022, Z 21 sowie BGBl. II Nr. 268/2023, Z 27 und BGBl. II Nr. 237/2024, Z 27)

Rückzahlung

§ 21. (1) Der Schüler hat die Beihilfen zurückzuzahlen,

1. deren Gewährung durch unvollständige oder unwahre Angaben maßgebender Tatsachen veranlaßt oder erschlichen wurde oder *(BGBl. Nr. 293/1985, Art. I Z 9)*
2. die wegen des Eintrittes eines Minderungsgrundes oder wegen Nichtbestehens eines Anspruches gemäß § 18 Abs. 2 zu viel empfangen wurden oder
3. wenn Steuerbescheide nachträglich abgeändert werden und danach keine oder verminderte Bedürftigkeit vorliegt, insoweit die Beihilfen nicht gebühren; *(BGBl. Nr. 285/1972, Art. I Z 11 idF BGBl. Nr. 115/1982, Art. I Z 16)*
4. die im Fall der Berechnung der Schul- und Heimbeihilfe auf Grund der tatsächlichen Unterhaltsleistung im Sinne des § 12 Abs. 5 Z 2 lit. b zuviel empfangen wurden, weil nachträglich für den betreffenden Zeitraum eine höhere Unterhaltsleistung bezahlt worden ist. *(BGBl. Nr. 115/1982, Art. I Z 16)*

(BGBl. Nr. 285/1972, Art. I Z 11)

(2) Im Falle eines neuen Beihilfenanspruches ist die Rückzahlungsforderung gegen diesen aufzurechnen. Ist eine Aufrechnung nicht möglich oder tunlich, so ist Stundung bis zu einem Jahr zu gewähren oder die Rückzahlung in Teilbeträgen zu gestatten.

(3) Die Begünstigungen des Abs. 2 gelten nicht für den Fall der Erschleichung. In diesem Fall sind die empfangenen Beträge ab deren Erhalt mit 4 vH zu verzinsen und zwei Wochen nach Rechtskraft des Bescheides zur Rückzahlung fällig.

(4) Die gemäß § 14 Abs. 2 einen Antrag einbringenden Personen haften mit dem Schüler zur ungeteilten Hand für die Rückzahlung der Beihilfen. Das gleiche gilt für Personen, welche durch Verletzung der Offenlegungs- und Wahrheitspflicht gemäß § 15 Abs. 4 an der Erschleichung teilgenommen haben.

(5) Rückzahlungsansprüche verjähren in drei Jahren. Die Verjährung beginnt mit Ablauf des Jahres, in dem die letzte gesetzlich

nicht gebührende Beihilfenrate ausbezahlt wurde. Der Lauf der Verjährungsfrist ist gehemmt, solange sich der Rückzahlungsverpflichtete im Ausland aufhält.

(6) Mit der Bestätigung der Vollstreckbarkeit versehene Rückzahlungsbescheide sind Exekutionstitel im Sinne des § 1 der Exekutionsordnung. Im Exekutionsverfahren wegen der im vorigen Satz genannten Titel wird der Bund von der Finanzprokuratur vertreten, die die Eintreibung unmittelbar beim zuständigen Gericht beantragen kann.

(BGBl. Nr. 253/1971 idF BGBl. Nr. 285/1972, Art. I Z 10 und BGBl. Nr. 183/1974, Art. I Z 13)

Freiheit von Stempel- und Rechtsgebühren sowie von Bundesverwaltungsabgaben

§ 22. Die durch dieses Bundesgesetz veranlaßten Schriften sind von Stempel- und Rechtsgebühren sowie von Bundesverwaltungsabgaben befreit.

(BGBl. Nr. 253/1971 idF BGBl. Nr. 285/1972, Art. I Z 10 und BGBl. Nr. 183/1974, Art. I Z 14)

Strafbestimmungen

§ 23. Wer wissentlich unwahre oder unvollständige Angaben macht und dadurch eine Beihilfe erlangt oder zu erlangen sucht und wer hiebei wissentlich Hilfe leistet, macht sich einer Verwaltungsübertretung schuldig und wird mit einer Geldstrafe bis zu 2 180 € oder mit Freiheitsstrafe bis zu sechs Wochen bestraft, falls die Tat nicht nach anderen Bestimmungen mit strengeren Strafen bedroht ist.

(BGBl. Nr. 253/1971 idF BGBl. Nr. 285/1972, Art. I Z 10, BGBl. Nr. 183/1974, Art. I Z 15 und BGBl. I Nr. 75/2001, Art. 3 Z 1 und 8)

Übergangsbestimmung

§ 23a. Sonstige Bezüge gemäß § 67 Abs. 1 EStG 1988 in der Höhe bis zu 620 € sowie steuerfreie Zulagen und Zuschläge gemäß § 68 EStG 1988 gelten nicht als Einkünfte im Sinne dieses Bundesgesetzes.

(BGBl. I Nr. 75/2001, Art. 3 Z 9)

Schulversuche zur neuen Oberstufe

§ 23b. Auf Schulversuche zur neuen Oberstufe gemäß § 132 des Schulorganisationsgesetzes, § 38 des Land- und forstwirtschaftlichen Bundesschulgesetzes und § 78c des Schulunterrichtsgesetzes finden die Bestimmungen dieses Bundesgesetzes in der Fassung des Bundesgesetzes BGBl. I Nr. 9/2012 Anwendung.

(BGBl. I Nr. 9/2012, Art. 7 Z 8)

Schlußbestimmungen

§ 24. Soweit in diesem Bundesgesetz auf andere Bundesgesetze verwiesen wird, sind diese in der jeweils geltenden Fassung anzuwenden.

(BGBl. Nr. 373/1989, Art. I Z 19)

Umsetzungshinweis

§ 24a. Durch § 1a Z 2 erfolgt die Umsetzung folgender EG-Richtlinien:

1. Richtlinie 2003/109/EG betreffend die Rechtsstellung der langfristig aufenthaltsberechtigten Drittstaatsangehörigen, ABl. Nr. L 16 vom 23.01.2004, S. 44 und
2. Richtlinie 2004/38/EG über das Recht der Unionsbürger und ihrer Familienangehörigen, sich im Hoheitsgebiet der Mitgliedstaaten frei zu bewegen und aufzuhalten, zur Änderung der Verordnung (EWG) Nr. 1612/68 und zur Aufhebung der Richtlinien 64/221/EWG, 68/360/EWG, 72/194/EWG, 73/148/EWG, 75/34/EWG, 75/35/EWG, 90/364/EWG, 90/365/EWG und 93/96/EWG, ABl. Nr. L 158 vom 30.04. 2004, S 77, in der Fassung der Berichtigung ABl. Nr. L 229 vom 29.06. 2004, S. 35.

(BGBl. I Nr. 20/2006, Art. 6 Z 2)

§ 24b. entfallen (BGBl. I Nr. 54/1999, Z 32)

§ 25. Mit der Vollziehung sind betraut:

1. hinsichtlich des § 1 Abs. 2 und des § 21 Abs. 6 erster Satz der Bundesminister oder die Bundesministerin für Verfassung, Reformen, Deregulierung und Justiz,
2. hinsichtlich des § 15 Abs. 7 Z 1, des § 21 Abs. 6 zweiter Satz und des § 22 der Bundesminister oder die Bundesministerin für Finanzen,
3. hinsichtlich der Schulen für medizinische Assistenzberufe der Bundesminister oder die Bundesministerin für Arbeit, Soziales, Gesundheit und Konsumentenschutz,
4. hinsichtlich des § 15 Abs. 7 Z 5 der Bundesminister oder die Bundesministerin für Inneres und
5. im Übrigen der Bundesminister oder die Bundesministerin für Bildung, Wissenschaft und Forschung.

(BGBl. I Nr. 32/2018, Art. 56 Z 8)

§ 26. (1) § 1 Abs. 7, § 3 Abs. 2, § 8 Abs. 2, § 11 Abs. 1, § 12 Abs. 9 und 11, § 13, § 16 Abs. 2, § 18 Abs. 2 sowie § 25 dieses Bundesgesetzes in der Fassung des Bundesgesetzes

BGBl. Nr. 186/1993 treten gleichzeitig mit dem Inkrafttreten des Abkommens über den Europäischen Wirtschaftsraum[9]) in Kraft.[10]) *(BGBl. Nr. 186/1993, Z 13 idF BGBl. Nr. 640/1994, Z 21)*

(2) § 1 Abs. 7, § 3, § 4 Abs. 2, § 5 Z 2, § 6, § 9 Abs. 1, § 10, § 11 Abs. 2, § 12 Abs. 2 bis 6 und 8 bis 10, § 18 Abs. 2 und 3 sowie § 24a dieses Bundesgesetzes in der Fassung des Bundesgesetzes BGBl. Nr. 640/1994 treten mit 1. September 1994 in Kraft. *(BGBl. Nr. 640/1994, Z 21)*

(3) Die Aufhebung des § 7, § 9 Abs. 4, § 11 Abs. 5 und des § 12 Abs. 11 durch das Bundesgesetz BGBl. Nr. 640/1994 erfolgt mit 1. September 1994. *(BGBl. Nr. 640/1994, Z 21)*

(4) § 1 Abs. 1 und 2, § 11a, § 14 Abs. 1 und § 18 Abs. 2 und 3 in der Fassung des Bundesgesetzes BGBl. Nr. 853/1995 treten mit 1. September 1995 in Kraft. *(BGBl. Nr. 853/1995, Abschn. IV Z 5)*

(5) Die nachstehend genannten Bestimmungen dieses Bundesgesetzes in der Fassung des Bundesgesetzes BGBl. I Nr. 34/1997 treten wie folgt in Kraft:

1. § 1 Abs. 2, § 8 Abs. 4, § 9 Abs. 5, § 11 Abs. 1 und 6, § 13, § 15 Abs. 1 und 5 sowie § 25 mit Ablauf des Tages der Kundmachung im Bundesgesetzblatt,[11])
2. § 1 Abs. 2a, § 8 Abs. 2, § 12 Abs. 4, § 16 Abs. 1, § 18 Abs. 1, 2 und 3, § 24b sowie der Entfall des § 8 Abs. 3 mit 1. März 1997 und
3. § 1 Abs. 1 und 4 sowie § 2 Abs. 5 mit 1. September 1997.

(BGBl. I Nr. 34/1997, Z 23)

(6) Die nachstehend genannten Bestimmungen dieses Bundesgesetzes in der Fassung des Bundesgesetzes BGBl. I Nr. 54/1999 treten wie folgt in Kraft bzw. außer Kraft:

1. § 14 Abs. 4 tritt mit Ablauf des Tages der Kundmachung im Bundesgesetzblatt in Kraft,
2. § 1 samt Überschrift, § 1a samt Überschrift, § 1b samt Überschrift, § 2 Abs. 1 und 5, § 3 Abs. 6, § 4 Abs. 1 und 4, § 5 Z 1, § 8 Abs. 1 Z 1 und Abs. 4 Z 2 lit. a, § 9 Abs. 1, 1a und 3, § 10 Abs. 1, 1a, 1b, 4 und 5, § 11 Abs. 1, 2 und 4, § 11a Abs. 1 und 2, die Überschrift des § 12, § 12 Abs. 2, 3, 4, 5, 6, 8, 9 und 10, § 15 Abs. 5, § 18 Abs. 2, § 20a samt Überschrift sowie § 25 Z 1 und 2 treten mit 1. September 1999 in Kraft,
3. § 24a und § 24b treten mit Ablauf des 31. August 1999 außer Kraft.

(BGBl. I Nr. 54/1999, Z 34)

(7) Die nachstehend genannten Bestimmungen dieses Bundesgesetzes in der Fassung des Bundesgesetzes BGBl. I Nr. 75/2001 treten wie folgt in Kraft bzw. außer Kraft:

1. § 13 Z 1, 2, 3 und 4 sowie § 25 Z 3 und 4 treten mit Ablauf des Tages der Kundmachung im Bundesgesetzblatt in Kraft,
2. § 3 Abs. 6, § 4 Abs. 4, § 9 Abs. 1a und 3, § 10 Abs. 1a, § 11 Abs. 2 und 4, § 11a Abs. 1, § 12 Abs. 2, 3, 4, 5 Z 2 sowie Abs. 6, 8, 9 und 10, § 20a, § 23 sowie § 23a treten mit 1. September 2001 in Kraft,
3. § 16 Abs. 3 tritt mit Ablauf des Tages der Kundmachung im Bundesgesetzblatt außer Kraft.

(BGBl. I Nr. 75/2001, Art. 3 Z 10)

(8) § 15 Abs. 1 dieses Bundesgesetzes in der Fassung des Bundesgesetzes BGBl. I Nr. 71/2003 tritt mit Ablauf des Tages der Kundmachung im Bundesgesetzblatt in Kraft. *(BGBl. I Nr. 71/2003, 2. Teil Art. 22 Z 2)*

(9) § 1a Z 2 dieses Bundesgesetzes in der Fassung des Bundesgesetzes BGBl. I Nr. 20/2006 tritt mit 1. Jänner 2006 in Kraft. *(BGBl. I Nr. 20/2006, Art. 6 Z 3)*

(10) Die nachstehend genannten Bestimmungen dieses Bundesgesetzes in der Fassung des Budgetbegleitgesetzes 2007, BGBl. I Nr. 24, treten wie folgt in Kraft bzw. außer Kraft:

1. § 2 Abs. 5, § 13, § 18 Abs. 4 sowie § 25 treten mit Ablauf des Tages der Kundmachung im Bundesgesetzblatt in Kraft,[12])
2. § 4 Abs. 4, § 9 Abs. 1a, § 10 Abs. 1a, § 11 Abs. 2, § 11a Abs. 1, § 12 Abs. 2 bis 10 sowie § 20a treten mit 1. September 2007 in Kraft,
3. § 11 Abs. 1 Z 2 tritt mit Ablauf des Tages der Kundmachung im Bundesgesetzblatt außer Kraft.

(BGBl. I Nr. 24/2007, Art. 19 Z 27)

(11) § 3 Abs. 1a und 6, § 12 Abs. 5, 8 und 9, § 10 Abs. 1a, § 12 Abs. 2, 9 und 10 sowie § 17 Abs. 1 dieses Bundesgesetzes in der Fas-

[9]) Die Kundmachung des Abkommens und seines Inkrafttretens wird zu einem späteren Zeitpunkt erfolgen.

[10]) Das EWR-Abkommen wurde am 29. Dezember 1993 im Bundesgesetzblatt unter der Nr. 909/1993 kundgemacht.

[11]) Aus einem redaktionellen Versehen heraus ist der Entfall des letzten Satzes des § 14 Abs. 5 durch Bundesgesetz BGBl. I Nr. 34/1997, Z 15, in den Inkrafttretensbestimmungen nicht genannt, sodass dieser ebenfalls mit Ablauf des Tages der Kundmachung im Bundesgesetzblatt (28. März 1997) wirksam wird.

[12]) Die Kundmachung im Bundesgesetzblatt erfolgte am 23. Mai 2007.

sung des Bundesgesetzes BGBl. I Nr. 135/2009 treten mit 1. Jänner 2010 in Kraft. *(BGBl. I Nr. 135/2009, Art. 72 Z 11 idF BGBl. I Nr. 46/2010, Z 6)*

(12) Die nachstehend genannten Bestimmungen dieses Bundesgesetzes in der Fassung des Bundesgesetzes BGBl. I Nr. 46/2010 treten wie folgt in Kraft:

1. § 10 Abs. 1a, § 12 Abs. 2 Z 4, § 13 Z 3, § 25 Z 3 und § 26 Abs. 11 treten mit Ablauf des Tages der Kundmachung im Bundesgesetzblatt in Kraft,
2. § 1b Abs. 3, 3a und 3b sowie § 8 Abs. 3 treten mit 1. September 2010 in Kraft.

(BGBl. I Nr. 46/2010, Z 7)

(13) Die nachstehend genannten Bestimmungen dieses Bundesgesetzes in der Fassung des Bundesgesetzes BGBl. I Nr. 9/2012 treten wie folgt in Kraft:

1. § 1b Abs. 3, 3a und 3b, § 8 Abs. 2 und 3, § 10 Abs. 1, § 12 Abs. 2 Z 3, § 16 Abs. 1, § 18 Abs. 1 bis 3 sowie § 23b samt Überschrift treten mit 1. September 2012 in Kraft,
2. § 8 Abs. 1 tritt hinsichtlich der 11. Schulstufen von zumindest dreijährigen mittleren und höheren Schulen mit 1. September 2018 und hinsichtlich der weiteren Schulstufen dieser Schularten jeweils mit 1. September der Folgejahre schulstufenweise aufsteigend in Kraft.

(BGBl. I Nr. 9/2012, Art. 7 Z 9)

(14) § 9 Abs. 1, § 13 Z 3 und § 25 Z 3 in der Fassung des Bundesgesetzes BGBl. I Nr. 89/2012 treten mit 1. Jänner 2013 in Kraft. *(BGBl. I Nr. 89/2012, Art. 10 Z 3)*

(15) Bis 31. Dezember 2016 sind § 9 Abs. 1, § 13 Z 3 und § 25 Z 3 auch auf Schulen für den medizinisch-technischen Fachdienst anzuwenden. *(BGBl. I Nr. 89/2012, Art. 10 Z 3)*

(16) Der Einleitungssatz zu § 13 sowie § 13 Z 2, 3 und 4, § 14 Abs. 3 sowie § 16 Abs. 2 und 7 in der Fassung des Bundesgesetzes BGBl. I Nr. 75/2013 treten mit 1. Jänner 2014 in Kraft. Gleichzeitig tritt § 16 Abs. 4 außer Kraft. *(BGBl. I Nr. 75/2013, Art. 8 Z 9)*

(17) § 1b Abs. 1, § 2 samt Überschrift, § 3 Abs. 6, § 10 Abs. 6, § 11 Abs. 1, § 12 Abs. 5 Z 1, § 12 Abs. 9, § 14 Abs. 3 und 6, § 15 Abs. 5 bis 10, § 16 Abs. 3 und 8 sowie § 17 Abs. 1 in der Fassung des Bundesgesetzes BGBl. I Nr. 154/2013 treten mit 1. September 2013 in Kraft. Gleichzeitig treten § 1b Abs. 4 letzter Satz, § 8 und § 12 Abs. 4 außer Kraft. *(BGBl. I Nr. 154/2013, Z 18)*

(18) § 3 Abs. 1 in der Fassung des Bundesgesetzes BGBl. I Nr. 104/2015 tritt mit 1. September 2015 in Kraft. Gleichzeitig tritt § 3 Abs. 1a außer Kraft. *(BGBl. I Nr. 104/2015, Art. 5 Z 3)*

(19) Für das Inkrafttreten der durch das Bildungsreformgesetz 2017, BGBl. I Nr. 138/2017, geänderten oder eingefügten Bestimmungen gilt Folgendes:

1. § 1b Abs. 1 Z 4 sowie § 25 Z 3 und 4 treten mit Ablauf des Tages der Kundmachung im Bundesgesetzblatt in Kraft;[13])
2. § 13 Z 1 und 4 tritt mit 1. Jänner 2019 in Kraft.

(BGBl. I Nr. 138/2017, Art. 22 Z 5)

(20) Die nachstehend genannten Bestimmungen in der Fassung des Materien-Datenschutz-Anpassungsgesetzes 2018, BGBl. I Nr. 32/2018, treten wie folgt in Kraft:

1. § 1a Z 4 und § 13 Z 1 in der Fassung des Art. 56 Z 2 des genannten Bundesgesetzes treten mit Ablauf des Tages der Kundmachung im Bundesgesetzblatt in Kraft;[14])
2. § 13 letzter Satz, § 15 Abs. 6, 7 und 8, § 25 sowie die Anlage treten mit 25. Mai 2018 in Kraft;
3. § 13 Z 1 in der Fassung des Art. 56 Z 3 des genannten Bundesgesetzes tritt mit 1. Jänner 2019 in Kraft.

§ 15 Abs. 5, 9 und 10 tritt mit Ablauf des 24. Mai 2018 außer Kraft. *(BGBl. I Nr. 32/2018, Art. 56 Z 9)*

(21) § 4 Abs. 4, § 9 Abs. 1a, § 10 Abs. 1a, § 11 Abs. 2, § 11a Abs. 1, § 12 Abs. 2, 3, 5, 6, 8, 9 und 10 sowie § 20a in der Fassung des Bundesgesetzes BGBl. I Nr. 202/2021 treten rückwirkend mit 1. September 2021 in Kraft. *(BGBl. I Nr. 202/2021, Art. 8 Z 21)*

(22) Die nachstehend genannten Bestimmungen dieses Bundesgesetzes in der Fassung des Bundesgesetzes BGBl. I Nr. 161/2022 treten wie folgt in Kraft:

1. § 4 Abs. 4, § 9 Abs. 1a, § 10 Abs. 1a, § 11 Abs. 2, § 11a Abs. 1, § 12 Abs. 2, 3, 5, 6, 8, 9 und 10 sowie § 20a rückwirkend mit 1. September 2022,
2. § 12 Abs. 4 mit Ablauf des Tages der Kundmachung im Bundesgesetzblatt.[15])

(BGBl. I Nr. 161/2022, Z 22)

ARTIKEL III

Mit der Vollziehung des Art. I ist die Bundesregierung betraut.

---

[13]) Die Kundmachung im Bundesgesetzblatt erfolgte am 15. September 2017.

[14]) Die Kundmachung im Bundesgesetzblatt erfolgte am 17. Mai 2018.

[15]) Die Kundmachung im Bundesgesetzblatt erfolgte am 27. Oktober 2022.

Anlage
zu § 15 Abs. 6
(BGBl. I Nr. 32/2018, Art. 56 Z 10)

1. Folgende personenbezogene Daten der Personen, deren Einkommen zur Ermittlung der sozialen Bedürftigkeit nachzuweisen ist, werden im Verfahren zur Gewährung von Beihilfen nach diesem Bundesgesetz durch die Beihilfenbehörden (§13) verarbeitet:
   1.1. Name, Titel, Anschrift und Telefonnummer, Angaben zur elektronischen Erreichbarkeit,
   1.2. Geburtsdatum und Versicherungsnummer gemäß § 31 des Allgemeinen Sozialversicherungsgesetzes, BGBl. Nr. 189/1955 i.d.g.F.,
   1.3. Staatsbürgerschaft,
   1.4. Familienstand und Geschlecht,
   1.5. Beruf bzw. Tätigkeit,
   1.6. Dauer der Versicherungsverhältnisse,
   1.7. Name und Anschrift des Dienstgebers,
   1.8. die für die Ermittlung der Schülerbeihilfe erforderlichen Daten des Einkommens im Sinne des § 4 Abs. 1,
   1.9. Schulbesuchsnachweise des Beihilfenwerbers,
   1.10. Bankdaten des Beihilfenwerbers bzw. seines Vertreters,
   1.11. Gewährung von Familienbeihilfe,
   1.12. Höhe und Bezugsdauer der Studienbeihilfe,
   1.13. Höhe und Bezugsdauer von Krankengeld,
   1.14. Höhe und Bezugsdauer von Wochengeld.
2. Folgende Daten der Schülerin oder des Schülers, ihrer oder seiner Eltern und Geschwister sowie ihres Ehegatten oder seiner Ehegattin oder eingetragenen Partnerin oder Partners sind im Rahmen von Verfahren nach dem Schülerbeihilfengesetz von den Schülerbeihilfenbehörden durch Anfrage mittels Datenträger (Datenleitung) unter Angabe der jeweiligen Sozialversicherungsnummer bei der BRZ als Auftragsverarbeiterin der Abgabenbehörden des Bundes zu ermitteln:
   2.1. Die in dem für das zum Antragszeitpunkt zuletzt veranlagte Kalenderjahr ergangenen Einkommensteuerbescheid enthaltenen Daten mit Ausnahme der zu entrichtenden Einkommensteuer,
   2.2. die in den Lohnzetteln enthaltenen Daten aus jenem Kalenderjahr, das dem Jahr der Antragstellung vorangegangen ist,
   2.3. steuerfreie Einkünfte gemäß § 10, § 12, § 18 Abs. 1 Z 4, Abs. 6 und 7, § 24 Abs. 4, § 27 Abs. 3, § 41 Abs. 3 und § 112 Z 5, 7 und 8 EStG 1988, BGBl. Nr. 400/1988, aus dem zuletzt veranlagten Kalenderjahr,
   2.4. Leistungen nach dem Kinderbetreuungsgeldgesetz, BGBl. I Nr. 103/2001, aus jenem Kalenderjahr, das dem Jahr der Antragstellung vorangegangen ist,
   2.5. anstelle einer Leistung nach dem Arbeitslosenversicherungsgesetz 1977, BGBl. Nr. 609/1977, gewährte Krankengelder aus jenem Kalenderjahr, das dem Jahr der Antragstellung vorangegangen ist,
   2.6. Karenzgeld nach dem Karenzgeldgesetz, BGBl. I Nr. 47/1997, aus jenem Kalenderjahr, das dem Jahr der Antragstellung vorangegangen ist,
   2.7. steuerfreie Einkünfte gemäß § 3 Abs. 1 Z 4 lit. a, c und e, Z 8, Z 10 sowie Z 11 EStG 1988 aus jenem Kalenderjahr, das dem Jahr der Antragstellung vorangegangen ist,
   2.8. hinsichtlich der Schülerin oder des Schülers oder ihrer oder seiner Geschwister die Tatsache des Bezuges erhöhter Familienbeihilfe nach dem Familienlastenausgleichsgesetz 1967.
3. Folgende Daten der Schülerin oder des Schülers, ihrer oder seiner Eltern und Geschwister sowie ihres Ehegatten oder seiner Ehegattin oder eingetragenen Partnerin oder Partners sind im Rahmen von Verfahren nach dem Schülerbeihilfengesetz von den Schülerbeihilfenbehörden durch Anfrage mittels Datenleitung (Datenträger) direkt bei den Trägern der

Sozialversicherung (deren Hauptverband)[16]) unter Angabe der jeweiligen Sozialversicherungsnummer zu ermitteln:

3.1. Steuerfreie Einkünfte gemäß § 3 Abs. 1 Z 4 lit. a, c und e sowie Z 5 EStG 1988 aus jenem Kalenderjahr, das dem Jahr der Antragstellung vorangegangen ist,

3.2. anstelle einer Leistung nach dem Arbeitslosenversicherungsgesetz 1977 gewährte Krankengelder aus jenem Kalenderjahr, das dem Jahr der Antragstellung vorangegangen ist,

3.3. die Beitragsgrundlage des zum Stichtag bewirtschafteten land- und forstwirtschaftlichen Eigengrundes, die Beitragsgrundlage des zum Stichtag bewirtschafteten land- und forstwirtschaftlichen Pachtgrundes, Einkünfte gemäß § 23 Abs. 4 des Bauern-Sozialversicherungsgesetzes (BSVG), BGBl. Nr. 559/1978, im Betrieb und land- und forstwirtschaftliche Nebeneinkünfte gemäß § 23 Abs. 4b BSVG,

3.4. Leistungen nach dem Kinderbetreuungsgeldgesetz aus jenem Kalenderjahr, das dem Jahr der Antragstellung vorangegangen ist,

3.5. Leistungen nach dem Karenzgeldgesetz aus jenem Kalenderjahr, das dem Jahr der Antragstellung vorangegangen ist,

3.6. die gewährten Leistungen nach dem Sonderunterstützungsgesetz, BGBl. Nr. 642/1973, aus jenem Kalenderjahr, das dem Jahr der Antragstellung vorangegangen ist.

4. Daten der Schülerin oder des Schülers, ihrer oder seiner Eltern und ihres Ehegatten oder seiner Ehegattin oder eingetragenen Partnerin oder Partners über die nach § 3 Abs. 1 Z 5 EStG 1988 gewährten Leistungen gemäß dem Arbeitslosenversicherungsgesetz 1977, dem Arbeitsmarktförderungsgesetz, BGBl. Nr. 31/1969, dem Arbeitsmarktservicegesetz, BGBl. Nr. 313/1994, und dem Überbrückungshilfegesetz, BGBl. Nr. 174/1963, aus jenem Kalenderjahr, das dem Jahr der Antragstellung vorangegangen ist, sind im Rahmen von Verfahren nach dem Schülerbeihilfengesetz von den Schülerbeihilfenbehörden durch Anfrage mittels Datenleitung (Datenträger) unter Angabe der jeweiligen Sozialversicherungsnummer direkt beim Arbeitsmarktservice zu ermitteln.

4.1. Eine Datenübermittlung hinsichtlich der Beihilfen nach dem Arbeitsmarktförderungsgesetz und dem Arbeitsmarktservicegesetz findet nur insoweit statt, als diese Beihilfengewährung auch automationsunterstützt durchgeführt wird. Die vom Arbeitsmarktservice zu ermittelnden Daten können auch über die BRZ als Auftragsverarbeiterin des Arbeitsmarktservices zur Verfügung gestellt werden.

---

[16]) § 720 ASVG idF BGBl. I Nr. 100/2018 (Art. 1) lautet:

„Ersetzung von Begriffen

§ 720. Werden in anderen Bundesgesetzen die in der linken Spalte genannten Begriffe verwendet, so treten mit 1. Jänner 2020 an deren Stelle – in der grammatikalisch richtigen Form – die in der rechten Spalte genannten Begriffe. Dies gilt nicht für die Verwendung dieser Begriffe in Schluss- und Übergangsbestimmungen sowie in In-Kraft-Tretens- und Außer-Kraft-Tretens-Bestimmungen.

Hauptverband der österreichischen Sozialversicherungsträger	Dachverband der Sozialversicherungsträger
Wiener Gebietskrankenkasse	Österreichische Gesundheitskasse
Niederösterreichische Gebietskrankenkasse	Österreichische Gesundheitskasse
Burgenländische Gebietskrankenkasse	Österreichische Gesundheitskasse
Oberösterreichische Gebietskrankenkasse	Österreichische Gesundheitskasse
Steiermärkische Gebietskrankenkasse	Österreichische Gesundheitskasse
Kärntner Gebietskrankenkasse	Österreichische Gesundheitskasse
Salzburger Gebietskrankenkasse	Österreichische Gesundheitskasse
Tiroler Gebietskrankenkasse	Österreichische Gesundheitskasse
Vorarlberger Gebietskrankenkasse	Österreichische Gesundheitskasse
(örtlich zuständige) Gebietskrankenkasse(n)	Österreichische Gesundheitskasse
Sozialversicherungsanstalt der gewerblichen Wirtschaft	Sozialversicherungsanstalt der Selbständigen
Sozialversicherungsanstalt der Bauern	Sozialversicherungsanstalt der Selbständigen
Versicherungsanstalt öffentlich Bediensteter	Versicherungsanstalt öffentlich Bediensteter, Eisenbahnen und Bergbau
Versicherungsanstalt für Eisenbahnen und Bergbau	Versicherungsanstalt öffentlich Bediensteter, Eisenbahnen und Bergbau“

5. Soweit es sich bei den übermittelten Daten nicht um Steuerbescheide oder Lohnzettel handelt, umfassen sie Art und Höhe der Einkünfte sowie den Zeitraum des Bezuges.
6. Folgende Daten der Schülerin oder des Schülers sind im Rahmen von Verfahren nach dem Schülerbeihilfengesetz von den Schülerbeihilfenbehörden nach Maßgabe der technischen Möglichkeiten durch Anfrage mittels Datenleitung (Datenträger) direkt bei der Studienbeihilfenbehörde zu ermitteln:
   6.1. Hinsichtlich der für die Einkommensermittlung heranzuziehenden Personen die Tatsache der Inskription bzw. Meldung zur Fortsetzung des Studiums, soweit dies für die Entscheidung im Schülerbeihilfenverfahren erforderlich ist,
   6.2. hinsichtlich der für die Einkommensermittlung heranzuziehenden Personen die Dauer und Höhe zuerkannter Studienbeihilfen.
7. Folgende Daten der Schülerin oder des Schülers, ihrer oder seiner Eltern und Geschwister sowie ihres Ehegatten oder seiner Ehegattin oder eingetragenen Partnerin oder Partners sind im Rahmen von Verfahren nach dem Schülerbeihilfengesetz von den Schülerbeihilfenbehörden durch Anfrage mittels Datenträger (Datenleitung) unter Angabe der jeweiligen Sozialversicherungsnummer beim Bundesministerium für Inneres aus dem Zentralen Melderegister zu ermitteln:
   7.1. Adresse der Schülerin oder des Schülers (Hauptwohnsitz),
   7.2. Adresse der Erziehungsberechtigten (Hauptwohnsitz),
   7.3. Staatsangehörigkeit der Schülerin oder des Schülers,
   7.4. Meldezeit der Schülerin oder des Schülers und der Erziehungsberechtigten in Österreich.
8. Folgende Daten der Schülerin oder des Schülers sind im Rahmen von Verfahren nach dem Schülerbeihilfengesetz von den Schülerbeihilfenbehörden nach Maßgabe der technischen Möglichkeiten durch Anfrage mittels Datenleitung (Datenträger) direkt bei den Schulen zu ermitteln:
   8.1. Österreichische Staatsbürgerschaft oder gleichgestellt,
   8.2. Schulname, Schuladresse und Schulkennzahl,
   8.3. Klasse/Jahrgang und Fachrichtung der Schülerin oder des Schülers,
   8.4. Dauer des Unterrichtsjahres,
   8.5. die ordentliche oder außerordentliche Schülerschaft,
   8.6. ob sich die Schülerin oder der Schüler in der 9. Schulstufe, 10. Schulstufe oder einer höheren Schulstufe befindet,
   8.7. der Besuch einer modularen Unterrichtsform (ja/nein),
   8.8. Gesamtsemesterzahl der Ausbildung,
   8.9. Wochenstundenzahl der gesamten Ausbildung,
   8.10. von der Schülerin oder dem Schüler bekanntgegebene Wochenstundenzahl im laufenden Semester/Halbjahr,
   8.11. ob die Schülerin oder der Schüler Internatsschülerin oder Internatsschüler in einer land- und forstwirtschaftlichen Fachschule mit Internatspflicht oder einer Forstfachschule mit angeschlossenem Schüler/innenheim ist,
   8.12. die Zumutbarkeit des täglichen Hin- und Rückwegs zwischen Wohnort der Eltern und Schulort (Zweistundengrenze).

6.1. Schulunterrichts-Digitalisierungs-Gesetz (SchulDigiG)

BGBl. I Nr. 9/2021

idF der Bundesgesetze

BGBl. I Nr. 52/2022 BGBl. I Nr. 185/2022
BGBl. I Nr. 152/2023

Bundesgesetz zur Finanzierung der Digitalisierung des Schulunterrichts (Schulunterrichts-Digitalisierungs-Gesetz – SchulDigiG)
(BGBl. I Nr. 185/2022, Art. 15 Z 1)

Der Nationalrat hat beschlossen:

Zweck

§ 1. Zweck dieses Bundesgesetzes ist es, den Unterricht aller Schülerinnen und Schüler ab der 5. Schulstufe in allen Schularten (Schulformen und Fachrichtungen) mit gesetzlich geregelter Schulartbezeichnung Informations- und Kommunikationstechnologie-gestützt durchführen zu können (IKT-gestützter Unterricht). Ziel ist die Schaffung der pädagogischen didaktischen und technischen Voraussetzungen.

Maßnahmen

§ 2. (1) Maßnahmen zur Erreichung des Zwecks sind die Unterstützung des Einsatzes digitaler Endgeräte in IKT-gestütztem Unterricht und IKT-gestützter Lehr- und Lernprozesse an Schulen mit gesetzlich geregelter Schulartbezeichnung, die über ein standortspezifisches Digitalisierungskonzept verfügen, und zwar durch

1. den Erwerb von digitalen Endgeräten einschließlich der für deren Betrieb und schulische Nutzung erforderlichen Lizenzen und Ausstattung von Begünstigten gemäß § 4 mit digitalen Endgeräten als Lern- und Arbeitsmittel,
2. die Zurverfügungstellung digitaler Endgeräte einschließlich der für deren Betrieb und schulische Nutzung erforderlichen Lizenzen für Bundeslehrpersonen, die die Begünstigten unterrichten,
3. den Erwerb und die Zurverfügungstellung digitaler Endgeräte einschließlich der für deren Betrieb erforderlichen Lizenzen für Landeslehrpersonen, die die Begünstigten unterrichten, und
4. die Übernahme
   a) organisatorischer Aufgaben im Zusammenhang mit der Ausstattung von Begünstigten und Lehrpersonen mit digitalen Endgeräten und
   b) der Betreuung und Wartung der digitalen Endgeräte gemäß Z 1.

(2) Ein Digitalisierungskonzept ist ein Entwicklungs- und Umsetzungsplan zur Nutzung digitaler Technologien und Medien im Rahmen des IKT-gestützten Unterrichts sowie der Schul-, Personal- und Unterrichtsentwicklung. Er umfasst kurz-, mittel- und langfristige Entwicklungsziele und Maßnahmen.

(3) Den Ländern als Dienstgeber der Landeslehrpersonen werden in den Schuljahren 2021/22 und 2022/23 drei Endgeräte je erstmals teilnehmender Klasse an Schulen gemäß Abs. 1 für Landeslehrpersonen zur Verfügung gestellt. Die zur Verfügung gestellten Endgeräte gehen in das Eigentum des Landes über. Die Anzahl der Schulen, die über ein Digitalisierungskonzept verfügen, der Schülerinnen und Schüler sowie der Lehrpersonen je Schule ist durch die Schulbehörde bis zum 15. April eines Jahres für das nächstfolgende Schuljahr bekannt zu geben. Die Aufgaben der Schulerhalter bleiben davon unberührt. *(BGBl. I Nr. 9/2021 idF BGBl. I Nr. 52/2022, Z 1)*

Verfügungsermächtigung

§ 3. Der Bundesminister für Bildung, Wissenschaft und Forschung wird ermächtigt, über gemäß § 2 Abs. 1 Z 1 und 3 erworbenes bewegliches Bundesvermögen

1. durch Übertragung des Eigentums an digitalen Endgeräten und
2. durch Einräumung der Nutzungsrechte der vorinstallierten Betriebssysteme und Anwendungen

an Begünstigte gemäß § 4 oder Länder zu verfügen. Die Verfügung hat gegenüber den Begünstigten gemäß § 4 nach den Bestimmungen des § 5 und § 6 sowie gegenüber einem Land unentgeltlich zu erfolgen und kann von Bedingungen und Zusagen abhängig gemacht werden.

Begünstigte

§ 4. (1) Begünstigte im Sinne dieses Bundesgesetzes sind ordentliche Schülerinnen und Schüler von Schulen gemäß § 2 Abs. 1, die

1. eine Klasse der 5. Schulstufe, in welcher das jeweilige Digitalisierungskonzept angewendet wird, besuchen oder
2. in eine Klasse der 6. bis 8. Schulstufe, in welcher das jeweilige Digitalisierungskonzept angewendet wird, neu eingeteilt werden.

Im Schuljahr 2021/22 können auch Schülerinnen und Schüler der 6. Schulstufe von Schulen gemäß § 2 Abs. 1 Begünstigte sein. *(BGBl. I Nr. 185/2022, Art. 15 Z 2)*

(2) Als „ordentliche Schüler" gelten auch Schülerinnen und Schüler, die

1. wegen mangelnder Kenntnis der Unterrichtssprache oder
2. wegen der Zulassung zur Ablegung einer Einstufungsprüfung (gemäß § 3 Abs. 6 des Schulunterrichtsgesetzes – SchUG, BGBl. Nr. 472/1986) oder
3. wegen der Zulassung zur Ablegung einer Aufnahmsprüfung (gemäß § 29 Abs. 5 SchUG)

als außerordentliche Schüler geführt werden.

(3) Begünstigte können im Schuljahr 2022/23 auch Schülerinnen und Schüler der 6. bis 8. Schulstufe sein, die eine schulstufenübergreifende Klasse besuchen, für welche ein digitales Endgerät für die Teilnahme am Unterricht dieser Klasse notwendig ist, wenn bisher kein Eigentumsübergang gemäß § 5 erfolgt ist. *(BGBl. I Nr. 52/2022, Z 2)*

Eigentumsübergang und Eigenanteil

§ 5. (1) Der Übergang des Eigentums von der Republik Österreich an die Begünstigten erfolgt mit einer nachweislichen Übergabe des digitalen Endgerätes an die Schülerin oder den Schüler durch die Schulleitung oder eine von dieser beauftragte Person. Eine Übertragung des Eigentums an einem digitalen Endgerät gemäß § 3 darf je Begünstigtem nur einmal erfolgen. *(BGBl. I Nr. 9/2021 idF BGBl. I Nr. 185/2022, Art. 15 Z 3)*

(2) Die Erziehungsberechtigten haben einen Eigenanteil in Höhe von 25 vH des vom Bund zu bezahlenden Preises des digitalen Endgerätes zu leisten.

(3) Erziehungsberechtigte von Schülerinnen und Schülern sind auf Antrag von der Zahlung gemäß Abs. 2 zu befreien,

1. wenn ein Geschwisterkind, mit welchem die Schülerin oder der Schüler im gleichen Haushalt lebt, im vorangegangenen Schuljahr eine Beihilfe gemäß der §§ 9, 11 oder 20a des Schülerbeihilfengesetzes 1983, BGBl. Nr. 455/1983 oder § 1 des Studienförderungsgesetzes 1992, BGBl. Nr. 305/1992, bezogen hat, oder
2. wenn die Schülerin oder der Schüler in einem Haushalt mit einem Bezug
   a) von Mindestsicherung, Sozialhilfe oder einer Ausgleichszulage gemäß § 292 des Allgemeinen Sozialversicherungsgesetzes (ASVG), BGBl. Nr. 18/1956, § 149 des Gewerblichen Sozialversicherungsgesetzes (GSVG), BGBl. Nr. 560/1978, oder § 140 des Bauern-Sozialversicherungsgesetzes (BSVG), BGBl. Nr. 559/1978, oder
   b) von Notstandshilfe gemäß § 33 des Arbeitslosenversicherungsgesetzes 1977, BGBl. Nr. 609/1977,

   lebt oder
3. im Fall
   a) der Befreiung von der Beitragspflicht gemäß § 5[1]) *§ 4a* des ORF-Beitrags-Gesetzes 2024, BGBl. I Nr. 112/2023,
   b) der Anwendung des § 72a des Erneuerbaren-Ausbau-Gesetzes, BGBl. I Nr. 150/2021, oder
   c) der Zuerkennung eines Zuschusses zu Fernsprechentgelten des Fernsprechentgeltzuschussgesetzes, BGBl. I Nr. 142/2000,

   vorliegt oder
4. wenn eine volle Erziehung im Sinne der Kinder- und Jugendhilfegesetze der Bundesländer gewährt worden ist.

(BGBl. I Nr. 152/2023, Art. 1 Z 1 und 2)

Die Erziehungsberechtigten haben ab dem Schuljahr 2022/23 den Antrag auf Befreiung vom Eigenanteil bis zum Ende des jeweiligen Unterrichtsjahres zu stellen und das Vorliegen von Tatsachen gemäß Z 1 bis Z 4 durch Vorlage eines amtlichen, insbesondere auf elektronischem Wege einzubringenden, Dokumentes, insbesondere eines Bescheides, den Bezug der Beihilfe, Mindestsicherung oder Sozialhilfe, Ausgleichszulage oder Notstandshilfe der mit der Abwicklung betrauten Stelle nachzuweisen. *(BGBl. I Nr. 52/2022, Z 3 idF BGBl. I Nr. 185/2022, Art. 15 Z 4)*

Fernverwaltung

§ 6. Zur sicheren Integration der mobilen Endgeräte in die IKT-Infrastruktur der Schule, und damit zur Gewährleistung der Sicherheit der Verarbeitung gemäß Art. 32 DSGVO, sowie zur Unterstützung des Digitalisierungskonzeptes sind folgende technisch-organisatorische Maßnahmen beim Einsatz der Geräte, im Rahmen der schulischen Verwendung zu ergreifen:

---

[1]) Der grau unterlegte Text tritt gemäß § 10 Abs. 4 Z 2 mit 1. Jänner 2026 an die Stelle des nachstehenden *kursiv gedruckten Textes.*

1. Funktionalität und Sicherheit aller Geräte mittels geeigneter technischer Maßnahmen, insbesondere durch ein Mobile Device Management, sicherzustellen. Der Bundesminister für Bildung, Wissenschaft und Forschung kann dazu Anwendungen, insbesondere von Ländern oder Schulerhaltern, für geeignet erklären oder einen IKT-Dienstleister beauftragen.
2. Zur Gewährleistung der Unterrichtsziele können Lehrpersonen während des IKT-gestützten Unterrichts mittels Fernverwaltung auf die Geräte der jeweiligen Schülerinnen und Schüler zugreifen. Diese Fernverwaltung ist so auszugestalten, dass sie nicht unbemerkt durch die Schülerin oder den Schüler stattfinden kann.
3. Bei Maßnahmen gemäß Z 1 und 2 sind die die Bestimmungen der §§ 79e bis 79h BDG sinngemäß auch für Schülerinnen und Schüler anzuwenden.

Die Festlegung der Erfordernisse für die technisch organisatorischen Maßnahmen gemäß Z 1 bis Z 3 kann durch eine Verordnung des Bundesministers für Bildung, Wissenschaft und Forschung, insbesondere von Maßnahmen zur sicheren Authentifizierung und sicheren Datenübertragung auf Endgeräten, Mindestanforderungen an die eingesetzte Hostingumgebung sowie Leitlinien für von den Bildungseinrichtungen festzulegenden IKT-Nutzungsbedingungen erfolgen.

Beauftragung

§ 7. Der Bundesminister für Bildung, Wissenschaft und Forschung kann die „OeAD (Österreichischer Austauschdienst-Gesellschaft mit beschränkter Haftung – Austrian Agency for International Cooperation in Education and Research (OeAD-GmbH))“ insbesondere für Koordinierungs-, Monitoring- und Informationsaufgaben beauftragen. Die OeAD-GmbH ist diesbezüglich Auftragsverarbeiterin gemäß Art. 4 Z 8 DSGVO für den Bundesminister.

Evaluierung

§ 8. Der Bundesminister für Bildung, Wissenschaft und Forschung hat gemeinsam mit dem Bundesminister für Finanzen den Einsatz digitaler Endgeräte und des IT-gestützten Unterrichts aufgrund dieses Bundesgesetzes bis spätestens Ende 2024 zu evaluieren.

Verweis auf andere Bundesgesetze

§ 9. Soweit in diesem Bundesgesetz auf Bestimmungen anderer Bundesgesetze verwiesen wird, sind diese in ihrer jeweils geltenden Fassung anzuwenden.

Inkrafttreten und Außerkrafttreten

§ 10. (1) Dieses Bundesgesetz tritt mit dem der Kundmachung folgenden Tag in Kraft.[2]) *(BGBl. I Nr. 9/2021 idF BGBl. I Nr. 52/2022, Z 4)*

(2) Die nachstehenden Bestimmungen dieses Bundesgesetzes in der Fassung BGBl. I Nr. 52/2022 treten wie folgt in Kraft:

1. § 2 Abs. 3 sowie § 5 Abs. 3 Z 1 bis Z 4 treten rückwirkend mit 1. September 2021 in Kraft,
2. § 4 Abs. 3 und § 5 Abs. 3 letzter Satz treten mit 1. September 2022 in Kraft.

(BGBl. I Nr. 52/2022, Z 4)

(3) Der Titel, § 4 Abs. 1 sowie § 5 Abs. 1 und 3 in der Fassung des Budgetbegleitgesetzes 2023, BGBl. I Nr. 185/2022, treten rückwirkend mit 1. September 2022 in Kraft. *(BGBl. I Nr. 185/2022, Art. 15 Z 5)*

(4) In der Fassung des Budgetbegleitgesetzes 2024, BGBl. I Nr. 152/2023, treten in Kraft:

1. § 5 Abs. 3 Z 3 und 4 in der Fassung des Art. 1 Z 1 des genannten Bundesgesetzes mit 1. Jänner 2024;
2. § 5 Abs. 3 Z 3 lit. a in der Fassung des Art. 1 Z 2 des genannten Bundesgesetzes mit 1. Jänner 2026.

(BGBl. I Nr. 152/2023, Art. 1 Z 3)

Vollziehung

§ 11. Mit der Vollziehung wird der Bundesminister für Bildung, Wissenschaft und Forschung, hinsichtlich § 8 im Einvernehmen mit dem Bundesminister für Finanzen, betraut.

---

[2]) Die Kundmachung im Bundesgesetzblatt erfolgte am 7. Jänner 2021.

6.2. IKT-Schulverordnung

BGBl. II Nr. 382/2021

Verordnung des Bundesministers für Bildung, Wissenschaft und Forschung über IKT-gestützten Unterricht und Datensicherheitsmaßnahmen im Schulwesen (IKT-Schulverordnung)

Auf Grund

1. des § 4 Abs. 3 Z 1 des Bildungsdokumentationsgesetzes 2020 – BilDokG 2020, BGBl. I Nr. 20/2021,
2. des § 14a Abs. 3 und § 70a des Schulunterrichtsgesetzes – SchUG, BGBl. Nr. 472/1986, zuletzt geändert durch das Bundesgesetz BGBl. I Nr. 170/2021, sowie
3. des § 6 des Bundesgesetzes zur Finanzierung der Digitalisierung des Schulunterrichts – SchDigiG, BGBl. I Nr. 9/2021,

wird verordnet:

Inhaltsverzeichnis

1. Abschnitt
Allgemeine Bestimmungen

Geltungsbereich

§ 1. Diese Verordnung gilt für Bildungseinrichtungen gemäß

1. § 2 Z 1 lit. a, c und e des Bildungsdokumentationsgesetzes 2020 – BilDokG 2020, BGBl. I Nr. 20/2021, mit der Maßgabe, dass
   a) hinsichtlich der Privatschulen ohne gesetzlich geregelte Schulartbezeichnung nur der 2. Abschnitt anzuwenden ist,
   b) die §§ 13 und 14 nur auf Bildungseinrichtungen im Geltungsbereich des Schulunterrichtsgesetzes – SchUG, BGBl. Nr. 472/1986, anzuwenden sind,
2. § 2 Z 1 lit. b und d BilDokG 2020, ausgenommen die §§ 5 bis 9, 12, 15 und 16.

Regelungszweck

§ 2. Diese Verordnung verfolgt die Zwecke

1. der Konkretisierung technischer und organisatorischer Maßnahmen im Sinne der Art. 32 der Verordnung (EU) 2016/679 zum Schutz natürlicher Personen bei der Verarbeitung personenbezogener Daten, zum freien Datenverkehr und zur Aufhebung der Richtlinie 95/46/EG (Datenschutz-Grundverordnung), ABl. Nr. L 119

vom 04.05.2016 S. 1, in der Fassung der Berichtigung ABl. Nr. L 127 vom 23.05.2018 S. 2 (im Folgenden: DSGVO) zur Gewährleistung der Sicherheit bei Datenverarbeitungen im Bereich der Schulverwaltung, der Unterrichtsdokumentation und der elektronischen Kommunikation im Schulbereich (2. Abschnitt);

2. der Festlegung von Vorgaben gemäß § 14a des Schulunterrichtsgesetzes – SchUG über die erforderlichen technischen und organisatorischen Maßnahmen für IKT-gestützten Unterricht, digitale Lern- und Arbeitsformen sowie für den Einsatz digitaler Endgeräte im Rahmen der schulischen Verwendung, insbesondere auch hinsichtlich der Funktionalität für den Unterricht und der Sicherheit der Geräte (zB Mobile Device Management und Fernverwaltung) im Sinne des § 6 des Bundesgesetzes zur Finanzierung der Digitalisierung des Unterrichts – SchDigiG, BGBl. I Nr. 9/2021;
3. der Regelung der elektronischen Kommunikation mit Schülerinnen und Schülern sowie Erziehungsberechtigten (zB elektronisches Mitteilungsheft).

Personenbezogene Bezeichnungen

§ 3. Soweit in dieser Verordnung auf natürliche Personen bezogene Bezeichnungen angeführt sind, beziehen sich diese auf alle Geschlechtsformen in gleicher Weise. Bei der Anwendung der Bezeichnung auf bestimmte natürliche Personen ist die jeweils geschlechtsspezifische Form zu verwenden.

Begriffsbestimmungen

§ 4. Im Sinne dieser Verordnung sind zu verstehen:

1. unter dem Begriff „Schulverwaltung“: sämtliche Verarbeitungen personenbezogener Daten, die in datenschutzrechtlicher Verantwortung der Schulleitung am Schulstandort aufgrund schulgesetzlicher Regelungen vorzunehmen sind, soweit sie nicht in den Z 3 bis 6 geregelt sind; davon umfasst sind
   a) Verarbeitungen von Schülerinnen- und Schülerdaten in den Evidenzen gemäß § 5 BilDokG 2020; dazu gehören jedenfalls alle IT-Systeme und Dienste, soweit deren Benutzerinnen und Benutzer, insbesondere in der Rolle der Schulleitung oder Sokrates-Administration damit schulweit auf personenbezogene Daten von Schülerinnen und Schülern zugreifen können, oder die überwiegend zur Verwaltung personenbezogener Daten nach Art. 9 Abs. 1 DSGVO eingesetzt werden,
   b) Verarbeitungen von Schülerinnen- und Schülerdaten im Datenverbund der Schulen gemäß § 6 BilDokG 2020,
   c) Verarbeitungen von Schülerinnen- und Schülerdaten zur Ausstellung von Zeugnissen,
   d) Datenverarbeitungen in Bezug auf Stundenplanerstellung, Personalverwaltung, aktenmäßige Kommunikation zwischen Schule und Schulbehörde;
2. unter dem Begriff „Endgeräteverwaltung (Mobile Device Management)“: ein IT-System zur zentralisierten Verwaltung von digitalen Endgeräten gemäß Z 10; dieses IT-System dient der Erfüllung der in § 10 festgelegten Funktionalität;
3. unter dem Begriff „Unterrichtsdokumentation“: sämtliche Verarbeitungen von Schülerinnen- und Schülerdaten, die zu Zwecken der laufenden Dokumentation des Unterrichts und der Leistungsbeurteilung durch die Lehrperson vorgenommen werden sowie Datenverarbeitungen zur Durchführung von Kompetenzerhebungen;
4. unter dem Begriff „IT-Services für pädagogische Zwecke“: Maßnahmen zur Schaffung der technischen Rahmenbedingungen für IKT-gestützten Unterricht und elektronische Kommunikation, insbesondere die Zurverfügungstellung von Lernplattformen sowie die Einrichtung von Schülerinnen- und Schüler-Mail-Postfächern, Online-Office-Umgebungen, Onlinespeicherplatz und Webpräsenzen (zB für Projekte);
5. unter dem Begriff „Fernverwaltung“: der Zugriff von Lehrpersonen auf die Schülerinnen- und Schülergeräte während des IKT-gestützten Unterrichts;
6. unter dem Begriff „Authentifizierung“: die Überprüfung der Identität einer Benutzerin oder eines Benutzers im Zuge eines Anmeldevorgangs an einem IT-System und Dienst;
7. unter dem Begriff „Bildungsstammportal“: ein Portal, das der Benutzer- und Berechtigungsverwaltung zugriffsberechtigter Personen (Schülerinnen und Schüler, Lehrpersonen sowie Erziehungsberechtigte) für den Zugang zu IT-Systemen und Diensten gemäß Z 1 bis 4 dient;
8. unter dem Begriff „Bildungsportalverbund“: die Gesamtheit der Bildungsstammportale, deren Betreiber eine Vereinbarung zu gemeinsamen Rechten,

Pflichten und Nutzungsbedingungen (Bildungsportalverbundvereinbarung) unterzeichnet haben;

9. unter dem Begriff „IT-Systeme und Dienste“: Systeme und Dienste gemäß Art. 32 DSGVO, über deren Einsatz durch die Stelle gemäß § 15 Z 2 entschieden wurde und die in Schulen zur Erfüllung der gesetzlichen Aufgaben bzw. im öffentlichen Interesse sowie zur Durchführung der Datenverarbeitungen nach Z 1 bis 7 eingesetzt werden;

10. unter dem Begriff „digitale Endgeräte“: Einrichtungen zur elektronischen oder nachrichtentechnischen Übermittlung, Speicherung und Verarbeitung von Sprache, Text, Stand- und Bewegtbildern sowie Daten, die zur Datenverarbeitung und -kommunikation eingesetzt werden können, insbesondere Notebooks oder Tablets; diese können durch den Dienstgeber als Sachbehelf gemäß § 80 des Beamten-Dienstrechtsgesetzes 1979 – BDG 1979, BGBl. Nr. 333/1979, bzw. § 23 des Vertragsbedienstetengesetzes 1948 – VBG, BGBl. Nr. 86/1948, oder durch die Erziehungsberechtigten als Arbeitsmittel gemäß § 14a iVm § 61 SchUG bereitgestellt werden;

11. unter dem Begriff „Schulnetz“: die Gesamtheit aller Netzwerke, Komponenten und Server, die Software, Dienste und Daten bereitstellen, um am Schulstandort durch digitale Endgeräte (unabhängig vom wirtschaftlichen Eigentümer) genutzt zu werden.

2. Abschnitt

Technische und organisatorische Maßnahmen zur Gewährleistung der Sicherheit der Datenverarbeitung bei schulischen Verarbeitungen

Authentifizierung

§ 5. (1) Beim Login an IT-Systemen und Diensten, etwa durch Anmeldung im Schulnetz bzw. an einem Bildungsstammportal, ist eine Authentifizierung durch personenbezogene Benutzerkennung und Passwort erforderlich. Dabei sind die IT-Systeme und Dienste so zu konfigurieren, dass Passwörter ausreichend komplex zu gestalten sind. Weiters sind die Benutzerinnen und Benutzer zu belehren, dass Passwörter nicht weitergegeben werden dürfen.

(2) Bei IT-Systemen und Diensten für Datenverarbeitungen gemäß § 4 Z 1 und 2 ist zusätzlich eine Mehr-Faktor-Authentifizierung erforderlich (etwa mittels Technologien wie Handysignatur, TANs über dienstliche Mail-Adresse, biometrische Merkmale oder gleichwertige Maßnahmen).

Bildungsstammportale und Bildungsportalverbund

§ 6. (1) Zur Gewährleistung der IT-Sicherheit in Schulen, in der Schulverwaltung und zum Schutz der Rechte von Schülerinnen und Schülern, Lehrpersonen und Erziehungsberechtigten ist für die Anmeldung und Nutzung von IT-Systemen und Diensten im Schulwesen ein Identity- und Access-Management vorzusehen. Zu diesem Zweck ist für alle öffentlichen und privaten Schulen von der Bundesministerin oder vom Bundesminister für Bildung, Wissenschaft und Forschung als Verantwortliche bzw. als Verantwortlicher ein Bildungsstammportal zu betreiben, sofern deren Erhalter nicht von der Möglichkeit des Betriebs eines eigenen Bildungsstammportals gemäß Abs. 2 Gebrauch machen. Jenes umfasst als Access-Management das IT-System „Portal Digitale Schule (PoDS)“ und verwaltet die Zugriffsberechtigungen von Schülerinnen und Schülern, Lehr- und Verwaltungspersonal sowie von Erziehungsberechtigten auf schulbezogene IT-Systeme und Dienste. Die dafür benötigten Identitätsdaten dieser Personengruppen werden im IT-System „edu.IDAM“ für Schülerinnen und Schüler, im PoDS für Erziehungsberechtigte als Identitätsmanagement verwaltet und aus den lokalen Evidenzen nach § 5 BilDokG 2020 bzw. den Personalverwaltungssystemen gespeist.

(2) Eine Stelle nach § 15 Z 2 oder ein Schulerhalter kann als Verantwortlicher ein Bildungsstammportal für die Schülerinnen und Schüler, deren Erziehungsberechtigte sowie Lehr- und Verwaltungspersonal im eigenen Zuständigkeitsbereich betreiben. Solche Bildungsstammportale haben für die Aufnahme in den Bildungsportalverbund gemäß § 4 Z 8 die allgemeine Zugänglichkeit für Schülerinnen und Schüler, Lehr- und Verwaltungspersonal sowie Erziehungsberechtigte im jeweiligen Geltungsbereich eines Bildungsstammportals zu gewährleisten und für das Access-Management für bundesweite IT-Systeme und Dienste im Bildungsbereich und Synchronisation mit anderen bundesweiten Verzeichnisdiensten Schnittstellen zu den IT-Systemen PoDS und edu.IDAM vorzusehen und die dafür benötigten Daten gemäß Abs. 3 zur Verfügung zu stellen. Dafür haben die Betreiber eines Bildungsstammportals dem Bildungsportalverbund beizutreten und eine unterzeichnete Bildungsportalverbundvereinbarung bei der Bundesministerin oder

beim Bundesminister für Bildung, Wissenschaft und Forschung als Depositär zu hinterlegen. Diese Vereinbarung hat der Festlegung gemeinsamer Rechte, Pflichten und Nutzungsbedingungen der Betreiber von Bildungsstammportalen zu dienen und einen einheitlichen Rahmen für den Zugriff auf verschiedene IT-Systeme und Dienste, wie sie insbesondere im PoDS beinhaltet sind, zu schaffen. Der Text der Bildungsportalverbundvereinbarung ist auf der Webseite des Bundesministeriums für Bildung, Wissenschaft und Forschung zu veröffentlichen.

(3) Für die Nutzung eines Bildungsstammportals gemäß Abs. 1 und 2 durch Schülerinnen und Schüler sowie deren Erziehungsberechtigte und durch Bedienstete des Bundes an Schulen und Landeslehrpersonen sind im Bildungsportalverbund zu verarbeiten und bereitzustellen:

1. folgende Daten der Schülerinnen und Schüler aus den Evidenzen der Schülerinnen und Schüler bzw. der Studierenden gemäß § 5 sowie Anlage 1 und 2 BilDokG 2020 in Verbindung mit § 14a SchUG sowie das bPK-BF aus dem Stammzahlenregister:
   a) Angaben zur besuchten Schule (Schulkennzahl, Schulbezeichnung, Anschrift),
   b) ein bildungseinrichtungsspezifisches Personenkennzeichen gemäß § 5 Abs. 1 Z 3 BilDokG2020,
   c) das bereichsspezifische Personenkennzeichen des Tätigkeitsbereichs „Bildung und Forschung“ (bPK-BF),
   d) die Namen (Vor- und Familiennamen, einschließlich allfälliger akademischer Grade),
   e) das Geburtsdatum,
   f) das Geschlecht,
   g) Angaben zur besuchten Klasse bzw. zum besuchten Jahrgang, Klassen- bzw. Jahrgangsvorstand oder Klassen- bzw. Jahrgangsvorständin sowie Zuordnung zum Stundenplan,
   h) der Schülerinnen- bzw. Schülerstatus (ordentlich oder außerordentlich),
   i) die Kontaktdaten (Anschrift, Telefonnummer, E-Mail-Adresse),
2. folgende Daten der Erziehungsberechtigten aus den Evidenzen der Schülerinnen und Schüler gemäß § 5 Abs. 1 Z 20 sowie Anlage 2 Z 9 BilDokG 2020 in Verbindung mit § 14a SchUG:
   a) die Schulkennzahl bzw. Schulkennzahlen der von den zugehörigen Schülerinnen und Schülern besuchten Schule bzw. Schulen,
   b) das bPK-BF, dieses nach Erklärung der Einwilligung gem. Art 7 DSGVO der oder des Erziehungsberechtigten,
   c) die Namen (Vor- und Familiennamen einschließlich allfälliger akademischer Grade),
   d) das Geschlecht,
   e) die Zuordnung zu den zugehörigen Schülerinnen und Schüler je Schulkennzahl,
   f) die Kontaktdaten (Anschrift, Telefonnummer, E-Mail-Adresse),
3. folgende Daten der Bediensteten des Bundes an Schulen gemäß § 280 Abs. 1 Z 1 BDG und der Landeslehrpersonen gemäß § 119a des Landeslehrer-Dienstrechtsgesetzes – LDG, BGBl. Nr. 302/1984, in Verbindung mit § 280 Abs. 1 Z 7 BDG:
   a) die Schulkennzahl bzw. Schulkennzahlen,
   b) das bPK-BF,
   c) die Namen (Vor- und Familiennamen einschließlich allfälliger akademischer Grade),
   d) das Geschlecht,
   e) die SAP-Personalnummer,
   f) die Zuordnung zu Stundenplänen (Klasse bzw. Jahrgang),
   g) die Kontaktdaten (Anschrift, Telefonnummer, E-Mail-Adresse).

(4) Schulleitungen oder Dienstgeber, die das Bildungsstammportal gemäß Abs. 1 nutzen, haben die Daten gemäß Abs. 3 über Schnittstellen aus den jeweiligen lokalen Evidenzen gemäß § 5 BilDokG 2020 sowie den Personalverwaltungssystemen, soweit sie nicht Bundesbedienstete betreffen, für Zwecke des Identitätsmanagements und der Synchronisation in den IT-Systemen PoDS und edu.IDAM zu übermitteln. Sie haben die Kosten zu tragen, die durch die Herstellung und den Betrieb der Schnittstelle zur Anbindung an das Bildungsstammportal des Bundes entstehen.

Anforderungen an IT-Systeme und Dienste

§ 7. (1) Zur Integration weiterer IT-Systeme und Dienste in das PoDS auf Vorschlag einer Bildungsdirektion oder eines privaten Schulerhalters ist durch den Diensteanbieter als Auftragsverarbeiter eine Auftragsverarbeitervereinbarung mit der Bundesministerin oder dem Bundesminister für Bildung, Wissenschaft und Forschung als Verantwortlicher für PoDS abzuschließen und zu dokumentieren, wie die technischen und organisatorischen Maßnahmen dieser Verordnung sowie die Schnittstellenspezifikation und Teilnahmebedingungen des PoDS eingehalten werden.

(2) IT-Systeme und Dienste für Datenverarbeitungen gemäß § 4 Z 1 und 2 sind grundsätzlich webbasiert zur Verfügung zu stellen, soweit sie nicht ausschließlich auf dienstlichen Endgeräten im Schulnetz verwendet werden. Beim Design des IT-Systems oder Dienstes ist darauf zu achten, dass die für die Anwenderinnen und Anwender benötigte Funktionalität grundsätzlich ohne Speicherung personenbezogener Daten am Endgerät gewährleistet ist. Die Datensicherheit der IT-Systeme und Dienste kann insbesondere über einschlägige Zertifizierungen nachgewiesen werden. Im Zuge der ersten Inbetriebnahme ist ein dem Stand der Technik entsprechender und dem Risikopotential der Anwendung angemessener Penetrationstest sowie ein Third Party Review zur Bewertung der IT-Sicherheit durchzuführen.

Hosting

§ 8. (1) IT-Systeme und Dienste für Datenverarbeitungen gemäß § 4 Z 1 für Schulen sind in Rechenzentren zu betreiben, die sich im EWR-Raum bzw. in Staaten, hinsichtlich derer ein Angemessenheitsbeschluss der Europäischen Kommission gemäß Art. 45 DSGVO besteht, befinden und geeignete und verhältnismäßige technische und organisatorische Sicherheitsvorkehrungen aufweisen. Diese haben den Stand der Technik zu berücksichtigen und dem Risiko, das mit vernünftigem Aufwand feststellbar ist, angemessen zu sein.

(2) IT-Systeme und Dienste für Datenverarbeitungen gemäß § 4 Z 2 bis 4 können über die Regelung in Abs. 1 hinaus auch in sonstigen Rechenzentren geeigneter Clouddiensteanbieter gehostet werden. Beim Heranziehen solcher Clouddiensteanbieter sind jedenfalls die Bestimmungen des Europäischen Datenschutzausschusses zu genehmigten Verhaltensregeln nach Art. 40 DSGVO zu berücksichtigen. Es sind nur jene Clouddiensteanbieter heranzuziehen, die eine Vereinbarung mit dem BMBWF abgeschlossen haben. Diese hat sich nach den Rahmenbedingungen des Bundesministeriums für Bildung, Wissenschaft und Forschung für den Einsatz privater Clouddiensteanbieter im IKT-gestützten Unterricht zu richten.

(3) Zur Sicherstellung der IT-Sicherheit können IT-Systeme und Dienste für Datenverarbeitungen gemäß § 4 Z 1 bis 5 auch für mehrere Schulen zentral gehostet werden, wobei durch eine Berechtigungsverwaltung sicherzustellen ist, dass auf Schülerinnen- und Schülerdaten einer Schule nur durch die jeweilige Schulleitung zugegriffen werden darf.

Organisatorische Datensicherheitsmaßnahmen

§ 9. Die Schulleitung hat sicherzustellen, dass

1. Datenverarbeitungen gemäß § 4 Z 1 vor unbefugter Einsicht geschützt sind,
2. der Zutritt zu Räumen, in denen solche Datenverarbeitungen stattfinden, nur befugten Benutzerinnen und Benutzern möglich ist und bei etwaigem Parteienverkehr in diesen Räumen keine Einsichtnahme in die Daten erfolgen kann,
3. Datenverarbeitungen gemäß § 4 Z 1 bis 4 nur durch Bedienstete der eigenen Dienststelle nach Abwägung der Erforderlichkeit für die Erfüllung der schulrechtlich vorgesehenen Zwecke möglich sind, und nur diesen die dafür erforderlichen Zugangsberechtigungen eingeräumt werden,
4. Bedienstete der eigenen Dienststelle in regelmäßigen Abständen über die Bestimmungen der DSGVO und des Datenschutzgesetzes – DSG, BGBl. I Nr. 165/1999, belehrt werden, insbesondere hinsichtlich
   a) der Wahrung des Datengeheimnisses gemäß § 6 DSG,
   b) der datenschutzrechtlichen Zweckbindung, auf deren Grundlage personenbezogene Daten nur für die schulrechtlich vorgesehenen Zwecke verarbeitet werden, dürfen sowie
   c) des Inhalts dieser Verordnung.

3. Abschnitt
Technische und organisatorische Maßnahmen bei digitalen Endgeräten

Endgeräteverwaltung für digitale Endgeräte

§ 10. Um die Funktionalität und Sicherheit aller digitalen Endgeräte mittels geeigneter technischer Maßnahmen, insbesondere durch Integration in eine Endgeräteverwaltung (Mobile Device Management), sicherzustellen, haben die von der Stelle gemäß § 15 Z 2 bzw. vom Dienstgeber eingesetzten Systeme zur Endgeräteverwaltung folgende technische und organisatorische Maßnahmen zu gewährleisten:

1. automatisiertes Einspielen von Sicherheits- und Betriebssystemupdates auf den digitalen Endgeräten,

2. aktueller Schutz vor Schadsoftware auf digitalen Endgeräten zum Schutz des Schulnetzes,
3. sicherer Betrieb im Schulnetz gemäß den für die jeweilige Benutzerin oder den jeweiligen Benutzer festgelegten Zugriffsrechten,
4. bei Verlust die Möglichkeit zur Fernlokalisierung, Fernsperre bzw. Fernlöschung der digitalen Endgeräte bei technischer Möglichkeit auf ausdrücklichen und dokumentierten Wunsch der Geräteinhaberin oder des Geräteinhabers, soweit das Endgerät erreichbar ist, und
5. Aktivierung der für die Endgeräteverwaltung erforderlichen Software-Komponenten auf den verwalteten digitalen Endgeräten.

Anwendungsbezogene Anforderungen an digitale Endgeräte

§ 11. (1) Die Verwendung digitaler Endgeräte ist zulässig

1. für Datenverarbeitungen gemäß § 4 Z 1 und 2, sofern die Endgeräte
   a) durch den Dienstgeber als Sachbehelf gemäß § 80 BDG 1979 bzw. § 23 VBG zur Verfügung gestellt werden,
   b) die vorgesehenen Methoden im Rahmen der Mehr-Faktor-Authentifizierung gemäß § 5 Abs. 2 unterstützen,
   c) mit einer Endgeräteverwaltung gemäß § 10 betrieben werden bzw. durch die Betreuung der Dienstgeräte im Rahmen der Schul-IT alle Anforderungen des § 10 Z 1 bis 4 gewährleistet sind und
   d) lokale Daten möglichst in verschlüsselter Form speichern und
2. für Datenverarbeitungen gemäß § 4 Z 3 und 4, sofern die im Schulnetz befindlichen Endgeräte mit einer Endgeräteverwaltung gemäß § 10 betrieben werden.

(2) Wenn an einem Schulstandort die Entscheidung für die einheitliche Verwendung digitaler Endgeräte insbesondere im Rahmen eines Digitalisierungskonzepts gemäß § 2 Abs. 2 SchDigiG getroffen wurde, so ist eine Beschreibung der Gerätetypen festzulegen und sind ausschließlich Endgeräte dieser Typen zu verwenden.

(3) Um die Speicherung personenbezogener Schülerinnen- und Schülerdaten am Endgerät zu vermeiden, sind IT-Systeme und Dienste für Datenverarbeitungen gemäß § 4 Z 1 und 2 grundsätzlich webbasiert zur Verfügung zu stellen. Stehen ausnahmsweise an Schulen keine webbasierten IT-Systeme und Dienste für die genannten Datenverarbeitungen zur Verfügung, so sind durch die jeweiligen Stellen gemäß § 15 Z 2 technische und organisatorische Maßnahmen, die eine gleichwertige IT-Sicherheit wie beim Einsatz webbasierter Lösungen gewährleisten, vorzusehen und diesbezügliche Regelungen, wie etwa Festplattenverschlüsselung, für die Verwendung festzulegen.

(4) Anstelle einer Einbindung in eine Endgeräteverwaltung gemäß § 10 können Zugriffe auf IT-Systeme und Dienste über ein schulseitig betriebene Remote Desktop Service erfolgen, sofern gewährleistet ist, dass alle Anforderungen dieser Verordnung hinsichtlich Authentifizierung, Hosting des Remote Desktop Service, organisatorischer Maßnahmen sowie eines sicheren Betriebs ohne direkte Datenhaltung am Endgerät durch die Funktionalität des Remote Desktop Services erfüllt werden.

4. Abschnitt

Technische und organisatorische Maßnahmen beim IKT-gestützten Unterricht und für Lern- und Arbeitsplattformen

IT-Nutzungsbedingungen

§ 12. (1) Unter Berücksichtigung der Anforderungen des § 11 ist die Verwendung eines digitalen Endgerätes im Schulnetz als Arbeitsmittel im IKT-gestützten Unterricht, zum eigenständigen Lernen und für Zwecke der Schulverwaltung zulässig.

(2) Unzulässig ist

1. eine Verwendung für kommerzielle oder gewerbliche Zwecke,
2. eine übermäßige Auslastung des Schulnetzes für private Zwecke,
3. die Integration von kommerzieller Werbung (ausgenommen die Diskussion über die Vor- und Nachteile eines Produktes durch Benutzerinnen und Benutzer) in schüler- oder lehrerbezogene Webpräsenzen sowie Lernplattformen,
4. eine Verwendung mit dem Ziel der Realisierung von illegalen Handlungen sowie der Versuch, unberechtigten Zugang zu Systemen, Software, Diensten oder Informationen zu erlangen,
5. eine Verwendung zu Zwecken der Nachrichtenübermittlung, welche die öffentliche Ordnung und Sicherheit oder die Sittlichkeit gefährdet oder gegen Gesetze verstößt,
6. eine Verwendung, die eine Belästigung oder Verängstigung anderer Benutzerinnen oder Benutzer bewirkt,

7. jegliche Verwendung, die andere Benutzerinnen oder Benutzer behindert oder das gute Funktionieren der Services des Schulnetzes stört,
8. die unberechtigte Vervielfältigung und Verteilung von Software sowie jede Art der Verwendung, die im Widerspruch zum Urheberrechtsgesetz, BGBl. Nr. 111/1936, steht.

(3) Über die Zulässigkeit einer konkreten Verwendung hat im Zweifelsfall die Schulleitung zu entscheiden.

(4) Die Schulleitung kann weitere standortspezifische IT-Nutzungsbedingungen anordnen. Sie kann dabei das Schulforum bzw. den Schulgemeinschaftsausschuss beratend beiziehen.

Funktionalitäten der Endgeräte im IKT-gestützten Unterricht

§ 13. (1) Die im IKT-gestützten Unterricht eingesetzten IT-Systeme und Dienste haben den Videoeinsatz und die Präsentationsmöglichkeiten zu unterstützen.

(2) Bei Aktivierung der Kameras sind die technischen Möglichkeiten der Schülerinnen und Schüler, der Schutz der familiären Privatsphäre in der Wohnung der Schülerinnen und Schüler sowie die besonderen Bedürfnisse von Schülerinnen und Schülern mit Behinderung nach Maßgabe der technischen Möglichkeiten zu berücksichtigen.

(3) Aufzeichnungen des Unterrichts durch Video- oder Audioaufnahmen oder Screenshots sind nur mit Einwilligung aller Betroffenen gemäß Art. 7 DSGVO in Verbindung mit § 4 Abs. 4 DSG zulässig.

Elektronische Kommunikation mit Erziehungsberechtigten

§ 14. Sofern die Erziehungsberechtigten die Möglichkeit einer elektronischen Kommunikation mit der Schule nützen wollen, ist durch die zum Einsatz kommenden IT-Systeme und Dienste sicherzustellen, dass die elektronische Kommunikation mit den Erziehungsberechtigten der jeweiligen Schülerin bzw. des jeweiligen Schülers erfolgt und die Kenntnisnahme der Nachricht durch die Erziehungsberechtigten für die Schule nachvollziehbar ist.

5. Abschnitt
Verantwortlichkeit bei schulischen Datenverarbeitungen

Abgrenzung der datenschutzrechtlichen Verantwortlichkeit bei Datenverarbeitungen am Schulstandort

§ 15. Verantwortlicher im Sinne des Art. 4 Z 7 DSGVO ist
1. hinsichtlich der Rechtmäßigkeit der Verarbeitung personenbezogener Daten und Einhaltung der Grundsätze des Art. 5 DSGVO durch die Bildungseinrichtung sowie hinsichtlich der Wahrung des Datenschutzes am Schulstandort gemäß § 4 Abs. 1 BilDokG 2020 die jeweilige Schulleitung und
2. hinsichtlich der Gewährleistung der Datensicherheit der nötigen IT-Systeme und Dienste für Datenverarbeitungen (zB einer Schulverwaltungssoftware und deren Hosting) jene Stelle, die als Maßnahme bezüglich der IT-Ausstattung an Schulen die Entscheidung darüber trifft.

6. Abschnitt
Schlussbestimmungen

Übergangsbestimmung

§ 16. Allen Schülerinnen und Schülern an Bundesschulen sowie deren Erziehungsberechtigten ist die Teilnahme am Bildungsstammportal gemäß § 6 Abs. 1 ab 30. September 2021 zu ermöglichen. Schnittstellen gemäß § 6 Abs. 2 und 4 sind bis spätestens 30. September 2022 durch die Stelle gemäß § 15 Z 2 einzurichten. § 10 und § 11 sind nach Maßgabe der technischen Voraussetzungen an den Schulstandorten bis spätestens 31. Jänner 2022 umzusetzen.

Verweise auf Bundesgesetze

§ 17. Soweit in dieser Verordnung auf Bundesgesetze verwiesen wird, sind diese in der mit dem Inkrafttreten der jeweils letzten Novelle dieser Verordnung geltenden Fassung anzuwenden.

Inkrafttreten

§ 18. Diese Verordnung tritt mit 1. September 2021 in Kraft.

7.1. Pflichtschulerhaltungs-Grundsatzgesetz – PflSchErh-GG

BGBl. Nr. 163/1955
idF der Bundesgesetze

BGBl. Nr. 87/1963
BGBl. Nr. 69/1971
BGBl. Nr. 325/1975
BGBl. Nr. 368/1982
BGBl. Nr. 160/1987
BGBl. Nr. 515/1993
BGBl. Nr. 505/1994
BGBl. Nr. 332/1996
BGBl. Nr. 771/1996
BGBl. I Nr. 135/1998
BGBl. I Nr. 91/2005
BGBl. I Nr. 73/2011
BGBl. I Nr. 36/2012
BGBl. I Nr. 74/2013
BGBl. I Nr. 48/2014
BGBl. I Nr. 56/2016
BGBl. I Nr. 138/2017
BGBl. I Nr. 101/2018
BGBl. I Nr. 232/2021
BGBl. I Nr. 165/2022
BGBl. I Nr. 37/2023

Stichwortverzeichnis zum PflSchErh-GG

(die Ziffern beziehen sich auf die Paragrafen)

PflSchErh-GG
BildDokG 2020, VO

Stichwortverzeichnis

Bundesgesetz vom 13. Juli 1955, betreffend die Grundsätze für die Errichtung, Erhaltung und Auflassung der öffentlichen Pflichtschulen (Pflichtschulerhaltungs-Grundsatzgesetz).

Der Nationalrat hat beschlossen:

Abschnitt I.

Für die Gesetzgebung der Länder auf dem Gebiete der Errichtung, Erhaltung, Auflassung und der Sprengel der öffentlichen Pflichtschulen und der öffentlichen Schülerheime, die ausschließlich oder vorwiegend für Schüler von Pflichtschulen bestimmt sind, werden folgende Grundsätze aufgestellt: *(BGBl. Nr. 87/1963, Art. I Z 1)*

§ 1. (1) Öffentliche Pflichtschulen im Sinne dieses Bundesgesetzes sind die vom gesetzlichen Schulerhalter errichteten und erhaltenen Volks- und Sonderschulen, Mittelschulen, Polytechnische Schulen sowie Berufsschulen jedoch mit Ausnahme der land- und forstwirtschaftlichen Berufsschulen; öffentliche Schülerheime im Sinne dieses Bundesgesetzes sind die vom gesetzlichen Heimerhalter errichteten und erhaltenen Schülerheime, die ausschließlich oder vorwiegend für Schüler von Pflichtschulen bestimmt sind; nicht darunter fallen öffentliche Praxisschulen und öffentliche Praxisschülerheime, die einer öffentlichen Schule zum Zwecke lehrplanmäßig vorgesehener Übungen eingegliedert sind, sowie öffentliche Schülerheime, die ausschließlich oder vorwiegend für Schüler solcher Praxisschulen bestimmt sind, ferner das Bundes-Blindenerziehungsinstitut in Wien, das Bundesinstitut für Gehörlosenbildung in Wien und die Bundes-Berufsschule für Uhrmacher in Karlstein in Niederösterreich. *(BGBl. Nr. 771/1996, Z 1 idF BGBl. I Nr. 36/2012, Art. 4 Z 1, BGBl. I Nr. 138/2017, Art. 11 Z 1 und BGBl. I Nr. 101/2018, Art. 10 Z 1 und 3)*

(2) Die Errichtung, Erhaltung und Auflassung der öffentlichen Pflichtschulen sowie die Bestimmung und Aufhebung der Bestimmung einer öffentlichen Volks- oder Sonderschule, einer Mittelschule oder einer öffentlichen Polytechnischen Schule als ganztägige Schulform obliegt den gesetzlichen Schulerhaltern; die Errichtung, Erhaltung und Auflassung der öffentlichen Schülerheime kommt den gesetzlichen Heimerhaltern zu. *(BGBl. Nr. 515/1993, Z 1 idF BGBl. Nr. 771/1996, Z 2, BGBl. I Nr. 36/2012, Art. 4 Z 2 und BGBl. I Nr. 101/2018, Art. 10 Z 2 und 3)*

(3) Als gesetzliche Schulerhalter der öffentlichen Pflichtschulen und gesetzliche Heimerhalter der öffentlichen Schülerheime sind das Land, die Gemeinden oder Gemeindeverbände zu bestimmen.

(BGBl. Nr. 87/1963, Art. I Z 2)

§ 2. Öffentliche Volksschulen haben unter Bedachtnahme auf eine für die Schulführung erforderliche Mindestschülerzahl innerhalb eines durch die Landesgesetzgebung näher zu bestimmenden Umkreises in solcher Zahl und an solchen Orten zu bestehen, daß alle schulpflichtigen Kinder bei einem ihnen zumutbaren Schulweg eine Volksschule besuchen können.

§ 3. Öffentliche Mittelschulen haben unter Bedachtnahme auf eine für die Schulführung erforderliche Mindestschülerzahl in solcher Zahl und an solchen Orten zu bestehen, dass möglichst alle, jedenfalls aber die in dichtbesiedelten oder verkehrsbegünstigten Gebieten wohnenden Kinder bei einem ihnen zumutbaren Schulweg eine Mittelschule besuchen können.

(BGBl. I Nr. 36/2012, Art. 4 Z 3 idF BGBl. I Nr. 101/2018, Art. 10 Z 4)

§ 4. Öffentliche Sonderschulen oder an öffentliche Volks- oder Mittelschulen angeschlossene Sonderschulklassen haben nach Maßgabe des Bedarfes unter Bedachtnahme auf eine für die Schulführung erforderliche Mindestschülerzahl und erforderlichenfalls unter Angliederung eines Schülerheimes (§ 6) in solcher Zahl und an solchen Orten zu bestehen, daß möglichst alle Kinder mit einem sonderpädagogischen Förderbedarf (§ 8 Abs. 1 des Schulpflichtgesetzes 1985, BGBl. Nr. 76, in der Fassung BGBl. Nr. 513/1993), die nicht eine allgemeine Schule besuchen, eine ihrer Behinderung entsprechende Sonderschule oder Sonderschulklasse bei einem ihnen zumutbaren Schulweg besuchen können.

(BGBl. Nr. 515/1993, Z 2 idF BGBl. I Nr. 36/2012, Art. 4 Z 4 und BGBl. I Nr. 101/ 2018, Art. 10 Z 5)

§ **4a.** Öffentliche Polytechnische Schulen haben unter Bedachtnahme auf eine für die Schulführung erforderliche Mindestschülerzahl in solcher Zahl und an solchen Orten zu bestehen, daß alle schulpflichtigen Kinder im neunten Jahr ihrer allgemeinen Schulpflicht, soweit sie diese nicht anderweitig erfüllen, bei einem ihnen zumutbaren Schulweg die Polytechnische Schule besuchen können. Öffentliche Polytechnische Schulen können sowohl als selbständige Schulen als auch im organisatorischen Zusammenhang mit öffentlichen Volks- oder Sonderschulen oder Mittelschulen bestehen.

(BGBl. Nr. 771/1996, Z 3 idF BGBl. I Nr. 36/2012, Art. 4 Z 5 und BGBl. I Nr. 101/ 2018, Art. 10 Z 2 und 3)

§ **5.** (1) Öffentliche Berufsschulen haben unter Bedachtnahme auf eine für die Schulführung erforderliche Mindestschülerzahl in solcher Zahl und an solchen Orten zu bestehen, daß alle der Berufsschulpflicht unterliegenden Personen eine ihrem Lehrberuf entsprechende Berufsschule bei einem ihnen zumutbaren Schulweg besuchen können.

(2) Nach Maßgabe des Bedarfes haben öffentliche Berufsschulen (Abs. 1) entweder als ganzjährige Berufsschulen oder, erforderlichenfalls unter Angliederung eines Schülerheimes (§ 6), als lehrgangsmäßige Berufsschulen oder als saisonmäßige Berufsschulen zu bestehen.

(3) Wenn die Voraussetzungen für das Bestehen einer öffentlichen Berufsschule für einen Lehrberuf (eine Lehrberufsgruppe) nicht gegeben sind, können unter Bedachtnahme auf eine für die Schulführung erforderliche Mindestschülerzahl Berufsschulklassen für bestimmte Lehrberufe oder Lehrberufsgruppen einer anderen öffentlichen Berufsschule angeschlossen werden.

(4) In Berufsschulen, an welchen der Unterricht für Pflegeassistenzberufe erfolgt, ist vorzusehen, dass für den Unterricht in fachtheoretischen und fachpraktischen Unterrichtsgegenständen auch Räume und Einrichtungen von Schulen nach dem Gesundheits- und Krankenpflegegesetz – GuKG, BGBl. I Nr. 108/1997, genutzt werden können. § 12 ist nicht anzuwenden. Dazu kann die Ausführungsgesetzgebung Kooperationen und Regelungen für solche Kooperationen zwischen Berufsschulen und Schulen nach dem Gesundheits- und Krankenpflegegesetz vorsehen. *(BGBl. I Nr. 37/2023, Art. 4 Z 1a)*

(BGBl. Nr. 325/1975, Art. I Z 3)

§ **5a.** (1) Die Landesausführungsgesetzgebung hat vorzusehen, dass öffentliche allgemein bildende und berufsbildende Pflichtschulen, ausgenommen Praxisschulen und die in Art. V Z 1 der 5. SchOGNovelle, BGBl. Nr. 323/1975, genannten öffentlichen Schulen, nach Maßgabe der folgenden Absätze auch im organisatorischen Verbund als Schulcluster geführt werden können. Es ist weiters vorzusehen, dass die Schulerhalter bei der Bildung von Schulclustern durch die Bildungsdirektionen mitzuwirken haben.

(2) Die Bildung von Schulclustern gemäß Abs. 3 und 4 darf höchstens acht Schulen möglichst unterschiedlicher Schularten umfassen und hat zur Voraussetzung, dass die beteiligten Schulen von 200 bis 2 500 Schülerinnen und Schülern besucht werden. Eine Schulclusterbildung kann trotz Unterschreitung der Mindestschülerzahl von 200 Schülerinnen und Schülern vorgesehen werden, wenn die geografische Lage eine sinnvolle Schulclusterbildung mit mehr als 200 Schülerinnen und Schülern nicht zulässt und die Ausstattung der Schulen sowie ein zweckmäßiger Einsatz von Lehrpersonalressourcen gewährleistet ist. Zum Zweck der Inklusion sind nach Möglichkeit Sonderschulen einzubeziehen. Mehrere Schulcluster können zu einem Schulclusterverbund zusammengefasst oder als Campus geführt werden. Für die Bildung von Schulclustern mit weniger als 200 Schülerinnen und Schülern oder mit mehr als 1 300 Schülerinnen und Schülern oder mit mehr als drei am Schulcluster beteiligten Schulen ist vorzusehen, dass die Zustimmung der Zentralausschüsse für Lehrerinnen und Lehrer der betroffenen Schulen erforderlich ist.

(3) Die Bildung von Schulclustern ist unbeschadet des Abs. 2 jedenfalls dann anzustreben, wenn

1. die in Betracht kommenden Schulen nicht weiter als fünf Straßenkilometer voneinander entfernt sind und
2. zumindest eine dieser Schulen weniger als 100 Schülerinnen und Schüler umfasst und
3. an zumindest einer dieser Schulen innerhalb der letzten drei Jahre die Zahl der Schülerinnen und Schüler tendenziell und merklich abgenommen hat und,

4. im Falle von in Betracht kommenden berufsbildenden Pflichtschulen die Schulkonferenzen jeder dieser Schulen nach Beratung mit den jeweiligen Schulgemeinschaftsausschüssen und die Schulerhalter jeder dieser Schulen der Schulclusterbildung zustimmen.

(4) Die Bildung von Schulclustern kann unbeschadet des Abs. 2 auch bei Nichtvorliegen der in Abs. 3 genannten Voraussetzungen von Amts wegen oder auf Anregung des Schulerhalters, der Landesregierung oder des Zentralausschusses für die Landeslehrerinnen und Landeslehrer für allgemein bildende Pflichtschulen bzw. berufsbildende Pflichtschulen vorgesehen werden, wenn

1. die Schulkonferenzen jeder der in Betracht kommenden Schulen nach Beratung mit den jeweiligen Schulforen bzw. Schulgemeinschaftsausschüssen der Schulclusterbildung zustimmen und
2. die Schulerhalter jeder der in Betracht kommenden Schulen der Schulclusterbildung zustimmen und
3. ein Entwurf eines Organisationsplans vorliegt, der die Schulclusterbildung pädagogisch und organisatorisch zweckmäßig erscheinen lässt.

(5) Für jeden Schulcluster ist ein Leiter oder eine Leiterin des Schulclusters zu bestellen.

(6) Der Leiter oder die Leiterin des Schulclusters hat in einem Organisationsplan festzulegen, wie die ihm oder ihr von der zuständigen Schulbehörde für die Besorgung der Verwaltungs- und Managementaufgaben im Schulcluster zugeteilten Personalressourcen (Verwaltungsplanstellen und Lehrerwochenstunden) einzusetzen sind. Dabei ist § 26c Abs. 12 des Landeslehrer-Dienstrechtsgesetzes zu beachten. Die Ausführungsgesetzgebung hat vorzusehen, dass die im Cluster für die Clusterleitung, die Bereichsleitung oder die Umwandlung in administratives Unterstützungspersonal nicht eingesetzten Lehrerwochenstunden für die Durchführung von pädagogischen und fachdidaktischen Projekten der Unterrichtsorganisation und Schulentwicklung verwendet werden. Die Ausführungsgesetzgebung hat sich bei der Zuteilung von Lehrerwochenstunden für die Besorgung von Verwaltungs- und Managementaufgaben im Schulcluster an den für die Erstellung der Stellenpläne (Art. IV Abs. 2 des Bundesverfassungsgesetzes BGBl. Nr. 215/1962) vorgegebenen Grundsätzen zu orientieren.

(7) Die Ausführungsgesetzgebung hat weiters vorzusehen, dass der Leiter oder die Leiterin des Schulclusters im Rahmen der zugeteilten Personalressourcen administratives Personal zur Unterstützung bei der Wahrnehmung der Verwaltungsaufgaben sowie weiters Bereichsleiter und Bereichsleiterinnen zu bestellen hat.

(BGBl. I Nr. 138/2017, Art. 11 Z 2)

§ 5b. (**Verfassungsbestimmung**) Die Landesausführungsgesetzgebung hat vorzusehen, dass öffentliche allgemein bildende und berufsbildende Pflichtschulen, ausgenommen Praxisschulen und die in Art. V Z 1 der 5. SchOG-Novelle, BGBl. Nr. 323/1975, genannten öffentlichen Schulen auch im organisatorischen Verbund mit anderen öffentlichen Schulen, die in die Zuständigkeit des Bundes fallen, als Schulcluster mit Bundes- und Pflichtschulen geführt werden können, mit der Maßgabe, dass

1. die Schulerhalter zustimmen,
2. hinsichtlich der Bildung solcher Schulcluster die bundesgesetzlichen Bestimmungen des Schulorganisationsgesetzes, BGBl. Nr. 242/1962, anzuwenden sind,
3. für jeden solchen Schulcluster ein Leiter oder eine Leiterin des Schulclusters zu bestellen ist,
4. der Leiter oder die Leiterin des Schulclusters einen Organisationsplan festzulegen hat und
5. die von der zuständigen Schulbehörde für die Besorgung der Verwaltungs- und Managementaufgaben im Schulcluster zuzuteilenden Personalressourcen (Verwaltungsplanstellen und Lehrerwochenstunden) sich für die an einem solchen Schulcluster beteiligten allgemein bildenden und berufsbildenden Pflichtschulen, ausgenommen Praxisschulen und die in Art. V Z 1 der 5. SchOG-Novelle, BGBl. Nr. 323/1975, genannten öffentlichen Schulen nach den Bestimmungen dieses Bundesgesetzes und für die übrigen beteiligten Schulen nach den Bestimmungen des Schulorganisationsgesetzes richtet.

(BGBl. I Nr. 138/2017, Art. 11 Z 2)

§ 6. (1) Öffentliche Schülerheime, die ausschließlich oder vorwiegend für Schüler von Pflichtschulen bestimmt sind, können entweder selbständig oder im organisatorischen Zusammenhang mit einer öffentlichen Pflichtschule bestehen.

(2) Die Bestimmungen des § 7 Abs. 1, 2 und 4 sowie der §§ 8, 10, 11 Abs. 3 und des § 12 finden auf solche Schülerheime sinngemäß mit der Maßgabe Anwendung, daß unter Erhaltung eines Schülerheimes auch die Beistellung der erforderlichen Erzieher zu verstehen ist.

(BGBl. Nr. 87/1963, Art. I Z 7)

§ 7. (1) In jeder Schule ist eine der Anzahl der Klassen entsprechende Zahl von Unterrichts- und Nebenräumen einzurichten.

(2) Jede Schule hat in ihrer baulichen Gestaltung und in ihrer Einrichtung den Grundsätzen der Pädagogik und der Schulhygiene zu entsprechen und jene Lehrmittel aufzuweisen, die im Lehrplan für die betreffende Schulart vorgesehen sind. Als staatliche Symbole sind zumindest in jedem Klassenraum das Bundeswappen und in jeder Schule ein Bild des Bundespräsidenten anzubringen. *(BGBl. Nr. 163/1955 idF BGBl. Nr. 87/1963, Art. I Z 8)*

(3) Die Schulen haben nach Tunlichkeit mit einem Turn- und Spielplatz und – vor allem die Mittelschulen – mit einem Turnsaal, ferner nach Bedarf mit einer Schulküche, einer Schulwerkstätte und einem Schulgarten, die Polytechnischen Schulen sowie die Berufsschulen mit den für die praktischen Unterrichtsgegenstände erforderlichen Lehrwerkstätten und Unterrichtsräumen ausgestattet zu sein. *(BGBl. I Nr. 36/2012, Art. 4 Z 6 idF BGBl. I Nr. 101/2018, Art. 10 Z 6)*

(4) Wohnungen für den Schulleiter und die Lehrer sowie für den Schulwart können inner- oder außerhalb des Schulgebäudes vorgesehen werden.

§ 8. (1) Die gesetzlichen Schulerhalter haben, vorbehaltlich anderer Formen der (gemeinsamen) Kostentragung bei in Schulclustern geführten Schulen, für die Kosten der Errichtung, Erhaltung und Auflassung der öffentlichen Pflichtschulen aufzukommen. *(BGBl. I Nr. 138/2017, Art. 11 Z 3)*

(2) Sofern mehrere Gebietskörperschaften zu einem Schulsprengel (§ 13) gehören oder in sonstiger Weise an einer öffentlichen Pflichtschule beteiligt sind, kann die Landesgesetzgebung bestimmen, daß die beteiligten Gebietskörperschaften Umlagen oder Schulerhaltungsbeiträge an den gesetzlichen Schulerhalter zu leisten haben. Handelt es sich dabei um Gebietskörperschaften verschiedener Bundesländer, so richtet sich die Beitragsleistung nach den Vorschriften, die im Land des gesetzlichen Schulerhalters gelten. In jenen Fällen, in denen sich die Sprengelangehörigkeit nach dem Wohnort richtet (§ 13 Abs. 7), kann die Landesgesetzgebung auch bestimmen, daß nicht an einer öffentlichen Pflichtschule beteiligte Gebietskörperschaften Umlagen oder Schulerhaltungsbeiträge an den gesetzlichen Schulerhalter zu leisten haben, wenn Schulpflichtige, deren Hauptwohnsitz außerhalb des Schulsprengels gelegen ist, lediglich zum Schulbesuch oder auf Grund einer Maßnahme der Jugendwohlfahrt innerhalb des Schulsprengels wohnen. Die Landesgesetzgebung kann darüber hinaus den Besuch einer sprengelfremden Schule und die damit verbundene Leistung von Umlagen oder Schulerhaltungsbeiträgen von der Zustimmung des Schulerhalters der sprengelmäßig zuständigen Schule abhängig machen; der sprengelfremde Schulbesuch darf dann nicht von der Zustimmung abhängig gemacht werden, wenn

1. Kinder mit sonderpädagogischem Förderbedarf (§ 8 Abs. 1 des Schulpflichtgesetzes 1985 in der jeweils geltenden Fassung) statt einer entsprechenden Sonderschule eine außerhalb des eigenen Schulsprengels liegende allgemeine Schule deshalb besuchen, weil an der allgemeinen Schule des eigenen Schulsprengels eine entsprechende Förderung nicht in gleicher Weise erfolgen kann, und
2. ein der allgemeinen Schulpflicht unterliegender Schüler gemäß § 49 Abs. 1 des Schulunterrichtsgesetzes, BGBl. Nr. 472/1986, in seiner jeweils geltenden Fassung, vom Besuch einer Schule ausgeschlossen wurde und eine außerhalb des eigenen Schulsprengels liegende allgemeinbildende Pflichtschule besucht.

(BGBl. Nr. 515/1993, Z 3 idF BGBl. Nr. 505/1994, Art. VIII Z 1, BGBl. Nr. 771/1996, Z 6 und BGBl. I Nr. 56/2016, Art. 4 Z 1)

(3) Im übrigen kann die Landesgesetzgebung Einrichtungen zur Unterstützung der gesetzlichen Schulerhalter hinsichtlich ihrer Schulbaulasten vorsehen und zur Dotierung dieser Einrichtungen auch Beiträge des Landes, der Gemeinden und von Gemeindeverbänden festsetzen. *(BGBl. Nr. 87/1963, Art. I Z 10)*

(4) Die Landesgesetzgebung hat Vorschriften darüber zu enthalten, welche behördlichen Maßnahmen zu treffen sind, wenn ein gesetzlicher Schulerhalter oder eine zur Leistung von Umlagen oder Schulerhaltungsbeiträgen verpflichtete Gebietskörperschaft den gesetzlichen Verpflichtungen nicht nachkommt.

§ 9. Sämtliche noch bestehenden, mit öffentlichen Pflichtschulen verbundenen Schulpatronate werden aufgehoben und können nicht neu begründet werden.

§ 10. Im Sinne dieses Bundesgesetzes ist unter Errichtung einer Schule ihre Gründung und die Festsetzung ihrer örtlichen Lage, unter Erhaltung einer Schule jedenfalls die Bereitstellung und Instandhaltung des Schulgebäudes und der übrigen Schulliegenschaften, deren Reinigung, Beleuchtung und Beheizung, die Anschaffung und Instandhaltung der Einrichtung und Lehrmittel, die Deckung des sonstigen Sachaufwandes sowie die Beistellung des zur Betreuung des Schulgebäudes und der übrigen Schulliegenschaften erforderlichen Personals, bei ganztägigen Schulformen auch die Vorsorge für die Verpflegung zu verstehen. Ferner ist für die Beistellung von Schulärztinnen und Schulärzten sowie an ganztägigen Schulformen für die Beistellung des für den Betreuungsteil erforderlichen Personals in einer Weise vorzusorgen, dass die ihnen auf Grund schulrechtlicher Vorschriften obliegenden Aufgaben durchgeführt werden können. Die Beistellung der erforderlichen Lehrerinnen und Lehrer sowie nach Maßgabe der landesgesetzlichen Vorschriften auch des gemäß dem zweiten Satz beizustellenden Personals obliegt dem Land.

(BGBl. I Nr. 138/2017, Art. 11 Z 4)

§ 11. (1) Die Errichtung und Auflassung einer öffentlichen Pflichtschule sowie die Bestimmung und Aufhebung der Bestimmung einer öffentlichen Schule als ganztägige Schulform bedarf der Bewilligung der Bildungsdirektion. Im Verfahren zur Bestimmung und Aufhebung der Bestimmung einer öffentlichen Schule als ganztägige Schulform sind die betroffenen Erziehungsberechtigten und Lehrer zu hören. *(BGBl. Nr. 515/1993, Z 5 idF BGBl. I Nr. 138/2017, Art. 11 Z 5)*

(2) Die Landesgesetzgebung kann vorsehen, dass eine öffentliche Pflichtschule von Amts wegen aufzulassen ist, wenn die Voraussetzungen für deren Bestand nicht mehr gegeben sind. *(BGBl. Nr. 515/1993, Z 5 idF BGBl. I Nr. 138/2017, Art. 11 Z 6)*

(3) entfallen (BGBl. Nr. 69/1971, Art. I Z 1)

(BGBl. Nr. 87/1963, Art. I Z 12)

§ 12. (1) Gebäude, einzelne Räume oder sonstige Liegenschaften oder Liegenschaftsteile dürfen für Schulzwecke nur in Verwendung genommen werden, wenn – unbeschadet der baurechtlichen Vorschriften – der Bauplan der Herstellung sowie jeder baulichen Umgestaltung von der Bildungsdirektion bewilligt wurde. *(BGBl. I Nr. 135/1998, Z 1 idF BGBl. I Nr. 48/2014, Art. 9 Z 1 und BGBl. I Nr. 138/2017, Art. 11 Z 7)*

(2) Kommt eine Bewilligung des Bauplanes gemäß Abs. 1 nicht in Betracht, so bedarf die Verwendung von Gebäuden, einzelnen Räumen oder sonstigen Liegenschaften oder Liegenschaftsteilen für Schulzwecke einer Bewilligung der Bildungsdirektion. *(BGBl. I Nr. 135/1998, Z 1 idF BGBl. I Nr. 48/2014, Art. 9 Z 1 und BGBl. I Nr. 138/2017, Art. 11 Z 7)*

(3) Nach rechtskräftig gewordener Bewilligung gemäß Absatz 1 dürfen die in Betracht kommenden Baulichkeiten und Liegenschaften – soweit sich aus den Absätzen 4 und 5 nichts anderes ergibt – nur mehr für Schulzwecke verwendet werden.

(4) Baulichkeiten und Liegenschaften, die gemäß Abs. 3 Schulzwecken gewidmet sind, darf der Schulerhalter – von Katastrophenfällen abgesehen – einer, wenn auch nur vorübergehenden Mitverwendung für andere Zwecke nur zuführen, wenn dadurch die Verwendung für Schulzwecke nicht beeinträchtigt wird. Das ist jedenfalls dann nicht der Fall, wenn Betreuungsangebote in den Ferienzeiten erfolgen. *(BGBl. Nr. 332/1996, Z 1 idF BGBl. I Nr. 138/2017, Art. 11 Z 8)*

(5) Die Widmung von Baulichkeiten und Liegenschaften für Schulzwecke kann vom gesetzlichen Schulerhalter nur mit Bewilligung der Bildungsdirektion aufgehoben werden. Die Bildungsdirektion kann die Aufhebung der Widmung von Amts wegen anordnen, wenn die Baulichkeiten oder Liegenschaften für Schulzwecke nicht mehr geeignet sind. *(BGBl. Nr. 163/1955 idF BGBl. Nr. 87/1963, Art. I Z 13, BGBl. Nr. 69/1971, Art. I Z 2 sowie BGBl. I Nr. 138/2017, Art. 11 Z 7 und 9)*

§ 13. (1) Für jede öffentliche Pflichtschule hat ein Schulsprengel zu bestehen. Für Vorschulklassen an Volksschulen können von den anderen Stufen der Volksschule abweichende Schulsprengel festgelegt werden. *(BGBl. I Nr. 135/1998, Z 2)*

(2) Der Schulsprengel kann für Sonderschulen sowie für Mittelschulen – unbeschadet der die Schulpflicht regelnden Vorschriften – in einen Pflichtsprengel und einen Berechtigungssprengel geteilt werden. *(BGBl. I Nr. 135/1998, Z 2 idF BGBl. I Nr. 36/2012, Art. 4 Z 7 und BGBl. I Nr. 101/2018, Art. 10 Z 1 und 7)*

(3) Die Schulsprengel der Volksschulen und der Polytechnischen Schulen sowie zumindest die Berechtigungssprengel der Mittelschulen und der einzelnen Arten der Sonderschulen, ferner die Schulsprengel der für die einzelnen Lehrberufe in Betracht kommenden Berufsschulen haben lückenlos aneinanderzugrenzen. *(BGBl. I Nr. 135/1998, Z 2 idF BGBl. I Nr. 36/2012, Art. 4 Z 8 und BGBl. I Nr. 101/2018, Art. 10 Z 8)*

(3a) Bestehen in einer Gemeinde oder im Gebiet eines Gemeindeverbandes mehrere Schulen derselben Schulart, so kann für mehrere oder alle Schulen derselben Schulart ein gemeinsamer Schulsprengel festgelegt werden. In diesen Fällen hat die Landesausführungsgesetzgebung zu bestimmen, wer zur Entscheidung darüber zuständig ist, welche dieser Schulen die sprengelangehörigen Schüler zu besuchen haben. *(BGBl. Nr. 515/1993, Z 6)*

(3b) Für Mittelschulen und Klassen von Mittelschulen mit besonderer Berücksichtigung der musischen, sportlichen oder englischsprachigen Ausbildung sowie für Mittelschulen und Klassen von Mittelschulen und Volksschulen und Klassen von Volksschulen, an denen gemäß § 16 Abs. 3 des Schulunterrichtsgesetzes die Verwendung von Englisch als Unterrichtssprache angeordnet wurde, können eigene Schulsprengel (Berechtigungssprengel) vorgesehen werden, für die Abs. 3 nicht gilt. *(BGBl. I Nr. 165/2022, Art. 4 Z 1)*

(3c) Um Schülern der Polytechnischen Schulen die Wahlmöglichkeit für verschiedene Fachbereiche einzuräumen können für Polytechnische Schulen eigene Schulsprengel (Berechtigungssprengel) vorgesehen werden, für die Abs. 3 nicht gilt. *(BGBl. I Nr. 135/1998, Z 3)*

(4) Soferne sich ein Schulsprengel auf zwei oder mehrere Bundesländer oder auf das gesamte Bundesgebiet erstrecken soll, haben die Bundesländer einvernehmlich vorzugehen.

(5) Die Festsetzung (Bildung, Änderung und Aufhebung) der Schulsprengel erfolgt durch die Bildungsdirektion nach Anhörung aller betroffenen gesetzlichen Schulerhalter und Gebietskörperschaften. *(BGBl. Nr. 163/1955 idF BGBl. Nr. 87/1963, Art. I Z 13, BGBl. I Nr. 48/2014, Art. 9 Z 2 und BGBl. I Nr. 138/2017, Art. 11 Z 10)*

(6) Jeder Schulpflichtige ist in die für ihn nach der Schulart in Betracht kommende Schule, deren Schulsprengel er angehört, aufzunehmen. Die Aufnahme eines dem Schulsprengel nicht angehörigen Schulpflichtigen kann, außer in den Fällen des § 8 Abs. 2 Z 1 und 2, vom gesetzlichen Schulerhalter der um die Aufnahme ersuchten Schule verweigert werden. Die Landesgesetzgebung kann weitere Fälle vorsehen, in denen die Aufnahme eines dem Schulsprengel nicht angehörigen Schulpflichtigen vom gesetzlichen Schulerhalter der um die Aufnahme ersuchten Schule nicht verweigert werden kann, oder die Verweigerung gänzlich ausschließen. *(BGBl. Nr. 163/1955 idF BGBl. I Nr. 56/2016, Art. 4 Z 3)*

(7) Sprengelangehörig sind jene Schulpflichtigen, die im Schulsprengel, wenn auch nur zum Zwecke des Schulbesuches, wohnen. Bei Lehrlingen ist statt des Wohnortes der Betriebsstandort, bei mehreren Betriebsstätten die im Lehrvertrag als Hauptbetriebsstätte genannte Betriebsstätte maßgeblich; bei berufsschulpflichtigen Personen in Ausbildungsverhältnissen sowie bei Personen, die gemäß § 20 Abs. 2 und § 21 Abs. 2 des Schulpflichtgesetzes 1985, BGBl. Nr. 76, zum Besuch der Berufsschule berechtigt sind, kann die Ausführungsgesetzgebung den Standort der Ausbildungseinrichtung oder den Wohnort als maßgeblich festlegen. *(BGBl. Nr. 160/1987, Art. I idF BGBl. Nr. 771/1996, Z 8 und BGBl. I Nr. 74/2013, Art. 4 Z 1)*

(8) Den Schulpflichtigen sind jene Personen gleichzuhalten, die nach den die Schulpflicht regelnden Vorschriften zum freiwilligen Besuch einer Pflichtschule berechtigt sind. *(BGBl. Nr. 87/1963, Art. I Z 16)*

§ 14. (1) Der Besuch der öffentlichen Pflichtschulen ist für alle Schüler unentgeltlich.

(2) Von der Schulgeldfreiheit gemäß Abs. 1 sind Beiträge für die Unterbringung, Verpflegung und Betreuung in öffentlichen Schülerheimen sowie im Freizeitbereich öffentlicher ganztägiger Schulformen (§ 8 lit. j sublit. cc des Schulorganisationsgesetzes in der geltenden Fassung) ausgenommen. Die Beiträge dürfen höchstens kostendeckend sein und haben auf die finanzielle Leistungsfähigkeit der Schüler (Unterhaltspflichtigen) Bedacht zu nehmen. *(BGBl. Nr. 515/1993, Z 7 idF BGBl. I Nr. 91/2005, Art. 3 Z 1)*

(3) An Berufschulen sowie im Betreuungsteil sonstiger Pflichtschulen können Lern- und Arbeitsmittelbeiträge eingehoben werden. *(BGBl. Nr. 515/1993, Z 7)*

(4) Die in den Absätzen 2 und 3 angeführten Beiträge haben jene Personen zu leisten, die für den Unterhalt des Schülers aufzukommen haben. *(BGBl. Nr. 325/1975, Art. I Z 8)*

(5) Die Abwicklung der mit dem Betrieb der Schule erforderlichen Finanztransaktionen hat nach Maßgabe der landesgesetzlichen Vorschriften zu erfolgen (Verrechnungskonten).[1]) *(BGBl. I Nr. 138/2017, Art. 11 Z 11)*

(6) Für die Einrichtung von Förderunterricht in der unterrichtsfreien Zeit gemäß § 8 lit. g sublit. dd des Schulorganisationsgesetzes (Sommerschule) ist die Zustimmung des jeweiligen Schulerhalters vorzusehen. *(BGBl. I Nr. 232/2021, Art. 5 Z 1)*

§ 15. In den behördlichen Verfahren, die sich in Vollziehung der Ausführungsgesetze zu diesem Bundesgesetz ergeben, kommt den gesetzlichen Schulerhaltern sowie den zu einem Schulsprengel gehörenden oder in sonstiger Weise an einer öffentlichen Pflichtschule beteiligten Gebietskörperschaften Parteienstellung im Sinne des Allgemeinen Verwaltungsverfahrensgesetzes 1991, BGBl. Nr. 51/1991 zu.

(BGBl. Nr. 163/1955 idF BGBl. I Nr. 36/2012, Art. 4 Z 9a)

§ 16. Mit dem Zeitpunkte des Wirksamwerdens des Landesausführungsgesetzes sind für das betreffende Bundesland alle bisheri-

---

[1]) Siehe auch den Erlass betreffend Abwicklung der mit dem Betrieb öffentlicher Pflichtschulen und öffentlicher Schülerheime verbundenen Finanztransaktionen (Verrechnungskonten), GZ 2022-0.614.384 (7.1.1.).

gen landesgesetzlichen Vorschriften auf dem Gebiete der Errichtung, Erhaltung und Auflassung der öffentlichen Pflichtschulen, soweit diese Vorschriften noch in Geltung stehen, außer Kraft zu setzen.

§ 16a. Die bestehenden Hauptschulen werden beginnend mit dem Schuljahr 2012/13 zu Neuen Mittelschulen weiterentwickelt. Dabei ist vom Fortbestand der bestehenden Schule auszugehen, bestehende Bescheide und Bewilligungen erstrecken sich auf die Neue Mittelschule. Gleiches gilt für die Überleitung einer Neuen Mittelschule in eine Mittelschule.

(BGBl. I Nr. 36/2012, Art. 4 Z 9b idF BGBl. I Nr. 101/2018, Art. 10 Z 10)

Abschnitt II.

Als unmittelbar anzuwendendes Bundesrecht haben die nachfolgenden Bestimmungen des § 17 zu gelten:

§ 17. (1) Die Privatrechte, wie das Eigentumsrecht, das Recht der Dienstbarkeit, das Bestandrecht oder ein sonstiges Benützungsrecht, auf Grund deren Baulichkeiten und Liegenschaften für Zwecke der öffentlichen Pflichtschulen benützt werden, stehen dem gesetzlichen Schulerhalter zu. Ist der durch das Ausführungsgesetz bestimmte Schulerhalter nicht der bisher Berechtigte, dann gehen die Rechte in dem im Zeitpunkt des Wirksamwerdens des Ausführungsgesetzes bestehenden Umfang in diesem Zeitpunkt auf den durch das Ausführungsgesetz bestimmten Schulerhalter über.

(2) Gerichtliche Eingaben und grundbücherliche Eintragungen, die zur Durchführung der Bestimmungen des Absatzes 1 erforderlich sind, sind von den Gerichtsgebühren befreit.

Abschnitt III.

Für die Gesetzgebung des Landes Salzburg wird abweichend von den Bestimmungen der §§ 9 und 19 im § 18 folgender weiterer Grundsatz aufgestellt:

§ 18. Das Wirksamwerden der Aufhebung der auf dem Gesetz vom 24. November 1863, Landes-Gesetz- und Verordnungsblatt für das Herzogtum Salzburg Nr. 18/1864, beruhenden Patronatspflicht des Bundes gegenüber Gemeinden des Landes Salzburg bleibt einem gesonderten Bundesgesetz und einem Ausführungsgesetz des Landes Salzburg vorbehalten.

Abschnitt IV.
Gemeinsame Bestimmungen

§ 19. (1) Dieses Bundesgesetz tritt gegenüber den Ländern für die Ausführungsgesetzgebung mit dem Tage der Kundmachung, im übrigen in jedem Bundesland gleichzeitig mit dem in dem betreffenden Bundesland erlassenen Ausführungsgesetz in Kraft.

(2) Die Ausführungsgesetze der Bundesländer sind binnen eines Jahres, vom Tage der Kundmachung dieses Bundesgesetzes an gerechnet, zu erlassen.

(3) § 4, § 8 Abs. 2 und § 13 Abs. 3a und 3b in der Fassung des Bundesgesetzes BGBl. Nr. 515/1993 treten gegenüber den Ländern für die Ausführungsgesetzgebung mit Ablauf des Tages der Kundmachung dieser Novelle im Bundesgesetzblatt in Kraft. Die Ausführungsgesetze sind hinsichtlich des § 4 und des § 8 Abs. 2 mit 1. September 1993 in Kraft zu setzen. *(BGBl. Nr. 515/1993, Z 8)*

(4) § 1 Abs. 2, § 10, § 11 Abs. 1 sowie § 14 Abs. 2 und 3 in der Fassung des Bundesgesetzes BGBl. Nr. 515/1993 treten gegenüber den Ländern für die Ausführungsgesetzgebung mit Ablauf des Tages der Kundmachung im Bundesgesetzblatt in Kraft. Die Ausführungsgesetze sind innerhalb eines Jahres zu erlassen. *(BGBl. Nr. 515/1993, Z 8)*

(5) § 12 Abs. 4 in der Fassung des Bundesgesetzes BGBl. Nr. 332/1996 tritt gegenüber den Ländern für die Ausführungsgesetzgebung mit 1. September 1996 in Kraft. *(BGBl. Nr. 332/1996, Z 2)*

(6) Folgende Bestimmungen in der Fassung des Bundesgesetzes BGBl. Nr. 771/1996 treten wie folgt in Kraft:

1. § 1 Abs. 1 und 2, § 4a, der Entfall des § 5a, § 7 Abs. 3, § 8 Abs. 2 sowie § 13 Abs. 3 und 7 gegenüber den Ländern für die Ausführungsgesetzgebung und
2. § 21

mit Ablauf des Tages der Kundmachung im Bundesgesetzblatt. Die Ausführungsgesetze sind mit 1. September 1997 in Kraft zu setzen. (BGBl. Nr. 771/1996, Z 9)

(7) § 12 Abs. 1 und 2, § 13 Abs. 1 bis 3 sowie § 13 Abs. 3c dieses Bundesgesetzes in der Fassung des Bundesgesetzes BGBl. I Nr. 135/1998 treten gegenüber den Ländern für die Ausführungsgesetzgebung mit Ablauf des Tages der Kundmachung im Bundesgesetzblatt in Kraft; die Ausführungsgesetze zu § 13 sind mit 1. September 1999 in Kraft zu setzen. *(BGBl. I Nr. 135/1998, Z 4)*

(8) § 14 Abs. 2 dieses Bundesgesetzes in der Fassung des Bundesgesetzes BGBl. I Nr. 91/2005 tritt gegenüber den Ländern mit Ablauf des Tages der Kundmachung im Bundesgesetzblatt in Kraft; die Ausführungsgesetze sind binnen einem Jahr zu erlassen und mit 1. September 2006 in Kraft zu setzen. *(BGBl. I Nr. 91/2005, Art. 3 Z 2)*

(9) § 10 dieses Bundesgesetzes in der Fassung des Bundesgesetzes BGBl. I Nr. 73/2011 tritt gegenüber den Ländern mit Ablauf des Tages der Kundmachung im Bundesgesetzblatt in Kraft; die Ausführungsgesetze sind binnen einem Jahr zu erlassen und mit 1. September 2011 in Kraft zu setzen. *(BGBl. I Nr. 73/2011, Art. 3 Z 2)*

(10) § 1 Abs. 1 und 2, §§ 3 bis 4a, § 7 Abs. 3, § 13 Abs. 2, 3 und 3b, § 15 und § 16a dieses Bundesgesetzes in der Fassung des Bundesgesetzes BGBl. I Nr. 36/2012 treten gegenüber den Ländern mit Ablauf des Tages der Kundmachung im Bundesgesetzblatt in Kraft; die Ausführungsgesetze sind binnen einem Jahr zu erlassen und mit 1. September 2012 in Kraft zu setzen. *(BGBl. I Nr. 36/2012, Art. 4 Z 10)*

(11) § 13 Abs. 7 in der Fassung des Bundesgesetzes BGBl. I Nr. 74/2013 tritt gegenüber den Ländern mit Ablauf des Tages der Kundmachung im Bundesgesetzblatt in Kraft; die Ausführungsgesetze sind binnen einem Jahr zu erlassen und mit 1. September 2013 in Kraft zu setzen. *(BGBl. I Nr. 74/2013, Art. 4 Z 2)*

(12) § 12 Abs. 1 und 2, § 13 Abs. 5 sowie § 21 Abs. 1 und 2 in der Fassung des Bundesgesetzes BGBl. I Nr. 48/2014 treten gegenüber den Ländern mit Ablauf des Tages der Kundmachung im Bundesgesetzblatt in Kraft; die Ausführungsgesetze zu § 12 Abs. 1 und 2 sowie § 13 Abs. 5 sind binnen einem Jahr zu erlassen und mit 1. August 2014 in Kraft zu setzen. *(BGBl. I Nr. 48/2014, Art. 9 Z 3)*

(13) § 8 Abs. 2, § 10 und § 13 Abs. 6 in der Fassung des Bundesgesetzes BGBl. I Nr. 56/2016 treten gegenüber den Ländern mit Ablauf des Tages der Kundmachung im Bundesgesetzblatt in Kraft.[2]) *(BGBl. I Nr. 56/2016, Art. 4 Z 4)*

(14) (**Verfassungsbestimmung hinsichtlich § 5b**) § 1 Abs. 1, § 5a, § 5b, § 8 Abs. 1, § 10, § 11 Abs. 1 und 2, § 12 Abs. 1, 2, 4 und 5, § 13 Abs. 5, § 14 Abs. 5 und § 20a samt Überschrift in der Fassung des Bildungsreformgesetzes 2017, BGBl. I Nr. 138/2017, treten gegenüber den Ländern mit Ablauf des Tages der Kundmachung im Bundesgesetzblatt in Kraft. Die Ausführungsgesetze sind binnen einem Jahr zu erlassen und wie folgt in Kraft zu setzen:

1. § 1 Abs. 1, § 5a, § 8 Abs. 1, § 10, § 12 Abs. 4, § 14 Abs. 5 und § 20a samt Überschrift mit 1. September 2018 und
2. § 11 Abs. 1 und 2, § 12 Abs. 1, 2 und 5 und § 13 Abs. 5 mit 1. Jänner 2019.

(BGBl. I Nr. 138/2017, Art. 11 Z 12)

(15) § 1 Abs. 1 und 2, § 3, § 4, § 4a, § 7 Abs. 3, § 13 Abs. 2, 3 und 3b sowie § 16a letzter Satz in der Fassung des Bundesgesetzes BGBl. I Nr. 101/2018 treten gegenüber den Ländern mit Ablauf des Tages der Kundmachung im Bundesgesetzblatt in Kraft;[3]) die Ausführungsgesetze sind innerhalb eines Jahres zu erlassen und mit 1. September 2020 in Kraft zu setzen; abweichend davon sind die Regelungen zum Entfall der Hauptschule spätestens mit 1. September 2019 in Kraft zu setzen. *(BGBl. I Nr. 101/2018, Art. 10 Z 11)*

(16) § 14 Abs. 6 in der Fassung des Bundesgesetzes BGBl. I Nr. 232/2021 tritt mit dem Ablauf des Tages der Kundmachung im Bundesgesetzblatt in Kraft.[4]) *(BGBl. I Nr. 232/2021, Art. 5 Z 2)*

(17) § 13 Abs. 3b in der Fassung des Bundesgesetzes BGBl. I Nr. 165/2022 tritt gegenüber den Ländern mit dem Ablauf des Tages der Kundmachung im Bundesgesetzblatt in Kraft. Die Ausführungsgesetze sind binnen sechs Monaten zu erlassen und mit 1. September 2023 in Kraft zu setzen.[5]) *(BGBl. I Nr. 165/2022, Art. 4 Z 2)*

(17)[6]) § 5 Abs. 4 und § 21 Abs. 1 und 2 in der Fassung des Bundesgesetzes BGBl. I Nr. 37/2023 treten mit Ablauf des Tages der Kundmachung im Bundesgesetzblatt in Kraft.[7]) *(BGBl. I Nr. 37/2023, Art. 4 Z 2)*

§ 20. (1) Mit dem Zeitpunkte des Wirksamwerdens der Landesausführungsgesetze treten für das betreffende Bundesland alle bisherigen bundesgesetzlichen Vorschriften (einschließlich der früheren reichsgesetzlichen und staatsgesetzlichen Vorschriften und der Vorschriften des Deutschen Reiches) auf dem Gebiete der Errichtung, Erhaltung und Auflassung der öffentlichen Pflichtschulen, soweit diese Vorschriften noch in Geltung stehen, außer Kraft.

(2) Insbesondere treten gemäß Absatz 1 folgende Vorschriften außer Kraft:

a) Die §§ 59 bis 67 des Gesetzes vom 14. Mai 1869, RGBl. Nr. 62, in der geltenden Fassung (Reichsvolksschulgesetz);
b) die im Sinne des § 42 des Übergangsgesetzes vom 1. Oktober 1920, in seiner jewei-

[2]) Die Kundmachung im Bundesgesetzblatt erfolgte am 11. Juli 2016.

[3]) Die Kundmachung im Bundesgesetzblatt erfolgte am 22. Dezember 2018.

[4]) Die Kundmachung im Bundesgesetzblatt erfolgte am 30. Dezember 2021.

[5]) Die Kundmachung im Bundesgesetzblatt erfolgte am 31. Oktober 2022.

[6]) Im Zuge der Novelle BGBl. I Nr. 37/2023 wäre chronologisch richtig die Absatzbezeichnung „(18)" zu vergeben gewesen.

[7]) Die Kundmachung im Bundesgesetzblatt erfolgte am 20. April 2023.

ligen Fassung, ergangenen übereinstimmenden Bundesgesetze zu den auf dem Gebiete der Errichtung, Erhaltung und Auflassung der öffentlichen Pflichtschulen erlassenen Landesgesetzen;

c) Erste Ausführungsanweisung zur Siebzehnten Verordnung zur Einführung steuerrechtlicher Vorschriften in der Ostmark vom 11. August 1939, Ministerialblatt des Reichs- und Preußischen Ministerium des Inneren, Jahrgang 1939, S. 1725;

d) Verordnung über die vorläufige Regelung des Berufsschulwesens im Reichsgau Sudetenland und in den Reichsgauen der Ostmark vom 31. Mai 1940, Deutsches RGBl. I S. 832;

e) Verordnung zur Durchführung des § 10 Abs. 1 des Reichsschulpflichtgesetzes vom 12. Mai 1941, Deutsches RGBl. I S. 255;

f) Durchführungsverordnung zur Verordnung über die vorläufige Regelung des Berufsschulwesens im Reichsgau Sudetenland und in den Reichsgauen der Ostmark vom 15. Mai 1941, Deutsches RGBl. I S. 276;

g) Verordnung über den Fortfall der Berufsschulbeiträge vom 20. Februar 1942, Deutsches RGBl. I S. 85;

h) Zweite Verordnung zur Durchführung der Verordnung über die vorläufige Regelung des Berufsschulwesens in den Reichsgauen Kärnten, Niederdonau, Oberdonau, Salzburg, Steiermark und Tirol-Vorarlberg vom 22. Juli 1942, Deutsches RGBl. I S. 499;

i) Verordnung zur vorläufigen Regelung der Errichtung und Unterhaltung der Hauptschulen vom 31. März 1943, Deutsches RGBl. I S. 249;

j) § 22 Abs. 3 des Behörden-Überleitungsgesetzes, StGBl. Nr. 94/1945.

Übergangsrecht betreffend das Bildungsreformgesetz 2017, BGBl. I Nr. 138/2017

§ 20a. Sofern in Bestimmungen gemäß dem Bildungsreformgesetz 2017, BGBl. I Nr. 138/2017, auf die Schulbehörde Bildungsdirektion abgestellt wird, tritt bis zum Ablauf des 31. Dezember 2018 in § 5a die durch die Landesausführungsgesetzgebung bestimmte Behörde und in den übrigen Fällen der Landesschulrat bzw. der Stadtschulrat für Wien an die Stelle der Bildungsdirektion.

(BGBl. I Nr. 138/2017, Art. 11 Z 13)

§ 21. (1) Mit der Wahrnehmung der dem Bund gemäß Artikel 14 Abs. 8 des Bundes-Verfassungsgesetzes zustehenden Rechte auf dem durch dieses Bundesgesetz geregelten Gebiet ist der Bundesminister für Bildung, Wissenschaft und Forschung betraut. *(BGBl. Nr. 325/1975, Art. I Z 9 idF BGBl. Nr. 771/1996, Z 10, BGBl. I Nr. 91/2005, Art. 3 Z 3, BGBl. I Nr. 48/2014, Art. 9 Z 4 und BGBl. I Nr. 37/2023, Art. 4 Z 1)*

(2) Mit der Vollziehung des § 17 Abs. 1 dieses Bundesgesetzes ist der Bundesminister für Justiz im Einvernehmen mit dem Bundesminister für Bildung, Wissenschaft und Forschung, mit der Vollziehung des § 17 Abs. 2 dieses Bundesgesetzes der Bundesminister für Justiz im Einvernehmen mit dem Bundesminister für Finanzen betraut. *(BGBl. Nr. 325/1975, Art. I Z 9 idF BGBl. Nr. 771/1996, Z 10, BGBl. I Nr. 48/2014, Art. 9 Z 5 und BGBl. I Nr. 37/2023, Art. 4 Z 1)*

(BGBl. Nr. 325/1975, Art. I Z 9)

7.1.1. Abwicklung der mit dem Betrieb öffentlicher Pflichtschulen und öffentlicher Schülerheime verbundenen Finanztransaktionen (Verrechnungskonten)[1])

Gemäß § 14 Abs. 5 Pflichtschulerhaltungs-Grundsatzgesetz, BGBl. Nr. 163/1955 in der Fassung BGBl. I Nr. 138/2017 hat die Abwicklung der mit dem Betrieb der Schule er-Gemäß § 14 Abs. 5 Pflichtschulerhaltungs-Grundsatzgesetz, BGBl. Nr. 163/1955 in der geltenden Fassung hat die Abwicklung der mit dem Betrieb der Schule erforderlichen Finanztransaktionen nach Maßgabe der landesgesetzlichen Vorschriften zu erfolgen.

In diesem Zusammenhang wird seitens des Bundesministeriums für Bildung, Wissenschaft und Forschung mitgeteilt:

1. Zum Umfang der äußeren Schulorganisation im Pflichtschulbereich

Die Abwicklung finanzieller Angelegenheiten im Zusammenhang mit der Führung von öffentlichen Pflichtschulen und öffentlichen Schülerheimen ist wie die übrigen mit dem Betrieb der Schulen bzw. Heime verbundenen Veranlassungen als Angelegenheit der äußeren Schulorganisation durch Ausführungsgesetze der Länder zum Pflichtschulerhaltungs- Grundsatzgesetz zu regeln.

Der äußeren Schulorganisation in diesem Sinne zuzurechnen sind neben den mit der Schulerhaltung verbundenen Kosten, den Beiträgen für die Unterbringung, Verpflegung und Betreuung in öffentlichen Schülerheimen bzw. im Freizeitbereich öffentlicher ganztägiger Schulformen, sowie allenfalls eingehobenen Lern- und Arbeitsmittelbeiträgen auch etwaige Beiträge für die organisatorische Abwicklung von Schulveranstaltungen, ungeachtet deren materiellen Funktion einer Ergänzung des lehrplangemäßen Unterrichts.

2. Zur Eröffnung und Führung von Konten für öffentliche Pflichtschulen und öffentliche Schülerheime

§ 14 Abs. 5 Pflichtschulerhaltungs-Grundsatzgesetz ermöglicht den Ländern, im Wege ihrer Ausführungsgesetzgebung und unter Bedachtnahme auf landeshaushaltsrechtliche Bestimmungen nähere Regelungen über die Abwicklung der mit dem Betrieb von öffentlichen Pflichtschulen und öffentlichen Schülerheimen verbundenen finanziellen Transaktionen zu treffen. Dazu zählen insbesondere auch eine erforderliche Eröffnung und Führung von Konten bei Kreditinstituten durch Leiterinnen und Leiter von Schulen oder Schülerheimen zur Abwicklung des unbaren Zahlungsverkehrs.

3. Zur Rechtspersönlichkeit öffentlicher Pflichtschulen und öffentlicher Schülerheime

Einige Länder haben den öffentlichen Pflichtschulen bzw. öffentlichen Schülerheimen in unterschiedlichem Ausmaß bereits Rechtspersönlichkeit eingeräumt, im Rahmen welcher zum Teil auch die Abwicklung der mit dem Betrieb der Schulen bzw. Heime verbundenen finanziellen Transaktionen erfolgt.

4. Hinweis zum Außerkrafttreten von Bestimmungen

Der vorliegende Erlass ersetzt das seinerzeitige Rundschreiben Nr. 28/2017 des seinerzeitigen Bundesministeriums für Bildung, GZ 14.183/0127-Präs.5/2017 vom 25. Oktober 2017, welches außer Kraft tritt.

---

[1]) Geschäftszahl: 2022-0.614.384, Erlass Nr. 7/2022.

7.2.1. Bildungsdokumentationsgesetz 2020 – BildDokG 2020

BGBl. I Nr. 20/2021, Art. 1
idF der Bundesgesetze

BGBl. I Nr. 76/2022
BGBl. I Nr. 121/2024
BGBl. I Nr. 227/2022

Bundesgesetz, mit dem ein Bildungsdokumentationsgesetz 2020 erlassen wird und das Schulpflichtgesetz 1985, das Pflichtschulabschluss-Prüfungs-Gesetz, das Hochschulgesetz 2005, das Hochschul-Qualitätssicherungsgesetz, das Universitätsgesetz 2002, das IQS-Gesetz sowie das Anerkennungs- und Bewertungsgesetz geändert werden

Der Nationalrat hat beschlossen:

. . .

Artikel 1

Bundesgesetz über die Dokumentation im Bildungswesen (Bildungsdokumentationsgesetz 2020 – BilDokG 2020)

Inhaltsverzeichnis

1. Abschnitt
Allgemeine und allgemeine datenschutzrechtliche Bestimmungen

Regelungszweck

§ 1. (1) Dieses Bundesgesetz regelt

1. die Verarbeitung von personenbezogenen Daten der Schülerinnen und Schüler und Studierenden im Sinne der Verordnung (EU) 2016/679 zum Schutz natürlicher Personen bei der Verarbeitung personenbezogener Daten, zum freien Datenverkehr und zur Aufhebung der Richtlinie 95/46/EG (Datenschutz-Grundverordnung), ABl. Nr. L 119 vom 4.5.2016 S. 1, (im Folgenden: DSGVO) und des Datenschutzgesetzes – DSG, BGBl. I Nr. 165/1999, durch die von diesem Gesetz erfassten Bildungseinrichtungen, zwecks Wahrnehmung der diesen Einrichtungen gesetzlich übertragenen Aufgaben, der Studienförderung und der Vertretungsangelegenheiten der Studierenden;
2. die Führung der Gesamtevidenzen der Schülerinnen und Schüler bzw. der Studierenden und der Evidenzen über den Aufwand für Bildungseinrichtungen für Zwecke der Planung, der Steuerung, der Wahrung der gesetzlichen Aufsichtspflichten, der Bundesstatistik und der Verwaltungsstatistik;
3. die Verarbeitung von Daten aus den Evidenzen der Bildungseinrichtungen für Zwecke der Bundesstatistik zum Bildungswesen und des Bildungsstandregisters, die von der Bundesanstalt „Statistik Österreich" besorgt werden;
4. die Verarbeitung von Daten für Zwecke des Bildungscontrollings gemäß § 5 Abs. 1, 2 und 4 des Bildungsdirektionen-Einrichtungsgesetzes – BD-EG, BGBl. I Nr. 138/2017, insbesondere um eine transparente und einheitliche Datenbasis für die Qualitätsentwicklung und Qualitätssicherung im Schulbereich zu erhalten und durch die Festlegung der Verantwortlichen im Sinne des Art. 4 Z 7 DSGVO die Datensicherheit zu gewährleisten, sowie
5. die Verarbeitung von Daten für Zwecke der Überprüfung von Lernergebnissen der Schülerinnen und Schüler, der Unterrichts- und Förderplanung in Verbindung mit durch die zuständigen Lehrpersonen nach schulrechtlichen Bestimmungen geführten Gesprächen, des Qualitätsmanagements und der Qualitätsentwicklung im Schulwesen gemäß § 5 Abs. 2 Z 2, 4 und 6 BD-EG sowie hinsichtlich Kompetenzerhebungen gemäß § 17 Abs. 1a des Schulunterrichtsgesetzes – SchUG, BGBl. Nr. 472/1986. *(BGBl. I Nr. 20/2021, Art. 1 idF BGBl. I Nr. 227/2022, Art. 3 Z 1)*

(2) Soweit dieses Bundesgesetz keine abweichenden Bestimmungen enthält, sind der 1. und 2. Abschnitt des Forschungsorganisationsgesetzes, BGBl. Nr. 341/1981, auch im Anwendungsbereich dieses Bundesgesetzes anzuwenden.

Begriffsbestimmungen

§ 2. Im Sinne dieses Bundesgesetzes sind zu verstehen:

1. unter Bildungseinrichtungen des Schul- und Erziehungswesens (Schulen):
   a) Schulen einschließlich der Praxisschulen, Praxiskindergärten, -horte und -schülerheime gemäß dem Schulorganisationsgesetz, BGBl. Nr. 242/1962,
   b) Schulen gemäß dem Land- und forstwirtschaftlichem Bundesschulgesetz, BGBl. Nr. 175/1966,
   c) Schulen gemäß dem Bundessportakademiengesetz, BGBl. Nr. 140/1974,

d) Schulen gemäß dem Forstgesetz 1975, BGBl. Nr. 440/1975 (Forstfachschulen),

e) Schulen gemäß dem Privatschulgesetz, BGBl. Nr. 244/1962,

f) Schulen gemäß dem Land- und forstwirtschaftlichem Privatschulgesetz, BGBl. Nr. 318/1975;

2. unter Bildungseinrichtungen des Schul- und Erziehungswesens im Bereich der land- und forstwirtschaftlichen Berufsschulen und Fachschulen:

a) Schulen gemäß dem Bundesgesetz betreffend die Grundsätze für land- und forstwirtschaftliche Berufsschulen, BGBl. Nr. 319/1975,

b) Schulen gemäß dem Bundesgesetz betreffend die Grundsätze für land- und forstwirtschaftliche Fachschulen, BGBl. Nr. 320/1975;

3. unter Bildungseinrichtungen des Gesundheitswesens:

a) Schulen, Lehrgänge, Sonderausbildungen und Weiterbildungen gemäß dem Gesundheits- und Krankenpflegegesetz – GuKG, BGBl. I Nr. 108/1997,

b) medizinisch-technische Akademien und Sonderausbildungskurse gemäß dem Bundesgesetz über die Regelung der gehobenen medizinisch-technischen Dienste – MTD-Gesetz, BGBl. Nr. 460/1992,

c) Sonderausbildungskurse gemäß dem Hebammengesetz – HebG, BGBl. Nr. 310/1994,

d) Lehrgänge und Schulen für medizinische Assistenzberufe gemäß dem Medizinische Assistenzberufe-Gesetz – MABG, BGBl. I Nr. 89/2012,

e) Ausbildungsmodule gemäß dem Sanitätergesetz – SanG, BGBl. I Nr. 30/2002,

f) Ausbildungen, Aufschulungsmodule, Spezialqualifikationsausbildungen und Ausbildungen für Lehraufgaben gemäß dem Medizinischem Masseur- und Heilmasseurgesetz – MMHmG, BGBl. I Nr. 169/2002, sowie

g) Lehrgänge für Zahnärztliche Assistenz und Weiterbildungen in der Prophylaxeassistenz gemäß dem Zahnärztegesetz – ZÄG, BGBl. I Nr. 126/2005;

4. unter postsekundären Bildungseinrichtungen:

a) Universitäten gemäß § 6 Abs. 1 des Universitätsgesetzes 2002 – UG, BGBl. I Nr. 120/2002,

b) Pädagogische Hochschulen gemäß dem Hochschulgesetz 2005 – HG, BGBl. I Nr. 30/2006 (öffentliche Pädagogische Hochschulen und anerkannte private Pädagogische Hochschulen),

c) Privathochschulen und Privatuniversitäten gemäß dem Privathochschulgesetz (PrivHG), BGBl. I Nr. 77/2020,

d) theologische Lehranstalten gemäß Artikel V § 1 Abs. 1 des Konkordates zwischen dem Heiligen Stuhle und der Republik Österreich, BGBl. II Nr. 2/1934, und

e) Fachhochschul-Studiengänge und Fachhochschulen gemäß dem Fachhochschulgesetz (FHG), BGBl. Nr. 340/1993;

5. unter Erwachsenenbildungsinstituten:

a) Einrichtungen der Erwachsenenbildung, die vom Bund als Förderempfängerinnen anerkannt sind, und

b) öffentliche Schulen im Rahmen der Teilrechtsfähigkeit, die gemäß § 8 des Berufsreifeprüfungsgesetzes – BRPG, BGBl. I Nr. 68/1997, anerkannte Lehrgänge zur Vorbereitung auf die Berufsreifeprüfung durchführen;

6. unter Schülerinnen und Schülern: Schülerinnen und Schüler gemäß SchUG, Schülerinnen und Schüler gemäß dem Bundessportakademiengesetz, Studierende gemäß dem Schulunterrichtsgesetz für Berufstätige, Kollegs und Vorbereitungslehrgänge – SchUG-BKV, BGBl. I Nr. 33/1997, (jeweils auch in der Eigenschaft als Prüfungskandidatinnen und -kandidaten im Rahmen abschließender Prüfungen) sowie Bildungsteilnehmerinnen und -teilnehmer an Bildungseinrichtungen gemäß Z 1 lit. e und f, Z 2, Z 3 sowie Z 5;

7. unter Studierenden: Studierende und sonstige Bildungsteilnehmerinnen und -teilnehmer an den postsekundären Bildungseinrichtungen gemäß Z 4 (einschließlich Mitbelegerinnen und Mitbeleger);

8. unter einer Leiterin oder einem Leiter einer Bildungseinrichtung: Die Leiterin oder der Leiter einer Bildungseinrichtung gemäß Z 1 bis 3 und 5; wenn Schulen im organisatorischen Verbund mit anderen Schulen als Schulcluster geführt werden, dann ist unter der Leiterin oder dem Leiter einer Bildungseinrichtung die Leiterin oder der Leiter des Schulclusters zu verstehen;

9. unter einer Schulleiterin oder einem Schulleiter: Die Leiterin oder der Leiter

einer Bildungseinrichtung gemäß Z 1; wenn Schulen im organisatorischen Verbund mit anderen Schulen als Schulcluster geführt werden, dann ist unter der Schulleiterin oder dem Schulleiter die Leiterin oder der Leiter des Schulclusters zu verstehen;

10. unter einer Leiterin oder einem Leiter einer postsekundären Bildungseinrichtung gemäß Z 4: das für die Zulassung von Studierenden an den in Z 4 genannten postsekundären Bildungseinrichtungen zuständige Organ, an Pädagogischen Hochschulen die Rektorin oder der Rektor;
11. unter Daten: personenbezogene Daten (Art. 4 Z 1 DSGVO) und sonstige Informationen;
12. unter abschließender Prüfung: die Reifeprüfung sowie die Reife- und Diplomprüfung;
13. unter Kompetenzerhebungen: Kompetenzerhebungen gemäß § 17 Abs. 1a SchUG in Verbindung mit § 4 Abs. 1 des IQS-Gesetzes (IQS-G), BGBl. I Nr. 50/2019;
14. unter einem bPK: das bereichsspezifische Personenkennzeichen gemäß § 9 des E-Government-Gesetzes – E-GovG, BGBl. I Nr. 10/2004,
    a) unter bPK-AS das bereichsspezifische Personenkennzeichen des Tätigkeitsbereichs „Amtliche Statistik",
    b) unter bPK-BF das bereichsspezifische Personenkennzeichen des Tätigkeitsbereichs „Bildung und Forschung", und
    c) unter bPK-SV das bereichsspezifische Personenkennzeichen des Tätigkeitsbereichs „Sozialversicherung"

    gemäß der E-Government-Bereichsabgrenzungsverordnung – E-Gov-BerAbgrV, BGBl. II Nr. 289/2004; *(BGBl. I Nr. 20/2021, Art. 1 idF BGBl. I Nr. 121/2024, Art. 4 Z 2)*
15. unter einem verschlüsselten bPK: ein bPK, das einer Verschlüsselung gemäß § 13 Abs. 2 E-GovG zugeführt wurde; *(BGBl. I Nr. 20/2021, Art. 1 idF BGBl. I Nr. 121/2024, Art. 4 Z 2)*
16. unter bildungseinrichtungsspezifischem Personenkennzeichen: ein Personenkennzeichen, das von einer Bildungseinrichtung den ihr zugehörigen Schülerinnen und Schülern oder Studierenden zu Zwecken der Schülerinnen- und Schüler- oder Studierendenverwaltung zugewiesen wird; *(BGBl. I Nr. 20/2021, Art. 1 idF BGBl. I Nr. 121/2024, Art. 4 Z 3)*
17. unter „Bildungsstammportal": ein Anmeldeportal für Schülerinnen und Schüler, Lehrpersonen sowie Erziehungsberechtigte zum Zweck der Benutzer- und Berechtigungsverwaltung für den Zugang zu IT-Systemen und Diensten; *(BGBl. I Nr. 121/2024, Art. 4 Z 3)*
18. unter „Bildungsportalverbund": die Gesamtheit der Bildungsstammportale, deren Betreiberinnen und Betreiber einer Vereinbarung zu gemeinsamen Rechten, Pflichten und Nutzungsbedingungen (Bildungsportalverbundvereinbarung) beigetreten sind; *(BGBl. I Nr. 121/2024, Art. 4 Z 3)*
19. unter „Bildungsportal": das Bildungsportal des Bundes – bildung.gv.at, ein Anwendungsportal, das nach erfolgter Anmeldung am Bildungsstammportal Zugriff auf die IT-Systeme und Dienste ermöglicht, für die eine entsprechende Berechtigung vorliegt; *(BGBl. I Nr. 121/2024, Art. 4 Z 3)*
20. unter „IT-Systeme und Dienste": Systeme und Dienste gemäß Art. 32 DSGVO, die insbesondere in Schulen zur Erfüllung der gesetzlichen Aufgaben bzw. im öffentlichen Interesse sowie zur Durchführung von Datenverarbeitungen der Schulverwaltung, der Unterrichtsdokumentation und zu Zwecken des IKT-gestützten Unterrichts gemäß § 14a SchUG eingesetzt werden; *(BGBl. I Nr. 121/2024, Art. 4 Z 3)*
21. unter „Personenstammdaten" folgende Daten von Schülerinnen und Schülern sowie deren Erziehungsberechtigten, die aus öffentlichen Registern zu übermitteln sind:
    a) Namen, Geburtsdatum, Hauptwohnsitz, weitere Wohnsitze, Geschlecht, Staatsangehörigkeit aus dem Zentralen Melderegister (ZMR) gemäß § 16 Meldegesetz 1991 (MeldeG), BGBl. Nr. 9/1992, bzw. dem Ergänzungsregister für natürliche Personen gemäß § 6 Abs. 4 E-GovG,
    b) das bereichsspezifische Personenkennzeichen Bildung und Forschung – bPK (BF) – sowie weitere rechtlich benötigte verschlüsselte bereichsspezifische Personenkennzeichen anderer Bereiche aus dem Stammzahlenregister,
    c) besondere Personenstandsdaten zur Geburt gemäß § 2 Abs. 3 Z 1 des Personenstandsgesetzes 2013 – PStG 2013, BGBl. I Nr. 16/2013, eingeschränkt auf Elterndaten gemäß § 2

Abs. 2 Z 1 bis 3, 5 bis 7 PStG 2013, aus dem Zentralen Personenstandsregister (ZPR) zum Zweck der Ermittlung der dort eingetragenen Eltern als vermutliche Erziehungsberechtigte der Schülerinnen und Schüler,

d) das Lichtbild der Schülerin bzw. des Schülers aus dem Identitätsdokumentenregister, dem Führerscheinregister sowie dem Fremdenregister zum Zweck der Ausstellung der Schülerkarten gemäß § 5 Abs. 1 Z 11,

e) Daten der Schülerinnen und Schüler gemäß § 5 Abs. 1 Z 1 bis 4 und 12 bis 15 aus den Evidenzen der Schülerinnen und Schüler,

f) die Schulerhalterin oder der Schulerhalter, die Schulbezeichnung sowie die Anschrift der Schule;

(BGBl. I Nr. 121/2024, Art. 4 Z 3)

22. unter „Bildungsdaten“: jene mit dem Schulbesuch zusammenhängenden Daten, die keine Personenstammdaten sind und die im Zuge der Ausbildung gemäß den schulrechtlichen Vorschriften zu verarbeiten sind. Darunter sind Daten gemäß § 5 Abs. 1 Z 16 bis 20 sowie Daten der **Anlagen 1 bis 3 und 6** zu verstehen. Diese Daten werden nur in den lokalen Evidenzen der jeweils besuchten Schule verarbeitet, sowie gemäß den Bestimmungen dieses Bundesgesetzes im Datenverbund der Schulen zu gesetzlich festgelegten Zwecken bereitgestellt. *(BGBl. I Nr. 121/ 2024, Art. 4 Z 3)*

Allgemeine Bestimmungen

§ 3. (1) Soweit in diesem Bundesgesetz auf natürliche Personen bezogene Bezeichnungen angeführt sind, beziehen sich diese auf alle Geschlechtsformen in gleicher Weise. Bei der Anwendung der Bezeichnung auf bestimmte natürliche Personen ist die jeweils geschlechtsspezifische Form zu verwenden.

(2) Den Leiterinnen und Leitern von Bildungseinrichtungen gemäß § 2 Z 1 bis 3 und 5 und postsekundären Bildungseinrichtungen gemäß § 2 Z 4 ist die Sozialversicherungsnummer bekannt zu geben:

1. von Schülerinnen und Schülern bzw. Prüfungskandidatinnen und -kandidaten zum Zweck der Inanspruchnahme von Leistungen gemäß § 8 Abs. 1 Z 3 lit. h und i des Allgemeinen Sozialversicherungsgesetzes – ASVG, BGBl. Nr. 189/1955;
2. von Schülerinnen und Schülern bzw. Prüfungskandidatinnen und -kandidaten an Bildungseinrichtungen gemäß § 2 Z 2 und 3 für Zwecke gemäß § 1 Abs. 1 bis zur Ausstattung mit bPK;
3. von Studierenden gemäß § 24 Abs. 4 für Zwecke gemäß § 1 Abs. 1.

(3) Bis zur Ausstattung der Bildungseinrichtungen gemäß § 2 Z 1 bis 5 mit bPK (§ 24 Abs. 3 bis 5 sowie § 25 Abs. 3) ist hinsichtlich jener Schülerinnen und Schüler, Prüfungskandidatinnen und Prüfungskandidaten, Studierende und Studienwerberinnen und Studienwerber an diesen Bildungseinrichtungen gemäß Abs. 4 bis 7 vorzugehen.

(4) Die Leiterin bzw. der Leiter der Bildungseinrichtung hat der Bundesanstalt „Statistik Österreich“ an Stelle des bPK

1. die österreichische Sozialversicherungsnummer und,
2. falls diese nicht vorhanden ist, Familiennamen und Vornamen, Geschlecht, Geburtsdatum und Anschrift am Heimatort oder, sofern vorhanden, einen Wohnsitz im Inland, wenn der Heimatort im Ausland gelegen ist, zwecks Zuweisung eines Ersatzkennzeichens

im automationsunterstützten Datenverkehr bekannt zu geben.

(5) Liegt eine Sozialversicherungsnummer vor, hat die Bundesanstalt „Statistik Österreich“ diese im Wege des Dachverbandes der österreichischen Sozialversicherungsträger ehestens durch das bPK-AS und das verschlüsselte bPK-BF zu ersetzen und die Sozialversicherungsnummer zu löschen.

(6) Liegt keine Sozialversicherungsnummer vor, ist die Bundesanstalt „Statistik Österreich“ berechtigt, mittels der für das Ersatzkennzeichen vorhandenen Daten eine Abfrage im Stammzahlenregister durchzuführen und für das Ersatzkennzeichen das bPK-AS und die verschlüsselten bPK-SV und bPK-BF zu ermitteln.

(7) Geben Personen, auf die Abs. 6 zutrifft, der Bildungseinrichtung eine Sozialversicherungsnummer später bekannt oder können bPK später erzeugt werden, so ist bei dessen bzw. deren erstmaliger Übermittlung an die Bundesanstalt „Statistik Österreich“ das Ersatzkennzeichen zum Zweck der eindeutigen Zuordnung zusätzlich anzugeben. Die Bundesanstalt „Statistik Österreich“ hat alle Datensätze dieser Personen auf das bPK bzw., falls kein bPK erzeugt werden konnte, auf die Sozialversicherungsnummer, zusammenzuführen und entsprechend zu speichern. Stimmen die so ermittelten Daten zur Person nicht überein, so hat auf Verlangen der Bundesanstalt „Statistik Österreich“ der Dachverband der österreichischen Sozialversicherungsträger

die Sozialversicherungsnummern zu den verschlüsselten bPK-SV zu ermitteln und die Sozialversicherungsnummern mit den bPK-BF und bPK-AS, jeweils in verschlüsselter Form, an die Bundesanstalt „Statistik Österreich“ zum Zwecke der Datenbereinigung zu übermitteln.

Allgemeine datenschutzrechtliche Bestimmungen

§ **4.** (1) Verantwortliche im Sinne des Art. 4 Z 7 DSGVO sind

1. die jeweilige Schulleiterin bzw. der jeweilige Schulleiter hinsichtlich
   a) der Rechtmäßigkeit der Verarbeitung personenbezogener Daten und Einhaltung der Grundsätze des Art. 5 DSGVO durch die Bildungseinrichtung,
   b) der Wahrung der organisatorischen Datensicherheitsmaßnahmen durch die Bildungseinrichtung gemäß § 9 IKT-Schulverordnung, BGBl. II Nr. 382/2021, sowie
   c) der Wahrung der Rechte der betroffenen Schülerinnen oder Schüler einer Bildungseinrichtung sowie deren Erziehungsberechtigter,

   wobei die Schulleiterin bzw. der Schulleiter hinsichtlich ihrer datenschutzrechtlichen Aufgaben durch eine Datenschutzbeauftragte oder einen Datenschutzbeauftragten in der zuständigen Schulbehörde zu unterstützen ist;
2. die Stelle des öffentlichen Bereichs bzw. eine Schulerhalterin oder ein Schulerhalter, die bzw. der über die technisch-organisatorische Ausgestaltung und den Einsatz der IT-Systeme und Dienste entscheidet, hinsichtlich der Gewährleistung der Datensicherheit derselben (zB einer Schulverwaltungssoftware und deren Hosting);
3. die zuständige Bildungsdirektorin oder der zuständige Bildungsdirektor für die Evidenzen der Schülerinnen und Schüler hinsichtlich des gleichwertigen Unterrichts für die der allgemeinen Schulpflicht unterliegenden Schülerinnen und Schüler gemäß § 5 Abs. 3 und 4 und
4. die Bundesministerin oder der Bundesminister für Bildung, Wissenschaft und Forschung für
   a) die Gesamtevidenzen der Schülerinnen und Schüler und der Studierenden, die Durchführung von Vorhaben im öffentlichen Interesse gemäß § 13, den Datenverbund der Schulen und das Bildungsstammportal des Bundes, wobei die Bundesrechenzentrum GmbH (BRZ GmbH) den Datenverbund der Schulen und das Bildungsstammportal des Bundes als Auftragsverarbeiterin gemäß Art. 4 Z 8 DSGVO nach Maßgabe eines Vertrages gemäß Art. 28 Abs. 3 DSGVO betreibt,
   b) das Bildungsportal sowie
   c) für alle IT-Systeme und Dienste, die seitens der Bundesministerin oder des Bundesministers für Bildung, Wissenschaft und Forschung bereitgestellt werden oder in denen Daten aus dem Datenverbund der Schulen zu Zwecken des Schulrechtsvollzugs verarbeitet werden.

(BGBl. I Nr. 121/2024, Art. 4 Z 4)

(2) entfallen (BGBl. I Nr. 121/2024, Art. 4 Z 5)

(3) Die zuständige Bundesministerin oder der zuständige Bundesminister hat durch Verordnung festzulegen:

1. geeignete technische und organisatorische Maßnahmen zur Gewährleistung der Sicherheit der Datenverarbeitung gemäß Art. 32 DSGVO (das sind insbesondere Maßnahmen zur sicheren Authentifizierung und sicheren Datenübertragung auf Endgeräten, Mindestanforderungen an die eingesetzte Hostingumgebung sowie Leitlinien für von den Bildungseinrichtungen festzulegenden IT-Nutzungsbedingungen),
2. geeignete technische und organisatorische Maßnahmen zur Abfrage insbesondere im Stammzahlenregister zur Ausstattung mit bereichsspezifischen Personenkennzeichen gemäß den §§ 9 und 10 E-GovG (insbesondere Abfragezeitpunkte, Schnittstellendefinitionen, Übertragungsprotokolle und Datenformate zwischen den Softwareprodukten) und *(BGBl. I Nr. 121/2024, Art. 4 Z 6)*
3. im Einvernehmen mit der Bundesministerin oder dem Bundesminister für Inneres geeignete technische und organisatorische Maßnahmen zur Abfrage im ZMR zur Ausstattung mit Meldedaten gemäß § 2 Z 21 lit. a, sowie im ZPR zur Ausstattung mit allgemeinen Personenstandsdaten der Eltern von Schülerinnen und Schülern (insbesondere Abfragezeitpunkte, Schnittstellendefinitionen, Übertragungsprotokolle und Datenformate zwischen den Softwareprodukten). *(BGBl. I Nr. 121/2024, Art. 4 Z 6)*

(4) Die zuständige Bundesministerin oder der zuständige Bundesminister hat

a) den Bildungsdirektorinnen und Bildungsdirektoren sowie

b) der Leiterin oder dem Leiter des Instituts des Bundes für Qualitätssicherung im österreichischen Schulwesen (IQS) unbeschadet des § 5 Abs. 2 IQS-G

zum Zweck der Wahrnehmung der diesen jeweils gesetzlich übertragenen Aufgaben auf Antrag eine Abfrageberechtigung auf die in der Gesamtevidenz der Schülerinnen und Schüler verarbeiteten Daten im Wege des Datenfernverkehrs zu eröffnen. Dies hat so zu erfolgen, dass statistische Auswertungen unter Wahrung des Statistikgeheimnisses gemäß § 17 des Bundesstatistikgesetzes 2000, BGBl. I Nr. 163/1999, möglich sind und weder eine Ermittlung und Abspeicherung von Daten über eine bestimmte Bildungsteilnehmerin oder einen bestimmten Bildungsteilnehmer noch ein Rückschluss auf Angaben über bestimmte Bildungsteilnehmerinnen oder Bildungsteilnehmer möglich ist. Abfrageberechtigungen dürfen nur erteilt werden, wenn die Einhaltung der Datensicherheitsmaßnahmen des Art. 32 DSGVO von der Antragstellerin oder vom Antragsteller nachgewiesen wird.

(5) Näheres über die Vorgangsweise bei der Verarbeitung von Daten und über die Voraussetzungen, insbesondere im Hinblick auf Datensicherheitsmaßnahmen gemäß Abs. 4 letzter Satz, unter denen den Bildungsdirektorinnen und Bildungsdirektoren bzw. der Leiterin oder dem Leiter des IQS eine Abfrageberechtigung gemäß Abs. 4 eingeräumt wird, sind von der zuständigen Bundesministerin oder vom zuständigen Bundesminister durch Verordnung festzulegen, wobei insbesondere vorzusehen ist, dass seitens der Antragstellerin oder des Antragstellers sichergestellt wird, dass

1. in ihrem oder seinem Bereich ausdrücklich festgelegt wird, wer (Identität der oder des Abfragenden) unter welchen Voraussetzungen (Bekanntgabe des Abfragezwecks) eine Abfrage durchführen darf;
2. die gemäß Z 1 abfrageberechtigten Mitarbeiterinnen und Mitarbeiter über ihre nach Datenschutzvorschriften bestehenden Pflichten belehrt werden;
3. entsprechende Regelungen über die Abfrageberechtigungen und den Schutz vor Einsicht und Verarbeitung der Daten durch Unbefugte getroffen werden;
4. durch technische oder programmgesteuerte Vorkehrungen Maßnahmen gegen unbefugte Abfragen ergriffen werden;
5. Aufzeichnungen geführt werden, damit tatsächlich durchgeführte Verarbeitungsvorgänge im Hinblick auf ihre Zulässigkeit im notwendigen Ausmaß nachvollzogen werden können (Protokollierung);
6. Maßnahmen zum Schutz vor unberechtigtem Zutritt zu Räumlichkeiten, von denen aus Abfragen durchgeführt werden können, ergriffen werden sowie
7. eine Dokumentation über die nach Z 1 bis 6 getroffenen Maßnahmen geführt wird.

(6) Die Berechtigung zur Abfrage aus der Gesamtevidenz der Schülerinnen und Schüler gemäß Abs. 4 ist zu entziehen, wenn

1. die Voraussetzungen, unter denen die Abfrageberechtigung erteilt wurde, nicht mehr vorliegen;
2. Interessen, Grundrechte oder Grundfreiheiten betroffener Personen durch die Erteilung von Auskünften verletzt wurden;
3. gegen Datensicherheitsmaßnahmen gemäß Abs. 5 Z 1 bis 7 oder die allgemeinen Grundsätze des Art. 32 DSGVO verstoßen wurde oder
4. ausdrücklich auf sie verzichtet wird.

(7) Die in den Evidenzen der Schülerinnen und Schüler bzw. jenen der Studierenden enthaltenen Sozialversicherungsnummern oder Ersatzkennzeichen der Schülerinnen, Schüler und Studierenden sind spätestens zwei Jahre nach dem Abgang von der Bildungseinrichtung zu löschen. Die Schulleiterinnen und Schulleiter haben darüber hinaus

1. die Daten gemäß § 5 Abs. 1 Z 3, 8 und 11 sowie der **Anlage 1** Z 7, 9, 11 und 12 spätestens zwei Jahre und
2. die Daten gemäß der **Anlage 2** Z 6, 7 und 8 60 Jahre

nach dem Abgang der Schülerin oder des Schülers von der Bildungseinrichtung aus den Evidenzen der Schülerinnen und Schüler zu löschen. Alle übrigen Daten sind nach Maßgabe schul- und hochschulrechtlicher Bestimmungen zu dem jeweils festgelegten Zeitpunkt zu löschen. Die Bestimmungen des Bundesarchivgesetzes, BGBl. I Nr. 162/1999, bleiben davon unberührt.

(8) Die Bundesanstalt „Statistik Österreich" hat hinsichtlich der gemäß § 18 Abs. 2 für Zwecke der Bundesstatistik zum Bildungswesen übermittelten Daten in jedem Datensatz spätestens 60 Jahre nach der letzten Datenmeldung zu dieser Schülerin oder diesem Schüler bzw. dieser oder diesem Studierenden den Personenbezug zu löschen. Davon abweichend ist der Personenbezug zum Datum gemäß § 18 Abs. 2 Z 1 lit. o spätestens 20 Jahre nach der letzten Datenmeldung zu dieser Schülerin oder diesem Schüler zu löschen.

2. Abschnitt
Datenverarbeitungen hinsichtlich der Schülerinnen und Schüler
Evidenzen der Schülerinnen und Schüler

§ 5. (1) Die Schulleiterin oder der Schulleiter hat für die Vollziehung des Schulunterrichtsgesetzes, des Schulunterrichtsgesetzes für Berufstätige, Kollegs und Vorbereitungslehrgänge sowie der sonstigen schulrechtlichen Normen und des § 46a Abs. 2 Z 5 des Familienlastenausgleichsgesetzes 1967, BGBl. Nr. 376/1967, folgende schülerinnen- und schülerbezogene Daten nach Maßgabe der technischen Möglichkeiten automationsunterstützt zu verarbeiten: *(BGBl. I Nr. 20/2021, Art. 1 idF BGBl. I Nr. 227/2022, Art. 3 Z 2)*

1. die Schulkennzahl;
2. die Schulformkennzahl;
3. ein bildungseinrichtungsspezifisches Personenkennzeichen;
4. die Sozialversicherungsnummer zum Zweck der Inanspruchnahme von Leistungen gemäß § 8 Abs. 1 Z 3 lit. h und i ASVG;
5. das bPK-BF/Ersatzkennzeichen, sowie allenfalls die für die Erfüllung gesetzlicher Verpflichtungen erforderlichen bPK anderer Bereiche in verschlüsselter Form;
6. die Namen (Vor- und Familiennamen, einschließlich allfälliger akademischer Grade);
7. das Geburtsdatum;
8. die Staatsangehörigkeit;
9. das Geschlecht;
10. die Anschrift am Heimatort und, sofern zusätzlich vorhanden, des der Bildungseinrichtung nächstgelegenen Wohnsitzes (Zustelladresse) sowie die Unterkunftsart dieses nächstgelegenen Wohnsitzes entsprechend den Angaben der Erziehungsberechtigten bzw. der Schülerin oder des Schülers;
11. im Fall, dass eine Schülerinnen- oder Schülerkarte mit Lichtbild auszustellen ist, ein Lichtbild, auf dem der Kopf erkennbar und vollständig abgebildet sein muss; zu diesem Zweck und ausschließlich auf ausdrückliches Ersuchen der Erziehungsberechtigten bzw. der Schülerin oder des Schülers im Alter von mindestens 14 Jahren ist die oder der Verantwortliche gemäß § 4 Abs. 1 nach Maßgabe der technischen Möglichkeiten ermächtigt, Lichtbilder
    a) aus den Beständen der Passbehörden (§§ 22a ff. des Passgesetzes 1992, BGBl. Nr. 839/1992),
    b) aus den Beständen der mit der Registrierung des Elektronischen Identitätsnachweises – E-ID betrauten Behörden (§§ 4a und 4b E-GovG),
    c) aus den Beständen des Führerscheinregisters (§§ 16 ff. und 35 des Führerscheingesetzes – FSG, BGBl. I Nr. 120/1997),
    d) aus den Beständen des Zentralen Fremdenregisters (§ 26 des BFA-Verfahrensgesetzes, BGBl. I Nr. 87/2012)

    automationsunterstützt im Rahmen einer Online-Abfrage unter Verwendung des bereichsspezifischen Personenkennzeichens (bPK) nach § 9 E-GovG zu verarbeiten, wobei Näheres durch Verordnung der zuständigen Bundesministerin oder des zuständigen Bundesministers festgelegt werden kann;
12. das erste Jahr der allgemeinen Schulpflicht;
13. das Datum des Beginns der jeweiligen Ausbildung und deren Bezeichnung;
14. die Eigenschaft als ordentliche oder außerordentliche Schülerin bzw. ordentlicher oder außerordentlicher Schüler;
15. das Datum und die Form der Beendigung der jeweiligen Ausbildung unter Angabe der Bezeichnung der beendeten Ausbildung;
16. das von den Erziehungsberechtigten bzw. von der Schülerin oder dem Schüler angegebene Religionsbekenntnis;
17. einen festgestellten sonderpädagogischen Förderbedarf;
18. die Inanspruchnahme einer Ausbildung gemäß § 8b Abs. 1 oder 2 des Berufsausbildungsgesetzes, BGBl. Nr. 142/1969;
19. mit dem Schulbesuch zusammenhängende Daten über die Sprachen der Schülerinnen und Schüler (Erstsprachen, im Alltag gebrauchte Sprachen), Ergebnis des standardisierten Testverfahrens gemäß § 4 Abs. 2a SchUG,[1] die Form der Sprachförderung in der Unterrichtssprache Deutsch, die Verletzung der Schulpflicht, die Teilnahme an Unterrichts- und Betreuungsangeboten, insbesondere dem Erstsprachenunterricht,[2] die

[1] Die grau unterlegte Wendung „Ergebnis des standardisierten Testverfahrens gemäß § 4 Abs. 2a SchUG," idF der Novelle BGBl. I Nr. 121/2024 tritt gemäß § 22 Abs. 5 Z 3 mit 1. September 2026 in Kraft.

[2] Die Einfügung der Wendung „Erstsprachenunterricht," durch die Novelle BGBl. I Nr. 121/2024 findet in den Inkrafttretensbestimmungen des § 22 Abs. 5 keine Erwähnung, sodass diese Wendung ebenfalls mit Ablauf des Tages der Kundmachung im Bundesgesetzblatt in Kraft tritt. Die Kundmachung der Novelle BGBl. I Nr. 121/2024 erfolgte am 22. Juli 2024.

Teilnahme an der Sommerschule,[3]) die Schul- bzw. Unterrichtsorganisation sowie den Bildungsverlauf, den Schulerfolg, insbesondere den Erfolg bei abschließenden Prüfungen, Externistenprüfungen, die einer abschließenden Prüfung entsprechen, sowie bei der Berufsreifeprüfung, sowie Informationen aus den Kompetenzerhebungen, gemäß **Anlage 1** und *(BGBl. I Nr. 20/2021, Art. 1 idF BGBl. I Nr. 121/2024, Art. 4 Z 8 und 9)*

20. andere für Vollzugsaufgaben an der Schule notwendige Daten gemäß **Anlage 2.**

(2) Im Fall der Ablegung einer Externistenprüfung gemäß § 42 SchUG oder § 42 SchUG-BKV, einer Studienberechtigungsprüfung gemäß 8c des Schulorganisationsgesetzes, einer Berufsreifeprüfung als Externistenprüfung gemäß § 1 Abs. 3 BRPG (einschließlich der an anerkannten Lehrgängen gemäß § 8 BRPG durchgeführten Teilprüfungen), einer Pflichtschulabschluss-Prüfung als Externistenprüfung gemäß § 1 Abs. 2 des Pflichtschulabschluss-Prüfungs-Gesetzes, BGBl. I Nr. 72/2012, (einschließlich der an anerkannten Lehrgängen gemäß § 8 des Pflichtschulabschluss-Prüfungs-Gesetzes durchgeführten Teilprüfungen) sowie im Fall der Ablegung einer Prüfung gemäß den §§ 11 Abs. 4, 13 Abs. 3 und 22 Abs. 4 des Schulpflichtgesetzes 1985, BGBl. Nr. 76/1985, hat die Schulleiterin oder der Schulleiter sowie die Leiterin oder der Leiter eines Erwachsenenbildungsinstituts jener Bildungseinrichtung, an der die Externistenprüfung bzw. die Teilprüfung durchgeführt wird, die Prüfungskandidatinnen und -kandidaten evident zu halten. Die Schulleiterin oder der Schulleiter sowie die Leiterin oder der Leiter eines Erwachsenenbildungsinstituts hat zu Zwecken der Prüfungskommission sowie der Gesamtevidenz nach Maßgabe der technischen Möglichkeiten automationsunterstützt prüfungskandidatinnen- und prüfungskandidatenbezogene Daten gemäß Abs. 1 Z 1 bis 10, 12, 13 und 15, gemäß **Anlage 3** – bei Erwachsenenbildungsinstituten die Erwachsenenbildungsinstitutskennzahl statt der Schulkennzahl – zu verarbeiten.

(3) Die zuständige Bildungsdirektorin oder der zuständige Bildungsdirektor hat für Zwecke der Ermittlung der der allgemeinen Schulpflicht unterliegenden Schülerinnen und Schüler gemäß § 16 des Schulpflichtgesetzes 1985 nach Maßgabe der technischen Möglichkeiten automationsunterstützt folgende Daten hinsichtlich der Teilnahme an einem gleichwertigen Unterricht gemäß § 11 Abs. 1 und 2 sowie § 13 Abs. 1 und 2 des Schulpflichtgesetzes 1985 schülerinnen- und schülerbezogen zu verarbeiten:

1. die Kennzahl der meldenden Behörde;
2. die Art der Erfüllung der Schulpflicht;
3. die Schulformkennzahl;
4. ein von der Bildungsdirektion zu vergebendes bildungseinrichtungsspezifisches Personenkennzeichen;
5. das bPK-BF, sowie allenfalls die für die Erfüllung gesetzlicher Verpflichtungen erforderlichen bPK anderer Bereiche in verschlüsselter Form;
6. die Namen (Vor- und Familiennamen);
7. das Geburtsdatum;
8. die Staatsangehörigkeit;
9. das Geschlecht;
10. die Anschrift am Heimatort und, sofern zusätzlich vorhanden, des der Bildungseinrichtung nächstgelegenen Wohnsitzes (Zustelladresse) entsprechend den Angaben der Erziehungsberechtigten bzw. der Schülerin oder des Schülers;
11. das erste Jahr der allgemeinen Schulpflicht;
12. das Datum des Beginns der jeweiligen Ausbildung und deren Bezeichnung;
13. die Eigenschaft als ordentliche oder außerordentliche Schülerin bzw. ordentlicher oder außerordentlicher Schüler;
14. das Datum und die Form der Beendigung der jeweiligen Ausbildung unter Angabe der Bezeichnung der beendeten Ausbildung;
15. einen festgestellten sonderpädagogischen Förderbedarf und
16. andere mit der Erfüllung der Schulpflicht zusammenhängende Daten, soweit zutreffend, über die Verletzung der Schulpflicht sowie den Bildungsverlauf gemäß **Anlage 1** sowie die Daten der Erziehungsberechtigten gemäß Anlage 2 Z 9. *(BGBl. I Nr. 20/2021, Art. 1 idF BGBl. I Nr. 121/2024, Art. 4 Z 10)*

Die Daten zur erfolgten oder nicht erfolgten Ablegung und zum Ergebnis einer Prüfung gemäß § 11 Abs. 4 oder § 13 Abs. 3 des Schulpflichtgesetzes 1985 sind von der Schulleiterin oder dem Schulleiter jener Bildungseinrichtung, an der eine solche Prüfung durchzuführen ist, der zuständigen Bildungsdirektorin oder dem zuständigen Bildungsdirektor bekannt zu geben und von dieser oder diesem zu verarbeiten. Dies gilt auch hinsichtlich der Befreiungen vom Besuch der Berufsschule durch die Schulleiterin oder den Schulleiter gemäß

PflSchErh-GG
BildDokG 2020, VO

[3]) Die grau unterlegte Wendung „die Teilnahme an der Sommerschule" idF der Novelle BGBl. I Nr. 121/2024 tritt gemäß § 22 Abs. 5 Z 2 mit 1. Jänner 2025 in Kraft.

§ 23 Abs. 3 und 4 des Schulpflichtgesetzes 1985.

(4) Sofern keine Prüfung gemäß § 11 Abs. 4 des Schulpflichtgesetzes 1985 erforderlich ist oder von einer Prüfung gemäß § 13 Abs. 3 des Schulpflichtgesetzes 1985 abgesehen wird sowie bei Befreiung vom Besuch der Berufsschule gemäß § 23 des Schulpflichtgesetzes 1985 und bei Befreiung vom Schulbesuch gemäß § 15 des Schulpflichtgesetzes 1985 hat die jeweils zuständige Bildungsdirektorin oder der jeweils zuständige Bildungsdirektor nach Maßgabe der technischen Möglichkeiten automationsunterstützt personenbezogene Daten gemäß Abs. 1 Z 2 bis 10 und 12 sowie **Anlage 3** Z 2 zu verarbeiten.

Datenverarbeitungen zum Zweck des Schulbesuchs vertriebener junger Menschen aus der Ukraine

§ 5a. (1) Zum Zweck der Unterrichtsorganisation, der Sicherstellung der Erfüllung der allgemeinen Schulpflicht sowie der Gewährleistung des Rechtes auf Bildung gemäß Art. 2 des 1. Zusatzprotokolls der Europäischen Menschenrechtskonvention – EMRK, BGBl. Nr. 210/1958, haben die Leiterinnen und Leiter von Bildungseinrichtungen gemäß § 2 Z 1 und 2 wöchentlich der jeweils zuständigen Bildungsdirektion die Leiterinnen und Leiter von Zentrallehranstalten dem Bundesminister für Bildung, Wissenschaft und Forschung, im Wege der Bundesrechenzentrum GmbH (BRZ) als Auftragsverarbeiterin der Bundesministerin oder des Bundesministers für Bildung, Wissenschaft und Forschung im Sinne des Art. 4 Z 8 der Datenschutz-Grundverordnung nachstehend genannte personenbezogene Daten hinsichtlich jener Schülerinnen und Schüler mit ukrainischer Staatsangehörigkeit die ab dem 24. Februar 2022 in die Schule aufgenommen wurden, automationsunterstützt zu übermitteln:

1. die Schulkennzahl,
2. die Schulformkennzahl,
3. ein bildungseinrichtungsspezifisches Personenkennzeichen,
4. sofern vorhanden, die Sozialversicherungsnummer,
5. die Namen (Vor- und Familiennamen),
6. das Geburtsdatum,
7. den Geburtsort,
8. das Geschlecht,
9. die Schulstufe,
10. den Hauptwohnsitz und allfällige weitere Wohnadressen in Österreich,
11. die Ausstellungsbehörde, das Ausstellungsdatum und die Ausstellungsnummer vorgelegter (Reise-)Dokumente und
12. die Kontaktdaten der Erziehungsberechtigten einschließlich jener für die elektronische Kommunikation gemäß § 70a SchUG.

(2) Die Bildungsdirektionen haben die Daten gemäß Abs. 1 der Bundesministerin oder dem Bundesminister für Bildung, Wissenschaft und Forschung im Wege der BRZ automationsunterstützt zu übermitteln.

(3) Dazu sind die erforderlichen Daten gemäß § 6a sowie, soweit vorhanden, die Ausstellungsbehörde, das Ausstellungsdatum und die Ausstellungsnummer vorgelegter (Reise-) Dokumente zu übermitteln. *(BGBl. I Nr. 121/ 2024, Art. 4 Z 11)*

(4) Durch automationsunterstützten Abgleich der Daten gemäß Abs. 1 bis 3 werden wöchentlich jene Personen festgestellt, die

1. in den Datenmeldungen gemäß Abs. 1 bis 3,
2. ausschließlich in den Datenmeldungen gemäß Abs. 1 und 2,
3. ausschließlich in den Datenmeldungen gemäß Abs. 3

erfasst sind. Die Datensätze sind mit Ende des Schuljahres zu löschen.

(5) Hinsichtlich der nur gemäß Abs. 4 Z 3 erfassten Personen hat die Bundesministerin oder der Bundesminister für Bildung, Wissenschaft und Forschung den Bildungsdirektionen im Wege der BRZ die entsprechenden Datensätze automationsunterstützt zu übermitteln. Diese haben sodann Vorkehrungen zur Sicherstellung (bei schulpflichtigen Schülerinnen und Schülern) bzw. Ermöglichung des Schulbesuchs zu treffen.

(BGBl. I Nr. 76/2022, Art. 3 Z 2)

Datenverbund der Schulen

§ 6. (1) Für den Bereich der Schulen gemäß § 2 Z 1 und der Schulbehörden wird ein Datenverbund der Schulen bei der Bundesministerin bzw. beim Bundesminister für Bildung, Wissenschaft und Forschung zu folgenden Zwecken eingerichtet:

1. für die Verarbeitung von Personenstammdaten der Schülerinnen und Schüler sowie deren Erziehungsberechtigten anlässlich der erstmaligen Aufnahme von Schülerinnen und Schülern an einer Schule (§ 6a);
2. für die Bereitstellung von Personenstammdaten und Bildungsdaten der Schülerinnen und Schüler zum Zweck der Durchführung der Beendigung des Besuchs einer Schule

und Aufnahme an einer anderen Schule (§ 6b);

3. für die Verarbeitung von Personenstammdaten der Schülerinnen und Schüler sowie deren Erziehungsberechtigten zum Zweck der schulorganisatorischen Planung, insbesondere gemäß § 8a Abs. 3 SchOG bzw. § 8a Abs. 3 Land- und forstwirtschaftliches Bundesschulgesetz, sowie zum Zweck der Ermittlung der der allgemeinen Schulpflicht unterliegenden Schülerinnen und Schüler gemäß § 5 Abs. 3 und 4 iVm § 16 Schulpflichtgesetz 1985;
4. für die Durchführung vordefinierter statistischer Auswertungen zum Zweck der Steuerung und des Qualitätsmanagements (§ 6c);
5. für die Verarbeitung personenbezogener Daten der Schülerinnen und Schüler sowie deren Erziehungsberechtigten im Fall dringend gebotener Maßnahmen im Zuge des Krisenmanagements zur Abwendung unmittelbar drohender Gefahren für Leib und Leben;
6. für die Verarbeitung von Personenstammdaten und Bildungsdaten der Schülerinnen und Schüler, deren Erziehungsberechtigten und der Lehrpersonen zum Zweck des Identitäts- und Berechtigungsmanagements für die Nutzung von (IT-)Systemen und Diensten (§§ 6d und 6e);
7. für den Austausch von gesetzlich definierten Daten über die Schnittstelle zum Register- und Systemverbund mit anderen öffentlichen Stellen entsprechend deren gesetzlichen Aufträgen und
8. für die Zuordnung von bereichsspezifischen Personenkennzeichen (BF) sowie von weiteren benötigten verschlüsselten bereichsspezifischen Personenkennzeichen anderer Bereiche zu den Schülerinnen und Schülern im gleichwertigen Unterricht und deren Erziehungsberechtigten aus dem Stammzahlenregister und die Bereitstellung dieser Personenkennzeichen gemäß § 8 E-Governmentgesetz für am Bildungsportal angebundene IT-Systeme und Dienste.

(2) Der Datenverbund der Schulen hat die Personenstammdaten und Bildungsdaten gemäß § 2 Z 21 und 22 zu enthalten, die im Rahmen des Besuchs einer Bildungseinrichtung gemäß § 2 Z 1 gemäß den schulrechtlichen Anforderungen zu verarbeiten sind. Der Name, das Geburtsdatum, die E-Mailadresse sowie das bereichsspezifische Personenkennzeichen (BF) sind nach dem letzten Schulbesuch sieben Schuljahre, Daten der abschließenden Prüfungen, der Externistenprüfungen, die abschließenden Prüfungen entsprechen sowie der Berufsreifeprüfungen nach Ablegung der letzten Teilprüfung drei Jahre und weitere Personenstammdaten sowie Bildungsdaten ein Schuljahr lang im Datenverbund aufzubewahren. Wenn eine Person nach Ablauf eines Jahres nach dem Ende ihres Schulbesuches die Löschung der sie betreffenden Daten beantragt, so sind diese Daten im Datenverbund zu löschen.

(3) Personenbezogene Abfragen sind nur zulässig, soweit dies zur Erfüllung einer gesetzlich übertragenen Aufgabe erforderlich ist. Abfrageberechtigt sind in ihrem jeweils sachlichen und örtlichen Zuständigkeitsbereich:

1. hinsichtlich Abs. 1 Z 1 bis 6 die Schulleiterinnen und Schulleiter;
2. hinsichtlich Abs. 1 Z 1 bis 6 und 8 die Leiterinnen und Leiter der jeweils zuständigen Schulbehörde und
3. hinsichtlich Abs. 1 Z 1, Z 4 bis 8 die zuständige Bundesministerin bzw. der zuständige Bundesminister.

(4) Die näheren Bestimmungen zu den Verfahrensabläufen, technischen Verfahren und Formaten der Datenverarbeitung, zum Verfahren der Übermittlung von Daten an die abfrageberechtigten Einrichtungen gemäß Abs. 3 sowie zu den Datensicherheitsmaßnahmen sind durch Verordnung der Bundesministerin oder des Bundesministers für Bildung, Wissenschaft und Forschung zu regeln.

(BGBl. I Nr. 121/2024, Art. 4 Z 12)

Verarbeitung von Personenstammdaten anlässlich der erstmaligen Aufnahme von Schülerinnen und Schülern an einer Schule

§ 6a. (1) Zum Zweck der Durchführung der erstmaligen Aufnahme von Schülerinnen und Schülern an einer Schule hat die Bundesministerin oder der Bundesminister für Inneres zu allen in Österreich gemeldeten Kindern, die gemäß § 2 Schulpflichtgesetz 1985 im darauffolgenden Schuljahr schulpflichtig werden, die folgenden Daten der BRZ-GmbH als Auftragsverarbeiterin der Bundesministerin oder des Bundesministers für Bildung, Wissenschaft und Forschung zu übermitteln:

1. deren Personenstammdaten gemäß § 2 Z 21 lit. a aus dem Datenbestand des ZMR gemäß § 16a Abs. 4 MeldeG und
2. deren besondere Personenstandsdaten zur Geburt aus dem Datenbestand des ZPR gemäß § 2 Abs. 3 Z 1, eingeschränkt auf Elterndaten gemäß § 2 Abs. 2 Z 1 bis 3, 5 bis 7 PStG 2013, sowie Hauptwohnsitz und weitere Wohnsitze der Eltern aus dem Datenbestand des ZMR.

Weiters hat die Bundesministerin oder der Bundesminister für Inneres hinsichtlich der

Schülerinnen und Schüler und deren Eltern das verschlüsselte bPK-BF, das verschlüsselte bPK-AS sowie verschlüsselte bPK, für deren Verarbeitung eine gesetzliche Grundlage besteht, als Auftragsverarbeiterin bzw. Auftragsverarbeiter der Stammzahlenregisterbehörde an den Datenverbund der Schulen zu übermitteln. Es sind jene verschlüsselten bPK bereitzustellen, für die eine gesetzliche Verpflichtung im Sinne des § 5 Abs. 1 Z 5 oder eine andere gesetzliche Bestimmung als Grundlage zur Übermittlung aus dem Datenverbund Schule an den Register- und Systemverbund gemäß § 1 Abs. 3 Z 2 Unternehmensserviceportalgesetz, BGBl. I Nr. 52/2009, besteht. Die Festlegung der Stichtage der Übermittlung hat mit Verordnung der Bundesministerin oder des Bundesministers für Bildung, Wissenschaft und Forschung zu erfolgen.

(2) An der Schule, an der das Kind angemeldet ist, hat die Schulleitung die Daten gemäß § 2 Z 21 lit. a und b aus dem Datenverbund der Schulen in der Evidenz der Schülerinnen und Schüler zu übernehmen. Soweit eine Schülerin bzw. ein Schüler nach Prüfung durch die zuständige Bildungsdirektorin oder den zuständigen Bildungsdirektor weder im ZMR gemäß § 16 MeldeG, noch im Ergänzungsregister für natürliche Personen (ERnP) gemäß Ergänzungsregisterverordnung 2022 – ERegV 2022, BGBl. II Nr. 241/2022, eingetragen ist, hat die zuständige Bildungsdirektorin oder der zuständige Bildungsdirektor unverzüglich bei der Stammzahlenregisterbehörde gemäß § 4 ERegV 2022 um Eintragung in das ERnP anzusuchen. Für eine allenfalls nötige Überprüfung der korrekten Namensschreibweise hat die Schülerin oder der Schüler einen amtlichen Lichtbildausweis vorzulegen.

(3) Zur automatisierten Erfassung der Personenstammdaten der Erziehungsberechtigten eines Kindes ist folgendermaßen vorzugehen:

1. Die Bundesministerin oder der Bundesminister für Inneres hat die besonderen Personenstandsdaten zur Geburt gemäß § 2 Abs. 3 Z 1 PStG 2013 aus dem Datenbestand des ZPR der Bundesministerin oder dem Bundesminister für Bildung, Wissenschaft und Forschung zu übermitteln.
2. Im Zuge der persönlichen Vorstellung des Kindes bei Aufnahme in die Schule ist durch die Schulleiterin bzw. den Schulleiter festzustellen, ob den gemäß § 2 Z 21 lit. c übermittelten Daten der Eltern zu entnehmen ist, dass diese auch die Erziehungsberechtigten sind. In diesem Fall sind die Personenstandsdaten der Eltern, die gemäß Z 1 übermittelt wurden, zu übernehmen.

   Bestehen Zweifel an der Obsorgeberechtigung gemäß § 177 des Allgemeinen bürgerlichen Gesetzbuches (ABGB), JGS Nr. 946/1811, ist im Zuge der persönlichen Vorstellung des Kindes zusätzlich zum Nachweis der Obsorgeberechtigung eine Meldebestätigung der Erziehungsberechtigten vorzulegen, aus der Namen, Geburtsdatum sowie der Hauptwohnsitz zum Zweck der Stammzahlenregisterabfrage erfasst werden können. Die Daten der Erziehungsberechtigten sind durch die aufnehmende Schule im Datenverbund der Schulen zu erfassen. Die Datensätze von Eltern, die nicht erziehungsberechtigt sind, sind unverzüglich zu löschen.
3. Die zuständige Bildungsdirektorin bzw. der zuständige Bildungsdirektor hat zu jenen Erziehungsberechtigten, für die noch keine bPK gefunden wurde, unverzüglich gemäß § 4 ERegV 2022 bei der Stammzahlenregisterbehörde um Eintragung in das ERnP anzusuchen.

(4) Zu den im ERnP aufgenommenen Personen (Kinder oder Erziehungsberechtigte) sind im Wege des Stammzahlenregisters unter Verwendung der Personenstammdaten das bPK-BF sowie weitere benötigte verschlüsselte bPK anderer Bereiche zu ermitteln und im Datenverbund der Schulen zu verarbeiten.

(5) Das in den Absätzen 1 bis 4 festgelegte Verfahren ist zudem auf jene Personen (inklusive jener gemäß § 5a) anzuwenden, die

1. erstmalig in das ZMR eingetragen wurden,
2. sich im 6. bis 20. Lebensjahr befinden und
3. seit dem letzten Stichtag gemäß der Abfrage nach Abs. 1 aus dem Ausland nach Österreich zugezogen sind.

(6) Die ermittelten Personenstammdaten der im ZMR gemeldeten Schülerinnen und Schüler sowie der Erziehungsberechtigten sind laufend durch die Verwendung des Änderungsdienstes gemäß § 16c MeldeG zu überprüfen und gegebenenfalls im Datenverbund der Schulen zu aktualisieren. Die Personenstandsdaten der Eltern, die aus dem Personenstandsregister übernommen wurden, sind laufend durch die Verwendung des Änderungsdienstes gemäß § 50 PStG 2013 zu überprüfen und gegebenenfalls im Datenverbund der Schulen zu aktualisieren.

(7) Die Bundesministerin bzw. der Bundesminister für Bildung, Wissenschaft und Forschung ist ermächtigt, für alle im Datenverbund der Schulen gemäß § 6 Abs. 2 enthaltenen Personen die Daten gemäß § 2 Z 21 mittels verschlüsseltem bPK-ZP sowie dem Familiennamen im ZMR und im ZPR zum Zweck der Korrektur allfälliger falscher Schreibweisen abzufragen.

(BGBl. I Nr. 121/2024, Art. 4 Z 13)

Bereitstellung von Personenstammdaten und Bildungsdaten anlässlich der Beendigung des Besuchs und Aufnahme an einer anderen Schule

§ 6b. Anlässlich der Beendigung des Besuchs einer Schule bzw. im Zuge des Aufnahmeverfahrens an einer anderen Schule hat die Schulleiterin bzw. der Schulleiter der abgebenden Schule sowie jene der Schule, an der die Anmeldung erfolgt, die Personenstammdaten gemäß § 2 Z 21 lit. e um das Datum des Austritts bzw. Eintritts zu ergänzen. In Folge sind die aktuellen Personenstammdaten und die zum Zweck des Schulrechtvollzugs erforderlichen Bildungsdaten insbesondere gemäß der Aufnahmsverfahrensverordnung, BGBl. II Nr. 317/2006, sowie der Verordnung über Aufnahms- und Eignungsprüfungen, BGBl. Nr. 291/1975, aus dem Datenverbund der Schulen für die Verwendung in der lokalen Evidenz der nunmehr besuchten Schule zu übernehmen sowie bis zur Beendigung des Besuchs einer Schule allenfalls im Datenverbund der Schulen zu aktualisieren.

(BGBl. I Nr. 121/2024, Art. 4 Z 13)

Durchführung vordefinierter statistischer Auswertungen zum Zweck der Steuerung und des Qualitätsmanagements

§ 6c. Im Datenverbund der Schulen dürfen die Zugriffsberechtigten gemäß § 6 Abs. 3 im Rahmen ihres Zuständigkeitsbereichs vordefinierte statistische Auswertungen für Zwecke der Steuerung und des Qualitätsmanagements im Wege des Bildungsinformationssystems des Bundes gemäß § 15 Abs. 2 durchführen. Dies hat so zu erfolgen, dass statistische Auswertungen unter Wahrung des Statistikgeheimnisses gemäß § 17 des Bundesstatistikgesetzes 2000, BGBl. I Nr. 163/1999, möglich sind. Dabei ist anstelle des Namens ausschließlich das bereichsspezifische Personenkennzeichen zu verarbeiten. Personenbezogene Daten dürfen nicht in der Weise ausgewertet werden, dass das Zutreffen von Merkmalen personenbezogen dargestellt wird.

(BGBl. I Nr. 121/2024, Art. 4 Z 13)

Verarbeitung von Personenstammdaten zum Zweck des Identitäts- und Berechtigungsmanagements für die Nutzung von (IT-) Systemen und Diensten

§ 6d. Für das Identitäts- und Berechtigungsmanagement von Schülerinnen und Schülern, Erziehungsberechtigten und Lehrpersonen und des Verwaltungspersonals für die Nutzung von IT-Systemen und Diensten gemäß § 6 Abs. 1 Z 7 sind aus dem Datenverbund der Schulen an die Bildungsstammportale und das Bildungsportal zu übermitteln:

1. folgende Daten der Schülerinnen und Schüler sowie deren Erziehungsberechtigten:
   a) die Personenstammdaten gemäß § 2 Z 21 lit. a und e mit Ausnahme der Sozialversicherungsnummer gemäß § 5 Abs. 1 Z 4 BilDokG 2020,
   b) das bPK-BF, sowie weitere benötigte verschlüsselte bPK anderer Verwaltungsbereiche,
   c) die Zuordnung der Schülerinnen und Schüler zu Stundenplänen (Klasse bzw. Jahrgang, Rolle) sowie
   d) Telefonnummer, E-Mail-Adresse;
2. folgende Daten der Bediensteten des Bundes an Schulen gemäß § 280 Abs. 1 Z 1 BDG und der Landeslehrpersonen gemäß § 119a des Landeslehrer-Dienstrechtsgesetzes – LDG, BGBl. Nr. 302/1984, in Verbindung mit § 280 Abs. 1 Z 7 BDG:
   a) die Schulkennzahl(en),
   b) das bPK-BF, sowie weitere benötigte verschlüsselte bPK anderer Verwaltungsbereiche,
   c) die Namen (Vor- und Familienname(n) einschließlich allfälliger akademischer Grade),
   d) das Geschlecht,
   e) die SAP-Personalnummer,
   f) die Zuordnung zu Stundenplänen (Klasse bzw. Jahrgang, Rolle) sowie
   g) die Kontaktdaten (Anschrift, Telefonnummer, E-Mail-Adresse);
3. die Daten gemäß Z 2 lit. a bis e und g des Verwaltungspersonals an Schulen.

(BGBl. I Nr. 121/2024, Art. 4 Z 13)

Bildungsstammportale und Bildungsportalverbund, Bildungsportal – bildung.gv.at sowie angebundene IT-Systeme und Dienste

§ 6e. (1) Zur Umsetzung des E-Government-Gesetzes – E-GovG, BGBl. I Nr. 10/2004, in der Schulverwaltung, zur Gewährleistung der IT-Sicherheit in Schulen, in der Schulverwaltung und zum Schutz der Rechte von Schülerinnen und Schülern, Lehrpersonen und Erziehungsberechtigten ist für alle öffentlichen und privaten Schulen gemäß § 2 Z 1 von der Bundesministerin oder dem Bundesminister für Bildung, Wissenschaft und Forschung als datenschutzrechtliche Verantwortliche oder als datenschutzrechtlicher Verantwortlicher gemäß Art. 4 Z 7 DSGVO ein Bildungsstammportal zu betreiben, sofern nicht von der Möglichkeit des Betriebs eines eigenen Bildungsstammportals gemäß Abs. 5 Gebrauch gemacht wird.

(2) Das Bildungsstammportal ermöglicht den Zutritt in das Bildungsportal und die darin enthaltenen Anwendungen. Weiters verwaltet es die Zugriffsberechtigungen von Schülerinnen und Schülern, Lehr- und Verwaltungspersonal sowie von Erziehungsberechtigten auf schulbezogene IT-Systeme und Dienste, wie insbesondere auf Lernplattformen oder auf Kommunikationstools. Die dafür benötigten Identitätsdaten (§ 6d) dieser Personengruppen werden im Bildungsportal mittels eines Identity- und Access-Managementsystems für Schülerinnen und Schüler, Erziehungsberechtigte sowie Lehrpersonen verwaltet und aus dem Datenverbund der Schulen bzw. hinsichtlich der Lehrpersonen aus den Personalverwaltungssystemen gespeist.

(3) Im Datenverbund der Schulen sind über eine von der Bundesministerin oder dem Bundesminister für Bildung, Wissenschaft und Forschung betriebene Schnittstelle jene Personenstammdaten und Bildungsdaten aus den lokalen Evidenzen bereitzustellen, die vom Bildungsportal und den daran angebundenen IT-Systemen und Diensten aufgrund der schulrechtlichen Anforderungen benötigt werden.

(4) Die näheren Anforderungen an die IT-Systeme und Dienste, an deren Betreiberinnen oder Betreiber als Auftragsverarbeiterin oder Auftragsverarbeiter gemäß Art. 4 Z 8 DSGVO, ihre jeweilige Zuordnung zu den konkreten schulrechtlichen Regelungen, die Art der Anbindung an das Bildungsportal sowie Schnittstellen gemäß Abs. 2 sind durch die Bundesministerin oder den Bundesminister für Bildung, Wissenschaft und Forschung durch Verordnung festzulegen. Werden diese IT-Systeme und Dienste nicht von den Verantwortlichen gemäß § 4 unmittelbar selbst betrieben, sind die Betreiberinnen oder Betreiber dieser IT-Systeme Auftragsverarbeiterin oder Auftragsverarbeiter gemäß Art. 4 Z 8 DSGVO nach Maßgabe eines Vertrages gemäß Art. 28 Abs. 3 DSGVO, den konkretisierenden Bestimmungen dieses Bundesgesetzes und der IKT-Schulverordnung.

(5) Jene öffentliche Stelle, die über den Einsatz von IT-Systemen und Diensten gemäß § 2 Z 20 entscheidet oder eine Schulerhalterin oder ein Schulerhalter kann als datenschutzrechtlich Verantwortliche oder datenschutzrechtlich Verantwortlicher gemäß Art. 4 Z 7 DSGVO ein Bildungsstammportal für die Schülerinnen und Schüler, deren Erziehungsberechtigte sowie Lehr- und Verwaltungspersonal im eigenen Zuständigkeitsbereich betreiben.

(6) Solche Bildungsstammportale haben für die Aufnahme in den Bildungsportalverbund die folgenden Anforderungen zu erfüllen:

1. Sie haben die allgemeine Zugänglichkeit für Schülerinnen und Schüler, Lehr- und Verwaltungspersonal sowie Erziehungsberechtigte im jeweiligen Geltungsbereich eines Bildungsstammportals zu gewährleisten und
2. sie haben für das Bildungsportal und daran angebundene IT-Systeme und Dienste im Bildungsbereich auf eigene Kosten Schnittstellen zu den durch die Bundesministerin oder den Bundesminister für Bildung, Wissenschaft und Forschung betriebenen IT-Systemen Bildungsportal und Identity- und Access-Managementsystem vorzusehen und die dafür benötigten Daten gemäß § 6d zur Verfügung zu stellen.

(7) Die Betreiberinnen oder Betreiber eines Bildungsstammportals gemäß Abs. 5 haben dem Bildungsportalverbund beizutreten und eine unterzeichnete Bildungsportalverbundvereinbarung bei der Bundesministerin oder beim Bundesminister für Bildung, Wissenschaft und Forschung als Depositär zu hinterlegen. Diese Vereinbarung hat der Festlegung gemeinsamer Rechte, Pflichten und Nutzungsbedingungen der Betreiberinnen oder Betreiber von Bildungsstammportalen zu dienen und einen einheitlichen Rahmen für den Zugriff auf verschiedene IT-Systeme und Dienste, wie sie insbesondere im Bildungsportal gemäß Abs. 1 beinhaltet sind, zu schaffen. Der Text der Bildungsportalverbundvereinbarung ist auf der Webseite des Bundesministeriums für Bildung, Wissenschaft und Forschung zu veröffentlichen.

(BGBl. I Nr. 121/2024, Art. 4 Z 13)

Gesamtevidenz der Schülerinnen und Schüler

§ 7. (1) Die zuständige Bundesministerin oder der zuständige Bundesminister hat als Verantwortliche oder Verantwortlicher gemäß Art. 4 Z 7 DSGVO zu den Zwecken gemäß § 1 Abs. 1 Z 2 automationsunterstützt die Gesamtevidenz der Schülerinnen und Schüler einzurichten. In der Gesamtevidenz der Schülerinnen und Schüler werden Daten aus den Evidenzen der Schülerinnen und Schüler gemäß § 5 Abs. 1 und Abs. 2 der Bildungseinrichtungen gemäß § 2 Z 1 sowie Daten gemäß § 5 Abs. 3 und 4 zusammengeführt. Die Bundesanstalt „Statistik Österreich" fungiert als Auftragsverarbeiterin nach Maßgabe eines

Vertrages gemäß Art. 28 Abs. 3 DSGVO. *(BGBl. I Nr. 20/2021, Art. 1 idF BGBl. I Nr. 121/2024, Art. 4 Z 14)*

(2) Es ist vorzusorgen, dass die Datensätze gemäß Abs. 6, unbeschadet der Übermittlung gemäß § 18 Abs. 2 von Leiterinnen und Leitern der Bildungseinrichtungen bzw. der Meldepflichtigen gemäß § 5 Abs. 3 und 4, an die Bundesanstalt „Statistik Österreich" übermittelt werden. Vor Eingang eines derartigen Datensatzes bei der zuständigen Bundesministerin oder beim zuständigen Bundesminister sind jedenfalls hinsichtlich der Schulen gemäß § 2 Z 1 und hinsichtlich der Meldepflichtigen gemäß § 5 Abs. 3 und 4 durch die Bundesanstalt „Statistik Österreich" die Datensätze auf Vollständigkeit und Schlüssigkeit zu überprüfen bzw. richtig zu stellen. Die Daten sind in Form von Datensätzen zu übermitteln, die zur Identifikation der betroffenen Schülerin oder des betroffenen Schülers keine Namen, sondern nur ihr oder sein bildungseinrichtungsspezifisches Personenkennzeichen und das jeweils im Bereich zu verwendende bPK in verschlüsselter Form enthalten dürfen.

(3) Die näheren Bestimmungen über die bei Einbringung der Daten in die Gesamtevidenz der Schülerinnen und Schüler einzuhaltenden Vorgangsweisen (Stichtage, Meldefristen, Verfahrensabläufe, technische Verfahren und Formate der Datenverarbeitung), die Kennzeichnung der Bildungseinrichtungen, Schulformen, Fachrichtungen, Gegenstände und Prüfungen und die Verwendung dieser Kennzeichnungen auf den die Schülerin oder den Schüler betreffenden Anträgen, Zeugnissen, Bestätigungen sowie sonstigen Erledigungen sind durch Verordnung der zuständigen Bundesministerin oder des zuständigen Bundesministers festzulegen.

(4) Die Schulleiterin oder der Schulleiter hat zu bestimmten, mit Verordnung der zuständigen Bundesministerin oder des zuständigen Bundesministers festgelegten, Stichtagen die Daten gemäß **Anlage 5** im automationsunterstützten Datenverkehr der Bundesanstalt „Statistik Österreich" zu übermitteln.

(5) Die Bildungsdirektorin oder der Bildungsdirektor hat zu bestimmten, durch Verordnung der zuständigen Bundesministerin oder des zuständigen Bundesministers festgelegten, Stichtagen Daten gemäß § 5 Abs. 3 und 4 im automationsunterstützten Datenverkehr der Bundesanstalt „Statistik Österreich" unter Verwendung des jeweils im Bereich zu verwendenden bPK in verschlüsselter Form zu übermitteln.

(6) Die Bundesanstalt „Statistik Österreich" hat folgende Daten der zuständigen Bundesministerin oder dem zuständigen Bundesminister für Zwecke der Gesamtevidenz der Schülerinnen und Schüler zu übermitteln:

1. Monat und Jahr der Geburt sowie
2. die Daten gemäß **Anlage 5** Z 1 bis 4 und 6 bis 29 sowie § 5 Abs. 3 Z 1 bis 5 und 8 bis 16 und Abs. 4 ausgenommen die gemäß Abs. 3 Z 6 und 7 verarbeiteten Daten.

(7) Die zuständige Bundesministerin oder der zuständige Bundesminister hat der Bundesanstalt „Statistik Österreich" den mit dem Vollzug der Abs. 2 bis 6 verbundenen Aufwand abzugelten und die näheren Bestimmungen durch Verordnung festzulegen.

Datenverarbeitungen hinsichtlich der abschließenden Prüfungen, der Externistenprüfungen, die einer abschließenden Prüfung entsprechen, sowie der Berufsreifeprüfung[4])

§ 8. (1) Die Schulleiterin oder der Schulleiter bzw. die Leiterin oder Leiter eines Erwachsenenbildungsinstituts hat als Verantwortliche oder Verantwortlicher gemäß Art. 4 Z 7 DSGVO zum Zweck der periodischen Überprüfung von Lernergebnissen der Schülerinnen und Schüler bzw. Prüfungskandidatinnen und Prüfungskandidaten sowie der zugehörigen Statistiken hinsichtlich der abschließenden Prüfungen schülerinnen- und schülerbezogene bzw. prüfungskandidatinnen- und prüfungskandidatenbezogene Daten gemäß § 5 Abs. 1 und 2, **Anlage 3** Z 5 und 6, soweit zutreffend, sowie **Anlage 6** nach Maßgabe der technischen Möglichkeiten automationsunterstützt zu verarbeiten.

(2) Im Fall der Ablegung der abschließenden Prüfungen als Externistenprüfung gemäß

[4]) Gemäß § 24 Abs. 5 ist, sofern die technischen Voraussetzungen gemäß Abs. 3 bis zum Schuljahr 2023/24 nicht gegeben sind und die Schülerin oder der Schüler bzw. die Prüfungskandidatin oder der Prüfungskandidat die Sozialversicherungsnummer hinsichtlich der §§ 8 und 16 der Schulleiterin oder dem Schulleiter bzw. der Leiterin oder dem Leiter eines Erwachsenenbildungsinstituts noch nicht bekannt gegeben hat, diese (Sozialversicherungsnummer) im Rahmen der periodischen Überprüfungen von Lernergebnissen bzw. im Rahmen der abschließenden Prüfungen, Externistenprüfungen, die einer abschließenden Prüfung entsprechen, sowie der Berufsreifeprüfung bzw. von Teilprüfungen von den Schülerinnen und Schülern bzw. Prüfungskandidatinnen und Prüfungskandidaten bekannt zu geben und von der Schulleiterin oder dem Schulleiter bzw. der Leiterin oder dem Leiter einer Bildungseinrichtung gemäß § 2 Z 5 an Stelle der bPK entsprechend der Bestimmung in § 3 Abs. 4 Z 1 und Abs. 5 zu verarbeiten. Falls keine Sozialversicherungsnummer vorhanden ist, ist gemäß § 3 Abs. 4 Z 2, Abs. 6 und 7 vorzugehen.

§ 42 SchUG oder § 42 SchUG-BKV oder einer Berufsreifeprüfung als Externistenprüfung gemäß § 1 Abs. 3 BRPG (einschließlich der an anerkannten Lehrgängen gemäß § 8 BRPG durchgeführten Teilprüfungen), hat die Schulleiterin oder der Schulleiter bzw. die Leiterin oder Leiter eines Erwachsenenbildungsinstituts jener Bildungseinrichtung, an der die Externistenprüfung bzw. die Teilprüfung durchgeführt wird, die Prüfungskandidatinnen und Prüfungskandidaten evident zu halten und nach Maßgabe der technischen Möglichkeiten automationsunterstützt die dafür erforderlichen Daten gemäß § 5 Abs. 1 und 2 sowie **Anlage 6** zu verarbeiten.

(3) Die Schulleiterin oder der Schulleiter bzw. die Leiterin oder der Leiter eines Erwachsenenbildungsinstituts hat zu den in der Verordnung gemäß Abs. 6 festgelegten Stichtagen die Daten gemäß **Anlage 3** Z 5 und 6, soweit zutreffend, sowie **Anlage 6** Z 1 bis 6, 9, 13 und 15 unter Angabe der Schule oder des Erwachsenenbildungsinstituts, an der die jeweiligen Prüfungen abgenommen wurden, im automationsunterstützten Datenverkehr der zuständigen Bundesministerin oder dem zuständigen Bundesminister zum Zweck der Evaluierung und Weiterentwicklung der standardisierten Klausurarbeiten sowie der Erstellung einer Statistik über die abschließenden Prüfungen, die Externistenprüfungen, die einer abschließenden Prüfung entsprechen, sowie die Berufsreifeprüfung zu übermitteln. Die Daten sind in Form von Datensätzen zu übermitteln, die zur Identifikation der betroffenen Schülerin oder des betroffenen Schülers keine Namen, sondern nur ihr oder sein bildungseinrichtungsspezifisches Personenkennzeichen und nach Umstellung auf bPK gemäß § 24 Abs. 3 und 5 das bPK-BF und das verschlüsselte bPK-AS enthalten dürfen.

(4) Die Schulleiterin oder der Schulleiter bzw. die Leiterin oder der Leiter eines Erwachsenenbildungsinstituts hat zu den in der Verordnung gemäß Abs. 6 festgelegten Stichtagen die Daten gemäß **Anlage 3** Z 5 und 6, soweit zutreffend, sowie **Anlage 6** Z 1 bis 14 unter Angabe der Schule oder des Erwachsenenbildungsinstituts, an der die abschließenden Prüfungen oder die Externistenprüfungen bzw. die Teilprüfungen abgenommen wurden, im automationsunterstützten Datenverkehr der Bundesanstalt „Statistik Österreich“ zum Zweck der Erstellung der Statistik über die abschließenden Prüfungen, die Externistenprüfungen, die einer abschließenden Prüfung entsprechen, sowie die Berufsreifeprüfung und zur Erstellung eines Berichts zu übermitteln. Die Bundesanstalt „Statistik Österreich“ hat die Datensätze auf Vollständigkeit und Schlüssigkeit zu überprüfen und gegebenenfalls richtig zu stellen. Die Daten sind in Form von Datensätzen zu übermitteln, die zur Identifikation der betroffenen Schülerin oder des betroffenen Schülers keine Namen, sondern nur ihr oder sein bildungseinrichtungsspezifisches Personenkennzeichen und das bPK-BF sowie das bPK-AS, jeweils in verschlüsselter Form, enthalten dürfen.

(5) Die Bundesanstalt „Statistik Österreich“ hat die gemäß **Anlage 3** Z 5 und 6, soweit zutreffend, sowie **Anlage 6** Z 1 bis 10 und 12 bis 14 verschlüsselten Daten der zuständigen Bundesministerin oder dem zuständigen Bundesminister zum Zweck der periodischen Überprüfung von Lernergebnissen der Schülerinnen und Schüler bzw. Prüfungskandidatinnen und Prüfungskandidaten, des Qualitätsmanagements und der Qualitätsentwicklung im Schulwesen gemäß § 5 Abs. 2 Z 2 und 4 des Bildungsdirektionen-Einrichtungsgesetzes – BD-EG, BGBl. I Nr. 138/2017, zu übermitteln.

(6) Die näheren Bestimmungen zu den Stichtagen, Abfrageberechtigungen, Verfahrensabläufen, technischen Verfahren und Formaten der Datenübermittlung sowie der Berichtslegung sind durch Verordnung der zuständigen Bundesministerin oder des zuständigen Bundesministers festzulegen.

(7) Die zuständige Bundesministerin oder der zuständige Bundesminister hat der Bundesanstalt „Statistik Österreich“ den mit dem Vollzug des Abs. 4 und 5 verbundenen Aufwand abzugelten und die näheren Bestimmungen durch Verordnung festzulegen.

3. Abschnitt
Datenverarbeitungen hinsichtlich der Studierenden

Evidenzen der Studierenden

§ 9. Das für die Zulassung von Studierenden an postsekundären Bildungseinrichtungen gemäß § 2 Z 4 lit. a, c, d und e zuständige Organ, an Pädagogischen Hochschulen die Rektorin oder der Rektor, hat für die Vollziehung des Universitätsgesetzes 2002, des Hochschulgesetzes 2005, des Fachhochschulgesetzes, des Privathochschulgesetzes sowie der sonstigen hochschulrechtlichen Normen insbesondere folgende personenbezogene Daten nach Maßgabe der technischen Möglichkeiten automationsunterstützt zu verarbeiten:

1. die Matrikelnummer an postsekundären Bildungseinrichtungen gemäß § 2 Z 4 lit. a bis c und e und allfällige weitere bildungseinrichtungsspezifische Personenkennzeichen;

2. das bPK-BF oder ein entsprechendes Ersatzkennzeichen, sowie allenfalls für die Erfüllung gesetzlicher Verpflichtungen erforderliche bPK anderer Bereiche in verschlüsselter Form;
3. die Namen (Vor- und Familiennamen, einschließlich allfälliger akademischer Grade);
4. das Geburtsdatum;
5. die Staatsangehörigkeit;
6. das Geschlecht;
7. die Anschrift am Heimatort und, sofern zusätzlich vorhanden, des der Bildungseinrichtung nächstgelegenen Wohnsitzes (Zustelladresse) entsprechend den Angaben der Erziehungsberechtigten bzw. der oder des Studierenden;
8. die E-Mail-Adresse;
9. im Fall, dass eine Studierendenkarte oder ein Studierendenausweis mit Lichtbild auszustellen ist, ein Lichtbild, auf dem der Kopf erkennbar und vollständig abgebildet sein muss; zu diesem Zweck ist die oder der Verantwortliche gemäß § 4 Abs. 1 nach Maßgabe der technischen Möglichkeiten ermächtigt, Lichtbilder
   a) aus den Beständen der Passbehörden (§§ 22a ff. des Passgesetzes 1992, BGBl. Nr. 839/1992),
   b) aus den Beständen der mit der Registrierung des Elektronischen Identitätsnachweises – E-ID betrauten Behörden (§§ 4a und 4b E-GovG),
   c) aus den Beständen des Führerscheinregisters (§§ 16 ff. und 35 des Führerscheingesetzes – FSG, BGBl. I Nr. 120/1997),
   d) aus den Beständen des Zentralen Fremdenregisters (§ 26 des BFA-Verfahrensgesetzes, BGBl. I Nr. 87/2012)

   automationsunterstützt im Rahmen einer Online-Abfrage unter Verwendung des bereichsspezifischen Personenkennzeichens (bPK) nach § 9 E-GovG zu verarbeiten, wobei Näheres durch Verordnung der zuständigen Bundesministerin oder des zuständigen Bundesministers festgelegt werden kann;
10. die Form, das Datum und den Ausstellungsstaat der allgemeinen Universitätsreife;
11. das Datum des Beginns des Studiums unter Angabe dessen Bezeichnung;
12. das Datum und die Form der Beendigung des Studiums unter Angabe der Bezeichnung des beendeten Studiums;
13. den Zulassungsstatus;
14. den Status des Studienbeitrages bzw. der Studiengebühren und des Studierendenbeitrages;
15. die Prüfungsdaten einschließlich jener der Studienberechtigungsprüfung sowie Daten der Eignungs-, Aufnahme- und Auswahlverfahren und
16. die Mobilitätsdaten.

Datenverbund der Universitäten und Hochschulen

§ 10. (1) Für den Bereich der Universitäten, der Pädagogischen Hochschulen, der Fachhochschulen und Fachhochschul-Studiengänge sowie der Privathochschulen und Privatuniversitäten ist zur Vollziehung hochschulrechtlicher, studienrechtlicher, studienförderungsrechtlicher und hochschülerinnen- und hochschülerschaftsrechtlicher Vorschriften ein gemeinsamer Datenverbund der Universitäten und Hochschulen eingerichtet.

(2) Gemeinsam Verantwortliche des Datenverbundes der Universitäten und Hochschulen im Sinne des Art. 4 Z 7 in Verbindung mit Art. 26 DSGVO sind die für die Zulassung von Studierenden an postsekundären Bildungseinrichtungen gemäß § 2 Z 4 lit. a, c und d zuständigen Organe, an Pädagogischen Hochschulen die Rektorin oder der Rektor, und bezüglich der Fachhochschul-Studiengänge und Fachhochschulen die Erhalter jeweils mit der zuständigen Bundesministerin oder dem zuständigen Bundesminister, wobei Folgendes festgelegt wird:

1. Die Leiterinnen und Leiter der postsekundären Bildungseinrichtungen gemäß Abs. 1 und bezüglich der Fachhochschul-Studiengänge und Fachhochschulen die Erhalter sind datenschutzrechtlich Verantwortliche für die von ihnen an den Datenverbund der Universitäten und Hochschulen übermittelten Daten und unterliegen bezüglich dieser den datenschutzrechtlichen Informationspflichten. Sie dienen als Anlaufstelle gemäß Art. 26 DSGVO, insbesondere in Hinblick auf die Geltendmachung von Betroffenenrechten. In der Wahrnehmung ihrer Pflichten sind die Verantwortlichen durch die BRZ-GmbH als Auftragsverarbeiterin im erforderlichen Ausmaß zu unterstützen.
2. Die zuständige Bundesministerin oder der zuständige Bundesminister hat ausschließlich folgende Aufgaben:
   a) Koordination des Betriebes sowie der technischen und operativen Vorgaben,
   b) terminliche und inhaltliche Abstimmung zur Datenbereitstellung,

   c) Festlegung und Durchführung von Qualitätssicherungsmaßnahmen, insbesondere betreffend die Datenformate, die Feldinhalte, die Codex-Informationen, die Studienvergleichstabellen sowie das Verfahren zum Datenclearing und zum Fehlerreporting.
3. Die BRZ-GmbH betreibt den Datenverbund der Universitäten und Hochschulen als Auftragsverarbeiterin gemäß Art. 4 Z 8 DSGVO nach Maßgabe eines Vertrages gemäß Art. 28 Abs. 3 DSGVO, welcher durch die zuständige Bundesministerin oder den zuständigen Bundesminister für alle gemeinsam Verantwortlichen mit der BRZ-GmbH abzuschließen ist.

(3) Der Datenverbund der Universitäten und Hochschulen dient folgenden Zwecken:
1. Gewährleistung der ordentlichen Vergabe, Administration und Sperrung von Matrikelnummern;
2. Bereitstellung von studierenden-, studien-, studienbeitrags- und studienerfolgsbezogenen Daten für die Gesamtevidenzen der Studierenden und für den Vollzug studienförderungsrechtlicher und schülerbeihilfenrechtlicher Vorschriften;
3. Übermittlung der Zulassungsinformationen und der Fortsetzungsmeldungen von Studierenden gemeinsam eingerichteter Studien sowie sonstiger für die Durchführung gemeinsam eingerichteter Studien erforderlicher Daten an die beteiligten Bildungseinrichtungen;
4. Gewährleistung der Vollziehung hochschülerinnen- und hochschülerschaftsrechtlicher Normen durch
   a) Bereitstellung der Verzeichnisse der Studierenden gemäß § 6 Abs. 1 des Hochschülerinnen- und Hochschülerschaftsgesetzes 2014 – HSG 2014, BGBl. I Nr. 45/2014, an die Österreichische Hochschülerinnen- und Hochschülerschaft,
   b) Bereitstellung des Verzeichnisses der Studierenden gemäß § 13 Abs. 4 HSG 2014 an die jeweilige Hochschülerinnen- und Hochschülerschaft,
   c) Bereitstellung des Verzeichnisses der Studierenden gemäß § 24 Abs. 4 HSG 2014 an die jeweilige Hochschulvertretung,
   d) Bereitstellung der Daten der wahlberechtigten Studierenden gemäß § 43 Abs. 6 HSG 2014 an die Wahlkommission der Österreichischen Hochschülerinnen- und Hochschülerschaft und
5. Sicherung der Einhebung eines etwaigen Studienbeitrages sowie des Studierendenbeitrages.

(4) Die postsekundären Bildungseinrichtungen gemäß Abs. 1 haben im Datenverbund der Universitäten und Hochschulen studierenden-, studien- und studienbeitragsbezogene Daten gemäß **Anlage 7** zu verarbeiten.

(5) Abfrageberechtigt sind zur Vollziehung
1. des Abs. 3 Z 1 die postsekundären Bildungseinrichtungen gemäß § 2 Z 4 hinsichtlich der Daten aller Studierenden;
2. des Abs. 3 Z 2 bis 4 die postsekundären Bildungseinrichtungen gemäß § 2 Z 4 hinsichtlich der Daten der Studierenden, die der jeweiligen postsekundären Bildungseinrichtung angehören (einschließlich Mitbelegerinnen und Mitbeleger);
3. des Abs. 3 Z 5 die Universitäten und die Pädagogischen Hochschulen hinsichtlich der Daten aller Studierenden und
4. des Abs. 3 Z 2 die zuständige Bundesministerin oder der zuständige Bundesminister für die Erstellung der Gesamtevidenzen der Studierenden. Betreffend Daten aus dem Fachhochschulbereich gemäß der Universitäts- und Hochschulstatistik- und Bildungsdokumentationsverordnung – UHSBV, BGBl. II Nr. 216/2019, ist die zuständige Bundesministerin oder der zuständige Bundesminister berechtigt, Daten des Datenverbundes für die Applikation Bereitstellung von Informationen über den Studienbetrieb (BIS) für Zwecke der gegenseitigen Validierung und Qualitätssicherung zu nutzen.

(6) Folgende Einrichtungen sind abfrageberechtigt:
1. die Studienbeihilfebehörde gemäß dem Studienförderungsgesetz 1992, BGBl. Nr. 305/1992;
2. die Finanzämter gemäß dem Familienlastenausgleichsgesetz 1967, BGBl. Nr. 376/1967, und
3. die Schülerbeihilfenbehörden gemäß dem Schülerbeihilfengesetz 1983, BGBl. Nr. 455/1983.

(7) Abfrageberechtigt in Vollziehung hochschülerinnen- und hochschülerschaftsrechtlicher Normen gemäß Abs. 3 Z 4 sind:
1. die oder der Vorsitzende der Bundesvertretung der Österreichischen Hochschülerinnen- und Hochschülerschaft bezüglich der Daten gemäß Abs. 3 Z 4 lit. a;
2. die oder der Vorsitzende der Hochschulvertretung der Hochschülerinnen- und Hochschülerschaft bezüglich der Daten gemäß Abs. 3 Z 4 lit. b;
3. die oder der Vorsitzende der Hochschulvertretung bezüglich der Daten gemäß Abs. 3 Z 4 lit. c und

4. die oder der Vorsitzende der Wahlkommission der Österreichischen Hochschülerinnen- und Hochschülerschaft bezüglich der Daten gemäß Abs. 3 Z 4 lit. d.

(8) Die von den Universitäten, anerkannten privaten Pädagogischen Hochschulen oder privaten Hochschullehrgängen sowie von der Bundesministerin oder dem Bundesminister für Finanzen für die öffentlichen pädagogischen Hochschulen mit der Führung der Studienbeitragskonten beauftragten Banken sind hinsichtlich der Zuordnung von Daten zur Sicherung der Einhebung von Studienbeiträgen Verantwortliche gemäß Art. 4 Z 7 DSGVO. Dabei haben diese einen Lesezugriff auf folgende Felder: Vorname(n), Familienname, Anschrift, Universitätskennzeichen, Matrikelnummer und Semester. Der Schreibzugriff beschränkt sich ausschließlich auf eine allfällige Zuordnung oder Änderung der Zahlungsreferenz.

(9) Öffentlichen Einrichtungen und Anbietern von Dienstleistungen, die Studierenden Vergünstigungen oder Ermäßigungen gewähren, kann zur Überprüfung des Vorliegens des Status „Studierende" oder „Studierender" eine Abfrageberechtigung eingeräumt werden. Diese ist unter Beachtung des Abs. 11 zu erteilen, wenn ein begründetes Interesse an der Abfrage besteht. Eine Abfrage durch eine öffentliche Einrichtung oder durch einen Anbieter von Dienstleistungen darf nur durchgeführt werden, wenn ein Antrag auf eine Vergünstigung oder eine Ermäßigung der oder des Studierenden bei der öffentlichen Einrichtung oder dem Anbieter von Dienstleistungen vorliegt, wobei Folgendes zu beachten ist:

1. Die anfragende öffentliche Einrichtung oder der Anbieter von Dienstleistungen hat, soweit dies für die konkrete Datenverarbeitung erforderlich ist, folgende Daten an den Datenverbund der Universitäten und Hochschulen zu übermitteln: Vorname(n), Familienname, Matrikelnummer und allenfalls weitere, insbesondere zur eindeutigen Identifikation erforderliche, Daten (bPK-BF/Ersatzkennzeichen, Geburtsdatum).
2. Der Datenverbund der Universitäten und Hochschulen hat der anfragenden öffentlichen Stelle oder dem Anbieter von Dienstleistungen sodann in der Form „ja" oder „nein" rückzumelden, ob der Status „Studierende" oder „Studierender" vorliegt.

(10) Der Datenverbund der Universitäten und Hochschulen hat die Daten der letzten acht Semester zu enthalten. Ältere Daten sind zu löschen, doch sind die Anschrift am Heimatort und die Zustelladresse zehn Jahre und folgende Merkmale der Studierenden im Hinblick auf die Gewährleistung der ordnungsgemäßen Vergabe von Matrikelnummern 99 Jahre – gerechnet ab dem Zeitpunkt der Beendigung des Studiums – zu speichern:

1. die Matrikelnummer;
2. das bPK-BF;
3. die Namen (Vor- und Familiennamen);
4. das Geburtsdatum;
5. die Staatsangehörigkeit;
6. das Geschlecht;
7. das Datum der allgemeinen Universitätsreife und
8. die Kennzeichnung als ungültige Matrikelnummer.

§ 4 Abs. 7 erster Satz ist anzuwenden.

(11) Die BRZ-GmbH ist als Auftragsverarbeiterin des Datenverbundes der Universitäten und Hochschulen verpflichtet, die Datenschutzpflichten gemäß Art. 28 Abs. 3 lit. a bis h DSGVO wahrzunehmen. Sie hat Abfragen von Abfrageberechtigten gemäß Abs. 6 bis 9 nur dann zuzulassen, wenn die Datensicherheitsmaßnahmen gemäß § 4 Abs. 5 nachgewiesen werden. § 4 Abs. 6 ist sinngemäß anzuwenden. Die Abfrage ist seitens der BRZ-GmbH so einzurichten, dass nur unter der Verwendung von Antragsdaten nach den jeweiligen gesetzlichen Bestimmungen auf die Daten von Studierenden zugegriffen werden kann.

(12) Die näheren Bestimmungen zu den zu übermittelnden Daten, Stichtagen, Verfahrensabläufen, technischen Verfahren und Formaten der Datenverarbeitung, zum Verfahren der Übermittlung von Daten an die abfrageberechtigten Einrichtungen gemäß Abs. 5 bis 9 sowie zu den Datensicherheitsmaßnahmen und der datenschutzrechtlichen Ausgestaltung, wie insbesondere der genaue Inhalt der Vereinbarung der gemeinsamen Verantwortlichen gemäß Art. 26 DSGVO sind durch Verordnung der zuständigen Bundesministerin oder des zuständigen Bundesministers festzulegen.

Austrian Higher Education Systems Network

§ 11. (1) Für den Bereich der Universitäten, der Pädagogischen Hochschulen, der Fachhochschulen und Fachhochschul-Studiengänge sowie der Privathochschulen und Privatuniversitäten ist zum Zweck der Gewährleistung der ordentlichen Verwaltung und Durchführung von gemeinsamen Studienprogrammen und gemeinsam eingerichteten Studien das Austrian Higher Education Systems Network (AHESN) eingerichtet.

(2) Im AHESN werden die für die Verwaltung und Durchführung von gemeinsamen Studienprogrammen und gemeinsam eingerichteten Studien erforderlichen Daten, insbesondere aus folgenden Bereichen verarbeitet:

1. Studierenden- und Studiendaten;
2. Daten zu Lehrveranstaltungen und Prüfungen;
3. Studienleistungsdaten und
4. Informationen zum Curriculum und zu den Lehrveranstaltungsangeboten.

(3) Gemeinsam Verantwortliche im Sinne des Art. 4 Z 7 in Verbindung mit Art. 26 DSGVO sind die für die Zulassung von Studierenden an postsekundären Bildungseinrichtungen gemäß § 2 Z 4 lit. a, c und d zuständigen Organe, an Pädagogischen Hochschulen die Rektorin oder der Rektor, und bezüglich der Fachhochschulen und Fachhochschul-Studiengänge die Erhalter, die zur Verwaltung und Durchführung von gemeinsamen Studienprogrammen und gemeinsam eingerichteten Studien die Datenverarbeitung AHESN verwenden.

Gesamtevidenzen der Studierenden

§ 12. (1) Die zuständige Bundesministerin oder der zuständige Bundesminister hat als Verantwortliche oder Verantwortlicher gemäß Art. 4 Z 7 DSGVO automationsunterstützt die Gesamtevidenzen der Studierenden einzurichten. Innerhalb der Gesamtevidenzen der Studierenden werden Daten aus den Evidenzen der Studierenden

1. der Universitäten,
2. der Pädagogischen Hochschulen und
3. der Fachhochschulen und Fachhochschul-Studiengänge

verarbeitet und zusammengeführt.

(2) Die zuständige Bundesministerin oder der zuständige Bundesminister hat zum Zwecke der Erstellung der Gesamtevidenzen der Studierenden die studierenden-, studien-, studienbeitrags- und studienerfolgsbezogenen Daten gemäß **Anlage 8** zu verarbeiten. Fachhochschulen und Fachhochschul-Studiengänge haben die Daten im Wege der Agentur für Qualitätssicherung und Akkreditierung Austria zu übermitteln.

(3) Die Leiterin oder der Leiter einer Privathochschule oder Privatuniversität hat über die Bundesanstalt „Statistik Österreich" die Daten gemäß § 9 Z 1, 2, 4 bis 7, 11 bis 13 und 16 und § 14 Abs. 1 Z 1 lit. a und b der zuständigen Bundesministerin oder dem zuständigen Bundesminister für die Zwecke der Planung, der Steuerung, der Wahrung der gesetzlichen Aufsichtspflichten und der Verwaltungsstatistik zu übermitteln.

(4) Die zuständige Bundesministerin oder der zuständige Bundesminister hat zum Zwecke der Qualitätssicherung sowie zum Zwecke der Gewährleistung der Datenrichtigkeit gemäß Art. 5 Abs. 1 lit. d DSGVO im Rahmen der Verarbeitung identifizierte fehlerhafte Daten an den Datenverbund der Universitäten und Hochschulen zur Berichtigung durch die postsekundären Bildungseinrichtungen gemäß § 10 Abs. 1 zu übermitteln.

(5) Die näheren Bestimmungen zu den zu übermittelnden Daten, Stichtagen, Verfahrensabläufen, technischen Verfahren und Formaten der Datenübermittlung sind durch Verordnung der zuständigen Bundesministerin oder des zuständigen Bundesministers festzulegen.

Vorhaben im öffentlichen Interesse

§ 13. (1) Vorhaben im öffentlichen Interesse leisten einen Beitrag zur Weiterentwicklung des österreichischen und/oder des europäischen Hochschulraums. Insbesondere Studien, Erhebungen, Befragungen und Forschungs- und Evaluierungsprojekte gelten als solche Vorhaben.

(2) Die zuständige Bundesministerin oder der zuständige Bundesminister ist zum Zwecke der Durchführung von Vorhaben im öffentlichen Interesse nach Information der Universitäten, der Pädagogischen Hochschulen, der Fachhochschulen und Fachhochschul-Studiengänge sowie der Privathochschulen und Privatuniversitäten berechtigt, Kontaktdaten (die für Studierende bzw. das Personal eingerichtete bzw. die bekanntgegebene E-Mail-Adresse und die Anschrift am Heimatort und die Zustelladresse) von Studienwerberinnen und -werbern, Studierenden, Studienabbrecherinnen und -abbrechern, Absolventinnen und Absolventen sowie des Personals zu verarbeiten. Diese Daten dürfen ausschließlich zur Kontaktaufnahme verwendet werden.

(3) Im Zuge der Durchführung von Vorhaben im öffentlichen Interesse haben die Universitäten, die Pädagogischen Hochschulen, die Fachhochschulen und Fachhochschul-Studiengänge sowie die Privathochschulen und Privatuniversitäten bei der Bereitstellung von Kontaktdaten von Studienwerberinnen und -werbern, Studierenden, Studienabbrecherinnen und -abbrechern, Absolventinnen und Absolventen sowie des Personals oder bei der Kontaktaufnahme mit den genannten Gruppen aktiv mitzuwirken und dürfen die dafür notwendigen personenbezogenen Daten verarbeiten.

(4) Werden Vorhaben im öffentlichen Interesse durch die zuständige Bundesministerin

oder den zuständigen Bundesminister beauftragt und sind an diesen postsekundäre[5]) Bildungseinrichtungen gemäß Abs. 2 durch die Verarbeitung von personenbezogenen Daten beteiligt, so ist bezüglich dieser Verarbeitungen die zuständige Bundesministerin oder der zuständige Bundesminister Verantwortliche oder Verantwortlicher im Sinne des Art. 4 Z 7 DSGVO. Die Leiterinnen und Leiter der postsekundären Bildungseinrichtungen gemäß Abs. 2 und bezüglich der Fachhochschul-Studiengänge und Fachhochschulen die Erhalter können als Auftragsverarbeiter gemäß Art. 4 Z 8 DSGVO herangezogen werden.

(5) Die näheren Bestimmungen zur Bereitstellung der erforderlichen Kontaktdaten von Studienwerberinnen und -werbern, Studierenden, Studienabbrecherinnen und -abbrechern, Absolventinnen und Absolventen sowie des Personals sind durch Verordnung der zuständigen Bundesministerin oder des zuständigen Bundesministers festzulegen.

4. Abschnitt
Datenverarbeitungen hinsichtlich der Bildungseinrichtungen

Evidenzen über den Aufwand für Bildungseinrichtungen

§ 14. (1) Die zuständige Bundesministerin oder der zuständige Bundesminister hat Evidenzen über den Personal-, Betriebs- und Erhaltungsaufwand jener Bildungseinrichtungen gemäß § 2 Z 1 und 4 zu führen, bei denen dieser Aufwand zur Gänze oder zum Teil aus Bundesmitteln getragen wird. Zu diesem Zweck sind der zuständigen Bundesministerin oder dem zuständigen Bundesminister insbesondere folgende Daten zu übermitteln:

1. vom Rechtsträger, der die Dienstgeberfunktion an der Bildungseinrichtung wahrnimmt, deren Personalaufwand aus Bundesmitteln getragen wird:
   a) die Bezeichnung, Anschrift und Rechtsnatur des Erhalters der Bildungseinrichtung,
   b) die mittels der verschlüsselten bereichsspezifischen Personenkennzeichen (bPK BF und bPK AS) pseudonymisierten Datensätze der beschäftigten Personen[6]) *die Anzahl der beschäftigten Personen*, gegliedert nach Ausbildung, Verwendung, Funktion, Geschlecht, Geburtsdatum, Staatsangehörigkeit der beschäftigten Personen der Bildungseinrichtungen gemäß § 2 Z 4, Beschäftigungsart und -ausmaß und Bildungseinrichtung, *(BGBl. I Nr. 20/2021, Art. 1 idF BGBl. I Nr. 121/2024, Art. 4 Z 15)*
   c) der Personalaufwand gegliedert nach Art der Bildungseinrichtung,
   d) die Anzahl der ausgeschriebenen Stellen sowie der Pensionierungen;
2. von der Bundesdienststelle, aus deren Bundesbudget der Betriebs- und Erhaltungsaufwand der Bildungseinrichtung getragen wird:
   a) die Bezeichnung, Anschrift und Rechtsnatur des Erhalters der Bildungseinrichtung,
   b) die Einnahmen und Ausgaben in der Bildungseinrichtungserhaltung, gegliedert nach Einnahmen- und Ausgabenarten sowie Arten der Bildungseinrichtungen, und
   c) die räumliche und technische Ausstattung der Bildungseinrichtungen.

(2) Die Übermittlung der Daten gemäß Abs. 1 an die Evidenzen über den Aufwand hat im automationsunterstützten Datenverkehr zu erfolgen, sofern die Daten in elektronisch lesbarer Form vorhanden sind. Die näheren Bestimmungen zu den zu übermittelnden Daten, Stichtagen, Verfahrensabläufen, technischen Verfahren und Formaten der Datenübermittlung sind durch Verordnung der zuständigen Bundesministerin oder des zuständigen Bundesministers festzulegen.

(3) Berichtszeitraum ist jeweils der der Datenübermittlung vorangegangene Zeitraum ab Stichtag.

5. Abschnitt
Datenverarbeitungen hinsichtlich des Bildungscontrollings

Allgemeine Bestimmungen

§ 15. (1) Die zuständige Bundesministerin oder der zuständige Bundesminister ist ermächtigt, Erhebungen zum Zwecke des Bildungscontrollings gemäß § 5 Abs. 1, 2 und 4 BD-EG, insbesondere

1. zur Qualitätssicherung,
2. zur externen Schulevaluation,
3. für das Bildungsmonitoring,
4. für die Unterstützung der Qualitätsentwicklung im Schulsystem,
5. für die Unterstützung der Schulen in ihrer standortbezogenen Unterrichts- und Förderplanung,

[5]) Sollte richtig lauten „postsekundären".

[6]) Die grau unterlegte Wendung der lit. b idF der Novelle BGBl. I Nr. 121/2024 tritt gemäß § 22 Abs. 5 Z 3 mit 1. September 2026 in Kraft. *Die kursiv gedruckte Wendung der lit. b* ist bis Ablauf des 31. August 2026 in Kraft.

PflSchErh-GG
BildDokG 2020, VO

6. für die nationale Bildungsberichterstattung gemäß § 5 Abs. 3 BD-EG,
7. für die Kontextualisierung von Kompetenzerhebungen mit sozioökonomischen Faktoren sowie
8. für die Festlegung von Kriterien für die Bewirtschaftung der Lehrpersonalressourcen im Schulwesen, insbesondere für die Erstellung eines sozioökonomischen Index nach Maßgabe des § 5 Abs. 4 BD-EG,

durchzuführen. Schulleiterinnen und Schulleiter, Lehrpersonen, Schülerinnen und Schüler sowie deren Erziehungsberechtigte sind zur Mitwirkung an diesen Erhebungen verpflichtet. Die gesetzlichen Vertretungen der Eltern sind vor Durchführung der Erhebung anzuhören.

(2) Die zuständige Bundesministerin oder der zuständige Bundesminister ist ermächtigt, zum Zweck des Bildungscontrollings die Daten der Gesamtevidenzen der Schülerinnen und Schüler sowie jene der Studierenden miteinander sowie mit Daten gemäß den §§ 8 (in Verbindung mit **Anlage 6**), 16 (in Verbindung mit **Anlage 10**) und 17 und den Daten zu den Ergebnissen der Testungen gemäß § 4 Abs. 2a SchUG in der Datenverarbeitung „Bildungsinformationssystem (BILIS)" zu verknüpfen und um Daten gemäß Abs. 1 und 3 zu ergänzen. *(BGBl. I Nr. 20/2021, Art. 1 idF BGBl. I Nr. 121/2024, Art. 4 Z 16)*

(3) Die Bundesanstalt „Statistik Österreich" hat zu den in Abs. 5 festgelegten Stichtagen zum Zweck des Bildungscontrollings Daten über Bildungs- und Erwerbskarrieren von Schülerinnen und Schülern gemäß **Anlage 9** zu verarbeiten und im automationsunterstützten Datenverkehr in auf Schulstandort, Schulformen- und Schulstufenebene aggregierter Form der zuständigen Bundesministerin oder dem zuständigen Bundesminister zu übermitteln, sofern eine Re-Identifikation von Einzelpersonen ausgeschlossen ist.

(4) Personenbezogene Daten auf Grundlage dieses Paragraphen dürfen nur verarbeitet werden, sofern zur Pseudonymisierung im automationsunterstützten Datenverkehr die Verwendung des jeweils im Bereich zu verwendenden bPK sichergestellt ist und zu den in unverschlüsselter Form verwendeten bPK keine Identitätsdaten der Betroffenen vorliegen. Zur Unkenntlichmachung von Einzelpersonen in den Ergebnissen haben neben den zuvor genannten Maßnahmen geeignete statistische Verfahren sicherzustellen, dass Datensätze mit seltenen Merkmalskombinationen nicht auf individuelle Personen rückführbar sind.

(5) Die näheren Bestimmungen zu den Stichtagen, Verfahrensabläufen, technischen Verfahren und Formaten der Datenverarbeitung sind durch Verordnung der zuständigen Bundesministerin oder des zuständigen Bundesministers festzulegen.

Datenverarbeitungen hinsichtlich Kompetenzerhebungen[7])

§ 16. (1) Die Schulleiterin oder der Schulleiter hat zum Zweck der standardisierten Überprüfung von Lernergebnissen der Schülerinnen und Schüler, der Unterrichts- und Förderplanung in Verbindung mit durch die zuständigen Lehrpersonen nach schulrechtlichen Bestimmungen geführten Gesprächen, des Qualitätsmanagements und der Qualitätsentwicklung im Schulwesen gemäß § 5 Abs. 2 Z 2, 4 und 6 BD-EG hinsichtlich verpflichtender und ergänzender Kompetenzerhebungen gemäß § 17 Abs. 1a SchUG schülerinnen- und schülerbezogene Daten gemäß § 5 Abs. 1 sowie **Anlage 10** nach Maßgabe der technischen Möglichkeiten automationsunterstützt zu verarbeiten. § 4 Abs. 2 IQS-G findet Anwendung. *(BGBl. I Nr. 20/2021, Art. 1 idF BGBl. I Nr. 227/2022, Art. 3 Z 3)*

(2) Die Schulleiterin oder der Schulleiter hat zu gemäß Abs. 4 festzulegenden Stichtagen die Daten verpflichtender und ergänzender Kompetenzerhebungen gemäß **Anlage 10** unter Angabe der Schule, an der die Kompetenzerhebung durchgeführt wird, nach Maßgabe der technischen Möglichkeiten im automationsunterstützten Datenverkehr unter Verwendung des bPK-AS in verschlüsselter Form und des bPK-BF dem IQS zu übermitteln. Die Datensätze sind vom IQS auf Vollständigkeit und Schlüssigkeit zu überprüfen. *(BGBl. I Nr. 20/2021, Art. 1 idF BGBl. I Nr. 227/2022, Art. 3 Z 4)*

---

[7]) Gemäß § 24 Abs. 5 ist, sofern die technischen Voraussetzungen gemäß Abs. 3 bis zum Schuljahr 2023/24 nicht gegeben sind und die Schülerin oder der Schüler bzw. die Prüfungskandidatin oder der Prüfungskandidat die Sozialversicherungsnummer hinsichtlich der §§ 8 und 16 der Schulleiterin oder dem Schulleiter bzw. der Leiterin oder dem Leiter eines Erwachsenenbildungsinstituts noch nicht bekannt gegeben hat, diese (Sozialversicherungsnummer) im Rahmen der periodischen Überprüfungen von Lernergebnissen bzw. im Rahmen der abschließenden Prüfungen, Externistenprüfungen, die einer abschließenden Prüfung entsprechen, sowie der Berufsreifeprüfung bzw. von Teilprüfungen von den Schülerinnen und Schülern bzw. Prüfungskandidatinnen und Prüfungskandidaten bekannt zu geben und von der Schulleiterin oder dem Schulleiter bzw. der Leiterin oder dem Leiter einer Bildungseinrichtung gemäß § 2 Z 5 an Stelle der bPK entsprechend der Bestimmung in § 3 Abs. 4 Z 1 und Abs. 5 zu verarbeiten. Falls keine Sozialversicherungsnummer vorhanden ist, ist gemäß § 3 Abs. 4 Z 2, Abs. 6 und 7 vorzugehen.

(3) Das IQS hat als Verantwortlicher gemäß Art. 4 Z 7 DSGVO hinsichtlich verpflichtender periodischer Kompetenzerhebungen die Datensätze gemäß **Anlage 10** Z 1 bis 7 und 9 bis 18 der für die Vollziehung des IQS-G zuständigen Bundesministerin oder dem für die Vollziehung des IQS-G zuständigen Bundesminister zum Zweck der Sicherung und Weiterentwicklung der Qualität gemäß § 5 Abs. 2 BD-EG sowie der Sicherstellung der Grundsätze der Leistungsbeurteilung gemäß § 11 der Leistungsbeurteilungsverordnung, BGBl. Nr. 371/1974, in der Fassung der Verordnung BGBl. II Nr. 259/2019, zu übermitteln. *(BGBl. I Nr. 20/2021, Art. 1 idF BGBl. I Nr. 227/2022, Art. 3 Z 5)*

(4) Die näheren Bestimmungen zu den Stichtagen und Berichtszeiträumen, Abfrageberechtigungen, Verfahrensabläufen, technischen Verfahren und Formaten der Datenübermittlung sind durch Verordnung der für die Vollziehung des IQS-G zuständigen Bundesministerin oder des für die Vollziehung des IQS-G zuständigen Bundesministers festzulegen.

Datenverarbeitungen hinsichtlich sozioökonomischer Faktoren

§ 17. (1) Die Bundesanstalt „Statistik Österreich“ hat als Verantwortliche gemäß Art. 4 Z 7 DSGVO, sofern eine Re-Identifikation von Einzelpersonen ausgeschlossen ist, zum Zweck der Steuerung Daten zu statistischen Kontextinformationen aus unabhängigen, in der Bundesanstalt „Statistik Österreich“ vorliegenden Datenquellen zur Gesamtevidenz der Schülerinnen und Schüler (Bildungsstand, Geburtsland und Erwerbsstatus der Erziehungsberechtigten, Geburtsland der Schülerin oder des Schülers sowie andere Umweltfaktoren) im automationsunterstützten Datenverkehr

1. der zuständigen Bundesministerin oder dem zuständigen Bundesminister für Zwecke des Bildungscontrollings gemäß § 5 BD-EG sowie
2. der Leiterin oder dem Leiter des IQS zum Zweck der periodischen, standardisierten Überprüfung von Ergebnissen der Schülerinnen und Schüler, der Kontextualisierung der Kompetenzerhebungen mit sozioökonomischen Faktoren sowie des Qualitätsmanagements und der Qualitätsentwicklung im Schulwesen gemäß § 5 Abs. 2 Z 2, 4 und 6 BD-EG in Form eines verschlüsselten bPK-BF,

zu übermitteln. Die Daten werden grundsätzlich in kategorisierter Form übermittelt, außer es ist für konkrete Zwecke zwingend erforderlich. Zur Unkenntlichmachung von Einzelpersonen in den Ergebnissen haben neben der Verwendung von pseudonymisierten Daten geeignete statistische Verfahren sicherzustellen, dass Datensätze mit seltenen Merkmalskombinationen nicht auf individuelle Personen rückführbar sind.

(2) Durch technische und organisatorische Maßnahmen im Sinne von Art. 32 DSGVO ist sicherzustellen, dass der Zugriff auf die Gesamtdaten von einzelnen Personen nicht möglich ist. Protokollierungen der durchgeführten Abfragen zum Nachweis der Rechtmäßigkeit derselben sind durchzuführen.

(3) Die näheren Bestimmungen zu den Stichtagen, zu den Verfahrensabläufen, zur Ausdifferenzierung der zu liefernden Daten, zu technischen Verfahren und Formaten der Datenübermittlung, zu den Datensicherheitsmaßnahmen sowie zur Kennzeichnung der Schulstandorte, Schulstufen und Klassen sind durch Verordnung der zuständigen Bundesministerin oder des zuständigen Bundesministers festzulegen.

6. Abschnitt
Bundesstatistik zum Bildungswesen und Bildungsstandregister

Bundesstatistik zum Bildungswesen

§ 18. (1) Die Bundesanstalt „Statistik Österreich“ hat jährlich eine Bundesstatistik zum Bildungswesen in regionaler Gliederung zu erstellen. Aus der Statistik hat sich insbesondere Folgendes zu ergeben:

1. die Bildungsbeteiligung;
2. die Anzahl der beschäftigten Personen und der auf diese entfallende Personalaufwand, gegliedert nach Ausbildung, Verwendung, Funktion, Geschlecht, Geburtsjahr, Beschäftigungsart und -ausmaß und Art der Bildungseinrichtung;
3. die Finanzierung der Bildung, gegliedert nach Bildungsstufen, insbesondere der Betriebs- und Erhaltungsaufwand für Bildungseinrichtungen, gegliedert nach der Art der Bildungseinrichtung;
4. die Anzahl der Abschlüsse, gegliedert nach Ausbildungsarten, -formen und -fachrichtungen;
5. die Schülerströme zwischen den einzelnen Ausbildungsangeboten und innerhalb derselben (Verlaufsstatistik) und
6. die Verweildauer im Bildungssystem.

Die Bundesanstalt „Statistik Österreich“ hat die Ergebnisse der Statistik entsprechend den §§ 19 und 30 des Bundesstatistikgesetzes 2000 zu veröffentlichen, wobei die Veröffentlichung unter Angabe von Name oder Bezeichnung und Adresse der Bildungseinrichtung für Zwecke der Qualitätssicherung, der Bildungsplanung und der Raumordnung zulässig ist, ausgenommen Daten gemäß Abs. 1 Z 2 bis 4[8]) *Daten gemäß Abs. 1 Z 2 und 3* für Bildungseinrichtungen gemäß § 2 Z 1 bis 3 und 5. *(BGBl. I Nr. 20/2021, Art. 1 idF BGBl. I Nr. 121/2024, Art. 4 Z 18)*

(2) Zum Zweck der Erstellung der Statistik gemäß Abs. 1 haben die Leiterinnen und Leiter der Bildungseinrichtungen gemäß § 2 Z 1 bis 3 und 5, der postsekundären Bildungseinrichtungen gemäß § 2 Z 4 sowie die Bildungsdirektorinnen und Bildungsdirektoren gemäß § 5 Abs. 3 und 4 folgende Daten, soweit sie anfallen, zu den durch Verordnung gemäß Abs. 3 festgesetzten Stichtagen und Berichtsterminen der Bundesanstalt „Statistik Österreich“ zu übermitteln:

1. in Bezug auf Schülerinnen und Schüler:
   a) die Schulkennzahl,
   b) die Schulformkennzahl,
   c) das bildungseinrichtungsspezifische Personenkennzeichen,
   d) die Sozialversicherungsnummer oder ein entsprechendes Ersatzkennzeichen in Bezug auf Schülerinnen und Schüler an Bildungseinrichtungen gemäß § 2 Z 2 und 3; hinsichtlich der Bildungseinrichtungen gemäß § 2 Z 2 bis zur Ausstattung mit bPK, *(BGBl. I Nr. 20/2021, Art. 1 idF BGBl. I Nr. 121/2024, Art. 4 Z 19)*
   e) das bPK-BF in verschlüsselter Form in Bezug auf Schülerinnen und Schüler an Bildungseinrichtungen gemäß § 2 Z 1,
   f) das bPK-AS in verschlüsselter Form in Bezug auf Schülerinnen und Schüler an Bildungseinrichtungen gemäß § 2 Z 1,
   g) das Geburtsdatum,
   h) die Staatsangehörigkeit,
   i) das Geschlecht,
   j) die Postleitzahl und den Ort der Anschrift am Heimatort und die Information, ob am Bildungseinrichtungsort eine zusätzliche Anschrift besteht,
   k) das erste Jahr der allgemeinen Schulpflicht,
   l) das Datum des Beginns der jeweiligen Ausbildung und deren Bezeichnung,
   m) die Eigenschaft als ordentliche Schülerin oder ordentlicher Schüler bzw. außerordentliche Schülerin oder außerordentlicher Schüler,
   n) das Datum und die Form der Beendigung der jeweiligen Ausbildung unter Angabe der Bezeichnung der beendeten Ausbildung,
   o) die Information, ob ein sonderpädagogischer Förderbedarf festgestellt wurde,
   p) Daten aufgrund § 5 Abs. 1 Z 19 in Verbindung mit **Anlage 1**, Abs. 2 in Verbindung mit **Anlage 3** sowie Abs. 4, soweit für Zwecke der Bundesstatistik zum Bildungswesen erforderlich, und
   q) Daten aufgrund der Verordnung BGBl. II Nr. 58/2004 des Bundesministers für Land- und Forstwirtschaft, Umwelt und Wasserwirtschaft, soweit für Zwecke der Bundesstatistik zum Bildungswesen erforderlich;
2. in Bezug auf Studierende an postsekundären Bildungseinrichtungen gemäß § 2 Z 4:
   a) allfällige bildungseinrichtungsspezifische Personenkennzeichen, einschließlich der Matrikelnummer,
   b) das bPK-BF im Wege des Datenverbundes der Universitäten und Hochschulen in verschlüsselter Form, soweit vorhanden,
   c) das bPK-AS im Wege des Datenverbundes der Universitäten und Hochschulen in verschlüsselter Form, soweit vorhanden,
   d) das Geburtsdatum,
   e) die Staatsangehörigkeit,
   f) das Geschlecht,
   g) die Postleitzahl und Ort der Anschrift am Heimatort und die Information, ob am Bildungseinrichtungsort eine zusätzliche Anschrift besteht,
   h) das Datum des Beginns der jeweiligen Ausbildung und deren Bezeichnung,
   i) die Meldungen der Fortsetzung des Studiums und den Zulassungsstatus bzw. Status im Studium,
   j) das Datum und die Form der Beendigung der jeweiligen Ausbildung unter Angabe der Bezeichnung der beendeten Ausbildung und
   k) die Mobilitätsdaten;
3. nur in Bezug auf Studierende an postsekundären Bildungseinrichtungen gemäß § 2 Z 4 lit. a, b und e zusätzlich die Form, das Datum und den Ausstellungsstaat der allgemeinen Universitätsreife.

---

[8]) Die grau unterlegte Wendung des Schlussteils des Abs. 1 idF der Novelle BGBl. I Nr. 121/2024 tritt gemäß § 22 Abs. 5 Z 2 mit 1. Jänner 2025 in Kraft. *Die kursiv gedruckte Wendung des Schlussteils des Abs. 1* ist bis Ablauf des 31. Dezember 2024 in Kraft.

(3) Für Bildungseinrichtungen gemäß § 2 Z 1 bis 3 bzw. für die Meldepflichtigen gemäß § 5 Abs. 3 und 4 gelten für die Übermittlung von Daten gemäß Abs. 2 Z 1 die in den Verordnungen gemäß § 7 Abs. 4 und 5 festgesetzten Stichtage und Berichtstermine. Für postsekundäre Bildungseinrichtungen gemäß § 2 Z 4 sind nähere Bestimmungen zu den zu übermittelnden Daten, Stichtagen, Formaten und Berichtsterminen in der Verordnung gemäß § 12 Abs. 5 im Einvernehmen mit der Bundeskanzlerin oder dem Bundeskanzler festzulegen. Für die übrigen Bildungseinrichtungen sind die Stichtage und Berichtstermine für die Übermittlung der Daten durch Verordnung der jeweils zuständigen Bundesministerin oder des jeweils zuständigen Bundesministers im Einvernehmen mit der Bundeskanzlerin oder dem Bundeskanzler festzusetzen.

(4) Der Bundesanstalt „Statistik Österreich" sind folgende Daten zu übermitteln:

1. von der Leiterin oder dem Leiter einer Bildungseinrichtung gemäß § 2 Z 1 bis 3 oder vom Rechtsträger, der die Dienstgeberfunktion an dieser Bildungseinrichtung wahrnimmt, unter Angabe der Bezeichnung, der Anschrift und der Rechtsnatur des Erhalters der jeweiligen Bildungseinrichtung, gegliedert nach Arten der Bildungseinrichtungen:
   a) bis zum 1. Dezember jedes Kalenderjahres zum Stand Oktober die mittels der verschlüsselten bereichsspezifischen Personenkennzeichen (bPK-BF und bPK-AS) pseudonymisierten Datensätze der beschäftigten Personen gegliedert nach Ausbildung, Verwendung, Funktion, Geschlecht, Geburtsdatum, Beschäftigungsart und -ausmaß und[9]) *(BGBl. I Nr. 121/2024, Art. 4 Z 19a)*
   a) bis zum 1. Dezember jedes Kalenderjahres zum Stand Oktober die Anzahl der beschäftigten Personen gegliedert nach Ausbildung, Verwendung, Funktion, Geschlecht, Geburtsdatum, Beschäftigungsart und -ausmaß und
   b) bis zum 31. Mai jedes Kalenderjahres der Personalaufwand für das jeweils vorangegangene Kalenderjahr;
2. bis zum 31. Mai jedes Kalenderjahres von der Leiterin oder dem Leiter einer Bildungseinrichtung gemäß § 2 Z 1 bis 3 oder vom Rechtsträger, der den Betriebs- und Erhaltungsaufwand trägt, unter Angabe der Bezeichnung, der Anschrift und der Rechtsnatur des Erhalters der Bildungseinrichtung, gegliedert nach den Arten der Bildungseinrichtungen, die Einnahmen und Ausgaben in der Bildungseinrichtungserhaltung für das jeweils vorangegangene Kalenderjahr, gegliedert nach Einnahmen- und Ausgabenarten. Bedürfen die Daten zu deren Verbindlichkeit einer Genehmigung von Organen und liegt diese bis zum 31. Mai eines Kalenderjahres nicht vor, so haben die Meldepflichtigen vorläufige Daten zu übermitteln. Die endgültigen Daten sind unverzüglich nach Vorliegen der Genehmigungen nachzuliefern.

(5) Die Übermittlung gemäß Abs. 2 und 4 hat gemäß § 10 Abs. 2 des Bundesstatistikgesetzes 2000 zu erfolgen. Soweit gemäß § 14 eine Verpflichtung zur Übermittlung von Daten an die Evidenz über den Aufwand von Bildungseinrichtungen besteht, trifft die Verpflichtung zur Übermittlung der betreffenden Daten die zuständige Bundesministerin oder den zuständigen Bundesminister.

(6) Über die in den Gesamtevidenzen der Studierenden zur Verfügung stehenden Daten hinaus sind anlässlich der erstmaligen Zulassung zu einem Studium und des Abschlusses eines Studiums von einer postsekundären Bildungseinrichtung gemäß § 2 Z 4 lit. a, b, c oder e statistische Erhebungen durch Befragung der Auskunftspflichtigen unter Angabe der Bildungseinrichtung über

1. die Sozialversicherungsnummer/das Ersatzkennzeichen oder bPK-BF/Ersatzkennzeichen (§ 24 Abs. 4) sowie bPK-AS in verschlüsselter Form;
2. das bildungseinrichtungsspezifische Personenkennzeichen;
3. das Geschlecht;
4. das Geburtsdatum und die Herkunft;
5. die Staatsangehörigkeit;
6. studienbezogene Auslandsaufenthalte;
7. die Herkunft und Bildungslaufbahn der Eltern und
8. die private E-Mail-Adresse

durchzuführen.

(7) Die näheren Bestimmungen zu den statistischen Erhebungen gemäß Abs. 6 sind durch Verordnung der zuständigen Bundesministerin oder des zuständigen Bundesministers im Einvernehmen mit der Bundeskanzlerin oder dem Bundeskanzler festzulegen. Dabei ist insbesondere Folgendes zu regeln:

1. die zu erhebenden Daten,
2. die Durchführung der statistischen Erhebung,

[9]) Die grau unterlegte lit. a idF der Novelle BGBl. I Nr. 121/2024 tritt gemäß § 22 Abs. 5 Z 3 mit 1. September 2026 in Kraft. *Die kursiv gedruckte lit. a* ist bis Ablauf des 31. August 2026 in Kraft.

3. der Zugriff der postsekundären Bildungseinrichtungen gemäß § 2 Z 4 auf die erhobenen Daten.

Bei Studien mit einem Eignungs- oder Aufnahmeverfahren kann festgelegt werden, dass die statistische Erhebung bereits im Zuge der erstmaligen verbindlichen Anmeldung zu einem Eignungs- oder Aufnahmeverfahren durchgeführt werden kann bzw. durchzuführen ist, wobei zusätzlich folgende Merkmale zu erheben sind: Art der Hochschulzugangsberechtigung sowie Studienkennung des angestrebten Studiums bzw. im Falle von Fachhochschulen weiters die Studiengangs-Kennzahl und die Organisationsform.

Errichtung und Führung des Bildungsstandregisters

§ 19. (1) Die Bundesanstalt „Statistik Österreich" hat ein regional gegliedertes Register über den Bildungsstand der österreichischen Wohnbevölkerung (Bildungsstandregister) unter Verwendung des bPK-AS zu führen. Dieses Register dient zur Erstellung von Verlaufsstatistiken über die Änderungen im Bildungsstand. Diese Statistik ist jährlich zu erstellen.

(2) Für Zwecke gemäß Abs. 1 hat die Bundesanstalt „Statistik Österreich" die im Rahmen der Bundesstatistik über das Bildungswesen gemäß § 18 Abs. 2 Z 1 lit. f, i und n sowie Z 2 lit. c, f und j und Z 3 erhobenen Daten heranzuziehen. Diese Daten haben weiters für Zwecke gemäß Abs. 1

1. die Prüfungsstellen der Landeskammern der Wirtschaftskammer Österreich und die Land- und Forstwirtschaftlichen Lehrlings- und Fachausbildungsstellen betreffend Personen, die im Zeitraum vom 1. Oktober des Vorjahres bis 30. September des Übermittlungsjahres eine Lehrabschlussprüfung, Facharbeiterprüfung, Meisterprüfung oder Befähigungsprüfung und Module dieser Prüfungen, „Lehre mit Matura", eine verlängerte Lehre sowie Teilqualifikationen erfolgreich absolviert haben, *(BGBl. I Nr. 121/2024, Art. 4 Z 19b)*
2. die Bundesministerin oder der Bundesminister für Soziales, Gesundheit, Pflege und Konsumentenschutz betreffend Personen, die im Zeitraum vom 1. Oktober des Vorjahres bis 30. September des Übermittlungsjahres eine Diplomprüfung im kardiotechnischen Dienst erfolgreich absolviert haben,
3. die gemäß dem Bundesgesetz über die höhere berufliche Bildung – HBB-Gesetz, BGBl. I Nr. 7/2024, eingerichteten Validierungs- und Prüfungsstellen betreffend Personen, die im Zeitraum vom 1. Oktober des Vorjahres bis 30. September des Übermittlungsjahres eine Qualifikation gemäß dem HBB-Gesetz erworben haben, *(BGBl. I Nr. 121/2024, Art. 4 Z 19c)*

bis zum 1. Dezember jedes Kalenderjahres der Bundesanstalt „Statistik Österreich" gemäß § 10 Abs. 2 des Bundesstatistikgesetzes 2000 zu übermitteln.

(3) Zur Ergänzung des Bildungsstandregisters mit Ausbildungen, die nicht bei einer Bildungseinrichtung gemäß § 2 Z 1 bis 5 absolviert worden sind, sind der Bundesanstalt „Statistik Österreich" bis zum 1. Dezember jedes Kalenderjahres gemäß § 10 Abs. 2 des Bundesstatistikgesetzes 2000 verknüpft mit dem bPK-AS in verschlüsselter Form zu übermitteln:

1. vom Arbeitsmarktservice: das Geschlecht und die Ausbildung jener Personen, für die das Arbeitsmarktservice vom 1. Oktober des Vorjahres bis zum 30. September des Übermittlungsjahres Leistungen erbracht hat;
2. von den für die Verfahren zur Anerkennung und Bewertung zuständigen Behörden und Stellen: das Geschlecht, die Staatsangehörigkeit, der Staat, in dem die Bildungsabschlüsse oder Berufsqualifikationen erworben wurden, das Wohnbundesland bzw. bei Wohnsitz im Ausland der Wohnsitzstaat der Antragstellerin oder des Antragstellers, die Ausbildung jener Personen, deren ausländische Ausbildung im Zeitraum vom 1. Oktober des Vorjahres bis zum 30. September des Übermittlungsjahres anerkannt oder bewertet wurde, die Anzahl der Personen, die einen Antrag stellen, die Anzahl der positiv und der negativ abgeschlossenen Verfahren sowie die Anordnung von Ausgleichsmaßnahmen; § 3 Abs. 3 sind sinngemäß anzuwenden;
3. vom Dachverband der Sozialversicherungsträger bis zum 1. Dezember des laufenden Jahres über den Zeitraum vom 1. Oktober des Vorjahres bis zum 30. September des Übermittlungsjahres die akademischen Grade der Personen, die bei einem dem Dachverband der österreichischen Sozialversicherungsträger angehörenden Sozialversicherungsträger versichert sind oder Anspruch auf Leistungen einer Krankenfürsorgeanstalt haben.

(4) Zur Erstellung der regionalen Gliederung des Bildungsstandes der österreichischen Wohnbevölkerung hat die Bundesministerin oder der Bundesminister für Inneres gemäß § 16b des Meldegesetzes 1991, BGBl. Nr. 9/1992, aus dem Zentralen Melderegister für den 30. September eines Kalenderjahres, ver-

knüpft mit dem verschlüsselten bPK-AS gemäß § 9 E-GovG,

1. die Gemeinde des Hauptwohnsitzes, Geschlecht, Geburtsdatum, allfällige akademische Grade und die Staatsangehörigkeit sowie
2. für den Zeitraum seit dem 1. Oktober des Vorjahres bei Zuwanderinnen und Zuwanderern nach Österreich den Staat des bisherigen Wohnsitzes und bei Abwanderinnen und Abwanderern aus Österreich den Staat des künftigen Wohnsitzes

der Gemeldeten gemäß § 10 Abs. 2 des Bundesstatistikgesetzes 2000 an die Bundesanstalt „Statistik Österreich" zu übermitteln.

Datenverarbeitungen hinsichtlich der Bundesstatistik zum Bildungswesen und des Bildungsstandregisters

§ 20. (1) Die Erstellung der Bundesstatistik zum Bildungswesen und dem Bildungsstandregister erfolgt nach den Bestimmungen des Bundesstatistikgesetzes 2000.

(2) Die Bundesanstalt „Statistik Österreich" führt das Bildungsstandregister und erstellt die Statistiken gemäß §§ 18 und 19 unter Verwendung des bPK-AS gemäß § 15 des Bundesstatistikgesetzes 2000. Kann kein bPK-AS zugeordnet werden, ist entsprechend § 3 Abs. 3 bis 7 vorzugehen.

(3) Sind die technischen Voraussetzungen für die Ausstattung mit bPK gemäß § 9 E-GovG bei den Bildungseinrichtungen gemäß § 2 Z 1 bis 5, den Bildungsdirektorinnen und Bildungsdirektoren gemäß § 5 Abs. 3 und 4 sowie den Einrichtungen gemäß § 19 Abs. 2 und 3 Z 2 noch nicht vorhanden, haben diese an Stelle der bPK die Sozialversicherungsnummer und, falls diese nicht vorliegt, Familiennamen und Vornamen, Geschlecht, Geburtsdatum und Anschrift am Heimatort der oder des Betroffenen an die Bundesanstalt „Statistik Österreich" zwecks Ermittlung der bPK durch die Bundesanstalt „Statistik Österreich" zu übermitteln. Wenn der Heimatort im Ausland liegt und ein Wohnsitz im Inland besteht, so ist letzterer zu übermitteln. Die Bundesanstalt „Statistik Österreich" hat diese Daten im Wege des Dachverbandes der österreichischen Sozialversicherungsträger, soweit eine Sozialversicherungsnummer vorliegt, ansonsten im Wege der Stammzahlenregisterbehörde, ehestens durch die bPK zu ersetzen und die zu diesem Zwecke übermittelten Daten hierauf unverzüglich zu löschen.

(4) Entsprechend Art. 89 Abs. 2 DSGVO in Verbindung mit § 15 Abs. 1 des Bundesstatistikgesetzes 2000 finden die Art. 15, 16, 18 und 21 DSGVO auf mit bPK-AS pseudonymisierte Daten insofern keine Anwendung, als dadurch die Verarbeitung der Daten für statistische Zwecke erheblich beeinträchtigt oder unmöglich gemacht würde.

7. Abschnitt
Übergangs- und Schlussbestimmungen

Schlussbestimmungen

§ 21. (1) Soweit in diesem Bundesgesetz auf andere Bundesgesetze verwiesen wird, sind diese in ihrer jeweils geltenden Fassung anzuwenden.

(2) Wer die Auskunft verweigert oder wissentlich unvollständige oder wahrheitswidrige Angaben macht, begeht eine Verwaltungsübertretung, die gemäß § 66 des Bundesstatistikgesetzes 2000 zu verfolgen ist.

(3) Verordnungen auf Grund dieses Bundesgesetzes in seiner jeweiligen Fassung können bereits von dem Tag an erlassen werden, der der Kundmachung des durchzuführenden Bundesgesetzes folgt; sie dürfen jedoch nicht vor den durchzuführenden Gesetzesbestimmungen in Kraft treten.

(4) Alle Personen, die auf Grund dieses Bundesgesetzes personenbezogene Daten gemäß Art. 4 Z 1 DSGVO verarbeiten, sind über diese von ihnen verarbeiteten personenbezogenen Daten und über alle Tatsachen, die ihnen bei der Erhebung, der Bearbeitung und der Verarbeitung zur Kenntnis gelangt sind, zur Verschwiegenheit verpflichtet. Sie sind hinsichtlich dieser Verschwiegenheitspflicht Beamte im Sinne des § 74 des Strafgesetzbuches – StGB, BGBl. Nr. 60/1974. Die Verletzung der Verschwiegenheitspflicht gilt als Verletzung des Amtsgeheimnisses gemäß § 310 StGB. Das Datengeheimnis nach Art. 2 § 6 Abs. 1 DSG bleibt davon unberührt.

(5) Alle Personen, die auf Grund dieses Bundesgesetzes personenbezogene Daten gemäß Art. 4 Z 1 DSGVO verarbeiten, sind nicht berechtigt, Auskunftsbegehren gemäß Auskunftspflichtgesetz, BGBl. Nr. 287/1987, betreffend schulstandortbezogene Daten, auch in aggregierter Form, zu beantworten.

Inkrafttreten

§ 22. (1) Dieses Bundesgesetz tritt wie folgt in Kraft:

1. § 16, § 17 und § 18 Abs. 1 bis 5 sowie die Anlage 10 treten mit 1. September 2021 in Kraft,
2. § 5 Abs. 2, 3 und 4 sowie § 15 Abs. 3 und die Anlage 9 treten mit 1. September 2022 in Kraft,

3. im Übrigen tritt dieses Bundesgesetz mit Ablauf des Tages der Kundmachung[10]) im Bundesgesetzblatt in Kraft.

(2) Abweichend vom Zeitpunkt des Inkrafttretens gemäß Abs. 1 sind

1. § 8 sowie Anlage 6 auf abschließende Prüfungen, Externistenprüfungen, die einer abschließenden Prüfung entsprechen, sowie Berufsreifeprüfungen mit Haupttermin ab 2022 anzuwenden, sowie
2. § 4 Abs. 3, 4 und 5, § 6, § 7, § 8, § 14 hinsichtlich der Bildungseinrichtungen gemäß § 2 Z 1, § 15 mit Ausnahme des Abs. 3, sowie die Anlagen 4, 5 und 6 bis zum Außerkrafttreten der Verordnungen aufgrund des Bildungsdokumentationsgesetzes, BGBl. I Nr. 12/2002, deren Weitergeltung als Bundesgesetze gemäß § 23 Abs. 3 festgelegt wurde, nicht anzuwenden.

(3) Das Inhaltsverzeichnis sowie § 5a samt Überschrift in der Fassung des Bundesgesetzes BGBl. I Nr. 76/2022 treten mit Ablauf des Tages der Kundmachung[11]) im Bundesgesetzblatt in Kraft. *(BGBl. I Nr. 76/2022, Art. 3 Z 3)*

(4) § 1 Abs. 1 Z 5, § 5 Abs. 1, § 16 Abs. 1 bis 3, die Anlage 1 Z 14 sowie die Anlage 10 Z 17 und 18 in der Fassung des Bundesgesetzes BGBl. I Nr. 227/2022 treten mit Ablauf des Tages der Kundmachung im Bundesgesetzblatt in Kraft; gleichzeitig tritt Anlage 2 Z 11 und 12 außer Kraft.[12]) Anlage 10 Z 18 in der Fassung des genannten Bundesgesetzes findet bis zum Beginn des Schuljahres 2025/26 keine Anwendung. *(BGBl. I Nr. 227/2022, Art. 3 Z 6)*

(5) Für das Inkrafttreten der durch das Bundesgesetz BGBl. I Nr. 121/2024 geänderten oder eingefügten Bestimmungen und das Außerkrafttreten der gemäß dem genannten Bundesgesetz entfallenden Bestimmungen gilt Folgendes:

1. Das Inhaltsverzeichnis, § 2 Z 14 bis 22, § 4 Abs. 1 und Abs. 3 Z 2 und 3, § 5 Abs. 3 Z 16, § 5a Abs. 3, §§ 6 bis 6e samt Überschriften, § 7 Abs. 1, § 15 Abs. 2, § 18 Abs. 2 Z 1 lit. d, § 19 Abs. 2 Z 1 und Z 3, § 25 Abs. 3, § 26, Anlage 1 Z 4 und 9, Anlage 2 Z 3 und 9 sowie Anlage 5 Z 26 treten mit Ablauf des Tages der Kundmachung des genannten Bundesgesetzes in Kraft;[13]) §§ 6 bis 6e sowie § 19 Abs. 2 Z 1 und Z 3 sind nach Maßgabe der technischen Möglichkeiten anzuwenden;
2. § 5 Abs. 1 Z 19 hinsichtlich der Wendung „die Teilnahme an der Sommerschule", der Schlussteil des § 18 Abs. 1, Anlage 1 Z 11a und Anlage 5 Z 28a treten mit 1. Jänner 2025 in Kraft;
3. § 5 Abs. 1 Z 19 hinsichtlich der Wendung „Ergebnis des standardisierten Testverfahrens gemäß § 4 Abs. 2a SchUG", § 14 Abs. 1 Z 1 lit. b, § 18 Abs. 4 Z 1 lit. a, Anlage 1 Z 10 und Anlage 5 Z 27 treten mit 1. September 2026 in Kraft;
4. § 4 Abs. 2 sowie Anlage 4 treten mit Ablauf des Tages der Kundmachung des genannten Bundesgesetzes außer Kraft.

(BGBl. I Nr. 121/2024, Art. 4 Z 20)

Außerkrafttreten des Bildungsdokumentationsgesetzes

§ 23. (1) Das Bundesgesetz über die Dokumentation im Bildungswesen – Bildungsdokumentationsgesetz, BGBl. I Nr. 12/2002, tritt wie folgt außer Kraft:

1. § 7c sowie die Anlage 4 des Bildungsdokumentationsgesetzes, BGBl. I Nr. 12/2002, treten mit Ende des Schuljahres 2021/22 außer Kraft und sind bis zu diesem Zeitpunkt nach Maßgabe des § 24 Abs. 4[14]) dieses Bundesgesetzes anzuwenden,
2. § 9 Abs. 1 bis 5 des Bildungsdokumentationsgesetzes, BGBl. I Nr. 12/2002, tritt mit 31. August 2021 außer Kraft,
3. § 3 Abs. 4 und 5 des Bildungsdokumentationsgesetzes, BGBl. I Nr. 12/2002, tritt mit 31. August 2022 außer Kraft,
4. im Übrigen tritt das Bildungsdokumentationsgesetz, BGBl. I Nr. 12/2002, mit Inkrafttreten dieses Bundesgesetzes außer Kraft.

(2) Abweichend vom Zeitpunkt des Außerkrafttretens des Bildungsdokumentationsgesetzes, BGBl. I Nr. 12/2002, gemäß Abs. 1 ist § 10a auf § 9 bis 31. August 2021 anzuwenden.

(3) Verordnungen, die aufgrund § 4, § 5 Abs. 3, § 6 Abs. 2, § 7 Abs. 2, § 7a Abs. 11, § 7c Abs. 7 sowie § 8 Abs. 1 und 2 des Bildungsdokumentationsgesetzes, BGBl. I Nr. 12/2002, erlassen wurden, gelten solange als Bundesgesetze weiter, bis die ihren Gegenstand regelnden Verordnungen aufgrund dieses Bundesgesetzes in Kraft treten, längstens jedoch bis 31. August 2021.

---

[10]) Die Kundmachung im Bundesgesetzblatt erfolgte am 7. Jänner 2021.

[11]) Die Kundmachung im Bundesgesetzblatt erfolgte am 10. Juni 2022.

[12]) Die Kundmachung im Bundesgesetzblatt erfolgte am 30. Dezember 2022.

[13]) Die Kundmachung im Bundesgesetzblatt erfolgte am 22. Juli 2024.

[14]) Sollte richtig lauten: „§ 24 Abs. 2".

Übergangsbestimmungen hinsichtlich des 1. bis 3. Abschnittes

§ 24. (1) Die Bestimmungen zu den Datenübermittlungen gemäß Z 1.3, 1.4, 1.5, und 1.6 der **Anlage 7** sind durch Fachhochschulen und Fachhochschul-Studiengänge mit der Maßgabe anzuwenden, dass die Fachhochschulen und Fachhochschul-Studiengänge auch in diesen Bereichen in den Datenverbund der Universitäten und Hochschulen integriert sind und die technischen Voraussetzungen für den Austausch der Daten vorliegen.

(2) § 6 sowie die Anlage 4 sind bis Ende des Schuljahres 2021/22 nur nach Maßgabe der technischen Möglichkeiten anzuwenden; anderenfalls finden § 7c sowie die Anlage 4 des Bildungsdokumentationsgesetzes, BGBl. I Nr. 12/2002, Anwendung.

(3) Es sind ab dem Schuljahr 2023/24, unbeschadet des § 3 Abs. 2 Z 1 und des § 5 Abs. 1 Z 4, das jeweils im Bereich zu verwendende bPK oder ein entsprechendes Ersatzkennzeichen und die für die Erfüllung gesetzlicher Verpflichtungen erforderlichen bPK anderer Bereiche in verschlüsselter Form ausschließlich zu verarbeiten. Sind die technischen Voraussetzungen bereits zu einem früheren Zeitpunkt gegeben, ist das jeweils im Bereich zu verwendende bPK oder ein entsprechendes Ersatzkennzeichen ab diesem Zeitpunkt zu verarbeiten. Anderenfalls kann die zuständige Bundesministerin oder der zuständige Bundesminister durch Verordnung für den 2. Abschnitt einen bis zu zwei Jahre späteren Zeitpunkt für die Umstellung von Sozialversicherungsnummern bzw. Ersatzkennzeichen auf bPK festlegen.

(4) Es ist ab dem Studienjahr 2023/24 ausschließlich das jeweils im Bereich zu verwendende bPK oder ein entsprechendes Ersatzkennzeichen zu verarbeiten. Sind die technischen Voraussetzungen bereits zu einem früheren Zeitpunkt gegeben, ist das jeweils im Bereich zu verwendende bPK oder ein entsprechendes Ersatzkennzeichen ab diesem Zeitpunkt zu verarbeiten. Anderenfalls kann die zuständige Bundesministerin oder der zuständige Bundesminister durch Verordnung für den 3. Abschnitt einen bis zu zwei Jahre späteren Zeitpunkt für die Umstellung von Sozialversicherungsnummern bzw. Ersatzkennzeichen auf bPK festlegen. Die Leiterinnen und Leiter einer postsekundären Bildungseinrichtung gemäß § 2 Z 4 haben die Sozialversicherungsnummern bzw. Ersatzkennzeichen von Studierenden zusätzlich zu den in § 9 genannten Daten zu verarbeiten.

(5) Sofern die technischen Voraussetzungen gemäß Abs. 3 bis zum Schuljahr 2023/24 nicht gegeben sind und die Schülerin oder der Schüler bzw. die Prüfungskandidatin oder der Prüfungskandidat die Sozialversicherungsnummer hinsichtlich der §§ 8 und 16 der Schulleiterin oder dem Schulleiter bzw. der Leiterin oder dem Leiter eines Erwachsenenbildungsinstituts noch nicht bekannt gegeben hat, ist diese im Rahmen der periodischen Überprüfungen von Lernergebnissen bzw. im Rahmen der abschließenden Prüfungen, Externistenprüfungen, die einer abschließenden Prüfung entsprechen, sowie der Berufsreifeprüfung bzw. von Teilprüfungen von den Schülerinnen und Schülern bzw. Prüfungskandidatinnen und Prüfungskandidaten bekannt zu geben und von der Schulleiterin oder dem Schulleiter bzw. der Leiterin oder dem Leiter einer Bildungseinrichtung gemäß § 2 Z 5 an Stelle der bPK entsprechend der Bestimmung in § 3 Abs. 4 Z 1 und Abs. 5 zu verarbeiten. Falls keine Sozialversicherungsnummer vorhanden ist, ist gemäß § 3 Abs. 4 Z 2, Abs. 6 und 7 vorzugehen.

(6) Die gemäß § 3 Abs. 6 des Bildungsdokumentationsgesetzes, BGBl. I Nr. 12/2002, bis zu dessen Außerkrafttreten gemäß § 23 für die Zuweisung von Ersatzkennzeichen der Bundesanstalt „Statistik Österreich" bekanntgegebenen Daten sind zum Zweck der Ersetzung der Identitätsdaten durch bPK bis zu den in Abs. 3 und 4 genannten Zeitpunkten von der Bundesanstalt „Statistik Österreich" im Wege der Stammzahlenregisterbehörde durch das bPK-AS und das verschlüsselte bPK-SV sowie für die Datensätze gemäß § 9 des Bildungsdokumentationsgesetzes, BGBl. I Nr. 12/2002, bis zu dessen Außerkrafttreten gemäß § 23 zusätzlich durch das verschlüsselte bPK-BF zu ersetzen.

(7) Die Bundesanstalt „Statistik Österreich" ist zwecks Überführung und Pseudonymisierung

1. jener Daten, die sie aufgrund des Bildungsdokumentationsgesetzes, BGBl. I Nr. 12/2002, bis zu dessen Außerkrafttreten gemäß § 23 verarbeitet hat, sowie
2. jener Daten, welche sie aufgrund dieses Bundesgesetzes laufend bis zur Ausstattung mit bPK erhält,

berechtigt, die genannten Daten im Wege des Dachverbandes der österreichischen Sozialversicherungsträger, soweit eine Sozialversicherungsnummer vorliegt, ansonsten im Wege der Stammzahlenregisterbehörde, unter Verwendung des bPK-AS zu verarbeiten sowie unter Verwendung des bPK-AS und des bPK-BF, jeweils in verschlüsselter Form, an die zuständige Bundesministerin oder den zuständigen Bundesminister zu übermitteln. Können keine bPK zugeordnet werden, ist entsprechend § 3 Abs. 3 bis 7 vorzugehen. Die Überführung und Pseudonymisierung dieser Daten durch die Bundesanstalt „Statistik Österreich“ hat bis zu den in Abs. 3 und 4 genannten Zeitpunkten zu erfolgen.

(8) Zwecks Überführung und Pseudonymisierung jener Daten, die die Bundesanstalt „Statistik Österreich“ der zuständigen Bundesministerin oder dem zuständigen Bundesminister unter Verwendung der Bildungsevidenzkennzahl (BEKZ) gemäß § 5 Abs. 2 des Bildungsdokumentationsgesetzes, BGBl. I Nr. 12/2002, übermittelt hat, hat die Bundesanstalt „Statistik Österreich“ zur jeweils übermittelten BEKZ das bPK-AS und das bPK-BF, jeweils in verschlüsselter Form, zu übermitteln. Die Überführung und Pseudonymisierung dieser Daten durch die Bundesanstalt „Statistik Österreich“ hat bis zu den in Abs. 3 und 4 genannten Zeitpunkten zu erfolgen. Die bei der zuständigen Bundesministerin oder dem zuständigen Bundesminister vorhandenen BEKZ sind jedenfalls ab Verwendung des bPK gemäß Abs. 3 zu löschen.

(9) Die Bundesanstalt „Statistik Österreich“ hat die zum Zweck der Erzeugung der bPK gemäß Abs. 6 und 8 und § 25 Abs. 1 an den Dachverband der österreichischen Sozialversicherungsträger und die Stammzahlenregisterbehörde übermittelten Daten zu löschen; dies jedoch erst nach erfolgreicher Umstellung auf bPK durch die zuständige Bundesministerin oder den zuständigen Bundesminister.

Übergangsbestimmungen hinsichtlich des 6. Abschnittes

§ 25. (1) Die gemäß § 10a Abs. 1 des Bildungsdokumentationsgesetzes, BGBl. I Nr. 12/2002, bis zu dessen Außerkrafttreten gemäß § 23, verschlüsselten Sozialversicherungsnummern sind zum Zweck der Ersetzung der Sozialversicherungsnummern durch bPK zu entschlüsseln und von der Bundesanstalt „Statistik Österreich“ im Wege des Dachverbands der Sozialversicherungsträger durch das bPK-AS und das verschlüsselte bPK-SV sowie für die Datensätze gemäß § 9 des Bildungsdokumentationsgesetzes, BGBl. I Nr. 12/2002, bis zu dessen Außerkrafttreten gemäß § 23 zusätzlich durch das verschlüsselte bPK-BF zu ersetzen.

(2) Sind die technischen Voraussetzungen für die Ausstattung mit bPK bei den Bildungseinrichtungen gemäß § 2 Z 1 bis 4, den Bildungsdirektorinnen und Bildungsdirektoren gemäß § 5 Abs. 3 und 4 sowie den Einrichtungen gemäß § 19 Abs. 2 und 3 Z 2 noch nicht gegeben, haben diese an Stelle der bPK die Sozialversicherungsnummer, und, falls diese nicht vorliegt, Familiennamen und Vornamen, Geschlecht, Geburtsdatum und Anschrift am Heimatort der oder des Betroffenen an die Bundesanstalt „Statistik Österreich“ zwecks Ermittlung der bPK durch die Bundesanstalt „Statistik Österreich“ zu übermitteln. Wenn der Heimatort im Ausland liegt und ein Wohnsitz im Inland besteht, so ist letzterer zu übermitteln. Die Bundesanstalt „Statistik Österreich“ hat die zum Zweck der Erzeugung der bPK übermittelten Daten im Wege des Dachverbandes der österreichischen Sozialversicherungsträger, soweit eine Sozialversicherungsnummer vorliegt, ansonsten im Wege der Stammzahlenregisterbehörde, ehestens durch die bPK zu ersetzen und die zu diesem Zweck übermittelten Daten hierauf unverzüglich zu löschen. Können keine bPK zugeordnet werden, ist entsprechend § 3 Abs. 3 bis 7 vorzugehen.

(3) Die zuständige Bundesministerin oder der zuständige Bundesminister kann vorbehaltlich der Bestimmung des § 18 Abs. 2 Z 1 lit. d für die Bildungseinrichtungen gemäß § 2 Z 3 durch Verordnung für den 6. Abschnitt einen bis zu zwei Jahre späteren Zeitpunkt für die Umstellung von Sozialversicherungsnummern bzw. Ersatzkennzeichen auf bPK festlegen. Sofern nicht eine Verordnung für den 6. Abschnitt einen bis zu zwei Jahre späteren Zeitpunkt bestimmt, ist ab dem Schuljahr 2023/24 bzw. dem Studienjahr 2023/24 das jeweils im Bereich zu verwendende bPK und die für die Erfüllung gesetzlicher Verpflichtungen erforderlichen bPK anderer Bereiche in verschlüsselter Form zu verarbeiten. Sind die technischen Voraussetzungen bereits zu früheren Zeitpunkten gegeben, ist das jeweils im Bereich zu verwendende bPK ab diesem Zeitpunkt zu verarbeiten. *(BGBl. I Nr. 20/2021, Art. 1 idF BGBl. I Nr. 121/2024, Art. 4 Z 21)*

Vollziehung

§ 26. Mit der Vollziehung dieses Bundesgesetzes ist

1. hinsichtlich der in § 2 Z 1 lit. a, c, e und f sowie Z 4 (mit Ausnahme der Hochschule für Agrar- und Umweltpädagogik Wien) genannten Bildungseinrichtungen die Bundesministerin oder der Bundesminister für Bildung, Wissenschaft und Forschung,
2. hinsichtlich der in § 2 Z 1 lit. b und d sowie Z 2 genannten Bildungseinrichtungen, der Hochschule für Agrar- und Umweltpädagogik Wien sowie der in § 19 Abs. 2 Z 1 genannten Land- und Forstwirtschaftlichen Lehrlings- und Fachausbildungsstellen die Bundesministerin oder der Bundesminister für Land- und Forstwirtschaft, Regionen und Wasserwirtschaft,

3. hinsichtlich der in § 2 Z 3 genannten Bildungseinrichtungen die Bundesministerin oder der Bundesminister für Soziales, Gesundheit, Pflege und Konsumentenschutz,
4. hinsichtlich der in § 19 Abs. 2 Z 1 genannten Prüfungsstellen der Landeskammern der Wirtschaftskammer Österreich und der in § 19 Abs. 2 Z 3 genannten Validierungs- und Prüfungsstellen die Bundesministerin oder der Bundesminister für Arbeit und Wirtschaft,
5. im Übrigen die jeweils zuständige Bundesministerin oder der jeweils zuständige Bundesminister

betraut. *(BGBl. I Nr. 20/2021, Art. 1 idF BGBl. I Nr. 121/2024, Art. 4 Z 21a)*

Anlage 1
zu § 5 Abs. 1 Z 19

Verarbeitung von Daten im Zusammenhang mit dem Schulbesuch:

Die Schulleiterin oder der Schulleiter hat insbesondere folgende Daten gemäß § 5 Abs. 1 Z 19 schülerinnen- und schülerbezogen zu verarbeiten:

1. Den Bildungsverlauf vor Beginn der allgemeinen Schulpflicht, insbesondere die Zahl der besuchten Kindergartenjahre und das Ausmaß des Besuches (Stundenanzahl pro Woche) ab der Schülerinnen- und Schülereinschreibung für das Schuljahr 2020/21;
2. das Schuljahr bzw. Semester;
3. die Schulstufe;
4. die Klasse bzw. den Jahrgang, Klassen- bzw. Jahrgangsvorstand und Fachlehrpersonen; *(BGBl. I Nr. 20/2021, Art. 1 idF BGBl. I Nr. 121/2024, Art. 4 Z 22)*
5. die Unterrichtsorganisation (ganzjährig, semesterweise, lehrgangsmäßig, saisonmäßig, modular);
6. die Verwendung einer Fremdsprache als Unterrichtssprache (mit Bezeichnung der Fremdsprache; § 16 Abs. 3 SchUG bzw. § 17 Abs. 3 SchUG-BKV);
7. die Sprachen der Schülerin oder des Schülers in folgender Differenzierung:
   a) bis zu drei Erstsprachen, in denen der Spracherwerb bis zur Vollendung des dritten Lebensjahres erfolgte,
   b) bis zu drei im Alltag gebrauchte Sprachen;
8. die Teilnahme am Unterricht in Latein, in Altgriechisch, in den Amtssprachen der Europäischen Union, in den Landessprachen der EU-Beitrittskandidatenländer, in Arabisch, Chinesisch, Japanisch, Russisch und in sonstigen lebenden Fremdsprachen im abgelaufenen Schuljahr unter Angabe, ob es sich um eine pflichtige bzw. nicht pflichtige Teilnahme handelt;
9. die Teilnahme an Unterrichts- und Betreuungsangeboten, insbesondere am Erstsprachenunterricht; *(BGBl. I Nr. 20/2021, Art. 1 idF BGBl. I Nr. 121/2024, Art. 4 Z 23)*
10. Ergebnis des standardisierten Testverfahrens gemäß § 4 Abs. 2a SchUG im vierten Semester der Deutschförderung gemäß § 4 Abs. 2a Z 2 und 3 SchUG sowie die[15]) Form der Sprachförderung in der Unterrichtssprache Deutsch; *(BGBl. I Nr. 20/2021, Art. 1 idF BGBl. I Nr. 121/2024, Art. 4 Z 24)*
11. den Besuch des Betreuungsteiles ganztägiger Schulformen unter Angabe der Anzahl der angemeldeten Schultage (alle Schultage oder einzelne Tage einer Woche) und die Organisationsform der besuchten ganztägigen Schulform;

11a. die Teilnahme an der Sommerschule gemäß § 8i SchOG bzw. § 8a Abs. 5 Land- und forstwirtschaftliches Bundesschulgesetz;[16]) *(BGBl. I Nr. 121/2024, Art. 4 Z 25)*

12. Verfahren und Maßnahmen im Zusammenhang mit Schulpflichtverletzungen gemäß dem Schulpflichtgesetz 1985;
13. die Ergebnisse der abschließenden Prüfungen Abschlussprüfungen, Diplomprüfungen, Externistenprüfungen, die einer abschließenden Prüfung, einer Abschlussprüfung oder Diplomprüfung entsprechen, sowie der Berufsreifeprüfung, einschließlich der Ergebnisse der standardisierten Prüfungsgebiete auf Aufgabenebene;
14. Leistungsdaten aus verpflichtenden und ergänzenden Kompetenzerhebungen. *(BGBl. I Nr. 227/2022, Art. 3 Z 7)*

---

[15]) Die grau unterlegte Wendung der Z 10 idF der Novelle BGBl. I Nr. 121/2024 tritt gemäß § 22 Abs. 5 Z 3 mit 1. September 2026 in Kraft.

[16]) Die grau unterlegte Z 11a idF der Novelle BGBl. I Nr. 121/2024 tritt gemäß § 22 Abs. 5 Z 2 mit 1. Jänner 2025 in Kraft.

Anlage 2
zu § 5 Abs. 1 Z 20

Verarbeitung von an der jeweiligen Schule erforderlichen Daten:

Die Schulleiterin oder der Schulleiter hat insbesondere folgende Daten gemäß § 5 Abs. 1 Z 20 schülerinnen- und schülerbezogen zu verarbeiten:

1. Daten in Zusammenhang mit der Aufnahme der Schülerinnen und Schüler sowie in Zusammenhang mit der Durchführung von Aufnahms- und Eignungsprüfungen;
2. die Dokumentation des erfassten Sprachstandes vor Beginn der allgemeinen Schulpflicht durch Verwendung des „Übergabeblattes Sprachentwicklung DaE“ für Kinder mit Deutsch als Erstsprache bzw. des „Übergabeblattes Sprachentwicklung DaZ“ für Kinder mit Deutsch als Zweitsprache gemäß **Anlage 11** sowie die Maßnahmen und Förderergebnisse der (Sprach-)Förderung ab der Schülerinnen- und Schülereinschreibung für das Schuljahr 2020/21;
3. für die Ausgestaltung der Unterrichtsordnung (etwa Klassenbildung, Stundenplan, Unterrichtsgruppen, Befreiungen, Anmeldung zum Betreuungsteil) erforderliche Daten; *(BGBl. I Nr. 20/2021, Art. 1 idF BGBl. I Nr. 121/2024, Art. 4 Z 26)*
4. für die Anzeige von und Arbeit mit Unterrichtsmitteln und Lernplattformen erforderliche Daten;
5. Daten für den IKT-gestützten Unterricht (insbesondere Verwaltung von Schülergeräten), einschließlich jener der Leistungsfeststellung und Leistungsbeurteilung mittels elektronischer Kommunikation;
6. für die Ausstellung von Zeugnissen, Schulnachrichten und Schulbesuchsbestätigungen erforderliche Daten;
7. Daten zur Beurteilung für Aufsteigen und Wiederholen von Schulstufen, Abschluss von Modulen sowie zur Feststellung der zulässigen Dauer des Schulbesuchs;
8. zur Durchführung von abschließenden Prüfungen, Abschlussprüfungen, Diplomprüfungen und Externistenprüfungen erforderliche Daten;
9. Vorname(n), Familienname, Geburtsdatum, bPK-BF sowie Kontaktdaten der Erziehungsberechtigten, einschließlich jener für die elektronische Kommunikation gemäß § 70a SchUG; *(BGBl. I Nr. 121/2024, Art. 4 Z 27)*
10. Kontaktdaten der Vertreterinnen und Vertreter von Schülerinnen und Schülern sowie Eltern, einschließlich jener für die elektronische Kommunikation gemäß § 70a SchUG;
11. *entfallen (BGBl. I Nr. 227/2022, Art. 3 Z 8)*
12. *entfallen (BGBl. I Nr. 227/2022, Art. 3 Z 8)*
13. die Inanspruchnahme der Schulbuchaktion sowie der Schülerfreifahrt.

Anlage 3
zu § 5 Abs. 2

Verarbeitung von Daten im Fall der Ablegung einer Externistenprüfung:

Die Leiterin oder der Leiter einer Bildungseinrichtung, an der eine Externistenprüfung oder eine Teilprüfung gemäß § 8a BRPG bzw. § 9 des Pflichtschulabschluss-Prüfungs-Gesetzes durchgeführt wird, hat folgende Daten gemäß § 5 Abs. 2 in Verbindung mit § 5 Abs. 1 Z 19 prüfungskandidatinnen- und prüfungskandidatenbezogen zu verarbeiten:

1. die Schulkennzahl oder bei Erwachsenenbildungsinstitutionen die Erwachsenenbildungsinstitutskennzahl;
2. die Schulstufe;
3. die Art der Externistenprüfung (Externistenprüfung gemäß § 42 SchUG oder § 42 SchUG-BKV; Studienberechtigungsprüfung gemäß § 8c des Schulorganisationsgesetzes; Berufsreifeprüfung gemäß BRPG; Pflichtschulabschluss-Prüfung gemäß dem Pflichtschulabschluss-Prüfungs-Gesetz; Prüfungen gemäß §§ 11 Abs. 4, 13 Abs. 3 und 22 Abs. 4 des Schulpflichtgesetzes 1985);
4. das Datum des Prüfungszeugnisses sowie das Ergebnis der Externistenprüfung (§ 42 Abs. 10 SchUG bzw. § 42 Abs. 12 SchUG-BKV), sofern nicht Z 5 oder 6 anzuwenden ist;
5. im Fall der Ablegung einer Externistenprüfung, die einer abschließenden Prüfung entspricht:
   a) die Art der Zulassung zu einem Prüfungstermin (§ 42 Abs. 6 SchUG bzw. § 42 Abs. 12 in Verbindung mit § 36 SchUG-BKV),
   b) die Gesamtbeurteilung (§ 42 Abs. 9 in Verbindung mit § 38 Abs. 6 SchUG bzw. § 42 Abs. 12 in Verbindung mit § 38 Abs. 6 SchUG-BKV),
   c) das Datum des Prüfungszeugnisses (§ 42 Abs. 10 in Verbindung mit § 39 Abs. 2 Z 9 SchUG bzw. § 42 Abs. 12 in Verbindung mit § 39 Abs. 2 Z 10 SchUG-BKV) und
   d) die Anzahl der Wiederholungen von Teilprüfungen (§ 42 Abs. 12 in Verbindung mit § 40 SchUG bzw. SchUG-BKV);
6. im Fall der Ablegung einer Berufsreifeprüfung:
   a) die Art der Zulassung zu einem Prüfungstermin (§ 4 BRPG),
   b) die Gesamtbeurteilung (§ 9 BRPG),
   c) das Datum des Prüfungszeugnisses (§ 9a BRPG) und
   d) die Anzahl der Wiederholungen von Teilprüfungen (§§ 7, 8a BRPG);
7. im Fall der Ablegung einer Pflichtschulabschluss-Prüfung:
   a) die Art der Zulassung zu einem Prüfungstermin (§ 2 des Pflichtschulabschluss-Prüfungs-Gesetzes),
   b) die Gesamtbeurteilung (§ 6 des Pflichtschulabschluss-Prüfungs-Gesetzes),
   c) das Datum des Prüfungszeugnisses (§ 7 des Pflichtschulabschluss-Prüfungs-Gesetzes) und
   d) die Anzahl der Wiederholungen von Teilprüfungen (§§ 5, 9 des Pflichtschulabschluss-Prüfungs-Gesetzes).

Anlage 4
zu § 6 Abs. 1

entfallen (BGBl. I Nr. 121/2024, Art. 4 Z 28)

**Anlage 5
zu § 7 Abs. 4**

Verarbeitung von Daten der Gesamtevidenz der Schülerinnen und Schüler:

Die Schulleiterin oder der Schulleiter hat folgende Daten gemäß § 7 Abs. 4 schülerinnen- und schülerbezogen zu verarbeiten:

1. die Schulkennzahl;
2. die Schulformkennzahl;
3. ein bildungseinrichtungsspezifisches Personenkennzeichen;
4. das bPK-BF/Ersatzkennzeichen, sowie allenfalls die für die Erfüllung gesetzlicher Verpflichtungen erforderlichen bPK anderer Bereiche in verschlüsselter Form gemäß § 9 E-GovG;
5. das Geburtsdatum;
6. die Staatsangehörigkeit;
7. Postleitzahl und Ort der Anschrift am Heimatort bzw., sofern vorhanden, des nächstgelegenen Wohnsitzes sowie die Unterkunftsart des nächstgelegenen Wohnsitzes;
8. die Information, ob am Bildungseinrichtungsort eine zusätzliche Anschrift besteht;
9. das Geschlecht;
10. den Bildungsverlauf vor Beginn der allgemeinen Schulpflicht, insbesondere die Zahl der besuchten Kindergartenjahre ab der Schülerinnen- und Schülereinschreibung für das Schuljahr 2020/21;
11. das erste Jahr der allgemeinen Schulpflicht;
12. das Datum des Beginns der jeweiligen Ausbildung und deren Bezeichnung;
13. das Schuljahr bzw. Semester;
14. die Schulstufe;
15. die Klasse bzw. den Jahrgang;
16. die Unterrichtsorganisation (ganzjährig, semesterweise, lehrgangsmäßig, saisonmäßig, modular);
17. die Eigenschaft als ordentliche oder außerordentliche Schülerin bzw. ordentlicher oder außerordentlicher Schüler;
18. den Schulerfolg in folgender Differenzierung:
    a) die Berechtigung bzw. Nichtberechtigung zum Aufsteigen (§ 25 SchUG),
    b) der Abschluss einer Schulstufe mit ausgezeichnetem bzw. gutem Erfolg (§ 22 Abs. 2 lit. g und h SchUG),
    c) die Anzahl der angetretenen und bestandenen Nachtrags-, Wiederholungs- und Semesterprüfungen (§ 20 Abs. 3, § 23 und § 23a SchUG),
    d) die Anzahl der „Nicht genügend" in Pflichtgegenständen (nach allfälligen Nachtrags-, Wiederholungs- und Semesterprüfungen),
    e) das Wiederholen von Schulstufen unter Angabe der Wiederholungsberechtigung (§ 27 SchUG),
    f) die Voraussetzung für die Aufnahme in die erste Stufe einer mittleren oder höheren Schule (§ 28 Abs. 3 Z 1 SchUG) und
    g) die Leistungsbeurteilungen in den Pflichtgegenständen Deutsch, (Angewandte) Mathematik, Englisch, Französisch, Italienisch, Spanisch (nach allfälligen Nachtrags-, Wiederholungs- und Semesterprüfungen);
19. den Schulerfolg im Rahmen abschließender Prüfungen, der Externistenprüfungen, die einer abschließenden Prüfung entsprechen, sowie der Berufsreifeprüfungen in folgender Differenzierung:
    a) Art der Zulassung zu einem Prüfungstermin (§ 36a Abs. 2 SchUG, § 36 Abs. 2 SchUG-BKV, § 4 BRPG),
    b) Terminverlust (§ 36a Abs. 3 SchUG bzw. § 36 Abs. 2 SchUG-BKV),
    c) Gesamtbeurteilung (§ 38 Abs. 6 SchUG bzw. SchUG-BKV, § 9 BRPG),
    d) Datum des Prüfungszeugnisses (§ 39 Abs. 2 Z 9 SchUG bzw. § 39 Abs. 2 Z 10 SchUG-BKV, § 9a BRPG),
    e) Anzahl der Wiederholungen von Teilprüfungen (§ 40 SchUG bzw. SchUG-BKV, § 7 BRPG);

20. das Datum und die Form der Beendigung der jeweiligen Ausbildung unter Angabe der Bezeichnung der beendeten Ausbildung;
21. die Information, ob ein sonderpädagogischer Förderbedarf festgestellt wurde;
22. die Inanspruchnahme einer Ausbildung gemäß § 8b Abs. 1 oder 2 des Berufsausbildungsgesetzes, BGBl. Nr. 142/1969;
23. die Verwendung einer Fremdsprache als Unterrichtssprache (mit Bezeichnung der Fremdsprache; § 16 Abs. 3 SchUG bzw. § 17 Abs. 3 SchUG-BKV);
24. die Sprachen der Schülerin oder des Schülers in folgender Differenzierung:
    a) bis zu drei Erstsprachen, in denen der Spracherwerb bis zur Vollendung des dritten Lebensjahres erfolgte,
    b) bis zu drei im Alltag gebrauchte Sprachen;
25. die Teilnahme am Unterricht in Latein, in Altgriechisch, in den Amtssprachen der Europäischen Union, in den Landessprachen der EU-Beitrittskandidatenländer, in Arabisch, Chinesisch, Japanisch, Russisch und in sonstigen lebenden Fremdsprachen im abgelaufenen Schuljahr unter Angabe, ob es sich um eine pflichtige bzw. nicht pflichtige Teilnahme handelt;
26. die Teilnahme an Unterrichts- und Betreuungsangeboten, insbesondere am Erstsprachenunterricht; *(BGBl. I Nr. 20/2021, Art. 1 idF BGBl. I Nr. 121/2024, Art. 4 Z 23)*
27. Ergebnis des standardisierten Testverfahrens gemäß § 4 Abs. 2a SchUG im vierten Semester der Deutschförderung gemäß § 4 Abs. 2a Z 2 und 3 SchUG sowie[17]) die Form der Sprachförderung in der Unterrichtssprache Deutsch; *(BGBl. I Nr. 20/2021, Art. 1 idF BGBl. I Nr. 121/2024, Art. 4 Z 29)*
28. den Besuch des Betreuungsteiles ganztägiger Schulformen unter Angabe der Anzahl der angemeldeten Schultage (alle Schultage oder einzelne Tage einer Woche) und die Organisationsform der besuchten ganztägigen Schulform; *(BGBl. I Nr. 20/2021, Art. 1 idF BGBl. I Nr. 121/2024, Art. 4 Z 30)*

28a. die Teilnahme an der Sommerschule gemäß § 8i SchOG bzw. § 8a Abs. 5 Land- und forstwirtschaftliches Bundesschulgesetz;[18]) *(BGBl. I Nr. 121/2024, Art. 4 Z 30)*

29. Verfahren und Maßnahmen im Zusammenhang mit Schulpflichtverletzungen gemäß dem Schulpflichtgesetz 1985.

[17]) Die grau unterlegte Wendung der Z 27 idF der Novelle BGBl. I Nr. 121/2024 tritt gemäß § 22 Abs. 5 Z 3 mit 1. September 2026 in Kraft.

[18]) Die grau unterlegte Z 28a idF der Novelle BGBl. I Nr. 121/2024 tritt gemäß § 22 Abs. 5 Z 2 mit 1. Jänner 2025 in Kraft.

Anlage 6
zu § 8 Abs. 1, 2 und 3

Verarbeitung von Daten hinsichtlich der abschließenden Prüfungen, der Externistenprüfungen, die einer abschließenden Prüfung entsprechen, sowie der Berufsreifeprüfung:

Die Schulleiterin oder der Schulleiter bzw. die Leiterin oder der Leiter eines Erwachsenenbildungsinstituts hat folgende Daten gemäß § 8 Abs. 1, 2 und 3 schülerinnen- und schülerbezogen zu verarbeiten:

1. die Schulkennzahl oder bei Erwachsenenbildungsinstitutionen die Erwachsenenbildungsinstitutskennzahl;
2. die Schulformkennzahl;
3. das Schuljahr der Abschlussklasse;
4. die Klasse bzw. den Jahrgang;
5. das bildungseinrichtungsspezifische Personenkennzeichen;
6. das bPK-BF in verschlüsselter Form und das bPK-AS in verschlüsselter Form;
7. den Monat und das Jahr der Geburt;
8. die Staatsangehörigkeit;
9. das Geschlecht;
10. die Sprachen der Schülerin oder des Schülers in folgender Differenzierung:
    a) bis zu drei Erstsprachen, in denen der Spracherwerb bis zur Vollendung des dritten Lebensjahres erfolgte,
    b) bis zu drei im Alltag gebrauchte Sprachen;
11. die Anschrift am Heimatort und, sofern zusätzlich vorhanden, des der Bildungseinrichtung nächst gelegenen Wohnsitzes (Zustelladresse) entsprechend den Angaben der Erziehungsberechtigten bzw. der Schülerin oder des Schülers;
12. das Datum und die Form der Beendigung der jeweiligen Ausbildung unter Angabe der Bezeichnung der beendeten Ausbildung;
13. die Bezeichnung des Prüfungstermins, auf den sich die nachfolgenden Angaben beziehen;
14. den Schulerfolg im Rahmen der abschließenden Prüfungen, Externistenprüfungen, die einer abschließenden Prüfung entsprechen, sowie der Berufsreifeprüfung, insbesondere Terminverluste, Beurteilung auch auf Ebene der Teilprüfungen und hinsichtlich der Berufsreifeprüfung Art der Antrittsberechtigung sowie
15. den Erfolg in standardisierten Prüfungsgebieten im Rahmen der abschließenden Prüfungen, Externistenprüfungen, die einer abschließenden Prüfung entsprechen, sowie der Berufsreifeprüfung auf Aufgabenebene und unter Angabe der Prüfungsumgebung.

Anlage 7
zu § 10 Abs. 4

Verarbeitung von Daten im Datenverbund der Universitäten und Hochschulen:

Die postsekundären Bildungseinrichtungen gemäß § 2 Z 4 lit. a bis c und e haben im Datenverbund der Universitäten und Hochschulen folgende studierenden-, studien- und studienbeitragsbezogene Daten zu verarbeiten:

1. Universitäten und Pädagogische Hochschulen bzw. Fachhochschulen und Fachhochschul-Studiengänge, die an einem gemeinsam eingerichteten Studium beteiligt sind oder bei denen die Vollintegration in den Datenverbund der Universitäten und Hochschulen abgeschlossen und die technischen Voraussetzungen gegeben sind:
   1.1. Einordnungsdaten:
      a) meldende postsekundäre Bildungseinrichtung,
      b) Bezugssemester und
      c) Statistikmarken für die Personen- und Studienzählung;
   1.2. Personendaten:
      a) Matrikelnummer und allfällige weitere bildungseinrichtungsspezifische Personenkennzeichen und
      b) Sozialversicherungsnummer (§ 24 Abs. 4)/ Ersatzkennzeichen, bPK-BF/Ersatzkennzeichen und bPK-AS in verschlüsselter Form,
      c) Namen (Vor- und Familiennamen),
      d) akademische Grade,
      e) Geburtsdatum,
      f) Staatsangehörigkeit,
      g) Geschlecht,
      h) Anschrift am Heimatort und Zustelladresse und
      i) E-Mail-Adresse;
   1.3. Studienbeitragsdaten:
      a) Studienbeitragsstatus,
      b) Beträge und Valutadatum der Beitragsvorschreibung,
      c) Beträge und Valutadatum der allfälligen Nachforderung,
      d) Bezahlungsstatus und Ist-Betrag,
      e) letztes Buchungsdatum und
      f) Studienbeitragskonto;
   1.4. Studiendaten:
      a) Kennzeichnung des Studiums,
      b) Antrags- oder Zulassungsdatum oder Datum des Beginns des Studiums,
      c) Form, Datum und Ausstellungsstaat der allgemeinen Universitätsreife,
      d) Zulassungsstatus,
      e) Meldung und Datum der Fortsetzung des Studiums,
      f) Art der internationalen Mobilität und Gastland des Auslandsaufenthaltes und
      g) Curriculumversion;
   1.5. Studienerfolgsdaten:
      a) Kennzeichnung des Studiums,
      b) Semesterzahl Fach-1,
      c) Semesterzahl Fach-2,
      d) Semesterstunden abgelegter Prüfungen,
      e) Semesterstunden positiv beurteilter Prüfungen,
      f) erlangte ECTS-Anrechnungspunkte und
      g) Art und Datum von erfolgreich abgelegten Prüfungen, die ein Studium oder einen Studienabschnitt eines Diplomstudiums oder eines Studienganges gemäß § 35 Z 1 HG, BGBl. I Nr. 30/2006 idF BGBl. I Nr. 73/2011, abschließen;

1.6. Daten zu Studienberechtigungsprüfungen:
   a) laufende Nummer des Studienberechtigungsfalles,
   b) Kennzeichnung des Studiums bzw. der Studienrichtungsgruppe, für welches bzw. für welche die Zulassung zur Studienberechtigungsprüfung beantragt wurde,
   c) Datum des Antrages auf Zulassung zur Studienberechtigungsprüfung und
   d) Datum der erfolgreichen Ablegung der Studienberechtigungsprüfung;
2. Privathochschulen und Privatuniversitäten:
2.1. Einordnungsdaten:
   a) meldende Privathochschule oder Privatuniversität und
   b) Bezugssemester;
2.2. Personendaten:
   a) Matrikelnummer und allfällige weitere bildungseinrichtungsspezifische Personenkennzeichen,
   b) Sozialversicherungsnummer (§ 24 Abs. 4)/ Ersatzkennzeichen, bPK-BF/Ersatzkennzeichen,
   c) bPK-AS in verschlüsselter Form,
   d) Namen (Vor- und Familiennamen),
   e) akademische Grade,
   f) Geburtsdatum,
   g) Staatsangehörigkeit,
   h) Geschlecht,
   i) Anschrift am Heimatort und Zustelladresse und
   j) E-Mail-Adresse;
3. Privathochschulen und Privatuniversitäten, die an einem gemeinsam eingerichteten Studium beteiligt sind:
3.1. Studienbeitragsdaten:
   a) Studienbeitragsstatus,
   b) Beträge und Valutadatum der Beitragsvorschreibung,
   c) Beträge und Valutadatum der allfälligen Nachforderung,
   d) Bezahlungsstatus und Ist-Betrag,
   e) letztes Buchungsdatum und
   f) Studienbeitragskonto der Privathochschule oder Privatuniversität;
3.2. Studiendaten:
   a) Kennzeichnung des Studiums,
   b) Antrags-, Zulassungsdatum oder Datum des Beginns des Studiums,
   c) Form, Datum und Ausstellungsstaat der allgemeinen Universitätsreife,
   d) Zulassungsstatus,
   e) Meldung und Datum der Fortsetzung des Studiums,
   f) Art der internationalen Mobilität und Gastland des Auslandsaufenthaltes und
   g) Curriculumversion;
3.3. Studienerfolgsdaten:
   a) Kennzeichnung des Studiums,
   b) Semesterstunden abgelegter Prüfungen,
   c) Semesterstunden positiv beurteilter Prüfungen,
   d) erlangte ECTS-Anrechnungspunkte und
   e) Art und Datum von erfolgreich abgelegten Prüfungen, die ein Studium oder einen Studienabschnitt eines Diplomstudiums abschließen.

Anlage 8
zu § 12 Abs. 2

Verarbeitung von Daten der Gesamtevidenzen der Studierenden:

Die Universitäten, Pädagogischen Hochschulen, Fachhochschulen und Fachhochschul-Studiengänge haben laufend aus dem Datenverbund der Universitäten und Hochschulen folgende studierenden-, studien-, studienbeitrags- und studienerfolgsbezogene Daten an die zuständige Bundesministerin oder den zuständigen Bundesminister für die Gesamtevidenzen der Studierenden zu übermitteln:

1.1. Einordnungsdaten:
   a) meldende postsekundäre Bildungseinrichtung,
   b) Bezugssemester und
   c) Statistikmarken für die Personen- und Studienzählung;

1.2. Personendaten:
   a) Matrikelnummer und allfällige weitere bildungseinrichtungsspezifische Personenkennzeichen,
   b) bPK-BF/Ersatzkennzeichen,
   c) Geburtsdatum,
   d) Staatsangehörigkeit,
   e) Geschlecht,
   f) Staat und Postleitzahl der Anschrift am Heimatort und
   g) Heimatort;

1.3. Studienbeitragsdaten (ausgenommen Fachhochschulen und Fachhochschul-Studiengänge):
   a) Studienbeitragsstatus;

1.4. Studiendaten:
   a) Kennzeichnung des Studiums,
   b) Zulassungsdatum oder Datum des Beginns des Studiums,
   c) Form, Datum und Ausstellungsstaat der allgemeinen Universitätsreife,
   d) Zulassungsstatus,
   e) Meldung und Datum der Fortsetzung des Studiums und
   f) Art der internationalen Mobilität und Gastland des Auslandsaufenthaltes;

1.5. Studienerfolgsdaten (ausgenommen Fachhochschulen und Fachhochschul-Studiengänge):
   a) Kennzeichnung des Studiums,
   b) Semesterzahl Fach-1,
   c) Semesterzahl Fach-2,
   d) Semesterstunden abgelegter Prüfungen,
   e) Semesterstunden positiv beurteilter Prüfungen,
   f) erlangte ECTS-Anrechnungspunkte und
   g) Art und Datum von erfolgreich abgelegten Prüfungen, die ein Studium oder einen Studienabschnitt eines Diplomstudiums oder eines Studienganges gemäß § 35 Z 1 des Hochschulgesetzes 2005, BGBl. I Nr. 30/2006 idF BGBl. I Nr. 73/2011, abschließen;

1.6. Daten zu Studienberechtigungsprüfungen:
   a) laufende Nummer des Studienberechtigungsfalles,
   b) Kennzeichnung des Studiums bzw. der Studienrichtungsgruppe, für welches bzw. für welche die Zulassung zur Studienberechtigungsprüfung beantragt wurde,
   c) Datum des Antrages auf Zulassung zur Studienberechtigungsprüfung und
   d) Datum der erfolgreichen Ablegung der Studienberechtigungsprüfung.

Anlage 9
zu § 15 Abs. 3

Verarbeitung von Daten hinsichtlich der Bildungs- und Erwerbskarrieren:

Die Bundesanstalt „Statistik Österreich“ hat folgende Daten gemäß § 15 Abs. 3 schülerinnen- und schülerbezogen zu verarbeiten:

1. Daten hinsichtlich der Bildungskarrieren:
   a) das bPK-BF in verschlüsselter Form und das bPK-AS,
   b) das Geschlecht,
   c) das Alter bei Abschluss bzw. Wechsel/Abbruch,
   d) bis zu drei Erstsprachen, in denen der Spracherwerb bis zur Vollendung des dritten Lebensjahres erfolgte, sowie bis zu drei im Alltag gebrauchte Sprachen der Schülerin oder des Schülers,
   e) die Schulkennzahl des Schulstandortes,
   f) den Urbanisierungsgrad des Schulstandortes,
   g) das Schuljahr des Abschlusses,
   h) bei Wechsel/Abbrüchen: die zuletzt besuchte Schulstufe vor dem Wechsel/Abbruch,
   i) die besuchte Schulart und Schulform/Hochschule und Ausbildung in zumindest drei Einzeljahren nach dem Auftreten eines Ausgangsereignisses,
   j) bei Abschlüssen: der Abbruch der Folgeausbildung,
   k) bei Abbrüchen: Art des Abbruchs,
   l) die Schulart und Schulform/hochschulische Ausbildung des nachfolgenden Abschlusses und
   m) die Anzahl der nachfolgenden Wechsel von Folgeausbildungen;
2. Daten hinsichtlich der Erwerbskarrieren in folgender Differenzierung:
   a) das bPK-AS,
   b) das Geschlecht,
   c) das Alter bei Abschluss bzw. Wechsel/Abbruch,
   d) bis zu drei Erstsprachen, in denen der Spracherwerb bis zur Vollendung des dritten Lebensjahres erfolgte, sowie bis zu drei im Alltag gebrauchte Sprachen der Schülerin oder des Schülers und
   e) der Arbeitsmarktstatus.

Anlage 10
zu § 16 Abs. 1 und 2

Verarbeitung von Daten hinsichtlich Kompetenzerhebungen:

Die Schulleiterin oder der Schulleiter hat folgende Daten gemäß § 16 Abs. 1 und 2 schülerinnen- und schülerbezogen zu verarbeiten:

1. die Schulkennzahl;
2. die Schulformkennzahl;
3. das Schuljahr;
4. die Schulstufe;
5. die Klasse;
6. das bildungseinrichtungsspezifische Personenkennzeichen;
7. das bPK-BF und das bPK-AS in verschlüsselter Form;
8. die Erhebungs-ID;
9. den Monat und das Jahr der Geburt;
10. die Staatsangehörigkeit;
11. das Geschlecht;
12. die Eigenschaft als ordentliche oder außerordentliche Schülerin bzw. ordentlicher oder außerordentlicher Schüler. Im Fall der Aufnahme als außerordentliche Schülerin oder außerordentlicher Schüler auch die Dauer der Aufnahme;
13. die Sprachen der Schülerin oder des Schülers in folgender Differenzierung:
    a) bis zu drei Erstsprachen, in denen der Spracherwerb bis zur Vollendung des dritten Lebensjahres erfolgte,
    b) bis zu drei im Alltag gebrauchte Sprachen;
14. die Information, ob ein sonderpädagogischer Förderbedarf festgestellt wurde;
15. die Daten der Durchführung der Kompetenzerhebung;
16. die Begründung für eine allfällige Nichtteilnahme:
    a) begründet gemäß § 9 des Schulpflichtgesetzes 1985 oder einer sonstigen schulrechtlichen Norm oder
    b) unbegründet;
17. im Rahmen der Kompetenzerhebung erhobene Leistungsdaten; *(BGBl. I Nr. 227/2022, Art. 3 Z 9)*
18. die Dokumentation über die erfolgte Durchführung der Gespräche;[19]) *(BGBl. I Nr. 227/2022, Art. 3 Z 9)*
19. Identifikatoren der fachspezifischen Unterrichtsgruppe und
20. Identifikatoren der fachspezifischen Lehrperson.

---

[19]) Zum Wirksamwerden der Z 18 in der Fassung der Novelle BGBl. I Nr. 227/2022 siehe § 22 Abs. 4, welcher auszugsweise lautet: „... Anlage 10 Z 18 in der Fassung des genannten Bundesgesetzes findet bis zum Beginn des Schuljahres 2025/26 keine Anwendung.“. Z 18 in der Fassung vor der Novelle BGBl. I Nr. 227/2022 lautet: „die Dokumentation über die erfolgte Durchführung der Gespräche;“.

Anlage 11

Übergabeblatt Sprachentwicklung DaE

Unterschrift der Leitung: ______________________ Stempelfeld

Name des Kindes: ____________ Name der Einrichtung: ____________

Geburtsdatum des Kindes: ____________ Name der Pädagogin/des Pädagogen: ____________

	BEREICHE	KRITERIEN	SPEZIFISCHER SPRACHFÖRDERBEDARF
Kriterienliste I	S Syntax/Satzbau	Entscheidungsfrage, flexible Satzstruktur	☐ ja ☐ nein
	WR Wortschatz – Rezeption	W-Fragen verstehen, ein- und zweiteilige Aufträge verstehen	☐ ja ☐ nein
	WP Wortschatz – Produktion	verschiedene konkrete Verben, verschiedene konkrete Nomen	☐ ja ☐ nein
Kriterienliste II	S Syntax/Satzbau	Nebensatz	☐ ja ☐ nein
	WP Wortschatz – Produktion	verschiedene Verben (auch abstrakte, zeitliche und psychisch-mentale), verschiedene Nomen	☐ ja ☐ nein
	E Erzählen	Nacherzählen einer Geschichte, Erzählen eigener Erlebnisse	☐ ja ☐ nein

Übergabeblatt Sprachentwicklung DaZ

Unterschrift der Leitung:

Stempelfeld

Name des Kindes:

Name der Einrichtung:

Geburtsdatum des Kindes:

Name der Pädagogin/ des Pädagogen:

	BEREICHE	KRITERIEN	SPEZIFISCHER SPRACHFÖRDERBEDARF
Kriterienliste I	S Syntax/Satzbau	Aussagesatz mit einteiligem Prädikat, Aussagesatz mit zweiteiligem Prädikat	☐ ja ☐ nein
	WR Wortschatz – Rezeption	W-Fragen verstehen *(Wer? Wo? Was?)*, einfache Aufträge verstehen	☐ ja ☐ nein
	WP Wortschatz – Produktion	Verben des Basiswortschatzes, Nomen des Basiswortschatzes	☐ ja ☐ nein
Kriterienliste II	S Syntax/Satzbau	Flexible Satzstruktur, Entscheidungsfrage	☐ ja ☐ nein
	WR Wortschatz – Rezeption	W-Fragen verstehen *(Wann? Warum?)*, zwei- oder dreiteilige Aufträge verstehen	☐ ja ☐ nein
	WPE Wortschatz – Produktion und Erzählen	Verben des erweiterten Wortschatzes, Nomen des erweiterten Wortschatzes, ansatzweises Erzählen	☐ ja ☐ nein

7.2.2. Bildungsdokumentationsverordnung 2021 – BildDokV 2021

BGBl. II Nr. 268/2021
idF der Verordnungen
BGBl. II Nr. 401/2021 BGBl. II Nr. 324/2022
BGBl. II Nr. 262/2023

Verordnung des Bundesministers für Bildung, Wissenschaft und Forschung sowie der Bundesministerin für Landwirtschaft, Regionen und Tourismus zur Durchführung des Bildungsdokumentationsgesetzes 2020 (Bildungsdokumentationsverordnung 2021 – BilDokV 2021)

Auf Grund

1. des § 7 Abs. 3 und 4, § 16 Abs. 4 und § 18 Abs. 2 und 3 des Bildungsdokumentationsgesetzes 2020, BGBl. I Nr. 20/2021, sowie
2. der §§ 4 Abs. 4[1]) und 8 Abs. 1[2]) des Bundesstatistikgesetzes 2000, BGBl. I Nr. 163/1999, zuletzt geändert durch das Bundesgesetz BGBl. I Nr. 32/2018,

wird – hinsichtlich der in § 2 Z 1 lit. a, c und e BilDokG 2020 genannten Bildungseinrichtungen vom Bundesminister für Bildung, Wissen-

---

[1]) § 4 des Bundesstatistikgesetzes 2000, BGBl. I Nr. 163/1999, idF BGBl. I Nr. 32/2018, lautet:

„Angeordnete Statistiken und Erhebungen

§ 4. (1) Die Organe der Bundesstatistik haben die Statistiken zu erstellen und die statistischen Erhebungen durchzuführen, die

1. durch einen innerstaatlich unmittelbar wirksamen internationalen Rechtsakt,
2. durch Bundesgesetz oder
3. durch eine Verordnung gemäß Abs. 3 angeordnet sind.

(2) Eine bundesgesetzlich angeordnete statistische Erhebung und Erstellung einer Statistik liegt vor, wenn im Bundesgesetz zumindest der Gegenstand der Erhebung oder Statistik festgelegt ist.

(3) Durch Verordnung dürfen statistische Erhebungen und die Erstellung von Statistiken nur angeordnet werden, wenn diese für die Wahrnehmung von Bundesaufgaben benötigt werden und der Arbeitsaufwand sowie die Kosten der Erstellung der Statistik in einem angemessenen Verhältnis zur Bedeutung der Bundesaufgabe, für die diese benötigt werden, stehen. Die Anordnung von statistischen Erhebungen ist auf jene Daten zu beschränken, die für die Erreichung des Erhebungszweckes unbedingt erforderlich sind. In dieser Verordnung sind außerdem entsprechend den statistischen Erfordernissen unter Bedachtnahme auf die Grundsätze der Sparsamkeit, Wirtschaftlichkeit und Zweckmäßigkeit und auf eine möglichst geringe Belastung der Auskunftspflichtigen und der Organe der Bundesstatistik bei gleichzeitiger Wahrung des Datenschutzes festzulegen:

1. Erhebungsmasse (§ 3 Z 2);
2. Statistische Einheit (§ 3 Z 3);
3. Erhebungsmerkmale (§ 3 Z 4);
4. Stichtag der Erhebung;
5. ob die Erhebung in Form einer Vollerhebung (§ 3 Z 9) oder unter Festlegung der Kriterien für die Bestimmung der Stichprobengröße (§ 7) in Form einer Stichprobenerhebung (§ 3 Z 10) zu erfolgen hat;
6. Kontinuität (§ 3 Z 11);
7. Periodizität (§ 3 Z 12);
8. welche Daten von welchen Personenkreisen personenbezogen bzw. welche Daten von welchen Unternehmenskreisen unternehmensbezogen und welche anonymisiert zu erheben sind;
9. Art der Erhebung (§ 6);
10. Mitwirkungspflichten der Auskunftspflichtigen (§ 9);
11. Mitwirkungspflichten der registerführenden Stellen und der Inhaber von Verwaltungs- und Statistikdaten (§ 10);
12. Mitwirkung der Gemeinden (§ 11) und der Bezirkshauptmannschaften (§ 12).

(4) Sind in einer Anordnung gemäß Abs. 1 Z 1 oder 2 nicht alle Regelungen gemäß Abs. 3 Z 1 bis 12 ausreichend enthalten, so sind die noch erforderlichen durch Verordnung festzulegen.

(5) Soweit in Verordnungen auf das „Güterverzeichnis für den produzierenden Bereich ÖPRODCOM", die „Systematik der Wirtschaftstätigkeiten ÖNACE", die „Grundsystematik der Güter ÖCPA" und andere Nomenklaturen zur Klassifizierung von Waren, Dienstleistungen oder Unternehmen Bezug genommen wird, kann der nach § 8 zuständige Bundesminister auf die entsprechenden Verzeichnisse und Systematiken verweisen, die zum Zeitpunkt der Erlassung der Verordnung von der Bundesanstalt Statistik Österreich zur öffentlichen Einsicht während der Amtsstunden aufgelegt und im Internet veröffentlicht sind."

[2]) § 8 des Bundesstatistikgesetzes 2000, BGBl. I Nr. 163/1999, idF BGBl. I Nr. 32/2018, lautet:

„Anordnungen durch Verordnung

§ 8. (1) Die Verordnungen gemäß § 4 Abs. 3 und 4 sowie §§ 5 bis 7 sind von dem nach dem Gegenstand der Erhebung gemäß § 2 Abs. 1 Z 2 des Bundesministeriengesetzes 1986, BGBl. Nr. 76, zuständigen Bundesminister zu erlassen. Sind nach dem Gegenstand der Erhebung auf Grund des Bundesministeriengesetzes 1986 mehrere Bundesminister zuständig, so ist

schaft und Forschung, hinsichtlich der in § 2 Z 1 lit. b, d und f BilDokG 2020 genannten Bildungseinrichtungen von der Bundesministerin für Landwirtschaft, Regionen und Tourismus sowie hinsichtlich des 4. Abschnittes im Einvernehmen mit dem Bundeskanzler – verordnet:[3])

Inhaltsverzeichnis
(BGBl. II Nr. 401/2021, Z 1)

---

die Verordnung von diesen gemeinsam zu erlassen. Ist die betreffende Statistik oder die statistische Erhebung von der Bundesanstalt „Statistik Österreich" zu erstellen oder durchzuführen, bedarf es außerdem des Einvernehmens mit dem Bundeskanzler.

(2) Vor Erlassung von Verordnungen gemäß § 5 Abs. 1 Z 2, die die Erhebung von personenbezogenen Daten vorsehen, ist der Datenschutzrat zu hören."

[3]) Weitere Verordnungsgrundlage sind die §§ 6 Abs. 9, 7 Abs. 5, 8 Abs. 6, 15 Abs. 5 und 17 Abs. 3 des BilDokG 2020, BGBl. I Nr. 20/2021 idgF, sowie § 16 Abs. 8 des Schulpflichtgesetzes 1985, BGBl. Nr. 76, idgF (vgl. dazu die Promulgationsklausel der Novelle BGBl. II Nr. 401/2021), ferner die §§ 24 Abs. 3 und 25 Abs. 3 des BilDokG 2020, BGBl. I Nr. 20/2021 idgF (vgl. dazu die Promulgationsklausel der Novelle BGBl. II Nr. 262/2023).

1. Abschnitt
Allgemeine Bestimmungen

Geltungsbereich
(BGBl. II Nr. 268/2021)

§ 1. Diese Verordnung gilt für

1. Bildungseinrichtungen gemäß § 2 Z 1 des Bildungsdokumentationsgesetzes 2020 – BilDokG 2020, BGBl. I Nr. 20/2021,
2. Erwachsenenbildungsinstitute gemäß § 2 Z 5 BilDokG 2020,
3. Bildungsdirektionen gemäß dem Bildungsdirektionen-Einrichtungsgesetz – BD-EG, BGBl. I Nr. 138/2017, und
4. das Institut für Qualitätssicherung im österreichischen Schulwesen gemäß dem IQS-Gesetz – IQS-G, BGBl. I Nr. 50/2019.

(BGBl. II Nr. 401/2021, Z 2)

Personenbezogene Bezeichnungen

§ 2. Soweit in dieser Verordnung auf natürliche Personen bezogene Bezeichnungen angeführt sind, beziehen sich diese auf alle Geschlechtsformen in gleicher Weise. Bei der Anwendung der Bezeichnung auf bestimmte natürliche Personen ist die jeweils geschlechtsspezifische Form zu verwenden.

Begriffsbestimmungen

§ 3. Im Sinne dieser Verordnung sind zu verstehen:

1. unter dem Begriff „Schulleiterin“ oder „Schulleiter“: die Leiterin oder der Leiter einer Bildungseinrichtung gemäß § 2 Z 1 BilDokG 2020;
2. unter dem Begriff „Gesamtevidenz“: die Gesamtevidenz der Schülerinnen und Schüler gemäß § 7 BilDokG 2020;
3. unter dem Begriff „Kompetenzerhebungen“: Kompetenzerhebungen gemäß § 17 Abs. 1a des Schulunterrichtsgesetzes – SchUG, BGBl. Nr. 472/1986, in Verbindung mit § 4 Abs. 1 IQS-G; *(BGBl. II Nr. 268/2021 idF BGBl. II Nr. 401/2021, Z 3)*

3a. unter den Begriffen „Basismodule“, „Zyklusmodule“, „Fokusmodul“ und „ergänzende Module“: Kompetenzerhebungen gemäß § 2 Z 7 bis 10 der Bildungsstandardsverordnung, BGBl. II Nr. 1/2009; *(BGBl. II Nr. 262/2023, Art. 2 Z 4)*

4. unter dem Begriff „Testfenster“: der Zeitraum, der Schulen für die Durchführung der Kompetenzerhebungen zur Verfügung steht; *(BGBl. II Nr. 268/2021 idF BGBl. II Nr. 401/2021, Z 4)*
5. unter dem Begriff „Datenverbund“: der Datenverbund der Schulen gemäß § 6 BilDokG 2020. *(BGBl. II Nr. 401/2021, Z 4)*

2. Abschnitt
Datenverarbeitungen hinsichtlich der Schülerinnen und Schüler
(BGBl. II Nr. 268/2021 idF BGBl. II Nr. 401/2021, Z 5)

1. Unterabschnitt
Gesamtevidenz
(BGBl. II Nr. 401/2021, Z 6)

Erhebungsstichtage der Schulleiterin oder des Schulleiters
(BGBl. II Nr. 268/2021 idF BGBl. II Nr. 401/2021, Z 7)

§ 4. (1) Für die Schulen im Geltungsbereich dieser Verordnung ist der 1. Oktober eines jeden Kalenderjahres Erhebungsstichtag, soweit die Abs. 2 und 3 nicht etwas Anderes bestimmen. Hinsichtlich der Schulerfolgsdaten (Anlage 5 Z 18 BilDokG 2020) ist der letzte Schultag eines jeden Schuljahres zusätzlicher Erhebungsstichtag.

(2) Hinsichtlich der Daten über die Beendigung der jeweiligen Ausbildung an Bildungsein-

richtungen (§ 5 Abs. 1 Z 15 und Anlage 5 Z 19 BilDokG 2020 sowie Anlage 1 Teil I dieser Verordnung) ist der Tag der Beendigung des Schulbesuchs bzw. der Tag des Abschlusses eines Prüfungstermins im Rahmen abschließender Prüfungen zusätzlicher Erhebungsstichtag. *(BGBl. II Nr. 268/2021 idF BGBl. II Nr. 401/2021, Z 8)*

(3) Bei

1. lehrgangs- bzw. saisonmäßigen Berufsschulen, Bauhandwerkerschulen (ausgenommen Berufstätigenformen) sowie Meisterschulen (ausgenommen Berufstätigenformen),
2. Klassen mit verkürztem Unterrichtsjahr an Schulen für Fremdenverkehrsberufe (ausgenommen Berufstätigenformen), an Höheren Lehranstalten für wirtschaftliche Berufe (ausgenommen Berufstätigenformen) sowie an höheren land- und forstwirtschaftlichen Lehranstalten und
3. Bildungseinrichtungen, deren Bildungsgänge organisatorisch in Semester gegliedert sind,

ist abweichend von Abs. 1 erster Satz in jedem Kalenderjahr der zweite Montag nach Beginn des Lehrganges bzw. nach Beginn des Unterrichtsjahres (Z 1 und 2) bzw. im Falle der Z 3 nach Beginn eines Halbjahres Erhebungsstichtag. Hinsichtlich der Schulerfolgsdaten (Anlage 5 Z 18 BilDokG 2020) ist der letzte Schultag des Lehrganges bzw. des Unterrichtsjahres (Z 1 und 2) bzw. im Falle der Z 3 des Halbjahres zusätzlicher Erhebungsstichtag.

Datenübermittlung und Berichtstermine der Schulleiterin oder des Schulleiters

(BGBl. II Nr. 268/2021 idF BGBl. II Nr. 401/2021, Z 7 und 9)

§ 5. (1) Die Schulleiterin bzw. der Schulleiter hat der zuständigen Bundesministerin oder dem zuständigen Bundesminister zum Zweck der Gesamtevidenz gemäß § 7 BilDokG 2020 im Wege der Bundesanstalt „Statistik Österreich" als Auftragsverarbeiterin die in Anlage 5 BilDokG 2020 genannten Daten der Schülerinnen und Schüler in Form von Gesamtdatensätzen nach Maßgabe der **Anlage 1 Teil I** zu übermitteln. *(BGBl. II Nr. 268/2021 idF BGBl. II Nr. 401/2021, Z 8 und 10)*

(2) Die Übermittlung gemäß Abs. 1 ist zu folgenden Berichtsterminen vorzunehmen:

1. hinsichtlich der bei den Bildungseinrichtungen, soweit die Z 2 bis 4 nicht anderes bestimmen, verarbeiteten
   a) Daten über den Schulerfolg (Anlage 5 Z 18 BilDokG 2020),
   b) Daten über die Beendigung der Ausbildung (Anlage 5 Z 20 BilDokG 2020 sowie Anlage 1 Teil I dieser Verordnung) und *(BGBl. II Nr. 268/2021 idF BGBl. II Nr. 401/2021, Z 8)*
   c) anderen als in lit. a und b genannten Daten der Schülerinnen und Schüler

   spätestens Ende November jedes Kalenderjahres;
2. hinsichtlich der bei den allgemeinbildenden Pflichtschulen verarbeiteten
   a) Daten über den Schulerfolg (Anlage 5 Z 18 BilDokG 2020),
   b) Daten über die Beendigung der Ausbildung (Anlage 5 Z 20 BilDokG 2020 sowie Anlage 1 Teil I dieser Verordnung) und *(BGBl. II Nr. 268/2021 idF BGBl. II Nr. 401/2021, Z 8)*
   c) anderen als in lit. a und b genannten Daten der Schülerinnen und Schüler

   spätestens in der 42. Woche jedes Kalenderjahres;
3. hinsichtlich der bei lehrgangs- bzw. saisonmäßigen Berufsschulen, Bauhandwerkerschulen (ausgenommen Berufstätigenformen), Meisterschulen (ausgenommen Berufstätigenformen) sowie Klassen mit verkürztem Unterrichtsjahr an Schulen für Fremdenverkehrsberufe (ausgenommen Berufstätigenformen), an Höheren Lehranstalten für wirtschaftliche Berufe (ausgenommen Berufstätigenformen) und an höheren land- und forstwirtschaftlichen Lehranstalten verarbeiteten
   a) Daten über den Schulerfolg (Anlage 5 Z 18 BilDokG 2020),
   b) Daten über die Beendigung der Ausbildung (Anlage 5 Z 20 BilDokG 2020 sowie Anlage 1 Teil I dieser Verordnung) und *(BGBl. II Nr. 268/2021 idF BGBl. II Nr. 401/2021, Z 8)*
   c) anderen als in lit. a und b genannten Daten der Schülerinnen und Schüler

   spätestens in der fünften Woche nach Beginn des Lehrganges bzw. des Unterrichtsjahres sowie
4. hinsichtlich der bei den Bildungseinrichtungen, deren Bildungsgänge organisatorisch in Semester gegliedert sind, verarbeiteten
   a) Daten über den Schulerfolg (Anlage 5 Z 18 BilDokG 2020),
   b) Daten über die Beendigung der Ausbildung (Anlage 5 Z 20 BilDokG 2020 sowie Anlage 1 Teil I dieser Verordnung) und *(BGBl. II Nr. 268/2021 idF BGBl. II Nr. 401/2021, Z 8)*
   c) anderen als in lit. a und b genannten Daten der Schülerinnen und Schüler

   spätestens Ende November jedes Kalenderjahres und spätestens Ende März jedes Kalenderjahres.

(3) Vor den Übermittlungen gemäß Abs. 1 sind von der Schulleiterin bzw. dem Schulleiter alle erforderlichen Bearbeitungen und Qualitätsprüfungen im Datenbestand durchzuführen. Sofern Daten der Schülerinnen und Schüler erst nach den gemäß § 4 festgelegten Stichtagen anfallen, ist ein bereinigter Gesamtdatensatz spätestens zum Berichts-

termin des nächstfolgenden Stichtages mit einem entsprechenden Vermerk zu übermitteln.

Erhebungsstichtage der Bildungsdirektorin oder des Bildungsdirektors

§ 6. (1) Für die Datenübermittlung der Bildungsdirektorin oder des Bildungsdirektors gemäß § 5 Abs. 3 und 4 BilDokG 2020 ist der 1. Oktober jedes Kalenderjahres Erhebungsstichtag, soweit die Abs. 2 und 3 nicht etwas Anderes bestimmen. Hinsichtlich der Information über den zureichenden Erfolg des Unterrichts ist der letzte Schultag eines jeden Schuljahres zusätzlicher Erhebungsstichtag.

(2) Hinsichtlich der Daten über die Beendigung der jeweiligen Ausbildung bzw. der Beendigung der Erfüllung der Schulpflicht ohne Besuch einer öffentlichen Schule oder einer zur Erfüllung der Schulpflicht geeigneten Privatschule mit Öffentlichkeitsrecht ist der Tag deren Beendigung zusätzlicher Erhebungsstichtag.

(3) Bei einer Befreiung vom Besuch lehrgangs- bzw. saisonmäßiger Berufsschulen ist abweichend von Abs. 1 erster Satz in jedem Kalenderjahr der zweite Montag nach Beginn des betreffenden Lehrganges Erhebungsstichtag.

(BGBl. II Nr. 401/2021, Z 11)

Datenübermittlung und Berichtstermine der Bildungsdirektorin oder des Bildungsdirektors

§ 7. (1) Die Bildungsdirektorin oder der Bildungsdirektor hat der zuständigen Bundesministerin oder dem zuständigen Bundesminister zum Zweck der Gesamtevidenz im Wege der Bundesanstalt „Statistik Österreich" als Auftragsverarbeiterin die in § 5 Abs. 3 und 4 BilDokG 2020 genannten Daten der Schulpflichtigen in Form von Gesamtdatensätzen nach Maßgabe der **Anlage 1 Teil II** zu übermitteln.

(2) Die Übermittlung gemäß Abs. 1 ist spätestens in der 42. Woche jedes Kalenderjahres vorzunehmen. Davon abweichend ist bei einer Befreiung vom Besuch lehrgangs- bzw. saisonmäßiger Berufsschulen die Datenübermittlung in jedem Kalenderjahr spätestens am Ende des Unterrichtsjahres vorzunehmen.

(3) Vor den Übermittlungen gemäß Abs. 1 sind von der Bildungsdirektorin oder dem Bildungsdirektor alle erforderlichen Bearbeitungen und Qualitätsprüfungen im Datenbestand durchzuführen. Sofern Daten der betroffenen Schulpflichtigen erst nach den gemäß § 6 festgelegten Stichtagen anfallen, ist ein bereinigter Gesamtdatensatz spätestens zum Berichtstermin des nächstfolgenden Stichtages mit einem entsprechenden Vermerk zu übermitteln.

(4) Die Datensicherheitsmaßnahmen gemäß §§ 5, 6 und 9 bis 11 der IKT-Schulverordnung, BGBl. II Nr. 382/2021, sind anzuwenden.

(BGBl. II Nr. 401/2021, Z 11)

2. Unterabschnitt

Feststellung der Erfüllung der allgemeinen Schulpflicht

(BGBl. II Nr. 401/2021, Z 12)

Erhebungsstichtag

§ 8. Für die Datenübermittlungen zur Feststellung der Erfüllung der allgemeinen Schulpflicht gemäß § 16 Abs. 1 bis 3 des Schulpflichtgesetzes 1985, BGBl. Nr. 76/1985, ist der 1. Oktober jedes Kalenderjahres Erhebungsstichtag.

(BGBl. II Nr. 401/2021, Z 12)

Datenübermittlung und Berichtstermine

§ 9. (1) Die Schulleiterin oder der Schulleiter hat gemäß § 16 Abs. 1 des Schulpflichtgesetzes 1985 bzw. die Bildungsdirektorin oder der Bildungsdirektor hat gemäß § 16 Abs. 2 und 3 des Schulpflichtgesetzes 1985 der Bundesrechenzentrum GmbH (BRZ) als Auftragsverarbeiterin der Bildungsdirektionen spätestens in der 42. Woche jedes Kalenderjahres die in § 16 Abs. 1 bzw. § 16 Abs. 2 und 3 des Schulpflichtgesetzes 1985 genannten Daten der Schülerinnen und Schüler in Form von Gesamtdatensätzen nach Maßgabe der **Anlage 2** zu übermitteln. Falls die Datenübermittlung in technischer Hinsicht nicht nach Maßgabe der **Anlage 2** erfolgen kann, sind für die Datenübermittlung die von der BRZ bereitgestellten Formblätter zu verwenden.

(2) Vor den Übermittlungen gemäß Abs. 1 sind alle erforderlichen Bearbeitungen im Datenbestand durchzuführen. Sofern Daten der Schülerinnen und Schüler erst nach dem gemäß Abs. 1 festgelegten Stichtag anfallen, ist ein bereinigter Gesamtdatensatz spätestens zum Berichtstermin des nächstfolgenden Stichtages mit einem entsprechenden Vermerk zu übermitteln.

(3) Die Datensicherheitsmaßnahmen gemäß §§ 5, 6 und 9 bis 11 der IKT-Schulverordnung, BGBl. II Nr. 382/2021, sind anzuwenden.

(BGBl. II Nr. 401/2021, Z 12)

3. Unterabschnitt

Datenverbund der Schulen

(BGBl. II Nr. 401/2021, Z 12)

Datenübermittlung und Berichtstermine

§ 10. (1) Die Schulleiterin oder der Schulleiter hat im Fall des § 6 Abs. 4 Z 1 lit. a BilDokG 2020 die Daten gemäß **Anlage 3 Teil I** bis spätestens Ende der zweiten Woche jedes Kalenderjahres im Datenverbund zu verarbeiten.

(2) Die Schulleiterin oder der Schulleiter hat im Fall des § 6 Abs. 4 Z 1 lit. b BilDokG 2020 die Daten gemäß **Anlage 3 Teil I** spätestens binnen Wochenfrist nach Bekanntgabe der Schülerin oder des Schülers, die Aufnahme in eine andere Schule anzustreben, im Datenverbund zu verarbeiten.

(3) Die Schulleiterin oder der Schulleiter hat im Fall des § 6 Abs. 4 Z 2 lit. a BilDokG 2020 die Daten gemäß **Anlage 3 Teil II**

1. von Schülerinnen und Schülern mit einem erfolgreichen Abschluss der letzten lehrplanmäßig vorgesehenen Schulstufe von Pflichtschulen und mittleren Schulen spätestens nach der Beurteilungskonferenz des Schuljahres bzw. des letzten Semesters, jedoch spätestens eine Woche nach Ende des Unterrichtsjahres,
2. im Übrigen spätestens binnen Wochenfrist nach Beendigung der Eigenschaft als Schülerin oder Schüler

im Datenverbund zu verarbeiten.

(4) Die Schulleiterin oder der Schulleiter hat im Fall des § 6 Abs. 4 Z 2 lit. b BilDokG 2020 die Daten gemäß **Anlage 3 Teil II** unverzüglich nach der Anfrage einer anderen Schulleiterin oder eines anderen Schulleiters im Datenverbund zu verarbeiten.

(BGBl. II Nr. 401/2021, Z 12)

Umfang der Abfrageberechtigung

§ 11. Abfrageberechtigt ist gemäß § 6 Abs. 5 BilDokG 2020 die jeweilige Schulleiterin oder der jeweilige Schulleiter. Der Umfang der Abfrageberechtigung ist auf den in § 6 Abs. 3 BilDokG 2020 genannten Zweck sowie die im Datenverbund enthaltenen Gesamtdatensätze jener Schülerinnen und Schüler beschränkt, die an der betreffenden Schule angemeldet bzw. aufgenommen worden sind, im Fall der Anmeldung die Daten gemäß **Anlage 3 Teil I**, im Fall der Aufnahme die Daten gemäß **Anlage 3 Teil II**.

(BGBl. II Nr. 401/2021, Z 12)

4. Unterabschnitt

Abschließende Prüfungen, Externistenprüfungen, die einer abschließenden Prüfung entsprechen, sowie Berufsreifeprüfungen
(BGBl. II Nr. 401/2021, Z 12)

Datenübermittlung und Berichtstermine bei standardisierten Prüfungsgebieten

§ 12. (1) Die Leiterin oder der Leiter einer allgemeinbildenden oder einer berufsbildenden höheren Schule bzw. die Leiterin oder der Leiter eines Erwachsenenbildungsinstitutes hat gemäß § 8 Abs. 3 BilDokG 2020 für jeden Prüfungstermin gesondert unter Angabe der Schule bzw. des Erwachsenenbildungsinstitutes, an der die Reifeprüfung, die Reife- und Diplomprüfung, die Berufsreifeprüfung oder die Teilprüfung der Berufsreifeprüfung durchgeführt wird, der Bundesministerin oder dem Bundesminister für Bildung, Wissenschaft und Forschung hinsichtlich der standardisierten Prüfungsgebiete die in Anlage 3 Z 5 und 6 sowie Anlage 6 Z 1 bis 6, 9, 13 und 15 BilDokG 2020 genannten Daten in Form von Datensätzen nach Maßgabe der **Anlage 4 Teil I** zu übermitteln.

(2) Die Übermittlung gemäß Abs. 1 ist durch die Schulleiterin oder den Schulleiter bzw. die Leiterin oder den Leiter des Erwachsenenbildungsinstitutes zu folgenden Berichtsterminen vorzunehmen:

1. hinsichtlich der Daten bezüglich der Ergebnisse der standardisierten Klausurarbeiten der einzelnen Prüfungsgebiete zum Stand vor einer allfälligen Kompensationsprüfung nach Maßgabe der **Anlage 4 Teil I** spätestens am ersten Werktag nach der Beurteilung der standardisierten Klausurarbeit durch die Prüfungskommission,
2. hinsichtlich der Daten bezüglich der Ergebnisse der standardisierten Prüfungsgebiete einschließlich der Ergebnisse allfälliger Kompensationsprüfungen gemäß **Anlage 4 Teil I** spätestens am zweitfolgenden Werktag nach den jeweiligen Kompensationsprüfungen.

Darüber hinaus kann die Bundesministerin oder der Bundesminister für Bildung, Wissenschaft und Forschung für einzelne Prüfungsgebiete gemäß Z 1 einen früheren Berichtstermin festlegen. Sollten keine Prüfungskandidatinnen oder Prüfungskandidaten zu einer standardisierten Klausurarbeit oder einer Kompensationsprüfung angetreten sein, bzw. war keine Kompensationsprüfung vorgesehen, so ist zum Zweck der Sicherstellung der Vollständigkeit der Datenlage in jedem Fall eine Leermeldung zu übermitteln.

(3) Vor den Übermittlungen gemäß Abs. 2 sind alle erforderlichen Bearbeitungen und Qualitätsprüfungen im Datenbestand durchzuführen.

(BGBl. II Nr. 401/2021, Z 12)

Datenübermittlung und Berichtstermine der Ergebnisse aller Prüfungsgebiete

§ 13. (1) Die Leiterin oder der Leiter einer allgemeinbildenden oder einer berufsbildenden höheren Schule bzw. die Leiterin oder der Leiter eines Erwachsenenbildungsinstitutes hat gemäß § 8 Abs. 4 BilDokG 2020 für jeden Prüfungstermin gesondert unter Angabe der Schule bzw. des Erwachsenenbildungsinstitutes, an der die Reifeprüfung, die Reife- und Diplomprüfung, die Berufsreifeprüfung oder die Teilprüfung der Berufsreifeprüfung durchgeführt wird, der Bundesanstalt „Statistik Österreich" hinsichtlich der Ergebnisse der abschließenden Prüfungen, der Externistenprüfungen, die einer abschließenden Prüfung entsprechen, sowie der Berufsreifeprüfung die in Anlage 3 Z 5 und 6 sowie Anlage 6 Z 1 bis 6, 9, 13 und 14 BilDokG 2020 genannten Daten in Form von Datensätzen nach Maßgabe der **Anlage 4 Teil II** zu übermitteln. *(BGBl. II Nr. 401/2021, Z 12 idF BGBl. II Nr. 324/2022, Z 1)*

(2) Die Übermittlung gemäß Abs. 1 ist zu folgenden Berichtsterminen vorzunehmen:

1. hinsichtlich der Datenübermittlung durch die Schulleiterin oder den Schulleiter bezüglich der Ergebnisse der abschließenden Prüfungen spätestens am ersten Werktag der zweitfolgenden Woche nach dem Beschluss der Prüfungskommission,
2. hinsichtlich der Datenübermittlung durch die Schulleiterin oder den Schulleiter bzw. die Leiterin oder den Leiter eines Erwachsenenbildungsinstitutes bezüglich der Ergebnisse der Externistenprüfungen, die einer abschließenden Prüfung entsprechen, sowie der Berufsreifeprüfung spätestens am ersten Werktag der zweitfolgenden Woche nach dem Beschluss der Prüfungskommission, jedoch jedenfalls spätestens am letzten Tag des Unterrichtsjahres für den Haupttermin, am letzten Schultag im Oktober für den Herbsttermin und am letzten Schultag im Februar für den Wintertermin.

Sollten keine Prüfungskandidatinnen oder Prüfungskandidaten angetreten sein, so ist in jedem Fall eine Leermeldung zu übermitteln.

(3) Sofern die technischen Voraussetzungen für die Übermittlung zu den Berichtsterminen gemäß Abs. 2 nicht in ausreichendem Maße zur Verfügung stehen, kann die Bundesministerin oder der Bundesminister für Bildung, Wissenschaft und Forschung in Abstimmung mit der Bundesanstalt „Statistik Österreich“ abweichende Termine festlegen.

(4) Vor den Übermittlungen gemäß Abs. 2 sind alle erforderlichen Bearbeitungen und Qualitätsprüfungen im Datenbestand durchzuführen.

(BGBl. II Nr. 401/2021, Z 12)

Daten- und Berichtsübermittlung sowie Berichtstermine der Bundesanstalt „Statistik Österreich“

§ 14. (1) Die Bundesanstalt „Statistik Österreich“ hat gemäß § 8 Abs. 5 der Bundesministerin oder dem Bundesminister für Bildung, Wissenschaft und Forschung hinsichtlich der Ergebnisse der abschließenden Prüfungen, der Externistenprüfungen, die einer abschließenden Prüfung entsprechen, sowie der Berufsreifeprüfung die in Anlage 3 Z 5 und 6, soweit zutreffend, sowie Anlage 6 Z 1 bis 10 und 12 bis 14 BilDokG 2020 genannten Daten in Form von Datensätzen nach Maßgabe der **Anlage 4 Teil II**, mit Ausnahme der Attribute „plz“, „ort“ und „zusatzort“ zu übermitteln.

(2) Die Übermittlung gemäß Abs. 1 ist zu folgenden Berichtsterminen vorzunehmen:
1. hinsichtlich der Daten des Haupttermins jeweils 18 Wochen nach Beendigung des Haupttermins,
2. hinsichtlich der Daten des Herbsttermins jeweils 16 Wochen nach Beendigung des Herbsttermins,
3. hinsichtlich der Daten des Wintertermins jeweils 16 Wochen nach Beendigung des Wintertermins.

Sofern § 13 Abs. 3 zur Anwendung gelangt ist, kann die Bundesministerin oder der Bundesminister für Bildung, Wissenschaft und Forschung in Abstimmung mit der Bundesanstalt „Statistik Österreich“ entsprechend abweichende Termine festlegen.

(3) Die Bundesanstalt „Statistik Österreich“ hat gemäß § 8 Abs. 4 und 5 BilDokG 2020 der Bundesministerin oder dem Bundesminister für Bildung, Wissenschaft und Forschung hinsichtlich der Ergebnisse der abschließenden Prüfungen, der Externistenprüfungen, die einer abschließenden Prüfung entsprechen, und der Berufsreifeprüfungen einen Bericht vorzulegen. Dieser hat jedenfalls folgende aggregierte Daten ohne Personenbezug zu enthalten: deskriptive Darstellung aller Ergebnisse sowie getrennt nach Prüfungstermin (Haupttermin, Herbsttermin und Wintertermin), Art der Prüfung (Reifeprüfung, Reife- und Diplomprüfung, Externistenprüfung, die einer abschließenden Prüfung entspricht, Berufsreifeprüfung), Bundesland, Geschlecht, Schulart und Prüfungsgebiet und der zugehörigen Beurteilungsstufen, hierbei insbesondere standardisierte Prüfungsgebiete und abschließende Arbeiten, sowie nach dem Gesamtkalkül (ausgezeichneter Erfolg, guter Erfolg, bestanden, nicht bestanden). Zusätzlich hat der Bericht eine schriftliche Zusammenfassung der Ergebnisse zu enthalten.

(4) Die Übermittlung gemäß Abs. 3 ist zu folgenden Berichtsterminen vorzunehmen:
1. hinsichtlich der Daten des Haupttermins jeweils 22 Wochen nach Beendigung des Haupttermins,
2. hinsichtlich der Daten aller drei Termine jeweils 20 Wochen nach Beendigung des Wintertermins.

Sofern § 13 Abs. 3 zur Anwendung gelangt ist, kann die Bundesministerin oder der Bundesminister für Bildung, Wissenschaft und Forschung in Abstimmung mit der Bundesanstalt „Statistik Österreich“ entsprechend abweichende Termine festlegen.

(BGBl. II Nr. 401/2021, Z 12)

3. Abschnitt

Datenverarbeitungen hinsichtlich des Aufwands der Bildungseinrichtungen

(BGBl. II Nr. 401/2021, Z 12)

Erhebungsstichtage und Berichtstermine

§ 15. (1) Hinsichtlich der an Bildungseinrichtungen beschäftigten Personen gemäß § 14 Abs. 1 Z 1 BilDokG 2020, deren Dienstgeberfunktion vom Bund wahrgenommen wird, ist der Stand zum Oktober jedes Kalenderjahres Erhebungszeitraum; Berichtstermin ist spätestens der 1. Dezember jedes Kalenderjahres. Der für diese Personen aus Bundesmitteln getragene Personalaufwand ist bis zum 31. Mai jedes Kalenderjahres für das jeweils vorangegangene Kalenderjahr zu übermitteln.

(2) Hinsichtlich der an Bildungseinrichtungen beschäftigten Personen gemäß § 14 Abs. 1 Z 1 BilDokG 2020, deren Dienstgeberfunktion von anderen Rechtsträgern als Bund oder Land wahrgenommen wird, sowie hinsichtlich des für diese Personen vom Bund getragenen Personalaufwandes sind die in Abs. 1 festgelegten Erhebungszeiträume und Berichtstermine anzuwenden.

(3) Der aus Bundesmitteln getragene Betriebs- und Erhaltungsaufwand bei Bildungseinrichtungen gemäß § 14 Abs. 1 Z 2 BilDokG 2020 ist bis zum 31. Mai jedes Kalenderjahres für das jeweils vorangegangene Kalenderjahr zu übermitteln.

(BGBl. II Nr. 401/2021, Z 12)

Datenübermittlung

§ 16. (1) Der Rechtsträger (mit Ausnahme der Länder), der die Dienstgeberfunktion an der Bildungseinrichtung wahrnimmt, deren Personalaufwand aus Bundesmitteln getragen wird, hat für Zwecke der Evidenz über den Aufwand für Bildungseinrichtungen die in § 14 Abs. 1 Z 1 BilDokG 2020 genannten Daten gemäß **Anlage 5 Teil I** zu übermitteln. Die Darstellung der Daten hat nach Maßgabe der **Anlage 5 Teil I** zu erfolgen.

(2) Die Bundesdienststelle, aus deren Bundesbudget der Betriebs- und Erhaltungsaufwand der Bildungseinrichtung getragen wird, hat für Zwecke der Evidenz über den Aufwand für Bildungseinrichtungen die in § 14 Abs. 1 Z 2 BilDokG 2020 genannten Daten zu übermitteln. Die Darstellung der Daten hat nach Maßgabe der **Anlage 5 Teil II** zu erfolgen.

(3) Vor den Übermittlungen gemäß Abs. 1 und 2 sind alle erforderlichen Bearbeitungen im Datenbestand durchzuführen."

(BGBl. II Nr. 401/2021, Z 12)

4. Abschnitt
Datenverarbeitungen hinsichtlich des Bildungscontrollings
(BGBl. II Nr. 401/2021, Z 13)

1. Unterabschnitt

Kompetenzerhebungen
(BGBl. II Nr. 401/2021, Z 14)

Datenübermittlungen durch die Schulleiterinnen und Schulleiter

§ 17. (1) Zum Zweck der Datenverarbeitungen hinsichtlich Kompetenzerhebungen hat die Schulleiterin bzw. der Schulleiter einer Schule, an der Kompetenzerhebungen durchgeführt werden, gemäß § 16 BilDokG 2020 hinsichtlich der Basis- und Zyklusmodule, des Fokusmoduls und allfälliger ergänzender Module dem Institut des Bundes für Qualitätssicherung im österreichischen Schulwesen (IQS) die in Anlage 10 BilDokG 2020 genannten Daten in Form von Gesamtdatensätzen nach Maßgabe der **Anlage 6 Teil I** zu übermitteln. Bei Zyklusmodulen, beim Fokusmodul sowie bei ergänzenden Modulen sind die Daten gemäß **Anlage 10** Z 1 bis 7, 9 bis 14 und 19 BilDokG 2020 nur dann zu übermitteln, sofern sie noch nicht aus Übermittlungen aus Basismodulen vorhanden sind. Falls die Datenübermittlung in technischer Hinsicht nicht nach Maßgabe dieser Anlage erfolgen kann, so sind für die Datenmeldung die vom IQS vorgegebenen Formate zu verwenden. *(BGBl. II Nr. 262/2023, Art. 2 Z 5)*

(2) Die Übermittlung zu Basis- und Zyklusmodulen ist zu folgenden Berichtsterminen vorzunehmen: *(BGBl. II Nr. 268/2021 idF BGBl. II Nr. 262/2023, Art. 2 Z 6)*

1. hinsichtlich der Daten betreffend Schule, Schülerinnen und Schüler sowie Lehrerinnen und Lehrern gemäß Anlage 10 Z 1 bis 7, 9 bis 14 und 19 BilDokG 2020 spätestens in der 42. Kalenderwoche jedes Kalenderjahres, hinsichtlich jener Schulen der Sekundarstufe I, die durch das IQS für die Teilnahme im Rahmen einer Sonderstichprobe ausgewählt wurden, spätestens in der 40. Kalenderwoche jedes Kalenderjahres,
2. hinsichtlich der Daten zur Dokumentation über die erfolgte Durchführung der Basis- und Zyklusmodule gemäß **Anlage 10** Z 15 bis 17 BilDokG 2020 spätestens vier Wochen nach Ende des Testfensters; *(BGBl. II Nr. 262/2023, Art. 2 Z 7)*
3. hinsichtlich der Daten *durch die Schulleiterin oder den Schulleiter*[4]) zur Dokumentation über die erfolgte Durchführung der durch die zuständigen Lehrerinnen und Lehrer nach schulrechtlichen Bestimmungen geführten Gespräche gemäß Anlage 10 Z 18 BilDokG 2020 binnen Wochenfrist nach Abschluss der Gespräche, für die Volksschule jedenfalls bis spätestens Ende des Sommersemesters, für die Schulen der Sekundarstufe I jedenfalls bis spätestens Ende des Wintersemesters. *(BGBl. II Nr. 268/2021 idF BGBl. II Nr. 262/2023, Art. 2 Z 8)*

(3) Vor den Übermittlungen gemäß Abs. 2 Z 1 sind von der Schulleiterin bzw. dem Schulleiter alle erforderlichen Bearbeitungen und Qualitätsprüfungen im Datenbestand durchzuführen. Zwischen den in Abs. 2 Z 1 festgelegten Berichtsterminen und den Basis- und Zyklusmodulen anfallende oder geänderte Daten sind unverzüglich zu übermitteln. *(BGBl. II Nr. 268/2021 idF BGBl. II Nr. 262/2023, Art. 2 Z 9)*

[4]) *Die kursiv gedruckte Wendung „durch die Schulleiterin oder den Schulleiter„* entfällt gemäß § 29 Abs. 4 Z 2 mit Ablauf des 31. August 2025.

(4) Nach Durchführung der Basis- und Zyklusmodule durch die Lehrerin bzw. den Lehrer gemäß § 18 Abs. 2 hat die Schulleiterin bzw. der Schulleiter die Vollständigkeit und Richtigkeit der Daten gemäß Abs. 2 Z 1 (Anlage 10 Z 1 bis 7, 9 bis 14 und 19 BilDokG 2020) und Abs. 2 Z 2 (Anlage 10 Z 15 bis 17 BilDokG 2020) binnen vier Wochen nach Ende des Testfensters zu bestätigen. *(BGBl. II Nr. 268/2021 idF BGBl. II Nr. 262/2023, Art. 2 Z 10)*

(BGBl. II Nr. 268/2021 idF BGBl. II Nr. 401/2021, Z 15)

Verfahrensabläufe

§ 18. (1) Die Testungen zu den Basis- und Zyklusmodulen sowie zum Fokusmodul haben für Schülerinnen und Schüler der Volksschule im jeweiligen Sommersemester, für Schülerinnen und Schüler der Sekundarstufe I im jeweiligen Wintersemester gemäß den Vorgaben der Bundesministerin oder des Bundesministers für Bildung, Wissenschaft und Forschung und des IQS stattzufinden. Die Bekanntgabe der Testfenster hat hinsichtlich der Basis- und Zyklusmodule und des Fokusmoduls jeweils bis 31. März für das nächstfolgende Schuljahr zu erfolgen, hinsichtlich der ergänzenden Module bis zum Ende des der Testung vorangehenden Unterrichtsjahres. *(BGBl. II Nr. 262/2023, Art. 2 Z 11)*

(2) Die Lehrperson ist hinsichtlich der Basis- und Zyklusmodule, des Fokusmoduls und ergänzender Module zuständig für die Vorbereitung (zB Zuweisung der Tests an die Schülerinnen und Schüler) und die Durchführung (inklusive Erfassung der Teilnahmedaten, der Antworten bzw. der Bewertungen der Antworten) der Testungen. Die Erfassung der Daten gemäß **Anlage 6 Teil I** mit Ausnahme der Ergebnisse zu produktiven Fertigkeiten hat in elektronischer Form nach den Vorgaben des IQS zu erfolgen. Bei Datenverarbeitungen hinsichtlich der Kompetenzerhebungen werden Lehrerinnen und Lehrer nicht als Verantwortliche gemäß Art. 4 Z 7 DSGVO tätig. *(BGBl. II Nr. 268/2021 idF BGBl. II Nr. 401/2021, Z 16 und BGBl. II Nr. 262/2023, Art. 2 Z 12)*

(3) Die Schulleiterin oder der Schulleiter hat nach Abschluss der Testungen durch die Lehrerinnen bzw. Lehrer spätestens vier Wochen nach Ende des Testfensters eine Freigabe der nach Abs. 2 erfassten Leistungs- und Kontextdaten für die gesamte Schule durchzuführen. *(BGBl. II Nr. 268/2021 idF BGBl. II Nr. 262/2023, Art. 2 Z 13)*

(BGBl. II Nr. 268/2021 idF BGBl. II Nr. 401/2021, Z 15)

Abfrageberechtigungen hinsichtlich der Basis- und Zyklusmodule
(BGBl. II Nr. 262/2023, Art. 2 Z 14)

§ 19. (1) Zu Zwecken der Vorbereitung und Durchführung von Basis- und Zyklusmodulen sind folgende Personen vor und während der Durchführung zur Abfrage von Daten berechtigt: *(BGBl. II Nr. 268/2021 idF BGBl. II Nr. 262/2023, Art. 2 Z 15)*

1. die Schulleiterin oder der Schulleiter hinsichtlich sämtlicher Daten zu den Kompetenzerhebungen, die ihre oder seine Schule betreffen, und
2. die Lehrerinnen und Lehrer hinsichtlich der Daten gemäß Anlage 6 Teil I Z 4 Attribute „gebj", „gebm", „geschlecht" und „matrikel", Z 5 Attribut „klasse" sowie Z 6 und Z 7 jener Schülerinnen und Schüler, die sie unterrichten bzw. bei denen sie die Testung vorbereiten, durchführen und abschließen. *(BGBl. II Nr. 268/2021 idF BGBl. II Nr. 401/2021, Z 16)*

(2) Zu Zwecken der Schulentwicklung sowie der Unterrichts- und Förderplanung sind nach Abschluss der Basis- und Zyklusmodule folgende Personen zur Abfrage der Ergebnisse der Basis- und Zyklusmodule berechtigt: *(BGBl. II Nr. 268/2021 idF BGBl. II Nr. 262/2023, Art. 2 Z 16)*

1. die Schulleiterin oder der Schulleiter hinsichtlich der zusammenfassenden Ergebnisse auf Ebene der Schule, der Klassen und gegebenenfalls der Unterrichtsgruppen sowie der individuellen Ergebnisse der Schülerinnen und Schüler,
2. die Lehrerinnen und Lehrer hinsichtlich der Ergebnisse auf Ebene der einzelnen Schülerinnen und Schüler, der Klassen und gegebenenfalls der Unterrichtsgruppen, jeweils bezogen auf Klassen, Unterrichtsgruppen und Schülerinnen und Schüler, die die jeweilige Lehrerin bzw. der jeweilige Lehrer unterrichtet, und
3. die Schülerinnen und Schüler bzw. deren Erziehungsberechtigte hinsichtlich der sie betreffenden Ergebnisse der Kompetenzerhebungen mit Ausnahme jener zu produktiven Fertigkeiten. *(BGBl. II Nr. 268/2021 idF BGBl. II Nr. 262/2023, Art. 2 Z 17)*

(3) Zum Zweck der Abfragen gemäß Abs. 1 und 2 hat

1. das IQS der Schulleiterin oder dem Schulleiter eine dem Abs. 2 Z 1 entsprechende Abfrageberechtigung einzuräumen,
2. die Schulleiterin oder der Schulleiter
   a) jenen Lehrerinnen und Lehrern, welche die Testung gemäß Abs. 1 Z 2 vorbereiten, durchführen und abschließen sowie
   b) jenen Lehrerinnen und Lehrern, die die Schülerinnen und Schüler unterrichten (Abs. 2 Z 2),

   eine Abfrageberechtigung im Wege eines sicher übermittelten Zugangscodes einzuräumen, und
3. die Schulleiterin oder der Schulleiter den Schülerinnen und Schülern, die an den Kompetenzerhebungen teilgenommen haben, so-

wie deren Erziehungsberechtigten die entsprechende Abfrageberechtigung mittels eines Zugangscodes einzuräumen.

Für die Einräumung von Abfrageberechtigungen gemäß Z 1 und 2 sind die vom Dienstgeber gemäß § 5 Abs. 6 BD-EG bereitgestellten elektronischen Postfächer heranzuziehen. Sofern kein solches besteht, sind die Zugangscodes der Lehrerin oder dem Lehrer persönlich und gesichert zu übergeben. Keinesfalls dürfen für die Einräumung von Abfrageberechtigungen gemäß Z 1 bis 3 private E-Mail-Postfächer verwendet werden. *(BGBl. II Nr. 268/2021 idF BGBl. II Nr. 401/2021, Z 17)*

(4) Auf Abfragen gemäß Abs. 1 sowie Abs. 2 Z 1 und 2 sind die §§ 5 und 9 bis 11 der IKT-Schulverordnung, BGBl. II Nr. 382/2021, anzuwenden. *(BGBl. II Nr. 401/2021, Z 18)*

(BGBl. II Nr. 268/2021 idF BGBl. II Nr. 401/2021, Z 15)

Abfrageberechtigungen hinsichtlich des Fokusmoduls, der ergänzenden Module und der produktiven Fertigkeiten der Zyklusmodule

§ 19a. (1) Zu Zwecken der Vorbereitung und Durchführung des Fokusmoduls und ergänzender Module sind Lehrpersonen hinsichtlich der Daten gemäß **Anlage 6 Teil I** Z 4, Attribute „gebj“, „gebm“, „geschlecht“ und „matrikel“, Z 5 Attribut „klasse“ sowie Z 6 und Z 7 jener Schülerinnen und Schüler, die sie unterrichten bzw. bei denen sie die Testung vorbereiten, durchführen und abschließen, zur Abfrage berechtigt.

(2) Zu Zwecken der Förderplanung sind nach Abschluss der Durchführung des Fokusmoduls, der ergänzenden Module und der produktiven Fertigkeiten der Zyklusmodule die Lehrpersonen hinsichtlich der Ergebnisse auf Ebene der einzelnen Schülerinnen und Schüler zur Abfrage berechtigt. Die Schülerinnen und Schüler und deren Erziehungsberechtigte sind durch die Lehrpersonen im Rahmen der durch das Schulunterrichtsgesetz vorgesehenen Gesprächsformate über die Ergebnisse zu informieren.

(3) Hinsichtlich der Einräumung von Abfrageberechtigungen an Lehrpersonen ist § 19 Abs. 3 Z 2 und der Schlussteil des § 19 Abs. 3 anzuwenden.

(4) Auf Abfragen gemäß Abs. 1 und 2 sind die §§ 5 und 9 bis 11 der IKT-Schulverordnung anzuwenden.

(BGBl. II Nr. 262/2023, Art. 2 Z 18)

Datenübermittlungen durch die Leiterin oder den Leiter des IQS

§ 20. (1) Die Leiterin oder der Leiter des IQS hat der Bundesministerin oder dem Bundesminister für Bildung, Wissenschaft und Forschung die Daten der Basis- und Zyklusmodule gemäß § 16 Abs. 3 BilDokG 2020 und **Anlage 6 Teil II** zu den in § 16 Abs. 3 BilDokG 2020 genannten Zwecken zu übermitteln, und zwar jeweils für jene Schülerinnen und Schüler, die an den Kompetenzerhebungen für einen aggregierten Ergebnisbericht (Dreijahreszyklus) gemäß der Verordnung über Bildungsstandards im Schulwesen, BGBl. II Nr. 1/2009, teilgenommen haben. *(BGBl. II Nr. 401/2021, Z 19 idF BGBl. II Nr. 262/2023, Art. 2 Z 19)*

(2) Die Übermittlung der Daten hat jeweils im dritten Quartal des Folgejahres nach Abschluss der letzten Kompetenzerhebung des Dreijahreszyklus, jedoch spätestens am 15. Dezember des Folgejahres, beginnend mit dem Kalenderjahr 2026 zu erfolgen.

(BGBl. II Nr. 401/2021, Z 19)

2. Unterabschnitt
Sozioökonomische Faktoren
(BGBl. II Nr. 401/2021, Z 19)

Erhebungsstichtage

§ 21. Für Datenübermittlungen zu statistischen Kontextinformationen zur Gesamtevidenz der Schülerinnen und Schüler sind die Erhebungsstichtage gemäß § 4 Abs. 1 und 3 anzuwenden. Berichtszeitraum für die Datenübermittlung ist das jeweils zweitvorangegangene Schuljahr. Für Daten aus dem Register der Erwerbsstatistik gemäß Anlage II des Bundesstatistikgesetzes 2000, BGBl. I Nr. 163/1999, ist der 31. Oktober jedes Kalenderjahres Stichtag.

(BGBl. II Nr. 401/2021, Z 19)

Datenübermittlung und Berichtstermine

§ 22. Die Bundesanstalt „Statistik Österreich“ hat der zuständigen Bundesministerin oder dem zuständigen Bundesminister sowie der Leiterin oder dem Leiter des IQS die Daten zu statistischen Kontextinformationen zur Gesamtevidenz der Schülerinnen und Schüler nach Maßgabe von Gesamtdatensätzen gemäß **Anlage 7** jährlich im dritten Quartal, spätestens jedoch bis zum 30. September zu übermitteln.

(BGBl. II Nr. 401/2021, Z 19)

3. Unterabschnitt
Bildungs- und Erwerbskarrieren von Schülerinnen und Schülern
(BGBl. II Nr. 401/2021, Z 19)

Erhebungsstichtage

§ 23. Für die Datenübermittlungen zu Bildungs- und Erwerbskarrieren der Schülerinnen und Schüler gemäß § 15 Abs. 3 BilDokG 2020 sind bezüglich der Schülerinnen und Schüler die Erhebungsstichtage gemäß § 4 Abs. 1 und 3 anzuwenden. Für die Daten aus der Universitäts- und Hochschulstatistik sind die Stichtage gemäß § 29 Universitäts- und Hochschulstatistik- und

Bildungsdokumentationsverordnung – UHSBV, BGBl. II Nr. 216/2019, anzuwenden. Für Daten aus dem Register der Erwerbsstatistik gemäß Anlage II des Bundesstatistikgesetzes 2000 ist der 31. Oktober jedes Kalenderjahres Stichtag.

(BGBl. II Nr. 401/2021, Z 19)

Datenübermittlung und Berichtstermine

§ 24. Die Bundesanstalt „Statistik Österreich" hat der Bundesministerin oder dem Bundesminister für Bildung, Wissenschaft und Forschung Daten zu Bildungs- und Erwerbskarrieren von Schülerinnen und Schülern gemäß § 15 Abs. 3 BilDokG 2020 gemäß **Anlage 8** jährlich im dritten Quartal, spätestens jedoch bis zum 30. September für das zweitvorangegangene Schuljahr sowie weiter zurückliegende Schuljahre zu übermitteln.

(BGBl. II Nr. 401/2021, Z 19)

5. Abschnitt
Bundesstatistik zum Bildungswesen
(BGBl. II Nr. 268/2021 idF BGBl. II Nr. 401/2021, Z 20)

1. Unterabschnitt
Daten der Schülerinnen und Schüler für Zwecke der Bundesstatistik zum Bildungswesen
(BGBl. II Nr. 401/2021, Z 21)

Erhebungsstichtage, Datenübermittlung und Berichtstermine

§ 25. (1) Für Zwecke der Bundesstatistik zum Bildungswesen sind der Bundesanstalt „Statistik Österreich" die in § 18 Abs. 2 Z 1 und 2 BilDokG 2020 genannten Daten der Schülerinnen und Schüler in Form von Gesamtdatensätzen nach Maßgabe der **Anlage 1** (mit Ausnahme der Z 12 [Element „schulpflichtverletzung"]) zu übermitteln. *(BGBl. II Nr. 268/2021 idF BGBl. II Nr. 401/2021, Z 23)*

(2) Hinsichtlich der Erhebungsstichtage und Berichtstermine finden §§ 4 bis 7 dieser Verordnung Anwendung. *(BGBl. II Nr. 268/2021 idF BGBl. II Nr. 401/2021, Z 23)*

(BGBl. II Nr. 268/2021 idF BGBl. II Nr. 401/2021, Z 22)

2. Unterabschnitt
Personal-, Betriebs- und Erhaltungsaufwand für Zwecke der Bundesstatistik
(BGBl. II Nr. 401/2021, Z 24)

Erhebungsstichtage, Datenübermittlung und Berichtstermine

§ 26. (1) Für Zwecke der Bundesstatistik zum Bildungswesen sind der Bundesanstalt „Statistik Österreich" die in § 18 Abs. 4 BilDokG 2020 genannten Aufwandsdaten aus der Evidenz über den Aufwand für Bildungseinrichtungen zu übermitteln. Hinsichtlich der beschäftigten Personen ist der Stand zum Oktober jedes Kalenderjahres Erhebungszeitraum; Berichtstermin ist spätestens der 1. Dezember jedes Kalenderjahres. Der Personalaufwand ist bis zum 31. Mai jedes Kalenderjahres für das jeweils vorangegangene Kalenderjahr berichtspflichtig. Der Betriebs- und Erhaltungsaufwand ist bis zum 31. Mai jedes Kalenderjahres für das jeweils vorangegangene Kalenderjahr berichtspflichtig.

(2) Soweit Daten über den Personal-, Betriebs- und Erhaltungsaufwand in der Evidenz über den Aufwand für Bildungseinrichtungen nicht enthalten sind, trifft die Verpflichtung zur Datenübermittlung an die Bundesanstalt „Statistik Österreich" gemäß § 18 Abs. 4 BilDokG 2020 die Leiterin oder den Leiter der Bildungseinrichtung bzw. den Rechtsträger, der die Dienstgeberfunktion an dieser Bildungseinrichtung wahrnimmt bzw. den Rechtsträger, der den Betriebs- und Erhaltungsaufwand dieser Bildungseinrichtung trägt. Hinsichtlich der Erhebungszeiträume und Berichtstermine ist Abs. 1 anzuwenden.

(3) Jede Datenübermittlung gemäß Abs. 1 hat die Bezeichnung, Anschrift und Rechtsnatur des Erhalters der Bildungseinrichtung zu enthalten. Bei der Datenübermittlung ist das von der Bundesanstalt „Statistik Österreich" bereitgestellte Datenformat zu verwenden. Die Darstellung der Daten hat hinsichtlich der öffentlichen Schulen unter Anwendung der **Anlage 5 Teil I und III** und hinsichtlich der Privatschulen nach Maßgabe der **Anlage 5 Teil II und IV** zu erfolgen.

(4) Vor den Datenübermittlungen sind alle erforderlichen Bearbeitungen im Datenbestand durchzuführen.

(BGBl. II Nr. 401/2021, Z 24)

6. Abschnitt
Schlussbestimmungen
(BGBl. II Nr. 268/2021 idF BGBl. II Nr. 401/2021, Z 25)

Verweisungen

§ 27. Soweit in dieser Verordnung auf Bundesgesetze und Verordnungen verwiesen wird, sind diese in der mit dem Inkrafttreten der jeweils letzten Novelle dieser Verordnung geltenden Fassung anzuwenden.

(BGBl. II Nr. 268/2021 idF BGBl. II Nr. 401/2021, Z 26 und BGBl. II Nr. 262/2023, Art. 2 Z 20)

Übergangsbestimmung

§ 28. (1) Abweichend von § 18 Abs. 1 zweiter Satz sind die Testfenster für das Schuljahr 2021/22 bis Ende des Schuljahres 2020/21 bekanntzugeben. *(BGBl. II Nr. 268/2021 idF BGBl. II Nr. 401/2021, Z 27 und 28)*

(2) § 7 Abs. 1b, der 4. Abschnitt sowie Anlage 1b der Bildungsdokumentationsverordnung,

BGBl. II Nr. 499/2003, sind auf den Datenverbund der Schulen gemäß § 7c des Bildungsdokumentationsgesetzes, BGBl. I Nr. 12/2002, nach Maßgabe des § 24 Abs. 2 BilDokG 2020, längstens jedoch bis Ende des Schuljahres 2021/22, anzuwenden. *(BGBl. II Nr. 401/2021, Z 28)*

(3) Die Umstellung von Sozialversicherungsnummern bzw. Ersatzkennzeichen auf bPK gemäß § 24 Abs. 3 BilDokG 2020 hat bis zum Beginn des Schuljahres 2025/26 zu erfolgen. Sollte eine Verwendung des bPK zu einem früheren Zeitpunkt technisch möglich sein, so ist dieses zu diesem Zeitpunkt bereits zu verwenden. *(BGBl. II Nr. 262/2023, Art. 2 Z 21)*

(4) Die Umstellung von Sozialversicherungsnummern bzw. Ersatzkennzeichen auf bPK gemäß § 25 Abs. 3 BilDokG 2020 für Zwecke der Bundesstatistik zum Bildungswesen und des Bildungsstandregisters hat bis zum Beginn des Schuljahres 2025/26 zu erfolgen. Sollte eine Verwendung des bPK zu einem früheren Zeitpunkt technisch möglich sein, so ist dieses zu diesem Zeitpunkt bereits zu verwenden. *(BGBl. II Nr. 262/2023, Art. 2 Z 21)*

(BGBl. II Nr. 268/2021 idF BGBl. II Nr. 401/2021, Z 26)

Inkrafttreten; Außerkrafttreten

§ **29.** (1) Diese Verordnung in der Fassung der Verordnung BGBl. II Nr. 401/2021 tritt wie folgt in Kraft:

1. §§ 6 und 7 samt Überschriften, **Anlage 1 Teil II** sowie der 3. Unterabschnitt des 4. Abschnittes und **Anlage 8** mit 1. September 2022,
2. im Übrigen mit 1. September 2021.[5])

(2) Abweichend vom Zeitpunkt des Inkrafttretens gemäß Abs. 1 sind

1. der 3. Unterabschnitt des 2. Abschnittes sowie **Anlage 3** nach Maßgabe des § 24 Abs. 2 BilDokG 2020,
2. der 4. Unterabschnitt des 2. Abschnittes sowie **Anlage 4** auf abschließende Prüfungen, Externistenprüfungen, die einer abschließenden Prüfung entsprechen, sowie Berufsreifeprüfungen mit Haupttermin ab 2022,
3. der 1. Unterabschnitt des 4. Abschnittes sowie **Anlage 6 Teil I** auf Kompetenzerhebungen für die 4. und 7. Schulstufe ab dem Schuljahr 2022/23 und für die 8. Schulstufe ab dem Schuljahr 2023/24

anzuwenden.

(3) Für das Außerkrafttreten der Bildungsdokumentationsverordnung, BGBl. II Nr. 499/2003,[6]) gilt Folgendes:

1. Die Bestimmungen, die aufgrund § 4, § 5 Abs. 3, § 6 Abs. 2, § 7 Abs. 2, § 7a Abs. 11, § 7c Abs. 7 sowie § 8 Abs. 1 und 2 des Bildungsdokumentationsgesetzes, BGBl. I Nr. 12/2002, erlassen wurden und deren Weitergeltung als Bundesgesetz mit BGBl. I Nr. 20/2021 festgelegt wurde, gelten gemäß § 23 Abs. 3 BilDokG 2020 mit dem Inkrafttreten dieser Verordnung gemäß Abs. 1 Z 2 als außer Kraft getreten,
2. die übrigen Bestimmungen treten mit dem Inkrafttreten dieser Verordnung gemäß Abs. 1 Z 2 außer Kraft, mit der Maßgabe, dass § 6, § 7 Abs. 3 und 4 sowie Anlage 2 hinsichtlich der Datenübermittlungen der Bildungsdirektionen an die Gesamtevidenz bis 31. August 2022 weiterhin anzuwenden sind.

(4) Diese Verordnung in der Fassung der Verordnung BGBl. II Nr. 324/2022 tritt mit Ablauf des Tages der Kundmachung im Bundesgesetzblatt in Kraft, wobei Abs. 2 Z 1 und 2 hinsichtlich der Anwendung der Anlagen 3 und 4 unberührt bleibt.[7]) *(BGBl. II Nr. 324/2022, Z 2)*

(4)[8]) Für das Inkrafttreten der durch die Verordnung BGBl. II Nr. 262/2023 geänderten oder eingefügten Bestimmungen gilt Folgendes:

1. Die die §§ 19, 19a und **Anlage 6** betreffenden Zeilen des Inhaltsverzeichnisses, § 3 Z 3a, § 17 Abs. 1, der Einleitungsteil des § 17 Abs. 2, § 17 Abs. 2 Z 2 sowie Abs. 3 und 4, § 18, die Überschrift des § 19, § 19 Abs. 1 und 2, § 19a samt Überschrift, § 20 Abs. 1, § 27, § 28 Abs. 3 und 4 sowie die **Anlage 6** treten mit Ablauf des Tages der Kundmachung im Bundesgesetzblatt[9]) mit der Maßgabe in Kraft, dass
   a) unter „Kompetenzerhebungen" gemäß Abs. 2 Z 3 Basismodule zu verstehen sind;
   b) Datenverarbeitungen anlässlich der Zyklusmodule für die 4. Schulstufe ab dem Schuljahr 2023/24 und für die 8. Schulstufe ab dem Schuljahr 2024/25;
   c) Datenverarbeitungen anlässlich des Fokusmoduls für die 3., 4., 7. und 8. Schulstufe ab dem Schuljahr 2023/24;
   d) Datenverarbeitungen anlässlich der ergänzenden Module ab dem Schuljahr 2023/24

   durchgeführt werden;
2. § 17 Abs. 2 Z 3 tritt mit 1. September 2025 in Kraft.

(BGBl. II Nr. 262/2023, Art. 2 Z 22)

(BGBl. II Nr. 401/2021, Z 29)

PflSchErh-GG
BildDokG 2020, VO

---

[5]) Die Kundmachung im Bundesgesetzblatt erfolgte am 22. September 2021.

[6]) Siehe Kodex 21. Auflage (7.2.2. – Bildungsdokumentationsverordnung).

[7]) Die Kundmachung im Bundesgesetzblatt erfolgte am 29. August 2022.

[8]) Im Zuge der Novelle BGBl. II Nr. 262/2023 wäre chronologisch richtig die Absatzbezeichnung „(5)" zu vergeben gewesen.

[9]) Die Kundmachung im Bundesgesetzblatt erfolgte am 8. September 2023.

Anlage 1
zu § 5 Abs. 1, § 7 Abs. 1 und § 25
(BGBl. II Nr. 401/2021, Z 30)

Teil I

Daten der Schulen für die Gesamtevidenz der Schülerinnen und Schüler

1. Definitionen, Verweise, Begriffsbestimmungen:

1.1 Definition der Schnittstellen zwischen den Evidenzen gemäß § 5 BilDokG 2020 (lokalen Schulverwaltungsprogrammen) und der Gesamtevidenz: Als Schnittstelle für die Datenübermittlung fungiert eine XML-Datei im Zeichensatzformat UTF-8, Datumsfelder sind im Format JJJJ-MM-TT abzuspeichern. Die Datei beginnt mit der Zeichenfolge <?xml version=„1.0" encoding=„UTF-8"?>.

Sollte eine Übermittlung mittels XML-Datei nicht möglich sein, so ist eines der von der Bundesanstalt „Statistik Österreich" vorgegebenen Formate zu verwenden.

1.2 Verweise auf bundesgesetzliche Rechtsvorschriften sind wie folgt zu verstehen: „SchOG" = Schulorganisationsgesetz, BGBl. Nr. 242/1962, „SchUG" = Schulunterrichtsgesetz, BGBl. Nr. 472/1986, „SchUG-BKV" = Schulunterrichtsgesetz für Berufstätige, Kollegs und Vorbereitungslehrgänge, BGBl. I Nr. 33/1997, „SchPflG" = Schulpflichtgesetz 1985, BGBl. Nr. 76/1985, „E-GovG" = E-Government-Gesetz, BGBl. I Nr. 10/2004.

1.3 Die „semestrierte Oberstufe" (bzw. auslaufend die „Neue Oberstufe") umfasst die 10. und die folgenden Schulstufen an zumindest dreijährigen mittleren und höheren Schulen.

2. Das Wurzel-Element **bildungsdokumentation** muss genau einmal pro Datenübermittlung vorhanden sein und weist folgende Attribute auf:

Attribut	Wert
xmlns	mit dem Wert „bildungsdokumentation_schueler"
meldedatum	mit dem Datum dieser Meldung
meldeart	mit „n" für eine Neumeldung zu diesem Meldedurchgang (standard, überschreibt alle allfälligen bisherigen Meldungen dieser Schule zu diesem Meldedurchgang) mit „e" für die Ergänzung zusätzlicher Informationen
absender	mit der (Schul-)Kennzahl des Absenders

3. Das Element **schule** ist ein Kind-Element von „bildungsdokumentation", muss mindestens einmal pro Datenmeldung vorhanden sein (Schülerinnen oder Schüler von Expondituren, dislozierten Klassen u. ä. sind getrennt unter den Schulkennzahlen der dislozierten Stellen zu melden) und weist folgendes Attribut auf:

Attribut	Wert
skz	mit der Schulkennzahl der Schule, für die diese Meldung erfolgt (gemäß der von der Bundesministerin oder dem Bundesminister für Bildung, Wissenschaft und Forschung zur Verfügung gestellten österreichischen Schulendatei)

4. Das Element **schueler** ist ein Kind-Element von „schule", muss mindestens einmal vorhanden sein und weist folgende Attribute auf:

Attribut	Wert
vbPKBF	mit dem verschlüsselten bereichsspezifischen Personenkennzeichen Bildung und Forschung gemäß § 9 E-GovG (wenn verfügbar)
vbPKAS	mit dem verschlüsselten bereichsspezifischen Personenkennzeichen Amtliche Statistik gemäß § 9 E-GovG (wenn verfügbar)
svnr	bis zur Ausstattung mit bPK mit der Sozialversicherungsnummer der Schülerin oder des Schülers (wenn verfügbar)
ersatz	mit der Ersatzkennung für die Schülerin oder den Schüler, wenn die bereichsspezifischen Personenkennzeichen nicht verfügbar sind bzw. bis zur Ausstattung mit bPK, wenn die Sozialversicherungsnummer („svnr") nicht verfügbar ist

gebdat	mit dem Geburtsdatum der Schülerin oder des Schülers
geschlecht	mit dem Geschlecht der Schülerin oder des Schülers („m“ für männlich, „w“ für weiblich, „x“ für divers, „o“ für offen, „i“ für inter und „k“, wenn von jeglicher Geschlechtsangabe abgesehen wurde)
staat	mit der Staatsangehörigkeit der Schülerin oder des Schülers (nach Maßgabe des von der Bundesministerin oder vom Bundesminister für Bildung, Wissenschaft und Forschung zur Verfügung gestellten Verzeichnisses der Staatencodes)
erstsprache1	mit der (ersten) Angabe zu der Sprache bzw. den Sprachen der Schülerin oder des Schülers, in der bzw. denen der Spracherwerb bis zur Vollendung des dritten Lebensjahrs erfolgte („Erstsprache(n)“) (nach Maßgabe des von der Bundesministerin oder vom Bundesminister für Bildung, Wissenschaft und Forschung zur Verfügung gestellten Verzeichnisses der Sprachencodes)
erstsprache2	mit der (gegebenenfalls) zweiten Angabe zu den Sprachen der Schülerin oder des Schülers, in denen der Spracherwerb bis zur Vollendung des dritten Lebensjahrs erfolgte („Erstsprachen“) (nach Maßgabe des von der Bundesministerin oder vom Bundesminister für Bildung, Wissenschaft und Forschung zur Verfügung gestellten Verzeichnisses der Sprachencodes)
erstsprache3	mit der (gegebenenfalls) dritten Angabe zu den Sprachen der Schülerin oder des Schülers, in denen der Spracherwerb bis zur Vollendung des dritten Lebensjahrs erfolgte („Erstsprachen“) (nach Maßgabe des von der Bundesministerin oder vom Bundesminister für Bildung, Wissenschaft und Forschung zur Verfügung gestellten Verzeichnisses der Sprachencodes)
alltagsprache1	mit der (ersten) Angabe über die im Alltag regelmäßig gebrauchte(n) Sprache(n) der Schülerin oder des Schülers (nach Maßgabe des von der Bundesministerin oder vom Bundesminister für Bildung, Wissenschaft und Forschung zur Verfügung gestellten Verzeichnisses der Sprachencodes)
alltagsprache2	mit der (gegebenenfalls) zweiten Angabe über die im Alltag regelmäßig gebrauchten Sprachen der Schülerin oder des Schülers (nach Maßgabe des von der Bundesministerin oder vom Bundesminister für Bildung, Wissenschaft und Forschung zur Verfügung gestellten Verzeichnisses der Sprachencodes)
alltagsprache3	mit der (gegebenenfalls) dritten Angabe über die im Alltag regelmäßig gebrauchten Sprachen der Schülerin oder des Schülers (nach Maßgabe des von der Bundesministerin oder vom Bundesminister für Bildung, Wissenschaft und Forschung zur Verfügung gestellten Verzeichnisses der Sprachencodes)
spf	mit der Angabe, ob ein sonderpädagogischer Förderbedarf bescheidmäßig festgestellt ist („f“) bzw. bei noch laufenden Verfahren („v“), sonst „n“
integr-berufsausb	mit der Angabe, ob eine Inanspruchnahme einer Ausbildung gem. § 8b Abs. 1 oder 2 des Berufsausbildungsgesetzes, BGBl. Nr. 142/1969, vorliegt, sonst „n“. Angabe „v“ für die „verlängerte Lehre“ und „t“ für die „Teilqualifikation“
plz	mit der Postleitzahl der Heimatadresse der Schülerin oder des Schülers, bei einer Auslandsadresse Eintrag des Postleitzahlen-Ersatzcodes nach Maßgabe des von der Bundesministerin oder vom Bundesminister für Bildung, Wissenschaft und Forschung zur Verfügung gestellten Verzeichnisses der Staatencodes
ort	mit der Bezeichnung des Ortes der Heimatadresse der Schülerin oder des Schülers
zusatzort	mit der Kennung „j“, wenn eine zusätzliche Wohnadresse am Bildungsort besteht, sonst „n“

PflSchErh-GG
BildDokG 2020, VO

matrikel	für ein bildungseinrichtungsspezifisches Personenkennzeichen
eingeschult	mit der Angabe des Kalenderjahres, in dem die Schülerin oder der Schüler in die erste Schulstufe bzw. als Schulpflichtige oder Schulpflichtiger in die Vorschulstufe eintrat (gegebenenfalls gemäß Rückrechnung nach dem SchPflG, zB bei Zuzug aus dem Ausland)

5. Das Element **ausbildung** ist ein Kind-Element von „schueler“, muss pro Schülerin oder pro Schüler und Datenmeldung einmal bzw. bei Wechsel der Ausbildung innerhalb der Schule zweimal vorhanden sein und weist folgende Attribute auf:

Attribut	**Wert**	
beginn	mit dem Datum des Beginns der laufenden bzw. – wenn beendet – letzten Ausbildung	
schulform	mit der Schulformkennzahl dieser Ausbildung (nach Maßgabe der von der Bundesministerin oder vom Bundesminister für Bildung, Wissenschaft und Forschung zur Verfügung gestellten Schulformendatei)	
stand	mit der Information über den gegenwärtigen Stand dieser Ausbildung mit folgenden Ausprägungen:	
	„aa“	erfolgreich abgeschlossen mit einer Abschlussprüfung
	„ab“	erfolgreich abgeschlossen mit einer Berufsreifeprüfung
	„ac“	erfolgreich abgeschlossen mit einer Reife- und Diplomprüfung
	„ad“	erfolgreich abgeschlossen mit einer Diplomprüfung
	„ae“	erfolgreich abgeschlossen mit einer Studienberechtigungsprüfung
	„ag“	erfolgreich abgeschlossene Volksschule mit Erfüllung der Voraussetzung zur Aufnahme in die 1. Klasse einer allgemein bildenden höheren Schule ohne Aufnahmsprüfung (§ 40 Abs. 1 SchOG)
	„ah“	erfolgreich abgeschlossene Mittelschule mit Erfüllung der Voraussetzung zur Aufnahme in die 5. Klasse einer allgemeinbildenden höheren Schule (§ 40 Abs. 3 Z 1 SchOG) bzw. in den I. Jahrgang einer berufsbildenden höheren Schule (§ 68 Abs. 1 Z 1 SchOG) ohne Aufnahmsprüfung
	„al“	erfolgreich abgeschlossener Berufsschulbesuch
	„am“	erfolgreich abgeschlossene Mittelschule mit Erfüllung der Voraussetzung zur Aufnahme in die 1. Klasse einer mindestens dreijährigen berufsbildenden mittleren Schule (§ 55 Abs. 1a SchOG) ohne Aufnahmsprüfung
	„an“	erfolgreich abgeschlossene Mittelschule, jedoch ohne Erfüllung der Voraussetzung zur Aufnahme in die 1. Klasse einer mindestens dreijährigen berufsbildenden mittleren Schule (§ 55 Abs. 1a SchOG) ohne Aufnahmsprüfung
	„ao“	erfolgreich abgeschlossene Sonderschule oder sonstige allgemein bildende Pflichtschule (Berufsvorbereitungsjahr, Oberstufe der Volksschule, zur Erfüllung der allgemeinen Schulpflicht geeignete Statutschule usw.)
	„ar“	erfolgreich abgeschlossen mit einer Reifeprüfung
	„as“	erfolgreich abgeschlossen mit einer sonstigen abschließenden Prüfung
	„at“	erfolgreich abgeschlossene Polytechnische Schule
	„av“	erfolgreich abgeschlossene Volksschule, jedoch ohne Erfüllung der Voraussetzung zur Aufnahme in die 1. Klasse einer allgemein bildenden höheren Schule ohne Aufnahmsprüfung
	„ay“	erfolgreich abgeschlossener Vorbereitungslehrgang bzw. Übergangsstufe zum Oberstufenrealgymnasium oder Aufbaugymnasium und -realgymnasium
	„az“	erfolgreich abgeschlossene weiterführende Ausbildung ohne abschließende Prüfung (dh. mit positivem Abschlusszeugnis)
	„ba“	Beendigung des Schulbesuchs mit noch nicht erfolgreich bestandener abschließender Prüfung
	„bb“	nicht erfolgreicher Abschluss der Berufsschule

„be“	vorzeitige Beendigung der Ausbildung infolge vier oder mehr negativer Beurteilungen in Pflichtgegenständen in der ersten Stufe einer berufsbildenden mittleren oder höheren Schule (§ 33 Abs. 2 lit. f SchUG in Verbindung mit § 82a SchUG)
„bh“	nicht erfolgreiche Beendigung der Mittelschule (dh. ohne Abschluss der Mittelschule)
„bl“	vorzeitige Beendigung der Berufsschule infolge Beendigung des Lehrverhältnisses (§ 33 Abs. 2 lit. b SchUG)
„bo“	nicht erfolgreiche Beendigung einer Sonderschule oder anderen allgemein bildenden Pflichtschule
„br“	Abmeldung vom Schulbesuch während des Schuljahres
„bs“	vorzeitige Beendigung dieser Ausbildung durch schulinternen Wechsel in eine andere Ausbildung
„bt“	nicht erfolgreiche Beendigung der Polytechnischen Schule
„bu“	vorzeitige Beendigung der Ausbildung wegen ansonstiger Überschreitung der Höchstdauer gemäß § 32 SchUG bzw. § 31 SchUG-BKV
„bv“	Beendigung des Schulbesuchs infolge Widerrufs der vorzeitigen Aufnahme in die erste Klasse der Volksschule (§ 33 Abs. 2 lit. e SchUG in Verbindung mit § 7 Abs. 8 SchPflG) oder Abmeldung
„bw“	vorzeitige Beendigung der Ausbildung wegen einer nicht mehr zulässigen Wiederholung gemäß § 23a iVm § 33 Abs. 2 lit. g SchUG, jeweils idF BGBl. I Nr. 159/2020 oder § 32 Abs. 1 Z 5 SchUG-BKV“ [10]) oder wegen einer nicht mehr vorhandenen Antrittsmöglichkeit gemäß § 30 Abs. 6 iVm § 33 Abs. 2 lit. g SchUG oder § 82e Abs. 7 Z 1 iVm § 30 Abs. 6 und § 33 Abs. 2 lit. g SchUG oder § 32 Abs. 1 Z 5 SchUG-BKV *(BGBl. II Nr. 401/2021, Z 30 idF BGBl. II Nr. 324/2022, Z 3)*
„bz“	sonstige nicht erfolgreiche Beendigung der Ausbildung
„eb“	nicht abschließende Externistenprüfung bestanden
„en“	Externistenprüfung nicht bestanden
„ff“	Fortsetzung der an der meldenden Schule bereits laufenden Ausbildung durch freiwillige Wiederholung der Schulstufe (§ 27 Abs. 2 oder 2a SchUG) bzw. des Semesters
„fm“	Fortsetzung der an der meldenden Schule bereits laufenden modularen Ausbildung gemäß SchUG-BKV
„fn“	Fortsetzung der an der meldenden Schule bereits laufenden Ausbildung in der nächsten Stufe
„fp“	Fortsetzung der Ausbildung nach einem reinen Praxisjahr bzw. Praxissemester ohne Schulbesuch
„fs“	Fortsetzung der an der meldenden Schule bereits laufenden Ausbildung in der Schuleingangsphase auf der gleichen Schulstufe wie im vorangegangenen Schuljahr (§ 17 Abs. 5 SchUG)
„fu“	Fortsetzung der an der meldenden Schule bereits laufenden Ausbildung durch Überspringen einer Schulstufe (§ 26 SchUG) bzw. eines Semesters
„fv“	Fortsetzung des an der meldenden Schule bereits im vorangegangenen Schuljahr begonnenen Lehrganges, Kurses oder Ausbildungsjahres bzw. -semesters (bei schuljahresüberschneidender Ausbildungsorganisation)
„fw“	Fortsetzung der an der meldenden Schule bereits laufenden Ausbildung durch Wiederholung der Schulstufe (§ 27 Abs. 1 SchUG) bzw. des Semesters
„kl“	letztmalige Wiederholung einer Teilprüfung einer abschließenden Prüfung wurde nicht bestanden

[10]) Die Wendung „oder § 32 Abs. 1 Z 5 SchUG-BKV““ erscheint aufgrund der wortidenten Wiederholung am Ende des Wertefeldes entbehrlich.

	„kw“	erste oder zweite Wiederholung einer Teilprüfung einer abschließenden Prüfung wurde nicht bestanden
	„ne“	Neueinstieg in die erste lehrplanmäßig vorgesehene Stufe bzw. das erste lehrplanmäßig vorgesehene Semester dieser Ausbildung
	„nf“	Fortsetzung der zuletzt an einer anderen Schule besuchten Ausbildung durch freiwillige Wiederholung der Schulstufe (§ 27 Abs. 2 oder 2a SchUG) bzw. des Semesters an dieser Schule
	„ni“	Neueinstieg in eine höhere Stufe bzw. ein höheres Semester dieser Ausbildung aus einer Schule im Ausland (Zuwanderung)
	„nm“	Neueinstieg in die modulare Ausbildung gemäß SchUG-BKV an der meldenden Schule
	„nn“	Fortsetzung der zuletzt an einer anderen Schule besuchten Ausbildung in der nächsten vorgesehenen Stufe an dieser Schule
	„nq“	Neueinstieg in eine höhere Stufe bzw. ein höheres Semester dieser Ausbildung infolge Übertritt aus einer anderen Ausbildung
	„nr“	Anmeldung zum Schulbesuch während des Schuljahres
	„ns“	Fortsetzung der zuletzt an einer anderen Schule besuchten Ausbildung in der Schuleingangsphase auf der gleichen Schulstufe wie im vorangegangenen Schuljahr (§ 17 Abs. 5 SchUG)
	„nu“	Fortsetzung der zuletzt an einer anderen Schule besuchten Ausbildung durch Überspringen einer Schulstufe (§ 26 SchUG) bzw. eines Semesters an dieser Schule
	„nw“	Fortsetzung der zuletzt an einer anderen Schule besuchten Ausbildung durch Wiederholung der Schulstufe (§ 27 Abs. 1 SchUG) bzw. des Semesters an dieser Schule
	„up“	Unterbrechung des Schulbesuchs für ein reines Praxisjahr bzw. Praxissemester ohne Schulbesuch
ende	mit dem Datum der Beendigung dieser Ausbildung (wenn zutreffend, dh. das Merkmal in „stand“ beginnt mit „a“ oder „b“ bzw. lautet „kl“)	

6. Das Element **ausbildungsdetails** ist ein Kind-Element von „ausbildung“, muss genau einmal pro laufender Ausbildung (dh. der Wert des Attributes „stand“ in Z 5 beginnt mit „f“ oder „n“) vorhanden sein und weist folgende Attribute auf:

Attribut	**Wert**
schuljahr	mit der Angabe des laufenden Schuljahres
semester	bei nicht ganzjähriger Ausbildungsorganisation mit den Ausprägungen „w“ für die Meldung zum Wintersemester „s“ für die Meldung zum Sommersemester „l“ für die Meldung zu einem unterjährigen Lehrgang sonst „g“ für ganzjährige Ausbildungsorganisation
klasse	mit der (schulüblichen) Bezeichnung der besuchten (Stamm-)Klasse bzw. Jahrgang usw., wobei die erste Stelle numerisch ist und das Ausbildungsjahr bzw. -semester dieses Lehrplans wiedergibt (der Wertevorrat pro Lehrplan ist in der von der Bundesministerin oder vom Bundesminister für Bildung, Wissenschaft und Forschung zur Verfügung gestellten Schulformendatei definiert), die weiteren Stellen dienen zur Unterscheidung von Parallelklassen innerhalb der Schule; Klassenteile einer Stammklasse unterscheiden sich nicht in der Klassenbezeichnung, sondern durch die Schulformkennzahl bzw. Schulstufe
organisation	mit der Information über die Art der Unterrichtsorganisation in dieser Klasse, in folgender Ausprägung: „g“ für ganzjährig „h“ für halbjährig (semesterweise) „l“ für lehrgangsmäßig „m“ für modular (SchUG-BKV) „o“ für „Neue Oberstufe“

	„p" für „semestrierte Oberstufe" „s" für saisonmäßig und „v" für verkürztes Unterrichtsjahr mit späterem Beginn
schulstufe	mit der von der Schülerin oder vom Schüler besuchten Schulstufe, die eine schulartenübergreifende Nummerierung der Ausbildungsjahre ist, beginnend mit „1" für das 1. Grundschuljahr und „0" für die Vorschulstufe (der Wertevorrat pro Lehrplan ist in der von der Bundesministerin oder vom Bundesminister für Bildung, Wissenschaft und Forschung zur Verfügung gestellten Schulformendatei definiert)
sfkz	mit der Schulformkennzahl für die besuchte Ausbildung (Lehrplan) gemäß der von der Bundesministerin oder vom Bundesminister für Bildung, Wissenschaft und Forschung zur Verfügung gestellten Schulformendatei
status	mit der Angabe über den Schülerstatus in folgenden Ausprägungen: „o" für ordentliche Schülerinnen und Schüler „a" für der allgemeinen Schulpflicht unterliegende außerordentliche Schülerinnen und Schüler, deren Aufnahme als ordentliche Schülerinnen und Schüler wegen mangelnder Kenntnis der Unterrichtssprache nicht zulässig ist (§ 4 Abs. 2 lit. a SchUG) „b" für der allgemeinen Schulpflicht unterliegende außerordentliche Schülerinnen und Schüler, deren Aufnahme als ordentliche Schülerinnen und Schüler aus dem Grund der Ablegung einer Einstufungsprüfung nicht zulässig ist (§ 4 Abs. 2 lit. b SchUG) „c" für nicht der allgemeinen Schulpflicht unterliegende außerordentliche Schülerinnen und Schüler, deren Aufnahme als ordentliche Schülerinnen und Schüler wegen mangelnder Kenntnis der Unterrichtssprache nicht zulässig ist (§ 3 Abs. 1 SchUG) „d" für nicht der allgemeinen Schulpflicht unterliegende außerordentliche Schülerinnen und Schüler, deren Aufnahme als ordentliche Schülerinnen und Schüler aus anderen Gründen nicht zulässig ist
bilingual	mit der Information, ob fremdsprachiger bzw. zweisprachiger Unterricht (Lebende Fremdsprache als Unterrichtssprache) besucht wird (§ 16 Abs. 3 SchUG), in folgenden Ausprägungen: „d" für durchgehend fremd- bzw. zweisprachigen Unterricht „k" für (praktisch) keinen fremd- bzw. zweisprachigen Unterricht „t" für teilweise fremd- bzw. zweisprachigen Unterricht
bilingualsprache	mit der Angabe der Sprache gemäß dem von der Bundesministerin oder vom Bundesminister für Bildung, Wissenschaft und Forschung zur Verfügung gestellten Fremdsprachenverzeichnis
deutschfoerderung	mit der Information, ob und in welcher Form die Schülerin oder der Schüler Deutschförderung erhält, in folgenden Ausprägungen: „kdf" für keine Deutschfördermaßnahme „daz" für den Unterricht ordentlicher Schülerinnen und Schüler nach dem Lehrplan Deutsch sowie allfälligen Lehrplanzusätzen und didaktischen Grundsätzen für Deutsch als Zweitsprache „kl" für Unterricht in einer parallel zur Stammklasse geführten Deutschförderklasse „kli" für Unterricht in einer integrativen Deutschförderklasse „ku" für Unterricht in einem parallel zur Stammklasse geführten Deutschförderkurs „kui" für Unterricht in einem integrativen Deutschförderkurs
betreuung	mit der Angabe, ob zum Stichtag ein Angebot einer schulischen Nachmittagsbetreuung bzw. der Betreuungsteil ganztägiger Schulformen von der Schülerin oder vom Schüler genutzt wird, samt Angabe der angemeldeten Tage, in folgender Ausprägung:

	„0“	für keine Nutzung (bzw. kein Angebot)
	„1“	für Anmeldung/Nutzung für einen Tag pro Woche
	„2“	für Anmeldung/Nutzung für zwei Tage pro Woche
	„3“	für Anmeldung/Nutzung für drei Tage pro Woche
	„4“	für Anmeldung/Nutzung für vier Tage pro Woche
	„5“	für Anmeldung/Nutzung für fünf Tage pro Woche
betreuungsform	mit der Angabe, ob bzw. welche Art der Betreuungsform besucht wird:	
	„g“	„getrennte“ Form
	„v“	„verschränkte“ Form, nur möglich, wenn „betreuung“ = „5“
	„k“	keine Betreuung, nur möglich, wenn „betreuung“ = „0“

7. Das Element **erstsprachenunterricht** ist ein Kind-Element von „ausbildungsdetails“, muss für jede Erstsprache, in der die Schülerin oder der Schüler im laufenden Schuljahr bzw. Semester in Form des „muttersprachlichen Unterrichts“ unterrichtet wird, einmal vorhanden sein und weist folgende Attribute auf:

Attribut	**Wert**	
fach	mit der Angabe des Faches (Gegenstands) gemäß dem von der Bundesministerin oder vom Bundesminister für Bildung, Wissenschaft und Forschung zur Verfügung gestellten Sprachenverzeichnis	
gegenstandsart	mit der Angabe der Art des Gegenstands, in folgender Differenzierung:	
	„fk“	für Freigegenstand in Kursform; Eingabe nur ab 5. Schulstufe möglich
	„fi“	für Freigegenstand in integrativer Form; Eingabe nur ab 5. Schulstufe möglich
	„uk“	für unverbindliche Übung in Kursform
	„ui“	für unverbindliche Übung in integrativer Form
wochenstunden	mit der Angabe der Wochenstunden dieses Gegenstands laut Stundentafel	

8. Das Element **schulerfolg** ist ein Kind-Element von „ausbildung“, muss genau einmal pro Ausbildung einer Schülerin oder eines Schülers vorhanden sein, wenn diese Ausbildung nicht erst im aktuellen Jahrgang begonnen wurde (dh. der Wert des Attributes „stand“ in Z 5 beginnt nicht mit „n“) und weist folgende Attribute auf:

Attribut	**Wert**	
schuljahr	mit der Angabe des abgelaufenen Schuljahres, auf das sich diese Schulerfolgsmeldung bezieht	
semester	bei nicht ganzjähriger Ausbildungsorganisation mit den Ausprägungen	
	„w“	für die Meldung zum Wintersemester
	„s“	für die Meldung zum Sommersemester
	„l“	für die Meldung zu einem unterjährigen Lehrgang,
	sonst „g“ für ganzjährige Ausbildungsorganisation	
klasse	mit der (schulüblichen) Bezeichnung der zuletzt besuchten (Stamm-)Klasse bzw. Jahrgang usw., wobei die erste Stelle numerisch ist und das Ausbildungsjahr bzw. -semester dieses Lehrplans wiedergibt (der Wertevorrat pro Lehrplan ist in der von der Bundesministerin oder vom Bundesminister für Bildung, Wissenschaft und Forschung zur Verfügung gestellten Schulformendatei definiert), die weiteren Stellen dienen zur Unterscheidung von Parallelklassen innerhalb der Schule; Klassenteile einer Stammklasse unterscheiden sich nicht in der Klassenbezeichnung, sondern durch die Schulformkennzahl bzw. Schulstufe	
organisation	mit der Information über die Art der Unterrichtsorganisation in dieser Klasse, in folgender Ausprägung:	
	„g“	für ganzjährig
	„h“	für halbjährig (semesterweise)
	„l“	für lehrgangsmäßig
	„m“	für modular (SchUG-BKV)
	„o“	für „Neue Oberstufe“
	„p“	für „semestrierte Oberstufe“
	„s“	für saisonmäßig und
	„v“	für verkürztes Unterrichtsjahr mit späterem Beginn

schulstufe	Mit der von der Schülerin oder vom Schüler in diesem Ausbildungsdurchgang besuchten Schulstufe (der Wertevorrat pro Lehrplan ist in der von der Bundesministerin oder vom Bundesminister für Bildung, Wissenschaft und Forschung zur Verfügung gestellten Schulformendatei definiert)
sfkz	mit der Schulformkennzahl für diese Ausbildung (Lehrplan) gemäß der von der Bundesministerin oder vom Bundesminister für Bildung, Wissenschaft und Forschung zur Verfügung gestellten Schulformendatei
status	mit der Angabe über den Schülerstatus in folgenden Ausprägungen: „o“ für ordentliche Schülerinnen und Schüler „a“ für der allgemeinen Schulpflicht unterliegende außerordentliche Schülerinnen und Schüler, deren Aufnahme als ordentliche Schülerinnen und Schüler wegen mangelnder Kenntnis der Unterrichtssprache nicht zulässig ist (§ 4 Abs. 2 lit. a SchUG) „b“ für der allgemeinen Schulpflicht unterliegende außerordentliche Schülerinnen und Schüler, deren Aufnahme als ordentliche Schülerinnen und Schüler aus dem Grund der Ablegung einer Einstufungsprüfung nicht zulässig ist (§ 4 Abs. 2 lit. b SchUG) „c“ für nicht der allgemeinen Schulpflicht unterliegende außerordentliche Schülerinnen und Schüler, deren Aufnahme als ordentliche Schülerinnen und Schüler wegen mangelnder Kenntnis der Unterrichtssprache nicht zulässig ist (§ 3 Abs. 1 SchUG) „d“ für nicht der allgemeinen Schulpflicht unterliegende außerordentliche Schülerinnen und Schüler, deren Aufnahme als ordentliche Schülerinnen und Schüler aus anderen Gründen nicht zulässig ist
deutschfoerderung	mit der Information, ob und in welcher Form die Schülerin oder der Schüler Deutschförderung am Ende des abgelaufenen Schuljahres (bzw. Semesters oder Lehrganges) erhalten hat, in folgenden Ausprägungen: „kdf“ für keine Deutschfördermaßnahme „daz“ für den Unterricht ordentlicher Schülerinnen und Schüler nach dem Lehrplan Deutsch sowie allfälligen Lehrplanzusätzen und didaktischen Grundsätzen für Deutsch als Zweitsprache „kl“ für Unterricht in einer parallel zur Stammklasse geführten Deutschförderklasse „kli“ für Unterricht in einer integrativen Deutschförderklasse „ku“ für Unterricht in einem parallel zur Stammklasse geführten Deutschförderkurs „kui“ für Unterricht in einem integrativen Deutschförderkurs
jahreserfolg	mit der Gesamtbeurteilung im letzten Jahreszeugnis (bzw. Semester- oder Lehrgangszeugnis) in folgender Ausprägung: „a“ für Beurteilung mit ausgezeichnetem Erfolg (§ 22 Abs. 2 lit. g bzw. § 22a Abs. 2 Z 8 SchUG) „b“ für berechtigt zum Aufsteigen trotz negativer oder keiner Beurteilung an Schulen für Berufstätige (§ 26 Abs. 1 erster Satz SchUG-BKV) „e“ für berechtigt zum Aufsteigen mit negativer Beurteilung in der ersten oder zweiten Schulstufe (§ 25 Abs. 3 SchUG) „f“ für berechtigt zum Aufsteigen infolge eines fremdsprachigen Schulbesuchs im Ausland (§ 25 Abs. 9 SchUG) „g“ für Beurteilung mit gutem Erfolg (§ 22 Abs. 2 lit. h bzw. § 22a Abs. 2 Z 9 SchUG) „h“ für berechtigt zum Aufsteigen mit „Nicht genügend“ nach Unterricht gemäß dem höheren Leistungsniveau (§ 25 Abs. 5 SchUG) „k“ für berechtigt zum Aufsteigen mit einem „Nicht genügend“ (§ 25 Abs. 2 SchUG – „Konferenzbeschluss“) bzw. mit einem „Nicht genügend“ oder einer Nichtbeurteilung in der „Neuen Oberstufe“ (§ 25 Abs. 10 SchUG idF BGBl. I Nr. 159/2020) oder in der „semestrierten Oberstufe“ (§ 25 Abs. 10 Z 1 SchUG)

	„l“	für nicht berechtigt zum Aufsteigen in der 4. oder 5. Klasse einer allgemein bildenden höheren Schule oder nicht erfolgreicher Abschluss der 4. Klasse der Mittelschule oder 8. Klasse der Volksschule auf Grund einer negativen Beurteilung in Latein, Geometrisch Zeichnen oder einem besonderen Pflichtgegenstand gemäß § 28 Abs. 3 Z 1 SchUG
	„m“	für berechtigt zum Aufsteigen in Sonderschulen für Kinder mit erhöhtem Förderbedarf bzw. mehrfach behinderte Kinder (§ 25 Abs. 6 SchUG)
	„n“	für nicht berechtigt zum Aufsteigen oder nicht erfolgreichen Abschluss der letzten Schulstufe infolge negativer oder fehlender Beurteilung(en) – soweit nicht eine andere Merkmalsausprägung zutrifft
	„o“	Für Schülerinnen und Schüler ohne Beurteilung des Schulerfolgs (außerordentliche Schülerinnen und Schüler, vorzeitige Abmeldung usw.)
	„p“	für berechtigt zum Aufsteigen oder erfolgreichen Abschluss der letzten Schulstufe mit positiver Beurteilung in allen Pflichtgegenständen (§ 25 Abs. 1 erster Satz SchUG)
	„r“	für nicht berechtigt zum Aufsteigen oder nicht erfolgreichen Abschluss der letzten Schulstufe wegen nicht zurückgelegter Pflichtpraktika (§ 25 Abs. 8 SchUG)
	„s“	für berechtigt zum Aufsteigen bei Kindern mit sonderpädagogischem Förderbedarf an allgemeinen Schulen (§ 25 Abs. 5a SchUG)
	„v“	für berechtigt zum Aufsteigen in die 5. Stufe der Sonderschule trotz negativer Beurteilung in bestimmten Pflichtgegenständen (wie Musikerziehung, Bildnerische Erziehung, Schreiben, usw.) in Sonderschulen (§ 25 Abs. 4 SchUG)
	„w“	für berechtigt zum Aufsteigen trotz negativer Beurteilung bei Wiederholung nach einem „Befriedigend“ in diesem Gegenstand (§ 25 Abs. 1 letzter Satz SchUG)
	„x“	für berechtigt zum Aufsteigen mit zwei „Nicht genügend“ oder Nichtbeurteilungen in der „Neuen Oberstufe“ (§ 25 Abs. 10 erster und zweiter Satz SchUG idF BGBl. I Nr. 159/2020) oder in der „semestrierten Oberstufe“ (§ 25 Abs. 10 Z 2 SchUG)
	„y“	für berechtigt zum Aufsteigen mit drei „Nicht genügend“ oder Nichtbeurteilungen in der „Neuen Oberstufe“ (§ 25 Abs. 10 dritter Satz SchUG idF BGBl. I Nr. 159/2020)
	„z“	für keine Jahres- bzw. Semesterbeurteilung bei modularen Ausbildungen gemäß SchUG-BKV
nichtgen	mit der Anzahl der „Nicht genügend“ in Pflichtgegenständen (nach allfälligen Wiederholungs-, Nachtrags- oder Semesterprüfungen)	
wdhp-angetr	mit der Zahl der Wiederholungs-, Nachtrags- oder Semesterprüfungen usw. gemäß § 23 SchUG, zu denen die Schülerin oder der Schüler angetreten ist	
wdhp-bestand	mit der Zahl der davon bestandenen Wiederholungs-, Nachtrags- oder Semesterprüfungen usw.	
wiederholung	mit der Angabe bezüglich der Wiederholungsberechtigung (gemäß § 27 SchUG bzw. § 28 SchUG-BKV), in folgenden Ausprägungen:	
	„a“	für aufstiegsberechtigt bzw. letzte Stufe erfolgreich abgeschlossen
	„b“	für berechtigt zum Wiederholen
	„n“	für nicht berechtigt zum Wiederholen

9. Das Element **gegenstand** ist ein Kind-Element von „schulerfolg“, muss für jede Fremdsprache, in der die Schülerin oder der Schüler im abgelaufenen Schuljahr bzw. Semester unterrichtet wurde, einmal vorhanden sein und weist folgende Attribute auf:

Attribut	**Wert**
fach	mit der Angabe des Faches (Gegenstands) gemäß dem von der Bundesministerin oder vom Bundesminister für Bildung, Wissenschaft und Forschung zur Verfügung gestellten Fremdsprachenverzeichnis

sprachennr	für die Angabe bei lebenden Fremdsprachen, ob es sich dabei um die 1., 2., 3., 4. (oder weitere) lebende Fremdsprache handelt („1“, „2“, „3“, „4“)
pflichtig	mit der Angabe zur Pflichtigkeit dieses Faches, in folgender Differenzierung: „a“ für alternativen Pflichtgegenstand bzw. Wahlpflichtgegenstand „f“ für Freigegenstand „p“ für (in der Stundentafel fix vorgegebenen) Pflichtgegenstand „s“ für Seminar „u“ für unverbindliche Übung „v“ für verbindliche Übung

10. Das Element **erstsprachenunterricht_erfolg** ist ein Kind-Element von „schulerfolg“, muss für jede Erstsprache, in der die Schülerin oder der Schüler im abgelaufenen Schuljahr bzw. Semester in Form des „muttersprachlichen Unterrichts“ unterrichtet wurde, einmal vorhanden sein und weist folgende Attribute auf:

Attribut	**Wert**
fach	mit der Angabe des Faches (Gegenstands) gemäß dem von der Bundesministerin oder vom Bundesminister für Bildung, Wissenschaft und Forschung zur Verfügung gestellten Sprachenverzeichnis
gegenstandsart	mit der Angabe der Art des Gegenstands, in folgender Differenzierung: „fk“ für Freigegenstand in Kursform; Eingabe nur ab 5. Schulstufe möglich „fi“ für Freigegenstand in integrativer Form; Eingabe nur ab 5. Schulstufe möglich „uk“ für unverbindliche Übung in Kursform „ui“ für unverbindliche Übung in integrativer Form
wochenstunden	mit der Angabe der Wochenstunden dieses Gegenstands laut Stundentafel

11. Das Element **leistungsbeurteilung** ist ein Kind-Element von „schulerfolg“, muss für die Pflichtgegenstände Deutsch, (Angewandte) Mathematik, Englisch, Französisch, Italienisch, Spanisch, in der die Schülerin oder der Schüler im abgelaufenen Schuljahr bzw. Semester unterrichtet wurde, einmal vorhanden sein und weist folgende Attribute auf:

Attribut	**Wert**
fach	mit der Angabe des Faches (Gegenstands), in folgender Differenzierung: „d“ für den Pflichtgegenstand Deutsch „e“ für den Pflichtgegenstand Englisch „f“ für den Pflichtgegenstand Französisch „s“ für den Pflichtgegenstand Spanisch „i“ für den Pflichtgegenstand Italienisch „m“ für den Pflichtgegenstand (Angewandte) Mathematik
beurteilung	mit der Angabe der Beurteilungsstufen gem. § 14 Leistungsbeurteilungsverordnung, BGBl. Nr. 371/1974 (nach allfälligen Nachtrags-, Wiederholungs- und Semesterprüfungen), mit der Angabe „nicht beurteilt“ bei vorgetäuschten Leistungen gem. § 18 Abs. 4 SchUG, mit der Angabe, ob die Feststellungsprüfung gem. § 20 Abs. 3 SchUG gestundet wurde, bzw. mit der Angabe „ohne Beurteilung“, wenn eine alternative Leistungsbeurteilung gem. § 18a SchUG, keine Beurteilung bei außerordentlichen Schülerinnen und Schülern gem. § 22 Abs. 11 letzter Satz SchUG oder keine Beurteilung bei Sonderschülerinnen und –schülern gem. § 20 Abs. 8 SchUG erfolgte, in folgender Differenzierung: „1“ Sehr gut „2“ Gut „3“ Befriedigend „4“ Genügend „5“ Nicht genügend „n“ Nicht beurteilt „g“ Gestundet „o“ Ohne Beurteilung

12. Das Element **schulpflichtverletzung** ist ein Kind-Element von „schulerfolg", muss für jede Schülerin oder für jeden Schüler, die oder der im abgelaufenen Schuljahr die allgemeine Schulpflicht noch nicht erfüllt bzw. für die oder den Berufsschulpflicht bestanden hatte, einmal vorhanden sein und weist folgende Attribute auf:

Attribut	**Wert**
unentsch-tage-vorjahr	mit der Anzahl der unentschuldigten Fehltage im abgelaufenen Schuljahr (bei keinem unentschuldigten Fehltag ist hier „0" anzugeben)
verwarnungen-vorjahr	mit der Anzahl der Verwarnungen für unentschuldigte Fehltage im abgelaufenen Schuljahr (bei keiner Verwarnung ist hier „0" anzugeben)
strafanz-vorjahr	mit der Anzahl der seitens der Schule erstatteten Strafanzeigen wegen Schulpflichtverletzung im abgelaufenen Schuljahr (bei keiner Erstattung ist hier „0" anzugeben)

13. Das Element **abschlussdetails** ist ein Kind-Element von „ausbildung", muss dann genau einmal vorhanden sein, wenn diese Ausbildung mit einer abschließenden Prüfung beendet wurde bzw. werden sollte (dh. der Wert des Attributes „stand" in Z 5 lautet „aa", „ab", „ac", „ad", „ae", „ar" oder „as" bzw. „ba", „kl" oder „kw") – bei Teilprüfungen nur dann, wenn es sich um die letzte(n) Teilprüfung(en) handelt – und weist folgende Attribute auf:

Attribut	**Wert**	
schuljahr	mit der Angabe des Schuljahres der Abschlussklasse	
semester	bei nicht ganzjähriger Ausbildungsorganisation mit den Ausprägungen	
	„w"	für die Meldung zum Wintersemester
	„s"	für die Meldung zum Sommersemester
	„l"	für die Meldung zu einem unterjährigen Lehrgang,
	sonst „g" für ganzjährige Ausbildungsorganisation	
termin	mit dem Datum des Prüfungszeugnisses (bzw. der letzten Prüfung, wenn kein Zeugnis ausgestellt wurde)	
extern	mit der Angabe, ob es sich bei der Prüfungskandidatin oder beim Prüfungskandidaten um eine Externistin bzw. einen Externisten „e" oder eine (ehemalige) Schülerin oder einen (ehemaligen) Schüler der eigenen Schule „s" handelt	
zulassung	mit der Angabe über die Art der Zulassung zu diesem Prüfungstermin in den folgenden Ausprägungen:	
	„0"	für erstmalige Zulassung zur Hauptprüfung (bzw. Fortsetzung dieser Prüfung nach gerechtfertigter Verhinderung)
	„1"	für 1. Wiederholung von (nicht bestandenen) Teilprüfungen
	„2"	für 2. Wiederholung von (nicht bestandenen) Teilprüfungen
	„3"	für 3. Wiederholung von (nicht bestandenen) Teilprüfungen
	Im Falle der Wiederholung von Teilprüfungen ist für dieses Merkmal jene Prüfung relevant, die am häufigsten wiederholt werden musste	
ergebnis	mit der Angabe über die Gesamtbeurteilung dieser abschließenden Prüfung in den folgenden Ausprägungen:	
	„a"	mit ausgezeichnetem Erfolg bestanden (§ 38 Abs. 6 Z 1 SchUG bzw. SchUG-BKV)
	„b"	bestanden (§ 38 Abs. 6 Z 3 SchUG bzw. SchUG-BKV)
	„d"	nicht bestanden mit negativer Beurteilung bzw. Nichtbeurteilung in drei Prüfungsgebieten (§ 38 Abs. 6 Z 4 SchUG bzw. SchUG-BKV)
	„e"	nicht bestanden mit negativer Beurteilung bzw. Nichtbeurteilung in einem Prüfungsgebiet (§ 38 Abs. 6 Z 4 SchUG bzw. SchUG-BKV)
	„g"	mit gutem Erfolg bestanden (§ 38 Abs. 6 Z 2 SchUG bzw. SchUG-BKV)
	„l"	letztmalige Wiederholung von Teilprüfungen nicht bestanden, dh. ohne Berechtigung zu weiteren Wiederholungen (§ 40 Abs. 1 SchUG bzw. SchUG-BKV)
	„n"	Nichtbeurteilung der Prüfungsgebiete wegen Verhinderung
	„t"	Terminverlust (nicht gerechtfertigtes Fernbleiben von der Wiederholung einer Teilprüfung, § 36a Abs. 3 letzter Satz SchUG bzw. § 36 Abs. 2 SchUG-BKV)

„v“	nicht bestanden mit negativer Beurteilung bzw. Nichtbeurteilung in vier oder mehr Prüfungsgebieten (§ 38 Abs. 6 Z 4 SchUG bzw. SchUG-BKV)
„z“	nicht bestanden mit negativer Beurteilung bzw. Nichtbeurteilung in zwei Prüfungsgebieten (§ 38 Abs. 6 Z 4 SchUG bzw. SchUG-BKV)

14. Das Element **externist** ist ein Kind-Element von „ausbildung“, muss genau einmal vorhanden sein, wenn es sich beim „schueler“ um einen Kandidaten für eine Externistenprüfung handelt, der mit dieser Prüfung die Ausbildung noch nicht mit einer abschließenden Prüfung erfolgreich abgeschlossen hat (dh. der Wert des Attributes „stand“ in Z 5 beginnt mit „e“) und weist folgende Attribute auf:

Attribut	**Wert**
termin	mit dem Datum des Prüfungszeugnisses
schulstufe	mit der Angabe der Schulstufe, über die die Externistenprüfung abgelegt wurde (der Wertevorrat pro Lehrplan ist in der von der Bundesministerin oder vom Bundesminister für Bildung, Wissenschaft und Forschung zur Verfügung gestellten Schulformendatei definiert)
sfkz	mit der Schulformkennzahl für die Ausbildung (Lehrplan), über die die Externistenprüfung abgelegt wurde (gemäß der von der Bundesministerin oder vom Bundesminister für Bildung, Wissenschaft und Forschung zur Verfügung gestellten Schulformendatei)
art	mit der Angabe zur Art der Externistenprüfung, die abgelegt wurde, in folgenden Ausprägungen: „a“ Prüfung gemäß § 13 Abs. 3 SchPflG (zureichender Erfolg eines Unterrichts an einer Schule im Ausland) „b“ Prüfung gemäß § 22 Abs. 4 SchPflG (zureichender Erfolg eines Unterrichts an einer Berufsschule ohne Öffentlichkeitsrecht) *(BGBl. II Nr. 401/2021, Z 30 idF BGBl. II Nr. 324/2022, Z 4)* „g“ Prüfung gemäß § 11 Abs. 4 SchPflG (zureichender Erfolg eines gleichwertigen Unterrichts) „k“ über eine Schulstufe „m“ Studienberechtigungsprüfung „s“ Prüfung über eine Schulart (ohne abschließende Prüfung) „u“ über den Lehrstoff einzelner Unterrichtsgegenstände
erfolg	mit der Angabe über das Ergebnis dieser Prüfung in folgender Ausprägung: „a“ für Beurteilung mit ausgezeichnetem Erfolg „g“ für Beurteilung mit gutem Erfolg „e“ für erfolgreich bestanden „n“ für nicht bestanden (negative Beurteilung) „o“ ohne Beurteilung (zB wenn die Prüfung noch nicht abgeschlossen wurde uä.)

15. Das Element **bildungsverlauf-vor-schulpflicht** ist ein Kind-Element von „schueler“, muss mindestens einmal pro Schülerin oder Schüler der Primarstufe vorhanden sein und weist folgende Attribute auf:

Attribut	**Wert**
kindergartenjahre	mit der Angabe, wie viele Kindergartenjahre eine elementarpädagogische Bildungseinrichtung vor Beginn der allgemeinen Schulpflicht besucht wurde, in folgender Ausprägung: „0“ Kein Besuch einer elementarpädagogischen Bildungseinrichtung vor Beginn der allgemeinen Schulpflicht „1“ Besuch einer elementarpädagogischen Bildungseinrichtung während eines Kindergartenjahrs unmittelbar vor Beginn der allgemeinen Schulpflicht „2“ Besuch einer elementarpädagogischen Bildungseinrichtung während zweier Kindergartenjahre unmittelbar vor Beginn der allgemeinen Schulpflicht „3“ Besuch einer elementarpädagogischen Bildungseinrichtung während drei Kindergartenjahren unmittelbar vor Beginn der allgemeinen Schulpflicht

„4“	Besuch einer elementarpädagogischen Bildungseinrichtung während vier Kindergartenjahren unmittelbar vor Beginn der allgemeinen Schulpflicht
„5“	Besuch einer elementarpädagogischen Bildungseinrichtung während fünf Kindergartenjahren unmittelbar vor Beginn der allgemeinen Schulpflicht
„9“	Keine Information über den Besuch einer elementarpädagogischen Bildungseinrichtung vorhanden

16. Das Element **elementarbildungsdetails** ist ein Kind-Element von „bildungsverlauf-vor-schulpflicht“, muss einmal pro besuchtem Kindergartenjahr in einer elementarpädagogischen Einrichtung (Eingabe „1“ bis “5 im Feld „kindergartenjahre“) vorhanden sein und weist folgende Attribute auf:

Attribut	Wert
kindergartenjahr	mit der Angabe des betreffenden Kindergartenjahres in einer elementarpädagogischen Einrichtung
monate	mit der Angabe, wie viele Monate im betreffenden Kindergartenjahr ein Besuch der elementarpädagogischen Einrichtung erfolgte (liegen keine Informationen über die Dauer in Monaten vor, so ist hier „-“ anzugeben)
ausmass	Mit der Angabe des durchschnittlichen Stundenausmaßes pro Woche des Besuchs der elementarpädagogischen Einrichtung im betreffenden Kindergartenjahr (liegen keine Informationen über das Ausmaß vor, so ist hier „-“ anzugeben)
sprachfoerderung	mit der Angabe, in welchem Ausmaß im genannten Kindergartenjahr eine besondere Sprachförderung in Deutsch erfolgte, in folgenden Ausprägungen: „e“ durchschnittlich einmal pro Woche „z“ durchschnittlich zweimal pro Woche „n“ durchschnittlich dreimal oder öfter pro Woche „k“ keine besondere Sprachförderung in Deutsch „-“ Es liegen keine Informationen über den Besuch einer besonderen Sprachförderung vor

Teil II

Daten der Bildungsdirektorinnen oder der Bildungsdirektoren für die Gesamtevidenz der Schülerinnen und Schüler

1. Definitionen, Verweise, Begriffsbestimmungen:

1.1 Definition der Schnittstellen zwischen den Datenbasen der Bildungsdirektorinnen und Bildungsdirektoren gemäß § 5 Abs. 3 und 4 BilDokG 2020 und der Gesamtevidenz: Als Schnittstelle für die Datenübermittlung fungiert eine XML-Datei im Zeichensatzformat UTF-8, Datumsfelder sind im Format JJJJ-MM-TT abzuspeichern. Die Datei beginnt mit der Zeichenfolge <?xml version=„1.0“ encoding=„UTF-8“?>.

Sollte eine Übermittlung mittels XML-Datei nicht möglich sein, so ist eines der von der Bundesanstalt „Statistik Österreich“ vorgegebenen Formate zu verwenden.

1.2 Verweise auf bundesgesetzliche Rechtsvorschriften sind wie folgt zu verstehen: „SchOG“ = Schulorganisationsgesetz, BGBl. Nr. 242/1962, „SchUG“ = Schulunterrichtsgesetz, BGBl. Nr. 472/1986, „SchPflG“ = Schulpflichtgesetz 1985, BGBl. Nr. 76/1985, „E-GovG“ = E-Government-Gesetz, BGBl. I Nr. 10/2004.

2. Das Wurzel-Element **bildungsdokumentation** muss genau einmal pro Datenübermittlung vorhanden sein und weist folgende Attribute auf:

Attribut	Wert
xmlns	mit dem Wert „bildungsdokumentation_schulpflichtige“
meldedatum	mit dem Datum dieser Meldung
meldeart	mit „n“ für eine Neumeldung zu diesem Meldedurchgang (standard, überschreibt alle allfälligen bisherigen Meldungen dieser Schulbehörde zu diesem Meldedurchgang) mit „e“ für die Ergänzung zusätzlicher Informationen dieser Schulbehörde
absender	mit der (Behörden-)Kennzahl des Absenders

3. Das Element **schulbehoerde** ist ein Kind-Element von „bildungsdokumentation“, muss einmal pro Datenmeldung vorhanden sein und weist folgendes Attribut auf:

Attribut	**Wert**
skz	mit der Kennzahl der Schulbehörde, für die diese Meldung erfolgt (gemäß dem von der Bundesministerin oder dem Bundesminister für Bildung, Wissenschaft und Forschung zur Verfügung gestellten Verzeichnis der Schulbehörden)

4. Das Element **schulpflichtige** ist ein Kind-Element von „schulbehoerde“, muss für jede Schulpflichtige oder jeden Schulpflichtigen, die bzw. der die Schulpflicht gemäß § 11, § 13, § 15 oder § 23 SchPflG erfüllt, einmal vorhanden sein und weist folgende Attribute auf:

Attribut	**Wert**
vbPKBF	mit dem verschlüsselten bereichsspezifischen Personenkennzeichen Bildung und Forschung der oder des Schulpflichtigen gemäß § 9 E-GovG (wenn verfügbar)
vbPKAS	mit dem verschlüsselten bereichsspezifischen Personenkennzeichen Amtliche Statistik der oder des Schulpflichtigen gemäß § 9 E-GovG (wenn verfügbar)
svnr	bis zur Ausstattung mit bPK mit der Sozialversicherungsnummer der oder des Schulpflichtigen (wenn verfügbar)
ersatz	mit der Ersatzkennung für die oder den Schulpflichtigen, wenn die bereichsspezifischen Personenkennzeichen nicht verfügbar sind bzw. bis zur Ausstattung mit bPK, wenn die Sozialversicherungsnummer („svnr“) nicht verfügbar ist
gebdat	mit dem Geburtsdatum der oder des Schulpflichtigen
geschlecht	mit dem Geschlecht der oder des Schulpflichtigen („m“ für männlich, „w“ für weiblich, „x“ für divers, „o“ für offen, „i“ für inter und „k“, wenn von jeglicher Geschlechtsangabe abgesehen wurde)
staat	mit der Staatsangehörigkeit der oder des Schulpflichtigen (nach Maßgabe des von der Bundesministerin oder vom Bundesminister für Bildung, Wissenschaft und Forschung zur Verfügung gestellten Verzeichnisses der Staatencodes)
erstsprache1	mit der (ersten) Angabe zu der Sprache bzw. den Sprachen der Schülerin oder des Schülers, in der bzw. denen der Spracherwerb bis zur Vollendung des dritten Lebensjahrs erfolgte („Erstsprache(n)“) (nach Maßgabe des von der Bundesministerin oder vom Bundesminister für Bildung, Wissenschaft und Forschung zur Verfügung gestellten Verzeichnisses der Sprachencodes)
erstsprache2	mit der (gegebenenfalls) zweiten Angabe zu den Sprachen der Schülerin oder des Schülers, in denen der Spracherwerb bis zur Vollendung des dritten Lebensjahrs erfolgte („Erstsprachen“) (nach Maßgabe des von der Bundesministerin oder vom Bundesminister für Bildung, Wissenschaft und Forschung zur Verfügung gestellten Verzeichnisses der Sprachencodes)
erstsprache3	mit der (gegebenenfalls) dritten Angabe zu den Sprachen der Schülerin oder des Schülers, in denen der Spracherwerb bis zur Vollendung des dritten Lebensjahrs erfolgte („Erstsprachen“) (nach Maßgabe des von der Bundesministerin oder vom Bundesminister für Bildung, Wissenschaft und Forschung zur Verfügung gestellten Verzeichnisses der Sprachencodes)
alltagsprache1	mit der (ersten) Angabe über die im Alltag regelmäßig gebrauchte(n) Sprache(n) der Schülerin oder des Schülers (nach Maßgabe des von der Bundesministerin oder vom Bundesminister für Bildung, Wissenschaft und Forschung zur Verfügung gestellten Verzeichnisses der Sprachencodes)
alltagsprache2	mit der (gegebenenfalls) zweiten Angabe über die im Alltag regelmäßig gebrauchten Sprachen der Schülerin oder des Schülers (nach Maßgabe des von der Bundesministerin oder vom Bundesminister für Bildung, Wissenschaft und Forschung zur Verfügung gestellten Verzeichnisses der Sprachencodes)

alltagsprache3	mit der (gegebenenfalls) dritten Angabe über die im Alltag regelmäßig gebrauchten Sprachen der Schülerin oder des Schülers (nach Maßgabe des von der Bundesministerin oder vom Bundesminister für Bildung, Wissenschaft und Forschung zur Verfügung gestellten Verzeichnisses der Sprachencodes)
spf	mit der Angabe, ob ein sonderpädagogischer Förderbedarf bescheidmäßig festgestellt ist („f") bzw. bei noch laufenden Verfahren („v"), sonst „n"
integr-berufsausb	mit der Angabe, ob eine Inanspruchnahme einer Ausbildung gem. § 8b Abs. 1 oder 2 des Berufsausbildungsgesetzes, BGBl. Nr. 142/1969, vorliegt, sonst „n". Angabe „v" für die „verlängerte Lehre" und „t" für die „Teilqualifikation"
plz	mit der Postleitzahl der Heimatadresse der oder des Schulpflichtigen, bei einer Auslandsadresse Eintrag des Postleitzahlen-Ersatzcodes nach Maßgabe des von der Bundesministerin oder vom Bundesminister für Bildung, Wissenschaft und Forschung zur Verfügung gestellten Verzeichnisses der Staatencodes
ort	mit der Bezeichnung des Ortes der Heimatadresse der oder des Schulpflichtigen
zusatzort	mit der Kennung „j", wenn eine zusätzliche Wohnadresse am Bildungsort besteht, sonst „n"
matrikel	für ein von der Bildungsdirektion zu vergebendes bildungseinrichtungsspezifisches Personenkennzeichen
eingeschult	mit der Angabe des Kalenderjahres, in dem die oder der Schulpflichtige in die erste Schulstufe bzw. als Schulpflichtige oder Schulpflichtiger in die Vorschulstufe eintrat (gegebenenfalls gemäß Rückrechnung nach dem SchPflG, zB bei Zuzug aus dem Ausland)

5. Das Element **ausbildung** ist ein Kind-Element von „schulpflichtige", muss pro Schulpflichtiger oder Schulpflichtigen und Datenmeldung einmal bzw. bei Wechsel der Ausbildung, in welcher die Schulpflicht ersatzweise erfüllt wird, zweimal vorhanden sein und weist folgende Attribute auf:

Attribut	**Wert**	
beginn	mit dem Datum des Beginns der laufenden bzw. – wenn beendet – letzten Ausbildung	
schulform	mit der Schulformkennzahl dieser Ausbildung (nach Maßgabe der von der Bundesministerin oder vom Bundesminister für Bildung, Wissenschaft und Forschung zur Verfügung gestellten Schulformendatei)	
stand	mit der Information über den gegenwärtigen Stand dieser Ausbildung mit folgenden Ausprägungen:	
	„ag"	erfolgreich abgeschlossene Volksschule mit Erfüllung der Voraussetzung zur Aufnahme in die 1. Klasse einer allgemein bildenden höheren Schule ohne Aufnahmsprüfung (§ 40 Abs. 1 SchOG)
	„ah"	erfolgreich abgeschlossene Mittelschule mit Erfüllung der Voraussetzung zur Aufnahme in die 5. Klasse einer allgemeinbildenden höheren Schule (§ 40 Abs. 3 Z 1 SchOG) bzw. in den I. Jahrgang einer berufsbildenden höheren Schule (§ 68 Abs. 1 Z 1 SchOG) ohne Aufnahmsprüfung
	„al"	erfolgreich abgeschlossener Berufsschulbesuch
	„am"	erfolgreich abgeschlossene Mittelschule mit Erfüllung der Voraussetzung zur Aufnahme in die 1. Klasse einer mindestens dreijährigen berufsbildenden mittleren Schule (§ 55 Abs. 1a SchOG) ohne Aufnahmsprüfung
	„an"	erfolgreich abgeschlossene Mittelschule, jedoch ohne Erfüllung der Voraussetzung zur Aufnahme in die 1. Klasse einer mindestens dreijährigen berufsbildenden mittleren Schule (§ 55 Abs. 1a SchOG) ohne Aufnahmsprüfung

	„ao“	erfolgreich abgeschlossene Sonderschule oder sonstige allgemein bildende Pflichtschule (Berufsvorbereitungsjahr, Oberstufe der Volksschule, zur Erfüllung der allgemeinen Schulpflicht geeignete Statutschule usw.)
	„at“	erfolgreich abgeschlossene Polytechnische Schule
	„av“	erfolgreich abgeschlossene Volksschule, jedoch ohne Erfüllung der Voraussetzung zur Aufnahme in die 1. Klasse einer allgemein bildenden höheren Schule ohne Aufnahmsprüfung
	„ay“	erfolgreich abgeschlossener Vorbereitungslehrgang bzw. erfolgreich abgeschlossene Übergangsstufe zum Oberstufenrealgymnasium oder Aufbaugymnasium und -realgymnasium
	„az“	erfolgreich abgeschlossene weiterführende Ausbildung ohne abschließende Prüfung (dh. mit positivem Abschlusszeugnis)
	„bh“	nicht erfolgreiche Beendigung der Mittelschule (dh. ohne Abschluss der Mittelschule)
	„bo“	nicht erfolgreiche Beendigung einer Sonderschule oder anderen allgemein bildenden Pflichtschule
	„bt“	nicht erfolgreiche Beendigung der Polytechnischen Schule
	„bz“	sonstige nicht erfolgreiche Beendigung der Ausbildung
	„es“	Beendigung der ersatzweisen Erfüllung der Schulpflicht per Ende des Schuljahres durch Wechsel in eine zur Erfüllung der Schulpflicht geeignete öffentliche Schule oder Privatschule mit Öffentlichkeitsrecht
	„eu“	Beendigung der ersatzweisen Erfüllung der Schulpflicht während des Unterrichtsjahres durch Wechsel in eine zur Erfüllung der Schulpflicht geeignete öffentliche Schule oder Privatschule mit Öffentlichkeitsrecht
	„ex“	Beendigung der ersatzweisen Erfüllung der Schulpflicht infolge des Erreichens des Endes der Schulpflicht
	„fx“	Fortsetzung der Erfüllung der Schulpflicht ohne Besuch einer zur Erfüllung der Schulpflicht geeigneten inländischen öffentlichen Schule bzw. Privatschule mit Öffentlichkeitsrecht
	„nx“	Neueinstieg in die ersatzweise Erfüllung der Schulpflicht bzw. Wechsel in diese Ausbildung ohne Besuch einer zur Erfüllung der Schulpflicht geeigneten inländischen öffentlichen Schule bzw. Privatschule mit Öffentlichkeitsrecht
ende	mit dem Datum der Beendigung dieser Ausbildung bzw. der ersatzweisen Erfüllung der Schulpflicht (wenn zutreffend, dh. das Merkmal in „stand“ beginnt mit „a“, „b“ oder „e“)	

6. Das Element **schulpflichtersatz** ist ein Kind-Element von „ausbildung“, muss genau einmal pro laufender Ausbildung (dh. der Wert des Attributes „stand“ in Z 5 beginnt mit „f“ oder „n“) vorhanden sein und weist folgende Attribute auf:

Attribut	**Wert**
schuljahr	mit der Angabe des laufenden Schuljahres
klasse	wenn vorhanden, mit der (schulüblichen) Bezeichnung der besuchten (Stamm-)Klasse bzw. Jahrgang usw., wobei die erste Stelle numerisch ist und das Ausbildungsjahr bzw. -semester dieses Lehrplans wiedergibt (der Wertevorrat pro Lehrplan ist in der von der Bundesministerin oder vom Bundesminister für Bildung, Wissenschaft und Forschung zur Verfügung gestellten Schulformendatei definiert), die weiteren Stellen dienen zur Unterscheidung von Parallelklassen innerhalb der Schule; Klassenteile einer Stammklasse unterscheiden sich nicht in der Klassenbezeichnung, sondern durch die Schulformkennzahl bzw. Schulstufe. Im Fall der Nichtverfügbarkeit ist hier „1ext“ einzugeben.

schulstufe	mit der von der oder dem Schulpflichtigen besuchten Schulstufe, die eine schulartenübergreifende Nummerierung der Ausbildungsjahre ist, beginnend mit „1" für das 1. Grundschuljahr und „0" für die Vorschulstufe (der Wertevorrat pro Lehrplan ist in der von der Bundesministerin oder vom Bundesminister für Bildung, Wissenschaft und Forschung zur Verfügung gestellten Schulformendatei definiert)
sfkz	mit der Schulformkennzahl für die besuchte Ausbildung (Lehrplan) gemäß der von der Bundesministerin oder vom Bundesminister für Bildung, Wissenschaft und Forschung zur Verfügung gestellten Schulformendatei
status	mit der Angabe über den Schülerstatus in folgenden Ausprägungen: „o" für ordentliche Schülerinnen und Schüler „a" für der allgemeinen Schulpflicht unterliegende außerordentliche Schülerinnen und Schüler, deren Aufnahme als ordentliche Schülerinnen und Schüler wegen mangelnder Kenntnis der Unterrichtssprache nicht zulässig ist (§ 4 Abs. 2 lit. a SchUG) „b" für der allgemeinen Schulpflicht unterliegende außerordentliche Schülerinnen und Schüler, deren Aufnahme als ordentliche Schülerinnen und Schüler aus dem Grund der Ablegung einer Einstufungsprüfung nicht zulässig ist (§ 4 Abs. 2 lit. b SchUG) „c" für nicht der allgemeinen Schulpflicht unterliegende außerordentliche Schülerinnen und Schüler, deren Aufnahme als ordentliche Schülerinnen und Schüler wegen mangelnder Kenntnis der Unterrichtssprache nicht zulässig ist (§ 3 Abs. 1 SchUG) „d" für nicht der allgemeinen Schulpflicht unterliegende außerordentliche Schülerinnen und Schüler, deren Aufnahme als ordentliche Schülerinnen und Schüler aus anderen Gründen nicht zulässig ist
ersatzart	mit der Angabe, auf welche Art die Schulpflicht ersatzweise erfüllt wird: „a" Besuch einer öffentlichen oder dieser gleichzuhaltenden Schule im Ausland (§ 13 Schulpflichtgesetz 1985) „b" Befreiung vom Schulbesuch (§ 15 Schulpflichtgesetz 1985) „h" Teilnahme an einem gleichwertigen häuslichen Unterricht (§ 11 Abs. 2 Schulpflichtgesetz 1985) „l" Befreiung vom Besuch der Berufsschule, wenn dies alle Unterrichtsfächer des aktuellen Lehrjahres betrifft (§ 23 Schulpflichtgesetz 1985) „o" Teilnahme an einem gleichwertigen Unterricht an einer Privatschule ohne Öffentlichkeitsrecht (§ 11 Abs. 1 Schulpflichtgesetz 1985)
seit	mit dem Datum, seit wann die oder der Schulpflichtige vom regulären Schulbesuch befreit ist

7. Das Element **schulerfolg** ist ein Kind-Element von „ausbildung", muss genau einmal pro Ausbildung einer oder eines Schulpflichtigen vorhanden sein, wenn diese Ausbildung nicht erst im aktuellen Schuljahr begonnen wurde (dh. der Wert des Attributes „stand" in Z 5 beginnt nicht mit „n") und weist folgende Attribute auf:

Attribut	**Wert**
schuljahr	mit der Angabe des abgelaufenen Schuljahres, auf das sich diese Schulerfolgsmeldung bezieht
klasse	wenn vorhanden, mit der (schulüblichen) Bezeichnung der zuletzt besuchten (Stamm-)Klasse bzw. Jahrgang usw., wobei die erste Stelle numerisch ist und das Ausbildungsjahr bzw. -semester dieses Lehrplans wiedergibt (der Wertevorrat pro Lehrplan ist in der von der Bundesministerin oder vom Bundesminister für Bildung, Wissenschaft und

	Forschung zur Verfügung gestellten Schulformendatei definiert), die weiteren Stellen dienen zur Unterscheidung von Parallelklassen innerhalb der Schule; Klassenteile einer Stammklasse unterscheiden sich nicht in der Klassenbezeichnung, sondern durch die Schulformkennzahl bzw. Schulstufe. Im Fall der Nichtverfügbarkeit ist hier „1ext" einzugeben.
schulstufe	Mit der von der oder dem Schulpflichtigen in diesem Ausbildungsdurchgang besuchten Schulstufe (der Wertevorrat pro Lehrplan ist in der von der Bundesministerin oder vom Bundesminister für Bildung, Wissenschaft und Forschung zur Verfügung gestellten Schulformendatei definiert)
sfkz	mit der Schulformkennzahl für diese Ausbildung (Lehrplan) gemäß der von der Bundesministerin oder vom Bundesminister für Bildung, Wissenschaft und Forschung zur Verfügung gestellten Schulformendatei
status	mit der Angabe über den Schülerstatus in folgenden Ausprägungen: „o" für ordentliche Schülerinnen und Schüler „a" für der allgemeinen Schulpflicht unterliegende außerordentliche Schülerinnen und Schüler, deren Aufnahme als ordentliche Schülerinnen und Schüler wegen mangelnder Kenntnis der Unterrichtssprache nicht zulässig ist (§ 4 Abs. 2 lit. a SchUG) „b" für der allgemeinen Schulpflicht unterliegende außerordentliche Schülerinnen und Schüler, deren Aufnahme als ordentliche Schülerinnen und Schüler aus dem Grund der Ablegung einer Einstufungsprüfung nicht zulässig ist (§ 4 Abs. 2 lit. b SchUG) „c" für nicht der allgemeinen Schulpflicht unterliegende außerordentliche Schülerinnen und Schüler, deren Aufnahme als ordentliche Schülerinnen und Schüler wegen mangelnder Kenntnis der Unterrichtssprache nicht zulässig ist (§ 3 Abs. 1 SchUG) „d" für nicht der allgemeinen Schulpflicht unterliegende außerordentliche Schülerinnen und Schüler, deren Aufnahme als ordentliche Schülerinnen und Schüler aus anderen Gründen nicht zulässig ist
jahreserfolg	mit dem Ergebnis der Prüfung über den zureichenden Erfolg der Teilnahme an einem gleichwertigen Unterricht im abgelaufenen Schuljahr in folgender Ausprägung: „c" für den Fall, dass von einer Prüfung gemäß § 11 Abs. 4 SchPflG abzusehen war, da auch Schülerinnen und Schüler öffentlicher oder diesen gleichzuhaltenden Schulen in der entsprechenden Ausbildung am Ende des Schuljahres nicht beurteilt werden (§ 11 Abs. 4 zweiter Halbsatz SchPflG) „d" für den Fall, dass von einer Prüfung gemäß § 11 Abs. 4 SchPflG abzusehen war, da der zureichende Erfolg durch die Vorlage von Zeugnissen öffentlicher oder diesen gleichzuhaltenden Schulen glaubhaft gemacht wurde (§ 13 Abs. 3 zweiter Satz SchPflG) „i" für den Fall, dass von einer Prüfung gemäß § 11 Abs. 4 SchPflG abzusehen war, da die oder der Schulpflichtige bereits während des Unterrichtsjahres in eine zur Erfüllung der Schulpflicht geeignete öffentliche Schule oder Privatschule mit Öffentlichkeitsrecht übergetreten ist „j" für den Fall, dass das schulpflichtige Kind vom Schulbesuch befreit war (§ 15 SchPflG) „n" für den Fall, dass der vorgesehene Nachweis des zureichenden Erfolgs der Teilnahme an einem gleichwertigen Unterricht nicht erbracht wurde (§ 11 Abs. 4 zweiter Satz SchPflG) „p" für den Fall, dass der Nachweis des zureichenden Erfolgs der Teilnahme an einem gleichwertigen Unterricht erbracht wurde (§ 11 Abs. 4 erster Halbsatz SchPflG) „q" für den Fall, dass die Befreiung vom Besuch der Berufsschule ohne Verpflichtung zur Ablegung von Prüfungen erfolgte (§ 23 SchPflG)

8. Das Element **schulpflichtverletzung** ist ein Kind-Element von „schulerfolg", muss für jede Schülerin oder für jeden Schüler, die oder der im abgelaufenen Schuljahr die allgemeine Schulpflicht noch nicht erfüllt bzw. für die oder den Berufsschulpflicht bestanden hatte, einmal vorhanden sein und weist folgende Attribute auf:

Attribut	**Wert**
unentsch-tage-vorjahr	mit der Anzahl der unentschuldigten Fehltage im abgelaufenen Schuljahr (bei keinem unentschuldigten Fehltag ist hier „0" anzugeben)
verwarnungen-vorjahr	mit der Anzahl der Verwarnungen für unentschuldigte Fehltage im abgelaufenen Schuljahr (bei keiner Verwarnung ist hier „0" anzugeben)
strafanz-vorjahr	mit der Anzahl der seitens der Schule erstatteten Strafanzeigen wegen Schulpflichtverletzung im abgelaufenen Schuljahr (bei keiner Erstattung ist hier „0" anzugeben)

9. Das Element **bildungsverlauf-vor-schulpflicht** ist ein Kind-Element von „schulpflichtige", muss mindestens einmal pro Schülerin oder Schüler der Primarstufe vorhanden sein und weist folgende Attribute auf:

Attribut	**Wert**	
kindergartenjahre	mit der Angabe, wie viele Kindergartenjahre eine elementarpädagogische Bildungseinrichtung vor Beginn der allgemeinen Schulpflicht besucht wurde, in folgender Ausprägung:	
	„0"	Kein Besuch einer elementarpädagogischen Bildungseinrichtung vor Beginn der allgemeinen Schulpflicht
	„1"	Besuch einer elementarpädagogischen Bildungseinrichtung während eines Kindergartenjahrs unmittelbar vor Beginn der allgemeinen Schulpflicht
	„2"	Besuch einer elementarpädagogischen Bildungseinrichtung während zweier Kindergartenjahre unmittelbar vor Beginn der allgemeinen Schulpflicht
	„3"	Besuch einer elementarpädagogischen Bildungseinrichtung während drei Kindergartenjahren unmittelbar vor Beginn der allgemeinen Schulpflicht
	„4"	Besuch einer elementarpädagogischen Bildungseinrichtung während vier Kindergartenjahren unmittelbar vor Beginn der allgemeinen Schulpflicht
	„5"	Besuch einer elementarpädagogischen Bildungseinrichtung während fünf Kindergartenjahren unmittelbar vor Beginn der allgemeinen Schulpflicht
	„9"	Keine Information über den Besuch einer elementarpädagogischen Bildungseinrichtung vorhanden

10. Das Element **elementarbildungsdetails** ist ein Kind-Element von „bildungsverlauf-vor-schulpflicht", muss einmal pro besuchtem Kindergartenjahr in einer elementarpädagogischen Einrichtung (Eingabe „1" bis "5 im Feld „kindergartenjahre") vorhanden sein und weist folgende Attribute auf:

Attribut	**Wert**	
kindergartenjahr	mit der Angabe des betreffenden Kindergartenjahres in einer elementarpädagogischen Einrichtung	
monate	mit der Angabe, wie viele Monate im betreffenden Kindergartenjahr ein Besuch der elementarpädagogischen Einrichtung erfolgte (liegen keine Informationen über die Dauer in Monaten vor, so ist hier „-" anzugeben)	
ausmass	Mit der Angabe des durchschnittlichen Stundenausmaßes pro Woche des Besuchs der elementarpädagogischen Einrichtung im betreffenden Kindergartenjahr (liegen keine Informationen über das Ausmaß vor, so ist hier „-" anzugeben)	
sprachfoerderung	mit der Angabe, in welchem Ausmaß im genannten Kindergartenjahr eine besondere Sprachförderung in Deutsch erfolgte, in folgenden Ausprägungen:	
	„e"	durchschnittlich einmal pro Woche
	„z"	durchschnittlich zweimal pro Woche
	„n"	durchschnittlich dreimal oder öfter pro Woche
	„k"	keine besondere Sprachförderung in Deutsch
	„-"	Es liegen keine Informationen über den Besuch einer besonderen Sprachförderung vor

Anlage 2

zu § 8 und § 9

(BGBl. II Nr. 401/2021, Z 30)

Daten für die Feststellung der Erfüllung der allgemeinen Schulpflicht

Definition der Schnittstelle zwischen den Evidenzen der Schulen bzw. der Bildungsdirektionen gemäß § 5 BilDokG 2020 und der BRZ GmbH:

Als Schnittstelle für die Datenübermittlung fungiert eine CSV-Datei oder eine XLSX-Datei im Zeichensatzformat UTF-8. Für Schulen besteht außerdem die Möglichkeit via Webservice die Datenübermittlung vorzunehmen.

Die 3 Spezifikation wird durch die BRZ GmbH vorgegeben.

Feldname	Format	Pflichtfeld (Ja/Nein)	Anmerkung
meldedatum	JJJJ-MM-TT	Ja	Datum der Erstellung der Meldung (CSV-Datei)
absender	6-stellige Schul- bzw. Clusterkennzahl oder Behördenkennzahl	Ja	Schulkennzahl, Clusterkennzahl oder Behördenkennzahl der oder des Absenders
schuljahr	JJJJ/JJ	Ja	Angabe des Schuljahres, zu dem diese Meldung erfolgt zB 2021/22
skz	6-stellige Schulkennzahl	Ja	Schulkennzahl der Schule, für die diese Meldung erfolgt
paragraph	String (max. 20 Zeichen) Erlaubte Werte: § 2 Abs. 2 § 11 § 12 § 13 § 15	Ja	Angabe des angewendeten Paragraphen zur allgemeinen Schulpflicht des Schulpflichtgesetzes 1985, entfällt bei der Meldung der Schulen bzw. der Schulcluster
vbPKBF	String	ab Schuljahr 2023/24 verpflichtend	Verschlüsseltes bPK-BF (bereichsspezifisches Personenkennzeichen Bildung und Forschung)
zuname	String (max. 50 Zeichen)	Ja	der oder die Familienname(n) der Schülerin oder des Schülers
vorname	String (max. 100 Zeichen)	Ja	der oder die Vorname(n) der Schülerin oder des Schülers
gebdat	JJJJ-MM-TT	Ja	Geburtsdatum der Schülerin oder des Schülers
geschlecht	„m“ für männlich, „w“ für weiblich, „x“ für divers, „o“ für offen „i“ für inter „k“ für den Fall, dass von jeglicher Geschlechtsangabe abgesehen wurde	Ja	Geschlecht der Schülerin oder des Schülers
plz	4-stellige österreichische PLZ	Ja, nur wenn Feld z-plz leer	Postleitzahl des Wohnsitzes der Schülerin oder des Schülers
ort	String (max. 50 Zeichen)	Ja, nur wenn Feld z-ort leer	Bezeichnung des Ortes des Wohnsitzes der Schülerin oder des Schülers
strasse	String (max. 130 Zeichen)	Ja, nur wenn Feld z-strasse leer	Adresse des Wohnsitzes der Schülerin oder des Schülers, inkl. Hausnummer, Stiege und Tür
z-plz	4-stellige österreichische PLZ	Nein	Postleitzahl eines allfälligen zusätzlichen Wohnsitzes der Schülerin oder des Schülers am Bildungsort

z-ort	String (max. 50 Zeichen)	Nein	Bezeichnung des Ortes eines allfälligen zusätzlichen Wohnsitzes der Schülerin oder des Schülers am Bildungsort
z-strasse	String (max. 130 Zeichen)	Nein	Adresse eines allfälligen zusätzlichen Wohnsitzes der Schülerin oder des Schülers am Bildungsort, inklusive Hausnummer, Stiege und Tür
eingeschult	JJJJ	Ja	Erstes Jahr der allgemeinen Schulpflicht: Angabe des Kalenderjahres, in dem die Schülerin oder der Schüler in die erste Schulstufe bzw. als Schulpflichtige oder Schulpflichtiger in die Vorschulstufe eintrat (gegebenenfalls gemäß Rückrechnung nach dem Schulpflichtgesetz 1985, zB bei Zuzug aus dem Ausland) (Ausnahmen sind möglich; vorzeitige Einschulung, Frühchen), entfällt bei der Meldung der Bildungsdirektorin oder des Bildungsdirektors
beginn	JJJJ-MM-TT	Nein	Datum des Beginns der laufenden Ausbildung zB 2021-09-01,), entfällt bei der Meldung der Bildungsdirektorin oder des Bildungsdirektors
bemerkung	String (max. 500 Zeichen)	Nein	Bemerkungsfeld, entfällt bei der Meldung der Schulen bzw. der Schulcluster

Anlage 3

zu § 10 und § 11

(BGBl. II Nr. 401/2021, Z 30)

Teil I

Daten für den Datenverbund der Schulen im Zusammenhang mit der Anmeldung

1.1 Definition der Schnittstellen zwischen den lokalen Evidenzen und der BRZ: Als Schnittstelle für die Datenübermittlung fungiert eine XML-Datei im Zeichensatzformat UTF-8, Datumsfelder sind im Format JJJJ-MM-TT abzuspeichern. Die Datei beginnt mit der Zeichenfolge <?xml version="1.0" encoding="UTF-8"?>.

1.2 Verweise auf bundesgesetzliche Rechtsvorschriften sind wie folgt zu verstehen: „SchOG" = Schulorganisationsgesetz, BGBl. Nr. 242/1962, „SchUG" = Schulunterrichtsgesetz, BGBl. Nr. 472/1986, „SchUG-BKV" = Schulunterrichtsgesetz für Berufstätige, Kollegs und Vorbereitungslehrgänge, BGBl. I Nr. 33/1997, SchPflG" = Schulpflichtgesetz 1985, BGBl. Nr. 76/1985, „E-GovG" = E-Government-Gesetz, BGBl. I Nr. 10/2004.

2. Das Wurzel-Element **datenverbund_anmeldung (Webservice: addRequest)** muss genau einmal pro Datenübermittlung vorhanden sein und weist folgende Attribute auf:

Attribut	Wert
xmlns	mit dem Wert „datenverbund_schulen_anmeldung"
meldedatum	mit dem Datum dieser Meldung
absender	mit der (Schul- bzw. Cluster-)Kennzahl des Absenders

3. Das Element **schule** ist ein Kind-Element von „datenverbund_anmeldung", muss mindestens einmal pro Datenmeldung vorhanden sein (Schüler von Exposituren, dislozierten Klassen, Schulcluster uä. sind getrennt unter den Schulkennzahlen der dislozierten Stellen zu melden) und weist folgendes Attribut auf:

Attribut	Wert
skz	mit der Schulkennzahl der Schule, für die diese Meldung erfolgt (gemäß der vom BMBWF zur Verfügung gestellten österreichischen Schulendatei)

4. Das Element **schueler** ist ein Kind-Element von „schule", muss mindestens einmal vorhanden sein und weist folgende Attribute auf:

Attribut	Wert
vbPKBF	mit dem verschlüsselten bereichsspezifischen Personenkennzeichen Bildung und Forschung gemäß § 9 E-GovG (wenn verfügbar)
vbPKAS	mit dem verschlüsselten bereichsspezifischen Personenkennzeichen Amtliche Statistik gemäß § 9 E-GovG (wenn verfügbar)
svnr	mit der Sozialversicherungsnummer der Schülerin oder des Schülers (wenn verfügbar) zum Zweck der Inanspruchnahme von Leistungen gemäß § 8 Abs. 1 Z 3 lit. h und i des Allgemeinen Sozialversicherungsgesetzes – ASVG, BGBl. 189/1955
ersatz	mit der Ersatzkennung für die Schülerin oder den Schüler, wenn die bereichsspezifischen Personenkennzeichen nicht verfügbar sind bzw. bis zur Ausstattung mit bPK, wenn die Sozialversicherungsnummer („svnr") nicht verfügbar ist
vorname	mit dem ersten Vornamen laut den vorgelegten Personenstandsdokumenten
weitere-vornamen	mit eventuellen weiteren Vornamen laut den vorgelegten Personenstandsdokumenten, wobei bei der Angabe von mehr als einem weiteren Vornamen ein Abstand eingegeben werden muss
zuname	mit dem oder den Familiennamen laut den vorgelegten Personenstandsdokumenten
akadGradVor	mit einem allfälligen, dem Namen vorgestellten akademischen Grad laut Verleihungsurkunde
akadGradNach	mit einem allfälligen, dem Namen nachgestellten akademischen Grad laut Verleihungsurkunde
geburtsDatum	mit dem Geburtsdatum der Schülerin oder des Schülers
geschlecht	mit dem Geschlecht der Schülerin oder des Schülers in folgenden Ausprägungen:

„m“ für männlich
„w“ für weiblich
„x“ für divers
„o“ für offen
„i“ für inter
„k“ für den Fall, dass von jeglicher Geschlechtsangabe abgesehen wurde

plz	mit der Postleitzahl der Heimatadresse der Schülerin oder des Schülers, bei einer Auslandsadresse Eintrag des Postleitzahlen-Ersatzcodes nach Maßgabe des von der Bundesministerin oder vom Bundesminister für Bildung, Wissenschaft und Forschung zur Verfügung gestellten Verzeichnisses der Staatencodes
ort	mit der Bezeichnung des Ortes der Heimatadresse der Schülerin oder des Schülers
strasse	mit der Straßenbezeichnung samt Hausnummer der Heimatadresse der Schülerin oder des Schülers

Teil II

Daten für den Datenverbund der Schulen im Zusammenhang mit der Aufnahme

1.1 Definition der Schnittstellen zwischen den lokalen Schulverwaltungsprogrammen und der BRZ: Als Schnittstelle für die Datenübermittlung fungiert eine XML-Datei im Zeichensatzformat UTF-8, Datumsfelder sind im Format JJJJ-MM-TT abzuspeichern. Die Datei beginnt mit der Zeichenfolge <?xml version=“1.0” encoding=“UTF-8”?>.

1.2. Falls die Datenübermittlung in technischer Hinsicht nicht nach Maßgabe dieser Anlage erfolgen kann, so sind für die Datenmeldung die von der Bundesministerin oder dem Bundesminister für Bildung, Wissenschaft und Forschung vorgegebenen Formate zu verwenden.

1.3 Verweise auf bundesgesetzliche Rechtsvorschriften sind wie folgt zu verstehen: „SchOG“ = Schulorganisationsgesetz, BGBl. Nr. 242/1962, „SchUG“ = Schulunterrichtsgesetz, BGBl. Nr. 472/1986, „SchUG-BKV“ = Schulunterrichtsgesetz für Berufstätige, Kollegs und Vorbereitungslehrgänge, BGBl. I Nr. 33/1997, SchPflG“ = Schulpflichtgesetz 1985, BGBl. Nr. 76/1985, „E-GovG“ = E-Government-Gesetz, BGBl. I Nr. 10/2004.

2. Das Wurzel-Element **datenverbund** muss genau einmal pro Datenübermittlung vorhanden sein und weist folgende Attribute auf:

Attribut	**Wert**
xmlns	mit dem Wert „datenverbund_schulen“
meldedatum	mit dem Datum dieser Meldung
absender	mit der (Schul- bzw. Cluster-)Kennzahl des Absenders

3. Das Element **schule** ist ein Kind-Element von „datenverbund“, muss mindestens einmal pro Datenmeldung vorhanden sein (Schüler von Exposituren, dislozierten Klassen, Schulcluster uä. sind getrennt unter den Schulkennzahlen der dislozierten Stellen zu melden) und weist folgendes Attribut auf:

Attribut	**Wert**
skz	mit der Schulkennzahl der Schule, für die diese Meldung erfolgt (gemäß der vom BMBWF zur Verfügung gestellten österreichischen Schulendatei)

4. Das Element **schueler** ist ein Kind-Element von „schule“, muss mindestens einmal vorhanden sein und weist folgende Attribute auf:

Attribut	**Wert**
vbPKBF	mit dem verschlüsselten bereichsspezifischen Personenkennzeichen Bildung und Forschung gemäß § 9 E-GovG (wenn verfügbar)
vbPKAS	mit dem verschlüsselten bereichsspezifischen Personenkennzeichen Amtliche Statistik gemäß § 9 E-GovG (wenn verfügbar)
svnr	mit der Sozialversicherungsnummer der Schülerin oder des Schülers (wenn verfügbar) zum Zweck der Inanspruchnahme von Leistungen gemäß § 8 Abs. 1 Z 3 lit. h und i des Allgemeinen Sozialversicherungsgesetzes – ASVG, BGBl. 189/1955
ersatz	mit der Ersatzkennung für die Schülerin oder den Schüler, wenn die bereichsspezifischen Personenkennzeichen nicht verfügbar sind bzw. bis zur Ausstattung mit bPK, wenn die Sozialversicherungsnummer („svnr“) nicht verfügbar ist

vorname1	mit dem ersten Vornamen laut den vorgelegten Personenstandsdokumenten
weitere-vornamen	mit eventuellen weiteren Vornamen laut den vorgelegten Personenstandsdokumenten, wobei bei der Angabe von mehr als einem weiteren Vornamen ein Abstand eingegeben werden muss
nachname	mit dem oder den Familiennamen laut den vorgelegten Personenstandsdokumenten
v-akadem-grad	mit einem allfälligen, dem Namen vorgestellten akademischen Grad laut Verleihungsurkunde
n-akadem-grad	mit einem allfälligen, dem Namen nachgestellten akademischen Grad laut Verleihungsurkunde
geburtsDatum	mit dem Geburtsdatum der Schülerin oder des Schülers
geschlecht	mit dem Geschlecht der Schülerin oder des Schülers in folgenden Ausprägungen: „m“ für männlich „w“ für weiblich „x“ für divers „o“ für offen „i“ für inter „k“ für den Fall, dass von jeglicher Geschlechtsangabe abgesehen wurde
plz	mit der Postleitzahl der Heimatadresse der Schülerin oder des Schülers, bei einer Auslandsadresse Eintrag des Postleitzahlen-Ersatzcodes nach Maßgabe des von der Bundesministerin oder vom Bundesminister für Bildung, Wissenschaft und Forschung zur Verfügung gestellten Verzeichnisses der Staatencodes.
ort	mit der Bezeichnung des Ortes der Heimatadresse der Schülerin oder des Schülers
strasse	mit der Straßenbezeichnung samt Hausnummer der Heimatadresse der Schülerin oder des Schülers
eingeschult	mit der Angabe des Kalenderjahres, in dem die Schülerin oder der Schüler in die erste Schulstufe bzw. als Schulpflichtige oder Schulpflichtiger in die Vorschulstufe eintrat (gegebenenfalls gemäß Rückrechnung nach dem SchPflG, zB bei Zuzug aus dem Ausland)
besuchsjahr	mit der Angabe des (Besuchs-)Jahres in der betreffenden Ausbildung, in dem sich die Schülerin oder der Schüler zum Zeitpunkt der aktuellen Beendigung des Schulbesuchs befunden hat („1“ für das Schuljahr in dem diese Ausbildung begonnen wurde, „2“ im darauf folgenden Schuljahr, „3“ im dritten Schuljahr, in dem diese Ausbildung besucht wurde, und so fort; zurückliegende Schuljahre, die für die zulässige Höchstdauer des Schulbesuchs (§ 32 SchUG bzw. § 31 SchUG-BKV) nicht relevant sind, sind nicht zu berücksichtigen)
vorSchulpflicht	mit der Angabe gemäß **Anlage 1 Teil I** Z 15
vorschule	mit der Angabe, ob nach Widerruf der vorzeitigen Aufnahme bzw. nach Abmeldung vom Besuch der 1. Schulstufe durch das ggf. nicht schulpflichtige Kind die Vorschulstufe besucht wurde (§ 7 Abs. 11SchPflG); sofern zutreffend, ist das Schuljahr (im Format jjjj/jj) des Besuchs der Vorschulstufe anzugeben
fruehchen	mit der Angabe des für die Bestimmung des Beginns der allgemeinen Schulpflicht relevanten Tages der Geburt des Schülers; zutreffendenfalls mit der Angabe des gemäß Mutter-Kind-Pass festgestellten Tages der Geburt (§ 2 Abs. 2 Schulpflichtgesetz 1985), sonst des Geburtsdatums des Schülers

PflSchErh-GG
BildDokG 2020, VO

5. Das Element **ausbildung** ist ein Kind-Element von „schueler“, muss pro Schülerin oder Schüler und Datenmeldung einmal bzw. bei Wechsel der Ausbildung innerhalb der Schule, zweimal vorhanden sein und weist folgende Attribute auf:

Attribut	**Wert**
schuljahr	mit der Angabe des Schuljahres, zu dem diese Meldung erfolgt (das Schuljahr in dem die betreffende Schülerin oder der betreffende Schüler die meldende Schule zuletzt besucht hat)
beginn	mit dem Datum des Beginns der laufenden bzw. – wenn beendet – letzten Ausbildung
ende	mit dem Datum der Beendigung des Schulbesuchs an dieser Schule

schulpflichtjahr	mit der Angabe des Jahres der (neunjährigen) allgemeinen Schulpflicht in dem sich der Schüler im genannten Schuljahr befunden hat („0" für einen Schulbesuch vor der Schulpflicht, „1" bis „9" für das jeweilige Jahr innerhalb der allgemeinen Schulpflicht und „10" ff. für Ausbildungsjahre nach der allgemeinen Schulpflicht)
schulform	mit der Schulformkennzahl dieser Ausbildung (nach Maßgabe der von der Bundesministerin oder vom Bundesminister für Bildung, Wissenschaft und Forschung zur Verfügung gestellten Schulformendatei)
stand	mit der Information über den gegenwärtigen Stand dieser Ausbildung mit folgenden Ausprägungen:

„aa"	erfolgreich abgeschlossen mit einer Abschlussprüfung
„ab"	erfolgreich abgeschlossen mit einer Berufsreifeprüfung
„ac"	erfolgreich abgeschlossen mit einer Reife- und Diplomprüfung
„ad"	erfolgreich abgeschlossen mit einer Diplomprüfung
„ae"	erfolgreich abgeschlossen mit einer Studienberechtigungsprüfung
„ag"	erfolgreich abgeschlossene Volksschule mit Erfüllung der Voraussetzung zur Aufnahme in die 1. Klasse einer allgemein bildenden höheren Schule ohne Aufnahmsprüfung (§ 40 Abs. 1 SchOG)
„ah"	erfolgreich abgeschlossene Mittelschule mit Erfüllung der Voraussetzung zur Aufnahme in die 5. Klasse einer allgemeinbildenden höheren Schule (§ 40 Abs. 3 Z 1 SchOG) bzw. in den 1. Jahrgang einer berufsbildenden höheren Schule (§ 68 Abs. 1 Z 4 SchOG), jeweils in Verbindung mit § 5 Abs. 2 der Verordnung über Aufnahms- und Eignungsprüfungen, BGBl. Nr. 291/1975, ohne Aufnahmsprüfung
„al"	erfolgreich abgeschlossener Berufsschulbesuch
„am"	erfolgreich abgeschlossene Mittelschule mit Erfüllung der Voraussetzung zur Aufnahme in die 1. Klasse einer mindestens dreijährigen berufsbildenden mittleren Schule (§ 55 Abs. 1a SchOG) ohne Aufnahmsprüfung
„an"	erfolgreich abgeschlossene Mittelschule, jedoch ohne Erfüllung der Voraussetzung zur Aufnahme in die 1. Klasse einer mindestens dreijährigen berufsbildenden mittleren Schule (§ 55 Abs. 1a SchOG) ohne Aufnahmsprüfung
„ao"	erfolgreich abgeschlossene Sonderschule oder sonstige allgemein bildende Pflichtschule (Berufsvorbereitungsjahr, Oberstufe der Volksschule, zur Erfüllung der allgemeinen Schulpflicht geeignete Statutschule, usw.)
„ar"	erfolgreich abgeschlossen mit einer Reifeprüfung
„as"	erfolgreich abgeschlossen mit einer sonstigen abschließenden Prüfung
„at"	erfolgreich abgeschlossene Polytechnische Schule
„av"	erfolgreich abgeschlossene Volksschule, jedoch ohne Erfüllung der Voraussetzung zur Aufnahme in die 1. Klasse einer allgemeinbildenden höheren Schule ohne Aufnahmsprüfung
„ay"	erfolgreich abgeschlossener Vorbereitungslehrgang bzw. Übergangsstufe zum Oberstufenrealgymnasium oder Aufbaugymnasium und -realgymnasium
„az"	erfolgreich abgeschlossene weiterführende Ausbildung ohne abschließende Prüfung (dh. mit positivem Abschlusszeugnis)
„ba"	Beendigung des Schulbesuchs mit noch nicht erfolgreich bestandener abschließender Prüfung
„bb"	nicht erfolgreicher Abschluss der Berufsschule
„be"	vorzeitige Beendigung der Ausbildung infolge vier oder mehr negativer Beurteilungen in Pflichtgegenständen in der ersten Stufe einer berufsbildenden mittleren oder höheren Schule (§ 33 Abs. 2 lit. f iVm § 82a SchUG)
„bh"	nicht erfolgreiche Beendigung der Mittelschule (dh. ohne Abschluss der Mittelschule)
„bl"	vorzeitige Beendigung der Berufsschule infolge Beendigung des Lehrverhältnisses (§ 33 Abs. 2 lit. b SchUG)

„bo“	nicht erfolgreiche Beendigung einer Sonderschule oder anderen allgemeinbildenden Pflichtschule
„br“	Abmeldung vom Schulbesuch während des Schuljahres
„bs“	vorzeitige Beendigung dieser Ausbildung durch schulinternen Wechsel in eine andere Ausbildung
„bt“	nicht erfolgreiche Beendigung der Polytechnischen Schule
„bu“	vorzeitige Beendigung der Ausbildung wegen sonstiger Überschreitung der Höchstdauer gemäß § 32 SchUG bzw. § 31 SchUG-BKV
„bv“	Beendigung des Schulbesuchs infolge Widerrufs der vorzeitigen Aufnahme in die erste Klasse der Volksschule (§ 33 Abs. 2 lit. e SchUG iVm § 7 Abs. 8 SchPflG) oder Abmeldung
„bw“	vorzeitige Beendigung der Ausbildung wegen einer nicht mehr zulässigen Wiederholung gemäß § 23a iVm § 33 Abs. 2 lit. g SchUG, jeweils idF BGBl. I Nr. 159/2020 oder § 32 Abs. 1 Z 5 SchUG-BKV“ [11]) oder wegen einer nicht mehr vorhandenen Antrittsmöglichkeit gemäß § 30 Abs. 6 iVm § 33 Abs. 2 lit. g SchUG oder § 82e Abs. 7 Z 1 iVm § 30 Abs. 6 und § 33 Abs. 2 lit. g SchUG oder § 32 Abs. 1 Z 5 SchUG-BKV *(BGBl. II Nr. 401/2021, Z 30 idF BGBl. II Nr. 324/2022, Z 3)*
„bz“	sonstige nicht erfolgreiche Beendigung der Ausbildung

6. Das Element **verlaufsdetails** ist ein Kind-Element von „ausbildung“, muss pro Ausbildung einmal vorhanden sein, sofern die Ausbildung noch nicht erfolgreich abgeschlossen wurde (dh. der Wert des Attributes „stand“ in Z 5 beginnt mit „b“) und weist folgende Attribute auf: *(BGBl. II Nr. 401/2021, Z 30 idF BGBl. II Nr. 324/2022, Z 5)*

Attribut	**Wert**
schulstufe	mit der Angabe der von der Schülerin oder dem Schüler zuletzt besuchten Schulstufe, die eine schulartenübergreifende Nummerierung der Ausbildungsjahre ist, beginnend mit „1“ für das 1. Grundschuljahr und „0“ für die Vorschulstufe (der Wertevorrat pro Lehrplan ist in der von der Bundesministerin oder vom Bundesminister für Bildung, Wissenschaft und Forschung zur Verfügung gestellten Schulformendatei definiert)
status	mit der Angabe über den Schülerstatus in folgenden Ausprägungen: „o“ für ordentliche Schülerinnen und Schüler „a“ für der allgemeinen Schulpflicht unterliegende außerordentliche Schülerinnen und Schüler, deren Aufnahme als ordentliche Schülerinnen und Schüler wegen mangelnder Kenntnis der Unterrichtssprache nicht zulässig ist (§ 4 Abs. 2 lit. a SchUG) „b“ für der allgemeinen Schulpflicht unterliegende außerordentliche Schülerinnen und Schüler, deren Aufnahme als ordentliche Schülerinnen und Schüler aus dem Grund der Ablegung einer Einstufungsprüfung nicht zulässig ist (§ 4 Abs. 2 lit. b SchUG) „c“ für nicht der allgemeinen Schulpflicht unterliegende außerordentliche Schülerinnen und Schüler, deren Aufnahme als ordentliche Schülerinnen und Schüler wegen mangelnder Kenntnis der Unterrichtssprache nicht zulässig ist (§ 3 Abs. 1 SchUG) „d“ für nicht der allgemeinen Schulpflicht unterliegende außerordentliche Schülerinnen und Schüler, deren Aufnahme als ordentliche Schülerinnen und Schüler aus anderen Gründen nicht zulässig ist
ao-von	Mit dem Datum des Beginns im Falle eines außerordentlichen Status (status ≠ „o“)
ao-bis	Mit dem Datum der Beendigung im Falle eines außerordentlichen Status (status ≠ „o“), wenn zutreffend
fortsetzung	mit der Information über die Berechtigung hinsichtlich des Fortsetzens der Ausbildung mit folgenden Ausprägungen:

PflSchErh-GG
BildDokG 2020, VO

[11]) Die Wendung „oder § 32 Abs. 1 Z 5 SchUG-BKV““ erscheint aufgrund der wortidenten Wiederholung am Ende des Wertefeldes entbehrlich.

	„bf“	bei unterjährigem Fortsetzen der Schulstufe
	„ba“	berechtigt zum Aufsteigen
	„bw“	berechtigt zum Wiederholen der Schulstufe
	„nf“	nicht berechtigt zum Fortsetzen der Ausbildung
besuchsjahr		mit der Angabe des (Besuchs-)Jahres in der betreffenden Ausbildung, in dem sich die Schülerin oder der Schüler zum Zeitpunkt der aktuellen Beendigung des Schulbesuchs befunden hat („1“ für das Schuljahr in dem diese Ausbildung begonnen wurde, „2“ im darauf folgenden Schuljahr, „3“ im dritten Schuljahr, in dem diese Ausbildung besucht wurde, und so fort; zurückliegende Schuljahre, die für die zulässige Höchstdauer des Schulbesuchs (§ 32 SchUG bzw. § 31 SchUG-BKV) nicht relevant sind, sind nicht zu berücksichtigen)
uebersprung		mit der Information, ob innerhalb der Ausbildung(sstufe) bereits eine Schulstufe übersprungen wurde (§ 26 SchUG); sofern zutreffend, Angabe der übersprungenen Schulstufe
nost3ng		mit der Information, ob die Berechtigung zum Aufsteigen mit drei „Nicht genügend“ oder Nichtbeurteilungen in der „Neuen Oberstufe“ (§ 25 Abs. 10 dritter Satz SchUG) in dieser Ausbildung bereits genutzt wurde; sofern zutreffend, ist das betreffende Schuljahr (im Format jjjj/jj) anzugeben
sost2ng		mit der Information, ob die Berechtigung zum Aufsteigen mit zwei „Nicht genügend“ oder Nichtbeurteilungen in der „semestrierten Oberstufe“ (§ 25 Abs. 10 Z 2 SchUG) in dieser Ausbildung bereits genutzt wurde; sofern zutreffend, ist das betreffende Schuljahr (im Format jjjj/jj) anzugeben

7. Das Element **zeugnis** ist ein Kind-Element von „verlaufsdetails“, beinhaltet die Beurteilungen aus dem bzw. aus den an der meldenden Schule letztverfügbaren Jahreszeugnis (§ 22 SchUG), Semesterzeugnissen des jeweiligen Schuljahres (§ 22a SchUG, § 22a SchUG idF des Bundesgesetzes BGBl. I Nr. 159/2020), letztere in Verbindung mit einem allfälligen Semesterprüfungszeugnis gemäß § 23b Abs. 6 bzw. § 23b Abs. 6 SchUG idF des Bundesgesetzes BGBl. I Nr. 159/2020 oder einem Zeugnis gemäß § 26b Abs. 4 bzw. § 26b Abs. 4 SchUG idF des Bundesgesetzes BGBl. I Nr. 159/2020, Gesamtzeugnis (Zeugnis über sämtliche erfolgreich oder nicht erfolgreich abgeschlossenen Module gem. § 24 SchUG-BKV) bzw. aus der letzten Schulbesuchsbestätigung (§ 22 Abs. 11 SchUG; § 22a Abs. 7 SchUG, § 22a Abs. 7 SchUG idF des Bundesgesetzes BGBl. I Nr. 159/2020 bzw. § 24 Abs. 2 SchUG, soweit es sich um Beurteilungen über ein gesamtes Schuljahr bzw. Semester handelt) und weist folgende Attribute auf: *(BGBl. II Nr. 401/2021, Z 30 idF BGBl. II Nr. 324/2022, Z 6)*

Attribut		**Wert**
schuljahr		mit der Angabe des Schuljahres auf das sich die folgende Beurteilung bezieht
schulform		mit der Schulformkennzahl dieser Ausbildung (nach Maßgabe der von der Bundesministerin oder vom Bundesminister für Bildung, Wissenschaft und Forschung zur Verfügung gestellten Schulformendatei)
gegenstandsart		mit der Angabe zur Art des Gegenstandes, in folgender Differenzierung:
	„a“	für alternativen Pflichtgegenstand bzw. Wahlpflichtgegenstand
	„f“	für Freigegenstand
	„p“	für (in der Stundentafel fix vorgegebenen) Pflichtgegenstand
	„s“	für Seminar
gegenstand		mit der Langbezeichnung des Gegenstandes aus der Stundentafel
upis		mit dem UPIS-Kürzel des Gegenstandes, soweit ein solches vergeben ist
schulstufe		mit der betreffenden Schulstufe bzw. bei in Semestern gegliederten Ausbildungen das Semester und in Schulformen der „Neuen Oberstufe“ bzw. der semestrierten Oberstufe ab der 10. Schulstufe die Schulstufe samt Semester
leistungsniveau		mit Angabe des Leistungsniveaus der Beurteilung, in folgenden Ausprägungen:
	„k“	keine Differenzierung nach Leistungsniveaus vorgesehen
	„h“	höheres Leistungsniveau (zB „Standard AHS“)
	„n“	niedrigeres Leistungsniveau (zB „Standard“)
beurteilung		mit der im Zeugnis ausgewiesenen Beurteilung dieses Gegenstandes, in folgender Differenzierung:
	„1“	für „Sehr gut“
	„2“	für „Gut“
	„3“	für „Befriedigend
	„4“	für „Genügend“
	„5“	für „Nicht genügend“
	„V“	für eine verbale Beurteilung
	„N“	für „nicht beurteilt“

8. Das Element **pruefung** ist ein Kind-Element von „verlaufsdetails“, beinhaltet alle offenen Semesterprüfungen bzw. Kolloquien dieser Ausbildung sowie Wiederholungsprüfungen und Modulprüfungen, zu denen die Schülerin oder der Schüler noch antrittsberechtigt ist, und weist folgende Attribute auf:

Attribut	**Wert**	
gegenstandsart	mit der Angabe zur Art des Gegenstandes, in folgender Differenzierung:	
	„a“	für alternativen Pflichtgegenstand bzw. Wahlpflichtgegenstand
	„f“	für Freigegenstand
	„p“	für (in der Stundentafel fix vorgegebenen) Pflichtgegenstand
	„s“	für Seminar
gegenstand	mit der Langbezeichnung des Gegenstandes aus der Stundentafel	
upis	mit dem UPIS-Kürzel des Gegenstandes, soweit ein solches vergeben ist	
schulstufe	mit der betreffenden Schulstufe bzw. bei in Semestern gegliederten Ausbildungen das Semester und in Schulformen der „Neuen Oberstufe“ bzw. der semestrierten Oberstufe ab der 10. Schulstufe die Schulstufe inkl. Semester	
pruefungsart *(BGBl. II Nr. 401/2021, Z 30 idF BGBl. II Nr. 324/2022, Z 7)*	mit der Angabe zur Art der Prüfung, in folgender Differenzierung: *(BGBl. II Nr. 401/2021, Z 30 idF BGBl. II Nr. 324/2022, Z 7)*	
	„k“	für Kolloqium (§ 23 SchUG-BKV) *(BGBl. II Nr. 401/2021, Z 30 idF BGBl. II Nr. 324/2022, Z 7)*
	„m“	für Modulprüfung (§ 23a SchUG-BKV) *(BGBl. II Nr. 401/2021, Z 30 idF BGBl. II Nr. 324/2022, Z 7)*
	„s“	für Semesterprüfung in der „Neuen Oberstufe“ (§ 23a SchUG idF BGBl. I Nr. 159/2020), sofern „p“ nicht zutrifft, oder der semestrierten Oberstufe (§ 23a SchUG) *(BGBl. II Nr. 401/2021, Z 30 idF BGBl. II Nr. 324/2022, Z 7)*
	„p“	für Semesterprüfung in der „Neuen Oberstufe“ gemäß § 23a Abs. 3 3. Satz SchUG idF BGBl. I Nr. 159/2020 *(BGBl. II Nr. 401/2021, Z 30 idF BGBl. II Nr. 324/2022, Z 7)*
	„u“	für Semesterprüfung über noch nicht besuchte Unterrichtsgegenstände in der „Neuen Oberstufe“ (§ 23b SchUG idF BGBl. I Nr. 159/2020) oder der semestrierten Oberstufe (§ 23b SchUG) *(BGBl. II Nr. 401/2021, Z 30 idF BGBl. II Nr. 324/2022, Z 7)*
	„w“	für Wiederholungsprüfung (§ 23 SchUG) *(BGBl. II Nr. 401/2021, Z 30 idF BGBl. II Nr. 324/2022, Z 7)*
antritt	Anzahl der nicht erfolgreichen Prüfungsantritte (ggf. inkl. allfälliger Terminverluste infolge ungerechtfertigter Verhinderung)	

9. Das Element **schulpflichtverletzung** ist ein Kind-Element von „schueler“, muss für jede Schülerin oder jeden Schüler, der die allgemeine Schulpflicht noch nicht erfüllt bzw. für die oder den Berufsschulpflicht besteht, einmal vorhanden sein und weist folgende Attribute auf:

Attribut	**Wert**
unentschTage	mit der Anzahl der unentschuldigten Fehltage im abgelaufenen Schuljahr (bei keinem unentschuldigten Fehltag ist hier „0“ anzugeben)
Verwarnungen	mit der Anzahl der Verwarnungen für unentschuldigte Fehltage im abgelaufenen Schuljahr (bei keiner Verwarnung ist hier „0“ anzugeben)
strafanz	mit der Anzahl der bisher von den besuchten Schulen erstatteten Strafanzeigen wegen Schulpflichtverletzung (bei keiner Erstattung ist hier „0“ anzugeben)

Anlage 4

zu § 12 Abs. 1 und 2, § 13 Abs. 1 und § 14 Abs. 1

(BGBl. II Nr. 324/2022, Z 8)

Teil I

Daten hinsichtlich der Aufgabenebene für standardisierte Prüfungsgebiete der abschließenden Prüfungen, der Externistenprüfungen, die einer abschließenden Prüfung entsprechen, sowie der Berufsreifeprüfung

1. Definitionen, Verweise, Begriffsbestimmungen:

1.1 Definition der Schnittstellen zwischen den Evidenzen gemäß § 5 BilDokG 2020 (lokalen Schulverwaltungsprogrammen) und der Datenbasis der abschließenden Prüfungen der Bundesministerin oder des Bundesministers für Bildung, Wissenschaft und Forschung: Als Schnittstelle für die Datenübermittlung fungiert eine XML-Datei im Zeichensatzformat UTF-8, Datumsfelder sind im Format JJJJ-MM-TT abzuspeichern. Die Datei beginnt mit der Zeichenfolge <?xml version=„1.0“ encoding=„UTF-8“?>.

Sollte eine Übermittlung mittels XML-Datei nicht möglich sein, so ist eines der von der Bundesministerin oder dem Bundesminister für Bildung, Wissenschaft und Forschung vorgegebenen Formate zu verwenden.

1.2 Verweise auf bundesgesetzliche Rechtsvorschriften sind wie folgt zu verstehen: „SchOG“ = Schulorganisationsgesetz, BGBl. Nr. 242/1962, „SchUG“ = Schulunterrichtsgesetz, BGBl. Nr. 472/1986, „BRPG“ = Berufsreifeprüfungsgesetz, BGBl. I Nr. 68/1997, „E-GovG“ = E-Government-Gesetz, BGBl. I Nr. 10/2004.

2. Das Wurzel-Element **standardisiert_srdp** muss genau einmal pro Datenübermittlung vorhanden sein und weist folgende Attribute auf:

Attribut	Wert	
xmlns	mit dem Wert „standardisiert_aufgabenebene“	
meldedatum	mit dem Datum dieser Meldung	
absender	mit der (Schul-, Cluster-)Kennzahl des Absenders	
termin	mit der Angabe des Prüfungstermins zu dem die Meldung erfolgt	
	„ht-JJJJ“	für die Meldung zum Haupttermin; so wäre zB für den Haupttermin im Schuljahr 2021/22 hier „ht-2022“ einzutragen
	„he-JJJJ“	für die Meldung zum Herbsttermin; so wäre zB für den Herbsttermin im Schuljahr 2022/23 hier „he-2022“ einzutragen
	„wi-JJJJ“	für die Meldung zum Wintertermin; so wäre zB für den Wintertermin im Schuljahr 2022/23 hier „wi-2023“ einzutragen
erhebungsphase	mit der Angabe des Meldedurchgangs, zu dem diese Meldung erfolgt	
	„1“	für die Meldung der Ergebnisse der Klausurarbeit bzw. der Klausurarbeiten (vor allfälligen Kompensationsprüfungen)
	„2“	für die Meldung inklusive der Ergebnisse der Kompensationsprüfung bzw. der Kompensationsprüfungen und der gesamthaften Beurteilung(en)

3. Das Element **bildungseinrichtung** ist ein Kind-Element von „standardisiert_srdp“, muss mindestens einmal pro Datenmeldung vorhanden sein (Prüfungskandidatinnen oder Prüfungskandidaten von Exposituren, dislozierten Klassen u. ä. sind getrennt unter den Schulkennzahlen der dislozierten Stellen zu melden) und weist folgendes Attribut auf:

Attribut	Wert
skz	mit der Schulkennzahl der Schule, für die diese Meldung erfolgt bzw. mit der Erwachsenenbildungsinstitutskennzahl des Erwachsenenbildungsinstituts, für das diese Meldung erfolgt (gemäß der von der Bundesministerin oder dem Bundesminister für Bildung, Wissenschaft und Forschung zur Verfügung gestellten österreichischen Schulendatei und dem Verzeichnis der Erwachsenenbildungsinstitute)

4. Das Element **leermeldung** ist ein Kind-Element von „bildungseinrichtung“, muss im Falle einer Leermeldung gemäß § 12 Abs. 2 einmal pro Datenmeldung vorhanden sein und weist folgendes Attribut auf:

Attribut	**Wert**
leer	mit der Angabe einer Leermeldung gemäß § 12 Abs. 2 mit dem Wert „l“

5. Das Element **kandidat** ist ein Kind-Element von „bildungseinrichtung“, muss einmal pro Prüfungskandidatin oder pro Prüfungskandidaten und Datenmeldung vorhanden sein und weist folgende Attribute auf:

Attribut	**Wert**
bPKBF	mit dem bereichsspezifischen Personenkennzeichen Bildung und Forschung gemäß § 9 E-GovG (wenn verfügbar)
vbPKAS	mit dem verschlüsselten bereichsspezifischen Personenkennzeichen Amtliche Statistik gemäß § 9 E-GovG (wenn verfügbar)
geschlecht	mit dem Geschlecht der Prüfungskandidatin oder des Prüfungskandidaten, in folgenden Ausprägungen: „m“ für männlich „w“ für weiblich „x“ für divers „o“ für offen „i“ für inter „k“ für den Fall, dass von jeglicher Geschlechtsangabe abgesehen wurde
matrikel	für ein bildungseinrichtungsspezifisches Personenkennzeichen, hier zB die eindeutige SOKRATES-ID der Prüfungskandidatin oder des Prüfungskandidaten

6. Das Element **ausbildung** ist ein Kind-Element von „kandidat“, muss pro Prüfungskandidatin oder Prüfungskandidaten und Datenmeldung einmal vorhanden sein und weist folgende Attribute auf:

Attribut	**Wert**
schulform	mit der Schulformkennzahl der Ausbildung, in der die abschließende Prüfung erfolgt (nach Maßgabe der von der Bundesministerin oder vom Bundesminister für Bildung, Wissenschaft und Forschung zur Verfügung gestellten Schulformendatei)
extern	mit der Angabe, ob es sich bei der Prüfungskandidatin oder dem Prüfungskandidaten um eine Externistin oder einen Externisten „e“ oder keine Externistin oder keinen Externisten „s“ handelt.
art	mit der Angabe der Art der abschließenden Prüfung in folgenden Ausprägungen „rpr“ Reifeprüfung „rud“ Reife-und Diplomprüfung „brp“ Berufsreifeprüfung (BRP) „erp“ Externistenreifeprüfung „erd“ Externistenreife- und Diplomprüfung
schuljahr	mit der Angabe des Schuljahres der Abschlussklasse bzw. des Abschlussjahrganges. Im Fall der Nichtverfügbarkeit bei einer Externistenreifeprüfung oder Externistenreife- und Diplomprüfung oder Berufsreifeprüfung ist hier 1000/01 als Proxy einzugeben
klasse	mit der (schulüblichen) Bezeichnung der besuchten (Stamm-)Klasse bzw. Jahrgang usw., wobei die erste Stelle numerisch ist und das Ausbildungsjahr bzw. -semester dieses Lehrplans wiedergibt (der Wertevorrat pro Lehrplan ist in der von der Bundesministerin oder vom Bundesminister für Bildung, Wissenschaft und Forschung zur Verfügung gestellten Schulformendatei definiert), die weiteren Stellen dienen zur Unterscheidung von Parallelklassen innerhalb der Schule; Klassenteile einer Stammklasse unterscheiden sich nicht in der Klassenbezeichnung, sondern durch die Schulformkennzahl bzw. Schulstufe. Im Fall der Nichtverfügbarkeit bei einer Externistenreifeprüfung oder Externistenreife- und Diplomprüfung oder Berufsreifeprüfung ist hier „1ext“ einzugeben.

7. Das Element **klausur** ist ein Kind-Element von „ausbildung", muss für jedes Prüfungsgebiet bzw. jede Teilprüfung, in dem bzw. der die Prüfungskandidatin oder der Prüfungskandidat eine standardisierte Klausurarbeit abgelegt hat, einmal vorhanden sein und weist folgende Attribute auf:

Attribut	**Wert**	
pruefungstag	„JJJJ-MM-TT"	mit der Angabe des Datums der Prüfung des Prüfungsgebiets, für die Meldung in der Erhebungsphase 2 ist im Fall des Antritts zu einer Kompensationsprüfung der Tag der schriftlichen Klausur einzutragen.
pruefungsgebiet	mit der Angabe des Prüfungsgebiets gemäß der von der Bundesministerin oder vom Bundesminister für Bildung, Wissenschaft und Forschung zur Verfügung gestellten Prüfungsgebietsliste	
antritt	Mit der Angabe des Antritts im gegenständlichen Prüfungsgebiet	
	„1"	1. Antritt
	„2"	1. Wiederholung
	„3"	2. Wiederholung
	„4"	3. Wiederholung
kla_beurteilung	mit der Angabe der Beurteilungsstufe der Klausurarbeit (vor einer allfälligen Kompensationsprüfung) oder der Angabe „nicht beurteilt" (bei vorgetäuschten Leistungen) in folgender Differenzierung:	
	„1"	Sehr gut
	„2"	Gut
	„3"	Befriedigend
	„4"	Genügend
	„5s"	Nicht genügend mit Erreichen des Schwellenwerts
	„5n"	Nicht genügend ohne Erreichen des Schwellenwerts
	„n"	nicht beurteilt
komp_beurteilung	mit der Angabe der Beurteilungsstufe bzw. Information bezüglich Kompensationsprüfung, in folgender Differenzierung:	
	„c"	keine Kompensationsprüfung vorgesehen, bei positiver Beurteilung oder Nichtbeurteilung des Prüfungsgebiets bzw. im Falle einer Berufsreifeprüfung für die Prüfungsgebiete Deutsch, lebende Fremdsprache und Fachbereich
	„0"	für die Meldung vor dem Termin der Kompensationsprüfung (Erhebungsphase=„1"), wenn eine solche vorgesehen ist (nicht „c")
	„f"	nicht angetreten
	„1"	Sehr gut
	„2"	Gut
	„3"	Befriedigend
	„4"	Genügend
	„5"	Nicht genügend
	„n"	nicht beurteilt
klp_beurteilung	mit der Angabe der Beurteilungsstufe der Klausurprüfung (einschließlich einer allfälligen Kompensationsprüfung) oder der Angabe „nicht beurteilt" (bei vorgetäuschten Leistungen) in folgender Differenzierung:	
	„1"	Sehr gut
	„2"	Gut
	„3"	Befriedigend
	„4"	Genügend
	„5"	Nicht genügend
	„n"	nicht beurteilt
schulstufe_beurteilung	mit der Angabe der Beurteilungsstufe der einzubeziehenden Leistungen der letzten Schulstufe, in welcher der das Prüfungsgebiet betreffende Unterrichtsgegenstand bzw. die das Prüfungsgebiet betreffenden Unterrichtsgegenstände unterrichtet wurde bzw. wurden oder der Angabe „keine Einbeziehung", in folgender Differenzierung:	

	„1"	Sehr gut
	„2"	Gut
	„3"	Befriedigend
	„4"	Genügend
	„k"	keine Einbeziehung, da keine vorgesehen ist
gesamth_kl_beurteilung	mit der Angabe der gesamthaften Beurteilung des Prüfungsgebietes (Klausurarbeit, Kompensationsprüfung, einbezogene Leistung der letzten Schulstufe) in folgender Differenzierung:	
	„0"	für die Meldung vor dem Termin der Kompensationsprüfung (Erhebungsphase=„1") wenn eine solche vorgesehen ist
	„1"	Sehr gut
	„2"	Gut
	„3"	Befriedigend
	„4"	Genügend
	„5"	Nicht genügend
	„n"	nicht beurteilt

Zusätzlich sind die Ergebnisse auf Ebene der einzelnen Aufgaben gemäß der von der Bundesministerin oder dem Bundesminister zur Verfügung gestellten Formulare zu übermitteln. Diese haben Folgendes zu enthalten:

In den Prüfungsgebieten „Mathematik", „Angewandte Mathematik", „Lebende Fremdsprache", „Latein" und „Griechisch": eine Aufzählung der Aufgaben, die maximal zu erreichende Punkteanzahl pro Aufgabe sowie die davon individuell erreichte Punkteanzahl pro Aufgabe.

In den Prüfungsgebieten „Deutsch", „Slowenisch", „Kroatisch" und „Ungarisch" (jeweils als Unterrichtssprache): die gewählte Aufgabe der Aufgabenstellung.

Zusätzlich ist pro Prüfungsgebiet der Technologieeinsatz anzugeben.

Teil II

Daten hinsichtlich des Gesamterfolgs der abschließenden Prüfungen, der Externistenprüfungen, die einer abschließenden Prüfung entsprechen, sowie der Berufsreifeprüfung

1. Definitionen, Verweise, Begriffsbestimmungen:

1.1. Es ist für jede für jede Prüfungskandidatin und jeden Prüfungskandidaten sowie für jede Schülerin und jeden Schüler einer Abschlussklasse oder eines Abschlussjahrganges ohne Antrittsberechtigung eine Datenmeldung zu übermitteln.

Sollten bei Prüfungskandidatinnen oder Prüfungskandidaten Leistungen aus Vorterminen vorliegen, sind diese im Falle einer Reife- oder Reife- und Diplomprüfung, bei Externistinnen und Externisten falls vorhanden, mitzumelden.

Sollte eine Übermittlung mittels XML-Datei nicht möglich sein, so sind die von der Bundesanstalt „Statistik Österreich" bereitgestellten Formate zu verwenden.

1.2 Definition der Schnittstellen zwischen den Evidenzen gemäß § 5 BilDokG 2020 (lokalen Schulverwaltungsprogrammen) und der Datenbasis der abschließenden Prüfungen bei der Bundesanstalt „Statistik Österreich": Als Schnittstelle für die Datenübermittlung fungiert eine XML-Datei im Zeichensatzformat UTF-8, Datumsfelder sind im Format JJJJ-MM-TT abzuspeichern. Die Datei beginnt mit der Zeichenfolge <?xml version=„1.0" encoding=„UTF-8"?>.

1.3 Verweise auf bundesgesetzliche Rechtsvorschriften sind wie folgt zu verstehen: „SchOG" = Schulorganisationsgesetz, BGBl. Nr. 242/1962, „SchUG" = Schulunterrichtsgesetz, BGBl. Nr. 472/1986, „SchUG-BKV" = Schulunterrichtsgesetz für Berufstätige, Kollegs und Vorbereitungslehrgänge, BGBl. I Nr. 33/1997, „„BRPG" = Berufsreifeprüfungsgesetz, BGBl. I Nr. 68/1997, „E-GovG" = E-Government-Gesetz, BGBl. I Nr. 10/2004.

2. Das Wurzel-Element **erfolg_srdp** muss genau einmal pro Datenübermittlung vorhanden sein und weist folgende Attribute auf:

Attribut	**Wert**
xmlns	mit dem Wert „erfolg_kandidat"
meldedatum	mit dem Datum dieser Meldung

absender	mit der (Schul-, Cluster- bzw. Erwachsenenbildungseinrichtungs-)Kennzahl des Absenders	
termin	mit der Angabe des Prüfungstermins zu dem die Meldung erfolgt	
	„ht-JJJJ“	für die Meldung zum Haupttermin; so wäre zB für den Haupttermin im Schuljahr 2021/22 hier „ht-2022“ einzutragen
	„he-JJJJ“	für die Meldung zum Herbsttermin; so wäre zB für den Herbsttermin im Schuljahr 2022/23 hier „he-2022“ einzutragen
	„wi-JJJJ“	für die Meldung zum Wintertermin; so wäre zB für den Wintertermin im Schuljahr 2022/23 hier „wi-2023“ einzutragen

3. Das Element **bildungseinrichtung** ist ein Kind-Element von „erfolg_srdp“, muss mindestens einmal pro Datenmeldung vorhanden sein (Prüfungskandidatinnen oder Prüfungskandidaten sowie Schülerinnen oder Schüler in Abschlussklassen und Abschlussjahrgängen ohne Antrittsberechtigung von Expondituren, dislozierten Klassen u. ä. sind getrennt unter den Schulkennzahlen der dislozierten Stellen zu melden) und weist folgendes Attribut auf:

Attribut	**Wert**
skz	mit der Schulkennzahl der Schule, für die diese Meldung erfolgt bzw. mit der Erwachsenenbildungsinstitutskennzahl des Erwachsenenbildungsinstituts, für das diese Meldung erfolgt (gemäß der von der Bundesministerin oder dem Bundesminister für Bildung, Wissenschaft und Forschung zur Verfügung gestellten österreichischen Schulendatei und dem Verzeichnis der Erwachsenenbildungsinstitute)

4. Das Element **leermeldung** ist ein Kind-Element von „bildungseinrichtung“, muss im Falle einer Leermeldung gemäß § 13 Abs. 2 einmal pro Datenmeldung vorhanden sein und weist folgendes Attribut auf:

Attribut	**Wert**
leer	mit der Angabe einer Leermeldung gemäß § 13 Abs. 2 mit dem Wert „l“

5. Das Element **kandidat** ist ein Kind-Element von „bildungseinrichtung“, muss mindestens einmal pro Prüfungskandidatin oder pro Prüfungskandidaten bzw. pro Schülerin oder pro Schüler einer Abschlussklasse oder eines Abschlussjahrganges ohne Antrittsberechtigung und Datenmeldung vorhanden sein und weist folgende Attribute auf:

Attribut	**Wert**	
vbPKBF	mit dem verschlüsselten bereichsspezifischen Personenkennzeichen Bildung und Forschung gemäß § 9 E-GovG (wenn verfügbar)	
vbPKAS	mit dem verschlüsselten bereichsspezifischen Personenkennzeichen Amtliche Statistik gemäß § 9 E-GovG (wenn verfügbar)	
svnr	bis zur Ausstattung mit bereichsspezifischen Personenkennzeichen mit der Sozialversicherungsnummer (wenn verfügbar)	
ersatz	mit der Ersatzkennung, wenn die bereichsspezifischen Personenkennzeichen nicht verfügbar sind bzw. bis zur Ausstattung mit bereichsspezifischen Personenkennzeichen, wenn die Sozialversicherungsnummer („svnr“) nicht verfügbar ist	
gebdat	mit dem Geburtsdatum	
geschlecht	mit dem Geschlecht, in folgenden Ausprägungen:	
	„m“	für männlich
	„w“	für weiblich
	„x“	für divers
	„o“	für offen
	„i“	für inter
	„k“	für den Fall, dass von jeglicher Geschlechtsangabe abgesehen wurde

staat	mit der Staatsangehörigkeit (nach Maßgabe des von der Bundesministerin oder vom Bundesminister für Bildung, Wissenschaft und Forschung zur Verfügung gestellten Verzeichnisses der Staatencodes)
erstsprache1	mit der (ersten) Angabe zu der Sprache bzw. den Sprachen, in der bzw. denen der Spracherwerb bis zur Vollendung des dritten Lebensjahrs erfolgte („Erstsprache(n)"), (nach Maßgabe des von der Bundesministerin oder vom Bundesminister für Bildung, Wissenschaft und Forschung zur Verfügung gestellten Verzeichnisses der Sprachencodes)
erstsprache2	mit der (gegebenenfalls) zweiten Angabe zu den Sprachen, in denen der Spracherwerb bis zur Vollendung des dritten Lebensjahrs erfolgte („Erstsprachen"), (nach Maßgabe des von der Bundesministerin oder vom Bundesminister für Bildung, Wissenschaft und Forschung zur Verfügung gestellten Verzeichnisses der Sprachencodes)
erstsprache3	mit der (gegebenenfalls) dritten Angabe zu den Sprachen, in denen der Spracherwerb bis zur Vollendung des dritten Lebensjahrs erfolgte („Erstsprachen"), (nach Maßgabe des von der Bundesministerin oder vom Bundesminister für Bildung, Wissenschaft und Forschung zur Verfügung gestellten Verzeichnisses der Sprachencodes)
alltagsprache1	mit der (ersten) Angabe über die im Alltag regelmäßig gebrauchte(n) Sprache(n), (nach Maßgabe des von der Bundesministerin oder vom Bundesminister für Bildung, Wissenschaft und Forschung zur Verfügung gestellten Verzeichnisses der Sprachencodes)
alltagsprache2	mit der (gegebenenfalls) zweiten Angabe über die im Alltag regelmäßig gebrauchten Sprachen (nach Maßgabe des von der Bundesministerin oder vom Bundesminister für Bildung, Wissenschaft und Forschung zur Verfügung gestellten Verzeichnisses der Sprachencodes)
alltagsprache3	mit der (gegebenenfalls) dritten Angabe über die im Alltag regelmäßig gebrauchten Sprachen (nach Maßgabe des von der Bundesministerin oder vom Bundesminister für Bildung, Wissenschaft und Forschung zur Verfügung gestellten Verzeichnisses der Sprachencodes)
plz	mit der Postleitzahl der Heimatadresse, bei einer Auslandsadresse Eintrag des Postleitzahlen-Ersatzcodes nach Maßgabe des von der Bundesministerin oder vom Bundesminister für Bildung, Wissenschaft und Forschung zur Verfügung gestellten Verzeichnisses der Staatencodes
ort	mit der Bezeichnung des Ortes der Heimatadresse
zusatzort	mit der Kennung „j", wenn eine zusätzliche Wohnadresse am Bildungsort besteht, sonst „n"
matrikel	für ein bildungseinrichtungsspezifisches Personenkennzeichen – hier zB die eindeutige SOKRATES-ID

6. Das Element **ausbildung** ist ein Kind-Element von „kandidat", muss pro Prüfungskandidatin oder pro Prüfungskandidaten bzw. pro Schülerin oder pro Schüler einer Abschlussklasse oder eines Abschlussjahrganges ohne Antrittsberechtigung und Datenmeldung einmal vorhanden sein und weist folgende Attribute auf:

Attribut	**Wert**
schulform	mit der Schulformkennzahl der Ausbildung, in der die abschließende Prüfung erfolgt (nach Maßgabe der von der Bundesministerin oder vom Bundesminister für Bildung, Wissenschaft und Forschung zur Verfügung gestellten Schulformendatei)
extern	mit der Angabe, ob es sich bei der Prüfungskandidatin oder dem Prüfungskandidaten um eine Externistin oder einen Externisten „e" oder keine Externistin oder keinen Externisten „s" handelt.

art	mit der Angabe der Art der abschließenden Prüfung in folgenden Ausprägungen „rpr" Reifeprüfung „rud" Reife-und Diplomprüfung „brp" Berufsreifeprüfung (BRP) „erp" Externistenreifeprüfung „erd" Externistenreife- und Diplomprüfung
antrittsberechtigt	mit der Angabe, ob eine Antrittsberechtigung gegeben ist, mit den Ausprägungen „1" für antrittsberechtigt und „0" für nicht antrittsberechtigt

7. Das Element **ausbildung_srdp** ist ein Kind-Element von „ausbildung", muss pro Prüfungskandidatin oder pro Prüfungskandidaten der Reifeprüfung oder Reife- und Diplomprüfung bzw. pro Schülerin oder pro Schüler einer Abschlussklasse oder eines Abschlussjahrganges ohne Antrittsberechtigung zur Reifeprüfung oder Reife- und Diplomprüfung (jeweils ohne Externistinnen und Externisten, ohne Kandidatinnen und Kandidaten, die bereits bei einem früheren Termin angetreten sind) und Datenmeldung einmal vorhanden sein und weist folgende Attribute auf:

schuljahr	mit der Angabe des Schuljahres der Abschlussklasse bzw. des Abschlussjahrganges
klasse	mit der (schulüblichen) Bezeichnung der besuchten (Stamm-)Klasse bzw. Jahrgang usw., wobei die erste Stelle numerisch ist und das Ausbildungsjahr bzw. -semester dieses Lehrplans wiedergibt (der Wertevorrat pro Lehrplan ist in der von der Bundesministerin oder vom Bundesminister für Bildung, Wissenschaft und Forschung zur Verfügung gestellten Schulformendatei definiert), die weiteren Stellen dienen zur Unterscheidung von Parallelklassen innerhalb der Schule; Klassenteile einer Stammklasse unterscheiden sich nicht in der Klassenbezeichnung, sondern durch die Schulformkennzahl bzw. Schulstufe.
bilingual	mit der Information, ob fremdsprachiger bzw. zweisprachiger Unterricht (Lebende Fremdsprache als Unterrichtssprache) besucht wurde (§ 16 Abs. 3 SchUG), in folgenden Ausprägungen: „d" für durchgehend fremd- bzw. zweisprachigen Unterricht „k" für (praktisch) keinen fremd- bzw. zweisprachigen Unterricht „t" für teilweise fremd- bzw. zweisprachigen Unterricht
bilingualsprache	mit der Angabe der Unterrichtssprache, wenn der Wert des Attributs „bilingual" gleich „d" oder „t" ist gemäß dem von der Bundesministerin oder vom Bundesminister für Bildung, Wissenschaft und Forschung zur Verfügung gestellten Fremdsprachenverzeichnis; ansonsten bleibt dieses Attribut leer.

8. Das Element **klausur** ist ein Kind-Element von „ausbildung", muss für jedes Prüfungsgebiet bzw. jede Teilprüfung, in dem bzw. der die Prüfungskandidatin oder der Prüfungskandidat eine Klausurarbeit im Rahmen einer abschließenden Prüfung, einer Externistenprüfung, die einer abschließenden Prüfung entspricht oder einer Berufsreifeprüfung abzulegen hat, einmal vorhanden sein und weist folgende Attribute auf:

Attribut	**Wert**	
pruefungstag	„JJJJ-MM-TT"	mit der Angabe des Datums der Prüfung des Prüfungsgebiets, ist im Fall des Antritts zu einer Kompensationsprüfung ist der Tag der schriftlichen Klausur einzutragen.
pruefungsgebiet_e1	mit der Ebene 1 der Klassifikation des Prüfungsgebiets, gemäß der von der Bundesministerin oder dem Bundesminister für Bildung, Wissenschaft und Forschung zur Verfügung gestellten Liste der Prüfungsgebiete	
pruefungsgebiet_e2	mit der Ebene 2 der Klassifikation des Prüfungsgebiets, gemäß der von der Bundesministerin oder dem Bundesminister für Bildung, Wissenschaft und Forschung zur Verfügung gestellten Liste der Prüfungsgebiete	
pruefungsgebiet_e3	mit der Ebene 3 der Klassifikation des Prüfungsgebiets, gemäß der von der Bundesministerin oder dem Bundesminister für Bildung, Wissenschaft und Forschung zur Verfügung gestellten Liste der Prüfungsgebiete	

pruefungsgebiet_e4	mit der Ebene 4 der Klassifikation des Prüfungsgebiets, gemäß der von der Bundesministerin oder dem Bundesminister für Bildung, Wissenschaft und Forschung zur Verfügung gestellten Liste der Prüfungsgebiete	
langbezeichnung	mit der Langbezeichnung, ggf. inkl. Angabe der betreffenden Fremdsprache bzw. des (schulautonomen) Prüfungsgebietes	
standardisiert	mit der Angabe, ob es sich um eine standardisierte Klausurarbeit handelt, mit den Ausprägungen	
	„1“	standardisierte Klausurarbeit
	„0“	nicht standardisierte Klausurarbeit
vorgezogen	mit der Angabe, ob es sich um eine vorgezogene Teilprüfung gemäß § 36 Abs. 3 SchUG bzw. § 35 Abs. 3 SchUG-BKV handelt	
	„1“	vorgezogene Teilprüfung
	„0“	keine vorgezogene Teilprüfung
termin_pruefungsgebiet	mit der Angabe des Prüfungstermins, an dem das Ergebnis erzielt wurde	
	„ht-JJJJ“	für ein Ergebnis aus dem Haupttermin; so wäre zB für den Haupttermin des Schuljahres 2021/22 hier „ht-2022“ einzutragen
	„he-JJJJ“	für ein Ergebnis aus dem Herbsttermin
	„wi-JJJJ“	für ein Ergebnis aus dem Wintertermin
antritt	mit der Angabe des Antritts im gegenständlichen Prüfungsgebiet	
	„1“	1. Antritt
	„2“	1. Wiederholung
	„3“	2. Wiederholung
	„4“	3. Wiederholung
	„v“	Ergebnis aus einem Vortermin
	„g“	gerechtfertigt verhindert
	„u“	ungerechtfertigt ferngeblieben
	„a“	Anerkennung
	„b“	entfällt oder befreit

9. Das Element **klausur_ergebnis** ist ein Kind-Element von „klausur“, ist nur erforderlich, wenn das Attribut „antritt“ „1“, „2“, „3“, „4“ oder „v“ ist, muss für jedes Prüfungsgebiet bzw. jede Teilprüfung, in dem bzw. der die Prüfungskandidatin oder der Prüfungskandidat eine Klausurarbeit im Rahmen einer abschließenden Prüfung, einer Externistenprüfung, die einer abschließenden Prüfung entspricht oder einer Berufsreifeprüfung abgelegt hat, einmal vorhanden sein und weist folgende Attribute auf:

kla_beurteilung	mit der Angabe der Beurteilungsstufe der Klausurarbeit (vor einer allfälligen Kompensationsprüfung) oder der Angabe „nicht beurteilt“ (bei vorgetäuschten Leistungen) in folgender Differenzierung:	
	„1“	Sehr gut
	„2“	Gut
	„3“	Befriedigend
	„4“	Genügend
	„5s“	Nicht genügend mit Erreichen des Schwellenwerts
	„5n“	Nicht genügend ohne Erreichen des Schwellenwerts
	„n“	nicht beurteilt
komp_beurteilung	mit der Angabe der Beurteilungsstufe bzw. Information bezüglich Kompensationsprüfung, in folgender Differenzierung:	
	„c“	keine Kompensationsprüfung vorgesehen, bei positiver Beurteilung oder Nichtbeurteilung des Prüfungsgebiets bzw. im Falle einer Berufsreifeprüfung für die Prüfungsgebiete Deutsch, lebende Fremdsprache und Fachbereich
	„f“	nicht angetreten
	„1“	Sehr gut
	„2“	Gut
	„3“	Befriedigend
	„4“	Genügend
	„5“	Nicht genügend
	„n“	nicht beurteilt
klp_beurteilung	mit der Angabe der Beurteilungsstufe der Klausurprüfung (einschließlich einer allfälligen Kompensationsprüfung) oder der Angabe „nicht beurteilt“ (bei vorgetäuschten Leistungen) in folgender Differenzierung:	

	„1“	Sehr gut
	„2“	Gut
	„3“	Befriedigend
	„4“	Genügend
	„5“	Nicht genügend
	„n“	nicht beurteilt,, da keine vorgesehen ist oder der Schwellenwert nicht erreicht und die Kompensationsprüfung negativ war
schulstufe_beurteilung	mit der Angabe der Beurteilungsstufe der einzubeziehenden Leistungen der letzten Schulstufe, in welcher der das Prüfungsgebiet betreffende Unterrichtsgegenstand bzw. die das Prüfungsgebiet betreffenden Unterrichtsgegenstände unterrichtet wurde bzw. wurden oder der Angabe „keine Einbeziehung“, in folgender Differenzierung:	
	„1“	Sehr gut
	„2“	Gut
	„3“	Befriedigend
	„4“	Genügend
	„k“	keine Einbeziehung
gesamth_kl_beurteilung	mit der Angabe der gesamthaften Beurteilung des Prüfungsgebietes (Klausurarbeit, Kompensationsprüfung, einbezogene Leistung der letzten Schulstufe) in folgender Differenzierung:	
	„1“	Sehr gut
	„2“	Gut
	„3“	Befriedigend
	„4“	Genügend
	„5“	Nicht genügend
	„n“	nicht beurteilt

10. Das Element **pruefung** ist ein Kind-Element von „ausbildung“, muss für jedes Prüfungsgebiet bzw. jede abschließende Arbeit – mit Ausnahme der Klausurprüfung – in der die Prüfungskandidatin oder der Prüfungskandidat eine abschließende Prüfung, eine Externistenprüfung, die einer abschließenden Prüfung entspricht oder eine Berufsreifeprüfung abgelegt hat, mindestens einmal vorhanden sein und weist folgende Attribute auf:

Attribut	**Wert**	
pruefungsgebiet	mit der Klassifikation der Prüfungsgebiete, gemäß der von der Bundesministerin oder dem Bundesminister zur Verfügung gestellten Liste der Prüfungsgebiete	
langbezeichnung	mit der Langbezeichnung und ggf. inkl. Angabe der betreffenden Fremdsprache bzw. des (schulautonomen) Prüfungsgebietes	
pruefungsart	Mit der Angabe der Prüfungsart zu der die Meldung erfolgt	
	„vwa“	vorwissenschaftliche Arbeit
	„dpa“	Diplomarbeit
	„mue“	Mündliche Prüfung
	„pra“	Projektarbeit im Rahmen der BRP
	„vor“	Vorprüfung
	„zus	Zusatzprüfung
	„vor“	vorgezogene Teilprüfung
	„tei“	Teilprüfung (BRP)
termin_pruefungsgebiet	mit der Angabe des Prüfungstermins, an dem das Ergebnis erzielt wurde	
	„ht-JJJJ“	für ein Ergebnis aus dem Haupttermin; so wäre zB für den Haupttermin des Schuljahres 2021/22 hier „ht-2022“ einzutragen
	„he-JJJJ“	für ein Ergebnis aus dem Herbsttermin
	„wi-JJJJ“	für ein Ergebnis aus dem Wintertermin
datum	„JJJJ-MM-TT“	mit der Angabe des Datums der Prüfung des Prüfungsgebiets, im Falle einer abschließenden Arbeit ist das Datum der Präsentation anzugeben.
antritt	mit der Angabe des Antritts in gegenständlichem Prüfungsgebiet	
	„1“	1. Antritt
	„2“	1. Wiederholung

„3"	2. Wiederholung
„4"	3. Wiederholung
„v"	Ergebnis aus einem Vortermin
„g"	gerechtfertigt verhindert
„u"	ungerechtfertigt ferngeblieben
„a"	Anerkennung
„b"	entfällt oder befreit

11. Das Element **pruefung_ergebnis** ist ein Kind-Element von „pruefung", ist nur erforderlich, wenn das Attribut „antritt" „1", „2", „3", „4" oder „v" ist; muss für jedes Prüfungsgebiet bzw. jede abschließende Arbeit – mit Ausnahme der Klausurprüfung – in der die Prüfungskandidatin oder der Prüfungskandidat eine abschließende Prüfung, eine Externistenprüfung, die einer abschließenden Prüfung entspricht oder eine Berufsreifeprüfung abgelegt hat, einmal vorhanden sein und weist folgende Attribute auf:

pr_beurteilung — mit der Angabe der Beurteilungsstufen der Prüfung in folgender Differenzierung (bei Anerkennung ist die Note der anerkannten Prüfung einzugeben):

„1"	Sehr gut
„2"	Gut
„3"	Befriedigend
„4"	Genügend
„5"	Nicht genügend
„n"	nicht beurteilt

schulstufe_beurteilung — mit der Angabe der Beurteilungsstufe der einzubeziehenden Leistungen der letzten Schulstufe, in welcher der das Prüfungsgebiet betreffende Unterrichtsgegenstand bzw. die das Prüfungsgebiet betreffenden Unterrichtsgegenstände unterrichtet wurde bzw. wurden oder der Angabe „keine Einbeziehung", in folgender Differenzierung:

„1"	Sehr gut
„2"	Gut
„3"	Befriedigend
„4"	Genügend
„k"	Einbeziehung nicht vorgesehen
„v"	Ausschluss der Einbeziehung durch die Prüfungskommission

gesamth_pr_beurteilung — mit der Angabe der gesamthaften Beurteilung des Prüfungsgebietes (Ergebnis der Prüfung mitsamt der gegebenenfalls einzubeziehenden Leistungen der letzten Schulstufe, in welcher der das Prüfungsgebiet betreffende Unterrichtsgegenstand bzw. die das Prüfungsgebiet betreffenden Unterrichtsgegenstände unterrichtet wurde bzw. wurden) in folgender Differenzierung:

„1"	Sehr gut
„2"	Gut
„3"	Befriedigend
„4"	Genügend
„5"	Nicht genügend
„n"	nicht beurteilt

12. Das Element **brp_pruefung_ergebnis** ist ein Kind-Element von „pruefung_ergebnis", muss für Prüfungskandidatinnen und Prüfungskandidaten der Berufsreifeprüfung in den Prüfungsgebieten „Deutsch" und „Fachbereich" im Falle einer erfolgten Beurteilung je einmal vorhanden sein und weist folgende Attribute auf:

brp_pr_beurteilung — mit der Angabe der Beurteilungsstufen der Prüfung in folgender Differenzierung (bei Anerkennung ist die Note der anerkannten Prüfung einzugeben):

„1"	Sehr gut
„2"	Gut
„3"	Befriedigend
„4"	Genügend
„5"	Nicht genügend
„n"	nicht beurteilt

13. Das Element **abschlussdetails** ist ein Kind-Element von „ausbildung“, muss genau einmal pro Prüfungskandidatin oder pro Prüfungskandidaten bzw. pro Schülerin oder pro Schüler einer Abschlussklasse oder eines Abschlussjahrganges ohne Antrittsberechtigung und Datenmeldung vorhanden sein und weist folgende Attribute auf:

Attribut	**Wert**	
termin	mit dem Datum des Prüfungszeugnisses (bzw. der letzten Prüfung, wenn kein Zeugnis ausgestellt wurde). Im Falle einer Nichtantrittsberechtigung oder einem Nichtantreten ist hier das Datum des letzten Zeugnisses der Abschlussklasse bzw. des Abschlussjahrgangs einzutragen.	
ergebnis	mit der Angabe über die Gesamtbeurteilung dieser abschließenden Prüfung in den folgenden Ausprägungen:	
	„na“	zur abschließenden Prüfung nicht antrittsberechtigt
	„ka“	zu keinem Prüfungsgebiet der abschließenden Prüfung angetreten
	„ae“	mit ausgezeichnetem Erfolg bestanden
	„ge“	mit gutem Erfolg bestanden
	„be“	bestanden
	„nw“	nicht bestanden mit Wiederholungsmöglichkeit
	„nb“	nicht bestanden ohne weitere Wiederholungsmöglichkeit
	„vn“	Vollständigkeit noch nicht gegeben, da (Teil)-Prüfungen noch offen sind bzw. bei der BRP ein Teil der Prüfungen in Deutsch oder Fachbereich noch offen ist.

Anlage 5

zu § 26 Abs. 3

(BGBl. II Nr. 401/2021, Z 30)

Teil I

Daten des Personalaufwands bei Bildungseinrichtungen

1. Gesamtdatensatz des Personalaufwandes

1.1 Der Gesamtdatensatz besteht aus dem Kopfsatz (2.1), den Personaldatensätzen (2.2), dem Aufwandsdatensatz (2.3) und dem Stellen/Pensionierungsdatensatz (2.4). Bei der Übermittlung des Gesamtdatensatzes ist das bereitgestellte Datenformat zu verwenden.

2. Inhalt des Gesamtdatensatzes

2.1 Der Kopfsatz enthält die Leitdaten der Übermittlung und hat folgenden Inhalt:

Merkmal	**Inhalt**
Rechtsträger	3.1
Erhebungszeitraum	3.2

2.2 Personaldatensätze (§ 14 Abs. 1 Z 1 lit. a und b BilDokG 2020)

2.2.1 Auszuwählen sind Bedienstete (einschließlich karenzierte Bedienstete), die Bildungseinrichtungen zur Beschäftigung zugewiesen sind. Die Eindeutigkeit des Personaldatensatzes ist durch eine geeignete Datensatzkennung zu gewährleisten.

2.2.2 Ein Personaldatensatz hat zusätzlich zu der erforderlichen Datensatzkennung folgenden Inhalt:

Merkmal	**Inhalt**
Bezeichnung, Anschrift und Rechtsnatur des Erhalters der Bildungseinrichtung	3.3
Bildungseinrichtung (Schulkennzahl der Stammschule)	3.4
Geschlecht	3.5
Geburtsdatum *(BGBl. II Nr. 401/2021, Z 30 idF BGBl. II Nr. 324/2022, Z 9)*	3.6
Ausbildung	3.7
Verwendung	3.8
Funktion	3.9
Beschäftigungsart	3.10
Beschäftigungsausmaß	3.11

2.3 Aufwandsdatensatz (§ 14 Abs. 1 Z 1 lit. c BilDokG 2020)

2.3.1 Im Aufwandsdatensatz ist der in Verbindung mit den Personaldatensätzen der Bediensteten (2.2) stehende Personalaufwand je nach Berichtszeitraum (§ 26) darzustellen. Unter Personalaufwand sind die einzelnen Bezugsbestandteile entsprechend der für den jeweiligen Bediensteten maßgeblichen besoldungsrechtlichen Vorschriften (insbesondere Gehalt einschließlich Zulagen, Vergütungen, Abgeltungen bzw. Monatsentgelt bzw. Entlohnung) zu verstehen.

2.3.2 Der Aufwandsdatensatz ist als Summe des Personalaufwandes gegliedert nach Art der Bildungseinrichtung darzustellen.

2.4 Stellen/Pensionierungsdatensatz (§ 14 Abs. 1 Z 1 lit. d BilDokG 2020)

2.4.1 Eine Auswahl der Ausschreibungen von Planstellen sowie der Pensionierungen an Bildungseinrichtungen ist je nach Berichtszeitraum (§ 15) vorzunehmen und als Summe darzustellen.

3. Transformation

3.1 Anzugeben ist der Rechtsträger, der die Dienstgeberfunktion für die an der Bildungseinrichtung beschäftigten Personen wahrnimmt (Benennung des Bundeslandes bzw. „Bund“ bzw. „sonstiger“).

3.2 Der Erhebungszeitraum ist nach dem Muster „JJJJMM“ zu besetzen, zB „202110“.

3.3 Zusätzlich zu Anschrift und Bezeichnung des Erhalters der Bildungseinrichtung sind folgende Werte mit den angegebenen Bedeutungen vorgesehen:

Werte	Bedeutung
11	Bund
12	Land
13	Gemeinde
14	Kombination von Gebietskörperschaften

3.4 Die Identifikationsnummer ist gemäß der von der Bundesministerin oder vom Bundesminister für Bildung, Wissenschaft und Forschung zur Verfügung gestellten österreichischen Schulendatei festzulegen.

3.5 Wertevorrat: „M“ für männlich, „W“ für weiblich, „X“ für divers, „O“ für offen, „I“ für inter und „K“, wenn von jeglicher Geschlechtsangabe abgesehen wurde.

3.6 Das Geburtsdatum ist im Format „JJJJ-MM-TT“ anzugeben. *(BGBl. II Nr. 401/2021, Z 30 idF BGBl. II Nr. 324/2022, Z 10)*

3.7 Anzugeben ist die höchste erfolgreich abgeschlossene (schulische bzw. hochschulische) Ausbildung, soweit sie Anstellungserfordernis war.

3.8 Bei Personen, die in einem Dienstverhältnis zum Bund oder Land stehen, ist die Verwendungs- und Besoldungsgruppe nach den für den jeweiligen Bediensteten maßgeblichen dienst- und besoldungsrechtlichen Vorschriften anzugeben (zB pd, L1, L2a2, L2a1, L2b3, L2b2, L2b1, L3, l1, l2, l2a2, l2a1, l2b3, l2b2, l2b1, l3). Bei Personen, die in einem Dienstverhältnis zu einem anderen Rechtsträger als Bund oder Land stehen, ist die Verwendung nach den für den jeweiligen Bediensteten maßgeblichen arbeitsvertraglichen Vorschriften anzugeben.

3.9 Anzugeben ist (sind) die an der Schule ausgeübte(n) Tätigkeit(en), wie zB Lehrperson, Schulleitung, Clusterleitung, Abteilungsvorstehung, Fachvorstehung, Administration, Erzieherin oder Erzieher, Schulärztin oder Schularzt, Schulwartin oder Schulwart, Sekretariat.

3.10 Anzugeben ist die Art des Beschäftigungsverhältnisses (öffentlich-rechtliches Dienstverhältnis, privatrechtliches Dienstverhältnis [befristet/unbefristet/Sondervertragsverhältnis], sonstiges Dienstverhältnis).

3.11 Das Beschäftigungsausmaß ist

- im Beschäftigungsausmaß in % einer Vollbeschäftigung ohne Mehrdienstleistungen,

- mit den besoldungsrelevanten Mehrdienstleistungen in Stunden und

- mit dem Anteil der Beschäftigung in %, der mit Tätigkeiten gemäß Z 3.9 verbracht wird (Unterricht bzw. sonstige Tätigkeit),

anzugeben (mit der weiteren Angabe, ob es sich um eine Vollzeit- oder Teilzeitbeschäftigung handelt).

Teil II

Daten des Betriebs- und Erhaltungsaufwands bei Bildungseinrichtungen

1. Gesamtdatensatz des Betriebs- und Erhaltungsaufwandes

1.1 Der Gesamtdatensatz besteht aus dem Kopfsatz (2.1), den Einnahmen- und Ausgabendatensätzen (2.2) und dem Ausstattungsdatensatz (2.3). Bei der Übermittlung des Gesamtdatensatzes ist das bereitgestellte Datenformat zu verwenden.

2. Inhalt des Gesamtdatensatzes

2.1 Der Kopfsatz enthält die Leitdaten der Übermittlung und hat folgenden Inhalt:

Merkmal	Inhalt
Bundesdienststelle	3.1
Erhebungszeitraum	3.2

2.2 Einnahmen- und Ausgabendatensätze (§ 14 Abs. 1 Z 2 lit. a und b BilDokG 2020)

2.2.1 Die Eindeutigkeit eines Einnahmen- und Ausgabendatensatzes ist durch eine geeignete Datensatzkennung zu gewährleisten.

2.2.2 Ein Einnahmen- und Ausgabendatensatz hat zusätzlich zu der erforderlichen Datensatzkennung folgenden Inhalt:

Merkmal	Inhalt
Bezeichnung, Anschrift und Rechtsnatur des Erhalters der Bildungseinrichtung	3.3
Bildungseinrichtung (Schulkennzahl)	3.4
Einnahmen und Ausgaben in der Bildungseinrichtungserhaltung, gegliedert nach Einnahmen- und Ausgabenarten sowie Arten der Bildungseinrichtungen	3.5

2.3 Ausstattungsdatensatz (§ 14 Abs. 1 Z 2 lit. c BilDokG 2020Bildungsdokumentationsgesetz)

2.3.1 Der Ausstattungsdatensatz hat die Flächen der Bildungseinrichtung gemäß Widmungscode DIN 277 zu enthalten.

2.3.2 Nach der erstmaligen Übermittlung des vollständigen Ausstattungsdatensatzes sind zu den Erhebungszeiträumen und Berichtsterminen gemäß § 16 nur Ergänzungen bzw. Ergänzungsmeldungen bezogen auf den Stand der jeweils letzten Übermittlung vorzunehmen.

3. Transformation

3.1 Anzugeben ist die Dienststellenkennzahl der Bundesdienststelle, für die der Betriebs- und Erhaltungsaufwand nach Maßgabe des jeweiligen Bundesfinanzgesetzes budgetär veranschlagt worden ist.

3.2 Der Erhebungszeitraum betrifft jeweils ein Kalenderjahr ist und ist nach dem Muster „JJJJ“ zu besetzen, zB „2021“.

3.3 Zusätzlich zu Anschrift und Bezeichnung des Erhalters der Bildungseinrichtung sind folgende Werte mit den angegebenen Bedeutungen vorgesehen:

Wert	Bedeutung
11	Bund

3.4 Die Identifikationsnummer ist gemäß der von der Bundesministerin oder vom Bundesminister für Bildung, Wissenschaft und Forschung zur Verfügung gestellten österreichischen Schulendatei festzulegen.

3.5 Die Einnahmen und Ausgaben in der Bildungseinrichtungserhaltung sind bezogen auf die einzelne Bildungseinrichtung entsprechend der Systematik der Haushaltsverrechnung des Bundes (zweckgebundene und ordentliche Gebarung) darzustellen.

Teil III

1. Gesamtdatensatz des Personalaufwandes

1.1 Der Gesamtdatensatz besteht aus dem Kopfsatz (2.1), den Personaldatensätzen (2.2) und dem Aufwandsdatensatz (2.3). Bei der Übermittlung des Gesamtdatensatzes ist das bereitgestellte Datenformat zu verwenden.

2. Inhalt des Gesamtdatensatzes

2.1 Der Kopfsatz enthält die Leitdaten der Übermittlung und hat folgenden Inhalt:

Merkmal	Inhalt
Rechtsträger	3.1
Erhebungszeitraum	3.2

2.2 Personaldatensätze (§ 18 Abs. 4 Z 1 lit. a BilDokG 2020)

2.2.1 Auszuwählen sind Bedienstete (einschließlich karenzierte Bedienstete), die Bildungseinrichtungen zur Beschäftigung zugewiesen sind. Die Eindeutigkeit des Personaldatensatzes ist durch eine geeignete Datensatzkennung zu gewährleisten.

2.2.2 Ein Personaldatensatz hat zusätzlich zu der erforderlichen Datensatzkennung folgenden Inhalt:

Merkmal	Inhalt
Bezeichnung, Anschrift und Rechtsnatur des Erhalters der Bildungseinrichtung	3.3
Bildungseinrichtung (Schulkennzahl der Stammschule)	3.4
Geschlecht	3.5
Geburtsdatum *(BGBl. II Nr. 401/2021, Z 30 idF BGBl. II Nr. 324/2022, Z 9)*	3.6

Ausbildung	3.7
Verwendung	3.8
Funktion	3.9
Beschäftigungsart	3.10
Beschäftigungsausmaß	3.11

2.3 Aufwandsdatensatz (§ 18 Abs. 4 Z 1 lit. b BilDokG 2020)

2.3.1 Im Aufwandsdatensatz ist der in Verbindung mit den Personaldatensätzen der Bediensteten (2.2) stehende Personalaufwand darzustellen. Unter Personalaufwand sind die einzelnen Entlohnungsbestandteile entsprechend der für den jeweiligen Bediensteten maßgeblichen arbeitsrechtlichen (besoldungsrechtlichen) Vorschriften zu verstehen. Der Personalaufwand hat folgende Merkmale entsprechend der Systematik des Kapitels 4 der Verordnung (EG) Nr. 2223/96 des Rates vom 25. Juni 1996 zum Europäischen System Volkswirtschaftlicher Gesamtrechnungen auf nationaler und regionaler Ebene in der Europäischen Gemeinschaft, ABl. Nr. L 310 vom 30.11.1996 S. 1 (ESVG 95), aufzuweisen:

Merkmal	**Bedeutung**
Bruttolohn und -gehalt in Form von Geldleistungen	Gesamtbezüge einschließlich aller von der Arbeitnehmerin oder dem Arbeitnehmer zu entrichtenden und von der Arbeitgeberin oder dem Arbeitgeber einbehaltenen Steuern, Sozialbeiträge und der sonstigen einbehaltenen Abzüge vom Bruttolohn (einschließlich Zulagen, Zuschläge, Zuwendungen)
Bruttolohn und -gehalt in Form von Sachleistungen	Waren, Dienstleistungen und sonstige Leistungen, die unentgeltlich oder verbilligt von der Arbeitgeberin oder dem Arbeitgeber zur Verfügung gestellt werden
gesetzliche Pflichtbeiträge des Arbeitgebers	Beiträge der Dienstgeberinnen oder der Dienstgeber für ihre Arbeitnehmerinnen oder Arbeitnehmer zur Sozialversicherung (Kranken-, Pensions-, Unfall-, Arbeitslosenversicherung), Wohnbauförderungsbeitrag, Kommunalsteuer, Beiträge zum Familienlastenausgleichsfonds und zum Insolvenzentgeltsicherungsfonds, Dienstgeberbeitrag gemäß Entgeltfortzahlungsgesetz
sonstige Sozialaufwendungen	Zuweisungen an Pensionsrückstellungen (nicht an Abfertigungsrückstellungen), Pensionszahlungen an ehemalige Dienstnehmerinnen oder Dienstnehmer, wenn keine Pensionsrückstellung dotiert wird; freiwillige Versicherungsprämien

2.3.2 Der Aufwandsdatensatz ist als Summe des Personalaufwandes gegliedert nach Art der Bildungseinrichtung darzustellen.

3. Transformation

3.1 Anzugeben ist der Rechtsträger, der die Dienstgeberfunktion für die an der Bildungseinrichtung beschäftigten Personen wahrnimmt.

3.2 Der Erhebungszeitraum ist nach dem Muster „JJJJMM" zu besetzen, zB „202110".

3.3 Zusätzlich zu Anschrift und Bezeichnung des Erhalters der Bildungseinrichtung (sofern der Erhalter der Bildungseinrichtung nicht in Z 3.1 erfasst worden ist) sind folgende Werte mit den angegebenen Bedeutungen vorgesehen:

Werte	**Bedeutung**
11	Bund
12	Land
13	Gemeinde
14	Kombination von Gebietskörperschaften
21	Römisch katholische Kirche
22	Evangelische Kirche (AB + HB)
23	Israelitische Religionsgesellschaft
24	Islamische Glaubensgemeinschaft in Österreich
31	Kammern für Arbeiter und Angestellte
32	Kammer der gewerblichen Wirtschaft
33	Berufsförderungsinstitut
34	Landwirtschaftskammer
35	Innung, Berufsverband
36	Fonds der Wiener Kaufmannschaft

51	Handels- oder Produktionsbetrieb
52	Geld- oder Kreditinstitut
53	Versicherungsgesellschaft
61	Stiftung
62	Verein
71	Privatperson
72	Mehrere Privatpersonen
91	Sonstige Schulerhalter

3.4 Die Identifikationsnummer ist gemäß der von der Bundesministerin oder vom Bundesminister für Bildung, Wissenschaft und Forschung zur Verfügung gestellten österreichischen Schulendatei festzulegen.

3.5 Wertevorrat: „M" für männlich, „W" für weiblich, „X" für divers, „O" für offen, „I" für inter und „K", wenn von jeglicher Geschlechtsangabe abgesehen wurde

3.6 Das Geburtsdatum ist im Format „JJJJ-MM-TT" anzugeben. *(BGBl. II Nr. 401/2021, Z 30 idF BGBl. II Nr. 324/2022, Z 10)*

3.7 Anzugeben ist die höchste erfolgreich abgeschlossene (schulische bzw. hochschulische) Ausbildung.

3.8 Anzugeben ist die Verwendung nach den für den jeweiligen Bediensteten maßgeblichen arbeitsvertraglichen Vorschriften (zB Lehrperson, Verwaltung, allgemeiner Dienst für den Privatschulbetrieb).

3.9 Anzugeben ist (sind) die an der Schule ausgeübte(n) Tätigkeit(en), wie zB Lehrperson, Schulleitung, Clusterleitung, Abteilungsvorstehung, Fachvorstehung, Administration, Erzieherin oder Erzieher, Schulärztin oder Schularzt, Schulwartin oder Schulwart, Sekretariat.

3.10 Anzugeben ist die Art des Beschäftigungsverhältnisses (privatrechtliches Dienstverhältnis [befristet/unbefristet/als lebende Subvention], öffentlich-rechtliches Dienstverhältnis [als lebende Subvention], „H"[auptberuflich] bzw. „N"[ebenberuflich]).

3.11 Das Beschäftigungsausmaß (inklusive Überstunden) ist

- in Prozent gemessen an 100% einer Vollbeschäftigung und
- mit dem Anteil der Beschäftigung in %, der mit Tätigkeiten gemäß Z 3.9 verbracht wird (Unterricht bzw. sonstige Tätigkeit),

anzugeben (mit der weiteren Angabe, ob es sich um eine Vollzeit- oder Teilzeitbeschäftigung handelt).

Teil IV

Daten des Betriebs- und Erhaltungsaufwands bei Privatschulen

1. Gesamtdatensatz des Betriebs- und Erhaltungsaufwandes

1.1 Der Gesamtdatensatz besteht aus dem Kopfsatz (2.1) sowie den Einnahmen- und Ausgabendatensätzen (2.2). Bei der Übermittlung des Gesamtdatensatzes ist das bereitgestellte Datenformat zu verwenden.

2. Inhalt des Gesamtdatensatzes

2.1 Der Kopfsatz enthält die Leitdaten der Übermittlung und hat folgenden Inhalt:

Merkmal	**Inhalt**
Rechtsträger	3.1
Erhebungszeitraum	3.2

2.2 Einnahmen- und Ausgabendatensätze (§ 18 Abs. 4 Z 2 BilDokG 2020)

2.2.1 Die Eindeutigkeit eines Einnahmen- und Ausgabendatensatzes ist durch eine geeignete Datensatzkennung zu gewährleisten.

2.2.2 Ein Einnahmen- und Ausgabendatensatz hat zusätzlich zu der erforderlichen Datensatzkennung folgenden Inhalt:

Merkmal	**Inhalt**
Bezeichnung, Anschrift und Rechtsnatur des Erhalters der Bildungseinrichtung	3.3
Bildungseinrichtung (Schulkennzahl)	3.4
Einnahmen und Ausgaben in der Bildungseinrichtungserhaltung, gegliedert nach Einnahmen- und Ausgabenarten sowie Arten der Bildungseinrichtungen	3.5

3. Transformation

3.1 Anzugeben ist der Rechtsträger, der den Betriebs- und Erhaltungsaufwand der Bildungseinrichtung trägt (Schulerhalter).

3.2 Der Erhebungszeitraum betrifft jeweils ein Kalenderjahr ist und ist nach dem Muster „JJJJ" zu besetzen, zB „2021".

3.3 Zusätzlich zu Anschrift und Bezeichnung des Erhalters der Bildungseinrichtung (sofern der Erhalter der Bildungseinrichtung nicht in Z 3.1 erfasst worden ist) sind folgende Werte mit den angegebenen Bedeutungen vorgesehen:

Werte	**Bedeutung**
11	Bund
12	Land
13	Gemeinde
14	Kombination von Gebietskörperschaften
21	Römisch katholische Kirche
22	Evangelische Kirche (AB + HB)
23	Israelitische Religionsgesellschaft
24	Islamische Glaubensgemeinschaft in Österreich
31	Kammern für Arbeiter und Angestellte
32	Kammer der gewerblichen Wirtschaft
33	Berufsförderungsinstitut
34	Landwirtschaftskammer
35	Innung, Berufsverband
36	Fonds der Wiener Kaufmannschaft
51	Handels- oder Produktionsbetrieb
52	Geld- oder Kreditinstitut
53	Versicherungsgesellschaft
61	Stiftung
62	Verein
71	Privatperson
72	Mehrere Privatpersonen
91	Sonstige Schulerhalter

3.4 Die Identifikationsnummer ist gemäß der von der Bundesministerin oder vom Bundesminister für Bildung, Wissenschaft und Forschung zur Verfügung gestellten österreichischen Schulendatei festzulegen.

3.5 Die Einnahmen und Ausgaben in der Bildungseinrichtungserhaltung sind bezogen auf die einzelne Bildungseinrichtung nach Maßgabe der jeweiligen Rechnungsabschlüsse darzustellen und haben folgende Merkmale aufzuweisen:

3.5.1 Einnahmen

Merkmal	**Bedeutung**
Eltern- bzw. Schülerbeiträge	
Ersätze für Schülertransport und Verpflegung	
Subventionen (Zuschüsse) von:	
Bund	alle Subventionen einschließlich Ersätze für Personalaufwand der Lehrpersonen
Länder	alle Subventionen einschließlich Ersätze für Personalaufwand der Lehrpersonen
Gemeinde	
Sonstige	
Zuschüsse für Investitionen	für bauliche Zwecke, vermögensbildende Ausgaben
Schuldenaufnahme	
Sonstige Einnahmen	Spenden, ...

3.5.2 Ausgaben

Merkmal	**Bedeutung**
Sachaufwand	Lehrmittel, Material, Treibstoff, Mieten, Gebühren, Leistungsentgelte für Post, Telekommunikation, Bank, Grundversorgung, ...

davon für Schülertransport und Verpflegung
Investitionen:

Bauliche	Errichtung bzw. Umbau von Immobilien, alle werterhöhenden Erweiterungen und Instandhaltungen, Investitionen in feste Installationen (zB Beleuchtung), nicht laufende Investitionen
Einrichtungen	Geräte, Maschinen, Ausstattung, Werkzeuge, ...
Fahrzeuge	
Software	Kauf von Software einschließlich der Lizenzzahlung für den Gebrauch

Erwerb von Liegenschaften
Schuldendienst

Zinsen	Zinsaufwendungen von Fremdkapital
Tilgungen	Planmäßige Abschreibungen auf immaterielle Gegenstände des Anlagevermögens und Sachanlagen

Anlage 6

zu § 17 Abs. 1, § 18 Abs. 2, § 19 Abs. 1, § 19a Abs. 1 und § 20 Abs. 1

(BGBl. II Nr. 262/2023, Art. 2 Z 23)

Teil I

Daten der Schulen und der Testadministration für die individuellen Kompetenzerhebungen

1. Definitionen, Verweise, Begriffsbestimmungen:

1.1 Definition der Schnittstellen zwischen den Evidenzen gemäß § 5 BilDokG 2020 (lokalen Schulverwaltungsprogrammen) und der Datenbasis der individuellen Kompetenzerhebungen: Als Schnittstelle für die Datenübermittlung fungiert eine XML-Datei im Zeichensatzformat UTF-8, Datumsfelder sind im Format JJJJ-MM-TT abzuspeichern. Die Datei beginnt mit der Zeichenfolge <?xml version=„1.0" encoding=„UTF-8"?>.

Sollte eine Übermittlung mittels XML-Datei nicht möglich sein, so ist eines der vom IQS vorgegebenen Formate zu verwenden.

1.2 Verweise auf bundesgesetzliche Rechtsvorschriften sind wie folgt zu verstehen: „SchOG" = Schulorganisationsgesetz, BGBl. Nr. 242/1962, „SchUG" = Schulunterrichtsgesetz, BGBl. Nr. 472/1986, „SchPflG" = Schulpflichtgesetz 1985, BGBl. Nr. 76/1985, „E-GovG" = E-Government-Gesetz, BGBl. I Nr. 10/2004.

1.3 Verweise auf Verordnungen sind wie folgt zu verstehen: „BistV" = Verordnung über Bildungsstandards im Schulwesen, BGBl. II Nr. 1/2009.

1.4 Die Verarbeitung der Daten gemäß Z 2 bis 7 erfolgt nach Maßgabe der technischen Möglichkeiten.

2. Das Wurzel-Element **kompetenzerhebungen** muss genau einmal pro Datenübermittlung vorhanden sein und weist folgende Attribute auf:

Attribut	**Wert**
xmlns	mit dem Wert „kompetenzerhebungen_schueler"
meldedatum	mit dem Datum dieser Meldung
meldeart	mit „n" für eine Neumeldung zu diesem Meldedurchgang (standard, überschreibt alle allfälligen bisherigen Meldungen dieser Schule zu diesem Meldedurchgang)
absender	mit der (Schul-)Kennzahl des Absenders

3. Das Element **schule** ist ein Kind-Element von „kompetenzerhebungen", muss mindestens einmal pro Datenmeldung vorhanden sein (Schülerin oder Schüler von Expositūren, dislozierten Klassen uä. sind getrennt unter den Schulkennzahlen der dislozierten Stellen zu melden) und weist folgendes Attribut auf:

Attribut	**Wert**
skz	mit der Schulkennzahl der Schule, für die diese Meldung erfolgt (gemäß der von der Bundesministerin oder dem Bundesminister für Bildung, Wissenschaft und Forschung zur Verfügung gestellten österreichischen Schulendatei)

4. Das Element **schueler** ist ein Kind-Element von „schule", muss für die 3. und 4. Schulstufe sowie für die 7. und 8. Schulstufe für alle Schülerinnen und Schüler genau einmal vorhanden sein und weist folgende Attribute auf:

Attribut	**Wert**
bPKBF	mit dem bereichsspezifischen Personenkennzeichen Bildung und Forschung gemäß § 9 E-GovG (wenn verfügbar)
vbPKAS	mit dem verschlüsselten bereichsspezifischen Personenkennzeichen Amtliche Statistik gemäß § 9 E-GovG (wenn verfügbar)
ersatz	mit der Ersatzkennung für die Schülerin oder den Schüler, wenn die bereichsspezifischen Personenkennzeichen nicht verfügbar sind, bzw. erst nach der ersten Datenmeldung verfügbar wurden
gebj	mit dem Jahr der Geburt der Schülerin oder des Schülers (Format JJJJ)
gebm	mit dem Monat der Geburt der Schülerin oder des Schülers (Format MM)

geschlecht	mit dem Geschlecht der Schülerin oder des Schülers („m“ für männlich, „w“ für weiblich, „x“ für divers, „o“ für offen, „i“ für inter und „k“, wenn von jeglicher Geschlechtsangabe abgesehen wurde)
staat	mit der Staatsangehörigkeit der Schülerin oder des Schülers (nach Maßgabe des von der Bundesministerin oder vom Bundesminister für Bildung, Wissenschaft und Forschung zur Verfügung gestellten Verzeichnisses der Staatencodes)
erstsprache1	mit der (ersten) Angabe zu der Sprache bzw. den Sprachen der Schülerin oder des Schülers, in der bzw. denen der Spracherwerb bis zur Vollendung des dritten Lebensjahrs erfolgte („Erstsprache(n)“) (nach Maßgabe des von der Bundesministerin oder vom Bundesminister für Bildung, Wissenschaft und Forschung zur Verfügung gestellten Verzeichnisses der Sprachencodes)
erstsprache2	mit der (gegebenenfalls) zweiten Angabe zu den Sprachen der Schülerin oder des Schülers, in denen der Spracherwerb bis zur Vollendung des dritten Lebensjahrs erfolgte („Erstsprachen“) (nach Maßgabe des von der Bundesministerin oder vom Bundesminister für Bildung, Wissenschaft und Forschung zur Verfügung gestellten Verzeichnisses der Sprachencodes)
erstsprache3	mit der (gegebenenfalls) dritten Angabe zu den Sprachen der Schülerin oder des Schülers, in denen der Spracherwerb bis zur Vollendung des dritten Lebensjahrs erfolgte („Erstsprachen“) (nach Maßgabe des von der Bundesministerin oder vom Bundesminister für Bildung, Wissenschaft und Forschung zur Verfügung gestellten Verzeichnisses der Sprachencodes)
alltagsprache1	mit der (ersten) Angabe über die im Alltag regelmäßig gebrauchte(n) Sprache(n) der Schülerin oder des Schülers (nach Maßgabe des von der Bundesministerin oder vom Bundesminister für Bildung, Wissenschaft und Forschung zur Verfügung gestellten Verzeichnisses der Sprachencodes)
alltagsprache2	mit der (gegebenenfalls) zweiten Angabe über die im Alltag regelmäßig gebrauchten Sprachen der Schülerin oder des Schülers (nach Maßgabe des von der Bundesministerin oder vom Bundesminister für Bildung, Wissenschaft und Forschung zur Verfügung gestellten Verzeichnisses der Sprachencodes)
alltagsprache3	mit der (gegebenenfalls) dritten Angabe über die im Alltag regelmäßig gebrauchten Sprachen der Schülerin oder des Schülers (nach Maßgabe des von der Bundesministerin oder vom Bundesminister für Bildung, Wissenschaft und Forschung zur Verfügung gestellten Verzeichnisses der Sprachencodes)
spf	mit der Angabe, ob ein sonderpädagogischer Förderbedarf bescheidmäßig festgestellt ist („f“) bzw. bei noch laufenden Verfahren („v“), sonst „n“
matrikel	für ein bildungseinrichtungsspezifisches Personenkennzeichen,

5. Das Element **ausbildung** ist ein Kind-Element von „schueler“, muss pro Schülerin oder pro Schüler und Datenmeldung einmal vorhanden sein und weist folgende Attribute auf:

Attribut	**Wert**
schuljahr	mit der Angabe des laufenden Schuljahres
schulform	mit der Schulformkennzahl dieser Ausbildung (nach Maßgabe der von der Bundesministerin oder vom Bundesminister für Bildung, Wissenschaft und Forschung zur Verfügung gestellten Schulformendatei)
klasse	mit der (schulüblichen) Bezeichnung der besuchten (Stamm-)Klasse, wobei die erste Stelle numerisch ist und das Ausbildungsjahr dieses Lehrplans wiedergibt (der Wertevorrat pro Lehrplan ist in der von der Bundesministerin oder dem Bundesminister für Bildung, Wissenschaft und Forschung zur Verfügung gestellten Schulformendatei definiert), die weiteren Stellen dienen zur Unterscheidung von Parallelklassen innerhalb der Schule; Klassenteile einer Stammklasse unterscheiden sich nicht in der Klassenbezeichnung, sondern durch die Schulformkennzahl bzw. Schulstufe
schulstufe	mit der von der Schülerin oder vom Schüler besuchten Schulstufe, die eine schulartenübergreifende Nummerierung der Ausbildungsjahre ist, mit den Werten „3“ und „4“ für das 3. und 4. Grundschuljahr sowie „7“ und „8“ für die jeweiligen Schulstufen der Sekundarstufe I. Der Wertevorrat pro Lehrplan ist in der von der Bundesministerin oder vom Bundesminister für Bildung, Wissenschaft und Forschung zur Verfügung gestellten Schulformendatei definiert

status	mit der Angabe über den Schülerstatus in folgenden Ausprägungen:	
	„o“	für ordentliche Schülerinnen und Schüler
	„a“	für der allgemeinen Schulpflicht unterliegende außerordentliche Schülerinnen und Schüler, deren Aufnahme als ordentliche Schülerinnen und Schüler wegen mangelnder Kenntnis der Unterrichtssprache nicht zulässig ist (§ 4 Abs. 2 lit. a SchUG)
	„b“	für der allgemeinen Schulpflicht unterliegende außerordentliche Schülerinnen und Schüler, deren Aufnahme als ordentliche Schülerinnen und Schüler aus dem Grund der Ablegung einer Einstufungsprüfung nicht zulässig ist (§ 4 Abs. 2 lit. b SchUG)
	„c“	für nicht der allgemeinen Schulpflicht unterliegende außerordentliche Schülerinnen und Schüler, deren Aufnahme als ordentliche Schülerinnen und Schüler wegen mangelnder Kenntnis der Unterrichtssprache nicht zulässig ist (§ 3 Abs. 1 SchUG)
	„d“	für nicht der allgemeinen Schulpflicht unterliegende außerordentliche Schülerinnen und Schüler, deren Aufnahme als ordentliche Schülerinnen und Schüler aus anderen Gründen nicht zulässig ist

6. Das Element **domaenen** ist ein Kind-Element von „ausbildung“, muss genau einmal vorhanden sein und weist folgende Attribute auf:

Attribut	**Wert**
gruppe_deutsch	mit der schulinternen Bezeichnung der Gruppe, in der die Schülerin oder der Schüler im Unterrichtsgegenstand **Deutsch** unterrichtet wird. Gibt es keine Gruppenteilungen, so ist hier die Klassenbezeichnung analog Z 5 (Element „ausbildung“) einzugeben
gruppe_mathematik	mit der schulinternen Bezeichnung der Gruppe, in der die Schülerin oder der Schüler im Unterrichtsgegenstand **Mathematik** unterrichtet wird. Gibt es keine Gruppenteilungen, so ist hier die Klassenbezeichnung analog Z 5 (Element „ausbildung“) einzugeben
gruppe_englisch	mit der schulinternen Bezeichnung der Gruppe, in der die Schülerin oder der Schüler im Unterrichtsgegenstand **Englisch** unterrichtet wird. Gibt es keine Gruppenteilungen, so ist hier die Klassenbezeichnung analog Z 5 (Element „ausbildung“) einzugeben; trifft nur auf Schülerinnen und Schüler der Schulstufen 7 und 8 zu.

7. **Daten aus der Testadministration,** die im Laufe der Durchführung der Kompetenzerhebungen und der Reflexionsgespräche in der Datenbasis des IQS verarbeitet werden:

Attribut	**Wert**	
erhebungs-ID	dient der Zuordnung der Testmaterialien und wird in der Datenbasis pro Schülerin und Schüler generiert	
modul	mit der Angabe über das Modul der jeweiligen Kompetenzerhebung on folgenden Ausprägungen:	
	bd	Basismodul Deutsch (Lesen)
	bm	Basismodul Mathematik
	be	Basismodul Englisch (Rezeptive Fertigkeiten)
	zdv	Zyklusmodul Deutsch (Verfassen von Texten, Textproduktion)
	zdh	Zyklusmodul Deutsch (Zuhören)

	zes	Zyklusmodul Englisch (Schreiben)
	fdl	Fokusmodul Deutsch (Lesen leicht)
	em	Ergänzende Module lt. Bezeichnung auf der Website des IQS (www.iqs.gv.at)
datum	Datum der Durchführung des jeweiligen Moduls der Kompetenzerhebung	
teilnahme	mit der Angabe der Teilnahme bzw. Nichtteilnahme im jeweiligen Modul der Kompetenzerhebung in folgenden Ausprägungen:	
	„t“	verpflichtende Teilnahme
	„f“	freiwillige Teilnahme
	„n_ga“	Nichtteilnahme, gerechtfertigt abwesend gemäß § 9 Abs. 3 SchPflG
	„n_f“	Nichtteilnahme, freigestellt gemäß § 9 Abs. 6 SchPflG
	„n_ua“	Nichtteilnahme, unentschuldigt abwesend
	„n_nsch“	Nichtteilnahme, nicht mehr Schülerin oder Schüler dieser Schule
	„n_bist“	Nichtteilnahme, Anwendung des § 1 Abs. 3 und 5 BistV
lehrperson	mit der Zuordnung einer Lehrerin oder eines Lehrers zur jeweiligen Gruppe/Klasse des jeweiligen Moduls der Kompetenzerhebung	
leistung	Leistungsdaten der Schüler/innen im jeweiligen Modul der Kompetenzerhebung (Schülerantworten und deren Bewertungen)	
gespraech	mit der Angabe „j“, wenn bis zum Stichtag das Gespräch durchgeführt wurde, „ke“, wenn das Gespräch aufgrund Nichtzustandekommen von Seiten der Erziehungsberechtigten nicht durchgeführt werden konnte und „ks“, wenn aus sonstigen Gründen das Gespräch nicht durchgeführt werden konnte	

Teil II

Daten der Übermittlungen durch die Leiterin oder den Leiter des IQS

1. Definitionen, Verweise, Begriffsbestimmungen:

1.1 Definition der Schnittstellen zwischen der Datenbasis der individuellen Kompetenzerhebungen am IQS und dem Bildungsinformationssystem der Bundesministerin oder des Bundesministers für Bildung, Wissenschaft und Forschung: Als Schnittstelle für die Datenübermittlung fungiert eine XML-Datei im Zeichensatzformat UTF-8, Datumsfelder sind im Format JJJJ-MM-TT abzuspeichern. Die Datei beginnt mit der Zeichenfolge <?xml version=„1.0“ encoding=„UTF-8“?>.

Sollte eine Übermittlung mittels XML-Datei nicht möglich sein, so ist das von der Bundesministerin oder dem Bundesminister für Bildung, Wissenschaft und Forschung vorgegebene Format zu verwenden.

1.2 Verweise auf bundesgesetzliche Rechtsvorschriften sind wie folgt zu verstehen: „SchUG“ = Schulunterrichtsgesetz, BGBl. Nr. 472/1986, „SchPflG“ = Schulpflichtgesetz 1985, BGBl. Nr. 76/1985, „E-GovG“ = E-Government-Gesetz, BGBl. I Nr. 10/2004.

1.3 Verweise auf Verordnungen sind wie folgt zu verstehen: „BistV“ = Verordnung über Bildungsstandards im Schulwesen, BGBl. II Nr. 1/2009.

1.4 Die Verarbeitung der Daten gemäß Z 2 bis 6 erfolgt nach Maßgabe der technischen Möglichkeiten.

2. Das Wurzel-Element **kompetenzerhebungen** muss genau einmal pro Datenübermittlung vorhanden sein und weist folgende Attribute auf:

Attribut	Wert
xmlns	mit dem Wert „kompetenzerhebungen_schueler“
meldedatum	mit dem Datum dieser Meldung
meldeart	mit „n“ für eine Neumeldung zu diesem Meldedurchgang (standard, überschreibt alle allfälligen bisherigen Meldungen dieser Schule zu diesem Meldedurchgang)

3. Das Element **schule** ist ein Kind-Element von „kompetenzerhebungen“, muss mindestens einmal pro Datenmeldung vorhanden sein (Schülerinnen oder Schüler von Exposituren, dislozierten Klassen uä. sind getrennt unter den Schulkennzahlen der dislozierten Stellen auszuweisen) und weist folgendes Attribut auf:

Attribut	**Wert**
skz	mit der Schulkennzahl der Schule, der die folgenden Daten zuzuordnen sind (gemäß der von der Bundesministerin oder dem Bundesminister für Bildung, Wissenschaft und Forschung zur Verfügung gestellten österreichischen Schulendatei)

4. Das Element **schueler** ist ein Kind-Element von „schule“, muss für die 3. und 4. Schulstufe sowie für die 7. und 8. Schulstufe für alle Schülerinnen und Schüler genau einmal vorhanden sein und weist folgende Attribute auf:

Attribut	**Wert**
bPKBF	mit dem bereichsspezifischen Personenkennzeichen Bildung und Forschung gemäß § 9 E-GovG (wenn verfügbar)
vbPKAS	mit dem verschlüsselten bereichsspezifischen Personenkennzeichen Amtliche Statistik gemäß § 9 E-GovG (wenn verfügbar)
ersatz	mit der Ersatzkennung für die Schülerin oder den Schüler, wenn die bereichsspezifischen Personenkennzeichen nicht verfügbar sind, bzw. erst nach der ersten Datenmeldung verfügbar wurden.
gebj	mit dem Jahr der Geburt der Schülerin oder des Schülers (Format JJJJ)
gebm	mit dem Monat der Geburt der Schülerin oder des Schülers (Format MM)
geschlecht	mit dem Geschlecht der Schülerin oder des Schülers („m“ für männlich, „w“ für weiblich, „x“ für divers, „o“ für offen, „i“ für inter und „k“, wenn von jeglicher Geschlechtsangabe abgesehen wurde)
staat	mit der Staatsangehörigkeit der Schülerin oder des Schülers (nach Maßgabe des von der Bundesministerin oder vom Bundesminister für Bildung, Wissenschaft und Forschung zur Verfügung gestellten Verzeichnisses der Staatencodes)
erstsprache1	mit der (ersten) Angabe zu der Sprache bzw. den Sprachen der Schülerin oder des Schülers, in der bzw. denen der Spracherwerb bis zur Vollendung des dritten Lebensjahrs erfolgte („Erstsprache(n)“) (nach Maßgabe des von der Bundesministerin oder vom Bundesminister für Bildung, Wissenschaft und Forschung zur Verfügung gestellten Verzeichnisses der Sprachencodes)
erstsprache2	mit der (gegebenenfalls) zweiten Angabe zu den Sprachen der Schülerin oder des Schülers, in denen der Spracherwerb bis zur Vollendung des dritten Lebensjahrs erfolgte („Erstsprachen“) (nach Maßgabe des von der Bundesministerin oder vom Bundesminister für Bildung, Wissenschaft und Forschung zur Verfügung gestellten Verzeichnisses der Sprachencodes)
erstsprache3	mit der (gegebenenfalls) dritten Angabe zu den Sprachen der Schülerin oder des Schülers, in denen der Spracherwerb bis zur Vollendung des dritten Lebensjahrs erfolgte („Erstsprachen“) (nach Maßgabe des von der Bundesministerin oder vom Bundesminister für Bildung, Wissenschaft und Forschung zur Verfügung gestellten Verzeichnisses der Sprachencodes)
alltagsprache1	mit der (ersten) Angabe über die im Alltag regelmäßig gebrauchte(n) Sprache(n) der Schülerin oder des Schülers (nach Maßgabe des von der Bundesministerin oder vom Bundesminister für Bildung, Wissenschaft und Forschung zur Verfügung gestellten Verzeichnisses der Sprachencodes)
alltagsprache2	mit der (gegebenenfalls) zweiten Angabe über die im Alltag regelmäßig gebrauchten Sprachen der Schülerin oder des Schülers (nach Maßgabe des von der Bundesministerin oder vom Bundesminister für Bildung, Wissenschaft und Forschung zur Verfügung gestellten Verzeichnisses der Sprachencodes)
alltagsprache3	mit der (gegebenenfalls) dritten Angabe über die im Alltag regelmäßig gebrauchten Sprachen der Schülerin oder des Schülers (nach Maßgabe des von der Bundesministerin oder vom Bundesminister für Bildung, Wissenschaft und Forschung zur Verfügung gestellten Verzeichnisses der Sprachencodes)
spf	mit der Angabe, ob ein sonderpädagogischer Förderbedarf bescheidmäßig festgestellt ist („f“) bzw. bei noch laufenden Verfahren („v“), sonst „n“
matrikel	für ein bildungseinrichtungsspezifisches Personenkennzeichen,

5. Das Element **ausbildung** ist ein Kind-Element von „schueler", muss pro Schülerin oder pro Schüler und Datenmeldung einmal vorhanden sein und weist folgende Attribute auf:

Attribut	**Wert**
schuljahr	mit der Angabe des laufenden Schuljahres
schulform	mit der Schulformkennzahl dieser Ausbildung (nach Maßgabe der von der Bundesministerin oder vom Bundesminister für Bildung, Wissenschaft und Forschung zur Verfügung gestellten Schulformendatei)
klasse	mit der (schulüblichen) Bezeichnung der besuchten (Stamm-)Klasse, wobei die erste Stelle numerisch ist und das Ausbildungsjahr dieses Lehrplans wiedergibt (der Wertevorrat pro Lehrplan ist in der von der Bundesministerin oder dem Bundesminister für Bildung, Wissenschaft und Forschung zur Verfügung gestellten Schulformendatei definiert), die weiteren Stellen dienen zur Unterscheidung von Parallelklassen innerhalb der Schule; Klassenteile einer Stammklasse unterscheiden sich nicht in der Klassenbezeichnung, sondern durch die Schulformkennzahl bzw. Schulstufe
schulstufe	mit der von der Schülerin oder vom Schüler besuchten Schulstufe, die eine schulartenübergreifende Nummerierung der Ausbildungsjahre ist, mit den Werten „3" und „4" für das 3. und 4. Grundschuljahr sowie „7" und „8" für die jeweiligen Schulstufen der Sekundarstufe I. Der Wertevorrat pro Lehrplan ist in der von der Bundesministerin oder vom Bundesminister für Bildung, Wissenschaft und Forschung zur Verfügung gestellten Schulformendatei definiert
status	mit der Angabe über den Schülerstatus in folgenden Ausprägungen: „o" für ordentliche Schülerinnen und Schüler „a" für der allgemeinen Schulpflicht unterliegende außerordentliche Schülerinnen und Schüler, deren Aufnahme als ordentliche Schülerinnen und Schüler wegen mangelnder Kenntnis der Unterrichtssprache nicht zulässig ist (§ 4 Abs. 2 lit. a SchUG) „b" für der allgemeinen Schulpflicht unterliegende außerordentliche Schülerinnen und Schüler, deren Aufnahme als ordentliche Schülerinnen und Schüler aus dem Grund der Ablegung einer Einstufungsprüfung nicht zulässig ist (§ 4 Abs. 2 lit. b SchUG) „c" für nicht der allgemeinen Schulpflicht unterliegende außerordentliche Schülerinnen und Schüler, deren Aufnahme als ordentliche Schülerinnen und Schüler wegen mangelnder Kenntnis der Unterrichtssprache nicht zulässig ist (§ 3 Abs. 1 SchUG) „d" für nicht der allgemeinen Schulpflicht unterliegende außerordentliche Schülerinnen und Schüler, deren Aufnahme als ordentliche Schülerinnen und Schüler aus anderen Gründen nicht zulässig ist

6. Das Element **ergebnis** ist ein Kind-Element von „schueler", muss pro Schülerin oder pro Schüler und Datenmeldung einmal vorhanden sein und weist folgende Attribute auf:

Attribut	**Wert**
modul	mit der Angabe über das Modul der jeweiligen Kompetenzerhebung bd – Basismodul Deutsch (Lesen) bm – Basismodul Mathematik be – Basismodul Englisch (Rezeptive Fertigkeiten) zdv – Zyklusmodul Deutsch (Verfassen von Texten, Textproduktion) zdh – Zyklusmodul Deutsch (Zuhören) zes – Zyklusmodul Englisch (Schreiben)
datum	Datum der Durchführung des jeweiligen Moduls der Kompetenzerhebung
teilnahme	mit der Angabe der Teilnahme bzw. Nichtteilnahme im jeweiligen Modul der Kompetenzerhebung in folgenden Ausprägungen: „t" verpflichtende Teilnahme „f" freiwillige Teilnahme „n_ga" Nichtteilnahme, gerechtfertigt abwesend gemäß § 9 Abs. 3 SchPflG

	„n_f"	Nichtteilnahme, freigestellt gemäß § 9 Abs. 6 SchPflG
	„n_ua"	Nichtteilnahme, unentschuldigt abwesend
	„n_nsch"	Nichtteilnahme, nicht mehr Schülerin oder Schüler dieser Schule
	„n_bist"	Nichtteilnahme, Anwendung des § 1 Abs. 3 und 5 BistV
ergebnis	Mit der Angabe der erreichten Skalenpunkte gemäß IQS-Zyklus-Berichterstattung im jeweiligen Modul der Kompetenzerhebung	
gespraech	mit der Angabe „j", wenn bis zum Stichtag das Gespräch durchgeführt wurde, „ke", wenn das Gespräch aufgrund Nichtzustandekommen von Seiten der Erziehungsberechtigten nicht durchgeführt werden konnte und „ks", wenn aus sonstigen Gründen das Gespräch nicht durchgeführt werden konnte"	

Anlage 7

zu § 22

(BGBl. II Nr. 401/2021, Z 30)

Daten hinsichtlich Bildungs- und Erwerbskarrieren

Daten hinsichtlich sozioökonomischer Faktoren

1. Definition der Schnittstellen zwischen der Bundesanstalt „Statistik Österreich" und der Datenbasis der Bundesministerin oder des Bundesministers für Bildung, Wissenschaft und Forschung sowie jener der Leiterin oder des Leiters des IQS:

Als Schnittstelle für die Datenübermittlung fungiert eine CSV-Datei im Zeichensatzformat UTF-8.

2. Die Attribute gemäß Z 3 bis 5 sind in folgenden Kategorien zu melden, sofern eine Re-Identifikation von Einzelpersonen ausgeschlossen ist:

2.1. Österreich gesamt, Bundesländer und Bildungsregionen

2.1.1 Schule gesamt

2.1.2. Schulart.

2.1.3. Schulstufe

2.1.4. Schulstufe nach Schulart

2.2. Schule und gegebenenfalls Schulcluster

2.2.1. Schule und gegebenenfalls Schulcluster gesamt

2.2.2. Schulart

2.2.3. Schulstufe pro Schule, bei mehr als einer Schulart ist sowohl der Gesamtwert pro Schulstufe als auch der Wert pro Schulart anzugeben.

2.2.4. Klasse bzw. Jahrgang pro Schule

3. Für die Kategorien gemäß 2.1 sind folgende Attribute und Werte zu verwenden:

Attribut	**Wert**	
bl	mit der Bezeichnung für das Bundesland, in folgenden Ausprägungen:	
	„0"	Österreich gesamt
	„1"	Burgenland
	„2"	Kärnten
	„3"	Niederösterreich
	„4"	Oberösterreich
	„5"	Salzburg
	„6"	Steiermark
	„7"	Tirol
	„8"	Vorarlberg
	„9"	Wien
b_reg	mit der Bezeichnung für die Bildungsregion (gemäß der von der Bundesministerin oder dem Bundesminister für Bildung, Wissenschaft und Forschung zur Verfügung gestellten Liste der Bildungsregionen)	
sart	mit der Bezeichnung für die Schulart, in folgenden Ausprägungen	
	„vs_p"	Volksschule nur Primarstufe
	„vs_s"	Volksschule nur Sekundarstufe
	„vs"	Volksschule
	„ms"	Mittelschule
	„s_p"	Sonderschule nur Primarstufe
	„s_si"	Sonderschule nur Sekundarstufe I
	„s"	Sonderschule
	„pts"	Polytechnische Schule
	„ahs_n_b"	allgemein bildende höhere Schule ohne Berufstätigenformen
	„ahs_u"	allgemein bildende höhere Schule nur Unterstufe
	„ahs_o"	allgemein bildende höhere Schule nur Oberstufe
	„ahs_b"	allgemein bildende höhere Schule nur Berufstätigenformen
	„bs"	Berufsschule
	„bms_n_b"	berufsbildende mittlere Schule ohne Berufstätigenformen

	„bms_b“	berufsbildende mittlere Schule nur Berufstätigenformen
	„bhs_n_b“	berufsbildende höhere Schule ohne Berufstätigenformen
	„bhs_n_b“	berufsbildende höhere Schule nur Berufstätigenformen
	„bmhs_n_b“	berufsbildende mittlere und höhere Schule ohne Berufstätigenformen
	„s_o“	Schule mit eigenem Organisationsstatut
schulstufe	mit der Schulstufe, die eine schulartenübergreifende Nummerierung der Ausbildungsjahre ist, beginnend mit „1“ für das 1. Grundschuljahr und „0“ für die Vorschulstufe (der Wertevorrat pro Lehrplan ist in der von der Bundesministerin oder vom Bundesminister für Bildung, Wissenschaft und Forschung zur Verfügung gestellten Schulformendatei definiert)	

4. Für die Kategorien gemäß 2.2 sind zusätzlich folgende Attribute und Werte zu verwenden:

Attribut	**Wert**
skz	mit der Schulkennzahl der Schule, für die diese Meldung erfolgt (gemäß der von der Bundesministerin oder dem Bundesminister für Bildung, Wissenschaft und Forschung zur Verfügung gestellten österreichischen Schulendatei)
oe-pr	mit der Angabe der Information, ob es sich um eine öffentliche „oe“ oder private „pr“ Schule handelt
klasse	mit der (schulüblichen) Bezeichnung der (Stamm-)Klasse bzw. Jahrgang usw., wobei die erste Stelle numerisch ist und das Ausbildungsjahr bzw. -semester dieses Lehrplans wiedergibt (der Wertevorrat pro Lehrplan ist in der von der Bundesministerin oder vom Bundesminister für Bildung, Wissenschaft und Forschung zur Verfügung gestellten Schulformendatei definiert), die weiteren Stellen dienen zur Unterscheidung von Parallelklassen innerhalb der Schule; Klassenteile einer Stammklasse unterscheiden sich nicht in der Klassenbezeichnung, sondern durch die Schulformkennzahl bzw. Schulstufe
schulart_modus	mit der Angabe der überwiegenden Schulart

5. Folgende Attribute und Werte sind insofern zutreffend für jede Kategorie zu melden.

5.1. Es sind jeweils die Anzahlen und Anteile pro Kategorie anzugeben, Ausnahmen sind gesondert angeführt, fehlende Werte sind gesondert anzugeben.

5.2. Unter Bezugspersonen werden jene Personen verstanden, die aufgrund statistischer Verfahren einer Schülerin oder einem Schüler als „mit einer hohen Wahrscheinlichkeit ermittelte“ Erziehungsberechtigte zugeordnet werden können. Direkte Ableitungen von leiblichen Eltern bzw. Erziehungsberechtigten sind in der Datenbasis der Bundesanstalt „Statistik Österreich“ nicht möglich. Als erste Bezugsperson (b1) wird, falls vorhanden, bevorzugt die weibliche Bezugsperson bezeichnet, als zweite Bezugsperson (b2), falls vorhanden, bevorzugt die männliche Bezugsperson. Sollten zwei gleichgeschlechtliche Bezugspersonen ermittelt werden, sind diese ebenfalls abgebildet. Kann eine Bezugsperson (b1 oder b2) oder können beide Bezugspersonen (b1 und b2) nicht ermittelt werden, sind diese unter den fehlenden Werten anzugeben. Werden bei Attributen Angaben zu beiden Bezugspersonen gefordert, hat bei Vorhandensein nur einer Bezugsperson die Angabe nur zu dieser zu erfolgen.

Attribut	**Wert**	
schueler	mit der Angabe der Anzahl an Schülerinnen und Schüler gesamt, hier ist kein Anteil zu melden	
zuzug	mit der Angabe der Schülerinnen und Schüler, die im letzten Jahr „1“, in den letzten beiden Jahren „2“ oder in den letzten 5 Jahren „5“ aus dem Ausland zugezogen sind	
gebland	mit der Angabe des Geburtslands der Schülerinnen und Schüler, in folgender Ausprägung:	
	„oe“	Österreich
	„eu“	Land der Europäischen Union, ohne „oe“
	„int“	Land außerhalb der Europäischen Union
gebland_child_poverty	mit der Angabe des Geburtslands der Schülerinnen und Schüler, in folgender Ausprägung: die in einem Land unter der „child poverty line“ gemäß OECD-Definition geboren sind („1“) und jene, die über der „child poverty line“ („0“) geboren sind	
gebland_poverty	mit der Angabe des Geburtslands der Schülerinnen und Schüler, in folgender Ausprägung:	

	die in einem Land unter der „total poverty line“ gemäß OECD-Definition geboren sind („1“) und jene, die über der „total poverty line“ („0“) geboren sind
haushalt	mit der Angabe der durchschnittlichen Haushaltsgröße (arithmetisches Mittel und Median), hier sind keine Anzahlen und Anteile anzugeben
bezugsperson0	Schülerinnen und Schüler, für die keine Bezugsperson ermittelt werden konnte
bezugsperson_1	Schülerinnen und Schüler, für die die erste Bezugsperson ermittelt werden konnte
bezugsperson_1_m	Schülerinnen und Schüler, deren erste Bezugsperson männlich ist
bezugsperson_2	Schülerinnen und Schüler, für die die zweite Bezugsperson ermittelt werden konnte
bezugsperson_2_w	Schülerinnen und Schüler, deren zweite Bezugsperson weiblich ist
bezugsperson_1_2	Schülerinnen und Schüler, für die zwei Bezugspersonen ermittelt werden konnten
bezugsperson_1_2_g	Schülerinnen und Schüler, deren beide Bezugspersonen gleichgeschlechtlich sind
bildung_b1	höchste abgeschlossene Ausbildung der ersten Bezugsperson, in folgenden Ausprägungen: „ps“ maximal Pflichtschule „le“ Lehre, berufsbildende mittlere Schule „ma“ Höhere Schule, Berufsreifeprüfung, Kolleg „hs“ Hochschule, Akademie
bildung_b2	höchste abgeschlossene Ausbildung der zweiten Bezugsperson, in folgenden Ausprägungen: „ps“ maximal Pflichtschule „le“ Lehre, berufsbildende mittlere Schule „ma“ Höhere Schule, Berufsreifeprüfung, Kolleg „hs“ Hochschule, Akademie
bildung_b1_b2	höchste abgeschlossene Ausbildung der ersten und zweiten Bezugsperson „ngp“ Bezugspersonen haben unterschiedlichen Abschluss, eine Bezugsperson hat maximal Pflichtschule „ng“ Bezugspersonen haben unterschiedlichen Abschluss, aber nicht „ngp“ „ps“ maximal Pflichtschule „le“ Lehre, berufsbildende mittlere Schule „ma“ Höhere Schule, Berufsreifeprüfung, Kolleg „hs“ Hochschule, Akademie
urbanisierungsgrad	mit der Angabe des Grads der Urbanisierung des Schulstandorts nach der Klassifikation der Europäischen Kommission
schueler_bpk_ermittelt	Schülerinnen und Schüler, für die ein bPK-AS ermittelt werden konnte
einkommen_b1	mit der Angabe der Einkommensklassifikation der ersten Bezugsperson relativ zu allen Einkommen der ermittelten Bezugspersonen österreichweit; in folgenden Ausprägungen „q20“ 20 %-Quantil „q25“ 25 %-Quantil „q50“ Median „q75“ 75 %-Quantil
einkommen_b1	mit der Angabe der Einkommensklassifikation der zweiten Bezugsperson relativ zu allen Einkommen der ermittelten Bezugspersonen österreichweit; in folgenden Ausprägungen „q20“ 20 %-Quantil „q25“ 25 %-Quantil „q50“ Median „q75“ 75 %-Quantil
einkommen_b2	mit der Angabe der Einkommensklassifikation beider Bezugspersonen relativ zu allen Einkommen der ermittelten Bezugspersonen österreichweit; in folgenden Ausprägungen „q20“ 20 %-Quantil „q25“ 25 %-Quantil

	„q50"	Median
	„q75"	75 %-Quantil
erw_status_b1	Angaben zur Erwerbstätigkeit der ersten Bezugsperson, in folgenden Ausprägungen:	
	„u_v"	unselbständige Erwerbsperson, beschäftigt in Vollzeit
	„s_v"	selbständige Erwerbsperson, beschäftigt in Vollzeit
	„u_t"	unselbständige Erwerbsperson, beschäftigt in Teilzeit
	„e_a"	Erwerbsperson, arbeitslos
	„r"	Nicht-Erwerbsperson, im Ruhestand/Pension
	„s"	Nicht-Erwerbsperson, Studierende, Schülerin oder Schüler
	„so"	sonstige Nicht-Erwerbsperson und sonstige arbeitslose Person
erw_status_b2	Angaben zur Erwerbstätigkeit der zweiten Bezugsperson, in folgenden Ausprägungen:	
	„u_v"	unselbständige Erwerbsperson, beschäftigt in Vollzeit
	„s_v"	selbständige Erwerbsperson, beschäftigt in Vollzeit
	„u_t"	unselbständige Erwerbsperson, beschäftigt in Teilzeit
	„a"	Erwerbsperson, arbeitslos
	„r"	Nicht-Erwerbsperson, im Ruhestand/Pension
	„s"	Nicht-Erwerbsperson, Studierende, Schülerin oder Schüler
	„so"	sonstige Nicht-Erwerbsperson und sonstige arbeitslose Person
erw_status_b1_b2	Angaben zur Erwerbstätigkeit der beider Bezugspersonen, in folgenden Ausprägungen:	
	„u"	Unterschiedlich
	„u_v"	unselbständige Erwerbsperson, beschäftigt in Vollzeit
	„s_v"	selbständige Erwerbsperson, beschäftigt in Vollzeit
	„u_t"	unselbständige Erwerbsperson, beschäftigt in Teilzeit
	„a"	Erwerbspersonen, alle arbeitslos
	„r"	Nicht-Erwerbsperson, alle im Ruhestand/Pension
	„s"	Nicht-Erwerbsperson, alle Studierende, Schülerin oder Schüler
	„so"	Alle sonstige Nicht-Erwerbspersonen und sonstige arbeitslose Personen
erw_tage_b1	mit der Angabe der Anzahl der Tage in Erwerbstätigkeit im Zeitraum eines Jahres der ersten Bezugsperson in Relation zu den Tagen in Erwerbstätigkeit aller ersten Bezugspersonen; in folgenden Ausprägungen:	
	„q1"	die Anzahl der Tage in Erwerbstätigkeit im Zeitraum eines Jahres der ersten Bezugsperson liegt im ersten Quartil
	„q2"	die Anzahl der Tage in Erwerbstätigkeit im Zeitraum eines Jahres der ersten Bezugsperson liegt im zweiten Quartil
	„q3"	die Anzahl der Tage in Erwerbstätigkeit im Zeitraum eines Jahres der ersten Bezugsperson liegt im dritten Quartil
	„q4"	die Anzahl der Tage in Erwerbstätigkeit im Zeitraum eines Jahres der ersten Bezugsperson liegt im vierten Quartil
erw_tage_b2	mit der Angabe der Anzahl der Tage in Erwerbstätigkeit im Zeitraum eines Jahres der zweiten Bezugsperson in Relation zu den Tagen in Erwerbstätigkeit aller ersten Bezugspersonen; in folgenden Ausprägungen:	
	„q1"	die Anzahl der Tage in Erwerbstätigkeit im Zeitraum eines Jahres der zweiten Bezugsperson liegt im ersten Quartil
	„q2"	die Anzahl der Tage in Erwerbstätigkeit im Zeitraum eines Jahres der zweiten Bezugsperson liegt im zweiten Quartil
	„q3"	die Anzahl der Tage in Erwerbstätigkeit im Zeitraum eines Jahres der zweiten Bezugsperson liegt im dritten Quartil
	„q4"	die Anzahl der Tage in Erwerbstätigkeit im Zeitraum eines Jahres der zweiten Bezugsperson liegt im vierten Quartil
erw_tage_b1_b2	mit der Angabe der Anzahl der Tage in Erwerbstätigkeit im Zeitraum eines Jahres beider Bezugspersonen in Relation zu den Tagen in Erwerbstätigkeit beider Bezugspersonen; in folgenden Ausprägungen:	

	„q1" die Anzahl der Tage in Erwerbstätigkeit im Zeitraum eines Jahres beider Bezugspersonen liegt im ersten Quartil „q2" die Anzahl der Tage in Erwerbstätigkeit im Zeitraum eines Jahres beider Bezugspersonen liegt im zweiten Quartil „q3" die Anzahl der Tage in Erwerbstätigkeit im Zeitraum eines Jahres beider Bezugspersonen liegt im dritten Quartil „q4" die Anzahl der Tage in Erwerbstätigkeit im Zeitraum eines Jahres beider Bezugspersonen liegt im vierten Quartil
gebland_b1	mit der Angabe des Geburtslands der ersten Bezugsperson, in folgender Ausprägung: „oe" Österreich „eu" Land der Europäischen Union, ohne „oe" „int" Land außerhalb der Europäischen Union
gebland_child_poverty_b1	mit der Angabe des Geburtslands der ersten Bezugsperson, in folgender Ausprägung: die in einem Land unter der „child poverty line" gemäß OECD-Definition geboren sind („1") und jene, die über der „child poverty line" („0") geboren sind
gebland_poverty_b1	mit der Angabe des Geburtslands der ersten Bezugsperson, in folgender Ausprägung: die in einem Land unter der „total poverty line" gemäß OECD-Definition geboren sind („1") und jene, die über der „total poverty line" („0") geboren sind
gebland_b2	mit der Angabe des Geburtslands der zweiten Bezugsperson, in folgender Ausprägung: „oe" Österreich „eu" Land der Europäischen Union, ohne „oe" „int" Land außerhalb der Europäischen Union
gebland_child_poverty_b2	mit der Angabe des Geburtslands der zweiten Bezugsperson, in folgender Ausprägung: die in einem Land unter der „child poverty line" gemäß OECD-Definition geboren sind („1") und jene, die über der „child poverty line" („0") geboren sind
gebland_poverty_b2	mit der Angabe des Geburtslands der zweiten Bezugsperson, in folgender Ausprägung: die in einem Land unter der „total poverty line" gemäß OECD-Definition geboren sind („1") und jene, die über der „total poverty line" („0") geboren sind
gebland_b1_b2	mit der Angabe der Geburtsländer aller Bezugspersonen, in folgender Ausprägung: „oe" alle Bezugspersonen haben als Österreich als Geburtsland „uoe" unterschiedliche Geburtsländer, eines davon Österreich „noe" keine Bezugsperson hat als Geburtsland Österreich
gebland_child_poverty_b1_b2	Mit der Angabe des Geburtslands beider Bezugspersonen, in folgender Ausprägung: die in einem Land unter der „child poverty line" gemäß OECD-Definition geboren sind („1"), jene, die über der „child poverty line" („0") geboren sind und „9" wenn die Geburtsländer in unterschiedliche Kategorien fallen
gebland_poverty_b1_b2	Mit der Angabe des Geburtslands beider Bezugspersonen, in folgender Ausprägung: die in einem Land unter der „total poverty line" gemäß OECD-Definition geboren sind („1"), jene, die über der „total poverty line" („0") geboren sind „9" wenn die Geburtsländer in unterschiedliche Kategorien fallen
staat_b1	mit der Angabe der Staatsbürgerschaft der ersten Bezugsperson, in folgenden Ausprägungen: „oe" Österreich „eu" Land der Europäischen Union, ohne „oe" „int" Land außerhalb der Europäischen Union
staat_b2	mit der Angabe der Staatsbürgerschaft der zweiten Bezugsperson, in folgenden Ausprägungen:

	„oe“	Österreich
	„eu“	Land der Europäischen Union, ohne „oe“
	„int“	Land außerhalb der Europäischen Union
oe_b1_b2	mit der Angabe, ob eine oder alle Bezugspersonen die österreichische Staatsbürgerschaft besitzt bzw. besitzen, in folgenden Ausprägungen	
	„oe“	alle Bezugspersonen: Österreichische Staatsbürgerschaft
	„uoe“	unterschiedliche Staatsbürgerschaften, eine davon Österreich
	„noe“	keine Bezugsperson hat die österreichische Staatsbürgerschaft

Anlage 8

zu § 24

(BGBl. II Nr. 401/2021, Z 30)

Daten hinsichtlich Bildungs- und Erwerbskarrieren

1. Definition der Datenübermittlung von Seiten der Bundesanstalt „Statistik Österreich" an die Bundesministerin oder den Bundesminister für Bildung, Wissenschaft und Forschung:

1. 1. Die Daten werden in zwei Abfragebereichen (Wechsel oder Abbruch einer Ausbildung und Abschluss einer Ausbildung) in dem Datenbanksystem der Bundesanstalt „Statistik Österreich" (STATcube) dermaßen zur Verfügung gestellt, dass die Bundesministerin oder der Bundesminister für Bildung, Wissenschaft und Forschung aggregierte Auswertungen vornehmen kann, wobei eine Re-Identifikation von Einzelpersonen auszuschließen ist.

1.2. Als Ausgangsereignis wird jeweils ein Verlassen einer Ausbildung definiert. Es gibt drei Ausgangsereignisse: Abschluss einer Ausbildung, Abbruch einer formalen Ausbildung und Wechsel einer Ausbildung.

1.3. Für jede Person ist pro Schuljahr maximal eine laufende Ausbildung bzw. ein Abschluss zugelassen. Weist eine Person, aus welchem Grund auch immer, mehrere Ausbildungen oder Abschlüsse in einem Schuljahr auf, wird auf die höchste Ausbildung oder den höchsten Abschluss, bzw. im Falle von Gleichwertigkeit auf die zeitlich letzte pro Schuljahr reduziert.

1.4. Fehlende Werte sind jeweils unter der Angabe „unbekannt" auszuweisen.

2. Folgende Attribute und Werte sind, insofern zutreffend, für jedes Ausgangsereignis zu melden

Attribut	**Wert**
geschlecht	mit der Angabe des Geschlechts („m" für männlich, „w" für weiblich, „x" für divers, „o" für offen, „i" für inter und „k", wenn von jeglicher Geschlechtsangabe abgesehen wurde). Im Falle einer Re-Identifikation kommen die zum Zeitpunkt der Erstellung des Datensatzes gültigen Zuordnungskriterien der Bundesanstalt „Statistik Österreich" zur Anwendung.
alter	mit der Angabe des Alters zum Zeitpunkt des Ausgangsereignisses. Ist dieses nicht feststellbar (zB bei Wechsel oder Abbruch) so ist jeweils der 15. April heranzuziehen, beginnend mit dem Alter von 6 Jahren und als Aggregat für Personen ab dem Alter von 30 Jahren.
erstsprache	mit der Angabe zu der Sprache bzw. den Sprachen, in der bzw. denen der Spracherwerb bis zur Vollendung des dritten Lebensjahrs erfolgte, in folgenden Ausprägungen: „d" für Deutsch, „n" für eine andere Sprache als Deutsch
alltagssprache	mit der Angabe der im Alltag regelmäßig gebrauchte(n) Sprache(n), in folgenden Ausprägungen: „d" für Deutsch, „n" für eine andere Sprache als Deutsch
bl	mit der Bezeichnung für das Bundesland der Ausbildungsstätte, in folgenden Ausprägungen: Burgenland Kärnten Niederösterreich Oberösterreich Salzburg Steiermark Tirol Vorarlberg Wien
br	mit der Angabe der Bildungsregion nach Maßgabe des von der Bundesministerin oder vom Bundesminister für Bildung, Wissenschaft und Forschung zur Verfügung gestellten Verzeichnisses der Bildungsregionen
urb	mit der Angabe des Urbanisierungsgrads des Schulstandorts in folgenden Ausprägungen „dicht besiedelt", „mittel besiedelt" und „dünn besiedelt"
schulstufe	mit der Angabe der vor dem Ausgangsereignis zuletzt besuchten Schulstufe beginnend mit der 0. Schulstufe, nur beim Ausgangsereignis Abbruch oder Wechsel

art	mit der Angabe des Ausgangsereignisses in den Ausprägungen „Abbruch", „Wechsel" oder „Abschluss"
VMindex	mit der Angabe der besuchten Ausbildung falls zutreffend, jeweils vor einem Ausgangsereignis und nach einem Ausgangsereignis (Angabe jeweils ein, zwei und drei Jahre nach dem Auftreten des Ausgangsereignisses), in folgenden Ausprägungen:

s010000	Volksschule
s020000	Hauptschule
s030000	Mittelschule (vormals Hauptschule bzw. Neue Mittelschule)
s040000	Sonderschule
s050000	Polytechnische Schule
s060000	Neue Mittelschule – Schulversuch
s070000	Unterstufe an einer allgemein bildenden höhere Schule
s080000	Neue Mittelschule an einer allgemein bildenden höhere Schule
s090100	Oberstufe an einer allgemein bildenden höhere Schule
s090200	Oberstufenrealgymnasium
s090300	Allgemein bildenden höhere Schule für Berufstätige
s090400	Aufbau- und Aufbaurealgymnasium
s100000	Sonstige allgemeinbildende (Statut)Schule
s110001	Berufsschule im Bereich Geisteswissenschaften und Künste
s110002	Berufsschule im Bereich Sozialwissenschaften, Journalismus und Informationswesen
s110003	Berufsschule im Bereich Wirtschaft, Verwaltung und Recht
s110004	Berufsschule im Bereich Naturwissenschaften, Mathematik und Statistik
s110005	Berufsschulen im Bereich Informatik und Kommunikationstechnologie
s110006	Berufsschule im Bereich Ingenieurwesen, verarbeitendes Gewerbe und Baugewerbe
s110007	Berufsschule im Bereich Landwirtschaft, Forstwirtschaft, Fischerei und Tiermedizin
s110008	Berufsschule im Bereich Gesundheit und Sozialwesen
s110009	Berufsschule im Bereich Dienstleistungen
s110010	Berufsschule, wobei das Berufsfeld nicht angegeben ist
s120101	3-4-jährige technische und gewerbliche mittlere Schule
s120102	1-2-jährige technische und gewerbliche mittlere Schule
s120103	Technische und gewerbliche mittlere Schule (Meister/Werkmeister)
s120201	3-4-jährige kaufmännische mittlere Schule
s120202	1-2-jährige kaufmännische mittlere Schule
s120301	3-4-jährige wirtschaftsberufliche mittlere Schule
s120302	1-2-jährige wirtschaftsberufliche mittlere Schule
s120401	3-4-jährige sozialberufliche mittlere Schule
s120402	1-2-jährige sozialberufliche mittlere Schule
s120501	3-4-jährige land- und forstwirtschaftliche mittlere Schule
s120502	1-2-jährige land- und forstwirtschaftliche mittlere Schule
s130001	Sonstige technische und gewerbliche (Statut)Schule
s130002	Sonstige kaufmännische (Statut)Schule
s130003	Sonstige wirtschaftsberufliche (Statut)Schule
s130004	Sonstige sozialberufliche (Statut)Schule
s140101	Technische und gewerbliche höhere Schule – Normalform
s140102	Technische und gewerbliche höhere Schule für Berufstätige
s140103	Technische und gewerbliche höhere Schule – Kollegs
s140104	Technische und gewerbliche höhere Schule – Aufbaulehrgänge
s140105	Technische und gewerbliche höhere Schule – sonstige Lehrgänge
s140201	Kaufmännische höhere Schule – Normalform
s140202	Kaufmännische höhere Schule für Berufstätige
s140203	Kaufmännische höhere Schule – Kollegs
s140204	Kaufmännische höhere Schule – Aufbaulehrgänge
s140205	Kaufmännische höhere Schule – sonstige Lehrgänge
s140301	Wirtschaftsberufliche höhere Schule – Normalform
s140303	Wirtschaftsberufliche höhere Schule – Kollegs

s140304	Wirtschaftsberufliche höhere Schule – Aufbaulehrgänge
s140305	Wirtschaftsberufliche höhere Schule – sonstige Lehrgänge
s140401	Land- und forstwirtschaftliche. höhere Schule – Normalform
s140404	Land- und forstwirtschaftliche höhere Schule – Aufbaulehrgänge
s140405	Land- und forstwirtschaftliche höhere Schule – sonstige Lehrgänge
s150000	Akademie für Sozialarbeit
s160000	Lehrerbildende mittlere Schule
s170101	Bildungsanstalt für Elementarpädagogik – Normalform
s170201	Bildungsanstalt für Sozialpädagogik – Normalform
s170103	Bildungsanstalt für Elementarpädagogik – Kollegs
s170203	Bildungsanstalt für Sozialpädagogik – Kollegs
s170104	Bildungsanstalt für Elementarpädagogik – Aufbaulehrgänge
s170305	Lehrerbildende höhere Schule – sonstige Lehrgänge
a100000	Bundessportakademien
s180000	Pädagogische Akademie
s190000	Schule und Sonderausbildung in der Gesundheits- und Krankenpflege
s190100	Schule im Gesundheitswesen
s210000	Akademie im Gesundheitswesen
s220000	Berufsreifeprüfung
s230100	Vorbereitungslehrgänge
s230200	Übergangsstufen
l300200	Lehrabschluss im Bereich Geisteswissenschaften und Künste
l300300	Lehrabschluss im Bereich Sozialwissenschaften, Journalismus und Informationswesen
l300400	Lehrabschluss im Bereich Wirtschaft, Verwaltung und Recht
l300500	Lehrabschluss im Bereich Naturwissenschaften, Mathematik und Statistik
l300600	Lehrabschluss im Bereich Informatik und Kommunikationstechnologie
l300700	Lehrabschluss im Bereich Ingenieurwesen, verarbeitendes Gewerbe und Baugewerbe
l300800	Lehrabschluss im Bereich Landwirtschaft, Forstwirtschaft, Fischerei und Tiermedizin
l300900	Lehrabschluss im Bereich Gesundheit und Sozialwesen
l301000	Lehrabschluss im Bereich Dienstleistungen
l309900	Lehrabschluss, wobei das Berufsfeld nicht angegeben is
l310200	Meisterabschluss im Bereich Geisteswissenschaften und Künste
l310300	Meisterabschluss im Bereich Sozialwissenschaften, Journalismus und Informationswesen
l310400	Meisterabschluss im Bereich Wirtschaft, Verwaltung und Recht
l310500	Meisterabschluss im Bereich Naturwissenschaften, Mathematik und Statistik
l310600	Meisterabschluss im Bereich Informatik und Kommunikationstechnologie
l310700	Meisterabschluss im Bereich Ingenieurwesen, verarbeitendes Gewerbe und Baugewerbe
l310800	Meisterabschluss im Bereich Landwirtschaft, Forstwirtschaft, Fischerei und Tiermedizin
l310900	Meisterabschluss im Bereich Gesundheit und Sozialwesen
l311000	Meisterabschluss im Bereich Dienstleistungen
l319900	Meisterabschluss, wobei das Berufsfeld nicht angegeben ist
u500100	Öffentliche Universität, Studienrichtungen im Bereich Pädagogik
u500200	Öffentliche Universität, Studienrichtungen in den Bereichen Geisteswissenschaften und Künste
u500300	Öffentliche Universität, Studienrichtungen in den Bereichen Sozialwissenschaften, Journalismus und Informationswesen
u500400	Öffentliche Universität, Studienrichtungen in den Bereichen Wirtschaft, Verwaltung und Recht
u500500	Öffentliche Universität, Studienrichtungen in den Bereichen Naturwissenschaften, Mathematik und Statistik
u500600	Öffentliche Universität, Studienrichtungen in den Bereichen Informatik und Kommunikationstechnologie

u500700	Öffentliche Universität, Studienrichtungen in den Bereichen Ingenieurwesen, verarbeitendes Gewerbe und Baugewerbe
u500800	Öffentliche Universität, Studienrichtungen in den Bereichen Landwirtschaft, Forstwirtschaft, Fischerei und Tiermedizin
u500900	Öffentliche Universität, Studienrichtungen in den Bereichen Gesundheit und Sozialwesen
u501000	Öffentliche Universität, Studienrichtungen in den Bereichen Dienstleistungen
u509900	Öffentliche Universität, wobei die Studienrichtung nicht angegeben ist
f500100	Fachhochschule, Studienrichtungen im Bereich Pädagogik
f500200	Fachhochschule, Studienrichtungen in den Bereichen Geisteswissenschaften und Künste
f500300	Fachhochschule, Studienrichtungen in den Bereichen Sozialwissenschaften, Journalismus und Informationswesen
f500400	Fachhochschule, Studienrichtungen in den Bereichen Wirtschaft, Verwaltung und Recht
f500500	Fachhochschule, Studienrichtungen in den Bereichen Naturwissenschaften, Mathematik und Statistik
f500600	Fachhochschule, Studienrichtungen in den Bereichen Informatik und Kommunikationstechnologie
f500700	Fachhochschule, Studienrichtungen in den Bereichen Ingenieurwesen, verarbeitendes Gewerbe und Baugewerbe
f500800	Fachhochschule, Studienrichtungen in den Bereichen Landwirtschaft, Forstwirtschaft, Fischerei und Tiermedizin
f500900	Fachhochschule, Studienrichtungen in den Bereichen Gesundheit und Sozialwesen
f501000	Fachhochschule, Studienrichtungen in den Bereichen Dienstleistungen
f509900	Fachhochschule, wobei die Studienrichtung nicht angegeben ist
h500100	Pädagogische Hochschule, Studienrichtungen im Bereich Pädagogik
h500200	Pädagogische Hochschule, Studienrichtungen in den Bereichen Geisteswissenschaften und Künste
h500300	Pädagogische Hochschule, Studienrichtungen in den Bereichen Sozialwissenschaften, Journalismus und Informationswesen
h500400	Pädagogische Hochschule, Studienrichtungen in den Bereichen Wirtschaft, Verwaltung und Recht
h500500	Pädagogische Hochschule, Studienrichtungen in den Bereichen Naturwissenschaften, Mathematik und Statistik
h500600	Pädagogische Hochschule, Studienrichtungen in den Bereichen Informatik und Kommunikationstechnologie
h500700	Pädagogische Hochschule, Studienrichtungen in den Bereichen Ingenieurwesen, verarbeitendes Gewerbe und Baugewerbe
h500800	Pädagogische Hochschule, Studienrichtungen in den Bereichen Landwirtschaft, Forstwirtschaft, Fischerei und Tiermedizin
h500900	Pädagogische Hochschule, Studienrichtungen in den Bereichen Gesundheit und Sozialwesen
h501000	Pädagogische Hochschule, Studienrichtungen in den Bereichen Dienstleistungen
h509900	Pädagogische Hochschule, wobei die Studienrichtung nicht angegeben ist
p500100	Privatuniversität, Studienrichtungen im Bereich Pädagogik
p500200	Privatuniversität, Studienrichtungen in den Bereichen Geisteswissenschaften und Künste
p500300	Privatuniversität, Studienrichtungen in den Bereichen Sozialwissenschaften, Journalismus und Informationswesen
p500400	Privatuniversität, Studienrichtungen in den Bereichen Wirtschaft, Verwaltung und Recht
p500500	Privatuniversität, Studienrichtungen in den Bereichen Naturwissenschaften, Mathematik und Statistik
p500600	Privatuniversität, Studienrichtungen in den Bereichen Informatik und Kommunikationstechnologie

	p500700	Privatuniversität, Studienrichtungen in den Bereichen Ingenieurwesen, verarbeitendes Gewerbe und Baugewerbe
	p500800	Privatuniversität, Studienrichtungen in den Bereichen Landwirtschaft, Forstwirtschaft, Fischerei und Tiermedizin
	p500900	Privatuniversität, Studienrichtungen in den Bereichen Gesundheit und Sozialwesen
	p501000	Privatuniversität, Studienrichtungen in den Bereichen Dienstleistungen
	p509900	Privatuniversität, wobei die Studienrichtung nicht angegeben ist
	r900000	Studienberechtigungsprüfung

arbeitsmarktstatus — mit der Angabe des Arbeitsmarktstatus nach Auftreten des Ausgangsereignisses, falls zutreffend. Angabe jeweils ein, zwei und drei Jahre nach dem Auftreten des Ausgangsereignisses sowie für die erste Erwerbstätigkeit unabhängig vom Auftreten des Ausgangsereignisses, in folgenden Ausprägungen:
Grundwehrdienst, Ausbildungsdienst, Zivildienst
Unselbständige Erwerbstätigkeit (exkl. Lehre)
Lehrlinge
Geringfügige Erwerbstätigkeit
Selbständige Erwerbstätigkeit
Arbeitslos
Nicht-Erwerbspersonen

oenace — mit der Angabe des Wirtschaftszweigs (ÖNACE) der Arbeitsstätte, in dem einer Erwerbstätigkeit nach dem Auftreten des Ausgangsereignisses nachgegangen wird, falls zutreffend. Angabe jeweils ein, zwei und drei Jahre nach dem Auftreten des Ausgangsereignisses sowie für die erste Erwerbstätigkeit unabhängig vom Auftreten des Ausgangsereignisses, in folgenden Ausprägungen:

A01	Landwirtschaft, Jagd und damit verbundene Tätigkeiten
A02	Forstwirtschaft und Holzeinschlag
A03	Fischerei und Aquakultur
B05	Kohlenbergbau
B06	Gewinnung von Erdöl und Erdgas
B07	Erzbergbau
B08	Gewinnung von Steinen und Erden, sonstiger Bergbau
B09	Erbringung von Dienstleistungen für den Bergbau und für die Gewinnung von Steinen und Erden
C10	Herstellung von Nahrungs- und Futtermitteln
C11	Getränkeherstellung
C12	Tabakverarbeitung
C13	Herstellung von Textilien
C14	Herstellung von Bekleidung
C15	Herstellung von Leder, Lederwaren und Schuhen
C16	Herstellung von Holz-, Flecht-, Korb- und Korkwaren (ohne Möbel)
C17	Herstellung von Papier, Pappe und Waren daraus
C18	Herstellung von Druckerzeugnissen; Vervielfältigung von bespielten Ton-, Bild- und Datenträgern
C19	Kokerei und Mineralölverarbeitung
C20	Herstellung von chemischen Erzeugnissen
C21	Herstellung von pharmazeutischen Erzeugnissen
C22	Herstellung von Gummi- und Kunststoffwaren
C23	Herstellung von Glas und Glaswaren, Keramik, Verarbeitung von Steinen und Erden
C24	Metallerzeugung und -bearbeitung
C25	Herstellung von Metallerzeugnissen
C26	Herstellung von Datenverarbeitungsgeräten, elektronischen und optischen Erzeugnissen
C27	Herstellung von elektrischen Ausrüstungen
C28	Maschinenbau
C29	Herstellung von Kraftwagen und Kraftwagenteilen
C30	Sonstiger Fahrzeugbau
C31	Herstellung von Möbeln
C32	Herstellung von sonstigen Waren
C33	Reparatur und Installation von Maschinen und Ausrüstungen

D35	Energieversorgung
E36	Wasserversorgung
E37	Abwasserentsorgung
E38	Sammlung, Behandlung und Beseitigung von Abfällen; Rückgewinnung
E39	Beseitigung von Umweltverschmutzungen und sonstige Entsorgung
F41	Hochbau
F42	Tiefbau
F43	Vorbereitende Baustellenarbeiten, Bauinstallation und sonstiges Ausbaugewerbe
G45	Handel mit Kraftfahrzeugen; Instandhaltung und Reparatur von Kraftfahrzeugen
G46	Großhandel (ohne Handel mit Kraftfahrzeugen)
G47	Einzelhandel (ohne Handel mit Kraftfahrzeugen)
H49	Landverkehr und Transport in Rohrfernleitungen
H50	Schifffahrt
H51	Luftfahrt
H52	Lagerei sowie Erbringung von sonstigen Dienstleistungen für den Verkehr
H53	Post-, Kurier- und Expressdienste
I55	Beherbergung
I56	Gastronomie
J58	Verlagswesen
J59	Herstellung, Verleih und Vertrieb von Filmen und Fernsehprogrammen; Kinos; Tonstudios und Verlegen von Musik
J60	Rundfunkveranstalter
J61	Telekommunikation
J62	Erbringung von Dienstleistungen der Informationstechnologie
J63	Informationsdienstleistungen
K64	Erbringung von Finanzdienstleistungen
K65	Versicherungen, Rückversicherungen und Pensionskassen (ohne Sozialversicherung)
K66	Mit Finanz- und Versicherungsdienstleistungen verbundene Tätigkeiten
L68	Grundstücks- und Wohnungswesen
M69	Rechts- und Steuerberatung, Wirtschaftsprüfung
M70	Verwaltung und Führung von Unternehmen und Betrieben; Unternehmens-beratung
M71	Architektur- und Ingenieurbüros; technische, physikalische und chemische Untersuchung
M73	Werbung und Marktforschung
M74	Sonstige freiberufliche, wissenschaftliche und technische Tätigkeiten
M75	Veterinärwesen
N77	Vermietung von beweglichen Sachen
N78	Vermittlung und Überlassung von Arbeitskräften
N79	Reisebüros, Reiseveranstalter und Erbringung sonstiger Reservierungsdienstleistungen
N80	Wach- und Sicherheitsdienste sowie Detekteien
N81	Gebäudebetreuung; Garten- und Landschaftsbau
N82	Erbringung von wirtschaftlichen Dienstleistungen für Unternehmen und Privatpersonen a. n. g.
O84	Öffentliche Verwaltung, Verteidigung; Sozialversicherung
P85	Erziehung und Unterricht
Q86	Gesundheitswesen
Q87	Heime (ohne Erholungs- und Ferienheime)
Q88	Sozialwesen (ohne Heime)
R90	Kreative, künstlerische und unterhaltende Tätigkeiten
R91	Bibliotheken, Archive, Museen, botanische und zoologische Gärten
R92	Spiel-, Wett- und Lotteriewesen
R93	Erbringung von Dienstleistungen des Sports, der Unterhaltung und der Erholung
S94	Interessenvertretungen sowie kirchliche und sonstige religiöse Vereinigungen (ohne Sozialwesen und Sport)

	S95	Reparatur von Datenverarbeitungsgeräten und Gebrauchsgütern
	S96	Erbringung von sonstigen überwiegend persönlichen Dienstleistungen
	T97	Private Haushalte mit Hauspersonal
	T98	Herstellung von Waren und Erbringung von Dienstleistungen durch private Haushalte für den Eigenbedarf ohne ausgeprägten Schwerpunkt
	U99	Exterritoriale Organisationen und Körperschaften

ausmass — mit der Angabe des Ausmaßes der Erwerbstätigkeit, falls zutreffend. Angabe jeweils ein, zwei und drei Jahre nach dem Auftreten des Ausgangsereignisses sowie für die erste Erwerbstätigkeit unabhängig vom Auftreten des Ausgangsereignisses, in den Ausprägungen „Vollzeit" und Teilzeit"

bl — mit der Bezeichnung für das Bundesland der Arbeitsstätte, in dem einer Erwerbstätigkeit nachgegangen wird, falls zutreffend, in folgenden Ausprägungen:
Burgenland
Kärnten
Niederösterreich
Oberösterreich
Salzburg
Steiermark
Tirol
Vorarlberg
Wien

einkommen — mit der kategorisierten Angabe des aus dem vorangegangenen Jahr hochgerechneten inflationsbereinigten monatlichen Bruttoeinkommens, falls zutreffend. Angabe jeweils ein, zwei und drei Jahre nach dem Auftreten des Ausgangsereignisses sowie für die erste Erwerbstätigkeit unabhängig vom Auftreten des Ausgangsereignisses, in folgenden Ausprägungen:
unter € 300
€ 300 bis unter € 750
€ 750 bis unter € 1 200
€ 1 200 bis unter € 1 800
€ 1 200 bis unter € 1 400
€ 1 400 bis unter € 1 600
€ 1 600 bis unter € 1 800
€ 1 800 bis unter € 2 400
€ 1 800 bis unter € 2 000
€ 2 000 bis unter € 2 200
€ 2 200 bis unter € 2 400
€ 2 400 bis unter € 2 700
€ 2 700 bis unter € 3 000
€ 3 000 und mehr

dauer_bis — mit der kategorisierten Angabe der Dauer in Tagen vom Ausgangsereignis bis zur ersten Erwerbstätigkeit, jeweils unbereinigt und bereinigt um Zeiten des Grundwehr- oder Zivildienstes, in folgenden Ausprägungen:
Beginn vor dem Wechsel/Abbruch
0 bis 28 Tage
29 bis 63 Tage
64 bis 91 Tage
92 bis 119 Tage
120 bis 154 Tage
155 bis 182 Tage
183 bis 210 Tage
211 bis 240 Tage
241 bis 270 Tage
271 bis 300 Tage
301 bis 330 Tage
331 bis 364 Tage
365 bis 390 Tage
391 bis 420 Tage
421 bis 450 Tage
451 bis 480 Tage
481 bis 510 Tage

	511 bis 540 Tage 541 bis 570 Tage 571 bis 600 Tage 601 bis 630 Tage 631 bis 660 Tage 661 bis 690 Tage 691 bis 712 Tage Mehr als 712 Tage
dauer_erws	mit der kategorisierten Angabe der Dauer der ersten Erwerbstätigkeit, in folgenden Ausprägungen: 0 bis 28 Tage 29 bis 63 Tage 64 bis 91 Tage 92 bis 119 Tage 120 bis 154 Tage 155 bis 182 Tage 183 bis 210 Tage 211 bis 240 Tage 241 bis 270 Tage 271 bis 300 Tage 301 bis 330 Tage 331 bis 364 Tage 365 bis 390 Tage 391 bis 420 Tage 421 bis 450 Tage 451 bis 480 Tage 481 bis 510 Tage 511 bis 540 Tage 541 bis 570 Tage 571 bis 600 Tage 601 bis 630 Tage 631 bis 660 Tage 661 bis 690 Tage 691 bis 730 Tage 731 bis 910 Tage 911 bis 1090 Tage 1 091 bis 1 270 Tage 1 271 bis 1 450 Tage 1 451 bis 1 630 Tage 1 631 bis 1 810 Tage mehr als 1 810 Tage
folgeausb_abbruch	mit der Angabe, ob die Folgeausbildung nach einem Abschluss abgebrochen wurde mit den Ausprägungen „kein Abbruch“ und „Abbruch“
folgeausb_wechsel	mit der Angabe der Anzahl an Wechsel der Folgeausbildung mit den Ausprägungen „0“ für keinen Wechsel und „1“, „2“, „3“, „4“, „5“ und „6“ für die Anzahl erfolgter Wechsel

7.2.3. Verordnung über die Berechtigung zur Abfrage von Daten aus der Gesamtevidenz der Schülerinnen und Schüler

BGBl. II Nr. 244/2021, Art. 1

Artikel 1
Verordnung über die Berechtigung zur Abfrage von Daten aus der Gesamtevidenz der Schülerinnen und Schüler

Auf Grund des § 4 Abs. 5 des Bildungsdokumentationsgesetzes 2020, BGBl. I Nr. 20/2021, wird verordnet:

Inhaltsverzeichnis

1. Abschnitt
Allgemeine Bestimmungen

Geltungsbereich

§ 1. Diese Verordnung regelt den Umfang und die Art der Abfrageberechtigung der Bildungsdirektorinnen und Bildungsdirektoren sowie der Leiterin bzw. des Leiters des Instituts des Bundes für Qualitätssicherung im österreichischen Schulwesen (IQS) im Wege des Datenfernverkehrs auf die in der Gesamtevidenz der Schülerinnen und Schüler verarbeiteten Daten zum Zweck der Wahrnehmung der diesen gesetzlich übertragenen Aufgaben (hinsichtlich der Bildungsdirektorinnen und -direktoren die Planung, Steuerung und Wahrung der gesetzlichen Aufsichtspflichten, hinsichtlich der Leitung des IQS die Aufgaben gemäß § 2 Abs. 2 des IQS-Gesetzes – IQS-G, BGBl. I Nr. 50/2019), die statistische Auswertungen aus der Gesamtevidenz der Schülerinnen und Schüler erfordern.

Begriffsbestimmungen

§ 2. Im Sinne dieser Verordnung sind zu verstehen:

1. unter Gesamtevidenz: die Gesamtevidenz der Schülerinnen und Schüler gemäß § 7 des Bildungsdokumentationsgesetzes 2020, BGBl. I Nr. 20/2021;
2. unter dem Begriff „Verantwortliche oder Verantwortlicher (der Gesamtevidenz)“: die Bundesministerin oder der Bundesminister für Bildung, Wissenschaft und Forschung als Verantwortliche bzw. Verantwortlicher gemäß Art. 4 Z 7 der Verordnung (EU) 2016/679 des Europäischen Parlaments und des Rates zum Schutz natürlicher Personen bei der Verarbeitung personenbezogener Daten, zum freien Datenverkehr und zur Aufhebung der Richtlinie 95/46/EG (Datenschutz-Grundverordnung), ABl. Nr. L 119 vom 4.5. 2016 S. 1 (im Folgenden: DSGVO);
3. unter dem Begriff „Abfrageberechtigte oder Abfrageberechtigter“: die Leiterin bzw. der Leiter des IQS sowie die Leiterinnen und Leiter der Bildungsdirektionen für Burgenland, für Kärnten, für Niederösterreich, für Oberösterreich, für Salzburg, für Steiermark, für Tirol, für Vorarlberg sowie für Wien.

2. Abschnitt
Abfrageberechtigung der Bildungsdirektorinnen und Bildungsdirektoren sowie der Leiterin bzw. des Leiters des IQS

Abfragezweck

§ 3. Den Abfrageberechtigten ist zum Zweck der Wahrnehmung der ihnen gesetzlich übertragenen Aufgaben (§ 1) auf Antrag eine Abfrageberechtigung auf die in der Gesamtevidenz verarbeiteten personenbezogenen Daten in einer Weise zu eröffnen, dass ihnen statistische Auswertungen nach Maßgabe der §§ 4, 6 und 10 möglich sind.

Umfang der Abfrageberechtigung

§ 4. Der Umfang der Abfrageberechtigung umfasst
1. hinsichtlich der Bildungsdirektorinnen und Bildungsdirektoren: die in der Gesamtevidenz enthaltenen Gesamtdatensätze, die von den Bildungseinrichtungen gemäß § 2 Abs. 1 Z 1 lit. a, c und e des Bildungsdokumentationsgesetzes 2020 übermittelt worden sind, bezogen auf die in den gesetzlich definierten sachlichen und örtlichen Zuständigkeitsbereich des jeweiligen Abfrageberechtigten fallenden Schulen;
2. hinsichtlich des IQS: sämtliche Daten der Gesamtevidenz.

Antragstellung

§ 5. Der Antrag ist gemäß dem von der Bundesministerin oder dem Bundesminister für Bildung, Wissenschaft und Forschung vorgegebenen Format zu stellen. Er hat jedenfalls folgende Informationen zu enthalten: Angaben zur Antragstellerin oder zum Antragsteller (Name, Bezeichnung der Dienststelle), Angaben zur abfrageberechtigten Person (Name, abfragerelevante Aufgaben), Angaben zum Abfragezweck.

Art der Abfrage

§ 6. (1) Die Abfrage von Daten aus der Gesamtevidenz hat durch Auswahllisten so zu erfolgen, dass der Abfrageberechtigte
1. die Attribute oder eine Kombination von Attributen der in der Gesamtevidenz enthaltenen Datenarten und
2. die Gliederungsdarstellung der Datenarten

auswählt.

(2) Das Ergebnis der Abfrage von Daten aus der Gesamtevidenz ist eine summarische Darstellung der in der Gesamtevidenz enthaltenen Datenarten und hat keine personenbezogenen Daten zu enthalten.

(3) Um einen Rückschluss auf Einzelpersonen auszuschließen, ist durch programmtechnische Vorkehrungen in der summarischen Darstellung die Ausgabe eines „*“ anstatt der konkreten Merkmalsausprägung vorzusehen, wenn die summarische Darstellung höchstens zwei Ergebnisse liefern würde.

3. Abschnitt
Datensicherheitsmaßnahmen

Abfrageberechtigte Personen

§ 7. Jede bzw. jeder Abfrageberechtigte hat der bzw. dem Verantwortlichen ausgewählte Personen, die an der betreffenden Institution (Bildungsdirektion oder IQS) tätig sind, zu benennen, denen die bzw. der Verantwortliche in Folge eine individuelle Abfrageberechtigung für die Gesamtevidenz einräumen kann. Die oder der Abfrageberechtigte ist in jedem Fall auf Antrag auch eine abfrageberechtigte Person.

Belehrungspflicht

§ 8. Abfrageberechtigte Personen sind in regelmäßigen Abständen über datenschutzrechtliche Bestimmungen, insbesondere hinsichtlich der Wahrung des Datengeheimnisses gemäß § 6 des Bundesgesetzes zum Schutz natürlicher Personen bei der Verarbeitung personenbezogener Daten, Datenschutzgesetz – DSG, BGBl. I Nr. 165/1999, und des Inhalts dieser Verordnung zu belehren.

Datensicherheit

§ 9. (1) Die oder der Abfrageberechtigte hat nach Maßgabe des jeweiligen Standes der Technik die Datensicherheitsmaßnahmen gemäß Art. 32 DSGVO zu organisieren und umzusetzen.

(2) Die bzw. der Verantwortliche der Gesamtevidenz und die Abfrageberechtigten haben für den Bereich der Systeme, über die der Zugang zu der Gesamtevidenz erfolgt, sowie im Zusammenhang mit Abfragen aus der Gesamtevidenz die erforderlichen weiteren Datensicherheitsmaßnahmen zu treffen und umzusetzen. Zu diesen Datensicher-

heitsmaßnahmen sind Aufzeichnungen zu führen, die sechs Jahre aufzubewahren sind.

Technische Vorkehrungen

§ 10. (1) Die bzw. der Verantwortliche der Gesamtevidenz hat durch technische und organisatorische Maßnahmen sicherzustellen, dass der Zugriff auf die Gesamtevidenz und die Abfrage von Daten aus der Gesamtevidenz für die Abfrageberechtigte oder den Abfrageberechtigten nur in der Art und in dem Umfang, wie in § 4 und § 6 vorgesehen, möglich sind.

(2) Für den Verbindungsaufbau zu der Gesamtevidenz dürfen nur Geräte zum Einsatz kommen, die für Zwecke von Abfragen aus der Gesamtevidenz über ein nach Maßgabe des jeweiligen Standes der Technik anerkanntes Protokoll kommunizieren.

(3) Zugriffe auf die Gesamtevidenz sind nur nach geeigneter Identifikation der abfrageberechtigten Personen (Benutzerkennung und Kennwort) und Bekanntgabe des Abfragezweckes zulässig. Kennwörter sind in geeigneter Weise unter Verschluss zu halten und sind nach Maßgabe der technischen Möglichkeiten in periodischen Zeitabständen zu ändern. Soweit die Nachvollziehbarkeit der Verwendungsvorgänge programmtechnisch nicht möglich ist, sind Aufzeichnungen zu führen, welche die Zulässigkeit der tatsächlichen Zugriffe auf die Gesamtevidenz und Verwendungsvorgänge überprüfbar machen.

(4) Es sind geeignete, dem jeweiligen Stand der Technik entsprechende Vorkehrungen zu treffen, um eine Vernichtung oder Veränderung der Daten in der Gesamtevidenz sowie eine Abfrage von Daten aus der Gesamtevidenz durch Zugriffe nichtberechtigter Personen oder Systeme zu verhindern.

Entzug der Abfrageberechtigung

§ 11. (1) Abfrageberechtigte Personen sind von der bzw. dem Abfrageberechtigten von der Ausübung ihrer Abfrage jedenfalls dann auszuschließen, wenn

1. die Voraussetzungen, unter denen die individuelle Abfrageberechtigung erfolgt ist, nicht mehr vorliegen oder
2. die individuelle Abfrageberechtigung zur weiteren Erfüllung der übertragenen Aufgaben nicht mehr erforderlich ist oder
3. Daten aus der Gesamtevidenz nicht entsprechend dem Abfragezweck verwendet wurden.

(2) Unter den in Abs. 1 Z 3 genannten Voraussetzungen kann auch die bzw. der Verantwortliche der Gesamtevidenz die individuelle Abfrageberechtigung entziehen.

(3) Abfrageberechtigten ist die Abfrageberechtigung nach Maßgabe des § 4 Abs. 6 des Bildungsdokumentationsgesetzes 2020 zu entziehen.

Mitteilungen an die Verantwortliche bzw. den Verantwortlichen der Gesamtevidenz

§ 12. Abfrageberechtigte haben der bzw. dem Verantwortlichen der Gesamtevidenz unverzüglich mitzuteilen:

1. Veränderungen in Bezug auf abfrageberechtigte Personen gemäß § 7 (einschließlich des Ausschlusses von der Ausübung der Abfrageberechtigung gemäß § 11 Abs. 1),
2. das Auftreten von Programmstörungen, die den Datenbestand gefährden können.

4. Abschnitt
Schlussbestimmungen

Verweise auf Bundesgesetze

§ 13. Soweit in dieser Verordnung auf Bundesgesetze verwiesen wird, sind diese in der mit dem Inkrafttreten der jeweils letzten Novelle dieser Verordnung geltenden Fassung anzuwenden.

Personenbezogene Bezeichnungen

§ 14. Personenbezogene Bezeichnungen in dieser Verordnung beziehen sich auf alle Geschlechtsformen in gleicher Weise.

Inkrafttreten, Anwendbarkeit anderer Bestimmungen

§ 15. (1) Diese Verordnung tritt mit Ablauf des Tages der Kundmachung im Bundesgesetzblatt in Kraft.[1])

(2) Bis zu dem in Abs. 1 genannten Zeitpunkt gilt die Verordnung der Bundesmi-

[1]) Die Kundmachung im Bundesgesetzblatt erfolgte am 2. Juni 2021.

nisterin für Unterricht, Kunst und Kultur über die Berechtigung zur Abfrage aus der Gesamtevidenz, BGBl. II Nr. 201/2007, weiter.[2])

[2]) Siehe Kodex 20. Auflage (7.2.3. – Abfrage Gesamtevidenz).

Artikel 2
Änderung der Schülerbeihilfen-ADV-Verordnung

… *(Die durch Artikel 2 verfügten Änderungen der Schülerbeihilfen-ADV-Verordnung, BGBl. II Nr. 286/2017, sind aufgrund des Außerkrafttretens der Schülerbeihilfen-ADV-Verordnung obsolet.)*

7.2.4. Abgeltungsverordnung Bildungsdokumentation

BGBl. II Nr. 414/2021
idF der Verordnung
BGBl. II Nr. 72/2023

Verordnung des Bundesministers für Bildung, Wissenschaft und Forschung über die Abgeltung des Aufwands der Bundesanstalt „Statistik Österreich" für den Vollzug des Bildungsdokumentationsgesetzes 2020 (Abgeltungsverordnung Bildungsdokumentation)

Auf Grund des § 7 Abs. 7 und des § 8 Abs. 7 des Bildungsdokumentationsgesetzes 2020 – BilDokG 2020, BGBl. I Nr. 20/2021, sowie auf Grund des § 32 Abs. 4 Z 1 des Bundesstatistikgesetzes 2000, BGBl. I Nr. 163/1999, in Verbindung mit § 17 BilDokG 2020, wird, hinsichtlich des § 32 Abs. 4 Z 1 des Bundesstatistikgesetzes 2000 in Verbindung mit § 17 BilDokG 2020 im Einvernehmen mit dem Bundeskanzler und dem Bundesminister für Finanzen, verordnet:

Aufwandsabgeltung

§ 1. (1) Der Bundesminister für Bildung, Wissenschaft und Forschung hat der Bundesanstalt „Statistik Österreich" den Aufwand für den Vollzug des § 7 Abs. 2 bis 6, des § 8 Abs. 4 und 5, des § 15 Abs. 3 sowie des § 17 des Bildungsdokumentationsgesetzes 2020 – BilDokG 2020, BGBl. I Nr. 20/2021, abzugelten. *(BGBl. II Nr. 414/2021 idF BGBl. II Nr. 72/2023, Z 1)*

(2) Die Aufwandsabgeltung beträgt

1. für das Kalenderjahr 2021: 437 798 Euro,
2. für das Kalenderjahr 2022: 728 383 Euro und *(BGBl. II Nr. 72/2023, Z 2)*
3. für das Kalenderjahr 2023: 852 777 Euro. *(BGBl. II Nr. 72/2023, Z 2)*

Die Aufwandsabgeltung für das Kalenderjahr 2023 erhöht sich ab dem Kalenderjahr 2024 jährlich jeweils um 2,5 Prozent, wobei eine kaufmännische Rundung auf ganze Eurobeträge vorzunehmen ist.

(3) Der einmalige Aufwand für die Programmierung ist wie folgt abzugelten:

1. auf Grundlage der § 7 Abs. 2 bis 6 und § 17 BilDokG 2020 im Kalenderjahr 2021 mit einer Einmalzahlung von 97 818 Euro,
2. auf Grundlage des § 7 Abs. 5 sowie § 8 Abs. 4 und 5 BilDokG 2020 im Kalenderjahr 2022 mit einer Einmalzahlung von 66 638 Euro und
3. auf Grundlage des § 7 Abs. 5 BilDokG 2020 im Kalenderjahr 2023 mit einer Einmalzahlung von 62 104 Euro.

(BGBl. II Nr. 72/2023, Z 3)

Fälligkeit

§ 2. (1) Die Aufwandsabgeltung gemäß § 1 Abs. 2 ist für das Kalenderjahr 2021 zu dem in § 3 Abs. 1 genannten Zeitpunkt, für das Kalenderjahr 2022 in der Höhe von 674 972 Euro am 1. Juli 2022 und in der Höhe von 53 411 Euro zu dem in § 3 Abs. 3 genannten Zeitpunkt und für die Folgejahre jeweils am 1. Juli des laufenden Kalenderjahres fällig. *(BGBl. II Nr. 414/2021 idF BGBl. II Nr. 72/2023, Z 4)*

(2) Die Aufwandsabgeltung gemäß § 1 Abs. 3 ist für das Kalenderjahr 2021 zu dem in § 3 Abs. 1 genannten Zeitpunkt, für das Kalenderjahr 2022 in der Höhe von 48 121 Euro am 1. Juli 2022 und in der Höhe von 18 517 Euro zu dem in § 3 Abs. 3 genannten Zeitpunkt und für die folgenden Kalenderjahre jeweils am 1. Juli fällig. *(BGBl. II Nr. 414/2021 idF BGBl. II Nr. 72/2023, Z 5)*

PflSchErh-GG
BildDokG 2020, VO

Inkrafttreten, Außerkrafttreten

§ 3. (1) Diese Verordnung tritt mit Ablauf des Tages ihrer Kundmachung[1]) im Bundesgesetzblatt in Kraft.

(2) Zu dem in Abs. 1 genannten Zeitpunkt tritt die Verordnung der Bundesministerin für Unterricht, Kunst und Kultur über die Abgeltung des Aufwands der Bundesanstalt „Statistik Österreich" für den Vollzug des § 6 Abs. 2 und 3 des Bildungsdokumentationsgesetzes, BGBl. II Nr. 419/2008, außer Kraft.

(3) § 1 Abs. 1, Abs. 2 und 3 sowie § 2 Abs. 1 und 2 dieser Verordnung in der Fassung der Verordnung BGBl. II Nr. 72/2023 treten mit Ablauf des Tages der Kundmachung[2]) im Bundesgesetzblatt in Kraft. *(BGBl. II Nr. 72/2023, Z 6)*

---

[1]) Die Kundmachung im Bundesgesetzblatt erfolgte am 29. September 2021.

[2]) Die Kundmachung im Bundesgesetzblatt erfolgte am 22. März 2023.

8.1. Privatschulgesetz – PrivSchG

BGBl. Nr. 244/1962
idF der Bundesgesetze

BGBl. Nr. 290/1972	BGBl. Nr. 448/1994
BGBl. I Nr. 75/2001	BGBl. I Nr. 71/2008
BGBl. I Nr. 36/2012	BGBl. I Nr. 75/2013
BGBl. I Nr. 48/2014	BGBl. I Nr. 56/2016
BGBl. I Nr. 138/2017	BGBl. I Nr. 43/2018
BGBl. I Nr. 101/2018	BGBl. I Nr. 35/2019
BGBl. I Nr. 80/2020	BGBl. I Nr. 96/2022

und der Kundmachung

BGBl. I Nr. 135/2021[1])

Inhaltsverzeichnis[2])

[1]) Diese Kundmachung betrifft die Aufhebung des § 5 Abs. 4 durch das Erkenntnis des Verfassungsgerichtshofes vom 17. Juni 2021, G 391/2020-15 ua., mit Ablauf des 30. Juni 2022. § 5 Abs. 4 hat gelautet:

„(4) Die an der Schule verwendeten Lehrer haben ebenfalls die in Abs. 1 genannten Bedingungen zu erfüllen."

Siehe auch die Neufassung durch die Novelle BGBl. I Nr. 96/2022.

[2]) Das Inhaltsverzeichnis ist von den Gesetzesbeschlüssen nicht umfasst.

Stichwortverzeichnis zum PrivSchG
(die Ziffern beziehen sich auf die Paragrafen)

PrivSchG
Luf PrivSchG

Bundesgesetz vom 25. Juli 1962 über das Privatschulwesen (Privatschulgesetz)

Der Nationalrat hat beschlossen:

Geltungsbereich

§ 1. Dieses Bundesgesetz regelt die Errichtung und Führung von Privatschulen – mit Ausnahme der land- und forstwirtschaftlichen Schulen – sowie die Verleihung des Öffentlichkeitsrechtes und die Gewährung von Subventionen an solche Privatschulen.

Begriffsbestimmungen

§ 2. (1) Schulen im Sinne dieses Bundesgesetzes sind Einrichtungen, in denen eine Mehrzahl von Schülern gemeinsam nach einem festen Lehrplan unterrichtet wird, wenn im Zusammenhang mit der Vermittlung von allgemeinbildenden oder berufsbildenden Kenntnissen und Fertigkeiten ein erzieherisches Ziel angestrebt wird.

(2) Ein erzieherisches Ziel ist gegeben, wenn außer den mit der Erwerbung von Kenntnissen und Fertigkeiten an sich verbundenen Erziehungszielen die Festigung der charakterlichen Anlagen der Schüler in sittlicher Hinsicht bezweckt wird.

(3) Privatschulen sind Schulen, die von anderen als den gesetzlichen Schulerhaltern errichtet und erhalten werden (Artikel 14 Abs. 6 und 7 des Bundes-Verfassungsgesetzes in der Fassung von 1929 und in der Fassung des Bundesverfassungsgesetzes vom 18. Juli 1962, BGBl. Nr. 215).

(4) Eine Lehrbefähigung im Sinne dieses Bundesgesetzes liegt bei Erfüllung der für ein öffentlich-rechtliches oder ein privatrechtliches Dienstverhältnis erforderlichen besonderen Ernennungs- bzw. Anstellungserfordernisse vor. *(BGBl. Nr. 448/1994, Z 1)*

§ 2a. Österreichischen Staatsbürgern und inländischen juristischen Personen sind Staatsangehörige und juristische Personen eines Landes, dessen Angehörigen und juristischen Personen Österreich auf Grund eines Staatsvertrages im Rahmen der europäischen Integration dieselben Rechte zu gewähren hat wie Inländern und inländischen juristischen Personen, gleichgestellt.
(BGBl. Nr. 448/1994, Z 2)

Abschnitt I
Errichtung und Führung von Privatschulen

Voraussetzungen für die Errichtung

§ 3. (1) Die Errichtung von Privatschulen ist im Sinne des Artikels 17 Abs. 2 des Staatsgrundgesetzes vom 21. Dezember 1867, RGBl. Nr. 142, über die allgemeinen Rechte der Staatsbürger, und – soweit es sich um Schulen von gesetzlich anerkannten Kirchen oder Religionsgesellschaften handelt – auch im Sinne des § 4 des Gesetzes vom 25. Mai 1868, RGBl. Nr. 48, wodurch grundsätzliche Bestimmungen über das Verhältnis der Schule zur Kirche erlassen werden, bei Erfüllung der in diesem Bundesgesetz enthaltenen näheren Vorschriften gewährleistet.

(2) Die Errichtung von Privatschulen setzt voraus, daß die Bedingungen hinsichtlich des Schulerhalters (§ 4), der Leiter und Lehrer (§ 5) und der Schulräume und Lehrmittel (§ 6) erfüllt werden.

Schulerhalter

§ 4. (1) Eine Privatschule zu errichten, ist als Schulerhalter – bei Erfüllung der sonstigen in diesem Abschnitt festgesetzten Voraussetzungen – berechtigt

a) jeder österreichische Staatsbürger, der voll handlungsfähig ist, der in sittlicher Hinsicht verläßlich ist und in dessen Person keine Umstände vorliegen, die nachteilige Auswirkungen auf das österreichische Schulwesen erwarten lassen; *(BGBl. Nr. 448/1994, Z 3)*

b) jede Gebietskörperschaft, gesetzlich anerkannte Kirche oder Religionsgesellschaft und sonstige Körperschaft des öffentlichen Rechts;

c) jede sonstige inländische juristische Person, deren vertretungsbefugte Organe die Voraussetzungen nach lit. a erfüllen.

(2) Andere als österreichische Staatsbürger und andere als inländische juristische Personen können als Schulerhalter – bei Erfüllung der sonstigen in diesem Abschnitt festgesetzten Voraussetzungen – Privatschulen errichten, wenn sie beziehungsweise ihre vertretungsbefugten Organe in sittlicher Hinsicht verläßlich und keine nachteiligen Auswirkungen auf das österreichische Schulwesen zu erwarten sind. Sofern die vertretungsbefugten Organe nicht die österreichische Staatsbürgerschaft besitzen und ihren Wohnsitz nicht in Österreich haben, ist von ausländischen juristischen Personen ein Zustellungsbevollmächtigter zu bestellen, der die österreichische Staatsbürgerschaft besitzt und seinen Wohnsitz in Österreich hat. Durch Staatsverträge (Kulturabkommen) begründete Rechte werden hiedurch nicht berührt. *(BGBl. Nr. 244/1962 idF BGBl. Nr. 448/1994, Z 4)*

(3) Aufgabe des Schulerhalters ist die finanzielle, personelle und räumliche Vorsorge für die Führung der Schule.

(4) Der Schulerhalter hat außer den ihm nach diesem Bundesgesetz sonst obliegenden Anzeigen jede nach den Bestimmungen dieses Bundesgesetzes maßgebende Veränderung in seiner Person beziehungsweise in der Person seiner vertretungsbefugten Organe und in der Organisation der Schule sowie die Einstellung der Schulführung und die Auflassung der Schule der zuständigen Schulbehörde unverzüglich anzuzeigen und ihr auf Verlangen alle zur Wahrnehmung der Aufsicht (§ 22) erforderlichen Auskünfte über die Schule zu geben. Er darf den Organen der zuständigen Schulbehörden den Zutritt zu den Schulliegenschaften, die Beobachtung des Unterrichtes und die Einsicht in die Schulakten nicht verweigern.

(5) Der Schulerhalter hat sich der Einflußnahme auf die nach den schulrechtlichen Vorschriften dem Leiter der Schule – sofern er nicht selbst Leiter der Schule ist (§ 5 Abs. 2) – und den Lehrern zukommenden Aufgaben zu enthalten.

Leiter und Lehrer

§ 5. (1) Für die pädagogische und schuladministrative Leitung der Privatschule ist ein Leiter zu bestellen,

a) der die österreichische Staatsbürgerschaft besitzt,

b) der die Eignung zum Lehrer in sittlicher und gesundheitlicher Hinsicht aufweist,

c) der die Lehrbefähigung für die betreffende oder eine verwandte Schulart oder eine sonstige geeignete Befähigung nachweist, *(BGBl. Nr. 448/1994, Z 5 idF BGBl. I Nr. 138/2017, Art. 23 Z 1)*

d) der in der deutschen Sprache Sprachkenntnisse nach zumindest dem Referenzniveau C 1 des Gemeinsamen Europäischen Referenzrahmens für Sprachen entsprechend der Empfehlung des Ministerkomitees des Europarates an die Mitgliedsstaaten Nr. R (98) 6 vom 17. März 1998 zum Gemeinsamen Europäischen Referenzrahmen für Sprachen – GER nachweisen kann und *(BGBl. I Nr. 138/2017, Art. 23 Z 1)*

e) in dessen Person keine Umstände vorliegen, die nachteilige Auswirkungen auf das österreichische Schulwesen erwarten lassen. *(BGBl. Nr. 448/1994, Z 5 idF BGBl. I Nr. 138/2017, Art. 23 Z 1)*

Das Erfordernis gemäß lit. d wird auch durch einen Nachweis von zumindest gleichwertigen Sprachkenntnissen erfüllt. Lit. d gilt nicht für Personen gemäß § 1 Z 2 der Ausländerbeschäftigungsverordnung, BGBl. II Nr. 609/1990 in der Fassung der Verordnung BGBl. II Nr. 257/2017[3]) sowie für Schulen, die keine gesetzlich geregelte Schulartbezeichnung führen oder durch deren Besuch gemäß § 12 des Schulpflichtgesetzes 1985, BGBl. Nr. 76/1985, die allgemeine Schulpflicht nicht erfüllt werden kann oder die nach dem vom zuständigen Bundesminister erlassenen oder genehmigten Organisationsstatut nicht auf die Erlangung eines

[3]) § 1 Z 2 der Ausländerbeschäftigungsverordnung, BGBl. II Nr. 609/1990, in der Fassung der Verordnung BGBl. II Nr. 257/2017, lautet:

„**§ 1.** …

2. das ausländische Lehrpersonal hinsichtlich seiner pädagogischen Tätigkeiten einschließlich der Betreuung der Vorschulstufen ab dem dritten Lebensjahr an der Internationalen Schule in Wien, an der Amerikanischen Internationalen Schule in Wien, an der Danube International School, an der Graz International and Bilingual School, an der Linz International School Auhof, an der Anton-Bruckner-International-School, an der American International School Salzburg, an der Vienna Elementary School, an der Vienna European School und an der Amadeus International School Vienna;“

§ 1 Z 2 der Ausländerbeschäftigungsverordnung, BGBl. II Nr. 609/1990, in der Fassung der Verordnung BGBl. II Nr. 176/2023, lautet:

Zeugnisses über den erfolgreichen Besuch einer Schulstufe oder einer Schulart (Form bzw. Fachrichtung einer Schulart) oder nicht auf den Erwerb der mit der erfolgreichen Ablegung einer Reifeprüfung, Reife- und Diplomprüfung, Diplomprüfung oder Abschlussprüfung verbundenen Berechtigungen abzielen. *(BGBl. Nr. 448/1994, Z 5 idF BGBl. I Nr. 43/2018, Z 1 und BGBl. I Nr. 35/2019, Art. 4 Z 1)*

(2) Schulerhalter, welche die im Abs. 1 lit. a bis c genannten Bedingungen erfüllen, können die Leitung der Privatschule auch selbst ausüben.

(3) Der Leiter ist für die unmittelbare Leitung und Überwachung des Unterrichtes an der Privatschule verantwortlich. Er ist an die in Ausübung der Aufsicht (§ 22) erteilten Weisungen der zuständigen Schulbehörden gebunden.

(4) Die an der Schule verwendeten Lehrpersonen haben

a) die in Abs. 1 lit. a, b und d[4]) genannten Bedingungen zu erfüllen und
b) die Lehrbefähigung für die betreffende oder eine verwandte Schulart oder eine sonstige geeignete Befähigung
c) sowie Sprachkenntnisse in der deutschen Sprache nach zumindest dem Referenzniveau C 1 des Gemeinsamen Europäischen Referenzrahmens für Sprachen entsprechend der Empfehlung des Ministerkomitees des Europarates an die Mitgliedstaaten Nr. R (98) 6 vom 17. März 1998 zum Gemeinsamen Europäischen Referenzrahmen für Sprachen – GER nachzuweisen.

(BGBl. I Nr. 96/2022, Art. 7 Z 1)

(5) Die Schulbehörde kann auf Antrag

a) von dem Erfordernis der österreichischen Staatsbürgerschaft (Abs. 1 lit. a)
b) vom Nachweis gemäß Abs. 4 lit. c
   1. für Lehrpersonen an Schulen mit der Unterrichtssprache „Englisch" oder
   2. für Lehrpersonen an Schulen, die keine gesetzlich geregelte Schulartbezeichnung führen oder durch deren Besuch gemäß § 12 des Schulpflichtgesetzes 1985, BGBl. Nr. 76/1985, die allgemeine Schulpflicht nicht erfüllt werden kann oder die nach dem vom zuständigen Bundesminister erlassenen oder genehmigten Organisationsstatut nicht auf die Erlangung eines Zeugnisses über den erfolgreichen Besuch einer Schulstufe oder einer Schulart (Schulform bzw. Fachrichtung einer Schulart) oder nicht auf den Erwerb der mit der erfolgreichen Ablegung einer Reifeprüfung, Reife- und Diplomprüfung, Diplomprüfung oder Abschlussprüfung verbundenen Berechtigungen abzielen

Nachsicht erteilen, wenn die Verwendung im Interesse der Schule gelegen ist und öffentliche Interessen der Nachsichterteilung nicht entgegenstehen. *(BGBl. I Nr. 96/2022, Art. 7 Z 1)*

(6) Die Bestellung des Leiters und der Lehrer sowie jede nach den Bestimmungen dieses Bundesgesetzes maßgebende Veränderung in deren Person ist vom Schulerhalter der zuständigen Schulbehörde unverzüglich anzuzeigen, welche die Verwendung des Leiters oder Lehrers innerhalb eines Monats ab dem Einlangen der Anzeige zu untersagen hat, wenn die Bedingungen der vorstehenden Absätze nicht erfüllt sind. Darüber hinaus hat die zuständige Schulbehörde die Verwendung eines Leiters oder Lehrers zu untersagen, wenn die in den vorstehenden Absätzen genannten Bedingungen später wegfallen, sowie hinsichtlich des Leiters auch dann, wenn er die ihm nach Abs. 3 obliegenden Aufgaben nicht ausreichend erfüllt.

(7) Die Bestimmungen des Abs. 6 gelten singgemäß auch für den Schulerhalter in seiner Eigenschaft als Leiter der Schule (Abs. 2).

Schulräume, Lehrmittel und Unterrichtsmittel

(BGBl. I Nr. 138/2017, Art. 23 Z 3)

§ 6. Der Schulerhalter hat nachzuweisen, daß er über Schulräume verfügt, die baulich und einrichtungsmäßig dem Zweck und der Organisation der Privatschule sowie den Grundsätzen der Pädagogik und der Schulhygiene entsprechen. Ferner hat er nachzuweisen, dass

---

„**§ 1.** …
2. das ausländische Lehrpersonal hinsichtlich seiner pädagogischen Tätigkeiten einschließlich der Betreuung der Vorschulstufen ab dem dritten Lebensjahr an der Internationalen Schule in Wien, an der Amerikanischen Internationalen Schule in Wien, an der Danube International School, an der Graz International and Bilingual School, an der Linz International School Auhof, an der Anton-Bruckner-International-School, an der American International School Salzburg, an der Vienna Elementary School, an der Vienna European School, an der Amadeus International School Vienna, an der Japanischen Internationalen Schule in Wien, an der International School Carinthia, am Akademischen Gymnasium Innsbruck, an der Lauder Business School und an den Schulen des Lauder Chabad Campus;".

[4]) Der Verweis auf Abs. 1 lit. d („d) der in der deutschen Sprache Sprachkenntnisse nach zumindest dem Referenzniveau C 1 des Gemeinsamen Europäischen Referenzrahmens für Sprachen entsprechend der Empfehlung des Ministerkomitees des Europarates an die Mitgliedsstaaten Nr. R (98) 6 vom 17. März 1998 zum Gemeinsamen Europäischen Referenzrahmen für Sprachen – GER nachweisen kann …") ist im Hinblick auf die nachfolgende lit. c nicht erforderlich.

die Privatschule die zur Durchführung des Lehrplanes notwendigen Lehrmittel und sonstigen Ausstattungen und Einrichtungen aufweist und über für die Erfüllung der Aufgaben der österreichischen Schule im Sinne des § 2 des Schulorganisationsgesetzes geeignete Unterrichtsmittel verfügt. *(BGBl. Nr. 244/1962 idF BGBl. I Nr. 138/2017, Art. 23 Z 4)*

Anzeige und Untersagung der Errichtung

§ 7. (1) Die Errichtung einer Privatschule ist der zuständigen Schulbehörde mindestens drei Monate vor der beabsichtigten Eröffnung der Schule unter Nachweis der Erfüllung der Bestimmungen des § 4 Abs. 1 oder 2, des § 5 Abs. 1 oder 2 und 4 (unbeschadet der Bestimmung des § 5 Abs. 5) sowie des § 6 anzuzeigen.

(2) Die zuständige Schulbehörde hat die Errichtung der Schule binnen zwei Monaten ab dem Zeitpunkt der Einbringung der Anzeige zu untersagen, wenn die im Abs. 1 angeführten Bestimmungen nicht erfüllt sind. Wird die Errichtung der Schule innerhalb dieser Frist nicht untersagt, so kann sie eröffnet werden.

Erlöschen und Entzug des Rechtes zur Schulführung

§ 8. (1) Das Recht zur Führung einer Schule erlischt

a) mit der Auflassung der Schule durch den Schulerhalter,

b) mit dem Wegfall einer der im § 4 Abs. 1 oder 2 genannten Bedingungen,

c) nach Ablauf eines Jahres, in dem die Schule nicht geführt wurde,

d) mit der Überlassung des Schulvermögens an eine andere Person in der Absicht, die Schulerhalterschaft aufzugeben, oder

e) mit dem Tode des Schulerhalters (bei juristischen Personen mit deren Auflösung); die Verlassenschaft beziehungsweise die Erben des Schulerhalters können die Schule jedoch bis zum Ende des laufenden Schuljahres weiterführen, wobei sie die Rechte und Pflichten des Schulerhalters übernehmen; sie haben die Weiterführung der Schule der zuständigen Schulbehörde anzuzeigen.

(2) Werden nach der Eröffnung der Schule die im § 5 Abs. 1, 2 oder 4 (unter allfälliger Bedachtnahme auf § 5 Abs. 5) oder im § 6 genannten Bedingungen nicht mehr erfüllt, so hat die zuständige Schulbehörde dem Schulerhalter eine angemessene Frist zur Beseitigung der Mängel zu setzen. Werden die Mängel innerhalb dieser Frist nicht behoben, so hat die Schulbehörde die weitere Führung der Schule zu untersagen.

(3) Wenn für die Gesundheit oder Sittlichkeit der Schüler Gefahr im Verzug ist, hat die zuständige Schulbehörde die weitere Führung der Schule ohne Setzung einer Frist zu untersagen.

Bezeichnung von Privatschulen

§ 9. Jede Privatschule hat eine Bezeichnung zu führen, aus der ihr Schulerhalter erkennbar ist und die, auch wenn die Schule das Öffentlichkeitsrecht (Abschnitt III) besitzt, jede Möglichkeit einer Verwechslung mit einer öffentlichen Schule ausschließt. Wenn nicht eine Bewilligung zur Führung einer gesetzlich geregelten Schulartbezeichnung nach Abschnitt II erteilt worden ist, muß ferner jede Verwechslungsmöglichkeit mit einer solchen Bezeichnung ausgeschlossen sein.

Schülerheime

§ 10. (1) Die Errichtung privater Heime, in die Schüler öffentlicher oder privater Schulen zum Zwecke des Schulbesuches oder zur Überwachung ihrer Lerntätigkeit aufgenommen werden (Schülerheime), bedarf keiner Anzeige.

(2) Die zuständige Schulbehörde hat die Führung eines Schülerheimes zu untersagen, wenn trotz Aufforderung zur Abstellung von Mängeln innerhalb einer angemessenen Frist weiterhin Umstände vorliegen, durch die für die Gesundheit, die Sittlichkeit oder die staatsbürgerliche Gesinnung der Schüler Gefahr besteht. Diese Untersagung gilt für die Dauer des Vorliegens der festgestellten Mängel.

Abschnitt II
Führung einer gesetzlich geregelten Schulartbezeichnung

Bewilligungspflicht

§ 11. (1) Die Führung einer gesetzlich geregelten Schulartbezeichnung durch Privatschulen ist nur mit Bewilligung der zuständigen Schulbehörde zulässig.

(2) Die Bewilligung ist auf Ansuchen des Schulerhalters zu erteilen, wenn

a) die Organisation einschließlich des Lehrplanes und die Ausstattung der Privatschule im wesentlichen mit gleichartigen öffentlichen Schulen übereinstimmt und an der Schule nur schulbehördlich approbierte Lehrbücher, soweit eine solche Approbation vorgesehen ist, verwendet werden,

b) der Leiter und die Lehrer die Lehrbefähigung für die betreffende Schulart besitzen, wobei jedoch die zuständige Schulbehörde vom Nachweis der Lehrbefähigung für Lehrer absehen kann, wenn Mangel an entsprechend lehrbefähigten Lehrern besteht und ein sonstiger ausreichender Befähigungsnachweis erbracht wird, und

c) glaubhaft gemacht wird, daß die Führung der Privatschule für mehrere Jahre mit einem hohen Grad der Wahrscheinlichkeit sichergestellt ist.

(3) Bei Gebietskörperschaften, gesetzlich anerkannten Kirchen und Religionsgesellschaften und sonstigen Körperschaften des öffentlichen Rechts wird die Erfüllung der Voraussetzungen des Abs. 2 lit. c von Gesetzes wegen angenommen.

(4) Um die Bewilligung zur Führung einer gesetzlich geregelten Schulartbezeichnung kann gleichzeitig mit der Anzeige der Errichtung der Privatschule (§ 7) angesucht werden.

Widerruf der Bewilligung

§ 12. Werden die im § 11 Abs. 2 genannten Voraussetzungen nicht mehr voll erfüllt, so hat die zuständige Schulbehörde dem Schulerhalter eine angemessene Frist zur Beseitigung der Mängel zu setzen. Werden die Mängel innerhalb dieser Frist nicht behoben, so hat die Schulbehörde die Bewilligung zur Führung einer gesetzlich geregelten Schulartbezeichnung zu widerrufen, sofern nicht § 8 anzuwenden ist.

Abschnitt III
Öffentlichkeitsrecht

Rechtswirkungen des Öffentlichkeitsrechtes

§ 13. (1) Durch die Verleihung des Öffentlichkeitsrechtes wird einer Privatschule das Recht übertragen, Zeugnisse über den Erfolg des Schulbesuches auszustellen, die mit der Beweiskraft öffentlicher Urkunden und mit den gleichen Rechtswirkungen ausgestattet sind wie Zeugnisse gleichartiger öffentlicher Schulen.

(2) Mit dem Öffentlichkeitsrecht sind weiters folgende Rechtswirkungen verbunden:

a) an der Schule können die für die betreffende Schulart vorgesehenen Prüfungen abgehalten werden;

b) der Schule können Lehramtsanwärter, die sich damit einverstanden erklären, zur Einführung in die Praxis des Lehramtes mit Zustimmung des Schulerhalters zugewiesen werden;

c) auf die Schule finden die für die entsprechenden öffentlichen Schulen geltenden schulrechtlichen Vorschriften Anwendung, soweit gesetzlich nicht anderes bestimmt ist und soweit sie nicht die Errichtung, Erhaltung und Auflassung, die Sprengel und das Schulgeld betreffen. Bei der Anwendung von landesgesetzlichen Vorschriften betreffend die äußere Organisation der öffentlichen Pflichtschulen treten an die Stelle der dort vorgesehenen Behördenzuständigkeiten jene des § 23.

Verleihung des Öffentlichkeitsrechtes

§ 14. (1) Privatschulen, die gemäß § 11 eine gesetzlich geregelte Schulartbezeichnung führen, ist das Öffentlichkeitsrecht zu verleihen, wenn

a) der Schulerhalter (bei juristischen Personen dessen vertretungsbefugte Organe), der Leiter und die Lehrer Gewähr für einen ordnungsgemäßen und den Aufgaben des österreichischen Schulwesens gerecht werdenden Unterricht bieten und

b) der Unterrichtserfolg jenem an einer gleichartigen öffentlichen Schule entspricht.

(2) Privatschulen, die keiner öffentlichen Schulart entsprechen, ist das Öffentlichkeitsrecht zu verleihen, wenn

a) die Voraussetzungen nach Abs. 1 lit. a vorliegen,

b) die Organisation, der Lehrplan und die Ausstattung der Schule sowie die Lehrbefähigung des Leiters und der Lehrer mit einem vom zuständigen Bundesminister erlassenen oder genehmigten Organisationsstatut übereinstimmen, *(BGBl. Nr. 244/1962 idF BGBl. Nr. 448/1994, Z 8 und BGBl. I Nr. 71/2008, Art. 3 Z 1, BGBl. I Nr. 48/2014, Art. 11 Z 1 und BGBl. I Nr. 138/2017, Art. 23 Z 5)*

c) die Privatschule sich hinsichtlich ihrer Unterrichtserfolge bewährt hat und *(BGBl. Nr. 244/1962 idF BGBl. I Nr. 138/2017, Art. 23 Z 5*

d) die Privatschule über für die Erfüllung der Aufgaben der österreichischen Schule geeignete Unterrichtsmittel verfügt. *(BGBl. I Nr. 138/2017, Art. 23 Z 5)*

(3) Bei Gebietskörperschaften, gesetzlich anerkannten Kirchen und Religionsgesellschaften und sonstigen Körperschaften des öffentlichen Rechts wird die Erfüllung der Voraussetzungen des Abs. 1 lit. a und des Abs. 2 lit. a von Gesetzes wegen angenommen.

Dauer der Verleihung

§ 15. Das Öffentlichkeitsrecht darf an Privatschulen vor ihrem lehrplanmäßig vollen Ausbau jeweils nur für die bestehenden Klassen (Jahresstufen) und jeweils nur für ein Schuljahr verliehen werden. Nach Erreichung des lehrplanmäßig vollen Ausbaues kann das Öffentlichkeitsrecht nach Maßgabe der Unterrichtserfolge auch auf mehrere Schuljahre verliehen werden. Wenn Gewähr für eine fortdauernde Erfüllung der gesetzlichen Bedingungen besteht, ist das Öffentlichkeitsrecht nach Erreichung des lehrplanmäßig vollen Ausbaues der Schule auf die Dauer der Erfüllung der gesetzlichen Bedingungen zu verleihen.

Entzug und Erlöschen des Öffentlichkeitsrechtes

§ 16. (1) Wenn die im § 14 genannten Voraussetzungen während der Dauer des Öffentlichkeitsrechtes nicht mehr voll erfüllt werden, ist dem Schulerhalter unter Androhung des Entzuges beziehungsweise der Nichtweiterverleihung des Öffentlichkeitsrechtes eine Frist bis längstens zum Ende des darauffolgenden Schuljahres zur Behebung der Mängel zu setzen. Werden die Mängel innerhalb der gesetzten Frist nicht behoben, so ist das Öffentlichkeitsrecht zu entziehen beziehungsweise nicht weiterzuverleihen.

(2) Mit der Auflassung einer Privatschule erlischt das ihr verliehene Öffentlichkeitsrecht. In diesem Falle sind die an der Schule geführten Amtsschriften und Kataloge der zuständigen Schulbehörde zur Aufbewahrung zu übergeben.

Abschnitt IV
Subventionierung von Privatschulen

A. Subventionierung konfessioneller Privatschulen
Anspruchsberechtigung

§ 17. (1) Den gesetzlich anerkannten Kirchen und Religionsgesellschaften sind für die mit dem Öffentlichkeitsrecht ausgestatteten konfessionellen Privatschulen nach Maßgabe der folgenden Bestimmungen Subventionen zum Personalaufwand zu gewähren.

(2) Unter konfessionellen Privatschulen sind die von den gesetzlich anerkannten Kirchen und Religionsgesellschaften und von ihren Einrichtungen erhaltenen Schulen sowie jene von Vereinen, Stiftungen und Fonds erhaltenen Schulen zu verstehen, die von der zuständigen kirchlichen (religionsgesellschaftlichen) Oberbehörde als konfessionelle Schulen anerkannt werden.

Ausmaß der Subventionen

§ 18. (1) Als Subvention sind den gesetzlich anerkannten Kirchen und Religionsgesellschaften für die konfessionellen Schulen jene Lehrerdienstposten zur Verfügung zu stellen, die zur Erfüllung des Lehrplanes der betreffenden Schule erforderlich sind (einschließlich des Schulleiters und der von den Lehrern an vergleichbaren öffentlichen Schulen zu erbringenden Nebenleistungen), soweit das Verhältnis zwischen der Zahl der Schüler und der Zahl der Lehrer der betreffenden konfessionellen Schule im wesentlichen jenem an öffentlichen Schulen gleicher oder vergleichbarer Art und vergleichbarer örtlicher Lage entspricht.

(2) Die gemäß Abs. 1 den einzelnen konfessionellen Schulen zukommenden Lehrerdienstposten hat die zuständige Schulbehörde auf Antrag der für die Schule entsprechend dem § 17 Abs. 2 in Betracht kommenden Kirche oder Religionsgesellschaft festzustellen.

(3) Die gesetzlich anerkannte Kirche oder Religionsgesellschaft hat Umstände, die eine Auswirkung auf die Anzahl der einer konfessionellen Schule zukommenden Lehrerdienstposten zur Folge haben können, unverzüglich der zuständigen Schulbehörde zu melden.

(4) Die zuständige Schulbehörde hat bei Änderung der Voraussetzungen nach Abs. 1 die Anzahl der der Schule zukommenden Lehrerdienstposten neu festzustellen.

(5) Wenn für eine konfessionelle Schule

a) erstmals um das Öffentlichkeitsrecht angesucht wurde oder
b) im vorangegangenen Schuljahr das Öffentlichkeitsrecht verliehen und nicht gemäß § 16 Abs. 1 entzogen worden ist sowie für das laufende Schuljahr um die Verleihung des Öffentlichkeitsrechtes angesucht wurde,

ist sie hinsichtlich der Subventionierung auf Antrag der betreffenden gesetzlich anerkannten Kirche oder Religionsgesellschaft so zu behandeln, als ob ihr das Öffentlichkeitsrecht bereits verliehen worden wäre. Wird das Öffentlichkeitsrecht jedoch nicht verliehen, so hat die gesetzlich anerkannte Kirche oder Religionsgesellschaft dem Bund den durch die Subventionierung entstandenen Aufwand zu ersetzen.

(6) Die Feststellung der den einzelnen konfessionellen Schulen zukommenden Lehrerdienstposten wird mit Beginn des auf die Einbringung des Antrages gemäß Abs. 2 und die Änderung der maßgeblichen Voraussetzungen folgenden Monatsersten wirksam, sofern der Antrag jedoch für ein bevorstehendes Schuljahr oder einen bevorstehenden Teil eines Schuljahres vorgelegt wird, frühestens mit Beginn des Schuljahres beziehungsweise des Teiles des Schuljahres.

(BGBl. Nr. 290/1972, Art. I Z 1)

Art der Subventionierung

§ 19. (1) Die Subventionen zum Personalaufwand sind nach Maßgabe der Bestimmungen dieses Abschnittes zu gewähren:

a) durch Zuweisung von Bundeslehrern oder Bundesvertragslehrern durch den Bund als lebende Subventionen an die Schule, soweit es sich nicht um eine in lit. b genannte Schule handelt, oder

b) durch Zuweisung von Landeslehrern oder Landesvertragslehrern durch das Land als lebende Subventionen an Volksschulen, Mittelschulen, Sonderschulen, Polytechnische Schulen und Berufsschulen. *(BGBl. Nr. 244/1962 idF BGBl. I Nr. 36/2012, Art. 10 Z 1 und BGBl. I Nr. 101/2018, Art. 11 Z 1)*

(2) Die Kosten der Subventionen zum Personalaufwand sind auch in den Fällen des Abs. 1 lit. b vom Bund zu tragen.

(3) Ist die Zuweisung eines Lehrers nach Abs. 1 nicht möglich, so hat der Bund für den unterrichtenden Lehrer eine Vergütung in der Höhe der Entlohnung zu leisten, die diesem Lehrer zustehen würde, wenn er entsprechend der Art der betreffenden Schule entweder Bundes- oder Landesvertragslehrer wäre. Erfüllt dieser Lehrer die Anstellungserfordernisse nicht, ist die Vergütung in der Höhe der Entlohnung festzusetzen, die in gleichartigen Fällen in der Regel Bundes(Landes)vertragslehrern gegeben wird. Der Bund hat auch die für einen solchen Lehrer für den Dienstgeber auf Grund gesetzlicher Vorschriften anfallenden Leistungen bis zu der der Vergütung entsprechenden Höhe zu ersetzen. Durch die Zahlung der Vergütung wird ein Dienstverhältnis zum Bund nicht begründet. *(BGBl. Nr. 290/1972, Art. I Z 2)*

(4) Die Vergütung gemäß Abs. 3 ist an den unterrichtenden Lehrer auszuzahlen. Sofern der Lehrer jedoch Angehöriger eines Ordens oder einer Kongregation der katholischen Kirche ist und die Schule, an der er unterrichtet, von diesem Orden oder dieser Kongregation erhalten wird, ist die Vergütung an den Schulerhalter zu zahlen. *(BGBl. Nr. 290/1972, Art. I Z 2)*

(5) Wird einer konfessionellen Schule das Öffentlichkeitsrecht rückwirkend verliehen und wurde kein Antrag gemäß § 18 Abs. 5 gestellt, ist der in Betracht kommenden gesetzlich anerkannten Kirche oder Religionsgesellschaft für diese Schule der Lehrerpersonalaufwand zu ersetzen, den der Schulerhalter für die dort unterrichtenden Lehrer geleistet hat, höchstens jedoch im Ausmaß des Betrages, der bei Anwendung der Abs. 3 und 4 bezahlt worden wäre. *(BGBl. Nr. 290/1972, Art. I Z 2)*

Grenzen der Zuweisung lebender Subventionen

§ 20. (1) Den unter § 17 fallenden Schulen dürfen nur solche Lehrer als lebende Subventionen zugewiesen werden, die sich damit einverstanden erklären und deren Zuweisung an die betreffende Schule die zuständige kirchliche (religionsgesellschaftliche) Oberbehörde beantragt oder gegen deren Zuweisung sie keinen Einwand erhebt.

(2) Die Zuweisung ist aufzuheben, wenn der Lehrer dies beantragt oder wenn die zuständige kirchliche (religionsgesellschaftliche) Oberbehörde die weitere Verwendung des Lehrers an der betreffenden Schule aus religiösen Gründen für untragbar erklärt und aus diesem Grunde die Aufhebung der Zuweisung bei der zuständigen Dienstbehörde beantragt.

B. Subventionierung sonstiger Privatschulen

Voraussetzungen

§ 21. (1) Für Privatschulen mit Öffentlichkeitsrecht, die nicht unter § 17 fallen, kann der Bund nach Maßgabe der auf Grund des jeweiligen Bundesfinanzgesetzes zur Verfügung stehenden Mittel Subventionen zum Personalaufwand gewähren, wenn

a) die Schule einem Bedarf der Bevölkerung entspricht,
b) mit der Führung der Schule nicht die Erzielung eines Gewinnes bezweckt wird,
c) für die Aufnahme der Schüler nur die für öffentliche Schulen geltenden Aufnahmsbedingungen maßgebend sind und
d) die Schülerzahl in den einzelnen Klassen nicht unter den an öffentlichen Schulen gleicher Art und gleicher örtlicher Lage üblichen Klassenschülerzahlen liegt.

(2) Ein Bedarf im Sinne des Abs. 1 lit. a ist bei privaten Volksschulen oder Mittelschulen jedenfalls nicht gegeben, wenn dadurch die Organisationshöhe einer öffentlichen Volksschule oder Mittelschule, in deren Sprengel die Privatschule liegt, gemindert wird. *(BGBl. I Nr. 36/2012, Art. 10 Z 2 idF BGBl. I Nr. 101/2018, Art. 11 Z 2)*

(3) Die Art der Subventionierung für die im Abs. 1 genannten Schulen richtet sich nach § 19 Abs. 1. Vor Zuweisung eines Lehrers als lebende Subvention ist der Schulerhalter zu hören.

Abschnitt V
Gemeinsame Bestimmungen

Aufsicht über die Privatschulen

§ 22. (1) Die Aufsicht über die Privatschulen erstreckt sich auf die Überwachung der Erfüllung der Bestimmungen des Abschnittes I, bei Privatschulen, die zur Führung einer gesetzlich geregelten Schulartbezeichnung berechtigt sind, auch auf die Überwachung der Erfüllung der Bestimmungen des Abschnittes II und bei Privatschulen mit Öffentlichkeitsrecht überdies auf die Überwachung der Erfüllung der Bestimmungen des Abschnittes III.

(2) Die Aufsicht über private Schülerheime erstreckt sich auf die im § 10 Abs. 2 vorgesehenen Maßnahmen.

Behördenzuständigkeit

§ 23. (1) Zuständige Schulbehörde im Sinne dieses Bundesgesetzes ist, soweit Abs. 2 nicht anderes bestimmt, die örtlich zuständige Bildungsdirektion. Sachlich in Betracht kommende Oberbehörde ist der zuständige Bundesminister. *(BGBl. I Nr. 75/2013, Art. 9 Z 1 idF BGBl. I Nr. 48/2014, Art. 11 Z 2 und BGBl. I Nr. 138/2017, Art. 23 Z 6)*

(2) Der zuständige Bundesminister ist zuständig

a) für die Angelegenheiten der in private Pädagogische Hochschulen eingegliederten Praxisschulen, *(BGBl. I Nr. 71/2008, Art. 3 Z 3)*

b) für die Verleihung und den Entzug des Öffentlichkeitsrechtes,

c) für die Subventionierung von Privatschulen gemäß § 21 mit Ausnahme der nach Abs. 5 zu beurteilenden Zuständigkeiten für die einzelne Zuweisung von Lehrern, *(BGBl. Nr. 290/1972, Art. I Z 3 idF BGBl. I Nr. 80/2020, Art. 4 Z 1)*

d) für die Genehmigung der Errichtung, des Statutes, von Änderungen des Statutes und die Aufhebung einer Bildungsanstalt für Leistungssport oder einer Bildungsanstalt für darstellende Kunst gemäß § 128d SchOG. *(BGBl. I Nr. 80/2020, Art. 4 Z 1)*

(BGBl. Nr. 244/1962 idF BGBl. Nr. 448/1994, Z 8, BGBl. I Nr. 75/2001, Art. 2 Z 1, BGBl. I Nr. 71/2008, Art. 3 Z 2, BGBl. I Nr. 75/2013, Art. 9 Z 2 und BGBl. I Nr. 48/2014, Art. 11 Z 2)

(3) Anzeigen und Ansuchen im Sinne dieses Bundesgesetzes sind, soweit nachstehend nicht anderes angeordnet wird, bei der örtlich zuständigen Bildungsdirektion einzubringen und im Falle der Zuständigkeit des Bundesministers gemäß Abs. 2 unter Anschluss einer Stellungnahme der Bildungsdirektion dem zuständigen Bundesminister vorzulegen. Ansuchen und Anträge in Angelegenheiten der in Abs. 2 lit. a genannten Schulen sind unmittelbar beim zuständigen Bundesminister einzubringen. *(BGBl. I Nr. 48/2014, Art. 11 Z 3 idF BGBl. I Nr. 138/2017, Art. 23 Z 7)*

(4) entfallen (BGBl. I Nr. 48/2014, Art. 11 Z 4)

(5) Die Zuständigkeit für die im Rahmen der gewährten Subventionen zum Personalaufwand zu erfolgende Zuweisung der einzelnen Lehrer (§ 19 Abs. 1) richtet sich nach den für die Zuweisung von Lehrern an gleichartigen öffentlichen Schulen geltenden Zuständigkeitsbestimmungen.

(6) Im übrigen richtet sich die Zuständigkeit zur Schulaufsicht und in den Angelegenheiten, die in gleicher Weise öffentliche und private Schulen betreffen, nach den allgemeinen schulrechtlichen Vorschriften.

Strafbestimmungen

§ 24. Wer entgegen den Bestimmungen dieses Bundesgesetzes

a) eine Privatschule ohne Anzeige oder nach Untersagung der Errichtung eröffnet; oder nach Entzug oder Erlöschen des Rechtes zur Führung einer Privatschule diese weiterführt;

b) für eine Privatschule eine Bezeichnung führt, die mit der Bezeichnung einer öffentlichen Schule verwechslungsfähig ähnlich ist; oder für eine Privatschule ohne Öffentlichkeitsrecht den Anschein erweckt, als ob sie das Öffentlichkeitsrecht besitze; oder ohne Bewilligung eine gesetzlich geregelte Schulartbezeichnung oder eine mit dieser verwechslungsfähig ähnliche Bezeichnung führt;

c) Zeugnisse ausstellt, die mit den Zeugnissen einer öffentlichen oder mit dem Öffentlichkeitsrecht ausgestatteten Schule gleich oder verwechslungsfähig ähnlich sind, ohne daß die Schule das Öffentlichkeitsrecht besitzt;

d) einen Leiter oder Lehrer nach der Untersagung dessen Verwendung weiter in dieser Eigenschaft an der Schule beschäftigt;

e) den Organen der zuständigen Schulbehörde den Zutritt zu den Schulliegenschaften, die Beobachtung des Unterrichtes und die Einsicht in die Schulakten ungerechtfertigterweise verweigert oder die nach den Bestimmungen dieses Bundesgesetzes zu erstattenden Anzeigen oder Auskünfte unterläßt;

f) ein privates Schülerheim nach Untersagung der Führung trotz weiteren Vorliegens der beanständeten Mängel weiterführt,

begeht, wenn die Tat nicht nach anderen gesetzlichen Vorschriften strenger zu bestrafen ist, eine Verwaltungsübertretung und ist von der Bezirksverwaltungsbehörde mit einer Geldstrafe bis zu 2 180 €, im Falle der Uneinbringlichkeit mit Ersatzfreiheitsstrafe bis zu vier Wochen zu bestrafen. *(BGBl. Nr. 244/1962 idF BGBl. I Nr. 75/2001, Art. 2 Z 2)*

Übergangsbestimmungen

§ 25. Im Zeitpunkte des Inkrafttretens dieses Bundesgesetzes bestehende Privatschulen, deren Errichtung vor dem Inkrafttreten dieses Bundesgesetzes von der zuständigen Schulbehörde zur Kenntnis genommen oder genehmigt worden ist, gelten als im Sinne dieses Bundesgesetzes errichtet. Ebenso bleiben die vor dem Inkrafttreten dieses Bundesgesetzes ausgesprochenen Verleihungen des Öffentlichkeitsrechtes aufrecht. Im übrigen finden auf diese Schulen und Schülerheime die Bestimmungen dieses Bundesgesetzes Anwendung.

§ 26. (1) Folgende Schulen sind abweichend von den Bestimmungen des § 9 berechtigt, weiterhin ihre nachstehend angeführte Bezeichnung zu führen:

a) Öffentliches Schottengymnasium der Benediktiner in Wien,
b) Öffentliches Stiftsgymnasium der Benediktiner in Melk,
c) Öffentliches Stiftsgymnasium der Benediktiner in Seitenstetten,
d) Öffentliches Stiftsgymnasium der Benediktiner in Kremsmünster,
e) Öffentliches Stiftsgymnasium der Benediktiner in St. Paul im Lavanttal,
f) Öffentliches Gymnasium der Franziskaner in Solbad Hall/Tirol,
g) Öffentliches Gymnasium der Stiftung „Theresianische Akademie" in Wien.

(2) Die im Abs. 1 genannten Schulen gelten als mit dem Öffentlichkeitsrecht im Sinne dieses Bundesgesetzes ausgestattet.

§ 27. (1) Bereits vor Inkrafttreten dieses Bundesgesetzes vom Bund an Privatschulen gewährte Subventionen zum Personalaufwand, die in diesem Zeitpunkt noch aufrecht sind, sowie im Zeitpunkt des Inkrafttretens dieses Bundesgesetzes bestehende Verträge über die Subventionierung von Privatschulen werden durch dieses Bundesgesetz nicht berührt. Diese Subventionen sind jedoch auf Subventionen nach diesem Bundesgesetz anzurechnen.

(2) Für das Öffentliche Gymnasium der Stiftung „Theresianische Akademie" in Wien hat der Bund als Subvention weiterhin den gesamten Personalaufwand für Lehrer einschließlich des Direktors durch Zuweisung von Bundeslehrern oder Bundesvertragslehrern an diese Schule unter Bedachtnahme auf die Bestimmung des § 21 Abs. 3 zweiter Satz zu gewähren.

(3) Bei Führung einer privaten Hauptschule als private Neue Mittelschule ist vom Fortbestand der Schule auszugehen. Für diese private Hauptschule bestehende Bescheide und Bewilligungen erstrecken sich auf die private Neue Mittelschule. Gleiches gilt für die Überleitung der privaten Hauptschule oder der privaten Neuen Mittelschule in eine private Mittelschule. *(BGBl. I Nr. 36/2012, Art. 10 Z 4 idF BGBl. I Nr. 101/2018, Art. 11 Z 3)*

(4) Bei Führung

1. einer privaten Haushaltungsschule als private einjährige Fachschule für wirtschaftliche Berufe,
2. einer privaten Hauswirtschaftsschule als private zweijährige Fachschule für wirtschaftliche Berufe,
3. einer privaten Bildungsanstalt für Kindergartenpädagogik als private Bildungsanstalt für Elementarpädagogik,
4. eines privaten Kollegs für Kindergartenpädagogik als privates Kolleg für Elementarpädagogik,
5. eines privaten Lehrgangs für Sonderkindergartenpädagogik als privaten Lehrgang für Inklusive Elementarpädagogik oder
6. eines privaten Lehrgangs zur Ausbildung von Erziehern zu Sondererziehern als privaten Lehrgang für Inklusive Sozialpädagogik

ist vom Fortbestand der Schule auszugehen. Für diese privaten Schulen bestehende Bescheide und Bewilligungen erstrecken sich auf die private Schule gemäß der gesetzlichen Neubezeichnung. *(BGBl. I Nr. 56/2016, Art. 11 Z 1)*

(5) Bei der Errichtung von Schulclustern durch die Schulerhalter bleibt der Bestand der einzelnen Schulen schulrechtlich unberührt. § 11 Abs. 2 lit. b gilt für die Leiterin oder den Leiter eines Schulclusters mit der Maßgabe, dass sie bzw. er die Lehrbefähigung für die Schulart einer der am Schulcluster beteiligten Schulen besitzt. *(BGBl. I Nr. 138/2017, Art. 23 Z 8 idF BGBl. I Nr. 43/2018, Z 3)*

(6) § 128d SchOG ist sinngemäß auf die vom Verein „Wiener Sängerknaben" erhaltene Privatschule ab der 5. Schulstufe anwendbar. § 128d Abs. 1 Z 2 sowie Abs. 2 Z 3 SchOG sind keine zwingenden Errichtungsvoraussetzungen. *(BGBl. I Nr. 80/2020, Art. 4 Z 2)*

§ 27a. Die zuständige Schulbehörde kann auf Antrag des jeweiligen Schulerhalters für am 31. August 2018 in Verwendung stehende Leiterinnen und Leiter bzw. Lehrerinnen und Lehrer vom Erfordernis des Nachweises der Sprachkenntnisse in der deutschen Sprache (§ 5 Abs. 1 lit. d und Abs. 4) Nachsicht erteilen, wenn öffentliche Interessen der Nachsichterteilung nicht entgegenstehen. Solche Nachsichterteilungen sind auf längstens vier Jahre zu befristen.

(BGBl. I Nr. 43/2018, Z 4)

Schlußbestimmungen

§ 28. (1) Mit dem Wirksamwerden dieses Bundesgesetzes treten alle das Privatschulwesen (§ 1) regelnden Vorschriften außer Kraft.

(2) Im Sinne des Abs. 1 treten insbesondere folgende Vorschriften außer Kraft:

a) das Provisorische Gesetz über den Privatunterricht vom 27. Juni 1850, RGBl. Nr. 309,
b) die §§ 68 bis 73 des Gesetzes vom 14. Mai 1869, RGBl. Nr. 62 (Reichsvolksschulgesetz), und
c) die §§ 187 bis 203 der Verordnung des Ministeriums für Kultus und Unterricht vom 29. September 1905, RGBl. Nr. 159 (Schul- und Unterrichtsordnung für allgemeine Volksschulen und für Bürgerschulen).

§ 29. (1) Dieses Bundesgesetz tritt am 1. November 1962 in Kraft. *(BGBl. Nr. 244/1962 idF BGBl. Nr. 448/1994, Z 9)*

(2) § 2 Abs. 4, § 2a, § 4 Abs. 1 und 2, § 5 Abs. 1, 4 und 5, § 14 Abs. 2, § 23 Abs. 2 und 4, § 29 Abs. 1 sowie § 30 dieses Bundesgesetzes in der Fassung des Bundesgesetzes BGBl. Nr. 448/1994 treten mit 1. Jänner 1994 in Kraft. *(BGBl. Nr. 448/1994, Z 9)*

(3) Die nachstehend genannten Bestimmungen dieses Bundesgesetzes in der Fassung des Bundesgesetzes BGBl. I Nr. 75/2001 treten wie folgt in Kraft:

1. § 23 Abs. 2 und 4 sowie § 30 treten mit Ablauf des Tages der Kundmachung im Bundesgesetzblatt in Kraft,[5])
2. § 24 tritt mit 1. Jänner 2002 in Kraft.

(BGBl. I Nr. 75/2001, Art. 2 Z 3)

(4) § 14 Abs. 2 lit. b, § 23 Abs. 2 und 4 sowie § 30 dieses Bundesgesetzes in der Fassung des Bundesgesetzes BGBl. I Nr. 71/2008 treten mit Ablauf des Tages der Kundmachung im Bundesgesetzblatt in Kraft.[6]) *(BGBl. I Nr. 71/2008, Art. 3 Z 4)*

(5) § 19 Abs. 1 lit. b, § 21 Abs. 2, § 23 Abs. 3 und § 27 Abs. 3 in der Fassung des Bundesgesetzes BGBl. I Nr. 36/2012 tritt mit 1. September 2012 in Kraft. *(BGBl. I Nr. 36/2012, Art. 10 Z 5)*

(6) § 23 Abs. 1 und 2 in der Fassung des Bundesgesetzes BGBl. I Nr. 75/2013 tritt mit 1. Jänner 2014 in Kraft. *(BGBl. I Nr. 75/2013, Art. 9 Z 3)*

(7) Die nachstehend genannten Bestimmungen in der Fassung des Bundesgesetzes BGBl. I Nr. 48/2014 treten wie folgt in bzw. außer Kraft:

1. § 14 Abs. 2 lit. b, § 23 Abs. 1 und 2 sowie § 30 treten mit Ablauf des Tages der Kundmachung im Bundesgesetzblatt in Kraft,[7])
2. § 23 Abs. 3 tritt mit 1. August 2014 in Kraft; gleichzeitig tritt § 23 Abs. 4 außer Kraft.

(BGBl. I Nr. 48/2014, Art. 11 Z 5)

(8) § 27 Abs. 4 in der Fassung des Bundesgesetzes BGBl. I Nr. 56/2016 tritt mit 1. September 2016 in Kraft. *(BGBl. I Nr. 56/2016, Art. 11 Z 2)*

(9) Für das Inkrafttreten der durch das Bildungsreformgesetz 2017, BGBl. I Nr. 138/2017, geänderten oder eingefügten Bestimmungen gilt Folgendes:

1. Die Überschrift des § 6, § 6 und § 30 treten mit Ablauf des Tages der Kundmachung im Bundesgesetzblatt in Kraft;[8])
2. § 5 Abs. 1 lit. c, d und e sowie Abs. 4, § 14 Abs. 2 lit. b, c und d sowie § 27 Abs. 5 treten mit 1. September 2018 in Kraft;
3. § 23 Abs. 1 und 3 tritt mit 1. Jänner 2019 in Kraft.

(BGBl. I Nr. 138/2017, Art. 23 Z 9)

(10) § 5 Abs. 1 und 4, § 27 Abs. 5, § 27a sowie § 30 in der Fassung des Bundesgesetzes BGBl. I Nr. 43/2018 treten mit 1. September 2018 in Kraft. *(BGBl. I Nr. 43/2018, Z 5)*

(11) Für das Inkrafttreten der durch das Bundesgesetz BGBl. I Nr. 101/2018, geänderten oder eingefügten Bestimmungen und das Außerkrafttreten der durch dieses Bundesgesetz entfallenen Bestimmungen sowie für den Übergang zur neuen Rechtslage gilt Folgendes:

1. § 19 Abs. 1 lit. b und § 21 Abs. 2 treten mit 1. September 2019 in Kraft;
2. § 27 Abs. 3 letzter Satz tritt mit 1. September 2020 in Kraft;
3. sofern in Bestimmungen gemäß dem Bundesgesetz BGBl. I Nr. 101/2018 auf die Mittelschule abgestellt wird, tritt bis zum Ablauf des 31. August 2020 die Neue Mittelschule an die Stelle der Mittelschule.

(BGBl. I Nr. 101/2018, Art. 11 Z 4)

(12) § 5 Abs. 1 in der Fassung des Bundesgesetzes BGBl. I Nr. 35/2019 tritt mit Ablauf des Tages der Kundmachung im Bundesgesetzblatt in Kraft.[9]) *(BGBl. I Nr. 35/2019, Art. 4 Z 2)*

(13) Die nachstehend genannten Bestimmungen in der Fassung des Bundesgesetzes BGBl. I Nr. 80/2020 treten wie folgt in Kraft:

1. § 23 Abs. 2 lit. d tritt mit Ablauf des Tages der Kundmachung im Bundesgesetzblatt in Kraft;[10])
2. § 27 Abs. 6 tritt mit 1. September 2020 in Kraft.

(14) § 5 Abs. 4 und 5 in der Fassung des Bundesgesetzes BGBl. I Nr. 96/2022 treten rückwirkend mit 30. Juni 2022 in Kraft. *(BGBl. I Nr. 96/2022, Art. 7 Z 2)*

(BGBl. I Nr. 80/2020, Art. 4 Z 3)

§ 30. Mit der Vollziehung dieses Bundesgesetzes ist der Bundesminister für Bildung, Wissenschaft und Forschung betraut.

(BGBl. Nr. 244/1962 idF BGBl. Nr. 448/1994, Z 8, BGBl. I Nr. 75/2001, Art. 2 Z 1, BGBl. I Nr. 71/2008, Art. 3 Z 2, BGBl. I Nr. 48/2014, Art. 11 Z 6, BGBl. I Nr. 138/2017, Art. 23 Z 10 und BGBl. I Nr. 43/2018, Z 6)

PrivSchG
Luf PrivSchG

[5]) Die Kundmachung im Bundesgesetzblatt erfolgte am 12. Juli 2001.

[6]) Die Kundmachung im Bundesgesetzblatt erfolgte am 4. Juni 2008.

[7]) Die Kundmachung im Bundesgesetzblatt erfolgte am 9.Juli 2014.

[8]) Die Kundmachung im Bundesgesetzblatt erfolgte am 15 September 2017.

[9]) Die Kundmachung im Bundesgesetzblatt erfolgte am 24. April 2019.

[10]) Die Kundmachung im Bundesgesetzblatt erfolgte am 24. Juli 2020.

8.2. Land- und forstwirtschaftliches Privatschulgesetz

BGBl. Nr. 318/1975

Inhaltsverzeichnis[1])

Bundesgesetz vom 29. April 1975 betreffend die land- und forstwirtschaftlichen Privatschulen (Land- und forstwirtschaftliches Privatschulgesetz)

Der Nationalrat hat beschlossen:

Abschnitt I

Private höhere land- und forstwirtschaftliche Lehranstalten, private Anstalten für die Ausbildung und Fortbildung der Lehrer an land- und forstwirtschaftlichen Schulen und private Fachschulen für die Ausbildung von Forstpersonal

§ 1. Die Bestimmungen des Privatschulgesetzes, BGBl. Nr. 244/1962, in der Fassung des Bundesgesetzes BGBl. Nr. 290/1972 gelten für die privaten höheren land- und forstwirtschaftlichen Lehranstalten, die privaten Anstalten für die Ausbildung und Fortbildung der Lehrer an land- und forstwirtschaftlichen Schulen und die privaten Fachschulen für die Ausbildung von Forstpersonal mit folgender Abweichung:

(Zu § 23 Privatschulgesetz) Zuständige Schulbehörde ist der Bundesminister für Unterricht und Kunst. Alle nach Abschnitt I des vorliegenden Bundesgesetzes in Betracht kommenden Anzeigen und Ansuchen sind beim Bundesministerium für Unterricht und Kunst einzubringen.

§ 2. Die Bestimmungen des § 72 des Forstrechts-Bereinigungsgesetzes, BGBl. Nr. 222/1962, in der Fassung des Bundesgesetzes BGBl. Nr. 372/1971 werden aufgehoben.

Abschnitt II

Subventionierung von privaten land- und forstwirtschaftlichen Berufs- und Fachschulen

A. Subventionierung von konfessionellen land- und forstwirtschaftlichen Berufs- und Fachschulen

Geltungsbereich

§ 3. (1) Den gesetzlich anerkannten Kirchen und Religionsgesellschaften sind nach Maßgabe der Bestimmungen dieses Abschnittes für die mit dem Öffentlichkeitsrecht ausgestatteten konfessionellen land- und forstwirtschaftlichen Berufsschulen und land- und forstwirtschaftlichen Fachschulen, soweit sie nicht unter § 1 fallen, Subventionen zum Personalaufwand zu gewähren.

(2) Unter konfessionellen Schulen sind die von einer gesetzlich anerkannten Kirche oder Religionsgesellschaft oder einer ihrer Einrichtungen erhaltenen Schulen sowie jene von Vereinen, Stifungen und Fonds erhaltenen Schulen zu verstehen, die von der zuständigen kirchlichen (religionsgesellschaftlichen) Oberbehörde als konfessionelle Schulen anerkannt werden.

[1]) Das Inhaltsverzeichnis ist vom Gesetzesbeschluss nicht umfasst.

Ausmaß der Subventionen

§ 4. (1) Als Subventionen sind den gesetzlich anerkannten Kirchen und Religionsgesellschaften für die konfessionellen Schulen (§ 3) jene Lehrerdienstposten zur Verfügung zu stellen, die zur Erfüllung des Lehrplanes der betreffenden Schule erforderlich sind (einschließlich des Schulleiters und der von den Lehrern an vergleichbaren öffentlichen Schulen zu erbringenden Nebenleistungen), soweit das Verhältnis zwischen der Zahl der Schüler und der Zahl der Lehrer der betreffenden konfessionellen Schule im wesentlichen jenem an öffentlichen Schulen vergleichbarer Art und vergleichbarer örtlicher Lage entspricht.

(2) Die gemäß Abs. 1 den einzelnen konfessionellen Schulen zukommenden Lehrerdienstposten sind vom Bundesminister für Unterricht und Kunst auf Antrag der gemäß § 3 Abs. 2 in Betracht kommenden Kirche oder Religionsgesellschaft nach Anhörung der in Betracht kommenden Landesregierung festzustellen.

(3) Die gesetzlich anerkannte Kirche oder Religionsgesellschaft hat Umstände, die eine Auswirkung auf die Anzahl der einer konfessionellen Schule zukommenden Lehrerdienstposten zur Folge haben können, unverzüglich dem Bundesministerium für Unterricht und Kunst zu melden.

(4) Der Bundesminister für Unterricht und Kunst hat bei Änderung der Voraussetzungen nach Abs. 1 die Anzahl der der Schule zukommenden Lehrerdienstposten neu festzustellen.

(5) Wenn für eine konfessionelle Schule

a) erstmals um das Öffentlichkeitsrecht angesucht wurde oder
b) im vorangegangenen Schuljahr das Öffentlichkeitsrecht verliehen und nicht entzogen worden ist sowie für das laufende Schuljahr um die Verleihung des Öffentlichkeitsrechtes angesucht wurde,

ist sie hinsichtlich der Subventionierung auf Antrag der betreffenden gesetzlich anerkannten Kirche oder Religionsgesellschaft so zu behandeln, als ob ihr das Öffentlichkeitsrecht bereits verliehen worden wäre. Wird das Öffentlichkeitsrecht jedoch nicht verliehen, so hat die gesetzlich anerkannte Kirche oder Religionsgesellschaft dem Bund den durch die Subventionierung entstandenen Aufwand zu ersetzen.

(6) Die Feststellung der den einzelnen konfessionellen Schulen zukommenden Lehrerdienstposten wird mit Beginn des auf die Einbringung des Antrages gemäß Abs. 2 und die Änderung der maßgeblichen Voraussetzungen folgenden Monatsersten wirksam, sofern der Antrag jedoch für ein bevorstehendes Schuljahr oder einen bevorstehenden Teil eines Schuljahres vorgelegt wird, frühestens mit Beginn des Schuljahres bzw. des Teiles des Schuljahres.

Art der Subventionierung

§ 5. (1) Die Subventionen zum Personalaufwand sind nach Maßgabe der Bestimmungen dieses Abschnittes durch Zuweisung von land- und forstwirtschaftlichen Landeslehrern oder land- und forstwirtschaftlichen Landesvertragslehrern durch das Land als lebende Subvention zu gewähren. Die Kosten dieser Subventionen sind vom Bund zu tragen.

(2) Ist die Zuweisung eines Lehrers nach Abs. 1 nicht möglich, so hat der Bund für den unterrichtenden Lehrer eine Vergütung in der Höhe der Entlohnung zu leisten, die diesem Lehrer zustehen würde, wenn er Landesvertragslehrer wäre. Erfüllt dieser Lehrer die Anstellungserfordernisse nicht, so ist die Vergütung in der Höhe der Entlohnung festzusetzen, die in gleichartigen Fällen in der Regel Landesvertragslehrern gegeben wird. Der Bund hat auch die für einen solchen Lehrer für den Dienstgeber auf Grund gesetzlicher Vorschriften anfallenden Leistungen bis zu der der Vergütung entsprechenden Höhe zu ersetzen. Durch die Zahlung der Vergütung wird ein Dienstverhältnis zum Bund nicht begründet.

(3) Die Vergütung gemäß Abs. 2 ist an den unterrichtenden Lehrer auszuzahlen. Sofern der Lehrer jedoch Angehöriger eines Ordens oder einer Kongregation der katholischen Kirche ist und die Schule, an der er unterrichtet, von diesem Orden oder dieser Kongregation erhalten wird, ist die Vergütung an den Schulerhalter zu zahlen.

(4) Wird einer konfessionellen Schule das Öffentlichkeitsrecht rückwirkend verliehen und wurde kein Antrag gemäß § 4 Abs. 5 gestellt, ist der in Betracht kommenden gesetzlich anerkannten Kirche oder Religionsgesellschaft für diese Schule der Lehrerpersonalaufwand zu ersetzen, den der Schulerhalter für die dort unterrichtenden Lehrer geleistet hat, höchstens jedoch im Ausmaß des Betrages, der bei Anwendung der Abs. 2 und 3 bezahlt worden wäre.

Grenzen der Zuweisung lebender Subventionen

§ 6. (1) Den unter § 3 fallenden Schulen dürfen nur solche Lehrer als lebende Subvention zugewiesen werden, die sich damit einverstanden erklären und deren Zuweisung an die betreffende Schule die zuständige kirchliche (religionsgesellschaftliche) Oberbehörde beantragt oder gegen deren Zuweisung sie keinen Einwand erhebt.

(2) Die Zuweisung ist aufzuheben, wenn der Lehrer dies beantragt oder wenn die zuständige kirchliche (religionsgesellschaftliche) Oberbehörde die weitere Verwendung des Lehrers an der betreffenden Schule aus religiösen Gründen als untragbar erklärt und aus diesem Grunde die Aufhebung der Zuweisung bei der zuständigen Dienstbehörde beantragt.

B. Subventionierung sonstiger privater land- und forstwirtschaftlicher Berufs- und Fachschulen

Voraussetzungen

§ 7. (1) Für private land- und forstwirtschaftliche Berufsschulen und land- und forstwirtschaftliche Fachschulen, soweit sie nicht unter § 1 und § 3 fallen, kann der Bund als Träger von Privatrechten nach Maßgabe der auf Grund des jeweiligen Bundesfinanzgesetzes zur Verfügung stehenden Mittel Subventionen zum Personalaufwand gewähren, wenn

a) die Schule einem Bedarf der Bevölkerung entspricht,
b) mit der Führung der Schule nicht die Erzielung eines Gewinnes bezweckt wird,
c) für die Aufnahme der Schüler nur die für öffentliche Schulen geltenden Aufnahmsbedingungen maßgebend sind und
d) die Schülerzahl in den einzelnen Klassen nicht unter den an öffentlichen Schulen gleicher Art und gleicher örtlicher Lage üblichen Klassenschülerzahlen liegt.

(2) Die Subventionierung kann bestehen

a) in der Form von Geldleistungen an den Privatschulerhalter oder
b) sofern das Land der Privatschule land- und forstwirtschaftliche Landeslehrer oder land- und forstwirtschaftliche Landesvertragslehrer zur Verfügung stellt, in der Form von Geldleistungen an das Land höchstens im Ausmaß der Leistungen des Bundes, die der Bund für derartige Lehrer leisten würde, wenn die Schule eine öffentliche Schule wäre.

Abschnitt III

§ 8. Dieses Bundesgesetz tritt mit 1. September 1975 in Kraft.

§ 9. Mit der Vollziehung dieses Bundesgesetzes ist der Bundesminister für Unterricht und Kunst betraut.

9.1. Bildungsdirektionen-Einrichtungsgesetz – BD-EG

BGBl. I Nr. 138/2017, Art. 7

Bundesgesetz, mit dem das Bundes-Verfassungsgesetz, das Bundesverfassungsgesetz, mit dem das Bundes-Verfassungsgesetz in der Fassung von 1929 hinsichtlich des Schulwesens geändert wird, ... ein Bundesgesetz über die Einrichtung von Bildungsdirektionen in den Ländern erlassen wird, ... das Schulorganisationsgesetz, das Land- und forstwirtschaftliche Bundesschulgesetz, das Pflichtschulerhaltungs-Grundsatzgesetz, das Schulzeitgesetz 1985, das Minderheiten-Schulgesetz für das Burgenland, das Minderheiten-Schulgesetz für Kärnten, das Bundesgesetz BGBl. Nr. 420/1990, das Schulunterrichtsgesetz, das Schulunterrichtsgesetz für Berufstätige, Kollegs und Vorbereitungslehrgänge, ... das Schulpflichtgesetz 1985, das Berufsreifeprüfungsgesetz, das Pflichtschulabschluss- Prüfungs-Gesetz, das Schülerbeihilfengesetz 1983, das Privatschulgesetz, das Religionsunterrichtsgesetz, das Bildungsdokumentationsgesetz, das Schülervertretungengesetz, das BIFIE-Gesetz 2008 sowie das Bildungsinvestitionsgesetz geändert werden, das Bundes-Schulaufsichtsgesetz aufgehoben wird und ... das Unterrichtspraktikumsgesetz geändert werden (Bildungsreformgesetz 2017)

Der Nationalrat hat beschlossen:

...

Artikel 7

Bundesgesetz über die Einrichtung von Bildungsdirektionen in den Ländern (Bildungsdirektionen-Einrichtungsgesetz – BD-EG)

Inhaltsverzeichnis

[1]) § 6 ist gemäß § 37 Abs. 1 mit Wirksamkeit vom 1. September 2020 außer Kraft getreten.

1. Abschnitt
Allgemeine Bestimmungen

Geltungsbereich

§ 1. (1) Dieses Bundesgesetz regelt die Errichtung, die Organisation und die Zuständigkeit der für die Verwaltung des Bundes und der Länder sowie die Aufsicht des Bundes auf dem Gebiet des Schul- und Erziehungswesens in den Ländern einzurichtenden Bildungsdirektionen.

(2) Das Gebiet des Schul- und Erziehungswesens im Sinne des Abs. 1 umfasst sämtliche unter Art. 14 B-VG fallende Angelegenheiten, ausgenommen das in die Vollzugskompetenz der Länder fallende Kindergarten- und Hortwesen sowie Zentrallehranstalten. Nicht umfasst ist das land- und forstwirtschaftliche Schulwesen gemäß Art. 14a B-VG.

(3) Zentrallehranstalten sind:

1. Die in Pädagogische Hochschulen eingegliederten Praxisschulen,
2. die Höhere Bundeslehr- und Versuchsanstalt für Textilindustrie in Wien V,
3. die Höhere Graphische Bundeslehr- und Versuchsanstalt in Wien XIV,
4. das Technologische Gewerbemuseum, Höhere technische Bundeslehr- und Versuchsanstalt in Wien XX,
5. die Höhere Bundeslehr- und Versuchsanstalt für chemische Industrie in Wien XVII sowie
6. das Bundesinstitut für Sozialpädagogik in Baden.

Einrichtung von Bildungsdirektionen

§ 2. (1) Die Verwaltung des Bundes und der Länder sowie die Aufsicht des Bundes auf dem Gebiet des Schulwesens in den Ländern werden vom zuständigen Mitglied der Bundesregierung bzw. von der zuständigen Landesregierung und der diesem bzw. dieser unterstehenden Bildungsdirektion für das betreffende Bundesland besorgt.

(2) Die Bildungsdirektionen sind am Sitz der Landesregierung einzurichten, in Wien am Sitz des Stadtsenats. Sie führen die Bezeichnung „Bildungsdirektion für ..." (unter Anführung des Bundeslandes). Nach regionalen Erfordernissen kann die Bildungsdirektion Außenstellen (Bildungsregionen) einrichten.

(3) Die Bildungsdirektionen haben unter Wahrung der Grundsätze der Sparsamkeit, Wirtschaftlichkeit und Zweckmäßigkeit die Aufgabe eines Kompetenzzentrums auf dem gesamten Gebiet des Schul- und Erziehungswesens im Sinne des § 1 wahrzunehmen.

Sachliche Zuständigkeit der Bildungsdirektionen

§ 3. (1) Die Bildungsdirektion ist die sachlich zuständige Behörde in allen Vollzugsangelegenheiten gemäß § 1.

(2) Sachlich in Betracht kommende Oberbehörde ist das zuständige Mitglied der Bundesregierung, soweit Abs. 3 nicht anderes bestimmt.

(3) Sachlich in Betracht kommende Oberbehörde ist die zuständige Landesregierung in den in den Vollzugsbereich der Länder fallenden Angelegenheiten.

(4) Bezüglich der gemäß Art. 113 Abs. 9 B-VG der Bildungsdirektion zugewiesenen Bundesbediensteten und der an den der Bildungsdirektion unterstehenden Schulen verwendeten Bundesbediensteten ist die Bildungsdirektion nachgeordnete Dienstbehörde

(§ 2 des Dienstrechtsverfahrensgesetzes 1984 – DVG) und nachgeordnete Personalstelle (§ 2e des Vertragsbedienstetengesetzes – VBG).

Örtliche Zuständigkeit der Bildungsdirektionen

§ 4. Die örtliche Zuständigkeit der Bildungsdirektion erstreckt sich auf das Gebiet des betreffenden Bundeslandes.

2. Abschnitt
Qualitätsmanagement

Bildungscontrolling

§ 5. (1) Zur Sicherstellung der qualitätsvollen Erfüllung der Aufgabe der österreichischen Schule gemäß § 2 des Schulorganisationsgesetzes, BGBl. Nr. 242/1962, sowie eines wirkungsorientierten, effizienten und transparenten Mitteleinsatzes ist ein alle Ebenen der Schulverwaltung und die Schulen (einschließlich Schulcluster und ganztägige Schulformen) umfassendes Bildungscontrolling (Qualitätsmanagement, Bildungsmonitoring und Ressourcencontrolling) einzurichten, das an den im jeweiligen Bundesfinanzgesetz vorgesehenen einschlägigen Wirkungszielen und Maßnahmen ausgerichtet ist. Das zuständige Mitglied der Bundesregierung, die Bildungsdirektionen und die Schulen sind zur Verarbeitung von indirekt personenbezogenen Daten im Sinne des Datenschutzgesetzes 2000, BGBl. I Nr. 165/2000, insoweit ermächtigt, als diese zur Erfüllung der gesetzlichen Aufgaben eine wesentliche Voraussetzung sind.

(2) Das zuständige Mitglied der Bundesregierung legt durch Verordnung die Rahmenbedingungen (einschließlich Datensicherheitsmaßnahmen) für das Bildungscontrolling fest. Insbesondere sind vorzusehen:

1. Eine Definition und Beschreibung von Schulqualität einschließlich einer qualitätsvollen Lern- und Freizeitbetreuung an ganztägigen Schulformen unter Verwendung von operationalisierbaren Kriterien und Indikatoren,
2. die Erfassung wichtiger Bereiche der Schulqualität und der Rahmenbedingungen (zB Lernergebnisse, Behaltequoten, soziales Umfeld, Schulklima, Bildungsverläufe, Ressourcen usw.) nach wissenschaftlichen Kriterien auf Basis regelmäßig und zentral erhobener bzw. gesammelter und aufbereiteter Daten und Kennzahlen (Bildungsmonitoring),
3. eine Definition von Benchmarks in festzulegenden zentralen Qualitätsbereichen auf Bundesebene, die Orientierungsgrößen für das Qualitätsmanagement auf den einzelnen Ebenen des Schulsystems darstellen,
4. ein periodisches Planungs- und Berichtswesen (Entwicklungspläne, Qualitätsberichte, Qualitätsprogramme) sowie periodische Bilanzierungen und Zielvereinbarungen auf und zwischen allen Ebenen der Schulverwaltung und der Schulen (einschließlich Schulcluster) (Qualitätsmanagement). In diesem Zusammenhang kommt der Schulaufsicht bei der Gewinnung und Umsetzung der Zielvereinbarungen für bundesweite und regionale Zielsetzungen der Schulentwicklung eine wesentliche Rolle zu. Im Bedarfsfall sind von der Geschäftsstelle für Qualitätsentwicklung und Qualitätssicherung veranlasste Qualitätsaudits vorzusehen,
5. die Bereitstellung von Instrumenten und Expertise für die verpflichtend durchzuführende Selbstevaluation nach definierten Qualitätsstandards anhand der für die Schulqualität maßgeblichen Kriterien und Indikatoren sowie von Unterstützungsangeboten für die Schulen (einschließlich Schulcluster),
6. die periodische, standardisierte Überprüfung von Lernergebnissen der Schülerinnen und Schüler (zB Bildungsstandard-Überprüfung, standardisierte Reife- und Diplomprüfung) und
7. ein standardisiertes Controlling des Personal- und Ressourceneinsatzes auf allen Ebenen des Schulsystems (Ressourcencontrolling).

Die Daten gemäß Z 2 stehen dem zuständigen Mitglied der Bundesregierung, der Schulaufsicht und den Schulen (einschließlich Schulcluster) in jener Aufbereitung zur Verfügung, die für die wirksame Wahrnehmung der jeweiligen Aufgaben und der Sicherung und Weiterentwicklung der Qualität gemäß Z 4 erforderlich ist. Die Ergebnisse des Bildungscontrollings sind den Schulen zur Kenntnis zu bringen und dem Schulforum (§ 63a SchUG) oder dem Schulgemeinschaftsausschuss (§ 64 SchUG) oder bei Schulcluster dem Schulclusterbeirat (§ 64a SchUG) zur Beratung vorzulegen. Das Schulforum oder der Schulgemeinschaftsausschuss oder bei Schulcluster der Schulclusterbeirat sind in die verpflichtend durchzuführende Selbstevaluation gemäß Z 5 einzubinden.

(3) Beim zuständigen Mitglied der Bundesregierung wird eine Geschäftsstelle für

Qualitätsentwicklung und Qualitätssicherung mit koordinierender Funktion eingerichtet. Dem Nationalrat legt das zuständige Mitglied der Bundesregierung, beginnend mit dem Jahr 2021, alle drei Jahre einen auf Basis der Schulqualitätsberichte der Bildungsdirektionen erstellten nationalen Bildungscontrolling-Bericht als Teil des Nationalen Bildungsberichts vor.

(4) Die Bewirtschaftung der Lehrpersonalressourcen hat sich jedenfalls an der Zahl der Schülerinnen und Schüler, am Bildungsangebot, am sozio-ökonomischen Hintergrund, am Förderbedarf der Schülerinnen und Schüler sowie an deren im Alltag gebrauchter Sprache und an den regionalen Bedürfnissen zu orientieren. Das zuständige Mitglied der Bundesregierung kann zur Berücksichtigung des sozio-ökonomischen Hintergrunds der Schülerinnen und Schüler durch Verordnung entsprechende Kriterien festlegen. Zu diesem Zweck kann das zuständige Mitglied der Bundesregierung auch Daten heranziehen, die vom BIFIE im Rahmen der Überprüfungen der Bildungsstandards erhoben wurden, soweit diese nicht bereits aus Datenbeständen der Bundesanstalt Statistik Österreich verfügbar sind. Der Bereich Pädagogischer Dienst hat bei der Bewirtschaftung der Lehrpersonalressourcen mitzuwirken.

(5) Dem Unterricht an einer Schule dürfen außer dem zuständigen Mitglied der Bundesregierung nur der Bildungsdirektor oder die Bildungsdirektorin, die Organe der Schulaufsicht und rechtskundige Bedienstete der Bildungsdirektion beiwohnen. Ein gemäß § 16 bestellter Präsident oder eine gemäß § 16 bestellte Präsidentin darf dem Unterricht an einer Schule nur in Anwesenheit des zuständigen Mitglieds der Bundesregierung oder eines Bediensteten oder einer Bediensteten der Schulaufsicht beiwohnen.

(6) Jede in den Anwendungsbereich dieses Bundesgesetzes fallende Schule sowie jeder und jede an diesen Schulen beschäftigte Lehrer und Lehrerin (einschließlich Schul- und Schulclusterleiter und -leiterinnen) hat zum Zweck der Wahrnehmung der Aufgaben des Qualitätsmanagement und des Bildungscontrollings über ein elektronisches Postfach zu verfügen, welches die Information der Bediensteten und deren Erreichbarkeit ermöglicht.

(7) Beim zuständigen Mitglied der Bundesregierung ist eine Ombudsstelle einzurichten. Diese hat die Erfüllung der Aufgabe der österreichischen Schule durch Beratung und Unterstützung von Personen, die von behaupteten Missständen an Schulen oder in der Schulverwaltung betroffen sind, zu fördern.

Qualitätsmanagement, Schulaufsicht

*§ **6.**[2]) (1) Das zuständige Mitglied der Bundesregierung hat bezogen auf alle vom Geltungsbereich dieses Bundesgesetzes gemäß § 1 umfassten Schulen (einschließlich des Betreuungsteiles an ganztägigen Schulformen gemäß § 8 lit. j des Schulorganisationsgesetzes) sowie auf die Höheren land- und forstwirtschaftlichen Lehranstalten gemäß dem Land- und forstwirtschaftlichen Bundesschulgesetz, BGBl. Nr. 175/1966, ein alle Ebenen der Schulverwaltung und die Schulen umfassendes Qualitätsmanagement einzurichten. Von den Bildungsdirektionen ist das Qualitätsmanagement auf Landesebene durch die Beamtinnen und Beamten der Schulaufsicht und durch Lehrerinnen und Lehrer, die mit Schulaufsichtsfunktionen betraut sind, auszuüben. Das Qualitätsmanagement umfasst auch die Durchführung der Schulinspektionen, sofern diese zur Umsetzung der zu treffenden Zielvereinbarungen erforderlich ist.*

(2) In dem gemäß Abs. 1 einzurichtenden Qualitätsmanagement ist ein Nationaler Qualitätsrahmen vorzusehen, der nach wissenschaftlichen Kriterien und unter Anhörung der Beamtinnen und Beamten des Qualitätsmanagements sowie der Lehrerinnen und Lehrer, die mit Schulaufsichtsfunktionen betraut sind, von durch diese beizuziehenden Schulleiterinnen und Schulleitern sowie der Schulpartner (Lehrer, Erziehungsberechtigte, Schüler) zu erstellen und in der Umsetzung unter Mitbefassung von Vertreterinnen und Vertretern der Personalvertretung der Lehrerinnen und Lehrer zu begleiten ist. Der Nationale Qualitätsrahmen hat neben allgemeinen Bestimmungen auf die Besonderheiten der einzelnen Schularten Bedacht zu nehmen und insbesondere zu enthalten:

1. *Eine Definition und Beschreibung von Schulqualität einschließlich einer qualitätsvollen Lern- und Freizeitbetreuung an ganztägigen Schulformen,*
2. *die Verpflichtung zu einem periodischen (schulartenspezifisch ein- bis dreijährigen) Planungs- und Berichtswesen auf allen Ebenen der Schulverwaltung und der Schulen (Entwicklungspläne, Qualitätsberichte, Qualitätsprogramme),*
3. *die Verpflichtung zu periodischen Zielvereinbarungen auf allen Ebenen der Schulverwaltung und der Schulen über bundesweite Ziele und deren Konkretisierung unter Bedachtnahme auf regionale und standortspezifische Gegebenheiten auf Landes- und Schulebene sowie die für deren Errei-*

[2]) § 6 ist gemäß § 37 Abs. 1 mit Wirksamkeit vom 1. September 2020 außer Kraft getreten.

chung zu treffenden Maßnahmen und zu erbringenden Leistungen sowie
4. *die Verpflichtung zur Bereitstellung von Instrumenten für die Steuerung und (Selbst-) Evaluierung anhand der für die Schulqualität maßgeblichen Faktoren sowie von Unterstützungsangeboten für die Schulen.*

(3) Die Entwicklungspläne der Schulen gemäß Abs. 2 Z 2 haben insbesondere zu enthalten:
1. *Schwerpunktthemen,*
2. *Zielsetzungen in Hinblick auf die Schwerpunktthemen,*
3. *Rückblick und Ist-Stand-Analysen zu den Schwerpunktthemen,*
4. *Maßnahmen zur Umsetzung der Zielsetzungen,*
5. *Maßnahmen zur Überprüfung der Zielerreichung,*
6. *Fortbildungspläne sowie*
7. *Angaben zum strategischen und operativen Qualitätsmanagement der Schule.*

(4) Bei der Umsetzung und Evaluierung der Zielvereinbarungen sind externe Rückmeldungen (zB von Einrichtungen des Bildungswesens) vorzusehen.

3. Abschnitt
Organisation der Bildungsdirektionen

1. Unterabschnitt
Leitung der Bildungsdirektion

Bildungsdirektor, Bildungsdirektorin

§ 7. (1) Der Bildungsdirektor oder die Bildungsdirektorin ist Bediensteter bzw. Bedienstete in einem öffentlich-rechtlichen oder vertraglichen Dienstverhältnis zum Bund; ihm bzw. ihr obliegt die Leitung der Bildungsdirektion. Er oder sie ist der oder die Vorgesetzte aller Bediensteten der Bildungsdirektion; ihm oder ihr obliegt die Dienst- sowie die Fachaufsicht über diese Personen.

(2) Der Bildungsdirektor oder die Bildungsdirektorin ist bei der Besorgung der Aufgaben der Bildungsdirektion
1. in Angelegenheiten des Vollziehungsbereiches des Bundes an die Weisungen des zuständigen Regierungsmitglieds und
2. in Angelegenheiten des Vollziehungsbereiches des Landes an die Weisungen der Landesregierung

gebunden. Für den Fall, dass durch Landesgesetz ein Präsident oder eine Präsidentin der Bildungsdirektion bestellt wurde, unterliegt der Bildungsdirektor oder die Bildungsdirektorin in den Angelegenheiten der Z 1 und 2 auch dessen bzw. deren Weisungen.

(3) Der Bildungsdirektor oder die Bildungsdirektorin hat dem zuständigen Mitglied der Bundesregierung das Gelöbnis der Amtsverschwiegenheit und der unparteiischen, gewissenhaften und uneigennützigen Erfüllung seiner oder ihrer Amtspflichten zu leisten. Die Verweigerung des Amtsgelöbnisses hat den Verlust der Funktion durch Abberufung (§ 8 Abs. 2 Z 3 und Abs. 4) zur Folge.

Funktion des Bildungsdirektors oder der Bildungsdirektorin

§ 8. (1) Die Bestellung zum Bildungsdirektor oder zur Bildungsdirektorin erfolgt durch das zuständige Mitglied der Bundesregierung im Einvernehmen mit dem Landeshauptmann oder der Landeshauptfrau auf dessen oder deren Vorschlag nach Maßgabe der Bestimmungen des 2. Unterabschnitts. Die Funktionsdauer beträgt fünf Jahre. Wiederbestellungen sind zulässig.

(2) Die Funktion des Bildungsdirektors oder der Bildungsdirektorin endet
1. durch Ablauf der Funktionsperiode,
2. durch Rücktritt,
3. durch Abberufung oder
4. durch Tod.

(3) Ein Rücktritt gemäß Abs. 2 Z 2 ist gegenüber dem zuständigen Mitglied der Bundesregierung zu erklären und wird, außer bei Vorliegen wichtiger Gründe, erst nach Ablauf von 30 Tagen wirksam.

(4) Eine Abberufung gemäß Abs. 2 Z 3 hat durch das zuständige Mitglied der Bundesregierung im Einvernehmen mit dem Landeshauptmann oder der Landeshauptfrau zu erfolgen, wenn der Bildungsdirektor oder die Bildungsdirektorin das Amtsgelöbnis (§ 7 Abs. 3) verweigert, eine schwere Pflichtverletzung begangen hat, wenn er oder sie wegen einer vorsätzlich begangenen Straftat, die mit der Ausübung der Funktion des Bildungsdirektors oder der Bildungsdirektorin nicht vereinbar ist, strafgerichtlich rechtskräftig verurteilt wurde oder wenn die für die Funktionsausübung erforderliche körperliche oder geistige Eignung langfristig nicht mehr gegeben ist.

Qualifikationsprofil des Bildungsdirektors oder der Bildungsdirektorin

§ 9. Der Bewerber oder die Bewerberin um die Funktion des Bildungsdirektors oder der Bildungsdirektorin hat nachstehendes Qualifikationsprofil zu erfüllen:
1. Abgeschlossenes Hochschulstudium oder eine vergleichbare Ausbildung mit mehrjähriger den Anforderungen an die Leitung

der Bildungsdirektion entsprechender Berufserfahrung,
2. mehrjährige praktische Führungserfahrung in der Leitung einer Einrichtung oder Organisationseinheit,
3. Kenntnis im Vollzug von Haushaltsrecht sowie Wissen im Zusammenhang mit Personalmanagement, Controlling und Verwaltungsabläufen,
4. umfangreiche und vertiefte Kenntnisse im Bildungsbereich inklusive der Schulorganisation und der regionalen Bildungsstruktur sowie Kenntnisse der Bundesverfassung,
5. Erfahrung in Projekt- und Prozessmanagement sowie Kenntnisse im Qualitäts- und Risikomanagement,
6. Fähigkeit zu strategischem und analytischem Denken und
7. Organisationsfähigkeit, Entscheidungsstärke, besondere Eignung zur Mitarbeiter/innen- und Teamführung sowie hohes Maß an sozialer Kompetenz.

2. Unterabschnitt
Bestellungsverfahren

Anwendungsbereich und Ausschreibung

§ 10. (1) Vor der Betrauung einer Person mit der Leitung einer Bildungsdirektion ist diese Funktion vom zuständigen Mitglied der Bundesregierung nach Anhörung der Landesregierung auszuschreiben. Die Ausschreibung hat zumindest auf der beim Bundeskanzleramt eingerichteten Website „Karriere Öffentlicher Dienst“, auf einer dem Zweck der Veröffentlichung entsprechenden Website der Landesregierung sowie weiters im „Amtsblatt zur Wiener Zeitung“ zu erfolgen.

(2) Die Ausschreibung hat spätestens drei Monate vor Freiwerden der Funktion des Bildungsdirektors oder der Bildungsdirektorin, bei vorzeitigem Freiwerden dieser Funktion jedoch spätestens innerhalb eines Monats nach Freiwerden zu erfolgen.

(3) Die Ausschreibung hat neben den allgemeinen Voraussetzungen die in § 9 für die Leitung einer Bildungsdirektion festgelegten Anforderungen zu enthalten. Weiters sind die Leitungs- und Entwicklungsvorstellungen für die angestrebte Funktion darzulegen.

(4) Für die Einbringung der Bewerbungsgesuche ist eine Frist zu setzen, die nicht weniger als einen Monat betragen darf. Das Datum des Endens der Bewerbungsfrist ist in der Ausschreibung anzuführen. Als Tag der Bewerbung gilt der Tag, an dem die Bewerbung (schriftlich, Telefax, E-Mail) bei der in der Ausschreibung genannten Stelle einlangt. Für das fristgerechte Einlangen gilt § 33 Abs. 1 und 2 des Allgemeinen Verwaltungsverfahrensgesetzes 1991 (AVG), BGBl. Nr. 51/1991.

Bewerbung um die Funktion des Bildungsdirektors oder der Bildungsdirektorin

§ 11. (1) Die Bewerbung um die Funktion des Bildungsdirektors oder der Bildungsdirektorin steht allen österreichischen Staatsbürgerinnen und Staatsbürgern offen.

(2) Den im Abs. 1 genannten Personen sind Personen mit unbeschränktem Zugang zum österreichischen Arbeitsmarkt gleichzuhalten.

(3) Bewerberinnen und Bewerber um die Funktion des Bildungsdirektors oder der Bildungsdirektorin haben in ihrem unmittelbar bei der ausschreibenden Stelle einzubringenden Bewerbungsgesuch die Gründe anzuführen, die sie für die Ausübung der Funktion des Bildungsdirektors oder der Bildungsdirektorin als geeignet erscheinen lassen.

Begutachtungskommission

§ 12. (1) Beim Landeshauptmann oder bei der Landeshauptfrau ist für jede Betrauung mit der Leitung einer Bildungsdirektion im Einvernehmen mit dem zuständigen Mitglied der Bundesregierung eine Begutachtungskommission einzurichten. Das zuständige Mitglied der Bundesregierung hat der Begutachtungskommission und dem Landeshauptmann oder der Landeshauptfrau des Landes der zu besetzenden Bildungsdirektion binnen zwei Wochen nach dem Ende der Bewerbungsfrist sämtliche Bewerbungen zu übermitteln.

(2) Die Begutachtungskommission besteht aus fünf Mitgliedern. Je ein Vertreter oder eine Vertreterin und ein weiterer Experte oder eine weitere Expertin sind vom zuständigen Mitglied der Bundesregierung und von der Landeshauptfrau oder dem Landeshauptmann des Landes der zu besetzenden Bildungsdirektion zu entsenden. Ein weiteres Mitglied ist vom zuständigen Mitglied der Bundesregierung im Einvernehmen mit dem Landeshauptmann oder der Landeshauptfrau zu entsenden. Der oder die vom zuständigen Mitglied der Bundesregierung entsandte Vertreter bzw. Vertreterin führt den Vorsitz.

(3) Die Mitglieder der Begutachtungskommission sind in Ausübung dieses Amtes selbständig und unabhängig sowie von der Bindung an Weisungen freigestellt.

(4) Das zuständige Mitglied der Bundesregierung hat das Recht, sich über alle Gegenstände der Geschäftsführung der Begutachtungskommission zu unterrichten.

(5) Die Begutachtungskommission hat nach den erforderlichen Erhebungen und unter Berücksichtigung ihrer Ergebnisse dem zuständigen Mitglied der Bundesregierung sowie der zuständigen Landeshauptfrau oder dem zuständigen Landeshauptmann ein begründetes Gutachten zur Eignung der Bewerberinnen und Bewerber zu erstatten.

Verfahren vor der Begutachtungskommission

§ 13. (1) Dem Verfahren vor der Begutachtungskommission sind nur Personen zu unterziehen, die

1. die im § 10 Abs. 3 angeführten Erfordernisse erfüllen und
2. sich spätestens am letzten Tag der in der Ausschreibung angeführten Bewerbungsfrist beworben haben.

(2) Die Begutachtungskommission hat die einlangenden Bewerbungsgesuche, insbesondere die im Sinne des § 11 Abs. 3 darin angeführten Gründe, zu prüfen und sich hinsichtlich jener Bewerberinnen und Bewerber, welche die formalen Voraussetzungen erfüllen, in Form eines Bewerbungsgespräches einen Eindruck über die Gesamtpersönlichkeit, die Fähigkeiten, die Motivationen, die Kenntnisse, die Fertigkeiten, die Ausbildung und die Erfahrungen der Bewerberinnen und Bewerber zu verschaffen.

(3) Steht ein Bewerber oder eine Bewerberin in einem Dienstverhältnis zum Bund oder zu einem Bundesland, so hat die Begutachtungskommission das Recht, in alle Personalunterlagen über den Bewerber oder die Bewerberin Einsicht zu nehmen.

(4) Die Begutachtungskommission kann zur sachgerechten Begutachtung der Bewerberinnen und Bewerber notwendige Sachverständige und sachverständige Zeugen wie etwa Vorgesetzte sowie Mitarbeiterinnen und Mitarbeiter befragen.

(5) Die Eignung ist insbesondere auf Grund der bisherigen Berufserfahrung und einschlägigen Verwendung der Bewerberinnen und Bewerber, ihrer Fähigkeit zur Menschenführung, ihrer organisatorischen Fähigkeiten und – wenn der Bewerber oder die Bewerberin bereits in einem öffentlichen Dienstverhältnis steht – auf Grund der bisher erbrachten Leistungen festzustellen.

(6) Zur Beschlussfähigkeit der Begutachtungskommission ist die Anwesenheit sämtlicher Mitglieder erforderlich. Die Begutachtungskommission hat ihre Beschlüsse mit Stimmenmehrheit zu fassen. Eine Stimmenthaltung ist unzulässig.

(7) Auf das Verfahren der Begutachtungskommission sind die §§ 6 Abs. 1, 7, 13, 14 bis 16 sowie 18 bis 22, 32, 33, 45, 46 sowie 48 bis 50 AVG anzuwenden.

Bestellung zum Bildungsdirektor oder zur Bildungsdirektorin

§ 14. (1) Zum Zweck der Bestellung zum Bildungsdirektor oder zur Bildungsdirektorin (§ 8 Abs. 1) hat der Landeshauptmann oder die Landeshauptfrau dem zuständigen Mitglied der Bundesregierung einen oder eine oder mehrere von der Begutachtungskommission für geeignet befundenen Bewerber oder für geeignet befundene Bewerberin bzw. Bewerberinnen um die Funktion des Bildungsdirektors oder der Bildungsdirektorin vorzuschlagen. Kommt in Bezug auf diese vom zuständigen Mitglied der Bundesregierung zur Bestellung in Aussicht genommene Person kein Einvernehmen mit dem Landeshauptmann oder der Landeshauptfrau zustande, so kann dieser oder diese eine geeignete Person, nicht jedoch die betreffende Person, vorläufig mit der Funktion des Bildungsdirektors oder der Bildungsdirektorin betrauen. Die vorläufige Betrauung endet mit der Herstellung des Einvernehmens mit dem Landeshauptmann oder der Landeshauptfrau in Bezug auf eine von der Begutachtungskommission für geeignet befundene Bewerberin oder einen für geeignet befundenen Bewerber und deren bzw. dessen Bestellung zur Bildungsdirektorin bzw. zum Bildungsdirektor, spätestens jedoch nach Ablauf von zwölf Monaten, oder, wenn ein Einvernehmen bis dahin nicht hergestellt werden konnte, nach Ablauf von höchstens weiteren sechs Monaten.

(2) Die Bestellung hat auf die Dauer einer Funktionsperiode zu erfolgen. Sie ist im Ministerialverordnungsblatt des zuständigen Mitglieds der Bundesregierung sowie im entsprechenden Kundmachungsorgan der Landesregierung kund zu machen.

(3) Bestimmungen über die Ernennung bleiben unberührt.

Rechtsstellung der Bewerberinnen und Bewerber

§ 15. (1) Bewerberinnen und Bewerber um die Funktion des Bildungsdirektors oder der Bildungsdirektorin haben keine Parteistellung und keinen Rechtsanspruch auf die Bestellung zum Bildungsdirektor oder zur Bildungsdirektorin.

(2) Nach der Bestellung einer Person zum Bildungsdirektor oder zur Bildungsdirektorin sind die Bewerberinnen und Bewerber, die nicht berücksichtigt worden sind, formlos zu verständigen.

3. Unterabschnitt
Präsident oder Präsidentin der Bildungsdirektion

Funktion des Präsidenten oder der Präsidentin

§ 16. Ist durch Landesgesetz der Landeshauptmann oder die Landeshauptfrau oder durch Verordnung des Landeshauptmannes oder der Landeshauptfrau das in Betracht kommende Mitglied der Landesregierung als Präsident oder Präsidentin bestellt worden, so unterliegt er oder sie den Weisungen des zuständigen Mitglieds der Bundesregierung bzw. der zuständigen Landesregierung.

Aufgaben des Präsidenten oder der Präsidentin

§ 17. Dem Präsidenten oder der Präsidentin obliegt die Fachaufsicht gegenüber dem Bildungsdirektor oder der Bildungsdirektorin.

4. Unterabschnitt
Gliederung der Bildungsdirektion

Präsidialbereich

§ 18. (1) Die Geschäfte der Bildungsdirektion sind unter der Leitung des Bildungsdirektors oder der Bildungsdirektorin mit Unterstützung des Präsidialbereichs zu besorgen.

(2) Zur Leitung des Präsidialbereichs ist ein rechtskundiger Verwaltungsbediensteter oder eine rechtskundige Verwaltungsbedienstete zu bestellen. Die Bestellung erfolgt auf fünf Jahre, Wiederbestellungen sind zulässig. Die Bestellung obliegt

1. bei einer Person, die in einem öffentlich-rechtlichen oder einem vertraglichen Dienstverhältnis zu einem Land oder einer Gemeinde steht, der zuständigen Landesregierung im Einvernehmen mit dem zuständigen Mitglied der Bundesregierung und
2. im Übrigen dem zuständigen Mitglied der Bundesregierung im Einvernehmen mit der Landesregierung.

(3) Die Bestellung hat auf der Grundlage einer Ausschreibung durch die Bildungsdirektion zu erfolgen. Der Bildungsdirektor oder die Bildungsdirektorin hat der Begutachtungskommission als Vorsitzender oder als Vorsitzende anzugehören. Im Übrigen ist das Ausschreibungsgesetz 1989 (AusG), BGBl. Nr. 85/1989, anzuwenden.[3])

(4) (**Verfassungsbestimmung**) Die Besoldung hat entsprechend der für die Funktion vorgesehene Richtverwendung gemäß § 137 und Anlage 1 des Beamten-Dienstrechtsgesetzes 1979 (BDG 1979) zu erfolgen.

(5) Der Leiter oder die Leiterin des Präsidialbereichs ist Stellvertreter oder Stellvertreterin des Bildungsdirektors oder der Bildungsdirektorin. Er bzw. sie nimmt auch im Fall der Vakanz die Funktion des Bildungsdirektors oder der Bildungsdirektorin ein.

(6) Dem Leiter oder der Leiterin des Präsidialbereichs obliegen die Bewirtschaftung der Lehrpersonalressourcen (§ 5 Abs. 4) unter Mitwirkung des Leiters oder der Leiterin des Bereichs Pädagogischer Dienst sowie die Behandlung sämtlicher rechtlich zu bewertender Angelegenheiten.

(7) Im Präsidialbereich ist für Zwecke der pädagogisch-psychologischen Beratung sowie der Bereitstellung und Koordination der psychosozialen Unterstützung in den Schulen ein schulpsychologischer Dienst einzurichten.[4])

Bereich Pädagogischer Dienst

§ 19. (1) In jeder Bildungsdirektion ist ein Bereich Pädagogischer Dienst einzurichten. Zur Leitung des Bereichs Pädagogischer Dienst der Bildungsdirektion ist vom zuständigen Mitglied der Bundesregierung ein pädagogisch-fachkundiger Verwaltungsbediensteter oder eine pädagogisch-fachkundige Verwaltungsbedienstete zu bestellen. Die Bestellung erfolgt auf fünf Jahre, Wiederbestellungen sind zulässig.

(2) Die Bestellung hat auf der Grundlage einer Ausschreibung durch die Bildungsdirektion zu erfolgen. Der Bildungsdirektor oder die Bildungsdirektorin hat der Begutachtungskommission als Vorsitzender oder als Vorsitzende anzugehören. Im Übrigen ist das AusG anzuwenden.[5])

(3) Aufgabe des Bereichs Pädagogischer Dienst ist:[6])

---

[3]) Siehe § 7 Abs. 1b AusG idF BGBl. I Nr. 30/2018, Art. 17, welcher lautet:

„(1b) Für Ausschreibungen gemäß § 18 Abs. 3 und § 19 Abs. 2 des Bildungsdirektionen-Einrichtungsgesetzes – BD-EG, BGBl. I Nr. 138/2017, ist eine Begutachtungskommission im Einzelfall einzurichten."

[4]) Siehe auch RS Nr. 28/2018 betreffend Aufgaben und Struktur der Schulpsychologie und Koordination der psychosozialen Unterstützung im Schulwesen (9.2.1.). Siehe auch RS Nr. 28/2018 betreffend Aufgaben und Struktur der Schulpsychologie und Koordination der psychosozialen Unterstützung im Schulwesen (9.2.1.) sowie RS Nr. 19/2021 betreffend Einsatz von beim Österreichischen Zentrum für psychologische Gesundheitsförderung im Schulbereich (ÖZPGS) beschäftigten Schulpsycholog/innen (9.2.2.).

[5]) Siehe die FN zu § 18 Abs. 3.

[6]) Siehe auch die Verordnung betreffend das Schulqualitätsmanagement (9.3.) sowie die § 225 Abs. 5 und 6 BDG 1979, BGBl. Nr. 333/1979 idgF, und § 48r Abs. 6 und 7 VBG, BGBl. Nr. 86/1948 idgF, welche auszugsweise lauten:

„(5) Beamtinnen und Beamten des Schulqualitätsmanagements obliegt neben der Aufsicht über

1. Qualitätsmanagement und strategische Entwicklung im Rahmen der Schulaufsicht sowie Einrichtung von regionalen Schulaufsichtsteams in Bildungsregionen,

---

die Erfüllung der Aufgaben der österreichischen Schulen insbesondere die Sicherstellung der Implementierung von Reformen und Entwicklungsvorgaben in der Region, die Mitwirkung am Qualitätsmanagement (evidenzbasierte Steuerung der regionalen Bildungsplanung) und an der schularten- und standortbezogenen Schulentwicklung, das laufende Qualitäts-Controlling, die strategische Personalführung auf Ebene der Schulleitungen und Schulcluster-Leitungen, die Bereitstellung pädagogischer Expertise an Schnittstellen und das Krisen- und Beschwerdemanagement im Eskalationsfall. Darüber hinaus obliegt den Beamtinnen und Beamten des Schulqualitätsmanagements die Behandlung von allenfalls durch die Bildungsdirektorin oder den Bildungsdirektor den Bildungsregionen (Außenstellen der Bildungsdirektion) zugewiesenen Aufgaben im Rahmen ihres Zuständigkeitsbereiches. Die Bundesministerin oder der Bundesminister für Bildung, Wissenschaft und Forschung hat die Aufgaben der Beamtinnen und Beamten des Schulqualitätsmanagements unter Berücksichtigung der Erfordernisse des Qualitätsmanagements im Rahmen der verschiedenen Schularten des differenzierten österreichischen Schulsystems näher durch Verordnung festzulegen.

(6) Einer Beamtin oder einem Beamten des Schulqualitätsmanagements für den Bereich des Minderheitenschulwesens für Kärnten oder das Burgenland obliegt die Wahrnehmung der im jeweiligen Minderheiten-Schulgesetz vorgesehenen Aufgaben."

„(6) Vertragsbediensteten des Schulqualitätsmanagements obliegt neben der Aufsicht über die Erfüllung der Aufgaben der österreichischen Schulen insbesondere die Sicherstellung der Implementierung von Reformen und Entwicklungsvorgaben in der Region, die Mitwirkung am Qualitätsmanagement (evidenzbasierte Steuerung der regionalen Bildungsplanung) und an der schularten- und standortbezogenen Schulentwicklung, das laufende Qualitäts-Controlling, die strategische Personalführung auf Ebene der Schulleitungen und Schulcluster-Leitungen, die Bereitstellung pädagogischer Expertise an Schnittstellen und das Krisen- und Beschwerdemanagement im Eskalationsfall. Darüber hinaus obliegt den Vertragsbediensteten des Schulqualitätsmanagements die Behandlung von allenfalls durch die Bildungsdirektorin oder den Bildungsdirektor den Bildungsregionen (Außenstellen der Bildungsdirektion) zugewiesenen Aufgaben im Rahmen ihres Zuständigkeitsbereiches. Die Bundesministerin oder der Bundesminister für Bildung, Wissenschaft und Forschung hat die Aufgaben der Vertragsbediensteten des Schulqualitätsmanagements unter Berücksichtigung der Erfordernisse des Qualitätsmanagements im Rahmen der verschiedenen Schularten des differenzierten österreichischen Schulsystems näher durch Verordnung festzulegen.

(7) Vertragsbedienstete des Schulqualitätsmanagements für den Bereich des Minderheitenschulwesens für Kärnten oder das Burgenland obliegt die Wahrnehmung der im jeweiligen Minderheiten-Schulgesetz vorgesehenen Aufgaben."

2. Bereitstellung und Koordination sonder- und inklusionspädagogischer Maßnahmen für Schülerinnen und Schüler mit sonderpädagogischem und anderem Förderbedarf in allgemeinen Schulen, einschließlich der Betreuung von für diese Schülerinnen und Schüler zusätzlich eingesetzten Lehrpersonen,
3. Mitarbeit am Bildungscontrolling nach Vorgaben der Geschäftsstelle für Qualitätsentwicklung und Qualitätssicherung (§ 5 Abs. 3) und
4. pädagogische Fachexpertise bei der Bewirtschaftung der Lehrpersonalressourcen (§ 5 Abs. 4).

(4) Die Erfüllung der Aufgabe gemäß Abs. 3 Z 2 kann nach regionalen Erfordernissen an pädagogischen Beratungszentren an Außenstellen der jeweiligen Bildungsdirektion erfolgen.

Ständiger Beirat der Bildungsdirektion

§ 20. (1) In jeder Bildungsdirektion ist ein Ständiger Beirat (Beirat) einzurichten. Die Organisation sowie die Abhaltung von Beiratssitzungen erfolgen durch eine in der Bildungsdirektion einzurichtende Geschäftsstelle des Beirats. Vorsitzender oder Vorsitzende der Geschäftsstelle des Beirats ist der Leiter oder die Leiterin des Präsidialbereichs.

(2) Der Beirat hat die Aufgabe, in den von der Bildungsdirektion auf dem Gebiet des Schul- und Erziehungswesens zu besorgenden Angelegenheiten von grundsätzlicher Bedeutung beratend mitzuwirken. Insbesondere können ihm bildungspolitisch relevante Begutachtungsentwürfe zur Abgabe einer beratenden Stellungnahme vorgelegt werden. Dem Beirat oder einem vom Beirat ermächtigtem Mitglied ist auf Verlangen Akteneinsicht in allen Angelegenheiten zu gewähren, die mit den Beratungsaufgaben des Beirats in einem Zusammenhang stehen. Berichte oder Vorschläge haben ausschließlich Beratungsfunktion und binden nicht die Entscheidung des Bildungsdirektors oder der Bildungsdirektorin oder anderer gemäß der Geschäftsordnung zur Entscheidung berufener Organe der Bildungsdirektion.

(3) Der Beirat ist vom Bildungsdirektor oder von der Bildungsdirektorin zumindest zwei Mal pro Jahr unter gleichzeitiger Vorlage einer Tagesordnung einzuberufen. Dem Beirat ist Gelegenheit zu geben, an der Erstellung der Tagesordnung mitzuwirken. Einzelne Beiratsmitglieder sind berechtigt, Tagesordnungspunkte einzubringen. Zwischen der Einberufung und der Tagung des Beirats haben zwei bis vier Wochen zu liegen. Die Mitglieder des Beirats (Abs. 4 und 5) üben ihre Funktion ehrenamtlich aus; es gebühren keine Reisevergütung und kein Aufwandsersatz.

(4) Dem Beirat gehören an:

1. Der Bildungsdirektor oder die Bildungsdirektorin als Vorsitzender oder Vorsitzende,
2. der oder die Vorsitzende der Geschäftsstelle des Beirats,
3. vom
   a) Zentralausschuss für Landeslehrerinnen und -lehrer für allgemein bildende Pflichtschulen,
   b) Zentralausschuss für Landeslehrerinnen und -lehrer für Berufsschulen,
   c) bei der Bildungsdirektion eingerichteten Fachausschuss für Bundeslehrerinnen und -lehrer an den der Bildungsdirektion unterstehenden allgemein bildenden höheren Schulen und für Bundeserzieherinnen und -erzieher an Schülerheimen, die ausschließlich oder vorwiegend für Schülerinnen und Schüler dieser Schulen bestimmt sind,
   d) bei der Bildungsdirektion eingerichteten Fachausschuss für Bundeslehrerinnen und -lehrer an den der Bildungsdirektion unterstehenden berufsbildenden mittleren und höheren Schulen sowie für Bundeserzieherinnen und -erzieher an Schülerheimen, die ausschließlich oder vorwiegend für Schülerinnen und Schüler dieser Schulen bestimmt sind, und
   e) bei der Bildungsdirektion eingerichteten Fachausschuss für die bei der Bildungsdirektion verwendeten Bundesbediensteten (ausgenommen die an Schulen und Schülerheimen verwendeten Bundeslehrerinnen oder Bundeslehrer und Bundeserzieherinnen oder Bundeserzieher und die an Pädagogischen Hochschulen und Einrichtungen gemäß § 4 des Hochschulgesetzes 2005 verwendeten Hochschullehrpersonen)

   zu entsendende Mitglieder,
4. von der Landesschülervertretung aus den Bereichen
   a) der allgemein bildenden höheren Schulen,
   b) der berufsbildenden mittleren und höheren Schulen sowie
   c) der Berufsschulen

   zu entsendende Mitglieder,
5. vom Österreichischen Gemeindebund und vom Österreichischen Städtebund zu entsendende Mitglieder,
6. Familienvertreterinnen und Familienvertreter sowie Elternvertreterinnen und Elternvertreter aus dem Bereich der allgemein bildenden Pflichtschulen, der Berufsschulen, der allgemein bildenden höheren Schulen sowie der berufsbildenden mittleren und höheren Schulen, die nach Maßgabe des § 21 von Dachorganisationen des betreffenden Bundeslandes zu entsenden sind,
7. Vertreter oder Vertreterinnen gesetzlich anerkannter Kirchen und Religionsgesellschaften nach Maßgabe des § 21 und
8. Vertreter oder Vertreterinnen gesetzlicher Interessensvertretungen nach Maßgabe des § 21.

Den Beiräten in den Bildungsdirektionen für Kärnten und für das Burgenland haben nach Maßgabe des § 21 jedenfalls Vertreter der slowenischen bzw. der kroatischen und der ungarischen Minderheiten sowie der burgenländischen Roma anzugehören.

(5) Der Beirat ist beschlussfähig, wenn zumindest die Hälfte der in Abs. 4 genannten Mitglieder anwesend ist. Jedem Mitglied gemäß Abs. 4 Z 2 bis 8 kommt eine Stimme zu. Die Übertragung einer Stimme auf eine andere Person ist unzulässig und unwirksam. Die Beschlüsse werden mit absoluter Stimmenmehrheit gefasst. Bei Stimmengleichheit entscheidet der oder die Vorsitzende. Nähere Regelungen über die Geschäftsführung und Beschlussfassung im Beirat sowie über Zahl und Bestellweise der Mitglieder gemäß Abs. 4 Z 3 bis 8 und § 21 sind unter Bedachtnahme auf die Anzahl der Schulen im Bundesland sowie die Zahl der in diesen unterrichteten Schülerinnen und Schüler in der Geschäftsordnung (§ 23) festzulegen.

(6) Ein gemäß § 16 Abs. 1 bestellter Präsident oder eine gemäß § 16 Abs. 1 bestellte Präsidentin hat das Recht, den Sitzungen des Beirats beizuwohnen. Für die Behandlung einzelner Angelegenheiten können Fachleute mit beratender Stimme beigezogen werden.

(7) Die Mitglieder des Beirats haben zu geloben, auch über die Zeit ihrer Funktionsausübung hinaus über alle ihnen aus ihrer Funktion als Beiratsmitglied bekannt gewordenen Daten und Tatsachen Verschwiegenheit zu wahren.

Entsendung von Vertreterinnen und Vertretern

§ 21. (1) Folgende Einrichtungen sind berechtigt, sich bei einer oder, bei landesübergreifender Organisation, auch bei mehreren Bildungsdirektionen, zum Zweck der Mitwirkung im Beirat zu registrieren:

1. Dachorganisationen von Familienverbänden und von Elternvereinen aus dem Bereich der allgemein bildenden Pflichtschulen, der Berufsschulen, der allgemein bildenden höheren Schulen sowie der berufsbildenden mittleren und höheren Schulen, die

a) gemeinnützige Ziele verfolgen und in keinem wirtschaftlichen Abhängigkeitsverhältnis zu einer politischen Partei stehen und
b) bundesweit organisiert sind oder einem Bundesdachverband angehören oder zumindest 50% der Erziehungsberechtigten von Schülerinnen und Schülern eines der genannten Schulbereiche vertreten,

2. gesetzlich anerkannte Kirchen und Religionsgesellschaften,
3. Minderheitenorganisationen in den Bundesländern Burgenland und Kärnten sowie
4. gesetzliche Interessensvertretungen.

(2) Die Registrierung hat zur Folge, dass die Dachorganisation der Familienverbände und der Elternvereine, die gesetzlich anerkannte Kirche oder Religionsgesellschaft und die gesetzliche Interessensvertretung durch die Bildungsdirektion nach Maßgabe der Bestimmungen der Geschäftsordnung eingeladen wird, Mitglieder in den Beirat zu entsenden.

(3) Entsendete Personen können unter sinngemäßer Anwendung des § 8 Abs. 4 erster Satz von der Mitgliedschaft im Beirat ausgeschlossen werden.

Geschäftseinteilung der Bildungsdirektion

§ 22. (1) Für jede Bildungsdirektion ist eine Geschäftseinteilung zu erlassen, in welcher die Aufbauorganisation gemäß einer österreichweit einheitlichen Grundstruktur (Rahmenrichtlinien) festzulegen ist. Die Rahmenrichtlinien sind vom zuständigen Mitglied der Bundesregierung im Einvernehmen mit den Landesregierungen festzulegen. Der Beschluss über eine Geschäftseinteilung obliegt dem Bildungsdirektor oder der Bildungsdirektorin und ist dem zuständigen Mitglied der Bundesregierung sowie der Landesregierung zur Kenntnis zu bringen.

(2) Die Geschäftseinteilung hat unter Bedachtnahme auf quantitative Anforderungen (Zahl der Schulen, Zahl der Schülerinnen und Schüler, Zahl der Lehrerinnen und Lehrer), auf regionalinfrastrukturelle Anforderungen (Zahl und Größe der schulerhaltenden Gemeinden und Gemeindeverbände, geografische Gegebenheiten sowie verkehrstechnische Situation) und auf allfällige entwicklungsspezifische Besonderheiten eine Gliederung in Abteilungen und Referate sowie eine Stellvertretungsregelung vorzusehen.

(3) Zur Beratung sowie zur Vorbereitung eines Beschlusses einer Geschäftseinteilung können Bedienstete der Bildungsdirektion sowie externe Personen als Experten oder Expertinnen beigezogen werden.

(4) Der Geschäftseinteilung hat der Grundsatz der Sparsamkeit, Wirtschaftlichkeit und Zweckmäßigkeit bei der Geschäftsführung und Gebarung der Bildungsdirektion zu Grunde zu liegen.

Geschäftsordnung der Bildungsdirektion

§ 23. (1) Für jede Bildungsdirektion ist eine Geschäftsordnung zu erlassen, welche gemäß einer österreichweit einheitlichen Grundstruktur (Rahmenrichtlinien) die Geschäfts- und Gebarungsführung der Bildungsdirektion, darunter insbesondere die Approbationsbefugnisse, die Stellvertretung sowie die bei der Zusammenarbeit der Organisationseinheiten und Bediensteten der Bildungsdirektion geltenden Grundsätze regelt. § 22 Abs. 1 zweiter und dritter Satz sowie Abs. 3 und 4 sind auf die Geschäftsordnung sinngemäß anzuwenden.

(2) Die Geschäftsordnung hat vorzusehen, in welchen Angelegenheiten die Leiter und Leiterinnen des Präsidialbereichs und des Bereichs Pädagogischer Dienst mit der Approbationsbefugnis ausgestattet sind und welche Angelegenheiten sich der Bildungsdirektor oder die Bildungsdirektorin zur Entscheidung vorbehalten hat. Ist ein Präsident oder eine Präsidentin gemäß § 16 bestellt worden, so kann die Geschäftsordnung auch diesem oder dieser bestimmte Angelegenheiten eines allenfalls gemäß Art. 113 Abs. 4 B-VG durch Landesgesetz übertragenen oder zur Mitwirkung der Bildungsdirektion vorgesehenen Vollzugsbereiches des Landes zur Entscheidung vorbehalten.

(3) In der Geschäftsordnung auszuweisen sind allenfalls darüber hinausgehende, den Leitern oder Leiterinnen bestimmter Organisationseinheiten eingeräumte Approbationsbefugnisse. Die Einräumung solcher Approbationsbefugnisse ist zulässig, sofern und soweit dadurch die Behandlung der Geschäfte der Bildungsdirektion ohne Beeinträchtigung der Einheitlichkeit beschleunigt werden kann.

(4) In der Geschäftsordnung auszuweisen ist, welchen Bediensteten in welchen Angelegenheiten und in welchem betraglichen Ausmaß die Befugnis von Anordnungen im Gebarungsvollzug zukommt. Die Erteilung einer solchen Befugnis setzt die Gebarungssicherheit der Bediensteten oder des Bediensteten voraus. Gebarungssicherheit liegt vor, wenn jedes für den Bund bzw. das Land nachteilige Verhalten in Bezug auf die Haushaltsführung ausgeschlossen erscheint.

(5) Die Geschäftsordnung hat Regelungen über die Stellvertretung der in Ausübung ihres

Dienstes verhinderten Leiterinnen und Leiter der Organisationseinheiten der Bildungsdirektion zu treffen. Diese Regelungen umfassen insbesondere auch den Umfang der Stellvertretung sowie die dem Stellvertreter oder der Stellvertreterin zukommenden Rechte und Pflichten.

Innere Angelegenheiten, Kanzleiordnung der Bildungsdirektion

§ 24. (1) In jeder Bildungsdirektion sind die inneren Angelegenheiten vom Bildungsdirektor oder von der Bildungsdirektorin nach Maßgabe der Geschäftsordnung und der von ihm oder von ihr zu erlassenden Dienstanweisungen wahrzunehmen.

(2) Die formale Behandlung der von jeder Bildungsdirektion zu besorgenden Geschäftsfälle ist gemäß einer österreichweit einheitlichen Grundstruktur (Rahmenrichtlinien) in einer Kanzleiordnung (Büroordnung) festzulegen. Die Rahmenrichtlinien sind vom zuständigen Mitglied der Bundesregierung im Einvernehmen mit den Landesregierungen festzulegen. Geschäftsfälle sind alle im Bereich der Bildungsdirektion auftretenden Ereignisse, die zu einem nach innen oder nach außen gerichteten Verwaltungshandeln führen.

(3) Auf Grundlage der Kanzleiordnung (Büroordnung) ist für die Bildungsdirektion durch Dienstanweisung des Bildungsdirektors oder der Bildungsdirektorin in einem Organisationshandbuch die Behandlung von Geschäftsfällen insbesondere auch unter Anwendung eines einheitlichen elektronischen Geschäftsfall- und Aktenverarbeitungssystems zu regeln.

(4) § 22 Abs. 1 dritter Satz sowie Abs. 3 und 4 sind auf die inneren Angelegenheiten und die Kanzleiordnung (Büroordnung) sinngemäß anzuwenden.

4. Abschnitt
Aufwand der Bildungsdirektionen

1. Unterabschnitt
Sachaufwand

Aufteilung des Sachaufwandes der Bildungsdirektion zwischen Bund und Land

§ 25. (1) Der für die Angelegenheiten der Bundesvollziehung erforderliche Sachaufwand ist vom Bund und der für die Angelegenheiten der Landesvollziehung erforderliche sowie der mit der Funktion der Präsidentin oder des Präsidenten verbundene Sachaufwand ist vom Land zu tragen.

(2) Der Sachaufwand der Bildungsdirektion ist ab dem 1. Jänner 2023 auf der Grundlage der Kosten-Leistungsrechnung gemäß § 29 auf den Bund und das Land aufzuteilen. Sofern eine Gebietskörperschaft bis zum Ablauf des 31. Dezember 2022 einen Sachaufwand trägt, der gemäß Abs. 1 von der anderen Gebietskörperschaften zu tragen wäre, ist von dieser Ersatz zu leisten. Diese Ersatzleistung kann auf Grund einer Vereinbarung zwischen den beiden Gebietskörperschaften auch in jährlichen Pauschalbeträgen erfolgen.

(3) Der Aufwand für die Erweiterung des IT-Verfahrens für das Personalmanagement des Bundes auf die Besoldung der Landeslehrpersonen ist vom Bund zu tragen. Ein damit in Zusammenhang stehender Aufwand für die Erstellung oder Adaptierung von IT-Verfahren des Landes ist vom Land zu tragen. Der mit der Landesvollziehung in Zusammenhang stehende Aufwand für den Betrieb und die Weiterentwicklung des IT-Verfahrens für das Personalmanagement des Bundes ist zwei Jahre ab der Verfügbarkeit für das Land zur Hälfte vom Bund zu tragen.

(4) Für den Betrieb und die Weiterentwicklung des vom Bund bereitgestellten und betriebenen IT-Verfahrens für das Personalmanagement, dessen sich die Länder gemäß Art. IV Abs. 4 des Bundesverfassungsgesetzes in der Fassung von 1929 hinsichtlich des Schulwesens, BGBl. Nr. 215/1962, zu bedienen haben, ist § 44a BHG 2013 mit der Maßgabe anzuwenden, dass an die Stelle der Organe des Bundes die Bildungsdirektionen treten.

2. Unterabschnitt
Personalaufwand

Personalaufwand für die Funktion eines Präsidenten oder einer Präsidentin der Bildungsdirektion

§ 26. Der für die Besoldung oder Entschädigung des Präsidenten oder der Präsidentin der Bildungsdirektion sowie der sonst mit der Funktion des Präsidenten oder der Präsidentin verbundene Personalaufwand ist vom Land zu tragen.

Aufteilung des sonstigen Personalaufwandes der Bildungsdirektion zwischen Bund und Land

§ 27. (1) Unbeschadet des § 26 ist

1. der für Angelegenheiten der Bundesvollziehung erforderliche Personalaufwand vom Bund und
2. der für Angelegenheiten der Landesvollziehung erforderliche Personalaufwand vom Land

zu tragen.

(2) Als Grundlage für die gemäß Art. 113 Abs. 9 B-VG vorzunehmenden Zuweisungen ist für jede Bildungsdirektion ein Personalplan als Teil des Ressourcen-, Ziel- und Leistungsplans gemäß § 28 zu erstellen. Beabsichtigte Maßnahmen in Dienstrechtsangelegenheiten der gemäß Art. 113 Abs. 9 B-VG zugewiesenen Landesbediensteten sind der Bildungsdirektorin oder dem Bildungsdirektor mitzuteilen.

(3) Der Personalaufwand der Bildungsdirektion ist ab dem 1. Jänner 2023 auf der Grundlage der Kosten- und Leistungsrechnung gemäß § 29 auf den Bund und das Land aufzuteilen. Sofern eine Gebietskörperschaft bis zum Ablauf des 31. Dezember 2022 einen Personalaufwand trägt, der gemäß Abs. 1 von der anderen Gebietskörperschaft zu tragen wäre, ist von dieser Ersatz zu leisten. Diese Ersatzleistung kann auf Grund einer Vereinbarung zwischen den beiden Gebietskörperschaften auch in jährlichen Pauschalbeträgen erfolgen.

5. Abschnitt
Planungs-, Rechnungs- und Berichtswesen, Innenrevision

Ressourcen-, Ziel- und Leistungsplan

§ 28. (1) Für die wirkungsorientierte Verwaltung legt das zuständige Mitglied der Bundesregierung im Einvernehmen mit der Landesregierung für jede Bildungsdirektion einen Ressourcen-, Ziel- und Leistungsplan fest. Der Ressourcen-, Ziel- und Leistungsplan hat für den Zeitraum des geltenden Bundesfinanzrahmengesetzes folgende Angaben zu enthalten:

1. Die finanziellen und personellen Ressourcen,
2. die angestrebten Ziele der Bildungsdirektion und
3. die zur Zielerreichung erforderlichen Maßnahmen und Leistungen.

Hierbei ist auf den Ressourcen-, Ziel- und Leistungsplan der zuständigen haushaltsführenden Stelle Bedacht zu nehmen.

(2) Jede Bildungsdirektorin oder jeder Bildungsdirektor hat unter Berücksichtigung der Vorgaben des zuständigen Mitglieds der Bundesregierung jährlich einen Entwurf des Ressourcen-, Ziel- und Leistungsplans zu erstellen und dem zuständigen Mitglied der Bundesregierung sowie der zuständigen Landesregierung vorzulegen.

Internes Rechnungswesen

§ 29. (1) An jeder Bildungsdirektion ist unter der Verantwortung und Leitung der Bildungsdirektorin oder des Bildungsdirektors eine Kosten- und Leistungsrechnung einzurichten.

(2) Die näheren Bestimmungen über die Kosten- und Leistungsrechnung sind vom zuständigen Mitglied der Bundesregierung nach Anhörung der Landesregierung festzulegen.

Berichtspflichten

§ 30. (1) Der Bildungsdirektor oder die Bildungsdirektorin hat im jeweiligen Zuständigkeitsbereich dem zuständigen Mitglied der Bundesregierung bzw. der Landesregierung alle erforderlichen Auskünfte zu erteilen und ist darüber hinaus verpflichtet, über Entscheidungen und Ereignisse von erheblicher und nicht bloß lokaler Bedeutung zu informieren.

(2) Der Bildungsdirektor oder die Bildungsdirektorin hat alle drei Jahre im Wege des zuständigen Mitglieds der Bundesregierung einen hinsichtlich Aufbau und Struktur nach Vorgaben des zuständigen Mitglieds der Bundesregierung zu erstellenden nationalen Schulqualitätsbericht, der einen Personal- und Ressourcenbericht sowie die konsolidierten Ergebnisse der Qualitätssicherung enthält, an den Nationalrat zu legen.

Innenrevision

§ 31. (1) Die Bildungsdirektion unterliegt im jeweiligen Wirkungsbereich der Innenrevision des Bundesministeriums für Bildung bzw. der Landesregierung.

(2) Die Innenrevisionen gemäß Abs. 1 haben bis 31. Dezember 2021 und von diesem Zeitpunkt an alle fünf Jahre einen gemeinsamen Revisionsbericht zu erstellen und dem zuständigen Mitglied der Bundesregierung sowie der Landesregierung vorzulegen.

BD-EG, BildInvestG, IQS-G, Anhang: FOG, 15a B-VG Elementarpäd., AE-GG

6. Abschnitt
Übergangs- und Schlussbestimmungen

Übergang zur neuen Rechtslage

§ 32. (Verfassungsbestimmung) (1) Die Bildungsdirektionen treten mit 1. Jänner 2019 an die Stelle der Landesschulräte (des Stadtschulrates für Wien) sowie hinsichtlich der in die Zuständigkeit der Bildungsdirektionen fallenden Angelegenheiten der Landesvollziehung an die Stelle der Landesregierung. Sämtliche bis zu diesem Zeitpunkt dem Landesschulrat und bezüglich der genannten Angelegenheiten der Landesregierung als Normadressat oder als Normsetzer zuzuordnenden Rechtsakte sind ab diesem Zeitpunkt der jeweiligen Bildungsdirektion zuzuordnen.

(2) Verordnungen auf Grund dieses Bundesgesetzes sowie andere Vorbereitungsmaß-

nahmen, die erforderlich sind, um zum Zeitpunkt des Inkrafttretens dieses Bundesgesetzes eine ordnungsgemäße Wahrnehmung der Aufgaben durch die Bildungsdirektion sicher zu stellen, können bereits vor Inkrafttreten dieses Bundesgesetzes erlassen bzw. getroffen werden. Verordnungen dürfen frühestens mit dem Zeitpunkt des Inkrafttretens dieses Bundesgesetzes in Kraft treten.

Beschwerden gegen Bescheide

§ 33. Über Beschwerden gegen Bescheide der Bildungsdirektion entscheidet

1. in den Angelegenheiten des Vollziehungsbereiches des Bundes das Bundesverwaltungsgericht und
2. in den Angelegenheiten des Vollziehungsbereiches des Landes das Landesverwaltungsgericht.

Kundmachung von Verordnungen

§ 34. (1) Verordnungen der Bildungsdirektionen, die nicht nur einzelne Schulen betreffen, sind in einem Verordnungsblatt der Bildungsdirektion kundzumachen. Ihre verbindende Kraft beginnt, wenn nicht ausdrücklich anderes bestimmt ist, nach Ablauf des Tages der Kundmachung und erstreckt sich, wenn nicht ausdrücklich anderes bestimmt ist, auf das gesamte Gebiet des Bundeslandes.

(2) Verordnungen, die nur einzelne Schulen betreffen, sind an den betreffenden Schulen durch Aushang kundzumachen.

Verweise auf andere Bundesgesetze

§ 35. Soweit in diesem Bundesgesetz auf andere Bundesgesetze verwiesen wird, sind diese in ihrer jeweils geltenden Fassung anzuwenden.

Vollziehung

§ 36. Mit der Vollziehung dieses Bundesgesetzes, soweit sie in die Zuständigkeit des Bundes fällt, sind betraut:

1. Hinsichtlich der §§ 25 Abs. 1 und 2, 26 und 27 der Bundesminister oder die Bundesministerin für Bildung im Einvernehmen mit dem Bundesminister oder der Bundesministerin für Finanzen,
2. hinsichtlich des § 25 Abs. 3 und 4 der Bundesminister oder die Bundesministerin für Finanzen und
3. im Übrigen der Bundesminister oder die Bundesministerin für Bildung.

Inkrafttreten, Außerkrafttreten, Übergangsrecht

§ 37. (Verfassungsbestimmung) (1) Dieses Bundesgesetz tritt mit 1. Jänner 2019 in Kraft. § 6 dieses Bundesgesetzes tritt mit Ablauf des 31. August 2020 außer Kraft.

(2) Für den Übergang zur neuen Rechtslage gilt:

1. Mit der Bestellung oder Betrauung des Bildungsdirektors oder der Bildungsdirektorin gemäß Art. 151 Abs. 61 B-VG endet die Funktion des Amtsführenden Präsidenten oder der Amtsführenden Präsidentin des Landesschulrates (des Stadtschulrates für Wien) sowie eines allenfalls bestellten Vizepräsidenten oder einer allenfalls bestellten Vizepräsidentin. Die §§ 7 bis 15 sind anzuwenden und es sind innerhalb eines Monats nach der Bestellung oder Betrauung die Funktionen der Leitung des Präsidialbereichs und des Bereichs Pädagogischer Dienst gemäß den §§ 18 und 19 auszuschreiben. Mit der Bestellung des Leiters oder der Leiterin des Präsidialbereichs endet die Funktion des Amtsdirektors oder der Amtsdirektorin des Landesschulrates (des Stadtschulrates für Wien).
2. Wird der Amtsführende Präsident oder die Amtsführende Präsidentin des Landesschulrates (des Stadtschulrates für Wien) gemäß Art 151 Abs. 61 Z 1 B-VG mit der Funktion des Bildungsdirektors oder der Bildungsdirektorin betraut, sind die für den Amtsführenden Präsidenten oder die Amtsführende Präsidentin des Landesschulrates (des Stadtschulrates für Wien) jeweils geltenden landesgesetzlichen Bestimmungen über die Bezüge weiter anzuwenden und die Aufwendungen vom Land zu tragen.

...

9.2.1. Aufgaben und Struktur der Schulpsychologie und Koordination der psychosozialen Unterstützung im Schulwesen[1])

Präambel

Im Präsidialbereich der Bildungsdirektionen ist in der Abteilung Schulpsychologie-Schulärztlicher Dienst für Zwecke der pädagogisch-psychologischen Beratung sowie der Bereitstellung und Koordination der psychosozialen Unterstützung in den Schulen ein schulpsychologischer Dienst eingerichtet (siehe § 18 Abs. 7 BD-EG). Dieser steht allen am schulischen Bildungsprozess beteiligten Personen und Institutionen (Schülerinnen und Schülern aller Schularten, deren Eltern/Erziehungsberechtigten, Lehrenden, Schulleitungen) zur Verfügung.

Durch die im Bereich des schulpsychologischen Dienstes eingesetzten Mitarbeiterinnen und Mitarbeiter sowie die allenfalls auch von diesem zu koordinierenden externen Partnerorganisationen, die psychosoziale Unterstützung im Schulbereich anbieten, soll das pädagogische Angebot an den Schulen um Tätigkeitsfelder, mit denen die psychosozialen Gelingensbedingungen von Bildungsprozessen maßgeblich verbessert werden, ergänzt werden. Damit wird auch allgemein eine Verbesserung der pädagogischen Rahmenbedingungen für Schülerinnen und Schüler (z.B. Erhöhung der Lernchancen, Stärkung von Resilienz) als auch der Rahmenbedingungen für Lehrende (z.B. Verbreiterung des Professionsmix an Schulen, Konzentration auf pädagogische Kernkompetenzen, Unterstützung der psychischen Gesundheit) angestrebt. Zentrales Ziel des schulpsychologischen Dienstes ist somit die Sicherstellung der Lernfähigkeit und – damit verbunden – der Erhalt der psychischen Gesundheit der Schülerinnen und Schüler sowie eine Etablierung einer förderlichen Lernkultur an Schulen.

Bei den im schulpsychologischen Dienst im Bereich des Bundesvollzugs als Bundesbedienstete an den Außenstellen der Bildungsdirektion eingesetzten Mitarbeiter/innen handelt es sich insbesondere um Schulpsychologinnen und Schulpsychologen. Sofern dies im Ressourcen-, Ziel- und Leistungsplan (siehe § 28 BD-EG) so festgelegt wird, können im Bereich der Landesvollziehung zum Zweck der Mitwirkung an der Bereitstellung, Koordination und Qualitätssicherung der psychosozialen Unterstützung sowie der mobilen schulsozialarbeiterischen bzw. schulsozialpädagogischen Betreuung zusätzlich auch Sozialarbeiter/innen bzw. Sozialpädagog/innen eingesetzt werden. Die Bildungsdirektion kann, sofern dies zweckmäßig erscheint, unter Beachtung der Rahmenrichtlinien (siehe § 22 BD-EG) im Rahmen der Geschäftseinteilung zusätzlich auch noch andere Agenden und Mitarbeiter/innen dem schulpsychologischen Dienst in der Außenstelle zuteilen.

1. Grundsätzlicher Auftrag

Der schulpsychologische Dienst hat den Auftrag,

– sich der Fragen und Probleme von Schüler/innen, Eltern/Erziehungsberechtigten und Lehrpersonen, die sich im schulischen Kontext ergeben, aus wissenschaftlich psychologischer Sicht anzunehmen (Unterstützung des Individuums: Lernen, Entwicklung, Verhalten, Bildungsberatung ...),
– gemeinsam mit dem pädagogischen Dienst der Bildungsdirektion und allen Schulpartnern auf regionaler und überregionaler Ebene an Weiterentwicklungen sowie an der Überwindung von Problemlagen in einzelnen Schulen und im gesamten Schulwesen (Unterstützung des Systems Schule) zu arbeiten,
– psychologische Hilfe im Falle von Krisensituationen an Schulen bei Selbst- und Fremdgefährdung von Personen zu leisten
– und – soweit es sich dabei um Agenden der Bildungsdirektion handelt – an der Bereitstellung, Koordination und Qualitätssicherung von Schulsozialarbeit und Schulsozialpädagogik direkt an Schulen mitzuwirken.

2. Rechtliche Grundlagen

2.1 Das Bildungsdirektionen-Einrichtungsgesetz (BD-EG), BGBl. I Nr. 138/2017, legt in § 18 Abs. 7 fest, dass im Präsidialbereich der Bildungsdirektion für Zwecke der pädagogisch-psychologischen Beratung sowie der Bereitstellung und Koordination der psychosozialen Unterstützung in den Schulen ein schulpsychologischer Dienst einzurichten ist.

2.2 In den gemäß § 22 Abs. 1 BD-EG vom Bundesministerium für Bildung, Wissenschaft und Forschung im Einvernehmen

[1]) Verwaltungsverordnung des Bundesministers für Bildung, Wissenschaft und Forschung vom 21. Dezember 2018, Zl. BMBWF-33.546/0017-I/2/2018, RS Nr. 28/2018, Inkrafttreten am 1. Jänner 2019.

BD-EG, BildInvestG, IQS-G, Anhang: FOG,15a B-VG Elementarpäd., AE-GG mit den Landesregierungen festgelegten Rahmenrichtlinien zur österreichweit einheitlichen Grundstruktur der Aufbauorganisation der Bildungsdirektion ist vorgegeben, dass die Agenden des schulpsychologischen Dienstes im Präsidialbereich durch die Abteilung „Schulpsychologie-Schulärztlicher Dienst" bzw. über die in den Außenstellen der Bildungsdirektion in den Bildungsregionen anzusiedelnden schulpsychologischen Beratungsstellen wahrzunehmen ist.

2.3 Das Schulpflichtgesetz, BGBl. Nr. 76/1985, in der geltenden Fassung bestimmt in § 7 Abs. 4, dass der Schulleiter zur Feststellung, ob das Kind die Schulreife gemäß Schulpflichtgesetz § 6 Abs. 2b aufweist und ob es über die für den Schulbesuch erforderliche soziale Kompetenz verfügt, neben dem schulärztlichen Gutachten auch ein schulpsychologisches Gutachten einzuholen hat, wenn dies die Eltern oder sonstigen Erziehungsberechtigten des Kindes verlangen oder dies zur Feststellung der Schulreife erforderlich erscheint und die Eltern oder sonstigen Erziehungsberechtigten des Kindes zustimmen.

In § 25 Abs. 2 des Schulpflichtgesetzes ist angeführt, dass bei Maßnahmen zur Vermeidung von Schulpflichtverletzungen wie einer diagnostischen Ursachenfeststellung oder auf die konkrete Situation abgestimmte Vereinbarungen mit dem Schüler sowie dessen Erziehungsberechtigten erforderlichenfalls der schulpsychologische Dienst einzubinden ist.

2.4 Das Schulunterrichtsgesetz, BGBl. Nr. 472/1986, in der geltenden Fassung bestimmt in § 19 Abs. 4, dass im Rahmen eines beratenden Gesprächs zur Verbesserung der Verhaltenssituation eines Schülers oder einer Schülerin (Frühinformationssystem) auch auf die Möglichkeit der Ursachenklärung und Hilfestellung durch die Schulpsychologie-Bildungsberatung und den schulärztlichen Dienst hingewiesen werden kann.

In § 26 Abs. 1 des Schulunterrichtsgesetzes ist festgelegt, dass im Zuge der Aufnahme eines Schülers oder einer Schülerin in die übernächste Schulstufe (Überspringung von Schulstufen) dieser bzw. diese im Zweifelsfall zur Beurteilung, ob dadurch eine Überforderung in körperlicher und geistiger Hinsicht erwachsen könnte, einer schulpsychologischen und (oder) schulärztlichen Untersuchung zu unterziehen ist. Dies gilt sinngemäß auch für das Überspringen an den „Nahtstellen" (siehe § 26a).

2.5 Das Suchtmittelgesetz, BGBl. I Nr. 112/1997, in der geltenden Fassung bestimmt in § 13 Abs. 1, dass in dem Fall, dass auf Grund bestimmter Tatsachen anzunehmen ist, dass ein Schüler oder eine Schülerin Suchtgift missbraucht, der Leiter bzw. die Leiterin der Schule die betreffende Person einer schulärztlichen Untersuchung zuzuführen hat und der schulpsychologische Dienst erforderlichenfalls beizuziehen ist.

3. Aufgaben der Schulpsychologie

Das Wirkungsfeld der Schulpsychologie umfasst insbesondere folgende Aufgabenbereiche:

3.1 Psychologische Beratung und Behandlung

im Zusammenhang mit einzelnen Schülerinnen und Schülern betreffende Frage- und Problemstellungen zum Lernen, Verhalten, emotionalen Belastungen und persönlichen Krisen als auch im Hinblick auf bestmögliche Entscheidungen zum weiteren Bildungsweg, wenn zusätzlich zur pädagogischen auch eine psychologische Unterstützung erforderlich erscheint;

3.2 Psychologische Gutachter- und Sachverständigentätigkeit

bei Fragen zur bestmöglichen Förderung von Schülerinnen und Schülern, insbesondere im Zusammenhang mit entsprechenden schulrechtlichen Verfahren (z.B. Feststellung der Schulreife, sonderpädagogischer Förderbedarf);

3.3 Systemorientierte psychologische Unterstützung von Schulen

in den Bereichen Prävention, Konfliktbearbeitung, Verbesserung des Schulklimas, Diagnose und Mitwirkung bei Maßnahmenplanungen bei systematisch schlechten Lernergebnissen oder zunehmenden Gewaltphänomenen;

3.4 Unterstützung von Schulen beim Krisenmanagement

durch vorbereitende Maßnahmen wie Erstellung von Krisenplänen, psychologische Unterstützung in Akutsituationen und Nachbetreuung sowie Unterstützung des pädagogischen Dienstes beim Krisenmanagement in der Region;

3.5 Beiträge zur Kompetenzsteigerung von Lehrenden

zu Schwerpunktthemen der schulpsychologischen Arbeit (z.B. Lese-/Rechtschreibschwäche, Dyskalkulie, Verhaltensprobleme, Gewalt, Schuleintrittsfragen, Erkennen und Fördern von besonderen Talenten) im Hinblick auf Implikationen für die pädagogische Praxis;

3.6 Forschung und Entwicklung

durch Bewertung von und gegebenenfalls auch Beteiligung an für die pädagogische Arbeit an den Schulen relevanten Studien, Entwicklung von Diagnosehilfen sowie Erstellung von Leitfäden auf Basis psychologischer Erkenntnisse und Methoden im Rahmen von aktuellen Schwerpunktsetzungen der Bildungsdirektion und nach vorhandener Kapazität;

3.7 Informationstätigkeit

durch Information der Schulpartner über bedeutsame psychologische Erkenntnisse und deren praktische Anwendung sowie über Beratungsangebote im Schulbereich;

3.8 Koordination psychosoziale Unterstützung

in Form von Aktivitäten zur Qualitätssicherung, fachlichen Unterstützung und Vernetzung aller psychosozialen Unterstützungsangebote für Schulen in der jeweiligen Bildungsregion.

Schulpsychologische Beratungs- und Unterstützungsleistungen können von Schul- bzw. Clusterleitungen oder dem Pädagogischen Dienst angefragt bzw. empfohlen werden. Unabhängig davon können aber auch ratsuchende Schülerinnen und Schüler sowie Erziehungsberechtigte direkt und auf Wunsch vertraulich die zuständige schulpsychologische Beratungsstelle kontaktieren.

Insbesondere bei der Erfüllung der unter 3.1. und 3.2 angeführten Aufgaben ist auf das Elternrecht, die Bestimmungen des Datenschutzgesetzes, BGBl. I Nr. 165/1999, in der geltenden Fassung sowie die Bestimmungen des Psychologengesetzes 2013, BGBl. I Nr. 182/2013, in der geltenden Fassung Bedacht zu nehmen. Tätigkeiten die laut diesen gesetzlichen Bestimmungen Klinischen Psychologen vorbehalten sind, dürfen nur von Schulpsychologinnen und Schulpsychologen mit dieser Zusatzqualifikation ausgeführt werden. Über die Weitergabe von aus schulpsychologischen Untersuchungen und Beratungen resultierenden Ergebnissen ist grundsätzlich immer das Einvernehmen mit den Beratenen bzw. dessen gesetzlichen Vertretern herzustellen. Ebenso sind diese darüber zu informieren, an wen und zu welchem Zweck die Untersuchungsergebnisse weitergeben werden.

4. Zusammenarbeit in der Bildungsdirektion und ihren Außenstellen

Im Hinblick auf Erreichung und Sicherstellung größtmöglicher Effektivität und Effizienz der schulpsychologischen, psychosozialen und speziellen pädagogischen Unterstützung ist eine enge Zusammenarbeit der Abteilung Schulpsychologie-Schulärztlicher Dienst mit dem Pädagogischen Dienst und dem Personalmanagement in der Bildungsdirektion und deren Außenstellen erforderlich. Folgende Eckpunkte sind dabei zu berücksichtigen:

4.1 Die schulpsychologischen Beratungsstellen in den Außenstellen kooperieren eng mit den Abteilungen des Pädagogischen Dienstes und dem Personalmanagement bei der *Planung und Durchführung von Maßnahmen zur Verbesserung der Bildungsqualität und Erhöhung der Chancen- und Geschlechtergerechtigkeit* in den Bildungsregionen.

4.2 Die Leitungen dieser Organisationseinheiten fungieren in jeder Bildungsregion gegenüber den Schul- bzw. Clusterleitungen als *kollegiales Beratungs- und Unterstützungsteam* für eine bedarfsgerechte Zuteilung von zusätzlichem psychosozialem und/oder pädagogischem Unterstützungspersonal oder die Planung geeigneter Unterstützungsmaßnahmen. Bei Bedarf sind hier auch wichtige externe Kooperationspartner (z.B. regionale Kinder- und Jugendhilfe, Sozialministeriumservice) beizuziehen. Die Mitglieder dieses kollegialen Beratungs- und Unterstützungsteams pflegen regelmäßigen, institutionalisierten Austausch (periodische jours fixes).

4.3 *Klar definierte Fachaufsicht*: Schulpsycholog/innen und von bzw. im direkten Auftrag der Bildungsdirektion eingesetzte psychosoziale Unterstützungskräfte wie Schulsozialarbeiter/innen und Schulsozialpädagog/innen unterliegen grundsätzlich der Fachaufsicht durch die Leitung der Abteilung „Schulpsychologie – Schulärztlicher Dienst" bzw. des entsprechenden regional zuständigen Referates, die Fachaufsicht über Lehrer/innen (auch solche mit spezifischen Beratungsaufgaben) sowie sonderpädagogische Spezialkräfte kommt der jeweiligen Schul- oder Clusterleitung zu.

4.4 Klar definierte Zuständigkeiten der Unterstützungsprofessionen, die von diesen unter Beachtung der grundsätzlichen Regelungen der Bildungsdirektion zur Kommunikation mit Schulen an alle Leistungsempfänger (Schulen, Schüler/innen, Erziehungsberechtigten) *einheitlich kommuniziert* werden.

4.5 Sicherstellung eines *einheitlichen, professionellen Umgangs bei der Entgegennahme von Anliegen und Unterstützungsersuchen* unter Beachtung der entsprechenden grundsätzlichen Regelungen der Bildungsdirektion (Geschäfts- und Kanzleiordnung). Anzustreben ist, dass Anliegen von Schulen und Bürger/innen grundsätzlich von allen Unterstützungsprofessionen entgegengenommen werden sollen, jedoch im Bedarfsfall eine rasche fach- und sachgerechte Weitervermittlung an die für die aktuelle Fragestellung zuständige bzw. am meisten kompetente Person zu erfolgen hat.

4.6 *Klare Dokumentation aller Unterstützungs- und Beratungsleistungen* nach bundeseinheitlich vorgegebenen Kriterien (siehe Anlage A) unter Wahrung einschlägiger gesetzlicher Bestimmungen (z.B. des Psychologengesetzes) und der Vertraulichkeit gegenüber rat- und unterstützungssuchenden Bürger/innen.

4.7 In der Bildungsdirektion wird ein *Fach- und Koordinationsgremium* für den Bereich der psychosozialen und sonderpädagogischen Unterstützung im Schulbereich unter kollegialer Leitung des Leiters/der Leiterin der Abteilung Schulpsychologie-Schulärztlicher Dienst und einer von der Leitung des Pädagogischen Dienstes beauftragten Person eingerichtet, dem jedenfalls folgende Mitglieder angehören:

- Vertreter/in der Schulaufsicht
- Mitarbeiter/in des Fachbereichs Inklusion, Diversität und Sonderpädagogik im Pädagogischen Dienst
- Landesschularzt/Landesschulärztin
- Vertreter/in der Kinder- und Jugendhilfe des Landes
- Vertreter/in des Sozialministeriumservice
- Kinder- und Jugendanwalt/-anwältin
- Leiter/in der Koordinierungsstelle gemäß § 9 Ausbildungspflichtgesetz, BGBl. I Nr. 62/2016, in der geltenden Fassung
- Weitere Expert/innen für psychosoziale Versorgung und von Einrichtungen des Gesundheitswesens im jeweiligen Bundesland (bei Bedarf)

4.8 Aufgaben dieses Fach- und Koordinationsgremiums sind insbesondere die Erstellung und Weiterentwicklung von landesweit gültigen *Qualitätsrichtlinien für Auswahl und Beschäftigung psychosozialen Unterstützungspersonals an Schulen* auf Basis bundesweiter Rahmenvorgaben (siehe Anlage B) sowie die Unterstützung der entsprechenden Umsetzung.

5. Qualitätssicherung

Die Tätigkeit des schulpsychologischen Dienstes basiert – unabhängig von entsprechenden Schwerpunktsetzungen im jeweils gültigen Ressourcen-, Ziel- und Leistungsplan der Bildungsdirektion – auf einem bundesweit einheitlichen Qualitätsrahmen.

Dieser wird durch folgende Prinzipien definiert:

5.1 Qualifizierung der Mitarbeiter/innen

Schulpsycholog/innen haben ein Hauptfachstudium der Psychologie mindestens auf Masterniveau absolviert und verfügen vorzugsweise auch über die Zusatzqualifikation „Klinischer Psychologe/Klinische Psychologin" und/oder „Gesundheitspsychologe/Gesundheitspsychologin" (siehe Psychologengesetz 2013).

Im berufsbegleitend zu absolvierenden Ausbildungslehrgang für den höheren schulpsychologischen Dienst (BGBl. II Nr. 233/2000) erwerben sie spezifische Feldkompetenz für die Tätigkeit als Schulpsycholog/in, die laufend durch geeignete Fortbildungen zu erweitern und zu aktualisieren ist.

5.2 Wissenschaftliche Grundlagen

Die Tätigkeit von Schulpsycholog/innen basiert auf gesicherten wissenschaftlichen Erkenntnissen und Methoden.

5.3 Ethische Richtlinien

Die Tätigkeit von Schulpsycholog/innen und die Gestaltung ihrer Beziehung zu den zu Beratenden basiert auf gemeinsamen ethischen Richtlinien, die im jeweiligen Bundesland gemeinsam mit den Mitarbeiter/innen auszuarbeiten sind und sich an einschlägigen berufsspezifischen Ethikrichtlinien wie jenen der „European Federation of Psychologists' Associations" (EFPA) orientieren sollten.

5.4 Fachaufsicht

Die Qualität der Leistungserbringung ist durch eine fachlich kompetente Fachaufsicht sicherzustellen.

5.5 Dokumentation und Evaluation

Sämtliche Tätigkeiten werden nach bundeseinheitlichen Vorgaben (siehe Anlage C) dokumentiert, zu entsprechenden Jahresberichten zusammengefasst und anhand von bundesweit einheitlichen Zielindikatoren analysiert.

5.6 Bundesweite Kooperation und Vernetzung

Zum Zwecke der bundesweiten Qualitätsentwicklung und Koordinierung, des fachlichen Austausches sowie der Entwicklung von Lösungsansätzen für aktuelle Herausforderungen finden zumindest zweimal jährlich gemeinsame Abstimmungs- und Vernetzungsgespräche der Abteilungsleiter/innen für Schulpsychologie-Schulärztlicher Dienst mit der zuständigen Fachabteilung im Bundesministerium für Bildung, Wissenschaft und Forschung statt.

Anlage A

Dokumentation von psychosozialen Unterstützungs- und Beratungsleistungen an Schulen

Unabhängig von einschlägigen berufsrechtlichen Bestimmungen und internen Vorgaben im Bereich der jeweiligen Bildungsdirektion, sind zum Zweck eines bundesweiten Bildungsmonitorings jedenfalls folgende Daten zur Tätigkeit von Schulsozialarbeiter/innen und Schulsozialpädagog/innen zu statistischen Zwecken zu erfassen und im Wege der Bildungsdirektion dem Bundesministerium für Bildung, Wissenschaft und Forschung in aggregierter Form pro Schulart zu übermitteln (zu Dokumentations- und Berichtsvorgaben für Schulpsycholog/innen siehe Anhang C):

1. *Einzelfallarbeit*
   – Anzahl im Einzelkontakt unterstützter Schüler/innen
   – Anzahl der Gesprächskontakte
2. *Gruppenarbeit*
   – Anzahl der Gruppenaktivitäten
   – Anzahl der damit erreichten Schüler/innen
3. *Beratung/Unterstützung von Lehrer/innen im Einzelkontakt*
   – Anzahl der Gesprächskontakte
4. *Unterstützung Schulleitung*
   – Anzahl der Kontaktherstellungen zu außerschulischen Unterstützungsstrukturen und Hilfssystemen
   – Anzahl Beratungskontakte bei der Planung von Initiativen im Bereich Prävention
5. *Informationen/Fortbildungen für Lehrende im Gruppensetting*
   – Anzahl der entsprechenden Tätigkeiten
6. *Arbeit mit Eltern/Erziehungsberechtigten*
   – Anzahl der Gesprächskontakte
   – Anzahl der Vorträge, Erstellung von schriftlichen Informationen für Eltern/Erziehungsberechtigte
7. *Vernetzungstätigkeit*
   – Anzahl der Gesprächskontakte
   – Anzahl der Teilnahmen an Vernetzungsveranstaltungen und interdisziplinären Teamsitzungen

Anlage B

Bundesweiter Qualitätsrahmen für Auswahl und Beschäftigung psychosozialen Unterstützungspersonals an Schulen

Dieser Qualitätsrahmen ist für psychosoziales Unterstützungspersonal, das nicht der Bildungsdirektion oder deren Außenstellen zugeordnet ist, sondern bei anderen privaten oder öffentlichen Einrichtungen beschäftigt ist und in Schulen tätig wird, anzuwenden und im jeweiligen Bundesland zu spezifizieren.

Auf folgende Qualitätsbereiche ist dabei zu achten:

1. *Qualifizierung der Mitarbeiter/innen*

Als Schulsozialarbeiter/innen eingesetzte Mitarbeiter/innen müssen über eine einschlägige abgeschlossene Berufsausbildung an einer Fachhochschule für Soziale Arbeit bzw. einer vergleichbaren universitären Ausbildung mindestens auf Bachelorniveau oder einer Akademie für Sozialarbeit verfügen.

Als Schulsozialpädagog/innen eingesetzte Mitarbeiter/innen müssen die Bildungsanstalt für Sozialpädagogik oder eine vergleichbare postsekundäre Ausbildung im Mindestausmaß von 120 ECTS abgeschlossen haben.

Für den Einsatz von Jugendcoaches sind die Umsetzungsregelungen des Sozialministeriumservices maßgebend.
Der Einsatz anderer Berufsgruppen ist kritisch zu hinterfragen und bedarf einer genauen Prüfung durch die zuständige Bildungsdirektion.
Die für die Tätigkeit im Schulwesen erforderliche Feldkompetenz (z.B. Behördenaufbau, Schulrecht, Kompetenz und Aufgaben anderer Unterstützungssysteme) der eingesetzten Mitarbeiter/innen ist durch geeignete, mit Unterstützung der Bildungsdirektion anzubietende Fortbildungen sicherzustellen.

2. *Kooperationsvereinbarung als Grundlage der Tätigkeit*
Ziele, Aufgaben und die Form der Zusammenarbeit am jeweiligen Schulstandort sind durch Kooperationsvereinbarungen zwischen der externen Trägereinrichtung als Dienstgeber des zum Einsatz kommenden Personals und der Bildungsdirektion in Abstimmung mit der Schulleitung festzulegen.
Dabei sind auf einen zu vereinbarenden Zeitraum bezogene konkrete Ziele und Indikatoren für deren Erreichung gemeinsam festzulegen.

3. *Professionsbezogene Aufträge und Aufgabenerfüllung*
Psychosoziales Unterstützungspersonal ist immer berufsspezifisch einzusetzen und nicht für berufsfremde oder die eigene berufliche Kompetenz überschreitende, anderen Berufen vorbehaltene Aufgaben heranzuziehen. Dieser fachgerechte Einsatz ist durch geeignete Maßnahmen und Kontrollmechanismen sicherzustellen.

4. *Fachaufsicht*
Die Fachaufsicht obliegt grundsätzlich immer dem Dienstgeber. Beim Abschluss von Kooperationsvereinbarungen mit diesem ist zu überprüfen, ob dieser in der Lage ist bzw. über Strukturen verfügt, um eine fachlich kompetente Fachaufsicht sicherzustellen.
Im Falle der Schulsozialarbeit soll gewährleistet sein, dass der Dienstgeber seinerseits der Fachaufsicht durch die Kinder- und Jugendhilfe unterliegt.
Bei Mitwirkung in der Unterrichtsarbeit müssen die ergänzenden Beiträge des psychosozialen Unterstützungspersonals immer mit der unterrichtenden Lehrkraft bzw. der Schulleitung abgestimmt werden.

5. *Dokumentation und Evaluation*
Sämtliche Tätigkeiten werden dokumentiert, zu entsprechenden Jahresberichten zusammengefasst und auch im Hinblick auf die vereinbarten Zielindikatoren analysiert.

6. *Trägerübergreifende Vernetzung*
Zum Zwecke der einrichtungsübergreifenden Qualitätsentwicklung und Koordinierung sowie der Entwicklung von Lösungsansätzen für aktuelle Herausforderungen finden in jeder Bildungsregion zumindest einmal jährlich von der jeweiligen schulpsychologischen Beratungsstelle in der Außenstelle der Bildungsdirektion organisierte Vernetzungstagungen statt. Die externen Kooperationspartner verpflichten sich, ihre an den Schulen der Bildungsregion tätigen Mitarbeiter/innen zu diesen Veranstaltungen zu entsenden.

Anlage C

Dokumentation und Berichtlegung über Unterstützungs- und Beratungsleistungen im Bereich der Schulpsychologie

Unabhängig von einschlägigen berufsrechtlichen Bestimmungen und internen Vorgaben im Bereich der jeweiligen Bildungsdirektion, sind im Hinblick auf die bundesweite Dokumentation und jährliche Berichtlegung an das Bundesministerium für Bildung, Wissenschaft und Forschung jedenfalls folgende Daten zu statistischen Zwecken im jeweiligen Aufgabenbereich zu erfassen:

1. *Psychologische Beratung und Behandlung*
   - Geschlecht, aktuell besuchte Schulart und Schulstufe des Schülers/der Schülerin
   - Vorstellungsgrund (Bildungsberatung inklusive Fragen der Begabungsförderung; Lernen; Lern- und Verhaltensprobleme bzw. emotionale Problemlagen, Krisen)

- Zuweisungswege (Eigeninitiative; durch Schule, Behörde oder andere schulinterne bzw. externe Unterstützungssysteme)
- Anzahl Kontakte mit dem betreffendem Schüler/der betreffenden Schülerin; den Erziehungsberechtigten; Lehrer/innen; Schulleitung; anderen Unterstützungs- bzw. Beratungskräften
- Art des Ergebnisses des schulpsychologischen Beratungs-/Betreuungsprozesses (Art der empfohlenen Maßnahme, Weiterempfehlung an schulische Unterstützungssysteme bzw. externe Expert/innen/Einrichtungen)

2. *Psychologische Gutachter- und Sachverständigentätigkeit*
   - Zusätzlich zu unter 1. erfassten Daten: Fragestellung des Gutachtens (Schulreife, SPF, Anderes)

3. *Systemorientierte psychologische Unterstützung von Schulen*
   - Art der Tätigkeit (Moderation; Konfliktbearbeitung; Konferenzteilnahme; Sprechtag; Primärprävention in Klassen; Schulentwicklungsberatung)
   - Schulart

4. *Unterstützung von Schulen beim Krisenmanagement*
   - Art der Krise (Suizid; Unfall; Todesfall; Gewalt; Anderes)
   - Schulart

5. *Beiträge zur Kompetenzsteigerung von Lehrenden*
   - Art der Fortbildungsmaßnahme (Vortrag; Seminar; Anderes)
   - Schulart(en)

6. *Forschung und Entwicklung*
   - Art der Forschungs-/Entwicklungstätigkeit (empirische Studie; Konzepterstellung; Entwicklung von Diagnosehilfen; Erstellung von Leitfäden oder Fördermaterialien)
   - Handlungsfeld (schülerbezogen; systembezogen)
   - Thematik (Bildungsberatung; Lernen und Lehren; Persönlichkeit/Verhalten; Persönlichkeit/Gemeinschaft; Psychologische Gesundheitsförderung/Prävention)

7. *Informationstätigkeit*
   - Art der Tätigkeit (Verfassung eines Fachartikels oder einer Informationsschrift; öffentlicher Vortrag; Interview; Betreuung einer Telefonhotline oder eines Internetchats; Mitwirkung an Podiumsdiskussion; Anderes)

8. *Koordination psychosoziale Unterstützung*
   - Art der Tätigkeit (Konzeptentwicklung für multiprofessionelle Zusammenarbeit; Organisation/Mitwirkung an der Gestaltung einer regionalen Vernetzungstagung; Fortbildung/Supervision für andere Unterstützungskräfte; Mitwirkung bei der Erstellung von Kooperationsvereinbarungen mit externen Einrichtungen; Abstimmungsgespräche mit Kooperationspartnern)

9.2.2. Einsatz von beim Österreichischen Zentrum für psychologische Gesundheitsförderung im Schulbereich (ÖZPGS) beschäftigten Schulpsycholog/innen[1])

Grundsätzliches Anliegen

Zum Zweck der Erweiterung der psychosozialen Unterstützung im Schulbereich sind seit dem Jahr 2011 zusätzliche, beim Österreichischen Zentrum für psychologische Gesundheitsförderung im Schulbereich (ÖZPGS, ZVR-Zahl: 460996616) beschäftigte Fachkräfte im Einsatz. Diese Psycholog/innen, Sozialarbeiter/innen und Sozialpädagog/innen sind zur Dienstverrichtung den Bildungsdirektionen, Abteilung Schulpsychologie und Schulärztlicher Dienst zugewiesen, wo auch die Koordination des Einsatzes, die Fachaufsicht und Beiträge zur Personalentwicklung erfolgen.

Die Zusammenarbeit des Bundes mit dem Dienstgeber ÖZPGS erfolgt auf Basis eines entsprechenden Rahmenvertrags, mit dem dieser beauftragt wird, im öffentlichen Interesse stehende Aufgaben zur psychologischen Gesundheitsförderung wahrzunehmen. Die Erfüllung dieser Aufgaben erfolgt in enger Abstimmung und Kooperation mit der zuständigen Fachabteilung im Bundesministerium für Bildung, Wissenschaft und Forschung (gegenwärtig Abteilung I/2 „Schulpsychologie, Gesundheitsförderung und psychosoziale Unterstützung, Bildungsberatung") sowie den Abteilungen „Schulpsychologie und Schulärztlicher Dienst" in den Bildungsdirektionen. Konkret wird dabei das ÖZPGS mit der Durchführung von Beratungen, Moderationen, Interventionen und weiteren Projekten und Aufgaben zur Gesundheitsförderung an Schulen vom BMBWF beauftragt. Das ÖZPGS setzt diese Vorhaben unter Wahrung der Ziele und Absichten, die der Auftraggeber (BMBWF) mit der gewählten Maßnahme verbindet, nach dessen örtlichen und zeitlichen Vorgaben mit eigenem Personal (geeignete akad. graduierten Psycholog/innen, Sozialarbeiter/innen, Sozialpädagog/innen oder ähnlich geschultem Personal) um.

Aufgaben der beim ÖZPGS beschäftigten Psycholog/innen

Die den beim ÖZPGS beschäftigten Psycholog/innen seitens der Bildungsdirektion zuzuweisenden Aufgaben sollen sich grundsätzlich innerhalb des im RS Nr. 28/2018, Kap. 3 definierten Aufgabenrahmen für die Schulpsychologie bewegen, wobei vor allem auf die dort mit 3.1. (Psychologische Beratung und Behandlung) sowie 3.3. (Systemorientierte psychologische Unterstützung von Schulen) angeführten Aufgabenbereiche fokussiert werden soll.

Ein besonderer Schwerpunkt ist auf die psychologische Beratung von Schüler/innen bei Lerndefiziten und psychosozialen Problemstellungen zu legen. Diese Unterstützung soll sich auf alle Schularten, insbesondere auch jene der Sekundarstufe II, beziehen und – soweit fachlich sinnvoll – möglichst direkt an Schulen erfolgen. Dabei sollen vor allem in Schulen der Sekundarstufe II auch niederschwellige Beratungsangebote vor Ort in Form von regelmäßigen Sprechtagen durchgeführt werden.

Aufgaben, die Bundesbediensteten im Bereich der Schulpsychologie vorbehalten bleiben

Bundesbediensteten vorbehalten bleiben jedenfalls die mit 3.2. (Psychologische Gutachter- und Sachverständigentätigkeit) und 3.8. (Koordination psychosoziale Unterstützung) bezeichneten Aufgaben sowie die Koordination und Einsatzplanung von Kriseneinsätzen (siehe 3.4 – Unterstützung von Schulen beim Krisenmanagement) und die Mitwirkung an Koordinations- und Beratungsgremien der Bildungsdirektion und deren Außenstellen. Bei den mit 3.5 (Beiträge zur Kompetenzsteigerung von Lehrenden), 3.6 (Forschung und Entwicklung) und 3.7 (Informationstätigkeit) bezeichneten Aufgaben kann demgegenüber bei Bedarf auch auf beim ÖZPGS beschäftigte Schulpsycholog/innen zurückgegriffen werden.

Aufgaben der beim ÖZPGS beschäftigten weiteren psychosozialen Unterstützungskräfte

Neben Psycholog/innen sind beim ÖZPGS auch Sozialarbeiter/innen, Sozialpädagog/innen oder ähnlich geschultes Personal angestellt und, ebenso wie die Psycholog/innen, den Bildungsdirektionen (konkret den Abteilungen Schulpsychologie und Schulärztlicher Dienst) zur fachlichen Aufsicht und Anleitung überlassen. Diese spezifischen Fachkräfte ergänzen und erweitern das Tätigkeitsspektrum des schulpsychologischen Dienstes um den Bereich der sozialen Arbeit. Ihre Aufgaben umfassen die

[1]) Verwaltungsverordnung des Bundesministers für Bildung, Wissenschaft und Forschung vom 2. Oktober 2021, Zl. 2021-0.546.877, RS Nr. 19/2021.

soziale Beratung, Betreuung und Begleitung (in Gruppen und einzeln) sowie sozialarbeiterische bzw. sozialpädagogische Beiträge zur universellen, selektiven und indizierten Prävention und die diesbezügliche Unterstützung von Schulen und Lehrkräften.

Aufgaben der Bildungsdirektion

Im Rahmenvertrag mit dem ÖZPGS verpflichtet sich der Bund, vertreten durch das BMBWF und die diesem nachgeordneten Dienststellen dazu, als Auftraggeber die Tätigkeit des ÖZPGS in mehrfacher Weise zu unterstützen:

- Das BMBWF erstattet dem ÖZPGS alle mit der Beauftragung verbundenen Aufwendungen, insbesondere die Personalkosten für die beim ÖZPGS beschäftigten Mitarbeiterinnen und Mitarbeiter sowie die mit deren Tätigkeit an Schulen und Beratungsstellen verbundenen Reisekosten.
- Die jeweilige Bildungsdirektion stellt die für die Tätigkeit notwendigen Rahmenbedingungen (insbesondere die räumliche und bürotechnische Infrastruktur) zur Verfügung. Der betriebliche Sachaufwand für die Tätigkeit ist gemäß § 25 Abs. 1 und 2 sowie § 27 Abs. 1 und 3 BD-EG bereitzustellen (Kostenteilung Bund-Land auf Ebene der Bildungsdirektionen). In Angelegenheiten der Bundesvollziehung sind daraus resultierende Auszahlungen aus den der Bildungsdirektion jährlich eingeräumten Budgetrahmen zu bedecken.
- Der/die jeweilige Leiter/in der Abteilung Schulpsychologie und Schulärztlicher Dienst der Bildungsdirektion
  - koordiniert die Auftragsvergabe an das ÖZPGS im Bundesland,
  - erteilt den vor Ort tätigen Mitarbeiter/innen des ÖZPGS jene unmittelbaren Anweisungen, die für das sinnvolle Umsetzen der Ziele und Absichten der jeweiligen landesspezifischen schulpsychologischen Gesundheitsförderungsmaßnahmen erforderlich sind,
  - unterstützt die Tätigkeit der Mitarbeiter/innen des ÖZPGS soweit erforderlich in fachlicher Hinsicht,
  - kontrolliert die Qualität und Quantität der Auftragserfüllung und empfiehlt gegebenenfalls der Leitung des ÖZPGS entsprechende Maßnahmen.

BD-EG, BildInvestG, IQS-G, Anhang: FOG, 15a B-VG Elementarpäd., AE-GG

9.2.3. Qualitätssicherungsverordnung

BGBl. II Nr. 44/2023

Verordnung des Bundesministers für Bildung, Wissenschaft und Forschung über die Geschäftsstelle zur Qualitätssicherung von schulexternen Angeboten zur Unterstützung des schulischen Unterrichts (externe Qualitätssicherungsverordnung)

Auf Grund des § 5 Abs. 3 des Bundesgesetzes über die Einrichtung von Bildungsdirektionen in den Ländern (Bildungsdirektionen-Einrichtungsgesetz – BD-EG), BGBl. I Nr. 138/2017, wird verordnet:

Einrichtung einer Geschäftsstelle zur Qualitätssicherung von schulexternen Angeboten zur Unterstützung des schulischen Unterrichts

§ 1. Bei der Bundesministerin bzw. dem Bundesminister für Bildung, Wissenschaft und Forschung wird eine Geschäftsstelle zur Qualitätssicherung von schulexternen Angeboten zur Unterstützung des schulischen Unterrichts im Themenfeld „Sexualpädagogik" (im Folgenden: Geschäftsstelle Sexualpädagogik) eingerichtet. Mit den Aufgaben der Geschäftsstelle kann auch eine fachlich und organisatorisch geeignete Einrichtung mit Erfahrung in der Übernahme von Aufgaben oder der Unterstützung österreichischer Behörden im humanitären Bereich oder Erfahrung in der Qualitätssicherung von öffentlichen Bildungseinrichtungen betraut werden. Dieser Geschäftsstelle hat mindestens eine Person anzugehören, die über Expertise im Bereich Sexualpädagogik verfügt.

Aufgaben der Geschäftsstelle Sexualpädagogik

§ 2. Die Geschäftsstelle Sexualpädagogik hat

1. die Schulbehörden und Schulen bei der Beurteilung der fachlichen und didaktischen Qualität schulexterner Angebote durch webbasierte Bereitstellung[1]) von Unterlagen zur Qualitätssicherung und Qualitätsentwicklung zu unterstützen,
2. die dem Bundesministerium für Bildung, Wissenschaft und Forschung webbasiert zugehenden Meldungen schulexterner Angebote unter fachlichen und didaktischen Gesichtspunkten zu beobachten und die dabei übermittelten Informationen auszuwerten,
3. die Organisation von wissenschaftlichen Fachgutachten über schulexterne Angebote als externe fachliche Qualitätssicherung zur Unterstützung des schulischen Unterrichts durchzuführen, und
4. Feedbackmeldungen zum Einsatz schulexterner Angebote von am Schulleben beteiligten Personen zu beobachten, auszuwerten und dem Board zu übermitteln.

Aufgaben des Boards

§ 3. (1) Die fachliche Qualität der Tätigkeit der Geschäftsstelle wird durch ein Board sichergestellt, dessen Tätigkeit durch eine oder mehrere geeignete Personen unterstützt wird.

(2) Dem Board obliegen insbesondere

1. die Festlegung der Verfahren für die externe Qualitätssicherung,
2. die Festlegung der Vorgehensweise zur Unterstützung von Bildungsdirektionen und Schulen,
3. die Beurteilung der von der Geschäftsstelle übermittelten Feedbackmeldungen sowie
4. jährlich und über anlassfallbezogene Aufforderung seitens der Bundesministerin oder des Bundesministers für Bildung, Wissenschaft und Forschung über seine Wahrnehmungen zu berichten und Vorschläge zur Qualitätsentwicklung zu machen.

Geschäftsordnung

§ 4. (1) Das Board hat mit einfacher Mehrheit eine Geschäftsordnung zu beschließen und auf der Website der Geschäftsstelle kundzumachen. Die Geschäftsordnung regelt die Erfüllung der ihm übertragenen Aufgaben.

(2) In der Geschäftsordnung ist vorzusehen, dass bei externen Qualitätssicherungsverfahren durch einstimmigen Beschluss des Boards jeweils zwei dem zu begutachtenden schulexternen Angebot adäquate Gutachterinnen oder Gutachter einzusetzen sind, die ein gemeinsames Gutachten zu erstellen haben.

(3) In der Geschäftsordnung ist vorzusehen, dass die Mitglieder des Boards aus ihrem Kreis mit einfacher Mehrheit eine Person zu wählen haben, die das Board in fachlichen Fragen nach Außen vertritt.

(4) Die Geschäftsordnung bedarf der Zustimmung des für das Schulwesen zuständigen Mitglieds der Bundesregierung.

---

[1]) Siehe dazu unter https://www.sexualpaedagogik.education/.

Zusammensetzung und Bestellung des Boards

§ 5. (1) Das Board besteht aus fünf wissenschaftlich ausgewiesenen Mitgliedern. Vier Mitglieder werden von der Bundesministerin bzw. dem Bundesminister für Bildung, Wissenschaft und Forschung für die Dauer von fünf Jahren ab dem Datum der jeweiligen Bestellung ernannt. Bei der Bestellung dieser vier Mitglieder ist darauf zu achten, dass in der Gesamtzusammensetzung des Boards Expertise aus den Bereichen Bildung, Fachdidaktik, Gesundheit, Qualitätsmanagement und Sexualpädagogik vorhanden ist. Auf ein ausgewogenes Geschlechterverhältnis ist zu achten. Diese vier Mitglieder wählen für die Dauer von fünf Jahren das fünfte Mitglied einstimmig.

(2) Von den durch die Bundesministerin bzw. den Bundesminister zu bestellenden Mitgliedern werden

1. eine Person durch das für Familienfragen zuständige Mitglied der Bundesregierung und
2. eine Person durch das für das Gesundheitswesen zuständige Mitglied der Bundesregierung,

vorgeschlagen.

(3) Scheidet eine Person aus dem Board aus, so ist von dem vorschlagsberechtigten Mitglied der Bundesregierung unverzüglich ein neues Mitglied vorzuschlagen; im Fall des vom Board gewählten Mitglieds, ist durch das Board unverzüglich eine neue Person zu wählen. Die erstmalige Bestellung der Mitglieder gemäß Abs. 2 erfolgt für zwei Jahre.

(4) Dem Board dürfen keine Mitglieder der Bundesregierung, Staatssekretärinnen und Staatssekretäre, Mitglieder der Landesregierung, Mitglieder des Nationalrates, des Bundesrates oder eines sonstigen allgemeinen Vertretungskörpers und Funktionäre einer politischen Partei auf Bundes- oder Landesebene sowie Personen, die eine dieser Funktionen in den letzten vier Jahren ausgeübt haben, angehören.

Beurteilungsmaßstab – Qualitätsziel

§ 6. Schulexterne Angebote, einschließlich Unterrichtsmittel und Dienstleistungen zur Unterstützung des schulischen Unterrichts, im Themenfeld Sexualpädagogik haben

1. fachlich und didaktisch internationalen wissenschaftlichen Standards auf dem Gebiet zu entsprechen,
2. den für diesen Themenbereich relevanten Grundsatzerlässen und Lehrplänen zu entsprechen,
3. die Grundrechte von Schülerinnen und Schülern sowie das elterliche Erziehungsrecht zu achten und
4. dem für staatlichen schulischen Unterricht grundrechtlich normierten Neutralitätsgebot, Pluralitätsgebot, Diskriminierungsverbot, Indoktrinationsverbot und Herabsetzungsverbot

zu entsprechen.

Inkrafttreten

§ 7. Diese Verordnung tritt mit dem Ablauf des Tages der Kundmachung[1]) im Bundesgesetzblatt in Kraft.

---

[2]) Die Kundmachung im Bundesgesetzblatt erfolgte am 14. Februar 2023.

BD-EG, BildInvestG, IQS-G, Anhang: FOG, 15a B-VG Elementarpäd., AE-GG

9.3. SQM-VO

Hier nicht abgedruckt, siehe Kodex 23. Auflage.

9.4. Bildungsinvestitionsgesetz

BGBl. I Nr. 8/2017
idF der Bundesgesetze

BGBl. I Nr. 138/2017
BGBl. I Nr. 26/2018
BGBl. I Nr. 87/2019
BGBl. I Nr. 132/2022
BGBl. I Nr. 168/2023[1])

Bundesgesetz über den weiteren Ausbau ganztägiger Schulformen (Bildungsinvestitionsgesetz)

Der Nationalrat hat beschlossen:

1. Abschnitt
Allgemeine Bestimmungen

Ziel und Zweck

§ 1. (1) Ziel ist es, dass ein flächendeckendes Angebot an Tagesbetreuung an ganztägigen Schulformen und anderen Betreuungseinrichtungen für 40 % der Kinder von 6 bis 15 Jahren bzw. bei 85 % der allgemein bildenden Pflichtschulen zur Verfügung steht. Weiters sollen an ganztägigen Schulformen auch außerschulische Betreuungsangebote während der Ferienzeiten[2]) (auch Herbstferien) zur Verfügung stehen. Zu diesem Zweck soll das Angebot der ganztägigen Schulformen für Schülerinnen und Schüler an öffentlichen und mit dem Öffentlichkeitsrecht ausgestatteten ganztägigen Schulen in bedarfsgerechter Form erhalten und weiter ausgebaut werden. Dafür stellt der Bund Mittel für

1. die gesetzlichen Schulerhalter öffentlicher Pflichtschulen, die nicht Praxisschulen sind, und
2. die Schulerhalter von mit dem Öffentlichkeitsrecht ausgestatteten ganztägigen Schulen

zur Verbesserung der schulischen Infrastrukturen und für Personalkosten im Freizeitbereich ganztägiger Schulformen im Zusammenhang mit neu geschaffenen Betreuungsplätzen zur Verfügung. Ein Teil dieser Mittel steht auch für bestehende Betreuungsplätze zur Verfügung. *(BGBl. I Nr. 87/2019, Z 1)*

(2) Der Erhalt und weitere Ausbau des Angebots ganztägiger Schulformen soll

1. den Schülerinnen und Schülern eine qualitätsvolle schulische Betreuung bieten und diese in ihrer leistungsbezogenen und sozialen Entwicklung unterstützen,
2. die Chancengerechtigkeit der Schülerinnen und Schüler hinsichtlich der Bildungslaufbahnen fördern und
3. ein ganzjähriges bedarfsorientiertes Angebot für die Erziehungsberechtigten darstellen und somit zu einer besseren Vereinbarkeit von Familie und Beruf beitragen.

(BGBl. I Nr. 8/2017 idF BGBl. I Nr. 87/2019, Z 2)

2. Abschnitt
Anschubfinanzierungsmittel des Bundes
(BGBl. I Nr. 8/2017 idF BGBl. I Nr. 87/2019, Z 3)

Zweckzuschüsse für ganztägige Schulformen

§ 2. (1) Der Bund stellt für den Freizeitbereich im Rahmen der schulischen Tagesbetreu-

---

[1]) Die Novelle BGBl. I Nr. 168/2023, Art. 6, enthält keine Inkrafttretensbestimmungen. Die Kundmachung im Bundesgesetzblatt erfolgte am 30. Dezember 2023.

[2]) Der Unterrichtsausschuss hat am 25. Juni 2019 (647 der Beilagen, XXVI. GP) folgende Feststellungen zu § 1 Abs. 1 getroffen:

„Zu § 1 Abs. 1: Der Begriff „außerschulische Betreuungsangebote während der Ferienzeiten" ist in Verbindung mit § 5 Abs. 9 Z 2 zu lesen. Daraus ergibt sich, dass damit auch „Nachhilfe" als eine Form einer adäquaten individuellen Lernunterstützung umfasst ist und die Bereitstellung dieser in Ferienzeiten aus den Mitteln des BIG gefördert werden kann.

In § 5 Abs. 9 Z 2 ist beispielhaft die Unterstützung bei Hausübungen genannt, was sich nur auf die Zeit des Unterrichtsjahres beziehen kann. Auf die Zeit der Hauptferien bezogen sind als Äquivalente andere Aufgaben zu sehen, die die Schülerinnen und Schüler, wenn auch nur indirekt, ihrer jeweiligen individuellen Lernsituation entsprechend von der Schule mitbekommen haben. Jedenfalls unter einer adäquaten individuellen Lernunterstützung ist daher zu sehen die Unterstützung beim Wiederholen und Festigen des Lehrstoffs, beim Stärken von Kompetenzen und bei der Vorbereitung auf etwaige Nachprüfungen.

Die außerschulische Ferienbetreuung an ganztägigen Schulformen ist nicht als beitragsfreies Angebot angelegt, sondern es wird parallel zum Betreuungsteil an der ganztägigen Schulform (§ 5 Abs. 5), die durch die Ferienbetreuung ergänzt und abgerundet wird, durch eine soziale Staffelung der Beiträge auf die finanzielle Leistungsfähigkeit der betreuten Kinder und deren Unterhaltspflichtigen Rücksicht genommen. Eine solche soziale Staffelung der Beiträge wird durch die Mittel aus dem Bildungsinvestitionsgesetz für die Personalkosten in der Ferienbetreuung (§ 4 Abs. 3) mit ermöglicht."

BD-EG, BildInvestG, IQS-G, Anhang: FOG,15a B-VG Elementarpäd., AE-GG

ung sowie für außerschulische Betreuungsangebote an ganztägigen Schulformen auch in den Ferienzeiten in den Schuljahren 2019/20 bis 2032/33 den Betrag von insgesamt 750 Millionen Euro zur Verfügung. Die den Ländern davon als Zweckzuschuss gemäß den §§ 12 und 13 des Finanz-Verfassungsgesetzes 1948 (F-VG 1948), BGBl. Nr. 45/1948, zur Verfügung stehenden Beträge in Höhe von insgesamt 428 Millionen Euro verteilen sich wie folgt:

2020	2021 und 2022	2023 bis 2033
32 500 000	je 30 000 000	je 30 500 000

(2) Die Beträge gemäß Abs. 1 werden je Bundesland wie folgt aufgeteilt:

	2020	2021	2022	2023 bis 2033
	Gesamtsumme in Euro (höchstens)	Gesamtsumme in Euro (höchstens)	Gesamtsumme in Euro (höchstens)	Gesamtsumme in Euro (höchstens)
Burgenland	1 103 118,25	1 018 263,00	1 018 263,00	je 1 035 234,05
Kärnten	2 173 912,98	2 006 688,90	2 006 688,90	je 2 040 133,72
Niederösterreich	6 248 313,18	5 767 673,70	5 767 673,70	je 5 863 801,59
Oberösterreich	5 482 909,90	5 061 147,60	5 061 147,60	je 5 145 500,06
Salzburg	2 055 989,33	1 897 836,30	1 897 836,30	je 1 929 466,90
Steiermark	4 693 066,30	4 332 061,20	4 332 061,20	je 4 404 262,22
Tirol	2 739 935,25	2 529 171,00	2 529 171,00	je 2 571 323,85
Vorarlberg	1 430 684,45	1 320 631,80	1 320 631,80	je 1 342 642,33
Wien	6 572 070,36	6 066 526,50	6 066 526,50	je 6 167 635,28
Österreich	32 500 000,00	30 000 000,00	30 000 000,00	je 30 500 000,00

(2b) Die Beträge für das Jahr 2020 erhöhen sich für die einzelnen Bundesländer um 80 % und für das Jahr 2023 um die verbliebenen 20 % der je Bundesland nicht verbrauchten Mittel gemäß Art. 4 Abs. 1 der Vereinbarung gemäß Art. 15a B-VG über den Ausbau der ganztägigen Schulformen, BGBl. I Nr. 115/2011, sowie Art. 4 Abs. 2 und Art. 5 Abs. 2 der Vereinbarung gemäß Art. 15a B-VG über den weiteren Ausbau ganztägiger Schulformen, BGBl. I Nr. 192/2013. *(BGBl. I Nr. 87/2019, Z 4 idF BGBl. I Nr. 132/2022, Art. 2 Z 1)*

(2c) Der Betrag von 30 500 000 Euro in den Tabellen gemäß Abs. 1 und 2 erhöht sich ab dem Jahr 2025 bis zum Außerkrafttreten des Finanzausgleichsgesetzes 2024 österreichweit jährlich um 10 000 000 Euro. Dieser zusätzliche Betrag steht ausschließlich für tatsächlich anfallende Personalkosten im Freizeitbereich in der schulischen Tagesbetreuung sowie für außerschulische Betreuungsangebote an ganztägigen Schulformen in den Ferienzeiten bzw. an für schulfrei erklärten Tagen zur Verfügung und ist auf die Bundesländer nach der Volkszahl (§ 11 Abs. 8 des Finanzausgleichsgesetzes 2024, BGBl. I Nr. 168/2023) zu verteilen. *(BGBl. I Nr. 168/2023, Art. 6 Z 1)*

(3) Werden die Beträge des Bundes gemäß Abs. 2 im jeweiligen Bundesland nicht zur Gänze ausgeschöpft, können diese bis in das Jahr 2033 jeweils in das nächste und übernächste Jahr übertragen werden. Dasselbe gilt für die Beträge gemäß Abs. 2b, jedoch können die Mittel nur bis in das Jahr 2025 übertragen werden. *(BGBl. I Nr. 87/2019, Z 4 idF BGBl. I Nr. 132/2022, Art. 2 Z 2 und BGBl. I Nr. 168/2023, Art. 6 Z 2)*

(4) Jedenfalls 75 % bis 80 % der Gesamtsummen pro Bundesland gemäß Abs. 2 dürfen ausschließlich zur Erreichung des Ausbauziels entsprechend den Ausbauplänen gemäß § 5 Abs. 7 für die schulische Tagesbetreuung und die Ferienbetreuung im Zusammenhang mit neu geschaffenen Betreuungsplätzen für Qualitätsverbesserungen im Infrastrukturbereich, zur Abdeckung von tatsächlich anfallenden Personalkosten im Freizeitbereich schulischer Tagesbetreuungen (§ 8 lit. j des Schulorganisationsgesetzes, BGBl. Nr. 242/1962) sowie für außerschulische Betreuungsangebote an ganztägigen Schulformen in den Ferienzeiten bzw. an für schulfrei erklärten Tagen nach Maßgabe der folgenden Bestimmungen für öffentliche allgemein bildende Pflichtschulen, die nicht Praxisschulen sind, und für mit dem Öffentlichkeitsrecht ausgestattete ganztägige Schulen bis zur neunten Schulstufe eingesetzt werden.

(4a) Die verbleibenden bis zu 25 % der Mittel gemäß Abs. 2 und die Mittel gemäß Abs. 2b können für bestehende schulische Tagesbetreuungen für Qualitätsverbesserungen im Infrastrukturbereich, zur Abdeckung von tatsächlich anfallenden Personalkosten im Freizeitbereich schulischer Tagesbetreuungen (§ 8 lit. j des Schulorganisationsgesetzes) sowie für bestehende außerschulische Betreuungsangebote an ganztägigen Schulformen in den Ferienzeiten bzw. an für schulfrei erklärten Tagen nach Maßgabe der folgenden Bestimmungen für öffentliche allgemein bildende Pflichtschulen, die nicht Praxisschulen sind, und für mit dem Öffentlichkeitsrecht ausgestattete ganztägige Schulen bis zur neunten Schulstufe verwendet werden.

(4b) In Ländern, in welchen der Anteil der Schülerinnen und Schüler in ganztägigen Schulen entsprechend den Daten der Stellenplananträge gemäß Art. IV des Bundesverfassungsgesetzes, mit dem das Bundes-Verfassungsgesetz in der Fassung von 1929 hinsichtlich des Schulwesens geändert wird, BGBl. Nr. 215/1962, des jeweiligen Schuljahres bereits mindestens 30 % beträgt, stehen die Gesamtsummen gemäß Abs. 2 auch für Maßnahmen gemäß Abs. 4a zur Verfügung. Gemäß § 2 Abs. 3 ins übernächste Jahr übertragene Mittel stehen befristet bis zum Jahr 2025 ebenfalls für Maßnahmen gemäß Abs. 4a zur Verfügung. *(BGBl. I Nr. 87/2019, Z 4 idF BGBl. I Nr. 132/2022, Art. 2 Z 3 und BGBl. I Nr. 168/2023, Art. 6 Z 3)*

(5) Die für das Jahr 2020 vorgesehenen Anschubfinanzierungsmittel gemäß Abs. 2b können nach Maßgabe des § 3 auch für infrastrukturelle Maßnahmen des Schuljahres 2018/19 verwendet werden, die noch nicht nach einer der in Abs. 2b genannten Vereinbarungen gemäß Art. 15a B-VG gefördert wurden.

(BGBl. I Nr. 87/2019, Z 4)

Zweckzuschüsse und Förderungen zur Verbesserung der schulischen Infrastrukturen für ganztägige Schulformen
(BGBl. I Nr. 8/2017)

§ 3. (1) Für die Verbesserung der schulischen Infrastrukturen ganztägiger Schulformen können die Länder den Schulerhaltern für infrastrukturelle Maßnahmen Mittel gemäß § 2 zur Verfügung stellen.

(1a) Der Höchstbetrag je Gruppe in der schulischen Tagesbetreuung beträgt einmalig 55 000 Euro, höchstens jedoch die nachzuweisenden, tatsächlich angefallenen Investitionskosten. Maßgeblich ist die Zahl der Gruppen, um die die ganztägige Schulform durch die Investition erweitert wurde.

(2) Aus den gemäß § 2 je Bundesland zur Verfügung stehenden Mitteln können den Schulerhaltern Mittel in Höhe von bis zu 70 % des Höchstbetrages gemäß Abs. 1a gewährt werden, höchstens jedoch die nachzuweisenden, tatsächlich angefallenen Investitionskosten abzüglich allfällig gewährter Förderungen der Länder oder Zuwendungen Dritter zur Verbesserung der schulischen Infrastrukturen der ganztägigen Schulform.

(3) Diese Mittel werden insbesondere für

1. die Schaffung oder Adaptierung von Speisesälen und Küchen,
2. die Schaffung oder Adaptierung von Räumen für eine adäquate Betreuung,
3. die Schaffung oder Adaptierung von Spielplätzen und ähnlichen Außenanlagen,
4. die Anschaffung von Einrichtung(sgegenständen) für oben genannte Adaptierungen,
5. die Anschaffung von beweglichem Anlagevermögen oder
6. die Schaffung und Ausstattung von Lehrerinnen- und Lehrerarbeitsplätzen

den Schulerhaltern bereitgestellt.

(4) Bei Qualitätsverbesserungen an bestehenden schulischen Tagesbetreuungen gelten die Abs. 1 bis 3 mit der Maßgabe, dass bei der Berechnung des Höchstbetrages gemäß Abs. 1a die Zahl der bestehenden Gruppen der ganztägigen Schulform maßgeblich ist, auf die sich die Qualitätsverbesserung bezieht.

(BGBl. I Nr. 87/2019, Z 5)

Zweckzuschüsse und Förderungen für Maßnahmen im Personalbereich für ganztägige Schulformen
(BGBl. I Nr. 8/2017)

§ 4. (1) Die Mittel gemäß § 2 werden zur Abdeckung von tatsächlich anfallenden Personalkosten im Freizeitbereich in der schulischen Tagesbetreuung sowie für außerschulische Betreuungsangebote an ganztägigen Schulformen in den Ferienzeiten bzw. an für schulfrei erklärten Tagen gewährt.

(2) Der Höchstbetrag je eingerichteter Gruppe in der schulischen Tagesbetreuung beträgt 9 000 Euro jährlich, höchstens jedoch die nachzuweisenden, tatsächlich angefallenen Personalkosten. Für Gruppen mit Kindern mit sonderpädagogischem Förderbedarf kann der Betrag von 9 000 Euro entsprechend der Richtlinien gemäß § 6 erhöht, maximal jedoch verdoppelt, werden.

(3) Der Höchstbetrag der Mittel für Personalkosten für außerschulische Betreuungsangebote an ganztägigen Schulformen in den Ferienzeiten bzw. an für schulfrei erklärten Tagen beträgt pro eingerichteter Gruppe jährlich 6 500 Euro, höchstens jedoch die nachzuweisenden, tatsächlich angefallenen Personalkosten.

(4) Aus den gemäß § 2 je Bundesland zur Verfügung stehenden Mitteln können den

Schulerhaltern Mittel in Höhe von bis zu 70 % des Höchstbetrages gemäß Abs. 2 bzw. 3 gewährt werden.

(BGBl. I Nr. 87/2019, Z 6)

Zweckzuschüsse und Förderungen für außerschulische Angebote im Rahmen eines Bildungscampus oder einer Bildungsregion

§ 4a. entfallen (BGBl. I Nr. 87/2019, Z 7)

Bedingungen für die Gewährung von Mitteln

§ 5. (1) Die Tagesbetreuung muss an allen Schultagen mit Ausnahme des Samstags bis jedenfalls 16:00 Uhr und bei Bedarf ab 07:00 Uhr bis Unterrichtsbeginn bzw. bis 18:00 Uhr angeboten werden.

(2) Die außerschulische Betreuung an ganztägigen Schulformen in den Ferienzeiten muss an allen Werktagen (Montag bis Freitag) ab 8:00 Uhr bis jedenfalls 16:00 Uhr und bei Bedarf bis 18:00 Uhr angeboten werden.

(3) Investitionen für die Verbesserung der schulischen Infrastrukturen ganztägiger Schulformen haben den Grundsätzen der Sparsamkeit, Wirtschaftlichkeit und Zweckmäßigkeit zu entsprechen. Insbesondere ist dabei auf die pädagogischen Erfordernisse einer qualitätsvollen ganztägigen Betreuung der Schülerinnen und Schüler Bedacht zu nehmen. Sie werden nur an Standorten durchgeführt, deren Bestand vor dem Hintergrund der absehbaren demographischen Entwicklung als gesichert angesehen werden kann.

(4) Für die Freizeit sind den schulrechtlichen Bestimmungen entsprechend qualifizierte Personen einzusetzen.

(5) Bei der Festsetzung der Beiträge für die Betreuung im Betreuungsteil ganztägiger Schulformen ist auf die finanzielle Leistungsfähigkeit der Schülerinnen und Schüler und der Unterhaltspflichtigen durch eine soziale Staffelung Bedacht zu nehmen.

(6) Eine bestehende außerschulische Betreuung darf nur in begründeten Ausnahmefällen zugunsten der schulischen Tagesbetreuung eingeschränkt oder eingestellt werden.

(7) Die Bundesländer haben Ausbaupläne im Sinne von angestrebten Zielgrößen gemäß § 1 Abs. 1 über die geplante Verwendung der Zweckzuschüsse gemäß § 2 Abs. 2 bis Ende 2019 zu erstellen und jährlich zu aktualisieren. Die Ausbaupläne haben jedenfalls eine Darstellung des Ist-Standes und Zielgrößen für den Ausbau der schulischen Tagesbetreuung und der Ferienbetreuung zu enthalten. Dabei ist unter Bedachtnahme auf andere regionale Betreuungsangebote auf den Anteil der Schülerinnen und Schüler in ganztägigen allgemein bildenden Pflichtschulen und die räumliche Verteilung der Betreuungseinrichtungen Bezug zu nehmen. Die Ausbaupläne sind der zuständigen Bundesministerin oder dem zuständigen Bundesminister zur Kenntnis zu bringen und auf der Homepage des zuständigen Bundesministeriums zu veröffentlichen.

(8) Entsprechend der Zielsetzung gemäß § 1 Abs. 2 Z 2 werden bei der Entscheidung über die Aufnahme in eine ganztägige Schulform auch besondere pädagogische Bedürfnisse der Schülerin oder des Schülers berücksichtigt.

(9) Die neben den ganztägigen Schulformen existierenden, weiteren Betreuungsangebote (zB Horte) leisten einen wichtigen Beitrag zur Erreichung der in diesem Gesetz angestrebten Ziele (§ 1). Um die durchgängig gute Qualität der unterschiedlichen institutionellen Betreuungsangebote sowie der außerschulischen Ferienbetreuung an ganztägigen Schulformen (§ 4 Abs. 3) zu gewährleisten, sind bei der außerschulischen institutionellen Betreuung von Kindern von 6 bis 15 Jahren folgende Grundsätze jedenfalls einzuhalten:

1. die Verwendung von qualifiziertem Personal (vergleichbar jenem gemäß Art. I § 1 Z 3 und § 3 Z 4 des Bundesgesetzes über die Grundsätze betreffend die fachlichen Anstellungserfordernisse für die von den Ländern, Gemeinden oder von Gemeindeverbänden anzustellenden Kindergärtnerinnen, Erzieher an Horten und Erzieher an Schülerheimen, die ausschließlich oder vorwiegend für Schüler von Pflichtschulen bestimmt sind, BGBl. Nr. 406/1968, oder jenem gemäß § 8 lit. j sublit. cc des Schulorganisationsgesetzes, BGBl. Nr. 242/1962),
2. eine adäquate individuelle Lernunterstützung (insbesondere bei Hausübungen),
3. einen Richtwert für die Gruppengröße von bis zu 25 Kinder,
4. bedarfsgerechte Öffnungszeiten,
5. eine den pädagogischen und den Erfordernissen der Sicherheit gerechte räumliche Ausstattung.

Die Länder haben der zuständigen Bundesministerin oder dem zuständigen Bundesminister im Jahr 2025 darüber einen Zwischenbericht und 2033 einen Endbericht zu legen.

(10) Die Schulerhalter tätigen aufgrund der finanziellen Entlastungen gemäß § 4 Abs. 2 Investitionen in die für die schulische Tagesbetreuung erforderliche Infrastruktur.

(11) Allfällige den Schulerhaltern zur Errichtung bzw. zum Betrieb der schulischen Tagesbetreuung gewährten Fördermittel der Länder bleiben unberührt.

(BGBl. I Nr. 87/2019, Z 8)

Richtlinien[3])

§ 6. Die zuständige Bundesministerin oder der zuständige Bundesminister hat die näheren Vorkehrungen, die bei der Gewährung von Mitteln an die Schulerhalter nach diesem Bundesgesetz zu treffen sind, nach Anhörung der Länder im Einvernehmen mit der Bundesministerin oder dem Bundesminister für Finanzen durch Richtlinien festzulegen.

(BGBl. I Nr. 87/2019, Z 8)

3. Abschnitt
Mittelbereitstellung

Zuweisung der Mittel

§ 7. Die Länder weisen den Schulerhaltern die Ressourcen gemäß den ihrerseits geschlossenen Vereinbarungen zu.

(BGBl. I Nr. 87/2019, Z 9)

Prüfung der Voraussetzungen

§ 8. Die Länder überprüfen vor der Zuweisung von Mitteln an die Schulerhalter, ob die Erfordernisse für die Gewährung von Mitteln im Sinne der Zielsetzungen gemäß § 1 und entsprechend den Bedingungen gemäß § 5 sowie unter Beachtung der Richtlinien gemäß § 6 vorliegen.

(BGBl. I Nr. 87/2019, Z 9)

Auszahlung der Zweckzuschüsse

§ 9. (1) Die Auszahlung der Zweckzuschüsse an die Länder erfolgt jährlich nach vorheriger bedarfsgerechter Anforderung durch die Länder unter Berücksichtigung bereits ausgezahlter und nicht verbrauchter Mittel und der Ausbaupläne gemäß § 5 Abs. 7 im März durch das Bundesministerium für Bildung, Wissenschaft und Forschung.

(2) Nicht verbrauchte Mittel eines Jahres sind, sofern sie nicht gemäß § 2 Abs. 3 übertragen werden, spätestens im jeweils übernächsten Jahr an den Bund zurückzuzahlen. Nicht verbrauchte Mittel gemäß § 2 Abs. 2b sind bis spätestens im Jahr 2024 an den Bund zurückzuzahlen. *(BGBl. I Nr. 87/2019, Z 9 idF BGBl. I Nr. 132/2022, Art. 2 Z 4)*

(BGBl. I Nr. 87/2019, Z 9)

4. Abschnitt
Sonstige Bestimmungen

Controlling und Evaluierung

§ 10. (1) Der Bund hat das Recht, den Einsatz sowie die Auswirkung der gewährten Mittel einer Evaluierung zu unterziehen und die widmungsgemäße Verwendung der Mittel jederzeit zu überprüfen. *(BGBl. I Nr. 87/2019, Z 10)*

(1a) Zum Ende des Kalenderjahres hat der Bund von den Ländern den Nachweis über die zweckgebundene Verwendung der Mittel im vergangenen Schuljahr in Form einer Abrechnung zu erhalten. Die Länder haben die eingesetzten Mittel (getrennt nach Personalaufwand und Sachaufwand bzw. Investitionsausgaben), die Form der Tagesbetreuung, die Öffnungszeiten der Tagesbetreuung, die Art des Schulerhalters, die Anzahl der betreuten Schülerinnen und Schüler, die Anzahl der Betreuungsgruppen, die Anzahl der Schülerinnen und Schüler in Ferienbetreuung (§ 4 Abs. 3) und die Anzahl der Gruppen und der Betreuungstage sowie den jeweiligen Personaleinsatz je einzelner Schule darzustellen. Weiters hat daraus hervorzugehen, an welchen Schulen es zu einem erstmaligen Angebot einer Tagesbetreuung bzw. Ferienbetreuung gekommen ist. Sämtliche Meldungen haben ohne Personenbezug zu erfolgen. *(BGBl. I Nr. 87/2019, Z 11)*

(1b) Die Länder überprüfen die Nachweise für die Auszahlung der Gelder an die Schulerhalter sowie die widmungsgemäße Verwendung der Mittel durch die Schulerhalter im Rahmen der schulischen Tagesbetreuung bzw. der Ferienbetreuung (§ 4 Abs. 3) und melden dem Bund etwaige festgestellte Verstöße. Solche Verstöße begründen die Verpflichtung zur Rückzahlung der Mittel. *(BGBl. I Nr. 87/2019, Z 11)*

(2) Dem Bund ist es vorbehalten, Einzelfallüberprüfungen an Schulen vorzunehmen, die widmungsgemäße Verwendung der Mittel zu überprüfen und diese bei widmungswidriger Verwendung zurückzufordern. Die Schulerhalter sind verpflichtet, den Bund bei der Ausübung seines Überprüfungsrechts zu unterstützen. *(BGBl. I Nr. 8/2017 idF BGBl. I Nr. 87/2019, Z 12)*

Befristete ergänzende Mittelverwendung

§ 11. (1) Mittel gemäß § 2 Abs. 2b können bis zu 5 % befristet in den Jahren 2020 bis 2022 auch zur Unterstützung der pädagogischen Arbeit an den Schulen für weitere Personalkategorien eingesetzt werden (Psychologinnen und Psychologen, Sozialarbeiterinnen und Sozialarbeiter, Sozialpädagoginnen und Sozialpädagogen).

(2) Voraussetzung für die Mittelverwendung gemäß Abs. 1 ist die Verwendung von Personal, das vom Bund bereitgestellt wird. Der Aufwand für dieses Personal ist dem Bund zu ersetzen, wobei maximal 50 % des Ersatzes aus den Mitteln gemäß Abs. 1 bedeckt werden dürfen. Den Bund trifft keine Verpflichtung zur Bereitstellung von Personal.

---

[3]) Die Richtlinien zum Bildungsinvestitionsgesetz sind auf der Website des BMBWF abrufbar unter https://www.bmbwf.gv.at/dam/jcr:12b3bd3e-2c24-48ee-8dca-ade950506d0e/big_rl.pdf.

(3) Aus den Mitteln gemäß § 2 Abs. 2b können den Schulerhaltern abweichend von § 3 Abs. 2 und § 4 Abs. 4 die Höchstbeträge für die Verbesserung der schulischen Infrastruktur gemäß § 3 Abs. 1a, höchstens jedoch die nachzuweisenden, tatsächlich angefallenen Investitionskosten abzüglich allfällig gewährter Förderungen der Länder oder Zuwendungen Dritter zur Verbesserung der schulischen Infrastrukturen der ganztägigen Schulform, und für Maßnahmen im Personalbereich gemäß § 4 Abs. 2 und 3 gewährt werden.

(4) Diese ergänzenden Mittelverwendungen sind in die Abrechnung gemäß § 10 aufzunehmen.

(BGBl. I Nr. 87/2019, Z 13)

Zuständigkeit in den Ländern

§ 11a. Die gesamte Abwicklung im Zuständigkeitsbereich der Länder erfolgt durch die zuständige Stelle im jeweiligen Land, vorzugsweise die Bildungsdirektion.

(BGBl. I Nr. 87/2019, Z 14)

5. Abschnitt
Schlussbestimmungen

Vollziehung

§ 12. Mit der Vollziehung dieses Bundesgesetzes ist die Bundesministerin oder der Bundesminister für Bildung, Wissenschaft und Forschung, im Hinblick auf den § 6 im Einvernehmen mit der Bundesministerin oder dem Bundesminister für Finanzen, betraut.

(BGBl. I Nr. 8/2017 idF BGBl. I Nr. 26/2018, Art. 1 Z 9 und BGBl. I Nr. 87/2019, Z 15)

Inkrafttreten

§ 13. (1) Dieses Bundesgesetz tritt mit 1. September 2017 in Kraft. *(BGBl. I Nr. 8/2017 idF BGBl. I Nr. 138/2017, Art. 28 Z 2)*

(2) § 4a samt Überschrift in der Fassung des Bildungsreformgesetzes 2017, BGBl. I Nr. 138/2017, tritt mit 1. Jänner 2019 in Kraft. *(BGBl. I Nr. 138/2017, Art. 28 Z 2)*

(3) Die nachstehend genannten Bestimmungen in der Fassung des Bundesgesetzes BGBl. I Nr. 26/2018 treten wie folgt in Kraft:

1. § 2 Abs. 1 (in der Fassung der Z 2), 2, 2a, 3 und 6 sowie § 3 Abs. 1 treten rückwirkend mit 1. September 2017 in Kraft;
2. § 9 Abs. 3 und § 12 treten mit Ablauf des Tages der Kundmachung im Bundesgesetzblatt in Kraft;
3. § 1, § 2 Abs. 1 (in der Fassung der Z 1) und 4 Z 2 lit. e sowie § 7 treten mit 1. September 2018 in Kraft.

(BGBl. I Nr. 26/2018, Art. 1 Z 10)

(4) § 1 Abs. 1, § 1 Abs. 2, die Überschrift des 2. Abschnittes, § 2 samt Überschrift, § 3, § 4, § 5 samt Überschrift, § 6 samt Überschrift, § 7 samt Überschrift, § 8 samt Überschrift, § 9 samt Überschrift, § 10 Abs. 1, 1a, 1b und 2, § 11 samt Überschrift, § 11a samt Überschrift und § 12 dieses Bundesgesetzes in der Fassung des Bundesgesetzes BGBl. I Nr. 87/2019 treten mit 1. September 2019 in Kraft; gleichzeitig tritt § 4a samt Überschrift außer Kraft. *(BGBl. I Nr. 87/2019, Z 16)*

(5) § 2 Abs. 2b, 3 und 4b und § 9 Abs. 2 in der Fassung des Bundesgesetzes BGBl. I Nr. 132/2022 treten mit 1. September 2022 in Kraft. *(BGBl. I Nr. 132/2022, Art. 2 Z 5)*

9.5. Institut des Bundes für Qualitätssicherung im österreichischen Schulwesen-Gesetz (IQS-G)

BGBl. I Nr. 50/2019, Art. 1

idF der Bundesgesetze

BGBl. I Nr. 19/2021 BGBl. I Nr. 20/2021
BGBl. I Nr. 227/2022

Inhaltsverzeichnis[1])

Bundesgesetz, mit dem ein Bundesgesetz über die Einrichtung eines Institutes des Bundes für Qualitätssicherung im österreichischen Schulwesen und die Eingliederung des Bundesinstitutes für Bildungsforschung, Innovation und Entwicklung des österreichischen Schulwesens erlassen und das Bundesgesetz über die Einrichtung eines Bundesinstitutes für Bildungsforschung, Innovation und Entwicklung des österreichischen Schulwesens geändert wird

Der Nationalrat hat beschlossen:

Artikel 1

Bundesgesetz über die Einrichtung eines Institutes des Bundes für Qualitätssicherung im österreichischen Schulwesen und die Eingliederung des Bundesinstitutes für Bildungsforschung, Innovation und Entwicklung des österreichischen Schulwesens (IQS- Gesetz – IQS-G)

1. Teil

Institut des Bundes für Qualitätssicherung im österreichischen Schulwesen – IQS

Einrichtung und Rechtsstellung

§ 1. (1) Zur Unterstützung der evidenzbasierten Steuerung und Entwicklung des österreichischen Schulwesens im Auftrag der Bundesministerin oder des Bundesministers für Bildung, Wissenschaft und Forschung wird mit 1. Juli 2020 das Institut des Bundes für Qualitätssicherung im österreichischen Schulwesen (im Folgenden: IQS) eingerichtet.

(2) Das IQS ist eine Einrichtung des Bundes und untersteht als nachgeordnete Dienststelle der Bundesministerin oder dem Bundesminister für Bildung, Wissenschaft und Forschung.

(3) Das IQS ist eine wissenschaftliche Einrichtung im Sinne des § 2c des Forschungsorganisationsgesetzes – FOG, BGBl. Nr. 341/1981.

(4) Dem IQS kommt insofern Rechtspersönlichkeit zu, als es berechtigt ist, im eigenen Namen durch unentgeltliche Rechtsgeschäfte Vermögen und Rechte, insbesondere Fördermittel Dritter insoweit diese im Zusammenhang mit der Teilnahme an nationalen oder internationalen Forschungsprogrammen stehen, zu beantragen und zu erwerben. Das IQS darf von dem erworbenen Vermögen und den erworbenen Rechten im eigenen Namen zur Erfüllung seiner Aufgaben gemäß § 2 Gebrauch machen.

(5) Wird das IQS als eigenständiger Rechtsträger tätig, ist im Hinblick auf die Haftung der Organe des IQS das GmbH-Gesetz, RGBl. Nr. 58/1906, sofern dieses Gesetz nichts anderes bestimmt, anzuwenden.

[1]) Das Inhaltsverzeichnis ist vom Gesetzesbeschluss nicht umfasst.

Aufgaben

§ 2. (1) Das Aufgaben- und Tätigkeitsfeld des IQS im Sinne des Abs. 2 bezieht sich auf den gesamten Bereich des Schulwesens gemäß Art. 14 Abs. 1 und 5 sowie 14a Abs. 2 des Bundes-Verfassungsgesetzes, BGBl. Nr. 1/1930, mit Ausnahme der Universitäten und Fachhochschulen.

(2) Als Kernaufgaben sind vom IQS wahrzunehmen:

1. Mitwirkung am Bildungsmonitoring und an Maßnahmen der Qualitätssicherung, insbesondere an nationalen und internationalen Schülerinnen- und Schülerkompetenzerhebungen und an sonstigen Erhebungen, *(BGBl. I Nr. 50/2019, Art. 1, idF BGBl. I Nr. 19/2021, Art. 7 Z 1)*
2. Mitwirkung an der Qualitätsentwicklung im Schulsystem sowie
3. Durchführung von Analysen und Bereitstellung von Evidenzen für bildungspolitische Entscheidungen und für die Schulverwaltung.

(3) Das IQS kann zur Mitwirkung an der Bildungsberichterstattung im Zusammenhang mit dem Nationalen Bildungsbericht von der zuständigen Bundesministerin oder vom zuständigen Bundesminister herangezogen werden. *(BGBl. I Nr. 19/2021 idF BGBl. I Nr. 227/2022, Art. 4 Z 1)*

(4) Die zuständige Bundesministerin oder der zuständige Bundesminister ist ermächtigt, mittels Verordnung die Aufgaben des IQS gemäß Abs. 2 zu konkretisieren.

Besondere Grundsätze bei der Aufgabenwahrnehmung

§ 3. Das IQS hat bei der Wahrnehmung der Aufgaben gemäß § 2 insbesondere folgende leitende Grundsätze zu beachten:

1. Objektivität und Unparteilichkeit sowie Transparenz insbesondere bei der Erstellung von Statistiken und Erhebungsunterlagen im Sinne der Verordnung (EG) Nr. 223/2009 über europäische Statistiken und zur Aufhebung der Verordnung (EG, Euratom) Nr. 1101/2008 über die Übermittlung von unter die Geheimhaltungspflicht fallenden Informationen an das Statistische Amt der Europäischen Gemeinschaften, der Verordnung (EG) Nr. 322/97 über die Gemeinschaftsstatistiken und des Beschlusses 89/382/EWG, Euratom zur Einsetzung eines Ausschusses für das Statistische Programm der Europäischen Gemeinschaften, ABl. Nr. L 87 vom 31.03.2009 S. 164, in der Fassung der Verordnung (EU) 2015/759, ABl. Nr. L 123 vom 19.05.2015 S. 90,
2. Anwendung von Methoden und Verfahren nach international anerkannten wissenschaftlichen Grundsätzen und Standards nach dem aktuellen Stand der Wissenschaft sowie deren Offenlegung,
3. Qualitäts- und Rationalisierungsoptimierung auf der Basis von laufenden internen Überprüfungen sowie weiterer regelmäßiger Evaluierungen gemäß § 10,
4. Sparsamkeit, Wirtschaftlichkeit und Zweckmäßigkeit der Gebarung und
5. Verpflichtung zur Kooperation mit anderen Einrichtungen aus den Bereichen der Bildungsforschung und der Bildungsstatistik, wie insbesondere der Bundesanstalt „Statistik Österreich“, sowie der Universitäten, Pädagogischen Hochschulen und Fachhochschulen sowie internationalen Forschungseinrichtungen, wobei die hiefür erforderlichen nicht schulstandortbezogenen und nicht personenbezogenen Daten nach Maßgabe ihrer Verfügbarkeit sowie unter Sicherstellung deren Verarbeitung nach wissenschaftlichen und statistischen Grundsätzen vom IQS zur Verfügung zu stellen sind.

Soweit dieses Bundesgesetz keine abweichenden Bestimmungen enthält, sind der 1. und 2. Abschnitt des FOG, auch im Anwendungsbereich dieses Bundesgesetzes anzuwenden.[2])

Zusammenarbeit mit Schulen und der Schulverwaltung

§ 4. (1) Die Mitwirkung von Schülerinnen und Schülern an nationalen und internationalen Kompetenzerhebungen (insbesondere im Rahmen der Bildungsstandards, nationale und internationale Surveys oder Assessments) und Erhebungen zur Qualitätssicherung im Schulwesen ist für diese verpflichtend und befreit sie von der Teilnahme am Unterricht im unbedingt erforderlichen Ausmaß. Anlässlich dieser Kompetenzerhebungen erfolgen Erhebungen bei den getesteten Schülerinnen und Schülern und deren Erziehungsberechtigten über schulische Bedingungen (z. B. Schulklima) und über weitere Faktoren, die die Lernsituation der Schülerinnen und Schüler hinsichtlich Unterstützung und Förderung sichtbar machen (z. B. Lernunterstützung durch Erziehungsberechtigte und anderen Personen), bei denen personenbezogene Daten im Sinne des Art. 4 Z 1 der Verordnung (EU) 2016/679 zum Schutz natürlicher Personen bei der Verarbeitung personenbezogener Daten,

---

[2]) Siehe auch Auszug zum Forschungsorganisationsgesetz, Anhang zum IQS-G (9.5.).

zum freien Datenverkehr und zur Aufhebung der Richtlinie 95/46/EG (Datenschutz-Grundverordnung), ABl. Nr. L 119 vom 4.5.2016 S. 1 (im Folgenden DSGVO), über bildungsrelevante Faktoren wie zum Beispiel Herkunft, Erstsprache oder höchster Bildungsabschluss der Erziehungsberechtigten erfasst werden. Nationale und internationale Kompetenzerhebungen und Erhebungen zur Qualitätssicherung im Schulwesen erfolgen im öffentlichen Interesse zum Zweck der wissenschaftlichen Forschung und der statistischen Auswertung der gewonnenen personenbezogenen Daten für die angewandte Bildungsforschung, für das Bildungsmonitoring, für die Unterstützung der Qualitätsentwicklung im Schulsystem, für die Unterstützung der Schulen in ihrer standortbezogenen Unterrichts- und Förderplanung, für die nationale Bildungsberichterstattung sowie – nach Maßgabe des § 5 Abs. 4 des Bildungsdirektionen-Einrichtungsgesetzes, BGBl. I Nr. 138/2017 – für die Festlegung von Kriterien für die Bewirtschaftung der Lehrpersonalressourcen. Die Schülerinnen und Schüler sowie deren Erziehungsberechtigte sind zur Mitwirkung an den Erhebungen gemäß dem zweiten Satz dieses Absatzes verpflichtet; die gesetzlichen Vertretungen der Eltern sind dabei anzuhören. Weiters sind die Schulen verpflichtet, die Durchführung und Qualitätssicherung nationaler und internationaler Kompetenzerhebungen zu unterstützen. Bei der Durchführung dieser Kompetenzerhebungen und Erhebungen zur Qualitätssicherung im Schulwesen handelt das IQS als Verantwortlicher im Sinne des Art. 4 Z 7 DSGVO. Zur Qualitäts- und Rationalisierungsoptimierung sind interne Überprüfungen sowie weitere Evaluierungen gemäß § 10 durchzuführen. Bei der Durchführung der Kompetenzerhebungen und Erhebungen zur Qualitätssicherung im Schulwesen handelt das IQS als Verantwortlicher im Sinne des Art. 4 Z 7 DSGVO.[3]) *(BGBl. I Nr. 50/2019, Art. 1, idF BGBl. I Nr. 19/2021, Art. 7 Z 2, 3 und 4 sowie BGBl. I Nr. 227/2022, Art. 4 Z 2 und 3)*

(2) Bei den Erhebungen gemäß Abs. 1 ist durch geeignete Vorkehrungen und Maßnahmen (wie insbesondere Zutrittsbeschränkung, räumliche Abgrenzung, Belehrung, geeignete Verschlüsselungstechniken, Pseudonymisierung) sicherzustellen, dass in keiner Phase der Durchführung der Erhebungen sowie der Aufbewahrung und Bearbeitung der Datensätze betroffene Personen direkt identifiziert werden können, außer im Rahmen nationaler Kompetenzerhebungen gemäß § 17 Abs. 1a des Schulunterrichtsgesetzes – SchUG, BGBl. Nr. 472/1986, für einen Zeitraum von 24 Monaten hinsichtlich

1. der verpflichtenden periodischen Kompetenzerhebungen durch die Schulleitung und – mit Ausnahme der Erhebungen zu produktiven Fertigkeiten – die zuständige Lehrperson sowie die betreffende Schülerin oder den betreffenden Schüler selbst und ihre oder seine Erziehungsberechtigten sowie
2. der Erhebungen zu produktiven Fertigkeiten, der verpflichtenden bedarfsorientierten und der ergänzenden Kompetenzerhebungen durch die zuständige Lehrperson zur Einsicht und Verwendung sowie zur Information der Schülerinnen und Schüler der betreffenden Schule und der Erziehungsberechtigten.

Die bei den Erhebungen gemäß Abs. 1 gewonnenen personenbezogenen Daten sind spätestens mit Ablauf des dritten Jahres nach dem Jahr der Durchführung zu pseudonymisieren. Über die getroffenen technischen und organisatorischen Maßnahmen gemäß Art. 32 DSGVO sind Aufzeichnungen zu führen, die mindestens drei Jahre aufzubewahren sind. *(BGBl. I Nr. 227/2022, Art. 4 Z 4)*

(3) Wenn der Mitwirkung von Schülerinnen und Schülern wichtige schulische Interessen entgegenstehen, hat die Schulleitung und bei Schulen, die an einem Schulcluster beteiligt sind, die Leitung des Schulclusters das Einvernehmen mit dem IQS bezüglich eines Ersatztermins herzustellen.

Daten, Datenschutz

§ 5. (1) Das IQS hat bei der Wahrnehmung sämtlicher Aufgaben die Grundsätze des Datenschutzes zu wahren.

(2) Das IQS ist berechtigt, bei seinen Untersuchungen Daten aus den gemäß dem Bildungsdokumentationsgesetz 2020, BGBl. I Nr. 20/2021, eingerichteten Gesamtevidenzen der Schülerinnen und Schüler sowie der Studierenden zu verwenden und vorhandene Auswertungen aus diesen Evidenzen zu nutzen.[4]) *(BGBl. I Nr. 50/2019, Art. 1, idF BGBl. I Nr. 20/2021, Art. 7 Z 1)*

(3) Das IQS ist nicht berechtigt, Auskunftsbegehren gemäß dem Auskunftspflichtgesetz, BGBl. Nr. 287/1987, betreffend schulstandortbezogene Daten zu beantworten.

[3]) Der durch die Novelle BGBl. I Nr. 227/2022 angefügte letzte Satz betreffend Verantwortlicher im Sinne der DSGVO erscheint im Hinblick auf den sechsten Satz des § 4 Abs. 1 entbehrlich.

[4]) Siehe auch Verordnung über die Berechtigung zur Abfrage von Daten aus der Gesamtevidenz der Schülerinnen und Schüler (7.2.3.).

Organisation des IQS

§ 6. (1) Die zuständige Bundesministerin oder der zuständigen Bundesminister hat für das IQS eine Direktorin oder einen Direktor zu bestellen. Die Funktionsdauer beträgt fünf Jahre.

(2) In Angelegenheiten gemäß § 1 Abs. 4 obliegt die Vertretung des IQS der Direktorin oder dem Direktor. Die Bediensteten des IQS haben Tätigkeiten im Zusammenhang mit § 1 Abs. 4 im Rahmen ihrer Dienstverhältnisse zum Bund zu erbringen. Bei der Führung der Geschäfte nach § 1 Abs. 4 haben die Direktorin oder der Direktor sowie die Bediensteten den Anordnungen der zuständigen Bundesministerin oder des zuständigen Bundesministers Folge zu leisten.

(3) Das IQS gliedert sich in Abteilungen und Referate. Alle zum Wirkungsbereich des IQS gehörenden Geschäfte sind unter Bedachtnahme auf ihre Bedeutung und ihren Umfang nach Gegenstand und sachlichem Zusammenhang auf die einzelnen Abteilungen und Referate aufzuteilen. Dabei ist insbesondere darauf zu achten, dass zur Besorgung von Geschäften, die sachlich eine Einheit darstellen, stets nur eine einzige Abteilung führend zuständig ist.

(4) Die Direktorin oder der Direktor hat für das IQS eine Geschäftseinteilung und eine Geschäftsordnung zu erlassen. Die Geschäftseinteilung und die Geschäftsordnung des IQS bedürfen der Zustimmung der zuständigen Bundesministerin oder des zuständigen Bundesministers.

Wissenschaftlicher Beirat

§ 7. (1) Es ist am IQS ein wissenschaftlicher Beirat (im Folgenden: Beirat) einzurichten. Dieser besteht aus bis zu fünf von der zuständigen Bundesministerin oder dem zuständigen Bundesminister für eine Funktionsperiode von fünf Jahren zu bestellenden Mitgliedern. Zu Mitgliedern sind anerkannte Persönlichkeiten aus dem Bereich der universitären, hochschulischen oder außeruniversitären Bildungsforschung und Lehre zu bestellen, die über Erfahrung in der Leitung einer facheinschlägigen Einrichtung und über hinreichende Kompetenzen in den vom Aufgabenbereich des IQS gemäß § 2 umfassten Bereichen verfügen. Zumindest eine dieser Personen muss dem Bildungs- oder Forschungsbereich außerhalb der Republik Österreich angehören. Mitarbeiterinnen und Mitarbeiter des IQS sowie Personen mit einem Auftragsverhältnis zum IQS können nicht zu Mitgliedern des Wissenschaftlichen Beirats bestellt werden.

(2) Die zuständige Bundesministerin oder der zuständige Bundesminister hat ein Mitglied des Beirates mit der Vorsitzführung und eines mit der Stellvertretung des oder der Vorsitzenden zu betrauen.

(3) Der Beirat sichert das nationale und internationale wissenschaftliche Niveau. Er berät das IQS in der Wahrnehmung aller gesetzlichen Aufgaben.

(4) Der Beirat ist der zuständigen Bundesministerin oder dem zuständigen Bundesminister umfassend informations- und berichtspflichtig. Er hat insbesondere Gutachten, Berichte und Protokolle der zuständigen Bundesministerin oder dem zuständigen Bundesminister zur Kenntnis zu bringen und diese oder diesen in Angelegenheiten, die in seinen Aufgabenbereich fallen, durch konkrete Handlungsempfehlungen beratend zu unterstützen.

(5) Der Beirat hat der zuständigen Bundesministerin oder dem zuständigen Bundesminister jährlich einen Bericht über die Wahrung der Grundsätze der Aufgabenerfüllung gemäß § 3 Z 1 und 2 zu erstatten.

(6) Der Beirat hat zumindest zwei Mal pro Jahr Beiratssitzungen abzuhalten.

(7) Der Beirat ist beschlussfähig, wenn mindestens die Hälfte der Mitglieder anwesend ist. Der Beirat hat seine Beschlüsse mit Stimmenmehrheit zu fassen; bei Stimmengleichheit entscheidet die oder der Vorsitzende. Die näheren Bestimmungen über die Geschäftsführung des Beirates sind in einer Geschäftsordnung des Beirates festzulegen.

(8) Die Mitglieder des Beirates haben Anspruch auf Ersatz der Aufwendungen, die ihnen aus Anlass der Ausübung ihrer Funktion erwachsen. Die näheren Bestimmungen über den Ersatz sind durch Verordnung der zuständigen Bundesministerin oder des zuständigen Bundesministers, in der auch ein pauschalierter Aufwandsersatz festgelegt werden kann, festzulegen.

Ressourcen-, Ziel- und Leistungsplan

§ 8. (1) Die Direktorin oder der Direktor des IQS hat unter Berücksichtigung der Vorgaben der zuständigen Bundesministerin oder des zuständigen Bundesministers für den Ressourcen-, Ziel- und Leistungsplan gemäß § 45 des Bundeshaushaltsgesetzes 2013, BGBl. I Nr. 139/2009, jährlich einen Entwurf des Ressourcen-, Ziel- und Leistungsplans zu erstellen und der zuständigen Bundesministerin oder dem zuständigen Bundesminister vorzulegen.

(2) Der gemäß Abs. 1 der zuständigen Bundesministerin oder dem zuständigen Bundesminister vorzulegende Plan hat folgende Angaben zu enthalten:

1. die finanziellen und personellen Ressourcen in einem detaillierten Finanz- und Personalplan,
2. die angestrebten Ziele des IQS sowie
3. die zur Zielerreichung erforderlichen Maßnahmen und Leistungen.

Jahresabschluss und Übergabebilanz

§ 9. (1) Insoweit das IQS nach § 1 Abs. 4 als eigenständiger Rechtsträger tätig wird, hat die Direktorin oder der Direktor für jedes Geschäftsjahr mit der Maßgabe, dass das Geschäftsjahr dem Kalenderjahr entspricht, einen Tätigkeitsbericht sowie eine Einnahmen-Ausgabenrechnung, eine Darstellung der Verpflichtungen und Forderungen gegenüber Dritten sowie die Ermittlung des Cashflows zu erstellen und spätestens bis 31. Mai des Folgejahres der zuständigen Bundesministerin oder dem zuständigen Bundesminister vorzulegen.

(2) Abweichend von Abs. 1 sind im Folgejahr ein Tätigkeitsbericht sowie ein Jahresabschluss unter sinngemäßer Anwendung des Unternehmensgesetzbuches (UGB), dRGBl. S. 219/1897, zu erstellen und vorzulegen, wenn der Umsatzerlös in den letzten zwei Geschäftsjahren 500.000 Euro überschritten hat. Für den Jahresabschluss ist das IQS wie eine kleine Kapitalgesellschaft im Sinn des § 221 Abs. 1 UGB zu behandeln. Der Jahresabschluss ist unter sinngemäßer Anwendung der Grundsätze der §§ 268 bis 276 UGB durch eine Abschlussprüferin oder einen Abschlussprüfer zu prüfen.

(3) Am Ende der Funktionsperiode hat die Direktorin oder der Direktor im Hinblick auf die Tätigkeiten des IQS im Rahmen des § 1 Abs. 4 für den Zeitraum ab dem Tag des letzten Abschlusses gemäß Abs. 1 oder 2 eine Übergabebilanz zu erstellen. Die Übergabebilanz hat die Vermögenslage des IQS im Rahmen der Teilrechtsfähigkeit zum Zeitpunkt der Beendigung der Funktionsperiode der Direktorin oder des Direktors abzubilden.

(4) Es obliegt der zuständigen Bundesministerin oder dem zuständigen Bundesminister, die Direktorin oder den Direktor anhand des Abschlusses gemäß Abs. 1 oder Abs. 2 und der Übergabebilanz gemäß Abs. 3 zu entlasten.

Evaluierung

§ 10. (1) Die zuständige Bundesministerin oder der zuständige Bundesminister kann eine Evaluierung im Hinblick auf die Aufgaben und Tätigkeiten sowie des gesamten Leistungsspektrums des IQS anordnen.

(2) Bei externen Evaluierungen hat das IQS die dafür erforderlichen Daten und Informationen (personenbezogene Daten gemäß Art. 4 Z 1 DSGVO und sonstige Informationen) zur Verfügung zu stellen und ist zur Mitwirkung verpflichtet.

2. Teil
Eingliederung des Bundesinstitutes für Bildungsforschung, Innovation und Entwicklung des österreichischen Schulwesens (BIFIE)

Gesamtrechtsnachfolge

§ 11. (1) Das Bundesinstitut für Bildungsforschung, Innovation und Entwicklung des österreichischen Schulwesens (im Folgenden: BIFIE) wird mit Ablauf des 30. Juni 2020 aufgelöst. Mit dem Stichtag 1. Juli 2020 tritt der Bund in alle Rechte, Rechtsverhältnisse, Forderungen und Verbindlichkeiten des BIFIE im Wege der Gesamtrechtsnachfolge ein.

(2) Alle Vorgänge gemäß diesem Bundesgesetz im Zusammenhang mit der Vermögensübertragung bzw. der Einräumung von Rechten, Forderungen und Verbindlichkeiten sind von allen bundesgesetzlich geregelten Gebühren, Steuern und Abgaben befreit.

Überleitung der Bediensteten

§ 12. (1) Arbeitnehmerinnen und Arbeitnehmer, die am 30. Juni 2020 in einem Arbeitsverhältnis zum BIFIE stehen und nicht gleichzeitig ein aufrechtes (karenziertes) Dienstverhältnis als Bundeslehrpersonen innehaben, werden mit Wirksamkeit vom 1. Juli 2020 in ein Dienstverhältnis zum Bund übergeleitet. Anlässlich des Wechsels in ein Dienstverhältnis zum Bund besteht kein Anspruch auf Zahlung einer Abfertigung. Die im vorangegangenen Arbeitsverhältnis zum BIFIE verbrachte Dienstzeit ist jedoch für alle zeitabhängigen Rechte zu berücksichtigen.

(2) Arbeitnehmerinnen und Arbeitnehmer, die am 30. Juni 2020 in einem Arbeitsverhältnis zum BIFIE stehen und gleichzeitig ein aufrechtes (karenziertes) Dienstverhältnis als Bundeslehrpersonen inne haben, können bis zum Ablauf des 31. Dezember 2019 eine Erklärung abgeben, dass sie in Dienstverhältnisse zum Bund im Allgemeinen Verwaltungsdienst bzw. Verwaltungsdienst übergeleitet werden wollen. Diese Erklärung ist spätestens bis zum Ablauf des 31. Dezember 2019 schriftlich gegenüber dem Bundesministerium für Bildung, Wissenschaft und Forschung abzugeben. Die Erklärung ist rechtsunwirksam, wenn ihr die Arbeitnehmerin oder der Arbeitnehmer eine Bedingung beigefügt hat.

(3) Sofern eine rechtzeitige und rechtswirksame Erklärung im Sinne des Abs. 2 abgegeben wurde, endet der Karenzurlaub als Bundeslehrperson mit Ablauf des 30. Juni 2020 und die oder der Bedienstete wird unter Anwendung von Abs. 1 in die für die Verwendung entsprechende Verwendungsgruppe bzw. Entlohnungsgruppe überstellt.

(4) Gibt eine Arbeitnehmerin oder ein Arbeitnehmer keine rechtzeitige und rechtswirksame Erklärung gemäß Abs. 2 ab, endet eine Karenzierung des Dienstverhältnisses als Bundeslehrperson mit Ablauf des 30. Juni 2020. Die Zeiten des Karenzurlaubs, der aufgrund einer Tätigkeit zum BIFIE eingegangen wurde, sind für alle zeitabhängigen Rechte zu berücksichtigen. Abs. 1 ist nicht anzuwenden.

(5) Mit den zum Bund übergeleiteten Dienstnehmerinnen und Dienstnehmern sind Sonderverträge gemäß § 36 des Vertragsbedienstetengesetzes 1948 – VBG, BGBl. Nr. 86/1948, abzuschließen. Diese Sonderverträge haben auf die vor dem Zeitpunkt des Wechsels bestehenden Arbeitsverhältnisse zum BIFIE Bedacht zu nehmen und es ist anzustreben, dass keine dienst- und besoldungsrechtliche Schlechterstellung der Bediensteten erfolgt. Die sondervertragliche Regelung der Besoldung dieser Arbeitnehmerinnen und Arbeitnehmer ist höchstens mit dem Monatsbezug, den diese im Juni 2020 erhalten haben, festzulegen. Solche Sonderverträge bedürfen der Genehmigung der Bundesministerin oder des Bundesministers für öffentlichen Dienst und Sport. Den Arbeitnehmerinnen und Arbeitnehmern gebührt die im VBG für den jeweiligen Arbeitsplatz vorgesehene Entlohnung, wenn diese Entlohnung die sondervertraglich geregelte Entlohnung übersteigt.

(6) Abs. 5 gilt nicht für öffentlich-rechtliche Bedienstete des Bundes, die am 30. Juni 2020 ihren Dienst beim BIFIE verrichteten. Die zuständige Bundesministerin oder der zuständige Bundesminister ist ermächtigt, diesen öffentlich-rechtlichen Bediensteten, sofern sich die Aufgaben gegenüber den im BIFIE wahrgenommenen Aufgaben nicht um mehr als 25% verändern, eine Ergänzungszulage im Ausmaß von bis zur Differenz zwischen dem Monatsbezug gemäß den für sie geltenden Bestimmungen des Gehaltsgesetzes 1956 – GehG, BGBl. Nr. 54/1956, und den für diese Aufgabenwahrnehmung zuletzt erhaltenen Geldleistungen zu gewähren.

(7) Auf öffentlich-rechtliche Bedienstete eines Landes, die am 30. Juni 2020 ihren Dienst beim BIFIE verrichteten, ist Abs. 5 anzuwenden und gilt § 121d Abs. 5 des Landeslehrer-Dienstrechtsgesetzes, BGBl. Nr. 302/1984, sinngemäß.

(8) Arbeitnehmerinnen und Arbeitnehmer in leitenden Funktionen im BIFIE sind als Abteilungsleiterinnen und Abteilungsleiter im IQS einzusetzen, wenn vor der Überleitung ein Ausschreibungs- und Bewerbungsverfahren unter sinngemäßer Anwendung des Ausschreibungsgesetzes 1989, BGBl. Nr. 85/1989, durchgeführt wurde und sich nicht mehr als die Hälfte der Aufgaben und Tätigkeiten des betroffenen Arbeitsplatzes (Funktion) aufgrund der Eingliederung des BIFIE in das IQS ändert. Der Begutachtungskommission für die Bestellung dieser leitenden Funktionen gehören als stimmberechtigte Mitglieder an:

1. die Direktorin oder der Direktor des BIFIE oder eine von ihr oder ihm zu bestellende fachlich geeignete Vertretung als Vorsitzende oder Vorsitzender,
2. die oder der Vorsitzende des Wissenschaftlichen Beirats des BIFIE oder eine von ihr oder ihm zu bestellende fachlich geeignete Vertretung,
3. ein vom Betriebsrat zu entsendendes Mitglied und
4. ein von der Gewerkschaft Öffentlicher Dienst zu entsendendes Mitglied.

(9) Zur Beschlussfähigkeit der Begutachtungskommission gemäß Abs. 8 ist die Anwesenheit aller stimmberechtigten Mitglieder erforderlich. Sind zu einer ordnungsgemäß einberufenen Sitzung nicht alle stimmberechtigten Mitglieder erschienen, so hat die oder der Vorsitzende eine neuerliche Sitzung einzuberufen. Auf dieser und auf den folgenden Sitzungen ist die Begutachtungskommission auch dann beschlussfähig, wenn außer der oder dem Vorsitzenden lediglich ein weiteres stimmberechtigtes Mitglied anwesend ist. Die Begutachtungskommission hat ihre Beschlüsse mit Stimmenmehrheit zu fassen; bei Stimmengleichheit entscheidet die oder der Vorsitzende.

Übergangsbestimmungen

§ 13. (1) Für den Rest der bis zum 31. Dezember 2021 dauernden Funktionsperiode bleibt der gemäß § 12 des Bundesgesetzes über die Einrichtung eines Bundesinstitutes für Bildungsforschung, Innovation und Entwicklung des österreichischen Schulwesens, BGBl. I Nr. 25/2008, (im Folgenden: BIFIE-Gesetz 2008) am BIFIE eingerichtete Beirat als gemäß § 7 Abs. 1 am IQS eingerichteter Beirat bestehen.

(2) Der zuständigen Bundesministerin oder dem zuständigen Bundesminister obliegt es, die bis zum Ablauf des 30. Juni 2020 bestellte Direktorin oder den bis zum Ablauf des

30. Juni 2020 bestellten Direktor anhand der Abschlussbilanz gemäß Abs. 3 zu entlasten.

(3) Die am 1. Juli 2020 bestellte Direktorin oder der am 1. Juli 2020 bestellte Direktor hat bis 30. September 2020 eine Abschlussbilanz des BIFIE zu erstellen und diese ohne Prüfung und ohne Bestätigung der Wertansätze durch eine Wirtschaftsprüferin oder einen Wirtschaftsprüfer der zuständigen Bundesministerin oder dem zuständigen Bundesminister vorzulegen. Die Abschlussbilanz hat insbesondere ein Vermögensverzeichnis und ein Inventarverzeichnis zu enthalten.

(4) Bis zur Bildung eines Dienststellenausschusses für das IQS bleibt der gemäß § 21 des BIFIE-Gesetzes 2008 am 30. Juni 2020 eingerichtete Betriebsrat bestehen und diesem obliegt bis dahin die Wahrnehmung der Funktion des Dienststellenausschusses.

3. Teil
Schlussbestimmungen

Verweisung auf andere Rechtsvorschriften

§ 14. (1) Soweit in diesem Bundesgesetz auf andere Bundesgesetze verwiesen wird, bezieht sich dieser Verweis auf die jeweils geltende Fassung.

(2) Unbeschadet des Abs. 1 beziehen sich Verweise auf das BIFIE-Gesetz 2008 auf die mit 30. Juni 2020 geltende Fassung.

Vollziehung

§ 15. Mit der Vollziehung dieses Bundesgesetzes ist die Bundesministerin oder der Bundesminister für Bildung, Wissenschaft und Forschung betraut.

Inkrafttreten

§ 16. (1) Dieses Bundesgesetz tritt mit dem der Kundmachung folgenden Tag in Kraft.

(2) Die Ausschreibung zur Direktorin oder zum Direktor des IQS kann bereits vor Einrichtung des IQS und die Bestellung mit Wirksamkeit 1. Jänner 2020 erfolgen. Mit dem Zeitpunkt der Bestellung der Direktorin oder des Direktors des IQS endet die Bestellung der Direktorin oder des Direktors des BIFIE gemäß § 9 des BIFIE-Gesetzes 2008. Die Direktorin oder der Direktor des IQS übt bis zum Ablauf des 30. Juni 2020 die Funktion der Direktorin oder des Direktors des BIFIE aus.

(3) Die zum Bund mit Stichtag 1. Juli 2020 überzuleitenden Arbeitnehmerinnen und Arbeitnehmer können bereits vor dem 1. Juli 2020 die Grundausbildung absolvieren. Die diesbezüglichen Bestimmungen im VBG sowie in der Grundausbildungsverordnung – BMBF, BGBl. II Nr. 49/2015, sind sinngemäß anzuwenden.

(4) § 2 Abs. 2 Z 1 sowie § 4 Abs. 1 und 2 in der Fassung des Bundesgesetzes BGBl. I Nr. 19/2021 treten mit Ablauf des Tages der Kundmachung im Bundesgesetzblatt in Kraft.[5]) *(BGBl. I Nr. 19/2021, Art. 7 Z 6)*

(5) § 5 Abs. 2 in der Fassung des Bundesgesetzes BGBl. I Nr. 20/2021 tritt mit Ablauf des Tages der Kundmachung im Bundesgesetzblatt in Kraft.[6]) *(BGBl. I Nr. 20/2021, Art. 7 Z 2)*

(6) § 2 Abs. 3 sowie § 4 Abs. 1 und 2 in der Fassung des Bundesgesetzes BGBl. I Nr. 227/2022 treten mit Ablauf des Tages der Kundmachung im Bundesgesetzblatt in Kraft.[7]) *(BGBl. I Nr. 227/2022, Art. 4 Z 5)*

Artikel 2
Änderung des Bundesgesetzes über die Einrichtung eines Bundesinstitutes für Bildungsforschung, Innovation und Entwicklung des österreichischen Schulwesens[8])

...

[5]) Die Kundmachung im Bundesgesetzblatt erfolgte am 7. Jänner 2021.

[6]) Die Kundmachung im Bundesgesetzblatt erfolgte am 7. Jänner 2021.

[7]) Die Kundmachung im Bundesgesetzblatt erfolgte am 30. Dezember 2022.

[8]) Dieses Bundesgesetz ist mit Ablauf des 30. Juni 2020 außer Kraft getreten (BGBl. I Nr. 50/2019, Art. 2 Z 11).

Anhang

Forschungsorganisationsgesetz (FOG)[1])

Auszug

(1. und 2. Abschnitt)

Bundesgesetz über allgemeine Angelegenheiten gemäß Art. 89 DSGVO und die Forschungsorganisation (Forschungsorganisationsgesetz – FOG)

(BGBl. Nr. 341/1981 idF BGBl. I Nr. 31/2018, Art. 7 Z 1)

1. Abschnitt

Allgemeines

(BGBl. Nr. 341/1981 idF BGBl. I Nr. 31/2018, Art. 7 Z 4)

Gegenstand und Ziele

(BGBl. Nr. 341/1981 idF BGBl. I Nr. 31/2018, Art. 7 Z 5)

§ 1. (1) Die leitenden Grundsätze für die Förderung von Wissenschaft und Forschung durch den Bund sowie für die Organisation wissenschaftlicher Einrichtungen des Bundes sind insbesondere:

1. die Freiheit der Wissenschaft und ihrer Lehre (Art. 17 Staatsgrundgesetz über die allgemeinen Rechte der Staatsbürger, RGBl. Nr. 142/1867),
2. die Vielfalt wissenschaftlicher Meinungen und Methoden,
3. die Bedeutung von Wissenschaft und Forschung für die Gesellschaft,
4. die Kooperation zwischen universitärer und außeruniversitärer Forschung,
5. die Kooperation zwischen dem Bund, den Ländern und Gemeinden sowie sonstigen öffentlich-rechtlichen Einrichtungen,
6. die internationale, insbesondere europäische Forschungskooperation, *(BGBl. Nr. 101/1993, Z 1)*
7. die Bereitstellung angemessener Mittel für Wissenschaft und Forschung, *(BGBl. Nr. 341/1981 idF BGBl. I Nr. 47/2000, Z 1)*
8. die Gleichbehandlung von Frauen und Männern sowie die Gleichwertigkeit der Frauen- und Geschlechterforschung mit anderen Forschungsbereichen. *(BGBl. I Nr. 47/2000, Z 1)*

(2) Die Ziele für die Förderung von Wissenschaft und Forschung durch den Bund sowie für die Organisation wissenschaftlicher Einrichtungen des Bundes sind insbesondere:

1. die Erweiterung und Vertiefung der wissenschaftlichen Erkenntnisse,
2. zur Lösung sozialer, wirtschaftlicher, kultureller und wissenschaftlicher Problemstellungen verantwortlich beizutragen, vor allem zur Sicherung und Hebung der allgemeinen Lebensqualität und der wirtschaftlichen Entwicklung,
3. die rasche Verbreitung sowie die Verwertung der Ergebnisse von Wissenschaft und Forschung,
4. die Förderung des wissenschaftlichen Nachwuchses, insbesondere die Erhöhung des Frauenanteils im Bereich des universitären und außeruniversitären wissenschaftlichen Nachwuchses. *(BGBl. Nr. 341/1981 idF BGBl. I Nr. 47/2000, Z 2)*

(3) Dieses Bundesgesetz regelt insbesondere

1. Rahmenbedingungen für Verarbeitungen (Art. 4 Nr. 2 der Verordnung [EU] 2016/679 zum Schutz natürlicher Personen bei der Verarbeitung personenbezogener Daten, zum freien Datenverkehr und zur Aufhebung der Richtlinie 95/46/EG [Datenschutz-Grundverordnung], ABl. Nr. L 119 vom 04.05.2016 S. 1, [im Folgenden: DSGVO]) zu im öffentlichen Interesse liegenden Archivzwecken, zu wissenschaftlichen oder historischen Forschungszwecken sowie zu statistischen Zwecken im Sinne des Art. 89 Abs. 1 DSGVO,
2. die leitenden Grundsätze für die Förderung von Wissenschaft und Forschung durch den Bund sowie
3. die Organisation von wissenschaftlichen Einrichtungen des Bundes.

(BGBl. I Nr. 31/2018, Art. 7 Z 6)

(4) Soweit in diesem Bundesgesetz auf Bestimmungen anderer Bundesgesetze verwiesen wird, sind diese in ihrer jeweils geltenden Fassung anzuwenden. *(BGBl. I Nr. 31/2018, Art. 7 Z 6)*

(BGBl. Nr. 341/1981)

---

[1]) BGBl. Nr. 341/1981 idF der mit dem Schulwesen im Zusammenhang stehenden Novellen BGBl. Nr. 101/1993, BGBl. I Nr. 47/2000, BGBl. I Nr. 31/2018, Art. 7, BGBl. I Nr. 75/2020, Art. 5, BGBl. I Nr. 205/2021, Art. 2, BGBl. I Nr. 60/2022, Art. 5, BGBl. I Nr. 116/2022, Art. 2 und BGBl. I Nr. 52/2023, Art. 3.

2. Abschnitt
Durchführung der Datenschutz-Grundverordnung und ergänzende Regelungen
(BGBl. I Nr. 31/2018, Art. 7 Z 7)

Allgemeine Bestimmungen zur Durchführung

§ 2a. Soweit in diesem Bundesgesetz keine besonderen Bestimmungen enthalten sind, bleiben andere Bestimmungen, insbesondere

1. des Allgemeinen Sozialversicherungsgesetzes, BGBl. Nr. 189/1955,
2. des Arzneimittelgesetzes (AMG), BGBl. Nr. 185/1983,
3. des Bauern-Sozialversicherungsgesetzes, BGBl. Nr. 559/1978,
4. des Beamten-Kranken- und Unfallversicherungsgesetzes, BGBl. Nr. 200/1967,
5. des Bildungsdokumentationsgesetzes, BGBl. I Nr. 12/2002,
6. des Blutsicherheitsgesetzes 1999, BGBl. I Nr. 44/1999,
7. des Bundesgesetzes über Krankenanstalten und Kuranstalten (KAKuG), BGBl. Nr. 1/1957,
8. des Bundesstatistikgesetzes 2000, BGBl. I Nr. 163/1999,
9. des Datenschutzgesetzes (DSG), BGBl. I Nr. 165/1999,
10. des Fachhochschul-Studiengesetzes, BGBl. Nr. 340/1993,
11. des Forschungs- und Technologieförderungsgesetzes (FTFG), BGBl. Nr. 434/1982,
12. des Forschungsförderungsgesellschaftsgesetzes (FFGG), BGBl. I Nr. 73/2004,
13. des FTE-Nationalstiftungsgesetzes (FTEG), BGBl. I Nr. 133/2003,

13a. des Bundesgesetzes über den Forschungs-, Wissenschafts-, Innovations- und Technologieentwicklungsrat (FWIT-Rat-Gesetz – FWITRG), BGBl. I Nr. 52/2023, *(BGBl. I Nr. 52/2023, Art. 3 Z 1)*

14. des Gentechnikgesetzes, BGBl. Nr. 510/1994,

14a. des GeoSphere Austria-Gesetzes (GSAG), BGBl. I Nr. 60/2022, *(BGBl. I Nr. 60/2022, Art. 5 Z 2)*

15. des Gesundheitstelematikgesetzes 2012, BGBl. I Nr. 111/2012,
16. des Gewebesicherheitsgesetzes, BGBl. I Nr. 49/2008,
17. des Gewerblichen Sozialversicherungsgesetzes, BGBl. Nr. 560/1978,
18. des Hochschul-Qualitätssicherungsgesetzes, BGBl. I Nr. 74/2011,
19. des Hochschülerinnen- und Hochschülerschaftsgesetzes 2014, BGBl. I Nr. 45/2014,
20. des Hochschulgesetzes 2005, BGBl. I Nr. 30/2006,
21. des Informationsweiterverwendungsgesetzes 2022, BGBl. I Nr. 116/2022, *(BGBl. I Nr. 116/2022, Art. 2 Z 1)*
22. des Innovationsstiftung-Bildung-Gesetzes (ISBG), BGBl. I Nr. 28/2017,
23. des IST-Austria-Gesetzes (ISTAG), BGBl. I Nr. 69/2006,
24. des Klima- und Energiefondsgesetzes, BGBl. I Nr. 40/2007,
25. des Medizinproduktegesetzes (MPG), BGBl. Nr. 657/1996,
26. des OeAD-Gesetzes (OeADG), BGBl. I Nr. 99/2008,
27. des ÖAW-Gesetzes, BGBl. Nr. 569/1921,
28. des Privatuniversitätengesetzes, BGBl. I Nr. 74/2011,
29. des Studienförderungsgesetzes 1992, BGBl. Nr. 305/1992,
30. des Tierversuchsgesetzes 2012, BGBl. I Nr. 114/2012,
31. des Universitätsgesetzes 2002 (UG), BGBl. I Nr. 120/2002 und
32. des UWK-Gesetzes (UWKG), BGBl. I Nr. 22/2004

unberührt.

(BGBl. I Nr. 31/2018, Art. 7 Z 7)

Begriffsbestimmungen

§ 2b. Im Sinne dieses Abschnitts bedeuten:

1. „Art-89-Förder- und Zuwendungsstellen“: natürliche oder juristische Personen, öffentliche Stellen, Behörden, Einrichtungen oder andere Stellen, die Art-89-Mittel zur Erreichung der Ziele gemäß § 1 Abs. 2 vergeben, wie insbesondere
   a) Abwicklungsstellen gemäß § 12 Abs. 1 FTFG oder
   b) Begünstigte gemäß § 3 Abs. 1 FTEG oder

c) leistende Stellen gemäß § 16 des Transparenzdatenbankgesetzes 2012 (TDBG 2012), BGBl. I Nr. 99/2012, oder
d) die OeAD-GmbH gemäß § 1 OeADG oder
e) die Österreichisch-Amerikanische Erziehungskommission gemäß Art. 1 des Abkommens zwischen der österreichischen Bundesregierung und der Regierung der Vereinigten Staaten von Amerika, betreffend die Finanzierung gewisser Erziehungs- und Kulturaustauschprogramme, BGBl. Nr. 213/1963, oder
f) Privatstiftungen gemäß § 1 Abs. 1 des Privatstiftungsgesetzes, BGBl. Nr. 694/1993, oder
g) Stiftungen gemäß § 2 Abs. 1 des Bundes-Stiftungs- und Fondsgesetzes 2015, BGBl. I Nr. 160/2015, oder
h) Substiftungen gemäß § 4 Abs. 5 ISBG;

2. „Art-89-Mittel": geldwerte Vorteile, die für Zwecke gemäß Art. 89 Abs. 1 DSGVO wissenschaftlichen Einrichtungen (Z 12) zukommen, wie insbesondere
a) Förderungen des Bundes gemäß § 30 Abs. 5 des Bundeshaushaltsgesetzes 2013 (BHG 2013), BGBl. I Nr. 130/2009, oder *(BGBl. I Nr. 31/2018, Art. 7 Z 7 idF BGBl. I Nr. 60/2022, Art. 5 Z 3)*
b) zins- oder amortisationsbegünstigte Gelddarlehen, Annuitäten-, Zinsen- oder Kreditkostenzuschüsse sowie sonstige Geldzuwendungen von Ländern, Gemeinden oder Privaten oder
c) Forschungsaufträge und Aufträge des Bundes gemäß § 12 oder
d) nach den Bestimmungen des Privatrechtes zu beurteilende Vereinbarungen von Ländern, Gemeinden oder Privaten mit von diesen verschiedenen Rechtsträgern im Bereich gemäß Art. 89 Abs. 1 DSGVO gegen eine bestimmte oder bestimmbare Gegenleistung;

3. „Big Data": die Verarbeitung großer Mengen von wenig oder nicht strukturierten Daten (Z 5);
4. „Citizen Science": Open Science (Z 9), die auch andere Personen als Wissenschaftlerinnen oder Wissenschaftler einbindet;
5. „Daten": personenbezogene Daten im Sinne des Art. 4 Nr. 1 DSGVO sowie sonstige Informationen;
6. „Forschungsmaterial": körperliche Sachen, die für Zwecke gemäß Art. 89 Abs. 1 DSGVO von Bedeutung sein können, wie insbesondere:
a) biologische, genetische, geologische oder sonstige Proben oder
b) Bild-, Film-, Ton- oder Videomaterial oder
c) Schriftgut gemäß § 25 Abs. 2 des Denkmalschutzgesetzes (DMSG), BGBl. Nr. 533/1923;
7. „Mobilität": einen zu Zwecken von Bildung, Wissenschaft oder Forschung erfolgenden, grenzüberschreitenden Wechsel des Ausbildungs- bzw. Arbeitsortes von
a) Studierenden im Sinne des § 2 Abs. 1 Z 4 des Bildungsdokumentationsgesetzes oder
b) Schülerinnen und Schülern im Sinne des § 2 Abs. 1 Z 3 des Bildungsdokumentationsgesetzes oder
c) Lehrlingen im Sinne des § 1 des Berufsausbildungsgesetzes, BGBl. Nr. 142/1969 oder
d) Personen, die in einem Arbeits- oder Auftragsverhältnis zu
aa) einer Fachhochschule oder
bb) dem Institute of Science and Technology – Austria oder
cc) der Österreichischen Akademie für Wissenschaften oder
dd) einer Pädagogischen Hochschule oder
ee) einer Privatuniversität oder
ff) einer sonstigen außeruniversitären Forschungseinrichtung oder
gg) einer Universität
stehen oder
e) Bezieherinnen und Bezieher von Stipendien, die von öffentlichen Stellen (Z 8) ausbezahlt werden;
8. „öffentliche Stelle": eine öffentliche Stelle gemäß § 4 Z 1 des Informationsweiterverwendungsgesetzes 2022 (IWG 2022), BGBl. I Nr. 116/2022, wobei

a) ausländische und internationale öffentliche Stellen und

b) internationale Organisationen gemäß Art. 4 Nr. 26 DSGVO, die die Kriterien des § 4 Z 1 lit. b sublit. cc IWG 2022 erfüllen,

jedenfalls als öffentliche Stellen im Sinne des § 4 Z 1 IWG 2022 anzusehen sind; *(BGBl. I Nr. 31/2018, Art. 7 Z 7 idF BGBl. I Nr. 116/2022, Art. 2 Z 2)*

9. „Open Science“: Strategien und Verfahren, die darauf abzielen, die Chancen der Digitalisierung konsequent zu nutzen, um alle Bestandteile des wissenschaftlichen Prozesses über das Internet offen zugänglich, nachvollziehbar und nachnutzbar zu machen;
10. „Tätigkeiten der Forschung und experimentellen Entwicklung“: Aktivitäten, die
    a) neuartig,
    b) schöpferisch,
    c) ungewiss in Bezug auf das Endergebnis,
    d) systematisch und
    e) übertrag- oder reproduzierbar

    sind.
11. „Technologietransfer“: die Bereitstellung von technischem Wissen durch wissenschaftliche Einrichtungen zur wirtschaftlichen Anwendung bzw. Verwertung;
12. „wissenschaftliche Einrichtungen“: natürliche Personen, Personengemeinschaften sowie juristische Personen, die Zwecke gemäß Art. 89 Abs. 1 DSGVO verfolgen, d.h. insbesondere Tätigkeiten der Forschung und experimentellen Entwicklung (Z 10) vornehmen, ungeachtet dessen, ob dies
    a) zu gemeinnützigen Zwecken (§§ 34 ff der Bundesabgabenordnung, BGBl. Nr. 194/1961) oder nicht oder
    b) im universitären, betrieblichen oder außeruniversitären Rahmen

    erfolgt;
13. „Wissenstransfer“: die Bereitstellung von Wissen durch Teile der Gesellschaft an andere Teile der Gesellschaft.

(BGBl. I Nr. 31/2018, Art. 7 Z 7)

Zulässigkeit des Einsatzes bereichsspezifischer Personenkennzeichen

§ 2c. (1) Die folgenden wissenschaftlichen Einrichtungen sind jedenfalls berechtigt bereichsspezifische Personenkennzeichen im Sinne dieses Abschnitts zu erhalten und einzusetzen:

1. Bundesmuseen nach dem Bundesmuseen-Gesetz 2002, BGBl. I Nr. 14/2002,
2. Fachhochschulen nach dem Fachhochschul-Studiengesetz,
3. die GeoSphere Austria gemäß § 1 GSAG, *(BGBl. I Nr. 60/2022, Art. 5 Z 4)*
4. das Institute of Science and Technology – Austria gemäß § 1 ISTAG,
5. natürliche Personen, Personengemeinschaften sowie juristische Personen, die Art-89-Mittel
    a) seitens des Wissenschaftsfonds (§ 2 FTFG) oder
    b) im Rahmen europäischer Rahmenprogramme für Forschung und Entwicklung

    erhalten haben, für die vereinbarte Dauer, mindestens jedoch fünf Jahre ab Zuerkennung der Art-89-Mittel,
6. die Österreichische Akademie der Wissenschaften,
7. die Österreichische Bibliothekenverbund und Service Gesellschaft mit beschränkter Haftung (§ 1 des Bundesgesetzes über die Österreichische Bibliothekenverbund und Service Gesellschaft mit beschränkter Haftung, BGBl. I Nr. 15/2002),
8. als Partner von der Österreichischen Forschungsförderungsgesellschaft mbH (§ 1 Abs. 1 FFGG) für die Einlösung des Innovationsschecks ausgewiesene Einrichtungen,
9. als Partner in der Forschungsinfrastrukturdatenbank des Bundesministeriums für Bildung, Wissenschaft und Forschung ausgewiesene Forschungseinrichtungen und Unternehmen, die ihre Forschungsinfrastruktur öffentlich anbieten,
10. Privatuniversitäten nach dem Privatuniversitätengesetz,

11. gemäß § 4a Abs. 3 oder Abs. 4 lit. a oder b des Einkommensteuergesetzes 1988, BGBl. Nr. 400/1988, spendenbegünstigte Einrichtungen,
12. die Universität für Weiterbildung Krems gemäß § 1 UWKG,
13. Universitäten nach dem Universitätsgesetz 2002,
14. wissenschaftliche Bibliotheken, *(BGBl. I Nr. 31/2018, Art. 7 Z 7 idF BGBl. I Nr. 205/2021, Art. 2 Z 1)*
15. *entfallen (BGBl. I Nr. 31/2018, Art. 7 Z 7 idF BGBl. I Nr. 205/2021, Art. 2 Z 2 und BGBl. I Nr. 60/2022, Art. 5 Z 5)*
16. das Institut des Bundes für Qualitätssicherung im österreichischen Schulwesen nach dem IQS-Gesetz, BGBl. I Nr. 50/2019, *(BGBl. I Nr. 205/2021, Art. 2 Z 2)*
17. die Gesundheit Österreich GmbH, nach dem Bundesgesetz über die Gesundheit Österreich GmbH, BGBl. I Nr. 132/2006, sowie *(BGBl. I Nr. 205/2021, Art. 2 Z 2)*
18. öffentliche Stellen (§ 2b Z 8), die gesetzlich mit Aufgaben gemäß Art. 89 DSGVO betraut sind. *(BGBl. I Nr. 205/2021, Art. 2 Z 2)*

(2) Die Bundesministerin oder der Bundesminister für Klimaschutz, Umwelt, Energie, Mobilität, Innovation und Technologie hat auf begründeten, schriftlichen Antrag mit Bescheid für die Gültigkeitsdauer von maximal fünf Jahren zu bestätigen, dass die antragstellenden wissenschaftlichen Einrichtungen, die nicht in Abs. 1 angeführt sind, Tätigkeiten der Forschung und experimentellen Entwicklung (§ 2b Z 10) durchführen und daher berechtigt sind bereichsspezifische Personenkennzeichen im Sinne dieses Abschnitts zu erhalten und einzusetzen. *(BGBl. I Nr. 31/2018, Art. 7 Z 7 idF BGBl. I Nr. 75/2020, Art. 5 Z 1)*

(3) Der Antrag gemäß Abs. 2 hat jedenfalls zu enthalten:
1. bei wissenschaftlichen Einrichtungen (§ 2b Z 12), die
   a) natürliche Personen sind, die Namensangaben gemäß § 2g Abs. 2 Z 1 und
   b) keine natürlichen Personen sind, die Angaben gemäß § 2f Abs. 1 Z 3 lit. a bis c

   der antragstellenden wissenschaftlichen Einrichtung,
2. Beschreibung der Tätigkeiten gemäß § 2b Z 10 der antragstellenden wissenschaftlichen Einrichtung,
3. Begründung, samt allfälliger Unterlagen, warum die Tätigkeiten gemäß Z 2
   a) neuartig,
   b) schöpferisch,
   c) ungewiss in Bezug auf das Endergebnis,
   d) systematisch und
   e) übertrag- oder reproduzierbar

   sind,
4. Namensangaben (§ 2g Abs. 2 Z 1) und Personenmerkmale (§ 2g Abs. 2 Z 2) der natürlichen Person, die für die Tätigkeiten gemäß Z 2 verantwortlich ist,
5. eine von einer vertretungsbefugten Person unterfertigte Erklärung, dass gegenüber der antragstellenden wissenschaftlichen Einrichtung in den letzten drei Jahren vor Stellung des Antrags
   a) keine Untersagung gemäß § 22 Abs. 4 DSG erfolgte und
   b) keine Maßnahme gemäß Art. 58 Abs. 2 Buchstaben f bis j DSGVO gesetzt wurde,
6. in den Fällen des Abs. 1 Z 5, 8 und 9 einen Nachweis über das Vorliegen der jeweiligen Voraussetzung sowie
7. die maximale, fünf Jahre nicht übersteigende Dauer der Bestätigung.

(4) Die wissenschaftlichen Einrichtungen haben Umstände, die zur Entziehung der Bestätigung führen könnten, unverzüglich und möglichst binnen 72 Stunden, nachdem ihnen diese Umstände bekannt wurden, der Bundesministerin oder dem Bundesminister für Klimaschutz, Umwelt, Energie, Mobilität, Innovation und Technologie zu melden. Erfolgt die Meldung nicht binnen 72 Stunden, so ist ihr eine Begründung für die Verzögerung beizufügen. *(BGBl. I Nr. 31/2018, Art. 7 Z 7 idF BGBl. I Nr. 75/2020, Art. 5 Z 1)*

(5) Die Verlängerung der Bestätigung ist mit Bescheid zu verweigern oder eine bestehende Bestätigung mit Bescheid zu entziehen, wenn die Voraussetzungen der Bestätigung nicht oder nicht mehr vorliegen oder die Bestätigung erschlichen wurde.

(6) Die Verlängerung der Bestätigung kann mit Bescheid verweigert oder eine bestehende Bestätigung mit Bescheid entzogen werden, wenn in den letzten drei Jahren
1. eine Untersagung gemäß § 22 Abs. 4 DSG erfolgte oder
2. eine Maßnahme gemäß Art. 58 Abs. 2 DSGVO gesetzt wurde.

(7) Die Bundesministerin oder der Bundesminister für Klimaschutz, Umwelt, Energie, Mobilität, Innovation und Technologie hat wissenschaftliche Einrichtungen, denen eine Bestätigung gemäß Abs. 2 ausgestellt wurde, mindestens einmal jährlich in geeigneter Weise, insbesondere im Internet, zu veröffentlichen. *(BGBl. I Nr. 31/2018, Art. 7 Z 7 idF BGBl. I Nr. 75/2020, Art. 5 Z 1)*

(BGBl. I Nr. 31/2018, Art. 7 Z 7)

Grundlegende Bestimmungen zum Schutz personenbezogener Daten

§ 2d. (1) Für Verarbeitungen nach diesem Abschnitt sind insbesondere folgende angemessene Maßnahmen, wie sie insbesondere in Art. 9 Abs. 2 Buchstabe j sowie Art. 89 Abs. 1 DSGVO vorgesehen sind, einzuhalten:

1. über Zugriffe auf personenbezogene Daten, die auf Grundlage dieses Abschnitts automationsunterstützt verarbeitet werden, ist Protokoll zu führen, damit tatsächlich durchgeführte Verarbeitungsvorgänge, wie insbesondere Änderungen, Abfragen und Übermittlungen, im Hinblick auf ihre Zulässigkeit im notwendigen Ausmaß nachvollzogen werden können. *(BGBl. I Nr. 205/2021, Art. 2 Z 3)*
2. Verantwortliche und Auftragsverarbeiter, die personenbezogene Daten auf Grundlage dieses Abschnitts verarbeiten und ihre Mitarbeiterinnen und Mitarbeiter – das sind Arbeitnehmerinnen und Arbeitnehmer (Dienstnehmerinnen und Dienstnehmer) und Personen in einem arbeitnehmerähnlichen (dienstnehmerähnlichen) Verhältnis – haben personenbezogene Daten, die ihnen ausschließlich auf Grundlage dieses Abschnitts anvertraut wurden oder zugänglich geworden sind, unbeschadet sonstiger gesetzlicher Verschwiegenheitspflichten, geheim zu halten, soweit kein rechtlich zulässiger Grund für eine Übermittlung der anvertrauten oder zugänglich gewordenen personenbezogenen Daten besteht (Datengeheimnis).
3. Personenbezogene Daten, die auf Grundlage dieses Abschnitts automationsunterstützt verarbeitet werden, dürfen ausschließlich für Zwecke dieses Bundesgesetzes verarbeitet werden.
4. Natürliche Personen, deren personenbezogene Daten auf Grundlage dieses Abschnitts verarbeitet werden, dürfen keine Nachteile aus der Verarbeitung erleiden, wobei die Verarbeitung in Übereinstimmung mit diesem Abschnitt keinen Nachteil darstellt.
5. Verantwortliche, die Verarbeitungen auf Grundlage des Abs. 2 durchführen, haben
   a) im Internet öffentlich einsehbar auf die Inanspruchnahme dieser Rechtsgrundlage hinzuweisen,
   b) bei Ausstattung ihrer Daten mit bereichsspezifischen Personenkennzeichen die Namensangaben sowie andere Personenkennzeichen gemäß Art. 87 DSGVO abgesehen von den bereichsspezifischen Personenkennzeichen „Forschung" (bPK-BF-FO) und bereichsspezifischen Personenkennzeichen in verschlüsselter Form (vbPK) jedenfalls zu löschen, *(BGBl. I Nr. 31/2018, Art. 7 Z 7 idF BGBl. I Nr. 205/2021, Art. 2 Z 4)*
   c) vor Heranziehung von Registern gemäß Abs. 2 Z 3 jedenfalls einen Datenschutzbeauftragten (Art. 37 DSGVO) zu bestellen,
   d) die Aufgabenverteilung bei der Verarbeitung der Daten (§ 2b Z 5) zwischen den Organisationseinheiten und zwischen den Mitarbeiterinnen und Mitarbeitern ausdrücklich festzulegen,
   e) die Verarbeitung von Daten an das Vorliegen gültiger Aufträge der anordnungsbefugten Organisationseinheiten und Mitarbeiter zu binden,
   f) jede Mitarbeiterin und jeden Mitarbeiter über ihre oder seine nach diesem Bundesgesetz und nach innerorganisatorischen Datenschutzvorschriften einschließlich der Datensicherheitsvorschriften bestehenden Pflichten zu belehren,
   g) die Zutrittsberechtigung zu den Räumlichkeiten, in denen die Verarbeitung der Daten (§ 2b Z 5) tatsächlich erfolgt, zu regeln,
   h) die Zugriffsberechtigung auf Daten (§ 2b Z 5) und Programme und den Schutz der Datenträger vor der Einsicht und Verwendung durch Unbefugte zu regeln,
   i) die Berechtigung zum Betrieb der Datenverarbeitungsgeräte festzulegen und jedes Gerät durch Vorkehrungen bei den eingesetzten Maschinen oder Programmen gegen die unbefugte Inbetriebnahme abzusichern,
   j) eine Dokumentation über die nach den lit. d bis i getroffenen Maßnahmen zu führen, um die Kontrolle und Beweissicherung zu erleichtern,
   k) in ihrem Antrag auf Zugang zu Daten gemäß § 2d Abs. 2 Z 3 anzugeben:
      aa) die Gründe, warum das Forschungsvorhaben nur mittels des in § 2d Abs. 2 Z 3 vorgesehenen Zugangs durchgeführt werden kann,
      bb) die natürlichen Personen, die Zugang zu Daten gemäß § 2d Abs. 2 Z 3 erhalten sollen,

cc) die Datensätze, zu denen Zugang benötigt wird, und die Methoden ihrer Analyse sowie
dd) die angestrebten Ergebnisse des Forschungsvorhabens,

(BGBl. I Nr. 205/2021, Art. 2 Z 5)

l) bei Verarbeitung von Daten, zu denen gemäß § 2d Abs. 2 Z 3 Zugang gewährt wurde, vorzusehen, dass nur die im Antrag genannten natürlichen Personen auf diese Daten zugreifen dürfen. *(BGBl. I Nr. 205/2021, Art. 2 Z 5)*

m) bei Übermittlung von Namensangaben gemäß Abs. 2 Z 3 sind diese nach Erreichung der Zwecke gemäß Art. 89 Abs. 1 DSGVO zu löschen.

6. Die Veröffentlichung von Personenkennzeichen darf unter keinen Umständen erfolgen. *(BGBl. I Nr. 31/2018, Art. 7 Z 7 idF BGBl. I Nr. 205/2021, Art. 2 Z 6)*

6a. Bei Gewährung des Zugangs zu Daten (§ 2b Z 5) gemäß Abs. 2 Z 3 haben Verantwortliche, die bundesgesetzlich vorgesehene Register führen
   a) die §§ 31a und 31b des Bundesstatistikgesetzes 2000, BGBl. I Nr. 163/1999, einzuhalten und
   b) andere Personenkennzeichen gemäß Art. 87 DSGVO als bereichsspezifische Personenkennzeichen zu entfernen.

(BGBl. I Nr. 205/2021, Art. 2 Z 7)

7. Die Bundesministerin oder der Bundesminister für Bildung, Wissenschaft und Forschung hat nach Anhörung
   a) von Vertreterinnen oder Vertretern, die von den zuständigen Bundesministerinnen und Bundesminister ernannt wurden, wobei jede Bundesministerin oder jeder Bundesminister eine Vertreterin oder einen Vertreter zu ernennen hat, und
   b) der Mitglieder der Delegiertenversammlung gemäß § 5a Abs. 1 und 2 Z 1 und 2 FTFG

dem Datenschutzrat (§ 14 DSG) in Abständen von fünf Jahren bis zum 1. Juni des jeweiligen Jahres einen Bericht über die Anwendung dieses Abschnitts vorzulegen.

8. Soweit keine abweichenden Bestimmungen getroffen werden, haben Verarbeitungen nach diesem Abschnitt den Anforderungen des Abs. 2 Z 1 zu entsprechen.

(2) Zur Erleichterung der Identifikation im Tätigkeitsbereich „Forschung“ (BF-FO) gemäß § 9 Abs. 1 des E-Government-Gesetzes (E-GovG), BGBl. I Nr. 10/2004, sind die §§ 14 und 15 E-GovG im privaten Bereich nicht anzuwenden. Stattdessen sind die Bestimmungen des E-GovG, die für Verantwortliche des öffentlichen Bereichs gelten, wie insbesondere die §§ 8 bis 13 E-GovG, anzuwenden. Für Zwecke dieses Bundesgesetzes dürfen wissenschaftliche Einrichtungen (§ 2b Z 12), insbesondere auf Grundlage des Art. 9 Abs. 2 Buchstabe g, i und j DSGVO, somit

1. sämtliche personenbezogene Daten jedenfalls verarbeiten, insbesondere im Rahmen von Big Data, personalisierter Medizin, biomedizinischer Forschung, Biobanken und der Übermittlung an andere wissenschaftliche Einrichtungen und Auftragsverarbeiter, wenn
   a) anstelle des Namens, bereichsspezifische Personenkennzeichen oder andere eindeutige Identifikatoren zur Zuordnung herangezogen werden oder *(BGBl. I Nr. 31/2018, Art. 7 Z 7 idF BGBl. I Nr. 205/2021, Art. 2 Z 8)*
   b) die Verarbeitung in pseudonymisierter Form (Art. 4 Nr. 5 DSGVO) erfolgt oder
   c) Veröffentlichungen
      aa) nicht oder
      bb) nur in anonymisierter oder pseudonymisierter Form *(BGBl. I Nr. 31/2018, Art. 7 Z 7 idF BGBl. I Nr. 205/2021, Art. 2 Z 9)*
      cc) entfallen (BGBl. I Nr. 205/2021, Art. 2 Z 10)

      erfolgen oder
   d) die Verarbeitung ausschließlich zum Zweck der Anonymisierung oder Pseudonymisierung erfolgt und keine Offenlegung direkt personenbezogener Daten an Dritte (Art. 4 Nr. 10 DSGVO) damit verbunden ist,
2. die Ausstattung ihrer Daten mit bereichsspezifischen Personenkennzeichen für den Tätigkeitsbereich „Forschung“ (bPK-BF-FO) sowie von verschlüsselten bPK gemäß § 13 Abs. 2 E-GovG innerhalb der in Art. 12 Abs. 3 DSGVO genannten Frist von der Stammzahlenregisterbehörde verlangen, wenn
   a) die Antragstellerin oder der Antragsteller eine wissenschaftliche Einrichtung gemäß § 2c Abs. 1 ist oder über eine gültige Bestätigung gemäß § 2c Abs. 2 verfügt,
   b) die Kosten für die Ausstattung mit bereichsspezifischen Personenkennzeichen ersetzt werden und
   c) die Antragstellerin oder der Antragsteller zumindest Vorname, Familienname und Geburtsdatum für jeden auszustattenden Datensatz bereitstellt *(BGBl. I Nr. 31/2018, Art. 7 Z 7 idF BGBl. I Nr. 75/2020, Art. 5 Z 2)*

   sowie

3. von Verantwortlichen, die bundesgesetzlich vorgesehene Register – mit Ausnahme der in den Bereichen der Gerichtsbarkeit sowie der Rechtsanwälte und Notare im Rahmen des jeweiligen gesetzlichen Wirkungsbereichs geführten Register und des Strafregisters – führen, sowie im Falle von ELGA von der ELGA-Ombudsstelle, den Zugang zu Daten (§ 2b Z 5), bei denen keine Identifizierung von betroffenen Personen oder Unternehmen durch Namen, Anschrift oder anhand einer öffentlich zugänglichen Identifikationsnummer möglich ist, innerhalb der in Art. 12 Abs. 3 DSGVO genannten Frist aus diesen Registern in elektronischer Form verlangen, wenn
   a) die Verarbeitung
      aa) ausschließlich für Zwecke der Lebens- und Sozialwissenschaften erfolgt und
      bb) auch einem öffentlichen Interesse dient, insbesondere eine Zielsetzung gemäß Art. 23 Abs. 1 DSGVO erfüllt,
   b) das Register in einer Verordnung gemäß § 38b angeführt ist,
   c) die Antragstellerin oder der Antragsteller eine wissenschaftliche Einrichtung gemäß § 2c Abs. 1 ist oder über eine gültige Bestätigung gemäß § 2c Abs. 2 verfügt,
   d) die Kosten für die Gewährung des Zugangs zu Daten (§ 2b Z 5) ersetzt werden und
   e) falls ein Abgleich mit vorhandenen Daten beantragt wird, beim Antrag auf Gewährung des Zugangs zu Daten (§ 2b Z 5) die entsprechenden bPK gemäß § 13 Abs. 2 E-GovG der betroffenen Personen zur Verfügung gestellt werden.

(BGBl. I Nr. 205/2021, Art. 2 Z 11)

(3) Im Anwendungsbereich dieses Bundesgesetzes ist die Verarbeitung von Daten (§ 2b Z 5) gemäß Art. 9 Abs. 2 Buchstabe j DSGVO zulässig, wenn die betroffene Person freiwillig, in informierter Weise und unmissverständlich ihren Willen in Form einer Erklärung oder einer sonstigen eindeutigen bestätigenden Handlung bekundet, mit der Verarbeitung der sie betreffenden personenbezogenen Daten einverstanden zu sein, wobei die Angabe eines Zweckes durch die Angabe

1. eines Forschungsbereiches oder
2. mehrerer Forschungsbereiche oder
3. von Forschungsprojekten oder
4. von Teilen von Forschungsprojekten

erfolgen darf („broad consent").

(4) Hinsichtlich der Weiterverarbeitung gemäß Art. 5 Abs. 1 Buchstabe b DSGVO zu Zwecken gemäß Art. 89 Abs. 1 DSGVO stellen diese keine unzulässigen Zwecke im Sinne des § 62 Abs. 1 Z 2 DSG dar.

(5) Gemäß Art. 5 Abs. 1 Buchstabe e DSGVO dürfen personenbezogene Daten für Zwecke gemäß Art. 89 Abs. 1 DSGVO unbeschränkt gespeichert und gegebenenfalls sonst verarbeitet werden, soweit gesetzlich keine zeitlichen Begrenzungen vorgesehen sind.

(6) Die folgenden Rechte finden insoweit keine Anwendung, als dadurch die Erreichung von Zwecken gemäß Art. 89 Abs. 1 DSGVO voraussichtlich unmöglich gemacht oder ernsthaft beeinträchtigt wird:

1. Auskunftsrecht der betroffenen Person (Art. 15 DSGVO),
2. Recht auf Berichtigung (Art. 16 DSGVO),
3. Recht auf Löschung bzw. Recht auf Vergessenwerden (Art. 17 DSGVO),
4. Recht auf Einschränkung der Verarbeitung (Art. 18 DSGVO),
5. Recht auf Datenübertragbarkeit (Art. 20 DSGVO) sowie
6. Widerspruchsrecht (Art. 21 DSGVO).

(7) Auf Grundlage des Art. 9 Abs. 2 Buchstabe j DSGVO ist im Sinne des § 7 Abs. 2 Z 1 DSG die Einholung einer Genehmigung der Datenschutzbehörde gemäß § 7 Abs. 2 Z 3 DSG nicht erforderlich, wenn die Verarbeitung in Übereinstimmung mit diesem Abschnitt erfolgt.

(8) Abweichend von § 12 Abs. 4 Z 3 und 4 DSG ist im Anwendungsbereich dieses Bundesgesetzes und des § 44 KAKuG sowohl der automationsunterstützte Abgleich von mittels Bildaufnahmen gewonnenen personenbezogenen Daten mit anderen personenbezogenen Daten als auch die Auswertung von mittels Bildaufnahmen gewonnen personenbezogenen Daten anhand von besonderen Kategorien personenbezogener Daten (Art. 9 DSGVO) als Auswahlkriterium für Zwecke gemäß Art. 89 Abs. 1 DSGVO zulässig, vorausgesetzt

1. die Verarbeitung erfolgt durch wissenschaftliche Einrichtungen und
2. durch die Verarbeitung erfolgt keine Veröffentlichung personenbezogener Daten.

(9) Bereichsspezifische Personenkennzeichen (§ 9 E-GovG) dürfen für Zwecke dieses Bundesgesetzes in maschinenlesbarer Form an Forschungsmaterial (§ 2b Z 6) angebracht werden."

(BGBl. I Nr. 31/2018, Art. 7 Z 7)

Qualitätsmanagement

§ 2e. (1) Die Feststellung der mittel- und langfristigen Wirkungen dient
1. dem optimalen Mitteleinsatz von öffentlichen Stellen zur Förderung von Zwecken gemäß Art. 89 Abs. 1 DSGVO sowie
2. der bestmöglichen Entwicklung des Wissensstandes in den in Art. 89 Abs. 1 DSGVO genannten Disziplinen durch Veröffentlichung, Anwendung und Verwertung des aktuellen Forschungsstandes sowie Beobachtung und Evaluierung von Tätigkeiten der Forschung und experimentellen Entwicklung (§ 2b Z 10).

(2) Zur Feststellung der Wirkungen gemäß Abs. 1, die von der Tätigkeit von wissenschaftlichen Einrichtungen (§ 2b Z 12) ausgelöst werden, dürfen diese insbesondere die folgenden Daten direkt personenbezogen verarbeiten, jedoch nur in pseudonymisierter oder anonymisierter Form veröffentlichen:
1. hinsichtlich der Personen, die im Rahmen von Lehre bzw. Forschung tätig waren bzw. sind:
   a) sämtliche Daten gemäß § 2g Abs. 1 bis 4,
   b) soziobiografische und sozioökonomische Angaben,
   c) qualitative Daten, wie insbesondere betreffend
      aa) Relevanz des Studiums für die Beschäftigung,
      bb) berufliches Fortkommen und Zufriedenheit,
      cc) Wahrnehmung der Qualität und Relevanz ihrer Bildungs- und Ausbildungserfahrung sowie
   d) quantitative Daten, wie insbesondere betreffend
      aa) Einstieg ins Berufsleben und weitere (Aus-)Bildung,
      bb) Einkommen,
      cc) Art des Vertrags,
      dd) Beschäftigungsstatus,
      ee) Beruf, Berufsstatus und Tätigkeit (im Verlauf),
      ff) Angaben zu geografischen und sektoralen Mobilitäten (§ 2b Z 7) sowie
      gg) sämtliche akademische Funktionen, Publikationen, Drittmitteleinwerbungen und Aktivitäten betreffend Technologietransfer sowie
2. hinsichtlich der Personen, die im Rahmen der Lehre betreut wurden bzw. werden, die unter Z 1 genannten Angaben sowie quantitativen Daten, wie insbesondere betreffend
   a) Studienintensität,
   b) Studienmethode,
   c) Qualifikation(en),
   d) erhaltene Leistungspunkte sowie
   e) Studienfach.

(3) Zur Feststellung der Wirkungen gemäß Abs. 1, die von der Tätigkeit von wissenschaftlichen Einrichtungen gemäß § 2c Abs. 1 oder von wissenschaftlichen Einrichtungen, die über eine gültige Bestätigung gemäß § 2c Abs. 2 verfügen, ausgelöst werden, dürfen diese sowie die allenfalls zuständigen Bundesministerinnen und Bundesminister
1. von der Stammzahlenregisterbehörde eine kostenlose Ausstattung ihrer Daten mit bereichsspezifischen Personenkennzeichen Amtliche Statistik wie Verantwortliche des öffentlichen Bereichs gemäß § 10 Abs. 2 E-GovG sowie
2. die Übermittlung von in Abs. 2 angeführten Daten von öffentlichen Stellen (§ 2b Z 8) und Art-89-Förder- und Zuwendungsstellen (§ 2b Z 1) *(BGBl. I Nr. 31/2018, Art. 7 Z 7 idF BGBl. I Nr. 75/2020, Art. 5 Z 4)*

verlangen.

(4) Zur Feststellung der Wirkungen gemäß Abs. 1 der Tätigkeit von Art-89-Förder- und Zuwendungsstellen (§ 2b Z 1) sind die Abs. 2 und 3 auf diese sowie die allenfalls zuständigen Bundesministerinnen und Bundesminister mit der Maßgabe anzuwenden, dass *(BGBl. I Nr. 31/2018, Art. 7 Z 7 idF BGBl. I Nr. 75/2020, Art. 5 Z 5)*
1. an die Stelle der natürlichen Personen gemäß Abs. 2 die natürlichen Personen und sonstigen Betroffenen (§ 6 Abs. 4 E-GovG) treten, die Art-89-Mittel beantragt oder erhalten haben, sowie
2. bei sonstigen Betroffenen (Z 1) an die Stelle der bereichsspezifischen Personenkennzeichen deren Stammzahl tritt.

(BGBl. I Nr. 31/2018, Art. 7 Z 7)

Datengrundlagen für Tätigkeiten zu Zwecken gemäß Art. 89 Abs. 1 DSGVO

§ 2f. (1) Wissenschaftliche Einrichtungen (§ 2b Z 12) dürfen Forschungsmaterial (§ 2b Z 6) für Zwecke gemäß Art. 89 Abs. 1 DSGVO insbesondere sammeln, archivieren und systematisch erfassen und dazu sämtliche Daten (§ 2b Z 5) verarbeiten, die erforderlich sind, um einen optimalen Zugang zu Daten (§ 2b Z 5) und Forschungsmaterial für Zwecke gemäß Art. 89 Abs. 1 DSGVO („Repositories") zu gewährleisten, wie insbesondere:

1. Namensangaben gemäß § 2g Abs. 2 Z 1,
2. Personenmerkmale gemäß § 2g Abs. 2 Z 2, sowie insbesondere:
   a) Zugehörigkeit zu einer sozialen, ethnischen oder kulturellen Gruppe,
   b) soziale Stellung,
   c) Beruf,
   d) Sprachkenntnisse und sonstige, besondere Kenntnisse,
   e) die Angaben gemäß lit. a bis d hinsichtlich der Vorfahren,
   f) Personenkennung, insbesondere durch bereichsspezifisches Personenkennzeichen des Tätigkeitsbereichs „Bildung und Forschung",
3. soweit verfügbar, Angaben zu sonstigen Betroffenen gemäß § 6 Abs. 4 E-GovG, die in Beziehung zu den natürlichen Personen stehen, deren Daten verarbeitet werden sollen:
   a) Bezeichnung,
   b) Rechtsform,
   c) elektronische Kennung gemäß § 6 Abs. 3 E-GovG,
   d) Angaben zur Beziehung zwischen den sonstigen Betroffenen und den natürlichen Personen, deren Daten verarbeitet werden sollen,
   e) Gründungsdatum,
4. Adress- und Kontaktdaten gemäß § 2g Abs. 2 Z 5,
5. sonstige Daten, die für die Archivierung und Klassifikation erforderlich sind, wie etwa Fundortdaten oder Angaben gemäß § 2g Abs. 2 Z 1 und 2 zu Personen, die das Forschungsmaterial zur Verfügung gestellt haben, sowie
6. weitere Angaben, wie insbesondere:
   a) politische Hintergrundinformationen,
   b) religiöse Hintergrundinformationen,
   c) rechtliche Hintergrundinformationen,
   d) traditionelle Hintergrundinformationen,
   e) Hintergrundinformationen betreffend die Gesundheit, Gesundheitsdaten oder genetische Daten oder
   f) andere gruppenspezifische Hintergrundinformationen.

(2) Abweichend von § 2d Abs. 1 Z 8 und Abs. 2 Z 1 dürfen wissenschaftliche Einrichtungen, die Verantwortliche der Repositories gemäß Abs. 1 sind, anderen wissenschaftlichen Einrichtungen direkt personenbezogene Daten bereitstellen, wenn

1. sie die anderen wissenschaftlichen Einrichtungen über deren Pflichten nach diesem Abschnitt und der Datenschutz-Grundverordnung nachweislich aufgeklärt haben,
2. sie Vorkehrungen dafür getroffen haben, dass die anderen wissenschaftlichen Einrichtungen ihre Pflichten nach diesem Abschnitt einhalten, und
3. eine von einer vertretungsbefugten Person der anderen wissenschaftlichen Einrichtung unterfertigte Erklärung vorliegt, dass gegenüber der anderen wissenschaftlichen Einrichtung in den letzten drei Jahren
   a) keine Untersagung gemäß § 22 Abs. 4 DSG erfolgte und
   b) keine Maßnahme gemäß Art. 58 Abs. 2 Buchstaben f bis j DSGVO gesetzt wurde.

(3) Ungeachtet des Abs. 1 dürfen Daten und Forschungsmaterial, die als Grundlage für Tätigkeiten zu Zwecken gemäß Art. 89 Abs. 1 DSGVO verarbeitet wurden („Rohdaten"), ab Veröffentlichung der Ergebnisse dieser Tätigkeiten

1. zum Nachweis der Einhaltung guter wissenschaftlicher Praxis mindestens 10 Jahre sowie
2. zur Geltendmachung, Ausübung und Verteidigung von Rechtsansprüchen bis zu 30 Jahre

gespeichert und gegebenenfalls sonst verarbeitet werden.

(4) Verarbeitungen im Rahmen von biologischen Proben- und Datensammlungen aus Gründen des öffentlichen Interesses im Bereich der öffentlichen Gesundheit, wie dem Schutz vor schwerwiegenden grenzüberschreitenden Gesundheitsgefahren oder zur Gewährleistung hoher Qualitäts- und Sicherheitsstandards bei der Gesundheitsversorgung und bei Arzneimitteln und Medizinprodukten, stellen zulässige Verarbeitungen im Sinne des Art. 9 Abs. 2 Buchstaben h, i und j DSGVO

dar. Die Verantwortlichen haben jedenfalls die folgenden, angemessenen und spezifischen Maßnahmen vorzusehen:

1. die schnellstmögliche Pseudonymisierung, wenn dennoch die Zwecke der Verarbeitungen erfüllt werden können, sowie
2. die Einhaltung der gemäß Art. 32 DSGVO erforderlichen Datensicherheitsmaßnahmen.

(5) Für Zwecke der Lehre, insbesondere das Verfassen schriftlicher Seminar- und Prüfungsarbeiten, Bachelorarbeiten sowie wissenschaftlicher und künstlerischer Arbeiten durch Studierende, dürfen sämtliche personenbezogene Daten verarbeitet werden, wenn sichergestellt ist, dass – außer zulässigen Verarbeitungen – keine Übermittlung an Empfängerinnen oder Empfänger zu anderen Zwecken als gemäß Art. 89 Abs. 1 DSGVO erfolgt.

(6) Für Zwecke der medizinischen Forschung und sterbefallbezogener Analysen darf die Bundesanstalt Statistik Österreich wissenschaftlichen Einrichtungen nach Vereinbarung der konkreten Anwendungsbereiche und eines angemessenen Kostenersatzes das Sterbedatum und die Todesursache von Betroffenen übermitteln. Die wissenschaftlichen Einrichtungen und deren Angehörige unterliegen hinsichtlich dieser Daten der Geheimhaltungspflicht gemäß § 17 Abs. 3 des Bundesstatistikgesetzes 2000 und dürfen diese Daten ausschließlich für wissenschaftliche Zwecke verwenden.

(7) An Medizinischen Universitäten bzw. Universitäten, an denen eine Medizinische Fakultät eingerichtet ist, ist vor Übermittlung gemäß Abs. 6 die Ethikkommission gemäß § 30 UG zu befassen. An anderen wissenschaftlichen Einrichtungen (§ 2b Z 12) ist – sofern eingerichtet – eine Ethikkommission gemäß § 8c KAKuG oder eine vergleichbare Ethikkommission zu befassen. *(BGBl. I Nr. 31/2018, Art. 7 Z 7 idF BGBl. I Nr. 75/2020, Art. 5 Z 3)*

(BGBl. I Nr. 31/2018, Art. 7 Z 7)

Verarbeitungen durch Art-89-Förder- und Zuwendungsstellen
(BGBl. I Nr. 31/2018, Art. 7 Z 7 idF BGBl. I Nr. 75/2020, Art. 5 Z 6)

§ 2g. (1) Art-89-Förder- und Zuwendungsstellen (§ 2b Z 1) dürfen zur Vergabe von Art-89-Mitteln für die Entwicklung und Erschließung der Künste und Zwecken gemäß Art. 89 Abs. 1 DSGVO sowie der Geltendmachung, Ausübung und Verteidigung von Rechtsansprüchen insbesondere *(BGBl. I Nr. 31/2018, Art. 7 Z 7 idF BGBl. I Nr. 75/2020, Art. 5 Z 7)*

1. Anträge, Anbote, Verträge, Gutachten sowie sonstige Daten im Sinne des § 2b Z 5 („Förderunterlagen") verarbeiten, d.h. insbesondere an andere Art 89-Förder- und Zuwendungsstellen, öffentliche Stellen, Gutachterinnen und Gutachter sowie Auftragsverarbeiter übermitteln, wobei Förderunterlagen jedenfalls für die Dauer von zehn Jahren, und zwar
   a) im Falle der Zurücknahme oder Nichtweiterverfolgung des Antrags oder Anbots oder einer negativen Entscheidung ab dem letzten Kontakt und
   b) im Falle einer positiven Entscheidung ab dem Ende des Jahres der Auszahlung der gesamten Art-89-Mittel (§ 2b Z 2) oder des gesamten Entgelts,

   gespeichert und gegebenenfalls sonst verarbeitet werden dürfen, oder
2. im Internet oder im Rahmen sonst öffentlich zugänglicher Berichte
   a) bei natürlichen Personen
      aa) Vornamen,
      bb) Familiennamen,
      cc) akademische Titel,
      dd) Geschlecht,
      ee) Foto sowie
      ff) gegebenenfalls die Herkunfts- und Zielinstitution und
   b) sonst Bezeichnung, Anschrift und Sitz

   von Empfängerinnen und Empfängern von Art-89-Mitteln, Auftragswerberinnen und -werbern, Projektleiterinnen und -leitern sowie Projektpartnerinnen und -partnern jedenfalls zehn Jahre ab Zuerkennung der beantragten Art-89-Mittel oder Beauftragung, danach bis auf Widerruf, gemeinsam mit dem Titel, der Beschreibung, der Laufzeit und weiteren Angaben zum geförderten Projekt veröffentlichen, es sei denn, die Veröffentlichung ist geeignet, die öffentliche Sicherheit, die Strafrechtspflege, die umfassende Landesverteidigung, die auswärtigen Beziehungen oder berechtigte private oder geschäftliche Interessen zu verletzen, oder
3. die folgenden Daten von Empfängerinnen und Empfängern von Art-89-Mitteln oder Auftragswerberinnen und -werbern für Zwecke der Kontaktaufnahme jedenfalls für die Dauer von zehn Jahren ab dem in Z 1 lit. a oder b angeführten Zeitpunkt speichern und gegebenenfalls sonst verarbeiten:

a) die Namensangaben gemäß Abs. 2 Z 1,
b) die Personenmerkmale gemäß Abs. 2 Z 2,
c) die Adress- und Kontaktdaten gemäß Abs. 2 Z 5,
d) die Angaben gemäß lit. a bis c zu allfälligen Projektpartnerinnen und -partnern,
e) soweit verfügbar, Angaben zur Ausbildung gemäß Abs. 2 Z 7,
f) soweit verfügbar, Angaben zu
aa) erhaltenen Art-89-Mitteln (§ 2b Z 2), insbesondere Angaben zu geförderten Projekten, sowie
bb) Mobilitäten gemäß § 10a Abs. 4 OeADG.

(2) Anträge, Anbote und Verträge (Abs. 1 Z 1) dürfen insbesondere folgende Daten umfassen:

1. Namensangaben:
a) Vorname(n), Familienname bzw. Bezeichnung,
b) Geburtsname,
c) akademischer Grad,
d) Titel, Ansprache,
2. Personenmerkmale:
a) Geburtsdatum,
b) Geburtsort, soweit verfügbar,
c) Geschlecht,
d) Staatsangehörigkeit,
3. Angaben zur Identifikation, wie insbesondere
a) Nummer, ausstellende Behörde und Ausstellungsdatum der zur Identifikation verwendeten amtlichen Lichtbildausweise oder
b) nationale Personenkennungen in Form bereichsspezifischer Personenkennzeichen, wie insbesondere des Tätigkeitsbereichs „Bildung und Forschung", oder
c) interne oder internationale Personenkennungen,
4. soweit verfügbar, Angaben zur Institution der antragstellenden Person(en):
a) Bezeichnung,
b) Rechtsform,
c) elektronische Kennung gemäß § 6 Abs. 3 E-GovG,
d) Adress- und Kontaktdaten der Institution gemäß Z 5,
e) Kontaktperson mit den Angaben gemäß Z 1 und 5,
5. Adress- und Kontaktdaten:
a) Adressdaten,
b) Angaben zur elektronischen Erreichbarkeit,
6. Angaben gemäß Z 1, 2, 4 und 5 sowie Abs. 4 Z 3 zu Projektpartnerinnen und -partnern,
7. Angaben zur Ausbildung und wissenschaftlichen Karriere, wie insbesondere
a) Beginn, Dauer und Erfolg von absolvierten Ausbildungen,
b) besuchte Bildungseinrichtungen, wenn möglich unter Angabe von Studienkennzahl und Studienrichtung,
c) Angaben zu Mobilitäten gemäß § 10a OeADG,
d) Hauptforschungsbereiche,
e) bisherige Publikationen,
f) akademische Anerkennungen,
g) bisherige Projekte,
h) bisherige Kooperationspartnerinnen und -partner,
i) bisherige akademische Funktionen und wissenschaftlicher Werdegang,
j) andere beantragte und bewilligte Art-89-Mittel (§ 2b Z 2) sowie
8. Fotos aller am Projekt beteiligten natürlichen Personen,
9. sonstige Angaben, wie insbesondere
a) zu unterhaltspflichtigen Kindern und Partnerinnen und Partnern,
b) zur Bankverbindung,
c) zur beruflichen Position,
d) Daten (§ 2b Z 5), die für die sachgemäße Abwicklung und Evaluierung von Anträgen, Anboten und Verträgen erforderlich sind sowie
e) Daten (§ 2b Z 5) betreffend die Einstellung und Rückforderung von Art-89-Mitteln (§ 2b Z 2).

(3) Aus Gründen der öffentlichen Sicherheit, der Strafrechtspflege, der umfassenden Landesverteidigung, der auswärtigen Beziehungen oder berechtigter privater Interessen dürfen Anträge und Anbote über Abs. 2 hinaus auch

1. Gesundheitsdaten und
2. personenbezogene Daten über strafrechtliche Verurteilungen und Straftaten

umfassen.

(4) Empfängerinnen und Empfängern von Art-89-Mitteln, Beauftragte sowie Art-89-Förder- und Zuwendungsstellen dürfen für Zwecke der Abwicklung, der Dokumentation und Beweissicherung, des Monitorings und der Revision von Art-89-Mitteln (§ 2b Z 2) sowie Beauftragungen über Abs. 2 hinaus insbesondere folgende Daten verarbeiten: *(BGBl. I Nr. 31/2018, Art. 7 Z 7 idF BGBl. I Nr. 75/2020, Art. 5 Z 8)*

1. Angaben zur näheren Beschreibung des Projekts, wie etwa Titel, Laufzeit, Thema und Klassifikation,
2. Angaben zu allen im Rahmen des Projekts beschäftigten Personen, wie insbesondere
   a) Arbeitsverträge,
   b) nähere Angaben zum Arbeitsverhältnis,
   c) Arbeitszeitaufzeichnungen,
   d) Abwesenheiten,
   e) Gehaltsbelege,
   f) Qualifizierungs- und Karriereschritte sowie
   g) Angaben zu Reise- und Vortragstätigkeiten sowie
3. Angaben zur wirtschaftlichen und unternehmerischen Tätigkeit vor und nach der Auszahlung der gesamten Art-89-Mittel (§ 2b Z 2) oder des gesamten Entgelts, wie insbesondere
   a) Unternehmensdaten,
   b) Strukturdaten und
   c) Leistungsdaten sowie
4. sonstige Kostennachweise.

(5) Für die Verarbeitungen gemäß Abs. 1 Z 1 und 2 sowie Abs. 4 sind das Recht auf Löschung gemäß Art. 17 Abs. 3 Buchstabe b DSGVO und das Widerspruchsrecht gemäß Art. 21 Abs. 6 DSGVO ab dem Zeitpunkt der Zuerkennung von Art-89-Mitteln ausgeschlossen.

(6) Art-89-Förder- und Zuwendungsstellen (§ 2b Z 1) haben über geplante Verarbeitungen gemäß Abs. 1 öffentlich einsehbar im Internet zu informieren. *(BGBl. I Nr. 31/2018, Art. 7 Z 7 idF BGBl. I Nr. 75/2020, Art. 5 Z 8)*

(7) Die Art-89-Förder- und Zuwendungsstellen (§ 2b Z 1) sind Verantwortliche im Sinne des Art. 4 Nr. 7 DSGVO der Verarbeitungen gemäß Abs. 1. *(BGBl. I Nr. 31/2018, Art. 7 Z 7 idF BGBl. I Nr. 75/2020, Art. 5 Z 8)*

(BGBl. I Nr. 31/2018, Art. 7 Z 7)

Erhöhung der Transparenz bei Verarbeitungen gemäß Art. 89 DSGVO

§ **2h.** (1) Wissenschaftliche Einrichtungen (§ 2b Z 12) dürfen

1. wissenschaftliche Mitarbeiterinnen und Mitarbeiter, die sich in einem aufrechten Arbeitsverhältnis zur jeweiligen wissenschaftlichen Einrichtung befinden, namentlich mit Foto und einer Liste ihrer Publikationen
   a) auf einer Website der wissenschaftlichen Einrichtung oder
   b) im Rahmen öffentlich zugänglicher Berichte der wissenschaftlichen Einrichtung

   anführen, es sei denn, die Veröffentlichung ist geeignet, die öffentliche Sicherheit, die Strafrechtspflege, die umfassende Landesverteidigung, die auswärtigen Beziehungen oder ein berechtigtes privates oder geschäftliches Interesse zu verletzen, wobei der Veröffentlichung eines Fotos gemäß lit. a jederzeit widersprochen werden kann, oder
2. wissenschaftliche Mitarbeiterinnen und Mitarbeiter, die sich nicht mehr in einem aufrechten Arbeitsverhältnis zur jeweiligen wissenschaftlichen Einrichtung befinden, sowie Studierende namentlich
   a) auf einer Website der wissenschaftlichen Einrichtung oder
   b) im Rahmen öffentlich zugänglicher Berichte der wissenschaftlichen Einrichtung

   anführen, es sei denn, die Veröffentlichung ist geeignet, die öffentliche Sicherheit, die Strafrechtspflege, die umfassende Landesverteidigung, die auswärtigen Beziehungen oder ein berechtigtes privates oder geschäftliches Interesse zu verletzen, oder

3. über die Daten gemäß § 2g Abs. 1 Z 3 hinaus die folgenden Daten von ehemaligen wissenschaftlichen Mitarbeiterinnen und Mitarbeitern (Z 2) sowie von ehemaligen Studierenden verarbeiten und mit anderen öffentlich zugänglichen Informationen verknüpfen:
   a) Forschungsschwerpunkte sowie
   b) Angaben zu Publikationen

   oder
4. Angaben zu natürlichen Personen, wie insbesondere
   a) Namenangaben gemäß § 2g Abs. 2 Z 1,
   b) Personenmerkmale gemäß § 2g Abs. 2 Z 2 sowie
   c) Angaben zum Lebenslauf

   von Wissenschaftlerinnen oder Wissenschaftlern sowie ihnen nahestehenden Personen verarbeiten.

(2) Zum Zwecke der Wahrnehmung der Aufsichtspflicht haben wissenschaftliche Einrichtungen (§ 2b Z 12) sowie Art-89-Förder- und Zuwendungsstellen (§ 2b Z 1), die öffentliche Stellen im Sinne des § 2b Z 8 sind, der jeweils zuständigen Bundesministerin oder dem jeweils zuständigen Bundesminister auf Anfrage – auch personenbezogene – Auswertungen zu den zumindest teilweise aus öffentlichen Mitteln finanzierten Art-89-Mitteln zu übermitteln. *(BGBl. I Nr. 31/2018, Art. 7 Z 7 idF BGBl. I Nr. 75/2020, Art. 5 Z 9)*

(BGBl. I Nr. 31/2018, Art. 7 Z 7)

Wissens- und Technologietransfer

§ 2i. (1) Ungeachtet allfälliger patentrechtlicher Bestimmungen ist die Verarbeitung, insbesondere im Sinne des § 2d Abs. 8 oder der Übermittlung personenbezogener Daten, für Technologietransfer zulässig, wenn
1. diese Verarbeitung erforderlich ist, um die Funktionalität der zu transferierenden Technologie zu erhalten, und
2. insbesondere durch Technikgestaltung gemäß Art. 25 DSGVO sichergestellt ist, dass Dritte (Art. 4 Nr. 10 DSGVO) keine tatsächliche Kenntnis der übermittelten Daten erlangen.

(2) Unter den Voraussetzungen des Abs. 1 finden
1. die Pflichten und Rechte gemäß den Art. 12 bis 22 und Art. 34 DSGVO sowie
2. Art. 5 DSGVO, insofern dessen Bestimmungen den in den Art. 12 bis 22 DSGVO vorgesehenen Rechten und Pflichten entsprechen,

keine Anwendung auf Technologietransfer.

(3) Wissenstransfer ist unter den Voraussetzungen des § 2d Abs. 2 Z 1 zulässig.

(4) Werden im Rahmen von Open-Science- und Citizen-Science-Projekten eigene personenbezogene Daten freiwillig zur Verfügung gestellt, ist ihre Verarbeitung für die zu Beginn des Projekts ausdrücklich kommunizierte Art, Umfang und Dauer zulässig. Die Löschung ist nur zulässig, wenn dadurch
1. die Projektziele und
2. die methodischen, insbesondere statistischen, Anforderungen an wissenschaftliches Arbeiten

nicht beeinträchtigt werden.

(5) Werden im Rahmen von Open-Science- und Citizen-Science-Projekten personenbezogene Daten Dritter (Art. 4 Nr. 10 DSGVO) zur Verfügung gestellt, ist ihre Verarbeitung für die zu Beginn des Projekts ausdrücklich kommunizierte Art, Umfang und Dauer jedenfalls zulässig, wenn
1. die Daten auf Beobachtungen oder Messungen im öffentlichen Raum beruhen oder
2. die Daten im Sinne des Art. 4 Nr. 5 DSGVO pseudonymisiert werden.

Die Löschung ist nur unter den Voraussetzungen des Abs. 4 zulässig.
(BGBl. I Nr. 31/2018, Art. 7 Z 7)

Internationalität von Verarbeitungen gemäß Art. 89 DSGVO

§ 2j. Zu den in diesem Abschnitt genannten Zwecken und unter den in diesem Abschnitt genannten Voraussetzungen sind
1. Übermittlungen an
   a) wissenschaftliche Einrichtungen (§ 2b Z 12),
   b) Art 89-Förder- und Zuwendungsstellen[2]) (§ 2b Z 1),
   c) Gutachterinnen und Gutachter,
   d) österreichische öffentliche Stellen (§ 2b Z 8) und

2. Wissens- und Technologietransfer
in Mitgliedstaaten der Europäischen Union zulässig.
(BGBl. I Nr. 31/2018, Art. 7 Z 7)

Organisatorische Aspekte und Rechtsschutz

§ 2k. (1) Abweichend von § 5 Abs. 4 DSG müssen die Datenschutzbeauftragten im Ressortbereich des Bundesministeriums für Bildung, Wissenschaft und Forschung – außer in der Zentralstelle – weder dem Bundesministerium noch der jeweiligen nachgeordneten Dienststelle noch einer sonstigen öffentlichen Stelle oder Behörde angehören.

(2) Im Anwendungsbereich dieses Bundesgesetzes

1. ist § 30 Abs. 1 und 2 DSG mit der Maßgabe anzuwenden, dass nur Verstöße gegen Bestimmungen der DSGVO, nicht aber gegen § 1 oder Artikel 2 1. Hauptstück des Datenschutzgesetzes zu Geldbußen führen können,
2. erstreckt sich die Straffreiheit gemäß § 30 Abs. 5 DSG nicht nur auf öffentliche Stellen (§ 2b Z 8) und Behörden, sondern – im Rahmen des konkreten Auftrages – jedenfalls auch auf die Auftragsverarbeiter von öffentlichen Stellen (§ 2b Z 8) und Behörden.

(3) Die Identifikation von Arbeitnehmerinnen und Arbeitnehmern von wissenschaftlichen Einrichtungen gemäß § 2c Abs. 1 sowie von wissenschaftlichen Einrichtungen, die über eine gültige Bestätigung gemäß § 2c Abs. 2 verfügen, darf in den Datenverarbeitungen dieser wissenschaftlichen Einrichtungen mittels bereichsspezifischer Personenkennzeichen erfolgen. Die wissenschaftlichen Einrichtungen dürfen zu diesem Zweck die kostenlose Ausstattung ihrer Daten mit bereichsspezifischen Personenkennzeichen für den Tätigkeitsbereich „Personalverwaltung" (bPK-PV) von der Stammzahlenregisterbehörde wie Verantwortliche des öffentlichen Bereichs verlangen.

(4) Soweit keine personenbezogenen Daten gemäß Art. 9 Abs. 1 DSGVO verarbeitet werden, erfüllen die aufgrund des § 2d Abs. 2, 3, 6, 8 und 9, des § 2e Abs. 2 bis 5, des § 2f Abs. 1 bis 5, des § 2g Abs. 1 bis 4, des § 2h Abs. 1 bis 3, des § 2i Abs. 1, 4 und 5 sowie des Abs. 3 vorgenommenen Datenverarbeitungen die Voraussetzungen des Art. 35 Abs. 10 DSGVO für einen Entfall der Datenschutz-Folgenabschätzung, sodass insbesondere weder die in diesem Abschnitt genannten Art-89-Förder- und Zuwendungsstellen noch öffentlichen Stellen noch wissenschaftlichen Einrichtungen Datenschutz-Folgenabschätzungen durchführen müssen. *(BGBl. I Nr. 31/2018, Art. 7 Z 7 idF BGBl. I Nr. 75/2020, Art. 5 Z 10)*

(5) Das Bundesverwaltungsgericht ist zur Entscheidung über Anträge wegen Rechtswidrigkeit des Verhaltens von Verantwortlichen, die Register gemäß § 2d Abs. 2 Z 3 führen, sowie im Falle von ELGA von der ELGA-Ombudsstelle, in Angelegenheiten gemäß § 2d Abs. 2 Z 3, zuständig.
(BGBl. I Nr. 31/2018, Art. 7 Z 7)

Verwaltungsstrafbestimmung

§ 2l. Sofern die Tat nicht den Tatbestand einer in die Zuständigkeit der Gerichte fallenden strafbaren Handlung bildet oder nach anderen Verwaltungsstrafbestimmungen mit strengerer Strafe bedroht ist, begeht eine Verwaltungsübertretung, die mit Geldstrafe bis zu 25 000 Euro zu ahnden ist, wer vorsätzlich

1. eine Bestätigung gemäß § 2c Abs. 2 erschleicht oder
2. der Meldepflicht gemäß § 2c Abs. 4 nicht nachkommt.

(BGBl. I Nr. 31/2018, Art. 7 Z 7)

---

[2]) Sollte korrekt „Art-89-Förder- und Zuwendungsstellen" lauten.

9.5.1. IQS-WB-Aufwandersatzverordnung

Hier nicht abgedruckt, siehe Kodex 23. Auflage.

9.6. Vereinbarung gemäß Art. 15a B-VG zwischen dem Bund und den Ländern über die Elementarpädagogik für die Kindergartenjahre 2022/23 bis 2026/27

BGBl. I Nr. 148/2022

idF der Kundmachung

BGBl. I Nr. 157/2022

Der Bund, vertreten durch die Bundesministerin für Frauen, Familie, Integration und Medien und den Bundesminister für Bildung, Wissenschaft und Forschung, und die Länder Burgenland, Kärnten, Niederösterreich, Oberösterreich, Salzburg, Steiermark, Tirol, Vorarlberg und Wien, jeweils vertreten durch den Landeshauptmann bzw. die Landeshauptfrau, – im Folgenden Vertragsparteien genannt – sind übereingekommen, gemäß Art. 15a des Bundes-Verfassungsgesetzes nachstehende Vereinbarung zu schließen:

ABSCHNITT I
Zielsetzungen, Begriffsbestimmungen und Bildungsaufgaben

Artikel 1
Allgemeines, Zielsetzungen und Umsetzungsmaßnahmen

(1) Die Vertragsparteien bekennen sich dazu, dass Kinderbildungs- und -betreuungsangebote in elementaren Bildungseinrichtungen sowie bei Tageseltern einen unverzichtbaren Beitrag zur Vereinbarkeit von Familie und Beruf und damit zur Gleichberechtigung der Geschlechter leisten. Die elementare Bildung bildet den Grundstein für eine positive Bildungslaufbahn, verbessert Bildungschancen und leistet durch die frühzeitige Förderung in der deutschen Sprache einen wesentlichen Beitrag zur Integration von Kindern mit Migrationshintergrund in die österreichische Gesellschaft.

(2) Auch im Hinblick auf die Abfederung der Folgen der Covid-19 Pandemie ist der Zugang zu elementaren Bildungseinrichtungen essentiell, weswegen im Aufbau- und Resilienzplan der EU (RRF) Mittel für den Ausbau der elementarpädagogischen Einrichtungen zur Verfügung gestellt werden.

(3) Elementare Bildungsangebote sollen das Kindeswohl ganzheitlich fördern und zeitgemäßen fachlichen Standards und wissenschaftlichen Erkenntnissen entsprechen sowie die familiale Bildung ergänzen. Die Bildung und Betreuung von Kindern in elementaren Bildungseinrichtungen erfolgt in Zusammenarbeit zwischen Kindern, Erziehungsberechtigten, Fachkräften in den Bildungseinrichtungen und Rechtsträgern unter besonderer Berücksichtigung des Kindeswohls.

(4) Familien erhalten durch die Familien- und Sozialleistungen der Gebietskörperschaften finanzielle Unterstützung sowie einen Lastenausgleich für die Leistungen, die sie gesamtgesellschaftlich durch die Erziehung ihrer Kinder erbringen. Der beitragsfreie Besuch von elementaren Bildungseinrichtungen während der Besuchspflicht soll Familien weiter entlasten.

(5) Eine gesicherte Versorgung mit Betreuungsplätzen ist für viele berufstätige Eltern Voraussetzung für eine Erwerbstätigkeit und die Vereinbarkeit von Familie und Beruf. Daher ist unter Berücksichtigung des Bedarfs und regionaler Gegebenheiten ein qualitätsvolles und leistbares elementares Bildungsangebot in einem solchen Ausmaß anzustreben, dass eine Vollzeitbeschäftigung von Eltern möglich ist. Vor diesem Hintergrund sind die vom Bund im Rahmen dieser Vereinbarung gewährten Zweckzuschüsse für ein flächendeckendes Betreuungsangebot zu verwenden.

(6) Vor diesem Hintergrund kommen die Vertragsparteien über folgende Punkte überein:

1. Flächendeckendes Betreuungsangebot: Ziel ist die Schaffung eines flexiblen, flächendeckenden und ganzjährigen Angebots an bedarfsgerechten und qualitativ hochwertigen Bildungs- und Betreuungsangeboten für alle Familien, die es wollen;
2. Flächendeckender Ausbau, insbesondere von Plätzen für unter Dreijährige und Fokus auf noch unterversorgte Regionen;
3. Verlängerung und Flexibilisierung der Öffnungszeiten: Öffnungszeiten, die mit einer Vollbeschäftigung von Eltern vereinbar sind (VIF-konform) sowie Angebote zu Randzeiten;
4. Sprachliche Frühförderung: Gezielte frühzeitige Förderung der Bildungssprache Deutsch, insbesondere bei Kindern mit Migrationshintergrund, als Grundlage für eine erfolgreiche Bildungslaufbahn;

5. Qualitativ durchgängig hochwertige Angebote für alle Kinder in den geförderten Einrichtungen.

(7) Ziele dieser Vereinbarung sind:

1. die Stärkung elementarer Bildungseinrichtungen in ihrer Rolle als erste Bildungsinstitution im Leben eines Kindes;
2. die ganzheitliche Förderung der Kinder nach dem bundesländerübergreifenden Bildungsrahmenplan, insbesondere in der Bildungssprache Deutsch, in mathematisch-technischen und naturwissenschaftlichen Kompetenzen als Grundlage für eine erfolgreiche Bildungslaufbahn sowie die Förderung des psychosozialen und physischen Entwicklungsstandes der Kinder unter besonderer Berücksichtigung der altersgerechten Bewegungsförderung und der Förderung im künstlerisch- und musisch-kreativen sowie emotionalen Bereich;
3. die Erleichterung des Eintritts in die Volksschule im Sinne eines Übergangsmanagements und die Erhöhung der Bildungschancen der Kinder für ihr weiteres Bildungs- und Berufsleben, unabhängig von ihrer sozioökonomischen und kulturellen Herkunft;
4. die Bildung und Erziehung der Kinder nach bundesweit abgestimmten empirisch belegten pädagogischen Konzepten unter besonderer Berücksichtigung ihres jeweiligen Alters, ihrer individuellen Fähigkeiten und ihrer individuellen Bedürfnisse;
5. die Verbesserung der Vereinbarkeit von Familie und Beruf und damit verbunden die Gleichstellung der Geschlechter;
6. die Anerkennung und Vermittlung der grundlegenden Werte der österreichischen Gesellschaft in geeigneten elementaren Bildungseinrichtungen sowie durch Tageseltern.

(8) Zur Erreichung dieser Ziele sollen insbesondere folgende Umsetzungsmaßnahmen ergriffen werden:

1. die Förderung des Entwicklungsstandes und die besondere Förderung von Kindern mit mangelnden Kenntnissen der Bildungssprache Deutsch von Beginn der Betreuung an, insbesondere in den letzten beiden Kindergartenjahren vor Beginn der Schulpflicht;
2. die bedarfsorientierte Schaffung eines ganztägigen und ganzjährigen Angebotes an Plätzen in geeigneten elementaren Bildungseinrichtungen unter Bedachtnahme auf das Barcelona-Ziel der Europäischen Union für unter Dreijährige und den Ausbau von VIF-konformen elementaren Bildungseinrichtungen für Drei- bis Sechsjährige;
3. der beitragsfreie Besuch für 20 Wochenstunden von geeigneten elementaren Bildungseinrichtungen im letzten Kindergartenjahr vor Beginn der Schulpflicht;
4. die altersadäquate und kindgerechte Vermittlung der grundlegenden Wertvorstellungen der österreichischen Gesellschaft anhand eines bundesweiten Werte- und Orientierungsleitfadens;
5. das Setzen pädagogischer Maßnahmen, um Kinder in mathematisch-technischen und naturwissenschaftlichen Kompetenzen zu stärken, sowie den künstlerisch- und musisch-kreativen, emotionalen, psychosozialen und physischen Entwicklungsstand der Kinder zu fördern.

Artikel 2
Begriffsbestimmungen

Für diese Vereinbarung gelten folgende Begriffsbestimmungen:

1. „Geeignete elementare Bildungseinrichtungen" sind öffentliche und private elementare Bildungseinrichtungen, die auf Basis landesgesetzlicher Bestimmungen eingerichtet sind (Bewilligung, Anzeige der Betriebsaufnahme, Nichtuntersagung), sofern diese eine sprachliche Förderung gemäß Z 8 lit. a in der Bildungssprache Deutsch nachweisen – dies ist auch an elementaren Bildungseinrichtungen mit anderen Bildungssprachen als Deutsch möglich – und die in Artikel 3 genannten Bildungsaufgaben erfüllen.
2. „Fachkräfte in geeigneten elementaren Bildungseinrichtungen" sind:
   a) leitende Elementarpädagoginnen und -pädagogen: sind für die Organisation, Administration, Koordination und Teamführung an der elementaren Bildungseinrichtung verantwortlich und tragen die pädagogische Verantwortung für die Einrichtung;
   b) Elementarpädagoginnen und -pädagogen: tragen Verantwortung für eine Gruppe in einer elementaren Bildungseinrichtung;
   c) sonstiges qualifiziertes Personal: in geeigneten elementaren Bildungseinrichtungen für spezielle Tätigkeiten wie insbesondere die Umsetzung der frühen sprachlichen Förderung oder für die Betreuung von Kleinkindern eingesetztes Personal.

3. „Tageseltern" sind Personen mit einer facheinschlägigen Ausbildung sowie einer behördlichen Bewilligung im Sinne des jeweiligen Landesgesetzes, die regelmäßig für einen Teil des Tages die entgeltliche Betreuung von Kindern übernehmen.
4. „Träger geeigneter elementarer Bildungseinrichtungen" sind jene Gebietskörperschaften, natürliche oder juristische Personen, die für die Bereitstellung der räumlichen, sachlichen und personellen Erfordernisse zum Betrieb einer geeigneten elementaren Bildungseinrichtung verantwortlich sind.
5. „Tageselternorganisationen" sind jene natürlichen oder juristischen Personen, die Tageseltern beschäftigen, fachlich betreuen, fortbilden und vermitteln.
6. Pädagogische Grundlagendokumente sind:
   a) der „Bundesländerübergreifende Bildungsrahmenplan" für elementare Bildungseinrichtungen in Österreich: enthält Bildungsbereiche für die qualitätsvolle pädagogische Arbeit in elementaren Bildungseinrichtungen;
   b) der „Leitfaden zur sprachlichen Bildung und Förderung am Übergang von elementaren Bildungseinrichtungen in die Volksschule": ist Grundlage für die Begleitung und Dokumentation individueller sprachbezogener Bildungsprozesse;
   c) das „Modul für Fünfjährige": zielt auf den Erwerb grundlegender Kompetenzen am Übergang zur Schule ab;
   d) Der „Werte- und Orientierungsleitfaden – Werte leben, Werte bilden. Wertebildung in der frühen Kindheit": ist ein bundesländerübergreifender verpflichtender Leitfaden, der auf die Vermittlung grundlegender Werte der österreichischen Gesellschaft in kindgerechter Form abzielt;
   e) Leitfaden für die häusliche Betreuung sowie die Betreuung durch Tageseltern;
   f) sonstige Dokumente, die im Laufe der Vereinbarungsperiode erarbeitet werden und vom Bund mit Zustimmung der Länder zur Verfügung gestellt werden.
7. Die „Bildungssprache Deutsch" ist die in geeigneten elementaren Bildungseinrichtungen verwendete Sprache bzw. in geeigneten elementaren Bildungseinrichtungen mit anderen Bildungssprachen als Deutsch die zusätzlich geförderte Sprache, welche im Umgang des Personals mit den betreuten Kindern und den Kindern untereinander im Fokus steht.
8. Die Förderung in elementaren Bildungseinrichtungen umfasst die
   a) „frühe sprachliche Förderung": pädagogisch unterstützende Maßnahmen im Bereich der Förderung der Bildungssprache Deutsch, die in geeigneten elementaren Bildungseinrichtungen gesetzt werden;
   b) die „Förderung des Entwicklungsstandes": wissenschaftlich geleitete ganzheitliche Förderung bestimmter Entwicklungsaspekte der Kinder, die die Entwicklung der Sprachkompetenz unterstützen (zB Förderung der Mehrsprachigkeit, Förderung der Sprachen der anerkannten Volksgruppen, Motorik, sozial-emotionale Entwicklung, schulische Vorläuferfertigkeiten, bereichsspezifisches Wissen).
9. Das „Ergebnis der frühen sprachlichen Förderung" ist die Anzahl der Kinder, die bei der ersten Beobachtung im Alter von vier oder fünf Jahren zu Beginn des jeweiligen Kindergartenjahres einen Sprachförderbedarf haben und nach Durchführung der Sprachfördermaßnahme einen solchen nicht mehr aufweisen. Das Ergebnis bezieht sich auf den Zeitraum eines Kindergartenjahrs, es weist keinen Personenbezug auf und bildet die Basis für die Ermittlung der Wirkungskennzahl.
10. Die „Wirkungskennzahl" der frühen sprachlichen Förderung ist der prozentuelle Zahlenwert, um den sich der Sprachförderbedarf nach den durchgeführten Fördermaßnahmen im Zeitraum eines Kindergartenjahres, gemessen an der Anzahl der Kinder, verringert hat. Datengrundlage dafür ist das Ergebnis der frühen sprachlichen Förderung gemäß Z 9.
11. Das „Kindergartenjahr" ist der Zeitraum zwischen 1. September und 31. August des Folgejahres.
12. „Öffnungszeiten elementarer Bildungseinrichtungen entsprechend der VIF-Kriterien" sind solche, die mit einer Vollbeschäftigung der Erziehungsberechtigten vereinbar sind im Umfang von mindestens 47 Wochen im Kindergartenjahr, mindestens 45 Stunden wöchentlich, jedenfalls werktags von Montag bis Freitag an vier Tagen pro Woche zu mindestens 9,5 Stunden pro Tag und einem Angebot an Mittagessen.

Artikel 3
Bildungsaufgaben der geeigneten elementaren Bildungseinrichtungen und der Tageseltern

(1) Die geeigneten elementaren Bildungseinrichtungen sowie Tageseltern haben die Aufgabe, durch altersgemäße Erziehung und Bildung die körperlich-motorische, seelische, geistige, sprachliche, ethische und soziale Entwicklung zu fördern und nach empirisch belegten Methoden der Elementarpädagogik die Erreichung der Schulreife sowie der notwendigen Sprachkompetenz zu unterstützen. Sie haben dafür Sorge zu tragen, dass die Bildungssprache Deutsch angewendet und gefördert wird. Weiters haben sie die Kinder bei der Entwicklung ihrer mathematisch-technischen, naturwissenschaftlichen Kompetenzen zu stärken, sowie den künstlerisch- und musisch-kreativen, emotionalen, psychosozialen und physischen Entwicklungsstandes der Kinder zu unterstützen. Darüber hinaus haben sie den Kindern die grundlegenden Werte der österreichischen Gesellschaft zu vermitteln.

(2) Geeignete elementare Bildungseinrichtungen sowie Tageseltern im Falle des Art. 5 Abs. 6 haben die pädagogischen Grundlagendokumente gemäß Art. 2 Z 6 sowie allfällige weitere ergänzende Instrumente anzuwenden. Darüber hinaus haben Tageseltern ausgenommen im Fall des Art. 5 Abs. 6 jedenfalls den Werte- und Orientierungsleitfaden gemäß Art. 2 Z 6 lit. d sowie den Leitfaden für die häusliche Betreuung sowie die Betreuung durch Tageseltern gemäß Art. 2 Z 6 lit. e anzuwenden.

(3) Lernen hat unter Berücksichtigung der frühkindlichen Lernformen in einer für das Kind ganzheitlichen und spielerischen Form unter Vermeidung von starren Zeitstrukturen oder Unterrichtseinheiten zu erfolgen.

ABSCHNITT II
Umsetzungsmaßnahmen zur quantitativen und qualitativen Weiterentwicklung der Elementarpädagogik

Artikel 4
Maßnahmen

Zur Umsetzung der Ziele gemäß Art. 1 werden folgende Maßnahmen ergriffen:

1. Frühe sprachliche Förderung wird in den letzten beiden Jahren vor Schuleintritt systematisch durchgeführt und besser mit der Schnittstelle zur Schule abgestimmt;
2. Kinderbildungs- und -betreuungsangebote, insbesondere jene für unter Dreijährige sowie VIF-konforme Kinderbildungs- und Betreuungsangebote für Drei- bis Sechsjährige werden weiter ausgebaut, die Bildungsbedingungen werden verbessert;
3. Werteorientierung wird in geeigneten elementaren Bildungseinrichtungen stärker verankert;
4. eine österreichweit einheitliche Qualifikation der Fachkräfte und der Tageseltern wird vorangetrieben;
5. die derzeit bestehende einjährige Besuchspflicht im letzten Jahr vor Beginn der Schulzeit wird beibehalten bei gleichzeitiger Intensivierung der frühen sprachlichen Förderung in den letzten beiden Jahren vor Schuleintritt.

Artikel 5
Besuchspflicht

(1) Zum Besuch von geeigneten elementaren Bildungseinrichtungen sind jene Kinder verpflichtet, die bis zum 31. August des jeweiligen Jahres das fünfte Lebensjahr vollendet haben. Die Besuchspflicht dauert bis zum 31. August nach Vollendung des sechsten Lebensjahres. Kinder, die die Schule vorzeitig besuchen, sind von der Besuchspflicht ausgenommen.

(2) Die Länder haben dafür Sorge zu tragen, dass bis zum 1. April des jeweiligen Kalenderjahres die Erziehungsberechtigten jener Kinder, die im Sinne des Abs. 1 im September besuchspflichtig werden, über die halbtägige beitragsfreie Besuchspflicht in geeigneter Form informiert werden. Die Erziehungsberechtigten haben ihre Kinder innerhalb der festgelegten Anmeldefrist zum Besuch einer geeigneten elementaren Bildungseinrichtung anzumelden.

(3) Der verpflichtende Besuch der geeigneten elementaren Bildungseinrichtungen hat an mindestens vier Tagen pro Woche für 20 Stunden zu erfolgen. Die Besuchspflicht gilt während des gesamten Kindergartenjahres mit Ausnahme der landesgesetzlich geregelten schulfreien Tage gemäß Schulzeitgesetz 1985, BGBl. Nr. 77/1985.

(4) Das Fernbleiben ist nur im Fall einer gerechtfertigten Verhinderung des Kindes zulässig. Diese liegt insbesondere bei Urlaub im Ausmaß von höchstens 5 Wochen pro Kindergartenjahr, bei Erkrankung des Kindes oder der Erziehungsberechtigten sowie bei außergewöhnlichen Ereignissen vor.

(5) Die Länder haben die Einhaltung der Besuchspflicht sicherzustellen. Bei Verstoß gegen die Besuchspflicht sind Verwaltungsstrafen gegen die Erziehungsberechtigten zu verhängen, die sich an der Höhe der Verwaltungs-

strafen für Schulpflichtverletzungen gemäß § 24 des Schulpflichtgesetzes, BGBl. Nr. 76/1985, zu orientieren haben. Diese sind durch die Länder möglichst einheitlich festzulegen.

(6) Das Land kann vorsehen, dass auf Antrag oder Anzeige der Erziehungsberechtigten die Besuchspflicht eines Kindes im Rahmen der häuslichen Erziehung oder bei Tageseltern erfüllt werden kann. Dies setzt voraus, dass das Kind keiner Förderung in der Bildungssprache Deutsch bedarf und dass die Erfüllung der Bildungsaufgaben und der Werteerziehung gewährleistet ist.

(7) Auf Antrag von Erziehungsberechtigten können Kinder von der Besuchspflicht befreit werden, denen auf Grund einer Behinderung, aus medizinischen Gründen, auf Grund eines besonderen sonderpädagogischen Förderbedarfs oder auf Grund der Entfernung bzw. schwieriger Wegverhältnisse zwischen Wohnort und nächstgelegener geeigneter elementarer Bildungseinrichtungen der Besuch nicht zugemutet werden kann.

Artikel 6
Beitragsfreier Besuch

(1) Die Länder verpflichten sich, einen beitragsfreien Besuch von geeigneten elementaren Bildungseinrichtungen im Ausmaß der Besuchspflicht gemäß Art. 5 sicherzustellen. Diese Verpflichtung ist jeweils von jenem Bundesland zu erfüllen, in dem die Besuchspflicht erfüllt wird.

(2) Die Verpflichtung gemäß Abs. 1 umfasst nicht die Verabreichung von Mahlzeiten oder die Teilnahme an Spezialangeboten.

Artikel 7
Ausbau des Kinderbildungs- und -betreuungsangebots

(1) Entsprechend dem Barcelona-Ziel der Europäischen Union sollen im Interesse der Vereinbarkeit von Familie und Beruf dem regionalen Bedarf entsprechend für 33 Prozent der unter Dreijährigen Plätze in geeigneten elementaren Bildungseinrichtungen zur Verfügung stehen. Insbesondere ist dabei die mit einer Vollbeschäftigung der Eltern zu vereinbarende Kinderbildung und -betreuung zu berücksichtigen.

(2) Zur Umsetzung dieses Ziels sind die Anzahl der Plätze für unter Dreijährige in geeigneten elementaren Bildungseinrichtungen und bei Tageseltern zu erhöhen und die Öffnungszeiten zu erweitern und zu flexibilisieren. Weiters ist der Betreuungsschlüssel zu verbessern.

(3) Für drei- bis sechsjährige Kinder sollen zur Beseitigung regionaler Defizite Anreize für die qualifizierte Ganztagesbetreuung, die mit einer Vollbeschäftigung der Eltern vereinbar ist, geschaffen und Betreuungsschlüssel verbessert werden.

(4) Zur Unterstützung der Vereinbarkeit von Familie und Beruf können die Träger geeigneter elementarer Bildungseinrichtungen abgestufte Betreuungszeitmodelle und altersübergreifende Gruppen anbieten.

Artikel 8
Werteorientierung

Jedes Kind ist durch eine entsprechende Werteerziehung zu befähigen, allen Menschen unabhängig von Herkunft, Religion und Geschlecht offen, tolerant und respektvoll zu begegnen und intolerantes Gedankengut abzulehnen. Zur Gewährleistung dessen haben die elementaren Bildungseinrichtungen sowie Tageseltern einen bundesweiten Werte- und Orientierungsleitfaden anzuwenden und diesen in ihren Grundsätzen, Statuten und Regelungen zu vertreten.

Artikel 9
Frühe sprachliche Förderung

(1) Geeignete elementare Bildungseinrichtungen haben von Beginn der Betreuung an den gesamten Entwicklungsstand und insbesondere die sprachlichen Fähigkeiten der Kinder zu fördern, damit deren Potentiale bestmöglich unterstützt und eine gute entwicklungsbezogene Grundlage für den Eintritt in die Schule gelegt wird. Eine Förderung der Bildungssprache Deutsch mit Fokus auf die Sprachkompetenzen bei Schuleintritt soll jedenfalls ab dem Alter von vier Jahren stattfinden.

(2) Kinder, die über mangelnde Deutschkenntnisse verfügen, sind in geeigneten elementaren Bildungseinrichtungen von Beginn der Betreuung an, insbesondere aber in den letzten beiden Kindergartenjahren, im Sinne des Art. 2 Z 8 lit. a so zu fördern, dass sie mit Eintritt in die Schule die sprachlichen Kompetenzen in der Bildungssprache Deutsch möglichst beherrschen. Die Überprüfung dieser Kompetenzen findet durch die Schule im Zuge der Schülereinschreibung statt.

(3) Der Leitfaden zur sprachlichen Förderung am Übergang vom Kindergarten in die Volksschule ist anzuwenden.

Artikel 10
Sprachstandsfeststellung

(1) Zur Feststellung der Sprachkompetenzen haben geeignete elementare Bildungsein-

richtungen Sprachstandsfeststellungen durchzuführen. Dafür haben sie ein bundesweit standardisiertes Instrument (Beobachtungsbogen) zu verwenden. Sprachstandsfeststellungen sind durch Fachkräfte gemäß Art. 2 Z 2 anhand eines bundesweiten Beobachtungsbogens zur Erfassung der Sprachkompetenz in Deutsch von Kindern mit Deutsch als Erstsprache (BESK kompakt) oder von Kindern mit Deutsch als Zweitsprache (BESK-DaZ kompakt) durchzuführen.

(2) Es gelten folgende einheitliche Beobachtungszeiträume:

a. Kinder, die im Alter von drei Jahren (vorvorletztes Kindergartenjahr) geeignete elementare Bildungseinrichtungen besuchen, sind im Zeitraum zwischen Mai und Juni einer Sprachstandsfeststellung zu unterziehen.
b. Kinder im Alter von vier Jahren, die erstmals eine geeignete elementare Bildungseinrichtung besuchen, sind bis spätestens 31. Oktober des betreffenden Kindergartenjahres einer Sprachstandsfeststellung zu unterziehen. Wird dabei ein Sprachförderbedarf festgestellt, so sind sie entsprechend Art. 9 zu fördern.
c. Die Kinder, die im Alter von vier Jahren eine Sprachförderung erhalten haben, sind zum Ende des vorletzten Kindergartenjahres, jedoch bis spätestens 31. Oktober wieder einer Sprachstandsfeststellung zu unterziehen. Dazu kommen auch jene Kinder im Alter von fünf Jahren, die in Erfüllung ihrer Besuchspflicht erstmals eine geeignete elementare Bildungseinrichtung besuchen. Ergibt die Feststellung einen Sprachförderbedarf, ist (abermals) eine Sprachförderung durchzuführen.
d. Die letzte Sprachstandsfeststellung vor Schuleintritt erfolgt am Ende des letzten Kindergartenjahres.

(3) Ein Sprachförderbedarf liegt dann vor, wenn der entsprechende Schwellenwert des Instruments als Ergebnis der Beobachtung unterschritten wird.

(4) Besteht während des Kindergartenjahres die begründete Annahme, dass ein Kind keinen Sprachförderbedarf mehr aufweist, kann dies durch eine außerordentliche Sprachstandsfeststellung festgestellt werden.

Artikel 11
Qualifizierungen

(1) Die Ausbildungserfordernisse bzw. Anstellungsvoraussetzungen sind:

1. Leitende Elementarpädagoginnen und -pädagogen haben die bundes- und landesgesetzlichen Anstellungserfordernisse für leitende Elementarpädagoginnen und -pädagogen zu erfüllen.
2. Elementarpädagoginnen und -pädagogen haben die bundes- und landesgesetzlichen Anstellungserfordernisse für Elementarpädagoginnen und -pädagogen zu erfüllen.
3. Sonstiges qualifiziertes Personal, das im Bereich der frühen sprachlichen Förderung eingesetzt wird, hat nachzuweisen:
   a) zumindest Sprachkenntnisse auf dem Referenzniveau C1 des Gemeinsamen Europäischen Referenzrahmens für Sprachen entsprechend der Empfehlung des Ministerkomitees des Europarates an die Mitgliedstaaten Nr. R (98) 6 vom 17. März 1998 zum Gemeinsamen Europäischen Referenzrahmen für Sprachen – (GER); als Nachweis über Deutschkenntnisse mindestens auf dem Sprachniveau C1gelten insbesondere
      aa) ein Sprachdiplom des Niveaus C1 oder höher von „Österreichisches Sprachdiplom Deutsch“, „Goethe-Institut e.V.“, „Telc GmbH“ oder „Österreichischer Integrationsfonds“,
      bb) ein Abschluss einer deutschsprachigen Schule, der der allgemeinen Universitätsreife im Sinne des § 64 Abs. 1 UG entspricht oder
      cc) ein Hochschulabschluss in einem deutschsprachigen Studienfach in einem deutschsprachigen Land;
   b) eine Qualifikation entsprechend dem Lehrgang zur Qualifizierung für die frühe sprachliche Förderung oder eine mindestens zehn Jahre dauernde Berufserfahrung in der Sprachförderung;
4. Sonstiges qualifiziertes Personal, das im Bereich der Tagesbetreuung von Kleinkindern eingesetzt wird, hat eine facheinschlägige Ausbildung im landesrechtlich vorgesehenen Mindestausmaß vorzuweisen.
5. Tageseltern haben eine facheinschlägige Ausbildung im landesgesetzlich vorgesehenen Mindestausmaß vorzuweisen.

(2) Fort- und Weiterbildungen der Fachkräfte gemäß Art. 2 Z 2 sowie von Tageseltern sind jene Maßnahmen, die an den Pädagogischen Hochschulen oder an anderen tertiären Bildungseinrichtungen angeboten oder von den Ländern organisiert werden. Folgende Maßnahmen der Fort- und Weiterbildung sind zu erfüllen:

Gruppenführende Elementarpädagoginnen und -pädagogen haben

a) pro Kindergartenjahr Fort- und Weiterbildungsmaßnahmen im Ausmaß von mindestens 2 Tagen zu absolvieren,

b) Sprachkenntnisse auf dem Referenzniveau C1 des Gemeinsamen Europäischen Referenzrahmens für Sprachen zu erreichen,
c) im Fall des Einsatzes in der frühen sprachlichen Förderung nach Möglichkeit eine Qualifikation entsprechend dem Lehrgang zur Qualifizierung für die frühe sprachliche Förderung zu absolvieren oder über eine mindestens zehn Jahre dauernde Berufserfahrung in der Sprachförderung verfügen.

ABSCHNITT III
Aufgaben von Bund und Ländern und Finanzierung

Artikel 12
Aufgaben des Bundes in der Umsetzung

(1) Der Bund verpflichtet sich,
1. in Absprache mit den Ländern die pädagogischen Grundlagendokumente zur Art. 15a B-VG-Vereinbarung über die Elementarpädagogik gemäß Art. 2 Z 6 regelmäßig zu aktualisieren;
2. zur Bereitstellung des Zweckzuschusses gemäß Art. 14.

(2) Im Bereich des letzten verpflichtenden Kindergartenjahres verpflichtet sich der Bund darüber hinaus zur Bereitstellung von pädagogischen Instrumenten zur Dokumentation der Entwicklung des einzelnen Kindes.

(3) Der Bund verpflichtet sich im Rahmen der frühen sprachlichen Förderung darüber hinaus, den Ländern geeignete Verfahren der Sprachstandsfeststellung zur Feststellung eines Sprachförderbedarfs zur Verfügung zu stellen.

(4) Der Bund verpflichtet sich, jährlich einen Bericht über die Umsetzungsfortschritte der in der Vereinbarung festgelegten Maßnahmen und Zielsetzungen zu veröffentlichen.

Artikel 13
Aufgaben der Länder in der Umsetzung

(1) Die Länder verpflichten sich,
1. im Rahmen der Aufsichtspflicht zur Überprüfung der Einbeziehung der pädagogischen Grundlagendokumente gemäß Art. 2 Z 6 an geeigneten elementaren Bildungseinrichtungen;
2. dafür Sorge zu tragen, dass die Fachkräfte die Qualifikationen gemäß Art. 11, insbesondere auch im Bereich der Sprachstandsfeststellung und der frühen sprachlichen Förderung, aufweisen und sich im entsprechenden Ausmaß fort- und weiterbilden;
3. dafür Sorge zu tragen, dass die geeigneten elementaren Bildungseinrichtungen ihre Verpflichtungen, insbesondere auch zur Dokumentation und Auskunftserteilung über die erfolgte sprachliche Förderung an die besuchten Pflichtschulen, wahrnehmen; bereits bestehende Instrumente zur Dokumentation der Entwicklung des Kindes sowie zur erfolgten sprachlichen Förderung, die im jeweiligen Bundesland etabliert sind, können für diese Zwecke verwendet werden;
4. die pädagogischen Konzepte, Leitbilder, Grundsätze, Schriften, Statuten oder Regelungen des Trägers einer geeigneten elementaren Bildungseinrichtung vor der landesgesetzlichen Genehmigung einer Prüfung auf Übereinstimmung mit dem Werte- und Orientierungsleitfaden zu unterziehen und diese stichprobenartig von Amts wegen zu überprüfen. Bei Vorliegen eines begründeten Verdachts, dass diese in Widerspruch zum Werte- und Orientierungsleitfaden stehen, ist unverzüglich eine Einzelfallprüfung der betreffenden elementaren Bildungseinrichtungen einzuleiten. Dazu können andere Einrichtungen unterstützend herangezogen werden. Das Bundesministerium für Bildung, Wissenschaft und Forschung ist unverzüglich über die Ergebnisse der Prüfung in Kenntnis zu setzen;
5. Dokumentationen gemäß dieser Vereinbarung zu führen und Berichte ordnungsgemäß und termingerecht zu legen;
6. die widmungsgemäße Verwendung der vom Bund gewährten Zweckzuschüsse zu überprüfen und zu bestätigen;
7. die Konzepte gemäß Art. 16 zu erstellen und dem Bund vorzulegen.

(2) Im Bereich des letzten verpflichtenden Kindergartenjahres verpflichten sich die Länder darüber hinaus, den beitragsfreien halbtägigen Besuch von geeigneten elementaren Bildungseinrichtungen im Ausmaß von 20 Stunden pro Woche im letzten Jahr vor Beginn der Schulpflicht gemäß Art. 6 landesgesetzlich zu gewährleisten.

(3) Im Bereich der frühen sprachlichen Förderung verpflichten sich die Länder darüber hinaus,
1. Konzepte gemäß Abs. 1 Z 7 für die frühe sprachliche Förderung in Übereinstimmung mit den pädagogischen Grundlagendokumenten zur Art. 15a B-VG-Vereinbarung über die Elementarpädagogik zu erstellen;
2. die Sprachstandsfeststellungen gemäß Art. 10 termingerecht durchzuführen;

3. die frühe sprachliche Förderung gemäß Art. 9 an mehr als 40 Prozent aller geeigneten elementaren Bildungseinrichtungen im jeweiligen Bundesland anzubieten;
4. die gegebenenfalls erforderliche, die Bildungssprache Deutsch unterstützende Förderung des Entwicklungsstandes gemäß Art. 2 Z 8 lit. b in den geeigneten elementaren Bildungseinrichtungen entsprechend der Konzepte gemäß Art. 16 durchzuführen;
5. dafür auf landesgesetzlicher Ebene Sorge zu tragen, dass die besuchten Primarschulen von den jeweiligen geeigneten elementaren Bildungseinrichtungen Daten zur erfolgten Sprachförderung eines Kindes erhalten können, sofern die Erziehungsberechtigten des Kindes ihrer Verpflichtung zur Vorlage der Unterlagen zur erfolgten Sprachförderung gemäß § 6 Abs. 1a Schulpflichtgesetz 1985, BGBl. Nr. 76/1985 idgF, nicht nachkommen.

Artikel 14
Zweckzuschuss des Bundes[1])

(1) Der Bund gewährt den Ländern für die Maßnahmen gemäß Abschnitt II in den Kindergartenjahren 2022/23 bis 2026/27 Zweckzuschüsse in der Höhe von jeweils 200 Millionen Euro, hiervon 80 Millionen Euro für die Besuchspflicht gemäß Art. 5, pro Kindergartenjahr, welche wie folgt auf die Länder aufzuteilen sind:

Burgenland:	2,883 %
Kärnten:	5,704 %
Niederösterreich:	18,370 %
Oberösterreich:	17,553 %
Salzburg:	6,364 %
Steiermark:	12,925 %
Tirol:	8,645 %
Vorarlberg:	4,911 %
Wien:	22,645 %

Die Länder stellen je Kindergartenjahr Finanzmittel in der Höhe von 52,5 % des Zweckzuschusses des Bundes, mit Ausnahme der Mittel für die Besuchspflicht gemäß Art. 5, zur Verfügung. Die Kofinanzierung erfolgt in jenem Jahr, in dem der Zweckzuschuss verwendet wird.

(1a) Die je Bundesland im Kindergartenjahr 2022/23 verfügbaren Beträge gemäß Abs. 1 erhöhen sich für die einzelnen Bundesländer um die je Bundesland nicht verbrauchten Mittel entsprechend der Abrechnung über die Verwendung der Mittel des Kindergartenjahres 2021/22 gemäß Art. 19 in Verbindung mit Art. 14 Abs. 1 der Vereinbarung gemäß Art. 15a B-VG zwischen dem Bund und den Ländern über die Elementarpädagogik für die Kindergartenjahre 2018/19 bis 2021/22, BGBl. I Nr. 103/2018. Die Restmittel können für Zwecke gemäß Abs. 2 Z 1 verwendet werden.

(2) Der Zuschuss, mit Ausnahme der Mittel für die Besuchspflicht gemäß Art. 5, und die Kofinanzierung sind für folgende Bereiche nach folgenden Anteilen zu verwenden:

1. für den Ausbau des geeigneten elementaren Kinderbildungs- und -betreuungsangebots mindestens 51 Prozent des Bundeszuschusses,
2. für die frühe sprachliche Förderung mindestens 19 Prozent des Bundeszuschusses.

Die verbleibenden 30 Prozent des Bundeszuschusses können von den Ländern flexibel für die Zwecke gemäß Z 1 und 2 verwendet werden.

(2a) Die nach Finanzierung der Besuchspflicht nach Art. 5 überschüssigen Zweckzuschüsse für die Besuchspflicht können von den Ländern ebenfalls für die Zwecke gemäß Abs. 2 flexibel eingesetzt werden.

---

[1]) Siehe § 29 Abs. 5 FAG 2024, BGBl. I Nr. 168/2023, welcher lautet:

„(5) Der Bund gewährt den Ländern für die Finanzierung des Ausbaus des Kinderbildungs- und -betreuungsangebots, der frühen sprachlichen Förderung und des beitragsfreien Besuchs von geeigneten elementaren Bildungseinrichtungen im Ausmaß der Besuchspflicht Zweckzuschüsse in Höhe von jeweils 200 Millionen Euro in den Kindergartenjahren 2022/23 bis 2026/27. Die Auszahlung des Zweckzuschusses für die Kindergartenjahre 2023/24 bis 2026/27 erfolgt jeweils in zwei Raten im September und März in Höhe von 100,0 Millionen Euro. Die Zweckzuschüsse werden wie folgt aufgeteilt:

Burgenland	2,883 %
Kärnten	5,704 %
Niederösterreich	18,370 %
Oberösterreich	17,553 %
Salzburg	6,364 %
Steiermark	12,925 %
Tirol	8,645 %
Vorarlberg	4,911 %
Wien	22,645 %

Voraussetzung für die Gewährung der Zweckzuschüsse ist das Bestehen einer Vereinbarung gemäß Art. 15a B-VG zwischen dem Bund und den Ländern über die konkrete Verwendung der Zweckzuschüsse und über deren Abrechnung. Tritt diese Vereinbarung für ein Land oder mehrere Länder in einem Kalenderjahr nicht in Kraft, so erhöht sich für die übrigen Länder ihr Anteil am Zweckzuschuss des Bundes im Verhältnis ihrer Anteile am Verteilungsschlüssel."

(3) Finanzmittel der Gemeinden, die für diese Maßnahmen zur Verfügung gestellt werden, sind bei der Kofinanzierung des jeweiligen Landes einzurechnen. Die Finanzmittel, die von privaten Trägern von geeigneten elementaren Bildungseinrichtungen für Zwecke des Ausbaus des geeigneten elementaren Kinderbildungs- und -betreuungsangebots eingesetzt werden, sind zur Hälfte bei der Kofinanzierung des jeweiligen Landes einzurechnen. Zweckzuschüsse, die von öffentlichen oder privaten Trägern geeigneter elementarer Bildungseinrichtungen zurückgezahlt werden, sind den Zweckzuschüssen jenes Kindergartenjahres gleichzuhalten, in dem sie vereinnahmt werden.

(4) Die Aufteilung der Mittel zwischen Ländern und Gemeinden ist zwischen diesen zu vereinbaren.

Artikel 15
Zielzustände

(1) Folgende Zielzustände, die aus den Zielen gemäß Art. 1 abgeleitet werden, sind im Rahmen des Ausbaus bis zum Ende der Vereinbarungsperiode zu erreichen:

1. die Betreuungsquote für unter Dreijährige wird pro Bundesland und Jahr um 1 Prozentpunkt angehoben; österreichweit soll im Kindergartenjahr 2022/23 (RRF Meilenstein 4. Quartal 2023) eine Betreuungsquote von mindestens 33 Prozent erreicht werden;
2. der Anteil der drei- bis sechsjährigen Kinder, die elementare Bildungseinrichtungen besuchen, die den VIF-Kriterien entsprechen, wird anhand der Bedarfserhebung der Gemeinden erhöht; österreichweit soll im Kindergartenjahr 2022/23 (RRF Meilenstein 4. Quartal 2023) eine Betreuungsquote von 52,8 Prozent erreicht werden; als allgemeines Ziel ist eine Quotenanhebung bis zum Kindergartenjahr 2026/27 um 6 Prozentpunkte anzustreben.

(2) Folgende Zielzustände sind im Rahmen der Sprachförderung zu erreichen:

1. die Wirkungskennzahl der frühen sprachlichen Förderung überschreitet die Höhe von 30 Prozent pro Bundesland pro Förderjahr, wobei als gemeinsames Ziel die Überschreitung von 40 Prozent pro Bundesland und Förderjahr anzustreben ist;
2. die Anzahl der außerordentlichen Schülerinnen und Schüler in der ersten Schulstufe hat sich pro Bundesland um mindestens 10 Prozent reduziert;
3. ein Anteil von 15 Prozent der Fachkräfte weist eine Qualifikation entsprechend dem Lehrgang für die frühe sprachliche Förderung pro Bundesland gerechnet ab Inkrafttreten dieser Vereinbarung auf;
4. der Zweckzuschuss wird für mindestens 40 Prozent der geeigneten elementaren Bildungseinrichtungen eines Bundeslandes ausgeschüttet, wobei als gemeinsames Ziel die Ausschüttung an der Hälfte der geeigneten elementaren Bildungseinrichtungen eines Bundeslandes anzustreben ist.

Artikel 16
Konzepte der Länder zur Sprachförderung und zum Ausbau

Die Länder verpflichten sich, Maßnahmen im Bereich der Sprachförderung und des Ausbaus des Kinderbildungs- und -betreuungsangebots derart vorzusehen und Ressourcen derart einzusetzen, dass die Zielzustände gemäß Art. 15 erreicht werden. Diese Planung haben sie in Konzepten festzuhalten, die auf den Zeitraum der Vereinbarung ausgerichtet sind. Das Konzept ist gemäß Anlage A zu erstellen und hat zu enthalten:

1. Ist-Stands-Analyse mit
   a) Angaben zu den Standorten,
   b) Angaben zum Personal,
   c) Angaben zur frühen sprachlichen Förderung.
2. Maßnahmen zur Erreichung der Zielzustände inklusive Meilensteine.
3. Angaben zur Qualifikation des an den Standorten eingesetzten Personals und zur Personalentwicklung entsprechend dem Lehrgang für die frühe sprachliche Förderung.

Artikel 17
Widmung des Zweckzuschusses des Bundes für den Ausbau und den beitragsfreien Besuch

(1) Der Zweckzuschuss für den Ausbau des Kinderbildungs- und -betreuungsangebots kann für folgende Zwecke verwendet werden:

1. Maßnahmen zum Ausbau des Kinderbildungs- und -betreuungsangebots. Diese umfassen
   a. Investitionskostenzuschüsse für die Schaffung zusätzlicher Betreuungsplätze
      aa. in elementaren Bildungseinrichtungen für unter Dreijährige in der Höhe von maximal 125.000 Euro pro Gruppe;
      bb. in altersgemischten elementaren Bildungseinrichtungen in der Höhe von maximal 125.000 Euro pro Gruppe,

wenn in diesen überwiegend unter Dreijährige betreut werden;

cc. in anderen altersgemischten elementaren Bildungseinrichtungen in der Höhe von maximal 50.000 Euro pro Gruppe, wenn diese nicht nur vorübergehend für unter Dreijährige geöffnet sind;

b. Personalkostenzuschüsse für maximal drei Betriebsjahre in der Höhe von maximal 45.000 Euro pro vollzeitbeschäftigter Fachkraft und Jahr und maximal 30.000 Euro pro vollzeitbeschäftigter Hilfskraft und Jahr und Investitionskostenzuschüsse in der Höhe von maximal 15.000 Euro pro Gruppe zur Erreichung VIF-konformer Öffnungszeiten in elementaren Bildungseinrichtungen gemäß Art. 2 Z 12 sowie für neu geschaffene elementare Bildungseinrichtungen und Gruppen, die bereits mit VIF-konformen Öffnungszeiten den Betrieb eröffnen;

c. Investitionskostenzuschüsse zur Neuschaffung von Bildungs- und Betreuungsangeboten bei Tageseltern in der Höhe von maximal 750 Euro pro Person;

d. Zuschüsse zur Ausbildung von Tageseltern in der Höhe von maximal 1.000 Euro pro Person, wenn der Ausbildungslehrgang mit dem Gütesiegel „Ausbildungslehrgang für Tageseltern (Tagesmütter und/oder –väter)" ausgezeichnet wurde;

e. Zuschüsse zu Lohnkosten und Administrativaufwand zur Anstellung von Tageseltern in der Höhe von maximal 15.000 Euro pro Person und Jahr für maximal drei Jahre.

2. Zuschüsse zu Kosten des beitragsfreien Besuchs von geeigneten elementaren Bildungseinrichtungen während der besuchspflichtigen Zeit in der Höhe von maximal 1.300 Euro pro besuchspflichtigem Kind und Jahr.

3. Maßnahmen zur Steigerung der Strukturqualität. Diese umfassen

a. Investitionskostenzuschüsse zur Erreichung der Barrierefreiheit gemäß § 6 Abs. 5 des Bundes-Behindertengleichstellungsgesetzes (BGStG), BGBl. I Nr. 82/2005, in elementaren Bildungseinrichtungen in der Höhe von maximal 30.000 Euro pro Gruppe;

b. Investitionskostenzuschüsse für räumliche Qualitätsverbesserungen in elementaren Bildungseinrichtungen in der Höhe von maximal 20.000 Euro pro Einrichtung und Jahr;

c. Personalkostenzuschüsse für maximal drei Betriebsjahre zur Verbesserung des Betreuungsschlüssels auf 1:4 in elementaren Bildungseinrichtungen für unter Dreijährige und 1:10 in elementaren Bildungseinrichtungen für Drei- bis Sechsjährige in der Höhe von maximal 45.000 Euro pro vollzeitbeschäftigter Fachkraft und Jahr und maximal 30.000 Euro pro vollzeitbeschäftigter Hilfskraft und Jahr, sowie für neu geschaffene Einrichtungen und Gruppen, die bereits mit diesem Betreuungsschlüssel den Betrieb eröffnen.

(2) Plätze in elementaren Bildungseinrichtungen, die mit Zweckzuschüssen gemäß Z 1 lit. a finanziert wurden, müssen mindestens 5 Jahre ab Inbetriebnahme zur Verfügung stehen, es sei denn, dass durch Änderung der Wohnbevölkerung der Bedarf nachweislich nicht mehr gegeben ist.

(3) Elementare Bildungseinrichtungen, die bereits Personalkostenzuschüsse für ein oder zwei Betriebsjahre nach der Vereinbarung gemäß Art. 15a B-VG zwischen dem Bund und den Ländern über die Elementarpädagogik für die Kindergartenjahre 2018/19 bis 2021/22, BGBl. I Nr. 103/2018, erhalten haben, können auch nach der gegenständlichen Vereinbarung Mittel für Personalkostenzuschüsse gemäß Abs. 1 Z 1 lit. b sowie Abs. 1 Z 3 lit. c verwenden, sodass insgesamt eine dreijährige Förderung je in Betracht kommender elementarer Bildungseinrichtung in Anspruch genommen werden kann.

Artikel 18

Widmung des Zweckzuschusses für die Sprachförderung

(1) Der Zweckzuschuss für die Sprachförderung ist bedarfsgerecht einzusetzen und kann für folgende Zwecke verwendet werden:

1. Personalkosten,
2. Kosten der Fort- und Weiterbildung sowie der Supervision der Fachkräfte inklusive der anfallenden Reisekosten, mit Ausnahme der Vertretungskosten sowie
3. Sachkosten.

(2) Von den Zweckzuschussmitteln können – sofern nötig – in den Kindergartenjahren 2022/23 bis 2026/27 jeweils bis zu 25 Prozent dafür verwendet werden, dass neben der Bildungssprache Deutsch auch der Entwicklungsstand gemäß Art. 2 Z 8 lit. b gefördert wird.

ABSCHNITT IV
Abrechnung und Controlling

Artikel 19
Nachweis der widmungsgemäßen Verwendung des Zweckzuschusses des Bundes

(1) Das Bundesministerium für Bildung, Wissenschaft und Forschung führt mit der nach dem Landesgesetz zuständigen Behörde Ressourcen-, Ziel- und Leistungsgespräche durch, die den Grad der Zielerreichung (Art. 15) durch die Länder zum Inhalt haben. Die Länder haben dafür den Ist-Stand und die Meilensteine bis jeweils 15. Jänner mit Erhebungsstichtag 15. Oktober zu aktualisieren.

(2) Das Land hat dem Bundesministerium für Bildung, Wissenschaft und Forschung eine jährliche Abrechnung über die Verwendung der vom Bund im Vereinbarungszeitraum gewährten Zuschüsse nach Abschluss jedes Kindergartenjahres bis spätestens 31. Jänner, zu übermitteln. Gegenüber dem Bund können Zweckzuschüsse gemäß Art. 17 und 18 nur dann abgerechnet werden, wenn glaubhaft nachgewiesen werden kann, dass der entsprechende Widmungszweck eintreten wird oder eingetreten ist oder die entsprechenden Widmungszwecke eintreten werden oder eingetreten sind.

(3) Die Abrechnung hat gemäß Anlage B zu erfolgen. Sie hat sich auf das jeweilige Kindergartenjahr zu beziehen und Aufschluss über die widmungsgemäße Verwendung gemäß Art. 17 und 18 inklusive der erfolgten Kofinanzierung gemäß Art. 14 zu geben. Weiters hat die Abrechnung Angaben zum Grad der Zielerreichung (Art. 15) zum Ende des Vereinbarungszeitraums zu enthalten.

(4) Auf Seiten des Bundes ist zur Prüfung und Genehmigung der Abrechnungen der Länder das Bundesministerium für Bildung, Wissenschaft und Forschung im Einvernehmen mit dem Bundeskanzleramt zuständig.

(5) Die Länder sind verpflichtet, die widmungsgemäße Verwendung der Zweckzuschüsse des Bundes durch die Träger geeigneter elementarer Bildungseinrichtungen sowohl in wirtschaftlicher als auch in fachlich-pädagogischer Hinsicht zu überprüfen und im Anlassfall dem Bund über das Prüfergebnis zu berichten.

(6) Das Bundesministerium für Bildung, Wissenschaft und Forschung behält sich das Recht vor, während des Kindergartenjahres unangekündigte Hospitationen durchzuführen und selbst Einsichtnahmen in die Abrechnungen gemäß Art. 17 zu nehmen. Die Durchführung erfolgt durch den Österreichischen Integrationsfonds. Sofern Zweifel bestehen, dass die in Art. 1 und Art. 3 definierten Zielsetzungen und Bildungsaufgaben ordnungsgemäß erfüllt werden, behält sich das Bundesministerium für Bildung, Wissenschaft und Forschung vor, eine Einzelfallprüfung unter Beiziehung anderer Einrichtungen durchzuführen.

Artikel 20
Refundierung bei zweckwidriger Verwendung

(1) Ein negatives Prüfungsergebnis liegt vor, wenn

1. der Zweckzuschuss nicht widmungsgemäß verwendet wurde, oder die widmungsgemäße Verwendung des Zweckzuschusses nicht nachgewiesen werden konnte; dies liegt vor, wenn
   a. auf Basis der pädagogischen Grundlagendokumente gemäß Art. 2 Z 6 die Bildungsaufgaben nicht erfüllt wurden oder
   b. eine Aktualisierung des Ist-Stands und der Meilensteine nicht fristgerecht erfolgt und die inhaltlichen Mindestangaben gemäß Art. 16 und 19 nicht vorliegen oder
2. die Kofinanzierung des Landes nicht oder nicht in ausreichendem Maß geleistet wurde.

Eine Refundierung bei Nicht-Erreichen der in Art. 15 definierten Zielsetzungen ist nicht vorgesehen.

(2) Wenn die übermittelten Anlagen den Formvorschriften widersprechen, hat der Bund diese dem jeweiligen Land mit einem Verbesserungsauftrag zurückzuweisen.

(3) Bei Vorliegen eines negativen Prüfungsergebnisses hat der Bund den Betrag, der dem Ausmaß des vereinbarungswidrigen Verhaltens entspricht, zum Ende des Vereinbarungszeitraums zurückzufordern.

ABSCHNITT V
Zahlungen des Bundes, Inkrafttreten und Geltungsdauer

Artikel 21
Zahlungen des Bundes

(1) Im Kindergartenjahr 2022/23 wird der Zweckzuschuss des Bundes gemäß Art. 14 in zwei Raten im September 2022 in Höhe von 52,5 Mio. Euro und bei Vorliegen der Voraussetzungen gemäß Art. 13 Abs. 1 Z 5 sowie Art. 19 Abs. 1 und 2 im März 2023 in Höhe von 147,5 Mio. Euro auf die von den Ländern bekanntzugebenden Konten angewiesen. Der Zweckzuschuss des Bundes gemäß Art. 14 für die Kindergartenjahre 2023/24 bis 2026/27

wird in zwei Raten jeweils im September in Höhe von 100 Mio. Euro und bei Vorliegen der Voraussetzungen gemäß Art. 13 Abs. 1 Z 5 sowie Art. 19 Abs. 1 und 2 im März des Kindergartenjahres in Höhe von maximal 100 Mio. Euro auf die von den Ländern bekanntzugebenden Konten angewiesen.

(2) Der Bund behält sich das Recht vor, Zahlungen des Zweckzuschusses vorläufig einzustellen, sofern bei den Ressourcen-, Ziel- und Leistungsgesprächen die begründete Annahme entsteht, dass ein Tatbestand des Art. 20 Abs. 1 erfüllt wird oder kein Ressourcen-, Ziel- und Leistungsgespräch geführt wird.

Artikel 22
Datenverwendung und Datenschutz

(1) Die Länder sind verpflichtet, landesgesetzliche Regelungen zu erlassen, die es dem Land ermöglichen die erforderlichen Daten zur Vollziehung dieser Vereinbarung unter Einhaltung der Bestimmungen des Datenschutzgesetzes (DSG) BGBl. Nr. I 12/2017 idgF und der Datenschutz-Grundverordnung (DSGVO), Verordnung (EU) Nr. 2016/679 zum Schutz natürlicher Personen bei der Verarbeitung personenbezogener Daten, zum freien Datenverkehr und zur Aufhebung der Richtlinie 95/46/EG (Datenschutz-Grundverordnung), ABl. Nr. L 119 vom 04.05.2016 S.1 zur Verfügung zu stellen.

(2) Die Länder verpflichten sich insbesondere zu ermöglichen, dass die elementaren Bildungseinrichtungen bestimmte vom Bund festgelegte Daten zur Sprachstandsfeststellung und zur Sprachförderung auf Anfrage an die besuchten Schulen zu liefern haben.

Artikel 23
Anpassung von Gesetzen

Die zur Durchführung dieser Vereinbarung notwendigen bundes- und landesgesetzlichen Regelungen sind bis längstens 15. März 2023 in Kraft zu setzen.

Artikel 24
Inkrafttreten

(1) Diese Vereinbarung tritt mit 1. September 2022 in Kraft, sofern

1. die nach der Bundesverfassung erforderlichen Voraussetzungen für das Inkrafttreten bis längstens 31. August 2022 erfüllt sind und
2. beim Bundeskanzleramt – Verfassungsdienst bis zu diesem Zeitpunkt die Mitteilung zumindest eines Landes über die Erfüllung der nach der Landesverfassung erforderlichen Voraussetzungen für das Inkrafttreten eingelangt ist.[2])

(2) Liegen die Voraussetzungen für das Inkrafttreten gemäß Abs. 1 nicht vor, tritt die Vereinbarung zum nachfolgenden Monatsersten in Kraft nachdem vom Bund und zumindest einem Land die Voraussetzungen gemäß Abs. 1 Z 1 und 2 erfüllt sind.

(3) Langen nach Ablauf jenes Tages, an dem die Bedingungen gemäß Abs. 1 Z 1 und 2 oder Abs. 2 eingetreten sind, Mitteilungen weiterer Länder über die Erfüllung der nach den Landesverfassungen erforderlichen Voraussetzungen für das Inkrafttreten beim Bundeskanzleramt – Verfassungsdienst ein, so tritt die Vereinbarung gegenüber diesen Ländern mit dem Ersten des Folgemonats nach dem Einlangen der jeweiligen Mitteilung in Kraft.

(4) Nach dem 31. August 2023 können die Voraussetzungen für das Inkrafttreten der Vereinbarung nicht mehr erfüllt werden.

(5) Das Bundeskanzleramt – Verfassungsdienst hat dem Bundesministerium für Bildung, Wissenschaft und Forschung, dem Bundeskanzleramt – Sektion Familie und Jugend und den Ländern die Erfüllung der Voraussetzungen nach Abs. 1 sowie den Zeitpunkt des Inkrafttretens mitzuteilen.[3])

(6) Tritt die Vereinbarung für ein Land oder mehrere Länder nicht in Kraft, so erhöht sich für die übrigen Länder ihr Anteil am Zweckzuschuss des Bundes unter Neuberechnung des Verteilungsschlüssels gemäß Art. 14 Abs. 1.

Artikel 25
Geltungsdauer

Diese Vereinbarung gilt für die Kindergartenjahre 2022/23 bis 2026/27. Die Vereinbarung tritt zwischen Bund und den einzelnen Ländern nach positiver Entscheidung über die vorzulegenden Berichte für das Kindergartenjahr 2026/27 durch das Bundesministerium für Bildung, Wissenschaft und Forschung außer Kraft.

---

[2]) Die Vereinbarung ist gemäß ihrem Art. 24 Abs. 1 mit 1. September 2022 zwischen dem Bund und den Ländern Kärnten, Niederösterreich, Oberösterreich, Salzburg, Steiermark, Vorarlberg und Tirol in Kraft getreten (BGBl. I Nr. 148/2022).

[3]) Die Vereinbarung ist gemäß ihrem Art. 24 Abs. 5 zwischen dem Bund und den Ländern Burgenland und Wien mit 1. Oktober 2022 in Kraft getreten (BGBl. I Nr. 157/2022).

Artikel 26
Urschrift

Diese Vereinbarung wird in einer Urschrift ausgefertigt. Die Urschrift wird beim Bundeskanzleramt-Verfassungsdienst hinterlegt. Dieses hat allen Vertragsparteien beglaubigte Abschriften der Vereinbarung zu übermitteln.

Anlage A Konzept (Art. 16)

Hier nicht abgedruckt

Anlage B Abrechnung (Art. 19 Abs. 3)

Hier nicht abgedruckt

9.7. Anstellungserfordernisse-Grundsatzgesetz

BGBl. Nr. 406/1968
idF der Bundesgesetze

BGBl. Nr. 639/1994 BGBl. I Nr. 185/2021
BGBl. I Nr. 227/2022 BGBl. I Nr. 139/2023

Bundesgesetz über die Grundsätze betreffend die fachlichen Anstellungserfordernisse für Elementarpädagoginnen und Elementarpädagogen sowie Erzieherinnen und Erzieher (Anstellungserfordernisse-Grundsatzgesetz – AE-GG)
(BGBl. I Nr. 185/2021, Z 1)

Der Nationalrat hat beschlossen:

Artikel I

Für die Gesetzgebung der Länder auf dem Gebiete der fachlichen Anstellungserfordernisse für die von den Ländern, Gemeinden oder von Gemeindeverbänden anzustellenden Elementarpädagoginnen und Elementarpädagogen, Erzieherinnen und Erzieher an Horten und Erzieherinnen und Erzieher an Schülerheimen, die ausschließlich oder vorwiegend für Schülerinnen und Schüler von Pflichtschulen bestimmt sind, werden folgende Grundsätze aufgestellt: *(BGBl. Nr. 406/1968 idF BGBl. I Nr. 185/2021, Z 2)*

§ **1.** Unbeschadet von Staatsverträgen im Rahmen der europäischen Integration ist fachliches Anstellungserfordernis: *(BGBl. Nr. 406/1968 idF BGBl. Nr. 639/1994, Z 1)*

1. Für Elementarpädagoginnen und Elementarpädagogen die erfolgreiche Ablegung eines der folgenden Ausbildungsabschlüsse:
   a) Reife- und Diplomprüfung oder Diplomprüfung für Elementarpädagogik;
   b) Reife- und Diplomprüfung oder Diplomprüfung für Kindergärten;
   c) Befähigungsprüfung für Kindergärtnerinnen bzw. Kindergärtner oder Reife- und Befähigungsprüfung für Kindergärten;
   d) Absolvierung des Hochschullehrgangs „Elementarpädagogik" im Ausmaß von 60 ECTS an einer Pädagogischen Hochschule;
   e) Absolvierung des Hochschullehrgangs „Quereinstieg Elementarpädagogik" im Ausmaß von 120 ECTS an einer Pädagogischen Hochschule; *(BGBl. I Nr. 227/2022, Art. 5 Z 1)*
   f) Absolvierung eines Masterstudiums „Elementarpädagogik" im Ausmaß von 120 ECTS an einer Universität oder Hochschule; *(BGBl. I Nr. 139/2023, Z 1)*
   g) Absolvierung eines Universitätslehrgangs „Elementarpädagogik" im Ausmaß von 120 ECTS; *(BGBl. I Nr. 139/2023, Z 1)*

   (BGBl. I Nr. 185/2021, Z 3)
2. für Inklusive Elementarpädagoginnen und Elementarpädagogen die erfolgreiche Ablegung eines der folgenden Ausbildungsabschlüsse:
   a) Diplomprüfung für Sonderkindergärten und Frühförderung;
   b) Befähigungsprüfung für Sonderkindergärtnerinnen oder Befähigungsprüfung für Sonderkindergärten und Frühförderung;
   c) Diplomprüfung für Inklusive Elementarpädagogik;
   d) Absolvierung des Hochschullehrgangs „Inklusive Elementarpädagogik" im Ausmaß von 90 ECTS an einer Pädagogischen Hochschule;

   (BGBl. I Nr. 185/2021, Z 4)
3. für Erzieherinnen und Erzieher an Horten und Schülerheimen, die ausschließlich oder vorwiegend für Schülerinnen und Schüler von Pflichtschulen bestimmt sind: *(BGBl. Nr. 406/1968 idF BGBl. I Nr. 185/2021, Z 5)*
   a) die erfolgreiche Ablegung der Befähigungsprüfung für Erzieher oder der Reife- und Befähigungsprüfung für Erzieher; oder *(BGBl. Nr. 406/1968 idF BGBl. Nr. 639/1994, Z 4)*
   b) die erfolgreiche Ablegung der Befähigungsprüfung für Kindergärtnerinnen und Horterzieherinnen oder der Reife- und Befähigungsprüfung für Kindergärten und Horte; oder *(BGBl. Nr. 406/1968 idF BGBl. Nr. 639/1994, Z 5)*
   c) die erfolgreiche Ablegung einer Lehrbefähigungs- oder Lehramtsprüfung, oder *(BGBl. Nr. 406/1968 idF BGBl. I Nr. 185/2021, Z 6)*
   d) Reife- und Diplomprüfung oder Diplomprüfung für Elementarpädagogik mit der Zusatzausbildung Hortpädagogik; *(BGBl. I Nr. 185/2021, Z 6)*
4. für Erzieher an Sonderhorten und für Erzieher an Schülerheimen, die ausschließlich oder

vorwiegend für Schülerinnen und Schüler von Sonderschulen bestimmt sind: *(BGBl. Nr. 406/1968 idF BGBl. I Nr. 185/2021, Z 7)*

a) die erfolgreiche Ablegung der Befähigungsprüfung für Sondererzieher; oder

b) die erfolgreiche Ablegung der Lehramtsprüfung für Sonderschulen.

§ 2. Der Ausführungsgesetzgebung steht es frei, über die im § 1 festgelegten fachlichen Anstellungserfordernisse hinausgehende fachliche Anstellungserfordernisse – vor allem für Leiter – vorzuschreiben.

§ 3. Für die Fälle, in denen keine geeignete Person zur Verfügung steht, die die in Betracht kommenden, auf Grund der §§ 1 und 2 vorgeschriebenen Anstellungserfordernisse erfüllt, kann die Ausführungsgesetzgebung für die auf die Dauer dieser Voraussetzung stattfindende Verwendung in einem kündbaren Dienstverhältnis, das keinen Anspruch auf Umwandlung in ein unkündbares Dienstverhältnis gibt, folgende Anstellungserfordernisse als ausreichend anerkennen:

1. Für die Verwendung in Kindergärten: hinreichende Erfahrung in der Erziehung und Betreuung einer Gruppe von Kleinkindern und Nachweis einer Hospitier- oder Praxiszeit von vier Wochen in einem Kindergarten; *(BGBl. Nr. 406/1968 idF BGBl. Nr. 639/1994, Z 6)*
2. Für die Verwendung an Kindergärten, in denen die Betriebsdauer im Kalenderjahr vier Monate nicht übersteigt: Erfahrung in der Betreuung von Kleinkindern und Besuch eines Einschulungslehrganges in der Dauer von mindestens zwei Wochen oder Nachweis einer Hospitier- und Praxiszeit von vier Wochen in einem Ganztagskindergarten;
3. für die Verwendung an Sonderkindergärten: die erfolgreiche Ablegung einer der in § 1 Z 1 genannten Prüfungen; *(BGBl. Nr. 406/1968 idF BGBl. Nr. 639/1994, Z 7)*
4. für die Verwendung an Horten und an Schülerheimen, die ausschließlich oder vorwiegend für Schülerinnen und Schüler von Pflichtschulen bestimmt sind (ausschließlich neben einer Person, die die Erfordernisse des § 1 Z 3 erfüllt): *(BGBl. Nr. 406/1968 idF BGBl. Nr. 639/1994, Z 8 und BGBl. I Nr. 185/2021, Z 7)*
   a) Erfahrung in der Erziehung und Betreuung einer Gruppe von Schulpflichtigen; oder
   b) der erfolgreiche Abschluß einer höheren oder mindestens dreijährigen mittleren Schule oder die abgeschlossene Berufsausbildung; *(BGBl. Nr. 406/1968 idF BGBl. Nr. 639/1994, Z 9)*
5. für die Verwendung an Sonderhorten und an Schülerheimen, die ausschließlich oder vorwiegend für Schülerinnen und Schüler von Sonderschulen bestimmt sind: *(BGBl. Nr. 406/1968 idF BGBl. I Nr. 185/2021, Z 7)*
   a) die erfolgreiche Ablegung einer der in § 1 Z 2 genannten Prüfungen; oder *(BGBl. Nr. 406/1968 idF BGBl. Nr. 639/1994, Z 10)*
   b) Sofern auch keine Person, die die Voraussetzung nach lit. a erfüllt, zur Verfügung steht:

die erfolgreiche Ablegung einer anderen als der im § 1 Z 4 lit. b genannten Lehrbefähigungs- oder Lehramtsprüfung oder einer der in § 1 Z 1 oder in § 1 Z 3 genannten Prüfungen. *(BGBl. Nr. 406/1968 idF BGBl. Nr. 639/1994, Z 11)*

§ 4. (1) Die in den §§ 1 und 3 angeführten Prüfungen sind durch Zeugnisse öffentlicher oder mit dem Öffentlichkeitsrecht ausgestatteter Schulen oder staatlicher Prüfungskommissionen, die auf Grund schulrechtlicher Vorschriften eingerichtet sind, nachzuweisen.

(2) Von anderen Staaten als von Staaten, deren Angehörigen Österreich auf Grund von Staatsverträgen im Rahmen der europäischen Integration dieselben Rechte zu gewähren hat wie Inländern, ausgestellte Zeugnisse sind als Nachweis gemäß Abs. 1 nur zuzulassen, wenn sie schulbehördlich österreichischen Zeugnissen der verlangten Art als gleichwertig anerkannt (nostrifiziert) worden sind.

(3) Die Landesausführungsgesetze können festlegen, daß von anderen Staaten als von Staaten, deren Angehörigen Österreich auf Grund von Staatsverträgen im Rahmen der europäischen Integration dieselben Rechte zu gewähren hat wie Inländern, ausgestellte Zeugnisse als inländischen Zeugnissen gleichwertig gelten, wenn mit diesen Zeugnissen im jeweiligen Ausstellungsland die Voraussetzungen zur Ausübung des entsprechenden Berufes (§ 1) ohne zusätzliche Voraussetzungen verbunden ist.

(BGBl. Nr. 639/1994, Z 12)

§ 5. entfallen (BGBl. I Nr. 185/2021, Z 8)

Artikel II

(1) Die Ausführungsgesetze der Länder sind innerhalb eines Jahres vom Tage der Kundmachung dieses Bundesgesetzes an gerechnet zu erlassen.[1])

(2) Mit der Wahrnehmung der dem Bund gemäß Art. 14 Abs. 8 des Bundes-Verfassungsgesetzes zustehenden Rechte auf dem durch dieses Bundesgesetz geregelten Gebiet ist die

[1]) Die Kundmachung im Bundesgesetzblatt erfolgte am 3. Dezember 1968.

Bundesministerin oder der Bundesminister für Bildung, Wissenschaft und Forschung betraut. *(BGBl. Nr. 406/1968 idF BGBl. Nr. 639/1994, Z 14 und BGBl. I Nr. 185/2021, Z 9)*

(3) Art. I § 1, § 3, § 4, § 5 sowie Art. II Abs. 2 dieses Bundesgrundsatzgesetzes in der Fassung des Bundesgrundsatzgesetzes BGBl. Nr. 639/1994 treten mit Ablauf des Tages der Kundmachung dieses Bundesgrundsatzgesetzes im Bundesgesetzblatt in Kraft.[2]) *(BGBl. Nr. 639/1994, Z 15)*

(4) Der Titel, der Einleitungssatz des Art. I, § 1 Z 1 bis 4, § 3 Z 4 und 5, § 5 und Art. II Abs. 2 treten gegenüber den Ländern mit Ablauf des Tages der Kundmachung im Bundesgesetzblatt in Kraft; die Ausführungsgesetze sind mit 1. September 2022 in Kraft zu setzen.[3]) *(BGBl. I Nr. 185/2021, Z 10)*

[2]) Die Kundmachung im Bundesgesetzblatt erfolgte am 19. August 1994.

[3]) Die Kundmachung im Bundesgesetzblatt erfolgte am 28. Oktober 2021.

(5) § 1 Z 1 lit. e und f[4]) in der Fassung des Bundesgesetzes BGBl. I Nr. 227/2022 tritt gegenüber den Ländern mit Ablauf des Tages der Kundmachung im Bundesgesetzblatt in Kraft; die Ausführungsgesetze der Länder sind binnen sechs Monaten zu erlassen.[5]) *(BGBl. I Nr. 227/2022, Art. 5 Z 2)*

(6) § 1 Z 1 lit. f und g tritt mit Ablauf des Tages der Kundmachung im Bundesgesetzblatt in Kraft. Die Ausführungsgesetze der Länder sind innerhalb eines Jahres vom Tage der Kundmachung dieses Bundesgesetzes an gerechnet zu erlassen.[6]) *(BGBl. I Nr. 139/2023, Z 2)*

[4]) In Ermangelung eines vom Gesetzesbeschluss erfassten § 1 Z 1 lit. f geht diese Inkrafttretensbestimmung ins Leere.

[5]) Die Kundmachung im Bundesgesetzblatt erfolgte am 30. Dezember 2022.

[6]) Die Kundmachung im Bundesgesetzblatt erfolgte am 15. November 2023.

10.1. Land- und forstwirtschaftliches Bundesschulgesetz – Luf BSchG

BGBl. Nr. 175/1966

idF der Bundesgesetze

BGBl. Nr. 332/1971	BGBl. Nr. 231/1977
BGBl. Nr. 231/1982	BGBl. Nr. 328/1988
BGBl. Nr. 647/1994	BGBl. Nr. 331/1996
BGBl. Nr. 769/1996	BGBl. I Nr. 23/1998
BGBl. I Nr. 171/1999	BGBl. I Nr. 79/2001
BGBl. I Nr. 112/2004	BGBl. I Nr. 91/2005
BGBl. I Nr. 20/2006	BGBl. I Nr. 113/2006
BGBl. I Nr. 9/2012	BGBl. I Nr. 36/2012
BGBl. I Nr. 75/2013	BGBl. I Nr. 48/2014
BGBl. I Nr. 38/2015	BGBl. I Nr. 56/2016
BGBl. I Nr. 129/2017	BGBl. I Nr. 138/2017
BGBl. I Nr. 35/2018	BGBl. I Nr. 101/2018
BGBl. I Nr. 23/2020	BGBl. I Nr. 80/2020
BGBl. I Nr. 133/2020	BGBl. I Nr. 19/2021
BGBl. I Nr. 170/2021	BGBl. I Nr. 232/2021
BGBl. I Nr. 96/2022	

Inhaltsverzeichnis[1])

[1]) Das Inhaltsverzeichnis ist von den Gesetzesbeschlüssen nicht umfasst.

Stichwortverzeichnis zum Luf BSchG
(die Ziffern beziehen sich auf die Paragrafen)

Stichwortverzeichnis

Bundesgesetz vom 14. Juli 1966, mit dem Bestimmungen über die land- und forstwirtschaftlichen Lehranstalten des Bundes getroffen werden (Land- und forstwirtschaftliches Bundesschulgesetz)

Der Nationalrat hat beschlossen:

I. HAUPTSTÜCK
Allgemeine Bestimmungen

Geltungsbereich

§ 1. Dieses Bundesgesetz gilt für die höheren land- und forstwirtschaftlichen Lehranstalten einschließlich der Schülerheime, die ausschließlich oder vorwiegend für Schüler dieser Schulen bestimmt sind.

(BGBl. I Nr. 113/2006, Art. 18 Z 1)

§ 2. Aufgabe der land- und forstwirtschaftlichen Lehranstalten des Bundes

(1) Die land- und forstwirtschaftlichen Lehranstalten des Bundes haben die Aufgabe, an der Entwicklung der Anlagen der Jugend nach den sittlichen, religiösen und sozialen Werten sowie nach den Werten des Wahren, Guten und Schönen durch einen ihrer Entwicklungsstufe und ihrem Bildungsweg entsprechenden Unterricht mitzuwirken. Sie haben die Jugend mit dem für das Leben und den künftigen Beruf erforderlichen Wissen und Können auszustatten und zum selbsttätigen Bildungserwerb zu erziehen.

Die jungen Menschen sollen zu gesunden, arbeitstüchtigen, pflichttreuen und verantwortungsbewußten Gliedern der Gesellschaft und Bürgern der demokratischen und bundesstaatlichen Republik Österreich herangebildet werden. Sie sollen zu selbständigem Urteil und sozialem Verständnis geführt, dem politischen und weltanschaulichen Denken anderer aufgeschlossen sowie befähigt werden, am Wirtschafts- und Kulturleben Österreichs, Europas und der Welt Anteil zu nehmen und in Freiheits- und Friedensliebe an den gemeinsamen Aufgaben der Menschheit mitzuwirken.

(1a) Schülerinnen und Schüler sowie deren Erziehungsberechtigte sind über die Aufgaben und Voraussetzungen der verschiedenen Schularten zu informieren sowie vor dem Abschluss einer Schulart über den nach den Interessen und Leistungen der Schülerin oder des Schülers empfehlenswerten weiteren Bildungsweg zu beraten. *(BGBl. I Nr. 101/2018, Art. 3 Z 1)*

(2) Die besonderen Aufgaben der einzelnen Schularten ergeben sich aus den Bestimmungen des II. Hauptstückes.

(3) Durch die Erziehung an Schülerheimen ist zur Erfüllung der Aufgabe der land- und forstwirtschaftlichen Lehranstalten gemäß Abs. 1 beizutragen. *(BGBl. Nr. 647/1994, Z 1)*

Personenbezogene Bezeichnungen

§ 2a. Personenbezogene Bezeichnungen in diesem Bundesgesetz sowie in den auf Grund dieses Bundesgesetzes erlassenen Verordnungen, wie zB. „Schüler", „Lehrer", umfassen Männer und Frauen gleichermaßen, außer es ist ausdrücklich anderes angeordnet.

(BGBl. Nr. 647/1994, Z 2)

Allgemeine Zugänglichkeit

§ 3. (1) Die öffentlichen Schulen und Schülerheime sind allgemein ohne Unterschied der Geburt, des Geschlechtes, der Rasse, des Standes, der Klasse, der Sprache und des Bekenntnisses zugänglich. Aus organisatorischen oder lehrplanmäßigen Gründen können jedoch Schulen und Klassen sowie Schülerheime eingerichtet werden, die nur für Burschen oder nur für Mädchen bestimmt sind, sofern dadurch keine Minderung der Organisation eintritt. *(BGBl. Nr. 328/1988, Art. I Z 2)*

(2) Die Aufnahme eines Schülers in eine öffentliche Schule oder ein öffentliches Schülerheim darf nur wegen Nichterfüllung der schulrechtlichen Aufnahmsbedingungen durch den Schüler oder wegen Überfüllung der Schule oder des Schülerheimes abgelehnt werden.

Unentgeltlichkeit des Unterrichtes

§ 4. (1) Der Besuch der im § 1 genannten öffentlichen Schulen ist unentgeltlich.

(2) Die durch gesonderte Vorschriften geregelte Einhebung von Prüfungstaxen und Unfallversicherungsprämien wird hiedurch nicht berührt. *(BGBl. Nr. 231/1982, Art. I Z 1)*

(3) Die Bundesministerin oder der Bundesminister für Landwirtschaft, Regionen und Tourismus hat im Einvernehmen mit dem Bundesminister für Finanzen durch Verordnung die Höhe

a) des jeweiligen Schülerheimbeitrages so, daß die laufenden Ausgaben für Unterbringung, Verpflegung, Betreuung und Heimbetrieb gedeckt sind, und
b) der Lern- und Arbeitsmittelbeiträge so, daß sie kostendeckend sind,

festzusetzen. Die Beiträge sind Einnahmen des Bundes. *(BGBl. Nr. 231/1982, Art. I Z 2 idF BGBl. I Nr. 79/2001, Z 1, BGBl. I Nr. 35/2018, Art. 2 Z 1 und BGBl. I Nr. 80/2020, Art. 5 Z 1)*

(4) Die Bundesministerin oder der Bundesminister für Landwirtschaft, Regionen und

Tourismus kann den Schülerheimbeitrag bei Bedürftigkeit im Einzelfall ermäßigen oder nachlassen. *(BGBl. Nr. 231/1982, Art. I Z 2 idF BGBl. I Nr. 79/2001, Z 1, BGBl. I Nr. 35/2018, Art. 2 Z 1 und BGBl. I Nr. 80/2020, Art. 5 Z 1)*

Lehrpläne für höhere land- und forstwirtschaftliche Lehranstalten

§ 5. (1) Der zuständige Bundesminister oder die zuständige Bundesministerin hat für die in diesem Bundesgesetz geregelten höheren land- und forstwirtschaftlichen Lehranstalten Lehrpläne durch Verordnung festzusetzen. *(BGBl. I Nr. 138/2017, Art. 10 Z 1)*

(1a) Für einzelne Schulstandorte können zur Entwicklung neuer Lehrplaninhalte, insbesondere im Hinblick auf den aktuellen Stand der Wissenschaft und die Zeitgemäßheit der Ausbildung sowie zur Verbesserung didaktischer und methodischer Arbeitsformen von den verordneten Lehrplänen abweichende Übergangslehrpläne erlassen werden. Solche Übergangslehrpläne oder -lehrplanabweichungen sind im Hinblick auf eine möglichst zeitnahe generelle Umsetzung zeitlich zu befristen. Übergangslehrpläne und -lehrplanabweichungen sind gemäß § 33 an den betroffenen Schulen kundzumachen. *(BGBl. I Nr. 138/2017, Art. 10 Z 1)*

(1b) Die Lehrplanverordnungen haben die einzelnen Schulen zu ermächtigen, in einem vorzugebenden Rahmen Lehrplanbestimmungen nach den örtlichen Erfordernissen sowie im Rahmen von Schulkooperationen auf Grund dieses Bundesgesetzes zu erlassen (schulautonome Lehrplanbestimmungen), soweit dies unter Bedachtnahme auf die Bildungsaufgabe der jeweiligen höheren land- und forstwirtschaftlichen Lehranstalt, auf die mit deren erfolgreichen Abschluss verbundenen Berechtigungen sowie auf die Erhaltung der Übertrittsmöglichkeiten im Rahmen des Schulwesens vertretbar ist. *(BGBl. I Nr. 138/2017, Art. 10 Z 1)*

(2) Die Lehrpläne haben zu enthalten:

1. die allgemeinen Bildungsziele,
2. die Bildungs- und Lehraufgaben der einzelnen Unterrichtsgegenstände und didaktische Grundsätze,
3. den Lehrstoff,
4. die Aufteilung des Lehrstoffes auf die einzelnen Schulstufen, soweit dies im Hinblick auf die Bildungsaufgabe der betreffenden Fachrichtung sowie die Übertrittsmöglichkeiten erforderlich ist und
5. die Gesamtstundenzahl und das Stundenausmaß der einzelnen Unterrichtsgegenstände (Stundentafel).

Soweit es schulautonome Lehrplanbestimmungen erfordern, sind Kernanliegen in den Bildungs- und Lehraufgaben oder den didaktischen Grundsätzen oder im Lehrstoff zu umschreiben. Die Lehrpläne der 10. bis einschließlich der vorletzten Schulstufe an zumindest dreijährigen mittleren und höheren Schulen müssen, alle anderen Lehrpläne können, jeweils kumulativ oder alternativ, Kompetenzen, Kompetenzmodelle und Kompetenzmodule enthalten. Schulstufen, hinsichtlich derer die im Winter- und im Sommersemester erbrachten Leistungen am Ende des Unterrichtsjahres als Jahresleistungen zu beurteilen sind und die Semester der letzten Schulstufe der semestrierten Oberstufe bilden ein Kompetenzmodul. *(BGBl. I Nr. 79/2001, Z 2 idF BGBl. I Nr. 9/2012, Art. 2 Z 2, BGBl. I Nr. 35/2018, Art. 2 Z 2, BGBl. I Nr. 170/2021, Art. 4 Z 1 und BGBl. I Nr. 96/2022, Art. 5 Z 1)*

(3) Die Erlassung schulautonomer Lehrplanbestimmungen obliegt dem Schulgemeinschaftsausschuss (§ 64 des Schulunterrichtsgesetzes, BGBl. Nr. 472/1986). Die schulautonomen Lehrplanbestimmungen sind durch Anschlag an der betreffenden Schule auf die Dauer eines Monats kundzumachen; nach Ablauf des Monats sind sie bei der Schulleitung zu hinterlegen. Auf Verlangen ist Schülern und Erziehungsberechtigten Einsicht zu gewähren. Schulautonome Lehrplanbestimmungen sind dem zuständigen Bundesminister zur Kenntnis zu bringen. Dieser hat die schulautonomen Lehrplanbestimmungen im erforderlichen Ausmaß aufzuheben, wenn sie nicht der Ermächtigung (Abs. 1b) entsprechen oder über die einzelne Schule hinausgehende Interessen der Schüler und Erziehungsberechtigten nicht in ausreichendem Maße berücksichtigt worden sind. Schulautonome Lehrplanbestimmungen, die gegenüber dem verordneten Lehrplan zusätzliche personelle oder ausstattungsmäßige Ressourcen erfordern, bedürfen der Genehmigung des zuständigen Bundesministers. Der zuständige Bundesminister hat in den Lehrplänen gemäß Abs. 1 Lehrplanbestimmungen für die Fälle der Aufhebung von schulautonomen Lehrplanbestimmungen und den Fall der Nichterlassung schulautonomer Lehrplanbestimmungen vorzusehen. *(BGBl. I Nr. 79/2001, Z 2 idF BGBl. I Nr. 9/2012, Art. 2 Z 1, BGBl. I Nr. 48/2014, Art. 4 Z 1 und 2 sowie BGBl. I Nr. 138/2017, Art. 10 Z 2)*

(4) Welche Unterrichtsgegenstände (Pflichtgegenstände, alternative Pflichtgegenstände, verbindliche Übungen, Freigegenstände, unverbindliche Übungen) jedenfalls in den Lehrplänen vorzusehen sind, wird im II. Hauptstück festgesetzt. Im Lehrplan kann bestimmt werden, dass zwei oder mehrere der im II. Hauptstück angeführten Pflichtgegenstände als alternative oder als zusammengefasste Pflichtgegenstände zu führen sind. Überdies können bei

Unterrichtsgegenständen, die eine zusammengesetzte Bezeichnung haben, die Teile gesondert oder in Verbindung mit anderen solchen Teilen geführt werden. Darüber hinaus können in den Lehrplänen auch weitere Unterrichtsgegenstände als Pflichtgegenstände, verbindliche Übungen, Freigegenstände (auch Freigegenstände für besonders begabte und interessierte Schüler mit entsprechenden Anforderungen) und unverbindliche Übungen sowie ein Förderunterricht vorgesehen werden. Weiters können auf Grund der Aufgaben der einzelnen höheren land- und forstwirtschaftlichen Lehranstalten sowie der land- und forstwirtschaftlichen Lehranstalten des Bundes (§ 2) durch schulautonome Lehrplanbestimmungen im Rahmen der Ermächtigung (Abs. 1) zusätzlich zu den in § 17 genannten Unterrichtsgegenständen weitere Pflichtgegenstände, alternative Pflichtgegenstände, insbesondere Wahlpflichtgegenstände, und verbindliche Übungen festgelegt sowie Pflichtgegenstände oder Teile davon zusammengefasst werden. *(BGBl. I Nr. 79/2001, Z 2 idF BGBl. I Nr. 96/2022, Art. 5 Z 2)*

(5) Bei der Erlassung der Lehrpläne für den Religionsunterricht ist auf das Religionsunterrichtsgesetz, BGBl. Nr. 190/1949, Bedacht zu nehmen.

(BGBl. I Nr. 79/2001, Z 2)

Schulversuche[2])

§ 6. (1) Die zuständige Bundesministerin oder der zuständige Bundesminister kann zur Erprobung besonderer pädagogischer oder schulorganisatorischer Maßnahmen an bestimmten öffentlichen Schulen Schulversuche durchführen. In Angelegenheiten, die in den schulautonomen Entscheidungsbereich fallen, dürfen keine Schulversuche durchgeführt werden.

(2) An Privatschulen mit Öffentlichkeitsrecht bedarf die Durchführung eines Schulversuches des Einvernehmens mit dem Schulerhalter, der die Genehmigung eines Schulversuches bei der zuständigen Bundesministerin oder dem zuständigen Bundesminister auch beantragen kann.

(3) Jedem Schulversuch hat ein Schulversuchsplan zu Grunde zu liegen, der das Ziel des Schulversuches, die Einzelheiten der Durchführung und seine Dauer festlegt. Die Dauer eines Schulversuches darf die Zahl der Schulstufen der Schule, an dem der Schulversuch durchgeführt wird, zuzüglich zwei Schuljahre nicht übersteigen. Eine einmalige Verlängerung um zwei weitere Schuljahre ist zulässig.

(4) Nach Ablauf der im Schulversuchsplan festgelegten Dauer ist der Schulversuch nach Maßgabe der Zielerreichung in das Regelschulwesen überzuführen. Im Fall der Überführung in das Regelschulwesen mittels Gesetzesvorlage durch die Bundesregierung ist die Abschlussevaluierung (Abs. 8) der Regierungsvorlage beizulegen.

(5) Soweit die Durchführung von Schulversuchen an öffentlichen Schulen Angelegenheiten der Schulerhaltung sowie Dienstrechtsangelegenheiten der Lehrerinnen und Lehrer betrifft, ist vor der Durchführung der Schulversuche das Einvernehmen mit der Bundesministerin oder dem Bundesminister für Landwirtschaft, Regionen und Tourismus herzustellen. *(BGBl. I Nr. 138/2017, Art. 10 Z 3 idF BGBl. I Nr. 35/2018, Art. 2 Z 1 und BGBl. I Nr. 80/2020, Art. 5 Z 2)*

(6) Vor der Einführung eines Schulversuches an einer höheren Lehranstalt ist der Schulgemeinschaftsausschuss zu hören.

(7) Die Anzahl der Klassen, an denen Schulversuche durchgeführt werden, darf 5 vH der Anzahl der Klassen im Bundesgebiet nicht übersteigen.

(8) Jeder Schulversuch ist vom Bundesministerium für Bildung, Wissenschaft und Forschung zu betreuen, zu beaufsichtigen und zu evaluieren, wobei die Hochschule für Agrar- und Umweltpädagogik Wien herangezogen werden kann. Zum Zeitpunkt der Beendigung eines Schulversuches hat eine Abschlussevaluierung auch im Hinblick auf eine allfällige Überführung des Schulversuches in das Regelschulwesen zu erfolgen. *(BGBl. I Nr. 138/2017, Art. 10 Z 3 idF BGBl. I Nr. 35/2018, Art. 2 Z 3)*

(BGBl. I Nr. 138/2017, Art. 10 Z 3)

Begriffsbestimmungen

§ 7. Im Sinne dieses Bundesgesetzes sind zu verstehen:

1. unter öffentlichen Schulen jene Schulen, die vom Bund errichtet und erhalten werden (§ 8 Abs. 1);
2. unter Privatschulen jene Schulen, die nicht vom Bund errichtet und erhalten werden und gemäß dem Land- und forstwirtschaftlichen Privatschulgesetz, BGBl. Nr. 318/1975, zur Führung einer gesetzlich geregelten Schulartbezeichnung berechtigt sind;

2a. *entfallen (BGBl. I Nr. 113/2006, Art. 18 Z 5)*

3. unter Pflichtgegenständen jene Unterrichtsgegenstände, deren Besuch für alle in die betreffende Schule aufgenommenen Schüler verpflichtend ist, sofern sie nicht vom Besuch befreit oder im Falle des Religionsunterrichtes auf Grund der Bestim-

[2]) Siehe auch RS Nr. 20/2017 betreffend Informationen zum Bildungsreformgesetz 2017 (3.6.2.) und RS Nr. 21/2021 betreffend Schulversuche Grundsatzerlass 2021 (3.6.3.).

mungen des Religionsunterrichtsgesetzes vom Besuch abgemeldet worden sind;

4. unter alternativen Pflichtgegenständen jene Unterrichtsgegenstände, deren Besuch zur Wahl gestellt wird und der gewählte Unterrichtsgegenstand oder die gewählten Unterrichtsgegenstände wie Pflichtgegenstände gewertet werden; *(BGBl. I Nr. 96/2022, Art. 5 Z 3)*

4a. unter verbindlichen Übungen jene Unterrichtsveranstaltungen, deren Besuch für alle in die betreffende Schule aufgenommenen Schüler verpflichtend ist, sofern sie nicht vom Besuch befreit sind, und die nicht beurteilt werden; *(BGBl. I Nr. 56/2016, Art. 2 Z 1)*

5. unter Förderunterricht nicht zu beurteilende Unterrichtsveranstaltungen für Schüler, für die eine Förderungsbedürftigkeit durch die unterrichtende Lehrperson festgestellt wurde oder die sich für diesen ergänzenden Unterricht anmelden; *(BGBl. I Nr. 96/2022, Art. 5 Z 4)*

6.[3]) unter Freigegenständen jene Unterrichtsgegenstände, zu deren Besuch eine Anmeldung für jedes Unterrichtsjahr erforderlich ist, die beurteilt werden und deren Beurteilung – außer wenn an diesem anstelle eines Pflichtgegenstandes teilgenommen wird – keinen Einfluß auf den erfolgreichen Abschluß einer Schulstufe hat; *(BGBl. Nr. 328/1988, Art. I Z 7, idF BGBl. I Nr. 133/2020, Art. 2 Z 1)*

7. unter unverbindlichen Übungen jene Unterrichtsveranstaltungen, zu deren Besuch eine Anmeldung für jedes Unterrichtsjahr erforderlich ist und die nicht beurteilt werden;

8. unter Errichtung einer Schule ihre Gründung und die Festsetzung ihrer örtlichen Lage;

9. unter Erhaltung einer Schule die Beistellung der erforderlichen Lehrer und Schulärzte sowie des zur Betreuung des Schulgebäudes und der übrigen Schulliegenschaften notwendigen Personals (Schulwart, Reinigungspersonal, Heizer, Wirtschaftspersonal u.dgl.) sowie die Bereitstellung und Instandhaltung des Schulgebäudes und der übrigen Schulliegenschaften, deren Errichtung, Beleuchtung und Beheizung, der Lehrmittel sowie die Deckung des sonstigen Sachaufwandes; *(BGBl. Nr. 328/1988, Art. I Z 7 idF BGBl. I Nr. 170/2021, Art. 4 Z 2)*

10. unter Kompetenzen im Sinne der Ziele und Aufgaben der österreichischen Schule gemäß Art. 14 Abs. 5a B-VG und § 2 längerfristig verfügbare kognitive Fähigkeiten und Fertigkeiten, die von Schülerinnen und Schülern entwickelt werden und die sie befähigen, Aufgaben in variablen Situationen erfolgreich und verantwortungsbewusst zu lösen und die damit verbundene motivationale und soziale Bereitschaft zu zeigen. *(BGBl. I Nr. 170/2021, Art. 4 Z 2)*

(BGBl. Nr. 328/1988, Art. I Z 7)

Errichtung und Erhaltung

§ 8. (1) Die Errichtung und Erhaltung der in § 1 genannten öffentlichen Schulen und Schülerheime und die Tragung der damit verbundenen Kosten obliegt dem Bund als gesetzlichen Schulerhalter.

(2) In jeder Schule ist eine der Anzahl der Klassen entsprechende Zahl von Unterrichts und Nebenräumen einzurichten.

(3) Jede Schule hat in ihrer baulichen Gestaltung und in ihrer Einrichtung den Grundsätzen der Pädagogik und der Schulhygiene zu entsprechen.

(4) Die Schulen haben mit einem Turnsaal oder einem Spielplatz und nach Bedarf mit den erforderlichen Lehrbetrieben, Lehrwerkstätten, Lehrküchen, Lehrbüchereien und sonstigen Lehreinrichtungen ausgestattet zu sein.

(5) Wohnungen für den Schulleiter und die Lehrer sowie für das übrige Personal können inner- oder außerhalb des Schul- oder Internatsgebäudes vorgesehen werden.

(6) Den in § 1 genannten öffentlichen Schulen sind bei Bedarf vom gesetzlichen Schulerhalter Schülerheime anzuschließen; diese gelten hinsichtlich der Errichtung und Erhaltung als Bestandteil der Schule. Mit der Aufnahme in die Schule ist in der Regel die internatsmäßige Unterbringung im Schülerheim verbunden.

(BGBl. Nr. 175/1966 idF BGBl. Nr. 328/1988, Art. I Z 6)

Führung von alternativen Pflichtgegenständen, Freigegenständen, unverbindlichen Übungen und eines Förderunterrichtes sowie Bildung von Schülergruppen

§ 8a. (1) Der Schulleiter oder die Schulleiterin hat für die öffentlichen höheren land- und forstwirtschaftlichen Lehranstalten unter Bedachtnahme auf die Erfordernisse der Pädagogik und der Sicherheit, auf den Förder-

[3]) § 7 Abs. 1 Z 6 idF BGBl. I Nr. 133/2020 tritt gemäß § 35 Abs. 17 ab 1. September 2021 klassen- und schulstufenweise aufsteigend und somit für die 9. Schulstufen mit 1. September 2021, für die 10. Schulstufen mit 1. September 2022, für die 11. Schulstufen mit 1. September 2023, für die 12. Schulstufen mit 1. September 2024 und für die 13. Schulstufen mit 1. September 2025 in Kraft.

bedarf der Schülerinnen und Schüler, auf die räumlichen Möglichkeiten, auf die mögliche Belastung der Lehrpersonen sowie auf die gemäß Abs. 3 der Schule zugeteilten Personalressourcen festzulegen,

1. bei welcher Mindestzahl von Anmeldungen ein alternativer Pflichtgegenstand zu führen ist,
2. bei welcher Mindestzahl von Anmeldungen ein Freigegenstand oder eine unverbindliche Übung zu führen und beim Unterschreiten welcher Mindestzahl von teilnehmenden Schülerinnen und Schülern ein solcher Unterrichtsgegenstand ab dem Ende des laufenden Beurteilungsabschnittes nicht mehr weiterzuführen ist,
3. bei welcher Mindestzahl von Schülerinnen und Schülern ein Förderunterricht abzuhalten ist und *(BGBl. I Nr. 138/2017, Art. 10 Z 4 idF BGBl. I Nr. 80/2020, Art. 5 Z 3)*
4. unter welchen Voraussetzungen Klassen und Schülergruppen zu bilden sind. *(BGBl. I Nr. 138/2017, Art. 10 Z 4 idF BGBl. I Nr. 80/2020, Art. 5 Z 3)*
5. *entfallen (BGBl. I Nr. 80/2020, Art. 5 Z 3)*

Es können Schülerinnen und Schüler mehrerer Klassen einer oder mehrerer Schulen zur Erreichung der Mindestzahl zusammengefasst werden.

(2) Die Festlegungen gemäß Abs. 1 sind dem Schulgemeinschaftsausschuss spätestens sechs Wochen vor dem Ende des Unterrichtsjahres, das dem betreffenden Schuljahr vorangeht, zur Kenntnis zu bringen. Wenn der Schulgemeinschaftsausschuss mit der Festlegung des Schulleiters oder der Schulleiterin nicht einverstanden ist, so hat dieser oder diese das Einvernehmen mit dem Schulgemeinschaftsausschuss anzustreben. Kann ein Einvernehmen nicht hergestellt werden, so kann der Schulgemeinschaftsausschuss mit einer Anwesenheit und einer Mehrheit von zumindest zwei Dritteln der stimmberechtigten Mitglieder die Entscheidung des Schulleiters oder der Schulleiterin bis spätestens vier Wochen vor dem Ende des dem betreffenden Schuljahr vorangehenden Unterrichtsjahres der Bundesministerin oder dem Bundesminister für Bildung, Wissenschaft und Forschung zur Prüfung und Entscheidung vorlegen. Dieser Vorlage kommt keine aufschiebende Wirkung zu. Die Bundesministerin oder der Bundesminister für Bildung, Wissenschaft und Forschung hat im Einvernehmen mit der Bundesministerin oder dem Bundesminister für Landwirtschaft, Regionen und Tourismus sowie weiters im Einvernehmen mit dem zuständigen Zentralausschuss bis zum Ende des genannten Unterrichtsjahres zu entscheiden. Die Entscheidung ist ohne Aufschub dem Schulleiter oder der Schulleiterin bekannt zu geben sowie dem Schulgemeinschaftsausschuss zur Kenntnis zu bringen. *(BGBl. I Nr. 138/2017, Art. 10 Z 4 idF BGBl. I Nr. 35/2018, Art. 2 Z 1 und 3 sowie BGBl. I Nr. 80/2020, Art. 5 Z 4)*

(3) Den einzelnen Schulen ist ein Rahmen für die einsetzbaren Lehrpersonenwochenstunden zuzuteilen, der sich jedenfalls an der Zahl der Schülerinnen und Schüler, am Bildungsangebot, am sozioökonomischen Hintergrund und am Förderbedarf der Schülerinnen und Schüler sowie an deren im Alltag gebrauchten Sprache und an den regionalen Bedürfnissen zu orientieren hat. Für die Bemessung des zur Verfügung zu stellenden Kontingents an Lehrpersonenwochenstunden sind die bestehenden gesetzlichen Grundlagen zu berücksichtigen. Die mit BGBl. I Nr. 138/2017 eingeführten schulautonomen Gestaltungsmöglichkeiten bei der Unterrichtsorganisation, insbesondere die Festlegung der Klassenschüler-, Eröffnungs- und Teilungszahlen, dürfen jedoch zu keiner Änderung dieser Bemessung führen. § 15 in der am 31. August 2018 geltenden Fassung gilt als Grundlage für die Berechnung und Zuweisung der Lehrpersonalressourcen an die Schulen.

(4) Für Privatschulen steht die Festlegung der Mindestzahlen nach Abs. 1 dem Schulerhalter zu. Wenn der Bund verpflichtet ist, den Lehrer-Personalaufwand in einem Ausmaß von mindestens der Hälfte zu tragen und durch Maßnahmen des Schulerhalters ein höherer Lehrer-Personalaufwand entsteht, verkürzt sich diese Verpflichtung, und zwar im Verhältnis zu dem an vergleichbaren öffentlichen Schulen erforderlichen Lehrer-Personalaufwand.

(5) Die Bestimmungen über den Förderunterricht in der unterrichtsfreien Zeit gemäß § 8 lit. g sublit. dd des Schulorganisationsgesetzes (Sommerschule), insbesondere § 8i des Schulorganisationsgsetzes[4]), § 77b des Schulunterrichtsgesetzes oder § 2 Abs. 9 des Schulzeitgesetzes[5]), sind sinngemäß anzuwenden. *(BGBl. I Nr. 232/2021, Art. 6 Z 1)*

(BGBl. I Nr. 138/2017, Art. 10 Z 4)

Führung des Unterrichtsgegenstandes Bewegung und Sport

§ 8b. (1) Der Unterricht in Bewegung und Sport ist getrennt nach Geschlechtern zu erteilen, sofern im Folgenden nicht anderes bestimmt wird. Bei nach Geschlechtern getrennter Unterrichtserteilung können Schülerinnen und Schüler mehrerer Klassen zusammengefasst werden.

---

[4]) Sollte richtig lauten: „Schulorganisationsgesetzes".

[5]) Sollte richtig lauten: „Schulzeitgesetzes 1985".

(2) Wenn bei Trennung nach Geschlechtern wegen zu geringer Schülerzahl nicht für alle Schülerinnen und Schüler der lehrplanmäßige Unterricht im Pflichtgegenstand Bewegung und Sport erteilt werden könnte, darf der Unterricht auch ohne Trennung nach Geschlechtern erteilt werden. Dasselbe gilt im Freigegenstand und in der unverbindlichen Übung Bewegung und Sport sowie in den sportlichen Schwerpunkten in Sonderformen, sofern diese Unterrichtsveranstaltungen auf Sportarten beschränkt sind, bei denen vom Standpunkt der unterschiedlichen Leistungsfähigkeit und der koedukativen Führung kein Einwand besteht. Ferner kann der Unterricht in Bewegung und Sport ohne Trennung nach Geschlechtern erteilt werden, wenn der Unterricht gleichzeitig durch mehrere Lehrerinnen und Lehrer (im Falle des Unterrichts für mehrere Klassen oder Schülergruppen) erfolgt und wenn dies aus inhaltlichen Gründen (zB Tanz, Schwimmen, Freizeitsportarten) zweckmäßig ist.

(3) Die Festlegungen gemäß Abs. 1 und 2 sind vom Schulleiter oder von der Schulleiterin zu treffen. § 8a Abs. 2 ist anzuwenden.

(BGBl. I Nr. 138/2017, Art. 10 Z 5)

§ 8c. *entfallen (BGBl. I Nr. 80/2020, Art. 5 Z 5)*

II. HAUPTSTÜCK

Besondere Bestimmungen über die Schulorganisation

Höhere land- und forstwirtschaftliche Lehranstalten

Aufgabe

§ 9. Die höheren land- und forstwirtschaftlichen Lehranstalten haben die Aufgabe, den Schülern eine höhere allgemeine und fachliche Bildung zu vermitteln, die sie zur Ausübung einer gehobenen Berufstätigkeit auf land- und forstwirtschaftlichem Gebiet befähigt und sie zugleich zur Universitätsreife zu führen. Hiebei ist durch praktischen Unterricht in den entsprechenden Lehreinrichtungen auch eine sichere praktische Fertigkeit zu vermitteln.

(BGBl. Nr. 328/1988, Art. I Z 9 idF BGBl. I Nr. 79/2001, Z 12)

Aufbau

§ 10. (1) Die höheren land- und forstwirtschaftlichen Lehranstalten schließen an die achte Schulstufe an und umfassen fünf Schulstufen (9. bis 13. Schulstufe).

(2) Jeder Schulstufe hat ein Jahrgang zu entsprechen.

(3) Die Bestimmung des Abs. 1 gilt nicht für die Sonderformen (§ 18) der höheren land- und forstwirtschaftlichen Lehranstalten.

Organisationsformen

§ 11. (1) Die höheren land- und forstwirtschaftlichen Lehranstalten sind berufsbildende höhere Lehranstalten. Sie gliedern sich in

1. Höhere Lehranstalten für Landwirtschaft, *(BGBl. I Nr. 112/2004, Z 1)*
2. *entfallen (BGBl. I Nr. 112/2004, Z 2)*
3. Höhere Lehranstalten für Wein- und Obstbau,
4. Höhere Lehranstalten für Garten- und Landschaftsgestaltung, *(BGBl. I Nr. 112/2004, Z 3)*

4a. Höhere Lehranstalten für Gartenbau, *(BGBl. I Nr. 112/2004, Z 3)*

5. Höhere Lehranstalten für Landtechnik,
6. Höhere Lehranstalten für Lebensmittel- und Biotechnologie, *(BGBl. I Nr. 112/2004, Z 4)*
7. Höhere Lehranstalten für Forstwirtschaft (Försterschulen),
8. Höhere Lehranstalt für Landwirtschaft und Ernährung, *(BGBl. I Nr. 56/2016, Art. 2 Z 3)*

8a. Höhere Lehranstalt für Umwelt- und Ressourcenmanagement, *(BGBl. I Nr. 56/2016, Art. 2 Z 3)*

8b. Höhere Lehranstalt für Informationstechnologie in der Landwirtschaft, *(BGBl. I Nr. 80/2020, Art. 5 Z 6)*

9. Sonderformen der unter Z 1 bis 8a genannten Arten. *(BGBl. I Nr. 56/2016, Art. 2 Z 3 idF BGBl. I Nr. 80/2020, Art. 5 Z 7)*

Neben den in Z 1 bis 9 genannten Arten können entsprechend dem Bedarf der Land- und Forstwirtschaft auch fachbereichsübergreifende und zusätzliche Fachrichtungen geführt werden. *(BGBl. Nr. 328/1988, Art. I Z 10 idF BGBl. Nr. 647/1994, Z 9)*

(2) Höhere land- und forstwirtschaftliche Lehranstalten für mehrere Fachrichtungen sind in Fachabteilung zu gliedern. Soweit erforderlich, sind für die einzelnen Fachabteilungen Abteilungsvorstände zu bestellen, die der gemeinsamen Schulleitung unterstellt sind.

(BGBl. Nr. 328/1988, Art. I Z 10)

Aufnahmsvoraussetzungen

§ 12.[6]) Voraussetzung für die Aufnahme in eine höhere land- und forstwirtschaftliche Lehranstalt ist – soweit für Sonderformen nicht anderes bestimmt ist –

---

[6]) § 12 idF vor der Novelle BGBl. I Nr. 101/2018 ist gemäß § 41 noch von Bedeutung. Er lautete:

1. der erfolgreiche Abschluss der 4. Klasse der Mittelschule und in allen leistungsdifferenzierten Pflichtgegenständen eine Beurteilung gemäß dem Leistungsniveau „Standard AHS“ oder eine Beurteilung gemäß dem Leistungsniveau „Standard“ nicht schlechter als „Gut“ oder
2. der erfolgreiche Abschluss der Polytechnischen Schule auf der 9. Schulstufe oder
3. der erfolgreiche Abschluss der 1. Klasse einer berufsbildenden mittleren Schule oder
4. der erfolgreiche Abschluss der 4. oder einer höheren Klasse der allgemeinbildenden höheren Schule.

Aufnahmsbewerberinnen und Aufnahmsbewerber der Mittelschule haben aus jenen leistungsdifferenzierten Pflichtgegenständen, in denen die Voraussetzungen gemäß Z 1 nicht erfüllt werden, eine Aufnahmsprüfung abzulegen. Aufnahmsbewerberinnen und Aufnahmsbewerber mit dem erfolgreichen Abschluss der 8. Stufe der Volksschule haben in Deutsch, Mathematik und Lebender Fremdsprache eine Aufnahmsprüfung abzulegen.

(BGBl. I Nr. 101/2018, Art. 3 Z 2)

„Aufnahmsvoraussetzungen

§ 12. Voraussetzung für die Aufnahme in eine höhere land- und forstwirtschaftliche Lehranstalt ist – soweit für Sonderformen nicht anderes bestimmt ist –

1. der erfolgreiche Abschluss der 4. Klasse der Hauptschule, wobei das Jahreszeugnis für diese Klasse in den leistungsdifferenzierten Pflichtgegenständen in der höchsten Leistungsgruppe eine positive Beurteilung oder in der mittleren Leistungsgruppe keine schlechtere Beurteilung als „Gut“ enthält; die Beurteilung eines leistungsdifferenzierten Pflichtgegenstandes in der mittleren Leistungsgruppe mit „Befriedigend“ steht der Aufnahme nicht entgegen, sofern die Klassenkonferenz feststellt, dass der Schüler auf Grund seiner sonstigen Leistungen mit großer Wahrscheinlichkeit den Anforderungen der höheren land- und forstwirtschaftlichen Lehranstalt genügen wird, oder

1a. der erfolgreiche Abschluss der 4. Klasse der Neuen Mittelschule und die Berechtigung zum Übertritt in eine höhere Schule; diese liegt vor, wenn das Jahreszeugnis ausweist, dass der Schüler in allen differenzierten Pflichtgegenständen das Bildungsziel der Vertiefung erreicht hat, oder – sofern dies auf (nur) einen differenzierten Pflichtgegenstand nicht zutrifft – die Klassenkonferenz der Neuen Mittelschule feststellt, dass der Schüler auf Grund seiner sonstigen Leistungen mit großer Wahrscheinlichkeit den Anforderungen einer höheren Schule genügen wird; dabei hat die Klassenkonferenz die Beurteilungen in den übrigen Unterrichtsgegenständen sowie die ergänzende differenzierende Leistungsbeschreibung (gem. § 22 Abs. 1a des Schulunterrichtsgesetzes) zu berücksichtigen, oder

2. der erfolgreiche Abschluss der Polytechnischen Schule auf der 9. Schulstufe oder
3. der erfolgreiche Abschluss der 1. Klasse einer mittleren Schule oder
4. der erfolgreiche Abschluss der 4. oder einer höheren Klasse der allgemein bildenden höheren Schule.

Aufnahmsbewerber mit dem erfolgreichen Abschluss der 4. Klasse der Hauptschule, die die vorstehenden Voraussetzungen in den leistungsdifferenzierten Pflichtgegenständen nicht erfüllen, haben aus jenen Pflichtgegenständen, in denen die Aufnahmsvoraussetzungen nicht erfüllt werden, eine Aufnahmsprüfung abzulegen. Aufnahmsbewerber der Neuen Mittelschule, die die Berechtigung zum Übertritt in eine höhere Schule nicht aufweisen, haben aus jenen differenzierten Pflichtgegenständen, in denen die Voraussetzungen nicht erfüllt werden, eine Aufnahmsprüfung abzulegen. Aufnahmsbewerber mit dem erfolgreichen Abschluss der 8. Stufe der Volksschule haben in Deutsch, Mathematik und Lebender Fremdsprache eine Aufnahmsprüfung abzulegen.“

Reife- und Diplomprüfung[7])

§ 13. (1) Die Ausbildung an den höheren land- und forstwirtschaftlichen Lehranstalten wird durch die Reife- und Diplomprüfung abgeschlossen.

(2) Die erfolgreiche Ablegung der Reife- und Diplomprüfung an einer höheren land- und forstwirtschaftlichen Lehranstalt berechtigt zum Besuch einer Universität, für die die Reifeprüfung Zulassungsvoraussetzung ist, wobei nach den Erfordernissen der verschiedenen Studienrichtungen durch Verordnung der Bundesministerin oder des Bundesministers für Bildung, Wissenschaft und Forschung zu bestimmen ist, in welchen Fällen Zusatzprüfungen zur Reifeprüfung abzulegen sind. *(BGBl. I Nr. 79/2001, Z 13 idF BGBl. I Nr. 9/2012, Art. 2 Z 1, BGBl. I Nr. 48/2014, Art. 4 Z 5, BGBl. I Nr. 129/2017, Art. 3 Z 1 und BGBl. I Nr. 35/2018, Art. 2 Z 4)*

(BGBl. Nr. 769/1996, Z 4)

Lehrer

§ 14. (1) Der Unterricht in den Klassen der höheren land- und forstwirtschaftlichen Lehranstalten ist durch Fachlehrer zu erteilen.

(2) Für jede höhere land- und forstwirtschaftliche Lehranstalt sind ein Leiter und die erforderlichen Lehrer nötigenfalls auch Abteilungsvorstände (§ 11 Abs. 2) zu bestellen. *(BGBl. Nr. 328/1988, Art. I Z 12)*

(3) Hiedurch werden die Vorschriften des Lehrerdienstrechtes, bei Religionslehrern

---

[7]) Siehe auch die Ingenieurgesetz-Durchführungsverordnung 2018 (IGDV 2018), BGBl. II Nr. 125/2018, bzgl. des Nachweises von Praxistätigkeiten auf land- und forstwirtschaftlichem oder umweltbezogenem Gebiet. (Hier nicht abgedruckt.)

auch jene des Religionsunterrichtsrechtes nicht berührt. Darüber hinaus können bei Bedarf auf bestimmte Zeit Lehrbeauftragte[8]) bestellt werden. Als Lehrbeauftragte kommen Fachleute in Betracht, die nicht als Lehrer bestellt sind. Ein Dienstverhältnis wird durch einen Lehrauftrag nicht begründet, allenfalls bestehende Dienstverhältnisse bleiben durch den Lehrauftrag unberührt. *(BGBl. Nr. 175/1966 idF BGBl. I Nr. 56/2016, Art. 2 Z 4)*

Klassenschülerzahl

§ 15.[9]) Die Klassenschülerzahl an höheren land- und forstwirtschaftlichen Lehranstalten ist vom Schulleiter oder von der Schulleiterin unter Bedachtnahme auf die Erfordernisse der Pädagogik und der Sicherheit, auf den Förderbedarf der Schülerinnen und Schüler, auf die räumlichen Möglichkeiten und auf die mögliche Belastung der Lehrpersonen sowie nach Maßgabe der der Schule gemäß § 8a Abs. 3 zugeteilten Lehrpersonalressourcen festzulegen. § 8a Abs. 2 ist anzuwenden. Für die Wahlpflichtgegenstände können ab der 10. Schulstufe Schülergruppen gebildet werden, die auch klassen-, schulstufen- oder schulstandortübergreifend geführt werden können. *(BGBl. I Nr. 138/2017, Art. 10 Z 7 idF BGBl. I Nr. 96/2022, Art. 5 Z 5)*

(BGBl. I Nr. 138/2017, Art. 10 Z 7)

Unterricht und Lehreinrichtungen

§ 16. (1) Der Unterricht an höheren land- und forstwirtschaftlichen Lehranstalten besteht aus einem allgemeinbildenden Unterricht und einem Fachunterricht. Letzterer gliedert sich in einen theoretischen und – soweit ihn die Bildungs- und Lehraufgaben erforderlich machen – einen praktischen Unterricht.

(2) Der gesetzliche Schulerhalter hat Vorsorge zu treffen, daß der praktische Unterricht in Lehreinrichtungen (wie Lehrbetrieb, Lehrhaushalt, Lehrwerkstätte) durchgeführt werden kann.

(3)[10]) Der Pflichtgegenstand Ethik ist möglichst zeitgleich mit dem Religionsunterricht jener gesetzlich anerkannten Kirche (Religionsgesellschaft) durchzuführen, der die höchste Zahl an Schülerinnen und Schülern der Schule angehört. Wenn Kirchen (Religionsgesellschaften) den Religionsunterricht in kooperativer Form abhalten, so ist für die Ermittlung der Zahl der Schülerinnen und Schüler die Summe aller Angehörigen der an der Kooperation teilnehmenden Kirchen (Religionsgesellschaften) zu bilden. Sind weniger als zehn Schülerinnen oder Schüler einer Klasse zur Teilnahme am Ethikunterricht verpflichtet, so sind sie zunächst mit Schülerinnen oder Schülern anderer Klassen der gleichen Schulstufe, dann anderer Klassen der Schule und schließlich anderer Schulen zusammenzuziehen, bis die Zahl mindestens zehn beträgt. *(BGBl. I Nr. 133/2020, Art. 2 Z 2)*

Lehrpläne

§ 17. (1) In den Lehrplänen der höheren land- und forstwirtschaftlichen Lehranstalten sind als Pflichtgegenstände vorzusehen:

a) Religion, Deutsch, Lebende Fremdsprache(n), Geschichte, Geographie, Politische Bildung, Bewegung und Sport; *(BGBl. I Nr. 112/2004, Z 5 idF BGBl. I Nr. 91/2005, Art. 9 Z 2)*
b) die im Hinblick auf die künftige Berufstätigkeit erforderlichen mathematischen, naturwissenschaftlichen, fachtheoretischen, praktischen, wirtschaftlichen, berufskundlichen, lebenskundlichen und musischen Unterrichtsgegenstände; *(BGBl. Nr. 175/1966 idF BGBl. I Nr. 133/2020, Art. 2 Z 3)*

---

[8]) § 1 Abs. 3 letzter Satz des Lehrbeauftragtengesetzes, BGBl. Nr. 656/1987 idF BGBl. I Nr. 56/2016, lautet:

„Lehrbeauftragte an Schulen haben neben der Abhaltung des vorgesehenen Unterrichts auch die mit der Unterrichtstätigkeit verbundenen Prüfungen abzunehmen sowie die in den schulrechtlichen Bestimmungen für Lehrbeauftragte vorgesehenen sonstigen Pflichten wahrzunehmen."

[9]) § 15 idF vor der Novelle BGBl. I Nr. 138/2017 ist gemäß § 8a Abs. 3 noch von Bedeutung. Er lautete:

„Klassenschülerzahl

§ 15. (1) Die Klassenschülerzahl an höheren land- und forstwirtschaftlichen Lehranstalten darf 30 nicht übersteigen und soll 20 nicht unterschreiten. Um Abweisungen zu vermeiden, kann die Klassenschülerhöchstzahl bis zu 20 vH überschritten werden; darüber hat der Bundesminister für Bildung und Frauen im Einvernehmen mit dem Bundesminister für Land- und Forstwirtschaft, Umwelt und Wasserwirtschaft zu entscheiden.

(2) Abs. 1 gilt in den Fällen der Teilnahme am Unterricht einzelner Unterrichtsgegenstände in einem anderen Semester gemäß den §§ 26b und 26c des Schulunterrichtsgesetzes mit der Maßgabe, dass sich die auf Klassen bezogenen Schülerzahlen auf die einzelnen Unterrichtsgegenstände einer Klasse beziehen und dass eine Überschreitung der Höchstzahl von 30 Schülern in einzelnen Unterrichtsgegenständen einer Klasse durch den Schulleiter festzulegen ist."

[10]) § 16 Abs. 3 idF BGBl. I Nr. 133/2020 tritt gemäß § 35 Abs. 17 ab 1. September 2021 klassen- und schulstufenweise aufsteigend und somit für die 9. Schulstufen mit 1. September 2021, für die 10. Schulstufen mit 1. September 2022, für die 11. Schulstufen mit 1. September 2023, für die 12. Schulstufen mit 1. September 2024 und für die 13. Schulstufen mit 1. September 2025 in Kraft.

c)[11]) Ab der 9. Schulstufe ist für jene Schülerinnen und Schüler, die am Religionsunterricht nicht teilnehmen, der Pflichtgegenstand Ethik im Ausmaß von zwei Wochenstunden vorzusehen. *(BGBl. I Nr. 133/2020, Art. 2 Z 3)*

Weiters können Wahlpflichtgegenstände als alternative Pflichtgegenstände in einem solchen Stundenausmaß vorgesehen werden, dass unter Einbeziehung der sonstigen Pflichtgegenstände das Gesamtstundenausmaß der Pflichtgegenstände für alle Schülerinnen und Schüler gleich ist. Die Wahlpflichtgegenstände dienen der Ergänzung, Erweiterung oder Vertiefung der im ersten Satz angeführten Pflichtgegenstände und der spezifischen Bildungsinhalte der jeweiligen Schulart, Schulform oder Fachrichtung. *(BGBl. Nr. 175/1966 idF BGBl. I Nr. 96/2022, Art. 5 Z 6)*

(2) Zur Ergänzung des praktischen Unterrichtes kann in den Lehrplänen zwischen den einzelnen Schulstufen eine Pflichtpraxis bis zum Ausmaß von viereinhalb Monaten vorgesehen werden.

(3) Für körperbehinderte und sinnesbehinderte Schülerinnen und Schüler hat die zuständige Schulbehörde unter Bedachtnahme auf die Behinderung und die Förderungsmöglichkeiten sowie die grundsätzliche Erfüllung der Aufgabe der betreffenden Art und Fachrichtung der höheren land- und forstwirtschaftlichen Lehranstalt Abweichungen vom Lehrplan festzulegen, sofern nicht mit der Befreiung von Pflichtgegenständen gemäß § 11 Abs. 6 SchUG das Auslangen gefunden wird. *(BGBl. I Nr. 101/2018, Art. 3 Z 3)*

Sonderformen

§ 18. (1) Als Sonderformen der höheren land- und forstwirtschaftlichen Lehranstalten können für Schülerinnen und Schüler, die nach Erfüllung der allgemeinen Schulpflicht eine mindestens dreijährige praktische Verwendung in der Land- und Forstwirtschaft mit Berufsschulbesuch zurückgelegt haben oder eine mindestens einjährige praktische Verwendung in der Land- und Forstwirtschaft aufweisen und mindestens zwei Stufen einer land- oder forstwirtschaftlichen Fachschule erfolgreich besucht haben oder mindestens drei Stufen einer land- und forstwirtschaftlichen Fachschule erfolgreich besucht haben, Aufbaulehrgänge geführt werden. Diese Aufbaulehrgänge haben die Aufgabe, in einem dreijährigen Bildungsgang zum Bildungsziel der höheren land- und forstwirtschaftlichen Lehranstalten einer bestimmten Fachrichtung zu führen. *(BGBl. I Nr. 80/2020, Art. 5 Z 8)*

(2) Für die Lehrpläne gelten die Bestimmungen des § 17 entsprechend.

Bundesämter für Landwirtschaft und landwirtschaftliche Bundesanstalten in Verbindung mit höheren land- und forstwirtschaftlichen Lehranstalten

§ 19. (1) Zur Gewährleistung von lehrplanmäßig vorgesehenen Übungen und praktischem Unterricht werden organisatorisch verbunden

1. die höhere Bundeslehranstalt und das Bundesamt für Wein- und Obstbau in Klosterneuburg (§ 1 Z 1 und § 13 des Bundesgesetzes über die Bundesämter für Landwirtschaft und die landwirtschaftlichen Bundesanstalten, BGBl. I Nr. 83/2004) mit der dort befindlichen höheren landwirtschaftlichen Lehranstalt (Fachrichtung Wein- und Obstbau),
2. die Höhere Bundeslehr- und Forschungsanstalt für Landwirtschaft Raumberg-Gumpenstein in der Marktgemeinde Irdning (§ 2 Abs. 1 Z 2 und § 17 des Bundesgesetzes über die Bundesämter für Landwirtschaft und die landwirtschaftlichen Bundesanstalten, BGBl. I Nr. 83/2004) mit der dort befindlichen höheren landwirtschaftlichen Lehranstalt (Fachrichtungen Landwirtschaft sowie Umwelt- und Ressourcenmanagement), *(BGBl. I Nr. 112/2004, Z 6 idF BGBl. I Nr. 35/2018, Art. 2 Z 5)*
3. die Höhere Bundeslehr- und Forschungsanstalt für Landwirtschaft, Landtechnik sowie Lebensmittel- und Biotechnologie Francisco Josephinum in Wieselburg (§ 2 Abs. 1 Z 5 und § 20 des Bundesgesetzes über die Bundesämter für Landwirtschaft und die landwirtschaftlichen Bundesanstalten, BGBl. I Nr. 83/2004) mit der dort befindlichen höheren landwirtschaftlichen Lehranstalt (Fachrichtungen Landwirtschaft, Landtechnik sowie Lebensmittel- und Biotechnologie), *(BGBl. I Nr. 112/2004, Z 6 idF BGBl. I Nr. 56/2016, Art. 2 Z 4a und BGBl. I Nr. 80/2020, Art. 5 Z 9)*
4. die Höhere Bundeslehr- und Forschungsanstalt für Gartenbau und Österreichische Bundesgärten (§ 2 Abs. 1 Z 6 und § 21 des Bundesgesetzes über die Bundesämter für Landwirtschaft und die landwirtschaftlichen Bundesanstalten, BGBl. I Nr. 83/2004) mit der dort befindlichen höheren landwirtschaftlichen Lehranstalt (Fachrichtung Gartenbau

[11]) § 17 Abs. 1 lit. c idF BGBl. I Nr. 133/2020 tritt gemäß § 35 Abs. 17 ab 1. September 2021 klassen- und schulstufenweise aufsteigend und somit für die 9. Schulstufen mit 1. September 2021, für die 10. Schulstufen mit 1. September 2022, für die 11. Schulstufen mit 1. September 2023, für die 12. Schulstufen mit 1. September 2024 und für die 13. Schulstufen mit 1. September 2025 in Kraft.

sowie Garten- und Landschaftsgestaltung) und *(BGBl. I Nr. 112/2004, Z 6 idF BGBl. I Nr. 56/2016, Art. 2 Z 4a und BGBl. I Nr. 80/2020, Art. 5 Z 10)*

5. die Höhere Bundeslehr- und Forschungsanstalt für Landwirtschaft und Ernährung sowie Lebensmittel- und Biotechnologie in Tirol (§ 2 Abs. 1 Z 3 und § 18 des Bundesgesetzes über die Bundesämter für Landwirtschaft und die landwirtschaftlichen Bundesanstalten, BGBl. I Nr. 83/2004) mit der dort befindlichen höheren landwirtschaftlichen Lehranstalt (Fachrichtungen Landwirtschaft und Ernährung sowie Lebensmittel- und Biotechnologie). *(BGBl. I Nr. 56/2016, Art. 2 Z 4a)*

(2) Durch Verordnung kann bestimmt werden, dass weitere Bundesämter für Landwirtschaft und landwirtschaftliche Bundesanstalten zur Durchführung lehrplanmäßig vorgesehener Übungen und praktischen Unterrichtes ohne organisatorische Verbindung herangezogen werden können.

(BGBl. I Nr. 112/2004, Z 6)

Errichtung höherer land- und forstwirtschaftlicher Lehranstalten

§ 20. (1) Höhere land- und forstwirtschaftliche Lehranstalten können nach Maßgabe des Bedarfes durch Verordnung errichtet werden, wenn die räumlichen, sachlichen und personellen Voraussetzungen sichergestellt sind.

(2) Ein Bedarf ist anzunehmen, wenn mit einem hohem Grad der Wahrscheinlichkeit für mehrere Jahre mit einer Schülerzahl von 30 je Klasse gerechnet werden kann.

Qualitätsmanagement und Bildungscontrolling

§ 21. Zur Sicherstellung der qualitätsvollen Erfüllung der Aufgabe der höheren land- und forstwirtschaftlichen Lehranstalten ist ein Bildungscontrolling (Qualitätsmanagement, Bildungsmonitoring und Ressourcencontrolling) einzurichten. Das Qualitätsmanagement hat nach den für berufsbildende höhere Schulen anzuwendenden Regelungen zu erfolgen. Das Bildungsmonitoring hat im Einvernehmen mit der sachlich zuständigen Schulbehörde gemäß § 32 Abs. 2 zu erfolgen. Das Ressourcencontrolling obliegt der sachlich zuständigen Schulbehörde gemäß § 32 Abs. 2.

(BGBl. I Nr. 170/2021, Art. 4 Z 3)

Teil B

entfallen (BGBl. I Nr. 113/2006, Art. 18 Z 8)

§§ 21. und 22. *entfallen (BGBl. I Nr. 113/2006, Art. 18 Z 8)*

§ 23. *entfallen (BGBl. I Nr. 79/2001, Z 19)*

§§ 24. bis 31. *entfallen (BGBl. I Nr. 113/2006, Art. 18 Z 8)*

IIa. HAUPTSTÜCK
Zweckgebundene Gebarung, Teilrechtsfähigkeit

(BGBl. Nr. 331/1996, Z 1 idF BGBl. I Nr. 23/1998, Z 2)

Schulraumüberlassung

§ 31a. (1) Die Leiter von Schulen oder Schülerheimen sind ermächtigt, Teile der Schul- bzw. der Heimliegenschaft samt Inventar für nichtschulische Zwecke an Dritte zu überlassen, sofern dadurch die Erfüllung der Aufgaben der land- und forstwirtschaftlichen Lehranstalten des Bundes (§ 2) nicht beeinträchtigt wird. Dabei sind Überlassungen für kreative, künstlerische, musische und sportliche Zwecke sowie für Zwecke der Erwachsenenbildung und des Volksbüchereiwesens im Sinne des Bundes-Sportförderungsgesetzes 2013, BGBl. I Nr. 100/2013, des Kunstförderungsgesetzes, BGBl. Nr. 146/1988, und des Bundesgesetzes über die Förderung der Erwachsenenbildung und des Volksbüchereiwesens aus Bundesmitteln, BGBl. Nr. 171/1973, des Bundes-Jugendförderungsgesetzes, BGBl. I Nr. 126/2000, jeweils in der geltenden Fassung, sowie Überlassungen für Zwecke im Rahmen der Teilrechtsfähigkeit gemäß § 31c vorrangig zu behandeln. *(BGBl. Nr. 331/1996, Z 1 idF BGBl. I Nr. 23/1998, Z 3, BGBl. I Nr. 113/2006, Art. 18 Z 9, BGBl. I Nr. 48/2014, Art. 4 Z 6 und BGBl. I Nr. 38/2015, Art. 3 Z 1)*

(2) Für die Überlassung von Teilen der Liegenschaft gemäß Abs. 1 ist ein mindestens angemessenes Entgelt (insbesondere Mietzins, Beiträge für den Betriebsaufwand, Umsatzsteuer) einzuheben.

(3) Abweichend von Abs. 2 ist bei Überlassung von Teilen der Schulliegenschaft für Zwecke gemäß Abs. 1 zweiter Satz ein Beitrag in der Höhe des durch die Überlassung entstandenen Mehraufwandes einzuheben. § 22 des Bundes-Sportförderungsgesetzes 2013 betreffend die Überlassung gegen jederzeitigen Widerruf bleibt unberührt.[12]) *(BGBl. Nr. 331/1996, Z 1 idF BGBl. I Nr. 48/2014, Art. 4 Z 7)*

---

[12]) § 16 BSFG 2017, BGBl. I Nr. 100, lautet:

„Überlassung von Einrichtungen der Bundesschulen

§ 16. Sofern Einrichtungen der Bundesschulen gegen jederzeitigen Widerruf für sportliche Zwecke überlassen werden, darf diese Überlassung unentgeltlich erfolgen.“.

(4) Abweichend von Abs. 2 und 3 kann die Überlassung von Teilen der Schulliegenschaft für Zwecke, die im Interesse der Schule, insbesondere im kreativen, künstlerischen, musischen und sportlichen Bereich, gelegen sind, unentgeltlich erfolgen. Ein allenfalls dennoch eingehobener Überlassungsbeitrag darf jedoch den Betriebsaufwand nicht übersteigen. *(BGBl. I Nr. 38/2015, Art. 3 Z 2 idF BGBl. I Nr. 56/2016, Art. 2 Z 5)*

(5) Gemäß Abs. 2 bis 4 eingehobene Entgelte bzw. Beiträge sind im Sinne des § 36 des Bundeshaushaltsgesetzes 2013[13]), BGBl. I Nr. 139/2009, in der geltenden Fassung, zweckgebunden vorrangig für die Bedeckung der durch die Überlassung entstandenen Mehrausgaben sowie weiters für andere Zwecke der Schule oder des Schülerheimes zu verwenden. *(BGBl. Nr. 331/1996, Z 1 idF BGBl. I Nr. 56/2016, Art. 2 Z 6)*

(6) Sofern durch die Überlassung von Teilen der Schulliegenschaft gemäß Abs. 1 Mietverhältnisse begründet werden, unterliegen diese nicht den Bestimmungen des Mietrechtsgesetzes.

(BGBl. Nr. 331/1996, Z 1)

---

[13]) § 36 BHG 2013 idF BGBl. I Nr. 62/2012 lautet:

„Zweckgebundene Gebarung

§ 36. (1) Mittelaufbringungen, die auf Grund eines Bundesgesetzes oder auf Grund von Vorgaben der EU nur für bestimmte Zwecke zu verwenden sind, sind in der erwarteten Höhe des Mittelzuflusses als zweckgebundene Einzahlungen zu veranschlagen. Die entsprechenden Mittelverwendungen sind in gleicher Höhe als zweckgebundene Auszahlungen zu veranschlagen.

(2) Finanzierungswirksame Aufwendungen sowie Erträge in Zusammenhang mit der zweckgebundenen Gebarung sind in Höhe der korrespondierenden Ein- und Auszahlungen im Ergebnisvoranschlag zu veranschlagen.

(3) Sieht ein Bundesgesetz vor, dass der Bund den Abgang einer zweckgebundenen Gebarung abzudecken hat, so sind die diesbezüglichen Aufwendungen oder Auszahlungen innerhalb dieser Gebarung zu veranschlagen.

(4) Die zweckgebundene Gebarung ist auf eigenen Konten im Ergebnis- und Finanzierungshaushalt des jeweiligen Global- und Detailbudgets auszuweisen.

(5) Eine Mittelumschichtung zwischen zweckgebundenen Mittelverwendungen und -aufbringungen und nicht zweckgebundenen Mittelverwendungen und -aufbringungen ist nicht zulässig. Ausnahmen davon können im Bundesfinanzgesetz festgelegt werden.

(6) Zweckgebundene Einzahlungen, die nicht im laufenden Finanzjahr verwendet werden, sind einer Rücklage zweckgebunden zuzuführen."

Sonstige Drittmittel

§ 31b. Andere als durch Schulraumüberlassung (§ 31a) oder für die Unterbringung und Betreuung in Schülerheimen (§ 4 Abs. 3 lit. a) vereinnahmte Drittmittel sind durch die Leiter von Schulen oder Schülerheimen, die vom Bund erhalten werden, im Sinne des § 36 des Bundeshaushaltsgesetzes 2013[14]), BGBl. I Nr. 139/2009, in der geltenden Fassung, zweckgebunden im Sinne einer allfälligen speziellen Widmung, ansonsten für andere Zwecke der Schule oder des Schülerheimes zu verausgaben. Als spezielle Widmung kann die Zustimmung des Kuratoriums gemäß § 65 des Schulunterrichtsgesetzes vorgesehen werden.

(BGBl. Nr. 331/1996, Z 1 idF BGBl. I Nr. 56/2016, Art. 2 Z 6 und BGBl. I Nr. 232/2021, Art. 6 Z 2)

Teilrechtsfähigkeit

§ 31c. (1) An den Schulen des Bundes können im Rahmen der Teilrechtsfähigkeit Einrichtungen mit eigener Rechtspersönlichkeit geschaffen werden. Diese Einrichtungen haben eine Bezeichnung zu führen, der die eigene Rechtspersönlichkeit zu entnehmen ist und die einen Hinweis auf die Schule zu enthalten hat, an der sie eingerichtet ist.

(2) Die Einrichtung mit Rechtspersönlichkeit wird durch den Schulleiter oder im Einvernehmen mit diesem durch eine andere geeignete Person als Geschäftsführer nach außen vertreten.

(3) Der Schulleiter hat nach Beratung mit dem Schulgemeinschaftsausschuß bei der zuständigen Schulbehörde die Kundmachung der beabsichtigten Gründung bzw. Auflassung einer Einrichtung mit Rechtspersönlichkeit im Verordnungsblatt zu beantragen. *(BGBl. I Nr. 23/1998, Z 4 idF BGBl. I Nr. 75/2013, Art. 14 Z 1)*

(4) Der Bundesminister oder die Bundesministerin für Bildung, Wissenschaft und Forschung hat im Einvernehmen mit dem Bundesminister oder der Bundesministerin für Landwirtschaft, Regionen und Tourismus im Verordnungsblatt für den Dienstbereich des Bundesministeriums für Bildung, Wissenschaft und Forschung

1. die Schulen, an denen Einrichtungen mit Rechtspersönlichkeit bestehen,
2. die Namen der Geschäftsführer und
3. die Zeitpunkte des Wirksamwerdens (frühestens mit der Kundmachung im Verordnungsblatt)

kundzumachen, wenn hinsichtlich der Person des Geschäftsführers (insbesondere im Hin-

---

[14]) Siehe Fußnote zu § 31a Abs. 5.

blick auf Abs. 5 Z 1 bis 5) keine die Eignung in Frage stellenden Umstände vorliegen und wenn eine Beeinträchtigung des Unterrichtsbetriebes voraussichtlich nicht zu erwarten ist. Im Falle einer Auflösung der Einrichtung mit Rechtspersönlichkeit ist diese ebenfalls im Verordnungsblatt kundzumachen. *(BGBl. I Nr. 23/1998, Z 4 idF BGBl. I Nr. 171/1999, Z 3, BGBl. I Nr. 79/2001, Z 1 und 3, BGBl. I Nr. 9/2012, Art. 2 Z 1, BGBl. I Nr. 48/2014, Art. 4 Z 4, BGBl. I Nr. 138/2017, Art. 10 Z 8, BGBl. I Nr. 35/2018, Art. 2 Z 6 und BGBl. I Nr. 80/2020, Art. 5 Z 11)*

(5) Die Einrichtungen mit Rechtspersönlichkeit sind berechtigt, ausschließlich folgende in Z 1 bis 5 genannte Tätigkeiten im eigenen Namen durchzuführen:

1. Erwerb von Vermögen und Rechten durch unentgeltliche Rechtsgeschäfte,
2. Durchführung von Lehrveranstaltungen, die nicht schulische Veranstaltungen im Rahmen des öffentlichen Bildungsauftrages sind,
3. Durchführung von sonstigen nicht unter Z 2 fallenden Veranstaltungen, die mit der Aufgabe der betreffenden Schule vereinbar sind, bzw. auch deren Organisation und Abwicklung für Dritte,
4. Abschluß von Verträgen über die Durchführung von Arbeiten, die mit der Aufgabe der betreffenden Schule vereinbar sind, und
5. Verwendung des durch Rechtsgeschäfte gemäß Z 1 und 4 oder aus Veranstaltungen gemäß Z 2 und 3 erworbenen Vermögens und erworbener Rechte für die Erfüllung der Aufgaben der betreffenden Schule oder für Zwecke gemäß Z 2 bis 4.

Tätigkeiten gemäß Z 1 bis 5 dürfen nur dann durchgeführt werden, wenn dadurch die Erfüllung der Aufgaben der land- und forstwirtschaftlichen Lehranstalten des Bundes (§ 2) sowie die Erfüllung des Lehrplanes nicht beeinträchtigt werden. Der Abschluß von Verträgen gemäß Z 4 bedarf der vorherigen Genehmigung der Schulbehörden (§ 32 Abs. 1 und 2), wenn die zu vereinbarende Tätigkeit voraussichtlich länger als ein Jahr dauern wird oder das zu vereinbarende Gesamtentgelt eines derartigen Vertrages 400 000 Euro übersteigt; erfolgt binnen einem Monat keine diesbezügliche Entscheidung der Schulbehörden (§ 32 Abs. 1 und 2), gilt die Genehmigung als erteilt. *(BGBl. I Nr. 23/1998, Z 4 idF BGBl. I Nr. 171/1999, Z 4, BGBl. I Nr. 91/2005, Art. 9 Z 3 und BGBl. I Nr. 19/2021, Art. 4 Z 1)*

(6) Auf Dienst- und Werkverträge, die im Rahmen des Abs. 1 abgeschlossen werden, findet das auf die Art der Tätigkeit jeweils zutreffende Gesetz Anwendung. Ein Dienstverhältnis zum Bund wird nicht begründet.

(7) Für Verbindlichkeiten, die im Rahmen der Teilrechtsfähigkeit entstehen, trifft den Bund keine Haftung.

(8) Im Rahmen der Tätigkeiten der Einrichtung mit Rechtspersönlichkeit ist nach den Grundsätzen der Sparsamkeit, Wirtschaftlichkeit und Zweckmäßigkeit sowie weiters nach den für Unternehmer geltenden Grundsätzen zu gebaren; die Bestimmungen des Dritten Buches des Unternehmensgesetzbuches, dRGBl. S 219/1897, in der geltenden Fassung, betreffend die für Unternehmer geltenden Vorschriften über die Rechnungslegung finden sinngemäß Anwendung. Den Schulbehörden (§ 32 Abs. 1 und 2) ist bis 30. März eines jeden Jahres ein Jahresabschluß über das vorangegangene Kalenderjahr vorzulegen und jederzeit Einsicht in die Gebarungsunterlagen zu gewähren sowie Auskünfte zu erteilen. *(BGBl. I Nr. 23/1998, Z 4 idF BGBl. I Nr. 171/1999, Z 5 und BGBl. I Nr. 56/2016, Art. 2 Z 7)*

(9) Erbringt der Bund im Rahmen der Tätigkeiten gemäß Abs. 5 Leistungen, so ist hiefür ein Entgelt zu leisten, welches zweckgebunden für die Bedeckung der durch die Leistung des Bundes entstandenen Mehrausgaben zu verwenden ist. § 36[15]) und § 64[16]) des Bundeshaushaltsgesetzes 2013, BGBl. I Nr. 139/2009, in der geltenden Fassung, finden Anwendung. *(BGBl. I Nr. 23/1998, Z 4 idF BGBl. I Nr. 56/2016, Art. 2 Z 8)*

(10) Im Falle der Auflösung einer Einrichtung mit Rechtspersönlichkeit geht ihr Vermögen auf den Bund über. Der Bund hat als Träger von Privatrechten Verpflichtungen aus noch offenen Verbindlichkeiten der Einrichtung mit Rechtspersönlichkeit bis zur Höhe des übernommenen Vermögens zu erfüllen.

(11) Die Einrichtungen mit Rechtspersönlichkeit unterliegen der Aufsicht der Schulbehörden (§ 32 Abs. 1 und 2) und der Kontrolle durch den Rechnungshof. *(BGBl. I Nr. 23/1998, Z 4 idF BGBl. I Nr. 171/1999, Z 6)*

(BGBl. I Nr. 23/1998, Z 4)

Teilrechtsfähigkeit im Rahmen von Förderprogrammen der Europäischen Union

§ **31d.** (1) Öffentlichen Schulen kommt insofern Rechtspersönlichkeit zu, als sie berech-

[15]) Siehe Fußnote zu § 31a Abs. 5.

[16]) § 64 BHG 2013 lautet:

„**Leistungen von Organen des Bundes an Dritte**

§ **64.** Organe des Bundes haben für Leistungen an Dritte ein Entgelt unter Zugrundelegung mindestens des gemeinen Wertes (§ 305 ABGB) zu vereinbaren, wobei § 63 Abs. 1 zweiter und letzter Satz sowie Abs. 2 sinngemäß anzuwenden sind. Die Bestimmungen der §§ 75 und 76 bleiben unberührt."

tigt sind, im eigenen Namen am Förderprogramm gemäß der Verordnung (EU) Nr. 1288/2013 zur Einrichtung von „Erasmus+", ABl. Nr. L 347 vom 20.12.2013[17]), und an daran anschließenden Folgeprogrammen teilzunehmen, und zwar durch

1. Antragstellung im Rahmen von Ausschreibungen,
2. Abschluss von Finanzvereinbarungen mit der nationalen Erasmus+-Agentur und mit der für Erasmus+ zuständigen Exekutivagentur der Europäischen Kommission,
3. eigenständige Wahrnehmung der sich aus der Verordnung (EU) Nr. 1288/2013 und daran anschließenden Folgeprogrammen sowie den Finanzvereinbarungen gemäß Z 2 für teilnehmende Einrichtungen ergebenden Rechte und Pflichten,
4. Annahme von Förderungen und Weiterleitung dieser Förderungen oder von Teilen dieser an Begünstigte oder andere teilnehmende Einrichtungen sowie eigenständige Verfügung über diese Förderungen im Rahmen der Vorgaben der Verordnung (EU) Nr. 1288/2013 und daran anschließender Folgeprogramme und
5. Abschluss von Rechtsgeschäften zur Erfüllung der unter Z 1 bis 4 genannten Aufgaben.

Tätigkeiten gemäß Z 1 bis 5 dürfen nur dann durchgeführt werden, wenn dadurch die Erfüllung der Aufgaben der österreichischen Schule gemäß § 2 sowie die Erfüllung des Lehrplanes nicht beeinträchtigt werden.

(2) Im Rahmen dieser Teilrechtsfähigkeit wird die Schule durch die Schulleiterin oder den Schulleiter vertreten. Diese oder dieser kann sich von einer von ihr oder ihm zu bestimmenden geeigneten Lehrerin oder einem geeigneten Lehrer vertreten lassen.

(3) Auf Dienst- und Werkverträge, die im Rahmen des Abs. 1 abgeschlossen werden, findet das auf die Art der Tätigkeit jeweils zutreffende Gesetz Anwendung. Ein Dienstverhältnis zum Bund wird nicht begründet.

(4) Soweit die Schule gemäß Abs. 1 im Rahmen der Teilrechtsfähigkeit tätig wird, hat sie die Grundsätze der Sparsamkeit, Wirtschaftlichkeit und Zweckmäßigkeit sowie die Grundsätze des ordentlichen Unternehmers zu beachten. Die Schulleiterin oder der Schulleiter hat dafür zu sorgen, dass alle verrechnungsrelevanten Unterlagen mit einer fortlaufenden Belegnummer versehen, geordnet abgelegt werden und zehn Jahre nach Abschluss der entsprechenden Tätigkeit aufbewahrt werden.

(5) Die Tätigkeiten im Rahmen der Teilrechtsfähigkeit unterliegen der Aufsicht der zuständigen Schulbehörde sowie der Kontrolle des Rechnungshofes. Die zuständige Schulbehörde kann die widmungsgemäße Verwendung der Geldmittel sowie die Kontoführung jederzeit prüfen. Die Schulleiterin oder der Schulleiter hat der zuständigen Schulbehörde auf Verlangen jederzeit alle verrechnungsrelevanten Unterlagen und Kontoauszüge vorzulegen und die erforderlichen Auskünfte zu erteilen.

(6) Für Verbindlichkeiten, die im Rahmen der Teilrechtsfähigkeit entstehen, trifft den Bund keine Haftung.

(7) Bei Auflassung der Schule ist allenfalls vorhandenes Vermögen, insoweit dies die Verordnung (EU) Nr. 1288/2013 und daran anschließende Folgeprogramme vorsieht, an die nationale Erasmus+ Agentur oder die für Erasmus+ zuständige Exekutivagentur der Europäischen Kommission zurückzuführen; ist dies nicht vorgesehen, geht das Vermögen auf den Bund über. Dieser hat als Träger von Privatrechten die Geldmittel ihrer Bestimmung zuzuführen und Verpflichtungen aus noch offenen Verbindlichkeiten bis zur Höhe des übernommenen Vermögens zu erfüllen.

(8) Für Tätigkeiten gemäß Abs. 1 können sich Schulen zu einem Konsortium zusammenschließen. Die Schulleitung einer der beteiligten Schulen, die einvernehmlich festzulegen ist, vertritt das Konsortium nach außen. Abweichend davon kann ein Konsortium auch von einem Mitarbeiter oder einer Mitarbeiterin der örtlich zuständigen Bildungsdirektion gemäß § 4 des Bildungsdirektionen-Einrichtungsgesetzes, BGBl. I Nr. 138/2017, vertreten werden.

(9) Die genehmigten und durchgeführten Erasmus+ Aktivitäten müssen veröffentlicht werden.

(BGBl. I Nr. 19/2021, Art. 4 Z 2)

III. HAUPTSTÜCK

Gemeinsame Bestimmungen und Schlußbestimmungen

Behörden

§ 32. (1) Sachlich zuständige Schulbehörde für die Schulen und Schülerheime gemäß § 1 ist, sofern Abs. 2 nicht anders bestimmt, die Bundesministerin oder der Bundesminister für Bildung, Wissenschaft und Forschung. *(BGBl. I Nr. 171/1999, Z 7 idF BGBl. I Nr. 79/2001, Z 3, BGBl. I Nr. 9/2012, Art. 2 Z 1, BGBl. I Nr. 48/2014, Art. 4 Z 4, BGBl. I Nr. 138/2017, Art. 10 Z 8, BGBl. I Nr. 35/2018, Art. 2 Z 3 und BGBl. I Nr. 80/2020, Art. 5 Z 12)*

---

[17]) Siehe dazu den konsolidierten Text (European Legislation Identifier – ELI) unter http://data.europa.eu/eli/reg/2013/1288/2018-10-05.

(2) Sachlich zuständige Schulbehörde für die Angelegenheiten der Schulerrichtung, -erhaltung und -auflassung sowie sachlich zuständige Behörde für das Lehrerdienstrecht ist die Bundesministerin oder der Bundesminister für Landwirtschaft, Regionen und Tourismus. *(BGBl. I Nr. 171/1999, Z 7 idF BGBl. I Nr. 79/2001, Z 1, BGBl. I Nr. 35/2018, Art. 2 Z 1 und BGBl. I Nr. 80/2020, Art. 5 Z 13)*

(BGBl. I Nr. 171/1999, Z 7)

*§ **33.** entfallen (BGBl. I Nr. 113/2006, Art. 18 Z 10)*

Kundmachung von Verordnungen

§ **33.** Verordnungen auf Grund dieses Bundesgesetzes, die sich nur auf einzelne Schulen beziehen, sind einen Monat lang durch Anschlag in der betreffenden Schule kund zu machen. Sie treten, soweit darin nicht anderes bestimmt ist, mit Ablauf des Tages des Anschlages in der Schule in Kraft. Nach Ablauf des Monats sind sie bei der Schulleitung zu hinterlegen und zumindest für die Dauer ihrer Geltung aufzubewahren. Auf Verlangen ist Schülern und Erziehungsberechtigten Einsicht zu gewähren.

(BGBl. I Nr. 9/2012, Art. 2 Z 6)

Generelle Verweisungsbestimmung

§ **34.** Soweit in diesem Bundesgesetz auf Bestimmungen anderer Bundesgesetze verwiesen wird, sind diese in ihrer jeweils geltenden Fassung anzuwenden.

(BGBl. Nr. 647/1994, Z 17)

Inkrafttreten

§ **35.** (1) Die folgenden Bestimmungen dieses Bundesgesetzes in der Fassung des Bundesgesetzes BGBl. Nr. 647/1994 treten in Kraft:

1. § 2 Abs. 3, § 2a, § 6 Abs. 1, 4a und 5, § 8b, § 8c, § 13, § 15, § 22 Abs. 4, § 25, § 32 Abs. 1, § 34 und § 36 mit 1. September 1994,
2. § 5, § 8a, § 11 Abs. 1, § 17 Abs. 1 lit. a, § 18 Abs. 1 und § 23 Abs. 1 Z 2 mit 1. September 1995.

(2) Das Hauptstück IIa (§§ 31a und 31b) in der Fassung des Bundesgesetzes BGBl. Nr. 331/1996 tritt mit 1. September 1996 in Kraft. *(BGBl. Nr. 331/1996, Z 2)*

(3) Die nachstehenden Bestimmungen dieses Bundesgesetzes in der Fassung des Bundesgesetzes BGBl. Nr. 769/1996 treten wie folgt in Kraft:

1. § 5 Abs. 1 und 3, § 6 Abs. 1, 4 und 5, § 8a Abs. 1 und 2, § 8b Abs. 2, § 8c Abs. 4, § 15, § 19 samt Überschrift, § 25 Abs. 2, § 32 Abs. 1 sowie § 36 Z 2, 3, 5 und 6 mit Ablauf des Tages der Kundmachung im Bundesgesetzblatt und
2. § 12 samt Überschrift und § 13 samt Überschrift mit 1. April 1997.

(BGBl. Nr. 769/1996, Z 7)

(3a) Die nachstehend genannten Bestimmungen dieses Bundesgesetzes in der Fassung des Bundesgesetzes BGBl. I Nr. 23/1998 treten wie folgt in Kraft:

1. § 13 Abs. 2, § 25 Abs. 2 sowie § 36 Z 3 treten mit Ablauf des Tages der Kundmachung im Bundesgesetzblatt in Kraft,
2. die Überschrift des IIa. Hauptstückes, § 31a Abs. 1 sowie § 31c samt Überschrift treten mit 1. Jänner 1998 in Kraft.

(BGBl. I Nr. 23/1998, Z 5)

(3b) Die nachstehend genannten Bestimmungen dieses Bundesgesetzes in der Fassung des Bundesgesetztes BGBl. I Nr. 171/1999 treten wie folgt in Kraft:

1. § 24 Z 1, § 31c Abs. 4, 5, 8 und 11, § 32 samt Überschrift sowie § 36 Z 1, 1a und 2 treten mit 1. September 1999 in Kraft,
2. § 12 samt Überschrift tritt mit 1. April 2000 in Kraft.

(BGBl. I Nr. 171/1999, Z 8)

(3c) Die nachstehend genannten Bestimmungen dieses Bundesgesetzes in der Fassung des Bundesgesetzes BGBl. I Nr. 79/2001 treten wie folgt in Kraft bzw. außer Kraft:

1. § 4 Abs. 3 und 4, § 5 samt Überschrift, § 6 Abs. 1, 3, 4, 4a, 5, 7 und 8, § 7 Z 2a, § 8a Abs. 1, 2 und 4, § 8b Abs. 2, die Überschrift des § 8c, § 8c Abs. 1 und 4, § 9, § 13 Abs. 2, § 15, § 18 Abs. 1, die Überschrift des Teil B, § 21, § 22 Abs. 1 Z 1 und 2, § 24 Z 2, § 25 samt Überschrift, die Überschrift des § 26, § 26 Abs. 1 und 2, § 28 Abs. 1, § 29, die Überschrift des § 30, § 30 Abs. 1, § 31c Abs. 4, § 32 Abs. 1 und 2, § 33 sowie § 36 Z 1, 2, 4, 5 und 6 treten mit 1. September 2001 in Kraft,
2. § 22 Abs. 4, § 23 samt Überschrift sowie § 36 Z 3 treten mit 1. September 2001 außer Kraft.

(BGBl. I Nr. 79/2001, Z 29)

(3d) Die nachstehend genannten Bestimmungen dieses Bundesgesetzes in der Fassung des Bundesgesetzes BGBl. I Nr. 112/2004 treten wie folgt in bzw. außer Kraft:

1. § 11 Abs. 1 Z 1, 4, 4a und 6 sowie § 17 Abs. 1 lit. a treten hinsichtlich des I. Jahrganges mit 1. September 2004 und hinsichtlich der weiteren Jahrgänge jeweils mit 1. September der Folgejahre in Kraft;
2. § 11 Abs. 1 Z 2 tritt hinsichtlich des I. Jahrganges mit Ablauf des 31. August 2004 und hinsichtlich der weiteren Jahr-

gänge jeweils mit Ablauf des 31. August der Folgejahre außer Kraft;
3. § 19 samt Überschrift tritt mit 1. Jänner 2005 in Kraft;
4. § 37 samt Überschrift tritt mit 1. Jänner 2005 in Kraft und mit Ablauf des 31. August 2008 außer Kraft.

(BGBl. I Nr. 112/2004, Z 7)

(3e) Die nachstehend genannten Bestimmungen dieses Bundesgesetzes in der Fassung des Bundesgesetzes BGBl. I Nr. 91/2005 treten wie folgt in Kraft:
1. § 31c Abs. 5 tritt mit Ablauf des Tages der Kundmachung im Bundesgesetzblatt in Kraft,[18])
2. § 8b samt Überschrift und § 17 Abs. 1 lit. a treten mit 1. September 2006 in Kraft.

(BGBl. I Nr. 91/2005, Art. 9 Z 4)

(3f) § 5 Abs. 1 dieses Bundesgesetzes in der Fassung des Bundesgesetzes BGBl. I Nr. 20/2006 tritt mit 1. September 2006 in Kraft. *(BGBl. I Nr. 20/2006, Art. 5 Z 2)*

(3g) Die nachstehend genannten Bestimmungen dieses Bundesgesetzes in der Fassung des Bundesgesetzes BGBl. I Nr. 113/2006 treten wie folgt in bzw. außer Kraft:
1. § 31a Abs. 1 tritt mit Ablauf des Tages der Kundmachung im Bundesgesetzblatt in Kraft,
2. § 1 samt Überschrift, § 6 Abs. 4a und 5 sowie § 36 Z 1 und 4 treten mit 1. Oktober 2007 in Kraft,
3. § 6 Abs. 7 und 8, § 7 Abs. 2a, § 8a Abs. 4, § 8c samt Überschrift, die Gliederungseinheit „Teil A" und Teil B des II. Hauptstückes (§§ 21 bis 31) sowie § 33 samt Überschrift treten mit Ablauf des 30. September 2007 außer Kraft.

(BGBl. I Nr. 113/2006, Art. 18 Z 11)

(3h) Die nachstehend genannten Bestimmungen dieses Bundesgesetzes in der Fassung des Bundesgesetzes BGBl. I Nr. 9/2012 treten wie folgt in Kraft:
1. § 5 Abs. 1 und 3, § 6 Abs. 1, 4 und 5, § 8a Abs. 1 und 2, § 8b Abs. 2, § 13 Abs. 2, § 15 (hinsichtlich der Änderung der Ressortbezeichnung durch Z 1), § 31c Abs. 4, § 32 Abs. 1, § 36 Z 2, 5 und 6 sowie § 33 samt Überschrift treten mit Ablauf des Tages der Kundmachung im Bundesgesetzblatt in Kraft,[19])
2. § 38 samt Überschrift tritt mit 1. September 2013 in Kraft,
3. § 5 Abs. 2 tritt hinsichtlich der 10. Schulstufen mit 1. September 2017 und hinsichtlich der weiteren Schulstufen jeweils mit 1. September der Folgejahre schulstufenweise aufsteigend in Kraft,
4. § 8a Abs. 2a sowie § 15 Abs. 1 und 2 treten mit 1. September 2017 in Kraft.

Verordnungen auf Grund der in Z 2, 3 und 4 genannten Bestimmungen können bereits von dem der Kundmachung des Bundesgesetzes BGBl. I Nr. 9/2012 folgenden Tag an erlassen werden, Verordnungen auf Grund der in Z 3 genannten Bestimmung allerdings bis spätestens zum Ablauf des 31. August 2016; sie treten frühestens mit den in Z 2 und 4 genannten Zeitpunkten bzw. mit den in Z 3 genannten Zeitpunkten in Kraft. *(BGBl. I Nr. 9/2012, Art. 2 Z 7)*

(3i) § 12 in der Fassung des Bundesgesetzes BGBl. I Nr. 36/2012 tritt mit 1. September 2012 in Kraft. *(BGBl. I Nr. 36/2012, Art. 6 Z 3)*

(4) Verordnungen auf Grund der Änderungen durch die in den vorstehenden Absätzen genannten Bundesgesetze können bereits von dem ihrer Kundmachung folgenden Tag an erlassen werden. Sie dürfen frühestens mit dem jeweils in den vorstehenden Absätzen genannten Zeitpunkt in Kraft gesetzt werden. *(BGBl. Nr. 769/1996, Z 7)*

(5) § 31c Abs. 3 in der Fassung des Bundesgesetzes BGBl. I Nr. 75/2013 tritt mit 1. Jänner 2014 in Kraft. *(BGBl. I Nr. 75/2013, Art. 14 Z 2)*

(6) § 5 Abs. 1 und 3, § 6 Abs. 1 und 4, § 8a Abs. 1 und 2, § 8b Abs. 2, § 13 Abs. 2, § 15, § 31a Abs. 1 und 3, § 31c Abs. 4, § 32 Abs. 1 sowie § 36 Z 2, 5 und 6 in der Fassung des Bundesgesetzes BGBl. I Nr. 48/2014 treten mit Ablauf des Tages der Kundmachung im Bundesgesetzblatt in Kraft. *(BGBl. I Nr. 48/2014, Art. 4 Z 8)*

(7) 31a Abs. 1 und 4 in der Fassung des Bundesgesetzes BGBl. I Nr. 38/2015 tritt mit Ablauf des Tages der Kundmachung im Bundesgesetzblatt in Kraft. *(BGBl. I Nr. 38/2015, Art. 3 Z 3)*

(8) Die nachstehend genannten Bestimmungen in der Fassung des Bundesgesetzes BGBl. I Nr. 56/2016 treten wie folgt in Kraft:
1. § 31a Abs. 4 und 5, § 31b, § 31c Abs. 8 und 9 sowie § 39 samt Überschrift treten mit Ablauf des Tages der Kundmachung im Bundesgesetzblatt in Kraft;[20])
2. § 7 Z 4a, § 8c samt Überschrift und § 14 Abs. 3 treten mit 1. September 2016 in Kraft;

[18]) Die Kundmachung im Bundesgesetzblatt erfolgte am 10. August 2005.

[19]) Die Kundmachung im Bundesgesetzblatt erfolgte am 14. Februar 2012.

[20]) Die Kundmachung im Bundesgesetzblatt erfolgte am 11. Juli 2016.

3. § 11 Abs. 1 Z 8 und 8a treten hinsichtlich der I. Jahrgänge mit 1. September 2016 und hinsichtlich der weiteren Jahrgänge jeweils mit 1. September der Folgejahre jahrgangsweise aufsteigend in Kraft;
4. § 11 Abs. 1 Z 9 tritt hinsichtlich der I. Jahrgänge mit 1. September 2017 und hinsichtlich der weiteren Jahrgänge jeweils mit 1. September der Folgejahre jahrgangsweise aufsteigend in Kraft;
5. § 19 Abs. 1 Z 3 bis 5 tritt mit 1. September 2016 in Kraft.

(BGBl. I Nr. 56/2016, Art. 2 Z 9)

(9) § 13 Abs. 2 und § 36 in der Fassung des Bundesgesetzes BGBl. I Nr. 129/2017 treten mit 1. Oktober 2017 in Kraft. *(BGBl. I Nr. 129/2017, Art. 3 Z 2)*

(10) Für das Inkrafttreten der durch das Bildungsreformgesetz 2017, BGBl. I Nr. 138/2017, geänderten oder eingefügten Bestimmungen gilt Folgendes:

1. § 31c Abs. 4, § 32 Abs. 1, § 36 Z 5 und 6 treten mit Ablauf des Tages der Kundmachung im Bundesgesetzblatt in Kraft;
2. § 5 Abs. 1, 1a, 1b und 3, § 6 samt Überschrift, § 36 Z 1, 2 und 5a sowie § 40 samt Überschrift treten mit 1. September 2017 in Kraft;
3. § 8a samt Überschrift, § 8b samt Überschrift, § 8c Abs. 4 sowie § 15 samt Überschrift treten mit 1. September 2018 in Kraft.

§ 8a Abs. 2 in der Fassung gemäß Z 3 ist auf Festlegungen, die gemäß diesem Bundesgesetz in der genannten Fassung zu treffen sind, bereits vor dem in Z 3 genannten Zeitpunkt anzuwenden. *(BGBl. I Nr. 138/2017, Art. 10 Z 9)*

(11) Für das Inkrafttreten der durch das Bundesgesetz BGBl. I Nr. 35/2018 geänderten oder eingefügten Bestimmungen und das Außerkrafttreten der durch dieses Bundesgesetz entfallenen Bestimmungen sowie für den Übergang zur neuen Rechtslage gilt Folgendes:

1. § 4 Abs. 3 und 4, § 6 Abs. 5 und 8, § 8a Abs. 2, § 13 Abs. 2, § 19 Abs. 1 Z 2, § 31c Abs. 4, § 32 Abs. 1 und 2 sowie § 36 Z 1, 2, 4, 5 und 6 treten mit Ablauf des Tages der Kundmachung im Bundesgesetzblatt in Kraft; gleichzeitig tritt § 36 Z 3 außer Kraft;[21]
2. § 5 Abs. 2 tritt hinsichtlich der 10. und 11. Schulstufen mit 1. September 2018 und hinsichtlich der weiteren Schulstufen jeweils mit 1. September der Folgejahre schulstufenweise aufsteigend in Kraft;
3. § 39 samt Überschrift und die auf der Grundlage des § 39 ergangenen Verordnungen treten mit Ablauf des 31. August 2018 außer Kraft.[22]

(BGBl. I Nr. 35/2018, Art. 2 Z 7)

(12) Die nachstehend genannten Bestimmungen in der Fassung des Bundesgesetzes BGBl. I Nr. 101/2018 treten wie folgt in Kraft:

1. § 2 Abs. 1a sowie § 17 Abs. 3 treten mit Ablauf des Tages der Kundmachung im Bundesgesetzblatt in Kraft,[23]
2. § 41 samt Überschrift tritt mit 1. September 2019 in Kraft.
3. § 12 samt Überschrift tritt mit 1. September 2020 in Kraft.

(BGBl. I Nr. 101/2018, Art. 3 Z 4)

(15)[24] § 42 samt Überschrift in der Fassung des Bundesgesetzes BGBl. I Nr. 23/2020 tritt rückwirkend mit 1. März 2020 in Kraft. *(BGBl. I Nr. 23/2020, Art. 21 Z 2)*

(16)[25] Für das Inkrafttreten der durch das Bundesgesetz BGBl. I Nr. 80/2020 geänderten oder eingefügten Bestimmungen und das Außerkrafttreten der durch dieses Bundesgesetz entfallenen Bestimmungen gilt Folgendes:

1. § 8a Abs. 1 Z 3, 4 und 5, § 11 Abs. 1 Z 8b und 9, § 18 Abs. 1 sowie § 19 Abs. 1 Z 3 und 4 treten mit 1. September 2020 in Kraft, gleichzeitig tritt § 8c samt Überschrift außer Kraft;
2. § 4 Abs. 3 und 4, § 6 Abs. 5, § 8a Abs. 2, § 31c Abs. 4, § 32 Abs. 1 und 2, § 36 sowie § 41 treten mit Ablauf des Tages der Kundmachung im Bundesgesetzblatt[26] in Kraft.

(BGBl. I Nr. 80/2020, Art. 5 Z 14)

(17)[27] § 7 Abs. 1, § 16 Abs. 3 und § 17 Abs. 1 lit. c in der Fassung des Bundesgesetzes BGBl. I Nr. 133/2020 treten mit 1. September 2021 klassen- und schulstufenweise aufsteigend in Kraft. *(BGBl. I Nr. 133/2020, Art. 2 Z 4)*

(18)[28] § 31c Abs. 5 und § 31d samt Überschrift in der Fassung des Bundesgesetzes

---

[21]) Die Kundmachung im Bundesgesetzblatt erfolgte am 14. Juni 2018.

[22]) § 39 idF vor seiner Aufhebung durch BGBl. I Nr. 35/2018 siehe Kodex 18. Auflage.

[23]) Die Kundmachung im Bundesgesetzblatt erfolgte am 22. Dezember 2018.

[24]) Im Zuge der Novelle BGBl. I Nr. 23/2020 wäre chronologisch richtig die Absatzbezeichnung „(13)“ zu vergeben gewesen.

[25]) Im Zuge der Novelle BGBl. I Nr. 80/2020 wäre chronologisch richtig die Absatzbezeichnung „(14)“ zu vergeben gewesen.

[26]) Die Kundmachung im Bundesgesetzblatt erfolgte am 24. Juli 2020.

[27]) Im Zuge der Novelle BGBl. I Nr. 133/2020 wäre chronologisch richtig die Absatzbezeichnung „(15)“ zu vergeben gewesen.

[28]) Im Zuge der Novelle BGBl. I Nr. 19/2021 wäre chronologisch richtig die Absatzbezeichnung „(16)“ zu vergeben gewesen.

BGBl. I Nr. 19/2021 treten mit 1. Jänner 2021 in Kraft. *(BGBl. I Nr. 19/2021, Art. 4 Z 3)*

(19)[29]) § 5 Abs. 2, § 7 Z 9 und Z 10, § 21 samt Überschrift, § 40 und § 42 samt Überschrift in der Fassung des Bundesgesetzes BGBl. I Nr. 170/2021 treten mit Ablauf des Tages der Kundmachung im Bundesgesetzblatt[30]) in Kraft. *(BGBl. I Nr. 170/2021, Art. 4 Z 6)*

(20)[31]) § 8a Abs. 5 und § 31b in der Fassung des Bundesgesetzes BGBl. I Nr. 232/2021 treten mit dem Ablauf des Tages der Kundmachung im Bundesgesetzblatt[32]) in Kraft. *(BGBl. I Nr. 232/2021, Art. 6 Z 3)*

(21)[33]) § 5 Abs. 2 und Abs. 4 letzter Satz, § 7 Z 4 und Z 5, § 15, der Schlussteil des § 17 Abs. 1 und § 42 samt Überschrift in der Fassung des Bundesgesetzes BGBl. I Nr. 96/2022 treten mit Ablauf des Tages der Kundmachung im Bundesgesetzblatt[34]) in Kraft. *(BGBl. I Nr. 96/2022, Art. 5 Z 7)*

(BGBl. Nr. 647/1994, Z 17)

Vollziehung

§ 36. Mit der Vollziehung dieses Bundesgesetzes ist betraut:

1. hinsichtlich § 4 Abs. 1, 2 und 4, § 5 Abs. 3 vorletzter Satz, § 7 Z 8 und 9, § 8, § 11 Abs. 2 letzter Satz, § 14, § 16 Abs. 2, § 31b und § 32 Abs. 2 die Bundesministerin oder der Bundesminister für Landwirtschaft, Regionen und Tourismus;
2. hinsichtlich § 4 Abs. 3, § 19 Abs. 1 und 2 sowie § 20 die Bundesministerin oder der Bundesminister für Landwirtschaft, Regionen und Tourismus im Einvernehmen mit der Bundesministerin oder dem Bundesminister für Finanzen;
3. hinsichtlich § 19 Abs. 2 die Bundesministerin oder der Bundesminister für Landwirtschaft, Regionen und Tourismus im Einvernehmen mit der Bundesministerin oder dem Bundesminister für Bildung, Wissenschaft und Forschung und der Bundesministerin oder dem Bundesminister für Finanzen;
4. hinsichtlich § 6 Abs. 5, § 8a, § 8b Abs. 2 und 3, § 15 und § 31c Abs. 4 die Bundesministerin oder der Bundesminister für Bildung, Wissenschaft und Forschung im Einvernehmen mit der Bundesministerin oder dem Bundesminister für Landwirtschaft, Regionen und Tourismus;
5. hinsichtlich § 6 Abs. 4 die Bundesregierung;
6. hinsichtlich § 31a und § 31c Abs. 5, 8 und 11 die gemäß § 32 jeweils sachlich zuständige Bundesministerin oder der jeweils sachlich zuständige Bundesminister;
7. hinsichtlich der übrigen Bestimmungen die Bundesministerin oder der Bundesminister für Bildung, Wissenschaft und Forschung.

(BGBl. I Nr. 80/2020, Art. 5 Z 15)

***§ 37.** entfallen (BGBl. Nr. 328/1988, Art. I Z 16)*

Übergangsbestimmung zu § 19

§ 37. Die organisatorische Verbindung gemäß § 19 dieses Bundesgesetzes bezieht sich auch auf die jeweiligen Fachrichtungen dieses Bundesgesetzes in der Fassung vor dem Bundesgesetz BGBl. I Nr. 112/2004.

(BGBl. I Nr. 112/2004, Z 8)

Schulversuche zur neuen Oberstufe

§ 38. In den Schuljahren 2013/14 bis 2016/17 können die Bestimmungen zur neuen Oberstufe (§§ 8a, 15) dieses Bundesgesetzes in der Fassung des Bundesgesetzes BGBl. I Nr. 9/2012 im Wege von Schulversuchen probeweise angewendet werden. Auf solche Schulversuche findet § 6 mit der Maßgabe Anwendung, dass keine zahlenmäßige Beschränkung besteht.

(BGBl. I Nr. 9/2012, Art. 2 Z 8)

***§ 39.** entfallen (BGBl. I Nr. 35/2018, Art. 2 Z 9)*

Übergangsbestimmung betreffend Schulversuche[35])

§ 40. Schulversuche auf der Grundlage des § 6 in der Fassung vor dem Bildungsreformgesetz 2017, BGBl. I Nr. 138/2017, enden zu dem in der Bewilligung des Schulversuches vorgesehenen Zeitpunkt, spätestens jedoch mit Ablauf des 31. August 2027. § 6 Abs. 4 ist anzuwenden. *(BGBl. I Nr. 138/2017, Art. 10 Z 13 idF BGBl. I Nr. 170/2021, Art. 4 Z 4)*

(BGBl. I Nr. 138/2017, Art. 10 Z 13)

29) Im Zuge der Novelle BGBl. I Nr. 170/2021 wäre chronologisch richtig die Absatzbezeichnung „(17)“ zu vergeben gewesen.

30) Die Kundmachung im Bundesgesetzblatt erfolgte am 24. August 2021.

31) Im Zuge der Novelle BGBl. I Nr. 232/2021 wäre chronologisch richtig die Absatzbezeichnung „(18)“ zu vergeben gewesen.

32) Die Kundmachung im Bundesgesetzblatt erfolgte am 30. Dezember 2021.

33) Im Zuge der Novelle BGBl. I Nr. 96/2022 wäre chronologisch richtig die Absatzbezeichnung „(19)“ zu vergeben gewesen.

34) Die Kundmachung im Bundesgesetzblatt erfolgte am 30. Juni 2022.

35) Siehe auch RS Nr. 20/2017 betreffend Informationen zum Bildungsreformgesetz 2017 (3.6.2.).

Übergangsbestimmung betreffend die Einführung der Mittelschule

§ 41. Für Aufnahmsbewerberinnen und Aufnahmsbewerber an land- und forstwirtschaftlichen Lehranstalten, die die Hauptschule bis Ablauf des Schuljahres 2018/19 oder die Neue Mittelschule bis Ablauf des Schuljahres 2019/20 oder die Pflichtschulabschluss-Prüfung nach dem Pflichtschulabschluss-Prüfungs-Gesetz, BGBl. I Nr. 72/2012, in der Fassung des Bundesgesetzes BGBl. I Nr. 138/2017 oder einer früheren Fassung, bis Ablauf des Schuljahres 2022/23 abgeschlossen haben, gilt der § 12 in der Fassung vor dem Bundesgesetz BGBl. I Nr. 101/2018.[36]) *(BGBl. I Nr. 101/2018, Art. 3 Z 5 idF BGBl. I Nr. 80/2020, Art. 5 Z 16)*

(BGBl. I Nr. 101/2018, Art. 3 Z 5)

---

[36]) § 12 idF vor der Novelle BGBl. I Nr. 101/2018 lautete:

„Aufnahmsvoraussetzungen

§ 12. Voraussetzung für die Aufnahme in eine höhere land- und forstwirtschaftliche Lehranstalt ist – soweit für Sonderformen nicht anderes bestimmt ist –

1. der erfolgreiche Abschluss der 4. Klasse der Hauptschule, wobei das Jahreszeugnis für diese Klasse in den leistungsdifferenzierten Pflichtgegenständen in der höchsten Leistungsgruppe eine positive Beurteilung oder in der mittleren Leistungsgruppe keine schlechtere Beurteilung als „Gut" enthält; die Beurteilung eines leistungsdifferenzierten Pflichtgegenstandes in der mittleren Leistungsgruppe mit „Befriedigend„ steht der Aufnahme nicht entgegen, sofern die Klassenkonferenz feststellt, dass der Schüler auf Grund seiner sonstigen Leistungen mit großer Wahrscheinlichkeit den Anforderungen der höheren land- und forstwirtschaftlichen Lehranstalt genügen wird, oder

1a. der erfolgreiche Abschluss der 4. Klasse der Neuen Mittelschule und die Berechtigung zum Übertritt in eine höhere Schule; diese liegt vor, wenn das Jahreszeugnis ausweist, dass der Schüler in allen differenzierten Pflichtgegenständen das Bildungsziel der Vertiefung erreicht hat, oder – sofern dies auf (nur) einen differenzierten Pflichtgegenstand nicht zutrifft – die Klassenkonferenz der Neuen Mittelschule feststellt, dass der Schüler auf Grund seiner sonstigen Leistungen mit großer Wahrscheinlichkeit den Anforderungen einer höheren Schule genügen wird; dabei hat die Klassenkonferenz die Beurteilungen in den übrigen Unterrichtsgegenständen sowie die ergänzende differenzierende Leistungsbeschreibung (gem. § 22 Abs. 1a des Schulunterrichtsgesetzes) zu berücksichtigen, oder (BGBl. I Nr. 36/2012, Art. 6 Z 1)

2. der erfolgreiche Abschluss der Polytechnischen Schule auf der 9. Schulstufe oder

3. der erfolgreiche Abschluss der 1. Klasse einer mittleren Schule oder

4. der erfolgreiche Abschluss der 4. oder einer höheren Klasse der allgemein bildenden höheren Schule.

Aufnahmsbewerber mit dem erfolgreichen Abschluss der 4. Klasse der Hauptschule, die die vorstehenden Voraussetzungen in den leistungsdifferenzierten Pflichtgegenständen nicht erfüllen, haben aus jenen Pflichtgegenständen, in denen die Aufnahmsvoraussetzungen nicht erfüllt werden, eine Aufnahmsprüfung abzulegen. Aufnahmsbewerber der Neuen Mittelschule, die die Berechtigung zum Übertritt in eine höhere Schule nicht aufweisen, haben aus jenen differenzierten Pflichtgegenständen, in denen die Voraussetzungen nicht erfüllt werden, eine Aufnahmsprüfung abzulegen. Aufnahmsbewerber mit dem erfolgreichen Abschluss der 8. Stufe der Volksschule haben in Deutsch, Mathematik und Lebender Fremdsprache eine Aufnahmsprüfung abzulegen."

Festlegung von Fristen und schuljahresübergreifenden Regelungen für die Schuljahre 2019/20 bis 2022/23 aufgrund von Maßnahmen zur Bekämpfung von COVID-19

(BGBl. I Nr. 23/2020, Art. 21 Z 1 idF BGBl. I Nr. 170/2021, Art. 4 Z 5 und BGBl. I Nr. 96/2022, Art. 5 Z 8)

§ 42. In Ausnahme zu den Bestimmungen dieses Bundesgesetzes kann der Bundesminister für Bildung, Wissenschaft und Forschung für die Schuljahre 2019/20 bis 2022/23 mit Verordnung *(BGBl. I Nr. 23/2020, Art. 21 Z 1 idF BGBl. I Nr. 170/2021, Art. 4 Z 5 und BGBl. I Nr. 96/2022, Art. 5 Z 8)*

1. bestehende Stichtage abweichend festsetzen und gesetzliche Fristen verkürzen, verlängern oder verlegen und
2. die Schulleitung ermächtigen, in Abstimmung mit den die einzelnen Unterrichtsgegenstände unterrichtenden Lehrerinnen und Lehrern von der Aufteilung der Bildungs- und Lehraufgaben und des Lehrstoffes, auf die einzelnen Schulstufen in den Lehrplänen abzuweichen,
3. den Einsatz von elektronischer Kommunikation für Unterricht und Leistungsfeststellung und -beurteilung regeln und
4. für einzelne Jahrgänge oder Gruppen oder Teile von diesen einen ortsungebundenen Unterricht mit oder ohne angeleitetem Erarbeiten des Lehrstoffes anordnen.

Diese Verordnung muss unter Angabe der Geltungsdauer und einer neuen Regelung jene gesetzlichen Bestimmungen benennen, von welchen abgewichen werden soll und kann rückwirkend mit 16. März 2020 in Kraft gesetzt werden.

(BGBl. I Nr. 23/2020, Art. 21 Z 1)

10.2. Forstgesetz 1975[1])

Auszug
(§§ 117 bis 124, § 179, § 185)

Bundesgesetz über das Forstwesen (Forstgesetz 1975 – ForstG)
(BGBl. I Nr. 144/2023, Z 1)

Der Nationalrat hat beschlossen:
...

VIII. ABSCHNITT
B. Forstfachschule

Errichtung einer Forstfachschule

§ 117. (1) Zum Zweck der Ausbildung von weiterem Forstpersonal hat der Bundesminister für Land- und Forstwirtschaft, Umwelt und Wasserwirtschaft namens des Bundes im Einvernehmen mit dem Bundesminister für Finanzen und dem Bundesminister für Bildung und Frauen eine Forstfachschule (kurz Fachschule) zu errichten und zu erhalten. Die Fachschule ist eine berufsbildende mittlere Schule mit zwei Schulstufen. *(BGBl. I Nr. 56/2016, Art. 17 Z 20)*

(2) Den Sitz der Fachschule hat der Bundesminister für Land- und Forstwirtschaft, Umwelt und Wasserwirtschaft im Einvernehmen mit dem Bundesminister für Finanzen durch Verordnung zu bestimmen.[2]) *(BGBl. Nr. 440/1975 idF BGBl. I Nr. 59/2002, Art. 1 Z 104)*

(3) Der Bundesminister für Land- und Forstwirtschaft, Umwelt und Wasserwirtschaft hat

1. die Möglichkeit einer internatsmäßigen Unterbringung der Schüler in einem Schülerheim und
2. die Benützung eines zweckentsprechenden Lehrforstes zur Durchführung der Übungen und Ausbildung im Wald

sicherzustellen. *(BGBl. I Nr. 59/2002, Art. 1 Z 105)*

(4) Die Fachschule ist allgemein zugänglich. Die Aufnahme eines Schülers darf nur abgelehnt werden,

a) wenn der Schüler die Aufnahmevoraussetzungen (§ 120) nicht erfüllt,
b) wegen Überfüllung der Schule.

Aufgabe der Fachschule

§ 118. Die Fachschule hat die Aufgabe, den Schülern die erforderlichen fachlichen Kenntnisse zu vermitteln, die sie befähigen, bei der Durchführung des forst- und jagdlichen Betriebsdienstes mitzuwirken sowie den Forstschutz- und forstlichen Beratungsdienst zu versehen. Im übrigen hat sie die im § 2 Abs. 1 des Land- und forstwirtschaftlichen Bundesschulgesetzes umschriebenen Aufgaben. *(BGBl. Nr. 576/1987 idF BGBl. I Nr. 144/2023, Z 27)*

Unterricht und Lehrplan

§ 119. (1) Der theoretische Unterricht ist durch Übungen und durch praktischen Unterricht zu ergänzen. Das Ausmaß des theoretischen und praktischen Unterrichtes sowie der Übungen hat in den Pflichtgegenständen mindestens 2 800 Stunden zu umfassen. *(BGBl. Nr. 440/1975 idF BGBl. I Nr. 56/2016, Art. 17 Z 21)*

(2) Den Lehrplan hat der Bundesminister für Bildung, Wissenschaft und Forschung im Einvernehmen mit dem Bundesminister für Land- und Forstwirtschaft, Regionen und Wasserwirtschaft durch Verordnung festzusetzen, wobei als Pflichtgegenstände vorzusehen sind:

1. allgemeinbildende Gegenstände (Religion, Deutsch, Lebende Fremdsprache, Geschichte, Geografie, Politische Bildung, Recht sowie Bewegung und Sport),

1a. Ethik im Ausmaß von zwei Wochenstunden für jene Schülerinnen und Schüler, die am Religionsunterricht nicht teilnehmen,

2. die im Hinblick auf die künftige Berufstätigkeit erforderlichen mathematischen, naturwissenschaftlichen, forstfachlichen, jagdlichen, wirtschaftlichen und sonstigen Unterrichtsgegenstände,

3. praktischer Unterricht in den für die künftige Berufstätigkeit erforderlichen forstlichen, jagdlichen und wirtschaftlichen Unterrichtsgegenständen.

Die relevanten Bestimmungen der §§ 5, 7 und 8a des Land- und forstwirtschaftlichen Bun-

[1]) BGBl. Nr. 440/1975 idF der den Abschnitt B (Forstfachschule) betreffenden Bundesgesetze BGBl. Nr. 576/1987, BGBl. Nr. 505/1994, BGBl. Nr. 420/1996, BGBl. I Nr. 59/2002, BGBl. I Nr. 83/2004, BGBl. I Nr. 55/2007, BGBl. I Nr. 56/2016 und BGBl. I Nr. 144/2023.

[2]) Gemäß der Verordnung BGBl. II Nr. 174/2018 hat die Forstfachschule ihren Sitz in Traunkirchen.

desschulgesetzes sind sinngemäß anzuwenden. *(BGBl. Nr. 440/1975 idF BGBl. I Nr. 59/2002, Art. 1 Z 106, BGBl. I Nr. 55/2007, Art. 5 Z 7, BGBl. I Nr. 56/2016, Art. 17 Z 22 und BGBl. I Nr. 144/2023, Z 28)*

(3) Der Pflichtgegenstand Ethik ist möglichst zeitgleich mit dem Religionsunterricht jener gesetzlich anerkannten Kirche (Religionsgesellschaft) durchzuführen, der die höchste Zahl an Schülerinnen und Schülern der Schule angehört. Wenn Kirchen (Religionsgesellschaften) den Religionsunterricht in kooperativer Form abhalten, so ist für die Ermittlung der Zahl der Schülerinnen und Schüler die Summe aller Angehörigen der an der Kooperation teilnehmenden Kirchen zu bilden. Sind weniger als zehn Schülerinnen oder Schüler einer Klasse zur Teilnahme am Ethikunterricht verpflichtet, so sind sie zunächst mit Schülerinnen oder Schülern anderer Klassen der gleichen Schulstufe, dann anderer Klassen der Schule und schließlich anderer Schulen zusammenzuziehen, bis die Zahl mehr als zehn beträgt. *(BGBl. I Nr. 144/2023, Z 29)*

(4) Zur Ergänzung des praktischen Unterrichts ist im Lehrplan zwischen den beiden Schulstufen eine Pflichtpraxis von einem Monat vorzusehen. *(BGBl. I Nr. 56/2016, Art. 17 Z 23 idF BGBl. I Nr. 144/2023, Z 29)*

(5) Die Schulbehörde kann zur Erprobung besonderer pädagogischer und schulorganisatorischer Maßnahmen Schulversuche durchführen. § 6 Abs. 1 bis 6 des Land- und forstwirtschaftlichen Bundesschulgesetzes ist sinngemäß anzuwenden. *(BGBl. I Nr. 56/2016, Art. 17 Z 23 idF BGBl. I Nr. 144/2023, Z 29 und 30)*

(6) Zur Sicherstellung der qualitätsvollen Erfüllung der Aufgaben der Fachschule ist ein Bildungscontrolling einzurichten. § 21 des Land- und forstwirtschaftlichen Bundesschulgesetzes ist sinngemäß anzuwenden. *(BGBl. I Nr. 144/2023, Z 30)*

Aufnahme in die Fachschule

§ **120.** (1) Die Voraussetzungen für die Aufnahme in die Fachschule sind

1. die körperliche und geistige Eignung und
2. das im Kalenderjahr der Aufnahme vollendete 16. Lebensjahr. *(BGBl. I Nr. 144/2023, Z 31)*

(2) Die geistige Eignung gilt mit dem Abschluss

1. der zweiten Klasse bzw. des zweiten Jahrganges einer berufsbildenden mittleren oder höheren Schule oder
2. einer Berufsausbildung nach dem erfolgreichen Abschluss der neunten Schulstufe oder
3. einer höherwertigen Ausbildung als der nach Z 1 oder 2

als gegeben.

(3) Die Voraussetzungen nach Abs. 2 sind in Ausnahmefällen nicht erforderlich, wenn auf Grund besonderer land- oder forstwirtschaftlicher Kenntnisse, Fähigkeiten oder Kompetenzen des Aufnahmewerbers/der Aufnahmewerberin die Schulleitung feststellt, dass diese Person mit hoher Wahrscheinlichkeit den Anforderungen der Fachschule genügen wird.

(4) Die Voraussetzungen nach Abs. 2 gelten auch als erfüllt,

1. wenn die Berufsausbildung
   a) zum Forstaufsichtsorgan im Sinne des § 96 Abs. 4 oder
   b) zum Berufsjäger oder zur Berufsjägerin

   absolviert wird oder
2. wenn das Betriebspraktikum während einer Ausbildung an einer land- und forstwirtschaftlichen Fachschule ersetzt werden soll.

(5) Es ist jenen Aufnahmewerberinnen und Aufnahmewerbern der Vorzug zu geben, die die Voraussetzungen nach Abs. 2 Z 1 nachweisen.

(BGBl. I Nr. 56/2016, Art. 17 Z 24)

Schulgeldfreiheit

§ **121.** (1) Der Besuch der Fachschule ist unentgeltlich.

(2) Die Einhebung von kostendeckenden Lern- und Arbeitsmittelbeiträgen ist zulässig. *(BGBl. I Nr. 59/2002, Art. 1 Z 107)*

Schulbehörde, Lehrer

§ **122.** (1) Die Fachschule ist dem Bundesminister für Bildung und Frauen, soweit es sich jedoch um die Schulerhaltung sowie um Dienstrechtsangelegenheiten der Lehrer handelt, dem Bundesminister für Land- und Forstwirtschaft, Umwelt und Wasserwirtschaft, unmittelbar unterstellt. *(BGBl. Nr. 440/1975 idF BGBl. I Nr. 59/2002, Art. 1 Z 108, BGBl. I Nr. 55/2007, Art. 5 Z 7 und BGBl. I Nr. 56/2016, Art. 17 Z 25)*

(2) Die Leitung der Fachschule sowie die Leitung des Schülerheims zur internatsmäßigen Unterbringung der Schüler (§ 117 Abs. 3 Z 1) in Angelegenheiten der Erziehung obliegt dem Direktor, der Forstwirt sein muss. *(BGBl. I Nr. 56/2016, Art. 17 Z 26)*

(3) Der ständige Lehrkörper besteht aus dem Direktor und den Lehrern. Darüber hinaus können bei Bedarf auf bestimmte Zeit Lehrbeauftragte bestellt werden. Als Lehrbeauftragte kommen Fachleute in Betracht, die nicht als

Lehrer bestellt sind. Ein Dienstverhältnis wird durch einen Lehrauftrag nicht begründet, allenfalls bestehende Dienstverhältnisse bleiben durch den Lehrauftrag unberührt. Für den Lehrforst und die praktischen Übungen ist der Schule Fachpersonal in ausreichender Zahl beizugeben. *(BGBl. Nr. 440/1975 idF BGBl. I Nr. 56/2016, Art. 17 Z 27)*

*§ **123.** entfallen (BGBl. I Nr. 59/2002, Art. 1 Z 110)*

*§ **124.** entfallen (BGBl. I Nr. 59/2002, Art. 1 Z 110)*

Inkrafttreten

§ 179. (1) Dieses Bundesgesetz tritt am 1. Jänner 1976 in Kraft.

...

(5a) ... § 117 Abs. 1 bis 3, § 119 Abs. 2, § 121 Abs. 2, § 122 Abs. 1 und 2, ... in der Fassung des Bundesgesetzes BGBl. I Nr. 59/2002 treten mit 1. Juni 2002 in Kraft. Im selben Zeitpunkt treten ... § 123, § 124, ... in der in diesem Zeitpunkt geltenden Fassung außer Kraft. *(BGBl. I Nr. 59/2002, Art. 1 Z 140)*

...

(10) In der Fassung des Bundesgesetzes BGBl. I Nr. 56/2016 treten § 117 Abs. 1 zweiter Satz und § 119 Abs. 1 bis 4 am 1. September 2017 in Kraft. *(BGBl. I Nr. 56/2016, Art. 17 Z 28)*

(11) In der Fassung des Bundesgesetzes BGBl. I Nr. 144/2023 treten in Kraft:

1. ... § 118, § 119 Abs. 4 bis 6, § 120 Abs. 1 Z 2, ... § 185 Abs. 1 ... mit Ablauf des Tages der Kundmachung;[3]

...

...

4. § 119 Abs. 2 und 3 mit 1. September 2024 klassen- und schulstufenweise aufsteigend.

...

(BGBl. I Nr. 144/2023, Z 43)

Vollziehung

§ 185. (1) Mit der Vollziehung dieses Bundesgesetzes ... ist, sofern die Abs. 2 bis 6 nicht anderes bestimmen, der Bundesminister für Land- und Forstwirtschaft, Umwelt und Wasserwirtschaft betraut, und zwar im Einvernehmen mit dem bzw. der

...

2. Bundesminister für Finanzen hinsichtlich der §§ 117 Abs. 1 und 2, ...;

...

5. Bundesminister für Unterricht, Kunst und Kultur hinsichtlich des § 117 Abs. 1;

...

(BGBl. I Nr. 59/2002, Art. 1 Z 142 idF BGBl. I Nr. 55/2007, Art. 5 Z 10 und BGBl. I Nr. 144/2023, Z 46)

(5) Mit der Vollziehung des § 117 Abs. 3 und 4, der §§ 118 bis 121, des § 122 Abs. 1, soweit er sich nicht auf die Schulerhaltung sowie die Dienstrechtsangelegenheiten der Lehrer bezieht, des § 122 Abs. 2 und 3 ist der Bundesminister für Unterricht, Kunst und Kultur hinsichtlich des § 119 Abs. 2 im Einvernehmen mit dem Bundesminister für Land- und Forstwirtschaft, Umwelt und Wasserwirtschaft, betraut. *(BGBl. Nr. 440/1975 idF BGBl. I Nr. 59/2002, Art. 1 Z 146, BGBl. I Nr. 83/2004, Art. 8 Z 9 und BGBl. I Nr. 55/2007, Art. 5 Z 10)*

...

[3]) Die Kundmachung im Bundesgesetzblatt erfolgte am 16. November 2023.

10.3. Bundesgrundsatzgesetz für land- und forstwirtschaftliche Berufsschulen

BGBl. Nr. 319/1975
idF der Bundesgesetze

BGBl. Nr. 648/1994	BGBl. I Nr. 47/2005
BGBl. I Nr. 91/2005	BGBl. I Nr. 74/2013

Bundesgesetz vom 29. April 1975 betreffend die Grundsätze für land- und forstwirtschaftliche Berufsschulen

Der Nationalrat hat beschlossen:

Artikel I

Für die Gesetzgebung der Länder in bestimmten Angelegenheiten der land- und forstwirtschaftlichen Berufsschulen werden gemäß Art. 14a Abs. 4 lit. a des Bundes-Verfassungsgesetzes in der Fassung von 1929 folgende Grundsätze aufgestellt:

Aufgaben der land- und forstwirtschaftliche Berufsschule

§ 1. Die land- und forstwirtschaftliche Berufsschule hat die Aufgabe,
a) den Schülern die schulische Grundausbildung für eine Berufstätigkeit in der Land- und Forstwirtschaft zu vermitteln,
b) die Schüler zu demokratischen, heimat- und berufsverbunden, sittlich und religiös gefestigten und sozial denkenden Staatsbürgern heranzubilden,
c) die Allgemeinbildung der Schüler entsprechend ihrer künftigen Berufstätigkeit zu erweitern und zu vertiefen sowie insbesondere auch die Grundlage für die spätere fachliche Weiterbildung des Schülers zu schaffen.

Schulpflicht

§ 2. (1) Land- und forstwirtschaftliche Lehrlinge haben die land- und forstwirtschaftliche Berufsschule während des Lehrverhältnisses zu besuchen. *(BGBl. Nr. 648/1994, Z 1)*

(2) Die Ausführungsgesetze der Länder können bestimmen, unter welchen Voraussetzungen die Möglichkeit zum freiwilligen Berufsschulbesuch besteht. *(BGBl. Nr. 648/1994, Z 1)*

(3) Die gesamte Unterrichtszeit hat mindestens 600 Stunden zu umfassen. Die Einrichtung vollschulartiger Lehrgänge ist zulässig.

(4) Für Personen, die im Rahmen einer integrativen Berufsausbildung gemäß § 11b Abs. 1 bis 3 des Land- und forstwirtschaftlichen Berufsausbildungsgesetzes, BGBl. Nr. 298/1990, in der Fassung des Bundesgesetzes BGBl. I Nr. 46/2005, ausgebildet werden, besteht nach Maßgabe des § 11d des Land- und forstwirtschaftlichen Berufsausbildungsgesetzes die Pflicht bzw. das Recht zum Besuch der land- und forstwirtschaftlichen Berufsschule. Abs. 3 findet nicht Anwendung. *(BGBl. I Nr. 47/2005, Z 1)*

Pflichtgegenstände

§ 3. Als Pflichtgegenstände sind jedenfalls Religion, Rechnen, Deutsch (einschließlich Schriftverkehr), Politische Bildung, Lebenskunde sowie Bewegung und Sport sowie die im Hinblick auf die künftige Berufstätigkeit erforderlichen naturkundlichen, fachtheoretischen, praktisch-wirtschaftlichen und berufskundlichen Unterrichtsgegenstände vorzusehen. *(BGBl. Nr. 319/1975 idF BGBl. I Nr. 91/2005, Art. 10 Z 1)*

Übertritt von der Schule eines Landes in die Schule eines anderen Landes

§ 4. Die in der land- und forstwirtschaftlichen Berufsschule eines Landes zurückgelegte Schulzeit ist für die Erfüllung der land- und forstwirtschaftlichen Berufsschulpflicht in einem anderen Bundesland anzurechnen.

Schulgeldfreiheit

§ 5. Der Besuch der land- und forstwirtschaftlichen Berufsschule ist unentgeltlich. Die Einhebung von höchstens kostendeckenden Lern- und Arbeitsmittelbeiträgen und Unfallversicherungsprämien wird hiedurch nicht berührt.

Öffentlichkeitsrecht

§ 6. (1) An private land- und forstwirtschaftliche Berufsschulen kann das Öffentlichkeitsrecht nur verliehen werden, wenn die Privatschule Gewähr für die Erreichung desselben Bildungszieles wie die entsprechende öffentliche Schule bietet.

(2) Mit der Verleihung des Öffentlichkeitsrechtes sind folgende Rechtswirkungen verbunden:
a) der Privatschule wird das Recht übertragen, Zeugnisse über den Erfolg des Schulbesu-

ches auszustellen, die mit der Beweiskraft öffentlicher Urkunden und mit den gleichen Rechtswirkungen ausgestattet sind wie Zeugnisse gleichartiger öffentlicher Schulen;

b) an der Privatschule können die für die betreffende Schulart vorgesehenen Prüfungen abgehalten werden;

c) der Privatschule können Lehramtsanwärter, die sich damit einverstanden erklären, zur Einführung in die Praxis des Lehramtes mit Zustimmung des Schulerhalters zugewiesen werden;

d) auf die Privatschule finden die für die entsprechenden öffentlichen Schulen geltenden schulrechtlichen Vorschriften Anwendung, soweit gesetzlich nicht anderes bestimmt ist und soweit sie nicht die Errichtung, Erhaltung und Auflassung, die Sprengel und das Schulgeld betreffen.

Frist für die Erlassung der Ausführungsgesetze

§ 7. (1) Die Ausführungsgesetze zu § 2 Abs. 1 und 2 in der Fassung des Bundesgesetzes BGBl. Nr. 648/1994 sind innerhalb eines Jahres nach dem auf die Kundmachung dieses Bundesgesetzes folgenden Tag zu erlassen. *(BGBl. Nr. 648/1994, Z 2 idF BGBl. I Nr. 47/2005, Z 2)*

(2) Die Ausführungsgesetze der Länder zu § 2 Abs. 4 dieses Bundesgesetzes in der Fassung des Bundesgesetzes BGBl. I Nr. 47/2005 sind innerhalb eines Jahres nach dem auf die Kundmachung dieses Bundesgesetzes folgenden Tag zu erlassen.[1]) *(BGBl. I Nr. 47/2005, Z 2 idF BGBl. I Nr. 74/2013, Art. 6)*

(3) Die Ausführungsgesetze der Länder zu § 3 in der Fassung des Bundesgesetzes BGBl. I Nr. 91/2005 sind innerhalb eines Jahres nach der Kundmachung dieses Bundesgesetzes zu erlassen.[2]) *(BGBl. I Nr. 91/2005, Art. 10 Z 2)*

(BGBl. Nr. 648/1994, Z 2)

Artikel II
(BGBl. Nr. 648/1994, Z 3)

Wahrnehmung der Rechte des Bundes

§ 8. Mit der Wahrnehmung der Rechte des Bundes gemäß Art. 14a Abs. 6 des Bundes-Verfassungsgesetzes in der Fassung von 1929 zustehenden Rechte[3]) ist der Bundesminister für Unterricht und Kunst betraut.

---

[1]) Die Kundmachung des genannten Bundesgesetzes im Bundesgesetzblatt Teil I ist am 9. Juni 2005 erfolgt.

[2]) Die Kundmachung des genannten Bundesgesetzes im Bundesgesetzblatt Teil I ist am 10. August 2005 erfolgt.

[3]) Die Worte „zustehenden Rechte“ sind ein redaktionelles Versehen im Gesetz.

10.4. Bundesgrundsatzgesetz für land- und forstwirtschaftliche Fachschulen

BGBl. Nr. 320/1975
idF der Bundesgesetze
BGBl. Nr. 649/1994 BGBl. I Nr. 91/2005

Bundesgesetz vom 29. April 1975 betreffend die Grundsätze für land- und forstwirtschaftliche Fachschulen

Der Nationalrat hat beschlossen:

Artikel I

Für die Gesetzgebung der Länder in bestimmten Angelegenheiten der land- und forstwirtschaftlichen Fachschulen werden gemäß Art. 14a Abs. 4 lit. b des Bundes-Verfassungsgesetzes in der Fassung von 1929 folgende Grundsätze aufgestellt:

Aufgaben der land- und forstwirtschaftlichen Fachschule

§ 1. Die land- und forstwirtschaftlichen Fachschule hat die Aufgabe,

a) die Schüler durch Vermittlung von Fachkenntnissen und Fertigkeiten auf die selbständige Führung eines land- und forstwirtschaftlichen Betriebes oder Haushaltes und auf die Ausübung einer sonstigen verantwortlichen Tätigkeit in der Land- und Forstwirtschaft vorzubereiten und sie in die Lage zu versetzen, die Aufgaben der Land- und Forstwirtschaft im ländlichen Raum zu erfüllen; *(BGBl. Nr. 649/1994, Z 1)*
b) die Schüler zu demokratischen, heimatverbunden, sittlich und religiös gefestigten und sozial denkenden Staatsbürgern heranzubilden und
c) die Allgemeinbildung der Schüler zu erweitern und zu vertiefen.

Organisationsformen und Unterrichtsausmaß der land- und forstwirtschaftlichen Fachschule

§ 2. (1) Die land- und forstwirtschaftliche Fachschule kann in allen Berufen der Land- und Forstwirtschaft oder als fachbereichsübergreifende Fachschule geführt werden. Darüber hinaus können Fachschulen eingerichtet werden, die den regionalen Entwicklungsmöglichkeiten in der Land- und Forstwirtschaft Rechnung tragen. *(BGBl. Nr. 649/1994, Z 2)*

(2) Die Fachschule kann ein bis vier Schulstufen umfassen, wobei jeder Schulstufe eine Klasse entsprechen muß.

§ 3. (1) Bei Fachschulen, in denen das neunte Schuljahr der allgemeinen Schulpflicht erfüllt werden kann, ist das Unterrichtsausmaß in den Pflichtgegenständen mit mindestens 1.300 Unterrichtsstunden im ersten Schuljahr festzusetzen.

(2) Bei Fachschulen, durch deren Besuch die Berufsschule ersetzt wird, ist das Unterrichtsausmaß in den Pflichtgegenständen mit mindestens 1.800 Unterrichtsstunden, verteilt auf mindestens 2 Schuljahre, festzusetzen.

(3) Bei Fachschulen, in denen das neunte Schuljahr der allgemeinen Schulpflicht erfüllt werden kann und durch deren Besuch die Berufsschule ersetzt wird, ist das Unterrichtsausmaß in den Pflichtgegenständen mit mindestens 2.400 Unterrichtsstunden festzusetzen, wobei im ersten Schuljahr mindestens 1.300 Unterrichtsstunden vorzusehen sind.

(4) Bei Fachschulen, die auf eine vorgelagerte Berufsausbildung oder eine nach der Erfüllung der allgemeinen Schulpflicht erfolgten Schulausbildung aufbauen (weiterführende Fachschule), ist das Unterrichtsausmaß in den Pflichtgegenständen mit mindestens 500 Unterrichtsstunden festzusetzen.

(BGBl. Nr. 649/1994, Z 3)

Aufnahmevoraussetzungen

§ 4. Voraussetzungen für die Aufnahme in die land- und forstwirtschaftliche Fachschule sind zumindest

1. körperliche und geistige Eignung und
2. Erfüllung der allgemeinen Schulpflicht, in den Fällen des § 3 Abs. 1 und 3 Erfüllung der ersten acht Jahre der allgemeinen Schulpflicht.

(BGBl. Nr. 649/1994, Z 4)

Pflichtgegenstände

§ 5. (1) Im Lehrplan der land- und forstwirtschaftlichen Fachschule sind als Pflichtgegenstände zumindest vorzusehen:

1. Religion, Deutsch, Lebende Fremdsprache, Mathematik, Politische Bildung, Rechtskunde sowie Bewegung und Sport; *(BGBl. Nr. 649/1994, Z 5 idF BGBl. I Nr. 91/2005, Art. 11 Z 1)*
2. die im Hinblick auf die jeweilige Fachrichtung der Schule und die künftige Berufstätigkeit der Absolventen erforderlichen naturkundlichen, fachtheoretischen, praktisch-wirtschaftlichen und berufskundlichen Unterrichtsgegenstände.

(2) An Fachschulen, die auf eine vorgelagerte Berufs- bzw. Schulausbildung aufbauen (§ 3 Abs. 4), können unter Bedachtnahme auf die bisherige Ausbildung im Abs. 1 vorgesehene Pflichtgegenstände entfallen.

(BGBl. Nr. 649/1994, Z 5)

Unentgeltlichkeit des Unterrichtes

§ 6. (1) Unbeschadet der Bestimmung des Abs. 2 ist der Besuch der land- und forstwirtschaftlichen Fachschulen unentgeltlich.

(2) Die Einhebung von höchstens kostendeckenden Lern- und Arbeitsmittelbeiträgen und Unfallversicherungsprämien ist zulässig.

Übertritt von der Fachschule eines Landes in die eines anderen Landes

§ 7. Die in einer land- und forstwirtschaftlichen Fachschule eines Landes zurückgelegte Schulzeit ist auf die Zeit des Besuches einer Fachschule gleicher oder verwandten Fachrichtung eines anderen Landes nach Maßgabe der Vergleichbarkeit des Unterrichtsausmaßes anzurechnen.

Öffentlichkeitsrecht

§ 8. (1) An private land- und forstwirtschaftliche Fachschulen kann das Öffentlichkeitsrecht nur verliehen werden, wenn die Privatschule Gewähr für die Erreichung desselben Bildungszieles wie die entsprechende öffentliche Schule bietet.

(2) Mit der Verleihung des Öffentlichkeitsrechtes sind folgende Rechtswirkungen verbunden:

a) der Privatschule wird das Recht übertragen, Zeugnisse über den Erfolg des Schulbesuches auszustellen, die mit der Beweiskraft öffentlicher Urkunden und mit den gleichen Rechtswirkungen ausgestattet sind wie Zeugnisse gleichartiger öffentlicher Schulen;
b) an der Privatschule können die für die betreffende Schulart vorgesehenen Prüfungen abgehalten werden;
c) der Privatschule können Lehramtsanwärter, die sich damit einverstanden erklären, zur Einführung in die Praxis des Lehramtes mit Zustimmung des Schulerhalters zugewiesen werden;
d) auf die Privatschule finden die für die entsprechenden öffentlichen Schulen geltenden schulrechtlichen Vorschriften Anwendung, soweit gesetzlich nicht anderes bestimmt ist und soweit sie nicht die Errichtung, Erhaltung und Auflassung, die Sprengel und das Schulgeld betreffen.

Frist für die Erlassung der Ausführungsgesetze

§ 9. (1) Die Ausführungsgesetze der Länder zu diesem Bundesgesetz in der Fassung des Bundesgesetzes BGBl. Nr. 649/1994 sind innerhalb eines Jahres nach Kundmachung des Bundesgesetzes BGBl. Nr. 649/1994 zu erlassen. *(BGBl. Nr. 649/1994, Z 6 idF BGBl. I Nr. 91/2005, Art. 11 Z 2)*

(2) Die Ausführungsgesetze der Länder zu § 5 in der Fassung des Bundesgesetzes BGBl. I Nr. 91/2005 sind innerhalb eines Jahres nach der Kundmachung dieses Bundesgesetzes zu erlassen[1]). *(BGBl. I Nr. 91/2005, Art. 11 Z 2)*

(BGBl. Nr. 649/1994, Z 6)

Artikel II
Wahrnehmung der Rechte des Bundes

§ 10. Mit der Wahrnehmung der Rechte des Bundes gemäß Art. 14a Abs. 6 des Bundes-Verfassungsgesetzes in der Fassung von 1929 ist der Bundesminister für Unterricht und Kunst betraut.

Inkrafttreten

§ 11. § 1 lit. a, § 2 Abs. 1 und die §§ 3 bis 5 und 9 in der Fassung des Bundesgesetzes BGBl. Nr. 649/1994 treten mit Ablauf des Tages der Kundmachung im Bundesgesetzblatt in Kraft.

(BGBl. Nr. 649/1994, Z 7)

[1]) Die Kundmachung des genannten Bundesgesetzes im Bundesgesetzblatt Teil I ist am 10. August 2005 erfolgt.

11.1. Minderheiten-Schulgesetz für das Burgenland – MindSchG Bgld

BGBl. Nr. 641/1994
idF der Bundesgesetze
BGBl. I Nr. 136/1998 BGBl. I Nr. 36/2012
BGBl. I Nr. 48/2014 BGBl. I Nr. 138/2017
BGBl. I Nr. 101/2018

Inhaltsverzeichnis[1])

Bundesgesetz über besondere Bestimmungen betreffend das Minderheitenschulwesen im Burgenland (Minderheiten-Schulgesetz für das Burgenland)

Der Nationalrat hat beschlossen:

1. Abschnitt
Allgemeine Bestimmungen

§ 1. (Verfassungsbestimmung) (1) Das Recht, im Burgenland die kroatische oder ungarische Sprache als Unterrichtssprache zu gebrauchen oder als Pflichtgegenstand zu erlernen, ist in den gemäß § 6, § 10 und § 12 Abs. 1 dieses Bundesgesetzes festzulegenden Schulen österreichischen Staatsbürgern der kroatischen und ungarischen Volksgruppe zu gewähren.

(2) Ein Schüler kann gegen den Willen seiner Erziehungsberechtigten nicht verhalten werden, die kroatische oder ungarische Sprache als Unterrichtssprache zu gebrauchen.

[1]) Das Inhaltsverzeichnis ist von den Gesetzesbeschlüssen nicht umfasst.

§ 2. (1) Für die in diesem Bundesgesetz genannten Schulen gelten die für die allgemeinen Formen dieser Schulen vorgesehenen gesetzlichen Regelungen, soweit im Folgenden nicht anderes bestimmt wird.

(2) **(Verfassungsbestimmung)** Für die in diesem Bundesgesetz genannten öffentlichen Pflichtschulen gelten hinsichtlich der äußeren Organisation die für die allgemeinen Formen dieser Schulen vorgesehenen Verfassungs- und Grundsatzbestimmungen, soweit im Folgenden keine besonderen Verfassungs- oder Grundsatzbestimmungen bestehen. *(BGBl. I Nr. 138/2017, Art. 13 Z 1)*

2. Abschnitt
Volksschulen

§ 3. (1) Neben den allgemeinen Formen der österreichischen Volksschule mit deutscher Unterrichtssprache sind im Burgenland insbesondere für die kroatische Volksgruppe und die ungarische Volksgruppe folgende Formen von Volksschulen oder Klassen an Volksschulen zu führen:
1. Volksschulen mit kroatischer oder ungarischer Unterrichtssprache,
2. Volksschulen oder Klassen an Volksschulen mit

a) kroatischer und deutscher Unterrichtssprache oder
b) ungarischer und deutscher Unterrichtssprache

(zweisprachige Volksschulen oder Volksschulklassen).

(2) An den Volksschulen mit kroatischer oder ungarischer Unterrichtssprache ist der Unterricht auf allen Schulstufen in kroatischer bzw. ungarischer Unterrichtssprache zu erteilen, doch ist die deutsche Sprache als Pflichtgegenstand (in der Vorschulstufe als verbindliche Übung) mit sechs Wochenstunden zu führen.

(3) An zweisprachigen Volksschulen (Volksschulklassen) ist der gesamte Unterricht in der Vorschulstufe und der 1. bis 4. Schulstufe in deutscher und kroatischer bzw. deutscher und ungarischer Sprache zu erteilen.

§ 4. (1) Der Besuch des Unterrichts an Volksschulen mit kroatischer oder ungarischer Unterrichtssprache oder des zweisprachigen Unterrichts an auf Grund des § 6 Abs. 3 eingerichteten Schulen bedarf einer Anmeldung.

(2) Der Besuch des zweisprachigen Unterrichts an zweisprachigen Volksschulen, die gemäß § 6 Abs. 2 eingerichtet sind, bedarf keiner Anmeldung.

(3) Die Anmeldung gemäß Abs. 1 hat anläßlich der Aufnahme in die Volksschule zu erfolgen und ist zu Beginn der folgenden Schuljahre zulässig. Sie wirkt bis zum Austritt aus der Volksschule und kann vorher nur zum Ende eines Schuljahres widerrufen werden. Sie ist beim Schulleiter einzubringen.

§ 5. (1) Bei der Anmeldung zur Aufnahme (sofern eine Anmeldung nicht erforderlich ist, anläßlich der Aufnahme) in eine der in diesem Abschnitt genannten Schulen (Klassen) ist der Antrag zu stellen, ob die Jahreszeugnisse bzw. die Semester- und Jahresinformationen in Deutsch und Kroatisch bzw. Deutsch und Ungarisch oder nur in Deutsch auszustellen sind. Eine Änderung des Antrages ist jeweils bis vier Wochen vor der Ausgabe des Jahreszeugnisses zulässig. *(BGBl. Nr. 641/1994 idF BGBl. I Nr. 138/2017, Art. 13 Z 2)*

(2) Abs. 1 gilt sinngemäß für Schulnachrichten gemäß § 19 Abs. 2 des Schulunterrichtsgesetzes, BGBl. Nr. 472/1986, in der jeweils geltenden Fassung sowie für Schulbesuchsbestätigungen im Sinne des genannten Bundesgesetzes.

§ 6. (Grundsatzbestimmung) (1) Volksschulen mit kroatischer oder ungarischer Unterrichtssprache haben an solchen Orten zu bestehen, daß möglichst alle Kinder österreichischer Staatsbürgerschaft, die der kroatischen bzw. ungarischen Volksgruppe angehören und zum Besuch einer solchen Schule angemeldet werden, diese besuchen können. Voraussetzungen für die Errichtung einer solchen Schule sind das Vorhandensein einer für die Schulführung erforderlichen Mindestschülerzahl von angemeldeten Kindern österreichischer Staatsbürgerschaft, die der kroatischen oder ungarischen Volksgruppe angehören, und der gesicherte Bestand dieser Schule.

(2) Die im Schuljahr 1993/94 gemäß § 7 des Burgenländischen Landesschulgesetzes 1937 über die Regelung des Volksschulwesens im Burgenland, LGBl. Nr. 40/1937, geführten zweisprachigen Volksschulen sind als Volksschulen gemäß § 3 Abs. 1 Z 2 dieses Bundesgesetzes einzurichten. Ferner sind Schulen als Volksschulen gemäß § 3 Abs. 1 Z 2 dieses Bundesgesetzes einzurichten, wenn sie vor dem Schuljahr 1993/94 gemäß § 7 des Burgenländischen Landesgesetzes 1937 als zweisprachige Schulen bestanden haben, aufgelassen worden sind und wieder neu errichtet werden.

(3) Neben den gemäß Abs. 2 festgelegten Schulen sind jene Schulen als für die kroatische oder ungarische Volksgruppe in Betracht kommende Volksschulen festzulegen, bei denen ein nachhaltiger Bedarf an der Befriedigung des im § 1 Abs. 1 festgelegten Rechtsanspruches besteht. Hiebei genügt für Volksschulen ein nachhaltiger Bedarf an einer Klasse (auch Schulstufen übergreifend). Bei der Feststellung des Bedarfes ist davon auszugehen, daß ab der folgenden Anzahl von Anmeldungen geführt werden darf:

1. *entfallen (BGBl. I Nr. 136/1998, Z 1)*
2. eine Vorschulklasse ab sieben Anmeldungen,
3. eine Klasse auf der 1. bis 4. Schulstufe ab sieben Anmeldungen.

(4) Die Zahl der Schüler an einer zweisprachigen Volksschulklasse darf sieben Schüler nicht unterschreiten und 20 Schüler nicht übersteigen. *(BGBl. I Nr. 136/1998, Z 2)*

§ 7. (Grundsatzbestimmung) (1) Für die Volksschulen mit kroatischer oder ungarischer Unterrichtssprache gemäß § 6 Abs. 1 und die gemäß § 6 Abs. 3 eingerichteten zweisprachigen Volksschulen oder Volksschulklassen sind Berechtigungssprengel so festzulegen, daß der gesamte Bereich Burgenlands erfaßt wird, soweit nicht Schulsprengel gemäß Abs. 2 festgelegt werden.

(2) Für die gemäß § 6 Abs. 2 eingerichteten Volksschulen sind Pflichtsprengel festzusetzen. Für Schüler, die nicht im Pflichtsprengel wohnen und die zum zweisprachigen Unterricht angemeldet werden, kann ein über den Pflichtsprengel hinausgehender Berechtigungssprengel festgelegt werden.

3. Abschnitt
Mittelschulen und Polytechnische Schulen
(BGBl. Nr. 641/1994 idF BGBl. I Nr. 136/1998, Z 3, BGBl. I Nr. 36/2012, Art. 8 Z 1 und BGBl. I Nr. 101/2018, Art. 5 Z 1)

§ 8. (1) Neben den allgemeinen Formen der Mittelschule und der Polytechnischen Schule mit deutscher Unterrichtssprache sind im Burgenland insbesondere für die kroatische Volksgruppe und die ungarische Volksgruppe folgende Formen von Mittelschulen und Polytechnischen Schulen oder Klassen an Mittelschulen und Polytechnischen Schulen zu führen:
1. Mittelschulen und Polytechnische Schulen mit kroatischer oder ungarischer Unterrichtssprache,
2. Abteilungen für den Unterricht in kroatischer oder ungarischer Sprache, die in Mittelschulen und Polytechnischen Schulen mit deutscher Unterrichtssprache eingerichtet sind.

Ferner sind die im Schuljahr 1993/94 im Rahmen von Schulversuchen zweisprachig geführten Hauptschulen oder Hauptschulklassen in dieser Form als Mittelschulen weiterhin zu führen, sofern die Voraussetzungen des § 10 Abs. 4 gegeben sind.

(2) An den Mittelschulen und Polytechnischen Schulen mit kroatischer oder ungarischer Unterrichtssprache ist der Unterricht auf allen Schulstufen in kroatischer bzw. ungarischer Unterrichtssprache zu erteilen, doch ist die deutsche Sprache als Pflichtgegenstand mit sechs Wochenstunden zu führen. An Mittelschulen und Polytechnischen Schulen sind sowohl Kroatisch bzw. Ungarisch als auch Deutsch als leistungsdifferenzierte Pflichtgegenstände zu führen.

(3) An den in Mittelschulen und Polytechnischen Schulen mit deutscher Unterrichtssprache eingerichteten Abteilungen für den Unterricht in kroatischer oder ungarischer Sprache ist die kroatische Sprache bzw. die ungarische Sprache auf allen Schulstufen mit vier Wochenstunden als leistungsdifferenzierter Pflichtgegenstand zu führen.

(BGBl. I Nr. 101/2018, Art. 5 Z 2)

§ 9. (1) Der Besuch des Unterrichts an Mittelschulen und Polytechnischen Schulen mit kroatischer oder ungarischer Unterrichtssprache oder der Abteilungen für den Unterricht in kroatischer oder ungarischer Sprache bedarf einer Anmeldung. Die Anmeldung hat anläßlich der Aufnahme in die Schule zu erfolgen und ist auch zu Beginn der folgenden Schuljahre zulässig. *(BGBl. Nr. 641/1994 idF BGBl. I Nr. 136/1998, Z 5, BGBl. I Nr. 36/2012, Art. 8 Z 3 und BGBl. I Nr. 101/2018, Art. 5 Z 3)*

(2) Die Anmeldung gemäß Abs. 1 wirkt bis zum Austritt aus der Schule und kann vorher nur zum Ende eines Schuljahres widerrufen werden. Sie ist beim Schulleiter einzubringen.

(3) § 5 ist anzuwenden.

§ 10. (Grundsatzbestimmung) (1) Mittelschulen und Polytechnische Schulen mit kroatischer oder ungarischer Unterrichtssprache haben an solchen Orten zu bestehen, daß möglichst alle Kinder österreichischer Staatsbürgerschaft, die der kroatischen bzw. ungarischen Volksgruppe angehören und zum Besuch einer solchen Schule angemeldet werden, diese besuchen können. Voraussetzung für die Errichtung einer solchen Schule ist das Vorhandensein einer für die Schulführung erforderlichen Mindestschülerzahl von angemeldeten Kindern österreichischer Staatsbürgerschaft, die der kroatischen oder ungarischen Volksgruppe angehören und die Sicherung des Bestandes dieser Schule. *(BGBl. Nr. 641/1994 idF BGBl. I Nr. 136/1998, Z 3, BGBl. I Nr. 36/2012, Art. 8 Z 4 und BGBl. I Nr. 101/2018, Art. 5 Z 4)*

(2) An Mittelschulen und Polytechnischen Schulen, die im Einzugsbereich von gemäß § 7 des Burgenländischen Landesschulgesetzes 1937 über die Regelung des Volksschulwesens im Burgenland geführten zweisprachigen Volksschulen liegen, sind Abteilungen gemäß § 8 Abs. 1 Z 2 einzurichten. *(BGBl. Nr. 641/1994 idF BGBl. I Nr. 136/1998, Z 5 und BGBl. I Nr. 36/2012, Art. 8 Z 5)*

(3) Neben den gemäß Abs. 2 festgelegten Schulen sind jene Schulen als für die kroatische oder ungarische Volksgruppe in Betracht kommende Mittelschulen und Polytechnische Schulen festzulegen, bei denen ein nachhaltiger Bedarf an der Befriedigung des im § 1 Abs. 1 festgelegten Rechtsanspruches besteht. Hiebei genügt ein Bedarf an einer Klasse auf jeder Schulstufe für Mittelschulen und Polytechnische Schulen gemäß § 8 Abs. 1 Z 1 und einer Abteilung auf jeder Schulstufe für Mittelschulen und Polytechnische Schulen gemäß § 8 Abs. 1 Z 2. Bei der Feststellung des Bedarfes ist davon auszugehen, dass ab der folgenden Anzahl von Anmeldungen geführt werden darf:
1. eine Klasse ab neun Anmeldungen,
2. eine Schülergruppe[2]) an Mittelschulen ab fünf Anmeldungen. *(BGBl. I Nr. 101/2018, Art. 5 Z 5)*

(BGBl. Nr. 641/1994 idF BGBl. I Nr. 136/1998, Z 3 und 5, BGBl. I Nr. 36/2012, Art. 8 Z 6 und BGBl. I Nr. 101/2018, Art. 5 Z 4)

---
[2]) Vgl. dazu § 8 Abs. 1 Z 2 („Abteilung").

(4) Die im Schuljahr 1993/94 im Rahmen von Schulversuchen zweisprachig geführten Hauptschulen oder Hauptschulklassen sind weiterhin als Mittelschulen zu führen, sofern die Voraussetzungen der äußeren Organisation (insbesondere der Schülerzahlen) im Wesentlichen jenen des Schulversuches entsprechen. *(BGBl. Nr. 641/1994 idF BGBl. I Nr. 36/2012, Art. 8 Z 7 und BGBl. I Nr. 101/2018, Art. 5 Z 6)*

§ 11. (Grundsatzbestimmung) Für die Mittelschulen und Polytechnische Schulen gemäß § 8 sind Berechtigungssprengel so festzulegen, daß der gesamte Bereich Burgenlands erfaßt wird.

(BGBl. Nr. 641/1994 idF BGBl. I Nr. 136/1998, Z 6, BGBl. I Nr. 36/2012, Art. 8 Z 5 und BGBl. I Nr. 101/2018, Art. 5 Z 4)

4. Abschnitt
Allgemeinbildende höhere Schule

§ 12. (1) Im Burgenland ist insbesondere für österreichische Staatsbürger der kroatischen oder ungarischen Volksgruppe eine zweisprachige allgemeinbildende höhere Schule zu errichten, welche nach Maßgabe des Bedarfs als Gymnasium, als Realgymnasium oder als Wirtschaftskundliches Realgymnasium zu führen ist.

(2) An der zweisprachigen allgemeinbildenden höheren Schule ist der Unterricht an allen Klassen in etwa gleichem Ausmaß in kroatischer und deutscher Unterrichtssprache oder in ungarischer und deutscher Unterrichtssprache zu erteilen.

(3) Im sprachlichen Bereich sind als Pflichtgegenstände Deutsch und Kroatisch oder Ungarisch sowie zwei Fremdsprachen vorzusehen.

(4) In die zweisprachige allgemeinbildende höhere Schule sind nur Schüler aufzunehmen, die nachzuweisen vermögen, daß ihre Kenntnisse in der kroatischen oder ungarischen Sprache für den weiteren Schulfortgang ausreichend sind.

(5) § 5 ist anzuwenden und gilt auch für Reifeprüfungszeugnisse.

5. Abschnitt
Bildungsanstalten für Elementarpädagogik und Pädagogische Hochschulen

(BGBl. Nr. 641/1994 idF BGBl. I Nr. 101/2018, Art. 5 Z 7)

§ 13. (1) Zur Heranbildung von Kindergärtnern und Kindergärtnerinnen für zweisprachige Kindergärten ist an zumindest einer öffentlichen Bildungsanstalt für Elementarpädagogik ein ergänzender Unterricht in kroatischer und ungarischer Sprache und ein entsprechendes zusätzliches Angebot im Bereich der Kindergartenpraxis in einem Ausmaß anzubieten, daß den Anforderungen einer Kindergartenarbeit in einem zweisprachigen Kindergarten Rechnung getragen werden kann. *(BGBl. Nr. 641/1994 idF BGBl. I Nr. 138/2017, Art. 13 Z 3)*

(2) Zur Heranbildung von Lehrerinnen und Lehrern für Volksschulen gemäß § 3 und für Mittelschulen gemäß § 8 sind an einer Pädagogischen Hochschule im Burgenland je ein zusätzliches Studienangebot in kroatischer und ungarischer Sprache und ein entsprechendes zusätzliches Angebot im Bereich der pädagogisch-praktischen Studien einzurichten, dass den Anforderungen für die Erteilung des Unterrichtes in kroatischer bzw. ungarischer oder in deutscher und kroatischer bzw. deutscher und ungarischer Unterrichtssprache sowie für die Erteilung des Sprachunterrichtes in Kroatisch oder Ungarisch an allgemeinbildenden Pflichtschulen Rechnung getragen werden kann. *(BGBl. Nr. 641/1994 idF BGBl. I Nr. 36/2012, Art. 8 Z 8 und BGBl. I Nr. 101/2018, Art. 5 Z 8)*

(3) Die Teilnahme am zusätzlichen Angebot gemäß Abs. 1 und 2 bedarf einer Anmeldung. Hiebei sind angemessene Kenntnisse in Kroatisch bzw. Ungarisch nachzuweisen.

(4) Personen, die die Reife- und Befähigungsprüfung an einer Bildungsanstalt für Elementarpädagogik oder die Befähigungsprüfung für Kindergärtnerinnen abgelegt haben, und Personen, die die Lehramtsprüfung an einer Pädagogischen Akademie oder an einer Pädagogischen Hochschule abgelegt haben, können das zusätzliche Angebot gemäß Abs. 1 als außerordentliche Schülerin oder außerordentlicher Schüler bzw. gemäß Abs. 2 als Studierende oder Studierender gemäß dem Hochschulgesetz 2005, BGBl. I Nr. 30/2006, besuchen und ergänzende Prüfungen ablegen. *(BGBl. Nr. 641/1994 idF BGBl. I Nr. 138/2017, Art. 13 Z 3 und BGBl. I Nr. 101/2018, Art. 5 Z 9)*

6. Abschnitt
Besondere sprachbildende Angebote

§ 14. (1) Im Burgenland ist auch an den nicht durch in den Abschnitten 2 bis 4 genannten Schularten insbesondere für österreichische Staatsbürger der kroatischen oder ungarischen Volksgruppe nach Maßgabe des Bedarfs eine zusätzliche Ausbildung in Kroatisch und Ungarisch zu ermöglichen. In gleicher Weise ist eine zusätzliche Ausbildung im

Romanes für die burgenländischen Roma zu ermöglichen.

(2) Im Sinne des Abs. 1 ist an Schularten (Formen, Fachrichtungen), an denen eine lebende Fremdsprache Pflichtgegenstand ist und nicht eine bestimmte Fremdsprache im Hinblick auf das Ausbildungsziel verlangt wird, Kroatisch und Ungarisch wahlweise zu den anderen Fremdsprachen anzubieten. Dies gilt sinngemäß für die verbindliche Übung „Lebende Fremdsprache" in der Grundschule.

(3) Im Sinne des Abs. 1 sind an Mittelschulen, an Sonderschulen, an Polytechnischen Schulen, an mittleren und höheren Schulen sowie an den Akademien Kroatisch, Ungarisch und Romanes als Freigegenstände anzubieten. *(BGBl. Nr. 641/1994 idF BGBl. I Nr. 136/1998, Z 5 und BGBl. I Nr. 101/2018, Art. 5 Z 10)*

(4) Die Verpflichtungen gemäß Abs. 1 bis 3 gelten für die öffentlichen Schulen sowie für jene privaten Schulen, für die der Bund den Lehrer-Personalaufwand trägt.

7. Abschnitt
Schulaufsicht

§ 15. Bei der Bildungsdirektion für das Burgenland ist eine Abteilung für die Angelegenheiten

1. der Volks- und Mittelschulen sowie der Polytechnischen Schulen mit kroatischer oder ungarischer Unterrichtssprache, *(BGBl. Nr. 641/1994 idF BGBl. I Nr. 136/1998, Z 6 und BGBl. I Nr. 101/2018, Art. 5 Z 10)*
2. des Unterrichtes in kroatischer oder ungarischer Unterrichtssprache an zweisprachigen Volksschulen (Volksschulklassen) und an den Abteilungen der Mittelschulen sowie der Polytechnischen Schulen für den Unterricht in kroatischer oder ungarischer Sprache, *(BGBl. Nr. 641/1994 idF BGBl. I Nr. 136/1998, Z 6 und BGBl. I Nr. 101/2018, Art. 5 Z 11)*
3. der zweisprachigen allgemeinbildenden höheren Schule sowie
4. des Unterrichtes in Kroatisch, Ungarisch und Romanes an anderen Schulen

einzurichten. *(BGBl. Nr. 641/1994 idF BGBl. I Nr. 138/2017, Art. 13 Z 4)*

§ 16. (1) Für die Inspektion der im § 15 Z 1 genannten Schulen und des im § 15 Z 2 genannten Unterrichts sind ein Fachinspektor, der die Lehrbefähigung für den Unterricht in deutscher und kroatischer Unterrichtssprache an Volks- oder Mittelschulen[3]) besitzt, und ein Fachinspektor, der die Lehrbefähigung für den Unterricht in deutscher und ungarischer Unterrichtssprache an Volks- oder Mittelschulen[4]) besitzt, zu bestellen, denen auch die Inspektion des sonstigen Unterrichts in Kroatisch bzw. Ungarisch an sonstigen Pflichtschulen im Burgenland obliegt. *(BGBl. Nr. 641/1994 idF BGBl. I Nr. 101/2018, Art. 5 Z 10)*

(2) Für die Inspektion der im § 15 Z 3 genannten Schule sind ein Fachinspektor, der die Befähigung für den Unterricht in Kroatisch an höheren Schulen besitzt, und ein Fachinspektor, der die Befähigung für den Unterricht in Ungarisch an höheren Schulen besitzt, zu bestellen, denen auch die Inspektion des Unterrichtes in Kroatisch bzw. Ungarisch an sonstigen mittleren und höheren Schulen des Burgenlands obliegt.

(3) An Stelle der in Abs. 1 und 2 genannten Fachinspektoren können Organe der Schulaufsicht, die die entsprechende Sprachkompetenz besitzen, mit den im Abs. 1 bzw. 2 umschriebenen Aufgaben betraut werden. *(BGBl. Nr. 641/1994 idF BGBl. I Nr. 48/2014, Art. 7 Z 1)*

§ 17. Im übrigen wird die Ausübung der Schulaufsicht über die im § 14 Z 1 und 3 genannten Schulen und über den in § 14 Z 2 und in § 15 geregelten Unterricht nach den für die Schulaufsicht allgemein geltenden Bestimmungen geregelt.

8. Abschnitt
Schlußbestimmungen

§ 18. (1) § 7 des Burgenländischen Landesschulgesetzes 1937 über die Regelung des Volksschulwesens in Burgenland, LGBl. Nr. 40/1937, tritt – soweit nicht Abs. 2 anzuwenden ist – mit Ablauf des 31. August 1994 außer Kraft.

(2) **(Grundsatzbestimmung)** Soweit § 7 des Burgenländischen Landesschulgesetzes 1937 Bestimmungen der äußeren Schulorganisation enthält, ist er außer Kraft zu setzen.

[3]) In der Fassung vor der Novelle BGBl. I Nr. 101/2018 war bis 1. September 2019 für die Funktion einer Fachinspektion nach § 15 Z 1 und 2 auch eine „Lehrbefähigung für den Unterricht in deutscher und kroatischer Unterrichtssprache an Hauptschulen" vorgesehen.

[4]) In der Fassung vor der Novelle BGBl. I Nr. 101/2018 war bis 1. September 2019 für die Funktion einer Fachinspektion nach § 15 Z 1 und 2 auch eine „Lehrbefähigung für den Unterricht in deutscher und ungarischer Unterrichtssprache an Hauptschulen" vorgesehen.

§ **19.** *(1)*[5]) ***(Verfassungsbestimmung)*** *§ 1 dieses Bundesgesetzes tritt mit 1. September 1994 in Kraft.*

(2) Der § 2 Abs. 1, die §§ 3 bis 5, 8, 9, 12 bis 17 und der § 18 Abs. 1 treten mit 1. September 1994 in Kraft.

(3) Der § 2 Abs. 2, die §§ 6, 7, 10, 11 und der § 18 Abs. 2 dieses Bundesgesetzes treten gegenüber den Ländern mit Ablauf des Tages der Kundmachung dieses Bundesgesetzes in Kraft. Die Ausführungsgesetze sind innerhalb von sechs Monaten zu erlassen.

(4) Die nachstehend genannten Bestimmungen dieses Bundesgesetzes in der Fassung des Bundesgesetzes BGBl. I Nr. 136/1998 treten wie folgt in Kraft:

1. Die Überschrift des 3. Abschnittes, § 8 Abs. 1, 2 und 3, § 9 Abs. 1, § 14 Abs. 3, § 15 Z 1 und 2 und § 20 Abs. 2 und 3 treten mit Ablauf des Tages der Kundmachung im Bundesgesetzblatt in Kraft,
2. der Entfall des § 6 Abs. 3 Z 1, § 6 Abs. 4, § 10 Abs. 1, 2 und 3 sowie § 11 treten gegenüber den Ländern mit Ablauf des Tages der Kundmachung im Bundesgesetzblatt in Kraft; die Ausführungsbestimmungen sind mit 1. September 1999 in Kraft zu setzen.

(BGBl. I Nr. 136/1998, Z 7)

(5) Die nachstehend genannten Bestimmungen dieses Bundesgesetzes in der Fassung des Bundesgesetzes BGBl. I Nr. 36/2012 treten wie folgt in Kraft:

1. Die Überschrift des 3. Abschnitts, § 8 Abs. 1 und 2, § 9 Abs. 1 sowie § 13 Abs. 2 treten mit 1. September 2012 in Kraft,
2. (**Grundsatzbestimmung**) §§ 10 und 11 treten gegenüber den Ländern mit Ablauf des Tages der Kundmachung im Bundesgesetzblatt in Kraft; die Ausführungsgesetze sind binnen einem Jahr zu erlassen und mit 1. September 2012 in Kraft zu setzen.

(BGBl. I Nr. 36/2012, Art. 8 Z 9)

(6) Die nachstehend genannten Bestimmungen in der Fassung des Bundesgesetzes BGBl. I Nr. 48/2014 treten wie folgt in Kraft:

1. § 20 Abs. 2 und 3 tritt mit Ablauf des Tages der Kundmachung im Bundesgesetzblatt in Kraft,
2. § 16 Abs. 3 tritt mit 1. August 2014 in Kraft.

(BGBl. I Nr. 48/2014, Art. 7 Z 2)

(7) Die nachstehend genannten Bestimmungen in der Fassung des Bildungsreformgesetzes 2017, BGBl. I Nr. 138/2017, treten wie folgt in Kraft:

1. § 5 Abs. 1, § 13 Abs. 1 und 4 sowie § 20 Abs. 2 und 3 treten mit Ablauf des Tages der Kundmachung im Bundesgesetzblatt in Kraft;
2. (**Verfassungsbestimmung**) § 2 Abs. 2 tritt mit 1. September 2018 in Kraft;
3. § 15 tritt mit 1. Jänner 2019 in Kraft.

(BGBl. I Nr. 138/2017, Art. 13 Z 5)

(8) Für das Inkrafttreten der durch das Bundesgesetz BGBl. I Nr. 101/2018, geänderten oder eingefügten Bestimmungen sowie für den Übergang in die neue Rechtslage gilt Folgendes:

1. Die Überschriften betreffend den 3. und den 5. Abschnitt, § 8, § 9, § 13 Abs. 2 und 4, § 14 Abs. 3, § 15 Z 1 und 2 und § 16 Abs. 1 treten mit 1. September 2019 in Kraft,
2. **(Grundsatzbestimmung)** § 10 Abs. 1 bis 4 sowie § 11 treten gegenüber den Ländern mit Ablauf des Tages der Kundmachung im Bundesgesetzblatt in Kraft; die Ausführungsgesetze sind innerhalb eines Jahres zu erlassen und mit 1. September 2020 in Kraft zu setzen; abweichend davon sind die Regelungen zum Entfall der Hauptschule spätestens mit 1. September 2019 in Kraft zu setzen,
3. § 20 Abs. 2 und 3 tritt mit Ablauf des Tages der Kundmachung im Bundesgesetzblatt in Kraft,[6])
4. sofern in Bestimmungen gemäß dem Bundesgesetz BGBl. I Nr. 101/2018 auf die Mittelschule abgestellt wird, tritt bis zum Ablauf des 31. August 2020 die Neue Mittelschule an die Stelle der Mittelschule.

(BGBl. I Nr. 101/2018, Art. 5 Z 12)

§ **20.** (1) **(Verfassungsbestimmung)** Mit der Vollziehung des § 1 und des § 19 Abs. 1 dieses Bundesgesetzes ist die Bundesregierung betraut.

(2) Mit der Vollziehung des § 2 Abs. 1, der §§ 3 bis 5, 8, 9, 12 bis 17 und des § 18 Abs. 1 dieses Bundesgesetzes ist der Bundesminister für Bildung, Wissenschaft und Forschung betraut. *(BGBl. Nr. 641/1994 idF BGBl. I Nr. 136/1998, Z 8, BGBl. I Nr. 48/2014, Art. 7 Z 3, BGBl. I Nr. 138/2017, Art. 13 Z 6 und BGBl. I Nr. 101/2018, Art. 5 Z 13)*

(3) Mit der Wahrnehmung der dem Bund gemäß Art. 14 Abs. 8 des Bundes-Verfassungsgesetzes zustehenden Rechte ist der Bundesminister für Bildung, Wissenschaft und Forschung betraut. *(BGBl. Nr. 641/1994 idF BGBl. I Nr. 136/1998, Z 8, BGBl. I Nr. 48/2014, Art. 7 Z 3, BGBl. I Nr. 138/2017, Art. 13 Z 6 und BGBl. I Nr. 101/2018, Art. 5 Z 13)*

---

[5]) § 19 Abs. 1 wurde durch § 2 Abs. 2 Z 53 des Ersten Bundesverfassungsrechtsbereinigungsgesetzes, BGBl. I Nr. 2/2008, als nicht mehr geltend festgestellt.

[6]) Die Kundmachung im Bundesgesetzblatt erfolgte am 22. Dezember 2018.

11.2. Minderheiten-Schulgesetz für Kärnten – MindSchG Ktn

BGBl. Nr. 101/1959
idF der Bundesgesetze

BGBl. Nr. 326/1988 BGBl. Nr. 420/1990
BGBl. I Nr. 137/1998 BGBl. I Nr. 76/2001
BGBl. I Nr. 36/2012 BGBl. I Nr. 48/2014
BGBl. I Nr. 138/2017 BGBl. I Nr. 170/2021

und der Kundmachungen

BGBl. I Nr. 23/2000[1]) BGBl. I Nr. 35/2009

Inhaltsverzeichnis[2])

[1]) Diese Kundmachung betrifft die Aufhebung einer Wortfolge in § 16 Abs. 1 durch das Erkenntnis des Verfassungsgerichtshofes vom 9. März 2000, G 2-4/00-7.

[2]) Das Inhaltsverzeichnis ist von den Gesetzesbeschlüssen nicht umfasst.

Bundesgesetz vom 19. März 1959, womit für das Bundesland Kärnten Vorschriften zur Durchführung der Minderheiten-Schulbestimmungen des Österreichischen Staatsvertrages getroffen werden (Minderheiten-Schulgesetz für Kärnten).

Der Nationalrat hat beschlossen:

Artikel I (Verfassungsbestimmungen).
a) Kompetenzbestimmungen.

§ 1. In den Angelegenheiten des Minderheiten-Schulwesens im Lande Kärnten (Artikel 7 § 2 des Staatsvertrages betreffend die Wiederherstellung eines unabhängigen und demokratischen Österreich vom 15. Mai 1955, BGBl. Nr. 152/1955) werden die Zuständigkeiten des Bundes und des Landes Kärnten zur Gesetzgebung und Vollziehung unbeschadet der Bestimmungen des § 6 im folgenden festgesetzt.

§ 2. Bundessache ist die Gesetzgebung und die Vollziehung in folgenden Angelegenheiten:
a) Die Angelegenheiten der für die slowenische Minderheit im besonderen in Betracht kommenden Volks- und Hauptschulen, mit Ausnahme der Angelegenheiten ihrer örtlichen Festlegung;
b) die Angelegenheiten einer für die slowenische Minderheit im besonderen in Betracht kommenden Mittelschule;
c) die Angelegenheiten einer ergänzenden Lehrerbildung in slowenischer Sprache;
d) die Angelegenheiten eines unverbindlichen Unterrichtes in der slowenischen Sprache an Pflichtschulen und mittleren Lehranstalten;
e) die Angelegenheiten der Schulaufsicht über die in lit. a und b angeführten Schulen und über den in lit. c und d angeführten Unterricht.

§ 3. Bundessache ist die Gesetzgebung über die Grundsätze, Landessache die Ausführungsgesetzgebung und die Vollziehung in den Angelegenheiten der örtlichen Festlegung der für die slowenische Minderheit im besonderen in Betracht kommenden öffentlichen Volks- und Hauptschulen.

§ 4. (1) Hinsichtlich der im § 3 angeführten Angelegenheiten finden die Bestimmungen des Artikels 16 Abs. 1 des Bundes-Verfassungsgesetzes in der Fassung von 1929 dem Sinne nach mit der näheren Maßgabe Anwendung, daß das Land Kärnten innerhalb von drei Jahren nach dem Inkrafttreten dieses Bundesgesetzes die notwendige ausführungsgesetzliche Regelung zu treffen hat. Wird diese Frist vom Lande Kärnten nicht eingehalten, so geht die Zuständigkeit zur ausführungsgesetzlichen Regelung auf den Bund über. Sobald das Land Kärnten das Ausführungsgesetz erlassen hat, tritt das Ausführungsgesetz des Bundes außer Kraft.

(2) Die dem Bund gemäß Artikel 102a Abs. 1 erster Satz des Bundes-Verfassungsgesetzes in der Fassung von 1929 zustehende oberste Leitung und Aufsicht über das gesamte Erziehungs- und Unterrichtswesen wird hinsichtlich der im § 3 angeführten Angelegenheiten durch sinngemäße Anwendung der Bestimmungen des Artikels 15 Abs. 8 und des Artikels 16 Abs. 2 des Bundes-Verfassungsgesetzes in der Fassung von 1929 ausgeübt.

§ 5.[3]) *Die Bestimmungen des § 42 des Übergangsgesetzes vom 1. Oktober 1920 in der Fassung des BGBl. Nr. 368 vom Jahre 1925 und in der Fassung des Bundesverfassungsgesetzes vom 7. Dezember 1929, BGBl. Nr. 393, werden hinsichtlich der in den §§ 2 und 3 angeführten Angelegenheiten außer Kraft gesetzt.*

§ 6. *(1)*[4]) *Die Bestimmungen des Lehrerdienstrechts-Kompetenzgesetzes, BGBl. Nr. 88/1948, und des Schulerhaltungs-Kompetenzgesetzes, BGBl. Nr. 162/1955, sowie die für die Schulen mit deutscher Unterrichtssprache geltenden verfassungsgesetzlichen Kompetenzvorschriften werden durch die Verfassungsbestimmungen des Artikels I dieses Bundesgesetzes nicht berührt.*

(2) Inwieweit der Bund an der Kostentragung des personellen und des sachlichen Mehraufwandes, der sich aufgrund dieses Bundesgesetzes hinsichtlich der für die slowenische Minderheit im besonderen in Betracht kommenden öffentlichen Volks- und Hauptschulen ergibt, mitzuwirken hat, ist durch Bundesgesetz zu regeln. Dieses Bundesgesetz ist bis zum 30. Juni 1960 zu erlassen.

b) Allgemeine Bestimmungen.

§ 7. Das Recht, die slowenische Sprache als Unterrichtssprache zu gebrauchen oder als Pflichtgegenstand zu erlernen, ist jedem Schüler in dem gemäß § 10 Abs. 1 dieses Bundesgesetzes umschriebenen Gebiet in den gemäß § 10 Abs. 1 dieses Bundesgesetzes festzulegenden Schulen zu gewähren, sofern dies der Wille des gesetzlichen Vertreters ist. Ein Schüler kann nur mit Willen seines gesetzlichen Vertreters verhalten werden, die slowenische Spra-

[3]) Art. I § 5 wurde durch § 2 Abs. 1 Z 1 des Ersten Bundesverfassungsrechtsbereinigungsgesetzes, BGBl. I Nr. 2/2008, als nicht mehr geltend festgestellt.

[4]) Art. I § 6 Abs. 1 wurde durch § 2 Abs. 3 Z 1 des Ersten Bundesverfassungsrechtsbereinigungsgesetzes, BGBl. I Nr. 2/2008, als nicht mehr geltend festgestellt.

che als Unterrichtssprache zu gebrauchen oder als Pflichtgegenstand zu erlernen.

(BGBl. Nr. 420/1990, Art. I Z 1)

§ 8. Der Erteilung des Unterrichtes in slowenischer Unterrichtssprache steht nicht entgegen, daß die deutsche Sprache als Staatssprache der Republik Österreich (Artikel 8 des Bundes-Verfassungsgesetzes in der Fassung von 1929) als Pflichtgegenstand vorzusehen ist.

Artikel II.
Grundsatzbestimmungen.

§ 9. (1) Für die Ausführungsgesetzgebung (§ 3 im Zusammenhalte mit § 4 Abs. 1) gelten die in den nachstehenden Paragraphen dieses Artikels II aufgestellten Grundsätze.

(2) (**Verfassungsbestimmung.**) Die im vorliegenden Artikel II aufgestellten Grundsätze können vom Nationalrat nur in Anwesenheit von mindestens der Hälfte der Mitglieder und mit einer Mehrheit von zwei Dritteln der abgegebenen Stimmen abgeändert, ergänzt oder aufgehoben werden.

§ 10. (1) Die örtliche Festlegung der für die slowenische Minderheit im besonderen in Betracht kommenden Volks- und Hauptschulen hat für jene Gemeinden zu erfolgen, in denen zu Beginn des Schuljahres 1958/59 der Unterricht an Volks- und Hauptschulen zweisprachig erteilt wurde.

(2) Die Ausführungsgesetzgebung hat Vorsorge zu treffen, daß in dem im Abs. 1 umschriebenen Gebiet alle Volks- und Hauptschüler, die von ihren Erziehungsberechtigten hiefür angemeldet werden, den Unterricht in einer der im § 12 genannten, für die slowenische Minderheit im besonderen in Betracht kommenden Schule erhalten können. Diese Vorsorge ist hinsichtlich der im § 12 lit. a genannten Schulen unter Bedachtnahme auf die nach den Schulerhaltungsvorschriften notwendigen Schülerzahlen, hinsichtlich der im § 12 lit. b und c genannten Schulen (Klassen, Abteilungen) auf jeden Fall zu treffen.

(3) Für die Schulen gemäß Abs. 1 sind unter Bedachtnahme auf Abs. 2 Berechtigungssprengel festzulegen. Die Berechtigungssprengel für im § 12 lit. a genannten Schulen sind unter Bedachtnahme auf die auf Grund des § 13 des Pflichtschulerhaltungs-Grundsatzgesetzes, BGBl. Nr. 163/1955, in der jeweils geltenden Fassung erlassenen ausführungsgesetzlichen Bestimmungen festzulegen. Die Berechtigungssprengel für die im § 12 lit. b und c genannten Schulen umfassen jeweils das Gebiet der für die betreffenden Schulen gemäß den genannten ausführungsgesetzlichen Bestimmungen festgelegten allgemeinen Schulsprengel.

(BGBl. Nr. 420/1990, Art. I Z 2)

§ 11. (1) Neben den gemäß § 10 festgelegten Schulen sind jene Schulen als für die slowenische Minderheit in Betracht kommende Volks- und Hauptschulen festzulegen, bei denen ein nachhaltiger Bedarf an der Befriedigung des im Artikel 7 Z 2 des Staatsvertrages BGBl. Nr. 152/1955 festgelegten Rechtsanspruches besteht. Hiebei genügt für Volksschulen ein nachhaltiger Bedarf an einer Klasse (auch Schulstufen übergreifend), für Hauptschulen gemäß § 12 lit. a an einer Klasse auf jeder Schulstufe und für Abteilungen an Hauptschulen gemäß § 12 lit. c an einer Abteilung auf jeder Schulstufe. Bei der Feststellung des Bedarfes ist davon auszugehen, daß ab der folgenden Anzahl von Anmeldungen geführt werden darf:

1. *entfallen (BGBl. I Nr. 137/1998, Z 1)*
2. eine Vorschulklasse ab sieben Anmeldungen,
3. eine Klasse auf der 1. bis 4. Schulstufe ab sieben Anmeldungen,
4. eine Klasse ab der 5. Schulstufe ab neun Anmeldungen,
5. eine Abteilung an Hauptschulen ab fünf Anmeldungen.

(2) Für Schulen gemäß Abs. 1 sind Berechtigungssprengel so festzulegen, daß der gesamte über das durch § 10 Abs. 1 umschriebene Gebiet hinausgehende Bereich Kärntens durch diese Berechtigungssprengel erfaßt wird, wobei Berechtigungssprengel auch auf Schulen gemäß § 10 Abs. 1 bezogen werden können, an denen tatsächlich zweisprachiger Unterricht erteilt wird.

(BGBl. Nr. 420/1990, Art. I Z 2)

Artikel III.
Volks- und Hauptschulen.

§ 12. Neben den allgemeinen Formen der österreichischen Volks- und Hauptschule mit deutscher Unterrichtssprache können im Lande Kärnten insbesondere für die slowenische Minderheit folgende Formen von Volks- und Hauptschulen oder Klassen und Abteilungen an Volks- und Hauptschulen geführt werden:

a) Volks- und Hauptschulen mit slowenischer Unterrichtssprache;
b) Volksschulen mit deutscher und slowenischer Unterrichtssprache (zweisprachige Volksschulen), worunter im Sinne dieses Bundesgesetzes auch in Volksschulen mit deutscher Unterrichtssprache eingerichtete Volksschulklassen mit deutscher und slowenischer Unterrichtssprache (zweisprachige Volksschulklassen) und in Volksschulklassen mit deutscher Unterrichtssprache eingerichtete Abteilungen mit deutscher und slowenischer Unterrichtssprache (zweisprachige Volksschulabteilungen) zu verstehen sind;

c) Abteilung für den Unterricht in slowenischer Sprache, die in Hauptschulen mit deutscher Unterrichtssprache eingerichtet sind.

§ 13. (1) Die Aufnahme in die im § 12 genannten Schulen (Klassen, Abteilungen) bedarf einer diesbezüglichen ausdrücklichen Anmeldung durch den gesetzlichen Vertreter des Schülers beim Eintritt in die Volksschule und in die Hauptschule, doch kann die Anmeldung auch zu Beginn eines späteren Schuljahres erfolgen; sie wirkt ohne weiteres bis zum Austritt aus der Volksschule beziehungsweise Hauptschule und kann vorher nur zum Ende eines Schuljahres widerrufen werden.

(2) Die Anmeldungen nach Abs. 1 und der allfällige Widerruf der Anmeldung sind beim Schulleiter vorzubringen und können schriftlich oder mündlich protokollarisch erfolgen; sie sind von bundesrechtlich geregelten Gebühren und Abgaben frei.

§ 14. (1) (**Verfassungsbestimmung**) Auf die im § 12 angeführten Schulen (Klassen, Abteilungen) finden hinsichtlich der Schulorganisation und der Führung des Unterrichtes die für die österreichischen Volks- und Hauptschulen allgemein geltenden Vorschriften mit den in den folgenden Bestimmungen dieses Artikels angeführten Abweichungen Anwendung. *(BGBl. Nr. 101/1959 idF BGBl. I Nr. 138/2017, Art. 14 Z 1)*

(2) Hinsichtlich der Schulpflicht der Kinder, welche die im § 12 angeführten Schulen besuchen, gelten die in Österreich allgemein geltenden Vorschriften über die Schulpflicht.

§ 15. An den Volks- und Hauptschulen mit slowenischer Unterrichtssprache ist der Unterricht auf allen Schulstufen in slowenischer Unterrichtssprache zu erteilen, doch ist die deutsche Sprache als Pflichtgegenstand mit sechs Wochenstunden zu führen.

§ 16. (1) An den zweisprachigen Volksschulen (Volksschulklassen, Volksschulabteilungen) ist der gesamte Unterricht auf der Vorschulstufe sowie auf den ersten vier Schulstufen in annähernd gleichem Ausmaß in deutscher und slowenischer Sprache zu erteilen; von der 5. Schulstufe an ist der Unterricht – unbeschadet des Abs. 2 – in deutscher Sprache zu erteilen, doch ist die slowenische Sprache mit vier Wochenstunden als Pflichtgegenstand zu führen. In Volksschulklassen mit deutschsprachigen und zweisprachigen Abteilungen ist der deutschsprachige Unterricht soweit wie möglich für alle Schüler der betreffenden Schulstufen gemeinsam zu erteilen. *(BGBl. Nr. 326/1988, Art. I Z 2 idF BGBl. I Nr. 23/2000, Abs. 1 und BGBl. I Nr. 76/2001, Z 1)*

(2) Der Religionsunterricht ist auf allen Schulstufen der zweisprachigen Volksschulen (Volksschulklassen, Volksschulabteilungen) für die gemäß § 13 zum zweisprachigen Unterricht angemeldeten Schüler in deutscher und in slowenischer Sprache zu erteilen.

(2a) entfallen (BGBl. I Nr. 170/2021, Art. 7 Z 1)[5]

(3) An den in Hauptschulen mit deutscher Unterrichtssprache eingerichteten Abteilungen für den Unterricht in slowenischer Sprache ist die slowenische Sprache auf allen Schulstufen mit vier Wochenstunden als Pflichtgegenstand zu führen.

§ 16a. Für die zweisprachigen Volksschulen (Volksschulklassen, Volksschulabteilungen) gelten im Sinne des § 14 Abs. 1 folgende Sonderbestimmungen:

1. Die Zahl der Schüler in einer Klasse auf der Vorschulstufe und der 1. bis 4. Schulstufe darf sieben Schüler nicht unterschreiten und 20 Schüler nicht übersteigen; *(BGBl. Nr. 326/1988, Art. I Z 3 idF BGBl. I Nr. 137/1998, Z 2 und BGBl. I Nr. 76/2001, Z 3)*
2. sind auf der 1. bis 4. Schulstufe mindestens je neun Kinder zum zweisprachigen Unterricht angemeldet bzw. nicht angemeldet, so sind auf dieser Schulstufe Parallelklassen zu führen; *(BGBl. Nr. 326/1988, Art. I Z 3 idF BGBl. I Nr. 76/2001, Z 3)*
3. in Klassen der 1. bis 4. Schulstufe, in welchen zum zweisprachigen Unterricht angemeldete Schüler gemeinsam mit nicht angemeldeten Schülern unterrichtet werden, sind weitere Lehrer zur eigenständigen und verantwortlichen Unterrichts- und Erziehungsarbeit in Pflichtgegenständen (ausgenommen Religion) für durchschnittlich 14 Wochenstunden zu bestellen (Teamlehrer); das Ausmaß der Verwendung als Teamlehrer in den einzelnen Klassen darf zehn Wochenstunden nicht unterschreiten; wenn die Teamlehrer die gesamte Unterrichts- und Erziehungsarbeit gemeinsam leisten, haben sie die Aufgaben des klassenführenden Lehrers gemeinsam wahrzunehmen; *(BGBl. I Nr. 76/2001, Z 4)*

---

[5]) Gemäß § 34 Abs. 2f Z 2 ist § 16 Abs. 2a in der Fassung vor der Novelle BGBl. I Nr. 170/2021 weiterhin auf Jahreszeugnisse der 4. Klasse der zweisprachigen Volksschulen, für die der Pflichtgegenstand „Deutsch, Slowenisch, Lesen" lehrplanmäßig vorgesehen ist, anzuwenden. § 16 Abs. 2a in der Fassung vor der Novelle BGBl. I Nr. 170/2021 lautet: „(2a) Im Jahreszeugnis der 4. Klasse der zweisprachigen Volksschulen ist im Pflichtgegenstand „Deutsch, Slowenisch, Lesen" im Hinblick auf § 40 Abs. 1 des Schulorganisationsgesetzes, BGBl. Nr. 242/1962, zusätzlich die Beurteilung in „Deutsch, Lesen" gesondert auszuweisen."

4. für gemäß § 13 zum zweisprachigen Unterricht angemeldete Schüler, deren Kenntnis der slowenischen Sprache nicht ausreichend ist, ist ein zusätzlicher Förderunterricht in Slowenisch anzubieten, der ab drei Schülern (erforderlichenfalls schulstufenübergreifend) zu führen ist.
(BGBl. Nr. 326/1988, Art. I Z 3)

§ **17.** (1) An Volks- und Hauptschulen mit deutscher Unterrichtssprache kann die Landesschulbehörde die slowenische Sprache als unverbindlichen Unterrichtsgegenstand einführen. Dieser Unterricht kann, soweit dies tunlich ist, gemeinsam mit dem Unterricht in slowenischer Sprache in den in der Schule eingerichteten zweisprachigen Volksschulklassen oder Volksschulabteilungen beziehungsweise slowenischsprachigen Hauptschulabteilungen erfolgen. *(BGBl. Nr. 101/1959 idF BGBl. Nr. 420/1990, Art. I Z 3)*

(2) In dem im § 10 Abs. 1 umschriebenen Gebiet ist ab fünf Schülern an Volksschulen eine unverbindliche Übung Slowenisch und an Hauptschulen ein Freigegenstand Slowenisch unter Einrechnung und Einbindung eines Förderunterrichtes in Slowenisch zu führen. *(BGBl. Nr. 420/1990, Art. I Z 3)*

§ **18.** (1) Beim Übertritt von Schülern einer Volks- oder Hauptschule in eine solche mit anderer Unterrichtssprache ist von der aufnehmenden Schule besonders darauf zu achten, daß der Schulfortgang in der nunmehrigen beziehungsweise in der allfälligen zweiten Unterrichtssprache gewährleistet ist.

(2) Für das Aufsteigen in die nächsthöhere Schulstufe oder Klasse sowie für den Übertritt von der Volksschule in die Hauptschule sind in allen Fällen überdies die hiefür allgemein geltenden Vorschriften zu beachten.

§ **19.** Die für den Unterricht an den in den §§ 15 und 16 Abs. 1 angeführten Schulen (Klassen, Abteilungen) und für den in den §§ 16 Abs. 3 und 17 angeführten Slowenischunterricht anzuwendenden Lehrpläne sind unter Bedachtnahme auf die für die österreichischen Volks- und Hauptschulen allgemein geltenden Lehrpläne und unter Zugrundelegung der in diesem Artikel festgesetzten Bestimmungen vom zuständigen Bundesminister nach Anhören der Bildungsdirektion für Kärnten durch Verordnung zu erlassen. Hiebei ist die Didaktik des zweisprachigen Unterrichtes darzulegen, der Aspekt des interkulturellen Lernens zu verankern, insbesondere das Kulturgut der Slowenen unter besonderer Berücksichtigung von Gemeinsamkeiten zu vermitteln, wobei auch klassenübergreifende und gemeinschaftsfördernde Maßnahmen mit deutschsprachigen Klassen an derselben Schule vorzusehen sind.
(BGBl. Nr. 326/1988, Art. I Z 4 idF BGBl. I Nr. 137/1998, Z 3, BGBl. I Nr. 48/2014, Art. 8 Z 1 und BGBl. I Nr. 138/2017, Art. 14 Z 2)

§ **20.** (1) Die für den Unterricht an den in den §§ 15 und 16 Abs. 1 angeführten Schulen (Klassen, Abteilungen) und für den in den §§ 16 Abs. 3 und 17 angeführten Slowenischunterricht erforderlichen Lehrbefähigungen richten sich nach den Bestimmungen des Artikels IV dieses Bundesgesetzes. *(BGBl. Nr. 101/1959 idF BGBl. Nr. 326/1988, Art. I Z 5)*

(2) Den gemäß § 16a Z 3 zu bestellenden Zweitlehrern ist an der Pädagogischen Akademie bzw. am Pädagogischen Institut des Bundes in Kärnten in speziellen Vorbereitungs- und Fortbildungskursen Theorie und Praxis der Teamarbeit, soziales Lernen als Unterrichtsprinzip und Wissen über das Kulturgut der Slowenen unter besonderer Berücksichtigung von Gemeinsamkeiten zu vermitteln. Weiters sind ihnen auf freiwilliger Basis Sprachkurse in Slowenisch anzubieten. *(BGBl. Nr. 326/1988, Art. I Z 5)*

Artikel IV.
Ergänzende Lehrerbildung.

§ **21.** (1) Zur Heranbildung von Lehrern für Volksschulen mit slowenischer oder mit deutscher und slowenischer Unterrichtssprache ist an der Bundeslehrer- und -lehrinnenbildungsanstalt in Klagenfurt ein ergänzender Unterricht in slowenischer Sprache in einem durch den Lehrplan näher zu bestimmenden Ausmaß zu führen. *(BGBl. Nr. 101/1959 idF BGBl. I Nr. 35/2009)*

(2) Der ergänzende Unterricht in slowenischer Sprache ist für jene Schüler, die hiezu aufgrund freiwilliger Meldung aufgenommen werden, anstelle der lebenden Fremdsprache Pflichtgegenstand. Bei der Aufnahme haben die Schüler angemessene Kenntnisse in der slowenischen Sprache nachzuweisen.

§ **22.** (1) Die Abgänger der Bundeslehrer- und -lehrerinnenbildungsanstalt in Klagenfurt, die an dem ergänzenden Unterricht in slowenischer Sprache teilgenommen und die normale Reifeprüfung mit Erfolg abgelegt haben, können sich im Anschluß an die Reifeprüfung oder in einem späteren Zeitpunkt einer ergänzenden Reifeprüfung für den Unterricht an Volksschulen mit slowenischer oder mit deutscher und slowenischer Unterrichtssprache unterziehen.

(2) Desgleichen können sich Lehrpersonen nach der mit Erfolg abgelegten Lehrbefähigungsprüfung für Volksschulen der ergänzenden Lehrbefähigungsprüfung für den Unter-

richt an Volksschulen mit slowenischer oder mit deutscher und slowenischer Unterrichtssprache und Lehrpersonen nach der mit Erfolg abgelegten Lehrbefähigungsprüfung für Hauptschulen der ergänzenden Lehrbefähigungsprüfung für den Unterricht an Hauptschulen mit slowenischer Unterrichtssprache oder für den Slowenischunterricht an sonstigen Hauptschulen in Kärnten unterziehen.

§ **23.** Den Lehrplan für den ergänzenden Unterricht (§ 21) und die näheren Vorschriften für die ergänzenden Prüfungen (§ 22) erläßt der zuständige Bundesminister nach Anhören der Bildungsdirektion für Kärnten durch Verordnung. Hiebei ist darauf bedacht zu nehmen, daß den Anforderungen für die Erteilung des Unterrichtes in slowenischer oder in deutscher und slowenischer Unterrichtssprache beziehungsweise für die Erteilung des Slowenischunterrichtes Rechnung getragen wird.

(BGBl. Nr. 101/1959 idF BGBl. I Nr. 137/1998, Z 4, BGBl. I Nr. 35/2009, BGBl. I Nr. 48/2014, Art. 8 Z 2 und BGBl. I Nr. 138/2017, Art. 14 Z 2)

Artikel V.
Mittlere Lehranstalten.

§ **24.** (1) In Kärnten ist für österreichische Staatsbürger der slowenischen Minderheit eine Bundesmittelschule mit slowenischer Unterrichtssprache zu errichten, die nach dem Lehrplan des Realgymnasiums und nach Bedarf auch nach dem des Gymnasiums zu führen ist.

(2) Die Errichtung kann klassenweise jährlich aufbauend erfolgen.

§ **25.** Auf die Bundesmittelschule mit slowenischer Unterrichtssprache finden mit den in diesem Artikel angeführten Abweichungen die für die österreichischen Mittelschulen allgemein geltenden Vorschriften Anwendung.

§ **26.** (1) An der Bundesmittelschule mit slowenischer Unterrichtssprache ist der Unterricht in allen Klassen mit slowenischer Unterrichtssprache zu erteilen.

(2) Die deutsche Sprache ist in allen Klassen als Pflichtgegenstand in einem durch den Lehrplan näher zu bestimmenden Wochenstundenausmaß zu führen und bei der Reifeprüfung als verbindlicher Prüfungsgegenstand vorzusehen.

§ **27.** In die Bundesmittelschule mit slowenischer Unterrichtssprache sind nur Schüler österreichischer Staatsbürgerschaft aufzunehmen, die bei der Aufnahmsprüfung oder in sonstiger Weise nachzuweisen vermögen, daß ihre Kenntnisse in der slowenischer Sprache für den weiteren Schulfortgang ausreichend sind.

§ **28.** Das Reifezeugnis der Bundesmittelschule mit slowenischer Unterrichtssprache gibt die gleichen Berechtigungen, insbesondere auch hinsichtlich der Zulassung zum Hochschulstudium, wie das Reifezeugnis einer gleichartigen österreichischen Bundesmittelschule mit deutscher Unterrichtssprache.

§ **29.** Den Lehrplan und die Reifeprüfungsvorschrift für die Bundesmittelschule mit slowenischer Unterrichtssprache erläßt unter Bedachtnahme auf die für die österreichischen Mittelschulen allgemein geltenden Lehrpläne und Reifeprüfungsvorschriften und unter Zugrundelegung der in diesem Artikel festgesetzten Bestimmungen der zuständige Bundesminister nach Anhören der Bildungsdirektion für Kärnten durch Verordnung.

(BGBl. Nr. 101/1959 idF BGBl. I Nr. 137/1998, Z 4, BGBl. I Nr. 48/2014, Art. 8 Z 3 und BGBl. I Nr. 138/2017, Art. 14 Z 2)

§ **30.** An den Mittelschulen sowie sonstigen mittleren Lehranstalten mit deutscher Unterrichtssprache im Lande Kärnten kann der Slowenischunterricht als unverbindlicher Unterrichtsgegenstand nach den für den Unterricht unverbindlicher Unterrichtsgegenstände allgemein geltenden Vorschriften geführt werden.

Artikel VI.
Schulaufsicht.

§ **31.** Bei der Bildungsdirektion für Kärnten ist eine Abteilung für die Angelegenheiten

a) der Volks- und Hauptschulen mit slowenischer Unterrichtssprache,
b) des Unterrichtes in slowenischer Sprache an den zweisprachigen Volksschulen (Volksschulklassen, Volksschulabteilungen) und an den slowenischsprachigen Hauptschulabteilungen, sowie
c) der Bundesmittelschule mit slowenischer Unterrichtssprache, der zweisprachigen berufsbildenden mittleren und höheren Schulen für wirtschaftliche Berufe und der zweisprachigen Handelsakademie *(BGBl. Nr. 101/1959 idF BGBl. Nr. 420/1990, Art. I Z 4 und BGBl. I Nr. 170/2021, Art. 7 Z 2)*

einzurichten. *(BGBl. Nr. 101/1959 idF BGBl. I Nr. 138/2017, Art. 14 Z 3)*

§ **32.** (1) Für die Inspektion der in § 31 lit. a genannten Schulen und des in § 31 lit. b genannten Unterrichtes ist ein Organ der Schulaufsicht, das die Lehrbefähigung für den Unterricht in deutscher und slowenischer Unterrichtssprache an Volks- und Hauptschulen besitzt, zu bestellen, dem auch die Inspektion des unverbindlichen Slowenischunterrichtes an sonstigen Volks- und Hauptschulen im

Lande Kärnten obliegt. *(BGBl. Nr. 101/1959 idF BGBl. I Nr. 48/2014, Art. 8 Z 4)*

(2) Für die Inspektion der im § 31 lit. c genannten Schule ist ein Fachinspektor, der die Befähigung für das Lehramt an Mittelschulen mit Slowenisch als Hauptfach besitzt, zu bestellen, dem auch die Inspektion der ergänzenden Lehrerbildung in slowenischer Sprache an der Bundeslehrer- und -lehrerinnenbildungsanstalt in Klagenfurt und des unverbindlichen Slowenischunterrichtes an sonstigen mittleren Lehranstalten im Lande Kärnten obliegt.

(3) Anstelle der in den Abs. 1 und 2 genannten Inspektionsorgane kann ein Landesschulinspektor, der beide in den Abs. 1 und 2 bezeichneten Lehrbefähigungen besitzt, bestellt werden, dem die Inspektion der in den Abs. 1 und 2 angeführten Schul- und Unterrichtsbereiche obliegt.

§ 33. Im übrigen regelt sich die Ausübung der Schulaufsicht über die in § 31 lit. a und c genannten Schulen und über den in den §§ 31 lit. b und 32 genannten Unterricht nach den für die Schulaufsicht allgemein geltenden Bestimmungen.

Artikel VII.
Schlußbestimmungen.

§ 33a. (**Grundsatzbestimmung**) Die Bestimmungen dieses Bundesgesetzes, in welchen auf die Hauptschule verwiesen wird, finden sinngemäß auf Neue Mittelschulen gemäß dem II. Hauptstück, Teil A, Abschnitt I, 2a. Unterabschnitt (§§ 21a bis h) des Schulorganisationsgesetzes, BGBl. Nr. 242/1962, Anwendung.

(BGBl. I Nr. 36/2012, Art. 9 Z 1)

§ 34. *(1)*[6]) ***(Verfassungsbestimmung.)*** *Dieses Bundesgesetz tritt mit der im Abs. 2 vorgesehenen Ausnahme an dem der Kundmachung folgenden Tag in Kraft.*

(2) Die Bestimmungen des Artikels III treten in dem Zeitpunkt in Kraft, in dem die gemäß § 3 zu erlassende gesetzliche Regelung im Sinne des § 4 Abs. 1 in Kraft tritt.

(2a) Die nachstehend genannten Bestimmungen dieses Bundesgesetzes in der Fassung des Bundesgesetzes BGBl. I Nr. 137/1998 treten wie folgt in Kraft:

1. § 19, § 23, § 29 und § 36 Abs. 2 treten mit Ablauf des Tages der Kundmachung im Bundesgesetzblatt in Kraft,
2. § 16a Z 1 tritt mit 1. September 1999 in Kraft,
3. der Entfall des § 11 Abs. 1 Z 1 tritt gegenüber den Ländern mit Ablauf des Tages der Kundmachung im Bundesgesetzblatt in Kraft; die Ausführungsbestimmungen sind mit 1. September 1999 in Kraft zu setzen.

(BGBl. I Nr. 137/1998, Z 5)

(2b) § 16 Abs. 1 und 2a, § 16a Z 1 bis 3 und § 36 Abs. 2 dieses Bundesgesetzes in der Fassung des Bundesgesetzes BGBl. I Nr. 76/2001 treten mit 1. September 2001 in Kraft. *(BGBl. I Nr. 76/2001, Z 5)*

(2c) § 33a in der Fassung des Bundesgesetzes BGBl. I Nr. 36/2012 tritt gegenüber den Ländern mit Ablauf des Tages der Kundmachung im Bundesgesetzblatt in Kraft; die Ausführungsgesetze sind binnen einem Jahr zu erlassen und mit 1. September 2012 in Kraft zu setzen. *(BGBl. I Nr. 36/2012, Art. 9 Z 2 idF BGBl. I Nr. 48/2014, Art. 8 Z 5)*

(2d) Die nachstehend genannten Bestimmungen in der Fassung des Bundesgesetzes BGBl. I Nr. 48/2014 treten wie folgt in Kraft:

1. § 19, § 23, § 29 und § 36 Abs. 2 treten mit Ablauf des Tages der Kundmachung im Bundesgesetzblatt in Kraft,
2. § 32 Abs. 1 tritt mit 1. August 2014 in Kraft.

(BGBl. I Nr. 48/2014, Art. 8 Z 5)

(2e) Die nachstehend genannten Bestimmungen in der Fassung des Bildungsreformgesetzes 2017, BGBl. I Nr. 138/2017, treten wie folgt in Kraft:

1. § 36 Abs. 2 tritt mit Ablauf des Tages der Kundmachung im Bundesgesetzblatt in Kraft;
2. (**Verfassungsbestimmung**) § 14 Abs. 1 tritt mit 1. September 2018 in Kraft;
3. § 19, § 23, § 29 und § 31 treten mit 1. Jänner 2019 in Kraft.

(BGBl. I Nr. 138/2017, Art. 14 Z 4)

(2f) Für das Inkrafttreten der durch das Bundesgesetz BGBl. I Nr. 170/2021 geänderten Bestimmungen und das Außerkrafttreten der durch dieses Bundesgesetz entfallenen Bestimmung sowie für den Übergang zur neuen Rechtslage gilt Folgendes:

1. § 31 lit. c sowie § 36 Abs. 2 treten mit Ablauf des Tages der Kundmachung[7]) im Bundesgesetzblatt in Kraft; gleichzeitig tritt § 16 Abs. 2a außer Kraft;
2. § 16 Abs. 2a in der Fassung vor der Novelle BGBl. I Nr. 170/2021 ist weiterhin auf Jahreszeugnisse der 4. Klasse der zweisprachigen Volksschulen, für die der Pflichtgegen-

[6]) Art. VII § 34 Abs. 1 wurde durch § 2 Abs. 2 Z 3 des Ersten Bundesverfassungsrechtsbereinigungsgesetzes, BGBl. I Nr. 2/2008, als nicht mehr geltend festgestellt.

[7]) Die Kundmachung im Bundesgesetzblatt erfolgte am 24. August 2021.

stand „Deutsch, Slowenisch, Lesen“ lehrplanmäßig vorgesehen ist, anzuwenden. *(BGBl. I Nr. 170/2021, Art. 7 Z 3)*

(3) Verordnungen zur Durchführung dieses Bundesgesetzes können von dem der Kundmachung dieses Bundesgesetzes folgenden Tag an erlassen werden; sie können jedoch frühestens mit dem Tage des Inkrafttretens jener Bestimmungen dieses Bundesgesetzes, auf Grund deren sie erlassen werden, in Kraft gesetzt werden.

§ 35. **(Verfassungsbestimmung.)** Die Verordnung der Provisorischen Kärntner Landesregierung vom 3. Oktober 1945 in der Fassung des Beschlusses vom 31. Oktober 1945 zur Neugestaltung der zweisprachigen Volksschulen im südlichen Gebiete Kärntens, Verordnungsblatt für das Schulwesen in Kärnten Nr. 1/1946, und unter Berücksichtigung der Erlässe des Landesschulrates für Kärnten vom 22. September 1958, Z. 4337, vom 27. Oktober 1958, Z. 4964, und vom 11. November 1958, Z. 5468, tritt an dem der Kundmachung dieses Bundesgesetzes folgenden Tag insoweit außer Kraft, als sie zu den an diesem Tage wirksam werdenden Bestimmungen dieses Bundesgesetzes in Widerspruch steht; mit dem Wirksamwerden des Artikels III dieses Bundesgesetzes tritt sie zur Gänze außer Kraft.

§ 36. (1) **(Verfassungsbestimmung.)** Mit der Vollziehung des Artikels I und des § 34 Abs. 1 dieses Bundesgesetzes ist die Bundesregierung betraut.

(2) Mit der Vollziehung der übrigen Bestimmungen dieses Bundesgesetzes ist der Bundesminister für Bildung, Wissenschaft und Forschung betraut. *(BGBl. I Nr. 76/2001, Z 6 idF BGBl. I Nr. 48/2014, Art. 8 Z 6, BGBl. I Nr. 138/2017, Art. 14 Z 5 und BGBl. I Nr. 170/2021, Art. 7 Z 4)*

Artikel II des Bundesgesetzes BGBl. Nr. 326/1988, mit dem das Minderheiten-Schulgesetz für Kärnten, das Landeslehrer-Dienstrechtsgesetz 1984, das Gehaltsgesetz 1956 und das Vertragsbedienstetengesetz 1948 geändert werden

Artikel II

Die Schulbehörde erster Instanz kann aus besonderen Gründen (zB zur Erhaltung von Schulstandorten oder bei Mangel an entsprechenden Lehrern) ein Abweichen von § 16a Z 1 bis 3 des Minderheiten-Schulgesetzes für Kärnten in der Fassung des Art. I Z 3 bewilligen; hiebei darf im Fall des § 16a Z 1 nur die Untergrenze von sieben Schülern unterschritten und im Fall des § 16a Z 2 nur die Teilungszahl von neun Schülern überschritten werden.

Artikel II und III des Bundesgesetzes BGBl. Nr. 420/1990, mit dem das Minderheiten-Schulgesetz für Kärnten geändert wird

Artikel II

(1) In Kärnten ist insbesondere für österreichische Staatsbürger der slowenischen Minderheit eine zweisprachige Handelsakademie zu errichten.

(2) Auf die zweisprachige Handelsakademie finden mit den in den folgenden Absätzen angeführten Abweichungen die für Handelsakademien allgemein geltenden Vorschriften Anwendung.

(3) An der zweisprachigen Handelsakademie ist der Unterricht in allen Klassen in etwa gleichem Ausmaß in slowenischer und deutscher Unterrichtssprache zu erteilen.

(4) Im sprachlichen Bereich sind als Pflichtgegenstände Deutsch, Slowenisch, Englisch und eine weitere lebende Fremdsprache vorzusehen.

(5) In die zweisprachige Handelsakademie sind nur Schüler aufzunehmen, die nachzuweisen vermögen, daß ihre Kenntnisse in der slowenischen Sprache für den weiteren Schulfortgang ausreichend sind.

(6) In Kärnten können insbesondere für österreichische Staatsbürger der slowenischen Minderheit zweisprachige berufsbildende mittlere und höhere Schulen für wirtschaftliche Berufe geführt werden. Für solche Schulen gelten die Abs. 2 bis 5 sinngemäß. *(BGBl. I Nr. 170/2021, Art. 8 Z 1)*

Artikel III

(1) An den in § 12 des Minderheiten-Schulgesetzes für Kärnten genannten Volks- und Hauptschulen (Klassen und Abteilungen), am Bundesgymnasium für Slowenen in Klagenfurt, der zweisprachigen berufsbildenden mittleren und höheren Schulen für wirtschaftliche Berufe sowie an der zweisprachigen Handelsakademie ist bei der Anmeldung der Antrag zu stellen, ob die Jahreszeugnisse bzw. die Semester- und Jahresinformationen in Deutsch und Slowenisch oder nur in Deutsch auszustellen sind. Eine Änderung des Antrages ist jeweils bis vier Wochen vor der Ausgabe des Jahreszeugnisses zulässig. *(BGBl. Nr. 420/1990 idF BGBl. I Nr. 138/2017, Art. 15 und BGBl. I Nr. 170/2021, Art. 8 Z 2)*

(2) Abs. 1 gilt sinngemäß für Schulnachrichten gemäß § 19 Abs. 2 des Schulunterrichtsgesetzes, BGBl. Nr. 472/1986, in der jeweils geltenden Fassung sowie für Schulbesuchsbestätigungen im Sinne dieses Bundesgesetzes.

12.1. Schülervertretungengesetz – SchVG

BGBl. Nr. 284/1990

idF der Bundesgesetze

BGBl. I Nr. 75/2013 BGBl. I Nr. 138/2017
BGBl. I Nr. 41/2018

Inhaltsverzeichnis[1])

[1]) Das Inhaltsverzeichnis ist von den Gesetzesbeschlüssen nicht umfasst.

Bundesgesetz vom 16. Mai 1990 über die überschulischen Schülervertretungen (Schülervertretungengesetz – SchVG)

Der Nationalrat hat beschlossen:

1. ABSCHNITT
Allgemeine Bestimmungen

Errichtung von überschulischen Schülervertretungen

§ 1. Bei jeder Bildungsdirektion ist eine Landesschülervertretung, beim Bundesministerium für Bildung, Wissenschaft und Forschung sind eine Bundesschülervertretung und eine Zentrallehranstaltenschülervertretung zu errichten. *(BGBl. Nr. 284/1990 idF BGBl. I Nr. 75/2013, Art. 11 Z 1, BGBl. I Nr. 138/2017, Art. 26 Z 1 und 2 sowie BGBl. I Nr. 41/2018, Z 1)*

Aufgaben der überschulischen Schülervertretungen

§ 2. (1) Der Landesschülervertretung obliegt in Fragen, die Schüler in ihrer Schülereigenschaft betreffen, die Vertretung der Interessen der Schüler der allgemeinbildenden höheren Schulen, der berufsbildenden mittleren und höheren Schulen sowie der Berufsschulen und der Polytechnischen Lehrgänge des betreffenden Landes gegenüber der Bildungsdirektion, sonstigen Behörden und dem Landtag. Davon unberührt bleiben die Vertretungsrechte der Erziehungsberechtigten, die Schülermitverwaltung (§ 58 des Schulunterrichtsgesetzes, BGBl. Nr. 472/1986, in der jeweils geltenden Fassung) und die Zuständigkeit der Zentrallehranstaltenschülervertretung. *(BGBl. Nr. 284/1990 idF BGBl. I Nr. 138/2017, Art. 26 Z 3 und 4)*

(2) Der Bundesschülervertretung[2]) obliegt in Fragen, die Schüler in ihrer Schülereigenschaft betreffen und die in ihrer Bedeutung über den Bereich eines Landes hinausgehen, die Vertretung der Interessen der Schüler der im Abs. 1 genannten Schulen gegenüber der Bundesministerin oder dem Bundesminister für Bildung, Wissenschaft und Forschung, sonstigen Behörden, dem Nationalrat, dem Bundesrat sowie gesetzlichen Interessensvertretungen. Davon unberührt bleiben die Vertretungsrechte der Erziehungsberechtigten und die Schülermitverwaltung (§ 58 SchUG). *(BGBl. Nr. 284/1990 idF BGBl. I Nr. 75/2013, Art. 11 Z 1, BGBl. I Nr. 138/2017, Art. 26 Z 2 und BGBl. I Nr. 41/2018, Z 2)*

(3) Der Zentrallehranstaltenschülervertretung obliegt in Fragen, die Schüler in ihrer Schülereigenschaft betreffen, die Vertretung der Interessen der Schüler der Zentrallehranstalten (§ 3 Abs. 4 des Bundesgesetzes über die Einrichtung von Bildungsdirektionen in den Ländern, BGBl. I Nr. 138/2017, in der jeweils geltenden Fassung), der höheren land- und forstwirtschaftlichen Lehranstalten, der land- und forstwirtschaftlichen Fachschulen des Bundes und der Forstfachschule gegenüber Behörden sowie gesetzlichen Interessensvertretungen, unbeschadet der Vertretungsrechte der Erziehungsberechtigten und der Schülermitverwaltung (§ 58 SchUG). *(BGBl. Nr. 284/1990 idF BGBl. I Nr. 138/2017, Art. 26 Z 5)*

(4) Darüber hinaus obliegt den Schülervertretungen in ihrem jeweiligen Zuständigkeitsbereich (Abs. 1 bis 3) die Beratung der Schüler in Angelegenheiten der Schülermitverwaltung (§ 58 SchUG).

(5) Ausgenommen vom Aufgabenbereich der Schülervertretungen ist die Beratung von Angelegenheiten, die Belange der Schüler der Schulen für Berufstätige betreffen.

Erfüllung der Aufgaben

§ 3. (1) Im Rahmen der ihnen gemäß § 2 übertragenen Aufgaben stehen den Schülervertretungen insbesondere zu:

1. Beratung der Schulbehörden in grundsätzlichen Fragen des Unterrichts und der Erziehung;
2. Erstattung von Vorschlägen zur Erlassung von Gesetzen und Verordnungen;
3. Abgabe von Stellungnahmen zu Gesetz- und Verordnungsentwürfen;
4. Erstattung von Vorschlägen in Angelegenheiten von Schulbauten und deren Ausstattung;
5. Beratung in Angelegenheiten der Schülerzeitungen;
6. Beratung in Fragen der überregionalen Koordination von schulbezogenen Veranstaltungen, Schulveranstaltungen und in Fragen der Durchführung von Veranstaltungen der Schulbahnberatung;
7. Herausgabe von Rundschreiben und von Informationsblättern in schulischen Angelegenheiten;
8. Planung und Durchführung von Fortbildungsveranstaltungen für Schülervertreter;
9. Vorbringen von Anliegen und Beschwerden; *(BGBl. Nr. 284/1990 idF BGBl. I Nr. 41/2018, Z 3)*
10. Planung und Durchführung von Schülerparlamenten. *(BGBl. I Nr. 41/2018, Z 3)*

[2]) Gemäß §§ 4 und 5 des Bundes-Jugendvertretungsgesetzes, BGBl. I Nr. 127/2000, hat die Bundesschülervertretung Vertreter in die Vollversammlung und in das Präsidium der Bundes-Jugendvertretung zu entsenden.

(2) Die Schülervertretungen haben sich bei der Wahrnehmung der ihnen übertragenen Aufgaben (§§ 2 und 3) von der Aufgabe der österreichischen Schule (§ 2 des Schulorganisationsgesetzes, BGBl. Nr. 242/1962, in der jeweils geltenden Fassung) leiten zu lassen.

§ 4. (1) Die Schülervertretungen sind berechtigt, jeweils in ihrem Zuständigkeitsbereich (§ 2 Abs. 1 bis 3) die zur Erfüllung der ihnen übertragenen Aufgaben (§§ 2 und 3) notwendigen Kontakte mit Schülern an den einzelnen Schulen in der unterrichtsfreien Zeit der besuchten Schüler zu pflegen.

(2) Der Landesschülervertretung ist auf Eingaben, Vorschläge, Anregungen und Beschwerden an die Bildungsdirektion von diesem innerhalb von vier Wochen schriftlich zu antworten. *(BGBl. Nr. 284/1990 idF BGBl. I Nr. 138/2017, Art. 26 Z 6)*

(3) Die Landesschülervertretung ist von der Bildungsdirektion über Rechtsvorschriften und deren Änderungen insoweit unverzüglich zu informieren, als diese zur Wahrnehmung der ihr übertragenen Aufgaben (§§ 2 und 3) eine Voraussetzung bilden. Gleiches gilt für die Information über die Ergebnisse von Umfragen und Erhebungen, die von der Bildungsdirektion oder in dessen Auftrag durchgeführt wurden. *(BGBl. Nr. 284/1990 idF BGBl. I Nr. 138/2017, Art. 26 Z 7)*

(4) Die Abs. 2 und 3 gelten auch für die Tätigkeit der Bundesschülervertretung und der Zentrallehranstaltenschülervertretung mit der Maßgabe, daß zur Beantwortung und zur Information das Bundesministerium für Bildung, Wissenschaft und Forschung verpflichtet ist. *(BGBl. Nr. 284/1990 idF BGBl. I Nr. 75/2013, Art. 11 Z 1, BGBl. I Nr. 138/2017, Art. 26 Z 2 und BGBl. I Nr. 41/2018, Z 1)*

Bezeichnung der Mitglieder der Schülervertretungen

§ 5. Die Mitglieder der Schülervertretungen, Funktionsträger und deren Stellvertreter führen die ihrer Stellung entsprechende Bezeichnung. Schülerinnen führen diese Bezeichnungen in weiblicher Form.

2. ABSCHNITT
Mitgliedschaft zu einer Landesschülervertretung

Zusammensetzung einer Landesschülervertretung

§ 6. (1) Einer Landesschülervertretung gehören mindestens zwölf und höchstens dreißig Mitglieder an, und zwar jeweils die gleiche Zahl von Mitgliedern aus folgenden Bereichen

1. Bereich der allgemeinbildenden höheren Schulen,
2. Bereich der berufsbildenden mittleren und höheren Schulen und *(BGBl. Nr. 284/1990 idF BGBl. I Nr. 138/2017, Art. 26 Z 8)*
3. Bereich der Berufsschulen.

(2) Die Zahl der Mitglieder ist unter Berücksichtigung der Zahl der Schulen in den in Abs. 1 Z 1 bis 3 genannten Schulartbereichen durch Verordnung der Bildungsdirektion zu bestimmen. *(BGBl. Nr. 284/1990 idF BGBl. I Nr. 138/2017, Art. 26 Z 9)*

Bestellungsweise und Funktionsdauer

§ 7. (1) Die Mitglieder und die gleiche Anzahl an Ersatzmitgliedern einer Landesschülervertretung sind getrennt nach den im § 6 Abs. 1 Z 1 bis 3 genannten Schulartbereichen an einem Schultag in der Zeit von Donnerstag der vorletzten Woche bis Donnerstag der letzten Woche des Unterrichtsjahres zu wählen.

(2) Die Funktionsdauer der Mitglieder und der Ersatzmitglieder beträgt grundsätzlich ein Schuljahr. Sie beginnt mit dem ersten Tag des der Wahl folgenden Schuljahres.

(3) Die Funktionsdauer eines Mitgliedes und eines Ersatzmitgliedes endet durch Zeitablauf, Rücktritt oder Beendigung des Schulbesuches (§ 33 SchUG). Im letztgenannten Fall bei einem Schulwechsel nur, sofern das Mitglied den Schulartbereich (§ 6 Abs. 1 Z 1 bis 3) oder den schulbehördlichen Zuständigkeitsbereich wechselt. Das Antreten zur Reifeprüfung, Reife- und Befähigungsprüfung, Befähigungs- oder Abschlußprüfung beendet nicht die Funktionsdauer.

(4) Für Mitglieder und Ersatzmitglieder, deren Funktionsdauer während des Schuljahres endet, rücken die Gewählten des betreffenden Schulartbereiches nach der Reihenfolge ihrer Wahl (§ 16) für die restliche Funktionsdauer auf. Vorübergehend verhinderte Mitglieder einer Landesschülervertretung werden durch von ihnen bestimmte Ersatzmitglieder des betreffenden Schulartbereiches (§ 16) vertreten. Vorübergehend verhinderte Mitglieder der Bundesschülervertretung werden durch den jeweiligen Landesschulsprecherstellvertreter (§ 19 Abs. 1) vertreten; der Bundesschulsprecher wird durch einen von ihm bezeichneten Stellvertreter (§ 22) vertreten.

Wahlrecht

§ 8. (1) Wahlberechtigt sind alle Schulsprecher (§ 59 SchUG) aus den im § 6 Abs. 1 Z 1 bis 3 genannten Schulartbereichen, und zwar jeweils für den Schulartbereich, dem sie als Schulsprecher angehören. Im Verhinderungsfall eines Schulsprechers ist sein Stellvertreter wahlberechtigt, an ganzjährigen Berufsschulen der Tagessprecher des jeweiligen Wahltages, sofern der Verhinderte dies schriftlich bestätigt; diese Bestätigung ist vom Schulleiter zu beglaubigen. Ist der verhinderte Wahlberechtigte dazu nicht imstande, hat der Schulleiter den Verhinderungsfall schriftlich zu bestätigen.

(2) Wählbar sind für den betreffenden Schulartbereich

1. die Schulsprecher und deren Stellvertreter,
2. an ganzjährigen Berufsschulen die Schulsprecher und die Tagessprecher und
3. die Mitglieder, die einer Landes-, Bundes- oder Zentrallehranstaltenschülervertretung am Tag der Wahlausschreibung (§ 9 Abs. 1) angehören.

Wahlausschreibung; Verzeichnis der Wahlberechtigten und der Wählbaren

§ **9.** (1) Die Wahl der Mitglieder und der Ersatzmitglieder ist von der Wahlkommission (§ 10 Abs. 1) unter Bekanntgabe des Wahltages, der Wahlzeit und des Wahlortes spätestens vier Wochen vor dem Wahltag auszuschreiben und den Wahlberechtigten (§ 8 Abs. 1 erster Satz) so rechtzeitig bekanntzugeben, daß ihnen die Verständigung spätestens drei Wochen vor der Wahl zugestellt werden kann.

(2) Die Wahlkommission hat ein Verzeichnis der am Tag der Wahlausschreibung Wahlberechtigten (§ 8 Abs. 1 erster Satz) und Wählbaren (§ 8 Abs. 2) anzufertigen. Das Wahlverzeichnis ist, gerechnet vom Tag der Wahlausschreibung an, durch mindestens zwei Wochen bei der Bildungsdirektion zur Einsicht aufzulegen. Gleichzeitig ist es allen Schulen der im § 6 Abs. 1 Z 1 bis 3 genannten Schulartbereiche zu übermitteln, die es gleichfalls durch den vorbezeichneten Zeitraum zur Einsicht aufzulegen haben. *(BGBl. Nr. 284/1990 idF BGBl. I Nr. 138/2017, Art. 26 Z 10)*

(3) Gegen die Richtigkeit und die Vollständigkeit des Wahlverzeichnisses kann jeder Wahlberechtigte (§ 8 Abs. 1 erster Satz) und jeder Wählbare (§ 8 Abs. 2) während des Auflagezeitraumes bei der Wahlkommission Einwendungen erheben. Hierüber hat die Wahlkommission innerhalb von drei Tagen nach Beendigung des Auflagezeitraumes zu entscheiden. Gegen die Entscheidung der Wahlkommission ist ein Widerspruch nicht zulässig. Berichtigungen des Wahlverzeichnisses sind in geeigneter Weise kundzumachen. *(BGBl. Nr. 284/1990 idF BGBl. I Nr. 75/2013, Art. 11 Z 2)*

Wahlkommission

§ **10.** (1) Zur Vorbereitung und Durchführung der Wahl ist bei der Bildungsdirektion eine Wahlkommission zu bilden. *(BGBl. Nr. 284/1990 idF BGBl. I Nr. 138/2017, Art. 26 Z 10)*

(2) Die Wahlkommission besteht aus drei Mitgliedern, die vom Bildungsdirektor aus dem Kreis der Beamten der Bildungsdirektion zu bestellen sind. Sie hat bei ihrem ersten Zusammentreten aus ihrer Mitte mit einfacher Stimmenmehrheit einen Vorsitzenden zu wählen. Die drei Landesschulsprecher (§ 19 Abs. 1) sind berechtigt, an den Sitzungen der Wahlkommission als Wahlzeugen ohne Stimmrecht teilzunehmen. *(BGBl. Nr. 284/1990 idF BGBl. I Nr. 138/2017, Art. 26 Z 9 und 11)*

(3) Für jedes Mitglied der Wahlkommission ist ein Ersatzmitglied vorzusehen, das im Fall der Verhinderung des betreffenden Mitgliedes an dessen Stelle zu treten hat. Die Ersatzmitglieder sind in gleicher Weise wie die Mitglieder zu berufen.

Wählerversammlung und Durchführung der Wahl

§ **11.** (1) Die Wahlberechtigten und die Wählbaren für die Wahl der Landesschülervertretung haben das Recht, am Wahltag zu einer Wählerversammlung zusammenzutreten, um die Kandidaten für die Wahl besser kennenzulernen. Die Bildungsdirektion hat hiefür geeignete Räume zur Verfügung zu stellen und die Teilnahmeberechtigten von Ort und Zeit der Wählerversammlung zu verständigen. *(BGBl. Nr. 284/1990 idF BGBl. I Nr. 138/2017, Art. 26 Z 12)*

(2) Die Wahl ist geheim. Das Wahlrecht ist persönlich durch Übergabe des in dem Wahlkuvert liegenden Stimmzettels an die Wahlkommission auszuüben. Die Bildungsdirektion kann durch Verordnung für bestimmte oder alle Schularten verfügen, daß die Stimmabgabe auch an der eigenen Schule und an einer anderen öffentlichen Berufsschule oder mittleren oder höheren Schule zulässig ist, wenn auf diese Weise eine Vereinfachung oder Beschleunigung des Wahlverfahrens oder eine Erleichterung der Stimmabgabe erreicht wird; in dieser Verordnung ist auch die Frist für die Stimmabgabe festzulegen, die nicht länger als eine Woche sein darf. *(BGBl. Nr. 284/1990 idF BGBl. I Nr. 138/2017, Art. 26 Z 12)*

Stimmzettel, Wahlkuvert

§ 12. (1) Gleichzeitig mit der Wahlausschreibung hat die Wahlkommission den Wahlberechtigten (§ 8 Abs. 1 erster Satz) einen Stimmzettel und ein Wahlkuvert zuzustellen.

(2) Stimmzettel und Wahlkuverts müssen zumindest für die einzelnen im § 6 Abs. 1 Z 1 bis 3 genannten Schulartbereiche die gleiche Größe, Farbe und Beschaffenheit aufweisen.

(3) Auf dem Stimmzettel sind durch Druck oder sonstige Vervielfältigungen untereinander so viele Zeilen zu setzen und an der linken Seite mit so vielen arabischen Ziffern fortlaufend zu numerieren, als Mitglieder und Ersatzmitglieder zu wählen sind. Auf der rechten Seite jeder Zeile sind die Wahlpunkte anzugeben. Die Wahlpunkte haben in umgekehrter arithmetischer Reihenfolge zu den links eingesetzten Ziffern zu stehen. Die Mitte jeder Zeile ist für die Ausfüllung durch den Wähler freizuhalten.

Ausfüllen und Wertung des Stimmzettels

§ 13. (1) Von den Wahlberechtigten sind auf dem Stimmzettel untereinander so viele Namen (Familien- und Vorname) zu verzeichnen, als Mitglieder und Ersatzmitglieder aus einem der im § 6 Abs. 1 Z 1 bis 3 genannten Schulartbereiche zu wählen sind. Hiebei hat ein getrenntes Verzeichnen nach Mitgliedern und Ersatzmitgliedern zu unterbleiben. Enthält ein Stimmzettel mehr Namen, als Mitglieder und Ersatzmitglieder zu wählen sind, so sind die über diese Zahl im Stimmzettel eingesetzten Namen unberücksichtigt zu lassen. Enthält er weniger Namen, so wird deshalb seine Gültigkeit nicht beeinträchtigt.

(2) Der auf dem Stimmzettel an erster Stelle Gereihte erhält so viele Wahlpunkte, als Mitglieder und Ersatzmitglieder zu wählen sind. Der an zweiter und weiterer Stelle Gereihte erhält jeweils um einen Wahlpunkt weniger.

(3) Ist derselbe Name auf einem Stimmzettel mehrmals verzeichnet, so ist er bei der Zählung der Wahlpunkte nur an der Stelle mit der höchsten Zahl von Wahlpunkten zu berücksichtigen.

(4) Stimmen, die auf einen nicht Wählbaren entfallen, sind ungültig.

Ungültigkeit des Stimmzettels

§ 14. (1) Der Stimmzettel ist ungültig, wenn ein anderer als der von der Wahlkommission zugestellte Stimmzettel verwendet wurde oder wenn er durch Beschädigung derart beeinträchtigt wurde, daß nicht mehr eindeutig hervorgeht, wem der Wähler seine Stimme geben wollte.

(2) Worte, Bemerkungen oder Zeichen, die auf den von der Wahlkommission zugestellten Stimmzetteln außer zur Bezeichnung eines Wählbaren angebracht werden, beeinträchtigen die Gültigkeit eines Stimmzettels nur, wenn dadurch nicht mehr eindeutig hervorgeht, wem der Wähler seine Stimme geben wollte.

Zählen und Verzeichnen der Wahlpunkte

§ 15. (1) Die Wahlkommission hat die Abgabe des Stimmzettels im Wahlverzeichnis (§ 9 Abs. 2) zu vermerken. Wurde ein Wahlberechtigter (§ 8 Abs. 1 erster Satz) durch eine zur Vertretung bei der Wahl berechtigte Person vertreten (§ 8 Abs. 2 zweiter Satz), ist dies im Wahlverzeichnis zu vermerken.

(2) Nach Schluß der Wahl hat die Wahlkommission die auf die einzelnen Wählbaren entfallenen Wahlpunkte zu zählen und die Zahl der Wahlpunkte in der über den Wahlvorgang aufzunehmenden Niederschrift (§ 17 Abs. 1) ersichtlich zu machen.

Wertung der Wahlpunkte

§ 16. (1) Von den Wählbaren sind entsprechend der Zahl der zu wählenden Mitglieder und Ersatzmitglieder die mit der höheren Zahl an Wahlpunkten als Mitglieder und die mit der niedrigeren Zahl an Wahlpunkten als Ersatzmitglieder einer Landesschülervertretung gewählt.

(2) Wenn infolge gleicher Zahl an Wahlpunkten mehr Wählbare als zu wählen sind als Mitglieder oder Ersatzmitglieder in Betracht kommen, so entscheidet das vom Vorsitzenden der Wahlkommission (§ 10 Abs. 2) zu ziehende Los darüber, wer als Mitglied und wer als Ersatzmitglied gewählt ist. Wenn gewählte Ersatzmitglieder die gleiche Zahl an Wahlpunkten erreicht haben, so entscheidet in gleicher Weise das Los über die Reihenfolge des Eintretens für jene Mitglieder, deren Funktionsdauer während des Schuljahres beendet worden ist (§ 7 Abs. 4).

Beurkundung des Wahlvorganges und Bekanntgabe des Wahlergebnisses

§ 17. (1) Über den Wahlvorgang ist eine Niederschrift aufzunehmen, die alles Wesentliche zu enthalten hat, von den Mitgliedern der Wahlkommission zu unterfertigen und mit der Wahlausschreibung, dem Wahlverzeichnis und den abgegebenen Stimmzetteln unter Verschluß bei der Bildungsdirektion aufzubewahren ist. Jeder Wahlberechtigte kann in diese Akten Einsicht nehmen. *(BGBl. Nr. 284/1990 idF BGBl. I Nr. 138/2017, Art. 26 Z 10)*

(2) Das Ergebnis der Wahl ist den Gewählten und den Wahlberechtigten in geeigneter Weise mitzuteilen. Darüber hinaus ist es dem Bildungsdirektor bekanntzugeben und in der Bildungsdirektion durch Anschlag an der Amtstafel kundzumachen. *(BGBl. Nr. 284/1990 idF BGBl. I Nr. 138/2017, Art. 26 Z 11 und 13)*

(3) Gleichzeitig mit der Mitteilung des Wahlergebnisses sind den Wahlberechtigten die Namen der Landesschulsprecher und deren Stellvertreter der betreffenden Landesschülervertretung bekanntzugeben.

Anfechtung der Wahl

§ 18. (1) Die Wahl zu einer Landesschülervertretung kann von jedem Wahlberechtigten innerhalb von zwei Wochen ab der Kundmachung der Wahl durch den Bildungsdirektor bei der Bildungsdirektion angefochten werden. Die Anfechtung ist jedoch unzulässig, wenn sie sich auf Gründe stützt, die bereits durch Einwendungen gemäß § 9 Abs. 3 hätten geltend gemacht werden können oder erfolglos geltend gemacht worden sind. *(BGBl. Nr. 284/1990 idF BGBl. I Nr. 138/2017, Art. 26 Z 10 und 11)*

(2) Über die Anfechtung entscheidet die Bildungsdirektion. *(BGBl. Nr. 284/1990 idF BGBl. I Nr. 75/2013, Art. 11 Z 3 und BGBl. I Nr. 138/2017, Art. 26 Z 14)*

(3) Auf Grund der Anfechtung ist die Wahl so weit für ungültig zu erklären, als Bestimmungen über das Wahlverfahren verletzt worden sind und durch diese Rechtswidrigkeit das Wahlergebnis beeinflußt werden konnte.

Landesschulsprecher, Stellvertreter

§ 19. (1) Jede Landesschülervertretung hat drei Landesschulsprecher und drei Stellvertreter. Landesschulsprecher sind, getrennt nach den im § 6 Abs. 1 Z 1 bis 3 genannten Schulartbereichen, die drei Mitglieder mit der jeweils höchsten Zahl an Wahlpunkten. Stellvertreter sind, getrennt nach den im § 6 Abs. 1 Z 1 bis 3 genannten Schulartbereichen, die drei Mitglieder mit der jeweils zweithöchsten Zahl an Wahlpunkten.

(2) Der Vorsitz in der Landesschülervertretung wechselt nach jeder internen Sitzung (§ 29) zwischen den Landesschulsprechern in der Reihenfolge der Höhe der auf sie entfallenen Zahl an Wahlpunkten. Diese Reihenfolge ist während der Funktionsdauer (§ 7 Abs. 2) unverändert beizubehalten.

Rücktritt des Landesschulsprechers, der Stellvertreter

§ 20. (1) Der Landesschulsprecher (Stellvertreter) kann im Rahmen einer internen Sitzung (§ 29) von seiner Funktion zurücktreten. In diesem Fall wird jenes Mitglied der Landesschülervertretung neuer Landesschulsprecher (Stellvertreter), das dem Schulartbereich des zurückgetretenen Landesschulsprechers (Stellvertreters) angehört und die höchste Zahl an Wahlpunkten aufweist.

(2) Gemäß Abs. 1 zurückgetretene Landesschulsprecher (Stellvertreter) bleiben weiterhin Mitglieder der Landesschülervertretung. § 7 Abs. 3 ist anzuwenden.

3. ABSCHNITT

Mitgliedschaft zur Bundesschülervertretung

Zusammensetzung der Bundesschülervertretung

§ 21. Der Bundesschülervertretung gehören 29 Mitglieder an, und zwar: *(BGBl. Nr. 284/1990 idF BGBl. I Nr. 41/2018, Z 4)*

1. die neun Landesschulsprecher aus dem Bereich der allgemeinbildenden höheren Schulen,
2. die neun Landesschulsprecher aus dem Bereich der berufsbildenden mittleren und höheren Schulen sowie der höheren Anstalten der Lehrerbildung und Erzieherbildung,
3. die neun Landesschulsprecher aus dem Bereich der Berufsschulen und
4. zwei Mitglieder aus dem Bereich der Zentrallehranstalten (je ein Mitglied aus dem Bereich der Höheren technischen und gewerblichen Lehranstalten und des Bundesinstitutes für Sozialpädagogik in Baden sowie aus dem Bereich der land- und forstwirtschaftlichen Schulen). *(BGBl. I Nr. 41/2018, Z 5)*

Bundesschulsprecher, Stellvertreter

§ 22. Die Bundesschülervertretung hat in der ersten internen Sitzung (§ 29) aus ihrer Mitte einen Vorsitzenden (Bundesschulsprecher) und getrennt nach den im § 6 Abs. 1 Z 1 bis 3 genannten Schulartbereichen, drei Stellvertreter bei Anwesenheit von mindestens zwei Dritteln der Mitglieder mit einfacher Mehrheit der abgegebenen gültigen Stimmen zu wählen. Bei Stimmengleichheit entscheidet das vom Wahlvorsitzenden zu ziehende Los. Den Wahlvorsitz führt das älteste anwesende Mitglied. Sind weniger als zwei Drittel der

Mitglieder zu Sitzungsbeginn anwesend, so können nach dem Verstreichen einer Stunde die Wahlen bei Anwesenheit von mindestens der Hälfte der Wahlberechtigten durchgeführt werden, wenn mindestens ein Wahlberechtigter aus jedem Schulartbereich anwesend ist. Die Durchführung von Wahlen ist bis zum Ende der internen Sitzung zulässig. Bis zum Abschluß der Wahlen hat der Wahlvorsitzende auch den Sitzungsvorsitz.

Rücktritt des Bundesschulsprechers, der Stellvertreter

§ 23. (1) Der Bundesschulsprecher (Stellvertreter) kann im Rahmen einer internen Sitzung (§ 29) von seiner Funktion zurücktreten. In diesem Fall ist in derselben Sitzung die Neuwahl eines Bundesschulsprechers (Stellvertreters) durchzuführen. § 22 ist anzuwenden.

(2) Einem Rücktritt nach Abs. 1 ist der Rücktritt eines Bundesschulsprechers (Stellvertreters) von der Funktion des Landesschulsprechers (Stellvertreters) oder das Ausscheiden aus der jeweiligen Landesschülervertretung oder der Zentrallehranstaltenschülervertretung gleichzuhalten. In diesem Fall ist in der nächsten internen Sitzung ein neuer Bundesschulsprecher (Stellvertreter) zu wählen. Für diese Wahl gilt § 22. Bis zur Neuwahl des Bundesschulsprechers (Stellvertreters) ist jenes Mitglied Bundesschulsprecher (Stellvertreter), das von dem Zurückgetretenen hiezu bestimmt wird; ist der Zurückgetretene hiezu nicht imstande, folgt jenes Mitglied der Bundesschülervertretung, das dem Schulartbereich des Zurückgetretenen angehört und die höchste Zahl an Wahlpunkten aufweist.

(3) Gemäß Abs. 1 oder 2 zurückgetretene Bundesschulsprecher (Stellvertreter) bleiben weiterhin Mitglieder der Bundesschülervertretung. § 7 Abs. 3 und § 20 sind anzuwenden.

Abwahl des Bundesschulsprechers, der Stellvertreter

§ 24. (1) Zur Abwahl des Bundesschulsprechers ist auf Antrag eines Drittels der Mitglieder der Bundesschülervertretung binnen zwei Wochen ab der Antragstellung eine interne Sitzung einzuberufen (§ 30 Abs. 2). Diese interne Sitzung hat binnen weiterer zwei Wochen stattzufinden. Unterbleibt die Einberufung dieser Sitzung, hat die Bundesministerin oder der Bundesminister für Bildung, Wissenschaft und Forschung auf Antrag eines Drittels der Mitglieder der Bundesschülervertretung eine interne Sitzung zur Abwahl des Bundesschulsprechers (Stellvertreters) einzuberufen, welche innerhalb weiterer zwei Wochen stattzufinden hat. *(BGBl. Nr. 284/1990 idF BGBl. I Nr. 75/2013, Art. 11 Z 1 und BGBl. I Nr. 41/2018, Z 6)*

(2) Auf eine beabsichtigte Abwahl eines Stellvertreters ist Abs. 1 mit der Maßgabe anzuwenden, daß zur Antragstellung nur Mitglieder der Bundesschülervertretung berechtigt sind, die dem Schulartbereich des Abzuwählenden angehören.

(3) Für die Abwahl des Bundesschulsprechers ist die Anwesenheit von zwei Dritteln der Mitglieder der Bundesschülervertretung und eine einfache Mehrheit der abgegebenen gültigen Stimmen erforderlich.

(4) Für die Abwahl eines Stellvertreters ist die Anwesenheit von zwei Dritteln der Mitglieder der Bundesschülervertretung des jeweiligen Schulartbereiches und eine einfache Mehrheit der jeweils abgegebenen gültigen Stimmen erforderlich. Für die Abwahl stimmberechtigt sind nur Mitglieder der Bundesschülervertretung, die dem Schulartbereich des Abzuwählenden angehören.

(5) Abgewählte Bundesschulsprecher (Stellvertreter) bleiben weiterhin Mitglieder der Bundesschülervertretung. § 7 Abs. 3 ist anzuwenden.

4. ABSCHNITT

Mitgliedschaft zur Zentrallehranstaltenschülervertretung

Zusammensetzung der Zentrallehranstaltenschülervertretung

§ 25. Der Zentrallehranstaltenschülervertretung gehören vier Mitglieder an, und zwar zwei Mitglieder aus dem Bereich der Höheren technischen und gewerblichen Lehranstalten und des Bundesinstitutes für Sozialpädagogik in Baden sowie aus dem Bereich der land- und forstwirtschaftlichen Schulen (der höheren land- und forstwirtschaftlichen Lehranstalten, der land- und forstwirtschaftlichen Fachschulen und der Forstfachschulen).

(BGBl. I Nr. 41/2018, Z 7)

Funktionsdauer

§ 26. Die Funktionsdauer eines Mitgliedes und eines Ersatzmitgliedes endet durch Zeitablauf, Rücktritt und durch Beendigung des Schulbesuches (§ 33 SchUG). Im letztgenannten Fall durch einen Schulwechsel nur, sofern das Mitglied den bisherigen Schulartbereich (§ 25) verläßt oder den schulbehördlichen Zuständigkeitsbereich wechselt. Das Antreten zur Reifeprüfung, Reife- und Befähigungsprüfung, Befähigungs- oder Abschlußprüfung beendet nicht die Funktionsdauer.

Anwendung von Bestimmungen des 2. Abschnitts

§ **27.** (1) § 7 Abs. 1, 2 und 4 und die §§ 8 bis 18 sowie § 20 sind mit der Maßgabe anzuwenden, daß an die Stelle der Landesschülervertretung die Zentrallehranstaltenschülervertretung, an die Stelle der im § 6 Abs. 1 Z 1 bis 3 genannten Schulartbereiche die im § 25 genannten Schulartbereiche, an die Stelle der Bildungsdirektion das Bundesministerium für Bildung, Wissenschaft und Forschung (jedoch in den §§ 11 Abs. 2 und 18 Abs. 2 die Bundesministerin oder der Bundesminister für Bildung, Wissenschaft und Forschung), an die Stelle des Bildungsdirektors die Bundesministerin oder der Bundesminister für Bildung, Wissenschaft und Forschung sowie an die Stelle des Landesschulsprechers und der Stellvertreter der Zentrallehranstaltensprecher und dessen Stellvertreter treten. *(BGBl. Nr. 284/1990 idF BGBl. I Nr. 75/2013, Art. 11 Z 1, BGBl. I Nr. 138/2017, Art. 26 Z 2, 9 und 15 sowie BGBl. I Nr. 41/2018, Z 1 und 8)*

(2) § 11 Abs. 2 ist überdies mit der Maßgabe anzuwenden, daß an die Stelle der persönlichen Stimmabgabe die Stimmabgabe auf dem Wege durch die Post tritt und die Bundesministerin oder der Bundesminister für Bildung, Wissenschaft und Forschung alle erforderlichen Vorkehrungen für die Wahrung des Wahlgeheimnisses zu treffen hat. Die Bundesministerin oder der Bundesminister für Bildung, Wissenschaft und Forschung hat überdies durch Verordnung eine Frist für die Stimmabgabe festzulegen. Verordnungen zur Festlegung der Frist für die Stimmabgabe sind durch Anschlag an den betreffenden Schulen kundzumachen und treten, soweit darin nicht anderes bestimmt ist, mit Ablauf des Tages des Anschlages in der Schule in Kraft. Die Wahlberechtigten sind in geeigneter Weise auf diese Kundmachung hinzuweisen. *(BGBl. Nr. 284/1990 idF BGBl. I Nr. 75/2013, Art. 11 Z 1, BGBl. I Nr. 138/2017, Art. 26 Z 2 und BGBl. I Nr. 41/2018, Z 6 und 9*[3])

Zentrallehranstaltensprecher, Stellvertreter

§ **28.** Die Zentrallehranstaltenschülervertretung hat zu Beginn der ersten internen Sitzung aus ihrer Mitte einen Vorsitzenden (Zentrallehranstaltensprecher) und dessen Stellvertreter bei Anwesenheit von mindestens zwei Dritteln der Mitglieder mit einfacher Mehrheit der abgegebenen gültigen Stimmen zu wählen. Bei Stimmengleichheit entscheidet das vom Wahlvorsitzenden zu ziehende Los. Den Wahlvorsitz führt das älteste anwesende Mitglied. Sind weniger als zwei Drittel der Wahlberechtigten zu Sitzungsbeginn anwesend, so kann nach dem Verstreichen einer Stunde die Wahl bei Anwesenheit von mindestens der Hälfte der Wahlberechtigten durchgeführt werden, wenn mindestens ein Wahlberechtigter aus jedem Schulartbereich (§ 25) anwesend ist. Die Durchführung von Wahlen ist bis zum Ende der internen Sitzung zulässig.

5. ABSCHNITT
Verfahren der Schülervertretungen

Beratungen

§ **29.** (1) Die Schülervertretungen haben die ihnen übertragenen Aufgaben (§§ 2 und 3) in internen Sitzungen, in gemeinsamen Sitzungen mit Vertretern der Schulbehörden und im Rahmen von Schülerparlamenten zu beraten und zu erfüllen. *(BGBl. I Nr. 41/2018, Z 10)*

(2) Die Schülervertretungen können durch Beschluß (§ 33) im Rahmen der ihnen übertragenen Aufgaben die Erledigung einzelner Angelegenheiten, die nur jeweils eine Schulart betreffen, spezifischen Bereichsausschüssen übertragen. Über die Tätigkeit dieser Ausschüsse ist in den internen Sitzungen der jeweiligen Schülervertretung zu berichten.

(3) Die Sitzungen sind nicht öffentlich.

Einberufung von Sitzungen

§ **30.** (1) Die erste interne Sitzung einer Landesschülervertretung ist vom Bildungsdirektor bis spätestens 20. September des jeweiligen Schuljahres einzuberufen. Die erste interne Sitzung der Bundesschülervertretung und die erste interne Sitzung der Zentrallehranstaltenschülervertretung sind von der Bundesministerin oder vom Bundesminister für Bildung, Wissenschaft und Forschung bis zum 15. Oktober des jeweiligen Schuljahres einzuberufen. *(BGBl. Nr. 284/1990 idF BGBl. I Nr. 75/2013, Art. 11 Z 1, BGBl. I Nr. 138/2017, Art. 26 Z 2 und 11 sowie BGBl. I Nr. 41/2018, Z 11)*

(2) Interne Sitzungen einer Schülervertretung sind von ihrem Vorsitzenden, im Falle der Verhinderung von dessen Stellvertreter, nach Bedarf, unter Bekanntgabe des Tagungsortes, des Tagungszeitpunktes und der Tagesordnung einzuberufen. Eine Sitzung, mit Ausnahme der ersten internen Sitzung, ist innerhalb von zwei Wochen einzuberufen, wenn dies schriftlich unter Bekanntgabe des Bera-

[3]) Die Novellierungsanordnung Z 6 und 9 des BG BGBl. I Nr. 41/2018 (betr. die Ressortbezeichnung) wurden intentionsgemäß eingearbeitet.

tungsgegenstandes wenigstens von einem Drittel der Mitglieder verlangt wird.

(3) In einem Schuljahr sind höchstens vier gemeinsame Sitzungen einer Landesschülervertretung mit Vertretern der Bildungsdirektion vom Bildungsdirektor, höchstens vier gemeinsame Sitzungen der Zentrallehranstaltenschülervertretung mit Vertretern des Bundesministeriums für Bildung, Wissenschaft und Forschung und höchstens vier gemeinsame Sitzungen der Bundesschülervertretung mit Vertretern des Bundesministeriums für Bildung, Wissenschaft und Forschung von der Bundesministerin oder vom Bundesminister für Bildung, Wissenschaft und Forschung einzuberufen. Tagungsort, Tagungszeit und Tagesordnung sind mit der Einberufung bekanntzugeben. *(BGBl. Nr. 284/1990 idF BGBl. I Nr. 75/2013, Art. 11 Z 1, BGBl. I Nr. 138/2017, Art. 26 Z 2, 9 und 11 sowie BGBl. I Nr. 41/2018, Z 1 und 11)*

Schülerparlament

§ **30a.** (1) Ein Mal pro Schuljahr hat der Bundesschulsprecher oder die Bundesschulsprecherin das Schülerparlament einzuberufen. Dem Schülerparlament gehören die Mitglieder der Landesschülervertretungen und der Zentrallehranstaltenschülervertretung an. Der Bundesschulsprecher oder die Bundesschulsprecherin führt den Vorsitz.

(2) Mit Beschluss (§ 33) können die Landesschülervertretungen und die Zentrallehranstaltenschülervertretung vorsehen, dass vorübergehend verhinderte Mitglieder im Schülerparlament durch für die jeweilige Schülervertretung wählbare Schülervertreter (§ 8 Abs. 2) vertreten werden.

(3) Dem Schülerparlament obliegt die Beratung des Bundesschulsprechers oder der Bundesschulsprecherin in allen Angelegenheiten der überschulischen Interessenvertretung von allgemeiner Bedeutung.

(BGBl. I Nr. 41/2018, Z 12)

Leitung der Sitzungen

§ **31.** (1) Die internen Sitzungen einer Schülervertretung werden von ihrem Vorsitzenden, im Falle der Verhinderung von dessen Stellvertreter, geleitet.

(2) Die gemeinsamen Sitzungen einer Landesschülervertretung werden vom Bildungsdirektor oder von einem von ihm zu bestellenden Beamten der Bildungsdirektion, die gemeinsamen Sitzungen der Zentrallehranstaltenschülervertretung und der Bundesschülervertretung von der Bundesministerin oder vom Bundesminister für Bildung, Wissenschaft und Forschung oder von einem von ihm zu bestellenden Beamten des Bundesministeriums für Bildung, Wissenschaft und Forschung geleitet. *(BGBl. Nr. 284/1990 idF BGBl. I Nr. 75/2013, Art. 11 Z 1, BGBl. I Nr. 138/2017, Art. 26 Z 2, 9 und 11 sowie BGBl. I Nr. 41/2018, Z 1 und 11)*

Niederschrift

§ **32.** Über jede interne und jede gemeinsame Sitzung und über Sitzungen der Bereichsausschüsse ist ein Protokoll anzufertigen, das den Gang und das Ergebnis der Beratungen festzuhalten hat. Der Schriftführer ist vor Beginn jeder Sitzung vom Vorsitzenden zu bestimmen.

Beschlußfassung

§ **33.** (1) Eine Schülervertretung ist im Rahmen ihrer internen Sitzungen beschlußfähig, wenn mindestens die Hälfte der Mitglieder anwesend ist. Für einen Beschluß ist die einfache Mehrheit der abgegebenen gültigen Stimmen erforderlich. Nach dem Verstreichen einer Stunde ab Sitzungsbeginn genügt für das Zustandekommen eines Beschlusses die Anwesenheit eines Drittels der Mitglieder, wenn mindestens je ein Mitglied aus jedem Schulartbereich anwesend ist sowie die einfache Mehrheit der abgegebenen Stimmen.

(2) Auf die Beschlußfassung in Bereichsausschüssen ist Abs. 1 erster und zweiter Satz anzuwenden.

Berichtswesen

§ **33a.** Die Bundesschülervertretung kann jährlich einen Tätigkeitsbericht erstellen und diesen dem Bundesminister für Bildung, Wissenschaft und Forschung übermitteln. In diesem Bericht sind insbesondere die Beschlüsse der Bundesschülervertretung, die Ergebnisse des Schülerparlaments und sonstige Tätigkeiten der überschulischen Schülervertretung darzustellen. Der Bericht ist vom Bundesminister für Bildung, Wissenschaft und Forschung dem Nationalrat vorzulegen und darüber hinaus durch die Bundeschülervertretung in geeigneter Weise zu veröffentlichen.

(BGBl. I Nr. 41/2018, Z 12a)

Einladung von Sachverständigen und Beobachtern

§ **34.** (1) Zu den einzelnen internen und gemeinsamen Sitzungen einer Schülervertretung sowie zu den Bereichsausschüssen können Sachverständige, die einer Schülervertretung als Mitglied nicht angehören, eingeladen werden, wenn dies im Hinblick auf den Beratungsgegenstand zweckmäßig ist, die Finanzierung sichergestellt ist und die Kosten dem Grundsatz der Sparsamkeit und Angemessenheit entsprechen. Über die Einladung von Sachverständigen entscheidet der jeweilige Vorsitzende.

(2) Soll ein Vertreter von Jugendorganisationen als Sachverständiger eingeladen werden, so hat dies die betreffende Schülervertretung bei Anwesenheit von mindestens der Hälfte der Mitglieder mit einfacher Mehrheit zu beschließen.

(3) Zu gemeinsamen Sitzungen einer Landesschülervertretung kann der Bildungsdirektor zwei Vertreter der Fachausschüsse bei der Bildungsdirektion, zwei Vertreter von repräsentativen Jugendorganisationen und zwei Vertreter von repräsentativen Eltern- und Familienorganisationen als Beobachter einladen. *(BGBl. Nr. 284/1990 idF BGBl. I Nr. 138/2017, Art. 26 Z 10 und 11)*

(4) Zu gemeinsamen Sitzungen der Zentrallehranstaltenschülervertretung und der Bundesschülervertretung kann die Bundesministerin oder der Bundesminister für Bildung, Wissenschaft und Forschung zwei Vertreter der Zentralausschüsse beim Bundesministerium für Bildung, Wissenschaft und Forschung, zwei Vertreter von repräsentativen Jugendorganisationen und zwei Vertreter von repräsentativen Eltern- und Familienorganisationen als Beobachter einladen. *(BGBl. Nr. 284/1990 idF BGBl. I Nr. 75/2013, Art. 11 Z 1, BGBl. I Nr. 138/2017, Art. 26 Z 2 sowie BGBl. I Nr. 41/2018, Z 1 und 8)*

Ehrenamt

§ 35. (1) Die Mitglieder und die Ersatzmitglieder der Schülervertretungen sowie die allenfalls beigezogenen Sachverständigen und Beobachter üben ihre Tätigkeit ehrenamtlich aus.

(2) Die Mitglieder und die Ersatzmitglieder der Schülervertretungen haben Anspruch auf Reisegebühren im Sinne der Reisegebührenvorschrift 1955, BGBl.Nr. 133, in der jeweils geltenden Fassung, gemäß der Gebührenstufe 1. Die Nächtigungsgebühr entfällt bei amtlicher Beistellung unentgeltlicher Unterkunft.

Geschäftsordnung

§ 36. Jede Schülervertretung hat unter Anwendung des § 33 eine Geschäftsordnung zu beschließen, die die näheren Bestimmungen über die Geschäftsführung der Schülervertretung und der Bereichsausschüsse zu enthalten hat. Die Geschäftsordnung der Bundesschülervertretung hat auch die Geschäftsführung des Schülerparlaments zu regeln. *(BGBl. Nr. 284/1990 idF BGBl. I Nr. 41/2018, Z 13)*

Personal- und Sachaufwand

§ 37. Für die Sacherfordernisse der Schülervertretungen und für die Besorgung ihrer Kanzleigeschäfte ist im Rahmen der Bildungsdirektionen bzw. des Bundesministeriums für Bildung, Wissenschaft und Forschung Vorsorge zu treffen. Die Kosten hat der Bund zu tragen.

(BGBl. Nr. 284/1990 idF BGBl. I Nr. 75/2013, Art. 11 Z 1, BGBl. I Nr. 138/2017, Art. 26 Z 2 und 16 sowie BGBl. I Nr. 41/2018, Z 1)

6. ABSCHNITT
Inkrafttreten und Vollziehung

Inkrafttreten, Außerkrafttreten
(BGBl. I Nr. 75/2013, Art. 11 Z 4)

§ 38. (1) Dieses Bundesgesetz tritt mit 1. September 1990 in Kraft.

(2) Verordnungen auf Grund dieses Bundesgesetzes können bereits von dem seiner Kundmachung folgenden Tag an erlassen werden. Sie treten frühestens mit dem im Abs. 1 bezeichneten Zeitpunkt in Kraft.

(3) Mit dem Inkrafttreten dieses Bundesgesetzes tritt das Bundesgesetz BGBl. Nr. 56/1981 außer Kraft.

(4) § 1, § 2 Abs. 2, § 4 Abs. 4, § 9 Abs. 3, § 24 Abs. 1, § 27 Abs. 1 und 2, § 30 Abs. 1 und 3, § 31 Abs. 2, § 34 Abs. 4, § 37, die Überschrift des § 38 und § 39 samt Überschrift in der Fassung des Bundesgesetzes BGBl. I Nr. 75/2013 treten mit 1. Jänner 2014 in Kraft. Gleichzeitig tritt § 18 Abs. 2 letzter Satz außer Kraft. *(BGBl. I Nr. 75/2013, Art. 11 Z 5)*

(5) Für das Inkrafttreten der durch das Bildungsreformgesetz 2017, BGBl. I Nr. 138/2017, geänderten oder eingefügten Bestimmungen gilt Folgendes:

1. § 1 (in der Fassung der Z 2), § 2 Abs. 1 (in der Fassung der Z 4) und 2, § 4 Abs. 4, § 6 Abs. 1 Z 2, § 27 Abs. 1 (in der Fassung der Z 2) und Abs. 2, § 30 Abs. 1 und 3 (in der Fassung der Z 2), § 31 Abs. 2 (in der Fassung der Z 2), § 34 Abs. 4 und § 37 (in der Fassung der Z 2) treten mit Ablauf des Tages der Kundmachung im Bundesgesetzblatt in Kraft;
2. § 1 (in der Fassung der Z 1), § 2 Abs. 1 (in der Fassung der Z 3) und 3, § 4 Abs. 2 und 3, § 6 Abs. 2, § 9 Abs. 2, § 10 Abs. 1 und 2, § 11 Abs. 1 und 2, § 17 Abs. 1 und 2,

§ 18 Abs. 1 und 2, § 27 Abs. 1 (in der Fassung der Z 9 und 15), § 30 Abs. 1 (in der Fassung der Z 11) und 3 (in der Fassung der Z 9 und 11), § 31 Abs. 2 (in der Fassung der Z 9 und 11), § 34 Abs. 3 und § 37 (in der Fassung der Z 16) treten mit 1. Jänner 2019 in Kraft.

(BGBl. I Nr. 138/2017, Art. 26 Z 2 und 17)

(6) Für das Inkrafttreten der durch das Bundesgesetz BGBl. I Nr. 41/2018 geänderten oder eingefügten Bestimmungen gilt Folgendes:

1. § 3 Abs. 1, § 29, § 30a samt Überschrift, § 33a samt Überschrift und § 36 treten mit 1. September 2018 in Kraft;
2. § 1, § 2 Abs. 2, § 4 Abs. 4, § 21, § 24 Abs. 1, § 25, § 27 Abs. 1 und 2, § 30 Abs. 3, § 31 Abs. 2, § 34 Abs. 4 und § 37 sowie § 39 treten mit Ablauf des Tages der Kundmachung im Bundesgesetzblatt in Kraft.

(BGBl. I Nr. 41/2018, Z 14)

Vollziehung

§ 39. Mit der Vollziehung dieses Bundesgesetzes ist die Bundesministerin oder der Bundesminister für Bildung, Wissenschaft und Forschung betraut.

(BGBl. I Nr. 75/2013, Art. 11 Z 6 idF BGBl. I Nr. 41/2018, Z 6)

12.2. Verordnung über die Briefwahl zur Zentrallehranstaltenschülervertretung

BGBl. Nr. 242/1991

Verordnung des Bundesministers für Unterricht und Kunst über die Briefwahl zur Zentrallehranstaltenschülervertretung

Auf Grund des § 27 Abs. 2 des Schülervertretungengesetzes (SchVG), BGBl. Nr. 284/1990, wird verordnet:

Wahlberechtigung

§ 1. Wahlberechtigt für die Briefwahl zur Zentrallehranstaltenschülervertretung sind die Schulsprecher – im Fall der Verhinderung deren Stellvertreter (§ 8 Abs. 2 SchVG) – folgender Schulartbereiche

1. der höheren Internatsschulen des Bundes (Bundeserziehungsanstalten),[1])
2. der höheren technischen und gewerblichen Lehranstalten, sofern diese Zentrallehranstalten (§ 3 Abs. 4 Bundes-Schulaufsichtsgesetz, BGBl. Nr. 240/1962, in der jeweils geltenden Fassung) sind und des Bundesinstitutes für Heimerziehung in Baden sowie[2])
3. der höheren Land- und forstwirtschaftlichen Lehranstalten und der Forstfachschule.

Beschaffenheit der Stimmzettel

§ 2. Stimmzettel, Wahlkuverts und Briefumschläge für die Wahl der Zentrallehranstaltenschülervertretung müssen die gleiche Größe, Farbe und Beschaffenheit aufweisen. Die Stimmzettel sind entsprechend der Anlage zu gestalten.

Zusendung der Stimmzettel an die Wahlberechtigten

§ 3. Beim Bundesministerium für Unterricht und Kunst ist für die Wahl in die Zentrallehranstaltenschülervertretung eine Wahlkommission (§§ 10 und 27 SchVG) einzurichten. Die Wahlkommission hat gleichzeitig mit der Wahlausschreibung (§§ 9, 12 und 27 SchVG) jedem Wahlberechtigten an die betreffende Schule zuzustellen:

1. einen leeren Umschlag (Wahlkuvert),
2. einen Stimmzettel und
3. einen frankierten und mit der Adresse der Wahlkommission sowie mit dem Vor- und Zunamen des Wahlberechtigten versehenen und besonders gekennzeichneten Briefumschlag.

Briefwahl

§ 4. Die zur Briefwahl Berechtigten haben ihre ausgefüllten Stimmzettel der Wahlkommission auf dem Postweg zu übermitteln. Die Stimmzettel müssen sich in dem durch die Wahlkommission zugesendeten Wahlkuvert befinden. Das Wahlkuvert ist vom Wahlberechtigten in den von der Wahlkommission übermittelten Briefumschlag zu legen. Zur Wahrung des Wahlgeheimnisses ist der Briefumschlag zu verschließen. Der verschlossene Briefumschlag ist so rechtzeitig zu übermitteln, daß er vor der Stimmenauszählung bei der Wahlkommission einlangt. Später einlangende Stimmzettel sind bei der Stimmenauszählung nicht zu berücksichtigen.

Personenbezogene Bezeichnungen

§ 5. Personenbezogene Bezeichnungen in dieser Verordnung gelten jeweils auch in ihrer weiblichen Form.

Inkrafttreten und Außerkrafttreten

§ 6. Diese Verordnung tritt mit dem auf die Kundmachung folgenden Tag in Kraft. Mit dem Inkrafttreten dieser Verordnung tritt die Verordnung BGBl. Nr. 235/1981 außer Kraft.

[1]) Mit Erlass des BMBWK vom 14. 3. 2003, Zl. 39.680/1-Z/8a/03, wurden an Stelle der Höheren Internatsschulen des Bundes mit Wirksamkeit vom Beginn des Schuljahres 2002/03 allgemein bildende höhere Schulen und Bundesschülerheime (ausgenommen in 4810 Gmunden, Schloss Traunsee) errichtet.

[2]) Die Rechtsgrundlagen der Zentrallehranstalten und des „Bundesinstitutes für Heimerziehung in Baden" finden sich seit 1. Jänner 2019 in § 1 Abs. 3 Bildungsdirektionen-Einrichtungsgesetz, BGBl. I Nr. 138/2017 (9.1.).

Anlage

Reihung	Vor- und Zuname des Kandidaten/der Kandidatin	Wahlpunkte
1		4
2		3
3		2
4		1

13.1.1. Religionsunterrichtsgesetz – RelUG

BGBl. Nr. 190/1949

idF der Bundesgesetze

BGBl. Nr. 185/1957	BGBl. Nr. 243/1962
BGBl. Nr. 324/1975	BGBl. Nr. 329/1988
BGBl. Nr. 256/1993	BGBl. Nr. I Nr. 36/2012
BGBl. I Nr. 138/2017	

Bundesgesetz vom 13. Juli 1949, betreffend den Religionsunterricht in der Schule (Religionsunterrichtsgesetz).
(BGBl. Nr. 190/1949 idF BGBl. Nr. 185/1957, Art. I Z 1)

Der Nationalrat hat beschlossen:

§ 1. (1) Für alle Schüler, die einer gesetzlich anerkannten Kirche oder Religionsgesellschaft angehören, ist der Religionsunterricht ihres Bekenntnisses Pflichtgegenstand an den öffentlichen und den mit dem Öffentlichkeitsrecht ausgestatteten

a) Volks- und Hauptschulen, Neue[1]) Mittelschulen und Sonderschulen, *(BGBl. Nr. 324/1975, Art. I Z 1 idF BGBl. I Nr. 36/2012, Art. 11 Z 1)*
b) Polytechnischen Schulen, *(BGBl. Nr. 324/1975, Art. I Z 1 idF BGBl. I Nr. 36/2012, Art. 11 Z 2)*
c) allgemeinbildenden höheren Schulen,
d) berufsbildenden mittleren und höheren Schulen (einschließlich der land- und forstwirtschaftlichen Schulen),
e) Berufsschulen in den Bundesländern Tirol und Vorarlberg sowie land- und forstwirtschaftlichen Berufsschulen im gesamten Bundesgebiet,
f) Akademien für Sozialarbeit,
g) Anstalten der Lehrer- und Erzieherbildung (einschließlich der land- und forstwirtschaftlichen Lehranstalten), wobei an den Pädagogischen, Berufspädagogischen und Land- und forstwirtschaftlichen berufspädagogischen Akademien an die Stelle des Religionsunterrichtes der Unterricht in Religionspädagogik tritt und in den folgenden Bestimmungen unter Religionsunterricht auch Religionspädagogik zu verstehen ist. *(BGBl. Nr. 329/1988, Art. I Z 1)*

(BGBl. Nr. 324/1975, Art. I Z 1)

(2) Schüler, die das 14. Lebensjahr noch nicht vollendet haben, können jedoch von ihren Eltern zu Beginn eines jeden Schuljahres von der Teilnahme am Religionsunterricht schriftlich abgemeldet werden; Schüler über 14 Jahre können eine solche schriftliche Abmeldung selbst vornehmen.

(3) An den öffentlichen und mit dem Öffentlichkeitsrecht ausgestatteten Berufsschulen, soweit sie nicht unter Abs. 1 lit. e fallen, ist für alle Schüler, die einer gesetzlich anerkannten Kirche oder Religionsgesellschaft angehören, der Religionsunterricht ihres Bekenntnisses als Freigegenstand zu führen. *(BGBl. Nr. 329/1988, Art. I Z 2)*

§ 2. (1) Der Religionsunterricht wird durch die betreffende gesetzlich anerkannte Kirche oder Religionsgesellschaft besorgt, geleitet und unmittelbar beaufsichtigt. Dem Bund steht jedoch – soweit § 7d nicht anderes bestimmt – das Recht zu, durch seine Schulaufsichtsorgane den Religionsunterricht in organisatorischer und schuldisziplinärer Hinsicht zu beaufsichtigen. *(BGBl. Nr. 190/1949 idF BGBl. Nr. 324/1975, Art. I Z 3)*

(2) Die Lehrpläne für den Religionsunterricht werden hinsichtlich des Lehrstoffes und seiner Aufteilung auf die einzelnen Schulstufen von der betreffenden gesetzlich anerkannten Kirche oder Religionsgesellschaft im Rahmen der staatlich festgesetzten Wochenstundenzahl für den Religionsunterricht erlassen und sodann – soweit § 7d nicht anderes bestimmt – vom zuständigen Bundesminister bekanntgemacht. Den gesetzlich anerkannten Kirchen und Religionsgesellschaften ist vor der Festsetzung und vor jeder Änderung der Wochenstundenanzahl für den Religionsunterricht Gelegenheit zur Stellungnahme zu geben. *(BGBl. Nr. 243/1962, Art. I Z 4 idF BGBl. Nr. 324/1975, Art. I Z 4)*

(3) Für den Religionsunterricht dürfen nur Lehrbücher und Lehrmittel verwendet werden, die nicht im Widerspruch zur staatsbürgerlichen Erziehung stehen. *(BGBl. Nr. 243/1962, Art. I Z 5)*

§ 2a. (1) Die Teilnahme an den von den gesetzlich anerkannten Kirchen und Religi-

[1]) Sollte richtig lauten: „Neuen".

onsgesellschaften zu besonderen Anlässen des schulischen oder staatlichen Lebens, insbesondere zu Beginn und am Ende des Schuljahres abgehaltenen Schülergottesdiensten sowie die Teilnahme an religiösen Übungen oder Veranstaltungen ist den Lehrern und Schülern freigestellt.

(2) Den Schülern ist zur Teilnahme an den im Abs. 1 genannten Schülergottesdiensten und religiösen Übungen oder Veranstaltungen die Erlaubnis zum Fernbleiben vom Unterricht im bisherigen Ausmaß zu erteilen.

(BGBl. Nr. 243/1962, Art. I Z 6)

§ 2b. (1) In den unter § 1 Abs. 1 fallenden Schulen, an denen die Mehrzahl der Schüler einem christlichen Religionsbekenntnis angehört, ist in allen Klassenräumen vom Schulerhalter ein Kreuz anzubringen.

(2) Die Bestimmung des Abs. 1 gilt hinsichtlich jener Schularten, bezüglich deren Erhaltung dem Bund die Grundsatzgesetzgebung und den Ländern die Ausführungsgesetzgebung zukommt, als Grundsatzbestimmung.

(3) Hinsichtlich jener Schulen, bezüglich deren Erhaltung die Gesetzgebung ausschließlich den Ländern zukommt, bleibt die Regelung der im Abs. 1 behandelten Frage der Landesgesetzgebung vorbehalten. *(BGBl. Nr. 324/1975, Art. I Z 5)*

(BGBl. Nr. 243/1962, Art. I Z 6)

§ 3. (1) Die Religionslehrer an den öffentlichen Schulen, an denen Religionsunterricht Pflichtgegenstand oder Freigegenstand ist, werden entweder

a) von der Gebietskörperschaft (Bund, Länder), die die Diensthoheit über die Lehrer der entsprechenden Schulen ausübt, angestellt oder *(BGBl. Nr. 185/1957, Art. I Z 2 idF BGBl. Nr. 243/1962, Art. I Z 8)*

b) von der betreffenden gesetzlich anerkannten Kirche oder Religionsgesellschaft bestellt.

(BGBl. Nr. 185/1957, Art. I Z 2 idF BGBl. Nr. 243/1962, Art. I Z 7)

(2) Die Anzahl der Lehrerstellen, die gemäß Abs. 1 lit. a besetzt werden, bestimmt die Gebietskörperschaft auf Antrag der zuständigen kirchlichen (religionsgesellschaftlichen) Behörde.

(3) Alle Religionslehrer unterstehen hinsichtlich der Vermittlung des Lehrgutes des Religionsunterrichtes den Vorschriften des Lehrplanes und den kirchlichen (religionsgesellschaftlichen) Vorschriften und Anordnungen; im übrigen unterstehen sie in der Ausübung ihrer Lehrtätigkeit den allgemeinen staatlichen schulrechtlichen Vorschriften. *(BGBl. Nr. 243/1962, Art. I Z 9)*

(4) entfallen (BGBl. Nr. 243/1962, Art. I Z 10)

(BGBl. Nr. 185/1957, Art. I Z 2)

§ 4. (1) Die gemäß § 3 Abs. 1 lit. a von den Gebietskörperschaften (Bund, Länder) angestellten Religionslehrer sind Bedienstete der betreffenden Gebietskörperschaft. Auf sie finden die für die Lehrer an den betreffenden öffentlichen Schulen geltenden Vorschriften des Dienstrechtes einschließlich des Besoldungsrechtes und, sofern es sich um Religionslehrer handelt, die zu der Gebietskörperschaft in einem öffentlich-rechtlichen Dienstverhältnis stehen, auch einschließlich des Pensions- und des Disziplinarrechtes unter Bedachtnahme auf die Bestimmungen der folgenden Abs. 2 bis 5 Anwendung.

(2) Die Gebietskörperschaften (Bund, Länder) dürfen nur solche Personen als Religionslehrer anstellen, die von der zuständigen kirchlichen (religionsgesellschaftlichen) Behörde als hiezu befähigt und ermächtigt erklärt sind. Vor Aufnahme in das öffentlich-rechtliche Dienstverhältnis als Religionslehrer und vor Verleihung einer schulfesten Stelle an einen Religionslehrer ist die zuständige kirchliche (religionsgesellschaftliche) Behörde zu hören. *(BGBl. Nr. 329/1988, Art. I Z 3)*

(3) Wird einem unter Abs. 1 fallenden Religionslehrer die ihm erteilte Ermächtigung (Abs. 2) nach erfolgter Anstellung von der zuständigen kirchlichen (religionsgesellschaftlichen) Behörde entzogen, so darf er für die Erteilung des Religionsunterrichtes nicht mehr verwendet werden.

(4) Bei einem als Vertragsbediensteten angestellten Religionslehrer gilt der Entzug der kirchlichen (religionsgesellschaftlichen) Ermächtigung für den Dienstgeber als Kündigungsgrund, sofern nicht nach den Vorschriften des Vertragsbedienstetenrechtes zugleich ein Grund zur Entlassung oder für eine sonstige vorzeitige Auflösung des Dienstverhältnisses vorliegt.

(5) Wird einem im öffentlich-rechtlichen Dienstverhältnis angestellten Religionslehrer die kirchliche (religionsgesellschaftliche) Ermächtigung entzogen, so ist er, wenn nicht zugleich ein Austritt aus dem Dienstverhältnis oder ein auf Entlassung lautendes Disziplinarerkenntnis oder ein den Verlust des Amtes zur Folge habendes rechtskräftiges strafgerichtliches Urteil vorliegt, oder sofern er nicht nach den allgemeinen Bestimmungen

des Dienstrechtes wegen Dienstunfähigkeit – wobei der Entzug der kirchlichen (religionsgesellschaftlichen) Ermächtigung als solcher nicht als Dienstunfähigkeit gilt – oder wegen seines Alters in den dauernden Ruhestand versetzt wird oder wegen Erreichung der Altersgrenze von Gesetzes wegen in den dauernden Ruhestand tritt, aus dem öffentlich-rechtlichen Dienstverhältnis unter Bedachtnahme auf die sozialversicherungsrechtlichen Vorschriften auszuscheiden und so zu behandeln, als ob er Vertragsbediensteter wäre (Abs. 4); hiebei sind die für die Erlangung höherer Bezüge angerechneten Vordienstzeiten hinsichtlich der Höhe des Monatsentgeltes zu berücksichtigen.

(BGBl. Nr. 185/1957, Art. I Z 2)

§ 5. (1) Die gemäß § 3 Abs. 1 lit. b von den gesetzlich anerkannten Kirchen und Religionsgesellschaften bestellten Religionslehrer müssen die österreichische Staatsbürgerschaft besitzen und – außer dem Erfordernis der kirchlich (religionsgesellschaftlich) erklärten Befähigung und Ermächtigung für die Erteilung des Religionsunterrichtes – hinsichtlich der Vorbildung die besonderen Anstellungserfordernisse erfüllen, die für die im § 3 Abs. 1 lit. a genannten Religionslehrer gelten. In besonders begründeten Ausnahmefällen kann – soweit § 7d nicht anderes bestimmt – der zuständige Bundesminister von dem Erfordernis der österreichischen Staatsbürgerschaft Nachsicht erteilen. *(BGBl. Nr. 185/1957, Art. I Z 2 idF BGBl. Nr. 324/1975, Art. I Z 6)*

(2) Durch die Bestellung dieser Religionslehrer wird ein Dienstverhältnis zu den Gebietskörperschaften (Bund, Länder) nicht begründet.

(BGBl. Nr. 185/1957, Art. I Z 2)

§ 6. (1) Die im § 3 Abs. 1 lit. b genannten Religionslehrer erhalten für ihre Lehrtätigkeit an öffentlichen Schulen eine Vergütung nach den Ansätzen des Entlohnungsschemas II L (§ 44 des Vertragsbedienstetengesetzes 1948, BGBl. Nr. 86, in seiner jeweils geltenden Fassung) zuzüglich der jeweiligen Bezugszuschläge, nach den für die Lehrer der betreffenden Schularten dort festgesetzten Entlohnungsgruppen.

(2) Im übrigen finden hinsichtlich der Bemessung der Vergütung für die im § 3 Abs. 1 lit. b genannten Religionslehrer die Bestimmungen des Vertragsbedienstetengesetzes 1948, BGBl. Nr. 86, in seiner jeweils geltenden Fassung, soweit sie sich auf Vertragsbedienstete des Entlohnungsschemas II L beziehen, dem Sinne nach – insbesondere hinsichtlich Dauer des Dienstverhältnisses, Kündigung, Abfertigung, Entlassung, Erkrankung, Todesfall – Anwendung. Desgleichen haben diese Religionslehrer Anspruch auf Vergütung nach den für die Vertragsbediensteten des Bundes jeweils geltenden Reisegebührenvorschriften mit der Maßgabe, daß bei Religionslehrern, die geistliche oder Ordensangehörige oder Angehörige von Diakonissenanstalten sind, der Wohnort als Dienstort gilt. *(BGBl. Nr. 185/1957, Art. I Z 2 idF BGBl. Nr. 243/1962, Art. I Z 11)*

(BGBl. Nr. 185/1957, Art. I Z 2)

§ 7. Den Aufwand für die im § 6 angeführten Vergütungen trägt die Gebietskörperschaft (Bund, Länder), die nach Maßgabe der bundesgesetzlichen Vorschriften die Kosten der Besoldung der übrigen Lehrer an der betreffenden Schule trägt.

§ 7a. (1) Nehmen am Religionsunterricht eines Bekenntnisses weniger als die Hälfte der Schüler einer Klasse teil, so können die Schüler dieses Bekenntnisses mit Schülern desselben Bekenntnisses von anderen Klassen oder Schulen (derselben Schulart oder verschiedener Schularten) zu Religionsunterrichtsgruppen zusammengezogen werden, soweit dies vom Standpunkt der Schulorganisation und des Religionsunterrichtes vertretbar ist. *(BGBl. Nr. 329/1988, Art. I Z 4)*

(2) Nehmen am Religionsunterricht eines Bekenntnisses in einer Klasse weniger als 10 Schüler teil, die zugleich weniger als die Hälfte der Schüler dieser Klasse sind, oder nehmen am Religionsunterricht in einer Religionsunterrichtsgruppe weniger als 10 Schüler teil, die in ihren Klassen jeweils weniger als die Hälfte der Schüler jeder einzelnen Klasse sind, so vermindert sich die festgesetzte Wochenstundenanzahl für den Religionsunterricht (§ 2 Abs. 2), sofern sie mehr als eine Stunde beträgt, auf die Hälfte, mindestens jedoch auf eine Wochenstunde; diese Verminderung tritt nicht ein, wenn der Lehrerpersonalaufwand für die Erteilung des Religionsunterrichtes hinsichtlich der Differenz auf das volle Wochenstundenausmaß von der betreffenden gesetzlich anerkannten Kirche oder Religionsgesellschaft getragen wird.

(3) Nehmen am Religionsunterricht eines Bekenntnisses in einer Klasse vier oder drei Schüler teil, die zugleich weniger als die Hälfte der Schüler dieser Klasse sind, oder nehmen am Religionsunterricht in einer Religionsunterrichtsgruppe vier oder drei Schüler teil, die in ihren Klassen jeweils weniger als

die Hälfte der Schüler jeder einzelnen Klasse sind, und konnte durch Zusammenziehung der Schüler gemäß Abs. 1 keine höhere Zahl erreicht werden, so beträgt die Wochenstundenanzahl für den Religionsunterricht (§ 2 Abs. 2) eine Wochenstunde; diese Verminderung tritt nicht ein, wenn der Lehrerpersonalaufwand für die Erteilung des Religionsunterrichtes hinsichtlich der Differenz auf das volle Wochenstundenausmaß von der betreffenden gesetzlich anerkannten Kirche oder Religionsgesellschaft getragen wird. In diesen Fällen gebühren den Religionslehrern nur die Bezahlung für eine Wochenstunde, nicht jedoch sonstige Vergütungen für finanzielle und zeitliche Aufwendungen für die im Zusammenhang mit der Erteilung dieses Religionsunterrichtes allenfalls erforderlichen Reisebewegungen. *(BGBl. Nr. 329/1988, Art. I Z 5)*

(4) Ein Religionsunterricht für weniger als drei Schüler einer Klasse, die zugleich weniger als die Hälfte der Schüler dieser Klasse sind, sowie ein Religionsunterricht für weniger als drei Schüler einer Religionsunterrichtsgruppe, die in ihren Klassen jeweils weniger als die Hälfte der Schüler jeder einzelnen Klasse sind, ist im vollen oder in dem in den Abs. 2 oder 3 angeführten verminderten Wochenstundenausmaß nur dann zu erteilen, wenn die betreffende gesetzlich anerkannte Kirche oder Religionsgesellschaft den Lehrerpersonalaufwand hiefür trägt. *(BGBl. Nr. 329/1988, Art. I Z 5)*

(5) Die Absätze 1 bis 4 finden keine Anwendung auf Religion als Wahlpflichtgegenstand an allgemeinbildenden höheren Schulen im Sinne des § 39 Abs. 1 Z 3 lit. b des Schulorganisationsgesetzes, BGBl. Nr. 242/1962, in der Fassung des Bundesgesetzes BGBl. Nr. 327/1988. *(BGBl. Nr. 329/1988, Art. I Z 5)*

(BGBl. Nr. 243/1962, Art. I Z 12)

§ 7b. (1) Als Religionslehrer an den unter § 1 fallenden mit dem Öffentlichkeitsrecht ausgestatteten und sonstigen privaten Schulen dürfen nur Personen verwendet werden, die von der zuständigen kirchlichen (religionsgesellschaftlichen) Behörde als hiezu befähigt und ermächtigt erklärt sind. Wird einem solchen Religionslehrer die ihm erteilte Ermächtigung von der zuständigen kirchlichen (religionsgesellschaftlichen) Behörde entzogen, so darf er für die Erteilung des Religionsunterrichtes nicht mehr verwendet werden.

(2) Auf die im Abs. 1 genannten Religionslehrer finden die Bestimmung des § 3 Abs. 3 sowie sinngemäß die Bestimmungen des § 4 Abs. 4 und 5 Anwendung; ferner finden auf die im Abs. 1 genannten Schulen die Bestimmungen des § 7a sinngemäß Anwendung.

(BGBl. Nr. 243/1962, Art. I Z 12)

§ 7c. (1) Für die unmittelbare Beaufsichtigung des Religionsunterrichtes (§ 2 Abs. 1) werden von den gesetzlich anerkannten Kirchen und Religionsgesellschaften Fachinspektoren für den Religionsunterricht bestellt. *(BGBl. Nr. 185/1957, Art. I Z 3 idF BGBl. Nr. 243/1962, Art. I Z 12 und 13)*

(2) Durch die Bestellung zum Fachinspektor für den Religionsunterricht wird weder ein eigenes Dienstverhältnis zu den Gebietskörperschaften (Bund, Länder) begründet noch ein auf Grund der Anstellung als Religionslehrer (§ 3 Abs. 1 lit. a) bestehendes Dienstverhältnis zu einer Gebietskörperschaft (Bund, Länder) berührt. *(BGBl. Nr. 185/1957, Art. I Z 3 idF BGBl. Nr. 243/1962, Art. I Z 12 und 13)*

(3) Religionslehrern (§ 3 Abs. 1), die zu Fachinspektoren für den Religionsunterricht bestellt werden, ist, soweit sie unter die nach Abs. 4 festzusetzende Zahl fallen, für ihre Tätigkeit als Fachinspektoren für den Religionsunterricht die nötige Lehrpflichtermäßigung oder Lehrpflichtbefreiung unter Belassung ihrer vollen Bezüge beziehungsweise ihrer vollen Vergütung zu gewähren. Außerdem ist ihnen nach den Grundsätzen, die für die Dienstzulagen der Fachinspektoren für einzelne Gegenstände gelten (§ 71 Abs. 2 des Gehaltsgesetzes 1956, BGBl. Nr. 54), ein Verwendungszuschuß in gleicher Höhe und erforderlichenfalls ein Reisekostenpauschale nach den für die Fachinspektoren für einzelne Gegenstände geltenden Grundsätzen zu gewähren. Der Verwendungszuschuß ist bei den als Fachinspektoren für den Religionsunterricht verwendeten Religionslehrern, die als Religionslehrer im öffentlich-rechtlichen Dienstverhältnis zu einer Gebietskörperschaft (Bund, Länder) stehen, nach den für die Dienstzulagen der Fachinspektoren für einzelne Gegenstände geltenden Grundsätzen (§ 71 Abs. 3 des Gehaltsgesetzes 1956, BGBl. Nr. 54) für die Bemessung des Ruhegenusses anrechenbar. Der aus den Bestimmungen dieses Absatzes sich ergebende Aufwand einschließlich der Vertretungskosten für die zu Fachinspektoren für den Religionsunterricht bestellten Religionslehrer ist entsprechend den Bestimmungen über den Personalaufwand für die Beamten des Schulaufsichtsdienstes vom Bund zu tragen. *(BGBl. Nr. 185/1957, Art. I Z 3 idF BGBl. Nr. 243/1962, Art. I Z 12 und 13)*

(4) Die Zahl der Fachinspektoren für den Religionsunterricht, auf die die Bestimmungen des Abs. 3 Anwendung finden, wird auf Antrag der zuständigen kirchlichen (religionsgesellschaftlichen) Behörden – soweit es sich nicht um land- und forstwirtschaftliche Schulen handelt, nach Anhörung der zuständigen Bildungsdirektion – vom zuständigen Bundesminister im Einvernehmen mit dem Bundeskanzler – soweit § 7d nicht anderes bestimmt – festgesetzt. *(BGBl. Nr. 324/1975, Art. I Z 7 idF BGBl. Nr. 256/1993, Art. 15 Z 1 und BGBl. I Nr. 138/2017, Art. 24 Z 1)*

(BGBl. Nr. 185/1957, Art. I Z 3 idF BGBl. Nr. 243/1962, Art. I Z 12)

§ 7d. (1) Die gemäß § 2 Abs. 1 zweiter Satz und Abs. 2 erster Satz, § 5 Abs. 1 letzter Satz und § 7c Abs. 4 vom Bund wahrzunehmenden Aufgaben kommen in den Angelegenheiten der land- und forstwirtschaftlichen Berufsschulen und der land- und forstwirtschaftlichen Fachschulen den Ländern zu; soweit in den angeführten Bestimmungen Bundesminister genannt sind, treten an ihre Stelle die Landesregierungen.

(2) Die Regelung des Abs. 1 gilt nicht, soweit es sich um Fachschulen für die Ausbildung von Forstpersonal oder um öffentliche land- und forstwirtschaftliche Fachschulen handelt, die mit einer höheren land- und forstwirtschaftlichen Lehranstalt, mit einer Anstalt für die Ausbildung und Fortbildung der Lehrer an land- und forstwirtschaftlichen Schulen, mit einer Fachschule für die Ausbildung von Forstpersonal oder mit einer land- und forstwirtschaftlichen Versuchsanstalt des Bundes organisatorisch verbunden sind.

(BGBl. Nr. 324/1975, Art. I Z 8)

§ 8. Folgende Vorschriften, soweit sie noch in Geltung stehen, treten außer Kraft:

1. Das Gesetz vom 20. Juni 1872, R. G. Bl. Nr. 86, in der Fassung des Gesetzes vom 17. Juni 1888, R. G. Bl. Nr. 99, betreffend die Besorgung des Religionsunterrichtes in den öffentlichen Volks- und Mittelschulen sowie in den Lehrerbildungsanstalten und den Kostenaufwand für denselben;
2. die §§ 1 bis 5 des Gesetzes über Maßnahmen auf dem Gebiete des Schulwesens in Österreich, G. Bl. f. d. L. Ö. Nr. 121/1939;
3. der Erlaß des Ministeriums für innere und kulturelle Angelegenheiten, Abt. IV: Erziehung, Kultus und Volksbildung, Z. 335.908/1939-3a vom 29. August 1939, Verordnungsblatt des Ministeriums für innere und kulturelle Angelegenheiten, Abt. IV: Erziehung, Kultus und Volksbildung, Nr. 106;
4. der Erlaß des Staatsamtes für Volksaufklärung, für Unterricht und Erziehung und für Kultusangelegenheiten vom 7. Juni 1945, Z. 505, betreffend die vorläufige Regelung des Religionsunterrichtes an öffentlichen Schulen.

§ 9. (1) Dieses Bundesgesetz tritt in jedem Bundesland mit dem 1. jenes Monates in Kraft, der der Kundmachung des mit diesem Bundesgesetze übereinstimmenden Landesgesetzes des betreffenden Bundeslandes nachfolgt, die Bestimmungen des § 3, Abs. (1) und Abs. (2), lit. a, sowie der §§ 4, 6 und 7 jedoch nicht vor dem 1. Jänner 1950.

(2) § 7c Abs. 4 in der Fassung des Bundesgesetzes BGBl. Nr. 256/1993 tritt mit 1. Juli 1993 in Kraft. *(BGBl. Nr. 256/1992, Art. 15 Z 2)*

(3) § 1 Abs. 1 lit. a und b in der Fassung des Bundesgesetzes BGBl. I Nr. 36/2012 tritt mit 1. September 2012 in Kraft. *(BGBl. I Nr. 36/2012, Art. 11 Z 3)*

(4) Für das Inkrafttreten der durch das Bildungsreformgesetz 2017, BGBl. I Nr. 138/2017, geänderten oder eingefügten Bestimmungen gilt Folgendes:

1. § 10 Abs. 1 und 2 tritt mit Ablauf des Tages der Kundmachung im Bundesgesetzblatt in Kraft;
2. § 7c Abs. 4 tritt mit 1. Jänner 2019 in Kraft.

(BGBl. I Nr. 138/2017, Art. 24 Z 2)

§ 10. (1) Mit der Vollziehung dieses Bundesgesetzes, soweit sie in den Wirkungsbereich des Bundes fällt, sowie mit der Wahrnehmung der Rechte des Bundes gemäß Art. 14 Abs. 8 und 14a Abs. 6 des Bundes-Verfassungsgesetzes in der Fassung von 1929 ist der Bundesminister für Bildung betraut, soweit Abs. 2 nicht anderes bestimmt. *(BGBl. Nr. 324/1975, Art. I Z 9 idF BGBl. Nr. 329/1988, Art. I Z 6 und BGBl. I Nr. 138/2017, Art. 24 Z 3)*

(2) Mit der die land- und forstwirtschaftlichen Schulen des Bundes betreffenden Vollziehung des § 2b Abs. 1 und der dienst- und besoldungsrechtlichen Bestimmungen dieses Bundesgesetzes für die Religionslehrer sowie mit der Wahrnehmung der Rechte des Bundes gemäß Art. 14a Abs. 6 des Bundes-Verfassungsgesetzes in der Fassung von 1929 hinsichtlich der dienst- und besoldungsrechtlichen Bestimmungen dieses Bundesgesetzes für Religionslehrer an sonstigen land- und

forstwirtschaftlichen Schulen ist der Bundesminister für Land- und Forstwirtschaft, Umwelt und Wasserwirtschaft betraut. *(BGBl. Nr. 324/1975, Art. I Z 9 idF BGBl. I Nr. 138/2017, Art. 24 Z 4)*

(3) Mit der Vollziehung des § 7c Abs. 4 ist der gemäß Abs. 1 und 2 zuständige Bundesminister, jeweils im Einvernehmen mit dem Bundeskanzler und dem Bundesminister für Finanzen[2]), betraut.

(BGBl. Nr. 324/1975, Art. I Z 9)

---

[2]) Die Worte „und dem Bundesminister für Finanzen" hätten richtigerweise zu entfallen (vgl. § 7c Abs. 4 in der Fassung des Kompetenzbereinigungsgesetzes 1992, BGBl. Nr. 256/1993, Art. 15 Z 1).

13.1.2. Durchführungsrichtlinien zum Religions- sowie zum Ethikunterricht – Neuverlautbarung[1])

Rundschreiben

Titel:	Durchführungsrichtlinien zum Religions- sowie zum Ethikunterricht – Neuverlautbarung[1])
Rundschreiben Nr.:	20/2023
Sachgebiet:	Schulrecht; Religionsrecht
Verteilerkreis:	alle österreichischen Schulen
Personenkreis:	Direktor/innen, Pädagog/innen und Verwaltungspersonal
Geltung:	unbefristet
Rechtsgrundlage:	§§ 1ff des Religionsunterrichtsgesetzes (RelUG), BGBl. Nr. 190/1949 in der geltenden Fassung §§ 8 lit. d und h, 39 Abs. 1, 43 Abs. 3, 55a Abs. 1, 57, 68a Abs. 1, 71 des Schulorganisationsgesetzes (SchOG), BGBl. Nr. 242/1962 in der geltenden Fassung §§ 7 Z 6, 16 Abs. 3, 17 Abs. 1 lit. c des Land- und forstwirtschaftlichen Bundesschulgesetzes (Luf BSchG), BGBl. Nr. 175/1966 in der geltenden Fassung § 13 des Schulzeitgesetzes 1985, BGBl. Nr. 77/1985 in der geltenden Fassung
Ort der Veröffentlichung:	Rundschreibendatenbank des BMBWF
Veröffentlichende Stelle:	BMBWF

[1]) Geschäftszahl: 2023-0.147.570.

Inhaltsverzeichnis

Schule/Kirche
RelUG, VO, StV, rel. Bekenntnisgem.G, IslamG ua.

[1]) Jene Passagen, die gegenüber dem Rundschreiben Nr. 5/2021 **aktualisiert** wurden, sind **grau unterlegt.**

1. Allgemeine Bemerkungen

1.1. Begriffsbestimmungen

Die österreichische Rechtsordnung kennt
- gesetzlich anerkannte Kirchen und Religionsgesellschaften (s. Anhang A) und
- staatlich eingetragene religiöse Bekenntnisgemeinschaften (s. Anhang B).

Personen, die weder einer gesetzlich anerkannten Kirche oder Religionsgesellschaft noch einer staatlich eingetragenen religiösen Bekenntnisgemeinschaft angehören, gelten als Personen ohne Bekenntnis (o.B.).

1.2. Gebühren und Verwaltungsabgaben

Sämtliche in dieser Durchführungsrichtlinie genannten Anträge (An- bzw. Abmeldungen, Ansuchen) sind von allen Gebühren und Verwaltungsabgaben des Bundes befreit.

2. Überblick über die Rechtslage

Die Verpflichtung zum Besuch des Ethikunterrichts für Schülerinnen und Schüler, die am Religionsunterricht nicht teilnehmen, besteht erst für Schülerinnen und Schüler von allgemeinbildenden höheren Schulen sowie von berufsbildenden mittleren und höheren Schulen ab der 9. Schulstufe. In Hinblick auf die Verpflichtung bzw. Berechtigung zur Teilnahme am Religionsunterricht sowie die Verpflichtung zum Besuch des Ethikunterrichts muss daher wie folgt differenziert werden:

2.1. Für Schülerinnen und Schüler bis einschließlich der 8. Schulstufe sowie von Polytechnischen Schulen und Berufsschulen gilt:

Für alle Schülerinnen und Schüler, die einer gesetzlich anerkannten Kirche oder Religionsgesellschaft (Anhang A) angehören, ist der Religionsunterricht ihres Bekenntnisses an den in § 1 Abs. 1 des Religionsunterrichtsgesetzes (RelUG), BGBl. Nr. 190/1949 in der geltenden Fassung, genannten Schulen, grundsätzlich – nämlich vorbehaltlich einer Abmeldung vom Religionsunterricht (s. 3.2.2.) – ein Pflichtgegenstand (s. 3.2.).

Schülerinnen und Schüler ohne Bekenntnis sowie Schülerinnen und Schüler, welche einer staatlich eingetragenen religiösen Bekenntnisgemeinschaft (Anhang B) angehören, sind berechtigt, am Religionsunterricht einer gesetzlich anerkannten Kirche oder Religionsgesellschaft (Anhang A) als Freigegenstand teilzunehmen (s. 3.3.).

Eine Verpflichtung zum Besuch des Ethikunterrichts besteht für diese Schülerinnen und Schüler nicht.

2.2. Für Schülerinnen und Schüler mittlerer und höherer Schulen ab der 9. Schulstufe gilt:

Für alle Schülerinnen und Schüler, die einer gesetzlich anerkannten Kirche oder Religionsgesellschaft (Anhang A) angehören, ist der Religionsunterricht ihres Bekenntnisses an den in § 1 Abs. 1 RelUG genannten Schulen grundsätzlich – nämlich vorbehaltlich einer Abmeldung vom Religionsunterricht (s. 3.2.2.) – Pflichtgegenstand (s. 3.2.).

Schülerinnen und Schüler ohne Bekenntnis sowie Schülerinnen und Schüler, welche einer staatlich eingetragenen religiösen Bekenntnisgemeinschaft (Anhang B) angehören, sind berechtigt, am Religionsunterricht einer gesetzlich anerkannten Kirche oder Religionsgesellschaft (Anhang A) als Freigegenstand teilzunehmen (s. 3.3.).

Für Schülerinnen und Schüler, die am Religionsunterricht – sei es als Pflichtgegenstand oder als Freigegenstand – nicht teilnehmen, ist unabhängig von einer allfälligen Konfession der Ethikunterricht Pflichtgegenstand (s. 4.1.).

Somit hat jede Schülerin bzw. jeder Schüler entweder den Religionsunterricht eines Bekenntnisses – als Pflichtgegenstand oder als Freigegenstand – oder den Pflichtgegenstand Ethik zu besuchen.

Für Schülerinnen und Schüler, die einer gesetzlich anerkannten Kirche oder Religionsgesellschaft (Anhang A) angehören, bestehen somit folgende Möglichkeiten:

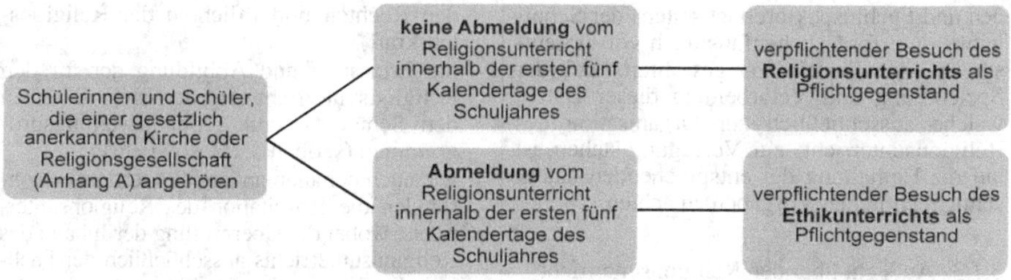

Für Schülerinnen und Schüler ohne Bekenntnis bzw. die einer staatlich eingetragenen religiösen Bekenntnisgemeinschaft (Anhang B) angehören, bestehen somit folgende Möglichkeiten:

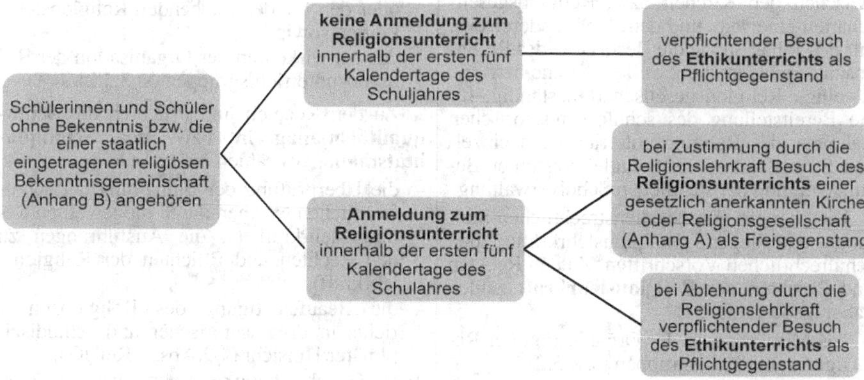

Für die Wahl von „Religion" oder „Ethik" als Prüfungsgebiet der mündlichen Prüfung im Rahmen der abschließenden Prüfung ist der Besuch des entsprechenden Unterrichtsgegenstandes zumindest in der letzten lehrplanmäßig vorgesehenen Schulstufe[2]) bzw. im letzten lehrplanmäßig vorgesehenen Semester[3]) erforderlich. Zudem ist über nicht besuchte Schulstufen bzw. Semester die erfolgreiche Ablegung einer Externistenprüfung nachzuweisen (s. 3.4. und 4.2).

3. Religionsunterricht

3.1. Allgemeine Feststellungen

3.1.1. Konfessionelle Bindung des Religionsunterrichts

Der Religionsunterricht ist konfessionell gebunden. Die Teilnahme von Schülerinnen und Schülern, die einer gesetzlich anerkannten Kirche oder Religionsgesellschaft (Anhang A) angehören, an einem Religionsunterricht, welcher von einer anderen als der dem eigenen Bekenntnis entsprechenden Kirche oder Religionsgesellschaft eingerichtet wurde, ist weder im Rahmen eines Pflichtgegenstandes noch im Rahmen eines Freigegenstandes zulässig.

3.1.2. Organisation des Religionsunterrichts

Um den bestmöglichen Ablauf der Organisation und den rechtzeitigen Beginn des Religionsunterrichtes zu gewährleisten, sind die gesetzlich anerkannten Kirchen und Religionsgesellschaften und die Schulbehörden zu Kooperation sowie rechtzeitiger Kontaktaufnahme angehalten.

Zu diesem Zwecke haben die Schulleitungen[4]) die entsprechenden in den Schüler- bzw. Schulverwaltungsprogrammen zu verarbeitenden Informationen im Wege der jeweiligen Fachinspektorinnen und Fachinspektoren an die jeweilige Kirche bzw. Religionsgesellschaft zu übermitteln. Diese Daten sind, insbesondere in Hinblick auf die Zusammensetzung der Religionsunterrichtsgruppen (s. 3.5.2), stets evident zu halten. Den Fachinspektorin-

Schule/Kirche
RelUG, VO, StV, rel. Bekenntnisgem.G, IslamG ua.

[2]) Dies gilt für Schulen im Anwendungsbereich des Schulunterrichtsgesetzes; in der semestrierten Oberstufe sind hierunter die letzten beiden Semester zu verstehen.

[3]) Dies gilt für Schulen im Anwendungsbereich des Schulunterrichtsgesetzes für Berufstätige, Kollegs und Vorbereitungslehrgänge.

[4]) Wenn Schulen im organisatorischen Verbund mit anderen Schulen als Schulcluster geführt werden, ist unter Schulleitung die Leitung des Schulclusters zu verstehen.

nen und Fachinspektoren ist seitens der Schulleitungen erforderlichenfalls auch vor Ort entsprechende Einsicht zu gewähren. Bei der Speicherung und Verarbeitung dieser Daten, welche ausschließlich zur Organisation des Religionsunterrichts zur Verfügung stehen, ist auf die Einhaltung der entsprechenden datenschutzrechtlichen Vorgaben zu achten.

3.1.3. Aufsicht über den Religionsunterricht sowie Rechte und Pflichten der zuständigen Organe

Der Religionsunterricht ist eine *res mixta* zwischen den Kirchen bzw. Religionsgesellschaften einerseits und dem Staat andererseits. Für den Inhalt sowie die Besorgung des Religionsunterrichts ist die jeweilige Kirche bzw. die jeweilige Religionsgesellschaft zuständig, für die Bereitstellung des schulorganisatorischen Rahmens des Religionsunterrichts am einzelnen Schulstandort die Schulleitung unter Beaufsichtigung der staatlichen Schulverwaltung.

Unabhängig von der dienstrechtlichen Stellung unterliegen Religionslehrkräfte den schulrechtlichen Vorschriften. Zu den Rechten und Pflichten der **Religionslehrkraft** zählen daher insbesondere

– das Mitwirken an der Organisation der Religionsunterrichtsgruppen (s. 3.5.2),
– die Erteilung des lehrplanmäßigen Unterrichts,
– die Abhaltung des Religionsunterrichts in der Unterrichtssprache sowie in Einklang mit den Zielen und Aufgaben der österreichischen Schule,
– die Mitwirkung an der Gestaltung des Schullebens,
– die Durchführung der Leistungsfeststellungen sowie der Leistungsbeurteilung,
– die Anwendung angemessener Erziehungsmittel,
– die Kontaktaufnahme mit den Erziehungsberechtigten, wann immer es die Erziehungssituation bzw. die bislang von der Schülerin bzw. dem Schüler erbrachten Leistungen erfordern,
– die Ausübung der schulischen Aufsichtspflicht (s. 6.),
– die Teilnahme an Konferenzen,
– die Auswahl der Religionslehrbücher sowie
– Entscheidungen über Anmeldungen zum Freigegenstand „Religion" (s. 3.3.3.).

Zu den Rechten und Pflichten der **Schulleitung bzw.** der **Schulcluster-Leitung** zählen insbesondere

– die Überprüfung der Einhaltung der schulrechtlichen Normen durch die jeweilige Religionslehrkraft (s. die Ausführungen zu den Rechten und Pflichten der Religionslehrkraft),
– die Erfassung und Abbildung der für den Religionsunterricht erforderlichen Daten in den Schüler – und Schulverwaltungsprogrammen (s. oben 3.1.2. sowie 5.1),
– wie auch bei allen anderen Unterrichtsgegenständen die Hospitation des Religionsunterrichts, wobei die Überprüfung der Inhalte des Religionsunterrichts ausschließlich der Fachinspektorin bzw. dem Fachinspektor obliegt,
– die Wahrnehmung der Dienstaufsicht über die in einem öffentlich-rechtlichen oder vertraglichen Dienstverhältnis zum Bund oder den Ländern stehenden Religionslehrkräften sowie
– das Mitwirken an der Organisation der Religionsunterrichtsgruppen (s. 3.5.2).

Zu den Rechten und Pflichten der **Schulqualitätsmanagerin** bzw. des **Schulqualitätsmanagers** zählen insbesondere

– die Überprüfung der Einhaltung der schulrechtlichen Normen durch die jeweilige Religionslehrkraft (s. die Ausführungen zu den Rechten und Pflichten der Religionslehrkraft),
– die Beaufsichtigung des Religionsunterrichts in organisatorischer und schuldisziplinärer Hinsicht (§ 2 Abs. 1 RelUG),
– die Genehmigung der Lehrfächerverteilung,
– im Eskalationsfall die Unterstützung der Schulleitungen und Schulcluster-Leitungen beim Krisen- und Beschwerdemanagement,
– das Mitwirken an der Organisation der Religionsunterrichtsgruppen (s. 3.5.2) sowie
– die Beurteilung der Vertretbarkeit von Religionsgruppenbildungen vom Standpunkt der Schulorganisation in Zusammenwirken mit dem Präsidialbereich der Bildungsdirektion.

Zu den Rechten und Pflichten der **Fachinspektorin bzw.** des **Fachinspektors** zählen insbesondere

– das Mitwirken an der Organisation der Religionsunterrichtsgruppen (s. 3.5.2) und hierbei insbesondere an der Beurteilung der Vertretbarkeit vom Standpunkt des Religionsunterrichts,
– das Mitwirken an der Zuweisung der Religionslehrkräfte an die Schulen, welche durch die jeweilige Kirche oder Religionsgesellschaft erfolgt,
– die Aufsicht über den Religionsunterricht, insbesondere in Hinblick auf die Erfüllung des Lehrplans sowie die Übereinstimmung mit den Aufgaben der österreichischen Schule (Art 14 Abs 5a B-VG sowie § 2 SchOG bzw. § 2 Luf BSchG), sowie

die unmittelbare Beaufsichtigung des Religionsunterrichts (§ 7c RelUG).

Ein Tätigwerden der **Fachinspektorin bzw. des Fachinspektors** ist jedenfalls dann erforderlich, wenn sie bzw. er Kenntnis darüber erlangt, dass eine Religionslehrkraft im Rahmen des Religionsunterrichtes Inhalte vermittelt, die der vorherrschenden Lehre und damit einhergehend dem Lehrplan oder den Aufgaben der österreichischen Schule widersprechen.

Darüber hinaus obliegt die Überprüfung der Einhaltung der schulrechtlichen Normen der **Schulleitung bzw. der Schulcluster-Leitung** sowie der **Schulqualitätsmanagerin bzw. dem Schulqualitätsmanager.**

3.2. Religion als Pflichtgegenstand

3.2.1. Grundsätzliches

Für alle Schülerinnen und Schüler, die einer gesetzlich anerkannten Kirche oder Religionsgesellschaft (Anhang A) angehören, ist der Religionsunterricht ihres Bekenntnisses an den in § 1 Abs. 1 RelUG genannten Schulen grundsätzlich – nämlich vorbehaltlich einer Abmeldung vom Religionsunterricht (s. 3.2.2) – Pflichtgegenstand.

Für Schülerinnen und Schüler von allgemeinbildenden höheren Schulen sowie von berufsbildenden mittleren und höheren Schulen ab der 9. Schulstufe, die am Religionsunterricht nicht teilnehmen, ist Ethik ein Pflichtgegenstand. Daraus ergibt sich für diese Schülerinnen und Schüler folgende Übersicht:

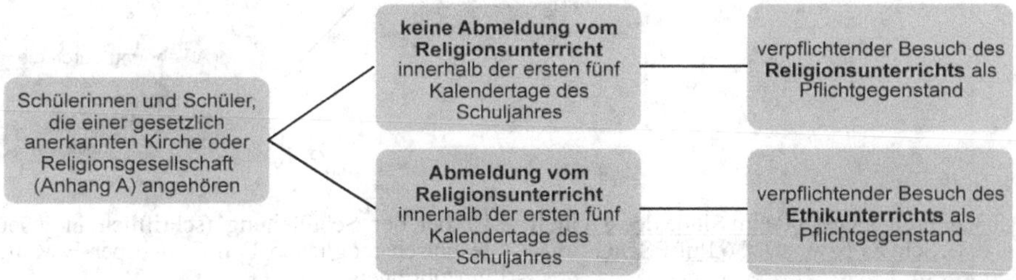

3.2.2. Abmeldung vom Religionsunterricht

Die Erziehungsberechtigten, nach Vollendung des 14. Lebensjahres jedoch die Schülerin bzw. der Schüler selbst, können gemäß § 1 Abs. 2 RelUG eine Abmeldung vom Religionsunterricht vornehmen. Sowohl die vom Religionsunterricht abgemeldeten Schülerinnen und Schüler als auch die nicht abgemeldeten Schülerinnen und Schüler sind von der Schulleitung ohne Verzug der zuständigen Religionslehrkraft mitzuteilen.

Die Abmeldung vom Religionsunterricht kann nur während der ersten fünf Kalendertage des Schuljahres (§ 2 Abs. 1 Schulzeitgesetz 1985) schriftlich bei der Schulleitung in jeder technisch möglichen Form, auch per E-Mail, erfolgen.

Nach Maßgabe der Möglichkeiten ist der lehrplanmäßige Religionsunterricht mit Beginn des Schuljahres vorzusehen. Den Religionslehrkräften ist innerhalb der Abmeldefrist die Möglichkeit einzuräumen, in den für sie in Aussicht genommenen Klassen, zumindest jedoch in den 1. Klassen bzw. I. Jahrgängen sowie in den 5. Klassen der Allgemeinbildenden höheren Schulen Religionsunterricht zu halten, bei welchem die Schülerinnen und Schüler des betreffenden Bekenntnisses anwesend sind.

Jede Beeinflussung der Entscheidung der Schülerinnen und Schüler bzw. deren Erziehungsberechtigten ist in Hinblick auf die Glaubens- und Gewissensfreiheit zu unterlassen.

Erfolgt der Eintritt einer Schülerin bzw. eines Schülers erst während des Schuljahres (z.B. nach einem Auslandsaufenthalt, nach Krankheit oder bei schiefsemestriger Führung von semesterweise geführten Schulformen), so beginnt die fünftägige Frist mit dem Tag des tatsächlichen Schuleintritts. Ein Wechsel der Schule während des Schuljahres gilt jedoch nicht als Schuleintritt im obigen Sinn.

Die Abmeldung gilt immer nur für ein Schuljahr bzw. bis zum allfälligen Widerruf der Abmeldung. Der Widerruf der Abmeldung ist jederzeit zulässig, es sei denn, die Abmeldung hat zum verpflichtenden Besuch des Ethikunterrichts geführt.

3.3. Religion als Freigegenstand

3.3.1. Allgemeines

Schülerinnen und Schüler ohne Bekenntnis sowie Schülerinnen und Schüler, welche einer staatlich eingetragenen religiösen Bekenntnisgemeinschaft (Anhang B) angehören, sind unter den nachstehenden Bedingungen berechtigt, freiwillig am Religionsunterricht einer gesetzlich anerkannten Kirche oder Religionsgesellschaft (Anhang A) als Freigegenstand im Sinne des § 8 lit. h SchOG bzw. § 7 Z 6 Luf BschG teilzunehmen.

Für Schülerinnen und Schüler von allgemeinbildenden höheren Schulen sowie von berufsbildenden mittleren und höheren Schulen ab der 9. Schulstufe, die am Religionsunterricht nicht teilnehmen, ist Ethik ein Pflichtgegenstand. Daraus ergibt sich für diese Schülerinnen und Schüler folgende Übersicht:

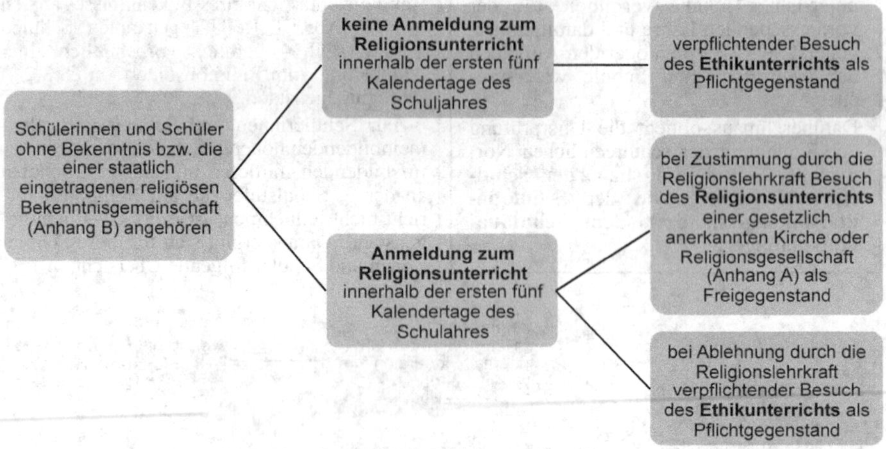

3.3.2. Freigegenstände im Sinne des § 8 lit. h SchOG bzw. § 7 Z 6 Luf BSchG

§ 8 lit. h SchOG bzw. § 7 Z 6 Luf BSchG definiert Freigegenstände „als jene Unterrichtsgegenstände, zu deren Besuch eine Anmeldung für jedes Unterrichtsjahr erforderlich ist, die beurteilt werden und deren Beurteilung – außer wenn an diesem anstelle eines Pflichtgegenstandes teilgenommen wird – keinen Einfluss auf den erfolgreichen Abschluss einer Schulstufe hat".

Bei Schülerinnen und Schülern, die in den entsprechenden Schularten bzw. Schulstufen (s. 2.2) den Ethikunterricht zu besuchen hätten, sich stattdessen jedoch für eine Teilnahme am Religionsunterricht im Rahmen eines Freigegenstandes entschieden haben, entfaltet der Besuch des Freigegenstandes dieselben Wirkungen wie der Besuch eines Pflichtgegenstandes.

3.3.3. Anmeldung zum Religionsunterricht

Die Teilnahme am Religionsunterricht als Freigegenstand setzt eine Anmeldung voraus. Diese ist seitens der Erziehungsberechtigten, nach Vollendung des 14. Lebensjahres jedoch seitens der Schülerin bzw. des Schülers selbst, bis längstens zum Ablauf des fünften Kalendertages des Schuljahres bei der Schulleitung einzubringen.

Sie hat den Religionsunterricht jener Kirche oder Religionsgesellschaft, an dem teilgenommen werden soll, konkret zu bezeichnen und ist bei der Schulleitung (schriftlich in jeder technisch möglichen Form, auch per E-Mail) einzubringen.

Die Schulleitung hat die Anmeldung der betroffenen Religionslehrkraft zur Einholung der erforderlichen Zustimmung zur Kenntnis zu bringen. Im Falle einer Ablehnung durch die Lehrkraft ist dies entsprechend zu dokumentieren. Die betreffende Schülerin bzw. der betreffende Schüler hat in diesem Fall in den entsprechenden Schularten bzw. Schulstufen (s. 2.2) den Pflichtgegenstand Ethik zu besuchen.

Eine Abmeldung von einem Freigegenstand während des Schuljahres ist nicht zulässig.

3.4. Religion als Prüfungsgebiet der mündlichen Prüfung im Rahmen der abschließenden Prüfung

Die Voraussetzungen für die Wahl von Religion als Prüfungsgebiet der mündlichen Prüfung im Rahmen der abschließenden Prüfung sind in den jeweiligen Prüfungsordnungen festgelegt (§ 27 Abs. 3 Prüfungsordnung AHS, BGBl. II Nr. 174/2012 in der geltenden Fassung, § 19 Abs. 3 Prüfungsordnung AHS-B, BGBl. Nr. 54/2017 in der geltenden Fassung, § 20 Abs. 2 Prüfungsordnung BMHS, BGBl. II Nr. 177/2012 in der geltenden Fassung, § 18 Abs. 2 Prüfungsordnung BMHS-B, Kollegs, BGBl. II Nr. 36/2017 in der geltenden Fassung).

Im Rahmen der mündlichen Prüfung der abschließenden Prüfung darf Religion demzufolge als Prüfungsgebiet gewählt werden,

– wenn der Religionsunterricht der betreffenden Konfession zumindest in der letzten lehrplanmäßig vorgesehenen Schulstufe bzw. im letzten lehrplanmäßig vorgesehenen Semester besucht wurde oder mittels Modulprüfungen im Sinne des § 23a SchUG-BKV nachgewiesen wurde und
– über allenfalls nicht besuchte Schulstufen bzw. Semester oder nicht mittels Modulprüfungen nachgewiesene Semester die erfolgreiche Ablegung einer Externistenprüfung nachgewiesen wird.

Dies gilt unabhängig davon, ob der Religionsunterricht im Rahmen eines Pflichtgegenstandes oder eines Freigegenstandes besucht wurde.

Beispiel 1:
Eine Schülerin bzw. ein Schüler gehört einer gesetzlich anerkannten Kirche (Anhang A) an und besucht die letzte Schulstufe einer berufsbildenden höheren Schule. In den ersten beiden Schulstufen war sie bzw. er vom Religionsunterricht abgemeldet und besuchte folglich den Ethikunterricht, in den folgenden Schuljahren besuchte bzw. besucht sie bzw. er den Religionsunterricht ihrer bzw. seiner Konfession als Pflichtgegenstand.

Die Wahl des Prüfungsgebietes „Religion" im Rahmen der mündlichen Prüfung ist unter der Voraussetzung, dass die Schülerin bzw. der Schüler über die ersten beiden Schulstufen Externistenprüfungen aus dem Pflichtgegenstand „Religion" ihrer bzw. seiner Konfession ablegt, zulässig.

Beispiel 2:
Eine Schülerin bzw. ein Schüler gehört einer gesetzlich anerkannten Kirche (Anhang A) an und besucht die letzte Schulstufe einer berufsbildenden höheren Schule. In den ersten beiden Schulstufen besuchte sie bzw. er den Religionsunterricht ihrer bzw. seiner Konfession als Pflichtgegenstand, in den folgenden Schuljahren war bzw. ist sie bzw. er vom Religionsunterricht abgemeldet und besuchte bzw. besucht folglich den Ethikunterricht.

Eine Wahl des Prüfungsgebietes „Religion" im Rahmen der mündlichen Prüfung ist hier nicht zulässig, da die unabdingbare Voraussetzung des Besuchs Religionsunterrichts zumindest in der letzten lehrplanmäßig vorgesehenen Schulstufe nicht erfüllt ist; dieses Erfordernis kann auch nicht durch die Ablegung einer Externistenprüfung ersetzt werden.

Beispiel 3:
Eine Schülerin bzw. ein Schüler ist ohne religiöses Bekenntnis und besucht die letzte Schulstufe einer allgemein bildenden höheren Schule. In der 9. und 10. Schulstufe besuchte sie bzw. er den Religionsunterricht der Konfession A im Rahmen eines Freigegenstandes, in den verbleibenden zwei Schulstufen besuchte bzw. besucht sie bzw. er den Religionsunterricht einer Konfession B.

Eine Wahl des Prüfungsgebietes „Religion" im Rahmen der mündlichen Prüfung ist hier nur in Bezug auf die Konfession B, zumal nur dieser Religionsunterricht zumindest in der letzten lehrplanmäßig vorgesehenen Schulstufe besucht wurde, sowie unter der Voraussetzung der erfolgreichen Ablegung von Externistenprüfungen über den Pflichtgegenstand „Religion" dieser Konfession B über die 9. und 10. Schulstufe zulässig.

3.5. Ausmaß des Religionsunterrichts sowie Bildung von Religionsunterrichtsgruppen

3.5.1. Ausmaß des Religionsunterrichts

Das für den Religionsunterricht erforderliche Kontingent an Unterrichtsstunden kann endgültig erst nach Ende der Ab- bzw. Anmeldefrist festgesetzt werden. Bis zu dieser Festsetzung ist für die 1. Klassen bzw. I. Jahrgänge einer Schule sowie für die 5. Klassen der AHS der Religionsunterricht mit dem im Lehrplan festgesetzten Wochenstundenausmaß, für die anderen Klassen bzw. Jahrgänge zumindest in dem im vorangegangenen Schuljahr tatsächlich bestehenden Wochenstundenausmaß vorzusehen.

Eine Änderung des Wochenstundenausmaßes aufgrund einer Änderung der Zahl der Schülerinnen und Schüler in einer Klasse oder Religionsunterrichtsgruppe ist bis längstens 1. Oktober des jeweiligen Schuljahres möglich.

Von dem für den Religionsunterricht im Lehrplan festgesetzten Wochenstundenausmaß darf ohne Zustimmung der jeweiligen gesetzlich anerkannten Kirche oder Religionsgesellschaft weder schulautonom noch schulversuchsweise abgewichen werden.

3.5.2. Bildung von Religionsunterrichtsgruppen

Der Religionsunterricht ist grundsätzlich **klassenweise** zu organisieren. Um insbesondere auch „kleineren" Kirchen oder Religionsgesellschaften die Abhaltung des Religionsunterrichtes zu ermöglichen, sowie auch vor dem

Hintergrund der Ressourcenschonung, besteht die Möglichkeit der **Bildung von** klassen-, schulstufen-, schul- sowie auch schulartübergreifenden **Religionsunterrichtsgruppen.**

Die Bildung von Religionsunterrichtsgruppen ist in § 7a RelUG abweichend von § 8a SchOG bzw. § 8a Luf BschG geregelt und erfolgt hinsichtlich der schulorganisatorischen Vertretbarkeit durch die Schulleitung, die in diesem Zusammenhang an die Weisungen der staatlichen Schulbehörden gebunden ist. Hinsichtlich der Frage, ob die Gruppenbildung vom Standpunkt des Religionsunterrichts vertretbar ist, ist die jeweilige Fachinspektion einzubeziehen. Diesbezüglich wird auf Punkt 3.1.3. und das notwendige Zusammenwirken der von dieser Aufgabe betroffenen Akteurinnen und Akteure verwiesen.

Für die Berechnung der Religionsunterrichtsgruppen im Sinne des § 7a RelUG sind sämtliche Schülerinnen und Schüler, unabhängig von ihrem Bekenntnis sowie davon, ob sie den Religionsunterricht als Pflichtgegenstand oder als Freigegenstand besuchen, heranzuziehen.

Die Bildung von Religionsunterrichtsgruppen hat nach den nachstehend zitierten Bestimmungen zu erfolgen, wobei stets auf die Erfordernisse der Pädagogik, die räumlichen Möglichkeiten sowie einen effizienten Ressourceneinsatz und eine straffe Organisation der Religionsunterrichtsgruppen Bedacht zu nehmen ist.

Eine Religionsunterrichtsgruppe darf gemäß § 7a Abs. 1 RelUG jedenfalls nur unter folgenden Voraussetzungen gebildet werden:

– am Religionsunterricht eines Bekenntnisses nehmen weniger als die Hälfte der Schülerinnen und Schüler einer Klasse teil und
– die Bildung einer Religionsunterrichtsgruppe ist vom Standpunkt der Schulorganisation und des Religionsunterrichts vertretbar.

Vor dem Hintergrund des Religionsunterrichts als *res mixta* zwischen Kirche bzw. Religionsgesellschaft und Staat (s. 3.1.3) ist die Vertretbarkeit vom Standpunkt der Schulorganisation hierbei von der staatlichen Schulverwaltung, jene vom Standpunkt des Religionsunterrichts ausschließlich von der jeweiligen Kirche oder Religionsgesellschaft (Fachinspektion) zu beurteilen.

Es obliegt somit der staatlichen Schulverwaltung darüber zu entscheiden, ob vom Standpunkt der Schulorganisation den Schülerinnen und Schülern eine Zusammenziehung zumutbar ist. Dies erfordert, dass die zeitliche Lage des Religionsunterrichts andere Unterrichtseinheiten nicht beeinträchtigen darf und der Schulweg zu einem anderen Standort zumutbar sein muss. Die räumliche Distanz ist dabei vor allem anhand der öffentlichen Verkehrsmittel, sowohl in Hinblick auf die Fahrtdauer als auch die Frequenz, zu beurteilen.

Dem gegenüber fällt die Beurteilung der Vertretbarkeit vom Standpunkt des Religionsunterrichts bzw. dessen inhaltlicher Gestaltung in die Zuständigkeit der Kirche bzw. Religionsgesellschaft.

Beispiel 1:

Eine Klasse umfasst insgesamt 26 Schülerinnen und Schüler. Am Religionsunterricht der Konfession A nehmen 14 dieser Schülerinnen und Schüler teil, an jenem der Konfession B 11. Ein Schüler ist ohne Bekenntnis und nimmt am Ethikunterricht teil.

Der Religionsunterricht der Konfession A ist für die 14 Schülerinnen und Schüler dieser Klasse gesondert abzuhalten, da diese nicht weniger als die Hälfte der Gesamtzahl der Schülerinnen und Schüler darstellen.

In Hinblick auf die Schülerinnen und Schüler, die den Religionsunterricht der Konfession B besuchen, ist festzuhalten, dass diese mit Schülerinnen und Schülern desselben Bekenntnisses von anderen Klassen oder Schulen zu einer Religionsunterrichtsgruppe zusammengezogen werden können, da sie weniger als die Hälfte der Schülerinnen und Schüler ihrer Klasse ausmachen. Voraussetzung hierfür ist die Vertretbarkeit sowohl vom Standpunkt der Schulorganisation als auch des Religionsunterrichtes.

Die lehrplanmäßige festgesetzte Wochenstundenanzahl ist nur dann im Sinne des § 7a Abs. 2 RelUG zu vermindern, wenn

– am Religionsunterricht in einer Klasse
  1. weniger als 10 Schülerinnen und Schüler teilnehmen und
  2. diese (weniger als 10) Schülerinnen und Schüler zugleich weniger als die Hälfte der Schülerinnen und Schüler dieser Klasse sind bzw.
– am Religionsunterricht in einer Religionsunterrichtsgruppe
  1. weniger als 10 Schülerinnen und Schüler teilnehmen und
  2. diese (weniger als 10) Schülerinnen und Schüler in ihren Klassen jeweils weniger als die Hälfte der Schülerinnen und Schüler in jeder einzelnen Klasse sind.

Liegen die jeweils unter 1. und 2. genannten Bedingungen nicht kumulativ vor, hat der Religionsunterricht im vollen lehrplanmäßigen

Ausmaß statt zu finden. Die zweite Bedingung wird regelmäßig dann nicht erfüllt sein, wenn es sich um Klassen mit sehr geringen Schülerinnen- und Schülerzahlen handelt.

Bei Vorliegen der Voraussetzungen hat eine Verminderung auf die Hälfte der lehrplanmäßig vorgesehenen Wochenstunden, mindestens jedoch auf eine Wochenstunde, zu erfolgen.

Die Verminderung hat zudem zu unterbleiben, wenn der Lehrpersonalaufwand für die Erteilung des Religionsunterrichtes hinsichtlich der Differenz auf das volle Wochenstundenausmaß von der betreffenden gesetzlich anerkannten Kirche oder Religionsgesellschaft getragen wird.

Beispiel 2:

Nehmen von insgesamt 26 Schülerinnen und Schüler einer Klasse, für die eine Wochenstundenzahl von zwei Stunden vorgesehen ist, beispielsweise nur acht am Religionsunterricht einer Konfession teil und ist auch eine Zusammenziehung zu Religionsunterrichtsgruppen nicht möglich, so ist eine Verminderung der Wochenstundenanzahl auf eine vorzunehmen; dies vorbehaltlich einer Kostentragung durch die betreffende Kirche bzw. Religionsgesellschaft.

Gemäß § 7a Abs. 3 RelUG dürfen Gruppen mit drei oder vier Schülerinnen und Schülern nur dann mit einer staatlich finanzierten Wochenstunde gebildet werden, wenn durch Zusammenziehung von Schülerinnen und Schülern mehrerer Klassen oder Schulen keine größere Gruppengröße erreicht werden konnte. Eine solche Zusammenziehung ist in Zusammenschau mit § 7a Abs. 1 RelUG nur dann durchzuführen, wenn dies vom Standpunkt der Schulorganisation und des Religionsunterrichts vertretbar ist.

Gemäß § 7a Abs. 4 RelUG darf ein Religionsunterricht für weniger als drei Schülerinnen und Schüler nur dann abgehalten werden, wenn entweder aufgrund sehr geringer Schülerinnen – und Schülerzahlen die kumulativen Voraussetzungen des § 7a Abs. 2RelUG nicht erfüllt werden (s. oben) oder die Kirche oder Religionsgesellschaft den gesamten Lehrpersonalaufwand hiefür trägt. Mittels Größenschluss lässt sich daraus ableiten, dass ein Religionsunterricht für weniger als drei Schülerinnen und Schüler somit abgehalten werden darf, obwohl durch Zusammenziehung unter Berücksichtigung der Vertretbarkeit vom Standpunkt der Schulorganisation und des Religionsunterrichts größere Gruppen gebildet hätten werden können, wenn die Kirche oder Religionsgesellschaft den Lehrpersonalaufwand hiefür zur Gänze trägt.

4. Ethikunterricht

4.1. Ethik als Pflichtgegenstand

Wie unter 2.2. ausgeführt, ist Ethik Pflichtgegenstand für jene Schülerinnen und Schüler von allgemeinbildenden höheren Schulen sowie von berufsbildenden mittleren und höheren Schulen ab der 9. Schulstufe, die nicht am Religionsunterricht teilnehmen. Erfasst sind daher folgende Gruppen von Schülerinnen und Schülern:

– Schülerinnen und Schüler, die einer gesetzlich anerkannten Kirche oder Religionsgesellschaft (Anhang A) angehören und sich vom Religionsunterricht abgemeldet haben sowie
– Schülerinnen und Schüler, die einer eingetragenen religiösen Bekenntnisgemeinschaft (Anhang B) angehören oder ohne religiöses Bekenntnis sind, und sich nicht zum Freigegenstand Religion angemeldet haben bzw. deren Anmeldung abgelehnt wurde.

Für Schülerinnen und Schüler, die einer gesetzlich anerkannten Kirche oder Religionsgesellschaft (Anhang A) angehören, gilt daher:

Für Schülerinnen und Schüler ohne Bekenntnis bzw. die einer staatlich eingetragenen religiösen Bekenntnisgemeinschaft (Anhang B) angehören, gilt daher:

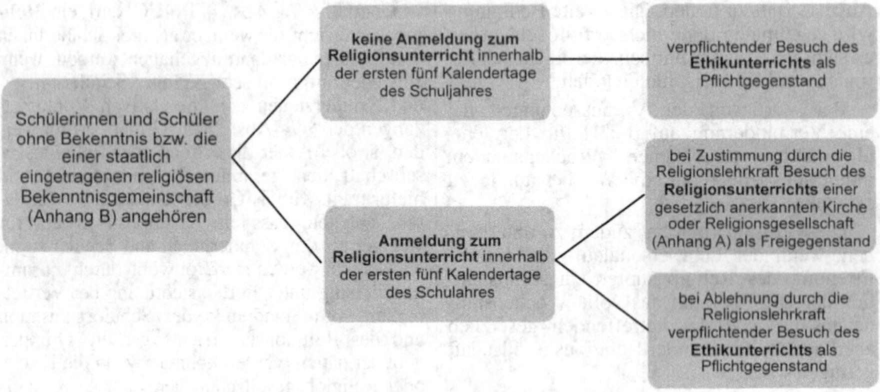

Ein Besuch sowohl des Pflichtgegenstandes Ethik als auch des Religionsunterrichtes als Freigegenstand ist somit nicht zulässig.

Ebenso nicht zulässig ist ein Besuch des Ethikunterrichts als Freigegenstand.

Eine Anmeldung zum Besuch des Ethikunterrichtes (wie auch zum Besuch des Religionsunterrichtes als Pflichtgegenstand) ist rechtlich nicht vorgesehen, zumal sich die Teilnahmeverpflichtung schon aufgrund des Gesetzes ergibt.

Somit kann jeweils erst nach Ablauf der Frist für die An- bzw. Abmeldung zum Religionsunterricht innerhalb der ersten fünf Kalendertage des Schuljahres endgültig feststehen, wie viele Schülerinnen und Schüler am Pflichtgegenstand Ethik teilnehmen.

4.2. Ethik als Prüfungsgebiet der mündlichen Prüfung im Rahmen der abschließenden Prüfung

Analog zu den Bestimmungen für das Prüfungsgebiet „Religion“ in den jeweiligen Prüfungsordnungen kann „Ethik“ im Rahmen der mündlichen Prüfung der abschließenden Prüfung als Prüfungsgebiet gewählt werden, wenn der Ethikunterricht

– zumindest in der letzten lehrplanmäßig vorgesehenen Schulstufe bzw. im letzten lehrplanmäßig vorgesehenen Semester besucht wurde oder mittels Modulprüfungen im Sinne des § 23a SchUG-BKV nachgewiesen wurde und
– über allenfalls nicht besuchte Schulstufen bzw. Semester oder nicht mittels Modulprüfungen nachgewiesene Semester die erfolgreiche Ablegung einer Externistenprüfung nachgewiesen wird.

Beispiel 1:
Eine Schülerin bzw. ein Schüler gehört einer gesetzlich anerkannten Kirche (Anhang A) an und besucht die letzte Schulstufe einer berufsbildenden höheren Schule. In den ersten beiden Schulstufen besuchte sie bzw. er den Religionsunterricht ihrer bzw. seiner Konfession als Pflichtgegenstand, in den folgenden Schuljahren war bzw. ist sie bzw. er vom Religionsunterricht abgemeldet und besucht folglich den Ethikunterricht.

Die Wahl des Prüfungsgebietes „Ethik“ im Rahmen der mündlichen Prüfung ist unter der Voraussetzung, dass die Schülerin bzw. der Schüler über die ersten beiden Schulstufen Externistenprüfungen aus dem Pflichtgegenstand „Ethik“ ablegt, zulässig.

Beispiel 2:
Eine Schülerin bzw. ein Schüler gehört einer gesetzlich anerkannten Kirche (Anhang A) an und besucht die letzte Schulstufe einer berufsbildenden höheren Schule. In den ersten beiden Schulstufen war sie bzw. er vom Religionsunterricht abgemeldet und besuchte somit den Ethikunterricht, in den folgenden Schuljahren besuchte bzw. besucht sie bzw. er den Religionsunterricht ihrer bzw. seiner Konfession als Pflichtgegenstand.

Die Wahl des Prüfungsgebietes „Ethik“ im Rahmen der mündlichen Prüfung ist hier nicht zulässig, da die unabdingbare Voraussetzung des Besuchs des Ethikunterrichts zumindest in der letzten lehrplanmäßig vorgesehenen Schulstufe nicht erfüllt ist; dieses Erfordernis kann auch nicht durch die Ablegung einer Externistenprüfung ersetzt werden.

4.3. Ausmaß und Organisation des Ethikunterrichts sowie Bildung von Ethikgruppen

4.3.1. Ausmaß des Ethikunterrichts

Das Ausmaß des Ethikunterrichts für die einzelnen Schularten bzw. Sonderformen ergibt sich aus den in den jeweiligen Lehrplänen enthaltenen Stundentafeln.

4.3.2. Stundenplangestaltung

Der Pflichtgegenstand „Ethik" ist möglichst zeitgleich mit dem Religionsunterricht jener gesetzlich anerkannten Kirche oder Religionsgesellschaft durchzuführen, der die höchste Zahl an Schülerinnen und Schüler der Schule angehört (s. §§ 43 Abs. 3, 57, 71 SchOG, § 16 Abs. 3 LufBSchG).

4.3.3. Bildung von Ethikgruppen

Die Bildung von Ethikgruppen ist vom Anwendungsbereich des § 8a SchOG bzw. § 8a Luf BSchG umfasst. Überdies gilt, dass wenn weniger als zehn Schülerinnen oder Schüler einer Klasse zur Teilnahme am Ethikunterricht verpflichtet sind, diese zunächst mit Schülerinnen oder Schülern anderer Klassen der gleichen Schulstufe, dann anderer Klassen der Schule und schließlich anderer Schulen zusammenzuziehen sind, bis die Zahl mindestens zehn beträgt (s. §§ 43 Abs. 3, 57, 71 SchOG, § 16 Abs. 3 LufBSchG).

5. Eintragungen in Schulnachrichten und Jahres- bzw. Semesterzeugnissen sowie Semester- und Jahresinformationen

5.1. Personalien

Gemäß § 3 Abs. 2 sowie § 11a Abs. 5 der Zeugnisformularverordnung, BGBl. Nr. 415/1989 idgF, ist in Jahres- bzw. Semesterzeugnissen sowie in Semester- und Jahresinformationen beim Religionsbekenntnis von Amts wegen die Zugehörigkeit

- zu einer gesetzlich anerkannten Kirche oder Religionsgesellschaft (Anhang A) bzw.
- zu einer staatlich eingetragenen religiösen Bekenntnisgemeinschaft (Anhang B) zu vermerken.

Dabei sind die im Anhang A bzw. B in Klammer gesetzten Kurzbezeichnungen, die nicht verändert werden dürfen, zu verwenden. Bei Schülerinnen und Schülern ohne Bekenntnis ist der für das Religionsbekenntnis vorgesehene Raum durchzustreichen.

Analog ist in der Schulnachricht (§ 19 Abs. 2 SchUG) vorzugehen.

Es wird darauf hingewiesen, dass das Religionsbekenntnis in Abschlusszeugnissen, Reifeprüfungszeugnissen sowie Reife- und Diplomprüfungszeugnissen nicht vermerkt werden darf. Sollten diese Zeugnisse jedoch mit dem Jahreszeugnis der letzten Stufe zu verbinden sein, ist das Religionsbekenntnis von Amts wegen sehr wohl zu vermerken.

5.2. Gegenstandsbezeichnung, Beurteilung

5.2.1. Religion als Pflichtgegenstand

An allen Schulen, an welchen der Religionsunterricht als Pflichtgegenstand vorgesehen ist (das sind sämtliche gesetzlich geregelten Schularten mit Ausnahme der Berufsschulen in den Bundesländern Burgenland, Kärnten, Niederösterreich, Oberösterreich, Salzburg, Steiermark und Wien), ist bei Schülerinnen und Schülern, die einer gesetzlich anerkannten Kirche oder Religionsgesellschaft angehören und für die gemäß § 1 Abs. 1 RelUG der Religionsunterricht ihres Bekenntnisses Pflichtgegenstand ist, in der Rubrik „Pflichtgegenstände" die Gegenstandsbezeichnung „Religion" jedenfalls anzuführen.

Bei jenen Schülerinnen und Schülern, die den Religionsunterricht ihres Bekenntnisses als Pflichtgegenstand tatsächlich besuchen, ist zusätzlich dazu die entsprechende Beurteilung aufzunehmen.

Bei jenen Schülerinnen und Schülern, die gemäß § 1 Abs. 2 RelUG vom Religionsunterricht abgemeldet sind, ist die Gegenstandsbezeichnung „Religion" in der Rubrik „Pflichtgegenstände" ebenfalls anzuführen, der vorgesehene Raum für die Beurteilung ist jedoch gemäß § 2 Abs. 9 der Zeugnisformularverordnung durchzustreichen. Ein auf die Abmeldung hinweisender Vermerk darf nicht aufgenommen werden.

5.2.2. Religion als Freigegenstand

Bei Schülerinnen und Schülern, welche ohne Bekenntnis sind oder einer staatlich eingetragenen religiösen Bekenntnisgemeinschaft (Anhang B) angehören, und den Religionsunterricht auf Grund einer freiwilligen Anmeldung als Freigegenstand besuchen, ist die Gegenstandsbezeichnung „Religion" in die Rubrik „Freigegenstände" einzutragen und dort die entsprechende Beurteilung aufzunehmen. Gemäß § 3 Abs. 2 der Zeugnisformularverordnung (ZFVO), BGBl. Nr. 415/1989 in der geltenden Fassung, ist nach der Bezeichnung „Religion" die Bezeichnung der gesetzlich anerkannten Kirche oder Religionsgesellschaft zu vermerken, an deren Religionsunterricht teilgenommen wurde. Hierfür sind die in Anhang C festgelegten Kurzbezeichnungen zu verwenden.

5.2.3. Ethik als Pflichtgegenstand

Bei jenen Schülerinnen und Schülern, die den Pflichtgegenstand „Ethik" besuchen, ist

„Ethik“ in der Rubrik „Pflichtgegenstände“ samt Beurteilung anzuführen.

Für Schülerinnen und Schüler ab der 9. Schulstufe, für die der Besuch entweder des Religions- oder des Ethikunterrichts verpflichtend ist, ist daher wie folgt vorzugehen:

a) **Die Schülerin bzw. der Schüler gehört einer gesetzlich anerkannten Kirche oder Religionsgesellschaft (Anhang A) an:**

   „Religion“ ist in der Rubrik „Pflichtgegenstände“ im Zeugnis jedenfalls anzuführen.

   – Variante a: Die Schülerin bzw. der Schüler besucht den Pflichtgegenstand „Religion“. Die entsprechende Beurteilung wird aufgenommen. In diesem Fall ist „Ethik“ nicht anzuführen.

   – Variante b: Die Schülerin bzw. der Schüler meldet sich vom Religionsunterricht ab. Der für die Beurteilung des Pflichtgegenstandes „Religion“ vorgesehene Raum ist zu streichen; zudem ist „Ethik“ in der Rubrik „Pflichtgegenstände“ samt entsprechender Beurteilung anzuführen.

b) **Die Schülerin bzw. der Schüler ist ohne Bekenntnis bzw. gehört einer staatlich eingetragenen Bekenntnisgemeinschaft (Anhang B) an:**

   „Religion“ ist in der Rubrik „Pflichtgegenstände“ im Zeugnis NICHT anzuführen

   – Variante a: Die Schülerin bzw. der Schüler nimmt am Religionsunterricht einer gesetzlich anerkannten Kirche bzw. Religionsgesellschaft als Freigegenstand teil. „Religion“ wird in die Rubrik „Freigegenstände“ unter Anführung der Kurzbezeichnung im Sinne des Anhanges C sowie der entsprechenden Beurteilung aufgenommen. In diesem Fall ist „Ethik“ nicht anzuführen.

   – Variante b: Die Schülerin bzw. der Schüler nimmt am Ethikunterricht teil. „Ethik“ wird in die Rubrik „Pflichtgegenstände“ samt Beurteilung aufgenommen.

6. Feststellungen zur Aufsichtspflicht

Schüler und Schülerinnen, welche keinen Religions- bzw. Ethikunterricht besuchen, sind auch während des Zeitraumes der Religions- bzw. Ethikunterrichtsstunden zu beaufsichtigen, wobei eine Beaufsichtigung ab der 9. Schulstufe unter den in § 2 Abs. 1 der Schulordnung genannten Bedingungen entfallen kann. Ein Anspruch auf eine „Freistunde“ wird hierdurch jedoch nicht statuiert. Das bedeutet, dass in jenen Fällen, in welchen die Religions- bzw. Ethikunterrichtsstunde entfällt und keine Fachsupplierung stattfindet, sondern etwa ein Stundentausch oder eine nicht fachbezogene Supplierung vorgesehen ist, auch jene Schülerinnen und Schüler in dem ersatzweise stattfindenden Unterricht anwesend zu sein haben, welche in dieser Stunde sonst keinen Unterricht hätten. Findet der Religions- bzw. Ethikunterricht in einer Randstunde statt, so ist nur im Bedarfsfall eine Beaufsichtigung vorzusehen.

Grundsätzlich ist es organisatorisch anzustreben, dass jene Schülerinnen und Schüler, die den Religions- bzw. Ethikunterricht nicht besuchen, während dieser Zeit nicht im Klassenverband verbleiben. Gegen eine durch die Aufsichtspflicht bedingte bloß physische Anwesenheit einer Schülerin bzw. eines Schülers im Religionsunterricht eines anderen als des eigenen Bekenntnisses bzw. im Ethikunterricht bestehen zwar keine rechtlichen Bedenken, jedoch soll von dieser Möglichkeit nur dann Gebrauch gemacht werden, wenn die Aufsichtspflicht der Schule nicht auf andere Art erfüllt werden kann.

7. Befreiung vom Schulbesuch an Samstagen gemäß § 13 Abs. 3 des Schulzeitgesetzes 1985

Schülerinnen und Schüler, die der israelitischen Religionsgesellschaft oder dem Religionsbekenntnis der Siebenten-Tags-Adventisten angehören, sind auf Verlangen ihrer Erziehungsberechtigten durch die Schulleitung vom Schulbesuch an Samstagen zu befreien.

8. Lehrpersonalressourcen

Die Zahl der Unterrichtsgruppen und die Zahl der Wochenstunden für den Religionsunterricht und den Ethikunterricht ergeben sich direkt aus dem Gesetz. Der entsprechende Lehrpersonalressourceneinsatz ist daher dem schulautonomen Gestaltungsspielraum entzogen.

Den einzelnen öffentlichen Schulen ist von der zuständigen Schulbehörde ein Rahmen für die einsetzbaren Lehrpersonenwochenstunden zuzuteilen, der sich unter anderem am Bildungsangebot der Schule zu orientieren hat (§ 8a SchOG, § 8a LufBSchG). Unter dem Bildungsangebot ist auch eine allfällige Religionsvielfalt zu verstehen.

Bei Privatschulen, denen gemäß dem Privatschulgesetz Lehrpersonalressourcen wie einer vergleichbaren öffentlichen Schule zuzuteilen sind, ist analog vorzugehen.

9. Überblick über wichtige Termine im Verlauf des Schuljahres

Nachstehende Tabelle soll einen Überblick über wichtige Termine in Zusammenhang mit dem Ethik- bzw. Religionsunterricht im Verlauf des Schuljahres geben:

mit Beginn des Schuljahres:	Vorsehen des lehrplanmäßigen Religionsunterrichts nach Maßgabe der Möglichkeiten (s. 3.2.2)
innerhalb der ersten fünf Kalendertage des Schuljahres:	• Abmeldung vom Religionsunterricht (s. 3.2.2) • Anmeldung zum Religionsunterricht bis längstens zum Ablauf des fünften Kalendertages des Schuljahres (s. 3.3.3.) • Möglichkeit für Religionslehrkräfte, zumindest in den 1. Klassen bzw. Jahrgängen sowie in den 5. Klassen der AHS Religionsunterricht zu halten (s. 3.2.2)
nach Ablauf der An- bzw. Abmeldefrist für den Religionsunterricht innerhalb der ersten fünf Kalendertage des Schuljahres	Endgültige Festsetzung des erforderlichen Kontingents an Unterrichtsstunden für den Religionsunterricht
bis längstens 1. Oktober:	Änderung des Wochenstundenausmaßes aufgrund einer Änderung der Zahl der Schülerinnen und Schüler
bis. 15. Jänner:	Bekanntgabe einer Wahl von Religion bzw. Ethik als Prüfungsgebiet der mündlichen Prüfung im Rahmen der abschließenden Prüfung an AHS

Das Rundschreiben Nr. 5/2021 tritt hiermit außer Kraft.

Anhang A

In Österreich gesetzlich anerkannte Kirchen und Religionsgesellschaften:

Katholische Kirche (mit folgenden Teilkirchen):

- Römisch-katholische Kirche (röm.-kath.)
- Koptisch-katholische Kirche (kopt.-kath.)
- Syrisch-katholische Kirche (syr.-kath.)
- Melkitische griechisch-katholische Kirche (melkit.-kath.)
- Syrisch-maronitische Kirche von Antiochien (maron.-kath.)
- Chaldäisch-katholische Kirche (chald.-kath.)
- Armenisch-katholische Kirche (armen.-kath.)
- Ukrainische griechisch-katholische Kirche (ukrain. gr.-kath.)
- Syro-malabarische katholische Kirche (malab.-kath.)
- Syro-malankarische katholische Kirche (malank.-kath.)
- Rumänische griechisch-katholische Kirche (rumän. gr.-kath.)
- Äthiopisch-katholische Kirche (äthiop.-kath.)
- Eritreisch-katholische Kirche (eritreisch-kath.)
- Byzantinisch-katholische Kirche in den USA (byz.-kath. USA)
- Byzantinisch-katholische Kirche in Italien (byz.-kath. Italien)
- Byzantinisch-katholische Kirche in Nordmazedonien (byz.-kath. Nordmazedonien)
- Byzantinisch-katholische Kirche in Bulgarien (byz.-kath. Bulgarien)
- Griechisch-katholische Kirche in der Slowakei (griech.-kath. Slowakei)
- Griechisch-katholische Kirche in Ungarn (griech.-kath. Ungarn)
- Griechisch-katholische Kirche von Križevci (griech.-kath. Kroatien)
- Griechisch-katholische Kirche in Serbien (griech.-kath. Serbien)
- Griechisch-katholische Kirche in Tschechien (griech.-kath. Tschechien)
- Griechisch-katholische Kirche in Weißrussland (griech.-kath. Weißruss.)
- Griechisch-katholische Kirche in Albanien (griech.-kath. Albanien)
- Ruthenische griechisch-katholische Kirche (ruthen. griech.-kath. Ukrain.)
- Katholische Kirche in Griechenland (griech.-kath. Griechenland)
- Russische griechisch-katholische Kirche (russ. griech.-kath.)

Evangelische Kirche A. u. H.B. (Augsburgischen und Helvetischen Bekenntnisses):
Evangelische Kirche A.B.
evangelisch A.B. (evang. A.B.)
Evangelische Kirche H.B.
evangelisch H.B. (evang. H.B.)
Altkatholische Kirche Österreichs
altkatholisch (altkath.)
Orthodoxe Kirche in Österreich
orthodox (orth.)
Armenisch-apostolische Kirche in Österreich
armenisch-apostolisch (armen.-apostol.)
Syrisch-orthodoxe Kirche in Österreich
syrisch-orthodox (syr.-orth.)
Koptisch-orthodoxe Kirche in Österreich
koptisch-orthodox (kopt.-orth.)
Israelitische Religionsgesellschaft
israelitisch (israel.)
Evangelisch-methodistische Kirche in Österreich
evangelisch-methodistisch (EmK)
Kirche Jesu Christi der Heiligen der Letzten Tage
Kirche Jesu Christi der Heiligen der Letzten Tage (Kirche Jesu Christi HLT)
Neuapostolische Kirche in Österreich
neuapostolisch (neuapostol.)
Islamische Glaubensgemeinschaft in Österreich (islam. (IGGÖ))
Österreichische Buddhistische Religionsgesellschaft
buddhistisch (buddhist.)
Jehovas Zeugen in Österreich
Jehovas Zeugen (Jehovas Zeugen)
Alevitische Glaubensgemeinschaft in Österreich (ALEVI)
Freikirchen in Österreich (freikl. (FKÖ))

Die nähere Bezeichnung der Zugehörigkeit zur katholischen Kirche hat nach den Angaben der Schülerin oder des Schülers bzw. ihrer oder seiner Erziehungsberechtigten zu erfolgen.

Anhang B

Auf Grund des § 2 Abs. 1 und Abs. 6 in Verbindung mit § 10 des Bundesgesetzes über die Rechtspersönlichkeit von religiösen Bekenntnisgemeinschaften, BGBl. I Nr. 19/1998, haben folgende religiöse Bekenntnisgemeinschaften Rechtspersönlichkeit und damit das Recht erworben, sich als „staatlich eingetragene religiöse Bekenntnisgemeinschaft“ zu bezeichnen:

- Alt-Alevitische Glaubensgemeinschaft in Österreich (AAGÖ)
- Bahá'í-Religionsgemeinschaft Österreich (Bahai)
- Die Christengemeinschaft – Bewegung für religiöse Erneuerung – in Österreich (Christengemeinschaft)
- Frei-Alevitische Glaubensgemeinschaft in Österreich (frei-aleviten)
- Hinduistische Religionsgesellschaft in Österreich (hinduistisch)
- Islamische-Schiitische Glaubensgemeinschaft in Österreich (islam. (SCHIA))
- Kirche der Siebenten-Tags-Adventisten (Adventisten)
- Österreichische Sikh Glaubensgemeinschaft (Sikh)
- Pfingstkirche Gemeinde Gottes in Österreich (PfK Gem. Gottes iÖ)
- Vereinigte Pfingstkirche Österreichs (VPKÖ)
- Vereinigungskirche in Österreich

Anhang C

Gemäß § 3 Abs. 2 der Zeugnisformularverordnung, BGBl. Nr. 415/1989 in der geltenden Fassung, ist im Falle der Teilnahme am Unterrichtsgegenstand „Religion“ durch eine Schülerin oder einen Schüler ohne Bekenntnis oder eine Schülerin oder einen Schüler, die oder der einer staatlich eingetragenen religiösen Bekenntnisgemeinschaft angehört, nach der Bezeichnung „Religion“ die Bezeichnung der gesetzlich anerkannten Kirche oder Religionsgesellschaft zu vermerken, an deren Religionsunterricht teilgenommen wurde. Hierfür sind folgende Kurzbezeichnungen zu verwenden.

Katholischer Religionsunterricht (kath.)
Evangelischer Religionsunterricht (evang.)
Islamischer Religionsunterricht (islam. (IGGÖ))
Israelitischer Religionsunterricht (israel.)
Altkatholischer Religionsunterricht (altkath.)
Religionsunterricht der Kirche Jesu Christi der Heiligen der Letzten Tage (Kirche Jesu Christi HLT)
Armenisch-apostolischer Religionsunterricht (armen.-apostol.)
Syrisch-orthodoxer Religionsunterricht (syr.-orth.)
Koptisch-orthodoxer Religionsunterricht (kopt.-orth.)
Griechisch-orientalischer (orthodoxer) Religionsunterricht (orth.)
Buddhistischer Religionsunterricht (buddhist.)
Freikirchlicher Religionsunterricht (freikl.)
Alevitischer Religionsunterricht (ALEVI)
Neuapostolischer Religionsunterricht (neuapostol.)

13.2. Rechtspersönlichkeit von religiösen Bekenntnisgemeinschaften

BGBl. I Nr. 19/1998
idF der Kundmachung BGBl. I Nr. 84/2010
und der Bundesgesetze

BGBl. I Nr. 78/2011 BGBl. I Nr. 75/2013
BGBl. I Nr. 146/2021

Bundesgesetz über die Rechtspersönlichkeit von religiösen Bekenntnisgemeinschaften (BekenntnisgemeinschaftenG – BekGG)

(BGBl. I Nr. 19/1998 idF BGBl. I Nr. 146/2021, Art. 1 Z 1

Der Nationalrat hat beschlossen:

Begriff der religiösen Bekenntnisgemeinschaft

§ 1. Religiöse Bekenntnisgemeinschaften im Sinne dieses Bundesgesetzes sind Vereinigungen von Anhängern einer Religion, die gesetzlich nicht anerkannt sind.

Erwerb der Rechtspersönlichkeit für eine religiöse Bekenntnisgemeinschaft

§ 2. (1) Religiöse Bekenntnisgemeinschaften erwerben die Rechtpersönlichkeit nach diesem Bundesgesetz auf Antrag durch Bescheid des Bundesministers für Unterricht, Kunst und Kultur. Der Lauf der Frist nach § 73 AVG wird durch die Zeit für eine allfällige Ergänzung des Antrages und für ein allfälliges Parteiengehör vom Zeitpunkt des Absendens des Verbesserungsauftrages oder der Einladung zum Parteiengehör bis zum Einlangen der Ergänzung oder der Stellungnahme oder des Ablaufes der dafür festgestellten Frist gehemmt. *(BGBl. I Nr. 78/2011, Z 1 idF BGBl. I Nr. 75/2013, Art. 15 Z 1)*

(2) Der Bundesminister hat das Einlangen von Anträgen gemäß Abs. 1 im Internet auf einer vom Bundesministerium für den Bereich „Kultusamt" einzurichtenden Homepage öffentlich zugänglich zu machen. *(BGBl. I Nr. 78/2011, Z 2)*

(3) Über den Erwerb der Rechtspersönlichkeit ist ein Feststellungsbescheid zu erlassen, der den Namen der religiösen Bekenntnisgemeinschaft sowie die nach außen vertretungsbefugten Organe in allgemeiner Bezeichnung zu enthalten hat.

(4) Mit dem Feststellungsbescheid nach Abs. 3 hat der Bundesminister für Unterricht und kulturelle Angelegenheiten die Auflösung jener Vereine zu verbinden, deren Zweck in der Verbreitung der Religionslehre der betreffenden religiösen Bekenntnisgemeinschaft besteht.

(5) Wird eine religiöse Bekenntnisgemeinschaft unter Auflösung eines Vereines, der der Unterstützung des betreffenden religiösen Bekenntnisses dient, neu gebildet, so ist abgabenrechtlich von einem bloßen Wechsel der Rechtsform und weiterem Fortbestehen ein und desselben Steuerpflichtigen (Rechtsträgers) auszugehen.

(6) Religiöse Bekenntnisgemeinschaften mit Rechtspersönlichkeit nach diesem Bundesgesetz haben das Recht, sich als „staatlich eingetragene religiöse Bekenntnisgemeinschaft" zu bezeichnen.

Antrag der religiösen Bekenntnisgemeinschaft auf Erwerb der Rechtspersönlichkeit

§ 3. (1) Der Antrag der religiösen Bekenntnisgemeinschaft auf Erwerb der Rechtspersönlichkeit hat durch die Vertretung der religiösen Bekenntnisgemeinschaft zu erfolgen. Die Vertretungsbefugnis ist glaubhaft zu machen. Ferner ist eine Zustelladresse anzugeben.

(2) Dem Antrag sind Statuten und ergänzende Unterlagen beizulegen, aus denen sich Inhalt und Praxis des Religionsbekenntnisses ergeben.

(3) Zusammen mit dem Antrag ist der Nachweis zu erbringen, daß der religiösen Bekenntnisgemeinschaft mindestens 300 Personen mit Wohnsitz in Österreich angehören, welche weder einer religiösen Bekenntnisgemeinschaft mit Rechtspersönlichkeit nach diesem Bundesgesetz noch einer gesetzlich anerkannten Kirche oder Religionsgesellschaft angehören.

(4) Im Bundesgebiet bestehende Vereine, deren Zweck in der Verbreitung der Religionslehre der religiösen Bekenntnisgemeinschaft besteht, haben im Verfahren Parteistellung; sie sind mit dem Antrag namhaft zu machen.

Statuten

§ 4. (1) Die Statuten haben zu enthalten:

1. Name der religiösen Bekenntnisgemeinschaft, welcher so beschaffen sein muß, daß er mit der Lehre der religiösen Bekenntnisgemeinschaft in Zusammenhang gebracht werden kann und Verwechslungen mit bestehenden religiösen Bekenntnisgemeinschaften mit Rechtspersönlichkeit und gesetzlich aner-

kannten Kirchen und Religionsgesellschaften oder deren Einrichtungen ausschließt,
2. Darstellung der Religionslehre, welche sich von der Lehre bestehender religiöser Bekenntnisgemeinschaften nach diesem Bundesgesetz sowie von der Lehre gesetzlich anerkannter Kirchen und Religionsgesellschaften unterscheiden muß,
3. Darstellung der sich aus der Religionslehre ergebenden Zwecke und Ziele der religiösen Bekenntnisgemeinschaft sowie Rechte und Pflichten der Angehörigen der religiösen Bekenntnisgemeinschaft,
4. Bestimmungen betreffend den Beginn der Mitgliedschaft und die Beendigung der Mitgliedschaft, wobei die Beendigung jedenfalls gemäß § 8 Abs. 1 gewährleistet sein muß,
5. Art der Bestellung der Organe der religiösen Bekenntnisgemeinschaft, deren sachlicher und örtlicher Wirkungskreis, Sitz und Verantwortlichkeit für den staatlichen Bereich,
6. Vertretung der religiösen Bekenntnisgemeinschaft nach außen,
7. Art der Aufbringung der für die Erfüllung der wirtschaftlichen Bedürfnisse erforderlichen Mittel,
8. Bestimmungen für den Fall der Beendigung der Rechtspersönlichkeit, wobei insbesondere sicherzustellen ist, daß Forderungen gegen die religiöse Bekenntnisgemeinschaft ordnungsgemäß abgewickelt werden und das Vermögen der religiösen Bekenntnisgemeinschaft nicht für Zwecke verwendet wird, die ihrer Zielsetzung widersprechen.

(2) In den Statuten kann vorgesehen werden, daß auch örtliche Teilbereiche der religiösen Bekenntnisgemeinschaft eigene Rechtspersönlichkeit erwerben können. In diesem Fall haben die Statuten bezüglich der Teilbereiche zu bestimmen:
1. Bezeichnung des örtlichen Wirkungsbereiches,
2. eigene vertretungsberechtigte Organe,
3. Bestimmungen betreffend den Rechtsübergang bei Auflösung dieses Rechtsträgers.

Versagung des Erwerbs der Rechtspersönlichkeit

§ 5. (1) Der Bundesminister für Unterricht und kulturelle Angelegenheiten hat den Erwerb der Rechtspersönlichkeit zu versagen, wenn
1. dies im Hinblick auf die Lehre oder deren Anwendung zum Schutz der in einer demokratischen Gesellschaft gegebenen Interessen der öffentlichen Sicherheit, der öffentlichen Ordnung, Gesundheit und Moral oder zum Schutz der Rechte und Freiheiten anderer notwendig ist; dies ist insbesondere bei Aufforderung zu einem mit Strafe bedrohtem gesetzwidrigen Verhalten, bei einer Behinderung der psychischen Entwicklung von Heranwachsenden, bei Verletzung der psychischen Integrität und bei Anwendung psychotherapeutischer Methoden, insbesondere zum Zwecke der Glaubensvermittlung, gegeben,
2. die Statuten dem § 4 nicht entsprechen.

(2) Die Versagung der Rechtspersönlichkeit ist im Internet auf einer vom Bundesministerium für den Bereich „Kultusamt“ einzurichtenden Homepage öffentlich zugänglich zu machen. *(BGBl. I Nr. 19/1998 idF BGBl. I Nr. 78/2011, Z 3)*

Erwerb der Rechtspersönlichkeit für örtliche Teilbereiche einer religiösen Bekenntnisgemeinschaft

§ 6. Der Erwerb der Rechtspersönlichkeit für örtliche Teilbereiche einer religiösen Bekenntnisgemeinschaft bedarf eines Antrages durch die religiöse Bekenntnisgemeinschaft beim Bundesminister für Unterricht und kulturelle Angelegenheiten und wird mit dem Tag des Einlangens wirksam. Der Bundesminister für Unterricht und kulturelle Angelegenheiten hat das Einlangen des Antrages zu bestätigen.

Mitteilungspflichten der religiösen Bekenntnisgemeinschaft mit Rechtspersönlichkeit

§ 7. Religiöse Bekenntnisgemeinschaften und deren Teilbereiche mit Rechtspersönlichkeit haben die Namen und Anschriften ihrer jeweiligen vertretungsberechtigten Organe sowie jede Änderung der Statuten unverzüglich dem Bundesministerium für Unterricht und kulturelle Angelegenheiten bekanntzugeben. Die Kenntnisnahme ist bescheidmäßig zu versagen, wenn eine statutenwidrige Bestellung der Organe der Behörde zur Kenntnis gelangt ist bzw. die Statutenänderung den Grund für eine Versagung gemäß § 5 geben würde.

Beendigung der Mitgliedschaft zu einer religiösen Bekenntnisgemeinschaft

§ 8. (1) Die Beendigung der Mitgliedschaft zu einer religiösen Bekenntnisgemeinschaft erfolgt jedenfalls durch die Erklärung des Austrittes vor der Bezirksverwaltungsbehörde. Diese hat den Austritt der betreffenden religiösen Bekenntnisgemeinschaft mitzuteilen.

(2) Gebühren anläßlich des Austrittes dürfen nicht gefordert werden.

Beendigung der Rechtspersönlichkeit

§ 9. (1) Die Rechtspersönlichkeit endet durch
1. Selbstauflösung, die dem Bundesminister für Unterricht und kulturelle Angelegenheiten schriftlich bekanntzugeben ist,
2. Aberkennung der Rechtspersönlichkeit.

(2) Der Bundesminister für Unterricht und kulturelle Angelegenheiten hat einer religiösen Bekenntnisgemeinschaft oder deren Teilbereich die Rechtspersönlichkeit abzuerkennen, wenn
1. sie eine der für den Erwerb der Rechtspersönlichkeit maßgeblichen Voraussetzungen nicht oder nicht mehr erbringt,
2. sie durch mindestens ein Jahr keine handlungsfähigen vertretungsbefugten Organe für den staatlichen Bereich besitzt,
3. bei Vorliegen der Voraussetzungen für eine Versagung der Rechtspersönlichkeit gemäß § 5, sofern trotz Aufforderung zur Abstellung des Aberkennungsgrundes dieser fortbesteht, oder
4. bei statutenwidrigem Verhalten, sofern trotz Aufforderung zur Abstellung dieses fortbesteht.

(3) Die Aberkennung der Rechtspersönlichkeit ist im Internet auf einer vom Bundesministerium für den Bereich „Kultusamt" einzurichtenden Homepage öffentlich zugänglich zu machen. *(BGBl. I Nr. 19/1998 idF BGBl. I Nr. 78/2011, Z 4)*

Register über die religiösen Bekenntnisgemeinschaften mit Rechtspersönlichkeit

§ 10. (1) Der Bundesminister für Unterricht und kulturelle Angelegenheiten hat ein Register über die religiösen Bekenntnisgemeinschaften mit Rechtspersönlichkeit zu führen. Dieses hat zu enthalten:
1. Name der religiösen Bekenntnisgemeinschaft,
2. Rechtspersönlichkeiten für Teilbereiche,
3. Geschäftszahl und Datum des Feststellungsbescheides gem. § 2 Abs. 3,
4. vertretungsbefugte Organe und Zeichnungsberechtigung,
5. bei Beendigung der Rechtspersönlichkeit den Grund.

(2) Das Register ist öffentlich.

(3) Auf Verlangen ist jedermann Auskunft über die Anschrift der religiösen Bekenntnisgemeinschaft und über deren nach außen vertretungsbefugten Mitglieder zu erteilen. Ferner ist auf Antrag der religiösen Bekenntnisgemeinschaft oder auch sonst von Personen oder Institutionen, die ein berechtigtes Interesse glaubhaft machen, eine Bestätigung darüber auszustellen, wer nach den vorliegenden Statuten sowie nach den Meldungen gemäß § 7 zur Vertretung nach außen befugt ist.

Zusätzliche Voraussetzungen für eine Anerkennung nach dem Anerkennungsgesetz

§ 11. Für eine Anerkennung müssen die nachstehend genannten Voraussetzungen zusätzlich zu den im Gesetz betreffend die gesetzliche Anerkennung von Religionsgesellschaften, RGBl. Nr. 68/1874, umschriebenen Erfordernissen, erfüllt sein.
1. Die Bekenntnisgemeinschaft muss
   a) durch zumindest 20 Jahre in Österreich, davon 10 Jahre in organisierter Form, zumindest 5 Jahre als religiöse Bekenntnisgemeinschaft mit Rechtspersönlichkeit nach diesem Bundesgesetz bestehen oder
   b) organisatorisch und in der Lehre in eine international tätige Religionsgesellschaft eingebunden sein, die seit zumindest 100 Jahren besteht und in Österreich bereits in organisierter Form durch zumindest 10 Jahre tätig gewesen sein oder
   c) organisatorisch und in der Lehre in eine international tätige Religionsgesellschaft eingebunden sein, die seit zumindest 200 Jahren besteht, und
   d) über eine Anzahl an Angehörigen von mindestens 2 vT der Bevölkerung Österreichs nach der letzten Volkszählung verfügen. Wenn der Nachweis aus den Daten der Volkszählung nicht möglich ist, so hat die Bekenntnisgemeinschaft diesen in anderer geeigneter Form zu erbringen.
2. Einnahmen und Vermögen dürfen ausschließlich für religiöse Zwecke, wozu auch in der religiösen Zielsetzung begründete gemeinnützige und mildtätige Zwecke zählen, verwendet werden.
3. Es muss eine positive Grundeinstellung gegenüber Gesellschaft und Staat bestehen.
4. Es darf keine gesetzwidrige Störung des Verhältnisses zu den bestehenden gesetzlich anerkannten Kirchen und Religionsgesellschaften sowie sonstigen Religionsgemeinschaften bestehen.

(BGBl. I Nr. 78/2011, Z 5)

Aufhebung der Anerkennung

§ 11a. (1) Der Bundesminister hat die Anerkennung einer nach dem Gesetz betreffend die gesetzliche Anerkennung von Religionsgesellschaften, RGBl. Nr. 68/1874 anerkannten Religionsgesellschaft aufzuheben, wenn
1. eine für die Anerkennung maßgebliche Voraussetzung nach § 11 Z. 2 bis 4, nicht oder nicht mehr vorliegt,

2. die Religionsgesellschaft durch mindestens ein Jahr keine handlungsfähigen statutengemäß vertretungsbefugten Organe für den staatlichen Bereich besitzt,
3. ein Untersagungsgrund für eine religiöse Bekenntnisgemeinschaft gemäß § 5 vorliegt, sofern trotz Aufforderung zur Abstellung des Aberkennungsgrundes dieser fortbesteht,
4. ein statutenwidriges Verhalten trotz Aufforderung zur Abstellung fortbesteht, oder
5. mit der Anerkennung verbundene Pflichten trotz Aufforderung nicht erfüllt werden.

(2) Nach der Kundmachung der Verordnung, mit welcher die Aufhebung der Anerkennung erfolgte, ist binnen drei Werktagen ein Feststellungsbescheid über die Gründe zu erlassen, der den Namen der Religionsgesellschaft und die zuletzt zur Außenvertretung befugten Organe zu enthalten hat und an diese zuzustellen ist.

(BGBl. I Nr. 78/2011, Z 6)

Koordinationsbestimmung

§ 11b. Die Bundesminister haben, soweit in ihrem Wirkungsbereich die Stellung oder die Rechte der Kirchen und Religionsgesellschaften oder die Rechtspersönlichkeit der religiösen Bekenntnisgemeinschaften berührt sind, den mit Angelegenheiten des Kultus betrauten Bundesminister zu informieren und anzuhören. Entgegenstehende Verschwiegenheitspflichten bleiben unberührt.

(BGBl. I Nr. 146/2021, Art. 1 Z 2)

Schlußbestimmungen

§ 12. (1) Dieses Bundesgesetz tritt mit dem auf die Kundmachung folgenden Tag in Kraft.[1]) *(BGBl. Nr. 19/1998 idF BGBl. I Nr. 75/2013, Art. 15 Z 2)*

(2) § 2 Abs. 1 in der Fassung des Bundesgesetzes BGBl. I Nr. 75/2013 tritt mit 1. Jänner 2014 in Kraft. *(BGBl. I Nr. 75/2013, Art. 15 Z 2)*

(3) Der Titel sowie § 11b samt Überschrift in der Fassung des Bundesgesetzes BGBl. I Nr. 146/2021 tritt mit dem auf die Kundmachung folgenden Tag in Kraft.[2]) *(BGBl. I Nr. 146/2021, Art. 1 Z 3)*

§ 13. Mit der Vollziehung des § 2 Abs. 5 ist der Bundesminister für Finanzen, im übrigen der Bundesminister für Unterricht und kulturelle Angelegenheiten betraut.

[1]) Die Kundmachung im Bundesgesetzblatt erfolgte am 9. Jänner 1998.

[2]) Die Kundmachung im Bundesgesetzblatt erfolgte am 26. Juli 2021.

13.3. Vertrag zwischen dem Heiligen Stuhl und der Republik Österreich

BGBl. Nr. 273/1962

idF des Zusatzvertrages BGBl. Nr. 289/1972

Nachdem der am 9. Juli 1962 in Wien unterzeichnete Vertrag zwischen dem Heiligen Stuhl und der Republik Österreich zur Regelung von mit dem Schulwesen zusammenhängenden Fragen samt Schlußprotokoll, welcher also lautet:

VERTRAG
zwischen dem
HEILIGEN STUHL
und der
REPUBLIK ÖSTERREICH

ZUR REGELUNG VON MIT DEM SCHULWESEN ZUSAMMENHÄNGENDEN FRAGEN

Der Heilige Stuhl,

vertreten durch dessen Bevollmächtigten, Seine Exzellenz den Herrn Apostolischen Nuntius in Österreich, Monsignore Opilio ROSSI, Titularerzbischof von Ancira,

und die Republik Österreich

vertreten durch deren Bevollmächtigte,

Herrn Dr. Bruno KREISKY, Bundesminister für auswärtige Angelegenheiten, und

Herrn Dr. Heinrich DRIMMEL, Bundesminister für Unterricht,

von dem Wunsche geleitet, die Fragen, die sich aus einer Neuordnung des Schulwesens in Österreich mit Beziehung auf die Bestimmungen des Artikels VI des Konkordates vom 5. Juni 1933 und des diesbezüglichen Zusatzprotokolls ergeben, einer Regelung in gegenseitigem Einvernehmen zuzuführen, haben nachstehenden Vertrag geschlossen:

Artikel I

§ 1. (1) Die Kirche hat das Recht, den katholischen Schülern an allen öffentlichen und allen mit dem Öffentlichkeitsrecht ausgestatteten Schulen Religionsunterricht zu erteilen.

(2) An den öffentlichen und den mit Öffentlichkeitsrecht ausgestatteten Pädagogischen Akademien wird mit Rücksicht auf den besonderen Charakter des Lehrbetriebes an diesen Akademien Religionspädagogik gelehrt. Die Bestimmungen dieses Artikels über den Religionsunterricht gelten sinngemäß auch für Religionspädagogik.

(3) Das gegenwärtig bestehende Stundenausmaß des Religionsunterrichtes soll nicht herabgesetzt werden. Eine Neufestsetzung des Stundenausmaßes wird zwischen der Kirche und dem Staate einvernehmlich erfolgen. Den katholischen Schulen (Artikel II) wird es freistehen, nach Anzeige an die zuständige staatliche Schulbehörde ein höheres Ausmaß für den Religionsunterricht festzusetzen.

§ 2. (1) Der Religionsunterricht wird an allen öffentlichen und an allen mit dem Öffentlichkeitsrecht ausgestatteten Schulen vorbehaltlich der Bestimmungen des Absatzes 2 für alle katholischen Schüler Pflichtgegenstand sein.

(2) Mit Rücksicht auf die besondere Organisation der gewerblichen und kaufmännischen Berufsschulen für Lehrlinge erhebt der Heilige Stuhl nicht dagegen Einwand, daß in diesen Schulen der Religionsunterricht als nichtobligater Unterrichtsgegenstand geführt wird. Ein in einzelnen Bundesländern bisher bestehender darüber hinausgehender Zustand bleibt unberührt.

§ 3. (1) Die Religionslehrer an den öffentlichen Schulen werden entweder vom Staate (Bund oder Bundesländer) nach den für staatliche Lehrer gleichartiger Vorbildung und Verwendung geltenden Vorschriften angestellt oder von der Kirche bestellt.

(2) Als Religionslehrer dürfen nur solche Personen angestellt werden, die von der Kirchenbehörde als hiezu befähigt erklärt und vorgeschlagen sind. Die Erteilung des Religionsunterrichtes ist an den Besitz der „missio canonica“ gebunden. Die Zuerkennung und Aberkennung der „missio canonica“ steht als innere kirchliche Angelegenheit der Kirchenbehörde zu.

(3) Die Kirche wird nur solche Personen zu Religionslehrern bestellen, welche überdies die österreichische Staatsbürgerschaft besitzen und die für staatlich angestellte Religionslehrer vorgeschriebene allgemeine

Vorbildung nachweisen. Vom Erfordernis der österreichischen Staatsbürgerschaft wird das zuständige Bundesministerium in berücksichtigungswürdigen Fällen Nachsicht erteilen.

(4) Staatlich angestellte Religionslehrer, denen die „missio canonica" entzogen wird, werden für die Erteilung des Religionsunterrichtes nicht mehr verwendet werden; sie werden nach Maßgabe der staatlichen Vorschriften entweder in eine anderweitige Dienstverwendung genommen oder in den Ruhestand versetzt oder aus dem staatlichen Dienstverhältnis ausgeschieden.

(5) Alle Religionslehrer unterstehen hinsichtlich der Vermittlung des katholischen Lehrgutes ausschließlich den kirchlichen Vorschriften und Anordnungen; im übrigen unterstehen sie in der Ausübung ihrer Lehrtätigkeit auch den allgemeinen staatlichen Schulvorschriften.

(6) Der Staat übernimmt es, den gesamten Personalaufwand für alle Religionslehrer an den öffentlichen Schulen nach Maßgabe der für staatliche Lehrer gleichartiger Vorbildung und Verwendung geltenden Besoldungsvorschriften zu tragen. Soweit es sich hiebei um von der Kirche bestellte Religionslehrer handelt, richtet sich ihre Remuneration nach dem für nebenamtliche Lehrer geltenden Besoldungsschema.

§ 4. (1) Die Besorgung, Leitung und Beaufsichtigung des Religionsunterrichtes wird von der Kirche nach Maßgabe der ihr nach diesem Artikel zukommenden Aufgaben ausgeübt. Die staatlichen Schulaufsichtsorgane sind jedoch befugt, auch den Religionsunterricht in organisatorischer und schuldisziplinärer Hinsicht zu beaufsichtigen.

(2) Für die unmittelbare Beaufsichtigung des Religionsunterrichtes steht es der Kirche frei, Religionsunterrichtsinspektoren zu bestellen, die den staatlichen Schulbehörden bekanntgegeben werden. Das Recht der nach den kirchenrechtlichen Vorschriften zur Visitation des Religionsunterrichtes sonst berufenen Organe der Kirche, insbesondere jenes des Diözesanordinarius, über die Erteilung des Religionsunterrichtes und die Teilnahme der Schüler an diesem zu wachen, wird hiedurch nicht berührt.

(3) Der Staat übernimmt es, für eine der Anzahl staatlicher Schulinspektoren für einzelne Gegenstände entsprechende Zahl von Religionsunterrichtsinspektoren den Personalaufwand nach Maßgabe der staatlichen Besoldungsvorschriften für Schulinspektoren für einzelne Gegenstände zu tragen.

§ 5. (1) Die Lehrpläne für den Religionsunterricht werden hinsichtlich des Lehrstoffes von der Kirchenbehörde erlassen und der obersten staatlichen Schulbehörde mitgeteilt werden.

(2) Für den Religionsunterricht werden von der Kirche nur Lehrbücher und Lehrmittel verwendet werden, die der staatsbürgerlichen Erziehung nach christlicher Lehre förderlich sind.

§ 6. Die Teilnahme an den von der Kirche für die katholischen Lehrer und Schüler der öffentlichen und der mit dem Öffentlichkeitsrecht ausgestatteten Schulen zu besonderen Anlässen des schulischen, kirchlichen oder staatlichen Lebens, insbesondere zu Beginn und am Ende des Schuljahres, abgehaltenen Schülergottesdiensten sowie die Teilnahme an sonstigen religiösen Übungen oder Veranstaltungen wird den Lehrern und Schülern mindestens im bisherigen Umfang während der Schulzeit ermöglicht werden.

Artikel II

§ 1. (1) Die Kirche und ihre nach kirchlichem Recht bestehenden Einrichtungen haben das Recht, unter Beobachtung der staatlichen allgemeinen schulrechtlichen Vorschriften Schulen aller Arten zu errichten und zu führen.

(2) Auf die Dauer der Erfüllung der in den staatlichen Schulgesetzen hiefür taxativ aufgestellten Voraussetzungen ist den im Absatz 1 genannten Schulen das Öffentlichkeitsrecht zuzuerkennen.

(3) Unter Beobachtung der staatlichen allgemeinen Vorschriften haben die Kirche und ihre nach kirchlichem Recht bestehenden Einrichtungen auch das Recht, Kindergärten, Schülerhorte, Schülertagesheime, Schülerheime und ähnliche Einrichtungen zu errichten und zu führen.

§ 2. (1) Der Staat wird der Katholischen Kirche laufend Zuschüsse zum Personalaufwand der katholischen Schulen mit Öffentlichkeitsrecht gewähren. Der Heilige Stuhl erklärt sich vorbehaltlich der Bestimmungen des Artikels V damit einverstanden, daß hiefür die folgende Regelung gelten soll.

(2) Der Staat wird für diese katholischen Schulen jene Lehrerdienstposten zur Verfügung stellen, die zur Erfüllung des Lehrplanes der betreffenden Schulen erforderlich sind, soweit das Verhältnis zwischen der Zahl der Schüler und der Zahl der Lehrer der

betreffenden katholischen Schule im wesentlichen jenem an öffentlichen Schulen gleicher oder vergleichbarer Art und vergleichbarer örtlicher Lage entspricht.

(3) In der Regel werden diese Zuschüsse in der Form der Zuweisung von staatlich angestellten Lehrern erfolgen. Es werden nur solche Lehrer zugewiesen werden, deren Zuweisung der Diözesanordinarius beantragt oder gegen deren Zuweisung er keinen Einwand erhebt. Die Zuweisung wird aufgehoben werden, wenn der Diözesanordinarius die weitere Verwendung des Lehrers an der Schule für untragbar erklärt und aus diesem Grunde die Aufhebung der Zuweisung bei der zuständigen staatlichen Behörde beantragt.

(BGBl. Nr. 289/1972, Art. I)

§ 3. Unter katholischen Schulen im Sinne dieses Artikels sind jene Schulen zu verstehen, die von der Kirche oder den nach kirchlichem Recht bestehenden Einrichtungen erhalten werden sowie die von Vereinen, Stiftungen und Fonds geführten Schulen, wenn und solange sie vom zuständigen Diözesanordinarius als katholische Schulen anerkannt sind.

Artikel III

Die Republik Österreich wird der Diözese Eisenstadt zum Zwecke der Einrichtung des katholischen Schulwesens im Burgenland eine einmalige und endgültige Leistung im Betrage von 45 Millionen Schilling erbringen. Die Zahlung wird in fünf gleichen Jahresraten von je 9 Millionen Schilling erbracht werden, und zwar der erste Teilbetrag innerhalb eines Monates nach Inkrafttreten dieses Vertrages, der zweite Teilbetrag bis längstens 1. Juli des auf das Inkrafttreten dieses Vertrages folgenden Jahres, der dritte, vierte und fünfte Teilbetrag bis längstens jeweils 1. Juli des nächstfolgenden Jahres.

Artikel IV

Soweit die staatlichen Schulbehörden kollegial organisiert sind, werden Vertreter der Kirche in diesen Kollegien das Recht der Mitgliedschaft haben.

Artikel V

Die beiden vertragschließenden Teile behalten sich das Recht vor, bei wesentlicher Änderung der derzeitigen Struktur des öffentlichen Schulwesens oder wesentlicher Änderung der staatsfinanziellen Lage Verhandlungen über eine Modifikation des Vertrages zu begehren.

Artikel VI

Dieser Vertrag, dessen italienischer und deutscher Text authentisch ist, soll ratifiziert und die Ratifikationsurkunden sollen so bald wie möglich in der Vatikanstadt ausgetauscht werden. Er tritt ein Monat nach dem Austausch der Ratifikationsurkunden in Kraft.

Zu Urkund dessen haben die Bevollmächtigten diesen Vertrag in doppelter Urschrift unterzeichnet.

Geschehen in Wien, am 9. Juli 1962

Schlußprotokoll

Bei Abschluß des Vertrages besteht zwischen den Hohen Vertragschließenden Teilen über folgende Punkte Übereinstimmung:

1. Der vorstehende Vertrag findet auf alle Schulen mit Ausnahme der Hochschulen und Kunstakademien Anwendung.[1])
2. Zu Artikel I, § 2, Absatz 1:
   a) Die nach den staatlichen Vorschriften vom Religionsunterricht abgemeldeten Schüler sind von der Schulleitung ohne Verzug dem zuständigen Religionslehrer mitzuteilen.
   b) Der Heilige Stuhl nimmt davon Kenntnis, daß nach den österreichischen Rechtsvorschriften in allen Klassenräumen der Volks-, Haupt- und Sonderschulen, der polytechnischen Lehrgänge, der allgemeinbildenden höheren Schulen, der berufsbildenden mittleren und höheren Schulen und der Anstalten der Lehrer- und Erzieherbildung, wenn die Mehrzahl der Schüler

[1]) In Form einer Verbalnote sind die Republik Österreich und die Apostolische Nuntiatur in Österreich übereingekommen, dass (singgemäß) mit der Umwandlung der Akademien in Pädagogische Hochschulen durch das Hochschulgesetz 2005, BGBl. I Nr. 30/2006, „keine Änderung des von den Vertragsparteien intendierten Anwendungsbereiches des Vertrages zwischen der Republik Österreich und dem Heiligen Stuhl zur Regelung von mit dem Schulwesen zusammenhängenden Fragen samt Schlussprotokoll, BGBl. Nr. 273/1962 idF BGBl. Nr. 289/1972, beabsichtigt ist". Die Republik Österreich werde daher den genannten Vertrag trotz des Wortlautes von Z 1 des Schlussprotokolls auch weiterhin auf die Pädagogischen Hochschulen anwenden, sodass sich die Ausnahme der „Hochschulen und Kunstakademien" wie bisher auf Universitäten, Fachhochschulen und Fachhochschulstudiengänge beziehen wird.

einem christlichen Religionsbekenntnis angehört, ein Kreuz angebracht wird. Eine Änderung dieses Zustandes wird nicht ohne Einvernehmen mit dem Heiligen Stuhl stattfinden.

3. Zu Artikel I, § 6:

Die hiefür notwendigen Zeiten werden im Einvernehmen zwischen dem Diözesanordinarius und der zuständigen staatlichen Schulbehörde zur Verfügung gestellt werden.

4. Zu Artikel II, § 2, Absatz 5:

Bei der Zuweisung von staatlich angestellten Lehrern im Sinne des Artikels II, § 2, Absatz 5 wird die bisherige Praxis beibehalten werden, wonach Personen (Geistliche, Ordensangehörige und Laien), die vom Diözesanordinarius für die Verwendung an katholischen Schulen vorgeschlagen werden und die staatlichen Anstellungserfordernisse erfüllen, für die Anstellung beziehungsweise Zuweisung bevorzugt berücksichtigt werden.

Wien, am 9. Juli 1962

die verfassungsmäßige Genehmigung des Nationalrates erhalten hat, erklärt der Bundespräsident diesen Vertrag samt Schlußprotokoll für ratifiziert und verspricht im Namen der Republik Österreich die gewissenhafte Erfüllung der darin enthaltenen Bestimmungen.

Zu Urkund dessen ist die vorliegende Ratifikationsurkunde vom Bundespräsidenten unterzeichnet, vom Bundeskanzler, vom Bundesminister für Unterricht, vom Bundesminister für Finanzen und vom Bundesminister für Auswärtige Angelegenheiten gegengezeichnet und mit dem Staatssiegel der Republik Österreich versehen worden.

Geschehen zu Wien, am 31. Juli 1962.

Die Ratifikationsurkunden zu dem vorliegenden Vertrag sind am 27. August 1962 ausgetauscht worden; der Vertrag tritt somit gemäß seinem Artikel VI am 27. September 1962 in Kraft.

13.4. Zusatzvertrag zwischen dem Heiligen Stuhl und der Republik Österreich

BGBl. Nr. 289/1972

Nachdem der am 8. März 1971 in Wien unterzeichnete Zusatzvertrag zwischen dem Heiligen Stuhl und der Republik Österreich zum Vertrag zwischen dem Heiligen Stuhl und der Republik Österreich zur Regelung von mit dem Schulwesen zusammenhängenden Fragen vom 9. Juli 1962 samt Protokoll, welches Vertragswerk also lautet:

ZUSATZVERTRAG

zwischen dem Heiligen Stuhl und der Republik Österreich zum Vertrag zwischen dem Heiligen Stuhl und der Republik Österreich zur Regelung von mit dem Schulwesen zusammenhängenden Fragen vom 9. Juli 1962

Zwischen dem Heiligen Stuhl,
vertreten durch
Seine Exzellenz den Herrn Apostolischen Nuntius in Österreich, Titularerzbischof von Ancira, Msgr. Dr. Opilio Rossi,
und der Republik Österreich,
vertreten durch
Herrn Dr. Rudolf Kirchschläger, Bundesminister für Auswärtige Angelegenheiten,
und
Herrn Leopold Gratz, Bundesminister für Unterricht und Kunst,
wird nachstehender Zusatzvertrag zum Vertrag zwischen dem Heiligen Stuhl und der Republik Österreich zur Regelung von mit dem Schulwesen zusammenhängenden Fragen vom 9. Juli 1962 geschlossen:

Artikel I

Artikel II § 2 des Vertrages vom 9. Juli 1962 wird abgeändert und lautet nunmehr wie folgt:

.... *(die Änderung ist im Text des Vertrages vom 9. Juli 1962 berücksichtigt)*

Artikel II

Dieser Zusatzvertrag, dessen italienischer und deutscher Text authentisch ist, wird ratifiziert; die Ratifikationsurkunden werden sobald wie möglich in der Vatikanstadt ausgetauscht werden. Er tritt am 1. September 1971 in Kraft.

Zu Urkund dessen haben die Bevollmächtigten diesen Zusatzvertrag in zweifacher Urschrift unterzeichnet.

Geschehen zu Wien, am 8. März 1971

PROTOKOLL
zum Zusatzvertrag zwischen dem Heiligen Stuhl und der Republik Österreich zum Vertrag zwischen dem Heiligen Stuhl und der Republik Österreich zur Regelung von mit dem Schulwesen zusammenhängenden Fragen vom 9. Juli 1962

Artikel I

Bei Abschluß des Zusatzvertrages zwischen dem Heiligen Stuhl und der Republik Österreich zum Vertrag zwischen dem Heiligen Stuhl und der Republik Österreich zur Regelung von mit dem Schulwesen zusammenhängenden Fragen vom 9. Juli 1962 besteht Übereinstimmung über die folgenden Punkte:

1. Die im Artikel I des Zusatzvertrages vorgesehene Leistung der Republik Österreich, die über die im Artikel II § 2 des Vertrages vom 9. Juli 1962 vorgesehene Leistung hinausgeht, wird für den Zeitraum vom 1. September 1971 bis zum 31. August 1972 durch die Bezahlung des Betrages von Schilling 106,200.000,– abgegolten.
2. Die Bezahlung des im Punkt 1. genannten Betrages von Schilling 106,200.000,– erfolgt am 1. Juli 1972 an die katholische Kirche.

Artikel II

Dieses Protokoll, dessen italienischer und deutscher Text authentisch ist, bildet einen integrierenden Bestandteil des Zusatzvertrages und tritt gemeinsam mit diesem mit 1. September 1971 in Kraft.

Geschehen zu Wien, am 25. April 1972 in zwei Urschriften.

die verfassungsmäßige Genehmigung des Nationalrates erhalten hat, erklärt der Bundespräsident dieses Vertragswerk für ratifiziert und verspricht im Namen der Republik Österreich die gewissenhafte Erfüllung der darin enthaltenen Bestimmungen.

Zu Urkund dessen ist die vorliegende Ratifikationsurkunde vom Bundespräsidenten unterzeichnet, vom Bundeskanzler, vom Bundesminister für Unterricht und Kunst, vom Bundesminister für Finanzen und vom Bundesminister für Auswärtige Angelegenheiten gegengezeichnet und mit dem Staatssiegel der Republik Österreich versehen worden.

Geschehen zu Wien, am 27. Juni 1972

Die Ratifikationsurkunden zum vorliegenden Vertragswerk sind am 10. Juli 1972 ausgetauscht worden; das Vertragswerk ist somit gemäß seinem Artikel II am 1. September 1971 in Kraft getreten.

13.5. Islamgesetz 2015

BGBl. I Nr. 39/2015

idF des Bundesgesetzes

BGBl. I Nr. 146/2021

Auszug (§§ 1 bis 7, §§ 9 bis 13, §§ 16 bis 20, § 24, §§ 31 bis 33)

Bundesgesetz, mit dem ein Bundesgesetz über die äußeren Rechtsverhältnisse islamischer Religionsgesellschaften erlassen wird

Der Nationalrat hat beschlossen:

Bundesgesetz über die äußeren Rechtsverhältnisse islamischer Religionsgesellschaften – Islamgesetz 2015

1. Abschnitt

Rechtsstellung

Körperschaft öffentlichen Rechts

§ **1.** Islamische Religionsgesellschaften in Österreich sind anerkannte Religionsgesellschaften im Sinne des Artikels 15 des Staatsgrundgesetzes über die allgemeinen Rechte der Staatsbürger. Sie sind Körperschaften des öffentlichen Rechts.

Selbständigkeit

§ **2.** (1) Islamische Religionsgesellschaften ordnen und verwalten ihre inneren Angelegenheiten selbständig. Sie sind in Bekenntnis und Lehre frei und haben das Recht der öffentlichen Religionsausübung.

(2) Islamische Religionsgesellschaften genießen denselben gesetzlichen Schutz wie andere gesetzlich anerkannte Religionsgesellschaften. Auch ihre Lehren, Einrichtungen und Gebräuche genießen diesen Schutz, sofern sie nicht mit gesetzlichen Regelungen in Widerspruch stehen. Religionsgesellschaften, Kultusgemeinden oder andere Untergliederungen sowie ihre Mitglieder können sich gegenüber der Pflicht zur Einhaltung allgemeiner staatlicher Normen nicht auf innerreligionsgesellschaftliche Regelungen oder die Lehre berufen, sofern das im jeweiligen Fall anzuwendende staatliche Recht nicht eine solche Möglichkeit vorsieht.

Erwerb der Rechtspersönlichkeit

§ **3.** (1) Islamische Religionsgesellschaften erwerben die Rechtspersönlichkeit nach diesem Bundesgesetz auf Antrag durch Verordnung des Bundeskanzlers. ...

...

(3) Über den Erwerb der Rechtspersönlichkeit ist ein Bescheid zu erlassen, der den Namen der Islamischen Religionsgesellschaft sowie die nach außen vertretungsbefugten Organe in allgemeiner Bezeichnung zu enthalten hat.

(4) Mit dem Erwerb der Rechtspersönlichkeit nach Abs. 3 sind jene Vereine aufzulösen, deren Zweck in der Verbreitung der Religionslehre der betreffenden Religionsgesellschaft besteht.

...

Voraussetzungen für den Erwerb der Rechtsstellung

§ **4.** (1) Eine Islamische Religionsgesellschaft bedarf für den Erwerb der Rechtspersönlichkeit nach diesem Bundesgesetz eines gesicherten dauerhaften Bestandes und der wirtschaftlichen Selbsterhaltungsfähigkeit. Der gesicherte dauerhafte Bestand ist gegeben, wenn der Antragsteller eine staatlich eingetragene religiöse Bekenntnisgemeinschaft ist und über eine Anzahl an Angehörigen von mindestens 2 vT der Bevölkerung Österreichs nach der letzten Volkszählung verfügt. Den Nachweis hat der Antragsteller zu erbringen.

(2) Einnahmen und Vermögen dürfen ausschließlich für religiöse Zwecke, wozu auch in der religiösen Zielsetzung begründete gemeinnützige und mildtätige Zwecke zählen, verwendet werden.

(3) Es muss eine positive Grundeinstellung gegenüber Gesellschaft und Staat bestehen.

(4) Es darf keine gesetzwidrige Störung des Verhältnisses zu den bestehenden gesetzlich anerkannten Kirchen und Religionsgesellschaften sowie sonstigen Religionsgemeinschaften bestehen.

Versagung und Aufhebung der Rechtspersönlichkeit

§ **5.** (1) Der Bundeskanzler hat den Erwerb der Rechtspersönlichkeit zu versagen, wenn

1. dies im Hinblick auf die Lehre oder deren Anwendung zum Schutz der in einer demokratischen Gesellschaft gegebenen Interessen der öffentlichen Sicherheit, der öffentlichen Ordnung, Gesundheit und Moral oder zum Schutz der Rechte und Freiheiten anderer notwendig ist; dies ist insbesondere bei Aufforderung zu einem mit Strafe bedrohten gesetzwidrigen Verhalten, bei einer Behinderung der psychischen Entwicklung von Heranwachsenden, bei Verletzung der psychischen Integrität und bei Anwendung psychotherapeutischer Methoden, insbesondere zum Zwecke der Glaubensvermittlung, gegeben,
2. eine Voraussetzung nach § 4 fehlt,
3. die Verfassung dem § 6 nicht entspricht.

(2) Die Bundesregierung hat die Anerkennung der Religionsgesellschaft mit Verordnung, der Bundeskanzler die Rechtspersönlichkeit einer Kultusgemeinde oder einer nach innerreligionsgesellschaftlichem Recht mit Rechtspersönlichkeit ausgestatteten Einrichtung, die für den staatlichen Bereich Rechtspersönlichkeit erlangt hat (§ 23 Abs. 4), mit Bescheid aufzuheben, wenn *(BGBl. I Nr. 39/2015 idF BGBl. I Nr. 146/2021, Art. 2 Z 1)*

1. eine für den Erwerb der Rechtsstellung maßgebliche Voraussetzung nach § 4, außer der Anzahl an Angehörigen, bzw. § 8 nicht mehr vorliegt,
2. ein Versagungsgrund gemäß Abs. 1 vorliegt, sofern trotz Aufforderung zur Abstellung des Aberkennungsgrundes dieser fortbesteht,

2a. bei Einrichtungen gemäß § 23 Abs. 4 ein Versagungsgrund gemäß Abs. 1 Z 1 vorliegt und, nach Einbindung der Religionsgesellschaft, eine unverzügliche Aufhebung zum Schutz der dort genannten Interessen zwingend erforderlich ist, auch ohne Aufforderung zur Abstellung, *(BGBl. I Nr. 39/2015 idF BGBl. I Nr. 146/2021, Art. 2 Z 2)*

3. ein verfassungswidriges oder statutenwidriges Verhalten trotz Aufforderung zur Abstellung fortbesteht, oder
4. mit der Anerkennung verbundene Pflichten trotz Aufforderung nicht erfüllt werden.

(2a) Der Bundeskanzler hat die Rechtspersönlichkeit einer Kultusgemeinde nach Einbindung der Religionsgesellschaft mit Bescheid aufzuheben, wenn bei einer Einrichtung der Kultusgemeinde ein Versagungsgrund nach Abs. 1 Z 1 vorliegt und die Kultusgemeinde den beanstandeten Missstand nicht unverzüglich und ohne weiteren Aufschub behebt. *(BGBl. I Nr. 39/2015 idF BGBl. I Nr. 146/2021, Art. 2 Z 3)*

(3) Nach der Kundmachung der Verordnung, mit welcher die Aufhebung der Anerkennung der Rechtspersönlichkeit erfolgte, ist binnen drei Werktagen ein Feststellungsbescheid über die Gründe zu erlassen, der den Namen der Religionsgesellschaft und die zuletzt zur Außenvertretung befugten Organe zu enthalten hat und an diese zuzustellen ist.

(4) Die Versagung oder Aufhebung der Rechtsstellung ist im Internet auf einer für den Bereich „Kultusamt" einzurichtenden Homepage öffentlich zugänglich zu machen.

2. Abschnitt
Aufbau und Aufgaben

Verfassungen islamischer Religionsgesellschaften

§ 6. (1) Eine im Rahmen der inneren Angelegenheiten erstellte Verfassung einer islamischen Religionsgesellschaft hat, um die Wirkung für den staatlichen Bereich sicherzustellen, folgende Angaben in der Amtssprache zu enthalten:

1. Name und Kurzbezeichnung, wobei die Religionsgesellschaft klar erkennbar und eine Verwechslung mit anderen Kirchen oder Religionsgesellschaften, Vereinen, Einrichtungen oder anderen Rechtsformen ausgeschlossen sein muss;
2. Sitz der Religionsgesellschaft;
3. Erwerb und Verlust der Mitgliedschaft;
4. Rechte und Pflichten der Mitglieder;
5. Darstellung der Lehre, einschließlich eines Textes der wesentlichen Glaubensquellen (Koran), die sich von bestehenden gesetzlich anerkannten Religionsgesellschaften, Bekenntnisgemeinschaften oder Religionsgesellschaften unterscheiden müssen;
6. innere Organisation, wobei zumindest Kultusgemeinden vorzusehen sind;
7. angemessene Berücksichtigung aller innerhalb der Religionsgesellschaft bestehenden Traditionen;
8. Art der Bestellung, Dauer der Funktionsperiode und Abberufung der Organe;
9. Art der Besorgung des Religionsunterrichts und die Aufsicht über diesen;
10. Aufbringung der Mittel, deren Verwaltung und die Rechnungslegung;
11. Schlichtung von Streitigkeiten innerhalb der Religionsgesellschaft;
12. Erzeugung und Änderung der Verfassung.

(2) Die Aufbringung der Mittel für die gewöhnliche Tätigkeit zur Befriedigung der religiösen Bedürfnisse ihrer Mitglieder hat

durch die Religionsgesellschaft, die Kultusgemeinden bzw. ihre Mitglieder im Inland zu erfolgen.

Aufgaben einer Religionsgesellschaft

§ 7. Einer Religionsgesellschaft obliegen insbesondere

1. die Vertretung der Interessen ihrer Mitglieder, soweit sie über den Wirkungsbereich einer Kultusgemeinde hinausreichen; sie ist religionsgesellschaftliche Oberbehörde;
2. die Vorlage der Verfassung der Religionsgesellschaft und von Statuten der Kultusgemeinden, deren Änderungen sowie Änderungen in der Zusammensetzung der Organe an den Bundeskanzler;
3. die Vorlage von nach innerreligionsgesellschaftlichem Recht mit Rechtspersönlichkeit ausgestatteten Einrichtungen für die Erlangung der Rechtspersönlichkeit auch für den staatlichen Bereich, deren vertretungsbefugten Organe und Organwalter sowie deren Änderungen an den Bundeskanzler; *(BGBl. I Nr. 39/2015 idF BGBl. I Nr. 146/2021, Art. 2 Z 4)*
4. die Vorlage der Aufzeichnungen über die Rechnungslegung, insbesondere der Rechnungsabschlüsse und diesbezüglichen sonstigen Finanzunterlagen, zum Zweck der Überprüfung des § 6 Abs. 2; *(BGBl. I Nr. 146/2021, Art. 2 Z 4)*
5. das Führen einer Aufstellung aller ihr zugehörigen Einrichtungen und aller ihrer Funktionsträger und -trägerinnen, einschließlich religiöser Funktionsträger und -trägerinnen. Religiöse Funktionsträger und -trägerinnen sind nur soweit erfasst, als ihnen die Verbreitung der religiösen Lehre der Religionsgesellschaft zurechenbar ist. *(BGBl. I Nr. 146/2021, Art. 2 Z 4)*

…

3. Abschnitt

Rechte und Pflichten der „Islamischen Glaubensgemeinschaft in Österreich"

Namensrecht und Schutz der religiösen Bezeichnungen

§ 9. (1) Die Religionsgesellschaft hat das Recht, einen Namen im Rahmen der in § 6 Abs. 1 Z 1 genannten Grenzen zu wählen.

…

Begutachtungsrecht

§ 10. (1) Die Religionsgesellschaft ist berechtigt, den Organen der Gesetzgebung und Verwaltung auf allen Ebenen Gutachten, Stellungnahmen, Berichte und Vorschläge über Angelegenheiten, die gesetzlich anerkannte Kirchen und Religionsgesellschaften betreffen, zu übermitteln.

(2) Rechtsetzende Maßnahmen, die die äußeren Rechtsverhältnisse der Religionsgesellschaft betreffen, sind vor ihrer Vorlage, Verordnungen vor ihrer Erlassung, der Religionsgesellschaft unter Gewährung einer angemessenen Frist zur Stellungnahme zu übermitteln.

Recht auf religiöse Betreuung in besonderen Einrichtungen und Jugenderziehung

§ 11. (1) Die Religionsgesellschaft hat das Recht, ihre Mitglieder, die

1. Angehörige des Bundesheeres sind oder
2. sich in gerichtlicher oder verwaltungsbehördlicher Haft befinden oder
3. in öffentlichen Krankenanstalten, Versorgungs-, Pflege- oder ähnlichen Anstalten untergebracht sind,

in religiöser Hinsicht zu betreuen.

(2) Zur Besorgung der Angelegenheiten des Abs. 1 kommen nur Personen in Betracht, die aufgrund ihrer Ausbildung und ihres Lebensmittelpunktes in Österreich fachlich und persönlich dafür geeignet sind. Sie unterstehen in allen konfessionellen Belangen der Religionsgesellschaft, in allen anderen Angelegenheiten der jeweils zuständigen Leitung für die Einrichtung. Die fachliche Eignung liegt nur dann vor, wenn ein Abschluss eines Studiums gemäß § 24 oder eine gleichwertige Qualifikation vorliegt. Die persönliche Eignung erfordert mindestens 3 Jahre einschlägige Berufserfahrung und Deutschkenntnisse auf dem Niveau der Reifeprüfung. Weiters ist eine Ermächtigung durch die Religionsgesellschaft erforderlich.

(3) Der für die Besorgung der Angelegenheiten nach Abs. 1 Z 1 erforderliche Sach- und Personalaufwand ist vom Bund zu tragen.

(4) Die Religionsgesellschaft und ihre Mitglieder sind berechtigt, Kinder und Jugendliche durch alle traditionellen Bräuche zu führen und entsprechend den religiösen Geboten zu erziehen.

Speisevorschriften

§ 12. (1) Die Religionsgesellschaft hat das Recht, in Österreich die Herstellung von Fleischprodukten und anderen Nahrungsmitteln gemäß ihren innerreligionsgesellschaftlichen Vorschriften zu organisieren.

(2) Bei der Verpflegung von Mitgliedern der Religionsgesellschaft beim Bundesheer, in Haftanstalten, öffentlichen Krankenanstalten, Versorgungs-, Pflege- oder ähnlichen Anstalten sowie öffentlichen Schulen ist auf die innerreligionsgesellschaftlichen Speisegebote Rücksicht zu nehmen.

Feiertage

§ 13. (1) Feiertagen und der Zeit des Freitagsgebetes wird der Schutz des Staates gewährleistet. Ihre Termine richten sich nach dem islamischen Kalender. Die Tage beginnen mit Sonnenuntergang und dauern bis Sonnenuntergang des folgenden Tages. Die Gebetszeit ist am Freitag von 12.00 Uhr bis 14.00 Uhr.

(2) Feiertage sind

a) Ramadanfest (3 Tage)

b) Pilger-Opferfest (4 Tage)

c) Aschura (1 Tag).

(3) An den in Abs. 2 bezeichneten Tagen und während des Freitagsgebetes sind in der Nähe von Kultstätten und sonstigen Kultusgemeinden zu gottesdienstlichen Zwecken dienenden Räumen und Gebäuden alle vermeidbaren, Lärm erregenden Handlungen, die eine Beeinträchtigung der Feier zur Folge haben könnten, sowie öffentliche Versammlungen, Auf- und Umzüge, untersagt.

…

4. Abschnitt
Rechte und Pflichten der „Islamischen Alevitischen Glaubensgemeinschaft in Österreich"

Namensrecht und Schutz der religiösen Bezeichnungen

§ 16. (1) Die Religionsgesellschaft hat das Recht, einen Namen im Rahmen der in § 6 Abs. 1 Z 1 genannten Grenzen zu wählen.

…

§ 17. (1) Die Religionsgesellschaft ist berechtigt, den Organen der Gesetzgebung und Verwaltung auf allen Ebenen Gutachten, Stellungnahmen, Berichte und Vorschläge über Angelegenheiten, die gesetzlich anerkannte Kirchen und Religionsgesellschaften betreffen, zu übermitteln.

(2) Rechtsetzende Maßnahmen, die die äußeren Rechtsverhältnisse der Religionsgesellschaft betreffen, sind vor ihrer Vorlage, Verordnungen vor ihrer Erlassung, der Religionsgesellschaft unter Gewährung einer angemessenen Frist zur Stellungnahme zu übermitteln.

Recht auf religiöse Betreuung in besonderen Einrichtungen und Jugenderziehung

§ 18. (1) Die Religionsgesellschaft hat das Recht, ihre Mitglieder, die

1. Angehörige des Bundesheeres sind oder
2. sich in gerichtlicher oder verwaltungsbehördlicher Haft befinden oder
3. in öffentlichen Krankenanstalten, Versorgungs-, Pflege- oder ähnlichen Anstalten untergebracht sind,

in religiöser Hinsicht zu betreuen.

(2) Zur Besorgung der Angelegenheiten des Abs. 1 kommen nur Personen, insbesondere Dedes, Babas und Anas, in Betracht, die aufgrund ihrer Ausbildung und ihres Lebensmittelpunktes in Österreich fachlich und persönlich dafür geeignet sind. Sie unterstehen in allen konfessionellen Belangen der Religionsgesellschaft, in allen anderen Angelegenheiten der jeweils zuständigen Leitung für die Einrichtung. Die fachliche Eignung liegt nur dann vor, wenn ein Abschluss eines Studiums gemäß § 24 oder eine gleichwertige Qualifikation vorliegt. Die persönliche Eignung erfordert mindestens 3 Jahre einschlägige Berufserfahrung und Deutschkenntnisse auf dem Niveau der Reifeprüfung. Weiters ist eine Ermächtigung durch die Religionsgesellschaft erforderlich.

(3) Der für die Besorgung der Angelegenheiten nach Abs. 1 Z 1 erforderliche Sach- und Personalaufwand ist vom Bund zu tragen.

(4) Die Religionsgesellschaft und ihre Mitglieder sind berechtigt, Kinder und Jugendliche durch alle traditionellen Bräuche zu führen und entsprechend den religiösen Geboten zu erziehen.

Speisevorschriften

§ 19. (1) Die Religionsgesellschaft hat das Recht, in Österreich die Herstellung von Fleischprodukten und anderen Nahrungsmitteln gemäß ihren innerreligionsgesellschaftlichen Vorschriften zu organisieren.

(2) Bei der Verpflegung von Mitgliedern der Religionsgesellschaft beim Bundesheer, in Haftanstalten, öffentlichen Krankenanstalten, Versorgungs-, Pflege- oder ähnlichen Anstalten sowie öffentlichen Schulen ist auf die innerreligionsgesellschaftlichen Speisegebote Rücksicht zu nehmen.

Feiertage

§ 20. (1) Feiertagen und den Gottesdiensten (donnerstäglicher Cem-Gottesdienst, Lokma-Tage) wird der Schutz des Staates gewährleistet. Die Termine der Feiertage richten sich nach dem islamischen Kalender. Die Tage beginnen mit Sonnenuntergang und dauern bis Sonnenuntergang des folgenden Tages.

(2) Feiertage sind

a) Fasten- und Feiertage in Gedenken des Heiligen Hizir (3 Tage)
b) Geburt des Heiligen Ali (1 Tag)
c) Ausrufung Alis als Nachfolger Mohammeds (1 Tag)
d) Opferfest (4 Tage)
e) Asure (1 Tag).

(3) An den in Abs. 2 bezeichneten Tagen bzw. während der Gottesdienste sind in der Nähe von Kultstätten und sonstigen Kultusgemeinden zu gottesdienstlichen Zwecken dienenden Räumen und Gebäuden alle vermeidbaren, Lärm erregenden Handlungen, die eine Beeinträchtigung der Feier zur Folge haben könnten, sowie öffentliche Versammlungen, Auf- und Umzüge, untersagt.

…

5. Abschnitt
Zusammenwirken von Religionsgesellschaften und Staat

…

Theologische Studien

§ 24. (1) Der Bund hat ab dem 1. Jänner 2016 zum Zwecke der theologischen Forschung und Lehre und für die wissenschaftliche Heranbildung des geistlichen Nachwuchses islamischer Religionsgesellschaften den Bestand einer theologischen Ausbildung zu erhalten. Für diese sind insgesamt bis zu sechs Stellen für Lehrpersonal vorzusehen. *(BGBl. I Nr. 39/2015 idF BGBl. I Nr. 146/2021, Art. 2 Z 6)*

(2) Für jede Religionsgesellschaft nach diesem Bundesgesetz ist ein eigener Zweig im Studium vorzusehen.

(3) Als Lehrpersonal gemäß Abs. 1 kommen Universitätsprofessorinnen und Universitätsprofessoren, Universitätsdozentinnen und Universitätsdozenten, Privatdozentinnen und Privatdozenten sowie assoziierte Professorinnen und Professoren im Sinne des Kollektivvertrages für die ArbeitnehmerInnen der Universitäten gemäß § 108 Abs. 3 Universitätsgesetz in Betracht.

(4) Vor der Besetzung von Stellen nach Abs. 1 ist mit den Religionsgesellschaften in Fühlungnahme über die in Aussicht genommene Person zu treten, wobei im theologischen Kernbereich darauf Bedacht zu nehmen ist, dass es sich um Anhänger der in der jeweiligen nach diesem Bundesgesetz anerkannten Religionsgesellschaft vertretenen Glaubenslehre (Rechtsschule, Glaubensströmung) handelt.

…

6. Abschnitt
Schlussbestimmungen

Bestehende Religionsgesellschaften, Kultusgemeinden, Verfassungen und Statuten

§ 31. (1) Die Islamische Glaubensgemeinschaft in Österreich, BGBl. Nr. 466/1988, und die Islamische Alevitische Glaubensgemeinschaft in Österreich, BGBl. II Nr. 133/2013, sowie deren Teile mit eigener Rechtspersönlichkeit bleiben in ihrem Bestande unberührt. Sie sind Religionsgesellschaften nach § 9 bzw. § 16 dieses Bundesgesetzes. Binnen vierzehn Tagen nach Inkrafttreten dieses Bundesgesetzes sind Verordnungen gemäß § 3 Abs. 1 zu erlassen, die den Bestand als Religionsgesellschaft nach diesem Bundesgesetz mit dem Tag des Inkraftretens[1]) dieses Bundesgesetzes feststellen.

…

In- und Außerkrafttreten

§ 32. (1) Das Gesetz tritt mit Ablauf des Tages der Kundmachung[2]) im Bundesgesetzblatt in Kraft. Mit dem Inkrafttreten dieses Bundesgesetzes tritt das Gesetz betreffend die Anerkennung der Anhänger des Islam als Religionsgesellschaft, RGBl 159/1912 idF BGBl. 144/1988, zuletzt geändert durch das Bundesministeriengesetz 2014, BGBl. I Nr. 11/2014, außer Kraft. *(BGBl. I Nr. 39/2015 idF BGBl. I Nr. 146/2021, Art. 2 Z 10)*

(2) § 5 Abs. 2 und 2a, § 7 Z 3 bis 5, § 23 Abs. 5, § 24 Abs. 1, die §§ 25 und 30 samt Überschriften sowie die Bezeichnung des § 32 Abs. 1 in der Fassung des Bundesgesetzes BGBl. I Nr. 146/2021 treten mit dem auf die Kundmachung folgenden Tag in Kraft.[3]) *(BGBl. I Nr. 146/2021, Art. 2 Z 10)*

Vollzugsklausel

§ 33. Mit der Vollziehung dieses Bundesgesetzes ist der Bundeskanzler betraut, soweit aufgrund einzelner Regelungen nicht die sachliche Zuständigkeit einer Bundesministerin oder eines Bundesministers besteht.

---

[1]) Sollte richtig „Inkrafttretens" lauten.

[2]) Die Kundmachung im Bundesgesetzblatt erfolgte am 30. März 2015.

[3]) Die Kundmachung im Bundesgesetzblatt erfolgte am 26. Juli 2021.

14.1. Familienlastenausgleichsgesetz 1967 – FLAG[1])[2])

Auszug

(§ 1, Abschnitt Ia [§§ 30a, 30b, 30c, 30d, 30e, 30f, 30g, 30h, 30i], Abschnitt Ib [§§ 30j, 30k, 30l, 30m, 30n, 30o, 30p, 30q], Abschnitt Ic [§§ 31, 31a, 31b, 31c, 31d, 31e, 31f, 31g, 31h], § 39a, § 39c, § 39f, Abschnitt IIIa [§§ 46a, 46b], § 50f, § 50g, § 50h, § 50i, § 50j, § 50l, § 50m, § 50o, § 50u, § 50v, § 50w, § 51, § 53, § 55)

Bundesgesetz vom 24. Oktober 1967, betreffend den Familienlastenausgleich durch Beihilfen (Familienlastenausgleichsgesetz 1967)

Der Nationalrat hat beschlossen:

§ 1. Zur Herbeiführung eines Lastenausgleiches im Interesse der Familie werden die nach diesem Bundesgesetz vorgesehenen Leistungen gewährt.

(BGBl. Nr. 284/1972, Art. I Z 1)

...

ABSCHNITT Ia

Schulfahrtbeihilfe und Schülerfreifahrten

(BGBl. Nr. 284/1972, Art. I Z 3)

§ 30a. (1) Anspruch auf Schulfahrtbeihilfe haben Personen für Kinder, für die ihnen Familienbeihilfe gewährt wird oder für die sie nur deswegen keinen Anspruch auf Familienbeihilfe haben, weil sie Anspruch auf eine gleichartige ausländische Beihilfe haben (§ 4 Abs. 1), wenn das Kind

a) eine öffentliche oder mit dem Öffentlichkeitsrecht ausgestattete Schule im Inland als ordentlicher Schüler besucht oder

---

[1]) BGBl. Nr. 376/1967 idF der mit dem Schulwesen im Zusammenhang stehenden Novellen BGBl. Nr. 116/1971, 284/1972, 23/1973, 418/1974, 573/1978, 550/1979, 296/1981, 588/1983, 617/1983, 553/1984, 479/1985, 604/1987, 733/1988, 652/1989, 367/1991, 311/1992, 246/1993, 511/1994, 297/1995, 201/1996, 433/1996, BGBl. I Nr. 14/1997, 8/1998, 23/1999, 136/1999, 83/2000, 142/2000, 68/2001, 158/2002, 71/2003, 128/2003, 110/2004, 136/2004, 24/2007, 103/2007, 52/2009, 9/2010, 111/2010, 19/2013, 60/2013, 40/2014, 32/2018, 104/2019, 220/2021, 43/2022 und 226/2022 sowie der Kundmachung BGBl. I Nr. 26/2003.

[2]) Durch die 89. Novelle zum ASVG BGBl. I Nr. 100/2018 (Art. 1) wurde § 720 geschaffen, dessen Anordnungen mit 1. Jänner 2020 zu fugitiven Änderungen des FLAG geführt haben. § 720 ASVG idF BGBl. I Nr. 100/2018 (Art. 1) lautet:

„Ersetzung von Begriffen

§ 720. Werden in anderen Bundesgesetzen die in der linken Spalte genannten Begriffe verwendet, so treten mit 1. Jänner 2020 an deren Stelle – in der grammatikalisch richtigen Form – die in der rechten Spalte genannten Begriffe. Dies gilt nicht für die Verwendung dieser Begriffe in Schluss- und Übergangsbestimmungen sowie in In-Kraft-Tretens- und Außer-Kraft-Tretens-Bestimmungen.

Hauptverband der österreichischen Sozialversicherungsträger	Dachverband der Sozialversicherungsträger
Wiener Gebietskrankenkasse	Österreichische Gesundheitskasse
Niederösterreichische Gebietskrankenkasse	Österreichische Gesundheitskasse
Burgenländische Gebietskrankenkasse	Österreichische Gesundheitskasse
Oberösterreichische Gebietskrankenkasse	Österreichische Gesundheitskasse
Steiermärkische Gebietskrankenkasse	Österreichische Gesundheitskasse
Kärntner Gebietskrankenkasse	Österreichische Gesundheitskasse
Salzburger Gebietskrankenkasse	Österreichische Gesundheitskasse
Tiroler Gebietskrankenkasse	Österreichische Gesundheitskasse
Vorarlberger Gebietskrankenkasse	Österreichische Gesundheitskasse
(örtlich zuständige) Gebietskrankenkasse(n)	Österreichische Gesundheitskasse
Sozialversicherungsanstalt der gewerblichen Wirtschaft	Sozialversicherungsanstalt der Selbständigen
Sozialversicherungsanstalt der Bauern	Sozialversicherungsanstalt der Selbständigen
Versicherungsanstalt öffentlich Bediensteter	Versicherungsanstalt öffentlich Bediensteter, Eisenbahnen und Bergbau
Versicherungsanstalt für Eisenbahnen und Bergbau	Versicherungsanstalt öffentlich Bediensteter, Eisenbahnen und Bergbau“

b) eine gleichartige Schule im grenznahen Gebiet im Ausland als ordentlicher Schüler besucht, die für das Kind günstiger zu erreichen ist als eine inländische Schule, wenn bei Pflichtschulen hiefür die schulbehördliche Bewilligung vorliegt, oder
c) eine Ausbildung im gehobenen Dienst für Gesundheits- und Krankenpflege an einer Schule für Gesundheits- und Krankenpflege gemäß Gesundheits- und Krankenpflegegesetz, BGBl. I Nr. 108/1997, oder eine Ausbildung in der medizinischen Fachassistenz an einer Schule für medizinische Assistenzberufe gemäß Medizinische Assistenzberufe-Gesetz, BGBl. I Nr. 89/2012, besucht, oder *(BGBl. I Nr. 19/2013, Z 1)*
d) ein nach den Lehrplänen der in lit. a und b bezeichneten Schulen verpflichtendes Praktikum im Inland oder im grenznahen Gebiet im Ausland besucht, das außerhalb der schulischen Unterrichtszeiten stattfindet und der Schule durch Vorlage eines Praktikantenvertrages nachzuweisen ist, oder
e) eine nach den Ausbildungsverordnungen der in lit. c bezeichneten Schulen für die praktische Ausbildung vorgesehene Krankenanstalt oder sonstige Einrichtung im Inland oder im grenznahen Gebiet im Ausland besucht und

der kürzeste Weg zwischen der Wohnung im Inland und der Schule (Schule/Praktikum gemäß lit. d und e) in einer Richtung (Schulweg) bzw. der kürzeste Weg zwischen der Wohnung im Inland und dem Zweitwohnsitz am Ort oder in der Nähe des Ortes der Schule (Schule/Praktikum gemäß lit. d und e) in einer Richtung mindestens 2 km lang ist. Für behinderte Schülerinnen und Schüler besteht Anspruch auf Schulfahrtbeihilfe auch dann, wenn dieser Weg weniger als 2 km lang und die Zurücklegung dieses Weges ohne Benutzung eines Verkehrsmittels nicht zumutbar ist. *(BGBl. I Nr. 110/2004, Z 1)*

(2) Anspruch auf Schulfahrtbeihilfe haben auch Vollwaisen, denen Familienbeihilfe gewährt wird (§ 6) oder die nur deswegen keinen Anspruch auf Familienbeihilfe haben, weil sie Anspruch auf eine gleichartige ausländische Beihilfe haben (§ 4 Abs. 1), unter denselben Voraussetzungen, unter denen nach Abs. 1 Anspruch auf Schulfahrtbeihilfe für Kinder besteht. *(BGBl. I Nr. 110/2004, Z 2)*

(3) Als eine Schule im Sinne des Abs. 1 lit. a gilt auch eine Schule, die gemäß § 12 des Schulpflichtgesetzes 1985, BGBl. Nr. 76/1985, als zur Erfüllung der Schulpflicht geeignet anerkannt wurde, sowie eine Privatschule, der die Führung einer gesetzlich geregelten Schulartbezeichnung gemäß § 11 des Privatschulgesetzes, BGBl. Nr. 244/1962, bewilligt wurde. *(BGBl. I Nr. 111/2010, Art. 135 Z 14)*

(4) Als ordentliche Schüler im Sinne dieses Abschnittes gelten auch Schüler, die wegen mangelnder Kenntnis der Unterrichtssprache oder wegen der Zulassung zur Ablegung einer Einstufungsprüfung (§ 3 Abs. 6 des Schulunterrichtsgesetzes 1986, BGBl. Nr. 472) oder wegen der Zulassung zur Ablegung einer Aufnahmsprüfung (§ 29 Abs. 5 des Schulunterrichtsgesetzes) als außerordentliche Schüler geführt werden. *(BGBl. Nr. 296/1981, Art. I Z 10 idF BGBl. Nr. 733/1988, Art. I Z 10 und BGBl. Nr. 201/1996, Art. 72 Z 20)*

(5) Als ordentliche Schüler im Sinne dieses Abschnittes gelten auch Berufsschüler, die eine fachliche Berufsschule des der Ausbildung entsprechenden anerkannten Lehrberufes besuchen und mangels der Berufsschulpflicht als außerordentliche Schüler geführt werden. *(BGBl. I Nr. 142/2000, Art. 71 Z 7)*

(BGBl. Nr. 284/1972, Art. I Z 3)

§ 30b. (1) Kein Anspruch auf Schulfahrtbeihilfe besteht für den Teil des Schulweges, auf dem der Schüler/die Schülerin eine unentgeltliche Beförderung oder die SchülerInnenfreifahrt in Anspruch nehmen kann. Es besteht auch kein Anspruch auf Schulfahrtbeihilfe für den Teil des Weges zwischen der Wohnung im Hauptwohnort und der Zweitunterkunft (§ 30c Abs. 4), auf dem der Schüler/die Schülerin eine unentgeltliche Beförderung in Anspruch nehmen kann. Für den verbleibenden Teil des Weges besteht Anspruch auf Schulfahrtbeihilfe jeweils dann, wenn dieser Teil des Weges mindestens 2 km lang ist; in diesen Fällen richtet sich die Höhe der Schulfahrtbeihilfe (§ 30c Abs. 1, 2 und 4) nach der Länge dieses Teiles des Weges. *(BGBl. I Nr. 158/2002, Art. 7 Z 3)*

(2) Kein Anspruch auf Schulfahrtbeihilfe besteht für den Besuch von Lehrveranstaltungen, die nur fallweise stattfinden.

(BGBl. Nr. 284/1972, Art. I Z 3)

§ 30c. (1) Die Schulfahrtbeihilfe beträgt, wenn der Schulweg nicht länger als 10 km ist und

a) an einem Schultag oder an zwei Schultagen in der Woche zurückgelegt wird, monatlich .... 4,4 €,
b) an drei oder vier Schultagen in der Woche zurückgelegt wird, monatlich .... 8,8 €,
c) an mehr als vier Schultagen in der Woche zurückgelegt wird, monatlich ..... 13,1 €.

(BGBl. Nr. 479/1985, Art. I Z 9 idF BGBl. I Nr. 68/2001, Art. I Z 5)

(2) Die Schulfahrtbeihilfe beträgt, wenn der Schulweg länger als 10 km ist und

a) an einem Schultag oder an zwei Schultagen in der Woche zurückgelegt wird, monatlich .... 6,6 €,
b) an drei oder vier Schultagen in der Woche zurückgelegt wird, monatlich ..... 13,1 €,
c) an mehr als vier Schultagen in der Woche zurückgelegt wird, monatlich ..... 19,7 €.

(BGBl. Nr. 479/1985, Art. I Z 9 idF BGBl. I Nr. 68/2001, Art. I Z 5)

(3) Werden für die Benutzung eines öffentlichen Verkehrsmittels durch den Schüler höhere Kosten als die in den Abs. 1 und 2 vorgesehenen Pauschbeträge nachgewiesen, so richtet sich die monatliche Schulfahrtbeihilfe nach der Höhe der in einem Kalendermonat tarifmäßig, aber höchstens im Ausmaß des für den maßgeblichen Schulweg geltenden Verrechnungstarifes (§ 29 ÖPNRV-G 1999 in der Fassung BGBl. I Nr. 204/1999) notwendig aufgelaufenen Kosten, abzüglich eines Selbstbehaltes von 19,6 € für jedes Schuljahr. Geleistete Eigenanteile des Schülers für das jeweilige Schuljahr sind auf diesen Selbstbehalt anzurechnen. Steht ein geeignetes öffentliches Verkehrsmittel nicht zur Verfügung, erhöhen sich die in den Abs. 1 und 2 vorgesehenen Pauschbeträge um 100 vH. *(BGBl. I Nr. 142/2000, Art. 71 Z 8 idF BGBl. I Nr. 68/2001, Art. I Z 5)*

(4) Die Schulfahrtbeihilfe beträgt, wenn der Schüler/die Schülerin für Zwecke des Schulbesuches notwendigerweise eine Zweitunterkunft außerhalb seines/ihres inländischen Hauptwohnortes am Schulort oder in der Nähe des Schulortes bewohnt, bei einer Entfernung zwischen der Wohnung im Hauptwohnort und der Zweitunterkunft

a) bis einschließlich 50 km monatlich ... 19 €,
b) über 50 km bis einschließlich 100 km monatlich .... 32 €,
c) über 100 km bis einschließlich 300 km monatlich .... 42 €,
d) über 300 km bis einschließlich 600 km monatlich .... 50 €,
e) über 600 km monatlich .... 58 €.

Die Entfernung ist nach der Wegstrecke des zwischen der Wohnung im Hauptwohnort und der Zweitunterkunft verkehrenden öffentlichen Verkehrsmittels zu messen. Sofern ein öffentliches Verkehrsmittel auf der Strecke nicht verkehrt, ist die Entfernung nach der kürzesten Straßenverbindung zu messen. *(BGBl. I Nr. 158/2002, Art. 7 Z 4)*

(BGBl. Nr. 184/1972, Art. I Z 3)

§ 30d. (1) Die Schulfahrtbeihilfe wird für ein Kind nur einmal gewährt. *(BGBl. I Nr. 110/2004, Z 3)*

(2) Die Schulfahrtbeihilfe wird für jeden Monat gewährt, in dem der Schüler die Schule besucht, in einem Schuljahr jedoch höchstens für zehn Monate und in Verbindung mit einem Praktikum (§ 30a Abs. 1 lit. d und e) höchstens elf Monate. Liegen in einem Monat die Voraussetzungen für die Gewährung verschieden hoher Pauschbeträge für die Fahrt zu und von der Schule (§ 30c Abs. 1 und 2) vor, so ist diese Schulfahrtbeihilfe in Höhe des höheren Pauschbetrages zu gewähren. Liegen in einem Monat die Voraussetzungen für die Gewährung verschieden hoher Pauschbeträge für die Fahrt zwischen der Wohnung im Hauptwohnort und der Zweitunterkunft (§ 30c Abs. 4) vor, so ist diese Schulfahrtbeihilfe in Höhe des höheren Pauschbetrages zu gewähren. *(BGBl. Nr. 511/1994, Art. I Z 3 idF BGBl. Nr. 297/1995, Art. XXXVI Z 5, BGBl. Nr. 201/1996, Art. 72 Z 22, BGBl. I Nr. 158/2002, Art. 7 Z 5 und BGBl. I Nr. 110/2004, Z 4)*

(3) Für Fahrten im Linienverkehr, die mit einem Verbund-Schülerfahrausweis zu einem bestimmten Pauschalpreis pro Schuljahr möglich sind, steht eine Schulfahrtbeihilfe nach § 30c höchstens bis zu jenem, um den pauschalen Eigenanteil von 19,60 Euro reduzierten Betrag zu, welcher für diesen Schülerfahrausweis notwendigerweise zu entrichten ist. Erstreckt sich der Anspruch auf eine derartige Schulfahrtbeihilfe nicht über das gesamte Schuljahr, steht die Schulfahrtbeihilfe pro Anspruchsmonat in Höhe von 1/12 des um 19,60 Euro verminderten Pauschalpreises für diesen Schülerfahrausweis zu. Wird eine bereits geleistete Zahlung des pauschalen Eigenanteiles des Schülers/der Schülerin für das jeweilige Schuljahr im Zuge der Antragstellung nachgewiesen, erfolgt kein weiterer Abzug von der auszuzahlenden Schulfahrtbeihilfe. *(BGBl. I Nr. 19/2013, Z 1a)*

(4) Die mögliche Inanspruchnahme einer Beförderung im Linienverkehr zum Pauschalpreis schließt den Anspruch auf eine Schulfahrtbeihilfe nach § 30c auf dieser Strecke aus. Für einen allfälligen Restschulweg über 2 km pro Richtung wird die nach Abs. 3 ermittelte Schulfahrtbeihilfe um die zustehende monatliche Pauschalabgeltung nach § 30c Abs. 1 bis 3 aufgestockt. Für Familienheimfahrten auf Reststrecken über 2 km pro Richtung wird die nach Abs. 3 ermittelte Schulfahrtbeihilfe bis zu einer Weglänge von 10 km um monatlich 5 Euro aufgestockt. Übersteigt die Reststrecke 10 km, wird der Auszahlungsbetrag nach Abs. 3 um die zustehende monatliche Pauschalabgeltung nach § 30c Abs. 4 aufgestockt. *(BGBl. I Nr. 19/2013, Z 1a)*

(BGBl. Nr. 284/1972, Art. I Z 3)

§ **30e.** (1) Die Schulfahrtbeihilfe ist nur auf Antrag zu gewähren. Der Antrag ist beim Finanzamt Österreich bis 30. Juni des Kalenderjahres einzubringen, das dem Kalenderjahr folgt, in dem das Schuljahr endet, für welches die Schulfahrtbeihilfe begehrt wird. Auf gesonderten Antrag kann die Schulfahrtbeihilfe nach § 30c Abs. 3 erster Satz monatlich, frühestens beginnend mit Beginn des Schuljahres, für das die Schulfahrtbeihilfe begehrt wird, ausgezahlt werden. § 10 Abs. 5 ist sinngemäß anzuwenden. *(BGBl. Nr. 201/1996, Art. 72 Z 23 idF BGBl. I Nr. 40/2014, Art. 38 Z 2 und BGBl. I Nr. 104/2019, Art. 32 Z 8)*

(2) Zur Entscheidung über einen Antrag auf Gewährung der Schulfahrtbeihilfe ist das Finanzamt Österreich zuständig. Insoweit einem Antrag nicht vollinhaltlich stattzugeben ist, ist ein Bescheid zu erlassen. *(BGBl. Nr. 284/1972, Art. I Z 3 idF BGBl. I Nr. 104/2019, Art. 32 Z 8)*

(3) Die Schulfahrtbeihilfe ist nur zu gewähren, wenn der Antragsteller eine Bestätigung der Schule vorlegt, aus der die Staatsbürgerschaft des Schülers, der Schulbesuch und der Wohnort des Schülers, von dem aus die Schule besucht wird, hervorgeht. *(BGBl. Nr. 297/1995, Art. XXXVI Z 6)*

(4) Die Schulfahrtbeihilfe wird für ein Schuljahr nur einmal, nach Ablauf des Unterrichtsjahres gewährt. *(BGBl. Nr. 284/1972, Art. I Z 3 idF BGBl. Nr. 201/1996, Art. 72 Z 22)*

(BGBl. Nr. 284/1972, Art. I Z 3)

§ **30f.** (1) Der Bundesminister für Jugend und Familie ist ermächtigt, mit Verkehrsunternehmen des öffentlichen Verkehrs Verträge abzuschließen, wonach der Bund den Verkehrsunternehmen die im Tarif jeweils vorgesehenen Fahrpreise für die Beförderung der Schüler zur und von der Schule ersetzt, wenn sich die Verkehrsunternehmen verpflichten, einen Fahrausweis zur freien Beförderung der Schüler gegen Nachweis eines geleisteten Eigenanteiles des Schülers am Fahrpreis in Höhe von 19,6 € für jedes Schuljahr an den Schüler auszugeben, wobei der nach Abs. 3 vom Schüler geleistete Eigenanteil für dieses Schuljahr anzurechnen ist. Der vom Bund zu ersetzende Fahrpreis ist nach den weitestgehenden Ermäßigungen zu ermitteln; eine Pauschalierung des Fahrpreisersatzes ist zulässig. Soweit der Fahrpreisersatz nicht der Umsatzsteuer nach dem Umsatzsteuergesetz unterliegt, vermindert er sich um den entsprechenden Betrag. *(BGBl. Nr. 201/1996, Art. 72 Z 24 idF BGBl. I Nr. 68/2001, Art. I Z 5)*

(2) Der Fahrpreisersatz darf nur für Fahrten zwischen der Wohnung im Inland und der Schule sowie nur für Schüler/innen geleistet werden, für die eine Schulbestätigung im Sinne des § 30e Abs. 3 beigebracht wird, und für die, sofern sie volljährig sind, weiterhin Familienbeihilfe bezogen wird. Die Leistung des Fahrpreisersatzes ist bei Schüler/innen, die weder die österreichische Staatsbürgerschaft noch die Staatsbürgerschaft einer EWR-Vertragspartei oder der Schweiz besitzen, überdies davon abhängig zu machen, dass eine Bestätigung des Finanzamtes Österreich beigebracht wird, wonach für den Schüler/die Schülerin Familienbeihilfe bezogen wird. Für die Erlangung der Schülerfreifahrt ist überdies ein Antrag des Erziehungsberechtigten erforderlich, wenn der Schüler/die Schülerin minderjährig ist. *(BGBl. I Nr. 111/2010, Art. 135 Z 15 idF BGBl. I Nr. 104/2019, Art. 32 Z 9)*

(3) Der Bundesminister für Jugend und Familie ist weiters ermächtigt,

a) mit Verkehrsunternehmen, die Schüler im Gelegenheitsverkehr zur und von der Schule befördern, Verträge abzuschließen, wonach der Bund die Kosten für die Schülerbeförderung unter Beachtung des Umsatzsteuergesetzes übernimmt, wenn für die Schülerbeförderung kein geeignetes öffentliches Verkehrsmittel zur Verfügung steht und sich der Erziehungsberechtigte des zu befördernden Schülers dazu verpflichtet, für diese Beförderung einen Pauschalbetrag von 19,6 € als Eigenanteil für jedes Schuljahr an das jeweilige Verkehrsunternehmen zu leisten, wodurch sich die vom Bund zu leistende Gesamtvergütung entsprechend verringert, *(BGBl. Nr. 297/1995, Art. XXXVI Z 9 idF BGBl. Nr. 201/1996, Art. 72 Z 25 und BGBl. I Nr. 68/2001, Art. I Z 5)*
b) den Gemeinden oder Schulerhaltern die Kosten, die ihnen für die Schülerbeförderung entstehen, zu ersetzen. Der Kostenersatz darf die Höhe der Kosten nicht übersteigen, die bei Abschluß eines Vertrages gemäß lit. a nach Abzug des vom Erziehungsberechtigten an das Verkehrsunternehmen zu leistenden Eigenanteiles für den Bund entstehen würden.

(BGBl. Nr. 297/1995, Art. XXXVI Z 9)

(4) Eine Teilnahme des Schülers/der Schülerin an einer Schülerfreifahrt nach Abs. 1 und Abs. 3 ist nur auf jenen Strecken zulässig, auf denen der Schüler/die Schülerin keine andere Beförderung unentgeltlich in Anspruch nehmen kann. In Verträgen nach den Abs. 1 und 3 lit. a dürfen Schüler/innen nur für den Schulweg zu Schulen im Sinne des § 30a Abs. 1 lit. a bis c begünstigt werden; desgleichen darf ein Kostenersatz nach Abs. 3 lit. b nur für den Schulweg zu Schulen im Sinne des § 30a Abs. 1 lit. a bis c geleistet werden. Eine Kostenübernahme nach Abs. 3 ist nur für Fahrten der Schüler/innen zwischen der Wohnung im Inland und der Schule zulässig; für Schüler/innen, die weder

die österreichische Staatsbürgerschaft noch die Staatsbürgerschaft einer EWR-Vertragspartei oder der Schweiz besitzen, ist eine Kostenübernahme nach Abs. 3 überdies davon abhängig zu machen, dass eine Bestätigung des Finanzamtes Österreich beigebracht wird, wonach für den Schüler/die Schülerin Familienbeihilfe bezogen wird. *(BGBl. I Nr. 111/2010, Art. 135 Z 16 idF BGBl. I Nr. 104/2019, Art. 32 Z 9)*

(5) In Verträgen nach den Abs. 1 und 3 hat sich der Bundesminister für Wirtschaft, Familie und Jugend auszubedingen, dass sich die Verkehrsunternehmen zur Rechnungslegung und Auskunftserteilung verpflichten und den Organen des Bundes die Überprüfung der Unterlagen gestatten, auf die sich der Fahrpreis oder Fahrpreisersatz gründet. Der Vertrag nach Abs. 3 kann als Rechnung im Sinne des Umsatzsteuergesetzes 1994 angesehen werden, sofern dieser die erforderlichen Rechnungsmerkmale gemäß § 11 Abs. 1 des Umsatzsteuergesetzes 1994 aufweist. Der Abschluss eines Vertrages nach Abs. 3 lit. a kann überdies davon abhängig gemacht werden, dass der Schulerhalter die Notwendigkeit der Schülerbeförderung bestätigt und die Namen, die Staatsbürgerschaft und die Anschriften der zu befördernden Schüler/innen sowie das in Frage kommende Verkehrsunternehmen bekannt gibt. *(BGBl. I Nr. 111/2010, Art. 135 Z 17)*

(6) Der Bundesminister für Wirtschaft, Familie und Jugend ist ermächtigt, mit Verkehrsverbundorganisationsgesellschaften Verträge abzuschließen, wonach der Bund für die Beförderung fahrberechtigter Schüler/innen gemäß § 30f Abs. 1 und 2 in Verbindung mit § 30a im öffentlichen Verkehr an die jeweilige Verkehrsverbundorganisationsgesellschaft für jedes Schuljahr eine Pauschalabgeltung abzüglich der darauf entfallenden Eigenanteile leistet. Die um die Eigenanteile reduzierte Pauschalabgeltung ist im Einvernehmen zwischen dem Bundesminister für Wirtschaft, Familie und Jugend und der jeweiligen Verkehrsverbundorganisationsgesellschaft festzulegen. Die Basis für die Pauschalabgeltung errechnet sich erstmalig nach der Anzahl fahrberechtigter Schüler/innen und den dafür geleisteten Fahrpreisersätzen in einem zwischen dem Bundesminister für Wirtschaft, Familie und Jugend und der jeweiligen Verkehrsverbundorganisationsgesellschaft einvernehmlich zu bestimmenden Beobachtungszeitraum. In Abweichung von § 30f Abs. 2 ist für die Erlangung der Schülerfreifahrt in Gebieten, in denen ein Pauschalvertrag gem. § 30f Abs. 6 abgeschlossen wurde, ein Antrag für fahrtberechtigte SchülerInnen nicht erforderlich. Die Bestimmung bezüglich der weitestgehenden Ermäßigung (§ 30f Abs. 1) ist nicht auf die Pauschalabgeltung anzuwenden. *(BGBl. I Nr. 19/2013, Z 2)*

(7) Der Bundesminister für Wirtschaft, Familie und Jugend kann mit der Besorgung der ihm nach den vorstehenden Absätzen obliegenden Geschäften das Finanzamt Österreich beauftragen. *(BGBl. I Nr. 110/2004, Z 6 idF BGBl. I Nr. 9/2010, Art. 9 Z 1, BGBl. I Nr. 19/2013, Z 3 und BGBl. I Nr. 104/2019, Art. 32 Z 9)*

(BGBl. Nr. 284/1972, Art. I Z 3 idF BGBl. Nr. 617/1983, Art. II Z 1)

§ 30g. (1) Die im § 30a Abs. 1 lit. a und c genannten Schulen haben die Bestätigungen gemäß § 30e Abs. 3 auszustellen. Sofern diese Bestätigungen zur Erlangung einer Schülerfreifahrt (§ 30f) erforderlich sind, sind hiefür amtlich aufgelegte oder amtlich genehmigte Vordrucke zu verwenden. Diese Bestätigungen dürfen nur für ordentliche Schüler, die zu Beginn des Schuljahres das 24. Lebensjahr noch nicht vollendet haben, und für einen Schüler nur in der für die Erlangung der notwendigen Freifahrausweise erforderlichen Anzahl ausgestellt werden. *(BGBl. Nr. 297/1995, Art. XXXVI Z 11 idF BGBl. Nr. 201/1996, Art. 72 Z 22, BGBl. Nr. 201/1996, Art. 72 Z 2, 22 und 26 sowie BGBl. I Nr. 111/2010, Art. 135 Z 1)*

(2) Die amtlich aufgelegten Vordrucke für die Bestätigungen (Abs. 1) sind zu Lasten des Ausgleichsfonds für Familienbeihilfen vom Bundesministerium für Jugend und Familie aufzulegen und den Schulen zur Verfügung zu stellen. *(BGBl. Nr. 297/1995, Art. XXXVI Z 12 idF BGBl. I Nr. 103/2007, Art. 7 Z 8)*

(3) Insoweit dem Bund für die Anschaffung der Erlagscheine für den Selbstbehalt, für Vordrucke, Richtlinien, eine EDV-unterstützte Vollziehung der Fahrpreisersätze und Geldverkehrsspesen Kosten entstehen, sind diese aus Mitteln des Ausgleichsfonds für Familienbeihilfen zu tragen. *(BGBl. I Nr. 142/2000, Art. 71 Z 9 idF BGBl. I Nr. 103/2007, Art. 7 Z 8)*

(BGBl. Nr. 284/1972, Art. I Z 3 idF BGBl. Nr. 617/1983, Art. II Z 1)

§ 30h. (1) Zu Unrecht bezogene Schulfahrtbeihilfe ist zurückzuzahlen. *(BGBl. Nr. 573/1978, Art. I Z 5)*

(2) Der Schüler hat den von der Republik Österreich für eine Schülerfreifahrt geleisteten Fahrpreis (§ 30f Abs. 1 und 2) zu ersetzen, wenn er die Schülerfreifahrt durch unwahre Angaben erlangt hat oder weiter in Anspruch genommen hat, obwohl die Voraussetzungen weggefallen sind. Für diese Ersatzpflicht des Schülers haftet der Erziehungsberechtigte, wenn der Schüler noch minderjährig ist. Über die Verpflichtung zum Ersatz entscheidet das Finanzamt Österreich, wobei von der Festsetzung eines Ersatzes ganz oder teilweise Abstand genommen werden kann, wenn der Ersatz im Einzelfall den Betrag

von 100 Euro nicht übersteigt. Gegen die Entscheidung des Finanzamtes Österreich ist die Beschwerde an das Verwaltungsgericht des Bundes für Finanzen zulässig. Die Bestimmungen der Bundesabgabenordnung sind sinngemäß anzuwenden. *(BGBl. Nr. 201/1996, Art. 72 Z 28 idF BGBl. I Nr. 68/2001, Art. I Z 5, BGBl. I Nr. 110/2004, Z 7, BGBl. I Nr. 9/2010, Art. 9 Z 2, BGBl. I Nr. 111/2010, Art. 135 Z 18, BGBl. I Nr. 60/2013, Z 3 und BGBl. I Nr. 104/2019, Art. 32 Z 10)*

(3) Die Oberbehörde ist ermächtigt, in Ausübung des Aufsichtsrechtes das Finanzamt Österreich anzuweisen, von der Rückforderung der zu Unrecht bezogenen Schulfahrtbeihilfe (Abs. 1) sowie vom Ersatz des für eine Schülerfreifahrt geleisteten Fahrpreises (Abs. 2) abzusehen, wenn die Rückforderung bzw. die Geltendmachung des Ersatzanspruches unbillig wäre. *(BGBl. Nr. 533/1984, Art. I Z 5 idF BGBl. I Nr. 104/2019, Art. 32 Z 10)*

(4) Wer vorsätzlich oder grob fahrlässig Schulfahrtbeihilfe zu Unrecht bezieht oder durch unwahre Angaben einen Schülerfreifahrausweis zu Unrecht erlangt hat oder weiter in Anspruch genommen hat, obwohl die Voraussetzungen weggefallen sind, begeht, sofern die Tat nicht nach anderen Rechtsvorschriften strenger zu ahnden ist, eine Verwaltungsübertretung und ist hiefür mit einer Geldstrafe bis zu 360 Euro zu bestrafen. Der Versuch ist strafbar. Die Verjährungsfrist (§ 31 des Verwaltungsstrafgesetzes 1950) beträgt zwei Jahre. *(BGBl. Nr. 284/1972, Art. I Z 3 idF BGBl. Nr. 573/1978, Art. I Z 6, BGBl. Nr. 553/1984, Art. I Z 6, BGBl. I Nr. 68/2001, Art. I Z 5 und BGBl. I Nr. 111/2010, Art. 135 Z 19)*

(BGBl. Nr. 284/1972, Art. I Z 3 idF BGBl. Nr. 617/1983, Art. II Z 1)

§ 30i. (1) Der Anspruch auf die Schulfahrtbeihilfe ist nicht pfändbar.

(2) Die zur Durchführung von Verfahren nach den Bestimmungen dieses Abschnittes erforderlichen Schriften sowie die Schulbestätigungen gemäß § 30e Abs. 3 sind von den Stempelgebühren befreit.

(BGBl. Nr. 284/1972, Art. I Z 3)

Abschnitt Ib

Freifahrten und Fahrtenbeihilfe für Lehrlinge

(BGBl. Nr. 311/1992, Z 10 idF BGBl. Nr. 511/1994, Art. I Z 5)

§ 30j. (1) Der Bundesminister für Jugend und Familie ist ermächtigt, mit Verkehrsunternehmen des öffentlichen Verkehrs Verträge abzuschließen, wonach der Bund den Verkehrsunternehmen die im Tarif jeweils vorgesehenen Fahrpreise für die Beförderung der Lehrlinge zwischen der Wohnung und der betrieblichen Ausbildungsstätte ersetzt, wenn sich die Verkehrsunternehmen zur freien Beförderung der Lehrlinge unter der Voraussetzung verpflichten, daß

a) die am 1. Mai 1992 geltenden Lehrlingstarife prozentuell nur in dem Verhältnis geändert werden, wie der Preis für den Einzelfahrschein geändert wird, höchstens jedoch im Ausmaß der prozentuellen Fahrpreisänderung für die Schülerzeitkarte, und
b) ein Fahrausweis zur freien Beförderung des Lehrlings gegen Nachweis eines geleisteten Eigenanteiles des Lehrlings am Fahrpreis in Höhe von 19,6 € für jedes Lehrjahr an den Lehrling ausgegeben wird. *(BGBl. Nr. 201/1996, Art. 72 Z 29 idF BGBl. I Nr. 68/2001, Art. I Z 5)*

Der vom Bund zu ersetzende Fahrpreis ist nach den weitestgehenden Ermäßigungen zu ermitteln; eine Pauschalierung des Fahrpreisersatzes ist zulässig. Soweit der Fahrpreisersatz nicht der Umsatzsteuer nach dem Umsatzsteuergesetz unterliegt, vermindert er sich um den entsprechenden Betrag. *(BGBl. Nr. 201/1996, Art. 72 Z 29)*

(2) Der Fahrpreisersatz darf nur für Lehrlinge in einem anerkannten Lehrverhältnis geleistet werden, die eine betriebliche Ausbildungsstätte im Bundesgebiet oder im grenznahen Gebiet im Ausland besuchen und für die Familienbeihilfe bezogen wird. Die Leistung des Fahrpreisersatzes ist bei Lehrlingen, die weder die österreichische Staatsbürgerschaft noch die Staatsbürgerschaft einer EWR-Vertragspartei oder der Schweiz besitzen, überdies davon abhängig zu machen, dass eine Bestätigung des Finanzamtes Österreich beigebracht wird, wonach für den Lehrling Familienbeihilfe bezogen wird. *(BGBl. Nr. 311/1992, Z 10 idF BGBl. I Nr. 26/2003, BGBl. I Nr. 111/2010, Art. 135 Z 20 und BGBl. I Nr. 104/2019, Art. 32 Z 11)*

(3) Der Bundesminister für Wirtschaft, Familie und Jugend ist ermächtigt, mit Verkehrsverbundorganisationsgesellschaften Verträge abzuschließen, wonach der Bund für die Beförderung fahrberechtigter Lehrlinge gemäß § 30j Abs. 1 und 2 im öffentlichen Verkehr an die jeweilige Verkehrsverbundorganisationsgesellschaft für jedes Schuljahr eine Pauschalabgeltung abzüglich der darauf entfallenden Eigenanteile leistet. Die um die Eigenanteile reduzierte Pauschalabgeltung ist im Einvernehmen zwischen dem Bundesminister für Wirtschaft, Familie und Jugend und der jeweiligen Verkehrsverbundorganisationsgesellschaft festzulegen. Die Basis für die Pauschalabgeltung errechnet sich erstmalig nach der Anzahl fahrberechtigter Lehrlinge und den dafür ge-

leisteten Fahrpreisersätzen in einem zwischen dem Bundesminister für Wirtschaft, Familie und Jugend und der jeweiligen Verkehrsverbundorganisationsgesellschaft einvernehmlich zu bestimmenden Beobachtungszeitraum. Die Bestimmung bezüglich der weitestgehenden Ermäßigung (§ 30j Abs. 1) ist nicht auf die Pauschalabgeltung anzuwenden. *(BGBl. I Nr. 19/2013, Z 4)*

(BGBl. Nr. 311/1992, Z 10)

§ 30k. (1) Zur Erlangung der Freifahrt des Lehrlings zwischen der Wohnung und der betrieblichen Ausbildungsstätte ist der hiefür aufgelegte amtliche Vordruck zu verwenden. Darin ist das Lehrverhältnis, der Besuch der Ausbildungsstätte und die Zeitdauer vom Arbeitgeber zu bestätigen. Diese Bestätigung darf nur in der für die Erlangung der notwendigen Fahrausweise erforderlichen Anzahl ausgestellt werden. Die Inanspruchnahme der Lehrlingsfreifahrt ist nur für den Weg zwischen der Wohnung im Inland und der betrieblichen Ausbildungsstätte und darüber hinaus nur für jene Zeiträume zulässig, in denen für den Lehrling ein Anspruch auf Familienbeihilfe besteht, längstens jedoch bis zum Ablauf des Monats, in dem der Lehrling das 24. Lebensjahr vollendet hat. *(BGBl. Nr. 297/1995, Art. XXXVI Z 14 idF BGBl. Nr. 201/1996, Art. 72 Z 2 und BGBl. I Nr. 111/2010, Art. 135 Z 1)*

(2) Die Vordrucke für die Bestätigungen (Abs. 1) sind zu Lasten des Ausgleichsfonds für Familienbeihilfen vom Bundesministerium für Umwelt, Jugend und Familie aufzulegen und den Arbeitgebern nach Bedarf zur Verfügung zu stellen. *(BGBl. Nr. 311/1992, Z 10 idF BGBl. I Nr. 103/2007, Art. 7 Z 9)*

(3) Insoweit dem Bund für die Anschaffung der Erlagscheine für den Selbstbehalt, für Vordrucke, Richtlinien, eine EDV-unterstützte Vollziehung der Fahrpreisersätze und Geldverkehrsspesen Kosten entstehen, sind diese aus Mitteln des Ausgleichsfonds für Familienbeihilfen zu tragen. *(BGBl. I Nr. 142/2000, Art. 71 Z 10 idF BGBl. I Nr. 103/2007, Art. 7 Z 9)*

(4) entfallen (BGBl. I Nr. 19/2013, Z 5)

(BGBl. Nr. 311/1992, Z 10)

§ 30l. § 30h ist sinngemäß anzuwenden.

(BGBl. Nr. 311/1992, Z 10)

§ 30m. (1) Anspruch auf Fahrtenbeihilfe für Lehrlinge haben Personen für Kinder, für die ihnen Familienbeihilfe gewährt wird oder für die sie nur deswegen keinen Anspruch auf Familienbeihilfe haben, weil sie Anspruch auf eine gleichartige ausländische Beihilfe haben (§ 4 Abs. 1), wenn das Kind als Lehrling in einem anerkannten Lehrverhältnis steht und eine betriebliche Ausbildungsstätte im Bundesgebiet oder im grenznahen Gebiet im Ausland besucht. *(BGBl. Nr. 511/1994, Art. I Z 6 idF BGBl. I Nr. 71/2003, Art. 72 Z 1 und BGBl. I Nr. 111/2010, Art. 135 Z 22)*

(2) Anspruch auf Fahrtenbeihilfe für Lehrlinge haben auch Vollwaisen in einem anerkannten Lehrverhältnis, denen Familienbeihilfe gewährt wird (§ 6) oder die nur deswegen keinen Anspruch auf Familienbeihilfe haben, weil sie Anspruch auf eine gleichartige ausländische Beihilfe haben (§ 4 Abs. 1), wenn die Vollwaise eine betriebliche Ausbildungsstätte im Bundesgebiet oder im grenznahen Gebiet im Ausland besucht. *(BGBl. Nr. 511/1994, Art. I Z 6 idF BGBl. I Nr. 71/2003, Art. 72 Z 1)*

(3) Die Fahrtenbeihilfe wird gewährt, wenn der kürzeste Weg zwischen der Wohnung im Inland und der betrieblichen Ausbildungsstätte bzw. der kürzeste Weg zwischen der Wohnung im Inland und dem Zweitwohnsitz am Ort oder in der Nähe des Ortes der betrieblichen Ausbildungsstätte in einer Richtung mindestens 2 km lang ist; für behinderte Lehrlinge wird Fahrtenbeihilfe auch dann gewährt, wenn dieser Weg weniger als 2 km lang und die Zurücklegung dieses Weges ohne Benutzung eines Verkehrsmittels nicht zumutbar ist. *(BGBl. I Nr. 158/2002, Art. 7 Z 6)*

(4) Wird der Lehrling im Rahmen seiner Ausbildung in verschiedenen Ausbildungsstätten desselben Unternehmens abwechselnd eingesetzt, gilt als maßgeblicher Weg zwischen der Wohnung und der betrieblichen Ausbildungsstätte der Weg zwischen der Wohnung und der im Lehrvertrag ausgewiesenen betrieblichen Ausbildungsstätte. Sind im Lehrvertrag mehrere betriebliche Ausbildungsstätten ausgewiesen, ist jene Betriebsstätte maßgebend, in welcher die Ausbildung des Lehrlings überwiegend erfolgt ist.

(5) Kein Anspruch auf Fahrtenbeihilfe besteht für Lehrlinge, welche eine unentgeltliche Beförderung oder die Lehrlingsfreifahrt auf dem Weg zwischen der Wohnung und der betrieblichen Ausbildungsstätte oder auf einem Teil dieses Weges in Anspruch nehmen können. Es besteht auch kein Anspruch auf Fahrtenbeihilfe für Lehrlinge, welche eine unentgeltliche Beförderung auf dem Weg zwischen der Wohnung und der Zweitunterkunft (§ 30n Abs. 2) oder auf einem Teil dieses Weges in Anspruch nehmen können. *(BGBl. I Nr. 158/2002, Art. 7 Z 7 idF BGBl. I Nr. 111/2010, Art. 135 Z 23)*

(6) Kein Anspruch auf Fahrtenbeihilfe besteht für den fallweisen Besuch von betrieblichen Ausbildungsstätten.

(BGBl. Nr. 511/1994, Art. I Z 6)

§ 30n. (1) Die Fahrtenbeihilfe für Lehrlinge beträgt, wenn der Weg zwischen der Wohnung und der betrieblichen Ausbildungsstätte in jeder Richtung wenigstens dreimal pro Woche zurückgelegt wird, bei einer Wegstrecke in einer Richtung

a) bis 10 km oder wenn der Weg innerhalb eines Ortsgebietes zurückgelegt wird .... monatlich 5,1 €,
b) über 10 km .... monatlich 7,3 €.

(BGBl. Nr. 511/1994, Art. I Z 6 idF BGBl. I Nr. 68/2001, Art. I Z 5 und BGBl. I Nr. 158/2002, Art. 7 Z 8)

(2) Die Fahrtenbeihilfe für Lehrlinge beträgt, wenn der Lehrling für Zwecke seiner Lehre notwendigerweise eine Zweitunterkunft außerhalb seines inländischen Hauptwohnortes am Ort der betrieblichen Ausbildungsstätte oder in der Nähe des Ortes der betrieblichen Ausbildungsstätte bewohnt, bei einer Entfernung zwischen der Wohnung im Hauptwohnort und der Zweitunterkunft

a) bis einschließlich 50 km monatlich .. 19 €,
b) über 50 km bis einschließlich 100 km monatlich .... 32 €,
c) über 100 km bis einschließlich 300 km monatlich .... 42 €,
d) über 300 km bis einschließlich 600 km monatlich .... 50 €,
e) über 600 km monatlich .... 58 €.

Die Entfernung ist nach der Wegstrecke des zwischen der Wohnung im Hauptwohnort und der Zweitunterkunft verkehrenden öffentlichen Verkehrsmittels zu messen. Sofern ein öffentliches Verkehrsmittel auf der Strecke nicht verkehrt, ist die Entfernung nach der kürzesten Straßenverbindung zu messen. *(BGBl. I Nr. 158/2002, Art. 7 Z 8)*

(BGBl. Nr. 511/1994, Art. I Z 6)

§ 30o. (1) Die Fahrtenbeihilfe wird für einen Lehrling nur einmal gewährt. *(BGBl. I Nr. 111/2010, Art. 135 Z 24)*

(2) Die Fahrtenbeihilfe für Lehrlinge wird für jeden Monat gewährt, in dem der Lehrling auf Grund eines gültigen Lehrverhältnisses in Ausbildung steht, in einem Kalenderjahr jedoch höchstens für neun Monate. Liegen in einem Monat die Voraussetzungen für die Gewährung verschieden hoher Pauschbeträge gemäß § 30n Abs. 1 vor, so ist diese Fahrtenbeihilfe in Höhe des höheren Pauschbetrages zu gewähren. Liegen in einem Monat die Voraussetzungen für die Gewährung verschieden hoher Pauschbeträge für die Fahrt zwischen der Wohnung im Hauptwohnort und der Zweitunterkunft (§ 30n Abs. 2) vor, so ist diese Fahrtenbeihilfe in Höhe des höheren Pauschbetrages zu gewähren. *(BGBl. Nr. 511/1994, Art. I Z 6 idF BGBl. I Nr. 158/2002, Art. 7 Z 9)*

(3) Liegen in einem Monat die Voraussetzungen für die Gewährung der Schulfahrtbeihilfe gemäß § 30c Abs. 4 und der Fahrtenbeihilfe für Lehrlinge gemäß § 30n Abs. 2 vor, so ist die Fahrtenbeihilfe in Höhe des höheren Pauschbetrages zu gewähren. *(BGBl. I Nr. 111/2010, Art. 135 Z 25)*

(4) Für Fahrten im Linienverkehr, die mit einem Verbund-Lehrlingsfahrausweis zu einem bestimmten Pauschalpreis pro Kalenderjahr möglich sind, steht eine Fahrtenbeihilfe nach § 30n für insgesamt höchstens 11 Monate pro Kalenderjahr und höchstens bis zu jenem, um den pauschalen Eigenanteil von 19,60 Euro reduzierten Betrag zu, welcher für diesen Lehrlingsfahrausweis notwendigerweise zu entrichten ist. Erstreckt sich der Anspruch auf eine derartige Fahrtenbeihilfe nicht über das gesamte Kalenderjahr, steht die Fahrtenbeihilfe pro Anspruchsmonat in Höhe von 1/12 des um 19,60 Euro verminderten Pauschalpreises für diesen Lehrlingsfahrausweis zu. Wird eine bereits geleistete Zahlung des pauschalen Eigenanteiles des Lehrlings für das jeweilige Kalenderjahr im Zuge der Antragstellung nachgewiesen, erfolgt kein weiterer Abzug von der auszuzahlenden Fahrtenbeihilfe. *(BGBl. I Nr. 19/2013, Z 6)*

(5) Die mögliche Inanspruchnahme einer Beförderung im Linienverkehr zum Pauschalpreis schließt den Anspruch auf eine Fahrtenbeihilfe nach § 30n auf dieser Strecke aus. Für einen allfälligen Restweg zwischen der Wohnung und der betrieblichen Ausbildungsstätte über 2 km pro Richtung wird die nach Abs. 4 ermittelte Fahrtenbeihilfe um die zustehende monatliche Pauschalabgeltung nach § 30n Abs. 1 aufgestockt. Für Familienheimfahrten auf Reststrecken über 2 km pro Richtung wird die nach Abs. 4 ermittelte Fahrtenbeihilfe bis zu einer Weglänge von 10 km um monatlich 5 Euro aufgestockt. Übersteigt die Reststrecke 10 km, wird der Auszahlungsbetrag nach Abs. 4 um die zustehende monatliche Pauschalabgeltung nach § 30n Abs. 2 aufgestockt. *(BGBl. I Nr. 19/2013, Z 6)*

(BGBl. Nr. 511/1994, Art. I Z 6)

§ 30p. (1) Die Fahrtenbeihilfe für Lehrlinge ist nur auf Antrag zu gewähren. § 10 Abs. 5 ist sinngemäß anzuwenden. Der Antrag ist beim Finanzamt Österreich für jedes Kalenderjahr nach Ablauf dieses Kalenderjahres, längstens bis zum Ablauf des nachfolgenden Kalenderjahres einzubringen. *(BGBl. Nr. 511/1994, Art. I Z 6 idF BGBl. Nr. 297/1995, Art. XXXVI Z 17 und BGBl. I Nr. 104/2019, Art. 32 Z 12)*

(2) Die Fahrtenbeihilfe für Lehrlinge ist nur zu gewähren, wenn der Antragsteller eine Be-

stätigung des Lehrberechtigten des Lehrlings vorlegt, aus der hervorgeht, an welcher Ausbildungsstätte und über welchen Zeitraum der Lehrling ausgebildet wurde.

(3) Zur Entscheidung über einen Antrag auf Gewährung der Fahrtenbeihilfe für Lehrlinge ist das Finanzamt Österreich zuständig. Insoweit einem Antrag nicht vollinhaltlich stattzugeben ist, ist ein Bescheid zu erlassen. *(BGBl. Nr. 511/1994, Art. I Z 6 idF BGBl. I Nr. 104/2019, Art. 32 Z 12)*

(4) Die Fahrtenbeihilfe wird für ein Kalenderjahr nur einmal, nach Ablauf des Kalenderjahres, gewährt. § 30h ist sinngemäß anzuwenden.

(BGBl. Nr. 511/1994, Art. I Z 6)

§ 30q. (1) Der Anspruch auf die Fahrtenbeihilfe für Lehrlinge ist nicht pfändbar.

(2) Die zur Durchführung von Verfahren nach den Bestimmungen dieses Abschnittes erforderlichen Schriften sowie Bestätigungen der Lehrberechtigten gemäß § 30p Abs. 2 sind von den Stempelgebühren befreit.

(BGBl. Nr. 511/1994, Art. I Z 6)

Abschnitt Ic
Unentgeltliche Schulbücher
(BGBl. Nr. 284/1972, Art. I Z 4 idF BGBl. Nr. 311/1992, Z 11)

§ 31. (1) Zur Erleichterung der Lasten, die den Eltern durch die Erziehung und Ausbildung der Kinder erwachsen, sind Schülern, die eine öffentliche oder mit dem Öffentlichkeitsrecht ausgestattete Pflichtschule, mittlere oder höhere Schule im Inland als ordentliche Schüler besuchen oder die die allgemeine Schulpflicht durch Teilnahme an einem Unterricht im Inland gemäß § 11 des Schulpflichtgesetzes 1985 erfüllen, die für den Unterricht notwendigen Schulbücher im Ausmaß eines Höchstbetrages nach Maßgabe der folgenden Bestimmungen unentgeltlich zur Verfügung zu stellen. *(BGBl. Nr. 433/1996, Z 4 idF BGBl. I Nr. 8/1998, Z 4 und BGBl. I Nr. 111/2010, Art. 135 Z 26)*

(2) Als Pflichtschulen, mittlere Schulen und höhere Schulen im Sinne des Abs. 1 gelten die entsprechenden Schulen einer im Schulorganisationsgesetz, BGBl. Nr. 242/1962, oder im Land- und forstwirtschaftlichen Bundesschulgesetz, BGBl. Nr. 175/1966, geregelten Schulart einschließlich der Sonderformen der höheren Schulen sowie die Forstfachschulen im Sinne des Forstgesetzes 1975, BGBl. Nr. 440, und die land- und forstwirtschaftlichen Berufsschulen. Ferner gelten als Schulen im Sinne des Abs. 1 die Sonderformen der mittleren Schulen im Sinne des Schulorganisationsgesetzes, die land- und forstwirtschaftlichen Fachschulen, die Schulen im Sinne des Bundesgesetzes über Schulen zur Ausbildung von Leibeserziehern und Sportlehrern, BGBl. Nr. 140/1974, sowie die den Pflichtschulen, mittleren und höheren Schulen vergleichbaren Schulen mit eigenem Organisationsstatut (§ 14 Abs. 2 des Privatschulgesetzes, BGBl. Nr. 244/1962), jeweils unter der Voraussetzung, daß sie entweder in einem Unterrichtsjahr mindestens acht Monate mit mindestens 30 Wochenstunden oder in mehreren Unterrichtsjahren insgesamt mindestens 1200 Unterrichtsstunden, hievon in jedem vollen Unterrichtsjahr jedoch mindestens 500 Unterrichtsstunden in den Pflichtgegenständen umfassen. Zu den Schulen im Sinne des Abs. 1 zählen auch die Vorbereitungslehrgänge der Akademien für Sozialarbeit[3]). *(BGBl. Nr. 284/1972, Art. I Z 4 idF BGBl. Nr. 418/1974, Art. I Z 17, BGBl. Nr. 479/1985, Art. I Z 11 und BGBl. Nr. 733/1988, Art. I Z 11)*

(3) Bei der Anwendung des Abs. 1 sind Privatschulen, für die

a) erstmals um das Öffentlichkeitsrecht angesucht wurde oder
b) im vorangegangenen Schuljahr das Öffentlichkeitsrecht verliehen und nicht gemäß § 16 Abs. 1 des Privatschulgesetzes entzogen worden ist sowie für das laufende Schuljahr um die Verleihung des Öffentlichkeitsrechtes angesucht wurde,

so zu behandeln, als ob das Öffentlichkeitsrecht bereits verliehen wäre.

(4) Als Schulen im Sinne des Abs. 1 gelten auch Schulen, die gemäß § 12 des Schulpflichtgesetzes als zur Erfüllung der Schulpflicht geeignet anerkannt wurden, sowie Privatschulen, denen die Führung einer gesetzlich geregelten Schulartbezeichnung bewilligt wurde (§ 11 des Privatschulgesetzes). *(BGBl. Nr. 296/1981, Art. I Z 11)*

(5) Als ordentliche Schüler im Sinne dieses Abschnittes gelten auch Schüler, die wegen mangelnder Kenntnis der Unterrichtssprache oder wegen der Zulassung zur Ablegung einer Einstufungsprüfung (§ 3 Abs. 6 des Schulunterrichtsgesetzes) oder wegen der Zulassung zur Ablegung einer Aufnahmsprüfung (§ 29 Abs. 5 des Schulunterrichtsgesetzes) als außerordentliche Schüler geführt werden. *(BGBl. Nr. 296/1981, Art. I Z 12)*

(6) Als ordentliche Schüler im Sinne dieses Abschnittes gelten auch Berufsschüler, die eine fachliche Berufsschule des der Ausbildung entsprechenden anerkannten Lehrberufes besuchen und mangels der Berufsschulpflicht

[3]) Vorbereitungslehrgänge an Akademien für Sozialarbeit sind in § 82 des Schulorganisationsgesetzes in der Fassung BGBl. Nr. 323/1993 seit 1.9.1994 nicht mehr vorgesehen.

als außerordentliche Schüler geführt werden. *(BGBl. I Nr. 142/2000, Art. 71 Z 11)*

(BGBl. Nr. 284/1972, Art. I Z 4)

§ **31a.** (1) Als für den Unterricht notwendige Schulbücher gelten:

1. Schulbücher, die
   a) als Schulbuch, elektronische Schulbuchergänzung oder therapeutisches Unterrichtsmittel vom Bundesminister für Unterricht, Kunst und Kultur für die jeweilige Schulart und Schulstufe oder von der für die Eignungserklärung von Unterrichtsmitteln zuständigen Schulbehörde für geeignet erklärt worden sind,
   b) lehrplanmäßig für den Religionsunterricht erforderlich sind,
   c) gemäß lit. a geeignete Schulbücher sind und nach gewissenhafter Prüfung durch die Lehrer nach Inhalt und Form auch dem Lehrplan einer anderen Schulform oder Schulstufe entsprechen,
2. Unterrichtsmittel eigener Wahl (gedruckte, audiovisuelle, automationsunterstützte Datenträger, Lernspiele, therapeutische) bis zum Ausmaß von 15 vH des Höchstbetrages pro Schüler/Schülerin und Schulform (Schulbuchlimit),

wenn diese von der Schule als für den Unterricht erforderlich bestimmt wurden. *(BGBl. I Nr. 111/2010, Art. 135 Z 27)*

(2) entfallen (BGBl. I Nr. 8/1998, Z 7)

(2) Ein Schulbuch, das für mehrere Schulstufen bestimmt ist, ist dem Schüler nur einmal zur Verfügung zu stellen. *(BGBl. Nr. 284/1972, Art. I Z 4 idF BGBl. I Nr. 8/1998, Z 7)*

(3) Der Schüler hat keinen Anspruch auf den Ersatz eines verlorenen oder unbrauchbar gewordenen Schulbuches. *(BGBl. Nr. 284/1972, Art. I Z 4 idF BGBl. I Nr. 8/1998, Z 7)*

(4) Für die unentgeltliche Abgabe der Schulbücher sind unter Berücksichtigung der Voraussetzungen des § 31a Abs. 1 jährlich Höchstbeträge pro Schüler und Schulform (Limits) durch Verordnung des Bundesministers für Umwelt, Jugend und Familie im Einvernehmen mit dem Bundesminister für Unterricht und kulturelle Angelegenheiten festzusetzen. *(BGBl. Nr. 433/1996, Z 6 idF BGBl. I Nr. 8/1998, Z 7)*

(6) (entfallen; BGBl. Nr. 433/1996, Z 7)

(BGBl. Nr. 284/1972, Art. I Z 4)

§ **31b.** (1) Der mit der Vollziehung dieses Bundesgesetzes betraute Bundesminister ist ermächtigt, zur Erfüllung der in § 31 Abs. 1 genannten Aufgaben mit Verlags- und Vertriebsunternehmen Verträge über die Herstellung und Ausgabe der von den Schulen bestellten Schulbücher abzuschließen.

(2) Die Bestellung der für den Unterricht notwendigen Schulbücher (§ 31a) durch die Schulen und die Weitergabe der Bestelldaten erfolgt durch eine auf Internet basierende EDV-Anwendung. Die Verrechnung der Schulbuch-Bestellungen mit den von den Schulen ausgewählten Unternehmen gemäß Abs. 1 erfolgt durch einen in diesem Programm implementierten elektronischen Zahlungsverkehr. Die zu diesen Zwecken zwischen Schulen und Schulbuchhandel erforderliche Vorgehensweise wird in den jährlich zu erlassenden Durchführungsrichtlinien näher geregelt.

(BGBl. I Nr. 111/2010, Art. 135 Z 28)

§ **31c.** (1) Die Schulbücher sind den Schulerhaltern der im § 31 genannten Schulen über Anforderung durch die von den Schulen gewählten Unternehmen (§ 31b Abs. 1) zur Verfügung zu stellen. Zur Ausgabe der Schulbücher an die Schüler/innen sind die Schulerhalter verpflichtet.

(2) Insoweit die für den Unterricht erforderlichen Schulbücher nicht bzw. nicht mehr über das Programm bestellt werden können, sind diese Schulbücher über das Finanzamt Österreich zu verrechnen. *(BGBl. I Nr. 111/2010, Art. 135 Z 29 idF BGBl. I Nr. 104/2019, Art. 32 Z 13)*

(3) Die Schulen haben Aufzeichnungen zu führen, aus denen die Empfänger der Schulbücher hervorgehen. Die Schulen sind dem das FLAG vollziehenden Bundesministerium und dem Finanzamt Österreich gegenüber zur Auskunftserteilung verpflichtet und haben diesen Einsicht in die Aufzeichnungen zu geben. *(BGBl. I Nr. 111/2010, Art. 135 Z 29 idF BGBl. I Nr. 104/2019, Art. 32 Z 13)*

(4) Über strittige Ansprüche eines Schülers/einer Schülerin auf ein Schulbuch sowie über die Verpflichtung eines Schulerhalters zur Ausgabe eines Schulbuches entscheidet das Finanzamt Österreich nach Anhörung der Schulbehörde erster Instanz. Die Bestimmungen der Bundesabgabenordnung, BGBl. Nr. 194/1961, sind sinngemäß anzuwenden. *(BGBl. I Nr. 111/2010, Art. 135 Z 29 idF BGBl. I Nr. 104/2019, Art. 32 Z 13)*

(BGBl. I Nr. 111/2010, Art. 135 Z 29)

§ **31d.** (1) Die den Schülern zur Verfügung gestellten Schulbücher gehen in das Eigentum der Schüler über. *(BGBl. Nr. 284/1972, Art. I Z 4 idF BGBl. Nr. 617/1983, Art. II Z 1und BGBl. I Nr. 111/2010, Art. 135 Z 30)*

(2) Die Schüler (die Erziehungsberechtigten) können der Schule freiwillig Schulbücher für die Wiederverwendung zur Verfügung stellen. Dies erfolgt nach Richtlinien, die vom Schulforum bzw. vom Schulgemeinschafts-

ausschuß gemäß dem Schulunterrichtsgesetz festzulegen sind. Die Schüler haben bis spätestens zum Ende des Kalenderjahres der Schule mitzuteilen, welche Schulbücher sie der Wiederverwendung zur Verfügung stellen werden. *(BGBl. I Nr. 8/1998, Z 8)*

(3) Die für die Wiederverwendung zur Verfügung gestellten Schulbücher stehen ab der Überlassung nicht mehr im Eigentum der Schüler. Die Richtlinien des Schulforums bzw. des Schulgemeinschaftsausschusses sind Aufzeichnungen im Sinne des § 31c Abs. 3 FLAG. *(BGBl. I Nr. 8/1998, Z 8 idF BGBl. I Nr. 19/2013, Z 7)*

(4)[4]) Zu Unrecht erhaltene Schulbücher hat der Schüler zurückzugeben. Für die Rückgabe haftet der Erziehungsberechtigte. Über die Verpflichtung zur Rückgabe eines Schulbuches oder über die Verpflichtung zum Ersatz des Anschaffungswertes entscheidet das Finanzamt Österreich. Gegen dessen Entscheidung ist eine Beschwerde an das Verwaltungsgericht des Bundes für Finanzen zulässig. Über die Verpflichtung zur Rückgabe eines Schulbuches oder über die Verpflichtung zum Ersatz des Anschaffungswertes entscheidet das für die Schule, die der Schüler besucht oder besucht hat, zuständige Finanzamt, gegen deren Entscheidung die Beschwerde an das Verwaltungsgericht des Bundes für Finanzen zulässig ist. Die Bestimmungen der Bundesabgabenordnung, BGBl. Nr. 194/1961, sind sinngemäß anzuwenden. *(BGBl. Nr. 284/1972, Art. I Z 4 idF BGBl. Nr. 617/1983, Art. II Z 1, BGBl. I Nr. 8/1998, Z 9, BGBl. I Nr. 110/2004, Z 12, BGBl. I Nr. 9/2010, Art. 9 Z 2, BGBl. I Nr. 60/2013, Z 4 und BGBl. I Nr. 104/2019, Art. 32 Z 14)*

(BGBl. Nr. 284/1972, Art. I Z 4 idF BGBl. Nr. 617/1983, Art. II Z 1)

---

[4]) Die Novellierungsanordnung 14 des Art. 32 des Bundesgesetzes BGBl. I Nr. 104/2019 („*In § 31d Abs. 4 wird der dritte Satz durch folgende Sätze ersetzt:*“) führt im Ergebnis zu inhaltlichen Widersprüchlichkeiten im Rahmen des (neuen) dritten, vierten und fünften Satzes. Wird diese Novellierungsanordnung zu § 31d Abs. 4 in inhaltlichem Zusammenhang auf den vierten Satz in der Fassung vor der Novelle BGBl. I Nr. 104/2019 bezogen, so würde § 31d Abs. 4 lauten:

„(4) Zu Unrecht erhaltene Schulbücher hat der Schüler zurückzugeben. Für die Rückgabe haftet der Erziehungsberechtigte. Insoweit eine Rückgabe nicht mehr möglich ist, ist der seinerzeitige Anschaffungswert des Schulbuches zu ersetzen. Über die Verpflichtung zur Rückgabe eines Schulbuches oder über die Verpflichtung zum Ersatz des Anschaffungswertes entscheidet das Finanzamt Österreich. Gegen dessen Entscheidung ist eine Beschwerde an das Verwaltungsgericht des Bundes für Finanzen zulässig. Die Bestimmungen der Bundesabgabenordnung, BGBl. Nr. 194/1961, sind sinngemäß anzuwenden.“

§ 31e. Die Schulerhalter haften dem Bund für eine korrekte Bekanntgabe der an der Schulbuchaktion teilnehmenden Schüleranzahl und die richtige Ausgabe der Schulbücher an die Schüler/innen. Sie sind zum Ersatz von angeschafften Schulbüchern, die weder an Schüler/innen ausgefolgt noch den Unternehmen gem. § 31b Abs. 1 zurückgegeben wurden, und für zu Unrecht ausgegebene Schulbücher verpflichtet. Über die Ersatzansprüche entscheidet das Finanzamt Österreich. Von der Festsetzung eines Ersatzes kann ganz oder teilweise Abstand genommen werden, wenn der Ersatz pro Schule und Schuljahr 3 % des maßgeblichen Schulbuchbudgets, höchstens aber 100 Euro, nicht übersteigt. Gegen diese Entscheidung ist das Rechtsmittel der Beschwerde zulässig, über welches das Verwaltungsgericht des Bundes für Finanzen entscheidet. Die Bestimmungen der Bundesabgabenordnung, BGBl. Nr. 194/1961, sind sinngemäß anzuwenden.

(BGBl. I Nr. 111/2010, Art. 135 Z 31 idF BGBl. I Nr. 60/2013, Z 5 und BGBl. I Nr. 104/2019, Art. 32 Z 15)

§ 31f. Die zur Durchführung der Bestimmungen dieses Abschnittes erforderlichen Eingaben und Amtshandlungen sind von den Stempelgebühren befreit.

(BGBl. Nr. 284/1972, Art. I Z 4)

§ 31g. Insoweit dem Bund für Vordrucke und Richtlinien zur Abgabe der Schulbücher, für eine automationsunterstützte Schulbuchdatei und für Geldverkehrsspesen Kosten entstehen, sind diese aus Mitteln des Ausgleichsfonds für Familienbeihilfen zu tragen.

(BGBl. I Nr. 111/2010, Art. 135 Z 32)

§ 31h. Wer Schulbuchbelege gemäß § 31b vorsätzlich oder grob fahrlässig mißbräuchlich verwendet, verfälscht oder nachmacht, begeht, sofern die Tat nicht nach anderen Rechtsvorschriften strenger zu ahnden ist, eine Verwaltungsübertretung und ist hiefür von der Bezirksverwaltungsbehörde mit einer Geldstrafe bis zu 360 € zu bestrafen. Der Versuch ist strafbar. Die Verjährungsfrist (§ 31 des Verwaltungsstrafgesetzes 1950) beträgt zwei Jahre.

(BGBl. Nr. 284/1972, Art. I Z 4 idF BGBl. Nr. 297/1995, Art. XXXVI Z 26 und BGBl. I Nr. 68/2001, Art. I Z 5)

...

§ 39a. (1) Aus Mitteln des Ausgleichsfonds für Familienbeihilfen ist an die Allgemeine Unfallversicherungsanstalt für die gesetzliche Unfallversicherung der Schüler und Studenten (§ 8 Abs. 1 Z 3 lit. h und i des Allgemeinen Sozialversicherungsgesetzes) ab dem Jahr

1991 ein jährlicher Beitrag von 4 360 000 € zu zahlen. *(BGBl. Nr. 367/1991, Z 15 idF BGBl. I Nr. 68/2001, Art. I Z 5)*

(2) Der Beitrag ist in dem Jahr zu zahlen, für welches er bestimmt ist. *(BGBl. Nr. 553/1984, Art. I Z 9)*

...

§ 39c. (1) Der Bundesminister für Umwelt, Jugend und Familie kann gemeinnützige Einrichtungen, die das Angebot

1. qualitativer Elternbildung,
2. von Mediation oder Eltern- und Kinderbegleitung in Scheidungs- und Trennungssituationen

gewährleisten, auf Ansuchen fördern.

(2) Elternbildung, Mediation sowie Eltern- und Kinderbegleitung in Scheidungs- und Trennungssituationen sind unter Beachtung allgemein anerkannter wissenschaftlicher Erkenntnisse durch geeignetes Fachpersonal durchzuführen. Erforderlichenfalls kann der Bund zur entsprechenden Aus- und Weiterbildung des Fachpersonals beitragen. Zur Sicherung der kontinuierlichen Inanspruchnahme von Elternbildungsangeboten kann der Bund notwendige Maßnahmen zur Bewusstseinsbildung durchführen.

(3) Bei allen Projekten zur Förderung der Elternbildung sowie der Kinderbegleitung ist eine Mitfinanzierung durch die Länder anzustreben.

(4) Auf die Gewährung von Förderungen besteht kein Rechtsanspruch. Förderungen und Aufwendungen nach Abs. 1 bis 3 sind aus Mitteln des Ausgleichsfonds für Familienbeihilfen zu tragen.

(5) Der Bundesminister für Umwelt, Jugend und Familie hat Richtlinien zur Förderung der Elternbildung, von Mediation sowie der Eltern- und Kinderbegleitung in Scheidungs- und Trennungssituationen zu erlassen, in denen das Nähere bestimmt wird. Die Richtlinien sind im Amtsblatt zur Wiener Zeitung zu veröffentlichen.

(BGBl. I Nr. 136/1999, Z 1)

...

§ 39f. *(1) entfallen (BGBl. I Nr. 110/2004, Z 14)*

(1) Der Bundesminister für Umwelt, Jugend und Familie ist ermächtigt, im Einvernehmen mit dem Bundesminister für Wissenschaft, Verkehr und Kunst zur Durchführung von Schülerfreifahrten und Lehrlingsfreifahrten in Verkehrsverbünden oder Tarifverbünden Grund- und Finanzierungsverträge zu schließen. *(BGBl. Nr. 433/1996, Z 10 idF BGBl. I Nr. 110/2004, Z 14)*

(2) Die erstmalig anfallenden notwendigen Kosten der Hard- und Software für die Einbindung der Schüler- und Lehrlingsfreifahrten in die Verkehrsverbünde sind je zur Hälfte aus Mitteln des Ausgleichsfonds für Familienbeihilfen und aus Mitteln des Bundesministeriums für Verkehr, Innovation und Technologie zu ersetzen. Der Ersatz hat gegen Rechnungslegung innerhalb eines halben Jahres im Nachhinein zu erfolgen. *(BGBl. I Nr. 142/2000, Art. 71 Z 16 idF BGBl. I Nr. 110/2004, Z 14)*

(BGBl. Nr. 433/1996, Z 10)

...

Abschnitt IIIa

IT-Verfahren

(BGBl. I Nr. 32/2018, Art. 9 Z 1)

§ 46a. (1) Im Verfahren zur Gewährung von Beihilfen nach diesem Bundesgesetz ist das Finanzamt Österreich berechtigt, die hiefür notwendigen personenbezogenen Daten der antragstellenden Personen (des Zahlungsempfängers), der im gemeinsamen Haushalt lebenden Ehegatten oder Lebensgefährten und der Kinder automatisiert zu verarbeiten; das sind folgende personenbezogene Daten: *(BGBl. Nr. 246/1993, Z 1 idF BGBl. I Nr. 32/2018, Art. 9 Z 2 und BGBl. I Nr. 104/2019, Art. 32 Z 18)*

1. Namen, Titel, Anschrift und Telefonnummer,
2. Geburtsdatum und Versicherungsnummer gemäß § 31 des Allgemeinen Sozialversicherungsgesetzes,
3. Staatsbürgerschaft,
4. Familienstand und Geschlecht,
5. Beruf bzw. Tätigkeit,
6. Firmenbuchnummer, Namen und Anschrift des(r) Dienstgeber(s),
7. bezugnehmende Ordnungsbegriffe,
8. Art und Ausmaß der Beihilfe,
9. Anspruchs- und Berechnungsgrundlagen,
10. Art, Umfang und Stand der Verfahren,
11. Bescheide,
12. Fälligkeitsangaben,
13. Salden samt Aufgliederungen und Veränderungen,
14. Banken,
15. Kontonummern,
16. Zahlungsbeträge,
17. Vertreter, Zahlungsempfänger sowie die Art und Dauer der Vollmacht, *(BGBl. Nr. 246/1993, Z 1 idF BGBl. I Nr. 32/2018, Art. 9 Z 3)*
18. vom Bundesamt für Soziales und Behindertenwesen (Sozialministeriumservice) übermittelte Nachweise nach § 8 Abs. 6. *(BGBl. I Nr. 226/2022, Z 5)*

(2) Zur Überprüfung der Anspruchsvoraussetzungen ist
1. mit dem Dachverband der Sozialversicherungsträger eine automatisierte Datenübermittlung einzurichten, in deren Rahmen dem Dachverband der Sozialversicherungsträger die Versicherungsnummer und die Namen der anspruchsberechtigten Personen, der im gemeinsamen Haushalt lebenden Ehegatten oder Lebensgefährten und der Kinder zu übermitteln sind; der Dachverband der Sozialversicherungsträger hat zu diesen Angaben zu übermitteln, ob *(BGBl. Nr. 246/1993, Z 1 idF BGBl. I Nr. 32/2018, Art. 9 Z 4 und BGBl. I Nr. 100/2018, Art. 1 Z 194)*
   a) die Versicherungsnummer und der Name mit den Angaben im Dachverband der Sozialversicherungsträger übereinstimmt und wenn nicht, die Angabe des zu der Versicherungsnummer verarbeiteten Namens, *(BGBl. Nr. 246/1993, Z 1 idF BGBl. I Nr. 32/2018, Art. 9 Z 4 und BGBl. I Nr. 100/2018, Art. 1 Z 194)*
   b) und seit wann eine Meldung zur Sozialversicherung verzeichnet ist,
   c) in späterer Folge eine Meldung zur oder eine Abmeldung von der Sozialversicherung erfolgt,
   d) und seit wann Krankengeld und Wochengeld bezogen werden, die für die Gewährung von Beihilfen Voraussetzung sind;
2. eine Verknüpfung der in Abs. 1 genannten personenbezogenen Daten mit den Einkommensteuer- und Lohnsteuerdaten (Art, Umfang und Stand der Verfahren, Berechnungs- und Bemessungsgrundlagen sowie sonstige Bescheiddaten) der anspruchsberechtigten Person, des im gemeinsamen Haushalt lebenden Ehegatten oder Lebensgefährten und der Kinder zulässig; *(BGBl. Nr. 246/1993, Z 1 idF BGBl. I Nr. 32/2018, Art. 9 Z 5)*
3. auf Anfragen des Finanzamtes Österreich durch die Arbeitsmarktverwaltung mitzuteilen, ob die anspruchsberechtigte Person, der im gemeinsamen Haushalt lebende Ehegatte oder Lebensgefährte oder die Kinder Leistungen aus der Arbeitslosenversicherung beziehen oder bezogen haben, und in späterer Folge, ob eine Leistung zuerkannt wird; die Anfrage hat mit der Angabe der Versicherungsnummer und des Namens zu erfolgen; *(BGBl. Nr. 246/1993, Z 1 idF BGBl. I Nr. 111/2010, Art. 135 Z 34 und BGBl. I Nr. 104/2019, Art. 32 Z 18)*
4. mit den Bildungseinrichtungen gemäß § 10 Abs. 1 des Bildungsdokumentationsgesetzes 2020 – BilDokG 2020 über den Datenverbund der Universitäten und Hochschulen gemäß § 10 BilDokG 2020 eine automatisierte Datenübermittlung mit dem Finanzamt Österreich als Datenempfänger einzurichten. In dessen Rahmen sind dem Datenverbund der Universitäten und Hochschulen vom Finanzamt Österreich die verschlüsselten bereichsspezifischen Personenkennzeichen des Tätigkeitsbereichs „Bildung und Forschung" (vbPK-BF gemäß § 9 des E-Government-Gesetzes – E-GovG) der Kinder, für die die Familienbeihilfe beantragt wurde oder gewährt wurde bzw. wird, zu übermitteln. Zu den übermittelten vbPK-BF sind über den Datenverbund der Universitäten und Hochschulen folgende Daten automatisiert zu verarbeiten:
   a) die vbPK-BF der Kinder, für die die Familienbeihilfe beantragt wurde oder gewährt wurde bzw. wird,
   b) Kennzeichnung, Beginndatum, Beendigungsdatum, Meldungen der Fortsetzung und Zulassungsstatus des Studiums bzw. der Studien,
   c) Art und Datum von Prüfungen, die ein Studium oder einen Studienabschnitt eines Diplomstudiums abschließen,
   d) Semesterstunden bzw. erlangte ECTS-Anrechnungspunkte abgelegter Prüfungen eines Semesters oder Studienjahres.

   Der positive Abschluss des Verfahrens zur Gewährung von Familienbeihilfe ist vom Finanzamt Österreich mittels automatisierter Datenübermittlung des vbPK-BF an den Datenverbund der Universitäten und Hochschulen zu übermitteln und im Datenverbund der Universitäten und Hochschulen zu vermerken. Ändern sich Daten gemäß lit. b) bis d) einer oder eines Studierenden, bei welcher oder welchem die Gewährung der Familienbeihilfe vermerkt ist und die eine Auswirkung auf den Bezug der Familienbeihilfe haben, ist diese Änderung gemeinsam mit dem vbPK-BF mittels automatisierter Datenübermittlung an das Finanzamt Österreich zu übermitteln. Ändert sich der Status hinsichtlich der Gewährung der Familienbeihilfe, hat das Finanzamt Österreich dem Datenverbund der Universitäten und Hochschulen diese Änderung mittels automatisierter Datenübermittlung zu übermitteln und der Vermerk ist im Datenverbund der Universitäten und Hochschulen dahingehend anzupassen bzw. zu löschen; *(BGBl. I Nr. 220/2021, Z 4 idF BGBl. I Nr. 43/2022, Z 1)*
5. eine automatisierte Datenübermittlung aus den lokalen Evidenzen gemäß § 5 des Bildungsdokumentationsgesetzes 2020 (BilDokG 2020), BGBl. I Nr. 20/2021, betref-

fend die in § 2 Z 1 BilDokG 2020 genannten Bildungseinrichtungen an das Finanzamt Österreich im Wege der vom Bundesministerium für Bildung, Wissenschaft und Forschung betriebenen Schnittstelle zum Register- und Systemverbund nach § 1 Abs. 3 Z 2 des Unternehmensserviceportalgesetzes (USPG), BGBl. I Nr. 52/2009, einzurichten. In diesem Rahmen sind vom Finanzamt Österreich die verschlüsselten bereichsspezifischen Personenkennzeichen des Tätigkeitsbereichs „Bildung und Forschung" (vbPK-BF gemäß § 9 des E-Government-Gesetzes (E-GovG), BGBl. I Nr. 10/2004) oder übergangsweise (§ 55 Abs. 53) bis zur Ausstattung mit bereichsspezifischen Personenkennzeichen jedoch die Sozialversicherungsnummern der Kinder, für die die Familienbeihilfe beantragt wurde oder gewährt wurde bzw. wird, an die vom Bundesministerium für Bildung, Wissenschaft und Forschung betriebene Schnittstelle zum Register- und Systemverbund zu übermitteln. Zu den vbPK-BF oder übermittelten Sozialversicherungsnummern sind im Wege der Schnittstelle aus den lokalen Evidenzen folgende Daten an das Finanzamt Österreich automatisiert zu übermitteln:

a) vbPK-BF der Kinder, für die die Familienbeihilfe beantragt wurde oder gewährt wurde bzw. wird; übergangsweise (§ 55 Abs. 53) bis zur Ausstattung mit bereichsspezifischen Personenkennzeichen jedoch die Sozialversicherungsnummern,
b) übergangsweise (§ 55 Abs. 53) bis zur Ausstattung mit bereichsspezifischen Personenkennzeichen: Vornamen, Familiennamen und Geburtsdaten der Kinder, für die die Familienbeihilfe beantragt wurde oder gewährt wurde bzw. wird,
c) Beginndatum der Ausbildung im laufenden Schuljahr am jeweiligen Schulstandort,
d) Schulkennzahl, Schulformkennzahl dieser Ausbildung, Bezeichnung und Anschrift der Schule,
e) die im laufenden Schuljahr besuchte Schulstufe am jeweiligen Schulstandort,
f) Status als ordentliche oder außerordentliche Schülerin bzw. ordentlicher oder außerordentlicher Schüler,
g) Datum der erfolgreich abgelegten abschließenden Prüfung,
h) Datum der Beendigung des Schulbesuchs an der meldenden Schule während des Schuljahres;

(BGBl. I Nr. 43/2022, Z 1 – zum Wirksamwerden dieser Bestimmung siehe Abs. 5 sowie § 55 Abs. 53)

6. eine automatisierte Datenübermittlung mit den Lehrlingsstellen der Wirtschaftskammerorganisation gemäß § 19 des Berufsausbildungsgesetzes (BAG), BGBl. Nr. 142/1969, an das Finanzamt Österreich im Wege eines Register- und Systemverbundes nach § 1 Abs. 3 Z 2 in Verbindung mit § 6 USPG einzurichten. In diesem Rahmen sind vom Finanzamt Österreich die verschlüsselten bereichsspezifischen Personenkennzeichen (vbPK gemäß § 9 E-GovG) oder übergangsweise (§ 55 Abs. 53) bis zur Ausstattung mit bereichsspezifischen Personenkennzeichen jedoch die Sozialversicherungsnummern der Kinder, für die die Familienbeihilfe beantragt wurde oder gewährt wurde bzw. wird, an die Lehrlingsstellen der Wirtschaftskammerorganisation zu übermitteln. Zu den vbPK oder übermittelten Sozialversicherungsnummern haben die Lehrlingsstellen der Wirtschaftskammerorganisation folgende Daten betreffend Lehrlinge gemäß § 1 BAG an das Finanzamt Österreich automatisiert zu übermitteln:

a) vbPK der Kinder, für die die Familienbeihilfe beantragt wurde oder gewährt wurde bzw. wird; übergangsweise (§ 55 Abs. 53) bis zur Ausstattung mit bereichsspezifischen Personenkennzeichen jedoch die Sozialversicherungsnummern,
b) übergangsweise (§ 55 Abs. 53) bis zur Ausstattung mit bereichsspezifischen Personenkennzeichen: Vornamen, Familiennamen und Geburtsdaten der Kinder, für die die Familienbeihilfe beantragt wurde oder gewährt wurde bzw. wird,
c) Lehrvertragsart und Lehrvertragsnummer,
d) Beginn und (voraussichtliches) Ende der Lehrzeit, vorzeitige Beendigung der Lehre, Datum und Ergebnis der Lehrabschlussprüfung (bestanden oder nicht bestanden).

(BGBl. I Nr. 43/2022, Z 1 – zum Wirksamwerden dieser Bestimmung siehe Abs. 6 sowie § 55 Abs. 53)

7. eine automatisierte Datenübermittlung mit dem Bundesamt für Soziales und Behindertenwesen (Sozialministeriumservice) einzurichten. In diesem Rahmen sind vom Finanzamt Österreich folgende Daten samt den von der antragstellenden Person vorgelegten Dokumenten an das Bundesamt für Soziales und Behindertenwesen (Sozialministeriumservice) zu übermitteln:

a) die verschlüsselten bereichsspezifischen Personenkennzeichen (vbPK-SA und vbPK-GS gemäß § 9 E-GovG) der Kinder, für die der Erhöhungsbetrag nach

§ 8 Abs. 4 beantragt wurde oder gewährt wurde bzw. wird, der antragstellenden Person sowie des Vertreters,

b) Datum, ab dem der Erhöhungsbetrag nach § 8 Abs. 4 beantragt wurde,

c) Art der erheblichen Behinderung (für die Zuweisung an den fachkundigen Arzt),

d) Informationen zur Anforderung.

(BGBl. I Nr. 226/2022, Z 6)

7a. in Bezug auf die Z 7 zu den vbPK vom Bundesamt für Soziales und Behindertenwesen (Sozialministeriumservice) an das Finanzamt Österreich zum Zweck der Prüfung des Anspruches auf den Erhöhungsbetrag eine automatisierte Übermittlung folgender anspruchsrelevanter Daten (aus dem Verfahren nach § 40 BBG zur Ausstellung eines Behindertenpasses oder aus der Bescheinigung) vorzunehmen:

a) vbPK-GS der Kinder, für die der Erhöhungsbetrag beantragt wurde oder gewährt wurde bzw. wird,

b) Daten zum Verfahren nach § 40 BBG zur Ausstellung eines Behindertenpasses oder zum Bescheinigungsverfahren,

c) Daten zum Behindertenpass oder Daten zur Bescheinigung,

d) Daten zur erheblichen Behinderung:

aa) Information, ob der Grad der Behinderung mindestens 50 vH erreicht und ab wann dieser vorliegt,

bb) Information, ob und seit wann eine voraussichtlich dauernde Erwerbsunfähigkeit vorliegt, und, ob sie vor dem 18. Lebensjahr oder vor dem 21. Lebensjahr eingetreten ist,

cc) Information, ob eine Nachuntersuchung erforderlich ist samt Datum einer erforderlichen Nachuntersuchung,

dd) Information, ob die Beeinträchtigung nicht nur vorübergehend besteht,

ee) Information, ob der Grad der Behinderung aus Gründen der Unerheblichkeit nicht festgestellt wurde,

ff) Erklärungen zur erheblichen Behinderung.

(BGBl. I Nr. 226/2022, Z 6)

(3) Der Beginn und die Durchführung des automationsunterstützten Datenverkehrs gemäß Abs. 2 Z 1 und 3 sind vom Bundesminister für Finanzen im Einvernehmen mit dem Bundesminister für Umwelt, Jugend und Familie und dem Bundesminister für Arbeit und Soziales nach Anhörung des Dachverbandes der Sozialversicherungsträger nach Maßgabe der technisch-organisatorischen Möglichkeiten durch Verordnung zu bestimmen.[5]) *(BGBl. Nr. 246/1993, Z 1 idF BGBl. I Nr. 100/2018, Art. 1 Z 194)*

(4) Der Beginn und die Durchführung des automationsunterstützten Datenverkehrs gemäß Abs. 2 Z 4 sind vom Bundesminister für Finanzen im Einvernehmen mit der Bundesministerin für Frauen, Familie und Integration nach Anhörung des Bundesministeriums für Bildung, Wissenschaft und Forschung sowie der Österreichischen Hochschülerinnen- und Hochschülerschaft nach Maßgabe der technisch-organisatorischen Möglichkeiten durch Verordnung zu bestimmen.[6]) *(BGBl. I Nr. 111/2010, Art. 135 Z 35 idF BGBl. I Nr. 220/2021, Z 5)*

(5) Der Beginn und die Durchführung der automatisierten Datenübermittlung gemäß Abs. 2 Z 5 sind vom Bundesminister für Finanzen im Einvernehmen mit der Bundesministerin für Frauen, Familie, Integration und Medien nach Anhörung des Bundesministeriums für Bildung, Wissenschaft und Forschung und des Bundesministeriums für Digitalisierung und Wirtschaftsstandort nach Maßgabe der technisch-organisatorischen Möglichkeiten durch Verordnung zu bestimmen.[7]) *(BGBl. I Nr. 43/2022, Z 2)*

---

[5]) Siehe die Verordnung des Bundesministers für Finanzen betreffend die Durchführung des automationsunterstützten Datenverkehrs mit dem Hauptverband der Sozialversicherungsträger, BGBl. Nr. 124/1995.

[6]) Siehe die Verordnung des Bundesministers für Finanzen betreffend Beginn und Durchführung des automationsunterstützten Datenverkehrs mit dem Datenverbund der Universitäten und Hochschulen, BGBl. II Nr. 317/2022. Die §§ 2 und 3 dieser Verordnung lauten:

„Beginn des automationsunterstützten Datenverkehrs

§ 2. Der automationsunterstützte Datenverkehr ist ab 26. August 2022 aufzunehmen.

Durchführung des automationsunterstützten Datenverkehrs

§ 3. Änderungen der in § 46a Abs. 2 Z 4 lit. b bis d FLAG 1967 genannten Daten sind gemeinsam mit dem vbPK-BF dem Finanzamt Österreich vom Datenverbund der Universitäten und Hochschulen laufend automatisiert zu übermitteln. Änderungen des Status hinsichtlich der Gewährung der Familienbeihilfe sind vom Finanzamt Österreich laufend automatisiert an den Datenverbund der Universitäten und Hochschulen zu übermitteln."

[7]) Siehe die Verordnung des Bundesministers für Finanzen betreffend Beginn und Durchführung der automatisierten Datenübermittlung mit den lokalen Evidenzen gemäß § 5 des Bildungsdokumentationsgesetzes 2020 (BilDokG 2020), BGBl. I Nr. 20/2021, im Wege der vom Bundesministerium für Bildung, Wissenschaft und Forschung betriebenen

(6) Der Beginn und die Durchführung der automatisierten Datenübermittlung gemäß Abs. 2 Z 6 sind vom Bundesminister für Finanzen im Einvernehmen mit der Bundesministerin für Frauen, Familie, Integration und Medien nach Anhörung des Bundesministeriums für Digitalisierung und Wirtschaftsstandort und der Wirtschaftskammerorganisation nach Maßgabe der technisch-organisatorischen Möglichkeiten durch Verordnung zu bestimmen.[8]) *(BGBl. I Nr. 43/2022, Z 2)*

(BGBl. Nr. 246/1993, Z 1)

§ 46b. In Anträgen auf Gewährung von Beihilfen nach diesem Bundesgesetz sind die zur Durchführung des Verfahrens erforderlichen Versicherungsnummern gemäß § 31 des Allgemeinen Sozialversicherungsgesetzes anzugeben.

(BGBl. Nr. 246/1993, Z 1)

...

§ 50f. ...

(2) Die §§ 31 Abs. 1, 31a Abs. 5 und 6, 31b Abs. 2, 31c Abs. 1, Abs. 2 und 3, 31e, 31g sowie 31h in der Fassung des Bundesgesetzes BGBl. Nr. 297/1995 treten mit 1. August 1995 in Kraft.

(3) Die §§ 30b Abs. 1 erster Satz, 30c Abs. 3 erster Satz, 30e Abs. 3, 30f Abs. 1, 30f Abs. 2 erster Satz, 30f Abs. 3 und 4, 30g Abs. 1 und 2, 30j Abs. 1, 30k Abs. 1, 30m Abs. 3 und 5 sowie 30p Abs. 1 dritter Satz in der Fassung des Bundesgesetzes BGBl. Nr. 297/1995 treten mit 1. September 1995 in Kraft.

(4) Die §§ 30c Abs. 4 und 30d Abs. 2 zweiter Satz treten mit 31. August 1995 außer Kraft.

(BGBl. Nr. 297/1995, Art. XXXVI Z 28 idF BGBl. Nr. 201/1996, Art. 72 Z 39)

§ 50g. ...

(6) Die §§ 30a Abs. 6 ... treten mit 31. August 1996 außer Kraft. ...

(7) Die §§ ... 30a Abs. 1 lit. c und Abs. 2 lit. c, 30a Abs. 3 und 4, 30c Abs. 3, 30d Abs. 2, 30e Abs. 1 und 4, 30f Abs. 1 und Abs. 3 lit. a, 30g Abs. 1 und 3, 30h Abs. 2, 30j Abs. 1, 30k Abs. 1 und 3 sowie § 51 Abs. 2 Z 2 in der Fassung des Bundesgesetzes BGBl. Nr. 201/1996 treten mit 1. September 1996 in Kraft.

...

(11) § 31g in der Fassung des Bundesgesetzes BGBl. Nr. 201/1996 tritt mit 1. August 1997 in Kraft.

(BGBl. Nr. 201/1996, Art. 72 Z 39)

§ 50h. ...

(2) § 39f in der Fassung des Bundesgesetzes BGBl. Nr. 433/1996 tritt mit 1. Juli 1996 in Kraft.

...

(4) § 31a Abs. 5 und 6 in der Fassung des Bundesgesetzes BGBl. Nr. 297/1995 tritt mit 31. Juli 1997 außer Kraft.

(5) Die §§ 31 Abs. 1, 31a Abs. 1 und 5 in der Fassung des Bundesgesetzes BGBl. Nr. 433/1996 treten mit 1. August 1997 in Kraft.

(6) § 39c tritt mit 31. Dezember 1997 mit der Maßgabe außer Kraft, daß Ansprüche auf Vergütung von Einnahmenausfällen, die bis 31. Dezember 1997 entstanden sind, bis 30. April 1998 geltend gemacht werden können. Die Unterlagen, die zur Errechnung des Einnahmen-

---

Schnittstelle zum Register- und Systemverbund nach § 1 Abs. 3 Z 2 des Unternehmensserviceportalgesetzes (USPG), BGBl. I Nr. 52/2009, BGBl. II Nr. 353/2022. Die §§ 2 und 3 dieser Verordnung lauten:

„**Beginn der automatisierten Datenübermittlung**

§ 2. Die automatisierte Datenübermittlung ist ab 28. September 2022 aufzunehmen.

Durchführung der automatisierten Datenübermittlung

§ 3. (1) Die in § 46a Abs. 2 Z 5 lit. a bis h des FLAG 1967 genannten Daten sind dem Finanzamt Österreich im Wege der vom Bundesministerium für Bildung, Wissenschaft und Forschung betriebenen Schnittstelle zum Register- und Systemverbund aus den lokalen Evidenzen gemäß § 5 des Bildungsdokumentationsgesetzes 2020 (BilDokG 2020) betreffend die in § 2 Z 1 BilDokG 2020 genannten Bildungseinrichtungen monatlich automatisiert zu übermitteln.

(2) Anlassfallbezogene Abfragen des Finanzamtes Österreich an die vom Bundesministerium für Bildung, Wissenschaft und Forschung betriebene Schnittstelle zum Register- und Systemverbund sind laufend automatisiert möglich.“

[8]) Siehe die Verordnung des Bundesministers für Finanzen betreffend Beginn und Durchführung der automatisierten Datenübermittlung mit den Lehrlingsstellen der Wirtschaftskammerorganisation gemäß § 19 des Berufsausbildungsgesetzes (BAG), BGBl. Nr. 142/1969, an das Finanzamt Österreich im Wege eines Register- und Systemverbundes nach § 1 Abs. 3 Z 2 in Verbindung mit § 6 USPG, BGBl. II Nr. 13/2023 idF BGBl. II Nr. 43/2023. Die §§ 2 und 3 dieser Verordnung lauten:

„**Beginn der automatisierten Datenübermittlung**

§ 2. Die automatisierte Datenübermittlung ist ab 16.01.2023 aufzunehmen.

Durchführung der automatisierten Datenübermittlung

§ 3. Anlassfallbezogene Abfragen des Finanzamtes Österreich an die von den Lehrlingsstellen der Wirtschaftskammerorganisation gemäß § 19 des Berufsausbildungsgesetzes (BAG) betriebene Schnittstelle zum Register- und Systemverbund sind laufend automatisiert möglich.“

ausfalles erforderlich sind, sind bis zur Entlastung durch die Republik Österreich, längstens jedoch bis 31. Dezember 2003 aufzubewahren.

(BGBl. Nr. 433/1996, Z 11)

§ 50i. § ... 51 Abs. 2 Z 4 in der Fassung des Bundesgesetzes BGBl. I Nr. 14/1997 treten mit 1. Jänner 1997 in Kraft.

(BGBl. I Nr. 14/1997, Z 6)

§ 50j. ...

(3) Die §§ 31 Abs. 1, 31a Abs. 1 bis 4 und 31d Abs. 2 und 3 in der Fassung des Bundesgesetzes BGBl. I Nr. 8/1998 treten mit 1. Februar 1998 in Kraft.

...

(BGBl. I Nr. 8/1998, Z 11)

...

§ 50l. ...

(2) Die §§ 30j Abs. 3 und 30k Abs. 4 in der Fassung des Bundesgesetzes BGBl. I Nr. 23/1999 treten mit 15. November 1998 in Kraft. *(BGBl. I Nr. 23/1999, Art. II Z 6 idF BGBl. I Nr. 83/2000, Art. III und BGBl. I Nr. 128/2003, Art. 3)*

...

(BGBl. I Nr. 23/1999, Art. II Z 6)

§ 50m. Die §§ 39c und ... in der Fassung des Bundesgesetzes BGBl. I Nr. 136/1999 treten mit 1. Jänner 2000 in Kraft.

(BGBl. I Nr. 136/1999, Z 3)

...

§ 50o. (1) Die §§ ... 39g, 39h, ... 53 ... in der Fassung des Bundesgesetzes BGBl. I Nr. 142/2000 treten an dem der Kundmachung des Bundesgesetzes BGBl. I Nr. 142/2000 folgenden Tag in Kraft.

...

(3) Die §§ 30a Abs. 1 lit. c, 30a Abs. 2 lit. c, 30a Abs. 5, 30g Abs. 3, 30k Abs. 3, 31 Abs. 6, 31a Abs. 1 Z 1 lit. a, 31g und 31f Abs. 3 in der Fassung des Bundesgesetzes BGBl. I Nr. 142/2000 treten mit 1. August 2000 in Kraft.

...

(6) § 30c Abs. 3 in der Fassung des Bundesgesetzes BGBl. I Nr. 142/2000 tritt mit 1. August 2001 in Kraft.

(BGBl. I Nr. 142/2000, Art. 71 Z 24)

§ 50p. (1) Die §§ ... 30c Abs. 1 lit. a bis lit. c, 30c Abs. 2 lit. a bis lit. c, 30c Abs. 3, 30f Abs. 1, 30f Abs. 3 lit. a, 30h Abs. 2, 30h Abs. 4, 30j Abs. 1 lit. b, 30n lit. a, 30n lit. b, 31h, ... 39a Abs. 1, 39g, 39h, ... in der Fassung des Bundesgesetzes BGBl. I Nr. 68/2001 treten mit 1. Jänner 2002 in Kraft.

...

(BGBl. I Nr. 68/2001, Art. I Z 6)

...

§ 50u. Die §§ 30a Abs. 1 letzter Absatz, 30a Abs. 2 letzter Absatz, 30b Abs. 1, 30c Abs. 4, 30d Abs. 2 zweiter Satz, 30m Abs. 3, 30m Abs. 5, 30n Abs. 2, 30o Abs. 2 zweiter Satz, 30o Abs. 3, ... und 51 Abs. 2 Z 4 in der Fassung des Bundesgesetzes BGBl. I Nr. 158/2002 treten mit 1. September 2002 in Kraft.

(BGBl. I Nr. 158/2002, Art. 7 Z 12)

§ 50v. (1) Die §§ 39g, 39h ... in der Fassung des Bundesgesetzes BGBl. I Nr. 71/2003 treten mit dem der Kundmachung des Bundesgesetzes BGBl. I Nr. 71/2003 folgenden Tag in Kraft.

...

(BGBl. I Nr. 71/2003, Art. 72 Z 6)

§ 50w. (1) Die §§ 30a Abs. 1 Schlussteil, Abs. 2 Schlussteil, 30d Abs. 1, 30d Abs. 2 erster Satz, § 30f Abs. 4 zweiter Satz und 39f in der Fassung des Bundesgesetzes BGBl. I Nr. 110/2004 treten mit 1. September 2004 in Kraft.

(2) Die §§ 30f Abs. 6, 30h Abs. 2 dritter und vierter Satz, 31c Abs. 2 zweiter Satz, 31c Abs. 4, 31c Abs. 5 zweiter Satz, 31c Abs. 6 erster und zweiter Satz, 31d Abs. 4 vierter Satz und 31e zweiter und dritter Satz in der Fassung des Bundesgesetzes BGBl. I Nr. 110/2004 treten mit 1. Mai 2004 in Kraft; sie gelten auch für vor dem 1. Mai 2004 eingebrachte Anbringen.

(BGBl. I Nr. 110/2004, Z 15)

§ 50x. Die §§ 39g und 39h in der Fassung des Bundesgesetzes BGBl. I Nr. 136/2004 treten mit 1. Jänner 2005 in Kraft.

(BGBl. I Nr. 136/2004, Art. 18 Z 3)

...

§ 51. (1) Der Bundesminister für Familie, Jugend und Konsumentenschutz ist in Angelegenheiten des Familienlastenausgleiches auch Abgabenbehörde im Sinne des § 49 Abs. 1 der Bundesabgabenordnung, BGBl. Nr. 194/1961. Bei der sich hieraus ergebenden Anwendung der Bundesabgabenordnung stehen dem Bundesminister für Familie, Jugend und Konsumentenschutz die dem Bundesminister für Finanzen nach der Bundesabgabenordnung obliegenden Befugnisse zu.

(2) Mit der Vollziehung dieses Bundesgesetzes sind betraut:

1. ...
2. hinsichtlich des § 30g Abs. 1 der Bundesminister für Unterricht und Kunst, hinsichtlich der im § 30a Abs. 1 lit. c genannten Schulen der Bundesminister für Gesundheit und Umweltschutz, jeweils im Einvernehmen mit dem Bundesminister für Familie, Jugend und Konsumentenschutz, *(BGBl. Nr. 617/1983, Art. II Z 5 idF BGBl. Nr. 201/1996, Art. 72 Z 40)*
3. hinsichtlich der §§ 31a Abs. 4 und 31c Abs. 3 der Bundesminister für Wirtschaft, Familie und Jugend im Einvernehmen mit dem Bundesminister für Unterricht, Kunst und Kultur, *(BGBl. I Nr. 19/2013, Z 8)*
4. hinsichtlich der §§ 28, 30i Abs. 2, 30q Abs. 2, 31f, 37 Abs. 2 und 38h Abs. 2, soweit es sich um die Befreiung von den Stempelgebühren handelt, sowie hinsichtlich des § 39 Abs. 5 lit. a und f, § 45 Abs. 1 zweiter Satz und § 46a Abs. 3 der Bundesminister für Finanzen, *(BGBl. I Nr. 14/1997, Z 7 idF BGBl. I Nr. 158/2002, Art. 7 Z 13)*

...

8. im übrigen der Bundesminister für Familie, Jugend und Konsumentenschutz. *(BGBl. Nr. 617/1983, Art. II Z 5 idF BGBl. Nr. 201/1996, Art. 72 Z 42 und BGBl. I Nr. 14/1997, Z 10)*

(BGBl. Nr. 617/1983, Art. II Z 5)

...

§ 53. (1) Staatsbürger von Vertragsparteien des Übereinkommens über den Europäischen Wirtschaftsraum (EWR) sind, soweit es sich aus dem genannten Übereinkommen ergibt, in diesem Bundesgesetz österreichischen Staatsbürgern gleichgestellt. Hiebei ist der ständige Aufenthalt eines Kindes in einem Staat des Europäischen Wirtschaftsraums nach Maßgabe der gemeinschaftsrechtlichen Bestimmungen dem ständigen Aufenthalt eines Kindes in Österreich gleichzuhalten.

(2) Die Gleichstellung im Sinne des Abs. 1 gilt auch im Bereich der Amtssitzabkommen sowie Privilegienabkommen, soweit diese für Angestellte internationaler Einrichtungen und haushaltszugehörige Familienmitglieder nicht österreichischer Staatsbürgerschaft einen Leistungsausschluss aus dem Familienlastenausgleich vorsehen.

...

(BGBl. I Nr. 142/2000, Art. 71 Z 22)

...

§ 55. ...

(4) Die §§ 39g und 39h in der Fassung des Budgetbegleitgesetzes 2007, BGBl. I Nr. 24, treten mit dem der Kundmachung des Budgetbegleitgesetzes 2007 folgenden Tag in Kraft.[9]) *(BGBl. I Nr. 24/2007, Art. 17 Z 3)*

...

(11) Für das Inkrafttreten durch das Bundesgesetz BGBl. I Nr. 103/2007 neu gefasster, geänderter, eingefügter oder entfallener Bestimmungen sowie zum Übergang zur neuen Rechtslage gilt Folgendes:

...

b) die §§ ... 30g Abs. 2 und 3, 30k Abs. 2 und 3, 31g, ... treten mit 31. Mai 2008 außer Kraft;

...

(BGBl. I Nr. 103/2007, Art. 7 Z 13)

...

(15) Die §§ 30f Abs. 6, 30h Abs. 2, 31c Abs. 2, 4, 5 und 6, 31d Abs. 4, 31e ... jeweils in der Fassung des Bundesgesetzes BGBl. I Nr. 9/2010 treten mit 1. Juli 2010 in Kraft. *(BGBl. I Nr. 9/2010, Art. 9 Z 4)*

...

(17) Für das Inkrafttreten durch das Budgetbegleitgesetz 2011, BGBl. I Nr. 111/2010, neu gefasster, geänderter oder eingefügter sowie für das das Außerkrafttreten durch das genannte Bundesgesetz entfallender Bestimmungen gilt Folgendes:

a) §§ 30a Abs. 3, 30f Abs. 2, 4 und 5, 30h Abs. 2 und Abs. 4 erster Satz, 30j Abs. 2 und 3, 30m Abs. 1 und 5, 30o Abs. 1 und 3, 31a Abs. 1, 31b, 31c, 31d Abs. 1, 31e und 31g treten mit 1. August 2009 in Kraft. § 31 Abs. 1 tritt mit dem der Kundmachung folgenden Schuljahr in Kraft.[10])
b) §§ 39g, 46a Abs. 2 Z 4 und Abs. 4 ... treten mit dem der Kundmachung dieses Bundesgesetzes folgenden Tag in Kraft.[11])

...

h) §§ 30g Abs. 1 und 30k Abs. 1 treten mit 1. September 2011 in Kraft.

...

(BGBl. I Nr. 111/2010, Art. 135 Z 37)

(20) Für das Inkrafttreten durch das Bundesgesetz BGBl. I Nr. 19/2013, neu gefasster, geänderter, oder eingefügter sowie für das

[9]) Die Kundmachung des Budgetbegleitgesetzes 2007 im Bundesgesetzblatt erfolgte am 23. Mai 2007.

[10]) Das ist das Schuljahr 2011/12.

[11]) Die Kundmachung des Budgetbegleitgesetzes 2011 im Bundesgesetzblatt erfolgte am 30. Dezember 2010.

Außerkrafttreten durch das genannte Bundesgesetz entfallender Bestimmungen gilt Folgendes:

a) §§ 30d Abs. 3 und 4, 30f Abs. 6 und 7, 30j Abs. 3, 30o Abs. 4 und 5, 31d Abs. 3 zweiter Satz und 51 Abs. 2 Z 3 treten mit 1. September 2012 in Kraft.

b) § 30k Abs. 4 tritt mit 31. August 2012 außer Kraft.

(BGBl. I Nr. 19/2013, Z 9)

(21) § 30a Abs. 1 lit. c tritt mit 1. Jänner 2013 in Kraft. *(BGBl. I Nr. 19/2013, Z 10)*

(22) Bis 31. Dezember 2016 ist § 30a Abs. 1 lit. c auch auf Kinder, die eine Schule für den medizinisch-technischen Fachdienst gemäß Bundesgesetz über die Regelung des medizinisch-technischen Fachdienstes und der Sanitätshilfsdienste, BGBl. Nr. 102/1961, besuchen, anzuwenden. *(BGBl. I Nr. 19/2013, Z 10)*

(23) ... § 39g Abs. 2 in der Fassung des genannten Bundesgesetzes[12]) tritt mit dem der Kundmachung folgenden Tag in Kraft.[13]) §§ 30h Abs. 2, 31d Abs. 4, 31e ... in der Fassung des genannten Bundesgesetzes treten mit 1. Jänner 2014 in Kraft. *(BGBl. I Nr. 60/2013, Z 8)*

...

(28) Für das Inkrafttreten der durch das Budgetbegleitgesetz 2014, BGBl. I Nr. 40/2014, neu gefassten, geänderten oder eingefügten Bestimmungen sowie für das Außerkrafttreten der durch das genannte Bundesgesetz entfallenden Bestimmung gilt Folgendes:

a) ... § 30e Abs. 1 dritter Satz sind mit der Maßgabe anzuwenden, dass die monatliche Auszahlung der Familienbeihilfe und der Schulfahrtbeihilfe erstmalig im September 2014 erfolgt.

b) ...

c) § 39g Abs. 3 ... treten mit dem der Kundmachung des genannten Bundesgesetzes folgenden Tag in Kraft.

(BGBl. I Nr. 40/2014, Art. 38 Z 6)

...

(37) Die Überschrift zu Abschnitt IIIa sowie § 46a Abs. 1 und 2 in der Fassung des Materien-Datenschutz-Anpassungsgesetzes 2018, BGBl. I Nr. 32/2018, treten mit 25. Mai 2018 in Kraft. *(BGBl. I Nr. 32/2018, Art. 9 Z 7)*

...

[12]) Das ist das Bundesgesetz BGBl. I Nr. 60/2013.

[13]) Die Kundmachung im Bundesgesetzblatt erfolgte am 17. April 2013.

(41) §§ 10a Abs. 1, 11 Abs. 1, 12 Abs. 1, 13, 14 Abs. 1, 25, 26 Abs. 4, 30e Abs. 1 und 2, 30f Abs. 2, 4 und 7, 30h Abs. 2 und 3, 30j Abs. 2, 30p Abs. 1 und 3, 31c Abs. 2, 3 und 4, 31d Abs. 4, 31e, 43 Abs. 1, 44 Abs. 2 sowie 46a Abs. 1, Abs. 2 Z 3 und 4, jeweils in der Fassung des Bundesgesetzes BGBl. I Nr. 104/2019, treten mit 1. Juli 2020 in Kraft. *(BGBl. I Nr. 104/2019, Art. 32 Z 19)*

...

(52) §§ 2 Abs. 1 lit. d und 6 Abs. 2 lit. b in der Fassung des Bundesgesetzes BGBl. I Nr. 220/2021 treten mit 1. Juni 2022 in Kraft. §§ 2 Abs. 1 lit. l sublit. dd, 6 Abs. 2 lit. k sublit. dd, 46a Abs. 2 Z 4 und 46a Abs. 4 in der Fassung des Bundesgesetzes BGBl. I Nr. 220/2021 treten mit dem der Kundmachung dieses Bundesgesetzes folgenden Tag in Kraft.[14]) *(BGBl. I Nr. 220/2021, Z 6)*

(53) § 46a Abs. 2 Z 5 und 6 sowie Abs. 5 und 6 in der Fassung des Bundesgesetzes BGBl. I Nr. 43/2022 tritt mit dem der Kundmachung des genannten Bundesgesetzes folgenden Tag in Kraft.[15]) § 46a Abs. 2 Z 5 in der Fassung des Bundesgesetzes BGBl. I Nr 43/2022 tritt mit der Maßgabe in Kraft, dass die ausschließliche Verwendung der vbPK BF nach den im § 24 Abs 3 BilDokG 2020 festgelegten Übergangsbestimmungen[16]) verpflichtend erfolgt, wobei die übergangsweise Verarbeitung der Sozialversicherungsnummern nach § 46a Abs. 2 Z 5 sowie der Daten nach § 46a Abs. 2 Z 5 lit. b ab der ausschließlichen Verwendung der vbPK BF nicht mehr zulässig ist. § 46a Abs. 2 Z 6 in der Fassung des Bundesgesetzes BGBl. I Nr. 43/2022 tritt mit der Maßgabe in Kraft, dass die ausschließliche Verwendung der vbPK nach den im § 25 Abs. 3 BilDokG 2020 festgelegten Über-

[14]) Die Kundmachung im Bundesgesetzblatt erfolgte am 30. Dezember 2021.

[15]) Die Kundmachung im Bundesgesetzblatt erfolgte am 13. April 2022.

[16]) § 24 Abs 3 des Bildungsdokumentationsgesetzes 2020, BGBl. I Nr. 20/2021, Art. 1 (siehe 7.2.1.) lautet auszugsweise:

„(3) Es sind ab dem Schuljahr 2023/24, unbeschadet des § 3 Abs. 2 Z 1 und des § 5 Abs. 1 Z 4, das jeweils im Bereich zu verwendende bPK oder ein entsprechendes Ersatzkennzeichen und die für die Erfüllung gesetzlicher Verpflichtungen erforderlichen bPK anderer Bereiche in verschlüsselter Form ausschließlich zu verarbeiten. Sind die technischen Voraussetzungen bereits zu einem früheren Zeitpunkt gegeben, ist das jeweils im Bereich zu verwendende bPK oder ein entsprechendes Ersatzkennzeichen ab diesem Zeitpunkt zu verarbeiten. Anderenfalls kann die zuständige Bundesministerin oder der zuständige Bundesminister durch Verordnung für den 2. Abschnitt einen bis zu zwei Jahre späteren Zeitpunkt für die Umstellung von Sozialversicherungsnummern bzw. Ersatzkennzeichen auf bPK festlegen."

gangsbestimmungen[17]) verpflichtend erfolgt, wobei die übergangsweise Verarbeitung der Sozialversicherungsnummern nach § 46a Abs. 2 Z 6 sowie der Daten nach § 46a Abs. 2 Z 6 lit. b ab der ausschließlichen Verwendung der vbPK nicht mehr zulässig ist. *(BGBl. I Nr. 43/2022, Z 3)*

...

(60) § 4 Abs. 2, § 8 Abs. 5 und 6, § 46a Abs. 1 Z 18 und § 46a Abs. 2 Z 7 und Z 7a in der Fassung des Bundesgesetzes BGBl. I Nr. 226/2022 treten mit 1. März 2023 in Kraft. *(BGBl. I Nr. 226/2022, Z 7)*

---

[17]) § 25 Abs 3 des Bildungsdokumentationsgesetzes 2020, BGBl. I Nr. 20/2021, Art. 1 (siehe 7.2.1.) lautet auszugsweise:

„(3) Die zuständige Bundesministerin oder der zuständige Bundesminister kann durch Verordnung für den 6. Abschnitt einen bis zu zwei Jahre späteren Zeitpunkt für die Umstellung von Sozialversicherungsnummern bzw. Ersatzkennzeichen auf bPK festlegen. Sofern nicht eine Verordnung für den 6. Abschnitt einen bis zu zwei Jahre späteren Zeitpunkt bestimmt, ist ab dem Schuljahr 2023/24 bzw. dem Studienjahr 2023/24 das jeweils im Bereich zu verwendende bPK und die für die Erfüllung gesetzlicher Verpflichtungen erforderlichen bPK anderer Bereiche in verschlüsselter Form zu verarbeiten. Sind die technischen Voraussetzungen bereits zu früheren Zeitpunkten gegeben, ist das jeweils im Bereich zu verwendende bPK ab diesem Zeitpunkt zu verarbeiten."

Anhang

Limit-Verordnung 2024/25

BGBl. II Nr. 63/2024

Verordnung der Bundesministerin für Frauen, Familie, Integration und Medien über die Höchstbeträge pro Schüler/in und Schulform für die unentgeltliche Abgabe von Schulbüchern im Schuljahr 2024/25 (Limit-Verordnung 2024/25)

Aufgrund des § 31a Abs. 4 Familienlastenausgleichsgesetz 1967, BGBl. Nr. 376/1967 idgF, wird im Einvernehmen mit dem Bundesminister für Bildung, Wissenschaft und Forschung verordnet:

§ 1. (1) Die Höchstbeträge für die Durchschnittskosten pro Schüler/in betragen in den jeweiligen Schulformen:

		1	2	3
Profil	**Bezeichnung**	**Schulform-Grundlimit in €**	**Religions- bzw. Ethik-Limit in €**	**Digital-Limit in €**
100	Volksschulen – Grundschulen	60,00	9,00	–
100	Vorschulstufe	26,00	9,00	–
100	Sonderschulen	92,00	9,00	–
300	Mittelschulen	105,00	14,50	16,00
400	Polytechnische Schulen	119,00	11,30	13,20
1000	Allgemeinbildende höhere Schulen – Unterstufe	105,00	14,50	16,00
1100	Allgemeinbildende höhere Schulen – Oberstufe (Gymnasien, Realgymnasien, Oberstufenrealgymnasien)	190,00	17,50	13,20
2000	Berufsbildende Pflichtschulen – Fachbereiche Elektrotechnik, Elektronik, Metall sowie kaufmännische Bereiche	66,00	5,70	5,00
2000	Berufsbildende Pflichtschulen – alle anderen Fachbereiche	57,20	5,70	5,00
3100	Mittlere technische, gewerbliche und kunstgewerbliche Lehranstalten	100,00	13,50	13,20
3600	Mittlere kaufmännische Lehranstalten	162,00	13,50	13,20
3710	Mittlere Lehranstalten für Humanberufe (1- und 2-jährig)	126,00	13,50	13,20
3730	Mittlere Lehranstalten für Humanberufe (3- und mehrjährig; außer FW)	142,00	13,50	13,20
3730	Dreijährige Fachschulen für wirtschaftliche Berufe (FW)	165,00	13,50	13,20
3730	Fachschule für Sozialberufe mit Pflegevorbereitung	165,00	13,50	13,20
4100	Höhere technische und gewerbliche Lehranstalten	180,00	16,50	13,20
4600	Höhere kaufmännische Lehranstalten	200,00	16,50	13,20
4600	Handelsakademien für Berufstätige	184,60	16,50	13,20
4600	Kaufmännische Kollegs	174,50	16,50	13,20
4600	Aufbaulehrgänge an Handelsakademien	179,50	16,50	13,20
4710	Höhere Lehranstalten für wirtschaftliche Berufe	200,00	16,50	13,20
4710	Kollegs für wirtschaftliche Berufe	174,50	16,50	13,20
4710	Aufbaulehrgänge an Höheren Lehranstalten für wirtschaftliche Berufe	179,50	16,50	13,20
4720	Höhere Lehranstalten für Mode und Bekleidungstechnik, Höhere Lehranstalten für Kunstgewerbe	166,00	16,50	13,20
4730	Höhere Lehranstalten für Tourismus	190,00	16,50	13,20

4730	Aufbaulehrgänge an Höheren Lehranstalten für Tourismus	176,00	16,50	13,20
4730	Kollegs für Tourismus	169,00	16,50	13,20
4740	Höhere Lehranstalten für Pflege und Sozialbetreuung	200,00	16,50	13,20
5120	Bildungsanstalten für Elementarpädagogik	168,00	16,50	13,20
5120	Bildungsanstalten für Elementarpädagogik – Hortpädagogik	176,40	16,50	13,20
5120	Fachschulen für pädagogische Assistenzberufe	162,70	13,70	13,20
5120	Kollegs für Elementarpädagogik	157,50	16,50	13,20
5130	Bildungsanstalten für Sozialpädagogik	164,00	16,50	13,20
5130	Kollegs für Sozialpädagogik	154,00	16,50	13,20
6100	Land- und forstwirtschaftliche Berufsschulen	70,00	5,70	5,00
6100	Land- und forstwirtschaftliche Fachschulen	134,00	13,50	13,20
6200	Höhere land- und forstwirtschaftliche Lehranstalten	164,00	16,50	13,20

(2) Die Schulbuchlimits umfassen das Schulform-Grundlimit, das Religions- bzw. Ethik-Limit und das Digital-Limit für das Produkt „E-Book Solo", das Produkt „E-Book+ Solo" und den Preisanteil des E-Book+ in einem Kombiprodukt „Buch mit E-Book+".

(3) Unterrichtsmittel eigener Wahl gem. § 31a Abs. 1 Z 2 Familienlastenausgleichsgesetz können bis zu 15 vH der maßgeblichen Höchstbeträge gem. Abs. 1 Schulform-Grundlimit und Religions- bzw. Ethik-Limit (Spalte 1 und Spalte 2) insoweit angeschafft werden, als dadurch die maßgeblichen Höchstbeträge gem. Abs. 1 nicht überschritten werden.

§ 2. Für Schüler/innen in der Übergangsstufe an allgemeinbildenden höheren Schulen als Vorbereitungsjahr für die AHS-Oberstufe beträgt das Schulbuchlimit € 85,00.

§ 3. (1) Die Schulbuchlimits pro Schüler/in an Volksschulen, Mittelschulen, Polytechnischen Schulen sowie allgemeinbildenden höheren Schulen, berufsbildenden mittleren und höheren Schulen und Berufsschulen betragen zusätzlich zu den Höchstbeträgen gem. § 1 für außerordentliche und ordentliche Schüler/innen mit nichtdeutscher Erstsprache in Deutschförderklassen, in Deutschförderkursen oder im Förderunterricht Deutsch als Zweitsprache bzw. im Unterrichtsfach Deutsch im Rahmen des Regelunterrichtes für den Lehrplan-Zusatz „Deutsch als Zweitsprache" € 17,60 und für den Erstsprachenunterricht € 15,30.

(2) Für Schüler/innen mit dem Lehrplan-Zusatz „Deutsch als Zweitsprache" bzw. mit Erstsprachenunterricht kann neben dem Zusatzlimit in der Volksschule und in der Sekundarstufe I einmal ein Wörterbuch bestellt werden.

§ 4. An Schulen mit zweisprachigem Unterricht in allen Gegenständen (Minderheitensprachen, Volksgruppensprachen) dürfen zusätzlich zu den Höchstbeträgen gem. § 1 für die deutschsprachigen Schulbücher auch Schulbücher für die Minderheitensprache/Volksgruppensprache in dem Umfang (Anzahl der Titel) pro Schüler/in wie für den vergleichbaren deutschsprachigen Unterricht angeschafft werden.

§ 5. Die Höchstbeträge für die Durchschnittskosten pro Schüler/in, die an einem Sprachheilkurs teilnehmen, betragen zusätzlich € 6,00 zu den jeweils maßgeblichen Höchstbeträgen gem. § 1 für Volksschulen, Mittelschulen und allgemeinbildenden höheren Schulen – Unterstufe.

§ 6. Die Schulbücher für sehbehinderte Schüler/innen an Sonderschulen und für integrativ unterrichtete Schüler/innen pro Schüler/in und Schulstufe sind in dem Umfang (Anzahl der Titel) zu bemessen, dass eine gleichwertige Umsetzung des Lehrplans wie für vergleichbare Schüler/innen ohne sonderpädagogischen Förderbedarf gewährleistet ist.

§ 7. Die Schulbücher für körperlich und mehrfachbehinderte Schüler/innen an Sonderschulen und für integrativ unterrichtete Schüler/innen pro Schüler/in und Schulstufe sind in dem Umfang (Anzahl der Titel) zu bemessen, dass eine gleichwertige Umsetzung des Lehrplans wie für vergleichbare Schüler/innen ohne sonderpädagogischen Förderbedarf gewährleistet ist.

14.2. Tabakgesetz[1])

Auszug

(§ 1, § 12, § 13, § 13b, § 13c, § 14, § 17 und § 19)

Bundesgesetz über das Herstellen und Inverkehrbringen von Tabakerzeugnissen und verwandten Erzeugnissen sowie die Werbung für Tabakerzeugnisse und verwandte Erzeugnisse und den Nichtraucherinnen- bzw. Nichtraucherschutz (Tabak- und Nichtraucherinnen- bzw. Nichtraucherschutzgesetz – TNRSG)

(BGBl. I Nr. 22/2016, Art. 1 Z 1)

Der Nationalrat hat beschlossen:

Begriffsbestimmungen

§ 1. Im Sinne dieses Bundesgesetzes gilt als

1. „Tabakerzeugnis" jedes Erzeugnis, das zum Rauchen, Schnupfen, Lutschen oder Kauen bestimmt ist, sofern es ganz oder teilweise aus Tabak, und zwar unabhängig davon, ob es sich um Tabak in gentechnisch veränderter oder unveränderter Form handelt, besteht, *(BGBl. I Nr. 74/2003, Z 1)*

1a. „neuartiges Tabakerzeugnis" jedes Tabakerzeugnis, das nicht in eine der Kategorien Zigaretten, Tabak zum Selbstdrehen, Pfeifentabak, Wasserpfeifentabak, Zigarren, Zigarillos, Kautabak, Schnupftabak und Tabak zum oralen Gebrauch fällt und erstmals nach dem 19. Mai 2014 in Verkehr gebracht wurde, *(BGBl. I Nr. 101/2015, Art. 1 Z 1)*

1b. „elektronische Zigarette" ein Erzeugnis, das zum Konsum nikotinhältigen oder nikotinfreien Dampfes (Nebels) mittels eines Mundstücks verwendet werden kann, oder jeder Bestandteil dieses Produkts, einschließlich einer Kartusche, eines Tanks, und des Gerätes ohne Kartusche oder Tank. Elektronische Zigaretten können Einwegprodukte oder mittels eines Nachfüllbehälters oder Tanks nachfüllbar sein oder mit Einwegkartuschen nachgeladen werden, *(BGBl. I Nr. 101/2015, Art. 1 Z 1)*

1c. „Nachfüllbehälter" ein Behältnis, das eine nikotinhältige oder nikotinfreie Flüssigkeit enthält, die zum Nachfüllen einer elektronischen Zigarette verwendet werden kann, *(BGBl. I Nr. 101/2015, Art. 1 Z 1)*

1d. „pflanzliches Raucherzeugnis" ein Erzeugnis auf der Grundlage von Pflanzen, Kräutern oder Früchten, das keinen Tabak enthält und mittels eines Verbrennungsprozesses konsumiert werden kann, *(BGBl. I Nr. 101/2015, Art. 1 Z 1)*

1e. „verwandtes Erzeugnis" jedes neuartige Tabakerzeugnis, pflanzliche Raucherzeugnis, die elektronische Zigarette und deren Liquids, *(BGBl. I Nr. 22/2016, Art. 1 Z 2)*

1f. „Wasserpfeifentabak" ein Tabakerzeugnis, das mit Hilfe einer Wasserpfeife verwendet werden kann. Kann ein Erzeugnis sowohl in Wasserpfeifen als auch als Tabak zum Selbstdrehen verwendet werden, so gilt es als Tabak zum Selbstdrehen, *(BGBl. I Nr. 101/2015, Art. 1 Z 1)*

1g. „Kautabak" ein rauchloses Tabakerzeugnis, das ausschließlich zum Kauen bestimmt ist, *(BGBl. I Nr. 22/2016, Art. 1 Z 3)*

1h. „Tabak zum oralen Gebrauch" ein Tabakerzeugnis zum oralen Gebrauch – mit Ausnahme eines Erzeugnisses, das zum Inhalieren oder Kauen bestimmt ist –, das ganz oder teilweise aus Tabak besteht und in Pulver- oder Granulatform oder in einer Kombination aus beiden Formen, insbesondere in Portionsbeuteln oder porösen Beuteln, angeboten wird, *(BGBl. I Nr. 22/2016, Art. 1 Z 3)*

1i. „Schnupftabak" ein rauchloses Tabakerzeugnis, das über die Nase konsumiert werden kann, *(BGBl. I Nr. 22/2016, Art. 1 Z 3)*

1j. „Rauchtabakerzeugnis" jedes Tabakerzeugnis mit Ausnahme rauchloser Tabakerzeugnisse, *(BGBl. I Nr. 22/2016, Art. 1 Z 3)*

1k. „rauchloses Tabakerzeugnis" ein Tabakerzeugnis, das nicht mittels eines Verbrennungsprozesses konsumiert wird, unter anderem Kautabak, Schnupftabak und Tabak zum oralen Gebrauch, *(BGBl. I Nr. 22/2016, Art. 1 Z 3)*

[1]) BGBl. Nr. 431/1995 idF der die §§ 1, 12, 13, 13b, 13c, 14, 17 und 19 betreffenden Bundesgesetze BGBl. I Nr. 74/2003, 167/2004, 120/2008, 101/2015, 22/2016, 13/2018 und 66/2019.

11. „Liquid“ jede nikontinhältige oder sonstige nikotinfreie Flüssigkeit, die dafür vorgesehen ist, in elektronischen Zigaretten, E-Shishas oder vergleichbaren Erzeugnissen mit derselben Funktions- und Wirkungsweise verdampft zu werden, *(BGBl. I Nr. 22/2016, Art. 1 Z 3)*

...

11. „öffentlicher Ort“ jeder Ort, der von einem nicht von vornherein beschränkten Personenkreis ständig oder zu bestimmten Zeiten betreten werden kann einschließlich der nicht ortsfesten Einrichtungen des öffentlichen und privaten Bus-, Schienen-, Flug- und Schiffsverkehrs, *(BGBl. I Nr. 167/2004, Z 2 idF BGBl. I Nr. 22/2016, Art. 1 Z 11)*

...

Umfassender Nichtraucherinnen- und Nichtraucherschutz

§ 12. (1) Rauchverbot gilt in Räumen für

1. Unterrichts- und Fortbildungszwecke,
2. Verhandlungszwecke,
3. schulsportliche Betätigung, schulische oder solche Einrichtungen, in denen Kinder oder Jugendliche beaufsichtigt, aufgenommen oder beherbergt werden, einschließlich der dazugehörigen Freiflächen, und
4. die Herstellung, Verarbeitung, Verabreichung oder Einnahme von Speisen oder Getränken sowie die in Gastronomiebetrieben für alle den Gästen zur Verfügung stehenden Bereiche, ausgenommen Freiflächen. *(BGBl. I Nr. 101/2015, Art. 1 Z 2 idF BGBl. I Nr. 13/2018, Z 3 und BGBl. I Nr. 66/2019, Z 1)*

(2) Rauchverbot gilt auch in Mehrzweckhallen bzw. Mehrzweckräumen. Miterfasst sind auch nicht ortsfeste Einrichtungen, insbesondere Festzelte.

(3) Rauchverbot gilt auch in Räumen, in denen Vereinstätigkeiten im Beisein von Kindern und Jugendlichen ausgeübt werden, sowie in Räumen, in denen Vereine Veranstaltungen, auch ohne Gewinnerzielungsabsicht, abhalten. Es ist dabei unbeachtlich, ob der Zutritt nur auf einen im Vorhinein bestimmten Personenkreis beschränkt ist. Darüber hinaus gilt Rauchverbot für Vereine dann, wenn durch die Vereinsaktivitäten eine Umgehung der Bestimmungen gemäß Abs. 1 oder 2 erfolgt.

(4) Rauchverbot gilt auch für geschlossene öffentliche und private Verkehrsmittel zur entgeltlichen oder gewerblichen Personenbeförderung. Dies gilt auch in nicht der entgeltlichen oder gewerblichen Personenbeförderung dienenden Verkehrsmitteln, wenn sich im Fahrzeug eine Person befindet, die das 18. Lebensjahr noch nicht vollendet hat. *(BGBl. I Nr. 101/2015, Art. 1 Z 2 idF BGBl. I Nr. 13/2018, Z 4)*

(5) Die Regelungen des Rauchverbotes im Sinne dieser Bestimmung erstrecken sich auch auf die Verwendung von verwandten Erzeugnissen und von Wasserpfeifen.

(6) Abs. 1 bis 5 gelten nicht in ausschließlich privaten Zwecken dienenden Räumen.

(BGBl. I Nr. 101/2015, Art. 1 Z 2)

Nichtraucherinnen- und Nichtraucherschutz in sonstigen Räumen öffentlicher Orte

§ 13. (1) Sofern nicht arbeitsrechtliche Bestimmungen ein Rauchverbot vorsehen oder Räume von § 12 erfasst sind, gilt ein Rauchverbot auch in sonstigen Räumen öffentlicher Orte, doch kann in den allgemein zugänglichen Bereichen ein Nebenraum als Raucherraum eingerichtet werden, sofern gewährleistet ist, dass aus diesem Nebenraum weder Tabakrauch in den mit Rauchverbot belegten Bereich dringt, noch das Rauchverbot dadurch umgangen wird.

(2) In Hotels und vergleichbaren Beherbergungsbetrieben gilt Rauchverbot. In den allgemein zugänglichen Bereichen kann, falls nicht § 12 Abs. 1 bis 3 zur Anwendung kommt, ein Nebenraum als Raucherraum eingerichtet werden, sofern gewährleistet ist, dass aus diesem Nebenraum der Tabakrauch nicht in den mit Rauchverbot belegten Bereich dringt, das Rauchverbot dadurch nicht umgangen wird und in dem Raucherraum auch keine Speisen und Getränke hergestellt, verarbeitet, verabreicht oder eingenommen werden.

(3) Das Rauchverbot gilt nicht in Tabaktrafiken, sofern gewährleistet ist, dass Tabakrauch nicht in den mit Rauchverbot belegten Bereich dringt. Ausgenommen von der Möglichkeit, Rauchen zu erlauben, sind jene Tabaktrafiken, die Postpartner sind.

(4) Die Regelungen des Rauchverbotes im Sinne dieser Bestimmung erstrecken sich auch auf die Verwendung von verwandten Erzeugnissen und von Wasserpfeifen.

(BGBl. I Nr. 101/2015, Art. 1 Z 3)

...

Kennzeichnungspflicht

§ 13b. (1) Rauchverbote gemäß den §§ 12 und 13 sind in den unter das Rauchverbot fallenden Räumen und Einrichtungen durch den Rauchverbotshinweis „Rauchen verboten" kenntlich zu machen.

(2) Anstatt des Rauchverbotshinweises gemäß Abs. 1 können die Rauchverbote auch durch Rauchverbotssymbole, aus denen eindeutig das Rauchverbot hervorgeht, kenntlich gemacht werden.

(3) Die Rauchverbotshinweise gemäß Abs. 1 oder die Rauchverbotssymbole gemäß Abs. 2 sind in ausreichender Zahl und Größe so anzubringen, dass sie überall im Raum oder der Einrichtung gut sichtbar sind.

(4) entfallen (BGBl. I Nr. 66/2019, Z 3)

(5) Die Bundesministerin für Gesundheit, Familie und Jugend wird ermächtigt, Näheres über Inhalt, Art und Form der Kennzeichnung durch Verordnung[2]) festzulegen.

(BGBl. I Nr. 120/2008, Art. I Z 18)

Verpflichtungen betreffend den Nichtraucherschutz

§ 13c. (1) Die Inhaberinnen bzw. Inhaber von Räumen und Einrichtungen gemäß § 12 und von Räumen eines öffentlichen Ortes gemäß § 13 haben für die Einhaltung der Bestimmungen der §§ 12 bis 13b Sorge zu tragen.

(2) Jede Inhaberin bzw. jeder Inhaber gemäß Abs. 1 hat insbesondere dafür Sorge zu tragen, dass

1. in einem Raum oder einer Einrichtung gemäß § 12 Abs. 1 bis 3 nicht geraucht wird,
2. in Räumen eines öffentlichen Ortes gemäß § 13, sofern sie vom Rauchverbot umfasst sind, nicht geraucht wird,
3. der Kennzeichnungspflicht gemäß § 13b entsprochen wird.

(BGBl. I Nr. 101/2015, Art. 1 Z 6)

...

Strafbestimmungen

§ 14. ...

(4) Wer als Inhaberin bzw. Inhaber gemäß § 13c Abs. 1 gegen eine Verpflichtung des § 13c verstößt, begeht eine Verwaltungsübertretung und ist mit einer Geldstrafe bis zu 2.000 Euro, im Wiederholungsfall bis zu 10.000 Euro zu bestrafen, sofern die Tat nicht den Tatbestand einer in die Zuständigkeit der Gerichte fallenden strafbaren Handlung darstellt oder nach einer anderen Verwaltungsbestimmung mit strengerer Strafe bedroht ist. *(BGBl. I Nr. 101/2015, Art. 1 Z 8)*

(5) Wer an einem Ort, an dem gemäß den §§ 12 oder 13 Rauchverbot besteht oder an dem das Rauchen von der Inhaberin bzw. vom Inhaber nicht gestattet wird, raucht, begeht, sofern der Ort gemäß § 13b Abs. 1 bis 3 gekennzeichnet ist und die Tat nicht den Tatbestand einer in die Zuständigkeit der Gerichte fallenden strafbaren Handlung bildet oder nach einer anderen Verwaltungsstrafbestimmung mit strengerer Strafe bedroht ist, eine Verwaltungsübertretung und ist mit Geldstrafe bis zu 100 Euro, im Wiederholungsfall bis zu 1.000 Euro zu bestrafen. *(BGBl. I Nr. 101/2015, Art. 1 Z 9)*

...

§ 17. (1) Die Bestimmungen der § 1 Z 11, ... § 13 und § 13a treten mit 1. Jänner 2005 in Kraft.

...

(7) Die §§ 13 Abs. 1 und 4, ... 13b, 13c sowie 14 Abs. 4 und 5 dieses Bundesgesetzes in der Fassung BGBl. I Nr. 120/2008 treten mit 1. Januar 2009 in Kraft. Die §§ 13a und 14a dieses Bundesgesetzes in der Fassung vor der Novelle BGBl. I Nr. 120/2008 treten mit Ablauf des 31. Dezember 2008 außer Kraft. *(BGBl. I Nr. 120/2008, Art. I Z 22)*

...

(8) § 12 samt Überschrift, § 13 samt Überschrift, § 13c, § 14 Abs. 4 und 5 ... in der Fassung BGBl. I Nr. 101/2015 treten mit 1. Mai 2018 in Kraft. § 13d in der Fassung BGBl. I Nr. 101/2015 tritt mit 20. Mai 2016 in Kraft und mit Ablauf des 30. April 2018 außer Kraft. *(BGBl. I Nr. 101/2015, Art. 1 Z 11 idF BGBl. I Nr. 22/2016, Art. 1 Z 40 und BGBl. I Nr. 13/2018, Z 7)*

...

(12) ... § 12 Abs. 1 Z 4, § 12 Abs. 4, ... in der Fassung BGBl. I Nr. 13/2018 treten am 1. Mai 2018 in Kraft. In § 17 Abs. 8 entfällt der zweite Satz, sodass § 13a (einschließlich der authentischen Interpretation zu § 13a

---

[2]) Die Nichtraucherschutz-Kennzeichnungsverordnung BGBl. II Nr. 424/2008 betrifft ausschließlich die Kennzeichnungspflicht für Räume der Gastronomie gemäß § 13a und ist daher hier nicht abgedruckt.

Abs. 2 in BGBl. I Nr. 12/2014) sowie § 13b Abs. 4, jeweils in der am 30. April 2018 geltenden Fassung, mit Ablauf des 30. April 2018 nicht außer Kraft treten. *(BGBl. I Nr. 13/2018, Z 7)*

...

(15) § 12 Abs. 1 Z 4 tritt mit 1. November 2019 in Kraft. § 13a und § 13b Abs. 4 treten mit 31. Oktober 2019 außer Kraft. *(BGBl. I Nr. 66/2019, Z 4)*

(BGBl. I Nr. 167/2004, Z 11)

...

14.3. Allgemeines Sozialversicherungsgesetz – ASVG[1])

Auszug

(betreffend die Unfallversicherung von Schülern/Lehrlingen; § 4, § 5, § 7, § 8, §§ 10 bis 12, § 14, § 16, § 23, § 24, § 28, §§ 33 bis 36, § 44, § 49, § 52, § 74, § 108f, §§ 172 bis 176, § 180, § 181b, § 186, § 187, § 192, § 203, § 204, § 210, § 212, §§ 332 bis 335, § 363, § 667, § 720, § 722, § 723, § 734, § 736, § 737, § 745, § 746, § 752, § 757, § 760, § 761a, § 766, § 767, § 769, § 773, § 786, § 798, § 803, § 806)

Bundesgesetz vom 9. September 1955 über die Allgemeine Sozialversicherung (Allgemeines Sozialversicherungsgesetz – ASVG)

Der Nationalrat hat beschlossen:

Erster Teil
Allgemeine Bestimmungen

...

ABSCHNITT II
Umfang der Versicherung

1. Unterabschnitt
Pflichtversicherung

Vollversicherung

§ 4. (1) In der Kranken-, Unfall- und Pensionsversicherung sind auf Grund dieses Bundesgesetzes versichert (vollversichert), wenn die betreffende Beschäftigung weder gemäß den §§ 5 und 6 von der Vollversicherung ausgenommen ist, noch nach § 7 nur eine Teilversicherung begründet:

...

2. die in einem Lehrverhältnis stehenden Personen (Lehrlinge);

...

5. Schülerinnen/Schüler an Schulen für Gesundheits- und Krankenpflege und Auszubildende in Lehrgängen nach dem Gesundheits- und Krankenpflegegesetz (GuKG), BGBl. I Nr. 108/1997, Schülerinnen/Schüler und Auszubildende in Schulen und Lehrgängen nach dem Medizinische Assistenzberufe-Gesetz (MABG), BGBl. I Nr. 89/2012, sowie Studierende an einer medizinisch-technischen Akademie nach dem MTD-Gesetz, BGBl. Nr. 460/1992; *(BGBl. I Nr. 75/2016, Art. 2 Z 1 idF BGBl. I Nr. 15/2022, Art. 5 Z 1)*

...

Ausnahmen von der Vollversicherung

§ 5. (1) Von der Vollversicherung nach § 4 sind – unbeschadet einer nach § 7 oder nach § 8 eintretenden Teilversicherung – ausgenommen:

3. ...

   d) die in einem Lehrverhältnis stehenden Personen (Lehrlinge), sofern sie als Dienstnehmer/innen der Pflichtversicherung nach dem B KUVG unterliegen würden; *(BGBl. I Nr. 106/2024, Art. 1 Z 2)*

3a. ...

...

3c. die zur Fremdsprachenassistenz nach § 3a des Lehrbeauftragtengesetzes, BGBl. Nr. 656/1987, bestellten Personen; *(BGBl. I Nr. 83/2009, Art. 1 Z 3)*

...

9. ... Lehrlinge, die einem Betrieb, für den zum 31. Dezember 2019 eine Betriebskrankenkasse errichtet war, zugehörig

---

[1]) BGBl. Nr. 189/1955 idF der den Schulbereich (einschl. institutionelle Kinderbetreuungseinrichtungen) betreffenden Novellen BGBl. Nr. 13/1962, 201/1967, 31/1973, 775/1974, 704/1976, 684/1978, 530/1979, 585/1980, 282/1981, 647/1982, 484/1984, 111/1986, 314/1987, 609/1987, 642/1989, 660/1989, 294/1990, 676/1991, 110/1993, 335/1993, 20/1994, 450/1994, 600/1996, 764/1996, BGBl. I Nr. 139/1997, 138/1998, 10/1999, 173/1999, 142/2000, 67/2001, 99/2001, 140/2002, 145/2003, 142/2004, 152/2004, 171/2004, 71/2005, 132/2005, 130/2006, 131/2006, 31/2007, 83/2009, 84/2009, 61/2010, 102/2010, 89/2012, 123/2012, 138/2013, 79/2015, 44/2016, 75/2016, 29/2017, 100/2018, 8/2019, 20/2019, 23/2020, 31/2020, 54/2020, 158/2020 (idF der Verlautbarungsberichtigung BGBl. I Nr. 32/2021), 28/2021, 61/2021, 81/2021, 114/2021, 197/2021, 15/2022, 32/2022, 42/2022, 60/2022, 81/2022, 108/2022, 175/2022, 69/2023, 18/2024, 106/2024, 110/2024 und der Kundmachungen BGBl. II Nr. 475/2001, 479/2002, 611/2003, 531/2004, 446/2005, 532/2006, 359/2007, 289/2008, 346/2008, 7/2009, 450/2009, 403/2010, 398/2011, 441/2012, 434/2013, 288/2014, 417/2015, 391/2016, 339/2017, 329/2018, 348/2019, 576/2020, 590/2021, 459/2022, 407/2023.

sind, wenn und solange sie im Erkrankungsfall gegenüber einer auf Betriebsvereinbarung beruhenden betrieblichen Gesundheitseinrichtung nach den §§ 5a und 5b Anspruch auf Leistungen haben, die den Leistungen nach diesem Bundesgesetz gleichartig oder zumindest annähernd gleichwertig sind; *(BGBl. I Nr. 100/2018, Art. 1 Z 8)*

...

16. Personen in einem Ausbildungsverhältnis nach § 4 Abs. 1 Z 5, wenn
    a) sie nach § 8 Abs. 1 Z 2 lit. b in der Pensionsversicherung teilversichert sind,
    b) ihre Ausbildung im Rahmen eines der Vollversicherung unterliegenden Dienstverhältnisses nach §§ 25 oder 26g MABG durchgeführt wird oder *(BGBl. I Nr. 75/2016, Art. 2 Z 2 idF BGBl. I Nr. 15/2022, Art. 5 Z 2)*
    c) sie ihre Ausbildung zu einem Pflegeassistenzberuf (§ 82 GuKG) an einer Schule im Sinne des Schulorganisationsgesetzes, BGBl. Nr. 242/1962, oder an einer Privatschule im Sinne des Privatschulgesetzes, BGBl. Nr. 244/1962, absolvieren;

...

(BGBl. I Nr. 75/2016, Art. 2 Z 2 idF BGBl. I Nr. 8/2019, Z 1 und BGBl. I Nr. 20/2019, Art. 2 Z 1)

...

Teilversicherung von im § 4 genannten Personen

§ 7. Nur in den nachstehend angeführten Versicherungen sind von den im § 4 genannten Personen auf Grund dieses Bundesgesetzes versichert (teilversichert):

...

2. in der Unfall- und Pensionsversicherung

...

   c) die nach § 5 Abs. 1 Z 9 von der Vollversicherung ausgenommenen Personen; *(BGBl. I Nr. 100/2018, Art. 1 Z 11)*

...

4. in der Pensionsversicherung, wenn das ihnen aus einem oder mehreren Beschäftigungsverhältnissen im Sinne der lit. a bis p im Kalendermonat gebührende Entgelt den im § 5 Abs. 2 genannten Betrag übersteigt *(BGBl. I Nr. 10/1999, Art. X Z 2 idF BGBl. I Nr. 71/2005, Art. 1 Z 1, BGBl. I Nr. 100/2018, Art. 1 Z 14 und BGBl. I Nr. 60/2022, Art. 2 Z 3)*

...

   o. Lehrlinge ..., sofern sie nach den Vorschriften über die Krankenversicherung öffentlich Bediensteter bei der Versicherungsanstalt öffentlich Bediensteter, Eisenbahnen und Bergbau versichert sind; *(BGBl. I Nr. 100/2018, Art. 1 Z 14 idF BGBl. I Nr. 60/2022, Art. 2 Z 4)*

...

5. in der Pensionsversicherung überdies Lehrlinge, sofern sie nach den Vorschriften über die Krankenversicherung öffentlich Bediensteter bei der Versicherungsanstalt öffentlich Bediensteter, Eisenbahnen und Bergbau versichert sind. *(BGBl. I Nr. 106/2024, Art. 1 Z 4)*

Sonstige Teilversicherung

§ 8. (1) Nur in den nachstehend angeführten Versicherungen sind überdies auf Grund dieses Bundesgesetzes versichert (teilversichert):

...

2. in der Pensionsversicherung

...

   i) die zur Fremdsprachenassistenz nach § 3a des Lehrbeauftragtengesetzes bestellten Personen; *(BGBl. I Nr. 83/2009, Art. 1 Z 8)*

3. in der Unfallversicherung hinsichtlich der nachstehend bezeichneten Tätigkeiten (Beschäftigungsverhältnisse):

...

   h) Schüler an Schulen im Sinne des Schulorganisationsgesetzes, BGBl. Nr. 242/1962, an Schulen zur Ausbildung von Leibeserziehern und Sportlehrern im Sinne des Bundesgesetzes BGBl. Nr. 140/1974, an Privatschulen im Sinne des Privatschulgesetzes, BGBl. Nr. 244/1962, an land- und forstwirtschaftlichen Schulen im Sinne des Land- und forstwirtschaftlichen Bundesschulgesetzes, BGBl. Nr. 175/1966, an Forstfachschulen im Sinne des Forstgesetzes 1975, BGBl. Nr. 440, an land- und forstwirtschaftlichen Berufsschulen im Sinne des Bundesgesetzes betreffend die Grundsätze für land- und forstwirtschaftliche Berufsschulen, BGBl. Nr. 319/1975, an land- und forstwirtschaftlichen Fachschulen im Sinne des Bundesgesetzes betreffend die Grundsätze für land- und forstwirtschaftliche Fachschulen, BGBl. Nr. 320/1975, sowie an land- und forstwirtschaftlichen Privatschulen im Sinne des land- und forstwirtschaftlichen Privatschulgesetzes, BGBl. Nr. 318/1975; *(BGBl. Nr. 704/1976 Art. I Z 5f)*

i) Personen im Sinne des § 3 Abs. 1 Z 1 bis 7 und 9 und des § 4 des Studienförderungsgesetzes 1992, BGBl. Nr. 305, die im Rahmen des für die betreffende Studienart vorgeschriebenen normalen Studienganges inskribiert (zum Studium zugelassen) sind, Hörer (Lehrgangsteilnehmer) der Diplomatischen Akademie in Wien sowie Personen, die zur Studienberechtigungsprüfung im Sinne des Studienberechtigungsgesetzes, BGBl. Nr. 292/1985, zugelassen sind, und Personen, die sich auf Prüfungen zwecks Zulassung zu einem Fachhochschul-Studiengang vorbereiten und zwecks Vorbereitung auf diese Prüfungen Kurse bzw. Lehrgänge an Universitäten, Hochschulen, Einrichtungen der Erwachsenenbildung im Sinne des § 5 Abs. 1 Z 5, privaten Werkmeisterschulen mit Öffentlichkeitsrecht, Einrichtungen, die Fachhochschul-Studiengänge durchführen, oder staatlich organisierte Lehrgänge besuchen; zum Studien(Lehr)gang zählt auch ein angemessener Zeitraum für die Vorbereitung auf die Ablegung der entsprechenden Abschlußprüfungen und auf die Erwerbung eines akademischen Grades; *(BGBl. Nr. 20/1994 Z 2 idF BGBl. I Nr. 138/1998 Z 10)*

...

l) Kinder, die im letzten Jahr vor Schulpflicht eine institutionelle Kinderbetreuungseinrichtung im Sinne des Art. 3 Z 1 der Vereinbarung gemäß Art. 15a B-VG über die Einführung der halbtägigen kostenlosen und verpflichtenden frühen Förderung in institutionellen Kinderbetreuungseinrichtungen, BGBl. I Nr. 99/2009, im Ausmaß von 16 Stunden oder mehr besuchen; *(BGBl. I Nr. 61/2010, Art. 4 Z 1)*

...

(6) Schüler an berufsbildenden Schulen sind nur dann gemäß Abs. 1 Z 3 lit. h pflichtversichert, wenn sie nicht bereits auf Grund eines Lehr- oder Ausbildungsverhältnisses (§ 4 Abs. 1 Z 2 oder 4) bzw. gemäß Abs. 1 Z 3 lit. c oder gemäß § 4 Abs. 1 Z 8 dieses Bundesgesetzes bzw. gemäß § 3 Abs. 1 Z 2 des Bauern-Sozialversicherungsgesetzes pflichtversichert sind. *(BGBl. Nr. 530/1979 Art. I Z 3)*

...

Beginn der Pflichtversicherung

§ **10.** (1) Die Pflichtversicherung der Dienstnehmer, ferner ... der in einem Lehr- oder Ausbildungsverhältnis stehenden Personen, ... beginnt unabhängig von der Erstattung einer Anmeldung mit dem Tag des Beginnes der Beschäftigung bzw. des Lehr- oder Ausbildungsverhältnisses. ... *(BGBl. Nr. 684/1978, Art. I Z 5a idF BGBl. Nr. 294/1990, Art. I Z 4 und BGBl. I Nr. 132/2005, Art. 1 Z 5)*

...

Ende der Pflichtversicherung

§ **11.** (1) Die Pflichtversicherung der im § 10 Abs. 1 bezeichneten Personen erlischt, soweit in den Abs. 2 bis 6 nichts anderes bestimmt wird, mit dem Ende des Beschäftigungs-, Lehr- oder Ausbildungsverhältnisses. Fällt jedoch der Zeitpunkt, an dem der Anspruch auf Entgelt endet, nicht mit dem Zeitpunkt des Endes des Beschäftigungsverhältnisses zusammen, so erlischt die Pflichtversicherung mit dem Ende des Entgeltsanspruches. *(BGBl. Nr. 13/1962 Art. I Z 8a)*

...

§ **12.** ...

(4) Die Pflichtversicherung der in § 10 Abs. 2 bezeichneten Personen endet mit Letzten des Kalendermonats, in dem die die Pflichtversicherung begründende Tätigkeit aufgegeben wird. ... *(BGBl. Nr. 201/1996 Art. 34 Z 9)*

...

b) Pensionsversicherung der Angestellten

§ **14.** (1) Zur Pensionsversicherung der Angestellten gehören die in der Pensionsversicherung pflichtversicherten Personen hinsichtlich jener Beschäftigungen, die nicht die Zugehörigkeit zur knappschaftlichen Pensionsversicherung nach § 15 begründen,

...

13. wenn sie nach § 8 Abs. 1 Z 2 lit. i als zur Fremdsprachenassistenz bestellte Personen versichert sind; *(BGBl. I Nr. 83/2009, Art. 1 Z 12 idF BGBl. I Nr. 138/2013, Art. 10 Z 3)*

...

3. UNTERABSCHNITT
Freiwillige Versicherung

Selbstversicherung in der Krankenversicherung

§ **16.** (1) Personen, die nicht in einer gesetzlichen Krankenversicherung pflichtversichert sind, können sich, solange ihr Wohnsitz im Inland gelegen ist, in der Krankenversicherung auf Antrag selbstversichern.

(2) Abs.1 gilt für

1. ordentliche Studierende an einer Lehranstalt oder eines Fachhochschul-Studienganges im Sinne des § 3 Abs. 1 Z 1 bis 7 des Studienförderungsgesetzes 1992, die im Rahmen des für die betreffende Studienart vorgeschriebenen normalen Studienganges inskribiert (zum Studium zugelassen) sind,
2. Personen, die im Hinblick auf das Fehlen der Gleichwertigkeit ihres Reifezeugnisses Lehrveranstaltungen, Hochschulkurse oder Hochschullehrgänge, die der Vorbereitung auf das Hochschulstudium dienen, besuchen,
3. Personen, die zur Studienberechtigungsprüfung im Sinne des Studienberechtigungsgesetzes zugelassen sind oder sich auf Prüfungen zwecks Zulassung zu einem Fachhochschul-Studiengang vorbereiten und die zwecks Vorbereitung auf diese Prüfungen Kurse bzw. Lehrgänge an Universitäten, Hochschulen, Einrichtungen der Erwachsenenbildung, privaten Werkmeisterschulen mit Öffentlichkeitsrecht, Einrichtungen, die Fachhochschul-Studiengänge durchführen, oder staatlich organisierte Lehrgänge besuchen, sowie
4. Hörer (Lehrgangsteilnehmer) der Diplomatischen Akademie in Wien mit der Maßgabe, daß an die Stelle des Wohnsitzes im Inland der gewöhnliche Aufenthalt im Inland tritt; zum Studien(Lehr)gang zählt auch ein angemessener Zeitraum für die Vorbereitung auf die Ablegung der entsprechenden Abschlußprüfungen und auf die Erwerbung eines akademischen Grades.

...

(6) Die Selbstversicherung endet außer mit dem Wegfall der Voraussetzungen

1. mit dem Ende des Kalendermonates, in dem der Versicherte seinen Austritt erklärt hat;
2. wenn die für zwei Kalendermonate fällig gewordenen Beiträge nicht entrichtet sind, mit dem Ende des zweiten Kalendermonates für den ein Beitragsrückstand besteht; bei der Feststellung des Beitragsrückstandes sind die entrichteten Beiträge ohne Rücksicht auf eine vom Beitragszahler vorgenommene Widmung auf die zurückliegenden Kalendermonate in der Reihenfolge der Fälligkeit (§ 78) anzurechnen;
3. bei den im Abs. 2 bezeichneten Personen mit dem Ablauf des dritten Kalendermonates nach dem Ende des Studien(Schul)jahres (§ 6 des Universitäts-Studiengesetzes bzw. §§ 2 und 5 des Schulzeitgesetzes), in dem der ordentliche Studierende (Hörer) letztmalig inskribiert war bzw. einen Lehrgang oder Kurs der Diplomatischen Akademie besucht hat oder in dem die Zulassung zum Studium erloschen ist oder nach dem Verstreichen des letzten Prüfungstermines.

...

ABSCHNITT III

Versicherungsträger und ihre Zuständigkeit; Dachverband der Sozialversicherungsträger

(BGBl. I Nr. 100/2018, Art. 1 Z 27)

1. UNTERABSCHNITT

Träger der Versicherung und ihre Aufgaben

(BGBl. I Nr. 100/2018, Art. 1 Z 28)

Träger der Krankenversicherung

§ 23. (1) Träger der Krankenversicherung nach diesem Bundesgesetz für das ganze Bundesgebiet ist die Österreichische Gesundheitskasse mit dem Sitz in Wien.

(2) Der Träger der Krankenversicherung nach Abs. 1 führt die Krankenversicherung nach den Bestimmungen dieses Bundesgesetzes durch und wirkt an der Durchführung der Unfallversicherung und der Pensionsversicherung nach diesem Bundesgesetz mit. ...

...

(BGBl. I Nr. 100/2018, Art. 1 Z 28)

Träger der Unfallversicherung

§ 24. (1) Träger der Unfallversicherung nach diesem Bundesgesetz sind für das ganze Bundesgebiet im Rahmen ihrer im § 28 bezeichneten sachlichen Zuständigkeit:

1. die Allgemeine Unfallversicherungsanstalt mit dem Sitz in Wien;

...

(BGBl. I Nr. 100/2018, Art. 1 Z 28)

2. UNTERABSCHNITT

Zuständigkeit der Versicherungsträger

(BGBl. I Nr. 100/2018, Art. 1 Z 28)

...

Sachliche Zuständigkeit der Träger der Unfallversicherung

§ 28. Zur Durchführung der Unfallversicherung sind sachlich zuständig:

1. die Allgemeine Unfallversicherungsanstalt, soweit nicht der unter Z 2 genannte Versicherungsträger zuständig ist;[2])

...

(BGBl. I Nr. 100/2018, Art. 1 Z 28)

...

[2]) Z 2 betrifft die Sozialversicherungsanstalt der Selbständigen.

ABSCHNITT IV
Meldungen und Auskunftspflicht

An- und Abmeldung der Pflichtversicherten

§ 33. (1) Die Dienstgeber haben jede von ihnen beschäftigte, nach diesem Bundesgesetz in der Krankenversicherung pflichtversicherte Person (Vollversicherte und Teilversicherte) vor Arbeitsantritt beim zuständigen Krankenversicherungsträger anzumelden und binnen sieben Tagen nach dem Ende der Pflichtversicherung abzumelden. Die An(Ab)meldung durch den Dienstgeber wirkt auch für den Bereich der Unfall- und Pensionsversicherung, soweit die beschäftigte Person in diesen Versicherungen pflichtversichert ist. *(BGBl. I Nr. 31/2007, Art. 1 Teil 2 Z 2)*

(1a) Der Dienstgeber hat die Anmeldeverpflichtung so zu erfüllen, dass er in zwei Schritten meldet, und zwar

1. vor Arbeitsantritt die Beitragskontonummer, die Namen und Versicherungsnummern bzw. die Geburtsdaten der beschäftigten Personen, den Tag der Beschäftigungsaufnahme sowie das Vorliegen einer Voll- oder Teilversicherung und
2. die noch fehlenden Angaben mit der monatlichen Beitragsgrundlagenmeldung für jenen Beitragszeitraum, in dem die Beschäftigung aufgenommen wurde.

(BGBl. I Nr. 79/2015, Art. 1 Z 3)

...

(2) Abs. 1 gilt für die nur in der Unfall- und Pensionsversicherung ... mit der Maßgabe, daß die Meldungen beim Träger der Krankenversicherung, der beim Bestehen einer Krankenversicherung nach diesem Bundesgesetz für sie sachlich und örtlich zuständig wäre, zu erstatten sind. *(BGBl. Nr. 335/1993 Art. I Z 9)*

(3) Für Personen, die in unregelmäßiger Folge tageweise beim selben Dienstgeber beschäftigt werden und deren Beschäftigung kürzer als eine Woche vereinbart ist (fallweise beschäftigte Personen), kann der Krankenversicherungsträger in der Satzung bestimmen, dass die Frist für die Anmeldung sowie die Abmeldung hinsichtlich der innerhalb des Kalendermonates liegenden Beschäftigungstage spätestens mit dem Ersten des nächstfolgenden Kalendermonates beginnt, wenn dies der Verwaltungsvereinfachung dient. *(BGBl. I Nr. 79/2015, Art. 1 Z 4)*

Meldung von Änderungen und der monatlichen Beitragsgrundlagen

§ 34. (1) Die Dienstgeber haben während des Bestandes der Pflichtversicherung jede für diese Versicherung bedeutsame Änderung, die nicht von der Meldung nach Abs. 2 umfasst ist, innerhalb von sieben Tagen dem zuständigen Krankenversicherungsträger zu melden. Jedenfalls zu melden ist der Wechsel des Abfertigungssystems nach § 47 des Betrieblichen Mitarbeiter- und Selbständigenvorsorgegesetzes (BMSVG), BGBl. I Nr. 100/2002, oder nach vergleichbaren österreichischen Rechtsvorschriften.

...

(BGBl. I Nr. 79/2015, Art. 1 Z 5)

Dienstgeber
(BGBl. Nr. 201/1996 Art. 34 Z 18 idF BGBl. I Nr. 139/1997 Art 7 Z 38)

§ 35. (1) Als Dienstgeber im Sinne dieses Bundesgesetzes gilt derjenige, für dessen Rechnung der Betrieb (die Verwaltung, die Hauswirtschaft, die Tätigkeit) geführt wird, in dem der Dienstnehmer (Lehrling) in einem Beschäftigungs(Lehr)verhältnis steht, ...

(2) Bei den nach § 4 Abs. 1 Z ... 5 Pflichtversicherten ... gilt der Träger der Einrichtung, in der die Ausbildung ... erfolgt, ... als Dienstgeber. ... Bei der Überlassung von Arbeitskräften innerhalb eines Zusammenschlusses rechtlich selbständiger Unternehmen unter einheitlicher Leitung insbesondere zur Übernahme einer Organfunktion gilt der/die Beschäftiger/in nicht als Dienstgeber/in; dies gilt sinngemäß auch für Körperschaften des öffentlichen Rechts. *(BGBl. Nr. 684/1978, Art. I Z 20 idF BGBl. I Nr. 102/2010, Art. 1 Z 8 und BGBl. I Nr. 8/2019, Z 1a)*

...

Sonstige meldepflichtige Personen (Stellen)

§ 36. (1) Die in den §§ 33 und 34 bezeichneten Pflichten obliegen:

1. für die in einem Ausbildungsverhältnis stehenden Pflichtversicherten (§ 4 Abs. 1 Z ... 5) dem Träger der Einrichtung, in der die Ausbildung erfolgt; *(BGBl. Nr. 189/1955 idF BGBl. Nr. 201/1967 Art. II Z 6a)*

...

18. für die nach § 8 Abs. 1 Z 2 lit. i pflichtversicherten Fremdsprachenassistentinnen und Fremdsprachenassistenten dem Bundesministerium für Unterricht, Kunst und Kultur; *(BGBl. I Nr. 83/2009, Art. 1 Z 16 idF BGBl. I Nr. 138/2013, Art. 10 Z 6)*

...

ABSCHNITT V
Mittel der Sozialversicherung

1. UNTERABSCHNITT
Beiträge zur Pflichtversicherung auf Grund des Arbeitsverdienstes (Erwerbseinkommens)

Allgemeine Beitragsgrundlage, Entgelt

§ 44. (1) Grundlage für die Bemessung der allgemeinen Beiträge (allgemeine Beitragsgrundlage) ist für Pflichtversicherte, sofern im folgenden nichts anderes bestimmt wird, der im Beitragszeitraum gebührende auf Cent gerundete Arbeitsverdienst mit Ausnahme allfälliger Sonderzahlungen nach § 49 Abs. 2. Als Arbeitsverdienst in diesem Sinne gilt: *(BGBl. Nr. 189/1955 idF BGBl. Nr. 31/1973 Art. I Z 26a und BGBl. I Nr. 67/2001, Art. 1 Z 5)*

1. bei den pflichtversicherten Dienstnehmern und Lehrlingen ... das Entgelt im Sinne des § 49 Abs. 1, 3, 4 und 6; *(BGBl. Nr. 411/1996 Art. I Z 54)*
2. bei den in einem Ausbildungsverhältnis stehenden Pflichtversicherten (§ 4 Abs. 1 Z ... 5), ... die Bezüge, die der Versicherte vom Träger der Einrichtung, in der die Ausbildung erfolgt, ... erhält; *(BGBl. Nr. 684/1978 Art. I Z 21 idF BGBl. Nr. 294/1990 Art I Z 13 und BGBl. I Nr. 132/2005, Art. 1 Z 17)*

...

5. bei den nach § 8 Abs. 1 Z 2 lit. i pflichtversicherten Personen der nach § 3a Abs. 5 des Lehrbeauftragtengesetzes gebührende Beitrag; *(BGBl. I Nr. 83/2009, Art. 1 Z 18)*

...

(4) Zur allgemeinen Beitragsgrundlage gehören bei den in einem Ausbildungsverhältnis stehenden Pflichtversicherten (§ 4 Abs. 1 Z ... 5) ... nicht Bezüge im Sinne des § 49 Abs. 3 und 4. (*BGBl. Nr. 764/1996 Art. I Z 1b)*

...

(6) Als täglicher Arbeitsverdienst ist anzunehmen:

...

c) bei Pflichtversicherten, die kein Entgelt oder keine Bezüge der im Abs. 1 Z 2 bezeichneten Art erhalten, der Betrag von 32,54 €. *(BGBl. Nr. 484/1984 Art. I Z 4a idF BGBl. I Nr. 142/2000, Art. 66 Z 6, BGBl. I Nr. 67/2001, Art. 1 Z 8; Wertanpassungen gemäß der Kundmachungen BGBl. II Nr. 475/2001, 479/2002, 611/2003, 531/2004, 446/2005, 532/2006, 359/2007, 289/2008, 346/2008, 450/2009, 403/2010, 398/2011, 441/2012, 434/2013, 288/2014, 417/2015, 391/2016, 339/2017, 329/2018, 348/2019, 576/2020, 590/2021, 459/2022, 407/2023)*

An Stelle dieser Beträge treten ab Beginn eines jeden Beitragsjahres (§ 242 Abs. 6) die unter Bedachtnahme auf § 108 Abs. 6 mit der jeweiligen Aufwertungszahl (§ 108a Abs. 1) vervielfachten Beträge. *(BGBl. Nr. 189/1955 idF BGBl. I Nr. 142/2004, Art. 2 Z 20)*

...

Entgelt

§ 49. (1) Unter Entgelt sind die Geld- und Sachbezüge zu verstehen, auf die der pflichtversicherte Dienstnehmer (Lehrling) aus dem Dienst(Lehr)verhältnis Anspruch hat oder die er darüber hinaus auf Grund des Dienst(Lehr)verhältnisses vom Dienstgeber oder von einem Dritten erhält. *(BGBl. I Nr. 139/1997 Art. 7 Z 59)*

...

(3) Als Entgelt im Sinne des Abs. 1 und 2 gelten nicht:

1. Vergütungen des Dienstgebers an den Dienstnehmer (Lehrling), durch welche die durch dienstliche Verrichtungen für den veranlaßten Aufwendungen des Dienstnehmers abgegolten werden (Auslagenersatz); hiezu gehören insbesondere Beträge, die den Dienstnehmern (Lehrlingen) als Fahrtkostenvergütungen einschließlich der Vergütungen für Wochenend(Familien)heimfahrten, Tages- und Nächtigungsgelder gezahlt werden, soweit sie nach § 26 des Einkommensteuergesetzes 1988, BGBl. Nr. 400, nicht der Einkommensteuer(Lohnsteuer)pflicht unterliegen. ... Unter Tages- und Nächtigungsgelder fallen auch ...; *(BGBl. Nr. 660/1989 Abschnitt VIII Art. I Z 1 idF BGBl. I Nr. 130/2006, Art. 1 Z 2)*

...

7. Vergütungen, die aus Anlaß der Beendigung des Dienst(Lehr)verhältnisses gewährt werden, wie zum Beispiel Abfertigungen, Abgangsentschädigungen, Übergangsgelder; *(BGBl. Nr. 67/1967 Art. I Z 5a idF BGBl. Nr. 201/1996, Art. 34 Z 28)*

...

22. das Teilentgelt, das Lehrlingen vom Lehrherrn nach § 17a des Berufsausbildungsgesetzes, BGBl. Nr. 142/1969, in der Fassung des Art. IV Z 2 des Entgeltfortzahlungsgesetzes, BGBl. Nr. 399/1974, zu leisten ist; *(BGBl. Nr. 775/1974, Art. I Z 11e)*

...

31. der Wert der digitalen Arbeitsmittel, die Dienstgeber/innen ihren Dienstnehmer/inne/n für die berufliche Tätigkeit unentgeltlich überlassen, und ein Telearbeits-

pauschale[3]) *Homeoffice-Pauschale*, wenn und soweit dieses nach § 26 Z 9 lit. a EStG 1988 nicht zu den Einkünften aus nichtselbständiger Arbeit gehört. *(BGBl. I Nr. 61/2021, Art. 5 Z 1 idF BGBl. I Nr. 110/2024, Art. 5 Z 1)*

...

(4) Der Dachverband kann, wenn dies zur Wahrung einer einheitlichen Beurteilung der Beitragspflicht bzw. Beitragsfreiheitvon Bezügen dient, nach Anhörung der Interessenvertretungen der Dienstnehmer und Dienstgeber feststellen, ob und inwieweit Bezüge im Sinne des Abs. 3 Z 1 ... nicht als Entgelt im Sinne des Abs. 1 gelten. Die Feststellung hat auch das Ausmaß (Höchstausmaß) der Bezüge bzw. Bezugsteile zu enthalten, das nicht als Entgelt im Sinne des Abs. 1 gilt. Derartige Feststellungen sind im Internet zu verlautbaren und für alle Sozialversicherungsträger und Behörden verbindlich. Die Feststellungen sind rückwirkend ab dem Wirksamkeitsbeginn der zugrundeliegenden Regelungen im Sinne des Abs. 3 vorzunehmen. *(BGBl. Nr. 31/1973 Art. I Z 30d idF BGBl. Nr. 111/1986, Art. I Z 15f, BGBl. Nr. 660/1989 Abschnitt VIII Art. I Z 6, 7 und 8, BGBl. I Nr. 99/2001, Z 22 sowie BGBl. I Nr. 100/2018, Z 17)*

...

Allgemeine Beiträge für Teilversicherte

§ 52. ...

(4) Die Beiträge für Teilversicherte nach § 8 Abs. 1 Z 2 sind mit 22,8% der Beitragsgrundlage (§ 44 Abs. 1 Z 11 bis 19a) zu bemessen. Diese Beiträge sind zu tragen

...

5. für Teilversicherte nach § 8 Abs. 1 Z 2 lit. i wie in § 51 Abs. 3 Z 2, wobei als Dienstgeber das Bundesministerium für Unterricht, Kunst und Kultur gilt; *(BGBl. I Nr. 83/2009, Art. 1 Z 23 idF BGBl. I Nr. 138/2013, Art. 10 Z 10 und 11)*

...

2. UNTERABSCHNITT
Sonstige Beiträge zur Pflichtversicherung

...

Beiträge für Teilversicherte in der Unfallversicherung

§ 74. ...

(5) Als Beitrag für die gemäß § 8 Abs. 1 Z 3 lit. h und i teilversicherten Personen hat die Allgemeine Unfallversicherungsanstalt zuzüglich zu dem aus Mitteln des Familienlastenausgleichsfonds zu leistenden Beitrag jährlich den Betrag bereitzustellen, der zur Deckung des Aufwandes der Unfallversicherung für diese Personen notwendig ist. *(BGBl. Nr. 484/1984 Art. I Z 9b)*

...

ABSCHNITT Via
Aufwertung und Anpassung in der Sozialversicherung

...

2. UNTERABSCHNITT
Durchführung

...

Festsetzung des Anpassungsfaktors

§ 108f. (1) Der Bundesminister für soziale Sicherheit, Generationen und Konsumentenschutz hat für jedes Kalenderjahr den Anpassungsfaktor unter Bedachtnahme auf den Richtwert festzusetzen.[4]) *(BGBl. I Nr. 142/2004, Art. 2 Z 49 idF BGBl. I Nr. 29/2017, Art. 1 Z 8)*

(2) Der Richtwert ist so festzusetzen, dass die Erhöhung der Pensionen auf Grund der Anpassung mit dem Richtwert der Erhöhung der Verbraucherpreise nach Abs. 3 entspricht. Er ist auf drei Dezimalstellen zu runden.

(3) Die Erhöhung der Verbraucherpreise ist auf Grund der durchschnittlichen Erhöhung in zwölf Kalendermonaten bis zum Juli des Jahres, das dem Anpassungsjahr vorangeht, zu ermitteln, wobei der Verbraucherpreisindex 2000 oder ein an seine Stelle tretender Index heranzuziehen ist. Dazu ist das arithmetische Mittel der für den Berechnungszeitraum von der Statistik Austria veröffentlichten Jahresinflationsraten zu bilden.

(BGBl. I Nr. 142/2004, Art. 2 Z 49)

...

DRITTER TEIL
Unfallversicherung

ABSCHNITT I
Gemeinsame Bestimmungen

Aufgaben

§ 172. (1) Die Unfallversicherung trifft Vorsorge für die Verhütung von Arbeitsunfäl-

---

[3]) Der grau unterlegte Text tritt gemäß § 806 mit 1. Jänner 2025 an die Stelle des nachstehenden *kursiv gedruckten Textes*.

[4]) Festsetzung des Anpassungsfaktors mit den Verordnungen BGBl. II Nr. 341/2016, BGBl. II Nr. 327/2017, BGBl. II Nr. 382/2018, BGBl. II Nr. 308/2019, BGBl. II Nr. 481/2020, BGBl. II Nr. 485/2021, BGBl. II Nr. 371/2022 und BGBl. II Nr. 309/2023 (für das Kalenderjahr 2024: „Unter Bedachtnahme auf den Richtwert nach § 108f Abs. 2 und 3 ASVG wird der Anpassungsfaktor für das Jahr 2024 mit 1,097 festgesetzt.".

len und Berufskrankheiten, für die erste Hilfeleistung bei Arbeitsunfällen sowie für die Unfallheilbehandlung, die Rehabilitation von Versehrten und die Entschädigung nach Arbeitsunfällen und Berufskrankheiten. ... *(BGBl. Nr. 704/1976 Art. III Z 1)*

(2) Die Rehabilitation umfaßt die im Rahmen der Unfallheilbehandlung vorgesehenen medizinischen Maßnahmen, berufliche Maßnahmen und, soweit dies zu ihrer Ergänzung erforderlich ist, soziale Maßnahmen mit dem ziel, Versehrte bis zu einem solchen Grad ihrer Leistungsfähigkeit wiederherzustellen, der sie in die Lage versetzt, im beruflichen und wirtschaftlichen Leben und in der Gemeinschaft einen ihnen angemessenen Platz möglichst dauernd einnehmen zu können. *(BGBl. Nr. 704/1976 Art. III Z 1)*

Leistungen

§ 173. Als Leistungen der Unfallversicherung werden nach Maßgabe der Bestimmungen dieses Bundesgesetzes gewährt:

1. im Falle einer durch einen Arbeitsunfall oder eine Berufskrankheit verursachten körperlichen Schädigung des Versicherten:
   a) Unfallheilbehandlung (§§ 189 bis 194 und 197);
   b) Familien- und Taggeld sowie besondere Unterstützung (§§ 195, 196);
   c) berufliche und soziale Maßnahmen der Rehabilitation (§§ 198 bis 201); *(BGBl. Nr. 704/1976 Art. III Z 2a)*
   d) Beistellung von Körperersatzstücken, orthopädischen Behelfen und anderen Hilfsmitteln (§ 202);
   e) Versehrtenrente (§§ 203 bis 205a, 207 bis 210); *(BGBl. Nr. 110/1993 2. Teil Art. I Z 18)*
   f) Übergangsrente und Übergangsbetrag (§ 211); *(BGBl. Nr. 704/1976 Art. III Z 2c)*
   g) Versehrtengeld (§ 212);
   h) Witwen(Witwer)beihilfe (§ 213); *(BGBl. Nr. 282/1981 Art. I Z 7)*
   i) Integritätsabgeltung (§ 213a); *(BGBl. Nr. 642/1989 Art. III Z 2)*
2. im Falle des durch einen Arbeitsunfall oder eine Berufskrankheit verursachten Todes des Versicherten:
   a) Teilersatz der Bestattungskosten (§ 214); *(BGBl. Nr. 609/1987 Art. III Z 1)*
   b) Hinterbliebenenrenten (§§ 215 bis 220);
3. im Falle einer durch eine Krankheit oder einen Unfall verursachten Arbeitsverhinderung des/der Versicherten: Zuschüsse zur teilweisen Vergütung des Aufwandes für die Entgeltfortzahlung nach § 53b.

(BGBl. I Nr. 171/2004, Art. 1 Teil 2 Z 9)

Eintritt des Versicherungsfalles

§ 174. Der Versicherungsfall gilt als eingetreten:

1. bei Arbeitsunfällen mit dem Unfallereignis;

...

Arbeitsunfall

§ 175. (1) Arbeitsunfälle sind Unfälle, die sich im örtlichen, zeitlichen und ursächlichen Zusammenhang mit der die Versicherung begründenden Beschäftigung ereignen.

(1a)[5] Arbeitsunfälle sind auch Unfälle, die sich im zeitlichen und ursächlichen Zusammenhang mit der die Versicherung begründenden Beschäftigung bei Telearbeit im engeren Sinn oder bei Telearbeit im weiteren Sinn ereignen.

1. Als Örtlichkeiten von Telearbeit im engeren Sinn gelten:
   a) eine Wohnung, an der ein Haupt- oder Nebenwohnsitz des/der Versicherten besteht (Homeoffice),
   b) eine Wohnung eines/einer nahen Angehörigen des/der Versicherten; nahe Angehörige sind Verwandte der ersten, zweiten und dritten Parentel sowie der/die Ehegatte/Ehegattin oder der/die eingetragene Partner/Partnerin, Schwieger-, Wahl- und Stiefeltern, Lebensgefährten/Lebensgefährtinnen sowie deren Eltern und Kinder, Schwieger-, Wahl- und Stiefkinder,
   c) Räumlichkeiten eines Coworking-Spaces; das sind organisatorisch eingerichtete, vom/von der Versicherten angemietete Büroräumlichkeiten.

   Wohnungen und Räumlichkeiten nach lit. b und c gelten nur als Örtlichkeiten von Telearbeit im engeren Sinn, sofern sich diese in der Nähe zur Wohnung nach lit. a oder Arbeitsstätte befinden oder die Entfernung von der Wohnung nach lit. a zu Wohnungen und Räumlichkeiten nach lit. b und c dem sonst üblichen Arbeitsweg entspricht.
2. Als Örtlichkeiten von Telearbeit im weiteren Sinn gelten alle von der Z 1 verschiedenen Örtlichkeiten, an denen Telearbeit ausgeübt wird und die vom/von der Versicherten selbst gewählt werden.

(BGBl. I Nr. 110/2024, Art. 5 Z 2)

---

[5]) Der grau unterlegte Abs. 1a tritt gemäß § 806 mit 1. Jänner 2025 in Kraft.

(1a)[6]*) Arbeitsunfälle sind auch Unfälle, die sich im zeitlichen und ursächlichen Zusammenhang mit der die Versicherung begründenden Beschäftigung in der Wohnung (Homeoffice) ereignen. (BGBl. I Nr. 61/2021, Art. 5 Z 3)*

(1b)[7]) Örtlichkeiten im Sinne des Abs. 1a Z 1 gelten für den Anwendungsbereich dieses Bundesgesetzes als Arbeitsstätte im Sinne des Abs. 2 Z 1 und 2 sowie 5 bis 10. Für Örtlichkeiten im Sinne des Abs. 1a Z 2 ist Abs. 2 nicht anzuwenden. *(BGBl. I Nr. 110/2024, Art. 5 Z 2)*

(1b)[8]*) Die Wohnung nach Abs. 1a gilt für den Anwendungsbereich dieses Bundesgesetzes als Arbeitsstätte im Sinne des Abs. 2 Z 1 und 2 sowie 5 bis 8 und 10. (BGBl. I Nr. 61/2021, Art. 5 Z 3)*

(2) Arbeitsunfälle sind auch Unfälle, die sich ereignen:

1. auf einem mit der Beschäftigung nach Abs. 1 zusammenhängenden Weg zur oder von der Arbeits- oder Ausbildungsstätte; hat der Versicherte wegen der Entfernung seines ständigen Aufenthaltsortes von der Arbeits(Ausbildungs)stätte auf dieser oder in ihrer Nähe eine Unterkunft, so wird die Versicherung des Weges von oder nach dem ständigen Aufenthaltsort nicht ausgeschlossen;
2. auf einem Weg von der Arbeits- oder Ausbildungsstätte oder der Wohnung zu einer Untersuchungs- oder Behandlungsstelle (wie freiberuflich tätiger Arzt, Ambulatorium, Krankenanstalt) zur Inanspruchnahme ärztlicher Hilfe (§ 135), Zahnbehandlung (§ 153) oder der Durchführung einer Vorsorge(Gesunden)untersuchung (§ 132b) und anschließend auf dem Weg zurück zur Arbeits(Ausbildungs)stätte oder zur Wohnung, sofern dem Dienstgeber oder einer sonst zur Entgegennahme von solchen Mitteilungen befugten Person der Arztbesuch vor Antritt des Weges bekanntgegeben wurde, ferner auf dem Weg von der Arbeits- oder Ausbildungsstätte oder von der Wohnung zu einer Untersuchungsstelle, wenn sich der Versicherte der Untersuchung auf Grund einer gesetzlichen Vorschrift oder einer Anordnung des Versicherungsträgers oder des Dienstgebers unterziehen muß und anschließend auf dem Weg zurück zur Arbeits(Ausbildungs)stätte oder zur Wohnung; *(BGBl. Nr. 676/1991 Art. III Z 1 idF BGBl. I Nr. 173/1999)*
3. bei häuslichen oder anderen Tätigkeiten, zu denen der Versicherte durch den Dienstgeber oder dessen Beauftragten herangezogen wird;
4. bei häuslichen und anderen Tätigkeiten des Versicherten im Zusammenhang mit der Gewinnung und Verarbeitung von Produkten, die ihm vom Dienstgeber als Sachbezüge gewährt werden; *(BGBl. Nr. 31/1973 Art. III Z 4a)*
5. bei einer mit der Beschäftigung zusammenhängenden Verwahrung, Beförderung, Instandhaltung und Erneuerung des Arbeitsgerätes, auch wenn dieses vom Versicherten beigestellt wird; *(BGBl. Nr. 189/1955 idF BGBl. Nr. 31/1973 Art. III Z 4a)*
6. bei einer mit der Beschäftigung zusammenhängenden Inanspruchnahme von gesetzlichen beruflichen Vertretungen oder Berufsvereinigungen; *(BGBl. Nr. 31/1973 Art. III Z 3b und 4a)*
7. auf einem Weg von der Arbeits- oder Ausbildungsstätte, den der Versicherte zurücklegt, um während der Arbeitszeit, einschließlich der in der Arbeitszeit liegenden gesetzlichen sowie kollektivvertraglich oder betrieblich vereinbarten Arbeitspausen, in der Nähe der Arbeits- oder Ausbildungsstätte oder in seiner Wohnung lebenswichtige persönliche Bedürfnisse zu befriedigen, anschließend auf dem Weg zurück zur Arbeits- oder Ausbildungsstätte sowie bei dieser Befriedigung der lebensnotwendigen Bedürfnisse, sofern sie in der Nähe der Arbeits- oder Ausbildungsstätte, jedoch außerhalb der Wohnung des Versicherten erfolgt; *(BGBl. Nr. 530/1979 Art. III Z 1)*
8. auf einem mit der unbaren Überweisung des Entgelts zusammenhängenden Weg von der Arbeits- oder Ausbildungsstätte oder der Wohnung zu einem Geldinstitut zum Zweck der Behebung des Entgelts und anschließend auf dem Weg zurück zur Arbeits- oder Ausbildungsstätte oder zur Wohnung; *(BGBl. Nr. 704/1976 Art. I Z 3b)*
9. auf einem Weg zur oder von der Arbeits- oder Ausbildungsstätte, der im Rahmen einer Fahrgemeinschaft von Betriebsangehörigen oder Versicherten zurückgelegt worden ist, die sich auf einem in der Z 1 genannten Weg befinden; *(BGBl. Nr. 704/1976 Art. I Z 3b)*
10. auf einem Weg eines (einer) Versicherten zur oder von der Arbeits- oder Ausbildungsstätte (Z 1) mit dem Zweck, ein

[6]) *Der kursiv gedruckte Abs. 1a* ist gemäß § 806 bis Ablauf des 31. Dezember 2024 in Kraft.

[7]) Der grau unterlegte Abs. 1b tritt gemäß § 806 mit 1. Jänner 2025 in Kraft.

[8]) *Der kursiv gedruckte Abs. 1b* ist gemäß § 806 bis Ablauf des 31. Dezember 2024 in Kraft.

Kind zu einer Kinderbetreuungseinrichtung, zur Tagesbetreuung, in fremde Obhut oder zu einer Schule zu bringen oder von dort abzuholen, sofern ihm/ihr für das Kind eine Aufsichtspflicht zukommt. *(BGBl. I Nr. 123/2012 Art. I Z 16)*

...

(4) In der Unfallversicherung nach § 8 Abs. 1 Z 3 lit. h, i und l sind Arbeitsunfälle Unfälle, die sich im örtlichen, zeitlichen und ursächlichen Zusammenhang mit der die Versicherung begründenden Schul(Universitäts)-ausbildung oder dem die Versicherung begründenden Besuch einer institutionellen Kinderbetreuungseinrichtung ereignen. Abs. 2 Z 1, 2, 5, 6, 7 und 9 sowie Abs. 6 sind entsprechend anzuwenden. *(BGBl. I Nr. 61/2010, Art. 4 Z 12a)*

(5) In der Unfallversicherung gemäß § 8 Abs. 1 Z 3 lit. h und i gelten als Arbeitsunfälle auch Unfälle, die sich ereignen:

1. bei der Teilnahme an Schulveranstaltungen, schulbezogenen Veranstaltungen sowie individuellen Berufs(bildungs)orientierungen nach den §§ 13, 13a und 13b des Schulunterrichtsgesetzes, BGBl. Nr. 472/1986; *(BGBl. I Nr. 171/2004, Art. 1 Teil 2 Z 9a)*
2. bei der Ausübung einer im Rahmen des Lehrplanes bzw. der Studienordnung vorgeschriebenen oder üblichen praktischen Tätigkeit; *(BGBl. Nr. 704/1976 Art. III Z 3c idF BGBl. I Nr. 71/2005, Art. 1 Z 20)*
3. bei der Absolvierung einer individuellen Berufsorientierung ohne Eingliederung in den Arbeitsprozess im Ausmaß von höchstens 15 Tagen pro Betrieb und Kalenderjahr außerhalb der Unterrichtszeiten und der im § 13b SchUG geregelten Veranstaltungen, sofern es sich um Schüler/Schülerinnen im oder nach dem achten Schuljahr handelt und von der/dem Erziehungsberechtigten eine Zustimmung vorliegt. *(BGBl. I Nr. 102/2010, Art. 1 Z 17)*

(6) Verbotswidriges Handeln schließt die Annahme eines Arbeitsunfalles nicht aus. *(BGBl. Nr. 189/1955 idF BGBl. Nr. 704/1976 Art. III Z 3c)*

Arbeitsunfällen gleichgestellte Unfälle

§ 176. (1) Den Arbeitsunfällen sind Unfälle gleichgestellt, die sich bei nachstehenden Tätigkeiten ereignen:

...

10. in Ausübung der den mit der Sicherung des Schulweges betrauten Personen im Sinne des § 97a der Straßenverkehrsordnung 1960 obliegenden Pflichten; *(BGBl. Nr. 31/1973 Art. III Z 5b idF BGBl. Nr. 585/1980 Art. III Z 2c))*
11. bei Tätigkeiten im Rahmen der Schülermitverwaltung bzw. der Schulgemeinschaftsausschüsse im Sinne der §§ 58, 59, 64 und 65 des Schulunterrichtsgesetzes, BGBl. Nr. 472/1986 sowie im Rahmen der überschulischen Schülervertretung im Sinne des Schülervertretungengesetzes, BGBl. Nr. 284/1990; *(BGBl. Nr. 647/1982 Art. III Z 1 idF BGBl. Nr. 294/1990 Art. III Z 2b und BGBl. I Nr. 131/2006, Art. 1 Z 14)*

...

(3) Den im Sinne des Abs. 1 Z ... 10 ... tätig werden Personen werden die Leistungen der Unfallversicherung aus einem bei dieser Tätigkeit eingetretenen Unfall auch gewährt, wenn sie nicht unfallversichert sind. *(BGBl. Nr. 609/1987 Art. III Z 3e)*

(4) Ein Unfall, der der sich bei der Rettung eines Menschen aus tatsächlicher oder vermuteter Lebensgefahr oder dem Versuch einer solchen Rettung ereignet hat, gilt auch dann als den Arbeitsunfällen gleichgestellt, wenn sich der Unfall im Gebiet eines Nachbarstaates der Republik Österreich ereignet hat und die tätig werdende Person österreichischer Staatsbürger ist, die ihren Wohnsitz im Inland hat. *(BGBl. Nr. 684/1978 Art. III Z 1)*

(5) § 175 Abs. 2 Z 1 und Abs. 6 sind entsprechend anzuwenden. *(BGBl. Nr. 198/1955 idF BGBl. Nr. 684/1978 Art. III Z 1)*

...

Besondere Bemessungsgrundlage für Personen unter 30 Jahren
(BGBl. Nr. 13/1962 Art. III Z 3a)

§ 180. (1) Befand sich der Versicherte zur Zeit des Eintrittes des Versicherungsfalles noch in einer Berufs- oder Schulausbildung, so wird von dem Zeitpunkt ab, in dem die begonnene Ausbildung voraussichtlich abgeschlossen gewesen wäre, die Bemessungsgrundlage jeweils nach der Beitragsgrundlage errechnet, die für Personen gleicher Ausbildung durch Kollektivvertrag festgesetzt ist oder sonst von ihnen in der Regel erreicht wird; hiebei sind solche Erhöhungen der Beitragsgrundlage nicht zu berücksichtigen, die der Versicherte erst nach Vollendung seines 30. Lebensjahres erreicht hätte.

...

Bemessungsgrundlage in der Unfallversicherung gemäß § 8 Abs. 1 Z 3 lit. h, i und l
(BGBl. I Nr. 61/2010, Art. 4 Z 12c)

§ 181b. Für die nach § 8 Abs. 1 Z 3 lit. h, i und l in der Unfallversicherung Teilversicherten gilt als Bemessungsgrundlage für Barleistungen,

a) die nach Vollendung des 15., aber vor Vollendung des 18. Lebensjahres gebühren, ein Betrag von 12 496,28 €;
b) die nach Vollendung des 18., aber vor Vollendung des 24. Lebensjahres gebühren, ein Betrag von 16 663,32 €;
c) die nach Vollendung des 24. Lebensjahres gebühren, ein Betrag von 24 994,50 €.

An die Stelle dieser Beträge treten ab 1. Jänner eines jeden Jahres die unter Bedachtnahme auf § 108 Abs. 6 mit dem jeweiligen Anpassungsfaktor (§ 108f) vervielfachten Beträge. Die Bemessungsgrundlage nach § 180 hat für die nach § 8 Abs. 1 Z 3 lit. h, i und l in der Unfallversicherung Teilversicherten außer Bedacht zu bleiben. *(BGBl. Nr. 704/1976 Art. III Z 71 idF BGBl. Nr. 335/1993 Art. I Z 44, BGBl. I Nr. 67/2001, Art. 1 Z 69 bis 7, BGBl. I Nr. 140/2002 Z 32, BGBl. I Nr. 142/2004, Art. 2 Z 57, BGBl. I Nr. 61/2010, Art. 4 Z 12d; Wertanpassungen gemäß der Kundmachungen BGBl. II Nr. 475/2001, 479/2002, 611/2003, 531/2004, 446/2005, 532/2006, 359/2007, 7/2009, 450/2009, 403/2010, 398/2011, 441/2012, 434/2013, 288/2014, 417/2015, 391/2016, 339/2017, 329/2018, 348/2019, 576/2020, 590/2021, 459/2022, 407/2023)*

...

ABSCHNITT II
Unfallverhütung; Vorsorge für eine erste Hilfeleistung

...

Mittel der Unfallverhütung und der Vorsorge für eine erste Hilfeleistung
(BGBl. Nr. 530/1979 Art. III Z 6a)

§ 186. (1) Mittel der Unfallverhütung und der Vorsorge für eine erste Hilfeleistung sind insbesondere: *(BGBl. Nr. 530/1979 Art. III Z 6b idF BGBl. Nr. 450/1994 Art. II Z 4)*

1. die Werbung für den Gedanken der Unfallverhütung;
2. die Beratung und Schulung der Dienstgeber und Dienstnehmer sowie sonstiger an der Unfallverhütung interessierter Personen und Einrichtungen; *(BGBl. Nr. 31/1973 Art. III Z 6a)*
3. die Zusammenarbeit mit den Betrieben (Anstalten, Einrichtungen, Hochschulen, Schulen und dergleichen) zum Zwecke der Einhaltung der der Unfallverhütung dienenden Vorschriften und Anordnungen; *(BGBl. Nr. 189/1955 idF BGBl. Nr. 588/1981 Art. III Z 3)*
4. die Forschung über die Ursachen der Arbeitsunfälle und Berufskrankheiten und ihre Auswertung für Zwecke der Verhütung;

...

(BGBl. Nr. 450/1994 Art. II Z 4)

Unfallverhütungsdienst

§ 187. (1) Die Träger der Unfallversicherung haben einen Unfallverhütungsdienst einzurichten und die erforderlichen fachkundigen Organe zu bestellen.

(2) Die fachkundigen Organe des Trägers der Unfallversicherung sind berechtigt, die Betriebe (Anstalten, Einrichtungen, Hochschulen, Schulen und dergleichen) zu betreten und zu besichtigen, sowie alle erforderlichen Auskünfte einzuholen. Das Organ hat sich vor Beginn der Betriebsbesichtigung beim Betriebsinhaber oder seinem Beauftragten unter Hinweis auf seinen Auftrag zu melden. Der Betriebsinhaber oder sein Beauftragter ist berechtigt und auf Verlangen des fachkundigen Organes verpflichtet, an der Betriebsbesichtigung teilzunehmen. *(BGBl. Nr. 189/1955 idF BGBl. Nr. 647/1982 Art. III Z 4)*

...

ABSCHNITT III
Leistungen

1. UNTERABSCHNITT
Leistungen im Falle einer körperlichen Schädigung des Versicherten

...

Unfallheilbehandlung für bestimmte Gruppen von Teilversicherten
(BGBl. I Nr. 61/2010, Art. 4 Z 12e)

§ 192. Die ... nach § 8 Abs. 1 Z 3 lit. h, i und l dieses Bundesgesetzes Teilversicherten, ... erhalten die Heilbehandlung gemäß § 191 erst vom Beginn des dritten Monats nach dem Eintritt des Versicherungsfalles an. *(BGBl. Nr. 530/1979 Art. III Z 7 idF BGBl. I Nr. 61/2010, Art. 4 Z 12f)* ...

...

Anspruch auf Versehrtenrente

§ 203. ...

(2) Wegen Arbeitsunfällen der nach § 8 Abs. 1 Z 3 lit. h, i und l in der Unfallversicherung Teilversicherten ... besteht, außer in den Fällen des § 175 Abs. 5 Z 2, nur dann Anspruch auf Versehrtenrente, wenn die dadurch bewirkte Minderung der Erwerbsfähigkeit über drei Monate nach dem Eintritt des Versicherungsfalles hinaus mindestens 50 v.H. be-

trägt; die Versehrtenrente gebührt für die Dauer der Minderung der Erwerbsfähigkeit um mindestens 50 v.H. *(BGBl. Nr. 704/1976 Art. III Z 17 idF BGBl. Nr. 111/1986 Art. III Z 4, BGBl. I Nr. 132/2005, Art. 1 Z 34 und BGBl. I Nr. 61/2010, Art. 4 Z 13a)*

Anfall der Versehrtenrente

§ 204. ...

(4) Bei den in der Unfallversicherung nach § 8 Abs. 1 Z 3 lit. h, i und l Teilversicherten fällt die Versehrtenrente mit dem Zeitpunkt an, in dem der Schulbesuch voraussichtlich abgeschlossen gewesen und der Eintritt in das Erwerbsleben erfolgt wäre. *(BGBl. Nr. 704/1976 Art. III Z 18 idF BGBl. I Nr. 61/2010, Art. 4 Z 13b)*

...

Entschädigung aus mehreren Verischerungsfällen

§ 210. (1) Wird ein versehrter neuerlich durch einen Arbeitsunfall oder eine Berufskrankheit geschädigt und erreicht die Gesamtminderung der Erwerbsfähigkeit aus Versicherungsunfällen nach diesem Bundesgesetz mindestens 20% (bei den nach § 8 Abs. 1 Z 3 lit. h, i und l Teilversicherten, außer in den Fällen des § 175 Abs. 5 Z 2, ferner bei Mitberücksichtigung einer Berufskrankheit im Sinne des § 177 Abs. 2 mindestens 50%), so ist spätestens vom Beginn des dritten Jahres nach dem Eintritt des letzten Versicherungsfalles an eine Gesamtrente festzustellen. ... *(BGBl. I Nr. 99/2001, Z 49 idF BGBl. I Nr. 132/2005, Art. 1 Z 35 und BGBl. I Nr. 61/2010, Art. 4 Z 13c)*

(BGBl. I Nr. 99/2001, Z 49)

...

Versehrtengeld aus der Unfallversicherung

§ 212. ...

(3) Die nach § 8 Abs. 1 Z 3 lit. h, i und l Teilversicherten, außer in den Fällen des § 175 Abs. 5 Z 2, erhalten als einmalige Leistung ein Versehrtengeld, wenn die Folgen eines Arbeitsunfalles oder einer Berufskrankheit über drei Monate nach dem Eintritt des Versicherungsfalles hinaus eine Minderung der Erwerbsfähigkeit von mindestens 20 v.H. verursachen. Dieses Versehrtengeld wird nach dem Grad der nach Abschluß der Heilbehandlung bestehenden Minderung der Erwerbsfähigkeit bemessen und beträgt bei einer Minderung der Erwerbsfähigkeit von

20 v.H. bis unter 30 v.H.	867,52 €,
30 v.H. bis unter 40 v.H.	1 887,05 €,
40 v.H.	3 483,40 €,
und für je weitere 10 v.H.	870,68 €.

An die Stelle dieser Beträge treten ab 1. Jänner eines jeden Jahres, erstmals ab 1. Jänner 1984, die unter Bedachtnahme auf § 108 Abs. 6 mit dem jeweiligen Anpassungsfaktor (§ 108f) vervielfachten Beträge. *(BGBl. Nr. 704/1976 Art. III Z 324 idF BGBl. Nr. 647/1982 Art. III Z 7, BGBl. Nr. 335/1993 Art. I Z 45, BGBl. I Nr. 67/2001, Art. 1 Z 74, BGBl. I Nr. 142/2004, Art. 2 Z 58, BGBl. I Nr. 132/2005, Art. 1 Z 36, BGBl. I Nr. 61/2010, Art. 4 Z 13d; Wertanpassungen gemäß der Kundmachungen BGBl. II Nr. 475/2001, 479/2002, 611/2003, 531/2004, 446/2005, 532/2006, 359/2007, 7/2009, 450/2009, 403/2010, 398/2011, 441/2012, 434/2013, 288/2014, 417/2015, 391/2016, 339/2017, 329/2018, 348/2019, 576/2020, 590/2021, 459/2022, 407/2023)*

...

2. Unterabschnitt

Leistungen im Falle des Todes des Versicherten

...

FÜNFTER TEIL

Beziehungen der Versicherungsträger (des Dachverbandes) zueinander und Ersatzleistungen, Haftung des Dienstgebers bei Arbeitsunfällen

(BGBl. I Nr. 100/2018, Art. 1 Z 96)

...

ABSCHNITT IV

Schadenersatz und Haftung

Übergang von Schadenersatzansprüchen auf die Versicherungsträger

§ 332. (1) Können Personen, denen nach den Bestimmungen dieses Bundesgesetzes Leistungen zustehen oder für die als Angehörige gemäß § 123 Leistungen zu gewähren sind, den Ersatz des Schadens, der ihnen durch den Versicherungsfall erwachsen ist, auf Grund anderer gesetzlicher Vorschriften beanspruchen, geht der Anspruch auf den Versicherungsträger insoweit über, als dieser Leistungen zu erbringen hat. ... *(BGBl. Nr. 642/1989 Art. V Z 1)*

...

(3) Ein Schadenersatzanspruch nach § 333 geht auf den Versicherungsträger nicht über.

...

(5) Der Versicherungsträger kann einen im Sinne der Abs. 1 bis 4 auf ihn übergegangenen Schadenersatzanspruch gegen einen Dienstnehmer, der im Zeitpunkt des Schädigenden Ereignisses in demselben Betrieb wie

der Verletzte oder Getötete beschäftigt war, nur geltend machen, wenn

a) der Dienstnehmer den Versicherungsfall vorsätzlich oder grob fahrlässig verursacht hat oder *(BGBl. Nr. 13/1962 Art. V Z 9)*

...

(6) Abs. 5 gilt entsprechend für Schadenersatzansprüche gegen einen Schüler im Sinne des § 8 Abs. 1 Z 3 lit. h, sofern dieser im Zeitpunkt des Eintrittes des schädigenden Ereignisses dieselbe Schule besucht hat wie der Verletzte oder Getötete. *(BGBl. Nr. 704/1976 Art. V Z 5)*

Einschränkung der Schadenersatzpflicht des Dienstgebers gegenüber dem Dienstnehmer bei Arbeitsunfällen (Berufskrankheiten)

§ **333.** (1) Der Dienstgeber ist dem Versicherten zum Ersatz des Schadens, der diesem durch eine Verletzung am Körper infolge eines Arbeitsunfalles oder durch eine Berufskrankheit entstanden ist, nur verpflichtet, wenn er den Arbeitsunfall (die Berufskrankheit) vorsätzlich verursacht hat. Diese Einschränkung gilt auch gegenüber den Hinterbliebenen des Versicherten, wenn dessen Tod auf die körperliche Verletzung infolge des Arbeitsunfalles oder auf die Berufskrankheit zurückzuführen ist.

(2) Hat der Dienstgeber den Arbeitsunfall (die Berufskrankheit) vorsätzlich verursacht, so vermindert sich der Schadenersatzanspruch des Versicherten oder seiner Hinterbliebenen um die Leistungen aus der gesetzlichen Unfallversicherung.

...

(4) Die Bestimmungen der Abs. 1 und 2 gelten auch für Ersatzansprüche Versicherter und ihrer Hinterbliebenen gegen gesetzliche oder bevollmächtigte Vertreter des Unternehmers und gegen Aufseher im Betrieb. *(BGBl. Nr. 13/1962 Art. V Z 10)*

Haftung des Dienstgebers bei Arbeitsunfällen (Berufskrankheiten) gegenüber den Trägern der Sozialversicherung

§ **334.** (1) Hat der Dienstgeber oder ein ihm gemäß § 333 Abs. 4 Gleichgestellter den Arbeitsunfall oder die Berufskrankheit vorsätzlich oder durch grobe Fahrlässigkeit verursacht, so hat er den Trägern der Sozialversicherung alle nach diesem Bundesgesetz zu gewährenden Leistungen zu ersetzen.

...

(3) Durch ein Mitverschulden des Versicherten wird die Haftung gemäß Abs. 1 weder aufgehoben noch gemindert.

...

Schadenersatzpflicht und Haftung bei juristischen Personen

§ **335.** ...

(3) Bei den in einem Ausbildungsverhältnis stehenden Pflichtversicherten (§ 4 Abs. 1 Z 4, 5 und 8) sowie bei den nach § 8 Abs. 1 Z 3 lit. c, h, i, l und m in der Unfallversicherung Teilversicherten steht für die Anwendung der Abs. 1 und 2 sowie der §§ 333 und 334 der Träger der Einrichtung, in der die Ausbildung, die institutionelle Kinderbetreuung oder Beschäftigungstherapie beziehungsweise die Rehabilitation oder Gesundheitsvorsorge erfolgt, dem Dienstgeber gleich. *(BGBl. I Nr. 102/2010, Art. 1 Z 19)*

...

SIEBENTER TEIL

Verfahren

...

ABSCHNITT II

Verfahren in Leistungssachen

1. UNTERABSCHNITT

Feststellung von Leistungsansprüchen durch die Versicherungsträger

...

Unfallmeldung

(BGBl. I Nr. 145/2003, Art. I Teil 2 Z 31)

§ **363.** ...

(4) Die im § 8 Abs. 1 Z 3 lit. h, i und l genannten Schulen, Lehranstalten, Universitäten und institutionellen Kinderbetreuungseinrichtungen haben jeden Unfall im Sinne des § 175 Abs. 4 oder 5 bzw. § 176 Abs. 1 Z 11 oder 12, durch den eine nach § 8 Abs. 1 Z 3 lit. h, i oder l unfallversicherte Person getötet oder körperlich geschädigt worden ist, längstens binnen fünf Tagen dem zuständigen Träger der Unfallversicherung in dreifacher Ausfertigung zu melden. Auf die gleiche Weise haben die meldepflichtigen Stellen die Berufskrankheit eines nach § 8 Abs. 1 Z 3 lit. h, i und l in der Unfallversicherung Teilversicherten binnen fünf Tagen nach dem Beginn der Krankheit (§ 120 Z 1) dem zuständigen Träger der Unfallversicherung zu melden. *(BGBl. I Nr. 61/2010, Art. 4 Z 40a idF BGBl. I Nr. 18/2024, Z 2)*

...

Schlussbestimmungen zu Art. 8 des Bundesgesetzes BGBl. I Nr. 89/2012

§ **667.** (1) § 4 Abs. 1 Z 5 in der Fassung des Bundesgesetzes BGBl. I Nr. 89/2012 tritt mit 1. Jänner 2013 in Kraft.

(2) Bis 31. Dezember 2016 ist § 4 Abs. 1 Z 5 auch auf Schülerinnen und Schüler, die in Ausbildung zum medizinisch-technischen Fachdienst im Sinne des Bundesgesetzes über die Regelung des medizinisch-technischen Fachdienstes und der Sanitätshilfsdienste, BGBl. Nr. 102/1961, stehen, anzuwenden. *(BGBl. I Nr. 89/2012, Art. 8 Z 2)*

...

Schlussbestimmungen zu Art. 1 des Bundesgesetzes BGBl. I Nr. 79/2015 (85. Novelle)

§ 689. (1) Die §§ ... 33 Abs. 1a, ... und 3, 34 samt Überschrift, ... in der Fassung des Bundesgesetzes BGBl. I Nr. 79/2015 treten mit 1. Jänner 2017 in Kraft. *(BGBl. I Nr. 79/2015, Art. 1 Z 35)*

Schlussbestimmung zu Artikel 11 des Bundesgesetzes BGBl. I Nr. 44/2016

§ 697. Es treten in der Fassung des Bundesgesetzes BGBl. I Nr. 44/2016 in Kraft:

1. mit 1. Juni 2016 § 5 Abs. 1 Z 16;

...

(BGBl. I Nr. 44/2016, Art. 11 Z 5)

...

Schlussbestimmung zu Artikel 2 des Bundesgesetzes BGBl. I Nr. 75/2016

§ 699. Die §§ 4 Abs. 1 Z 5, 5 Abs. 1 Z 16 ... in der Fassung des Bundesgesetzes BGBl. I Nr. 75/2016 treten mit 1. September 2016 in Kraft. *(BGBl. I Nr. 75/2016, Art. 2 Z 4)*

...

Schlussbestimmungen zu Art. 1 des Bundesgesetzes BGBl. I Nr. 100/2018 (89. Novelle)

§ 718. (1) Es treten in der Fassung des Bundesgesetzes BGBl. I Nr. 100/2018 in Kraft:

...

3. mit 1. Jänner 2020 ... die §§ ...5 Abs. 1 Z 3 lit. b und c sowie Z 8 und 9, ... 7 Z 2 lit. a und c, Z 3 lit. b, Z 4, ... die Überschrift zu Abschnitt III des Ersten Teiles, der erste und zweite Unterabschnitt des Abschnittes III des Ersten Teiles samt Überschriften, ... 49 Abs. 4 erster Satz, ... die Überschrift zum Fünften Teil, ...

...

(BGBl. I Nr. 100/2018, Art. 1 Z 193)

...

Ersetzung von Begriffen

§ 720. Werden in anderen Bundesgesetzen die in der linken Spalte genannten Begriffe verwendet, so treten mit 1. Jänner 2020 an deren Stelle – in der grammatikalisch richtigen Form – die in der rechten Spalte genannten Begriffe. Dies gilt nicht für die Verwendung dieser Begriffe in Schluss- und Übergangsbestimmungen sowie in In-Kraft-Tretens- und Außer-Kraft-Tretens-Bestimmungen.

Hauptverband der österreichischen Sozialversicherungsträger	Dachverband der Sozialversicherungsträger
Wiener Gebietskrankenkasse	Österreichische Gesundheitskasse
Niederösterreichische Gebietskrankenkasse	Österreichische Gesundheitskasse
Burgenländische Gebietskrankenkasse	Österreichische Gesundheitskasse
Oberösterreichische Gebietskrankenkasse	Österreichische Gesundheitskasse
Steiermärkische Gebietskrankenkasse	Österreichische Gesundheitskasse
Kärntner Gebietskrankenkasse	Österreichische Gesundheitskasse
Salzburger Gebietskrankenkasse	Österreichische Gesundheitskasse
Tiroler Gebietskrankenkasse	Österreichische Gesundheitskasse
Vorarlberger Gebietskrankenkasse	Österreichische Gesundheitskasse
(örtlich zuständige) Gebietskrankenkasse(n)	Österreichische Gesundheitskasse
Sozialversicherungsanstalt der gewerblichen Wirtschaft	Sozialversicherungsanstalt der Selbständigen
Sozialversicherungsanstalt der Bauern	Sozialversicherungsanstalt der Selbständigen
Versicherungsanstalt öffentlich Bediensteter	Versicherungsanstalt öffentlich Bediensteter, Eisenbahnen und Bergbau
Versicherungsanstalt für Eisenbahnen und Bergbau	Versicherungsanstalt öffentlich Bediensteter, Eisenbahnen und Bergbau

(BGBl. I Nr. 100/2018, Art. 1 Z 194)

...

Schlussbestimmungen zum Bundesgesetz BGBl. I Nr. 8/2019

§ 722. (1) Es treten in der Fassung des Bundesgesetzes BGBl. I Nr. 8/2019 in Kraft:

...

2. mit 1. Juli 2019 § 5 Abs. 1 Z 16 und 17.

...

(BGBl. I Nr. 8/2019, Z 4)

Schlussbestimmung zu Art. 2 des Bundesgesetzes BGBl. I Nr. 20/2019

§ 723. Die §§ 5 Abs. 1 Z 16 und 17 ... in der Fassung des Bundesgesetzes BGBl. I Nr. 20/2019 treten mit Ablauf des Tages ihrer Kundmachung in Kraft.[9])

(BGBl. I Nr. 20/2019, Art. 2 Z 3)

...

Schlussbestimmungen zu Art. 45 des Bundesgesetzes BGBl. I Nr. 23/2020[10])

§ 734. § 175 Abs. 1a und 1b in der Fassung des Bundesgesetzes BGBl. I Nr. 23/2020 tritt rückwirkend mit 11. März 2020 in Kraft und mit Ablauf des 31. März 2021[11])[12]) außer Kraft. Die Regelung ist auf jene Versicherungsfälle anzuwenden, die ab dem 11. März 2020 eingetreten sind. *(BGBl. I Nr. 23/2020, Art. 45 Z 3 idF BGBl. I Nr. 158/2020, Art. 1 Z 11a, BGBl. I Nr. 28/2021, Art. 1 Z 8 und BGBl. I Nr. 81/2021, Art. 1 Z 1)*

(2) entfallen (BGBl. I Nr. 61/2021, Art. 5 Z 4)

(BGBl. I Nr. 23/2020, Art. 45 Z 3)

§ 735. entfallen (BGBl. I Nr. 69/2023, Art. 4 Z 1)

Schlussbestimmungen zu Art. 1 des Bundesgesetzes BGBl. I Nr. 31/2020

§ 736. (1) ...

...

(7) entfallen (BGBl. I Nr. 69/2023, Art. 4 Z 1)

...

(BGBl. I Nr. 31/2020, Art. 1 Z 3)

Schlussbestimmungen zu Art. 3 des Bundesgesetzes BGBl. I Nr. 54/2020

§ 737. (1) ...

...

(3) § 735 Abs. 2a in der Fassung der Z 1c in der Fassung des Bundesgesetzes BGBl. I Nr. 54/2020 tritt rückwirkend mit 6. Mai 2020 in Kraft und mit Ablauf des 31. Mai 2020 außer Kraft. § 735 Abs. 2a in der Fassung der Z 1c ist auf Beurteilungen der individuellen Risikosituation bzw. COVID-19-Risiko-Atteste anzuwenden, die ab 6. Mai 2020 bis längstens 31. Mai 2020 durchgeführt bzw. ausgestellt werden.

(4) § 735 Abs. 4 erster Satz in der Fassung des Bundesgesetzes BGBl. I Nr. 54/2020 tritt rückwirkend mit 6. Mai 2020 in Kraft.

(5) § 735 Abs. 2 erster Satz in der Fassung des Bundesgesetzes BGBl. I Nr. 54/2020 tritt mit 1. Juni 2020 in Kraft.

(6) § 735 Abs. 2a in der Fassung der Z 1d in der Fassung des Bundesgesetzes BGBl. I Nr. 54/2020 tritt mit 1. Juni 2020 in Kraft und ist auf COVID-19-Risiko-Atteste anzuwenden, die ab diesem Zeitpunkt ausgestellt werden.

(BGBl. I Nr. 54/2020, Art. 3 Z 2)

...

[9]) Die Kundmachung im Bundesgesetzblatt erfolgte am 18. März 2019.

[10]) Da für die von der Novelle BGBl. I Nr. 28/2021 erfassten §§ 734, 735 und 736 kein gesondertes Inkrafttreten geregelt wurde, sind die durch die Novelle BGBl. I Nr. 28/2021 geänderten Bestimmungen der §§ 734, 735 und 736 mit Ablauf des Tages der Kundmachung im Bundesgesetzblatt in Kraft getreten. Die Kundmachung im Bundesgesetzblatt erfolgte am 28. Jänner 2021.

[11]) Art. 1 Z 8 der Novelle BGBl. I Nr. 28/2021 lautet: „Der bisherige Text des § 734 erhält die Absatzbezeichnung „(1)“, der Ausdruck „31. Dezember 2020“ wird durch den Ausdruck „31. März 2021“ ersetzt und folgender Abs. 2 wird angefügt“. Die Anordnung geht aufgrund der Novelle BGBl. I Nr. 158/2020, Art. 1 Z 11a, ins Leere.

[12]) § 175 Abs. 1a und 1b in der Fassung des Bundesgesetzes BGBl. I Nr. 23/2020, Art. 45 Z 2, lauteten:

„(1a) Für die Dauer von Maßnahmen zur Verhinderung der Verbreitung von COVID-19 nach dem COVID-19-Maßnahmengesetz, BGBl. I Nr. 12/2020, sind Arbeitsunfälle auch Unfälle, die sich im zeitlichen und ursächlichen Zusammenhang mit der die Versicherung begründenden Beschäftigung am Aufenthaltsort der versicherten Person (Homeoffice) ereignen.

(1b) Der Aufenthaltsort der versicherten Person (Homeoffice) gilt für den Anwendungsbereich dieses Bundesgesetzes als Arbeitsstätte im Sinne des Abs. 2 Z 1, 2, 5 bis 8 und 10.“

Schlussbestimmungen zu Art. 1 des Bundesgesetzes BGBl. I Nr. 28/2021

§ 745. (1) Es treten in der Fassung des Bundesgesetzes BGBl. I Nr. 28/2021 in Kraft:[13])
1. ...;
2. ...;
...

(BGBl. I Nr. 28/2021, Art. 1 Z 14)

Schlussbestimmungen zu Art. 1 des Bundesgesetzes BGBl. I Nr. 158/2020

§ 746. (1) Es treten in der Fassung des Bundesgesetzes BGBl. I Nr. 158/2020 in Kraft:
1. mit 1. Jänner 2021 die §§ ... 734, 735 Abs. 2a und 3, 736 Abs. 2 und 5 bis 8 ...;
2. ...;
...

(BGBl. I Nr. 158/2020, Art. 1 Z 13 idF der Verlautbarungsberichtigung BGBl. I Nr. 32/2021, Z 1)

...

Schlussbestimmungen zu Art. 5 des Bundesgesetzes BGBl. I Nr. 61/2021

§ 752. (1) Es treten in der Fassung des Bundesgesetzes BGBl. I Nr. 61/2021 in Kraft:
1. mit 1. April 2021 § 175 Abs. 1a und 1b in der Fassung der Z 3;
2. rückwirkend mit 1. Jänner 2021 § 49 Abs. 3 Z 30 und 31;
3. ...

(2) § 734 Abs. 2 tritt mit Ablauf des 31. März 2021 außer Kraft.

(3) ...

(BGBl. I Nr. 61/2021, Art. 5 Z 5)

...

Schlussbestimmungen zum Bundesgesetz BGBl. I Nr. 114/2021

§ 757. (1) Es treten in der Fassung des Bundesgesetzes BGBl. I Nr. 114/2021 in Kraft
1. ...;
2. mit 1. Juli 2021 die §§ 735 Abs. 2, 2a, 3a, 3b, 4a sowie Abs. 6 erster Satz, 736 Abs. 7 und 8, 742b Abs. 2 und 747 Abs. 1;
3. ...

(2) ...

(BGBl. I Nr. 114/2021, Art. 1 Z 9)

...

Schlussbestimmung zum Bundesgesetz BGBl. I Nr. 197/2021

§ 760. (1) Es treten in der Fassung des Bundesgesetzes BGBl. I Nr. 197/2021 in Kraft:
1. ...;
2. mit 3. Dezember 2021 § 735 Abs. 2, 2a, 3a bis 3d und 6.

(2) Eine Verordnung nach § 735 Abs. 3b kann bereits ab dem 3. Dezember 2021 erlassen werden, sie darf jedoch frühestens mit 15. Dezember 2021 in Kraft treten.

(BGBl. I Nr. 197/2021, Art. 1 Z 5)

...

Schlussbestimmung zu Artikel 5 des Bundesgesetzes BGBl. I Nr. 15/2022

§ 761a. Die §§ 4 Abs. 1 Z 5 und 5 Abs. 1 Z 16 lit. b in der Fassung des Bundesgesetzes BGBl. I Nr. 15/2022 treten mit 1. Juli 2022 in Kraft. *(BGBl. I Nr. 15/2022, Art. 5 Z 3 idF BGBl. I Nr. 42/2022, Art. 1 Z 3)*

...

Schlussbestimmungen zu Art. 1 des Bundesgesetzes BGBl. I Nr. 32/2022

§ 766. (1) Die ... 735 Abs. 2 Z 2 und Abs. 3e in der Fassung des Bundesgesetzes BGBl. I Nr. 32/2022 treten mit 1. April 2022 in Kraft.

(2) ...

(BGBl. I Nr. 32/2022, Art. 1 Z 4)

Schlussbestimmung zu Art. 2 des Bundesgesetzes BGBl. I Nr. 60/2022

§ 767. Die §§ ... 7 Z 4 ... in der Fassung des Bundesgesetzes BGBl. I Nr. 60/2022 treten mit 1. Jänner 2023 in Kraft. *(BGBl. I Nr. 60/2022, Art. 2 Z 6)*

...

Schlussbestimmung zu Art. 1 des Bundesgesetzes BGBl. I Nr. 81/2022

§ 769. ... tritt ... in Kraft.[14]) *(BGBl. I Nr. 81/2022, Art. 1 Z 3)*

...

---

[13]) Die Kundmachung im Bundesgesetzblatt erfolgte am 28. Jänner 2021. Da für die von der Novelle BGBl. I Nr. 28/2021 erfassten §§ 734, 735 und 736 kein gesondertes Inkrafttreten geregelt wurde, sind die durch die Novelle BGBl. I Nr. 28/2021 geänderten Bestimmungen der §§ 734, 735 und 736 mit Ablauf des Tages der Kundmachung im Bundesgesetzblatt in Kraft getreten.

[14]) Da für den von der Novelle BGBl. I Nr. 81/2022 erfassten § 735 kein gesondertes Inkrafttreten geregelt wurde, sind die durch die Novelle BGBl. I Nr. 81/2022 geänderten Bestimmungen des § 735 mit Ablauf des Tages der Kundmachung im Bundesgesetzblatt in Kraft getreten. Die Kundmachung im Bundesgesetzblatt erfolgte am 10. Juni 2022.

Schlussbestimmungen zu Art. 7 des Bundesgesetzes BGBl. I Nr. 108/2022

§ 773. (1) § 735 Abs. 2 Z 1, 2 und Abs. 2a letzter Satz in der Fassung des Bundesgesetzes BGBl. I Nr. 108/2022 tritt mit dem auf die Kundmachung folgenden Tag in Kraft.[15])

(2) ...

(3) Die §§ 735 Abs. 3e, ... treten mit dem Ablauf des Tages der Kundmachung des Bundesgesetzes BGBl. I Nr. 108/2022 außer Kraft. ... *(BGBl. I Nr. 108/2022, Art. 7 Z 7 idF BGBl. I Nr. 175/2022, Art. 1 Z 3)*

(BGBl. I Nr. 108/2022, Art. 7 Z 7)

Schlussbestimmungen zu Art. 4 des Bundesgesetzes BGBl. I Nr. 69/2023

§ 786. (1) ...

...

(4) § 735 samt Überschrift, ... sowie die §§ 736 Abs. 3 bis 8, ... treten mit Ablauf des 30. Juni 2023 außer Kraft.

...

(BGBl. I Nr. 69/2023, Art. 4 Z 6)

...

[15]) Die Kundmachung im Bundesgesetzblatt erfolgte am 19. Juli 2022.

Schlussbestimmungen zum Bundesgesetz BGBl. I Nr. 18/2024

§ 798. (1) Die §§... 363 Abs. ... 4 ... treten mit 1. März 2024 in Kraft.

...

(BGBl. I Nr. 18/2024, Z 4)

...

Schlussbestimmungen zu Art. 1 des Bundesgesetzes BGBl. I Nr. 106/2024 (90. Novelle)

§ 803. (1) Es treten in der Fassung des Bundesgesetzes BGBl. I Nr. 106/2024 in Kraft:

1. ...;

...

7. rückwirkend mit 1. Jänner 2020 die §§ 5 Abs. 1 Z 3 lit. c und d, 7 Z 4 lit. o und Z 5, ...;

...

(2) ...

(BGBl. I Nr. 106/2024, Art. 1 Z 61)

...

Schlussbestimmung zu Art. 5 des Bundesgesetzes BGBl. I Nr. 110/2024

§ 806. § 49 Abs. 3 Z 31 sowie § 175 Abs. 1a und 1b in der Fassung des Bundesgesetzes BGBl. I Nr. 110/2024 treten mit 1. Jänner 2025 in Kraft. *(BGBl. I Nr. 110/2024, Art. 5 Z 3)*

KODEX
DES ÖSTERREICHISCHEN RECHTS
SAMMLUNG DER ÖSTERREICHISCHEN BUNDESGESETZE
UMWELT-RECHT
1 GewO 1994 DVO RohrleitungsG GWG
2 LRG-K LRV-K 1989
3 ForstG DVO
4 MinroG DVO
5 ImmSch
6 AWG 2002
7 AlSAG
8 WRG
9 UVP
10 DMG DVO
11 Biozid
12 GTG DVO
13 Pflanzenschutz
14 UFG FörderungsRL UmweltkontrollG
15 UIG DVO
16 StGB – Auszug B-VG B-VG-Nov 1988 B-VG-Nov 1993 BVG atomfreies Ö
17 ABGB – Auszug
LexisNexis

KODEX
DES ÖSTERREICHISCHEN RECHTS
SAMMLUNG DER ÖSTERREICHISCHEN BUNDESGESETZE
CHEMIKALIEN-RECHT
1 ChemG
2 VO
2/1 ChemV
2/2 AnmV
2/3 FCKW-VO
2/4 SelbstbedienungsV
2/5 Gift-MeldeV
2/6 mindgift Zub
2/7 GiftV 2000
2/8 FormaldehydV
2/9 vollhalFCKW
2/10 AsbestV
2/11 HalonenV
2/12 Antifoulings
2/13 Pentachlorphenol
2/14 LösungsmittelV
2/15 HFCKW-V
2/16 TrichlorethanV
2/17 HalogenV
2/18 GiftlisteV
2/19 GiftinfoV
2/20 PICV
2/21 PflanzenschutzV
2/22 CadmiumV
2/23 EU-V
2/24 PhosphatbestimmungsVO
2/25 KreosotV
2/26 HalonbankV
2/27 GLP-V
3 EU
3/1 Stoff-RL
3/1/1 ZusatzRL
3/2 Einstufungs-RL
3/3 Verbots-RL
3/4 Altstoff-V und DVO
3/5 PIC-V
3/6 Ozon-V
LexisNexis

KODEX
DES ÖSTERREICHISCHEN RECHTS
SAMMLUNG DER ÖSTERREICHISCHEN BUNDESGESETZE
WASSER-RECHT
1 WRG
2 VO
3/1 Best im AWG für Deponien
3/2 DeponieV
4 EU-RL
LexisNexis

KODEX
DES ÖSTERREICHISCHEN RECHTS
SAMMLUNG DER ÖSTERREICHISCHEN BUNDESGESETZE
ABFALL-RECHT UND ÖKO-AUDIT
1/1. AWG 2002
1/2/1. AltölVO
1/2/2. LampenVO
1/2/3. Kunststoff GetränkeVO
1/2/4. BatterieVO
1/2/5/1. FestsetzungsVO
1/2/5/2. K Ausstufung
1/2/6. SchmiermittelVO
1/2/9. AbfallnachweisVO
1/2/10. BauschuttVO
1/2/11. BiogeneVO
1/2/12. KunststoffkennVO
1/2/13. KühlgeräteVO
1/2/14/1. VO Außerkrafttreten und Inkrafttreten VerpackungsVO
1/2/14/2. VerpackungsVO
1/2/14/3. ZielVO Verpackabfälle
1/2/16. DeponieVO
1/2/17. V Verbrennung gef Abfälle
1/2/18. AbfallWP 2001
1/2/19. KompostV
1/3. Basler Übereinkommen
1/4/1. GewO 1994 (Auszug)
1/4/2. V Verbrennung gef A in gewerbl BA
1/5. MinroG (Auszug)
2. Landesabfallvorschriften (Auszug)
2/1. Burgenland
2/2. Kärnten
2/3. Niederösterreich
2/4. Oberösterreich
2/5. Salzburg
2/6. Steiermark
2/7. Tirol
2/8. Vorarlberg
2/9. Wien
3. AlSAG
4. EU-Richtlinien und Verordnungen
5. Öko-Audit
LexisNexis

15.1. Bundes-Verfassungsgesetz – B-VG[1])

Auszug

(Art. 8, 10, 14, Art. 14a, Art. 15, Art. 94, Art. 102, Art. 113, Art. 129, Art. 130, Art. 131, Art. 132, Art. 133, Art. 142, Art. 151)

...

Erstes Hauptstück
Allgemeine Bestimmungen.
Europäische Union

A. Allgemeine Bestimmungen

...

Artikel 8. (1) Die deutsche Sprache ist, unbeschadet der den sprachlichen Minderheiten bundesgesetzlich eingeräumten Rechte, die Staatssprache der Republik. *(BGBl. I Nr. 68/2000, Z 1 idF BGBl. I Nr. 100/2003, Art. 1 Z 39)*

(2) Die Republik (Bund, Länder und Gemeinden) bekennen sich zu ihrer gewachsenen sprachlichen und kulturellen Vielfalt, die in den autochthonen Volksgruppen zum Ausdruck kommt. Sprache und Kultur, Bestand und Erhaltung dieser Volksgruppen sind zu achten, zu sichern und zu fördern.

(3) Die Österreichische Gebärdensprache ist als eigenständige Sprache anerkannt. Das Nähere bestimmen die Gesetze. *(BGBl. I Nr. 81/2005, Z 1)*

(BGBl. I Nr. 68/2000, Z 1 idF BGBl. I Nr. 100/2003, Art. 1 Z 39)

...

Artikel 10. (1) Bundessache ist die Gesetzgebung und die Vollziehung in folgenden Angelegenheiten:

...

11. Arbeitsrecht, soweit es nicht unter Art. 11 fällt, jedoch einschließlich des Arbeiterrechtes sowie des Arbeiter- und Angestelltenschutzes der Dienstnehmer in Sägen, Harzverarbeitungsstätten, Mühlen und Molkereien, die von land- und forstwirtschaftlichen Erwerbs- und Wirtschaftsgenossenschaften betrieben werden, sofern in diesen eine bundesgesetzlich zu bestimmende Anzahl von Dienstnehmern dauernd beschäftigt ist; für diese Dienstnehmer gelten die für die Dienstnehmer in gewerblichen Betrieben bestehenden Rechtsvorschriften; Sozial- und Vertragsversicherungswesen; Pflegegeldwesen; Sozialentschädigungsrecht; Ausbildungspflicht für Jugendliche; ...; *(BGBl. Nr. 1/1930 idF BGBl. I Nr. 62/2016, Art. 1 Z 1 sowie BGBl. I Nr. 14/2019, Art. 1 Z 2)*

...

12a. Universitäts- und Hochschulwesen sowie das Erziehungswesen betreffend Studentenheime in diesen Angelegenheiten; *(BGBl. I Nr. 138/2017, Art. 1 Z 1)*

...

Artikel 14. (1) Bundessache ist die Gesetzgebung und die Vollziehung auf dem Gebiet des Schulwesens sowie auf dem Gebiet des Erziehungswesens in den Angelegenheiten der Schülerheime, soweit in den folgenden Abs. nicht anderes bestimmt ist. Zum Schul- und Erziehungswesen im Sinne dieses Art. zählen nicht die im Art. 14a geregelten Angelegenheiten. *(BGBl. Nr. 215/1962, Art. I Z 1, idF BGBl. Nr. 316/1975, Art. I Z 1, BGBl. I Nr. 100/2003, Art. 1 Z 44 und 50 sowie BGBl. I Nr. 138/2017, Art. 1 Z 2)*

(2) Bundessache ist die Gesetzgebung, Landessache die Vollziehung in den Angelegenheiten des Dienstrechtes und des Personalvertretungsrechtes der Lehrer für öffentliche Pflichtschulen, soweit im Abs. 4 lit. a nicht anderes bestimmt ist. In diesen Bundesgesetzen kann die Landesgesetzgebung ermächtigt werden, zu genau zu bezeichnenden einzelnen Bestimmungen Ausführungsbestimmungen zu erlassen; hiebei finden die Bestimmungen des Art. 15 Abs. 6 sinngemäß Anwendung. Durchführungsverordnungen zu diesen Bundesgesetzen sind, soweit darin nicht anderes bestimmt ist, vom Bund zu erlassen. *(BGBl. Nr. 215/1962, Art. I Z 1, idF BGBl. Nr. 444/1974, Art. I Z 12 und BGBl. I Nr. 100/2003, Art. 1 Z 44)*

---

[1]) BGBl. Nr. 1/1930 idF der die Überschrift und die Art. 8, 10, 14, 14a, 15, 94, 102, 113, 129–133, 142 und 151 betreffenden Bundesverfassungsgesetze BGBl. Nr. 215/1962, 444/1974, 316/1975, 565/1991, 1013/1994, BGBl. I Nr. 68/2000, 100/2003, 31/2005, 81/2005, 2/2008, 51/2012, 114/2013, 115/2013, 164/2013, 101/2014, 62/2016, 138/2017, 22/2018, 14/2019 und 2/2021.

(3) Bundessache ist die Gesetzgebung über die Grundsätze, Landessache die Erlassung von Ausführungsgesetzen und die Vollziehung in folgenden Angelegenheiten:

a) äußere Organisation (Aufbau, Organisationsformen, Errichtung, Erhaltung, Auflassung, Sprengel, Klassenschülerzahlen und Unterrichtszeit) der öffentlichen Pflichtschulen; *(BGBl. Nr. 215/1962, Art. I Z 1 idF BGBl. I Nr. 138/2017, Art. 1 Z 3)*
b) äußere Organisation der öffentlichen Schülerheime, die ausschließlich oder vorwiegend für Schüler von Pflichtschulen bestimmt sind; *(BGBl. Nr. 215/1962, Art. I Z 1 idF BGBl. I Nr. 138/2017, Art. 1 Z 3)*
c) fachliche Anstellungserfordernisse für die von den Ländern, Gemeinden oder von Gemeindeverbänden anzustellenden Kindergärtnerinnen und Erzieher an Horten und an Schülerheimen, die ausschließlich oder vorwiegend für Schüler von Pflichtschulen bestimmt sind. *(BGBl. Nr. 215/1962, Art. I Z 1 idF BGBl. I Nr. 138/2017, Art. 1 Z 3)*

(4) Landessache ist die Gesetzgebung und die Vollziehung in folgenden Angelegenheiten:

a) Behördenzuständigkeit zur Ausübung der Diensthoheit über die Lehrer für öffentliche Pflichtschulen auf Grund der gemäß Abs. 2 ergehenden Gesetze; *(BGBl. I Nr. 138/2017, Art. 1 Z 4)*
b) Kindergartenwesen und Hortwesen.

(5) Abweichend von den Bestimmungen der Abs. 2 bis 4 ist Bundessache die Gesetzgebung und die Vollziehung in folgenden Angelegenheiten:

a) Öffentliche Praxisschulen, Übungskindergärten, Übungshorte und Übungsschülerheime, die einer öffentlichen Schule zum Zweck lehrplanmäßig vorgesehener Übungen eingegliedert sind; *(BGBl. Nr. 215/1962, Art. I Z 1 idF BGBl. I Nr. 100/2003, Art. 1 Z 51 und BGBl. I Nr. 164/2013, Z 3)*
b) öffentliche Schülerheime, die ausschließlich oder vorwiegend für Schüler der in lit. a genannten Praxisschulen bestimmt sind; *(BGBl. Nr. 215/1962, Art. I Z 1 idF BGBl. I Nr. 164/2013, Z 3)*
c) Dienstrecht und Personalvertretungsrecht der Lehrer, Erzieher und Kindergärtnerinnen für die in lit. a und b genannten öffentlichen Einrichtungen. *(BGBl. Nr. 444/1974, Art. I Z 13)*

(5a) Demokratie, Humanität, Solidarität, Friede und Gerechtigkeit sowie Offenheit und Toleranz gegenüber den Menschen sind Grundwerte der Schule, auf deren Grundlage sie der gesamten Bevölkerung, unabhängig von Herkunft, sozialer Lage und finanziellem Hintergrund, unter steter Sicherung und Weiterentwicklung bestmöglicher Qualität ein höchstmögliches Bildungsniveau sichert. Im partnerschaftlichen Zusammenwirken von Schülern, Eltern und Lehrern ist Kindern und Jugendlichen die bestmögliche geistige, seelische und körperliche Entwicklung zu ermöglichen, damit sie zu gesunden, selbstbewussten, glücklichen, leistungsorientierten, pflichttreuen, musischen und kreativen Menschen werden, die befähigt sind, an den sozialen, religiösen und moralischen Werten orientiert Verantwortung für sich selbst, Mitmenschen, Umwelt und nachfolgende Generationen zu übernehmen. Jeder Jugendliche soll seiner Entwicklung und seinem Bildungsweg entsprechend zu selbständigem Urteil und sozialem Verständnis geführt werden, dem politischen, religiösen und weltanschaulichen Denken anderer aufgeschlossen sein sowie befähigt werden, am Kultur- und Wirtschaftsleben Österreichs, Europas und der Welt teilzunehmen und in Freiheits- und Friedensliebe an den gemeinsamen Aufgaben der Menschheit mitzuwirken. *(BGBl. I Nr. 31/2005, Z 1)*

(6) Schulen sind Einrichtungen, in denen Schüler gemeinsam nach einem umfassenden, festen Lehrplan unterrichtet werden und im Zusammenhang mit der Vermittlung von allgemeinen oder allgemeinen und beruflichen Kenntnissen und Fertigkeiten ein umfassendes erzieherisches Ziel angestrebt wird. Öffentliche Schulen sind jene Schulen, die vom gesetzlichen Schulerhalter errichtet und erhalten werden. Gesetzlicher Schulerhalter ist der Bund, soweit die Gesetzgebung und Vollziehung in den Angelegenheiten der Errichtung, Erhaltung und Auflassung von öffentlichen Schulen Bundessache ist. Gesetzlicher Schulerhalter ist das Land oder nach Maßgabe der landesgesetzlichen Vorschriften die Gemeinde oder ein Gemeindeverband, soweit die Gesetzgebung oder Ausführungsgesetzgebung und die Vollziehung in den Angelegenheiten der Errichtung, Erhaltung und Auflassung von öffentlichen Schulen Landessache ist. Öffentliche Schulen sind allgemein ohne Unterschied der Geburt, des Geschlechtes, der Rasse, des Standes, der Klasse, der Sprache und des Bekenntnisses, im Übrigen im Rahmen der gesetzlichen Voraussetzungen zugänglich. Das Gleiche gilt sinngemäß für Kindergärten, Horte und Schülerheime. *(BGBl. Nr. 215/1962, Art. I Z 1 idF BGBl. I Nr. 100/2003, Art. 1 Z 49 und BGBl. I Nr. 31/2005, Z 2)*

(6a) Die Gesetzgebung hat ein differenziertes Schulsystem vorzusehen, das zumindest nach Bildungsinhalten in allgemeinbildende und berufsbildende Schulen und nach Bildungshöhe in Primar- und Sekundarschulbereiche gegliedert ist, wobei bei den Sekundarschulen eine weitere angemessene Differenzierung vorzusehen ist. *(BGBl. I Nr. 31/2005, Z 3)*

(7) Schulen, die nicht öffentlich sind, sind Privatschulen; diesen ist nach Maßgabe der gesetzlichen Bestimmungen das Öffentlichkeitsrecht zu verleihen.

(7a) Die Schulpflicht beträgt zumindest neun Jahre und es besteht auch Berufsschulpflicht. *(BGBl. I Nr. 31/2005, Z 3a)*

(8) Dem Bund steht die Befugnis zu, sich in den Angelegenheiten, die nach Abs. 2 und 3 in die Vollziehung der Länder fallen, von der Einhaltung der auf Grund dieser Abs. erlassenen Gesetze und Verordnungen Kenntnis zu verschaffen, zu welchem Zweck er auch Organe in die Schulen und Schülerheime entsenden kann. Werden Mängel wahrgenommen, so kann dem Landeshauptmann durch Weisung (Art. 20 Abs. 1) die Abstellung der Mängel innerhalb einer angemessenen Frist aufgetragen werden. Der Landeshauptmann hat für die Abstellung der Mängel nach Maßgabe der gesetzlichen Vorschriften Sorge zu tragen und ist verpflichtet, um die Durchführung solcher Weisungen zu bewirken, auch die ihm in seiner Eigenschaft als Organ des selbständigen Wirkungsbereiches des Landes zu Gebote stehenden Mittel anzuwenden. *(BGBl. Nr. 215/1962, Art. I Z 1 idF BGBl. I Nr. 100/2003, Art. 1 Z 44 und 51)*

(9) Auf dem Gebiet des Dienstrechtes der Lehrer, Erzieher und Kindergärtnerinnen gelten für die Verteilung der Zuständigkeiten zur Gesetzgebung und Vollziehung hinsichtlich der Dienstverhältnisse zum Bund, zu den Ländern, zu den Gemeinden und zu den Gemeindeverbänden, soweit in den vorhergehenden Abs. nicht anderes bestimmt ist, die diesbezüglichen allgemeinen Regelungen der Art. 10 und 21. Gleiches gilt für das Personalvertretungsrecht der Lehrer, Erzieher und Kindergärtnerinnen. *(BGBl. Nr. 444/1974, Art. I Z 14 idF BGBl. I Nr. 100/2003, Art. 1 Z 44)*

(10) In den Angelegenheiten der Schulgeldfreiheit sowie des Verhältnisses der Schule und Kirchen (Religionsgesellschaften) einschließlich des Religionsunterrichtes in der Schule, soweit es sich nicht um Angelegenheiten der Universitäten und Hochschulen handelt, können Bundesgesetze vom Nationalrat nur in Anwesenheit von mindestens der Hälfte der Mitglieder und mit einer Mehrheit von zwei Dritteln der abgegebenen Stimmen beschlossen werden. Das Gleiche gilt, wenn die Grundsätze des Abs. 6a verlassen werden sollen und für die Genehmigung der in vorstehenden Angelegenheiten abgeschlossenen Staatsverträge der im Art. 50 bezeichneten Art. *(BGBl. I Nr. 31/2005, Z 4)*

(11) entfallen (BGBl. Nr. 316/1975, Art. I Z 2)

(BGBl. Nr. 215/1962, Art. I Z 1)

Artikel 14a. (1) Auf dem Gebiet des land- und forstwirtschaftlichen Schulwesens sowie auf dem Gebiet des land- und forstwirtschaftlichen Erziehungswesens in den Angelegenheiten der Schülerheime, ferner in den Angelegenheiten des Dienstrechtes und des Personalvertretungsrechtes der Lehrer und Erzieher an den unter diesen Art. fallenden Schulen und Schülerheimen sind Gesetzgebung und Vollziehung Landessache, soweit in den folgenden Abs. nicht anderes bestimmt ist. *(BGBl. Nr. 316/1975, Art. I Z 3 idF BGBl. I Nr. 100/2003, Art. 1 Z 40, 44 und 50, BGBl. I Nr. 114/2013, Z 3 und BGBl. I Nr. 138/2017, Art. 1 Z 5)*

(2) Bundessache ist die Gesetzgebung und Vollziehung in folgenden Angelegenheiten:

a) höhere land- und forstwirtschaftliche Lehranstalten sowie Anstalten für die Ausbildung und Fortbildung der Lehrer an land- und forstwirtschaftlichen Schulen;
b) Fachschulen für die Ausbildung von Forstpersonal;
c) öffentliche land- und forstwirtschaftliche Fachschulen, die zur Gewährleistung von lehrplanmäßig vorgesehenen Übungen mit einer der unter den lit. a und b genannten öffentlichen Schulen oder mit einer land- und forstwirtschaftlichen Versuchsanstalt des Bundes organisatorisch verbunden sind;
d) Schülerheime, die ausschließlich oder vorwiegend für Schüler der unter den lit. a bis c genannten Schulen bestimmt sind;
e) Dienstrecht und Personalvertretungsrecht der Lehrer und Erzieher für die unter den lit. a bis d genannten Einrichtungen;
f) Subventionen zum Personalaufwand der konfessionellen land- und forstwirtschaftlichen Schulen;
g) land- und forstwirtschaftliche Versuchsanstalten des Bundes, die mit einer vom Bund erhaltenen land- und forstwirtschaftlichen Schule zur Gewährleistung von lehrplanmäßig vorgesehenen Übungen an dieser Schule organisatorisch verbunden sind.

(3) Soweit es sich nicht um die im Abs. 2 genannten Angelegenheiten handelt, ist Bundessache die Gesetzgebung, Landessache die Vollziehung in den Angelegenheiten

a) des Religionsunterrichtes;
b) des Dienstrechtes und des Personalvertretungsrechtes der Lehrer für öffentliche

land- und forstwirtschaftliche Berufs- und Fachschulen und der Erzieher für öffentliche Schülerheime, die ausschließlich oder vorwiegend für Schüler dieser Schulen bestimmt sind, ausgenommen jedoch die Angelegenheiten der Behördenzuständigkeit zur Ausübung der Diensthoheit über diese Lehrer und Erzieher.

In den auf Grund der Bestimmungen unter lit. b ergehenden Bundesgesetzen kann die Landesgesetzgebung ermächtigt werden, zu genau zu bezeichnenden einzelnen Bestimmungen Ausführungsbestimmungen zu erlassen; hiebei finden die Bestimmungen des Art. 15 Abs. 6 sinngemäß Anwendung. Durchführungsverordnungen zu diesen Bundesgesetzen sind, soweit darin nicht anderes bestimmt ist, vom Bund zu erlassen. *(BGBl. Nr. 316/1975, Art. I Z 3 idF BGBl. I Nr. 100/2003, Art. 1 Z 44)*

(4) Bundessache ist die Gesetzgebung über die Grundsätze, Landessache die Erlassung von Ausführungsgesetzen und die Vollziehung

a) hinsichtlich der land- und forstwirtschaftlichen Berufsschulen: in den Angelegenheiten der Festlegung sowohl des Bildungszieles als auch von Pflichtgegenständen und der Unentgeltlichkeit des Unterrichtes sowie in den Angelegenheiten der Schulpflicht und des Übertrittes von der Schule eines Landes in die Schule eines anderen Landes;
b) hinsichtlich der land- und forstwirtschaftlichen Fachschulen: in den Angelegenheiten der Festlegung der Aufnahmevoraussetzungen, des Bildungszieles, der Organisationsformen, des Unterrichtsausmaßes und der Pflichtgegenstände, der Unentgeltlichkeit des Unterrichtes und des Übertrittes von der Schule eines Landes in die Schule eines anderen Landes;
c) in den Angelegenheiten des Öffentlichkeitsrechtes der privaten land- und forstwirtschaftlichen Berufs- und Fachschulen mit Ausnahme der unter Abs. 2 lit. b fallenden Schulen;
d) hinsichtlich der Organisation und des Wirkungskreises von Beiräten, die in den Angelegenheiten des Abs. 1 an der Vollziehung der Länder mitwirken.

(5) Die Errichtung der im Abs. 2 unter den lit. c und g bezeichneten land- und forstwirtschaftlichen Fachschulen und Versuchsanstalten ist nur zulässig, wenn die Landesregierung des Landes, in dem die Fachschule beziehungsweise die Versuchsanstalt ihren Sitz haben soll, der Errichtung zugestimmt hat. Diese Zustimmung ist nicht erforderlich, wenn es sich um die Errichtung einer land- und forstwirtschaftlichen Fachschule handelt, die mit einer Anstalt für die Ausbildung und Fortbildung der Lehrer an land- und forstwirtschaftlichen Schulen zur Gewährleistung von lehrplanmäßig vorgesehenen Übungen organisatorisch verbunden werden soll. *(BGBl. Nr. 316/1975, Art. I Z 3 idF BGBl. I Nr. 51/2012, Art. 1 Z 7)*

(6) Dem Bund steht die Befugnis zu, in den Angelegenheiten, die nach Abs. 3 und 4 in die Vollziehung der Länder fallen, die Einhaltung der von ihm erlassenen Vorschriften wahrzunehmen.

(7) Die Bestimmungen des Art. 14 Abs. 5a, 6, 6a, 7, 7a und 9 gelten sinngemäß auch für die im ersten Satz des Abs. 1 bezeichneten Gebiete. *(BGBl. Nr. 316/1975, Art. I Z 3 idF BGBl. I Nr. 31/2005, Z 5)*

(8) Art. 14 Abs. 10 gilt sinngemäß. *(BGBl. I Nr. 31/2005, Z 6)*

(BGBl. Nr. 316/1975, Art. I Z 3 idF BGBl. I Nr. 100/2003, Art. 1 Z 40)

...

Artikel 15. ...

(6) Soweit dem Bund bloß die Gesetzgebung über die Grundsätze vorbehalten ist, obliegt innerhalb des bundesgesetzlich festgelegten Rahmens die nähere Ausführung der Landesgesetzgebung. Das Bundesgesetz kann für die Erlassung der Ausführungsgesetze eine Frist bestimmen, die ohne Zustimmung des Bundesrates nicht kürzer als sechs Monate und nicht länger als ein Jahr sein darf. Wird diese Frist von einem Land nicht eingehalten, so geht die Zuständigkeit zur Erlassung des Ausführungsgesetzes für dieses Land auf den Bund über. Sobald das Land das Ausführungsgesetz erlassen hat, tritt das Ausführungsgesetz des Bundes außer Kraft. Sind vom Bundesgesetzgeber keine Grundsätze aufgestellt, so kann die Landesgesetzgebung solche Angelegenheiten frei regeln. Sobald der Bund Grundsätze aufgestellt hat, sind die landesgesetzlichen Bestimmungen binnen der bundesgesetzlich zu bestimmenden Frist dem Grundsatzgesetz anzupassen. *(BGBl. Nr. 1/1930 idF BGBl. I Nr. 51/2012, Art. 1 Z 11)*

...

B. Europäische Union
(BGBl. Nr. 392/1996)

...

Zweites Hauptstück
Gesetzgebung des Bundes

...

Drittes Hauptstück
Vollziehung des Bundes
A. Verwaltung

...

5. Universitäten.
(BGBl. I Nr. 2/2008, Art. 1 Z 17 idF BGBl. I Nr. 138/2017, Art. 1 Z 8)

...

B. Ordentliche Gerichtsbarkeit
(BGBl. I Nr. 51/2012, Art. 1 Z 30)

...

Artikel 94. (1) ...

(2) Durch Bundes- oder Landesgesetz kann in einzelnen Angelegenheiten anstelle der Erhebung einer Beschwerde beim Verwaltungsgericht ein Instanzenzug von der Verwaltungsbehörde an die ordentlichen Gerichte vorgesehen werden. In den Angelegenheiten der Vollziehung des Bundes, die nicht unmittelbar von Bundesbehörden besorgt werden, sowie in den Angelegenheiten der Art. 11, 12, 14 Abs. 2 und 3 und 14a Abs. 3 und 4 dürfen Bundesgesetze gemäß dem ersten Satz nur mit Zustimmung der Länder kundgemacht werden. Für Landesgesetze gemäß dem ersten Satz gilt Art. 97 Abs. 2 sinngemäß. *(BGBl. I Nr. 51/2012, Art. 1 Z 43 idF BGBl. I Nr. 114/2013, Z 10)*

Viertes Hauptstück
Gesetzgebung und Vollziehung der Länder
A. Allgemeine Bestimmungen

...

Artikel 102. (1) Im Bereich der Länder üben die Vollziehung des Bundes, soweit nicht eigene Bundesbehörden bestehen (unmittelbare Bundesverwaltung), der Landeshauptmann und die ihm unterstellten Landesbehörden aus (mittelbare Bundesverwaltung). ... *(BGBl. Nr. 444/1974, Art. I Z 29)*

(2) Folgende Angelegenheiten können im Rahmen des verfassungsmäßig festgestellten Wirkungsbereiches unmittelbar von Bundesbehörden besorgt werden:

... land- und forstwirtschaftliches Schul- und Erziehungswesen in den Angelegenheiten des Art. 14a Abs. 2 sowie Zentrallehranstalten; Universitäts- und Hochschulwesen sowie das Erziehungswesen betreffend Studentenheime in diesen Angelegenheiten; ... *(BGBl. Nr. 1/1930 idF BGBl. Nr. 215/1962, Art. I Z 4, BGBl. I Nr. 2/2008, Art. 1 Z 21, BGBl. I Nr. 62/2016, Art. 1 Z 2 und BGBl. I Nr. 138/2017, Art. 1 Z 9)*

(3) Dem Bund bleibt es vorbehalten, auch in den im Abs. 2 aufgezählten Angelegenheiten den Landeshauptmann mit der Vollziehung des Bundes zu beauftragen. *(BGBl. Nr. 1/1930 idF BGBl. I Nr. 100/2003, Art. 1 Z 44)*

(4) Die Errichtung von eigenen Bundesbehörden für andere als die im Abs. 2 bezeichneten Angelegenheiten kann nur mit Zustimmung der beteiligten Länder erfolgen. *(BGBl. Nr. 1/1930 idF BGBl. I Nr. 100/2003, Art. 1 Z 44)*

...

Fünftes Hauptstück
Vollziehung auf dem Gebiet des Schul- und Erziehungswesens
(BGBl. I Nr. 138/2017, Art. 1 Z 11)

Artikel 113. (1) Die Vollziehung auf dem Gebiet des Schulwesens und auf dem Gebiet des Erziehungswesens in Angelegenheiten der Schülerheime gemäß Art. 14, jedoch mit Ausnahme des Kindergartenwesens und Hortwesens gemäß Art. 14 Abs. 4 lit. b, ist vom zuständigen Bundesminister und – soweit es sich nicht um Zentrallehranstalten handelt – von den dem zuständigen Bundesminister unterstellten Bildungsdirektionen zu besorgen.

(2) Abweichend von Abs. 1 tritt in den Angelegenheiten der Vollziehung gemäß Art. 14 Abs. 2, Abs. 3 lit. a und b sowie Abs. 4 lit. a nach den näheren Bestimmungen der Landesverfassung die Landesregierung oder einzelne Mitglieder derselben (Art. 101 Abs. 1) an die Stelle des Bundesministers.

(3) Für jedes Land wird eine als Bildungsdirektion zu bezeichnende gemeinsame Behörde des Bundes und des Landes eingerichtet.

(4) Den Bildungsdirektionen obliegen die Vollziehung des Schulrechtes für öffentliche Schulen gemäß Art. 14, einschließlich der Qualitätssicherung, der Schulaufsicht sowie des Bildungscontrollings, und die Vollziehung des Dienstrechtes und des Personalvertretungsrechtes der Lehrer für öffentliche Schulen und der sonstigen Bundesbediensteten an öffentlichen Schulen. Durch Bundesgesetz können sonstige Angelegenheiten der Bundesvollziehung, durch Landesgesetz sonstige Angelegenheiten der Landesvollziehung auf die Bildungsdirektion übertragen werden oder kann die Mitwirkung der Bildungsdirektion bei deren Vollziehung vorgesehen werden. Diese Angelegenheiten müssen in sachli-

chem Zusammenhang mit den in Abs. 1 und 2 genannten Angelegenheiten stehen. In den Angelegenheiten der Bundesvollziehung dürfen Bundesgesetze gemäß dem zweiten Satz nur mit Zustimmung der Länder kundgemacht werden. In diesen Angelegenheiten ist die Bildungsdirektion dem Bundesminister unterstellt. Für Landesgesetze gemäß dem zweiten Satz gilt Art. 97 Abs. 2 sinngemäß. In den Angelegenheiten der Landesvollziehung ist die Bildungsdirektion der Landesregierung (oder einem einzelnen Mitglied derselben) unterstellt.

(5) Unbeschadet der Abs. 1 und 2 können Aufgaben auf dem Gebiet der Vollziehung des Dienstrechtes und des Personalvertretungsrechtes der Lehrer, insbesondere Aufgaben auf den Gebieten des Disziplinarrechts, der Leistungsfeststellung, der Gleichbehandlung und des Bedienstetenschutzes durch Gesetz auf andere Organe übertragen werden. Die Erhaltung öffentlicher Pflichtschulen kann auf Gemeinden oder Gemeindeverbände übertragen werden.

(6) An der Spitze der Bildungsdirektion steht der Bildungsdirektor. Der zuständige Bundesminister bestellt den Bildungsdirektor im Einvernehmen mit dem Landeshauptmann auf dessen Vorschlag. Die Bestellung des Bildungsdirektors ist auf fünf Jahre befristet. Wiederbestellungen sind zulässig. Kommt kein Einvernehmen zustande, kann der Landeshauptmann vorläufig eine Person mit der Funktion des Bildungsdirektors betrauen. Nähere Bestimmungen trifft das Bundesgesetz gemäß Abs. 10.

(7) Der Bildungsdirektor ist bei der Erfüllung seiner Aufgaben in den Angelegenheiten der Bundesvollziehung an die Weisungen des zuständigen Bundesministers und in den Angelegenheiten der Landesvollziehung an die Weisungen der Landesregierung (oder eines einzelnen Mitgliedes derselben) gebunden. In übergreifenden Angelegenheiten ist der Bildungsdirektor an die Weisungen des zuständigen Bundesministers im Einvernehmen mit der Landesregierung (oder einem einzelnen Mitglied derselben) gebunden.

(8) Durch Landesgesetz kann vorgesehen werden, dass der Landeshauptmann der Bildungsdirektion als Präsident vorsteht. Der Landeshauptmann kann in diesem Fall das in Betracht kommende Mitglied der Landesregierung durch Verordnung mit der Ausübung dieser Funktion betrauen. Sieht ein Landesgesetz einen Präsidenten vor, gilt Abs. 7 für den Präsidenten. In einem solchen Fall ist der Bildungsdirektor an die Weisungen des Präsidenten gebunden. Weisungen des zuständigen Bundesministers bzw. der Landesregierung (oder eines einzelnen Mitgliedes derselben) können auch unmittelbar an den Bildungsdirektor gerichtet werden. Der Präsident hat Weisungen an den Bildungsdirektor in Angelegenheiten der Bundesvollziehung unverzüglich dem zuständigen Bundesminister zur Kenntnis zu bringen.

(9) Bund und Land haben der Bildungsdirektion die zur Besorgung ihrer Aufgaben erforderliche Zahl an Bediensteten des Bundes bzw. des Landes zuzuweisen. Der Bildungsdirektor übt die Dienst- und Fachaufsicht über alle Bundes- und Landesbediensteten in der Bildungsdirektion aus.

(10) Die näheren Bestimmungen über die Einrichtung, die Organisation und die Kundmachung von Verordnungen der Bildungsdirektion einschließlich der Anforderungen an die persönliche und fachliche Eignung des Bildungsdirektors sowie dessen Bestellung werden durch Bundesgesetz getroffen. Dieses Bundesgesetz kann vorsehen, dass der zuständige Bundesminister in einzelnen Angelegenheiten das Einvernehmen mit der Landesregierung (oder einem einzelnen Mitglied derselben) herzustellen hat. Der Bund hat den Ländern Gelegenheit zu geben, an der Vorbereitung solcher Gesetzesvorhaben mitzuwirken; das Gesetz darf nur mit Zustimmung der Länder kundgemacht werden.

(BGBl. I Nr. 138/2017, Art. 1 Z 11)

Sechstes Hauptstück
Selbstverwaltung

...

Siebentes Hauptstück
Rechnungs- und Gebarungskontrolle

...

Achtes Hauptstück
Garantien der Verfassung und Verwaltung

A. Verwaltungsgerichtsbarkeit
(BGBl. I Nr. 51/2012, Art. 1 Z 60)

Artikel 129. Für jedes Land besteht ein Verwaltungsgericht des Landes. Für den Bund bestehen ein als Bundesverwaltungsgericht zu bezeichnendes Verwaltungsgericht des Bundes und ein als Bundesfinanzgericht zu bezeichnendes Verwaltungsgericht des Bundes für Finanzen.

(BGBl. I Nr. 51/2012, Art. 1 Z 60)

Artikel 130. (1) Die Verwaltungsgerichte erkennen über Beschwerden

1. gegen den Bescheid einer Verwaltungsbehörde wegen Rechtswidrigkeit;
2. gegen die Ausübung unmittelbarer verwaltungsbehördlicher Befehls- und Zwangsgewalt wegen Rechtswidrigkeit;
3. wegen Verletzung der Entscheidungspflicht durch eine Verwaltungsbehörde. *(BGBl. I Nr. 51/2012, Art. 1 Z 60 idF BGBl. I Nr. 138/2017, Art. 1 Z 13)*
4. *entfallen gemäß BGBl. I Nr. 138/2017, Art. 1 Z 13*

(1a) ... *(BGBl. I Nr. 101/2014, Art. 1 Z 3)*

(2) Durch Bundes- oder Landesgesetz können sonstige Zuständigkeiten der Verwaltungsgerichte zur Entscheidung über

1. Beschwerden wegen Rechtswidrigkeit eines Verhaltens einer Verwaltungsbehörde in Vollziehung der Gesetze oder
2. Beschwerden wegen Rechtswidrigkeit eines Verhaltens eines Auftraggebers in den Angelegenheiten des öffentlichen Auftragswesens oder
3. Streitigkeiten in dienstrechtlichen Angelegenheiten der öffentlich Bediensteten oder *(BGBl. I Nr. 51/2012, Art. 1 Z 60 idF BGBl. I Nr. 14/2019, Art. 1 Z 23)*
4. Beschwerden, Streitigkeiten oder Anträge in sonstigen Angelegenheiten *(BGBl. I Nr. 14/2019, Art. 1 Z 23)*

vorgesehen werden. In den Angelegenheiten der Vollziehung des Bundes, die nicht unmittelbar von Bundesbehörden besorgt werden, sowie in den Angelegenheiten der Art. 11, 12, 14 Abs. 2 und 3 und 14a Abs. 3 und 4 dürfen Bundesgesetze gemäß Z 1 und 4 nur mit Zustimmung der Länder kundgemacht werden. *(BGBl. I Nr. 51/2012, Art. 1 Z 60 idF BGBl. I Nr. 14/2019, Art. 1 Z 24)*

(2a) Die Verwaltungsgerichte erkennen über Beschwerden von Personen, die durch das jeweilige Verwaltungsgericht in Ausübung seiner gerichtlichen Zuständigkeiten in ihren Rechten gemäß der Verordnung (EU) 2016/679 zum Schutz natürlicher Personen bei der Verarbeitung personenbezogener Daten, zum freien Datenverkehr und zur Aufhebung der Richtlinie 95/46/EG (Datenschutz-Grundverordnung) – DSGVO, ABl. Nr. L 119 vom 4. 5. 2016 S. 1, verletzt zu sein behaupten. *(BGBl. I Nr. 22/2018, Art. 1 Z 1)*

(3) Außer in Verwaltungsstrafsachen und in den zur Zuständigkeit des Verwaltungsgerichtes des Bundes für Finanzen gehörenden Rechtssachen liegt Rechtswidrigkeit nicht vor, soweit das Gesetz der Verwaltungsbehörde Ermessen einräumt und sie dieses im Sinne des Gesetzes geübt hat.

(4) Über Beschwerden gemäß Abs. 1 Z 1 in Verwaltungsstrafsachen hat das Verwaltungsgericht in der Sache selbst zu entscheiden. Über Beschwerden gemäß Abs. 1 Z 1 in sonstigen Rechtssachen hat das Verwaltungsgericht dann in der Sache selbst zu entscheiden, wenn

1. der maßgebliche Sachverhalt feststeht oder
2. die Feststellung des maßgeblichen Sachverhaltes durch das Verwaltungsgericht selbst im Interesse der Raschheit gelegen oder mit einer erheblichen Kostenersparnis verbunden ist.

(5) Von der Zuständigkeit der Verwaltungsgerichte ausgeschlossen sind Rechtssachen, die zur Zuständigkeit der ordentlichen Gerichte oder des Verfassungsgerichtshofes gehören, sofern nicht in diesem Gesetz anderes bestimmt ist. *(BGBl. I Nr. 51/2012, Art. 1 Z 60 idF BGBl. I Nr. 115/2013, Art. 1 Z 3)*

(BGBl. I Nr. 51/2012, Art. 1 Z 60)

Artikel 131. (1) Soweit sich aus Abs. 2 und 3 nicht anderes ergibt, erkennen über Beschwerden nach Art. 130 Abs. 1 die Verwaltungsgerichte der Länder.

(2) Soweit sich aus Abs. 3 nicht anderes ergibt, erkennt das Verwaltungsgericht des Bundes über Beschwerden gemäß Art. 130 Abs. 1 in Rechtssachen in den Angelegenheiten der Vollziehung des Bundes, die unmittelbar von Bundesbehörden besorgt werden. Sieht ein Gesetz gemäß Art. 130 Abs. 2 Z 2 eine Zuständigkeit der Verwaltungsgerichte vor, erkennt das Verwaltungsgericht des Bundes über Beschwerden in Rechtssachen in den Angelegenheiten des öffentlichen Auftragswesens, die gemäß Art. 14b Abs. 2 Z 1 in Vollziehung Bundessache sind. Sieht ein Gesetz gemäß Art. 130 Abs. 2 Z 3 eine Zuständigkeit der Verwaltungsgerichte vor, erkennt das Verwaltungsgericht des Bundes über Streitigkeiten in dienstrechtlichen Angelegenheiten der öffentlich Bediensteten des Bundes.

(3) ...[2])

(4) Durch Bundesgesetz kann

1. eine Zuständigkeit der Verwaltungsgerichte der Länder vorgesehen werden: in Rechtssachen in den Angelegenheiten gemäß Abs. 2 und 3;
2. eine Zuständigkeit der Verwaltungsgerichte des Bundes vorgesehen werden:
   a) ...[3])
   b) in Rechtssachen in den Angelegenheiten des Art. 14 Abs. 1 und 5; *(BGBl. I Nr. 138/2017, Art. 1 Z 14)*

[2]) Abs. 3 betrifft das Verwaltungsgericht des Bundes für Finanzen.

[3]) Lit. a betrifft Angelegenheiten der Umweltverträglichkeitsprüfung.

c) in sonstigen Rechtssachen in den Angelegenheiten der Vollziehung des Bundes, die nicht unmittelbar von Bundesbehörden besorgt werden, sowie in den Angelegenheiten der Art. 11, 12, 14 Abs. 2 und 3 und 14a Abs. 3. *(BGBl. I Nr. 51/2012, Art. 1 Z 60 idF BGBl. I Nr. 138/2017, Art. 1 Z 14)*

Bundesgesetze gemäß Z 1 und Z 2 lit. c dürfen nur mit Zustimmung der Länder kundgemacht werden. *(BGBl. I Nr. 51/2012, Art. 1 Z 60 idF BGBl. I Nr. 138/2017, Art. 1 Z 15)*

(5) Durch Landesgesetz kann in Rechtssachen in den Angelegenheiten des selbständigen Wirkungsbereiches der Länder eine Zuständigkeit der Verwaltungsgerichte des Bundes vorgesehen werden. Art. 97 Abs. 2 gilt sinngemäß.

(6) Über Beschwerden in Rechtssachen, in denen ein Gesetz gemäß Art. 130 Abs. 2 Z 1 und 4 eine Zuständigkeit der Verwaltungsgerichte vorsieht, erkennen die in dieser Angelegenheit gemäß den Abs. 1 bis 4 dieses Artikels zuständigen Verwaltungsgerichte. Ist gemäß dem ersten Satz keine Zuständigkeit gegeben, erkennen über solche Beschwerden die Verwaltungsgerichte der Länder. *(BGBl. I Nr. 51/2012, Art. 1 Z 60 idF BGBl. I Nr. 14/2019, Art. 1 Z 25)*

(BGBl. I Nr. 51/2012, Art. 1 Z 60)

Artikel 132. (1) Gegen den Bescheid einer Verwaltungsbehörde kann wegen Rechtswidrigkeit Beschwerde erheben:

1. wer durch den Bescheid in seinen Rechten verletzt zu sein behauptet;
2. der zuständige Bundesminister in Rechtssachen in einer Angelegenheit der Art. 11, 12, 14 Abs. 2 und 3 und 14a Abs. 3 und 4. *(BGBl. I Nr. 51/2012, Art. 1 Z 60 idF BGBl. I Nr. 164/2013, Art. 1 Z 13 und BGBl. I Nr. 138/2017, Art. 1 Z 16)*

(2) Gegen die Ausübung unmittelbarer verwaltungsbehördlicher Befehls- und Zwangsgewalt kann wegen Rechtswidrigkeit Beschwerde erheben, wer durch sie in seinen Rechten verletzt zu sein behauptet.

(3) Wegen Verletzung der Entscheidungspflicht kann Beschwerde erheben, wer im Verwaltungsverfahren als Partei zur Geltendmachung der Entscheidungspflicht berechtigt zu sein behauptet.

(4) Wer in anderen als den in Abs. 1 und 2 genannten Fällen und in den Fällen, in denen ein Gesetz gemäß Art. 130 Abs. 2 eine Zuständigkeit der Verwaltungsgerichte vorsieht, wegen Rechtswidrigkeit Beschwerde erheben kann, bestimmen die Bundes- oder Landesgesetze. *(BGBl. I Nr. 51/2012, Art. 1 Z 60 idF BGBl. I Nr. 138/2017, Art. 1 Z 17)*

(5) In den Angelegenheiten des eigenen Wirkungsbereiches der Gemeinde kann Beschwerde beim Verwaltungsgericht erst nach Erschöpfung des Instanzenzuges erhoben werden. *(BGBl. I Nr. 51/2012, Art. 1 Z 60 idF BGBl. I Nr. 138/2017, Art. 1 Z 17)*

(BGBl. I Nr. 51/2012, Art. 1 Z 60)

Artikel 133. (1) Der Verwaltungsgerichtshof erkennt über

1. Revisionen gegen das Erkenntnis eines Verwaltungsgerichtes wegen Rechtswidrigkeit;
2. Anträge auf Fristsetzung wegen Verletzung der Entscheidungspflicht durch ein Verwaltungsgericht;
3. Kompetenzkonflikte zwischen Verwaltungsgerichten oder zwischen einem Verwaltungsgericht und dem Verwaltungsgerichtshof.

(2) Durch Bundes- oder Landesgesetz können sonstige Zuständigkeiten des Verwaltungsgerichtshofes zur Entscheidung über Anträge eines ordentlichen Gerichtes auf Feststellung der Rechtswidrigkeit eines Bescheides oder eines Erkenntnisses eines Verwaltungsgerichtes vorgesehen werden.

(2a) Der Verwaltungsgerichtshof erkennt über die Beschwerde einer Person, die durch den Verwaltungsgerichtshof in Ausübung seiner gerichtlichen Zuständigkeiten in ihren Rechten gemäß der DSGVO verletzt zu sein behauptet. *(BGBl. I Nr. 22/2018, Art. 1 Z 2)*

(3) Rechtswidrigkeit liegt nicht vor, soweit das Verwaltungsgericht Ermessen im Sinne des Gesetzes geübt hat.

(4) Gegen ein Erkenntnis des Verwaltungsgerichtes ist die Revision zulässig, wenn sie von der Lösung einer Rechtsfrage abhängt, der grundsätzliche Bedeutung zukommt, insbesondere weil das Erkenntnis von der Rechtsprechung des Verwaltungsgerichtshofes abweicht, eine solche Rechtsprechung fehlt oder die zu lösende Rechtsfrage in der bisherigen Rechtsprechung des Verwaltungsgerichtshofes nicht einheitlich beantwortet wird. Hat das Erkenntnis nur eine geringe Geldstrafe zum Gegenstand, kann durch Bundesgesetz vorgesehen werden, dass die Revision unzulässig ist.

(5) Von der Zuständigkeit des Verwaltungsgerichtshofes ausgeschlossen sind Rechtssachen, die zur Zuständigkeit des Verfassungsgerichtshofes gehören.

(6) Gegen das Erkenntnis eines Verwaltungsgerichtes kann wegen Rechtswidrigkeit Revision erheben:

1. wer durch das Erkenntnis in seinen Rechten verletzt zu sein behauptet;

2. die belangte Behörde des Verfahrens vor dem Verwaltungsgericht;
3. der zuständige Bundesminister in den im Art. 132 Abs. 1 Z 2 genannten Rechtssachen. *(BGBl. I Nr. 51/2012, Art. 1 Z 60 idF BGBl. I Nr. 138/2017, Art. 1 Z 18)*
4. *entfallen gemäß BGBl. I Nr. 138/2017, Art. 1 Z 18*

(7) Wegen Verletzung der Entscheidungspflicht kann einen Antrag auf Fristsetzung stellen, wer im Verfahren vor dem Verwaltungsgericht als Partei zur Geltendmachung der Entscheidungspflicht berechtigt zu sein behauptet.

(8) Wer in anderen als den in Abs. 6 genannten Fällen wegen Rechtswidrigkeit Revision erheben kann, bestimmen die Bundes- oder Landesgesetze.

(9) Auf die Beschlüsse der Verwaltungsgerichte sind die für ihre Erkenntnisse geltenden Bestimmungen dieses Artikels sinngemäß anzuwenden. Inwieweit gegen Beschlüsse der Verwaltungsgerichte Revision erhoben werden kann, bestimmt das die Organisation und das Verfahren des Verwaltungsgerichtshofes regelnde besondere Bundesgesetz.

(BGBl. I Nr. 51/2012, Art. 1 Z 60)

...

B. Verfassungsgerichtshof

(BGBl. I Nr. 51/2012, Art. 1 Z 63)

...

Artikel 142. (1) Der Verfassungsgerichtshof erkennt über die Anklage, mit der die verfassungsmäßige Verantwortlichkeit der obersten Bundes- und Landesorgane für die durch ihre Amtstätigkeit erfolgten schuldhaften Rechtsverletzungen geltend gemacht wird.

(2) Die Anklage kann erhoben werden:

...

g) gegen einen Landeshauptmann wegen Nichtbefolgung einer Weisung gemäß Art. 14 Abs. 8: durch Beschluss der Bundesregierung; *(BGBl. Nr. 215/1962, Art. I Z 8 idF BGBl. Nr. 1013/1994, Art. I Z 24 und BGBl. I Nr. 100/2003, Art. 1 Z 44 und 49)*

h) gegen einen Präsidenten der Bildungsdirektion oder das mit der Ausübung dieser Funktion betraute Mitglied der Landesregierung wegen Gesetzesverletzung sowie wegen Nichtbefolgung der Verordnungen oder sonstigen Anordnungen (Weisungen) des Bundes: durch Beschluss der Bundesregierung; wegen Nichtbefolgung sonstiger Anordnungen (Weisungen) des Landes: durch Beschluss des zuständigen Landtages; *(BGBl. I Nr. 138/2017, Art. 1 Z 19)*

...

(3) ...

(4) Das verurteilende Erkenntnis des Verfassungsgerichtshofes hat auf Verlust des Amtes, unter besonders erschwerten Umständen auch auf zeitlichen Verlust der politischen Rechte, zu lauten; bei geringfügigen Rechtsverletzungen in den in Abs. 2 unter ... g und h erwähnten Fällen kann sich der Verfassungsgerichtshof auf die Feststellung beschränken, dass eine Rechtsverletzung vorliegt. Der Verlust des Amtes des Präsidenten der Bildungsdirektion hat auch den Verlust jenes Amtes zur Folge, mit dem das Amt des Präsidenten gemäß Art. 113 Abs. 8 verbunden ist. *(BGBl. Nr. 1/1930 idF BGBl. Nr. 215/1962, Art. I Z 8, BGBl. Nr. 1013/1994, Art. I Z 26, BGBl. I Nr. 100/2003, Art. 1 Z 44 und 49 sowie BGBl. I Nr. 138/2017, Art. 1 Z 20)*

(5) Der Bundespräsident kann von dem ihm nach Art. 65 Abs. 2 lit. c zustehenden Recht nur auf Antrag des Vertretungskörpers oder der Vertretungskörper, von dem oder von denen die Anklage beschlossen worden ist, wenn aber die Bundesregierung die Anklage beschlossen hat, nur auf deren Antrag Gebrauch machen, und zwar in allen Fällen nur mit Zustimmung des Angeklagten. *(BGBl. Nr. 1013/1994, Art. I Z 27)*

Neuntes Hauptstück
Volksanwaltschaft

...

Zehntes Hauptstück
Schlussbestimmungen

...

Artikel 151. ...

(11) Für das Inkrafttreten durch das Bundesverfassungsgesetz BGBl. Nr. 1013/1994 neu gefaßter oder eingefügter Bestimmungen ... gilt folgendes:

1. Der Gesetzestitel, ... treten mit 1. Jänner 1995 in Kraft.
2. ..., Art. 142 Abs. 2 lit. c und Bezeichnungen der nunmehrigen lit. d bis i sowie Art. 142 Abs. 3 bis 5 treten zugleich mit dem Staatsvertrag über den Beitritt der Republik Österreich zur Europäischen Union in Kraft.[4]) *(BGBl. Nr. 1013/1994, Art. I Z 30 idF BGBl. I Nr. 114/2013, Z 23)*

...

(BGBl. Nr. 1013/1994, Art. I Z 30)

[4]) Der Staatsvertrag über den Beitritt der Republik Österreich zur Europäischen Union ist am 1. Jänner 1995 in Kraft getreten.

(29) ... Art. 8, ... Art. 14 Abs. 1, Abs. 5 lit. a und Abs. 8, Art. 14a, Art. 81a Abs. 1, 4 und 5, ... sowie die Überschriften und die sonstigen Bestimmungen in der Fassung des Bundesgesetzes BGBl. I Nr. 100/2003 treten mit 1. Jänner 2004 in Kraft. *(BGBl. I Nr. 100/2003, Art. 1 Z 52)*

...

(32) Art. 14 Abs. 5a, 6, 6a, 7a und 10 und Art. 14a Abs. 7 und 8 treten mit Ablauf des Tages der Kundmachung des Bundesverfassungsgesetzes BGBl. I Nr. 31/2005 im Bundesgesetzblatt in Kraft. *(BGBl. I Nr. 31/2005, Z 7)*

(33) In der Fassung des Bundesverfassungsgesetzes BGBl. I Nr. 81/2005 treten in Kraft:

1. …
2. Art. 8 Abs. 3 mit Ablauf des Monats der Kundmachung dieses Bundesverfassungsgesetzes.[5])

(BGBl. I Nr. 81/2005, Z 3)

...

(39) ... Art. 102 Abs. 2 ... in der Fassung des Bundesverfassungsgesetzes BGBl. III Nr. 2/2008 treten mit 1. Juli 2008 in Kraft. ... *(BGBl. I Nr. 2/2008, Art. 1 Z 42)*

...

(51) Für das Inkrafttreten der durch das Bundesgesetz BGBl. I Nr. 51/2012 geänderten oder eingefügten Bestimmungen und für das Außerkrafttreten der durch dieses Bundesgesetz aufgehobenen Bestimmungen sowie für den Übergang zur neuen Rechtslage gilt Folgendes:

...

6. ... Art. 14a Abs. 5 erster Satz, ... Art. 15 Abs. 6 vorletzter Satz, ... in der Fassung des Bundesgesetzes BGBl. I Nr. 51/2012 ... treten mit Ablauf des Monats der Kundmachung in Kraft; ... Art. 81b Abs. 3 erster Satz, die Überschrift zu Abschnitt B des dritten Hauptstückes, ... Art. 94, die Art. 129 bis 136 samt Abschnittsüberschriften (Abschnitt A neu des siebenten Hauptstückes), ... in der Fassung des Bundesgesetzes BGBl. I Nr. 51/2012 treten mit 1. Jänner 2014 in Kraft; gleichzeitig treten ... Art. 15 Abs. 7, Art. 81a Abs. 4 letzter Satz, ... außer Kraft.
7. ...
8. Mit 1. Jänner 2014 werden ...; ferner werden die in der **Anlage** genannten Verwaltungsbehörden[6]) (im Folgenden: sonstige unabhängige Verwaltungsbehörden) aufgelöst. Die Zuständigkeit zur Weiterführung der mit Ablauf des 31. Dezember 2013 bei diesen Behörden anhängigen Verfahren sowie der bei den Aufsichtsbehörden anhängigen Verfahren über Vorstellungen (Art. 119a Abs. 5) geht auf die Verwaltungsgerichte über; dies gilt auch für die bei sonstigen Behörden anhängigen Verfahren, in denen diese Behörden sachlich in Betracht kommende Oberbehörde oder im Instanzenzug übergeordnete Behörde sind, mit Ausnahme von Organen der Gemeinde.

...

(BGBl. I Nr. 51/2012, Art. 1 Z 84)

...

(54) In der Fassung des Bundesverfassungsgesetzes BGBl. I Nr. 114/2013 treten in bzw. außer Kraft:

...

3. ... Art. 14a Abs. 1, ... Art. 81a Abs. 1, ... sowie das Fußnotenzeichen „*)" in Abs. 11 Z 2 und die Fußnote zu dieser Bestimmung mit Ablauf des Monats der Kundmachung dieses Bundesverfassungsgesetzes;
4. Art. 94 Abs. 2 mit 1. Jänner 2014;

...

(BGBl. I Nr. 114/2013, Z 26)

(55) ... Art. 130 Abs. 5 ... in der Fassung des Bundesverfassungsgesetzes BGBl. I Nr. 115/2013 treten mit 1. Jänner 2014 in Kraft. *(BGBl. I Nr. 115/2013, Art. 1 Z 5)*

(56) In der Fassung des Schulbehörden – Verwaltungsreformgesetzes 2013, BGBl. I Nr. 164/2013, treten in Kraft:

1. Art. 14 Abs. 5 lit. a und b sowie der Einleitungssatz des Art. 81b Abs. 1 mit Ablauf des Tages der Kundmachung im Bundesgesetzblatt,
2. Art. 81a Abs. 1 mit 1. September 2013,
3. Art. 14 Abs. 3 lit. a, Abs. 4 lit. a, Art. 81a Abs. 2 und Abs. 3, Art. 81b Abs. 1 (sofern nicht von Z 1 erfasst), Art. 132 Abs. 1 und 4 sowie Art. 133 Abs. 6 mit 1. August 2014.

(BGBl. I Nr. 164/2013, Art. 1 Z 16)

...

(59a) Art. 10 Abs. 1 Z 11 und Art. 102 Abs. 2 in der Fassung des Bundesgesetzes BGBl. I Nr. 62/2016 treten mit 1. August 2016 in Kraft. *(BGBl. I Nr. 62/2016, Art. 1 Z 3 idF BGBl. I Nr. 2/2021, Art. 1 Z 2)*

...

(61) Art. 10 Abs. 1 Z 12a, Art. 14 Abs. 1 und 3 und Abs. 4 lit. a, Art. 14a Abs. 1, Art. 21 Abs. 1, die Überschrift vor Art. 81c,

---

[5]) Die Kundmachung des Bundesverfassungsgesetzes BGBl. I Nr. 81/2005 erfolgte am 9. August 2005.

[6]) Die hier nicht abgedruckte Anlage (siehe BGBl. I Nr. 51/2012, Art. 1 Z 85) nennt im Schulbereich die nach Bundes- und Landesgesetzen eingerichteten Berufungs-, Disziplinar- und Leistungsfeststellungsoberkommissionen.

Art. 102 Abs. 2, Art. 112, das fünfte Hauptstück, die Überschriften vor Art. 115, 121 und 129, Art. 130 Abs. 1 Z 3, Art. 131 Abs. 4 Z 2 lit. b und c und Abs. 4 letzter Satz, Art. 132 Abs. 1 Z 2, Abs. 4 und 5, Art. 133 Abs. 6, Art. 142 Abs. 2 lit. h, Art. 142 Abs. 4 letzter Satz sowie die Überschriften vor Art. 148a und 149 in der Fassung des Bundesgesetzes BGBl. I Nr. 138/2017 treten mit 1. Jänner 2019 in Kraft. Gleichzeitig treten der fünfte Unterabschnitt des Abschnittes A des dritten Hauptstückes, Art. 130 Abs. 1 Z 4, Art. 132 Abs. 4 und Art. 133 Abs. 6 Z 4 außer Kraft. Soweit die Bundesgesetzgebung nicht anderes bestimmt, treten mit diesem Zeitpunkt in den Angelegenheiten des Art. 14 Abs. 3 lit. a bestehende Grundsatzgesetze und Grundsatzbestimmungen in Bundesgesetzen sowie in diesen Angelegenheiten bestehende landesrechtliche Vorschriften außer Kraft. Für den Übergang zur neuen Rechtslage gilt:

1. Der Bildungsdirektor kann ab 1. Jänner 2018 gemäß dem in Art. 113 Abs. 6 in der Fassung BGBl. I Nr. 138/2017 festgelegten Verfahren bestellt werden. Der Landeshauptmann kann den amtsführenden Präsidenten des Landesschulrates auf dessen Antrag ab 1. Jänner 2018 bis einschließlich 30. Juni 2018 mit der Funktion des Bildungsdirektors betrauen. Der Antrag auf Betrauung mit der Funktion des Bildungsdirektors kann bis zum Ablauf des 31. Jänner 2018 gestellt werden. Bei Betrauung des amtsführenden Präsidenten des Landesschulrates durch den Landeshauptmann endet die Funktion als Bildungsdirektor mit dem Tag des Zusammentrittes des neugewählten Landtages des jeweiligen Landes. Wird der amtsführende Präsident des Landesschulrates erst nach dem Zusammentritt des neugewählten Landtages vom Landeshauptmann mit der Funktion des Bildungsdirektors betraut, endet die Funktion als Bildungsdirektor jedenfalls mit Ablauf des 30. Juni 2018. Eine Wiederbestellung als Bildungsdirektor gemäß Art. 113 Abs. 6 in der Fassung BGBl. I Nr. 138/2017 ist zulässig. Der Bildungsdirektor übt für die Dauer seiner Bestellung bzw. Betrauung, längstens jedoch bis zum Ablauf des 31. Dezember 2018 die Funktion des amtsführenden Präsidenten des Landesschulrates aus.
2. Der Präsident der Bildungsdirektion kann ab 1. Jänner 2018 nach dem gemäß Art. 113 Abs. 8 in der Fassung BGBl. I Nr. 138/2017 festgelegten Verfahren vorgesehen werden.
3. Mit Ablauf des 31. Dezember 2018 werden die Landesschulräte einschließlich der im Rahmen der Landesschulräte eingerichteten Kollegien aufgelöst. Mit Ablauf des 31. Dezember 2018 gelten die zu diesem Zeitpunkt bei den Landesschulräten tätigen Bundes- und Landesbediensteten als der Bildungsdirektion zugewiesen. Die Zuständigkeit zur Weiterführung der mit Ablauf des 31. Dezember 2018 bei den Landesschulräten anhängigen Verfahren geht auf die Bildungsdirektionen über. Gleiches gilt für die mit Ablauf des 31. Dezember 2018 bei den Landesregierungen in den in Art. 113 Abs. 2 in der Fassung BGBl. I Nr. 138/2017 genannten Angelegenheiten anhängigen Verfahren. Die näheren Bestimmungen über den Zuständigkeitsübergang können durch Bundesgesetz getroffen werden.
4. Die für die Aufnahme der Tätigkeit der Bildungsdirektionen erforderlichen organisatorischen und personellen Maßnahmen können bereits mit Ablauf des Tages der Kundmachung des Bundesgesetzes BGBl. I Nr. 138/2017 getroffen werden.

(BGBl. I Nr. 138/2017, Art. 1 Z 21)

(62) Art. 130 Abs. 2a und Art. 133 Abs. 2a in der Fassung des Bundesgesetzes BGBl. I Nr. 22/2018 treten mit 25. Mai 2018 in Kraft. *(BGBl. I Nr. 22/2018, Art. 1 Z 3)*

(63) Für das Inkrafttreten des Bundesgesetzes BGBl. I Nr. 14/2019 gilt Folgendes:

1. Art. 15 Abs. 7, 10 und 11, Art. 83 Abs. 1, Art. 97 Abs. 2, Art. 98, Art. 106, Art. 116 Abs. 3, Art. 117 Abs. 7, Art. 130 Abs. 2, Art. 131 Abs. 6 und Art. 136 Abs. 3b treten mit Ablauf des Monats der Kundmachung dieses Bundesgesetzes in Kraft.[7]) Gleichzeitig tritt Art. 101a außer Kraft.

...

4. Art. 10 Abs. 1 Z 6, 11 und 17, Art. 11 Abs. 1 Z 8 und 9, Art. 12 Abs. 1 in der Fassung der Z 7 und 8, Art. 97 Abs. 4, Art. 102 Abs. 2 in der Fassung der Z 18 und Art. 118 Abs. 3 Z 10 treten mit 1. Jänner 2020 in Kraft; ….

...

(BGBl. I Nr. 14/2019, Art. 1 Z 27)

---

[7]) Die Kundmachung des Bundesgesetzes BGBl. I Nr. 14/2019 erfolgte am 15. Jänner 2019.

15.2. BVG 1962

BGBl. Nr. 215/1962
idF der Bundesgesetze
BGBl. I Nr. 2/2008 BGBl. I Nr. 164/2013
BGBl. I Nr. 138/2017

Auszug
(Artikel II bis IV und Artikel VI bis XII)

Bundesverfassungsgesetz vom 18. Juli 1962, mit dem das Bundes-Verfassungsgesetz in der Fassung von 1929 hinsichtlich des Schulwesens geändert wird.

Der Nationalrat hat beschlossen:

Artikel I.

Das Bundes-Verfassungsgesetz in der Fassung von 1929 wird abgeändert wie folgt:

..... *(Die durch Art. I verfügten Änderungen des B-VG sind im Text eingearbeitet)*

Artikel II.

entfallen (BGBl. I Nr. 138/2017, Art. 2 Z 1)

Artikel III.

Abweichend von den Bestimmungen des Artikels 14 Abs. 2 bis 4 des Bundes-Verfassungsgesetzes ist Bundessache die Gesetzgebung und die Vollziehung in den Angelegenheiten des Bundes-Blindenerziehungsinstitutes in Wien, des Bundesinstitutes für Gehörlosenbildung in Wien und der Bundes-Berufsschule für Uhrmacher in Karlstein in Niederösterreich. *(BGBl. Nr. 215/1962 idF BGBl. I Nr. 164/2013, Art. 2 Z 1 und 2 sowie BGBl. I Nr. 138/2017, Art. 2 Z 2)*

(2) entfallen (BGBl. I Nr. 164/2013, Art. 2 Z 2)

Artikel IV.

(1) Bis zu einer anderweitigen Regelung durch Bundesgesetz trägt der Bund die Kosten der Besoldung (Aktivitäts- und Pensionsaufwand) der Lehrer für öffentliche Pflichtschulen (Artikel 14 Abs. 2 des Bundes-Verfassungsgesetzes), unbeschadet allfälliger gesetzlicher Beitragsleistungen der Länder zum Personalaufwand für diese Lehrer. *(BGBl. Nr. 215/1962 idF BGBl. I Nr. 138/2017, Art. 2 Z 2)*

(2) Solange der Bund ganz oder teilweise für die Kosten der Besoldung der im Abs. 1 genannten Lehrer aufkommt, haben die Länder jährlich einen Dienstpostenplan für diese Lehrer zu erstellen. Hiebei sind die für die Erstellung der Dienstpostenpläne für die Lehrer des Bundes jeweils geltenden Bestimmungen sinngemäß anzuwenden.

(3) Solange der Bund ganz oder teilweise für die Kosten der Besoldung der im Abs. 1 genannten Lehrer aufkommt, bedürfen der Zustimmung des zuständigen Bundesministeriums im Einvernehmen mit dem Bundesministerium für Finanzen:

a) Die gemäß Abs. 2 zu erstellenden Dienstpostenpläne der Länder. Der Bund legt die Kriterien für seine Zustimmung vorab in Stellenplanrichtlinien fest, die unter Bedachtnahme auf die bestehenden gesetzlichen Grundlagen laufend überprüft und erforderlichenfalls rechtzeitig angepasst werden. Die Zustimmung ist aus dem Grunde einer zu hohen Landesdurchschnittszahl der Schüler je Klasse zu verweigern, wenn sie bei Volksschulen, Hauptschulen, Neuen Mittelschulen und Polytechnischen Schulen den Wert 25, bei Sonderschulen den Wert 13 übersteigt. *(BGBl. I Nr. 138/2017, Art. 2 Z 3)*

b) Alle im freien Ermessen liegenden Personalmaßnahmen über die im Abs. 1 genannten Lehrer, die finanzielle Auswirkungen nach sich ziehen. Das zuständige Bundesministerium hat jedoch im Einvernehmen mit dem Bundesministerium für Finanzen jene im freien Ermessen liegenden Personalmaßnahmen festzustellen, die ihrer Geringfügigkeit wegen ohne eine solche Zustimmung getroffen werden können.

(4) Solange der Bund ganz oder teilweise für die Kosten der Besoldung der im Abs. 1 genannten Lehrer aufkommt, haben sich die Länder bei der Vollziehung gemäß Art. 14 Abs. 2 des Bundes-Verfassungsgesetzes des vom Bund bereitgestellten und betriebenen IT-Verfahrens für das Personalmanagement zu bedienen. Die Länder haben laufend zusätzlich zu den Daten, die für die Besoldung der in Abs. 1 genannten Lehrer erforderlich sind und im IT-Verfahren für das Personalmanagement direkt erfasst werden, Daten zu den Lehrfächerverteilungen dieser Lehrer

und zur äußeren Schulorganisation automationsunterstützt zu erfassen und für die Übernahme in das vom Bund bereitgestellte IT-Verfahren für das Personalmanagement zur Verfügung zu stellen. Der Bund kann diese Daten zum Zweck des Budget-, Personal- und Bildungscontrollings uneingeschränkt einsehen und weiter verarbeiten. *(BGBl. I Nr. 138/2017, Art. 2 Z 4)*

(5) Werden die vom Bund gemäß Abs. 1 zur Kostentragung der Besoldung der Lehrer für öffentliche Pflichtschulen zur Verfügung gestellten Mittel aufgrund des Entfalls von Verminderungen der Unterrichtsverpflichtung ansonsten vorgesehener Schulleitungen an einzelnen Standorten im Rahmen eines Schulclusters nicht ausgeschöpft, können diese für die Tragung der Personalkosten des administrativen und sonstigen pädagogischen Personals im Schuldienst verwendet werden. Die Länder und Gemeinden können sich einer vom Bund im Rahmen der Privatwirtschaftsverwaltung gegründeten Einrichtung zur Bereitstellung administrativen und sonstigen pädagogischen Personals im Schuldienst bedienen; eine Verpflichtung zur Gründung einer solchen Einrichtung besteht für den Bund nicht. *(BGBl. I Nr. 138/2017, Art. 2 Z 4)*

Artikel V.[1])

..... *(Übergangsbestimmung)*

Artikel VI.

Im Rahmen der Gewährung von Subventionen zum Personalaufwand konfessioneller Privatschulen obliegt es nach Maßgabe der gesetzlichen Vorschriften dem zuständigen Bundesminister, die Aufteilung der diesen Schulen zur Verfügung zu stellenden Lehrerdienstposten auf die einzelnen Schulen vorzunehmen. Die Gebietskörperschaft, welche die Diensthoheit über die Lehrer für die entsprechenden öffentlichen Schulen ausübt, ist verpflichtet, nach Maßgabe der bundesgesetzlichen Vorschriften über die Subventionierung die Zuweisung der einzelnen Lehrer an die Schulen durchzuführen.

Artikel VII.[2])

(1) Auf die im Zeitpunkte des Inkrafttretens dieses Bundesverfassungsgesetzes geltenden Rechtsvorschriften, die Angelegenheiten betreffen, für die dieses Bundesverfassungsgesetz die Zuständigkeit zur Gesetzgebung und Vollziehung regelt, sind die Bestimmungen der §§ 2 bis 6 des Übergangsgesetzes vom 1. Oktober 1920 in der Fassung des BGBl. Nr. 368 vom Jahre 1925 und des BGBl. Nr. 393 vom Jahre 1929 sinngemäß anzuwenden.

(2) Soweit Rechtsvorschriften im Sinne des Abs. 1 auf Grund des § 42 des Übergangsgesetzes vom 1. Oktober 1920 in seiner jeweiligen Fassung durch übereinstimmende Gesetze des Bundes und der einzelnen Länder oder der einzelnen Länder und des Bundes erlassen worden sind, gelten folgende Bestimmungen:

a) Ist in der Angelegenheit, welche die gesetzliche Regelung betrifft, auf Grund des vorliegenden Bundesverfassungsgesetzes die Gesetzgebung Bundessache, so tritt das Landesgesetz außer Kraft. Die Geltung des mit diesem Landesgesetz übereinstimmenden Bundesgesetzes ist von dem außer Kraft tretenden Landesgesetz nicht mehr abhängig.

b) Ist in der Angelegenheit, welche die gesetzliche Regelung betrifft, auf Grund des vorliegenden Bundesverfassungsgesetzes die Gesetzgebung ausschließlich oder hinsichtlich der Erlassung von Ausführungsgesetzen Landessache, so tritt das Bundesgesetz außer Kraft. Die Geltung des mit diesem Bundesgesetz übereinstimmenden Landesgesetzes ist von dem außer Kraft tretenden Bundesgesetz nicht mehr abhängig.

(3) Soweit es sich bei den unter Abs. 2 lit. b fallenden gesetzlichen Regelungen um landesgesetzliche Vorschriften über die Organisation der Schulaufsicht des Bundes in den Ländern handelt, treten sie außer Kraft.

Artikel VIII.

(1) In den Angelegenheiten

a) der Volksbildung und

b) des durch dieses Bundesverfassungsgesetz nicht erfaßten Erziehungswesens im Sinne des Artikels 14 des Bundes-Verfassungsgesetzes in der Fassung von 1929 in seiner vor dem Inkrafttreten dieses Bundesverfassungsgesetzes in Geltung gestandenen Fassung

können Änderungen der Gesetzeslage bis zu einer anderweitigen bundesverfassungsgesetzlichen Regelung nur durch übereinstimmende Gesetze des Bundes und der Länder bewirkt werden; auf dem Gebiete der Vollziehung in diesen Angelegenheiten verbleibt es bis dahin bei der im Zeitpunkt des Inkrafttretens des vorliegenden Bundesverfassungsgesetzes bestehenden Rechtslage.

(2) Die Bestimmungen des Artikels 11 Abs. 2 bis 5 des Bundes-Verfassungsgesetzes

[1]) Art. V wurde durch § 1 Abs. 3 Z 9 des Ersten Bundesverfassungsrechtsbereinigungsgesetz, BGBl. I Nr. 2/2008, als nicht mehr geltend festgestellt.

[2]) Art. VII wurde durch § 1 Abs. 2 Z 8 des Ersten Bundesverfassungsrechtsbereinigungsgesetz, BGBl. I Nr. 2/2008, als nicht mehr geltend festgestellt.

in der Fassung von 1929 gelten auch für die im Abs. 1 bezeichneten Angelegenheiten.

Artikel IX.

Die Kompetenzbestimmungen der §§ 2 und 3 des Minderheiten-Schulgesetzes für Kärnten, BGBl. Nr. 101/1959, werden durch dieses Bundesverfassungsgesetz nicht berührt.

Artikel X.[3])

Mit dem Wirksamwerden dieses Bundesverfassungsgesetzes treten folgende bundesverfassungsgesetzlichen Vorschriften, soweit sie sich nicht auf das land- und forstwirtschaftliche Schulwesen beziehen, außer Kraft:

a) § 42 des Übergangsgesetzes vom 1. Oktober 1920 in der Fassung des BGBl. Nr. 368 vom Jahre 1925 und des BGBl. Nr. 393 vom Jahre 1929;

b) das Bundesverfassungsgesetz vom 21. April 1948, BGBl. Nr. 88, betreffend den Wirkungsbereich des Bundes und der Länder auf dem Gebiete des Dienstrechtes der Schulaufsichtsbeamten sowie der Lehrer öffentlicher Schulen (Lehrerdienstrechts-Kompetenzgesetz);

c) das Bundesverfassungsgesetz vom 13. Juli 1955, BGBl. Nr. 162, womit die Zuständigkeit des Bundes und der Länder zur Gesetzgebung und Vollziehung auf dem Gebiete der Errichtung, Erhaltung und Auflassung öffentlicher Schulen, Kindergärten und Horte geregelt wird (Schulerhaltungs-Kompetenzgesetz).

Artikel XI.

(1) In der Fassung des Bundesgesetzes BGBl. I Nr. 164/2013 treten Art. III Abs. 1 sowie Art. IV Abs. 3 in der Fassung des Schulbehörden – Verwaltungsreformgesetzes 2013, BGBl. I Nr. 164/2013,[4]) mit dem der Kundmachung des genannten Bundesgesetzes im Bundesgesetzblatt folgenden Tag in Kraft. In Art. III treten die Absatzbezeichnungen „(1)“ und Abs. 2 mit Ablauf des 31. Juli 2014 außer Kraft. *(BGBl. I Nr. 164/2013, Art. 2 Z 4 idF BGBl. I Nr. 138/2017, Art. 2 Z 5)*

(2) Art. III, IV Abs. 1 und Abs. 3 lit. a sowie Art. IV Abs. 4 und 5 in der Fassung des Bundesgesetzes BGBl. I Nr. 138/2017 treten mit 1. Jänner 2019 in Kraft. Gleichzeitig tritt Art. II außer Kraft. *(BGBl. I Nr. 138/2017, Art. 2 Z 5)*

(BGBl. I Nr. 164/2013, Art. 2 Z 4)

Artikel XII.

Mit der Vollziehung dieses Bundesverfassungsgesetzes ist die Bundesregierung betraut.

[3]) Art. X wurde durch § 1 Abs. 1 Z 8 des Ersten Bundesverfassungsrechtsbereinigungsgesetz, BGBl. I Nr. 2/2008, als nicht mehr geltend festgestellt.

[4]) Die zweimalige Nennung des BGBl. I Nr. 164/2013 beruht auf einem redaktionellen Versehen.

15.3. BVG 1975

BGBl. Nr. 316/1975

Auszug
(Artikel II bis X)

Bundesverfassungsgesetz vom 28. April 1975, mit dem das Bundes-Verfassungsgesetz in der Fassung von 1929 hinsichtlich des Schulwesens neuerlich geändert wird

Der Nationalrat hat beschlossen:

Artikel I

Das Bundes-Verfassungsgesetz in der Fassung von 1929 wird geändert wie folgt:

.... *(Die durch Art. I verfügten Änderungen des B-VG sind im Text eingearbeitet)*

Artikel II

Die Bestimmungen des § 3 Abs. 2 letzter Satz des Finanz-Verfassungsgesetzes 1948, BGBl. Nr. 45, stehen der Umlegung des Bedarfes von Gemeindeverbänden, die für Zwecke der Errichtung und Erhaltung von öffentlichen land- und forstwirtschaftlichen Berufs- und Fachschulen und von öffentlichen Schülerheimen, die ausschließlich oder vorwiegend für Schüler solcher Schulen bestimmt sind, geschaffen werden, nicht entgegen. Die Regelung der Umlegung des Bedarfes solcher Gemeindeverbände ist in Gesetzgebung und Vollziehung Landessache.

Artikel III

Auf die Bundes-Gartenbaufachschule in Wien-Schönbrunn, die Bundeslehr- und Versuchsanstalt für Bienenkunde in Wien-Grinzing, die Bundeslehr- und Versuchsanstalt für Milchwirtschaft in Wolfpassing, Niederösterreich, die Bundeslehr- und Versuchsanstalt für Hartkäserei in Rotholz, Tirol, sowie die Bundeslehr- und Versuchsanstalt für Gewässerforschung und Fischereiwirtschaft in Scharfling/Mondsee ist die Bestimmung des Art. 14a Abs. 5 des Bundes-Verfassungsgesetzes in der Fassung von 1929 nicht anzuwenden.

Artikel IV

(1) Insoweit keine anderweitige bundesgesetzliche Regelung besteht, trägt der Bund die Kosten der Besoldung (Aktivitäts- und Pensionsaufwand) der unter Art. 14a Abs. 3 lit. b des Bundes-Verfassungsgesetzes in der Fassung von 1929 fallenden Lehrer, unbeschadet allfälliger gesetzlicher Beitragsleistungen der Länder zum Personalaufwand für diese Lehrer.

(2) Solange der Bund ganz oder teilweise für die Kosten der Besoldung der im Abs. 1 genannten Lehrer aufkommt, haben die Länder jährlich einen Dienstpostenplan für diese Lehrer zu erstellen. Hiebei sind die für die Erstellung der Dienstpostenpläne für die Lehrer des Bundes jeweils geltenden Bestimmungen sinngemäß anzuwenden.

(3) Solange der Bund ganz oder teilweise für die Kosten der Besoldung der im Abs. 1 genannten Lehrer aufkommt, bedürfen der Zustimmung des Bundesministers für Land- und Forstwirtschaft im Einvernehmen mit dem Bundesminister für Finanzen:

a) Die gemäß Abs. 2 zu erstellenden Dienstpostenpläne der Länder. Die Zustimmung kann aus dem Grunde einer zu geringen Landesdurchschnittszahl der Schüler je Klasse nicht verweigert werden, wenn sie bei land- und forstwirtschaftlichen Fachschulen mindestens 25 und bei land- und forstwirtschaftlichen Berufsschulen mindestens 18 beträgt.
b) Alle im freien Ermessen liegenden Personalmaßnahmen über die im Abs. 1 genannten Lehrer, einschließlich der Heranziehung dieser Lehrer zu schulfremden Dienstverrichtungen, die finanzielle Auswirkungen für den Bund nach sich ziehen. Der Bundesminister für Land- und Forstwirtschaft kann jedoch im Einvernehmen mit dem Bundesminister für Finanzen im Interesse der Zweckmäßigkeit, Raschheit und Einheitlichkeit jene Arten von Personalmaßnahmen festlegen, für die die erforderliche Zustimmung allgemein als erteilt gilt.

Artikel V

Im Rahmen der Gewährung von Subventionen zum Personalaufwand konfessioneller land- und forstwirtschaftlicher Privatschulen obliegt es nach Maßgabe der gesetzlichen Vorschriften dem zuständigen Bundesminister, die Aufteilung der diesen Schulen zur Verfügung zu stellenden Lehrerdienstposten auf die einzelnen Schulen vorzunehmen. Die Gebietskörperschaft, welche die Diensthoheit über die Lehrer für die entsprechenden öffentlichen Schulen ausübt, ist verpflichtet, nach Maßgabe der bundesgesetzlichen Vorschriften über die Subventionierung die Zuweisung der einzelnen Lehrer an die Schulen durchzuführen.

Artikel VI[1])

(1) Auf die im Zeitpunkt des Inkrafttretens dieses Bundesverfassungsgesetzes geltenden Rechtsvorschriften, die Angelegenheiten betreffen, für die dieses Bundesverfassungsgesetz die Zuständigkeit zur Gesetzgebung und Vollziehung regelt, sind die Bestimmungen der §§ 2 bis 6 des Übergangsgesetzes vom 1. Oktober 1920 in der Fassung des BGBl. Nr. 368 vom Jahre 1925, des BGBl. Nr. 393 vom Jahre 1929 und des BGBl. Nr. 444 vom Jahre 1974 sinngemäß anzuwenden.

(2) Soweit Rechtsvorschriften im Sinne des Abs. 1 auf Grund des § 42 des Übergangsgesetzes vom 1. Oktober 1920 in seiner jeweiligen Fassung durch übereinstimmende Gesetze des Bundes und der einzelnen Länder oder der einzelnen Länder und des Bundes erlassen worden sind, gelten folgende Bestimmungen:

a) Ist in der Angelegenheit, welche die gesetzliche Regelung betrifft, auf Grund des vorliegenden Bundesverfassungsgesetzes die Gesetzgebung Bundessache, so tritt das Landesgesetz außer Kraft. Die Geltung des mit diesem Landesgesetz übereinstimmenden Bundesgesetzes ist von dem außer Kraft tretenden Landesgesetz nicht mehr abhängig.

b) Ist in der Angelegenheit, welche die gesetzliche Regelung betrifft, auf Grund des vorliegenden Bundesverfassungsgesetzes die Gesetzgebung ausschließlich oder hinsichtlich der Erlassung von Ausführungsgesetzen Landessache, so tritt das Bundesgesetz außer Kraft. Die Geltung des mit diesem Bundesgesetz übereinstimmenden Landesgesetzes ist von dem außer Kraft tretenden Bundesgesetz nicht mehr abhängig.

[1]) Art. VI wurde durch § 1 Abs. 2 Z 13 des Ersten Bundesverfassungsrechtsbereinigungsgesetzes, BGBl. I Nr. 2/2008, als nicht mehr geltend festgestellt.

Artikel VII[2])

Mit dem Wirksamwerden dieses Bundesverfassungsgesetzes treten folgende bundesverfassungsgesetzlichen Vorschriften, soweit sie sich auf das land- und forstwirtschaftliche Schulwesen beziehen, außer Kraft:

a) § 42 des Übergangsgesetzes vom 1. Oktober 1920 in der Fassung des BGBl. Nr. 368/1925 und des BGBl. Nr. 393/1929;

b) das Lehrerdienstrechts-Kompetenzgesetz, BGBl. Nr. 88/1948;

c) das Schulerhaltungs-Kompetenzgesetz, BGBl. Nr. 162/1955;

d) Art. XII der Bundes-Verfassungsgesetznovelle 1974, BGBl. Nr. 444/1974.

Artikel VIII[3])

Dieses Bundesverfassungsgesetz tritt am 28. April 1975 in Kraft.

Artikel IX

Mit der Vollziehung der nach Art. I Z. 3 und Art. III ergehenden Bundesgesetze in den Angelegenheiten des Dienstrechtes und des Personalvertretungsrechtes, soweit sie nicht den Ländern obliegt, und mit der Wahrnehmung der dem Bund gemäß Art. 14a Abs. 6 des Bundes-Verfassungsgesetzes in der Fassung von 1929 zustehenden Rechte in Angelegenheiten des Dienstrechtes und des Personalvertretungsrechtes ist der Bundesminister für Land- und Forstwirtschaft, und zwar, soweit deren Mitwirkungsbereich berührt wird, im Einvernehmen mit dem Bundeskanzler und dem Bundesminister für Finanzen zu betrauen.

Artikel X

Mit der Vollziehung dieses Bundesverfassungsgesetzes ist die Bundesregierung betraut.

[2]) Art. VII wurde durch § 1 Abs. 1 Z 10 des Ersten Bundesverfassungsrechtsbereinigungsgesetzes, BGBl. I Nr. 2/2008, als nicht mehr geltend festgestellt.

[3]) Art. VIII wurde durch § 1 Abs. 2 Z 13 des Ersten Bundesverfassungsrechtsbereinigungsgesetzes, BGBl. I Nr. 2/2008, als nicht mehr geltend festgestellt.

Staatsgrundgesetz vom 21. Dezember 1867 über die allgemeinen Rechte der Staatsbürger für die im Reichsrate vertretenen Königreiche und Länder

RGBl. Nr. 142/1867

Auszug (Artikel 15 und 17)

.....

Artikel 15

Jede gesetzlich anerkannte Kirche und Religionsgemeinschaft hat das Recht der gemeinsamen öffentlichen Religionsausübung, ordnet und verwaltet ihre inneren Angelegenheiten selbständig, bleibt im Besitze und Genusse ihrer für Kultus-, Unterrichts- und Wohltätigkeitszwecke bestimmten Anstalten, Stiftungen und Fonde, ist aber, wie jede Gesellschaft, den allgemeinen Staatsgesetzen unterworfen.

.....

Artikel 17

Die Wissenschaft und ihre Lehre ist frei.

Unterrichts- und Erziehungsanstalten zu gründen und an solchen Unterricht zu erteilen, ist jeder Staatsbürger berechtigt, der seine Befähigung hiezu in gesetzlicher Weise nachgewiesen hat.

Der häusliche Unterricht unterliegt keiner solchen Beschränkung.

Für den Religionsunterricht in den Schulen ist von der betreffenden Kirche oder Religionsgesellschaft Sorge zu tragen.

Dem Staate steht rücksichtlich des gesamten Unterrichts- und Erziehungswesens das Recht der obersten Leitung und Aufsicht zu.

.....

Konvention zum Schutze der Menschenrechte und Grundfreiheiten vom 4. November 1950

BGBl. Nr. 210/1958

Auszug (Artikel 9)

.....

Artikel 9

(1) Jedermann hat Anspruch auf Gedanken-, Gewissens- und Religionsfreiheit; dieses Recht umfaßt die Freiheit des einzelnen zum Wechsel der Religion oder der Weltanschauung sowie die Freiheit, seine Religion oder Weltanschauung einzeln oder in Gemeinschaft mit anderen öffentlich oder privat, durch Gottesdienst, Unterricht, Andachten und Beachtung religiöser Gebräuche auszuüben.

.....

Artikel 2 des (1.) Zusatzprotokolls vom 20. März 1952 zur Konvention zum Schutze der Menschenrechte und Grundfreiheiten vom 4. November 1950

BGBl. Nr. 210/1958

Auszug

Das Recht auf Bildung darf niemandem verwehrt werden. Der Staat hat bei Ausübung der von ihm auf dem Gebiete der Erziehung und des Unterrichts übernommenen Aufgaben das Recht der Eltern zu achten, die Erziehung und den Unterricht entsprechend ihren eigenen religiösen und weltanschaulichen Überzeugungen sicherzustellen.

Staatsvertrag von Saint-Germain vom 10. September 1919

StGBl. Nr. 303/1920

Auszug (Artikel 67 und 68)

.....

III. Teil

.....

Abschnitt V

.....

Artikel 67

Österreichische Staatsangehörige, die einer Minderheit nach Rasse, Religion oder Sprache angehören, genießen dieselbe Behandlung und dieselben Garantien, rechtlich und faktisch, wie die anderen österreichischen Staatsangehörigen; insbesondere haben sie dasselbe Recht, auf ihre eigenen Kosten Wohltätigkeits-, religiöse oder soziale Einrichtungen, Schulen und andere Erziehungsanstalten zu errichten, zu verwalten und zu beaufsichtigen mit der Berechtigung, in denselben ihre eigene Sprache nach Belieben zu gebrauchen und ihre Religion frei zu üben.

Artikal 68

Was das öffentliche Unterrichtswesen anlangt, wird die österreichische Regierung in den Städten und Bezirken, wo eine verhältnismäßig beträchtliche Zahl anderssprachiger als deutscher österreichischer Staatsangehöriger wohnt, angemessene Erleichterungen gewähren, um sicherzustellen, daß in den Volksschulen den Kindern dieser österreichischen Staatsangehörigen der Unterricht in ihrer eigenen Sprache erteilt werde. Diese Bestimmung wird die österreichische Regierung nicht hindern, den Unterricht der deutschen Sprache in den besagten Schulen zu einem Pflichtgegenstande zu machen.

In Städten und Bezirken, wo eine verhältnismäßig beträchtliche Anzahl österreichischer Staatsangehöriger wohnt, die einer Minderheit nach Rasse, Religion oder Sprache angehören, wird diesen Minderheiten von allen Beträgen, die etwa für Erziehung, Religions- oder Wohltätigkeitszwecke aus öffentlichen Mitteln in Staats-, Gemeinde- oder anderen Budgets ausgeworfen werden, ein angemessener Teil zu Nutzen und Verwendung gesichert.

.....

Staatsvertrag betreffend die Wiederherstellung eines unabhängigen und demokratischen Österreich vom 15. Mai 1955

BGBl. Nr. 152/1955

Auszug (Artikel 7)

.....

Artikel 7

Rechte der slowenischen und kroatischen Minderheiten

1. Österreichische Staatsangehörige der slowenischen und kroatischen Minderheiten in Kärnten, Burgenland und Steiermark genießen dieselben Rechte auf Grund gleicher Bedingungen wie alle anderen österreichischen Staatsangehörigen einschließlich des Rechtes auf ihre eigenen Organisationen, Versammlungen und Presse in ihrer eigenen Sprache.
2. Sie haben Anspruch auf Elementarunterricht in slowenischer oder kroatischer Sprache und auf eine verhältnismäßige Anzahl eigener Mittelschulen; in diesem Zusammenhang werden Schullehrpläne überprüft und eine Abteilung der Schulaufsichtsbehörde wird für slowenische und kroatische Schulen errichtet werden.
3. In den Verwaltungs- und Gerichtsbezirken Kärntens, des Burgenlandes und der Steiermark mit slowenischer, kroatischer oder gemischter Bevölkerung wird die slowenische oder kroatische Sprache zusätzlich zum Deutschen als Amtssprache zugelassen. In solchen Bezirken werden die Bezeichnungen und Aufschriften topographischer Natur sowohl in slowenischer oder kroatischer Sprache wie in Deutsch verfaßt.
4. Österreichische Staatsangehörige der slowenischen und kroatischen Minderheiten in Kärnten, Burgenland und Steiermark nehmen an den kulturellen, Verwaltungs- und Gerichtseinrichtungen in diesen Gebieten auf Grund gleicher Bedingungen wie andere österreichische Staatsangehörige teil.
5. Die Tätigkeit von Organisationen, die darauf abzielen, der kroatischen oder slowenischen Bevölkerung ihre Eigenschaft und ihre Rechte als Minderheit zu nehmen, ist zu verbieten.

.....

15.5. Finanzausgleichsgesetz 2024 – FAG 2024[1])

Auszug
(§ 6, § 8, § 23, § 29, § 32, § 33)

Bundesgesetz, mit dem ein Finanzausgleichsgesetz 2024 erlassen wird sowie das Finanzausgleichsgesetz 2017, das Umweltförderungsgesetz, das Wohn- und Heizkostenzuschussgesetz, das Transparenzdatenbankgesetz 2012 und das Bildungsinvestitionsgesetz geändert werden[2])

Der Nationalrat hat beschlossen:

…

Artikel 1

Bundesgesetz, mit dem der Finanzausgleich für die Jahre 2024 bis 2028 geregelt wird und sonstige finanzausgleichsrechtliche Bestimmungen getroffen werden (Finanzausgleichsgesetz 2024 – FAG 2024)[3])

…

I. Finanzausgleich

(§§ 2 bis 4 F-VG 1948)[4])

…

[1]) BGBl. I Nr. 168/2023, Art. 1.

[2]) Die durch Artikel 6 verfügte Änderung des Bildungsinvestitionsgesetzes ist in den Text des Bildungsinvestitionsgesetzes eingearbeitet (9.4.).

[3]) Der Finanzausschuss hat am 5. Dezember 2023 im Ausschussbericht (2375 der Beilagen, XXVII. GP) u.a. festgehalten: „... Am 21. November 2023 haben die Vertreterinnen und Vertreter der Gebietskörperschaften das Verhandlungsergebnis in einem „Paktum" festgehalten, welches die Grundlage für den vorliegenden Gesetzesentwurf bildet. Dieses enthält folgende wesentliche Punkte: ... Zukunftsfonds: Mit diesem neuen Instrument mit einem Volumen von 1.100 Millionen Euro p.a., werden die Länder und Gemeinden bei der Erfüllung ihrer Aufgaben unterstützt, bei denen sie – neben den Bereichen Gesundheit und Pflege – vor großen Herausforderungen stehen, und zwar in den Bereichen Elementarpädagogik (45,5 %, 2024: 500 Millionen Euro), ... Das Volumen des Zukunftsfonds wird ab dem Jahr 2025 entsprechend der Inflationsprognose der aktuellen WIFO-Mittelfristprognose valorisiert, wodurch das Volumen bis zum Ende der Finanzausgleichsperiode im Jahr 2028 auf 1.211 Millionen Euro steigen wird. ... Angestrebt wird eine Reform der schulischen Tagesbetreuung. Bis zu deren Umsetzung werden die Zweckzuschüsse gemäß dem Bildungsinvestitionsgesetz ab dem Jahr 2025 um 10 Millionen Euro p.a. erhöht. ...".

[4]) Der I. Abschnitt umfasst entgegen seiner Paragrafengliederungsübersicht die §§ 1 bis 8.

Ersatz von Besoldungskosten für die Landes- und Religionslehrerinnen und Landes- und Religionslehrer

§ 6. (1) Der Bund ersetzt den Ländern von den Kosten der Besoldung (Aktivitätsbezüge) der unter ihrer Diensthoheit stehenden Lehrerinnen und Lehrer einschließlich der Landesvertragslehrerinnen und Landesvertragslehrer (im Folgenden Landeslehrerinnen und Landeslehrer genannt)

1. an öffentlichen allgemein bildenden Pflichtschulen 100 % im Rahmen der vom Bundesminister für Bildung, Wissenschaft und Forschung im Einvernehmen mit dem Bundesminister für Finanzen genehmigten Stellenpläne,
2. an berufsbildenden Pflichtschulen im Sinne des Schulorganisationsgesetzes, BGBl. Nr. 242/1962, und an land- und forstwirtschaftlichen Berufs- und Fachschulen 50 %.

(2) Den Aufwand, der auf Grund des § 7 des Bundesgesetzes betreffend den Religionsunterricht in der Schule, BGBl. Nr. 190/1949, von den Ländern zu tragen ist, ersetzt der Bund in der gleichen Höhe, die für den Ersatz der Aktivitätsbezüge der Landeslehrerinnen und Landeslehrer jener Schulen vorgesehen ist, an denen die Religionslehrerinnen und Religionslehrer tätig sind.

(3) Weiters ersetzt der Bund den Aufwand an Dienstzulagen gemäß § 59a Abs. 4 und 5 und § 60 Abs. 6 bis 8 des Gehaltsgesetzes 1956, BGBl. Nr. 54/1956, sowie den Aufwand an Nebengebühren für Landeslehrerinnen und Landeslehrer, die Bundesaufgaben im Bereich der Pädagogischen Hochschulen erfüllen, in voller Höhe.

(4) Die Bestimmungen über die Tragung der Kosten der Subventionierung von Privatschulen nach den §§ 17 bis 21 des Privatschulgesetzes, BGBl. Nr. 244/1962, bleiben unberührt.

(5) Der Bund ersetzt den Ländern den Pensionsaufwand für die im Abs. 1 genannten Lehrerinnen und Lehrer sowie für die Angehörigen und Hinterbliebenen dieser Lehrerinnen und Lehrer in der Höhe des Unterschiedsbetrages zwischen dem Pensionsaufwand für diese Personen und den für die im Abs. 1 genannten Lehrerinnen und Lehrer von den Ländern vereinnahmten Pensionsbeiträgen, besonderen Pensionsbeiträgen und Überweisungsbeträgen.

(6) Zu den Kosten der Besoldung nach den Abs. 1 und 5 gehören alle Geldleistungen, die auf Grund der für die im Abs. 1 genannten

Lehrerinnen und Lehrer, ihre Angehörigen und Hinterbliebenen geltenden dienstrechtlichen und sozialversicherungsrechtlichen Vorschriften zu erbringen sind. Ferner gehören zu diesen Kosten die Dienstgeberbeiträge nach dem Familienlastenausgleichsgesetz 1967, BGBl. Nr. 376/1967. Der Aufwand, der durch die Gewährung von Vorschüssen entsteht, ist von den Ersätzen ausgenommen.

(7) Auf die Ersätze nach den Abs. 1, 2, 3 und 5 sind auf Grund monatlicher Anforderungen der Länder so rechtzeitig Teilbeträge bereitzustellen, dass die Auszahlung der Bezüge zum Fälligkeitstag gewährleistet ist. Zur Kontrolle der Einhaltung der genehmigten Stellenpläne sowie zur Information über die und Kontrolle der Personalausgaben für die Landeslehrerinnen und Landeslehrer stellen die Länder dem Bund für jeden Monat spätestens bis zum zehnten Tag des zweitfolgenden Monats die erforderlichen Unterlagen zur Verfügung. Eine Endabrechnung durch den Bund erfolgt nach Vorlage der von den Ländern erstellten Schuljahresabrechnungen. Diese sind bis längstens 10. Oktober des Folgeschuljahres von den Ländern vorzulegen. Festgestellte Abweichungen werden bei der nächsten Mittelbereitstellung ausgeglichen. Die näheren Bestimmungen über die Kontrolle und Abrechnung können vom Bundesminister für Bildung, Wissenschaft und Forschung und dem Bundesminister für Land- und Forstwirtschaft, Regionen und Wasserwirtschaft jeweils im Einvernehmen mit dem Bundesminister für Finanzen nach Anhörung der Länder durch Verordnung festgelegt werden.

(8) Zur Abgeltung des Mehraufwands aus Strukturproblemen, der den Ländern durch sinkende Schülerzahlen und im Bereich des Unterrichts für Kinder mit besonderen Förderungsbedürfnissen entsteht, leistet der Bund den Ländern zusätzlich zu den Ersätzen nach Abs. 1 Z 1 für Personalausgaben für Landeslehrerinnen und Landeslehrer an allgemein bildenden Pflichtschulen in den Jahren 2024 bis 2028 einen Kostenersatz in Höhe von 25 Millionen Euro jährlich. Dieser Kostenersatz ist auf die Länder nach der Volkszahl aufzuteilen und im Dezember eines jeden Jahres zu überweisen.

(9) Unbeschadet der bisherigen Initiativen der Länder im Bereich der administrativen Unterstützung ersetzt der Bund zur Entlastung des Lehrpersonals von administrativen Aufgaben den Ländern von den Kosten der Bereitstellung der administrativen Assistenzen an öffentlichen allgemein bildenden Pflichtschulen 66,67 % (Aktivitätsbezüge), höchstens jedoch 15 Millionen Euro pro Schuljahr. Dieser Höchstbetrag ist auf die Länder nach der Volkszahl aufzuteilen. Bis zu diesem Höchstbetrag je Land sind für die Ersätze auf Grund monatlicher Anforderungen so rechtzeitig Teilbeträge bereitzustellen, dass die Auszahlung der Bezüge zum Fälligkeitstag gewährleistet ist. Die Bestimmungen des Abs. 7 zweiter bis vorletzter Satz gelten für das administrative Assistenzpersonal sinngemäß. Die näheren Bestimmungen über die Kontrolle und Abrechnung können vom Bundesminister für Bildung, Wissenschaft und Forschung im Einvernehmen mit dem Bundesminister für Finanzen nach Anhörung der Länder durch Verordnung festgelegt werden.

(10) Unbeschadet der bisherigen Initiativen der Länder im Bereich der Schulsozialarbeit ersetzt der Bund den Ländern von den Kosten der weiteren Bereitstellung des psychosozialen Unterstützungspersonals (Schulsozialarbeit) an öffentlichen allgemein bildenden Pflichtschulen 50 % (Aktivitätsbezüge), höchstens jedoch 7 Millionen Euro pro Schuljahr zur psychosozialen Unterstützung der Schülerinnen und Schüler. Dieser Höchstbetrag ist auf die Länder nach dem Verhältnis der Zahl der außerordentlichen Schülerinnen und Schüler des jeweils vorangegangenen Schuljahres aufzuteilen. Bis zu diesem Höchstbetrag je Land sind für die Ersätze auf Grund monatlicher Anforderungen so rechtzeitig Teilbeträge bereitzustellen, dass die Auszahlung der Bezüge zum Fälligkeitstag gewährleistet ist. Das für die Umsetzung erforderliche Personal wird vom Bund bereitgestellt, der sich zur Erfüllung im Wege eines In-House-Auftrags auch eines externen Trägers bedienen kann. Die Bestimmungen des Abs. 7 zweiter bis vorletzter Satz gelten für das psychosoziale Unterstützungspersonal sinngemäß. Die näheren Bestimmungen über die Kontrolle und Abrechnung können vom Bundesminister für Bildung, Wissenschaft und Forschung im Einvernehmen mit dem Bundesminister für Finanzen nach Anhörung der Länder durch Verordnung festgelegt werden.

…

Voraussetzungen für die Aufnahme von Verhandlungen

§ 8. (1) Der Bund hat mit den am Finanzausgleich beteiligten Gebietskörperschaften vor der Inangriffnahme steuerpolitischer Maßnahmen, die für die Gebietskörperschaften mit einem Ausfall an Steuern, an deren Ertrag sie beteiligt sind, verknüpft sein können, Verhandlungen zu führen. Das Gleiche gilt für Mehrbelastungen, die als Folge von Maßnahmen des Bundes am Zweckaufwand der Gebietskörperschaften zu erwarten sind.

(2) Zur Teilnahme an diesen Verhandlungen sind für die Gemeinden deren Interessenvertretungen, das sind der Österreichische Städtebund und der Österreichische Gemeindebund, berechtigt.

…

III. Finanzzuweisungen und Zuschüsse (§§ 12 und 13 F-VG 1948)[5])

Zukunftsfonds

§ 23. (1) Der Bund stellt den Ländern jährlich Mittel für einen Zukunftsfonds in Form einer Finanzzuweisung in folgender Höhe zur Verfügung:

1. im Jahr 2024: 1 100 Millionen Euro,
2. im Jahr 2025: 1 133 Millionen Euro,
3. im Jahr 2026: 1 161 Millionen Euro,
4. im Jahr 2027: 1 187 Millionen Euro,
5. im Jahr 2028: 1 211 Millionen Euro.

(2) Die Anteile richten sich nach der Volkszahl.

(3) Die Mittel sind vom Bund bis 30. Juni eines jeden Jahres an die Länder zu überweisen. Es sind jedenfalls 50 % der Mittel des für die Elementarpädagogik vorgesehenen jeweiligen Landestopfes an die Gemeinden des jeweiligen Landes unmittelbar weiterzuleiten. Die Aufteilung des 50 %-Anteils auf die Gemeinden des jeweiligen Landes richtet sich zu 50 % nach der Volkszahl und zu 50 % nach dem abgestuften Bevölkerungsschlüssel.

(4) Die Mittel des Zukunftsfonds sind von den Ländern und deren Gemeinden zur Erreichung folgender Ziele zu verwenden:

1. Im Bereich Elementarpädagogik 45,5 % (2024: 500 Millionen Euro) der Mittel:
   a) Die Länder und Gemeinden werden im Sinne einer gesicherten Versorgung mit Betreuungsplätzen nach Maßgabe der zur Verfügung stehenden Mittel alle Anstrengungen unternehmen, um bis zum Ende der Finanzausgleichsperiode die Zahl der Betreuungsplätze und der Betreuungsquoten zu erhöhen, wobei auch bedarfsgerechte Öffnungszeiten sowohl hinsichtlich der Stunden pro Tag und der Wochen pro Jahr berücksichtigt werden. Dies kann durch den Ausbau der Betreuungsplätze insbesondere für unter Dreijährige, den Ausbau der Öffnungszeiten bzw. der VIF-Konformität und die Verbesserung der Qualität (Fachkraft-Kind-Schlüssel, Gruppengröße) erfolgen. Der Mitteleinsatz deckt sowohl infrastrukturelle Kosten als auch den Personalaufwand ab.
   b) Jedes Land hat am Ende der Finanzausgleichsperiode eine Betreuungsquote unter Berücksichtigung der Betreuung durch Tageseltern bei den unter Dreijährigen von 38 % zu erreichen oder hat diese Quote um mindestens 1 Prozentpunkt pro Jahr zu erhöhen, wobei eine darüber hinausgehende jährliche Steigerung des verfügbaren Angebots angestrebt werden soll.
2. …
3. …

(5) Sofern in einem Land ein quantitatives Ziel gemäß Abs. 4 Z 2 lit. b oder Z 3 lit. b vor Ablauf der Finanzausgleichsperiode nachweislich erreicht wurde, können die Mittel auch für andere Zwecke verwendet werden. Im Bereich Elementarpädagogik sind die Mittel hingegen nach Erreichung des Ziels gemäß Abs. 4 Z 1 lit. b für die Elementarpädagogik zu verwenden.

(6) Die Länder übermitteln an den Bund bis zum 10. September 2026 eine Evaluierung der Zielerreichung und bis 31. August 2028 eine Evaluierung sowohl der Zielerreichung als auch der Mittelverwendung. Bund, Länder und Gemeinden evaluieren vor dem Ende der Finanzausgleichsperiode den Zukunftsfonds und dessen Effekte.

…

Zuschüsse

§ 29. …

(4) Der Bund stellt jenen Gemeinden, die als gesetzliche Schulerhalter gemäß dem Pflichtschulerhaltungs-Grundsatzgesetz, BGBl. Nr. 163/1955, den Sachaufwand als Voraussetzung für die auf Grund des Schulorganisationsgesetzes, BGBl. Nr. 242/1962, in Verbindung mit den Verordnungen BGBl. Nr. 134/1963 und BGBl. II Nr. 236/1997 jeweils in der derzeit geltenden Fassung, erfolgende Integration von informations- und kommunikationstechnischer Grundbildung in das Gesamtkonzept einer zeitgemäßen Allgemeinbildung zu tragen haben, die Erstausstattung an Software durch unentgeltliche Übereignung zur Verfügung.

(5) Der Bund gewährt den Ländern für die Finanzierung des Ausbaus des Kinderbildungs- und -betreuungsangebots, der frühen sprachlichen Förderung und des beitragsfreien Besuchs von geeigneten elementaren Bildungseinrichtungen im Ausmaß der Besuchspflicht Zweckzuschüsse in Höhe von jeweils 200 Millionen Euro in den Kindergartenjahren 2022/23 bis 2026/27. Die Auszahlung des Zweckzuschusses für die Kindergartenjahre 2023/24 bis 2026/27 erfolgt jeweils in zwei Raten im September und März in Höhe von 100,0 Millionen Euro. Die Zweckzuschüsse werden wie folgt aufgeteilt:

[5]) Der III. Abschnitt umfasst entgegen seiner Paragrafengliederungsübersicht die §§ 23 bis 29.

Burgenland	2,883 %
Kärnten	5,704 %
Niederösterreich	18,370 %
Oberösterreich	17,553 %
Salzburg	6,364 %
Steiermark	12,925 %
Tirol	8,645 %
Vorarlberg	4,911 %
Wien	22,645 %

Voraussetzung für die Gewährung der Zweckzuschüsse ist das Bestehen einer Vereinbarung gemäß Art. 15a B-VG zwischen dem Bund und den Ländern über die konkrete Verwendung der Zweckzuschüsse und über deren Abrechnung. Tritt diese Vereinbarung für ein Land oder mehrere Länder in einem Kalenderjahr nicht in Kraft, so erhöht sich für die übrigen Länder ihr Anteil am Zweckzuschuss des Bundes im Verhältnis ihrer Anteile am Verteilungsschlüssel.

(6) Dem Bund ist es vorbehalten, die widmungsgemäße Verwendung seiner Zweckzuschüsse zu überprüfen und diese bei widmungswidriger Verwendung zurückzufordern.

…

V. Sonder- und Schlussbestimmungen
Inkrafttreten, Sonderbestimmungen

§ 32. (1) Dieses Bundesgesetz tritt mit 1. Jänner 2024 in Kraft.

(2) Vermögensrechtliche Ansprüche, die sich auf dieses Bundesgesetz oder frühere Finanzausgleichsgesetze gründen, verjähren nach Ablauf von fünf Jahren. Die Frist beginnt mit dem Zeitpunkt, in dem der Anspruch erstmals hätte geltend gemacht werden können. Im Übrigen gelten für die Verjährung die Bestimmungen des ABGB.

(3) In der Zeit vom 1. Jänner 2024 bis zum Ablauf des 31. Dezember 2028 sind

1. § 107 des Landeslehrer-Dienstrechtsgesetzes 1984, BGBl. Nr. 302/1984, und
2. § 116 des Land- und forstwirtschaftlichen Landeslehrpersonen-Dienstrechtsgesetzes – LLDG 1985, BGBl. Nr. 296/1985,

nicht anzuwenden.

(4) ...

(5) Mit der Vollziehung dieses Bundesgesetzes sind betraut:

1. der Bundesminister für Finanzen, soweit sich nachstehend nichts anderes ergibt,
2. …
3. der Bundesminister für Finanzen im Einvernehmen mit dem Bundesminister für Bildung, Wissenschaft und Forschung hinsichtlich des § 6, jedoch soweit sich diese Bestimmungen auf den Aktivitäts- und Pensionsaufwand der an den im § 6 Abs. 1 Z 2 genannten land- und forstwirtschaftlichen Berufs- und Fachschulen tätigen Lehrerinnen und Lehrer und Religionslehrerinnen und Religionslehrer sowie deren Angehörigen oder Hinterbliebenen beziehen, im Einvernehmen mit dem Bundesminister für Land- und Forstwirtschaft, Regionen und Wasserwirtschaft,
4. …
5. …
6. …
7. der Bundesminister für Bildung, Wissenschaft und Forschung hinsichtlich des Abs. 3 Z 1 dieses Paragrafen und des § 29 Abs. 4,
8. der Bundesminister für Bildung, Wissenschaft und Forschung hinsichtlich des § 29 Abs. 5, hinsichtlich der Abrechnung der Zweckzuschüsse jedoch im Einvernehmen mit dem Bundeskanzler,
9. …
10. …

Außerkrafttreten

§ 33. (1) Es treten außer Kraft:

1. dieses Bundesgesetz mit Ausnahme des Abs. 2 dieses Paragrafen und des § 32 Abs. 2 mit Ablauf des 31. Dezember 2028;
2. Abs. 2 dieses Paragrafen und § 32 Abs. 2 mit dem Inkrafttreten einer gesetzlichen Neuregelung im Sinne dieser Absätze.

(2) Wenn bei Beginn eines Jahres der Finanzausgleich für dieses Jahr noch nicht gesetzlich geregelt ist, werden die im letzten Jahr seiner Geltung in Kraft gestandenen Bestimmungen bis zu einer gesetzlichen Neuregelung vorläufig weiter angewandt. Inwieweit die demgemäß geleisteten Zahlungen rückwirkend neu geregelt werden, bleibt der gesetzlichen Neuregelung vorbehalten.

15.6. Landeslehrer-Controllingverordnung 2023

BGBl. II Nr. 185/2023

Verordnung des Bundesministers für Bildung, Wissenschaft und Forschung, mit der die Landeslehrer-Controllingverordnung 2023 erlassen und die Landeslehrer-Controllingverordnung geändert wird

Artikel 1
Landeslehrer-Controllingverordnung 2023

Auf Grund

1. des § 4 Abs. 7 des Finanzausgleichsgesetzes 2017, BGBl. I Nr. 116/2016, zuletzt geändert durch das Bundesgesetz BGBl. I Nr. 133/2022,[1]) und
2. des § 14 des Bildungsdokumentationsgesetzes 2020, BGBl. I Nr. 20/2021, zuletzt geändert durch das Bundesgesetz BGBl. I Nr. 227/2022,

wird im Einvernehmen mit dem Bundesminister für Finanzen verordnet:

1. Abschnitt
Allgemeine Bestimmungen

Geltungsbereich

§ 1. Diese Verordnung regelt die Information über den Personalaufwand gemäß § 14 des Bildungsdokumentationsgesetzes 2020, BGBl. I Nr. 20/2021, sowie die Kontrolle und Abrechnung der Personalausgaben gemäß § 4 des Finanzausgleichsgesetzes 2017 (FAG 2017), BGBl. I Nr. 116/2016.[2]) Ausgenommen vom Regelungsbereich dieser Verordnung ist das Controlling der Personalausgaben an land- und forstwirtschaftlichen Berufs- und Fachschulen.

Begriffsbestimmungen

§ 2. (1) Im Sinne dieser Verordnung ist zu verstehen:

1. unter Vollbeschäftigung: eine Beschäftigung, bei der unter Zugrundelegung der jeweiligen Verwendungs- bzw. Entlohnungsgruppe und Berücksichtigung der dienst- und besoldungsrechtlichen Stellung die Grundlage der Berechnung der Besoldung 100 vH der auf die jeweilige Person anzuwendenden Gehalts- bzw. Entlohnungsstufe in der anzuwendenden Verwendungs- bzw. Entlohnungsgruppe beträgt;
2. unter Vollbeschäftigungsäquivalent (VBÄ): das Beschäftigungsausmaß bzw. die Summe der Beschäftigungsausmaße eines Planstellenbereiches in Prozent geteilt durch 100, wobei für Landesvertragslehrpersonen in der Entlohnungsgruppe pd
   a) in den Planstellenbereichen Volksschulen und Sonderpädagogik eine Vollbeschäftigung 22 Zweiundzwanzigstel eines Vollbeschäftigungsäquivalents,
   b) in den Planstellenbereichen Mittelschulen und Polytechnische Schulen eine Vollbeschäftigung 22 Einundzwanzigstel eines Vollbeschäftigungsäquivalents und
   c) im Planstellenbereich Berufsschulen eine Vollbeschäftigung 22 Dreiundzwanzigstel eines Vollbeschäftigungsäquivalents

   gleichzuhalten ist. Für Schulclustersekretariatskräfte gemäß § 26c Abs. 6 des Landeslehrer-Dienstrechtsgesetzes (LDG 1984), BGBl. Nr. 302/1984, ist eine Vollbeschäftigung 62,5 vH eines Vollbeschäftigungsäquivalents gleichzuhalten, soweit deren Besoldung dem Entlohnungsschema v, Entlohnungsgruppe v3, Bewertungsgruppe v3/2 gemäß dem Abschnitt VI des Vertragsbedienstetengesetzes 1948 (VBG), BGBl. Nr.86/1948, entspricht.
3. unter Mehrdienstleistung:
   a) jede Unterrichtsstunde gemäß § 50 Abs. 1, 2, 3 oder 6 LDG 1984, bzw. gemäß § 61 Abs. 1 Z 1 oder Abs. 12 des Gehaltsgesetzes 1956, BGBl. Nr. 54, (GehG) iVm § 106 Abs. 1 Z 1 LDG 1984, oder gemäß § 50 Abs. 1, 2, 3 oder 6 LDG 1984 iVm § 26 Abs. 2 lit. k des Landesvertragslehrpersonengesetzes 1966, BGBl. Nr. 172, (LVG) bzw. gemäß § 61 Abs. 1 Z 1 oder Abs. 12 GehG iVm § 91 VBG iVm § 26 Abs. 1 lit. a LVG, bzw. gemäß § 23 Abs. 1 oder 5 LVG, für welche dem Landeslehrer eine Vergütung gebührt (dauernde Mehrdienstleistung);
   b) jede Unterrichtsstunde gemäß § 50 Abs. 4 oder 6 LDG 1984 bzw. gemäß § 61 Abs. 8 oder 12 GehG iVm § 52 Abs. 21 LDG 1984 oder gemäß § 50 Abs. 4 oder 6 LDG 1984 iVm § 26 Abs. 2 lit. k LVG bzw. gemäß § 61

---

[1]) Die gesetzliche Grundlage ist § 6 Abs. 7 Finanzausgleichsgesetz 2024, BGBl. I Nr. 168/2023 idgF.

[2]) Die gesetzliche Grundlage der Kontrolle und Abrechnung der Personalausgaben ist § 6 Finanzausgleichsgesetz 2024, BGBl. I Nr. 168/2023 idgF.

Abs. 8 oder 12 GehG iVm § 91 VBG iVm § 26 Abs. 1 lit. a LVG, bzw. § 23 Abs. 4 LVG, für welche dem Landeslehrer eine Vergütung gebührt (Einzelmehrdienstleistung);

c) jede Überstunde einer Schulclustersekretariatskraft, soweit einem Vertragsbediensteten des Bundes eine Vergütung gemäß § 22 VBG iVm § 16 GehG gebühren würde und deren Besoldung dem Entlohnungsschema v, Entlohnungsgruppe v3, Bewertungsgruppe v3/2 gemäß dem Abschnitt VI VBG entspricht.

(2) Sonstige Begriffe sind im Sinne der diese regelnden (dienst- und besoldungsrechtlichen) Vorschriften, insbesondere entsprechend der in der Anlage aufgelisteten Bestimmungen des LDG 1984, des GehG, des LVG und des VBG zu verstehen.

2. Abschnitt
Datenbringung

Datenübermittlung, Erhebungsstichtage und Berichtstermine

§ 3. (1) Die Länder haben der Bundesministerin oder dem Bundesminister für Bildung, Wissenschaft und Forschung Daten in der Darstellung gemäß der Anlage elektronisch so zu übermitteln, dass ein Datensatz einer Person entspricht (anonymisierte Individualdatensätze). Bei Übermittlung ist das in der Anlage vorgesehene Datenformat zu verwenden.

(2) Erhebungsstichtag ist der letzte Tag eines jeden Monats. Berichtstermin für den jeweiligen Monatsstand ist spätestens der zehnte Tag des zweitfolgenden Monats.

(3) Vor der Übermittlung der Daten sind alle erforderlichen Bearbeitungen im Datenbestand durchzuführen.

Informationsrechte und -pflichten der Bundesländer

§ 4. (1) Jedes Land hat das Recht, in die von der Bundesministerin oder vom Bundesminister für Bildung, Wissenschaft und Forschung geführte Datenbank hinsichtlich der von ihm übermittelten Daten unentgeltlich Einsicht zu nehmen und diese zu nutzen.

(2) Auf Verlangen der Bundesministerin oder des Bundesministers für Bildung, Wissenschaft und Forschung hat das jeweilige Land umgehend, jedenfalls binnen sechs Wochen, die übermittelten Daten zu erläutern, bei nicht vollständiger Übermittlung der Daten die von der Bundesministerin oder vom Bundesminister für Bildung, Wissenschaft und Forschung genau benannten Angaben zu ergänzen und Rückfragen der Bundesministerin oder dem Bundesminister für Bildung, Wissenschaft und Forschung zu beantworten.

3. Abschnitt
Abrechnung der Stellenpläne

Abrechnungsgrundlage

§ 5. Abrechnungsgrundlage eines Landes sind die von der Bundesministerin oder vom Bundesminister für Bildung, Wissenschaft und Forschung im Einvernehmen mit der Bundesministerin oder dem Bundesminister für Finanzen auf Grund der Bestimmungen des Art. IV Abs. 2 und 3 Bundesverfassungsgesetz BGBl. Nr. 215/1962 sowie des Art. 1 Z 2 der Vereinbarung gemäß Art. 15a B-VG über gemeinsame Maßnahmen des Bundes und der Länder beim Personalaufwand für Lehrer an allgemeinbildenden Pflichtschulen, bei der Förderung des Wohnbaus und der Wohnhaussanierung sowie bei der Dotierung des Umwelt- und Wasserwirtschaftsfonds, BGBl. Nr. 390/1989, genehmigten Stellenpläne (definitiver Stellenplan). Der Bund hat Anträge, die ab dem 15. Oktober eines Kalenderjahres einlangen, binnen zwei Monaten nach deren Einlangen, gegebenenfalls mit den erforderlichen Änderungen, schriftlich zu genehmigen.

Besetzte Planstellen eines Schuljahres

§ 6. Die Zahl der besetzten Planstellen wird auf der Basis der Summe der aus den Meldungen gemäß § 3 abzuleitenden Vollbeschäftigungsäquivalente eines Planstellenbereiches (Schulart) wie folgt ermittelt:

1. Zahl der Vollbeschäftigungsäquivalente an Grundbeschäftigung:
   Die für das Schuljahr gemeldeten Werte aus den Datenfeldern BAUSM und BAUSMK der Anlage sind
   a) in den Planstellenbereichen Volksschulen und Sonderpädagogik zu addieren,
   b) in den Planstellenbereichen Mittelschulen und Polytechnische Schulen zu addieren, wobei für jene Datensätze, in denen im Datenfeld SCHEMA die Ausprägung pd gesetzt ist, die gemeldeten Werte aus den Datenfeldern BAUSM und BAUSMK mit (22 / 21) zu multiplizieren sind,
   c) im Planstellenbereich Berufsschulen zu addieren, wobei für jene Datensätze, in denen im Datenfeld SCHEMA die Ausprägung pd gesetzt ist, die gemeldeten Werte aus den Datenfeldern BAUSM und BAUSMK mit (22 / 23) zu multiplizieren sind,

und durch (100 x 12) zu teilen. Abweichend davon sind die für das Schuljahr gemeldeten Werte aus den Datenfeldern BAUSM und BAUSMK jener Datensätze, in denen im Datenfeld SCHEMA die Ausprägung S gesetzt ist, zu addieren, durch (100 x 12) zu teilen und mit 62,5 vH zu multiplizieren.

2. Die Zahl der Mehrdienstleistungen der 12 Monate eines Schuljahres in Stunden aus den Datenfeldern MDL und ZKMDL der Anlage sind zu addieren und in den einzelnen Planstellenbereichen wie folgt in Vollbeschäftigungsäquivalente umzurechnen:
   a) in den Planstellenbereichen Volksschulen und Sonderpädagogik wird die Zahl der Stunden durch (4,33 x 12 x 22) geteilt;
   b) in den Planstellenbereichen Mittelschulen und Polytechnische Schulen wird die Zahl der Stunden durch (4,33 x 12 x 21) geteilt;
   c) im Planstellenbereich Berufsschulen wird die Zahl der Stunden durch (4,33 x 12 x 23) geteilt.

   Abweichend davon ist die Zahl der Stunden jener Datensätze, in denen im Datenfeld SCHEMA die Ausprägung S gesetzt ist, zu addieren, durch (4,33 x 12 x 40) zu teilen und mit 62,5 vH zu multiplizieren.
3. Der Summe der gemäß Z 1 errechneten Vollbeschäftigungsäquivalente (Grundbeschäftigung) sind die gemäß Z 2 ermittelten Vollbeschäftigungsäquivalente (umgerechnete Mehrdienstleistungen) hinzuzuzählen.
4. Die so ermittelte Zahl der besetzten Planstellen eines Planstellenbereiches wird auf zwei Stellen nach dem Komma gerundet.
5. Die Summe der Planstellenbereiche des allgemein bildenden Schulwesens bzw. des berufsbildenden Schulwesens ist um jene Zahl an Vollbeschäftigungsäquivalenten zu vermindern, deren Kostenersatz nicht auf Grund des § 4 FAG 2017 erfolgt, ausgenommen die Subvention zum Personalaufwand von Privatschulen, deren Kosten gemäß § 19 Abs. 2 Privatschulgesetz, BGBl. Nr. 244/1962, vom Bund getragen werden.

Abrechnung der Stellenpläne eines Schuljahres

§ 7. (1) Die Abrechnung der Stellenpläne eines Schuljahres erfolgt getrennt für allgemein bildende und berufsbildende Pflichtschulen. Abweichungen vom definitiven Stellenplan (§ 5) werden durch Gegenüberstellung der Zahl der im definitiven Stellenplan bewilligten Planstellen aller Planstellenbereiche der allgemein bildenden Pflichtschulen sowie der berufsbildenden Pflichtschulen von der Zahl der gemäß § 6 ermittelten besetzten Planstellen festgestellt.

(2) Wurden im abgelaufenen Schuljahr über die bewilligten Planstellen hinaus Lehrkräfte beschäftigt, so ist der dem finanziellen Ausgleich unterliegende Betrag wie folgt zu ermitteln:

1. Für jedes den bewilligten Stellenplan übersteigende Vollbeschäftigungsäquivalent sind die Ausgaben einer Jahreswochenstunde der Entlohnungsgruppe l2a2 gemäß § 44 VBG multipliziert mit 23 zuzüglich der mit zwölf multiplizierten monatlichen Bildungszulage, der durch zwei geteilten Zulage gemäß § 44b Abs. 1 Z 3 VBG, der Sonderzahlungen und der Dienstgeberbeiträge anzusetzen.[3])

1a. Für jedes den bewilligten Stellenplan übersteigende Vollbeschäftigungsäquivalent ist das Jahresentgelt einer vollbeschäftigten Vertragslehrperson im Pädagogischen Dienst der Entlohnungsstufe 1 gemäß § 18 Abs. 1 LVG zuzüglich der mit 66 multiplizierten Fächervergütung gemäß § 22 Abs. 2 Z 1 LVG, der Sonderzahlungen und der Dienstgeberbeiträge anzusetzen.[4])

2. Die Zahl der Planstellen, um welche der gemäß § 6 ermittelte Wert die gemäß § 5 bewilligte Zahl überschreitet, wird mit dem gemäß Z 1 ermittelten Betrag multipliziert.

(3) Stellt der Bund eine Überschreitung des Stellenplanes durch ein Bundesland fest, so hat er dies dem betreffenden Bundesland mitzuteilen und es aufzufordern, binnen zwei Wochen Stellung zu beziehen. Der Bund ist verpflichtet, sich binnen weiterer zwei Wochen zu der Stellungnahme des Landes zu äußern.

4. Abschnitt
Schlussbestimmungen

Geltung und Wirksamkeit anderer Rechtsvorschriften

§ 8. Soweit in dieser Verordnung auf andere Rechtsvorschriften verwiesen wird, sind diese in der mit dem Inkrafttreten der letzten in § 11 angeführten Novelle dieser Verordnung geltenden Fassung anzuwenden.

---

[3]) Z 1 ist gemäß § 11 mit Ablauf des 31. August 2024 außer Kraft getreten.

[4]) Z 1a ist gemäß § 11 erstmalig für die Abrechnung der Stellenpläne des Schuljahres 2023/24 anzuwenden.

Personenbezogene Bezeichnungen

§ 9. Soweit in dieser Verordnung sowie in der Anlage auf natürliche Personen bezogene Bezeichnungen angeführt sind, beziehen sich diese auf alle Geschlechtsformen in gleicher Weise. Bei der Anwendung der Bezeichnung auf bestimmte natürliche Personen ist die jeweils geschlechtsspezifische Form zu verwenden.

Übergangsbestimmung

§ 10. Sofern die elektronische Datenübermittlung gemäß § 3 in Verbindung mit der Anlage nicht in ausreichender Qualität erfolgt, kann die Bundesministerin oder der Bundesminister für Bildung, Wissenschaft und Forschung zusätzlich zur Datenübermittlung gemäß § 3 die Übermittlung von Daten unter Verwendung von zur Verfügung gestellten Formblättern anordnen.

Inkrafttreten

§ 11. Diese Verordnung tritt mit Ausnahme des § 7 Abs. 2 Z 1a mit Ablauf des Tages der Kundmachung im Bundesgesetzblatt in Kraft. § 7 Abs. 2 Z 1a tritt mit 1. September 2024 in Kraft und ist erstmalig für die Abrechnung der Stellenpläne des Schuljahres 2023/24 anzuwenden. § 7 Abs. 2 Z 1 tritt mit Ablauf des 31. August 2024 außer Kraft.

Anlage
zu § 3 Abs. 1

Personal- und Besoldungsdatensatz

Die Eindeutigkeit des Personal- und Besoldungsdatensatzes ist durch eine geeignete Datensatzkennung zu gewährleisten.

Sofern in der Spalte „Definition" der nachfolgenden Tabellen die Buchstabenfolge „NK" enthalten ist, ist das jeweilige Datensatzfeld mit zwei Nachkommastellen mit Punkt getrennt zu befüllen.

Feldname	Definition	Inhalt
PERS	20-stellig, alphanumerisch	Personalnummer bzw. Datensatzkennung
SJ	7-stellig, alphanumerisch	laufendes Schuljahr (Bsp.: 2019/20 – mit Schrägstrich getrennt)
MO	2-stellig, numerisch	Berichtsmonat
SKZ	6-stellig, numerisch	Schulkennzahl der Stammschule bzw. des Clusters (gemäß der vom Bundesminister für Bildung, Wissenschaft und Forschung zur Verfügung gestellten österreichischen Schulendatei)
BL	1-stellig, numerisch	Bundesland: 1 – Burgenland 2 – Kärnten 3 – Niederösterreich 4 – Oberösterreich 5 – Salzburg 6 – Steiermark 7 – Tirol 8 – Vorarlberg 9 – Wien
SART	1-stellig, numerisch	Schulart: 1 – Volksschule 2 – Mittelschule 3 – Sonderschule 4 – Polytechnische Schule 5 – Berufsschule
GEB	10-stellig, numerisch (Datum)	Geburtsdatum (Bsp.: 13.02.1974)
SEX	1-stellig, alphanumerisch	Geschlecht: M – männlich, W – weiblich, X – divers
ART1	1-stellig, numerisch	Art des Dienstverhältnisses: 1 – pragmatisch 2 – vertraglich – unbefristet 3 – vertraglich – befristet
ART2	1-stellig, alphanumerisch	Zuordnung zu einem Dienstgeber: K – kirchlich bestellt P – privat (gemeint sind nicht die Vertragsbediensteten) O – ohne besondere Zuordnung S – Schulclustersekretariatskraft
STAT	2-stellig, alphanumerisch	Status mit Stichtag: KU – Karenziert FH – Familienhospizfreistellung MU – Mutterschutz AK – Aktive SO – Sonderurlaub (keine Einzelfälle) DF – Außerdienststellung für politische Funktionen AD – Außerdienststellung für bestimmte Gemeindemandatare SU – Suspendiert NV – Nachverrechnung DZ – Dienstzuteilung VE – Versetzung

INSP	3-stellig, alphanumerisch	NZ – nicht zutreffend FIDS – Fachbereich für Inklusion, Diversität u. Sonderpädagogik SQM – Schulqualitätsmanagement FI – betrauter Fachinspektor
SCHEMA	9-stellig, alphanumerisch	Besoldungsrechtliche Einstufung an der Stammschule (z. B. pd, L1, L2a2, L2a1, L2b1, L3, IL11, IL12a2, IL12a1, IL12b1, IL13, IIL11 oder S, bzw. Sondervertragslehrer z. B. ILSV, IILSV, IL12a2SV, IL12a1SV, IL12b1SV, IL13SV,IIL11SV oder pdSV)
STUFE	2-stellig, numerisch	Besoldungs- bzw. Gehaltsstufe: Wertevorrat: 01 – 19, 98 bei kleiner DAZ, 99 bei großer DAZ, 00 = nicht zutreffend
BA	2-stellig, numerisch	Beschäftigungsart: 1 – volles Beschäftigungsausmaß 2 – Vertragslehrer mit Teilbeschäftigung gemäß § 20 Abs. 3 VBG 3 – Herabsetzung aus beliebigem Anlass 4 – Lehrpflichtermäßigung gemäß § 44 Abs. 1 Z 1 LDG 1984 5 – Altersteilzeit gemäß § 27 AlVG 6 – Dienstfreistellung für politische Funktionen 7 – Dienstfreistellung für Gemeindemandatare 8 – allgemeine Dienstfreistellung gegen Refundierung 9 – Dienstfreistellung gemäß § 25 PVG bzw. § 1 Personalvertreter – FreistellungsVO 10 – Sonstiges
UNT	1-stellig, numerisch (optional)	0 – nicht zutreffend 1 – Unterschreitung der Jahresnorm gemäß § 43 Abs. 2 LDG 1984 zur pädagogisch-fachlichen Betreuung von IT-Arbeitsplätzen 2 – Unterschreitung der Jahresnorm gemäß § 43 Abs. 2 LDG 1984 zur Betreuung einer Schulbibliothek 3 – Unterschreitung der Jahresnorm gemäß § 43 Abs. 2 LDG 1984 für pädagogisch-administrative Tätigkeiten 4 – Unterschreitung der Jahresnorm gemäß § 43 Abs. 2 LDG 1984 aus sonstigen Gründen
SABD	1-stellig, numerisch	Sabbatical: 0 – nein 1 – ja 2 – Abbruch
SABZ	1-stellig, alphanumerisch	Freistellung in Form eines Sabbaticals im laufenden Schuljahr: 0 = nein, 1 = ja
MV	1-stellig, alphanumerisch	Mitverwendung: 0 = nein, 1 = ja
EIN	10-stellig, Datum	Eintrittsdatum (TT.MM.JJJJ). Bei IIL-Verträgen das erstmalige Anstellungsdatum
AUS	10-stellig, Datum	Austrittsdatum (TT.MM.JJJJ). NICHT bei IIL-Verträgen, die in ein anderes Schema übernommen wurden
PE_DAT	10-stellig, Datum	Pensionierungsdatum (TT.MM.JJJJ)
BAUSM	6-stellig, numerisch (NK)	Beschäftigungsausmaß in % einer Vollbeschäftigung ohne Mehrdienstleistungen
BAUSMK	6-stellig, numerisch (NK)	Korrektur des Beschäftigungsausmaßes in % einer Vollbeschäftigung ohne Mehrdienstleistungen
MDL	6-stellig, numerisch (NK)	Gesamtstundenanzahl der ausbezahlten Mehrdienstleistungen (einschließlich Einzelsupplierungen) im Auszahlungsmonat (ohne Zeitkonto-Ansparungen)
G_MDL	8-stellig, numerisch (NK)	Abgeltung für Mehrdienstleistungen (einschließlich Einzelsupplierungen) im Berichtsmonat
SUP	6-stellig, numerisch (NK)	Von den Mehrdienstleistungen die Anzahl der (besoldungsrelevanten) Einzelsupplierungen in Stunden im Auszahlungsmonat

G_SUP	8-stellig, numerisch (NK)	Abgeltung für Einzelsupplierungen (Teilmenge von G_MDL) im Berichtsmonat
SUPN	6-stellig, numerisch (NK) (optional)	Anzahl der nicht besoldungsrelevanten Einzelsupplierungen in Stunden
ZK_MDL	6-stellig, numerisch (NK)	Zeitkonto – Gutschrift an Mehrdienstleistungen im Berichtszeitraum (aktueller Monat) für die Ansparung: Ausmaß in Stunden, nicht besoldungsrelevant
ZK_A	6-stellig, numerisch (NK)	Zeitkontoabbau – Abbau der am Zeitkonto angesparten Gutschrift an Mehrdienstleistungen durch (teilweise) Freistellung im Berichtszeitraum (aktueller Monat): Ausmaß in Stunden
ZK_AV	6-stellig, numerisch (NK)	Zeitkontoabbau – Abbau der am Zeitkonto angesparten Gutschrift an Mehrdienstleistungen bei Vergütung (§ 50 Abs. 17 LDG 1984 bzw. § 61 Abs. 18 GehG): Ausmaß in Stunden
G_ZKAV	8-stellig, numerisch (NK)	Vergütung für nicht verbrauchte Gutschriften am Zeitkonto (§ 50 Abs. 17 LDG 1984 bzw. § 61 Abs. 18 GehG)
SCHL1	1-stellig, numerisch	Schulleitung 0 = nicht zutreffend 1 = ernannt bzw. bestellt 2 = betraut 3 = teilbetraut 4 = Clusterleitung ernannt bzw. bestellt 5 = Clusterleitung betraut 6 = Clusterleitung teilbetraut 7 = Bereichsleitung
SCHL2	20-stellig, alphanumerisch	Leitung weiterer Schulen: Eintrag der Schulkennzahl(en) einer oder mehrerer Schule(n), an der (denen) die Leitung übernommen wurde
STSC	1-stellig, alphanumerisch	Stellvertretender Schulleiter an Berufsschulen: 0 = nein, 1 = ja
FAVO	1-stellig, alphanumerisch	(Fach-)Koordinator oder Lerndesign: 0 = nein, 1 = ja
KLL	1-stellig, alphanumerisch	Klassenführende Lehrperson: 0 = nein, 1 = ja
KUST	1-stellig, alphanumerisch	Verwaltung von Lehrmittelsammlungen: 0 = nein, 1 = ja
QUAM	1-stellig, alphanumerisch	Qualitätsmanagement auf Schulebene: 0 = nein, 1 = ja
DA	1-stellig, alphanumerisch	Dienstliche Ausbildung: 0 = nicht zutreffend 1 = Induktionsphase 2 = Mentoring 3 = Ausbildungsphase
PERSAUFW	8-stellig, numerisch (NK)	Personalaufwand: im Berichtsmonat bis zum Stichtag angefallener Brutto-Zahlungsfluss inklusive Zulagen, Sonderzahlungen, Dienstgeberbeiträge und Pensionsbeiträge
DGB	8-stellig, numerisch (NK)	Dienstgeberbeiträge (einschließlich Pensionsbetrag § 22b, Krankenversicherungs- und Sozialversicherungsbeiträge)
MIND	6-stelling, numerisch (NK)	Lehrer im Minderheitenschulwesen: Ausmaß in Wochenstunden
SPF	6-stellig, numerisch (NK)	Zweitlehrperson für sonderpädagogischen Förderbedarf: Ausmaß in Wochenstunden
DEFOE	6-stellig, numerisch (NK)	Lehrperson für Deutschförderung gemäß § 8h SchOG: Ausmaß in Wochenstunden
SPRFOE	6-stellig, numerisch (NK)	Lehrperson für Sprachförderung, die NICHT in Deutschfördermaßnahmen gemäß § 8h SchOG eingesetzt ist: Ausmaß in Wochenstunden
FOE_SO	6-stellig, numerisch (NK)	Zweitlehrperson aus sonstigem Anlass: Ausmaß in Wochenstunden

NA_SP	6-stellig, numerisch (NK)	Native Speaker: Ausmaß in Wochenstunden
MU_SP	6-stellig, numerisch (NK)	Muttersprachlicher Lehrer: Ausmaß in Wochenstunden
FOE	6-stellig, numerisch (NK)	Förderstunden laut § 8a SchOG: Angabe in Wochenstunden
HEILST	6-stellig, numerisch (NK)	Einsatz in einer Heilstättenklasse/Schule: Ausmaß in Wochenstunden
LERE	6-stellig, numerisch (NK)	Lehrerreserve: Ausmaß in Wochenstunden
ERZI	6-stellig, numerisch (NK)	Erzieher: Ausmaß in Wochenstunden
TABE	6-stellig, numerisch (NK)	Tagesbetreuung: Ausmaß in Wochenstunden
TABEG	6-stellig, numerisch (NK)	Gegenstandsbezogene Lernzeit im Rahmen der Tagesbetreuung: Ausmaß in Wochenstunden
TABEI	6-stellig, numerisch (NK)	Individuelle Lernzeit im Rahmen der Tagesbetreuung: Ausmaß in Wochenstunden
MS_E	6-stellig, numerisch (NK)	Einsatz von Lehrpersonen im Rahmen der zusätzlich durch den Bund je Klasse der Mittelschule zur Verfügung gestellten Wochenstunden

Soweit sich die Länder gemäß Art. IV Abs. 4 Bundesverfassungsgesetz hinsichtlich des Schulwesens, BGBl. Nr. 215/1962, nicht bei der Vollziehung gemäß Art. 14 Abs. 2 des Bundes-Verfassungsgesetzes des vom Bund bereitgestellten und betriebenen IT-Verfahrens für das Personalmanagement bedienen, sind auch nachstehende Felder monatlich zu übermitteln:

Z_SCHL	8-stellig, numerisch (NK)	Leiterzulage (§ 57 GehG, § 20 LVG), betraute Leiter (§ 59 Abs. 1 GehG, § 19 Abs. 10 LVG), teilbetraute Leiter (§ 106a LDG 1984, § 21a LVG), Berufsschuldirektorstellvertreter (§ 58 Abs. 1 GehG, § 21 LVG) und Vertreter (§ 106 Abs. 2 Z 7 und 8 LDG 1984), Bereichsleiter (§ 59c Abs. 4 GehG, § 21 LVG)
Z_58	8-stellig, numerisch (NK)	Dienstzulage für L2b1- und L3-Lehrer, die an Mittelschulen, Sonderschulen und Polytechnischen Schulen Fremdsprachen oder Werkerziehung unterrichten (§ 58 Abs. 4 bis 6 GehG, § 115 Abs. 1 GehG, § 90p Abs. 1, 2 und 3 VBG) sowie für L2a1-Lehrer gemäß § 59 Abs. 5 GehG und L2a2-Lehrer gemäß § 116 GehG
Z_MSTU	8-stellig, numerisch (NK)	Dienstzulage für Klassenlehrer an Volksschulen und Sonderschulen mit mehreren Schulstufen (§ 59a Abs. 1 GehG, § 90p Abs. 8 VBG)
Z_MIND	8-stellig, numerisch (NK)	Dienstzulage für Lehrer an zweisprachigen Schulen (§ 59a Abs. 2 GehG, § 90p Abs. 6 VBG), Teamlehrer (§ 59a Abs. 2a GehG, § 90p Abs. 7 VBG)
Z_PRAX	8-stellig, numerisch (NK)	Dienstzulage für Praxisschullehrer (§ 59a Abs. 4 bis 5a GehG, § 60 Abs. 6 bis 8 GehG, § 19 Abs. 1 Z 6 LVG)
Z_MENT	8-stellig, numerisch (NK)	Dienstzulage für Mentoring (§ 63 GehG, § 19 Abs. 1 Z 1 LVG)
Z_NMS1	8-stellig, numerisch (NK)	Dienstzulage für Lehrer in Deutsch, Mathematik bzw. lebende Fremdsprache, wenn sie an Mittelschulen in einer Klasse einen dieser Gegenstände unterrichten (§ 59b Abs. 1a Z 1 lit. a GehG, § 90q Abs. 1a Z 1 VBG) bzw. an Sonderschulen oder Polytechnischen Schulen in einer Gruppe einen dieser Gegenstände leistungsdifferenziert unterrichten (§ 59b Abs. 1 Z 1 lit. a GehG, § 90q Abs. 1 Z 1 VBG)
Z_NMS2	8-stellig, numerisch (NK)	Dienstzulage für Lehrer in Deutsch, Mathematik bzw. lebende Fremdsprache, wenn sie an Mittelschulen in mehreren Klassen oder mehrere dieser Gegenstände unterrichten (§ 59b Abs. 1a Z 1 lit. b GehG, § 90q Abs. 1a Z 2 VBG) bzw. an Sonderschulen oder Polytechnischen Schulen in mehreren Gruppen oder mehrere dieser Gegenstände leistungsdifferenziert unterrichten (§ 59b Abs. 1 Z 1 lit. b und c GehG, § 90q Abs. 1 Z 2 und 3 VBG)

Anlage

Z_KNMS	8-stellig, numerisch (NK)	Dienstzulage für Koordinatoren bzw. Lerndesign an Mittelschulen (§ 59b Abs. 1a Z 2 GehG, § 19 Abs. 1 Z 4 LVG) bzw. Fachkoordinatoren an Sonderschulen und Polytechnischen Schulen für Deutsch, Mathematik und lebende Fremdsprache (§ 59b Abs. 1 Z 2 GehG)
Z_LNMS	8-stellig, numerisch (NK)	Dienstzulage für Leiter von Mittelschulen (§ 59b Abs. 1a Z 3 GehG) bzw. Sonderschulen und Polytechnischen Schulen mit leistungsdifferenziertem Unterricht (§ 59b Abs. 1 Z 3 GehG) und Leiter sonstiger allgemein bildendender Pflichtschulen mit angeschlossener Polytechnischer Schule (§ 59b Abs. 1 Z 4 GehG)
Z_SOHP	8-stellig, numerisch (NK)	Dienstzulage für Sonder- und Heilpädagogik (§ 19 Abs. 1 Z 5 LVG)
Z_LDBS	8-stellig, numerisch (NK)	Dienstzulage für leistungsdifferenzierten Unterricht an Berufsschulen (§ 59b Abs. 2 GehG, § 90q Abs. 2 VBG)
Z_KMSP	8-stellig, numerisch (NK)	Dienstzulage für Fachkoordinatoren an Schulen mit musischem oder sportlichem Schwerpunkt (§ 59b Abs. 3 GehG)
Z_SCHB	8-stellig, numerisch (NK)	Dienstzulage für Schülerberatung (§ 59b Abs. 4 bis 6 GehG, § 19 Abs. 1 Z 2 LVG)
Z_BOK	8-stellig, numerisch (NK)	Dienstzulage für Berufsorientierungskoordination (§ 19 Abs. 1 Z 3 LVG)
Z_60	8-stellig, numerisch (NK)	Dienstzulage für L2a1-, L2b1- bzw. L3-Lehrer, die an Mittelschulen, Sonderschulen, Polytechnischen Schulen und Berufsschulen verwendet werden (§ 60 Abs. 1 und 3 GehG, § 90p Abs. 4 und 5 VBG)
Z_INSP	8-stellig, numerisch (NK)	Dienstzulage und Vergütung für Lehrer, die für einen Teil des Beschäftigungsausmaßes mit der Funktion eines Schulinspektors, Fachinspektors (, § 168 GehG), oder Schulqualitätsmanagement (§ 68 GehG) betraut sind und für Mitarbeiter im Fachbereich Inklusion, Diversität und Sonderpädagogik (FIDS) (§ 58 Abs. 9 GehG, § 21b LVG)
Z_ERZ	8-stellig, numerisch (NK)	Erzieherzulage (§ 60a GehG)
Z_SO	8-stellig, numerisch (NK)	Sonstige Zulagen
A_63a	8-stellig, numerisch (NK)	Abgeltung für mehrtägige Schulveranstaltungen (§ 63a GehG, § 24 LVG)
SNG	8-stellig, numerisch (NK)	Nebengebühren iSd. § 15 GehG ohne Fahrtkosten, Jubiläumszuwendungen, Überstundenvergütung
JUZU	8-stellig, numerisch (NK)	Jubiläumszuwendung
BELO	8-stellig, numerisch (NK)	Belohnung
REKO	8-stellig, numerisch (NK)	Reisekosten (Ansprüche nach RGV)
FAKO	8-stellig, numerisch (NK)	Fahrtkostenzuschuss
KIZU	8-stellig, numerisch (NK)	Kinderzuschuss
EFZS	8-stellig, numerisch (NK)	Entgeltfortzahlung während der Schutzfrist (Beschäftigungsverbot gemäß Mutterschutzgesetz)
SOAU	8-stellig, numerisch (NK)	Sonstige Aufwendungen
AUFW	8-stellig, numerisch (NK)	Aufwandsentschädigung
ABFE	8-stellig, numerisch (NK)	Abfertigung
PRAB	8-stellig, numerisch (NK)	Prüfungsabgeltung

VFACH	8-stellig, numerisch (NK)	Fächervergütung (§ 22 LVG)
VKLL	8-stellig, numerisch (NK)	Vergütung für die Klassenführung bei den Landeslehrern (§ 61c GehG)
VKUST	8-stellig, numerisch (NK)	Vergütung für die Verwaltung von Lehrmittelsammlungen (§ 61d GehG)

Verweise auf bundesgesetzliche Rechtsvorschriften sind wie folgt zu verstehen:

„LDG 1984" = Landeslehrer-Dienstrechtsgesetz, BGBl. Nr. 302/1984;

„AlVG 1984" = Arbeitslosenversicherungsgesetz 1977, BGBl. Nr. 609;

„GehG" = Gehaltsgesetz 1956, BGBl. Nr. 54, iVm Landeslehrer-Dienstrechtsgesetz, BGBl. Nr. 302/1984;

„VBG" = Vertragsbedienstetengesetz 1948, BGBl. Nr. 86, iVm Landesvertragslehrpersonengesetz 1966, BGBl. Nr. 172;

„RGV" = Reisegebührenvorschrift 1955, BGBl. Nr. 133, iVm Landeslehrer-Dienstrechtsgesetz, BGBl. Nr. 302/1984, und Landesvertragslehrpersonengesetz 1966, BGBl. Nr. 172;

„LVG" = Landesvertragslehrpersonengesetz 1966, BGBl. Nr. 172.

Artikel 2

Änderung der Landeslehrer-Controllingverordnung

… *(Die durch Artikel 2 verfügten Änderungen der Landeslehrer-Controllingverordnung sind aufgrund des Außerkrafttretens der Landeslehrer-Controllingverordnung*[3]*) obsolet.)*

[3]) Siehe Kodex 23. Auflage (15.6. Landeslehrer-Controllingverordnung).

15.7. Administrative Assistenzen – Controllingverordnung

BGBl. II Nr. 257/2023

Verordnung des Bundesministers für Bildung, Wissenschaft und Forschung betreffend Informationen über den Personalaufwand und das Controlling im Bereich der administrativen Assistenzen an öffentlichen allgemeinbildenden Pflichtschulen (AdminAss-Controllingverordnung)

Auf Grund des § 4 Abs. 9 des Finanzausgleichsgesetzes 2017, BGBl. I Nr. 116/2016, in der Fassung des Bundesgesetzes BGBl. I Nr. 133/2022,[1]) wird im Einvernehmen mit dem Bundesminister für Finanzen verordnet:

1. Abschnitt
Allgemeine Bestimmungen

Geltungsbereich

§ 1. Diese Verordnung regelt die Information, die Kontrolle und Abrechnung der Personalausgaben für administrative Assistenzen an öffentlichen allgemeinbildenden Pflichtschulen gemäß § 4 Abs. 9 des Finanzausgleichsgesetzes 2017 (FAG 2017), BGBl. I Nr. 116/2016.[2])

Begriffsbestimmungen

§ 2. Im Sinne dieser Verordnung ist zu verstehen:

1. unter administrativer Assistenz: die einer Schule beigegebene Administrativkraft zur Entlastung des Lehrpersonals von administrativen Aufgaben, deren Besoldung dem Äquivalenzentlohnungsschema v, Entlohnungsgruppe v3, Bewertungsgruppe v3/2 gemäß dem Abschnitt VI des Vertragsbedienstetengesetzes 1948 (VBG), BGBl. Nr.86/1948, gleich zu halten ist;
2. unter Vollbeschäftigung: eine Beschäftigung, bei der unter Zugrundelegung der jeweiligen Verwendungs- bzw. Entlohnungsgruppe und Berücksichtigung der dienst- und besoldungsrechtlichen Stellung die Grundlage der Berechnung der Besoldung 100 vH der auf die jeweilige Person anzuwendenden Gehalts- bzw. Entlohnungsstufe in der anzuwendenden Verwendungs- bzw. Entlohnungsgruppe beträgt;
3. unter Vollbeschäftigungsäquivalent (VBÄ): das Beschäftigungsausmaß bzw. die Summe der Beschäftigungsausmaße einer administrativen Assistenz in Prozent geteilt durch 100;
4. unter Mehrdienstleistung: jede Überstunde einer administrativen Assistenz, soweit einem Vertragsbediensteten des Bundes eine Vergütung gemäß § 22 VBG iVm § 16 GehG gebühren würde;
5. unter monatlicher Bedarfsmeldung: die Meldung der für den Folgemonat als voraussichtlich zu refundierender Personalaufwand zu veranschlagenden Aktivitätsbezüge der administrativen Assistenzen (66,67 vH Bundesanteil);
6. unter Detailanforderung: die Meldung der im laufenden Monat zu refundierenden Aktivitätsbezüge der administrativen Assistenzen (66,67 vH Bundesanteil);
7. unter Höchstbetrag: der auf Grundlage der Volkszahl je Schuljahr und Bundesland zu ermittelnde Betrag in Euro an den gesamten Bundesmitteln gemäß § 4 Abs. 9 Finanzausgleichsgesetz 2017 (FAG 2017), BGBl. I Nr. 116/2016.

2. Abschnitt
Datenbringung

Datenübermittlung, Erhebungsstichtage und Berichtstermine

§ 3. (1) Die Länder haben der Bundesministerin oder dem Bundesminister für Bildung, Wissenschaft und Forschung Daten über Personen, die als administrative Assistenzen an öffentlichen allgemeinbildenden Pflichtschulen arbeiten, in der Darstellung gemäß der **Anlage** elektronisch so zu übermitteln, dass ein Datensatz einer Person entspricht (pseudonymisierte Individualdatensätze). Bei Übermittlung ist das in der Anlage vorgesehene Datenformat zu verwenden.

(2) Erhebungsstichtag ist der letzte Tag eines jeden Monats. Berichtstermin für den jeweiligen Monatsstand ist spätestens der zehnte Tag des zweitfolgenden Monats.

(3) Vor der Übermittlung der Daten sind alle erforderlichen Bearbeitungen im Datenbestand durchzuführen.

---

[1]) Die gesetzliche Grundlage ist § 6 Abs. 9 Finanzausgleichsgesetz 2024, BGBl. I Nr. 168/2023 idgF.

[2]) Die gesetzliche Grundlage der Kontrolle und Abrechnung der Personalausgaben ist § 6 Abs. 9 Finanzausgleichsgesetz 2024, BGBl. I Nr. 168/2023 idgF.

Informationsrechte und -pflichten der Bundesländer

§ 4. (1) Jedes Land hat das Recht, in die von der Bundesministerin oder vom Bundesminister für Bildung, Wissenschaft und Forschung geführte Datenbank hinsichtlich der von ihm übermittelten Daten unentgeltlich Einsicht zu nehmen und diese zu nutzen.

(2) Auf Verlangen der Bundesministerin oder des Bundesministers für Bildung, Wissenschaft und Forschung hat das jeweilige Land umgehend, jedenfalls binnen sechs Wochen, die übermittelten Daten zu erläutern, bei nicht vollständiger Übermittlung der Daten die von der Bundesministerin oder vom Bundesminister für Bildung, Wissenschaft und Forschung genau benannten Angaben zu ergänzen und Rückfragen zu beantworten.

3. Abschnitt
Mittelbereitstellung, eingesetzte Vollbeschäftigungsäquivalente und Abrechnung

Richtwerte für die Mittelbereitstellung

§ 5. Im Rahmen der Bereitstellung der administrativen Assistenzen zur Entlastung des Lehrpersonals von administrativen Aufgaben an öffentlichen allgemeinbildenden Pflichtschulen sind nachstehende Richtwerte für den Personaleinsatz in Vollbeschäftigungsäquivalenten je Schuljahr maßgeblich:

1. 0,5 Vollbeschäftigungsäquivalente für Schulen mit mehr als 200 Schülerinnen und Schülern,
2. 0,25 Vollbeschäftigungsäquivalente für Schulen mit 80 bis 200 Schülerinnen und Schülern,
3. bis zu 0,25 Vollbeschäftigungsäquivalente für Schulen mit weniger als 80 Schülerinnen und Schülern,

wobei grundsätzlich eine Bündelung mehrerer Schulstandorte zur Erzielung eines höheren Beschäftigungsausmaßes angestrebt werden soll. Die obig genannten Richtwerte können in Abhängigkeit vom jeweiligen Bedarf je Schulstandort, insbesondere in Hinblick auf die Zahl der Schülerinnen und Schüler des Standortes, über- oder unterschritten werden.

Eingesetzte Vollbeschäftigungsäquivalente

§ 6. Die Zahl der eingesetzten Vollbeschäftigungsäquivalente wird auf Basis der Summe der aus den Meldungen gemäß § 3 abzuleitenden Vollbeschäftigungsäquivalente wie folgt ermittelt:

1. Zahl der Vollbeschäftigungsäquivalente an Grundbeschäftigung:
   Die für das Schuljahr gemeldeten Werte aus den Datenfeldern BAUSM und BAUSMK der **Anlage** sind durch (100 x 12) zu teilen.
2. Die Zahl der Mehrdienstleistungen der 12 Monate eines Schuljahres in Stunden aus dem Datenfeld MDL sind zu addieren und durch (4,33 x 12 x 40) zu teilen.
3. Der Summe der gemäß Z 1 errechneten Vollbeschäftigungsäquivalente (Grundbeschäftigung) sind die gemäß Z 2 ermittelten Vollbeschäftigungsäquivalente (umgerechnete Mehrdienstleistungen) hinzuzuzählen.
4. Die so ermittelte Zahl der eingesetzten Vollbeschäftigungsäquivalente wird auf zwei Stellen nach dem Komma gerundet.

Monatliche Bedarfsmeldung und Detailanforderung

§ 7. (1) Die Länder haben dem Bundesministerium für Bildung, Wissenschaft und Forschung bis spätestens 15. eines jeden Monats, sofern dieser ein Werktag ist, ansonsten spätestens an dem, dem 15. vorangehenden Werktag, die monatliche Bedarfsmeldung zu übermitteln.

(2) Die Länder haben dem Bundesministerium für Bildung, Wissenschaft und Forschung bis spätestens 12. eines jeden Monats, sofern dieser ein Werktag ist, ansonsten spätestens an dem, dem 12. vorangehenden Werktag, die Detailanforderung zu übermitteln. Das Bundesministerium für Bildung, Wissenschaft und Forschung hat den Ländern hierzu vor Beginn des jeweiligen Schuljahres einen exakten Terminplan der Detailanforderungstermine bereitzustellen.

(3) Für ein Schuljahr kann je Bundesland in Summe maximal der Höchstbetrag angefordert werden.

Abrechnung

§ 8. (1) Die Abrechnung eines Schuljahres erfolgt durch die Gegenüberstellung der Summe der refundierten monatlichen Detailanforderungen mit der Summe der gemeldeten Werte aus dem Datenfeld PERSAUFW multipliziert mit 66,67 vH.

(2) Stellt der Bund eine Abweichung fest, so hat er dies dem betreffenden Bundesland mitzuteilen und es aufzufordern, binnen zwei Wochen Stellung zu beziehen. Der Bund ist verpflichtet, sich binnen weiterer zwei Wochen zu der Stellungnahme des Landes zu äußern.

4. Abschnitt
Schlussbestimmungen

Geltung und Wirksamkeit anderer Rechtsvorschriften

§ 9. Soweit in dieser Verordnung auf andere Rechtsvorschriften verwiesen wird, sind diese in der mit dem Inkrafttreten dieser Verordnung geltenden Fassung anzuwenden.

Personenbezogene Bezeichnungen

§ 10. Soweit in dieser Verordnung sowie in der **Anlage** auf natürliche Personen bezogene Bezeichnungen angeführt sind, beziehen sich diese auf alle Geschlechtsformen in gleicher Weise. Bei der Anwendung der Bezeichnung auf bestimmte natürliche Personen ist die jeweils geschlechtsspezifische Form zu verwenden.

Übergangsbestimmung

§ 11. Sofern die elektronische Datenübermittlung gemäß § 3 in Verbindung mit der **Anlage** nicht in ausreichender Qualität erfolgt, kann das Bundesministerium für Bildung, Wissenschaft und Forschung zusätzlich zur Datenübermittlung gemäß § 3 die Übermittlung von Daten unter Verwendung von zur Verfügung gestellten Formblättern anordnen.

Inkrafttreten

§ 12. Diese Verordnung tritt mit 1. September 2023 in Kraft.

Anlage
zu § 3 Abs. 1

Personal- und Besoldungsdatensatz

Die Eindeutigkeit des Personal- und Besoldungsdatensatzes ist durch eine geeignete Personalnummer zu gewährleisten.
Sofern in der Spalte „Definition“ der nachfolgenden Tabellen die Buchstabenfolge „NK“ enthalten ist, ist das jeweilige Datensatzfeld mit zwei Nachkommastellen mit Punkt getrennt zu befüllen.

Feldname	Definition	Inhalt
PERS	20-stellig, alphanumerisch	Personalnummer
SJ	7-stellig, alphanumerisch	laufendes Schuljahr (Bsp.: 2023/24 – mit Schrägstrich getrennt)
MO	2-stellig, numerisch	Berichtsmonat
SKZ	6-stellig, numerisch	Schulkennzahl der Stammschule bzw. des Clusters (gemäß der vom Bundesminister für Bildung, Wissenschaft und Forschung zur Verfügung gestellten österreichischen Schulendatei)
SKZ2	6-stellig	Schulkennzahl der Nebenschule Die Eingabe von mehreren Schulkennzahlen ist möglich. Dazu stehen drei Felder zur Verfügung (SKZ2_1, SKZ2_2, SKZ2_3). Wenn SKZ2 nicht zutrifft, dann sind diese Felder leer zu lassen
BL	1-stellig, numerisch	Bundesland: 1 – Burgenland 2 – Kärnten 3 – Niederösterreich 4 – Oberösterreich 5 – Salzburg 6 – Steiermark 7 – Tirol 8 – Vorarlberg 9 – Wien
SART	1-stellig, numerisch	Schulart: 1 – Volksschule 2 – Mittelschule 3 – Sonderschule 4 – Polytechnische Schule
GEB	10-stellig, numerisch (Datum)	Geburtsdatum (TT.MM.JJJJ)
SEX	1-stellig, alphanumerisch	Geschlecht: M – männlich, W – weiblich, X – divers
ART1	1-stellig, numerisch	Art des Dienstverhältnisses: 1 – pragmatisch 2 – vertraglich – unbefristet 3 – vertraglich – befristet
STAT	2-stellig, alphanumerisch	Status mit Stichtag: AK – Aktiv KU – Karenziert FH – Familienhospizfreistellung MU – Mutterschutz SO – Sonderurlaub (keine Einzelfälle) SU – Suspendiert NV – Nachverrechnung
SCHEMA	9-stellig, alphanumerisch	Besoldungsrechtliche Einstufung

STUFE	2-stellig, numerisch	Besoldungs- bzw. Gehaltsstufe des Entlohnungsschemas: Wertevorrat: 01 – 21, allenfalls 98 bei kleiner DAZ, 99 bei großer DAZ
EIN	10-stellig, Datum	Eintrittsdatum (TT.MM.JJJJ)
AUS	10-stellig, Datum	Austrittsdatum (TT.MM.JJJJ)
PE_DAT	10-stellig, Datum	Pensionierungsdatum (TT.MM.JJJJ)
BAUSM	6-stellig, numerisch (NK)	Beschäftigungsausmaß als administrative Assistenz in % einer Vollbeschäftigung ohne Mehrdienstleistungen
BAUSMK	6-stellig, numerisch (NK)	Korrektur des Beschäftigungsausmaßes als administrative Assistenz in % einer Vollbeschäftigung ohne Mehrdienstleistungen
MDL	6-stellig, numerisch (NK)	Gesamtstundenanzahl der ausbezahlten Mehrdienstleistungen als administrative Assistenz im Berichtsmonat
G_MDL	8-stellig, numerisch (NK)	Abgeltung für Mehrdienstleistungen als administrative Assistenz im Berichtsmonat
PERSAUFW	8-stellig, numerisch (NK)	Personalaufwand als administrative Assistenz: im Berichtsmonat bis zum Stichtag angefallener Brutto-Zahlungsfluss inklusive Sonderzahlungen, Dienstgeberbeiträge und Pensionsbeiträge
DGB	8-stellig, numerisch (NK)	Dienstgeberbeiträge als administrative Assistenz (einschließlich aller Sozialabgaben)
JUZU	8-stellig, numerisch (NK)	Jubiläumszuwendung
BELO	8-stellig, numerisch (NK)	Belohnung
REKO	8-stellig, numerisch (NK)	Reisekosten
FAKO	8-stellig, numerisch (NK)	Fahrtkostenzuschuss
KIZU	8-stellig, numerisch (NK)	Kinderzuschuss
AUFW	8-stellig, numerisch (NK)	Aufwandsentschädigung
ABFE	8-stellig, numerisch (NK)	Abfertigung alt